COLLECTION

DES

AUTEURS LATINS

AVEC LA TRADUCTION EN FRANÇAIS

PUBLIÉE SOUS LA DIRECTION

DE M. NISARD

DE L'ACADÉMIE FRANÇAISE
INSPECTEUR GÉNÉRAL DE L'ENSEIGNEMENT SUPÉRIEUR

STACE

MARTIAL

MANILIUS

LUCILIUS JUNIOR, RUTILIUS

GRATIUS FALISCUS

NÉMÉSIANUS ET CALPURNIUS

PARIS. — TYPOGRAPHIE DE FIRMIN DIDOT FRÈRES, FILS ET CIE, RUE JACOB, 56

STACE
MARTIAL
MANILIUS
LUCILIUS JUNIOR, RUTILIUS
GRATIUS FALISCUS
NÉMÉSIANUS ET CALPURNIUS

ŒUVRES COMPLÈTES

AVEC LA TRADUCTION EN FRANÇAIS

PUBLIÉES SOUS LA DIRECTION

DE M. NISARD

DE L'ACADÉMIE FRANÇAISE
INSPECTEUR GÉNÉRAL DE L'ENSEIGNEMENT SUPÉRIEUR

PARIS

CHEZ FIRMIN DIDOT FRÈRES, FILS ET Cⁱᴱ, LIBRAIRES

IMPRIMEURS DE L'INSTITUT DE FRANCE

RUE JACOB, 56

M DCCC LXV

AVERTISSEMENT

DES ÉDITEURS.

Le volume que nous publions se compose de deux parties très-distinctes. Dans la première figurent Stace et Martial ; la seconde est comme une bibliothèque de tous les poëtes justement qualifiés de *poëtæ minores*, qui appartiennent à la latinité païenne, et qui ont laissé des ouvrages ou fragments d'ouvrages de quelque étendue. Aucun rapport sensible ne lie ces deux parties : quelque soin que nous ayons pris jusqu'ici, pour les volumes formés d'auteurs différents, de ne mettre ensemble que des ouvrages offrant d'intéressantes analogies, soit de matières, soit d'époque, il a bien fallu cette fois nous résigner à donner un volume disparate, où le nombre des auteurs compenserait les avantages d'une convenance qui d'ailleurs n'a jamais eu la rigueur scientifique.

Dans la première partie, le rapprochement de Stace et de Martial permet d'apprécier, sous le rapport littéraire, ce qu'étaient, au temps de Domitien, la poésie héroïque et la poésie légère ; l'une, venant après ce modèle incomparable de l'Énéide, que Stace qualifie de *divine*, quoique peut-être il n'estimât guère moins la Thébaïde ; l'autre, malgré un bon nombre de traits de mauvais goût, trouvant dans l'observation de certains vices de l'époque, ou de ceux qui sont communs à toutes les nations que l'excès de civilisation a corrompues, la matière de petits ouvrages à la fois ingénieux et naturels, malheureusement noyés parmi tant de pièces immondes qui blessent trop le sens moral pour qu'on ose y chercher un plaisir littéraire. Il y a d'ailleurs, dans Stace, toute une partie qui, au point de vue de l'histoire des mœurs romaines, ajoute aux peintures que nous en fait Martial ; ce sont les Silves, petit recueil d'improvisations poétiques sur des circonstances de la vie de l'auteur, sur ses amitiés, sur les mœurs de la cour de Domitien, qui expliquent et complètent, en beaucoup d'endroits, les piquantes annales de l'épigrammatiste.

La seconde partie, si l'on en excepte les Églogues de Calpurnius, est un recueil de poésies presque exclusivement didactiques, et sous ce point de vue la lecture en est intéressante pour faire apprécier dans quelle mesure les poëtes latins ont mêlé les ornements de l'imagination aux notions spéciales et techniques. Le plus considérable est le poëme de Manilius, du meilleur temps de la latinité, et où l'inexactitude et l'aridité des détails qui appartiennent proprement à l'astronomie, sont compensées par l'intérêt des poétiques superstitions de l'astrologie. Dans le poëme sur l'Etna, Lucilius Junior nous donne un aperçu des connaissances géologiques et météorologiques de son temps; Gratius Faliscus et Némésianus nous apprennent ce qu'était l'art de la chasse chez les Romains; Rutilius Numatianus, dans son Itinéraire des côtes de la Méditerranée, mêle à des détails géographiques des traits de mœurs dignes de remarque. Nous sommes loin de l'abondance de l'âge d'Auguste, et même de la facilité artificielle mais ingénieuse de l'âge suivant : et toutefois la lecture de ces poëtes, la plupart mutilés, n'est pas sans fruit, à cause de ce bon sens, de cette sagesse dans les plans, de ce fonds de raison qui se font voir jusque dans les époques les plus stériles de la littérature latine.

Quant aux Églogues de Calpurnius, dans lesquelles nous comprenons celles qu'on attribue généralement à Némésianus, on sait que Fontenelle en faisait plus de cas que de celles de Virgile. Sans adopter ce jugement, qui prouve seulement que Fontenelle, auteur lui-même d'Églogues et de *Bergeries*, lesquelles sentaient plus la ville que les champs, avait intérêt à rattacher les traditions de cet art à un modèle qui devait rendre les comparaisons moins désavantageuses, on n'a aucune peine à reconnaître dans ces Églogues certaines qualités d'invention et de style qui en rendent la lecture agréable, outre que les différences mêmes qui les distinguent de celles de Virgile, en rendra toujours la lecture instructive pour quiconque voudra étudier, dans la suite de ses monuments, l'histoire de la grandeur et de la décadence de la poésie latine.

Les textes suivis par nous sont ceux de la *Collection Lemaire*.

NOTICE SUR STACE.

Publius Papinius Statius, le quatrième poëte épique du premier siècle, descendait d'une famille originaire de Selles en Épire. Il naquit en 61, à Naples. Son père, qui se distinguait par ses talents pour la poésie y enseignait la littérature grecque et latine. Stace reçut son éducation à Rome : son père s'était transporté avec lui dans cette ville, où il devint un des maîtres du jeune Domitien. Ce prince fixa son attention sur le fils de son précepteur, qui lui fut recommandé par Pâris, célèbre comédien, et favori de Domitien. Stace, qui était fort pauvre, avait vendu à cet acteur sa tragédie d'Agave, que Pâris publia comme son ouvrage. Par reconnaissance, il fit inviter le poëte à un grand banquet impérial. Stace remporta trois fois le prix dans les jeux *albains*, mais il succomba dans les jeux *capitolins*. A l'âge de dix-neuf ans, il épousa la veuve d'un musicien : elle s'appelait Claudia ; et il vante dans ses ouvrages son esprit et ses vertus. Claudia avait une fille à laquelle Stace s'attacha comme si elle avait été son propre enfant. Dégoûté, comme il dit, du luxe des Romains, il se retira, une année avant sa mort, dans une petite campagne près de Naples, que l'empereur lui avait peut-être donnée, et il y mourut fort jeune, en 96.

Stace plut à Rome par la grande facilité que la nature lui avait donnée pour improviser des vers sur toutes sortes de sujets. Il réunit ces poëmes dans un recueil qu'il intitula *Sylvæ* ou *Mélanges*, et qu'on cite ordinairement sous le titre de *Silves* ; il est divisé en cinq livres et renferme trente-deux petits poëmes, dont la plupart sont écrits en hexamètres. Chaque livre est précédé d'une préface en prose et dédié à un des amis du poëte. Dans la préface du premier livre, Stace dit que ces poésies ont été composées à la hâte ; qu'aucune d'entre elles ne l'a occupé plus de deux jours, et que quelques-unes sont l'ouvrage d'un seul jour. Ces morceaux traitent de divers sujets, selon l'occasion qui leur donna naissance. On y trouve un compliment adressé à Domitien à l'époque de l'érection de sa statue équestre ; un épithalame ; la description d'une campagne appartenant à un de ses amis : celle d'un bain ; une ode pour le jour de naissance de Lucain ; une complainte sur la mort d'un homme de bien ; des remercîments adressés à Domitien pour l'avoir admis à sa table, etc.

Stace a laissé un poëme épique, la Thébaïde, en douze livres, et le commencement d'une Achilléide, que sa mort prématurée ne lui permit pas d'achever.

La Thébaïde, adressée à Domitien, est, comme les Puniques de Silius, les Argonautiques de Valérius Flaccus et la Pharsale de Lucain, plutôt un poëme historique qu'une épopée. La principale source de Stace a été Antimaque, dont la Thébaïde ne nous a pas été conservée : son modèle fut Virgile. Ce fut sans doute moins la modestie que la vérité qui fit dire à Stace, à la fin de son poëme :

Nec tu divinam Æneida tenta,
Sed longe sequere, et vestigia semper adora.

Le sujet de la Thébaïde était bien choisi ; la guerre civile entre les fils d'Œdipe offrait une fable vraiment épique, riche en scènes terribles ; mais Stace l'a gâtée en lui donnant une forme historique, ornée seulement d'épisodes et de machines. Il ne manque pas d'imagination, d'idées hardies et de sentiments ; on le préfère, sous ce rapport, à Valérius Flaccus ; mais il ignore l'art sublime d'Homère, de donner à chacun de ses héros un caractère individuel. Sa diction n'est pas simple et naturelle, il prend l'exagération pour la grandeur, et les subtilités pour de l'esprit. Ces défauts sont ceux de son siècle, comme l'est aussi la maxime d'étaler de l'érudition, qui caractérise tous les poëtes épiques de cette période. Au reste, le grand Scaliger juge Stace d'une manière plus favorable. Selon ce critique, il est, après Virgile, le premier poëte épique de l'antiquité grecque et latine.

De l'Achilléide, Stace n'acheva que le premier livre ; le second est resté imparfait. Il est probable que ce poëme, si l'auteur l'avait terminé, aurait offert les mêmes beautés et les mêmes défauts que la Thébaïde. Le plan en était défectueux ; le poëte n'avait pas choisi une action unique ; mais il se proposait de donner toute la vie de son héros (1).

(*Extrait de Schoell.*)

(1) On peut consulter le travail très-étendu que M. Nisard a fait sur la vie et les ouvrages de Stace, dans ses *Études de mœurs et de critique sur les poëtes de la décadence*.

STACE.

LES SILVES.

LIVRE PREMIER.
A STELLA.

Pendant longtemps, mon cher Stella, jeune et brillant prosélyte de notre art chéri, vous qui n'avez eu qu'à choisir un genre de poésie pour y briller au premier rang, oui, pendant longtemps j'ai hésité au sujet de ces petites pièces que la chaleur de l'improvisation fit éclore avec une rapidité qui n'était pas pour moi sans plaisir. Devais-je les rassembler pour le public, après les avoir vues s'échapper de mon sein l'une après l'autre? Fallait-il ajouter le souci de cette nouvelle publication aux inquiétudes que je ressens encore pour ma *Thébaïde*, quoiqu'elle soit déjà loin de moi? Mais on lit le *Moucheron*, on ne déprécie pas *la Batrachomyomachie*; et quel poëte célèbre n'a prélude à ses ouvrages en laissant parfois errer sa plume à l'abandon? Et puis il était trop tard pour retenir ces poésies fugitives qui n'étaient plus un mystère, pour vous du moins, à qui j'en avais fait l'hommage. Mais elles perdront nécessairement aux yeux du public une partie de leurs droits à l'indulgence, en perdant le seul mérite qui les recommande, celui de la rapidité: car aucune ne m'a coûté plus de deux jours; quelques-unes même ont été faites de verve dans l'espace d'une journée. J'ai bien peur qu'elles ne portent avec elles la preuve de ce que j'avance. Toutefois, pour la première, j'invoque un témoignage auguste et sacré: Jupiter avait droit à mes premiers chants. Ces vers sur la statue colossale, pour lesquels l'empereur a eu l'extrême indulgence de solliciter ma muse, je devais les livrer le lendemain de l'inauguration. Mais, dira-t-on, vous aviez pu voir la statue d'avance. Vous répondrez à ma place, mon cher Stella; car l'épithalame que vous m'aviez expressément recommandé a été, vous le savez, l'affaire de deux jours. Assurément c'est un tour de force, puisque l'on compte dans la pièce deux cent soixante-douze hexamètres. Peut-être, pour obliger un confrère, mentirez-vous. Eh bien! Manlius Vopiscus, cet homme d'un savoir si rare, cet homme si jaloux de retenir les restes d'une littérature qui s'en va, se plaît à répéter, en y mettant une sorte de vanité personnelle, que la description de sa maison de Tibur a été aussi pour moi l'ouvrage d'une journée. Suivent des vers à Rutilius Vopiscus en bonne santé, mais je n'en dis rien. Je passerais pour être ce que je ne suis pas, si j'allais chercher mes témoins parmi les morts. Aussi bien je puis citer l'autorité de Claudius Étruscus, à qui je remis une pièce sur ses

PAPINII STATII SILVARUM
LIBER PRIMUS.
AD STELLAM.

Diu multumque dubitavi, Stella juvenis optime, et in studiis nostris eminentissime qua parte voluisti, an hos libellos, qui mihi subito calore et quadam festinandi voluptate fluxerant, quum singuli de sinu meo prodiissent, congregatos ipse dimitterem. Quid enim?.... quoque auctoritate editionis onerari, quum adhuc pro Thebaide mea (quamvis me reliquerit) timeo? Sed et Culicem legimus, et Batrachomyomachiam etiam agnoscimus: nec quisquam est illustrium poetarum, qui non aliquid operibus suis stilo remissiore praeluserit. Quid? quod haec serum erat continere, quum illa vos certe quorum honori data sunt, haberetis. Sed apud ceteros necesse est multum illis pereat ex venia, quum amiserint, quam solam habuerunt, gratiam celeritatis: nullum enim ex illis biduo longius tractum; quaedam et in singulis diebus effusa: quamvis metuo, ne verum istuc versus quoque ipsi de se probent. Primus libellus sacrosanctum habet testem: sumendum enim erat a Jove principium. Ceterum hos versus, quos in Equum Maximum feci, indulgentissimo imperatori, postero die quam dedicatum erat opus, tradere jussus sum. Potuisti illud (dicet aliquis) et ante vidisse. Respondebis illi tu, Stella carissime, qui epithalamion tuum, quod mihi injunxeras, scis biduo scriptum. Audacter mehercule; sed tamen CCLXXII hexametros habet. At fortasse tu pro collega mentieris. Manlius certo Vopiscus, vir eruditissimus, et qui praecipue vindicat a situ litteras jam paene fugientes, solet ultro quoque nomine meo gloriari, et villam Tiburtinam suam descriptam a nobis uno die. Sequitur libellus Rutilio Gallico Valenti dedicatus: de quo nihil dico, ne videar defuncti testis occasione mentiri; nam Claudii Hetrusci testimonium est, qui Balneolum a me

bains dans l'intervalle d'un souper. Les Kalendes de Décembre terminent le recueil. Cette pièce met la chose hors de doute, puisqu'elle décrit cette heureuse nuit si féconde en plaisirs inconnus.

SILVE I.
LA STATUE COLOSSALE DE DOMITIEN.

Quelle est cette masse, ce colosse surmonté d'un autre colosse, qui s'élève embrassant le forum latin? Nous est-il venu du ciel tout achevé, ce chef-d'œuvre? ou bien cette image est-elle sortie des fournaises de Sicile, laissant Stérope et Brontès las et abattus? Est-ce enfin Pallas dont la main divine a voulu t'offrir à nos regards tenant les rênes de ton coursier, tel que le Rhin t'a vu naguère, et tel aussi que t'ont vu les rocs escarpés du Dace tremblant devant toi, vainqueur de la Germanie?

Maintenant, que l'antique renommée s'extasie sur le cheval phrygien dont l'antique renommée a traversé les âges, et pour qui le Dindymon et l'Ida virent tomber l'ombrage qui couronnait leur front sacré. Celui que je chante, Pergame n'eût pu le contenir même en ouvrant ses remparts. Il n'eût point cédé à la foule réunie des jeunes Troyens et des jeunes vierges, non plus qu'à la main d'Énée lui-même, ni à celle du grand Hector. D'ailleurs le premier, machine funeste, portait dans ses flancs les cruels Argiens. Celui-ci est mieux annoncé par le héros qui le monte. J'aime à contempler ces traits où respire par un heureux mélange je ne sais quoi de pacifique et de martial. Et l'artiste n'a point embelli la vérité; c'est bien là cette grâce, cette beauté, cette majesté. Fier de son noble fardeau, le cheval de Thrace ne porte pas plus haut sa tête ni son orgueil lorsqu'il ramène du carnage le dieu Mars, qu'il se précipite tout fumant le long des fleuves, et qu'il refoule les flots du Strymon par la puissance de son souffle.

L'emplacement répond à l'ouvrage. Devant lui s'ouvre le temple du héros, qui, fatigué de combats, fut redevable à son fils adoptif d'avoir frayé la route de l'empyrée à nos demi-dieux. Ton visage nous dit combien tes victoires nous coûtent moins de larmes encore, toi qui, lent à sévir même contre les Cattes et les Daces, assures à l'étranger le pardon de ses fureurs. Si ta main avait déployé l'étendard, Pompée eût marché moins en force contre les lois, et tu aurais vu Caton, oui; Caton lui-même, dans ton camp. Tes flancs sont protégés ici par la demeure des Jules, là par le superbe palais du belliqueux Paulus. Derrière toi, ton père fait la garde avec la Concorde, qui te couve d'un œil d'amour.

Pour toi, la tête environnée d'un air pur comme d'une auréole, tu t'élèves et brilles au-dessus des temples : tu as l'air d'examiner au loin si les nouveaux palais surgissent plus beaux pour insulter à l'incendie, si le feu troyen veille dans le silence du sanctuaire, et si Vesta commence à se louer de la vertu de ses prêtresses. Ta main droite repousse les combats. La gauche soutient sans fatigue une Minerve qui, présentant la tête sanglante de Méduse, semble vouloir aiguillonner ton coursier. Ah! la déesse ne reposerait nulle part plus doucement, non pas même dans ta main,

suum intra moram cœnæ recepit. In fine sunt Kalendæ Decembres, quibus utique creditur : noctem enim illam felicissimam habent, et voluptatibus publicis inexpertam.

CARMEN I.
EQUUS MAXIMUS DOMITIANI.

Quæ super imposito moles geminata colosso
Stat Latium complexa forum? Cælone peractum
Fluxit opus? Siculis an conformata caminis
Effigies, lassum Steropem Brontemque reliquit?
An te Palladiæ talem, Germanice, nobis 5
Effinxere manus, qualem modo frena tenentem
Rhenus et attoniti vidit domus ardua Daci?
  Nunc age, fama prior notum per sæcula nomen
Dardanii miretur equi, cui vertice sacro
Dindymon, et cæsis decrevit frondibus Ida : 10
Hunc neque divisis cepissent Pergama muris,
Nec grege permixto pueri innuptæque puellæ,
Ipse nec Æneas, nec magnus duceret Hector.
Adde, quod ille nocens, sævosque amplexus Achivos;
Hunc mitis commendat eques : juvat ora tueri 15
Mixta notis belli, placidamque gerentia pacem.
Nec veris majora putes; par forma decorque,
Par honor; exhaustis Martem non amplior armis
Bistonius portat sonipes, magnoque superbit
Pondere; nec tardo raptus prope flumina cursu 20
Fumat, et ingenti propellit Strymona flatu.
  Par operi sedes : hinc obvia limina pandit
Qui fessus bellis, adscitæ munere prolis,
Primus iter nostris ostendit in æthera divis.
Discitur e vultu quantum tu mitior armis; 25
Qui nec in externos facilis sævire furores
Das Cattis Dacisque fidem : te signa ferente
Et minor in leges iret gener, et Cato castris.
At laterum passus hinc Julia tecta tuentur;
Illinc belligeri sublimis regia Pauli. 30
Terga pater, blandoque videt Concordia vultu.
  Ipse autem puro celsum caput aere septus
Templa superfulges, et prospectare videris,
An nova contemptis surgant palatia flammis
Pulchrius; an tacita vigilet face Troicus ignis, 35
Atque exploratas jam laudet Vesta ministras.
Dextra vetat pugnas : lævam Tritonia virgo
Non gravat, et sectæ prætendit colla Medusæ,
Ceu stimulis accendat equum. Nec dulcior usquam
Lecta deæ sedes; nec si, pater, ipse teneres. 40

puissant Jupiter! Cette vaste poitrine semble faite pour agiter les destins du monde, et pour elle Témèse, épuisant ses métaux, semble s'être donnée tout entière. Ses épaules laissent retomber la chlamyde, tandis qu'à son côté un glaive dans le fourreau suffit à sa défense; mais il est long ce glaive, long et menaçant comme celui d'Orion dans les nuits d'hiver, quand Orion épouvante les astres.

Le coursier, partageant la majestueuse fierté de son maître, le coursier s'anime, il lève la tête, il va courir; son cou se dresse, sa crinière se hérisse, la vie circule impétueusement le long de son poitrail, et ses flancs présentent une vaste surface à ces gigantesques éperons. Au lieu du gazon et de la terre nue, son pied d'airain foule la chevelure du Rhin captif. Arion, le coursier d'Adraste, ne l'aurait pas aperçu sans peur; et le Cyllare des fils de Léda s'effarouche en le voyant du temple voisin. Celui-ci n'a point changé de maître : toujours guidé par le même frein, il n'obéira qu'à un seul astre.

Le sol résiste à peine à cet énorme poids, et la terre fatiguée succombe et gémit. Ce n'est pas le fer ni l'airain qui l'écrase, c'est le génie du héros. Il s'appuie cependant sur une base éternelle où reposerait toute une montagne, et qui supporterait pendant la durée des siècles les genoux d'Atlas, d'Atlas qui porte le ciel. Et nous n'avons point subi d'interminables délais. La vue de ces traits divins fait trouver un charme au travail, et les jeunes bras auxquels nous devons ce chef-d'œuvre s'étonnent de leur surcroît de vigueur. La lourde machine crie sous leurs efforts, et ce bruit qui roule de proche en proche le long des sept collines, ce bruit tant de fois répété couvre les vagues rumeurs de la grande cité. Le génie tutélaire du lieu dont ce gouffre sacré, dont ces lacs fameux gardent une mémoire immortelle, Curius, au retentissement de l'airain, aux coups redoublés qui font mugir le forum, lève son front couvert de la sainte poussière des siècles, et sa tête si justement ombragée du chêne respecté. Et d'abord ces dimensions colossales, les éclairs que lance le monstrueux coursier l'épouvantent : trois fois il plonge en frissonnant sa tête altière au fond du lac. Bientôt, joyeux de reconnaître le fondateur de l'empire :

« Salut, toi, le rejeton et le père des plus grands de nos dieux, toi dont j'avais appris la gloire par un écho lointain! Heureux est mon lac, heureux et sacré tout ensemble, aujourd'hui que sur ses bords il est permis de jouir de ta présence et de contempler ton astre aux rayons immortels! Une seule fois mon génie et mon courage ont sauvé Rome; et toi, tu viens à bout de tout, guerres du Capitole, guerres du Rhin, guerres civiles; et ces montagnes si longtemps rebelles ont fini par plier sous ta valeur. Ah! si mon siècle t'avait vu naître, tu aurais bravé l'abîme, quand même sa profondeur eût étonné mon audace; mais Rome entière aurait retenu les rênes de ton coursier. »

Loin, bien loin ce cheval fameux qui, près du temple de Vénus latine, s'élève dans le forum de César; ce cheval que tu créas, ô Lisyppe, pour le conquérant de Pella, et qui ensuite porta sur un buste doré la tête de César. L'œil fatigué me-

Pectora, quæ mundi valeant evolvere curas,
Et quis se totis Temese dedit hausta metallis,
It tergo demissa chlamys : latus ense quieto
Securum; magnus quanto mucrone minatur
Noctibus hibernis, et sidera terret Orion.   45
At sonipes, habitus animosque imitatus equestres,
Acrius attollit vultus, cursumque minatur :
Cui rigidis stant colla jubis, vivusque per armos
Impetus; et tantis calcaribus ilia late
Suffectura patent. Vacuæ pro cespite terræ,   50
Ærea captivi crinem terit ungula Rheni.
Hunc et Adrastæus visum extimuisset Arion;
Et pavet aspiciens Ledæus ab æde propinqua
Cyllarus : hic domini nunquam mutabit habenas
Perpetuos frenis, atque uni serviet astro.   55
Vix sola sufficiunt, insessaque pondere tanto
Subter anhelat humus: nec ferro aut ære laborat,
Sed genio; teneat quamvis æterna crepido,
Quæ superingesti portaret culmina montis,
Cæliferique attrita genu durasset Atlantis.   60
Nec longæ traxere moræ : juvat ipsa labores
Forma dei præsens; operique intenta juventus
Miratur plus posse manus. Strepit ardua pulsu
Machina continuo : septem per culmina montes
It fragor, et magnæ vincit vaga murmura Romæ.   65
Ipse loci custos, cujus sacrata vorago
Famosusque lacus nomen memorabile servat,
Innumeros æris sonitus, et verbere crebro
Ut sensit mugire forum, movet horrida sancto
Ora situ, meritaque caput venerabile quercu.   70
Ac primum ingentes habitus, lucemque coruscam
Expavit majoris equi; terque ardua mersit
Colla lacu trepidus : lætus mox præside viso;

« Salve, magnorum proles genitorque deorum,
Auditum longe numen mihi! nunc mea felix,   75
Nunc veneranda palus, quum te prope nosse, tuumque
Immortale jubar vicina sede tueri
Concessum. Semel auctor ego, inventorque salutis
Romuleæ; tu bella Jovis, tu prælia Rheni,
Tu civile nefas, tu tardum in fœdera montem   80
Longo Marte domas : quod si te nostra tulissent
Sæcula, tentasses, me non audente, profundos
Ire lacus; sed Roma tuas tenuisset habenas. »
Cedat equus, Latiæ qui contra templa Diones,
Cæsarei stat sede fori; [quem tradere es ausus   85
Pellæo, Lisyppe, duci, mox Cæsaris ora
Aurata cervice tulit] vix lumine fesso
Explores quam longus in hunc despectus ab illo.

sure avec peine la distance qui les sépare. Quel juge assez ignorant pour ne pas dire, à la première vue, que les coursiers diffèrent autant que les héros? Cet ouvrage ne redoute ni les hivers pluvieux, ni le triple foudre de Jupiter, ni les fiers bataillons d'Éole, ni l'imperceptible atteinte des années. Il vivra autant que la terre et les cieux, il vivra l'âge de Rome. Ici, et dans le silence de la nuit, à l'heure où les dieux trouvent la terre plus digne de leur amour, ta famille, se glissant du ciel vers toi, te couvrira de ses baisers; tu verras accourir dans tes bras ton fils, ton frère, ton père, ta sœur, et il y aura place sur une seule tête pour les caresses de tous ces astres.

Jouis éternellement de cet hommage d'un grand peuple et d'un auguste sénat. La toile d'Apelle serait heureuse de reproduire tes traits; et le vieillard d'Athènes eût voulu les exposer dans le temple renaissant de Jupiter Éléen. La paisible Tarente voudrait aussi posséder ton image, comme aussi Rhodes la belliqueuse préférerait à son Apollon ces yeux qui brillent à l'égal des flambeaux célestes. Ah! ne te lasse point d'aimer la terre, ni d'habiter vivant le temple que nous te consacrons. Ne regarde point le ciel avec un œil d'envie, plus satisfait de voir ici-bas tes neveux offrir leur encens à ton image.

SILVE II.
ÉPITHALAME DE STELLA ET DE VIOLANTILLA.

D'où naissent ces divins accords dont les monts latins retentissent? Dieu du Pinde, pour qui s'anime aujourd'hui ta lyre, et l'ivoire mélodieux suspendu à ton épaule sous les tresses de ta chevelure? Je vois de loin les Muses déserter les cimes de l'harmonieux Hélicon: elles secouent la flamme solennelle de l'hyménée qui s'agite sur neuf flambeaux, et l'eau des sources de Castalie jaillit et murmure en cadence. Parmi elles s'avance l'Élégie avec un air dégagé: son attitude est plus fière que de coutume. Elle excite les déesses, et veut marier à leurs pas ses pas inégaux. Jalouse de paraître une dixième muse, elle se glisse au milieu d'elles, et les neuf sœurs s'y sont méprises.

La mère des Amours conduit elle-même par la main la fiancée, qui, les yeux baissés, se colore de la douce rougeur de la vertu. Vénus prépare le lit nuptial et l'autel. Cachant avec soin la déesse sous l'habillement d'une Latine, et tempérant l'éclat de son visage, de son front et de sa chevelure, elle trouve un secret plaisir à marcher la seconde en beauté.

Ah! je reconnais ce grand jour, je sais la cause de cet appareil. Que ta porte s'ouvre, ta porte, ô Stella! car c'est toi que ce chœur chante. C'est pour toi qu'Évan et Phébus, pour toi que le dieu du Tégée s'envolant loin des ombrages du Ménale, ont des guirlandes dans les mains. L'Amour et les Grâces ne négligent pas non plus de semer les fleurs sur l'épouse entre les bras de l'époux, et de couvrir d'un voile odorant la neige de son sein. Et quand pleuvent les roses, et quand les lis viennent à pleuvoir mêlés aux violettes,

Quis rudis usque adeo, qui non, ut viderit ambos,
Tantum dicat equos, quantum distare regentes? 90
Non hoc imbriferas hyemes opus, aut Jovis ignem
Tergeminum, Æolii non agmina carceris horret,
Annorumve moras, stabit dum terra polusque,
Dum Romana dies. Huc et sub nocte silenti,
Cum superis terrena placent, tua turba relicto 95
Labetur cælo, miscebitque oscula juxta:
Ibit in amplexus natus, fraterque, paterque,
Et soror: una locum cervix dabit omnibus astris.
Utere perpetuum populi magnique senatus
Munere: Apelleæ cuperent te scribere ceræ, 100
Optassetque novo similem te ponere templo
Atticus Elæi senior Jovis; et tua mitis
Ora Taras, tua sidereas imitantia flammas
Lumina, contempto mallet Rhodos aspera Phœbo.
Certus ames terras, et quæ tibi templa dicamus, 105
Ipse colas: nec te cæli juvet aula; tuosque
Lætus huic dono videas dare thura nepotes.

CARMEN II.
EPITHALAMION STELLÆ ET VIOLANTILLÆ.

Unde sacro Latii sonuerunt carmine montes?
Cui, Pæan, nova plectra moves, humeroque comanti
Facundum suspendis ebur? Procul ecce canoro
Demigrant Helicone deæ, quatiuntque novena
Lampade solemnem thalamis coeuntibus ignem, 5
Et de Pieriis vocalem fontibus undam.
Quas inter vultu petulans Elegia propinquat,
Celsior assueto: divasque hortatur, et ambit
Alternum factura pedem, decimamque videri
Se cupit, et medias fallit permixta sorores. 10
Ipsa manu nuptam genitrix Æneia ducit
Lumina demissam, et dulci probitate rubentem:
Ipsa toros, et sacra parat; cinctuque Latino
Dissimulata deam, crinem vultumque genasque
Temperat, atque nova gestit minor ire marita. 15
Nosco diem causasque sacri: te concinit iste
(Pande fores!) te, Stella, chorus: tibi Phœbus et Evan
Et de Mænalia volucer Tegeaticus umbra
Serta ferunt: nec blandus Amor, nec Gratia cessat
Amplexum niveos optatæ conjugis artus 20
Floribus innumeris et olenti spargere nimbo.
Tu modo fronte rosas, violis modo lilia mixta
Excipis, et dominæ niveis a vultibus obstas.
Ergo dies aderat Parcarum conditus albo
Vellere, quo Stellæ Violantillæque professus 25
Clamaretur Hymen. Cedant curæque metusque,
Cessent mendaces obliqui carminis astus;

ton front reçoit le nuage, penché sur le front de ton épouse.

Le voilà donc ce jour que les Parques ont filé de leur blanche laine, ce jour où l'hymen de Stella et de Violantilla se proclame enfin tout haut! Loin d'eux l'inquiétude et la crainte! Trêve aux allusions malignes d'un vers imposteur! Taisez-vous, bruits importuns! Il a subi des lois, il a mordu le frein, cet Amour volage. Les bruits publics expirent faute d'aliments, et Rome a vu ces baisers dont on a tant parlé. Toi cependant, malgré tes droits acquis à cette nuit délicieuse, ton cœur étonné désire encore et palpite de crainte, malgré la promesse d'une divinité favorable. Fais taire, ô mon doux poëte, fais taire ces vains soupirs; elle est à toi! Tu peux sans mystère passer et repasser un seuil qui ne t'est plus interdit. Ne crains désormais ni lois, ni gardiens, ni sévère pudeur. Enivre-toi de ces faveurs désirées : tu la possèdes ; et dans ses bras rappelle-toi tant de nuits cruelles. Mais un tel bonheur peut-il s'acheter trop cher? dût l'implacable Junon t'imposer les travaux d'Hercule, et le destin te mettre aux prises avec les monstres des enfers, ou te jeter parmi les symplégades bouillonnantes. Pour un prix si doux, on eût souscrit à la loi d'Olympie, cette loi qui faisait pâlir les coureurs poursuivis par le char frémissant d'Œnomaüs. Quand Stella serait le berger téméraire venu de l'Ida phrygien, obtiendrait-il faveur semblable? Non, fût-il même l'amant préféré auprès de qui la jeune Aurore ralentissait son char. Mais à quelle cause mon poëte doit-il ces plaisirs inespérés, cet hymen? Tandis que la foule qui va et vient sans cesse anime ces portiques, et que la porte s'ébranle sous le faisceau d'un licteur, charmante Érato,

viens ici, je t'écoute, viens : un récit de ce genre n'est point déplacé dans ces heures de loisir, et ces doctes Pénates sont habitués à ton langage.

Aux lieux où la Voie lactée s'étend si blanche et si pure dans les régions du ciel, l'auguste Vénus, au lever de l'aurore, reposait libre enfin des rudes étreintes de son mari, le dieu de la Thrace. Un tendre essaim d'Amours assiége le lit nuptial et le chevet de la déesse : ils épient le moindre signe pour savoir quelles torches ils vont saisir, et quels sont les cœurs menacés de leurs traits. Va-t-elle les déchaîner sur la terre ou sur les eaux, semer la discorde parmi les dieux, et tourmenter de nouveau le maître du tonnerre? Elle cependant n'a encore ni volonté ni projet ; elle flotte indécise, et dans toute la langueur du sommeil elle presse ces coussins qui jadis virent se glisser furtivement les filets de Lemnos, pour être témoins d'une faiblesse et surprendre un lit adultère. Alors un jeune enfant de la troupe ailée, dont l'œil pétille du feu le plus vif et dont la flèche n'a jamais trompé la main, élève sa douce voix du milieu de ses frères : les jeunes archers ont fait silence. « Tu sais, ma mère, dit-il, si cette main fut paresseuse à ton service : quelle que soit la victime qui m'ait été désignée, mortel ou dieu, son cœur brûle. Mais pourtant si les larmes et les mains suppliantes, si les vœux et les prières m'attendrissent quelquefois, ô mère chérie, ne me le défends pas ; car nous ne sommes point fils de l'inflexible diamant, nous qui composons ton cortége. Il est un jeune mortel, illustre parmi les fils du Latium, issu d'une race patricienne; la noblesse le porte avec orgueil dans son sein, et elle emprunta pour lui au ciel, notre séjour, un nom garant de sa beauté. C'est sur lui que (par

Fama, tace : subiit leges, et frena momordit
Ille solutus Amor : consumpta est fabula vulgi,
Et narrata diu viderunt oscula cives. 30
Tu tamen attonitus, quamvis data copia tantæ
Noctis, adhuc optas, permissaque numine dextro
Vota paves. Pone, o dulcis, suspiria, vates,
Pone : tua est. Licet exposito per limen aperto
Ire, redire, gradu : jam nusquam janitor, aut lex, 35
Aut pudor : amplexu tandem satiare petitæ
Conjugis, et duras pariter reminiscere noctes.
Digna quidem merces, et si tibi Juno labores
Herculeos, Stygiis et si concurrere monstris
Fata darent, si Cyaneos raperere per æstus. 40
Hanc propter justum Pisæa lege trementem
Currere, et Œnomai fremitus audire sequentis.
Nec si Dardania pastor temerarius Ida
Sedisses, hæc dona forent : nec si alma per auras
Te potius prensa veheret Tithonia biga. 45
Sed quæ causa toros inopinaque gaudia vati
Attulit, hic mecum, dum fervent agmine postes
Atriaque, et multa pulsantur limina virga,
Hic, Erato jucunda, doce : vacat apta movere

Colloquia, et docti norunt audire Penates. 50
    Forte serenati qua stat plaga lactea cæli,
Alma Venus thalamo, pulsa modo nocte, jacebat,
Amplexu duro Getici resoluta mariti.
Fulcra, torosque deæ tenerum premit agmen Amorum :
Signa petunt, quas ferre faces, quæ pectora figi 55
Imperet, an terris sævire, an malit in undis,
An miscere deos, an adhuc vexare Tonantem.
Ipsi animus nondum ; nec cordi fixa voluntas :
Fusa jacet stratis, ubi quondam conscia culpæ
Lemnia reserunt deprenso vincula furto. 60
Hic puer e turba volucrum, cui plurimus ignis
Ore, manuque levi nunquam frustrata sagitta,
Agmine de medio, tenera sic dulce profatus
Voce (pharetrati pressere silentia fratres) :
« Scis ut, mater, ait, nulla mihi dextera segnis 65
Militia ; quemcunque hominum divumque dedisti,
Uritur : at tandem lacrimis, et supplice dextra
Et votis precibusque viri concede moveri,
O genitrix! duro nec enim ex adamante creati,
Sed tua turba sumus. Clarus de gente Latina 70
Est juvenis, quem patriciis majoribus ortum

un jeu pour toi bien doux) j'épuisai mon carquois, et si méchamment! Pauvre jeune homme, il eut beau se débattre, je le criblai de mes flèches. Et lui que les mères de l'Ausonie ambitionnaient pour gendre, je l'ai vaincu, dompté, contraint de porter les fers d'une beauté superbe, et condamné aux tourments d'une longue espérance. Pour elle, tu m'ordonnas de l'épargner; mon flambeau jeta dans son cœur une légère étincelle, et mon arc l'effleura d'un trait amorti. Dès lors, qu'il fut terrible l'incendie que le jeune homme nourrit dans son âme! je suis là pour le dire, et combien jour et nuit je le presse, je le fatigue! Jamais, ô ma mère, je n'obsédai personne avec cette violence, ni ne portai des coups plus souvent répétés. J'ai vu comme l'amour faisait courir Hippomène dans la lice menaçante; Hippomène était moins pâle au moment de toucher le but. J'ai vu ce nageur d'Abydos dont les bras défiaient la rame; j'applaudissais à ses efforts, et mon flambeau éclairait sa route. Moins vive était son ardeur, qui réchauffait l'onde insensible. Toi, jeune homme, tu as laissé bien loin ces amours des temps héroïques. Moi-même, étonné de ta constance dans ces agitations, je raffermis ton courage et j'essuyai ta paupière humide. Que de fois Apollon se plaignit à moi des tourments de son poëte! Ah! mère chérie, mets dans son lit sa bien-aimée! N'oublie pas qu'il s'agit d'un compagnon d'armes et de notre fidèle porte-étendard : il pouvait raconter les travaux belliqueux de Mars, les grandes actions des héros et les plaines inondées de carnage; mais il t'a consacré sa lyre, plus jaloux de grossir la troupe paisible des poëtes, et de joindre au laurier le myrte des amours. Il retrace les écarts de la jeunesse sans oublier ses dernières blessures. O ma mère, comme il est dévoué au culte de Paphos! c'est lui qui pleura notre colombe. »

Il dit, et, suspendu au cou maternel, il fait encore sentir au cœur de la déesse la tiède chaleur de ses ailes. Vénus répond, et sa physionomie n'annonce point un refus dédaigneux. « Ton jeune poëte, dit-elle, réclame une bien grande faveur, et telle que rarement j'en accorde à mes sujets les plus chers. Eblouie de tant de charmes que relevaient et la gloire de ses aïeux et l'éclat de sa noblesse, je l'ai reçue dans mes bras à sa naissance, et mon sein l'a réchauffée : et pour embellir son cou et son visage, et pour verser l'amomone à flots onctueux sur sa chevelure, je n'ai rien négligé, ô mon fils, et du milieu de tant de soins sortit bientôt ma douce image. Vois d'ici ce front élevé, si plein de grâces, et mesure ensuite sa supériorité sur les matrones latines. Ainsi domine parmi les nymphes la fille de Latone, ainsi je brille moi-même au-dessus des Néréides. Elle aurait pu s'élever avec moi du sein azuré des mers et s'asseoir dignement sur mon char. Et si ensuite prenant l'essor vers les demeures étoilées, elle en eût franchi les portes, ô mes fils, elle eût trompé votre œil, l'œil des Amours. Quoiqu'elle tienne de ma bonté prodigue les dons de la fortune, elle a le cœur encore plus grand que ses richesses. Les forêts que le Sère dépouille d'une main trop avare, l'arbre de Clymène qui ne suffit plus à sa

Nobilitas gavisa tulit, præsagaque formæ
Protinus e nostro posuit cognomina cælo.
Hvnc egomet tota quondam (tibi dulce!) pharetra
Improbus, et densa trepidantem cuspide fixi. 75
Quamvis Ausoniis multum gener ille petitus
Matribus, edomui victum, dominæque potentis
Ferre jugum, et longos jussi sperare per annos.
Ast illam summa leviter, sic namque jubebas,
Lampade, parcentes, et inerti strinximus arcu. 80
Ex illo quantos juvenis premat anxius ignes
Testis ego, attonitus quantum me nocte dieque
Urgentem ferat : haud ulli vehementior unquam
Incubui, genitrix, iterataque vulnera fixi.
Vidi ego et immiti cupidum decurrere campo 85
Hippomenem, nec sic meta pallebat in ima :
Vidi et Abydeni juvenis certantia remis
Brachia, laudavique manus, et sæpe natanti
Præluxi : minor ille calor, quo sæva tepebant
Æquora. Tu veteres, juvenis, transgressus amores : 90
Ipse ego te tantos stupui durasse per æstus,
Firmavique animos, blandisque madentia plumis
Lumina detersi. Quoties mihi questus Apollo
Sic vatem mœrere suum! Jam, mater, amatos
Indulge thalamos : noster comes ille piusque 95
Signifer armiferos poterat memorare labores,
Claraque facta virum, et torrentes sanguine campos;
Sic tibi plectra dedit, mitisque incedere vates
Maluit, et nostra laurum subtexere myrto.
Hic juvenum lapsus, suaque, haud extrema, revolvit 100
Vulnera. Pro quanta est Paphii reverentia, mater,
Numinis! hic nostræ deflevit fata columbæ. »
    Dixerat; et tenera matris cervice pependit
Blandus, et admotis tepefecit pectora pennis.
Illa refert, vultu non aspernata rogari : 105
« Grande quidem, rarumque viris, quos ipsa probavi,
Pierius votum juvenis capit : hanc ego, formæ
Egregium mirata decus, cui gloria patrum
Et generis certabat honos, tellure cadentem
Excepi, fovique sinu; nec colla genasque 110
Comere, nec pingui crinem deducere amomo
Cessavit mea, nate, manus : mihi dulcis imago
Prosiluit. Celsæ procul aspice frontis honores,
Suggestumque comæ; Latias metire quid ultra
Emineat matres : quantum Latonia nymphas 115
Virgo premit, quantumque egomet Nereidas exsto.
Hæc et cæruleis mecum consurgere digna
Fluctibus, et nostra potuit considere concha;
Et si flammiferas potuisset scandere sedes,
Hasque intrare domos, ipsi erraretis, Amores, 120
Huic quamvis census dederim largita beatos.

LIV. I, SILVE II.

parure, et les vertes Hyades qui ne répandent plus assez de larmes, la font murmurer. Les tissus rougis par la pourpre de Tyr, les cristaux formés par les neiges séculaires deviennent aussi trop rares à son gré. Pour elle (et ce n'est point encore assez) j'ai dit à l'Hermus et au Tage de rouler un sable d'or; et Glaucus, Protée et toutes les Néréides ont ordre de lui chercher les perles de l'Inde. O Phébus, si une seule fois tu l'avais vue dans les champs thessaliens, Daphné se promènerait encore en toute sécurité. Si les rivages de Naxos l'avaient offerte près du lit de Thésée, Bacchus eût à son tour délaissé Ariane une seconde fois solitaire; et même si les plaintes de Junon ne m'avaient à la longue désarmée, le souverain des airs eût emprunté pour elle les plumes du cygne ou le front du taureau, et l'on eût vu Jupiter tomber dans son sein en gouttes d'or et en pluie vivante. Mais je la donne à celui pour qui tu intercèdes, ô mon fils, zélé soutien de ma puissance. Bien que souvent elle rejette le joug d'un second hymen avec une plainte mélancolique, je m'aperçois moi-même qu'elle cède déjà et qu'elle s'attendrit en faveur de son amant. » Ayant ainsi dit, elle se lève comme une étoile radieuse, et, franchissant le seuil qui conduit à sa superbe couche, elle appelle sous le joug les cygnes d'Amyclée. L'Amour les attelle, s'assied sur les pierreries du timon, et conduit à travers les nuages sa mère, toute joyeuse de la joie qu'elle va répandre.

Déjà paraît le Tibre et sa ville troyenne : un palais auguste laisse voir ses brillants Pénates, et les cygnes à l'envi saluent du battement de leurs ailes ces portiques majestueux. Demeure digne d'une déesse, et que Vénus voit sans dédain au sortir des demeures étoilées! Là brillent les marbres d'Afrique et de Phrygie, et les roches vertes et dures de Lacédémone, et l'onyx moins rebelle; ici ceux dont la veine a tout l'éclat des flots d'azur, ailleurs ceux dont la couleur fait pâlir la pourpre éhalienne et désespère l'industrieux Tyrien. Les voûtes s'élancent appuyées sur d'innombrables colonnes, les poutres déploient avec profusion le métal éblouissant du Dalmate. D'antiques forêts écartent les rayons du soleil et versent la fraîcheur; des sources vives arrosent le marbre d'une eau transparente. La nature même y oublie ses lois; là Sirius est l'annonce du frais, là les hivers sont tièdes, et la température y marche en sens inverse des saisons de l'année. A la vue de ces merveilles, à l'aspect de son illustre élève, Vénus frissonne de ce tressaillement de plaisir qu'elle éprouva quand, sortie de l'écume des mers, elle visita Paphos, Idalie, et son temple du mont Érix.

Alors s'adressant à celle qui repose penchée sur un lit solitaire : « Combien de temps encore ton lit ne s'ouvrira-t-il qu'au sommeil et à de chastes veilles, ô toi qui m'est chère entre toutes les beautés de Laurente? Quoi! toujours même scrupule, même fidélité! Ne subiras-tu jamais le joug de l'hymen? Bientôt viendra une saison moins riante; use de tes grâces, mets à profit ces dons fugitifs. Si j'ai fait passer en toi les traits, les grâces, la fierté de Vénus et Vénus elle-même tout entière, est-ce pour te voir te consumer dans le veuvage, comme si je ne t'aimais pas? C'est assez, ah! c'est même trop d'avoir

Vincit opes animo : queritur jam Seras avaros
Augustum spoliasse nemus, Clymeneaque deesse
Germina, nec virides satis illacrimare sorores :
Vellera Sidonio jam pauca rubescere tabo,   125
Raraque longævis nivibus crystalla gelari.
Huic Hermum, fulvoque Tagum decurrere limo,
(Nec satis ad cultus) huic Inda monilia Glaucum,
Proteaque, atque omnem Nereida quærere jussi.
Hanc si Thessalicos vidisses, Phœbe, per agros,   130
Erraret Daphne secura : in litore Naxi
Theseum juxta foret hæc conspecta cubile,
Gnosida desertam profugus liquisset et Evan.
Quod nisi me longis placasset Juno querelis,
Falsus huic pennas et cornua sumeret æthræ   135
Rector, in hanc vero cecidisset Juppiter auro.
Sed dabitur juveni, cui tu, mea summa potestas,
Nate, cupis : thalami quamvis juga ferre secundi
Sæpe neget mœrens : ipsam jam cedere sensi,
Inque vicem tepuisse viro. » Sic fata, levavit   140
Sidereos artus, thalamique egressa superbum
Limen, Amyclæos ad frena citavit olores.
Jungit Amor, lætamque vehens per nubila matrem
Gemmato temone sedet. Jam Tibridis arces
Iliacæ; pandit nitidos Venus alma Penates,   145

Claraque gaudentes plauserunt limina cycni.
    Digna deæ sedes, nitidis nec sordet ab astris.
Hic Libycus Phrygiusque silex, hic dura Laconum
Saxa virent : hic flexus onyx, et concolor alto
Vena mari rupesque nitent, quis purpura sæpe   150
Œbalis et Tyrii moderator livet aheni.
Pendent innumeris fastigia nixa columnis;
Robora Dalmatico lucent satiata metallo.
Excludunt radios silvis decussa vetustis
Frigora; perspicui vivunt in marmore fontes.   155
Nec servat Natura vices : hic Sirius alget,
Bruma tepet, versumque domus sibi temperat annum.
Exsultat visu, tectisque potentis alumnæ
Non secus alma Venus, quam si Paphon æquore ab alto
Idaliasve domos Erycinæ templa subiret.   160
    Tunc ipsam solo reclinem affata cubili
« Quonam hic usque sopor vacuique modestia lecti,
O mihi Laurentes inter dilecta puellas?
Quis morum, fideique modus? Nunquamne virili
Submittere jugo? Veniet jam tristior ætas.   165
Exerce formam, et fugientibus utere donis.
Non ideo tibi tale decus, vultusque superbos,
Meque dedi, viduos ut transmittere per annos,
Ceu non cara mihi : satis, o, nimiumque, priores

jusqu'ici dédaigné tant de soupirs. Voici un époux qui donnerait son sang pour te plaire. Tu es l'unique objet de son admiration et de son amour, lui qui d'ailleurs ne manque ni de jeunesse ni de beauté. Est-il jeune homme ou jeune fille dans Rome qui n'ait appris ses doctes vers? Tu le verras, si le chef de l'Ausonie lui continue ses bonnes grâces, oui, tu le verras avant l'âge faire marcher les douze faisceaux devant lui. Mais déjà même il a passé le seuil du temple de Cybèle, et il a le droit de lire les oracles de la Sibylle Eubéenne. Bientôt le père des Latins, dont une déesse peut à coup sûr prévoir les intentions, honorera sa jeunesse de la pourpre et de l'ivoire curule; et ce qui est plus flatteur encore, lui permettra de célébrer les Daces vaincus et les lauriers fraîchement cueillis. Courage, ma fille, donne-lui ta main et réveille ta jeunesse oisive! Y a-t-il des êtres, y a-t-il des cœurs au monde que je n'enchaîne par la vertu de mon flambeau? Les oiseaux même, les troupeaux et les hôtes féroces des bois ne déclinent pas mon empire. Eh! quand les ondées éclaircissent les nuages, c'est qu'alors l'air est aussi convié de ma part à s'unir avec la terre. Ainsi la chaîne des êtres se renoue et le monde se rajeunit. Où en serait la nouvelle Ilion et la gloire du héros qui arracha ses dieux aux flammes, si je ne m'étais unie avec un Phrygien? Héritier de la Lydie, le Tibre aurait-il vu revivre mes chers Jules? Quelle main eût jeté les fondements de cette Rome aux sept collines, capitale de l'empire des Latins, si une vestale n'eût secrètement captivé Mars, et si je n'avais laissé faire? »

Par ce discours elle flatte le cœur de la jeune Romaine, et lui souffle un secret désir de l'hymen. Déjà reviennent à son esprit tant de présents, de larmes, de prières, et les veilles de l'amant qui soupirait près de la porte, et les chants du poëte redisant à Rome entière son Astéris, Astéris avant le repas, au sein de la nuit Astéris, Astéris au lever de l'aurore! Déjà son cœur farouche se laisse attendrir sans résistance, et elle se trouve déjà trop cruelle.

Entre avec joie dans cette vie nouvelle, ô le plus aimable des poëtes du Latium! après un rude et long voyage, ton épreuve est terminée, tu prends possession du port. Ainsi désertant la superbe Pise, ce fleuve qu'une longue flamme d'amour entraîne aux rives étrangères roule dans un canal souterrain ses ondes toujours vierges; mais enfin se montrant aux bords siciliens il aspire à longs traits l'onde amoureuse. La Naïade s'étonne de ses doux baisers, et ne peut croire que la mer lui envoie un époux.

Quel jour pour celui que les dieux favorisèrent de cette magnifique faveur! quel jour, ô Stella! Quel impatient désir faisait battre ta poitrine, quand un sourire de ton amie vint confirmer le don de sa main! Alors tu crus errer dans l'Olympe, parmi les sphères étoilées; un élan moins vif saisit Pâris, quand, sur les sables d'Amyclée, il bondit à la vue d'Hélène qui venait à son navire; et les vallons de Thessalie virent Pélée moins heureux quand le centaure, dressé sur ses pieds de coursier, aperçut de loin Thétis approchant de la rive Émonienne. Qu'ils vont len-

Despexisse procos. At enim hic tibi sanguine toto 170
Deditus, unam omnes inter miratur amatque,
Nec formæ, nec stirpis egens : nam docta per urbem
Carmina qui juvenes, quæ non didicere puellæ?
Hunc et bis senos (sic indulgentia pergat
Præsidis Ausonii) cernes attollere fasces 175
Ante diem : certe jam nunc Cybeleia novit
Limina, et Euboïcæ carmen legit ille Sibyllæ.
Jamque parens Latius (cujus prænoscere mentem
Fas mihi), purpureos habitus, juvenique curule
Indulgebit ebur : Dacas, quæ gloria major! 180
Exuvias, laurosque dabit celebrare recentes.
Ergo age, junge toros, atque otia deme juventæ.
Quas ego non mentes, quæ non face corda jugavi?
Alituum pecudumque mihi, durique ferarum
Non renuere greges. Ipsum in connubia terræ 185
Æthera, quum pluviis rarescunt nubila, solvo.
Sic rerum series, mundique revertitur ætas.
Unde novum Trojæ decus ardentumque deorum
Raptorem, Phrygio si non ego juncta marito?
Lydius unde meos iterasset Tibris Iülos? 190
Quis septemgeminæ posuisset mœnia Romæ,
Imperii Latiale caput, nisi Dardana furto
Cepisset Martem, nec me prohibente, sacerdos? »

His mulcet dictis, tacitumque inspirat amorem
Connubii : redeunt animo jam vota precesque, 195
Et lacrimæ, vigilesque viri prope limina questus;
Asteris et vati totam cantata per urbem;
Asteris ante dapes, nocte Asteris, Asteris ortu,
Quantum non clamatus Hylas. Jamque aspera cœpit
Flectere corda libens, et jam sibi dura videri. 200
Macte toris, Latios inter placidissime vates,
Qui durum permensus iter cœptosque labores,
Prendisti portus : tumidæ sic transfuga Pisæ
Amnis, in externos longe flammatus amores,
Flumina demerso trahit intemerata canali; 205
Donec Sicanios tandem prolatus anhelo
Ore bibat fontes : miratur dulcia Naïs
Oscula, nec credit pelago venisse maritum.
Quis tibi tunc alacri, cælestum munere, clare
Stella, dies! quanto salierunt pectora voto! 210
Dulcia quum dominæ dexter connubia vultus
Annuit, ire polo, nitidosque errare per axes
Visus. Amyclæis minus exsultavit arenis
Pastor, ad Idæas Helena veniente carinas :
Thessala nec talem viderunt Pelea Tempe, 215
Quum Thetin Æmoniis Chiron accedere terris
Erecto prospexit equo. Quam longa morantur

tement les astres, et combien l'aurore est paresseuse au gré de ton amour!

Mais de loin, sitôt que les apprêts de la fête eurent éveillé l'attention d'Evan et du père des poëtes, le fils de Latone et celui de Sémélé appellent l'un d'Ortygie, l'autre de Nysa, leur rapide cortége; et si les montagnes de Lycie et le Parnasse et les frais ombrages de Thymbra répondent à l'appel du premier, la voix du second trouve mille échos dans le Pangée, l'Ismare, et les bords si joyeux de Naxos. Ils entrent alors sous les portiques chéris, apportant pour un rival en harmonie celui-ci une lyre, celui-là la peau tachetée d'une panthère; l'un des thyrses, l'autre des archets. L'un couvre son front de laurier; la couronne d'Ariane presse la chevelure de l'autre.

A peine le jour commence à poindre, et déjà les augures ont tout préparé pour l'union conjugale. Déjà la pompe joyeuse met en rumeur les deux maisons; le feuillage verdoyant tapisse les portes, les flambeaux rayonnent dans les rues, et la moitié de l'immense Rome est dans la joie. Tous les magistrats, tous les faisceaux affluent vers ces portiques. De toutes parts la pourpre est froissée par l'agitation du peuple. Ici c'est un chevalier, là une beauté modeste qui s'embarrasse dans un groupe de jeunes gens. Tous admirent ce couple fortuné; mais celui surtout dont on envie le sort, c'est l'époux. Depuis longtemps appuyé sur le seuil, Hymen rêve à un épithalame d'un genre nouveau, propre à chatouiller le cœur d'un poëte. Junon présente les liens sacrés, et la Concorde réunit les deux flambeaux étincelants. Telle fut la journée; c'est à l'époux de chanter la nuit. Mais, autant qu'il est permis d'en connaître, ainsi reposa sur un frais rivage l'épouse adorée de Mars, Ilia; qu'un sommeil trompeur avait vaincue. Moins aimable était Lavinie, s'efforçant de cacher sa rougeur qu'un regard de Turnus a fait naître, et moins noble aussi parut Claudia quand la marche du navire la proclama vierge.

A vous maintenant, compagnons des Muses et ministres du trépied, d'engager la lutte poétique sur tous les tons. Couronnés du lierre, des bandelettes du dieu, allez, troupe inspirée, nobles enfants de la lyre. Mais vous surtout, qui dérobez un pied au vers héroïque, chantez dignement cet hymen fortuné. Songez que Philétas dans Cos enchantée, et le vieux Callimaque, et Properce dans ses grottes d'Ombrie, auraient brigué l'honneur de célébrer cette journée. A ce prix, Ovide même, à Tomes, n'eût plus été le triste Ovide, et Tibulle eût été riche auprès de son foyer pétillant. Pour moi, l'amour des vers n'est pas l'unique charme qui m'entraîne, ô Stella! Nos deux Muses sont sœurs, elles cherchent aux mêmes autels le même délire, et elles puisent ensemble aux doctes fontaines.

Mais toi, jeune beauté, ma chère Parthénope, te reçut à ta naissance; notre sol, dont tu es l'orgueil, a vu tes premiers pas : que la rive Eubéenne s'élève donc vers le ciel, que Sébétos soit fier de son aimable élève. Ne leur préfère ni les Naïades du Lucrin et leurs grottes sulfureuses, ni les rives du Sarne et les loisirs de Pompéi.

Hâtez-vous, donnez au Latium de nobles soutiens; qu'ils soient à la tête de la magistra-

Sidera! quam segnis votis Aurora maritis!
    At procul ut Stellæ thalamos sensere parari
Latoüs vatum pater, et Semeleïus Evan,   220
Hic movet Ortygia, movet hic rapida agmina Nysa.
Huic Lycii montes, gelidæque umbracula Thymbræ,
Et, Parnase, sonas; illi Pangea resultant,
Ismaraque, et quondam genialis litora Naxi.
Tunc caras iniere fores, comitique canoro   225
Hic chelyn, hic flavam maculoso nebrida tergo,
Hic thyrsos, hic plectra ferunt : hic enthea lauro
Tempora; Minoa crinem premit ille corona.
    Vixdum emissa dies, et jam sociala præsto
Omina, jam festa fervet domus utraque pompa :   230
Fronde virent postes, effulgent compita flammis,
Et pars immensæ gaudet celeberrima Romæ.
Omnis honos, cuncti veniunt ad limina fasces :
Omnis plebeio teritur prætexta tumultu.
Hic eques, hic juvenum cœtu stola mixta laborat.   235
Felices utrosque vocant; sed in agmine plures
Invidere viro. Jamdudum poste reclinis
Quærit Hymen thalamis intactum dicere carmen,
Quo vatem mulcere queat : dat Juno veranda
Vincula, et insigni geminat Concordia tæda.   240
Hic fuit ille dies : noctem canat ipse maritus.

Quantum nosse licet, sic victa sopore doloso
Martia fluminea posuit latus Ilia ripa :
Non talis niveos strinxit Lavinia vultus,
Quum Turno spectante rubet; non Claudia talis   245
Respexit populos, mota jam virgo carina.
    Nunc opus, Aonidum comites, tripodumque ministri,
Diversis certare modis : eat enthea vittis
Atque hederis redimita cohors, ut pollet ovanti
Quisque lyra; sed præcipue qui nobile gressu   250
Extremo fraudatis epos, date carmina festis
Digna toris : hunc ipse, Coo plaudente, Philetas
Callimachusque senex, Umbroque Propertius antro
Ambissent laudare diem; nec tristis in ipsis
Naso Tomis, divesque foco lucente Tibullus.   255
Me certe non unus amor, simplexque canendi
Causa trahit : tecum similes junctæque Camœnæ,
Stella, mihi; multumque pares bacchamur ad aras,
Et sociam doctis haurimus ab amnibus undam.
    At te nascentem gremio mea prima recepit   260
Parthenope, dulcique solo tu gloria nostro
Reptasti : nitidum consurgat ad æthera tellus
Euboïs, et pulchra tumeat Sebetos alumna :
Nec tibi sulfureis Lucrinæ Naïades antris,
Nec Pompeiani placeant magis otia Sami.   265

ture et des camps, et se jouent avec les Muses. Bienveillante Cynthie, précipite la marche des mois, hâte le terme heureux! Mais, ô Lucine, je te conjure de l'épargner! Et toi aussi, jeune enfant, épargne ta mère! ne porte pas des atteintes trop rudes à ses flancs, ni aux contours arrondis de son sein délicat. Et quand la nature, dans un mystérieux asile, aura façonné ton visage, qu'il retrace fidèlement la beauté de ton père, et plus fidèlement encore les grâces maternelles! Pour toi, ô la plus belle des filles de l'Italie, douce récompense d'un époux digne de toi, fais-lui chérir ces nœuds si longtemps désirés! Puisses-tu à ce prix ne jamais perdre un seul de tes charmes! puisse la jeunesse en sa fleur briller longtemps sur tes traits ineffaçables, et ne se faner que bien tard au souffle glacé des années!

SILVE III.
LE TIBUR DE MANLIUS VOPISCUS.

Vous qui visitez le frais Tibur de l'éloquent Vopiscus, et ces doubles Pénates traversés par l'Anio; vous qui voyez ces deux rives amies, réunies par un libre passage, et ces champêtres asiles qui se disputent leur possesseur, ne redoutez ni les aboiements furieux de Sirius, ni les regards malfaisants du nourrisson de la verte Némée. Telle est ici l'influence d'un doux hiver et d'une fraîcheur victorieuse des feux du soleil : la saison qui brûle les champs de Pise épargne ce beau séjour.

Aussi la Volupté en a-t-elle tracé le plan d'une main délicate; puis Vénus en a parfumé le faîte avec l'essence d'Idalie, et l'effleurant de sa chevelure, elle a laissé dans ces demeures l'empreinte de ses grâces, et défendu à toute la troupe ailée de sortir de leur enceinte.

O jour d'ineffaçable mémoire! Quelle douce impression je remporte en mon âme! Combien de merveilles! mes yeux en sont fatigués. Que la nature du sol est fertile! Comme la main de l'homme a embelli ces lieux fortunés! Où la nature se montra-t-elle plus prodigue de ses trésors? De hautes forêts se balancent sur des eaux courantes; une image trompeuse reproduit leur feuillage, et jusqu'à leur ombre fuyant au loin sous les flots; et l'Anio qui au-dessus des bois et à leurs pieds va bondissant contre les rochers, l'Anio lui-même, ô prodige! dépose ici sa fureur avec son murmure et son écume, comme s'il craignait de troubler le paisible Vopiscus, et les jours qu'il consacre aux neuf sœurs, et la muse qui veille encore pendant que le poëte repose. Sur les deux rives on est chez toi, ô Vopiscus; ce fleuve complaisant ne divise point ton domaine. Les deux bords voient s'élever deux maisons qui ne sont pas étrangères l'une à l'autre, et qui s'aperçoivent à peine que les flots les partagent.

Que la renommée vante maintenant le détroit de Sestos, et la mer traversée à la nage, et les dauphins devancés par un amant audacieux! Ici règne un calme éternel, ici les tempêtes ont perdu leur empire et jamais les ondes n'y bouillonnent. L'œil répond à l'œil, la voix à la voix, et la main s'unit presque à la main d'une rive à l'autre. Ainsi le reflux de l'Euripe bat les riva-

```
Eia age, præclaros Latio properate nepotes,
Qui leges, qui castra legant, qui carmina ludant.
Acceleret partu decimum bona Cynthia mensem :
Sed parcat Lucina, precor! tuque ipse parenti
Parce, puer; ne mollem uterum, ne stantia lædas      270
Pectora ; quumque tuos tacito Natura recessu
Formarit vultus, multum de patre decoris,
Plus de matre feras. At tu, pulcherrima forma
Italidum, tandem merito possessa marito,
Vincla diu quæsita fove. Sic damna decoris           275
Nulla tibi; longæ virides sic flore juventæ
Perdurent vultus, tardeque hæc forma senescat!
```

CARMEN III.
VILLA TIBURTINA MANLII VOPISCI.

```
Cernere facundi Tibur glaciale Vopisci
Si quis, et inserto geminos Aniene penates,
Aut potuit sociæ commercia noscere ripæ,
Certantesque sibi dominum defendere villas;
Illum nec calido latravit Sirius astro,                5
Nec gravis aspexit Nemees frondentis alumnus :
Talis hiems tectis, frangunt sic improba solem
```

```
Frigora, Pisæoque domus non æstuat anno.
    Visa manu tenera tectum scripsisse Voluptas ;
Tunc Venus Idaliis unxit fastigia succis,            10
Permulsitque comis, blandumque reliquit honorem
Sedibus, et volucres vetuit discedere natos.
    O longum memoranda dies! quæ mente reporto
Gaudia! quam lassos per tot miracula visus!
Ingenium quam mite solo! quæ forma beatis            15
Arte manus concessa locis! Non largius usquam
Indulsit natura sibi. Nemora alta citatis
Incubuere vadis; fallax responsat imago
Frondibus, et longas eadem fugit unda per umbras.
Ipse Anien (miranda fides) infraque superque         20
Saxeus, hic tumidam rabiem, spumosaque ponit
Murmura, ceu placidi veritus turbare Vopisci
Pieriosque dies, et habentes carmina somnos.
Littus utrumque domi : nec te mitissimus amnis
Dividit; alternas servant prætoria ripas             25
Non externa sibi, fluviumve obstare queruntur.
    Sestiacos nunc fama sinus, pelagusque natatum
Jactet, et audaci junctos delphinas ephebo :
Hic æterno quies, nullis hic jura procellis,
Nusquam fervor aquis. Datur hic transmittere visus,  30
Et voces, et pæne manus. Sic Chalcida fluctus
```

ges de Chalcis, ainsi par delà la barrière des flots le Brutium aperçoit Pélore sur les bords siciliens.

Par où commencer, par où poursuivre et finir? Faut-il admirer ces poutres dorées, ces mille portes taillées dans l'ivoire de Mauritanie, ces marbres parsemés de veines brillantes, ou ces Naïades qui versent la fraîcheur dans tous les asiles du repos? Mes yeux et mon esprit se partagent. Dirai-je la vieillesse vénérable de ces bois sacrés, ou la salle qui voit couler le fleuve, ou celle qui regarde la forêt silencieuse? Là, sans mélange d'aucun bruit importun, durant la nuit tout est calme et repos, ou peut-être de légers murmures invitent encore la langueur au sommeil. Voyez fumer ces bains qui reposent sur des bancs de verdure, voyez ce froid rivage au-dessous des feux qui l'éclairent, et, tout près des fourneaux et des tourbillons de vapeurs, le dieu qui contemple en souriant ses nymphes haletantes à deux pas du fleuve.

J'ai admiré le travail des anciens artistes, et la vie, sous toutes les formes, animant les métaux. Comment rappeler les figures d'or, d'ivoire, et ces pierres précieuses dignes de briller aux doigts, et ces ouvrages d'argent et d'airain où s'est joué le talent d'un Myron, et ces colosses démesurés, superbes tentatives de son génie? Errant de merveilles en merveilles et promenant les yeux de tous côtés, j'ignorais quels trésors je foulais. Enfin l'éclat tombant de la voûte, et le pavé qui répète la splendeur des cieux, attirent mes regards sur le sol. Il étalait avec orgueil mille peintures diverses, et des mosaïques où respirent de nouvelles figures. Je reculai saisi d'effroi. Admirerai-je encore ces vastes galeries et ces deux bâtiments séparés, mais construits sur le même plan? et cet arbre qui, conservé au centre de l'édifice, se fait jour à travers le toit et les portiques pour s'élancer au grand air? arbre heureux, sous quel autre maître aurais-tu bravé la cognée? Et maintenant, ô Vopiscus, quelque Hamadryade, quelque Naïade agile et fugitive te remercie peut-être à ton insu d'avoir épargné ses jours. Parlerai-je, et de ces deux tables élevées sur les deux rives, et de ces lacs alimentés par des sources qui s'enfoncent sous leurs eaux blanchâtres, et de toi, ô Marcia, qui suis le cours oblique du fleuve et le franchis dans toute sa largeur, portée sur un plomb audacieux? Eh! pourquoi le fleuve de l'Elide trouverait-il seul un heureux passage sous les flots ioniens jusqu'aux ports de la Sicile? Au sein de ces grottes humides, le dieu de l'Anio, oubliant ses propres fontaines, dépouille dans le secret des nuits son vêtement d'azur pour se rouler çà et là sur la mousse légère, ou tomber comme un géant au milieu du lac, et battre en nageant le cristal liquide. Voici l'ombrage favori du dieu de Tibur; ici l'Albula aime à baigner sa chevelure imprégnée de soufre. Cette demeure pourrait enlever à Égérie la Diane forestière, aux coteaux glacés du Taygète les chœurs des Dryades, et Pan lui-même aux forêts du Lycée. Et si le dieu de Tyrinthe n'y proclamait déjà les arrêts du sort, les sœurs de Préneste y fixeraient aussi leur sanctuaire.

Expellunt fluvii : sic dissociata profundo
Bruttia Sicanium circumspicit ora Pelorum.
    Quid primum, mediumve canam; quo fine quiescam?
Auratasne trabes, an Mauros undique postes, 35
An picturata lucentia marmora vena
Mirer, an emissas per cuncta cubilia nymphas?
Huc oculis, huc mente trahor. Venerabile dicam
Lucorum senium? te, quæ vada fluminis infra
Cernis? an ad silvas quæ respicis, aula, jacentes? 40
Qua tibi tota quies, offensaque turbine nullo
Nox silet, et teneros invitant murmura somnos.
An quæ graminea suscepta crepidine fumant
Balnea, et impositum ripis algentibus ignem?
Quique vaporiferis junctus fornacibus amnis 45
Ridet anhelantes vicino flumine nymphas?
    Vidi artes, veterumque manus, variisque metalla
Viva modis. Labor est auri memorare figuras,
Aut ebur, aut dignas digitis contingere gemmas.
Quicquid et argento primum vel in ære Myronis 50
Lusit, et enormes manus est experta colossos.
Dum vagor aspectu, visusque per omnia duco,
Calcabam nec opinus opes : nam splendor ab alto
Defluus, et nitidum referentes aera testæ
Monstravere solum; varias ubi picta per artes 55
Gaudet humus superare novis asarota figuris.

Expavere gradus. Quid nunc ingentia mirer,
Aut quid partitis distantia tecta trichoris?
Quid te, quæ mediis servata penatibus, arbor,
Tecta per et postes liquidas emergis in auras? 60
Quo non sub domino sævas passura bipennes?
Et nunc ignaræ forsan vel lubrica Naïs,
Vel non abruptos tibi debet Hamadryas annos.
Quid referam alternas gemino super aggere mensas,
Albentesque lacus, altosque in gurgite fontes? 65
Teque per obliquum penitus quæ laberis amnem,
Marcia, et audaci transcurris flumina plumbo?
Non solum Ioniis sub fluctibus Elidis amnem
Dulcis ad Ætnæos deducit semita portus.
Illis ipse antris Anienus fonte relicto, 70
Nocte sub arcana glaucos exutus amictus,
Huc illuc fragili prosternit pectora musco :
Aut ingens in stagna cadit, vitreasque natatu
Plaudit aquas : illa recubat Tiburnus in umbra,
Illic sulfureos cupit Albula mergere crines. 75
Hæc domus, Ægeriæ nemoralem abjungere Phœben,
Et Dryadum viduare choris algentia possit
Taygeta, et silvis accessere Pana Lycæis.
Quod ni templa darent alias Tirynthia sortes,
Et Prænestinæ poterant migrare sorores. 80
    Quid bifera Alcinoi laudem pomaria? vosque,

Vanterai-je à présent les vergers d'Alcinoüs, fertiles deux fois l'année, et ces rameaux qui jamais n'étalent un feuillage inutile? Loin, bien loin les champs de Télégone et de Turnus, et les palais du Lucrin, et les rivages du sanguinaire Antiphate, et ces coteaux perfides où Circé fit répéter aux guerriers d'Ithaque les hurlements des loups! loin ces tours superbes d'Anxur, et le site consacré par le héros de Phrygie à sa vieille nourrice, et les rives inabordables où te rappelleront les pâles soleils et les courtes journées de la saison des brouillards! Ici ta sagesse se nourrit de méditations profondes, ici tu ensevelis tes laborieux loisirs, et cette vertu si douce avec un front austère. Ici j'admire un éclat de bon goût et des agréments sans faste que le vieillard de Gargette eût préférés à sa chère Athènes et à ses jardins voluptueux. Eh! qui ne braverait à ce prix les tempêtes de la mer Égée, les Pléiades neigeuses, et l'astre menaçant d'Olénie? Si l'on peut sans folie confier son navire aux flots de Malée, aux écueils de Sicile, pourquoi nos yeux dédaignent-ils des plaisirs qui sont si près de nous? Ici les Faunes de Tibur, et Alcide lui-même, et Catillus pour qui ta muse réserva ses plus nobles accents, se laissent bercer à tes accords, soit que tu oses rivaliser avec la vigueur de Pindare, soit que ton luth s'élève au ton héroïque, soit que tu charges tes pinceaux des couleurs rembrunies de la satire, ou que tu embellisses l'épître des seules grâces de la négligence. Poursuis, toi qui mérites tous les biens de Midas et de Crésus, tous les trésors de la Perse; enrichis-toi des biens de l'âme. Tes humides campagnes méritaient d'être inondées par les flots jaunissants de l'Hermus, et le Tage leur devait son limon brillant. Ah, puisses-tu multiplier tes doctes loisirs! puisses-tu, le cœur dégagé de tout nuage, dépasser le terme atteint par la vieillesse de Nestor!

SILVE IV.
EX-VOTO POUR LA CONSERVATION DE RUTILIUS GALLICUS.

Il y a des dieux, oui je le proclame, et Clotho ne poursuit pas inexorablement sa tâche. Astrée sourit à la vertu; réconciliée avec Jupiter, elle revient à nous, et Gallicus revoit le jour qu'il était menacé de perdre. Qu'on demande à présent si tu es l'amour de la terre et du ciel, vainqueur des Germains! Qui donc dirait le contraire? La fortune a rougi de priver ton empire d'un si grand ministre. Il est debout celui qui après toi soutient le fardeau d'une si vaste puissance! Déjà enveloppé des réseaux de la vieillesse, il brise ce tissu fatal, et retrouve encore pour d'autres années toute la verdeur de la jeunesse. Cohortes fidèles à l'étendard de la ville, et vous, lois augustes, qui, violées par les troubles du forum, venez plus d'une fois vous réfugier dans le sein de Gallicus; et vous, cités revêtues de la toge, vous dont les supplications lointaines implorent sa justice, rivalisez d'allégresse; que la joie de nos sept collines tressaillant de concert impose silence à des bruits sinistres! il vit; et recommençant sa carrière, il vivra longtemps celui dont les soins paternels assurent le repos de nos murs.

```
Qui nunquam vacui prodistis in æthera, rami?
Cedant Telegoni, cedant Laurentia Turni
Jugera, Lucrinæque domus, litusque cruenti
Antiphatæ : cedant vitreæ juga perfida Circes,      85
Dulichiis ululata lupis, arcesque superbi
Anxuris, et sedes Phrygio quas mitis alumno
Debet anus : cedant, quæ te, jam solibus arctis,
Avia nimbosa revocabunt littora bruma.
Scilicet hic illi meditantur pondera mores :        90
Hic premitur fecunda quies, virtusque serena
Fronte gravis, sanusque decor, luxuque carentes
Deliciæ, quas ipse suis digressus Athenis
Mallet deserto senior Gargettius horto.
Hæc per Ægeas hiemes, Pliadumque nivosum          95
Sidus, et Oleniis dignum petiisse sub astris.
Si Maleæ credenda ratis, Siculosque per æstus
Sit via, cur oculis sordet vicina voluptas?
Hic tua Tiburtes Faunos chelys, et juvat ipsum
Alciden, dictumque lyra majore Catillum :         100
Seu tibi Pindaricis animus contendere plectris,
Sive chelyn tollas heroa ad robora, sive
Liventem satiram nigra rubigine turbes :
Seu tibi non alia splendescat epistola cura.
Digne Midæ, Crœsique bonis, et Perside gaza,      105
Macte bonis animi! cujus stagnantia rura
Debuit et flavis Hermus transcurrere ripis,
Et limo splendente Tagus. Sic docta frequentes
Otia; sic omni detersus pectora nube
Finem Nestoreæ precor egrediare senectæ!          110
```

CARMEN IV.
SOTERIA RUTILII GALLICI.

```
Estis, io Superi, nec inexorabile Clotho
Volvit opus : videt alma pios Astræa, Jovique
Conciliata redit; dubitataque sidera cernit
Gallicus. Es cœlo, dis es, Germanice, cordi;
Quis neget? erubuit tanto spoliare ministro        5
Imperium Fortuna tuum. Stat proxima cervix
Ponderis immensi, damnosaque fila senectæ
Exuit, atque alios melior revirescit in annos.
Ergo alacres, quæ signa colunt urbana, cohortes,
Inque sinum quæ sæpe tuum fora turbida questu     10
Confugiunt, legesque, urbesque ubicumque togatæ,
Quæ tua longinquis implorant jura querelis,
Certent lætitia; nosterque ex ordine collis
Confremat, et sileant pejoris murmura famæ :
Quippe manet, longumque ævo redeunte manebit,     15
```

Les destins n'attristeront point d'un tel attentat l'aurore du nouveau siècle, et les dieux de Térente n'auront point souillé leur autel renaissant.

Pour moi, je n'invoquerai ni Phébus, bien que sans lui ma lyre soit muette, ni les déesses d'Aonie, avec Pallas leur dixième sœur, ni les deux indulgents nourrissons de Tégée et de Dircé. Viens toi-même, ô mon héros, doubler mes forces et mon courage! N'as-tu pas fait preuve d'un génie divin quand tu donnais à la toge ausonienne tant de grandeur et d'éclat, quand tu répandais sur les centumvirs et ta sagesse et tes lumières? Que Pimplé trompe la lèvre altérée du poëte, que Pirène se refuse à m'inspirer; moi, j'aime mieux boire à longs traits aux sources de ton génie, soit que ton éloquence marche dégagée d'entraves, soit qu'elle se plie aux douces lois des vers et s'assujettisse à nos règles.

Si nous offrons à Cérès les dons mêmes de Cérès et à Bacchus les vins qu'il nous donne, et si, déjà riche de butin, Diane suspend encore à ses voûtes les présents du chasseur, et le dieu des batailles les armes des vaincus : ô Gallicus, malgré ta sublime éloquence et les inépuisables trésors de ta parole, ne dédaigne pas non plus l'hommage d'une lyre moins puissante. La lune se fait bien un cortége d'étoiles, et l'Océan reçoit le tribut des plus faibles ruisseaux.

Quel doux salaire de ta vertu que cet amour inquiet de toute une ville! Que de larmes j'ai comptées! J'ai vu pleurer les chevaliers, les sénateurs, et ce peuple même qui ne sait guère pleurer les grands! Moins vives étaient pour Numa défaillant les alarmes du sénat, de l'ordre équestre pour Pompée, et d'une femme pour Brutus. C'est qu'aussi ton oreille n'aime pas le bruit lugubre des chaînes, et qu'avare de supplices, indocile à l'entraînement du pouvoir, tu crains de faire sentir la force du glaive, et ne méprises pas une main qui supplie, une prière qui monte vers toi. Rendre au forum ses droits, respecter la chaise curule et concilier la toge et l'épée, voilà par quelle route on pénètre au fond des cœurs, c'est à ce prix que l'amour s'unit au respect.

Mais d'ailleurs la rigueur jalouse du destin et la marche soudaine et foudroyante du péril augmentèrent la consternation générale : le mal allait si vite! Ce n'est pas la vieillesse qu'on en accuse (elle venait à peine de compléter son douzième lustre), c'est ton travail obstiné, c'est une âme maîtresse impérieuse du corps qu'elle anime, ce sont tes veilles consacrées à la sûreté du prince, ces veilles pour toi si douces! Toutes ces fatigues firent couler dans tes veines un sommeil insidieux, et la vie semblait engourdie dans ton sein.

Alors le dieu qui, près de la cime escarpée des Alpes, marqua de son nom révéré les bois d'Apollon, jette un regard sur son illustre élève, qu'il avait hélas! trop longtemps oublié; arrêtant aussitôt les progrès du mal : « Viens, mon fils, s'écrie-t-il, viens, dieu d'Épidaure, toi qui ambitionnes les succès difficiles : l'occasion est belle. Il s'agit de ressusciter un grand homme; réunissons nos efforts : arrêtons les fuseaux prêts à rompre le fil de sa vie. Ne crains point les éclats

---

Quem penes intrepidæ mitis custodia Romæ.
Nec tantum induerint fatis nova sæcula crimen,
Aut instaurati peccaverit ara Terenti.
 Ast ego nec Phœbum (quanquam mihi surda sine illo
Plectra) nec Aonias decima cum Pallade divas, 20
Aut mitem Tegeæ, Dircesve hortator alumnum;
Ipse veni, viresque novas animumque ministra;
Qui caneris : dextro nec enim sine numine tantus
Ausoniæ decora ampla togæ, centumque dedisti
Judicium mentemque viris. Licet enthea vatis 25
Excludat Pimplea sitim, nec conscia detur
Pirene, largos potior mihi gurges in haustus
Qui rapitur de fonte tuo : seu plana solutis
Quum struis orsa modis, seu quum tibi dulcis in artem
Frangitur, et nostras curat facundia leges. 30
 Quare age, si Cereri sua dona, merumque Lyæo
Reddimus, et dives prædæ, tamen accipit omni
Exuvias Diana tholo, captivaque tela
Bellipotens; nec tu, quando tibi, Gallice, majus
Eloquium, fandique opibus sublimis abundas, 35
Sperne coli tenuiore lyra. Vaga cingitur astris
Luna, et in oceanum rivi cecidere minores.
 Quæ tibi sollicitus persolvit præmia morum
Urbis amor? quæ tum patrumque equitumque notavi
Lumina, et ignaræ plebis lugere potentes? 40

Non labente Numa timuit sic curia felix,
Pompeio nec celsus eques, nec femina Bruto.
Hoc illud; tristes invitum audire catenas,
Parcere verberibus, nec qua jubet alta potestas
Ire, sed armatas multum sibi demere vires, 45
Dignarique manus humiles, et verba precantum;
Reddere jura foro, nec proturbare curules,
Et ferrum mulcere toga. Sic itur in alta
Pectora, sic mixto reverentia se dat amori.
 Ipsa etiam cunctos gravis inclementia fati 50
Terruit, et subiti præceps juvenile pericli,
Nil cunctante malo. Non illud culpa senectæ,
(Quippe ea bissenis vix dum orsa excedere lustris)
Sed labor intendens, animique in membra vigentis
Imperium, vigilesque suo pro Cæsare curæ, 55
Dulce opus. Hinc fessos penitus subrepsit in artus
Insidiosa quies, et pigra oblivia vitæ.
 Tunc deus, Alpini qui juxta culmina dorsi
Signat Apollineo sanctos cognomine lucos,
Respicit, heu tanti pridem securus alumni 60
Perpessusque moras : « Huc mecum, Epidauria proles,
Huc, altis gaudens; datur aggredienda facultas
Ingentem recreare virum : teneamus adorti
Tendentes jam fila colos : nec fulminis atri
Sit metus; has ultro laudabit Juppiter artes : 65

de la foudre : Jupiter applaudira le premier à ton art vainqueur. Ce n'est point une tête vulgaire, indifférente aux dieux, que je viens sauver. Je vais t'en dire quelque chose tout en nous acheminant vers sa demeure. C'est lui qui fait la noblesse de sa famille : l'éclat de son nom rejaillit sur le passé; ses aïeux ne sont point inconnus, mais, éclipsés par cette gloire récente, ils sont fiers de céder le pas à leur auguste descendant. Son génie brilla d'abord sous la toge, et sous la toge aussi sa haute éloquence. Bientôt enchaîné par de nobles serments, vingt camps, vingt climats divers du couchant à l'aurore virent ses travaux et ses services. Et il ne put se délasser dans les loisirs de la paix, ni quitter le glaive un seul instant. Le belliqueux Galate osa provoquer ses armes; neuf moissons durant, il comprima aussi la Pamphylie, le fier Pannonien, les Arméniens aux traits perfides, à la fuite menaçante, et l'Araxe enfin résigné à subir un pont romain. Rappellerai-je les faisceaux remis deux fois en ses mains, et la puissante Asie deux fois gouvernée? Elle voudrait le posséder une troisième et une quatrième fois : mais les fastes le réclament; le premier siége curule l'attend et lui promet plus d'un consulat. Te ferai-je admirer la Libye soumise apportant son tribut, et ce message triomphal au sein de la paix? Vanterai-je ces trésors qui passèrent l'attente de celui même qui les exigeait? Le Trasimène, les Alpes et les victimes de Cannes applaudissent, et l'ombre sanglante de Régulus réclamait hautement cette insigne vengeance.

« Le temps manque pour rappeler ici les bataillons du Nord, la révolte du Rhin, les prières de Velléda captive; et naguère encore, pour comble de gloire, la ville abandonnée par les Daces aux abois, quand, appelé par un auguste choix, tu pris les rênes, ô Gallicus, sans étonner la fortune. Voilà, mon fils, si j'en parle dignement, voilà celui que nous ravirons aux sombres bords. C'est une faveur que réclame l'illustre père des Latins; je dis plus, c'est une dette. Non, brillante jeunesse, vous n'aurez pas en vain, sous la pourpre patricienne, récité naguère un hymne à ma louange. Tout ce que l'antre bienfaisant du centaure et la voûte du temple de Pergame recèlent en fait de simples, tout ce que produit dans ses plaines l'heureux Épidaure, sans compter le puissant dictame que la Crète voit fleurir sous les ombrages de l'Ida, et la salutaire écume vomie par le serpent, prodigue-le sans regret, ô mon fils ! Apollon y joindra ses efforts, avec tous les sucs qu'il apprit à connaître aux champs parfumés de l'Arabie, ou que berger il recueillit dans les prairies de l'Amphryse. »

Il avait à peine fini, qu'ils trouvent un homme languissamment étendu et luttant contre la mort. Tous deux relèvent leurs robes à la manière de Péon, et tour à tour maîtres éclairés et ministres dociles, variant les remèdes, ils dissipent enfin ces symptômes de mort et tous ces nuages d'un perfide sommeil. Gallicus lui-même seconde les dieux, et saisit l'appui de ces mains divines qui défient toutes les maladies. L'art du Thessalien guérit Télèphe moins vite, et les sucs versés par Machaon furent plus lents à fermer la blessure qui fit pâlir Atride.

Nam neque plebeiam, aut dextro sine numine cretam
Servo animam, atque adeo, breviter, dum tecta subimus,
Expediam. Genus ipse suis, præmissaque retro
Nobilitas; nec origo latet, sed luce sequente
Vincitur, et magno gaudet cessisse nepoti. 70
Prima togæ virtus : illa quoque clarus, et ingens
Eloquio : mox innumeris exercita castris,
Occiduas, primasque domos, et sole sub omni
Promeruit jurata manus; nec in otia pacis
Permissum laxare animos, ferrumque recingi : 75
Hunc Galatia vigens ausa est incessere bello :
Hunc quoque perque novem timuit Pamphylia messes,
Pannoniusque ferox, arcuque horrenda fugaci
Armenia, et patiens Latii jam pontis Araxes.
Quid geminos fasces, magnæque iterata revolvam 80
Jura Asiæ? velit illa quidem ter habere, quaterque
Hunc sibi; sed revocant fasti majorque curulis,
Nec promissa semel. Libyci quid mira tributi
Obsequia, et missum media de pace triumphum
Laudem, et opes quantas nec qui mandaverat ausus 85
Exspectare fuit? Gaudet Trasimenus et Alpes
Cannensesque animæ : primusque insigne tributum
Ipse palam lacera poscebat Regulus umbra.

« Non vacat Arctoas acies, Rhenumque rebellem,
Captivæque preces Veledæ, et (quæ maxima nuper 90
Gloria) depositam Dacis pereuntibus arcem
Pandere; quum tanti lectus rectoris habenas,
Gallice, Fortuna non admirante, subisti.
Hunc igitur (si digna loquor) rapiamus iniquo
Nate, Jovi. Rogat hoc Latiæ pater inclytus urbis : 95
Et meruit; neque enim frustra mihi nuper honora
Carmina patritio pueri sonuistis in ostro :
Si qua salutifero gemini Chironis in antro
Herba, tholo quodcunque tibi Trojana recondit
Pergamus, aut medicis felix Epidaurus arenis 100
Educat; Idææ profert quam Creta sub umbra
Dictamni florentis opem, quoque anguis abundat
Spumatu. Jungam ipse manus, atque omne benignum
Virus, odoriferis Arabum quod doctus in arvis,
Aut Amphrysiaco pastor de gramine carpsi. » 105
 Dixerat : inveniunt positos jam segniter artus,
Pugnantemque animam; ritu se cingit uterque
Pæonio, monstrantque simul, parentque volentes;
Donec letiferas vario medicamine pestes,
Et suspecta mali ruperunt nubila somni. 110
Adjuvat ipse deus, morboque valentius omni
Occupat auxilium. Citius non arte refectus
Telephus Æmonia; nec quæ metuentis Atridæ

Y a-t-il dans ces flots de peuple et de sénateurs, y a-t-il place à mes vœux et à ma sollicitude? N'importe, les astres peuvent dire, et toi aussi, père des poëtes, dieu de Thymbra, quelles étaient mes craintes le jour, mes craintes durant la nuit. Enchaîné sur le seuil, j'étais là l'œil inquiet, l'oreille attentive, épiant tout. Ainsi liée aux flancs d'un grand navire, une faible chaloupe, quand mugit la tempête, reçoit sa part de l'onde furieuse et flotte au gré des mêmes autans.

Filez maintenant, fuseaux des trois sœurs, filez, ô filez les plus blancs de vos fils! Ne comptons plus le temps qu'il a déjà vécu sur la terre. Ce jour est le jour de sa naissance. Gallicus, tu mérites d'égaler tes années aux siècles du Troyen, aux grains de poussière de la Sibylle et aux trois âges de Nestor. Pauvre comme je suis, le moyen de m'acquitter envers les dieux? Eh! le pourrais-je, quand Mévanie épuiserait ses vallées, quand les prairies de Clitumne me fourniraient leurs taureaux blancs comme la neige? mais souvent les dieux, parmi ces offrandes, ont vu avec plaisir un peu de sel et de farine sur un humble gazon.

SILVE V.

BAINS DE CLAUDIUS ÉTRUSCUS.

Je ne fais point redire à l'Hélicon les graves accents d'une lyre inspirée; je n'invoque pas les Muses, que fatigua tant de fois ma prière. Et toi Phébus, et toi Evan, je vous laisse à vos danses; que l'écaille sonore reste assoupie sous tes doigts, nourrisson ailé du Tégée! Mes chants appellent une autre réunion. Si les Naïades souveraines des eaux, si le roi de la flamme étincelante, fatigué et tout rouge encore au sortir des ateliers de la Sicile, se rend à mon invitation, c'est assez. Thèbes, dépose un instant tes armes sacrilèges; je veux me dérider à la table d'un ami. Esclave, verse coup sur coup, mais verse-moi sans compter. Éveille ma lyre paresseuse. Loin de moi peines et soucis! je vais chanter ces bains où les reflets du marbre imitent le feu des pierreries, et ma Clio, dans sa gaieté folâtre, veut amuser de ses jeux les loisirs du modeste Étruscus. Venez, divinités des ondes, tournez vers moi vos fronts transparents : que le tendre lierre se marie à l'azur de vos cheveux, et, sans aucun voile, montrez-vous telles qu'au sortir de vos sources profondes, quand la vue de vos appas tourmente l'amoureux satyre. Ce n'est point vous que j'appelle, vous dont les fautes ont terni la pureté des fontaines. Loin d'ici Salmacis et son onde perfide, et la fille de Cébrène dont la douleur dessécha les flots, et la Naïade qui enleva le jeune ami d'Hercule!

Venez, vous qui habitez le Latium et les sept collines, Nymphes, dont le tribut grossit les eaux du Tibre; vous aussi qu'attire la chute de l'Anio et la vierge amie des nageurs, ou Marcia qui nous amène les neiges et les frimas des Marses; vous dont les eaux vagabondes comprimées par des digues superbes coulent suspendues sur des arcades sans nombre : c'est votre éloge que j'entreprends. Cette

Sæva Machaonio coïerunt vulnera succo.
Quis mihi, tot questus inter populique patrumque, 115
Sit curæ, votique locus? Tamen ardua testor
Sidera, teque, pater vatum Thymbræe, quis omni
Luce mihi, quis nocte timor; dum postibus hærens
Assideus, nunc aure vigil, nunc lumine, cuncta
Aucupor; immensæ veluti connexa carinæ   120
Cymba minor, quum sævit hyems, pro parte, furentes
Parva receptat aquas, et eodem volvitur Austro.
Nectite nunc lætæ candentia fila, sorores,
Nectite : nemo modum transmissi computet ævi,
Hic vitæ natalis erit. Tu, Troïca dignus   125
Sæcula, et Euboïci transcendere pulveris annos,
Nestoreosque situs. Qua nunc tibi pauper acerra
Digna litem? nec si vacuet Mevania valles,
Aut præstent niveos Clitumna novalia tauros,
Sufficiam, sed sæpe deis hos inter honores   130
Cespes, et exiguo placuerunt farra salino.

CARMEN V.

BALNEUM CLAUDII ETRUSCI.

Non Helicona gravi pulsat chelys enthea plectro,
Nec lassata voco toties mihi numina Musas.
Et te, Phœbe, choris, et te dimittimus Evan :
Tuque inimica feræ, volucer Tegeææ, sonoræ
Terga premas : alios poscunt mea carmina cœtus.   5
Naïadas undarum dominas, regemque corusci
Ignis, adhuc fessum, Siculaque incude rubentem
Elicuisse satis. Paulum arma nocentia, Thebæ,
Ponite; dilecto volo lascivire sodali.
Junge puer cyathos, sed ne numerare labora,   10
Cunctantemque intende chelyn : discede, laborque,
Curaque, dum nitidis canimus gemmantia saxis
Balnea; dumque procax, myrtis hederisque soluta
Fronte, verecundo Clio mea ludit Etrusco.
Ite, deæ virides, liquidosque advertite vultus, 15
Et vitreum teneris crinem redimite corymbis,
Veste nihil tectæ : quales emergitis altis
Fontibus, et visu Satyros torquetis amantes.
Non vos quas culpa decus infamastis aquarum
Sollicitare juvat : procul hinc, et fonte doloso 20
Salmacis, et viduæ Cebrenidos arida luctu
Flumina, et Herculei prædatrix cedat alumni.
    Vos mihi quæ Latium, septenaque culmina Nymphæ
Incolitis, Tybrimque novis attollitis undis,
Quas præceps Anien, atque exceptura natatus   25
Virgo juvat, Marsæque nives et frigora ducens
Marcia, præcelsis quarum vaga molibus unda
Crescit, et innumero pendens transmittitur arcu,
Vestrum opus aggredimur: vestra est quam carmine molli

maison, doux objet de mes chants, elle est à vous. Jamais grotte vous offrit-elle une plus riche demeure? Cythérée conduisit elle-même la main de son époux, l'éclaira de ses conseils, et, de peur qu'une flamme vulgaire ne déshonorât les fourneaux, elle emprunta pour les allumer le flambeau des Amours. On n'admit dans cette enceinte ni Thase, ni Caryste et ses marbres verts; l'onyx au loin déplore sa disgrâce, et l'ophite se plaint dans l'exil. Là brillent seuls le porphyre sorti des carrières jaunissantes de Numidie, la pierre qu'au fond des antres phrygiens de Synnade Atys lui-même tacha d'un sang livide, et ces marbres plus blancs que la neige que taillent pour nous Tyr et Sidon. L'Eurotas trouve à peine une place, et ne forme qu'une ligne étroite dont le vert tranche sur la Synnade. Les portes aussi ont leurs richesses, les voûtes leur éclat. Au sommet brillent des vitraux couverts de dessins et de figures : le feu lui-même s'étonne d'embrasser tant de trésors et modère sa violence. Le jour abonde de toutes parts. Les rayons du soleil descendent tout entiers à travers le faîte, et ses feux les plus vifs s'embrasent à des feux plus ardents. Là, rien de vulgaire; l'airain du Témèse n'y choquera point le regard. Mais l'argent verse une onde heureuse qui retombe dans l'argent, s'attache au bord des vases, et, comme charmée d'un luxe fait pour elle, refuse de quitter leurs lèvres polies. Et ces eaux vives qui près de là promènent des flots d'azur dans un lit plus blanc que la neige, laissant l'œil errer librement de la surface au fond du canal, n'invitent-elles point à s'y plonger, à dépouiller des vêtements incommodes? Cythérée eût voulu naître au fond de cette onde; Narcisse, tu y trouverais un plus fidèle miroir, et l'agile Hécate voudrait s'y baigner, aux risques des surprises.

Montrerai-je le parquet où doit résonner la balle, alors qu'un feu languissant encore circule dans l'édifice, et qu'une légère vapeur s'échappe des fourneaux? Quel hôte nouvellement arrivé de Baies (qu'on me pardonne de comparer les petites choses aux grandes), quel hôte déprécierait ces bains? Même au sortir des bains de Néron, qui encore ne viendrait avec plaisir suer aux bains d'Étruscus? Poursuis, mon jeune ami; conserve avec ce goût délicat ces nobles soins. Puisses-tu ne vieillir qu'avec ton ouvrage! Puisse la fortune te préparer dès ce jour un meilleur avenir!

SILVE VI.

LES KALENDES DE DÉCEMBRE, FÊTE SATURNALE.

Auguste Phébus, et toi, sévère Pallas, allez prendre au loin vos loisirs : vous reviendrez aux kalendes de Janus. Que Saturne affranchi de ses liens, que Décembre la tête avinée, que les Jeux riants et les Saillies folâtres m'aident à chanter le jour que César consacra au plaisir, et cette nuit où règne l'ivresse.

A peine l'aurore annonçait l'arrivée du soleil, que déjà pleuvaient les gâteaux friands; ce fut comme la rosée du jour. Ensuite tout ce que les noyers du Pont et les fertiles collines de l'Idumée nous envoient de fruits rares, tout ce que la pieuse Damas voit croître dans ses vergers, tout ce qui mûrit

Pando domus. Non unquam aliis habitastis in antris 30
Ditius : ipsa manus tenuit Cytherea mariti,
Monstravitque artes : neu vilis flamma caminos
Ureret, ipsa faces volucrum succendit Amorum.
Non huc admissæ Thasos, aut undosa Carystos;
Mœret onyx longe, queriturque exclusus ophites : 35
Sola nitel flavis Nomadum decisa metallis
Purpura, sola cavo Phrygiæ quam Synnados antro
Ipse cruentavit maculis liventibus Attys :
Quasque Tyrus niveas secat, et Sidonia rupes.
Vix locus Eurotæ, viridis quum regula longo 40
Synnada distinctu variat. Non limina cessant,
Effulgent cameræ, vario fastigia vitro
In species animosque nitent. Stupet ipse beatas
Circumplexus opes, et parcius imperat ignis.
Multus ubique dies, radiis ubi culmina totis 45
Perforat, atque alio sol improbus uritur æstu.
Nil ibi plebeium : nusquam Temesæa notabis
Æra; sed argento felix propellitur unda,
Argentoque cadit, labrisque nitentibus instat
Delicias mirata suas, et abire recusat. 50
Extra autem niveo qui margine cærulus amnis
Vivit, et in summum fundo patet omnis ab imo,
Cui non ire lavo, pigrosque exsolvere amictus

Suadeat? hoc mallet nasci Cytherea profundo;
Hic te perspicuum melius, Narcisse, videres; 55
Hic velox Hecate velit et deprensa lavari.
    Quid nunc strata solo referam tabulata, crepantes
Auditura pilas, ubi languidus ignis inerrat
Ædibus, et tenuem volvunt hypocausta vaporem?
Nec si Baianis veniat novus hospes ab oris, 60
Talia despiciat; fas sit componere magnis
Parva, Neronea nec qui modo lotus in unda,
Hic iterum sudare neget. Macte, oro, nitenti
Ingenio, curaque, puer : tecum ista senescant,
Et tua jam melior discat fortuna renasci. 65

CARMEN VI.

KALENDÆ DECEMBRES (SATURNALES).

Et Phœbus pater, et severa Pallas,
Et Musæ procul ite feriatæ :
Jani vos revocabimus Kalendis.
Saturnus mihi compede exsoluta,
Et multo gravidus mero December, 5
Et ridens Jocus, et Sales protervi
Adsint, dum refero diem beatam

dans les roseaux d'Ébosie roule çà et là en profusion, comme aussi les fromages délicats, les pâtisseries, les poires d'Amérie non desséchées par la flamme, les gâteaux au vin doux, et d'énormes dattes sous lesquelles disparaît la branche et qui tombent lourdement. Non, les déluges de l'Hyade orageuse et de l'humide Pléiade n'égalent point cette tempête qui, dans le théâtre de Rome, assaillit le peuple d'une grêle innocente. Que Jupiter s'en aille couvrir l'univers de nuages et menace de ses pluies les vastes campagnes, pourvu que notre Jupiter à nous verse une telle ondée !

Soudain brille partout à la fois dans sa beauté, dans sa parure, un second peuple, égal en nombre au peuple des gradins. Les uns portent des corbeilles de pain, de blanches nappes et des mets exquis; d'autres versent les flots d'un vin allangui par les années : on les prendrait pour autant de Ganymèdes. Déesse de l'abondance, tes dons s'étendent aux contrées stériles et aux contrées fécondes de l'univers : ils embrassent aussi les nations qui portent la toge, et, nourricière de tant de peuples, tu ne daignes même pas t'apercevoir des profusions de cette journée. Siècles antiques, comparez maintenant à nos jours les temps du premier Saturne et les merveilles de l'âge d'or. Ses vins coulaient alors à flots moins abondants, et la moisson ne devançait point le cours tardif des saisons. La même table réunit toutes les classes, femmes, enfants, plébéiens, chevaliers, sénateurs. La liberté a détendu les liens du respect. Toi-même (quel mortel eût pu demander, quel dieu eût promis cette faveur?) tu as pris place au même festin. Désormais, riche ou pauvre, tout Romain songe avec orgueil qu'il s'est assis à la table du prince.

Au milieu de ces cris de joie, de ce luxe inusité, les plaisirs du spectacle s'écoulent presque inaperçus. Ferme dans la lutte, un sexe inhabile aux combats, étranger au glaive, déploie un courage d'homme. On croit voir sur la rive barbare du Tanaïs et du Phase les bouillantes cohortes du Thermodon.

Ensuite s'avance d'un pas fier un bataillon de nains que la nature, achevant à la hâte, a noués pour toujours dans leur courte épaisseur. Le sang coule, les épées se croisent : dieux! quel bras pour donner la mort ! Mars et la Valeur amie du carnage rient de leurs fureurs, et les grues que vont se disputer tant de mains avides admirent les fils des pygmées, plus braves que leurs aïeux.

La nuit approche avec ses ombres, et la distribution va commencer. Quel tumulte elle excite ! Là s'introduisent les beautés qu'un peu d'or apprivoise; là on reconnaît tout ce qui fait l'agrément de nos théâtres par le talent ou par les charmes. Dans ce groupe dansent les Lydiennes bouffies, les cymbales et les castagnettes de Gadès

```
Læti Cæsaris, ebriamque noctem.
Vix Aurora novos movebat ortus,
Jam bellaria adorea pluebant.                10
Hunc rorem veniens profudit Eos.
Quicquid nobile Pontici nucetis,
Fecundis cadit aut jugis Idumes,
Quod ramis pia germinat Damascus,
Et quod percoquit Ebosia caunis,             15
Largis gratuitum cadit rapinis.
Molles caseoli, lucunculique,
Et massis Amerina non perustis,
Et mustaceus, et latente palma
Prægrandes caryotides cadebant.              20
Non tantis Hyas inserena nimbis
Terras obruit, aut soluta Pleias,
Quali per cuneos hiems Latinos
Plebem grandine concutit sedentem.
Ducat nubila Juppiter per orbem,             25
Et lætis pluvias minetur agris,
Dum nostri Jovis hi ferantur imbres.
Ecce autem caveas subit per omnes,
Insignis specie, decora cultu
Plebes altera, non minor sedente.            30
Hi panaria, candidasque mappas
Subvectant, epulasque lautiores;
Illi marcida vina largiuntur.
Idæos totidem putes ministros.
Orbem, qua melior severiorque est,           35
Et gentes alis insimul togatas;

Et quum tot populos beata pascas,
Hunc, Annona, diem superba nescis.
I nunc sæcula compara, Vetustas,
Antiqui Jovis, aureumque tempus :            40
Non sic libera vina tunc fluebant,
Nec tardum seges occupabat annum.
  Una vescitur omnis ordo mensa,
Parvi, femina, plebs, eques, senatus.
Libertas reverentiam remisit;                45
Et tu quin etiam (quis hoc rogare
Quis promittere posset hoc deorum?)
Nobiscum socias dapes inisti.
Jam se (quisquis is est) inops, beatus
Convivam ducis esse gloriatur.               50
Hos inter fremitus, novosque luxus,
Spectandi levis effugit voluptas.
Stat sexus rudis, insciusque ferri,
Et pugnas capit improbus viriles.
Credas ad Tanaim, ferumque Phasin,           55
Thermodontiacas calere turmas.
Hic audax subit ordo pumilonum,
Quos Natura brevi statu peractos
Nodosum semel in globum ligavit.
Edunt vulnera, conseruntque dextras,         60
Et mortem sibi (qua manu!) minantur.
Ridet Mars pater, et cruenta Virtus :
Casuræque vagis grues rapinis,
Mirantur pumilos ferociores.
  Jam noctis propioribus sub umbris          65
```

retentissent dans l'autre. Ailleurs s'agitent des troupes de Lydiens. Plus loin la tourbe des jeux scéniques, et l'humble marchand qui échange le soufre contre les débris du verre. Au milieu de l'agitation s'abat d'un vol inattendu un nuage immense d'oiseaux de toutes espèces, et ceux des bords sacrés du Nil ou du Phase sauvage, et ceux que le Numide doit au souffle pluvieux de l'Austor. Les mains ne peuvent suffire au butin, et la tunique déjà remplie cherche à grossir son trésor. Mille cris allant frapper les astres célèbrent les Saturnales du prince. Le vœu public prononce le doux nom de maître; mais c'est l'unique plaisir que défendit César.

La nuit étendait à peine son voile d'azur, qu'au milieu de l'arène descend un cercle enflammé qui rayonne dans l'ombre et fait pâlir la couronne de Naxos. Ces feux éclairent le ciel, et préviennent les désordres d'une nuit obscure. A cette vue, le Repos et le Sommeil, secouant leurs lourdes ailes, ont été chercher d'autres murs.

Qui pourrait chanter les spectacles, le libre enjouement, les festins et leurs jouissances gratuites, et la liqueur de Bacchus coulant à grands flots? Je sens, pour moi, que je succombe. Ton nectar qui m'enivre me jette enfin dans les bras du Sommeil. O comme cette journée ira loin à travers les âges! Rien n'en effacera le souvenir sacré, tant que les monts latins et le Tibre et ta ville chérie seront là, et tant que le Capitole, rendu à l'univers par tes soins, subsistera inébranlable.

LIVRE DEUXIÈME.

A ATÉDIUS MÉLIOR.

Cher Mélior, vous dont les jugements littéraires sont empreints de ce bon goût et de cette politesse exquise répandue sur toute votre vie, telle est notre intimité qui m'est si douce, et la nature des opuscules que je vous adresse, que tout ce second livre pourrait vous être offert sans épître et sans préambule. Le premier nom qu'il présente est celui de notre Glaucias, dont l'enfance, ornée des grâces que le sort prête le plus souvent à ses victimes, voyait mon amour s'unir au vôtre pour l'embrasser : vous venez de le perdre, et la blessure était encore vive, vous le savez, lorsque j'improvisai ce chant funèbre avec une précipitation qui n'a pu trouver d'excuse que dans votre désespoir : aussi je ne m'en prévaux point devant vous, qui êtes dans le secret. Mais j'en avertis le public, de peur qu'on ne soumette à une lime trop mordante une pièce écrite dans le trouble des idées et faite pour la douleur, car les consolations tardives sont presque toujours vaines. La villa Surrentina de mon ami Pollius eût mérité ensuite plus de soin de ma part, ne fût-ce que par res-

```
Dives sparsio quos agit tumultus!
Huc intrant faciles emi puellæ
Hic agnoscitur omne quod theatris
Aut forma placet, aut probatur arte.
Hoc plaudunt grege Lydiæ tumentes,        70
Illo cymbala, tinnulæque Gades :
Illic agmina confremunt Syrorum,
Hic plebs scenica, quæque comminutis
Permutat vitreis gregale sulfur.
Inter quæ, subito cadunt volatu            75
Immensæ volucrum per astra nubes,
Quas Nilus sacer, horridusque Phasis,
Quas udo Numidæ legunt sub Austro.
Desunt qui rapiant; sinusque pleni
Gaudent, dum nova lucra comparantur.       80
Tollunt innumeras ad astra voces,
SATURNALIA PRINCIPIS sonantes;
Et dulci DOMINUM favore clamant
Hoc solum vetuit licere Cæsar.
Vixdum cærula nox subibat orbem,           85
Descendit media nitens arena
Densas flammeus orbis inter umbras,
Vincens Gnosiacæ facem coronæ.
Collucet polus ignibus, nihilque
Obscuræ patitur licere nocti.              90
Fugit pigra Quies; inersque Somnus
Hæc cernens, alias adivit urbes.
Quis spectacula, quis jocos licentes,
Quis convivia, quis dapes inemptas,
Largi flumina quis canat Lyæi?             95
Jamjam deficio, tuoque Baccho
In serum trahor ebrius soporem.
Quos ibit procul hic dies per annos!
Quam nullo sacer exolescet ævo!
Dum montes Latii, paterque Tybris,        100
Dum stabit tua Roma, dumque terris
Quod reddis Capitolium manebit.
```

PAPINII STATII SILVARUM

LIBER SECUNDUS.

AD MELIOREM ATEDIUM.

Et familiaritas nostra, qua gaudeo, Melior vir optime, nec minus in judicio litterarum, quam in omni vitæ colore tersissime, et ipsa opusculorum quæ tibi trado conditio sic posita est, ut totus hic alter liber meus etiam sine epistola exspectetur. Primum enim habet Glauciam nostrum, cujus gratissimam infantiam, et qualem plerumque infelices sortiuntur, apud te complexus amabam. Jam vero tibi hujus amissi recens vulnus (ut scis) epicedio prosecutus sum, adeo festinanter, ut excusandam habuerim affectibus tuis celeritatem. Nec nunc eam apud te jacto, qui nosti, sed et ceteris indico; ne quis asperiore lima carmen examinet, et a confuso scriptum, et dolenti datum, quum pene supervacua sint tarda solatia. Pollii mei villa Surrentina quæ sequitur, debuit a me vel in honorem eloquentiæ ejus diligentius dici : sed amicus

pect pour l'éloquence du possesseur; mais l'amitié me l'a pardonné. Pour les vers sur votre arbre et votre perroquet, vous savez, Mélior, si ces feuilles légères m'ont plus coûté qu'une épigramme. Le Lion apprivoisé exigeait dans le travail autant d'aisance. Lorsqu'il fut terrassé dans l'amphithéâtre, l'à-propos de la pièce était manqué, si notre auguste empereur ne l'avait reçue à l'instant même. Quant à notre ami Ursus, ce jeune homme si plein de candeur, qui sait allier à l'oisiveté la plus heureuse des études approfondies, je me fais un plaisir d'insérer dans ce recueil ce que je fis pour le consoler de la perte d'un esclave favori. Je lui devais quelque chose à lui-même, et puis l'honneur en rejaillira sur vous. L'anniversaire de la naissance de Lucain termine le volume. Dans l'intervalle même de la fête en son honneur, Polla Argentaria, sa digne épouse, désira ce tribut de ma muse. Voulant témoigner toute mon admiration pour ce beau génie, je n'osai confier son éloge à mes hexamètres. Quoi qu'il en soit, cher Mélior, si ce recueil ne vous déplaît pas, qu'il reçoive de vous la publicité, sinon qu'il me revienne.

SILVE I.

LE TOMBEAU DE GLAUCIAS MÉLIOR.

Quand une mort prématurée t'enlève, ô Mélior, l'enfant de ton amour, comment, en face du bûcher, devant la cendre encore fumante, faire entendre une voix importune? La triste plaie s'ouvre encore, et par sa large ouverture on voit tout le chemin glissant qu'a suivi le trait acéré; et quand j'arrange déjà moi-même les chants et les paroles qui calment les douleurs, tu préfères la plainte et les énergiques regrets; ma lyre t'offense, et tu détournes la tête, fermant l'oreille. Oui, je le vois, tu n'es pas disposé à m'entendre : plus docile serait la tigresse à qui l'on a ravi sa famille, ou la lionne privée de ses lionceaux : quand les trois vierges de Sicile réuniraient leurs accords, et qu'on y ajouterait cette lyre qui se fit comprendre des forêts et des bêtes féroces, rien ne saurait calmer tes gémissements éperdus. L'égarement du désespoir s'obstine à rester dans ton âme, et, sous la main la plus délicate, ton cœur blessé crie encore. Eh bien! tu le peux, rassasie-toi de ta douleur; donne-lui l'essor pour la dompter. Est-ce assez? as-tu savouré la volupté des larmes, et, las enfin, ne t'offenseras-tu pas d'une prière amie? Puis-je commencer mes chants? Hélas! et moi aussi je sens mes vers s'arrêter sur mes lèvres, tout noyés dans mes larmes; et ma douleur efface ce que ma douleur écrit! Car j'ai moi-même à tes côtés suivi le cortége lugubre, et ce cercueil d'un enfant qui dénonçait à Rome le crime du destin. J'ai vu les tristes flots d'encens prodigués à ses funérailles; j'ai vu l'âme de la victime gémir au-dessus du corps qu'elle avait habité. Toi, Mélior, surpassant un père en douleur, et plus mère qu'une mère dans ses plus nobles élans, tu embrassais le bûcher; tu voulais coller tes lèvres à ces restes embrasés. Compagnon de ton désespoir, je te retins avec peine, et t'irritai de mes efforts. Et maintenant, chantre du

ignovit. In arborem certe tuam, Melior, et psittacum, scis a me leves libellos quasi epigrammatis loco scriptos. Eandem exigebat styli facilitatem Leo mansuetus, quem in amphitheatro prostratum, frigidum erat sacratissimo imperatori ni statim traderem. Ad Ursum quoque nostrum, juvenem candidissimum, et sine jactura desidiæ doctissimum, scriptam de puero amisso consolationem, super ea, quæ ipsi debeo, huic libro libenter inserui, quia honorem ejus tibi laturus acceptum. Excludit volumen Genethliacon Lucani, quod Polla Argentaria carissima uxorum, quum hunc diem forte consecraremus, imputari sibi voluit. Ego non potui majorem tanti auctoris habere reverentiam, quam quod laudes ejus dicturus hexametros meos timui. Hæc qualiacumque sunt, Melior carissime, si tibi non displicuerint, a te publicum accipiant; sin minus, ad me revertantur.

CARMEN I.

GLAUCIAS ATEDII MELIORIS DELICATUS.

Quod tibi præerepti, Melior, solamen alumni,
Improbus ante rogos, et adhuc vivente favilla
Ordiar? Abruptis etiamnum flebile venis
Vulnus hiat, magnæque patet via lubrica plagæ.
Quum jam egomet cantus et verba medentia sævis   5
Confero, tu planctus, lamentaque fortia mavis,
Odistique chelyn, surdaque averteris aure.
Intempesta cano : citius me tigris abactis
Fetibus, orbatique velint audire leones.
Nec si tergeminum Sicula de virgine carmen   10
Affluat, aut silvis chelys intellecta, ferisque,
Mulceat insanos gemitus. Stat pectore demens
Luctus, et admoto latrant præcordia tactu.
Nemo vetat, satiare malis; ægrumque dolorem
Libertate doma. Jam flendi expleta voluptas?   15
Jamne preces fessus non indignaris amicas?
Jamne canam? Lacrimis en et mea carmina in ipso
Ore natant, tristesque cadunt in verba lituræ.
Ipse etenim tecum nigræ solennia pompæ,
Spectatumque urbi scelus, et puerile feretrum   20
Produxi; et sævos damnati thuris acervos,
Plorantemque animam supra sua funera vidi :
Teque patrum gemitus superantem, et brachia matrum,
Complexumque rogos, ignemque haurire parantem
Vix tenui similis comes, offendique tenendo.   25
Et nunc (heu) vittis, et frontis honore soluto,
Infaustus vates, vexo mea pectora tecum :

2.

malheur, sans bandelette et sans couronne, je me frappe avec toi la poitrine. Ah! plus calme aujourd'hui, laisse-moi, si j'en suis digne, si j'ai ressenti le contre-coup de ta perte, laisse-moi m'associer à tes inexprimables regrets. Plus d'un père encore sous le coup de la foudre, plus d'un père écouta ma voix; et des mères étendues au pied du bûcher, et des fils pieux ont été consolés par ma lyre : et moi, je le fus tout le premier lorsque je tombai sans force au pétillement de la flamme allumée par mes propres mains. O Nature, quel père j'avais là! Je ne viens point, rigide censeur, t'interdire les larmes; mais réunissons nos soupirs et pleurons ensemble.

Depuis longtemps jaloux d'ouvrir dignement ton éloge, ô digne objet de tant d'amour, je ne sais à quoi m'arrêter; tout sollicite mes louanges : ton âge arrêté sur le seuil de la vie, ta beauté enchanteresse, et les charmes d'une retenue précoce, et ta pudeur, et ta sagesse déjà mûre au printemps de tes années. O qui nous rendra ce teint si pur, coloré d'un sang vermeil; ces yeux rivaux des astres et comme illuminés d'un rayon céleste; et ce front d'une régularité parfaite où siégeait la modestie naissante; et au-dessus du front cette belle et ondoyante chevelure qui l'entourait d'une couronne naturelle et d'un cadre mobile? Qui nous rendra cette bouche où la plainte avait un murmure si tendre; et ces étreintes, ces baisers embaumés de tous les parfums des fleurs printanières, et ce rire brillant au milieu des larmes, et cette voix insinuante qui semblait distiller le miel de l'Hybla? Elle eût calmé les sifflements du serpent, elle eût fait de la plus cruelle marâtre une esclave volontaire. Et je ne flatte point la vérité, hélas, non! Ce cou d'albâtre, ces bras, ces épaules, je les vois; et je vois aussi ton maître qui toujours s'y appuyait. Qu'est devenu l'espoir d'une jeunesse si près de s'épanouir, et cette grâce de plus qu'on souhaitait de voir éclore sur tes joues? Où sont tous les serments qui d'avance consacraient les prémices de ta barbe? Tout cela n'est plus qu'un peu de cendre. Jour cruel, heure fatale! il nous reste le souvenir.

Qui te rendra ces entretiens chéris, où la gaieté folâtre adoucissait tes chagrins et allégeait tes peines secrètes? Et lorsque échauffé contre tes esclaves, tu céderas à tes transports, qui t'apaisera par un sourire au plus fort de ta colère? Qui viendra désormais ravir les mets, les vins que ta bouche effleure, et mettre tout en désordre par un charmant pillage? Qui osera monter sur ta couche, interrompre par un doux murmure ton sommeil du matin, opposer à ton départ ses étreintes caressantes, et, sur le seuil que ton pied va franchir, te rappeler par un baiser? Qui verras-tu, à ton retour, saisir tes mains, s'élancer à ton cou, et jeter autour de toi ses petits bras? Ah! il faut le dire, les Pénates sont désolés, la maison est muette, le deuil environne ta couche, le silence morne s'asseoit à ta table.

Qui pourrait s'étonner, charmant enfant, des honneurs dont une pieuse tendresse accompagne tes funérailles? N'étais-tu pas un abri pour ton maître, un port pour sa vieillesse, et l'objet tantôt de ses délices, tantôt de sa douce inquiétude? Jamais on ne t'a vu tourbillonner dans les ventes

Plango lyra. En! duri comitem sociumque doloris
(Si merui, luctusque tui consortia sensi)
Jam lenis patiare precor. Me fulmine in ipso 30
Audivere patres : ego juxta busta profusis
Matribus, atque piis cecini solatia natis, •
Et mihi; quum proprios gemerem defectus ad ignes
(Quem, Natura!) patrem. Nec te lugere severus
Arceo, sed confer gemitus, pariterque fleamus. 35
   Jamdudum dignos aditus, laudumque tuarum,
O merito dilecte puer, primordia quærens
Distrahor. Hinc anni stantes in limine vitæ,
Hinc me forma rapit, rapit inde modestia præcox,
Et pudor, et tenero probitas maturior ævo. 40
O ubi purpureo suffusus sanguine candor,
Sidereique orbes, radiataque lumina cœlo,
Et castigatæ collecta modestia frontis,
Ingenuique super crines, mollisque decoræ
Margo comæ? blandis ubinam ora arguta querelis, 45
Osculaque impliciti vernos redolentia flores,
Et mixtæ risu lacrimæ, penitusque loquentis
Hyblæis vox tincta favis? cui sibila serpens
Poneret, et sævæ vellent servire novercæ.
Nil veris affingo bonis. Ubi lactea colla, 50
Brachiaque, et nunquam domini sine pondere cervix?
O ubi venturæ spes non longinqua juventæ,
Atque genis optatus honos, jurataque multum
Barba tibi? cuncta in cineres gravis intulit hora,
Hostilisque dies : nobis meminisse relictum. 55
   Quis tua colloquiis hilaris mulcebit amatis
Pectora? quis curas, mentisque arcana remittet?
Accensum quis bile fera, famulisque tumentem
Leniet, ardentique in se deflectet ab ira?
Inceptas quis ab ore dapes, libataque vina 60
Auferet, et dulci turbabit cuncta rapina?
Quis matutinos abrumpet murmure somnos
Impositus stratis, abitusque morabitur arctis
Nexibus, atque ipso revocabit ad oscula poste?
Obvius intranti rursus quis in ora, manusque 65
Prosiliet, brevibusque humeros circumdabit ulnis?
Muta domus pariter desolatique penates,
Et situs in thalamis, et mæsta silentia mensæ.
   Quid mirum, tanto si te pius altor honorat
Funere? Tu domino requies, portusque senectæ; 70
Tu modo deliciæ, dulces modo pectore curæ.
Non te barbaricæ versabat turbo catastæ,
Nec mixtus Phariis venalis mercibus infans,

d'esclaves barbares, et, pauvre enfant confondu avec les marchandises de Pharos, débiter tristement tes saillies d'emprunt, mendiant un maître et l'obtenant à peine, malgré tes agaceries lascives. Tu trouvais ici ta famille, ici ton berceau. Également chers aux Pénates du maître, ton père et ta mère furent autrefois affranchis en ta faveur, afin que tu n'eusses aucun sujet d'accuser ton origine. Tu sortais à peine des flancs maternels, que Mélior t'éleva dans ses bras en tressaillant; ton premier cri saluait à peine la clarté des cieux, qu'il t'adopta dans sa pensée, te serra contre son cœur, et crut voir en toi son propre fils.

Qu'il me soit permis de le dire sans préjudice pour les droits de la sainte paternité, et toi-même, ô Nature, pardonne, je t'en supplie; non, le sang et l'origine ne sont pas tous les liens qui nous attachent, mais souvent dans le cœur de l'homme les fils de l'adoption prennent place avant les fils de notre sang : les uns sont dus à la nécessité, l'amour seul a choisi les autres. Ainsi, pour Achille enfant, le centaure moitié-homme se montrait plus caressant que le Thessalien Pélée. Pélée, au siège de Troie, ne fit pas voir le père auprès du fils; mais Phénix ne quittait pas son cher élève. Qu'est-ce qui priait de loin pour le retour triomphant de Pallas? Évandre sans doute; mais quel était le témoin de ses périls ? le fidèle Acète ; et lorsque Jupiter se reposait au fond des demeures étoilées, Dictys, errant sur les flots, ne prodiguait-il pas à Persée les soins les plus délicats?

Faut-il citer des mères vaincues en tendresse par des nourrices? Ainsi, trompant la foudre qui mit en cendre Sémélé, on te vit, ô Bacchus, te jouer sur le sein d'Ino, comme dans un plus sûr asile. Tandis qu'Ilia, tranquille loin de son fils, régnait au sein du fleuve de Toscane, Acca se fatiguait à porter Romulus. J'ai vu des rameaux entés sur un tronc étranger s'élever plus haut que les branches naturelles. Déjà père de cet enfant par le cœur et par la pensée, ton amour n'avait encore pour objet ni son caractère ni ses grâces, et pourtant tu te plaisais dès lors à écouter ses vagues murmures, ses cris inarticulés, et cette voix muette de l'enfance, ses premiers pleurs. Telle une fleur condamnée à mourir au premier souffle de l'auster élève bien au-dessus des molles prairies sa tige impatiente, tel cet enfant précoce, supérieur par la noblesse de ses traits et de sa taille à tous ses jeunes rivaux, avait devancé de bien loin les années. Tantôt ferme à la lutte et le corps nu pour enchaîner son adversaire, on l'eût pris pour un des fils de Léda éclos dans la même coquille. Apollon, quittant Hyacinthe, eût volé dans ses bras, Alcide eût retrouvé son Hylas. Tantôt, lorsque, drapé du manteau grec, il prêtait les grâces de sa voix aux vers attiques de l'harmonieux Ménandre, Thalie émerveillée eût applaudi, et sa main folâtre eût affaissé sous les roses les boucles de sa chevelure. Te disait-il les chants du vieillard de Méonie, soit les malheurs d'Ilion, soit le tardif retour de l'aventureux Ulysse, il étonnait son père, il étonnait ses maîtres par la délicatesse de son goût.

Mais Lachésis avait étendu sur ton berceau une main sinistre, et ton enfance avait été réchauffée dans le sein d'une divinité jalouse. C'est

Compositosque sales, meditataque verba locutus
Quæsisti lascivus herum, tardeque parasti ; 75
Hinc domus, hinc ortus; dominique penatibus olim
Carus uterque parens, atque in tua gaudia liber,
Ne quererere genus, raptum te protinus alvo
Sustulit exsultans, ac prima lucida voce
Astra salutantem dominis sibi mente dicavit, 80
Amplexusque sinu tulit, et genuisse putavit.

 Fas mihi sanctorum venia dixisse parentum,
Tuque, oro, Natura, sinas, cui prima per orbem
Jura animis sociare datum : non omnia sanguis
Proximus, aut serie generis demissa propago 85
Alligat : interius nova sæpe, adscitaque serpunt
Pignora connexis. Natos genuisse necesse est,
At legisse juvat. Tenero sic blandus Achilli
Semifer Æmonium vincebat Pelea Chiron.
Nec genitor Peleus natum comitatus in arma 90
Troica, sed caro Phœnix hærebat alumno.
Optabat longe reditus Pallantis ovantes
Evander, fidus pugnas spectabat Acœtes.
Quumque procul nitidis genitor cessaret ab astris,
Fluctivagus volucrem comebat Persea Dictys. 95
 Quid referam altricum victos pietate parentes?
Quid te post cineres, deceptaque fulmina matris,

Tutius Inoo reptantem pectore, Bacche?
Jam secura parens Thuscis regnabat in undis
Ilia, portantem lassabat Romulus Accam. 100
Vidi ego transertos aliena in robora ramos,
Altius ire suis. Et te jam fecerat illi
Mens, animusque patrem; necdum moresve, decorve :
Tu tamen et motas etiam tum in murmura voces,
Vagitumque rudem, fletusque infantis amabas. 105
Ille, velut primos exspiraturus ad Austros
Mollibus in pratis alte flos improbus exstat;
Sic tener ante diem, vultu, gressuque superbo,
Vicerat æquales; multumque reliquerat annos
Sive catenatis nudatus membra palestris 110
Staret, Amyclæa conceptum matre putares.
Œbaliden illo præceps mutaret Apollo,
Alcides pensaret Hylan: seu Graius amictu
Attica facundi decurreret orsa Menandri,
Laudaret gavisa sonum, crinemque decorum 115
Pressisset rosea lasciva Thalia corona :
Mæonium sive ille senem, Trojæque labores
Diceret, aut casus tarde remeantis Ulixi;
Ipse pater sensus, ipsi stupuere magistri.
 Scilicet infausta Lachesis cunabula dextra 120
Attigit, et gremio puerum complexa fovebat

elle qui embellissait tes joues et ta longue chevelure, elle qui te prêtait ces talents divers et ces inflexions si douces qui nous laissent tant de regrets. Il venait d'égaler ses années aux douze travaux d'Hercule, sans perdre aucune de ses grâces tendres; et néanmoins il avait le pas assuré; le vêtement de l'enfance n'allait plus à sa taille et semblait se rétrécir de jour en jour. Et pourtant, quel empressement de la part de ton maître à te prodiguer les vêtements et la parure? Il ne voulait ni emprisonner ta poitrine sous un manteau devenu trop étroit, ni laisser flotter tes membres dans des plis trop larges; mais il mesurait toujours les tissus à ton âge; et ces tissus étalaient tour à tour ou l'écarlate, ou la verdure des prairies, ou le pourpre d'un rouge tendre; souvent il aimait à voir tes doigts étinceler du feu des pierreries. Enfin, suite nombreuse, présents magnifiques, il ne manquait que la seule prétexte à ta modeste beauté.

Mais la fortune l'avait décidé : la Parque ennemie leva tout à coup son bras. Farouche déesse, pourquoi ces ongles de vautour? N'as-tu point de compassion pour sa beauté, point de larmes pour son âge? Ah! Procné n'aurait point eu le cœur d'en faire à son époux un festin barbare, et tous les ressentiments sauvages de la magicienne de Colchos seraient tombés devant ses charmes, le sang de l'Éolienne Créuse eût-il coulé dans ses veines. A sa vue le farouche Athamas eût détourné son arc insensé; et Ulysse, l'ennemi d'Ilion et des cendres d'Hector, Ulysse en le précipitant de la tour phrygienne, Ulysse eût pleuré. Sept jours se sont écoulés, et déjà ses yeux sont glacés, muets, immobiles. La Junon des enfers a déjà saisi sa chevelure.

Et lui, pendant que les Parques poursuivaient son enfance fragile, il te voit encore, il te voit dans un regard mourant, il murmure ton nom d'une voix éteinte, et en toi s'exhale tout ce que sa poitrine a de souffle. Il n'a souvenir que de toi seul, et seul en l'appelant tu es entendu. C'est pour toi qu'il remue les lèvres, c'est à toi qu'il lègue ses dernières paroles : il te défend les soupirs et console tes douleurs. Il faut néanmoins te remercier, ô Destin! puisqu'une mort lente n'a pas altéré ses grâces enfantines; toutes ses grâces l'ont suivi chez les mânes, et ce beau corps y est arrivé sans dommage, tel qu'il était sur la terre. Dirai-je les obsèques, les dons prodigués à la flamme, et le bûcher qui dévore le sombre luxe des funérailles? Faut-il montrer la pourpre s'élevant à grands frais pour former ton lit funèbre? Faut-il ajouter que les fleurs de la Cilicie, la dépouille des prairies de l'Inde, les parfums de l'Arabie, de Paros et de la Palestine, baignèrent ta chevelure dévouée à la flamme? Mélior voudrait tout sacrifier, et sa douleur prodigue embraserait toute sa richesse, richesse odieuse depuis ton éternelle absence : mais la flamme jalouse s'y refuse, et le bûcher trop étroit ne suffit pas à tant d'offrandes. Ah! je frissonne quand je me reporte aux derniers instants de la cérémonie. Combien ta présence près du bûcher m'a fait trembler pour tes jours, ô toi Mélior, que j'ai connu si calme! Est-ce bien cet homme aimable qui respirait l'enjouement? D'où viennent ces transports, ces mouvements de fureur, ce désespoir barbare? Tantôt,

Invidia : illa genas, et adultum comere crinem,
Et monstrare artes, et verba refringere, quæ nunc
Plangimus. Herculeos annis æquare labores
Cœperat assurgens, et adhuc infantia juxta :   125
Jam tamen et validi gressus, mensuraque major
Cultibus, et visæ puero decrescere vestes :
Quum tibi, quas vestes, quæ non gestamina mitis
Festinabat herus? brevibus constringere læsis
Pectora, et angusta telas arctare lacerna.   130
Enormi non ille sinens, sed semper ad annos
Texta legens, modo Punico velabat amictu,
Nunc herbas imitante sinu, nunc dulce rubenti
Murice, nunc vivis digitos incendere gemmis
Gaudebat : non turba comes, non munera census,   135
Sola verecundo deerat prætexta decori.
Hæc fortuna domus : subitas inimica levavit
Parca manus : quo, diva, feros gravis exseris ungues!
Non te forma movet? non te lacrimabilis ætas?
Hunc nec sæva viro potuisset carpere Procne,   140
Nec fera crudeles Colchis durasset in iras,
Editus Æolia nec si foret iste Creusa :
Torvus ab hoc Athamas insanos flecteret arcus.
Hunc, quanquam Hectoreos cineres Trojamque perosus,
Turribus e Phrygiis flesset missurus Ulixes.   145

Septima lux : et jam frigentia lumina torpent,
Jam complexa manu crinem tenet infera Juno.
Ille tamen, Parcis fragiles urgentibus annos,
Te vultu moriente videt, linguaque cadente
Murmurat : in te omnes vacui jam pectoris efflat   150
Relliquias : solum meminit, solumque vocantem
Exaudit, tibique ora movet, tibi verba relinquit,
Et prohibet gemitus, consolaturque dolentem.
Gratum est, fata, tamen, quod non mors lenta jacentis
Exedit puerile decus, manesque subivit   155
Integer, et nullo temeratus corpora damno.
Qualis erat! Quid ego exsequias, et prodiga flammis
Dona loquar, mæstoque ardentia funera luxu?
Quod tibi purpureo tristis rogus aggere crevit :
Quod Cilicum flores, quod munera graminis Indi,   160
Quodque Arabes, Phariique, Palæstinique liquores
Arsuram lavere comam. Cupit omnia ferre
Prodigus, et totos Melior succendere census,
Desertas exosus opes; sed non capit ignis
Invidus, atque arctæ desunt in munera flammæ.   165
Horror habet sensus : qualem te funere summo,
Atque rogum juxta, Melior placidissime quondam,
Extimui! tune ille hilaris, comisque videri?
Unde animi, sævæque manus, et barbarus horror?

couché par terre, tu fermes les yeux au jour qui t'importune, tu déchires à la fois et tes vêtements et ta poitrine, tu presses de ton corps cette dépouille si chère, et tu savoures de froids baisers. Un père, une mère étaient là près du lit de mort, tristes et abattus; mais ces deux grandes douleurs ont eu des yeux pour la tienne.

Qui peut s'en étonner? Tout le peuple a maudit ce crime, le crime du Destin; et dans cette foule que la voie Flaminienne vit marcher devant nous et traverser le Milvius, tous ont versé des pleurs tandis qu'on livrait la dépouille de l'innocence à la flamme lugubre, et que le sacrifice de tant de jeunesse et de grâces arrachait un sanglot unanime. Tel, jeté par les vagues dans le port de Corinthe, Palémon gisait étendu sous le corps de sa mère; tel encore, sur les gazons de Lerna si fertile en serpents, le jeune Opheltès, tendre fleur tout à coup froissée par les écailles d'une hydre furieuse, passa des jeux à la mort.

Calme tes craintes, et cesse de redouter les menaces du trépas : à son entrée, un triple aboiement ne sortira point de la gueule du gardien, et pas une des Euménides ne l'épouvantera de ses torches ou de sa chevelure hérissée de vipères. Que dis-je? le dur nocher de l'avare nacelle la poussera plus avant sur les stériles bords et la rive embrasée, pour ménager à l'enfant une montée plus douce.

Que m'annonce le dieu de Cyllène et son joyeux caducée? Peut-il y avoir place à la joie dans ces cruels moments? Les traits nobles et fiers de Blésus n'étaient point inconnus à ton jeune ami. Souvent il te voyait chez toi former des guirlandes nouvelles pour effacer de ton cœur la trace de pareils chagrins. Sitôt que les bords du fleuve d'oubli le lui montrèrent dans la foule des grands de l'Ausonie et au milieu des enfants de Quirinus, Glaucias le reconnut : d'abord il s'approche d'un pas timide et suit sa trace en silence, prenant et reprenant l'extrémité de sa robe. Bientôt il le suit de plus près, car Blésus ne repousse pas la main qui s'attache à lui avec plus de force; il croit voir un rejeton inconnu de sa famille. Mais à peine a-t-il deviné le favori, le fils de son meilleur ami, l'enfant qui avait adouci la perte de Blésus, le voilà qui l'enlève de terre, le tient suspendu à son cou, et le promène ainsi partout en triomphe. Et cependant il lui prodigue toutes les richesses du paisible Élysée, rameaux stériles, oiseaux muets, fleurs pâles et avortées : non qu'il veuille effacer en lui ton souvenir, mais par ses caresses il prend une place dans les affections de cette jeune âme, et son cœur se partage entre Glaucias et toi.

Telle fut la fin de celui que tu pleures. Mais toi, ne devrais-tu pas enfin calmer tes blessures et relever une tête abîmée dans l'affliction? Tout ce que tu vois appartient à la mort ou lui appartiendra : les jours, les nuits, les astres meurent, et la terre elle-même se confierait en vain dans la solidité de sa masse. Car pour les peuples, génération mortelle, race éphémère, qui pleurerait leur trépas? C'est la guerre, c'est l'Océan qui veut des victimes, c'est l'amour qui prend les siennes, c'est la fureur, c'est l'avidité meurtrière. Parlerai-je des maladies? Tel doit craindre le souffle glacial de l'hiver, tel autre les feux mortels du bouillant Sirius; ceux-ci le pâle automne et son haleine pluvieuse. Tout ce qui commence est menacé de finir. Nous irons tous, oui, tous; et de ses robustes bras Éaque secoue l'urne immense.

Tu modo fusus humi, lucem aversaris iniquam; 170
Nunc torvus, pariter vestes et pectora rumpis,
Dilectosque premis visus, et frigida libas
Oscula : erant illic genitor, materque jacentis
Mæsta; sed attoniti te spectavere parentes.
 Quid mirum? plebs cuncta nefas, et prævia flerunt 175
Agmina, Flaminio quæ limite Milvius agger
Transvehit, immeritus flammis dum tristibus infans
Traditur, et gemitum formaque ævoque meretur.
Talis in Isthmiacos prolatus ab æquore portus
Naufragus imposita jacuit sub matre Palæmon : 180
Sic et in anguiferæ ludentem gramine Lernæ
Præcisum squammis rabidus tulit anguis Opheltem.
 Pone metus, letique minas desiste vereri :
Illum nec terno latrabit Cerberus ore,
Nulla soror flammis, nulla assurgentibus hydris 185
Terrebit : quin ipse avidæ trux navita cymbæ
Interius steriles ripas, et adusta subibit
Littora, ne puero dura ascendisse facultas.
 Quid mihi gaudenti proles Cyllenia virga
Nuntiat? estne aliquid tam sævo in tempore lætum? 190
« Noverat effigiem, generosique ardua Blæsi
Ora puer, dum sæpe domi nova serta ligantem
Te videt, et similes tergentem pectore curas.
Hunc ubi Lethæi lustrantem gurgitis oras
Ausonios inter proceres, seriemque Quirini 195
Agnovit, timido primum vestigia jungit
Accessu tacito, summosque lacessit amictus.
Inde magis sequitur, neque enim magis ille trahentem
Spernit, et ignota credit de stirpe nepotum.
Mox ubi delicias, et rari pignus amici 200
Sensit, et amissi puerum solatia Blæsi;
Tollit humo, magnaque ligat cervice, diuque
Ipse manu gaudens vehit; et, quæ munera mollis
Elysii, steriles ramos, mutasque volucres
Porxit, et obtuso pallentes germine flores; 205
Nec prohibet meminisse tui : sed pectora blandus
Miscet, et alternum puero partitur amorem. »
 Hic finis rapto. Quin tu jam vulnera sedas,
Et tollis mersum luctu caput? omnia functa,
Aut moritura vides : obeunt noctesque, diesque, 210
Astraque, nec solidis prodest sua machina terris.
Nam populos, mortale genus, plebisque caducæ
Quis fleat interitus? Hos bella, hos æquora poscunt;

Il est heureux celui que nous pleurons! ni les Dieux, ni les hommes, ni les chances de la vie, ni ses piéges cachés et perfides ne l'inquiètent; il échappe au destin, il est libre. Il n'a ni demandé, ni craint, ni rejeté la mort. C'est nous avec nos anxiétés, nous avec nos misères qu'il faut plaindre, nous que la suprême heure du dénoûment laisse dans l'incertitude, toujours ignorant sous quel astre éclatera la foudre, et quelle tempête sera pour nous le signal de mort. Ces raisons ne peuvent-elles te fléchir? J'en sais une qui te fléchira. Viens des sombres portes de l'Érèbe, toi qui seul n'as point de refus à craindre; viens, Glaucias, ombre innocente : il n'est point de nocher cruel ni de Cerbère qui puisse te retenir. C'est à toi de calmer les douleurs et d'arrêter le cours des larmes : que tes doux entretiens et l'aspect de ta vivante image remplissent ses nuits heureuses. Dis-lui bien que tu es vivant, montre-lui ta sœur désolée, tes parents infortunés, et continue, car tu le peux, continue en leur faveur tes prières insinuantes.

SILVE II.

LA MAISON DE POLLIUS FELIX, A SURRENTE.

Entre les mers connues par le nom des Sirènes et les rochers qui supportent le temple de Minerve Tyrrhénienne, s'élève une maison de plaisance d'où l'œil plane sur la mer de Dicarché; paysage aimé de Bacchus : la grappe y rougit sur le flanc des collines et n'envie rien aux pressoirs de Falerne.

J'étais là, jouissant avec bonheur du succès des jeux que ramène chaque lustre au sein des murs paternels; déjà l'arène silencieuse et le stade où dormait une poussière blanchissante annonçaient le départ des athlètes avides des couronnes d'Ambracie, lorsque les doux entretiens de Pollius et les jeunes grâces de l'aimable Polla m'entraînèrent au delà de mes flots chéris; j'allais tourner mes pas impatients vers les lieux connus où se prolonge la voie Appia, la première de toutes les voies romaines. Mais ce retard fut une source de plaisirs. Arrondie en croissant dans un golfe paisible, la mer fait invasion à droite et à gauche au milieu des rochers. La nature lui fraie une route; la plage s'avance en coupant la montagne, et pénètre dans les terres sous deux masses de rochers pendantes.

Premier ornement de ces lieux, des bains élèvent leurs coupoles fumantes, et du sein des terres une douce Naïade vient rencontrer l'onde amère. Là s'empresse le chœur léger de Phorcus; là Cymodocée à l'humide chevelure, et la verte Galatée, brûlent de baigner leurs appas. Devant la maison veille le souverain azuré des vagues orageuses, gardien d'un seuil innocent. L'onde amie caresse le temple avec son écume; Alcide défend les heureuses campagnes; le port s'applaudit de ses deux protecteurs; un Dieu garde les terres,

His amor exitio, furor his, et sæva cupido;
Ut sileam morbos : hos ora rigentia Brumæ,   215
Illos implacido letalis Sirius igni,
Hos manet imbrifero pallens Autumnus hiatu.
Ortus quicquid habet, finem timet. Ibimus omnes,
Ibimus : immensis urnam quatit Æacus ulnis.
Ast hic quem gemimus, felix, hominesque, deosque, 220
Et dubios casus et cæcæ lubrica vitæ
Effugit, immunis fati : non ille rogavit,
Non timuit, meruitve mori. Nos anxia plebes,
Nos miseri, quibus unde dies suprema, quis ævi
Exitus, incertum; quibus instet fulmen ab astris,   225
Quæ nubes fatale sonent. Nil flecteris istis?
Sed flectere libens. Ades huc emissus ab atro
Limine, cui soli cuncta impetrare facultas,
Glaucia; nam insontes animas, nec portitor arcet,
Nec diræ comes ille feræ : tu pectora mulce,   230
Tu prohibe manare genas; noctesque beatas
Dulcibus alloquiis, et vivis vultibus imple;
Et perisse nega, desolatamque sororem,
Qui potes, et miseros perge insinuare parentes.

CARMEN II.

VILLA SURRENTINA POLLII FELICIS.

Est inter notos Sirenum nomine muros,
Saxaque Tyrrhenæ templis onerata Minervæ,
Celsa Dicarchei speculatrix villa profundi,
Qua Bromio dilectus ager, collesque per altos
Uritur, et prælis non invidet uva Falernis.   5
Huc me post patrii lætum quinquennia lustri,
Quum stadio jam pigra quies, canusque sederet
Pulvis, ad Ambracias conversa gymnade frondes,
Trans gentile fretum placidi facundia Polli
Detulit, et nitidæ juvenilis gratia Pollæ,   10
Flectere jam cupidum gressus, qua limite noto
Appia longarum teritur regina viarum.
Sed juvere moræ. Placido lunata recessu
Hinc atque hinc curvas perrumpunt æquora rupes
Dat Natura locum; montique intervenit udum   15
Litus, et in terras, scopulis pendentibus, exit.
Gratia prima loci, gemina testudine fumant
Balnea, et e terris occurrit dulcis amaro
Nympha mari : levis hic Phorci chorus, udaque crines
Cymodoce, viridisque cupit Galatea lavari.   20
Ante domum tumidæ moderator cærulus undæ
Excubat, innocui custos laris : hujus amico
Spumant templa salo : felicia rura tuetur
Alcides : gaudet gemino sub numine portus.
Hic servat terras, hic sævis fluctibus obstat.   25
Mira quies pelagi : ponunt hic lassa furorem
Æquora, et insani spirant clementius Austri.
Hic præceps minus audet hyems, nulloque tumultu
Stagna modesta jacent, dominique imitantia mores.

un Dieu s'oppose à la rage des flots. Comme la mer est calme! Les flots fatigués déposent ici leur fureur, et l'Auster si violent n'a plus qu'une molle haleine. La tempête a moins de fougue, moins d'audace : rien n'agite ce bassin, paisible image des mœurs douces de son maître. Un portique s'étend de là pour gravir obliquement les hauteurs (portique immense, ouvrage d'un peuple), et sa longue avenue s'élève comme un trophée sur les rochers domptés. Voilà cette route âpre et sauvage où le soleil dardait à travers un nuage de poussière; maintenant on s'y promène avec volupté. Ainsi de Léchéum, plein des souvenirs d'Ino, règne une avenue couverte, jusqu'à la cime où s'élève Éphyre, la ville de Bacchus.

Non, le Parnasse dût-il me prodiguer tous ses fleuves, et Pimpla me désaltérer jusqu'à m'enivrer, et quand un coup de pied du cheval aérien ferait jaillir une plus large fontaine, quand Phémonoé trahirait le secret de ses sources pudiques, ou me livrerait celles que plus d'une fois, sous les auspices d'Apollon, troubla l'urne profonde de mon cher Pollius; non, je ne pourrais égaler la variété de mes accords à la variété de ces points de vue et de ces beautés sans nombre : mes yeux suffirent à peine pour en mesurer l'ensemble; à peine mes pieds suffirent pour en visiter les détails. Quelle foule d'objets! Dois-je admirer d'abord le caractère du site ou le génie du maître? Ce pavillon regarde l'Orient et les premiers rayons de Phébus rajeuni; l'autre, au déclin de l'astre, veut encore le retenir, et s'obstine à garder ses feux après l'heure écoulée, quand le jour meurt, quand déjà l'ombre des montagnes s'étend comme un voile sur le sein des mers, et que les édifices semblent nager dans le cristal humide. Cette maison retentit des clameurs de l'onde, cette autre ignore le fracas des vagues, et préfère le silence de la terre.

Ici la nature s'est montrée favorable; là, vaincue par la culture, elle a cédé pour se plier docilement à des habitudes nouvelles. Une montagne était ici où tu vois la plaine; les repaires des bêtes sauvages ont été remplacés par le toit qui te couvre, et ces lieux hérissés de hautes forêts n'étaient pas même revêtus d'une couche de terre. Le possesseur a triomphé; et tandis qu'il dompte les rochers et les façonne, la végétation s'avance sur ses traces et lui sourit. Maintenant, regarde ces rocs qui apprennent à porter le joug et se creusent en maisons, et ces montagnes qui reculent à la voix de l'homme : ah! que les doigts du chantre de Méthymne, et la lyre thébaine, et le glorieux luth de la Thrace, s'humilient devant tes miracles. Et toi aussi, tu fais mouvoir les rochers, et les altières forêts suivent tes pas.

Dirai-je les antiques figures en cire ou en airain; ces toiles que le pinceau d'Apelle animait avec amour, et ces ouvrages qui, antérieurs au chef-d'œuvre dont Pise est dépositaire, ont reçu néanmoins un admirable poli des mains de Phidias? Faut-il citer les statues, filles de l'art de Myron, les marbres qui respirèrent par l'ordre suprême et sous l'astre de Polyclète, et ces bronzes sortis plus précieux que l'or des cendres de Corinthe, et ces images des héros, des poëtes et des sages de l'antiquité, nobles modèles que tu prends à cœur de suivre, que tu apprécies dans toute la plénitude d'une âme sans trouble, calme et reposée au sein de la vertu, et toujours à soi? Déroulerai-je les sites pittoresques et les mille points de vue? Pas un qui n'ait son agrément : cha-

```
Inde per obliquas erepit porticus arces,                30
Urbis opus; longoque domat saxa aspera dorso.
Qua prius obscuro permixti pulvere soles ,
Et feritas inamœna viæ, nunc ire voluptas ;
Qualis, si subeas Ephyres Baccheïados altum
Culmen, ab Inoo fert semita tecta Lechæo.              35
  Non, mihi si cunctos Helicon indulgeat amnes,
Et superet Pimplea sitim , largeque volantis
Ungula se det equi, reseretque arcana pudicos
Phœmonoë fontes , vel quos meus, auspice Phœbo,
Altius immersa turbavit Pollius urna;                  40
Innumeras valeam species, cultusque locorum
Pieriis æquare modis. Vix ordine longo
Suffecere oculi , vix, dum per singula ducor,
Suffecere gradus. Quæ rerum turba! locine
Ingenium, an domini mirer prius? hæc domus ortus      45
Prospicit, et Phœbi tenerum jubar; illa cadentem
Detinet, exactamque negat dimittere lucem,
Quum jam fessa dies, et in æquora montis opaci
Umbra cadit, vitreoque natant prætoria ponto.
Hæc pelagi clamore fremunt; hæc tecta sonoros         50
Ignorant fluctus, terræque silentia malunt.

Illis favit Natura locis : hic victa, colenti
Cessit, et ignotos docilis mansuevit in usus.
Mons erat hic, ubi plana vides : hæc lustra fuerunt,
Quæ nunc tecta subis : ubi nunc nemora ardua cernis,  55
Hic nec terra fuit : domuit possessor, et illum
Formantem rupes, expugnantemque secuta
Gaudet humus. Nunc cerne jugum discentia saxa,
Intrantesque domos, jussumque recedere montem.
Jam Methymnæi vatis manus, et chelys una              60
Thebais, et Getici cedat tibi gloria plectri.
Et tu saxa moves, et te nemora alta sequuntur.
  Quid referam veteres cereæque ærisque figuras?
Si quid Apellei gaudent animasse colores;
Si quid adhuc vacua tamen admirabile Pisa             65
Phidiacæ rasere manus : quod ab arte Myronis,
Aut Polycleteo jussum est quod vivere cælo;
Æraque ab Isthmiacis auro potiora favillis;
Ora ducum, et vatum, sapientumque ora priorum,
Quos tibi cura sequi, quos toto pectore sentis        70
Expers turbarum, atque animum virtute quieta
Compositus, semperque tuus. Quid mille revolvam
Culmina, visendique vices? sua cuique voluptas,
```

cune des chambres a son côté de la mer, chaque fenêtre donne sur une terre qu'on découvre au delà des flots. L'une regarde Inarimé, l'autre commande aux rocs de Prochyta. Ici se montre l'écuyer du grand Hector ; là, entourée d'une ceinture de vagues, Nésis respire une vapeur maligne ; plus loin, Euplée sourit au navigateur avec son nom d'heureux augure, et Mégalie présente ses flancs à la mer qui les bat des deux côtés ; et Limon, jaloux de la rive où repose son maître, Limon se dépite en regardant de loin ta villa de Surrente. Mais, de toutes les chambres, il en est une qui domine plus loin ; c'est celle qui montre en droite ligne Parthénope, à l'autre bord. Là brillent les marbres détachés des profondes carrières de la Grèce ; celui que Syène, la ville orientale, a marqué de ses belles veines ; celui que dans la triste Synnade les haches phrygiennes ont tiré des champs de Cybèle en deuil, et où l'on voit serpenter des lignes de pourpre sur un fond tout éclatant de blancheur : celui qui fut coupé dans le mont de Lycurgue, dont la roche verdoyante imite le tendre gazon ; ce sont encore les marbres jaunissants des Nomades ; c'est Thasos, Chio et Caryste, qui rivalise avec les flots. Toutes ces merveilles sont tournées vers les murs de la ville chalcidienne. Ah ! Pollius, continue d'aimer, continue de fréquenter ces belles campagnes ; et que Dicarché, ta patrie, n'en soit point jalouse : nos murs posséderont à meilleur titre leur savant élève. Dirai-je maintenant les richesses de la culture, et les moissons suspendues sur la plaine liquide, et ces roches humectées du nectar de Bacchus? Plus d'une fois, pendant l'automne, quand le père de la treille se colore des feux de la jeunesse, gravissant les rochers et voilée par l'ombre de la nuit, la Néréide a essuyé avec le pampre jauni ses humides paupières, et ravi aux collines de doux raisins. Plus d'une fois la vendange a vu l'onde voisine jaillir sur elle ; souvent même les Satyres sont tombés dans la mer, et les Pans des montagnes ont brûlé de saisir à travers les flots Doris qui s'était montrée sans voile.

Heureuse terre! égale pour tes deux maîtres les années de leur bonheur à celles des vieillards de Mygdonie et de Pylos. Ne change pas ton noble esclavage ; ne te laisse pas vaincre en magnificence par le palais de Tirynthe ou la baie de Dicarché. Puissent tes coteaux obtenir plus souvent les suffrages que les riants vignobles du Galèse !

Là, soit que Pollius interroge les astres, soit qu'il médite les leçons du sage de Gargette, soit qu'il saisisse notre lyre avec transport ou qu'il enchaîne des vers inégaux, soit qu'il lance la menace armée de l'iambe vengeur, la légère Sirène écoute des chants plus doux que les siens ; elle accourt de ses rochers, et Pallas inclinant son aigrette suit la cadence de tes vers. Alors les aquilons furieux se calment et la mer docile n'ose murmurer : sortant de l'abîme et attirés par tes savants accords, les dauphins caressants passent et repassent auprès du rivage.

Vis long-temps, ô Pollius, plus opulent que Midas, plus riche que Crésus avec son or ; ta félicité s'élève au-dessus des diadèmes de Pergame

Atque omni proprium thalamo mare : transque jacentem
Nerea diversis servit sua terra fenestris. 75
Hæc videt Inarimen, illi Prochyta aspera paret :
Armiger hinc magni patet Hectoris : inde malignum
Aera respirat pelago circumflua Nesis :
Inde vagis omen felix Euplœa carinis,
Quæque ferit curvos exerta Megalia fluctus. 80
Angitur et domino contra recubante procul qui
Surrentina tuus spectat prætoria Limon.
Ante tamen cunctas procul eminet una diœtas
Quæ tibi Parthenopen directo limite ponti
Ingerit. Hic Graiis penitus desecta metallis 85
Saxa : quod Eoæ respergit vena Syenes :
Synnade quod mœsta Phrygiæ fodere secures
Per Cybeles lugentis agros, ubi marmore picto
Candida purpureo distinguitur area gyro.
Hic et Amyclæi cæsum de monte Lycurgi 90
Quod viret, et molles imitatur rupibus herbas.
Hic Nomadum lucent flaventia saxa, Thasosque,
Et Chios, et gaudens fluctu certare Carystos.
Omnia Chalcidicas turres obversa salutant.
Macte animo, quod Graia probas, quod Graia frequentas 95
Arva, nec invideant quæ te genuere Dicarchi
Mœnia : nos docto melius potiemur alumno.
Quid nunc ruris opes, pontoque novalia dicam
Injecta, et madidas Bacchæo nectare rupes?
Sæpe per autumnum, jam pubescente Lyæo, 100
Conscendit scopulos, noctisque occulta sub umbra
Palmite maturo rorantia lumina tersit
Nereïs, et dulces rapuit de collibus uvas.
Sæpe et vicino sparsa est vindemia fluctu;
Et Satyri cecidere vadis, nudamque per undas 105
Dorida montani cupierunt prendere Panes.

Sis felix, tellus, dominis ambobus in annos
Mygdonii, Pyliique senis ; nec nobile mutes
Servitium ; nec te cultu Tirynthia vincat
Aula, Dicarcheique sinus : nec sæpius istis 110
Blanda Therapnæi placeant vineta Galesi.
Hic seu siderias exercet Pollius artes,
Seu volvit monitus, quos dat Gargettius auctor,
Seu nostram quatit ille chelyn, seu dissona nectit
Carmina, sive minax ultorem stringit iambon ; 115
Hinc levis e scopulis meliora ad carmina Siren
Advolat ; hinc motis audit Tritonia cristis.
Tunc rabidi ponunt flatus, maria ipsa vetantur
Obstrepere : emergunt pelago, doctamque trahuntur
Ad chelyn, et blandi scopulis delphines aderrant. 120

Vive, Midæ gazis et Lydo ditior auro,
Troïca et Euphratæa super diademata felix :
Quem non ambigui fasces, non mobile vulgus
Non leges, non castra tenent : qui pectore magno

et de l'Euphrate. Ni les faisceaux douteux, ni le peuple mobile, ni le barreau, ni les camps, ne captivent ta pensée. Mais ton grand cœur sait dompter la crainte, trop haut placé pour que le vice l'atteigne ; et, affranchi des arrêts du sort, tu méprises la Fortune, indignée de son impuissance. L'heure suprême ne te surprendra point au milieu du tourbillon des affaires, mais tout prêt à partir et plein de jours. Pour nous, troupe vulgaire, esclaves des biens périssables et toujours prêts à désirer, nous dispersons notre vie d'aventures en aventures ; toi, des sublimes hauteurs de ton âme, tu regardes en pitié notre course errante et tu te ris des joies humaines.

Il fut un temps où, partagé entre les suffrages de deux contrées, tu courais d'une ville à l'autre monté sur un char superbe ; entouré de respect à Pouzzol, tu te voyais adopté par ma patrie, et, magnifique envers l'une et l'autre, brûlant des feux de la jeunesse, tu mettais tout ton orgueil dans les écarts de ta lyre ; maintenant le prestige est évanoui, la vérité brille à tes yeux. Que d'autres abandonnent encore leur nacelle à une mer capricieuse ; la tienne a rencontré un asile sûr et un doux repos ; elle est entrée au port sans aucune atteinte : qu'elle y reste, et puisque sa course est achevée, ne la rejette pas au milieu de nos tourmentes.

Vivez sans inquiétude, vous qui avez associé pendant longtemps les flammes d'un mutuel amour, vous qui gardez aujourd'hui les saintes lois d'une chaste amitié ; traversez les années et les siècles, laissant derrière vous la gloire des vieux âges. Et toi, la plus belle des matrones latines, toi dont la menace n'altère point les traits, mais dont le front respire une joie candide, avec une volupté pure et sans mélange, tu n'étouffes pas la richesse à l'écart sous un misérable coffre, et les pénibles soucis de l'usure ne tourmentent point ton âme. Mais tu exposes ta fortune au grand jour, et tu sais l'art d'en jouir avec mesure. Jamais deux cœurs ne s'unirent sous un Dieu plus propice ; jamais la concorde ne trouva des âmes mieux assorties.

SILVE III.
L'ARBRE D'ATÉDIUS MÉLIOR.

Un arbre s'élève, qui ombrage le lac transparent de l'aimable Mélior et étend sur les eaux son immense verdure : puis son tronc noueux et courbé vers le pied se redresse, et, portant dans les airs sa cime élancée, il semble naître pour la seconde fois du sein de l'onde, et tenir à son berceau de cristal par de mystérieuses racines.

Invoquerai-je Apollon pour cet humble sujet ? Vous, Naïades, inspirez-moi ; et vous, Faunes complaisants, venez, il suffit, venez dicter mes vers. Un essaim de nymphes légères fuyait les poursuites du dieu Pan : celui-ci fait mine d'en vouloir à toutes, mais il n'en veut qu'à Pholoé. Pholoé, à travers les forêts et les fleuves, évite tantôt ses pieds velus, tantôt ses cornes menaçantes. Déjà elle a franchi les bois guerriers de Janus, les noires campagnes de Cacus, et, dans sa fuite effleurant les plaines Quirinales, elle touche aux abris du Célius. Là, vaincue enfin par la fatigue, épui-

Spemque metumque domas, vitio sublimior omni, 125
Exemptus fatis, indignantemque refellens
Fortunam : dubium quem non in turbine rerum
Deprendet suprema dies ; sed abire paratum,
Ac plenum vita. Nos, vilis turba, caducis
Deservire bonis, semperque optare parati, 130
Spargimur in casus : celsa tu mentis ab arce
Despicis errantes, humanaque gaudia rides.
Tempus erat, quum te geminæ suffragia terræ
Diriperent, celsusque duas veherere per urbes :
Inde Dicarcheis multum venerande colonis, 135
Hinc ascite meis ; pariterque his largus, et illis,
Ac juveniæ calens, plectrique errore superbus.
At nunc discussa rerum caligine, verum
Aspicis : illo alii rursus jactentur in alto ;
At tua securos portus, blandamque quietem 140
Intravit non quassa ratis. Sic perge ; nec unquam
Emeritam in nostras puppem dimitte procellas.
Vivite securi, quorum de pectore mixtæ
In longum coïere faces, sanctusque pudicæ
Servat amicitiæ leges amor. Ite per annos 145
Sæculaque, et priscæ titulos præcedite famæ.
Tuque, nurus inter longe pulcherrima, cujus
Non frontem vertere minæ, sed candida semper
Gaudia, et in vultu curarum ignara voluptas :
Non tibi sepositas infelix strangulat arca 150
Divitias, avidique animum dispendia torquent
Fœnoris : expositi census, et docta fruendi
Temperies. Non ulla Deo meliore cohærent
Pectora, non alias decuit Concordia mentes.

CARMEN III.
ARBOR ATEDII MELIORIS.

Stat, quæ perspicuas nitidi Melioris opacat
Arbor aquas, complexa lacus : ea robore ab imo
Curvata, enodis redit inde, cacumine recto
Ardua ; ceu mediis iterum nascatur ab undis,
Atque habitet vitreum tacitis radicibus amnem. 5
Quid Phœbum tam parva rogem ? vos dicite causas
Naïdes, et faciles (satis est) date carmina Fauni.
Nympharum teneræ fugiebant Pana catervæ :
Ille quidem it, cunctas tanquam velit ; it tamen unam
In Pholoen : silvis hæc fluminibusque sequentis 10
Nunc hirtos gressus, nunc improba cornua vitat.
Jamque et belligerum Jani nemus, atraque Caci
Rura, Quirinalesque fuga suspensa per agros

sée par la frayeur, aux lieux où s'élève aujourd'hui la demeure hospitalière du bon Mélior, elle rassemble les plis flottants de sa robe, et se repose sur le frais gazon de la rive. Pan la suit comme l'éclair, il la voit d'avance entre ses bras; déjà sa poitrine haletante de désir s'enfle et s'abaisse tour à tour; déjà il menace sa proie, il est sur elle. Mais voici Diane qui arrive à pas précipités : elle parcourait alors ses sept collines, et suivait les traces d'une biche de l'Aventin. La Déesse à cette vue gémit, et se tournant vers ses fidèles compagnes : « Quoi donc, s'écrie-t-elle, je n'arrêterai point les rapines de cette race hideuse et lascive? et je verrai chaque jour s'éclaircir le chœur sacré des vierges qui m'entourent? » Ce disant, elle tire de son carquois une courte flèche, et, sans courber l'arc ou faire siffler la corde, on dit qu'elle lança le trait d'une seule main. Le trait va frapper la Naïade, et trouble un sommeil funeste. Elle se lève, elle a vu la Déesse, la Déesse et l'audacieux; et sans détacher un de ses vêtements, de peur de découvrir ses appas, elle s'est élancée dans la fontaine; et dans la fontaine même, se croyant encore poursuivie, elle a disparu cachée sous les roseaux.

Que fera le brigand après cette déception si brusque? Il n'ose se confier à ces eaux profondes; son poil lui rappelle sa nature de bouc, et il sait que de sa vie il ne fut habile nageur. Tout provoque ses malédictions, et Diane si barbare, et l'onde jalouse, et le trait jaloux. Il aperçoit un jeune platane, qui promet d'avoir de profondes racines, des bras sans nombre et un front voisin des cieux. Le Dieu le dépose à l'endroit même, l'entoure d'une terre féconde, le baigne de ces eaux précieuses, et lui parle ainsi :

« Vis longtemps, ô mémorable gage de ma flamme, arbre chéri! et cette nymphe pour moi si dure, aime-la toi du moins, penché vers son asile; mais couvre l'onde, étouffe-la dans ton feuillage; elle est digne de tous maux. Toutefois, je t'en conjure, défends-la des feux brûlants du soleil et des rudes atteintes de la grêle. Seulement n'oublie pas d'y semer tes feuilles pour en troubler la surface. Alors je penserai longtemps à toi, à la maîtresse de ces aimables lieux; je vous protégerai l'un et l'autre jusqu'au sein d'une paisible vieillesse. L'arbre d'Apollon, celui de Jupiter, le peuplier aux nuances mobiles, et jusqu'au pin dont la verdure est à moi, tous envieront tes rameaux. »

Il dit : l'arbre, animé des feux qui dévoraient le Dieu, penche obliquement son tronc vers la source féconde; il s'incline, et son amoureux feuillage semble épier quelque chose au fond de l'eau. Même il espère les baisers; mais l'haleine des ondes le repousse et l'empêche d'atteindre la surface. Enfin, par un dernier effort, il s'élève, il se balance dans les airs, et, par une surprise ingénieuse prolongeant une tige droite et unie, il a l'air de plonger au fond du lac par des racines nouvelles. Déjà même la Naïade ne le hait plus tant; elle rappelle vers son lit humide ces rameaux qu'elle avait écartés.

Voilà le présent que nous te destinons au jour de ta naissance; présent modeste, mais qui vivra

---

Corlica tecta subit : tum demum victa labore,
Fessa metu, qua nunc placidi Melioris aperti   15
Stant sine fraude lares, fluidos collegit amictus
Arctius, et niveæ posuit se margine ripæ.
Insequitur velox pecorum Deus, et sua credens
Connubia, ardenti jamjam suspiria librat
Pectore, jam prædæ levis imminet. Ecce citatos 20
Advertit Diana gradus, dum per juga septem
Errat, Aventinæque legit vestigia cervæ.
Pœnituit vidisse Deam; conversaque fidas
Ad comites : « Nunquamne avidis arcebo rapinis
Hoc petulans, fœdumque pecus? semperne pudici 25
Decrescet mihi turba chori? » Sic deinde locuta
Depromit pharetra telum breve, quod neque flexis
Cornibus, aut solito torquet stridore; sed una
Emisit contenta manu, lævumque soporem
Naidos aversa fertur tetigisse sagitta.   30
Illa Deam pariter surgens hostemque protervum
Vidit, et in fontem, niveos ne panderet artus,
Sicut erat cum veste, ruit; stagnisque sub altis,
Pana sequi credens, ima latus implicat alga.

   Quid faceret subito deceptus prædo? nec altis 35
Credere corpus aquis hirtæ sibi conscius audet
Pellis, et a tenero nandi rudis; omnia questus,
Immitem Brimo, stagna invida, et invida tela ;

Primævam visu platanum, cui longa propago
Innumeræque manus, et iturus in æthera vertex, 40
Deposuit juxta, vivamque aggessit arenam,
Optatisque aspergit aquis, et talia mandat :
« Vive diu, nostri pignus memorabile voti,
Arbor; et hæc duræ latebrosa cubilia nymphæ
Tu saltem declinis ama, et preme frondibus undam. 45
Illa quidem meruit; sed ne, precor, igne superno
Æstuet, aut dura feriatur grandine ; tantum
Spargere tu laticem, et foliis turbare memento.
Tunc ego teque diu recolam, dominamque benignæ
Sedis, et illæsa tutabor utramque senecta.   50
Et Jovis, et Phœbi frondes, et discolor umbra
Populus, et nostræ stupeant tua germina pinus. »
   Sic ait. Illa Dei veteres imitata calores,
Uberibus stagnis obliquo pendula trunco
Incubat, atque umbris scrutatur amantibus undas. 55
Sperat et amplexus; sed aquarum spiritus arcet,
Nec patitur tactus. Tandem eluctata sub auras
Libratur fundo, rursusque enode cacumen
Ingeniosa levat, veluti descendat in imos
Stirpe lacus alia. Jam nec Phœbeïa Naïs   60
Odit, et exclusos invitat gurgite ramos.

   Hæc tibi, parva quidem, genitali luce paramus
Dona, sed ingenti forsan victura sub ævo :

peut-être dans la longue suite des âges. Toi dont l'âme paisible est le sanctuaire de la dignité sans morgue, de la vertu riante et toujours grave; toi chez qui le repos n'est pas de l'indolence, le pouvoir de la tyrannie, l'espérance un criminel désir, mais qui, gardant un juste milieu, sais trouver plaisir et vertu par la même route ; toi dont la parole fut toujours sacrée, dont le calme est inaltérable; qui, dans la retraite, vis comme au grand jour, et ordonnes si bien tes heures, sachant mépriser l'opulence sans effort et néanmoins lui faire honneur, lui donner un nouvel éclat, ah ! puisses-tu longtemps, jeune d'esprit et de cœur, égaler tes florissantes années à celles des vieillards de Troie, et dépasser le nombre des jours que tes parents emportèrent dans l'Élysée ! Cette grâce, ils l'ont arrachée pour toi aux inexorables sœurs, et tu la devras encore aux prières du magnanime Blésus, dont la gloire, rajeunie par tes soins, grandit à jamais, sauvée de l'oubli des siècles.

SILVE IV.

LE PERROQUET D'ATÉDIUS MÉLIOR.

Perroquet, roi des oiseaux, toi dont la voix habile ravissait ton maître, adroit imitateur de la voix humaine, quel malheur a sitôt fait tarir ton intarissable babil, ô perroquet? Hier, pauvre victime du sort, tu partageais nos repas avant de mourir, et, commensal partout fêté, nous te voyions errer de l'un à l'autre pendant plus de la moitié de la nuit. Même tu nous as rendu paroles pour paroles, grâce au travail de ta mémoire. Et aujourd'hui l'éternel silence du Léthé, voilà ton partage, harmonieux parleur! Que le vulgaire ne vante plus la fable de Phaéton ; le cygne n'est pas le seul qui célèbre ses funérailles.

Mais qu'elle était brillante ta demeure ! qu'elle était belle avec son écaille, avec ses treillages d'argent que l'ivoire enchâssait, et les portes qui rendaient sous ton bec un son bruyant, ces portes qui maintenant gémissent d'elles-mêmes ! Elle est veuve, cette heureuse prison, et l'étroite enceinte regrette ta voix moqueuse.

Appelons en foule les oiseaux savants qui ont reçu de la nature le noble don de la parole, et l'oiseau de Phébus, et le sansonnet docile qui grave tout dans sa mémoire, et vous, filles de Piérus, dont les monts d'Aonie virent la défaite et la métamorphose ; et la perdrix qui redit en les assemblant les mots qu'on lui répète, et la sœur inconsolable qui gémit dans les bois de la Thrace; apportez tous le tribut de vos plaintes, et retenez bien ces chants funèbres :

« Il n'est plus ce perroquet, véritable gloire du peuple des airs, ce souverain au vert plumage qui régnait aux contrées de l'aurore. Celui que n'effaçait en beauté ni le favori de Junon avec sa queue de saphirs, ni l'oiseau des bords glacés du Phase, ni ceux qui, au retour de l'humide Auster, deviennent la proie du Maure !

« Il n'est plus celui qui saluait les princes, qui disait le nom de César, et fut jadis l'organe de l'amitié plaintive ! naguère, agréable, convive, il saisissait les mots donnés et les répétait avec une souplesse incomparable. Quand il était près

Tu, cujus placido posuere in pectore sedem 64
Blandus Honos, hilarisque (tamen cum pondere) Virtus
Cui nec pigra quies, nec iniqua potentia, nec spes
Improba; sed medius per honesta, et dulcia limes :
Incorrupte fidem, nullosque experte tumultus,
Et secrete palam : qui digeris ordine vitam ;
Idem auri facilis contemptor et optimus idem 70
Comere divitias, opibusque immittere lucem.
Hac longum florens animi morumque juventa,
Iliacos æquare senes, et vincere persta
Quos pater Elysio, genitrix quos detulit annos.
Hoc illi duras exoravere sorores : 75
Hoc, quæ te sub teste, situm fugitura tacentem
Ardua magnanimi revirescit gloria Blæsi.

CARMEN IV.

PSITTACUS MELIORIS.

Psittace, dux volucrum, domini facunda voluptas,
Humanæ solers imitator, Psittace, linguæ,
Quis tua tam subito præclusit murmura fato?
Hesternas, miserande, dapes moriturus inisti
Nobiscum; et gratæ carpentem munera mensæ, 5
Errantemque toris mediæ plus tempore noctis
Vidimus : affatus etiam meditataque verba
Reddideras; at nunc æterna silentia Lethes
Ille canorus habes. Cedat Phaëtontia vulgi
Fabula; nec soli celebrant sua funera cycni. 10
At tibi quanta domus rutila testudine fulgens,
Connexusque ebori virgarum argenteus ordo,
Argutumque tuo stridentia limina cornu !
En querulæ jam sponte fores! vacat ille beatus
Carcer, et angusti nusquam convicia tecti. 15
Huc doctæ stipentur aves, quis nobile fandi
Jus Natura dedit : plangat Phœbeius ales;
Auditasque memor penitus demittere voces
Sturnus, et Aonio versæ certamine picæ;
Quique refert jungens iterata vocabula perdix; 20
Et quæ Bistonio queritur soror orba cubili;
Ferte simul genitus, cognataque ducite flammis
Funera, et hoc cunctæ miserandum addiscite carmen :
« Occidit aeriæ celeberrima gloria gentis
Psittacus, ille plagæ viridis regnator Eoæ; 25
Quem non gemmata volucris Junonia cauda
Vinceret, aspectu gelidi non Phasidis ales,
Nec quas humenti Numidæ rapuere sub Austro.
Ille salutator regum, nomenque locutus
Cæsareum, et queruli quondam vice functus amici : 30

de toi, la cage ouverte, tu n'étais jamais seul, cher Mélior. Mais il n'est pas descendu sans gloire chez les ombres : l'amomum d'Assyrie se mêle à ses cendres ; son léger plumage exhale les parfums de l'Arabie et ceux du safran de Sicile ; et jamais le phénix, las d'une vieillesse languissante, n'expira plus magnifiquement dans les flammes embaumées. »

SILVE V.
LE LION APPRIVOISÉ.

Que te revient-il d'avoir enfin plié à la douceur ton instinct colère ? que te revient-il d'avoir désappris le meurtre et l'homicide, et subi patiemment le joug d'un maître qui devait être sous tes pieds ? Toi qui savais quitter, puis regagner librement ta demeure ; toi dont la griffe abandonnait d'elle-même la proie déjà saisie, et dont la gueule complaisante laissait échapper sans morsure la main qui s'y plongeait, ah ! que t'en revient-il ?

Tu meurs, habile exterminateur des monstres des forêts ; tu meurs, et ce n'est point sous la foule des chasseurs Massyliens, traqué par eux et enlacé dans leurs toiles. Si du moins t'élançant d'un bond terrible au delà des épieux, tu t'y étais brisé, ou si l'ouverture d'une fosse perfide t'avait englouti ! mais non, tu meurs, et un fugitif a l'honneur de ta défaite. Ta cage devenue veuve reste ouverte ; et bien qu'enfermés de toutes parts dans leurs loges, ta catastrophe a jeté dans l'effroi les lions stupéfaits. Tous alors ont baissé la crinière, et la honte de voir emporter tes restes a fait descendre sur leurs yeux toutes les rides de leurs fronts. Toutefois cette humiliation nouvelle ne t'a pas écrasé sous le coup : le courage t'est resté dans ta chute, et ta fierté mourante a fait effort pour revivre ; tu n'as pas à l'instant replié toutes tes menaces. Tel un soldat qui sent sa blessure profonde brave la mort et marche à l'ennemi ; sa main se lève, et le fer qui tombe menace encore ; tel ce lion au pas appesanti, cette majesté dépossédée, soutient son regard ferme, et réclame, la gueule béante, la vie et un ennemi.

Mais, dans ce trépas soudain, de grandes consolations ont suivi ta défaite ; le peuple et le sénat, tristes, semblaient regretter la chute d'un gladiateur fameux, et ils ont gémi sur l'arène funèbre. Et César lui-même, qui voit avec indifférence les milliers d'animaux que la Scythie, l'Afrique, les bords du Rhin et les peuples du Phare envoient mourir ici, le grand César a eu des pleurs dans les yeux à la mort d'un seul lion.

SILVE VI.
CONSOLATION A FLAVIUS URSUS,
SUR LA PERTE D'UN JEUNE FAVORI.

Barbares, qui établissez des distinctions dans les larmes et des degrés dans la douleur ! Il est affreux pour un père de livrer aux flammes sa naissante postérité, ses fils (injuste destinée !) qui s'élevaient

---

Nunc conviva levis, monstrataque reddere verba
Tam facilis : quo tu, Melior dilecte, recluso,
Nunquam solus eras : at non inglorius umbris
Mittitur : Assyrio cineres adolentur amomo,
Et tenues Arabum respirant gramina plumæ,　　35
Sicaniosque crocos : senio nec fessus inerti
Scandit odoratos Phœnix felicior ignes. »

CARMEN V.
LEO MANSUETUS IMP.

Quid tibi constrata mansuescere profuit ira ?
Quid scelus, humanaque animo dediscere cædes,
Imperiumque pati, et domino parere minori ?
Quid, quod abire domo, rursusque in claustra reverti
Suetus, et a capta jam sponte recedere præda,　　5
Insertasque manus laxo dimittere morsu ?
　Occidis, altarum vastator sæve ferarum,
Non grege Massylo, curvaque indagine clausus,
Non formidato supra venabula saltu
Incitus, aut cæco foveæ deceptus hiatu,　　10
Sed victus fugiente fera ; stat cardine aperto
Infelix cavea, et clausis circum undique portis,
Hoc licuisse nefas pavidi timuere leones.

Tunc cunctis cecidere jubæ, puduitque relatum
Aspicere, et torvas duxere in lumina frontes.　　15
At te non primo fusum novus obruit ictu
Ille pudor ; mansere animi, virtusque cadenti
A media jam morte redit : nec protinus omnes
Terga dedere minæ. Sicut sibi conscius alti
Vulneris, adversum moriens it miles in hostem,　　20
Attollitque manum, et ferro labente minatur :
Sic piger ille gradu, solitoque exutus honore
Firmat hians oculos animumque, hostemque requirit.
　Magna tamen subiti tecum solatia leti,
Victe, feres, quod te mœsti populusque Patresque,　　25
Ceu notus caderes tristi gladiator arena,
Ingemuere mori : magni quod Cæsaris ora
Inter tot Scythicas, Libycasque, et litore Rheni,
Et Pharia de gente feras, quas perdere vile est,
Unius amissi tetigit jactura leonis.　　30

CARMEN VI.
CONSOLATIO AD FLAVIUM URSUM,
DE AMISSIONE PUERI DELICATI.

Sæve nimis, lacrimis quisquis discrimina ponis,
Lugendique modos ! Miserum est primæva parenti
Pignora, surgentesque (nefas) accendere natos :

après lui; il est cruel de pleurer la place, restée vide, d'une épouse dont la mort laisse le lit nuptial solitaire. Tristes sont aussi les lamentations d'une sœur et les gémissements d'un frère. Mais souvent une blessure plus légère est aussi plus aiguë, plus sensible, et pénètre plus avant que les plus dangereuses plaies. C'est un esclave que tu pleures, Ursus; oui, car l'aveugle main de la fortune mêle ainsi toutes choses, sans connaître nos cœurs : mais un esclave sensible, aimant et fidèle, qui n'était pas indigne de ces larmes, et dont la noblesse, bien supérieure à celle des titres, relevait du fond même de l'âme. N'étouffe point tes sanglots, n'en rougis point, lâche la bride à ta douleur; et puisque les Dieux s'en font un cruel plaisir, eh bien! tu pleures un homme; (hélas! j'attise un brasier) tu pleures un homme tout dévoué, qui chérissait son esclavage, n'y trouvait rien de rude, et s'imposait spontanément des devoirs impérieux. Et qui blâmerait les larmes tombées sur un tel cercueil? Entendez gémir le Parthe sur un coursier mort dans les batailles; voyez les Molosses pleurant leurs chiens fidèles; voyez des oiseaux même et le cerf de Virgile honorés d'un bûcher.

Et quand je dis esclave, l'était-il? Je l'ai vu, j'ai remarqué l'indépendance de son âme; tu étais le seul maître acceptable à ses yeux : mais il avait trop de fierté du reste, et son noble caractère perçait déjà sous les traits de l'enfance. Quelle est la femme grecque ou même la matrone latine qui n'envierait un pareil fils? Qu'on ne lui compare ni le fier Thésée ramené du labyrinthe par le fil et l'ingénieuse tendresse de la Crétoise, ni le pâtre de l'Ida, lorsqu'entraîné par l'amour aux bords Ébaliens, il lançait à la mer ses odieux vaisseaux. Ma lyre n'est point menteuse, et n'abuse pas des priviléges de la poésie.

Je l'ai vu, et je le vois encore, plus beau que le fils de Pélée sur la rive où Thétis, craignant la guerre, le cacha parmi les vierges; plus intéressant que Troïle, lorsque, fuyant autour des murs de l'insensible Apollon, Achille d'un coup de lance le rendit immobile. Charmant visage, hélas! et qui n'avait point son égal parmi l'élite de la jeunesse et de l'âge mûr! tu ne le cédais qu'à ton maître. Sa beauté seule éclipsait la tienne, comme la lune a le pas dans le ciel sur les astres moins brillants, ou comme l'étoile du soir éteint les feux de la nuit. Tu n'avais pas ces grâces efféminées, ces grâces molles qui, laissant dans les traits un caractère indécis, détruisent l'empreinte du sexe. Jeune, tu avais une beauté toute virile, rien d'effronté dans ton regard; et dans tes yeux un feu doux, mais sévère. Tel était Parthénopéus au milieu des armes, quand il venait à quitter son casque. Ta chevelure était belle dans son désordre et rien n'ombrageait tes joues, où fleurissait à peine un premier duvet. Telle la jeunesse que l'Eurotas élève sur la rive chère à Léda; tel le héros qui, dans la fleur du jeune âge, prend la route d'Élis, et vient mériter, pour ses premières années, l'approbation de Jupiter.

Avec une âme pudique et ingénue, il avait une égalité d'humeur charmante et un esprit mûr à la fleur de l'âge; il avait tout ce que le poëte imagine. Souvent il reprenait son maître, qui se prêtait à ses leçons; il lui prodiguait son zèle et

---

Durum et deserti, praerepta conjuge, partem
Conclamare tori : moesta et lamenta sororum, 5
Et fratrum gemitus. Arcte tamen, et procul intrat
Altius in sensus, majoraque vulnera vincit
Plaga minor. Famulum (quoniam rerum omnia caeca
Sic miscet Fortuna manu, nec pectora novit)
Sed famulum gemis, Urse, pium : sed amore, fideque 10
Has meritum lacrimas; cui major stemmate juncto
Nobilitas ex mente fuit. Ne comprime fletus,
Ne pudeat : rumpat frenos dolor iste (Deisque
Si tam dura placent), hominem gemis (hei mihi! subdo
Ipse faces) hominem, Urse, tuum, cui dulce volenti 15
Servitium, cui triste nihil; qui sponte, sibique
Imperiosus erat. Quisnam haec in funera missos
Castiget luctus? gemit inter bella peremptum
Parthus equum, fidosque canes flevere Molossi,
Et volucres habuere rogum, cervusque Maronis. 20
    Quid si nec famulus? vidi ipse animosque notavi
Te tantum capientis herum : sed major in ore
Spiritus, et tenero manifesti in sanguine mores.
Optarent multum Graiae, cuperentque Latinae
Sic peperisse nurus. Non talem Cressa superbum 25
Callida sollicito revocavit Thesea filo :
Nec Paris Œbalios talis visurus amores

Rusticus invisas dejecit in aequora pinus.
Non fallo, aut cantus assueta licentia ducit :
Vidi, et adhuc video, qualem nec bella caventem 30
Litore virgineo Thetis occultavit Achillem :
Nec circum saevi fugientem moenia Phoebi
Troïlon Aemoniae deprendit lancea dextrae.
    Qualis eras, procul heu! cunctis puerisque virisque
Pulchrior, et tantum domino minor! illius unus 35
Ante decor, quantum praecedit clara minores
Luna faces, quantumque alios premit Hesperus ignes.
Non tibi femineum vultu decus, oraque supra
Mollis honos (quales dubiae discrimina formae
De sexu transire jubent); parvoque virilis 40
Gratia, nec petulans acies, blandique severo
Igne oculi (qualis bellis jam casside missa
Parthenopaeus erat); simplexque horrore decoro
Crinis, et obsessae nondum, primoque micantes
Flore genae. Talem Ledeo gurgite pubem 45
Educat Eurotas; teneri sic integer aevi
Elin adit, primosque Jovi puer approbat annos.
    Nam pudor ingenuae mentis, tranquillaque morum
Temperies, teneroque animus maturior aevo,
Carmina quae donasse queant? Saepe ille volentem 50
Castigabat herum, studioque altisque juvabat

les conseils d'une haute prudence. Triste ou joyeux avec toi, il s'oubliait lui-même, et sa physionomie n'était qu'un reflet de la tienne. Tendre ami, digne d'effacer en gloire l'Émonien Pylade et le dévouement du roi Cécrops! Mais donnons à son éloge les bornes prescrites par la fortune. Il n'y eut pas plus de fidélité dans l'âme triste d'Eumée, lorsqu'il espérait le tardif retour d'Ulysse.

Quel Dieu ou quel hasard a si bien dirigé le trait fatal? Et le destin qui veut nuire a-t-il donc la main si assurée? O Ursus, combien tes richesses et ta belle fortune évanouie t'auraient laissé plus de courage et de force! Soit parmi les débris fumants du Vésuve, à l'aspect de l'incendie vomi de toutes parts sur les riches plaines de Locres, soit à la vue des flots inondant les bois de Pollente, lors même que ces flots couvriraient la Lucanie et que le Tibre impétueux lancerait vers la droite ses grandes eaux, tu garderais ton front calme, impassible, devant les Dieux; dût la Crète nourricière tromper ton espoir et Cyrène te refuser ses moissons, comme aussi tant de contrées d'où la fortune revient à toi les mains pleines. Mais l'odieuse Envie, qui est savante en douleurs, connaissait tes affections les plus vitales et les moyens de te frapper au cœur. Déjà hors du seuil de l'adolescence et tout brillant de jeunesse, il allait joindre trois années encore à trois lustres d'Élide. La triste Rhamnusie lui jette un regard sombre, et d'abord elle donne plus de rondeur à ses muscles, à son œil un éclat nouveau, et à ses traits une expression plus sublime. Hélas! c'était un présent de mort. En le voyant, la misérable s'est tordue de jalousie; elle embrasse sa victime, l'enveloppe dans les filets du trépas, et porte impitoyablement ses ongles de harpie sur cette beauté sacrée. A peine, vers la cinquième heure, l'Aurore attelait ses coursiers humides de rosée; déjà tu voyais, aimable Philète, l'infernal rivage du cruel vieillard et l'impitoyable Achéron. Quels ne furent pas les cris de ton maître! Non, ta mère au désespoir n'eût pas meurtri ses bras avec plus de fureur, ni ton père non plus; et à coup sûr ton frère, témoin de tes funérailles, a rougi de voir sa douleur surpassée. Mais ton bûcher ne fut pas celui d'un esclave : la flamme a épuisé les parfums de Saba, les moissons de la Cilicie, le cinname que n'avait point consumé l'oiseau du Phare, et les sucs exprimés des plantes d'Assyrie, et les pleurs de ton maître! C'est là l'unique rosée que boivent tes cendres; le bûcher s'en abreuve avidement, et ni le vin de Sétia éteignant tes restes enflammés, ni l'onyx poli renfermant tes os, rien n'a flatté ton ombre malheureuse autant que ses soupirs. C'est son amour que tu lui demandes. Pourquoi, mon cher Ursus, ne pas faire face à la douleur? Pourquoi nourris-tu le sentiment de ta perte? Pourquoi ton cœur aigri chérit-il sa blessure? Qu'as-tu fait de cette éloquence si connue des accusés arrachés à leur ruine? Veux-tu par un deuil si cruel tourmenter cette ombre chérie? Si excellente que fût son âme et si digne qu'elle fût de tes regrets, tu as acquitté ta dette : lui cependant, admis parmi les âmes pieuses, il goûte le repos de l'Élysée, où peut-être il a trouvé d'illustres parents; peut-être encore le long du Léthé, à travers un doux si-

Consiliis; tecum tristisque, hilarisque, nec unquam
Ille suus, vultumque tuo sumebat ab ore :
Dignus et Æmonium Pyladen præcedere fama,
Cecropiamque fidem; sed laudum terminus esto, 55
Quem fortuna sinit. Non mente fidelior ægra
Speravit tardi reditus Eumæus Ulixi.
  Quis Deus, aut quisnam tam tristia vulnera casus
Eligit? unde manus Fatis tam certa nocendi?
O quam divitiis censuque exutus opimo 60
Fortior, Urse, fores! si vel fumante ruina
Ructassent dites Vesuvina incendia Locros,
Seu Pollentinos mersissent flumina saltus :
Seu Lucanus ager, seu Tybridis impetus, altas
In dextram torsisset aquas, paterere serena 65
Fronte Deos : sive alma fidem, messesque negasset
Cretaque, Cyreneque, et qua tibi cumque beato
Larga redit Fortuna sinu : sed gnara dolorum
Invidia infelix animi vitalia vidit,
Lædendique vias. Vitæ modo limine adultæ 70
Nectere tendebat juvenum pulcherrimus ille
Cum tribus Eleis unam trieterida lustris.
Attendit torvo tristis Rhamnusia vultu :
Ac primum implevitque toros, oculisque nitorem
Addidit, et solito sublimius ora levavit 75
(Heu! misero letale favens), seseque videndo
Torsit, et invitam Mortem complexa, jacenti
Injecit nexus, carpsitque immitis adunca
Ora veranda manu. Quinta vix Phosphorus hora
Rorantem sternebat equum, jam litora duri 80
Sæva, Philete, senis, dirumque Acheronta videbas,
Quo domini clamate sono! non sævius atros
Nigrasset planctu genitrix tibi sæva lacertos,
Nec pater : et certe qui vidit funera frater
Erubuit vinci. Sed nec servilis adempto 85
Ignis : odoriferos exhausit flamma Sabæos
Et Cilicum messes, Phariæque exempta volucri
Cinnama, et Assyrio manantes gramine succos,
Et domini fletus : hos tantum hausere favillæ,
Hos bibit usque rogus : nec quod tibi Setia canos 90
Restinxit cineres, gremio nec lubricus ossa
Quod vallavit onyx, miseris acceptius umbris
Quam gemitus; sed et ipse juvat. Quid terga dolori,
Urse, damus? quid damna foves; et pectore iniquo
Vulnus amas? ubi nota reis facundia raptis? 95
Quid caram erucias tam sævis luctibus umbram?
Eximius licet ille animi, meritusque dolorem,
Solvisti; subit ille pios, carpitque quietem
Elysiam, carosque illic fortasse parentes

lence, les Naïades de l'Averne viennent folâtrer autour de lui, pendant que Proserpine lui jette un regard furtif. Mets, je t'en supplie, un terme à tes douleurs. Le destin te garde un autre Philète, et c'est peut-être Philète qui te le donnera ; il mettra sa joie à former son âme et ses manières, et lui donnera des leçons d'amour pour son maître.

SILVE VII.
LE JOUR DE NAISSANCE DE LUCAIN.

Fêtez en foule le jour consacré à Lucain, vous tous qui sur les collines de Vénus Isthmienne, le sein palpitant sous l'aiguillon poétique, buvez l'eau que fit jaillir le pied du cheval aérien ; vous-mêmes à qui revient la gloire des chants, toi qui dans l'Arcadie inventas la lyre amie de la voix, Évan qui fais tourner les Ménades haletantes, et toi Pœan, et vous sœurs du Pinde, renouvelez la pourpre de vos joyeuses bandelettes, ornez votre chevelure, et qu'un lierre plus frais enlace vos robes blanches. Que les doctes fleuves coulent à pleins bords ! Vertes forêts d'Aonie, épaississez votre verdure ; et si le jour se glisse encore à travers ce rideau, que l'ombre des molles guirlandes remplisse l'intervalle. Que cent autels exhalent leurs parfums dans les bois de Thespie, cent autels avec cent victimes de celles que baigne Dircé et que nourrit le Cithéron ! Nous chantons Lucain ; daignez nous sourire, cette fête est la vôtre, Muses : soyez nous favorables ; nous honorons celui qui vous rendit un double culte dans la poésie et dans la prose, le chef sacré du chœur de nos poëtes.

O terre heureuse et trop heureuse, toi qui vois Hypérion la tête penchée se plonger dans les flots, et qui entends bruire dans l'Océan les roues de son char qui tombe ; toi dont les pressoirs onctueux défient la cité de Minerve, la fertile Athènes, Bétique, tu peux réclamer Lucain pour un de tes enfants : c'est plus que d'avoir donné Sénèque au monde avec l'aimable Gallion. Que le Bétis élève ses ondes jusqu'aux astres, le Bétis plus illustre que le Mélès de la Grèce ! Mantoue, crains de provoquer le Bétis.

Dès l'instant de sa naissance, et lorsqu'un doux murmure annonçait les premiers cris de son enfance, Calliope le reçut dans ses bras caressants ; et pour la première fois quittant le deuil depuis la perte d'Orphée, elle fit trêve à ses longues douleurs. « O enfant, dit-elle, enfant consacré aux Muses, toi qui dépasseras vite les poëtes des vieux âges, ce ne sont ni les fleuves, ni les troupeaux de bêtes sauvages, ni les armes des Gètes, que tu remueras au son de ta lyre ; mais les sept collines, le Tibre de Mars et l'ordre savant des chevaliers, ainsi que le sénat vêtu de pourpre. Que d'autres nous redisent la nuit dernière d'Ilion, et les voyages d'Ulysse, et son tar-

Invenit : aut illi per amœna silentia Lethes 100
Forsan Avernales alludunt undique mixtæ
Naïdes, obliquoque notat Proserpina vultu.
Pone, precor, questus : alium tibi Fata Phileton,
Forsan et ipse dabit, moresque habitumque decoris
Monstrabit gaudens, similemque docebit amari. 105

CARMEN VII.
GENETHLIACON LUCANI.

Lucani proprium diem frequentet,
Quisquis collibus Isthmiæ Diones
Docto pectora concitatus œstro
Pendentis bibit ungulæ liquorem.
Ipsi, quos penes est honor canendi, 5
Vocalis citharæ repertor Arcas,
Et tu Bassaridum rotator Evan,
Et Pæan, et Hyantiæ sorores,
Lætæ purpureas novate vittas :
Crinem comite, candidamque vestem 10
Perfundant ederæ recentiores.
Docti largius evagentur amnes,
Et plus Aoniæ virete silvæ :
Et si qua patet, aut diem recipit,
Sertis mollibus expleatur umbra. 15
Centum Thespiacis odora lucis
Stent altaria, victimæque centum,
Quas Dirce lavat, aut alit Cithæron.
Lucanum canimus : favete linguis :
Vestra est ista dies ; favete, Musæ, 20
Dum qui vos geminas tulit per artes
Et vinctæ pede vocis, et solutæ,
Romani colitur chori sacerdos.
Felix heu nimis, et beata tellus,
Quæ pronos Hyperionis meatus 25
Summis Oceani vides in undis,
Stridoremque rotæ cadentis audis :
Quæ Tritonide fertiles Athenas
Unctis, Bætica, provocas trapetis !
Lucanum potes imputare terris ; 30
Hoc plus quam Senecam dedisse mundo,
Aut dulcem generasse Gallionem.
Attollat refluos in astra fontes
Graio nobilior Melete Bætis ;
Bætin, Mantua, provocare noli. 35
Natum protenus, atque humum per ipsam
Primo murmure dulce vagientem
Blando Calliope sinu recepit.
Tum primum posito remissa luctu
Longos Orpheos exuit dolores ; 40
Et dixit : « Puer o dicate Musis,
Longævos cito transitura vates,
Non tu flumina, nec greges ferarum,
Nec plectro Geticas movebis ornos ;
Sed Septem juga, Martiumque Tybrim, 45

di retour; qu'ils suivent l'ornière battue par les poëtes. Toi, cher au Latium et fidèle à la gloire de ta nation, tu revêtiras ta muse des mâles insignes de la toge. Et d'abord les jeux de tes premières années nous montreront Hector, et les chars thessaliens, et l'or suppliant du vieux Priam. Tu ouvriras le séjour infernal; tu mettras sur la scène Néron qui t'a payé d'ingratitude, et mon cher Orphée. Tu diras les flammes errant sur la ville de Rémus, flammes sacriléges d'un maître impie, et tes vers aimables ajouteront à la vertu de Polla un nouveau lustre et un éclat nouveau.

« Bientôt prenant avec la jeunesse un plus sublime essor, tu chanteras d'une voix tonnante les plaines de Philippes blanches d'ossements romains, les guerres de Pharsale, et le chef divin faisant briller la foudre au milieu des armes, et le fils religieux de la liberté, le grave Caton, et la grandeur populaire de Pompée. Tu verseras de pieuses larmes sur le crime de Canope, et tu honoreras la victime d'un monument plus sublime que le phare sanglant.

« Tels seront les chants de ta jeunesse à l'entrée de la vie, avant l'âge où Virgile célébra son moucheron. Tu laisseras derrière toi la muse inculte du fier Ennius et le sublime délire du docte Lucrèce, et le poëte qui conduit les Argonautes à travers les écueils, et celui qui nous fait assister aux métamorphoses des premiers corps. J'ose dire plus encore, l'Énéide même s'inclinera devant le poëte qui s'adresse aux fils du Latium. Et je ne bornerai pas mes faveurs à la gloire des vers; je t'unirai par le flambeau nuptial à une compagne distinguée par son savoir et belle de ses propres talents, telle que la déesse des amours ou Junon pourrait la donner de sa main. A la beauté, la simplicité, la douceur, elle joindra fortune, noblesse, grâces, décence; et moi-même je ferai retentir à vos portes les chants heureux d'hyménée.

« O Parques trop cruelles, Parques jalouses! O éclairs de bonheur toujours trop rapides pour les grands hommes! Sommets élevés, pourquoi faut-il que vous soyez plus exposés aux chutes? Par quelle fatalité barbare ce qui est grand n'arrive-t-il pas à la vieillesse? Ainsi le fils du Jupiter africain, après avoir foudroyé l'Orient et l'Occident, dort étouffé à Babylone sous un étroit sépulcre; ainsi, percé de la main tremblante de Pâris, Achille glaça d'effroi par sa mort le cœur maternel; ainsi, sur les rives murmurantes de l'Hèbre, je suivais la tête plaintive de mon Orphée : ainsi toi-même, ô rage d'un tyran sacrilége! tu recevras l'ordre d'aller t'ensevelir sous le Léthé. Et tandis que tu chantes les combats,

Et doctos Equites, et eloquente
Cantu purpureum trahes Senatum.
Nocturnas alii Phrygum ruinas,
Et tarde reducis vias Ulixi,
Et puppem temerariam Minervæ, 50
Trita vatibus orbita, sequantur :
Tu carus Latio, memorque gentis
Carmen fortior exeres togatum :
Ac primum, teneris adhuc in annis,
Ludes Hectora, Thessalosque currus, 55
Et supplex Priami potentis aurum.
Tu sedes reserabis inferorum;
Ingratus Nero dulcibus theatris
Et noster tibi proferetur Orpheus.
Dices culminibus Remi vagantes, 60
Infandos domini nocentis ignes.
Tu castæ titulum decusque Pollæ
Jucunda dabis Allocutione.

« Mox, cœpta generosior juventa,
Albos ossibus Italis Philippos, 65
Et Pharsalica bella detonabis,
Et fulmen ducis inter arma Divi;
Libertate gravem pia Catonem,
Et gratum popularitate Magnum.
Tu Pelusiaci scelus Canopi 70
Deflebis pius; et Pharo cruenta
Pompeio dabis altius sepulcrum.

« Hæc primo juvenis canes sub ævo,
Ante annos Culicis Maroniani.
Cedet Musa rudis ferocis Enni 75
Et docti furor arduus Lucreti,
Et qui per freta ducit Argonautas,
Et qui corpora prima transfigurat.
Quin majus loquor; ipsa te Latinis
Æneis venerabitur canentem. 80
Nec solum dabo carminis nitorem,
Sed tædis genialibus dicabo
Doctam, atque ingenio suo decoram;
Qualem blanda Venus, daretque Juno;
Forma, simplicitate, comitate, 85
Censu, sanguine, gratia, decore.
Et vestros Hymenæon ante postes
Faustis cantibus ipsa personabo.

« O sævæ nimium, gravesque Parcæ!
O nunquam data festa longa summis! 90
Cur plus, ardua, casibus patetis?
Cur sæva vice magna non senescunt?
Sic natum Nasamonii Tonantis
Post ortus obitusque fulminatos
Angusto Babylon premit sepulcro : 95
Sic fixum Paridis manu trementi
Peliden Thetis horruit cadentem :
Sic ripis ego murmurantis Hebri
Non mutum caput Orpheos sequebar :
Sic et tu (rabidi nefas tyranni!) 100
Jussus præcipitem subire Lethen,
Dum pugnas canis, arduaque voce
Das solatia grandibus sepulcris;
(O dirum scelus! o scelus!) tacebis. »
   Sic fata est, leviterque decidentes 105
Abrasit lacrimas nitente plectro.
At tu, seu rapidum poli per axem

et que d'une voix solennelle tu donnes des consolations à d'illustres ombres, ô crime! ô forfait! on condamnera ta voix au silence! »

Elle dit, et sa main légère essuie plus d'une larme avec son brillant archet.

Mais toi, l'objet de ses pleurs, soit qu'emporté par le mouvement rapide des cieux, t'élevant sur le char de la Renommée jusqu'où s'élèvent les grandes âmes, tu voies de bien haut la terre et te ries des sépulcres; soit qu'admis pour tes vertus aux bords heureux de l'Élysée, tu jouisses de la paix au fond de quelque bois solitaire, entouré des guerriers de Pharsale, et suivi des Catons et des Pompées qu'attirent tes nobles accords; soit que ton ombre auguste et sainte, fière d'ignorer le Tartare, écoute de loin les fouets vengeurs, et contemple sur l'autre rive Néron qui se fait pâle à la vue des torches de sa mère; viens, entouré d'une auréole; et, à la prière de Polla, demande un seul jour aux divinités des ombres silencieuses. Leurs portes ne sont point inexorables pour l'époux qui rejoint une épouse.

Elle n'a pas voulu par des danses inconvenantes et par un culte dérisoire te donner les traits d'une vaine idole : c'est toi qu'elle honore, toi qu'elle vénère sur un autel dressé au milieu de son cœur; et ce qui peut la consoler, ce n'est point ton portrait retracé sur l'or imitateur, et qui, brillant à son chevet, protége son paisible sommeil. Fuyez, fuyez, images de mort, voici l'ère d'une vie nouvelle! loin d'ici le deuil lugubre! que ses joues s'humectent désormais de douces larmes, et que sa douleur, solennelle comme une fête, adore maintenant ce que naguère elle a pleuré.

LIVRE TROISIEME.

STACE A POLLIUS FÉLIX, SON AMI.

Cher Pollius, doux ami, bien digne à coup sûr du repos auquel vous avez voué un culte si fidèle, je n'ai pas besoin de justifier longuement, à vos yeux du moins, l'essor téméraire de ces enfants de ma muse, éclos pour la plupart chez vous et dans le sein de l'amitié. L'audace de ma plume vous effraya même plus d'une fois, lorsqu'entré dans la confidence de votre génie, je pénétrais au fond du sanctuaire des lettres, et me laissais guider par vos conseils dans tous les mystérieux détours du labyrinthe. C'est donc en toute sécurité que je vous envoie ce troisième livre de mes Silves. Le second, vous l'aviez vu naître; mais vous êtes comme le père de celui-ci. L'Hercule de Surrente ouvre d'abord le recueil : je venais de l'apercevoir sur votre rive, et aussitôt je fis ces vers pour l'adorer. La seconde pièce fut composée à l'occasion du départ de Métius Céler, envoyé par notre auguste empereur pour commander une légion en Syrie : ne pouvant suivre un jeune homme si magnifique et pour moi si charmant, je l'accompagnai ici de mes vœux. Je devais bien aussi quelque tribut de consolation à mon cher Claudius Étruscus, lui qui pleurait avec des larmes véritables (et partant

```
Famæ curribus arduis levatus,
Qua surgunt animæ potentiores,
Terras despicis, et sepulcra rides;                 110
Seu pacis merito nemus reclusæ
Felix Elysiis tenes in oris,
Quo Pharsalica turba congregatur,
Et te nobile carmen insonantem
Pompeii comitantur, et Catones :                    115
Seu magna sacer et superbus umbra
Nescis Tartaron, et procul nocentum
Audis verbera, pallidumque visa
Matris lampade respicis Neronem;
Adsis lucidus; et, vocante Polla,                   120
Unum, quæso, diem Deos silentum
Exores : solet hoc patere limen
Ad nuptas redeuntibus maritis.
    Hæc te non thiasis procax dolosis
Falsi numinis induit figuras;                       125
Ipsum sed colit, et frequentat ipsum
Imis altius insitum medullis;
Ac solatia vana subministrat
Vultus, qui simili notatus auro
Stratis prænitet, excubatque somno                  130
Securæ. Procul hinc abite, mortes;
```

Hæc vitæ genitalis est origo :
Cedat luctus atrox, genisque manent
Jam dulces lacrimæ; dolorque festus
Quidquid fleverat ante, nunc adoret.   135

LIBER TERTIUS.

STATIUS POLLIO SUO SAL.

Tibi certe, Polli dulcissime, et hac, cui tam fideliter inhæres, quiete dignissime, non habeo probandam diu libellorum istorum temeritatem, quum scias multos ex illis in sinu tuo subito natos, et hanc audaciam stili nostri frequenter expaveas, quoties in illius facundiæ tuæ penetrale seductus, altius litteras intro, et in omnes a te studiorum sinus ducor. Securus itaque tertius hic Silvarum nostrarum liber ad te mittitur. Habuerat quidem et secundus testem; sed hic habet auctorem. Nam primum limen ejus Hercules Surrentinus aperit, quem in litore tuo consecratum, statim ut videram, his versibus adoravi. Sequitur libellus, quo splendidissimum et mihi jucundissimum juvenem, Metium Celerem, a sacratissimo imperatore missum ad legionem Syriacam, quia sequi non poteramus, sic prosecutus sum. Merebatur et Claudii Etrusci

fort amères) un vieux père mis au tombeau. Earinus, affranchi de notre Germanicus, sait encore si j'ai tardé à satisfaire ses désirs au sujet des vers qui devaient accompagner l'envoi de ses cheveux, offerts à Asclépius de Pergame avec une boîte en diamants et un miroir. Dans la dernière Silve, je conjure ma Claudia de se retirer à Naples avec son époux. C'est là, je l'avoue, de la causerie, voire même de la causerie sans prétention ; je cherche plutôt à persuader ma femme qu'à plaire au lecteur. Vous accueillerez surtout cette pièce avec faveur, sachant qu'elle avait pour but mon repos, et vous spécialement pour objet ; car je me retirais non pas tant dans ma patrie que dans celle de mon ami.

SILVE I.
L'HERCULE DE SURRENTE.

Dieu de Tyrinthe, Pollius renouvelle à ta gloire les sacrifices interrompus, et il justifie bien une année de silence : tu seras honoré dans un sanctuaire plus magnifique; Hercule n'habitera plus un rivage pauvre ou désert, ni un toit digne à peine de matelots errants : mais il aura un brillant portique, et une voûte soutenue par le bronze et par le métal grec; on dirait qu'une fois encore purifié par la flamme de l'Œta, il va monter glorieusement du bûcher vers l'Olympe.

J'en crois à peine mon esprit et mes yeux. Est-ce bien là ce gardien d'un seuil sans honneur, ce Dieu négligé d'un si misérable autel ? D'où vient ce temple d'hier, et cet éclat inopiné qui environne l'Hercule champêtre? Ainsi les Divinités ont leur destinée comme les lieux. Effet rapide de la piété! Naguère des sables stériles, les flancs d'une montagne battue par les vagues, des rochers hérissés d'épines, voilà tout ce que l'on trouvait dans ces lieux inabordables. Quelle révolution soudaine a fendu ces rochers de diamant ? est-ce la lyre d'Amphion, est-ce le luth de Thrace qui les a transportés? L'année elle-même s'étonne de voir accompli dans l'intervalle de douze mois l'ouvrage d'un siècle. C'est que le Dieu a prêté son bras : il a érigé son propre temple; ces roches rebelles, il les a soulevées avec effort, et la montagne a reculé devant sa vaste poitrine : on eût dit qu'il était encore aux ordres de son impitoyable marâtre.

Ainsi donc, soit qu'affranchi d'un joug tyrannique, tu habites Argos ta patrie, foulant aux pieds la tombe du cruel Eurysthée; soit qu'élevé par ta valeur au-dessus des astres, tu sièges à côté de ton illustre père, recevant le nectar de la main d'Hébé, d'Hébé plus gracieuse que le Phrygien qu'elle remplace, montre-toi secourable, et fais planer ton génie sur un temple naissant. Ce ne sont ni les vapeurs empestées de Lerne, ni les guérets de l'indigent Molorchus, ni la formidable forêt de Némée, ni les antres de la Thrace, ni les autels ensanglantés par le tyran de Pharos qui t'appellent, c'est une maison simple et heureuse fermée à la perfidie et au crime, une maison tout-à-fait digne de recevoir les Dieux du ciel. Quitte cet arc menaçant, et ce carquois inépuisa-

mei pietas aliquod ex studiis nostris solatium, quum lugeret veris (quod amarissimum est) lacrimis senem patrem. Earinus præterea, Germanici nostri libertus, scit quamdiu desiderium ejus moratus sim, quum petisset, ut capillos suos, quos cum gemmata pyxide et speculo ad Pergamenum Asclepium mittebat, versibus dedicarem. Summa est Ecloga, qua mecum secedere Neapolim Claudiam meam exhortor. Hic, si verum dicimus, sermo est; et quidem securus, ut cum uxore, et qui persuadere malit quam placere. Huic præcipue libello favebis, quum scias habere destinationem quietis meæ, et tibi maxime intendere : meque non tam in patriam quam ad te secedere.

CARMEN I.
HERCULES SURRENTINUS POLLII FELICIS.

Intermissa tibi renovat, Tirynthie, sacra
Pollius ; et causas designat desidis anni
Quod coleris majore tholo; nec litora pauper
Nuda tenes, tectumque vagis habitabile nautis,
Sed nitidos postes, Graiisque effulta metallis 5
Culmina ; ceu tædis iterum lustratus honesti
Ignis, ab Œtæa conscenderis æthera flamma.

Vix oculis, animoque fides : tune ille reclusi
Liminis, et parvæ custos inglorius arcæ?
Unde hæc aula recens, fulgorque inopinus agresti 10
Alcidæ? sunt fata Deum, sunt fata locorum.
O velox pietas! steriles hic nuper arenas,
Aspersum pelago montis latus, hirtaque dumis
Saxa, nec ulla pati faciles vestigia terras
Cernere erat. Quænam subito fortuna rigentes 15
Divisit scopulos? Tyrione hæc moenia plectro,
An getica venere lyra? stupet ipse labores
Annus, et angusto bisseni limite menses
Longævum mirantur opus. Deus adfuit, arces
Erexitque suas, atque obluctantia saxa 20
Summovit nitens, et magno pectore montem
Reppulit; immitem credas jussisse novercam.

Ergo age; seu patrios, liber jam legibus, Argos
Incolis, et mersum tumulis Eurysthea calcas;
Sive tui solium Jovis, et virtute parata 25
Astra tenes, haustumque tibi succincta beati
Nectaris, excluso melior Phryge, porrigit Hebe ;
Huc ades, et genium templis nascentibus infer.
Non te Lerna nocens, nec pauperis arva Molorchi,
Nec formidatus Nemees ager, antrave poscunt 30
Thracia, nec Pharii polluta altaria regis;
Sed felix, simplexque domus, fraudumque malarum
Inscia, et hospitibus Superis dignissima sedes.

ble de flèches meurtrières, et cette massue teinte du sang de mille tyrans, et la dépouille d'un ennemi étendue sur tes épaules; on te dresse un coussin tissu de la plus fine étoffe de Sidon, et un lit superbe soutenu par des figures d'ivoire. Viens donc, mais avec douceur et mansuétude, et non point avec le trouble de la fureur, ni la crainte de recevoir des ordres tyranniques; viens, tel que sur le Ménale te vit la belle Augé, lorsqu'elle t'enlaça de ses caresses, encore tout fatigué du plaisir de la danse, et les lèvres tout humides de la joyeuse liqueur de ton frère; ou plutôt tel qu'au sortir d'une nuit célèbre par tes amoureux ébats, tu parus devant Thestius, étonné de se voir tant de fois ton beau-père. Ici, tu seras honoré par les luttes du gymnase et les colères de jeunes athlètes armés d'un ceste inoffensif; et ces luttes revenant chaque année se succéderont rapidement l'une à l'autre. Ici Pollius s'est fait une fête de consacrer à ton sacerdoce son petit-fils tout jeune encore et tout semblable à toi, lorsque tu étouffais les premiers émissaires de ta marâtre, et qu'ensuite tu t'affligeais, croyant avoir brisé tes hochets.

Mais, ô Calliope, raconte l'auguste et rapide élévation de ce temple; Alcide t'accompagnera de sa voix mâle et sonore, et son arc tendu suivra toutes les modulations de ta lyre.

Nous étions dans la saison où la voûte du ciel verse un torrent de feux sur la terre, et où Sirius, en butte à tous les traits du soleil, pèse lourdement sur les plaines embrasées. Déjà c'était le jour où mille torches rayonnantes illuminent le lac, solitaire témoin de la retraite d'Hippolyte, le jour où l'encens fumait au loin dans la forêt d'Aricie, dont les esclaves fugitifs se disputent la royauté. Diane alors couronnait les fatigues de ses chiens fidèles; elle essuyait ses flèches et laissait en repos les hôtes des bois, pendant que toute l'Italie venait célébrer sur de chastes foyers les ides Hécatéennes.

Et moi, bien que j'eusse alors un petit domaine au pied des collines d'Albe, avec une onde pure qui coulait pour moi par la munificence de notre empereur, choses suffisantes pour calmer mon âme et pour rafraîchir l'air environnant, j'habitais à cette époque près des rochers fameux par le souvenir des Sirènes, au sein de la famille de l'éloquent Vopiscus, qui voyait en moi plus qu'un hôte. Là, j'admirais à loisir et ses mœurs douces et tranquilles, et ses neuves inspirations, et ces fleurs du Parnasse qu'il cueille toujours fraîches.

Un jour (c'était aussi la fête de Diane), nous trouvant à l'étroit dans nos demeures et ennuyés de leur aspect monotone, nous côtoyions le rivage humide, abrités du soleil par un feuillage épais. Tout à coup le ciel s'obscurcit, l'éclat du plus beau soleil fait place aux sombres nuages, et les ailes légères du Zéphyr sont toutes mouillées des grosses pluies de l'Auster; un déluge accourt, semblable à celui dont la fille de Saturne inonda jadis la Libye, lorsque Didon, se livrant au guerrier troyen, arrachait des cris aux nymphes témoins de la pudeur expirante. Nous fuyons, et les esclaves d'emporter les mets sacrés et les coupes ornées de fleurs; mais ils ne savent où les mettre. Pourtant d'innombrables habitations dominent ces belles plaines, et plus d'un toit brillant couronne la montagne; mais la pluie conseillait de gagner vite l'abri le plus proche, et

Pone truces arcus, agmenque immite pharetræ,
Et regum multo perfusum sanguine robur, 35
Instratumque humeris dimitte gerentibus hostem.
  Hic tibi Sidonio celsum pulvinar acantho
Texitur, et signis crescit torus asper eburnis.
Pacatus, mitisque veni; nec turbidus ira,
Nec famulare timens; sed quem te Mænalis Auge 40
Confectum thiasis, et multo fratre madentem
Detinuit; qualemque vagæ post crimina noctis
Thestius obstupuit, toties socer : hic tibi festa
Gymnas, et insontes juvenum sine cæstibus iræ
Annua veloci peragunt certamina lustro. 45
Hic templis inscriptus, avo gaudente, sacerdos
Parvus adhuc, similisque tui, quum prima novercæ
Monstra manu premeres, atque exanimata doleres.
  Sed quænam subiti veneranda exordia templi,
Dic age, Calliope : socius tibi grande sonabit 50
Alcides, tensoque modos imitabitur arcu.

  Tempus erat, cœli quum torrentissimus axis
Incumbit terris, ictusque Hyperione multo
Acer anhelantes incendit Sirius agros.
Jamque dies aderat, profugis quum regibus aptum 55
Fumat Aricinum Triviæ nemus, et face multa
Conscius Hippolyti splendet lacus : ipsa coronat
Emeritos Diana canes, et spicula tergit,
Et tutas sinit ire feras; omnisque pudicis
Itala terra focis Hecateias excolit idus. 60
  Ast ego, Dardaniæ quamvis sub collibus Albæ
Rus proprium, magnique ducis mihi munere currens
Unda domi, curas mulcere æstusque levare
Sufficerent; notas Sirenum nomine rupes,
Facundique larem Polli non hospes habebam; 65
Assidue moresque viri pacemque novosque
Pieridum flores, intactaque carmina discens.
  Forte diem Triviæ dum litore ducimus udo,
Angustasque fores assuetaque tecta gravati,
Frondibus et patula defendimus arbore soles; 70
Deliuit cœlum, et subitis lux candida cessit
Nubibus, et tenuis graviore Favonius Austro
Immaduit; qualem Libyæ Saturnia nimbum
Attulit, Iliaco dum dives Elissa marito
Donatur, testesque ululant per devia Nymphæ. 75
Diffugimus; festasque dapes, redimitaque vino
Abripiunt famuli : nec quo convivia migrent;
(Quamvis innumeræ gaudentia rura superne
Insedere domus, et multo culmine dives

d'ailleurs nous avions foi au retour du beau temps.

Non loin de là était une masure décorée du nom de temple, une humble demeure qui écrasait le grand Alcide sous une voûte à peine capable d'abriter quelques pêcheurs ou quelques matelots errants. C'est là qu'on entasse pêle-mêle et les tables, et les lits somptueux, et la foule des esclaves, et la brillante compagnie de la belle Polla. Enfin tout le monde n'y peut tenir, et l'asile ne suffit pas à tant d'hôtes. Le Dieu rougit et rit tout ensemble; il entre alors dans l'âme de Pollius, et l'entourant de ses bras caressants, il parle en ces termes à son cœur :

« Est-ce là ce Pollius, dont la main libérale a répandu ses richesses avec tant de profusion sur Pouzzol sa patrie, et sur la jeune Parthénope; ce Pollius à qui notre montagne doit tant de somptueux édifices, tant d'asiles verts, tant de statues de marbre et d'airain, tant d'images en cire qu'animent, ce semble, les couleurs de la vie? Car ce palais et ce domaine, qu'étaient-ils avant ton heureuse arrivée? A travers la roche nue, tu as fait pratiquer un long chemin couvert, et là où l'on ne trouvait qu'un étroit sentier, s'élève, pour l'agrément de la route, une superbe galerie soutenue par de riches colonnes; par tes soins aussi, une double voûte emprisonne les eaux bouillonnantes de la nymphe voisine. Auteur de mille ouvrages, pour moi seul tu es pauvre et comme sans moyens, ô Pollius! Et pourtant je visite volontiers ces Pénates, et j'aime ce rivage dont tu rends les abords faciles. Mais tout auprès Junon regarde avec mépris ma chétive demeure, et rit en secret de mon dénûment. Donne-moi un temple et des autels dignes de ta magnificence, un temple auprès duquel la voile enflée d'un vent favorable ne passe point sans s'arrêter, un temple que le roi des airs et les conviés du banquet des Dieux visitent quelquefois, et qui puisse recevoir ma sœur au sortir de son habitation sublime. Qu'importe que cette montagne se roidisse contre nos coups, et que cette masse solide n'ait point été entamée de temps immémorial? je suis là pour t'aider dans ce travail immense : moi-même j'ouvrirai le sein de cette terre opiniâtre. Mets-toi à l'œuvre et ose quelque chose, sur la foi des promesses d'Hercule. Tu verras si les tours de Thèbes ou les murs de Pergame se sont élevés plus vite. » Il dit, et quitte le cœur de Pollius.

En un moment, le plan de l'architecte est tracé : mille bras unissent leurs efforts; les uns dépouillent les forêts et polissent les bois, les autres fouillent le sol et jettent les fondements : on durcit au feu l'argile humide et grasse, qui doit garantir le temple des atteintes de l'hiver et des pluies; et l'indomptable caillou se fond et coule dans la fournaise. Mais l'œuvre la plus rude était de fendre les pierres et les rochers qui résistaient à l'action du fer. Le protecteur du lieu, le grand Alcide lui-même, à l'heure où le ciel se voile des épais brouillards de la nuit, quitte ses armes, saisit la hache à deux tranchants, et fouille d'un bras vigoureux le sol informe. La riche Caprée, la verdoyante Taurubule, retentissent de

---

Mons nitet) instantes sed proxima quærere nimbi 80
Suadebant, læsique fides reditura sereni.
    Stabat dicta sacris tenuis casa, nomine templi;
Et magnum Alciden humili lare parva premebat,
Fluctivagos nautas, scrutatoresque profundi
Vix operire capax : huc omnis turba coimus; 85
Huc epulæ, ditesque tori, cœtusque ministrum
Stipantur, nitidæque cohors gratissima Pollæ.
Non cepere fores, angustaque deficit ædes.
Erubuit, risitque Deus, dilectaque Polli
Corda subit, blandisque animum complectitur ulnis : 90
    « Tune, inquit, largitor opum, qui mente profusa
Tecta Dicarcheæ pariter, juvenemque replesti
Parthenopen? nostro qui tot fastigia monti,
Tot virides lucos, tot saxa imitantia vultus,
Æraque, tot scripto viventes lumine ceras 95
Fixisti? quid enim ista domus, quid terra, priusquam
Te gauderet, erant? longo tu tramite nudos
Texisti scopulos, fueratque ubi semita tantum,
Nunc ibi distinctis stat porticus alta columnis,
Ne sorderet iter : curvi tu litoris ora 100
Clausisti calidas gemina testudine nymphas.
Vix opera enumerem : mihi pauper, et indigus uni
Pollius? et tales hilaris tamen intro Penates.

Et litus, quod pandis, amo : sed proxima sedem
Despicit, et tacite ridet mea numina Juno. 105
Da templum, dignasque tuis conatibus aras,
Quas puppes velis nolint transire secundis :
Quo pater ætherius, mensisque accita Deorum
Turba, et ab excelso veniat soror hospita tecto.
Nec te, quod solidus contra riget umbo maligni 110
Montis, et immenso non unquam excisus ab ævo
Terreat; ipse adero, et conamina tanta juvabo,
Asperaque invitæ perfringam viscera terræ.
Incipe, et Herculeis fidens hortatibus aude.
Non Amphioniæ steterint velocius arces, 115
Pergameusve labor. » Dixit, mentemque reliquit.
    Nec mora; conscripta formantur imagine templa :
Innumeræ coiere manus : his cædere silvas,
Et levare trabes : illis immergere curæ
Fundamenta solo. Coquitur pars uvida terræ 120
Protectura hiemes, atque exclusura pruinas;
Indomitusque silex curva fornace liquescit.
Præcipuus sed enim labor est exscindere dextra
Opposita rupes, et saxa negantia ferro.
Hic pater ipse loci, positis Tirynthius armis 125
Insudat, validaque solum deforme bipenni,
Quum grave nocturna cœlum subtexitur umbra,

ses efforts, et l'écho des mers en répercute au loin le bruit dans les plaines.

Tel n'est point le retentissement de l'Etna quand Brontès et Stérope frappent à coups redoublés sur l'enclume; moindre est le fracas souterrain des antres de Lemnos, lorsque le dieu de la flamme forge l'égide et prépare de mâles présents à la sévère Pallas.

La montagne décroît à vue d'œil, et les ouvriers de retour avec les premiers rayons de l'aube regardent l'ouvrage et s'étonnent; à peine faut-il encore les sueurs d'une année, et déjà le dieu de Tyrinthe, du haut de sa majestueuse demeure, dominant sur les flots et défiant le sanctuaire de sa marâtre, invite Pallas à le venir voir dans un temple digne de lui.

Mais la pacifique trompette a donné le signal; déjà la poussière s'élève dans la brûlante arène comme la fumée du sacrifice. Jupiter fêté à Pise, et le dieu de Cyrrha, envieraient de tels honneurs rendus au dieu de la force. Ici rien n'afflige la vue. Loin de nous, jeux lugubres de Corinthe, jeux atroces de Némée! Un enfant plus heureux préside aux nôtres. Les vertes Néréides, quittant à l'envi leurs grottes profondes, s'attachent à des rochers humides, d'où, sans être vues et sans rougir, elles regardent les combattants nus fournissant leur carrière. Le Gaurus couvert de vignes, Nésis couronnée de bois, Limon ami du calme, Euplée favorable aux vaisseaux, Lucrin cher à Vénus, assistent à ce spectacle, que toi, Misène, tu annonces avec la trompette grecque du haut de ton promontoire phrygien. Et la tendre Parthénope applaudit à des fêtes qui sont aussi les siennes; elle sourit à ces petites couronnes, images de celles dont elle honore le vainqueur dans ses jeux.

Et toi aussi, invincible Hercule, daigne prendre part à ces triomphes; ils sont consacrés à ta gloire! Soit que le disque dans tes mains aille fendre la nue, soit que le trait rapide prévienne le zéphyr dans son vol, soit qu'une lutte innocente te plaise davantage, montre-nous que tu agrées ces offrandes; et s'il te reste encore des pommes du jardin des Hespérides, laisse-les couler dans le sein de la vénérable Polla; car elle n'est pas indigne d'un tel honneur. Ah! si seulement elle reprenait la fraîcheur et les grâces touchantes de sa jeunesse (pardonne, ô Hercule!), tu tiendrais même la quenouille à ses pieds.

Telles sont, cher Pollius, les libations que, dans ma poétique ivresse, j'ai répandues sur ce temple renaissant. Mais voici le Dieu lui-même sur le seuil de son temple; sa bouche divine s'ouvre, et il prononce ces paroles:

« Courage, Pollius! continue d'employer ainsi tes richesses, imitant mes nobles travaux, domptant les âpres rochers, fertilisant des déserts qui faisaient honte à la nature, transformant les repaires des animaux en demeures brillantes, et rendant à la lumière des divinités humiliées dans l'ombre. Quel sera le prix de tant de mérites? Comment te payer de retour? J'arrêterai pour toi le fuseau des Parques; j'allongerai leur fil. Hercule sait vaincre la mort. Il écartera loin d'ici le deuil et les accidents funestes, et te ramènera sans douleurs au printemps de tes jours. Grâce à lui, tu pourras jouir longtemps de tes petits-fils.

Ipse fodit: dites Capreæ, viridesque resultant
Taurubulæ, et terris ingens redit æquoris echo.
 Non tam grande sonat motis incudibus Ætna,   130
Quum Brontes Steropesque ferit: nec major ab antris
Lemniacis fragor est, ubi flammeus ægida cœlat
Mulciber, et castis exornat Pallada donis.
 Decrescunt scopuli, et rosea sub luce reversi
Artifices mirantur opus: vix annus anhelat   135
Alter, et ingenti dives Tirynthius arce
Despectat fluctus, et junctæ tecta novercæ
Provocat, et dignis invitat Pallada templis.
 Jam placidæ dant signa tubæ; jam fortibus ardens
Fumat arena sacris: hos nec Pisæus honores   140
Juppiter, aut Cyrrhæ pater aspernetur opacæ.
Nil his triste locis: cedat lacrimabilis Isthmos,
Cedat atrox Nemee: litat hic felicior infans.
Ipsæ pumiceis virides Nereides antris
Exsiliunt ultro, et scopulis uventibus hærent;   145
Nec pudet occulte nudas spectare palæstras.
Spectat et Icario nemorosus palmite Gaurus,
Silvaque quæ fixam pelago Nesida coronat;
Et placidus Limon, omenque Euplœa carinis,
Et Lucrina Venus; Phrygioque e vertice Graias   150
Adsciscis, Misene, tubas; ridetque benigna
Parthenope gentile sacrum, nudosque virorum
Certatus, et parva suæ simulacra coronæ.
 Quin, age, et ipse libens proprii certaminis actus
Invicta dignare manu: seu nubila disco   155
Findere, seu volucres zephyros prævertere telo,
Seu tibi dulce manu liquidas nodare palæstras:
Indulge his sacris: et si tibi poma supersunt
Hesperidum, gremio venerabilis ingere Pollæ;
Nam capit, et tantum non degener ambit honorem.   160
Quod si dulce decus viridesque resumeret annos
(Da veniam, Alcide), fors huic et pensa tulisses.
 Hæc ego nascentes lætum bacchatus ad aras
Libamenta tuli. Nunc ipsum in limine cerno
Solventem voces, et talia dicta ferentem: 165
« Macte animis opibusque, meos imitate labores,
Qui rigidas rupes, infecundæque pudenda
Naturæ deserta domas, et vertis in usum
Lustra habitata feris, fœdæque latentia profers
Numina. Quæ tibi nunc meritorum præmia solvam?   170
Quas referam grates? Parcarum fila tenebo,
Extendamque colus: duram scio vincere mortem;
Avertam luctus, et tristia damna vetabo.

A l'un tu verras une épouse, et à l'autre un mari digne d'elle. Tu verras de cette double tige fleurir encore des rejetons nouveaux, troupe caressante, essaim folâtre, qui tour à tour se glissera sur les épaules de l'aïeul, et reviendra autour de la bonne Polla se disputer à l'envi ses baisers. Car la durée de ce temple n'aura point de terme, tant que je serai porté sur la voûte enflammée du ciel. Et mon temple d'Argos et de Némée, celui de Gadès, à l'endroit où le soleil se couche, ne seront pas plus favorisés de ma présence. »

Il dit, porte la main sur la flamme qui s'élève de son autel; puis, agitant sa tête couronnée du pâle peuplier, il en jure le Styx et les foudres de son père.

SILVE II.

A MÉTIUS CÉLER, SUR SON DÉPART POUR LA SYRIE.

Dieu qui veillez avec amour sur les hardis navires et qui calmez en leur faveur les orages d'une mer périlleuse, aplanissez doucement les flots, prêtez de concert une oreille favorable à mes vœux, et que l'onde adoucie laisse monter ma prière jusqu'à vous. « O Neptune, quel rare et précieux dépôt nous confions à tes abîmes, le jeune Métius! Une fragile embarcation va le recevoir, et transporter au delà des mers la meilleure portion de mon âme. Faites briller vos astres bienfaisants, et n'abandonnez point les deux extrémités de l'antenne, divins jumeaux d'Œbalie. Que l'azur du ciel et de la mer soit revêtu de vos lueurs fraternelles! Quant aux astres nébuleux, complices du départ de votre sœur fuyant vers Ilion, chassez-les de grâce et fermez-leur au loin tout l'horizon.

« Vous aussi, troupe azurée, divines Néréides, à qui le sort a livré le second empire de la nature, vous que je puis bien appeler les astres de la mer, quittez les grottes transparentes de Doris, et entourant de vos chœurs paisibles le golfe de Baïa, côtoyant à l'envi ses rivages battus des flots, cherchez des yeux le haut navire que brûle de monter Céler, noble nourrisson de la belliqueuse Ausonie. Vous le distinguerez bientôt. C'est lui qui vient d'amener aux rives de Pouzzol la première charge de la moisson que le Phase nous doit tous les ans; lui qui a le premier salué Caprée, et fait sur la rive droite les libations de vin maréotique en l'honneur de Minerve tyrrhénienne. Formez toutes autour de ses flancs une voluptueuse ceinture, et partagez entre vous les soins de la manœuvre : à celles-ci de fixer le mât à l'aide des cordages, à celles-là d'attacher les voiles à la vergue, à vous de présenter aux Zéphyrs leurs plis flottants. Les unes disposeront les bancs des rameurs, les autres sous les flots seconderont le mouvement du gouvernail, une partie avec la sonde explorera les écueils; quelques-unes attacheront la nacelle au dos du navire et amèneront l'ancre pesante, tandis que d'autres tempérant les vagues les pousseront toutes vers l'Orient. Mais pas une des sœurs à la verte chevelure ne doit rester inactive.

```
Teque nihil læsum viridi renovabo senecta;
Concedamque diu juvenes spectare nepotes,        175
Donec et hic sponsæ maturus, et illa marito :
Rursus et ex illis soboles nova; grexque protervus
Nunc humeris irrepleat avi, nunc agmine blando
Certatim placidæ concurrat ad oscula Pollæ.
Nam templis nunquam statuetur terminus ævi,      180
Dum me flammigeri portabit machina cœli.
Nec mihi plus Nemee, priscumve habitabitur Argos,
Nec Tiburna domus, solisve cubilia Gades. »
Sic ait, et tangens surgentem altaribus ignem,
Populeaque movens albentia tempora silva,        185
Et Styga, et æthereï juravit fulmina patris.
```

CARMEN II.

PROPEMPTICON METIO CELERI.

```
Di, quibus audaces amor est servare carinas,
Sævaque ventosi mulcere pericula ponti,
Sternite molle fretum, placidumque advertite votis
Concilium, et lenis non obstrepat unda precanti.
  « Grande tuo rarumque damus, Neptune, profundo  5
Depositum : juvenis dubiæ committitur alno
Metius, atque animæ partem super æquora nostræ
Majorem transferre parat; proferte benigna
Sidera, et antennæ gemino considite cornu,
Œbalii fratres : vobis pontusque polusque       10
Luceat : Iliacæ longe nimbosa sororis
Astra fugate, precor, totoque excludite cœlo.
  « Vos quoque cœruleum, divæ Nereides, agmen,
Quis honor, et regni cessit fortuna secundi,
(Dicere quas magni fas sit mihi sidera ponti)    15
Surgite de vitreis spumosæ Doridos antris,
Baianosque sinus, et feta tepentibus undis
Litora tranquillo certatim ambite natatu,
Quærentes ubi celsa ratis, quam scandere gaudet
Nobilis Ausoniæ Celer armipotentis alumnus.      20
Nec quærenda diu : modo nam trans æquora terris
Prima Dicarcheis Pharium gravis intulit annum :
Prima salutavit Capreas, et margine dextro
Sparsit Tyrrhenæ Mareotica vina Minervæ.
Hujus utrumque latus molli præcingite gyro;      25
Partitæque vices, vos stuppea tendite mali
Vincula, vos summis annectite suppara velis,
Vos Zephyris aperite sinus : pars transtra reponat,
Pars demittat aquis curvæ moderamina puppis.
Sint quibus exploret rupes gravis arte molybdis, 30
Quæque secuturam religent post terga phaselon,
Uncaque submersæ penitus retinacula vellant.
Temperet hæc æstus, pelagusque inclinet ad ortus :
Officio careat glaucarum nulla sororum.          34
```

« Nagez en avant du vaisseau, Protée aux formes changeantes, Triton à la double nature, et vous, Glaucus, privé par un soudain prodige de la partie inférieure du corps, et qui, chaque fois que vous approchez de votre patrie, flattez encore d'une queue caressante les rivages d'Anthédon.

» Je t'invoque entre tous, ô Palémon, ainsi que ta divine mère! Si j'ai célébré avec amour Thèbes votre cher pays, et chanté sur un instrument digne de lui l'harmonieux Amphion, exaucez mes vœux.

« Et toi qui, dans les cachots d'Éole, brises la rage des vents, toi à qui obéissent les nuages et les tempêtes sur toute l'étendue des mers, ô Neptune, écrase de montagnes plus lourdes encore l'Eurus, le Notus et Borée; n'ouvre qu'au Zéphyr les plaines de l'air. Qu'il souffle seul en poupe, et que seul il effleure sans cesse la surface des flots, jusqu'à ce que, sans tourmente, la voile entre joyeuse dans les ports de l'Égypte. »

On m'écoute; Zéphyr lui-même appelle le navire et accuse la lenteur des matelots. Mais quoi! le frisson m'agite, mon cœur défaille; et malgré l'effroi que m'inspire un sinistre présage, retenues un instant sur le bord de mes paupières, mes larmes ont coulé!

Déjà le nautonnier a coupé le câble, et jeté à la mer la planche étroite qui nous servait de pont; et de la poupe un cri prolongé, le cri d'un barbare, rompt les embrassements et sépare de force les fidèles baisers. Il n'est plus temps pour la douleur de s'arrêter sur une tête chérie. N'importe, je resterai le dernier de tous, et je ne descendrai pas que le vaisseau ne quitte la terre.

Quel est celui qui de cette mer inconnue, et fermée aux malheureux mortels, osa faire une route, et détacha du sol les pieux enfants de la terre, pour les lancer à la merci des vagues et promener leur espoir haletant sur les abîmes? Génie audacieux, non moins téméraire que le géant qui entassa les glaces de Pélion sur Ossa, et fit gémir l'Olympe sous ce double fardeau. C'était peu sans doute que d'avoir traversé de paisibles marais, soumis des étangs et d'étroites rivières au joug de nos ponts : nous courons vers des précipices; nous fuyons de tous côtés la terre, notre douce patrie, et nous allons, resserrés dans une cloison fragile, nous exposer à l'inclémence des airs. De là cette fureur des vents et cette indignation des tempêtes, et le ciel qui gronde, et Jupiter qui tonne, la main pleine de foudres!

Avant l'apparition des vaisseaux, la mer dormait d'un profond sommeil; le sein de Thétis ne se couvrait point d'écume, et les pluies d'orage n'osaient altérer le calme des flots. Mais à la vue de nos poupes orgueilleuses, la mer se gonfla et l'homme vit se dresser contre lui la tempête; alors menaces du côté de la Pléiade, menaces du côté de l'astre d'Olénie, menaces de la part d'Orion, plus furieux que jamais.

Trop juste est ma plainte; cependant le navire s'enfuit sur le dos des vagues rapides, il décroît, décroît encore, décroît toujours et finit par échapper à ma vue, emportant sous un frêle abri les objets de tant de sollicitude, et par-des-

---

« Huic multo Proteus, geminoque huic corpore Triton
Prænatet; et subitis qui perdidit inguina monstris
Glaucus, adhuc quoties patriis allabitur oris
Litoream blanda feriens Anthedona cauda.

« Tu tamen ante omnes, diva cum matre Palæmon,
Annue, si vestras amor est mihi pandere Thebas,   40
Nec cano degeneri Phœbeum Amphiona plectro.

« Et pater, Æolio frangit qui carcere ventos,
Cui varii flatus, omnisque per æquora ponti
Spiritus, atque hiemes nimbosaque nubila parent,
Arctius objecto Borean, Eurumque, Notumque   45
Monte premat; soli Zephyro sit copia cœli,
Solus agat puppes; summasque supernatet undas
Assiduus pelago; donec tua, turbine nullo,
Læta Paretonis assignet carbasa ripis. »

Audimur : vocat ipse ratem, nautasque morantes   50
Increpat : inde meum timido jam frigore pectus
Labitur, et nequeo, quamvis movet ominis horror.
Claudere suspensos oculorum in margine fletus.

Jamque ratem terris divisit fune soluto
Navita, et angustum dejicit in æquora pontem,   55
Sævus et e puppi longo clamore magister
Dissipat amplexus, atque oscula fida revellit,
Nec longum cara licet in cervice morari.

Attamen in terras e plebe novissimus omni
Ibo, nec egrediar nisi jam cedente carina.   60

Quis rude, et abscissum miseris animantibus æquor
Fecit iter? solidæque pios telluris alumnos
Expulit in fluctus, pelagoque immisit hiantes?
Audax ingenii; nec enim temeraria virtus
Illa magis, summæ gelidum quæ Pelion Ossæ   65
Junxit, anhelantemque jugis bis pressit Olympum.
Usque adeone parum lentas transire paludes,
Stagnaque et angustos submittere pontibus amnes?
Imus in abruptum, gentilesque undique terras
Fugimus, exigua clausi trabe, et aere nudo.   70
Inde furor ventis, indignatæque procellæ,
Et cœli fremitus, et fulmina plura Tonanti.

Ante rates, pigro torpebant æquora somno;
Nec spumare Thetis, nec spargere nubila fluctus
Audebant : visis tumuerunt puppibus undæ,   75
Inque hominem surrexit hiems. Tunc nubila Pleias,
Oleniumque pecus; solito tunc pejor Orion.

Justa queror : fugit ecce vagas ratis acta per undas
Paulatim minor, et longe servantia vincit
Lumina, tot gracili ligno complexa timores,   80
Teque super reliquos, te, nostri pignus amoris
Portatura, Celer. Quos nunc ego pectore somnos,

sus tout le gage de notre amitié, mon cher Métius!... Mon cœur maintenant laissera-t-il venir le sommeil? quelles nuits, quelles journées je vais passer! Quelle nouvelle rassurera celui qui craint tout? La mer de Lucanie, cette bacchante furieuse, lui a-t-elle ouvert un facile passage? A-t-il trouvé propice la farouche Charybde ou la vierge qui ravage le détroit sicilien? Quel accueil lui a fait l'orageuse Adria? Le calme régnait-il sur la mer de Carpathie? Doris a-t-elle d'un souffle caressant bercé son navire, elle autrefois si favorable aux doux larcins du taureau d'Agénor?

Mais j'ai mérité ce qui me fait gémir : Métius volait aux combats, et moi, lâche compagnon, je n'ai point suivi sa trace jusque dans le fond des Indes inconnues, jusque dans le chaos des Cymmériens. Debout près du belliqueux étendard de mon prince, en te voyant tour à tour manier la lance, contenir la fougue de ton coursier, donner des ordres aux fils de Mars, je pourrais, sinon partager, du moins admirer tes exploits. Si jadis le vieillard vénéré du grand Achille, si Phénix alla jusque sur la rive d'Ilion et sous les murs de Pergame, lui, faible et débile, et qui n'avait rien promis au fier Atride, pourquoi ai-je moins de courage avec une égale amitié? Du moins mon cœur fidèle ne te quittera point, et je suivrai ta voile aussi loin qu'iront mes désirs.

O vous, reléguée autrefois sous les antres de Phoronée, Isis, maintenant reine de Pharos, divinité vers qui l'Orient soupire, accueillez son entrée dans le lac Maréotis aux sons bruyants du sistre. Fêtez ce jeune guerrier à qui le chef du Latium a confié ses étendards dans les contrées de l'aurore, celui dont l'autorité maîtrise ses cohortes de la Palestine. Vous-même d'une main propice introduisez-le dans vos temples, dans vos ports sacrés et dans vos villes ; que, sous vos auspices, il apprenne pourquoi le Nil déborde en fécondant l'Égypte; pourquoi ses ondes s'arrêtent devant la digue maçonnée par l'industrieuse hirondelle; pourquoi le mystère règne à Memphis ; pourquoi les rives de Canope sont dévouées à la volupté; pourquoi le gardien du Léthé préside au sanctuaire du Phare, et pourquoi de vils animaux se voient égalés à la majesté des Dieux. Qu'il sache enfin comment l'éternel Phénix compose l'autel où il doit renaître; quelles campagnes daigne visiter le bœuf Apis; dans quel endroit du Nil va se baigner ce dieu tant adoré des timides pasteurs.

Guidez encore ses pas vers la grande ombre du héros de Macédoine, près du tombeau où ce fondateur d'Alexandrie brave les siècles, embaumé dans le nectar de l'Hybla; vers ce palais où l'on cherche encore la vipère dont le venin subtil endormit doucement Cléopâtre, et déroba la fugitive d'Actium aux chaînes de l'Ausonie. Suivez-le jusque dans le cœur de l'Assyrie et jusque dans l'armée soumise à ses ordres, et ne l'abandonnez, ô déesse, qu'après l'avoir remis sous la protection du Mars des Latins. Il n'est point inconnu dans ces climats; jeune encore et décoré seulement du laticlave, il y brillait dans la poudre des camps; déjà par un mouvement souple et rapide il devançait les escadrons, et son javelot, lancé d'une main sûre, bravait les flèches orientales.

Le jour viendra sans doute où César, ayant

Quosve queam perferre dies? quis cuncta paventi
Nuntius, an facili te praetermiserit unda
Lucani rabida ora maris : num torva Charybdis   85
Fluctuet, aut Siculi populatrix virgo profundi :
Quos tibi currenti praeceps ferat Adria mores :
Quae pax Carpathio : quali te subvehat aura
Doris Agenorei fortis blandita juvenci?
    Sed merui questus : quid enim, te castra petente,   90
Non vel ad ignotos ibam comes impiger Indos
Cimmeriumque Chaos? starem prope bellica regis
Signa mei, seu tela manu, seu frena teneres,
Armatis seu jura dares; operumque tuorum
Etsi non socius, certe mirator adessem.   95
    Si quondam magno Phoenix reverendus Achilli
Litus ad Iliacum, Thymbraeaque Pergama venit
Imbellis, tumidoque nihil juratus Atridae,
Cur nobis ignavus amor? sed pectore fido
Nusquam abero, longisque sequar tua carbasa votis.   100
    Isi, Phoroneis quondam stabulata sub antris,
Nunc regina Phari, numenque Orientis anheli,
Excipe multisono puppem Mareotida sistro;
Ac juvenem egregium, Latius cui ductor Eoa
Signa, Palaestinasque dedit frenare cohortes,   105
Ipsa manu placida per limina festa, sacrosque
Duc portus, urbesque tuas : te praeside, noscat
Unde paludosi fecunda licentia Nili :
Cur vada desidant, et ripa coerceat undas
Cecropio stagnata luto : cur invida Memphis,   110
Curve Therapnaei lasciviat ora Canopi :
Cur servet Pharias Lethaeus janitor aras :
Vilia cur magnos aequent animalia Divos :
Quae sibi praesternat vivax altaria Phoenix :
Quos dignetur agros, aut quo se gurgite Nili   115
Mergat adoratus trepidis pastoribus Apis.
    Duc et ad Aemathios manes, ubi belliger urbis
Conditor Hyblaeo perfusus nectare durat;
Anguiferamque domum, blando qua mersa veneno
Actias Ausonias fugit Cleopatra catenas.   120
Usque et in Assyrias sedes, mandataque castra
Prosequere, et Marti juvenem, Dea, trade Latino.
Nec novus hospes erit : puer hic sudavit in armis
Notus adhuc tantum majoris munere clavi,
Jam tamen et turmas facili praevertere gyro   125
Fortis, et Eoas jaculo damnare sagittas.
    Ergo erit illa dies, qua te majora daturus
Caesar ab emerito jubeat discedere bello?

sur toi des vues plus hautes, te rappellera des champs de bataille illustrés par tes exploits. Et nous, les yeux fixés de nouveau sur le même rivage, nous contemplerons le vaste abîme et nous demanderons au ciel d'autres vents.

O quelle sera ce jour-là mon ivresse! Avec quel transport je saisirai ma lyre, lorsque, m'enchaînant de tes fortes étreintes, et m'écrasant du poids de ta gloire, tu viendras, nouveau débarqué, tomber d'abord dans mes bras, que tu me rendras enfin ces entretiens dont tu m'auras gardé le charme, et que, dans nos longs discours sur les années écoulées dans l'intervalle, tu me parleras du cours rapide de l'Euphrate, des palais de la Bactriane, des coupables trésors de l'antique Babylone, du Zeugma, où nous trouvâmes la paix par le chemin de la victoire, et des bosquets enchanteurs de la florissante Idumée! Tu me diras ce qui donne aux laines de Tyr leur précieuse écarlate, et pourquoi la pourpre de Sidon vient deux fois se teindre au fouloir; tu me décriras ces lieux où d'heureuses plantes distillent le baume de leurs rameaux blancs; et moi, je te montrerai quel monument j'élève aux Pélages vaincus, et quelle page doit clore enfin ma laborieuse Thébaïde.

SILVE III.
LES LARMES DE CLAUDIUS ÉTRUSCUS.

O toi, Divinité puissante, dont le regard si agréable aux immortels s'abaisse rarement sur la terre profane, ô Piété, reparais le front ceint de bandelettes et couverte d'un voile blanc comme la neige, et telle que jadis, avant d'être chassée par le crime et la perfidie, tu te montrais, dans l'âge d'or, aux peuples enfants. Sois témoin d'un tendre et dernier hommage; vois les pieuses larmes d'Étruscus en deuil, et essuie-les, ces larmes qui l'honorent.

A la plainte sans fin qui s'exhale de sa poitrine, à la façon dont il embrasse le bûcher funèbre et se précipite sur les tisons fumants, ne dirait-on pas qu'il gémit aux funérailles de sa jeune épouse, ou que les traits de son fils encore adolescent vont devenir la proie des flammes? Non, c'est la mort d'un père qui fait couler ses pleurs. Assistez, Dieux et mortels, à cette cérémonie. Loin d'ici, ah! loin d'ici les méchants, et ceux dont l'âme couve en secret de noirs desseins, et ceux qui trouvent que la vieillesse d'un père est trop longue à s'écouler, et celui que sa conscience accuse de la mort violente d'une mère, et qui redoute l'urne infernale du rigide Éaque! ce sont les âmes innocentes et pures que je convie. Le voyez-vous, comme il tient ses lèvres doucement collées sur ce visage vénérable, et comme il arrose de larmes ces cheveux blanchis, et comme il aime ces restes, malgré les glaces de la mort! Un fils trouve (chose rare) que les années de son père ont été trop rapides, et que les noires sœurs ont travaillé trop vite. Que les mânes tressaillent sur les bords du paisible Léthé! Réjouissez-vous, demeures élyséennes, couvrez vos autels de guirlandes, et qu'une fête brillante égaie un peu vos pâles forêts.

Heureuse, ah! trop heureuse, cette ombre qui descend toute couverte des baisers d'un fils!

At nos, hoc iterum stantes in litore, vastos
Cernemus fluctus, aliasque rogabimus auras. 130
O tum quantus ego! aut quanta votiva movebo
Plectra lyra! quum me magna cervice ligatum
Attolles humeris, atque in mea pectora primum
Incumbes e puppe novus, servataque reddes
Colloquia, inque vicem medios narrabimus annos, 135
Tu, rapidum Euphraten, et regia Bactra, sacrasque
Antiquæ Babylonis opes, et Zeugma, Latinæ
Pacis iter; qua dulce nemus florentis Idumes;
Quo pretiosa Tyros rubeat, quo purpura fuco
Sidoniis iterata cadis; quo germine primum 140
Candida felices sudent opobalsama virgæ:
Ast ego, devictis dederim quæ justa Pelasgis,
Quæque laboratas claudat mihi pagina Thebas.

CARMEN III.
LACRIMÆ CLAUDII ETRUSCI.

Summa Deum Pietas, cujus gratissima cœlo
Rara profanatas inspectant numina terras,
Huc vittata comam niveoque insignis amictu,
Qualis adhuc præsens nullaque expulsa nocentum
Fraude, rudes populos atque aurea regna colebas, 5
Mitibus exsequiis ades; et lugentis Etrusci
Cerne pios fletus, laudataque lumina terge.
Nam quis inexpleto rumpentem pectora questu,
Complexumque rogos, incumbentemque favillis
Aspiciens, non aut primævæ funera plangi 10
Conjugis, aut nati modo pubescentia credat
Ora rapi flammis? Pater est, qui fletur: adeste,
Dique hominesque, sacris: procul hinc, procul ite, nocentes;
Si cui corde nefas tacitum, fessique senectus
Longa patris; si quis pulsatæ conscius umbram 15
Matris, et inferna rigidum timet Æacon urna:
Insontes, castosque voco. Tenet ecce seniles
Leniter adplicitos vultus, sanctamque parentis
Caniciem spargit lacrimis, animæque supremum
Frigus amat: celeres genitoris filius annos, 20
(Mira fides) nigrasque putat properasse sorores.
Exsultent placidi Lethæa ad flumina manes;
Elysiæ gaudete domus; date serta per aras,
Festaque pallentes hilarent altaria lucos.

Felix, heu! nimium felix, plorataque nato 25
Umbra venit. Longe Furiarum sibila, longe

Loin d'elle, avec le sifflement des furies, le gardien à la triple gueule! Que la route s'élargisse devant ses mânes privilégiés; qu'elle parvienne jusqu'au trône où siége, au milieu d'un horrible silence, le maître de ces lieux, et qu'en lui portant le tribut de ses actions de grâces pour tant d'années de vie, elle en demande autant pour l'objet de sa sollicitude.

Poursuis, donne un libre cours à tes pieux soupirs. Nous t'offrirons, nous, les consolations qu'exige une trop juste douleur, et nous consacrerons au vieillard les offrandes d'Aonie. Toi, d'une main libérale, inonde son bûcher superbe des parfums de l'Orient et des plus rares productions de la Cilicie et de l'Arabie. Que la flamme emporte une partie de l'héritage paternel, et qu'un tertre élevé reçoive les cendres accumulées qui doivent renvoyer vers le ciel pur de pieux nuages. Mes offrandes à moi ne seront pas la proie des flammes, et, grâce à mes chants, elle vivra dans les siècles futurs, ta douleur! Car moi aussi je sais pleurer un père, et j'ai poussé les mêmes gémissements au pied d'un bûcher semblable. Le souvenir de ce jour me porte à calmer tes regrets par mes chants, et j'ai connu la plainte avant de gémir avec toi.

Sans doute, modeste vieillard, tu n'avais à citer ni généalogie célèbre, ni antique noblesse; mais une immense fortune a corrigé l'injustice du sort et couvert une origine obscure. Tu as servi, non des maîtres vulgaires, mais ceux dont le pouvoir embrasse à la fois l'aurore et le couchant.

Et garde-toi d'en rougir! Qui dans le ciel et sur la terre n'est soumis à l'obéissance? Tout donne ou reçoit alternativement des ordres : les rois pèsent sur le globe, Rome fortunée sur le diadème des rois; et elle est elle-même sous la main de ses augustes chefs, qui relèvent à leur tour des Dieux immortels. Et les Dieux ne reconnaissent-ils pas des lois? Esclave est le chœur rapide des astres, esclave est la lune vagabonde, et ce n'est pas librement que le soleil revient toujours à son point de départ. Et s'il m'était permis de comparer la médiocrité à la grandeur, le dieu de Tirynthe a subi le joug d'un roi, et Apollon n'a point rougi de mettre sa flûte divine au service d'un mortel.

Cependant tu n'as point été amené du fond des contrées barbares au sein de l'Ausonie; Smyrne est ton pays natal, et tu as bu l'eau du Mélès et de l'Hermus, de l'Hermus où se plonge le vainqueur de l'Inde, quand il rajeunit dans les sables d'or l'éclat de ses cornes divines. Ici commence l'enchaînement de tes prospérités; une succession non interrompue de services accrut tes honneurs, et toujours t'approchant des Césars, toujours ayant place à leurs côtés, tu étais vraiment dans le secret des Dieux. La cour de Tibère s'ouvrit à toi lorsqu'à peine un duvet léger ombrageait tes joues. Là ta vertu n'attendit pas les années, et la liberté s'offrit d'elle-même. Le farouche successeur de Tibère, quoique agité par les furies, ne t'a point renvoyé dans un accès de démence.

Frêle et débile, tu osas le suivre jusque sous les frimas de l'Ourse, affrontant le regard et l'entretien de ce tyran si cruel même aux siens. Ainsi

Tergeminus custos : penitus via longa patescat
Manibus egregiis : eat, horrendumque silentis
Accedat domini solium, gratesque supremas
Perferat, et totidem juveni roget anxius annos.　30
　Macte pio gemitu! dabimus solatia dignis
Luctibus, Aoniasque tuo sacrabimus ultro
Inferias, Etrusce, seni. Tu largus Eoa
Germina, tu messes Cilicumque Arabumque superbis
Merge rogis : ferat ignis opes hæredis, et alto　35
Aggere missuri nitido pia nubila cœlo
Stipentur cineres : nos non arsura feremus
Munera; venturosque tuus durabit in annos,
Me monstrante, dolor : neque enim mihi flere parentem
Ignotum, et similes gemui projectus ad ignes.　40
Ille mihi tua damna dies compescere cantu
Suadet; et ipse tuli, quos nunc tibi confero, questus.
　Non tibi clara quidem, senior placidissime, gentis
Linea, nec proavis demissum stemma; sed ingens
Supplevit fortuna genus, culpamque parentum　45
Occuluit : neque enim dominos de plebe tulisti;
Sed quibus occasus pariter famulantur et ortus.
　Nec pudor iste tibi : quid enim terrisque poloque
Parendi sine lege manet? vice cuncta reguntur,
Alternisque regunt : propriis sub regibus omnis　50
Terra : premit felix regum diademata Roma;
Hanc ducibus frenare datum : mox crescit in illos
Imperium Superis; sed habent et numina legem :
Servit et astrorum velox chorus, et vaga servit
Luna, nec injussi toties redit orbita solis.　55
Et (modo si fas est æquare jacentia summis)
Pertulit et sævi Tirynthius horrida regis
Pacta, nec erubuit famulantis fistula Phœbi.
　Sed neque harbaricis Latio transmissus ab oris :
Smyrna tibi gentile solum, potusque verendo　60
Fonte Meles, Hermique vadum; quo Lydius intrat
Bacchus, et aurato reficit sua cornua limo.
Læta dehinc series, variisque ex ordine curis
Auctus honos; semperque gradus prope numina, semper
Cæsareum coluisse latus, sacrisque Deorum　65
Arcanis hærere datum. Tibereïa primum
Aula tibi, vixdum ora nova mutante juventa,
Panditur : hic, annis multa super indole victis,
Libertas oblata venit : nec proximus hæres
Immitis quanquam et furiis agitatus, abegit.　70
　Hunc et in Arctoas tenuis comes usque pruinas
Terribilem affatu passus visuque tyrannum
Immanemque suis, ut qui metuenda ferarum
Corda domant, mersasque jubent jam sanguine tactæ

le mortel qui dompte les bêtes féroces plonge la main dans leur gueule, et ordonne ensuite à la gueule déjà sanglante de rendre sa proie et de renoncer au carnage. Bientôt l'équitable Claude, avant de partir pour les demeures étoilées, mit le comble à ton élévation, et transmit à Néron le soin de te continuer ses faveurs. Quel ministre des Dieux desservit tant d'autels et tant de temples? Mercure ne prête le secours de ses ailes qu'à Jupiter; sur son arc pluvieux la fille de Thaumas est toute au service de Junon, et l'agile Triton n'est attentif qu'aux ordres de Neptune. Toi seul as porté le joug de quatre maîtres sans éprouver aucune disgrâce, et ta barque a été heureuse sur toutes les mers.

Déjà une splendeur incomparable a visité ta religieuse demeure, et la fortune y est entrée la tête haute, dans toute la fierté de son allure. A toi seul sont confiées, avec l'emploi des trésors sacrés du prince, les richesses éparses chez toutes les nations et les tributs que nous paie l'univers. Tout ce que tire l'Ibérie de ses mines d'or, tout ce qui brille dans les montagnes de la Dalmatie, les riches moissons de l'Afrique, tous les blés que balaie sur son aire l'habitant du Nil brûlé du soleil, les perles que le plongeur va chercher au fond des mers orientales, les toisons venues des pâturages qu'arrose le Galèse, les cristaux et le citronnier de la Massylie, et l'ivoire de l'Inde, tout est remis entre tes mains, tout ce qui nous arrive par le souffle de Borée, du violent Eurus et du nébuleux Auster : on compterait plutôt les gouttes des grosses pluies d'hiver, ou les feuilles, chevelure des bois. Toujours vigilant, tu appréciais d'un coup d'œil sûr les besoins journaliers des légions et des tribus, les dépenses à faire pour les temples, et ce que réclament les digues pour arrêter les grandes eaux, et ce qu'exige d'entretien la longueur des voies romaines; tu savais et la valeur de l'or qui étincelle sur les lambris de César, et la valeur du métal qui jeté en fonte doit représenter les Dieux, et celle de la monnaie qui reçoit en pétillant l'image du prince.

De là ce court sommeil, cette âme fermée au plaisir, cette sobriété dans les repas et cette exactitude dans les devoirs, que l'ivresse ne fit jamais oublier. Cependant tu crus devoir sacrifier au dieu de l'hyménée, tu voulus enchaîner ton cœur par le lien conjugal, former une heureuse union et donner à ton maître de fidèles clients. Qui n'a pas entendu parler des nobles manières et de la merveilleuse beauté d'Étrusca? Bien que je ne l'aie pas vue de mes yeux, la beauté des enfants reproduit la beauté de leur mère, et leurs grâces donnent une idée de ses grâces. Et son origine n'est pas vulgaire : les faisceaux, la chaise curule étaient l'apanage de son frère; il dirigeait les glaives de l'Ausonie et guidait fidèlement nos étendards, quand un accès de délire saisissant le Dace farouche, nous lui infligeâmes la honte d'une mémorable défaite.

Ainsi, cher Étruscus, tout ce qui manquait à ton père du côté de la naissance fut magnifiquement compensé par ta mère, et la partie obscure de ton origine disparaît dans l'éclat d'un mariage qui remplit la maison d'allégresse. Et les gages de ce mariage ne se firent pas attendre.

Reddere ab ore manus, et nulla vivere præda. 75
Præcipuos sed enim merito subvexit in actus
Nondum stelligerum senior demissus in axem
Claudius, et longo transmisit habere Neroni.
Quis Superos metuens pariter tot templa, tot aras
Promeruisse datur? summi Jovis aliger Arcas 80
Nuntius : imbrifera potitur Thaumantide Juno :
Stat celer obsequio jussa ad Neptunia Triton :
Tu toties mutata ducum juga rite tulisti
Integer, inque omni felix tua cymba profundo.

Jamque piam lux alta domum, præcelsaque toto 85
Intravit Fortuna gradu. Jam creditur uni
Sanctarum digestus opum, sparsæque per omnes
Divitiæ populos, magnique impendia mundi;
Quicquid ab auriferis ejectat Iberia fossis,
Dalmatico quod monte nitet, quod messibus Afris 90
Verritur, æstiferi quicquid terit area Nili,
Quodque legit mersus pelagi scrutator Eoi,
Et Lacedæmonii pecuaria culta Galesi,
Perspicuæque nives, Massylaque robora, et Indi
Dentis honos : uni parent commissa ministro, 95
Quæ Boreas, quæque Eurus atrox, quæ nubilus Auster
Invehit. Hibernos citius numeraveris imbres,
Silvarumque comas. Vigil iste animique sagacis
Exitus evolvit, quantum Romana sub omni
Pila die, quantumque Tribus : quid templa : quid alti 100
Undarum cursus, quid propugnacula poscant
Æquoris, aut longe series porrecta viarum :
Quod domini celsis niteat laquearibus aurum,
Quæ Divum in vultus igni formanda liquescat
Massa; quid Ausoniæ scriptum crepet igne monetæ. 105

Hinc tibi rara quies, animoque exclusa voluptas,
Exiguæque dapes, et nunquam læsa profundo
Cura mero; sed jura tamen genialia cordi,
Et mentem vincire toris, et jungere festa
Connubia, et fidos domino genuisse clientes. 110
Quis sublime decus formamque insignis Etruscæ
Nesciat? haud quanquam proprio mihi cognita visu,
Sed decus eximium formæ par reddit imago
Vultibus, et similis natorum gratia monstrat.
Nec vulgare genus : fasces, summamque curulem 115
Frater, et Ausonios enses, mandataque fidus
Signa tulit, quum prima truces amentia Dacos
Impulit, et magno gens est damnata triumpho.

Sic quicquid patrio cessatum est sanguine, mater
Reddidit; obscurumque latus clarescere vidit 120
Connubio gavisa domus. Nec pignora longe :
Quippe bis ad partus venit Lucina, manuque

Deux fois Lucine vint aux couches d'Etrusca, et d'une main délicate et douce la délivra de sa fécondité. Heureuse Étrusca, si ta vie eût été moins courte, et si les Parques moins barbares t'eussent permis de voir toute la fraîcheur de la jeunesse sur le visage de tes enfants! Mais tes joies ont été suspendues au milieu de leur cours, et la main d'Atropos a coupé la trame de tes années florissantes : tel se penche un lis sur sa tige affaissée, telle se meurt une jeune rose au premier souffle de l'Auster, et telle aussi la violette printanière expire sous l'herbe nouvelle de la prairie.

Et vous qui portez la flèche légère, tendres Amours, vous avez été vus voltigeant autour de ses funérailles, arrosant le bûcher des parfums maternels, et y semant ou vos plumes ou les débris de votre chevelure : vos carquois entassés formaient l'édifice funèbre. Quel tribut, sensible Étruscus, ah! quel tribut de lamentations et d'offrandes n'aurais-tu pas payé au bûcher d'une mère, toi qui te plains de voir sitôt celui d'un père, et qui trouves dans ton cœur pieux des gémissements pour une vieillesse de tant d'années?

Celui qui d'un signe de tête gouverne maintenant l'empire céleste, celui qui partagea naguère entre ses illustres fils la terre et les astres, voulut bien l'associer à son triomphe sur l'Idumée vaincue; il ne le jugeait pas indigne de prendre place parmi les vainqueurs et d'augmenter la pompe de la fête : l'obscurité de la naissance ne fut pas un obstacle. Et quand ce même prince admit les plébéiens dans l'ordre équestre, il changea la destinée d'Étruscus, lui ôta l'anneau de fer, et le fit marcher l'égal des plus hauts personnages.

Seize lustres s'écoulèrent sans qu'un seul nuage obscurcît son bonheur. Oh! qu'il fut libéral envers ses enfants, auxquels il abandonna sans réserve l'usage de toute sa fortune : témoin le goût de la magnificence qui distingue mon cher Étruscus, et cette noblesse de sentiments qu'il doit à ton indulgence! car tes bras toujours ouverts ne l'enchaînaient que par des caresses, et jamais l'autorité paternelle ne prit la place du père; son frère même par vénération lui cédait volontiers le pas.

Quelles actions de grâce, ô grand prince, et quelle reconnaissance ne vous doivent pas des fils dévoués pour le retour et comme pour la renaissance d'un père! Soit qu'une vieillesse appesantie par les années, épuisée par les affaires, l'ait mis en faute, soit que la fortune longtemps propice ait voulu l'affliger d'un revers, vous avez suspendu la foudre sur sa tête craintive : un coup de tonnerre et un doux orage vous a suffi pour avertir le vieillard; et tandis que son collègue abandonnait les campagnes italiques, fuyant au delà des mers orageuses, il avait lui pour retraite les rivages de la molle Campanie, et la ville bâtie par Diomède : encore y fut-il sur le pied d'un hôte et non d'un exilé. Sans plus de retard, vous lui avez ouvert le temple de Romulus, consolant sa tristesse et relevant ses Pénates renversés. Cette conduite n'a rien qui surprenne, très-clément Germanicus; c'est par suite de cette même clémence que vous avez accordé la paix aux Celtes vaincus, rendu aux Daces leurs montagnes, et dédaigné naguère, après des combats sanglants, les honneurs d'un légitime triomphe sur les Marcomans et les Sauromates vagabonds.

Ipsa levi gravidos tetigit fecunda labores.
Felix ah! si longa dies, si cernere vultus
Natorum viridesque genas tibi justa dedissent   125
Stamina! sed media cecidere abrupta juventa
Gaudia, florentesque manu scidit Atropos annos;
Qualia pallentes declinant lilia culmos,
Pubentesve rosæ primos moriuntur ad Austros,
Aut ubi verna novis exspirat purpura pratis.   130
  Illa sagittiferi circumvolitastis, Amores,
Funera, maternoque rogos unxistis amomo :
Nec modus aut pennis laceris aut crinibus ignem
Spargere, collatæque pyram struxere pharetræ.
Quas tunc inferias, aut quæ lamenta dedisses   135
Maternis, Etrusce, rogis, qui funera patris
Haud matura putas, atque hos pius ingemis annos?
  Illum et, qui nutu superas nunc temperat arces
Progeniem claram terris partitus et astris,
Lætus Idumæi donavit honore triumphi :   140
Dignatusque loco victricis et ordine pompæ
Non vetuit, tenuesque nihil minuere parentes.
Atque idem in cuneos populum quum duxit equestres,
Mutavitque genus, lævæque ignobile ferrum
Exuit, et celse natorum æquavit honori.   145
  Dextra bis octonis fluxerunt sæcula lustris,
Atque ævi sine nube tenor. Quam dives in usus
Natorum, totoque volens excedere censu,
Testis adhuc largi nitor inde assuetus Etrusci,
Cui tua non humiles dedit indulgentia mores.   150
Hunc siquidem amplexu semper revocante tenebas
Blandus, et imperio nunquam pater : hujus honori
Pronior ipse etiam gaudebat cedere frater.
  Quas tibi devoti juvenes pro patre renato,
Summe ducum, grates, aut quæ pia vota rependant? 155
Tu (seu tarda situ, rebusque exhausta senectus
Erravit : seu blanda diu Fortuna regressum
Maluit) attonitum et venturi fulminis ictus
Horrentem, tonitru tantum lenique procella
Contentus monuisse senem : quumque horrida supra 160
Æquora, curarum socius procul Itala rura
Linqueret, hic molles Campani litoris oras,
Et Diomedeas concedere jussus in arces,
Atque hospes, non exsul erat. Nec plura moratus
Romuleum reseras iterum, Germanice, limen,   165
Mœrentemque foves, inclinatosque penates
Erigis. Haud mirum, ductor placidissime; quando
Hæc est quæ victis parcentia fœdera Cattis,
Quæque suum Dacis donat clementia montem :
Quæ modo Marcomanos post horrida bella, vagosque 170

Enfin sa vie touche à sa fin, et l'inexorable fuseau s'arrête. Ici la piété du triste Étruscus me demande des accents tels que n'en firent jamais entendre ni les rochers de Sicile, ni le cygne en face de la mort, ni l'épouse du barbare Térée. Hélas! comme je l'ai vu fatigué des coups dont il se frappait la poitrine! Comme il se penchait sur le corps de son père, le couvrant de baisers! ses esclaves et ses amis suffisent à peine pour le retenir, et les tourbillons de flamme peuvent à peine l'écarter. Ainsi Thésée faisait retentir de ses plaintes le rivage où la voile trompeuse avait abusé le malheureux Égée.

Alors d'un ton de voix déchirant, le visage presque défiguré, il s'adresse aux cendres encore fumantes : « Pourquoi nous abandonner quand la fortune revient à nous, ô le meilleur des pères? Nous venons d'apaiser notre auguste chef, et le courroux passager des Dieux, et tu n'en jouiras pas! et tu te prives des avantages d'un si grand bienfait, et il ne nous est pas donné de vaincre les Parques et les divinités malfaisantes du Léthé! Heureux qui, chargeant son père sur ses héroïques épaules, vit la flamme ennemie s'écarter respectueusement devant lui ! O Scipion, tu arrachas le tien aux barbares Carthaginois, et l'on connaît la piété téméraire du Lydien Lausus. Ah ! si Alceste a pu mourir à la place de son mari, et si Orphée suppliant a triomphé du Styx inflexible, que ne mérite pas pour un père la prière d'un fils ? Tu ne seras pourtant pas ravi tout entier à tes enfants, et tes funérailles ne s'étendront pas plus loin. Ici, dans cette enceinte, je retiendrai tes mânes; tu seras le maître et le génie tutélaire de ta propre maison : tout en ces lieux t'obéira. Chaque jour, au second rang, j'offrirai des mets et des libations à tes mânes, et j'honorerai tes images. J'en trouverai partout l'empreinte sur les pierres polies et sur la cire habilement façonnée, et sans cesse l'ivoire et l'or me la retraceront. C'est à elles que je demanderai des règles de conduite, de pieuses inspirations, et des songes porteurs de conseils salutaires. »

Ainsi parle Étruscus. Son père délicieusement ému, son père écoute : il descend avec lenteur vers les sombres bords, et va redire ce qu'il vient d'entendre à sa chère Étrusca.

Adieu pour la dernière fois, ô des pères le plus tendre ! pour la dernière fois, adieu ! Jamais, tant que vivra ton fils, tu n'auras à craindre ni les ténèbres du chaos, ni le triste oubli de la tombe. Toujours ton autel exhalera le parfum des fleurs, toujours aussi ton urne heureuse boira les essences de l'Assyrie, et les larmes de tes enfants, plus précieuses encore. Ici, par les offrandes et les sacrifices d'un fils, la terre deviendra légère à tes mânes. Il fait plus : il te consacre mes vers écrits sous l'inspiration de sa tendresse, jaloux qu'il est d'élever à tes cendres cet autre monument.

SILVE IV.
LA CHEVELURE DE FLAVIUS ÉARINUS.

Va, brillante chevelure, à qui je souhaite une

Sauromatas Latio non est dignata triumpho.
Jamque in fine dies, et inexorabile pensum
Deficit. Hic mœsti pietas me poscit Etrusci
Qualia nec Siculæ moderantur carmina rupes,
Nec fati jam certus olor, sævique marita 175
Tereos. Heu quantis lassantem brachia vidi
Planctibus, et prono fusum super oscula vultu !
Vix famuli, comitesque tenent, vix arduus ignis
Submovet. Haud aliter gemuit perjuria Theseus
Litore quo falsis deceperat Ægea velis. 180
 Tunc immane gemens, fœdatusque ora, tepentes
Affatur cineres : « Cur nos, fidissime, linquis
Fortuna redeunte, pater ? modo numina magni
Præsidis, atque breves Superum pacavimus iras,
Nec frueris; tantique orbatus muneris usu 185
Ad manes, ingrate, fugis. Nec flectere Parcas,
Aut placare malæ datur aspera numina Lethes?
Felix cui magna patrem cervice vehenti
Sacra Mycenææ patuit reverentia flammæ !
Quique tener sævis genitorem Scipio Pœnis 190
Abstulit, et Lydi pietas temeraria Lausi !
Ergo et Thessalici conjux pensare mariti
Funus, et immitem potuit Styga vincere supplex
Thracius? ah quanto melius pro patre liceret !
Non totus rapiere tamen, nec funera mittam 195
Longius : hic manes hic intra tecta tenebo.

Tu custos, dominusque laris; tibi cuncta tuorum
Parebunt : ego rite minor, semperque secundus
Assiduas libabo dapes et pocula sacris
Manibus, effigiesque colam : te lucida saxa, 200
Te similem doctæ referet mihi linea ceræ :
Nunc ebur, et fulvum vultus imitabitur aurum.
Inde viam morum, longæque examina vitæ,
Affatusque pios, monituraque somnia poscam. »
 Talia dicentem genitor dulcedine læta 205
Audit, et immites lente descendit ad umbras,
Verbaque dilectæ fert narraturus Etruscæ.
 Salve supremum, senior mitissime patrum,
Supremumque vale : qui nunquam, sospite nato,
Triste Chaos, mœstique situs patiere sepulcri. 210
Semper odoratis spirabunt floribus aræ,
Semper et Assyrios felix bibet urna liquores,
Et lacrimas, qui major honos. Hic sacra litabit
Manibus, inque tua tumulum tellure levabit.
Nostra quoque, exemplo meritus, tibi carmina sanxit, 215
Hoc etiam gaudens cinerem donasse sepulcro.

CARMEN IV.
CAPILLI FLAVII EARINI.

Ite, comæ, facilemque, precor, transcurrite pontum :

heureuse traversée ; va, toi qui reposes mollement dans un cercle d'or, va, te dis-je, l'aimable Cythérée saura bien t'aplanir les flots, calmer les Autans, et qui sait? t'enlever d'un navire trop peu sûr, pour te conduire aux rivages de Troie sur sa conque divine. Fils d'Apollon, Esculape, recevez cet hommage du jeune ami de César; recevez-le avec joie, et, montrant cette chevelure à votre père, qui jamais n'a livré la sienne au ciseau, laissez-le en admirer tout l'éclat, et qu'il la prenne longtemps pour celle de Bacchus son frère ! Peut-être, à cette vue, sera-t-il tenté de couper l'immortelle parure de son front, et de vous l'envoyer aussi enchâssée dans l'or.

O Pergame, cent fois plus fortunée que l'Ida couronné de pins! Car il a beau citer avec complaisance un enlèvement merveilleux, Junon voit son Ganymède d'un œil de colère, et se refuse à recevoir le nectar de sa main. Toi, plus chère aux Dieux, et toute fière de ton aimable nourrisson, tu as donné au Latium celui que le Jupiter de l'Ausonie et la Junon des Latins voient également d'un œil de complaisance. Et ce n'est pas sans un dessein des immortels qu'il fait ainsi les délices des maîtres de la terre.

Vénus, dit-on, quittait un jour la cime du mont Éryx pour les bosquets d'Idalie : chemin faisant, tandis qu'elle presse les cygnes au suave et ondulant plumage, elle entre à Pergame dans le temple où réside le plus secourable des Dieux, celui qui suspend la marche rapide du trépas. Il reposait alors sur un serpent, symbole de la santé. Auprès de l'autel, jouait un enfant beau comme un astre ; et d'abord, éblouie par l'éclat subit de ses charmes, la Déesse le prit un instant pour un de ses Amours; mais l'arc lui manquait, et des ailes n'ombrageaient point ses brillantes épaules. Elle admire sa grâce enfantine ; et contemplant son visage et ses beaux cheveux : « Quoi, dit-elle, tu irais à Rome avant d'avoir éprouvé les faveurs de Vénus, et sous un toit grossier tu porterais le joug d'une servitude vulgaire! Non certes : je te donnerai le maître que mérite ta beauté. Viens avec moi, viens, cher enfant ! je te conduirai légèrement sur mon char aérien, pour t'offrir comme un don magnifique au chef auguste qui, du Palatin, domine le monde. Au lieu de servir de jouet aux caprices du vulgaire, tu subiras les lois d'un amour impérial. Non, jamais, je l'avoue, je ne vis rien de plus gracieux, sans même en excepter mes enfants. Endymion sur le mont Atmos, Atys sur les rives du Sangare, Narcisse qu'épuise un stérile amour pour sa vaine image, te cèdent le prix de la beauté. La Naïade azurée t'eût préféré à son Hylas, elle eût saisi plus fortement ton urne pour t'entraîner sous les flots. Toi, jeune enfant, tu n'as point ton égal. Le maître seul auquel je te destine est plus beau que toi. » A ces mots, elle place Éarinus sur son char, et les cygnes légers l'enlèvent à travers l'espace.

Le char vole, et bientôt ils découvrent les sept collines, et la place où furent les Pénates du vieil Évandre, mais où le père des Latins, le vainqueur de la Germanie, vient de construire un palais qui menace les astres. Un premier soin occupe la Déesse : quel tour gracieux embellit une chevelure ?

Ite, coronato recubantes molliter auro :
Ite, dabit cursus mitis Cytherea secundos,
Placabitque Notos : fors et de puppe timenda
Transferet, inque sua ducet super æquora concha.   5
Accipe laudatos, juvenis Phœbeïe, crines
Quos tibi Cæsareus donat puer : accipe lætus,
Intonsoque ostende patri : sine dulce nitentes
Comparet, atque diu fratris putet esse Lyæi.
Forsan et ipse comæ nunquam labentis honorem   10
Proferet, atque alio clausum tibi ponet in auro.
   Pergame, pinifera multum felicior Ida !
Illa licet sacræ placeat sibi laude rapinæ ;
(Nempe dedit Superis illum, quem turbida semper
Juno videt, refugitque manum, nectarque recusat)   15
At tu grata Deis, pulchroque insignis alumno,
Misisti Latio, placida quem fronte ministrum
Juppiter Ausonius pariter, Romanaque Juno
Aspiciunt, et uterque probant. Nec tanta potenti
Terrarum domino Divum sine mente voluptas.   20
   Dicitur Idalios Erycis de vertice lucos
Dum petit, et molles agitat Venus aurea cycnos,
Pergameas intrasse domos, ubi maximus ægris
Auxiliator adest, et festinantia sistens
Fata salutifero mitis Deus incubat angui.   25
Hic puerum egregiæ præclarum sidere formæ

Ipsius ante Dei ludentem conspicit aram.
Ac primum subita paulum decepta figura
Natorum de plebe putat : sed non erat illi
Arcus, et ex humeris nullæ fulgentibus umbræ.   30
Miratur puerile decus; vultumque comasque
Aspiciens, « Tune Ausonias, ait, ibis ad arces,
Neglectus Veneri? tu sordida tecta, jugumque
Servitii vulgare feres? procul absit : ego isti   34
Quem meruit, formæ dominum dabo. Vade age mecum,
Vade, puer ; ducam volucri per sidera curru
Donum immane duci : nec te plebeia manebunt
Jura ; Palatino famulus deberis amori.
Nil ego, nil, fateor, toto tam dulce sub orbe
Aut vidi, aut genui. Cedat tibi Latmius ultro   40
Sangariusque puer ; quemque irrita fontis imago
Et sterilis consumpsit amor : te cærula Nais
Mallet, et apprensa traxisset fortius urna.
Tu, puer, ante omnes ; solus formosior ille
Cui daberis. » Sic orsa, leves secum ipsa per auras   45
Tollit, olorinaque jubet considere biga.
   Nec mora : jam Latii montes, veterisque Penates
Evandri, quos mole nova pater inclytus urbis
Excolit, et summis æquat Germanicus astris.
Tunc propior jam cura Deæ, quæ forma capillis   50
Optima, quæ vestis roseos accendere vultus

quel vêtement relève encore le vif coloris d'un teint de rose? quel or est assez pur pour briller aux doigts et entourer le cou de son favori? Elle connaît le regard divin du prince : elle-même avait jadis allumé pour lui le flambeau de l'hyménée, et comblé de ses faveurs une auguste union. Avec la même complaisance, elle orne la chevelure d'Éarinus, elle étend sur lui la pourpre tyrienne, et lui communique avec sa flamme les rayons de sa beauté. Dès lors disparaissent les esclaves favoris, auparavant les délices de la cour. Éarinus seul, de sa blanche main, présente la coupe à César et lui apporte le cristal et la myrrhe : la liqueur de Bacchus en a plus de parfum.

Cher enfant, choisi pour porter le premier tes lèvres sur le nectar réservé aux Dieux! toi qui touches tant de fois cette main puissante que le Gète, l'Arménien, le Perse et l'Indien brûlent de voir et de presser, ô quel astre favorable éclaira ta naissance, et que de faveurs te prodigua la bonté céleste! Un jour le dieu de ta patrie, Esculape, craignant qu'un léger duvet ne ternît l'éclat de tes joues et n'altérât la pureté de tes grâces naissantes, quitta Pergame, franchit les mers, et, ne voulant confier à personne le soin de te communiquer la frêle délicatesse de la femme, il te fit passer doucement, sans blessure ni douleur, dans un sexe étranger, par un secret de l'art d'Apollon. Cependant Vénus ne se possédait pas d'inquiétude, elle craignait pour toi la plus légère atteinte. L'humanité de César n'avait point encore préservé les enfants mâles de cette mutilation. Aujourd'hui c'est un crime que d'attenter à la virilité et d'arracher l'homme à lui-même. La nature se réjouit de voir ses enfants tels qu'elle les a formés; et l'esclave, affranchie d'une loi barbare, ne craindra plus pour le dépôt qu'elle porte dans son sein.

Et toi aussi, aimable jeune homme, si tu étais né plus tard, un fort duvet ombragerait tes joues, des membres plus nerveux annonceraient des forces nouvelles, et tu enrichirais d'un double présent le temple d'Esculape. Maintenant ta chevelure ira seule orner les autels de ta patrie, cette chevelure que la déesse de Paphos inondait de parfums, et sur laquelle passait et repassait à plusieurs reprises la main des trois Grâces, cette chevelure enfin qui efface en éclat le cheveu d'or coupé sur la tête de Nisus, et celui que le bouillant Achille consacrait au Sperchius.

A la première nouvelle de la décision qui prive de sa couronne ce front d'albâtre et va dépouiller ces gracieuses épaules, les enfants ailés de Paphos accourent avec leur mère; ils couvrent la poitrine d'Éarinus d'un peignoir de soie, et démêlent ses cheveux. Puis, avec le fer croisé de leurs flèches, ils les coupent et les placent dans l'or, au milieu des pierreries. Vénus les saisit au moment de leur chute, et les arrose encore une fois de sa mystérieuse liqueur.

Alors un des Amours, celui qui dans ses mains renversées tenait par hasard le miroir étincelant; « Ma mère, dit-il, donnons aussi le miroir; on ne peut faire au dieu de Pergame de présent plus flatteur; il est plus riche que l'or même qui l'en-

Apta; quod in digitis, collo quod dignius aurum.
Norat cœlestes oculos ducis, ipsaque tædas
Junxerat, et plena dederat connubia dextra.
Sic ornat crines, Tyrios sic fundit amictus; 55
Dat radios, ignemque suum. Cessere priores
Deliciæ, famulumque greges : hic pocula magno
Prima duci, murrasque puer, crystallaque portat
Candidiore manu : crescit nova gratia Baccho.

Care puer, Superis qui prælibare verendum 60
Nectar, et ingentem toties contingere dextram
Electus, quam nosse Getæ, quam tangere Persæ,
Armeniique, Indique petunt! o sidere dextro
Edite, multa tibi Divum indulgentia favit!
Olim etiam, ne prima genas lanugo nitentes 65
Spargeret, et pulchræ fuscaret gratia formæ,
Ipse Deus patriæ, celsam trans æquora liquit
Pergamon : haud ulli puerum mollire potestas
Credita; sed tacita juvenis Phœbeïus arte
Leniter, haud ullo concussum vulnere corpus 70
De sexu transire jubet. Tamen anxia curis
Mordetur, puerique timet Cytherea dolores.
Nondum pulchra ducis clementia cœperat ortu
Intactos servare mares; nunc frangere sexum,
Atque hominem mutare nefas; gavisaque solos 75
Quos genuit Natura videt; nec lege sinistra

Ferre timent famulæ natorum pondera matres.
Tu quoque, nunc juvenis, genitus si tardius esses,
Umbratusque genas, et adultos fortior artus,
Non unum gauderes Phœbea ad limina munus 80
Misisses : patrias nunc vertex solus ad aras
Naviget : hunc multo Paphie saturabat amomo,
Hunc nova tergemina repetebat Gratia dextra.
Huic et purpurei cedat coma saucia Nisi,
Et quam Sperchio tumidus servabat Achilles. 85
Ipsi, quum primum niveam præcerpere frontem
Decretum est, humerosque manu nudare nitentes,
Accurrunt teneri Paphia cum matre volucres,
Expediuntque comas, et serica pectore ponunt
Pallia : tunc junctis crinem incidere sagittis, 90
Atque auro, gemmisque locant : rapit ipsa cadentes
Mater, et arcanos iterat Cytherea liquores.
Tunc puer e turba, manibus qui forte supinis
Nobile gemmato speculum portaverat auro,
« Hoc quoque demus, ait; patriis nec gratius ullum 95
Munus erit templis, ipsoque potentius auro.
Tu modo fige aciem, et vultus hos usque relinque. »
Sic ait, et speculum seclusit imagine rapta.
At puer egregias tendens ad sidera palmas,
« His mihi pro donis, hominum mitissime custos, 100
Si merui, longa dominum renovare juventa,

toure. Seulement daigne y fixer ton regard, et laisse sur le cristal l'empreinte de tes traits. » Il dit, et renferme aussitôt le miroir, emportant la douce image.

Alors Éarinus élevant vers le ciel ses mains gracieuses : « Dieu protecteur, dit-il, dieu si propice aux mortels, si j'ai mérité votre faveur, pour prix de mon offrande, renouvelez par une longue jeunesse les années de César, et veuillez le conserver pour le bonheur du monde ! Le ciel, la terre et les mers s'unissent à moi pour implorer la même grâce. Ah ! puisse-t-il vivre les longs jours de Priam et de Nestor, et voir vieillir avec lui le Capitole et ses propres Pénates ! »

Il dit, et contemple en extase les autels de Pergame, qui s'agitent en signe d'assentiment.

SILVE V.

LE POËTE A CLAUDIA, SON ÉPOUSE.

Pourquoi cette tristesse le jour, et, durant tes nuits sans sommeil, les soupirs que ton inquiétude exhale à mes côtés ? Je ne crains pas que ta fidélité ne s'altère, ni que ton cœur s'ouvre à un étranger. Aucune flèche d'amour ne peut plus l'atteindre ; et Rhamnusie dût-elle entendre ces paroles avec colère, je dis la vérité. Non, quand ton époux enlevé au rivage paternel se verrait promener de mers en mers, de combats en combats, pendant quatre lustres entiers, toi tu sortirais victorieuse de la poursuite de mille amants ; et sans défaire la trame ourdie pendant le jour, mais ouvertement et sans feinte, Claudia, devenue veuve, repousserait les lois de l'hymen.

Dis-moi pourtant ce qui voile de tristesse ton front altéré. Serait-ce le désir que j'ai de trouver le repos dans mes Pénates Euboïques, et d'abriter ma vieillesse sur le sol de ma patrie ? Pourquoi t'en attrister ? Les folies du jeune âge ne te sourient guère, et, insensible aux combats du cirque rapide comme aux clameurs du théâtre, tu n'aimes que les plaisirs purs, la solitude, l'ombre et la vertu. Mais sur quels flots crois-tu que je veuille t'entraîner ? Après tout, j'irais fixer ma demeure près de l'Ourse glacée, ou en deçà des rives occidentales de la sombre Thulé, ou bien vers la source mystérieuse du Nil aux sept embouchures, que tu encouragerais mon départ. C'est Vénus qui nous a unis à la fleur de nos années ; Vénus nous conservera sa faveur sur le déclin de la vie. Tes lois, Claudia, (car n'est-ce pas toi qui, dès la première blessure d'amour, fixas ma jeunesse volage en la domptant au joug de l'hymen?) tes lois m'ont trouvé docile et content, et je ne briserai pas un lien que je resserre de plus en plus tous les jours. Quand la ville d'Albe ceignait mon front de trois couronnes et que César l'environnait d'un cercle d'or, tu me plaçais au milieu de ton cœur, tu couvrais mes guirlandes de baisers de feu ; et quand les prix capitolins étaient refusés à ma lyre, accablée de ma défaite, tu accusais de cruauté Jupiter même. Ton oreille attentive saisissait au passage les premiers accents de ma muse, et jusqu'au moindre murmure échappé de mes lèvres. Seul témoin de mes immenses labeurs, tu voyais croître ma *Thébaïde* avec le nombre de tes années.

Atque orbi servare velis ! hoc sidera mecum,
Hoc undæ, terræque rogant : eat, oro, per annos
Iliacos, Pyliosque situs ; propriosque Penates
Gaudeat, et secum Tarpeia senescere templa ! » 105
  Sic ait, et motas miratur Pergamos aras.

CARMEN V.

AD CLAUDIAM UXOREM.

Quid mihi mæsta die, sociis quid noctibus, uxor,
Anxia, pervigili ducis suspiria cura?
Non metuo ne læsa fides, aut pectore in isto
Alter amor : nullis in te datur ire sagittis,
Audiat infesto licet hæc Rhamnusia vultu, 5
Non datur ; et si egomet patrio de littore raptus
Quatuor emeritis per bella, per æquora, lustris
Errarem, ut mille procos intacta fugares ;
Non intersectas commenta retexere telas,
Sed sine fraude palam, thalamisque orbata negasses. 10
  Dic tamen unde alia mihi fronte, et nubila vultu?
Anne quod Euboïcos fessus remeare penates
Auguror, et patria senium componere terra?
Cur hoc triste tibi? certe lascivia cordi

Nulla, nec aut rapidi mulcent te prælia Circi, 15
Aut intrat sensus clamosi turba theatri :
Sed probitas, et opaca quies, et sordida nunquam
Gaudia. Quas autem comitem te rapto per undas?
Quanquam, et si gelidas irem mansurus ad Arctos,
Vel super Hesperiæ vada caligantia Thules, 20
Aut septemgemini caput haud penetrabile Nili,
Hortarere vias : etenim tua, (nempe benigna
Quam mihi sorte Venus junctam florentibus annis
Servet et in senium ;) tua, (quæ me vulnere primo
Intactum thalamis, et adhuc juvenile vagantem 25
Fixisti) tua frena libens, docilisque recepi ;
Et semel insertas non mutaturus habenas
Usque premo. Ter me nitidis Albana ferentem
Dona comis, sanctoque indutum Cæsaris auro
Visceribus complexa tuis ; sertisque dedisti 30
Oscula anhela meis : tu, quum Capitolia nostræ
Inficiata lyræ, sævum ingratumque dolebas
Mecum victa Jovem : tu procurrentia primis
Carmina nostra sonis, motasque in murmure voces
Aure rapis vigili : longi tu sola laboris 35
Conscia, cumque tuis crevit mea Thebaïs annis.
  Qualem te nuper Stygias prope raptus ad undas,
Quum jam Lethæos audirem comminus amnes,

Dans quel état je te vis naguère, lorsqu'entraîné vers les bords du Styx et entendant déjà le bruit sourd du Léthé, j'ouvris sur toi des yeux presque fermés par la mort! Ah! ce fut sans doute par pitié pour toi que Lachésis a repris la trame d'une vie usée; et les Dieux, du sein de leur grandeur, ont redouté les reproches d'une femme. Et maintenant tu balancerais à me suivre dans un si court trajet, sur le rivage où mon cœur aspire!

Hélas! que serait devenue cette fidélité à toute épreuve qui t'égalait aux héroïnes de Rome et de la Grèce? Pénélope, (car qui peut effrayer le véritable amour?) Pénélope eût été volontiers jusque sous les remparts d'Ilion, si Ulysse l'eût souffert. Égiale pleura, Mélibée aussi pleura son abandon, et l'excès du désespoir a fait une Ménade de la triste Élise. Claudia ne leur cède pas en fidélité, et n'a pas moins de constance pour payer un mari de retour. C'est ainsi que tu visites encore la cendre et les mânes du premier objet de tes affections, et qu'embrassant les restes de cet ami de l'harmonie, quoique déjà toute à moi, tu renouvelles du fond du cœur tes plaintes déchirantes. Même tendresse, mêmes soins pour sa fille. Tu la chéris d'un amour de mère, et jamais elle ne sort de ta mémoire, cette fille adorée. Avec moins de tendresse Alcyone voltige autour de son nid, et Philomèle couve ses petits qu'elle nourrit aux dépens de ses jours. Et maintenant solitaire, dans une couche inféconde, ta fille consume les loisirs de la plus belle jeunesse. Mais l'hymen viendra pour elle, l'hymen avec tous ses flambeaux. N'en est-elle pas digne par sa beauté, par tous les dons du cœur et de l'esprit? Soit qu'elle tienne le luth entre ses mains, soit qu'elle module avec la voix de son père des sons répétés par les Muses, soit qu'elle prête une nouvelle grâce à mes vers, ou qu'elle déploie la blancheur de ses bras dans une danse voluptueuse, toujours sa vertu surpasse son esprit, et sa modestie ses talents.

N'avez-vous point de honte, reine de Cythère, et vous aussi, volages Amours, de laisser languir dans l'oubli une si gracieuse fleur? Mais ce n'est pas à Rome seulement que se forme le nœud conjugal et que s'allume le flambeau joyeux; ma patrie aussi est fertile en mariages. Le cratère du Vésuve, et la tempête de feux que roule la montagne, n'ont pas épuisé de citoyens nos villes effrayées; elles sont encore debout avec leur population florissante. Là s'élève le temple bâti sous les auspices d'Apollon, et le port, et les rivages de Pouzzol, ouverts au monde entier. Ici je vois l'opulente rivale de la grande Rome, la ville peuplée par Capys de Troyens fugitifs; je vois notre chère Parthénope, riche de ses enfants et non moins riche de ses colons; Parthénope, qui flottant à travers les mers, vit une colombe de Vénus lui marquer sous les auspices d'Apollon cet emplacement délicieux. C'est là que je t'appelle, car mon sol natal n'est point la Libye ni la Thrace barbare. Dans nos belles contrées les hivers sont tièdes, les étés ont leur fraîcheur; la mer tranquille en caresse les bords de ses vagues nonchalantes. Là règne une paix sans alarmes, une vie

```
Aspexi, tenuique oculos jam morte cadentes!
Scilicet exhausti Lachesis mihi tempora fati                40
Te tantum miserata dedit, Superique potentes
Invidiam timuere tuam. Post ista, propinquum
Nunc iter, optatosque sinus comes ire moraris?
  Heu! ubi nota fides, totque explorata per usus,
Qua veteres Latias, Graiasque Heroidas æquas?              45
Isset ad Iliacas (quid enim deterret amantes?)
Penelope gavisa domos, si passus Ulixes.
Questa est Ægiale, questa est Melibœa relinqui,
Et quanquam sævi fecerunt Mænada planctus.
Nec minor his tu nosse fidem, firmamque maritis            50
Reddere : sic certe cineres, umbramque priorem
Quæris adhuc; sic exsequias amplexa canori
Conjugis, ingentes iteras de pectore planctus,
Jam mea : nec pietas alia est tibi, curaque natæ :
Sic ut mater amas, sic nunquam corde recedit              55
Nata tuo; fixamque animi penetralibus imis
Nocte, dieque tenes : non sic Trachinia nidos
Alcyone veros, non sic Philomela penates
Circuit amplectens, animamque in pignora transfert.
Et nunc illa terit viduo quod sola cubili,                 60
Otia tam pulchræ terit infecunda juventæ :
Sed venient plenis, venient connubia, tædis.
Sic certe, formæque bonis, animique meretur :
Sive chelyn complexa ferit; seu voce paterna
Discendum Musis sonat, et mea carmina flectit ;            65
Candida seu molli diducit brachia motu;
Ingenium probitas, artemque modestia vincit.
  Nonne leves pueros, non te, Cytherea, pudebat
Hoc cessare decus? Nec tantum Roma jugales
Conciliare toros, festasque accendere tædas               70
Fertilis; et nostra generi tellure dabuntur.
Non adeo Vesuvinus apex, et flammea diri
Montis hiems trepidas exhausit civibus urbes :
Stant, populisque vigent : hic auspice condita Phœbo
Tecta, Dicarchei portus, et litora mundi                   75
Hospita ; et hic magnæ tractus imitantia Romæ
Quæ Capys advectus implevit mœnia Teucris.
Nostra quoque haud propriis tenuis, nec rara colonis
Parthenope; cui mite solum trans æquora vectæ
Ipse Dionæa monstravit Apollo columba.                     80
Has ego te sedes (nam nec mihi barbara Thrace
Nec Libye natale solum) transferre laboro ;
Quas et mollis hiems, et frigida temperat æstas;
Quas imbelle fretum torpentibus alluit undis.
Pax secura locis, et desidis otia vitæ,                    85
Et nunquam turbata quies, somnique peracti.
Nulla foro rabies, aut strictæ jurgia leges
Norunt : jura viris solum, et sine fascibus, æquum.
  Quid nunc magnificas species, cultusque locorum,         89
Templaque, et innumeris spatia interstincta columnis;
```

4.

de doux loisirs, un repos sans trouble et un sommeil plein ; nulle part les débats du forum, les cris discordants de la chicane. L'équité fait le droit, sans le secours des faisceaux.

Parlerai-je de la magnificence du tableau et de la beauté des lieux, de ces temples, de ces colonnes innombrables placées de distance en distance, de la grandeur du cirque et du théâtre, de ces jeux quinquennaux qui ne le cèdent guère aux jeux capitolins? et comptes-tu pour rien la gaieté qu'inspirent les pièces de Ménandre, où la liberté grecque se trouve tempérée par la décence romaine? Les plaisirs divers de la vie ne manquent pas alentour, soit qu'il te plaise de visiter Baïa, avec ses bains fumants et ses voluptueux rivages, ou le sanctuaire prophétique de la Sibylle et la hauteur fameuse où repose Misène; soit que tu préfères les coteaux parfumés du Gaurus et la demeure des Téléboïens, où, rival de la lune vagabonde, un phare élevé guide par sa douce lumière les matelots inquiets. Là aussi tu verras les collines de Surrente qui ne sont pas chères au seul Bacchus, ces collines que mon ami Pollius embellit chaque jour; tu visiteras les eaux salutaires d'Énarie, et Statine renaissant du sein des flots.

Je pourrais te détailler les mille aspects de ma patrie ; mais un mot suffit, chère épouse, un mot seul comprend tout : cette terre m'a fait naître pour toi, elle a pour jamais enchaîné ma destinée à la tienne. Ne mérite-t-elle pas bien qu'on l'appelle notre nourrice et notre bonne mère? Mais en dire plus long serait te faire injure et douter de ton cœur. Tu viendras donc, chère épouse, que dis-je? tu me devanceras. Éloignée de ma présence, que te ferait le Tibre, souverain des eaux, et Rome, la ville du belliqueux Quirinus?

LIVRE QUATRIÈME.
A MARCELLUS SON AMI.

Je trouve enfin, mon cher Marcellus, un livre que je puisse vous dédier en récompense de votre attachement à notre auguste empereur ; car je ne crois pas avoir commencé un seul de mes ouvrages sans invoquer ce nom sacré. Sa louange occupe trois des pièces de ce livre : suit la quatrième, qui est toute en votre honneur. Dans la première je me prosterne devant le dix-septième consulat de notre Germanicus ; dans la seconde je lui rends grâces de m'avoir admis aux honneurs de sa table divine. La troisième est l'expression de mon enthousiasme à l'aspect de la voie Domitia, dégagée des monceaux de sable qui l'encombraient. C'est grâce à la munificence du prince que vous recevrez plus promptement la lettre que je vous écris de Naples. La cinquième est un poëme lyrique adressé à Septime Sévère, jeune homme illustre, vous le savez, entre les plus illustres des chevaliers, et qui fut aussi le compagnon de vos études; mais, en dépit des droits que vous avez sur son cœur, je ne l'aime pas moins vivement. Je puis encore vous faire hommage de l'Hercule sur la table de Nonius Vindex, petite pièce que ce bon citoyen doit autant à mon estime pour lui qu'à son goût épuré. J'avais assez témoigné l'intérêt que m'inspirent le haut rang et l'éloquence de Junius Brutus, dans une lettre que je lui écrivis au su-

Et geminam molem nudi tectique theatri,
Et Capitolinis Quinquennia proxima lustris;
Quid laudem risus, libertatemque Menandri,
Quam Romanus honos et Graia licentia miscent? 95
Nec desunt variae circum oblectamina vitae :
Sive vaporiferas, blandissima litora, Baias,
Enthea fatidicae seu visere tecta Sibyllae
Dulce sit, Iliacoque jugum memorabile remo;
Seu tibi Bacchei vineta madentia Gauri 100
Teleboumque domos, trepidis ubi dulcia nautis
Lumina noctivagae tollit Pharus aemula lunae;
Caraque non soli juga Surrentina Lyaeo,
Quae meus ante alios habitator Pollius anget;
Ænariaeque lacus medicos, Statinasque renatas.
Mille tibi nostrae referam telluris amores : 105
Sed satis hoc, conjux, satis hoc dixisse, creavit
Me tibi, me socium longos adstrinxit in annos :
Nonne haec amborum genitrix, altrixque videri
Digna? sed ingratus qui plura adnecto, tuisque
Moribus indubito : venies, carissima conjux, 110
Praeveniesque etiam : sine me tibi ductor aquarum
Tybris, et armiferi sordebunt tecta Quirini.

LIBER QUARTUS.
AD MARCELLUM.

Inveni librum, Marcelle carissime, quem pietati tuae dedicarem. Reor equidem aliter quam invocato numine maximi Imperatoris nullum opusculum meum coepisse. Sed hic liber tres habet. Sequitur quarta, quae ad honorem tuum pertinet. Primo autem septimum decimum Germanici nostri consulatum adoravi : secundo, gratias egi sacratissimis ejus Epulis honoratus : tertio, Viam Domitianam miratus sum, qua gravissimam arenarum moram exemit; cujus beneficio tu quoque maturius epistolam eam accipies, quam tibi in hoc libro a Neapoli scribo. Proximum est Lyricum carmen ad Septimium Severum, juvenem, uti scis, inter ornatissimos secundi ordinis, tuum quidem etiam condiscipulum ; sed mihi contra hoc quoque jus, arctissime carum : nam Vindicis nostri Herculem Epitrapezion, secundum honorem quem de me, et de ipsis studiis meretur, imputare etiam tibi possum. Maximum Junium dignitatis et eloquentiae nomine a nobis diligi, satis eram testatus epistola, quam ad illum de editione Thebaidos meae publicavi ; sed nunc quoque eum

jet de la publication de ma *Thébaïde*. Ici je l'invite à revenir au plus tôt du fond de la Dalmatie. Vient ensuite une églogue à mon compatriote Jules Ménécrate, ce jeune homme si magnifique, et gendre de mon cher Pollius. Je le félicite d'avoir enrichi Naples de nouveaux enfants. Quant au jeune sénateur Plotius Gryphus, je lui réserve un ouvrage plus digne de lui; mais, en attendant, j'ai inséré dans ce volume les hendécasyllabes qui nous ont égayés tous deux pendant les saturnales. Mais pourquoi plus de silves dans ce quatrième livre que dans les précédents? c'est pour montrer qu'ils perdent leur temps ceux qui blâment, dit-on, le genre d'ouvrage que j'ai mis au jour. D'abord le conseil vient mal à propos après la chose faite; ensuite plusieurs de ces opuscules avaient été soumis à l'approbation de César, ce qui est tout autrement hardi que de les avoir publiés. Ne m'est-il pas permis de m'amuser à mon gré? — Oui, si vous gardez votre amusement pour vous, dira-t-on. — Cependant la paume attire des spectateurs, et le ballon est un délassement permis. Enfin quelque chose de moi paraît-il? aussitôt l'envie de me déclarer la guerre. Dois-je pour cela me rendre à ses conseils? En résumé (car c'est moi qui suis en jeu), libre à elle de se taire ou d'applaudir. Je mets ce livre sous votre protection, mon cher Marcellus, et votre jugement seul pourra m'ôter la plume des mains, ou me faire braver leur censure.

SILVE I.

XVIIe CONSULAT DE L'EMPEREUR DOMITIEN.

La pourpre éclatante s'ajoute pour la seizième fois aux fastes consulaires de César; le vainqueur de la Germanie ouvre une année mémorable et se lève avec le soleil rajeuni, avec les astres solennels, lui-même plus radieux que les astres et plus brillant que l'étoile du matin.

Que les lois du Latium tressaillent d'allégresse! que le sénat se réjouisse! que Rome, plus fière que jamais, fasse retentir les échos des sept collines, et surtout les échos de la colline chérie d'Évandre. De nouveaux honneurs sont entrés dans le palais impérial, les douze faisceaux y reparaissent encore une fois, et le sénat se félicite d'avoir vaincu par ses instantes prières la modestie de César. Le puissant rénovateur des siècles, Janus, au double seuil de son temple, élève la tête, et vous rend grâces, prince magnanime, de l'avoir enchaîné par le retour de la paix, le forçant de mettre un terme à toute guerre, et de jurer obéissance aux lois du nouveau forum. De l'un et de l'autre côté il étend ses mains vers vous, et de sa double bouche il vous adresse ces paroles:

« Salut, ô père du monde, toi qui vas recommencer avec moi la série des siècles: tel Rome désire de te contempler toujours dans ce mois qui m'est consacré. Ainsi convient-il aux âges de renaître et aux années de se renouveler. Ne cesse pas de réjouir nos fastes; que la toge à longs plis et la robe consulaire travaillée des mains de Minerve, ta protectrice, embrasse à jamais tes épaules! Vois-tu comme les temples brillent au-

---

reverti maturius e Dalmatia rogo. Juncta est Ecloga ad municipem meum Julium Menecratem, splendidum juvenem, et Pollii mei generum; cui gratulor quod Neapolim nostram numero liberorum honestaverit. Plotio Grypho, majoris gradus juveni, dignius opusculum reddam: sed interim Hendecasyllabos, quos Saturnalibus una risimus, huic volumini inserui. Quare ergo plura in quarto Silvarum, quam in prioribus? Ne se putent aliquid egisse, qui reprehenderunt, ut audio, quod hoc stili genus edidissem. Primum, supervacuum est dissuadere rem factam: deinde, multa ex illis jam Domino Caesari dederam; et quanto hoc plus est, quam edere? Exercere autem jocos non licet? si secreto, inquit. Sed et sphaeromachias spectamus, et pilaris lusio admittitur: novissime, quisquis ex meis invidus aliquid legit, statim se profitetur adversum: itaque consilio ejus accedam? In summa, nempe ego sum qui traducor: taceat, et gaudeat. Hunc tamen librum tu, Marcelle, defendes. Et, si videtur, hactenus: sin minus, reprehendemur.

CARMEN I.

XVII. CONSULATUS IMP. AUG. GERM. DOMITIANI.

Laeta bis octonis accedit purpura fastis
Caesaris, insignemque aperit Germanicus annum,
Atque oritur cum sole novo, cum grandibus astris,
Clarius ipse nitens, et primo major Eoo.
 Exsultent leges Latiae: gaudete, curules;   5
Et septemgemino jactantior aethera pulset
Roma jugo; plusque ante alias Evandrius arces
Collis ovet. Subiere novi Palatia fasces,
Et requiem bis sextus honos, precibusque receptis
Curia Caesareum gaudet vicisse pudorem.   10
Ipse etiam immensi reparator maximus aevi
Attollit vultus, et utroque a limine grates
Janus agit; quem tu, vicina Pace ligatum,
Omnia jussisti componere bella, novique
In leges jurare fori: levat ecce supinas   15
Hinc atque inde manus, geminaque hac voce profatur:

« Salve, magne parens mundi; qui saecula me
Instaurare paras: talem te cernere semper
Mense meo tua Roma cupit: sic tempora nasci,
Sic annos intrare decet: da gaudia fastis

jourd'hui d'un éclat plus vif, et comme la flamme sur nos autels s'élance plus haute? L'hiver même, qui m'est consacré, s'adoucit en ta faveur. Tous se félicitent de ton empire, les chevaliers comme le peuple, le peuple comme les sénateurs, et ton consulat ajoute à toutes les dignités un nouveau lustre. Qu'avait de semblable la grande année précédente, dis-le, je t'en conjure, puissante Rome; et toi, antiquité reculée, consulte les fastes, et ne t'arrête pas à des exemples vulgaires, cherche une renommée que César ne dédaigne pas de vaincre.

« Treize fois dans le cours de son règne Auguste a vu les faisceaux portés devant lui, mais il ne les mérita que fort tard. Toi, jeune encore, tu surpasses tes ancêtres. Dieux! quels honneurs tu refuses, quels honneurs tu défends! Tu te laisseras pourtant fléchir, et tu accorderas souvent un tel jour aux prières du sénat. Devant toi s'ouvre un plus long avenir, et, mesurant tes bonneurs à sa félicité, Rome te placera sur la chaise curule trois et quatre fois, s'il le faut. Avec moi tu poseras les bases d'un nouveau siècle, et tu exhumeras le vieil autel de Térente. Tu remporteras mille trophées; permets-nous seulement de te décerner les triomphes. Reste la Bactriane, reste Babylone, qui n'est pas encore tributaire. Le laurier de l'Inde n'est pas encore sur le sein du dieu du Capitole; les Arabes, les Sères ne demandent pas encore grâce. L'année ne jouit pas de tout l'honneur qu'elle peut avoir, et dix de ses mois sont jaloux de porter un de tes noms. »

Ainsi parla Janus, et il ferma sur lui de grand cœur les portes de son temple; alors tous les autres édifices de s'ouvrir à la fois et de donner des signes d'allégresse. Grand roi, Jupiter vous promet une éternelle jeunesse, avec le nombre de ses années.

SILVE II.

ACTION DE GRACE RENDUE A L'EMPEREUR AUGUSTE GERMANICUS DOMITIEN.

Le banquet de la reine de Sidon a été chanté par le poëte qui conduisit le grand Énée dans les champs de Laurente, de même que les festins d'Alcinoüs sont décrits dans le poëme impérissable qui nous montre Ulysse à son retour épuisant la rage de toutes les mers. Et moi que César vient de faire asseoir à sa table divine, et moi qu'il a comblé de délices nouvelles, quels accords suffiraient à l'expression de mes vœux et à l'étendue de ma gratitude? Non, jamais, quand Smyrne et Mantoue tresseraient sur ma tête des lauriers adorés du poëte, mon langage n'atteindrait mon sujet. Il me semble que ravi au milieu des astres je prends place au banquet de Jupiter, et que la main du jeune Troyen me présente le nectar immortel. Ah! jusqu'ici je n'avais passé que des années stériles : voici pour moi le premier jour, voici le seuil de la vie. Monarque vainqueur et père du monde, est-ce bien vous que j'aperçois, vous l'espoir des hommes, vous l'objet de la sollicitude des Dieux? Je puis à vos côtés, je puis au milieu des coupes et des mets contempler votre face, et néanmoins ne pas me lever! Je

Continua; hos humeros multo sinus ambiat ostro,
Et properata tuæ manibus prætexta Minervæ.
Aspicis ut templis alius nitor, altior aris
Ignis, et ipsa meæ tepeant tibi sidera brumæ.
Moribus atque tuis gaudent turmæque, tribusque,   25
Purpureique Patres; lucemque a consule ducit
Omnis honos. Quid tale, precor, prior annus habebat?
Dic age, Roma potens, et mecum, longa Vetustas,
Dinumera fastos; nec parva exempla recense,
Sed quæ sola meus dignetur vincere Cæsar.   30
  « Ter Latio deciesque tulit, labentibus annis,
Augustus fasces; sed cœpit sero mereri :
Tu juvenis prægressus avos. Eu! quanta recusas,
Quanta vetas! flectere tamen; precibusque senatus
Permittes hanc sæpe diem : manet insuper ordo   35
Longior, et totidem felix tibi Roma curules
Terque quaterque dabit : mecum altera sæcula condes,
Et tibi longævi revocabitur ara Terenti.
Mille trophæa feres; tantum permitte triumphos.
Restat Bactra novis, restat Babylona tributis   40
Frenari : nondum in gremio Jovis Indica laurus,
Nondum Arabes, Seresque rogant; nondum omnis honorem
Annus habet, cupiuntque decem tua nomina menses. »
  Sic Janus, clausoque libens se poste recepit.

Tunc omnes patuere fores, lætoque dederunt   45
Signa polo; longamque tibi, dux magne, juventam
Annuit, atque suos promisit Juppiter annos.

CARMEN II.

EUCHARISTICON AD IMP. AUGUST. GERMANICUM DOMITIANUM.

Regia Sidoniæ convivia laudat Elisæ
Qui magnum Æneam Laurentibus intulit arvis;
Alcinoique dapes mansuro carmine monstrat
Æquore qui multo reducem consumpsit Ulixen;
Ast ego, cui sacræ Cæsar nova gaudia cœnæ   5
Nunc primum, dominaque dedit consurgere mensa,
Qua celebrem mea vota lyra? quas solvere grates
Sufficiam? non, si pariter mihi vertice læto
Nectat adoratas et Smyrna et Mantua lauros,
Digna loquar. Mediis videor discumbere in astris   10
Cum Jove, et Iliaca porrectum sumere dextra
Immortale merum. Steriles transmisimus annos;
Hæc ævi mihi prima dies, hæc limina vitæ.
Tene ego, regnator terrarum orbisque subacti
Magne parens, te, spes hominum, te, cura Deorum,   15

me trouve dans un palais auguste, immense, soutenu par des colonnes innombrables, et capable de supporter le ciel avec les habitants du ciel pendant le repos d'Atlas. Édifice dont s'étonne la demeure voisine du maître du tonnerre, édifice rival de l'Olympe, et que les Dieux se réjouissent de vous voir habiter, dans l'espoir que vous serez moins empressé de prendre l'essor vers le ciel. Monument superbe, qui déploie impétueusement ses contours, impatient de toute limite, qui embrasse un espace immense et ne le cède qu'à son maître. Lui seul en remplit la vaste enceinte, et la décore par son génie. Là brillent à l'envi les marbres des monts phrygiens et libyens, les roches de la féconde Syène, de Chio, les pierres d'azur, rivales de Doris, et celles de Luna qui prêtent un appui solide aux colonnes; et au-dessus l'éclat d'une voûte superbe que l'œil ébloui confond avec les lambris dorés des cieux.

Au premier signe de César, mille sénateurs et chevaliers prennent place à la fois, et Cérès relevant sa robe s'agite avec Bacchus pour satisfaire tant de convives. Ainsi le char aérien de Triptolème versa jadis l'abondance; ainsi le dieu de la treille ombragea de pampres touffus les flancs nus et stériles des collines. Mais ni cet appareil, ni ces bois d'Afrique supportés par des colonnes indiennes, ni ces troupes de belles esclaves, ne fixèrent mon attention; mon œil avide ne voyait que lui seul, avec son visage calme, et cette majesté sereine qui tempérait les rayons de sa gloire, et cette modestie qui semblait demander grâce pour sa haute fortune. Cependant, même à travers ce voile jaloux perçaient des regards d'une telle magnificence, que les Barbares et les nations les plus éloignées n'auraient pu le méconnaître.

Ainsi, dans les vallons glacés du Rhodope, repose le dieu Mars, après avoir dételé ses coursiers; ainsi Pollux, au sortir de la lutte, étend ses membres luisants d'huile; ainsi, près du Gange, au milieu des hurlements des Indiens, Évan se délasse; ainsi le grand Alcide, après avoir exécuté les ordres de sa marâtre, aimait à s'endormir sur la peau du lion vaincu.

J'en dis trop peu, et mon admiration n'égale point l'éclat de ton visage, ô Germanicus! Tel paraît aux confins de l'Océan et à la table des Éthiopiens le maître des Dieux, le front épanoui par le nectar : il commande aux Muses de chanter les vers réservés pour son oreille, et à Phébus de célébrer la victoire de Pallène.

Que les Dieux (car on dit qu'ils exaucent souvent les vœux des plus humbles mortels) ajoutent deux et trois fois à vos années celles qu'a comptées votre auguste père! Envoyez dans les astres des divinités nouvelles, élevez des temples et habitez des palais, ouvrez longtemps les portes de l'année, saluez souvent Janus avec de nouveaux licteurs, et couronnez au retour de chaque lustre les vainqueurs aux jeux quinquennaux. Ce jour où vous avez daigné m'admettre à votre table sacrée me rappelle, après bien longtemps, l'époque fortunée où, sous les collines d'Albe,

---

Cerno jacens? Datur hæc juxta, datur ora tueri
Vina inter, mensasque, et non assurgere fas est?
Tectum augustum, ingens, non centum insigne columnis,
Sed quantæ Superos cœlumque, Atlante remisso,
Sustentare queant: stupet hoc vicina Tonantis   20
Regia, teque pari lætantur sede locatum
Numina, ne magnum properes escendere cœlum :
Tanta patet moles, effusæque impetus aulæ
Liberior campi, multumque amplexus aperti
Ætheros, et tantum domino minor : ille penates   25
Implet, et ingenti Genio juvat. Æmulus illic
Mons Libys, Iliacusque nitent, et multa Syene,
Et Chios, et glauca certantia Doride saxa,
Lunaque portandis tantum suffecta columnis.
Longa super species : fessis vix culmina prendas   30
Visibus, auratique putes laquearia cœli.
  Hic quum Romuleos proceres trabeataque Cæsar
Agmina mille simul jussit discumbere mensis,
Ipsa sinus accincta Ceres, Bacchusque laborant
Sufficere : ætherei felix sic orbita fluxit   35
Triptolemi; sic vitifero sub palmite nudos
Uumbravit colles, et sobria rura Lyæus.
Sed mihi non epulas, Indisve innixa columnis
Robora Maurorum, famulasve ex ordine turmas;
Ipsum, ipsum cupido tantum spectare vacavit   40
Tranquillum vultus, et majestate serena
Mulcentem radios, summittentemque modeste
Fortunæ vexilla suæ; tamen ore nitebat
Dissimulatus honos : talem quoque barbarus hostis
Posset, et ignotæ conspectum agnoscere gentes.   45
  Non aliter gelida Rhodopes in valle recumbit
Dimissis Gradivus equis : sic lubrica ponit
Membra Therapnœa resolutus gymnade Pollux :
Sic jacet ad Gangen, Indis ululantibus, Evan :
Sic gravis Alcides, post horrida jussa novercæ,   50
Gaudebat strato latus acclinare leoni.
  Parva loquor, nec dum æquo tuos, Germanice, vultus :
Talis ubi Oceani finem, mensasque revisit
Æthiopum, sacros diffusus nectare vultus
Dux Superum, secreta jubet dare carmina Musas,   55
Et Pallenæos Phœbum laudare triumphos.
  Di tibi, namque animas sæpe exaudire minores
Dicuntur, patriæ bis terque exire senectæ
Anuuerint fines! rata numina miseris astris,   59
Templaque des, habilesque domos! sæpe annua pandas
Limina; sæpe novo Janum lictore salutes;
Sæpe coronatis iteres Quinquennia lustris!
Qua mihi felices epulas mensæque dedisti
Sacra tuæ, talis longo post tempore venit
Lux mihi, Trojanæ qualis sub collibus Albæ   65
Quum modo Germanas acies, modo Daca sonantem
Prælia, Palladio tua me manus induit auro.

pour prix de mes chants sur les défaites des Daces et des Germains, vous ceignîtes mon front du laurier d'or de Pallas.

SILVE III.

LA VOIE DOMITIENNE

De quel épouvantable fracas, heurtant le dur caillou, le fer pesant fait résonner les flancs de la voie Appienne aux lieux où elle avoisine la mer? Certes il ne vient pas, ce bruit, des phalanges libyennes; étranger cruel et parjure, tu ne portes plus le trouble dans les plaines de la Campanie! Ce n'est pas Néron creusant des canaux et perçant des montagnes pour y introduire l'eau bourbeuse des marais. C'est le héros qui, après avoir fermé le seuil du belliqueux Janus, rétablit la justice et les lois pour couronnement de son œuvre; celui qui rend à la chaste Cérès des terrains stériles et longtemps abandonnés, celui qui défend de mutiler le sexe fort, et, censeur bienfaisant, ne veut pas que des hommes aient à craindre un supplice, dans le frivole intérêt de leur beauté; celui qui rend au Capitole le maître du tonnerre et replace dans son temple la statue de la Paix; celui qui destine aux Flaviens, auteurs de sa race, un séjour éternel, un véritable Olympe; c'est lui, c'est ce grand prince qui, voyant la route encombrée par la vase et le chemin de traverse envahi par les eaux, nous abrége de longs détours, et raffermit la digue de sable au moyen d'une couche nouvelle, jaloux qu'il est de rapprocher des sept collines la demeure de la Sibylle, le golfe de Gaurus et les tièdes rivages de Baïa.

Là, naguère le voyageur, sur un essieu tardif et ruisselant d'eau, restait ballotté et suspendu comme un criminel en croix; là, une terre perfide engravait les roues, et le peuple latin avait à redouter au milieu des champs toutes les horreurs du naufrage; et l'on n'y avançait pas, et des ornières fangeuses embarrassaient, retardaient la marche, tandis que la mule, harassée sous un fardeau trop lourd, gémissait et se traînait à grand'peine. Aujourd'hui ce trajet, qui demandait une journée entière, se fait en moins de deux heures; l'oiseau n'est pas plus rapide quand il part à tire-d'aile, et la fuite du vaisseau sur les mers n'est pas plus prompte.

Ouvrir de larges sillons, aplanir quelques endroits du sol, et le fouiller profondément pour en tirer la terre, c'était là le premier travail. Il fallait ensuite remplir les fossés d'une terre plus dure, et préparer un lit de ciment convenable pour le dos incliné de la route, dont le sol ne devait ni vaciller, ni faire chanceler les chars sur un lit de pierres mal assurées; il s'agissait enfin d'assujettir l'ouvrage à droite et à gauche par des chaînes de pierres, et de maintenir encore ces chaînes par de fortes agrafes. O que de mains à la fois occupées! Les uns coupent le bois et dépouillent les montagnes; les autres taillent les roches et façonnent les poutres. Ceux-ci à leur tour lient

CARMEN III.

VIA DOMITIANA.

Quis duri silicis gravisque ferri
Immanis sonus æquori propinquum
Saxosæ latus Appiæ replevit?
Certe non Libycæ sonant catervæ,
Nec dux advena, pejerate bello, 5
Campanos quatis inquietus agros;
Nec frangit vada, montibusque cæsis
Inducit Nero sordidas paludes.
Sed qui limina bellicosa Jani
Justis legibus, et foro coronat; 10
Qui castæ Cereri diu negata
Reddit jugera, sobriasque terras;
Qui fortem vetat interire sexum,
Et Censor prohibet mares adultos
Pulchræ supplicium timere formæ; 15
Qui reddit Capitolio Tonantem,
Et Pacem propria domo reponit;
Et qui genti patriæ futura semper
Sancit limina, Flaviumque culmen;
Hic, cæno bibulo viam gravante, 20
Et campis iter amne detinente,
Longos eximit ambitus, novoque
Injecto solidat graves arenas;
Gaudens Euboicæ domum Sibyllæ,
Gauranosque sinus, et æstuantes 25
Septem montibus admovere Baias.
  Hic quondam piger axe vectus udo
Nutabat cruce pendula viator,
Sorbebatque rotas maligna tellus;
Et plebs in mediis Latina campis 30
Horrebat mala navigationis;
Nec cursus agiles, et impeditum
Tardabant iter orbitæ tacentes,
Dum pondus nimium querens sub alta
Repit languida quadrupes statera; 35
At nunc, quæ solidum diem terebat,
Horarum via facta vix duarum :
Non tensæ volucrum per astra pennæ,
Nec velocius ibitis, carinæ.
  Hic primus labor inchoare sulcos, 40
Et rescindere limites, et alto
Egestu penitus cavare terras;
Mox, haustas aliter replere fossas,
Et summo gremium parare dorso,
Ne nutent sola, ne maligna sedes, 45
Et pressis dubium cubile saxis :
Tunc umbonibus hinc et hinc coactis,
Et crebris iter alligare gomphis.
O quantæ pariter manus laborant!

les pierres et les unissent avec la chaux et le tuf desséché ; ceux-là épuisent l'eau stagnante dans les fondrières, et font disparaître jusqu'au moindre courant. Avec tous ces bras il serait facile de percer le mont Athos, et d'enchaîner par un pont en pierre les flots mélancoliques de la plaintive Hellé. Ce serait même un jeu pour eux que de couper l'isthme de Corinthe et de réunir les deux mers, en dépit du promontoire de Léchius. Les rivages et les forêts mobiles en retentissent, et le bruit pénètre en longs échos jusqu'au sein des villes ; ce bruit va s'engouffrer dans le Gaurus, qui le renvoie en éclats aux vignobles du Massique ; il étonne la paisible Cumes, les marais de Literne, et le paresseux Savo.

Cependant le Vulturne, à la chevelure blonde et humide, embarrassée de roseaux flexibles, le Vulturne lève la tête, et, appuyé sur la grande arche du pont de César, il prononce d'une voix rauque ces paroles, qui se pressent hors de sa bouche :

« Bienfaisant réparateur de mes campagnes, j'étais refoulé dans des vallons impénétrables, ne connaissant point de limites précises, lorsque vous avez resserré mes ondes entre deux rives. Et maintenant le voilà ce torrent fougueux et menaçant qui supportait à peine de frêles barques ; déjà il subit le joug d'un pont, il se laisse traverser et fouler à plaisir. Habitué à entraîner les forêts et les terres dans mon cours, je commence à être un fleuve. Mais, auguste prince, je te rends grâces, et ma servitude m'est chère quand elle me vient d'un pareil maître, et quand à jamais tu seras dit mon vainqueur et l'arbitre souverain de ma rive. Dès aujourd'hui tu m'entretiens dans un lit paisible, tu ne souffres dans mes ondes aucune souillure, et tu m'épargnes l'affront d'arroser au loin un sol infertile. Je n'irai point tout chargé de limon et de fange m'ensevelir dans la mer de Toscane, semblable au Bagrada qui traîne silencieusement ses eaux dormantes au milieu des plaines de Carthage ; mais à l'avenir la pureté de mon cristal pourra défier les flots de la mer et les eaux transparentes du Liris, voisin de ma rive. »

Ainsi parla le fleuve ; et dans ce moment, sur le dos immense de la nouvelle route, s'élevait une couche de marbre. Cette voie propice s'ouvre heureusement par un arc triomphal enrichi des trophées du vainqueur des Germains, et tout brillant des métaux de la Ligurie ; il égale celui dont Iris couronne les nuages. Là viennent aboutir les différents chemins, et là aussi la voie Appienne se voit avec regret délaissée. Alors plus rapide, plus ardente est la course, alors l'attelage aime à s'élancer ; tels les rameurs fatigués respirent au premier souffle favorable qui vient enfler la voile.

« Vous donc, vous qui sous les glaces de l'Ourse demeurez fidèles au père des Romains, nations,

Hi cædunt nemus, exsuuntque montes, 50
Hi ferro scopulos trabesque levant ;
Illi saxa ligant, opusque texunt
Cocto pulvere sordidoque topho ;
Hi siccant bibulas manu lacunas,
Et longe fluvios agunt minores. 55
Hæ possent et Athon cavare dextræ,
Et mœstum pelagus gementis Helles
Intercludere ponte non natanti :
His parvus, Lechio nihil vetante,
Inous freta miscuisset Isthmos. 60
Fervent litora, mobilesque silvæ ;
It longus medias fragor per urbes ;
Atque Echo simul hinc et inde fractam
Gauro Massicus uvifer remittit.
Miratur sonitum quieta Cyme, 65
Et Literna palus, pigerque Savo.
  At flavum caput, uvidumque late
Crinem mollibus impeditus ulvis
Vulturnus levat ora, maximoque
Pontis Cæsarei reclinis arcu 70
Raucis talia faucibus redundat :
  « Camporum bone conditor meorum,
Qui me vallibus aviis refusum
Et ripas habitare nescientem
Recti legibus alvei ligasti ; 75
Et nunc ille ego turbidus, minaxque,
Vix passus dubias prius carinas,
Jam pontem fero, perviusque calcor ;

Qui terras rapere, et rotare silvas
Assueram (pudet), amnis esse cœpi ; 80
Et grates ago, servitusque tanti est,
Quod sub te duce, te jubente, cessi ;
Quod tu maximus arbiter, meæque
Victor perpetuus legere ripæ.
Et nunc limite me colis beato, 85
Nec sordere sinis, malumque late
Deterges sterilis soli pudorem,
Nec me pulvereum gravemque cœno
Tyrrheni sinus obruet profundi ;
Qualis Cinyphius tacente ripa 90
Pœnos Bagrada serpit inter agros ;
Sed talis ferar, ut nitente cursu
Tranquillum mare proximumque possim
Puro gurgite provocare Lirim. »
  Hæc Amnis ; pariterque se levabat 95
Ingenti plaga marmorata dorso :
Hujus janua, prosperumque limen
Arcus, belligeri ducis trophæis
Et totis Ligurum nitens metallis,
Quantus nubila qui coronat imbri. 100
Illic flectitur exitus viarum ;
Illic Appia se dolet relinqui :
Tunc velocior acriorque cursus,
Tunc ipsos juvat impetus jugales.
Ceu fessis ubi remigum lacertis 105
Primæ, carbasa ventilatis, auræ.
  Ergo omnes, age, quæ sub axe primo

descendez-la cette pente. Venez des régions orientales, lauriers jaloux d'ombrager César; hâtez-vous, rien ne vous arrête.

Mais à l'extrémité de la voie nouvelle, à l'endroit où Apollon nous indique l'ancienne ville de Cumes, quelle est cette femme, avec ses cheveux blancs et son bandeau sacré? Me trompez-vous, mes yeux? Est-ce la Sibylle qui sort de son antre, le laurier de Chalcis à la main? Silence, ô ma lyre, interromps tes chants; une autorité plus sainte va parler, il faut se taire. O comme elle agite sa tête! comme elle promène ses fureurs dans la nouvelle voie! on dirait qu'elle la remplit à elle seule. Enfin sa bouche virginale laisse échapper ces accents prophétiques:

« Il viendra, je le disais bien, attendez, champs et fleuve! il viendra le favori du ciel, qui remplacera vos hideuses forêts et vos sables fangeux par une route commode et des ponts superbes. Ah! ce dieu, le voici; Jupiter l'a commis pour régir en son nom l'univers trop heureux. Jamais plus digne mortel n'en prit les rênes depuis le jour où, sous ma conduite, le Troyen avide de connaître l'avenir pénétra dans les bois fatidiques de l'Averne pour revenir ensuite à la lumière. Celui-ci est clément dans la paix, terrible dans les combats; il est meilleur et plus puissant que la nature. Oui, s'il régnait sur les sphères enflammées, l'Inde serait baignée de pluies abondantes, la Libye aurait ses fontaines, et l'Hémus ses tièdes zéphyrs.

« Salut, chef des hommes et proche parent des Dieux, ô divinité que j'ai vue et connue à l'avance! ce n'est plus sur de vieux parchemins déroulés, après la prière solennelle de quinze prêtres, que vous consulterez mes oracles; mais je vous parlerai de vive voix, vous méritez bien cette faveur. Écoutez:

« J'ai vu la trame des années que vous filent les blanches Parques; une longue série de siècles vous attend; survivant à vos neveux, à vos arrière-neveux, une perpétuelle jeunesse vous garantit la vieillesse de Tithon, les années paisibles de Nestor, et celles que j'ai moi-même demandées au dieu de Délos.

« Déjà l'Ourse glacée a juré par votre nom: l'Orient vous promet de mémorables triomphes; vous irez sur les traces d'Hercule et d'Évan, par delà les astres et le berceau enflammé du soleil, par delà les sources du Nil et les neiges de l'Atlas; et, amassant toutes les gloires sur votre tête, vous monterez sur le char triomphal qui viendra de lui-même au-devant de vous. Et cette prospérité doit durer tant que brillera le feu troyen, tant que Jupiter tonnera du haut du Capitole renaissant par vos soins, et tant que subsistera cette voie nouvelle, qui pendant votre règne sur la terre doit compter plus d'années que l'antique voie Appienne.

Romani colitis fidem parentis,
Prono limite commeate gentes:
Eoæ citius venite laurus, 110
Nil obstat cupidis, nihil moratur.
 Sed quam fine viæ recentis imo,
Qua monstrat veteres Apollo Cumas,
Albam crinibus, infulisque cerno?
Visu fallimur? an sacris ab antris 115
Profert Chalcidicas Sibylla laurus?
Cedamus; chely, jam repone cantus;
Vates sanctior incipit; tacendum est.
En! et colla rotat, novisque late
Bacchatur spatiis, viamque replet. 120
Tunc sic virgineo profatur ore:
 « Dicebam, veniet (manete campi
Atque amnis) veniet, favente cœlo,
Qui fœdum nemus et putres arenas
Celsis pontibus, et via levabit. 125
En! hic est Deus; hunc jubet beatis
Pro se Juppiter imperare terris:
Quo non dignior has subit habenas
Ex quo, me duce, præscios Averni
Æneas avide futura quærens 130
Lucos et penetravit, et reliquit.
Hic paci bonus, hic timendus armis,
Natura melior, potentiorque:
Hic si flammiferos teneret axes,
Largis, India, nubibus maderes, 135
Undaret Libye, teperet Æmus.
 « Salve, dux hominum, et parens Deorum,
Prævisum mihi, cognitumque numen.
Nec jam putribus evoluta chartis
Solemni prece Quindecim virorum 140
Perlustra mea dicta; sed canentem
Ipsam cominus, ut mereris, audi:
 « Vidi quam seriem morantis ævi
Pronectant tibi candidæ sorores:
Magnus te manet ordo sæculorum: 145
Natis longior abnepotibusque,
Annos perpetua geres juventa,
Quos fertur placidos obisse Nestor,
Quos Tithonia computat senectus,
Et quantos ego Delium poposci. 150
 « Juravit tibi jam nivalis Arctos;
Nunc magnos Oriens dabit triumphos:
Ibis qua vagus Hercules, et Evan,
Ultra sidera, flammeumque solem,
Et Nili caput, et nives Atlantis; 155
Et laudum cumulo beatus omni
Scandes belliger, obviosque currus
Donec Troicus ignis, et renatæ
Tarpeius Pater intonabit aulæ;
Hæc donec via, te regente terras, 160
Annosa magis Appia senescat. »

SILVE IV.

ÉPITRE A VICTORIUS MARCELLUS.

Va, cours, ma lettre, et, sans délai traversant les campagnes euboïques, poursuis ta route jusqu'à l'endroit même où s'arrondit et s'élève la voie Appienne, tandis qu'une chaussée solide presse la molle arène. Et sitôt que tu auras pénétré dans la ville de Romulus, n'oublie pas de gagner la rive droite du Tibre aux flots dorés, près du bassin qui abrite les vaisseaux, et non loin des bords ombragés par les jardins des faubourgs. Là tu verras Marcellus brillant de toutes les grâces du corps et de toutes les qualités de l'âme ; tu le reconnaîtras à sa taille de héros, et tout d'abord tu lui adresseras de ma part le salut d'usage, en retenant bien ces paroles mesurées :

« Déjà le printemps pluvieux a réjoui par sa fuite la terre et les cieux, désormais livrés aux flammes de la canicule. Déjà s'éclaircit la nombreuse population de la superbe Rome. Chacun a choisi son asile, ou Préneste et ses bois sacrés, ou les frais bosquets de Diane, ou la sombre horreur de l'Algide, ou les ombrages de Tusculum. Il en est qui préfèrent Tibur, et vont respirer la poussière humide des cascades de l'Anio.

« Et toi, Marcellus, quelle retraite délicieuse te dérobe aux clameurs de la ville ? Par quel air frais et pur trompes-tu les soleils d'été ? Et l'objet le plus cher à ton cœur, ton ami de prédilection qui est aussi mon ami, Gallus enfin, dont les vertus balancent les talents, dans quelle contrée du Latium passe-t-il la saison des chaleurs ? Regagne-t-il déjà les murs de Luna, célèbre par ses mines, ou bien ses belles maisons de Toscane ? S'il se trouve auprès de toi, mon souvenir n'est pas loin de vous, je l'espère ; il anime vos entretiens, j'en suis sûr ; de là circule un léger bruit qui vient frapper mes deux oreilles.

« Mais toi, tandis que l'horrible crinière de l'astre de Cléonée brûle tout imprégnée des feux du soleil, dérobe ton âme aux soucis, ton corps aux travaux assidus. Le Parthe n'est pas toujours à montrer son carquois homicide, ni son arc tendu. L'écuyer aux champs de l'Élide, après avoir fourni la carrière, baigne ses coursiers dans l'eau caressante de l'Alphée. Ma muse aussi se fatigue et mon luth se relâche. Le repos pris à temps stimule et nourrit les forces, il retrempe le courage. Achille, qui vient de chanter Briséis, étincelle d'un feu nouveau, et dépose la lyre pour s'élancer contre Hector. De même un peu de loisir enflammera ton âme, et tu parcourras avec plus d'élan le cercle ordinaire de tes travaux. Maintenant aucun débat n'agite le forum ; la saison est morte pour les procès, le retour des moissons a dispersé les clients, et dans le vestibule une foule d'accusés, foule gémissante, ne te presse pas de sortir ; enfin la baguette impérieuse des cent juges se repose, dans ce tribunal où tu t'est déjà rendue si célèbre par la sublimité d'une éloquence qui n'attend pas les années. Heureux mortel ! ni les couronnes de l'Hélicon, ni les lauriers du Parnasse n'ont d'attraits pour toi. Mais

CARMEN IV.

AD VICTORIUM MARCELLUM EPISTOLA.

Curre per Euboicos non segnis, epistola, campos ;
Hac ingressa vias, qua nobilis Appia crescit
In latus, et molles solidus premit agger arenas.
Atque ubi Romuleas velox penetraveris arces,
Continuo dextras flavi pete Tybridis oras, 5
Lydia qua penitus stagnum navale coercet
Ripa, suburbanisque vadum praetexitur hortis.
Illic egregium formaque animisque videbis
Marcellum, et celso praesignem vertice nosces :
Cui primum solito vulgi de more salutem, 10
Mox inclusa modis haec reddere verba memento :

« Jam terras volucremque polum fuga veris aquosi
Laxat, et Icariis coelum latratibus urit ;
Ardua jam densae rarescunt moenia Romae :
Hos Praeneste sacrum, nemus hos glaciale Dianae, 15
Algidus aut horrens, aut Tuscula protegit umbra ;
Tiburis lit lucos, Anienaque frigora captant.

« Te quoque clamosae quaenam plaga mitior urbi
Subtrahit ? aestivos quo decipis aere soles ?
Quid, tuus ante omnes, tua cura potissima Gallus, 20
Nec non noster amor, (dubium morum ne probandus
Ingenii ne bonis) Latiis aestivat in oris ?
Anne metalliferae repetit jam moenia Lunae,
Tyrrhenasque domos ? Quod si tibi proximus haeret,
Non ego nunc vestro procul a sermone recedo ; 25
Certum est ; inde sonus geminas mihi circuit aures.

« Sed tu, dum nimio possessa Hyperione flagrat
Torva Cleonaei juba sideris, exsue curis
Pectus, et assiduo temet furare labori.
Et sontes operit pharetras, arcumque retendit 30
Parthus ; et Eleos auriga, laboribus actis,
Alpheo permulcet equos ; et nostra fatiscit
Laxaturque chelys : vires instigat, alitque
Tempestiva quies ; major post otia virtus.
Talis cantata Briseide venit Achilles 35
Acrior, et positis erupit in Hectora plectris.
Te quoque flammabit tacite repetita parumper
Desidia, et solitos novus exsultabis in actus.
Certe jam Latiae non miscent jurgia leges,
Et pacem piger annus habet ; messesque reversae 40
Dimisere forum : nec jam tibi turba reorum
Vestibulo, querulaeve rogant exire clientes :
Cessat centeni moderatrix judicis hasta,
Qua tibi sublimi jam nunc celeberrima fama
Eminet, et juvenes facundia praeterit annos. 45

« Felix curarum ! cui non Heliconia cordi
Serta, nec imbelles Parnasi e vertice lauri ;
Sed viget ingenium, et magnos accinctus in usus

un esprit vigoureux, une âme forte, à l'épreuve des événements, te rendent capable de tout. Quant à nous, c'est avec des chants que nous charmons une vie désœuvrée; nous poursuivons un vain fantôme de gloire. Mais voici qu'en cherchant le sommeil le long de ma rive natale, de cette rive hospitalière qui abrita Parthénope, je pince négligemment les cordes chétives de mon luth : assis au seuil du temple de Virgile, Virgile m'inspire, et je chante sur la tombe de ce grand maître.

« Oh! si la Parque t'accordait une longue carrière (et moi je l'en conjure), si le chef du Latium que tu places dans ton respect bien avant le maître du tonnerre, si ce prince auguste te continuait ses faveurs, lui qui joint pour toi à l'honneur des faisceaux l'importante mission de restaurer l'antique voie Latine, peut-être irais-tu, dirigeant les cohortes de l'Ausonie, garder les bords du Rhin ou les brûlants rivages de Thulé, ou le cours du Danube, ou les portes si dangereuses de la mer Caspienne : car tu n'as pas en partage l'éloquence seule, tu as reçu un tempérament de héros, et des épaules capables de soutenir le lourd fardeau de la cuirasse. Que tu combattes à pied, ton panache flottera au-dessus des bataillons; à cheval, ton coursier soumettra sa fougue à ton frein retentissant. Pour nous, tout en chantant les actions des autres, nous descendons la pente de la vieillesse. Toi, brillant de tes propres exploits, tu fournis une ample matière à nos chants, et à la patrie de nobles exemples. Ton père et même encore ton belliqueux aïeul exigent beaucoup de ta valeur. C'est quelque chose que d'être né au milieu des triomphes. Courage donc! à l'aurore de la vie, rivalise avec ton père, à la force de l'âge. Courage, Marcellus, également heureux de la gloire de ton père et de la noblesse de ta mère! Le sénat, qui t'a donné la pourpre pour berceau, se complaît à te promettre tous les honneurs curules. »

Tels sont, Marcellus, les accents que j'envoyais vers toi aux lieux où le Vésuve élance vers le ciel sa rage brisée, et roule en tourbillons ses flammes, rivales des flammes de l'Etna. Étrange catastrophe! La postérité le croira-t-elle, alors que les moissons et la verdure recouvriront ces déserts, croira-t-elle bien fouler aux pieds le tombeau des populations et des villes? croira-t-elle que les champs de ses aïeux sont descendus tout entiers au fond de la mer? Mais le gouffre béant nous menace encore; loin de vous, ô Tifate, ô Téate, loin de vous, montagnes des Marrucins, les débordements de sa colère!

Et maintenant si tu veux savoir à quoi ma muse prélude, je te répondrai que ma *Thébaïde*, au terme de ses travaux, vient de plier ses voiles dans le port désiré. Sur les cimes du Parnasse et dans les forêts de l'Hélicon, j'ai brûlé un encens pur avec les entrailles d'une génisse vierge, et suspendu mes bandelettes au laurier consacré. Une autre couronne a ceint mon front, veuf de la première. Ilion, le grand Achille, voilà désormais l'objet de mes efforts. Mais le dieu à l'arc d'argent m'appelle ailleurs; il me montre les actions plus éclatantes du chef de l'Ausonie; je suis poussé là par je ne sais quel entraînement, et la crainte seule me ramène. Mes épaules soutiendront-elles

Fert animus quascumque vices : nos otia vitæ
Solamur cantu, ventosaque gaudia famæ 50
Quærimus. En egomet somnum, et geniale secutus
Litus, ubi Ausonio se condidit hospita portu
Parthenope, tenues ignavo pollice chordas
Pulso, Maroneique sedens in margine templi
Sumo animum, et magni tumulis adcanto magistri. 55

« At tu, si longi cursum dabit Atropos ævi,
Detque precor, Latiique ducis si numina pergent,
Quem tibi posthabito studium est coluisse Tonante,
Quique tuos alio subtexit munere fasces,
Et spatia antiquæ mandat renovare Latinæ, 60
Forsitan Ausonias ibis frenare cohortes,
Aut Rheni populos, aut nigræ litora Thules,
Aut Istrum servare latus, metuendaque portæ
Limina Caspiacæ : nec enim tibi sola potentis
Eloquii virtus; sunt membra accommoda bellis, 65
Quique gravem tardi subeant thoraca lacerti.
Seu campo pedes ire paras, est agmina supra
Nutaturus apex; seu frena sonantia flectes,
Serviet asper equus. Nos facta aliena canendo
Vergimur in senium : propriis tu pulcher in armis 70
Ipse canenda geres, patriæque exempla parabis.
Magna pater, dignoque etiamnum belliger actus
Poscit avus, præstatque domi novisse triumphos

Surge agedum, juvenemque puer deprende parentem,
Stemmate materno felix, virtute paterna. 75
Jam te blanda sinu Tyrio sibi Curia felix
Educat, et cunctas gaudet spondere curules. »

Hæc ego Chalcidicis ad te, Marcelle, sonabam
Littoribus, fractas ubi Vesuvius erigit iras,
Æmula Trinacriis volvens incendia flammis. 80
Mira fides! credetne virum ventura propago,
Quum segetes iterum, quum jam hæc deserta virebunt,
Infra urbes populosque premi, proavitaque toto
Rura abiisse mari? nec dum letale minari
Cessat apex; procul ista tuis, Tifata, Teate, 85
Nec Marrucinos agat hæc insania montes.

Nunc si forte meis quæ sint exordia Musis
Scire petis, jam Sidonios emensa labores
Thebais optato collegit carbasa portu;
Parnasique jugis, sylvæque Heliconide festis 90
Thura dedit flammis, et virginis exta juvencæ,
Votiferaque meas suspendit ab arbore vittas.
Nunc vacuos crines alio subit infula nexu :
Troja quidem, magnusque mihi tentatur Achilles;
Sed vocat arcitenens alio pater, armaque monstrat 95
Ausonii majora ducis : trahit impetus illo
Jam pridem, retrahitque timor : stabuntne sub illa
Mole humeri? an magno vincetur pondere cervix?

ce fardeau, et mon génie n'en sera-t-il point écrasé? qu'en dis-tu, Marcellus, le supporterai-je? Et ma nacelle, qui n'a encore vu que d'humbles rivières, doit-elle affronter les périls de la mer Ionienne?

Adieu donc! et défends à ton cœur de laisser sortir l'amitié que tu y conserves pour un poëte bien connu. Certes, le dieu de Tyrinthe et le héros de l'amitié n'avait point ton âme, et tu aurais la palme sur le fidèle Thésée et sur celui qui, traînant autour d'Ilion les restes déchirés du fils de Priam, cherchait à se consoler de la perte d'un ami.

SILVE V.
ODE A SEPTIME SÉVÈRE.

Heureux et fier d'un modeste domaine près de l'antique cité qui honore les pénates troyens, je m'adresse au brave, à l'éloquent Sévère, et, sur un mode qui m'est peu familier, je le salue.

Déjà l'affreux hiver, percé des traits d'un soleil brûlant, a disparu vers l'Ourse hyperboréenne. Déjà l'Océan et la terre sourient, déjà les tièdes zéphyrs ont brisé les forces de l'aquilon.

L'arbre chevelu renouvelle son feuillage et sa parure printanière ; et voici de nouvelles plaintes, des mélodies nouvelles, que l'oiseau, pendant la brume, a méditées en silence.

Pour nous, un petit coin de terre, un foyer où petille la flamme vigilante, un toit noirci par la fumée, nous consolent du reste, ainsi que le jus de la treille sorti du vase où il vient de jeter son feu.

Je n'ai point ici mille brebis bêlantes, ni une génisse dont les mugissements appellent un doux adultère ; l'écho de mon champ répond à ma voix seule, quand ma voix se fait entendre.

Mais après ma patrie cette terre a la première place dans mon cœur. C'est là que la belliqueuse déesse couronna mes vers par la main de César.

Tendre ami, comme tu t'efforçais alors de dissiper ma douce inquiétude! Tel Castor frissonnait au plus léger bruit venant de l'arène de Bébrycie.

Quoi! c'est au fond des Syrtes sauvages que Leptis t'a vu naître? Bientôt sans doute elle portera les moissons de l'Inde, et ravira le précieux cinname à l'odorante Sabée.

Qui ne croirait que le doux Septime a essayé ses premiers pas sur les collines de Romulus, et que, sevré du lait maternel, il a trempé ses lèvres dans la fontaine de Juturne?

Cette vertu m'étonne. A peine entré dans les ports de l'Ausonie, tu perds toute idée de la perfidie africaine, et, adopté par l'Étrurie, tu te plonges encore enfant dans les ondes tyrrhéniennes.

Ici, parmi tes fils des sénateurs, tu grandis content du modeste éclat de la pourpre, tandis qu'avec une âme toute patricienne tu embrasses d'immenses travaux.

Rien en toi ne rappelle Carthage, ni le langage, ni les manières, ni l'esprit. Tu es Romain. Il est

---

Dic, Marcelle, feret? fluctus an sueta minores
Nosse ratis, nondum Ioniis credenda periclis?   100
    Jamque vale, et penitus noti tibi vatis amorem
    Corda exire veta : nec enim Tirynthius almæ
Pectus amicitiæ ; cedit tibi gloria fidi
Theseos, et lacerum qui circa mœnia Trojæ
Priamidem, cæso solatia traxit amico.   105

CARMEN V.
CARMEN LYRICUM AD SEPT. SEVERUM.

Parvi beatus ruris honoribus,
  Qua prisca Teucros Alba colit lares,
    Fortem atque facundum Severum
Non solitis fidibus saluto.
Jam trux ad Arctos Parrhasias hiems   5
  Concessit altis obruta solibus ;
    Jam pontus, ac tellus renident ;
    Jam Zephyris Aquilo refractus.
Nunc cuncta vernans frondibus annuis
  Crinitur arbos ; nunc volucrum novi   10
    Questus, inexpertumque carmen,
    Quod tacita statuere bruma.
Nos parca tellus, pervigil et focus,
  Culmenque multo lumine sordidum
    Solantur, exemptusque testa   15
    Qua modo ferbuerat Lyæus.
Non mille balant lanigeri greges,
  Nec vacca dulci mugit adultero :
    Unique si quando canenti
    Mutus ager domino reclamat.   20
Sed terra primis post patriam mihi
  Dilecta curis : hic mea carmina
    Regina bellorum virago
    Cæsareo decoravit auro :
Quum tu sodalis dulce periculum   25
  Connisus omni pectore tolleres ;
    Ut Castor ad cunctos tremebat
    Bebryciæ strepitus arenæ.
Tene in remotis Syrtibus avia
  Leptis creavit? jam feret Indicas   30
    Messes, odoratisque rara
    Cinnama præripiet Sabæis.
Quis non in omni vertice Romuli
Reptasse dulcem Septimium putet?
    Quis fonte Juturnæ, relictis   35
    Uberibus, neget esse pastum?
Hæc mira virtus : protenus Ausonum
  Portus, dolosæ nescius Africæ,
    Intras, adoptatusque Tuscis
    Gurgitibus puer innatasti.   40
Hic parvus, inter pignora Curiæ,
  Contentus arcto lumine purpuræ,

donc à Rome et dans les légions de Rome des enfants qui honorent la Libye.

Ta voix au barreau charme la foule, mais ton éloquence n'est point vénale, et ton glaive repose dans le fourreau, si l'intérêt de tes amis ne l'en fait sortir.

Tu cherches avec amour le repos et les champs, tantôt dans la demeure paternelle et sur le sol de Véies, tantôt dans les bois touffus des Herniques, ou bien parmi les vieux Sabins.

Là, tu t'occuperas d'œuvres sérieuses, et libres des entraves de la mesure : mais, en mémoire de nous, réveille aussi parfois ta lyre ensevelie dans ton humble retraite.

SILVE VI.
L'HERCULE SUR LA TABLE DE NONIUS VINDEX.

Un jour que, l'esprit libre et le cœur soulagé d'Apollon, j'errais à l'aventure dans les vastes enclos du champ de Mars, à la clarté mourante du soleil couchant, un souper de l'aimable Vindex vint m'enlever à ma rêverie. Ce sont de ces repas qui se gravent dans la partie la plus intime de l'âme pour ne plus s'effacer; car notre estomac n'a point épuisé ses caprices sur des mets venus à grands frais de tous les climats, il n'a point savouré ces vins qui rivalisent de vieillesse avec nos fastes consulaires.

Ah! je les plains ceux qui attachent tant de prix à connaître la différence qui existe entre un faisan et une grue, entre l'oiseau du Phase et l'oiseau du Rhodope; ceux-là qui demandent quelle espèce d'oie est la plus grasse, et pourquoi le sanglier d'Étrurie a plus de saveur que le sanglier d'Ombrie, et sur quelle herbe marine l'huître glissante repose plus mollement! Quant à nous, les joyeux propos, les épanchements d'une amitié sincère, et les paroles que nous soufflait le vent du Pinde, tout nous conseilla, pour cette nuit d'hiver, d'écarter de nos yeux le doux sommeil, jusqu'à l'heure où Castor montrant sa tête, au sortir des champs Élysées, l'Aurore sourit de nous voir attablés au banquet de la veille.

O nuit délicieuse! que n'égalas-tu en durée cette nuit double où naquit le héros de Tirynthe! nuit à jamais mémorable, et qu'on aurait dû marquer avec le diamant d'Érythrée. C'est alors que je vis quantité de figures antiques d'ivoire et d'airain, et des modèles en cire qui semblaient vouloir parler, tant l'illusion était parfaite. Quel connaisseur eut jamais le coup d'œil plus sûr que Vindex? Qui mieux que lui sut distinguer le style des anciens artistes, et restituer à son auteur un chef-d'œuvre anonyme? Il vous montrera, lui, les veilles savantes de Myron et ses méditations écrites en bronze; il vous dira quel marbre a reçu la vie par l'art de Praxitèle, quel ivoire a été poli par la main de Phidias, quels bustes respirent, grâce aux fourneaux de Polyclète, et quelle admirable ligne accuse encore, après des siècles, le pinceau du vieil Apelle; car voilà ses

    Crescis; sed immensos labores
      Indole patricia secutus.
Non sermo Pœnus, non habitus tibi,   45
Externa non mens : Italus, Italus.
    Sunt Urbe Romanisque turmis
      Qui Libyam decorant alumni.
Est et frequenti vox habilis foro,
Venale sed non eloquium tibi,   50
    Ensisque vagina quiescit,
      Stringere ni jubeant amici.
Sed rura cordi sæpius et quies,
    Nunc in paternis sedibus et solo
      Veiente, nunc frondosa supra   55
Hernica, nunc Curibus vetustis.
Hic plura pones vocibus et modis
Passu solutis; sed memor interim
    Nostri, verecundo latentem
      Barbiton ingemina sub antro.   60

CARMEN VI.
HERCULES EPITRAPEZIOS NONII VINDICIS.

Forte remittentem curas, Phœboque levatum
Pectora, quum patulis tereremus vagus otia Septis,
Jam moriente die, rapuit me cœna benigni
Vindicis : hæc imos animi perlapsa recessus
Inconsumpta manet; neque enim ludibria ventris   5
Hausimus, aut epulas diverso e sole petitas,
Vinaque perpetuis ævo certantia fastis.
  Ah miseri! quos nosse juvat, quid Phasidis ales
Distet ab hiberna Rhodopes grue; quis magis anser
Exta ferat; cur Thuscus aper generosior Umbro;   10
Lubrica qua recubent conchylia mollius alga.
Nobis verus amor, medioque Helicone petitus
Sermo, hilaresque joci brumalem absumere noctem
Suascrunt, mollemque oculis expellere somnum;
Donec ab Elysiis prospexit sedibus alter   15
Castor, et hesternas risit Tithonia mensas.
  O bona nox! junctaque utinam Tirynthia luna!
Nox, et Erythrææ Thetidis signanda lapillis,
Et memoranda diu, geniumque habitura perennem.
Mille ibi tunc species ærisque eborisque vetusti,   20
Atque locuturas mentito corpore ceras
Edidici : quis namque oculis certaverit usquam
Vindicis, artificum veteres cognoscere ductus,
Et non inscriptis auctorem reddere signis?
Hic tibi quæ docto multum vigilata Myroni   25
Æra, laboriferi vivant quæ marmora cœlo
Praxitelis, quod ebur Pisæo pollice rasum,
Quod Polycleteis jussum est spirare caminis,
Linea quæ veterem longe fateatur Apellem,
Monstrabit : namque hæc, quoties chelyn exsuit ille,

délassements lorsqu'il a déposé la lyre ; c'est encore l'amour du beau qui l'arrache à ses grottes d'Aonie.

Cependant le génie, le protecteur de notre table frugale était un Hercule qui me plongea dans l'extase, et que mes yeux ne se lassèrent pas de contempler. Le travail en était si beau ! il y avait tant de majesté contenue dans des bornes si étroites ! Le dieu ! m'écriai-je, voilà le dieu ! Certes , il posa devant toi, ô Lysippe, lorsqu'il t'arriva de le représenter si petit et de le faire concevoir si grand. Encore que ce chef-d'œuvre tienne dans la mesure d'un pied, on s'écrie naïvement : Cette poitrine étouffa le lion dévastateur de Némée; ces bras portèrent la massue fatale, et brisèrent les rames des Argonautes. Quelle illusion grandiose dans si peu d'espace ! Quelle précision dans la main ! Quel sentiment de l'art ne fallut-il pas à l'ouvrier ? Il avait à faire un bijou pour une table, et il voulait réveiller dans l'esprit l'idée d'un colosse. Non, les antres des Telchines n'ont rien vu de semblable ; et le robuste Brontès, et le Dieu qui polit les armes des Dieux, le forgeron de Lemnos, n'eussent point fait en jouant une telle figure.

La physionomie du dieu n'est ni farouche, ni étrangère à la gaieté libre des festins. Il s'offre à nous tel que l'admira le frugal Molorchus, tel que le vit, dans les bois sacrés d'Aléa, la prêtresse de Tégée, tel enfin qu'il était lorsque, du bûcher de l'Œta, emporté vers les astres, il buvait joyeusement le nectar à la face de Junon encore toute courroucée. L'expression de ses traits est si douce, qu'il semble du fond du cœur inviter les convives à la joie. D'une main il tient la coupe voluptueuse de son frère, l'autre main n'a point oublié la massue ; il a pour siége un dur rocher, que recouvre en entier la peau du lion de Némée.

Ce bel ouvrage eut un destin digne de lui. Le héros de Pella en faisait la divinité révérée de ses festins, l'emportait dans ses courses du couchant à l'aurore, et le pressait tendrement de la même main qui donnait ou enlevait des couronnes et renversait les cités puissantes. C'était à lui qu'il demandait toujours des inspirations pour les batailles du lendemain ; à lui qu'il racontait toujours ses opulents triomphes, soit qu'il eût soustrait les Indiens au joug de Bacchus et brisé de sa grande lance les portes de Babylone, ou bien encore écrasé l'empire de Pélops avec la liberté des Grecs. Sa victoire sur Thèbes fut, dit-on, la seule qui lui arracha des excuses. Enfin quand la fortune interrompit le cours de ses exploits, Alexandre, qui sentait couler dans ses veines le fatal breuvage et peser sur sa paupière un nuage de mort, Alexandre vit sa divinité pâlir, et, à la vue du bronze en sueur, il frissonna comme à son banquet suprême.

Bientôt cette merveille fut possédée par le chef des Nasamons, par Annibal ; et l'homme au bras terrible, à l'épée parjure, offrit des libations au dieu de la force ; mais Hercule le haïssait pour s'être couvert du sang italien, et pour avoir porté l'incendie jusque sous la ville de Romulus ; il repoussait avec horreur ses offrandes et ne suivait qu'à regret ses drapeaux impies, surtout lorsqu'Annibal lança des flammes sur la cité d'Her-

Desidia est ; hic Aoniis amor avocat antris.
  Hæc inter, castæ Genius tutelaque mensæ
Amphitryoniades, multo mea cepit amore
Pectora, nec longo satiavit lumina visu :
Tantus honos operi, finesque inclusa per arctos   35
Majestas ! Deus ille, deus ; seseque videndum
Indulsit, Lysippe, tibi, parvusque videri
Sentirique ingens : et quum mirabilis intra
Stet mensura pedem, tamen exclamare libebit,
Si visus per membra feras, « Hoc pectore pressus   40
Vastator Nemees ; hæc exitiale ferebant
Robur, et Argoos frangebant brachia remos.
Hoc spatio tam magna brevi mendacia formæ !
Quis modus in dextra, quanta experientia docti
Artificis curis, pariter gestamina mensæ   45
Fingere, et ingentes animo versare colossos !
Tale nec Idæis quidquam Telchines in antris,
Nec solidus Brontes, nec qui polit arma deorum
Lemniis, exigua potuisset ludere massa. »
  Nec torva effigies epulisque aliena remissis ;   50
Sed qualem parci domus admirata Molorchi,
Aut Aleæ lucis vidit Tegeæa sacerdos :
Qualis ab Œtæis emissus in astra favillis
Nectar adhuc torva lætus Junone bibebat :
Sic mitis vultus, veluti de pectore gaudens   55

Hortetur mensas : tenet hæc marcentia fratris
Pocula, at hæc clavæ meminit manus : aspera sedes
Sustinet, occultum Nemeæo tegmine saxum.
  Digna fuere operi : Pellæus habebat
Regnator lætis numen venerabile mensis,   60
Et comitem Occasus secum portabat et Ortus ;
Prensabatque libens, modo qua diademata dextra
Abstulerat dederatque, et magnas verterat urbes.
Semper ab hoc animos in crastina bella petebat,
Huic acies victor semper narrabat opimas,   65
Sive catenatos Bromio detraxerat Indos,
Seu clausam magna Babylona refregerat hasta
Seu Pelopis terras libertatemque Pelasgam
Obruerat bello ; magnoque ex agmine laudum
Fertur Thebanos tantum excusasse triumphos.   70
Ille etiam, magnos fatis rumpentibus actus,
Quum traheret lethale merum, jam mortis opaca
Nube gravis, vultus alios in numine caro
Æraque supremis tenuit sudantia mensis.
  Mox Nasamoniaco decus admirabile regi   75
Possessum ; fortique deo libavit honores
Semper atrox dextra, perjuroque ense superbus
Annibal. Italicæ perfusum sanguine gentis,
Diraque Romuleis portantem incendia tectis
Oderat, et quum epulas, et quum Lenæa dicaret   80

cule, profana les temples et les demeures de l'innocente Sagonte, et alluma chez les populations de nobles fureurs.

Après la mort du Carthaginois, cette noble image ne tomba pas au pouvoir d'une maison vulgaire, mais elle ornait les festins de Sylla, passant toujours ainsi dans d'illustres demeures, et n'ayant qu'à se féliciter de la noblesse de ses maîtres.

Maintenant, si les Immortels ont encore égard au caractère et à la conscience des humains, vous le savez, dieu de Tyrinthe, ce n'est pas le royal appareil d'une cour qui vous environne; mais pour cortége vous avez les vertus pures et sans tache d'un possesseur qui joint à une probité antique le don précieux d'une amitié inaltérable. Vous en savez quelque chose, vous qui, à la fleur de l'âge, égalez déjà nos aïeux, illustre Vestinus ; c'est après vous qu'il soupire nuit et jour, ne respirant, ce semble, que dans les embrassements de votre ombre adorée.

Ici donc vous jouissez des douceurs du repos, ô le plus vaillant des Dieux, ô Alcide ! et vos yeux n'y rencontrent pas les images de la guerre et des combats sanglants, mais une lyre, des bandelettes, et le laurier ami des poëtes. Le poëte ! Il vous rappellera dans son vers solennel les murs de Pergame et les repaires de la Thrace, les neiges du Stymphale et les humides sommets de l'Érymanthe, tous ces lieux pleins de la terreur de vos armes et de l'immensité de vos exploits ; il chantera la peine que vous fîtes subir au possesseur des troupeaux de l'Ibérie, ainsi qu'au barbare ministre des autels maréotiques. Il dira votre entrée au séjour de la mort, la mort elle-même dépouillée de ses dépouilles, et les Hespérides et les vierges de Scythie poussant des cris de désespoir. Certes, ni le conquérant macédonien, ni le barbare Annibal, ni Sylla même avec sa voix terrible, ne pourraient trouver pour vous de tels accords. Et toi, l'auteur de ce brillant chef-d'œuvre, ô Lysippe, un coup d'œil approbateur de Vindex te plairait mieux que tous les suffrages.

SILVE VII.

ODE A MAXIMUS JUNIUS.

Habituée à courir dans une vaste carrière, suspends, Érato, le récit des actions héroïques, et restreins ton essor dans un cercle plus étroit.

Et toi, souverain du chœur lyrique, laisse-moi toucher un nouvel instrument, si ma muse latine a dignement chanté ta patrie, ô Pindare !

J'essaie pour Maxime d'humbles accords. Il me faut une couronne cueillie sur un myrte jusqu'ici respecté ; ma soif n'est pas plus grande, mais je veux l'étancher dans une source plus pure.

Quand les montagnes des Dalmates te rendront-elles au doux Latium ? ces montagnes du flanc desquelles le mineur, après avoir vu Pluton, revient tout pâle, et tout semblable en couleur à l'or qu'il retire.

Me voici, moi, fils d'un sol plus voisin de Rome, et pourtant je résiste aux molles séductions du

---

Dona, deus castris mœrens comes isse nefandis ;
Præcipue quum sacrilega face miscuit arces
Ipsius, immeritæque domos ac templa Sagunti
Polluit, et populis furias immisit honestas.
  Nec post Sidonii lethum ducis ære potita   85
Egregio plebeia domus : convivia Syllæ
Comebat, semper claros intrare penates
Assuetum, et felix dominorum stemmate signum.
  Nunc quoque, si mores humanaque pectora curæ
Nosse deis, non aula quidem, Tirynthie, nec te   90
Regius ambit honos ; sed casta, ignaraque culpæ
Mens domini, cui prisca fides, cœptæque perenne
Fœdus amicitiæ : scit adhuc florente sub ævo
Par magnis Vestinus avis, quem nocte dieque
Spirat, et in caræ vivit complexibus umbræ.   95
  Hic igitur tibi læta quies, fortissime divûm,
Alcide ; nec bella vides pugnasque feroces,
Sed chelyn, et vittas, et amantes carmina laurus.
Hic tibi solemni memorabit carmine, quantus
Iliacas Geticasque domos, quantusque nivalem   100
Stymphalon, quantusque jugis Erimanthon aquosis
Terrueris ; quem te pecoris possessor Iberi,
Quem tulerit sævæ Mareoticus arbiter aræ.
Hic penetrata tibi spoliataque limina Mortis
Concinet, et flentes Libyæ, Scythiæque puellas.   105
Nec te regnator Macetûm, nec barbarus unquam

Annibal, aut sævi posset vox horrida Syllæ
Illis celebrare modis. Certe tu muneris auctor
Non aliis malles oculis, Lysippe, probari.

CARMEN VII.

LYRICUM AD MAXIMUM JUNIUM.

Jamdiu lato spatiata campo,
Fortis heroos Erato labores
Differ, atque ingens opus in minores
    Contrahe gyros ;
Tuque, regnator Lyricæ cohortis,   5
Da novi paulum mihi jura plectri,
Si tuas cantu Latio sacravi,
    Pindare, Thebas.
Maximo carmen tenuare tento
Nunc ab intonsa capienda myrto   10
Serta ; nec major sitis ; et bibendus
    Castior amnis.
Quando te dulci Latio remittent
Dalmatæ montes ? ubi dite viso
Pallidus fossor redit, erutoque   15
    Concolor auro.
Ecce me natum propiore terra
Non tamen portu retinent amœno

golfe enchanteur de Baïa, comme à celles du rivage appelé du nom du fidèle trompette d'Hector.

Sans toi ma verve est engourdie, le dieu de Thymbra me visite plus rarement, et mon Achille s'arrête au début de la carrière.

Polie, repolie sans cesse, grâce à tes sages conseils, ma *Thébaïde* aspire avec une confiance audacieuse à la gloire enivrante du cygne de Mantoue.

Mais je te pardonne tes délais; tu viens de donner un appui à ta maison solitaire; ô jour de bonheur! un second Maxime nous est né.

Stérilité affreuse qu'on ne peut trop éviter! stérilité que l'héritier perfide appelle de tous ses vœux, demandant sans pudeur la mort prochaine de son meilleur ami.

Quand l'hymen est stérile, la tombe n'est mouillée d'aucune larme: un avide survivant est là debout, s'emparant de la maison comme d'une ville prise, convoitant les dépouilles de la mort, et supputant jusqu'au prix du bûcher funèbre.

Qu'il vive de longs jours ce noble rejeton! que par une route inconnue du vulgaire il s'élève jusqu'à la gloire paternelle, et balance même les actions de son aïeul!

Tu entretiendras son enfance de tes grands coups d'épée sur les bords de l'Oronte, lorsque, sous les auspices de Castor, tu modérais l'ardeur de nos escadrons belliqueux.

Et son aïeul lui dira comment, sur les traces rapides de la foudre lancée par l'invincible César, il imposa aux Sarmates refoulés une loi bien dure, celle de vivre sous un seul climat.

Mais qu'il apprenne avant tout par quel art merveilleux, parcourant toute la vieille histoire du monde, tu sus reproduire la brièveté de Salluste avec l'abondance de Tite-Live.

SILVE VIII.

A JULES MÉNÉCRATE, SUR L'AUGMENTATION DE SA FAMILLE.

Ouvre les temples des Dieux, décore-les de guirlandes; que les nuages d'encens et les entrailles palpitantes des victimes remplissent le sanctuaire, ô Parthénope! voici la famille du noble Ménécrate qui s'accroît d'un troisième rejeton; pour toi s'élève une pépinière d'illustres citoyens, et les fureurs du Vésuve sont oubliées.

Et que Naples en habits de fête n'embrasse pas seule à l'écart les autels; ports voisins, terre de Pouzzol, séjour de paix et de bonheur, ornez aussi les vôtres de bandelettes; et toi surtout, plage de Surrente si chère au dieu de la treille, Surrente, patrie de l'aïeul maternel qu'entoure un essaim de petits-fils jaloux de reproduire ses traits.

Que l'oncle, en qui la Libye trouve un juge équitable, se réjouisse, aussi bien que la bonne Polla qui les élève sur ses genoux et les croit nés pour elle! Courage, ô jeune homme à qui la patrie est

Desides Baiæ, liticenve notus
    Hectoris armis.   20
Torpor est nostris sine te Camœnis;
Tardius sueto venit ipse Thymbræ
Rector, et primis meus ecce metis
    Hæret Achilles.
Quippe, te fido monitore, nostra   25
Thebais multa cruciata lima
Tentat audaci fide Mantuanæ
    Gaudia famæ.
Sed damus lento veniam, quod alma
Prole fundasti vacuos penates.   30
O diem lætum! venit ecce nobis
    Maximus alter.
Orbitas omni fugienda nisu,
Quam premit votis inimicus hæres,
Optimo poscens, pudet heu! propinquum   35
    Funus amico.
Orbitas nullo tumulata fletu:
Stat domo capta cupidus superstes
Imminens leti spoliis, et ipsum
    Computat ignem.   40
Duret in longum generosus infans;
Perque non multis iter expeditum
Crescat in mores patrios, avumque
    Provocet actis!
Tu tuos parvo memorabis enses,   45
Quos ad Eoum tuleris Orontem,

Signa frenatæ moderatus alæ
    Castore dextro:
Ille, ut invicti rapidum secutus
Cæsaris fulmen, refugis amaram   50
Sarmatis legem dederit, sub uno
    Vivere cœlo.
Sed tuas artes puer ante discat,
Omne quis mundi senium remensus
Orsa Sallusti brevis, et Timavi   55
    Reddis alumnum.

CARMEN VIII.

AD JULIUM MENECRATEM OB PROLEM.

Pande fores superum, vittataque templa Sabæis
Nubibus et pecudum fibris spirantibus imple,
Parthenope: clari genus ecce Menecratis auget
Tertia jam soboles: procerum tibi nobile vulgus
Crescit, et insani solatur damna Vesevi   5
Nec solum festas secreta Neapolis aras
Ambiat: et socii portus, dilectaque mitis
Terra Dicarchææ, nec non plaga cara madent;
Surrentina deo sertis altaria cingat;
Materni qua littus avi, quem turba nepotum   10
Circuit, et similes contendit reddere vultus.
Gaudeat et Libyca præsignis avunculus hasta;
Quæque sibi genitos putat, attollitque benigno

redevable de si brillantes lumières! entends-tu comme ta demeure frémit d'un doux bruit, causé par les cris enfantins de ses jeunes maîtres? Ah! loin de ces murs la noire envie! cœurs jaloux, portez ailleurs vos regards. La blanche Atropos leur promet une longue vie pleine de vertus et d'honneurs, et Apollon, le dieu de notre patrie, une moisson de lauriers.

Ainsi les priviléges que t'avait accordés l'auguste père de l'Ausonie, ces priviléges attachés au bonheur d'avoir trois enfants, étaient d'un favorable augure pour l'avenir. Lucine est accourue par trois fois, et par trois fois elle a pénétré dans ta pieuse demeure. Puisse-t-elle cette maison garder sa fécondité première, et n'être jamais dépouillée de ces dons du ciel! Doux espoir! entre deux fils, nobles soutiens de ta famille, une vierge enchante par sa jeunesse la jeunesse d'un père; et si la valeur est le partage des premiers, celle-ci te donnera plus vite des descendants. Ainsi la blanche Hélène, déjà digne de sa mère, essayait ses membres délicats au milieu des deux héros d'Amyclée; ou tel paraît le firmament, lorsque, dans une nuit sereine, la lune s'avance entre deux astres aux clartés jumelles.

Mais, ô modèle des jeunes Romains, je te ferai de vifs reproches, et même je suis irrité, autant qu'un ami peut l'être. Était-ce donc le bruit public qui devait m'apprendre une si grande nouvelle? Quoi donc, tu entendais les premiers cris de ton troisième enfant, et il ne m'est pas venu en toute hâte une lettre qui m'avertît de charger les autels de parfums, de couronner ma lyre, de tirer de sa retraite un vieux tonneau de mon vin d'Albe, et de marquer ce jour avec la craie? Aujourd'hui mes chants et mes vœux n'arrivent-ils pas un peu tard? A toi la faute, à toi la honte. Mais, trêve à mes plaintes, je vois d'ici la troupe enfantine qui entoure son père et bataille pour lui : eh! qui tiendrait contre un tel escadron?

Dieux de la patrie, vous que des oracles solennels ont, sur la flotte eubéenne, conduits par delà les mers jusqu'aux bords de l'Ausonie; toi, chef et protecteur de cette migration lointaine, Apollon, toi que contemple et adore la blanche colombe encore posée sur ton épaule gauche, l'heureuse Parthénope; déesse d'Éleusis, ô Cérès, pour qui, prêtres silencieux, nous agitons dans nos courses haletantes les torches consacrées; et vous, fils de Tyndare, qui fûtes jadis moins honorés sur le Taygète, au temps de l'austère Lycurgue, et sous les voûtes ténébreuses des forêts de Thérapné, divins Pénates, sauvez tout ensemble le père de famille et les enfants! Qu'un jour, à la patrie pliant sous le faix des années et des épreuves, ils aillent prêter l'appui de leurs voix et de leurs talents, pour lui conserver, sous un nom nouveau, une splendeur toujours nouvelle. Ménécrate leur communiquera sa douceur; leur aïeul sa grandeur et son lustre, et l'un et l'autre le goût du beau et l'amour de la vertu. Pour la jeune vierge, sa naissance et sa richesse lui ouvriront, dès la première flamme d'amour, le palais et le cœur d'un patricien, tandis que les frères, dès l'adolescence, iront frapper le seuil du

Polla sinu. Macte, o juvenis, qui tanta merenti
Lumina das patriæ. Dulci fremit ecce tumultu 15
Tot dominis clamata domus : procul atra recedat
Invidia, atque alio liventia pectora flectat.
His senium, longæque decus virtutis, et alba
Atropos, et patrius lauros promittit Apollo.
    Ergo quod Ausoniæ pater augustissimus urbis 20
Jus tibi tergeminæ dederat lætabile prolis,
Omen erat : venit toties Lucina, piumque
Intravit repetita larem : sic fertilis, oro,
Stet domus, et donis nunquam nudata sacratis.
Macte, quod et proles tibi sæpius aucta virili 25
Robore : se juveni lætam dat virgo parenti :
[Aptior his virtus, citius dabit illa nepotes.]
Qualis maternis Helene jam digna palæstris
Inter Amyclæos reptabat candida fratres;
Vel qualis cœli facies, ubi nocte serena 30
Admovere jubar mediæ duo sidera Lunæ.
    Sed queror haud faciles, juvenum rarissime, questus,
Irascorque etiam, quantum irascuntur amantes.
Tantane me decuit vulgari gaudia fama
Noscere? quumque tibi vagiret tertius infans, 35
Protinus ingenti non venit nuntia cursu
Litera, quæ festos cumulare altaribus ignes,

Et redimire chelyn, postesque ornare juberet,
Albanoque cadum sordentem promere fumo,
Et creta signare diem? sed tardus inersque 40
Nunc demum mea vota cano? tua culpa, tuusque
Hic pudor : ulterius sed enim producere questus
Non licet; en hilaris circumstat turba tuorum,
Defensatque patrem : quem non hoc agmine vincas?
    Di patrii, quos auguriis super æquora magnis 45
Littus ad Ausonium devexit Abantia classis,
Tu, ductor populi longe emigrantis, Apollo,
Cujus adhuc volucrem læva cervice sedentem
Respiciens blande felix Eumelis adorat;
Tuque, Actæa Ceres, cursu cui semper anhelo 50
Votivam taciti quassamus lampada mystæ;
Et vos, Tyndaridæ, quos non horrenda Lycurgi
Taygeta, umbrosæque magis coluere Therapnæ,
Hos cum plebe sua patrii servate Penates.
Sint qui fessam ævo crebrisque laboribus urbem 55
Voce opibusque juvent, viridique in nomine servent :
His placidos genitor mores, largumque nitorem
Monstret avus; pulchræ studium virtutis uterque.
Quippe et opes, et origo sinunt, hanc, lampade prima
Patricias intrare fores; hos, pube sub ipsa 60
Si modo prona bonis invicti Cæsaris adsint

palais de Romulus, si la vertu peut incliner en leur faveur la volonté toute-puissante de l'invincible César.

SILVE IX.

PLAISANTERIE DE SATURNALES A PLOTIUS GRYPHUS.

Tu as voulu rire sans doute, Gryphus, en m'envoyant bouquin pour bouquin. La plaisanterie serait bonne, si ton envoi était suivi d'un autre cadeau. Mais prolonger le badinage, ce n'est plus badiner. Voyons un peu, comptons ensemble : mon livre avec papier neuf, étui de pourpre et double bossette, m'avait coûté pour sa parure dix as, plus ma peine d'auteur.

Le tien, piqueté des vers, flétri par les outrages du temps, semble avoir servi d'enveloppe aux oliviers de Libye, à l'encens du Nil, au poivre de l'Égypte, et aux anchois de Byzance, dont il a tout le parfum. Passe encore s'il contenait les plaidoyers dont, jeune encore, tu faisais retentir le triple forum et le tribunal des cent juges, avant que Germanicus t'eût confié l'intendance des blés, et la surveillance des hôtelleries placées sur les grandes routes. Mais tu ne me donnes que les rêveries du vieux Brutus, achetées tout au plus un as de la monnaie de Caïus, à l'étalage de quelque bouquiniste. Tu n'avais donc ni bonnet rapiéceté des débris d'un manteau, ni serviettes ou nappes usées, ni écorce de palmier, ni corbeille de figues ou de prunes mises en marmelade par un coup de vent, ni mèches de lampe sans huile, ni pelures d'oignons sèches, ni même quelques œufs? Quoi! pas un léger gâteau, pas une pincée de farine grossière? Tu aurais en vain cherché quelques coquilles de limaçons épars dans les champs que le Cinyphe arrose. Quoi! nulle tranche de lard, pas un maigre jambon, pas de saucisson de Lucanie, de boudin de Phalérie; point de sel, de sauce vinaigrée, de fromage, de pain cuit avec la fleur de nitre, et de vin fait de raisin précoce; point de raisiné doux et gluant? Que t'en eût-il coûté de me donner de vieilles bougies, un couteau, de minces tablettes, des grappes conservées dans de grands vases, des plats sortis des fabriques de Cumes? ou bien, voyons... une, déjà tu frissonnes! oui, une pile de vaisselle commune ou quelque verroterie?

Mais tu as recours à la même balance, et sans rien changer tu me rends mesure pour mesure. Quoi! si j'allais de bon matin et l'estomac vide te porter le salut, viendrais-tu me le rendre chez moi pur et simple? ou si tu me régalais d'un bon repas, oserais-tu me demander la pareille? Je t'en veux, Gryphus, mais néanmoins tu auras mon salut : seulement ne t'avises pas, avec ton

Numina, Romulei limen pulsare senatus.

CARMEN IX.

RISUS SATURNALITIUS AD PLOTIUM GRYPHUM.

Est sane jocus iste, quod libellum
Misisti mihi, Gryphe, pro libello.
Urbanum tamen hoc potest videri,
Si post hoc aliquid mihi remittas;
Nam si ludere, Gryphe, perseveras,   5
Non ludis: licet, ecce, computemus :
Noster purpureus novusque charta,
Et binis decoratus umbilicis,
Præter me, mihi constitit decussis.
    Tu rosum tineis situque putrem,   10
Quales aut Libycis madent olivis,
Aut thus Niliacum, piperve servant,
Aut Byzantiacos olent lacertos;
Nec saltem tua dicta continentem,
Quæ trino juvenis foro tonabas,   15
Aut centum prope judices, prius quam
Te Germanicus arbitrum sequenti
Annonæ dedit, omniumque late
Præfecit stationibus viarum;
Sed Bruti senis oscitationes,   20
De capsa miseri libellionis,
Emptum plus minus asse Caïano,
Donas: usque adeone defuerunt
Scissis pilea suta de lacernis?
Vel mantilia, luridæve mappæ?   25

Chartæ, Thebaïcæve, caricæve?
Nusquam turbine conditus ruenti
Prunorum globus, atque coctanorum?
Non ellychnia sicca, non repletæ
Bulborum tunicæ, nec ova tantum?   30
Non leves alicæ, nec asperum far?
Nusquam Cinyphiis vagata campis
Curvarum domus uda cochlearum?
Non lardum breve, debilisve perna?
Non Lucanica, non graves Phalisci,   35
Non sal, oxygarumve, caseusve,
Aut panes viridantis aphronitri,
Vel passum psythiis suis recoctum,
Dulci defruta vel lutosa cœno?
Quantum vel dare cereos oleutes,   40
Cultellum, tenuesve codicillos?
Ollares, rogo, non licebat uvas,
Cumano patinas vel orbe tortas,
Aut unam dare synthesin (quid horres?)
Alborum calicum, atque caccaborum?   45
    Sed certa velut æquis in statera,
Nil mutas, sed idem mihi rependis.
Quid? si quum bene mane semicrudus
Illatam tibi dixero salutem,
Et tu me vicibus domi salutes?   50
Aut quum me dape juveris opima,
Exspectes similes et ipse cœnas?
Irascor tibi, Gryphe : sed valebis;
Tantum ne mihi, quo soles lepore,
Et nunc hendecasyllabos remittas.   55

badinage ordinaire, de me renvoyer mes hendécasyllabes.

LIVRE CINQUIÈME.
A ABASCANTIUS.

On ne saurait entourer de trop de vénération et d'hommages les exemples de vertu, puisqu'ils intéressent toute la société. Les pieux regrets que tu témoignes à ta Priscille, cette tendresse qui forme un des traits de ton caractère, doivent te concilier l'estime du public et surtout celle des époux. Chérir une épouse vivante, c'est une volupté pure; l'aimer après sa mort, c'est un acte religieux. Je n'ai pourtant pas entrepris cet ouvrage comme un homme indifférent ni même simplement officieux, j'ai suivi l'impulsion de mon cœur. Mon épouse était l'amie de Priscille, et cette amitié a redoublé l'estime que j'avais pour elle. Je serais donc un ingrat, si je ne mêlais à tes larmes le tribut de ma douleur. Il y a plus : je cherche toujours, dans la mesure de mes forces, à bien mériter de tout ce qui approche la divinité du prince; car celui qui vénère sincèrement les Dieux en aime aussi les ministres. Quoique je fusse depuis longtemps jaloux de nouer avec toi une amitié plus intime, je voudrais néanmoins ne pas avoir encore trouvé l'occasion.......

(*Le reste manque.*)

SILVE I.
TENDRES REGRETS D'ABASCANTIUS SUR LA MORT DE PRISCILLE.

Si ma main se prêtait à façonner la cire ou l'ivoire, et pouvait animer l'or d'une ressemblance fidèle, j'imaginerais quelque douce consolation pour ton mari, ô Priscille! son tendre amour mérite bien que tes charmes, confiés au coloris d'Apelle, ou renaissant sous la main de Phidias, soient rendus à sa douleur. C'est ainsi qu'il s'efforce de ravir ton ombre au bûcher, livrant à la mort un combat sublime, fatiguant la patience des artistes, et voulant adorer ton empreinte sur tous les métaux. Mais il est périssable le monument travaillé par les mains les plus habiles!

Nous voulons, ô vertueuse compagne d'un époux si accompli, nous voulons t'offrir un hommage immortel, un hommage toujours nouveau; et nous le demandons à la lyre. Oui, qu'Apollon me soit propice, et que César, dont le souvenir me rappelle aussitôt le Dieu des vers, daigne sourire à mes accents, oh! alors tu ne saurais jouir d'un plus digne sépulcre.

Il est sans doute bien tardif le remède que j'apporte à une si grande douleur, lorsque déjà la roue légère de Phébus a parcouru deux fois le cercle de l'année. Mais quand la plaie récente et toute vive encore arrachait à la maison entière des cris plaintifs, le moyen de trouver accès à l'oreille d'un époux veuf de sa compagne? Pleurer, déchirer ses vêtements, tourmenter les troupes d'esclaves, maîtriser les élans du désespoir, accuser d'injustice les destins et lasser par des plaintes amères les habitants du ciel, voilà tout ce qu'on pouvait faire. C'est en vain qu'à tes gémissements Orphée serait accouru, avec son cortége de forêts et de fleuves; en vain les Muses, les ministres de Bacchus et d'Apollon se seraient-ils réunis en chœur; ni les chants, ni la lyre, cette lyre puissante qui charma les pâles divinités de l'Érèbe et sut endormir les serpents sur la tête des Euménides, rien n'aurait calmé ton âme;

LIBER QUINTUS.
AD ABASCANTIUM.

Omnibus affectibus prosequenda sunt bona exempla, quum publice prosint. Pietas, quam Priscillæ tuæ præstas, et morum tuorum pars est, et nulli non conciliare te, præcipue marito, potest. Uxorem enim vivam amare voluptas est, defunctam religio. Ego tamen huic operi non ut unus e turba, nec tantum quasi officiosus assilui : amavit enim uxorem meam Priscilla, et amando fecit mihi illam probatiorem : post hoc ingratus sum, si lacrymas tuas transeo. Præterea, latus omne divinæ domus semper demereri pro mea mediocritate connitor; nam qui bona fide deos colit, amat et sacerdotes. Sed quamvis propriorem nexum amicitiæ tuæ jampridem cuperem, mallem tamen nondum intervenisse materiam. *** (*Reliqua desunt.*)

CARMEN I.
ABASCANTII IN PRISCILLAM PIETAS.

Si manus aut similes docilis mihi fingere ceras,
Aut ebur, impressis aurumve animare figuris;

Hinc, Priscilla, tuo solatia grata marito
Conciperem; namque egregia pietate meretur
Ut vel Apelleo vultus signata colore, 5
Phidiaca vel nata manu, reddare dolenti:
Sic auferre rogis umbram conatur, et ingens
Certamen cum morte gerit, curasque fatigat
Artificum, inque omni te quærit amare metallo.
Sed mortalis honos, agilis quem dextra laborat. 10

Nos tibi, laudati juvenis rarissima conjux,
Longa, nec obscurum finem latura, perenni
Tentamus dare justa lyra; modo dexter Apollo,
Quique venit juncto mihi semper Apolline Cæsar,
Annuat : haud alio melius condere sepulcro. 15

Sera quidem tanto struitur medicina dolori,
Altera quum volucris Phœbi rota torqueat annum:
Sed quum plaga recens, et adhuc in vulnere primo
Ægra domus questu, miserumque accessus ad aurem
Conjugis orbati, tunc flere et scindere vestes 20
Et famulos lassare greges, et vincere planctus,
Fataque, et injustos rabidis pulsare querelis
Cœlicolas, solamen erat : licet ipse levandos
Ad gemitus sylvis comitatus et amnibus Orpheus

tant la douleur avait d'empire sur cette âme consternée.

Maintenant encore la blessure se rouvre aux accents de ma voix consolatrice, et sa paupière, hélas! trop docile à l'époux qui veut pleurer, sa paupière est comme chargée d'une pluie d'orage. Ah! se peut-il que ces yeux contiennent tant de larmes? O miracle d'amour! Niobé verrait plutôt tarir les siennes, l'épouse de Tithon épuiserait plutôt sa douloureuse rosée; Téthis enfin se lasserait plutôt de briser ses flots maternels contre le tombeau d'Achille. Courage, héroïque époux! un Dieu t'observe, celui qui tient les rênes du monde et préside, après Jupiter, aux événements humains : il a été témoin de ta douleur, il lit au fond de ton âme, et juge de tes sentiments pour lui par ta tendresse pour une ombre, et par ta fidélité au culte des tombeaux. Voilà bien l'amour dans toute sa pureté, voilà les chastes flammes qui méritent les suffrages du monarque censeur.

Et faut-il s'étonner si la concorde a enchaîné vos deux cœurs par des liens tellement indissolubles? Priscille, sous les lois d'un premier époux, avait déjà connu l'hymen; mais ses tendres étreintes avaient tout le charme du premier amour. Ainsi l'orme chérit la vigne dont il a vu les branches mariées à ses rameaux du même âge; il croise les deux feuillages, il implore la riche automne, il sourit, alors qu'il se voit couronné des grappes de sa bien-aimée. Que l'on préconise la noblesse et les appas de certaines femmes sans vertu qui, fières d'une fausse gloire, ont manqué la véritable : Priscille qui à l'éclat de la naissance joignait la figure la plus heureuse, Priscille enviée de mille époux, tirait d'elle-même son propre lustre; Priscille ne connut jamais qu'un seul amour, et une seule flamme secrète circula toujours dans ses veines.

Elle eût fait échouer les poursuites du ravisseur troyen, celles des amants de Pénélope, et l'or coupable au moyen duquel un frère incestueux souilla la couche du roi de Mycènes. A l'opulence de Babylone, à tous les trésors de la Lydie, aux richesses de l'Indien, du Sère et de l'Arabe, elle eût préféré une mort vertueuse au sein de l'indigence, et immolé sa vie à son devoir. Et son front n'était point armé de rigueur, ni son caractère triste et sauvage; mais, simple et enjouée dans sa vertu, elle savait allier les grâces à la pudeur. Que si le sort l'eût mise à de plus rudes épreuves, elle eût volontiers pour son époux bravé les cohortes ennemies, et les foudres du ciel, et les périls d'une mer orageuse. Mais, grâce aux Dieux, les revers lui ont manqué pour faire voir jusqu'à quel point sa tendresse pouvait s'alarmer et son visage pâlir. Et c'est par une voie plus douce que tes vœux ont rendu propices les Immortels; après les avoir fatigués nuit et jour, après avoir été vue suppliante au pied de tous les autels : et après avoir adoré le génie tutélaire du monarque, enfin tu as été entendue.

La fortune a dirigé vers toi ses pas complaisants. César a vu dans ton époux le calme toujours actif, la fidélité sans tache, la sollicitude, la vigilance, et une âme capable de suffire aux plus grands

Afforet, atque omnis pariter matertera vatem, 25
Omnis Apollineus tegeret Bacchique sacerdos;
Nil cantus, nil fila, deis pallentis Averni
Eumenidumque audita comis, mulcere valerent :
Tantus in attonito regnabat pectore luctus!
 Nunc etiam ad planctus refugit jam plana cicatrix 30
Dum canimus, gravibusque oculis uxorius instat
Imber : habentne pios etiamnum hæc lumina fletus?
Mira fides! citius genitrix Sipylea feretur
Exhausisse genas; citius Tithonida mœsti
Deficient rores, aut exsiccata fatiscet 35
Mater Achilleis hiemes affrangere bustis.
Macte animi! notat ista deus, qui flectit habenas
Orbis, et humanos propior Jove digerit actus;
Mœrentemque videt, lectique arcana ministri
Hinc etiam documenta capit, quod diligis umbram, 40
Et colis exsequias : hic est castissimus ardor;
Hic amor a domino meritus censore probari.
 Nec mirum, si vos collato pectore mixtos
Junxit inabrupta concordia longa catena.
Illa quidem, nuptaque prior, tædasque marito 45
Passa alio; sed te ceu virginitate jugatum
Visceribus totis, animoque amplexa fovebat.
Qualiter æquævo sociatam palmite vitem
Ulmus amat, miscetque nemus, ditemque precatur
Autumnum, et caris gaudet redimita racemis. 50

Laudentur proavis, seu pulchræ munere formæ,
Quæ morum caruere bonis, falsaque potentes
Laudis egent veræ : tibi, quamquam et origo niteret
Et felix species, multumque optanda maritis,
Ex te major honos, unum novisse cubile, 55
Unum secretis agitare sub ossibus ignem.
 Illum nec Phrygius vitiasset raptor amorem,
Dulichiive proci; nec qui fraternus adulter
Casta Mycenæo connubia polluit auro.
Si Babylonis opes, Lydæ si pondera gazæ, 60
Indorumque dares Serumque Arabumque potentes
Divitias, mallet cum paupertate pudica
Intemerata mori, vitamque rependere famæ.
Nec frons triste rigens, nimiusque in moribus horror;
Sed simplex, hilarisque fides, et mixta pudori 65
Gratia : quod si anceps metus ad majora vocasset,
Illa vel armiferas pro conjuge læta catervas,
Fulmineosque ignes, mediique pericula ponti,
Exciperet : melius, quod non adversa probarunt,
Quæ tibi cura tori, quantus pro conjuge pallor. 70
Sed meliore via dextros tua vota marito
Promeruere deos; dum nocte dieque fatigas
Numina, dum cunctis supplex advolveris aris,
Et mitem genium domini præsentis adoras.
 Audita es; venitque gradu fortuna benigno. 75
Vidit quippe pii juvenis navamque quietem,

emplois; il a vu, lui qui connaît à fond les siens et s'entoure de ministres éprouvés, il a vu le mérite du pieux jeune homme. Et comment ne l'eût-il pas vu? Son coup d'œil d'aigle embrasse le couchant et l'aurore; depuis l'Ourse glacée jusqu'à l'orageux Auster, il pénètre dans les conseils où s'agitent la guerre et la paix, et va même jusqu'à sonder les cœurs; c'est lui, c'est César, qui a chargé ton époux d'un fardeau immense et presque au-dessus des forces humaines. Rien de plus compliqué dans les détails que la charge du palais sacré. Envoyer par toute la terre les ordres du souverain de Rome, tenir en sa main les forces de l'empire, savoir au juste quel laurier nous vient des glaces de l'Ourse, et combien d'étendards nous avons sur l'Euphrate inconstant, sur le Rhin et sur la rive de l'Ister au double nom, savoir tout cela, et savoir encore jusqu'où les confins du monde ont reculé devant nous vers Thulé qu'environne une ceinture de flots retentissants, telles sont les attributions de cette charge immense. Et néanmoins il ne présente à César que des javelots couronnés de joyeux festons, jamais de lances surmontées d'un sinistre plumage.

Le maître a-t-il besoin d'épées fidèles? il désigne celui qui dirigera les cent cavaliers mêlés à chaque cohorte, ou la cohorte elle-même; celui qui peut monter au grade de tribun, celui qui donnera le signal aux escadrons rapides. Ce n'est pas tout encore: il doit s'assurer si le Nil a inondé les campagnes, et si la Libye stérile a reçu les fécondes rosées de l'Auster. Moins actif est le nourrisson de Tégée qui fend l'air, armé de sa baguette prophétique, et la messagère de Junon qui glisse du haut des astres, et jette dans l'espace une arche aux mille couleurs; moins prompte est la Renommée qui sur un char léger nous apporte tes lauriers, ô Germanicus, la Renommée devançant le jour, le tardif Arcas, et laissant l'Aurore à la moitié de sa carrière.

Dans quelle ivresse, ô Priscille, te virent les mortels et les Dieux, en ce beau jour où ton époux fut appelé à des fonctions si hautes! Ta joie du moins surpassa la sienne, lorsqu'avide de remercier la bonté souveraine du maître, tu répandis toute ton âme à ses sacrés genoux. Jamais pareil transport ne saisit la mortelle que le dieu de Délos prépose à son antre mystérieux, ni celle à qui Bacchus confie le thyrse respecté au milieu du chœur délirant des Ménades.

Mais l'enflure de la prospérité n'altère point sa vertu calme; c'est la même égalité d'âme, la même modération dans les faveurs croissantes de la fortune. Elle adoucit avec anxiété les inquiétudes de son époux; elle rend son zèle plus actif, ses travaux plus légers; c'est elle-même qui, préparant son repas frugal et lui versant le vin avec mesure, le rappelle à l'exemple du maître. Telle on voit la femme du sobre laboureur de l'Apulie, ou la Sabine noircie des feux du soleil, attentive au lever des astres qui doit ramener son mari du travail; elle dresse à la hâte les lits et la table, et prête l'oreille au bruit avant-coureur du retour de la charrue.

Je dis trop peu: elle t'eût suivi jusque sous les frimas de l'Ourse, à travers les neiges des Sarmates, sur les bords glacés du Danube et du Rhin; elle eût supporté courageusement avec toi toutes les ardeurs du soleil. Et si la carrière pour elle eût été libre, on l'aurait vue porter le carquois

Intactamque fidem, succinctaque pectora curis,
Et vigiles sensus, et digna evolvere tantas
Sobria corda vices; vidit, qui cuncta suorum
Novit, et inspectis ambit latus omne ministris. 80
Nec mirum: videt ille ortus, obitusque; quid Arctos,
Quid Boreas hibernus agat; ferrique togæque
Consilia; atque ipsam mentem probat: ille subactis
Molem immensam humeris, et vix tractabile pondus
Imposuit (nec enim numerosior altera sacra 85
Cura domo), magnum late dimittere in orbem
Romulei mandata ducis; viresque modosque
Imperii tractare manu; quæ laurus ab Arcto,
Quid vagus Euphrates, quid ripa binominis Istri,
Quid Rheni vexilla ferant; quantum ultimus orbis 90
Cesserit, et refluo circumsona gurgite Thule.
Omnia nam lætas pila attollentia frondes,
Nullaque famosa signatur lancea pinna.

Præterea, fidos dominus si dividat enses,
Pandere quis centum valeat frenare maniplis 95
Intermixtus equos; quis præcepisse cohorti;
Quem deceat clari præstantior ordo tribuni;
Quisnam frenigeræ signum dare dignior alæ.
Mille etiam prænosse vices: an merserit agros
Nilus, an imbrifero Libye sudaverit Austro; 100

Cunctaque si numerem, non plura interprete virga
Nuntiat e celsis ales Tegeaticus astris;
Quæque cadit liquidas Junonia virgo per auras,
Et picturato pluvium ligat aera gyro;
Quæque tuas laurus volucri, Germanice, curru 105
Fama vehit, prægressa diem, tardumque sub astris
Arcada, et in medio linquens Thaumantida cælo.

Qualem te superi, Priscilla, hominesque benigno
Aspexere die, quum primum ingentibus actis
Admotus conjux! vicisti gaudia certe 110
Ipsius, adfuso dum pectore prona sacratos
Ante pedes avide domini tam magna merentis
Volveris. Aonio non sic in vertice gaudet,
Quam pater arcani præfecit hiatibus antri
Delius, aut primi cui jus venerabile thyrsi 115
Bacchus, et attonitæ tribuit vexilla catervæ.

Nec tamen hic mutata quies, probitasve secundis
Intumuit; tenor idem animo, moresque modesti,
Fortuna crescente, manent: fovet anxia curas
Conjugis, hortaturque simul, flectitque labores. 120
Ipsa dapes modicas, et sobria pocula tradit,
Exemplumque ad herile monet: velut Appula conjux
Agricolæ parci, vel sole infecta Sabina,
Quæ videt emeriti, jam prospectantibus astris,

et couvrir volontiers ses flancs du bouclier de l'Amazone, pourvu que ce nuage de poussière qui environne les guerriers lui permit de te voir près du coursier foudroyant de César, balancer toi-même ses traits divins, et ruisseler de sueur sous le poids de sa gigantesque lance.

C'est assez, ô lyre harmonieuse; il me faut déposer ton feuillage, ô Phébus, et condamner mon front à porter le cyprès lugubre. Quel dieu cruel s'est plu à réunir par un lien discordant la Fortune et l'Envie, les obligeant à se faire l'une à l'autre une guerre éternelle? Quand l'une sourit à une famille, faut-il que l'autre aussitôt jette sur elle un regard sombre, et d'une main barbare aille troubler ses joies?

La prospérité habitait ce toit florissant; aucun revers n'attristait les Dieux Pénates : et qu'avaient-ils à craindre de la Fortune, si capricieuse qu'elle soit et si légère? César leur était propice. Mais la jalousie des destins trouva où s'attaquer : une puissance malfaisante envahit cette pieuse demeure : ainsi le souffle funeste du Notus brûle de riants vignobles; ainsi se flétrit sous des pluies excessives la moisson déjà haute; ainsi un vent contraire se plaît à amonceler les nuages au-devant du navire qui courait au port.

Priscille voit ses attraits devenir la proie du destin fatal. Tel nous apparaît un pin, l'honneur des forêts : s'il vient à être atteint par la foudre ou desséché dans sa racine, l'arbre succombe, et, dépouillé de son feuillage, il ne rend plus à aucun zéphyr murmure pour murmure.

A quoi sert la probité, l'amour chaste, et la fidélité dans le culte des Dieux? Déjà les noirs filets de la mort l'ont enveloppée de toutes parts. La trame s'épuise entre les mains des trois sœurs, et sa vie ne tient plus qu'au dernier fil. Ni la sollicitude des esclaves, ni l'art des médecins n'arrête les progrès du mal. Les assistants affectent au dehors une espérance qu'ils n'ont pas; mais son mari pleure : elle le remarque. L'infortuné! tantôt il invoque le fleuve du Léthé, tantôt il répand ses pleurs sur tous les autels, chargeant d'offrandes les portiques des temples, et prosterné sur le seuil; tantôt il implore la divinité propice du grand César. O dure loi du destin! il est donc quelque chose qui échappe au pouvoir de César? De combien eût été retardée l'heure suprême des mortels, si tu étais, ô César, l'arbitre de la nature! La mort gémirait captive dans ses gouffres ténébreux, et les Parques oisives laisseraient reposer leurs fuseaux.

Bientôt sa physionomie s'éteint, un nuage de mort couvre ses yeux, et son oreille ne s'ouvre plus qu'au son de voix bien connu de celui qu'elle aime. C'est pour revoler vers lui que son âme semble revenir à la vie; c'est lui qu'elle serre encore avec force de ses bras qui défaillent, tournant vers lui ses joues glacées, et moins avide du dernier soleil que du regard d'un époux aimé. D'une voix mourante elle console ainsi le confident de toutes ses pensées :

« Douce moitié de moi-même, ô toi qui vas me survivre! que ne puis-je te laisser toutes les

Tempus adesse viri, propere mensasque torosque 125
Instruit, exspectatque sonum redeuntis aratri.
 Parva loquor : tecum gelidas comes illa per Arctos,
Sarmaticasque hiemes, Istrumque, et pallida Rheni
Frigora, tecum omnes animo durare per æstus,
Et, si castra darent, vellet gestare pharetras, 130
Vellet Amazonia latus intercludere pelta;
Dum te pulverea bellorum in nube videret
Cæsarei prope fulmen equi, divinaque tela
Librantem, et magnæ sparsum sudoribus hastæ. 134
 Hactenus, alma chelys : tempus nunc ponere frondes,
Phœbe, tuas, mœstaque comam damnare cupresso.
Quisnam impacata consanguinitate ligavit
Fortunam Invidiamque deus? quis jussit iniquas
Æternum bellare deas? nullamne notavit
Illa domum, torvo quam non hæc lumine figat 140
Protenus, et sæva perturbet gaudia dextra?
 Florebant hilares inconcussique penates;
Nil mœstum : quid enim, quamvis infida levisque,
Cæsare tam dextro, posset, Fortuna, timeri?
Invenere viam liventia Fata, piumque 145
Intravit vis sæva larem : sic plena maligno
Afflantur vineta Noto; sic alta senescit
Imbre seges nimio; rapidæ sic obvia puppi
Invidet, et velis adnubilat aura secundis.
 Carpitur eximium fato Priscilla decorem : 150
Qualiter alta comam silvarum gloria pinus

Seu Jovis igne malo, seu jam radice soluta,
Deficit, et nulli spoliata remurmurat auræ.
 Quid probitas, aut casta fides, quid numina prosunt
Culta deum? furvæ miseram circum undique leti 155
Vallavere plagæ : tenuantur dura sororum
Licia, et exacti superest pars ultima fili.
Nil famuli cœtus, nil ars operosa medentum
Auxiliata malis : comites tamen undique ficto
Spem simulant vultu : flentem notat illa maritum. 160
Ille modo infernas nequicquam flumina Lethes
Incorrupta rogat : nunc anxius omnibus aris
Illacrymat, signatque fores, et pectore terget
Limina; nunc magni vocat exorabile numen
Cæsaris. Heu durus fati tenor! estne quod illi 165
Non liceat? quantæ poterant mortalibus annis
Accessisse moræ, si tu, pater, omne teneres
Arbitrium? cæco gemeret Mors clusa barathro,
Longis et vacuæ posuissent stamina Parcæ.
 Jamque cadunt vultus, oculisque novissimus error, 170
Obtusæque aures, nisi quum vox sola mariti
Noscitur : illum unum media de morte reversa
Mens videt; illum ægris circumdat fortiter ulnis
Immotas obversa genas; nec sole supremo
Lumina, sed dulci mavult satiare marito. 175
Tunc sic unanimum moriens solatur amantem :
 « Pars animæ victura meæ, cui linquere possem
O utinam quos dura mihi rapit Atropos annos,

années que la cruelle Atropos me ravit! Épargne tes yeux, je t'en conjure! ne meúrtris point ta poitrine, et ne désole point, par ton désespoir, l'ombre fugitive d'une épouse. J'abandonne le lit nuptial à la tristesse, mais l'ordre le voulait ainsi. Je devais voir finir la première ces doux moments qui valent une longue vieillesse. Je t'ai vu, dans toute la fleur de l'âge, t'approcher de plus en plus de la droite élevée du prince; les destins et les Dieux n'ont plus sur toi d'empire, j'emporte au tombeau leur courroux. Va, poursuis, les yeux fixés sur le génie de César, et ne laisse pas reposer pour lui ton amour. Place aujourd'hui (tu le désires et je l'ordonne,) place dans le Capitole une statue du poids de cent livres d'or, monument éternel qui transmettra aux âges futurs, avec les traits radieux de César, le souvenir de mon culte pour sa personne sacrée. De la sorte, je ne verrai ni les Furies, ni l'affreux Tartare, et l'Élysée m'ouvrira le séjour du bonheur. »

Elle dit, et, retombant dans des bras aimés, elle exhale paisiblement sur la bouche de son époux son âme qui lutte encore, et appuie sur ses yeux la main qui lui est chère.

Mais l'époux! son cœur est dévoré d'une douleur immense; il remplit de clameurs déchirantes son toit solitaire; il veut tirer son épée, il cherche des précipices; à peine ses compagnons peuvent-ils le retenir, il est là, bouche contre bouche, pressant avec ardeur celle qui n'est plus, et refoulant jusqu'au fond de son âme la violence de son désespoir. Tel Orphée, qui a vu sa pâle épouse, laisse dormir son luth près du Strymon. Il demeura saisi, muet, immobile, et le bûcher d'Eurydice ne reçut que des pleurs.

Mais ton mari, ô Priscille, n'eût pas craint de rompre le cours d'une vie assurée; il eût voulu t'accompagner dans la nuit du chaos. Mais un amour plus fort l'a retenu, l'amour du devoir et la foi jurée à son prince. Qui pourrait décrire dignement les obsèques et le triste luxe des funérailles? Là se trouvent réunis dans un pompeux appareil tous les trésors que distille le printemps embaumé de l'Arabie et de la Cilicie, les fleurs de Saba, les moissons que l'Indien destine à la flamme, l'encens ravi aux temples, et les parfums de la Palestine et ceux de la Judée, la chevelure suave de la plante de Corycie, et les pleurs de Myrrha. Élevée sur un lit majestueux, ouvrage des Sères, Priscille repose sous la pourpre de Tyr. Mais l'époux! ah! les regards sont pour lui seul. Rome entière le voit, semblable à un père conduisant ses jeunes fils à leur dernier asile; tant la douleur se peint sur son visage, tant il y a d'ombre à son front, tant ses traits sont rembrunis! On redit la fin paisible de l'épouse, on l'appelle heureuse; mais des larmes ont coulé pour l'époux.

Il est, en face de la ville, il est un lieu où commence la grande voie Appienne, où Cybèle, près des rives de l'Almon, vient déposer ses plaintes et oublier les fleuves de l'Ida; c'est là qu'enveloppée mollement dans la pourpre de Sidon tu reposes sur un lit de parade où t'a placé une main chérie, ô Priscille! car il n'a pu supporter ni l'idée d'un bûcher en flammes, ni le retentissement sinistre du cri des funérailles. Mais ni

Parce, precor, lacrymis, sævo nec concute planctu
Pectora, nec crucia fugientem conjugis umbram.   180
Linquo equidem thalamos, salvo tamen ordine, mœstos
Quod prior. Exegi longa potiora senecta
Tempora; vidi omni te pridem in flore nitentem,
Vidi altæ propius propiusque accedere dextræ:
Non in te Fatis, non jam cœlestibus ullis   185
Arbitrium; mecum ista fero : tu limite cœpto
Tende libens, sacrumque latus, Geniumque potentem
Irrequietus ama : nunc, quod cupis ipse juberi,
Da Capitolinis æternum sedibus aurum,
Quo niteant sacri centeno pondere vultus   190
Cæsaris; et propriæ signa cultricis amorem.
Sic ego nec Furias, nec deteriora videbo
Tartara, et Elysias felix admittar in oras. »
    Hæc dicit labens, sociosque amplectitur artus,
Hærentemque animam non tristis in ora mariti   19
Transtulit, et cara pressit sua lumina dextra.
    At juvenis, magno flammatus pectora luctu,
Nunc implet sævo viduos clamore penates,
Nunc ferrum laxare cupit; nunc ardua tendit
In loca; vix retinent comites : nunc ore ligato   200
Incubat amissæ, mersumque in corde dolorem
Sævus agit : qualis conspecta conjuge segnis
Odrysius vates, positis ad Strymona plectris,
Obstupuit, tristemque rogum sine carmine flevit.

Ille etiam certæ rupisset tempora vitæ,   205
Ne tu Tartareum Chaos incomitata subires;
Sed prohibet mens fida duci, juratæque sacris
Imperiis, et major amor. Quis carmine digno
Exsequias et dona malæ feralia pompæ
Perlegat? Omne illic stipatum examine longo   210
Ver Arabum Cilicumque fluit, floresque Sabæi,
Indorumque arsura seges, præreptaque templis
Thura, Palæstini simul Hebræique liquores,
Coryciæque comæ, Cynareiaque germina. At altis
Ipsa toris Serum Tyrioque umbrata recumbit   215
Tegmine; sed toto spectatur in agmine conjux
Solus; in hunc magnæ flectuntur lumina Romæ,
Ceu juvenes natos suprema ad busta ferentem :
Is dolor in vultu; tantum crinesque genæque
Noctis habent: illam tranquillo fine solutam,   220
Felicemque vocant; lacrymas fudere marito.
    Est locus ante urbem, qua primum nascitur ingens
Appia; quaque Italo gemitus Almone Cybele
Ponit, et Idæos jam non reminiscitur amnes.
Hic te Sidonio velatam molliter ostro   225
Eximius conjux (nec enim fumantia busta
Clamoremque rogi potuit perferre) beato
Composuit, Priscilla, toro : nil longior ætas
Carpere, nil ævi poterunt vitiare labores
Siccatam membris; tantas venerabile marmur   230

la vétusté, ni le long travail des siècles, ne pourra endommager tes membres desséchés sous le marbre qui te couvre ; tant il est riche en parfums, ce marbre sacré ! Bientôt même je te vois reproduite sous mille formes diverses, revêtant sur le bronze les attributs de Cérès et l'auréole d'Ariane ; sur cette voûte tu deviens Maïa, sur cette pierre Vénus, mais Vénus pudique. Et toutes ces divinités s'applaudissent de recevoir les traits de ton visage, avec tes grâces. Autour de toi se rangent les esclaves, et cette foule que l'usage convie aux funérailles ; puis viennent et les lits et les tables perpétuellement dressés en ton honneur. Enfin c'est un palais que tu habites, oui, un palais. Eh ! qui pourrait lui infliger le triste nom de sépulcre ? A la vue de ce monument de la piété conjugale, ne s'écrie-t-on pas d'abord : Je reconnais là le ministre du héros qui naguère dressa des autels à ses immortels aïeux, et plaça dans un autre ciel les astres de sa famille ?

Ainsi lorsqu'un immense navire a levé l'ancre au port de Pharos, déjà il déploie ses innombrables cordages, et, présentant ses longs bras avec l'appareil de toutes ses voiles, il a pris noblement sa route ; mais sur le même Océan vole un frêle esquif, lequel veut avoir aussi sa part dans les faveurs du Zéphyr.

Pourquoi donc, ô le plus noble des jeunes gens, pourquoi entretenir dans ton cœur une source de larmes, et défendre à la douleur d'en sortir ? Crains-tu pour ta chère Priscille les aboiements de Cerbère ? mais il se tait à l'aspect des âmes pieuses. Craindrais-tu pour elle les lenteurs du vieux nocher, ou peut-être sa rudesse ? Caron transporte sans retard les mânes innocents, et les dé-

pose avec bienveillance sur la rive hospitalière.

Que dis-je ? à l'approche d'une ombre honorée des pieux regrets d'un époux, Proserpine ordonne que des flambeaux brillants lui ouvrent la route ; et l'on voit les anciennes héroïnes, quittant leurs grottes saintes, éclairer d'une lumière dorée l'horreur des ténèbres, tandis qu'elles vont semant sur le passage de cette ombre toutes les fleurs de l'Élysée.

C'est ainsi que Priscille visite le séjour des mânes ; c'est là que d'une main suppliante elle conjure pour toi les destins, apaise en ta faveur la royauté du triste Averne, afin que, parvenu au terme de la vie humaine, tu laisses après toi César gouvernant l'univers en paix... Les Parques sans hésiter souscrivent à sa prière.

SILVE II.
EXHORTATION A CRISPINUS.

Notre ami nous quitte : Crispinus va visiter les campagnes de l'Étrurie et les bois consacrés à Tagès. Le trajet n'est pas long, ni le pays inabordable ; mais une inquiétude secrète aiguillonne mon cœur, et des larmes s'échappent avec violence de ma paupière humide, comme si à travers les orages de la mer Égée mon œil suivait sa voile fugitive, et comme si, debout sur la pointe des rochers et déjà las de mes efforts, je la voyais en soupirant disparaître à l'horizon lointain. Illustre jeune homme, vienne pour toi l'apprentissage de la guerre et ces doux auspices qui appellent au camp la noblesse, quels pleurs de joie je verserai et de quelles étreintes

```
    Spirat opes : mox in varias mutata novaris
Effigies ; hoc ære Ceres, hoc lucida Gnosis,
Illo Maia tholo, Venus hoc non improba saxo.
Accipiunt vultus, haud indignata, decoros
Numina ; circumstant famuli, consuetaque turba   235
Obsequiis : tum rite tori, mensæque parantur
Assiduæ : domus ista, domus ; quis triste sepulcrum
Dixerit ? Hac merito visa pietate mariti
Protenus exclames, Est hic, agnosco, minister
Illius, æternæ modo qui sacraria genti           240
Condidit, inque alio posuit sua sidera cœlo !
    Sic ubi magna novum Phario de littore puppis
Solvit iter, jamque innumeros utrinque rudentes
Lataque veliferi porrexit brachia mali
Invasitque vias, in eodem angusta phaselus       245
Æquore, et immensi partem sibi vindicat Austri.
    Quid nunc immodicos, juvenum lectissime, fletus
Corde foves, longumque vetas exire dolorem ?
Nempe times, ne Cerbereos Priscilla tremiscat
Latratus ? Tacet ille piis : ne tardior adsit    250
Navita, proturbetque vadis ? Vehit ille merentes
Protenus, et Manes placidos locat hospite cymba.
    Præterea, si quando pio laudata marito
Umbra venit, jubet ire faces Proserpina lætas.
```

```
Egressasque sacris veteres Heroïdas antris       255
Lumine purpureo tristes aperire tenebras,
Sertaque et Elysios animæ præsternere flores.
    Sic Manes Priscilla subit ; ubi supplice dextra
Pro te Fata rogat, reges tibi tristis Averni
Placat, ut expleti humani finibus ævi            260
Pacantem terras dominum, juvenemque relinquas
Ipse senex : certæ jurant in vota Sorores.
```

CARMEN II.
PROTREPTICON AD CRISPINUM.

```
Rura meus Tyrrhena petit, saltusque Tagetis
Crispinus : nec longa mora est, aut avia tellus ;
Sed mea secreto velluntur pectora morsu,
Udaque turgentes impellunt lumina guttas,
Ceu super Ægæas hiemes abeuntis amici            5
Vela sequar, spectemque ratem jam fessus ab altis
Rupibus, atque oculos longo querar aere vinci.
Quod si militiæ jam te, puer inclyte, primæ
Clara rudimenta, et castrorum dulce vocaret
Auspicium, quanto manarent gaudia fletu,         10
Quosve darem amplexus ! etiamne optanda propinquant
Tristia ? Et octonosbis jam tibi circuit orbes
```

je t'enlacerai! Pourquoi ce que nous craignons est-il si près de ce que nous désirons? Et maintenant ta vie a seize fois parcouru le cercle des saisons; mais le courage en toi devance les années, ton corps plie sous le faix, et ne peut contenir la grande âme qui l'habite. Et doit-on s'en étonner? Tu ne viens pas à la suite de parents vulgaires et obscurs, obscur toi-même et sans reflet de gloire antique, rejeton d'une tige plébéienne; le sang d'un officier subalterne ou d'un simple cavalier ne coule pas en toi; tu n'as pas frappé comme un étranger pauvre et chétif aux portes du palais, et au sanctuaire des lois du Latium; mais la foule de tes aïeux t'y précédait déjà. Pareille est l'attente qu'excite aux jeux du cirque un coursier tout brillant de noblesse et de beauté, lequel doit à une longue suite d'heureux accouplements le feu dont il étincelle. Paraît-il, tous les applaudissements l'animent. Il volait, et la poussière et la borne elle-même l'ont reconnu en tressaillant : ainsi, noble enfant, le sénat te sentit né pour lui, et enferma dès lors tes premiers pas dans la chaussure patricienne.

Bientôt l'usage décora tes épaules de la pourpre de Tyr et de la toge sénatoriale; les grands exemples de ton père te frayaient la route à tous ces honneurs. Touchant à peine le seuil de la vie, héros naissant, il envahit les bords de l'Araxe, et l'Arménie rebelle au joug du cruel Néron. Corbulon avait la première main dans les rudes travaux de Mars; néanmoins il admirait les grandes qualités militaires de Bolanus. Il avait coutume de se reposer sur lui des soins les plus pénibles, et il lui confiait toutes ses craintes : l'occasion était-elle favorable aux surprises ou à la guerre ouverte? la fuite du fier Arménien était-elle réelle ou simulée? Bolanus ne s'y trompait pas : il éclairait les routes périlleuses, il cherchait sur les hauteurs une assiette sûre et commode pour le camp, il mesurait les plaines, il ouvrait les routes à travers les bois et les broussailles; enfin il remplissait les intentions de son illustre chef, et suffisait seul à l'accomplissement de ses ordres difficiles. Déjà les Barbares eux-mêmes avaient pu le connaître; ils le voyaient, montrant au second rang et son casque et son front. Ainsi les Phrygiens, dont les bataillons éperdus fuyaient l'arc d'Hercule et la terrible peau du lion, les Phrygiens, foudroyés par le héros, redoutaient encore Télamon.

Sois jaloux d'apprendre, ô noble enfant! car ce n'est pas une bouche étrangère qui doit t'inspirer l'amour de la vertu, tu as ton modèle dans ta famille. Que l'on cite à d'autres les Décius, et ce Camille si grand dans son retour; ton seul maître à toi, c'est ton père : sache comment il portait les ordres du souverain jusque sur les noirs rivages de Thulé, à l'endroit où expirent les flots de la mer et les doux feux du soleil; et avec quelle autorité douce et sévère il sut, dans son année de commandement, régir les mille cités de l'Asie. Ouvre une oreille avide à de si belles leçons; que tes parents à l'envi les gravent dans ton cœur, et qu'elles te soient sans cesse répétées par tous les vieux compagnons de sa gloire.

Mais déjà tu te prépares à voler sur sa trace, et pourtant les marques d'une vigoureuse jeunesse ne se sont point encore glissées sur tes joues, et ton père n'est pas avec toi! Hélas! il est tombé

Vita; sed angustis animus robustior annis,
Succumbitque oneri, et mentem sua non capit ætas.
Nec mirum : non te series inhonora parentum   15
Obscurum proavis, et priscæ lucis egentem,
Plebeia de stirpe tulit : non sanguine cretus
Turmali, trabeaque Remi; nec paupere clavo
Augustam sedem et Latii penetrale senatus
Advena pulsasti; sed præcedente tuorum   20
Agmine. Romulei qualis per jugera Circi
Quum pulcher visu et titulis generosus avitis
Exspectatur equus, cujus de stemmate longo
Felix emeritos habet admissura parentes;
Illum omnes acuunt plausus, illum ipse volantem   25
Pulvis et incurvæ gaudent agnoscere metæ :
Sic te, clare puer, genitum sibi Curia sensit,
Primaque patricia clausit vestigia luna.
   Mox Tyrios ex more sinus, tunicamque potentem
Agnovere humeri : sed enim tibi magna parabat   30
Ad titulos exempla pater; quippe ille juventam
Protenus ingrediens, pharetratum invasit Araxem
Belliger, indocilemque fero servire Neroni
Armeniam. Rigidi summam Mavortis agebat
Corbulo; sed comitem belli sociumque laborum   35
Ille quoque egregiis multum miratus in armis
Bolanum; atque illi curarum asperrima suetus

Credere, partirique metus : quod tempus amicum
Fraudibus, exerto quænam bona tempora bello;
Quæ suspecta fides, aut quæ fuga vera ferocis   40
Armenii. Bolanus iter prænosse timendum,
Bolanus tutis juga quærere commoda castris,
Metari Bolanus agros, aperire malignas
Tot veprum nemorumque moras, tantamque verendi
Mentem implere ducis, jussisque ingentibus unus 45
Sufficere : ipsa virum norat jam barbara tellus;
Ille secundus apex bellorum, et proxima cassis.
Sic Phryges attoniti, quanquam Nemeæa viderent
Arma, Cleonæusque acies impelleret arcus
Pugnante Alcide, tamen et Telamona timebant.   50
   Disce puer : nec enim externo monitore petenda
Virtutis tibi pulcher amor : cognata ministret
Laus animos. Aliis Decii reducesque Camilli
Monstrentur; tu disce patrem; quantusque nigrantem
Fluctibus occiduis fessoque Hyperione Thulen   55
Intrarit mandata gerens; quantusque potentis
Mille urbes Asiæ sortito rexerit anno,
Imperium mulcente toga. Bibe talia pronis
Auribus : hæc certent tibi conciliare propinqui :
Hæc iterent comites præcepta, senesque paterni. 60
   Jamque adeo moliris iter, nec deside passu
Ire paras : nondum validæ tibi signa juventæ

victime d'un destin jaloux, laissant deux rejetons sans appui; et il ne lui a pas même été donné de dépouiller vos tendres bras de la pourpre enfantine, et de couvrir de la toge vos blanches épaules. A quelles séductions n'est pas exposée une jeunesse délivrée de tout frein par une émancipation prématurée! C'est un arbre dont la verte chevelure n'a jamais senti la faux, et qui voit toute sa fécondité se perdre en feuillage. Mais ton cœur tendre ne connaît encore que le charme des Muses, l'amour de la pudeur, et le joug d'une continence rigoureuse; de là cette vertu enjouée, ce front calme, cette élégance extérieure qui craint jusqu'à l'apparence du luxe, et cette piété rare qui brille en mille endroits. Céder le pas à un frère, ton égal en âge, admirer ton père et pardonner à ta coupable mère, telle est la position que t'a faite la fortune domestique. Malheureuse mère, qui lui a donné l'horrible courage de te préparer elle-même la coupe empoisonnée? à toi, dont la voix détournerait la morsure des serpents, et dont le regard fléchirait tous les cœurs de marâtres. Oui, je voudrais agiter ses mânes, et par des imprécations légitimes troubler le repos de ses cendres. Mais je te vois, ô le meilleur des fils! déjà tu cherches à m'apaiser, et tu me prépares cette réponse :

« Grâce, ô grâce pour sa cendre! Je n'aperçois dans tout cela qu'un destin perfide et l'effet de la colère des Parques. Le crime en est aux Immortels, qui, lisant trop tard dans le cœur des humains, négligent de faire avorter les tentatives de meurtre et les forfaits tout près d'éclore. Périsse à ja-

mais ce jour, et puisse la postérité ne pas y croire! Taisons-nous du moins, et laissons ensevelis dans une nuit profonde ces crimes de notre maison. Il a châtié la coupable, celui qui veille sur les actions des siens, qui ramène la piété sur la terre, et fait pâlir le crime; c'en est assez, il y a pour nous des larmes dans cette trop juste vengeance. Oh! que ne puis-je adoucir la fureur des Euménides, éloigner Cerbère de son ombre craintive, et hâter pour elle les bienfaits du fleuve d'oubli! »

Enfant généreux! ainsi tu aggraves le forfait de ta mère; fils tendre, tu aspires encore à la vertu la plus sublime. Naguère un de tes condisciples, victime de l'injustice et de la calomnie, pâlissait aux clameurs du forum, et la loi Julia, soutenue par ses nombreux organes, lançait déjà la foudre vengeresse de l'adultère; soudain tu te lèves, toi, nourri jusqu'alors dans l'ombre et dans le silence de l'étude, étranger au forum et à l'appareil sévère de la justice, et en te levant tu le rassures, et, défenseur novice, tu affrontes les traits qui menacent ton tremblant ami. Romulus et les Troyens nos pères virent-ils à cet âge disputer au forum des lauriers pacifiques? Une si généreuse tentative, de si nobles efforts jetèrent le sénat dans l'étonnement; le prévenu lui-même s'alarmait pour son défenseur. Mais à la vigueur de l'âme tu joins celle du corps, et tu as à tes ordres une puissante nature qui seconde à merveille les grands efforts de ton courage. Moi-même je te vis naguère sur les bords du Tibre, au milieu des sables qu'échauffe de ses flots la mer Tyrrhénienne. Penché sur ton cour-

Irrepsere genis, et adhuc decor integer ævi.
Nec genitor juxta; fatis namque haustus iniquis
Occidit heu! geminam prolem sine præside linquens.   65
Nec saltem teneris ostrum puerile lacertis
Exuit, albentique humeros induxit amictu.
Quem non corrumpit pubes effrena, novæque
Libertas properata togæ? ceu nescia falcis
Silva comas tollit, fructumque exspirat in umbras.   70
At tibi Pieriæ tenero sub pectore curæ,
Et pudor, et docti legem sibi dicere mores;
Tunc hilaris probitas, et frons tranquilla, nitorque
Luxuriæ confine timens, pietasque per omnes
Dispensata modos; æquævo cedere fratri,   75
Mirarique patrem, miseræque ignoscere matri.
Admonuit fortuna domus: tibine illa nefanda
Pocula, letalesque manu componere succos
Evaluit, qui voce potes prævertere morsus
Serpentum, atque omnes vultu placare novercas?   80
Infestare libet Manes, meritoque precatu
Pacem auferre rogis; sed te, puer optime, cerno
Flectentem justis, et talia dicta parentem :

« Parce, precor, cineri : fatum illud, et ira nocentum
Parcarum, crimenque dei mortalia quisquis   85
Pectora sero videt, nec primo in limine sistit
Conatus scelerum, atque animos infanda parantes.
Excidat illa dies ævo, nec postera credant

Sæcula! nos certe taceamus; et obruta multa
Nocte tegi propriæ patiamur crimina gentis.   90
Exigit pœnas, hominum cui cura suorum,
Quo Pietas auctore redit, terrasque revisit,
Quem timet omne nefas : satis hæc, lacrymandaque nobis
Ultio : quin sævas utinam exorare liceret
Eumenidas, timidæque avertere Cerberon umbræ,   95
Immemorem que tuis citius dare Manibus amnem! »

Macte animo, juvenis! sic crescunt crimina matris.
Nec tantum pietas, sed protenus ardua virtus
Affectata tibi : nuper quum forte sodalis
Immeritæ falso palleret crimine famæ,   100
Erigeretque forum, succinctaque judice multo
Surgeret et castum libraret Julia fulmen;
Tu, quamquam non ante forum legesque severas
Passus, sed tacita studiorum occultus in umbra,
Defensare metus, adversaque tela subisti   105
Pellere, inermis adhuc et tiro, paventis amici.
Haud unquam tales adspexit Romulus annos
Dardaniique senes, medii bellare togata
Strage fori : stupuere Patres tentamina tanta
Conatusque tuos; pro te reus ipse timebat.   110
Par vigor et membris; promptæque ad fortia vires
Sufficiunt animo, atque ingentia jussa sequuntur.
Ipse ego te nuper Tiberino ut littore vidi,
Qua Tyrrhena vadis Laurentibus æstuat unda,

sier superbe, et tourmentant ses flancs avec l'éperon, tu menaçais de l'œil et du geste. Quel fut mon étonnement! et tu peux m'en croire, je te pris pour le dieu Mars. Tel, maniant avec grâce un coursier gétule et balançant le javelot troyen, Ascagne, chasseur novice, parcourait les campagnes où dominait sa marâtre, et enflammait pour Énée le cœur de la malheureuse Élise; ainsi le jeune Troïle, resserrant ses voltes rapides, évitait le choc des escadrons menaçants; ou tel Parthénope, sous les hautes tours d'Ogygie, faisait tourbillonner sur la poussière la troupe des jeunes Arcadiens, pendant que les femmes thébaines le regardaient avec complaisance.

Courage donc, prends l'essor, puisque la bonté de César te soutient, et qu'un frère plein d'ardeur fraie un chemin sûr à tes espérances. Allons, Crispinus, fais-toi une âme à l'épreuve des camps. Mars et Minerve t'enseigneront la science des batailles, Castor l'art de réduire un coursier, et Quirinus celui de lancer un pesant javelot; Quirinus qui t'a déjà permis de suspendre à ton cou délicat un de ces boucliers tombés des nuages, et vierges de sang humain. Mais où iras-tu, et dans quelle partie de ce monde soumis à César? Traverseras-tu à la nage les fleuves de l'Ourse, ou bien les glaces brisées du Rhin? Mêleras-tu ta sueur aux sables brûlants de la Libye? Te verra-t-on semer l'effroi sur les monts de la Pannonie et parmi les Sauromates vagabonds? Visiteras-tu les sept embouchures de l'Ister à l'endroit où le fleuve embrasse Peucé de ses ondes amoureuses? Fouleras-tu la cendre de Solyme, à l'ombre des palmiers que l'Idumée captive a plantés pour ses vainqueurs? Oh! si la région conduite par la main ferme de ton père avait le bonheur de te posséder, comme l'Araxe fougueux bondirait avec ses flots! Quels transports éclateraient dans les champs calédoniens! L'ancien habitant de ces contrées sauvages te dirait:

« C'est ici qu'il dictait ses lois, et ce tertre l'a vu haranguer ses légions. Apercevez-vous dans le lointain ces tours et ces redoutes? Elles sont là, veillant par ses ordres, et ces murailles lui doivent leur ceinture de fossés. Lui-même a consacré ces trophées et ces faisceaux d'armes aux dieux des combats. » C'est ainsi que Pyrrhus, près de porter contre Ilion ses armes victorieuses, apprenait de Phénix à connaître Achille.

Heureux Crispinus! à l'entrée d'une verte et confiante jeunesse, tu pourras suffire à tous les genres de travaux. Et si la fortune du prince te protége, on te verra, le glaive au côté, franchir les remparts, et, compagnon infatigable du plus tendre des amis, ressusciter le pieux Pylade et le fils de Ménœtius; car votre union, votre amitié vont jusque-là, et puissent-elles durer toujours! Pour nous, la vigueur nous abandonne; mais d'ici je t'aiderai de mes vœux et de mes prières. Hélas! hélas! si mes accents rassemblent autour de moi la foule empressée des sénateurs, tu me manqueras, cher Crispinus, et, promenant sa vue autour de lui, mon Achille regrettera ton absence. Mais tu nous reviendras plus grand: les oracles des poètes ne sont pas trompeurs. Et celui qui t'ouvre aujourd'hui, sous les aigles, une

Pendentem in cursus, vexantemque illa nudo   115
Calce ferocis equi, vultu dextraque minacem;
Si qua fides dictis, stupui, Martemque putavi.
Getulo sic pulcher equo, Trojanaque quassans
Tela, novercales ibat venator in agros
Ascanius, miseramque patri flagrabat Elisam.   120
Troïlus haud aliter gyro breviore minantes
Eludebat equos: aut quem de turribus altis
Arcadas Ogyglio versantem in pulvere turmas
Spectabant Tyriæ non torvo lumine matres.
    Ergo age, nam magni ducis indulgentia pulsat, 125
Certaque dat votis hilaris vestigia frater,
Surge, animo et fortes castrorum concipe curas.
Monstrabunt acies Mavors, Actæaque virgo;
Flectere Castor equos, humerisque quatere arma Quirinus,
Qui tibi iam tenero permisit plaudere collo   130
Nubigenas clypeos, intactaque cædibus æra.
Quasnam igitur terras, quem Cæsaris ibis in orbem?
Arctoosne amnes, et Rheni fracta natabis
Flumina? An æstiferis Libyæ sudabis in arvis?
An juga Pannoniæ, mutatoresque domorum   135
Sauromatas quaties? An te septenus habebit
Ister, et undoso circumflua conjuge Peuce?
An Solymum cinerem, palmataque capta subibis
Non sibi felices silvas ponentis Idumes?

Quod si te magno tellus frenata parenti   140
Accipiat, quantum ferus exsultabit Araxes!
Quanta Calydonios attollet gloria campos!
Quum tibi longævus referet trucis incola terræ:
« Hic suetus dare jura parens; hoc cespite turmas
Affari: vigiles speculas castellaque longe   145
Prospicis? Ille dedit, cinxitque hæc mœnia fossa:
Belligeris hæc dona deis, hæc tela dicavit;
Cernis adhuc titulos: hunc ipse, vocantibus armis,
Induit, hunc regi rapuit thoraca Britanno. »
Qualiter in Teucros victricia bella paranti   150
Ignotum Pyrrho Phœnix narrabat Achillem.
    Felix, qui viridi fidens cœptaque juventa
Durabis quascumque vices; vallumque subibis
Forsan et ense latus, si numina principis adsint,
Cinctus, et unanimi comes indefessus amici;   155
Quo Pylades ex more pius, quo Dardana gessit
Bella Menœtiades: quippe hæc concordia vobis,
Hic amor est; duretque precor! nos fortior ætas
Jam fugit; hinc votis animum precibusque juvabo.
Hei mihi! sed cœtus solitos si forte ciebo,   160
Et mea Romulei venient ad carmina patres,
Tu deeris, Crispine, mihi; cuneosque per omnes
Te meus absentem circumspectabit Achilles.
Sed venies melior (vatum non irrita currunt

entrée dans son camp, il te portera de degrés en degrés jusqu'aux superbes faisceaux, et voudra te voir siéger sur la chaire curule, à la place de tes ancêtres.

Mais quel est celui qui descend des hauteurs d'Albe la Troyenne, et du sommet de ces collines d'où le rival des Immortels surveille les remparts de Rome? Que nous annonce ce messager plus prompt que la Renommée? Il entre dans ta demeure, ô Crispinus! il la remplit de sa présence. Je te disais bien : Les oracles des poëtes ne sont pas trompeurs. César t'ouvre le seuil des honneurs et te confie les armes de l'Ausonie.

Va, jeune guerrier, efforce-toi de répondre à de si magnifiques faveurs. Que tu es heureux! un serment solennel t'attache à un héros, et le vainqueur de la Germanie te ceint de ta première épée. Ton intrépidité sera la même que si le dieu des combats en personne t'appelait sous les aigles et couvrait ton front du casque redoutable. Pars, ô Crispinus! vole plein d'ardeur, et apprends à mériter des grâces plus insignes.

SILVE III.

SUR LA MORT DE SON PÈRE.

Du bord des fontaines de l'Élysée, prête-moi des forces pour gémir, et donne, ombre illustre de mon père, donne l'impulsion à mon triste luth. Sans toi je ne pourrais ni ébranler la grotte de Délos, ni puiser aux fontaines de Cyrrha. Toutes les leçons que Phébus m'a données sous les ombrages de Corycie, toutes celles que j'ai reçues d'Évan, sous les coteaux d'Ismare, j'ai tout désappris. Les guirlandes du Parnasse ont fui ma chevelure; entre les lierres s'est glissé l'if au sinistre feuillage, et j'ai senti, ô douleur! j'ai senti mes lauriers tremblants se dessécher! Le voilà donc ce poëte qui s'en allait racontant les actions des rois, celui qui dans son altière ambition voulait égaler la gloire des favoris de Mars! Quelle divinité jalouse a mis en fuite mon Apollon, frappé de stérilité mon génie, et refroidi par un épais brouillard mon imagination disgraciée? Autour du poëte sont les Muses debout et dans la stupeur, et pas un son mélodieux ne s'exhale de leur bouche ou de leur lyre. Calliope elle-même, la tête appuyée sur son luth, demeure en silence, et telle que tu la vis, ô fleuve de Thrace, après la perte d'Orphée, lorsque, n'étant plus sous le charme de la lyre, les bêtes sauvages retombèrent dans leur férocité et les forêts dans leur immobilité première. Mais toi, mon père, soit qu'échappé de la prison du corps, tu planes en liberté dans ces régions éblouissantes de lumière, où ton œil sonde les éléments de la nature, l'essence divine, la source de la flamme, la route suivie par le soleil, et la cause qui tour à tour amoindrit et renouvelle l'orbe argenté de la lune, merveilles que chante sous ton inspiration le docte Aratus; soit que, dans les plaines verdoyantes baignées du mystérieux Léthé, admis au conseil des héros et des mânes bienheureux, tu te plaises, ombre rivale, entre les vieillards d'Ascra et de Méonie, chantant avec eux tour à tour et joi-

Omina); quique aquilas tibi nunc, et castra recludit, 165
Idem omnes perferre gradus, cingique superbis
Fascibus, et patrias dabit insedisse curules.
Sed quis ab excelsis Trojanæ collibus Albæ,
(Unde suæ juxta prospectat mœnia Romæ
Proximus ille deus) Fama velocior intrat 170
Nuntius, atque tuos implet, Crispine, penates?
Dicebam certe : Vatum non irrita currunt
Auguria : en! ingens reserat tibi limen honorum
Cæsar, et Ausonii committit munia ferri.
Vade, puer, tantisque enixus suffice donis : 175
Felix, qui magno jam nunc sub præside juras,
Cuique sacer primum tradit Germanicus ensem!
Non minus hoc fortis, quam si tibi panderet ipse
Bellipotens aquilas, torvaque induceret ora
Casside. Vade alacer, majoraque disce mereri. 180

CARMEN III.

EPICEDION IN PATREM SUUM.

Ipse malas vires, et lamentabile carmen
Elysio de fonte mihi, pulsumque sinistræ
Da, genitor perdocte, lyræ : neque enim antra movere
Delia, nec solitam fas est impellere Cyrrham
Te sine. Corycia quidquid modo Phœbus in umbra, 5
Quidquid ab Ismariis monstrabat collibus Evan,
Dedidici : fugere meos Parnasia crines
Vellera, funestamque ederis irrepere taxum
Extimui, trepidamque, nefas! arescere laurum.
Ille ego, magnanimum qui facta attollere regum 10
Ibam altum spirans, Martemque æquare canendo.
Quis steriti mea corda situ, quis Apolline verso
Frigida damnatæ præduxit nubila menti?
Stant circum attonitæ vatem, et nil dulce sonantes
Nec digitis nec voce deæ: dux ipsa, silenti 15
Fulta caput cithara; qualis post Orphea raptum
Adstitit, Hebre, tibi, cernens jam surda ferarum
Agmina, et immotos sublato carmine lucos.
At tu, seu membris emissus in ardua tendis,
Fulgentesque plagas, rerumque elementa recenses, 20
Quis deus, unde ignes, quæ ducat semita Solem,
Quæ minuat Phœben, quæque integrare latentem
Causa queat, doctique modos extendis Arati;
Seu tu Lethæi secreto in gramine campi
Consilia heroum juxta Manesque beatos, 25
Mæonium Ascræumque senem non segnior umbra
Accolis, alternumque sonas, et carmina misces;
Da vocem magno, pater, ingeniumque dolori.
Nam me ter relegens cœlum, terque ora retexens

gnant tes accords à leurs accords; donne, ô mon père, donne la voix du génie à ma douleur profonde!

Car pour moi j'ai vu l'astre des nuits remonter trois fois dans le ciel et réparer trois fois son disque, sans me consoler de mon désespoir et de l'oubli des Muses qui m'abandonnent; oui, depuis le jour où la flamme de ton bûcher se refléta sur mon visage, et où, les yeux en pleurs, je recueillis tes cendres, j'ai pris en dégoût les objets de mes études. C'est à peine si, pour t'offrir ce tribut, mon âme peut retrouver sa chaleur première et secouer le joug des soucis muets qui la rongent. Encore aujourd'hui les bras me tombent et je pleure; je pleure, appuyé sur la tombe où tu reposes mollement dans la terre de la patrie, au pied de ces monts latins où jadis, après la mort d'Énée, le triste Ascagne fonda la ville d'Albe, en fuyant les plaines engraissées du sang troyen et l'empire de sa cruelle marâtre. C'est là que j'ai déposé tes os avec honneur; et ces lieux, dont tu préfères sans doute les charmes aux douces haleines du safran de la Sicile, au précieux cinname de l'opulente Saba et aux odorantes moissons de l'Arabie, ces lieux redisent mes vers plaintifs; reçois-les avec mes sanglots, mes offrandes et des larmes filiales, telles qu'en obtinrent rarement les pères les plus chéris. Oh! si la fortune me l'eût permis, j'aurais honoré tes mânes par des autels à faire envie même aux temples; et plus haut que les rochers des Cyclopes, par-delà les Pyramides et cette audacieuse montagne de pierres, j'aurais élevé ton monument aérien, qu'environnerait encore de son ombre sacrée un bois immense. Là j'eusse effacé l'éclat des jeux donnés en Sicile sur le tombeau d'Anchise, et les combats de Némée, et la solennité brillante instituée en mémoire de Pélops. Là, sans doute, le disque d'Œbalie n'irait pas fendre les airs, lancé d'une main vigoureuse, et la molle arène ne boirait pas la sueur des coursiers, battant la poudre voltigeante de leurs pas retentissants; mais tu aurais les simples hommages du chœur de Phébus, et couronnerais du laurier des poëtes l'éloge le plus digne de tes vertus. Moi-même tout en pleurs, pontife de la fête lugubre, j'appellerais ton retour par des accents si plaintifs, qu'il n'y aurait ni loi barbare, ni Cerbère à la triple gueule, pour arrêter mon Orphée. Peut-être même, en entendant de ma bouche l'histoire de ta vie, de tes vertus, la Piété ne m'eût pas mis fort au-dessous d'Homère; peut-être essaierait-elle de m'égaler à Virgile, devenu soudain jaloux. Quel motif plus légitime aurait-elle de maudire les Dieux, et les Parques et leur fuseau d'airain, la mère éplorée, assise près du bûcher tiède encore de son fils; ou cette épouse qui, regardant son jeune époux à travers la flamme, s'efforce d'échapper aux mains qui la retiennent pour embrasser l'objet de sa tendresse? Combien j'ai plus de sujet d'accuser les divinités du ciel et de l'enfer! Les étrangers eux-mêmes n'ont pu voir d'un œil sec les funérailles de mon père. Mais pourquoi me plaindrais-je de la nature et de la piété filiale? Elles n'ont commis aucune injustice à notre égard; sans doute, mais il me semble à moi que mon père était sur le seuil de la vie, et qu'il m'est enlevé à la fleur de son âge pour subir la dure loi du Tartare. Quoi donc! Érigone pleura-t-elle moins amèrement Icare

```
Luna videt residem, nullaque Heliconide tristes          30
Solantem curas, tuus ut mihi vultibus ignis
Irrubuit, cineremque oculis humentibus hausi.
Vilis honos studiis : vix hæc in munera solvo
Primum animum; tacitisque situm depellere curis
Nunc etiam labente manu, nec lumine sicco                35
Ordior, acclinis tumulo quo molle quiescis
Jugera nostra tenens; ubi post Æneia fata
Solatus, Latiis ingessit montibus Albam
Ascanius, Phrygio dum pingues sanguine campos
Odit, et infaustæ regnum dotale novercæ.                 40
His ego te (nam Sicanii non mitius halat
Aura croci, dites nec sicubi rara Sabæi
Cinnama, odoratas nec Arabs decerpsit aristas)
Insertum cum laude locis, te carmine plango
Pierio : sume hos gemitus, et munera nati,               45
Et lacrymas, cari quas nunquam habuere parentes.
Atque utinam fortuna mihi dare Manibus aras
Par templis opus, aeriamque educere molem
Cyclopum scopulos ultra, atque audacia saxa
Pyramidum, et magno tumulum prætexere luco !            50
Illic et Siculi superassem dona sepulcri,
  Et Nemees ludum, et Pelopis solennia trunci.

Illic Œbalio non finderet aera disco
Graiorum vis ulla virum ; non arva rigaret
Sudor equum, aut putri sonitum daret ungula campo;      55
Sed Phœbi simplex chorus : hic frondentia vatum
Præmia laudato, genitor, tibi rite dicarem :
Ipse madens lacrymis, umbrarum animæque sacerdos,
Præciperem reditum, cui te nec Cerberus omni
Ore, nec Orpheæ quirent avertere leges;                 60
Meque habitus moresque tuos et facta canentem
Fors et magniloquo non posthabuisset Homero,
Tenderet et torvo pietas æquare Maroni.
Cur magis incessat Superos, et æna Sororum
Stamina, quæ tepido genitrix super aggere nati          65
Orba sedet? vel quæ primævi conjugis ignem
Adspicit, obstantesque manus, turbamque tenentem
Vincit, in ardentem, liceat, moritura maritum?
Major certe illis Superos et Tartara pulsem
Invidia : externis etiam miserabile visu                70
Funus erat. Sed nec modo se Natura dolenti,
Nec Pietas injusta dedit : mihi limine primo
Fatorum, et viridi, genitor, ceu raptus ab ævo,
Tartara dura subis; nec enim Marathonia virgo
Parcius exstinctum sævorum crimine agrestum             75
```

privé d'un souffle de vie par d'homicides laboureurs, qu'Andromaque son jeune Astyanax, précipité du haut des tours de Pergame? La première étouffa par un nœud fatal ses derniers gémissements; mais toi, veuve du grand Hector, tu n'as pas rougi de porter en esclave le joug d'un mari grec. Quant à moi, près du bûcher paternel, je n'emprunterai ni les chants mélodieux du cygne, célébrant d'avance son trépas, ni les voix enchanteresses qui, sous le noir rocher des Sirènes, menacent les pilotes d'un doux péril, ni la plainte entrecoupée que murmure Philomèle en accusant sa sœur barbare; ces fables sont usées. Quel poëte n'a fait intervenir aux funérailles les Héliades et leurs rameaux en pleurs, les rochers de Phrygie, le rival malheureux qui s'attaqua au dieu des vers, et la flûte en buis que rejeta Minerve, irritée de voir ses traits altérés? Mais pour te pleurer je vois ici la Piété, devenue, hélas! trop insensible, et la Justice rappelée dans les cieux, et l'Éloquence qui s'exprime en deux langues, et Phébus et la troupe savante de l'Hélicon, et ceux dont les nobles chants s'exhalent en harmonieux hexamètres, et ceux qui, fidèles aux leçons de l'Arcadie, font de la lyre, amie des festins, leur étude et leur gloire; et les mortels qui ont rencontré dans les voies les plus ardues de la sagesse une renommée que l'univers a voulu consacrer par le nombre sept; et les fiers génies qui, portant sur la scène les fureurs et les perfidies des rois, avec les astres qui reculent d'horreur, ont tonné d'une voix terrible en se dressant sur le cothurne; et vous aussi,

élèves de la folâtre Thalie, qui trouvez plus doux de rabaisser votre vol et de rompre la mesure des vers héroïques; je vous convie tous, car mon père embrassait tous les genres et parcourait avec une égale aisance toutes les parties du domaine de la parole, soit qu'il voulût plier la pensée au joug de l'harmonie, ou la laisser couler dans une prose facile, ou bien égaler dans son style les torrents échappés des nuages.

Lève, ô Parthénope, lève ta tête encore à demi voilée sous une pluie de cendres, et place les débris de ta chevelure sur le tombeau de ton illustre élève, de cet élève à qui les tours de Munychie, la docte Cyrène et la Sparte au cœur mâle ne peuvent opposer rien de plus grand! Si le temps jaloux avait projeté son ombre sur ton origine, et si, ville obscure, tu ne pouvais t'enorgueillir d'aucun nom, un tel citoyen, en t'adoptant pour patrie, prouverait par cela seul que tu es fille légitime de la Grèce, et que le pur sang des Eubéens coule dans tes veines. Que de fois n'a-t-il pas décoré son front de tes guirlandes, lorsqu'à l'époque de tes fêtes renouvelées de lustre en lustre, sa double éloquence, couronnée d'une double palme, l'élevait au-dessus du vieillard de Pylos et du héros de Dulichium?

Son berceau n'est pas couvert d'un voile obscur, ni son origine sans éclat; et, bien que pour lui la fortune se fût montrée avare, sa noblesse le força comme les enfants riches à prendre solennellement la robe de pourpre et la bulle d'or flottante. Dès sa première aurore, les neuf Sœurs lui sourirent, et Apollon déjà caressant suspendit une lyre à ses

Fleverit Icarium, Phrygia quam turre cadentem
Astyanacta parens : laqueo quin illa supremos
Inclusit gemitus : at te, post funera magni
Hectoris, Hæmonio pudor est servisse marito.
Non ego quas fati certus sibi voce canora 80
Inferias præmittit olor; nec rupe quod atra
Tyrrhenæ volucres nautis prædulce minantur
In patrios adhibebo rogos; non murmure trunco
Quod gemit, et diræ queritur Philomela sorori;
Nota nimis vati : quis non in funera cunctos 85
Heliadum ramos, lacrymosaque germina duxit,
Et Phrygium silicem, atque ausum contraria Phœbo
Carmina, nec fœda gavisam Pallada buxo?
Te Pietas oblita virum, revocataque cœlo
Justitia, et gemina planget Facundia lingua, 90
Et Pallas, doctique cohors Heliconia Phœbi;
Quis honor Aonios seno pede ducere cantus,
Et quibus Arcadia carmen testudine mensis
Cura lyræ, nomenque fuit; quosque orbe sub omni
Ardua septena numerat Sapientia fama; 95
Qui furias, regumque dolos, aversaque cœlo
Sidera terrifico super intonuere cothurno;
Et quis lasciva vires tenuare Thalia
Dulce, vel heroos gressu truncare tenores.
Omnia namque animo complexus, et omnibus auctor 100

Qua fandi via lata patet : sive orsa libebat
Aoniis vincire modis, seu voce soluta
Spargere, et effreno nimbos æquare profatu.
Exsere semirutos subito de pulvere vultus,
Parthenope, crinemque afflato monte sepulti 105
Pone super tumulos, et magni funus alumni,
Quo non Munychiæ quidquam præstantius arces,
Doctave Cyrene, Spartæve animosa creavit.
Si tu stirpe vetus, famæque obscura jaceres,
Nil gentile tumens, illo te cive probares 110
Graiam, atque Euboico majorum sanguine duci.
Ille tuis toties præstrinxit tempora sertis,
Quum stata laudato caneret Quinquennia versu,
Ora supergressus Pylii senis, oraque regis
Dulichii, specieque comam subnexus utraque. 115
Non tibi deformes obscuri sanguinis ortus,
Nec sine luce genus (quanquam fortuna parentum
Arctior expensis); etenim te divite ritu
Ponere purpureos infantia adegit amictus
Stirpis honore datos, et nobile pectoris aurum. 120
Protenus exorto dextrum risere sorores
Aonides, puerocue chelyn summisit, et ora
Imbuit amne sacro, jam tum tibi blandus, Apollo.
Nec simplex patriæ decus; et natalis origo
Pendet ab ambiguo geminæ certamine terræ. 125

épaules, et mouilla ses lèvres enfantines aux sources sacrées. Deux cités se vantent de lui avoir donné le jour, et sa patrie, au milieu de leurs débats, reste encore indécise. Pella te réclame, Pella, ville grecque, honorée du titre de colonie romaine, et témoin de la chute du pilote phrygien, qui, roulant du haut de la poupe, ne se réveilla qu'au milieu des ondes.... Il en est ainsi d'Homère : le Méonien, s'appuyant sur une longue possession, le revendique comme enfant de la Méonie; d'autres cités se le disputent à leur tour, et se présentent avec des titres différents que la vérité n'avoue pas toujours; mais il y a jusque dans l'ombre et le fantôme de cette gloire prodigieuse de quoi repaître encore l'orgueil des vaincus. O mon père! tandis qu'au début de la vie tes jeunes regards saluent encore le jour, déjà tu voles à ces combats qui de lustre en lustre reviennent dans ta patrie, et auxquels suffit à peine toute la maturité du talent. Mais rien n'effraie ton audace et ton impatient amour de la gloire. Ta muse précoce parut un prodige à la population de l'Eubée, et les pères émerveillés te montraient à leurs fils.

Dès lors tu obtins couronnes sur couronnes, et ta gloire éclata dans chaque solennité religieuse. Moins souvent Thérapnée sur ses verts gazons applaudit à la course victorieuse de Castor et au ceste de Pollux. Peut-être en coûtait-il moins pour obtenir la victoire dans ta patrie? Mais n'a-t-on pas vu Athènes ceindre ton front tantôt du laurier d'Apollon, tantôt de la plante de Lerne, tantôt du pin d'Athamas? Mille fois lasse, mais jamais infidèle, la victoire a-t-elle osé te retirer ses faveurs pour les porter sur une tête étrangère? De là cet empressement des pères à confier leurs espérances, de là cette ardeur de la jeunesse pour apprendre à ton école les hauts faits et les vertus des anciens héros, l'histoire des malheurs de Troie et le tardif retour d'Ulysse. Dans quels vers magnifiques Homère décrit-il le mouvement des chars et le choc des guerriers? Quelle source de richesse est indiquée au pieux laboureur par le vieillard de Sicile et le chantre d'Ascra? A quelle loi Pindare soumet-il les brillants retours de ses chants, mariés aux sons de la lyre? Tu offrais encore à leur jeune enthousiasme et la plainte d'Ibycus aux habitants de l'air, et ces chants où Alcman charmait les rudes guerriers d'Amyclée, et le vol ambitieux de Stésichore, et le téméraire essor de la mâle Sapho affrontant le précipice de Leucade, et les chefs-d'œuvre des autres amis des Muses. Le profond savoir du fils de Battus, les replis de la pensée de Lycophron, la marche compliquée de Sophron, la finesse mystérieuse de Corinne, n'avaient point de secret pour toi. Que dis-je? tu marchais à côté d'Homère, ta prose égalait ses majestueux hexamètres, et jamais il ne te laissa derrière lui.

Quelle merveille, si l'on vit la jeunesse venir à toi des plaines de la Lucanie, des guérets du rigide Daunus, du palais que Vénus arrosa de ses larmes, de la terre chérie du grand Alcide, et des coteaux de Surrente, d'où la chaste Minerve contemple les vagues tyrrhéniennes? Elle accourait en foule du promontoire voisin que décorent, ô Misène, ton gouvernail et ta trompette; de Cymé, qui la première ouvrit son enceinte au peuple latin; du port de Pouzzol et du rivage de Baïa, où la vapeur du feu se mêle à la fraîcheur de l'onde et conserve son activité dans ses retrai-

Te de gente suum Latiis ascita colonis
Graia refert Selle (Phrygius qua puppe magister
Excidit, et mediis miser evigilavit in undis);
Parthenopeque suum longo probat ordine vitæ.
　　　　　　　* * *
Mæoniden, aliæque aliis natalibus urbes　　　　　130
Diripiunt, cunctæque probant : non omnibus ille
Verus; alit victos immanis gloria falsi.
Atque ibi dum profers annos, vitamque salutas,
Protenus ad patrii raperis certamina lustri
Vix implenda viris, laudum festinus, et audax　　135
Ingenii : stupuit primæva ad carmina plebes
Eubœa, et natis te monstravere parentes.
Inde frequens palmæ, nulloque inglorio sacro
Vox tua : non toties victorem Castora gyro,
Nec fratrem cæstu virides plausere Therapnæ.　　140
Sit pronum vicisse domi; quid Achæa mereri
Præmia, nunc ramis Phœbi, nunc germine Lernæ,
Nunc Athamantea protectum tempora pinu?
Quum toties lassata, tamen nusquam avia frondes
Abstulit, aut alium tetigit Victoria crinem.　　145
　Hinc tibi vota patrum credi, generosaque pubes
Te monitore regi, moresque et facta priorum

Discere : quis casus Trojæ; quam tardus Ulixes;
Quantus equos pugnasque virum decurrere versu
Mæonides; quantumque pios ditarit agrestes　　150
Ascræus, Siculusque senex; qua lege recurrat
Pindaricæ vox flexa lyræ, volucrumque precator
Ibycus, et tetricis Alcman cantatus Amyclis,
Stesichorusque ferox, actusque egressa viriles
Non formidata temeraria Leucade Sappho;　　155
Quosque alios dignata chelys : tu pandere docti
Carmina Battiadæ, latebrasque Lycophronis atri,
Sophronaque implicitum, tenuisque arcana Corinnæ,
Sed quid parva loquor? tu par assuetus Homero
Ferre jugum, senosque pedes æquare solutis　　160
Vocibus, et nunquam passu breviore relinqui.
　Quid mirum, patria si te petiere relicta
Quos Lucanus ager, rigidi quos jugera Dauni,
Quos Veneri plorata domus, neglectaque tellus
Alcidæ, vel quos e vertice Surrentino　　165
Mittit Tyrrheni speculatrix virgo profundi?
Quos propiore sinu lituo remoque notatus
Collis, et Ausonii pridem laris hospita Cyme;
Quosque Dicarchei portus, Baianaque mittunt
Littora, qua mediis alte permixtus anhelat　　170

tes souterraines. Ainsi les rochers de l'Averne et l'antre obscur de la Sibylle voyaient affluer de toutes parts les nations avides d'une réponse, et la prophétesse annonçait le courroux des Dieux et la vengeance des Parques, et ses oracles étaient toujours des oracles, bien qu'elle eût trompé Phébus.

Bientôt, chargé d'instruire la jeune postérité de Romulus et les futurs souverains du monde, tu les diriges d'une main ferme sur les traces de leurs aïeux. Ton œil a vu petit enfant ce pontife qui veille sur le larcin de Diomède et sur la flamme mystérieuse apportée d'Ilion; il a grandi sous tes ailes, et tu l'initiais déjà aux cérémonies saintes. Tu appris aux Saliens à porter les anciles, aux augures, à lire dans le ciel la volonté des Dieux. Et le ministre chargé d'ouvrir les livres sibyllins, et le flamine qui ceint un bandeau de laine, et le jeune prêtre de Pan lui-même, tous ont pâli jadis devant tes fouets redoutés. Et maintenant de cet essaim généreux, l'un peut-être dicte des lois à l'Aurore, l'autre maîtrise l'Ibérie; celui-ci repousse loin de Zeugma le sujet d'Achémène, celui-là enchaîne les riches populations de l'Asie et du Pont; un autre, au forum, règle tout par ses faisceaux pacifiques, ou bien, fidèle à son poste, il siége au milieu des camps. Dans l'art de former des jeunes cœurs tu aurais ravi la palme à Nestor, à Phénix, gouverneur d'un élève indomptable, et à Chiron même qui, aux accords de sa lyre, calmait la passion naissante de son élève pour les trompettes et les clairons belliqueux.

Ainsi tu t'illustrais, quand soudain de la roche Tarpéienne Érynnis secoua le flambeau des discordes civiles, et renouvela les luttes de Phlégra. Le Capitole est embrasé par des torches sacriléges, et toute la fureur des Sénonais a saisi les cohortes latines. La flamme se calmait à peine, et ce bûcher qui consumait les Dieux n'était pas éteint, lorsque ta verve pieuse, et plus rapide que la flamme, porta sur les temples en ruine des vers consolateurs aux pieds de Jupiter captif. Tu ravis en admiration et les grands du Latium, et César, vengeur des Dieux; et le père des Immortels applaudit du milieu des feux.

Déjà tu voulais célébrer dans des vers pieux l'incendie du Vésuve et consacrer tes gémissements aux désastres de la patrie, lorsque Jupiter, arrachant les entrailles de la montagne, les souleva jusqu'au ciel pour les lancer au loin sur les malheureuses villes. Et moi aussi, jaloux de visiter les bois harmonieux du Parnasse et les frais vallons de Tempé, je m'annonçai aux Muses pour être ton fils; je fus admis aussitôt, et cette faveur que je te dois surpasse, à mes yeux, la possession de la terre, de la mer et des cieux. Oui, si quelque renom s'attache à ma lyre, je t'en suis redevable; c'est toi qui as mis sur mes lèvres un langage inconnu au vulgaire, et dans mon cœur l'espérance d'un glorieux sépulcre. Quelle n'était pas ton émotion, lorsque mes vers, flattant l'oreille des grands du Latium, te procuraient le bonheur de voir tes dons applaudis! Oh! comme l'ivresse et les pleurs de l'ivresse, comme l'espoir et les pieuses alarmes se confondaient sur ton visage, brillant de joie et rougissant! Que ce jour-là était bien ton jour! Comme ta gloire était loin de la

Ignis aquis, et operta animos incendia servant.
Sic ad Avernales scopulos, et opaca Sibyllæ
Antra, rogaturæ veniebant undique gentes:
Illa minas divum, Parcarumque acta canebat,
Quamvis decepto vates non irrita Phœbo. 175
　Mox et Romuleam stirpem, proceresque futuros
Instruis, inque patrum vestigia ducere perstas.
Sub te Dardanius facis explorator opertæ
Qui Diomedei celat penetralia furti,
Crevit, et inde sacrum didicit puer: arma probare 180
Monstrasti Saliis, præsagumque æthera certis
Auguribus; cui Chalcidicum fas volvere carmen,
Lanea cui Phrygii est coma flaminis, et tua multum
Verbera succincti formidavere Luperci.
Et nunc ex illo forsan grege, gentibus alter 185
Jura dat Eois, alter compescit Iberos,
Alter Achæmenium secludit Zeugmate Persen:
Hi dites Asiæ populos, hi Pontica frenant,
Hi fora pacificis emendant fascibus, illi
Castra pia statione tenent; tu laudis origo. 190
Non tibi certasset juvenilia fingere corda
Nestor, et indomiti Phœnix moderator alumni;
Quique tubas acres, lituosque audire volentem
Æaciden, alio frangebat carmine Chiron.
　Talia dum celebras, subitam civilis Erinnys 195
Tarpeio de monte facem, Phlegræaque movit
Prælia: sacrilegis lucent Capitolia tædis,
Et Senonum furias Latiæ sumpsere cohortes.
Vix requies flammæ, nec dum rogus ille deorum
Siderat, excisis quum tu solatia templis 200
Impiger, et multum facibus velocior ipsis,
Concipis ore pio, captivaque fulmina defles.
Mirantur Latii proceres, ultorque deorum
Cæsar, et e medio divum pater annuit igni.
　Jamque et flere pio Vesuvina incendia cantu 205
Mens erat, et gemitum patriis impendere damnis;
Quum pater exemptum terris ad sidera montem
Sustulit, et late miseras dejecit in urbes.
Me quoque vocales lucos lustrataque Tempe
Pulsantem, quum stirpe tua descendere dixi, 210
Admisere deæ; nec enim mihi sidera tanti
Æquoraque et terras, quam vos debere parenti.
Tu decus hoc quodcumque lyræ, primusque dedisti
Non vulgare loqui, et famam sperare sepulcro.
Qualis eras, Latios quoties ego carmine patres 215
Mulcerem, felixque tui spectator adesses
Muneris! heu quali confusus gaudia fletu,
Vota piosque metus inter, lætumque pudorem!
Quam tuus ille dies! quam non mihi gloria major!
Talis Olympiaca juvenem quum spectat arena 220

céder à la mienne! Tel, aux jeux Olympiques, un père qui voit son fils parmi les combattants combat lui-même, et combat plus encore, et reçoit des coups plus terribles au fond de son cœur paternel. Les gradins sont attentifs; l'intérêt s'attache plus vivement à cet athlète, tandis qu'il affronte les flots de poudre avec sa vieille paupière, et fait vœu d'expirer si la couronne est à son fils. Hélas! pourquoi n'ai-je recueilli sous tes yeux que les palmes de la patrie, et les rameaux décernés par Cérès, en face des enfants de Chalcis? Quelle n'eût pas été ta joie si j'avais ceint ton front d'une couronne reçue des mains de César! non, les champs d'Albe Troyenne n'auraient pu en contenir les élans. Comme ce jour eût ajouté à ta vigueur ce qu'il ôtait à ta vieillesse! Pourquoi le chêne sur ma tête ne se maria-t-il pas à l'olivier, lorsqu'aux jeux Capitolins je chantais la gloire de Jupiter? Ma *Thébaïde*, à ton école, s'élevait au ton des anciens poëmes. Tu excitais mes chants, tu me déroulais les actions des héros, les secrets de la guerre et la situation des lieux. Sans toi mes pas mal assurés chancellent dans une route indécise, et ma barque orpheline vogue à l'aventure dans l'obscurité.

Et tu n'épuisais pas sur moi seul les trésors de ta tendresse, le lit nuptial en avait bien aussi quelque chose; tu n'as jamais connu qu'un seul flambeau d'hymen, allumé par un seul amour. Ah! tendre mère, je ne puis l'arracher à tes cendres déjà froides. Son cœur croit te sentir, son œil croit te voir et son bras te presser; et chaque jour, au lever de l'aube ou vers le coucher du soleil, elle salue ton humble tertre, bien différente de ces femmes qui, prodiguant une feinte douleur aux fêtes de Cybèle et d'Isis, ne trouvent plus de larmes pour les funérailles d'un époux. Peindrai-je l'aménité facile de tes mœurs, unie à une sage réserve? Quelle piété! quel mépris du gain! et quelle pudeur jalouse! et quel esprit de droiture! Mais en retour, et dans les heures de laisser-aller, quelle grâce dans tes paroles, quelle jeunesse de cœur! C'est sans doute pour prix de tant de mérites que la bienveillance des Dieux t'a départi une gloire pure, et une renommée qui n'a jamais reçu aucune fâcheuse atteinte. Tu m'es ravi, tendre père, sans être ni trop léger ni trop chargé d'années; treize lustres accomplis sur ta tête forment ta couronne de vieillard; mais la piété, la douleur m'interdisent tout calcul. O vertu qui mériterait d'outre-passer l'âge de Nestor et d'égaler celui des vieillards de Pergame, vertu digne de voir un fils, ton image, en cheveux blancs! Après tout, le Destin n'a point ouvert pour toi sa porte la plus triste; nulle secousse violente; et tu n'as point, victime d'une lente décrépitude, envoyé pièce à pièce tes membres au tombeau; mais, doucement plongé par le trépas au sein d'une douce léthargie, à peine as-tu senti la mort qui, sous les traits du sommeil, te transportait chez les ombres.

Quels ne furent pas alors mes sanglots! L'amitié inquiète les entendait; ma mère aussi put les entendre, et désira d'emporter avec elle des regrets aussi vifs. Mânes chéris, pardonnez! Je puis le dire, ô mon père! ta douleur n'eût pas fait plus pour un fils. Heureux celui dont les bras se fermant à vide environnèrent du

Qui genuit, plus ipse ferit, plus corde sub alto
Cæditur : attendunt cunei; spectatur athletes
Ille magis, crebro dum lumina pulveris haustu
Obruit, et pensa vovet exspirare corona.
Hei mihi, quod tantum patrias ego vertice frondes 225
Solaque Chalcidicæ Cerealia dona coronæ
Te sub teste tuli! qualem te Dardanus Albæ
Vix cepisset ager, si per me serta tulisses
Cæsarea donata manu! quod subdere robur
Illa dies, quantum potuit dempsisse senectæ! 230
Heu quod me mixta quercus non pressit oliva,
Et fugit speratus honos, quum Lustra parentis
Invida Tarpeii canerem! Te nostra magistro
Thebais urgebat priscorum exordia vatum ;
Tu cantus stimulare meos, tu pandere facta 235
Heroum ; bellique modos, positusque locorum
Monstrabas. Labat incerto mihi limite cursus
Te sine, et orbatæ caligant vela carinæ.

Nec solum larga memet pietate fovebas;
Talis et in thalamos : una tibi cognita tæda 240
Connubia, unus amor ; certe sejungere matrem
Jam gelidis nequeo bustis; te sentit, habetque,
Te videt, et tumulos ortuque obituque salutat,
Ut Pharios aliæ ficta pietate dolores

Mygdoniosque colunt, et non sua funera plorant. 245
Quid referam expositos servato pondere mores?
Quæ pietas? quam vile lucrum? quæ cura pudoris?
Quantus amor recti? rursusque, ubi dulce remitti,
Gratia quæ dictis? animo quam nulla senectus?
His tibi pro meritis, famam laudesque benignas 250
Index cura deum, nulloque e vulnere tristes
Concessit : raperis, genitor, non indigus ævi ;
Non nimius; trinisque decem quinquennia lustris
Juncta ferens : sed me pietas numerare, dolorque
Non sinit : o Pylias ævi transcendere metas, 255
Et Teucros æquare senes, o digne videre
Me similem! Sed nec leti tibi janua tristis
Quippe leves causæ; nec segnis tabe senili
Exitus instanti præmisit membra sepulcro;
Sed te torpor iners, et mors imitata quietem 260
Explicuit, falsoque tulit sub Tartara somno.

Quos ego tunc gemitus? comitum manus anxia vidit,
Vidit et exemplum genitrix, gavisaque vovit
Quæ lamenta tuli : veniam concedite, Manes,
Fas dixisse, pater; non tu mihi plura dedisses. 265
Felix ille patrem vacuis circumdedit ulnis,
Vellet, et Elysia quamvis in sede locatum,
Abripere, et Danaas iterum portare per umbras :

moins l'ombre d'un père! Fils d'Anchise, tu voulais l'arracher même aux demeures élysiennes, et le reporter sur la terre à travers les ombres des Grecs. Encore vivant, tu avais tenté le chemin du Tartare, et une prêtresse vénérable t'avait conduit jusqu'aux pieds de Proserpine. Ah! si pour un motif moins touchant la lyre d'Orphée a traversé les ondes paresseuses de l'Averne, et si la tendresse d'une épouse a rendu Admète aux plaines de Thessalie, Protésilas à la lumière du jour, pourquoi cette faveur, ô mon père, ne tomberait-elle pas sur ta lyre ou sur la mienne? Ah! que je puisse toucher le front paternel, serrer les mains paternelles, n'importe à quelle condition!

Mais vous, roi des pâles ombres, et vous, Junon des enfers, si un sentiment pur a dicté ma prière, éloignez et les torches des Furies et les serpents qui sifflent sur leur tête. Que le gardien farouche étouffe ses aboiements formidables; que des vallons écartés retiennent les centaures, les hydres sans nombre, et les monstres de Scylla; et que l'inflexible nocher, écartant la foule des ombres vulgaires, invite celle du noble vieillard à sortir de la barque, et la dépose mollement sur l'algue tendre.

Allez, mânes pieux, noble essaim des poëtes de la Grèce; couvrez-la des guirlandes du Léthé, cette ombre illustre, et montrez-lui le bois où ne pénètre jamais Erynnis, mais où reluit sous l'azur un ciel trompeur, une douce lumière toute semblable à la nôtre. Viens néanmoins, ô mon père! et que dans l'illusion du sommeil je te voie plus brillant que jamais; sors, non par la porte d'ivoire, mais par celle que n'ouvre point l'imposture; viens encore me prodiguer tes conseils. Ainsi, dans la grotte d'Aricie, une nymphe complaisante dictait à Numa le détail des cérémonies saintes qu'il devait instituer; ainsi Rome croyait que Jupiter dans les songes remplissait l'âme de l'Africain, et Apollon celle de Sylla.

SILVE IV.
AU SOMMEIL.

Quel est mon crime, ô le plus pacifique des Immortels? Comment ai-je mérité, si jeune encore, d'être le seul malheureux oublié dans tes faveurs, ô Sommeil! Tout se tait dans la nature, les animaux domestiques, les oiseaux, les bêtes sauvages; et il n'est pas jusqu'aux arbres dont la tête courbée ne semble dormir de lassitude. La voix des fleuves ne retentit plus aussi menaçante; les vagues émues sont retombées, et la mer enfin sommeille en s'appuyant contre la terre.

Phébé de retour pour la septième fois me retrouve encore soulevant ma tête malade, sept fois les flambeaux célestes ont revu Paphos et l'OEta, et, toujours témoin de mes soupirs, l'épouse de Tithon passe, et me fait sentir par pitié la fraîcheur de son fouet humide. Puis-je rester en cet état? Non, je ne le puis, quand j'aurais les cent yeux que le fidèle Argus tenait éveillés tour à tour, mais jamais tous à la fois, sur la surface de son corps. Et maintenant peut-être, en cette nuit pour moi si longue, quelque amant dans les bras d'une jeune fille te repousse de bon cœur, ô Sommeil! Quitte-le pour venir à moi! Et je ne t'oblige pas à verser sur mes paupières tous les pavots qui chargent tes ailes (ce vœu convient aux mortels

---

Tentantem et vivos molitum in Tartara gressus
Detulit infernæ vates longæva Dianæ.   270
Si chelyn Odrysiam pigro transmisit Averno
Causa minor; si Thessalicas Admeton in oras,
Si conjux retro Phylaceida rettulit umbram,
Cur nihil exoret, genitor, chelys aut tua Manes,
Aut mea? fas mihi sit patrios contingere vultus,   275
Fas junxisse manus, et lex quæcumque sequatur.
   At vos, umbrarum reges, Ennæaque Juno,
Si laudanda precor, tædas auferte comasque
Eumenidum; nullo sonet asper janitor ore;   279
Centaurosque, Hydræque greges, Cyllæaque monstra
Aversæ celent valles; umbramque senilem
Invitet ripis, discussa plebe, supremis
Vector, et in media componat molliter alga.
   Ite, pii Manes, Graiumque examina vatum,
Illustremque animam Lethæis spargite sertis,   285
Et monstrate nemus, quo nulla irrupit Erinnys,
In quo falsa dies, cœloque simillimus aer.
Inde tamen venias melior, qua porta malignum
Cornea vincit ebur, somnique in imagine monstra
Quæ solitus. Sic sacra Numæ, ritusque colendos   290
Mittis Aricino dictabat Nympha sub antro:

Scipio sic plenos Latio Jove ducere somnos
Creditur Ausoniis, et non sine Apolline Sylla.

CARMEN IV.
AD SOMNUM.

Crimine quo merui juvenis, placidissime divum,
Quove errore miser, donis ut solus egerem,
Somne, tuis? Tacet omne pecus, volucresque, feræque,
Et simulant fessos curvata cacumina somnos:
Nec trucibus fluviis idem sonus; occidit horror   5
Æquoris, et terris maria acclinata quiescunt.
   Septima jam rediens Phœbe mihi respicit ægras
Stare genas; totidem OEtææ, Paphiæque revisunt
Lampades, et toties nostros Tithonia questus
Præterit, et gelido spargit miserata flagello.   10
Unde ego sufficiam? Non si mihi lumina mille,
Quæ sacer alterna tantum statione tenebat
Argus, et haud unquam vigilabat corpore toto.
Et nunc fors aliquis longa sub nocte, puellæ
Brachia nexa tenens, ultro te, Somne, repellit.   15
Inde veni; nec te totas infundere pennas

6.

SILVE V.

SUR LA MORT DE SON FILS ADOPTIF.

Je suis bien malheureux!... car je ne débuterai pas ici par une invocation solennelle. Les fontaines harmonieuses ne coulent plus pour moi, Castalie m'en veut, et Phébus ne m'aime pas. O divines Sœurs! dites, ai-je troublé vos chœurs, profané vos autels, foulé d'un pied téméraire vos bosquets sacrés, ou trempé dans une source interdite ma lèvre indiscrète? Ma faute, mon erreur, quelle est-elle? Qu'ai-je donc fait pour mériter cet excès de malheur? Voilà qu'un enfant à qui je tiens du fond des entrailles, dont l'âme était mon âme, vient d'être arraché de mes bras! Et ce n'était pas un rejeton de ma tige, je n'ai pas été son père, il ne portait ni mon nom, ni l'empreinte de mes traits; mais pourtant voyez mes pleurs, mes joues livides, et croyez-en mes sanglots. Oui! j'ai perdu un fils! Venez, parents au cœur tendre; et vous mères, vous surtout venez, le sein découvert, déposer sur sa tombe les débris de votre chevelure et les offrandes funèbres.

S'il est une mère qui ait conduit des fils au bûcher, les y ait portés elle-même et d'un pas chancelant, sous sa mamelle encore gonflée; qui ait meurtri sa poitrine humide, et éteint les tisons plus heureux), mais effleure-moi du bout de ta baguette, il suffit; viens doucement, viens d'un pas léger, touche-moi, et passe.

fumants sous les flots de son lait; s'il en est une qui ait vu son fils, à peine marqué de la fleur délicate de la jeunesse, disparaître sous les cendres, et la flamme dévorer en courant le duvet de ses joues, qu'elle paraisse, et s'épuise à gémir avec moi tour à tour, j'aurai la victoire, ô Nature, et tu rougiras de mes larmes : tant je suis cruel à moi-même, tant ma douleur est délirante! Depuis trois fois dix jours que je médite appuyé sur sa tombe, et voulant exhaler ma plainte dans des chants, je ne trouve que des sons sans harmonie, et ma voix sort péniblement en sanglots entrecoupés. Le désespoir m'empêche de continuer, et le désespoir aussi ne peut se taire. Mais cependant les bandelettes poétiques, les lauriers ont disparu; l'if sépulcral attriste seul ma chevelure, et le lierre joyeux cède la place au cyprès funeste. Mes doigts égarés se promènent languissamment sur la lyre, dont ils fatiguent les cordes rebelles. J'aime, hélas! oui, j'aime un son plaintif jeté sans art et sans génie; je veux mettre ma douleur toute simple et toute nue sous les yeux. Voilà, voilà mon sort. Dieux, témoins de mes chants lugubres et de ma lugubre parure, fermez l'oreille à ma voix. Que Thèbes et le descendant d'Éaque rougissent de leur poëte! rien de mélodieux ne sortira désormais de ma bouche.

Le voilà ce poëte qui mille fois cicatrisa la blessure d'un père, d'une mère, et endormit doucement les douleurs les plus vives; ce tendre consolateur des affligés, qui rendait les tombeaux même attentifs, et suspendait par ses accents la descente des ombres! Le voilà, il succombe, il sol-

Luminibus compello meis (hoc turba precetur
Lætior); extremo me tange cacumine virgæ;
Sufficit, aut leviter suspenso poplite transi.

CARMEN V.

EPICEDION IN PUERUM SUUM.

Me miserum (neque enim verbis solennibus ulla
Incipiam nunc, Castaliæ vocalibus undis
Juvisus, Phœboque gravis)! quæ vestra, sorores,
Orgia, Pieriæ, quas incestavimus aras?
Dicite : post pœnam liceat commissa fateri.   5
Numquid inaccesso posui vestigia luco?
Num vetito de fonte bibi? quæ culpa? quis error,
Quem luimus tantis mœroribus? Ecce lacertis
Viscera nostra tenens animamque, avellitur infans;
Non de stirpe quidem, nec qui mea nomina ferret   10
Oraque; non fueram genitor : sed cernite fletus,
Liventesque genas, et credite planctibus orbi;
Orbus ego : huc patres, et aperto pectore matre
Conveniant; cinerisque oculis, et munera ferte.
Si qua sub uberibus plenis ad funera natos   15
Ipsa gradu labente tulit, madidumque cecidit
Pectus, et ardentes restinxit lacte favillas;

Quisquis adhuc teneræ signatum flore juventæ
Immersit cineri juvenem, primaque jacentis
Serpere crudeles vidit lanugine flammas,   20
Adsit, et alterno mecum clamore fatiscat :
Vincetur lacrymis, et te, Natura, pudebit :
Tanta mihi feritas, tanta est insania luctus!
Hoc quoque cum *** in ter dena luce peracta
Acclinis tumulo, luctus in carmina verto,   25
Discordesque modos, et singultantia verba
Molior. Orsa *** est : atque ira tacendi
Impatiens : sed nec solitæ mihi vertice laurus,
Nec fronti vittatus honos : en taxea marcet
Silva comis, hilaresque ederas plorata cupressus   30
Excludit ramis : ignavo pollice chordas
Pulso; sed incertum digitis errantibus amens
Tundo chelyn : juvat heu! juvat illaudabile carmen
Fundere, et incompte miserum laudare dolorem.
Sic merui; sic me cantuque habituque nefastum   35
Adspiciant Superi : pudeat Thebasque novumque
Æacidem : nil jam placitum manabit ab ore.
  Ille ego, qui toties blandus matrumque patrumque
Vulnera, qui vivos potui mulcere dolores;
Ille ego lugentum mitis solator, acerbis   40
Auditus tumulis, et descendentibus umbris,
Deficio, medicasque manus, fomentaque quæro

licite une main secourable et des remèdes pour sa blessure, mais des remèdes souverains. O mes amis, vous dont j'ai tari les larmes, essuyé le cœur saignant, hâtez-vous de me secourir, et rendez-moi à votre tour ce pénible office! Souvent même j'ai osé faire le procès à votre douleur pour en dompter la violence. Infortuné que je suis! maintenant sous le coup d'une disgrâce semblable, je réclame vos larmes et tout le baume de vos consolations.

Votre désespoir était juste! ma force est épuisée, la voix expire sur mes lèvres, et mon esprit comme foudroyé ne trouve plus rien qui le satisfasse; toute parole languit, toute expression me semble indigne. Pardonne, cher enfant! ta mort me plonge dans des ténèbres horribles. En voyant la blessure d'Euridice, Orphée trouva encore des sons mélodieux et doux, et sur le tombeau de Linus Apollon ne montra pas une douleur muette. On dira que j'excède toutes limites dans ma sombre avidité de souffrir. Mais qui blâmera nos gémissements et nos lamentations? Il est trop heureux, mais il est aussi barbare, le mortel qui, sans connaître les rigueurs de la fortune, ose fixer un terme à la plainte et dicter des lois à la douleur; ah! ce moyen ne sert qu'à l'aigrir. On enchaînerait plutôt les fleuves impatients de leurs rives, on arrêterait la flamme, plutôt qu'on n'interdirait les pleurs à l'œil des malheureux. Mais pourtant, qui que tu sois, censeur rigide, apprends la cause de ma blessure.

Je n'avais point acheté à prix d'or un de ces jouets vivants et parlants venus des côtes de Pharos, un de ces jolis esclaves instruits de tous les propos qui courent les bords du Nil, une de ces langues légères qui ne tarissent pas en saillies lascives; mais cet enfant était à moi, véritablement à moi. A peine il toucha la terre, que, le prenant aussitôt dans mes bras, je l'enveloppai de langes et entonnai sur lui l'hymne généthliaque. Lorsqu'il frappait les airs de ses tendres vagissements, je présidai à son entrée dans la vie : qu'ont fait de plus ses parents? Ce n'est pas tout, pauvre petit, je t'ai donné comme une seconde naissance en affranchissant ton berceau. Alors tu ignorais le prix de mes faveurs, et, dans ton ignorance, tu riais. Mon amour se hâtait, mais il se hâtait avec raison, pour ne laisser à l'esclavage aucun instant d'une vie qui devait être si courte. Et, dans mon désespoir, je n'accuserais pas les Dieux de jalousie, et le Tartare d'injustice! et je n'aurais pas des larmes pour toi, cher nourrisson! Vivant, tu ne m'as point laissé désirer de fils; je t'ai pressé contre mon cœur dès ta première aurore, et mon cœur n'a pu se détacher de toi. Je t'appris à former les premiers sons en débrouillant la langue de tes plaintes et tes murmures inarticulés. Tu rampais à terre; et m'abaissant jusqu'à toi je te relevais pour te baiser, je recevais dans mon sein tes petites larmes de plus en plus abondantes, et j'appelais sur tes paupières le doux sommeil. Ta bouche n'a connu d'abord d'autre nom que mon nom, ton enfance d'autre jeu que mon sourire, et ce sourire de mon visage était pour toi le bonheur........ (*Le reste manque.*)

```
Vulneribus, sed summa, meis : nunc tempus, amici,
Quorum ego manantes oculos et saucia tersi
Pectora, reddere opem, sævasque exsolvere grates.        45
Nimirum tunc vestra domans ego vulnera, mœstos
Increpui : nunc damna dolens alterna, reposco
Infelix lacrymas, et mitia carmina quæro.
Verum erat; absumtæ vires, et copia fandi
Nulla mihi, dignumque nihil mens fulmine tanto           50
Repperit; inferior vox omnis, et omnia sordent
Verba : ignosce, puer; tu me caligine mersum
Obruis ah! dira : viso sic vulnere caræ
Conjugis, invenit caneret quod Thracius Orpheus
Dulce sibi; sic busta Lini complexus Apollo              55
Non tacuit. Nimius fortasse, avidusque doloris
Dicar, et in lacrymis justum excessisse pudorem.
Quisnam autem gemitus, lamentaque nostra reprendit?
O nimium felix, nimium crudelis, et expers
Imperii, Fortuna, tui, qui dicere legem                  60
Fletibus, aut fines audet censere dolendi!
Incitat, heu! planctus : potius fugientia ripas
Flumina devincas, rapidis aut ignibus obstes,
Quam miseros lugere vetes : tamen ille severus,
Quisquis is est, nostræ cognoscat vulneris causæ.        65

         Non ego mercatus Pharia de pube loquaces
Delicias, doctumve sui convicia Nili
Infantem, lingua nimium, salibusque protervum
Dilexi : meus ille, meus : tellure cadentem
Excepi, et vinctum genitali carmine fovi;                70
Pulsantemque novas tremulis ululatibus auras
Inserui vitæ : quid plus tribuere parentes
Quin alios ortus, libertatemque sub ipsi
Uberibus tibi, parve, dedi; tu munera nostra
Ridebas, ignarus adhuc : properaverit ille,              75
Sed merito properabat, amor; ne perderet ullum
Libertas tam parva diem : nonne horridus ipsos
Invidia Superos, injustaque Tartara pulsem?
Nonne gemam te, care puer? quo sospite, natos
Non cupii; primo gremium cui protenus ortu               80
Applicui, fixique meum; cui verba, sonosque
Monstravi, questusque et murmura cæca resolvens;
Reptantemque solo demissus ad oscula dextra
Erexi, blandoque sinu, jamjamque natantes
* Exercere genas, dulcesque accersere somnos :           85
Cui nomen vox prima meum, ludusque tenello
Risus, et e nostro veniebant gaudia vultu.
* * * (*Desunt cætera.*)
```

NOTES DES SILVES.

LIVRE PREMIER.

ÉPITRE DÉDICATOIRE.

Ad Stellam. Ce Stella était un jeune patricien vanté comme poëte par Martial et Stace, qui mentionnent deux de ses élégies : la *Colombe de Vénus*, et l'*Astéris*, où il exprime son amour pour Violantilla, jeune veuve riche et belle, à ce que dit l'épithalame. Pour les autres personnages ici nommés, nous renvoyons aux pièces qui leur sont adressées.

Dedicaverat opus. L'empereur étant souverain pontife, l'inauguration de tous les monuments se faisait par lui ou en son nom.

Quibus utique creditur. Ces trois mots s'expliquent par *inexpertam*, Stace n'ayant pu préparer d'avance la description de jeux et de spectacles inconnus jusqu'alors.

SILVE I.

Le peuple et le sénat ayant décerné une statue à Domitien pour quelques prétendues victoires sur les Germains, Stace avait été choisi pour chanter officiellement le nouveau chef-d'œuvre.

v. 2. *Latium forum.* On remarquera dans Stace une grande prédilection pour les anciens noms de pays, de villes, etc.

v. 5. *An te Palladiæ Effinxere manus.* Allusion de l'auteur à la manie de son héros, qui prétendait être sous la protection spéciale de Minerve.

v. 34. *An nova contemptis flammis.* Grand nombre d'édifices, consumés par la flamme sous Titus, furent réparés par lui et par Domitien (Suét., Vie de Titus et Vie de Domitien).

v. 36. *Atque exploratas jam laudet Vesta,* etc. Domitien avait puni avec une rigueur barbare les faiblesses de quelques vestales (Vie de Domitien, Suétone).

v. 37. *Dextra velat pugnas.* Dans une passage de Quintilien, on trouve ainsi décrite la pose qui, dans les statues, indique le pacificateur : « inclinato in humerum dextrum capite, brachio ab aure protenso, manum inflexo pollice extendit. »

v. 54. *Hic domini nunquam mutabit.* Il arrivait souvent qu'à la chute d'un empereur on décapitait ses statues, pour y substituer l'image de son successeur (Vie de Vespasien).

v. 66. *Cujus sacrata voraga.* Ce passage signifie peut-être que ces lacs conservaient leur nom, même après avoir perdu leurs eaux ; car le lac Curtius était alors desséché (Ovide, Faste VI, 403).

v. 81. *Longo Marte domas.* Ceci semble opposé à *semel ego* du vers 78. La statue était sans doute érigée en mémoire des longs travaux militaires de l'empereur. Stace en effet rappelle dans ces quatre vers la guerre du Capitole, (Suét. Domitien, c., 1) celle de Germanie contre les Cattes, la révolte de Lucius Antonius (Suét. c. 6), et la double expédition contre les Daces.

v. 86. *Pelleo, Lysippe duci.* Les faits manquent pour éclaircir ce passage. Tout ce qu'on sait, c'est que plus d'un empereur romain fit placer sa figure sur les statues des héros et des Dieux.

v. 101 et suiv. On connaît le Jupiter de Phidias et le colosse de Rhodes ; le colosse de Tarente, moins connu généralement, représentait Jupiter (Pline, XXXIV, 7).

SILVE II.

Stella est le même jeune patricien à qui Stace dédia le premier livre des Silves ; il était généreux, magnifique, d'un caractère doux ; amateur de la poésie, où il eut quelque succès. Peut-être fut-il compagnon d'étude de Stace, comme l'insinuerait le vers 259 de cette pièce. Martial lui attribue nombre de galanteries. Il finit par épouser, après une assez longue attente, Violantilla, riche veuve dont il s'était épris, et Stace acheva l'épithalame en deux jours. Stella fut duumvir, préteur, et en cette qualité célébra des jeux pour une victoire de Domitien. Stace lui annonce le consulat, et Martial nous apprend qu'il l'obtint.

v. 7. *Vultu petulans Elegia.* On se rappelle que Stella était poète élégiaque. Le sens du vers est déterminé par *celsior assueto*. L'élégie, humble et triste d'ordinaire, manifeste une joie accidentelle.

v. 40. *Cyaneos raperere per œstus.* Allusion aux Argonautes, qui les traversèrent pour conquérir la toison d'or.

v. 43. *Pastor temerarius Ida.* L'auteur rappelle-t-il le jugement des trois déesses ou l'enlèvement d'Hélène ? *temerarius* conviendrait aux deux sens. Mais tout porte à croire qu'il s'agit d'un amant favorisé.

v. 53. *Getici mariti.* Mars, après avoir été l'amant de Vénus, devint son époux (V. Martial, VI, 21).

v. 102. *Nostræ fata colombæ.* La colombe de Violantilla (Martial, I, 8).

v. 176. *Cybeleia novit Limina.* Peut-être s'agit-il de quelque sacerdoce.

v. 180. *Lauros celebrare recentes.* Stella fut en effet chargé de célébrer des jeux après une victoire de l'empereur.

v. 198. *Asteris ortu.* Astéris, mot grec dont la signification est analogue à celle du nom de Stella.

SILVE III.

Manlius Vopiscus ne nous est connu que par cette pièce de Stace. Elle n'est pas sans mérite, on y trouve de jolis vers descriptifs ; mais des puérilités, du remplissage, des redites, et un défaut total d'ensemble, la mettent bien au-dessous des deux précédentes.

v. 4. *Certantesque sibi dominum defendere. Sibi defendere*, dans le sens de *sibi retinere, vindicare.* Voyez Thébaïde, IV, 402.

v. 8. *Pisæo anno.* L'année, pour la partie de l'année, la saison ; *la saison de Pise*, pour la saison où l'on célèbre les jeux Olympiques : c'était une solstice d'été.

v. 25. *Alternas servant prætoria ripas. Alternas ripas* pour *utramque ripam* se retrouve une seconde fois dans cette même pièce (v. 64). *Prætoria*, nom que du temps de Stace on donnait aux maisons des riches, correspond à peu près à notre mot *château*.

v. 28. *Et audaci junctos delphinas ephebo.* Évidemment il s'agit ici de Léandre. Mais comment se lie tout ce morceau ? d'une manière assez ridicule : *ce fleuve paisi-*

ble n'est pas une barrière. On dit que Léandre put traverser l'Hellespont à la nage. Mais ici, sans avoir à craindre de tempêtes, on peut se voir, se parler, se toucher presque d'une rive à l'autre.

v. 35. *Mauros undique postes.* D'autres entendent l'ivoire, mais on ne voit pas que l'ivoire formât jamais l'encadrement même des portes. Quelques-uns pensent qu'il s'agit ici du marbre de Numidie, dont il est question dans un passage du même auteur.

v. 37. *Emissas per cuncta cubilia nymphas.* Peut-être ces nymphes sont, en prose triviale, des robinets placés dans toutes les chambres.

v. 41 et 42. *Offensaque turbine nullo Nox silet.* Probablement il s'agit ici de l'obscurité du bois ; à moins qu'on n'entende par *aula* une chambre à coucher, ce qui semble un peu difficile.

v. 57. *Expavere gradus.* Je reculai, croyant fouler des êtres animés, ou bien : je tremblais de fouler aux pieds tant de merveilles. Hyperbole singulière, mais assez dans le goût de Stace.

v. 57 et 58. *Distantia tecta trichoris.* Trichoris exprime, selon les uns, une maison à trois étages, et, selon les autres, un bâtiment divisé en trois corps. Voyez au reste Saumaise, sur Spartien, page 677.

v. 76. *Egeriæ nemoralem.... Phœben.* Diane avait à Aricie un temple où elle était adorée sous le nom de Nemorensis et Nemoralis : près de là était la fontaine d'Égérie.

v. 79. *Quod ni.... alias Tirynthia sortes.* Tibur était sous la protection d'Hercule qui y rendait des oracles, aussi bien que la Fortune, qu'on adorait à Préneste sous l'image de deux sœurs.

v. 83. *Cedant Telegoni.* Le territoire de Tusculum, ville fondée par Télégone, fils d'Ulysse et de Circé.

v. 84. *Littusque cruenti Antiphatæ.* La côte de Formies, anciennement habitée par les Lestrygons.

v. 85. *Vitreæ juga perfida Circes.* Le mont Circé, près de Cajète en Campanie. Il appelle Circé *vitream*, ou parce qu'elle était nymphe de la mer, ou à cause de son inconstance, de sa perfidie, de sa fragilité. Horace lui donne la même épithète.

v. 87. *Phrygio quas mitis alumno.* D'après Virgile, la nourrice d'Énée donna son nom à la ville de Cajète.

v. 94. *Senior Gargettius horto.* Épicure, du bourg de Gargette.

SILVE IV.

Le demi-vers de Juvénal « *et custos Gallicus urbis* » est tout ce que l'antiquité nous a laissé de ce Gallicus, auquel Stace prodigue les éloges les plus emphatiques. Encore, par une méprise singulière, quelques commentateurs ont appliqué le passage aux oies du Capitole.

v. 6. *Stat proxima cervix Ponderis immensi.* Rutilius était préfet de Rome, et cette place était regardée comme la seconde de l'empire, du moins en ce qui concernait les affaires civiles.

v. 9. *Quæ signa colunt urbana.* On pourrait croire qu'il ne s'agit ici que des cohortes urbaines; mais voici un passage de Tacite qui semble autoriser l'opinion contraire : « *urbem insidebat proprius miles, tres urbanæ, novem prætoriæ cohortes.* » Ann. IV, 5. *Proprius miles* n'est-il pas l'équivalent de « *qui signa colunt urbana* ? »

v. 11. *Urbesque ubicumque togatæ.* L'autorité du préfet de Rome s'étendait jusqu'à cent milles de la ville. Stace dit d'une manière plus emphatique qu'il commande à toutes les villes qui portent l'habit romain.

v. 18. *Peccaverit ara Terenti.* Térente était un emplacement dans le champ de Mars, où l'on offrait des sacrifices aux Dieux infernaux dans les jeux séculaires. Ces jeux venaient d'être célébrés par Domitien.

v. 21. *Mitem Tegeæ Dircesve... alumnum.* Mercure ou Bacchus.

v. 24. *Ausoniæ decora ampla togæ.* Vers expliqués par le v. 71 : ses premiers talents ont brillé sous la toge. Peut-être cependant le poète fait-il allusion à quelque circonstance inconnue de la vie de Rutilius.

v. 41. *Non labente Numa timuit sic curia.* Le souvenir de la tyrannie de Romulus avait rendu Numa cher aux Romains.

v. 59. *Signat Apollineo.* Apollon avait un temple près de Verceil, dans les Alpes.

v. 84. *Missum triumphum.* Il s'agit ici de ces lettres couronnées de laurier que les généraux vainqueurs envoyaient à l'empereur pour gage de leurs succès, à moins que l'on n'entende par là un message qui valut à Rutilius les honneurs du triomphe.

v. 89 et suiv. *Non vacat Arctoas acies.* Il s'agit des prétendues victoires célébrées dans la première silve. Velléda, prophétesse fameuse parmi les Germains.

v. 97. *Patricio sonuistis in ostro.* Ce passage a rapport aux jeux séculaires.

v. 112. *Citius non arte refectus... Telephus Æmonia.* On sait que la lance d'Achille guérit Téléphe en le blessant. *Metuentis Atridæ.* — Ménélas fut effrayé malgré son courage, lorsqu'il fut blessé par Pandarus.

v. 125 et suiv. *Troica dignus Sæcula.* Tithon était frère de Laomédon. Quant à la Sibylle de Cumes, elle avait obtenu d'Apollon autant d'années qu'elle avait de grains de poussière dans sa main.

v. 128. *Vacuet Mevania valles.* Dans l'Ombrie, célèbre par ses troupeaux. Clitumne, fleuve du pays des Falisques, dont les eaux avaient la vertu de blanchir les troupeaux qui s'y baignaient.

SILVE V.

Le père d'Étruscus, originaire de Smyrne, fut dans sa première jeunesse esclave de Tibère, qui lui donna la liberté. Il resta comme affranchi au service de Caligula, de Claude et de Néron. Vespasien lui donna le grade de chevalier, et Domitien lui confia la garde de son trésor. Quelque temps après il fut disgracié, et envoyé en exil en Campanie : son fils obtint la permission de l'y accompagner. Ensuite il revint à Rome pour solliciter la grâce de son père, et l'obtint (Martial, VI, 83).

v. 20. *Fonte doloso Salmacis.* On connaît la métamorphose de Salmacis et d'Hermaphrodite. Depuis lors, les eaux de cette fontaine rendaient efféminés ceux qui s'y baignaient.

v. 21. *Et Cebrenidos arida luctu.* Cébrène, fleuve de Phrygie, père d'Astérope. Cette nymphe, fuyant la poursuite d'Ésacus, fut mordue par un serpent et mourut. Son amant désespéré fut changé en plongeon, et son père, desséché par la douleur, devint un marais pestilentiel.

v. 22. *Herculei prædatrix cedat alumni.* On connaît l'aventure d'Hylas.

v. 38. *Ipse cruentavit.... Attys.* Le marbre de Synnade était blanc, mais on y trouvait parfois des taches provenant de ce qu'Atys, après avoir fait le sacrifice qu'il déplore dans Catulle, avait laissé sur ce marbre des traces sanglantes. Il paraît que le Synnade employé dans les bains d'Étruscus était naturellement veiné de rouge, ce qui fait dire à l'auteur *ipse cruentavit Attys*.

v. 57. *Crepantes.... Audihira pilas.* On s'exerçait à la paume dans une salle particulière, en attendant le bain.

SILVE VI.

Il ne s'ag't point ici de la fête ordinaire des Saturnales qu'on célébrait pendant cinq jours à partir du 16 décembre, mais d'une fête *saturnale* donnée le premier du même mois par l'empereur, et que Stace appelle plus bas *saturnalia principis*.

La fête a lieu dans l'amphithéâtre. Après une distribution de gâteaux et de fruits, on sert un magnifique repas. Il faut se rappeler que les tables chez les anciens étaient disposées en demi-cercle. Dans l'espace resté vide, avaient lieu les combats de gladiateurs et les danses. Ici les danses furent interrompues par une distribution d'oiseaux vivants qu'on lança des étages supérieurs, sans doute après avoir pris des précautions pour les empêcher de s'enfuir.

v. 4. *Saturnus compede exsoluta*. La statue de Saturne restait toute l'année chargée de liens; on l'en délivrait aux Saturnales.

v. 17. *Molles caseoli*. On admet difficilement cette pluie de fromages mous : peut-être faut-il lire *caioli*, monnaie à l'effigie de Caïus, qu'on aurait imitée en pâtisserie. Martial, VIII, 78 : *nunc veniunt subitis lasciva numismata nimbis.*

v. 35. *Orbem qua melior*. L'auteur veut-il louer ici l'administration de Domitien, ou parler tout simplement de la fécondité de l'année? le sens n'est pas clair.

v. 70. *Lydiæ tumentes*. Sans doute parce qu'elles soufflaient dans quelque instrument de musique.

v. 74. *Gregale sulfur*. Gregale est synonyme de *vile*. Martial et Juvénal ont parlé de ces marchands de soufre.

v. 88. *Gnosiacæ facem coronæ*. Il s'agit de la constellation appelée Couronne d'Ariane.

LIVRE SECOND.

ÉPITRE DÉDICATOIRE

1 Stace et Martial nous ont seuls donné quelques détails insignifiants sur Mélior. Il paraît qu'il avait quelque pouvoir, peu d'ambition, une grande fortune. Les vers de Stace sur son perroquet ne donnent pas une haute idée de l'homme.

SILVE I.

Tout ce que nous savons de Glaucias est renfermé dans cette pièce de vers et dans deux épigrammes de Martial (28 et 29 du livre VI).

v. 10. *Tergeminum Sicula de virgine carmen*. Les Sirènes qui habitaient la Sicile avant l'enlèvement de Proserpine.

v. 43. *Castigatæ collecta modestia frontis*. Il paraît qu'un front étroit était une beauté aux yeux des anciens.

v. 53. *Jurataque multum Barba. Jurare aliquid* veut dire ici consacrer avec serment. Nous verrons plus tard Éarinus consacrer ses cheveux à Esculape.

v. 72. *Turbo catastæ*. Le marchand, pour montrer la vigueur de ses esclaves, les faisait courir dans un lieu appelé Catasta.

v. 111. *Amyclæa matre pilaces*. Pollux, fils de Léda.

v. 147. *Crinem tenet infera Juno*. Allusion à une ancienne croyance : cette superstition était fondée sur ce qui se pratiquait dans les sacrifices, où l'on coupait quelques poils sur la tête de la victime. Ce n'était pas une main mortelle qui coupait ces cheveux, c'était Orcus ou Proserpine. Voyez Horace, livre I, ode 28. *Crinem* ne doit pas se traduire par *un cheveu*, cela est ici par trop clair, grâce au mot *complexa*.

v. 180. *Jacuit sub matre Palæmon*. Palémon, nom sous lequel était adoré Mélicerte.

v. 182. *Tulit anguis Ophelten*. Le même qu'Archémore.

v. 201. *Amissi solatia Blæsi*. Jeune Romain de famille noble, ami de Mélior.

v. 230. *Nec diræ comes ille feræ*. Probablement Cerbère; mais le sens littéral dit autre chose. Faut-il adopter l'opinion de Heinsius, qui pense que le compagnon de Cerbère est son frère Othrys, chien à deux têtes qui gardait les troupeaux de Géryon? La tradition est peu connue et la question peu importante.

SILVE II.

Pollius Félix était un de ces oisifs si communs sous le despotisme des Césars, qui passaient leur jeunesse à composer de petits vers, et leur vieillesse à étudier en amateurs la philosophie d'Épicure : sa fortune paraît avoir été considérable. Le vague de plusieurs passages de cette pièce ne permet pas toujours de décider si le poëte s'adresse à Pollius ou à Ménécrate son gendre, et s'il désigne la mère ou la fille quand il parle de Polla. C'est d'ailleurs une des meilleures silves de ce recueil.

v. 1. *Sirenum nomine muros*. La ville de Surrente, sur le golfe de Naples.

v. 6. *Me post patrii..... quinquennia lustri*. Allusion modeste à une victoire littéraire de Stace (Silve V, 3, v. 225).

v. 8 et suiv. *Ambracias conversa gymnade frondes*. Les jeux d'Actium commençaient cette année au moment où se terminaient les jeux de Naples. On y distribuait des couronnes de feuillages.

v. 76. *Hæc videt Inarimen*. Cette île est, ainsi que la suivante, située près du cap Misène, *armiger magni Hectoris*. Les autres lieux désignés dans les vers suivants sont entre ce cap et Naples.

v. 93. *Gaudens fluctu Carystos*. Voyez la cinquième silve du premier livre. On y trouve déjà : *undosa Carystos*.

SILVE IV.

Le perroquet de Stace est bien loin du moineau de Catulle : sans parler des détails, son sujet d'abord est ridicule, tel qu'il l'a envisagé. La perte d'un moineau est un événement pour une jeune fille, on le conçoit; mais conçoit-on un homme qui n'était jamais seul quand il avait son perroquet? Conçoit-on un poëte qui prend la chose au sérieux, et qui déplore du même ton la mort d'un perroquet et la mort d'un enfant?

v. 17 et 19. *Plangat Phœbeius ales*. On sait que le corbeau était consacré à Apollon. On connaît aussi l'aventure de ces sœurs qui voulurent disputer aux Muses le prix de la poésie, et furent changées en pies.

v. 21. *Soror orba cubili*. Il s'agit ici de Philomèle ou de Progné, peu importe : les deux sœurs étaient séparées et perdues l'une pour l'autre, l'une habitant les bois, l'autre les villes.

v. 30. *Queruli vice functus amici*. C'était sans doute après la mort de Blésus, dont il est question dans les silves I et III de ce livre.

SILVE V.

Domitien fut de tous les empereurs romains celui qui poussa le plus loin la manie des spectacles : sous son règne on vit figurer dans l'arène des ours, des lions, des monstres par milliers; il s'y montra lui-même.

Stace dans cette pièce est l'interprète naïf des sentiments du sénat et du peuple, dont il peint les regrets avec emphase; il y prodigue d'ailleurs beaucoup de poésie inutile. Martial nous parle d'un autre lion condamné à mort par César pour avoir mordu son gardien.

v. 28. *Tristi gladiator arena.* On faisait combattre comme gladiateurs les prisonniers faits sur les Barbares, et Stace rappelle ici le triomphe de Domitien et son surnom de Germanicus.

SILVE VI.

Il existe cinq lettres de Pline adressées à ce Flavius Ursus. On y voit seulement qu'il était regardé comme un connaisseur. C'est peut-être lui que Martial a en vue (VI, 64), quand il avertit un de ses censeurs de ne pas attaquer un *ours vivant.*

v. 27 et 28. *Nec Paris Œbalios Rusticus...* La leçon *rusticus* est partout admise, quoique difficile à expliquer. Ovide dit précisément le contraire de ce qu'avance notre poëte : « et adest non *rusticus* hospes, » dit-il en parlant du pâtre de l'Ida.

v. 40. *De sexu transire jubent.* Comme s'il y avait *femineam dant speciem.* Cela signifie peut-être aussi bien *muliebria pati.*

v. 46. *Teneri sic integer œvi Elin adit.* Selon quelques commentateurs, il s'agit de Chorœbus.

v. 93. *Sed et ipse juvat.* Peut-être cela signifie-t-il : « mais tu te complais dans ces gémissements : » les vers qui suivent confirmeraient ce sens hasardé.

v. 95. *Nota reis facundia raptis.* Sénèque dit aussi, *de Brevit. vitæ,* 6 : *Quædam judicia constat ab illo rapta.*

v. 102. *Notat Proserpina vultu. Notat* se prend ordinairement en mauvaise part. Dans ce sens il faudrait dire : Proserpine les observe d'un œil jaloux.

SILVE VII.

Polla Argentaria était l'épouse de Lucain.

v. 40. *Doctos equites.* Pourquoi cette épithète appliquée spécialement aux chevaliers? C'est que les sénateurs avaient une existence politique, tandis que les chevaliers ne pouvaient être quelque chose que par leur renommée littéraire. C'est par là qu'ils donnaient prise à la verve louangeuse de Stace.

v. 53. *Carmen fortior exeres togatum.* Ce sont les *togatæ* ou comédies du théâtre latin.

Vers 63. *Jucunda dabis Allocutione.* Le mot *allocutio* désignait, à ce qu'il paraît, une petite pièce de vers et comme un abrégé d'épître.

LIVRE TROISIÈME.
ÉPITRE DÉDICATOIRE.

Germanici nostri. L'empereur Domitien, comme vainqueur des Germains, prenait le titre de Germanicus, qui le flattait singulièrement. Stace, dans les Silves, lui donne rarement d'autre nom : on a trouvé le mot *nostri* beaucoup trop familier, mais il faut se souvenir que la politesse des anciens n'est pas la politesse moderne; les Romains écrivant à des empereurs employaient ces formules.

SILVE I.

Cette pièce est le complément de la description que Stace nous a donnée de la maison de Pollius. Il est aisé d'y remarquer un style énergique, et plus châtié qu'à l'ordinaire. Le poëte y préconise la magnificence de son ami et sa piété envers les Dieux.

v. 27. *Excluso Phryge, porrigit Hebe.* Stace est le seul qui fasse succéder Hébé à Ganymède; c'est peut-être dans la vue de rendre Hercule plus intéressant qu'il suppose que Jupiter revint vers Hébé, à la sollicitation du nouveau Dieu.

v. 43. *Thestius obstupuit, toties socer.* Ce Thestius était fils d'Érithrée, et avait cinquante filles. Hercule l'ayant attiré à un sacrifice, en reçut l'hospitalité, et profita de la circonstance pour déshonorer ses cinquante filles. Il sortit de ce commerce d'une seule nuit cinquante fils, qui furent envoyés en Sardaigne pour y fonder une colonie sous la conduite d'Iolaüs. Sept seulement restèrent avec leur père, et deux à Thèbes.

v. 55. *Profugis quum regibus aptum.* Ces rois étaient des esclaves fugitifs qui tous les ans disputaient entre eux le sacerdoce du temple élevé à Diane, dans la forêt d'Aricie. Le vainqueur s'appelait *rex nemorensis,* et il portait toujours une épée nue à la main. La grande fête de Diane Aricinienne se célébrait aux ides d'août.

v. 57. *Conscius Hippolyti splendet lacus.* Hippolyte ayant été rappelé à la vie par Esculape, Diane le cacha dans sa forêt d'Aricie; il y vivait inconnu sur le bord d'un lac qui est dit *conscius,* parce qu'il était seul témoin de la retraite du prince. Les chevaux étaient bannis de ces lieux : on devine pourquoi.

v. 89. *Erubuit, risitque Deus.* Le Dieu rougit d'abord de sa misère étalée aux yeux de spectateurs illustres, mais il rit ensuite de les voir, mouillés jusqu'aux os, se précipiter dans sa chétive demeure.

v. 92. *Juvenemque... Parthenopem.* Neapolis renferme le mot *Juvenis* ou *nova urbs* que Stace a joint à l'ancien nom Parthénope.

v. 128. *Viridesque resultant Taurubulæ.* Aucun géographe n'a fait mention de ce lieu, entouré probablement de bois et de prairies, comme l'indique l'épithète *viridis.* Domitius pense qu'il s'agit d'une chaussée, appelée voie d'Hercule, pratiquée en avant du lac Lucrin par ce dieu lui-même, pour faciliter le passage des bœufs qu'il avait ravis dans ses expéditions. L'explication n'est fondée que sur l'étymologie, ταῦρος, taureau, et βάλλω, je fais passer.

v. 143. *Litat hic felicior infans.* Ces jeux avaient été institués en l'honneur d'Hercule, les premiers dans l'isthme de Corinthe, à l'occasion de la mort de Mélicerte précipité dans les flots par sa mère; les autres, près de Némée, à cause d'Archémore qui y présidait, lorsqu'il périt misérablement. Le petit-fils de Pollius présidait aux jeux de Sorrente.

v. 152. *Parthenope gentile sacrum.* Parce qu'elles ont été faites à l'imitation de celles qu'on célébrait à Naples, et qu'elles s'appelaient aussi Parthénopées.

v. 157. *Liquidas nodare palæstras. Nodare* indique l'entrelacement qui a lieu dans la lutte; *liquidas,* les flots d'huile que l'on versait sur le corps des athlètes.

SILVE II.

Métius Céler, qui n'est guère connu d'ailleurs que par les éloges de Stace, était fils de sénateur et décoré du laticlave : amateur de la poésie et appréciateur du talent, il devait être courtisé par un poëte qui cherchait autant de flatteurs que de patrons. La silve dont il s'agit est un calque assez heureux de la belle ode 3 du livre premier d'Horace. L'imitateur délaie avec esprit ce que le poëte original indique rapidement à l'imagination.

v. 74. *Nec spargere nubila fluctus Audebant.* Les flots, se brisant avec fureur contre les flancs du navire, forment une espèce de cascade ou plutôt de nuage, lequel se résout en pluie sur le vaisseau au moment de la tempête; c'est peut-être ainsi qu'il faut entendre *nubila.* Mais je l'ai traduit autrement.

v. 101. *Isi, Phoronæis quondam stabulata sub*

antris. Pendant sa disgrâce, Io, fille d'Inachus (qui était la même qu'Isis), demeura cachée dans les étables du roi d'Argos, Phoronée.

v. 110. *Cecropio stagnata luto.* Progné changée en hirondelle était Athénienne; or, Athènes était appelée *Cecropia* : de là l'épithète *Cecropio.* Suivant Pline le naturaliste (l. x, 33,), la multitude immense de nids que les hirondelles construisent en certains endroits du Nil, forme de chaque côté du fleuve une digue assez compacte pour arrêter les eaux. Toutefois rien dans cette explication ne motive le pourquoi de Stace; il n'y aurait pas là un fait mystérieux à connaître. La phrase de Stace équivaut à celle-ci : « quelle puissance force la mer à s'arrêter devant le grain de sable? »

110. *Cur invida Memphis.* L'auteur veut-il parler des prêtres égyptiens, si jaloux de leur science et de leurs secrets, ou bien des haines civiles et religieuses qui divisaient les villes de l'Égypte?... Peut-être il ne s'agit que d'une disposition haineuse caractéristique des habitants d'une même ville Voyez Juvénal, sat. xv, v. 32 : *Lasciviat ora Canopi.* Le même Juvénal, sat. xv, 46, a dit :

.... Sed luxuria, quantum ipse notavi
Barbara famoso non cedit turba Canopo.

v. 112. *Lethæus janitor aras.* Le poëte confond Cerbère avec Anubis.

v. 117. *Belliger urbis Conditor Hyblæo.* Selon quelques historiens, le corps d'Alexandre, transporté de Babylone à Alexandrie, aurait été embaumé : Stace ajoute qu'il dut sa conservation au nectar de l'Hybla, c'est-à-dire au miel, qui, selon Pline, préserve les corps de la putréfaction.

v. 122. *Marti Latino.* Le Mars latin, ou Romulus.

v. 142. *Dederim quæ justa Pelasgis.* Allusion à la *Thébaïde* qui n'était pas encore terminée à l'époque du départ de Métius.

SILVE III.

v. 95 et suiv. *Uni parent commissa ministro.* Toute la tirade depuis le vers 86 jusqu'au vers 105 est d'une grande importance historique. On a recherché curieusement l'origine de la charge des maires du palais sous les rois francs de la première race. Ne serait-ce pas une imitation des formes romaines, et ne pourrait-on pas en voir la trace dans les fonctions que remplissait un simple affranchi? On sait que les Gallo-Romains étaient les hommes d'affaires de nos premiers rois.

v. 118. *Et magno gens est damnata triumpho.* Voici le fait : Appius Sabinus commandait une légion dans la Dalmatie, et fut vaincu par les Daces. Domitien, pour venger cette injure, se mit à la tête de son armée, les repoussa, et remporta les honneurs du triomphe; ainsi le héros de Stace n'aurait contribué à la victoire que par sa défaite précédente.

v. 138. *Illum, et qui nutu superas nunc temperat arces.* Il s'agit simplement de l'empereur Vespasien : il partage avec ses fils le gouvernement des cieux et de la terre, parce que l'un (Titus) était déjà mort et en cette qualité gouvernait avec lui dans les cieux, l'autre (Domitien) vivait alors et gouvernait la terre.

v. 140. *Idumæi donavit honore triumphi.* Encore une hyperbole poétique. Étruscus obtint seulement le privilége de prendre place parmi les guerriers victorieux qui entouraient le char du triomphateur.

v. 163. *Diomedeas arces.* Capoue.

v. 171. *Latio non est dignata triumpho.* Suétone confirme le fait; mais aussi le moyen de dépouiller des peuples nus? chétif et maigre eût été le triomphe.

v. 174. *Nec Siculæ moderantur carmina rupes.* Il s'agit du chant des Sirènes.

v. 191. *Et Lydi pietas temeraria Lausi.* Qui n'a lu dans l'Énéide l'épisode attendrissant de Lausus? *Lydi*, parce que la partie du Latium qu'habitaient les Rutules avait reçu des colonies de Lydiens.

SILVE IV.

Jamais Stace ne fut mieux inspiré; son vers coule avec douceur, avec harmonie; les endroits difficiles sont touchés délicatement, la pensée du poëte devient transparente et l'expression pure et limpide, toute la silve est charmante d'un bout à l'autre; aussi s'agit-il d'une chevelure!

Éarinus n'envoie que ses cheveux, parce qu'il était privé de barbe. Il paraît que ce jeune homme, alors âgé de vingt ans, et commençant à perdre une partie de ses attraits, se décida à ce sacrifice en reconnaissance des faveurs qu'il avait reçues de Domitien, et qu'il attribuait à l'intervention d'Esculape, le dieu de sa patrie. Il s'appelait Flavius, comme affranchi de la maison Flavia, et avait été surnommé Éarinus, de ἔαρ, printemps.

v. 2. *Auro coronato.* Cassette entourée d'un cercle d'or.

v. 18. *Juppiter Ausonius, romanuque Juno.* La Junon romaine (Domitia) fut d'abord répudiée par le Jupiter de l'Ausonie (Domitien). Le noble époux reprit ensuite son épouse.

v. 25. *Deus incubat angui.* L'autel d'Esculape avait à sa base un énorme serpent, qui l'embrassait tout entier.

v. 54. *Plena dederat connubia dextra.* Ces vers s'appliquent au mariage de Domitien avec Domitia, mariage dont il est question plus haut.

v. 58. *Murrasque graves.* Écrivez mirrhe et non pas myrrhe : il ne s'agit pas ici de la substance qui découle de certains arbres, mais d'une pierre précieuse, appelée onyx par Agricola. La description qu'en donne Pline indique assez que c'est une sorte de cristallisation; le mot *graves* montre aussi qu'elle avait plus de poids que le cristal.

v. 71. *De sexu transire jubet.* On voit qu'il s'agit de la castration. Cet usage, qui n'était pas alors très-ancien dans l'empire, ne put être aboli ni par les efforts de Domitien, ni par les tentatives de ses successeurs.

SILVE V.

Après tant de compositions froides ou coquettes, on est heureux de rencontrer dans cette silve un style plus simple, animé d'un sentiment vrai; il y a bien encore çà et là dans cette silve quelques images prétentieuses, mais en général le tour est plus naturel. Stace voudrait faire partager à sa femme son désir de retourner à Naples; il adore sa petite patrie, petit coin de terre, car le cœur humain aime à se resserrer, et Rome s'était agrandie outre mesure; Stace se complaît dans la vie calme et domestique, et on s'en aperçoit avec plaisir.

v. 28. *Ter menitidis Albana ferentem.* Les jeux d'Albe avaient été institués par Domitien, en l'honneur de Minerve.

v. 35. *Aure rapis vigili.* Il paraît que la plupart des Romaines qui avaient épousé des orateurs et des poëtes étaient dans l'usage d'assister leurs maris ou leurs amants dans la composition de leurs ouvrages, et d'entendre la première lecture qu'ils en faisaient : Sidoine Apollinaire (livre II, épît. 10) nous donne la liste complète de ces muses latines.

v. 48. *Questa est Ægiale, questa est Melibœa relinqui.* Égiale était fille d'Adraste et femme de Diomède, Mélibée femme de Philoctète. Toutes deux voulaient suivre leurs maris à la guerre de Troie.

v. 49. *Et quanquam sævi fecerunt Mœnada planctus.*

Le poëte fait-il allusion au fameux passage de Virgile, et s'agirait-il de la reine de Carthage, transformée par le désespoir en Ménade furieuse? Nous avons traduit dans ce sens : mais est-il bien clair que ce soit cela? Ce vers a donné lieu à une foule d'interprétations, dont aucune n'est satisfaisante et qui toutes sont très-arbitraires.

v. 52. *Sic exsequias amplexa canori Conjugis.* L'épithète *canori* laisse en doute si le premier mari de Claudia était poëte ou musicien, mais le goût de Claudia pour la musique ferait pencher pour la dernière opinion.

v. 56. *Sic ut mater amas.* Ces termes indiquent clairement que c'était une fille que le musicien ou poëte, premier époux de Claudia, avait eue lui-même d'un premier lit.

v. 102. *Caraque non soli juga Surrentina Lyæo.* Chers, dit-il, non pas au seul Bacchus; car outre le temple de Minerve et d'Hercule, Pollius, que le poëte parait avoir ici en vue, faisait ses délices de ce lieu.

LIVRE QUATRIÈME.

SILVE I.

Domitien fut 17 fois consul, ce qui n'était encore arrivé à aucun Romain avant lui. De ces 17 consulats il n'y en eut que 7 qu'il exerça jusqu'à la moitié de l'année; les autres ne passèrent pas le mois de mai : assez ordinairement il ne gardait cet honneur que jusqu'aux ides de janvier, époque à laquelle il se faisait remplacer.

v. 3. *Atque oritur cum sole novo.* Chez les Romains, à cette époque, on célébrait les Saturnales; et quelques jours plus tard, l'année commençait par l'entrée en charge des consuls désignés.

v. 37. *Mecum altera sæcula condes.* Or, Domitien avait déjà célébré les jeux séculaires. Mais Janus n'a pas vu clair dans l'avenir : Domitien est mort dans l'année même de son dix-septième consulat. Non-seulement Stace prédit que Domitien avec Janus ouvriront le siècle suivant, mais bien d'autres encore, *altera condes*.

v. 38. *Revocabitur ara Terenti.* C'était un autel consacré à Pluton et à Proserpine : il restait enfoui sous terre au milieu du champ de Mars cent ans durant, puis on le retirait pour y faire des sacrifices expiatoires en l'honneur des divinités infernales.

v. 43. *Cupiuntque decem tua nomina menses.* Deux mois avaient été déjà nommés par Domitien : septembre *Germanicus*, parce qu'alors le prince avait bien voulu prendre les rênes de l'empire; octobre *Domitianus*, à cause de sa naissance. Les dix autres mois restaient à pourvoir. Au reste, ni septembre ni octobre ne gardèrent longtemps leur dénomination nouvelle. L'horreur qu'inspirait la tyrannie de Domitien fut telle, que depuis aucun empereur n'osa donner son nom à un mois de l'année.

SILVE II.

Cette silve renchérit sur l'adulation qui déshonore la précédente. Domitien, consul pour la dix-septième fois en 95, et de retour de son expédition contre les Sarmates, donne un repas somptueux, auquel il admet les plus distingués d'entre les sénateurs, les chevaliers et les savants. Parmi ces derniers, Stace tenait un des premiers rangs.

v. 56. *Et Pallenæos laudare triumphos.* Il s'agit de la victoire remportée sur les géants. Pallène est une ville de Macédoine, autour de laquelle étaient les champs phlégréens.

SILVE III.

La voie Domitienne était une prolongation de la voie Appienne; elle prenait celle-ci à Terracine, et conduisait le long de la mer vers Cumes, Baies, et le golfe de Gaure. C'est la restauration de cette voie, auparavant impraticable, qui fait le sujet de cette pièce, une des meilleures de Stace.

v. 5. *Nec dux advena, pejerate bello.* Les critiques sont partagés : les uns veulent que ce soit Spartacus, les autres Annibal; plusieurs, un guerrier anonyme. Cependant l'expression, *pejerate bello*, convient mieux au général carthaginois qu'à tout autre.

v. 15. *Pulchræ supplicium timere formæ.* Il s'agit encore ici de la castration.

v. 17. *Et Pacem propria domo reponit.* Le temple de la Paix bâti par Vespasien, augmenté par Titus, fut orné par Domitien des plus belles statues, principalement de celle de la déesse.

v. 19. *Flaviumque culmen.* Temple destiné aux Flaviens.

v. 59. *Lechio nihil vetante.* Le projet de couper l'isthme avait déjà été formé par Démétrius, roi de Macédoine, par César et par Néron.

v. 139. *Parens Deorum.* Dans les auteurs de ce siècle, le mot *parens* se prend quelquefois dans le sens de proche parent.

v. 142. *Solemni prece Quindecim virorum.* Les livres sibyllins étaient renfermés dans le Capitole, et confiés à la garde de quinze citoyens ou prêtres, qui n'en donnaient connaissance qu'avec l'autorisation du sénat.

v. 159. *Obviosque currus.* Le poëte veut dire qu'après avoir refusé des triomphes, Domitien montera vers les astres sur le char de la Renommée, qui viendra au devant de lui.

SILVE IV.

Jeune encore, Victorius Marcellus fut redevable à son éloquence de la faveur de Domitien, qui lui donna l'inspection de la voie Latine. Du barreau, il passa probablement à la tête des armées; ce qu'il y a de sûr, c'est qu'il fut subrogé consul avant la fin de juin 95. Le reste de sa vie est absolument ignoré. Quintilien lui dédia son traité des *Institutions oratoires*.

v. 2. *Appia crescit In latus.* Il s'agit probablement encore de la voie Domitienne, bien que Stace ne la nomme pas.

v. 6. *Lydia qua penitus stagnum navale coercet.* Pourquoi l'épithète Lydia donnée à la rive droite du Tibre? en voici l'explication : « Lydus et Tyrrhenus furent deux frères qui devaient partager ensemble la province de Méonie, dans l'Asie Mineure. Le sort ayant décidé que la Méonie entière resterait à Lydus, son frère alla chercher fortune ailleurs, et aborda sur la côte de l'Étrurie. » Ainsi l'épithète donnée à la rive droite du Tibre, où commençait l'Étrurie, est un souvenir du frère, auquel le destin arracha l'empire paternel.

v. 43. *Centeni judicis hasta.* Les centumvirs qui jugeaient en matière civile et de police tenaient une baguette en forme de javelot avec laquelle ils faisaient faire silence.

v. 85. *Tifata, Teate.* Téate était la ville des Marrucins. Tifate était une ville proche de Capoue et voisine de la mer. Ses environs pouvaient aussi renfermer des volcans.

SILVE V.

Stace composait cette ode au printemps de 95, dans le

petit domaine qu'il avait obtenu de la libéralité de l'empereur Domitien. Septime Sévère, Romain d'origine, né à Leptis en Afrique, était aieul de l'empereur de ce nom. Il eut pour maître Stace le père, pour condisciples Stace le fils, et tous les personnages dont il est question dans les silves. Il cultiva avec succès la poésie, mais surtout l'éloquence; néanmoins les goûts champêtres l'arrachèrent de bonne heure à la scène du monde.

v. 28. *Bebryciæ strepitus arenæ.* Pyrène, fille de Bébryx, donna son nom aux Pyrénées. Diodore réfute cette histoire. Les Bébryces, suivant d'autres auteurs, étaient des peuples de Bithynie. Amycus leur roi fut vaincu par Pollux au combat du ceste.

v. 35. *Quis fonte Juturnæ.* Cette fontaine doit son nom à la sœur de Turnus, dont Virgile décrit les actions au livre XII, vers 138 et suiv.

v. 38. *Dolosæ nescius Africæ.* Souvenir d'Annibal.

—

SILVE VI.

Nonius Vindex était proche parent de ce Julius Vindex, qui se révolta le premier contre la tyrannie de Néron. Il avait eu des liaisons intimes avec le consul Vestinus, époux de Messaline, dont il est parlé plus bas. Son rôle en ce monde fut d'ailleurs modeste. C'était un amateur de statuettes et d'objets d'art, qui avait le coup d'œil sûr pour distinguer le faire des anciens artistes et restituer à chaque chef-d'œuvre le nom de l'auteur omis sur la base. Il n'y avait rien dans ces goûts innocents qui pût compromettre sa douce vie.

Martial a écrit deux petites pièces sur le même sujet; il avait concouru avec son ami Stace, tout comme de nos jours on dispute le prix à l'académie des Jeux Floraux.

v. 17. *Junctaque utinam Tyrinthia luna.* Le *juncta luna* indique une double nuit.

v. 46. *Ingentes animo versare colossos.* Lysippe avait aussi exécuté à Tarente un Hercule colossal qui n'avait pas moins de quarante coudées de haut.

v. 47. *Telchines.* Selon certains auteurs, les Telchines sont les premiers qui fabriquèrent l'airain et le fer et la faux de Saturne : ils passèrent de la Crète dans l'île de Chypre.

v. 52. *Aut Aleæ lucis vidit Tegeæa sacerdos.* Augé, dont il a été question dans l'Hercule de Surrente, était fille d'Alée et prêtresse du temple de Pallas à Tégée. (Voy. *Thébaïde*, IV, 287.)

v. 94. *Par magnis Vestinus avis.* Le consul Vestinus s'était permis de censurer les actes de Néron. Il avait de plus épousé Statilia Messalina, qui avait vécu assez publiquement avec l'empereur. Il n'en fallait pas davantage pour exciter contre lui la haine du tyran, qui d'ailleurs voulait reprendre Statilia. Sa maison fut investie par la garde prétorienne, et il fut contraint de s'ouvrir les veines.

—

SILVE VII.

Maxime était un personnage important. Il commanda en Syrie un corps de cavalerie, une légion dans la Dalmatie, et marcha sur les traces de son père, qui s'était distingué pendant l'expédition de Domitien contre les Sarmates. Guerrier et homme d'État, Maxime était encore historien; mais, par malheur, son histoire universelle n'est pas venue jusqu'à nous.

v. 2. *Fortis heroos Erato labores.* Les commentateurs veulent qu'il soit ici question de *l'Achilléide*, déjà commencée.

v. 51. *Sub uno Vivere cœlo.* C'est-à-dire que Domitien a forcé les Sarmates à mener une vie moins vagabonde, et à rester sous le ciel qui les avait vus naître.

SILVE VIII.

Dans cette pièce le poëte félicite Jules Ménécrate, gendre de Pollius Félix, sur la naissance de son troisième enfant. Pollius, nous l'avons vu, était un des bienfaiteurs de Stace. Quant à Ménécrate, on ne connaît ni sa patrie, ni sa famille, ni ses dignités ; rien n'indique même qu'il soit parvenu aux honneurs. Il y a tout lieu de croire qu'il s'en est tenu lui aussi à la douce vie d'Épicure.

v. 5. *Insani solatur damna Vesevi.* Il s'agit de la fameuse éruption que Pline le jeune décrit dans ses lettres 16 et 20 du livre VI.

v. 13. *Attollitque benigno Polla sinu.* Il parle de Polla, épouse de Pollius, et mère de la jeune Polla (voir la silve 2 du livre II, et l'Hercule de Surrente, livre III, silve 1).

v. 21. *Jus tibi tergeminæ.* Il s'agit du fameux privilège appelé *jus trium liberorum* qui fut d'abord concédé par la république, par le sénat, et enfin par le prince. L'auteur y fait allusion plus loin par le mot *dona sacrata*. L'on sait que tout ce qui appartenait à l'empereur était saint, consacré.

v. 29. *Amycleos fratres.* Castor et Pollux.

v. 49. *Felix Eumelis adorat.* Parthénope était fille d'Eumélus, roi d'un peuple de Thessalie. S'étant mise à la tête d'une colonie de Chalcidiens, elle se fixa dans le pays où Naples est aujourd'hui bâtie. Comme elle avait suivi pour augure une colombe, les Napolitains, en mémoire de ce fait, érigèrent à Apollon une statue colossale portant une colombe sur l'épaule gauche. Cette statue était placée de telle sorte que les habitants pouvaient la voir de tous les côtés et lui rendre leurs hommages.

v. 51. *Votivam taciti quassamus lampada mystæ.* Le mot *taciti* indique soit le secret auquel étaient astreints les initiés, soit le silence observé durant la cérémonie. Stace donne à entendre ici que Cérès était honorée à Naples avec autant et plus de solennité que dans l'Attique.

v. 55. *Sint qui fessam ævo crebrisque laboribus.* Le poëte appelle Naples *fessam ævo* parce qu'elle avait subsisté pendant des siècles sous le nom de Parthénope, et il ajoute *crebrisque laboribus*, faisant allusion aux désastres causés par la guerre ou par le Vésuve. Mais il n'y avait pas longtemps qu'elle portait le nom de Neapolis, et c'est là ce qui justifie le *viridi sub nomine*.

—

SILVE IX.

A l'époque des Saturnales, c'était la coutume chez les Romains de se faire réciproquement des cadeaux, et ces cadeaux consistaient en comestibles, vêtements, ou même en objets d'ameublement. Les auteurs surtout envoyaient à leurs patrons ou amis des pièces de vers, et s'attiraient d'ordinaire de belles et bonnes étrennes. Fidèle à cet heureux usage, Stace envoie à Gryphus un beau livre. Le patron était riche, mais par malheur pour le poëte il n'était pas généreux. Que fait Gryphus? Il renvoie à Stace un mauvais bouquin. Voilà ce qui donna lieu à cette petite pièce, espèce de boutade poétique, qui fournit aux érudits une nomenclature complète des objets que s'envoyaient les Romains pendant les Saturnales.

Plotius Gryphus est le fils de ce Plotius qui, suivant Tacite, fut admis en 69 par Vespasien au rang des sénateurs, et nommé préteur l'année suivante. Jeune encore, Plotius le fils plaida devant les centumvirs, et occupa des postes importants. Le reste de sa vie est inconnu.

v. 8. *Et binis decoratus umbilicis.* On écrivait les petits ouvrages du genre des silves sur des bandes de papier ou de parchemin, que l'on roulait ensuite autour d'un cylindre; ce cylindre était lui-même enfermé dans un étui plus ou moins riche, et à chaque bout duquel était un couvercle relevé en bosse : *umbilicus* ne donne pas l'idée d'une agraffe.

v. 9. *Mihi constitit decussis*. Peu après l'introduction des monnaies d'or et d'argent, l'as fut réduit à la douzième partie de la livre. Depuis Auguste jusqu'à Domitien ce poids a peu varié.

v. 20. *Sed Bruti senis oscitationes.* Il s'agit probablement de Décimus Brutus, l'un des meurtriers de César, très-bon Romain sans doute, mais détestable écrivain sur la philosophie, l'éloquence et la politique.

v. 21. *De capsa miseri libellionis.* Le libraire était comme aujourd'hui éditeur et vendeur; il avait une boutique, où les livres étaient exposés dans des espèces d'armoires. Le *libellio*, simple copiste aux ordres du libraire, rendait aussi de vieux livres quand il se trouvait sans emploi ; mais il ne tenait point de boutique, il étalait sa marchandise à terre, dans des mannes ou dans des boîtes ouvertes. Le mot *libellio* signifie aussi notaire; mais il paraît que le *tabellio* était un homme public autorisé par la loi à transcrire les actes, au lieu que le *libellio* était purement un copiste, employé alternativement par les notaires ou par les libraires.

v. 22. *Asse Caiano.* Caius Caligula avait altéré les monnaies d'or et d'argent quant au titre et à la valeur.

v. 32. *Cinyphiis vagata campis.* Je ne sais pourquoi les commentateurs entendent par *uda domus cochlearum* une écaille de tortue venant des déserts de l'Afrique (*Cyniphiis campis*), une espèce d'écaille peu estimée qui ne servait qu'à orner les lits des pauvres gens. D'abord il paraîtra singulier que des écailles venues des déserts de l'Afrique fussent si peu prisées. Mais de plus le contexte indique assez qu'il s'agit ici d'un comestible et non d'un meuble; il faut en revenir au limaçon.

v. 37. *Panes viridantis aphronitri.* Ἀφρὸς, écume ; le nitre, à la chute de la rosée, jetait une espèce d'écume; il paraît que l'on mêlait cette écume en petite quantité dans la pâte pour donner au pain plus de saveur. Était-ce une espèce particulière de nitre?... Faut-il entendre par *panes* des pains ainsi composés, ou plutôt des tablettes de fleur de nitre, à peu près comme nous avons des tablettes de chocolat? Je reconnais toute mon insuffisance pour résoudre ces questions.

v. 38 et 39. *Vel passum psythiis suis recoctum*, etc. Le *vinum passum* se faisait ainsi : Les grappes d'abord, sans feuilles, restaient longtemps sur la treille, ou bien on les détachait pour les suspendre au soleil jusqu'à ce qu'elles fussent réduites à moitié de leur poids; on les égrainait, et les grains étaient jetés dans une tonne de vin nouveau de même espèce, et quand ils étaient bien imbibés on les en retirait pour les passer au pressoir. Le *defrutum* était fait de grains de raisin cuits au feu.

v. 42. *Ollares non licebat uvas.* On plaçait les grappes par couches alternatives sur des lits de son, ou dans des vases hermétiquement fermés.

v. 44. *Synthesin (quid horres?)* Tout roule ici sur une équivoque. Le mot *synthesis* veut dire une robe de festin, et il veut dire aussi une pile de plats mis l'un sur l'autre. L'ami de Stace frissonnant d'avoir à donner un manteau, le rassure bien vite en lui désignant une pile de vaisselle commune.

LIVRE CINQUIÈME.

SILVE I.

Dans cette silve, l'auteur fait l'éloge de Priscille, épouse d'Abascantius, non sans témoigner son admiration pour la tendresse de l'époux qui n'a point mis un terme à ses larmes après deux ans d'un triste veuvage. — Abascantius, après avoir été quelque temps éloigné de tout emploi,

obtint plusieurs grades honorables dans l'armée ; il accompagna surtout Domitien dans l'expédition de Germanie, où il rendit de grands services.

v. 25. *Omnis matertera.* Toutes les Muses sœurs de Calliope, mère d'Orphée.

v. 42. *Hic amor a domino meritus censore probari.* On a déjà vu que Domitien affectait une grande sévérité sur l'article des mœurs : de là le titre de *censor* que Stace lui donne.

v. 58. *Fraternus adulter.* Allusion à la fable de Thyeste, qui corrompit à prix d'or Mérope, femme d'Atrée son frère.

v. 85. *Nec enim numerosior altera sacra*, etc. Ce passage complète les documents que Stace nous avait déjà fournis dans la silve 3, liv. III, sur l'administration romaine. Ici la charge d'Abascantius ne concerne que la guerre, les affaires étrangères et l'intérieur. Le reste était sans doute confié à quelque autre favori.

v. 93. *Nullaque famosa signatur lancea pinna.* Le courrier qui apportait de bonnes nouvelles se présentait avec une lance entourée de branches de laurier. Si les nouvelles étaient fâcheuses, la lance était surmontée de plumes de couleur sombre.

v. 122. *Exemplumque ad herile monet.* D'après Suétone, Domitien ne faisait qu'un repas, mais ce repas était copieux. Hors de là il ne prenait qu'une pomme ou une poire, et un verre de liqueur.

v. 182. *Quod prior. Exegi.* Priscille, mariée en secondes noces, était ou pouvait être plus âgée que son mari. Ceci donne l'explication de *prior*.

v. 214. *Corycicæque comæ.* La fleur de safran, dont les pétales ressemblent à des cheveux.

v. 230. *Siccatam membris.* Suivant Morelli, on aurait fait en 1471 (sous Sixte IV) l'ouverture du tombeau de Priscille, et l'on aurait trouvé en effet son corps desséché et entouré d'aromates.

v. 241. *In alio cœlo.* Dans un ciel plus élevé que celui de notre globe.

SILVE II.

Crispinus était fils de ce Vectius Bolanus qui aida Corbulon à pacifier l'Arménie; il fut admis dans les rangs de la milice à l'âge de dix-sept ans ; après la mort de son père, il faillit être victime du poison que lui fut présenté par une mère dénaturée. Au moment où Stace lui adressait cette épître, il se disposait à visiter la Toscane. Tacite traite assez mal le père de Crispinus. Tacite est quelque peu médisant, mais Stace est flatteur; lequel croire ?

v. 1. *Sallusque Tagetis.* Il s'agit de *l'ager Tarquiniensis* en Étrurie : un laboureur de cette plaine ayant profondément enfoncé dans la terre le soc de la charrue, Tagès, sous la forme d'un enfant, lui apparut tout à coup. Le laboureur effrayé attira par ses cris toute l'Étrurie, qui écouta les discours de l'enfant. Ces discours, recueillis par écrit, composèrent la science des aruspices.

v. 28. *Primaque patricia clausit vestigia luna.* La chaussure des sénateurs était composée d'un cuir doux et flexible, et attachée vers le sommet avec une agrafe de la forme d'un croissant.

v. 48. *Nemeæa viderent Arma.* Je crois, sauf erreur, qu'il faut entendre par là la peau du lion de Némée, et non pas les armes avec lesquelles Hercule aurait combattu le monstre (puisque dans cette lutte il n'usa d'aucune espèce d'armes), à moins que cette expression ne désigne ses bras nerveux.

v. 88. *Excidat illa dies œvo, nec postera credant Sæcula!* Vers fameux que le chancelier de l'Hospital répétait avec douleur après les massacres de la Saint-Barthélemy.

v. 93. *Quem timet omne nefas.* La mère de Crispinus fut punie de mort ou d'un exil perpétuel.

v. 102. *Et castum libraret Julia fulmen.* Domitien avait remis en vigueur la loi Julia, *de adulteriis,* faite par Auguste.

v. 124. *Spectabant Tyriæ.* Les femmes Thébaines.

v. 139. *Non sibi felices silvas.* A l'approche des Romains, les Juifs avaient arraché leurs palmiers; après la prise de Jérusalem ils furent contraints d'en replanter d'autres, et de les cultiver au profit de l'empire.

v. 142. *Quanta Calydonios,* etc. Bolanus avait gouverné successivement l'Arménie et la Bretagne.

v. 170. *Proximus ille deus.* Domitien, cela va sans dire.

SILVE III.

v. 23. *Doctique modos extendis Arati.* Aratus, poëte sicilien, a chanté les phénomènes de la nature.

v. 51. *Siculi superassem dona sepulcri.* Allusion aux jeux funèbres qui eurent lieu en Sicile autour du tombeau d'Anchise.

v. 82. *Tyrrhenæ volucres.* Les Sirènes, qui, suivant Pline, habitaient au pied du promontoire voisin de Surrente.

v. 88. *Nec fœda gavisam Pallada buxo.* Voici l'explication donnée par Markland, d'après Hygin, fable 165. Junon et Vénus raillaient un jour Pallas de ce qu'elle avait les joues enflées. La déesse, qui jouait de la flûte, s'en prit à cet instrument, et le jeta de dépit dans la fontaine où elle s'était regardée.

v. 96. *Qui furias regumque dolos.* Allusion à la tragédie d'Atrée et de Thyeste.

v. 127. *Phrygius qua puppe magister.* Palinure.

v. 131. *Non omnibus ille Verus.* Doit-on faire rapporter cet *ille* à Homère? Je ne sais trop ; tout ce passage est altéré d'une manière étrange.

v. 142 et 143. *Germine Lernæ.* C'était la couronne des jeux Néméens : elle était faite de persil. *Nunc Athamantea protectum,* etc. Il s'agit de la couronne de pin que l'on donnait aux vainqueurs dans les jeux Isthmiaques. Ces jeux avaient été institués en l'honneur du fils d'Athamas, Mélicerte.

v. 160. *Senosque pedes æquare solutis.* Je ne sais si j'ai besoin de faire remarquer que Stace ne parle pas ici de son père comme écrivain, mais comme interprète des anciens poëtes.

v. 164. *Quos Veneri plorata domus.* D'après certains critiques, il s'agirait de Lavinium, où était un temple de Vénus.

v. 184. *Verbera succincti formidavere Luperci.* On sait que les Luperques, prêtres de Pan, aux fêtes appelées Lupercales, parcouraient la ville avec des lanières pour en frapper les passants. Stace, le père, leur enseignait sans doute la manière de s'y prendre.

v. 197. *Lucent Capitolia tædis.* Il s'agit de l'incendie du Capitole, si bien raconté par Tacite au livre de ses Histoires.

SILVE IV.

Cette invocation est comme une suite de la silve précédente. Stace, accablé de douleur après la mort de son père, fut privé pendant six nuits des douceurs du sommeil. Cette pièce est fraîche, gracieuse, et elle a le mérite d'être courte.

v. 10. *Et gelido spargit miserata flagello.* L'expression *sparsit* a embarrassé les commentateurs ; mais comme il s'agit ici de l'Aurore, et que l'Aurore répand la rosée sur la terre, ne peut-on pas supposer qu'elle secoue de son fouet humide quelques fraîches gouttes sur la tête brûlante du poëte malade?

SILVE V.

Stace n'avait point d'enfants de Claudia son épouse. Après la mort de son père, il chercha une consolation en adoptant un enfant nouveau-né, fils d'une esclave ou de parents pauvres. Cet enfant mourut lorsqu'il avait à peine un an, et c'est ce qui donna occasion à cette sylve.

v. 85. *Exercere genas.* Le texte est ici altéré. Que veut dire cet *exercere genas jamjamque natantes?* Faut-il entendre que les larmes de l'enfant mouillent de plus en plus ses joues ; *exercent genas, exercere* dans le sens de fatiguer?

LA THÉBAÏDE.

LIVRE PREMIER.

Les combats de deux frères, une lutte impie pour un trône où tous deux devaient monter tour à tour, les crimes de Thèbes; voilà le sujet que les Muses m'inspirent de chanter. Par où voulez-vous que je commence, ô Déesses? Dirai-je l'origine de cette race cruelle? Europe enlevée, et Cadmus, par l'inexorable volonté d'Agénor, suivant sa trace sur les flots? Il serait trop long de le peindre ouvrant des sillons dont il a peur, et qui lui produisent une moisson de combattants; trop long de dire comment, à la voix d'Amphion, les rochers s'entassaient sur les remparts thébains; d'où vint à la ville où Bacchus naquit cette fureur terrible, ouvrage de la barbare Junon; contre quel but Athamas dirigea ses flèches; pourquoi la mère de Palémon ne pâlit pas à l'aspect des flots ioniens, où elle allait se précipiter avec son fils. Je laisserai de côté Cadmus avec ses malheurs et ses prospérités; je bornerai mes chants à la famille troublée d'Œdipe; puisque aussi bien je n'ose encore espérer de célébrer dignement les aigles latines, nos triomphes sur les régions de l'Ourse, le Rhin deux fois soumis, l'Ister deux fois dompté, le Dace rebelle écrasé dans ses montagnes, ou les guerres de César dans ses années d'adolescence.

Et toi, honneur du Latium, continuateur sublime des projets de ton père, toi que Rome désire de voir éternel; bien que pour te recevoir les étoiles se resserrent, et que la plage brillante du ciel, qui ne connaît ni les pluies, ni les vents, ni la foudre, te sollicite de venir; bien que le guide des chevaux aux pieds de feu décrive autour de ta chevelure une large auréole de lumière, et que Jupiter te cède la moitié de l'empire du monde; maître des humains, contente-toi de pouvoir tout sur la terre et sur les mers, et fais don des cieux qui te sont offerts. Un temps sera où, grandi sous l'inspiration des Muses, je chanterai tes actions : aujourd'hui je monte ma lyre. C'est bien assez de rappeler les combats d'Aonie, le sceptre fatal à deux tyrans jumeaux, cette rage, non assouvie par la mort, et se perpétuant au bûcher dans la lutte des flammes, les corps des rois sans tombeau, et les villes tour à tour livrées à la destruction. C'est alors que Dircé rougit de sang lernéen l'azur de ses eaux, et que Thétis frémit en voyant l'Ismène, accoutumé à n'étreindre que des bords arides, venir à elle, grossi de cadavres. Par lequel de tant de héros commencerai-je, ô Clio? Par l'indomptable Tydée, ou par le prêtre d'Apollon soudainement englouti? J'hésite entre le fougueux Hippomédon, faisant reculer le fleuve devant une digue d'ennemis immolés, et la mort tant pleurée du bel Arcadien, et l'horreur de chanter Capanée.

PUBLII PAPINII STATII
THEBAIDOS
LIBER PRIMUS.

Fraternas acies, alternaque regna profanis
Decertata odiis, sontesque evolvere Thebas,
Pierius menti calor incidit. Unde jubetis
Ire Deæ? Gentisne canam primordia diræ?
Sidonios raptus, et inexorabile pactum 5
Legis Agenoreæ? scrutantemque æquora Cadmum?
Longa retro series, trepidum si martis operti
Agricolam infandis condentem prælia sulcis
Expediam, penitusque sequar, quo carmine muris
Jusserit Amphion Tyrios accedere montes. 10
Unde graves iræ cognata in mœnia Baccho,
Quod sævæ Junonis opus, cui sumpserit arcum
Infelix Athamas, cur non expaverit ingens
Ionium, socio casura Palæmone mater.
Atque adeo jam nunc gemitus, et prospera Cadmi 15
Præterlisse sinam : limes mihi carminis esto
Œdipodæ confusa domus : quando Itala nondum
Signa, nec Arctoos ausim sperare triumphos,

Bisque jugo Rhenum, bis adactum legibus Istrum,
Et conjurato dejectos vertice Dacos : 20
Aut defensa prius vix pubescentibus annis
Bella Jovis. Tuque o Latiæ decus addite famæ,
Quem nova maturi subeuntem exorsa parentis
Æternum sibi Roma cupit : licet arctior omnes
Limes agat stellas, et te plaga lucida cœli 25
Pleïadum, Boreæque, et hiulci fulminis expers
Sollicitet; licet ignipedum frenator equorum
Ipse tuis alte radiantem crinibus arcum
Imprimat, aut magni cedat tibi Juppiter æqua
Parte poli; maneas hominum contentus habenis, 30
Undarum terræque potens, et sidera dones.
Tempus erit, cum Pierio tua fortior œstro
Facta canam : nunc tendo chelyn. Satis arma referre
Aonia, et geminis sceptrum exitiale tyrannis,
Nec furiis post fata modum, flammasque rebelles 35
Seditione rogi, tumulisque carentia regum
Funera, et egestas alternis mortibus urbes.
Cærula quum rubuit Lernæo sanguine Dircæ,
Et Thetis arentes assuetum stringere ripas,
Horruit ingenti venientem Ismenon acervo. 40
Quem prius heroum, Clio, dabis? immodicum iræ

Œdipe s'était puni lui-même en s'arrachant les yeux; il avait noyé dans une nuit éternelle la honte de sa pudeur perdue, et sa vie n'était plus qu'une longue mort. Il cherche les ténèbres, il s'enferme au fond de son palais, dans un asile impénétrable aux regards des cieux; mais une clarté funeste rayonne incessamment dans son âme, et les furies du crime habitent son cœur. Alors il tourne vers le ciel ses orbites creuses, lui reproche amèrement sa vie, cette plaie saignante et douloureuse, heurte de ses mains ensanglantées la terre des ombres, et d'une voix farouche prononce cette imprécation :

« Divinités qui régnez sur les âmes coupables et sur le Tartare, trop étroit pour tant de supplices ! Styx, que je vois couler en un lit sombre et livide; et toi, que souvent j'invoque, ô Tisiphone, exauce mes vœux impies ! Si jamais je méritai bien de toi si je tombai du sein de ma mère en tes bras caressants, si tu affermis mes pieds déchirés par les courroies; si, lorsque je pouvais vivre heureux près de Polybe, mon père supposé, je m'enfuis vers l'étang de Cyrrha, qui baigne le pied de deux montagnes, et, dans un carrefour de la Phocide, me jetai à l'encontre d'un roi chargé d'années, et fendis, moi qui cherchais mon père, le crâne d'un tremblant vieillard; si je sus, inspiré par toi, pénétrer l'obscur symbole du Sphynx ; si, me livrant à d'enivrantes fureurs, j'entrai dans la couche maternelle avec une joie qui devait se résoudre en larmes, et n'obtins que trop souvent la faveur de ces exécrables nuits où je créais des fils, et les créais pour toi; si bientôt, avide de châtiment, je pris mes doigts pour bourreaux, et me crevai les yeux en face de ma mère ; exauce, exauce ma prière ; elle n'est pas indigne de m'avoir été dictée par toi ! Privé de la vue et d'un trône, je ne puis attendre ni appui, ni consolation, ne fût-ce qu'un mot, de ceux qui après tout, me doivent la vie, quelque impure qu'en soit la source. Mais c'est peu, ô douleur! rois par ma mort anticipée, dans leur orgueil ils insultent à mes ténèbres, ils ont horreur des gémissements d'un père. Suis-je donc aussi pour eux le maudit? Et le maître des dieux demeure impassible à ce spectacle ! Toi, du moins, viens me venger, tu le dois; que le châtiment commence à eux, et ne s'arrête qu'au dernier de leur race. Ceins le diadème souillé qu'ont arraché mes mains sanglantes; puis, mandataire de la malédiction paternelle, va te placer entre les deux frères, et que le glaive rompe ce que le sang avait uni ! Fais, reine du gouffre infernal, fais que je voie mon désir accompli; eux-mêmes te suivront sans tarder; viens seulement, tu reconnaîtras mes fils! »

Tandis qu'il parle ainsi, la farouche Déesse tourne vers lui son visage sévère. Elle était assise sur la rive désolée du Cocyte, et là, débarrassée de sa chevelure, elle avait permis à ses serpents de boire au fleuve de soufre. Plus prompte que la foudre, plus rapide que les étoiles tombantes, elle s'élance des sombres bords. Le peuple des morts lui fait place, redoutant la rencontre de sa reine. Pour elle, à travers les ombres, à travers ces champs obscurcis par un immense es-

---

Tydea? laurigeri subitos an vatis hiatus?
Urget et hostilem propellens cædibus amnem
Turbidus Hippomedon, plorandaque bella protervi
Arcados, atque alio Capaneus horrore canendus. 45
  Impia jam merita scrutatus lumina dextra
Merserat æterna damnatum nocte pudorem
Œdipodes, longamque animam sub morte tenebat.
Illum indulgentem tenebris, imæque recessu
Sedis, inaspectos cœlo, radiisque penates 50
Servantem, tamen assiduis circumvolat alis
Sæva dies animi, scelerumque in pectore Diræ.
Tunc vacuos orbes, crudum ac miserabile vitæ
Supplicium, ostentat cœlo, manibusque cruentis
Pulsat inane solum, sævaque ita voce precatur : 55
« DI, sontes animas, angustaque Tartara pœnis
Qui regitis ; tuque umbrifero Styx livida fundo,
Quam video; multumque mihi consueta vocari
Annue, Tisiphone, perversaque vota secunda :
Si bene quid merui, si me de matre cadentem 60
Fovisti gremio, et trajectum vulnere plantas
Firmasti; si stagna peti Cyrrhæa bicorni
Interfusa jugo, possem cum degere falso
Contentus Polybo, trifidæque in Phocidos arcto
Longævum implicui regem, secuique trementis 65
Ora senis, dum quæro patrem; si Sphingos iniquæ
Callidus ambages te præmonstrante resolvi ;
Si dulces furias, et lamentabile matris
Connubium gavisus ini; noctemque nefandam
Sæpe tuli, natosque tibi, scis ipsa, paravi; 70
Mox avidus pœnæ digitis cædentibus ultro
Incubui, miseramque oculos in matre reliqui;
Exaudi, si digna precor, quæque ipsa furenti
Subjiceres : orbum visu regnisque parentem
Non regere, aut dictis mœrentem flectere adorti 75
Quos genui, quocunque toro : quin ecce superbi,
Pro dolor ! et nostro jamdudum funere reges
Insultant tenebris, gemitusque odere paternos.
Hisne etiam funestus ego? et videt ista Deorum
Ignavus genitor? Tu saltem debita vindex 80
Huc ades, et totos in pœnam ordire nepotes.
Indue quod madidum tabo diadema cruentis
Unguibus arripui, votisque instincta paternis
I media in fratres, generis consortia ferro
Dissiliant : da Tartarei regina barathri 85
Quod cupiam vidisse nefas : nec tarda sequetur
Mens juvenum, modo digna veni, mea pignora nosces. »
  Talia jactanti crudelis Diva severos
Advertit vultus : innumerum forte sedebat
Cocyton juxta, resolutaque vertice crines, 90
Lambere sulfureas permiserat anguibus undas.

saim de mânes, elle marche à cette porte du Ténare qu'on ne franchit pas deux fois.

Le jour sentit sa présence; une noire nuée troubla les brillants chevaux du Soleil. Au loin le gigantesque Atlas en eut horreur, et le ciel chancela sur ses épaules. S'élevant du promontoire de Malée, elle prend aussitôt le chemin bien connu qui mène à Thèbes; jamais aucune route ne lui plut tant à parcourir, pas même celle du Tartare, sa patrie. Cent cérastes, la crête dressée, ombragent son front, et c'est la moindre portion de sa chevelure; ses yeux enfoncés ont l'éclat d'un fer rouge, et ressemblent à la lune, lorsque, dans les enchantements de la Thessalie, elle se montre sanglante à travers les nues; sa peau est tendue de poison et gonflée d'un sang noir; de sa bouche hideuse s'exhale une vapeur de feu qui porte aux peuples la fièvre, les maladies, la famine, et toujours la mort. Un manteau velu se hérisse sur son dos, et des nœuds de serpents le rattachent à la poitrine. Atropos et Proserpine elle-même renouvellent cette parure. Alors elle secoue ses deux mains; dans l'une brille la torche des bûchers, dans l'autre elle tient une hydre vivante, dont elle fouette les airs.

Elle se pose à l'endroit où le Cithéron plonge dans les nuées son sommet escarpé; aussitôt sa chevelure tout entière vibre de sifflements redoublés, signal terrible qui l'annonce à la terre, et fait retentir au loin toute la plage achéenne et le royaume de Pélops. Ce bruit, le Parnasse qui se perd dans les airs, et le sauvage Eurotas, l'entendirent; l'OEta ébranlé se coucha sur le flanc, et l'isthme résista à peine aux flots de ses deux mers. La mère de Palémon elle-même saisit son fils errant sur un dauphin, et le serra dans ses bras.

Le vol rapide de la Déesse s'arrête au seuil du palais de Cadmus, qu'elle souille, non pour la première fois, d'une vapeur sombre. Aussitôt des passions tumultueuses entrent aux cœurs des deux frères: la fureur entre fils d'une même race, l'envie qu'attriste la joie d'autrui, la crainte, mère de la haine; puis la cruelle ambition du trône, le désir de rompre un pacte sacré; ici la brigue, l'impatience de ne régner qu'après un autre; là le bonheur de régner seul; la discorde enfin, compagne inséparable de tout pouvoir exercé en commun. Ainsi, lorsqu'un laboureur essaie d'accoupler au même joug deux jeunes taureaux, élite du troupeau farouche, ceux-ci, dont la tête superbe n'a pas encore été abaissée par un travail obstiné au niveau de leurs épaules noueuses, s'indignent, tirent en sens divers, détendent leurs liens avec une force égale, et mêlent et confondent les sillons.

Ainsi la Discorde exaspère, en s'y jetant, les cœurs indomptés des deux frères. Il avait été convenu que d'année en année chacun d'eux changerait le trône pour l'exil. Le traité perfide qui consacrait cet échange devait être un perpétuel supplice pour le frère en jouissance, sans cesse menacé d'un héritier. C'était là ce qui leur tenait lieu d'amitié fraternelle, c'était le seul

Ilicet inde Jovis, lapsisque citatior astris
Tristibus exsiluit, ripis. Discedit inane
Vulgus, et occursus dominæ pavet. Illa per umbras
Et caligantes animarum examine campos, 95
Tænariæ limen petit irremeabile portæ.
 Sensit adesse dies; piceo nox obvia nimbo
Lucentes turbavit equos. Procul arduus Atlas
Horruit, et dubia cœlum cervice remisit.
Arripit exemplo Maleæ de valle resurgens 100
Notum iter ad Thebas: neque enim velocior ullas
Itque reditque vias, cognataque Tartara mavult.
Centum illi stantes umbrabant ora cerastæ,
Turba minor diri capitis: sedet intus abactis
Ferrea lux oculis. Qualis per nubila Phœbes 105
Atracia rubet arte labor: suffusa veneno
Tenditur, ac sanie gliscit cutis: igneus atro
Ore vapor; quo longa sitis, morbique, famesque,
Et populis mors una venit. Riget horrida tergo
Palla, et cærulei redeunt in pectore nodi. 110
Atropos hos, atque ipsa novat Proserpina cultus.
Tum geminas quatit illa manus: hæc igne rogali
Fulgurat, hæc vivo manus aera verberat hydro.
 Ut stetit, abrupta qua plurimus arce Cithæron
Occurrit cœlo, fera sibila crine virenti 115
Congeminat, signum terris, unde omnis Achæi
Ora maris late, Pelopeiaque regna resultant.
Audiit et medius cœli Parnassus, et asper
Eurotas, dubiamque jugo fragor impulit OEten
In latus, et geminis vix fluctibus obstitit Isthmos. 120
Ipsa suum genitrix, curvo delphine vagantem
Arripuit frenis, gremioque Palæmona pressit.
 Atque ea Cadmeo præceps ubi limine primum
Constitit, assuetaque infecit nube penates,
Protinus attoniti fratrum sub pectore motus, 125
Gentilisque animos subiit furor, ægraque lætis
Invidia, atque parens odii metus. Inde regendi
Sævus amor: ruptæque vices, jurisque secundi
Ambitus impatiens, et summo dulcius unum
Stare loco, sociisque comes discordia regni. 130
Sic ubi delectos per torva armenta juvencos
Agricola imposito sociare affectat aratro:
Illi indignantes, quis nondum vomere multo
Ardua nodosos cervix descendit in armos,
In diversa trahunt, atque æquis vincula laxant 135
Viribus, et vario confundunt limite sulcos:
Haud secus indomitos præceps discordia fratres
Asperat. Alterni placuit sub legibus anni
Exsilio mutare ducem. Sic jure maligno
Fortunam transire jubent, ut sceptra tenentem 140
Fœdere præcipiti semper novus angeret hæres.
 Hæc inter fratres pietas erat: hæc mora pugnæ
Sola, nec in regem perduratura secundum.

obstacle à la lutte, obstacle qui ne devait pas durer jusqu'au règne du second.

Et cependant l'or ne resplendissait pas encore aux lambris des demeures royales; ce n'étaient pas de magnifiques palais soutenus par les marbres brillants de la Grèce, et assez vastes pour contenir un peuple de clients; une forêt de lances ne veillait pas sur le sommeil troublé des rois; un poste n'attendait pas impatiemment qu'un autre le relevât; le vin ne coulait pas dans des pierres précieuses, l'or n'était pas profané par les mets. Le pouvoir tout nu arma les deux frères; le prix du combat fut un royaume pauvre. Et dans cette lutte, où il s'agissait de savoir qui des deux mettrait la charrue dans les maigres champs où Dircé s'est creusé son lit étroit, et monterait triomphant sur l'humble trône de l'exilé tyrien, tout périt, la justice, la religion, l'honneur, tout, jusqu'au sentiment d'une mort sans honte.

Ah! malheureux! où vous emporte votre colère? Que ne s'agit-il au moins de conquérir, par un si grand crime, un empire borné par les deux pôles, un empire que le Soleil voit à son lever et qu'il revoit encore à son coucher? De conquérir ces régions lointaines qu'il effleure à peine de ses rayons obliques, ces régions glacées au souffle de Borée ou attiédies par les vents du midi? De rassembler en une seule main toutes les richesses de Tyr, tout l'or de la Phrygie?... Mais non, des lieux funestes, des citadelles maudites sont une pâture suffisante à votre haine; et par des fureurs indicibles vous achetez le droit de vous asseoir à la place d'Œdipe!

Le délai qui séparait Polynice du trône allait expirer. Qu'éprouvas-tu, cruel, ce jour où, dans ta pensée, tu te voyais seul maître d'un palais solitaire et d'une puissance sans partage; où tu voyais partout des sujets, et nulle part un front égal au tien? Déjà circulent parmi les Thébains des rumeurs vagues; déjà la foule se sépare, silencieuse, de celui qui règne, et, suivant la coutume des peuples, accueille de tous ses vœux celui qui doit venir.

Alors un de ces hommes qui, de la boue où ils rampent, jettent leur venin sur tout ce qui s'élève, et ne fléchissent jamais volontairement sous l'autorité des chefs:

« Un destin cruel, dit-il, a-t-il imposé aux Thébains une telle nécessité, qu'il leur faille, courbant leurs têtes incertaines, échanger incessamment joug pour joug, terreur pour terreur? Deux tyrans se partagent les destinées des peuples, et la fortune est légère en leurs mains. Toujours et tour à tour ces deux exilés nous auront-ils pour esclaves? Père souverain des Dieux et des hommes, as-tu résolu d'inspirer cette soumission à mes concitoyens? Ou bien est-elle descendue jusqu'à nous, l'antique malédiction prononcée contre Thèbes depuis le jour où Cadmus, las de sa course obligée sur la mer de Carpathie, à la recherche du blanc taureau de Tyr, s'exila lui-même et fonda un royaume dans les champs béotiens? ou bien encore l'augure funeste n'a-t-il pas perpétué jusque dans ses derniers descendants la rage de cette armée fratricide, convulsivement enfantée par la terre? Voyez-vous, au front farouche de celui qui surgit, tout l'orgueil d'un pouvoir sans rival? Comme ses lèvres nous menacent! comme son insolence nous écrase! Pense-t-il que son tour d'être sujet

---

Et nondum crasso laquearia fulva metallo,
Montibus aut alte Graiis effulta nitebant   145
Atria, congestos satis explicitura clientes.
Non impacatis regum advigilantia somnis
Pila, nec alterna ferri statione gementes
Excubiæ, nec cura mero committere gemmas,
Atque aurum violare cibis. Sed nuda potestas   150
Armavit fratres: pugna est de paupere regno.
Dumque uter angustæ squalentia jugera Dirces
Verteret, aut Tyrii solio non altus ovaret
Exsulis, ambigitur, periit jus, fasque, bonumque,
Et vitæ, mortisque pudor. Quo tenditis iras,   155
Ah miseri! quid si peteretur crimine tanto
Limes uterque poli, quem Sol emissus Eoo
Cardine, quem porta vergens prospectat Ibera?
Quasque procul terras obliquo sidere tangit
Avius, aut Borea gelidas, madidive tepentes   160
Igne Noti? Quid si Tyriæ Phrygiæve sub unum
Convectentur opes? loca dira, arcesque nefandæ
Suffecere odio, furiisque immanibus emptum est
Œdipodæ sedisse loco. Jam sorte carebat
Dilatus Polynicis honos. Quis tum tibi, sæve,   165

Quis fuit ille dies? vacua quum solus in aula
Respiceres jus omne tuum, cunctosque minores,
Et nusquam par stare caput? Jam murmura serpunt
Plebis Echioniæ, tacitumque a principe vulgus
Dissidet; et, qui mos populis, venturus amatur.   170
    Atque aliquis, cui mens humili læsisse veneno
Summa, nec impositos unquam cervice volenti
Ferre duces: « Hancne Ogygiis, ait, aspera rebus
Fata tulere vicem? toties mutare timendos,
Alternoque jugo dubitantia subdere colla!   175
Partiti versant populorum fata, manuque
Fortunam fecere levem. Semperne vicissim
Exsulibus servire dabor? tibi, summe Deorum
Terrarumque sator, sociis hanc addere mentem
Sedit? an inde vetus Thebis extenditur omen,   180
Ex quo Sidonii nequicquam blanda juvenci
Pondera, Carpathio jussus sale quærere Cadmus
Exsul Hyanteos invenit regna per agros:
Fraternasque acies fœtæ telluris hiatu
Augurium seros dimisit adusque nepotes?   185
Cernis, ut erectum torva sub fronte minetur
Sævior assurgens dempto consorte potestas?

ne reviendra plus? Et cependant il fut doux au suppliant, il fut affable et juste. Qu'y a-t-il là d'étonnant? Il n'était pas seul de son rang. Pour nous, vile troupe, jouet de tous les hasards, nous avons pour maître quiconque veut le devenir. Tel chancelle un vaisseau dont le froid Borée, et l'Eurus chargé de nuages, se disputent les voiles déchirées. O destinée mêlée de doute et de terreur, qu'aucun peuple ne souffrirait! un tyran nous régit, l'autre nous menace. »

Cependant, par l'ordre de Jupiter, les Dieux s'assemblent en conseil dans un palais situé au centre du ciel, d'où l'on voit se déployer tout l'espace occupé par la lumière, les deux palais où le jour se lève et se couche, et la terre et les eaux. Le roi des Dieux s'avance au milieu d'eux, majestueux, serein, ébranlant toutefois l'univers d'un regard, et prend place sur son trône étoilé. Les hôtes du ciel n'osent s'asseoir avant qu'un geste de sa main calme leur en ait octroyé la permission. Bientôt après, les demi-dieux, foule errante, et les fleuves, parents des hautes nuées, et les vents, dont la crainte étouffe les murmures, remplissent le palais aux colonnes d'or; la majesté des Dieux en fait trembler les voûtes; le dôme rayonne d'un éclat plus pur, et des portiques jaillit une mystérieuse lumière.

Le silence est commandé, l'univers épouvanté se tait; Jupiter parle du haut de son trône, et sa parole est sainte, puissante, immuable, et les destins obéissent à sa voix :

« Les crimes de la terre, le génie de l'homme, plus fort que les châtiments, voilà ce dont je me plains. Jusques à quand aurai-je à punir des coupables? Je suis las de sévir avec la foudre; depuis longtemps les bras des Cyclopes sont épuisés, et le feu manque aux enclumes de l'Etna. C'est pourquoi j'avais souffert que le char du Soleil eût Phaéton pour guide, et que, égaré dans sa course, il embrasât le ciel et réduisît la terre en cendres : rien n'a fait. Toi-même aussi, mon frère, vainement tu as, d'un coup de ton trident, ouvert à l'Océan une voie défendue. Je m'abaisse aujourd'hui à châtier deux familles, dont le sang est mon sang. L'une, dans Argos, tire son origine de Persée; l'autre, à Thèbes, dérive directement de moi. Ce sont des âmes de fer, que rien ne change : qui de vous ignore les meurtres dont Cadmus fut la source? Et les combats des Euménides, tant de fois évoquées de l'abîme? Et les joies funestes de deux mères, et les courses sauvages à travers les bois, et les crimes des dieux, que je dois taire? Je pourrais à peine, dans l'espace d'un jour et d'une nuit, énumérer les attentats de cette race profane. Un héritier impie vient-il pas encore d'entrer dans la couche de son père, souillant de ses voluptés incestueuses le flanc de sa mère infortunée, et retournant, chose monstrueuse! à la source de ses jours? Lui cependant, il s'est infligé une éternelle expiation; il a rejeté le jour, il ne jouira plus de la vue de notre ciel. Mais ses fils, ô crime inouï! ils ont marché sur ces yeux tombés du front d'un père. Va, va, tes vœux ne seront point vains, impitoyable vieillard! Les ténèbres où tu t'es plongé toi-même t'ont rendu digne d'avoir Jupiter pour vengeur.

```
Quas gerit ore minas? quanto premit omnia fastu?
Hicne unquam privatus erit? tamen ille precanti
Mitis, et affatu bonus et patientior æqui.              190
Quid mirum? non solus erat. Nos vilis in omnes
Prompta manus casus domino cuicumque parati.
Qualiter hinc gelidus Boreas, hinc nubifer Eurus
Vela trahunt, nutat mediæ fortuna carinæ.
Heu dubio suspensa metu, tolerandaque nullis           195
Aspera sors populis! Hic imperat : ille minatur. »
    At Jovis imperiis rapidi super atria cœli
Lectus concilio divum convenerat ordo
Interiore polo : spatiis hinc omnia juxta,
Primæque occiduæque domus, effusa sub omni             200
Terra atque unda die : mediis sese arduus infert
Ipse Deis, placido quatiens tamen omnia vultu,
Stellantique locat solio : nec protinus ausi
Cœlicolæ, veniam donec pater ipse sedendi
Tranquilla jubet esse manu : mox turba vagorum         205
Semideum, et summis cognati nubibus amnes,
Et compressa metu servantes murmura venti
Aurea tecta replent; mixta convexa Deorum
Majestate tremunt : radiant majore sereno
Culmina, et arcano florentes lumine postes.            210
    Postquam jussa quies, siluitque exterritus orbis
Incipit ex alto (grave et inmutabile sanctis
Pondus adest verbis, et vocem Fata sequuntur) :
« Terrarum delicta, nec exsuperabile Diris
Ingenium mortale queror : quonam usque nocentum       215
Exigat in pœnas? tædet sævire corusco
Fulmine : jam pridem Cyclopum operosa fatiscunt
Brachia, et Æoliis desunt incudibus ignes.
Atque ideo tuleram falso rectore solutos
Solis equos, cœlumque rotis errantibus uri,            220
Et Phaethontea mundum squallere favilla.
Nil actum est : neque tu valida quod cuspide late
Ire per illicitum pelago, germane, dedisti.
Nunc geminas punire domos, quis sanguinis auctor
Ipse ego, descendo. Perseos alter in Argos             225
Scinditur, Aonias fluit hic ab origine Thebas.
Mens cunctis imposta manet : quis funera Cadmi
Nesciat? et toties excitam a sedibus imis
Eumenidum bellasse aciem? mala gaudia matrum,
Erroresque feros nemorum, et reticenda Deorum          230
Crimina? Vix lucis spatio, vix noctis abactæ
Enumerare queam mores, gentemque profanam.
Scandere quin etiam thalamos hic impius heres
Patris, et immeritæ gremium incestare parentis
Appetiit, proprios monstro revolutus in ortus.         235
Ille tamen Superis æterna piacula solvit,
Projecitque diem : nec jam amplius æthere nostro
```

Je jetterai dans ces royaumes coupables de nouveaux brandons de discorde, je déracinerai jusqu'au dernier rejeton de ces races maudites. J'aurai pour semences de guerre Adraste et l'hymen de ses filles, cet hymen contracté sous des auspices sinistres. La nation qu'il gouverne aura, je l'ai résolu, sa part du châtiment; car la fourberie de Tantale et les mets exécrables de sa table n'ont pas péri dans le secret de mon cœur. »

Ainsi parla le Tout-Puissant. Junon, profondément blessée de ce discours inattendu, lui répond en ces mots : « C'est donc moi, ô le plus juste des Dieux, moi que tu contrains à descendre dans la lice? Tu sais que j'ai toujours aimé la ville bâtie par les Cyclopes, et l'empire du grand Phoronée, célèbre par ses richesses et par ses guerriers; et cependant c'est là que tu as fait méchamment passer du sommeil à la mort le gardien de la génisse du Phare; c'est dans l'enceinte de ses tours que tu es entré en pluie d'or. Je pardonne à tes amours frauduleuses; mais je hais cette ville où tu t'es montré sans voile, où tu as porté le tonnerre et la foudre, témoins des joies de notre couche immortelle, et dont l'éclat n'est dû qu'à moi. Que Thèbes expie ses crimes! mais pourquoi te faire l'ennemi d'Argos? Poursuis donc! si tu méprises tant nos liens sacrés, détruis par les armes et Samos et l'antique Mycènes; arrache Sparte de ses fondements. Pourquoi sur les autels de ton épouse verrait-on couler le sang des fêtes, fumer l'encens oriental? Sans doute tu te trouves mieux des parfums de Coptos, et des cris lugubres de l'airain sur les rives du Nil. Mais si les nations payent pour les crimes de leurs auteurs, si dans ta sollicitude il t'est survenu la pensée tardive de remonter l'un après l'autre les âges d'un monde vieilli, combien de temps penses-tu mettre à anéantir les fureurs de la terre, à purger les siècles écoulés? Commence, (il y a longtemps que tu devrais l'avoir fait), commence par ces régions qu'arrose l'onde errante d'Alphée, poursuivant au rivage lointain de Sicile la nymphe, objet de ses amours. Les Arcadiens t'ont bâti des temples en ces lieux funestes, et tu n'en rougis pas! Là aussi fut le char d'Œnomaüs, fils de Mars, et les chevaux plus dignes d'avoir pour étables les cavernes de l'Hémus; et sur cette terre gisent encore, roidis par le froid et privés de sépulture, les cadavres mutilés des amants d'Hippodamie. Et tu t'applaudis cependant d'y avoir les honneurs d'un temple; tu favorises l'Ida coupable, et la Crète qui mentit en publiant ta mort. Si j'aime, moi, à me reposer dans les murs de Tantale, pourquoi en être jaloux? Détourne le flot tumultueux de la guerre, et prends pitié de ta race! Il ne manque pas de royaumes impies, qui souffriront plus justement pour des gendres coupables. »

Junon avait fini en mêlant les prières aux reproches; mais, si âpres que fussent ses paroles, Jupiter lui répondit :

« Certes, je ne pensais pas que tu laisserais passer sans opposition mes justes projets de vengeance contre Argos, ta ville chérie; et je suis convaincu que Vénus et Bacchus, s'il leur était permis de parler, auraient beaucoup à dire en

Vescitur, at nati, facinus sine more! cadentes
Calcavere oculos. Jam jam rata vota tulisti,
Dire senex! meruere tuæ, meruere, tenebræ   240
Ultorem sperare Jovem. Nova sontibus arma
Injiciam regnis, totumque a stirpe revellam
Exitiale genus. Belli mihi semina sunto
Adrastus socer, et Superis adjuncta sinistris
Connubia. Hanc etiam pœnis incessere gentem   245
Decretum. Neque enim arcano de pectore fallax
Tantalus, et sævæ periit injuria mensæ. »

Sic pater omnipotens. Ast illi saucia dictis
Flammato versans inopinum corde dolorem
Talia Juno refert : « Mene, o justissime Divum,   250
Me bello certare jubes? scis semper ut arces
Cyclopum, magnique Phoroneos inclyta fama
Sceptra viris, opibusque juvem, licet improbus illic
Custodem Phariæ, somno letoque juvencæ
Exstinguas, septis et turribus aureus intres.   255
Mentitis ignosco toris : illam odimus urbem,
Quam vultu confessus adis : ubi conscia magni
Signa tori, tonitrus agis, et mea fulmina torques.
Facta luant Thebæ : cur hostes eligis Argos?
Quin age, si tanta est thalami discordia sancti,   260
Et Samon, et veteres armis exscinde Mycenas.
Verte solo Sparten. Cur usquam sanguine festo

Conjugis ara tuæ, cumulo cur thuris Eoi
Læta calet? Melius votis Mareotica fumat
Coptos, et ærisoni lugentia flumina Nili.   265
« Quod si prisca luunt auctorum crimina gentes,
Subveniatque tuis sera hæc sententia curis;
Percensere ævi senium, quo tempore tandem
Terrarum furias abolere, et sæcula retro
Emendare sat est? jamdudum ab sedibus illis   270
Incipe, fluctivaga qua præterlabitur unda
Sicanos longe relegens Alpheus amores.
Arcades hic tua, nec pudor est? delubra nefastis
Imposuere locis : illic Mavortius axis
Œnomai, Geticoque pecus stabulare sub Hæmo   275
Dignius : abruptis, etiamnum inhumata procorum
Relliquiis trunca ora rigent : tamen hic tibi templi
Gratus honos : placet Ida nocens, mentitaque manes
Creta tuos. Me Tantaleis consistere tectis,
Quæ tandem invidia est? Belli deflecte tumultus,   280
Et generis miseresce tui. Sunt impia late
Regna tibi, melius generis passura nocentes. »

Finierat miscens precibus convicia Juno.
At non ille gravis, dictis, quamquam aspera, motus   284
Reddidit hæc : « Equidem haud rebar te mente secunda
Laturam, quodcunque tuos, licet æquus, in Argos
Consulerem, neque me, detur si copia, fallit

faveur de Thèbes; mais le respect dû à ma puissance les arrête. J'en atteste les eaux sombres du Styx, soumis à mon frère, et ce serment est inviolable, rien ne fléchira la volonté que j'ai exprimée. Va donc, nourrisson du mont Cyllène; et d'une aile plus rapide que celle des vents traverse les champs de l'air, et, descendu aux noirs royaumes, dis à ton oncle « que le vieux Laïus retourne sur la terre; il est mort de la main d'un fils, et, d'après la loi de l'Érèbe, il n'a pas encore été reçu à l'autre rive du Léthé. Qu'il porte mes ordres à son implacable petit-fils; les voici : Que l'impie, obéissant à son propre vœu, brise le pacte qui consacre les droits successifs de son frère et de lui, et repousse du trône ce frère enflé lui-même du secours puissant qu'il a trouvé à Argos, dans son exil : la guerre naîtra du ressentiment, le reste me regarde. »

Mercure obéit aux ordres de son père; il adapte aussitôt des ailes à ses talons, et couvre sa chevelure d'un chapeau qui la met à l'abri de l'ardeur des astres. Alors il prend en main la verge dont il se sert pour chasser ou rappeler le doux sommeil, pour entrer au noir Tartare, et pour rendre la vie aux pâles ombres. Il s'élance, et, parvenu dans notre air subtil, il frissonne. Point de retard, il poursuit à travers le vide son vol sublime, et décrit dans les airs une courbe immense.

Cependant, exilé des champs paternels, le fils d'Œdipe errait furtivement dans les déserts de l'Aonie. Et déjà dans son âme il jouit de ce trône qui malheureusement lui est dû, et gémit sur la marche trop lente de l'année. Jour et nuit, dans ses courses, une pensée unique le possède : verra-t-il son frère descendre, humilié, du trône? se verra-t-il lui-même maître de Thèbes et de ses richesses? Pour ce jour il donnerait sa vie. Un moment il se plaint de la durée fatale de son exil; mais bientôt il reprend l'enflure de cœur d'un roi, se voit assis au trône, les pieds appuyés sur son frère renversé, et, ballotté entre l'espérance et la crainte, use d'avance la joie par le désir.

Alors il prend le parti de visiter les villes baignées par l'Inachus, les champs où Danaüs régna, et Mycènes où naguère le soleil, reculant d'épouvante, avait laissé la nuit. Erinnys marchait-elle devant lui? l'inflexible Atropos l'appelait-elle? n'était-ce que le hasard de la route? Il abandonne les antres témoins des cris furieux des Ménades, et les collines nourries du sang versé au nom de Bacchus. De là il passe à travers la plage où le Cithéron d'un côté descend mollement dans la plaine, de l'autre penche son flanc escarpé vers la mer. Puis, gravissant des sentiers rocailleux, suspendus sur des abîmes, il laisse derrière lui les roches infâmes de Scyron, les champs autrefois gouvernés par le vieux père de Scylla, dépasse la douce Corinthe, et, du milieu de l'isthme, entend le bruissement des deux rivages.

Déjà la lune, surgissant aux confins des espaces qu'abandonnait Phébus, et montant avec lenteur sur l'univers silencieux, avait imprégné l'atmosphère rafraîchie de la douce rosée qui coule de son char. Oiseaux et quadrupèdes

Multa super Thebis Bacchum, ausuramque Dionem
Dicere, sed nostri reverentia ponderis obstat.
Horrendos etenim latices, Stygia æquora fratris 290
Obtestor, mansurum et non revocabile verum,
Nil fore quo dictis flectar : quare impiger ales
Portantes præcede Notos, Cyllenia proles,
Acta per liquidum, regnisque illapsus opacis
Dic patruo : superas senior se tollat ad auras 295
Laius, exstinctum nati quem vulnere, nondum
Ulterior Lethes accepit ripa, profundi
Lege Erebi : ferat hæc diro mea jussa nepoti :
Germanum exsilio fretum, Argolicisque tumentem
Hospitiis, quod sponte cupit, procul impius aula 300
Arceat, alternum regni inficiatus honorem :
Hinc causæ irarum : certo reliqua ordine ducam. »
    Paret Attlantiades dictis genitoris, et inde
Summa pedum propere plantaribus illigat alis,
Obnubitque comas, et temperat astra galero. 305
Tum dextræ virgam inseruit, qua pellere dulces
Aut suadere iterum somnos, qua nigra subire
Tartara, et exsangues animare assueverat umbras.
Desiluit; tenuique exceptus inhorruit aura.
Nec mora, sublimes raptim per inane volatus 310
Carpit, et ingenti designat nubila gyro.
    Interea patriis olim vagus exsul ab oris
Œdipodionides furto deserta pererrat
Aoniæ. Jamjamque animis male debita regna
Concipit, et longum signis cunctantibus annum 315
Stare gemit. Tenet una dies noctesque recursans
Cura virum, si quando humilem decedere regno
Germanum, et semet Thebis, opibusque potitum
Cerneret, hac ævum cupiat pro luce pacisci.
Nunc queritur ceu tarda fugæ dispendia : sed mox 320
Attollit flatus ducis, et sedisse superbum
Dejecto se fratre putat, spes anxia mentem
Extrahit, et longo consumit gaudia voto.
    Tunc sedet Inachias urbes, Danaeiaque arva,
Et caligantes abrupto sole Mycenas, 325
Ferre iter impavidum. Seu prævia ducit Erinnys,
Seu fors illa viæ, sive hac immota vocabat
Atropos. Ogygiis ululata furoribus antra
Deserit, et pingues Bacchæo sanguine colles.
Inde plagam, qua molle sedens in plana Cithæron 330
Porrigitur, lassumque inclinat ad æquora montem,
Præterit. Hinc arcte scopuloso in limite pendens,
Infames Scyrone petras, Scyllæaque rura
Purpureo regnata seni, mitemque Corinthum
Linquit, et in mediis audit duo littora campis. 335
    Jamque per emeriti surgens confinia Phœbi
Titanis, late mundo subvecta silenti
Rorifera gelidum tenuaverat aera biga.
Jam pecudes volucresque tacent : jam somnus avaris

étaient muets; déjà le sommeil, mollement balancé à travers les airs, se glissait au chevet de l'avare douleur, y portant avec lui les charmes du repos et l'oubli de la vie. Mais le soleil ne s'était point couché dans des nuages empourprés, promesse d'une nuit lumineuse; et ses rayons n'avaient point prolongé, en se répercutant, la lueur du crépuscule.

Une nuit épaisse et profonde, qu'aucune clarté ne perce, s'élève de la terre et couvre le ciel. Déjà retentissent les antres de la froide Éolie, et la tempête s'annonce par des cris sourds ; les vents se heurtent et frémissent, et, se disputant les espaces du ciel, ébranlent sur ses gonds l'axe du monde. Mais l'Auster est celui qui accumule le plus d'ombres ; il roule des vagues de ténèbres, et verse une pluie que condense aussitôt l'âpre souffle de Borée. Et toujours la foudre gronde, et l'air froissé s'entr'ouvre pour faire place à l'éclair. Déjà la forêt de Némée, déjà les hautes montagnes d'Arcadie, voisines des bois du Ténare, sont imprégnées d'eau à leur sommet. L'Inachus bondit hors de ses rives, et l'Érasine remonte vers l'Ourse glacée. Des rivières, dans le lit desquelles le pied ne foulait auparavant que la poussière, ne sont plus arrêtées par aucune digue; le marais de Lerne s'épand au loin, et l'antique venin de l'hydre écume sur ses bords. Les forêts sont brisées, leurs rameaux séculaires sont arrachés par la tempête, et de toutes parts sont ouverts ces bois ombreux du Lycée où le soleil de l'été ne pénétrait jamais.

C'est avec terreur qu'il voit des rochers rouler des cimes déchirées des montagnes, qu'il écoute le fracas de ces torrents, fils des nues, qui tombent, entraînant pêle-mêle dans leur course insensée l'étable des troupeaux et la hutte des pasteurs. Délirant, incertain, à travers la muette obscurité, il dévore une route immense; il a, pour le pousser, d'un côté la crainte, de l'autre le souvenir de son frère. Tel, surpris par l'ouragan, le nautonier à qui n'obéit plus le gouvernail, à qui la lune ne montre pas sa route, se tient debout, immobile et sans pensée, au milieu du tumulte effrayant du ciel et de la mer; et d'instants en instants il croit aborder sur des écueils perfides, ou voir des pointes de brisants écumer sous sa proue.

Tel le héros, descendant de Cadmus, précipite ses pas dans les fourrés obscurs des bois, secouant de son large bouclier les tanières des bêtes fauves, et brisant avec sa poitrine les branches qui l'arrêtent. Ainsi il va, aiguillonné par la crainte, quand la ville d'Inachus, victorieuse des ténèbres, surgit à ses yeux, éclairée par une lueur descendue sur ses murs du sommet du Larisse. Excité par l'espoir, il vole : à gauche, il a le temple élevé de Junon Prosymna ; à droite, le sombre marais de Lerne, où les feux allumés par Hercule ont laissé leur empreinte ; il arrive enfin aux portes, qu'il trouve ouvertes. En entrant, il aperçoit le palais du roi ; sous le vestibule il étend ses membres roidis par la pluie et par le vent, et, adossé aux colonnes de ce palais inconnu, convie le sommeil à sa couche de pierre.

Inserpit curis, pronusque per aera nutat, 340
Grata laboratæ referens oblivia vitæ.
Sed nec puniceo rediturum nubila cœlo
Promisere jubar, nec rarescentibus umbris
Longa repercusso nituere crepuscula Phœbo.
Densior a terris, et nulli pervia flammæ 345
Subtexit nox atra polos. Jam claustra rigentis
Æoliæ percussa sonant, venturaque rauco
Ore minatur hiems, venti transversa frementes
Confligunt, axemque emoto cardine vellunt,
Dum cœlum sibi quisque rapit. Sed plurimus Auster 350
Inglomerat noctem, et tenebrosa volumina torquet,
Defunditque imbres, sicco quos asper hiatu
Persolidat Boreas : necnon abrupta tremiscunt
Fulgura, et attritus subita face rumpitur æther.
Jam Nemee, jam Tænariis conterminalucis 355
Arcadiæ capita alta madent. Ruit agmine facto
Inachus, et gelidas surgens Erasinus ad Arctos.
Pulverulenta prius, calcandaque flumina nullæ
Aggeribus tenuere moræ, stagnoque refusa est
Funditus, et veteri spumavit Lerna veneno. 360
Frangitur omne nemus : rapiunt antiqua procellæ
Brachia silvarum, nullisque aspecta per ævum
Solibus umbrosi patuere æstiva Lycæi.
Ille tamen modo saxa jugis fugientia ruptis

Miratur, modo nubigenas e montibus amnes 365
Aure pavens, passimque insano turbine raptas
Pastorum pecorumque domos. Non segnius amens,
Incertusque viæ, per nigra silentia, vastum
Haurit iter : pulsat metus undique, et undique frater.
Ac velut hiberno deprensus navita ponto, 370
Cui neque temo piger, neque amico sidere monstrat
Luna vias, medio cœli, pelagique tumultu
Stat rationis inops : jamjamque aut saxa malignis
Exspectat submersa vadis, aut vertice acuto
Spumantes scopulos erectæ incurrere proræ. 375
   Talis opaca legens nemorum Cadmeius heros,
Accelerat, vasto metuenda umbone ferarum
Excutiens stabula, et prono virgulta refringit
Pectore : dat stimulos animo vis mœsta timoris
Donec ab Inachiis victa caligine tectis 380
Emicuit lucem devexa in mœnia fundens
Larissæus apex. Illo spe concitus omni
Evolat : hinc celsæ Junonia templa Prosymnæ
Lævus habet; hinc Herculeo signata vapore
Lernæi stagna atra vadi; tandemque reclusis 385
Infertur portis : actutum regia cernit
Vestibula : hic artus imbri ventoque rigentes
Projicit, ignotæque acclinis postibus aulæ
Invitat tenues ad dura cubilia somnos.

Ces peuples étaient gouvernés par Adraste, roi paisible, riche d'aïeux, qui avait déjà accompli plus de moitié du chemin de la vie, et descendait de Jupiter par son père et par sa mère. Privé d'enfants mâles, il avait deux filles, ornement et soutien de sa vieillesse. Apollon (prodige épouvantable trop tôt réalisé!), Apollon avait prédit que le temps lui amènerait pour gendre un sanglier hérissé et un fauve lion. En vain Adraste, en vain Amphiaraüs qui lit dans l'avenir, retournent cet oracle; Apollon a voulu qu'il fût impénétrable. Aussi le chagrin a-t-il pris possession de l'âme du père.

Mais voilà que, poussé par le destin, Tydée d'Olénie, fuyant l'antique Calydon (le remords d'avoir tué son frère le chassait en avant), traverse, la nuit, les mêmes solitudes qu'a traversées Polynice, et, battu comme lui par la pluie et par les vents, le dos hérissé de givre, le visage et les cheveux ruisselants d'eau, s'abrite sous le même vestibule où l'autre, premier occupant, gisait sur le sol glacé.

A cet instant la fortune leur inspira une rage de sang. Ils ne veulent pas que ces dômes leur soient pour la nuit un abri commun; quelque temps ils préludent par des injures et des menaces; bientôt cette lutte de paroles enfle leur courroux; ils se dressent, ils jettent leurs manteaux, et une autre lutte commence corps à corps. Polynice est plus haut de taille, plus jeune d'âge, mieux proportionné; mais Tydée ne lui est inférieur ni pour la force, ni pour le courage, et ses membres grêles sont animés d'une incroyable vigueur. Les coups pleuvent autour de leurs visages et de leurs tempes, comme les traits dans la mêlée, comme la grêle sur le Riphée; et de leur genou courbé ils se battent les flancs. Ainsi, lorsque dans Pise reviennent à chaque lustre les fêtes du Tonnant, lorsque la sueur des combattants échauffe la poussière de l'arène, les cris de l'amphithéâtre, mêlés de blâme et de louanges, excitent les jeunes athlètes, et les mères, exclues de ces spectacles, attendent leurs fils couronnés. Ainsi ils se ruent tous deux, sous l'impulsion de la haine, non de la gloire; chacun fouille de ses mains crispées le visage de son adversaire, et cherche les yeux, pour y plonger ses doigts. Peut-être, tant leur rage était grande, ils eussent tiré l'épée pendue à leur flanc; peut-être, ô jeune Thébain qu'alors aurait pleuré ton frère, serais-tu mort plus glorieusement sous le fer d'un ennemi, si ces clameurs étranges, si ce râle de deux poitrines, dans l'ombre de la nuit, n'eussent frappé et tiré de sa couche le vieux monarque, à qui l'âge et les soucis du trône n'accordaient plus qu'un sommeil mauvais.

Il traverse, escorté de flambeaux, les vastes appartements de son palais; la porte roule sur ses gonds, et il voit deux visages terribles, meurtris de blessures, ruisselants d'une pluie de sang. « Jeunes étrangers, dit-il (car aucun de mes sujets ne se permettrait tant d'audace), d'où vous vient cette fureur? Quelle implacable haine vous

Rex ibi tranquillæ medio de limite vitæ 390
In senium vergens populos Adrastus habebat,
Dives avis, et utroque Jovem de sanguine ducens.
Hic sexus melioris inops, sed prole virebat
Feminea, gemino natarum pignore fultus.
Cui Phœbus generos (monstrum exitiabile dictu! 395
Mox adaperta fides) ævo ducente canebat
Setigerumque suem, et fulvum adventare leonem.
Hæc volvens, non ipse pater, non docte futuri,
Amphiarae, vides, etenim vetat auctor Apollo.
Tantum in corde sedens ægrescit cura parentis! 400
   Ecce autem antiquam fato Calydona relinquens
Olenius Tydeus (fraterni sanguinis illum
Conscius horror agit) eadem sub nocte sopora
Lustra terit, similesque Notos dequestus et imbres,
Infusam tergo glaciem, et liquentia nimbis 405
Ora, comasque gerens, subit uno tegmine, cujus
Fusus humo gelida partem prior hospes habebat.
Hic vero ambobus rabiem fortuna cruentam
Attulit; haud passi sociis defendere noctem
Culminibus, paulum alternis in verba minasque 410
Cunctantur : mox ut jactis sermonibus iræ
Intumuere satis, tum vero erectus uterque
Exsertare humeros, nudamque lacessere pugnam.
Celsior ille gradu procera in membra, simulque
Integer annorum, sed non et viribus infra 415
Tydea fert animus, totosque infusa per artus
Major in exiguo regnabat corpore virtus.
Jam crebros ictus ora et cava tempora circum
Obnixi ingeminant, telorum aut grandinis instar
Rhiphææ, flexoque genu vacua ilia tundunt. 420
Non aliter quam Pisæo sua lustra Tonanti
Quum redeunt, crudisque virum sudoribus ardet
Pulvis : at hinc teneros caveæ dissensus ephebos
Concitat, exclusæque exspectant præmia matres.
Sic alacres odio, nullaque cupidine laudis 425
Accensi incurrunt, scrutatur et intima vultus
Unca manus, penitusque oculis cedentibus instat.
Forsan et accinctos lateri, sic ira ferebat,
Nudassent enses, meliusque hostilibus armis
Lugendus fratri, juvenis Thebane, jaceres, 430
Ni rex insolitum clamorem, et pectore ab alto
Stridentes gemitus, noctis miratus in umbris,
Movisset gressus, magnis cui sobria curis
Pendebat somno jam deteriore senectus.
   Isque ubi progrediens numerosa luce, per alta 435
Atria, dimotis adverso limine claustris,
Terribilem dictu faciem, lacera ora, putresque
Sanguineo videt imbre genas : « Quæ causa furoris,
Externi juvenes (neque enim meus audeat istas
Civis in usque manus), quisnam implacabilis ardor 440
Exturbare odiis tranquilla silentia noctis?

fait troubler le silence de la nuit? Le jour ne vous suffit-il pas? Vous semble-t-il si triste d'avoir quelques instants la paix dans le cœur et le sommeil sur les yeux? Mais enfin, dites-moi votre origine? le but de votre route? le motif de votre querelle? Votre naissance n'est point vulgaire; un tel courroux en est garant, et ce sang si abondamment versé m'est une preuve brillante de votre superbe origine. »

A peine a-t-il parlé, que, mêlant leurs cris et se lançant des regards obliques, ils commencent à la fois : « O le plus doux des rois de la Grèce, qu'est-il besoin de paroles? Tu vois le sang dont nos visages sont inondés. » Leurs voix se pressaient, se confondaient, amères et troublées; mais Tydée recommence, et parle avec plus de suite ; il cherchait une consolation dans ses malheurs.

« J'ai quitté l'opulente Calydon, cette patrie des monstres, et les champs baignés par l'Achéloüs; cette nuit ténébreuse m'a surpris sur votre territoire : pourquoi cet homme veut-il me chasser de l'abri que j'ai choisi contre la tempête? Est-ce parce que le hasard l'a guidé le premier sous ces portiques? Les Centaures, dit-on, habitent les mêmes repaires, et les Cyclopes sont unis dans les antres de l'Etna; les monstres les plus féroces ont leur justice et l'instinct de leurs droits; et nous, la terre n'est-elle pas notre lit commun? Mais que dis-je? Qui que tu sois, ou tu partiras aujourd'hui, fier de mes dépouilles, ou, si la douleur qui me ronge n'a pas appauvri mon sang, je t'apprendrai que je suis de la race du grand Œnée, et rejeton non dégénéré de Mars. » — « Ni moi, répond Polynice, je ne manque de valeur ou de naissance.... » Mais la conscience de sa honte l'empêche d'avouer son père.

« Voyons, dit Adraste avec douceur, trêve à ces menaces inspirées par une rencontre soudaine dans la nuit, ou par le courage, ou par la colère, et venez vous asseoir à mon foyer. Que vos mains s'unissent, en gage d'une amitié cordiale. Ceci n'est point un cas fortuit, où les Dieux ne soient pour rien ; sans doute ce courroux était l'avant-coureur d'une forte affection, et ne vous laissera qu'un doux souvenir.

Ce ne fut point vainement que le vieillard exprima ainsi l'arrêt du destin; car, après cette lutte acharnée, ils furent amis, dit-on, comme l'ont été autrefois Thésée et l'audacieux Pirithoüs, toujours de moitié dans les dangers; comme aussi Pylade et l'insensé Oreste, sauvé par son ami des fureurs de Mégère.

A ces paroles du roi, qui adoucissent leurs cœurs gonflés de haine, ils entrent avec lui dans son palais. Ainsi, lorsque les flots, soulevés par la lutte des vents, retombent enfin sur eux-mêmes, longtemps encore un souffle d'air vient mourir dans les voiles pendantes.

Adraste commence par porter ses regards sur les vêtements et sur les armes des deux guerriers. Il voit sur les épaules de Polynice une peau aux crins rudes et hérissés, peau d'un lion semblable à celui qu'Hercule adolescent dompta dans la vallée de Tempé, près du mont Theumèse, et dont il revêtit la dépouille avant sa victoire sur le monstre de Cléonée. D'un autre côté, effrayante par la roideur de ses poils et ses défenses recourbées, la peau du sanglier de Calydon s'efforce d'embrasser les larges épaules de Tydée. A cet

Usque adeone angusta dies? et triste, parumper
Pacem animo, somnumque pati? sed prodite tandem
Unde orti? quo fertis iter? quæ jurgia? nam vos
Haud humiles tanta ira docet, generisque superbi 445
Magna per effusum clarescunt signa cruorem. »
 Vix ea, cum mixto clamore obliqua tuentes
Incipiunt una : « Rex o mitissime Achivum,
Quid verbis opus? ipse undantes sanguine vultus
Adspicis. » Hæc passim turbatis vocis amaræ 450
Confudere sonis : inde orsus in ordine Tydeus
Continuat, mœsti cupiens solatia casus :
« Monstriferæ Calydonis opes, Acheloiaque arva
Deserui : vestris hic me ecce in finibus ingens
Nox operit : recto cœlum prohibere quis iste 455
Arcuit? an quoniam prior hæc ad limina forte
Molitur gressus? pariter stabulare bimembres
Centauros, unaque ferunt Cyclopas in Ætna
Compositos; sunt et rabidis jura insita monstris,
Fasque suum : nobis sociare cubilia terræ? 460
Sed quid ego? aut hodie spoliis gavisus abibis,
Quisquis es, his; aut me, si non effœtus oborto
Sanguis hebet luctu, magni de stirpe creatum
Œneos, et Marti non degenerare paterno

Accipies. » — « Nec nos animi, nec stirpis egemus, » 465
Ille refert contra : sed mens sibi conscia facti
Cunctatur proferre patrem : tunc mitis Adrastus :
« Immo agite, et positis, quas nox inopinaque suasit
Aut virtus, aut ira, minis, succedite tecto.
Jam pariter coeant animorum in pignora dextræ. 470
Non hæc incassum, Divisque absentibus acta :
Forsan et has venturus amor præmiserit iras,
Ut meminisse juvet. » Nec vana voce locutus
Fata senex ; siquidem hanc perhibent post vulnera junctis
Esse fidem, quanta partitum extrema protervo 475
Thesea Pirithoo, vel inanem mentis Orestem
Opposito rabidam Pylade vitasse Megæram.
 Tunc quoque mulcentem dictis corda aspera regem
Jam faciles (ventis ut decertata residunt
Æquora, laxatisque diu tamen aura superstes 480
Immoritur velis) passi subiere penates.
Hic primum lustrare oculis, cultusque virorum
Telaque magna vacat ; tergo videt hujus inanem
Impexis utrimque jubis horrere leonem,
Illius in speciem, quem per Theumesia Tempe 485
Amphitryoniades fractum juvenilibus armis
Ante Cleonæi vestitur prælia monstri.

aspect le vieillard est stupéfait ; il reconnaît l'oracle de Phébus, les avertissements donnés dans les antres fatidiques ; ses lèvres se glacent, et un frisson de joie parcourt ses membres. Évidemment c'est un dieu qui les guide, ce sont les gendres qu'Apollon, dans ses mystérieux symboles, lui annonçait sous la forme emblématique de deux bêtes fauves. Alors, élevant ses mains vers le ciel, il s'écrie :

« O nuit, qui, embrassant les travaux du ciel et de la terre, livres passage aux clartés errantes des astres, et répares les forces du cœur, jusqu'à ce que Titan se lève, et réveille tout ce qui respire et qui souffle ; nuit protectrice, tu portes la lumière au sein de mes inquiétudes et de mes doutes, et me découvres le sens d'un oracle longtemps cherché en vain : achève, et confirme ce que tu as annoncé ! Chaque fois que l'année aura fini son tour, des honneurs te seront offerts en ce palais ; ô Déesse, des victimes noires, élite du troupeau, te seront immolées, et le feu des sacrifices, arrosé d'un lait pur, consumera leurs entrailles. Salut, véridiques trépieds ! salut, antres obscurs ! O fortune ! j'ai surpris le secret des Dieux. »

Il dit, et, les étreignant tous deux, les fait entrer dans l'intérieur du palais. Des autels antiques conservaient un feu brûlant encore, bien qu'endormi sous la cendre, et les restes tièdes des libations : Adraste ordonne qu'on ranime ces feux, qu'on prépare un nouveau festin. Ses serviteurs s'empressent d'obéir à ses ordres ; le palais se remplit de tumulte et de bruit ; les uns garnissent les lits de tissus de pourpre et d'or, étalent de vastes tapis, polissent et disposent des tables circulaires ; les autres, s'efforçant de vaincre les épaisses ténèbres de la nuit, suspendent à des chaînes les lampes dorées. Ici, pour les faire rôtir, on attache à des broches mal assurées les chairs des animaux immolés ; là on entasse dans des corbeilles le blé broyé sous la meule. Adraste voit avec bonheur le zèle ardent des gens de sa maison ; lui-même il rayonne de joie, assis sur un trône d'ivoire, garni de riches tentures. De leur côté, les deux jeunes guerriers, après avoir lavé et séché leurs blessures, prennent place à table ; en même temps ils aperçoivent leurs visages souillés de taches sanglantes, et s'accordent un mutuel pardon.

Alors le vieux roi fait appeler Aceste, la nourrice de ses filles, la surveillante fidèle chargée de les garder pures pour un légitime amour, et lui murmure quelques mots à l'oreille. Elle sort sans tarder, et court aussitôt chercher dans leur mystérieux asile les deux filles d'Adraste, couple admirable de vierges, qu'on eût prises pour Pallas revêtue de son armure sonore, et Diane armée de son carquois, moins la terreur qu'elles inspirent. Ces visages d'hommes, nouveaux pour elles, les troublèrent ; tour à tour la pâleur et un vif incarnat envahirent leurs joues, et leurs pudiques regards retombèrent sur leur vénérable père.

Lorsque la faim de ses convives fut assouvie, le descendant d'Iasus demanda à ses esclaves

Terribiles contra setis, ac dente recurvo
Tydea per latos humeros ambire laborant
Exuviæ, Calydonis honos : stupet omine tanto   490
Defixus senior, divina oracula Phœbi
Agnoscens, monitusque datos vocalibus antris.
Obtutu gelida ora premit, lætusque per artus
Horror iit : sensit manifesto numine ductos
Affore, quos nexis ambagibus augur Apollo   495
Portendi generos, vultu fallente ferarum,
Ediderat : tunc sic tendens ad sidera palmas :
    « Nox, quæ terrarum cœlique amplexa labores
Ignea multivago transmittis sidera lapsu,
Indulgens reparare animum, dum proximus ægris   500
Infundat Titan agiles animantibus ortus,
Tu mihi perplexis quæsitam erroribus ultro
Advehis alma fidem, veterisque exordia fati
Detegis : adsistas operi, tuaque omina firmes.
Semper honoratam dimensis orbibus anni   505
Te domus ista colet : nigri tibi, Diva, litabunt
Electa cervice greges, lustraliaque exta
Lacte novo perfusus edet Vulcanius ignis.
Salve, prisca fides tripodum, obscurique recessus :
Deprendi, Fortuna, Deos. » Sic fatus, et ambos   510
Innectens manibus tecta ulterioris ad aulæ
Progreditur : canis etiamnum altaribus ignes,
Sopitum cinerem, et tepidi libamina sacri
Servabant : adolere focos, epulasque recentes

Instaurare jubet : dictis parere ministri   515
Certatim accelerant : vario strepit icta tumultu
Regia : pars ostro tenues, auroque sonantes
Emunire toros, altosque inferre tapetas,
Pars teretes levare manu ac disponere mensas.
Ast alii tenebras et opacam vincere noctem   520
Aggressi, tendunt auratis vincula lychnis.
His labor inserto torrere exsanguia ferro
Viscera cæsarum pecudum ; his cumulare canistris
Perdomitam saxo Cererem : lætatur Adrastus
Obsequio fervere domum ; jamque ipse superbis   525
Fulgebat stratis, solioque effultus eburno.
Parte alia juvenes siccati vulnera lymphis
Discumbunt ; simul ora notis fœdata tuentur,
Inque vicem ignoscunt : tunc rex longævus Acesten
(Natarum læc altrix, eadem et fidissima custos   530
Lecta sacrum justæ Veneri occultare pudorem)
Imperat acciri, tacitaque immurmurat aure.
    Nec mora præceptis ; quum protinus, utraque virgo
Arcano egressæ thalamo, mirabile visu,
Pallados armisonæ, pharetratæque ora Dianæ   535
Æqua ferunt, terrore minus : nova deinde pudori
Visa virum facies ; pariter pallorque, ruborque
Purpureus hausere genas ; oculique verentes
Ad sanctum rediere patrem. Postquam ordine mensæ
Victa fames, signis perfectam auroque nitentem   540
Iasides pateram famulos ex more poposcit,

une coupe d'or ciselée avec un art parfait, et qui servait autrefois à Danaüs et au vieux Phoronée, quand ils offraient aux Dieux les libations prescrites; elle porte des figures en relief : ici Persée, sur son cheval ailé, tient la tête fraîchement coupée de la Gorgone, dont les cheveux sont des serpents, et s'élance, on le dirait, dans le vague des airs; il semble que cette tête meuve ses yeux appesantis et son visage languissant, qu'elle pâlisse même, comme si l'or était doué de vie! Là, le chasseur phrygien est emporté sur les ailes fauves d'un aigle; il monte, et le Gargare s'abaisse, et Troie s'efface; ses compagnons sont immobiles de douleur; ses chiens poussent de longs aboiements et hurlent après son ombre, qui fuit dans les nuées.

Adraste verse un vin pur qui ondoie dans la coupe; il invoque tous les Dieux l'un après l'autre, Phébus le premier. Pour célébrer ses louanges toute l'assemblée s'unit, les convives, les esclaves, tous ceints d'un chaste feuillage; c'est à Phébus que cette fête est consacrée, et l'encens, largement répandu sur le feu, s'élève de l'autel en brillantes vapeurs.

« Peut-être, jeunes étrangers, dit le roi, cherchez-vous à comprendre le but de cette cérémonie, et les causes pour lesquelles nous rendons à Phébus ces honneurs tout particuliers. Nous ne sommes point inspirés en cela par une ignorante superstition. Le peuple d'Argos offre ces sacrifices en souvenir des malheurs dont il fut autrefois victime : écoutez-moi, vous saurez tout. Un monstre au corps immense, aux écailles d'azur, le serpent Python, né de la terre, embrassait sept fois la ville de Delphes de ses sombres replis, et broyait, en les touchant, les chênes les plus vieux : au moment où, altéré de ces eaux qui alimentent son noir venin, il ouvrait une large gueule, et plongeait sa langue fourchue dans la fontaine de Castalie, le dieu du jour, épuisant sur lui toutes les flèches de son carquois, l'étendit roide mort dans les plaines de Cyrrha, où cent arpents contenaient à peine son corps; puis voulant se purifier de ce meurtre, il entra sous l'humble toit de Crotope, un de mes ancêtres. Celui-ci avait à son foyer une fille d'une beauté chaste, qui entrait dans la fleur de l'âge, et dont l'amour n'avait point encore souillé la couche : heureuse si elle ne se fût jamais livrée aux ardeurs furtives du dieu de Délos! mais elle s'unit à lui sur les bords du fleuve Némée; et lorsque Cynthie reprit pour la dixième fois son orbe plein, elle donna à Latone un petit-fils, rayonnant comme un astre. Craignant le châtiment de sa faute, car son père ne lui eût point pardonné cet hymen clandestin, et voulant faire élever secrètement son fils parmi les bergeries, elle choisit une campagne détournée, et le confia à un pâtre des montagnes. Indignes étaient de ta naissance, ô divin enfant, ce berceau de gazon, cette demeure de branches de chêne entrelacées! Un vêtement d'écorce d'arbousier entretenait la chaleur de tes membres, le chalumeau t'invitait à un sommeil léger, et dans la hutte commune tu avais le troupeau pour commensal... Mais les destins lui envièrent même cette humble vie. Un jour qu'imprudemment abandonné sur le vert gazon, il respirait l'air libre, des chiens furieux se repurent de ses membres déchirés. Cette nouvelle parvint aux oreilles de la jeune mère, et soudain la

Qua Danaus libare Deis seniorque Phoroneus
Assueti : tenet hæc operum cælata figuras :
Aureus anguicomam præsecto Gorgona collo
Ales habet; jamjamque vagas, ita visus, in auras   545
Exsilit : illa graves oculos, languentiaque ora
Pæne movet, vivoque etiam pallescit in auro.
Hinc Phrygius fulvis venator tollitur alis :
Gargara desidunt surgenti, et Troja recedit :
Stant mœsti comites, frustraque sonantia laxant   550
Ora canes, umbramque petunt, et nubila latrant.
Hanc undante mero fundens, vocat ordine cunctos
Cælicolas, Phœbum ante alios; Phœbum omnis ad aras
Laude ciet comitum, famulumque, evincta pudica
Fronde, manus : cui festa dies, largoque refecti   555
Thure, vaporatis lucent altaribus ignes.
    « Forsitan, o juvenes, quæ sint ea sacra, quibusque
Præcipuum causis Phœbi obtestemur honorem,
Rex ait, exquirunt animi Non inscia suasit
Relligio : magnis exercita cladibus olim   560
Plebs Argiva litant : animos advertite, pandam.
Postquam cœrulei sinuosa volumina monstri,
Terrigenam Pythona, Deus septem orbibus atris
Amplexum Delphos, squamisque annosa terentem
Robora, Castaliis dum fontibus ore trisulco   565
Fusus hiat, nigro sitiens alimenta veneno,
Perculit, absumptis numerosa in vulnera telis,
Cyrrhæique dedit centum per jugera campi
Vix tandem explicitum, nova deinde piacula cædi
Perquirens, nostri tecta haud opulenta Crotopi   570
Attigit : huic primis, et pubem ineuntibus annis
Mira decore pio servabat nata penates
Intemerata toris : felix, si Delia nunquam
Furta, nec occultum Phœbo sociasset amorem!
Namque ut passa Deum Nemeæi ad fluminis undam,   575
Bis quinos plena quum fronte resumeret orbes
Cynthia, sidereum Latonæ fœta nepotem
Edidit : ac pœnæ metuens, neque enim ille coactis
Donasset thalamis veniam pater, avia rura
Eligit, ac natum septa inter ovilia furtim   580
Montivago pecoris custodi mandat alendum.
Non tibi digna, puer, generis cunabula tanti
Gramineos dedit herba toros, et vimine querno
Texta domus : clausa arbutei sub cortice libri
Membra tepent, suadetque leves cava fistula somnos,   585
Et pecori commune solum; sed fata nec illum
Concessere larem : viridi nam cespite terræ

crainte du roi, la honte d'un aveu, tout est oublié; dans son délire elle remplit le palais de cris funèbres, et, le sein nu', court tout révéler à son père; son père n'est pas ému, et chose atroce! il l'envoie à la mort qu'elle désire.

« Se souvenant, mais trop tard, de son amour, Phébus prépare une vengeance qui puisse le consoler de la douleur de cette mort; il appelle du fond de l'Achéron un monstre conçu dans la couche exécrable des Euménides : son visage et sa poitrine sont d'une jeune fille; sur sa tête se dresse un serpent qui sifle incessamment, et partage en deux son front, couleur de rouille. Ce monstre hideux et sinistre se glisse, la nuit, au chevet des époux, arrache les nouveau-nés du sein des nourrices, les déchire de ses dents, et s'engraisse des larmes des familles.

« Un guerrier illustré par sa valeur et par ses exploits, Corèbe, ne put y tenir plus longtemps. Il se présente à la tête d'une troupe de jeunes gens résolus, qui faisaient peu de cas de la vie quand la gloire pouvait être le prix de leur courage; en ce moment le monstre allait par les rues d'un carrefour, après avoir dévasté de nouvelles habitations; deux enfants pendaient à ses côtés, et déjà sa main crochue s'enfonçait dans leurs flancs, et ses ongles de fer étaient tièdes du sang de leurs cœurs. Le jeune homme, entouré d'un cercle de guerriers, lui barre le chemin, et lui plonge toute son épée dans la poitrine; de la pointe étincelante de son arme il fouille jusqu'au siège le plus reculé de la vie, et rend enfin au Jupiter infernal le monstre né de lui. On accourt, on s'empresse; on veut voir de près ses yeux ternis par la mort, le hideux écoulement de son flanc, le sang noir et caillé qui souille cette poitrine où se sont éteintes tant d'existences chéries. Les enfants d'Inachus sont immobiles, et, après tant de larmes, pâles encore, malgré la grandeur de leur joie. Les uns, avec de lourds bâtons, broient ses membres mourants, les autres lui écrasent les joues avec d'énormes pierres : inutile vengeance qui ne console point. Ils ont pouvoir de tout faire, mais leur fureur ne peut être assouvie. Quand vint la nuit, les oiseaux de proie firent retentir autour du cadavre leurs ailes bruyantes, et prirent leur volée sans y avoir touché; les chiens affamés et les loups même, dit-on, tremblants de peur, demeurèrent gueule béante devant cette pâture.

« Le dieu de Délos se lève plus terrible contre ceux qui ont anéanti le ministre de ses vengeances : assis sous l'ombrage, au double sommet du Parnasse, de son arc fatal il lance des traits empestés, et couvre d'un manteau de brûlantes nuées les tours bâties par les Cyclopes et les champs qui les entourent. La vie échappe aux hommes : la Mort, le glaive en main, tranche les fils des trois sœurs, saisit la ville, et la traîne captive chez les mânes. Le roi demande à l'oracle la cause de tous ces maux, quel feu sinistre tombe du ciel, pourquoi le Sirius règne toute l'année.

« Péan répond : il veut que tous les guerriers qui ont pris part au meurtre du monstre soient sacrifiés en expiation à son ombre sanglante. Heureux Corèbe, bien digne de l'éternel souvenir des

Projectum temere, et patulo cœlum ore trahentem
Dira canum rabies, morsu depasta cruento,
Disjicit : hic vero attonitas ut nuntius aures   590
Matris adit, pulsi ex animo genitorque, pudorque,
Et metus : ipsa ultro sævis plangoribus amens
Tecta replet, vacuumque ferens velamine pectus
Occurrit confessa patri : nec motus, et atro
Imperat, infandum! cupientem occumbere leto.   595
Sero memor thalami, mœstæ solatia morti,
Phœbe, paras : monstrum infandis Acheronte sub imo
Conceptum Eumenidum thalamis : cui virginis ora,
Pectoraque, æternum stridens a vertice surgit
Et ferrugineam frontem discriminat anguis.   600
Hæc tam dira lues nocturno squalida passu
Illabi thalamis, animasque a stirpe recentes
Abripere altricum gremiis, morsuque cruento
Devesci, et multum patrio pinguescere luctu.
Haud tulit armorum præstans animique Corœbus,   605
Seque ultro lectis juvenum, qui robore primi
Famam posthabita faciles extendere vita,
Obtulit : illa novos ibat populata penates
Portarum in bivio : lateri duo corpora parvum
Dependent, et jam unca manus vitalibus hæret,   610
Ferratique ungues tenero sub corde tepescunt.
Obvius huic, latus omne virum stipante corona,
It juvenis, ferrumque ingens sub pectore diro
Condidit : atque imas animæ mucrone corusco
Scrutatus latebras, tandem sua monstra profundo   615
Reddit habere Jovi. Juvat ire, et visere juxta
Liventes in morte oculos, uterique nefandam
Proluviem, et crasso squalentia pectora tabo,
Qua nostræ cecidere animæ : stupet Inacha pubes
Magnaque post lacrymas etiamnum gaudia pallent.   620
Hi trabibus duris, solatia vana dolori,
Proterere exanimes artus, asprosque molares
Deculcare genis : nequit iram explere potestas.
Illam et nocturno circum stridore volantes
Impastæ fugistis aves, rabidamque canum vim,   625
Oraque sicca ferunt trepidorum inhiasse luporum.
Sævior in miseros fatis ultricis ademtæ
Delius insurgit, summaque biverticis umbra
Parnassi residens, arcu crudelis iniquo
Pestifera arma jacit, camposque et celsa Cyclopum   630
Tecta, superjecto nebularum incendit amictu.
Labuntur dulces animæ : Mors fila sororum
Ense metit, captamque tenens fert manibus urbem.
Quærenti, quæ causa, duci; quis ab æthere lævus
Ignis, et in totum regnaret Sirius annum;   635
Idem auctor Pæan rursus jubet ire cruento
Inferias monstro juvenes, qui cæde politi.

siècles ! dans cette lutte pieuse, tu n'enfouis pas, lâche guerrier, tes armes; tu cours sans trembler au-devant d'une mort certaine. La tête haute, il s'arrête sur le seuil du temple de Cyrrha, il excite la colère du dieu par ces paroles :

« Ce n'est point de force, dieu de Thymbrée, ce n'est point en suppliant que je viens à ton autel. C'est mon amour pour ma patrie, c'est la conscience de mon courage qui m'ont poussé dans ces voies. Me voici, ô Phébus, moi le meurtrier de ton exécrable fléau, moi que, dans ton injustice, tu cherches à travers ces sombres nuées et ces noirs poisons dont l'air est infecté. Si des monstres féroces sont tellement chers aux Dieux suprêmes, que ce ne soit rien en comparaison de la perte du monde et de l'extinction du genre humain, si telle est l'inclémence du ciel, quel crime ont commis les Argiens ? Ma tête seule, ô le meilleur des Dieux, doit suffire aux exigences des destins; ou bien serait-il plus doux à ton cœur de voir la désolation des familles, ou les flammes des bûchers qui consument les laboureurs éclairer au loin les campagnes? Mais pourquoi par de vaines paroles retarder les traits de ta main? Les mères attendent, et répandent sur moi les derniers vœux; c'est assez : j'ai mérité mon sort, ne m'épargne pas. Ainsi donc, secoue ton carquois, bande ton arc sonore, et livre à la mort une âme peu commune; mais ce sombre tourbillon qui pèse sur la ville d'Inachus, détourne-le du moins, puisque je meurs. »

« Le sort parfois jette un regard bienveillant sur les cœurs élevés. Le fils de Latone a honte d'immoler Corèbe à sa colère, et, vaincu par le guerrier, lui accorde le triste bienfait de la vie. Soudain les nuages empestés s'enfuient de notre ciel ; et toi, Corèbe, exaucé dans ton vœu, tu t'éloignes du temple de Phébus, que ta grandeur étonne.

« De là ces sacrifices, ces banquets solennels, ces honneurs renouvelés chaque année devant l'autel d'Apollon. Peut-être est-ce cet autel que vous venez visiter, vous dont j'ignore encore la race. Toi cependant, si je t'ai bien entendu, tu as pour père Œnée, roi de Calydon, et des droits dans la maison de Parthaon; mais toi, dis-moi ton nom et l'objet de ton voyage à Argos; car l'heure nous permet les longs entretiens. » Le héros thébain penche aussitôt son visage attristé vers la terre, et jette un regard détourné sur Tydée qu'il vient d'offenser ; puis il met fin à son silence prolongé :

« Après ces honneurs rendus aux Dieux, tu ne devrais pas m'interroger sur ma famille, sur ma patrie ; j'ai regret d'avouer, au milieu des objets sacrés du culte, la source de mon sang, si antique qu'elle soit. Mais si tu as hâte et souci de connaître un malheureux, sache que mes pères descendent de Cadmus. La terre de Mars, Thèbes est mon berceau, et Jocaste, ma mère... » Adraste fut ému de pitié pour son hôte, car il savait son histoire. « Pourquoi, lui dit-il, nous cacher ces circonstances bien connues? La renommée, dans son vol, ne s'est pas tellement écartée de Mycènes que nous puissions les ignorer : le règne d'Œdipe, ses fureurs, ses yeux honteux de voir le jour, ce sont choses connues de tous ceux qui frisson-

---

Fortunate animi, longumque in sæcula digne
Promeriture diem ! non tu pia degener arma
Occulis, aut certæ trepidas occurrere morti. 640
Cominus ora ferens, Cyrrhæi in limine templi
Constitit, et sacras ita vocibus asperat iras : »

« Non missus, Thymbræe, tuos supplexve penates
Advenio : mea me pietas, et conscia virtus
Has egere vias : ego sum, qui cæde subegi, 645
Phœbe, tuum mortale nefas, quem nubibus atris
Et squalente die, nigra quem tabe sinistri
Quæris, inique, poli : quod si monstra effera magnis
Cara adeo Superis, jacturaque vilior orbis,
Mors hominum, et sævo tanta inclementia cœlo est, 650
Quid meruere Argi? me me, Divum optime, solum
Objecisse caput satis præstabit : an illud
Lene magis cordi, quod desolata domorum
Tecta vides? ignique datis cultoribus omnis
Lucet ager? sed quid fando tua tela manusque 655
Demoror? exspectant matres, supremaque fundunt
Vota mihi : satis est : merui, ne parcere velles.
Proinde move pharetras, arcusque intende sonoros,
Insignemque animam leto demitte : sed illum
Pallidus Inachiis qui desuper imminet Argis, 660
Dum morior, depelle globum. » Fors æqua merentes
Respicit : ardentem tenuit reverentia cædis

Latoiden, tristemque viro submissus honorem
Largitur vitæ : nostro mala nubila cœlo
Diffugiunt : at tu stupefacti a limine Phœbi 665
Exoratus abis : inde hæc stata sacra quotannis
Solemnes recolunt epulæ, Phœbeiaque placat
Templa novatus honos : has forte invisitis aras
Vos quæ progenies? quamquam Calydonius Œneus,
Et Parthaoniæ, dudum si certus ad aures 670
Clamor iit, tibi jura domus; tu pande, quis Argos
Advenias, quando hæc variis sermonibus hora est. »
Dejecit mœstos exemplo Ismenius heros
In terram vultus, taciteque ad Tydea læsum
Obliquare oculos : tum longa silentia movit : 675
« Non super hos Divum tibi sum quærendus honores,
Unde genus, quæ terra mihi : quis defluat ordo
Sanguinis antiqui, piget inter sacra fateri.
Sed si præcipitant miserum cognoscere curæ,
Cadmus origo patrum ; tellus Mavortia Thebe ; 680
Et genitrix Jocasta mihi. » Tum motus Adrastus
Hospitiis, agnovit enim; « quid nota recondis?
Scimus, ait : nec sic aversum fama Mycenis
Volvit iter : regnum, et furias, oculosque pudentes
Novit, et Arctois si quis de solibus horret, 685
Quique bibit Gangen, aut nigrum occasibus intrat
Oceanum, et si quos incerto littore Syrtes

nent sous le soleil du pôle, de ceux qui boivent les eaux du Gange ou qui se baignent dans l'Océan occidental, de ceux que les Syrtes délaissent sur leurs rivages mouvants. Cesse de te plaindre, et de t'imputer les crimes de tes devanciers; dans notre famille aussi ces égarements ne sont pas rares; mais la faute des pères ne doit pas s'élever contre leurs enfants. Seulement, ne ressemble point à ceux de ta race, et que tes actions effacent les leurs. Mais déjà le conducteur glacé de l'Ourse hyperborée languit sur son char renversé. Répandez du vin sur le feu, et chantons, chantons encore le dieu qui sauva nos ancêtres.

« O Phébus, notre père, soit que tu parcoures les bois de la Lycie et les sommets neigeux des monts voisins de la ville de Patare, soit que tu aimes mieux baigner tes blonds cheveux dans les chastes ondes de la fontaine de Castalie, soit que, sous le nom de Thymbrée, tu habites Troie, où, dit-on, tu chargeas volontairement tes épaules des lourdes pierres de la Phrygie, soit que tu préfères Délos, qu'on ne cherche plus sur les flots, où elle est immobile, et le mont Cynthus, qui projette ton ombre sur la mer Égée; bande ton arc, et lance au loin tes flèches contre tes sauvages ennemis. Tes célestes parents ont orné ton visage d'une éternelle jeunesse; tu sais prédire les trames fatales des Parques, les arrêts du Destin, les volontés de Jupiter, les années où viendra la peste, les peuples sur qui tombera la guerre, les trônes que changeront les comètes. Tu as courbé devant ta lyre le Phrygien Marsyas; en l'honneur de ta mère, tu as étendu sur l'arène du Styx le fils de la Terre, le géant Tityon. Le serpent Python et la Thébaine Niobé, cette malheureuse mère, ont été glacés d'horreur par tes regards, orgueilleux du triomphe de tes flèches; c'est pour te venger que la cruelle Mégère presse de son contact éternel l'affamé Phlégyas, gisant sous un rocher toujours croulant, et l'excite à se repaître de mets impurs; mais le dégoût est plus fort que la faim.

« Viens, oh! viens! et, reconnaissant de l'hospitalité que t'ont donnée nos pères, protége les champs consacrés à Junon. Viens, soit que je t'invoque sous le nom de Titan, à la manière des Parthes, soit que tu préfères celui d'Osiris, dieu de la fécondité, ou celui de Mithras secouant dans l'antre persique les cornes du taureau indigné de te suivre! »

LIVRE DEUXIÈME.

Cependant le fils ailé de Maïa quitte le pays des froides ombres, où il vient de porter les ordres du grand Jupiter. De lourds nuages arrêtent sa marche, une atmosphère impure l'entoure de toutes parts : il a, pour aider son vol, non le souffle des Zéphyrs, mais les vents fétides du royaume muet. Ici, c'est le Styx, se repliant neuf fois dans ses plaines; là ce sont des torrents de feu qui lui barrent le chemin. Derrière lui marche péniblement le vieux Laïus, ombre tremblante, que retarde encore sa blessure; car un glaive impie, arme d'un parricide, s'est plongé tout entier dans ses flancs, et le premier il a été victime du courroux des Furies. Il va toutefois, et la verge de Mercure affermit ses pas. Les forêts stériles, les champs habités par les mânes,

Destituunt : ne perge queri, casusque priorum
Annumerare tibi : nostro quoque sanguine multum
Erravit pietas; nec culpa nepotibus obstat.   690
Tu modo dissimilis rebus mereare secundis
Excusare tuos : sed jam temone supino
Languet Hyperboreæ glacialis portitor Ursæ.
Fundite vina focis, servatoremque parentum
Latoïden votis iterumque iterumque canamus. »   695
    « Phœbe parens, seu te Lyciæ Pataræa nivosis
Exercent dumeta jugis; seu rore pudico
Castaliæ flavos amor est tibi mergere crines;
Seu Trojam Tymbræus habes, ubi fama volentem
Ingratis Phrygios humeris subiisse molares;   700
Seu juvat Ægæum feriens Latonius umbra
Cynthus, et assiduam pelago non quærere Delon;
Tela tibi, longeque feros lentandus in hostes
Arcus; et ætherii dono cessere parentes
Æternum florere genas : tu doctus iniquas   705
Parcarum prænosse manus; fatumque quod ultra est;
Et summo placitura Jovi; quis letifer annus;
Bella quibus populis; mutent quæ sceptra Cometæ.
Tu Phryga submittis citharæ : tu matris honori
Terrigenam Tityon Stygiis extendis arenis.   710
Te viridis Python, Thebanaque mater ovantem
Horruit in pharetris : ultrix tibi torva Megæra
Jejunum Phlegyam subter cava saxa jacentem
Æterno premit accubitu, dapibusque profanis
Instimulat : sed mixta famem fastidia vincunt.   715
Adsis o memor hospitii, Junoniaque arva
Dexter ames; seu te roseum Titana vocari
Gentis Achæmeniæ ritu; seu præstat Osirim
Frugiferum, seu Persei sub rupibus antri
Indignata sequi torquentem cornua Mitram. »   720

LIBER SECUNDUS.

Interea gelidis Maia satus aliger umbris
Jussa gerens magni remeat Jovis : undique pigræ
Ire vetant nubes, et turbidus implicat aer :
Nec Zephyri rapuere gradum, sed fœda silentis
Aura poli. Styx inde novem circumflua campis,   5
Hinc objecta vias torrentum incendia cludunt.
Pone senex trepida succedit Laius umbra
Vulnere tardus adhuc; capulo nam largius illi
Transabiit costas cognatis ictibus ensis
Impius, et primas Furiarum pertulit iras.   10
It tamen, et medica firmat vestigia virga.
Tum steriles luci, possessaque Manibus arva,

et leurs bois funèbres, sont stupéfaits en sa présence ; le sol même s'étonne de livrer passage au retour d'une ombre ; le noir venin de l'envie n'est pas même inconnu chez les morts ; l'un d'eux, qui jadis se faisait un plaisir cruel d'insulter aux malheurs des vivants et souffrait de leur bonheur, ne vit point sans chagrin ce retour vers la lumière :

« Va, dit-il, heureux que tu es ! soit que l'ordre de Jupiter, soit que le pouvoir plus grand d'Érinnys, te pousse à l'encontre du jour, soit que la prêtresse furieuse de Thessalie te fasse sortir du fond de ton sépulcre, va, va, quelle que soit l'œuvre à laquelle on t'appelle. Hélas ! tu reverras la douce clarté du ciel, le soleil que tu as quitté, la terre verdoyante, et l'eau pure des fontaines ; mais ce ne sera que pour rentrer plus triste en ces ténèbres. »

Dès que Cerbère les entendit, du seuil obscur où il était couché, il dressa ses trois têtes et hurla de ses trois gueules : n'est-il pas cruel même pour ceux qui entrent ? Déjà son triple cou était gonflé de menaces, déjà il remuait les ossements épars devant lui sur le sol, quand le dieu, le touchant de son caducée assoupissant, dompta sous le sommeil ses paupières de fer.

Il est un lieu (les fils d'Inachus l'ont appelé Ténare) où le promontoire de Malée lève dans les airs sa tête redoutable, blanchie de l'écume des flots, et ne permet à nul regard d'atteindre à son faîte. Il est debout, superbe, serein, regardant en bas les tempêtes, et sur sa cime les astres seuls se reposent. Là les vents apaisés s'endorment, là les foudres ont leur route ; de sombres nuages habitent les flancs de la montagne, dont le front ne retentit ni des battements d'ailes de l'oiseau, ni des sourdes clameurs du tonnerre ; mais, lorsque le jour décline, elle embrasse une vaste étendue de flots, et son ombre immense nage au loin sur l'abîme.

Le Ténare, trop faible pour dominer les vagues, les reçoit dans la profondeur de son gouffre. C'est le port où Neptune conduit ses chevaux, fatigués d'errer dans la mer Égée : leurs pieds de devant creusent le sable ; le derrière de leur corps, terminé en poisson, flotte sur les ondes. Là, dit-on, est un sentier détourné par où descendent les ombres pâles des nuits, qui vont enrichir le noir palais du Jupiter infernal. Si l'on en croit les Arcadiens, dans les champs voisins on entend les grincements de dents, les plaintes des suppliciés, un tumulte effrayant ; souvent même les cris des Euménides et le bruit de leurs mains retentissent en plein jour, et le triple portier du royaume de la mort chasse par ses hurlements le laboureur à travers les plaines.

C'est par là que, voilé d'une ombre épaisse, le dieu ailé s'élance dans la demeure des vivants ; il secoue de son visage les nuages de l'enfer, et l'air pur qu'il respire rassérène son front. Puis se dirigeant au moyen de l'Arcture, et de la lune, alors au milieu de sa course silencieuse, il passe au-dessus des villes et des campagnes. Il rencontre le Sommeil conduisant le char de la Nuit ; et le Sommeil, tremblant à la vue d'une divinité plus haute, se lève, et se détourne de la route

```
Et ferrugineum nemus adstupet, ipsaque tellus
Miratur patuisse retro, nec livida tabes
Invidiæ, functis quanquam et jam lumine cassis,        15
Defuit : unus ubi ante alios, cui læva voluntas
Semper, et ad Superos hinc est gravis exitus, ævi
Insultare malis, rebusque ægrescere lætis :
« Vade, ait, o felix, quoscunque vocaris in usus,
Seu Jovis imperio, seu major adegit Erinnys            20
Ire diem contra, seu te furiata sacerdos
Thessalis arcano jubet emigrare sepulcro,
Heu dulces visure polos, solemque relictum,
Et virides terras, et puros fontibus amnes ;
Tristior has iterum tamen intratura tenebras. »       25
Illos ut cæco recubans in limine sensit
Cerberus, atque omnes capitum surrexit hiatus
Sævus et intranti populo : jam nigra tumebat
Colla minax, jam sparsa solo turbaverat ossa,
Ni Deus horrentem Lethæo vimine mulcens                30
Ferrea tergemino domuisset lumina somno.
Est locus Inachiæ, dixerunt Tænara gentes,
Qua formidatum Maleæ spumantis in auras
It caput, et nullos admittit culmine visus.
Stat sublimis apex, ventosque imbresque serenus       35
Despicit, et tantum fessis insiditur astris.
Illic exhausti posuere cubilia venti :
Fulminibusque iter est : medium cava nubila montis
Insumsere latus : summos nec præpetis alæ
Plausus adit colles, nec rauca tonitrua pulsant.      40
Ast ubi prona dies, longos super æquora fines
Exigit, atque ingens medio natat umbra profundo.
    Interiore sinu frangentia littora curvat
Tænaros, expositos non audax scandere fluctus.
Illic Ægæo Neptunus gurgite fessos                    45
In portum deducit equos : prior haurit arenas
Ungula ; postremi solvuntur in æquora pisces.
Hoc, ut fama, loco pallentes devius umbras
Trames agit, nigrique Jovis vacua atria ditat
Mortibus : Arcadii perhibent si vera coloni,          50
Stridor ibi, et gemitus pœnarum, atroque tumultu
Fervet ager : sæpe Eumenidum vocesque, manusque,
In medium sonuere diem, letique triformis
Janitor agricolas campis auditus abegit.
    Hac et tunc fusca volucer Deus obsitus umbra      55
Exsilit ad Superos, infernaque nubila vultu
Discutit, et vivis afflatibus ora serenat.
Inde per Arcturum, mediæque silentia Lunæ
Arva super, populosque meat. Sopor obvius illi
Noctis agebat equos, trepidusque assurgit honori      60
Numinis, et recto decedit limite cœli.
Inferior volat umbra Deo, præreptaque noscit
```

LIVRE II.

directe qu'il suivait dans le ciel. L'ombre de Laïus vole sur les pas du dieu; elle reconnaît les astres dont l'aspect lui fut ravi, ces astres qui présidèrent à sa naissance; et déjà il aperçoit au loin le sommet de Cyrrha, et la Phocide, souillée par les cendres de son bûcher.

On était arrivé à Thèbes. Laïus gémit au seuil du palais de son fils, il hésite à entrer dans cette demeure trop connue. Dès qu'il aperçoit, suspendus aux colonnes du portique, les harnois de ses propres chevaux, le char encore teint de son sang, il se trouble, il recule; mais les ordres du Tonnant, mais la puissance du caducée le retiennent. Par hasard ce jour était celui que Jupiter illustra jadis des splendeurs de sa foudre, alors qu'arraché du sein maternel, ô tendre Bacchus, tu passas dans le flanc de ton père : en mémoire de ce fait, les fils des colons tyriens avaient épuisé cette nuit dans les plaisirs; répandus à travers la ville, à travers les champs, au milieu des guirlandes de fleurs et des coupes vides, ils s'étaient livrés au sommeil vers le retour de la lumière, et de leurs lèvres s'échappait un souffle inégal et bruyant : toute la nuit avaient retenti le hautbois et les sons de la trompette, dominant les battements du tambour. Le Cithéron, joyeux lui-même, avait attiré dans les sentiers inaccessibles de ses bois les femmes de Thèbes, calmes cette fois et plus doucement inspirées par Bacchus.

Ainsi sur le Rhodope, ainsi dans la vallée que borde l'Ossa, les agiles cavaliers de la Thrace se rassemblent pour célébrer leurs banquets. Les chairs palpitantes des troupeaux, des mets arrachés de la gueule des lions, du sang tempéré par du lait, voilà le luxe de leur table : mais qu'ils respirent les parfums excitants de Bacchus, les pierres alors, les coupes volent de toutes parts; puis, lorsqu'ils ont ainsi versé sans raison le sang de leurs amis, le lendemain ils recommencent et redressent la table des festins.

C'est pendant cette nuit que Mercure, poussé par l'haleine silencieuse des zéphyrs, se glisse au chevet du lit où le roi thébain avait étendu ses membres sur les tapis moelleux de l'Assyrie. O cœurs des mortels ignorants de leur destin! ce roi mange, et il dort!...

Le vieillard alors exécute les ordres qu'il a reçus; et, afin de ne point paraître un vain songe de la nuit, il prend le visage ténébreux du vieux devin Tirésias, et sa voix, et ses vêtements bien connus; il conserve sa propre chevelure, la barbe blanche qui ombrage son menton, et sa pâleur; mais il couvre sa tête de la mitre sacerdotale, qui ne lui appartient pas, et d'où s'échappent les bandelettes sacrées, enlacées au vert feuillage de l'olivier; ensuite, du rameau qu'il tient à la main il touche la poitrine du roi, et lui fait entendre ces paroles des destins :

« Il n'est pas temps pour toi de dormir, de demeurer toute la nuit étendu sans songer à ton frère; en attendant, lâche que tu es, de grands événements s'accomplissent, de plus graves encore se préparent. Et toi, semblable au pilote qui, lorsque la mer est déjà bouleversée par les vents, s'endormirait sous le nuage, tu te reposes, oublieux de la guerre, et des flots que ton gouvernail sillonne. Déjà, fier d'un hymen récent, ton frère (la renommée l'a publié) prépare des forces pour t'arracher le trône, pour t'en défendre à

Sidera, principiumque sui; jamque ardua Cyrrhæ,
Pollutamque suo despectat Phocida busto.
Ventum erat ad Thebas : gemuit prope limina nati 65
Laius; et notos cunctatur inire penates.
Ut vero excelsis suamet juga nixa columnis
Vidit, et infectos etiamnum sanguine currus,
Pæne retro turbatus abit; nec summa Tonantis
Jussa, nec Arcadiæ retinent spiramina virgæ. 70
Et forte dies noto signata Tonantis
Fulmine, prærupti quum te, tener Evie, partus
Transmisere patri : Tyriis ea causa colonis
Insomnem ludo certatim educere noctem
Suaserat; effusi passim per tecta, per agros, 75
Serta inter, vacuosque mero crateras anhelum
Proflabant sub luce Deum : tum plurima buxus,
Æraque taurinos sonitu vincentia pulsus.
Ipse etiam gaudens nemorosa per avia sanas
Impulerat matres Baccho meliore Cithæron. 80
  Qualia per Rhodopen rapido convivia cœtu
Bistones, aut mediæ ponunt convallibus Ossæ.
Illis semianimum pecus, excussæque leonum
Ore dapes, et lacte novo domuisse cruorem
Luxus : at Ogygii si quando afflavit Iacchi 85

Sævus odor, tunc saxa manu, tunc pocula pulchrum
Spargere, et immerito sociorum sanguine fuso
Instaurare diem, festasque reponere mensas.
  Nox ea, quum tacita volucer Cyllenius aura
Regis Echionii stratis adlapsus, ubi ingens 90
Fuderat Assyriis exstructa tapetibus alto
Membra toro : pro! gnara nihil mortalia fati
Corda sui! capit ille dapes, habet ille soporem.
  Tunc senior quæ jussus agit, neu falsa videri
Noctis imago queat, longævi vatis opacos 95
Tiresiæ vultus, vocemque, et vellera nota
Induitur; mansere comæ, propexaque mento
Canities, pallorque suus; sed falsa cucurrit
Infula per crines, glaucæque innexus olivæ
Vittarum provenit honos; dehinc tangere ramo 100
Pectora, et has visus Fatorum expromere voces :
  « Non somni tibi tempus iners, qui nocte sub alta
Germani secure jaces : ingentia dudum
Acta vocant, rerumque graves, ignave, paratus.
Tu veluti, magnum si jam tollentibus Austris 105
Ionium nigra jaceat sub nube magister,
Immemor armorum, versantisque æquora clavi
Cunctaris; jamque ille novis, scit fama, superbus

jamais l'accès, et rêve une longue vieillesse dans un palais dont il soit seul le maître. Ce qui lui donne du courage, c'est Adraste, forcé par un oracle à devenir son beau-père ; c'est Argos, qu'il reçoit pour dot ; c'est encore Tydée, souillé du sang fraternel, et qui a fait avec lui un pacte de vie et de mort. De là vient son orgueil, et on lui promet ton exil, un exil éternel. Mais le père des Dieux a eu pitié de toi ; il m'envoie du haut du ciel pour te dire : Garde Thèbes ; et cet homme aveuglé par l'ambition, ce frère qui, à ta place, en ferait autant, chasse-le ; il est avide de ta mort : ne souffre pas qu'il aille plus loin dans ses ténébreux desseins, ni qu'il impose le joug de Mycènes à la ville de Cadmus. »

Il dit, et en s'évanouissant (car déjà les chevaux du Soleil font pâlir les étoiles) il arrache de son front les guirlandes et les bandelettes, dit tout haut son nom, et se penche sur la couche où dort son cruel petit-fils ; puis, mettant à nu sa gorge, qu'ouvrit le parricide, il l'arrose, endormi, du sang qui coule de sa blessure.

Le roi se réveille en sursaut ; il étend ses membres, sort de sa couche, l'esprit obsédé de visions funèbres, et, secouant un sang imaginaire, chasse avec horreur le souvenir de son aïeul, et concentre toutes ses pensées sur son frère. Telle, à la voix des chasseurs, une tigresse secoue la langueur du sommeil, et son poil tacheté se hérisse ; elle a soif de carnage, elle ouvre la gueule, elle aiguise ses ongles ; bientôt elle se rue sur les assaillants, et pour pâture à ses petits ensanglantés rapporte un homme encore vivant : tel le roi thébain, aiguillonné par la colère, se consume en vains combats contre son frère absent.

Déjà, sortie du lit de Tithon, l'Aurore avait chassé du ciel les ténèbres glacées ; de ses cheveux elle exprimait la rosée, et le Soleil, la suivant, colorait son visage ; Lucifer, à travers les nuages, tourne vers elle les feux tardifs de son char, et se retire lentement de l'éther, qui n'est plus son domaine ; puis le dieu de la lumière envahit le monde, et ne permet pas même un rayon à sa sœur.

Alors le vieillard fils de Talaüs, puis après lui, sans tarder, le héros de Dircé et celui de l'Achéloüs, s'arrachent de leurs lits ; le Sommeil avait répandu les pavots de son urne sur les deux guerriers, fatigués par la lutte et par la tempête ; mais le roi d'Argos n'avait pu dormir profondément, car toute la nuit il avait pensé aux Dieux et à la destinée de ses nouveaux hôtes, qui devaient être bientôt ses gendres.

Dès qu'ils se rencontrèrent dans une salle intérieure du palais, réservée aux délibérations secrètes, ils se serrèrent la main ; Adraste parla le premier, et leva ainsi leurs doutes :

» Nobles jeunes hommes, qu'une nuit favorable a conduits, non pas au hasard, dans mon royaume ; qu'à travers la pluie et la foudre, et le courroux du Tonnant, Apollon lui-même a guidés jusqu'en ce palais, je ne pense pas que vous ignoriez, non plus que toute la nation des Pélages, avec quel empressement une foule de prétendants aspirent à la main de mes filles ; car j'ai deux filles, espoir d'une longue postérité, qui fleurissent sous une heureuse étoile. Ce qu'elles ont de beauté, ce

Connubiis, viresque parat, quis regna capessat,
Quis neget : inque sua senium sibi destinat aula. 110
Dant animos socer augurio fatalis Adrastus,
Dotalesque Argi : nec non in fœdera vitæ
Pollutus placuit fraterno sanguine Tydeus.
Hinc tumor, et longus fratri promitteris exsul.
Ipse Deum genitor tibi me miseratus ab alto 115
Mittit ; habe Thebas, cæcumque cupidine regni,
Ausurumque eadem germanum expelle ; nec ultra
Fraternos inhiantem obitus sine fidere cœptis
Fraudibus, aut Cadmo dominas inferre Mycenas. »
 Dixit, et abscedens, etenim jam pallida turbant 120
Sidera lucis equi, ramos ac vellera fronti
Deripuit, confessus avum, dirique nepotis
Incubuit stratis ; jugulum mox cæde patentem
Nudat, et undanti perfundit vulnere somnum.
 Illi rupta quies ; attollit membra, toroque 125
Erigitur plenus monstris, vanumque cruorem
Excutiens, simul horret avum, fratremque requirit.
Qualis ubi audito venantum murmure tigris
Horruit in maculas, somnosque excussit inertes ;
Bella cupit, laxataque genas, et temperat ungues ; 130
Mox ruit in turmas, natisque alimenta cruentis
Spirantem fert ore virum : sic excitus ira
Ductor, in absentem consumit prœlia fratrem.
 Et jam Mygdoniis elata cubilibus alto
Impulerat cœlo gelidas Aurora tenebras, 135
Rorantes excussa comas, multumque sequenti
Sole rubens : illi roseus per nubila seras
Advertit flammas, alienumque æthera tardo
Lucifer exit equo, donec pater igneus orbem
Impleat, atque ipsi radios vetet esse sorori. 140
 Quum senior Talaonides, nec longa morati
Dircæusque gradum pariterque Acheloius heros
Corripuere toris ; illos post verbera fessos,
Exceptamque hiemem cornu perfuderat omni
Somnus : at Inachio tenuis sub pectore regi 145
Tracta quies, dum mente Deos inceptaque versat
Hospitia, et quæ sint generis adscita repertis
Fata movet : postquam mediis in sedibus aulæ
Congressi, inque vicem dextras junxere, Jocumque
Quo serere arcanas aptum, atque evolvere curas, 150
Insidunt ; prior his dubios compellat Adrastus :
 « Egregii juvenum, quos non sine numine regnis
Invexit nox dextra meis, quibus ipse per imbres
Fulminibus mixtos, intempestumque Tonantem
Has meus usque domos vestigia fecit Apollo ; 155
Non equidem obscurum vobis, plebique Pelasgæ

qu'elles ont de pudeur, à cet égard n'en croyez point un père; vous avez pu, au banquet d'hier, vous en instruire par vous-mêmes. Des rois orgueilleux du trône, rois aussi par les armes, les ont désirées (il serait long de nommer dans ce nombre les seuls chefs de Pharée et d'OEbalie); et, parmi les villes grecques, des mères illustres les espèrent pour leurs fils. Ni ton père, ô fils d'OEnée, ni celui d'Hippodomie, si terrible à la course des chars, n'ont rejeté tant de propositions d'hymen. Mais il ne m'est pas permis de me choisir des gendres nés à Sparte ou dans l'Élide; c'est à vous depuis longtemps que les destins ont réservé mon sang, et l'héritage de ma grandeur. Grâces soient rendues aux Dieux de ce que vous êtes venus si grands par la naissance et par le cœur! leurs oracles me rendent heureux. Ce bonheur, il est né pour moi de cette nuit mauvaise; cette récompense, elle est née pour vous de votre lutte. »

Ils ont entendu; mais pendant quelques instants ils fixent les yeux l'un sur l'autre, et paraissent vouloir se céder la parole : enfin Tydée, plus hardi parce qu'il a plus fait, parle le premier : « Oh! combien ton esprit, mûri par les années, est sobre de louanges envers toi-même! Combien ta vertu dépasse ta haute fortune! À qui le cède Adraste dans l'art de commander? Qui ne sait que tu as été appelé au trône de l'antique Sicyone, pour imposer tes lois à l'indomptable Argos? Que n'as-tu, ô Jupiter, et c'eût été justice, remis en ces mains les nations que l'isthme Dorique embrasse de ses ondes, et toutes celles qui sont comprises plus loin entre les deux rivages de la Grèce! Le soleil n'eût pas retiré sa lumière à la cruelle Mycènes; les vallées de l'Élide n'eussent pas gémi d'horribles luttes; on n'eût pas vu d'autres royaumes victimes des Euménides, ni ces événements dont le premier tu as à te plaindre, ô Thébain! pour moi, je suis prêt, et mon cœur est à nu. »

Ainsi il parla, et l'autre répondit : « Refuse-t-on de tels beaux-pères? Quoiqu'à des exilés Vénus ne sourie pas, dans nos cœurs cependant toute tristesse se calme, et des douleurs enracinées nous donnent relâche. Nous ne sommes pas moins joyeux de ce qui nous arrive que le navire battu des vents, à l'aspect du rivage sauveur. Heureux d'être entrés dans tes États sous de favorables auspices, nous consacrerons à ta fortune tout ce qui nous reste de vie et de travaux à accomplir. » Sans plus tarder ils se lèvent; le roi d'Argos appuie fortement sur sa promesse, et y joint l'assurance de ses secours pour les aider à reconquérir les royaumes de leurs pères.

Le bruit se répand dans la ville que les gendres du roi sont arrivés; que la belle Argie, et Déipyle, son égale en beauté, vont être liées au joug de l'hymen réclamé par leur âge; aussi Argos se prépare-t-il aux joies des fêtes. La Renommée parcourt les villes alliées, et va des contrées les plus voisines jusqu'aux bois du Lycée, et du mont Parthénius jusqu'aux champs de Corinthe. L'inquiète Déesse s'abat aussi sur Thèbes, et de ses ailes déployées en couvre les murailles; elle épouvante le roi, dont Labdacus est l'aïeul, en

Esse reor, quantis connubia nostra procorum
Turba petant studiis; geminæ mihi namque, nepotum
Læta fides, æquo pubescunt sidere natæ.
Quantus honos, quantusque pudor, ne credite patri, 160
Et super hesternas licuit cognoscere mensas.
Has tumidi solio, et late dominantibus armis
Optavere viri (longum enumerare Pharæos
Œbaliosque duces), et Achæa per oppida matres,
Spem generis, nec plura tuus despexerat Œneus 165
Fœdera, Pisæisque socer metuendus habenis.
Sed mihi nec Sparta genitos, nec ab Elide missos
Jungere fas generos : vobis hic sanguis, et aulæ
Cura meæ, longo promittitur ordine fati.
Di bene, quod tales stirpemque animosque venitis, 170
Ut responsa juvent : hic duræ tempore noctis
Partus honos : hæc illa venit post verbera merces.

Audierant; fixosque oculos per mutua paullum
Ora tenent, visique inter sese ordine fandi
Cedere : sed cunctis Tydeus audentior actis 175
Incipit : « O quam te parcum in præconia famæ
Mens agitat matura tuæ, quantumque ferentem
Fortunam virtute domas! cui cedat Adrastus
Imperiis? quis te solio Sicyonis avitæ
Excitum infrenos componere legibus Argos 180
Nesciat? atque utinam his manibus permittere gentes,

Juppiter æque, velis, quas Doricus alligat undis
Isthmos, et alterno quas margine submovet infra :
Non fugeret diras lux intercisa Mycenas,
Sæva nec Eleæ gemerent certamina valles, 185
Eumenidesque aliis aliæ sub regibus, et quæ
Tu potior, Thebane, queri : nos vero volentes,
Expositique animis. » Sic interfatus, et alter
Subjicit : « Anne aliquis soceros accedere tales
Abnuat? exsulibus quanquam patriaque fugatis 190
Nondum læta Venus, tamen omnis corde resedit
Tristitia, affixique animo cessere dolores.
Nec minus hæc læti trahimus solatia, quam si
Præcipiti convulsa Noto, prospectet amicam
Puppis humum : juvat ingressos felicia regni 195
Omina, quod superest fati vitæque laborum
Fortuna transire tua. » Nec plura morati,
Consurgunt, dictis impensius aggerat omne
Promissum Inachius pater, auxilioque futurum
Et patriis spondet reduces inducere regnis. 200

Ergo alacres Argi, fuso rumore per urbem
Advenisse duci generos, primisque Hymenæis
Egregiam Argian, nec formæ laude secundam
Deipylen, tumida jam virginitate jugari,
Gaudia mente parant : socias it Fama per urbes, 205
Finitimisque agitatur agris; procul usque Lycæos

lui annonçant, comme ses songes de la nuit précédente, l'asile hospitalier trouvé par Polynice, et son hymen, et son alliance, et l'union de deux races. Quelle n'est pas la licence du monstre? quelle n'est pas sa fureur? Il chante déjà les combats.

Le jour tant désiré se lève; Argos s'épanouit. Une foule joyeuse encombre le palais du roi, où l'on peut contempler les statues de ses ancêtres, dont les visages d'airain luttent d'expression avec la nature; tant le travail des artistes fut puissant! D'abord Inachus, le front armé de deux cornes, repose, le coude gauche appuyé sur son urne inclinée; après lui le vieil Iasus, le paisible Phoronée, le belliqueux Abas, Acrisius, indigné contre Jupiter; Corèbe, portant une tête au bout de son glaive; Danaüs, dont le visage farouche trahit le crime qu'il médite : puis une longue série de héros.

Bientôt les flots de la foule frémissent sous les portiques superbes; tous les grands, tous ceux qui ont le droit d'approcher du roi se tiennent à leur rang, près de son trône; l'intérieur du palais s'illumine de la flamme des sacrifices et retentit du chant des femmes argiennes, qui forment autour des deux vierges une chaste ceinture, et dont plusieurs, pressées autour d'elle, les instruisent de leurs nouveaux devoirs, et combattent leurs craintes.

Elles vont, belles et décentes dans leur air et dans leur démarche, le front coloré d'une teinte de pourpre et les paupières baissées; dans leur âme luttent secrètement ce suprême amour de la virginité et le premier désir de la passion, et cette lutte se peint sur leur visage; leurs joues sont baignées de larmes de pudeur, et ces larmes font la joie de leurs parents.

Ainsi descendaient en même temps du ciel Pallas et la sauvage sœur de Phébus, toutes deux armées de traits, toutes deux farouches de visage, les cheveux rattachés au sommet de la tête par un nœud d'or, conduisant leurs compagnes, l'une sur le mont Cynthus, l'autre sur l'Aracynthe : alors, s'il était permis à l'œil des mortels de se fixer sur elles, jamais, si longtemps qu'on les contemplât, on ne déciderait laquelle des deux est la plus belle, laquelle la plus gracieuse, laquelle tient plus de Jupiter; non, quand bien même, échangeant leurs attributs, Pallas prendrait le carquois et Diane le casque.

Les Argiens rivalisent d'allégresse, et fatiguent les Dieux de vœux et de sacrifices, chacun suivant ses facultés. Ceux-ci leur offrent les entrailles d'une victime, ceux-là un simple gazon, sans être pour cela moins bien écoutés (si toutefois un cœur pur a besoin d'encens pour plaire aux Dieux), et couvrent le seuil de leurs demeures de la dépouille des bois.

Voilà qu'une terreur soudaine (ainsi le voulait la cruelle Lachésis) vient agiter tous les cœurs; la joie du père s'évanouit, et la fête est troublée. Les deux sœurs étaient allées, à la lueur des torches, visiter la vierge Pallas à la citadelle d'Argos, à Larisse, qu'elle ne met point au-dessous des collines de Munychie; c'était là que, suivant la coutume de leurs ancêtres, les filles d'Iasus venaient, le jour de leur hymen, offrir à Minerve leur chevelure virginale, et s'excuser d'entrer

Partheniosque super saltus, Ephyræaque rura.
Nec minus Ogygias eadem Dea turbida Thebas
Insilit, et totis perfundit mœnia pennis,
Labdaciumque ducem præmissæ consona nocti 210
Territat, hospitia, et thalamos, et fœdera regni,
Permixtumque genus : quæ tanta licentia monstro?
Quis furor est? jam bella canit. Diffuderat Argos
Exspectata dies : læto regalia cœtu
Atria complentur, species est cernere avorum 215
Cominus, et vivis certantia vultibus æra.
Tantum ausæ perferre manus! pater ipse bicornis
In lævum prona nixus sedet Inachus urna.
Hunc tegit Iasiusque senex, placidusque Phoroneus,
Et bellator Abas, indignatusque Tonantem 220
Acrisius, nudoque ferens caput ense Corœbus,
Torvaque jam Danai facinus meditantis imago :
Exin mille duces; foribus quum immissa superbis
Unda fremit vulgi; procerum manus omnis, et alto
Quis propior rege gradus, stant ordine primi : 225
Interior sacris calet, et sonat aula tumultu
Femineo : casta matres cinxere corona
Argolides : pars virginibus circum undique fusæ
Fœdera conciliant nova, solanturque timorem.
Ibant insignes vultuque habituque verendo 230

Candida purpureum fusæ super ora ruborem
Dejectæque genas : tacite subit ille supremus
Virginitatis amor, primæque modestia culpæ
Confundit vultus : tunc ora rigantur honestis
Imbribus, et teneros lacrimæ juvere parentes. 235
Non secus ac supero pariter si cardine lapsæ
Pallas et asperior Phœbi soror, utraque telis,
Uraque torva genis, flavoque in vertice nodo,
Illa suas Cyntho comites agat, hæc Aracyntho :
Tunc, si fas oculis, non unquam longa tuendo 240
Expedias, cui major honos, cui gratior, aut plus
De Jove, mutatosque velint transumere cultus,
Et Pallas deceat pharetras, et Delia cristas.
Certant lætitia, Superosque in vota fatigant
Inachidæ, quæ cuique domus, sacrique facultas. 245
Hi fibris, animaque litant, hi cespite nudo :
Nec minus auditi (si mens accepta meretur
Thure Deos), fractisque obtendunt limina silvis.
Ecce metu subito, Lachesis sic dira jubebat,
Impulsæ mentes; excussaque gaudia patris, 250
Et turbata dies : innuptam lumine adibant
Pallada; Munychiis cui non Argiva per urbes
Posthabita est Larissa jugis : hic more parentum
Iasides, thalamis ubi casta adolesceret ætas,

pour la première fois dans le lit d'un époux. Elles montaient les degrés du temple, quand tout à coup un bouclier d'airain, dépouille de l'Arcadien Évippe, se détache du dôme, tombe, écrase les flambeaux d'hyménée portés en avant des jeunes épouses ; et en même temps du fond du sanctuaire un son de trompette éclate, si terrible que personne n'ose plus faire un pas.

Dans le premier mouvement d'épouvante tous se tournent vers le roi ; bientôt on dit avoir mal entendu : toutefois des pressentiments sinistres envahissent toutes les âmes, et des rumeurs diverses ne font qu'accroître les craintes. Il n'y a rien là d'étonnant ; tu portes, Argie, une parure funeste, présent de ton époux, le fatal collier d'Harmonia. Ce collier enfanta une longue série de malheurs bien connus ; je dirai néanmoins l'origine de sa dangereuse puissance.

Le dieu de Lemnos, si l'on en croit une antique tradition, depuis longtemps chagrin des larcins amoureux de Mars, et voyant que les chaînes vengeresses dont il avait enlacé les deux amants n'étaient ni un châtiment pour eux, ni un obstacle à leur amour, avait fabriqué une parure pour le présent nuptial d'Harmonia. Bien qu'accoutumés à de plus grands ouvrages, les Cyclopes y travaillèrent, et les Thelchines, ces artistes célèbres, prêtèrent le secours de leurs mains habiles ; mais Vulcain lui-même se réserva la plus grande part du travail. Il entremêle, pour former ce collier, des émeraudes brillant d'un mystérieux éclat, des diamants empreints de figures funestes, des yeux de Gorgones, des cendres de tonnerres, restées sur les enclumes de l'Etna, des crins luisants arrachés au front verdoyant des dragons, puis des larmes des Hespérides, et l'or fatal de la toison de Phryxus. A ces divers poisons il ajoute le plus terrible serpent enlevé à l'affreuse chevelure de Tisiphone, et cette vertu dangereuse qui distingue la chevelure de Vénus. Le dieu rusé enduit ces substances d'écume lunaire, et cache le tout sous un charme qui attire et séduit. Les divinités qui osèrent y toucher furent, non point Pasithée, la première des trois Grâces, ni la Beauté, ni l'enfant d'Idalie, mais la Douleur, la Colère, le Ressentiment ; et la Discorde le pressa longtemps dans ses mains.

La première victime de cette œuvre de vengeance, ce fut Harmonia, compagne du malheureux Cadmus ; Harmonia dont les plaintes se changèrent en sifflements sauvages, et dont la poitrine sillonna les champs d'Illyrie. Plus tard, l'audacieuse Sémélé n'eut pas plutôt attaché à son cou ce présent nuisible, que Junon entra déguisée sous son toit. Toi-même aussi, dit-on, infortunée Jocaste, tu possédas ce collier, tu en ornas ton visage, hélas ! pour plaire à quel époux ! Après elle, c'est loin d'être fini. Maintenant cet or maudit resplendit au cou d'Argie, et fait pâlir la parure de sa sœur.

L'épouse du devin Amphiaraüs, condamnée à périr, l'avait aperçu ; et, oubliant les autels des Dieux, oubliant le festin, elle couvait dans le secret de son cœur une sombre jalousie, un désir insatiable de posséder ce fatal ornement, et la prescience de son mari ne lui était d'aucun secours. Que de gémissements, que de désastres

Virgineas libare comas, primosque solebant 255
Excusare toros : celsam subeuntibus arcem
In gradibus summi delapsum culmine templi
Arcados Euippi spolium cadit æreus orbis ;
Præmissasque faces, festum nubentibus ignem,
Obruit, eque adytis simul exaudita remotis 260
Nondum ausos firmare gradum tuba terruit ingens.
In regem conversi omnes formidine prima,
Mox audisse negant : cunctos tamen omina rerum
Dira movent, variisque metum sermonibus augent.
Nec mirum : nam tu infaustos donante marito 265
Ornatus, Argia, geris, dirumque monile
Harmoniæ : longa est series, sed nota malorum
Prosequar, unde novis tam sæva potentia donis.

Lemnius hæc, ut prisca fides, Mavortia longum
Furta dolens, capto postquam nihil obstat amori 270
Pœna, nec ultrices castigavere catenæ,
Harmoniæ dotale decus sub luce jugali
Struxerat : hoc, docti quanquam majora, laborant
Cyclopes, notique operum Thelchines amica
Certatim juvere manu, sed plurimus ipsi 275
Sudor : ibi arcano florentes igne smaragdos
Singit, et infaustas percussum adamanta figuras,
Gorgoneosque orbes, Siculaque incude relictos

Fulminis extremi cineres, viridumque draconum
Lucentes a fronte jubas : hic flebile germen 280
Hesperidum, et dirum Phryxæi velleris aurum.
Tum varias pestes, raptumque interplicat atro
Tisiphones de crine ducem, et quæ pessima Ceston
Vis probat : hæc circum spumis Lunaribus ungit
Callidus, atque hilari perfundit cuncta veneno. 285
Non hoc Pasithea blandarum prima sororum,
Non decor, Idaliusque puer, sed Luctus, et Iræ,
Et Dolor, et tota pressit Discordia dextra.

Prima fides operi, Cadmum comitata jacentem
Harmoniæ versis in sibila dira querelis ; 290
Illyricos longo sulcavit pectore campos.
Improba mox Semele, vix dona nocentia collo
Induit, et fallax intravit limina Juno.
Teque etiam, infelix, perhibent, Jocasta, decorum
Possedisse nefas : vultus hac laude colebas, 295
Heu quibus, heu placitura toris ! post longior ordo.
Tum donis Argia nitet, vilesque sororis
Ornatus sacro præculta supervenit auro.

Viderat hoc conjux perituri vatis, et aras
Ante omnes, epulasque trucem secreta coquebat 300
Invidiam, sævis detur, si quando potiri
Cultibus, heu nihil auguriis adjuta propinquis.

l'impie convoite! Elle en est bien digne, elle! mais son mari qu'elle trompe, mais ses fils, qu'ont-ils fait pour subir ses fureurs?

Lorsque les fêtes royales et les réjouissances de la foule se furent prolongées douze jours, le héros thébain jette un regard vers sa ville natale, et songe à remonter sur le trône; car il se rappelle le jour où, le sort favorisant son frère, il se trouva, lui, simple particulier, dans le palais de ses aïeux; il revoit dans le passé les Dieux qui s'écartent de lui, ses amis qui s'écoulent avec l'empressement de la peur, ses côtés dépouillés de gardes, et la fortune en fuite : une seule personne, sa sœur, avait osé le reconduire sur le triste chemin de l'exil; encore l'avait-il laissée à la porte de la ville sans verser une larme, tant il était possédé par la colère. Ceux qui étaient joyeux à son départ, ceux qui formaient la cour du nouveau roi, ceux qui donnèrent des regrets à son exil, il a tout remarqué, tout retenu; il y pense jour et nuit. La douleur et la colère lui rongent le cœur, l'espérance surtout, le plus cruel entre les maux qui affligent les mortels, lorsque son but est loin. Retournant ainsi dans son âme le nuage de ses pensées, il se résout à marcher vers Dircé, vers la ville de Cadmus, dont l'accès lui est défendu. Tel un taureau, chef du troupeau, privé de sa vallée chérie, chassé de ses pâturages accoutumés, mugit loin de la génisse que le vainqueur lui a ravie : mais que le fugitif reprenne confiance en ses muscles, que son sang se répare, que son cou se redresse, que ses forces renaissent, il a soif de combats : ses forêts, ses troupeaux, devenus la proie d'un autre, il y retourne en conquérant, plus fort du pied et de la corne, le vainqueur lui-même en a peur, et ses maîtres ont peine à le reconnaître. Tel le jeune Thébain aiguise en secret sa colère; mais sa fidèle épouse a compris la voie qu'il suit, le mystère qu'il lui cache.

Un matin, aux premières lueurs de la pâle Aurore, elle était étendue sur sa couche, enlaçant son mari de ses bras : « Tu cherches à me dérober ce qui t'agite, dit-elle; tu as dessein de me fuir; mais rien n'échappe à ceux qui aiment. Je le vois, la nuit tu veilles, tu te plains, tu soupires; ton sommeil même n'est pas un repos pour toi. Que de fois ne t'ai-je pas surpris, le visage noyé de larmes! Que de fois, posant la main sur ta poitrine, ne l'ai-je pas sentie haleter d'une profonde angoisse! Je ne crains nullement que tu rompes ton alliance avec mon père, ou notre union, et m'abandonnes à tous les ennuis d'une jeunesse isolée (quoique notre hymen soit à peine accompli, que le voile des fiancées soit encore sur mon front, et que ma couche n'ait pas encore brûlé de tous les feux de l'amour); mes tourments, mes inquiétudes, je me hâte de l'avouer, ils sont tous pour toi, pour toi que j'aime. Iras-tu, seul et sans armes, réclamer ton trône? Et pourras-tu sortir de Thèbes, s'il t'est refusé? Mais la renommée, habile à surprendre en défaut ceux qui règnent, dépeint cet Étéocle comme un homme enflé de l'orgueil du pouvoir qu'il a usurpé, comme ton ennemi enfin; d'ailleurs l'année n'est pas expirée. Ce n'est pas tout; les réponses des prêtres, les entrailles menaçantes des victimes, le vol des oiseaux, les songes confus de la nuit, tout m'épouvante. Ah! je

Quos optat gemitus! quantas cupit impia clades!
Digna quidem, sed quid miseri decepta mariti
Arma? quid insontes nati meruere furores?   305
   Postquam regales epulas, et gaudia vulgi
Bisseni clusere dies, Ismenius heros
Respicere ad Thebas, jamque et sua quærere regna;
Quippe animum subit illa dies, qua, sorte benigna
Fratris, Echionia steterat privatus in aula :   310
Respiciens descisse Deos, trepidoque tumultu
Dilapsos comites, nudum latus omne, fugamque
Fortunæ : namque una soror producere tristes
Exsulis ausa vias : etiam hanc in limine primo
Liquerat, et magna lacrymas incluserat ira.   315
Tunc quos excedens hilares, quis cultus iniqui
Præcipuus ducis, et profugo quos ipse notarat
Ingemuisse sibi, per noctem, ac luce sub omni
Digerit : exedere animum dolor iraque demens,
Et, qua non gravior mortalibus addita cura,   320
Spes, ubi longa venit : talem sub pectore nubem
Consilio volvens, Dircen, Cadmique negatas
Apparat ire domos : veluti dux taurus, amata
Valle carens, pulsum solito quem gramine victor
Jussit ab erepta longe mugire juvenca :   325
Quum profugo placuere tori, cervixque recepto

Sanguine magna redit, fractæque in pectora vires :
Bella cupit, saltusque, et capta armenta reposcit,
Jam pede, jam cornu melior; pavet ipse reversum
Victor, et attoniti vix agnovere magistri.   330
   Non alias tacita juvenis Theumesius iras
Mente acuit; sed fida vias, arcanaque conjux
Senserat : utque toris primo complexa jacebat
Auroræ pallore virum, « Quos callide motus,
Quamve fugam moliris? ait, nil transit amantes. 335
Sentio, pervigiles acuunt suspiria questus,
Nunquam in pace sopor : quoties hæc ora natare
Fletibus, et magnas latrantia pectora curas
Admota deprendo manu! nil fœdere rupto,
Connubiisve super moveor, viduaque juventa;   340
(Etsi crudus amor, nec dum post flammea toti
Intepuere tori) tua me, properabo fateri,
Angit amata salus : tune incomitatus, inermis
Regna petes? poterisque tuis decedere Thebis,
Si neget? atque illum soles deprendere semper 345
Fama duces, tumidum narrat, raptoque superbum,
Difficilemque tibi : necdum consumserat annum.
Me quoque nunc vates, nunc exta minantia Divos,
Aut avium lapsus, aut turbida noctis imago
Territat : ah, memini, nunquam mihi falsa per umbras

m'en souviens, Junon est venue a moi dans les ténèbres, et Junon ne m'a jamais trompée. Pourquoi veux-tu aller à Thèbes, à moins que tu n'y sois conduit par un amour partagé, et l'espoir d'un meilleur beau-père? » Ces derniers mots font sourire le jeune descendant d'Échion; il dissipe par ses embrassements les tendres alarmes de son épouse, couvre de baisers ses yeux attristés, et tarit ses larmes :

« Trêve à tes craintes; crois-moi, la valeur de mes soldats nous assurera des jours calmes; tu es trop jeune pour de tels soins. Savoir l'issue de tout ceci n'appartient qu'au fils de Saturne et à la Justice, si toutefois la Justice laisse tomber ses regards sur la terre, et prend quelque souci d'y faire triompher le droit. Peut-être il viendra le jour où tu verras la ville de ton époux, où tu marcheras, reine, à travers deux royaumes ! »

Il dit, et s'arrache précipitamment de ce seuil chéri. A Tydée, désormais de moitié avec lui dans tous ses dangers comme dans toutes ses peines, tant est grande l'amitié qui a succédé à leur querelle; à Adraste, son beau-père, il va confier ses tourments. Ils sont longtemps à prendre un parti. Après bien des délibérations, un avis prévaut sur tous les autres : c'est de sonder la bonne foi d'Etéocle, c'est d'employer d'abord les moyens pacifiques pour arriver au trône de Thèbes. L'audacieux Tydée s'offre spontanément pour cet office. Toi aussi, ô le plus brave des enfants d'Étolie, Déipyle s'efforça de t'arrêter par ses larmes; mais les ordres de son père, les droits sacrés d'un ambassadeur, et les légitimes prières de sa sœur, la vainquirent.

Déjà Tydée accomplit son voyage pénible à travers les bois et le long du rivage de la mer; il rencontre sur sa route le marais de Lerne, tiède encore des cendres de l'hydre brûlée sur ses bords maudits; la forêt de Némée, où les pasteurs osent à peine faire quelquefois résonner leurs chants; Corinthe, qu'il longe du côté de l'orient; le port de Sisyphe, et Léchée, qui emprisonne en son golfe les flots écumants de courroux. Il passe Mégare, laisse à gauche la douce Éleusis, traverse les champs de Theumèse, et entre dans Thèbes.

Là il voit le farouche Étéocle assis sur son trône, et entouré d'une haie de soldats. Il dicte au peuple ses lois cruelles, et cependant son règne est fini, c'est la part de son frère qu'il usurpe; il siège, prêt à tous les crimes, et se plaint qu'on vienne si tard réclamer l'exécution du traité.

Tydée est debout au milieu de l'assemblée; un rameau d'olivier atteste son caractère d'ambassadeur : prié de dire son nom et l'objet de sa mission, il déclare l'un et l'autre; et, comme il ignore l'art de parler et qu'il est prompt à s'emporter, il mêle de l'amertume à ses justes réclamations :

« Si tu étais de bonne foi, s'il te restait quelque souci du traité que tu as juré, il fallait, l'année expirée, envoyer toi-même des ambassadeurs à ton frère, te dépouiller du pouvoir et descendre avec joie du trône, afin que ce frère, longtemps errant, longtemps en butte à d'indignes traitements au milieu des villes étrangères, pût rentrer enfin dans le palais qu'un pacte lui assure. Mais comme il est doux de régner, comme c'est chose attrayante que la puissance, tu attends qu'on réclame. Déjà l'année rapide a accompli son tour,

```
Juno venit : quo tendis iter? ni conscius ardor      351
Ducit, et ad Thebas melior socer. » Hic breve tandem
Risit Echionius juvenis, tenerumque dolorem
Conjugis amplexu solatur, et oscula mœstis
Tempestiva genis posuit, lacrimasque repressit :     355
« Solve metus animo, dabitur, mihi crede, merentum
Consiliis tranquilla dies : te fortior annis
Nondum cura decet : sciat hæc Saturnius olim
Fata parens, oculosque polo dimittere si quos
Justitia, et rectum terris defendere curat.          360
Fors aderit lux illa tibi, qua mœnia cernes
Conjugis, et geminas ibis regina per urbes. »
   Sic ait, et caro raptim se limine profert.
Tydea jam socium cœptis, jam pectore fido
Æquantem curas, tantus post jurgia mentes            365
Vinxit amor, socerumque affatur tristis Adrastum.
Fit mora consilio : quum, multa moventibus, una
Jam potior cunctis sedit sententia, fratris
Præentare fidem, tutosque in regna precando
Explorare aditus : audax ea munera Tydeus            370
Sponte subit : necnon et te, fortissime gentis
Ætolum, multum lacrimis conata morari
Deipyle, sed jussa patris, tutique regressus
Legato, justæque preces viceré sororis.

Jamque emensus iter silvis ac littore durum,         375
Qua Lernea palus, ambustaque sontibus alte
Intepet Hydra vadis, et qua vix carmine raro
Longa sonat Nemee, nondum pastoribus ausis;
Qua latus Eoos Ephyres quod vergit ad Euros,
Sisypheique sedent portus; irataque terræ            380
Curva Palæmonio secluditur unda Lechæo.
Hinc prætervectus Nisum, et te, mitis Eleusin,
Lævus habet : jamque arva gradu Theumesia, et arces
Intrat Agenoreas; ibi durum Eteoclea cernit
Sublimem solio, septumque horrentibus armis.         385
Jura ferus populo trans legem, ac tempora regni,
Jam fratris de parte dabat : sedet omne paratus
In facinus, queriturque fidem tam sero reposci.
   Constitit in mediis : ramus manifestat olivæ
Legatum; causasque viæ nomenque rogatus              390
Edidit : utque rudis fandi, pronusque calori
Semper erat, justis miscens tamen aspera, cœpit :
« Si tibi plana fides, et dicti cura maneret
Fœderis, ad fratrem completo justius anno
Legatos hinc ire fuit; teque ordine certo            395
Fortunam exuere, et lætum discedere regno,
Ut vagus ille diu, passusque haud digna per urbes
Ignotas, pactæ tandem succederet aulæ.
```

et les montagnes ont perdu et recouvré leur ombrage, depuis que ton frère, exilé, manquant de tout, traîne en des terres lointaines une misérable existence; il est temps qu'à ton tour tu aies pour abri le ciel, pour lit le sol glacé, et mendies une place au foyer de l'étranger. Fais trêve à ton bonheur : assez, fier de tes trésors et de l'éclat de ta pourpre, tu t'es raillé de l'année de misères de ton frère ; je t'engage à désapprendre les joies du trône, et, par ta patience dans l'exil, à mériter d'y remonter un jour. »

Il dit ; Étéocle ne l'a pas interrompu, mais son cœur bout de colère. Tel un serpent, atteint par un jet de pierre, quand au fond de son asile depuis longtemps la soif le brûle, se dresse, tremble de tout son corps, et ramasse dans son gosier, dans son cou squameux le venin qui gonfle ses veines :

« Si j'avais eu, dit-il, un doute sur les mauvaises intentions de mon frère, si sa haine ne m'était prouvée jusqu'à l'évidence, il suffirait, pour m'en convaincre, de ces invectives que tu viens ici, plein de celui qui t'envoie, nous crier dès l'abord, remplissant l'office du mineur qui sape des remparts assiégés, de la trompette qui pousse dans la mêlée deux armées ennemies. Si tu avais à parler à des Thraces ou à des Gélons, pâles sous leur fugitif soleil, tu débuterais avec plus de mesure, tu respecterais mieux les convenances; mais je ne t'impute pas tes fureurs, tu n'es que le mandataire d'un autre. Maintenant, puisque ta bouche est pleine de menaces, et que, loin de réclamer tranquillement le sceptre en vertu des traités, tu mets plutôt la main sur la garde de ton épée, reporte en réponse au roi d'Argos ces paroles, qui certes ne sont pas à l'unisson des tiennes :

« Ce sceptre qu'un juste sort m'a livré, ce sceptre auquel j'avais droit par mon âge, je le tiens et le tiendrai longtemps. A toi le palais d'Inachus, présent nuptial de ton épouse, à toi les richesses accumulées par Danaüs (et pourquoi t'en vierais-je une part plus belle que la mienne?): sous d'heureux auspices régis Argos et Lerne; moi je garde les incultes pâturages de Dircé, ce pays resserré par les flots de l'Eubée, et n'ai pas honte d'avouer pour mon père le malheureux OEdipe. Toi, tu es entré dans une famille plus noble, celle de Pélops et de Tantale; le sang auquel tu es uni dérive plus directement de Jupiter; ton épouse, accoutumée au luxe paternel, pourrait-elle supporter cette humble demeure? vivre avec mes sœurs, tristement occupées à tourner leurs fuseaux, et, sans en être choquée, voir une mère flétrie par la douleur, et entendre peut-être les cris que pousse du fond de ses ténèbres ce vieillard, son beau-père?

« D'ailleurs mes sujets ont l'habitude de mon joug; peuples et grands redoutent et ne subiront qu'en gémissant une incertitude tant de fois renouvelée, ce changement fréquent d'autorité, cet ennui d'obéir à un roi qui cessera de l'être demain. Les rois d'un jour n'épargnent pas les peuples : vois avec quelle horreur, quel effroi les citoyens regardent nos débats. Et ces hommes dont le châtiment est certain, si tu règnes, les abandonnerai-je? C'est avec colère que tu viens,

Sed quia dulcis amor regni, blandumque potestas,
Posceris ; astriferum velox jam circulus orbem   400
Torsit, et amissæ redierunt montibus umbræ,
Ex quo frater inops, ignota per oppida tristes
Exsul agit casus; et te jam tempus aperto
Sub Jove ferre dies, terrenaque frigora membris
Ducere, et externos submissum ambire penates.   405
Pone modum lætis : satis auro dives, et ostro
Conspicuus, tenuem germani pauperis annum
Risisti : moneo regnorum gaudia temet
Dedoceas, patiensque fugæ mereare reverti. »
  Dixerat : ast illi tacito sub pectore dudum   410
Ignea corda fremunt; jacto velut aspera saxo
Cominus erigitur serpens, cui subter inanes
Longa sitis latebras, totosque agitata per artus,
Convocat in fauces et squamea colla venenum :
  « Cognita si dubiis fratris mihi jurgia signis   415
Ante forent, nec clara odiorum arcana paterent,
Sufficeret vel sola fides, qua torvus, et illum
Mente gerens, ceu septa novus jam mœnia laxet
Fossor, et hostiles inimicent classica turmas,
Præfuris : in medios si cominus orsa tulisses   420
Bistonas, aut refugo pallentes sole Gelonos,
Parcior alloquio, et medii reverentior æqui
Incipares : neque te furibundæ crimine mentis

Arguerim, mandata refers : nunc, omnia quando
Plena minis, nec sceptra fide, nec pace sequestra   425
Poscitis, et capulo propior manus ; hæc mea regi
Argolico, nondum æqua tuis, vice dicta reporta :
  Quæ sors justa mihi, quæ non indebitus annis
Sceptra dicavit honos, teneo, longumque tenebo.
Te penes Inachiæ dotalis regia dono   430
Conjugis, et Danaæ, (quid enim majoribus actis
Invideam?) cumulentur opes : felicibus Argos
Auspiciis, Lernamque regas : nos horrida Dirces
Pascua, et Euboicis arctatas fluctibus oras,
Non indignati miserum dixisse parentem   435
Œdipoden : tibi larga (Pelops, et Tantalus auctor)
Nobilitas, propiorque fluat de sanguine juncto
Juppiter : anne feret luxu consueta paterno
Hunc regina larem? nostræ cui jure sorores
Anxia pensa trahant ; longo quam sordida luctu   440
Mater, et ex imis auditus forte tenebris
Offendat socer ille senex : jam pectora vulgi
Assuevere jugo : pudet heu ! plebisque, patrumque,
Ne toties incerta ferant, mutentque gementes
Imperia, et dubio pigeat parere tyranno.   445
Non parcit populis regnum breve : respice quantus
Horror, et attoniti nostro in discrimine cives.
Hosne ego, quis certa est sub te duce pœna, relinquam?

mon frère! mais supposons que je cède, les grands eux-mêmes (si toutefois je connais bien leur affection pour ma personne et leur reconnaissance pour mes bienfaits) ne permettront jamais que je rende le trône. »

Tydée n'en souffre pas davantage, il lui coupe brusquement la parole : « Tu le rendras, s'écrie-t-il, tu le rendras! oui, quand tu te ceindrais d'un rempart de fer, quand Amphion, par de nouveaux chants, ferait surgir autour de toi un triple mur : ni traits ni feux ne pourront t'empêcher d'expier ton audace, de succomber sous nos armes, et d'aller en mourant frapper le sol de ton diadème, devenu la proie du vainqueur. Tu l'auras mérité. Mais c'est par pitié pour ces Thébains que tu prodigues leur sang, que tu les arraches à leurs femmes et à leurs enfants, pour les traîner à des combats infâmes, pour les envoyer à la destruction, ô bon roi! Cithéron, que que de cadavres sur tes flancs! Ismène, que de cadavres tu rouleras dans tes eaux ensanglantées! Et voilà cette piété, ce respect de la foi jurée! Certes, je ne m'étonne plus des crimes de ta race; tel fut celui qui en est la source, et qui souilla par l'inceste la couche de ses pères : mais je me trompe, seul tu ne démentiras pas ton origine, seul tu rappelleras Œdipe. Homme de sang, tu auras la récompense de ton infamie et de tes crimes; nous, nous réclamons une année de règne. Mais je perds ici mon temps. »

En vociférant ces mots, l'audacieux Tydée recule jusqu'à la porte, s'élance à travers la foule des gardes, s'y ouvre un passage, et part. Ainsi, attaqué par les guerriers grecs, le sanglier, vengeur de Diane offensée par Œnée, hérisse ses soies, aiguise ses défenses foudroyantes, lance au loin les pierres qu'il a rencontre, et les débris des arbres qu'il a déracinés sur les bords de l'Achéloüs, laisse Télamon, laisse Ixion étendu sur le sol, et court sur toi, ô Méléagre, là enfin le fer d'un épieu lui entre au défaut de l'épaule, et le cloue sur la place.

Tel le héros de Calydon quitte le conseil tremblant et grince des dents, comme si son propre trône lui était refusé. Il hâte le pas, et jette le rameau d'olivier; les femmes avec épouvante le regardent du toit de leurs maisons, et maudissent tout haut le farouche fils d'Œnée, et tout bas le roi de Thèbes.

Ce dernier, d'un génie inventif lorsqu'il s'agissait de crime et de trahison, réunit l'élite de ses jeunes guerriers, et tantôt par l'appât des récompenses, tantôt par des paroles ardentes, que lui suggère sa haine, les sollicite, dresse le plan d'une embuscade nocturne; et ce droit des ambassadeurs, ce droit révéré de tous les peuples et de tous les siècles, il entreprend de le violer, en attaquant lâchement Tydée avec le fer des assassins; car qu'y a-t-il de sacré pour les rois? A quels artifices aurait-il donc recours, ô Fortune, si tu lui livrais son frère? O aveugles desseins des méchants! ô lâcheté toujours inhérente au crime! une multitude s'arme contre un seul homme; comme s'il s'agissait d'attaquer un camp, ou de faire crouler à coups de bélier le flanc élevé d'une ville, cinquante guerriers, serrés, en bon ordre, s'échappent par les portes de Thèbes. Courage donc, toi qu'on juge digne de tant d'ennemis!

Ils suivent au milieu des buissons un chemin de traverse, qui les cache et les conduit avant

---

Iratus, germane, venis : fac velle, nec ipsi
(Si modo notus amor, meritique est gratia) patres   450
Reddere regna sinent. » Non ultra passus, et orsa
Injecit mediis sermonibus obvia : « Reddes,
Ingeminat, reddes : non si te ferreus agger
Ambiat ; aut triplices alio tibi carmine muros
Amphion auditus agat : nil tela, nec ignes   455
Obstiterint, quin ausa luas, nostrisque sub armis
Captivo moribundus humum diademate pulses.
Tu merito : ast horum miseret, quos sanguine viles,
Conjugibus natisque infanda ad prælia raptos,
Projicis excidio, bone rex : o quanta Cithæron   460
Funera, sanguineisque vadis, Ismene, rotabis !
Hæc pietas, hæc magna fides! nec crimina gentis
Mira equidem duco ; sic primus sanguinis auctor,
Incestique patrum thalami ; sed fallit origo :
Œdipodes tu solus eris : hæc præmia morum   465
Ac sceleris, violente, feres : nos poscimus annum.
Sed moror. » Hæc audax etiamnum in limine retro
Vociferans, jam tunc impulsa per agmina præceps,
Evolat. Œneæ vindex sic ille Dianæ
Erectus setis, et aduncæ fulmine malæ,   470
Quum premeret Pelopea phalanx, saxa obvia volvens,

Fractaque perfossis arbusta Acheloia ripis,
Jam Telamona solo, jam stratum Ixiona linquens,
Te, Meleagre, subit : ibi demum cuspide lata
Hæsit, et obnixo ferrum laxavit in armo.   475
Talis adhuc trepidum liquit Calydonius heros
Concilium, infrendens ipsi ceu regna negentur :
Festinatque vias, ramumque precantis olivæ
Abjicit : attonitæ tectorum ex culmine summo
Prospectant matres, sævoque infanda precantur   480
Œnidæ, tacitoque simul sub pectore regi.
  Nec piger ingenio scelerum, fraudisque nefandæ
Rector eget : juvenum fidos lectissima bello
Corpora nunc pretio, nunc ille hortantibus ardens
Sollicitat dictis, nocturnaque prælia sævus   485
Instruit, et sanctum populis per sæcula nomen
Legatum insidiis, tacitoque invadere ferro,
(Quid regnis non vile?) cupit : quas quæreret artes
Si frater, Fortuna, dares? o cæca nocentum
Consilia ! o semper timidum scelus! exit in unum   490
Plebs ferro jurata caput : ceu castra subire
Apparet, aut celsum crebris arietibus urbi
Inclinare latus : densi sic agmine facto
Quinquaginta altis funduntur in ordine portis.

Tydée au centre de l'épaisse forêt. C'est le lieu choisi pour l'exécution du crime.

Assez loin de la ville sont deux collines que sépare une gorge dangereuse, assombrie par l'ombre des montagnes qui la dominent, et par des bois touffus qui s'y recourbent. La nature a formé ce lieu pour une embuscade ; la route n'est qu'un sentier âpre, étranglé entre les rochers, et terminé par des plaines et de vastes campagnes. Vis-à-vis est un rocher à pic, demeure du monstre ailé vaincu par Œdipe ; là se tenait jadis cet animal aux joues pâles, aux yeux souillés de venin, aux plumes collées de sang, embrassant des débris d'hommes, et de sa poitrine nue foulant des ossements à demi rongés : son regard frémissant parcourait les plaines, brûlant d'y découvrir quelque étranger, quelque voyageur assez audacieux pour s'approcher, tenter d'expliquer ses énigmes, et lier avec lui un entretien funeste. Soudain, aiguisant ses griffes déployées, montrant à nu ses mains livides, ses dents brisées à broyer des os, il se dressait en face de son hôte avec un effroyable battement d'ailes. Et ses ruses demeurèrent cachées jusqu'à ce que, pris en défaut par un homme, hélas ! fatal comme lui, il laissa tomber ses ailes, et du haut de son pic ensanglanté brisa sur les rochers son ventre insatiable. La forêt a gardé sa hideuse empreinte ; les taureaux ont horreur des pâturages voisins ; les troupeaux affamés s'abstiennent de toucher à ces herbes maudites. Ces ombrages n'abritent plus ni les chœurs des Dryades, ni les mystères des Faunes ; les oiseaux de proie eux-mêmes ont fui cette forêt des prodiges.

C'est là qu'arrive à pas silencieux cette troupe destinée à périr ; appuyés sur leurs javelots, les armes posées à terre, ils attendent leur ennemi superbe, et couronnent le bois d'un cercle de sentinelles.

La nuit avait couvert Phébus de son humide manteau, et versé sur la terre son ombre azurée. Le héros approchait de la forêt ; du haut d'un monticule, il voit reluire les boucliers et les casques des guerriers, à travers les intervalles des rameaux, où passe la lumière tremblante de la lune, réfléchie par l'airain des armures. A cette vue, il est saisi d'étonnement ; il va toutefois, serrant ses javelots, et la main sur la poignée de son glaive. « D'où venez-vous ? s'écrie-t-il, et pourquoi vous cacher ainsi tout armés ? » Cette question n'est point faite de l'humble ton de la peur ; aucune voix ne répond, et ce silence ne lui permet pas de croire à des intentions pacifiques. Voilà soudain qu'un trait lancé par l'énorme bras de Chthonius, chef de la troupe, fend l'obscurité des airs ; mais un dieu et la fortune trompent son effort. Cependant il perce la peau hérissée du sanglier de Calydon, qui couvre Tydée, effleure en passant l'épaule gauche ; et le bois, dépouillé de son fer, vient battre contre la gorge, qu'il n'entame pas. Alors ses cheveux se dressent, son sang se glace dans son cœur. Terrible, il tourne de tous côtés son visage pâle de colère, ne pouvant penser que tout cet appareil de guerre soit pour lui. « Avancez, sortez en rase campagne ! Que craignez-vous ? D'où vient tant de lâcheté ? seul, seul je vous défie tous au combat. » Il ne s'arrête pas à par-

Macte animi, tantis dignus qui crederis armis. 495
Fert via per dumos propior, qua calle latenti
Præcelerant, densæque legunt compendia silvæ.
Lecta dolis sedes : gemini procul urbe malignis
Faucibus urgentur colles, quos umbra superni
Montis, et incurvis claudunt juga frondea silvis : 500
Insidias natura loco, cæcamque latendi
Struxit opem : medias arcte secat aspera rupes
Semita, quam subter campi, devexaque latis
Arva jacent spatiis : contra importuna crepido
Œdipodioniæ domus alitis : hic fera quondam 505
Pallentes erecta genas, suffusaque tabo
Lumina, concretis infando sanguine plumis
Reliquias amplexa virum, semesaque nudis
Pectoribus stetit ossa premens, visuque trementi
Collustrat campos, si quis concurrere dictis 510
Hospes inexplicitis, aut cominus ire viator
Audeat, et duræ commercia jungeret linguæ.
Nec mora, quin acuens exertos protinus ungues,
Liventesque manus, fractosque in vulnere dentes ;
Terribili applausu circum hospita surgeret ora. 515
Et latuere doli, donec de rupe cruenta,
Heu ! simili deprensa viro, cessantibus alis,
Tristis inexpletam scopulis affligeret alvum.

Monstrat silva nefas, horrent vicina juvenci
Gramina ; damnatis avidum pecus abstinet herbis. 520
Non Dryadum placet umbra choris, non commoda sacris
Faunorum, diræque etiam fugere volucres
Prodigiale nemus : tacitis huc gressibus acti
Deveniunt peritura cohors, hostemque superbum,
Adnixi jaculis, et humi posita arma tenentes 525
Exspectant, densaque nemus statione coronant.
Cœperat humenti Phœbum subtexere palla
Nox, et cœruleam terris infuderat umbram.
Ille propinquabat silvis, et ab aggere celso
Scuta virum, galeasque videt rutilare comantes, 530
Qua laxant rami nemus, adversaque sub umbra
Flammeus æratis Lunæ tremor errat in armis.
Obstupuit visis : ibat tamen, horrida tantum
Spicula, et inclusum capulo tenus admovet ensem.
Ac prior, « unde viri ? quidve occultatis in armis ? » 535
Non humili terrore rogat : nec reddita contra
Vox, fidamque negant suspecta silentia pacem.
Ecce autem vasto Chthonii contorta lacerto,
Quo duce freta cohors, fuscas intervolat auras
Hasta, sed audenti Deus et Fortuna recessit. 540
Per tamen Olenii tegimen suis, atraque setis
Terga, super lævos humeros vicina cruori

ler : voyant ses ennemis, plus nombreux qu'il ne se l'était imaginé, accourir de leurs retraites, ceux-ci descendre des cimes des montagnes, ceux-là monter du fond des vallées, un grand nombre occuper la plaine, toute sa route enfin étinceler de l'éclat des armes; lui, comme une bête fauve cernée par les chasseurs, que le premier cri pousse au milieu de l'enceinte, il prend la seule voie de salut qui lui reste, il court vers la demeure escarpée du sphinx, et, déchirant ses mains au tranchant des cailloux, gravit cette pente funeste; puis, maître de la cime du roc, où, sans craindre d'être pris à dos, il a sous la main des moyens de destruction, il arrache un énorme quartier de roche, qu'un attelage de taureaux aurait pu à peine enlever du sol et traîner à la ville; puis il le tient suspendu de toute la force de ses bras, et balance ce poids immense, dont la chute sera terrible : ainsi le magnanime Pholus levait contre les Lapithes sa coupe vide.

Ses ennemis le voient avec terreur au-dessus d'eux avec la mort dans ses mains, et soudain la masse tombe, tourbillonne, et les écrase. Têtes d'hommes, armes, bras, poitrines, sont broyés pêle-mêle avec le fer qui les couvre. Quatre à la fois, renversés du même coup, rendent le dernier soupir; le reste de la troupe s'enfuit épouvanté. Car ils n'étaient pas à mépriser ceux qui gisaient ainsi : c'était le foudroyant Dorylas, que son ardente valeur égalait aux rois; Théron, de la race de Mars, et qui proclamait pour ses aïeux les enfants de la Terre; Halys, qui ne le cédait à personne dans l'art de guider un coursier, mais qui aujourd'hui, loin de son cheval, est couché sur le sol; Phédime, qui tirait son origine de Penthée, et que ta vengeance avait poursuivi jusque-là, ô Bacchus!

Dès que Tydée les voit, épouvantés de ce désastre soudain, rompre leurs rangs et fuir en désordre, il brandit ses deux seuls javelots, qu'il avait appuyés au flanc de la montagne, et les lance sur les fuyards. Puis; n'hésitant plus, il saute d'un bond dans la plaine, et, pour protéger sa poitrine contre les traits, saisit le bouclier de Théron, qu'il avait vu rouler loin de lui dans sa chute; alors, le dos et la tête couverts de leur vêtement bien connu, la poitrine défendue par le bouclier de son ennemi, il s'arrête. Les Thébains se rallient, et marchent sur lui d'un pas ferme. Tydée tire son épée, présent fait par Mars au grand Œnée; il fait face de toutes parts, attaque ceux-ci, puis ceux-là, repousse avec son fer les traits qui l'assaillent. Ses adversaires, trop nombreux, se pressent et se nuisent; leurs efforts n'ont point de résultat, leurs mains errent au hasard sur leurs armes, leurs coups se mêlent et s'embarrassent dans la foule, tandis que Tydée, se rapetissant sous son bouclier, demeure inexpugnable.

Ainsi, s'il est permis de croire aux combats de Phlégra, l'immense Briarée soutint la lutte avec tout le ciel armé contre lui, méprisant les flèches d'Apollon, les serpents de la farouche Pallas, la lance de Mars, pin de Thrace à la pointe d'acier,

Effugit, et viduo jugulum ferit irrita ligno.
Tunc horrere comae, sanguisque in corde gelari.
Huc ferus atque illuc animum, pallentiaque ira 545
Ora ferens, nec tanta putat sibi bella parari.
«Ferte gradum contra, campoque erumpite aperto.
Quis timor audendi? quae tanta ignavia? solus,
Solus in arma voco :» neque in his mora; quos ubi plures
Quam ratus, innumeris videt excursare latebris, 550
Hos prodire jugis, illos e vallibus imis
Crescere, nec paucos campo, totumque sub armis
Collucere iter, ut clausas indagine profert
In medium vox prima feras) quae sola medendi
Turbata ratione via est, petit ardua dirae 555
Sphingos, et abscisis infringens cautibus uncas
Exsuperat juga dira manus, scopuloque potitus,
Unde procul tergo metus, et via prona nocendi,
Saxum ingens, quod vix plena cervice gementes
Vertere humo, murisque valent inferre juvenci, 560
Rupibus avellit : dein toto sanguine nixus
Sustinet, immanem quaerens librare ruinam ;
Qualis in adversos Lapithas erexit inanem
Magnanimus cratera Pholus : stupet obvia leto
Turba super stantem, atque emissi turbine montis 565
Obruitur; simul ora virum, simul arma, manusque,
Fractaque commixto sederunt pectora ferro.
Quatuor hic adeo dejecti mole sub una

Congemuere : fuga tremefactum protinus agmen
Excutitur coeptis : neque enim temnenda jacebant 570
Funera, fulmineus Dorylas, quem regibus ardens
Aequabat virtus, Martisque e semine Theron
Terrigenas confisus avos : nec vertere cuiquam
Frena secundus Halys, sed tunc pedes occubat arvis,
Pentheumque trahens nondum te Phaedimus aequo, 575
Bacche, genus : quorum ut subitis exterrita fatis
Agmina, turbatam vidit laxare catervam;
Quae duo sola manu gestans acclinia monti
Fixerat, intorquet jacula, et fugientibus addit.
Mox in plana libens, nudo ne pectore tela 580
Inciderent, saltu praeceps defertur, et orbem,
Quem procul oppresso vidit Therone volutum,
Corripuit, tergoque et vertice tegmine noto
Septus, et hostili propugnans pectora parma,
Constitit : inde iterum densi glomerantur in unum 585
Ogygidae, firmantque gradum : trahit ocius ensem
Bistonium Tydeus, Mavortia munera magni
Œneos : et partes pariter divisus in omnes
Hos obit, atque illos, ferroque micantia tela
Decutit : impeditant numero, seque ipsa vicissim 590
Arma premunt : nec vis conatibus ulla, sed ipsae
In socios errare manus, et corpora turba
Involvi prolapsa sua : manet ille cruentis
Angustus telis, et inexpugnabilis obstat.

les foudres que Pyracmon se lassait à renouveler, et se plaignait encore, quand l'Olympe entier l'assiégeait, d'avoir tant de bras inactifs. Non moins ardent, Tydée présente partout son bouclier, roule, tourne sur lui-même; s'élance sur les moins hardis, les presse, arrache les dards nombreux qui s'enfoncent en tremblant dans tout l'orbe de son bouclier, et s'en fait des armes; reçoit plus d'une blessure, mais aucune n'atteint les organes de la vie, aucune n'a le pouvoir de donner la mort. Il fait rouler le bouillant Déilochus, et lui donne pour compagnon de voyage chez les morts Phégée, au moment où il levait la hache pour l'en frapper; puis Gyas, né près de Dircé; puis Lycophon, descendant d'Échion. Déjà les meurtriers tremblent, ils se cherchent, ils se comptent; ils n'ont plus la même soif de carnage, et voient avec douleur diminuer leur nombre.

Voici venir Chromis, rejeton du Tyrien Cadmus. La Phénicienne Dryope le portait dans son sein, un jour qu'entraînée dans les chœurs des bacchantes, oubliant son fardeau, elle saisit un taureau par les cornes pour te le sacrifier, ô Bacchus! et laissa tomber à terre son enfant, que la violence de ses efforts avait détaché de ses flancs. Fier de ses armes, fier de la peau d'un lion qu'il avait dompté, il brandissait une lourde et noueuse massue, s'écriant : « Guerriers! un homme seul, tout seul, ira-t-il à Argos se glorifier de la mort de tant de nos frères ? On croirait à peine à son retour. Compagnons! n'avons-nous plus de bras, n'avons-nous plus d'armes ? Est-ce là, Cydon, est-ce là, Lampus, ce que nous avons promis à notre roi ? » Pendant qu'il crie, une flèche thébaine, lancée par Tydée, lui entre dans la bouche, et son gosier ne l'arrête pas; sa voix s'éteint, et sa langue coupée nage dans le sang. Il était debout encore; mais, la mort envahissant ses membres, il tombe, et étouffe son dernier soupir sur le dard qu'il mord.

Et vous aussi, fils de Thespis, pourquoi vous dénierais-je une renommée glorieuse? Périphas soulevait du sol son frère expirant (jamais on ne vit plus noble exemple d'amour fraternel); d'une main il soutenait sa tête appesantie, de l'autre son flanc; les sanglots déchiraient sa poitrine, ses pleurs se faisaient jour à travers les courroies de son casque, quand tout-à-coup, au milieu de ses gémissements, une lourde javeline l'atteint par derrière, et lui brise les côtes. Le fer pénètre jusqu'à son frère et joint deux cœurs déjà réunis par l'amour. Le premier frappé lève ses yeux encore baignés par la lumière, puis, à la vue de son frère, mourant, les baisse; mais l'autre, à qui sa blessure plus récente laisse encore quelque force : « Puissent tes enfants, dit-il à Tydée, te donner de pareils embrassements, de pareils baisers! » Ils succombèrent au même destin, tristes victimes, convoitées par la mort, et se fermèrent mutuellement les yeux.

Et déjà Tydée chassait devant lui Ménétès, le pressant vivement du javelot et du bouclier; celui-ci, tremblant, fait quelques pas en arrière,

Non aliter, Geticæ si fas est credere Phlegræ, 595
Armatum immensus Briareus stetit æthera contra,
Hinc Phœbi pharetras, hinc torvæ Palladis angues,
Inde Pelethroniam præfixa cuspide pinum
Martis, at hinc lasso mutata Pyracmone temnens
Fulmina, quum toto nequicquam obsessus Olympo 600
Tot queritur cessare manus : non segnius ardet
Huc illuc clypeum objectans, seque ipse recedens
Circuit; interdum trepidis occurrit, et instat
Spicula divellens, clypeo quæ plurima toto
Fixa tremunt, armantque virum, sæpe aspera passum 605
Vulnera, sed nullum vitæ in secreta receptum,
Nec mortem sperare valet : rotat ipse furentem
Deilochum, comitemque illi jubet ire sub umbras
Phegea, sublata minitantem bella securi,
Dircæumque Gyan, et Echionium Lycophontem. 610
Jam trepidi sese quærunt, numerantque; nec idem
Cædis amor, tantamque dolent rarescere turbam.

Ecce Chromis Tyrii demissus origine Cadmi,
(Hunc utero quondam Dryope Phœnissa gravato
Rapta repente choris, oneris que oblita, ferebat: 615
Dumque trahit prensis taurum tibi cornibus, Evan,
Procidit impulsus nimiis conatibus infans :)
Tunc audax jaculis, et capti pelle leonis,
Pinea nodosa quassabat robora clava,
Increpitans : « Unusne, viri, tot cædibus unus 620
Ibit ovans Argos? vix credet fama reverso.
Heu socii, nullæne manus, nulla arma valebunt?
Hæc regi promissa, Cydon, hæc, Lampe, dabamus? »
Dum clamat, subit ore cavo Theumesia cornus,
Nec prohibent fauces : atque illi voce repleta 625
Intercepta natat proruptor in sanguine lingua.
Stabat adhuc, donec transmissa morte per artus
Labitur, immorsaque cadens obmutuit hasta.

Vos quoque, Thespiadæ, cur infitiatus honora
Arcuerim fama? fratris moribunda levabat 630
Membra solo Periphas, (nil indole clarius illa,
Nec pietate fuit,) læva marcentia colla
Sustentans, dextraque latus : singultibus arctum
Exhaurit thoraca dolor : nec vincla coercent
Undantem fletu galeam, quum multa gementi 635
Pone gravis curvas perfringit lancea costas.
Exit et in fratrem, cognataque pectora telo
Conserit : ille oculos etiamnum in luce natantes
Sistit, et adspecta germani morte, resolvit.
At cui vita recens, et adhuc in vulnere vires : 640
« Hos tibi complexus, hæc dent, ait, oscula nati. »
Procubuere pares fatis, miserabile votum
Mortis, et alterna clauserunt lumina dextra.
Protinus idem ultro jaculo parmaque Menœtem
Proterrebat agens, trepidis vestigia retro 645
Passibus urgentem, donec defecit iniqua

heurte à terre un obstacle, et de ses deux mains tendues il supplie, et retient en même temps le javelot qui pèse sur sa gorge :

« Pardon, par ces étoiles qui étincellent dans l'ombre, par les Dieux, par cette nuit, qui est bien à toi ! permets que je porte à Thèbes la nouvelle de notre désastre, et qu'en face du peuple épouvanté je proclame, au mépris du roi, ton courage. Puissent nos traits retomber sans t'avoir frappé, le fer rebondir sur ta poitrine, et ton ami impatient te revoir vainqueur ! »

Il dit ; Tydée ne change pas de visage : « Tu perds tes larmes, dit-il ; et toi aussi, si je ne me trompe, tu as promis ma tête à ton roi impie. Renonce aux armes, renonce au jour ; que demandes-tu lâchement merci ? La guerre n'est pas finie. » A peine a-t-il parlé, et déjà il retire son glaive plein de sang, puis il poursuit les vaincus de ses amers sarcasmes : « Ce n'est pas là cette nuit triennale qu'a consacrée la coutume de vos ancêtres ; ce ne sont pas là ces orgies de Cadmus, ces fêtes de Bacchus, polluées par des mères furieuses. Pensiez-vous marcher, vêtus de peaux de daims, armés de thyrses fragiles, au milieu du tumulte efféminé de vos fêtes ; ou livrer, au son de la flûte phrygienne, des combats honteux, inconnus aux vrais braves ? Ici autres sont les combats, autre est la fureur ; descendez chez les morts, ô lâches, encore trop peu nombreux ! » Ces mots, il les rugit ; mais cependant ses membres fatigués refusent d'agir, et les battements de son cœur se ralentissent. Sa main soulevée porte des coups sans effet, ses pas sont plus tardifs, son bras ne soutient plus son bouclier, qu'il a changé parmi tant de dépouilles ; une eau glacée tombe de sa poitrine, de ses cheveux, de son visage enflammé ; le sang des mourants dégoutte en pluie hideuse. Tel un lion de Massylie, après avoir chassé le berger au loin dans la campagne, attaque et dévore les brebis : lorsqu'il s'est largement abreuvé de sang, que son cou penche, que sa crinière trempée retombe lourdement, il se couche au milieu des cadavres, faible, béant, gorgé de nourriture ; dès lors sa fureur est calmée ; seulement il bat l'air de ses mâchoires vides, et sa langue, qui pend de sa gueule, lèche les molles toisons.

Tydée, couvert de sang et de dépouilles, serait allé à Thèbes se montrer aux yeux de ses habitants, tous épouvantés, peuple et roi, si toi-même, vierge Pallas, voyant ce guerrier bouillant d'ardeur et aveuglé par l'orgueil de son œuvre, tu ne l'eusses jugé digne de recevoir ce conseil : « Fils du superbe Œnée, à qui j'ai permis de vaincre Thèbes, impose-toi des bornes, et n'abuse pas de l'excessive faveur des Dieux : tout ce que tu dois désirer maintenant, c'est qu'on puisse croire à ce que tu as fait. La fortune a assez fait pour toi, pars. »

Seul à ses compagnons si cruellement immolés survivait, bien malgré lui, Méon, fils d'Hémon : habile dans l'art des augures, n'ayant jamais été trompé par le vol d'un oiseau, il avait prévu ce résultat, et n'avait pas craint d'en avertir le roi ; mais les destins ôtèrent tout crédit à ses paroles. Malheureux ! il est condamné désormais à la vie des lâches. Tremblant, il reçoit de Tydée l'ordre de porter ce farouche message : « Qui que tu sois parmi les Thébains, toi qui, sauvé d'entre les mânes, me devras de voir la prochaine aurore, porte à ton roi ces paroles, je le veux. « Entoure tes portes d'un retranchement ; renou-

Lapsus humo, pariterque manus distractus in ambas
Orat, et a jugulo nitentem sustinet hastam :
« Parce per has stellis interlabentibus umbras,
Per Superos, noctemque tuam : sine, tristia Thebis 650
Nuntius acta feram, vulgique per ora paventis
Contemto te rege canam : sic irrita nobis
Tela cadant, nullique tuum penetrabile ferro
Pectus, et optanti victor revelaris amico. »
Dixerat ; ille nihil vultum mutatus, « Inanes 655
Perdis, ait, lacrimas, et tu, ni fallor, iniquo
Pollicitus mea colla duci : nunc arma, diemque
Projice : quid sequeris timidæ compendia vitæ ?
Bella manent : » simul hæc, et crassum sanguine telum
Jam redit ; ille super dictis infensus amaris 660
Prosequitur victos : « Non hæc Trieterica vobis
Nox patrio de more venit : non Orgia Cadmi
Cernitis, aut avidas Bacchum scelerate parentes.
Nebridas et fragiles thyrsos portare putastis
Imbellem ad sonitum, maribusque incognita veris 665
Fœda Celenæa committere prælia buxo ?
Hic aliæ cædes, alius furor : ite sub umbras

O timidi, paucique ! » hæc intonat : ast tamen illi
Membra negant, lassusque ferit præcordia sanguis.
Jam sublata manus cassos defertur in ictus, 670
Tardatique gradus : clypeum nec sustinet umbo
Mutatum spoliis : gelidus cadit imber anhelo
Pectore : tum crines, ardentiaque ora cruentis
Roribus, et tetra morientum adspergine manant.
Ut leo, qui campis longe custode fugato 675
Massylas depastus oves, ubi sanguine multo
Luxuriata fames, cervixque, et tabe gravatæ
Consedere jubæ, mediis in cædibus adstat
Æger, hians, victusque cibis : nec jam amplius iræ
Crudescunt : tantum vacuis ferit aera malis, 680
Molliaque ejecta delambit vellera lingua.
   Ille etiam Thebas spoliis, et sanguine plenus
Isset, et attonitis sese, populoque, ducique
Ostentasset ovans, ni tu, Tritonia virgo,
Flagrantem, multaque operis caligine plenum, 685
Consilio dignata virum : « Sate gente superbi
Œneos, absentes cui dudum vincere Thebas
Annuimus, jam pone modum, nimiumque secundis

« velle tes armes ; répare tes murs minés par le « temps ; surtout, souviens-t'en, entasse combat- « tants sur combattants, renforce, multiplie tes ba- « taillons ; vois cette plaine gorgée de sang par mon « glaive : tels nous venons, nous, aux combats. »

Il dit, et, pour prix de ton aide, ô Pallas, t'élève un trophée de sanglants débris. Il rassemble les dépouilles éparses, et compte avec joie ses triomphes. Sur une éminence, au milieu de la plaine, était un chêne qui depuis longtemps avait oublié sa jeunesse, courbant vers le sol son feuillage, et robuste encore sous sa dure écorce ; il y suspend les casques d'acier poli, les armures percées à jour par les dards ; il place au-dessous des faisceaux d'épées tronquées, et de javelots brisés dans le corps des blessés. Alors, debout sur cet amas d'armes et de cadavres, il entonne cette prière, au loin répétée dans la nuit par l'écho des montagnes :

« Fière déesse, la gloire, l'image de ton père, déesse guerrière, qui couvres ton front d'un casque, parure terrible, mais belle, et ta poitrine de la tête saignante de la Gorgone ; qui, non moins que Mars, non moins que Bellone armée du javelot, tires des sons ardents de la trompette des combats, souris à ce trophée que je t'offre ! soit que, pour visiter mon champ de bataille, tu descendes de la montagne de Pandion, soit que tu quittes Ithone et ses chœurs joyeux, soit que, après avoir trempé dans les eaux du Triton libyen les boucles de ta chevelure, t'élançant frémissante sur ton char rapide, traîné par deux cavales vierges, tu sois emportée jusqu'à moi ; je te consacre ces débris d'armes et ces dépouilles informes.

« Mais si jamais je revois le pays de nos ancêtres, ces lieux où régna Parthaon ; si Pleuron, la cité de Mars, s'ouvre à mon retour, je te consacrerai, sur la colline qui s'élève au centre de la ville, un temple étincelant d'or, du haut duquel tu pourras voir au-dessous de toi les tempêtes de la mer Ionienne, et le lieu où le turbulent Achéloüs entre en tournoyant dans la mer, et dépasse les Échinades qui lui barrent le passage. Dans ce temple je ferai représenter les combats de mes aïeux, et les visages redoutables de ces rois magnanimes ; à son dôme superbe j'appendrai leurs armures, et toutes celles que j'ai conquises au prix de mon sang ; celles encore qu'avec ton aide, ô Pallas, je remporterai du sac de Thèbes. Cent vierges de Calydon, vouées à tes autels, porteront, suivant le rit attique, des flambeaux dans tes fêtes, et entrelaceront au chaste feuillage de l'olivier des bandelettes mi-parties de blanc et de pourpre. Une prêtresse, qui aura vécu de longs jours, nourrira un feu perpétuel sur ton foyer, et jamais ne tentera de pénétrer tes pudiques mystères. Toi, dans la guerre, dans la paix, tu recevras, et souvent, les prémices de mes travaux, sans que pour cela Diane les repousse. »

Il se tut, et prit le chemin d'Argos, qui lui était devenue si chère.

Parce Deis : huic una fides optanda labori.
Fortuna satis usus abi. » Restabat acerbis   690
Funeribus, socioque gregi non sponte superstes
Hemonides (ille hæc præviderat, omina doctus
Aeros, et nulla deceptus ab alite) Mæon,
Nec veritus prohibere ducem : sed fata monentem
Privavere fide : vita miserandus inerti   695
Damnatur : trepido Tydeus immitia mandat :
« Quisquis es Aonidum, quem crastina munere nostro
Manibus exemtum mediis Aurora videbit,
Hæc jubeo perferre duci : cinge aggere portas :
Tela nova : fragiles ævo circumspice muros :   700
Præcipue stipare viros, densasque memento
Multiplicare acies : fumantem hunc adspice late
Ense meo campum : tales in bella venimus. »
  Hæc ait, et meritæ pulchrum tibi, Pallas, honorem
Sanguinea de strage parat, prædamque jacentem   705
Comportat gaudens, ingeniaque acta recenset.
Quercus erat teneræ jam longum oblita juventæ
Aggere camporum medio, quam plurimus ambit
Frondibus incurvis et crudo robore cortex :
Huic leves galeas, perfossaque vulnere crebro   710
Inserit arma ferens, huic truncos ictibus enses
Subligat, et fractas membris spirantibus hastas.
Corpora tunc atque arma simul cumulata superstans
Incipit : oranti nox et juga longa resultant :
  « Diva ferox, magni decus ingeniumque parentis,   715
Bellipotens, cui torva genis horrore decoro

Cassis, et adsperso crudescit sanguine Gorgon.
Nec magis ardentes Mavors, hastataque pugnæ
Impulerit Bellona tubas, huic annue sacro :
Seu Pandionio nostras invisere cædes   720
Monte venis, sive Aonia deverlis Ithone
Læta choris, seu tu Libyco Tritone repexas
Lota comas, qua te bijugo temone frementem
Intemeratarum volucer rapit axis equarum :
Nunc tibi fracta virum spolia, informesque dicamus   725
Exuvias : at si patriis Parthaonis arvis
Inferar, et reduci pateat mihi Martia Pleuron :
Aurea tunc mediis urbis tibi templa dicabo
Collibus, Ionias qua despectare procellas
Dulce sit, et flavo tollens ubi vertice pontum   730
Turbidus objectas Achelous Echinadas exit.
Hic ego majorum pugnas, vultusque tremendos
Magnanimum effingam regum, figamque superbis
Arma tholis : quæque ipse meo quæsita revexi
Sanguine, quæque dabis captis, Tritonia, Thebis.   735
Centum ibi virgineis votæ Calydonides aris
Actæas tibi rite faces, et ab arbore casta
Nectent purpureas niveo discrimine vittas :
Pervigilemque focis ignem longæva sacerdos
Nutriet, arcanum nunquam inspectura pudorem.   740
Tu bellis, tu pace feres de more frequentes
Primitias operum, non indignante Diana. »
  Dixerat ; et dulces iter instaurabat ad Argos.

LIVRE TROISIÈME.

Le perfide monarque de Thèbes, au milieu de la nuit, quoiqu'il reste aux astres une longue carrière à parcourir jusqu'à l'Aurore, se refuse au repos du sommeil; le chagrin veille dans son cœur, et la conscience de son crime le torture; puis la crainte, le plus sinistre des augures dans l'incertitude, le ballotte de pensée en pensée :

« Malheureux que je suis, s'écrie-t-il, d'où vient ce retard? (car, suivant lui, c'est chose facile que tant de guerriers viennent à bout du seul Tydée, et au nombre il ne mesure pas la force et le courage.) Auraient-ils pris une autre route? Des troupes auraient-elles été envoyées d'Argos à son secours? Le bruit de cette criminelle entreprise se serait-il répandu dans les villes voisines? Étaient-ils trop peu nombreux, ô Mars! ou bien étaient-ils lâches, ceux que j'ai choisis? Mais là j'ai Chromis, j'ai Dorylas, mes plus braves guerriers; j'ai les fils de Thespis, puissants comme les murs de Thèbes, qui m'enlèveraient Argos avec ses fondements. Mais cet homme, il n'est pas, je pense, impénétrable à mes armes, il n'a pas des bras d'airain ou de diamant : oh! les lâches, si, ayant pu combattre, ils sont arrêtés par un seul homme! »

Ainsi le flot turbulent de ses pensées l'emporte çà et là; il se reproche, sur toutes choses, de n'avoir pas, en pleine assemblée, percé de son épée l'ambassadeur au milieu de sa harangue, et satisfait à la face de tous son cruel ressentiment. Déjà il a honte de son entreprise, déjà il s'en repent : tel un pilote de Calabre confie sa barque aux flots ioniens; il connaît la mer, mais la sérénité trompeuse de l'astre d'Olénie lui a fait quitter le port ami; soudain la tempête l'assaille, le monde tonne dans toutes ses profondeurs, Orion pèse de tout son poids sur les pôles; pour lui, il regrette la terre, et lutte pour y retourner; le puissant Notus le chasse du gouvernail : alors laissant son art, il gémit, et s'abandonne aux aveugles caprices des ondes. Il en est ainsi du monarque descendant d'Agénor; il accuse Lucifer, attardé dans le ciel, et le lever du soleil, trop lent au gré de ceux qui souffrent.

Voilà que tout à coup, au moment où le char de la nuit penchait vers l'occident, où les astres s'effaçaient dans l'espace, où l'immense Téthys chassait Hypérion, hésitant à sortir des mers de l'Aurore, la terre ébranlée, signe lugubre de calamités, trembla jusque dans ses fondements, et le Cithéron chancelant laissa échapper ses neiges antiques; alors les édifices parurent se soulever, et les sept portes de Thèbes incliner leurs sommets les uns vers les autres.

La cause en est bientôt connue : à la fraîcheur du matin revenait le fils d'Hémon, irrité contre les destins, et désespéré que la mort lui eût été refusée. On ne voit pas encore distinctement son visage, on hésite encore à le reconnaître; mais il montre par des signes non équivoques qu'il apporte la nouvelle d'un grand malheur; il se frappe la poitrine, il gémit; il ne pleure pas, ayant versé d'un coup toutes ses larmes. Ainsi s'éloigne de la forêt, dépouillé par la voracité des loups, le berger qu'une pluie soudaine, qu'un vent violent d'orage, produit par le renouvelle-

LIBER TERTIUS.

At non Aoniæ moderator perfidus aulæ,
Nocte sub ancipiti, quamvis humentibus astris,
Longus ad Auroram superet labor, otia somni
Accipit : invigilant animo, scelerisque parati
Supplicium exercent curæ : tunc plurima versat 5
Pessimus in dubiis augur timor : « Hei mihi! clamat,
Unde moræ? (nam prona ratus, facilemque tot armis
Tydea, nec numero virtutem animumque rependit)
Num regio diversa viæ? num missus ab Argis
Subsidio globus? an sceleris data fama per urbes 10
Finitimas? paucosne, pater Gradive, manuve
Legimus indecores? at enim fortissimus illic
Et Chromis, et Dorylas, et nostris turribus æqui
Thespiadæ totos raperent mihi funditus Argos.
Nec tamen ille meis, reor, impenetrabilis armis, 15
Ære gerens solidoque datos adamante lacertos,
Venerat : heu segnes! quorum labor hæret in uno,
Si conserta manus. » Vario sic turbidus æstu
Angitur, ac sese culpat super omnia, qui non
Orantem in mediis legatum cœtibus ense 20
Percelerit, fœdasque palam satiaverit iras.
Jam pudet incepti, jam pœnitet : ac velut ille
Fluctibus Ioniis Calabræ datus arbiter alno,
Nec rudis undarum, portus sed linquere amicos
Purior Olenii frustra gradus impulit astri; 25
Quum fragor hyberni subitus Jovis, omnia mundi
Claustra tonant, multusque polos inclinat Orion;
Ipse quidem mallet terras, pugnatque reverti,
Fert ingens a puppe Notus : tunc arte relicta
Ingemit, et cæcas sequitur jam nescius undas. 30
Talis Agenoreus ductor, cæloque morantem
Luciferum, et seros mœrentibus increpat ortus.
   Ecce sub occiduas versæ jam noctis habenas,
Astrorumque obitus, ubi primum maxima Tethys
Impulit Eoo cunctantem Hyperiona ponto, 35
Ima flagellatis, signum lugubre malorum,
Ponderibus trepidavit humus, motusque Cithæron
Antiquas dedit ire nives : tunc visa levari
Culmina, septenæque jugo concurrere portæ.
   Et prope sunt causæ : gelido remeabat Eoo 40
Iratus fatis, et tristis morte negata
Hemonides : nec dum ora patent, dubiusque notari
Signa dabat magnæ longe manifesta ruinæ.
Planctuque et gemitu : lacrimas nam protinus omnes
Fuderat : haud aliter saltu devertitur orbus 45
Pastor ab agrestum nocturna strage luporum,

ment de la lune, a poussé la nuit dans les bois avec le troupeau confié à sa garde. Le jour découvre à ses yeux le carnage; il craint d'annoncer lui même à son maître ce malheur récent : hideux, souillé de poussière, il remplit les campagnes de ses plaintes, se figure avec désespoir le silence de la vaste étable, et appelle les uns après les autres ses taureaux perdus.

Dès que les femmes de Thèbes, rassemblées aux portes de la ville, le virent arriver seul, horreur! seul, sans ses compagnons, sans ses chefs magnanimes, n'osant l'interroger, elles poussèrent un cri, pareil au cri suprême d'une ville prise d'assaut, ou d'un vaisseau qui s'abîme.

Quand le fils d'Hémon est en présence du roi qu'il hait et qu'il cherche : « De tant de guerriers, voici le seul que Tydée te renvoie : soit décret des Dieux, soit effet du hasard, soit plutôt, ce que j'ai honte d'avouer, le courage invincible de cet homme, tous (et j'y crois à peine moi qui te l'annonce), tous ont succombé, tous; j'en atteste les flambeaux errants de la nuit, et les mânes de mes compagnons, et toi le premier, funeste oiseau qui as présidé à mon retour, je ne l'ai obtenu ni par les larmes, ni par la ruse, ce cruel pardon, ce présent d'une vie déshonorée! Les ordres des Dieux, Atropos, insensible aux désirs des hommes, ma destinée, qui n'était pas de sortir de la vie par cette porte, m'ont arraché ce noble trépas. Mais, pour te prouver que je suis prodigue de mes jours et ne frissonne pas à l'aspect de la mort, écoute : Tu as soulevé, roi fatal, une guerre exécrable que repoussent tous les présages, voulant, dans ton orgueil, chasser, pour régner, et les lois et ton frère. Les rejetons arrachés de tant de familles en deuil t'éveilleront incessamment de leurs plaintes, et tu frémiras d'horreur en entendant voler nuit et jour autour de toi les âmes de tes cinquante guerriers; car, moi aussi, je vais les suivre. »

Le farouche monarque s'émeut, le sang monte à son visage sombre, et l'enflamme. Sur-le-champ Phlégyas et Labdacus, exécuteurs toujours prêts de tout ordre injuste (c'est à eux qu'Étéocle a remis le glaive de l'empire), s'avancent, et s'apprêtent à saisir le coupable; mais le magnanime devin avait déjà l'épée à la main ; et regardant, tantôt le visage de l'horrible tyran, tantôt son propre fer : « Jamais tu ne pourras rien sur mon sang, jamais tu ne frapperas cette poitrine que n'a pas frappée Tydée. Certes je pars avec joie, je vais chercher la mort qu'on m'a ravie, et revoir les ombres de mes compagnons qui m'attendent. Toi, c'est aux Dieux, c'est à ton frère... » Il n'achève point; l'épée plongée dans son flanc jusqu'à la garde l'en empêche : il lutte contre la douleur, et, ployé en deux par son effort pour aller au-devant du coup, tombe, et, dans ses derniers râlements, rend le sang tour à tour par sa bouche et par sa blessure.

Les conseillers du roi, troublés par l'épouvante, murmurent à voix basse : quant au fils d'Hémon, dont le visage est menaçant encore et farouche jusque dans la mort, son épouse et ses fidèles parents, sitôt privés de la joie de son retour, l'emportent dans sa demeure.

Mais la rage de l'abominable roi ne s'arrête pas là; l'impie lui défend les flammes du bûcher

Cujus herile pecus silvis inopinus abegit
Imber, et hybernae ventosa cacumina Lunae.
Luce patent caedes : domino perferre recentes
Ipse timet casus, haustaque informis arena   50
Questibus implet agros, stabulique silentia magni
Odit, et amissos longo ciet ordine tauros.
 Illum congestae portarum ad limina matres
Ut solum videre, nefas ! nulla agmina circum,
Magnanimosque duces, nihil ausae quaerere, tollunt   55
Clamorem, bello qualis supremus apertis
Urbibus, aut pelago jam descendente carina.
 Ut primum invisi cupido data copia regis :
« Hanc tibi de tanto donat ferus agmine Tydeus
Infelicem animam, sive haec sententia Divum,   60
Seu fortuna fuit : seu, quod pudet ire fateri,
Vis invicta viri : vix credo et nuntius, omnes,
Procubuere omnes : noctis vaga lumina testor,
Et socium manes, et te mala protinus ales
Qua redeo, non hanc lacrimis meruisse, nec astu   65
Crudelem veniam, atque inhonorae munera lucis.
Sed mihi jussa Deum, placitoque ignara moveri
Atropos, atque olim non haec data janua leti
Eripuere necem : jamque ut mihi prodiga vitae
Pectora, et extremam nihil horrescentia mortem   70

Adspicias; bellum infandum ominibusque negatam
Movisti, funeste, aciem, dum pellere leges,
Et consanguineo gliscis regnare superbus
Exsule : te series orbarum excisa domorum
Planctibus assiduis, te diro horrore volantes   75
Quinquaginta animae circum noctesque diesque
Assilient : neque enim ipse moror. » Jam moverat iras
Rex ferus, et tristes ignescunt sanguine vultus.
Inde ultro Phlegyas, et, non cunctator iniqui,
Labdacus (hos regni ferrum penes) ire, manuque   80
Proturbare parant : sed jam nudaverat ensem
Magnanimus vates; et nunc trucis ora tyranni,
Nunc ferrum adspectans, « Nunquam tibi sanguinis hujus
Jus erit, aut magno feries imperdita Tydeo
Pectora : vado equidem exsultans, ereptaque fata   85
Insequor, et comites feror exspectatus ad umbras.
Te Superis, fratrique. » Et jam media orsa loquentis
Abstulerat plenum capulo latus : ille dolori
Pugnat, et ingenti nixu duplicatus in ictum
Corruit, extremisque animae singultibus errans   90
Alternus nunc ore venit, nunc vulnere sanguis.
 Excussae procerum mentes, turbataque mussant
Concilia : ast illum conjux, fidique parentes
Servantem vultus, et torvum in morte peracta,

et la paix du sépulcre, bien vainement toutefois, puisque ses mânes l'ignorent.

Toi cependant, qui fus grand par ta destinée et par ton cœur; toi dont le nom ne subira jamais l'indigne rouille de l'oubli, toi qui osas braver en face un tyran, et tracer ta route où se montrait la liberté, par quels vers, par quels chants égalerai-je ta renommée à tes vertus, augure aimé des Dieux? Ce n'est point en vain qu'Apollon t'a instruit des choses du ciel et jugé digne de son laurier : et Dodone, cette mère des forêts, et la vierge de Cyrrha, faisant taire le dieu qui les inspire, tiendront les peuples en suspens. Maintenant, t'éloignant de l'Averne et du Tartare, va, gagne les champs Élysées, lieux inaccessibles aux mânes des Thébains, où les ordres iniques du tyran n'ont plus de pouvoir; que tes vêtements, que tes membres soient épargnés par la dent des bêtes féroces; que ton cadavre, gisant à l'air, soit protégé par la crainte et le respect des oiseaux de proie.

Cependant les femmes, pâles de désespoir, les enfants, les pères, se répandent hors des murs, et, par les chemins tracés, par des lieux impraticables, tous avides de revoir les objets de leurs larmes, courent au lieu du combat. Des milliers de personnes les accompagnent pour les consoler; quelques-uns brûlent de voir les actes d'un seul homme, et tant de travaux accomplis en une nuit. Des cris retentissent sur toute la route, et les échos répondent par des cris.

Lorsqu'on fut arrivé à ces rochers tristement fameux, à cette forêt horrible, alors, comme si l'on n'eût pas encore gémi, comme si une pluie de larmes n'eût pas déjà coulé, de tant de bouches il sort un cri unique, lamentable; et la foule, à l'aspect de tous ces cadavres, est transportée de rage. Le Deuil est là, hideux, vêtu de lambeaux ensanglantés, la poitrine déchirée, entraînant les mères. Elles fouillent les casques des morts, et se montrent les corps qu'elles ont reconnus, penchées sur tous, étrangers et parents. Celles-ci essuient avec leur chevelure le sang corrompu qui les souille, celles-là leur scellent les paupières, et remplissent de larmes leurs profondes blessures; quelques-unes, d'une main vainement attentive, retirent les dards enfoncés dans les chairs; d'autres adaptent doucement les bras coupés au tronc, et replacent les têtes sur les épaules.

Mais, errante à travers les buissons et dans la poussière de ce champ fatal, cette noble mère de deux jeunes guerriers qui ne sont plus maintenant que deux cadavres, Idé, les cheveux épars, pressant de ses ongles son visage livide, objet, non plus de pitié, mais de terreur, au milieu des armes, au milieu des morts, roule çà et là sur ce sol funeste sa blanche chevelure en désordre, cherche ses enfants, et se lamente sur tous les corps.

Ainsi, toute joyeuse d'une guerre récente, la Thessalienne, obéissant à l'usage exécrable de sa nation de rappeler un homme du trépas par ses chants magiques, la main armée d'une torche de cèdre allumée, parcourt la nuit le champ de bataille, retourne les cadavres dans leur sang,

Nec longum reducem lætati, in tecta ferebant. 95
　　Sed ducis infandi rabidæ non hactenus iræ
Stare queunt : vetat igne rapi, pacemque sepulcri
Impius ignaris nequicquam manibus arcet.
　　Tu tamen egregius fati, mentisque, nec unquam
Indignum passure situm, qui cominus ausus 100
Vadere contemtum regis, quaque ampla veniret
Libertas sancire viam; quo carmine dignam,
Quo satis ore tuis famam virtutibus addam,
Augur amate Deis? non te cælestia frustra
Edocuit, lauroque sua dignatus Apollo est : 105
Et nemorum Dodona parens, Cyrrhæaque virgo
Audebit tacito populos suspendere Phœbo.
Nunc quoque Tartareo multum divisus Averno
Elysias, i, carpe plagas : ubi manibus axis
Invius Ogygiis, nec sontis iniqua Tyranni 110
Jussa valent : durent habitus, et membra cruentis
Inviolata feris, nudoque sub axe jacentem
Et nemus, et tristis volucrum reverentia servet.
　　At nuptæ exanimes, puerique, ægrique parentes
Mœnibus effusi per plana, per invia, passim 115
Quisque suas avidi ad lacrimas miserabile currunt
Certamen : quos densa gradu comitantur euntes
Millia solandi studio : pars visere flagrant
Unius acta viri, et tantos in nocte labores.

Fervet iter gemitu, et plangoribus arva reclamant. 120
　　Ut vero infames scopulos, silvamque nefandam
Perventum, ceu nulla prius lamenta, nec atri
Manassent imbres, sic ore miserrimus uno
Exoritur fragor, adspectuque accensa cruento
Turba furit : stat sanguineo discissus amictu 125
Luctus atrox, cæsoque invitat pectore matres.
Scrutantur galeas frigentum, inventaque monstrant
Corpora, procíduæ super externosque, suosque.
Hæ pressant in tabe comas, hæ lumina signant,
Vulneraque alta replent lacrimis : pars spicula dextra 130
Nequicquam parcente trahunt, pars molliter aptant
Brachia trunca loco, et cervicibus ora reponunt.
　　At vaga per dumos, vacuique in pulvere campi,
Magna parens juvenum, gemini tunc funeris, Ide,
Squalentem sublata comam, liventiaque ora 135
Ungue premens, nec jam infelix miserandaque, verum
Terror inest lacrimis, per et arma et corpora passim
Canitiem impexam dira tellure volutans,
Quærit inops natos, omnique in corpore plangit.
　　Thessalis haud aliter bello gavisa recenti, 140
Cui gentile nefas hominem revocare canendo,
Multifida attollens antiqua lumina cedro,
Nocte subit campos, versatque in sanguine functum
Vulgus, et explorat manes, cui plurima busto

et examine auquel des mânes elle pourra donner le plus de messages pour les vivants; les âmes attristées s'en plaignent, et le père du noir Averne s'en indigne.

Les fils d'Idé gisaient à l'écart sous une roche: heureux qu'un même jour, qu'une même main les eût enlevés; qu'un même trait, traversant leurs poitrines, les eût à jamais enchaînés! Idé les voit, et les larmes s'échappent par torrents de ses yeux:

« Sont-ce là vos embrassements, sont-ce là vos baisers, ô mes fils? Est-ce ainsi qu'au dernier terme, la mort, cruellement ingénieuse, vous a enlacés l'un à l'autre? Quelle blessure toucherai-je la première? quel visage presserai-je le premier de mes lèvres? Est-ce bien vous, puissance de votre mère, vous, orgueil de mes flancs, vous par qui je croyais égaler les Dieux, et surpasser en noblesse toutes les mères de Thèbes? Oh! combien sont plus heureuses, combien sont bénies dans leur union celles dont la couche a été stérile, celles qui n'ont jamais, dans la douleur de l'enfantement, attiré par leurs cris les regards de Lucine sur leur demeure! Moi, c'est ma fécondité qui est la cause de mes maux. Et ce n'est pas même dans une bataille, livrée à la lumière du jour, qu'illustrés par quelqu'une de ces actions dont les nations gardent un éternel souvenir, vous êtes allés chercher des blessures, glorieuses du moins pour votre malheureuse mère; c'est une mort obscure et misérable que vous avez subie. Hélas! dans ce sang répandu, quel vol fait à la gloire! Oh! moi, je n'oserais séparer vos mains enlacées dans une déplorable étreinte, ni rompre ces nœuds serrés par le trépas: allez, et, toujours frères, brûlez au même bûcher, confondez vos cendres dans la même urne. »

Pendant ce temps chacun a disposé ses morts: ici Chthonius, là Penthée sont appelés à grands cris, le premier par son épouse, le second par sa mère Astyoche; ces jeunes enfants, espoir de ta race, ô Phédime, ont appris la mort de leur père; Marpisse, celle de son fiancé Phyllée, et les sœurs d'Acamas lavent son corps ensanglanté.

Alors, le fer en main, ils font pénétrer le jour dans la forêt, et dépouillent la colline voisine de sa couronne d'arbres antiques, confidents des actes de la dernière nuit et témoins des cris des mourants: là, en face des bûchers, parmi lesquels chacun a le sien dont il ne peut s'arracher, un homme d'un grand âge, Aléthès, s'efforce de calmer la funèbre assemblée:

« Certes, malheureux jouet des destins, notre race a fait bien des chutes, depuis que l'étranger de Sidon sema dans des sillons thébains une moisson de fer qui produisit des fruits étrangers, et rendit nos champs formidables à ceux qui les cultivent; mais jamais, ni lorsque le palais de Cadmus, par suite des conseils de la jalouse Junon, fut réduit en cendres par la foudre, ni lorsque, fier d'une funèbre victoire, l'infortuné Athamas descendit de la montagne effrayée, rapportant, hélas! avec des cris de joie, le corps inanimé de Léarque, non, jamais Thèbes ne poussa de tels gémissements, jamais ses demeures ne retentirent de cris plus aigus, pas même lorsque, domptée enfin par la fatigue, Agavé per-

Imperet ad Superos: animarum mœsta queruntur 145
Concilia, et nigri pater indignatur Averni.
Illi in secessu pariter sub rupe jacebant
Felices, quos una dies, manus abstulit una,
Pervia vulneribus media trabe pectora nexi.
Ut vidit, lacrimisque oculi patuere profusis: 150
« Hosne ego complexus, genitrix, hæc oscula, nati,
Vestra tuor? sic vos extremo in fine ligavit
Ingenium crudele necis? quæ vulnera tractem,
Quæ prius ora premam? vosne illa potentia matris,
Vos uteri fortuna mei? qua tangere Divos 155
Rebar, et Ogygias titulis anteire parentes.
At quanto melius, dextraque in sorte jugatæ,
Quis steriles thalami, nulloque ululata dolore
Respexit Lucina domum! mihi quippe malorum
Causa labor: sed nec bellorum in luce patenti 160
Conspicui factis, æternaque gentibus ausi,
Quæsistis miseræ vulnus memorabile matri;
Sed mortem obscuram, miserandaque funera passi.
Heu quantus furto cruor, et sine laude jacetis!
Quin ego non dextras miseris complexibus ausim 165
Dividere, et tanti consortia rumpere leti:
Ite diu fratres, indiscretique supremis
Ignibus, et caros urna confundite manes. »

Nec minus interea digesta strage suorum
Hinc Chthonium conjux, hinc mater Penthea clamat 170
Astyoche, puerique rudes tua, Phædime, proles
Amissum didicere patrem, Marpissaque pactum
Phyllea; sanguineumque lavant Acamanta sorores.
Tunc ferro retegunt silvas, collisque propinqui
Annosum truncant apicem, qui conscius actis 175
Noctis, et inspexit gemitus: ibi grandior ævo
Ante rogos, dum quisque suo nequit igne revelli,
Concilium infaustum dictis mulcebat Alethes:
« Sæpe quidem infelix, varioque exercita ludo
Fatorum gens nostra ruit, Sidonius ex quo 180
Hospes in Aonios jecit sata ferrea sulcos;
Unde novi fœtus, et formidata colonis
Arva suis: sed nec veteris quum regia Cadmi
Fulmineum in cinerem monitis Junonis iniquæ
Consedit, neque funera quum laude potitus 185
Infelix Athamas trepido de monte veniret,
Semianimem heu læto referens clamore Learchum
Hic gemitus Thebis: nec tempore clarius illo
Phœnissæ sonuere domus, quum lassa furorem
Vicit, et ad comitum lacrimas expavit Agave. 190
Una dies similis fato specieque malorum
Æqua fuit, qua magniloquos luit impia flatus

dit sa fureur, et, à l'aspect des larmes de ses compagnons, fut glacée d'épouvante. Un seul jour, semblable à celui-ci par le malheur, l'égala aussi dans son lugubre aspect, le jour où la fille impie de Tantale expia ses orgueilleuses paroles, lorsqu'entourée d'innombrables ruines elle enlevait du sol tant de cadavres, réclamait tant de bûchers.

« Tel était l'état de la foule; ainsi, abandonnant la ville, jeunes gens et vieillards, et un long essaim de femmes, mêlaient à leurs gémissement des reproches aux Dieux sur leur injustice, et se pressaient en tumulte vers les sept portes de Thèbes, à la suite du double convoi qui sortait par chacune d'elles. Moi-même, je m'en souviens, quoique mon âge ne fût pas encore capable d'affliction, je pleurai, j'égalai mes cris à ceux de mes parents. Ces malheurs toutefois nous venaient des Dieux : et je ne voudrais pas, ô Délie! parce qu'Actéon, pour s'être glissé jusqu'aux bords de ta chaste fontaine, et t'avoir souillée de ses regards profanes, fut déchiré par ses chiens en fureur, ou parce qu'une reine vit son sang, se résolvant en eau, former subitement un lac, je ne voudrais pas répandre de nouveaux pleurs; ainsi le voulaient les funestes fuseaux des Parques, ainsi l'ordonnait Jupiter. Aujourd'hui, c'est pour le crime d'un roi parjure que nous avons perdu tant de citoyens innocents, l'élite de notre patrie; la nouvelle que le traité a été foulé aux pieds n'est pas encore parvenue à Argos, et déjà nous déplorons les derniers malheurs de la guerre. Oh! pour les chevaux et pour les cavaliers quelle poussière épaisse et quelle sueur! oh! quel rouge affreux teindra nos fleuves gonflés! A vous ces combats, qui êtes dans la verdeur de l'âge : pour moi, puissé-je, quand c'est encore permis, obtenir un bûcher qui m'appartienne, et me coucher dans le tombeau de mes ancêtres! »

Ainsi parle le vieillard, et il ajoute des imprécations contre l'impie Étéocle, l'appelant cruel et infâme, et lui prédisant le châtiment. D'où lui vient cette liberté de paroles? Son terme est proche, toute sa vie est derrière lui, et il voudrait illustrer sa mort tardive.

Celui qui a semé les astres, observant depuis longtemps du sommet du monde ces événements, et voyant se développer dans ces nations un premier germe de sang, fait appeler Mars en toute hâte. Ce dieu venait de ravager le pays des féroces Bistons et les villes des Gètes, et, tout agité encore, pressait la course de ses chevaux vers les régions éthérées, secouant son casque, qui a la foudre pour panache, et ses armes d'or d'un éclat sombre, animées d'effroyables figures de monstres. Sous son char le ciel tourne, et une lumière sanglante jaillit de son bouclier, dont l'orbe rivalise avec celui du soleil.

Dès que Jupiter le voit encore haletant de ses fatigues au pays des Sarmates, et la poitrine soulevée par la tourmente de la guerre :

« Tel que tu es, dit-il, ô mon fils, pars pour Argos; tel que tu es, l'épée ainsi trempée, le front ainsi nébuleux de colère. Que les peuples secouent le frein; que, prenant tout le reste en haine, ils ne désirent que toi; qu'ils se vouent à toi corps et âmes. Emporte de force ceux qui hésitent, enfreins les lois que j'ai données. Il t'est permis d'embraser d'ardeurs belliqueuses les hôtes du ciel, et jusqu'à mon âme tranquille : déjà moi-même j'ai jeté les semences de guerre; Tydée s'en retourne, racontant l'infâme attentat d'Étéocle, odieux prélude d'une guerre honteuse;

Tantalis, innumeris quum circumfusa ruinis
Corpora tot raperet terra, tot quaereret ignes.
Talis erat vulgi status, et sic urbe relicta   195
Primaevique senes, et longo examine matres
Invidiam planxere Deis, miseroque tumultu
Bina per ingentes stipabant funera portas.
Meque ipsum, memini (nec dum apta doloribus aetas)
Flesse tamen, gemituque meos aequasse parentes.   200
Illa tamen Superi : nec quod tibi, Delia, castos
Prolapsum ad fontes, specula temerante profana,
Heu dominum insani non agnovere Molossi,
Deflerim magis, aut verso quod sanguine fluxit
In subitos regina lacus : sic dira sororum   205
Pensa dabant, visumque Jovi : nunc regis iniqui
Ob noxam immeritos patriae tot culmina cives
Exuimus; nec adhuc calcati foederis Argos
Fama subit, et jam bellorum extrema dolemus.
Quantus equis, quantusque viris in pulvere crasso 210
Sudor! io quanti crudele rubebitis amnes!
Viderit haec bello viridis manus : ast ego donec
Dum licet igne meo, terraque insternar avita. »

Haec senior : multumque nefas Eteoclis acerbat,
Crudelem infandumque vocans, poenasque daturum.   215
Unde ea libertas ? juxta illi finis et aetas
Tota retro, seraeque velit decus addere morti.
Haec sator astrorum jamdudum e vertice mundi
Prospectans, primoque imbutas sanguine gentes,
Gradivum acciri propere jubet. Ille furentes   220
Bistonas, et Geticas populatus caedibus urbes,
Turbidus aethereas currus urgebat ad arces;
Fulmine cristatum galeae jubar, armaque in auro
Tristia, terrificis monstrorum animata figuris,
Incutiens : tonat axe polus, clipeique cruenta   225
Lux rubet, et solem longe ferit aemulus orbis.
Hunc ubi Sarmaticos etiamnum efflare labores
Juppiter, et tota perfusum pectora belli
Tempestate videt : « Talis mihi, nate, per Argos,
Talis abi : sic ense madeas, ac nubibus ira.   230
Exturbent resides frenos; et cuncta perosi
Te cupiant, tibi praecipites animasque, manusque
Devoveant : rape cunctantes, et foedera turba,
Quae dedimus : tibi fas ipsos incendere bello

ces embûches, cette trahison dont ses armes l'ont vengé.

« Fais qu'on le croie. Pour vous, divinités dont le sang est le mien, à quelque degré que ce soit, n'entravez pas ma haine, ne tentez pas de me fléchir par vos prières; ainsi les destins, ainsi les noirs fuseaux des trois sœurs me l'ont juré : ce jour, dès l'origine du monde, est fixé pour la guerre, et ces peuples sont nés pour les combats. Pourquoi m'empêcheriez-vous de poursuivre dans ces nations la vengeance d'anciens crimes, de châtier des descendants maudits? J'en atteste ce front, éternel sanctuaire de ma pensée, et ces sources de l'Élysée, puissances sacrées, même pour moi, de ma propre main je renverserai Thèbes, j'arracherai ses murs de leurs fondements, puis sur les maisons d'Argos je ferai crouler ses tours, et la changerai en lac, en l'inondant de pluie; oui, dût Junon elle-même, au milieu de ce bouleversement, embrasser dans un dernier effort et ses collines et ses temples. »

Il dit; et, atterrés comme s'ils n'eussent été que des mortels, tous les Dieux retiennent et leurs voix et leurs pensées. Ainsi, quand les vents lui donnent une courte trêve, la mer languit, et ses rivages dorment d'un calme sommeil; l'air, chaud et lourd, caresse d'un souffle à peine sensible les feuillages des bois et les nuées ; alors les étangs, les lacs sonores s'affaissent, les fleuves se taisent, épuisés par le soleil.

Mars triomphe de joie en entendant cet ordre, s'élance bouillant d'ardeur sur son char encore brûlant, et en tourne les rênes vers la gauche.

Déjà il atteignait les limites où le ciel se termine brusquement, lorsque Vénus vient s'arrêter sans crainte devant ses chevaux : ils reculent, et sur-le-champ leur crinière hérissée s'abaisse humblement. Alors, la poitrine appuyée contre l'extrémité du timon, et détournant ses yeux humides, pendant que, penchés jusqu'aux pieds de la déesse, les chevaux rongent en écumant leur frein de diamant, elle commence ainsi :

« C'est donc la guerre contre Thèbes, ô le meilleur des beaux-pères, c'est la guerre que tu prépares, c'est l'extinction de tes petits-fils? Ni la naissance d'Harmonia, ni cet hymen célébré par les Dieux, ni ces larmes que je verse, rien, furieux que tu es, rien ne t'arrête? C'est là la récompense de ma faute? C'est pour cela que, réputation, pudeur, j'ai tout sacrifié? C'est tout ce que m'a valu de ta part le filet de Lemnos? Poursuis, puisque tel est ton plaisir, mais ce n'est pas ainsi que Vulcain m'obéit, Vulcain, cet époux outragé, cet époux irrité, et pourtant mon esclave. Quand je lui ordonnerais de s'épuiser pour moi à sa forge et d'y passer les nuits après les jours, il en serait heureux, fût-ce pour te fabriquer de nouveaux ornements et de nouvelles armes! Et toi !... mais ce sont des rochers, mais c'est un cœur d'airain que je veux fléchir par des prières. Il est une chose pourtant, une seule, que je te demande avec angoisse : pourquoi me forçais-tu d'unir à cet époux tyrien ma fille chérie, et la livrais-tu à cet hymen fatal? Ils devaient s'illustrer par les armes, c'étaient des cœurs formés pour l'action, ces Tyriens nés du sang du dra-

Cœlicolas, pacemque meam : jam semina pugnæ   235
Ipse dedi : remeat portans immania Tydeus
Ausa ducis, scelus et turpis primordia belli,
Insidias, fraudesque, suis quas ultus in armis.
Adde fidem : vos o Superi, meus ordine sanguis,
Ne pugnate odiis, neu me tentare precando   240
Certetis : sic fata mihi, nigræque sororum
Juravere colus : manet hæc ab origine mundi
Fixa dies bello, populique in prælia nati.
Quid ni me veterum pœnas sancire malorum
Gentibus, et diros sinitis punire nepotes?   245
Arcem hanc æternam, mentis sacraria nostræ,
Testor, et Elysios etiam mihi numina fontes,
Ipse manu Thebas, correptaque mœnia fundo
Excutiam, versasque solo super Inacha tecta
Effundam turres, ac stagna in cærula vertam   250
Imbre superjecto ; licet ipsa in turbine rerum
Juno suos colles templumque amplexa laboret. »

Dixit ; et attoniti jussis (mortalia credas
Pectora) sic cuncti vocemque animosque tenebant.
Non secus ac longa ventorum pace solutum   255
Æquor, et imbelli recubant ubi littora somno,
Silvarumque comas, et abacto flamine nubes
Mulcet iners æstas : tunc stagna, lacusque sonori
Detumuere : tacent exhausti solibus amnes.

Gaudet ovans jussis, et adhuc temone calenti   260
Fervidus, in lævum torquet Gradivus habenas.
Jamque iter extremum, cœlique abrupta tenebat,
Quum Venus ante ipsos nulla formidine gressum
Figit equos : cessere retro, jamjamque rigentes
Suppliciter posuere jubas : tunc pectora summo   265
Acclinata jugo, vultumque obliqua madentem,
Incipit : (interea dominæ vestigia juxta
Spumantem proni mandunt adamanta jugales)

« Bella etiam in Thebas, socer o pulcherrime, bella
Ipse paras, ferroque tuos abolere nepotes?   270
Nec genus Harmonies, nec te connubia cœlo
Festa, nec hæ quidquam lacrimæ, furibunde, morantur?
Criminis hæc merces? hoc fama, pudorque relictus?
Hoc mihi Lemniacæ de te meruere catenæ?
Perge libens : at non eadem Vulcania nobis   275
Obsequia, et læsi servit tamen ira mariti.
Illum ego perpetuis mihi desudare caninis
Si jubeam, vigilesque operi transmittere noctes,
Gaudeat, ornatusque novos, ipsique laboret
Arma tibi : tu !... sed scopulos et ahena precando   280
Flectere corda paro : solum hoc tamen anxia, solum
Obtestor, quid me Tyrio sociare marito
Progeniem caram, infaustisque dabas Hymenæis?
Dum fore præclaros armis, et vivida rebus

gon, disais-tu avec orgueil ; c'étaient les descendants de Jupiter.... Ah! qu'il eût mieux valu pour moi marier ma fille, vers l'Ourse boréale, à quelqu'un de tes Thraces! N'avons-nous pas supporté assez d'indignités? n'est-ce pas assez que la fille de la déesse Vénus déroule en rampant ses longs replis, et souille de sa bave les herbes d'Illyrie? Et maintenant c'est sa race innocente! »

Le dieu de la guerre ne put supporter plus longtemps ses larmes; il passe sa lance dans la main gauche, saute du haut de son char, prend Vénus dans ses bras, et la blesse de son bouclier en l'embrassant; puis il la flatte par ces douces paroles :

« O toi, mon repos après les combats, ma sainte volupté, la seule paix de mon âme! toi qui, seule entre les Dieux, es assez puissante pour te jeter impunément au-devant de mes traits, et, quand ils frémissent au milieu du carnage, pour t'arrêter près de ces chevaux, et m'arracher ce glaive de la main; non, ni les liens du sang qui m'attachent au Tyrien Cadmus, ni ton précieux amour (ne prends pas plaisir à me faire des reproches immérités), ne sont sortis de ma mémoire. Puissé-je auparavant, tout dieu que je suis, être plongé dans les lacs souterrains du royaume de mon oncle, et jeté désarmé au milieu des ombres pâles! Mais en ce moment, contraint d'exécuter les décrets des destins et les ordres suprêmes de mon père, car ce n'est pas le bras de Vulcain qu'on choisirait pour une telle mission, de quel front irais-je m'opposer à Jupiter et mépriser les lois qu'il m'a dictées, moi qui naguère, ô puissance! ai vu la terre, et le ciel, et les mers trembler au son de sa voix, et des Dieux, si grands encore, bien qu'après lui, se cacher d'épouvante? Mais ne pousse pas, ô ma bien-aimée, ta crainte jusqu'au désespoir! si je n'ai pas le pouvoir de changer ce qui est, du moins, lorsque les deux peuples lutteront sous les murs de Thèbes, je serai là, et j'appuierai le parti qui nous est allié. Alors, en me voyant, à travers la plaine ensanglantée, promener la mort dans les rangs des Argiens, tu ne seras plus ainsi découragée. Ce droit, je l'ai, et les destins ne s'y opposent pas. »

Ayant ainsi parlé, il lance dans l'espace ses chevaux brûlants. La colère du grand Jupiter ne tombe pas plus rapidement sur la terre, quand parfois il s'arrête sur l'Othrys couvert de neige, ou sur la cime glacée de l'Ossa, et prend dans la nue la foudre dont il arme son bras : la masse de feu vole; partout les ordres cruels du dieu et le triple dard épouvantent le ciel ; elle annonce aux riches campagnes la dévastation, aux malheureux matelots la mort au fond des mers.

Déjà Tydée, parvenu au terme de sa route, suit d'un pas appesanti par la fatigue les campagnes d'Argos et les vertes pentes de Prosymna; son aspect est effrayant; ses cheveux se dressent, souillés de poussière; une sueur épaisse tombe de ses épaules dans ses profondes blessures; l'insomnie a rougi ses yeux; sa bouche est desséchée et haletante de soif, mais son âme respire l'immense gloire de ses actes récents. Ainsi revient à ses pâturages accoutumés un belliqueux taureau, dont le cou, les épaules et le flanc déchirés ruissellent du sang de son adversaire et du sien. Ses forces sont abattues, mais non son courage; sa tête se penche, mais sa poitrine est gonflée d'orgueil :

Pectora vipereo Tyrios de sanguine jactas, 285
Demissumque Jovis serie genus : ah! mea quanto
Sithonia mallem nupsisset virgo sub Arcto
Trans Boream, Thracasque tuos : indigna parumne
Pertulimus? divæ Veneris quod filia longum
Reptat, et Illyricas ejectat virus in herbas? 290
Nunc gentem immeritam. » Lacrimas non pertulit ultra
Bellipotens : hastam læva transumit, et alto
Haud mora desiluit curru : clipeoque receptam
Lædit in amplexu, dictisque ita mulcet amicis :
« O mihi, bellorum requies, et sacra voluptas, 295
Unaque pax animo; soli cui tanta potestas
Divorumque hominumque meis occurrere telis
Impune, et media quamvis in cæde frementes
Hos assistere equos, hunc ensem avellere dextra :
Nec mihi Sidonii genitalia fœdera Cadmi, 300
Nec tua cara fides (ne falsa incessere gaude)
Exciderunt : prius in patrui Deus infera mergar
Stagna, et pallentes agar exarmatus ad umbras.
Sed nunc Fatorum monitus, mentemque supremi
Jussus obire patris, neque enim Vulcania tali 305
Imperio manus apta legi, quo pectore contra
Ire Jovem, dictasque parem contemnere leges?

Cui modo, pro vires! terras, cœlumque, fretumque,
Attremere oranti, tantosque ex ordine vidi
Delituisse Deos : sed ne mihi corde supremos 310
Concipe, cara, metus ; quando hæc mutare potestas
Nulla datur ; quum jam Tyriis sub mœnibus ambæ
Bellabunt gentes, adero, et socia arma juvebo.
Tunc me sanguineo late deferverе campo
Res super Argolicas haud sic dejecta videbis : 315
Hoc mihi jus, nec Fata vetant. » Sic orsus aperto
Flagrantes immisit equos : non ocyus alti
In terras cadit ira Jovis, si quando nivalem
Othryn, et Arctoæ gelidum caput institit Ossæ,
Armavitque in nube manum : volat ignea moles 320
Sæva Dei mandata ferens, cœlumque trisulca
Territat omne coma, jamdudum aut ditibus agris
Signa dare, aut ponto miseros involvere nautas.
Jamque remensus iter fesso Danaeia Tydeus
Arva gradu, viridisque legit devexa Prosymnæ, 325
Terribilis visu : stant fulti pulvere crines :
Squalidus ex humeris cadit alta in vulnera sudor;
Insomnesque oculos rubor excitat, oraque retro
Sorbet anhela sitis : mens altum spirat honorem
Conscia factorum : sic nota in pascua taurus 330

son ennemi gît sur l'arène, gémissant honteusement, et l'empêche de sentir ses cuisantes douleurs.

Tel était Tydée. Il n'a cessé, en traversant les villes situées entre l'Asope et Argos, de les enflammer de sa haine; partout et toujours il raconte que, député par une nation grecque, il est allé à Thèbes réclamer le trône de Polynice exilé, mais que, violence, embûches nocturnes, attentat criminel et perfide, voilà tout ce qu'il a pu obtenir du roi thébain, qui refuse de reconnaître les droits de son frère. Les peuples le croient sans peine. Le dieu des combats les dispose à une foi sans limites, et la renommée double les bruits effrayants qu'elle recueille.

Dès qu'il est entré dans la ville (le hasard voulut qu'en ce moment même Adraste réunît en conseil les chefs les plus distingués), il se présente à l'improviste, et, du seuil de la porte, crie d'une voix tonnante :

« Aux armes! aux armes, guerriers! et toi, excellent roi d'Argos, s'il te reste une goutte du sang de tes magnanimes ancêtres, aux armes! Plus de piété, plus de respect pour le droit des gens, seul souci de Jupiter! Il eût mieux valu pour moi être député chez les Sarmates avides, chez le sanguinaire gardien de la forêt de Bébrycie. Et je n'accuse personne, et je ne me plains point de la mission qu'on m'a donnée; non, je me félicite de mon voyage, je me félicite d'avoir touché du doigt la scélératesse de Thèbes. A leurs attaques, croyez-le bien, à leurs attaques j'ai résisté comme une tour puissante, comme une ville resserrée dans ses murailles; leurs guerriers les plus braves, armés de la tête aux pieds, la nuit, dans une embuscade, quand j'étais nu, quand j'ignorais les lieux, m'ont traîtreusement cerné, mais en vain : ils gisent dans leur sang devant leur ville déserte. Maintenant, oh! maintenant, il en est temps, à l'ennemi, tandis qu'il tremble, tandis qu'il est pâle de crainte, tandis qu'il porte ses morts au bûcher, tandis que sa main est encore aux brancards funèbres! moi-même, tout fatigué que je suis d'avoir fait des ombres de ces cinquante héros, et malgré ces blessures encore saignantes, en avant, en avant! c'est mon vœu. »

Frémissant, les Inachides se lèvent de leurs sièges; et, le premier de tous, le héros thébain, s'avance, le visage renversé : « Moi, l'objet de la haine des Dieux, moi, dont la vie est un crime, je vois ces blessures, et n'en puis montrer aucune! C'était donc ce retour, ô mon frère, que tu me préparais? C'était contre moi que tu dirigeais ces traits? O désir honteux de la vie! malheureux! j'ai privé mon frère d'un si magnifique exploit. Et maintenant qu'une douce paix continue d'habiter vos murs, et que je ne sois pas pour vous la cause d'un si grand trouble, moi qui vous suis encore étranger! Je sais, et le bonheur ne me l'a pas fait oublier, combien il est dur d'être arraché à ses enfants, à sa couche, à sa patrie; non, jamais famille inquiète pour un être aimé ne m'accusera; jamais les mères ne jetteront sur moi un regard oblique et farouche. Je partirai de bon cœur, et certain de mourir; quand mon épouse chérie, quand mon beau-père voudrait une seconde fois

---

Bellator redit, adverso cui colla, suoque
Sanguine, proscissisque natant palearibus armi.
Tunc quoque lassa tumet virtus, multumque superbit
Pectore despecto : vacua jacet hostis arena
Turpe gemens, crudosque vetat sentire dolores.   335
Talis erat : medias etiam non destitit urbes,
Quidquid et Asopon veteresque interjacet Argos,
Inflammare odiis; multumque et ubique retexens
Legatum sese Graia de gente petendis
Isse super regnis profugi Polynicis, at inde   340
Vim, noctem, scelus, arma, dolos, ea fœdera passum
Regis Echionii; fratri sua jura negari.
Prona fides populis. Deus omnia credere suadet
Armipotens, geminatque acceptos fama pavores.
Utque introgressus portas (et forte verendos   345
Concilio pater ipse duces cogebat Adrastus)
Improvisus adest, jam illinc a postibus aulæ,
Vociferans : « Arma, arma viri, tuque optime Lernæ
Ductor, magnanimum si quis tibi sanguis avorum,
Arma para : nusquam pietas, non gentibus æquum   350
Fas, aut cura Jovis : melius legatus adissem
Sauromatas avidos, servatoremque cruentum
Bebrycii nemoris; nec jussa incuso, pigetve
Officii : juvat isse, juvat, Thebasque nocentes
Explorasse manu : bello me, credite, bello,   355
Ceu turrim validam, aut arctam compagibus urbem,
Delecti insidiis instructique omnibus armis
Nocte doloque viri nudum ignarumque locorum
Nequicquam clausere : jacent in sanguine mixti   359
Ante urbem vacuam; nunc o, nunc tempus in hostes,
Dum trepidi, exsanguesque metu, dum funera portant;
Dum capulo nondum manus excidit : ipse ego fessus
Quinquaginta illis heroum immanibus umbris,
Vulneraque ista ferens putri insiccata cruore,
Protinus ire peto. » Trepidi de sedibus adstant   365
Inachidæ; cunctisque prior Cadmeius heros
Accurrit vultum dejectus, et, « En ego Divis
Invisus, vitæque nocens, hæc vulnera cerno
Integer? hosne mihi reditus, germane, parabas?
In me hæc tela dabas? pro vitæ fœda cupido!   370
Infelix, facinus fratri tam grande negavi.
Et nunc vestra quidem maneant in pace serena
Mœnia; nec vobis tanti sim causa tumultus
Hospes adhuc : scio, nec me adeo res dextra levavit,
Quam durum natis, thalamo quam triste revelli,   375
Quam patria : non me ullius domus anxia culpet,
Respectantque truces obliqua lumine matres.
Ibo libens certusque mori; licet optima conjux
Auditusque iterum revocet socer : hunc ego Thebis,
Hunc, germane, tibi jugulum, et tibi, maxime Tydeu,   380

me retenir. Ma vie! c'est à Thèbes, c'est à toi, mon frère, à toi surtout, magnanime Tydée, que je la dois! »

Ainsi par des paroles feintes il sonde les cœurs, et fait indirectement une prière. Ses plaintes excitent la colère, et des larmes de pitié se mêlent à l'ardeur du ressentiment. Dans tous les cœurs, qu'ils soient jeunes ou glacés et engourdis par l'âge, règne une seule pensée, appeler les peuples aux armes, s'associer les nations voisines, puis aussitôt marcher. Mais le roi, aussi profond dans ses desseins qu'habile à manier le fardeau de l'empire :

« Laissez, dit-il, aux Dieux et à moi, je vous prie, le soin de remédier à ces maux; toi, ton frère ne te privera pas impunément du trône; et vous, ne vous engagez pas aveuglément dans cette guerre. Maintenant accueillez ce noble fils d'Œnée, si fier de tant de sang versé; et que son âme et son corps se délassent dans un repos prolongé. Pour nous, la douleur ne nous fera pas perdre la raison. »

Aussitôt les amis de Tydée et son épouse, pâles d'effroi, l'entourent, épuisé qu'il est des fatigues du combat et de la route. Joyeux cependant, il s'arrête au milieu de la salle; et, le dos appuyé contre une immense colonne, tandis qu'Idmon, disciple du dieu d'Épidaure, lave ses blessures, tantôt d'une main légère y porte le fer, tantôt les adoucit avec des herbes d'une grande vertu, arraché à la douleur présente par la grandeur de son âme, il dit l'origine de la querelle, ses paroles et celles d'Étéocle, le lieu de l'embuscade, le temps choisi pour cette surprise, les guerriers qui l'ont attaqué, leurs chefs, et quels chefs! ceux dont la mort lui a le plus coûté, enfin Méon, conservé pour un triste message; et tandis qu'il parle, ses fidèles amis, les grands de l'État, son beau-père, sont immobiles d'étonnement, et l'exilé de Thèbes est transporté de fureur.

Le soleil, incliné au bord de la mer occidentale, avait dételé ses chevaux brûlants, et plongeait dans les eaux de l'Océan son éclatante chevelure; la foule des filles de Nérée et les Heures accourent d'un pas rapide; elles détachent de son front la couronne aux rayons d'or, elles ôtent aux chevaux leurs freins, et déchargent des harnois vermeils leurs poitrines trempées de sueur; d'autres les conduisent au doux gazon qu'ils ont bien mérité, relèvent le timon et renversent le char.

La nuit est venue : elle a calmé les soucis des hommes et les élans désordonnés des bêtes sauvages, et enveloppé les cieux de son noir manteau. Elle est douce pour tous, mais non pour toi, Adraste, ni pour Polynice; quant à Tydée, il dort d'un sommeil profond, et tout plein de la grande image de sa valeur.

Et déjà le dieu des combats, au milieu des ombres errantes de la nuit, sur les confins de l'Arcadie, sur les campagnes de Némée, sur le sommet du Ténare, sur Thérapnée, chérie d'Apollon, fait retentir le tonnerre de ses armes, et remplit de son amour les cœurs les plus timides. La Fureur et la Colère ajustent son panache; la Peur, son écuyer, tient les rênes de ses coursiers, tandis que la Renommée, à qui nul bruit n'échappe, et qu'entourent comme une ceinture mille rumeurs diverses, vole devant son char, et, poussée par le souffle gémissant des chevaux aux pieds

Debeo. » Sic variis prætentat pectora dictis,
Obliquatque preces : commotæ questibus iræ
Et mixtus lacrimis caluit dolor : omnibus ultro
Non juvenum modo, sed gelidis et inertibus ævo
Pectoribus meus una subit, viduare penates, 385
Finitimas adhibere manus; jamque ire. Sed altus
Consiliis pater, imperiique haud flectere molem
Inscius : « Ista quidem Superis curæque medenda
Linquite, quæso, meæ : nec te germanus inulto
Sceptra geret : neque vos avidi promittite bellum. 390
At nunc egregium tantoque in sanguine ovantem
Excipite Œniden, animosque et pectora laxet
Sera quies : nobis dolor haud rationis egebit. »
Turbati extemplo comites, et pallida conjux,
Tydea circum omnes fessum belliqué viæque 395
Stipantur : lætus mediis in sedibus aulæ
Constitit, ingentique exceptus terga columna,
Vulnera dum lymphis Epidaurius eluit Idmon,
Nunc velox ferro, nunc ille potentibus herbis
Mitior; ipse alta seductus mente renarrat 400
Principia irarum, quæque orsus uterque vicissim,
Quis locus insidiis, tacito quæ tempora bello,
Qui contra, quantique duces, ubi maximus illi

Sudor, et indicio servatum Mæona tristi,
Exponit : cui fida manus, proceresque, socerque 405
Adstupet oranti, Tyriusque incenditur exsul.
Solverat Hesperii devexo margine ponti
Flagrantes Sol pronus equos, rutilamque lavabat
Oceani sub fonte comam, cui turba profundi
Nereos, et rapidis accurrunt passibus Horæ; 410
Frenaque, et auratæ textum sublime coronæ
Deripiunt : laxant roseis humentia loris
Pectora : pars meritos vertunt ad molle jugales
Gramen, et erecto currum temone supinant. 414
Nox subiit, curasque hominum, motusque ferarum
Composuit, nigroque polos involvit amictu.
Illa quidem cunctis, sed non tibi mitis, Adraste,
Labdacioque duci : nam Tydea largus habebat
Perfusum magna virtutis imagine somnus.
Et jam noctivagas inter Deus armiger umbras 420
Desuper Arcadiæ fines, Nemeæaque rura,
Tænariumque cacumen, Apollineasque Therapnas
Armorum tonitru ferit, et trepidantia corda
Implet amore sui : comunt Furor Iraque cristas,
Frena ministrat equis Pavor armiger : at vigil omni 425
Fama sono varios rerum succincta tumultus

ailés, secoue ses plumes frissonnantes avec un sourd murmure : c'est que l'écuyer, la pressant de son fouet ensanglanté, la force à dire ce qui est et ce qui n'est pas ; et du haut de son char le Dieu lui-même, implacable, lui heurte le dos et la tête avec sa lance terrible.

Ainsi, lorsque Neptune tire les vents des antres d'Éole, les chasse devant lui, et les précipite sur la grande mer Égée ; entre les rênes de son char frémissent, triste cortége, et les nuées, et les frimas, et les brumes, et les tempêtes. Lourdes des débris fangeux des terres bouleversées, les Cyclades, ébranlées jusque dans leurs fondements, résistent, mais chancellent; toi-même, ô Délos, tu crains d'être séparée de Mycone et de Gyare, tes compagnes, et tu attestes la foi de ton grand nourrisson.

Déjà, pour la septième fois, l'Aurore au teint de pourpre rendait à la terre et aux Dieux l'éclat du jour, lorsque le vieux héros, descendant de Persée, l'esprit troublé de mille inquiétudes sur la guerre et sur l'orgueil de ses gendres, hésitait encore s'il donnerait carrière à leur ardeur belliqueuse et ferait sentir aux nations l'aiguillon des combats, ou s'il mettrait un frein aux ressentiments, et retiendrait le glaive à moitié sorti du fourreau. D'un côté, les douceurs de la paix l'attirent ; de l'autre, sa fierté est révoltée de la honte d'un tel repos ; et d'ailleurs, enivrés des charmes nouveaux de la guerre, les peuples seront difficiles à contenir. Dans son doute, une dernière pensée lui sourit, c'est de faire parler les prêtres inspirés, et d'apprendre ainsi la volonté des dieux.

C'est à toi, Amphiaraüs, qu'est confié ce soin intelligent de l'avenir ; et près de toi le fils d'Amythaon, déjà vieux de corps, mais vigoureux d'esprit et d'inspiration, Mélampe, unit ses pas aux tiens. On ne saurait dire qui des deux Apollon favorise le plus, qui des deux il a le plus largement abreuvé des eaux de Cyrrha. D'abord, dans les entrailles et le sang des victimes ils interrogent les Dieux : dès le début, ils voient avec épouvante les cœurs tachés des brebis refuser une réponse favorable, et leurs veines, remplies d'un sang noir, menacer des derniers malheurs. Ils veulent poursuivre cependant, et demander des présages à l'air libre des cieux.

Il était une montagne cachant dans les nues sa croupe audacieuse (les habitants de Lerne l'appellent Aphésas), et dès longtemps sacrée pour les peuples de l'Argolide : c'est de là que Persée, d'un vol rapide, s'élança dans les airs, ce jour où sa mère effrayée vit, du haut d'un rocher, les pieds de son fils se détacher du sol, et fut tentée de le suivre.

C'est là que les deux interprètes des Dieux, le front ceint d'une pâle couronne d'olivier, et les tempes ornées de bandelettes blanches comme la neige, se rendent ensemble, au moment où le soleil levant a séché les campagnes humides de rosée, et dissipé les brumes glacées de la nuit. Le premier, le fils d'Oïclès adresse à la divinité, pour se la rendre propice, la prière accoutumée :

« Tout-puissant Jupiter ! c'est toi, dit-on, qui as donné aux aigles rapides le pouvoir de conseiller, rempli les oiseaux de la science de l'avenir,

Ante volat currum, flatuque impulsa gementum
Alipedum, trepidas denso cum murmure plumas
Excutit : urget enim stimulis auriga cruentis
Facta, infecta loqui, curruque infestus ab alto   430
Terga comasque Deæ Scythica pater increpat hasta.
    Qualis ubi Æolio dimissos carcere ventos
Dux præ se Neptunus agit, magnoque volantes
Injicit Ægæo : tristis comitatus eunti
Circum lora fremunt, nimbique hiemesque profundæ,
Nubilaque et vulso terrarum sordida fundo   436
Tempestas : dubiæ motis radicibus obstant
Cyclades : ipsa tua Mycono, Gyaroque revelli,
Dele, times, magnique fidem testaris alumni.
    Septima jam nitidum terris Aurora Deisque   440
Purpureo vehit ore diem, Perseius heros
Quum primum arcana senior sese extulit aula,
Multa super bello generisque tumentibus amens,
Incertusque animi, daret armis jura, ferosque
Gentibus incuteret stimulos, an frena teneret   445
Irarum, et motos capulis adstringeret enses.
Hinc pacis tranquilla movent, atque inde pudori
Fœda quies, flectique nova dulcedine pugnæ
Difficiles populi : dubio sententia tandem
Sera placet, vatum mentes, ac provida veri   450

Sacra movere Deum : solers tibi cura futuri,
Amphiarae, dator, juxtaque Amythaone cretus
Jam senior, sed mente virens Phœboque Melampus
Associat passus : dubium cui dexter Apollo,
Oraque Cyrrhæa satiarit largius unda.   455
Principio fibris pecudumque in sanguine Divos
Explorant : jam tum pavidis maculosa bidentum
Corda negant, diraque nefas minitantia vena.
Ire tamen, vacuoque sedet petere omina cœlo.
    Mons erat audaci seductus in æthera dorso,   460
Nomine Lernæi memorant Aphesanta coloni,
Gentibus Argolicis olim sacer : inde ferebant
Nubila, suspenso celerem temerasse volatu
Persea, quum raptos pueri perterrita mater
Prospexit de rupe gradus, ac pæne secuta est.   465
    Huc gemini vates sanctam canentis olivæ
Fronde comam, et niveis ornati tempora vittis
Evadunt pariter : madidi ubi lucidus agros
Ortus et algentes laxavit sole pruinas.
Ac prior Œclides solita prece numen amicat :   470
« Juppiter omnipotens, nam te pernicibus alis
Addere consilium, volucresque implere futuri,
Ominaque, et causas cœlo deferre latentes
Accipimus : non Cyrrha Deum promiserit antro

et dévoilé dans le ciel les présages et les causes cachées des événements. On ne trouverait des oracles plus sûrs ni dans l'antre de Cyrrha, ni dans ces arbres de Chaonie qui, si l'on en croit la renommée, parlèrent en ton nom au pays des Molosses; non, dût-on même faire entrer en lice et l'aride Hammon, et les sorts de Lycie, et le bœuf du Nil, et Branchus, égal à son père, et le rustique habitant de Pise, qui, la nuit, entend la voix de Pan dans l'ombre des forêts de Lycaonie. Bien plus riche d'inspiration est celui à qui tu te manifestes, ô Jupiter, dans le vol favorable des oiseaux : ce privilége qu'ils ont est étonnant, mais il existe, et depuis longtemps; soit que le fondateur du ciel l'ait ainsi voulu, lorsqu'il prit dans les éléments épars du chaos les germes de nouveaux mondes; soit que, changé de forme après avoir eu la nôtre, l'oiseau ait monté jusqu'à la région des vents, soit qu'il ait une essence plus pure, et que son innocence et son rare contact avec la terre lui enseignent la vérité; c'est à toi, souverain créateur des hommes et des Dieux, qu'il appartient de le savoir : pour nous, qu'il nous soit permis seulement de lire d'avance dans le ciel s'il faut commencer cette guerre, et quels seront nos travaux à venir. Si le destin le veut, si les inflexibles Parques ont décidé que les haches d'Argos briseront les portes de Thèbes, donne un signe, tonne à gauche, et qu'au milieu des airs la langue mystérieuse des oiseaux fasse entendre un favorable et unanime murmure. S'il en est autrement, arrête-nous dès à présent, et couvre le jour d'un nuage d'oiseaux volant à droite. »

Il dit, et se place sur le haut d'un rocher : alors il prononce les noms de plusieurs divinités inconnues, et pénètre du regard les ténèbres de l'immense univers.

Lorsqu'ils se furent, dans les formes consacrées, partagé les astres, qu'ils eurent longtemps, de l'âme et des yeux, suivi, observé attentivement tous les mouvements des airs, le fils d'Amythaon commence ainsi, après un long silence :

« Ne vois-tu pas, Amphiaraüs, que dans les hautes régions du ciel aucun oiseau n'a le vol régulier? que tous ne planent qu'après avoir glissé vers tous les points de l'espace, ou fuient avec un sinistre battement d'ailes? Ni le noir compagnon des trépieds, ni le brûlant ministre de la foudre, ne se montrent, et l'oiseau au bec crochu de la blonde Minerve ne vient point apporter ses auspices encore plus favorables : non, c'est le vautour, c'est l'épervier qui tournent triomphants sur leur proie. Des monstres volent, de lugubres oiseaux sifflent dans la nue, la nocturne chauve-souris gémit, et le butor annonce des destins funestes. Suivrons-nous ces premiers présages? Est-ce à ces hôtes, dieu de Thymbrée, que tu livres le ciel? Tous ensemble, de leurs ongles recourbés, se déchirent mutuellement avec rage; des bruissements de leurs ailes, imitant des gémissements, ils chassent les Zéphyrs, et s'arrachent le plumage de leur poitrine. »

Amphiaraüs reprend : « Certes, mon père, Phébus est bien variable dans ses présages; je l'ai souvent éprouvé, et dès ma première jeunesse, lorsque le vaisseau thessalien me portait avec ces rois, fils des Dieux. Là, prédisant les dangers qu'ils allaient courir sur la terre et sur les mers, j'étonnais les chefs; et lorsque je parlais

```
Certius, aut frondes lucis quas fama Molossis      475
Chaonias sonuisse tibi : licet aridus Hammon
Invideat, Lyciæque parent contendere sortes,
Niliacumque pecus, patrioque æqualis honori
Branchus, et undosæ qui rusticus accola Pisæ
Pana Lycaonia nocturnum exaudit in umbra.         480
Ditior ille animi, cui tu, Dictæe, secundas
Impuleris manifestus aves : mirum unde, sed olim
Hic honor alitibus : superæ seu conditor aulæ
Sic dedit, effusum Chaos in nova semina texens,
Seu quia mutatæ, nostraque ab origine versis      485
Corporibus subiere Notos ; seu purior axis,
Amotumque nefas, et rarum insistere terris
Vera docent : tibi summa, sator terræque Deumque,
Scire licet : nos Argolicæ primordia pugnæ,
Venturumque sinas cœlo prænosse laborem.          490
Si datur, et duris sedet hæc sententia Parcis
Solvere Echionias Lernæa cuspide portas,
Signa feras, lævusque tones : tunc omnis in astris
Consonet arcana volucris bona murmura lingua.
Si prohibes, hic necte moras : dextrisque profundum 495
Alitibus prætexe diem. » Sic fatus, et alto
Membra locat scopulo : tunc plura ignotaque jungit
Numina, et immensi fruitur caligine mundi.
Postquam rite diu partiti sidera, cunctas
Perlegere animis, oculisque sequacibus auras,     500
Tunc Amythaonius longo post tempore vates :
« Nonne sub excelso spirantis limite cœli,
Amphiarae, vides, cursus et nulla serenos
Ales agat ? liquidoque polum complexa meatu
Pendeat ? aut fugiens placabile planxerit omen ? 505
Non omnes obscurus tripodum, non fulminis ardens
Vector adest, flavæque sonans avis unca Minervæ,
Non venit auguriis melior : quin vultur, et altis
Desuper accipitres exultavere rapinis.
Monstra volant, diræ strident in nube volucres,  510
Nocturnæque gemunt striges, et feralia bubo
Damna canens ; quæ prima Deum portenta sequemur?
Hisne dari, Thymbræe, polum? simul ora recurvo
Ungue secant rabidæ, planctumque imitantibus alis
Exagitant Zephyros, et plumea pectora cædunt. »  515
  Ille sub hæc : « Equidem varii, pater, omina Phœbi
Sæpe tuli; jam tunc prima quum pube virentem
Semideos inter pinus me Thessala reges
Duceret; hic casus terræque marisque canentem
Obstupuere duces ; nec me ventura locuto         520
```

de l'avenir dans les circonstances embarrassantes, Mopsus n'était pas plus souvent que moi écouté de Jason; mais jamais, avant ce jour, je n'ai remarqué des signes aussi terribles, ni lu dans les astres l'annonce de plus de prodiges : toutefois, des choses plus effrayantes encore se préparent. Porte ton attention de ce côté : dans ces profondeurs lumineuses du ciel, d'innombrables cygnes sont rangés par bataillons, soit que Borée les ait chassés des bords glacés du Strymon, soit que les vents doux et fécondants des bords du Nil les apportent jusqu'à nous. Ils sont arrêtés : figure-toi que c'est là l'image de Thèbes; car, formés en cercle, immobiles et silencieux, ils semblent une ville entourée de murs et de retranchements. Mais voici qu'une armée plus forte s'avance à travers le vide; je vois, sur une même ligne, sept de ces fauves oiseaux qui portent la foudre du grand Jupiter marcher à la tête de la colonne triomphante. Ce sont, comprends-le bien, les sept rois qui commandent l'armée d'Argos. Ils fondent sur la troupe aux ailes de neige, le bec ouvert pour le carnage et les serres déployées.

« Vois-tu cette pluie de sang dispersée par les vents, cette nuée de plumes dont le jour est obscurci? Quelle soudaine et cruelle colère de Jupiter vengeur plonge les vainqueurs dans la mort! L'un, s'élevant trop haut, s'enflamme tout à coup aux feux du soleil, et laisse tomber sa fureur; un autre lutte contre les plus redoutables des ennemis, mais il ne peut se soutenir sur ses ailes trop faibles. Celui-ci, attaché à son adversaire, tombe avec lui; cet autre se soustrait par la fuite à la funeste destinée de ses compagnons. Cet autre, enveloppé dans un nuage, meurt; en voici un qui, près d'expirer, mange son ennemi vivant; le sang arrose les creuses nuées. Pourquoi ces larmes furtives? Celui-là, vénérable Mélampe, celui-là qui tombe, je le reconnais. »

Tremblants sous le poids de l'avenir, souffrant par anticipation les maux dont ils voient la véridique image, les augures sont frappés de terreur; ils se repentent d'être entrés de force dans le conseil des hôtes de l'air, et d'avoir pénétré les secrets du ciel malgré le ciel. Ils maudissent les Dieux qui les ont écoutés. D'où vient aux malheureux mortels ce désir insensé de connaître l'avenir? Est-ce un présent des Dieux, ou bien un besoin de cette race humaine, qui ne peut jamais se fixer? Nous voulons savoir à tout prix quel fut notre premier jour, quel sera le dernier; ce que dans sa bonté le père des Dieux, ce que dans son âme de fer Clotho nous réserve; nous interrogeons les entrailles des victimes, le vol et le chant des oiseaux dans les nues, le cours des astres, les phases réglées de la lune, et l'art sacrilége des Thessaliens. Ce n'étaient pas les hommes de l'âge d'or, nos ancêtres au sang pur, ces durs enfants des rochers ou des chênes, qui eussent conçu ces audacieuses tentatives; ils n'avaient qu'un amour, dompter les forêts et le sol; et, pour eux, fouiller dans l'avenir était un crime. Pour nous, tourbe débile et corrompue, nous scrutons dans sa profondeur la pensée des Dieux; de là la pâleur et la haine, de là les attentats, et la perfidie, et une ambition sans limites.

De sa propre main Amphiaraüs arrache les bandelettes et les guirlandes maudites, et, le front

Sæpius in dubiis auditus Jasone Mopsus :
Sed similes non ante metus, aut astra notavi
Prodigiosa magis; quanquam majora parantur.
Huc adverte animum : clara regione profundi
Ætheros, innumeri statuerunt agmina cycni :   525
Sive hos Strymonia Boreas ejecit ab Arcto,
Seu fœcunda refert placidi clementia Nili.
Fixerunt cursus : hac rere in imagine Thebas :
Nam sese immoti gyro, atque in pace silentes,
Ceu muris, valloque tenent : sed fortior ecce   530
Adventat per inane cohors : septem ordine fulvo
Armigeras summi Jovis exsultante caterva
Intuor : Inachii sunt hi tibi, concipe, reges.
Invasere globum nivei gregis, uncaque pandunt
Cædibus ora novis, et strictis unguibus instant.   535
Cernis inexperto rorantes sanguine ventos,
Et plumis stillare diem? quam sæva repente
Victores agitat leto Jovis ira sinistri!
Hic excelsa potens subita face Solis inarsit.
Submisitque animos : illum vestigia adortum   540
Majorum volucrum teneræ deponitis alæ.
Hic hosti implicitus pariter ruit, hunc fuga retro
Volvit agens sociæ linquentem fata catervæ.

Hic nimbo glomeratus obit : hic præpete viva
Pascitur immoriens : spargit cava nubila sanguis.   545
Quid furtim lacrimas? illum, venerande Melampu,
Qui cadit, agnosco. » Trepidos sic mole futuri,
Cunctaque jam rerum certa sub imagine passos,
Terror habet vates : piget irrupisse volantum
Concilia, et cœlo mentem insertasse vetanti.   550
Auditique odere Deos. Unde iste per orbem
Primus venturi miseris animantibus æger
Crevit amor? Divumne feras hoc munus; an ipsi
Gens avida, et parto non unquam stare quieti?
Eruimus quæ prima dies, ubi terminus ævi,   555
Quid bonus ille Deum genitor, quid ferrea Clotho,
Cogitet : hinc fibræ, et volucrum per nubila sermo
Astrorumque vices, numerataque semita Lunæ,
Thessalicumque nefas. At non prior aureus ille
Sanguis avum, scopulisque satæ vel robore gentes   560
Mentibus hoc ausæ : silvas amor unus, humumque
Edomuisse manu : quid crastina volveret ætas
Scire nefas homini; nos pravum ac debile vulgus
Scrutati penitus Superos : hinc pallor et iræ,
Hinc scelus, insidiæque, et nulla modestia voti.   565
 Ergo manu vittas, damnataque vertice serta

dépouillé du sacré feuillage, descend de cette montagne désormais odieuse : déjà le bruit des armes et les sons de la trompette sont dans ses oreilles, et Thèbes absente frémit dans son cœur. Il ne veut ni se montrer à la foule, ni converser secrètement avec le roi, ni se présenter à l'assemblée des grands; il va se cacher dans l'ombre de sa demeure, et refuse de dévoiler les volontés des Dieux. Pour toi, la honte et le chagrin te retiennent dans la campagne, ô Mélampe!

Douze jours il reste la bouche fermée, et tient le peuple et les chefs dans une déchirante incertitude. Et déjà les ordres suprêmes du Tonnant retentissent, et dépeuplent de citoyens les campagnes et les antiques cités; le dieu de la guerre entraîne à sa suite d'innombrables combattants; tous avec joie ont quitté leurs maisons, et leurs femmes chéries, et leurs enfants pleurant sur le seuil : tant est puissant le dieu qui les inspire! Les armes suspendues à la porte du foyer paternel, les chars renfermés dans les temples, ils les en arrachent avec bonheur; dards amoindris par le temps, glaives hérissés de rouille se redressent pour pouvoir frapper encore, et rajeunissent, aiguisés sur la pierre. Ceux-ci essaient des casques polis, de grandes cuirasses aux jointures d'airain, des tuniques d'acier dont la rouille fait crier les mailles; d'autres assouplissent les arcs crétois. Bientôt les faux, les socs de charrues, les herses, les hoyaux recourbés, rougissent affreusement dans les forges avides. On n'a pas honte de tailler des lances dans les arbres des bois sacrés, et des boucliers dans les flancs du taureau vieilli.

Argos se précipite vers le palais du roi, que la tristesse dévore; la guerre est dans tous les cœurs, la guerre est dans toutes les bouches; un cri monte dans les airs, aussi formidable que le mugissement de la mer de Tyrrhène, ou que le bruit qu'en se retournant fait Encelade : le mont tonne au loin dans ses antres brûlants; ses cratères débordent, le promontoire de Pélore resserre ses flots dans un lit plus étroit, et la terre de Sicile, jadis arrachée du continent, espère retourner à son point de départ.

Alors s'avance Capanée, qu'excite l'amour des combats, et dont cette longue paix a gonflé le cœur d'indignation. Sa noblesse est illustre et ancienne, mais par ses exploits il a dépassé ses ancêtres : longtemps contempteur impuni des Dieux et de la justice, et prodigue de sa vie, quand la colère l'inspire, semblable à l'un des habitants des forêts de la sombre Pholoé, ou à l'un des Cyclopes, qu'il égale par sa taille, il est debout à ta porte, avec les chefs et la foule frémissante, Amphiaraüs.

« Quelle lâcheté, s'écrie-t-il, fils d'Inachus! et vous, ô Grecs, nos alliés par le sang! N'est-ce pas une honte que sur le seuil d'un plébéien tant de nations armées et remplies d'ardeur s'arrêtent ainsi en suspens? Non, quand, sous les voûtes caverneuses de Cyrrha, Apollon lui-même, quel qu'il soit pour des lâches, quoi qu'en publie la renommée, mugirait enfermé dans son antre fatidique, je ne pourrais attendre qu'une vierge pâle vînt annoncer ses effrayants et équivoques oracles. Mon dieu, c'est ma valeur, c'est l'épée que je tiens! Qu'il sorte donc à l'instant, avec sa lâ-

Deripit, abjectaque inhonorus fronde sacerdos
Inviso de monte redit : jam bella tubæque
Cominus, absentesque fremunt sub pectore Thebæ.
Ille nec adspectum vulgi, nec fida tyranni 570
Colloquia, aut cœtus procerum perferre, sed atra
Sede tegi, et Superum clausus negat acta fateri.
Te pudor et curæ retinent per rura, Melampu.
Bisseno premit ora die, populumque ducesque
Extrahit incertis. Et jam suprema Tonantis 575
Jussa fremunt, agrosque viris, annosaque vastant
Oppida : bellipotens præ se Deus agmina passim
Mille rapit : liquere domos, dilectaque læti
Connubia, et primo plorantes limine natos :
Tantus in attonitos cecidit Deus! arma paternis 580
Postibus, et fixos Superum ad penetralia currus
Vellere amor : tunc fessa putri rubigine tela,
Horrentesque situ gladios in sæva recurvant
Vulnera, et attrito cogunt juvenescere saxo.
Hi teretes galeas, magnorumque ærea suta 585
Thoracum, et tunicas chalybum squalore crepantes
Pectoribus tentare; alii Gortynia lentant
Cornua : jam falces avidis et aratra caminis,
Rastraque, et incurvi sævum rubuere ligones :
Cædere nec validas sanctis e stirpibus hastas, 590

Nec pudor emerito clipeum vestisse juvenco.
Irrupere Argos, mœstique ad limina regis
Bella animis, bella ore fremunt : it clamor ad auras,
Quantus Tyrrheni gemitus salis, aut ubi tentat
Enceladus mutare latus : procul igneus antris 595
Mons tonat; exundant apices, fluctusque Pelorus
Contrahit, et sperat tellus abrupta reverti.
Atque hic ingenti Capaneus Mavortis amore
Excitus, et longam pridem indignantia pacem 599
Corda tumens (huic ampla quidem de sanguine prisco
Nobilitas : sed enim ipse manu progressus avorum
Facta, diu tuto Superum contemtor, et æqui
Impatiens, largusque animæ, modo suaserit ira),
Unus ut e silvis Pholoes habitator opacæ,
Inter et Ætnæos æquus consurgere fratres, 605
Ante fores, ubi turba ducum, vulgique frementis,
Amphiarae, tuas, « Quæ tanta ignavia, clamat,
Inachidæ? vosque o socio de sanguine Achivi,
Unius, heu pudeat! plebeia ad limina civis,
Tot ferro accinctæ gentes, animisque paratæ, 610
Pendemus? non si ipse cavo sub vertice Cyrrhæ,
Quisquis is est timidis, famæque ita visus, Apollo
Mugiat, insano penitus seclusus in antro,
Exspectare queam, dum pallida virgo tremendas

cheté et ses mensonges, ce prêtre; ou je saurai aujourd'hui jusqu'où va le pouvoir des oiseaux ! »

Un frémissement de joie, des applaudissements unanimes accueillent ces paroles d'un furieux. Enfin, contraint de sortir, le fils d'Oïclès, qu'agitent bien d'autres inquiétudes, se montre :

« Certes, ce ne sont point, dit-il, les clameurs de ce jeune impie, ni ses menaces, bien que ces menaces aillent jusqu'à la démence, qui m'arrachent de mes ténèbres : une autre destinée m'attend, et mon dernier jour ne sera point l'ouvrage d'un mortel. C'est mon amour pour vous, c'est Phébus, dont l'esprit déborde en moi, qui me pousse à dévoiler le secret de l'avenir. Tout ce qui doit arriver, tout ce qui est devant nous, je vais vous le révéler, malgré ma douleur ; mais toi, homme en délire, il est défendu de t'avertir d'avance, et pour toi seul est muet mon Apollon. Où portez-vous, malheureux, malgré les destins et les Dieux, où portez-vous ces armes? Est-ce le fouet des furies qui vous tourmente et vous aveugle? Êtes-vous si dégoûtés de la vie? haïssez-vous Argos? Vos maisons ont-elles perdu leurs charmes? N'avez-vous souci d'aucun présage? Pourquoi vers le mystérieux sommet de la montagne de Persée m'avez-vous contraint de porter mes pas tremblants, et de forcer l'entrée du conseil des Dieux ? Je pouvais comme vous ignorer le sort de nos armes, notre jour suprême, votre destinée à tous, et la mienne. Je vous prends à témoin, profondeurs du monde que j'ai sondées, oiseaux dont j'ai écouté le langage, et toi, dieu de Thymbrée, que dans mes invocations je n'ai jamais trouvé si cruel, vous savez quels signes d'avenir il m'a fallu subir ! J'ai vu des présages d'une ruine immense ; j'ai vu les hommes et les Dieux souillés de crimes ; j'ai vu Mégère en joie, et Lachésis faisant disparaître des siècles sur son noir fuseau.

« Jetez loin de vous ces armes. C'est un dieu qui s'oppose à vos fureurs, c'est un dieu ! Malheureux ! que trouvez-vous de beau à inonder de votre sang l'Aonie et les sillons ensemencés par le cruel Cadmus? Mais pourquoi ces vaines prédictions? pourquoi ces efforts pour empêcher des événements inévitables? Nous passerons outre. » A ces mots, le prêtre se tait et soupire.

Capanée reprend : « Garde pour toi ta fureur, augure, et tes prédictions, excellent prétexte pour rester honteusement dans Argos solitaire. Que jamais le son de la trompette n'aille jusqu'à ton oreille ! Mais pourquoi retardes-tu l'élan de guerriers plus braves que toi? Sans doute, pour que tu puisses, mollement étendu dans ta couche, jouir de tes vains auspices, de ton fils, de ton foyer, nous verrons en silence, nous verrons sans vengeance la poitrine transpercée du magnanime Tydée, et le traité déchiré par le glaive? Sans doute ces guirlandes te vaudront la paix ; sans doute tes paroles feront jaillir du ciel vide les causes et les sources cachées des événements? Je plains les Dieux, s'ils s'inquiètent des incantations et des prières des hommes. Pourquoi veux-tu épouvanter des cœurs timides? C'est par la crainte que les Dieux sont entrés dans le monde. Pour toi, tu peux en toute sécurité donner maintenant carrière à ton enthousiasme; mais, au premier son de la trompette, quand déjà nous boirons dans nos casques les eaux ennemies de l'Ismène et de

```
Nuntiet ambages. Virtus mihi numen, et ensis        615
Quem teneo : jamque huc timida cum fraude sacerdos
Exeat, aut hodie volucrum quæ tanta potestas
Experiar. » Lætum fremit, assensuque furentem
Implet Achæa manus : tandem prorumpere adactus
Œclides, alio curarum agitante tumultu :            620
   « Non equidem effreno juvenis clamore profani,
Dictorumque metu, licet hic insana minetur,
Elicior tenebris : alio mihi debita fato
Summa dies, vetitumque dari mortalibus armis.
Sed me vester amor, nimiusque arcana profari       625
Phœbus agit : vobis ventura, atque omne, quod ultra est,
Pandere mœstus eo : nam te, vesane, moneri
Ante nefas, unique silet tibi noster Apollo.
Quo miseri, Fatis Superisque obstantibus, arma,
Quo rapitis? quæ vos Furiarum verbera cæcos       630
Exagitant? adeone animarum tædet? et Argos
Exosi? nil dulce domi? nulla omina curæ ?
Quid me Persei secreta ad culmina montis
Ire gradu trepido superosque irrumpere cœtus
Egistis? potui pariter nescire, quis armis          635
Casus, et atra dies, quæ fati exordia cunctis,
Quæ mihi : consulti testor penetralia mundi,
Et volucrum affatus, et te, Thymbræe, vocanti
Non alias tam sæve mihi, quæ signa futuri
Pertulerim : vidi ingentis portenta ruinæ :         640
Vidi hominum, Divumque nefas, hilaremque Megæram,
Et Lachesim putri vacuantem sæcula penso.
Projicite arma manu. Deus ecce furentibus obstat :
Ecce Deus; miseri quid pulchrum sanguine victo
Aoniam et diri saturare novalia Cadmi?             645
Sed quid vana cano? quid fixos arceo casus?
Ibimus. » Hic presso gemuit simul ore sacerdos.
   Illum iterum Capaneus : « Tuus o furor, augur, et uni
Ista tibi, ut serves vacuos inglorius Argos :
Et tua non unquam Tyrrhenus tempora circum        650
Clangor eat : quid vota virum meliora moraris?
Scilicet ut vanis avibus, natoque, domoque,
Et thalamis potiare jacens, sileamus inulti
Tydeos egregii perfossum pectus? et arma
Fœderis abrupti? quod si bella effera Graios       655
Ferre vetas, i Sidonias legatus ad urbes.
Hæc pacem tibi serta dabunt : tua prorsus inani
Verba polo causas, abstrusaque semina rerum
Eliciunt? miseret Superum, si carmina curæ,
Humanæque preces : quid inertia pectora terres?   660
Primus in orbe Deos fecit timor : et tibi tuto
Nunc eat iste furor : sed prima ad classica quum jam
```

Dircé, né viens pas, je t'en avertis, lorsque je n'écouterai plus que le bruit des clairons et des armes, te jeter à la traverse, et, pour quelque vision de vents ou d'oiseaux, reculer le jour des combats! loin de toi seront alors ces molles bandelettes, et ta fureur prophétique, et l'épouvantail de ton dieu. Alors il n'y aura d'augure que moi, et quiconque avec moi sera prêt à s'enivrer de carnage. »

Une seconde fois les acclamations éclatent avec un immense fracas, et roulent en tumulte jusqu'aux astres.

Tel un rapide torrent, dont les souffles printaniers, en fondant les neiges des montagnes, ont accru la fureur, franchit toutes les digues, erre çà et là dans les plaines, et emporte pêle-mêle, à grand bruit, les cabanes, les débris des terres, les troupeaux, les hommes, jusqu'à ce qu'une colline, plus forte que lui, l'arrête, et de son vaste boulevard lui fasse enfin des rives. Ces débats des chefs sont interrompus par la nuit.

Cependant Argie ne pouvant plus supporter les gémissements de son époux, et touchée de pitié pour une douleur qu'elle partage, allait, dans l'état où elle était depuis longtemps, les cheveux en désordre, les joues sillonnées de larmes, vers le palais de son vénérable père, et portait à son aïeul le jeune Thessandre suspendu à sa mamelle, à l'heure où la nuit finit, où l'aurore n'est pas levée encore, où l'Ourse, restée seule sur l'horizon, voit avec envie les astres fuir vers l'Océan.

Lorsqu'elle eut passé le seuil et se fut jetée aux genoux d'Adraste : « Pourquoi je viens en larmes, sans mon triste époux, suppliante, frapper la nuit à ta porte, bien que je ne te le dise pas, tu le sais, ô mon père! Mais, j'en atteste les Dieux qui président à la naissance, et toi, mon père, ce n'est pas lui qui m'envoie, c'est un chagrin sans repos qui me chasse de ma couche; car, depuis que l'hymen, et après lui la funeste Junon, ont allumé pour nous un flambeau sinistre, toujours les larmes de Polynice, toujours les gémissements qu'il pousse à mes côtés ont éloigné le sommeil de mes yeux. Non, quand j'aurais la férocité d'une tigresse, quand mon cœur serait entouré d'une dure écorce de pierre, je n'y pourrais tenir. Toi seul peux nous secourir, toi seul peux guérir nos maux; donne-nous la guerre, ô mon père! Vois l'humiliation, vois l'abaissement de ton gendre, vois ce fils de l'exilé; un jour il rougira de sa naissance. Souviens-toi que cet exilé fut d'abord ton hôte, et qu'en joignant nos mains tu attestas les Dieux! C'est bien lui que les destins me réservaient, lui qu'annonçait Apollon. Je n'ai point brûlé furtivement des ardeurs de Vénus, ni allumé un criminel flambeau; j'ai respecté tes ordres, j'ai chéri tes conseils. Maintenant qu'il souffre, serai-je assez cruelle pour dédaigner ses plaintes? Tu ne sais pas, père bien-aimé, tu ne sais pas qu'un vif amour était pour moi un motif de plus d'épouser un infortuné. Et maintenant, dans mon affliction, je te demande une triste et redoutable faveur qui me sera une source de terreurs et de larmes. Mais quand le jour fatal interrompra le baiser d'adieu, quand les rauques accents de la trompette donneront aux guerriers le signal

```
Hostilem Ismenon galeis Dircenque bibemus,
Ne mihi tunc, moneo, lituos atque arma volenti,
Obvius ire pares, ventisque aut alite visa              665
Bellorum proferre diem : procul hæc tibi mollis
Infula, terrificique aberit dementia Phœbi.
Illic augur ego, et mecum quicunque parati
Insanire manu. » Rursus fragor intonat ingens
Hortantum, et vasto subter volat astra tumultu.         670

  Ut rapidus torrens, animos cui verna ministrant
Flamina, et exuti concreto frigore colles,
Quum vagus in campos frustra prohibentibus exit
Objicibus, resonant permixto turbine tecta,
Arva, armenta, viri, donec stetit improbus alto         675
Colle minor, magnoque invenit in aggere ripas.

  Hæc alterna ducum nox interfusa diremit.
At gemitus Argia viri non amplius æquo
Corde ferens, sociumque animo miserata dolorem,
Sicut erat pridem laceris turbata capillis,             680
Et fletu signata genas, ad celsa verendi
Ibat tecta patris, parvumque sub ubere caro
Thessandrum portabat avo jam nocte suprem
Ante novos ortus, ubi sola superstite plaustro
Arctos ad Oceanum fugientibus invidet astris.           685

  Utque fores iniit, magnoque effusa parenti est:
« Cur tua cum lacrimis mœsto sine conjuge supplex
Limina nocte petam, cessem licet ipsa profari,
Scis genitor : sed jura Deum genitalia testor,
Teque pater, non ille jubet; sed pervigil angor,        690
Ex quo primus Hymen, movitque infausta sinistram
Juno facem, semper lacrimis gemituque propinquo
Exturbata quies : non si mihi tigridis horror,
Æquoreæque super rigeant præcordia cautes,
Ferre queam : tu solus opem, tu summa medendi          695
Jura tenes : da bella, pater, generique jacentis
Adspice res humiles, atque hanc, pater, adspice prolem
Exsulis : huic olim generis pudor. O ubi prima
Hospitia, et junctæ testato numine dextræ!
Hic certe est, quem Fata dabant, quem dixit Apollo.    700
Non egomet tacitos Veneris furata calores,
Culpatamve facem, tua jussa verenda, tuosque
Dilexi monitus : nunc qua feritate dolentis
Despiciam questus? nescis, pater optime, nescis,
Quantus amor causæ misero nupsisse marito.             705
Et nunc mœsta quidem grave et illætabile munus
Ut timeam, doleamque, rogo : sed quum oscula rumpet
Mœsta dies, quum rauca dabunt abeuntibus armis
```

du départ, et que vos fronts étincelleront du sauvage éclat des casques d'or, hélas! père chéri, je viendrai peut-être t'adresser une autre prière. »

Le visage baigné de pleurs, son père l'embrasse : « Ce n'est pas moi, ma fille, qui te ferai jamais un crime de ces plaintes; ne crains donc plus; ta demande est honorable, et il y aurait injustice à la rejeter. Mais les révélations des Dieux (ne cesse pas pour cela d'espérer), mes propres craintes, l'instabilité des trônes, me mettent mille doutes dans l'esprit : ces doutes cependant, ma fille, quand il le faudra, auront un terme; et tu ne te plaindras pas d'avoir pleuré en vain. Ton rôle à toi, c'est de consoler ton époux, pour qu'il trouve moins dure une attente nécessaire. Nous faisons lentement, ma fille, de vastes préparatifs. Nos armes gagneront à ces délais. » Pendant qu'il parle il voit le jour naître, et se lève pour remplir ses immenses devoirs.

LIVRE QUATRIÈME.

Pour la troisième fois Phébus au souffle des Zéphirs avait fondu les frimas de l'hiver, et forçait le jour à entrer dans la voie plus large qu'il parcourt au printemps, quand la prudence d'Adraste fut brisée par l'impulsion des destins, et la lice des combats enfin ouverte aux malheureux Argiens. La première, du sommet du Larisse, Bellone secoue d'une main une torche étincelante, et de l'autre lance un énorme javelot, qui fend l'air en sifflant, et s'arrête sur la cime du mont qui fait face à Dircé.

Bientôt elle entre dans le camp, se mêle aux guerriers que couvrent de brillantes armures d'acier et d'or, et frémit comme un escadron ; elle distribue des épées, elle excite les chevaux du geste, elle appelle aux portes; ses ordres, les braves les devancent, et les lâches même sentent en eux une valeur d'un moment.

Le jour fixé est arrivé; il tombe, en l'honneur de Jupiter et de Mars, d'innombrables victimes ; à l'aspect des entrailles, où rien de favorable ne se montre, le prêtre pâlit, et toutefois, devant ces hommes armés, feint d'espérer.

Déjà, autour de leurs parents, enfants, jeunes filles, vieillards, se pressent, se confondent, et de leur foule obstruent les dernières issues du camp. Nulle mesure dans les larmes; elles pleuvent des boucliers et des panaches des guerriers dans leurs tristes adieux, et à chaque armure est suspendue tout entière une famille éplorée; on fait passer avec amour des baisers à travers les ouvertures des visières baissées, et pencher dans ces embrassements les farouches cimiers. Ceux à qui naguère et les armes et la mort elle-même semblaient douces, gémissent; la colère se calme et chancelle au milieu des sanglots.

Ainsi des hommes qui vont s'embarquer pour un lointain voyage, quand déjà les vents gonflent la voile, quand l'ancre sort du fond déchiré des mers, pressent longtemps une main amie; ils enlacent leurs bras, ils serrent les uns contre les autres leurs yeux baignés de pleurs; tout les trouble, ici des baisers, là la sombre immensité des flots; enfin ils se quittent : ceux qui restent

---

Signa tubæ, sævoque genas fulgentibus auro,
Hei mihi, care parens, iterum fortasse rogabo. » 710
    Illius humenti carpens pater oscula vultu,
« Non equidem has unquam culparim, nata, querelas :
Pone metus : laudanda rogas, nec digna negari.
Sed mihi multa Dei (nec tu sperare, quod urges,
Desine,) multa metus, regnique volubile pondus 715
Subjiciunt animo : veniet, qui debitus istis,
Nata, modus : nec te incassum flevisse queraris.
Tu solare virum : neu sint dispendia justæ
Dura moræ; magnos cunctamur, nata, paratus.
Proficitur bello. » Dicentem talia nascens 720
Lux movet, ingentesque jubent assurgere curæ.

LIBER QUARTUS.

Tertius horrentem Zephyris laxaverat annum
Phœbus, et angustum cogebat limite verno
Longius ire diem, quum fracta impulsaque fatis
Consilia, et tandem miseris data copia belli.
Prima manu rutilam de vertice Larissæo 5
Ostendit Bellona facem, dextraque trabalem
Hastam intorsit agens, liquido quæ stridula cœlo
Fugit, et adversæ celso stetit aggere Dircæs.

Mox et castra subit, ferroque, auroque coruscis
Mixta viris, turmale fremit : dat euntibus enses ; 10
Plaudit equos ; vocat ad portas : hortamina fortes
Præveniunt; timidisque etiam brevis addita virtus.
    Dicta dies aderat : cadit ingens rite Tonanti
Gradivoque pecus ; nullisque secundus in extis
Pallet, et armatis simulat sperare sacerdos. 15
    Jamque suos circum pueri, innuptæque, patresque,
Funduntur mixti, summisque a postibus obstant.
Nec modus est lacrimis : rorant clipeique, jubæque
Triste salutantum, et cunctis dependet ab armis
Suspiranda domus : galeis juvat oscula clausis 20
Inserere, amplexuque truces deducere conos.
Illi, quis ferrum modo, quis mors ipsa placebat,
Dant gemitus; fractæque labant singultibus iræ.
    Sic ubi forte viris longum super æquor ituris,
Quum jam ad vela Noti, et scisso redit ancora fundo, 25
Hæret amica manus : certant innectere collo
Brachia, manantesque oculos; hinc oscula turbant,
Hinc magni caligo maris; tandemque relicti
Stant in rupe tamen : fugientia carbasa visu
Dulce sequi, patriosque dolent crebrescere ventos ; 30
Stant tamen, et notam puppem de rupe salutant.
    Nunc mihi, fama prior, mundique arcana vetustas,

se tiennent debout sur un rocher; ces voiles qui fuient, il leur est doux de les suivre du regard, et ils se plaignent en voyant redoubler les vents qui soufflent du rivage; ils demeurent cependant, et ce navire chéri, du haut du roc, ils le saluent.

A moi maintenant, toi d'abord, antique Renommée, pour qui l'univers n'a point de mystères, toi, dont la fonction est de conserver la mémoire des guerriers et d'éterniser leur vie; révèle-moi mes héros! Et toi, ô reine du bois harmonieux des Muses, Calliope, prends ta lyre, et chante les bras, les armes qu'a mis en mouvement le dieu de la guerre, les villes qu'il a dépeuplées. Jamais poëte n'a puisé à la source sacrée une plus sublime inspiration.

Roi triste, courbé sous le poids des soucis, et proche déjà du déclin des ans, au milieu des acclamations s'avance presque malgré lui Adraste, ceint pour toute arme d'un glaive; des officiers portent son armure à sa suite; à la porte du camp son écuyer pare ses coursiers rapides, et déjà contre le joug lutte Arion.

Pour lui Larisse arme ses guerriers, pour lui arment les leurs et la haute Prosymne, dont les taureaux surpassent ceux de Midée, et Phyllos féconde en troupeaux, et Néris qu'épouvante en sa longue vallée l'écumant Charadrus, et Thyré qui boira un jour du sang lacédémonien. A Adraste se joignent les rois qui se vantent de partager son origine, ceux qui cultivent les rochers de Drépane et les plaines fertiles en oliviers de Sicyone, ou les lieux qu'arrose la Langie de ses eaux dormantes et muettes, et que resserre des anfractuosités de ses rives le sinueux Élissus. Ce fleuve est tristement célèbre : les Euménides, dit-on, se baignaient dans ses sombres eaux; elles aimaient à y plonger, sans que le Phlégéthon les regrettât, leurs têtes et leurs cérastes haletants, soit qu'elles vinssent de bouleverser les demeures des Thraces, ou le palais impie de Mycènes, ou le foyer de Cadmus : le fleuve fuyait devant ces nageuses, et se souillait d'innombrables poisons.

Près d'eux marche Éphyre, consolée des malheurs d'Ino, et les guerriers de Cenchrée, voisine de cette fontaine amie des poëtes, que fit jaillir, en frappant du pied la terre, le cheval né de la Gorgone, et située en face des flots, à l'endroit où l'isthme repousse les efforts de deux mers. Cette troupe, forte de trois mille hommes, suit Adraste en bondissant de joie : les uns portent à la main des javelots, d'autres des épieux longtemps durcis au feu, car ces gens armés n'ont pas tous les mêmes mœurs, ni le même sang; d'autres sont habiles à manier la fronde, à lui faire décrire des cercles dans l'air. Adraste marche à leur tête, doublement vénérable par ses années et par son sceptre.

Tel, à travers les pâturages où il règne depuis longtemps, se promène, tête haute, un taureau; déjà la peau de son cou est flasque, ses épaules sont moins pleines; il est roi cependant, et les jeunes taureaux n'osent le provoquer, car ils voient ses cornes tronquées par de nombreuses blessures, et sa poitrine couverte de larges cicatrices.

Après le vieil Adraste viennent les étendards de son gendre thébain, pour qui cette guerre se fait, pour qui brûle la colère de toute cette armée; à lui se sont joints aussi des volontaires de

Cui meminisse ducum, vitasque extendere curæ,
Pande viros : tuque o nemoris regina sonori,
Calliope, quas ille manus, quæ moverit arma   35
Gradivus, quantas populis solaverit urbes,
Sublata molire lyra : nec enim altior ulli
Mens hausto de fonte venit. Rex tristis, et æger
Pondere curarum, propiorque abeuntibus annis,
Inter adhortantes vix sponte incedit Adrastus,   40
Contentus ferro cingi latus : arma manipli
Pone ferunt : volucres portis auriga sub ipsis
Comit equos, et jam inde jugo luctatur Arion.
  Huic armat Larissa viros, huic celsa Prosymne,
Aptior armentis Midea, pecorosaque Phyllos,   45
Quæque pavet longa spumantem valle Charadron
Neris, et ingenti turritæ mole Cleonæ,
Et Lacedæmonium Thyre lectura cruorem.
Junguntur memores transmissi ab origine regis,
Qui Drepani scopulos, et oliviferæ Sicyonis   50
Culta serunt, quos pigra vado Langia tacenti
Lambit, et anfractu riparum incurvus Elissos.
Sævus honos fluvio : Stygias lustrare severis
Eumenidas perhibetur aquis; huc mergere suetæ
Ora, et anhelantes tuto Phlegethonte cerastas :   55
Seu Thracum vertere domos, seu tecta Mycenis
Impia, Cadmeumve larem : fugit ipse natantes
Amnis, et innumeris livescunt stagna venenis.
  It comes Inoas Ephyre solata querelas,
Cenchreæque manus; vatum qua conscius amnis   60
Gorgoneo percussus equo, quaque objacet alto
Isthmos, et a terris maria inclinata repellit.
Hæc manus Adrastum numero ter mille secuti;
Exsultant : pars gesa manu, pars robora flammis
Indurata diu, non unus namque manipli   65
Mos, neque sanguis inest, teretes pars vertere fundas
Assueti, vacuoque diem præcingere gyro.
Ipse annis sceptrisque subit venerabilis æque.
  Ut possessa diu taurus meat arduus inter
Pascua, jam laxa cervice, et inanibus armis,   70
Dux tamen : haud illum bello attentare juvencis
Sunt animi; nam trunca vident de vulnere multo
Cornua, et ingentes plagarum in pectore nodos.
  Proxima longævo profert Dircæus Adrasto
Signa gener, cui bella favent : cui commodat iras   75
Cuncta cohors : huic et patria de sede volentes

sa patrie, attirés, les uns par cette pitié qu'inspire un exilé, par cette fidélité que le malheur accroît, d'autres par l'envie de changer de maître, un grand nombre par la justice de sa cause.

Son beau-père lui avait donné à gouverner Égion, Arène, et la riche Trézène, où naquit Thésée, afin qu'il pût marcher avec honneur, entouré de nombreux soldats, et oublier le rang qu'il avait perdu dans sa patrie.

Le héros porte les mêmes vêtements, les mêmes armes qu'il portait, hôte prédestiné d'Adraste, dans cette nuit de tempête. La peau du lion de Theumèse couvre son dos; des javelots au double fer étincellent dans sa main; à son flanc est suspendue une redoutable épée, que surmonte la figure ciselée d'un Sphinx. Déjà son trône, déjà les embrassements de sa mère et de ses fidèles sœurs sont à lui par le désir et par l'espoir. Cependant, au haut d'une tour, Argie éperdue se penche en dehors de toute la longueur de son corps; il se retourne, il la voit; l'épouse ramène à elle l'âme et les yeux de son époux, et chasse de son cœur sa Thèbes bien-aimée.

Au milieu de l'armée s'avance, à la tête des soldats de sa nation, le foudroyant Tydée, joyeux déjà et le corps sans blessure; car la trompette a retenti. Ainsi, du sein de la terre, un serpent, aux doux rayons du soleil du printemps, s'élance, rajeuni, dépouillé d'une enveloppe vieillie, et verdit, menaçant, à travers les herbes riantes : malheur au laboureur qui le rencontrerait béant dans le gazon, et épuiserait son premier venin!

Les plus vaillants guerriers des villes d'Italie étaient venus se joindre à lui aux premiers bruits de guerre, bruits dont s'émurent et la pierreuse Pylène, et Pleuron que regrettèrent, changées en oiseaux, les sœurs de Méléagre, et l'escarpée Calydon, et Olénos qui dispute au mont Ida la gloire d'avoir nourri Jupiter, et Chalcis, port hospitalier de la mer d'Ionie, et ce fleuve dont Hercule, dans sa lutte avec lui, déshonora la face ; à peine encore ose-t-il lever son front mutilé audessus des eaux, et, cachant sa tête dans son antre verdâtre, il pleure : ses rives altérées sont souillées de poussière.

Tous ont la poitrine défendue par un tissu de mailles d'acier; de redoutables javelots arment leurs mains; le dieu de leur patrie, Mars, se dresse au cimier de leurs casques. De toutes parts cette jeunesse d'élite entoure le magnanime fils d'Œnée, joyeux de marcher au combat, et paré d'illustres cicatrices; il n'est ni moins menaçant, ni moins furieux que Polynice, et l'on ne saurait dire pour lequel des deux cette guerre se fait.

Mais plus forte et différemment armée vient ensuite une nouvelle troupe de Grecs, ceux qui sillonnent de nombreuses charrues tes rives, ô Lyrcius! les tiennes aussi, roi des fleuves d'Achaïe, Inachus (nul autre en effet n'a un cours plus impétueux que le sien, quand il sort de la terre de Persée et qu'il écume, gonflé par les eaux que versent le Taureau et les Pléiades, par les pluies qui tombent du sein de son gendre Jupiter); ceux des villes qu'entoure le rapide Astérion, et l'Érasin qui roule dans ses ondes les moissons des Dryopes; ceux qui cultivent les campagnes d'Épidaure et les collines visitées par Bacchus, mais que la déesse d'Enna, Cérès, néglige : l'inacces-

---

Advenere viri; seu quos movet exsul, et hæsit
Tristibus aucta fides, seu quis mutare potentes
Præcipuum : multi, melior quos causa querenti
Conciliat : dederat nec non socer ipse regendas   80
Ægion, Arenenque, et quas Theseia Trœzen
Addit opes, ne rara movens inglorius iret
Agmina, neu raptos patriæ sentiret honores.
Idem habitus, eadem arma viro, quæ debitus hospes
Hiberna sub nocte tulit. Theumesius implet   85
Terga leo : gemino lucent hastilia ferro :
Aspera vulnifico subter latus ense riget Sphinx.
Jam regnum matrisque sinus, fidasque sorores
Spe votisque tenet : tamen et de turre suprema
Attonitam, totoque exstantem corpore longe   90
Respicit Argian : hæc mentem oculosque reducit
Conjugis, et dulces avertit pectore Thebas.
 Ecce inter medios patriæ ciet agmina gentis
Fulmineus Tydeus; jam lætus, et integer artus,
Ut primum strepuere tubæ : ceu lubricus alta   95
Anguis humo verni blanda ad spiramina solis
Engitur, liber senio, et squalentibus annis
Exutus, lætisque minax interviret herbis :
Ah miser, agrestum si quis per gramen hianti
Obvius, et primo siccaverit ora veneno.   100

Huic quoque præstantes Ætolis urbibus affert
Belli fama viros : sensit scopulosa Pylene,
Fletaque cognatis avibus Meleagria Pleuron,
Et præceps Calydon, et quæ Jove provocat Iden
Olenos, Ioniis et fluctibus hospita portu   105
Chalcis, et Herculea turpatus gymnade vultus
Amnis; adhuc imis vix truncam attollere frontem
Ausus aquis, glaucoque caput submersus in antro
Mæret : anhelantes ægrescunt pulvere ripæ.
Omnibus æratæ propugnant pectora crates;   110
Pilaque sæva manu, patrius stat casside Mavors.
Undique magnanimum pubes delecta coronant
Œniden, hilarem bello, notisque decorum
Vulneribus : non ille minis Polynicis, et ira
Inferior, dubiumque adeo cui bella gerantur.   115
 Major at inde novis it Doricus ordo sub armis,
Qui ripas, Lyrcie, tuas, tua littora multo
Vomere suspendunt, fluviorum ductor Achivum,
Inache : (Persea neque enim violentior exit
Amnis humo, quum Taurum, aut Pliadas hausit aquosas 120
Spumeus, et genero tumuit Jove :) quos celer ambit
Asterion, Dryopumque trahens Erasinus aristas :
Et qui rura domant Epidauria : dexter Iaccho
Collis, at Ennææ Cereri negat : avia Dyme

sible Dymé avait envoyé aussi ses guerriers, et Pylos ses bataillons serrés, Pylos, où régnait Nélée, Pylos encore inconnue. Nestor était dans toute la force de la jeunesse, et cependant il refusa de se joindre à cette armée, qu'il prévoyait vouée à la mort.

Celui qui les guide et leur apprend à aimer la gloire, c'est le fier Hippomédon; sur sa tête tremble un casque d'airain, surmonté d'un triple panache blanc; tout son flanc est pressé par un corselet de fer; un large et étincelant bouclier couvre ses épaules et sa poitrine, et reproduit, habilement ciselée dans l'or, la nuit de Danaüs: le noir flambeau des Furies éclaire les cinquante lits coupables; le père lui-même, debout sur le seuil ensanglanté, loue le forfait de ses filles, et passe en revue leurs glaives.

Il descend de la citadelle d'Argos; le cheval de Némée qu'il monte s'effraie à la vue des armes, s'emporte, vole, remplit les campagnes de son ombre immense, et soulève des tourbillons de poussière. Ainsi, de ses épaules et de ses deux poitrines brisant les arbres des forêts, le centaure Hylée s'élance de son antre; l'Ossa tremble sous sa course; les troupeaux, les bêtes sauvages se couchent de frayeur; ses frères eux-mêmes frissonnent, jusqu'à ce qu'enfin d'un vaste bond il se précipite dans les eaux du Pénée, et de son corps fait au fleuve un obstacle insurmontable.

Qui pourra jamais dire le nombre des guerriers, le nom des nations et leur force, s'il n'a que la voix d'un mortel? Le dieu de Tirynthe appelle aux armes son antique cité; elle n'a pas cessé de produire des héros, ni dégénéré de la renommée de son grand nourrisson; mais sa fortune est déchue, elle n'a pas la puissance de la richesse; les rares habitants de ses campagnes désertes montrent à l'étranger ses remparts bâtis par les Cyclopes. Elle envoie cependant trois cents jeunes hommes que leur valeur multiplie dans les combats, et qui n'ont ni javelots ni épées, ces armes au farouche éclat: leur tête et leurs épaules sont couvertes de la dépouille dorée des lions, marque distinctive de leur race; leurs mains sont armées de massues de pin, et dans leurs carquois pleins se pressent d'innombrables flèches. Ils chantent l'hymne d'Hercule, et la terre dépeuplée de monstres; du sommet touffu de l'Œta, le dieu entend leurs chants lointains. Ils ont pour compagnons les enfants de Némée, et ce que peuvent rassembler de soldats les vignobles sacrés du Cléonéen Molorchus. Sa cabane est illustre; sur ses portes de saule sont représentées les armes du dieu qui y reçut l'hospitalité, et, dans un petit champ, on montre un chêne où Hercule appuya sa massue et son arc détendu, et près duquel la terre garde encore l'empreinte de son coude.

Marchant à pied, et dépassant de la tête toute l'armée, Capanée balance un pesant bouclier, formé de quatre peaux arrachées à des taureaux indomptés, et revêtues de massives lames d'airain: du fond de ce bouclier se détache, trois fois repliée sur elle-même, une hydre récemment tuée; de ses têtes, les unes vivent encore, et, ciselées en argent, étincellent; les autres sont détruites par l'industrie d'Hercule, et flamboient, en mourant, de tout l'éclat de l'or; tout autour s'étendent les eaux dormantes du marais de Lerne, figurées par une sombre zone de fer. Quant à ses vastes flancs, quant à sa large poitrine, une cui-

Mittit opes, densasque Pylos Neleia turmas, 125
Nondum nota Pylos, juvenisque ætate secunda
Nestor, et ire tamen peritura in castra negavit.

Hos agitat, pulchræque docet virtutis amorem
Arduus Hippomedon: capiti tremit ærea cassis,
Ter nivea scandente juba: latus omne sub armis 130
Ferrea suta terunt: humeros ac pectora late
Flammeus orbis habet, perfectaque vivit in auro
Nox Danai: sontes Furiarum lampade nigra
Quinquaginta ardent thalami: pater ipse cruentis
In foribus laudatas nefas atque inspicit enses. 135
Illum Palladia sonipes Nemeæus ab arce
Devehit arma pavens, umbraque immane volanti
Implet agros, longoque attollit pulvere campum.

Non aliter silvas humeris et utroque refringens
Pectore, montano duplex Hyleus ab antro 140
Præcipitat; pavet Ossa vias, pecudesque, feræque
Procubuere metu: non ipsis fratribus horror
Abfuit, ingenti donec Peneia saltu
Stagna subit, magnumque objectus detinet amnem.

Quis numerum ferri, gentesque, et robora dicto 145
Æquarit mortale sonans? suus excit in arma

Antiquam Tirynthia deus: non fortibus illa
Infœcunda viris, famaque immanis alumni
Degenerat; sed lapsa situ fortuna, neque addunt
Robur opes: rarus vacuis habitator in arvis 150
Monstrat Cyclopum ductas sudoribus arces.
Dat tamen hæc juvenum tercentum pectora, vulgus
Innumerum bello, quibus haud amenta, nec enses
Triste micant: flavent capiti tergoque leonum
Exuviæ, gentilis honos, et pineus armat 155
Stipes, inexhaustis arctantur tela pharetris.
Herculeum Pæana canunt, vastataque monstris
Omnia: frondosa longum Deus audit ab Œta.
Dat Nemec comites, et quas in prælia vires
Sacra Cleonæi cogunt vineta Molorchi. 160
Gloria nota casæ, foribus simulata salignis
Hospitis arma Dei, parvoque ostenditur arvo,
Robur ubi et laxos qua reclinaverit arcus
Ilice, qua cubiti sedeant vestigia terra.

At pedes, et toto despectans vertice bellum, 165
Quatuor indomitis Capaneus erepta juvencis
Terga, superque rigens injectu molis ahenæ
Versat onus; squalet triplici ramosa corona

rasse les protége, une cuirasse tissue d'innombrables mailles d'acier, horrible ouvrage, qui n'est pas celui d'une mère; sur le brillant cimier de son casque s'avance en saillie un géant, et, seul entre tous, il porte en guise de javelot un cyprès dépouillé de ses branches, et surmonté d'un fer aigu.

A ses ordres obéissent les peuples que nourrit la fertile Amphigénie, ceux des plaines de Messénie et des montagnes d'Ithome, ceux de Thrion, ceux d'Épy, bâtie au sommet d'un rocher, ceux d'Hélos et de Ptéléon, ceux enfin de Dorion, si funeste au Gète Thamyris : ce poëte, pour s'être cru capable de vaincre par son chant les doctes sœurs, condamné au silence de la voix et de la lyre (qui oserait se mesurer avec les Dieux?), se tut pour jamais, insensé qui ignorait la lutte de Phébus et de Marsyas, et la mort sanglante du Satyre de Célènes!

Bientôt l'âme même du divin augure, assiégée de toutes parts, fléchit; certes il voit d'effroyables signes de malheur, mais Atropos, malgré lui, lui met les armes à la main, et étouffe le dieu dans son cœur : il y a là aussi un piège de son épouse, et dans sa demeure brille déjà l'or de ce collier qui n'y devait jamais entrer; cet or, les destins avaient annoncé qu'il serait fatal au devin d'Argos; il le savait; mais sa perfide épouse eût échangé contre ce présent la vie de son mari, car elle convoitait les dépouilles d'Argie, sa maîtresse, et voulait la surpasser en lui enlevant sa parure.

Argie, elle, voyant les rois irrésolus et peu portés à faire la guerre, si Amphiaraüs ne la faisait pas avec eux, vient d'elle-même sur les genoux de son cher Polynice déposer sans regret, sans tristesse, cet exécrable collier, et lui parle ainsi :

« Ce n'est pas pour moi le temps des brillantes parures; et, ce qui peut relever ma beauté, qu'en ferais-je, malheureuse et sans toi? Il me suffira d'oublier un instant parmi mes compagnes mes douloureuses anxiétés, et de traîner aux pieds des autels ma chevelure en désordre. Hé, quoi! grands Dieux, quand tu seras enfermé dans un casque menaçant, dans une armure retentissante, moi je porterais le riche présent nuptial d'Harmonia? Quelque dieu peut-être me fera un don plus beau, et je l'emporterai par ma parure sur toutes les femmes d'Argos, lorsque, épouse d'un roi, lorsque, heureuse de te revoir, je devrai remplir les temples de chœurs votifs : maintenant qu'elle porte mon collier, cette femme qui le désire, et qui peut être joyeuse quand son mari combat ! »

C'est ainsi que l'or fatal pénétra dans la demeure d'Ériphyle, et y jeta le germe d'abominables crimes : Tisiphone rit d'un rire affreux en songeant à l'avenir.

Amphiaraüs, monté sur un char traîné par des chevaux lacédémoniens qu'avait eus par une mésalliance Cyllare, à l'insu de Castor, son maître, ébranle la terre; prêtre d'Apollon, il porte les bandelettes, insignes de sa dignité; son casque est ceint d'un rameau d'olivier, et un voile

Hydra recens obitu : pars anguibus aspera vivis
Argento caelata micat; pars arte reperta 170
Conditur, et fulvo moriens ignescit in auro :
Circum amnis torpens, et ferro caerula Lerne.
At laterum tractus, spatiosaque pectora servat
Nexilis innumero chalybum subtemine thorax,
Horrendum, non matris opus, galeaeque corusca 175
Prominet arce gigas, atque uni missilis illi
Cuspide praefixa stat frondibus orba cupressus.

Huic parere dati, quos fertilis Amphigenia,
Planaque Messene, montanaque nutrit Ithome,
Quos Thrion, et summis ingestum montibus Aepy, 180
Quos Helos, et Pteleon, Getico quos flebile vati
Dorion : hic fretus doctas anteire canendo
Aonidas, mutos Thamyris damnatus in annos
Ore simul, citharaque (quis obvia numina temnat?)
Conticuit praeceps, qui non certamina Phoebi 185
Nosset, et illustres Satyro pendente Celenas.

Jamque et fatidici mens expugnata fatiscit
Auguris; ille quidem casus, et dira videbat
Signa, sed ipsa manu cunctanti injecerat arma
Atropos, obrueratque Deum; nec conjugis absunt 190
Insidiae, vetitoque domus jam fulgurat auro.
Hoc aurum vati fata exitiale monebant
Argolico : scit et ipse nefas, sed perfida conjux
Dona viro mutare velit, spoliisque potentis

Imminet Argiae, raptoque excellere cultu. 195
Illa libens (nam regum animos, et pondera belli
Hac nutare videt, pariter ni providus heros
Militet) ipsa sacros gremio Polynicis amati
Deposuit nexus haud moesta, atque insuper addit :
« Non haec apta mihi nitidis ornatibus, inquit, 200
Tempora, nec miserae placeant insignia formae
Te sine : sat dubium coetu solante timorem
Fallere, et incultos aris adverrere crines.
Scilicet (heu Superi) quum tu cludare minaci
Casside, ferratusque sones, ego divitis aurum 205
Harmoniae dotale geram? dabit aptior ista
Fors Deus, Argolicasque habitu praestabo maritas,
Quum regis conjux, quum te mihi sospite, templa
Votivis implenda choris : nunc induat illa,
Quae petit, et bellante potest gaudere marito. » 210
Sic Eriphylaeos aurum fatale penates
Irrupit, scelerumque ingentia semina movit,
Et grave Tisiphone risit gavisa futuris.

Taenareis his celsus equis, quam dispare coetu
Cyllarus, ignaro generarat Castore prolem, 215
Quassat humum : vatem cultu Parnassia monstrant
Vellera, frondenti crinitur cassis oliva,
Albaque puniceas interplicat infula cristas.
Arma simul, prensasque jugo moderatur habenas.

LIVRE IV.

blanc s'entrelace à son aigrette rouge. Il tient en même temps ses armes et les rênes de ses chevaux. De chaque côté de lui marchent, formés à la manière des Spartiates, des bataillons armés de javelots, toute une forêt de traits qui tremblent, agités par la course de son char; de loin on le voit encore, appuyé sur sa lance terrible, se dresser au-dessus de tous les siens; et sur son bouclier Python vaincu étincelle.

Les guerriers qui accompagnent son char sont ceux d'Amyclée, chérie d'Apollon, ceux de Pylos, ceux de Malée, qu'évitent les navires craintifs; ceux de Carye, qui savent répondre par des danses aux danses de Diane; ceux de Pharis et de Messé, cette mère des oiseaux consacrés à Vénus, la phalange du Taygète et les durs soldats de l'Eurotas, dont les rives sont couvertes d'oliviers; Mercure lui-même les élève au milieu de la poussière de l'arène, et l'art de ces luttes où les corps sont nus, il le leur inspire avec l'ardeur qui les fait aimer; de là la vigueur de leurs âmes, et ce désir sacré d'une mort glorieuse. Les parents sont heureux du sort de leurs fils, et les encouragent à mourir; la foule entière pleure le trépas d'un jeune athlète; sa mère en jouit, s'il est mort couronné.

D'une main ils tiennent la bride de leurs chevaux, et de l'autre deux javelots noués par une courroie; nues sont leurs épaules, d'où pend un grossier manteau, et leur casque a pour panache les plumes de l'oiseau de Léda.

Ce ne sont pas ceux-là seulement, Amphiaraüs, qui suivent tes étendards; tes bataillons s'augmentent des peuples d'Élis, cette ville inclinée au penchant d'une colline, et de Pise, bâtie dans une profonde vallée; Pise, dont les habitants se baignent dans tes eaux dorées, ô Alphée, qui abordes en étranger aux rivages de Sicile, sans que jamais, dans un si long trajet, tu mêles tes flots aux flots des mers. Ces peuples fatiguent par d'innombrables chariots le sol friable de leurs campagnes, et domptent des chevaux pour la guerre, talent glorieux dont l'origine ne l'est pas, puisqu'elle remonte au char brisé d'OEnomaüs; le frein de leurs coursiers s'emplit d'écume et grince sous leurs morsures, et une pluie blanche comme la neige arrose l'arène que leurs pieds creusent.

Et toi aussi, à la tête des guerriers arcadiens, mais à l'insu de ta mère, jeune imprudent qu'entraînent les charmes nouveaux de la gloire, ô Parthénopée, tu t'élances! Quand tu partis, ta mère, farouche et menaçante, ta mère, qui n'eût jamais permis à un si jeune homme de la quitter, ta mère, l'arc à la main, dépeuplait de bêtes féroces les forêts les plus reculées et les pentes du froid Lycée. Nul de ceux qui allaient à ces luttes funestes n'avait un aussi beau visage, nul n'avait un corps aussi beau. La valeur non plus ne lui manque pas : vienne seulement l'âge de la force! Quels dieux des bois, quelles divinités des fleuves, quelles nymphes des prairies n'a-t-il pas enflammés d'amour? Diane elle-même, quand elle le vit enfant, sous les ombrages du mont Ménale, presser le gazon d'un pied encore chancelant, pardonna, dit-on, à sa compagne Atalante, et de ses propres mains attacha à son épaule un carquois d'Amyclée, rempli de flèches crétoises.

Il bondit, bouillant d'audace et d'ardeur guerrière; il brûle d'un unique désir, entendre le bruit des armes et des trompettes, souiller de la

Hinc atque inde moræ jaculis, et ferrea curru 220
Silva tremit : procul ipse gravi metuendus in hasta
Eminet, et clipeo victum Pythona coruscat.

Hujus Apollineæ currum comitantur Amyclæ,
Quos Pylos, et dubiis Malea vitata carinis,
Plaudentique habiles Caryæ resonare Dianæ, 225
Quos Pharis, volucrumque parens Cythereia Messe,
Taygetique phalanx, et oliviferi Eurotæ
Dura manus. Deus ipse viros in pulvere crudo
Arcas alit, nudæque modos virtutis, et iras
Ingenerat : vigor inde animis, et mortis honoræ 230
Dulce sacrum : gaudent natorum fata parentes,
Hortanturque mori : deflet jamque omnis ephebum
Turba ; coronato contenta est funere mater.
Frena tenent, duplexque inserto missile nodo,
Exerti ingentes humeros : chlamys horrida pendet, 235
Et cono Ledæus apex : non hi tibi solum,
Amphiarae, merent : auget resupina maniplos
Elis : depressæ populus subit incola Pisæ,
Qui te, flave, natant terris, Alphee, Sicanis
Advena, tam longo non unquam infecte profundo. 240

Curribus innumeris late putria arva lacessunt,
Et bellis armenta domant : ea gloria genti
Infando de more, et fractis durat ab usque
Axibus OEnomai : strident spumantia morsu
Vincula, et effossas niveus rigat imber arenas. 245
Tu quoque Parrhasias ignara matre catervas
Ah rudis annorum, tantum nova gloria suadet,
Parthenopæe, rapis : tum saltus forte remotos
Torva parens, neque enim hæc juveni foret ire potestas,
Pacabat cornu, gelidique aversa Lycei. 250
Pulchrior haud ulli triste ad discrimen ituro
Vultus, et egregiæ tanta indulgentia formæ :
Nec desunt animi, veniat modo fortior ætas.
Quos non ille duces nemorum, fluviisque dicata
Numina, quas magno non impulit igne Napæas? 255
Ipsam, Mænalia puerum quum vidit in umbra,
Dianam, tenero signantem gramina passu,
Ignovisse ferunt comiti, Dictæaque tela
Ipsam, et Amyclæas humeris aptasse pharetras.
Prosilit audaci Martis percussus amore, 260
Arma, tubas audire calens, et pulvere belli

poussière des combats sa blonde chevelure, revenir sur un cheval pris à l'ennemi. La chasse l'ennuie; et cette gloire coupable de verser le sang humain, il a honte que ses flèches l'ignorent.

Brillant d'or, brillant de pourpre, il surpasse en éclat tous les autres : sa robe est flottante, et une agrafe ibérienne en réunit les plis; sur son bouclier, vierge encore, sont peints les combats de sa mère contre le sanglier de Calydon; dans sa main gauche sonne un arc terrible; sur son dos, qu'il hérisse de plumes, bat un carquois rempli de flèches de Cydon, et orné à la fois de la pâleur de l'ambre et de l'éclat du jaspe oriental. Son cheval, habitué à devancer à la course les cerfs timides, son cheval, que couvrent deux peaux de lynx, et qui s'étonne de la pesanteur inaccoutumée des armes de son maître, il le guide d'un air fier, le visage coloré d'une douce rougeur, et les joues embellies de toute la fraîcheur de la première jeunesse.

Les Arcadiens le suivent, ces peuples antiques, antérieurs aux astres et à la lune, et d'une fidélité éprouvée. Ils naquirent, suivant la renommée, des durs troncs des arbres, dans ce temps où la terre sentit avec étonnement les premiers pas de l'homme; il n'y avait encore ni champs cultivés, ni maisons, ni villes, ni mariages réglés; les chênes, les lauriers supportaient de pénibles enfantements; le frêne au vaste ombrage créait des populations entières, et des flancs de l'orme l'enfant s'échappait comme un vert rameau. Ces premiers hommes, dit-on, voyaient avec terreur les alternatives de la lumière et des ténèbres, et poursuivaient au loin le soleil couchant, n'espérant plus le voir revenir. Le haut Ménale se dépeuple, la forêt de Parthénie est désertée, des combattants en foule sortent de Rhipé, de Stratie, d'Énispé, que tourmentent les vents. On y voit Tégée, Cyllène, heureuse d'avoir donné naissance à un dieu ailé; Aléa, dont les bois renferment un temple de Minerve; puis le rapide Cliton, le Ladon, qui fut presque ton beau-père, fier vainqueur de Python; le mont Lampie, au sommet éclatant de la blancheur des neiges; et le lac Phénée, qui fournit, croit-on, les eaux du Styx au sombre dieu des enfers. On y voit encore le mont Azan, dont les hurlements rivalisent avec ceux de l'Ida, les guerriers de Parrhasie, ceux des plaines de Nonacrie, où vous vîtes, Amours, avec un malin sourire, le dieu du tonnerre armé d'un carquois; puis Orchomène, riche en troupeaux, et Cynosure, riche en bêtes fauves. La même ardeur dépeuple les champs d'Éphitie, et la haute Psophis, et les montagnes illustrées par les travaux d'Hercule, et l'Érymanthe, père de tant de monstres, et le Stymphale, qui retentit encore du bruit des cymbales d'airain.

Tous ces guerriers sont Arcadiens, ils ont tous la même origine, mais ils diffèrent par le costume : les uns, pour aller au combat, recourbent à l'extrémité les myrtes chers à Vénus, et se font une arme d'une houlette de pasteur; d'autres portent des arcs, d'autres ont pour traits des épieux; celui-ci couvre sa chevelure d'un casque, celui-là n'a pas quitté le bonnet de peau, coiffure de son pays; cet autre enfin hérisse son front de la gueule ouverte d'une ourse de Lycaonie.

Flaventem sordere comam, captoque referri
Hostis equo : tædet nemorum, titulumque nocentem
Sanguinis humani, pudor est nescire sagittas.
Igneus ante omnes auro micat, igneus ostro, 265
Undantemque sinum nodis irrugat Iberis,
Imbelli parma pictus Calydonia matris
Prælia : trux læva sonat arcus, et aspera plumis
Terga, Cydonæa corytos arundine pulsat,
Electro pallens, et iaspide clarus Eoa. 270
Cornipedem trepidos suetum prævertere cervos
Velatum geminæ dejectu lyncis, et arma
Mirantem gravioris heri sublimis agebat,
Dulce rubens, viridique genas spectabilis ævo.
 Arcades huic veteres, astris Lunaque priores, 275
Agmina fida datis : nemorum vos stirpe rigenti
Fama satos, quum prima pedum vestigia tellus
Admirata tulit : nondum arva, domusque, nec urbes,
Connubiisque modus : quercus, laurique ferebant
Cruda puerperia, ac populus umbrosa creavit 280
Fraxinus, et fœta viridis puer excidit orno.
Hi lucis stupuisse vices, noctisque feruntur
Nubila, et occiduum longe Titana secuti
Desperasse diem. Rarescunt alta colonis

Mænala : Parthenium fugitur nemus : agmina bello 285
Rhipeque, et Stratie, ventosaque donat Enispe.
Non Tegea, non ipsa Deo vacat alite felix
Cyllene, templumque Aleæ nemorale Minervæ,
Et rapidus Cliton, et qui tibi, Pythie, Ladon
Pæne socer, candensque jugis Lampia nivosis, 290
Et Pheneos nigro Styga mittere credita Diti.
Venit et Idæis ululatibus æmulus Azan,
Parrhasiique duces, et quæ risistis, Amores,
Grata pharetrato Nonacria rura Tonanti,
Dives et Orchomenos pecorum, et Cynosura ferarum. 295
Æphitiis idem ardor agros, et Psophida celsam
Vastat, et Herculeo vulgatos robore montes,
Monstriferumque Erymanthon, et ærisonum Stymphalon.
 Arcades hi; gens una viris, sed dissona cultu
Sciditur : hi Paphias myrtos a stirpe recurvant 300
Et pastorali meditantur prælia trunco :
His arcus, his tela sudes : hic casside crines
Integit : Arcadii morem tenet ille galeri :
Ille Lycaoniæ rictu caput asperat ursæ.
 Hos belli cœtus, juratque pectora Marti, 305
Milite vicinæ nullo juvere Mycenæ.
 Funereæ tum namque dapes, mediique recursus

Dans cette foule armée, parmi ces cœurs dévoués à Mars, il n'y eut pas un seul soldat de Mycènes, si voisine d'Argos. Cette ville voyait alors un horrible festin, et le soleil retournant sur ses pas au milieu de sa course; dans Mycènes aussi, une autre lutte entre d'autres frères suscitait le trouble et les combats.

Bientôt un bruit vient jusqu'aux oreilles d'Atalante, que son fils prend un commandement dans cette guerre et y entraîne avec lui toute l'Arcadie : ses pieds tremblent, ses traits lui échappent des mains; elle fuit, plus rapide que l'aile des vents, à travers les forêts, et les rochers, et les fleuves qui coulent à pleins bords, telle qu'elle est, la robe retroussée, ses blonds cheveux épars et flottants : ainsi une tigresse, à qui on a enlevé ses petits, furieuse, suit les traces du ravisseur qu'emporte son cheval.

Elle s'élance, elle se dresse en face des coursiers de Parthénopée, qui pâlit et baisse les yeux : « D'où te vient cette rage guerrière, ô mon fils? D'où cette excessive valeur dans un cœur si jeune? Toi, guider des soldats aux combats? toi, supporter les travaux de Mars et te jeter au milieu des bataillons armés? Du moins plût aux Dieux que tu en eusses la force! Naguère, toute pâle de frayeur, je t'ai vu, l'épée à la main, serrer de près un sanglier retourné contre toi; tes genoux fléchissaient, tu étais plié en arrière, tu allais tomber; et si, bandant mon arc, je n'eusse lancé des flèches.... Maintenant que vas-tu faire à la guerre? Mes traits ne pourront t'y défendre, ni mon arc, ni ce cheval à la robe tachetée de noir, à qui tu te confies; et c'est toi qui recherches les luttes héroïques, toi, enfant, à peine mûr pour la couche des Dryades, pour une lutte amoureuse avec les nymphes de l'Érymanthe! Les présages sont vrais : je ne m'étonne plus si j'ai senti naguère trembler le temple de Diane, si la déesse a semblé me regarder d'un œil moins favorable, si les dépouilles des bêtes sauvages sont tombées d'elles-mêmes des voûtes sacrées : depuis ce jour mon arc est sans ressort, mes mains sans adresse, et mes coups incertains. Attends que ta beauté soit devenue plus mâle, que l'âge ait fortifié ton corps, que tes joues rosées soient ombragées, que ton visage ressemble moins au mien; alors ces combats, ces armes que tu désires si ardemment, je te les donnerai moi-même, et tu ne seras plus arrêté par les larmes de ta mère. Mais en ce moment rapporte-les, ces armes, à mon palais : et vous, le laisserez-vous partir, Arcadiens?... Oh! vous êtes bien les fils des rochers et des chênes! »

Elle veut poursuivre : pressés autour d'elle, son fils et les chefs de l'armée la consolent, calment ses craintes, et déjà retentit l'affreux signal de la trompette : elle ne peut laisser son fils se détacher de ses tendres embrassements, et le recommande mille fois au chef de tous, à Adraste.

D'un autre côté le peuple martial de Cadmus, triste des fureurs de son roi, mais non épouvanté des bruits de guerre (il s'était répandu qu'Argos s'avançait avec toutes les forces de la Grèce), plus lentement, parce qu'il était honteux de son chef et de sa cause, se préparait à la lutte, mais s'y préparait toutefois : nulle ardeur à tirer l'épée, nul plaisir à se charger du bouclier paternel, ni à

Solis, et hic alii miscebant prælia fratres.
   Jamque Atalantæas implerat nuntius aures
Ire ducem bello, totamque impellere natum   310
Arcadiam : tremuere gradus, elapsaque juxta
Tela : fugit silvas pernicior alite vento
Saxa per et plenis obstantia flumina ripis,
Qualis erat, correpta sinus, et vertice flavum
Crinem sparsa noto : raptis velut aspera natis   315
Prædatoris equi sequitur vestigia tigris.
   Ut stetit, adversisque impegit pectora frenis :
(Ille ad humum pallens) « Unde hæc furibunda cupido,
Nate, tibi? teneroque sub improba pectore virtus?
Tu bellis aptare viros? tu pondera ferre   320
Martis, et ensiferas inter potes ire catervas?
Quanquam utinam vires! nuper te pallida vidi,
Dum premis obnixo venabula cominus apro,
Poplite succiduo resupinum ac pæne ruentem :
Et ni curvato torsissem spicula cornu,   325
Nunc ubi bella tibi? nil te mea tela juvabunt,
Nec teretes arcus, maculis nec discolor atris
Hic, cui fidis, equus : magnis conatibus instas,
Vix Dryadum thalamis, Erymanthiadumque furori
Nympharum mature puer. Sunt omina vera :   330
Mirabar cur templa mihi tremuisse Dianæ
Nuper, et inferior vultu Dea visa, sacrisque
Exuviæ cecidere tholis : hinc segnior arcus,
Difficilesque manus, et nullo in vulnere certæ.
Exspecta, dum major honos, dum firmius ævum,   335
Dum roseis venit umbra genis, vultusque recedant
Ore mei : tunc bella tibi, ferrumque, quod ardes,
Ipsa dabo, et nullo matris revocabere fletu.
Nunc refer arma domum : vos autem hunc ire sinetis,
Arcades? o saxis nimirum, et robore nati! »   340
Plura cupit : fusi circum natusque, ducesque
Solantur, minuuntque metus, et jam horrida clangunt
Signa tubæ : nequit illa pio dimittere natum
Complexu, multumque duci commendat Adrasto.
   At parte ex alia Cadmi Mavortia plebes,   345
Mœsta ducis furiis, nec belli territa fama,
(Quando his vulgatum descendere viribus Argos)
Tardius illa quidem, regis, causæque pudore,
Verum bella movet : nulli distringere ferrum
Impetus, aut humeros clipeo clausisse paterno   350
Dulce, nec alipedum juga comere, qualia belli
Gaudia : dejecti trepidas sine mente, sine ira,
Promisere manus : hic ægra in sorte parentem

parer le coursier aux pieds ailés, ces joies de la guerre; abattus, tremblants, sans énergie, sans colère, ils s'engagent à servir; l'un gémit sur le déplorable sort de son père chéri, l'autre sur sa jeune et tendre épouse, sur les malheureux enfants qui ont crû dans ses bras. Nul d'entre eux n'est échauffé par le souffle de Mars; les remparts mêmes de Thèbes sont rongés par la vétusté, les grandes tours d'Amphion ouvrent leur flanc épuisé par l'âge; et ces murs qu'une lyre divine a élevés jusqu'au ciel, un travail muet et sans gloire les raffermit. Cependant une rage vengeresse inspire les villes de Béotie, et c'est bien moins pour soutenir un roi injuste que par attachement pour une nation alliée qu'elles courent aux armes.

Étéocle, lui, est comme un loup qui vient de forcer un gras troupeau. La poitrine chargée d'un sang noir et caillé, la gueule hérissée, béante, et souillée de lambeaux de laine ensanglantée, il sort de la bergerie, roulant çà et là ses yeux troublés, pour voir si les farouches bergers, instruits de leur perte, ne le poursuivent pas; et il fuit avec la conscience de son audace.

La renommée, cette cause de tant de troubles, répand à chaque instant de nouvelles terreurs. Celui-ci a vu sur les rives de l'Asope errer isolés des cavaliers de Lerne; celui-là raconte que le Cithéron, théâtre des orgies, cet autre que le Theumèse, sont occupés par l'ennemi, et l'on prétend avoir aperçu dans les ombres de la nuit briller les feux d'un camp du côté de Platée. Les Dieux de Thèbes ont sué, l'eau de Dircé s'est teinte de sang, des monstres sont nés, et de nouveau le Sphinx a parlé du haut de son rocher. Que n'a-t-on pas appris? que n'a-t-on pas vu? que ne se croit-on pas permis de dire?

Une nouvelle crainte vient s'ajouter à tant d'anxiétés : soudain s'élançant, cheveux épars, la reine du chœur des bacchantes accourt dans la plaine du sommet du mont Ogygie; sombre, et l'œil enflammé, elle brandit de tous côtés sa torche renversée, puis, furieuse, remplit la ville alarmée de ses cris d'épouvante :

« Tout-puissant dieu de Nysa, dont cette race qui t'a vu naître a depuis longtemps perdu l'amour, maintenant, sous l'Ourse hérissée de frimas, tu frappes à coups pressés le belliqueux Ismare du bout de ton thyrse d'acier; tu ordonnes à une forêt de pampre d'enlacer Lycurgue; ou, vers le Gange orgueilleux, vers les bornes les plus reculées de la mer Érythrée, vers les contrées de l'aurore, superbe et triomphant, tu exerces ta fureur, ou des sources de l'Hermus tu sors tout couvert d'or. Et nous tes enfants, nous qui déposons les armes de nos pères pour célébrer tes fêtes, la guerre, les larmes, la crainte, le crime de deux frères, le fardeau d'un trône usurpé, voilà tout ce que tu nous laisses! Au delà des glaces éternelles, ô Bacchus, au delà du Caucase, où retentissent les cris et les armes des Amazones, emporte-moi, mais ne me force pas à révéler les forfaits monstrueux de nos chefs et l'impiété de notre race! Tu me presses... Bacchus, ce n'est pas cette fureur que je t'ai vouée!... Je vois fondre l'un sur l'autre deux taureaux semblables; en tous deux même beauté, même sang; leurs fronts s'entreheurtent, leurs cornes s'entrelacent, et dans leur colère féroce ils se donnent réciproquement la mort. Cède, tu es le plus injuste, cède, tu es le plus coupable, toi qui veux posséder seul les pâturages de tes ancêtres et cette montagne qui vous est commune! Ah! misérables, dans cette lutte

Unanimum, hic dulces primævæ conjugis annos
Ingemit, et gremio miseros accrescere natos. 355
Bellator nulli caluit Deus : ipsa vetusto
Mœnia lassa situ, magnæque Amphionis arces,
Jam fessum senio nudant latus, et fide sacra
Æquatos cœlo, surdum, atque ignobile, muros
Firmat opus : tamen et Bœotis urbibus ultrix 360
Adspirat ferri rabies, nec regis iniqui
Subsidio, quantum socia pro gente moventur.

Ille velut pecoris lupus expugnator opimi,
Pectora tabenti sanie gravis, hirtaque setis
Ora cruentata deformis hiantia lana, 365
Decedit stabulis, huc, illuc turbida versans
Lumina, si duri comperta clade sequantur
Pastores, magnique fugit non inscius ausi.

Accumulat crebros turbatrix fama pavores.
Hic jam dispersos errare Asopide ripa 370
Lernæos equites : hic te, bacchate Cithæron,
Ille rapi Theumeson, ait, noctisque per umbras
Nuntiat excubiis vigiles arsisse Plateas.

Nam Tyrios sudasse lares, et sanguine Dircen
Irriguam; fœtusque novos, iterumque locutam 375

Sphinga petris, cui non et scire licentia passim,
Et vidisse fuit? novus his super anxia turbat
Corda metus : sparsis subito correpta canistris
Silvestris regina chori decurrit in æquum
Vertice ab Ogygio, trifidamque huc tristis, et illuc, 380
Lumine sanguineo pinum dejectat, et ardens
Erectam attonitis implet clamoribus urbem :
« Omnipotens Nisææ pater, cui gentis avitæ
Pridem lapsus amor, tu nunc horrente sub arcto
Bellica ferrato rapidus quatis Ismara thyrso, 385
Pampineumque jubes nemus irreplare Lycurgo,
Aut tumidum Gangen, aut claustra novissima rubræ
Tethyos, Eoasque domos flagrante triumpho
Perfuris, aut Hermi de fontibus aureus exis.
At tua progenies, positis gentilibus armis, 390
Quæ tibi festa litat, bellum, lacrimasque, metumque,
Cognatumque nefas, injusti munera regni,
Pendimus : æternis potius me, Bacche, pruinis
Trans et Amazoniis ululatum Caucason armis 394
Siste ferens, quam monstra ducum stirpemque profanam
Eloquar : en urges; alium tibi, Bacche, furorem
Juravi : similes video concurrere tauros :

vous versez tant de sang, et vos forêts, un autre s'en empare. » Elle dit, et son visage se glace, et Bacchus, se retirant d'elle, la laisse calme et muette.

Mais, effrayé du prodige et livré à mille vagues terreurs, le roi a recours au vieux devin Tirésias, cet aveugle si clairvoyant, et, suivant la coutume de ceux qui redoutent des malheurs incertains, le consulte sur ses inquiétudes. Le vieillard répond que ni le sang abondamment versé des taureaux, ni l'aile rapide des oiseaux, ni les entrailles d'où s'exhale la vérité, ni l'équivoque trépied, ni les harmonieuses évolutions des astres, ni la fumée de l'encens qui voltige au-dessus des autels, ne révèlent aussi clairement la volonté des Dieux que les mânes arrachés des sombres royaumes de la mort et les eaux sacrées du Léthé; puis il fait plonger le roi dans les eaux de l'Ismène, à l'endroit où elles se mêlent aux flots de la mer, accomplit devant lui les préparatifs de l'évocation, et tout alentour, avec les entrailles hachées des brebis, les parfums du soufre, des herbes fraîches, murmurant de mystérieuses formules, il purifie l'air.

Il est une forêt antique, robuste encore, bien que courbée par le temps, que jamais le fer n'a mutilée, où jamais le soleil n'a pénétré; les tempêtes ne l'ébranlent point, et contre elle sont également impuissants et le Notus, et Borée qui s'élance des régions de l'Ourse. En dessous règne un calme lourd, une horreur morne et silencieuse qu'entretient, non pas le jour, mais sa pâle et douteuse image. Cette obscure forêt a sa divinité; la fille de Latone l'habite; cèdres et chênes portent empreinte sa figure, que voilent les ténèbres sacrées du lieu. On entend, la nuit, sans les voir, siffler ses flèches et aboyer ses chiens, dès qu'elle s'est échappée de l'empire de son oncle, et a repris la forme plus douce de Diane. Mais lorsque les montagnes l'ont fatiguée, et que le soleil, au plus haut de son cours, l'invite au doux sommeil, elle plante ses traits autour d'elle, et, la tête appuyée sur son carquois, elle repose.

En dehors s'étend une plaine immense, terre de Mars, fécondée par Cadmus. Il eut un rude courage celui qui le premier, depuis ces luttes entre frères, depuis qu'on eut ouvert ces coupables sillons, osa enfoncer la charrue dans ce sol, arracher le gazon de ces plaines engraissées de sang. Elle laisse échapper d'effroyables bruits cette terre malheureuse, dès le milieu du jour et dans la solitude des nuits, quand les noirs enfants de la terre se relèvent pour se livrer de vains simulacres de combats : on voit fuir loin du sillon commencé le tremblant laboureur, et, troublés par l'épouvante, retourner à l'étable les taureaux.

Là le vieux devin (il croit plus propre qu'aucune autre à la célébration des mystères infernaux cette terre imprégnée de tant de sang) fait conduire ses brebis à la sombre toison, et des génisses noires; on choisit les plus belles têtes des troupeaux; Dircé gémit, le Cithéron est triste,

Idem ambobus honos, unusque ab origine sanguis :
Ardua collatis obnixi cornua miscent
Frontibus, alternaque truces moriuntur in ira.   400
Tu pejor, tu cede nocens, qui solus avita
Gramina, communemque petis defendere montem.
Ah miseri morum! bellatis sanguine tanto,
Et saltus dux alter habet. » Sic fata gelatis
Vultibus, et Baccho jam demigrante quievit.   405
  At trepidus monstro, et variis terroribus impar,
Longævi rex vatis opem tenebrasque sagaces
Tiresiæ (qui mos incerta paventibus) æger
Consulit : ille Deos non larga cæde juvencum,
Non alacri penna, aut verum spirantibus extis,   410
Nec tripode implicito, numerisque sequentibus astra,
Thurea nec supra volitante altaria fumo,
Tam penitus, duræ quam mortis limite manes
Elicitos patuisse, refert, Lethæaque sacra,
Et mersum Ismeni subter confinia ponto   415
Miscentis, parat ante ducem, circumque bidentum
Visceribus laceris, et odori sulfuris aura,
Graminibusque novis, et longo murmure purgat.
  Silva capax ævi, validaque incurva senecta,
Æternum intonsæ frondis, stat pervia nullis   420
Solibus : haud illam brumæ minuere, Notusve
Jus habet, aut Getica Boreas impactus ab Ursa.
Subter opaca quies, vacuusque silentia servat

Horror, et exclusæ pallet mala lucis imago.
Nec caret umbra Deo : nemori Latonia cultrix   425
Additur : hanc piceæ, cedrique, et robore in omni
Effictam, sanctis occultat silva tenebris.
Hujus inspectæ luco stridere sagittæ,
Nocturnique canum gemitus, ubi limina patrui
Effugit, inque novæ melior redit ora Dianæ.   430
Ast ubi fessa jugis, dulcesque altissima somnos
Lux movet, hic late jaculis circum undique fixis,
Effusam pharetra cervicem excepta quiescit.
  Extra immane patent, tellus Mavortia, campi,
Foetus ager Cadmo, durus qui vomere primo   435
Post consanguineas acies, sulcosque nocentes,
Ausus humum versare, et putria sanguine prata
Eruit : ingentes infelix terra tumultus
Lucis adhuc medio, solaque in nocte per umbras
Expirat, nigri, quum vana in prælia surgunt   440
Terrigenæ : fugit incepto tremebundus ab arvo
Agricola, insanique domum rediere juvenci.
Hic senior vates (Stygiis accommoda quippe
Terra sacris, multoque placent sola pinguia tabo)
Velleris obscuri pecudes armentaque sisti   445
Atra monet: quæcunque gregum pulcherrima cervix
Ducitur : ingemuit Dirce, mœstusque Cithæron,
Et nova clamosæ stupuere silentia valles.
  Tum fera cæruleis intexit cornua sertis

et un étrange silence pèse sur les bruyantes vallées.

Alors Tirésias entrelace les cornes des victimes de guirlandes de deuil, en les palpant avec la main ; puis, sur la lisière du bois, fait creuser neuf fois le sol, et y répand ensuite de larges coupes de vin, du lait, don du printemps, du miel de l'Attique, et du sang qui attire les mânes ; il verse jusqu'à ce que la terre aride soit tout à fait imbibée.

Ensuite le prêtre fait apporter des arbres abattus dans la forêt, et, triste, ordonne d'allumer trois bûchers pour Hécate, autant pour les trois vierges, filles du sinistre Achéron : le tien, roi de l'Averne, quoique profondément enfoncé dans le sol, élève au-dessus des autres ses pins amoncelés ; près de ce dernier on en dresse un plus petit en l'honneur de la Cérès infernale ; le feuillage funèbre du cyprès couvre tout entier ses flancs.

Déjà marquées au front par le fer, et les gâteaux de pure farine sur la tête, les victimes sont tombées sous le couteau : alors la vierge Manto reçoit le sang dans des coupes, y trempe ses lèvres ; puis après avoir fait trois fois le tour des bûchers, suivant la coutume du devin son père, elle y place les entrailles encore palpitantes, où la vie est à peine éteinte, et, sans tarder, elle introduit sous le noir feuillage des torches ardentes : dès qu'il entend pétiller la flamme à travers les branches, et craquer ces funèbres amas de bois, Tirésias, dont les joues sont atteintes par de brûlantes exhalaisons, et les orbites creuses remplies de fumée, s'écrie, et sa voix fait trembler les bûchers et croître la violence du feu :

« Séjour du Tartare, formidable royaume de l'insatiable Mort, et toi, le plus terrible des trois frères, toi qui règnes sur les Mânes et sur les éternels supplices des coupables, toi qui vois ramper à tes pieds le monde souterrain, ouvrez, je frappe à vos portes, ouvrez ces lieux muets, et le vide empire de la sévère Proserpine ! Cette foule plongée dans les abîmes de la nuit, faites-l'en sortir, et que le nautonier du Styx repasse ce fleuve sur sa barque pleine. Qu'ils accourent, qu'ils reviennent tous ensemble à la lumière, ces mânes, mais non de la même manière ! Toi, mets à part, fille de Persée, les hôtes pieux de l'Élysée, et que de sa verge puissante le sombre dieu de l'Arcadie les conduise ; ceux au contraire en plus grand nombre qui, morts dans le crime, habitent l'Érèbe, et sont la plupart de la race de Cadmus, secouant trois fois le serpent qui te sert de fouet, et les précédant, un if enflammé à la main, ô Tisiphone, guide-les jusqu'au jour qu'elles sont avides de revoir, et que Cerbère ne fasse pas de ses trois têtes un obstacle au départ de ces ombres ! »

Il dit, et tous deux également, le vieillard et la prêtresse de Phébus, attendent avec confiance. Eux, ils ne redoutent rien, car ils ont le dieu dans leur cœur ; mais une incroyable terreur accable le fils d'Œdipe, et, tandis que le devin prononce son horrible évocation, il presse tour à tour ses épaules, ses mains, ses bandelettes ; et, dans son épouvante, il voudrait interrompre le mystère commencé.

Tel, dans les fourrés d'une forêt de Gétulie, un chasseur qui par ses cris prolongés a réveillé un lion, l'attend, s'excite au courage, et serre convulsivement ses traits, que ses efforts bai-

```
Ipse manu tractans, notæque in limine silvæ         450
Principio largos novies tellure cavata
Inclinat Bacchi latices, et munera verni
Lactis, et Actæos imbres, suadumque cruorem
Manibus : aggeritur, quantum bibit arida tellus.    454
Trunca dehinc nemora advolvit, mœstusque sacerdos
Tres Hecatæ, totidemque satis Acheronte nefasto
Virginibus jubet esse focos : tibi, rector Averni,
Quanquam infossus humo, superat tamen agger in auras
Pineus : hunc juxta cumulo minor ara profundæ
Erigitur Cereri : frondes, atque omne cupressum     460
Intexit plorata latus : jamque ardua ferro
Signati capita et frugum libamine puro
In vulnus cecidere greges : tunc innuba Manto
Exceptum pateris prælibat sanguinem, et omnes
Ter circum acta pyras, sancti de more parentis,    465
Semineces fibras et adhuc spirantia reddit
Viscera : nec rapidas cunctatur frondibus atris
Subjectare faces : atque ipse sonantia flammis
Virgulta et tristes crepuisse ut sensit acervos
Tiresias (illi nam plurimus ardor anhelat          470
Ante genas, impletque cavos vapor igneus orbes)
Exclamat : (tremuere rogi, et vox impulit ignem :)
```

```
« Tartareæ sedes, et formidabile regnum
Mortis inexpletæ, tuque, o sævissime fratrum,
Cui servire dati Manes, æternaque sontum            475
Supplicia atque imi famulatur regia mundi,
Solvite pulsanti loca muta, et inane severæ
Persephones, vulgusque cava sub nocte repostum
Elicite, et plena redeat Styga portitor alno.
Ferte simul gressus : nec simplex Manibus esto      480
In lucem remeare modus : tu separe cœtu
Elysios, Persei, pios, virgaque potenti
Nubilus Arcas agat : contra per crimina functis,
Qui plures Erebo, pluresque e sanguine Cadmi,
Angue ter excusso, et flagranti prævia taxo,        485
Tisiphone, dux pande diem, nec lucis egentes
Cerberus occursu capitum detorqueat umbras. »

Dixerat : et pariter senior Phœbeaque virgo
Erexere animos : illi formidine nulla,
(Quippe in corde Deus,) solum tremor obruit ingens  490
Œdipodioniden, vatisque horrenda canentis
Nunc humeros, nunc ille manus, et vellera pressat
Anxius, inceptisque velit desistere sacris.
    Qualis Gætulæ stabulantem ad confraga silvæ
Venator longo motum clamore leonem                  495
```

gnent de sueur; la peur glace son visage, ses genoux tremblent, car il ne sait ni quel est l'animal qui s'approche, ni quelle est sa force; mais un rugissement, affreux signal, retentit à son oreille, et il le mesure à ses craintes aveugles.

Tirésias, voyant que les ombres n'arrivent pas encore : « Je le jure, s'écrie-t-il, divinités pour qui j'ai alimenté ces feux et vidé de la main gauche ces coupes dans le sein creusé de la terre, je ne puis plus supporter votre retard. Est-ce en vain que vous m'entendez, moi, votre prêtre? Et si par des chants furieux une Thessalienne vous appelle, vous viendrez? Et chaque fois qu'armée des poisons de Scythie, la princesse de Colchos vous évoquera, le Tartare, pâle d'épouvante, se mettra en mouvement? Vous n'aurez nul souci de moi, si je n'arrache pas des cadavres de leurs bûchers, si je ne tire pas des tombeaux des urnes pleines d'antiques ossements, si je ne mêle pas les Dieux du Ciel et de l'Érèbe pour profaner les uns et les autres, si je ne mutile pas les visages livides, si je ne découpe pas les entrailles corrompues des morts? Ne méprisez pas ma vieillesse et ce nuage qui s'épaissit sur mon front, ne me méprisez pas, je vous en avertis! et moi aussi, je peux employer la violence. Je sais tout ce que vous craignez d'entendre, tout ce que vous craignez de voir révéler; et je pourrais troubler Hécate, sans le respect que j'ai pour toi, dieu de Thymbrée! Je sais le nom du souverain du triple monde, qu'il est défendu de prononcer, mais je le tais; rendez-en grâces à ma vieillesse, amie du repos. Cependant, si...! »

L'inspirée Manto l'interrompt avec empressement : « Tu es obéi, mon père! le peuple pâle s'approche. Le chaos des enfers s'ouvre; l'ombre immense des lieux souterrains crève; les sombres forêts et les sombres fleuves se montrent au jour; l'Achéron vomit son sable livide; le Phlégéthon roule avec ses ondes enflammées des flots d'une noire fumée; et le Styx, qui coule entre les mânes, s'oppose au passage de ceux qui ne doivent pas revoir la lumière. Voici Pluton lui-même, pâlissant sur son trône, entouré des Euménides, ces ministres de ses funestes volontés, voici le sévère appartement de la Junon infernale, voici sa triste couche. En sentinelle se tient l'affreuse Mort, faisant à ses maîtres le dénombrement du peuple silencieux des ombres; il en reste encore plus qu'elle n'en a compté. Le juge crétois ballotte leurs noms dans l'urne terrible, leur arrache la vérité par ses menaces, et les force à dérouler toute leur vie passée, à faire enfin des aveux qui aggravent leurs châtiments. Que te dirai-je? je vois tous les monstres de l'Érèbe, les Scylles, les Centaures animés d'une rage impuissante, les Géants enlacés de chaînes de diamant, et l'ombre rapetissée d'Égéon, ce Titan aux cent bras. »

« O toi, dit-il, le guide et l'appui de ma vieillesse, ne m'en dis pas davantage. Qui pourrait ne pas connaître Sisyphe et son rocher qui toujours retombe, Tantale et son lac trompeur, Tityc, pâture d'un oiseau de proie; Ixion, qu'éblouit le mouvement rapide et sans fin de la roue qui l'emporte? Moi-même, quand mon sang coulait avec plus de chaleur, j'ai visité ces mystérieuses demeures sous la conduite d'Hécate, avant qu'un dieu, retirant la lumière de mes yeux, l'eût fait

Exspectat, firmans animum, et sudantia nisu
Tela premens : gelat ora pavor, gressusque tremiscunt
Quis veniat, quantusque : sed horrida signa frementis
Accipit, et cæca metitur murmura cura.
  Atque hic Tiresias nondum adventantibus umbris : 500
« Testor, ait, Divæ, quibus hunc saturavimus ignem,
Lævaque convulsæ dedimus carchesia terræ,
Jam nequeo tolerare moram : cassusne sacerdos
Audior? an rabido jubeat si Thessala cantu
Ibitis? et Scythicis quoties armata venenis   505
Colchis aget, trepido pallebunt Tartara motu?
Nostri cura minor, si non attollere bustis
Corpora, nec plenas antiquis ossibus urnas
Egerere, et mixtos cœlique Erebique sub unum
Funestare Deos libet? aut exsanguia ferro   510
Ora sequi, aut ægras functorum carpere fibras?
Ne tenues annos, nubemque hanc frontis opacæ,
Spernite ne, moneo, et nobis sævire facultas.
Scimus enim et quidquid dici, noscique timetis,
Et turbare Hecaten, ni te, Thymbræe, vererer :   515
Et triplicis mundi summum, quem scire nefastum est :
Illum sed taceo : prohibet tranquilla senectus.
Jamque ego vos. » Avide subicit Phœbeia Manto :
« Audiris, genitor, vulgusque exsangue propinquat.

Panditur Elysium Chaos, et telluris opertæ   520
Dissilit umbra capax, silvæque, et nigra patescunt
Flumina, liventes Acheron ejectat arenas.
Fumidus atra vadis Phlegethon incendia volvit,
Et Styx discretis interflua Manibus obstat.
Ipsum pallentem solio, circumque ministras   525
Funestorum operum Eumenides, Stygiæque severos
Junonis thalamos, et mœsta cubilia cerno.
In speculis Mors atra sedet, dominisque silentes
Annumerat populos : major supereminet ordo.
Arbiter hos dura versat Gortynius urna,   530
Vera minis poscens, adigitque expromere vitas
Usque retro, et tandem pœnarum lucra fateri.
Quid tibi monstra Erebi, Scyllas, et inane furentes
Centauros, solidoque intorta adamante gigantum
Vincula, et angustam centeni Ægæonis umbram? »   535
  « Immo, ait, o nostræ regimen viresque senectæ,
Ne vulgato mihi : quis enim remeabile saxum,
Fallentesque lacus, Tytionque alimenta volucrum,
Et caligantem longis Ixiona gyris
Nesciat? ipse etiam, melior quum sanguis, opertas 540
Inspexi sedes, Hecate ducente, priusquam
Obruit ora Deus, totamque in pectora lucem
Detulit. Argolicas magis huc appelle precando,

descendre tout entière dans mon cœur. Appelle ici de préférence par tes conjurations les âmes des Argiens et des Thébains : quant aux autres, par des aspersions de lait quatre fois répétées, écarte-les de nous, fais-les sortir, ô ma fille, de cette triste forêt ; puis, le visage de chaque ombre, son extérieur, son avidité à boire le sang répandu, celle des deux nations qui se présente avec le plus de fierté, décris-moi tout ; allons, dissipe par degrés la nuit qui m'entoure. »

Elle obéit, et compose un charme pour disperser une partie des ombres et rassembler les autres, semblable, au crime près, à Médée, et à la magicienne d'Éa, Circé. Alors elle adresse ces paroles au prêtre son père :

« Le premier qui plonge sa bouche glacée dans le lac de sang, c'est Cadmus, et près de son époux se tient la fille de Cythérée ; de leurs têtes s'échappent deux serpents ; les enfants de la Terre, cette race de Mars, les entourent : leur vie n'a duré qu'un jour ; toute la troupe est armée de pied en cap, tous ont la main sur la garde de leurs épées ; ils se gênent, ils se poussent, ils se ruent les uns sur les autres avec la rage qui les animait vivants ; et ce n'est pas de se pencher sur l'affreux sillon qu'ils ont souci, c'est le sang de leurs frères qu'ils voudraient boire. Après eux vient la foule des filles de Cadmus et ses déplorables petits-fils. Je vois Autonoé, privée d'Actéon ; je vois Ino, haletante, les yeux fixés sur l'arc d'Athamas, presser tendrement sur son sein le fruit de son amour, et Sémélé faire de ses bras une défense à ses flancs où son enfant tressaille. La mère de Penthée a brisé son thyrse, elle est délivrée du dieu qui l'obsédait, elle déchire, elle ensanglante sa poitrine, et suit le corps en poussant des cris : pour lui, il fuit, à travers les obstacles du Léthé et du Styx, jusqu'aux lacs de l'Élysée, où, plus tendre, son père Échion le pleure, et rajuste ses membres arrachés. Je reconnais le triste Lycus et le fils d'Éole, la main droite ramenée sur les reins, portant en triomphe un cadavre sur son épaule. Il conserve encore cette métamorphose qui l'accuse, le fils d'Aristée : son front est hérissé de cornes, sa main tient des traits, et il repousse ses chiens, dont la gueule s'ouvre pour le dévorer. Mais voici venir, accompagnée d'un nombreux cortège, la jalouse fille de Tantale : orgueilleuse encore dans sa douleur, elle compte les cadavres de ses enfants, et ses maux ne l'ont point abattue ; elle se félicite d'avoir échappé à la puissance des Dieux, et de pouvoir donner libre carrière aux fureurs de sa langue. »

Tandis que la chaste prêtresse parle ainsi à son père, les cheveux blancs du vieillard se dressent sur son front et soulèvent les bandelettes, et son visage s'anime d'une légère rougeur. Il cesse de s'appuyer sur son bâton, sur sa vierge chérie, et debout sur le sol :

« Tais-toi, ma fille, s'écrie-t-il, je n'ai plus besoin d'une lumière étrangère ; le nuage glacé s'entr'ouvre, les ténèbres n'obstruent plus mon regard. Sont-ce ces ombres, est-ce un dieu d'en-haut, est-ce Apollon qui m'inspire ? Je vois maintenant tout ce que j'entendais. Mais voici, tristes et les yeux baissés, les mânes des Argiens, le farouche Abas, le coupable Prétus, le doux Phoronée, le mutilé Pélops, et, souillé d'une san-

Thebanasque animas : alias avertere gressus
Lacte quater sparsas, mœstoque excedere luco, 545
Nata, jube, tunc quis vultus, habitusque, quis ardor
Sanguinis affusi, gens utra superbior adsit,
Dic agedum, nostramque move per singula noctem. »

Jussa facit, carmenque serit quo dissipet umbras,
Quo regat et sparsas : qualis, si crimina demas, 550
Colchis, et Æœo simulatrix littore Circe.
Tunc his sacrificum dictis affata parentem :
« Primus sanguineo submittit inertia Cadmus
Ora lacu, juxtaque virum Cythereia proles ;
Effluit amborum geminus de vertice serpens : 555
Terrigenæ comites illos, gens Martia, cingunt.
His ævi mensura dies : manus omnis in armis,
Omnis et in capulo : prohibent, obstantque, ruuntque
Spirantum rabie : nec tristi incumbere sulco
Cura, sed alternum cuperent haurire cruorem. 560
Proxima natarum manus est, fletique nepotes.
Hic orbam Autonoen, et anhelam cernimus Ino
Respectantem arcus, et ad ubera dulce prementem
Pignus, et oppositis Semelen a ventre lacertis.
Penthea jam fractis genitrix Cadmeia thyrsis, 565
Jam dimissa Deo, pectusque adaperta cruentum.
Insequitur planctu : fugit ille per avia Lethes,
Et Stygios, superosque lacus, ubi mitior illum
Flet pater, et lacerum componit corpus Echion.
Tristem nosco Lycum, dextramque in terga reflexum
Æoliden, humero jactantem funus onusto. 571
Nec dum ille aut habitus, aut versæ crimina formæ
Mutat Aristæo genitus : frons aspera cornu,
Tela manu, rejicitque canes in vulnus hiantes.
Ecce autem magna subit invidiosa caterva 575
Tantalis, et tumido percenset funera luctu,
Nil dejecta malis : juvat effugisse Deorum
Numina, et insanæ plus jam permittere linguæ. »
Talia dum patri canit intemerata sacerdos,
Illius elatis tremefacta assurgere vittis 580
Canities, tenuique impelli sanguine vultus.
Nec jam firmanti baculo, nec virgine fida
Nititur : erectusque solo, « Desiste canendo,
Nata, ait ; externæ satis et mihi lucis ; inertes
Discedunt nebulæ, et vultum niger exuit aer. 585
Umbrisne, an supero me missus Apolline complet
Spiritus ? en video quæcunque audita. Sed ecce
Mærent Argolici dejecto lumine manes.
Torvus Abas, Prœtusque nocens, mitisque Phoroneus,
Truncatusque Pelops, et sævo pulvere sordens 590
Œnomaus, largis humectant imbribus ora.

glante poussière, OEnomaüs, tous baignant leurs visages d'abondantes larmes. J'augure de là que Thèbes dans cette lutte aura l'avantage. Quelle est cette troupe serrée de guerriers (leurs armes et leurs blessures prouvent combien ces âmes sont belliqueuses) qui s'avancent, le visage et la poitrine ensanglantés, et, faisant de vains efforts pour crier, tendent sans cesse les mains vers nous? Roi, me trompé-je? ne sont-ce pas là ces cinquante.... Tu vois Chthonius, et Chromis, et Phégée, et Méon, que distingue, comme moi, le laurier. Calmez-vous, guerriers : rien en tout ceci, croyez-le, n'est le fruit des conseils humains; l'inflexible Atropos avait filé ces années; vous avez échappé aux malheurs : nous, il nous reste à subir une guerre horrible, et nous reverrons Tydée. »

Il dit, et, prenant une bandelette enlacée de feuillage, repousse ceux qui le pressent, et leur montre le sang.

Seul se tenait debout sur le sombre rivage du Cocyte Laïus, que déjà le dieu ailé avait rendu à l'impitoyable Averne ; et jetant un regard oblique sur son cruel petit-fils, dont il avait reconnu les traits, il ne s'approchait pas pour prendre comme le reste des ombres sa part du sang et des autres libations, animé qu'il était d'une haine immortelle; mais Tirésias l'appelle :

« Illustre roi de Thèbes, lui dit-il, depuis la mort duquel les citadelles d'Amphion n'ont pas vu un beau jour; ô toi dont la fin sanglante a été assez vengée, toi dont l'ombre a dû être apaisée par les nombreux sacrifices de tes descendants, pourquoi, malheureux, les fuis-tu? Il gît dans une longue mort celui que tu poursuis de

ta haine, toujours en proie aux horreurs de l'agonie, les yeux crevés, le visage souillé de sang et de fange, chassé du domaine du jour; son sort est plus affreux que le trépas, crois-moi : mais ton petit-fils, qui n'est pas coupable envers toi, quel motif as-tu pour l'éviter? Approche-toi, viens te rassasier de ces libations ; puis, les événements futurs, les pestes de la guerre, révèle tout, soit que tu gardes ton ressentiment, soit que tu aies pitié des malheurs de tes enfants. Alors, moi, sur cette barque, objet de tes vœux, je te ferai passer le Léthé, qu'il t'est maintenant interdit de franchir, je te déposerai dans le pieux séjour de la paix, et je te recommanderai aux Dieux des enfers. »

Laïus est flatté de ces offres honorables, et des larmes mouillent ses joues ; puis il répond en ces termes :

« Pourquoi, quand tu mets en mouvement les mânes, prêtre dont l'âge égale le mien, est-ce moi que tu choisis pour révélateur? Pourquoi à tant d'ombres si grandes suis-je préféré pour dévoiler l'avenir? J'ai bien assez de me souvenir du passé. Est-ce bien moi, ô honte! que vous consultez, mes illustres petits-fils? C'est lui, c'est lui qu'il faut appeler à ces abominables mystères, cet homme qui a enfoncé avec joie son épée dans le flanc de son père, qui a retourné vers sa source, et donné à sa mère des gages de son indigne amour. Et maintenant il fatigue de ses vœux les Dieux et les noires Furies, et appelle mon ombre à ces luttes. Toutefois, si dans ces circonstances déplorables on me désire si vivement pour devin, je parlerai, je dirai tout ce que Lachésis, tout ce que la farouche Mégère me permettent de dire : la guerre, la guerre arrive, traînant à sa suite d'in-

Auguror hinc Thebis belli meliora : quid autem
Hi grege condenso (quantum arma et vulnera monstrant
Pugnaces animæ) nobis in sanguine multo
Oraque, pectoraque, et falso clamore levatas   595
Intendunt sine pace manus? rex, fallor, an hi sunt
Quinquaginta illi? cernis Chthoniumque Chrominque,
Phægeaque, et nostra præsignem Mæona lauro.
Ne sævite, duces : nihil hic mortalibus ausum
Credite consiliis : hos ferrea neverat annos   600
Atropos : existis casus : bella horrida nobis,
Atque iterum Tydeus. » Dixit, vittaque ligatis
Frondibus instantes abigit, monstratque cruorem.

Stabat inops comitum Cocyti in littore mœsto
Laïus, immiti quem jam Deus ales Averno   605
Reddiderat, dirumque tuens obliqua nepotem,
(Noscit enim vultu) non ille aut sanguinis haustus,
Cætera ceu plebes, alluve accedit ad imbrem,
Immortale odium spirans : sed prolicit ultro
Aonius vates : « Tyriæ dux inclyte Thebes;   610
Cujus ab interitu non ulla Amphionis arces
Vidit amica dies : o jam satis ulte cruentum
Exitium, et multum placata minoribus umbra,
Quos, miserande, fugis? jacet ille in funere longo

Quem premis, et junctæ sentit confinia mortis,   615
Obsitus exhaustos pedore et sanguine vultus,
Ejectusque die : sors leto durior omni,
Crede mihi : quænam immeritum vitare nepotem
Causa tibi? confer vultum, et satiare litanti
Sanguine, venturasque vices, et funera belli   620
Pande vel infensus, vel res miserate tuorum.
Tunc ego te optata vetitam transmittere Lether.
Puppe dabo, placidumque pia tellure reponam,
Et Stygiis mandabo Deis. » Mulcetur honoris
Muneribus, lacrimatque genas; dehinc talia reddit : 625
« Cur tibi versanti manes, æquævæ sacerdos,
Lectus ego augurio? tantisque potissimus umbris
Qui ventura loquar? satis est meminisse priorum.
Nostrane præclari (pudeat) consulta nepotes
Poscitis? illum illum sacris adhibete nefastis,   630
Qui læto fodit ense patrem, qui semet in ortus
Vertit, et indignæ regerit sua pignora matri.
Et nunc ille Deos, furiarumque atra fatigat
Concilia, et nostros rogat hæc in prælia manes.
Quod si adeo placui deflenda in tempora vates,   635
Dicam equidem, quo me Lachesis, quo torva Megæra
Usque sinunt : bellum innumero venit undique bellum

nombrables bataillons, tous les enfants de Lerne, qu'aiguillonne le fatal dieu des combats; ces guerriers, des prodiges de la nature et les foudres des Dieux les attendent, des morts glorieuses et des lois criminelles qui retarderont pour eux les honneurs du bûcher: la victoire est assurée à Thèbes, ne crains rien, et ton trône ne sera pas la proie d'un orgueilleux frère. Ce sont les furies, c'est un double forfait, c'est, au milieu du carnage (malheur à moi!) un barbare père qui triomphera. » Il dit, et s'évanouit; et sa réponse ambiguë les laisse dans l'incertitude.

Cependant, à travers la froide Némée, et ses halliers témoins des exploits d'Hercule, se répandaient en errantes légions les enfants d'Inachus. Piller Thèbes, la ravager, la détruire, tel est le désir qui les brûle et les pousse en avant. Qui ralentit leur ardeur, qui les arrêta et les força de s'écarter au milieu de leur course, ô Phébus, c'est à toi de nous le dire; nous, rarement nous pouvons remonter jusqu'aux sources de la renommée.

Chancelant d'ivresse, Bacchus ramenait son armée victorieuse de l'Hémus; après avoir employé deux hivers pour introduire ses orgies chez les Gètes guerriers, pour faire verdir les flancs blanchis de neige de l'Othrys et pour accoutumer le Rhodope à l'ombrage de la vigne, il poussait vers les murs maternels son char orné de pampre: libres de tout frein, à droite et à gauche le suivent des lynx, et ses tigres lèchent leurs rênes trempées de vin. Derrière lui bondissent les bacchantes, portant pour trophées des loups à demi-morts et des ours déchirés. Et son cortège n'est pas inactif : c'est la Colère, la Fureur, la Crainte,

la Force, l'Intempérance toujours ivre; armée à la marche mal assurée, et bien semblable à celui qui la commande. Dès que le Dieu voit un nuage de poussière tourbillonner au-dessus de la forêt de Némée, et les rayons du soleil étinceler sur l'acier des armures, et Thèbes qui n'est pas prête encore à entrer en lutte; vivement ému à cet aspect, bien qu'il ait la bouche pendante et l'estomac appesanti, il fait taire clairons, tambours et flûtes, tout ce fracas qui assourdissait ses oreilles, et s'écrie :

« C'est moi, c'est ma nation que cette troupe veut anéantir; et cette fureur, elle vient de loin ; cette guerre, c'est la cruelle Argos, c'est la colère de mon implacable marâtre qui l'excite contre moi! C'était trop peu sans doute que ma mère réduite en cendres, que mon berceau changé en bûcher, que moi-même atteint par la foudre! La tombe même où gisent les restes de cette poussière qui fut sa rivale, et la morne Thèbes, elle veut les détruire par le fer, la cruelle! J'entraverai ses projets par la ruse. Cette plaine, cette plaine, marchez-y, marchez-y, allons, compagnons! » A ce signal, les tigres d'Hyrcanie hérissent leurs crinières; le Dieu parle encore, et déjà il est arrêté dans la plaine.

C'était l'heure où le soleil, parvenu au faîte du monde, embrase l'atmosphère, où sur les champs crevassés pèse une lourde chaleur qui pénètre au fond des bois les plus épais. Bacchus appelle les déesses des eaux, et, se plaçant au milieu de leur troupe silencieuse, il commence :

« Divinités des fleuves, Nymphes champêtres, qui faites aussi partie de mon cortége, soumettez-

Agmine, Lernæosque trahit fatalis alumnos
Gradivus stimulis : hos terræ monstra, Deumque
Tela manent, pulchrique obitus, et ab igne supremo 640
Sontes lege moræ : certa est victoria Thebis,
Ne trepida, nec regna ferox germanus habebit.
Sed furiæ, geminumque nefas, miserosque per enses
(Hei mihi) crudelis vincet pater. » Hæc ubi fatus,
Labitur, et flexa dubios ambage reliquit.   645
Interea gelidam Nemeen, et conscia laudis
Herculeæ dumeta, vaga legione tenebant
Inachidæ: jam Sidonias avertere prædas,
Sternere, ferre domos ardent, instantque. Quis iras
Flexerit, unde moræ, medius quis euntibus error,   650
Phœbe, doce : nos rara manent exordia famæ.
Marcidus edomito bellum referebat ab Hæmo
Liber; ibi armiferos geminas jam sidere brumæ
Orgia ferre Getas, canumque virescere dorso
Othryn, et Icaria Rhodopen assueverat umbra,   655
Et jam pampineos materna ad mœnia currus
Promovet : effrenæ dextra lævaque sequuntur
Lynces, et uda mero lambunt retinacula tigres.
Post exsultantes spolia armentalia portant
Seminecesque lupos, scissasque Mimallones ursas.   660
Nec comitatus iners; sunt illic Ira, Furorque,

Et Metus, et Virtus, et nunquam sobrius Ardor,
Succiduique gradus, et castra simillima regi.
Isque ubi pulverea Nemeen effervere nube
Conspicit, et solem radiis ignescere ferri,   665
Necdum compositas belli in certamina Thebas;
Concussus visis, quanquam ore et pectore marcet,
Æraque, tympanaque, et biforem reticere tumultum
Imperat, attonitas qui circum plurimus aures;   669
Atque ita : « Me manus ista, meamque exscindere gentem
Apparat, et longe recalet furor : hoc mihi sævum
Argos et indomitæ bellum ciet ira novercæ.
Usque adeone parum cineri data mater iniquo ?
Natalesque rogi ? quæque ipse micantia sensi
Fulgura? relliquias etiam, fuscæque sepulcrum   675
Pellicis, et residem ferro petit improba Theben.
Nectam fraude moras : illum, illum tendite campum,
Tendite, io, comites. » Hyrcanæ ad signa jugales
Intumuere jubas; dicto prius adstitit arvis.   679
    Tempus erat, medii quum solem in culmina mundi
Tollit anhela dies, ubi tardus hiantibus arvis
Stat vapor, atque omnes admittunt æthera luci.
Undarum vocat ille Deas, mediusque silentum
Incipit : « Agrestes fluviorum numina Nymphæ,
Et nostri pars magna gregis, perferte laborem,   685

vous au labeur que je vous impose. Épuisez-moi les rivières de l'Argolide, ses étangs, ses ruisseaux vagabonds, et couvrez-les de poussière. Que Némée surtout, par où la guerre marche en ce moment contre ma cité, soit profondément desséchée : nous avons en cela, pourvu que votre volonté ne soit pas rebelle, l'aide de Phébus lui-même au plus haut de son cours ; à notre entreprise sourient les astres et mon Érigone, dont le chien brûlant écume : allez de bon gré, allez dans les profondeurs du sol ; plus tard je vous en ferai sortir à plein lit ; les dons les plus beaux qui me seront offerts dans les sacrifices, vous en aurez l'honneur ; je vous défendrai des nocturnes larcins des Satyres lascifs et des rapts amoureux des Faunes. »

Il dit : on voit le visage des Nymphes se couvrir d'une mousse légère, et leur verte chevelure se dessécher. Aussitôt une soif brûlante dévore les champs d'Inachus ; les ondes s'enfuient, les fontaines et les lacs tarissent, et, dans le lit des fleuves, le limon s'échauffe et se durcit. Le sol devient triste et maigre, à la naissance de leurs tiges les moissons s'inclinent ; trompé dans son attente, le troupeau s'arrête sur la rive, et les taureaux cherchent les fleuves que naguère ils traversaient à la nage.

Ainsi, lorsque le Nil, replié dans son antre immense, s'est arrêté, et retient dans sa bouche les neiges fondues de l'orient qui l'alimentent, son lit profond fume dans ses vallées abandonnées, et l'Égypte, avec toute l'impatience du désir, attend le bruit retentissant du fleuve qui la nourrit, jusqu'à ce qu'enfin, cédant à sa prière, il revienne engraisser les campagnes du Phare, et ramène une année abondante en moissons.

On voit tarir l'infect marais de Lerne, tarir le Lyrcius, et le puissant Inachus, et le Charadrus, qui roule des rochers dans son cours, et l'audacieux Érasin, que ses rives ne peuvent contenir, et l'Astérion aux flots calmes : le premier, bondissant avec fracas sur des hauteurs inaccessibles, et troublant au loin le sommeil des pasteurs.

La seule Langie toutefois, mais par l'ordre d'un dieu, poursuit son cours silencieux sous l'ombrage solitaire des bois. Archémore, enlevé à la lumière, ne lui avait pas encore donné son nom lamentable, elle n'avait pas encore la renommée d'une déesse ; en attendant, elle garde ces lieux écartés, cette forêt, ce ruisseau ; mais une gloire plus grande lui est réservée, quand les chefs de la Grèce, par des luttes laborieuses, par des fêtes funèbres renouvelées tous les trois ans, célébreront la douleur d'Hypsipyle et la mémoire sacrée d'Opheltès.

Donc les Grecs n'ont plus la force de porter, ni leurs boucliers échauffés par le soleil, ni leurs cuirasses étroitement serrées au corps, tant est affreuse la soif qui les tourmente ; non-seulement leur palais est enflammé, non-seulement leur gosier se contracte, mais un feu intérieur les dévore ; leur cœur ne bat qu'avec effort, leurs veines sont inertes, et un sang aigri s'attache à leurs entrailles desséchées ; réduite en poussière par la chaleur, la terre exhale cette poussière en nuage brûlant. Les chevaux n'ont pas d'écume, ils froissent leur bouche contre le frein, leur bouche d'où pend, longue et enchaînée, leur langue ; ils ne

Quem damus. Argolicos paulum mihi fontibus amnes,
Stagnaque, et errantes obducite pulvere rivos.
Præcipuus Nemees, qua nostra in mœnia bellis
Nunc iter, ex alto fugiat liquor : adjuvat ipse
Phœbus ad hoc summo, cesset ni vestra voluntas, 690
Limite : vim cœptis indulgent astra, meæque
Æstifer Erigones spumat canis : ite volentes,
Ite in operta soli : post vos ego gurgite pleno
Eliciam, et quæ dona meis amplissima sacris
Vester habebit honos : nocturnaque furta licentum 695
Cornipedum, et cupidas Faunorum arcebo rapinas. »
    Dixerat : ast illis tenuior percurrere visus
Ora situs, viridisque comis exhorruit humor.
Protinus Inachios haurit sitis ignea campos.
Diffugere undæ : squalent fontesque, lacusque, 700
Et cava ferventi durescunt flumina limo.
Ægra solo macies, teneriique in origine culmi
Inclinata seges : deceptum margine ripæ
Stat pecus, atque amnes quærunt armenta natatos.
    Sic ubi se magnis refluus suppressit in antris 705
Nilus, et Eoæ liquentia pabula brumæ
Ore premit, fumant deserta gurgite valles.
Et patris undosi sonitus exspectat hiulca
Ægyptos, donec Phariis alimenta rogatus

Donet agris, magnumque inducat messibus annum. 710
Aret Lerna nocens, aret Lyrcius, et ingens
Inachus, adversusque natantia saxa Charadrus,
Et nunquam in ripis audax Erasinus, et æquus
Fluctibus Asterion : ille alta per avia notus
Audiri, et longe pastorum rumpere somnos. 715
Una tamen tacitas, sed jussu numinis, undas,
Hæc quoque secreta, nutrit Langia, sub umbra.
Nondum illi raptus dederat lacrimabile nomen
Archemorus, nec fama Deæ ; tamen avia servat 719
Et nemus, et fluvium : manet ingens gloria nympham,
Quum tristem Hypsipylen ducibus sudatus Achæis
Ludus, et atra sacrum recolit trieteris Ophelten.
    Ergo, nec ardentes clipeos vectare, nec arctos
Thoracum nexus (tantum sitis horrida torquet)
Sufficiunt : non ora modo, angustisque perusti 725
Faucibus, interior sed vis quatit : aspera pulsu
Corda : gelant venæ, et siccis cruor æger adhæret
Visceribus : tunc sole putris, tunc pulvere tellus
Exhalat calidam nubem. Non spumeus imber
Manat equum : siccis illidunt ora lupatis, 730
Ora catenatas procul exertantia linguas ;
Nec legem dominosve pati, sed perfurit arvis
Flammatum pecus : huc illuc impellit Adrastus

souffrent plus ni loi ni maîtres ; mais ils bondissent dans les campagnes, troupe ardente et furieuse.

De tous côtés Adraste envoie des éclaireurs, pour voir si les étangs de Lycimnie ne sont point taris, si la fontaine d'Amymone conserve quelque peu d'eau : tout est absorbé par des feux cachés ; nul espoir du côté du ciel ; on dirait qu'ils parcourent les sables de la Libye, les déserts de l'Afrique, et Syène, que jamais nuée ne couvrit de son ombre.

Enfin, au milieu des forêts (ainsi l'avait résolu Bacchus), dans leurs courses errantes, ils aperçoivent tout à coup, belle encore malgré ses chagrins, Hypsipyle : quoique à sa mamelle soit suspendu un enfant qui n'est pas le sien, Opheltès, fils de Lycurgue, roi de Némée ; quoique sa chevelure soit négligée et son vêtement pauvre, il y a des marques de royauté sur son visage, et ses malheurs n'ont pas effacé en elle un reste de grandeur. Adraste, tant il est étonné, lui adresse ces paroles :

« Puissante divinité des forêts, car ton noble visage dit assez que tu n'es pas d'une race mortelle, toi qui, sous ce ciel de feu, n'as pas à chercher où étancher ta soif, viens au secours de nations qui tiennent à toi par le sang ; soit que la fille de Latone, cette déesse armée d'un arc, t'ait fait passer de son chaste cortége dans le lit d'un époux, soit qu'un amour céleste, et le plus grand de tous, ait fécondé tes flancs, car ce ne serait pas la première fois que le maître des Dieux lui-même se serait uni aux vierges de l'Argolide, jette un regard sur cette triste armée.

« Nous voulions détruire Thèbes, qui l'a mérité par ses crimes ; mais maintenant, nous condamnant à une lâche inaction, une soif horrible abat nos courages et énerve nos forces. Dans cette calamité, viens à notre aide, indique-nous, ne fût-ce qu'un ruisseau bourbeux, ne fût-ce qu'un marais infect ; rien, en de telles conjonctures, rien n'est honteux, rien n'est vil : c'est de toi à présent que nous implorons des vents et de la pluie, ce n'est plus de Jupiter ; nos forces qui fuient, rends-les-nous ; nos cœurs abattus, remplis-les de l'ardeur des combats. Puisse sous un astre favorable croître ce fardeau que tu portes ! que Jupiter nous ramène seulement vainqueurs dans notre patrie, oh ! combien de dépouilles ennemies tu recevras en offrandes ! Parmi les troupeaux de Thèbes, je te choisirai, ô déesse, autant de victimes que tu auras sauvé de guerriers, et dans ce bois je te consacrerai un magnifique autel. »

Il dit ; son souffle haletant et enflammé entrecoupe ses paroles, et la rapidité de sa respiration fait vaciller sa langue desséchée. Même pâleur en tous ces guerriers, même souffle sortant d'une bouche ouverte. La princesse de Lemnos, les yeux baissés, répond :

« Déesse, moi ! bien qu'en effet j'aie une origine céleste, d'où le pensez-vous ? Plût aux Dieux que je n'eusse jamais dépassé l'humanité par mes douleurs ! Vous voyez une mère sans enfants, nourrice d'un étranger ; mes fils ! quel sein les a nourris, quelles mamelles les ont allaités, un Dieu seul le sait ; et moi aussi, cependant, j'eus un royaume, j'eus un père illustre. Mais pourquoi vous parler ainsi ? pourquoi vous retenir loin de ces eaux qu'implore votre détresse ? Venez avec moi ; peut-être Langie a-t-elle conservé ses ondes, qui n'ont jamais tari : elle a coutume, même sous le Cancer brûlant, même quand resplendit l'astre d'Érigone, de poursuivre toujours son cours.

Exploratores, si stagna Lycimnia restent,
Si quis Amymones superet liquor : omnia cæcis 735
Ignibus hausta sedent ; nec spes humentis Olympi :
Ceu flavam Libyen desertaque pulveris Afri
Collustrent, nullaque umbratam nube Syenen.
    Tandem inter silvas, sic Evius ipse parabat,
Errantes subitam pulchro in mærore tuentur 740
Hypsipylen : illi quamvis et ab ubere Opheltes
Non suus, Inachii proles infausta Lycurgi
Dependet, neglecta comam, nec dives amictu ;
Regales tamen ore notæ, nec mersus acerbis
Exstat honos. Tunc hæc adeo stupefactus Adrastus : 745
    « Diva potens nemorum, nam te vultusque pudorque
Mortali de stirpe negant, quæ læta sub isto
Igne poli non quæris aquas, succurre propinquis
Gentibus : arcitenens seu te Latonia casto
De grege transmisit thalamis, seu lapsus ab astris 750
Non humilis fœcundat amor, neque enim ipse Deorum
Arbiter Argolidum thalamis novus, aspice mœsta
Agmina : nos ferro meritas exscindere Thebas
Mens tulit : imbelli sed nunc sitis anxia fato
Submittitque animos et inertia robora carpit. 755

Da fessis in rebus opem, seu turbidus amnis,
Seu tibi fœda palus : nihil hac in sorte pudendum,
Nil humile est : tu nunc ventis, pluvioque rogaris
Pro Jove : tu refugas vires, et pectora bello
Exanimata reple : sic hoc tibi sidere dextro 760
Crescat onus : tantum reduces det flectere gressus
Juppiter, o quanta belli donabere præda !
Dircæos tibi, Diva, greges, numerumque rependam
Plebis, et hic magna lucus signabitur ara. »
    Dixit, et orantis media inter anhelitus ardens 765
Verba rapit, cursusque animæ labat arida lingua.
Idem omnes pallorque viros, flatusque soluti
Oris habet : reddit demisso Lemnia vultu :
    « Diva quidem vobis, etsi cœlestis origo est,
Unde ego ? mortales utinam haud transgressa fuissem 770
Luctibus ! altricem mandati cernitis orbam
Pignoris : at nostris an quis sinus, uberaque ulla,
Scit Deus : et nobis regnum tamen, et pater ingens.
Sed quid ego hæc ? fessosque optatis demoror undis ?
Mecum age nunc : si forte vado Langia perennes 775
Servat aquas : solet et rapidi sub limite cancri
Semper, et Icarii quamvis juba fulgeret astri,

Aussitôt, afin de n'être pas pour les Grecs un guide trop lent, ce nourrisson pendu à son sein, (ah! malheureux enfant!) elle le place (ainsi le voulaient les Parques) sur un tertre voisin, le couche malgré lui sur un lit de fleurs, et par un tendre murmure apaise sa douleur enfantine : ainsi, quand la déesse de Bérécynthe ordonne aux Curètes d'exécuter autour du Tonnant au berceau leurs danses joyeuses et rapides, ceux-ci frappent à l'envi sur leurs tambours; mais les vagissements du dieu font retentir l'Ida.

Cependant l'enfant dans le giron de la terre émaillée de fleurs, au milieu des touffes de gazon, tantôt couche les herbes flexibles, dans ses efforts pour avancer en s'appuyant sur le front, tantôt, altéré du lait de sa nourrice, l'appelle par ses cris, puis recommençant à sourire, et essayant quelques mots mal articulés, écoute avec étonnement les bruits de la forêt, ou saisit ce qui est à sa portée, ou aspire l'air par sa bouche ouverte; ignorant les dangers qu'il court dans ce bois, et plein de sécurité pour sa vie, il erre çà et là. Tel Mars enfant dans les neiges de la Thrace, tel Mercure enfant sur le sommet du Ménale, tel, rampant sur le rivage d'Ortygie, Apollon, trop puissant pour elle, faisait pencher l'île de son côté.

Les Grecs suivent Hypsipyle à travers les halliers et les sombres fourrés de la forêt, où nul chemin n'est frayé; les uns entourent leur guide, d'autres la suivent en troupe serrée, d'autres enfin la précèdent. Pour elle, elle marche, au milieu de ces hommes armés, d'un pas rapide et fier; bientôt, aux approches de la fontaine, la vallée retentit, et le murmure des eaux qui coulent sur les rochers frappe leurs oreilles; alors, bondissant de joie, à la tête de l'armée, entre les rangs des troupes légères, où il se trouve, Argus élève son enseigne, et s'écrie : « Les eaux ! » Et sur les lèvres de tous court au loin ce cri : « Les eaux ! » Ainsi, le long des côtes du golfe d'Ambracie, les jeunes rameurs, sur l'indication du pilote, poussent un cri, que renvoient à la mer les échos du rivage, lorsqu'Apollon, invoqué par eux, leur ouvre enfin la rade de Leucade.

Ils se précipitent vers le ruisseau, pêle-mêle, sans distinction, et soldats et chefs; il n'y a plus de rangs, la soif les égalise : attelés encore à leurs chars chargés de leurs maîtres et de leurs armures, les chevaux entrent dans l'eau et s'y plongent; de ces guerriers, ceux-ci sont entraînés par la violence des courants, ceux-là glissent sur les cailloux humides; nul scrupule de fouler aux pieds les rois embarrassés dans les flots, ou d'enfoncer la tête d'un ami qui appelle au secours. Les ondes frémissent, la rivière est arrachée loin de sa source; son eau, naguère d'un vert si doux, naguère si pure et si transparente, est maintenant souillée de la vase de son lit; les rebords de ses rives tapissées de gazon s'éboulent; ce n'est plus qu'un torrent fangeux. La soif est assouvie, et l'on boit toujours. On dirait une lutte entre deux armées, un combat régulier et acharné dans une gorge étroite, ou des vainqueurs emportant une ville d'assaut.

Alors un des chefs, du milieu du fleuve qui l'entoure de toutes parts : « O Némée, s'écrie-t-il, reine des vertes forêts, demeure chérie de Jupi-

---

Ire tamen : » simul hærentem, ne tarda Pelasgis
Dux foret, ah miserum vicino cespite alumnum,
Sic Parcæ voluere, locat, ponitque negantem — 780
Floribus aggestis, et amico murmure dulces
Solatur lacrimas : qualis Berecynthia mater,
Dum circa parvum jubet exsultare Tonantem
Curetas trepidos : illi certantia plaudunt
Orgia, sed magnis resonat vagitibus Ide. 785
 At puer in gremio vernæ telluris, et alto
Gramine, nunc faciles sternit procursibus herbas
In vultum nitens; caram modo lactis egeno
Nutricem clangore ciens, iterumque renidens,
Et teneris meditans verba illuctantia labris, 790
Miratur nemorum strepitus, aut obvia carpit,
Aut patulo trahit ore diem : nemorisque malorum
Inscius, et vitæ multum securus inerrat.
Sic tener Odrysia Mavors nive, sic puer ales
Vertice Mænalio, talis per littora reptans 795
Improbus Ortygiæ latus inclinabat Apollo.
 Illi per dumos et opaca virentibus umbris
Devia pars cingunt, pars acta plebe sequuntur,
Præcelerantque ducem. Medium subit illa per agmen
Non humili festina modo : jamque amne propinquo 800
Rauca sonat vallis, saxosumque impulit aures

Murmur : ibi exsultans conclamat ab agmine primo,
Sicut erat, levibus tollens vexilla maniplis
Argus, Aquæ; longusque virum super ora cucurrit
Clamor, Aquæ : sic Ambracii per littora ponti 805
Nauticus in remis juvenum monstrante magistro
Fit sonus, inque vicem contra percussa reclamat
Terra, salutatus quum Leucada pandit Apollo.
 Incubuere vadis passim discrimine nullo
Turba simul, primique : nequit secernere mixtos 810
Æqua sitis : frenata suis in curribus intrant
Armenta, et pleni dominis, armisque feruntur
Quadrupedes; hos turba rapax, hos lubrica fallunt
Saxa : nec implicitos fluvio reverentia reges
Proterere, aut mersisse vado clamantis amici 815
Ora. Fremunt undæ, longusque a fontibus amnis
Diripitur ; modo lene virens, et gurgite puro
Perspicuus, nunc sordet aquis egestus ab imo
Alveus : inde toros riparum, et proruta turbant
Gramina : jam crassus cœnoque et pulvere torrens, 820
Quanquam expleta sitis, bibitur tamen. Agmina bello
Decertare putes, justumque in gurgite Martem
Perfurere, et captam tolli victoribus urbem.
 Atque aliquis regum medio circumfluus amni :
« Silvarum, Nemee, longe regina virentum, 825

ter, tu fus pour nous plus dure que pour Hercule, lorsqu'il serra le cou menaçant d'un monstre furieux, dont il comprima le souffle dans les membres gonflés : qu'il te suffise d'avoir jusqu'à ce point entravé les desseins des peuples qui t'appartiennent! Et toi, que nul soleil ne peut dompter, ô fleuve dispensateur d'une onde intarissable, poursuis joyeusement ton cours, quelle que soit la source d'où tu épanches tes eaux toujours fraîches dans ton lit toujours plein; car ce n'est pas l'hiver qui t'alimente de ses neiges, ce n'est pas Iris qui verse dans ton sein des ruisseaux qu'elle a grossis de pluies, et tu ne dois rien aux nuées pesantes qui chargent l'aile du Corus; tu n'appartiens qu'à toi, et tu roules, invincible à tous les astres. Sur toi, ni le Ladon, chéri d'Apollon, ni les deux Xanthes, ni le menaçant Sperchius, ni le Lycormas, où périt Nessus, ne pourraient l'emporter ; à toi pendant la paix, à toi pendant les orages de la guerre, à toi mes hommages dans les festins. Après Jupiter, les premiers seront pour toi. Veuille seulement, quand nous reviendrons victorieux des combats, nous accueillir avec joie, nous ouvrir encore dans nos fatigues tes ondes hospitalières, et reconnaître volontiers ces bataillons que tu as sauvés. »

LIVRE V.

L'onde a apaisé leur soif, et l'armée s'éloigne après avoir porté le ravage dans le lit du fleuve et fait baisser ses rives. Plus ardent, le coursier dévore l'espace, et le fantassin joyeux remplit les campagnes ; les guerriers ont senti renaître leur courage, leurs menaces et leurs vœux, comme s'ils avaient puisé à une source de sang le feu de la guerre et la bouillante ardeur des combats.

Disposés de nouveau en escadrons, ils se reforment en rangs serrés. Chacun a repris sa première place, ses anciens chefs, et ils se remettent en marche à un signal donné. Déjà la terre se soulève en tourbillons de poussière, et les éclairs des armes percent l'obscurité des bois. Tels s'élancent, au delà du Pont, de rauques bataillons de grues, chassés par les beaux jours des bords du Nil qui baigne Parétonium, quand l'hiver a déposé sa rigueur. Dans leur fuite bruyante, elles volent en projetant leur ombre sur les flots et sur les campagnes, et font retentir les plaines inaccessibles de l'air ; joyeuses, elles bravent Borée et ses orages, nagent en se jouant dans les fleuves libres de leurs glaçons, et viennent jouir de l'été au pied de l'Hémus dépouillé de frimas.

Au milieu d'un cercle nombreux de princes grecs, le noble fils de Talaüs s'était arrêté sous un frêne antique, et, appuyé sur la lance de Polynice placé à ses côtés :

« Qui que tu sois, dit-il, toi auquel a été donnée la gloire de sauver ces innombrables cohortes, honneur insigne que ne dédaignerait pas le père des Dieux lui-même, dis-nous (puisque nous voici joyeux près de ton fleuve) quelle est ta famille, ta patrie, à quels astres as-tu puisé la vie; dis-nous enfin quel est ton père. Sans doute tu touches de près aux Dieux, quoi-

---

Lecta Jovi sedes, quam nunc, non Herculis actis
Dura magis, rabidi quum colla minantia monstri
Angeret, et tumidos animam angustaret in artus :
Hac sævisse tenus populorum incepta tuorum
Sufficiat : tuque o cunctis insuete domari 830
Solibus, æternæ largitor corniger undæ,
Lætus eas ; quacumque domo gelida ora resolvis
Immortale tumens : neque enim tibi cana repostas
Bruma nives, raptasque alio de fonte refundit
Arcus aquas ; gravidive indulgent nubila Cori ; 835
Sed tuus, et nulli ruis expugnabilis astro.
Te nec Apollineus Ladon, nec Xanthus uterque,
Sperchiusque minax, centaureusque Lycormas
Præstiterint : tu pace mihi, tu nube sub ipsa
Armorum, festasque super celebrabere mensas. 840
Ab Jove primus honos : bellis modo lætus ovantes
Accipias, fessisque libens iterum hospita pandas
Flumina, defensasque velis agnoscere turmas. »

LIBER QUINTUS.

Pulsa sitis fluvio, populataque gurgitis alveum
Agmina linquebant ripas, amnemque minorem :
Acrior et campum sonipes rapit, et pedes arva
Implet ovans : rediere viris animique, minæque,
Votaque, sanguineis mixtum ceu fontibus ignem 5
Hausissent belli, magnasque in prælia mentes.
Dispositi in turmas rursus, legemque severi
Ordinis, ut cuique ante locus, ductorque, monentur
Instaurare vias. Tellus jam pulvere primo
Crescit, et armorum transmittunt fulgura silvæ. 10
Qualia trans Pontum Phariis defensa serenis
Rauca Parætonio decedunt agmina Nilo,
Quum fera ponit hiems : illæ clangore fugaci,
Umbra fretis arvisque, volant : sonat avius æther.
Jam Borean imbresque pati, jam nare solutis 15
Amnibus, et nudo juvat æstivare sub Hæmo.
Hic rursus simili procerum vallante corona
Dux Talaionides, antiqua ut forte sub orno
Stabat, et admoti nixus Polynicis in hastam :
« At tamen, o quæcunque es, ait, cui gloria tanta 20
Venimeræ fatum debere cohortes,
Quem non ipse Deum sator adpernetur honorem,
Dic age (quando tuis alacres assistimus undis)
Quæ domus, aut tellus, animam quibus hauseris astris ?
Dic quis et ille pater ? neque enim tibi numina longe, 25
Transierit fortuna licet : majorque per ora
Sanguis, et afflicto spirat reverentia vultu. »

que ta fortune soit passée. La noblesse de ton sang et une divine majesté respirent sur tes traits affligés.

La Lemnienne gémit, des pleurs mouillent son beau visage ; enfin, après quelques moments d'hésitation, elle commence en ces termes : « O roi, vous m'ordonnez de rouvrir de cruelles blessures, en vous rappelant les furies, et Lemnos, et les armes cachées dans la couche nuptiale, et les époux massacrés par un fer sacrilége ; je vois encore cet horrible forfait, je vois l'Euménide qui glace mon cœur. O malheureuses ! quelle fureur vous égare ! ô nuit affreuse ! O mon père ! c'est moi (chefs de la Grèce, ne repoussez pas avec mépris la main qui vous a secourus), oui, c'est moi qui seule ai sauvé mon père, en le dérobant à leurs coups. Mais pourquoi reprendre de si loin mes malheurs ?... Les armes et de nobles projets vous appellent ; qu'il me suffise de vous dire que la fille de l'illustre Thoas, Hypsipyle captive porte maintenant le joug de Lycurgue, votre allié. »

Ces mots ont éveillé l'intérêt ; Hypsipyle paraît plus grande et plus noble, digne enfin d'une œuvre si belle. Tous alors brûlent du désir de connaître ses infortunes ; plus que tous les autres, le vénérable Adraste l'exhorte à parler.

« Poursuis au contraire, lui dit-il, tandis qu'au loin s'avancent nos premiers bataillons, car Némée avec ses rameaux touffus et ses inextricables ombrages ne nous permet pas d'étendre le front de notre armée. Dis-nous ces forfaits, dis-nous ta gloire et les gémissements des tiens ; raconte-nous quelle fatalité t'a fait tomber du trône jusqu'à ces humbles travaux : il est doux aux malheureux de parler, et de rappeler leurs anciennes douleurs ! »

Elle commence : « Du sein de la mer Égée, qui, de toutes parts, la presse de ses flots, s'élève Lemnos, où, fatigué des feux de l'Etna, Vulcain vient respirer. Non loin de là, l'Athos couvre cette terre de son ombre immense, et obscurcit la mer de l'image de ses forêts. Vis-à-vis sont les rivages cultivés par les Thraces, rivages funestes et d'où vinrent tous nos maux. Riche de ses nourrissons, Lemnos florissait, et sa renommée n'avait rien à envier à Samos, à la sonore Délos, à ces îles innombrables que la mer Égée vient assaillir de ses flots écumants. Les Dieux voulurent troubler la paix de ces lieux. Nos cœurs, il est vrai, ne sont pas purs de toute faute : nous n'avions consacré aucun autel, élevé aucun temple à Vénus ; quelquefois aussi le ressentiment agite le cœur des Dieux, et le châtiment se glisse à pas lents.

« Vénus quittant l'antique Paphos et ses cent autels, n'ayant ni le même visage, ni la même chevelure, délia, dit-on, sa ceinture conjugale, et laissa loin d'elle ses oiseaux d'Idalie. On ajoute même qu'au milieu des ombres de la nuit, la déesse, armée d'autres flambeaux, d'autres traits que les siens, et entourée des sœurs Stygiennes, voltigea dans les chambres nuptiales ; à peine eut-elle rempli de ses affreux reptiles les appartements les plus secrets et semé partout l'épouvante, sans pitié pour le peuple de son fidèle époux, soudain, loin de Lemnos, vous fuyez, tendres Amours ; l'Hymen tremble et renverse ses flambeaux, la couche légitime reste déserte et glacée, la nuit ne ramène plus les plaisirs ; plus de sommeil dans les bras d'un époux, partout la haine, partout la fureur. Au milieu même de

Ingemit, et paulum fletu cunctata modesto
Lemnias orsa refert : « Immania vulnera, rector,
Integrare jubes, furias, et Lemnon, et arctis 30
Arma inserta toris, debellatosque pudendo
Ense mares : redit ecce nefas, et frigida cordi
Eumenis : o miseræ, quibus hic furor additus ! o nox !
O pater ! illa ego sum, (pudeat ne forte benignæ
Hospitis,) illa, duces, raptum quæ sola parentem 35
Occului : quid longa malis exordia necto ?
Et vos arma vocant, magnique in corde paratus.
Hoc memorasse sat est ; claro generata Thoante,
Servitium Hypsipyle vestri fero capta Lycurgi. »
Advertere animos, majorque, et honora videri 40
Parque operi tanto : cunctis tunc noscere casus
Ortus amor : pater ante alios hortatur Adrastus.
« Immo age, dum primi longe damus agmina vulgi,
Nec facilis Nemee latas evolvere vires,
Quippe obtenta comis, et ineluctabilis umbra, 45
Pande nefas, laudesque tuas, gemitusque tuorum,
Unde hos advenias regno dejecta labores.
Dulce loqui miseris, veteresque reducere questus. »
Incipit : « Ægæo premitur circumflua Nereo

Lemnos, ubi ignifera fessus respiravit ab Ætna 50
Mulciber : ingenti tellurem proximus umbra
Vestit Athos, nemorumque obscurat imagine pontum.
Thraces arant contra : Thracum fatalia nobis
Littora, et inde nefas. Florebat dives alumnis
Terra, nec illa Samo fama, Deloque sonanti 55
Pejor, et innumeris quas spumifer assilit Ægon.
Dis visum turbare domos : nec pectora culpa
Nostra vacant : nullos Veneri sacravimus ignes :
Nulla Deæ sedes : movet et cœlestia quondam
Corda dolor, lentoque irrepunt agmine pœnæ. 60
« Illa Paphon veterem centumque altaria linquens,
Nec vultu, nec crine prior, solvisse jugalem
Ceston, et Idalias procul ablegasse volucres
Fertur : erant certe, media quæ noctis in umbra
Divam, aliis ignes majoraque tela gerentem, 65
Tartareas inter thalamis volitasse sorores
Vulgarent : utque implicitis arcana domorum
Anguibus, et sæva formidine cuncta replevit
Limina, nec fidi populum miserata mariti ;
Protinus a Lemno teneri fugistis Amores : 70
Motus Hymen, versæque faces, et frigida justi

la couche s'assied la Discorde. Les hommes n'ont d'autre soin que d'exterminer les Thraces de la rive opposée, et d'anéantir, le fer à la main, cette nation barbare. Ils ont devant eux leurs foyers; leurs enfants sont là, debout sur le rivage, et ils trouvent plus doux de braver les frimas de l'Édon et le souffle impétueux de l'Ourse, ou enfin, après les combats, d'écouter dans la nuit silencieuse le fracas soudain des torrents qui se brisent.

« Mais elles, plongées dans la tristesse (car pour moi, vierge encore, j'étais libre de soucis et protégée par ma jeunesse), jour et nuit elles pleurent, elles se lamentent, échangeant des paroles de consolation, et contemplant au delà des mers le cruel pays des Thraces.

« Le soleil, au milieu de sa carrière et comme immobile, tenait suspendus au haut de l'Olympe ses coursiers étincelants. Quatre fois sous un ciel serein le tonnerre gronda; quatre fois les antres du dieu de l'Etna lancèrent leurs tourbillons de flammes, et, dans le silence des vents, la mer Égée s'ébranla, et frappa ses rivages de ses ondes enflées. Tout à coup Polyxo, déjà parvenue à l'âge mûr, est saisie par toutes les furies, et s'élance hors de la chambre nuptiale, son séjour habituel, semblable à une Thyade du Theumèse, saisie d'une sainte fureur lorsque les orgies l'appellent, lorsque le bruit sacré de l'Ida retentit, et que du haut des montagnes elle entend Évohé. Ainsi, la tête haute, l'œil égaré, sanglant, elle trouble de ses cris furieux la ville déserte, frappe aux demeures closes encore, à tous les seuils, et réunit ses compagnes; à ses pas s'attachent ses enfants, jeune et malheureux cortège. Soudain toutes les femmes s'échappent de leurs maisons, et se précipitent vers le temple de Pallas; là bientôt nous nous trouvons réunies en un ramas sans ordre. Alors, le glaive à la main, cette triste conseillère du crime impose silence, et du milieu de la foule ose parler ainsi :

« Inspirée par les Dieux et par un juste ressentiment, je médite un grand projet : ô veuves de Lemnos, affermissez vos courages, dépouillez votre sexe, et ce projet je vais l'accomplir. Si vous êtes lasses enfin de garder éternellement vos foyers déserts, de laisser se flétrir honteusement la fleur de votre jeunesse et de consumer dans un long deuil de stériles années, j'ai trouvé et je vous promets le moyen (car les Dieux sont pour nous) de rallumer ici les feux de Vénus. Ayez seulement un courage proportionné à vos douleurs, et qu'on réponde d'abord à mes questions.

« Trois fois l'hiver a blanchi nos campagnes : qui de vous a connu les liens de l'Hyménée et l'honneur mystérieux d'une couche partagée? Quelle poitrine a réchauffée la flamme d'un époux? Qui de vous Lucine a-t-elle assistée? Qui a senti, impatiente du terme, grossir dans son sein le doux objet de ses vœux? Et pourtant on voit dans un doux accord s'accoupler les oiseaux et les bêtes féroces. Oh! lâches que nous sommes! Un Grec, un père a pu armer ses filles de traits vengeurs, et, joyeux de leurs douleurs, arroser de sang le

---

Cura tori : nullæ redeunt in gaudia noctes,
Nullus in amplexu sopor est : odia aspera ubique,
Et Furor, et medio recubat Discordia lecto.
Cura viris tumidos adversa Thracas in ora 75
Eruere, et sævam bellando frangere gentem.
Quumque domus contra, stantesque in littore nati,
Dulcius Edonas hiemes, Arctoonque frementem
Excipere, aut tandem tacita post prælia nocte
Fractorum subitas torrentum audire ruinas. 80

« Illæ autem tristes (nam me tunc libera curis
Virginitas, annique tegunt) sub nocte dieque
Assiduis ægræ lacrimis, solantia miscent
Colloquia, aut sævam spectant trans æquora Thracen.

« Sol operum medius summo librabat Olympo 85
Lucentes, ceu staret, equos : quater axe sereno
Intonuit, quater antra Dei fumantis anhelos
Exeruere apices : ventisque absentibus Ægon
Motus, et ingenti percussit littora ponto :
Quum subito horrendas ævi matura Polyxo 90
Tollitur in furias, thalamusque insueta relictis
Evolat : insano veluti Theumesia Thyas
Rapta Deo, quum sacra vocant, Idæaque suadet
Buxus, et a summis auditus montibus Evan :
Sic erecta genas, aciemque effusa, trementi 95
Sanguine, desertam rabidis clamoribus urbem

Exagitat, clausasque domos, et limina pulsans,
Concilium vocat : infelix comitatus eunti
Hærebant nati : atque illæ non segnius omnes
Erumpunt tectis; summasque ad Pallados arces 100
Impetus : huc propere stipamur, et ordine nullo
Congestæ : stricto mox ense silentia jussit
Hortatrix scelerum, et medio sic ausa profari est :

« Rem summam instinctu Superum, meritique doloris,
O viduæ (firmate animos et pellite sexum) 105
Lemniades, sancire paro : si tædet inanes
Æternum servare domos, turpemque juventæ
Flore situm, et longis steriles in luctibus annos,
Inveni, promitto viam, nec numina desunt,
Qua renovanda Venus : modo par insumite robur 110
Luctibus : atque adeo primum hoc mihi noscere detur :
Tertia canet hiems, cui connubialia vincla,
Aut thalami secretus honos? quod conjuge pectus
Intepuit? cujus vidit Lucina labores?
Dicite, vel justos cujus pulsantia menses 115
Vota tument? qua pace feras volucresque jugari
Mos datus. Heu segnes! potuitne ultricia Graiis
Virginibus dare tela pater, lætusque dolorum,
Sanguine securos juvenum perfundere somnos?
At nos vulgus iners : quod si propioribus actis 120
Est opus, ecce animos doceat Rhodopeia conjux,

paisible sommeil des jeunes époux! et nous, troupe vile et sans cœur... Mais voulez-vous des faits plus rapprochés de nous? Rappelez-vous le courage héroïque de cette épouse de Thrace qui vengea de sa main sa couche souillée, et fit manger de la chair de son fils à son époux. Et moi aussi je veux ma part du crime; je ne vous y exhorte pas, tranquille pour moi-même : ma famille est nombreuse; voyez, voici le fruit pénible de mes sueurs. Eh bien, ces quatre enfants, l'honneur, la consolation de leur père, ici, sur mon sein même, malgré leurs embrassements et leurs pleurs, je les percerai de ce fer, je confondrai leur sang et leurs blessures, et, sur leur corps expirant, j'immolerai leur père. Qui de vous me promet, pour tant de meurtres, le même courage? »

« Elle allait parler encore : des voiles brillèrent sur la mer qui s'étendait devant eux; c'était la flotte lemnienne. Polyxo saisit avec joie la fortune, et s'écrie : « Les Dieux nous appellent! n'écouterons-nous pas leur voix? Voici les vaisseaux! Un dieu, un dieu vengeur les amène à notre fureur, et favorise nos projets. Non, ce n'était pas un vain fantôme qui m'apparut en songe. Debout, l'épée nue, Vénus s'est montrée manifestement à moi dans mon sommeil : « Pourquoi perdre ainsi votre jeunesse, m'a-t-elle dit? chassez de vos couches ces maris dédaigneux. Moi-même j'allumerai d'autres flambeaux; je formerai pour vous des liens plus heureux. » Elle dit, et déposa sur mon lit, croyez-en ma parole, ce fer, oui, ce fer même. Malheureuses, le temps presse, et vous délibérez encore! Voyez, la mer écume, soulevée par des bras puissants; sans doute ils arrivent avec leurs épouses de Thrace. »

« Alors la colère aiguillonne leurs âmes, des cris terribles montent jusqu'aux astres : on dirait la Scythie en feu, alors que les Amazones descendent en tumulte des montagnes avec leurs légers boucliers taillés en croissant, quand le dieu, leur père, leur permet les armes, et ouvre les portes de la guerre cruelle.

« Leurs cris sont unanimes; point de dissentiment, comme il arrive à la multitude entraînée à des avis contraires; la même fureur les anime; toutes ont le même désir de dépeupler leurs foyers, de trancher les jours des jeunes gens, des vieillards, d'écraser les enfants encore à la mamelle, de promener le glaive à travers tous les âges.

« Près du temple de Minerve, un bois sacré alors verdoyant couvre au loin la terre de son ombre noire, qu'épaissit encore l'ombre d'une haute montagne : les rayons du soleil viennent expirer dans cette double obscurité. C'est là qu'elles se lient par un serment. Tu en fus témoin, belliqueuse Enyo, et toi, Cérès infernale, et vous toutes, déesses du Styx, qui, forçant l'Achéron, accourûtes avant d'être évoquées! Mêlée à leur troupe, Vénus est partout et trompe tous les regards; c'est Vénus qui tient les glaives, Vénus qui allume leur colère. Le sang du sacrifice n'est pas un sang ordinaire; l'épouse de Caropée a offert son fils; elles s'arment donc, et, levant à la fois leurs bras avides de meurtres sur l'enfant étonné, elles brisent sa tendre poitrine, et sur son sang, tiède encore, jurent le forfait si doux à leur cœur : l'ombre de la jeune victime voltige déjà autour de sa mère.

« A cette vue, quel frisson parcourut tout mon corps? quelle pâleur couvrit mon visage? telle une biche entourée de loups dévorants, et qui, trem-

Ulta manu thalamos, pariterque epulata marito.
Nec vos immunis scelerum, securave cogo.
Plena mihi domus, atque ingens, en cernite, sudor.
Quatuor hos una, decus et solatia patris,   125
In gremio (licet amplexu lacrimisque morentur)
Transadigam ferro, sanieque et vulnera fratrum
Miscebo, patremque super spirantibus addam.
Ecqua tot in cædes animum promittit? » — Agebat
Pluribus : adverso nituerunt vela profundo.   130
Lemnia classis erat : rapuit gavisa Polyxo
Fortunam, atque iterat : — « Superisne vocantibus ultro
Desumus? ecce rates, Deus hos, Deus ultor in iras
Apportat, cœptisque favet : nec imago quietis
Vana meæ : nudo stabat Venus ense, videri   135
Clara mihi, somnosque super. « Quid perditis ævum?
Inquit : age aversis thalamos purgate maritis.
Ipsa faces alias, melioraque fœdera jungam. »
Dixit : et hoc ferrum stratis, hoc, credite, ferrum
Imposuit : quin o miseræ, dum tempus agit rem, 140
Consulite : en validis spumant eversa lacertis
Æquora : Bistonides veniunt fortasse maritæ. »

« Hinc stimuli ingentes, magnusque advolvitur astris

Clamor : Amazonio Scythiam fervere tumultu,
Lunatumque putes agmen descendere, ubi arma   145
Indulget pater, et sævi movet ostia belli.
Nec varius fremor, aut studia in contraria rapti
Dissensus, ut plebe solet : furor omnibus idem,
Idem animus solare domos : juvenumque, senumque
Præcipitare colos, plenisque affrangere parvos 150
Uberibus, ferroque omnes exire per annos.

« Tunc viridis late lucus, juga celsa Minervæ
Propter, opacat humum niger ipse, sed insuper ingens
Mons premit, et gemina pereunt caligine soles :
Hic sanxere fidem : tu Martia testis Enyo,   155
Atque inferna Ceres, Stygiæque Acheronte recluso
Ante preces venere Deæ : sed fallit ubique
Mixta Venus : Venus arma tenet : Venus admovet iras.
Nec de more cruor : natum Caropeia conjux
Obtulit : accingunt sese, et mirantia ferro   160
Pectora, congestisque avidæ simul undique dextris,
Perfringunt, ac dulce nefas in sanguine vivo
Conjurant, matremque recens circumvolat umbra.

« Talia cernenti mihi quantus in ossibus horror?
Quisve per ora color? qualis quum cerva cruentis 165

blante et sans force, n'a qu'un faible espoir dans sa course légère, précipite sa fuite, et, dans sa terreur inquiète, se croit déjà saisie, et entend s'entrechoquer les dents de ses ennemis dont la faim a été trompée.

« Les Lemniens étaient arrivés. Déjà la flotte a heurté le rivage, et tous s'élancent à l'envi pour toucher la terre. Malheureux! que ne sont-ils morts plutôt, domptés par le bras meurtrier du Mars de Thrace, ou engloutis par les flots incléments de la mer! Cependant ils font fumer les autels des Dieux, y traînent les victimes promises; mais partout jaillit un sang noir; dans aucune des entrailles ne se manifeste le dieu.

« Jupiter fit descendre tard la nuit de l'Olympe humide, et sa bonté retint, je crois, le mouvement du ciel jusqu'à l'heure marquée par les destins; jamais les ténèbres ne tardèrent plus longtemps à remplacer le soleil arrivé au terme de sa course. Enfin les astres parurent dans le ciel; ils éclairèrent Paphos et l'ombreuse Thason et les mille Cyclades; seule, Lemnos est enveloppée, obscurcie par un ciel épais; autour d'elle s'étend comme un réseau de nuages sombres; seule, Lemnos n'est pas aperçue des matelots errants.

« Déjà, dispersés dans leurs maisons et sous l'ombre épaisse des bois sacrés, ils se livrent à de somptueux festins et vident leurs vastes et profondes coupes d'or, en racontant à loisir leurs glorieux combats du Strymon, du Rhodope, et les rudes fatigues essuyées sur le froid Hémus. Leurs épouses elles-mêmes, troupe sacrilége, s'asseoient au banquet, couronnées de guirlandes et dans tout l'éclat de leur parure. Cythérée avait, dans cette nuit suprême, touché le cœur de leurs maris, et, ramenant, après de longs jours de discorde, une paix passagère, les avait réchauffés d'un feu prêt à s'éteindre.

« Les chœurs ont cessé; la joie du banquet, la licence des jeux s'apaise, et les premières ténèbres font taire peu à peu les murmures. Le Sommeil alors, enveloppé des ténèbres de la Mort, sa sœur, et humide d'une rosée infernale, embrasse la ville qui va bientôt périr, et de ses mains fatales verse séparément sur les hommes un repos qui va bientôt être troublé. Les épouses et les vierges veillent pour le crime, et, joyeuses, les sœurs des enfers aiguisent les glaives cruels. Déjà le fer est levé; chaque furie s'est emparée d'un cœur où elle règne tout entière. Tel, dans les champs de la Scythie, un troupeau est assiégé par des lionnes d'Hyrcanie que presse, au lever du jour, le premier aiguillon de la faim, et dont les petits sollicitent avidement la mamelle.

« Parmi ces mille formes de crimes, j'hésite, je ne sais quels forfaits choisir. Hélime, couronné de rameaux, étendu sur une masse profonde de tapis, exhalait dans le sommeil les vapeurs du vin, lorsque l'audacieuse Gorgé se lève sur lui, et, écartant ses vêtements, cherche une place pour le fer. Mais lui, à l'approche de la mort, secoue ce funeste sommeil, et, troublé, les yeux ouverts, mais encore incertains, il entoure de ses bras son ennemi, qui, sans pitié, lui plonge par derrière le glaive entre les côtes, jusqu'à ce que le fer ait touché la poitrine : alors seulement elle arrête son bras criminel. Hélime

Circumventa lupis, nullum cui pectore molli
Robur, et in volucri tenuis fiducia cursu,
Præcipitat suspensa fugam : jam jamque teneri
Credit, et elusos audit concurrere morsus.
« Illi aderant : primis jamque offendere carinæ 170
Littoribus : certant saltu contingere terram
Præcipites : miseri, quos non aut horrida virtus
Marte sub Odrysio, aut medii inclementia ponti
Hauserit! alta etiam Superum delubra vaporant,
Promissasque trahunt pecudes : niger omnibus aris 175
Ignis, et in nullis spirat Deus integer extis.
« Tardius humenti noctem dejecit Olympo
Juppiter, et versum miti, reor, æthera cura
Sustinuit, dum fata vetant : nec longius unquam
Cessavere novæ perfecto sole tenebræ. 180
Sera tamen mundo venerunt astra, sed illis
Et Paros, et nemorosa Thasos, crebræque relucent
Cyclades : una gravi penitus latet obruta cœlo
Lemnos, in hanc tristes nebulæ, et plaga cæca superne
Texitur, una vagis Lemnos non agnita nautis. 185
« Jam domibus fusi et nemorum per opaca sacrorum
Ditibus indulgent epulis, vacuantque profundo
Aurum immane mero : dum quæ per Strymona pugnæ,
Quis Rhodope, gelidove labor sudatus in Hæmo,

Enumerare vacat : nec non, manus impia, nuptæ 190
Serta inter, festasque dapes, quo maxima cultu
Quæque jacent : dederat mites Cytherea suprema
Nocte viros, longoque brevem post tempore pacem
Nequicquam, et miseros perituro afflaverat igni.
« Conticuere chori : dapibus, ludoque licenti 195
Fit modus, et primæ decrescunt murmura noctis,
Quum consanguinei mixtus caligine leti,
Rore madens Stygio, morituram amplectitur urbem
Somnus, et implacido fundit gravia otia cornu :
Secernitque viros : vigilant nuptæque, nurusque 200
In scelus, atque hilares acuunt fera tela sorores.
Invasere nefas, cuncto sua regnat Erinnys
Pectore : non aliter Scythicos armenta per agros
Hyrcanæ clausere leæ, quas exigit ortu
Prima fames, avidique implorant ubera nati. 205
Quos tibi (nam dubito) scelerum de mille figuris
Expediam casus? Helimum temeraria Gorge
Evinctum ramis, altaque in mole tapetum
Efflantem somno crescentia vina, superstans
Vulnera disjecta rimatur veste, sed illum 210
Infelix sopor admota sub morte refugit.
Turbidus, incertumque oculis vigilantibus hostem
Occupat amplexu, nec segnius illa tenentis

penche la tête, et, dans les dernières convulsions de la mort, ses yeux et sa voix encore caressants cherchent Gorgé, et ses bras restent encore enlacés au cou de son indigne épouse.

« Je ne vous retracerai pas les meurtres vulgaires, tout affreux qu'ils sont; je ne rappelle que les malheurs de ma propre famille. Je t'ai vu, ô jeune et beau Cydon, et toi, Crénée, dont la chevelure flottait encore intacte sur tes épaules (le même sein nous avait nourris, bien que vous fussiez tous deux les rejetons illégitimes de mon père), et toi aussi, mon noble fiancé, brave Gyas, que je n'envisageais qu'avec crainte, je vous ai vus tomber sous les coups de la sanguinaire Mirmydon; j'ai vu, au milieu des fleurs et des danses folâtres, la barbare Opopée égorger son fils.

« Lycaste pleure sur Cydimon, son frère; ils sont nés ensemble; elle laisse tomber le fer en contemplant ce visage, hélas! si semblable au sien, et que la mort va flétrir, ces joues brillantes de jeunesse, ces cheveux qu'elle-même a noués avec l'or; mais sa barbare mère, teinte déjà du sang de son époux, accourt, l'excite avec menaces, et enfonce elle-même le glaive. Telle une bête sauvage qui, sous un maître doux, a dépouillé sa férocité; elle ne sait plus faire usage de ses armes; en vain l'aiguillon, les coups redoublés la stimulent, elle refuse de revenir à son naturel féroce : ainsi Lycaste tombe sur le corps de son frère, et, penchée sur lui, reçoit le sang qui sort en bouillonnant de son sein, et presse, de ses cheveux qu'elle arrache, les blessures entr'ouvertes.

« Mais quand je vis Alcimède portant la tête de son père, qui, séparée du tronc, murmurait encore à la vue de son épée à peine teinte de sang, mes cheveux se hérissèrent, un frisson d'horreur courut jusqu'au fond de mes entrailles. Je crois voir mon père Thoas; il me semble que cette main cruelle est la mienne. Aussitôt, hors de moi-même, je cours au palais paternel. Déjà depuis longtemps (quel sommeil peut goûter celui qui veille au soin de l'empire?) il se demandait, en roulant mille pensées dans son esprit, quel pouvait être ce bruit qui parvenait jusque dans sa demeure, malgré son éloignement de la ville; pourquoi ces clameurs au milieu de la nuit, pourquoi à l'heure du repos ces cris tumultueux. Je lui dévoile en tremblant toute cette suite de forfaits; d'où vient leur ressentiment, leur audace : « Nulle force, ô mon malheureux père, ne peut arrêter leur fureur; suis-moi de ce côté; elles nous pressent, et, si nous tardons, « peut-être tu tomberas avec moi.

« Ému par ces paroles, il se lève; nous marchons à travers les rues détournées de cette grande ville, où, çà et là, s'offrent à nos yeux d'énormes monceaux de cadavres, gisant dans les bois sacrés, à l'endroit même où, dans cette nuit sanglante, le perfide sommeil vint les surprendre. Un nuage nous dérobe à tous les regards; là sont des visages collés encore sur la couche où ils reposaient, des épées dont la garde sort des poitrines entr'ouvertes, des débris de longues lances, des vêtements déchirés par le fer, des coupes renversées, des mets ensanglantés, nageant dans le carnage; la liqueur de Bacchus s'échappant à travers les gorges béantes, pour retomber dans les coupes avec des flots de sang. Là sont entas-

l'one adigit costas, donec sua pectora ferro
Tangeret : is demum sceleri modus : ora supinat 215
Blandus adhuc, oculisque tremens et murmure Gorgem
Quærit, et indigno non solvit brachia collo.
« Non ego nunc vulgi, quamquam crudelia, pandam
Funera, sed propria luctus de stirpe recordor.
Quod te, flave Cydon, quod te per colla refusis 220
Intactum, Crenæe, comis, (quibus ubera mecum
Obliquumque a patre genus,) fortemque, timebam
Quem desponsa, Gyan, vidi lapsare cruentæ
Vulnere Mirmydonis : quodque inter serta chorosque
Barbara ludentem fodiebat Opopea mater. 225
Flet super æquævum soror exarmata Lycaste
Cydimon : heu similes perituro in corpore vultus
Aspiciens, floremque genæ, et quas finxerat auro
Ipsa comas : tum sæva parens jam conjuge fuso
Adstitit, impellitque minis, atque inserit ensem. 230
Ut fera, quæ placido rabiem desueta magistro
Tardius arma movet, stimulisque, et verbere crebro
In mores negat ire suos : sic illa jacenti
Incidit, undantemque sinu collapsa cruorem
Excipit, et laceros premit in nova vulnera crines. 235
« Ut vero Alcimeden etiamnum in murmure truncos

Ferre patris vultus, et egentem sanguinis ensem
Conspexi, riguere comæ, atque in viscera sævus
Horror iit : meus ille Thoas, mea dira videri
Dextra mihi : extemplo thalamis turbata paternis 240
Inferor : ille quidem dudum (quis magna tuenti
Somnus?) agit versans secum, etsi lata recessit
Urbe domus, quinam strepitus? quæ murmura noctis,
Cur fremebunda quies? trepido scelus ordine pando,
Quis dolor, unde animi : vis nulla arcere furentes : 245
Hac sequere, o miserande : premunt, aderuntque moranti
Et mecum fortasse cades : his motus, et artus
Erexit stratis : ferimur per devia vastæ
Urbis, ubi ingentem nocturnæ cædis acervum
Passim, ut quosque sacris crudelis vespera lucis 250
Straverat, occulta speculamur nube latentes.
Hic impressa toris ora, exstantesque reclusis
Pectoribus capulos, magnarum et fragmina trunca
Hastarum, et ferro laceras per corpora vestes,
Crateras pronos, epulasque in cæde natantes 255
Cernere erat, jugulisque modo torrentis apertis
Sanguine commixto redeuntem in pocula Bacchum.
Hic juvenum manus, et nullis violabilis armis
Turba senes : positique patrum super ora gementum

ses pêle-mêle des jeunes gens, des vieillards que le fer aurait dû respecter, des enfants à demi morts, qui, couchés sur le visage de leurs malheureux pères, exhalent avec effort, au seuil de la vie, leur âme palpitante. Moins cruels, moins furieux sont les festins des Lapithes, quand, sur le froid Ossa, le vin versé à grands flots a échauffé ces enfants de la nue; à peine la colère a pâli leur visage, qu'ils renversent les tables et s'élancent au combat.

« Alors, au milieu des ténèbres qui nous épouvantent, s'offrit tout à coup à mes regards Bacchus, qui venait, dans cette extrémité, secourir son fils Thoas. Son visage resplendissait d'une vive lumière; je le reconnus. Ses tempes n'étaient point chargées de guirlandes, ni ses cheveux entrelacés de grappes vermeilles; mais son front était sombre, et ses yeux humides de pleurs indignes d'un dieu. Il s'adresse à Thoas : « Tant que les destins, ô mon fils, t'ont permis de régner sur la puissante Lemnos, et de la rendre redoutable même aux nations étrangères, toujours ma sollicitude a secondé tes nobles efforts. Mais les tristes Parques ont coupé les trames de leurs cruels fuseaux, et nos instantes prières et les pleurs que je versai aux pieds de Jupiter n'ont pu détourner ces malheurs; il a accordé à sa fille cette horrible fureur. Hâtez votre fuite! ô mon vrai sang, jeune fille, guide ton père du côté où ces beaux murs étendent leurs bras vers le rivage; là-bas, à cette porte si bruyante, c'est la cruelle Vénus qui, debout, armée du fer, anime la fureur des Lemniennes (d'où vint à cette déesse cette fureur digne de Mars?) : toi, confie ton père à la vaste mer, je te remplacerai dans tes soins. »

Il dit, et s'évanouit dans les airs; et, tandis que les ombres obscurcissent la vue des autres mortels, il jette sur notre route un long sillon de lumière.

« Je suis le chemin qui m'est tracé, et bientôt je confie mon père aux flancs d'un vaisseau, en le recommandant aux Dieux de la mer, aux vents et à Égée qui de ses flots embrasse les Cyclades. Tous deux nous pleurions, et nos larmes ne cessèrent de se confondre qu'au moment où Lucifer chassa les astres des plages de l'Orient. Alors enfin je quitte le rivage aux rauques murmures, en proie à mille craintes, et me confiant à peine dans la parole du dieu; mes pieds avancent, mais mon cœur inquiet reste derrière moi, et je n'ai de repos que je n'aie vu les vents s'élever, et que, du haut de toutes les collines, je n'aie contemplé les ondes. Le jour paraît, la rougeur sur le front, et Phébus, qui illumine le ciel, détourne ses rayons de Lemnos, et cache son char dans un nuage épais. Alors se découvrent les fureurs de la nuit : effrayées de la clarté du jour, toutes ces femmes, bien qu'entre elles le crime soit égal, rougissent de honte, et se hâtent d'enfouir dans la terre les victimes de leurs forfaits, ou de les faire disparaître dans les flammes du bûcher. Déjà la troupe des Euménides, déjà Vénus rassasiée de crimes, avaient fui cette ville désolée; les Lemniennes alors purent comprendre ce qu'elles avaient osé : elles s'arrachent les cheveux et baignent de larmes leur visage.

« Cette île si riche par ses campagnes, ses ressources, ses armes et ses guerriers, si célèbre par

Semineces pueri trepidas in limine vitæ 260
Singultant animas : gelida non sævius Ossa
Luxuriant Lapitharum epulæ, si quando profundo
Nubigenæ caluere mero : vix primus ab ira
Pallor, et impulsis surgunt ad prælia mensis.
« Tunc primum sese trepidis sub nocte Thyoneus 265
Detexit, nato portans extrema Thoanti
Subsidia, et multa subitus cum luce refulsit.
Agnovi : non ille quidem turgentia sertis
Tempora, nec flava crinem distinxerat uva,
Nubilus, indignumque oculis liquentibus imbrem 270
Alloquitur : « Dum fata dabant tibi, nate, potentem
Lemnon, et externis etiam servare timendam
Gentibus, haud unquam justo mea cura labori
Destitit : absciderunt tristes crudelia Parcæ
Stamina, nec dictis, supplex quæ plurima fudi 275
Ante Jovem frustra, lacrimisque avertere luctus
Contigit : infandum natæ concessit honorem.
Accelerate fugam : tuque o mea digna propago
Hac rege, virgo, patrem, gemini qua brachia muri
Littus eunt; illa, qua rara silentia, porta 280
Stat funesta Venus, ferroque accincta furentes
Adjuvat : (unde manus? unde hæc Mavortia Divæ

Pectora?) tu lato patrem committe profundo.
Succedam curis. ». « Ita fatus in aera rursus
Solvitur, et nostrum, visus arcentibus umbris, 285
Mitis iter longæ claravit limite flammæ.
« Qua data signa sequor : dein curvo robore clausum
Dis pelagi, ventisque, et Cycladas Ægæoni
Amplexo, commendo patrem : nec fletibus unquam
Sit modus alternis, ni jam dimittat Eoo 290
Lucifer astra polo : tum demum littore rauco
Multa metu reputans, et vix confisa Lyæo
Dividor, ipsa gradu nitens, sed et anxia retro
Pectora, nec requies, quin et surgentia cœlo
Flamina, et cunctis prospectem collibus undas. 295
« Exoritur pudibunda dies, cœlumque retexens
Aversum Lemno jubar, et declinia Titan
Opposita juga nube refert : patuere furores
Nocturni, lucisque novæ formidine cunctis
(Quamquam inter similes) habitus rubor : impia terræ 300
Infodiunt scelera, aut festinis ignibus urunt.
Jam manus Eumenidum, captasque refugerat arces
Exsaturata Venus : licuit sentire, quid ausæ,
Et turbare comas, et lumina tingere fletu.
« Insula dives agris, opibusque, armisque, virisque, 305

sa position, et naguère encore enrichie des dépouilles des Gètes, ce n'est pas la mer débordée, ni l'ennemi, ni les malignes influences de l'air, qui sont venus fondre sur elle ; et pourtant elle a perdu à la fois tous ses habitants, elle est retranchée du monde. Plus d'hommes qui labourent les champs, qui sillonnent les flots ; les maisons sont silencieuses ; partout des flots de sang, partout une fange épaisse et rouge ! Dans les murailles de cette grande ville nous sommes seules, et sur le faîte des demeures gémissent des mânes irrités.

« Moi-même, dans la partie la plus secrète du palais, j'élève un immense bûcher, sur lequel je jette le sceptre et les armes de mon père, et les vêtements bien connus, insignes de la royauté. Triste, je reste debout, près des flammes qui se confondent, une épée sanglante à la main, et je pleure sur ma propre fraude, sur ce bûcher qui doit tromper leurs fureurs : je tremble d'être découverte, et je prie les Dieux de détourner de mon père ce triste présage, et d'éloigner de moi ces alarmes, ces craintes de mort.

« Par cette ruse, qui me souille d'un crime imaginaire, j'ai conquis leur confiance ; et, pour me récompenser, on m'inflige le supplice de m'asseoir sur le trône de mon père, de succéder à sa puissance : assiégée de leurs prières, pouvais-je refuser ? J'acceptai, mais auparavant j'attestai bien des fois les Dieux témoins de ma fidélité et de mon innocence. Je règne enfin, ô pouvoir affreux ! sur un empire qui n'est plus qu'un cadavre, sur une ville désolée et sans chef.

Mais chaque jour le remords s'accroît ; il veille, et oppresse les âmes ; les gémissements éclatent ; peu à peu Polyxo n'inspire plus que l'horreur. On se souvient du crime consommé ; on élève des autels aux mânes ; on conjure avec ardeur les cendres que renferme la tombe. Ainsi, quand le guide, l'époux du troupeau, le roi de la forêt, fier de sa jeune postérité, a succombé sous la dent d'un lion de Massylie, aux yeux des génisses épouvantées, le troupeau marche mutilé, sans honneur, et les campagnes, les fleuves, les animaux muets, pleurent la mort de leur roi.

« Mais voici que, fendant les flots de sa proue d'airain, le vaisseau du mont Pélion s'avance, hôte nouveau, dans la vaste mer ; les Minyens le conduisent. La vague mugissante blanchit d'écume ses flancs élevés. On croirait voir marcher Ortygie, arrachée de ses fondements, ou courir sur les eaux une montagne déracinée. Mais lorsque les rames suspendues laissent dormir la mer, alors, plus douce que les sons du cygne mourant et que la lyre d'Apollon, une voix se fait entendre du milieu de la poupe ; les vagues elles-mêmes s'approchent du navire. Là, le fils d'Œagre (nous l'apprîmes plus tard), Orphée, appuyé sur le mât, chante au milieu des rameurs, et leur fait oublier leurs périlleux travaux.

« Ces guerriers se dirigeaient vers la froide Scythie, et, d'abord, vers les rivages resserrés entre les roches Cyanées. A leur vue, persuadées que ce sont les Thraces qui nous apportent la guerre, nous nous précipitons en tumulte dans nos demeures, semblables à un troupeau réuni par la peur, ou à un essaim d'oiseaux fugitifs. Hélas ! qu'est devenue maintenant notre fureur ? Nous gravissons le port et les digues qui embras-

Nota situ, et Getico nuper ditata triumpho,
Non maris incursu, non hoste, nec æthere lævo,
Perdidit una omnes orbata, excisaque mundo,
Indigenas : non arva viri, non æquora vertunt :
Conticuere domus : cruor altus, et oblita crasso   310
Cuncta rubent tabo : magnæque in mœnibus urbis
Nos tantum : et sævi spirant per culmina Manes.

« Ipsa quoque arcanis tecti in penetralibus alto
Molior igne pyram : sceptrum super armaque patris
Injicio, et notas regum gestamina vestes,   315
Ac prope mœsta rogum confusis ignibus adsto
Ense cruentato, fraudemque et inania busta
Plango metu, si forte premant, cassumque parenti
Omen et hac dubios leti precor ire timores.

« His mihi pro meritis (ut falsi criminis astu   320
Parta fides) regno et solio considere patris
Supplicium datur : anne illis obsessa negarem ?
Accessi, sæpe ante Deos testata, fidemque,
Immeritasque manus : subeo, pro dira potestas !   324
Exsangue imperium, et mœstam sine culmine Lemnon.

Jam magis atque magis vigiles dolor angere sensus,
Et gemitus clari, et paulatim invisa Polyxo,
Jam meminisse nefas : jam ponere Manibus aras
Concessum, et multum cineres jurare sepultos.

Sic ubi ductorem trepidæ stabulique maritum,   330
Quem penes et saltus et adultæ gloria gentis,
Massylo frangi stupuere sub hoste juvencæ,
It truncum sine honore pecus, regemque peremptum
Ipse ager, ipsi amnes, et muta armenta queruntur.

« Ecce autem ærata dispellens æquora prora   335
Pelias intacti late subit hospita ponti
Pinus : agunt Minyæ : geminus fragor ardua canet
Per latera ; abruptam credas radicibus ire
Ortygiam, aut fractum pelago decurrere montem.
Ast ubi suspensi siluerunt æquora tonsis,   340
Mitior et senibus cygnis et pectine Phœbi
Vox media de puppe venit ; maria ipsa carinæ
Accedunt, post nosse datum est, Œagrius illic
Acclinis malo, mediis intersonat Orpheus
Remigiis, tantosque jubet nescire labores.   345
Illis in Scythicum Borean iter, oraque primum
Cyaneis arctata vadis : nos Thracia visu
Bella ratæ, vario tecta incursare tumultu,
Densarum pecudum, aut fugientum more volucrum.
Heu ubi nunc furiæ ? portus, amplexaque littus   350
Mœnia, qua longe pelago despectus aperto,
Scandimus, et celsas turres : huc saxa, sudesque,
Armaque mœsta virum, atque infectos cædibus enses.

sent le rivage, et d'où la vue s'étend au loin sur la mer ; nous montons sur les hautes tours. Là, on apporte en toute hâte des pierres, des pieux durcis au feu, les armes de nos malheureux époux, des épées teintes encore de sang ; que dis-je ? les Lemniennes osent revêtir les cuirasses souillées, et armer du casque des fronts de femme. Pallas rougit en voyant leur audace, et du haut de l'Hémus le dieu de la guerre sourit. Mais bientôt cette ardeur insensée les abandonne : ce n'est plus un vaisseau qu'ils croient voir s'avancer sur la mer, mais la justice tardive des Dieux et le châtiment de leurs crimes.

« Déjà ils sont près du rivage, à la portée d'une flèche de Thrace, lorsque Jupiter rassemble un nuage noir, gonflé de pluies, et l'arrête au-dessus des vaisseaux des Grecs. Aussitôt l'horreur se répand sur les flots, le soleil dérobe au jour sa lumière et le plonge dans les ténèbres ; les ondes s'obscurcissent ; déchaînés avec fureur, les vents déchirent la nue, bouleversent la mer ; le sable humide remonte en noirs tourbillons ; toute la plaine liquide, soulevée par le Notus, est suspendue dans les airs : elle monte presque jusqu'aux astres, puis se brise et retombe. Le vaisseau n'a plus sa première impétuosité ; il hésite, chancelle. Le triton qui décore sa proue, tantôt plonge dans les abîmes les plus profonds, tantôt va frapper le ciel de ses éperons : toute la force des demi-dieux est impuissante ; le mât bat la proue avec fureur, et, sans cesse balancé, il cède à son poids, s'abat et en se relevant entraîne avec lui les ondes ; les rames retombent inutiles sur la poitrine des matelots.

« Et nous, du haut des rochers et de nos murailles, tandis que ces guerriers luttent avec effort contre la mer et les vents indignés, nos faibles bras osent lancer des traits incertains sur Télamon, sur Pélée, et nos flèches attaquent le dieu de Tyrinthe lui-même. Ces héros soutiennent tout à la fois l'assaut de la guerre et des flots ; les uns protègent le vaisseau de leurs boucliers, d'autres soulagent la cale des eaux qui la remplissent ; d'autres combattent, mais l'agitation leur ôte leurs forces ; chancelants et comme suspendus, ils s'épuisent en vains efforts. Nos traits volent plus serrés, et la grêle de fer le dispute à la tempête de la mer ; d'énormes pieux, des quartiers de roche, des javelots, des dards à la chevelure enflammée, tombent tantôt sur les vagues, tantôt sur la poupe. Le navire en est couvert et retentit avec fracas ; ses ais se disjoignent et s'ouvrent en gémissant.

« Telle, lancée par Jupiter, la neige du nord fouette les vertes campagnes ; tous les animaux gisent ensevelis dans la plaine ; les oiseaux, surpris dans leur vol, tombent ; les moissons s'abattent sous l'âpre gelée ; et bientôt les torrents roulent avec fracas des montagnes, et les fleuves s'élancent furieux. Mais lorsque le puissant Jupiter a fait jaillir la foudre de la nue entr'ouverte, et qu'à nos yeux apparaissent ces gigantesques matelots, notre courage se glace, nos bras tombent d'effroi, et laissent échapper ces armes empruntées ; nous nous rappelons notre sexe. Nous apercevons les deux fils d'Éaque, Ancée, qui menace nos murs avec fureur, et Iphite, qui de sa longue lance frappe les rochers. Au-dessus

Subvectant trepidæ : quin et squalentia texta
Thoracum, et vultu galeas intrare soluto   355
Non pudet : audaces rubuit mirata catervas
Pallas, et adverso risit Gradivus in Hæmo.
Tunc primum ex animis præceps amentia cessit :
Nec ratis illa salo, sed Divum sera per æquor
Justitia, et pœnæ scelerum adventare videntur.   360

« Jamque aderant terræ, quantum Gortynia currunt
Spicula, cæruleo gravidam quum Juppiter imbri
Ipsa super nubem ratis armamenta Pelasgæ
Sistit agens : iude horror aquis, et raptus ab omni
Sole dies, miscet tenebras, quis protinus unda   365
Concolor : obnixi lacerant cava nubila venti,
Diripiuntque fretum : nigris redit humida tellus
Vorticibus, totumque Notis portantibus æquor
Pendet, et æquato jam jam prope sidera dorso
Frangitur : incertæ jam nec prior impetus alno,   370
Sed labat, exstantem rostris modo gurgite in imo
Nunc cœlo Tritona ferens : nec robora prosunt
Semideum heroum, puppemque insana flagellat
Arbor : et instabili procumbens pondere curvas
Raptat aquas, remique cadunt in pectus inanes.   375
Nos quoque per rupes, murorumque aggere ab omni

Dum labor ille viris, fretæque indignantur, et Austri,
Desuper invalidis fluitantia tela lacertis,
Quid non ausa manus ? Telamona et Pelea contra
Spargimus, et nostro petitur Tirynthius arcu.   380
Illi quippe simul bello, pelagoque laborant.
Pars clipeis munire ratem ; pars æquora fundo
Egerere : ast alii pugnant, sed inertia motu
Corpora, suspensæque carent conamine vires.
Instamus jactu telorum, et ferrea nimbis   385
Certat hiems : vastæque sudes, fractique molares,
Spiculaque, et multa crinitum missile flamma,
Nunc pelago, nunc puppe cadunt : dat opesta fragorem
Pinus, et abjunctis regemunt tabulata cavernis.

« Talis Hyperborea virides nive verberat agros   390
Juppiter ; obruitur campis genus omne ferarum,
Deprensæque cadunt volucres, et messis amaro
Strata gelu : fragor inde jugis, inde amnibus iræ.

« Ut vero elisit nubes Jove tortus ab alto
Ignis, et ingentes patuere in lumine nautæ,   395
Diriguere animi, manibusque horrore remissis
Arma aliena cadunt : redeunt in pectora sexus.
Cernimus Æacidas, murisque immane minantem
Ancæum, et longa pellentem cuspide rupes

de ses compagnons étonnés s'élève le fils d'Amphytrion; son poids fait tour à tour des deux côtés pencher le navire; il brûle de descendre au milieu des ondes. Cependant le léger Jason (malheureuse! je ne le connaissais point alors) court à travers les bancs, les rames et les matelots, s'adressant tantôt au vaillant fils d'Œnée, tantôt à Idas, à Talaüs, au fils de Tyndare, tout ruisselant de la blanche rosée de la mer, à Calaïs, qui, au milieu d'un nuage du froid Borée son père, travaillait à rattacher les voiles au mât; il les exhorte du geste et de la voix. Ceux-ci, par un puissant effort, frappent tour à tour la mer et les murailles; mais les flots écumeux résistent, et les lances émoussées rejaillissent des tours. Typhis fatigue l'onde courroucée, et le gouvernail sourd à sa voix; il pâlit, change ses ordres à chaque instant, et tourne tantôt à droite, tantôt à gauche, la proue avide de se briser contre les écueils. Enfin, à l'extrémité du navire, le fils d'Éson élève le rameau de Pallas, l'olivier qui ceint le front de Mopsus, et, malgré ses compagnons, il demande la paix : la tempête porte sa voix jusqu'à nous.

« Alors on fait trêve au combat; en même temps les vents épuisés se calment, et le jour vient éclairer les cieux. Les cinquante guerriers attachent les rames suivant l'usage, et s'élancent d'un bond rapide sur ces nouveaux rivages. En eux brille toute la majesté de leurs pères, leur front est serein, leur port reconnaissable, lorsque la crainte et la colère ont disparu de leurs visages. Tels, dit-on, les Dieux, s'échappant de l'Olympe par une issue secrète, aimaient à visiter les rivages et les demeures des noirs Éthiopiens, et à s'asseoir à la table des simples mortels. Les fleuves, les montagnes leur ouvrent passage, la terre s'enorgueillit de leurs pas, et Atlas respire un moment, soulagé de son fardeau.

« Alors nous voyons Thésée, fier d'avoir délivré les champs de Marathon, et les frères Ismariens, enfants de l'Aquilon, dont les tempes retentissent du bruit de leurs ailes brillantes, et Admète à qui Phébus obéit sans colère, et Orphée qui n'a rien de la férocité de la Thrace, et le héros de Calydon, et le gendre du dieu de la mer profonde, et les deux gémeaux d'Œbalie, dont la ressemblance défie les regards incertains; tous deux revêtus d'une chlamyde étincelante, tous deux armés d'une lance; leurs épaules sont nues, leurs joues lisses encore, et le même astre rayonne sur leur chevelure. Hylas ose marcher sur les traces d'Hercule; il s'agite et multiplie ses pas; mais, bien que le gigantesque héros s'avance avec lenteur, le jeune Hylas peut à peine le suivre en courant; chargé des flèches de Lerne, il s'enorgueillit de porter le poids accablant de son carquois.

« Cependant Vénus et l'Amour embrasent de nouveau d'une flamme secrète les cœurs des farouches Lemniennes. L'auguste Junon fait briller à leurs yeux les armes, l'extérieur de ces guerriers, la gloire de leur noble origine; toutes s'empressent donc, à l'envi, d'ouvrir leurs portes et de les accueillir. Alors et pour la première fois, le feu est allumé sur les autels; alors vient

Iphiton : attonito manifestus in agmine supra est 400
Amphitryoniades, puppemque alternus utrimque
Ingravat, et medias ardet descendere in undas.
At levis, et miseræ nondum mihi notus Iason
Transtra per et remos, impressaque terga virorum,
Nunc magnum Œniden, nunc ille hortatibus Idam, 405
Et Talaum, et cana rorantem aspergine ponti
Tyndariden iterans, gelidique in nube parentis
Vela laborantem Calain subnectere malo,
Voce manuque rogat : quatiunt impulsibus illi
Nunc freta, nunc muros : sed nec spumantia cedunt 410
Æquora, et incussæ redeunt a turribus hastæ.
Ipse graves fluctus, clavumque audire negantem
Lassat agens Tiphys, palletque, et plurima mutat
Imperia, ac lævas dextrasque obtorquet in undas
Proram, navifragis avidam concurrere saxis : 415
Donec ab extremæ cuneo ratis, Æsone natus
Palladios oleæ, Mopsi gestamina, ramos
Extulit, et socium turba prohibente poposcit
Fœdera : præcipites vocem involvere procellæ.
Tunc modus armorum, pariterque exhausta quierant
Flamina, confusoque dies respexit Olympo. 421
Quinquaginta illi trabibus de more revinctis
Eminus abrupto quatiunt nova littora saltu :
Magnorum decora alta patrum, jam fronte sereni,

Noscendique habitu, postquam timor, iraque cessit 425
Vultibus : arcana sic fama erumpere porta
Cœlicolas, si quando domus, littusque rubentum
Æthiopum, et mensas amor est intrare minores.
Dant fluvii montesque locum : tum terra superbit
Gressibus, et paullum respirat cœlifer Atlas. 430
« Hic et ab asserto nuper Marathone superbum
Thesea, et Ismarios Aquilonia pignora fratres,
Utraque quis rutila stridebant tempora penna,
Cernimus; hic Phœbo non indignante priorem
Admetum, et duræ similem nihil Orphea Thracæ; 435
Tunc prolem Calydone satam, generumque profundi
Nereos : ambiguo visus errore lacessunt
Œbalidæ gemini : chlamys huic, chlamys ardet et illi;
Ambo hastile gerunt; humeros exertus uterque,
Nudus uterque genas; simili coma fulgurat astro. 440
Audet iter, magnique sequens vestigia mutat
Herculis, et tarda quamvis se mole ferentem,
Vix cursu tener æquat Hylas; Lernæaque tollens
Arma sub ingenti gaudet sudare pharetra. 444
« Ergo iterum Venus, et tacitis corda aspera flammis
Lemniadum pertentat amor : tunc regia Juno
Arma, habitusque virum, pulchræque insignia gentis
Mentibus insinuat, certatimque ordine cunctæ
Hospitibus patuere fores : tunc primus in aris

l'oubli des cuisantes douleurs, puis les festins, un sommeil heureux, et des nuits paisibles. Ce n'est pas sans la volonté des Dieux que, malgré l'aveu de leur crime, elles savent charmer ces héros.

« Peut-être, ô chefs de la Grèce, désirez-vous savoir quelle fatalité m'entraîna a une faute bien excusable sans doute. J'atteste ici la cendre et les furies des miens, que ce n'est pas volontairement, ni par le crime, que j'allumai le flambeau d'un hymen étranger; les Dieux le savent, bien que Jason fût habile à charmer et à soumettre à ses lois de nouvelles vierges : le Phase sanguinaire a ses lois; tu lui réservais, ô Colchos, d'autres amours!

« Déjà dépouillés de frimas, les astres se sont réchauffés aux longs soleils du printemps, l'année rapide renaît, et reprend son cours. Déjà une postérité nouvelle, sortie de notre sein, a comblé nos vœux, et Lemnos retentit des vagissements inespérés de ses nouveaux nourrissons. Moi-même, sous l'empire d'un hôte inflexible, je devins mère; je mis au monde deux jumeaux, gage d'une union forcée, et fis revivre en eux le nom de leur aïeul. Depuis, contrainte de les abandonner, je n'ai pu connaître leur destin ; ils achèvent maintenant leur cinquième lustre, si les destins l'ont permis, et si Lycaste, que j'en avais priée, les a nourris.

« Le courroux de la mer s'est calmé, et l'Auster plus favorable appelle les voiles ; le vaisseau lui-même s'irrite du retard, de l'oisiveté du port, et veut rompre le câble qui depuis longtemps le retient au rocher. Les Minyens réclament le départ, et l'ardent Jason excite ses compagnons d'armes. Que je regrette alors qu'il n'ait point longé nos rivages sans y aborder, lui qui ne se souvient plus des gages de son amour, ni de la foi promise ! La renommée en est parvenue jusque chez les nations les plus reculées, et ce souvenir s'est renouvelé de la toison de Phryxus.

« Dès que le jour se fut couché dans l'Océan, que Tiphys eut reconnu dans le ciel le présage d'un vent favorable, et qu'à l'occident la couche de Phébus resplendit de pourpre, alors éclatent nos gémissements ; cette nuit est encore une fois pour nous la dernière nuit. Le jour brille, et déjà, debout sur le vaisseau, Jason donne le signal, et, comme chef, frappe la mer du premier coup de rame. Du haut du rocher, du sommet des montagnes, nous les voyons fendre le dos écumeux de la vaste mer, et nos yeux les suivent jusqu'au moment où, fatiguée de les chercher au loin, notre vue s'obscurcit, confond la vague lointaine avec la voûte céleste, et fait peser sur la mer l'extrémité du ciel.

« La renommée sème dans le port le bruit que, transporté au delà des mers, Thoas règne sur le trône de son frère; que je ne suis point criminelle, qu'un vain bûcher fut allumé par moi : ce peuple impie frémit, enflammé par l'aiguillon du crime, et me demande raison de mon innocence. Des bruits sourds circulent dans la multitude : « Seule, elle aura donc été fidèle aux siens ; et nous, nous aurons avec joie plongé nos mains dans le sang? Non : qu'elle soit punie par la divinité, par le destin qui commande à cette ville coupable ! »

« A ces paroles, glacée de frayeur (car un affreux supplice me menace), dégoûtée du trône, seule, sans cortège, je me dérobe, je fuis vers le rivage, et m'éloigne de ces funestes murailles. Je suis le che-

Ignis, et infandis venere oblivia curis :	450
Tunc epulæ, felixque sopor, noctesque quietæ :	
Nec Superum sine mente, reor, placuere fatentes.	
« Forsitan et nostræ fatum excusabile culpæ	
Noscere cura, duces : cinerem, furiasque meorum	
Testor, ut externas non sponte aut crimine tædas	455
Attigerim ; scit cura Deum, etsi blandus Iason	
Virginibus dare vincla novis : sua jura cruentum	
Phasin habent : alios, Colchi, generatis amores.	
« Jamque exuta gelu tepuerunt sidera longis	
Solibus, et velox in terga revolvitur annus.	460
Jam nova progenies, partusque in vota soluti,	
Et non speratis Lemnos clamatur alumnis.	
Nec non ipsa tamen, thalami monumenta coacti,	
Enitor geminos, duroque sub hospite mater	
Nomen avi renovo : nec quæ fortuna relictis	465
Nosse datum : jam plena quater quinquennia pergunt,	
Si modo fata sinunt, aluitque rogata Lycaste.	
« Detumuere animi maris, et clementior Auster	
Vela vocat : ratis ipsa moram portusque quietos	
Odit, et assueti tendit retinacula saxi.	470
Inde fugam Minyæ, sociosque appellat Iason	
Efferus, o utinam jam tum mea littora rectis	
Prætervectus aquis, cui non sua pignora cordi,	
Non promissa fides : certe stat fama remotis	
Gentibus, æquorei redierunt vellera Phryxi.	475
« Ut stata lux pelago, venturumque æthera sensit	
Tiphys, et occidui rubuere cubilia Phœbi;	
Heu iterum gemitus, iterumque novissima nox est.	
Vix reserata dies, et jam rate celsus Iason	
Ire jubet, primoque ferit dux verbere pontum.	480
Illos e scopulis, et summo vertice montis,	
Spumea porrecti dirimentes terga profundi	
Prosequimur visu, donec lassavit euntes	
Lux oculos, longumque polo contexere visa est	
Æquor, et extremi pressit freta margine cœli.	485
« Fama subit portus, vectum trans alta Thoanta	
Fraterna regnare Chio : mihi crimina nulla,	
Et vacuos arsisse rogos : fremit impia plebes	
Sontibus accensæ stimulis, facinusque reposcunt.	
Quin etiam occultæ vulgo increbrescere voces :	490
« Solane fida suis? nos autem in funera lætæ?	
Non Deus hæc, fatumque, quod imperat urbe nefanda. »	
« Talibus exanimis dictis (et triste propinquat	
Supplicium, nec regna juvant) vaga littora furto	
Incomitata sequor, funestaque mœnia linquo,	495

min par où j'avais guidé mon père dans sa fuite; mais Bacchus ne vint pas cette fois à mon secours. Une troupe de pirates qui avait abordé sur nos côtes me saisit sans que j'osasse élever la voix, et m'emmena esclave sur ces bords. »

Tandis que la Lemnienne exilée fait ce récit aux rois de la Grèce et charme sa douleur par de longues plaintes, elle oublie (ainsi vous l'aviez ordonné, ô Dieux!) son nourrisson abandonné. Celui-ci, les yeux appesantis, la tête languissante, s'était plongé dans les herbes touffues, et, fatigué de ses jeux enfantins, il dormait; sa main tenait encore le gazon qu'il avait saisi.

Cependant, au milieu de la plaine, un serpent, enfant de la terre, qui remplit ce bois d'une terreur religieuse, se dresse, déroule la masse énorme de ses replis, et laisse encore après lui de longs anneaux. Ses yeux lancent un feu sombre, sa gueule gonflée se colore de l'écume d'un venin verdâtre; sa langue fait vibrer ses trois dards; trois rangs de dents aiguës apparaissent menaçantes, et son front doré s'élève terrible et majestueux. Les laboureurs l'ont consacré à Jupiter Inachus, protecteur de ces lieux, à qui ils n'ont pu offrir que le faible hommage d'un autel de gazon. Tantôt ce reptile, de ses anneaux tortueux entoure le temple du dieu; tantôt il broie les arbres de cette malheureuse forêt, et écrase dans ses embrassements les vastes frênes. Souvent il s'étend sur les fleuves et touche aux deux rives. L'onde, coupée par ses écailles, bouillonne. Mais maintenant que, par l'ordre de Bacchus, toute la terre est haletante de chaleur, que les Nymphes éperdues se cachent dans la poussière, plus terrible encore, le monstre replie sur lui-même ses flancs, son dos sinueux, irrité par le feu de son venin desséché. Il se roule à travers les étangs, les lacs arides, les sources taries, les vallées vides de leurs fleuves, et, dans son anxiété, tantôt la tête renversée, il pompe l'air humide, tantôt, rasant les plaines gémissantes, il se courbe sur le sol, il s'y attache pour extraire le suc des herbes verdoyantes. L'herbe atteinte de son souffle brûlant tombe partout où il promène son dard, et ses sifflements portent la mort dans les campagnes.

Tel ce serpent qui partage la voûte céleste, depuis le chariot de l'Ourse jusqu'au couchant, et s'allonge jusque dans un autre hémisphère; tel encore ce serpent qui de ses anneaux enveloppait, ébranlait les deux cimes du Parnasse, jusqu'à ce que, frappé de tes traits, ô dieu de Délos, il traîna, avec ses cent blessures, une forêt de flèches.

O jeune enfant! quel dieu a fait peser sur toi une si cruelle destinée? Devais-tu, sur le seuil de la vie, tomber sous un pareil ennemi? ou bien fallait-il que cette mort rendît, dans les siècles futurs, ton nom sacré aux nations de la Grèce, et te méritât un si glorieux tombeau? Tu meurs frappé par les derniers anneaux du monstre, qui ignore sa victime; aussitôt le sommeil fuit tes membres, et tes yeux ne s'ouvrent que pour mourir. Dans sa terreur, l'enfant pousse en mourant un dernier vagissement, et bientôt la plainte expire dans sa bouche comme ces sons qu'interrompent les songes. Hypsipyle l'a entendu, et, glacée

Qua fuga nota patris; sed non iterum obvius Evan:
Nam me prædonum manus huc appulsa tacentem
Arripit, et vestras famulam transmittit in oras. »
Talia Lernæis iterat dum regibus exsul
Lemnias, et longa solatur damna querela, 500
Immemor absentis, sic Di suasistis, alumni;
Ille graves oculos, languentiaque ora comanti
Mergit humo, fessusque diu puerilibus actis
Labitur in somnos; prensa manus hæret in herba.
Interea campis, nemoris sacer horror Achæi, 505
Terrigena erigitur serpens, tractuque soluto
Immanem sese vehit, ac post terga relinquit.
Livida fax oculis: tumidi stat in ore veneni
Spuma virens, ter lingua vibrat, terna agmina adunci
Dentis, et auratæ crudelis gloria frontis 510
Prominet. Inachio sanctum dixere Tonanti
Agricolæ, cui cura loci, et silvestribus aris
Pauper honos: nunc ille Dei circumdare templa
Orbe vago labens, miseræ nunc robora silvæ
Atterit, et vastas tenuat complexibus ornos. 515
Sæpe super fluvios geminæ jacet aggere ripæ
Continuus, squamisque incisus adæstuat amnis.
Sed nunc Ogygii jussis quando omnis anhelat
Terra Dei, trepidæque latent in pulvere Nymphæ.
Sævior anfractu laterum sinuosa retorquens 520
Terga solo, siccique nocens furit igne veneni.
Stagna per, arentesque lacus, fontesque repressos
Volvitur, et vacuis fluviorum in vallibus errat:
Incertusque sui liquidum nunc aera lambit
Ore supinato, nunc arva gementia radens 525
Pronus adhæret humo, si quid viridantia sudent
Gramina: percussæ calidis afflatibus herbæ,
Qua tulit ora, cadunt, moriturque ad sibila campus.
Quantus ab Arctois discriminat æthera plaustris
Anguis ad usque Notos, alienumque exit in orbem. 530
Quantus et ille sacri spiris intorta movebat
Cornua Parnassi, donec tibi, Delie, fixus
Vexit arundineam centeno vulnere silvam.
Quis tibi, parve, Deus tam magni pondera fati
Sorte dedit? tune hoc vix prima ad limina vitæ 535
Hoste jaces? an ut inde sacer per sæcula Graiis
Gentibus, et tanto dignus morerere sepulcro?
Occidis extremæ destrictus verbere caudæ
Ignaro serpente puer: fugit illicet artus
Somnus, et in solam patuerunt lumina mortem. 540
Quum tamen attonito moriens vagitus in auras
Excidit, et ruptis immutuit ore querelis,
Qualia non totas peragunt insomnia voces,
Audiit Hypsipyle, facilemque negantia cursum,
Exanimis genua ægra rapit; jam certa malorum 545

par la frayeur, elle se précipite; mais ses genoux tremblants retardent sa course. Déjà assurée de son malheur par un triste pressentiment, elle parcourt, elle interroge de ses regards tous les lieux, et appelle en vain son enfant des noms qu'il connaît : elle ne l'aperçoit nulle part. Le terrible ennemi, ramassé dans ses anneaux verdoyants, est nonchalamment étendu, et couvre un espace immense ; sa tête repose encore obliquement sur le ventre de sa jeune victime. A cette vue, la malheureuse Hypsipyle frémit d'horreur, et pousse un long cri qui ébranle la forêt profonde : le reptile n'en est point effrayé, et reste couché sur le sol. Ses gémissements ont frappé l'oreille des Grecs; soudain, sur l'ordre d'Adraste, l'ardent Parthénopée vole, et vient apprendre au roi quelle en est la cause. Alors seulement à l'éclat rayonnant des armes, au frémissement des guerriers, le monstre farouche dresse son cou hérissé d'écailles. Le grand Hippomédon saisit, par un puissant effort, une énorme pierre qui servait de borne à un champ, et la lance dans le vide des airs; elle part impétueuse, comme ces quartiers de roche qui, balancés par un bras vigoureux, bondissent sur les portes d'une ville assiégée. Mais toute cette force est perdue, car, rejetant en arrière sa tête flexible, le serpent échappe au coup qui le menace; la terre retentit, et les rameaux entrelacés de la forêt volent en éclat dans les airs. « Tu n'éviteras pas mes coups, s'écrie Capanée, qui, armé d'un long frêne, s'élance au-devant de lui. Que tu sois l'hôte féroce de ce bois épouvanté, ou que, consacré aux Dieux, tu fasses leurs délices, et puisse-t-il en être ainsi! tu mourras, quand même sur ces énormes membres tu porterais encore un géant. » La lance vole en frémissant, pénètre dans la bouche béante du monstre, coupe les liens de sa triple et affreuse langue, perce la crête hérissée qui orne sa tête superbe, et vient, souillée du sang impur de sa noire cervelle, se fixer profondément dans la terre. A peine la douleur a parcouru tous ses membres, qu'il entoure le trait de ses replis, l'arrache, et l'emporte dans le temple ombragé du dieu. Là, mesurant la terre de sa masse énorme, il exhale en sifflant son dernier souffle au pied de l'autel du dieu son maître.

Le marais de Lerne s'indigne, et pleure son nourrisson; les Nymphes accoutumées à couvrir le monstre des fleurs du printemps, les plaines de Némée, sillonnées par lui, gémissent; et vous aussi, Faunes, hôtes des forêts, vous brisez vos chalumeaux. Jupiter lui-même, du haut des airs, avait déjà demandé ses traits; déjà se rassemblaient les nuages et les tempêtes; mais la colère du dieu était encore trop faible, et Capanée était réservé à un plus terrible châtiment. Cependant le vent de la foudre qu'a lancée Jupiter vole, et effleure l'aigrette du guerrier.

L'infortunée Lemnienne errait dans la campagne. Aussitôt que le monstre en expirant eut délivré ces lieux, elle monte sur une légère éminence, et pâlit en apercevant l'herbe souillée d'une rosée sanglante : égarée par la violence de sa douleur, elle précipite ses pas et reconnaît tout l'affreux sacrifice; alors elle tombe comme foudroyée sur cette terre fatale, et ne trouve, dans le premier accès de son désespoir, ni paroles ni

Mentis ab augurio, sparsoque per omnia visu
Lustrat humum quærens, et nota vocabula parvo
Nequicquam ingeminans : nusquam ille, et prata recentes
Amisere notas : viridi piger accubat hostis
Collectus gyro, spatiosaque jugera complet, 550
Sic etiam obliqua cervicem expostus in alvo.
Horruit infelix visu, longoque profundum
Incendit clamore nemus : nec territus ille,
Sed jacet. Argolicas ululatus flebilis aures
Impulit : extemplo monitu ducis advolat ardens 555
Arcas eques, causamque refert. Tum squammea demum
Torvus ad armorum radios fremitumque virorum
Colla movet : rapit ingenti conamine saxum,
Quo discretus ager, vacuasque impellit in auras
Arduus Hippomedon, quo turbine bellica quondam 560
Librati saliunt portarum in claustra molares.
Cassa duci virtus : nam mollia colla refusus
In tergum serpens venientem exhauserat ictum.
Dat sonitum tellus, nemorumque per aera densi
Dissultant nexus : « At non mea vulnera, clamat, 565
(Et trabe fraxinea Capaneus subit obvius) unquam
Effugies, seu tu pavidi ferus incola luci,
Sive Deis, utinamque Deis concessa voluptas :
Non, si consertum super hæc mihi membra Giganta

Subveheres. » Volat hasta tremens, et hiantia monstri 570
Ora subit, linguæque secat fera vincla trisulcæ :
Perque jubas stantes, capitisque insigne corusci
Emicat, et nigri sanie perfusa cerebri
Figitur alta solo : longus vix tota peregit
Membra dolor, rapido celer ille volumine telum 575
Circuit, avulsumque ferens in opaca refugit
Templa Dei : hic magno tellurem pondere mensus
Implorantem animam dominis assibilat aris.
   Illum et cognatæ stagna indignantia Lernæ,
Floribus et vernis assuetæ spargere Nymphæ, 580
Et Nemees reptatus ager, lucosque per omnes
Silvicolæ, fracta, gemuistis, arundine, Fauni.
Ipse etiam summa jam tela poposcerat æthra
Juppiter, et dudum nimbique hiemesque coibant,
Ni minor ira, Deo, gravioraque tela mereri 585
Servatus Capaneus : moti tamen aura cucurrit
Fulminis, et summas libavit vertice cristas.
   Jamque pererratis infelix Lemnia campis,
Liber ut angue locus, modico super aggere longe
Pallida sanguineis infectas roribus herbas 590
Prospicit : huc magno cursum rapit effera luctu,
Agnoscitque nefas : terræque illisa nocenti
Fulminis in morem, non verba in funere primo,

larmes. Penchée sur ce malheureux enfant, elle ne peut que le couvrir de baisers, et sa bouche cherche sur les membres tièdes encore son âme fugitive; mais, hélas! il n'a plus ni visage ni poitrine, sa peau est arrachée, ses os délicats se montrent à découvert, les jointures des membres sont encore inondées d'une pluie de sang, et tout le corps n'est qu'une plaie.

Ainsi, lorsqu'un serpent à demi engourdi, se glissant dans un chêne touffu, a ravagé le nid et la tendre couvée d'un oiseau, la mère, à son retour, s'étonne du silence de sa bruyante demeure; elle plane au-dessus, et, saisie d'horreur, elle rejette la pâture qu'elle apportait, lorsqu'elle ne voit que du sang sur son arbre chéri, et des plumes éparses çà et là dans sa couche dévastée. Après que la malheureuse Hypsipyle eut pressé contre son sein et enveloppé de ses cheveux ces restes mortels, sa douleur calmée laisse à sa voix un libre passage, et s'exhale en ces plaintives paroles :

« O Archémore, douce image des fils que je n'ai plus, ô toi qui me consolais de ma fortune passée, de ma patrie perdue; qui honorais mon esclavage, qui faisais ma joie; quels dieux cruels t'ont ravi le jour? Tout à l'heure en te quittant je te laissai joyeux, et foulant le gazon sous tes pieds légers. Que sont devenus, hélas! tes traits radieux, ces paroles à demi formées que bégayait ta langue indocile, ce sourire, ces murmures que moi seule je comprenais? Combien de fois je te parlais de Lemnos, du vaisseau Argo, et berçais ton sommeil par mes longues plaintes! C'est ainsi que je soulageais ma douleur, et déjà je t'offrais un sein presque maternel : maintenant c'est en vain que mon lait mouille tes lèvres; il ne coule plus que sur tes blessures. Je reconnais la main des Dieux : ô affreux présage de mon sommeil, ô terreurs nocturnes! ô Vénus, fatale déesse, qui jamais n'est venue impunément m'épouvanter dans l'ombre!... Mais pourquoi accuser les Dieux? C'est moi-même (dois-je craindre de l'avouer quand je vais mourir?), c'est moi qui l'ai offert à la mort : quel égarement entraînait mes esprits? Ai-je pu oublier à ce point mon plus cher souci? Tandis que je me plais à raconter les malheurs de ma patrie, que je m'enorgueillis de mes hauts faits, voilà ma haute piété, voilà ma fidélité! O Lemnos! je t'ai payé la dette de mon crime!... Chefs de la Grèce, traînez-moi vers l'homicide serpent, si vous avez quelque reconnaissance du fatal service que je vous ai rendu, si vous attachez quelque prix à mes paroles; ou bien percez-moi de vos glaives, que je ne montre point mon visage odieux à mes tristes maîtres, à la malheureuse Eurydice que j'ai privée de son fils : et, pourtant, ma douleur égale la leur. Irai-je déposer ce triste fardeau dans le sein d'une mère? Quelle terre m'ouvrira la première ses ténébreux abîmes? »

Elle dit, et, souillant son visage de sang et de poussière, elle se roule aux pieds des héros grecs attristés, et leur reproche à voix basse les ondes qu'elle leur a montrées.

Déjà la fatale nouvelle, pénétrant tout à coup dans le palais de Lycurgue, a jeté dans les larmes et le roi et toute sa maison. En ce moment même il revenait des sommets sacrés du Persée, où il avait offert un sacrifice au maître du tonnerre, et, effrayé des sinistres présages donnés par la victime, il secouait tristement la tête. Ce

Non lacrimas habet : ingeminat misera oscula tantum
Incumbens, animaeque fugam per membra tepentem
Quaerit hians : non ora loco, non pectora restant.   596
Rapta cutis, tenuia ossa patent, nexusque madentes
Sanguinis imbre novi, totumque in vulnere corpus.

Ac velut aligerae sedem, foetusque parentis
Quum piger umbrosa populatus in ilice serpens,   600
Illa redit, querulaeque domus mirata quietem
Stat super impendens, advectosque horrida moesto
Excutit ore cibos; quum solus in arbore cara
Sanguis, et errantes per capta cubilia plumae.
Ut laceros artus gremio miseranda recepit,   605
Intexitque comis, tandem laxata dolore
Vox invenit iter, gemitusque in verba soluti :
« O mihi desertae natorum dulcis imago,
Archemore : o rerum et patriae solamen ademptae,
Servitiique decus, qui te, mea gaudia, sontes   610
Exstinxere Dei? modo quem digressa reliqui
Lascivum et prono vexantem gramina cursu?
Heu ubi siderei vultus? ubi verba ligatis
Imperfecta sonis? risusque et murmura soli-
Intellecta mihi? quoties tibi Lemnon, et Argo   615
Sueta loqui, et longa somnum suadere querela?

Sic equidem luctus solabar, et ubera parvo
Jam materna dabam, cui nunc venit irritus ori
Lactis, et infelix in vulnera liquitur imber.
Nosco Deos : o dura mei praesagia somni,   620
Nocturnique metus, et nunquam impune per umbras
Attonitae mihi visa Venus! quos arguo Divos?
Ipse ego te (quid enim timeam moritura fateri?)
Exposui fatis : quae mentem insania traxit?
Tantane me tantae tenuere oblivia curae?   625
Dum patrios casus, famaeque exorsa retracto
Ambitiosa meae, pietas haec magna, fidesque!
Exsolvi tibi, Lemne, nefas : ubi letifer anguis,
Ferte, duces; meriti si qua est mihi gratia duri,
Si quis honos dictis : aut vos exstinguite ferro,   630
Ne tristes dominos, orbamque inimica revisam
Eurydicen : quanquam haud illi mea cura dolendo
Cesserit. Hocne ferens onus illaetabile matris
Transfundam gremio? quae me prius ima sub umbras
Mergat humus? » Simul haec terraque et sanguine vultum
Sordida magnorum circa vestigia regum   636
Vertitur, et tacite moerentibus imputat undas.

Et jam sacrifici subitus per tecta Lycurgi
Nuntius impleratque lacrimis ipsumque domumque,

prince n'a point pris les armes avec les Grecs, non que le courage lui manquât, mais le temple et les autels du Dieu l'ont retenu; il n'a pas non plus oublié les réponses de l'oracle, les anciens avertissements des immortels, et ces mots sortis du sanctuaire : « O Lycurgue! tu donneras le premier sang à la guerre thébaine. » Voilà ce qu'il craint, et, à la vue de la poussière que Mars soulève non loin de lui, au bruit du clairon, son cœur est serré de tristesse, et il porte envie à ces guerriers qui marchent à la mort.

La parole des Dieux s'est accomplie : la fille de Thoas arrive accompagnant les tristes dépouilles d'Archémore. La malheureuse mère accourt, suivie d'un cortége de femmes, troupe éplorée et gémissante. Mais le magnanime Lycurgue ne s'abandonne point à de lâches regrets; il est plus fort que ses maux, et la colère paternelle a fait rentrer ses larmes; impatient, il parcourt la plaine d'un pas rapide, et s'écrie : « Où est-elle, cette femme, pour qui c'est peu de chose, pour qui c'est une joie peut-être que la perte de mon sang? Compagnons, allez, courez, qu'on la saisisse, qu'on me l'amène! qu'on la traîne ici! je ferai bien, moi, que toute cette fable de Lemnos, et ce père sauvé, et ces mensonges orgueilleux d'une origine sacrée, s'évanouissent à jamais! » Il s'avançait, et, furieux, le fer levé, il allait frapper; soudain le héros, fils d'Œnée, lui oppose son bouclier et le repousse, en s'écriant avec colère : « Malheureux, qui que tu sois, retiens cette fureur! » Comme lui Capanée, Hippomédon et le guerrier de l'Érymanthe accourent, l'épée haute;

les yeux du prince sont éblouis des éclairs qui jaillissent des armes. D'un autre côté, une troupe de paysans se range autour du roi; Adraste, au milieu d'eux, veut les calmer, et Amphiaraüs, plein de respect pour les bandelettes sacrées qui ceignent aussi son front, s'écrie : « Cessez, je vous en conjure, abaissez vos glaives; un même sang nous unit : modérez votre fureur, et toi le premier....! » Mais Tydée, dont le cœur bouillonne encore, reprend : « Quoi! notre guide, la libératrice de l'armée grecque, tu oserais, aux yeux de tant d'ingrats, l'immoler sur un tombeau? et quel trépas, grands Dieux, veux-tu venger? et sur qui? sur une reine, sur la fille de Thoas, sur l'illustre rejeton de Bacchus! N'est-ce pas assez, pour ton orgueil, au moment où de toutes parts les nations amies prennent les armes, que seul, au milieu des rapides cohortes, tu restes en paix? Jouis donc de cette paix, et que la victoire des Grecs te trouve encore gémissant sur ton infortune au pied d'un tombeau! »

Il dit, et Lycurgue plus calme, plus modéré dans sa colère, répond : « Je ne croyais pas que ce fût contre Thèbes et contre moi que marchaient vos escadrons ennemis. Eh bien! accourez donc à la ruine d'un allié; si le sang a pour vous tant d'attrait, rougissez ici vos armes; que ce temple de Jupiter, (car quel crime n'oseriez-vous pas?) que ce temple, tant de fois imploré en vain, soit la proie d'une flamme impie, puisqu'il n'est pas permis à un cœur que déchire une si cruelle douleur de croire qu'un maître, qu'un roi avait quelque droit sur une vile esclave. Mais

 Ipsum adventantem Persei vertice sancto 640
Montis, ubi adverso dederat prosecta Tonanti,
Et caput iratis rediens quassabat ab extis.
Hic sese Argolicis immunem servat ab armis
Haud animi vacuus, sed templa arœque tenebant.
Nec dum etiam responsa Deum, monitusque vetusti 645
Exciderant, voxque ex adytis accepta profundis,
« Prima, Lycurge, dabis Dircæo funera bello. »
Id cavet, et mœstus vicini pulvere Martis
Angitur ad lituos, periturisque invidet armis.
 Ecce fides Superum! laceras comitata Thoantis 650
Advenit exsequias : contra subit obvia mater,
Femineos cœtus plangentiaque agmina ducens.
At non magnanimo pietas ignava Lycurgo :
Fortior ille malis, lacrimasque insana resorbet
Ira patris : longo rapit arva morantia passu 655
Vociferans : « Illa autem ubinam, cui parva cruoris
Lætave damna mei? vivitne? impellite raptam,
Ferte citi comites : faxo omnis fabula Lemni,
Et pater, et tumidæ generis mendacia sacri
Exciderint. » Ibat, letumque inferre parabat 660
Ense furens rapto : venienti Œneius heros
Impiger objecta proturbat pectora parma.
Ac simul infrendens : « Siste hunc, vesane, furorem,
Quisquis es. » Et pariter Capaneus, accrque reducto

Adfuit Hippomedon, rectoque Erymanthius ense, 665
Ac juvenem multo perstringunt lumine : at inde
Agrestum pro rege manus : quos inter Adrastus
Mitior, et sociæ veritus commercia vittæ
Amphiaraus ait : « Ne quæso : absistite ferro,
Unus avum sanguis; neve indulgete furori : 670
Tuque prior. » Sed non sedato pectore Tydeus
Subjicit : « Anne ducem servatricemque cohortis
Inachiæ ingratis coram tot millibus audes
Mactare in tumulos? quanti pro funeris ultor!
Cui regnum, genitorque Thoas, et lucidus Evan 675
Stirpis avus : tumidone parum, quod, gentibus actis
Undique in arma tuis, inter rapida agmina pacem
Solus habes? habeasque, et te victoria Graium
Inveniat tumulis etiamnum hæc fata gementem. »
 Dixerat : et tandem cunctante modestior ira 680
Ille refert : « Equidem non vos ad mœnia Thebes
Rebar, et hostiles huc advenisse catervas.
Pergite in exscidium socii, si tanta voluptas,
Sanguinis, imbuite arma domi, atque hæc irrita dudum
Templa Jovis (quid enim haud licitum?) ferat impius ignis, 685
Si vilem, tanti prement quum pectora luctus,
In famulam jus esse ratus, dominoque, ducique.
Sed videt hoc, videt ille Deum regnator, et ausis
Sera quidem, manet ira tamen. » Sic fatus, et arces

il vous voit, il voit votre audace, le Dieu qui règne sur les immortels, et sa colère, bien que tardive, un jour pourtant vous atteindra. » A ces mots, il tourne ses regards vers le palais. Là retentissent d'autres cris de guerre. La renommée avait en un instant devancé les escadrons rapides, et couvrait de ses ailes un double tumulte. Les uns sèment le bruit qu'Hypsipyle, leur bienfaitrice, est traînée à la mort; d'autres, que déjà elle a succombé. On le croit, et soudain la colère s'allume; déjà les torches, les glaives menacent le palais. Dans leur fureur ils veulent renverser cet empire, saisir et faire disparaître Lycurgue, avec Jupiter, avec ses autels. La royale demeure retentit des hurlements des femmes, et la douleur a fait place à la crainte.

Monté sur son char aux coursiers rapides, Adraste prend avec lui la fille de Thoas, s'avance à travers les bataillons, et la montre à ses guerriers frémissants : « Arrêtez, arrêtez ! s'écria-t-il ; il n'y a pas eu de cruauté commise ; Lycurgue n'a point mérité cette affreuse ruine : voici celle qui vous a montré la source bienfaisante. »

Ainsi, lorsque, par leurs tourbillons opposés, d'un côté Borée et l'Eurus, de l'autre l'Auster, noir d'orages, bouleversent les mers, lorsque le jour a fui et que la tempête règne, alors vient le souverain des ondes, monté sur son char; le Triton, à la double forme, nage docile au frein blanchi d'écume, et donne à la vaste mer le signal d'abaisser ses flots; soudain la mer s'aplanit, et les montagnes et les rivages grandissent.

Quel dieu, pour consoler la Lemnienne de ce trépas funeste et payer ses larmes, exauça ses vœux les plus chers ? Qui apporta à Hypsipyle une joie inespérée ? C'est toi, auteur de sa race, ô Bacchus, qui conduisis ses deux fils des rivages de Lemnos aux contrées de Némée, et préparas ces destins merveilleux.

Leur mère était le motif de leur voyage. A peine avaient-ils été accueillis sous le toit hospitalier de Lycurgue, qu'une fatale nouvelle apprend au roi la fin misérable de son fils. Ils l'accompagnent donc, et (ô destin, ô aveuglement des hommes !) ils prennent parti pour lui. Mais à peine les noms de Lemnos, de Thoas ont frappé leurs oreilles, ils se précipitent à travers les traits, à travers les bataillons; et tous deux se jettent en pleurant dans les bras de leur mère, la couvrent d'avides caresses, et tour à tour la pressent contre leur sein.

Elle, semblable à un rocher, demeure immobile, le regard fixe, et n'ose se fier aux Dieux, qu'elle connaît trop bien. Mais lorsqu'elle eut reconnu leurs traits, et l'image du navire Argo gravée sur les épées qu'avaient laissées les Minyens, et le nom de Jason brodé sur la chlamyde des jeunes princes, toute sa douleur se dissipe ; troublée par un si grand bonheur, elle tombe, et ses yeux se mouillent de larmes de joie. En même temps des signes favorables apparaissent dans le ciel : au milieu du tumulte et des hurlements joyeux, les tambours et les cymbales du dieu ébranlent au loin les airs.

Alors le pieux fils d'Oïclée, dès que le peuple calmé laisse un moment régner le silence, et que sa parole peut parvenir jusqu'à leurs oreilles : « Écoutez, ô roi de Némée, et vous, illustres chefs de la Grèce, ce que le véridique Apollon vous prescrit par ma voix. Ce deuil était depuis longtemps réservé à nos armes :

Respicit, atque illic alio certamine belli 690
Tecta fremunt : volucres equitum præverterat alas
Fama recens, geminos alis amplexa tumultus.
Illi ad fata rapi, atque illi jam occumbere leto,
Sic meritam Hypsipylen iterant : creduntque, nec iræ
Fit mora : jamque faces, et tela penatibus instant. 695
Vertere regna fremunt, raptumque auferre Lycurgum,
Cum Jove, cumque aris : resonant ululatibus ædes
Femineis, versusque dolor dat terga timori.

Alipedum curru sed enim sublimis Adrastus 699
Secum ante ora virum fremebunda Thoantida portans
It mediis turmis, et, « Parcite, parcite, clamat.
Nil actum sæve : meritus nec tale Lycurgus
Exscidium, gratique inventrix fluminis ecce. »
Sic ubi diversis maria evertere procellis
Hinc Boreas, Eurusque, illinc niger imbribus Auster, 705
Pulsa dies, regnantque hiemes, venit æquoris alti
Rex sublimis equis, geminusque ad spumea Triton
Frena natans, late pelago dat signa cadenti :
Et jam plana Thetis, montesque, et littora crescunt.

Quis Superum tanto solatus funera voto 710
Pensavit lacrimas ? inopinaque gaudia mœstæ
Rettulit Hypsipylæ ? Tu gentis conditor, Evan,
Qui geminos juvenes Lemni de littore vectos
Intuleras Nemeæ, mirandaque fata parabas.

Causa viæ genitrix, nec inhospita tecta Lycurgi 715
Præbuerant aditus, et protinus ille tyranno
Nuntius exstinctæ miserando vulnere prolis.
Ergo adsunt comites (pro fors, et cæca futuri
Mens hominum !) regique favent : sed Lemnos ad aures
Ut primum, dictusque Thoas, per tela, manusque 720
Irruerunt, matremque avidis complexibus ambo
Diripiunt flentes, alternaque pectora mutant.
Illa velut rupes immoto saxea visu
Hæret, et expertis non audet credere Divis.
Ut vero et vultus, et signa Argoa relictis 725
Ensibus, atque humeris amborum intextus Iason,
Cesserunt luctus, turbataque munere tanto
Corruit, atque alio maduerunt lumina fletu.
Addita signa polo, lætoque ululante tumultu
Tergaque, et æra Dei motas crepuere per auras. 730

Tunc pius Œclides, ut prima silentia vulgi
Mollior ira dedit, placidasque accessit ad aures :
« Audite, o ductor Nemeæ, lectique potentes

les Parques marchent toujours droit à leur but. Ces fleuves taris, cette soif ardente, ce serpent homicide, ce jeune enfant, Archémore, dont le nom nous présage des malheurs, tout cela émane de la volonté suprême des Dieux. Réservez votre courage, déposez ces glaives que vous avez trop tôt levés. Il faut rendre à cet enfant des honneurs qui durent dans la suite des âges; il les mérite. Que le courage offre à ses mânes de nobles libations, et puisses-tu, ô Phébus, amener encore d'autres retards; puissent de nouveaux obstacles s'opposer sans cesse à cette guerre, et la fatale Thèbes s'éloigner toujours de nous! Et vous, heureux parents, dont la destinée surpasse celle des plus fortunés mortels; vous, dont le nom vivra dans la postérité aussi longtemps que le marais de Lerne, aussi longtemps que le fleuve Inachus promènera ses ondes, et que Némée projettera sur la plaine ses ombres tremblantes, n'outragez pas, par vos larmes, la majesté divine, ne pleurez pas les Dieux; car cet enfant est un dieu, oui, un dieu; il ne préférerait pas à son destin la vieillesse du héros de Pylos, ou les longues années du Phrygien Tithon. »

Il cesse de parler, et la nuit enveloppe le ciel de ses ombres épaisses.

LIVRE SIXIÈME.

La renommée, dans sa course vagabonde, parcourt les villes de la Grèce, annonçant que les descendants d'Inachus instituent, en l'honneur du tombeau qu'ils viennent d'élever, des fêtes et des jeux, où la valeur guerrière se prépare et s'anime aux fatigues de la guerre : c'était chez les Grecs un antique usage. Le premier, dans les champs de Pise, le pieux Alcide consacra cet honneur à Pélops, et essuya avec la couronne d'olivier sauvage la poussière de sa chevelure. Après lui, la Phocide, délivrée du reptile aux longs replis, célébra le premier exploit de la flèche d'Apollon enfant. Bientôt, autour des tristes autels de Palémon, la religion déploya son lugubre appareil. Toutes les fois que Leucothoé, dans sa vive douleur, exhale de nouveau ses gémissements, et que dans ce jour de fête elle aborde à un rivage ami, les deux isthmes retentissent de lamentations, et Thèbes, bâtie par Échion, répond à ces pleurs. Et maintenant ces rois illustres, les nourrissons d'Argos, qui par leur origine la rapprochent des Dieux, et dont le nom redoutable fait soupirer la terre d'Aonie et les mères thébaines, se rassemblent, et exercent leurs membres nus aux fatigues des combats.

Ainsi des vaisseaux qui, pour la première fois, doivent se hasarder dans des plages inconnues, et affronter la tempête tyrrhénienne ou les flots de la mer Égée, essayent d'abord sur un lac tranquille leurs agrès, leur gouvernail, leurs rames légères, et s'instruisent au péril. Enfin, quand l'équipage est éprouvé, ils s'élancent avec audace au milieu de l'Océan, et ne cherchent plus la terre qui se dérobe à leurs regards.

La brillante épouse de Tithon s'élevait dans le ciel, montée sur son char qui ramène le tra-

---

Inachidæ, quæ certus agi manifestat Apollo.
Iste quidem Argolicis haud olim indebitus armis 735
Luctus adest : recto descendunt limite Parcæ.
Et sitis interitu fluviorum, et letifer anguis,
Et puer, heu nostri signatus nomine fati,
Archemorus : cuncta hæc Superum demissa suprema
Mente fluunt : differte animos, festinaque tela 740
Ponite : mansuris donandus honoribus infans :
Et meruit : det pulchra suis libamina virtus
Manibus, atque utinam plures innectere pergas,
Phœbe, moras, semperque novis bellare vetemur
Casibus, et semper Thebe funesta recedat. 745
At vos magnorum transgressi fata parentum
Felices, longum quibus hinc per sæcula nomen,
Dum Lernæa palus, et dum pater Inachus ibit,
Dum Nemee tremulas campis jaculabitur umbras;
Ne fletu violate sacrum, ne plangite Divos : 750
Nam Deus iste, Deus; Pyliæ nec fata senectæ
Maluerit, Phrygiis aut degere longius annis. »
Finierat, cœloque cavam nox induit umbram.

LIBER SEXTUS.

Nuntia multivago Danaas perlabitur urbes
Fama gradu, sancire novo solemnia busto

Inachidas, ludumque super, quo Martia bellis
Præsudare paret, seseque accendere virtus.
Graium ex more decus : primus Pisæa per arva 5
Hunc pius Alcides Pelopi certavit honorem,
Pulvereumque fera crinem detersit oliva.
Proxima vipereo celebravit libera nexu
Phocis Apollineæ bellum puerile pharetræ.
Mox circum tristes servata Palæmonis aras 10
Nigra superstitio, quoties animosa resumit
Leucothoe gemitus, et amica ad littora festa
Tempestate venit : planctu conclamat uterque
Isthmos; Echioniæ responsant flebile Thebæ.
Et nunc eximii regum, quibus Argos alumnis 15
Connexum cœlo, quorumque ingentia tellus
Aonis et Tyriæ suspirant nomina matres,
Concurrunt, nudasque movent in prœlia vires.
 Ceu primum ausuræ trans alta ignota biremes,
Seu Tyrrhenam hiemem, seu stagna Ægæa lacessunt, 20
Tranquillo prius arma lacu, clavumque, levesque
Explorant remos, atque ipsa pericula discunt :
At quum experta cohors, tum pontum irrumpere fretæ
Longius, ereptasque oculis non quærere terras.
 Clara laboriferos cœlo Tithonia currus 25
Extulerat, vigilesque Deæ pallentis habenas
Et nox, et cornu fugiebat Somnus inani.

vail ; et, devant les coursiers vigilants de la pâle déesse, fuyaient et la Nuit et le Sommeil, dont la corne était épuisée. Déjà les rues de la ville, déjà le palais en deuil retentissent de pleurs et de gémissements, et les échos des forêts profondes brisent et répètent mille fois les sons qui les ont frappés. Le père d'Archémore est assis, le front dépouillé des bandelettes qui le paraient, le visage et la barbe souillés d'une poussière funèbre. Mais, plus violente dans son désespoir et surpassant son époux par ses gémissements, la malheureuse mère excite ses femmes par son exemple, stimule leur douleur, et brûle de se précipiter sur les restes déchirés de son fils ; vainement on l'en arrache, elle y revient sans cesse, et Lycurgue lui-même s'efforce de l'éloigner. Bientôt les rois, enfants d'Inachus, le visage consterné, entrent dans ce palais plein de douleur. Alors, comme si à cet instant le coup fatal les frappait de nouveau, comme si le jeune enfant ressentait l'atteinte mortelle et que le serpent s'élançât dans le vestibule, les poitrines, quoique fatiguées déjà, retentissent de coups multipliés, et des cris plaintifs et déchirants font de nouveau résonner tout l'édifice. Les Grecs ont compris cette douleur qui les condamne, et ils s'excusent de leur crime par des larmes abondantes. Adraste lui-même, toutes les fois qu'il peut se faire entendre, et que le tumulte, un moment interrompu, fait place à un morne silence, console par des paroles affectueuses ce père infortuné : tantôt il lui rappelle les destins, le sort cruel des mortels, les arrêts irrévocables des Parques ; tantôt il lui fait espérer un autre rejeton, une postérité qui conservera la faveur des Dieux ; mais il n'a pas encore achevé, et déjà les lamentations éclatent de nouveau. Lycurgue, de son côté, n'est pas plus sensible à ces paroles amies que la mer d'Ionie, qui, dans son terrible courroux, n'écoute ni les cris ni les vœux des matelots, ou que la foudre vagabonde qui déchire les nuages.

Cependant on construit avec de sombres rameaux et de tendres cyprès entrelacés le lit condamné à la flamme, la couche funèbre du jeune prince. Des branches verdoyantes en décorent la base ; le second plan est formé avec plus d'art de guirlandes de gazon parsemées d'un amas de fleurs qui vont bientôt mourir ; le troisième s'élève chargé des parfums de l'Arabie, de toutes les richesses de l'Orient, d'encens blanchi sur la glèbe, et de canelle conservée depuis l'antique Bélus. Le sommet est couronné de franges d'or frémissantes, et d'un moelleux tissu de pourpre tyrienne où étincellent des pierres précieuses : Linus y est représenté au milieu des feuilles d'acanthe, entouré de chiens dévorants ; admirable travail que toujours la malheureuse mère eut en horreur, et dont elle détournait ses regards comme d'un sinistre présage.

Les armes de ses aïeux et les dépouilles conquises par leur valeur sont aussi placées autour du lit funèbre (car même au milieu d'une si grande douleur se glisse encore l'ambitieux orgueil d'une cour en deuil), comme si ces funérailles attendaient un noble et pesant fardeau, comme si ce lit devait recevoir le corps immense d'un héros ! Mais cette vaine et stérile pompe flatte la douleur des parents, et l'ombre d'un enfant grandit par cette offrande. Puis on paye à sa cendre un abondant tribut de larmes, triste

---

Jam plangore viæ, gemitu jam regia mugit
Flebilis : acceptos longe nemora avia frangunt,
Multiplicantque sonos : sedet ipse exutus honoro 30
Vittarum nexu genitor, squalentiaque ora
Sparsus, et incultam ferali pulvere barbam.
Asperior contra, planctusque egressa viriles
Exemplo famulas premit, hortaturque volentes
Orba parens, lacerasque super procumbere nati 35
Relliquias ardet, totiesque avulsa refertur.
Arcet et ipse pater. Mox ut mœrentia dignis
Vultibus Inachii penetrarunt limina reges,
Ceu nova tunc clades, et primo saucius infans
Vulnere, letalisve irrumperet atria serpens, 40
Sic alium ex alio, quamquam lassata, fragorem
Pectora congeminant, integratoque resultant
Accensæ clamore fores : sensere Pelasgi
Invidiam, et lacrimis excusant crimen obortis.
Ipse, datum quoties, intercisoque tumultu 45
Conticuit stupefacta domus, solatur Adrastus
Alloquiis genitorem ultro : « nunc fata recensens
Resque hominum duras, et inexorabile pensum ;
Nunc aliam prolem, mansuraque numine dextro
Pignora : » nondum orsis modus, et lamenta redibant. 50

Ille quoque affatus non mollius audit amicos,
Quam trucis Ionii rabies clamantia ponto
Vota virum, aut tenues curant vaga fulmina nimbos.
Tristibus interea ramis, teneraque cupresso
Damnatus flammæ torus, et puerile pheretrum 55
Texitur. Ima virent agresti stramina culta.
Proxima gramineis operosior area sertis,
Et picturatus morituris floribus agger.
Tertius assurgens Arabum strue tollitur ordo
Eoas complexus opes, incanaque glebis 60
Thura, et ab antiquo durantia cinnama Belo.
Summa crepant auro, Tyrioque attollitur ostro
Molle supercilium : teretes hoc undique gemmæ
Irradiant : medio Linus intertextus acantho,
Letiferique canes : opus admirabile semper 65
Oderat, atque oculos flectebat ab omine mater.
Arma etiam et veterum exuvias circumdat avorum
Gloria mixta malis, afflictæque ambitus aulæ,
Ceu grande exsequiis onus, atque immensa ferantur
Membra toro : sed cassa tamen sterilisque dolentes 70
Fama juvat, parvique augescunt munere manes.
Inde ingens lacrimis honor, et miseranda voluptas,
Muneraque in cineres annis graviora feruntur.

consolation pour un père! On lui offre des présents au-dessus de son âge, car Lycurgue, dans l'impatience de ses vœux, lui avait destiné un carquois, des traits proportionnés à sa taille, et des flèches inoffensives; déjà il élevait pour lui dans les étables des coursiers d'élite, d'un noble sang; pour lui il gardait un baudrier retentissant, et des armes qui devaient attendre un bras plus vigoureux. O espérances avides! Avec quel empressement sa crédule mère tissait pour lui des vêtements, et lui préparait une parure de pourpre, insigne de la royauté, et un sceptre fait pour ses mains enfantines! Dans son désespoir, le malheureux père condamne tout aux flammes funéraires, et y jette sa propre armure, pour apaiser, s'il se peut, sa cruelle douleur.

D'un autre côté, l'armée, par les ordres du sage augure, forme avec la dépouille des forêts abattues un immense bûcher, semblable à une montagne; elle veut expier le meurtre du serpent, et détourner les noirs présages d'une guerre malheureuse. C'est aux soldats qu'est confié le soin de faire tomber sous la hache les bois de Némée et de l'ombreuse Tempé, et de livrer à Phébus le secret de leurs retraites obscures. Toujours respectée jusqu'alors, cette forêt voit tomber sous la hache son antique chevelure; elle qui, plus riche en ombrages que tous les bois de l'Argolide ou du Lycée, élevait sa tête jusqu'aux astres. Sa vieillesse exprime un saint respect. Elle n'a pas vu seulement, dit-on, passer dans la longue suite des âges les générations des hommes, mais elle a survécu aux Nymphes et à la troupe des Faunes. Le fer porte partout la mort et la désolation. Les bêtes féroces s'enfuient, les oiseaux s'échappent de leur nid tiède encore, chassés par la crainte. Le hêtre à la cime élevée tombe, ainsi que l'arbre de Chaonie; le cyprès invulnérable aux hivers, l'arbre à résine, aliment des flammes du bûcher; les ornes, les yeuses, l'if au suc redoutable, le frêne qui aime à boire le sang versé par la guerre homicide, et le chêne que le temps ne peut dompter, puis le sapin audacieux, et le pin qui distille des parfums de ses blessures, sont fendus par le fer. Vers la terre s'incline la cime jusqu'alors intacte de l'aune, ami des ondes, et celle de l'orme, hôte complaisant de la vigne : toute la campagne en gémit. Ainsi, mais avec moins de fracas, l'Ismare, dit-on, tombe déraciné, lorsque Borée, brisant sa prison, s'élance de son antre; avec moins de rapidité la flamme nocturne, poussée par le Notus, dévore une forêt tout entière. C'est en pleurant que Palès à la blanche chevelure, Silvain, le roi des ombrages, et la troupe des demi-dieux, quittent le doux repos de ces lieux chéris; la forêt gémit de leur départ, et les Nymphes ne peuvent se détacher des arbres qu'elles tiennent embrassés. Ainsi, quand une ville prise d'assaut est livrée au pillage des avides vainqueurs, à peine a-t-on donné le signal, et déjà cette ville n'est plus. On entraîne, on renverse, on chasse, on pille, sans frein et sans loi. Moins affreux est le tumulte d'un champ de bataille.

Déjà, avec un soin égal, avaient été élevés deux autels semblables, l'un aux tristes Ombres, l'autre aux Dieux de l'Olympe, lorsque le signal du deuil est donné par les sons graves de la flûte recourbée; c'est cette flûte qui, accordée selon le lugubre mode phrygien, sert à évoquer les mânes

---

Namque illi et pharetras, brevioraque tela dicarat
Festinus voti pater, insontesque sagittas.   75
Jam tunc et nota stabulis de gente probatos
In nomen pascebat equos, cinctusque sonantes,
Armaque majores exspectatura lacertos.
Spes avidæ! quas non in nomen credula vestes
Urgebat studio? cultusque insignia regni   80
Purpureos, sceptrumque minus? cuncta ignibus atris
Damnat atrox, suaque ipse parens gestamina ferri,
Si damnis rabidum queat exsaturare dolorem.
    Parte alia gnari monitis exercitus instat
Auguris, aeriam truncis nemorumque ruina   85
Montis onus cumulare pyram; quæ crimina cæsi
Anguis, et infausti cremet atra piacula belli.
His labor accisam Nemeen, umbrosaque Tempe
Præcipitare solo, lucosque ostendere Phœbo.
Sternitur extemplo veteres incidua ferro   90
Silva comas, largæ quæ non opulentior umbræ
Argolicos inter saltusque educta Lycæos
Extulerat super astra caput : stat sacra senectæ
Numine, nec solos hominum transgressa veterno
Fertur avos, Nymphas etiam mutasse superstes,   95
Faunorumque greges. Aderat miserabile luco
Exscidium : fugere feræ, nidosque tepentes
Absiliunt, metus urget, aves : cadit ardua fagus;
Chaoniumque nemus, brumæque illæsa cupressus,
Procumbunt piceæ, flammis alimenta supremis,   100
Ornique, iliceæque trabes, metuendaque succo
Taxus, et infandos belli potura cruores
Fraxinus, atque situ non expugnabile robur.
Hinc audax abies, et odoro vulnere pinus
Scinditur; acclinant intonsa cacumina terræ   105
Alnus amica fretis, nec inhospita vitibus ulmus.
Dat gemitum tellus : non sic eversa feruntur
Ismara, quum fracto Boreas caput extulit antro.
Non grassante Noto citius nocturna peregit
Flamma nemus : linquunt flentes dilecta locorum   110
Otia cana Pales, Silvanusque arbiter umbræ,
Semideumque pecus : migrantibus adgemit illis
Silva, nec amplexæ dimittunt robora Nymphæ.
Ut quum possessas avidis victoribus arces
Dux raptare dedit, vix signa audita, nec urbem   115
Invenias : ducunt, sternuntque, abiguntque, feruntque
Immodici : minor ille fragor, quo bella geruntur.
    Jamque pari cumulo geminas, hanc tristibus Umbris,
Ast illam Superis, æquus labor auxerat aras.

attendris. Pélops le premier, dit-on, enseigna ces sacrifices funèbres et ces hymnes destinés aux jeunes ombres ; et Niobé les chanta, quand frappée jusque dans le dernier de ses enfants par les flèches de deux divinités ennemies, elle transporta en gémissant sur le mont Sipyle les douze urnes funéraires.

Les chefs grecs portent les offrandes et les mets destinés aux flammes : pour attester leur pieux hommage, chacun d'eux déploie les insignes de sa nation. A un long intervalle, porté sur les épaules des jeunes guerriers choisis par Adraste dans toute l'armée, s'élève le lit funèbre, qu'accompagnent de farouches lamentations. Autour de Lycurgue sont rangés les chefs de Lerne ; la mère d'Archémore est accompagnée de ses femmes désolées ; Hypsipyle vient après elle avec une suite nombreuse ; les Grecs reconnaissants l'entourent ; ses fils soutiennent ses bras livides de meurtrissures, et, heureux d'avoir retrouvé leur mère, ils ne permettent que les pleurs à son désespoir.

Eurydice n'eut pas plutôt franchi le seuil infortuné, la poitrine nue, qu'elle laisse éclater sa douleur, et, après avoir prélude par des sanglots et de longs hurlements, elle commence ainsi :

« Ce n'est pas avec ce cortège de femmes argiennes que j'espérais, ô mon fils, te suivre un jour ! ce n'est pas là le sort que mes vœux réclamaient pour tes jeunes années ! Insensée que j'étais, je ne craignais aucun malheur ; car, dans mon ignorance, pouvais-je craindre pour toi, à l'entrée de la vie, et Thèbes, et la guerre ? Quel dieu s'est plu à commencer les combats par notre sang ? Quel mortel a fait vœu de ce crime pour assurer le succès de ses armes? Mais toi, ô Cadmus ! ta race est encore intacte ; nul enfant thébain n'est encore à pleurer. Les prémices des larmes et du carnage, c'est moi qui, avant le bruit de la trompette et du fer, les ai offertes ! moi, dont la tendresse oisive se confie à la fidélité d'une nourrice ; moi, qui abandonne mon fils à sa mamelle ! Mais pouvais-je me défier ? elle disait que son père avait été sauvé par sa ruse, que ses mains étaient pures : la voilà celle qui, s'il faut l'en croire, abjura un horrible serment, et, seule de toutes les femmes de Lemnos, résista aux furies de sa patrie ; la voilà ! croyez à son dévouement ! admirez la puissance de sa piété filiale ! elle a jeté dans un champ désert, non pas son roi ou son maître, c'était trop peu, mais, la cruelle, un enfant étranger ! Elle a livré à tous les dangers d'une forêt solitaire celui que non-seulement un affreux serpent (qu'était-il besoin de ce monstre pour lui donner la mort ?), mais le souffle violent de l'air, le feuillage chassé par le Notus, un vain bruit, pouvait tuer ! Je n'ai plus de fils, et je ne puis, ô rois, vous poursuivre de mes pleurs. L'immuable destin réservait à une malheureuse mère le crime de cette femme : et pourtant, ô mon fils, sans cesse dans ses bras, toutes tes caresses étaient pour elle ; c'est elle seule que tu connaissais, dont tu entendais la voix ; moi, je t'étais inconnue ; tu n'as donné à ta mère aucune joie. Elle, au contraire, la cruelle, elle a entendu tes plaintes, tes rires mêlés de larmes ; elle a recueilli les premiers sons de ta voix ; elle fut toujours ta mère, tant que tu as vécu : maintenant c'est à moi de l'être. Mais, hélas ! je

```
    Quum signum luctus cornu grave mugit adunco         120
Tibia, cui teneros suetum producere Manes
Lege Phrygum mœsta. Pelopem monstrasse ferebant
Exsequiale sacrum, carmenque minoribus umbris
Utile, quo geminis Niobe consumpta pharetris
Squallida bissenas Sipylon deduxerat urnas.            125
    Portant inferias, arsuraque fercula primi
Graiorum, titulisque pios testantur honores
Gentis quisque suæ : longo post tempore surgit
Colla super juvenum, numero dux legerat omni,
Ipse fero clamore torus : cinxere Lycurgum            130
Lernæi proceres ; genitricem mollior ambit
Turba, nec Hypsipyle raro subit agmine : vallant
Inachidæ memores, sustentant livida nati
Brachia, et inventæ concedunt plangere matri.
    Illic infaustos ut primum egressa penates          135
Eurydice, nudo vocem de pectore rumpit,
Planctuque et longis præfata ululatibus infit :
    « Non hoc Argolidum cœtu circumdata matrum
Speravi te, nate, sequi, nec talia demens
Fingebam votis annorum elementa tuorum,                140
Nil sævum reputans : etenim his in finibus ævi
Unde ego bella tibi Thebasque ignara timerem ?
Cui Superum nostro committere sanguine pugnas

Dulce ? quis hoc armis vovit scelus ? at tua nondum,
Cadme, domus ; nullus Tyrio grege plangitur infans.    145
Primitias egomet lacrimarum, et cædis acerbæ
Ante tubas ferrumque tuli, dum deside cura
Credo sinus fidos altricis, et ubera mando.
Quidni ego ? narrabat servatum fraude parentem,
Insontesque manus : en ! quam ferale putemus          150
Abjurasse sacrum, et Lemni gentilibus unam
Immunem furiis : hæc illa, et creditis ausæ ?
Hæc pietate potens ? solis abjecit in arvis
Non regem, dominumve ; alienos impia partus.
Hoc tantum, silvæque infamis tramite liquit,           155
Quem non anguis atrox (quid enim hac opus, hei mihi, leti
Mole fuit ?), tantum cœli violentior aura,
Impulsæque Noto frondes, cassusque valeret
Exanimare timor. Nec vos incessere luctu
Orba habeo : fixum matri immotumque manebat           160
Hac altrice nefas : at quin et blandus ad illam,
Nate, magis, solam nosse, atque audire vocantem,
Ignarusque mei : nulla ex te gaudia matri.
Illa tuos questus, lacrimososque impia risus
Audiit, et vocis decerpsit murmura primæ :            165
Illa tibi genitrix semper, dum vita manebat,
Nunc ego. Sed miseræ mihi nec punire potestas
```

ne puis pas même la punir malgré son crime! Guerriers, pourquoi ces présents? pourquoi ces honneurs funèbres rendus à ce bûcher? C'est elle que réclame l'ombre de mon enfant, et rien de plus : accordez-la, de grâce, à sa cendre, à une malheureuse mère qui n'a plus rien qui l'attache à la vie! Livrez-la-moi, je vous en conjure par ces prémices d'une guerre pour laquelle j'ai enfanté une victime! » Elle dit, et, arrachant ses cheveux, elle renouvelle sa prière : « Livrez-la-moi, et ne m'appelez pas cruelle et sanguinaire. Que je meure avec elle! et, pourvu que mes yeux se rassasient de son juste supplice, qu'on nous précipite dans les mêmes flammes. »

Tandis qu'elle exhalait ces plaintes, Hypsipyle, d'un autre côté, gémissait, et n'épargnait ni sa poitrine, ni sa chevelure. Eurydice l'aperçoit au loin, et, indignée de ce qu'elle partage sa douleur : « Chefs de la Grèce, s'écrie-t-elle, et toi à qui j'ai procuré au prix de mon sang une immortelle gloire, épargnez-moi du moins ce tourment; éloignez des funérailles cet objet de ma haine : pourquoi vient-elle offenser les yeux d'une mère de son sinistre visage, et assister au spectacle de mon infortune? Qui peut-elle pleurer, quand elle vient d'embrasser ses enfants? » Elle dit, et tout à coup s'évanouit; la plainte expire sur ses lèvres.

Ainsi, lorsqu'arraché à la mamelle un jeune taureau dont les forces sont encore mal assurées, et qui n'a pour tout sang que le lait maternel, est ravi par une bête féroce, ou entraîné par un berger à l'impitoyable autel, la mère, privée de son nourrisson, émeut par ses gémissements la vallée, les fleuves, les troupeaux, et interroge les campagnes désertes. Elle ne retourne qu'à regret à l'étable; la dernière elle quitte la plaine fatale, et, quoique sans nourriture, dédaigne l'herbe qui lui est présentée.

Cependant le père d'Archémore jette sur le bûcher son sceptre royal et les insignes du dieu de la foudre. Il fait tomber sous le ciseau la barbe qui couvre sa poitrine, et la chevelure répandue sur ses épaules; il en voile le visage délicat de son fils, et mêle à ses pleurs paternels ces tristes paroles : « Ce n'est pas là, perfide Jupiter, ce que j'attendais lorsque je fis vœu de te consacrer cette chevelure, le jour où tu m'aurais permis d'offrir sur tes autels le premier duvet des joues de mon fils; mais tu n'as pas écouté la voix de ton prêtre; tu as condamné mes prières. Qu'elle reçoive donc mon offrande, cette ombre qui en est plus digne que toi! »

Enfin la torche est placée sous le premier feuillage. Avec la flamme les cris éclatent; on s'efforce d'éloigner et ce père et cette mère désespérés. Un ordre est donné, et les Grecs debout, les armes levées dans les airs, dérobent à leurs regards cet affreux spectacle. Les flammes s'enrichissent des offrandes : jamais tant de richesses n'avaient été prodiguées à des cendres : les pierreries éclatent en débris; des masses d'argent se liquéfient, l'or coule des vêtements richement brodés, et le bois s'alimente des sucs de l'Assyrie. Le miel enflammé pétille avec le pâle safran, et des patères écumantes de vin sont répandues sur le bûcher, ainsi que des coupes de sang noir et de lait, libations agréables aux mânes.

Alors sept escadrons, dont chacun a cent cour-

Sic meritam : quid dona, duces, quid inania fertis
Justa rogis? illam, nil poscunt amplius umbræ,
Illam, oro, cineri simul, excisæque parenti 170
Reddite, quæso, duces : per ego hæc primordia belli,
Cui peperi : sic æqua gemant mihi funera matres
Ogygiæ. » Sternit crines, iteratque precando,
« Reddite, nec vero crudelem, avidamque vocate
Sanguinis : occumbam pariter, dum vulnere justo 175
Exsaturata oculos, unum impellamur in ignem. »
Talia vociferans alia de parte gementem
Hypsipylen, neque enim illa comas nec pectora servat,
Agnovit longe, et socium indignata dolorem,
« Hoc saltem, o proceres, tuque o cui pignore nostro 180
Partus honos, prohibete nefas : auferte supremis
Invisam exsequiis : quid se funesta parenti
Miscet? et in nostris spectatur et ipsa ruinis?
Cui luget complexa suos? » Sic fata repente
Concidit, abruptis que obmutuit ore querelis. 185
  Non secus ac primo fraudatum lacte juvencum,
Cui trepidæ vires, et solus ab ubere sanguis,
Seu fera, seu duras avexit pastor ad aras;
Nunc vallem spoliata parens, nunc flumina quæstu,
Nunc armenta movet, vacuosque interrogat agros : 190
Tunc piget ire domum, mæstoque novissima campo
Exit, et oppositas impasta avertitur herbas.
At genitor sceptrique decus cultusque Tonantis
Injicit ipse rogis, tergoque et pectore fusam
Cæsariem ferro minuit, sectisque jacenti 195
Obnubit tenuia ora comis, ac talia fletu
Verba pio miscens : « Alio tibi, perfide, pacto,
Juppiter, hunc crinem voti reus ante dicaram,
Si pariter virides nati libare dedisses
Ad tua templa genas; sed non ratus ore sacerdos, 200
Damnataeque preces : ferat hæc, quæ dignior umbra est. »
Jam face subjecta primis in frondibus ignis
Exclamat : labor insanos arcere parentes.
Stant jussi Danai, atque obtentis eminus armis
Prospectu visus interclusere nefasto. 205
Ditantur flammæ : non unquam opulentior illic
Ante cinis : crepitant gemmæ, atque immane liquescit
Argentum, et pictis exsudat vestibus aurum;
Nec non Assyriis pinguescunt robora succis,
Pallentique croco strident ardentia mella, 210
Spumantesque mero pateræ verguntur, et atri
Sanguinis et rapti gratissima cymbia lactis.
  Tunc septem numero turmas (centenus ubique
Urget eques) versis ducunt insignibus ipsi
Grajugenæ reges, lustrantque, ex more, sinistro 215

siers fougueux, s'avancent, enseignes renversées, sous les ordres des chefs grecs; ils exécutent à gauche, suivant l'usage, leurs évolutions autour du bûcher, et courbent la cime des flammes sous un nuage de poussière. Trois fois ils bandent leurs arcs, et les traits s'entre-choquent et retentissent. Quatre fois les armes envoient au loin un fracas horrible, quatre fois les femmes répondent à ce bruit en se meurtrissant le sein.

L'autre bûcher reçoit dans ses flammes des brebis palpitantes, des taureaux qui respirent encore. Le devin veut effacer le deuil et les présages sinistres de ces funérailles, quoiqu'il sache bien que ces présages ne sont que trop vrais. Les escadrons reviennent de ce côté, et font à droite le tour du bûcher en brandissant leurs lances; chacun des guerriers jette son offrande dans les flammes : l'un ses rênes, l'autre son baudrier, celui-ci ses javelots, celui-là l'aigrette qui ombrage son casque. La plaine retentit au loin des rauques accords, et l'oreille est frappée des sons aigus du clairon. La forêt s'épouvante de ces clameurs. Ainsi, lorsqu'au bruit de la trompette guerrière on arrache les étendards, la colère ne bouillonne pas encore dans les cœurs, le fer n'est pas encore rouge de sang, et, dans ce prélude du combat, la guerre a gardé toute sa parure; debout, au milieu de la nue, Mars plane sur les combattants; il n'a pas encore décidé à qui il accordera la victoire.

Tout est fini, le feu tombe et se réduit en cendres. On s'empresse autour des flammes, et de nombreuses aspersions étouffent le bûcher; les travaux ne finissent qu'avec la chute du jour, et cèdent enfin aux ténèbres tardives de la nuit.

Déjà l'étoile du matin avait chassé neuf fois du ciel les astres humides de rosée, et neuf fois, changeant de coursiers pendant la nuit, elle avait devancé les feux de la lune, révolution qui ne surprend point les astres, car, dans son lever alternatif, c'est toujours la même étoile. Déjà, avec une merveilleuse promptitude, un monument d'une masse énorme, un temple est élevé à la cendre d'Archémore. On y voit représentés avec ordre tous les détails de ce triste événement : ici Hypsipyle montre un fleuve aux Grecs épuisés; là le malheureux enfant se traîne en rampant, là il gît sur le sol; l'extrémité du tombeau est enveloppée des replis de l'horrible serpent; vous croiriez entendre les sifflements affreux de sa bouche mourante, et le voir se rouler autour de la lance de marbre.

Déjà, avide de contempler la vaine image des combats, le peuple, à la voix de la Renommée, accourt en foule des villes et des campagnes. Ceux même auxquels les horreurs de la guerre sont inconnues, ceux que la vieillesse languissante ou leur jeune âge retenait dans leurs foyers, se pressent à ce spectacle. Jamais le rivage d'Éphyre, ou le cirque d'OEnomaüs, ne virent s'agiter une multitude plus nombreuse.

Près de là se trouve une vallée, entourée d'une couronne verdoyante de collines, et qu'embrasse de toutes parts l'épaisse forêt. Tout autour s'élèvent d'âpres rochers qui la ceignent comme d'un rempart; on y arrive par un sentier long et uni, d'où l'on voit seulement quelques broussailles, et de légères éminences parsemées d'un vert gazon.

C'est là que la belliqueuse cohorte, aussitôt

Orbe rogum, et stantes inclinant pulvere flammas.
Ter curvos urgere sinus, illisaque telis
Tela sonant : quater horrendum pepulere fragorem
Arma, quater mollem famularum brachia planctum.
    Semianimes alter pecudes spirantiaque ignis   220
Accipit armenta : hic luctus abolere, novique
Funeris auspicium, vates (quanquam omina sentit
Vera) jubet, dextri gyro, et vibrantibus hastis,
Hac redeunt, raptumque suis libamen ab armis
Quisque jacit, seu frena libet, seu cingula flammis   225
Mergere, seu jaculum, summæ seu cassidis umbram.
Multa gemunt contra raucis concentibus agri,
Et lituis aures circum pulsantur acutis.
Terretur clamore nemus : sic Martia vellunt
Signa tubæ, nondum ira calet, nec sanguine ferrum   230
Irrubuit, primo bellorum comitur illo
Vultus, honoris opus : stat adhuc incertus in alta
Nube, quibus sese Mavors indulgeat armis.
    Finis erat, lapsusque putres jam Mulciber ibat
In cineres : instant flammis, multoque soporant   235
Imbre rogum, posito donec cum sole labores
Exhausti : seris vix cessit cura tenebris.
    Roscida jam novies cœlo dimiserat astra

Lucifer, et totidem Lunæ prævenerat ignes
Mutato nocturnus equo : nec conscia fallit   240
Sidera, et alterno deprenditur unus in ortu :
(Mirum opus accelerasse manus) stat saxea moles,
Templum ingens, cineri, rerumque effectus in illo
Ordo docet casus : fessis hic flumina monstrat
Hypsipyle Danais, hic reptat flebilis infans,   245
Hic jacet, extremum tumuli circum asperat orbem
Squameus : exspectes morientis ab ore cruenta
Sibila, marmorea sic volvitur anguis in hasta.
    Jamque avidum pugnas visendi vulgus inermes
Fama vocat : cunctis arvis ac mœnibus adsunt   250
Exciti : illi etiam, quis belli incognitus horror,
Quos effœta domi, quos prima reliquerat ætas,
Conveniunt : non aut Ephyræo in littore tanta
Unquam, aut Œnomai fremuerunt agmina circo.
    Collibus incurvis, viridique obsessa corona   255
Vallis in amplexu nemorum sedet : hispida circum
Stant juga, et objectus geminis umbonibus agger
Campum exire vetat, longo quem tramite planum
Gramineæ frondes, sinuataque cespite vivo
Mollia non subitis augent fastigia clivis.   260
    Illic conferti, jam sole rubentibus arvis,

12.

que le soleil a doré les campagnes, se rassemble et s'assied. Là, mêlés et confondus, ils comptent leur nombre, interrogent leurs visages et leur attitude ; spectacle bien doux à ces guerriers, et qui les remplit de confiance dans une si grande guerre. Là cent taureaux noirs, l'élite du troupeau, à la masse pesante, sont entraînés avec effort, ainsi qu'un nombre égal de génisses de la même couleur et de jeunes taureaux, dont le front n'est pas encore surmonté du croissant. On voit venir ensuite les nombreuses images de leurs magnanimes ancêtres, dont les traits, par un prodige de l'art, semblent respirer encore. En tête est le dieu de Tirynthe, qui serre contre sa rude poitrine un lion haletant, le brise et le broie entre ses bras osseux. Ce n'est pas sans frayeur, bien que le monstre ne respire que sur l'airain, que les fils d'Inachus contemplent leur héros. A gauche, sur une même ligne, on voit Inachus couché au pied d'une rive, au milieu des roseaux, et penchant avec complaisance son urne abondante. Derrière lui est Io déjà courbée vers la terre, Io l'objet de sa douleur, qui considère Argus tout rayonnant d'yeux toujours ouverts. Touché de son sort, Jupiter avait relevé, dans les champs de Pharos, son front incliné, et l'Orient qui l'accueillit l'adorait alors comme une divinité. Puis vient Tantale, leur ancêtre, non pas tel que le virent les enfers, penché sur une onde trompeuse, ou ne saisissant que l'air à la place du rameau qui fuit, mais convive, encore respectueux, du grand Jupiter. De l'autre côté, Pélops vainqueur secoue les rênes sur ses coursiers, présent de Neptune ; en vain Myrtile presse ses roues chancelantes :

Myrtile est laissé bien loin par le char rapide de son rival. Là aussi est le sévère Acrisius, et l'image horrible de Corèbe, et Danaé qui porta dans son sein un fruit coupable ; et Amymone éplorée près des ondes qu'elles a découvertes, et Alcmène, frère du jeune Hercule, et dont le front est couronné de trois lunes. On voit les deux fils de Bélus se présenter, comme gage d'une perfide alliance, une main hostile. Le visage d'Égyptus a plus de douceur ; mais sur les traits menteurs de Danaüs on entrevoit clairement les forfaits de cette paix funeste, et de la nuit qui va suivre. Mille autres images viennent à leur suite ; enfin quand les yeux sont rassasiés de ce spectacle, l'élite des guerriers se prépare à disputer les prix de la valeur.

Aux chevaux d'abord la sueur de la lice. Dis-moi leurs noms, noble Phébus ; dis les noms de leurs guides. Jamais on n'avait vu rassembler une troupe plus généreuse de coursiers aux pieds ailés ; moins rapides sont les oiseaux, quand ils luttent de vitesse en fendant les airs ; moins impétueux sont les vents, quand, déchaînés par Éole, ils se heurtent sur un rivage. Avant tous les autres on conduit Arion, remarquable par le feu de sa crinière dorée. Neptune, si l'on en croit l'antique renommée, en fut le père ; le premier, dit-on, il froissa d'un frein doucement manié la bouche de ce coursier, et le dompta sur la poussière du rivage, sans recourir à l'aiguillon ; car, dévoré d'une ardeur sans bornes, il était aussi mobile que l'Océan en courroux. Souvent, mêlé aux chevaux marins, il fendait les flots des mers d'Ionie ou de Libye, et portait sur tous les rivages le dieu des

Bellatrix sedere cohors : ibi corpore mixto
Metiri numerum, vultusque, habitusque suorum,
Dulce viris, tantique juvat fiducia belli.
Centum ibi nigrantes, armenti robora, tauros   265
Lenta mole trahunt, idem numerusque colorque
Matribus, et nondum lunatis fronte juvencis.
Exin magnanimum series antiqua parentum
Invehitur, miris in vultum animata figuris.
Primus anhelantem duro Tirynthius angens   270
Pectoris attritu sua frangit in ossa leonem.
Haud illum impavidi, quamvis et in aere, suumque
Inachidæ videre decus : pater ordine juncto
Lævus, arundineæ recumbansque sub aggere ripæ,
Cernitur, emissæque indulgens Inachus urnæ.   275
Io post tergum, jam prona, dolorque parentis
Spectat inocciduis stellatum visibus Argum.
Ast illam melior Phariis erexerat arvis
Juppiter, atque hospes jam tunc Aurora colebat.
Tantalus inde parens, non qui fallentibus undis   280
Imminet, aut refugæ sterilem rapit aera silvæ,
Sed pius, et magni vehitur conviva Tonantis.
Parte alia victor curru Neptunia tendit
Lora Pelops, pressatque rotas auriga natantes
Myrtilus, et volucri jamjamque relinquitur axe.   285

Et gravis Acrisius, speciesque horrenda Corœbi,
Et Danæ culpata sinus, et in amne reperto
Tristis Amymone, parvoque Alcmena superbit
Hercule, tergemina crinem circumdata luna.
Jungunt discordes inimica in fœdera dextras   290
Belidæ fratres ; sed vultu mitior adstat
Ægyptus, Danai manifestum agnoscere ficto
Ore nefas, pacisque malæ, noctisque futuræ.
Mille dehinc species : tandem satiata voluptas,
Præstantesque viros vocat ad sua præmia virtus.   295
    Primus sudor equis. Dic, inclyte Phœbe, regentum
Nomina, dic ipsos : neque enim generosior unquam
Alipedum collata acies ; ceu præpete cursu
Confligant densæ volucres, aut littore in uno
Æolus insanis statuat certamina ventis.   300
Ducitur ante omnes rutilæ manifestus Arion
Igne jubæ : Neptunus equo, si certa priorum
Fama, pater : primus teneris læsisse lupatis
Ora, et littoreo domitasse in pulvere fertur,
Verberibus parcens : etenim insatiatus eundi   305
Ardor, et hyberno par inconstantia ponto.
Sæpe per Ionium Libycumque natantibus ire
Interjunctus equis, omnesque assuetus in oras
Cæruleum deferre patrem : stupuere relicta

mers azurées; les nuages s'étonnaient d'être devancés par lui, et l'Eurus et le Notus luttaient en vain pour l'atteindre. Non moins impétueux sur la terre quand le fils d'Amphitryon affrontait, sur l'ordre d'Eurysthée, de périlleux combats, il portait ce héros, en traçant sur le sol un profond sillon; Hercule lui-même avait peine à contenir sa fougue indocile. Bientôt donné par les Dieux en présent au roi Adraste, il fléchit sous ce nouveau maître; mûri par l'âge, son feu s'était beaucoup calmé. Maintenant le roi le confie à son gendre Polynice, mais non sans lui donner bien des avis; il lui apprend par quel art, quand il s'emporte, il a coutume de modérer son ardeur : « Que ta main, lui dit-il, ne lui soit pas rude, et que les rênes ne laissent pas toute liberté à son essor : presse les autres par l'aiguillon et les menaces; celui-ci ira de lui-même, et plus que tu ne voudras. » Ainsi, lorsque le soleil remit à son fils ses rênes de feu et le plaça sur son char rapide, il enseignait en pleurant à Phaéton, transporté de joie, quels étaient les astres dangereux, les zones inaccessibles, et la route à suivre dans la région moyenne entre les pôles opposés : sages conseils inspirés par la tendresse et par une crainte prudente! mais les Parques cruelles avaient fermé l'oreille du malheureux jeune homme.

Debout sur son char, Amphiaraüs, qu'anime l'espoir de vaincre, pousse ses coursiers d'Œbalie. C'est toi, ô Cyllare, qui les engendras furtivement, lorsque Castor se dirigeant vers la mer de Scythie échangea le frein contre la rame. Les vêtements d'Amphiaraüs sont blancs comme la neige, ses coursiers blancs; son casque, son aigrette et ses bandelettes sacrées sont de la même couleur.

L'heureux Admète, de Thessalie, contient avec peine ses cavales stériles; on les dit issues des centaures; je le crois, tant elles s'indignent de leur sexe; Vénus est descendue tout entière dans leurs membres vigoureux. Parsemées de taches blanches et noires, elles figurent le jour et la nuit; et à voir ces deux couleurs si fortement empreintes, on les dirait les nobles rejetons de ce troupeau de Castalie qui écoutait avec ravissement les accords de la flûte d'Apollon, et dédaignait le pâturage pour ses chants harmonieux.

Voici deux jeunes guerriers, les fils de Jason, la gloire récente de leur mère Hypsipyle, montés tous les deux sur leur char : l'un, appelé Thoas, comme son aïeul, l'autre, Eunée, nom d'un heureux présage pour le navire Argo. Entre eux tout est semblable : mêmes traits, même char, mêmes chevaux, mêmes vœux; chacun d'eux brûle de vaincre, ou du moins de n'être vaincu que par son frère.

Ensuite s'avancent Chromis et Hippodame, l'un né du grand Hercule, l'autre d'Œnomaüs. On ne saurait dire lequel des deux guide les chevaux les plus farouches; celui-ci les tient du Thrace Diomède, celui-là de son père, le roi de Pise. Leurs chars sont ornés d'affreuses dépouilles, et souillés de sang.

Les bornes de la carrière sont, d'un côté, le tronc nu d'un chêne, depuis longtemps dépouillé de sa verte chevelure; de l'autre, un quartier de roche qui sert de limite aux laboureurs : entre les deux extrémités s'étend l'espace que quatre fois un

Nubila, certantes Eurique Notique sequuntur. 310
Nec minor in terris bella Eurysthea gerentem
Amphitryoniaden alto per gramina sulco
Duxerat : illi etiam ferus, indocilisque teneri.
Mox Divum dono regis dignatus Adrasti
Imperia, et multum mediis mansueverat annis. 315
Tunc rector genero Polynici indulget agendum
Multa monens, ubi fervor equo, qua suetus ab arte
Mulceri, ne sæva manus, ne liber habenis
Impetus. « Urge alios, inquit, stimulisque, minisque;
Ille ibit, minus ipse voles. » Sic ignea lora 320
Quum daret, et rapido Sol natum imponeret axi,
Gaudentem lacrimans astra insidiosa docebat,
Nolentesque teri zonas, mediamque polorum
Temperiem : pius ille quidem, et formidine cauta;
Sed juvenem duræ prohibebant discere Parcæ. 325
Œbalios sublimis agit spes proxima palmæ
Amphiaraus equos : tua furto lapsa propago,
Cyllare, dum Scythici diversus ad ostia ponti
Castor Amyclæas remo permutat habenas.
Ipse habitu niveus : nivei dant colla jugales : 330
Concolor est albis et cassis et infula cristis.
Quin et Thessalicis felix Admetus ab oris
Vix steriles compescit equas; Centaurica dicunt
Semina : credo, adeo sexum indignantur, et omnis
In vires adducta Venus : noctemque, diemque 335
Assimulant, maculis internigrantibus albæ :
Tantus uterque color, credi nec degener illo
De grege Castaliæ, stupuit qui sibila cannæ
Lætus, et audito contempsit Apolline pasci.
Ecce et Iasonidæ juvenes, nova gloria matris 340
Hypsipyles, subiere jugo, quo vectus uterque.
Nomen avo gentile Thoas, atque omine dictus
Euneos Argo : geminis eadem omnia, vultus,
Currus, equi, vestes, par et concordia voti;
Vincere, vel solo cupiunt a fratre relinqui. 345
It Chromis, Hippodamusque, alter satus Hercule magno,
Alter ab Œnomao : dubites, uter efferat presset
Frena magis. Getici pecus hic Diomedis; at ille
Piscei juga patris habet; crudelibus ambo
Exuviis, diroque imbuti sanguine currus. 350
Metarum instar erat hinc nudo robore quercus,
Olim omnes exuta comas, hinc saxeus umbo
Arbiter agricolis : finem jacet inter utrumque,
Quale quater jaculo spatium, ter arundine vincas.
Interea cantu Musarum nobile mulcens 355

javelot, trois fois une flèche vigoureusement lancée pourraient franchir.

Cependant Apollon, mariant sa voix aux accords de sa lyre, charmait la noble assemblée des Muses, et du haut du Parnasse portait ses regards vers la terre. Souvent ses hymnes pieux avaient chanté Jupiter et les plaines de Phlégra, son propre triomphe sur le serpent Python, et les hauts faits des dieux ses frères. Maintenant il dévoile leur merveilleuse puissance ; il dit quel souffle divin dirige la foudre, et conduit les astres qui donnent la vie aux fleuves ; ce qui nourrit les vents ; quelle source alimente la mer immense ; quelle force précipite la course du soleil et prolonge les nuits ; si la terre est à l'extrémité ou au centre de l'univers, si elle n'est pas environnée d'un monde inconnu.

Ses chants avaient cessé ; il refuse en ce moment d'écouter ses sœurs avides de lui répondre ; et tandis qu'il suspend à un laurier sa lyre et le tissu brillant de sa couronne, et qu'il détache son écharpe brodée, un bruit soudain le frappe. Il regarde non loin de lui la forêt de Némée, et aperçoit la tumultueuse image d'un combat de quadriges ; il reconnaît tous les rivaux. Admète et Amphiaraüs s'étaient par hasard arrêtés dans un champ voisin ; à cette vue, il dit en lui-même : « Quel dieu a donc mis aux prises ces deux rois, de tous les mortels les plus dévoués à Phébus ? Tous deux d'une égale piété, tous deux également chers à mon cœur ; moi-même je ne saurais choisir entre eux. L'un, alors que, par l'ordre de Jupiter et la volonté des infernales sœurs, j'étais esclave dans les champs de Pélion, m'offrait de l'encens, à moi son esclave, et n'osa pas me faire sentir qu'il était mon maître. L'autre est le ministre fidèle de mes trépieds, et le pieux disciple de mon art céleste. Le premier cependant l'emporte en mérite, mais la Parque file les derniers jours du second ; une longue vieillesse, une mort tardive, sont réservées à Admète ; mais pour toi, Amphiaraüs, il n'est plus de joie. Déjà Thèbes est tout près, avec son gouffre ténébreux ; tu le sais, hélas ! depuis longtemps mes oiseaux te l'ont prédit. » Il dit, et son céleste visage est presque mouillé de larmes. Soudain d'un bond radieux il s'élance à travers les airs, plus rapide que ses flèches et la foudre de son père. Déjà il est sur la terre, que sa trace est encore dans le ciel, et les Zéphyrs ont gardé le sillon lumineux de son vol.

Prothoüs a remué les noms dans un casque d'airain ; chacun a sa place et son rang assignés. Des guerriers, la gloire de l'univers, et leurs nobles coursiers, comme eux d'une race divine, attendent alignés devant la barrière. Dans leurs cœurs s'agitent l'espérance, la crainte audacieuse, la pâle confiance. Agités par des sentiments contraires, ils brûlent et craignent tout à la fois de s'élancer. Un frisson de courage parcourt les extrémités de leurs membres ; la même ardeur anime les coursiers, le feu jaillit de leurs yeux, leurs dents résonnent sur le mors, qu'ils échauffent de leur écume et de leur sang ; les portes, les barrières ne peuvent résister à leurs efforts ; de leurs naseaux enflammés s'exhale la colère, tant ils souffrent de rester immobiles. Bien des pas sont perdus avant le signal, et de leurs pieds vigoureux ils frappent le sol qui leur échappe. Les écuyers les entourent, dénouent et

Concilium, citharæque manus insertus Apollo
Parnassi summo spectabat ab æthere terras,
Orsa Deum (nam sæpe Jovem, Phlegramque, suique
Anguis opus, fratrumque pius cantarat honores)
Tunc aperit, quis fulmen agat, quis sidera ducat   360
Spiritus, unde animi fluviis, quæ pabula ventis,
Quo fonte immensum vivat mare, quæ via soles
Præcipitet, noctem quæ porrigat, imane tellus,
An media, et rursus mundo succincta latenti.
Finis erat ; differt avidas audire sorores :   365
Dumque chelyn lauro, textumque illustre coronæ
Subligat, et picto discingit pectora limbo,
Haud procul Herculeam Nemeen clamore reductus
Adspicit ; atque illic ingens certaminis instar
Quadrijugi : noscit cunctos, et forte propinquo   370
Constiterant Admetus et Amphiaraus in arvo.
Tunc secum, « Quisnam iste duos, fidissima Phœbo
Nomina, commisit Deus in discrimina reges ?
Ambo pii, carique ambo : nequeam ipse priorem
Dicere. Pellacis hic quum famularer in arvis,   375
Sic Jovis imperia, et nigræ voluere sorores,
Thura dabat famulo, nec me sentire minorem
Ausus ; at hic tripodum comes, et pius artis alumnus

Æthereæ : potior meritis tamen ille, sed hujus
Extrema jam fila colo : datur ordo senectæ   380
Admeto, serumque mori : tibi nulla supersunt
Gaudia ; jam Thebæ juxta, et tenebrosa vorago.
Scis miser, et nostræ pridem cecinere volucres. »
Dixit, et os fletu pæne inviolabile tinctus
Extemplo Nemeen radiante per æthera saltu   385
Ocyor et patrio venit igne suisque sagittis.
Ipse olim in terris, cœlo vestigia durant,
Claraque per Zephyros etiamnum semita lucet.
    Et jam sortitus Prothous versarat ahena
Casside ; jamque locus cuique est, et liminis ordo.   390
Terrarum decora ampla viri, decora ampla jugales,
Divum utrumque genus, stant uno margine clausi ;
Spesque, audaxque una metus, et fiducia pallens :
Nil fixum cordi : pugnant exire, paventque :
Concurrit summos animosum frigus in artus :   395
Qui dominis, idem ardor equis : face lumina surgunt,
Ora sonant morsu, spumisque, et sanguine ferrum
Uritur, impulsi nequeunt obsistere postes,
Claustraque, compressæ transfumat anhelitus iræ :
Stare adeo miserum est ! pereunt vestigia mille   400
Ante fugam, absentemque ferit gravis ungula campum.

LIVRE VI.

peignent leur crinière, et par des exhortations prodiguées affermissent leur courage.

La trompette tyrrhénienne a sonné, et tous se sont élancés : quelles voiles sur la mer, quels traits dans les combats, quels nuages dans le ciel volent avec la même rapidité? Moins impétueux se précipitent et les torrents de l'hiver et la foudre elle-même. Plus lentement tombent les astres et s'amassent les pluies; plus lentement les fleuves roulent du haut des montagnes. Les Grecs les ont vus partir, ils les ont reconnus. Mais déjà dérobés à leurs regards, enveloppés, d'une poussière épaisse, ils ont disparu dans le nuage et dans le tourbillon poudreux qui voile leurs visages ; c'est à peine s'ils peuvent par leurs cris et leurs noms se reconnaître entre eux. Enfin ils ont percé le nuage qui les enveloppe, et ils apparaissent, selon l'agilité de leurs coursiers, à des distances inégales; les sillons que trace un char sont détruits par le char qui le suit; tantôt, dans leur ardeur impatiente, ils se penchent sur leurs coursiers qu'ils touchent de leur poitrine; tantôt, les pressant du genou, ils se courbent en arrière pour serrer les rênes. Le cou musculeux des chevaux se gonfle, et le vent agite leurs crins hérissés ; la terre aride boit une blanche rosée; au bruit lourd des pieds se mêle le bruit léger des roues. La main frappe sans relâche, l'air retentit sans cesse du sifflement des fouets : la grêle bondit moins pressée dans les régions glacées de l'Ourse; moins abondantes tombent les pluies des cornes d'Amalthée.

Le prophétique Arion a senti qu'une main étrangère retient les rênes et le guide, et, pur de tout crime, il a peur du fils sacrilége d'Œdipe. Dès la barrière il n'obéit qu'à regret, et, indigné de ce fardeau inaccoutumé, il s'emporte avec plus de fureur ; les Grecs croient que leurs éloges l'enflamment; mais lui fuit son conducteur, le menace, terrible et farouche, et cherche son maître dans toute la lice.

Cependant il a devancé tous les combattants. Après lui, mais à une grande distance, vient Amphiaraüs, que le Thessalien Admète égale dans sa course rapide ; puis les deux frères jumeaux, tantôt Eunée, tantôt Thoas, ont l'avantage ; ils cèdent, ils triomphent tour à tour, et jamais l'ambition de la gloire ne froisse leur tendresse fraternelle.

Au dernier rang s'avancent et le farouche Chromis et le farouche Hippodamus, non qu'ils manquent d'habileté, mais la pesanteur de leurs chevaux ralentit leur course. Hippodamus, qui devance son rival, porte le poids des têtes des coursiers qui le suivent, reçoit leurs gémissements, et sent ses épaules brûlées par leur haleine.

L'augure d'Apollon espère, en ramenant ses rênes vers le centre, raser la borne, abréger sa course et prendre les devants; le même espoir enflamme le héros de Thessalie, tandis qu'Arion, rebelle à la main qui le guide, s'égare en longs circuits, et se détourne à droite. Déjà le fils d'Oïclée est le premier; déjà Admète n'est plus le troisième, lorsque le cheval, fils de la mer, ramène sa course dans un cercle moins large, serre de près et dépasse un peu ses rivaux déjà triomphants. Le bruit des applaudissements monte jusqu'aux astres et fait trembler le ciel. Soudain les spectateurs se sont levés, et tous les siéges vides appa-

Circumstant fidi, nexusque, et torta jubarum
Expediunt, firmantque animos, et plurima monstrant.
 Insonuit contra Tyrrhenum murmur, et omnes
Exsiluere loco : quæ tantum carbasa ponto?   405
Quæ bello sic tela volant? quæ nubila cœlo?
Amnibus hybernis minor est, minor impetus igni :
Tardius astra cadunt : glomerantur tardius imbres :
Tardius e summo decurrunt flumina monte.
Emissos videre, atque agnovere Pelasgi.   410
Et jam rapti oculis, jam cæco pulvere mixti
Una in nube latent, vultusque umbrante tumultu,
Vix inter sese clamore et nomine noscunt.
Evolvere globum, et spatio quo quisque valebat
Diducti : delet sulcos iterata priores   415
Orbita : nunc avidi prono juga pectore tangunt,
Nunc pugnante genu pressis duplicantur habenis :
Colla toris crinita tument, stantesque repectit
Aura jubas : bibit albentes humus arida nimbos.
Fit sonus, immanisque pedum, tenuisque rotarum.   420
Nulla manus requies ; densis insibilat aer
Verberibus : gelida non crebrior exsilit Arcto
Grando, nec Oleniis manant tot cornibus imbres.
 Senserat adductis alium præsagus Arion
Stare ducem loris, dirumque expaverat insons   425

Œdipodioniden : jam illinc a limine discors,
Iratusque oneri insolito truculentior ardet.
Inachidæ credunt accensum laudibus : ille
Aurigam fugit : aurigæ furiale minatur
Efferus, et campo dominum circumspicit omni.   430
 Ante tamen cunctos sequitur, longeque secundus
Amphiaraus agit, quem Thessalus æquat eundo
Admetus : juxta gemini, nunc Euneos ante,
Et nunc ante Thoas : cedunt, vincuntque; nec unquam
Ambitiosa pios collidit gloria fratres.   435
 Postremum discrimen erant Chromis asper, et asper
Hippodamus : non arte rudes, sed mole tenentur
Cornipedum : prior Hippodamus fert ora sequentum,
Fert gemitus, multaque humeros incenditur aura.
 Speravit flexæ circum compendia metæ,   440
Interius ductis, Phœbeius augur, habenis,
Anticipasse viam, nec non et Thessalus heros
Spe propiore calet; dum non cohibente magistro
Spargitur in gyros, dexterque exerrat Arion.
Jam prior Œclides, et jam non tertius ibat   445
Admetus, laxo quum tandem ex orbe reductus
Æquoreus sonipes premit, evaditque parumper
Gavisos : subit astra fragor, cœlumque tremiscit,
Omniaque excusso patuere sedilia vulgo.

raissent aux regards. Mais le Labdacide, pâle de frayeur, ne dirige plus les rênes, ne lève plus le fouet : ainsi, au milieu des flots, un pilote dont la raison se lasse se précipite sur les écueils; il ne regarde plus les astres, et jette à la merci du hasard son art vaincu.

Tous, de nouveau, par une course oblique, se précipitent directement vers le but : les essieux heurtent contre les essieux, les roues contre les roues; point de trêve, point de ménagements : la guerre est plus douce avec le glaive; on dirait une affreuse bataille. Telle est la fureur de la gloire! ils tremblent, ils se menacent de la mort, et plus d'un coursier sent ses pieds effleurés par les roues qui se croisent. Bientôt les aiguillons, les fouets ne suffisent plus; c'est par la voix, c'est en les appelant de leur nom qu'Admète anime ses coursiers, Pholoé, Iris et son cheval de trait, Thoé : le devin d'Argos gourmande le rapide Aschéton, et Cycnus qui ne dément pas son nom. Chromis, fils d'Hercule, apostrophe Strymon ; et Eunée, le bouillant Échion ; Hippodamus stimule la lenteur de Calydon; Thoas supplie le capricieux Podarce de hâter sa course. Seul, le descendant d'Échion, Polynice, qui voit errer son char, garde un triste silence; il craint que sa voix tremblante ne le trahisse.

A peine les chevaux ont commencé leur course pénible, et déjà, pour la quatrième fois, ils font voler la poussière dans la lice; déjà une sueur tiède énerve leurs membres, et leur bouche altérée aspire et rejette une vapeur épaisse; déjà leur impétuosité s'est ralentie, et leurs flancs s'allongent haletants.

Alors la fortune, longtemps incertaine, commence à se déclarer. Thoas tout bouillant d'ardeur veut devancer Admète; il tombe, et son frère ne peut lui porter aucun secours : le belliqueux Hippodamus s'y oppose en poussant son char au milieu d'eux. Bientôt Chromis, avec une force digne d'Hercule, avec toute la vigueur de son père, saisit près de la borne intérieure l'essieu d'Hippodamus, et l'arrête; en vain les coursiers s'efforcent de fuir, en vain ils roidissent leur cou et tendent les rênes. Tel, dans la mer de Sicile, apparaît un vaisseau retenu par la vague bouillonnante et poussé par l'impétueux Auster; ses voiles gonflées restent immobiles au milieu des flots. Le char est rompu et Hippodamus renversé : Chromis allait prendre les devants; mais ses chevaux de Thrace, à la vue du guerrier étendu à terre, sentent renaître leur faim cruelle; déjà, dans leur fureur, ils se partagent leur proie tremblante : c'en était fait, si le héros de Tirynthe, dédaignant la palme, n'eût ramené violemment en arrière ses coursiers frémissants, et ne se fût éloigné vaincu et couvert d'applaudissements.

Cependant, ô Amphiaraüs, Phébus veut pour toi l'honneur qu'il t'a depuis longtemps promis. Jugeant enfin le moment favorable, il descend sur l'arène meurtrière, lorsque la course touche à sa fin, et que la victoire hésite une dernière fois. Devant lui marche un monstre hérissé de serpents à la face horrible, que l'enfer a vomi, ou que lui-même vient de former avec un art perfide; la tête du monstre entouré de terreur s'élève jusqu'aux astres. Ni l'intrépide gardien du noir Léthé, ni les Euménides elles-mêmes, n'au-

---

Sed nec lora regit, nec verbera pallidus addit 450
Labdacides : lassa veluti ratione magister
In fluctus, in saxa ruit; nec jam amplius astra
Respicit, et victam projecit casibus artem.
Rursus præcipites in recta ac devia campi
Obliquant, tenduntque vias; iterum axibus axes 455
Illicti, radiisque rotæ : pax nulla, fidesque.
Bella geri ferro levius; bella horrida credas.
Is furor in laude est : trepidant, mortemque minantur,
Multaque transversis præstringitur ungula campis.
Nec jam sufficiunt stimuli, non verbera : voce 460
Nominibusque cient Pholoen Admetus, et Irin
Funalemque Thoen ; rapidum Danaeius augur
Ascheton increpitans, meritumque vocabula Cycnum.
Audit et Herculeum Strymon Chromin, Euncon audit
Igneus Æchion : tardum Calydona lacessit 465
Hippodamus, variumque Thoas rogat ire Podarcem.
Solus Echionides errante silentia curru
Mœsta tenet, trepidaque timet se voce fateri.

Vixdum cœptus equis labor, et jam pulvere quarto
Campum ineunt; jamque et tepidis sudoribus artus 470
Effœti ; et crassum rapit ejectatque vaporem
Cornipedum flammata sitis : nec jam integer illis
Impetus, et longi suspendunt ilia flatus.

Hic anceps fortuna diu decernere primum
Ausa venit : ruit, Hæmonium dum fervidus instat 475
Admetum superare, Thoas; nec prætulit ullam
Frater opem : velit ille quidem ; sed Martius ante
Obstitit Hippodamus, mediosque immisit habenas.
Mox Chromis Hippodamum metæ interioris ad orbem
Viribus Herculeis et toto robore patris 480
Axe tenet prenso : luctantur abire jugales
Nequicquam, frenosque et colla rigentia tendunt.
Ut Siculas si quando rates tenet æstus, et ingens
Auster agit, medio stant vela tumentia ponto.
Tunc ipsum fracto curru deturbat, et isset 485
Ante Chromis; sed Thraces equi ut videre jacentem
Hippodamum, redit illa fames, jamjamque trementem
Partiti furiis; ni frena, ipsosque frementes,
Oblitus palmæ, retro Tirynthius heros
Torsisset, victusque et collaudatus abisset. 490

At tibi promissos jamdudum Phœbus honores,
Amphi arae, cupit. Tandem ratus apta favori
Tempora, pulverei venit in spatia horrida circi,
Quum jam in fine viæ, et summum victoria nutat :
Anguicomam monstri effigiem sævissima visu 495
Ora movet; sive ille Erebo, seu finxit in astu
Temporis ; innumera certe formidine cultum

raient pu le regarder sans une profonde horreur; il eût troublé dans leur course les chevaux du Soleil et le char de Mars. Aussi, dès qu'Arion l'aperçoit, il hérisse sa blonde crinière, se dresse, s'arrête, et retient suspendus avec lui son compagnon de joug, et les deux coursiers qui, à leur côté, partagent leurs fatigues. Le noble exilé d'Aonie est soudain précipité du char; longtemps il roule sur le dos, enfin il se dégage des nœuds qui le retiennent. Son char libre de tout frein est emporté au loin; mais tandis que lui-même gît sur la poussière, à ses côtés passent les coursiers d'Amphiaraüs, ceux du Thessalien Admète et du héros de Lemnos, qui, pour l'éviter, décrivent, autant qu'il est possible, une course oblique. Enfin, avec l'aide de ses amis accourus à son secours, Polynice, plongé dans des flots de poussière, soulève la tête, se remet sur ses pieds, et revient languissant vers Adraste, qui déjà désespérait de sa vie.

Quel plus beau champ pour ta mort, ô Polynice, si la cruelle Tisiphone ne s'y était opposée! Quelle terrible guerre tu allais arrêter! Thèbes et ton frère, Argos et Némée; t'eussent donné publiquement des larmes; Lerne et Larisse en pleurs eussent déposé leur chevelure sur ta tombe; la cendre d'Archémore eût été moins honorée que la tienne.

Désormais le fils d'Oïclée, quoique le second, est sûr de la palme, car Arion qui le précède a renversé son maître, et toutefois, ce char, tout vide qu'il est, il brûle de le vaincre. Le dieu lui donne des forces et enflamme son courage. Il vole plus rapide que l'Eurus, comme s'il venait de s'élancer de la barrière au milieu de l'arène. De son fouet et de ses rênes il harcèle le dos et la crinière de ses coursiers, et gourmande le léger Aschéton, et Cycnus plus blanc que la neige. Nul maintenant ne le devance, et ses roues, qu'entraîne l'essieu brûlant, creusent le sable et le dispersent au loin. La terre pousse un gémissement, et déjà le menace de sa fureur. Peut-être même Cycnus eût vaincu Arion, mais le dieu de la mer ne veut pas qu'il soit vaincu. Ainsi, par une juste compensation, la gloire resta au coursier, la victoire appartint au devin.

Pour prix de sa victoire, deux jeunes gens lui apportent une coupe qui fut jadis à Hercule. Le héros de Tirynthe la portait d'une seule main, et, tout écumante, la vidait d'un seul trait, après avoir dompté quelques monstres ou vaincu dans les combats de Mars. Une main habile y a gravé sur l'or les farouches Centaures et la terrible image des combats. Au milieu du carnage des Lapithes volent les pierres, les flambeaux, les cratères : partout la colère frémissante des mourants. Le dieu lui-même tient Hylée, et, d'une main saisissant sa barbe, fait tomber sur lui sa lourde massue.

Mais à toi, ô Admète, on apporte pour récompense une chlamyde bordée d'une frange de Méonie, et plusieurs fois trempée dans la pourpre. Sur ce tissu on voit nager le jeune audacieux qui ose affronter la mer de Phryxus; à travers l'onde transparente brille son corps azuré; on dirait qu'il ramène les mains vers ses flancs, que ses bras vont se mouvoir, et que les flots mouillent sa chevelure. Vis-à-vis, au sommet d'une tour, est la

Tollit in astra nefas : non illud janitor atræ
Impavidus Lethes, non ipsæ horrore sine alto
Eumenides vidisse queant : turbasset euntes   500
Solis equos, Martisque jugum : nam flavus Arion
Ut vidit, saliere jubæ, atque erectus in armos
Stat, sociumque jugi, comitesque utrimque laboris
Secum alte suspendit equos. Ruit ilicet exsul
Aonius, nexusque diu per terga volutus   505
Exuit : abripitur longe moderamine liber
Currus; at hunc putri prætér tellure jacentem
Tænarei currus, et Thessalus axis, et heros
Lemnius, obliqua quantum vitare dabatur
Transabiere fuga. Tandem caligine mersum   510
Erigit accursu comitum caput, ægraque tollit
Membra solo, et socero redit haud speratus Adrasto.

Quis mortis, Thebane, locus? nisi dura negasset
Tisiphone, quantum poteras dimittere bellum?
Te Thebæ, fraterque palam, te plangeret Argos,   515
Te Nemee : tibi Lerna comas, Larissaque supplex
Poneret; Archemori major colerere sepulcro.

Tunc vero Œclides, quamquam jam certa sequenti
Præmia, quum vacuus domino præiret Arion,
Ardet adhuc cupiens vel inanem vincere currum.   520
Dat vires, refovetque Deus : volat ocyor Euro,
Ceu modo carceribus dimissus in arva solutis,
Verberibusque jubas et terga lacessit habenis,
Ascheton increpitansque levem Cycnumque nivalem.
Nunc saltem dum nemo prior, rapit igneus orbes   525
Axis, et effossæ longe sparguntur arenæ.
Dat gemitum tellus, et jam tunc sæva minatur.
Forsitan et victo prior isset Arione Cycnus;
Sed vetat æquoreus vinci pater : hinc vice justa
Gloria mansit equo, cessit victoria vati.   530

Huic pretium palmæ gemini cratera ferebant
Herculeum juvenes : illum Tirynthius olim
Ferre manu sola, spumantemque ore supino
Vertere, seu monstri victor, seu Marte, solebat.
Centauros habet arte truces, aurumque figuris   535
Terribile : hic mixta Lapitharum cæde rotantur
Saxa, faces, aliique iterum crateres; ubique
Ingentes morientum iræ : tenet ipse furentem
Hylæum, et torta molitur robora barba.

At tibi Mæonio fertur circumflua limbo   540
Pro meritis, Admete, chlamys, repetitaque multo
Murice. Phryxei natat hic contemptor ephebus
Æquoris, et picta translucet cærulus unda :
In latus ire manus, mutaturusque videtur
Brachia, nec siccum speres in stamine crinem;   545

jeune fille de Sestos, qui, d'un œil inquiet, interroge inutilement les ondes ; déjà meurt le flambeau, complice de leurs amours. Tels sont les présents qu'Adraste accorde aux vainqueurs; il console son gendre par le don d'une esclave achéenne.

Il invite ensuite les guerriers les plus agiles à disputer les prix magnifiques de la course. Cette lutte d'agilité demande peu de courage, c'est l'occupation de la paix ; elle rehausse l'éclat des fêtes religieuses, et dans la guerre, à défaut du glaive, elle est d'un utile secours. Le premier avant tous les autres, Idas, qui naguère ombragea son front du rameau olympique, s'élance dans l'arène ; il est accueilli par les applaudissements de la jeunesse de Pise et d'Élée. Après lui vient le Sicyonien Alcon, Phédime deux fois proclamé vainqueur dans la lice isthmienne, Dymas qui jadis devançait à la course les chevaux aux pieds ailés : maintenant, appesanti par l'âge, il ne peut plus que les suivre. Beaucoup d'autres encore, dont la foule dédaigne de répéter les noms obscurs, accourent de toutes parts. Mais le nom de l'Arcadien Parthénopée est dans toutes les bouches; c'est lui qu'appellent les vagues murmures du peuple qui se presse dans le cirque. Sa mère était renommée par sa légèreté : qui ne connaît Atalante, la gloire du mont Ménale ; Atalante, qui dérobait à tous ses amants la trace de ses pas ? La célébrité de la mère accable le fils ; lui-même cependant est déjà connu au loin. La renommée raconte que, sur les coteaux du Lycée, il enlevait à la course les biches tremblantes, et saisissait une flèche dans son vol. Depuis longtemps il est attendu ; enfin, d'un bond rapide, il s'élance au-dessus de la foule, détache l'agrafe d'or de sa chlamyde, et montre à découvert ses membres, où éclate la joie de la vie ; ses belles épaules et sa poitrine, qui ne le cède pas à ses joues tendres et lisses ; la beauté de son visage est effacée par celle de son corps. Lui-même cependant dédaigne les éloges que l'on donne à ses formes gracieuses, et écarte ses admirateurs ; mais il n'oublie pas de verser sur son corps les flots abondants de la liqueur de Pallas ; bientôt l'huile épaisse a changé la couleur de sa peau. Idas, Dymas et les autres rivaux s'en oignent également.

Ainsi, lorsque les astres resplendissent sur la mer tranquille, lorsque l'image d'un ciel étoilé vacille sur les flots, tout brille au loin d'un vif éclat ; mais toutes ces clartés s'effacent devant les rayons de Vesper, et les feux dont il colore la voûte céleste se réfléchissent tout entiers dans les flots d'azur. Idas est presque l'égal de Parthénopée par sa beauté, presque son égal par sa légèreté à la course, et il est à peu près du même âge ; cependant la rude palestre a déjà orné son visage de la fleur de la virilité ; un tendre duvet serpente sur ses joues, et se dérobe sous le nuage d'une épaisse chevelure.

Tous alors, suivant les règles de l'art, essayent l'agilité de leurs pas et s'excitent à la course ; ils ont recours à mille artifices pour réveiller par des mouvements rapides la langueur de leurs membres : tantôt ils s'asseyent sur les jambes repliées, tantôt ils frappent de coups retentissants leur poitrine luisante, tantôt ils se dressent sur

```
Contra autem frustra sedet anxia turre suprema
Sestias in speculis : moritur prope conscius ignis.
Has Adrastus opes dono victoribus iræ
Imperat : at generum famula solatur Achæa.
    Sollicitat tunc ampla viros ad præmia cursu           550
Præceleres : agile et studium, et tenuissima virtus,
Pacis opus, quum sacra vocant; nec inutile bellis
Subsidium, si dextra neget. Prior omnibus Idas,
Nuper Olympiacis umbratus tempora ramis,
Prosilit : excipiunt plausu Pisæa juventus              555
Elææque manus : sequitur Sicyonius Alcon ;
Et bis in Isthmiaca victor clamatus arena
Phædimus ; alipedumque fugam præ gressus equorum
Ante Dymas, sed tunc ævo tardante secutus.
Multi et, quos varii tacet ignorantia vulgi,            560
Hinc atque hinc subiere : sed Arcada Parthenopæum
Appellant, densique cient vaga murmura circi.
Nota parens cursu : quis Mænaliæ Atalantes
Nesciat egregium decus, et vestigia cunctis
Indeprensa procis? onerat celeberrima natum            565
Mater : et ipse procul fama jam notus inermes
Narratur cervas pedes inter aperta Lycæi
Tollere, et emissum cursu deprendere telum.
Tandem exspectatus volucri super agmina saltu
Emicat, et torto chlamyden diffibulat auro.            570
Effulsere artus, membrorumque omnis aperta est
Lætitia, insignesque humeri, nec pectora nudis
Deteriora genis, latuitque in corpore vultus.
Ipse tamen formæ laudem aspernatur, et arcet
Mirantes : tunc Palladios non inscius haustus         575
Incubuit, pinguique cutem fuscatur olivo.
Hoc Idas, hoc more Dymas, aliique nitescunt.
    Sic ubi tranquillo pellucent sidera ponto,
Vibraturque fretis cœli stellantis imago,
Omnia clara nitent; sed clarior omnia supra           580
Hesperos exercet radios, quantusque per altum
Æthera, cæruleis tantus monstratur in undis.
Proximus et forma, nec multum segnior Idas
Cursibus, atque ævo juxta prior : attamen illi
Jam tenuem pingues florem induxere palæstræ,          585
Deserpitque genis, nec se lanugo fatetur
Intonsæ sub nube comæ. Tunc rite citatos
Explorant, acuuntque gradus, variasque per artes
Instimulant docto languentia membra tumultu.
Poplite nunc flexo sidunt, nunc lubrica forti
Pectora collidunt plausu : nunc ignea tollunt         590
Crura, brevemque fugam nec opino fine reponunt.
    Jam ruit, atque æquum submisit regula linen ;
```

leurs jarrets brûlants, s'élancent un moment et s'arrêtent tout à coup.

Déjà la barrière est tombée, et laisse le champ libre. Les rivaux se précipitent avec impétuosité dans l'arène; leur troupe nue brille au loin. Moins prompts semblaient voler tout à l'heure, dans la même plaine, les coursiers rapides : on dirait autant de flèches lancées en fuyant par une troupe de Crétois ou de Parthes; les cerfs ne fuient pas plus rapides, lorsque, dans les âpres montagnes d'Hyrcanie, ils entendent ou croient entendre le rugissement d'un lion affamé; dans leur épouvante, ils fuient d'une course aveugle; la crainte les rassemble, et leur ramure s'entre-choque avec un lointain retentissement.

Plus prompt que les vents rapides, le nourrisson du Ménale, Parthénopée, échappe aux regards ; sur ses pas s'élance le robuste Idas; du souffle de son haleine il couvre les épaules et ombrage de sa poitrine le dos de son rival. Après eux, à une distance presque égale, volent Phédime et Dymas, suivis de près par le rapide Alcon.

La blonde chevelure du héros arcadien descendait, vierge encore, sur ses épaules; il la cultivait dès ses jeunes années pour l'offrir à Diane, et l'avait promise aux autels paternels, lorsqu'il serait revenu vainqueur des champs Ogygiens : vaine et téméraire espérance! En ce moment sa chevelure, dénouée par les zéphyrs, s'épanche librement sur son dos; elle le gêne lui-même dans sa course, et couvre de ses flots le redoutable Idas. Celui-ci songe alors à la ruse, le moment lui paraît propice; déjà ils sont au bout de la lice, Parthénopée vainqueur va toucher le but, lorsqu'Idas saisit la chevelure de son rival, le ramène en arrière, et le premier frappe la longue porte de la carrière.

Les Arcadiens crient aux armes; ils veulent à l'envi soutenir leur roi par la force, si on ne lui rend la gloire qui lui est enlevée, les honneurs qui lui sont dus; déjà ils se préparent à quitter le cirque; mais parmi les spectateurs il en est qui approuvent la ruse d'Idas. Cependant Parthénopée souille de poussière son visage et ses yeux humides; les larmes ajoutent encore à sa beauté. Dans sa douleur, tantôt il déchire de ses ongles ensanglantés sa poitrine, ses joues et sa funeste chevelure. De toutes parts éclatent des clameurs confuses. Le vieil Adraste, après avoir hésité un moment dans sa sagesse, « Enfants, dit-il, cessez ce débat; il faut de nouveau tenter la lutte; mais ne suivez pas la même route. Ce côté est accordé à Idas; toi; prends l'autre; mais que votre course s'accomplisse sans fraude. »

Ils n'ont pas plutôt entendu cet ordre, qu'ils s'y soumettent. Le jeune prince de Tégée adresse du fond de son cœur cette prière à sa divinité protectrice : « Déesse des forêts, c'est à toi que j'ai voué l'offrande de ma chevelure, et ce vœu est la cause de l'injustice qui m'est faite. Si ma mère, si moi-même, dans le noble exercice de la chasse, nous avons pu quelquefois te plaire, ne souffre pas, je t'en conjure, que je marche contre Thèbes sous ces tristes auspices, et que j'attire sur l'Arcadie un si grand déshonneur. »

Un prodige témoigne qu'il a été entendu. La terre le sent à peine courir; l'air se glisse sous ses pieds légers, qui ne laissent presque aucune trace sur le sable fin de l'arène. Au milieu des cris, il arrive rapide sur la barrière, et revient

Corripuere leves spatium, campoque refulsit
Nuda cohors : volucres iisdem modo tardius arvis 595
Isœ videntur equi : credas e plebe Cydonum
Parthorumque fuga totidem exsiluisse sagittas.
  Non aliter celeres Hyrcana per avia cervi,
Quum procul impasti fremitum accepere leonis,
Sive putant : rapit attonitos fuga cæca, metusque 600
Congregat, et longum dant cornua mixta fragorem.
  Effugit hic oculos rapida puer ocyor aura
Mænalius, quem deinde gradu premit horridus Idas,
Inspiratque humero; flatuque, et pectoris umbra
Terga premit : post ambiguo discrimine tendunt 605
Phædimus atque Dymas : illis celer imminet Alcon.
  Flavus ab intonso pendebat vertice crinis
Arcados : hoc primis Triviæ pascebat ab annis
Munus, et Ogygio victor quum Marte rediisset,
Nequicquam patriis audax promiserat aris. 610
Tunc liber nexu, lateque in terga solutus
Occursu Zephyri retro fugit, et simul ipsum
Impedit, infestoque volans obtenditur Idæ.
Inde dolum juvenis, fraudique accommoda sensit
Tempora : jam finem juxta, dum limina victor 615
Parthenopæus init, correpto crine reductum

Occupat, et longæ primus ferit ostia portæ.
  Arcades arma fremunt; armis defendere regem,
Ni raptum decus et meriti reddantur honores,
Contendunt, totoque parant decedere Circo. 620
Sunt et quis Idæ placeat dolus : ipse regesta
Parthenopæus humo vultumque oculosque madentes
Obruit : accessit lacrimarum gratia formæ.
Pectora nunc mœrens, nunc ora indigna cruento
Ungue secat, meritamque comam; furit undique clamor
Dissonus, ambiguumque senis cunctatur Adrasti 626
Consilium : tandem ipse refert : « Compescite litem,
O pueri! virtus iterum tentanda : sed ite
Limite non uno : latus hoc conceditur Idæ,
Tu diversa tene : fraus cursibus omnis abesto. » 630
  Audierant, dictoque manent : mox numina supplex
Affatu tacito juvenis Tegeæus adorat :
« Diva potens nemorum, tibi enim, hic tibi crinis honori
Debitus, eque tuo venit hæc injuria voto,
Si bene quid genitrix, si quid venatibus ipse 635
Promerui, ne, quæso, sinas hoc omine Thebas
Ire, nec Arcadiæ tantum meruisse pudorem. »
  Auditum manifesta fides : vix campus euntem
Sentit, et exilis plantis intervenit aer,

vers le roi au bruit des acclamations, et la palme qu'il saisit semble soulager sa poitrine haletante.

Les courses sont finies, les prix distribués. Le jeune Arcadien a reçu pour don un cheval, le perfide Idas un bouclier. Le reste des coureurs se trouve heureux d'un carquois de Lycie.

Alors Adraste appelle les guerriers qui excellent à lancer le disque et veulent déployer la vigueur de leurs bras. Par son ordre, Ptérélas apporte une lourde masse d'airain poli, et, le corps tout entier courbé, la jette avec effort à ses pieds. Les Grecs la considèrent silencieusement, et mesurent la difficulté de ce jeu pénible. Bientôt les concurrents accourent en foule : deux sont d'Achaïe, trois de Corinthe, un de Pise, et le septième d'Acarnanie. Un plus grand nombre allait céder à l'aiguillon de la gloire, mais Hippomédon, stimulé par les spectateurs, apparaît avec sa haute stature. Il porte sous son sein droit un autre disque énorme : « Jeunes guerriers qui vous apprêtez à saper les murs de Thèbes et à en renverser les tours, voici plutôt, s'écrie-t-il, voici le disque qu'il faut saisir; quel bras ne serait assez fort pour lancer ce poids? » Il dit, et, sans effort, il saisit le disque et le lance de côté. Tous s'éloignent, et saisis d'étonnement s'avouent vaincus. Seuls, Phlégyas et Ménesthée, que retiennent leur propre honneur et la gloire de leurs ancêtres, ont étendu la main. Les autres concurrents se retirent d'eux-mêmes, s'inclinent devant le disque, et rentrent sans gloire dans l'enceinte.

Tel, dans les champs de la Thrace, le bouclier de Mars frappe le mont Pangée d'une lumière sinistre, effraye le soleil de son éclat et résonne au loin, heurté par la lance du dieu.

Phlégyas commence le premier : aussitôt tous les regards se dirigent sur lui, tant ses membres affaiblis promettent encore de vigueur ! D'abord il frotte de terre sa main et son disque; puis il en secoue la poussière, le retourne en tous sens, et cherche quel côté doit plus sûrement porter sur ses doigts, quel autre sur le milieu du bras. Il excellait dans ce jeu, qui toujours avait fait ses délices; non content de disputer la palme dans ces grandes solennités dont s'enorgueillit sa patrie, on le vit souvent mesurer avec son disque les deux rives de l'Alphée, et, sans jamais toucher l'onde, le lancer au delà du fleuve, à l'endroit où il est le plus large. Aussi, plein de confiance en sa force, ce n'est pas tout d'abord l'immense espace de l'arène, mais le ciel même, qu'il veut mesurer de son bras. Il pose un genou en terre, rassemble toutes ses forces, se replie sur lui-même, et fait disparaître le disque au milieu des nuages. La masse s'élève rapidement dans les airs, et monte avec la même vitesse qu'une autre en met à descendre. Enfin, épuisée, elle retombe plus lentement à terre et s'enfonce dans le sol.

Ainsi tombe, au grand effroi des astres du milieu desquels elle est arrachée, la sœur ténébreuse du soleil. Pour la secourir, les nations, dans leur vaine frayeur, font au loin retentir l'airain ; la Thessalienne triomphe, et rit de voir les coursiers de la déesse se précipiter hors d'haleine au bruit de ses enchantements.

Raraque non fracto vestigia pulvere pendent :	640
Irrupit clamore fores, clamore recurrit	
Ante ducem, prensaque levat suspiria palma.	
Finiti cursus, operumque insignia præsto.	
Arcas equum dono, clipeum gerit improbus Idas,	
Cætera plebs Lyciis gaudet contenta pharetris.	645
Tunc vocat, emisso si quis decernere disco	
Impiger, et vires velit ostentare superbas.	
It jussus Pterelas, et ahenæ lubrica massæ	
Pondera vix toto curvatus corpore juxta	
Dejicit : inspectant taciti, expenduntque laborem	650
Inachidæ : mox turba ruunt : duo gentis Achææ,	
Tres Ephyreiadæ, Pisa satus unus, Acarnan	
Septimus : et plures agitabat gloria, ni se	
Arduus Hippomedon cavea stimulante tulisset	
In medios, lateque ferens sub pectore dextro	655
Orbem alium : « Hunc potius, juvenes, qui mœnia saxis	
Frangere, qui Tyrias dejectum vaditis arces,	
Hunc rapite : ast illud cui non jaculabile dextræ	
Pondus? » Et abreptum nullo conamine jecit	
In latus; absistunt procul, attonitique fatentur	660
Cedere : vix unus Phlegyas, acerque Menestheus	
(Hos etiam pudor et magni tenuere parentes)	
Promisere manum : concessit cætera pubes	
Sponte, et adorato rediit ingloria disco.	
Qualis Bistoniis clipeus Mavortis in arvis	665
Luce mala Pangæa ferit, solemque refulgens	
Territat, incussaque dei grave mugit ab hasta.	
Pisæus Phlegyas opus inchoat, et simul omnes	
Abstulit in se oculos exhausto corpore virtus	
Promissa : ac primum terra discumque manumque	670
Asperat : excusso mox circum pulvere versat,	
Quod latus in digitos, mediæ quod certius ulnæ	
Conveniat : non artis egens : hic semper amori	
Ludus erat, patriæ non tantum ubi laudis obiret	
Sacra, sed alternis Alpheon utrimque solebat	675
Metiri ripis, et, qua latissima distant,	
Non unquam merso transmittere flumina disco.	
Ergo operum fidens, non protinus horrida campi	
Jugera, sed cœlo dextram metitur, humique	
Pressus utroque genu, collecto sanguine discum	680
Ipse super sese rotat, atque in nubila condit.	
Ille citus sublime petit, similisque cadenti	
Crescit in adversum, tandemque exhaustus ab alto	
Tardior in terram redit, atque immergitur arvis.	
Sic cadit, attonitis quoties avellitur astris,	685
Solis opaca soror : procul auxiliantia gentes	
Æra crepant, frustraque timent : at Thessala victrix	
Ridet anhelantes audito carmine bigas.	
Collaudant Danai : sed non tibi molle trœnti,	

Les Grecs applaudissent; mais Hippomédon le regarde avec dédain; il espère montrer un bras plus vigoureux encore, quand à son tour il lancera le disque en longueur. A l'instant même la fortune, qui trouve tant de douceur à briser les grandes espérances, trahit Phlégyas. Que peut un homme contre la volonté des Dieux? Déjà il mesurait l'espace immense, la tête renversée, les flancs ramenés en arrière; mais la masse s'échappe, et tombe à ses pieds; le coup est manqué, et sa main vide est vainement lancée dans les airs.

A cette vue, tous les spectateurs gémissent; bien peu rient de son malheur. Ménesthée vient à son tour tenter le même effort; mais, intimidé par cet exemple et plus expérimenté dans son art, après avoir imploré ton secours, ô fils de Maïa, il maintient entre ses doigts le disque glissant, en le frottant de poussière. Lancé plus heureusement par une large main, il s'échappe, et ne s'arrête qu'après avoir parcouru un espace considérable du cirque; le sol retentit, et l'on marque, en y fixant une flèche, la place où la masse est tombée.

Hippomédon est le troisième; il s'avance à pas lents à ce rude exercice, car, dans le fond de son cœur, il songe à l'échec de Phlégyas et à l'heureux succès de Ménesthée. Il lève le disque qu'il est habitué à porter d'une main, et, le tenant en l'air, il essaie la force de ses flancs et la vigueur de ses bras nerveux, puis le lance en le faisant tourner comme un tourbillon, et le suit dans son vol à travers les airs; le disque fend l'espace, et, se souvenant de la main qui l'a lancé, garde au loin la force qui lui a été imprimée. La victoire n'est plus douteuse; la masse a dépassé la marque de Ménesthée, elle s'arrête bien au delà, et par sa chute pesante fait trembler le dos verdoyant et le faîte ombragé de l'amphithéâtre.

Tel, du sommet de l'Etna embrasé, Polyphème, dont l'œil ne guide plus la main, lance néanmoins sur les traces du vaisseau qu'il entend fuir, et contre Ulysse, son mortel ennemi, un énorme rocher. Ainsi, lorsque déjà l'Ossa, hérissé de frimas, cachait l'Olympe, les Aloïdes lançaient encore au-dessus le froid Pélion, espérant atteindre le ciel épouvanté.

Alors le fils de Talaüs fait apporter au vainqueur la dépouille d'un tigre qu'entoure une brillante bordure jaune, et dont l'or avait émoussé les griffes. Ménesthée reçoit un arc de Crète et des flèches légères. « Pour toi, dit-il, ô Phlégyas, qu'un événement funeste a trahi, prends cette épée, jadis l'ornement et la défense de l'Argien Pélasgus. Hippomédon ne t'enviera pas ce présent.

« C'est maintenant, ajoute-t-il, qu'il faut déployer du courage pour combattre de près avec le terrible ceste. La guerre et le glaive n'en demandent guère plus. » Soudain apparaît l'Argien Capanée, qui inspire l'étonnement et la terreur par son immense et effrayante stature. Et tandis qu'il revêt son bras du rude cuir de bœufs que noircit le plomb dont il est armé, lui-même, aussi dur que son ceste, s'écrie : « Qu'on m'oppose un de ces mille guerriers, qu'il vienne! ou plutôt que ne puis-je avoir ici un rival de la race thébaine! je l'immolerais sans crime, et mon courage ne se souillerait pas d'un sang ami. » Tous restent glacés de stupeur, tous muets d'effroi. Enfin, contre toute attente, du milieu de la

Hippomedon, majorque manus speratur in æquo.
Atque illi extemplo, cui spes infringere dulce
Immodicas, Fortuna venit : quid numina contra
Tendere fas homini? spatium jam immane parabat,
Jam cervix conversa, et jam latus omne redibat :
Excidit ante pedes elapsum pondus, et ictus   695
Destituit, frustraque manum dimisit inanem.
    Ingemuere omnes, rarisque ea visa voluptas.
Inde ad conatus timida subit arte Menestheus
Cautior, et multum te, Maia nate, rogato
Molis prægravidæ castigat pulvere lapsus.   700
Illa manu magna, et multum felicior exit,
Nec partem exiguam Circi transvecta quievit.
Fit sonus, et fixa signatur terra sagitta.
    Tertius Hippomedon valida ad certamina tardos
Molitur gressus : namque illum corde sub alto   705
Et casus Phlegyæ monet, et fortuna Menesthei.
Erigit assuetum dextræ gestamen, et alte
Sustentans, rigidumque latus, fortesque lacertos
Consulit, ac vasto contorquet turbine, et ipse
Prosequitur : fugit horrendo per inania saltu,   710
Jamque procul meminit dextræ, servatque tenorem
Discus : nec dubia junctave Menesthea victum

690

Transabiit meta : longe super æmula signa
Consedit, viridesque humeros, et opaca Theatri
Culmina, ceu latæ tremefecit mole ruinæ.   715
    Quale vaporifera saxum Polyphemus ab Ætna
Lucis egente manu, tamen in vestigia puppis
Auditæ, juxtaque inimicum exegit Ulixen.
Sic et Aloïdæ, quum jam celaret Olympum
Desuper Ossa rigens, ipsum glaciale ferebant   720
Pelion, et trepido sperabant jungere cœlo.
    Tunc genitus Talao victori tigrin inanem
Ire jubet, fulvo quæ circumfusa nitebat
Margine, et extremos auro mansueverat ungues.
Gnossiacos arcus habet, et vaga tela Menestheus.   725
« At tibi, ait, Phlegya, casu frustrate sinistro,
Hunc, quondam nostri decus, auxiliumque Pelasgi,
Ferre damus, neque enim Hippomedon inviderit, ensem.
    « Nunc opus est animis infestos tollere cæstus
Cominus : hæc bellis et ferro proxima virtus. »   730
Constitit immanis cerni, immaniusque teneri,
Argolicus Capaneus : ac dum nigrantia plumbo
Tegmina cruda boum, non mollior ipse, lacertis
Induitur : « Date tot juvenum de millibus unum
Huc, ait; atque utinam potius de stirpe veniret   735

foule nue des Lacédémoniens, s'élance Alcidamas. Les rois de la Grèce admirent son audace, mais ses compagnons savent qu'il se confie dans les leçons de Pollux, et qu'il a grandi au milieu des palestres sacrées. Le dieu lui-même a pris soin de le former, et de façonner ses mains et ses bras à cet exercice. L'amour lui inspirait cette sollicitude : souvent même il se mesura avec lui, et, admirant dans son élève l'ardeur qui l'animait lui-même, il le soulevait avec orgueil, et le pressait nu contre sa poitrine.

Capanée s'indigne à sa vue, il rit de ses provocations, et, comme par pitié, demande un autre adversaire. Enfin, forcé de combattre, il s'arrête, et son cou dédaigneusement penché se gonfle de colère. Tous deux debout, le corps suspendu sur la pointe des pieds, lèvent leurs mains foudroyantes, et, rejetant la tête en arrière, ils fixent sur leurs cestes un œil vigilant, et se prémunissent contre tous les coups. Semblable au géant Tityus, si les cruels vautours lui permettaient de se lever sur le sol stygien, Capanée découvre ses vastes membres, ses os énormes, et se dresse terrible dans l'arène. Alcidamas sort à peine de l'enfance; mais sa force est plus mûre que son âge, et sa jeune impétuosité lui promet de glorieuses années. Nul ne voudrait le voir vaincu et souillé de sang : tous font pour lui des vœux ardents, et redoutent cet affreux spectacle.

D'abord les deux rivaux se mesurent des yeux; chacun d'eux attend que son adversaire commence l'attaque : mais ils suspendent leur colère et leurs coups. Une crainte mutuelle les agite un moment; la prudence se mêle à leur fureur. Ils abaissent doucement leurs bras l'un sur l'autre par un mouvement rapide, essayent leurs cestes, et les émoussent en les heurtant.

L'un, plus savant dans son art, diffère son élan; il temporise, et ménage ses forces; l'autre, prodiguant ses coups sans nul souci de lui-même, fond tout entier sur son adversaire, fatigue ses deux mains sans aucune règle, se dresse en grinçant inutilement les dents, et s'épuise par ses propres efforts. Prévoyant et rusé, le Lacédémonien, fidèle à son art, suit tous les coups d'un œil vigilant, pare les uns, évite les autres. Tantôt, par un rapide mouvement de tête, il échappe avec souplesse au danger; tantôt il écarte de ses mains les cestes qui le menacent, et s'avance en se renversant en arrière. Souvent même, aux prises avec un ennemi qui le surpasse en force, il ose, tant il compte sur son habileté, sur l'expérience de son bras, l'attaquer lui-même, le couvrir de son corps et le frapper de haut. Comme on voit l'onde amoncelée bondir sur les rochers menaçants, s'y briser, et revenir sur elle-même, ainsi Alcidamas attaque de tous côtés son adversaire furieux. Le voici, la main levée : longtemps il menace les flancs, les yeux de Capanée, qui veille sur l'arme terrible; mais tout à coup le jeune athlète détourne l'attention de son rival, et, glissant avec adresse un coup inattendu, il lui fait au milieu du front une cruelle blessure.

Déjà le sang jaillit, et comme un tiède ruisseau coule sur ses tempes. Capanée ne s'en est pas encore aperçu, et s'étonne du murmure soudain

Æmulus Aonia, quem fas demittere leto :
Nec mea crudelis civili sanguine virtus. »
Obstupuere animi, fecitque silentia terror.
Tandem insperatus nuda de plebe Laconum
Prosilit Alcidamas : mirantur Dorica regum   740
Agmina : sed socii fretum Polluce magistro
Norant, et sacras inter crevisse palæstras.
Ipse Deus posuitque manus, et brachia finxit
Materiam : (suadebat amor :) tunc sæpe locavit
Cominus, et simili stantem miratus in ira   745
Sustulit exsultans, nudumque ad pectora pressit.
   Illum indignatur Capaneus, ridetque vocantem,
Ut miserans, poscitque alium : tandemque coactus
Restitit, et stimulis jam languida colla tumescunt.
Fulmineae alte suspensi corpora plantis   750
Erexere manus : tuto procul ora recessu
Armorum in speculis, aditusque ad vulnera clusi.
Hic quantus Stygiis Tityos consurgat ab arvis,
Si torvæ patiantur aves, tanta undique pandit
Membrorum spatia, et tantis ferus ossibus exstat.   755
Hic paulo ante puer, sed enim maturius ævo
Robur, et ingentes spondet tener impetus annos;
Quem vinci haud quisquam, sævo nec sanguine tingi
Malit; et erecto timeat spectacula voto.
   Ut sese permensi oculis, et uterque priorem   760
Speravere locum, non protinus ira, nec ictus :
Alternus paulum timor, et permixta furori
Consilia; inclinant tantum contraria jactu
Brachia, et explorant cæstus, hebetantque terendo.
   Doctior hic differt animum, metuensque futuri   765
Cunctatus vires dispensat : at ille nocendi
Prodigus, incantusque sui, ruit omnis, et ambas
Consumit sine lege manus, atque irrita frendit
Insurgens, seque ipse premit : sed providus astu,
Et patria vigil arte Lacon, hos rejicit ictus,   770
Hos cavet : interdum nutu, capitisque citati
Integer obsequio, manibus nunc obvia tela
Discutiens, instat gressu, vultuque recedit :
Sæpe etiam injustis collatum viribus hostem,
Is vigor ingenio, tanta experientia dextræ est,   775
Ultro audax animis intratque et obumbrat, et alte
Assilit; ut præceps cumulo salit unda minantes
In scopulos, et fracta redit, sic ille furentem
Circuit expugnans : levat ecce, dinque minatur
In latus, inque oculos : illum rigida arma caventem   780
Avocat, et manibus necopinum interserit ictum
Callidus, ac mediam designat vulnere frontem.
   Jam cruor, et tepido signantur tempora rivo.
Nescit adhuc Capaneus, subitumque per agmina murmur
Miratur : verum ut fessam super ora reduxit   785

de la foule; mais ayant porté par hasard sa main fatiguée sur son visage, il voit son ceste taché de sang : moins terribles rugiraient un lion ou un tigre, percés d'un trait. Bouillant de fureur, il poursuit le jeune homme, qui parcourt en reculant toute l'arène; et, grinçant les dents, il fait pleuvoir sur lui une grêle de coups, et semble, pour le frapper, multiplier ses bras. Les vents emportent une partie de ses efforts. Bien des coups aussi tombent sur les cestes du Spartiate, qui, par un mouvement rapide, par une fuite précipitée, évite mille morts qui voltigent sur sa tête. Mais il n'oublie pas son art; il fuit, la tête tournée vers l'ennemi, et, en fuyant, il pare les coups qui lui sont portés.

Déjà la fatigue et une respiration pénible ont épuisé les deux rivaux. L'un presse avec moins de vigueur, l'autre est moins prompt à s'esquiver. Ils sentent tous deux fléchir leurs genoux, et prennent un moment de repos. Ainsi, quand une longue traversée a fatigué les matelots errants sur les mers, et qu'à un signal donné de la poupe, ils ont laissé un moment retomber leurs bras, à peine commencent-ils à respirer, qu'un autre signal ébranle aussitôt les rames.

Capanée s'est élancé de nouveau avec fureur. Alcidamas se dérobe, et évite le coup en se précipitant à terre, la tête enfoncée dans les épaules. Emporté par son impétuosité, Capanée tombe sur le front, et, au moment où il se relève, le jeune Lacédémonien lui assène un autre coup; mais lui-même pâlit, effrayé de son succès. Les Grecs poussent un cri, le plus terrible qui jamais ait frappé les rivages ou les bois. Aussitôt qu'Adraste vit le héros se dresser sur ses pieds, lever ses cestes et préparer une terrible vengeance : « De grâce, courez, mes amis! s'écrie-t-il; la fureur l'égare; courez, qu'on l'arrête, hâtez-vous; offrez à ce furieux la palme et le prix. Il ne cessera pas, je le vois, qu'il n'ait broyé et mêlé ensemble la cervelle et le crâne de son adversaire. Arrachez à la mort le Lacédémonien. »

Il dit, et soudain s'élance Tydée. Hippomédon suit son exemple. Tous deux parviennent à peine avec les plus grands efforts à contenir, à enchaîner ses mains; en vain ils emploient les paroles les plus persuasives : « Tu es vainqueur, retire-toi; il est beau de laisser la vie à un faible ennemi; lui aussi est des nôtres, c'est notre compagnon d'armes. » Rien ne peut le fléchir; il repousse de la main le rameau et la cuirasse qu'on lui présente, et s'écrie : « Laissez-moi! Quoi, je ne pourrai pas confondre dans la poussière et le sang cette figure efféminée qui lui a valu votre faveur? écraser cette moitié d'homme? Je n'enverrai pas au tombeau son corps défiguré? Je ne donnerai pas à pleurer à son maître d'Œbalie? »

Il dit, et, gonflé de colère, il refuse la victoire; ses compagnons l'entraînent, malgré lui. De leur côté, les Lacédémoniens comblent d'éloges le nourrisson du Taygète, et rient des vaines menaces de Capanée.

Déjà depuis longtemps les applaudissements divers et la conscience de ses forces aiguillonnent le cœur du magnanime Tydée. Lui aussi excelle à lancer le disque; il pourrait sans désavantage disputer le prix de la course et combattre avec le ceste; mais, avant tout, il se plaît dans les rudes exercices de Palès. C'est ainsi

Forte manum, et summo maculas in vellere vidit,
Non leo, non jaculo tantum indignata recepto
Tigris : agit toto cedentem fervidus arvo
Præcipitatque retro juvenem, atque in terga supinat,
Dentibus horrendum stridens, geminatque rotatas 790
Multiplicatque manus : rapiunt conamina venti,
Pars cadit in cæstus : motu Spartanus acuto
Mille cavet lapsas circum cava tempora mortes,
Auxilioque pedum : sed, non tamen immemor artis,
Adversus fugit, et fugiens tamen ictibus obstat. 795
 Et jam utrumque labor, suspiriaque ægra fatigant.
Tardius ille premit : nec jam hic absistere velox :
Defectique ambo genibus, pariterque quierunt.
Sic ubi longa vagos lassarunt æquora nautas,
Et signo de puppe dato posuere parumper 800
Brachia; vix requies, jam vox ciet altera remos.
 Ecce iterum immodice venientem eludit, et exit
Sponte ruens, mersusque humeris : effunditur ille
In caput : assurgentem alio puer improbus ictu
Percutit, eventuque impalluit ipse secundo. 805
Clamorem Inachidæ, quantum non littora tollunt,
Non nemora : illum ab humo conantem ut vidit Adrastus,
Tollentemque manus, et non toleranda parantem,

« Ite, oro, socii, furit : ite, opponite dextras,
Festinate, furit, palmamque et præmia ferte : 810
Non prius effracto quam misceat ora cerebro,
Absistet, video : moriturum auferte Lacona. »
 Nec mora, prorumpit Tydeus : nec jussa recusat
Hippomedon : tunc vix ambo conatibus ambas
Restringunt cohibentque manus, ac plurima suadent. 815
« Vincis, abi : pulchrum est vitam donare minori.
Noster et hic, bellique comes : » nil frangitur heros,
Ramumque oblatumque manu thoraca repellit,
Vociferans : « Liceat! non has ego pulvere crasso,
Atque cruore genas, meruit quibus iste favorem 820
Semivir, infodiam? mittamque informe sepulcro
Corpus? et Œbalio donem lugere magistro? »
 Dixit : at hunc socii tumidum et vicisse negantem
Avertunt : contra laudant insignis alumnum
Taygeti, longæque minas risere Lacones. 825
 Jamdudum variæ laudes et conscia virtus
Tydea magnanimum stimulis ingentibus angunt.
Ille quidem et disco bonus, et contendere cursu,
Nec cæstu bellare minor : sed corde labores
Ante alios erat uncta Pale : sic otia Martis 830
Degere, et armiferas laxare assueverat iras,

qu'il avait coutume de charmer les loisirs de la guerre, et, pour calmer son ardeur belliqueuse, il luttait sur les bords de l'Achéloüs contre de gigantesques athlètes ; un dieu lui avait enseigné l'art de vaincre.

Aussi, dès que l'ardent amour de la gloire eut appelé à la lutte les jeunes guerriers, le héros d'Étolie rejette de ses épaules la terrible peau de sanglier qui les couvre. Aussitôt devant lui se dresse Agyllée, qui se vante d'être du sang d'Hercule, et ne le cède pas à ce dieu par sa stature. A ses larges et hautes épaules, on ne le prendrait pas pour un mortel : mais il n'a point la force musculeuse de son père ; ses membres mous et charnus sont gonflés d'un sang lourd et languissant.

Voilà ce qui inspire au fils d'Œnée l'audacieuse confiance de vaincre un si terrible adversaire : quoique sa taille soit moins élevée, la charpente de son corps est vigoureuse, ses bras sont nerveux, et jamais la nature n'avait osé renfermer dans un corps si petit tant de courage et de force. Après avoir abreuvé d'huile leur peau luisante, chacun d'eux s'avance rapidement au milieu de la lice, et se couvre de sable. La poussière sèche leurs membres humides ; ils enfoncent leur cou dans leurs épaules, et tiennent leurs bras recourbés en avant. Alors, par une ruse habile, Tydée attire son rival sur un terrain uni, et, le dos courbé, les genoux près de la terre, il force Agyllée à se replier sur lui-même.

Comme on voit sur la cime des Alpes un cyprès, le roi de la forêt, incliner sa tête au souffle impétueux des vents, et, tenant à peine à ses racines, s'approcher du sol pour remonter fièrement vers la voûte des cieux, ainsi le gigantesque Agyllée abaisse sa masse énorme, et se courbe en gémissant sur le corps plus petit de son ennemi. Alors tour à tour leurs mains attaquent le front, les épaules, les flancs, le cou, la poitrine et les jambes, qui se retirent avec souplesse. Tantôt ils restent suspendus, les bras entrelacés ; tantôt ils retirent brusquement leurs doigts et se dégagent tout à fait. Avec moins de fureur deux taureaux superbes, les chefs d'un double troupeau, se font une horrible guerre : au milieu de la plaine est la blanche génisse qui attend le vainqueur. Dans leur lutte acharnée, ils se brisent la poitrine ; l'amour les aiguillonne, et guérit leurs blessures. Ainsi, rapides comme la foudre, les sangliers à la dent terrible, ainsi les ours hideux s'étreignent de leurs membres velus et se livrent d'affreux combats.

Le fils d'Œnée a conservé toute sa force ; ni le soleil, ni la poussière ne peuvent le fatiguer ni l'abattre. Sur sa peau rude et ferme se dessinent ses muscles, endurcis par le travail. L'autre au contraire n'a plus toute sa vigueur : épuisé, haletant, la bouche entr'ouverte, des flots de sueur entraînent le sable dont il s'est couvert ; il en ramasse encore furtivement, pour refroidir sa poitrine brûlante.

Tydée le harcèle sans relâche ; il feint de menacer le cou de son rival, et, soudain, il s'abaisse et lui saisit les jambes ; mais il ne peut réussir à l'ébranler : ses bras trop courts ont trompé ses efforts. Agyllée alors pèse de toute sa hauteur sur son ennemi, l'accable, et le couvre tout entier

---

Ingentes contra ille viros, Acheloia circum
Littora, felicesque deo monstrante palæstras.
  Ergo ubi luctandi juvenes animosa citavit
Gloria, terrificos humeris Ætolus amictus   835
Exuitur, patriumque suem : levat ardua contra
Membra, Cleonææ stirpis jactator Agylleus,
Herculea nec mole minor : sic grandibus alte
Insurgens humeris, hominem super improbus exit.
Sed non ille rigor, patriumque in corpore robur.   840
Luxuriant artus, effusaque sanguine laxo
Membra natant : inde hæc audax fiducia tantum
Œnidæ superare parem. Quamquam ipse videri
Exiguus, gravia ossa tamen, nodisque lacerti
Difficiles : nunquam hunc animum Natura minori   845
Corpore, nec tantas ausa est includere vires.
Postquam oleo gavisa cutis, petit æquor uterque
Procursu medium, atque hausta vestitur arena.
Tum madidos artus alterno pulvere siccant,
Collaque demersere humeris, et brachia late   850
Vara tenent. Jam tunc astu deducit in æquum
Callidus, et celsum procurvat Agyllea Tydeus
Submissus tergo, et genibus vicinus arenæ.
  Ille autem, Alpini veluti regina cupressus
Verticis, urgentes cervicem inclinat in Austros,   855
Vix sese radice tenens, terræque propinquat,
Jamdudum ætherias eadem reditura sub auras ;
Non secus ingentes artus præcelsus Agylleus
Sponte premit, parvumque gemens duplicatur in hostem :
Et jam alterna manus, frontemque, humerosque, latusque,
Collaque, pectoraque, et vitantia crura lacessit :   861
Interdumque diu pendent per mutua fulti
Brachia, nunc sævi digitorum vincula frangunt.
Non sic ductores gemini gregis horrida tauri
Bella movent : medio conjux stat candida prato   865
Victorem exspectans : rumpunt obnixa furentes
Pectora, subdit amor stimulos, et vulnera sanat.
Fulminei sic dente sues, sic hispida turpes
Prælia villosis ineunt complexibus ursi.
  Vis eadem Œnidæ : nec sole, aut pulvere fessa   870
Membra labant : riget arcta cutis, durisque laborum
Castigata toris : contra non integer ille
Flatibus alternis ægroque effœtus hiatu
Exuit ingestas fluvio sudoris arenas,
Ac furtim rapta sustentat pectora terra.   875
  Instat agens Tydeus, fictumque in colla minatus
Crura subit : cœptis non evaluere potiri
Frustratæ brevitate manus : venit arduus ille
Desuper, oppressumque ingentis mole ruinæ

de sa masse énorme. Ainsi, quand un audacieux mineur est descendu dans les entrailles des collines de l'Ibérie, et a laissé bien loin la clarté et le séjour des vivants, si le sol suspendu sur sa tête vient à trembler, si la terre s'entr'ouvre avec fracas, il disparaît enseveli sous les débris de la montagne, et son corps brisé, englouti, ne rend pas aux astres son âme indignée.

Tydée n'en est que plus ardent, et ne laisse s'abattre ni son courage ni sa force. Bientôt il échappe aux liens qui l'étreignent, au poids qui l'accable; il voltige autour de son ennemi errant dans la lice, s'attache tout à coup à son dos, et, par un mouvement rapide, l'enlace avec force à ses reins et à ses flancs. Puis, au moment où Agyllée, luttant, mais en vain, pour se dégager de cette étreinte, se prépare à lui enfoncer sa main dans les flancs, il presse de ses jarrets les genoux du géant, et, terrible, soulève cette effrayante et monstrueuse masse. Ainsi sua, dit-on, Antée, cet enfant de la Terre, serré par les bras d'Hercule, lorsque le dieu, ayant découvert sa ruse, l'éleva dans les airs, et lui ôta tout espoir de tomber et de toucher sa mère, même de l'extrémité des pieds.

A cette vue des cris de joie, des applaudissements éclatent de toutes parts. Tydée balance son rival dans les airs, et tout à coup le jette à terre, le renverse, et le suit dans sa chute. En même temps de ses mains il lui comprime le cou, et de ses pieds les entrailles. Agyllée se sent défaillir sous ce puissant effort, et ne résiste plus que par un sentiment d'honneur. Enfin il gît sur le sol, le ventre et la poitrine dans la poussière, et ne se relève que longtemps après, triste, et laissant empreintes sur la terre les traces honteuses de sa défaite.

De la main droite Tydée saisit la palme; de l'autre, ses armes brillantes, prix de sa victoire : « Que serait-ce donc, s'écrie-t-il, si une bonne partie de mon sang, vous le savez, n'avait arrosé les plaines de Dircé, lorsque je reçus naguère ces blessures, gages de la foi thébaine? » En même temps il découvre ses cicatrices, et remet à ses compagnons le noble prix qu'il vient de conquérir. Une cuirasse de peu de valeur est le prix d'Agyllée.

Il en est qui osent affronter le combat à l'épée nue. Déjà se présentent tout armé l'Épidaurien Agrée, et l'exilé de Dircé, que les destins n'appellent pas encore. Le roi, fils d'Iasus, s'oppose à leur désir : « Jeunes gens, vous aurez bientôt assez de morts à affronter! gardez pour l'ennemi votre courage, et cette fureur avide de sang. Et toi pour qui nous avons dépeuplé les champs de nos pères et nos villes chéries, ne va pas, je t'en conjure, avant le combat, te livrer à la merci du hasard, et, (que les Dieux éloignent ce malheur!) exaucer les vœux de ton frère. » Il dit, et leur fait à tous deux le riche don d'un casque doré. Puis, pour que son gendre ait aussi sa part de gloire, il ordonne qu'on ceigne son front, et qu'on le proclame à haute voix le vainqueur de Thèbes; mais les Parques cruelles repoussent ce présage.

Adraste lui-même, pour rendre ces jeux plus solennels et donner un dernier lustre aux honneurs rendus au tombeau du jeune prince, est prié

Condidit : haud aliter collis scrutator Iberi 880
Quum subiit, longeque diem, vitamque reliquit,
Si tremuit suspensus ager, subitumque fragorem
Rupta dedit tellus, latet intus monte soluto
Obrutus, ac penitus fractum obductumque cadaver
Indignantem animum propriis non reddidit astris. 885
  Acrior hoc Tydeus, animisque et pectore supra est.
Nec mora, cum vinclis onerique elapsus iniquo
Circumit errantem, et tergo nec opinus inhæret :
Mox latus, et firmo celer implicat ilia nexu;
Poplitibus genua inde premens evadere nodos 890
Nequicquam et lateri dextram insertare parantem
Improbus, horrendum visu ac mirabile pondus,
Sustulit. Herculeis pressum sic fama lacertis
Terrigenam sudasse Libyn, quum fraude reperta
Raptus in excelsum, nec jam spes ulla cadendi, 895
Nec licet extrema matrem contingere planta.
  Fit sonus, et lætos attollunt agmina plausus.
Tunc alte librans inopinum sponte remisit,
Obliquumque dedit, procumbentemque secutus
Colla simul dextra, pedibus simul inguina vinxit. 900
Deficit obsessus, soloque pudore repugnat.
Tandem pectus humi, pronamque extensus in alvum
Sternitur, ac longo mœstus post tempore surgit,
Turpia signata linquens vestigia terra.
  Palmam autem dextra, lævaque nitentia dono 905
Arma ferens Tydeus : « Quid si non sanguinis hujus
Partem haud exiguam, scitis, Dircæus haberet
Campus? ubi hæ nuper Thebarum fœdera plagæ? »
Hæc simul ostentans, quæsitaque præmia laudum
Dat sociis : sequitur neglectus Agyllea thorax. 910
  Sunt et qui nudo subeant concurrere ferro.
Jamque aderant instructi armis Epidaurius Agreus,
Et nondum fatis Dircæus agentibus exsul.
Dux vetat Iasides : « Manet ingens copia leti,
O juvenes : servate animos, avidumque furorem 915
Sanguinis adversi : tuque o, quem propter avita
Jugera, dilectas cui desolavimus urbes,
Ne, precor, ante aciem, jus tantum casibus esse,
Fraternisque sinas, abigant hoc numina! votis. »
Sic ait : atque ambos aurata casside ditat. 920
Tunc genero, ne laudis egens, jubet ardua necti
Tempora, Thebarumque ingenti voce citari
Victorem. Diræ retinebant omina Parcæ.
  Ipsum etiam proprio certamina festa labore
Dignari, et tumulo supremum hunc addere honorem, 925
Hortantur proceres : ac, ne victoria desit
Una ducum numero, fundat vel Lycia cornu

par les princes de prendre part au combat. On veut que la victoire couronne tous les chefs, et on invite le vieux roi à lancer une flèche de Lycie, ou à fendre l'air avec un léger javelot. Le roi y consent volontiers, et, escorté de l'élite de la jeunesse, il descend du tertre verdoyant dans la lice. Derrière lui marche, docile à sa voix, son écuyer, portant un carquois et des flèches. Adraste veut que le trait lancé par lui franchisse le cirque immense, et aille frapper un frêne qu'il a désigné.

Des causes secrètes déterminent les présages : qui oserait le nier? Les destins se découvrent à l'homme, mais il néglige d'observer leurs avertissements, et laisse perdre ainsi le gage de l'avenir. C'est ainsi que des présages nous avons fait le hasard, et que la Fortune a vu s'accroître sa puissance pour le mal.

La flèche fatale franchit la plaine, va frapper l'arbre, et, prodige effrayant ! revient avec la même vitesse à travers les airs qu'elle a déjà parcourus, et tombe enfin près du carquois qui lui est connu. Les chefs se livrent à mille conjectures : les uns disent que le trait a rencontré les nuages et les vents impétueux ; les autres, que l'arbre frappé l'a renvoyé au loin ; mais pour tous restent profondément cachés l'issue des événements et les malheurs qu'annonce ce prodige. La flèche, en revenant sur elle-même, annonçait à son maître que seul il échapperait à la guerre et reverrait tristement ses foyers.

LIVRE SEPTIÈME.

Ainsi les Grecs différaient l'heure des combats. Jupiter jette sur eux un regard irrité, et secoue la tête. A ce mouvement les astres s'agitent, Atlas s'écrie qu'un poids plus lourd pèse sur ses épaules. Le père des Dieux adresse alors ces paroles au rapide nourrisson de Tégée : « Va, précipite-toi, d'un bond léger, au séjour de Borée, vers les demeures de Thrace, dans la région glacée où l'Ourse, qui ne se baigne jamais dans l'Océan, se nourrit de froides nuées et des pluies du ciel. Là, soit que Mars, ayant déposé sa lance, respire un moment, quoique le repos lui soit odieux; ou bien, comme je pense, qu'insatiable de carnage, il tienne en main ses armes et sa trompette, et s'enivre du sang d'une nation qui lui est chère, cours lui annoncer les avis et la colère de son père; parle sans ménagement. Naguère, docile à mes ordres, il enflamma tous les Grecs, depuis les bords de l'Inachus jusqu'à l'isthme qui sépare deux mers, et le rivage retentissant où les flots du cap Malée vont se briser avec fureur. Une ardente jeunesse a quitté à peine les murs et la porte de ses villes, et la voilà qui célèbre des sacrifices! On dirait que déjà elle revient victorieuse, tant elle applaudit avec transport, tant elle s'arrête avec plaisir aux funérailles d'une ombre irritée! O Mars! est-ce là ta fureur? Le disque bondit et résonne, les cestes d'Œbalie se heurtent dans l'arène. Mais si la rage qui gonfle son cœur, si la fureur enivrante des combats s'emparent de lui, le fer et la flamme à la main, impitoyable, il réduira en cendres des cités innocentes, il écrasera des peuples qui vainement imploreront ma foudre, et il désolera la terre. Maintenant il oublie son ardeur belliqueuse, il diffère ma vengeance; mais s'il ne hâte le moment de combattre, si,

```
Tela rogant, tenui vel nubila transeat hasta.
Obsequitur gaudens, viridique ex aggere in æquum
Stipatus summis juvenum descendit : at illi         930
Pone leves portat pharetras et cornua jussus
Armiger : ingentem jactu transmittere circum
Eminus, et pictæ dare vulnera destinat orno.
   Quis fluere occultis rerum neget omina causis?
Fata patent homini : piget inservare, peritque       935
Venturi promissa fides : sic omina casum
Fecimus, et vires auxit Fortuna nocendi.
   Campum emensa brevi fatalis ab arbore tacta,
Horrendum visu, per quas modo fugerat auras,
Venit arundo retro, versumque a fine tenorem        940
Pertulit, et notæ juxta ruit ora pharetræ.
Multa duces errore serunt : hi nubila, et altos
Occurrisse Notos : adverso roboris ictu
Tela repulsa alii. Penitus latet exitus ingens,
Monstratumque nefas : uni remeabile bellum,         945
Et tristes domino spondebat arundo recursus.
```

LIBER SEPTIMUS.

```
Atque ea cunctantes Tyrii primordia belli
Juppiter haud æquo respexit corde Pelasgos,
Concussitque caput; motu quo celsa laborant
Sidera, proclamatque adici cervicibus Atlas.
Tunc ita velocem Tegees affatur alumnum :            5
« I, medium rapido Borean illabere saltu
Bistonias super usque domos, axemque nivosi
Sideris; Oceano vetitum qua Parrhasis ignem
Nubibus hybernis et nostro pascitur imbri.
Atque ibi seu posita respirat cuspide Mavors,       10
Quamquam invisa quies; seu, quod reor, arma tubasque
Insatiatus habet, caræque in sanguine gentis
Luxuriat; propere monitus iramque parentis
Ede, nihil parcens : nempe olim accendere jussus
Inachias acies, atque omne quod Isthmius umbo       15
Distinet, et raucæ circumtonat ira Maleæ.
Illi vix muros limenque egressa juventus
Sacra colunt : credas bello rediisse, tot instant
Plausibus, offensique sedent ad justa sepulcri.
Hicne tuus, Gradive, furor? sonat orbe recusso       20
Discus, et Œbalii coeunt in praelia caestus.
At si ipsi rabies, ferrique insana voluptas
Qua tumet; immeritas cineri dabit impius urbes,
Ferrum ignemque ferens, implorantesque Tonantem
Sternat humi populos, miserumque exhauriet orbem.   25
Nunc lenis belli, nostraque remittitur ira.
```

LIVRE VII.

prompt à m'obéir, il ne précipite les bataillons grecs contre les murs de Thèbes, je ne lui fais point une menace cruelle; seulement, qu'il soit pour les mortels une divinité douce et bienveillante, que son humeur indomptable s'amollisse dans le repos, qu'il me rende ses chevaux, son épée, et qu'il perde son droit du sang : j'abaisserai mes regards vers la terre, j'ordonnerai que la paix règne partout; Pallas suffira pour la guère de Thèbes. »

Il avait dit, et déjà Mercure pénétrait dans les champs de la Thrace; mais à peine a-t-il franchi le seuil de l'empire de Borée, que l'éternelle tempête des plaines de l'Ourse, la multitude de nuages qui couvrent le ciel, et le souffle impétueux de l'Aquilon, l'entraînent çà et là loin de sa route. Ses oreilles sont assourdies du bruit de la grêle qui bat son manteau, et sa tête est mal protégée par le bonnet arcadien qui la couvre.

Il aperçoit une forêt stérile, séjour consacré à Mars, et il frémit à cette vue. Là, au pied du mont Hémus, le temple du dieu inhumain est environné de mille furies. Les murs sont revêtus de fer, le fer résonne sur son seuil étroit, des colonnes de fer en supportent la voûte. Les regards de Phébus sont blessés de leur sombre éclat; la lumière elle-même craint ce séjour, dont la sinistre clarté attriste les astres. La garde est digne du lieu : du vestibule s'élancent la Témérité, le Crime aveugle, la Colère à l'œil sanglant, la pâle Frayeur. Là aussi les Embûches qui cachent leurs armes, et la Discorde armée de deux glaives, sont à leurs côtés. L'intérieur du temple retentit du bruit des nombreuses Menaces. Debout, au milieu, se tiennent le triste Courage, et la Fureur joyeuse; la Mort est assise, le visage ensanglanté et les armes à la main. Sur les autels on ne voit d'autre sang que le sang des batailles, d'autre feu que le feu pris aux villes incendiées. Les murs et le faîte du temple sont décorés des dépouilles des nations vaincues; ce sont des débris de portes en fer ciselé et de vaisseaux de guerre, des chars vides, des têtes brisées par les chars. Il semble qu'on entend les gémissements; tout y est violence, tout y est blessure : partout on aperçoit l'image du dieu, mais nulle part avec un air paisible; tel l'avait représenté l'art merveilleux de Vulcain, avant que le soleil eût montré l'Adultère expiant ses clandestines amours, exposé sur un lit, dans un filet d'acier.

Le messager ailé du Ménale cherchait le roi de ce temple, lorsque tout à coup le sol tremble, l'Hèbre se soulève et mugit. Alors ces animaux farouches, nourris pour les combats et qui désolaient la vallée, s'élancent; l'herbe agitée se blanchit d'écume sous leurs pas : c'est le signal de l'approche de Mars. Soudain les portes d'un airain indestructible s'ouvrent d'elles-mêmes. Le dieu, glorieux d'être couvert du sang des Hyrcaniens, s'avance sur son char, et colore d'une affreuse rosée la plaine qu'il parcourt. Derrière lui suivent les dépouilles et une troupe plaintive de captifs. Les forêts et la neige amoncelée lui ouvrent un passage. La cruelle Bellone, de sa main teinte de sang, guide les coursiers et les fatigue de sa longue javeline. A cette vue le dieu de Cyllène éprouve une

```
Quod nisi præcipitat pugnas, dictoque jubentis
Ocyus impingit Tyriis Danaa agmina muris,
Nil equidem crudele minor; sit mite bonumque
Numen, et effreni laxentur in otia mores.                    30
Reddat equos, ensemque mihi, nec sanguinis ultra
Jus erit : adspiciam terras, pacemque jubebo
Omnibus; Ogygio sat erit Tritonia bello. »
    Dixerat, et Thracum Cyllenius arva subibat :
Atque illum Arctoæ labentem cardine portæ                    35
Tempestas æterna plagæ, prætentaque cœlo
Agmina nimborum, primique Aquilonis hiatus
In diversa ferunt : crepat aures grandine multa
Palla, nec Arcadii bene protegit umbra galeri.
    Hic steriles delubra notat Mavortia silvas,              40
Horrescitque tuens; ubi mille furoribus illi
Cingitur adverso domus immansueta sub Hæmo.
Ferrea compago laterum, ferro arcta teruntur
Limina; ferratis incumbunt tecta columnis.
Læditur adversum Phœbi jubar, ipsaque sedem                  45
Lux timet, et dirus contristat sidera fulgor.
Digna loco statio : primis salit Impetus amens
E foribus, cæcumque Nefas, Iræque rubentes,
Exsanguesque Metus; occultisque ensibus adstant
Insidiæ, geminumque tenens Discordia ferrum.                 50
Innumeris strepit aula Minis : tristissima Virtus
Stat medio, lætusque Furor; vultuque cruento
Mors armata sedet : bellorum solus in aris
Sanguis, et incensis qui raptus ab urbibus ignis.
Terrarum exuviæ circum, et fastigia templi                   55
Captæ insignibant gentes, cælataque ferro
Fragmina portarum, bellatricesque carinæ,
Et vacui currus, protritaque curribus ora.
Pæne etiam gemitus; adeo vis omnis, et omne
Vulnus! ubique ipsum, sed non usquam ore remisso             60
Cernere erat : talem divina Mulciber arte
Ediderat : nondum radiis monstratus adulter
Fœda catenato luerat connubia lecto.
    Quærere templorum regem vix cœperat ales
Mænalius, tremit ecce solum, et mugire refractis             65
Corniger Hebrus aquis : tunc quod pecus utile bellis
Vallem infestabat, trepidas spumare per herbas,
Signa adventantis; clausæque adamante perenni
Dissiluere fores : Hyrcano in sanguine pulcher
Ipse subit curru, diraque adspergine latos                   70
Mutat agros : spolia a tergo, flentesque catervæ.
Dant silvæ, nixque alta locum : regit atra jugales
Sanguinea Bellona manu, longaque fatigat
Cuspide : diriguit visu Cyllenia proles,
Submisitque genas : ipsi reverentia patri,                   75
Si prope sit, dematque minas, nec talia mandet.
```

vive frayeur, et baisse la tête. Jupiter lui-même, s'il était présent, serait épouvanté; il cesserait ses menaces et renoncerait à ses ordres cruels.

« Quelle est la volonté de Jupiter? quel ordre m'apportes-tu du haut de l'Olympe, s'écrie le dieu des combats? car ce n'est point de ton propre mouvement que tu viens, ô mon frère, dans cette contrée, au milieu des froids hivers, toi qui habites le Ménale parfumé, toi qui, sur le riant Lycée, respires la douce haleine des Zéphyrs. »

Mercure lui expose les ordres de son père. Aussitôt, sans laisser respirer ses chevaux haletants et inondés de sueur, il les lance de nouveau, indigné lui-même contre les Grecs, qui oublient les combats. Du haut des airs Jupiter l'aperçoit, et, calmant sa colère, il abaisse lentement sa tête menaçante. Ainsi quand l'Eurus impétueux s'éloigne des flots qu'il a déchaînés, la mer apaisée se gonfle encore; la vague aplanie roule sous le dernier souffle de la tempête expirante; les vaisseaux n'ont point encore repris tous leurs agrès, et les matelots n'osent respirer à pleine poitrine.

Enfin sont terminés les jeux funèbres et les luttes pacifiques; l'armée assemblée se sépare. Adraste, au milieu d'un profond silence, répand du vin sur le sol, et apaise par ces libations la cendre d'Archémore.

« Jeune enfant, s'écrie-t-il, permets que tous les trois ans nous célébrions désormais en ton honneur cette fête solennelle. Puisse l'ombre mutilée de Pélops trouver moins de plaisir à fréquenter ses autels d'Arcadie, à heurter de sa main d'ivoire le temple que lui consacra l'Élide; que le serpent Python aime moins à revoir ses autels de Castalie, et l'ombre de Palé-mon fréquenter le Léchée, qu'ombrage une forêt de pins. O jeune enfant, que l'Averne, ce séjour des larmes, te réclame en vain! par cette solennité funèbre nous t'élevons à l'immortalité. Maintenant notre armée va hâter sa marche : si tu nous donnes de renverser les murailles de Thèbes, alors nous te consacrerons des autels plus dignes de toi, alors tu seras notre dieu : les honneurs divins ne te seront pas rendus seulement dans les cités que baigne l'Inachus; Thèbes elle-même vaincue jurera par ton nom. » Tels étaient les vœux qu'Adraste prononçait au nom de tous, et ces vœux, chacun s'y associait dans son cœur.

Déjà les coursiers de Mars foulaient de leurs pieds rapides les rivages d'Éphyre, à l'endroit où l'Acrocorinthe élève sa cime dans les airs, et couvre tour à tour de son ombre les deux mers qu'il domine. Le dieu ordonna alors à la Peur, l'un de ses horribles compagnons, de précéder son char; nul autre n'est plus habile à insinuer la crainte dans le cœur palpitant des mortels, et à détourner les esprits de la vérité. Ce monstre a mille voix, mille mains; il revêt toutes les formes qu'il lui plaît, accrédite tous les bruits, et, à son horrible aspect, répand dans les villes le désordre et la fureur. S'il voulait persuader aux mortels qu'il y a deux soleils, que les astres se précipitent sur la terre, que le sol tremble, que les vieilles forêts descendent des montagnes, les malheureux qu'il aurait trompés s'imagineraient avoir vu ces prodiges. En ce moment il exerce son affreux génie : il soulève dans les champs de Némée un nuage trompeur de poussière. Les chefs étonnés regardent de loin ce noir tourbillon. Le monstre augmente encore le tumulte par de fausses clameurs; il imite le bruit des ar-

« Quod Jovis imperium? magno quid ab æthere portas?
Occupat Armipotens : neque enim hunc, germane, sub axem
Sponte venis, hiemesque meas, cui roscida juxta
Mænala, et æstivi clementior aura Lycæi. »   80
   Ille refert consulta patris : nec longa moratus,
Sicut anhelabant juncto sudore volantes
Mars impellit equos, residesque in prælia Graios
Ipse etiam indignans : vidit pater altus, et ira
Jam levior, tardo flectebat pectore vultum.   85
Ut si quando ruit debellatasque reliquit
Eurus aquas, pax ipsa tumet, pontumque jacentem
Exanimis jam volvit hiems : nondum arma carinis
Omnia, nec toto respirant pectore nautæ.
   Finierat pugnas honor exsequialis inermes,   90
Nec dum aberant cœtus, cunctisque silentibus heros
Vina solo fundens cinerem placabat Adrastus
Archemori : « Da, parve, tuum trieteride multa
Instaurare diem; nec saucius Arcadas aras
Malit adire Pelops, Elæaque pulset eburna   95
Templa manu; nec Castaliis altaribus anguis,
Nec sua pinigero magis adnatet umbra Lechæo.

Nos te lugenti, puer, inficiamur Averno,
Mœstaque perpetuis solemnia jungimus astris;
Nunc festina cohors : at si Bœotia ferro   100
Vertere tecta dabis, magnis tunc dignior aris,
Tunc Deus; Inachias nec tantum culta per urbes
Numina, captivis etiam jurabere Thebis. »
Dux ea pro cunctis : eadem sibi quisque vovebat.
   Jam pronis Gradivus equis Ephyræa premebat   105
Littora, qua summas caput Acrocorinthus in auras
Tollit, et alterna geminum mare protegit umbra.
Inde unum dira comitum de plebe Pavorem
Quadrupedes anteire jubet : non alter anhelos
Insinuare metus, animumque avertere veris   110
Aptior : innumeræ monstro vocesque, manusque,
Et facies quæcunque libet; bonus omnia credi
Auctor, et horrificis lymphare incursibus urbes.
Si geminos soles, ruiturasque suadeat astra,
Aut nutare solum, aut veteres descendere silvas,   115
Ah! miseri vidisse putent : tunc acre novabat
Ingenium : falso Nemeæum pulvere campum
Erigit : attoniti tenebrosam a vertice nubem

LIVRE VII.

mes, les pas des chevaux, et répand dans les airs des hurlements affreux.

Les esprits s'agitent : inquiète, incertaine, la foule murmure tout bas : « D'où vient ce bruit qui semble frapper nos oreilles? d'où vient que les astres paraissent tourbillonner dans une sphère de poussière? Les soldats de l'Isménie viendraient-ils nous attaquer? Oui, ils viennent. Quoi! Thèbes a-t-elle tant d'audace? Pourquoi n'oseraient-ils pas? Allons, continuons à rendre des honneurs à ce tombeau, immolons de nouvelles victimes! » Ainsi la Peur les trouble : elle parcourt les rangs sous des traits divers; tantôt c'est un des mille soldats de Pise, tantôt un guerrier de Pylos, tantôt un Laconien. Elle affirme que les ennemis approchent, et consterne les bataillons par de vaines terreurs. Rien ne semble faux aux gens effrayés. Mais aussitôt que le dieu apparaît lui-même à cette foule en délire, et que, porté par un tourbillon rapide autour du sommet de la montagne sacrée, trois fois il élève sa lance, trois fois secoue les rênes de ses coursiers et fait retentir trois fois son bouclier contre sa poitrine, en criant, « Aux armes, aux armes, insensés! » chacun saisit ses armes ou les armes d'un autre; on change de casque, on attelle les coursiers à des chars qu'on ne connaît point. Le féroce amour de la mort et du carnage embrase tous les cœurs. Rien ne s'oppose à leur ardeur; ils courent, ils rachètent leurs retards. Ainsi le rivage bruyant retentit, lorsqu'au premier souffle du vent les vaisseaux fuient le port, lorsque les voiles sont livrées aux vents, les câbles détachés, et que les rames et les ancres nagent sur la surface de l'onde; alors, du milieu de la mer,

on jette un dernier regard sur la terre chérie, et chacun salue de la poupe les amis qu'il abandonne.

Bacchus avait vu les cohortes de l'Inachus s'avancer d'un pas rapide; il gémit, et, tournant ses regards vers Thèbes, vers le berceau de son enfance, il se rappelle les foudres de son père. Le trouble de son âme se peint sur son visage vermeil; sa chevelure, ses guirlandes sont en désordre; sa main laisse tomber son thyrse, et de ses cornes se détachent ses grappes encore entières. Ainsi, tout baigné de larmes, sans insignes, sans parure, il se présente devant Jupiter, qui était alors retiré dans un endroit secret du ciel. Jamais son père ne l'avait vu devant lui dans un tel désordre : il en devine la cause, et aussitôt Bacchus, d'une voix suppliante :

« O père des immortels, dieu clément, lui dit-il, détruiras-tu Thèbes, ta ville chérie? ton épouse sera-t-elle à ce point cruelle? Et n'auras-tu pas pitié de cette terre que tu as tant aimée, de ces foyers que tu as trompés, et des cendres des miens? Oui, jadis, malgré toi, tu lanças tes feux des nues, je le crois; mais voici que de nouveau tu rallumes sur cette terre d'affreux incendies, et pourtant tu n'as pas juré par le Styx, tu n'as pas cédé aux artifices d'une amante. Quel sera le terme de nos maux? Calme ou irrité, ô mon père, n'auras-tu donc toujours que des foudres pour nous? Jamais tu ne te montras si terrible pour les murs de Danaé, le bois de Parrhasie, ou Amyclée, la ville de Léda. De tous tes enfants, serais-je donc le plus dédaigné? et cependant tu me portais jadis comme un fardeau bien doux, quand

Respexere duces : falso clamore tumultum.
Auget, et arma virum, pulsusque imitatur equorum, 120
Terribilemque vagas ululatum spargit in auras.
 Exsiluere animi; dubiumque in murmure vulgus
Pendet : « Ubi iste fragor, ni fallimur aure? sed unde
Pulvereo stant astra globo? num Ismenius ultro
Miles? ita est; veniunt : tanta autem audacia Thebis? 125
An dubitent? agedum inferias et busta colamus. »
Hæc Pavor attonitis : variosque per agmina vultus
Induitur, nunc Pisæis e millibus unus,
Nunc Pylius, nunc ore Lacon, hostesque propinquos
Adjurat, turmasque metu consternat inani : 130
Nil falsum trepidis : ut vero amentibus ipse
Incidit, et sacræ circum fastigia vallis
Turbine prævectus rapido, ter sustulit hastam,
Ter concussit equos, clipeum ter pectore plausit;
« Arma, arma, insani : sua quisque, ignotaque nullo
More rapit, mutant galeas, alienaque cogunt 136
Ad juga cornipedes; ferus omni in pectore sævit
Mortis amor, cædisque; nihil flagrantibus obstat.
Præcipitant, redimuntque moras : sic littora vento
Incipiente fremunt, fugitur quum portus, ubique 140
Vela fluunt, laxi jactantur ubique rudentes;
Iamque natant remi, natat omnis in æquore summo

Ancora; jam dulcis medii de gurgite ponti
Respicitur tellus, comitesque a puppe relicti.
 Viderat Inachias rapidum glomerare cohortes 145
Bacchus iter; gemuit Tyriam conversus ad urbem,
Altricemque domum, et patrios reminiscitur ignes,
Purpureum tristi turbatus pectora vultum;
Non crines, non serta loco; dextramque reliquit
Thyrsus, et intactæ ceciderunt cornibus uvæ. 150
Ergo ut erat lacrimis lapsoque inhonorus amictu,
Ante Jovem (et tunc forte polum secretus habebat)
Constitit, haud unquam facie conspectus in illa;
Nec causæ latuere patrem, supplexque profatur :
 « Exscindisne tuas, Divum sator optime, Thebas, 155
Sæva adeo conjux? nec te telluris amatæ,
Deceptique laris miseret, cinerumque meorum?
Esto, olim invitum jaculatus nubibus ignem,
Credimus : en iterum atra refers incendia terris,
Nec Styge jurata, nec pellicis arte rogatus. 160
Quis modus? an nobis pater iratusque bonusque
Fulmen habes? sed non Danaeia limina talis,
Parrhasiumque nemus, Ledæasque ibis Amyclas.
Scilicet e cunctis ego neglectissima natis
Progenies? ego nempe tamen qui dulce ferenti 165
Pondus eram : cui tu dignatus limina vitæ

tu daignas me rouvrir les portes de la vie, en me tenant lieu de mère jusqu'au terme de ma naissance. D'ailleurs les Thébains, troupe efféminée, peu faite aux travaux des camps, ne connaissent que mes exercices et mes combats, ne savent qu'entrelacer leur chevelure de guirlandes, et danser en chœur au son de la flûte : ils craignent les thyrses et les combats des bacchantes ; comment supporteraient-ils l'attaque de Mars et le bruit de ses clairons? Vois comme, tout bouillant de fureur, ce dieu nous menace ! Que n'appelle-t-il aux armes tes Curètes? que ne les force-t-il à combattre avec leurs innocents boucliers? Que dis-je? comme si les ennemis manquaient à Thèbes, c'est l'odieuse Argos que tu soulèves contre nous ! O cruelle nécessité, plus affreuse que le péril même ! c'en est fait, notre marâtre Mycènes va s'enrichir de nos dépouilles. Je cède : que deviendront cependant les sacrifices et les fêtes de ma nation détruite? Veux-tu donc anéantir ce qui reste encore de ma mère infortunée? Fuirai-je dans la Thrace, au milieu des forêts de Lycurgue ? ou bien irai-je chercher des fers chez les Indiens que j'ai vaincus? Donne au moins un asile à ton fils fugitif. Mon frère, je ne le dis pas par envie, a pu fixer l'île flottante de Latone et l'affermir sur les abîmes profonds. Pallas a préservé sa chère citadelle des ondes ennemies. Moi-même j'ai vu le puissant Épaphus dicter ses lois aux peuples de l'Orient. Ni le mont Cyllène, ni l'Ida, patrie de Minos, ne redoutent les sons de la trompette. Pourquoi, hélas! mes autels sont-ils seuls l'objet de ta colère? Mais puisque je n'ai plus qu'un faible pouvoir auprès de toi, songe au moins aux douces nuits d'Alcmène, à l'amour si cher à ton cœur de la fille errante de Nyctée ; songe que là régna une race tyrienne, et que pour Antiope le taureau fut moins funeste que ta foudre pour nous : protége au moins les descendants d'Agénor. »

Ces plaintes amères de son fils prosterné à genoux, les mains étendues, font sourire Jupiter ; il le relève avec bonté, l'embrasse, et d'une voix douce lui répond en ces termes : « Les conseils de mon épouse ne sont pour rien dans cette guerre; tu le crois à tort, ô mon fils! ses cruelles prières n'ont sur moi aucune influence ; je suis entraîné dans le cercle immuable des destins ; des causes bien anciennes, bien éloignées, ont amené ces combats. Car qui, plus souvent que moi, a laissé dormir sa colère? Qui est plus avare du sang des humains? J'en prends à témoin cette voûte céleste, ce palais éternel comme moi, combien de fois n'ai-je pas déposé ma foudre, déjà prête à frapper ! Rarement mes feux ont commandé à la terre. Bien plus, c'est malgré moi que, pour satisfaire une trop juste vengeance, j'ai sacrifié les Lapithes à Mars, l'antique Calydon à Diane. C'est toujours une perte pour moi, et il m'en coûte de substituer tant d'âmes, de rendre tant de corps à la vie ; mais il me tarde d'anéantir les descendants de Labdacus et les neveux de Pélops; tu sais toi-même, pour ne rien dire des crimes des Doriens, combien Thèbes s'est toujours montrée prompte à outrager les Dieux , à t'outrager toi-même : mais puisque ta vieille colère est passée, je n'en parlerai point. Penthée n'était point arrosé du sang de son père, il n'avait point

Præreptumque iter, et maternos reddere menses.
Adde, quod imbellis, rarisque exercita castris
Turba, meas acies, mea tantum prælia norunt,
Nectere fronde comas, et ad inspirata rotari 170
Buxa ; timent thyrsos nuptarum , et prælia matrum.
Unde tubas Martemque pati? quin fervidus ecce
Quanta parat? quid si ille tuos Curetas in arma
Ducat? et innocuis jubeat decernere peltis?
Quin etiam invisos (sic hostis defuit?) Argos 175
Elicis! O ipsis, genitor, graviora periclis
Jussa! novercales ruimus ditare Mycenas.
Cedo equidem : quo sacra tamen, ritusque peremptæ
Gentis? et in tumulos , si quid male fœta reliquit
Mater, abire jubes? Thracen, silvasque Lycurgi? 180
Anne triumphatos fugiam captivus ad Indos?
Da sedem profugo : potuit Latonia frater
Saxa, nec invideo, defigere Delon, et imis
Commendare fretis : cara submovit ab arce
Hostiles Tritonis aquas : vidi ipse potentem 185
Gentibus Eois Epaphum dare jura ; nec ullas
Cyllene secreta tubas Minoave curat
Ida : quid heu tantum nostris offenderis aris?
Hic tibi, quando minor jam nostra potentia, noctes
Herculeæ, placitusque vagæ Nycteidos ardor ; 190

Hic Tyrium genus, et nostro felicior igne
Taurus : Agenoreos saltem tutare nepotes. »
Invidiam risit pater, et jam poplite flexum,
Sternentemque manus tranquillus ad oscula tollit;
Inque vicem placida orsa refert : « Non conjugis ista 195
Consiliis, ut rere, puer; nec sæva roganti
Sic expostus ego : immoto deducimur orbe
Fatorum; veteres, seræque in prælia causæ.
Nam cui tanta quies irarum? cui sanguinis usus
Parcior humani? videt axis, et ista per ævum 200
Mecum æterna domus, quoties jam torta reponam
Fulmina, quam rarus terris hic imperet ignis.
Quin etiam invitus magna ulciscendaque passis
Aut Lapithas Marti, aut veterem Calydona Dianæ
Expugnare dedi; meaque est jactura, pigetque 205
Tot mutare animas, tot reddere corpora vitæ.
Labdacios vero, Pelopisque a stirpe nepotes
Tardum abolere mihi : scis ipse, ut crimina mittam
Dorica, quam promptæ Superos incessere Thebæ;
Te quoque : sed, quoniam vetus excidit ira, silebo. 210
Non tamen aut patrio respersus sanguine Pentheus,
Aut matrem scelerasse toris, aut crimine fratres
Progenuisse reus, lacero tua lustra replevit
Funere : ubi fletus? ubi tunc ars tanta precandi?

souillé le lit de sa mère, il ne s'était pas donné par un crime horrible des frères à lui-même, et pourtant les lambeaux sanglants de son corps déchiré ont jonché tes autels! Où étaient alors tes larmes et tes prières artificieuses? Ce n'est pas à un ressentiment particulier que j'immole les fils d'OEdipe : c'est une vengeance que réclament et la terre et le ciel, la piété, la bonne foi violée, la nature, et les implacables Euménides. Mais cesse de t'émouvoir sur le sort de la ville que tu chéris. Je n'ai point résolu aujourd'hui la ruine de Thèbes; des temps plus redoutables et d'autres vengeurs viendront un jour : maintenant Junon seule gémira. »

A ces mots la joie renaît dans l'âme et sur le front de Bacchus. Ainsi, lorsqu'un soleil brûlant ou le Notus orageux a desséché et fait pâlir les roses, si le jour se lève pur et serein, si le souffle du Zéphyr rafraîchit le ciel, toute leur fraîcheur revient, les boutons s'épanouissent, et les tiges flétries reprennent leur verte parure.

Cependant une nouvelle étrange a frappé les oreilles d'Étéocle. Un messager fidèle lui apprend que les chefs de la Grèce s'avancent avec de nombreux bataillons; que bientôt ils toucheront aux terres d'Aonie; que partout sur leur passage on tremble, on plaint le sort de Thèbes. Il lui fait connaître la race, le nom et les armes de chacun des guerriers. Le roi, dissimulant sa crainte, veut tout savoir, bien que ce récit lui soit odieux. Il se résout alors à solliciter les secours de ses alliés, et à rassembler toutes ses forces. Toute l'Aonie, l'Eubée, les champs voisins de la Phocide, s'étaient levés à la voix de Mars. Ainsi l'avait voulu Jupiter. Le mot d'ordre circule rapidement dans tous les rangs; l'armée s'avance, se déploie sous les armes et s'arrête dans une plaine qui s'étend auprès de la ville, théâtre fatalement condamné à voir toutes les fureurs de la guerre.

L'ennemi est encore éloigné, et cependant les mères tremblantes s'empressent de monter en foule sur les murailles, d'où elles montrent à leurs enfants les armes éclatantes et les casques qui ombragent les visages menaçants de leurs pères.

Au loin, sur une tour solitaire, est Antigone; elle ne peut pas encore se montrer aux regards du peuple, un voile noir cache ses jeunes attraits. Près d'elle est un vieillard, jadis écuyer de Laïus, et maintenant le confident de la jeune princesse, qui vénère son grand âge. Elle lui parle ainsi la première : « Espères-tu, mon père, que cette armée puisse arrêter les Grecs? On dit que toutes les forces des Pélopides sont en marche contre nous. Fais-moi connaître, je t'en prie, les bataillons des rois alliés qui sont venus à notre secours. Je distingue bien nos propres soldats; voici l'étendard de Ménécée, les armes de Créon; et là, au sphinx d'airain qui surmonte son casque, je reconnais Hémon, je le vois qui s'élance par la vaste porte Homoloïde. »

Ainsi parle la naïve Antigone; le vieux Phorbas lui répond : « Voici Dryas qui commande mille archers descendus des froides contrées du Tanagre : ses armes, plus éclatantes que la neige, portent pour insignes un trident et un foudre d'or. Descendant du grand Orion, il ne dément pas son origine. Que les Dieux éloignent de lui le présage paternel! que la chaste Diane oublie son ancienne colère! A son camp se sont ralliées les villes qui le reconnaissent pour leur roi, Ocalée,

Ast ego non proprio diros impendo dolori 215
Œdipodionidas : rogat hoc tellusque, polusque,
Et pietas, et læsa fides, naturaque, et ipsi
Eumenidum mores : sed tu super urbe moveri
Parce tua, non hoc statui sub tempore rebus
Occasum Aoniis : veniet suspectior ætas, 220
Ultoresque alii : nunc regia Juno queretur. »
  His ille auditis mentemque habitumque recepit.
Ut quum sole malo, tristique rosaria pallent
Usta Noto, si clara dies, Zephyrique refecit
Aura polum, redit omnis honos, emissaque lucent 225
Germina, et informes ornat sua gloria virgas.
  Nuntius, attonitas jamdudum Eteoclis ad aures
Explorata ferens, longo docet agmine Graios
Ire duces, nec jam Aoniis procul abfore campis;
Quacumque ingressi, tremere ac miserescere cunctos
Thebarum; qui stirpe refert, qui nomine, et armis. 231
Ille metum condens, audire exposcit, et odit
Narrantem. Hinc dictis socios stimulare, suasque
Metiri decernit opes : excíverat omnem
Aoniam, Euboeamque, et Phocidos arva propinquæ 235
Mars : ita dulce Jovi. Longo fugit ordine velox

Tessera; propellunt acies, seseque sub armis
Ostentant, subeunt campo, qui proximus urbi
Damnatus bellis patet, exspectatque furores.
  Nondum hostis circa; trepido tamen agmine matres
Conscendunt muros, inde arma nitentia natis 241
Et formidandos monstrant sub casside patres.
  Turre procul sola nondum concessa videri
Antigone populis, teneras defenditur atra
Veste genas; juxtaque comes, quo Laius ibat 245
Armigero; tunc virgo senem regina veretur.
Quæ sic orsa prior : « Spesne obstatura Pelasgis
Hæc vexilla, pater? Pelopis descendere totas
Audimus gentes : dic, o precor, extera regum
Agmina : nam video, quæ noster signa Menœceus, 250
Quæ noster gerat arma Creon, quam celsus ahena
Sphinge per ingentes Homoloidas exeat Hæmon. »
  Sic rudis Antigone : senior cui talia Phorbas :
« Mille sagittiferos gelidæ de colle Tanagræ
Promovet ecce Dryas : hic, cui nivea arma tridentem 255
Atque auro rude fulmen habent, Orionis alti
Non falsus virtute nepos : procul, oro, paternum
Omen, et innuptæ vetus excidat ira Dianæ!

Médéon, Nysa ombragée de forêts, et Thisbé que les oiseaux de Vénus font retentir de leurs chants.

« Près de lui est Eurymédon ; il porte, comme le dieu Faune son père, les armes des bergers; un rameau de pin ombrage son casque comme une crinière de cheval ; terrible dans les forêts, il ne le sera pas moins, je crois, sur le champ de bataille. Sous ses ordres marchent Érythrée, riche en troupeaux, Scolon, Éteonon hérissée de rochers, Hylé située sur un étroit rivage, et Schénon patrie d'Atalante, dont les habitants s'enorgueillissent de cultiver un sol que foula son pied léger. Tous ces peuples brandissent, à la manière des Macédoniens, des lances de frêne, et de petits boucliers peu propres à les garantir des cruelles blessures de Mars.

« Cette foule qui s'élance en poussant des cris, ce sont les fils de Neptune, les Onchestes, qui habitent les champs de Mycalesse ombragés de pins, et qui boivent les eaux du Mélas, consacré à Pallas, et de la fontaine Gargaphye, si chère à Hécate. Leurs campagnes couvertes d'épis font envie à Haliarte, dont les riantes moissons meurent étouffées sous l'herbe épaisse. Leurs armes sont des troncs noueux ; leurs casques, des têtes de lions vides ; leurs boucliers, l'écorce arrondie des arbres. Ils n'ont pas de rois, c'est notre Amphion qui les conduit. Tu peux le reconnaître aisément, ma fille, à son casque que décorent une lyre et un taureau, image de son aïeul. Noble et courageux guerrier, bientôt il va se jeter au milieu des glaives, et offrir aux coups sa poitrine nue, pour la défense de ses murs chéris.

« Vous aussi, peuples de l'Hélicon, vous volez à notre secours ; et toi, ô Permesse ! et toi, heureux Olmius, aux ondes harmonieuses, vous armez vos paisibles enfants, peu faits pour les combats. Entends-les s'avancer en chantant avec transport les hymnes de la patrie. Tels, quand fuit le pâle hiver, les cygnes glissent sur les eaux brillantes du Strymon. En avant, guerriers ! votre gloire ne périra pas, et les Muses rediront vos combats dans des vers immortels. »

La jeune fille interrompt le vieillard par ce peu de mots : « Quelle est, lui dit-elle, l'origine de ces deux héros que je vois là-bas, car ils semblent être frères? Tous deux ont les mêmes armes, tous deux ont leurs casques surmontés de la même aigrette. Plût aux Dieux que mes frères fussent unis comme eux ! »

Le vieillard sourit : « Tu n'es pas la première, ô Antigone, qui te sois trompée en les voyant ; bien d'autres, abusés sur leur âge, les ont pris pour frères. L'un est le père, l'autre le fils ; mais ils se sont suivis de si près dans la vie, qu'ils paraissent contemporains. Encore enfant, et trop faible pour connaître Vénus et ses feux ardents, le père inspira un violent amour à une nymphe de Dircé, Lapithonie, qui, sans égard pour sa jeunesse, s'unit à lui par un précoce hymen. Bientôt après naquit le bel Alathrée, qui ne tarda pas à atteindre son père encore dans la fleur de la jeunesse ; il prit ses traits, et mêla ses années aux siennes. Maintenant ils aiment l'erreur qui les fait frères, le père surtout ; il verra avec plaisir venir la vieillesse elle-même. Chacun d'eux guide

Jungunt se castris, regisque in nomen adoptant
Ocaleæ, Medeonque, et confertissima lucis   260
Nysa, Dionæisque avibus circumsona Thisbe.

« Proximus Eurymedon, cui pastoralia Fauni
Arma patris, pinusque jubas imitatur equinas
Terribilis silvis : reor et Mavorte cruento
Talis erit : dites pecorum comitantur Erythræ,   265
Qui Scolon, densamque jugis Eteonon iniquis,
Qui breve littus Hyles, Atalantæumque superbi
Schœnon habeat, notique colunt vestigia campi.
Fraxineas vibrant Macetum de more sarissas,
Sævaque difficiles excludere vulnera peltas.   270

« Ecce autem clamore ruunt Neptunia plebes
Onchesti, quos pinigeris Mycalessos in agris,
Palladiusque Melas, Hecatæaque gurgite nutrit
Gargaphye : quorumque novis Haliartos aristis
Invidet, et nimia sata læta supervenit herba.   275
Tela rudes trunci, galeæ vacua ora leonum,
Arborei dant scuta sinus. Hos regis egenos
Amphion en noster agit, (cognoscere pronum,
Virgo,) lyra galeam tauroque insignis avito.
Macte animo juvenis : medios parat ire per enses, 280
Nudaque pro caris opponere pectora muris.

« Vos etiam nostris, Heliconia turba, venitis
Addere rebus opem ; tuque, o Permesse, canoris
Et, felix Olmie, vadis, armatis alumnos
Bellorum resides : patriis concentibus audis   285
Exsultare gregem : quales, quum pallida cedit
Bruma, renidentem deducunt Strymona cycni.
Ite alacres, nunquam vestri morientur honores,
Bellaque perpetuo memorabunt carmine Musæ. »

Dixerat, et paulum virgo interfata docenti :   290
« Illi autem, quanam junguntur origine fratres?
Sic certe paria arma viris, sic exit in auras
Cassidis æquus apex : utinam hæc concordia nostris ! »

Cui senior ridens : « Non prima errore videndi
Falleris, Antigone : multi hos, nam decipit ætas, 295
Dixerunt fratres : pater est, natusque ; sed ævi
Confudere modos : puerum Lapithonia nympha
Dircetis, expertem thalami, crudumque maritis
Ignibus, ante diem cupido violavit amore,
Improba connubii : nec longum et pulcher Alathreus
Editus, ac primæ genitorem in flore juventæ   300
Consequitur, traxitque notas, et miscuit annos.
Et nunc sic fratres mentito nomine gaudent ;
Plus pater : hunc olim juvat et ventura senectus.
Tercentum genitor, totidemque in prælia natus   305
Exercent equites : hi deseruisse feruntur

au combat trois cents cavaliers qui, dit-on, viennent de l'humble Glisante et de Coronie; Coronie, riche en moissons, et Glisante en vignobles.

« Mais plutôt regarde Hypsée, qui couvre de son ombre démesurée les quatre chevaux de son char. A sa main gauche, un bouclier formé de sept cuirs et d'une triple lame de fer protége sa poitrine, car il ne craint pas d'être attaqué par derrière. Sa lance fut autrefois l'honneur des forêts; dirigée contre l'ennemi, toujours elle traverse les armes, les poitrines: jamais sa main n'a trompé son espoir. Il est, dit-on, fils de l'Asopus, et le père est bien digne d'un tel fils, alors que, renversant les ponts, il s'élance avec impétuosité, ou qu'ardent vengeur de sa fille, il soulève ses ondes, indigné d'avoir pour gendre le maître du tonnerre. On rapporte en effet que, ravie aux ondes paternelles, Égine se déroba à tous les regards, cachée dans les bras de Jupiter. Transporté de fureur, le fleuve se prépare à faire la guerre au ciel, ce que les Dieux même n'avaient osé faire. Dans son aveugle audace, il s'élève gonflé de courroux, et ose attaquer Jupiter, sans implorer aucun secours; il combat jusqu'au moment où, renversé par les coups terribles du tonnerre et les feux dévorants de la foudre, il est contraint de céder. Maintenant encore, le fleuve impétueux et haletant sur ses rives aime à contempler les cendres de ses bords foudroyés, monument glorieux d'une céleste vengeance, et à lancer, comme l'Etna, la flamme vers le ciel. Tel nous admirons Hypsée dans les champs cadméens, si toutefois l'heureuse Égine a pu apaiser le maître du tonnerre. Il conduit les guerriers d'Ithon et d'Alalcomène consacrés à Minerve, ceux qu'a fournis Midé et l'humide Arné, ceux qui ensemencent les champs de l'Aulide, de Gréa, de la verte Platée, ceux qui domptent avec la charrue les plaines de Pétéon, et les terres que l'Euripe, en passant sur notre territoire, baigne de ses ondes inconstantes; ceux enfin qui habitent Anthédon, à la limite de nos frontières, où Glaucus, s'élançant du rivage verdoyant dans les eaux qui l'attiraient, vit avec frayeur, tandis que ses cheveux et son visage prenaient la couleur de l'azur, son corps se terminer en poisson. Ces peuples, armés de frondes, fendent l'air de leurs balles de plomb; leurs traits volent plus rapides que les flèches crétoises.

« Et toi aussi, ô Céphisse, tu nous aurais envoyé le beau Narcisse; mais ce sauvage enfant pâlit déjà dans les champs de Thespie. Déjà, ravi à l'amour paternel, ce n'est plus qu'une fleur que son père arrose de ses ondes.

« Comment te parler des guerriers chers à Apollon, de l'antique Phocide? Ils ont quitté Panope, Daulis, Cyparisse, et tes vallées, ô Lébadée! et Hyampolis, assise sur un rocher escarpé, le Parnasse à la double colline, Cyrrha aux gras pâturages, Anémorie, et les bois de Corycie, et Lilée, d'où jaillit la source glacée du Céphisse; c'est dans ce fleuve que le serpent Python venait souvent étancher sa soif ardente, et enlever à la mer le tribut de ses ondes. Vois, tous ont orné de lauriers la cime de leurs casques; leurs armes ont pour emblème ou Titye, ou Délos, ou ce carquois dont les flèches innombrables servirent à un dieu pour donner tant de fois la mort. Ils marchent

Exilem Glisanta, Coroniamque, feracem
Messe Coroniam, Baccho Glisanta colentes.
« Sed potius celsos umbrantem hunc adspice late
Hypsea quadrijugos, clipei septemplice tauro 310
Læva, ter insuto servantem ingentia ferro
Pectora : nam tergo nunquam metus : hasta vetustum
Silvarum decus, emissæ cui pervia semper
Armaque, pectoraque et nunquam manus irrita voti.
Asopos genuisse datur, dignusque videri 315
Tunc pater, abruptis quum torrentissimus exit
Pontibus, aut natæ tumidus quum virginis ultor
Flumina concussit, generum indignata Tonantem.
Namque ferunt raptam patriis Æginan ab undis
Amplexu latuisse Jovis : furit amnis, et astris 320
Infensus bellare parat; (nondum ista licebat
Nec Superis;) stetit audacis effusus in iras,
Conseruitque manus, nec quem imploraret habebat,
Donec vi tonitrus submotus, et igne trisulco
Cessit : adhuc ripis animosus gurges anhelis, 325
Fulmineum cinerem, magnæque insignia pœnæ
Gaudet, et Ætnæos in cœlum efflare vapores.
Talem Cadmeo mirabimur Hypsea campo,
Si modo placavit felix Ægina Tonantem.
Ducit Ithonæos et Alalcomenæa Minervæ 330

Agmina, quos Mide, quos humida suggerit Arne,
Aulida qui Græamque serunt, viridesque Platæas,
Et sulco Peteona domant, refluumque meatu
Euripum, qua noster abit, teque ultima tractu
Anthedon, ubi gramineo de littore Glaucus 335
Poscentes irrupit aquas, jam crine genisque
Cærulus, et mixtos expavit ab inguine pisces.
Glandibus et torta Zephyros incidere funda
Cura : Cydoneas anteibunt gesa sagittas.
Tu quoque præclarum forma, Cephisse, dedisses 340
Narcissum, sed Thespiacis jam pallet in agris
Trux puer : orbata florem pater alluit unda.
« Quis tibi Phœbæas acies, veteremque revolvat
Phocida? qui Panopen, qui Daulida, qui Cyparisson,
Et valles, Lebadea, tuas, et Hyampolin acri 345
Subnixam scopulo, vel qui Parnasson utrumque
Aut Cyrrham tauris, Anemoriamque supinant,
Coryciumque nemus? propellentemque Lilæam
Cephissi glaciale caput, quo suetus anhelam
Ferre sitim Python, amnemque avertere ponto. 350
Omnibus immixtas cono super aspice lauros,
Armaque vel Tityon, vel Delon habentia, vel quas
Hic deus innumera laxavit cæde pharetras.
Iphitus acer agit, genitor cui nuper ademptus

sous les ordres du bouillant Iphite, qui dernièrement a perdu son père Naubolus, fils d'Hippasis, autrefois ton hôte, ô Laius, ô le plus doux des princes! Il tenait tranquillement les rênes de ton char, lorsque ta tête, frappée de coups mortels, roula sous les pieds des chevaux. Hélas! pourquoi mon sang n'a-t-il pas coulé avec le tien? »

À ces mots des larmes mouillent ses joues, la pâleur couvre tout son visage, et ses sanglots entrecoupent sa voix. La jeune fille réchauffe la poitrine glacée de son vieil ami; il revient à lui, et, d'une voix faible, il reprend ainsi : « O toi ma gloire la plus chère, mon seul et dernier bonheur, Antigone, c'est pour toi que je prolonge ma pénible carrière, c'est pour toi que je m'expose peut-être à voir encore des crimes et des meurtres comme ceux qui ont été vus par tes aïeux. Mais qu'il me soit permis de te déposer vierge et pure dans la couche nuptiale; je ne demande rien de plus, et les Parques pourront alors me reprendre ma vie qui m'est à charge.

« Mais pendant que je m'abandonne à ma douleur, combien de chefs ont déjà défilé devant nous! Je ne t'ai nommé ni Clonius, ni les Abantiades, dont la chevelure couvre les épaules, ni toi, ô rocailleuse Caryste, ni l'humble Égas, ni le haut Capharée, et déjà ma vue affaiblie refuse de me servir. Mais voici que tous s'arrêtent, et ton frère commande le silence. »

À peine le vieillard glacé sur la tour a prononcé ces paroles, qu'Étéocle, debout sur une éminence, commence ainsi : « Rois magnanimes, vous à qui moi-même, chef de l'armée, je ne refuserais pas d'obéir, sous qui je marcherais comme soldat à la défense de ma ville, je n'essayerai pas de stimuler votre courage; car c'est volontairement que vous accourez, c'est volontairement que vous vous êtes associés par serment à ma juste colère. Je ne puis vous louer assez dignement, ni vous témoigner toute la reconnaissance que vous méritez. Les Dieux et vos mains victorieuses vous loueront mieux que je ne puis le faire. Vous avez entrepris de défendre une ville alliée que n'attaque point un étranger belliqueux, venu de contrées lointaines, mais un enfant même de cette terre, qui, chef de l'armée ennemie, a dans les rangs opposés et son père, et sa mère, et ses sœurs, et celui qui jadis était son frère. Ne vois-tu pas, Polynice, que ton impiété s'attaque aux tombeaux de tes aïeux? De leur propre mouvement les peuples de l'Aonie ont volé à mon secours; ils ne me livreront pas, cruel, à ta fureur. Ce que veut cette armée, toi aussi tu devais le comprendre; ils me défendent de te rendre le trône. »

Il dit, et donne partout ses ordres. Il désigne ceux qui doivent combattre, ceux qui doivent défendre les murs; les cohortes qui marcheront au premier rang, celles qui se placeront au centre.

Ainsi un berger soulève les portes de son étable et les claies qui laissent passer la lumière, lorsque la terre est encore humide de rosée. En tête du troupeau il place les chefs; sur leurs pas marche la troupe des brebis; lui-même soutient celles qui sont pleines, les mères dont les mamelles touchent presque à terre, et leur apporte leurs faibles agneaux.

Cependant les Grecs s'avancent; ils marchent le jour, ils marchent la nuit, et le jour et la nuit suivante les retrouvent encore sous les armes,

Naubolus Hippasides, tuus, o mitissime Lai, 355
Hospes, adhuc currus, securaque lora tenebat,
Quum tua subter equos jacuit convulsa cruentis
Ictibus, o utinam nostro cum sanguine, cervix! »
    Dicentis maduere genæ vultumque per omnem
Pallor iit, vocisque repens singultus apertum 360
Intercepit iter : refovet frigentis amicum
Pectus alumna senis; redit, atque exile profatur :
« O mihi sollicitum decus ac suprema voluptas,
Antigone! seras tibi demoror improbus umbras,
Fors eadem scelera et cædes visurus avitas. 365
Donec te thalamis habilem, integramque resignem,
Hoc satis, et fessum vita dimittite, Parcæ.
    « Sed dum labor iners, quanti nunc ecce reviso
Transabiere duces. Clonium atque in terga comantes
Non ego Abantiadas, non te, saxosa Caryste, 370
Non humiles Ægas, altumque Capharea dixi.
Et jam acies obtusa negat, cunctique resistunt :
Et tuus armatis jubet ecce silentia frater. »
    Vix ea turre senex, quum ductor ab aggere cœpit :
« Magnanimi reges, quibus haud parere recusem 375
Ductor, et ipse meas miles defendere Thebas,
Non ego vos stimulare parem (nam liber in arma

Impetus, et meritas ultro jurastis in iras),
Nec laudare satis, dignasque rependere grates
Sufficiam : referent Superi, vestræque subacto 380
Hoste manus : urbem socia de gente subistis
Tutari, quam non aliis populator ab oris
Belliger, externave satus tellure, sed hostis
Indigena assultat, cui castra adversa regenti
Hic pater, hic genitrix, hic junctæ stirpe sorores, 385
Hic erat et frater. Cerne in ubicunque nefandus
Exscidium moliris avis. Venere volentes
Aoniæ populi; nec sum tibi, sæve, relictus.
Quid velit ista cohors, et te sentire decebat.
Reddere regna velant. » Sic fatus, et omnia rite 390
Disponit, qui bella gerant, qui mœnia servent,
Quas in fronte manus, medio quas robore sistat.
    Perspicuas sic luce fores et virgea pastor
Claustra levat, dum terra recens; jubet ordine primos
Ire duces, media stipantur plebe maritæ : 395
Ipse levat gravidas, et humum tactura parentum
Ubera, succiduasque apportat matribus agnas.
    Interea Danai noctemque diemque sub armis,
Noctem iterum rursusque diem (sic ira ferebat)
Ingeminant : contempta quies, vix aut sopor illis, 400

tant la colère les transporte! Ils dédaignent le repos; le sommeil, la faim les retardent à peine; ils ont pour atteindre l'ennemi la vitesse que d'autres auraient pour le fuir. Ils ne se laissent point arrêter par les prodiges que le sort, précurseur d'une catastrophe trop certaine, offre en foule à leurs regards. Tout, en effet, leur présage les plus affreux malheurs : les oiseaux, les bêtes farouches, les astres, les fleuves détournés de leur cours. Jupiter tonne en signe de colère; des éclairs sinistres brillent dans la nue; des voix terribles sortent des sanctuaires; les portes des temples se ferment d'elles-mêmes; il pleut tantôt des pierres, tantôt du sang; les mânes sortent des tombeaux; les ombres éplorées de leurs aïeux s'offrent à leur rencontre. Alors aussi les oracles du dieu de Cyrrha se turent, et on entendit la nuit, à une époque inaccoutumée, des hurlements à Éleusis; et Sparte, dans ses temples ouverts, vit, ô forfait! ô présage affreux! les deux jumeaux d'Amyclée en venir aux mains.

Les Arcadiens disent que l'ombre furieuse de Lycaon hurla durant la nuit silencieuse; Pise, qu'Œnomaüs parcourut la lice fatale; l'Acarnanien vagabond, qu'Achéloüs privé de sa dernière corne leva son front déshonoré; Mycènes est en prière à la vue du visage affligé de Persée et de la statue de Junon, dont l'ivoire est humide de pleurs. Dans les campagnes on entend mugir le puissant Inachus, et sur les rivages des deux mers le Thébain Palémon fit retentir au loin ses gémissements. L'armée grecque entend ces récits, mais l'ardeur guerrière les rend sourds aux avis des Dieux, et bannit toute crainte.

Déjà on était arrivé sur tes rives, ô Asopus, dans la fertile Béotie. Les escadrons n'osèrent pas sur-le-champ traverser le fleuve ennemi, qui descendait alors comme un immense torrent à travers les campagnes, soit que l'arc messager de la pluie, ou que les nuées des montagnes eussent accru son cours; soit que telle fût la volonté du fleuve, et qu'en opposant aux ennemis la masse de ses eaux, il prétendit arrêter leurs bataillons.

Alors le farouche Hippomédon pousse dans les flots son cheval qui hésite; il entraîne avec lui une grande partie de la rive, et bien loin des autres chefs, soulevant au milieu du gouffre ses rênes et ses armes : « Suivez-moi, guerriers, s'écrie-t-il; ainsi je jure de vous guider sur les murs de Thèbes, ainsi je jure de briser ses portes. »

Tous s'élancent dans le fleuve et rougissent d'être devancés par lui. Ainsi lorsqu'un berger veut faire traverser à son troupeau un fleuve inconnu, le troupeau s'arrête consterné; l'autre rive est si loin! le trajet paraît si long à leur frayeur! mais à peine le taureau qui marche à leur tête est entré dans le fleuve et a marqué le gué, que les ondes devenues plus faciles semblent s'ouvrir devant eux, et les rives se rapprocher.

Non loin de là les Grecs ont remarqué un lieu propre à l'établissement d'un camp; c'est une colline d'où l'on peut apercevoir la ville et les tours de Thèbes : cette position leur plaît, et leur offre une sûre retraite. La colline en effet présente à son sommet un large plateau, et à ses pieds s'étend une vaste plaine, où ne s'élève aucune autre montagne. Ce lieu ne doit pas ses dé-

---

Aut epulæ fecere moram : properatur in hostem
More fugæ : nec monstra tenent, quæ plurima nectit
Prodigiale canens certi fors prævia fati.
Quippe ferunt diros monitus volucresque, feræque,
Sideraque; aversique suis decursibus amnes : 405
Infestumque tonat pater, et mala fulgura lucent :
Terrificæque adytis voces, clausæque Deorum
Sponte fores : nunc sanguineus, nunc saxeus imber,
Et subiti Manes, flentumque occursus avorum.
Tunc et Apollineæ tacuere oracula Cyrrhæ, 410
Et non assuetis pernox ululavit Eleusin
Mensibus, et templis Sparte præsaga reclusis
Vidit Amyclæos, facinus! concurrere fratres.
Arcades insanas latrare Lycaonis umbras
Nocte ferunt tacita : sævo decurrere campo 415
Œnomaum sua Pisa refert. Acheloon utroque
Deformem cornu vagus infamabat Acarnan.
Perseos effigiem mœstam exorantque Mycenæ
Confusum Junonis ebur : mugire potentem
Inachon agricolæ, gemini maris incola narrat 420
Thebanum toto planxisse Palæmona ponto.
Hæc audit Pelopea phalanx; sed bellicus ardor
Consiliis obstat Divum, prohibetque timeri.

Jam ripas, Asope, tuas, Bœotaque ventum
Flumina; non ausæ transmittere protinus alæ 425
Hostilem fluvium; forte et trepidantibus ingens
Descendebat agris, animos sive imbrifer arcus,
Seu montana dedit nubes, seu fluminis illa
Mens fuit, objectusque vado pater arma vetabat.

Tunc ferus Hippomedon magno cum fragmine ripæ
Cunctantem dejecit equum, ducibusque relictis 431
Gurgite de medio frenis suspensus, et armis,
« Ite viri, clamat : sic vos in mœnia primus
Ducere, sic clausas voveo perfringere Thebas. »

Præcipitant cuncti fluvio puduitque secutos. 435
Ac velut ignotum si quando armenta per amnem
Pastor agit, stat triste pecus, procul altera tellus
Omnibus, et late medius timor : ast ubi ductor
Taurus init, fecitque vadum, tunc mollior unda,
Tunc faciles saltus, visæque accedere ripæ. 440

Haud procul inde jugum, tutisque accommoda castris
Arva notant, unde urbem etiam turresque videre
Sidonias : placuit sedes, fidique receptus,
Colle per excelsum patulo, quem subter aperto
Arva sinu, nullique aliis a montibus obstant 445
Despectus; nec longa labor munimina durus
Addidit : ipsa loco mirum Natura favebat.
In vallum elatæ rupes, devexaque fossis

fenses à un long et pénible travail, la nature l'a merveilleusement favorisé. Des rochers élevés en forme de retranchements, des fossés creusés dans la plaine, quatre rocs réunis par le hasard, et semblables à des tours, voilà ses remparts naturels; les Grecs ajoutent ce qui y manque encore jusqu'au moment où le soleil disparaît tout entier derrière la montagne, et que le sommeil apporte le repos aux mortels fatigués.

Qui pourrait exprimer les terreurs de Thèbes? La ville, en présence de la guerre, veillait pour achever ses préparatifs. La nuit sombre l'effraie, et la menace du jour qui s'approche. On court sur les murailles. Dans cette épouvante, rien ne paraît assez fortifié, rien ne semble assez solide; les citadelles d'Amphion sont trop faibles contre l'ennemi. Partout de sourdes rumeurs; le nombre des ennemis, leurs forces exagérées par la peur; les regards se tournent vers les tentes des Grecs, vers les feux étrangers qui brillent sur les montagnes thébaines. Les uns adressent aux Dieux leurs prières et leurs plaintes, les autres s'arment de leurs traits ou excitent leurs coursiers belliqueux, d'autres pressent en pleurant des personnes aimées, et commandent, hélas! pour le lendemain un bûcher et des funérailles. Si un léger sommeil clôt leurs paupières, ils ne rêvent que combats. Dans leur frayeur, tantôt ils regardent les retards comme un gain, tantôt ils sont las de la vie; ils redoutent tout à la fois et souhaitent la lumière. Tisiphone va secouant ses deux serpents, et se précipite furieuse de l'un à l'autre camp, montrant Étéocle à Polynice et Polynice à Étéocle, et à tous deux leur père. Celui-ci, caché au fond de son palais,
inquiet, agité, implore les Furies et redemande ses yeux arrachés.

Déjà la froide Phébé et les astres obscurcis s'étaient effacés devant le jour. A l'heure où l'Océan, se gonflant à l'approche de Phébus, ouvre son vaste sein pour en laisser sortir le char du Dieu, puis retombe réchauffé par les rayons des coursiers haletants, voici que tout à coup, les yeux hagards, les cheveux en désordre et souillés, les joues pâles, les bras meurtris de coups, Jocaste, portant un rameau d'olivier entouré d'une bandelette noire, et semblable à la plus âgée des Euménides, sort des portes de la ville dans toute la majesté du malheur. A ses côtés, ses filles, qui n'ont pas le cœur farouche de leurs frères, soutiennent ses pas qu'affaiblissent les ans, et qu'elle précipite avec un effort au-dessus de son âge; elle arrive devant les ennemis, de sa poitrine nue frappe les barrières, et d'une voix lugubre et tremblante demande qu'on l'introduise : « Ouvre à celle qui est la cause impie de cette guerre; j'ai dans ce camp un droit affreux que je tiens de mes entrailles. » A cette vue, à ces paroles, les bataillons frémissent épouvantés. Un messager envoyé à Adraste est bientôt de retour; dociles aux ordres du prince, les soldats introduisent la reine, et lui ouvrent passage au milieu des glaives. Aussitôt qu'elle aperçoit les chefs grecs, égarée par sa douleur, elle pousse un cri affreux :

« Chefs argiens, oh! qui me montrera l'ennemi à qui j'ai donné le jour? Dites-moi quel casque le distingue des autres guerriers. » Le prince thébain accourt à sa rencontre, la serre dans ses bras, l'arrose de larmes de joie, la con-

Æqua, et fortuito ductæ quater aggere pinnæ :
Cætera dant ipsi, donec sol montibus omnis   450
Erepsit, rebusque dedit sopor otia fessis.
 Quis queat attonitas dictis ostendere Thebas?
Urbem in conspectu belli suprema parantem
Territat insomnem nox atra, diemque minatur.
Discurrunt muris : nil septum horrore sub illo,   455
Nil fidum satis, invalidæque Amphionis arces.
Rumor ubique altus, pluresque annuntiat hostes,
Majoresque timor : spectant tentoria contra
Inachia, externosque suis in montibus ignes.
Hi precibus, questuque Deos : hi Martia tela   460
Belligerosque hortantur equos : hi pectora fletu
Cara premunt, miserique rogos, et crastina mandant
Funera. Si tenuis demisit lumina somnus,
Bella gerunt : modo lucra moræ, modo tædia vitæ
Attonitis : lucemque timent, lucemque precantur.   465
It geminum excutiens anguem, et bacchatur utrisque
Tisiphone castris : fratrem huic, fratrem ingerit illi,
Aut utrique patrem : procul ille penatibus imis,
Excitus implorat furias, oculosque reposcit.
 Jam gelidam Phœben et caligantia primus   470
Hauserat astra dies, quum jam tumet igne futuro

Oceanus, lateque novo Titane reclusum
Æquor, anhelantum radiis subsidit equorum.
Ecce truces oculos sordentibus obsita canis
Exsanguesque Iocasta genas, et brachia planctu   475
Nigra ferens, ramumque oleæ cum velleris atri
Nexibus, Eumenidum velut antiquissima, portis
Egreditur, magna cum majestate malorum.
Hinc atque hinc natæ, melior jam sexus, aniles
Præcipitantem artus, et plusquam posset euntem   480
Sustentant : venit ante hostes, et pectore nudo
Claustra adversa ferit, tremulisque ululatibus orat
Admitti : « Reserare viam rogat impia belli
Mater : in his aliquod jus execrabile castris
Huic utero est. » Trepidi visam expavere manipli,   485
Auditamque magis : remeat jam missus Adrasto
Nuntius; excipiunt jussi, mediosque per enses
Dant iter : illa duces ut primum adspexit Achivos,
Clamorem horrendum luctu furiata resolvit.
 « Argolici proceres, hei quis monstraverit hostem,   490
Quem peperi? quanam inveniam, mihi dicite, natum
Sub galea? » Venit attonitæ Cadmeius heros
Obvius, et raptam lacrimis gaudentibus implet,
Solaturque tenens, atque inter singula, matrem

sole, et répète sans cesse : « Ma mère, ma mère ! » Il presse tour à tour contre son cœur et sa mère et ses sœurs chéries. Mais bientôt la reine aigrit ses douces larmes par des paroles de colère. « Prince argien, pourquoi feindre pour moi ces pleurs de tendresse et ces noms vénérables? Pourquoi entourer mon cou de tes bras, et serrer contre ta poitrine armée de fer une mère qui t'est odieuse? Est-ce bien là cet exilé errant, cet hôte digne de pitié ? Qui ne serait sensible à ses malheurs? Là-bas tes cohortes attendent tes ordres, ici; autour de toi ; brillent des milliers de glaives : ah! malheureuses mères! et voilà celui que je pleurais jour et nuit! Mais si tu ne dédaignes pas les paroles, les avis des tiens, tandis que le camp est silencieux, que la piété hésite et a horreur de la guerre, comme mère, je te l'ordonne et t'en supplie, viens avec moi ; encore une fois au moins revois les Dieux de la patrie, les toits où tu vas porter la flamme : que ton frère (pourquoi détourner les yeux?), que ton frère entende ta voix ; je serai votre arbitre, viens réclamer le trône qui t'est dû. S'il ne te le rend pas, tu reprendras ton glaive pour une cause devenue juste. Crains-tu quelque piège, dans lequel ta mère, complice de la fraude, veuille te faire tomber? Non, jamais la justice ne sera à ce point bannie de notre malheureuse maison. Si Œdipe lui-même te conduisait, à peine devrais-tu craindre. J'ai été épouse et mère par un crime affreux, mais je n'en aime pas moins mes fils : hélas! même en ce moment j'excuse vos fureurs; mais si tu persistes, eh bien! nous-mêmes, cruel, nous t'apportons un facile triomphe. Fais tes sœurs prisonnières, enchaîne-les les mains derrière le dos, charge-moi de fers, fais traîner ici ton père, malgré sa pesante vieillesse. Maintenant c'est vous qu'implore ma voix gémissante, généreux fils d'Inachus ; car vous avez laissé dans vos foyers vos jeunes enfants, vos vieux pères, et bien des larmes comme celles que je répands, croyez-en les entrailles d'une mère. Si mon fils vous est cher depuis si peu de temps, et puisse-t-il en être ainsi! quel doit être, je vous le demande, ô Grecs, l'amour d'une mère, l'amour de celle qui l'a nourri? Les rois d'Hyrcanie et d'Odryse, ceux même qui, s'il est possible, auraient surpassé nos fureurs, ne rejetteraient pas ma prière. Ne me repoussez donc pas! ou bien, embrassant mon fils, si vous ne mettez point un terme à la guerre, je mourrai ici. »

Ces paroles ont désarmé le courroux des soldats : alors on eût vu s'agiter les casques et les armes, arrosés de pleurs. Tels, lorsque du choc de leur poitrine les lions impétueux ont renversé épieux et chasseurs, leur colère est moins ardente ; sûrs de leur proie qu'ils tiennent captive, ils aiment à différer leur horrible festin. Ainsi les Grecs sentent leur courage fléchir et chanceler, et se calmer en eux l'ardent amour des combats.

Polynice, plus ému que tous les autres, passe tour à tour des bras de sa mère dans les bras de la jeune Ismène, et d'Antigone qui le supplie en pleurant. Au milieu des émotions orageuses qui troublent son âme, il oublie le trône, il veut partir; le pacifique Adraste ne s'y oppose pas; mais Tydée, qui n'a point oublié sa juste colère, le prévient en ces mots :

« C'est moi plutôt, compagnons, moi, qui ai dernièrement éprouvé la bonne foi d'Étéocle (et je n'étais pas son frère), c'est moi qu'il faut mettre

Matrem iterat, nunc ipsam urgens, nunc cara sororum 495
Pectora, quum mixta fletus anus asperat ira :
« Quid molles lacrimas, venerandaque nomina fingis,
Rex Argive, mihi ? Quid colla amplexibus ambis,
Invisamque teris ferrato pectore matrem?
Tune ille exsilio vagus? et miserabilis hospes? 500
Quem non permoveas? longe tua jussa cohortes
Exspectant, multoque latus præfulgurat ense.
Ah miseræ matres! hunc te noctesque, diesque,
Deflebam! si verba tamen, monitusque tuorum
Dignaris, dum castra silent, suspensaque bellum 505
Horrescit pietas, genitrix jubeoque, rogoque,
I mecum, patriosque Deos, arsuraque saltem
Tecta vide, fratremque, quid aufers lumina? fratrem
Alloquere, et regnum jam me sub judice posce.
Aut dabit, aut ferrum causa meliore resumes. 510
Anne times, ne forte doli, et te conscia mater
Decipiam? non sic miseros fas omne penates
Effugiet : vix Œdipode ducente timeres.
Nupsi equidem, peperique nefas : sed diligo tales,
Ah dolor, et vestros etiamnum excuso furores. 515
Quod si adeo perstas, ultro tibi, sæve, triumphum
Detulimus : religa captas in terga sorores,

Injice vincla mihi : gravis huc utcumque feretur
Et pater. Ad vestrum gemitus nunc verto pudorem,
Inachidæ : liquistis enim parvosque senesque, 520
Et lacrimas has quisque domi, sua credite matri
Viscera : si vobis hic parvo in tempore carus,
Sitque precor, quid me, oro, decet? quidve ista, Pelasgi,
Ubera? ab Hyrcanis hoc Odrysisque tulissem
Regibus, et si qui nostros vicere furores. 525
Annuite, aut natum complexa superstite bello
Hic moriar. » Tumidas frangebant dicta cohortes,
Nutantesque virum galeas, et sparsa videres
Fletibus arma piis : quales ubi tela virosque
Pectoris impulsu rapidi stravere leones, 530
Protinus ira minor, gaudentque in corpore capto
Securam differre famem : sic flexa Pelasgum
Corda labant, ferrique avidus mansueverat ardor.

Ipse etiam ante omnes nunc matris ad oscula versus,
Nunc rudis Ismenes, nunc flebiliora precantis 535
Antigones, variaque animum turbante procella
Exciderat regnum : cupit ire, et mitis Adrastus
Non vetat : hic justæ Tydeus memor occupat iræ :
« Me potius, socii, qui fidum Eteoclea nuper
Expertus, nec frater eram, me opponite regi, 540

en face de ce roi dont la belle paix, dont les bons traités sont encore gravés sur ma poitrine. Et toi, sa mère, le garant de sa parole et de la paix, où étais-tu, dans cette nuit où une si belle hospitalité retint chez vous mes pas? C'est pour un accueil aussi gracieux sans doute que tu entraînes ton fils? Conduis-le donc dans ce champ qui fut encore engraissé de votre sang et du mien. Toi, suis-la, prince trop faible, hélas! et trop oublieux de tes amis! Sans doute, lorsque les bras ennemis feront briller autour de ta tête des épées nues, il suffira qu'elle pleure pour que les glaives retombent! Crois-tu, insensé, qu'une fois qu'Étéocle te tiendra dans ses murs, qu'il aura saisi la proie que voulait sa haine, il te renverra dans le camp des Grecs? Avant cela cette lance dépouillée de son fer reverdira, avant cela et l'Inachus et notre Achéloüs rebrousseront leur cours. Mais il s'agit d'une pacifique entrevue, c'est la paix que l'on cherche au milieu des armes : eh bien, ce camp aussi est ouvert, et il n'a pas encore mérité qu'on le craigne. Suis-je suspect? je me retire, je fais le sacrifice de mes blessures. Qu'il entre, et avec lui sa mère que voici, et ses sœurs, ses médiatrices; mais je veux que, se soumettant au pacte, il te cède le trône : à ton tour le lui rendras-tu, Polynice? »

Ces paroles entraînent l'armée et changent toutes les résolutions. Ainsi le Notus, s'élançant tout à coup du haut du ciel en tourbillon rapide, chasse devant lui Borée et règne sur la mer.

De nouveau la guerre et sa fureur charment les courages. La farouche Érinnys saisit l'occasion, et jette les premières semences des combats.

Sur les bords du Dircé erraient deux tigresses, attelage pacifique du dieu qui, jadis monté sur son char, ravagea les contrées de l'Aurore. Revenu nouvellement vainqueur des bords érythréens, il les avait mis en liberté dans les champs d'Aonie, juste récompense de leurs services. Toutes deux dépouillées de leur première férocité, et exhalant autour d'elles les parfums de l'Orient, faisaient les délices des ministres du dieu et de son grand prêtre, qui se plaisaient à les orner de feuilles de palmier, de guirlandes de lierre, à marier à leurs taches variées l'éclat de la pourpre. Déjà les coteaux d'alentour, déjà (qui le croirait?) les troupeaux eux-mêmes les aimaient, les génisses osaient mugir autour d'elles. En effet, elles n'attaquaient personne pour assouvir leur faim, elles attendaient qu'une main amie leur présentât la nourriture, et, renversant leur horrible gueule, elles recevaient le vin qu'on y versait : elles s'endormaient dans la campagne, et chacun respectait leur repos; si quelquefois elles entraient paisiblement dans la ville, toutes les maisons, tous les temples faisaient fumer l'encens, et l'on eût dit que Bacchus lui-même venait de faire son entrée dans les murs.

Mais dès que l'Euménide les eut touchées trois fois de son fouet de vipère, et, excitant leur furie, les eut rappelées à leur première nature, elles s'élancent au milieu des Argiens qui ne les reconnaissent pas, semblables à deux foudres qui de deux points opposés du ciel éclatent à la fois, tombent, et traînent à travers les nues une longue crinière. Avec la même rapidité elles franchissent en rugissant la plaine, et, s'élançant d'un bond terrible, saisissent (présage affreux pour toi, ô Amphiaraüs!) ton écuyer qui s'offrit le premier

Cujus adhuc pacem egregiam, et bona fœdera gesto
Pectore in hoc : ubi tunc fidei, pacisque sequestra
Mater eras, pulchris quum me nox vestra morata est
Hospitiis? nempe hæc trahis ad commercia natum?
Duc illum in campum, vestro qui sanguine pinguis 545
Spirat adhuc, pinguisque meo : tu porro sequeris,
Heu nimium mitis, nimiumque oblite tuorum!
Scilicet infestæ quum te circum undique dextræ
Nudabunt enses, hæc flebit, et arma quiescent?
Tene ille, heu demens, semel intra mœnia clausum, 550
Possessumque odiis Argiva in castra remittet?
Ante hæc excusso frondescet lancea ferro,
Inachus ante retro, nosterque Achelous abibunt.
Sed mite alloquium, et sævis pax quæritur armis,
Hæc quoque castra patent : necdum meruere timeri. 555
An suspectus ego? abscedo, et mea vulnera dono.
Intret, et huc genitrix eadem, mediæque sorores.
Pinge autem pactis evictum excedere regnis,
Nempe iterum reddes? » Rursus mutata trahuntur
Agmina consiliis : subito ceu turbine cœli 560
Obvius adversum Boreæ Notus abstulit æquor.

Arma iterum, furiæque placent : fera tempus Erinnys
Arripit, et primæ molitur semina pugnæ.

Errabant geminæ Dircæa ad flumina tigres,
Mite jugum, belli quondam vastator Eoi 565
Currus, Erythræis quas nuper victor ab oris
Liber in Aonios meritas demiserat agros.
Illas turba dei, seniorque ex more sacerdos
Sanguinis oblitas, atque Indum gramen olentes,
Palmite maturo variisque ornare corymbis 570
Curat, et alterno maculas interligat ostro.
Jamque ipsi colles, ipsa has, quis credat? amabant
Armenta, atque ausæ circum mugire juvencæ.
Quippe nihil grassata fames, manus obvia pascit,
Exspectantque cibos; fusoque horrenda supinant 575
Ora mero, vaga rure quies : si quando benigno
Urbem iniere gradu, domus omnis, et omnia sacris
Templa calent, ipsumque fides intrasse Lyæum.

Has ubi vipereo tactas ter utramque flagello
Eumenis in furias, animumque redire priorem 580
Impulit, erumpunt non agnoscentibus Argis :
Ceu duo diverso pariter si fulmina cœlo
Rupta cadant, longumque trahant per nubila crinem.
Non aliter cursu rapidæ, atque immane frementes
Transiliunt campos, aurigamque impete vasto, 585
Amphiaræ, tuum (nec defuit omen,) heriles

a leur rencontre. Il conduisait en ce moment les chevaux au lac voisin. Bientôt Idas de Ténare, qui venait après lui, et l'Étolien Acamante, tombent à leur tour; leurs chevaux effarouchés fuient dans les champs. La vue de ce carnage enflamme Acontée, dont le bras était exercé à tuer les bêtes féroces. Acontée était Arcadien; il les poursuit d'une grêle de traits jusque sous l'abri de leurs murs, et, multipliant ses coups, il leur perce à plusieurs reprises le dos et les flancs. Celles-ci fuient, laissant derrière elles une longue trace de sang, et traînent jusqu'aux portes les dards dont elles sont hérissées; là, presque expirantes, elles exhalent de plaintifs gémissements, et appuient contre ces murs chéris leur poitrine blessée.

On croirait, à ces clameurs qui s'élèvent dans ces murs dont les portes sont restées ouvertes, que les temples et la ville entière sont livrés au pillage, et que des torches sacriléges dévorent les foyers thébains. Ils aimeraient mieux que le berceau du grand Hercule, que l'appartement de Sémélé, que le sanctuaire d'Harmonia se fussent écroulés. Au moment où, les mains vides de traits, Acontée s'applaudissait de sa double victoire, Phégée, prêtre de Bacchus, s'élance sur lui, et le frappe de son épée. La jeunesse de Tégée vole à son secours, mais trop tard; déjà, étendu sur la dépouille sacrée des deux tigresses, le jeune guerrier satisfait, en tombant, à la douleur et à la vengeance de Bacchus.

Le tumulte qui s'élève tout à coup dans le camp des Grecs a dissous l'assemblée: Jocaste fuit à travers les ennemis, sans oser recourir aux prières. Elle-même et ses filles sont repoussées par ces mêmes soldats tout à l'heure si doux. Alors Tydée, prompt à saisir l'occasion: « Eh bien! allez, comptez maintenant sur la paix, sur la bonne foi! Étéocle a-t-il au moins différé la trahison? a-t-il pu attendre le retour de sa mère? » Il dit, et, tirant son épée, il appelle ses compagnons. Déjà de part et d'autre d'affreuses clameurs éclatent, déjà la colère s'enflamme. La bataille s'engage tumultueuse, chefs et soldats sont confondus, les ordres méconnus; cavaliers, fantassins, chars, tout est mêlé. Une masse confuse arrête toute impétuosité; on ne peut se faire jour ni reconnaître l'ennemi. C'est ainsi que la jeunesse de Thèbes et d'Argos forme à la hâte ses bataillons et en vient aux mains. Derrière sont les étendards et les trompettes; les clairons ont trouvé le combat engagé. Il a suffi d'un peu de sang pour que Mars déployât toute sa fureur. Tel au milieu des nuages le vent concentre d'abord ses forces; faible encore, il agite le feuillage et la cime des arbres; bientôt il a emporté la forêt, et mis à nu les montagnes dépouillées de leur ombrage.

Maintenant, sœurs du Piérius, chantez) je ne vous interroge point sur des contrées lointaines), chantez les combats de votre chère Aonie. Vous les avez vus en effet, lorsque, à l'approche de Mars, le son éclatant des trompettes tyrrhéniennes faisait frémir les luths de l'Hélicon.

Le Thébain Ptérélas, emporté par son cheval qu'effarouche le bruit des armes, force inutilement les rênes; l'animal fougueux, libre du frein et n'obéissant plus à la main fatiguée, l'entraîne çà et là à travers les bataillons. La lance de Tydée atteint à l'épaule le jeune guerrier, lui tra-

Forte is primus equos stagna ad vicina trahebat)
Corripiunt : mox Tænarium qui proximus Idam
Ætolumque Acamanta premunt: fuga torva per agros
Cornipedum, visa donec flammatus Aconteus   590
Strage virum, cui sueta feras prosternere virtus,
Arcas erat, densis jam fida ad mœnia versas
Insequitur telis, multumque hastile resumens
Ter, quater, adducto per terga, per ilia telo
Transigit : illæ autem longo cum limite fusi   595
Sanguinis, ad portas utrimque exstantia ducunt
Spicula semianimes, gemituque imitante querelas,
Saucia dilectis acclinant pectora muris.
   Templa putes, urbemque rapi, facibusque nefandis
Sidonios ardere lares : sic clamor apertis   600
Exoritur muris : mallent cunabula magni
Herculis, aut Semeles thalamum, aut penetrale ruisse
Harmonies : cultor Bacchæus Acontea Phegeus
Jam vacuum telis, geminoque in sanguine ovantem
Cominus ense petit : subeunt Tegeæa juventus   605
Auxilio tardi; jam supra sacra ferarum
Corpora mœrenti juvenis jacet ultio Baccho.
   Rumpitur et Graium subito per castra tumultu
Concilium : fugit externos Iocasta per hostes,
Jam non ausa preces : natas, ipsamque repellunt   610
Qui modo tam mites; et præceps tempore Tydens
Utitur : « Ite age, nunc pacem sperate, fidemque!
Nunc saltem differre nefas? potuitne morari
Dum genitrix dimissa redit? » Sic fatus aperto
Ense vocat socios : sævus jam clamor, et iræ   615
Hinc atque inde calent : nullo venit ordine bellum;
Confusique duces vulgo, et neglecta regentum
Imperia : una equites mixti, peditumque catervæ,
Et rapidi currus : premit indigesta ruentes
Copia, nec sese vacat ostentare, nec hostem   620
Noscere : sic subitis Thebana Argivaque pubes
Conflixere globis : retro vexilla, tubæque
Post tergum, et lituii bellum invenere secuti.
Tantus ab exiguo crudescit sanguine Mavors!
Ventus uti primas struit inter nubila vires,   625
Lenis adhuc, frondesque, et aperta cacumina gestat :
Mox rapuit nemus, et montes patefecit opacos.
   Nunc age, Pieriæ, non vos longinqua, sorores,
Consulimus, vestras acies, vestramque referte
Aoniam; vidistis enim, dum Marte propinquo   630
Horrent Tyrrhenos Heliconia plectra tumultus.
   Sidonium Pteleran sonipes malefidus in armis
Rumpentem frenos diversa per agmina raptat
Jam liber; sic fessa manus : venit hasta per armos

verse le flanc gauche, et le renverse cloué sur son cheval. Le cheval fuit, attaché à son maître expirant, et le porte encore quand sa main ne soutient plus ni les armes ni les rênes. Ainsi un centaure qui n'a point encore exhalé les deux souffles qui l'animent retombe mourant sur sa croupe. Cependant le glaive s'échauffe au carnage. La fureur anime les deux partis. Le Pylien Sybaris est renversé par Hippomédon, Périphas par Ménécée, Itys par Parthénopée. Sybaris tombe sous le fer ensanglanté, le farouche Périphas est frappé d'une lance, Itys, d'une flèche imprévue. Hémon, cher à Mars, fait voler la tête de l'Inachien Cénée. Séparés du corps mutilé, les yeux ouverts cherchent le tronc, l'âme cherche la tête. Déjà Abas enlevait les armes du guerrier couché à terre; mais, surpris par une flèche grecque, il laisse tomber en mourant son propre bouclier avec celui de son ennemi.

Qui t'a conseillé, ô Eunée, de quitter le culte de Bacchus, les bois sacrés d'où il est interdit au grand prêtre de s'éloigner, et d'échanger les fureurs de Bacchus pour celles de Mars? Son bouclier pénétrable aux traits est couronné de lierre pâlissant et de guirlandes du Nisa; des bandelettes blanches nouent les pampres de son javelot; ses épaules sont cachées sous sa chevelure; un léger duvet croît sur ses joues; la pourpre de Tyr brille sous sa faible cuirasse; des manches enveloppent ses bras; les courroies de sa chaussure sont peintes; sa tunique est du plus fin tissu de lin; une agrafe d'or poli retient avec un jaspe éclatant son manteau de Laconie, sur lequel résonnent, suspendus à son épaule, un arc avec son étui léger, et un carquois, dépouille d'un lynx où l'or étincelle. Il marche, égaré par l'esprit du dieu, au milieu des nombreux bataillons, criant à haute voix : « Ces murs se sont élevés sous les heureux auspices d'Apollon; là où le dieu de Cyrrha guida la génisse prophétique, les pierres sont venues se placer d'elles-mêmes. Nous sommes une nation sainte. Cette ville a pour gendre Jupiter, pour beau-père Mars, pour nourrissons (et ce n'est pas une vaine prétention) Bacchus et le grand Alcide. » Il proférait ces paroles inutiles, lorsque l'impétueux Capanée fond sur lui, armé de sa lance.

Tel, lorsque le matin dans son noir repaire un lion a senti se réveiller sa rage, s'il aperçoit du fond de son antre une biche ou un jeune taureau dont le front est trop faible encore pour combattre, il marche, en rugissant de joie, à travers les armes et la foule des chasseurs qui le provoquent; il voit sa proie sans songer aux blessures. Ainsi Capanée, s'applaudissant de cette lutte inégale, brandissait avec force un énorme cyprès; mais, avant de frapper, « Pourquoi, lui dit-il, cherches-tu, quand tu vas mourir, à effrayer des hommes par tes hurlements de femme? Plût aux Dieux qu'il vînt ici lui-même, celui qui a égaré ta raison! Va débiter ces contes aux femmes de Thèbes. » Au même instant il pousse sa lance, qui vole comme si nul obstacle ne l'arrêtait, et qui, dans le même instant, a retenti sur le bouclier, et traversé le guerrier de part en part. Les armes échappent de ses mains, et ses sanglots font rendre un affreux cliquetis à l'or qui le couvre, et le sang qui jaillit efface l'éclat de sa parure. Tu meurs,

```
Tydeos, et laevum juvenis transverberat inguen,        635
Labentemque affigit equo : fugit ille perempto
Consertus domino ; nec jam arma, aut frena tenentem
Portat adhuc : ceu nondum anima defectus utraque
Quum sua Centaurus moriens in terga recumbit.
Certat opus ferri : sternutque alterna furentes       640
Hippomedon Sybarin Pylium, Periphanta Menoeceus,
Parthenopaeus Ityn : Sybaris jacet ense cruento,
Cuspide trux Periphas, Itys insidiante sagitta.
Carneos Inachii ferro Mavortius Haemon
Colla rapit : cui dividuum trans corpus hiantes      645
Truncum oculi quaerunt, animus caput : arma jacentis
Jam rapiebat Abas : cornu deprensus Achiva
Dimisit moriens clipeum hostilemque suumque.
  Quis tibi Bacchaeos, Eunaee, relinquere cultus,
Quis lucos, vetitus quibus emansisse sacerdos,       650
Suasit, et assuetum Bromio mutare furorem?
Quem terrere queas? clipei penetrabile textum
Pallentes hederae, Nysaeaque serta coronant.
Candida pampineo subnectitur instita pilo :
Crine latent humeri : crescunt lanugine malae,       655
Et rubet imbellis Tyrio subtemine thorax :
Brachiaque in manicis, et pictae vincula plantae,
Carbaseique sinus, et fibula rasilis auro
Taenariam fulva mordebat iaspide pallam;
Quam super a tergo velox corytus, et arcus,          660
Pendentesque sonant aurata lynce pharetrae.
It lymphante deo media inter millia longum
Vociferans : « Prohibete manus : haec omine dextro
Moenia Cyrrhaea monstravit Apollo juvenca.
Parcite, in haec ultro scopuli venere volentes.      665
Gens sacrata sumus : gener huic est Juppiter urbi,
Gradivusque socer : Bacchum haud mentimur alumnum
Et magnum Alciden. » Jactanti talia frustra
Turbidus aeria Capaneus occurrit in hasta.
  Qualis ubi primam leo mane cubilibus atris         670
Erexit rabiem, et saevo speculatur ab antro
Aut cervam, aut nondum bellantem fronte juvencum,
It fremitu gaudens, licet arma, gregesque lacessant
Venantum ; praedam videt, et sua vulnera nescit.
Sic tunc congressu Capaneus gavisus iniquo           675
Librabat magna venturam mole cupressum.
Ante tamen, « Quid femineis ululatibus, inquit,
Terrificas, moriture, viros? utinam ipse veniret,
Cui furis! haec Tyriis cane matribus : » et simul hastam
Expulit : illa volans, ceu vis non ulla moretur      680
Obvia, vix sonuit clipeo, et jam terga reliquit.
Arma fluunt, longisque crepat singultibus aurum,
```

jeune téméraire; tu meurs, et ta mort est pour Bacchus un nouveau sujet de deuil ; elle arrache des larmes à l'Ismare, qui, dans sa douleur, brise ses thyrses; au Tmolus, à la fertile Nysa, à Naxos témoin des amours de Thésée, et au Gange qui, cédant à la crainte, jura jadis de célébrer les orgies de Thèbes. Les bataillons argiens éprouvèrent aussi la valeur d'Étéocle; mais l'épée de Polynice, plus avare de sang, frémit de se lever sur des concitoyens.

Au premier rang s'élance Amphiaraüs, dont les coursiers ont déjà peur du sol, et soulèvent sur la plaine indignée des tourbillons de poussière. Dans sa douleur, Apollon accorde à son ministre une vaine gloire; il veut illustrer ses derniers moments, et fait rayonner son bouclier d'un éclat divin. Tu t'empresses aussi, ô Mars, d'accéder à la prière de ton frère, et tu défends à la main et aux traits d'un mortel de blesser ce héros. Victime sainte, Pluton seul a des droits sur elle. Tel Amphiaraüs s'élance au milieu des ennemis, sûr lui-même de sa mort, et cette confiance ajoute encore à sa fureur. Sa taille s'agrandit, le jour luit plus beau à ses yeux, et jamais sa science n'eût mieux pénétré les secrets du ciel, s'il en avait eu le loisir; mais, si près de la mort, son courage détourne ailleurs ses pensées. Embrasé du feu de Mars, il a soif de carnage ; il jouit de la vigueur de son bras, il s'enorgueillit de sa bouillante ardeur. Lui qu'on vit si souvent adoucir les infortunes des mortels et vaincre les destins; qui, gardien sacré des trépieds et du laurier d'Apollon, savait, après avoir salué le dieu, interroger dans la nue le vol des oiseaux, combien il est devenu tout à coup différent de lui-même! Semblable au fléau destructeur d'une année féconde en trépas, ou a l'éclat malfaisant d'un astre ennemi, son glaive immole à ses propres mânes une foule innombrable de guerriers; de son javelot il abat Phlégyas et le superbe Phylée; de la faux de son char, Clonis et Crémétaon ; l'un était debout près du char quand il fut atteint, l'autre a les jarrets coupés. De sa lance il renverse Chromis, Iphinoüs, Sagès, Gyas à la longue chevelure, et enfin, mais malgré lui, Lycorée, prêtre d'Apollon : il ne le reconnut qu'après que sa lance de frêne fut tombée de ses mains mourantes, et que son casque en se détachant lui eut laissé voir les bandelettes sacrées. D'un coup de pierre il fait mordre la poussière à Alcathoüs, qui avait laissé au bord des étangs de Caryste sa maison, sa femme et ses enfants, qui aimaient à folâtrer sur le rivage. Il avait vécu longtemps pauvre, cherchant au fond des eaux sa pénible existence; la terre l'a trahi, et il regrette en mourant les vents, les orages et les dangers moins redoutables de la mer qu'il a si souvent affrontée.

De loin, Hypsée, fils d'Asopus, aperçoit la déroute et le carnage des Thébains, et il brûle de détourner sur lui le combat. Lui-même, monté sur son char et non moins terrible qu'Amphiaraüs, refoulait les bataillons de Tirynthe; mais, dès qu'il aperçoit l'augure, le sang qu'il verse a moins de prix à ses yeux; ses armes, son courage cherchent Amphiaraüs; les rangs serrés d'un groupe de combattants l'en séparent. Il tire alors avec orgueil un trait qu'il avait choisi lui-même sur les rives paternelles, et avant de le

Eruptusque sinus vicit cruor : occidis audax,
Occidis Aonii puer altera cura Lyæi.
Marcida te fractis planxerunt Ismara thyrsis, 685
Te Tmolos, te Nysa ferax, Theseaque Naxos,
Et Thebana metu juratus in Orgia Ganges.
Nec segnem Argolicæ sensere Eteoclea turmæ,
Parcior ad cives Polynicis inhorruit ensis.
Eminet ante alios jam formidantibus arva 690
Amphiaraus equis, ac multo pulvere vertit
Campum indignantem : famulo decus addit inane
Mœstus, et extremos obitus illustrat Apollo.
Ille etiam clipeum, galeamque incendit honoro
Sidere : nec tarde fratri, Gradive, dedisti., 695
Ne qua manus vatem, ne quid mortalia bello
Lædere tela queant: sanctum, et venerabile Diti
Funus erat : talis medios infertur in hostes
Certus et ipse necis : vires fiducia leti
Suggerit; inde viro majoraque membra, diesque 700
Lætior, et nunquam tanta experientia cœli,
Si vacet : avertit morti contermina Virtus.
Ardet inexpleto sævi Mavortis amore,
Et fruitur dextra, atque anima flagrante superbit.
Hic hominum casus lenire, et demere fatis 705
Jura frequens, quantum subito diversus ab illo,

Qui tripodas, laurusque sequi, qui doctus in omni
Nube salutato volucrem cognoscere Phœbo.
Innumeram ferro plebem, ceu letifer annus,
Aut jubar adversi grave sideris, immolat umbris 710
Ipse suis : jaculo Phlegyam, jaculoque superbum
Phylea, falcato Clonin, et Cremetaona curru,
Cominus hunc stantem metit, hunc a poplite sectum,
Cuspide demissa Chromin, Iphinoumque, Sagenque,
Intonsumque Gyan, sacrumque Lycorea Phœbo 715
Invitus : jam fraxineum dimiserat hastæ
Robur, et excussis apparuit infula cristis :
Alcathoum saxo, cui circum stagna Carysti
Et domus, et conjux, et amantes littora nati.
Vixerat ille diu pauper scrutator aquarum : 720
Decepit tellus : moriens hiemesque Notosque
Laudat, et experti meliora pericula ponti.
Aspicit has longe jamdudum Asopius Hypseus
Palantum strages, ardetque avertere pugnam :
Quamquam haud ipse minus curru Tirynthia fundit 725
Robora, sed viso præsens minor augure sanguis.
Illum armis, animisque cupit : probibebat iniquo
Agmine consertum cunei latus : inde superbus
Exseruit patriis electum missile ripis.
Ac prius : « Aonidum dives largitor aquarum, 730

lancer : « O toi qui épands tes eaux fécondes sur les champs d'Aonie, Asopus, dont les bords calcinés portent encore les traces glorieuses de la foudre de Jupiter, conduis mon bras : c'est une faveur que je réclame au nom de ma naissance, et de ce chêne, nourrisson de tes eaux. Moi aussi je puis braver Phébus, puisque le père des Dieux a lutté contre toi. Vainqueur, je précipiterai dans ton onde l'augure avec ses armes et ses bandelettes, tristes dépouilles de son front. »

Son père l'avait entendu ; mais Phébus lui défend d'accéder à ses vœux, il détourne le trait sur Hersès, l'écuyer d'Amphiaraüs. Hersès tombe : le dieu prend sa place, et saisit les rênes flottantes, sous les traits empruntés d'Aliagmon de Lerne. Alors tout cède à la fureur du héros. Les bataillons sont renversés par la terreur seule, et sans qu'ils aient reçu la moindre blessure ; les guerriers sont atteints dans leur fuite par une mort honteuse. On ne saurait dire si la pesanteur du dieu a ralenti ou précipité les pas de ses coursiers farouches.

Tel le flanc d'une montagne qui s'élève dans la nue, ébranlé par les vents au retour de l'hiver, ou miné par l'âge, s'affaisse sous son poids, et se précipite dans la plaine avec un horrible fracas. Il entraîne dans sa chute inégale les armes, les hommes, les vieux chênes ; et enfin son impétuosité s'épuise, s'arrête, et creuse la vallée ou interrompt le cours d'un fleuve.

Ainsi, fléchissant sous le poids d'un héros et d'un dieu, le char plonge çà et là dans le sang ses roues brûlantes. Assis sur le siége, Apollon lui-même prend soin tout à la fois des traits et des rênes ; il dirige les coups, détourne les flèches ennemies, et égare la lance qui allait frapper. Déjà sont étendus à terre Ménalas, qui combat à pied ; Antiphus, que son haut coursier ne peut protéger ; Éthion, né d'une nymphe de l'Hélicon ; Politès, déshonoré par le meurtre de son frère ; et Lampus, qui tenta de souiller la couche de la prêtresse Manto. Ce fut Phébus lui-même qui lança contre ce dernier ses flèches sacrées.

Déjà les coursiers haletants ont peine à trouver la place de leurs pieds sur ce sol jonché de guerriers palpitants et demi-morts. Les roues tracent des sillons à travers les cadavres, déchirent leurs membres, et se rougissent du sang qu'elles font jaillir ; elles broient sans pitié les corps inanimés, et ceux qui respirent encore les voient venir sur leur visage. Déjà le frein est teint de sang, le timon trempé ne permet plus de s'y maintenir ; les roues sanglantes tournent avec peine, et les pieds des chevaux s'embarrassent dans les entrailles qu'ils écrasent. Amphiaraüs, ivre de fureur, arrache les traits qui sont restés dans les cadavres, et les lances qui ont pénétré jusqu'à la moelle des os : les âmes s'envolent avec un cri aigu, et suivent le char.

Enfin Apollon se découvre à son prêtre : « Profite, lui dit-il, du dernier jour qui luit pour toi ; couvre-toi d'une gloire immortelle, tandis que, placé près de moi, la mort irrévocable te respecte encore : nous sommes vaincus ; les Parques impitoyables, tu le sais, ne filent pas deux fois la trame de notre vie. Va faire la joie des peuples de l'Élysée, qui t'attendent depuis longtemps. Au moins tu n'auras pas à subir les

Clare Giganteis etiamnum, Asope, favillis,
Da numen dextræ : rogat hoc natusque, tuique
Quercus alumna vadi : fas et me spernere Phœbum,
Si tibi collatus Divum sator : omnia mergam
Fontibus arma tuis, tristesque sine augure vittas. » 735

Audierat genitor : vetat indulgere volentem
Phœbus, et aurigam jaculum detorquet in Hersen.
Ille ruit. Deus ipse vagis succedit habenis,
Lernæum falso simulans Aliagmona vultu.
Tunc vero ardenti non ulla obsistere tentant 740
Signa ; ruunt solo terrore ; et vulnera citra
Mors trepidis ignava venit : dubiumque tuenti
Presserit infestos onus, impuleritne jugales.

Sic ubi nubiferum montis latus, aut nova ventis
Solvit hiems, aut victa situ non pertulit ætas ; 745
Desilit horrendus campo timor, arma, virosque
Limite non uno, longævaque robora secum
Præcipitans, tandemque exhaustus turbine fesso,
Aut vallem cavat, aut medios intercipit amnes.

Non secus ingentique viro magnoque gravatus 750
Temo deo, nunc hoc, nunc illo in sanguine fervet.
Ipse sedens telis, pariterque ministrat habenis
Delius : ipse docet jactus, adversaque flectit

Spicula, fortunamque hastis venientibus aufert.
Sternuntur terræ Menalas pedes, Antiphus alto 755
Nil defensus equo, genitusque Heliconide nympha
Æthion, cæsoque infamis fratre Polites,
Conatusque toris vittatam attingere Manto
Lampus : in hanc sacras Phœbus dedit ipse sagittas.

Et jam cornipedes trepida ac moribunda reflantes 760
Corpora, rimantur terras, omnisque per artus
Sulcus, et incisis altum rubet orbita membris.
Hos jam ignorantes terit impius axis ; at illi
Vulnere seminices, nec devitare facultas,
Venturum super ora vident : jam lubrica tabo 765
Frena, nec insisti madidus dat temo, rotæque
Sanguine difficiles, et tardior ungula fossis
Visceribus : tunc ipse furens in morte relicta
Spicula, et e mediis exstantes ossibus hastas
Avellit : stridunt animæ, currumque sequuntur. 770

Tandem se famulo summum confessus Apollo,
« Utere luce tua, longamque, ait, indue famam,
Dum tibi me junctum mors irrevocata veretur.
Vincimur : immites scis nulla revolvere Parcas
Stamina : vade diu populis promissa voluptas 775
Elysiis, certe non perpessurus Creontis
Imperia, aut vetito nudus jaciture sepulcro. »

ordres de Créon, et ton cadavre ne sera point jeté nu, sans honneur, et privé de sépulture. »

Le devin, posant ses armes, respire un moment, et il répond : « Dieu de Cyrrha, quand tu vins honorer un faible mortel en t'asseyant sur ce char qui va bientôt périr, je te reconnus au frémissement de l'essieu. Jusques à quand retiendras-tu les Parques qui m'attendent? J'entends déjà le bruit du Styx aux flots rapides, les noirs fleuves de Pluton, et les triples aboiements de son farouche gardien. Reprends ces ornements dont tu parais mon front; reprends ces lauriers qu'il ne m'est pas permis de porter aux enfers. Maintenant ma voix t'implore pour la dernière fois : si à son heure dernière tu daignes accorder quelque faveur à ton fidèle devin, c'est à toi, Phébus, que je recommande la vengeance de mes foyers trahis, le châtiment de ma criminelle épouse, et la noble fureur de mon fils. »

Apollon s'élance du char, et détourne tristement ses yeux humides de larmes. Privés de son secours, le char et les chevaux gémissent. Tel, dans une nuit ténébreuse, battu par les noirs tourbillons du Corus, un vaisseau sait qu'il va périr, lorsque l'étoile d'Hélène a lui à travers les voiles déjà condamnées, et a chassé devant elle ses frères de Thérapnée.

La terre, prête à s'entr'ouvrir, frémit peu à peu; sa surface s'ébranle, la poussière s'élève en tourbillons plus épais, un bruit souterrain fait mugir la plaine. Les soldats épouvantés croient encore que c'est la guerre, que ce fracas est celui des combats, et s'exhortent à soutenir le choc; mais un nouveau tremblement ébranle les armes, les hommes et les chevaux étonnés. Déjà la cime des arbres, déjà les murailles chancellent; l'Ismène fuit, et découvre ses rives. La fureur du combat s'est éteinte, les soldats fixent sur le sol leurs dards qui tremblent; ils chancellent eux-mêmes, et s'appuient fortement sur leurs lances mal affermies; ils se regardent l'un l'autre, et reculent effrayés de leur pâleur. Ainsi, lorsque Bellone, bravant la mer, engage sur les flots un combat naval, s'il survient une tempête bienfaisante, alors chacun craint pour soi; la mort, vue sous un autre aspect, fait rentrer les épées dans le fourreau, et la crainte commune a conclu la paix. Telle était l'image de ce combat flottant sur la plaine ébranlée.

Soit que la terre, travaillée par les vents renfermés dans son sein, eût livré passage à leur impétuosité irritée par les obstacles; soit que l'onde souterraine eût rongé le sol amolli, en le minant sourdement; soit que la machine du ciel, roulant dans son orbite, eût penché de ce côté; soit que le trident de Neptune eût ébranlé toute la mer, et l'eût lancée terrible jusqu'à ses dernières limites; soit que ce fracas n'eût pour cause que le devin; soit que la terre menaçât les deux frères ennemis, tout à coup le sol entr'ouvrit ses abîmes profonds. Les astres et les ombres tremblèrent en s'apercevant. Un gouffre immense engloutit le héros, et les coursiers qui se préparaient à le franchir. Amphiaraüs ne laisse échapper ni ses armes, ni les rênes; tel qu'il était, debout sur son char, il descend droit au Tartare, et, en tombant, il regarde encore le ciel. Il gémit en voyant la plaine qui se resserre; enfin une légère secousse réunit les deux extrémités, et dérobe à l'Averne la lumière du jour.

Ille refert contra, et paulum respirat ab armis :
« Olim te, Cyrrhæe pater, peritura sedentem
Ad juga, (quis tantus miseris honor?) axe trementi 780
Sensimus : instantes quonam usque morabere manes?
Audio jam rapidæ cursum Stygis, atraque Ditis
Flumina, tergeminosque mali custodis hiatus.
Accipe commissum capiti decus, accipe laurus
Quas Erebo deferre nefas : nunc voce suprema, 785
Si qua recessuro debetur gratia vati,
Deceptum tibi, Phœbe, larem, pœnasque nefandæ
Conjugis, et pulchrum nati commendo furorem. »
Desiluit mœrens, lacrimasque avertit Apollo.
Tunc vero ingemuit currusque, orbique jugales. 790
Non aliter cæco nocturni turbine Cori
Scit peritura ratis, quum jam damnata sororis
Igne Therapnæi fugerunt carbasa fratres.
Jamque recessuræ paulatim horrescere terræ,
Summaque terga quati; graviorque effervere pulvis 795
Creperat : inferno mugit jam murmure campus.
Bella putant trepidi, bellique hunc esse fragorem,
Hortanturque gradus : alius tremor arma, virosque,
Mirantesque inclinat equos : jam frondea nutant
Culmina, jam muri, ripisque Ismenos apertis 800

Effugit : exciderunt iræ, nutantia figunt
Tela solo, dubiasque vagi nituntur in hastas
Cominus, inque vicem viso pallore recedunt.
Sic ubi navales miscet super æquora pugnas
Contempto Bellona mari, si forte benigna 805
Tempestas; sibi quisque cavent, ensesque recondit
Mors alia, et socii pacem fecere timores.
Talis erat campo belli fluitantis imago.
Sive laborantis concepto flamine terræ
Ventorum rabiem, et clausum ejecere furorem; 810
Exedit seu putre solum, carpsitque terendo
Unda latens; sive hac volventis machina cœli
Incubuit; sive omne fretum Neptunia movit
Cuspis, et extremas gravis mare torsit in oras;
Seu vati datus ille fragor, seu terra minata est 815
Fratribus; ecce alte præceps humus ore profundo
Dissilit, inque vicem tremuerunt sidera, et umbræ
Illum ingens haurit specus, et transire parantes
Mergit equos : non armæ manu, non frena remisit :
Sicut erat, rectos defert in Tartara currus, 820
Respexitque cadens cœlum, campumque coire
Ingemuit, donec levior distantia rursus
Miscuit arva tremor, lucemque exclusit Averno.

14.

LIVRE VIII.

A la vue du devin qui, en tombant tout à coup au milieu des pâles ombres, a pénétré dans les demeures de la Mort et les abîmes mystérieux du monde souterrain, les mânes, troublés de l'aspect de ses armes, sont saisis d'effroi. On s'étonne de voir sur les bords du Styx des traits, des chevaux, un corps vivant : Amphiaraüs, en effet, n'avait point été livré aux flammes du bûcher. Ce n'était pas une ombre noire, échappée de l'urne funéraire : encore mouillé de la sueur brûlante des combats, il était armé d'un bouclier qui ruisselait de sang, et tout couvert de la poussière du champ de bataille d'où il avait disparu. L'Euménide ne l'avait pas encore examiné à la lueur de sa torche résineuse ; Proserpine ne l'avait pas inscrit sur la porte noire, en l'admettant dans l'assemblée des morts. Le fuseau des destins lui-même est pris en défaut, et ce ne fut qu'à la vue de l'augure que les Parques effrayées coupèrent la trame de sa vie.

A ce bruit, les paisibles habitants de l'Élysée et ceux qui, plongés dans des gouffres profonds au milieu d'une nuit épaisse, expient leurs crimes dans les noires ténèbres d'une autre région, jettent autour d'eux des regards étonnés. Alors les lacs aux eaux paresseuses, les étangs de feu retentissent de gémissements, et le pâle nocher des ondes ténébreuses frémit, indigné de voir que la terre en s'entr'ouvrant ait montré le Tartare aux humains, et que des mânes soient entrés dans les enfers sans traverser son fleuve.

Assis sur un trône au milieu de son triste empire, le roi de l'Érèbe demandait à ses peuples les crimes de leur vie. Il est sans pitié pour les hommes, et il s'irrite contre toutes les ombres. Autour de lui sont rangées les Furies, la Mort avec ses mille aspects, et le Châtiment cruel, secouant ses chaînes bruyantes. Les Parques amènent à ses pieds les âmes, et la même main qui prolongea leur vie les condamne à la mort. Elles ne peuvent suffire à leur tâche. Placé à côté de son frère redoutable, Minos parle en faveur des mortels et adoucit le sanguinaire tyran. Non loin de là apparaissent, gonflés de larmes et de feu, le Cocyte, le Phlégéton, et le Styx qui dévoile les parjures des Dieux. Pluton lui-même, quand la voûte terrestre s'entr'ouvrit, trembla pour la première fois à la vue des astres, et, blessé de la douce lumière du jour, il s'écria :

« Quelle lâche trahison des Dieux a lancé dans l'Averne l'odieuse lumière ? Qui a osé rompre les ténèbres, et rapprocher de la vie les mânes silencieux ? D'où me viennent ces menaces ? Quel est celui de mes frères qui m'attaque ? Je l'attends : périsse le partage du monde ! A qui, en effet, peut-il plaire davantage ? Vaincu par la fortune, qui, en me plaçant au troisième rang, m'a précipité du ciel, je gouverne l'empire du crime, et déjà il n'est plus à moi ; le voici accessible aux astres ennemis, exposé à tous les regards ! L'orgueilleux roi de l'Olympe voudrait-il reconnaître mes forces ? Eh bien ! je vais briser les fers des Géants et des Titans, qui brûlent de remonter au séjour éthéré ; je vais délivrer mon malheureux père. Quoi ! le cruel ne me permet pas de goûter mes tristes loisirs, mon repos agité ! Il ne veut pas que je haïsse ce jour que j'ai perdu !

LIBER VIII.

Ut subitus vates pallentibus incidit Umbris,
Letiferasque domos, orbisque arcana sepulti
Rupit, et armato turbavit funere Manes ;
Horror habet cunctos ; Stygiis mirantur in oris   4
Tela et equos, corpusque novum : neque enim ignibus artus
Conditus, aut mœsta niger adventabat ab urna ;
Sed belli sudore calens, clypeumque cruentis
Roribus, et scissi respersus pulvere campi.
Necdum illum aut trunca lustraverat obvia taxo
Eumenis, aut furvo Proserpina poste notarat   10
Cœtibus assumptum functis : quin cominus ipsa
Fatorum deprensa colus : visoque paventes
Augure, tunc demum rumpebant stamina Parcæ.
Illum et securi circumspexere fragorem
Elysii, et si quos procul inferiore barathro   15
Altera nox, aliisque gravat plaga cæca tenebris.
Tunc regemunt pigrique lacus, ustæque paludes,
Umbriferæque fremit sulcator pallidus undæ,
Dissiluisse novo penitus telluris hiatu
Tartara, et admissos non per sua flumina Manes.   20
 Forte sedens media regni infelicis in arce
Dux Erebi, populos poscebat crimina vitæ,
Nil hominum miserans, iratusque omnibus umbris.
Stant Furiæ circum, variæque ex ordine Mortes,
Sævaque multisonas exercet Pœna catenas.   25
Fata ferunt animas, et eodem pollice damnant.
Vincit opus : juxta Minos cum fratre verendo
Jura bonus meliora monet, regemque cruentum
Temperat : adsistunt lacrimis atque igne tumentes
Cocyto Phlegethonque ; et Styx perjuria Divum   30
Arguit. Ille autem supera compage soluta,
Nec solitus sentire metus, expavit oborta
Sidera, jucundaque offensus luce profatur :
« Quæ Superum labes inimicum impegit Averno
Æthera ? quis rumpit tenebras ? vitæque silentes   35
Admovet ? unde minæ ? uter hæc mihi prælia fratrum ?
Congredior : pereant agedum discrimina rerum.
Nam cui dulce magis ? magno me tertia victum
Dejecit fortuna polo, mundumque nocentem
Servo : nec iste meus, dirisque en pervius astris   40
Inspicitur. Tumidusne meas regnator Olympi
Explorat vires ? habeo jam quassa Gigantum
Vincula, et æthereum cupidos exire sub axem
Titanas, miserumque patrem : quid me otia mœsta
Sævus, et implacidam prohibet perferre quietem !   45

Si je le veux, je découvrirai tout mon empire, j'envelopperai le soleil du ciel ténébreux des enfers, je n'enverrai plus vers l'Olympe le dieu de l'Arcadie (qu'ai-je besoin d'un messager qui passe sans cesse d'un royaume à l'autre?), et je retiendrai les deux Tyndarides. Eh! pourquoi briser Ixion dans des gouffres avides? Pourquoi permettre que l'onde fuie toujours les lèvres de Tantale? Souffrirai-je que le chaos soit tant de fois profané par un hôte vivant? Pirithoüs, dans son ardeur téméraire, et Thésée, dévoué à son audacieux ami, vinrent m'attaquer jusque dans mon empire. Contre moi vint aussi le farouche Alcide, protégé par le silence des portes infernales qu'il priva de leur gardien. J'ai vu aussi, j'en rougis encore, le Tartare s'ouvrir aux plaintes du chantre de Thrace; oui, j'ai vu, au bruit harmonieux de ses vers, les Euménides verser de honteuses larmes, et les trois Sœurs ourdir une nouvelle trame. Moi-même.... mais l'inflexible Nécessité prévalut sur ma pitié. Une seule fois, me dérobant de mon empire, j'allai, non pas vers la voûte céleste, mais dans les champs de Sicile, ravir une épouse, et l'on prétend que cela ne m'est pas permis. Aussitôt, sur l'ordre injuste de Jupiter, chaque année Cérès possède sa fille de moitié avec moi. Mais pourquoi ces plaintes? Va, Tisiphone, venge les demeures du Tartare; et si jamais tu effrayas les humains par d'horribles spectres, enfante aujourd'hui un monstre affreux, extraordinaire, épouvantable, que le ciel n'ait pas encore vu; que je l'admire moi-même et que tes sœurs l'envient. Que deux frères (premier présage de notre haine), que deux frères fondent avec joie l'un sur l'autre pour s'entr'égorger; que parmi ces combattants il s'en trouve un qui, semblable aux bêtes farouches, dévore la tête de son ennemi; qu'un autre arrache au bûcher des restes inanimés, et laisse les cadavres nus infecter les airs. Puisse ce spectacle réjouir le maître du tonnerre! Mais, pour qu'une telle fureur ne s'exerce pas sur mon empire seul, cherche un mortel qui ose attaquer les Dieux; qui, de son bouclier fumant, repousse les feux de la foudre et Jupiter irrité. Je veux qu'au bruit du noir Tartare qui s'émeut, tous les Dieux tremblent, comme jadis à la vue, du Pélion entassé sur l'Ossa verdoyant. »

Il dit, et à sa voix le sombre palais du dieu tremble; sous ses pieds et au-dessus de sa tête la terre chancelle : moins terrible est Jupiter, quand de son regard il ébranle les airs et fait pencher l'axe du ciel. « Mais toi, dit-il, quel châtiment ne mérites-tu pas, toi qui, par une route défendue, t'es précipité dans le sombre royaume ? » Il menaçait encore, et déjà le devin n'était plus qu'une ombre légère; déjà ses armes s'étaient évanouies; il était à pied, mais sur ses traits la majesté de l'augure était encore empreinte; son front portait encore les bandelettes obscurcies et il tenait à la main un rameau d'olivier mourant.

« S'il est permis aux ombres de parler sans sacrilége, Dieu principe et fin de toutes les existences, et moi aussi je puis élever la voix, moi qui connaissais les causes et les principes des choses. Je t'en supplie, adoucis pour moi tes menaces et apaise ton cœur; ne fais point tomber ta

Amissumque odisse diem? Pandam omnia regna,
Si placet, et Stygio prætextum Hyperiona cœlo.
Arcada nec Superis (quid enim mihi nuntius ambas
Itque redituque domos?) emittam, et utrumque tenebo
Tyndariden. Cur autem avidis Ixiona frango   50
Vorticibus? cur non exspectant Tantalon undæ?
Anne profanatum toties Chaos hospite vivo
Perpetiar? me Pirithoi temerarius ardor
Tentat, et audaci Theseus juratus amico :
Me ferus Alcides, tunc quum custode remoto   55
Ferrea Cerbereæ tacuerunt limina portæ.
Odrysiis etiam pudet heu! patuisse querelis
Tartara : vidi egomet blanda inter carmina turpes
Eumenidum lacrimas, iterataque pensa sororum.
Me quoque : sed duræ melior violentia legis.   60
Ast ego vix unum, nec celsa ad sidera, furto
Ausus iter, Siculo rapui connubia campo :
Nec licuisse ferunt; injustæque ab Jove leges
Protinus, et sectum genitrix mihi computat annum.
Sed quid ego hæc? I, Tartareas ulciscere sedes,   65
Tisiphone, et si, quando novis asperrima monstris,
Triste, insuetum, ingens, quod nondum viderit æther,
Ede nefas, quod mirer ego, invideantque sorores.
Atque adeo fratres, nostrisque hæc omina sunto
Prima odiis; fratres alterna in vulnera læto   70

Marte ruant : sit, qui rabidarum more ferarum
Mandat atrox hostile caput, quique igne supremo
Arceat exanimes, et manibus æthera nudis
Commaculet : juvet ista ferum spectare Tonantem.
Præterea ne sola furor mea regna lacessat,   75
Quære Deis qui bella ferat, qui fulminis ignes,
Infestumque Jovem clypeo fumante repellat.
Faxo haud sit cunctis levior metus, atra movere
Tartara, frondenti quam jungere Pelion Ossæ. »
Dixerat : atque illi jamdudum regia tristis   80
Attremit oranti, suaque, et quæ desuper urget,
Nutabat tellus : non fortius æthera vultu
Torquet, et astriferos inclinat Juppiter axes.
« At tibi quos (inquit) Manes, qui limite præceps
Non licito per inane ruis? » Subit ille minantem   85
Jam tenuis visu, jam vanescentibus armis,
Jam pedes : exstincto tamen interceptus in ore
Augurii perdurat honos, obscuraque fronti
Vitta manet, ramumque tenet morientis olivæ.
« Si licet, et sanctis hic ora resolvere fas est   90
Manibus, o cunctis finitor maxime rerum,
At mihi, qui quondam causas, elementaque noram,
Et sator! oro, minas, stimulataque corda remulce,
Neve ira dignare hominem, et tua jura timentem.   94
Nam nec ad Herculeos (unde hæc mihi pectora?) raptus,

colère sur un faible mortel qui craint tes lois. Je ne viens pas comme Hercule (qui m'inspirerait cette audace?) tenter un rapt sacrilége; ce n'est pas un amour coupable qui m'a poussé à descendre témérairement sur les rives du Léthé. Que le triste Cerbère ne fuie pas dans son antre; que Proserpine ne craigne pas mon char. Naguère augure chéri d'Apollon, j'en atteste le Chaos (car pourquoi jurer ici par Apollon?), je subis une destinée nouvelle, sans être coupable d'aucun crime, et je n'ai pas mérité d'être ainsi ravi à la lumière bienfaisante du ciel : le juge de Dicté ne l'ignore point, Minos peut découvrir la vérité. Trahi par une perfide épouse que séduisit un or coupable, je me rendis à l'armée des Grecs, d'où te vient cette foule d'ombres nouvelles, dont quelques-unes sont tombées sous mes coups; mais je n'ignorais pas mon destin. Tout à coup la terre trembla et s'entr'ouvrit, et, j'en frémis encore, au milieu de la mêlée la nuit des enfers m'engloutit. Quelles étaient mes pensées pendant qu'à travers les entrailles ouvertes de la terre, j'allais longtemps suspendu et que je roulais dans les espaces ténébreux? Hélas! je n'ai rien laissé de moi à mes compagnons, à ma patrie; Thèbes ne m'a ravi aucun trophée; je ne reverrai plus les toits de Lerne, ma cendre n'ira pas même consoler mon malheureux père; je ne jouirai ni d'un tombeau, ni des flammes du bûcher, ni des larmes des miens; je suis venu ici tout entier, et ces chevaux n'étaient point attelés pour te combattre : je suis prêt à devenir une ombre, à oublier mes trépieds. Car quel besoin as-tu d'un augure qui te prédise l'avenir, puisque les Parques suivent tes ordres? Mais calme ton cœur, et sois moins sévère pour les autres dieux; si quelque jour mon épouse criminelle descend ici, c'est pour elle qu'il faut réserver un affreux supplice, Dieu juste! elle mérite bien mieux toute ta colère. »

Le Dieu accueille sa prière et s'indigne d'en être touché. Ainsi un lion de Massylie, s'il voit briller à ses yeux l'éclat du fer, prépare sa colère et ses griffes terribles; mais si son ennemi est tombé, il se contente de marcher sur son corps, et laisse la vie à celui qu'il a vaincu.

Cependant le char orné de bandelettes et de lauriers sacrés et naguère si redouté dans la mêlée sanglante, personne ne l'a vu renversé ou mis en fuite. On le cherche partout. Les bataillons s'éloignent; la terre devient suspecte à tous; le soldat fait le tour des traces restées sur le sol perfide, et ce triste lieu où s'entr'ouvrit la terre avide reste désert; on l'évite par respect pour le tombeau infernal du héros.

Adraste courait çà et là, exhortant ses troupes, lorsque Palémon, qui peut à peine en croire ses yeux, accourt lui annoncer cette fatale nouvelle; il est encore tremblant et tout pâle; car il était près d'Amphiaraüs lorsque l'abime l'engloutit, et il avait vu avec effroi la terre s'entr'ouvrir.

« Retourne sur tes pas, fuis, ô roi! s'écrie-t-il, si toutefois la terre dorique, si les citadelles de notre patrie subsistent encore aux lieux où nous les avons laissées. Il n'est plus besoin d'armes ni de sang. Pourquoi tirer contre Thèbes un glaive inutile? Cette terre impie engloutit les armes, les combattants : ne sens-tu pas le sol trembler sous nos pas? J'ai vu moi-même le chemin de la nuit profonde, et la terre ouvrant ses entrailles dé-

---

Nec Venerem illicitam, crede his insignibus, ausi
Intramus Lethen : fugiat nec tristis in antrum
Cerberus, aut nostros timeat Proserpina currus.
Augur Apollineis modo dilectissimus aris,   99
Testor inane Chaos, (quid enim hic jurandus Apollo?)
Crimine non ullo subeo nova fata : nec alma
Sic merui de luce rapi : scit judicis urna
Dictæi, verumque potest deprendere Minos.
Conjugis insidiis, et iniquo venditus auro,
Argolicas acies, unde hæc tibi turba recentum   105
Umbrarum, et nostræ veniunt quoque funera dextræ,
Non ignarus ini : subito me turbine mundi,
Horret adhuc animus, mediis e millibus hausit
Nox tua : quæ mihi mens, dum per cava viscera terræ
Vado diu pendens, et in aere volvor operto?   110
Hei mihi! nil ex me sociis, patriæque relictum,
Vel captum Thebis : non jam Lernæa videbo
Tecta; nec attonito saltem cinis ibo parenti.
Non tumulo, non igne miser, lacrimisque meorum
Productus, toto pariter tibi funere veni,   115
Nil istis ausurus equis : nec deprecor umbram
Accipere, et tripodum jam non meminisse meorum.
Nam tibi præsagi quisnam super auguris usus,
Quum Parcæ tua jussa trahant? sed pectora flectas,
Et melior sis, quæso, Deis : si quando nefanda   120
Huc aderit conjux, illi funesta reserva
Supplicia : illa tua, rector bone, dignior ira. »
  Accipit ille preces, indignaturque moveri.
Ut leo Massyli quum lux stetit obvia ferri,
Tunc iras, tunc arma citat : si decidat hostis,   125
Ire super satis est, vitamque relinquere victo.
  Interea vittis, lauruque insignis opima
Currus, et egregiis modo formidatus in armis,
Luce palam fusus nulli, nullique fugatus
Quæritur : absistunt turmæ, suspectaque tellus   130
Omnibus : infidi miles vestigia campi
Circumit, atque avidæ tristis locus ille ruinæ
Cessat, et inferni vitatur honore sepulcri.
  Nuntius hortanti diversa in parte manipulos
Adrasto, vix ipse ratus vidisse, Palæmon   135
Advolat, et trepidans, steterat nam forte cadenti
Proximus, inspectoque miser pallebat hiatu.
  « Verte gradum : fuge, rector ait; si Dorica saltem
Terra loco, patriæque manent, ubi liquimus, arces.
Non armis, non sanguine opus : quid inutile ferrum   140
Stringimus in Thebas? currus humus impia sorbet,

vorer, hélas! celui qui était si cher aux constellations prophétiques, le fils d'Oïclée, qui élevait en vain vers nous ses mains, ses bras, et sa voix gémissante. Ce récit te surprend : eh bien! ô roi, j'ai laissé encore empreints sur le sol les sillons du char, et la terre fumante et humide d'écume. Le péril n'est pas pour tous : cette terre reconnaît ses enfants, l'armée thébaine est debout. »

A ces mots Adraste est frappé de stupeur. Il hésite à croire; mais Mopsus, mais Actor lui apportent avec effroi la même nouvelle. La renommée, que la terreur enhardit, ne se contente déjà plus d'annoncer qu'un seul guerrier a été englouti. Alors, sans attendre que le son de la trompette les rappelle, les bataillons reculent d'eux-mêmes et fuient. Mais leur marche est engourdie, leurs genoux affaiblis les trahissent. Les chevaux eux-mêmes, comme s'ils avaient le sentiment du danger, résistent, et, farouches, indociles à la voix, ils ne veulent ni précipiter leur marche, ni détacher leurs yeux de la terre. Les Thébains pressent leurs ennemis avec plus d'ardeur; mais le ténébreux Vesper amène déjà les chevaux de la lune; une trêve de courte durée accorde aux guerriers un triste repos, et une nuit qui doit augmenter leur frayeur.

Quel aspect offrit l'armée des Argiens lorsqu'ils purent gémir en liberté! Que de larmes tombèrent sur leurs casques détachés! Rien ne leur plaît de ce qui avait coutume d'adoucir leurs fatigues : ils rejettent leurs boucliers, qu'ils laissent tout humides de sang; nul ne songe à polir ses javelots, à flatter son cheval, à ajuster la haute aigrette qui orne son casque brillant. A peine s'ils se résignent à laver leurs larges blessures et à bander leurs plaies entr'ouvertes, tant la douleur est grande et universelle! La crainte même du combat ne peut les engager à prendre les aliments que la fatigue de la bataille rend si nécessaires. Tous, ô Amphiaraüs, répètent tes louanges, tous pleurent le devin dont la bouche était si féconde en oracles véridiques. Sous toutes les tentes on n'entend qu'une voix : « Les Dieux se sont éloignés, ils ont abandonné notre camp. Hélas! qu'est devenu ce char orné de lauriers? ces armes solennelles? cette aigrette entrelacée de bandelettes? Voilà donc à quoi lui ont servi les antres sacrés, l'onde de Castalie et le culte des trépieds! voilà la reconnaissance d'Apollon! Qui nous dira maintenant le cours des astres et le présage de la foudre tombant à gauche? Qui lira la volonté des Dieux dans les entrailles des victimes? Qui nous dira quand il faut marcher, quand il faut attendre? quel moment est propice au combat, propice à la paix? Qui nous découvrira l'avenir? A qui les oiseaux révéleront-ils mes destinées? Tous les maux que la guerre devait amener et pour nous et pour toi, tu le savais, et pourtant (quel courage dans une âme sainte!) tu es venu, tu t'es associé à nos armes malheureuses. Lorsque t'appelaient les enfers et l'heure marquée par les destins, tu as pu encore renverser les bataillons de Tyr, les étendards ennemis; alors encore, au milieu même de la mort, nous t'avons vu, redoutable aux Thébains, disparaître, la lance en arrêt. Et maintenant quel est

Armaque, bellantesque viros : fugere ecce videtur
Hic etiam, quo stamus, ager : vidi ipse profundæ
Noctis iter, ruptaque soli compage ruentem,
Illum heu, præsagis quo nullus amicior astris,   145
Œcliden, frustraque manus cum voce tetendi.
Mira loquor, sulcos etiamnum, rector, equorum,
Fumantemque locum, et spumis madida arva reliqui.
Nec commune malum est : tellus agnoscit alumnos,
Stat Thebana acies. » Stupet hæc, et credere Adrastus 150
Cunctatur; sed Mopsus idem, trepidumque ferebat
Actor idem; nam fama novis terroribus audax
Non unum cecidisse refert : sponte agmina retro
Non exspectato revocantum more tubarum
Præcipitant : sed torpet iter, falluntque ruentes   155
Genua viros, ipsique, putes sensisse, repugnant
Cornipedes, nulloque truces hortamine parent,
Nec celerare gradum, nec tollere lumina terra.
Fortius incursant Tyrii : sed Vesper opacus
Lunares jam ducit equos : data fœdere parvo   160
Mœsta viris requies, et nox auctura timores.

Quæ tibi tunc facies, postquam permissa gemendi
Copia? qui fletus galeis cecidere solutis?
Nil solitum fessos juvat : abjecere madentes,
Sicut erant, clypeos : nec quisquam spicula tersit,   165

Nec laudavit equum, nitidæ nec cassidiis altam
Comsit adornavitque jubam : vix magna levare
Vulnera, et efflantes libet internectere plagas.
Tantus ubique dolor! mensas alimentaque bello
Debita nec pugnæ suasit timor : omnia laudes,   170
Amphiarae, tuas, fœcundaque pectora veri
Commemorant lacrimis, et per tentoria sermo
Unus : « Abisse Deos, delapsaque numina castris. »
« Heu! ubi laurigeri currus? sollemniaque arma?
Et galeæ vittatus apex? hoc antra, lacusque   175
Castalii? tripodumque fides? sic gratus Apollo?
Quis mihi sidereos lapsus, mentemque sinistri
Fulguris, aut cæsis saliat quod numen in extis,
Quando iter, unde moræ, quæ sævis utilis armis,
Quæ pacem magis hora velit, quis jam omne futurum 180
Proferet? aut cum quo volucres mea fata loquentur?
Hos quoque bellorum casus nobisque, tibique,
Præscieras, et (quanta sacro sub pectore virtus!)
Venisti tamen, et miseris comes additus armis.
Et quum te tellus, fatalisque hora vocaret,   185
Tu Tyrias acies, adversaque signa, vacasti
Sternere : tunc etiam media de morte timendum
Hostibus, infestaque abeuntem vidimus hasta.
Et nunc te quis casus habet? poterisne reverti

ton sort? Pourras-tu revenir des demeures du Styx? T'éloigneras-tu de nouveau des abîmes de la terre? Ou bien es-tu assis joyeux près des Parques tes divinités, et, dans un heureux accord, vous instruisez-vous mutuellement des destinées futures? ou bien encore, ému de pitié, le dieu de l'Averne t'a-t-il admis dans les bois fortunés, t'a-t-il confié la garde des oiseaux de l'Élysée? Quel que soit ton sort, ta mort sera pour Phébus une douleur éternelle, un malheur toujours récent : Delphes, devenue muette, te pleurera longtemps. Ce jour funeste fera fermer les temples de Ténédos, de Cyrrha, de Délos que la naissance d'un dieu fixa au milieu des flots, et le sanctuaire de Branchus à la longue chevelure. En ce jour, ni Claros, ni Didyme, ni la Lycie ne verront les mortels venir en suppliant interroger leurs oracles. Que dis-je! la forêt du prophète dont le front est armé de cornes, le chêne fatidique du dieu qu'adore l'Épire, et la Troyenne Thymbrée, ne feront plus entendre leurs voix. Les fleuves, les lauriers eux-mêmes voudront se dessécher. L'air, par des bruits prophétiques, ne présagera plus rien de certain, et les oiseaux ne frapperont plus les nues de leurs ailes. Enfin un jour viendra où les peuples t'honoreront aussi dans un temple qui renfermera les secrets du destin; un prêtre, consacré à ton culte, y rendra tes réponses. »

Tels sont les derniers honneurs qu'ils rendent à leur roi et à leur devin, comme si, en ce moment, ils lui payaient le dernier et douloureux tribut de la flamme du bûcher et des funérailles, ou qu'ils eussent déposé son âme sous une terre légère. Alors tous les cœurs sont brisés, et la guerre devient odieuse. Ainsi, Quand par une mort subite Tiphys fut ravi aux courageux Minyens, les rames qui secondaient leur noble entreprise parurent fendre à regret les ondes, et les vents moins rapides retarder leur marche.

Enfin, las de gémir et d'exhaler leurs plaintes dans un douloureux entretien, les Grecs ont peu à peu soulagé leur cœur. La nuit vient assoupir leurs soucis, et le sommeil se glisse facilement sous leurs paupières humides de larmes.

Mais tel n'est pas l'aspect que, dans cette nuit, présente la ville ennemie. Les Thébains prolongent gaiement les heures en se livrant à différents jeux, soit devant leurs maisons, soit au sein de leurs foyers. Les gardes eux-mêmes ne veillent plus sur les murailles; on n'entend retentir que le bruit des cymbales et des tambours de l'Ida, et les sons modulés de la flûte. Partout, en l'honneur des immortels et des nourrissons divins dont Thèbes s'enorgueillit, les hymnes sacrés retentissent; partout on ne voit que guirlandes et coupes couronnées de fleurs. Tantôt ils se moquent du trépas de l'inhabile devin, et ils s'empressent à l'envi de louer la science de leur Tirésias; tantôt ils retracent les hauts faits de leurs aïeux et chantent l'origine de leur antique cité. Ceux-ci célèbrent la mer de Sidon, et les faibles mains qui s'attachèrent aux cornes du dieu qui lance la foudre, et l'empire de Nérée sillonné par un puissant taureau; ceux-là, Cadmus, la génisse fatiguée, et les champs qui enfantèrent une moisson de guerriers sanguinaires; d'autres, les pierres accourant au son de la lyre thébaine, et Amphion animant les rochers insensibles; ou bien la grossesse de Sémélé ou l'hymen

Sedibus a Stygiis, altaque erumpere terra? 190
Anne sedes hilaris juxta tua numina Parcas?
Et vice concordi discis ventura, docesque?
An tibi felices lucos miseratus Averni
Rector et Elysias dedit inservare volucres?
Quidquid es, æternus Phœbo dolor, et nova clades 195
Semper eris, mutisque diu plorabere Delphis.
Hic Tenedon, Cyrrhamque dies, partuque ligatam
Delon, et intonsi cludet penetralia Branchi.
Nec Clarias hac luce fores, Didymæaque quisquam
Limina, nec Lyciam supplex consultor adibit. 200
Quin et cornigeri vatis nemus, atque Molossi
Quercus anhela Jovis, Trojanaque Thymbra tacebit.
Ipsi amnes, ipsæque volent arescere laurus.
Ipse nihil certum sagis clangoribus æther
Præcinet, et nulla ferientur ab alite nubes. 205
Jamque erit ille dies, quo te quoque conscia fati
Templa colant, reddatque tuus responsa sacerdos. »
   Talia fatidico peragunt sollemnia regi,
Ceu flammas, ac dona rogo, tristesque rependant
Exsequias, mollique animam tellure reponant. 210
Fracta dehinc cunctis, aversaque pectora bello.

Sic fortes Minyas subito quum funere Tiphys
Destituit, non arma sequi, non ferre videtur
Remus aquas, ipsique minus jam ducere venti.
   Jam fessis gemitu paulatim corda levabat 215
Exhaustus sermone dolor; noxque addita curas
Obruit, et facilis lacrimis irrepere somnus.
   At non Sidoniam diversa in parte per urbem
Nox eadem : vario producunt sidera ludo
Ante domos, intraque; ipsæque ad mœnia marcent 220
Excubiæ : gemina æra sonant, Idæaque terga,
Et moderata sonum vario spiramine buxus.
Tunc dulces Superos, atque omne ex ordine alumnum
Numen, ubique sacri resonant Pæanes, ubique
Serta, coronatumque merum : nunc funera rident 225
Auguris ignari, contraque in pectore certant
Tiresiam laudare suum : nunc facta revolvunt
Majorum, veteresque canunt ab origine Thebas.
Hi mare Sidonium, manibusque attrita Tonantis
Cornua : et ingenti sulcatum Nerea tauro ; 230
Hi Cadmum, lassamque bovem, fœtosque cruenti
Martis agros alii : Tyriam reptantia saxa
Ad chelyn, et duras animantem Amphiona cautes :

d'Harmonia, la fille de Cythérée, que ses frères conduisent à la couche nuptiale avec des flambeaux. Chaque table a ses récits merveilleux. On dirait que, revenu naguère des bords de l'Hydaspe où croissent les perles, et des contrées de l'Orient où il promena son thyrse vainqueur, Bacchus montre aux peuples étonnés les étendards conquis sur ces noires peuplades, et les captifs Indiens inconnus jusqu'à ce jour.

On rapporte qu'alors, pour la première fois, Œdipe, qui toujours s'était dérobé aux regards au fond de son affreux palais, se mêla à la foule, vint s'asseoir à une table amie, et, le front serein, écartant de son visage souillé la chevelure sale et en désordre qui le couvrait, souffrit les paroles bienveillantes de ses amis et les consolations qu'il repoussait autrefois. On dit même qu'il goûta les mets, et ôta de ses joues le sang qui s'y était figé; il écouta tout le monde, il répondit, lui qui avait coutume de ne fatiguer de ses tristes plaintes que Pluton, les Furies, et parfois sa fidèle Antigone. On ignore les causes de ce changement. Ce n'est pas la victoire des Thébains, c'est la guerre seule qui lui plait; il exhorte, il approuve son fils, et cependant il ne désire pas qu'il soit vainqueur; mais il veut irriter l'ardeur des premiers combats, féconder les semences des crimes qu'il appelle de ses vœux secrets. De là sa présence au milieu du festin, et la joie inaccoutumée qui brille sur son visage. Tel, après le long jeûne qui lui avait été imposé comme châtiment, Phinée, n'entendant plus siffler dans son palais les hideuses harpies, osant à peine croire à leur départ, s'assit joyeux à la table du festin, et saisit la coupe qu'elles ne renverseraient plus du battement de leurs ailes.

Pendant que l'armée des Grecs reposait accablée par les soucis et les fatigues du combat, Adraste, du haut d'une éminence qui domine son camp, prête une oreille attentive à ce tumulte joyeux. Quoiqu'il soit affaibli par l'âge, les tristes devoirs de la puissance l'obligent à veiller sur les maux de tous. Son cœur se déchire, pénétré d'une amère douleur, quand il entend retentir de toutes parts le bruit de l'airain, les cris des Thébains, les sons de la flûte et les propos insolents de l'ivresse; lorsqu'il voit l'éclat mourant des torches, et les feux qu'on néglige d'entretenir. Ainsi, lorsque, au milieu des flots, un vaisseau enseveli tout entier dans le sommeil vogue silencieux, et que, sans craindre la mer et ses orages, la jeunesse confiante se livre au repos, seul, debout sur la poupe, le pilote veille, et avec lui le dieu qui protége le vaisseau, fier de porter son nom.

C'était l'heure où la sœur brillante de Phébus, voyant les chevaux de son frère prêts à s'élancer et les retraites de l'Océan mugir à l'approche du Soleil, rassemble ses rayons épars, et de son fouet légèrement agité chasse devant elle les astres. Le roi appelle au conseil les guerriers affligés; ils se demandent en gémissant à qui passera l'héritage des trépieds, les lauriers et les bandelettes du devin qui n'est plus. A l'instant tous proclament un guerrier illustre, le fils du vénérable Mélampus, Thiodamas, le seul qu'Amphiaraüs eût initié aux mystères sacrés, le seul qu'il s'associât quand il interrogeait le vol

Hi gravidam Semelen : illi Cythereia laudant
Connubia, et multa deductam lampade fratrum   235
Harmoniæ : nullisque deest sua fabula mensis.
Seu modo gemmiferum thyrso populatus Hydaspen,
Eoasque domos, nigri vexilla triumphi
Liber, et ignotos populis ostenderet Indos.   239
    Tum primum ad cœtus, sociæque ad fœdera mensæ,
Semper inadspectum, diramque in sede latentem,
Œdipoden exisse ferunt, vultuque sereno
Canitiem nigram squalore, et sordida fusis
Ora comis laxasse manu, sociumque benignos
Affatus, et abacta prius solatia passum :   245
Quin hausisse dapes, insiccatumque cruorem
Dejecisse genis : cunctos auditque, refertque,
Qui Ditem, et Furias tantum, et si quando regentem
Antigonen, mœstis solitus pulsare querelis.
Causa latet : non hunc Tyrii fors prospera belli;   250
Tantum bella juvant : natum hortaturque, probatque,
Nec vicisse velit; sed primos cominus enses
Et scelerum tacito rimatur semina voto.
Inde epulæ dulces, ignotaque gaudia vultu.
Qualis post longæ Phineus jejunia pœnæ,   255
Nil stridere domi volucres ut sensit abactas,
Necdum tota fides, hilaris, mensasque, torosque,

Nec turbata feris tractavit pocula pennis.
    Cætera Graiorum curis armisque jacebat
Fessa cohors : alto castrorum ex aggere Adrastus   260
Lætificos tenui captabat corde tumultus,
Quamquam æger senio : sed agit miseranda potestas
Invigilare malis : illum æreus undique clamor
Thebanique urunt sonitus, et amara lacessit
Tibia, tum nimio voces marcore superbæ,   265
Incertæque faces, et jam male pervigil ignis.
Sic ubi per fluctus uno ratis obruta somno
Conticuit, tantique maris secura juventus
Mandavere animas; solus stat puppe magister
Pervigil, inscriptaque Deus qui navigat alno.   270
    Tempus erat, junctos quum jam soror ignea Phœbi
Sentit equos, penitusque cavam sub luce parata
Oceani mugire domum, seseque vagantem
Colligit, e moto leviter fugat astra flagello.
Concilium rex triste vocat : quæruntque gementes,   275
Quis tripodas successor agat : quo prodita laurus
Transeat, atque orbum vittæ decus. Haud mora, cuncti
Insignem fama, sanctoque Melampode cretum
Thiodamanta volunt; quicum ipse arcana Deorum
Partiri, et visas uni sociare solebat   280
Amphiaraus aves, tantæque haud invidus artis

des oiseaux, et que, sans envie pour sa science, il aimait à entendre proclamer son égal, ou du moins le second après lui. Tant d'honneur le confond cette gloire inattendue le trouble; il tombe à genoux, et adore le laurier qu'on lui présente; il refuse un fardeau trop lourd pour lui, et par là mérite qu'on le contraigne à l'accepter.

Tel un jeune prince que la fortune appèle au trône des Parthes et à l'héritage de la puissance paternelle, quittant sa vie paisible et sûre sous le sceptre d'un père, sent dans son cœur la crainte balancer la joie. Les grands seront-ils fidèles, et le peuple soumis? A qui confiera-t-il les bords de l'Euphrate et les défilés de la mer Caspienne? Il n'ose encore prendre l'arc et monter le cheval de son père; le sceptre lui paraît trop lourd à son bras, et la tiare trop large pour son front.

Thiodamas, après avoir ceint sa chevelure de bandelettes et s'être assuré de la faveur des Dieux, s'avance en triomphe à travers le camp, au milieu des acclamations. Pour première preuve de son art, il se prépare à apaiser la Terre, et ce dessein ne paraît pas inutile aux Grecs affligés. Il ordonne de construire deux autels avec des rameaux verts et de hautes herbes; il y ajoute des fleurs innombrables, doux présent de la déesse elle-même, des monceaux de fruits et toutes les prémices de l'année; puis faisant sur l'autel des libations de lait pur, il commence ainsi:

« Mère éternelle des hommes et des Dieux, toi qui fais naître les fleuves, les forêts, les germes de tous les êtres, l'argile de Prométhée, les pierres de Pyrrha, tous les êtres enfin; toi qui as donné aux hommes la première nourriture, changée bientôt en aliments plus doux; toi qui enveloppes et portes la mer; qui nourris à la fois et les troupeaux paisibles, et les bêtes farouches, et les oiseaux qui aiment à se reposer sur ton sein; au milieu du mobile univers, ta masse seule est ferme et immobile: suspendue dans le vide des airs, c'est autour de toi que roulent la machine rapide du ciel et les deux chars qui nous éclairent. Centre du monde, tu n'as pas été partagée entre les trois puissants frères. Hé quoi! bienfaisante pour tant de nations, pour tant de villes, pour tant de peuples, seule tu suffis à tout l'univers; tu soutiens sans peine Atlas qui fléchit sous le poids des astres et des célestes demeures, et nous sommes les seuls que tu refuses de porter! Nous sommes les seuls, ô déesse, dont le fardeau te soit odieux! Quel crime avons-nous commis à notre insu? Serait-ce parce que nous sommes étrangers, et que nous arrivons des bords de l'Inachus? La terre n'est-elle pas la patrie commune des mortels? Bienfaisante déesse, ne mets pas entre les peuples une barrière ennemie, comme s'ils n'étaient dignes que de tes mépris. Quel que soit le lieu d'où ils viennent, où ils se trouvent, les hommes sont tes enfants; reste neutre, porte également sur ton sein les guerriers des deux partis; permets, nous t'en supplions, que, suivant la loi des combats, ils exhalent leur âme belliqueuse et la rendent au ciel. Ne nous entraîne pas tout à coup, vivants encore, dans le tombeau; ne hâte pas notre mort. Nous irons, n'en doute pas, par la route que tout le monde suit, et qui est ouverte à tous les mortels. Daigne seulement céder aux prières des Grecs, raffermis le sol chancelant, ne donne

Gaudebat dici similem, juxtaque secundum.
Illum ingens confundit honos, inopinaque turbat
Gloria, et oblatas frondes submissus adorat,
Seque oneri negat esse parem, cogique meretur. 285
  Sicut Achæmenius solium gentesque paternas
Excepit si forte puer, cui vivere patrem
Tutius, incerta formidine gaudia librat,
An fidi proceres, ne pugnet vulgus habenis;
Cui latus Euphratæ, cui Caspia limina mandet. 290
Sumere tunc arcus, ipsumque onerare veretur
Patris equum, visusque sibi nec sceptra capaci
Sustentare manu, nec adhuc implere tiaram.
  Atque is ubi intorto signavit vellere crinem,
Convenitque Deis, hilari per castra tumultu 295
Vadit ovans : ac, prima sui documenta, sacerdos
Tellurem placare parat : nec futile mœstis
Id visum Danais : geminas ergo ilicet aras
Arboribus vivis, et adulto cespite texi
Imperat, innumerosque Deæ sua munera flores, 300
Et cumulos frugum, et quidquid novat integer annus
Addit, et intacto spargens altaria lacte
Incipit : « O hominum Divumque æterna creatrix,
Quæ fluvios, silvasque, animarum et semina mundi

Cuncta, Prometheasque manus, Pyrrhæaque saxa 305
Gignis; et impastis quæ prima alimenta dedisti,
Mutastique vices; oblatas pontum ambisque, vehisque,
Te penes et pecudum gens mitis, et ira ferarum,
Et volucrum requies, firmum atque immobile mundi
Robur inoccidui! te velox machina cœli 310
Aere pendentem vacuo, te currus uterque
Circumit : o rerum media, indivisaque magnis
Fratribus! ergo simul tot gentibus alma, tot altis
Urbibus, ac populis, subterque ac desuper una
Sufficis; astriferumque domos Atlanta supernas 315
Ferre laborantem, nullo vehis ipsa labore,
Nos tantum portare negas? nos, Diva, gravaris?
Quod, precor, ignari luimus scelus? an quia plebes
Externa Inachiis huc adveptamus ab oris?
Omne homini natale solum : nec te, optima, sævo 320
Tanquam humiles populos deceat distinguere fine,
Undique ubique tuos : maneas communis, et arma
Hinc atque inde feras : liceat, precor, ordine belli
Pugnaces efflare animas, et reddere cœlo.
Ne rape tam subitis spirantia corpora bustis, 325
Ne propera : veniemus enim, quo limite cuncti,
Qua licet ire via : tantum exorata Pelasgis

pas trop tôt aux Parques l'ordre fatal. Et toi, prophète chéri des Dieux, que ni la main des hommes ni la gloire des Thébains n'ont immolé, mais que la nature a reçu dans son sein entr'ouvert, qu'elle a serré dans ses embrassements, comme si elle voulait te déposer par une insigne et juste faveur dans l'antre de Cyrrha, sois favorable à nos vœux; donne-moi de connaître, je t'en conjure, les prières qui te sont agréables; rends-moi propices le ciel et les autels prophétiques, et apprends-moi ce que tu te préparais à découvrir aux peuples. C'est à toi que j'offrirai des sacrifices divinatoires. Interprète de ta divinité, je l'invoquerai, en l'absence de Phébus. Les sanctuaires de Délos et de Cyrrha sont à mes yeux moins puissants, moins véridiques que le lieu où tu t'es dérobé aux regards. »

Ayant ainsi parlé, il plonge vivantes dans la terre des brebis noires et des génisses aux sombres couleurs : il les couvre de monceaux de sable, vain tombeau qu'il élève en l'honneur du devin.

Tels étaient les soins qui occupaient les Grecs; mais déjà, du côté des ennemis, au bruit éclatant du clairon belliqueux, s'agitent les épées homicides. Du sommet du Theumèse, la farouche Tisiphone, secouant sa chevelure, ajoute encore à ce fracas, et, au bruit de la trompette, qu'elle rend plus aigu, elle mêle ses horribles sifflements. Ce tumulte inaccoutumé a frappé de stupeur le Cithéron, riche des dons de Bacchus, et les tours de Thèbes, qui jadis ont suivi des accords plus mélodieux. Déjà Bellone frappe les seuils fortifiés, et les portes qu'ébranle sa lance roulent sur leurs gonds et ouvrent un passage aux Thébains. On se précipite pêle-mêle; les chevaux, les chars jettent le désordre dans les rangs, arrêtent l'élan des guerriers. On dirait que les Grecs sont à leur poursuite, tant les bataillons sont serrés à toutes les portes! Les sept issues sont obstruées. Créon s'élance de la porte Ogygie, qui lui est échue par le sort; Étéocle, de la Néite; Hémon occupe la haute Homoloïde; Hypsée, la Prétide; le grand Dryas franchit l'Électre; les cohortes d'Eurymédon ébranlent l'Hypsiste, et Ménécée de ses nombreux bataillons encombre la Dircée. Tel le Nil, lorsqu'il s'est nourri des nuées du ciel du midi et a bu à longs traits les neiges fondues de l'Orient, partage les trésors de sa source, et, par sept immenses embouchures, porte dans la mer ses ondes orageuses. A son approche, les Néréides fuient au fond des abîmes et craignent de rencontrer la douceur de ses eaux.

Cependant les guerriers de l'Inachus, et surtout les cohortes d'Élée, de Lacédémone et de Pylos, s'avancent tristes et d'un pas tardif; car, privées de leur augure, elles suivent Thiodamas, devenu tout à coup leur chef, et qui n'a point encore gagné leur confiance. Ce ne sont pas tes troupes seules, ô prince des trépieds, qui te regrettent! tu manques à toute l'armée. L'aigrette de Thiodamas ne brille que la septième dans les rangs, et de toutes elle est la moins élevée. Ainsi, quand une nuée jalouse a voilé une des étoiles de l'Ourse, le chariot semble mutilé; l'axe du monde, qui a vu s'éteindre un de ses feux, ne brille plus du même éclat, et les matelots comptent avec étonnement le nombre des étoiles.

Mais les combats m'appellent. Viens de nouveau, ô Calliope! donne-moi de nouvelles forces, et qu'Apollon fasse résonner ma lyre de plus mâles accords! Le noir destin avance, au

Siste levem campum; celeres neu præcipe Parcas.
At tu care Deis, quem non manus ulla, nec enses
Sidonii, sed magna sinu Natura soluto, 330
Ceu te Cyrrhæo meritum tumularet hiatu,
Sic amplexa coit, hilaris des, oro, precatus
Nosse tuos, cœloque, et vera monentibus aris
Concilies, et quæ populis proferre parabas,
Me doceas : tibi sacra feram præsaga, tuique 335
Numinis interpres, te Phœbo absente vocabo.
Ille mihi Delo Cyrrhaque potentior omni
Quo ruis, ille adytis melior locus. » Hæc ubi dicta,
Nigrantes terra pecudes, obscuraque mergit
Armenta, ac vivis cumulos undantis arenæ 340
Aggerat, et vati mortis simulacra rependit.
 Talia apud Graios, quum jam Mavortia contra
Cornua; jam sævos fragor æreus excitat enses.
Addit acerba sonum Theumesi e vertice crinem
Incutiens, acuitque tubas et sibila miscet 345
Tisiphone : stupet insolito clangore Cithæron
Marcidus, et turres carmen non tale secutæ.
Jam trepidas Bellona fores, armataque pulsat
Limina; jam multo laxantur cardine Thebæ.

Turbat eques pedites, currus properantibus obstant, 350
Ceu Danai post terga premant : sic omnibus alæ
Arctantur portis; septemque excursibus hærent.
Ogygiis it sorte Creon; Eteoclea mittunt
Neitre; celsas Homoloidas occupat Hæmon,
Hypsea Prœtides; celsum fudere Dryanta 355
Electræ; quatit Hypsistas manus Eurymedontis;
Culmina magnanimus stipat Dircæa Menœceus.
Qualis ubi adversi secretus pabula cœli
Nilus, et Eoas magno bibit ore pruinas,
Scindit fontis opes, septemque patentibus arvis 360
In mare fert hiemes, penitus cessere fugatæ
Nereides, dulcique timent occurrere ponto.
 Tristis at inde gradum tarde movet Inacha pubes,
Præcipue Eleæ, Lacedæmoniæque cohortes,
Et Pylii : subitum nam Thiodamanta sequuntur 365
Augure fraudati, nec dum accessere regenti.
Nec tua te, princeps tripodum, sola agmina quærunt :
Cuncta phalanx sibi deesse putat : minor ille per alas
Septimus exstat apex; liquido velut æthere nubes
Invida Parrhasiis unum si detrahat astris, 370
Truncus honor plaustri; nec idem nitet igne reciso

gré des peuples, l'heure fatale. Échappée des ténèbres du Styx, la Mort prend possession du ciel; du haut des airs elle couvre de ses ailes le champ de bataille, et, ouvrant une noire et immense bouche, excite les guerriers. Ce ne sont pas les plus obscurs qu'elle choisit, mais ceux qui, plus dignes de la vie, brillent de jeunesse et de courage; elle les marque d'un serpent ensanglanté, et déjà toute la tâche des trois Sœurs s'est partagée entre ces infortunés, et les Furies ont arraché le fil aux mains des Parques. Debout au milieu de la plaine est le dieu des combats, la lance sèche encore; tantôt il tourne son bouclier contre ceux-ci, tantôt contre ceux-là; il les provoque au combat; il leur fait oublier foyers, épouses, enfants, et bannit de leur cœur l'amour de la patrie et celui de la vie, le dernier qu'on puisse en arracher. Enflammés de colère, ils ont la main sur la garde de leur épée, et sur leur lance prête à frapper. Leur cœur haletant bondit, et bat leur cuirasse. Leurs casques s'agitent sur les cheveux qui se hérissent.

Qui s'étonnerait de cette fureur guerrière? Les chevaux eux-mêmes s'enflamment contre l'ennemi, et arrosent la poussière d'une blanche écume. On dirait qu'ils ne font qu'un corps avec leurs maîtres, et qu'ils respirent la fureur des guerriers qui les montent. Ils rongent leur frein, appellent le combat de leurs hennissements, se cabrent, et renversent sur leur croupe les cavaliers.

Les combattants se précipitent, la poussière s'élève sous leurs pas. Ils franchissent un espace égal, et l'intervalle qui les sépare décroît peu à peu. Déjà, bouclier contre bouclier, épée contre épée, ils se menacent; déjà le pied presse le pied et la lance frappe la lance. Dans cette lutte corps à corps, les combattants mêlent leurs haleines entrecoupées, les aigrettes se confondent, et brillent sur des casques étrangers. La guerre est encore belle à voir. Les cimiers sont encore debout, les coursiers n'ont pas perdu leurs cavaliers, ni les chars leurs conducteurs. Les armes sont à leur place; les boucliers, les carquois, les ceinturons brillent encore, et l'or n'est pas souillé de sang.

Mais lorsqu'enfin se sont déchaînées la Rage, et la Valeur prodigue de la vie, moins épaisse est la neige dont l'Ourse frappe, au coucher des Chevreaux, le Rhodope élevé; moins retentissant le fracas de l'Ausonie ébranlée, lorsque Jupiter fait trembler tout le ciel du bruit de son tonnerre; moins rapide la grêle qui bat à coups pressés les Syrtes, lorsque le noir Borée apporte à la Libye les orages de l'Italie. Le jour est obscurci de leurs traits, des nuées de flèches couvrent le ciel; l'air resserré ne suffit plus à leurs javelots. Ceux-ci meurent frappés d'un trait qui part, ceux-là d'un trait qui revient sur lui-même. Les épieux, les lances se heurtent dans l'air, et amortissent mutuellement leurs coups. Les frondes envoient une pluie sifflante de pierres; les balles de plomb, dans leur vol rapide, et les flèches redoutables, qui portent une double mort, imitent la foudre. Il n'est point sur la terre de place pour les traits, qui tous tombent sur les combattants : ceux-ci donnent la mort sans le savoir, ou expirent sous des coups qu'ils n'ont pas prévus. Le hasard a pris la place de la valeur : tantôt la foule recule, tan-

Axis, et incerti numerant sua sidera nautæ.
   Sed jam bella vocant : alias nova suggere vires
Calliope, majorque chelyn mihi tendat Apollo.
Fatalem populis ultro poscentibus horam   375
Admovet atra dies : Stygiisque emissa tenebris
Mors fruitur cœlo, bellatoremque volando
Campum operit, nigroque viros invitat hiatu,
Nil vulgare legens : sed quæ dignissima vita
Funera, præcipuos annis animisque cruento   380
Angue notat; jamque in miseros pensum omne sororum
Scinditur, et Furiæ rapuerunt licia Parcis.
Stat medius campis etiamnum cuspide sicca
Bellipotens; jamque hos clypeum, jam vertit ad illos
Arma ciens, aboletque domos, connubia, natos.   385
Pellitur et patriæ, et qui mente novissimus exit,
Lucis amor: tenet in capulis, hastisque paratas
Ira manus; animusque ultra thoracas anhelus
Conatur; galeæque tremunt horrore comarum.
   Quid mirum caluisse viros? flammantur in hostem 390
Cornipedes, niveoque rigant sola putria nimbo,
Corpora ceu mixti dominis, irasque sedentum
Induerint : sic frena terunt, sic prælia poscunt
Hinnitu, tolluntque armos, equitemque supinant.
Jamque ruunt, primusque virum concurrere pulvis 395

Incipit, et spatiis utrimque æqualibus acti
Adventant, mediumque vident decrescere campum.
Jam clypeus clypeis, umbone repellitur umbo,
Ense minax ensis, pede pes, et cuspide cuspis.
Sic obnixa acies pariter suspiria firmant,   400
Admotæque nitent aliena in casside cristæ.
Pulcher adhuc belli vultus : stant vertice coni,
Plena armenta viris, nulli sine præside currus,
Arma loco, splendent clypei, pharetræque decoræ,
Cingulaque, et nondum deforme cruoribus aurum.   405
   At postquam Rabies, et vitæ prodiga Virtus
Emisere animos, non tanta cadentibus Hædis
Aeriam Rhodopen solida nive verberat Arctos,
Nec fragor Ausoniæ tantus, quum Juppiter omni
Arce tonat, tanta quatitur nec grandine Syrtis,   410
Quum Libyæ Boreas Italos niger attulit imbres.
Exclusere diem telis; stant ferrea cœlo
Nubila, nec jaculis arctatus sufficit aer.
Hi pereunt missis, illi redeuntibus hastis :
Concurrunt per inane sudes, et mutua perdunt   415
Vulnera, concurrunt hastæ, stridentia fundæ
Saxa pluunt, volucres imitantur fulgura glandes,
Et formidandæ non una morte sagittæ.
Nec locus ad terram telis : in corpora ferrum

tôt elle avance, et tour à tour perd et gagne du terrain.

Ainsi, lorsque Jupiter irrité a déchaîné les vents et les orages, et livré tour à tour le monde à leurs tourbillons dévastateurs, ceux-ci, comme deux armées ennemies, se choquent entre eux; tantôt l'Auster, tantôt l'Aquilon fougueux triomphe, jusqu'à ce qu'enfin, dans cette lutte tumultueuse, l'un des deux ait vaincu l'autre, et que la pluie inonde la terre ou que la sérénité renaisse.

Au commencement du combat Hypsée, fils d'Asope, repousse les bataillons d'Œbalie, qui, fiers du nom glorieux de leur nation, avaient enfoncé, avec leurs pesants boucliers, les troupes eubéennes. Il les rejette en arrière, et tue leur chef Ménalque. Celui-ci, Lacédémonien par le cœur, et digne fils de l'impétueux Eurotas, ne déshonore pas ses aïeux, et, saisissant le javelot au moment où il traversait sa poitrine, afin qu'il n'imprime pas sur son dos une blessure honteuse, il l'arrache de ses os et de ses entrailles, et d'une main mourante le lance tout sanglant à son ennemi. A ses yeux qui s'éteignent se retracent encore les vallons chéris du Taygète, ses combats, et les fouets sanglants auxquels applaudissait sa mère.

Amyntas de Dircée tend son arc contre Phédime, fils d'Iasus. O Parques, que vos coups sont rapides! Déjà Phédime est tombé palpitant sur le sol, et l'arc d'Amyntas résonne encore. Agrée de Calydon sépare de l'épaule le bras de Phégée; le bras tombe à terre, mais la main furieuse tient encore le glaive, et l'agite. Acètes, qui la craint encore en la voyant ainsi menaçante au milieu des traits épars, s'avance, et la frappe de son glaive, toute mutilée qu'elle est. Le farouche Athamas, le cruel Hypsée et Phérès font tomber sous leurs coups Iphis, Argus et Abas. Tous trois ont gémi, atteints de blessures différentes; Iphis est frappé à la gorge, Argus au flanc, Abas au front. Iphis était à cheval, Argus à pied; Abas montait un char.

Deux jumeaux des bords de l'Inachus frappent de leurs glaives (ô cruelle erreur des combats!) deux autres jumeaux du sang de Cadmus, dont le casque cachait le visage; mais, tandis qu'ils dépouillent leurs cadavres, les deux frères aperçoivent leur crime, se regardent consternés, et gémissent de leur erreur. Ion, prêtre de Pise, fait tomber de son cheval épouvanté Daphnée, prêtre de Cyrrha. Du haut du ciel Jupiter applaudit l'un, et Apollon plaint l'autre, mais trop tard. De part et d'autre, la fortune illustre deux grands guerriers qui se couvrent du sang de leurs ennemis. Hémon renverse les Grecs, et les chasse avec fureur devant lui. Tydée poursuit les bataillons thébains; c'est Pallas qui remplit l'un de son ardeur, l'autre est dirigé par le dieu de Tirynthe.

Tels deux fleuves orageux se précipitent du haut d'une montagne, et tombent à la fois dans la plaine. On croirait qu'ils luttent à qui entraînera les moissons, les arbres, et couvrira les ponts de vagues plus élevées; mais voici qu'une même vallée reçoit et confond leurs ondes; dans leur orgueil ils veulent encore rouler séparément, et refusent de descendre mêlés ensemble dans l'Océan.

Idas d'Oncheste marchait, secouant au milieu

Omne cadit : saepe ignari perimuntque, caduntque ; 420
Casus agit Virtutis opus : nunc turba recedit,
Nunc premit, ac vicibus tellurem amittit, et aufert.

Ut ventis nimbisque minax quum solvit habenas
Juppiter, affligitque alterno turbine mundum,
Stat cœli diversa acies, nunc fortior Austri, 425
Nunc Aquilonis hiems, donec pugnante procella
Aut nimiis hic vicit aquis, aut ille sereno.

Principium pugnæ turmas Asopius Hypseus
Œbalias, namque hæ magnum et gentile tumentes
Euboicum duris rumpunt umbonibus agmen, 430
Reppulit erepto cunei ductore Menalca.
Hic et mente Lacon, crudi torrentis alumnus,
Nec turpavit avos, hastam intra pectus euntem,
Ne pudor in tergo, per et ossa et viscera retro
Extrahit, atque hosti dextra labente remittit 435
Sanguineam : dilecta genis morientis oberrant
Taygeta, et pugnæ, laudataque verbera matri.

Phædimon Iasiden arcu Dircæus Amyntas
Destinat : heu celeres Parcæ! jam palpitat arvis
Phædinus, et certi nondum tacet arcus Amyntæ. 440
Abstulit ex humero dextram Calydonius Agreus
Phegeos : illa suum terra tenet improba ferrum,

Et movet : extimuit sparsa inter tela jacentem
Progrediens, trucamque tamen percussit Acetes.
Iphin atrox Athamas, Argum ferus impulit Hypseus ; 445
Stravit Abanta Pheres : diversaque vulnera flentes,
Guttur Iphis, latus Argus, Abas in fronte cruorem,
Iphis eques, pedes Argus, Abas auriga jacebant.

    Inachidæ gemini geminos ex sanguine Cadmi
Occultos galeis (sæva ignorantia belli!) 450
Perculerant ferro : sed dum spolia omnia cæsis
Eripiunt, videre nefas, et mœstus uterque
Respicit ad fratrem, pariterque errasse queruntur.
Cultor Ion Pisæ cultorem Daphnea Cyrrhæ
Turbatis prostravit equis : hunc laudat ab alto 455
Juppiter, hunc tardus frustra miseratur Apollo.
Ingentes Fortuna viros illustrat utrimque
Sanguine in adverso. Danaos Cadmeius Hæmon
Sternit, agitque furens : sequitur Tyria agmina Tydeus.
Hunc Pallas præsens, illum Tirynthius implet. 460

    Qualiter hyberni summis duo montibus amnes
Franguntur, geminæque cadunt in plana ruina.
Contendisse putes, uter arva, arbustaque tollat,
Altius aut superet pontes : ecce una receptas
Confudit jam vallis aquas : sibi quisque superbus 465

des ennemis une torche fumeuse, et portait le désordre dans les bataillons grecs, où il se fraye un passage la flamme à la main. La lance du cruel Tydée l'atteint, et fait voler son casque. Il tombe, et de son dos immense couvre la terre; la lance reste enfoncée dans son front, et la torche ardente vient frapper ses tempes. Alors Tydée lui crie : « N'accuse pas les Argiens de cruauté, Thébain! nous t'accordons le bûcher, brûle du feu que tu as allumé! »

Puis, comme une tigresse, alléchée par le sang qu'elle vient de goûter, brûle de se jeter sur tout le troupeau; ainsi Tydée abat d'une pierre Aon, perce de son épée Pholus, Chromis, et de sa lance les deux Hélicaons, qu'une prêtresse de Vénus, Méra, avait mis au monde, malgré la défense de la déesse. Tous deux, hélas! vous êtes la proie du sanguinaire Tydée, quoique maintenant encore votre mère embrasse pour vous les autels insensibles.

Non moins impétueux, Hémon, le favori d'Hercule, court çà et là, altéré de sang; il s'élance, armé de son glaive insatiable, aux flots les plus pressés de combattants, renversant tantôt les belliqueux défenseurs de la superbe Calydon, tantôt les bataillons farouches de Pylène, tantôt les fils de la triste Pleuron. Enfin, las de brandir sa lance, il tombe sur Butès d'Olénie, et l'attaque au moment où, tourné vers ses soldats, il s'opposait à leur fuite. C'est un enfant dont le menton est nu, dont le fer n'a jamais touché les cheveux; il ne prévoyait aucun danger, quand la hache thébaine, balancée avec force, frappe son casque; sa tête est partagée, et ses cheveux séparés tombent sur ses épaules. La mort le surprend tout à coup, et son âme s'échappe de son sein. Le blond Hypanis, le blond Politès (dont l'un a consacré sa barbe naissante à Phébus, et l'autre sa chevelure à Bacchus; mais ces deux divinités sont sans pitié pour eux), Hypérénore et Damasus tombent à leur tour sous les coups de Tydée. Damasus prenait la fuite lorsqu'il est atteint par la lance ennemie, qui, pénétrant entre les deux épaules, lui traverse la poitrine et enlève son bouclier, qu'elle emporte en sortant, attaché au fer aigu.

Hémon l'Isménien renverserait encore bien des enfants de l'Inachus (car Hercule dirige ses traits et soutient ses forces), si Pallas n'eût poussé contre lui le terrible Tydée. Déjà ils sont en présence, protégés par deux divinités rivales; mais le dieu de Tirynthe adresse le premier à Pallas ces paroles pacifiques :

« O ma fidèle sœur, quel hasard, au milieu de cette épaisse mêlée, nous expose ainsi l'un à l'autre? Est-ce la superbe Junon qui a machiné cette lutte impie? Elle me verra plutôt braver la foudre de Jupiter avec une sacrilége audace, et faire la guerre à mon père redoutable. Hémon est d'une origine....; mais je ne veux point en parler, puisque tu suis un parti contraire. Non, quand même la lance de ton Tydée, que tu protéges, menacerait Hyllus, ou Amphitryon revenu des demeures du Styx, je me souviens, je me souviendrai toujours combien de fois cette main divine, cette égide s'est lassée pour moi, lorsqu'asservi à de cruelles épreuves, je parcourais toute la terre : toi-même, hélas! tu m'aurais accompagné jusqu'au Tartare inaccessible, si les Dieux pouvaient passer l'Achéron. C'est à toi

Ire cupit, pontoque negant descendere mixti.
 Ibat fumiferam quatiens Onchestius Idas
Lampada per medios, turbabatque agmina Graium,
Igne viam rumpens : magno quem cominus ictu
Tydeos hasta feri, discussa casside fixit.   470
Ille ingens in terga jacet, stat fronte superstes
Lancea, collapsæ veniunt in tempora flammæ.
Prosequitur Tydeus : « Sævos ne dixeris Argos :
Igne tuo, Thebane, rogum concedimus, arde. »
 Inde velut primo tigris gavisa cruore   475
Per totum cupit ire pecus; sic Aona saxo,
Ense Pholum, Chromin ense, duos Helicaonas hasta
Transigit, Ægeæ Veneris quos Mæra sacerdos
Ediderat, prohibente Dea : vos præda cruenti
Tydeos : it sævas etiamnum mater ad aras.   480
 Nec minus Herculeum contra vagus Hæmona ducit
Sanguis : inexpleto rapitur per millia ferro,
Nunc tumidæ Calydonis opes, nunc torva Pylenes
Agmina, nunc mœstæ fundens Pleuronis alumnos :
Donec in Olenium fessa jam cuspide Buten   485
Incidit : hunc turmis obversum, et abire vetantem
Aggreditur : puer ille, puer, malasque comamque
Integer, ignaro cui tunc Thebana bipennis
In galeam librata venit : finduntur utrimque
Tempora, dividuique cadunt in brachia crines,   490
Et non hoc metuens inopino limite vita
Exsiluit : tunc flavum Hypanin, flavumque Politen,
(Ille genas Phœbo, crinem hic pascebat Iaccho :
Sævus uterque Deus;) victis Hyperenora jungit
Conversumque fuga Damasum : sed lapsa per armos   495
Hasta viri trans pectus abit, parmamque tenenti
Excutit, et summa fugiens in cuspide portat.
 Sterneret adversos etiamnum Ismenius Hæmon
Inachidas, (nam tela regit, viresque ministrat
Amphionyaides,) sævum sed Tydea contra   500
Pallas agit : jamque adverso venere favore
Cominus, et placido prior hæc Tirynthius ore :
 « Fida soror, quænam hunc belli caligine nobis
Congressum Fortuna tulit? num regia Juno
Hoc molita nefas? citius me fulmina contra,   505
Infandum, ruere, et magno bellare parenti
Adspiciat : genus huic : sed mitto agnoscere, quando
Tu diversa foves : nec si ipsum cominus Hyllum
Tydeos hasta tui, Stygioque ex orbe remissum
Amphitryona petat : teneo, æternumque tenebo   510
Quantum hæc diva manus, quoties sudaverit ægis

que je dois et la faveur de mon père, et mon retour au ciel. Comment reconnaître tant de bienfaits? Thèbes, si tu veux la détruire, est tout entière à toi; je te l'abandonne, et je te prie de me pardonner. »

Il dit, et se retire. Cet hommage apaise Pallas : son visage, qui brillait d'une fureur guerrière, reprend sa douceur accoutumée, et devant sa poitrine les serpents ne dressent plus leur tête menaçante.

Le Cadméen Hémon sent que le dieu s'est éloigné. Il ne brandit plus ses traits avec la même force, et ne reconnaît plus son bras dans les coups qu'il porte. Ses forces, son courage l'abandonnent de plus en plus, et il n'a pas honte de reculer. A cette vue, Tydée fond sur lui, et, balançant un javelot que lui seul peut lancer, il le dirige à l'endroit où l'extrémité du bouclier touche à l'extrémité du casque et laisse voir la gorge; sa main ne s'était point égarée; la lance portait la mort, mais Pallas s'y oppose : elle permet seulement qu'elle effleure l'épaule gauche du guerrier, et lui fait grâce en faveur de son frère. Hémon cependant n'ose ni tenir ferme, ni s'avancer pour combattre, ni soutenir les regards du sanguinaire Tydée; ses forces sont affaiblies, et la confiance n'est plus dans son cœur. Tel un sanglier de Lucanie, frappé au front d'un dard qui, trompant la main du chasseur, n'a point pénétré dans la cervelle, comprime sa fureur et n'ose plus affronter l'arme meurtrière.

Mais voici que le fils impétueux d'OEnée aperçoit un des chefs de la cavalerie thébaine, Prothoüs, dont le bras heureux lance autour de lui des traits toujours sûrs. Il s'indigne à cette vue, et du même javelot perce à la fois le cheval et le cavalier; ils tombent et roulent l'un sur l'autre, et, tandis que Prothoüs cherche à ressaisir les rênes échappées de ses mains, le cheval foule et écrase le casque sur le visage du cavalier et le bouclier sur sa poitrine, jusqu'à ce qu'enfin, épuisé, il rejette le frein avec les derniers flots de sang, et retombe la tête appuyée sur celle de son maître. Ainsi un ormeau et la vigne qu'il embrasse tombent ensemble du mont Gaurus; le laboureur déplore cette double perte, mais l'ormeau plus triste encore regrette son double feuillage, et déplore moins la perte de ses rameaux que les raisins qu'en tombant il a écrasés malgré lui.

Chorèbe, de l'Hélicon, avait pris les armes contre les Grecs. Il était jadis le compagnon des Muses, et Uranie, initiée aux mystères du Styx, lui avait elle-même, après avoir observé les astres, annoncé depuis longtemps la mort qui le menaçait. Mais il n'en brûle pas moins de voler aux armes, pour chanter sans doute les combats et les guerriers; maintenant il est couché sur la poussière, digne lui-même de chants immortels; mais c'est dans un douloureux silence que les Muses ont pleuré sa mort.

Promis, depuis son enfance, à une princesse du sang d'Agénor, à la jeune Ismène, Atys s'avançait dans la mêlée. Quoiqu'il eût Cyrrha pour patrie, ce n'était point pour les Thébains un auxiliaire étranger, car les crimes de cette triste famille n'avaient pu le détourner de s'unir à elle par une alliance. Sa chaste douleur, le deuil immérité de son amante la rendait encore plus chère à son cœur; il était beau lui-même, et la

Ista mihi, duris famulus quum casibus omnes
Lustro vagus terras : ipsa heu! comes invia mecum
Tartara, ni Superos Acheron excluderet, isses.
Tu patrem, cœlumque mihi : quis tanta relatu   515
Æquet? habe totas, si mens exscindere, Thebas.
Cedo equidem, veniamque precor. » Sic orsus abibat.
Pallada mulcet honos : rediit ardore remisso
Vultus, et erecti sederunt pectoris angues.
    Sentit abisse Deum : levius Cadmeius Hæmon   520
Tela rotat, nulloque manum cognoscit in ictu.
Tunc magis atque magis vires animusque recedunt,
Nec pudor ire retro : cedentem Acheloius heros
Impetit, et librans uni sibi missile telum,
Direxit jactus, summæ qua margine parmæ   525
Ima sedet galea, et juguli vitalia lucent.
Nec frustrata manus, mortemque invenerat hasta;
Sed prohibet, paulumque humeri libare sinistri
Præbuit, et merito parcit Tritonia fratri.
Ille tamen nec stare loco, nec cominus ire   530
Amplius, aut vultus audet perferre cruenti
Tydeos : ægra animo vis, ac fiducia cessit.
Qualis setigeram Lucana cuspide frontem
Strictus aper, penitus cui non infossa cerebro
Vulnera, nec felix dextræ tenor, in latus iras   535
Frangit, et expertæ jam non venit obvius hastæ.
    Ecce, ducem turmæ, certa indignatus in hostem
Spicula, felici Prothoum torquere lacerto
Turbidus OEnides, una duo corpora pinu
Cornipedemque equitemque ferit : ruit ille ruentem 540
In Prothoum, lapsasque manu quærentis habenas
In vultus galeam, clypeumque in pectora calcat,
Saucius extremo donec cum sanguine frenos
Respuit, et juncta domino cervice recumbit.
Sic ulmus vitisque, duplex jactura coloni,   545
Gauranoo de monte cadunt : sed mœstior ulmus
Quærit utrumque nemus, nec tam sua brachia labens,
Quam gemit assuetas, invitaque proterit uvas.
    Sumpserat in Danaos Heliconius arma Chorœbus,
Ante comes Musis, Stygii cui conscia pensi   550
Ipsa diu inspectis letum prædixerat astris
Uranie : cupit ille tamen, pugnasque virosque
Forsitan ut canerot : longa jacet ipse canendus
Laude, sed amissum mutæ flevere sororres.
    Pactus Agenoream primis Atys ibat ab annis   555
Ismenen (Tyrii juvenis non advena belli,
Quamvis Cyrrha domus : soceros nec tristibus actis
Adversatus erat) sponsam, cui castus amanti
Squalor, et indigni commendat gratia luctus.

jeune vierge partageait son amour. Si la fortune ne s'y fût opposée, un heureux hymen les eût unis ; mais la guerre ne permet pas d'en allumer les flambeaux ; c'est là ce qui enflamme encore sa haine contre les ennemis : le jeune guerrier s'élance au premier rang, et tantôt à pied il moissonne de son infatigable épée les bataillons de Lerne, tantôt, debout sur son char, les rênes à la main, il les chasse devant lui : on dirait qu'il combat sous les yeux d'Ismène. Sa mère avait revêtu ses épaules et sa blanche poitrine de la pourpre la plus fine ; elle avait ciselé en or son collier, ses flèches, son baudrier, ses brassards, afin qu'il parût digne de sa jeune épouse. Son cimier aussi brillait de l'éclat de l'or. Hélas ! confiant dans sa riche armure, il ose provoquer les Grecs au combat. D'abord il n'attaque que de faibles ennemis, et, vainqueur sans péril, rapporte à ses compagnons les armes qu'il vient de conquérir : le carnage achevé, il se retire tranquillement au milieu des siens. Tel, dans les forêts d'Hyrcanie, un lion de la mer Caspienne, encore sans défense, dont le cou n'est point encore paré d'une terrible crinière, et qui jusqu'à ce jour ne s'est point souillé d'un noble sang, épie non loin de son antre un faible troupeau, fond sur lui quand le berger s'éloigne, et assouvit sa faim sur une tendre brebis.

Bientôt Atys ose s'attaquer à Tydée lui-même, dont il ne connaît pas la valeur, et qu'il mesure à sa taille seule. Il provoque de son glaive fragile celui qu'on voyait sans cesse, terrible, menacer les uns ou poursuivre les autres. Tydée tourne par hasard les yeux vers son faible ennemi, et avec un sourire effrayant : « Je le vois bien, malheureux, tu désires t'illustrer par une belle mort. » Il dit, et, ne jugeant pas ce jeune téméraire digne de son épée ou de sa lance, il ouvre les doigts, et laisse tomber sur lui un javelot sans force ; le trait cependant pénètre jusqu'au fond de ses entrailles, comme s'il avait été lancé avec la plus grande vigueur. Le fils d'Œnée passe devant sa victime expirante, et dédaigne sa dépouille : « Non, je ne te l'offrirai pas, ô Mars, dit-il, ni à toi, belliqueuse Pallas ! je rougirais de la porter. A peine, si Déiphile eût quitté son palais pour m'accompagner dans cette guerre, à peine oserais-je la lui offrir comme un jouet. » Il dit, et son courage l'entraîne à de plus grands exploits. Tel un lion, rassasié de carnage, passe à côté des jeunes taureaux, des tendres génisses : il brûle de se baigner dans le sang d'une plus noble proie ; c'est le puissant roi d'un troupeau dont il veut courber le front superbe.

Cependant les cris d'Atys tombé sous le coup mortel ont frappé l'oreille de Ménécée. Il fait avancer ses coursiers, et s'élance de son char rapide. La jeunesse de Tégée se pressait autour du cadavre, et les Thébains n'opposaient aucune résistance : « Honte à vous, race de Cadmus, rejetons dégénérés des fils de la Terre! Lâches, où fuyez-vous, s'écrie-t-il ? Est-ce là la digne sépulture de celui qui versa son sang pour nous, de notre hôte Atys ? Il n'était encore que notre hôte, et il s'arma pour la cause d'une jeune fille qui n'était pas encore son épouse ; et nous, nous trahissons de si chers engagements ! »

A ces mots, les Thébains, ranimés par un juste

Ipse quoque egregius : nec pectora virginis illi
Diversa, inque vicem, sineret Fortuna, placebant.
Bella vetant tædas, juvenilee hinc major in hostes
Ira : ruit primis immixtus, et agmina Lernæ
Nunc pedes ense vago, prensis nunc celsus habenis, 565
Ceu spectetur, agit. Triplici velaverat ostro
Surgentes etiamnum humeros, et levia mater
Pectora : tunc auro phaleras, auroque sagittas
Cingulaque, et manicas, ne conjuge vilior iret,
Presserat, et mixtum cono crispaverat aurum.
Talibus heu ! fidens vocat ultro in prælia Graios. 570
Ac primum faciles grassatus cuspide turmas
Arma refert sociis, et in agmina fida, peracta
Cæde, redit : sic Hyrcana leo Caspius umbra
Nudus adhuc, nulloque jubæ flaventis honore
Terribilis, magnique etiamnum sanguinis insons, 575
Haud procul a stabulis captat custode remoto
Segne pecus, teneraque famem consumit in agna.
  Mox ignotum armis, ac solo corpore mensus
Tydea non timuit : fragilique lacessere telo
Sæpius infrendentem aliis, aliosque sequentem 580
Ausus erat : tandem invalidos Ætolus ad ictus
Forte refert oculos, et formidabile ridens :
« Jamdudum video, magnum cupis, improbe, leti
Nomen, » ait : simul audacem non ense, nec hasta
Dignatus, leviter digitis imbelle solutis 585
Abjecit jaculum : latebras tamen inguinis alte
Missile, ceu totis intortum viribus hausit.
Præterit haud dubium fati, et spoliare superbit
Œnides : « Neque enim has Marti, aut tibi, bellica Pall
Exuvias figemus, ait : procul arceat ipsum 590
Ferre pudor : vix si bellum comitata relictis
Deiphile thalamis, illi illudenda tulissem. »
Sic ait : et belli majora ad præmia mente
Ducitur : innumeris veluti leo forte potitus
Cædibus imbelles vitulos, mollesque juvencas 595
Transmittit : magno furor est in sanguine mergi,
Nec nisi regnantis cervice recumbere tauri.
  At non semianimi clamore Menœcea lapsus
Fallit Atys : prævertit equos, curruque citato
Desilit : instabat pubes Tegeæa jacenti, 600
Nec prohibent Tyrii. « Pudeat, Cadmea juventus,
Terrigenas mentita patres! quo tenditis, inquit,
Degeneres? meliusne jacet pro sanguine nostro
Hospes Atys? tantum hospes adhuc, et conjugis ultor
Infelix nondum iste suæ : nos pignora tanta 605
Prodimus ? » Insurgunt justo firmata pudore
Agmina ; cuique suæ rediere in pectora curæ.

sentiment de honte, se redressent menaçants ; le souvenir de ceux qui leur sont chers s'est réveillé dans leur cœur.

Cependant, retirées au fond de leur palais, les filles innocentes du malheureux Œdipe, ces deux sœurs si différentes de leurs frères, mêlent à leurs entretiens de douloureux gémissements. Détournant leur pensée des maux présents, elles remontent à la source même de leurs malheurs ; elles se rappellent, l'une l'hymen de leur mère, l'autre Œdipe se privant de la lumière du jour ; toutes deux songent à la guerre ; une hésitation cruelle suspend leurs prières et leurs vœux ; elles tremblent pour les deux adversaires ; elles ne savent à qui souhaiter la défaite ou la victoire : mais l'exilé l'emporte au fond de leur cœur.

Ainsi, lorsque les filles ailées de Pandion regagnent leurs asiles fidèles et les retraites d'où les a chassées l'hiver, elles se tiennent au-dessus de leurs nids, elles leur redisent leurs antiques infortunes ; elles croient parler, tandis qu'elles ne font entendre qu'un murmure triste et entrecoupé ; mais leur plainte est aussi expressive que le serait la parole.

Enfin, après bien des larmes et un long silence, Ismène reprend en ces mots : « Quelle est cette erreur commune aux mortels et cette vaine croyance que la douleur veille dans le repos de la nuit, et que, pendant le sommeil, des fantômes se présentent réellement à nos esprits ? Moi qui n'aurais jamais osé, même dans le calme d'une paix profonde, toucher en pensée la couche nuptiale ; cette nuit, j'en ai honte, ma sœur, j'ai vu célébrer mon hymen. Le sommeil (d'où vient cette illusion ?) m'a offert l'image d'un époux que je connais à peine. Une seule fois, dans ce palais, je le regardai comme malgré moi, lorsque, par je ne sais quel accord, on nous fiança l'un à l'autre. Tout-à-coup il me sembla voir le sacrifice troublé, les feux s'éteindre, une mère en fureur me poursuivre, en me redemandant Atys à grands cris. Quel malheur inconnu annoncent ces présages ? Je n'ai rien à craindre cependant, pourvu que notre famille soit à l'abri du danger, que le soldat dorien s'éloigne, et qu'il nous soit permis de réconcilier nos frères irrités. »

Tel était leur entretien, lorsque tout à coup le palais, tranquille jusqu'alors, retentit d'un effroyable tumulte. On rapporte le corps d'Atys, arraché avec peine des mains de l'ennemi, et qui, épuisé de sang, conserve encore un reste de vie ; sa main est posée sur sa blessure ; sa tête retombe languissamment hors de son bouclier, et ses cheveux en désordre sont rejetés en arrière.

Jocaste, la première, l'aperçoit, et d'une voix tremblante elle appelle sa chère Ismène ; car c'est la seule grâce qu'implore la voix mourante de son gendre, c'est le seul nom qui erre sur ses lèvres glacées. Les femmes jettent des cris de désespoir ; la jeune vierge levait les mains pour se meurtrir le visage, mais la sévère pudeur la retient. Cependant elle est contrainte d'avancer ; Jocaste accorde cette dernière faveur au guerrier qui expire ; elle lui montre, elle lui présente Ismène. A ce nom, quatre fois il entr'ouvre ses yeux éteints et soulève sa tête défaillante. C'est elle seule qu'il regarde, indifférent à la lumière

 Interea thalami secreta in parte sorores,
Par aliud morum, miserique innoxia proles
Œdipodæ, varias miscent sermone querelas.   610
Nec mala quæ juxta, sed longa ab origine fati,
Hæc matris tædas, oculos ast illa paternos,
Altera regnantem, profugum gemit altera fratrem,
Bella ambæ : gravis hinc miseri cunctatio voti.   614
Nutat utroque timor, quemnam hoc certamine victum,
Quem vicisse velint : tacite præponderat exsul.
 Sic Pandioniæ repetunt ubi fida volucres
Hospitia, atque larem bruma pulsante relictum,
Stantque super nidos, veterisque exordia fati
Enarrant tectis, et truncum ac flebile murmur   620
Verba putant ; voxque illa tamen non dissona verbis.
 Atque ibi post lacrimas, et longa silentia rursus
Inchoat Ismene : « Quisnam hic mortalibus error ?
Quæ decepta fides ? curam invigilare quieti,
Claraque per somnos animis simulacra reverti ?   625
Ecce ego, quæ thalamos, nec si pax alta maneret,
Tractarem sensu, (pudet heu !) connubia vidi
Nocte, soror : sponsum (unde ?) mihi sopor attulit amens
Vix notum visu : semel his in sedibus illum,
Dum mea nescio quo spondentur fœdera pacto,   630
Respexi non sponte, soror : turbata repente
Omina cernebam ; subitusque intercidit ignis ;
Meque sequebatur rabido clamore reposcens
Mater Atyn. Quænam hæc dubiæ præsagia cladis ?
Nec timeo, dum tuta domus, milesque recedat   635
Doricus, et tumidos liceat componere fratres. »
 Talia nectebant, subito quum pigra tumultu
Expavit domus, et multo sudore receptus
Fertur Atys, servans animam jam sanguine nullo,
Cui manus in plaga, dependet languida cervix   640
Exterior clypeo, crinesque a fronte supini.
 Prima videt, caramque tremens Iocasta vocabat
Ismenen : namque hoc solum moribunda precatur
Vox generi : solum hoc gelidis jam nomen inerrat
Faucibus : exclamant famulæ : tollebat in ora   645
Virgo manus : tenuit sævus pudor : attamen ire
Cogitur, indulget summum hoc Iocasta jacenti,
Ostenditque offertque : quater jam morte sub ipsa
Ad nomen visus, dejectaque fortiter ora
Sustulit : illam unam neglecto lumine cœli   650
Adspicit, et vultu non exsatiatur amato.
Tunc quia nec genitrix juxta, positusque beata
Morte pater, sponsæ munus miserabile tradunt,
Declinare genas : ibi demum teste remoto
Fassa pios gemitus, lacrimasque in lumina fudit.   655

du ciel, et il ne se rassasie pas de contempler son visage bien-aimé. Comme il n'a pas de mère près de lui, et que son père repose dans la paix du tombeau, c'est à sa fiancée que l'on confie le triste devoir de lui fermer les yeux. Alors enfin, quand elle est sans témoins, elle donne un libre cours à ses tendres gémissements, et baigne de larmes le visage de son amant.

Pendant cette scène de deuil dans les murs de Thèbes, l'ardente Enyo, agitant d'autres serpents et une torche nouvelle, ranime la guerre. On ne pense qu'aux armes, comme si l'on venait de porter les premiers coups et que les épées eussent encore tout leur éclat.

Au-dessus de tous brille le fils d'Œnée, bien que Parthénopée lance des flèches sûres de leur coup, qu'Hippomédon broie le visage des mourants sous les pieds de son cheval furieux, et que le javelot de Capanée vole au loin à travers les bataillons thébains, et ne le fasse que trop reconnaître.

Ce jour est celui de Tydée. On fuit à son approche, on tremble au son de sa voix : « Où fuyez-vous, s'écrie-t-il? Voici le moment de venger vos compagnons morts, et de me faire payer cette nuit qui vous a été si funeste. C'est moi qui, m'abreuvant de carnage, ai seul arraché la vie à vos cinquante guerriers; réunis en nombre égal, venez encore tous à la fois m'attaquer. Hé quoi ! n'ont-ils laissé ni pères ni frères pour les venger? Quel est ce lâche oubli de votre deuil? Quelle honte de m'avoir laissé retourner triomphant à Mycènes ! Sont-ce là les défenseurs de Thèbes, les soutiens du roi? Et où est donc ce roi lui-même, ce roi si valeureux? » En même temps il l'aperçoit à l'aile gauche qui exhortait ses troupes, le front resplendissant de l'éclat du diadème. Soudain il fond sur lui, non moins rapide que l'oiseau qui porte la flamme, quand il se précipite sur un cygne au blanc plumage, et qu'il l'enlace tremblant dans l'ombre immense de ses ailes. Le premier il s'écrie : « O le plus juste des rois de l'Aonie, allons-nous combattre au grand jour et montrer enfin nos épées? ou bien aimes-tu mieux attendre la nuit et ces ténèbres où tu te plais? »

Étéocle se tait, mais son arc siffle et envoie à Tydée sa réponse. Le héros voit le trait qui le menace, et le détourne au moment où il va l'atteindre. Alors saisissant lui-même un énorme javelot, il le lance avec une vigueur inconnue jusque-là. Le fer homicide allait mettre fin à la guerre; les Dieux protecteurs des Grecs et des Thébains le suivent du regard, mais la cruelle Érinnys ne le permet pas. Elle réserve Étéocle à son frère sacrilége. Le javelot détourné va frapper l'écuyer Phlégyas. Un terrible combat s'engage alors; car plus furieux l'Étolien se précipite l'épée à la main, et les bataillons thébains couvrent la retraite de leur roi. Ainsi, dans une nuit noire, quand un loup a saisi un jeune taureau, une troupe nombreuse de bergers s'efforce de lui faire lâcher sa proie; mais furieux il se dresse contre elle, et, sans songer à attaquer ses nouveaux ennemis, c'est contre le taureau, le taureau seul qu'il a d'abord assailli, que se tourne toute sa rage. De même ces bataillons qui s'exposent à ses coups, cette foule vulgaire, Tydée la dédaigne. Son bras se contente de s'y ouvrir un passage. Il perce néanmoins Thoas au visage, la poitrine à Déilochus, au flanc Clonius, aux entrailles le farouche Hippotade. Il renvoie leurs membres à

Dumque ea per Thebas, aliis serpentibus ardens
Et face mutata bellum integrabat Enyo.
Arma volunt, primos veluti modo cominus ictus
Sustulerint, omnisque etiamnum luceat ensis.
Eminet Œnides; quamvis et arundine certa 660
Parthenopæus agat, morientumque ora furenti
Hippomedon proculcet equo, Capaneaque pinus
Jam procul Aoniis volet agnoscenda catervis.

Tydeos illa dies : illum fugiuntque, tremuntque
Clamantem : « Quo terga datis? licet ecce peremptos 665
Ulcisci socios mœstamque rependere noctem.
Ille ego inexpletis solus qui cædibus hausi
Quinquaginta animas : totidem, totidemque gregati
Ferte manus : nulline patres, nulline jacentum
Unanimi fratres? quæ tanta oblivia luctus? 670
Quam pudet Inachias contentum abiisse Mycenas !
Hinc super Thebis : hæc robora regis? ubi autem
Egregius dux ille mihi ? » Simul ordine lævo
Ipsum exhortantem cuneos, capitisque superbi
Insignem fulgore videt : nec segnius ardens 675
Accurrit, niveo quam flammiger ales olori

Imminet, et magna trepidum circumligat umbra.
Tunc prior : « Aoniæ rex o justissime gentis,
Imus in arma palam, tardemque ostendimus enses?
An noctem et solitas placet exspectare tenebras? » 680
Ille nihil contra ; sed stridula cornus in hostem
It referens mandata ducis, quam providus heros
Jamjam in fine viæ percussam obliquat, et ipse
Telum ingens avide, et quanto non ante lacerto
Impulit : ibat atrox finem positura duello 685
Lancea : convertere oculos utrimque faventes
Sidonii Graiique Dei : crudelis Erinnys
Obstat, et infando differt Eteoclea fratri.
Cuspis in armigerum Phlegyam peccavit, ubi ingens
Pugna virum : stricto nam sævior irruit ense 690
Ætolus, retroque datum Thebana tegebant
Arma ducem : sic densa lupum jam nocte sub atra
Arcet ab apprenso pastorum turba juvenco :
Improbus erigitur contra ; nec cura vetantes 694
Impetere, illum, illum, semel in quem venerat, urget.
Non secus objectas acies, turbamque minorem
Dissimulat, transitque manu : tamen ora Thoantis,

ceux qu'il a frappés, et fait voler dans l'air les casques avec les têtes des guerriers. Déjà il s'était fait un rempart de cadavres et de dépouilles; lui seul épuise les efforts de toute l'armée, lui seul est le but que veulent atteindre tous les traits. Les uns effleurent son corps, d'autres tombent sans force, d'autres sont arrachés par Pallas; le plus grand nombre hérisse son bouclier, qui, tout couvert de traits, secoue une forêt de fer. Sur son dos et ses épaules s'affaisse la dépouille du sanglier, cette parure de famille; son cimier a disparu, le Mars qui surmontait son casque est tombé; triste présage pour le héros! L'airain nu serre étroitement ses tempes, et de toutes parts des quartiers de roche frappent sa tête et retentissent en roulant sur ses armes. Déjà son casque est ensanglanté, et un noir torrent mêlé de sueur et de sang inonde sa poitrine blessée. Il jette un regard en arrière, et voit ses compagnons qui l'exhortent, et la fidèle Pallas qui s'éloigne en se couvrant les yeux de son bouclier. Elle allait fléchir par ses larmes le puissant Jupiter.

Soudain un javelot fend l'air, apportant avec lui une immense colère et la fortune du combat. On n'aperçoit pas le bras qui l'a lancé; c'était Ménalippe, fils d'Astacus. Il ne se montre pas lui-même, il voudrait se cacher; mais les applaudissements des Thébains joyeux le désignent tout tremblant aux regards. Tydée est atteint : en détournant la tête, il avait écarté son bouclier et laissé son flanc à découvert. Aux acclamations des Thébains les Grecs répondent par des cris de douleur. Ils se précipitent au-devant des coups, et voient le héros qui, furieux, cherche au loin des yeux à travers la foule l'odieux fils d'Astacus. Alors, rassemblant tout ce qui lui reste de force, il lance un trait que lui présente Hopléus, placé près de lui. Tout son sang jaillit, épuisé par ce dernier effort.

Cependant, telle est sa bouillante ardeur, qu'il veut combattre encore. Il demande des javelots; déjà, dans les ombres de la mort, il lutte contre elle; ses amis éplorés l'emportent, le déposent au pied de la colline, sur deux boucliers qui soutiennent ses membres défaillants, et lui promettent en pleurant que bientôt il pourra retourner au combat. Mais le héros s'aperçoit que le ciel se dérobe à ses regards; il sent faiblir son grand cœur, glacé par le froid de la mort; et s'appuyant sur la terre : « Ayez pitié de moi, ô Grecs! s'écrie-t-il. Je ne demande pas que mes os soient reportés à Argos ou dans mes pénates d'Étolie; je me soucie peu de mes funérailles : je hais ces membres, ce corps fragile qui a trahi mon courage; mais la tête, la tête de mon ennemi! Oh si quelqu'un m'apportait ta tête, Ménalippe! car tu roules dans la poussière, je n'en doute pas; le dernier effort de mon bras ne m'aura pas trompé. Va, je t'en conjure, si le sang d'Atrée a jamais coulé dans tes veines, Hippomédon, va, jeune Arcadien, illustré par tes premiers combats, et toi Capanée, le plus brave de l'armée des Grecs! »

Tous sont émus; mais Capanée s'élance le premier, le premier il trouve le fils d'Astacus, couché sur la poussière. Il le relève respirant encore, et l'emporte sur son épaule gauche, que

Pectora Deilochi, Clonii latus, ilia torvi
Perforat Hippotadæ : truncis sua membra remittit
Interdum, galeasque rotat per nubila plenas.   700
Et jam corporibus sese, spoliisque cadentum
Clauserat : unum acies circum consumitur; unum
Omnia tela vovent : summis hæc ossibus hærent;
Pars frustrata cadunt, partem Tritonia vellit,
Multa rigent clypeo : densis jam consitus hastis   705
Ferratum quatit umbo nemus, tergoque fatiscit
Atque humeris gentilis aper : nusquam ardua coni
Gloria, quique apicem torvæ Gradivus habebat
Cassidis, haud lætum domino ruit omen : inusta
Temporibus nuda æra sedent, circumque sonori   710
Vertice percusso volvuntur in arma molares.
Jam cruor in galea, jam saucia proluit ater
Pectora permixtus sudore et sanguine torrens.
Respicit hortantes socios et Pallada fidam,
Longius opposita celantem lumina parma :   715
Ibat enim magnum lacrimis inflectere patrem.

Ecce secat Zephyros ingentem fraxinus iram
Fortunamque ferens : teli non eminet auctor.
Astacides Menalippus erat; nec prodidit ipse,
Et vellet latuisse manum : sed gaudia turmæ   720
Monstrabant trepidum : nam flexus in ilia Tydeus

Submissum latus, et clypei laxaverat orbem.
Clamorem Aonii miscent gemitumque Pelasgi,
Objectantque manus, indignantemque tuentur.
Ille per oppositos, longe rimatus, amarum,   725
Astaciden, totis animæ se cogit in ictum
Relliquiis, telumque jacit, quod proximus Hopleus
Præbuerat : perit expressus conamine sanguis.
Tunc tristes socii cupidum bellare, (quis ardor!)
Et poscentem hastas, mediaque in morte negantem   730
Exspirare, trahunt, summique in margine campi,
Effultum gemina latera inclinantia parma
Ponunt, ac sævi rediturum ad prælia Martis
Promittunt flentes : sed et ipse recedere cœlum,
Ingentesque animos extremo frigore labi   735
Sensit, et innixus terræ, « Miserescite, clamat,
Inachidæ : non ossa precor referantur ut Argos,
Ætolumve larem : nec enim mihi cura supremi
Funeris : odi artus, fragilemque hunc corporis usum
Desertorem animi : caput, o caput, o mihi si quis   740
Apportet, Menalippe, tuum ! nam volveris arvis :
Fido equidem; nec me virtus suprema fefellit.
I, precor, Atrei si quid tibi sanguinis unquam,
Hippomedon : vade, o primis puer inclyte bellis
Arcas! et Argolicæ Capaneu jam maxime turmæ. »   745

rougit de sang la blessure rouverte à chaque secousse. Tel le dieu de Tirynthe revint de l'antre d'Arcadie, emportant, aux acclamations des Argiens, le sanglier qu'il avait pris.

Tydée se dresse, et son regard vole au-devant de son ennemi ; il voit avec des transports de joie et de fureur cette bouche qui râle, ces yeux qui se ferment, et il se reconnaît dans ce guerrier expirant. Il ordonne qu'on tranche cette tête et qu'on la lui apporte ; il la prend de la main gauche, et contemple avec une joie féroce ces yeux hagards, que la mort n'a pas encore rendus immobiles.

Le malheureux était satisfait ; l'implacable Tisiphone exige davantage. Déjà Pallas revenait sans avoir pu fléchir son père, mais apportant au héros les honneurs de l'immortalité. Elle le voit tout couvert du sang de cette tête coupée, et souillant ses lèvres d'un sang tiède encore. Ses compagnons ne peuvent lui arracher sa proie. A cette vue la terrible Gorgone hérisse sa chevelure, ses serpents se dressent, et voilent le visage de la déesse. Elle fuit en détournant les yeux de ce spectacle, et ne rentre dans l'Olympe qu'après avoir purifié ses regards au feu d'une lampe mystérieuse et dans les flots limpides de l'Ilissus.

LIVRE IX.

La rage sanguinaire de Tydée remplit les Thébains de fureur et d'indignation. Pour les Grecs eux-mêmes, le regret de sa perte en est affaibli ; ils le condamnent, et déplorent qu'il ait dépassé les droits de la haine. Toi-même, ô Mars, ô le plus implacable des Dieux, bien qu'acharné en ce moment à l'œuvre du carnage, on dit qu'indigné d'une pareille férocité, tu détournas les yeux et fis rebrousser tes chevaux épouvantés.

Aussi, pour venger le cadavre de Ménalippe profané par une atroce morsure, la jeunesse cadméenne s'agite avec la même fureur que si les ossements de leurs pères avaient été troublés dans leurs tombeaux, et leurs cendres jetées à des monstres cruels. Le roi lui-même enflamme ses guerriers : « Est-il encore un seul Grec qui soit accessible à la pitié et qui porte un cœur d'homme ? O fureur ! ont-ils donc à ce point rassasié leurs armes de sang, qu'il leur faille déchirer avec leurs dents des membres encore chauds ! Ne vous semble-t-il pas que vous faites la guerre aux tigres d'Hyrcanie ? que vous marchez contre les lions farouches de la Libye ? Et maintenant le voilà ce guerrier qui, étendu à terre, tient entre ses dents la tête de son ennemi. O glorieuse consolation du trépas ! il meurt joyeux de souiller de sang ses lèvres sacriléges ! Moins cruels, nous combattons, nous, avec des glaives, avec des torches ; eux, avec la haine seule ; leur férocité n'a pas besoin d'autres armes. O le plus grand des Dieux ! tu les vois se porter à cet excès de rage, et ils jouissent de la clarté du jour ! Il est vrai qu'ils se plaignent de ce que la terre s'entr'ouvre ; ils gémissent de la voir fuir sous leurs pas... Le sol même qui les a vus naître voudrait-il donc les

Moti omnes : sed primus abit, primusque repertum
Astaciden medio Capaneus e pulvere tollit
Spirantem, lævaque super cervice reportat,
Terga cruentantem concussi vulneris unda.
Qualis ab Arcadio rediit Tyrinthius antro, 750
Captivumque suem clamantibus intulit Argis.
 Erigitur Tydeus, vultuque occurrit, et amens
Lætitiaque, iraque, ut singultantia vidit
Ora, trahitque oculos, seseque agnovit in illo :
Imperat abscisum porgi, lævaque receptum 755
Spectat atrox hostile caput, gliscitque tepentis
Lumina torva videns, et adhuc dubitantia figi.
 Infelix contentus erat : plus exigit ultrix
Tisiphone : jamque inflexo Tritonia patre
Venerat, et misero decus immortale ferebat ; 760
Atque illum effracti perfusum tabe cerebri
Adspicit, et vivo scelerantem sanguine fauces.
Nec comites auferre valent : stetit aspera Gorgo
Crinibus emissis, rectique ante ora cerastæ
Velavere Deam : fugit aversata jacentem, 765
Nec prius astra subit, quam mystica lampas, et insons
Ilissos multa purgavit lumina lympha.

LIBER NONUS.

Asperat Aonios rabies audita cruenti
Tydeos : ipsi etiam minus ingemuere jacentem
Inachidæ, culpantque virum, et rupisse queruntur
Fas odii : quin te, Divum implacidissime, quamquam
Præcipuum tunc cædis opus, Gradive, furebas,
Offensum virtute ferunt : nec cominus ipsum
Ora, sed et trepidos retro torsisse jugales.
 Ergo profanatum Menalippi funus acerbo
Vulnere non aliis ultum Cadmeia pubes
Insurgunt stimulis, quam si turbata sepulcris 10
Ossa patrum, monstrisque datæ crudelibus urnæ.
Accendit rex ipse super : « Quisquamne Pelasgis
Mitis adhuc, hominemque gerit ? Jam morsibus uncis
(Pro furor ! usque adeo tela exsatiavimus ?) artus
Dilacerant : nonne Hyrcanis bellare putatis 15
Tigribus ? aut sævos Libyæ contra ire leones ?
Et nunc ille jacet (pulchra o solatia leti !)
Ore tenens hostile caput, dulcique nefandus
Immoritur tabo : nos ferrum mite, facesque :
Illis nuda odia, et feritas jam non eget armis. 20
Sic peragant rabidi, claraque hac luce fruantur,
Dum videas hæc, summe pater : sed enim hiscere campos
Conquesti, terræque fugam miserantur : an istos
Vel sua portet humus ? » Magno sic fatus agebat
Procursu fremituque viros : furor omnibus idem 25
Tydeos invisi spoliis, raptoque potiri
Corpore : non aliter subtexunt astra catervæ

porter? » Il dit, et ces paroles augmentent l'ardeur et le frémissement des soldats. Une même fureur les anime, tous brûlent de s'emparer du corps et des dépouilles de l'odieux Tydée. Tels obscurcissent l'air de leurs rangs serrés ces oiseaux impurs à qui les vents ont apporté de loin des émanations fétides, et l'odeur des cadavres abandonnés sans sépulture: avides de carnage, ils se précipitent avec des cris aigus; l'air retentit du battement de leurs ailes, et les autres oiseaux, plus faibles, leur abandonnent le ciel.

La Renommée vagabonde parcourt la plaine et sème ce bruit dans tous les rangs : son vol n'est jamais plus rapide que quand elle annonce le malheur. Bientôt elle porte cette nouvelle à celui qui doit le plus la redouter, elle la jette aux oreilles incertaines de Polynice : il reste stupéfait; ses larmes prêtes à couler s'arrêtent; il hésite à croire à un pareil malheur. La valeur bien connue du fils d'Œnée est à la fois un motif qui lui persuade et lui défend de croire à sa mort. Mais sitôt qu'un témoin irrécusable lui eut confirmé cette perte, un sombre nuage voila ses yeux et sa raison, son sang se glaça, ses membres tombèrent sans force et laissèrent échapper ses armes. Son casque est mouillé de pleurs, et son bouclier glisse sur ses bottines. Il s'avance tristement, ayant peine à se soutenir, traînant derrière lui sa lance, comme si, appesanti par mille blessures, il avait épuisé ses forces. Ses compagnons le soutiennent, et lui montrent, en gémissant, le corps de Tydée. A cette vue, il jette ses armes qu'il portait avec effort; il se précipite sur le corps inanimé de son noble ami, et verse des larmes avec ces tristes paroles : « Voilà donc ma reconnaissance pour toi, ô Tydée ! le plus ferme soutien de ma cause ! voilà le digne prix que je t'ai payé ! Ton cadavre est étendu sur la terre odieuse de Cadmus, et moi je vis ! Ah ! c'est maintenant que je suis exilé, proscrit pour toujours, puisque j'ai perdu, malheureux que je suis ! un autre frère, meilleur que celui que m'a donné la nature. Non, je ne réclame plus les anciens droits que je tenais du sort, et cette couronne criminelle qu'a souillée le parjure. Voudrais-je d'une joie achetée si cher, d'un sceptre que je ne recevrais pas de ta main? Allez, guerriers, laissez-moi seul en présence de mon barbare frère. Il n'est plus besoin de tenter le sort des armes, de verser inutilement tant de sang; allez, je vous en supplie. Quel bien plus précieux pouvez-vous encore m'offrir? J'ai perdu Tydée. Par quelle mort expierai-je ma faute? O Adraste! ô Argiens! ô l'heureuse querelle qui nous mit les armes à la main, dans cette nuit où nous nous vîmes pour la première fois ! O colère si vite éteinte, gage d'une longue amitié ! Pourquoi ton épée, ô brave Tydée (car tu le pouvais alors), ne m'a-t-elle pas immolé sur le seuil d'Adraste? Que dis-je? c'est pour moi que tu as bien voulu te rendre à Thèbes, dans le palais impie de mon frère, d'où nul autre que toi ne serait revenu; comme si tu étais allé réclamer pour toi-même les honneurs du sceptre. Déjà la Renommée ne parlait plus du pieux Télamon ni de Thésée. Voici couché sur la poussière un héros qui les égalait. Quelle est celle de tes blessures que j'oserai regarder la première? Comment distinguer ton sang de celui de l'ennemi? Combien n'a-t-il pas fallu de bataillons, combien d'innombrables phalanges, pour te

Incestarum avium, longe quibus aura nocentem
Aera, desertasque tulit sine funere mortes :
Illo avidæ cum voce ruunt, sonat arduus æther   30
Plausibus, et cœlo volucres cessere minores.
Fama per Aonium rapido vaga murmure campum
Spargitur in turmas, solito pernicior index
Quum lugenda refert; donec cui maxima fando
Damna vehit, trepidas lapsa est Polynicis ad aures. 35
Diriguit juvenis, lacrimæque hæsere paratæ,
Et cunctata fides : nimium nam cognita virtus
Œnidæ credi letum suadetque vetatque.
Sed postquam haud dubio clades auctore reperta est,
Nox oculos, mentemque rapit : tum sanguine fixo   40
Membra simul, simul arma ruunt : madet ardua fletu
Jam galea, atque ocreæ clypeum excepere cadentem.
It mœstus genua ægra trahens, hastamque sequentem,
Vulneribus ceu mille gravis, totosque per artus
Saucius : assistunt socii, monstrantque gementes. 45
Tandem ille abjectis, vix quæ portaverat, armis,
Nudus in egregii vacuum jam corpus amici
Procidit, et tali lacrimas cum voce profudit :

« Hasne tibi, armorum spes o suprema meorum,
Ounide, grates? hæc præmia digna rependi?   50
Nudus ut invisa Cadmi tellure jaceres
Sospite me? Nunc exsul ego æternumque fugatus,
Quando alius misero, ac melior mihi frater ademptus
Nec jam sortitus veteres, regnique nocentis
Perjurum diadema peto : quo gaudia tanti   55
Empta mihi? aut sceptrum, quod non tua dextera tradet?
Ite, viri, solumque fero me linquite fratri.
Nil opus arma ultra tentare, et perdere mortes :
Ite, precor : quid jam dabitis mihi denique majus?
Tydea consumpsi : quanam hoc ego morte piabo?   60
O soceri! o Argi! et primæ bona jurgia noctis,
Alternæque manus, et longi pignus amoris
Ira brevis : non me ense tuo tunc, maxime Tydeu,
Et poteras, nostri mactatum in limine Adrasti?
Quin etiam Thebas me propter, et impia fratris   65
Tecta libens, unde haud alius remeasset, adisti :
Ceu tibimet sceptra et proprios laturus honores.
Jam Telamona pium, jam Thesea fama tacebat.
Qualis et ecce jaces? quæ primum vulnera mirer?
Quis tuus hic, quis ab hoste cruor? quæ te agmina, quive
Innumeri stravere globi? ni fallor, et ipse   70
Invidit pater, et tota Mars impulit hasta. »

Sic ait, et mœrens etiamnum lubrica tabo

renverser? Si je ne me trompe, ton père lui-même a été jaloux de ton courage ; Mars t'a frappé de tout le poids de sa lance. »

Il dit, et baigne de larmes amères le visage sanglant du héros ; et, replaçant sa main sur son corps : « Hé quoi! s'écrie-t-il, tu portais à mes ennemis cette haine implacable, et je te survivrais ! » Dans son égarement, il avait tiré son épée du fourreau, et la tournait contre son sein. Ses compagnons l'arrêtent, Adraste le reprend avec douceur, et, lui rappelant les hasards et le sort des combats, il le console, le calme, et l'éloigne peu à peu de ces restes chéris, qui provoquent sa douleur et allument dans son cœur le désir de la mort; tout en lui parlant, il remet sans qu'il le voie le glaive dans le fourreau. On l'entraîne. Tel un taureau oisif, qui a perdu le compagnon de ses travaux, abandonne au milieu du champ le sillon inachevé, et se laisse conduire la tête baissée, traînant une partie du joug, tandis que le laboureur soutient l'autre en pleurant.

Soudain, à la voix d'Étéocle qui les guide, se précipite une troupe choisie de jeunes guerriers contre lesquels ni Pallas ni Mars n'auraient dédaigné de se mesurer dans le combat. Hippomédon, le bouclier serré contre la poitrine, la lance en arrêt, les attend de pied ferme. Tel un rocher battu par les flots brave et les tempêtes du ciel, et le courroux de la mer qui se brise à ses pieds. Il s'élève immobile au milieu de toutes ces menaces; l'Océan lui-même redoute ses flancs hérissés, et, du milieu de la mer, les vaisseaux le reconnaissent avec effroi. Alors Étéocle le premier, s'armant d'un énorme javelot : « N'avez-vous pas honte, s'écrie-t-il, de défendre en présence des Dieux, à la face du ciel, ces mânes impies, ce cadavre qui déshonore la guerre? Oh! le digne prix de vos travaux, le glorieux exploit d'ensevelir cette bête féroce! de le ramener à Argos, pour qu'il obtienne les larmes solennelles des funérailles, et qu'il rejette sur le lit funèbre l'horrible sang dont il s'est gorgé! Laissez là ce soin. Ni les oiseaux de proie, ni les monstres impies, ni même les saintes flammes du bûcher, ne dévoreraient sa dépouille, si elle leur était livrée. »

Il ne dit que ces mots, et lance contre Hippomédon son long javelot, qui, arrêté par la dureté de l'airain, le traverse cependant, et se fixe dans le second cercle du bouclier. Phères et le bouillant Lycus suivent son exemple. Le trait de Phères revient sans force ; Lycus effleure le casque, que surmonte une formidable aigrette : coupée par la pointe du dard, la crinière vole au loin, et le casque apparaît dépouillé de son ornement. Le héros ne recule point, il ne se précipite pas au-devant des traits; mais toujours ferme au même endroit, il fait face à ses ennemis, se porte en avant, se replie, et jamais ne s'abandonne à son ardeur. Par de rapides mouvements, il protége le corps de son ami, et, sans le quitter, tantôt voltige autour de lui, tantôt le couvre de son bouclier. Avec moins d'ardeur une génisse, devenue mère pour la première fois, défend contre la fureur d'un loup son faible nourrisson, et promène autour de lui ses cornes menaçantes; sans crainte pour elle-même, oubliant sa faiblesse, elle écume, et, timide génisse, imite les plus fiers taureaux.

Enfin les traits cessent un moment de pleu-

Ora viri tergit lacrimis, dextramque reponit.
« Tune meos hostes hucusque exosus, et ultra 75
Sospes ego? » Exuerat vagina turbidus ensem,
Aptabatque neci : comites tenuere, socerque
Castigat, bellique vices ac fata revolvens
Solatur tumidum, longeque a corpore caro
Paulatim, unde dolor, letique animosa voluntas, 80
Amovet, ac tacite ferrum inter verba reponit.
Ducitur, amisso qualis consorte laborum
Deserit inceptum media inter jugera sulcum
Taurus iners, colloque jugum deforme remisso
Parte trahit, partem lacrimans sustentat arator. 85

Ecce autem hortatus Eteoclis, et arma secuti,
Lecta manus, juvenes, quos nec Tritonia bello,
Nec prope collata sprevisset cuspide Mavors,
Adventant : contra collecta ut pectora parmæ
Fixerat, atque hastam longe protenderat, hæret 90
Arduus Hippomedon : ceu fluctibus obvia rupes,
Cui neque de cœlo metus, et fracta æquora cedunt,
Stat cunctis immota minis : timet ipse rigentem
Pontus, et ex alto miseræ novere carinæ.
Tunc prior Aonides (validam simul elicit hastam) : 95
« Non pudet hos Manes, hæc infamantia bellum

Funera, Dis coram, et cœlo inspectante tueri ?
Scilicet egregius sudor memorandaque Virtus
Hanc tumulare feram! ne non mœrentibus Argos
Exsequiis lacrimandus eat, mollique feretro 100
Infandam ejectans saniem? dimittite curam.
Nullæ illum volucres, nulla impia monstra, nec ipse,
Si demus, pius ignis edat. » Nec plura : sed ingens
Intorquet jaculum, duro quod in ære moratum,
Transmissumque tamen clypei stetit orbe secundo. 105
Inde Pheres, acerque Lycus : sed cassa Pheretis
Hasta redit, Lycus excelso terrore comantem
Perstrinxit galeam : convulsæ cuspide longe
Diffugere jubæ, patuitque inglorius cassis.
Ipse nec ire retro, nec in obvia concitus arma 110
Exsilit, inque eadem sese vestigia semper
Obversus cunctis profert, recipitque, nec unquam
Longius indulget dextræ, motusque per omnes
Corpus amat : corpus servans, circumque, supraque
Vertitur. Imbelle m non sic amplexa juvencum 115
Infestante lupo, quum primum fœta tuetur
Mater, et ancipiti circumfert cornua gyro :
Ipsa nihil metuens, sexusque oblita minoris,
Spumat, et ingentes imitatur femina tauros.

voir sur lui, et il peut à son tour renvoyer ceux qu'on lui a lancés; car le Sicyonien Alcon, et le léger Idas, suivi de ses cohortes de Pise, étaient accourus à son secours et présentaient leur front à l'ennemi. Soutenu par eux, il lance contre les Thébains un énorme javelot de Lerne; le javelot part, aussi rapide dans son vol que la flèche, et, ne rencontrant point d'obstacle, traverse Politès par le milieu du corps, et perce le bouclier de l'infortuné Mopsus, placé auprès de lui. Hippomédon immole ensuite Cydon de Phocée, Phalante de Tanagre, Éryx au moment où, sans s'attendre au coup mortel, il tourne la tête pour demander des traits. Frappé au cou par derrière, il s'étonne, en mourant, de sentir dans sa gorge un trait qu'il n'a point reçu dans la bouche; il murmure, et le sang qui jaillit le couvre tout entier. Ses dents sautent, chassées par la pointe du javelot. Léontée, caché derrière les armes des combattants, avait osé porter furtivement la main sur le cadavre, qu'il entraînait par la chevelure. Hippomédon le voit, et, quoique de toutes parts le fer menace sa tête, il abat du tranchant de son épée cette main audacieuse; en même temps il l'apostrophe ainsi: « C'est Tydée, Tydée lui-même qui te ravit ta main; crains désormais les dépouilles des guerriers qui ont accompli leur destin; garde-toi, malheureux, de toucher à leurs mânes illustres. » Trois fois les phalanges cadméennes entraînent le terrible cadavre, trois fois les Grecs le leur arrachent. Tel un vaisseau, au milieu des flots révoltés de la mer de Sicile, erre au hasard malgré les efforts du pilote, et, obéissant à la voile qui tourne, revient toujours sur ses propres sillons.

Tous les guerriers de Thèbes n'auraient pu faire reculer Hippomédon; le choc des machines de guerre ne l'aurait point ébranlé, et les plus terribles masses lancées du haut des tours eussent été sans force contre son bouclier. Mais la cruelle Tisiphone, qui se rappelle les ordres du roi de l'Élysée et n'a pas oublié les crimes de Tydée, se glisse adroitement au milieu du champ de bataille. Les combattants sentent l'effet de sa présence: un frisson soudain court dans les membres des chevaux et des guerriers, quoiqu'elle eût rendu son extérieur moins terrible en prenant la forme du Grec Halys. Elle n'a plus ni ses feux cruels ni ses fouets, les serpents de sa chevelure, dociles à ses ordres, ont interrompu leurs sifflements; elle porte des armes, et vient se ranger à côté du farouche Hippomédon. Sa voix et son regard sont pleins de douceur; cependant le héros a peur de son visage, et s'étonne lui-même de sa frayeur. Les larmes aux yeux, elle lui dit: « O illustre guerrier, pendant que tu protéges ici inutilement les restes inanimés de nos compagnons et leurs cadavres sans sépulture (quelle crainte est la nôtre? quel vain souci du tombeau nous agite?), Adraste lui-même, surpris par une troupe de Thébains, est entraîné prisonnier, et c'est toi avant tout autre, toi qu'il invoque du geste et de la voix. Hélas! je l'ai vu tomber dans le sang; j'ai vu dépouiller ses cheveux blancs de son diadème mis en pièces. Ne cherche pas bien loin, tourne les yeux vers ce groupe de combattants, là où s'élève cette épaisse poussière. » Le héros, incertain, s'arrête un moment, partagé entre deux craintes égales. La vierge cruelle le presse: « Pourquoi hésiter? courons.

Tandem intermissa jaculantum nube potestas 120
Reddere tela fuit: namque et Sicyonius Alcon
Venerat auxilio, Pisæaque præpetis Idæ
Turba subit, cuneumque replent: his fretus in hostes
Lernæam jacit ipse trabem: volat illa sagittis
Æqua fuga, mediumque nihil cunctata Politen 125
Transabit, et juncti clypeum cavat improba Mopsi.
Phocea tunc Cydona, Tanagræumque Phalantum,
Atque Erycem, hunc retro conversum, et tela petentem,
Dum spes nulla necis, crinito a vertice figit.
Faucibus ille cavis hastam non ore receptam 130
Miratur moriens, pariterque et murmure plenus
Sanguis, et expulsi salierunt cuspide dentes.
Ausus erat furto dextram injectare Leonteus
Pone viros atque arma latens, positumque trahebat
Prenso crine caput: vidit, quamquam undique crebræ 135
Hippomedon ante ora minæ, sævoque protervam
Abstulit ense manum; simul increpat: « Hanc tibi Tydeus,
Tydeus ipse rapit: post et confecta virorum
Fata time, magnosque miser fuge tangere manes. »
Ter Cadmæa phalanx torvum abduxere cadaver, 140
Ter retrahunt Danai. Siculi velut anxia puppis
Seditione maris, nequicquam obstante magistro,
Errat, et averso redit in vestigia velo.
  Non ibi Sidoniæ valuissent pellere cœpto
Hippomedonta manus: non illum impacta moverent 145
Tormenta opposita, formidatique superbis
Turribus impulsus tentato umbone redissent.
Sed memor Elysii regis, noxasque retexens
Tydeos, in medios astu subit impia campos
Tisiphone: sensere acies, subitusque cucurrit 150
Sudor equis, sudorque viris: quamquam ore remisso
Inachium fingebat Halyn: nusquam impius ignis,
Verberaque, et jussi tenuere silentia crines.
Arma gerit, juxtaque feri latus Hippomedontis
Blanda genas, vocemque venit: tamen ille loquentis 155
Extimuit vultus, admiraturque timorem.
Ille autem lacrimans, « Tu nunc, ait, inclyte, frustra
Exanimes socios, inhumataque corpora Graium,
(Scilicet is nobis metus? aut jam cura sepulcri?)
Protegis; ipse manu Tyria tibi captus Adrastus 160
Raptatur, teque ante alios, te voce, manuque
Invocat: heu qualem lapsare in sanguine vidi,
Exutum canos lacero diademate crines!
Ne procul hinc, adverte oculos: ubi plurimus ille
Pulvis, ubi ille globus. » Paulum stetit anxius heros, 165

Quoi! ces mânes insensibles te retiendraient? La vie d'Adraste a-t-elle moins de prix à tes yeux? »

A ces mots, Hippomédon confie à ses compagnons sa triste tâche, et les combats qu'il soutenait pour elle. Il abandonne son fidèle ami, mais non sans se retourner encore, et prêt à s'élancer de nouveau, si ses compagnons le rappellent. Puis il suit les traces confuses de la farouche déesse; il court vainement de côté et d'autre, et s'égare sur ses pas. Enfin la cruelle Euménide, jetant son bouclier, disparaît à ses yeux, et laisse tomber son casque, soulevé par ses innombrables serpents.

Le nuage s'est dissipé, et le malheureux Hippomédon aperçoit les Grecs, que nul danger ne menace; Adraste est monté tranquillement sur son char. Déjà les Thébains se sont emparés du cadavre, déjà leurs acclamations attestent leur joie : ces cris de victoire volent et retentissent à ses oreilles, ils remplissent son cœur d'une profonde douleur. O cruel pouvoir du destin! le voilà entraîné sur la terre ennemie, ce même Tydée qui naguère poursuivait les bataillons thébains, et, soit qu'il combattît à pied, soit qu'il secouât les rênes ondoyantes de son char, s'ouvrait partout un large passage. Il n'a plus d'armes entre ses mains; ses bras retombent languissamment; le héros a dépouillé son courage farouche. Quel plaisir pour les Thébains de frapper impunément ces traits contractés par la mort, ce visage redoutable! Tous ont un même désir; tous, lâches et courageux, veulent illustrer leurs bras; ils gardent leurs traits trempés dans son sang, pour les montrer à leurs femmes et à leurs jeunes enfants.

Ainsi, lorsqu'un lion, qui ravageait les campagnes de Mauritanie, et tenait depuis longtemps les troupeaux captifs et les bergers sur l'éveil, succombe enfin sous les coups des chasseurs dont sa défense a épuisé les forces, le hameau se réjouit, les laboureurs accourent en poussant de grands cris; ils arrachent sa crinière; ils ouvrent sa gueule immense; ils attachent sa dépouille au faîte d'un temple, ou la suspendent comme un trophée dans un bois antique, et ils se plaisent à raconter tout le mal qu'il leur a fait.

Le farouche Hippomédon s'aperçoit que désormais tout secours est inutile, et qu'il est trop tard pour tenter de ressaisir le corps de son ami. Il s'élance cependant, et, sans que rien puisse l'arrêter, il fait voltiger autour de lui sa foudroyante épée. Il ne distingue plus amis ni ennemis, si quelque obstacle s'oppose à son passage; et bientôt, souillée par ce nouveau carnage, la terre glisse sous ses pas. Les armes, les guerriers expirants, les chars brisés embarrassent sa marche, ralentie encore par la blessure que le javelot du roi de Thèbes lui a faite à la cuisse gauche, qu'il avait dissimulée dans l'ardeur du combat, ou qu'alors il n'avait pas sentie. Enfin il aperçoit Hoplée accablé de douleur, Hoplée, le fidèle compagnon du grand Tydée, et naguère, mais en vain, son écuyer. Il menait son coursier, qui, la tête penchée, ignorait le destin de son

---

Librabatque metus : premit aspera virgo : « Quid hæres?
Imus? an hi retinent manes? et vilior ille
Qui superest? » Miserum sociis opus, et sua mandat
Prælia, et unanimi vadit desertor amici,
Respiciens tamen, et, revocent si forte, paratus.   170
Inde legens turbata trucis vestigia Divæ,
Huc illuc frustra ruit avius : impia donec
Eumenis ex oculis rejecta cœrula parma
Fugit, et innumeri galeam rupere cerastæ.
Adspicit infelix discussa nube quietos   175
Inachidas, currumque nihil metuentis Adrasti.
Et Tyrii jam corpus habent : jam gaudia magnæ
Testantur voces : victorque ululatus aderrat
Auribus, occultoque ferit præcordia luctu.
Ducitur hostili (pro dura potentia fati!)   180
Tydeus ille solo, modo cui Thebana sequenti
Agmina, sive gradum, seu frena effunderet, ingens
Limes utrimque patuit : nusquam arma, manusque quie-
Nulla viri feritas : juvat ora rigentia leto,   [scunt.
Et formidatos impune lacessere vultus.   185
Hic amor, hoc una timidi, fortesque sequuntur
Nobilitare manus, infectaque sanguine tela
Conjugibus servant, parvisque ostendere natis.

Sic ubi Maura diu populatum rura leonem,
Quem propter clausique greges, vigilantque magistri, 190
Pastorum lassæ debellavere cohortes;
Gaudet ager, magno subeunt clamore coloni,
Præcerpuntque jubas, immaniaque ora recludunt,
Damnaque commemorant, seu jam sub culmine fixus
Excubat, antiquo seu pendet gloria luco.   195
At ferus Hippomedon, quamquam jam sentit inane
Auxilium, et seram rapto pro corpore pugnam,
It tamen, et cæcum rotat irrevocabilis ensem.
Vix socios hostemque, nihil dum tardet euntem,
Secernens : sed cæde nova jam lubrica tellus,   200
Armaque, seminecesque viri, currusque soluti
Impediunt, lævumque femur, quod cuspide fixum
Regis Echionii, seu dissimulaverat ardens,
Sive ibi nescierat : mœstum videt Hoplea tandem.
Tydeos hic magni fidus comes, et modo frustra   205
Armiger : alipedem prona cervice tenebat
Fatorum ignarum domini, solumque frementem
Quod vacet : inque acies audentior ille pedestres,
Hunc aspernantem tumido nova pondera tergo
(Unam quippe manum domitis expertus ab annis)   210
Corripit, affaturque : « Quid o nova jussa recusas,
Infelix sonipes? nusquam tibi dulce superbi
Regis onus : non jam Ætolo satiabere campo,
Gaudentemque jubam per stagna Acheloia solves.
Quod superest, caros, i, saltem ulciscere manes,   215
Aut sequere; extorrem neu tu quoque læseris umbram
Captivus, tumidumque equitem post Tydea portes. »

maître, mais frémissait indigné de son inaction. Hippomédon le saisit, et, plus audacieux, s'élance avec lui contre l'infanterie thébaine; le cheval se cabre et refuse de porter un poids inaccoutumé; car dès ses jeunes ans, dompté par Tydée, il n'avait obéi qu'à sa main. Le héros lui adresse ces paroles : « Pourquoi refuses-tu d'obéir à de nouveaux ordres, malheureux coursier? Tu ne sentiras plus le poids si doux de ton maître superbe; tu ne reverras plus les verts pâturages de l'Étolie, ni les rives de l'Achéloüs, où tu secouais avec orgueil ta flottante crinière. Il ne te reste plus qu'à venger les mânes chéris du héros, ou à le suivre. Va donc, et n'afflige pas encore son ombre exilée en tombant au pouvoir de l'ennemi. Voudrais-tu, après avoir porté Tydée, devenir la monture de quelque orgueilleux cavalier? » On dirait que le fidèle animal l'entend et s'enflamme à sa voix. Rapide comme la foudre, il emporte Hippomédon, et, reconnaissant dans la main qui le guide la vigueur de Tydée, il cesse de s'indigner.

Tel du sommet de l'Ossa un sauvage centaure se précipite dans la vallée, les forêts profondes redoutent l'homme, la plaine redoute le cheval. Ainsi les Thébains épouvantés se pressent dans leur fuite haletante. Hippomédon fond sur eux, et, de ses coups rapides et imprévus, il moissonne les têtes des guerriers et laisse derrière lui leurs troncs sanglants.

On était arrivé près de l'Ismène : le fleuve avait alors franchi ses rives accoutumées, présage de malheur, et roulait avec effort la masse de ses ondes. C'est là que, pour respirer un moment, les timides bataillons, lassés de fuir dans la plaine, ont dirigé leur course. L'onde s'étonne d'offrir un refuge à la guerre, et s'éclaire du reflet brillant des armes. Les Thébains se sont élancés dans les flots; sous leurs pieds la terre s'écroule avec fracas, et les deux rives disparaissent sous un nuage de poussière. D'un bond plus impétueux, Hippomédon se précipite dans l'onde à la poursuite de ses ennemis épouvantés, sans lâcher les rênes et tout armé. Seulement il confie au tronc d'un peuplier ses javelots, qu'il avait d'abord plantés sus le vert gazon. Alors les Thébains, glacés par la terreur, abandonnent leurs armes au courant qui les entraîne; d'autres détachent leurs casques, et, aussi longtemps qu'ils peuvent avec effort retenir leur haleine, se cachent honteusement sous les eaux; un grand nombre s'efforce de traverser le fleuve à la nage; mais les liens de leur chaussure, le baudrier attaché à leurs flancs les retiennent, et s'opposent à leurs mouvements, et leur cuirasse trempée les submerge.

Telle est, dans les abîmes de la mer agitée, la terreur des poissons, lorsqu'ils voient un dauphin plonger dans le gouffre et en visiter les retraites profondes; tous fuient au fond des eaux, se pressent tremblants sous les algues verdoyantes, et ne reparaissent qu'après l'avoir vu remonter à la surface, et quitter cette vaine proie pour s'attaquer à un vaisseau.

Tel Hippomédon poursuit les Thébains en désordre, au milieu des flots. D'une main il gouverne ses rênes, de l'autre il dirige ses coups; et, nageant des pieds, il soulage son cheval, qui, habitué à fouler le sol, cherche en vain, de son sabot flottant, à atteindre le sable du lit profond. Ion est renversé par Chromis, Chromis par Antiphus, Antiphus par Hypsée; Hypsée renverse encore Astyage et Linus : Linus atteignait déjà le bord, et était sauvé; mais les Parques ne le permettent pas; dès les premiers fils de la trame qui lui était destinée, il lui a été interdit de

---

Audisse, accensumque putes : hoc fulmine raptum
Abstulit, et similes minus indignatur habenas.
   Semifer aeria talis centaurus ab Ossa   220
Desilit in valles : ipsum nemora alta tremiscunt,
Campus equum : trepidi cursu glomerantur anhelo
Labdacidæ : premit ille super, nec opinaque ferro
Collaque metens linquit truncos post terga cadentes
   Ventum erat ad fluvium : solito tunc plenior alveo, 225
Signa mali, magna se mole Ismenos agebat.
   Illa brevis requies; illo timida agmina lassam
De campis egere fugam : stupet hospita belli
Unda viros, claraque armorum incenditur umbra.
Insiluere vadis : magnoque fragore solutus   230
Agger, et adversæ latuerunt pulvere ripæ.
Ille quoque hostili saltu majore per undas
Irruit attonitis, (longum dimittere habenas)
Sicut erat, tantum viridi defixa parumper
Cespite, populeo commendat spicula trunco.   235
Tunc vero exanimes tradunt rapientibus ultro

Arma vadis : alii dimissa casside, quantum
Tendere conatus animæ valuere sub undis,
Turpe latent : multi fluvium transmittere nando
Aggressi; sed vincta tenent, laterique repugnant   240
Balteus, et madidus deducit pectora thorax.
   Qualis cœruleis tumido sub gurgite terror
Piscibus, arcani quoties devexa profundi
Scrutantem delphina vident : fugis omnis in imos
Turba lacus, viridesque metu stipantur in algas;   245
Nec prius emersi, quam summa per æquora flexus
Emicet, et visis malit certare carinis.
   Talis agit sparsos, mediisque in fluctibus heros
Frena manu pariter, pariter regit arma, pedumque
Remigio sustentat equum; consuetaque campo   250
Fluctuat, et mersas levis ungula quærit arenas.
Sternit Iona Chromis, Chromin Antiphos, Antiphon Hyp-
Hypseus Astyagen, evasurumque relicto   [seus,
Amne Linum, ni fata vetent, et stamine primo
Ablatum tellure mori : premit agmina Thebes   255

mourir sur la terre. Hippomédon poursuit les bataillons de Thèbes ; Hypsée, fils d'Asope, met en fuite les Grecs. Tous deux font trembler le fleuve, tous deux teignent ses ondes d'un sang épais, et ni l'un ni l'autre (tel est l'arrêt des destins) n'en doit sortir.

Déjà les membres déchirés roulent dans le courant rapide, et les têtes et les bras que le fer a coupés vont rejoindre les troncs. Déjà l'onde emporte les javelots, les boucliers légers, les arcs détendus et les casques qui surnagent, soutenus par les aigrettes. La surface du fleuve est couverte au loin d'armes flottantes, et le lit est jonché de cadavres. C'est là que les guerriers expirants luttent contre la mort, et exhalent leur dernier soupir, étouffé par les flots.

Entraîné par le courant, le jeune Agrius avait saisi un ormeau qui bordait le fleuve ; le farouche Ménécée abat avec son glaive les belles épaules du guerrier. Il tombe, mais sans lâcher prise ; et, mutilé, il regarde ses mains suspendues aux rameaux élevés. La lance d'Hypsée fait à Sagès une énorme blessure et le porte au fond de l'eau ; le corps y reste, le sang revient seul à la surface. Agénor s'élance de la rive, pour ressaisir son frère : l'infortuné ! il le tient, mais serré étroitement par le guerrier blessé, il s'enfonce en voulant le soulever ; il aurait pu se détacher de ses bras et remonter à la surface, mais il a honte de revenir sans son frère. Chalétus, le bras levé et menaçant, allait frapper ; l'eau du fleuve le saisit dans un tourbillon rapide, et l'engloutit. Déjà son visage et sa chevelure ont disparu ; on n'aperçoit plus ses mains, son épée descend la dernière au fond de l'abîme. La mort sous mille formes poursuit ces malheureux. Un javelot de Mycalèse s'enfonce dans le dos d'Agyrte ; il se retourne, et cherche en vain la main qui l'a frappé ; emportée par le cours du fleuve, la lance, dans sa fuite, avait trouvé du sang à répandre.

Le cheval vigoureux de Tydée est blessé entre les épaules ; il bondit sous le coup mortel, se dresse, et frappe l'air. Bien qu'au milieu des flots, son guide ne se trouble pas ; ému de pitié, il arrache, en gémissant, le trait de sa profonde blessure, et lâche les rênes. Puis, à pied, il retourne au combat, et, la marche plus assurée, la main plus ferme, il renverse sous ses coups multipliés le timide Nomius, le brave Mimas, Lichas de Thisbé, Lycétus d'Anthédon, et l'un des deux jumeaux fils de Thespis ; l'autre, Panémus, réclamait le même sort : « Tu lui survivras ! s'écrie le héros ; va seul dans les murs de l'odieuse Thèbes ; désormais tu n'offriras plus à tes malheureux parents une image trompeuse. O Dieux, grâces vous soient rendues de ce que Bellone aux bras sanglants a transporté le combat dans ce fleuve rapide ; les lâches sont entraînés par les ondes du fleuve de leur patrie. L'ombre plaintive de Tydée, privé de sépulture, ne viendra pas gémir autour de vos bûchers. Vous irez servir de pâture aux horribles monstres des mers ; lui, au moins, repose sur le sein de la terre, et son corps en se dissolvant retournera à ses premiers éléments. »

Ainsi Hippomédon poursuit les Thébains, et joint à ses coups de cruelles insultes. Tantôt, l'épée à la main, il frappe avec fureur ; tantôt, saisissant les traits qui surnagent, il les lance à l'ennemi. Il abat Théron, le compagnon de la chaste Diane ; le laboureur Gyas avec le nauton-

Hippomedon, turbat Danaos Asopius Hypseus :
Amnis utrumque timet : crasso vada mutat uterque
Sanguine, et fluvio neutri fatale reverti.
   Jam laceri pronis volvuntur cursibus artus,
Oraque, et abscisæ redeunt in pectora dextræ.   260
Spicula jam clypeosque leves arcusque remissos
Unda vehit, galeasque vetant descendere cristæ.
Summa vagis late sternuntur flumina telis,
Ima viris : illic luctantur corpora leto,
Efflantesque animas retro premit obvius amnis.   265
   Flumineam rapiente vado puer Agrius ulmum
Prenderat, insignes humeros ferus ense Menœceus
Amputat : ille cadens, nondum conamine adempto,
Truncus in excelsis spectat sua brachia ramis.
Hypseos hasta Sagen ingenti vulnere mersit :   270
Ille manet fundo, rediit pro corpore sanguis.
Desiluit ripis fratrem rapturus Agenor
Heu miser, et tenuit ; sed saucius ille levantem
Degravat amplexu : poterat resolutus Agenor
Emersisse vadis, puduit sine fratre reverti.   275
Surgentem dextra Chaletum, vulnusque minantem
Sorbebat rapidus nodato gurgite vortex :
Jam vultu, jam crine latet, jam dextera nusquam,
Ultimus abruptas ensis descendit in undas.
Mille modis leti miseros mors una fatigat.   280
Induit a tergo Mycalesia cuspis Agyrten :
Respexit, nusquam auctor erat ; sed, concita tractu
Gurgitis, effugiens invenerat hasta cruorem.
   Figitur et validos sonipes Ætolus in armos,
Exsiluitque alte vi mortis, et aera pendens   285
Verberat : haud tamen est turbatus flumine ductor :
Sed miseratur equum, magnoque e vulnere telum
Exuit ipse gemens, et sponte remisit habenas.
Inde pedes repetit pugnas, gressuque, manuque
Certior, et segnem Nomium, fortemque Mimanta,   290
Thisbæumque Lichan, Anthedoniumque Lycetum
Continuat ferro, geminosque e fratribus unum
Thespiaden : eadem poscenti fata Panemo,
« Vive superstes, ait, diræque ad mœnia Thebes
Solus abi, miseros non decepture parentes.   295
Di bene, quod pugnas rapidum dejecit in amnem
Sanguinea Bellona manu : trahit unda timentes
Gurgite gentili, nuda nec flebilis umbra
Stridebit vestros Tydeus inhumatus ad ignes.
Ibitis æquoreis crudelia pabula monstris :   300
Illum terra vehit, suaque in primordia solvit. »

rier Erginus; Hersès à la longue chevelure, et Créthée, intrépide matelot, qui bien des fois sur une frêle barque avait affronté les promontoires orageux de Capharée et les tempêtes de l'Eubée: mais qui peut résister aux destins? il roule dans les flots, la poitrine traversée par le fer. Hélas! dans quelles ondes vient-il faire naufrage!

Et toi aussi, ô Pharsalus, tandis que sur ton char élevé tu passes le fleuve, pour rejoindre tes compagnons, une lance dorienne te renverse. Avec toi périssent tes chevaux, que submergent ensemble la violence des ondes et les liens funestes du joug qui les unit.

Mais quels efforts ont dompté, au milieu des ondes soulevées, le grand Hippomédon? Pourquoi l'Ismène lui-même s'arma-t-il contre lui? O doctes Sœurs, faites-nous-le connaître, daignez nous l'apprendre; c'est à vous de porter vos regards en arrière, et de protéger les anciens souvenirs de la Renommée.

Issu du dieu Faune et d'une nymphe, fille de l'Ismène, le jeune Crénée se réjouissait de combattre dans les ondes maternelles. Le lit de ce fleuve, c'était son sol natal; c'est là qu'il avait vu le jour; ces rives verdoyantes avaient été son berceau. Aussi, persuadé que, près de l'Ismène, les terribles Sœurs ne pouvaient rien sur ses jours, il passait joyeusement d'une rive à l'autre, protégé par les flots caressants de son aïeul. L'onde soulève ses pas, soit qu'il cède au courant, soit qu'il traverse obliquement le fleuve; s'il remonte son cours, elle ne lui oppose aucun obstacle et revient sur elle-même. Avec moins de complaisance la mer cache jusqu'à la ceinture Glaucus, son hôte d'Anthédon. On dirait Triton s'élançant du milieu des ondes échauffées par l'été; on dirait Palémon, alors que, monté sur un dauphin, dont il stimule la lenteur, il se hâte d'accourir aux baisers de sa mère chérie.

Les armes vont bien à ses épaules, et sur son riche bouclier tout brillant d'or est gravée l'origine du peuple thébain. La vierge de Sidon, portée sur le dos d'albâtre du taureau caressant, n'est déjà plus effrayée de la mer, et ne serre plus ses cornes de ses mains délicates. L'onde effleure, en se jouant, la plante de ses pieds. Vous croiriez voir sur ce bouclier le taureau s'avancer, et fendre les flots. Le fleuve ajoute encore à l'illusion, tant sa couleur ressemble à celle de la mer.

Le jeune audacieux, de ses traits et de sa voix arrogante provoque Hippomédon : « Ce n'est pas ici le marais de Lerne, fécond en poisons, ni les ondes qu'Hercule a purgées de serpents! C'est un fleuve sacré, oui, un fleuve sacré que tu oses attaquer, un fleuve qui a nourri des Dieux. Malheureux! tu vas en recevoir la preuve! »

Sans répondre, Hippomédon marche à sa rencontre. L'Ismène lui oppose la masse plus serrée de ses flots, et retient son bras; le trait un moment arrêté part cependant, et va chercher l'âme du jeune guerrier jusque dans le centre de la vie : l'onde eut horreur de ce crime; forêts, qui ombragiez ces bords, vous pleurâtes, et les rives retentirent de sons plus lugubres. De sa bouche

---

Sic premit adversos, et acerbat vulnera dictis.
Ac nunc ense furit, nunc tela natantia raptans
Ingerit : innuptæ comitem Theronca Dianæ,
Ruricolamque Gyan, cum fluctivago Ergino,   305
Intonsumque Hersen, contemptoremque profundi
Crethea, nimbosam qui sæpe Caphareos arcem
Euboicasque hiemes parva transfugerat alno.
Quid non fata queant? trajectus pectora ferro
Volvitur in fluctus : heu cujus naufragus undæ!   310
 Te quoque sublimi transnantem flumina curru,
Dum socios, Pharsale, petis, resupinat ademptis
Dorica cuspis equis : illos violentia sævi
Gurgitis, infelixque jugi concordia mergit.   314
 Nunc age, quis tumidis magnum expugnaverit undis
Hippomedonta labor, cur ipse excitus in arma
Ismenos, doctæ nosse indulgete sorores :
Vestrum opus ire retro, et senium defendere famæ.
 Gaudebat Fauno nymphaque Ismenide natus
Maternis bellare tener Crenæus in undis :   320
Crenæus, cui prima dies in gurgite fido,
Et natale vadum, et virides cunabula ripæ
Ergo ratus nihil Elysias ibi posse sorores,
Lætus adulantem nunc hoc nunc margine ab illo
Transit avum : levat unda gradus, seu defluus ille,   325
Sive obliquus eat; nec quum subit obvius, ullas
Stagna dedere moras, pariterque revertitur amnis.
Non Anthedonii tegit hospitis inguina pontus
Blandior, æstivo nec se magis æquore Triton
Exerit, aut caræ festinus ad oscula matris   330
Quum remeat, tardumque ferit delphina Palæmon.
 Arma decent humeros, clypeusque insignis, et aur
Lucidus, Aoniæ cælatur origine gentis.
Sidonis hic blandi per candida terga juvenci
Jam secura maris, teneris jam cornua palmis   335
Non tenet : extremis alludunt æquora plantis.
Ire putes clypeo, fluctusque secare juvencum.
Adjuvat unda fidem, pelago nec discolor amnis.
 Tunc audax pariter telis, et voce proterva
Hippomedonta petit : « Non hæc fœcunda veneno   340
Lerna, nec Herculeis haustæ serpentibus undæ.
Sacrum amnem, sacrum, (et, miser, experiere,) Deumque
Altrices irrumpis aquas. » Nihil ille, sed ibat
Cominus : opposuit cumulo se densior amnis,
Tardavitque manum : vulnus tamen illa retentum   345
Pertulit, atque animæ tota in penetralia sedit.
Horruit unda nefas : silvæ flevistis utræque :
Et graviora cavæ sonuerunt murmura ripæ.
Ultimus ille sonus moribundo emersit ab ore,
« Mater! » in hanc miseri ceciderunt flumina vocem.   350
 At genitrix, cœtu glaucarum cincta sororum,

expirante sortit un dernier murmure : « Ma mère ! » et les flots étouffèrent sa voix.

Sa mère, qu'environnait la troupe des Naïades ses sœurs, frappée soudain de ce cri funeste, s'élance de la vallée transparente; furieuse, les cheveux épars, elle se meurtrit le visage et la poitrine : dans son affreux désespoir, elle déchire ses vêtements azurés. Dès qu'elle s'est élevée au-dessus des eaux, d'une voix tremblante elle appelle à plusieurs reprises Crénée : elle ne l'aperçoit nulle part; mais sur les flots surnage un triste indice, le bouclier de son fils, que reconnaît trop bien, hélas! cette mère infortunée. Le corps gît plus loin, à l'endroit où l'Ismène, ayant fini son cours, mêle ses eaux à celles de la mer. Ainsi souvent Alcyone gémit solitaire sur sa demeure flottante et humide, lorsque l'Auster cruel et l'envieuse Téthys ont ravi les gages de son amour et le nid toujours froid où ils reposaient.

Son fils n'est plus : alors elle se replonge dans le fleuve; cachée sous les flots, elle va de tous côtés, partout où l'onde ouvre à ses pas une route transparente; elle cherche, mais en vain, le cadavre du malheureux Crénée, et exhale des plaintes douloureuses. Souvent le fleuve troublé retarde ses pas, et un sang épais obscurcit sa vue; mais rien ne l'arrête : dans sa marche rapide, elle heurte les traits, les épées, soulève les casques, retourne les corps étendus dans le lit du fleuve, et, sans être effrayée de la mer, elle allait entrer dans l'empire de Doris, lorsque, émue de pitié, la troupe des Néréides poussa contre son sein maternel cette triste dépouille, que déjà elles avaient saisie. La malheureuse mère serre dans ses bras son fils comme s'il était encore vivant; elle l'emporte, le dépose sur les rives du fleuve, essuie avec ses cheveux le visage du jeune guerrier, et laisse échapper ces gémissements lugubres :

« Voilà donc la faveur que tu reçois des demi-dieux tes parents, et de ton immortel aïeul ! C'est ainsi que tu règnes sur nos ondes ! O malheureux ! plus douce pour toi fut une terre étrangère et indifférente, plus douce la vague de la mer qui a ramené ton corps vers le fleuve, et qui semblait attendre une mère infortunée. Sont-ce là les traits de mon visage? Est-ce là le regard terrible de ton père et la chevelure ondoyante de ton aïeul? O mon fils, jadis l'ornement de nos ondes et l'orgueil de nos bois, tant que tu as vécu j'étais l'égale des grandes déesses, et les Nymphes me reconnaissaient pour leur reine. Hélas! où est maintenant cette cour nombreuse qui se pressait sur le seuil de ta mère? Où sont ces Napées qui aspiraient à servir sous tes lois? Et moi, que les gouffres de la mer auraient dû bien plutôt engloutir, pourquoi, hélas! ô Crénée, te rapporté-je dans mes bras, non pour moi, mais pour le tombeau ? Et tu n'as pas honte, tu n'as pas pitié d'une si grande infortune, père barbare ! Quel abîme profond et inaccessible te cache au fond du fleuve? Quoi! ni le cri de ton fils expirant, ni nos gémissements, n'ont pu parvenir jusqu'à toi? Vois, Hippomédon s'élance plus furieux et triomphe dans tes flots; il fait trembler tes eaux et ton rivage, il frappe, et l'onde boit notre sang. Toi, tu restes en repos, et ta patience sert la fureur des Grecs. Au moins, cruel, viens aux funérailles de ton petit-fils, viens honorer ses cendres; il ne sera pas le seul dont tu allumeras le bûcher. »

Protinus icta malo, vitrea de valle solutis
Exsiliit furibunda comis, ac verbere crebro
Oraque, pectoraque, et viridem scidit horrida vestem.
Utque erupit aquis, iterumque, iterumque trementi   355
Ingeminat, Crenææ, sono : nusquam ille, sed index
Desuper, ah miseræ nimium noscenda parenti,
Parma natat : jacet ipse procul, qua mixta supremum
Ismenon primi mutant confinia ponti.
Fluctivagam sic sæpe domum, madidosque penates   360
Halcyone deserta gemit, quum pignora sævus
Auster, et algentes rapuit Téthys invida nidos.
Mergitur orba iterum, penitusque occulta sub undis
Limite non uno, liquidum qua subter eunti
Lucet iter, miseri nequicquam funera nati   365
Vestigat, plangitque tamen : sæpe horridus amnis
Obstat, et obducto caligant sanguine visus.
Illa tamen præceps in tela offendit et enses,
Scrutaturque manu galeas, et prona reclinat
Corpora : nec ponto submota intrabat amaram   370
Dorida, possessum donec jam fluctibus altis
Nereidum miserata cohors ad pectora matris
Impulit : illa manu ceu vivum amplexa reportat,
Iasternitque toris riparum, atque humida siccat
Mollibus ora comis, atque hæc ululatibus abdit :   375
« Hoc tibi semidei munus tribuere parentes?
Nec mortalis avus? sic nostro in gurgite regnas?
Mitior heu misero discors, alienaque tellus,
Mitior unda maris, quæ juxta flumina corpus
Rettulit, et miseram visa exspectasse parentem.   380
Hine mei vultus? hæc torvi lumina patris?
Hi crines undantis avi? tu nobile quondam
Undarum, nemorumque decus, quo sospite major
Diva, et nympharum longe regina ferebar.
Heus ubinam ille frequens modo circa limina matris   385
Ambitus, orantesque tibi servire Napææ?
Cur nunc te melius sævo mansura profundo
Amplexu misero tumulis, Crenæe, reporto,
Non mihi? nec tantæ pudet, heu ! miseretque ruinæ,
Dure parens ? quæ te alta et ineluctabilis imo   390
Condidit amne palus? quo jam nec cruda nepotis
Funera, nec nostri valeant perrumpere planctus?
Ecce furit, jactatque tuo se in gurgite major
Hippomedon : illum ripæque undæque tremiscunt,
Illius impulsu nostrum bibit unda cruorem.   395
Tu piger, et trucibus facilis sorvire Pelasgis.
Ad cineres saltem, supremaque justa tuorum

A ces plaintes elle mêle des gémissements, et ensanglante sa poitrine par de nombreuses meurtrissures. Les Nymphes des eaux, ses sœurs, répondent à ses cris douloureux. Ainsi Leucothoé, avant d'être une Néréide, gémit, dit-on, dans le port de Corinthe, jusqu'au moment où le jeune Palémon, déjà glacé par la mort et la poitrine haletante, rejeta sur le sein maternel les flots de la mer qui l'avait englouti.

Cependant, retiré dans un antre secret, à la source de ces eaux que boivent les vents et les nuages, qui nourrissent l'arc-en-ciel pluvieux et répandent la fertilité dans les champs de Thèbes, l'Ismène n'a pas plutôt entendu de loin, malgré le bruit de ses flots, les lamentations et les gémissements de sa fille, qu'il lève son cou hérissé de mousse et sa chevelure chargée de glaçons. Le grand pin qu'il tient à la main lui échappe; son urne tombe, et roule loin de lui. A l'aspect du dieu qui apparaît sur ses rives, le visage tout souillé d'un limon durci par les années, les forêts et les fleuves inférieurs s'étonnent; ils admirent avec quelle majesté il dresse, au-dessus de l'abîme gonflé, sa tête écumeuse et sa poitrine, d'où ruisselle et tombe avec bruit l'eau de sa barbe azurée. Une des Nymphes vole à sa rencontre; elle lui apprend le deuil de sa fille et la mort de son petit-fils; elle lui montre le cruel auteur de ces maux, et de sa main presse la main du dieu. Se dressant sur ses ondes soulevées, l'Ismène se frappe le visage, secoue ses cornes entrelacées d'algues verdoyantes, et, dans le trouble qui l'agite, il s'écrie d'une voix puissante :

« Est-ce là, souverain des Dieux, la faveur dont tu m'honores, moi qui fus tant de fois ton hôte et ton complice; moi qui t'ai vu (je ne crains pas de le rappeler, tantôt parer ton front perfide de cornes trompeuses, tantôt arrêter le char de Phébé, ou offrir à ton amante qu'avait consumée ta foudre égarée, un bûcher pour dot; moi enfin qui ai nourri les plus illustres de tes fils? Eux aussi méprisent-ils mes bienfaits? C'est pourtant sur mes rives que le dieu de Tirynthe s'est traîné encore enfant; c'est sous cette onde que j'éteignis la flamme qui dévorait Bacchus. Vois quel carnage de toutes parts! quel monceau de traits et de cadavres surcharge mes flots et me couvre tout entier! Mon fleuve n'est qu'un champ de bataille, où le crime pèse sur chaque flot; au fond des eaux, sur mon lit, errent des ombres récentes, dont la multitude forme comme un nuage qui réunit mes deux rives. Moi qu'on invoque par des clameurs sacrées, moi qui purifie dans mes ondes les thyrses flexibles et les cornes de Bacchus, maintenant chargé de cadavres je cherche une route vers la mer. Ni les marais impies du Strymon, ni l'Hèbre écumant, n'ont jamais été aussi profondément rougis de flots de sang par le dieu des batailles. L'onde qui t'a nourri ne peut-elle, ô Bacchus, réveiller ta valeur? As-tu donc oublié ton origine? Mérité-je moins que l'Hydaspe, ce fleuve d'Orient, de devoir la paix à ton bras? Et toi qui, gonflé d'orgueil, t'applaudis des dépouilles et de la mort d'un faible enfant, non, tu ne sortiras pas de ce fleuve, pour revoir le puissant Inachus; tu ne retourneras pas vainqueur dans la cruelle Mycènes, à moins que je ne sois mortel, et toi quelque fils des Dieux. »

Sæve veni, non hic solum accensure nepotem. »
His miscet planctus, multumque indigna cruentat
Pectora : cœruleæ referunt lamenta sorores.   400
Qualiter Isthmiaco nondum Nereida portu
Leucothean planxisse ferunt, dum pectore anhelo
Frigidus in matrem sævum mare respuit infans.
At pater arcano residens Ismenos in antro,
Unde auræ, nubesque bibunt, atque imbrifer Arcus   405
Pascitur, et Tyrios melior venit annus in agros,
Ut lamenta procul (quamquam obstrepit ipse) novosque
Accepit natæ gemitus, levat aspera musco
Colla, gravemque gelu crinem, ceciditque soluta
Pinus adulta manu, dimissaque volvitur urna.   410
Illum per ripas annoso scrupea limo
Ora exertantem silvæ, fluviique minores
Mirantur : tantus tumido de gurgite surgit,
Spumosum attollens apicem, lapsuque sonoro
Pectora cœruleæ rivis manantia barbæ.   415
Obvia cognatos gemitus, casumque nepotis
Nympharum docet una patrem, monstratque cruentum
Auctorem, dextramque premit: stetit arduus alto
Amne, manuque genas, et nexa virentibus ulvis
Cornua concutiens, sic turbidus ore profundo   420
Incipit : « Hunc ne mihi, Superum regnator, honorem,

Quod toties hospesque tuis et conscius actis,
Nec memorare timor, falsa nunc improba fronte
Cornua, nunc vetitam currus disjungere Phœben,
Dotalesque rogos, deceptaque fulmina vidi,   425
Præcipuosque alui natorum? an vilis et illis
Gratia? ad hunc certe repsit Tirynthius amnem :
Hac tibi flagrantem Bromium restinximus unda.
Adspice, quas fluvio cædes, quæ funera portem,
Continuus telis, altoque adopertus acervo.   430
Omne vadum belli series tenet : omnis anhelat
Unda nefas, subterque animæ supraque recentes
Errant, et geminas jungunt caligine ripas.
Ille ego clamatus sacris ululatibus amnis,
Qui molles thyrsos, Bacchæaque cornua puro   435
Fonte lavare feror, stipatus cædibus arctas
In freta quæro vias : non Strymonos impia tanto
Stagna cruore natant, non spumifer altius Hebrus
Gradivo bellante rubet : nec te admonet altrix
Unda, tuasque manus, jampridem oblite parentum   440
Liber? an Eous melius pacatur Hydaspes?
At tu, qui tumidus spoliis, et sanguine gaudes
Insontis pueri, non hoc ex amne potentem
Inachon, aut sævus victor revehere Mycenas,
Ni mortalis ego, et tibi ductus ab æthere sanguis. » 445

Il dit, frémissant de fureur, et fait signe aux ondes courroucées. Le froid Cithéron lui envoie de sa cime élevée le secours de ses eaux, ses neiges antiques et ses épais brouillards, aliment des hivers. L'Asope lui fournit en secret de nouvelles forces, et, par des veines entr'ouvertes, ajoute ses ondes à celles de son frère. Lui-même sonde les entrailles de la terre; il secoue les étangs, les lacs engourdis, les marais paresseux, et, levant vers le ciel sa bouche avide, il aspire les nuées humides et dessèche les airs. Déjà plus large, il franchit ses deux rives; et Hippomédon qui naguère, au milieu même du fleuve, le surpassait de toute la hauteur de ses bras et de ses épaules, voit avec étonnement le fleuve grandir, et lui-même s'enfoncer peu à peu dans les ondes. Des deux côtés les flots se gonflent, et une tempête furieuse s'élève, semblable aux tempêtes de la mer quand elle épuise les Pléiades, et précipite le noir Orion sur les matelots tremblants. Ainsi l'Ismène, de ses eaux tumultueuses, attaque Hippomédon, et, toujours repoussé par le bouclier qui arme le bras gauche du héros, il revient écumant l'assaillir, le couvre de ses noirs bouillons, se brise, retombe, et revient encore avec plus d'impétuosité. Mais c'est peu d'amasser toutes ses eaux; il arrache les arbustes qui protègent les rives sablonneuses, les troncs antiques et les pierres qui couvrent son lit; il les lance avec force sur son ennemi. Cependant le combat, bien qu'inégal, se soutient entre le héros et le fleuve qui s'indigne. Hippomédon ne recule pas; nulle menace ne l'ébranle, il se jette au-devant des ondes qui fondent sur lui, et les repousse en leur opposant son bouclier. Son pied presse le sol qui fuit; le jarret tendu, il s'appuie sur des pierres glissantes et mobiles, il roidit les genoux, et, s'affermissant avec effort, il se maintient sur un limon trompeur qui se dérobe sous lui. Il adresse en même temps au fleuve ces paroles outrageantes : « D'où te vient, Ismène, cette colère soudaine? Dans quel gouffre as-tu puisé tes forces, toi qui protéges un dieu peu fait pour la guerre? toi qui n'as jamais connu que le sang versé par les Thyades, lorsque la flûte de Bacchus retentit, et que les bacchantes souillent par leurs fureurs les Triétérides ? »

Il dit, et soudain le dieu s'offre à lui, les joues souillées par le noir limon qui surnage. Il garde un farouche silence, mais, armé d'un tronc de chêne, il s'élance sur lui, se dresse, et le frappe trois et quatre fois avec toute la vigueur d'un dieu et toute la puissance de la colère. Le héros fléchit; son bouclier est arraché de son bras; il tourne le dos et recule lentement. Les ondes le pressent, et le fleuve triomphant poursuit son ennemi qui chancelle. De leur côté, les Thébains l'accablent d'une grêle de traits et de pierres; ils le repoussent des deux rives. Que fera-t-il, assailli par la guerre, assailli par les ondes? Le malheureux ne peut ni fuir, ni succomber noblement.

Sur le bord de la rive verdoyante, suspendu entre l'onde et la terre, mais plus près de l'onde, s'élevait un frêne dont l'ombre immense couvrait le fleuve. Hippomédon le saisit d'une main vigoureuse, c'est le seul espoir qui lui reste de regagner la terre; mais l'arbre cède à ses efforts,

Sic ait infrendens, et sponte furentibus undis
Signa dedit : mittit gelidus montana Cithæron
Auxilia, antiquasque nives, et pabula brumæ
Ire jubet : frater tacitas Asopos eunti
Conciliat vires, et hiulcis flumina venis   450
Suggerit : ipse cavæ scrutatur viscera terræ,
Stagnaque, torpentesque lacus, pigrasque paludes
Excutit, atque avidos tollens ad sidera vultus
Humentes nebulas exhaurit, et aera siccat.
Jamque super ripas utroque exstantior ibat   455
Aggere, jam medium modo qui superaverat amnem
Hippomedon intactus aquis humerosque manusque,
Miratur crevisse vadum, seseque minorem.
Hinc atque hinc tumidi fluctus, animosaque surgit
Tempestas instar pelagi, quum Pleiadas haurit, 460
Aut nigrum trepidis impingit Oriona nautis.
Non secus æquoreo jactat Theumesius amnis
Hippomedonta salo, semperque umbone sinistro
Tollitur, et clypeum nigrante supervenit æstu
Spumeus assultans, fractaque refunditur unda,   465
Et cumulo majore redit : nec mole liquenti
Contentus, carpit putres servantia ripas
Arbusta, annosasque trabes, ejectaque fundo
Saxa rotat : stat pugna impar, amnisque virique,
Indignante deo : nec enim dat terga, nec ullis 470

Frangitur ille minis, venientesque obvius undas
Intrat, et objecta dispellit flumina parma.
Stant terra fugiente gradus; et poplite tenso
Lubrica saxa natant, genibusque obnixus, et hærens
Subruta fallaci servat vestigia limo,   475
Sic etiam increpitans : « Unde hæc, Ismene, repente
Ira tibi? Quove has traxisti gurgite vires
Imbelli famulante Deo? solumque cruorem
Femineis experte choris, quum Bacchica mugit
Buxus, et insanæ maculant trieterida matres? » 480
Dixerat : atque illi sese Deus obtulit ultro
Turbidus imbre genas, et nube natantis arenæ :
Nec sævit dictis, trunca sed pectora quercu
Ter, quater, oppositi, quantum ira deusque valebant,
Impulit assurgens : tandem vestigia flexit,   485
Excussumque manu tegimen, conversaque lente
Terga refert : instant undæ, sequiturque labantem
Amnis ovans : necnon saxis, et grandine ferri
Desuper infestant Tyrii, geminoque repellunt
Aggere : quid faciat bellis obsessus et undis? 490
Nec fuga jam misero, nec magnæ copia mortis.
Stabat gramineæ producta crepidine ripæ
Undarum ac terræ dubio, sed amicior undis
Fraxinus, ingentique vadum possederat umbra.
Hujus opem (nam qua terras invaderet?) unca   495

et, vaincu par une force plus puissante que celle qui l'attachait à la terre, il chancelle, et, entraînant avec lui les racines qui pénétraient dans le fleuve ou qui s'enfonçaient dans un terrain sablonneux, il tombe, avec une partie de la rive, sur le guerrier épouvanté, et, par cette chute soudaine, l'enferme dans un amas de ruines et lui ôte tout moyen de résistance. Les flots se précipitent en cet endroit, où se forme un limon inextricable au fond de l'abîme nouvellement creusé. Le gouffre s'agrandit, et déjà l'onde qui tourbillonne entoure les épaules et le cou d'Hippomédon. Alors seulement, contraint de s'avouer vaincu : « O honte ! s'écrie-t-il, ô Mars, engloutiras-tu dans ce fleuve un courage comme le mien ? Descendrai-je vers les ondes dormantes des fleuves infernaux, comme un gardien de troupeaux surpris tout à coup par les eaux furieuses d'un torrent ? N'ai-je donc pas mérité de mourir par le fer ? »

Émue enfin par ces prières, Junon aborde le maître du tonnerre : « Jusques à quand, noble père des Dieux, jusques à quand accableras-tu les malheureux Grecs ? Déjà Pallas poursuit Tydée de sa colère, déjà Delphes se tait privée de son augure, et voici que mon Hippomédon, le descendant des rois de Mycènes et d'Argos, lui qui m'adresse ses hommages de préférence à toutes les divinités (est-ce donc ainsi que je sais défendre mes adorateurs ?), voici qu'il va devenir la pâture des monstres de la mer ! Tu devais accorder un tombeau et des funérailles aux vaincus : où sont, après le combat, les flammes funèbres des enfants de Cécrops ? où sont les feux de Thésée ? »

Jupiter ne rejette pas les justes prières de son épouse. Il tourne avec bonté les yeux vers les murs de Cadmus, et, au seul signe de sa tête, les flots s'apaisent.

Alors apparaissent les épaules livides du héros, et sa poitrine criblée de blessures. Ainsi, lorsque, soulevée par les vents, la tempête se calme, du sein des eaux sortent les écueils et la terre tant désirée des matelots, et les vagues descendent de la cime des rochers. Mais que lui sert d'avoir gagné la rive ? De toutes parts les Thébains l'accablent d'une nuée de traits, et il n'a plus d'armure, plus de défense contre la mort. Ses blessures se rouvrent, son sang, longtemps refroidi sous l'onde, s'échappe, réchauffé par le contact de l'air, et se fraye un passage à travers les veines : glacés sur le fleuve, ses pieds incertains chancellent ; il tombe. Tel, sur l'Hémus de Thrace, vaincu par la fureur de Borée, ou miné par la vieillesse, un chêne qui cachait sa chevelure dans les cieux tombe, et fait dans l'air un vide immense. La forêt et la montagne elle-même tremblent en le voyant chanceler, ne sachant de quel côté il va tomber sur le sol, quels arbres il va écraser dans sa chute. Nul cependant n'a l'audace de toucher à son épée ou à son casque : à peine s'ils en croient leurs yeux. A la vue de ce cadavre immense, ils ont peur, et ne s'approchent que les armes serrées. Enfin Hypsée s'avance vers lui, arrache l'épée que sa main glacée tenait encore, et dépouille de son casque le visage farouche du héros, puis, marchant vers les rangs thébains, et montrant le casque suspendu à sa brillante épée, il s'écrie avec orgueil :

Arripuit dextra; nec pertulit illa trahentem;
Sed majore supra, quam stabat pondere victa
Solvitur, et qua stagna subit radice, quibusque
Arentem mordebat humum, demissa superne
Injecit trepido sese, ripamque, nec ultra   500
Passurum subitæ vallavit ponte ruinæ.
Huc undæ coeunt, et ineluctabile coenum
Vorticibusque cavis sedit, crescitque barathrum.
Jamque humeros, jam colla ducis sinuosa vorago
Circuit : hic demum victus suprema fateri   505
Exclamat : « Fluvione, pudet ! Mars inclyte, merges
Hanc animam ? segnesque lacus et stagna subibo,
Ceu pecoris custos, subiti torrentis iniquis
Interceptus aquis ? adeone occumbere ferro
Non merui ? » Tandem precibus commota Tonantem   510
Juno subit : « Quonam miseros, sator inclyte Divum,
Inachidas, quonam usque premes ? jam Pallas et odit
Tydea, jam rapto tacuerunt augure Delphi.
En meus Hippomedon, cui gentis origo Mycenæ
Argolicique lares, numenque ante omnia Juno,   515
(Sic ego fida meis?) pelagi crudelibus ibit
Præda feris ? certe tumulos, supremaque victis
Rusta dabas : ubi Cecropiæ post prælia flammæ?
Theseos ignis ubi est ? » Non spernit conjugis æquas

Ille preces ? leviterque oculos ad moenia Cadmi   520
Rettulit, et viso sederunt flumina nutu.
  Illius exsangues humeri, et perfossa patescunt
Pectora : ceu ventis alte quum elata resedit
Tempestas, surgunt scopuli, quæsitaque nautis
Terra, et ab infestis descendunt æquora saxis.   525
Quid ripas tenuisse juvat ? premit undique nimbo
Telorum Phoenissa cohors : nec tegmina membris
Ulla, omnisque patet leto : tunc vulnera manant,
Quique sub amne diu stupuit cruor, acre nudo
Solvitur, et tenues venarum laxat hiatus,   530
Incertique labant undarum frigore gressus.
Procumbit, Getico qualis procumbit in Hæmo
Seu Boreæ furiis, putri seu robore quercus
Coelo mixta comas, ingentemque aera laxat.
Illam nutantem nemus, et mons ipse tremiscit,   535
Qua tellure cadat, quas obruat ordine silvas.
Non tamen aut ensem, galeamve audacia cuiquam
Tangere : vix credunt oculis, ingentiaque horrent
Funera, et adstrictis accedunt cominus armis.
Tandem adiit Hypseus, capulumque in morte tenenti   540
Extrahit, et torvos laxavit casside vultus :
Itque per Aonios alte mucrone corusco
Suspensam ostentans galeam, et clamore superbit :

« Voici le cruel Hippomédon! voici ce terrible vengeur de l'abominable Tydée, ce guerrier qui a fait de notre fleuve un gouffre de sang! » Le magnanime Capanée l'a reconnu de loin; il fait taire sa douleur, et, brandissant un énorme javelot, il s'encourage ainsi lui-même : « Seconde-moi, ô mon bras, mon seul appui dans la guerre, mon dieu vengeur! c'est toi seul qu'invoque, toi seul qu'adore Capanée, qui méprise les Dieux! »

Il dit, et lui-même exauce ses vœux. Le trait part en sifflant, il traverse le bouclier, la cuirasse d'airain d'Hypsée, et atteint son âme au fond de sa large poitrine. Il tombe avec le même fracas qu'une tour élevée qui, ébranlée jusque dans ses fondements par des coups multipliés, s'écroule, et ouvre aux vainqueurs une ville en ruines. Le pied sur son cadavre : « Je ne refuse pas, s'écrie Capanée, l'honneur de ton trépas : tourne ici tes regards; c'est moi qui suis l'auteur de cette blessure. Meurs donc joyeux, et plus fier qu'une foule d'autres ombres. Alors il lui ravit l'épée et le casque du héros, lui arrache son propre bouclier; et les plaçant sur le corps inanimé d'Hippomédon : « Reçois, dit-il, illustre guerrier, ces dépouilles ennemies et les tiennes. Tes cendres ne resteront pas sans honneur, ni tes mânes sans sépulture : leur tour viendra. En attendant que nous te payions le juste tribut du bûcher, Capanée, ton vengeur, t'ensevelit sous ce glorieux monument. »

Ainsi Mars balançait les chances cruelles du combat, et semait également la mort dans les rangs des Grecs et des Thébains. Ici on pleure le farouche Hippomédon, là Hypsée aussi brave que lui, et les deux armées trouvent une consolation dans ce deuil réciproque.

Cependant, troublée dans son sommeil par de tristes visions, la mère du jeune et habile archer de Tégée, la sauvage Atalante, les cheveux flottants et les pieds nus, suivant la coutume, se rendait, avant le lever du jour, vers les ondes froides du Ladon, pour se purifier dans l'eau vive du fleuve et détourner ces songes funestes. Car, pendant les nuits chargées du poids de ses sombres inquiétudes, souvent elle voyait tomber les trophées qu'elle avait elle-même attachés aux murailles du temple, ou bien il lui semblait qu'exilée des forêts, chassée de la compagnie des Dryades, elle errait au milieu de tombeaux inconnus : souvent aussi elle voyait revenir de la guerre la pompe triomphale de son fils; elle reconnaissait ses armes, son coursier, ses compagnons; mais lui-même elle ne le voyait pas : tantôt c'était son carquois qui se détachait de ses épaules, tantôt sa propre image, son portrait même que les flammes dévoraient; mais cette dernière nuit surtout l'avait glacée de crainte par ses funestes présages, et avait profondément remué son cœur maternel.

Il y avait dans les forêts d'Arcadie un chêne immense et bien connu dans la contrée, qu'Atalante avait choisi parmi la foule des autres arbres pour le consacrer à Diane, et dont elle avait fait, par le culte qu'elle lui rendait, une divinité. C'est là que, fatiguée, elle suspendait son arc, ses flèches, les défenses recourbées des sangliers, les dépouilles des lions, et les hautes ramures des cerfs, semblables à des forêts. A peine s'il

« Hic ferus Hippomedon : hic formidabilis ultor
Tydeos infandi, debellatorque cruenti 545
Gurgitis. » Agnovit longe, pressitque dolorem
Magnanimus Capaneus, telumque immane lacerto
Hortatur librans : « Ades o mihi, dextera, tantum
Tu præsens bellis, et inevitabile numen,
Te voco, te solam Superum contemptor adoro. » 550
 Sic ait, et voti sese facit ipse potentem.
It tremebunda abies clypeum per et ærea terga
Loricæ, tandemque animam sub pectore magno
Deprendit : ruit haud alio quam celsa fragore
Turris, ubi innumeros penitus quassata per ictus 555
Labitur, effractamque aperit victoribus urbem.
Cui super assistens, « Non infitiamur honorem
Mortis, ait : refer huc oculos, ego vulneris auctor.
Lætus abi, multumque aliis jactantior umbris. »
Tunc ensem, galeamque rapit, clypeumque revelli 560
Ipsius, exanimemque tenens super Hippomedonta,
« Accipe, ait, simul hostiles, dux magne, tuasque
Exuvias : veniet cineri decus, et suus ordo
Manibus : interea justos dum reddimus ignes,
Hoc ultor Capaneus operit tua membra sepulcro. » 565
 Sic anceps dura belli vice mutua Graiis
Sidoniisque simul nectebat vulnera Mavors.

Hic ferus Hippomedon, illic non segnior Hypseus
Fletur, et alterni præbent solatia luctus.
 Tristibus interea somnum turbata figuris 570
Torva sagittiferi mater Tegeatis Ephebi,
Crine dato passim, plantisque ex more solutis,
Ante diem gelidas ibat Ladonis ad undas
Purgatura malum fluvio vivente soporem.
Namque per attonitas curarum pondere noctes 575
Sæpe et delapsas adytis, quas ipsa dicarat,
Exuvias, seque ignotis errare sepulcris
Extorrem nemoris, Dryadumque a plebe fugatam,
Sæpe novos nati bello rediisse triumphos,
Armaque, et alipedem notum, comitesque videbat, 580
Nusquam ipsum : nunc ex humeris fluxisse pharetras,
Effigiesque suas, simulacraque nota cremari.
Præcipuos sed enim illa metus portendere visa
Nox miseræ, totoque erexit pectore matrem.
 Nota per Arcadias felici robore silvas 585
Quercus erat, Triviæ quam desacraverat ipsa
Electam turba nemorum, numenque colendo
Fecerat : hic arcus, et fessa reponere tela,
Armaque curva suum, et vacuorum terga leonum
Figere, et ingentes æquantia cornua silvas. 590
Vix ramis locus : agrestes adeo omnia cingunt

restait quelque place aux rameaux ; à peine si leur ombre verdoyante pouvait vaincre l'éclat du fer, tant ils étaient enveloppés de trophées champêtres. Au retour d'une longue et pénible chasse, d'où elle rapportait en triomphe la tête d'une ourse d'Érymanthe, elle croit voir l'arbre abattu, inclinant sa verte chevelure, et ses rameaux ensanglantés mourant sur le sol. Elle interroge une Nymphe, qui lui apprend que les cruelles Ménades et Bacchus son ennemi ont tourné leur fureur contre ce chêne. Tandis qu'elle gémit et qu'elle croit se frapper le sein de coups précipités, tout à coup ses yeux s'ouvrent, et, chassant brusquement le sommeil, elle s'élance de sa couche désolée, et cherche en vain sous sa paupière la trace de ses larmes imaginaires.

Aussi, pour détourner ce funeste présage, ayant plongé trois fois sa chevelure dans le fleuve, et ajouté à cette expiation des paroles qui calment les soucis maternels, elle court au temple de Diane armée, à la première rosée de l'aurore. Elle aperçoit avec joie tous les arbres qu'elle connaît si bien et le chêne encore debout. Alors elle s'arrête sur le seuil de la déesse, et lui adresse cette prière qui ne doit pas être exaucée :

« Vierge puissante des forêts, toi dont je suis les belliqueux étendards et partage les durs travaux, malgré mon sexe dont je m'indigne, et les usages grecs que je brave, ni les nations de la Colchide aux rites féroces, ni les cohortes des Amazones, n'ont autant que moi honoré tes autels. Si jamais les danses de Bacchus et les jeux de ses nuits impudiques n'ont eu de charme pour moi ; si, bien que souillée par une odieuse union, je n'ai porté ni les thyrses, ni la quenouille efféminée ; mais, fidèle aux sauvages forêts même après mon hymen, si je suis toujours restée chasseresse et vierge de cœur ; si, sans songer à cacher ma faute dans les antres secrets, j'ai montré mon fils, et, le déposant tout tremblant à tes pieds, me suis avouée coupable ; s'il n'a point dégénéré de sa mère ; si, tout enfant, il rampait déjà vers mon arc, et, de ses premiers cris, de ses premières larmes, il demandait des armes ; je t'en supplie, ô Déesse, dis-moi quels maux me présage le sommeil de mes nuits agitées. Mon fils, qui, téméraire et trop confiant en toi, a volé aux combats, permets que je le revoie vainqueur ; ou, si je demande trop, permets seulement que je le revoie ; qu'ici il se couvre de sueur, qu'il porte tes armes. Détourne ces signes avant-coureurs. Pourquoi, ô Déesse des bois, les Ménades ennemies, les divinités thébaines règnent-elles dans nos forêts ? Hélas ! pourquoi un secret pressentiment (puissé-je ne pas bien lire dans l'avenir !), pourquoi un secret pressentiment me fait-il entrevoir dans ce chêne un terrible présage ? Que si le sommeil ne m'a envoyé que des visions trop certaines, je t'en conjure par toi-même, par les douleurs de ta mère, ô bonne Dictynne, par la gloire de ton frère, perce de tes traits sûrs ce sein malheureux : permets qu'avant de succomber, mon fils apprenne les funérailles de sa mère infortunée ! » Elle dit, et les larmes inondent son visage ; en même temps elle voit la blanche statue de Diane se couvrir de sueur.

La fière déesse la laisse étendue sur le seuil de son temple, balayant de ses cheveux les froids

Exuviæ, et viridem ferri nitor impedit umbram.
Hanc, ut forte jugis longo defessa redibat
Venatu, modo rapta ferox Erymanthidos ursæ
Ora ferens, multo proscissam vulnere cernit 595
Deposuisse comam, et rorantes sanguine ramos
Exspirasse solo : quærenti Nympha cruentas
Mænadas, atque hostem dixit sævisse Lyæum.
Dum gemit, et planctu circumdat pectus inani,
Abrupere oculi noctem, moestoque cubili 600
Exsilit, et falsos quærit per lumina fletus.

Ergo ut in amne nefas merso ter crine piavit,
Verbaque sollicitas matrum solantia curas
Addidit, armatæ ruit ad delubra Dianæ,
Rore sub Eoo, notasque ex ordine silvas, 605
Et quercum gavisa videt: tunc limine Divæ
Adstitit, et tali nequicquam voce precatur :

« Virgo potens nemorum, cujus non mollia signa
Militiamque trucem, sexum indignata, frequento,
More nihil Graio ; nec te gens aspera ritu 610
Colchis, Amazoniæve magis coluere catervæ :
Si mihi non unquam thyasi, ludusve protervæ
Noctis, et inviso quamvis temerata cubili,
Non tamen aut teretes thyrsos, aut mollia gessi
STAGE.

Pensa, sed in tetricis et post connubia lustris, 615
Sic quoque venatrix, animumque innupta remansi :
Nec mihi secretis culpam occultare sub antris
Cura, sed ostendi natum, posuique trementem
Ante tuos confessa pedes : nec degener ille
Sanguinis, inque meos reptavit protinus arcus ; 620
Tela puer lacrymis et prima voce poposcit.
Hunc mihi (quid trepidæ noctes, somnusque minantur?)
Hunc precor, audaci qui nunc ad prælia voto
Heu nimium tibi fisus abit, da visere belli
Victorem, vel, si ampla peto, da visere tantum. 625
Hic sudet, tuaque arma ferat : preme, Diva, malorum
Signa : quid in nostris, nemoralis Delia, silvis
Mænades hostiles, Thebanaque numina regnant?
Hei mihi ! cur penitus, (simque augur cassa futuri,)
Cur penitus, magnoque interpretor omine quercum? 630
Quod si vera sopor miseræ præsagia mittit,
Per te, maternos, mitis Dictynna, labores,
Fraternumque decus, justis hunc fige sagittis
Infelicem uterum : miseræ sine funera matris
Audiat ille prior. « Dixit, fletuque soluto, 635
Adspicit et niveæ saxum maduisse Dianæ.
Illam Diva ferox etiamnum in limine sacro

autels. Elle franchit le Ménale, dont le feuillage s'élève jusqu'aux astres, et se dirige vers les murs de Cadmus, en suivant, aux confins du ciel, cette route lumineuse, accessible aux Dieux seuls, et d'où son regard domine toute la terre. Déjà elle avait presque atteint la moitié de la hauteur du Parnasse, le long de ses coteaux ombragés, lorsqu'elle aperçoit dans un nuage éclatant son frère, dont les traits sont altérés. Il revenait tristement du champ de bataille, pleurant la mort de son augure que la terre avait englouti. La voûte céleste se colore à l'approche des deux divinités, qui confondent leurs rayons éclatants, entre-choquent leurs arcs et font résonner leurs carquois.

Apollon le premier : « O ma sœur, dit-il, je sais que tu voles auprès du jeune Arcadien qui a osé affronter les cohortes thébaines et de trop rudes combats. Sa mère, ta fidèle compagne, t'en supplie : puissent les destins te permettre d'exaucer sa prière! Mais moi-même, j'en ai honte, je viens de voir, spectateur impuissant, les armes de mon devin et les lauriers saints; je l'ai vu, tournant en vain vers moi ses regards suppliants, descendre dans le sombre Tartare. Je n'ai pu ni arrêter son char, ni fermer l'abîme qui s'entr'ouvrait. Barbare que je suis! indigne désormais d'être adoré! Tu vois, ô ma sœur, mon antre sacré qui gémit, et mon temple silencieux : voilà la seule faveur dont je paye ses hommages et sa fidélité! Cesse donc de tenter un secours inutile, épargne à tous de douloureux efforts; La dernière heure de ce jeune guerrier s'approche; l'arrêt du destin est irrévocable, et les oracles de ton frère ne te trompent pas maintenant par leur sens incertain. »

— « Mais du moins, répond la vierge troublée, il m'est permis d'entourer cet infortuné d'un dernier rayon de gloire, faible consolation d'une mort cruelle : et il n'évitera pas ma vengeance, le cruel qui souillera sa main sacrilége du sang d'un malheureux enfant : puissent mes flèches servir ma fureur! »

Elle dit, et, après avoir présenté rapidement sa joue aux baisers de son frère, elle s'éloigne irritée, et gagne les murs de Thèbes. Cependant, de part et d'autre, on combat avec plus d'acharnement; depuis la mort des deux héros, la vengeance ajoute à la fureur des deux armées. D'un côté frémissent les soldats d'Hypsée, de l'autre, mais plus terribles encore, les cohortes grecques qui ont vu tomber Hippomédon : ils présentent leur poitrine au fer qui les cherche. La même ardeur furieuse leur fait désirer de s'abreuver du sang ennemi et de répandre le leur. Ils restent immobiles à leur poste. Les rangs serrés, ils tombent plutôt que de tourner le dos. Soudain la fille de Latone glisse dans les airs d'un vol léger, et s'arrête sur le sommet de la montagne de Dircé : les collines ont reconnu la déesse, et, à sa vue, la forêt tremble. C'est là que jadis, le sein découvert, elle fatigua son arc et ses flèches cruelles à anéantir les nombreux enfants de Niobé.

Déjà Parthénopée s'enorgueillissait de ses exploits; son cheval, plus accoutumé au bruit de la chasse qu'à celui des armes, et qui pour la première fois souffrait les rênes, l'avait emporté au

Expositam, et gelidas verrentem crinibus aras
Linquit, et in mediis frondentem Mænalon astris
Exsuperat gressu, saltumque ad mœnia Cadmi 640
Destinat, interior cœli qua semita lucet
Dis tantum, et cunctas juxta videt ardua terras.
Jamque fere medium Parnassi frondea præter
Colla tenebat iter, quum fratrem in nube corusca
Adspicit haud solitum visu. Remeabat ab armis 645
Mœstus Echionis, demersi funera lugens
Auguris. Irrubuit cœli plaga sidere mixto,
Occursuque sacro pariter jubar arsit utrimque,
Et coiere arcus, et responderre pharetræ.

Ille prior : « Scio Labdacidas, germana, cohortes, 650
Et nimium fortes ausum petis Arcada pugnas.
Fida rogat genitrix : utinam indulgere precanti
Fata darent! en ipse mei, pudet, irritus arma
Cultoris, frondesque sacras, ad inania vidi
Tartara, et in memet versos descendere vultus : 655
Nec tenui currus, terræque abrupta coegi,
Sævus ego, immeritusque coli. Lugentia cernis
Antra, soror, mutasque domos : hæc sola rependo
Dona pio comiti : nec tu peritura movere
Auxilia, et mœstos in vanum perge labores. 660
Finis adest juveni : non hoc mutabile fatum;

Nec te nunc dubiis fraterna oracula fallunt. »
« At decus extremum misero, confusa vicissim
Virgo refert, duræque licet solatia morti
Quærere : nec fugiet pœnas, quicumque nefandam 665
Insontis pueri scelerarit sanguine dextram,
Impius : et nostris fas sit sævire sagittis. »

Sic effata movet gressus, libandaque fratri
Parcius ora tulit, Thebasque infesta petivit.
At pugna ereptis major crudescit utrimque 670
Regibus, alternosque ciet vindicta furores.
Hypseos hinc turmæ, desolatumque magistro
Agmen, at hinc gravius fremit Hippomedontis adempti
Orba cohors : præbent obnixi pectora ferro :
Idem ardor rabidis externum haurire cruorem, 675
Ac fudisse suum : nec se vestigia mutant.
Stat cuneo defixa acies, hostique cruento
Dant animas, et terga negant : quum lapsa per auras
Vertice Dircæi velox Latonia montis
Adstitit : agnoscunt colles, notamque tremiscit 680
Silva Deam, sævis ubi quondam exerta sagittis
Fœcundam lasso Nioben consumserat arcu.

Illum acies inter medias, jam cæde superbum,
Nescius armorum, et primas tunc passus habenas
Venator raptabat equus, quem discolor ambit 685

milieu des bataillons ennemis. La dépouille tachetée d'un tigre enveloppe le coursier, et de ses ongles dorés frappe ses épaules. Sur son cou immobile les nœuds retiennent sa crinière captive, et son poitrail porte la marque de la vie guerrière des forêts, un collier formé de défenses d'ivoire. Le jeune prince est revêtu d'un manteau trempé deux fois dans la pourpre d'Œbalie. Sa tunique où l'or étincelle, seul tissu que sa mère ait fait elle-même, était retenue sur le côté par une faible agrafe. Son bouclier retombe sur l'épaule gauche de son cheval, et sa main est chargée d'une pesante épée. Il contemple avec orgueil son agrafe d'or, à la dent polie et brillante, et la riche écharpe qui flotte sur les flancs du cheval. Il aime à entendre le bruit du fourreau, le cliquetis du carquois, et des chaînettes qui descendent de son cimier sur ses épaules. Parfois il secoue avec joie son panache, et son casque tout étincelant de pierres précieuses; ou bien il le détache quand le feu du combat l'échauffe, et montre son front à découvert. Alors brillent du plus doux éclat sa belle chevelure, son regard animé et ses joues de rose, dont un duvet trop lent au gré de son impatience n'a point encore altéré la fraîcheur. Le jeune prince est honteux de sa beauté, et veut donner à son visage une expression dure et menaçante; mais la colère est gracieuse encore sur son visage. Les Thébains ouvrent devant lui leurs rangs; ils pensent à leurs fils en le voyant, et détournent les traits qui allaient le frapper. Cependant il les presse vivement, et lance sur ses ennemis, que la pitié arrête, ses javelots cruels. Sur les coteaux du Theumèse, les Nymphes de Thèbes le regardent combattre d'un œil ravi; et quoiqu'il soit couvert de sueur et de poussière, elles admirent sa beauté, et forment en soupirant des vœux secrets pour lui.

A cette vue, Diane est émue d'une vive et profonde douleur, et, les joues baignées de pleurs: « Quel appui, dit-elle, peut t'offrir mon bras protecteur? Comment éloigner la mort qui te menace? Voilà donc à quel combat tu t'es élancé, cruel et malheureux enfant? Hélas! tu n'as écouté que les conseils d'un courage jeune et prématuré, et la voix de la gloire qui t'appelait à un glorieux trépas. Depuis longtemps les bois du Ménale ne suffisaient plus à ton courage qui grandissait avec les années, et pourtant à peine, ô enfant! si la route était sûre pour toi, sans ta mère, à travers les antres des bêtes farouches; à peine si ta main hardie pouvait lancer tes traits et bander ton arc. Et maintenant elle répand au pied de mes autels ses plaintes amères, elle fatigue les portes et le seuil de mon temple, qui reste sourd à ses prières. Et toi, tu te plais au son du clairon, aux hurlements de la guerre; heureux dans ton ignorance, tu laisses à ta mère seule la triste prévision de ton trépas. »

Cependant, pour ne pas assister vainement à son glorieux trépas, elle se jette dans la mêlée, entourée d'un sombre nuage; et dérobant furtivement sur le dos du jeune audacieux ses flèches légères, elle remplit son carquois de traits divins, dont nul ne voit sans se rougir de sang; puis elle verse sur ses membres et sur son cheval des flots d'ambroisie, afin que ni l'un ni l'autre ne soit atteint, avant la mort, d'aucune

Tigris, et auratis adverberat unguibus armos.
Colla sedent, nodis et castigata jubarum
Libertas, nemorisque notæ sub pectore primo
Jactantur, niveo lunata monilia dente.
Ipse bis Œbalio saturatam murice pallam 690
Lucentesque auro tunicas, hoc neverat unum
Mater opus, tenui collectus in ilia vinclo,
Cornipedis lævo clypeum demiserat armo,
Ense gravis nimio : tereti juvat aurea morsu
Fibula, pendentes circum latera aspera cinctus, 695
Vaginæque sonum, tremulumque audire pharetræ
Murmur, et a cono missas in terga catenas.
Interdum cristas hilaris jacture comantes,
Et pictum gemmis galeæ jubar : ast ubi pugna
Cassis anhela calet, resoluto vertice nudus 700
Exoritur : tunc dulce comæ, radiisque micantes
Dulce nitent vius, et, quas dolet ipse morari,
Nondum mutatæ rosea lanugine malæ.
Nec formæ sibi laude placet, multumque severis
Asperat ora minis : sed frontis servat honorem 705
Ira decens : dat sponte locum Thebana juventus,
Natorum memores, intentaque tela retorquent :
Sed premit, et sævas miserantibus ingerit hastas.

Illum et Sidoniæ juga per Theumesia nymphæ
Bellantem, atque ipso sudore et pulvere gratum 710
Laudant, et tacito ducunt suspiria voto.
 Talia cernenti mitis subit alta Dianæ
Corda dolor, fletuque genas violata, « Quod, inquit,
Nunc tibi, quod leti quæram Dea fida propinqui
Effugium? hæcne ultro properasti ad prælia, sæve 715
Ac miserande puer? cruda heu! festinaque virtus
Suasit, et hortatrix animosi gloria leti.
Scilicet angustum jamdudum urgentibus annis
Mænalium tibi, parve, nemus, perque antra ferarum
Vix tutæ sine matre viæ, silvestria cujus 720
Nondum tela procax, arcumque implere valebas.
Et nunc illa meas ingentem plangit ad aras
Invidiam, surdasque fores, et limina lassat.
Tu dulces lituos, ululataque prælia gaudes,
Felix, et miseræ tantum periture parenti. » 725
 Ne tamen extremo frustra morientis honori
Affuerit, venit in medios caligine fulva
Septa globos, primumque leves furata sagittas
Audacis tergo pueri, cœlestibus implet
Coryton telis, quorum sine sanguine nullum 730
Effugit. Ambrosio tunc spargit membra liquore,

16.

blessure. Elle ajoute ces mots magiques, ces murmures mystérieux qu'elle-même apprend aux femmes de Colchos dans les antres écartés, en même temps qu'elle leur montre les herbes malfaisantes.

Alors, l'arc tendu, et bouillant d'ardeur, Parthénopée voltige autour des rangs. Il ne se maîtrise plus, et, oubliant sa patrie, sa mère, s'oubliant lui-même, il ne fait qu'un trop cruel usage des armes célestes.

Tel un jeune lion de Gétulie à qui sa mère apporte encore une sanglante nourriture, dès qu'il sent croître sur son cou sa crinière et qu'il a tourné ses farouches regards sur ses ongles naissants, il s'indigne de recevoir sa pâture, et, se précipitant dans la plaine, il se plaît à la parcourir en liberté, et désapprend le chemin de son antre.

Quels sont les guerriers, ô cruel enfant, que renverse ton arc d'Arcadie? D'abord ta flèche atteint Chorèbe de Tanagre vers l'extrémité du casque et le bord du bouclier; elle pénètre par un étroit passage. Des flots de sang s'arrêtent à sa gorge, et son visage rougit, par l'effet du poison brûlant de la flèche divine.

Eurytion est frappé plus cruellement encore : le triple dard du javelot s'enfonce dans l'orbite de son œil gauche. Il veut arracher le trait avec son œil crevé, et se précipiter sur celui qui l'a frappé; mais (que ne peuvent les traits redoutables des Dieux?) sa blessure s'étend aux deux yeux, et le plonge dans les ténèbres. Il n'en poursuit pas moins avec fureur son ennemi du côté où il se rappelle l'avoir vu, jusqu'à ce que, heurtant le cadavre d'Idas, il tombe. Alors l'infortuné s'agite au milieu des victimes sanglantes de la guerre; il implore à la fois la mort, ses compagnons et ses ennemis.

Parthénopée immole les deux fils d'Abas, Argus à la belle chevelure, et Cydon, que sa malheureuse sœur aimait d'un amour criminel. A l'un il perce l'aine d'outre en outre de son javelot; à l'autre il traverse obliquement de sa flèche les deux tempes. Le fer passe d'un côté, tandis que de l'autre on aperçoit encore la plume légère; le sang coule par les deux ouvertures. Les traits inexorables sont tous mortels : ni la beauté de Lamus, ni les bandelettes de Lygdus, ni la tendre jeunesse d'Éole, ne peuvent les protéger. Lamus est frappé au visage, Lygdus blessé au flanc; et toi, Éole, tu reçois avec un gémissement le trait qui traverse ton front, plus blanc que la neige. La dangereuse Eubée donna le jour à l'un; la blanche Thisbé envoya l'autre à Thèbes; le troisième ne reverra plus la verte Amyclée.

Jamais son bras ne frappe en vain, jamais ses traits ne partent sans faire une blessure : point de trêve à ses coups : une flèche suit l'autre, et mêle ses sifflements aux sifflements de la première. Qui croirait qu'un seul arc, qu'un seul bras cause tant de ravages? Tantôt il porte directement ses coups; tantôt, se tournant tour à tour à droite et à gauche, il varie ses attaques; tantôt il cède, il fuit, et son arc seul est tourné vers l'ennemi. Mais enfin, surpris et indignés, les descendants de Labdacus se rallient. Le premier, Amphion, issu du noble sang de Jupiter, igno-

Spargit equum, ne quo temeretur vulnere corpus
Ante necem, cantusque sacros, et conscia miscet
Murmura, secretis quæ Colchidas ipsa sub antris
Nocte docet, monstratque feras quærentibus herbas. 735
 Tunc vero exerto circumvolat igneus arcu,
Nec se mente regit, patriæ, matrisque, suique
Immemor, et nimium cœlestibus utitur armis.
 Ut leo, cui parvo mater Gætula cruentos
Suggerit ipsa cibos, quum primum crescere sensit 740
Colla jubis, torvusque novos respexit ad ungues,
Indignatur ali, tandemque effusus apertos
Liber amat campos, et nescit in antra reverti.
 Quos, age, Parrhasio sternis, puer improbe, cornu?
Prima Tanagræum turbavit arundo Chorœbum 745
Extremo galeæ, primoque in margine parmæ
Angusta transmissa via : stat faucibus unda
Sanguinis, et sacri facies rubet igne veneni.
 Sævius Eurytion, cui luminis orbe sinistri
Aspera tergeminis acies se condidit uncis. 750
Ille trahens oculo plenam labente sagittam
Ibat in auctorem : sed Divum fortia quid non
Tela queant? Alio geminatum lumine vulnus
Explevit tenebras : sequitur tamen improbus hostem,
Qua meminit, fusum donec prolapsus in Idam 755

Decidit : hic sævi miser inter funera belli
Palpitat, et mortem, sociosque, hostesque precatur.
 Addit Abantiadas, insignem crinibus Argum,
Et male dilectum miseræ Cydona sorori.
Illi perfossum telo patefecerat inguen : 760
Huic geminum obliqua trajecit arundine tempus.
Exstitit hac ferrum, velox hac penna remansit,
Fluxit utrimque cruor : nulli tela aspera mortis
Dant veniam : non forma Lamum, non infula Lygdum,
Non pubescentes texerant Æolon anni. 765
Figitur ora Lamus, flet saucius inguina Lygdus,
Perfossam telo niveam gemis, Æole, frontem.
Te præceps Eubœa tulit, te candida Thisbe
Miserat, hunc virides non excipietis Amyclæ.
 Nunquam cassa manus, nullum sine vulnere fugit 770
Missile : nec requies dextræ, sonitumque priori
Jungit arundo sequens : unum quis crederet arcum?
Aut unam sævire manum? modo dirigit ictus,
Nunc latere alterno dubius conamina mutat,
Nunc fugit instantes, et solo respicit arcu. 775
Et jam mirantes, indignantesque coibant
Labdacidæ, primusque Jovis de sanguine claro
Amphion, ignarus adhuc, quæ funera campis
Ille daret : « Quonam usque moram lucrabere fati,

rant encore le carnage que faisait Parthénopée sur le champ de bataille : « Jusques à quand, s'écrie-t-il, espères-tu jouir des lenteurs de la Parque, malheureux enfant, qui bientôt, par ta mort, vas plonger dans le deuil tes illustres parents? Que dis-je? ton cœur se gonfle d'orgueil, et ton audace s'accroît, parce que nul ne veut se mesurer avec toi, dédaigne un combat inégal, et te place au-dessous de sa colère. Va, retourne dans l'Arcadie, et là, mêlé à tes égaux, simule dans ton palais d'innocents combats, tandis qu'ici Mars, souillé de poussière, exerce réellement sa terrible fureur. Mais si la triste renommée du tombeau séduit ton cœur, je suis prêt à te la donner : tu mourras de la mort des héros. »

Déjà, dès les premiers mots, une nouvelle fureur aiguillonnait le farouche fils d'Atalante, et Amphion n'avait pas encore achevé, qu'il s'écrie : « Oui, j'ai trop tardé à porter mes armes contre Thèbes, dont voici la vaillante armée! Quel enfant serait assez faible pour refuser de combattre de tels guerriers? Tu vois en moi un Arcadien, un rejeton d'une race belliqueuse, et non pas un Thébain. Ce n'est pas moi qui suis né dans une nuit silencieuse d'une Thyade thébaine, esclave du dieu. Jamais je n'ai ceint mon front d'une mitre déshonorante, ou brandi une honteuse lance. Dès mon enfance, j'ai appris à traverser les fleuves glacés, à pénétrer dans les sombres repaires des bêtes farouches. Que dirai-je de plus? Ma mère est toujours armée d'un javelot et d'un arc, tandis que vos pères battent les tambours sonores de Bacchus. »

Amphion ne supporte pas cet outrage, et, brandissant un énorme trait, il le lance contre le visage de l'audacieux qui le brave; mais le coursier, effrayé de l'éclat terrible du fer, se rejette de côté, et avec lui son maître, qui par ce mouvement échappe au fer avide de sang. Plus ardent encore Amphion, l'épée à la main, se précipitait sur le jeune guerrier, lorsque la fille de Latone s'élance au milieu de la plaine, s'arrête devant le Thébain, et lui fait de tout son corps un obstacle infranchissable.

Un chaste amour attachait au jeune Parthénopée Dorcé, du mont Ménale, à qui Atalante avait confié son fils, l'objet de ses alarmes, pour le guider dans le combat et modérer sa jeunesse audacieuse. La déesse, empruntant ses traits, parle ainsi :

« C'est assez porter le ravage dans les bataillons thébains, Parthénopée! c'est assez : songe enfin à ta malheureuse mère; songe aux Dieux, quels qu'ils soient, qui te favorisent. » Mais lui, sans aucune crainte : « O mon fidèle Dorcé, dit-il, laisse-moi (je ne frapperai plus que lui), laisse-moi renverser ce guerrier qui porte des traits rivaux des miens, un vêtement semblable au mien, et qui secoue avec orgueil un frein retentissant. Ce frein, je le dirigerai; riches vêtements qui le parez, vous serez suspendus à la voûte du temple de Diane; je ferai présent à ma mère de son carquois, ma conquête. » La fille de Latone l'entendit, et elle laissa échapper un sourire mêlé de larmes.

Depuis longtemps Vénus avait aperçu cette déesse. Retirée dans une partie écartée du ciel, elle retenait dans ses bras le dieu de la guerre, et lui rappelait, dans son inquiète sollicitude, Thèbes, Cadmus, et les descendants de sa chère

O multum meritos puer orbature parentes? 780
Quin etiam menti tumor atque audacia gliscit,
Congressus dum nemo tuos pugnamque minorem
Dignatur bellis, iramque relinqueris infra.
I, repete Arcadiam, mixtusque æqualibus illic,
Dum ferus hic vero desævit pulvere Mavors, 785
Prælia lude domi : quod si te mœsta sepulcri
Fama vocet, dabimus; leto moriere virorum. »
Jamdudum hunc contra stimulis gravioribus ardet
Trux Atalantiades, nec dum ille quieverat, infit :
« Sera etiam in Thebas, quarum hic exercitus, arma 790
Profero : quisnam adeo puer, ut bellare recuset
Talibus? Arcadiæ stirpem, et fera semina gentis,
Non Thebana vides : non me sub nocte silenti
Thyas Echionio genitrix famulata Lyæo
Edidit : haud unquam deformes vertice mitras 795
Induimus, turpique manu jactavimus hastam.
Protinus adstrictos didici reptare per amnes,
Horrendasque domos magnarum intrare ferarum :
Et quid plura loquar? ferrum mea semper et arcus
Mater habet, vestri feriunt cava tympana patres. » 800
Non tulit Amphion, vultumque et in ora loquentis

Telum immane rotat : sed ferri lumine diro
Turbatus sonipes, sese dominumque retorsit
In latus, atque avidam transmisit devius hastam.
Acrior hoc juvenem stricto mucrone petebat 805
Amphion; quum se medio Latonia campo
Injicit ante oculos : omni stetit obvia vultu.
Hærebat juveni devinctus amore pudico
Mænalius Dorceus, cui bella, suumque timorem
Mater, et audaces pueri mandaverat annos. 810
Hujus tum vultum Dea dissimulata profatur :
« Hactenus Ogygias satis infestasse catervas,
Parthenopæe, satis : miseræ jam parce parenti,
Parce Deis, quicunque favent. » Nec territus ille,
« Hunc sine me, (nec plura petam,) fidissime Dorceu, 815
Sternere humi, qui tela meis gerit æmula telis,
Et similes cultus, et frena sonantia jactat.
Frena regam : cultus Triviæ pendebitis alto
Limine, captivis matrem donabo pharetris. »
Audiit, et mixto risit Latonia fletu. 820
Viderat hanc cœli jamdudum in parte remota
Gradivum complexa Venus, dumque anxia Thebas
Commemorat, Cadmumque viro, caræque nepotes

Harmonia : saisissant habilement cette occasion, elle donne un libre cours à la douleur qu'elle renfermait au fond de son âme.

« Ne vois-tu pas, ô Mars, cette déesse orgueilleuse de sa virginité, qui se jette au milieu de la foule des guerriers? Avec quelle audace elle ordonne le combat et guide les étendards! Que dis-je? la voici qui sacrifie à sa vengeance et offre au carnage tant de guerriers de la nation qui m'est chère : est-ce donc à elle que Jupiter a donné la valeur et l'ardeur guerrière? Pour toi, il ne te reste plus qu'à percer de tes flèches les daims des forêts. »

Ému de ces justes plaintes, le dieu de la guerre s'élance au combat. La Colère seule l'accompagne dans sa course rapide à travers les airs : les Fureurs, ses compagnes habituelles, travaillent au carnage. Soudain il est auprès de la triste Diane, et lui adresse ces durs reproches : « Ce n'est point à toi que le père des Dieux a donné de présider aux combats : téméraire, si tu n'abandonnes à l'instant ce champ de bataille, tu éprouveras que Pallas elle-même ne saurait résister à mon bras. »

Que fera-t-elle? D'un côté Mars la presse de sa lance, de l'autre elle voit, jeune enfant, que la quenouille de la Parque ne fournit plus de fil pour toi, et d'ailleurs le visage sévère de Jupiter l'arrête. Elle s'éloigne donc, vaincue par la honte qui lui fait seule quitter ces lieux.

Alors Mars promène son regard sur les bataillons thébains, et suscite le terrible Dryas, qui a puisé dans le sang de son père, l'impétueux Orion, la haine des compagnons de Diane. Soudain la fureur le transporte; il fond, l'épée à la main, sur les Arcadiens en désordre, et désarme un de leurs chefs. Les peuples de Cyllène, les habitants de l'ombreuse Tégée, couvrent au loin la terre de leurs cadavres; les chefs Épitiens, les phalanges de Phénée prennent la fuite. Cependant Parthénopée, dont le bras est fatigué, espère encore abattre ce guerrier, et il ne ménage pas ses forces; bien que déjà affaibli, il se précipite, il se jette au hasard sur les bataillons ennemis. Mille présages de son trépas viennent l'assaillir; devant lui voltigent les sombres nuages de la mort. Déjà, hélas! il ne voit plus qu'un petit nombre de ses compagnons, parmi lesquels se trouve le véritable Dorcé; déjà il sent peu à peu ses forces l'abandonner, et son carquois, vide de flèches, peser moins sur ses épaules; déjà il a peine à soutenir ses armes, et il se reconnaît enfin pour un enfant; lorsque tout à coup Dryas vient l'épouvanter de l'éclat terrible de son bouclier. Un tremblement soudain contracte son visage et resserre son cœur. Ainsi, lorsqu'un cygne, au blanc plumage, aperçoit au-dessus de lui le redoutable messager de la foudre, il voudrait que les rives du Strymon s'entr'ouvrissent, et presse contre sa poitrine ses ailes tremblantes. Tel le jeune guerrier, en apercevant le gigantesque et farouche Dryas, ne ressent plus de colère, mais une secrète terreur, présage de la mort. Cependant, après avoir vainement invoqué les Dieux et Hécate, tout pâle, il saisit ses armes et prépare son arc indocile. Déjà il menace l'ennemi de sa flèche, et, tourné de côté, les deux bras écartés, de la pointe du dard il touche le sommet de l'arc, et, de la corde, sa poitrine; mais soudain un javelot lancé par la main vigoureuse du chef thébain

Harmoniæ, pressum tacito sub corde dolorem
Tempestiva movet. « Nonne hanc, Gradive, protervam
Virginitate vides mediam se ferre virorum   825
Cœtibus? utque acies audax, et Martia signa
Temperet? en etiam donat, præbetque necandos
Tot nostra de gente viros : huic tradita virtus,
Huic furor? agrestes superest tibi figere damas. »   830
    Desiluit justis commotus in arma querelis
Bellipotens, cui sola vagum per inane ruenti
Ira comes, reliqui sudant ad bella Furores.
Nec mora, quum mœstam monitu Latoida duro
Increpat assistens : « Non hæc tibi prælia Divum   835
Dat pater, armiferum ni protinus improba campum
Deseris, huic æquam nosces nec Pallada dextræ. »
    Quid faciat contra? premit hinc Mavortia cuspis;
Hinc plenæ tibi, parve, colus; Jovis inde severi
Vultus; abit solo post hæc devicta pudore.   840
    At pater Ogygias Mavors circumspicit alas,
Horrendumque Dryanta movet, cui sanguinis auctor
Turbidus Orion, comitesque odisse Dianæ.
Inde furit primum : hic turbatos arripit ense
Arcadas, exarmatque ducem : cadit agmine longo   845

Cyllenes populus, Tegeesque habitator opacæ,
Æpitiique duces fugiunt, Pheneique phalanges.
Ipsum autem et lassa fidit prosternere dextra,
Nec servat vires : etenim huc jam fessus, et illuc,
Mutabat turmas : urgent præsagia mille   850
Funeris, et nigræ præcedunt nubila mortis.
Jamque miser raros comites, verumque videbat
Dorcea, jam vires paulatim abscedere sentit,
Sentit et exhaustas humero leviore pharetras.
Jam minus atque minus fert arma, puerque videtur   855
Et sibi, quum torva clypei metuendus obarsit
Luce Dryas; tremor ora repens ac viscera torsit
Arcados : utque feri vectorem fulminis albus
Quum supra respexit olor, cupit hiscere ripam
Strymonos, et trepidas in pectora contrahit alas :   860
Sic juvenem sævi conspecta mole Dryantis,
Jam non ira subit, sed leti nuntius horror.
Arma tamen, frustra Superos Triviamque precatus,
Molitur pallens, et surdos expedit arcus.
Jamque instat telis, et utramque obliquus in ulnam   865
Cornua contingit mucrone, et pectora nervo :
Quum ducis Aonii magno cita turbine cuspis

vole, rapide comme la tempête, et vient obliquement couper la corde sonore. Les coups du jeune Arcadien ont vainement menacé l'ennemi, ses mains retombent, et la flèche inutile glisse de l'arc détendu. Alors l'infortuné, atteint d'un trouble mortel, lâche ses rênes et ses armes, et ne peut supporter la blessure cruelle que le trait lui a faite, en pénétrant dans l'épaule droite. Un autre trait s'enfonce facilement dans les chairs, et en même temps coupe le jarret du cheval et arrête sa fuite. Mais en ce moment, ô prodige! Dryas lui-même tombe sans qu'on aperçoive le bras qui l'a frappé : celui qui a lancé le trait mortel, tout à l'heure visible, a disparu.

Le jeune prince, couché sur les bras de ses compagnons, est porté à l'écart loin du champ de bataille, et, mourant, ô touchante simplicité de la jeunesse! il pleure son cheval étendu sur la terre : sa tête, débarrassée de son casque, retombe, et dans ses yeux égarés s'éteint le charme de son regard : trois et quatre fois on soulève, par sa chevelure, son cou languissant, qui ne peut se soutenir, et de sa poitrine de neige (spectacle douloureux, même pour Thèbes!) jaillit un sang vermeil. Enfin il prononce ces paroles, entrecoupées de sanglots :

« Je succombe. Va, Dorcé, consoler ma malheureuse mère. Sans doute si l'inquiétude apporte des présages certains, déjà quelque songe ou quelque sinistre augure lui a appris mon sort funeste. Toi cependant, par un pieux artifice ménage sa douleur, et lui cache longtemps mon trépas. Ne te présente pas à elle tout à coup, ni au moment où elle tiendra ses armes. Et lorsque tu seras forcé d'avouer la vérité, rapporte-lui ces paroles : « J'ai mérité ce châtiment, ô ma mère! enfant, j'ai saisi des armes trop lourdes pour mon bras; malgré toi, malgré tes efforts, je n'ai pu rester paisible, et, au milieu des combats, je n'ai plus songé à ma mère alarmée. Vis donc, et n'accuse que mon aveugle courage. Maintenant bannis tes craintes : c'est en vain que, d'un esprit inquiet, tu regardes de la cime du mont Lycée si quelque bruit lointain vient frapper l'air, ou si notre armée en marche soulève la poussière. Me voici froid et gisant sur la terre nue; et tu n'es pas près de moi pour soutenir ma tête et recueillir mon dernier soupir. Du moins, à la place de ce corps que tu ne reverras plus, ô ma mère! reçois ma chevelure (et il l'offre de lui-même au ciseau), cette chevelure que tu te plaisais à peigner, alors que je dédaignais ce soin. Tu lui rendras les derniers honneurs : mais, dans les jeux funèbres, prends garde qu'un bras inhabile n'émousse mes traits; et veille à ce que ma meute fidèle ne soit pas conduite par un autre dans les repaires sauvages. Quant à ces armes, qui m'ont trahi dans mon premier combat, brûle-les, ou suspends-les, comme une offrande, aux voûtes du temple de l'ingrate Diane. »

LIVRE X.

Phébus se précipite vers les portes de l'Occident, chassé par la nuit humide, dont les ordres de Jupiter ont hâté la venue. Ce n'est pas que le dieu de l'Olympe ait pitié du camp des Grecs, ou de l'armée thébaine; mais il lui est triste de

Fertur in adversum, nervique obliqua sonori
Vincla secat; pereunt ictus, manibusque remissis
Vana supinato ceciderunt spicula cornu.   870
Tunc miser et frenos turbatus, et arma remisit,
Vulneris impatiens, humeri qua tegmina dextri
Intrarat, facilemque cutem subit altera cuspis,
Cornipedisque fugam succiso poplite sistit.
Tunc cadit ipse Dryas, mirum, nec vulneris usquam   874
Conscius, olim auctor teli, causæque patebant.
At puer infusus sociis, in devia campi
Tollitur, heu simplex ætas! moriensque jacentem
Flebat equum : cecidit laxata casside vultus,
Ægraque per trepidos exspirat gratia visus,   880
Et prensis concussa comis, ter colla, quaterque
Stare negant, ipsique nefas lacrimabile Thebis,
Ibat purpureus niveo de pectore sanguis.
Tandem hæc singultu verba incidente profatur :
« Labimur : i, miseram, Dorceu, solare parentem.   885
Illa quidem, si vera ferunt præsagia curæ,
Aut somno jam triste nefas, aut omine vidit.
Tu tamen arte pia trepidam suspende, diuque
Decipito : neu tu subitus, neve arma tenenti
Veneris, et tandem quum jam cogere fateri,   890
Dic : « Merui, genitrix, pœnas, invita capessens

Arma puer rapui, nec te retinente quievi :
Nec tibi sollicitæ saltem inter bella peperci.
Vive igitur, potiusque animis irascere nostris :
Et jam pone metus : frustra de colle Lycæi   895
Anxia prospectas, si quis per nubila longe
Aut sonus, aut nostro sublatus ab agmine pulvis.
Frigidus in nuda jaceo tellure, nec usquam
Tu prope, quæ vultus, efflantiaque ora teneres.   899
Hunc tamen, orba parens, crinem, (dextraque secandum
Præbuit,) hunc toto capies pro corpore crinem,
Comere quem frustra me dedignante solebas.
Huic dabis exsequias : atque inter justa memento,
Ne quis inexpertis hebetet mea tela lacertis,
Dilectosque canes ullis agat amplius antris.   905
Hæc autem primis arma infelicia castris
Ure, vel ingratæ munus suspende Dianæ. »

LIBER DECIMUS.

Obruit Hesperia Phœbum nox humida porta,
Imperiis properata Jovis : nec castra Pelasgum
Aut Tyrias miseratus opes, sed triste, tot extra
Agmina et immeritas ferro decrescere gentes.
Panditur immenso deformis sanguine campus.

voir tant de bataillons alliés, tant de peuples innocents décimés par le glaive. La plaine se découvre au loin, toute souillée du sang qui l'inonde. On y voit les armes, les chevaux, naguère l'orgueil des cavaliers, les cadavres privés de sépulture, et des membres épars. Hideuses à voir et portant leurs enseignes déchirées, les cohortes épuisées se retirent du champ de bataille, et les portes, trop étroites à leur départ pour le combat, leur offrent, au retour, un facile passage. La douleur est égale des deux cotés ; mais Thèbes se console, en voyant quatre bataillons grecs errer sans chefs, semblables à des vaisseaux qui, sur la mer agitée, privés de leurs pilotes, n'ont plus d'autres guides que leur dieu tutélaire, le hasard et les tempêtes.

Aussi, animés d'une nouvelle audace, les Thébains ne songent plus seulement à défendre leur camp, mais à s'opposer à la fuite des ennemis, et à empêcher qu'ils ne se félicitent d'avoir pu rentrer à Mycènes. La tessère donne le mot d'ordre aux postes ; des sentinelles sont posées et se relèvent tour à tour ; Mégès est le chef désigné par le sort pour commander pendant la nuit. Lycus se joint volontairement à lui. Rangés suivant l'ordre prescrit, ils emportent avec eux des armes, des vivres et du feu. Avant leur départ, le roi les encourage par ces mots :

« Vainqueurs des Grecs, le jour ne tardera pas à luire, et les ténèbres, qui ont protégé leur lâcheté, ne dureront pas toujours. Animez vos courages, et que vos cœurs soient dignes de la faveur des Dieux. Lerne a perdu sa gloire, ses guerriers les plus vaillants ; Tydée est descendu dans le Tartare vengeur ; la Mort s'est effrayée à l'aspect imprévu de l'ombre d'Amphiaraüs ; l'Ismène s'enorgueillit des dépouilles ravies à Hippomédon. Je ne parle pas du jeune Arcadien, j'ai honte de le mettre au nombre des trophées que nous a donnés la guerre. Vous avez dans vos mains les prix de la victoire : nous ne verrons plus se dresser ces têtes orgueilleuses, et leurs aigrettes briller au milieu des bataillons. Qu'avez-vous à redouter dans le combat ? la vieillesse d'Adraste ? la jeunesse plus impuissante encore de mon frère, et la fougue insensée de Capanée ? Allez, et qu'autour des ennemis assiégés les feux veillent toute la nuit : qu'en pouvez-vous craindre ? C'est votre proie, ce sont vos propres richesses que vous gardez. » C'est ainsi que par ses exhortations il remplit d'ardeur les farouches Labdacides. Ils brûlent de s'exposer de nouveau aux fatigues de la guerre, et, encore tout souillés de poussière, de sueur et de sang, ils retournent sur leurs pas. Ils écoutent à peine les paroles qu'on leur adresse ; ils s'arrachent aux embrassements de leurs parents, et, rangés en bataille, les uns au front, les autres à l'arrière-garde et les derniers sur les flancs, ils entourent le retranchement des feux ennemis. Ainsi se rassemble, à l'entrée de la nuit, une troupe furieuse de loups dès longtemps amaigris, que la faim jette pleins d'audace au milieu des campagnes. Déjà ils attaquent les étables mêmes : leur avidité trompée, les bêlements tremblants des agneaux, les fortes exhalaisons des bergeries, irritent leurs entrailles. Ils brisent leurs ongles et leurs poitrines contre les portes inébranlables, et leurs dents avides s'émoussent sur le seuil.

Cependant, bien loin de là, les portiques du temple d'Argos se remplissent d'une foule sup-

Illic arma, et equos, ibant quibus ante superbi,
Funeraque orba rogis, neglectaque membra relinquunt.
Tunc inhonora cohors laceris insignibus ægras
Secernunt acies, portæque, ineuntibus arma
Angustæ populis, late cepere reversos. 10
Par utrimque dolor : sed dant solatia Thebis
Quatuor errantes Danaum sine præside turmæ ;
Ceu mare per tumidum viduæ moderantibus alni,
Quas Deus, et casus, tempetatesque gubernant.
Inde animus Tyriis, non jam sua castra, sed ultro 15
Hostilem servare fugam, ne forte Mycenas
Contenti rediisse petant : dat tessera signum
Excubiis, positæque vices : dux noctis opertæ
Sorte Meges, ultroque Lycus : jamque ordine jusso
Arma, dapes, ignemque ferunt : rex firmat euntes : 20
« Victores Danaum, nec enim lux crastina longe,
Nec quæ pro timidis intercessere tenebræ
Semper erunt, augete animos, et digna secundis
Pectora ferte Deis : jacet omnis gloria Lernæ,
Præcipuæque manus : subiit ultricia Tydeus 25
Tartara : Mors subitam nigri stupet auguris umbram :
Ismenos raptis tumet Hippomedontis opimis :
Arcada belligeris pudet annumerare tropæis.

In manibus merces : nusquam capita ardua belli
Monstrataeque ducum septena per agmina cristæ. 30
Scilicet Adrasti senium, fraterque juventa
Pejor, et insanis Capaneus metuendus in armis ?
Ite age, et obsessis vigiles circumdate flammas.
Nulli ex hoste metus : prædam asservatis opesque
Jam vestras. » Sic ille truces hortatibus implet 35
Labdacidas : juvat exhaustos iterare labores.
Sicut erat pulvis, sudorque, cruorque per artus
Mixtus adhuc, vertere gradum : vix obvia passi
Colloquia, amplexus etiam, dextrasque suorum
Excussere humeris : tunc frontem, aversaque terga 40
Partiti, laterumque sinus, vallum undique cingunt
Ignibus infestis : rabidi sic agmine mixto
Sub noctem coiere lupi, quos omnibus agris
Nil non ausa fames longo tenuavit hiatu. 44
Jam stabula ipsa premunt : torquet spes irrita fauces,
Balatusque tremens, pinguesque ab ovilibus auræ.
Quod superest, duris affrangunt postibus ungues,
Pectoraque, et siccos minuunt in limine dentes.
At procul Argolici supplex in margine templi
Cœtus, et ad patrias fusæ Pelopeides aras 50
Sceptriferæ Junonis opem, reditumque suorum

LIVRE X.

pliante. Prosternées au pied des autels, les femmes grecques implorent, pour le retour de leurs époux, le secours de Junon, la reine des Dieux, se meurtrissent le visage sur les portes richement décorées et sur les marbres froids, et apprennent à leurs enfants à se prosterner comme elles. Elles consument le jour entier en prières; la nuit augmente leurs inquiétudes, et la flamme veille sur les autels. Un voile est apporté dans une corbeille et offert à Junon; admirable tissu, auquel n'a travaillé la main d'aucune femme stérile ou éloignée du lit conjugal, vêtement digne de la chaste déesse, où la pourpre brille sous mille formes diverses, mêlée à l'éclat de l'or. On y voit représentée Junon elle-même, promise à la couche du maître du tonnerre : la jeune vierge, qui va timidement quitter le nom de sœur, baisse les yeux, et donne un innocent baiser au jeune Jupiter, qui, par ses secrètes amours, ne l'a point encore offensée. Les mères d'Argos avaient revêtu de ce voile l'ivoire sacré, et leurs larmes et leurs gémissements imploraient la déesse :

« Regarde les citadelles sacriléges de la fille de Cadmus, ton odieuse rivale, ô reine du ciel étoilé! renverse le tombeau rebelle de Sémélé, et lance encore une fois sur Thèbes, car tu le peux, la foudre vengeresse. »

Que fera la déesse? Elle sait que les destins sont contraires aux Grecs, que Jupiter leur est hostile; mais elle ne veut pas que des prières si ardentes, un don si précieux, n'obtiennent d'elle aucune faveur. Le hasard lui fournit l'occasion de prêter aux Grecs un puissant secours : du haut des airs, elle voit leur camp cerné, et les retranchements gardés par des sentinelles vigi-

lantes. Elle frémit, aiguillonnée par la colère, et, secouant sa chevelure, agite sur sa tête son diadème redoutable. Son courroux ne fut pas plus violent lorsqu'elle vit avec indignation le fils d'Alcmène, et les jumeaux fruit des amours de Jupiter, mis au rang des astres. Elle forme donc le projet de plonger les Thébains dans la douceur d'un perfide sommeil, et de les livrer au glaive meurtrier des Grecs. Elle ordonne à Iris, sa messagère, de prendre la ceinture dont elle a coutume de s'envelopper, et lui confie l'exécution de son entreprise. La brillante déesse obéit à ses ordres, elle quitte le ciel, et descend vers la terre, suspendue à son arc prolongé.

A l'occident, au delà du séjour ténébreux de la nuit et des demeures des noirs Éthiopiens, est une forêt silencieuse, impénétrable à tous les astres. Dans le roc est taillé un antre profond qui s'étend sous la montagne : c'est là que la Nature languissante a placé le palais et les tranquilles pénates du Sommeil. Le lourd Repos, l'Oubli nonchalant, la Paresse engourdie, dont l'œil jamais ne veille, en gardent le seuil. Dans le vestibule sont assis l'Oisiveté et le Silence muet, les ailes repliées; ils éloignent du faîte les vents furieux, rendent immobiles les branches des arbres, et font taire les murmures des oiseaux. Là, nul bruit de la mer, quoique ailleurs tous les rivages mugissent; le ciel n'y est pas moins silencieux. Le fleuve, qui baigne la caverne et fuit dans la vallée profonde, coule paisible entre les pierres et les rochers; de noirs troupeaux sont répandus tout autour et restent couchés sur le sol; les germes des plantes à peine écloses se flétrissent, et les herbes de la terre s'inclinent sous un souffle pesant.

```
Exposcunt, pictasque fores, et frigida vultu
Saxa terunt, parvosque docent procumbere natos.
Condiderant jam vota diem : nox addita curas
Jungit, et aggestis vigilant altaria flammis.              55
Peplum etiam dono, cujus mirabile textum
Nulla manus sterilis, nec dissociata marito
Versarat, calathis castæ velamina Divæ
Haud spernenda ferunt, varüs ubi plurima floret
Purpura picta modis, mixtoque incenditur auro.             60
Ipsa illic magni thalamo desponsa Tonantis,
Expers connubii, et timide positura sororem,
Lumine demisso pueri Jovis oscula libat
Simplex, et nondum furtis offensa mariti.
Hoc tunc Argolicæ sanctum velamine matres                  65
Induerant ebur, et lacrimis questuque rogabant :
    « Adspice sacrilegas Cadmeæ pellicis arces,
Siderei regina poli, tumulumque rebellem
Disjice, et in Thebas aliud, potes, excute fulmen. »
    Quid faciat? scit fata suis contraria Graiis,           70
Aversumque Jovem : sed nec perisse precatus
Tantaque dona velit : tempus tamen obvia magni
Fors dedit auxilii : videt alto ex æthere clausa
Mœnia, et insomni vallum statione teneri.

Horruit irarum stimulis, motaque verendum                  75
Turbavit diadema coma : non sævius arsit,
Herculeæ quum matris onus, geminosque Tonantis
Concubitus vacuis indignaretur in astris.
Ergo intempesta somni dulcedine captos
Destinat Aonios leto præbere : suamque                     80
Orbibus accingi solitis jubet Irin, et omne
Mandat opus : paret jussis Dea clara, polumque
Linquit, et in terras longo suspenditur arcu.
    Stat super occiduæ nebulosa cubilia noctis,
Æthiopasque alios, nulli penetrabilis astro,               85
Lucus iners, subterque cavis grave rupibus antrum
It vacuum in montem, qua desidis atria Somni,
Securumque larem segnis Natura locavit.
Limen opaca Quies, et pigra Oblivia servant,
Et nunquam vigili torpens Ignavia vultu.                   90
Otia vestibulo, pressisque Silentia pennis
Muta sedent, abiguntque truces a culmine ventos,
Et ramos errare vetant, et murmura demunt
Alitibus : non hic pelagi, licet omnia clament,
Litora, non illic cœli fragor : ipse profundis             95
Vallibus effugiens speluncæ proximus amnis
Saxa inter scopulosque tacet : nigrantia circa
```

Dans l'intérieur, le ciseau de Vulcain a reproduit mille images du dieu. Ici, l'on voit à ses côtés la Volupté, couronnée de fleurs; là, le Travail, son compagnon, qui s'abandonne au repos. Ailleurs, il partage la couche de Bacchus ou de l'Amour, fils de Mars. Plus avant dans le palais, au fond du sanctuaire, il repose avec la Mort; et cette image n'a rien de triste. Mais le dieu lui-même, libre de soucis, entouré de fleurs narcotiques, dort sur des tapis, dans son antre humide; on sent l'odeur de ses vêtements, et ses membres paresseux échauffent sa couche, au-dessus de laquelle nage une vapeur noire, qu'il rejette en respirant. L'une de ses mains soutient ses cheveux épars sur la tempe gauche; l'autre, oublieuse, laisse échapper sa corne. Autour de lui voltigent mille songes aux visages divers, véridiques et trompeurs, tristes et agréables, tous confondus ensemble. Leur essaim, cortége de la Nuit, s'attache aux poutres, aux jambages des portes, ou gisent à terre. Une lueur faible et pâle entoure le palais, et la lumière languissante des torches qui vacillent et qui vont s'éteindre invite au premier sommeil.

C'est là que la vierge aux brillantes couleurs se précipite du ciel azuré. Aussitôt la forêt resplendit, et cette ténébreuse vallée sourit à la déesse. Frappé de l'éclat de sa ceinture, le palais du dieu s'éveille; pour lui, ni le flambeau brillant, ni le bruit, ni la voix de la déesse ne sauraient l'émouvoir; il reste nonchalamment étendu, jusqu'au moment où Iris le frappe de tous ses rayons, dont elle pénètre sa paupière appesantie. Alors la blonde reine des nuages lui adresse ces paroles:

« Sommeil, le plus doux des dieux, Junon t'ordonne de rendre immobiles les Thébains, race de l'odieux Cadmus, qui maintenant, enorgueillis de leurs succès, gardent éveillé le retranchement des Grecs, et résistent à tes lois. Cède à de si puissantes prières, l'occasion en est rare: en te conciliant Junon, mérite la faveur de Jupiter. »

Elle dit, et, de peur que ses paroles ne se perdent dans l'air, elle frappe de la main la poitrine engourdie du dieu, et répète à plusieurs reprises les mêmes ordres. Enfin, la tête vacillante et encore alourdie par le repos, il fait un signe favorable à la déesse. Iris, déjà appesantie, sort de l'antre ténébreux, et ranime l'éclat de ses rayons, émoussés par une atmosphère épaisse. Le dieu lui-même agite les ailes de ses pieds et de ses tempes, remplit sa chlamyde flottante de la fraîcheur d'un ciel obscur, glisse d'un vol silencieux dans les airs, et, de loin, pèse sur les campagnes d'Aonie. Son souffle étend, engourdis sur le sol, les oiseaux, les troupeaux, les bêtes féroces; de quelque côté de l'univers qu'il se dirige, la vague tombe languissante des rochers, les nuages amoncelés s'arrêtent, les forêts penchent leur cime élevée, et les étoiles, en plus grand nombre, se détachent de la voûte du ciel qui s'affaisse.

La plaine sent la première, à l'obscurité soudaine qui l'environne, l'approche du dieu. Les voix innombrables, le bruit des guerriers diminuent peu à peu. Mais lorsque, secouant ses

Armenta, omne solo recubat pecus, et nova marcent
Germina, terrarumque inclinat spiritus herbas.
 Mille intus simulacra Dei cælaverat ardens 100
Mulciber: hic hæret lateri redimita Voluptas,
Hic comes in requiem vergens Labor: est ubi Baccho,
Est ubi Martigenæ socium pulvinar Amori
Obtinet: interius tectum in penetralibus altis
Et cum Morte jacet: nullique ea tristis imago. 105
Ipse autem, vacuus curis, humentia subter
Antra soporifero stipatus flore, tapetas
Incubat: exhalant vestes, et corpore pigro
Strata calent, supraque torum niger efflat anhelo
Ore vapor: manus hæc fusos a tempore lævo 110
Sustentat crines; hæc cornu oblita remisit.
Adsunt innumero circum vaga Somnia vultu,
Vera simul falsis, permixtaque tristia blandis.
Noctis opaca cohors, trabibusque, aut postibus hærent,
Aut tellure jacent: tenuis, qui circuit aulam, 115
Invalidusque nitor, primosque hortantia somnos
Languida succiduis exspirant lumina flammis.
 Huc se cœruleo librabit ab æthere virgo
Discolor: effulgent silvæ, tenebrosaque Tempe
Arrisere Deæ, et zonis lucentibus icta 120
Evigilat domus: ipse autem nec lampade clara,
Nec sonitu, nec voce Deæ perculsus, eodem

More jacet: donec radios Thaumantias omnes
Impulit, inque oculos penitus descendit inertes.
Tunc sic orsa loqui nimborum fulva creatrix: 125
 « Sidonios te Juno duces, mitissime Divum,
Somne, jubet populumque trucis defigere Cadmi,
Qui nunc eventu belli tumefactus, Achæum
Pervigil asservat vallum, et tua jussa recusat.
Da precibus tantis, rara est hoc posse facultas, 130
Placatumque Jovem dextra Junone merere. »
 Dixit, et increpitans languentia pectora dextra,
Ne pereant voces, iterumque, iterumque monebat.
Ille Deæ jussis dubium mixtumque sopori
Annuit: excedit gravior nigrantibus antris 135
Iris, et obtusum multo jubar excitat imbri.
Ipse quoque et volucrem gressum, et ventosa citavit
Tempora, et obscuri sinuatam frigore cœli
Implevit chlamydem, tacitoque per æthera cursu
Fertur, et Aoniis longe gravis imminet arvis. 140
Illius aura solo volucres, pecudesque, ferasque
Explicat, et penitus quaecumque supervolat orbem,
Languida de scopulis sidunt freta, pigrius hærent
Nubila, demittunt extrema cacumina silvæ,
Pluraque laxato ceciderunt sidera cœlo. 145
 Primus adesse Deum subita caligine sensit
Campus, et innumeræ voces, fremitusque virorum

ailes humides, il s'abat sur le camp, et l'enveloppe des ténèbres les plus noires et les plus épaisses, alors les yeux se ferment languissants, les têtes appesanties s'inclinent, et, au milieu du discours, les paroles inachevées expirent sur les lèvres. Bientôt les Thébains laissent échapper de leurs mains les épées brillantes, les traits cruels, et leur visage retombe fatigué sur leur poitrine. Tout se tait : les coursiers eux-mêmes ne veulent plus rester debout, et les feux s'endorment tout à coup sous une cendre épaisse.

Mais le Sommeil n'invite pas au même repos les Grecs alarmés, et la douce influence du dieu, ami des ténèbres, éloigne de leur camp ses nuages. Ils sont debout sous les armes, et s'indignent de la honte de cette nuit, de cette garde orgueilleuse qui veille autour d'eux. Tout à coup les dieux troublent l'esprit de Thiodamas : un frisson soudain le saisit, et, dans l'effrayante agitation de ses sens, le force à dévoiler les destins; c'est la fille de Saturne ou Apollon, favorable à son nouveau prophète, qui lui inspire ce saint enthousiasme. Il s'élance au milieu des Grecs, le regard et la voix terribles, impatient du dieu que son faible cœur ne peut contenir. Il écume sous les aiguillons qui le pressent, la fureur éclate sur son visage, et tour à tour enflamme ou pâlit ses joues tremblantes. Son regard erre çà et là, et ses cheveux agités fouettent les guirlandes qui ceignent son front. Ainsi, sur l'Ida, la mère des dieux précipite hors du sanctuaire son prêtre tout ensanglanté, et l'empêche de s'apercevoir que son bras est mutilé par le fer; il tourne contre sa poitrine le pin sacré, secoue sa chevelure sanglante, et, dans sa course furieuse, rouvre ses blessures. Toute la campagne est effrayée; l'arbre saint est rougi par le couteau, et les lions, attelés au char de la déesse, se dressent épouvantés.

Le devin arrive dans le lieu secret du conseil, dans l'auguste tente où sont gardés les étendards. Là, depuis longtemps, Adraste, songeant aux partis désespérés, consterné de tant de malheurs, délibérait inutilement. Autour de lui se tiennent les chefs nouveaux, qui, placés par le rang le plus près des guerriers illustres dont on déplore la perte, leur ont succédé à regret et s'affligent de leur subite élévation. Ainsi, lorsqu'au milieu des mers, privé tout à coup de son pilote, un vaisseau interrompt sa course, celui qui commandait sur les flancs ou à la proue prend en main le gouvernail abandonné : le vaisseau s'étonne et ne se meut plus qu'avec lenteur, et son dieu tutélaire ne protége point une main moins habile. Le devin, brûlant d'ardeur, relève en ces mots le courage abattu des Grecs :

« Chefs illustres, nous vous apportons les ordres sacrés des Dieux et leurs avis redoutables : ce n'est pas de notre poitrine que s'échappent ces paroles. C'est lui qui parle, ce dieu dont votre confiance, approuvée par lui, m'a fait le ministre, ce dieu dont je porte les bandelettes. Cette nuit peut être, sous les auspices des immortels, féconde en travaux et protéger un glorieux stratagème. La Valeur elle-même vient vous appeler, la Fortune sollicite vos bras. La légion des Thébains est engourdie par un lourd sommeil : voici le moment de venger le trépas des rois et les malheurs de cette journée. Aux armes donc! brisez

Submisere sonum : quum vero lumentibus alis
Incubuit, piceaque haud unquam densior umbra
Castra subit, errare oculi, resolutaque colla, 150
Et medio affatu verba imperfecta relinqui.
Mox et fulgentes clypeos, et sæva remittunt
Pila manu, lassique cadunt in pectora vultus.
Et jam cuncta silent : ipsi jam stare recusant
Cornipedes : ipsos subitus cinis abstulit ignes. 155
At non et trepidis eadem Sopor otia Graiis
Suadet, et a junctis arcet sua nubila castris
Noctivagi vis blanda Dei : stant undique in armis
Fœdam indignantes noctem, vigilesque superbos.
Ecce repens, Superis animum lymphantibus, horror 160
Thiodamanta subit, formidandoque tumultu
Pandere fata jubet : sive hanc Saturnia mentem,
Sive novum comitem bonus instigabat Apollo.
Prosilit in medios, visu audituque tremendus,
Impatiensque Dei, fragili quem mente receptum 165
Non capit : exundant stimuli, nudusque per ora
Stat furor, et trepidas incerto sanguine reddit,
Exhauritque genas : acies huc errat, et illuc,
Sertaque mixta comis sparsa cervice flagellat.
Sic Phryga terrificis genitrix Idæa cruentum 170
Elicit ex adytis, consumptaque brachia ferro
Scire vetat, quatit ille sacras in pectora pinus,
Sanguineosque rotat crines, et vulnera cursu
Exanimat : pavet omnis ager, respersaque cultris
Arbor, et attoniti currum erexere leones. 175
    Ventum ad concilii penetrale, domumque verendam
Signorum, magnis ubi dudum cladibus æger,
Rerum extrema movens, frustra consultat Adrastus.
Stant circum subiti proceres, ut quisque perempto
Proximus, et magnis loca desolata tuentur 180
Regibus, haud læti, seque huc crevisse dolentes.
Non secus amisso medium quum præside puppis
Fregit iter, subit ad vidui moderamina clavi
Aut laterum custos, aut quem penes obvia ponto
Prora fuit : stupet ipsa ratis, tardeque sequuntur 185
Arma, nec accedit domino tutela minori.
Ergo alacer trepidos sic erigit augur Achivos :
« Magna Deum mandata, duces, monitusque verendos
Advehimus : non hæ nostro de pectore voces.
Ille canit, cui me famulari, et sumere vittas 190
Vestra fides, ipso non discordante, subegit.
Nox fœcunda operum, pulchræque accommoda fraudi
Panditur augurio Divum : vocat obvia virtus,
Et poscit Fortuna manus : stupet obruta somno
Aonidum legio : tempus nunc funera regum 195

les obstacles des portes : c'est allumer le bûcher de vos compagnons, c'est leur offrir la sépulture. Déjà, pendant les combats de la journée, lorsque, vaincus, repoussés, nous tournions le dos (j'en jure par les trépieds et les nouvelles destinées du maître qui m'a été ravi), j'ai vu ce qui doit arriver, et, autour de moi, les oiseaux propices ont fait entendre le battement de leurs ailes. Maintenant je n'en puis plus douter : tout à l'heure, pendant le silence de la nuit, Amphiaraüs, s'élevant du sein de la terre de nouveau entr'ouverte, tel qu'il était (ses coursiers étaient seuls enveloppés de ténèbres), Amphiaraüs lui-même m'est apparu; et ce ne sont pas les visions monstrueuses d'un repos agité ou les avertissements secrets du sommeil que je vous apporte. « Hé quoi! me dit-il, tu laisses les Grecs dans l'inaction? Oh! rends-moi mes guirlandes du Parnasse, rends-moi mes dieux! Tu souffres qu'ils perdent une si belle nuit, lâche, indigne de moi? Est-ce pour cela que je t'ai enseigné les secrets du ciel et le vol des oiseaux? Va donc, venge-nous du moins par le glaive. » Il dit, et son ombre parut, la lance levée, me pousser, de toute la vitesse de son char, vers le seuil de cette tente. Levez-vous donc, profitez de la faveur des Dieux : il ne s'agit pas de combattre corps à corps avec vos ennemis; ils sont là étendus sur le sol. Suivez-moi, vous tous qui aspirez à vous élever à une haute renommée, tandis que les destins le permettent. Voici que les oiseaux de la nuit nous offrent encore d'heureux présages. Je les suis, et dussent mes compagnons rester ici oisifs, seul je marcherai; oui, seul : Amphiaraüs vient, et secoue les rênes. »

Ainsi il s'écriait, et ses clameurs troublaient la nuit. Tous les chefs s'élancent, enflammés d'ardeur, comme si le même dieu était dans leur sein. Ils brûlent d'accompagner le devin, de partager ses périls; mais, parmi eux, trente seulement, l'élite de l'armée, sont choisis par Thiodamas, d'après l'ordre d'Adraste. Autour de lui frémit cette belliqueuse jeunesse, indignée de rester dans le camp et de garder un lâche repos. Les uns vantent leur noble origine, les autres les exploits de leurs pères, ou les leurs; d'autres réclament le sort : « Que le sort décide ! » s'écrie-t-on de toutes parts.

Adraste se réjouit au milieu de ses revers, et son courage se relève. Tel l'habitant du Pholoé, qui, sur la cime de la montagne, nourrit des coursiers rapides, voit avec plaisir son troupeau se renouveler, dans la saison féconde du printemps; il suit des yeux ses nombreux élèves, dont les uns gravissent la montagne, les autres fendent les flots, ou luttent de vitesse avec leur mère : libre de soucis, il cherche à reconnaître ceux qu'il soumettra plus facilement au joug, ceux qui porteront mieux un cavalier, ceux qui sont nés pour les combats et le bruit des trompettes, ceux enfin qui s'élanceront plus rapides pour conquérir la palme d'Olympie.

Ainsi se réjouissait le vieux chef de l'armée grecque. Il ne s'oppose pas à l'entreprise : « D'où vient tout à coup, s'écrie-t-il, cette tardive protection du ciel? Quels dieux sont rendus aux Grecs abattus? Ce courage est-il d'un mauvais augure? Le sang de notre race et les semences de sa valeur se sont-ils conservés dans l'infortune? Je vous loue, braves guerriers, je jouis de cette noble indignation de nos compagnons; mais c'est

---

Ulcisci, miserumque diem : rapite arma, morasque
Frangite portarum : sociis hoc subdere flammas,
Hoc tumulare suos : equidem hoc et Marte diurno
Dum res infractæ, pulsique in terga redimus,
(Per tripodas juro, et rapti nova fata magistri,) 200
Vidi, et me volucres circum plausere secundæ.
Sed nunc certa fides : modo me sub nocte silenti
Ipse, ipse assurgens iterum tellure soluta,
Qualis erat, (solos infecerat umbra jugales),
Amphiaraus adit : vanæ nec monstra quietis, 205
Nec somno comperta loquor. « Tune, inquit, inertes
Inachidas (redde hæc Parnassia serta, meosque
Redde Deos) tantam patiere amittere noctem,
Degener? hæc egomet cœli secreta, vagosque
Edocui lapsus? vade eia, ulciscere ferro 210
Nos saltem. » Dixit, meque hæc ad limina visus
Cuspide sublata, totoque impellere curru.
Quare agite, utendum Superis : non cominus hostes
Sternendi : bellum jacet, et sævire potestas.
Ecqui aderunt? quos ingenti se attollere fama 215
Non pigeat, dum fata sinunt? iterum ecce benignæ
Noctis aves : sequor, et comitum licet agmina cessent,
Solus eo, solus : venit ille, et quassat habenas. »

Talia vociferans, noctem exturbabat, euntque
Non secus accensi proceres, quam si omnibus idem 220
Corde Deus : flagrant comitari et jungere casus.
Ter denos numero, turmarum robora, jussus
Ipse legit : circa fremit indignata juventus
Cætera, cur maneant castris, ignavaque servent
Otia : pars sublime genus, pars facta suorum, 225
Pars sua : sortem alii clamant, sortem undique poscunt.
Gaudet in adversis animoque assurgit Adrastus.
Vertice sic Pholoes volucrum nutritor equorum,
Cui fœtura gregem pecoroso vere novavit,
Lætatur, cernens hos montis in ardua niti, 230
Hos innare vadis, certare parentibus illos.
Tunc vacuo sub corde movet, qui molle domandi
Ferre jugum, qui terga boni, quis in arma tubasque
Natus, ad Eleas melior quis surgere palmas.
Talis erat turmæ ductor longævus Achivæ. 235
Nec deerat cœptis : « Unde hæc tam sera repente
Numina? qui fractos Superi rediistis ad Argos?
Estne hic infelix virtus? gentique superstes
Sanguis, et in miseris animorum semina durant? 239
Laudo equidem, egregii juvenes, pulchraque meorum
Seditione fruor : sed fraudem, et operta paramus

une surprise, ce sont des combats dans l'ombre, que nous méditons. Il faut dérober nos mouvements : le grand nombre ne peut être utile à la ruse qui se cache. Réservez votre courage, le jour de la vengeance arrive : alors nous prendrons les armes au grand jour, alors nous marcherons tous ensemble. »

Ces paroles ont calmé leur bouillante ardeur. Tel, quand les vents s'agitent dans leur antre, l'impérieux Éole applique contre sa porte une pierre énorme, et leur ferme toutes les issues, au moment où ils espéraient s'élancer sur les mers. Le devin s'associe encore Agyllée, fils d'Hercule, et Actor. Celui-ci a le don de persuader par ses discours; celui-là se vante de ne pas le céder en force à son père. Sous les ordres de ces trois guerriers marchent dix combattants, troupe redoutable pour les Thébains, fussent-ils debout, les armes à la main.

Thiodamas, en partant pour cette expédition secrète et cette guerre d'un nouveau genre, dépose le feuillage d'Apollon, ses insignes sacrés, confie aux mains fidèles du vieil Adraste la parure de son front, et revêt une cuirasse et un casque, présent de Polynice reconnaissant. Le farouche Capanée ceint Actor d'une lourde épée; lui-même, ennemi de la ruse, dédaigne de marcher contre l'ennemi, et de suivre les dieux. Agyllée échange ses armes avec le terrible Nomius : à quoi lui serviraient en effet, au milieu des ombres trompeuses, et l'arc et les flèches d'Hercule?

Ils font une brèche aux créneaux des murailles de leur camp, de peur que le mugissement des portes d'airain ne se fasse entendre au loin, et ils s'élancent dans la plaine d'un bond rapide. Ils marchent, et bientôt s'offre à leurs regards leur immense proie, étendue sur la terre, comme si déjà ils étaient expirants et moissonnés par le glaive. « Marchez, ô mes compagnons! partout où vous entraîne la volupté du carnage, montrez-vous dignes, je vous en conjure, de la faveur des Dieux, » s'écrie déjà à haute voix le devin qui les anime. « Voyez ces cohortes plongées dans un honteux assoupissement. O honte! voilà ceux qui ont osé assiéger nos portes et surveiller des guerriers! » Il dit, et tire sa foudroyante épée, et, dans sa course rapide, son bras immole les bataillons. Qui pourrait compter ceux qui tombent sous ses coups, ou dire les noms des guerriers qui succombent? Il frappe au hasard les dos et les poitrines, étouffe sous les casques les murmures des mourants, et sème les mânes parmi des flots de sang. L'un dormait négligemment étendu sur sa couche ; l'autre, dont les genoux avaient fléchi plus tard, était tombé sur son bouclier et tenait mal ses traits; ceux-ci gisaient pêle-mêle au milieu du vin et des armes; ceux-là dormaient, la tête appuyée sur leurs boucliers; tous çà et là enchaînés sur la terre par un funeste sommeil, dans l'état où les avait surpris ce nuage qui leur apportait la mort. Une divinité elle-même protége les Grecs : Junon armée, secouant de sa main nue une torche aussi brillante que la lune, leur montre le chemin, affermit leur courage et leur désigne leurs victimes. Thiodamas reconnaît la présence de la déesse; mais il se tait et cache sa joie. Déjà son bras est appesanti, son épée sans force, et sa colère s'affaiblit par la facilité du succès.

Prælia : celandi motus : nunquam apta latenti
Turba dolo : servate animos : venit ultor in hostes
Ecce dies : tunc arma palam, tunc ibimus omnes. »
    His tandem virtus juvenum frenata quievit. 245
Non aliter moto quam si pater Æolus antro
Portam iterum saxo premat imperiosus, et omne
Claudat iter, jamjam sperantibus æquora ventis.
Insuper Herculeum sibi jungit Agyllea vates
Actoraque : hic aptus suadere, hic robora jactat 250
Non cessisse patri : comites tribus ordine deni,
Horrendum Aoniis, et contra stantibus, agmen.
    Ipse, novi gradiens furta ad mavortia belli,
Ponit adoratas Phœbea insignia frondes,
Longævique ducis gremio commendat honorem 255
Frontis, et oblatam Polynicis munere grato
Loricam galeamque subit : ferus Actora magno
Ense gravat Capaneus, ipse haud dignatus in hostem
Ire dolo, Superosque sequi : permutat Agylleus
Arma trucis Nomii : quid enim fallentibus umbris 260
Arcus, et Herculeæ juvissent bella sagittæ?
    Inde per abruptas castrorum ex aggere pinnas,
Ne gravis exclamet portæ mugitus ahenæ,
Præcipitant saltu : nec longum, et protinus ingens

Præda solo, ceu jam exanimes, multoque peracti 265
Ense jacent. « Ite, o socii, quacunque voluptas
Cædis inexhaustæ, Superisque faventibus, oro,
Sufficite, hortatur clara jam voce sacerdos :
Cernitis expositas turpi marcore cohortes.
Pro pudor! Argolicas hinc ausi obsidere portas? 270
Hi viros? » Sic fatus et exuit ensem
Fulmineum, rapidaque manu morientia transit
Agmina. Quis numeret cædes? aut nomine turbam
Exanimem signare queat? subit ordine nullo
Tergaque, pectoraque, et galeis inclusa relinquit 275
Murmura, permiscetque vagos in sanguine manes.
Hunc temere explicitum stratis, hunc sero remissis
Gressibus illapsum clypeo, et male tela tenentem :
Cœtibus hos mediis vina inter, et arma jacentes :
Acclines clypeis alios, ut quemque ligatum 280
Infelix tellure sopor supremaque nubes
Obruerat : nec numen abest, armataque Juno
Lunarem quatiens exerta lampada dextra
Pandit iter, firmatque animos, et corpora monstrat.
Sentit adesse Deam tacitus, sed gaudia celat 285
Thiodamas : jam tarda manus, jam debile ferrum,
Et caligantes nimiis successibus iræ.

Telle une tigresse de la mer Caspienne, qui porte le carnage dans un troupeau de jeunes et vigoureux taureaux ; quand sa rage est assouvie par le sang, quand ses dents sont fatiguées, et qu'un sang épais efface les nuances de sa robe mouchetée, elle contemple son ouvrage, et gémit d'avoir déjà assouvi sa faim. Ainsi l'augure erre çà et là, vaincu par le massacre des Thébains ; maintenant il voudrait avoir cent bras, cent mains pour le combat ; il a honte d'éclater en vaines menaces, il aimerait mieux que l'ennemi se levât contre lui.

De leur côté, le fils du grand Hercule et Actor égorgent les Thébains endormis : leur troupe les suit dans le chemin sanglant qu'ils ont frayé. Une mer de sang noircit les gazons, et fait chanceler les tentes ; la terre fume ; le Sommeil et la Mort confondent leur souffle haletant. Aucun des Thébains étendus à terre ne lève les yeux ou la tête, tant le dieu ailé fait peser sur ces malheureux ses ombres épaisses : ils n'ouvrent leurs paupières que pour mourir. Alimène avait prolongé les jeux fort avant dans la nuit, et joui, pour la dernière fois, de la clarté des astres ; l'infortuné ne les verra plus se lever, en chantant sur la lyre un Péan thébain. Sa tête languissante, que la puissance du dieu a inclinée à gauche, et son cou, qu'il ne peut soutenir, reposent sur sa lyre. Agyllée lui plonge son glaive dans la poitrine et lui abat la main, qui, posée sur l'instrument sonore, en fait encore résonner les cordes sous ses doigts convulsifs. Des ruisseaux de sang renversent les tables ; de toutes parts le vin coule mêlé au sang ; Bacchus rentre dans les coupes et les patères profondes. Le farouche Actor fond sur Thamyrus, endormi dans les bras de son frère ; Tagus perce le dos d'Éthècle, paré de sa couronne ; Danaüs tranche la tête d'Hébrus, qui, sans le savoir, hélas ! est emporté par la Parque. Joyeuse, son âme s'envole dans les ténèbres, sans avoir ressenti les douleurs d'une mort cruelle. Étendu sur la terre froide, sous le joug et les roues de son char fidèle, Palpétus effrayait de ses ronflements ses coursiers thébains, qui paissaient l'herbe des champs paternels. Le vin déborde de sa bouche souillée, et trouble son sommeil de vapeurs nocturnes. L'augure de l'Inachus lui plonge son glaive dans la gorge : les flots de sang qui jaillissent chassent le vin et étouffent les murmures du guerrier expirant. En ce moment un songe lui présageait son sort : dans son profond assoupissement, il voyait Thiodamas et Thèbes en deuil.

Déjà il ne restait plus de la Nuit, messagère du Sommeil, que la quatrième veille : c'est l'heure où les nuages se dissipent, où les astres perdent leur éclat, où Bootès fuit devant le char plus éclatant du Soleil. Déjà l'œuvre de carnage manquait à leurs bras. Le prévoyant Actor appelle alors Thiodamas : « Un succès si inespéré doit suffire aux Grecs. A peine si quelques-uns, parmi toute cette foule, ont échappé à la mort cruelle ; quelques guerriers dégénérés auront seuls dérobé honteusement leur vie sous cet amas de sang : modère-toi dans la prospérité. L'odieuse Thèbes a aussi ses divinités : peut-être les Dieux qui nous

Caspia non aliter magnorum in strage juvencum
Tigris, ubi immenso rabies placata cruore,
Lassavitque genas, et crasso sordida tabo   290
Confudit maculas, spectat sua facta, doletque
Defecisse famem : victus sic augur inerrat
Cædibus Aoniis : optet nunc brachia centum,
Centenasque in bella manus : jam tædet inanes
Exhaurire minas, hostemque assurgere malit.   295
Parte alia segnes magno satus Hercule vastat
Sidonios, Actorque alia : sua quemque cruento
Limite turba subit : stagnant nigrantia tabo
Gramina, sanguineis nutant tentoria rivis.
Fumat humus, somnique et mortis anhelitus una   300
Volvitur : haud quisquam visus aut ora jacentum
Erexit : tali miseris Deus aliger umbra
Incubat, et tantum morientia lumina solvit.
Traxerat insomnis cithara ludoque suprema
Sidera, jam nullos visurus Alimenus ortus,   305
Sidonium Pœana canens : huic languida cervix
In lævum cogente Deo, mediaque jacebant
Colla relicta lyra : ferrum per pectus Agylleus
Exigit, aptatamque cava testudine dextram
Percutit, et digitos inter sua fila trementes.   310
Proturbat mensas dirus liquor : undique manant
Sanguine permixti latices, et Bacchus in altos
Crateras paterasque redit : ferus occupat Actor
Implicitum fratri Thamyrum : Tagus haurit Ethecli
Terga coronati : Danaus caput amputat Hebri.   315
Nescius heu rapitur fatis, hilarisque sub umbras
Vita fugit, mortisque feræ lucrata dolores.
Stratus humo gelida subter juga fida rotasque
Palpetus Aonios gramen gentile metentes
Proflatu terrebat equos : madida ora redundant, 320
Accensusque mero sopor æstuat : ecce jacentis
Inachius vates jugulum fodit : expulit ingens
Vina cruor, fractumque perit in sanguine murmur.
Fors illi præsaga quies, nigrasque gravatus
Per somnum Thebas, et Thiodamanta videbat.   325
Quarta soporiferæ superabant tempora nocti,
Quum vacuæ nubes, et honor non omnibus astris,
Afflatusque fugit curru majore Bootes.
Jamque ipsum defecit opus, quum providus Actor
Thiodamanta vocat : « Satis hæc inopina Pelasgis 330
Gaudia : vix ullos tanto reor agmine sævam
Effugisse necem, ni quos deformis in alto
Sanguine degeneres occultat vita : secundis
Pone modum : sunt et diris sua numina Thebis.
Forsitan et nobis modo quæ favere, recedunt. »   335
Paruit, et madidas tollens ad sidera palmas :
« Phœbe, tibi exuvias monstratæ præmia noctis,

favorisaient tout a l'heure s'éloignent-ils de nous. » Thiodamas lui obéit, et, élevant vers le ciel ses mains ensanglantées :

« Phébus, pour prix de cette nuit glorieuse que tu nous as révélée, reçois ces dépouilles qu'avant d'avoir purifié ses mains t'offre ton fidèle devin, farouche soldat des trépieds ; car c'est en ton honneur que j'ai fait ce sanglant sacrifice. Si j'ai dignement accompli tes ordres, si j'ai soutenu les assauts de ton souffle puissant, viens souvent m'inspirer, daigne souvent t'emparer de mon âme. Maintenant je ne puis t'offrir qu'un sanglant hommage, des armes mutilées, le sang des guerriers ; mais, ô Apollon Lycien ! si tu accordes à nos prières de revoir les demeures et les temples de la patrie, alors exige que, fidèles à nos vœux, nous suspendions à tes portiques sacrés autant de riches présents et que nous t'immolions autant de taureaux que tu nous as livré d'ennemis. »

Il dit, et rappelle du champ de carnage ses compagnons triomphants. Parmi eux, le destin avait amené Hoplée de Calydon et Dymas du mont Ménale : tous deux, les amis, les compagnons des rois dont ils pleurent le trépas, s'indignent de leur survivre. Hoplée le premier excite le guerrier arcadien : « N'as-tu donc, cher Dymas, aucun souci de ton maître immolé ? Peut-être est-il déjà la pâture des oiseaux et des chiens dévorants de Thèbes ! Que reporterez-vous dans votre patrie, ô Arcadiens ! Voici venir à votre rencontre sa farouche mère : où est le cadavre de son fils ? Le souvenir de Tydée, privé de sépulture, me poursuit sans cesse ; et pourtant sa perte est moins douloureuse. Il est tombé dans la maturité de l'âge, sa jeunesse n'a point été brisée dans sa fleur. Cependant, pour reconquérir sa dépouille, j'irai, je parcourrai la plaine en tout sens, je pénétrerai jusque dans Thèbes. » Dymas lui répond : « J'en jure par ces astres qui roulent sur nos têtes, par l'ombre errante de mon maître que j'honore comme un dieu, je brûle, hélas ! de la même ardeur. Mon âme, accablée par la douleur, cherche depuis longtemps un compagnon de péril : mais maintenant j'irai le premier. » Et aussitôt il s'élance, et triste, le visage tourné vers le ciel : « O Cynthie ! s'écrie-t-il, toi qui présides à la nuit mystérieuse, s'il est vrai, comme on le dit, que ta divinité revête trois formes et que tu descendes dans les bois sous un aspect différent, daigne, cette fois du moins, tourner vers nous tes regards. C'est un guerrier naguère ton compagnon, c'est le noble nourrisson de tes forêts, c'est ton enfant, ô Diane ! que nous cherchons. » Il dit : la déesse abaisse son char, fait briller son astre bienfaisant, et, à la lueur de son croissant rapproché de la terre, elle lui montre les cadavres. Alors apparaissent et la plaine, et Thèbes, et le Cithéron élevé. Ainsi, lorsque Jupiter irrité fait éclater dans la nuit son tonnerre, les nues s'entr'ouvrent, les astres se montrent brillants de clarté, et tout à coup l'univers se découvre aux regards surpris.

Dymas a reconnu son ami, et Hoplée, frappé par la même lumière, aperçoit Tydée. De loin, ils se font mutuellement dans l'ombre des signes

Nondum ablutus aquis, tibi enim hæc ego sacra litavi,
Trado ferus miles tripodum, fidusque sacerdos.
Si non dedecui tua jussa, tulique prementem, 340
Sæpe veni : sæpe hanc dignare irrumpere mentem.
Nunc tibi crudus honos, trunca arma, cruorque virorum :
At patrias si quando domos, optataque, Pæan,
Templa, Lycie, dabis, tot ditia dona sacratis
Postibus, et totidem voti memor exige tauros. » 345
Dixerat, et lætis socios revocabat ab armis.
Venerat hos inter fato Calydonius Hopleus
Mænaliusque Dymas, dilecti regibus ambo,
Regum ambo comites, quorum post funera mœsti
Vitam indignantur : prior Arcada concitat Hopleus : 350
« Nullane post manes regis tibi cura peremti,
Care Dyma ? teneant quem jam fortasse volucres
Thebanique canes : patriæ quid deinde feretis,
Arcades ? en reduces contra venit aspera mater :
Funus ubi ? at nostro semper sub pectore Tydeus 355
Sævit inops tumuli : quamvis patientior artus
Ille, nec abruptis adeo lacrymabilis annis.
Ire tamen, sævumque libet nullo ordine passim
Scrutari campum, mediasque irrumpere Thebas. »
Excipit orsa Dymas : « Per ego hæc vaga sidera juro, 360
Per ducis errantes instar mihi numinis umbras,
Idem ardor misero : comitem circumspicit olim
Mens humilis luctu : sed nunc prior ibo : » viamque
Inchoat, et mœsto conversus ad æthera vultu
Sic ait : « Arcanæ moderatrix Cynthia noctis, 365
Si te tergeminis perhibent variare figuris
Numen, et in silvas alio descendere vultu,
Ille comes nuper, nemorumque insignis alumnus,
Ille tuus, Diana, puer (nunc respice saltem)
Quæritur. » Incendit pronis Dea curribus almum 370
Sidus, et admoto monstravit funera cornu.
Apparent campi, Thebæque, altusque Cithæron.
Sic ubi nocturnum tonitru malus æthera frangit
Juppiter, absiliunt nubes, et fulgure claro
Astra patent, subitusque oculis ostenditur orbis. 375
Accepit radios, et eadem percitus Hopleus
Tydea luce videt : longe dant signa per umbras
Mutua lætantes, et amicum pondus uterque,
Ceu reduces vitæ, sævaque a morte remissos,
Subjecta cervice levant : nec verba, nec ausi 380
Flere diu : prope sæva dies, indexque minatur
Ortus : eunt taciti per mœsta silentia magnis
Passibus, exhaustasque dolent pallere tenebras.
Invida fata piis, et fors ingentibus ausis 384
Rara comes : jam castra vident, armisque propinquant,
Et decrescit onus ; subiti quum pulveris umbra,
Et sonus a tergo : monitu ducis acer agebat

de joie, et, comme si leurs maîtres étaient revenus à la vie, comme si la cruelle mort avait abandonné sa proie, tous deux saisissent leur précieux fardeau et le chargent sur leurs épaules. Ils n'osent parler ni pleurer longtemps : l'odieuse clarté du jour approche, et le soleil, prêt à se lever, menace de les trahir. Ils marchent à grands pas dans un morne et profond silence, et s'affligent en voyant les ténèbres pâlir et s'effacer.

Les destins voient d'un œil jaloux la piété, et la fortune accompagne rarement les courageuses entreprises. Déjà ils aperçoivent le camp et approchent de l'armée, et leur fardeau s'allége, quand tout à coup, à travers un nuage de poussière, un bruit se fait entendre derrière eux. C'était le bouillant Amphion, qui, sur l'ordre d'Étéocle, s'avançait à la tête d'une troupe de cavaliers; il était chargé d'explorer les lieux pendant la nuit, et de surveiller les postes. Le premier il aperçoit au loin, dans un sentier détourné, deux formes douteuses et incertaines, se mouvant dans l'ombre que la lumière n'avait pas encore entièrement dissipée. Aussitôt il découvre la ruse et s'écrie : « Arrêtez, qui que vous soyez! » Plus de doute : il a reconnu des ennemis. Les malheureux guerriers hâtent le pas, et tremblent, mais non pour eux. Alors il les menace de la mort, et lance son javelot; mais il a soin de diriger le coup au-dessus de leurs têtes, cherchant lui-même à égarer sa main. Le trait vient se fixer devant Dymas qui marchait le premier, et qui s'arrête à cette vue; mais le magnanime Épitus ne cherche pas à frapper des coups inutiles, et transperce les reins d'Hoplée, en effleurant les épaules pendantes de Tydée. Hoplée tombe; il songe encore à son illustre chef, et expire en le tenant embrassé : heureux, s'il ne prévoyait pas qu'on va le lui enlever, et s'il ne descendait avec cette pensée au séjour cruel des ombres !

Dymas a tourné la tête et vu cet affreux spectacle; il sait que les Thébains réunis vont l'atteindre : doit-il recourir aux prières, ou repousser ses ennemis les armes à la main? Il hésite : sa colère l'excite au combat; la fortune lui conseille la prière, et lui défend l'audace; mais ni l'un ni l'autre de ces deux partis ne le rassure. Enfin la colère l'emporte; il dépose à ses pieds le corps du malheureux Parthénopée, entoure son bras gauche de l'épaisse peau de tigre qu'il portait sur ses épaules, fait face aux traits des ennemis, et leur présente la pointe de son épée, prêt à donner la mort ou à la recevoir. Telle une lionne nouvellement mère, que des chasseurs de Numidie ont poussée dans son affreux repaire, se dresse, couvre de son corps ses lionceaux, et, dans sa cruelle anxiété, fait entendre un grondement terrible et douloureux. Elle pourrait disperser la troupe des chasseurs, briser leurs traits entre ses dents; mais l'amour maternel triomphe de sa férocité, et, jusque dans sa fureur, elle couve ses petits de ses regards. Mais déjà, quoiqu'Amphion voulût arrêter leurs coups, la main gauche de Dymas a été abattue, et le corps du jeune Parthénopée était traîné par les cheveux. Alors, mais trop tard, Dymas a recours à la prière, et, baissant son épée : « Épargnez son cadavre, s'écrie-t-il; je vous en conjure par le berceau de Bacchus foudroyé, par la fuite d'Ino, par la jeunesse de votre Palémon! Si quelqu'un d'entre vous a laissé chez lui un fils chéri, s'il est un père

Amphion equites, noctem vigilataque castra
Explorare datus, primusque per avia campi
Usque procul, nec dum totas lux solverat umbras, 390
Nescio quid visu dubium, incertumque moveri,
Corporaque ire videt : subitus mox fraude reperta
Exclamat : « Cohibete gradum quicumque : » sed hostes
Esse patet : miseri pergunt anteire, timentque
Non sibi : tunc mortem trepidis minitatur, et hastam 395
Expulit, ac vanos alte levat eminus ictus,
Affectans errare manus : stetit ille Dymantis
Ante oculos, qui forte prior, gressumque repressit.
At non magnanimus curavit perdere jactus
Æpytus, et fixo transverberat Hoplea tergo, 400
Pendentesque etiam perstrinxit Tydeos armos.
Labitur, egregii nondum ducis immemor, Hopleus,
Exspiratque tenens : felix, si corpus ademptum
Nesciat, ac sævas talis descendat ad umbras.
Viderat hoc retro conversus, et agmina sentit 405
Juncta Dymas, dubius precibusne subiret, an armis
Instantes : arma ira dabat; fortuna precari,
Non audere jubet : neutri fiducia cœpto.
Distulit ira preces : ponit miserabile corpus
Ante pedes : tergoque graves, quas forte gerebat 410
Tigridis exuvias in lævum torquet, et obstat
Exsertum objectans mucronem, inque omnia tela
Versus, et ad cædem juxta, mortemque paratus.
Ut lea, quam sævo fœtam pressere cubili
Venantes Numidæ, natos erecta superstat 415
Mente sub incerta, torvum ac miserabile frendens
Illa quidem turbare globos, et frangere morsu
Tela queat, sed prolis amor crudelia vincit
Pectora, et a media catulos circumspicit ira.
Et jam læva viro, quamvis sævire vetaret 420
Amphion, erepta manus, puerique trahuntur
Ora supina comis : serus tunc denique supplex
Demisso mucrone rogat : « Moderatius, oro,
Ducite; fulminei per vos cunabula Bacchi,
Inoamque fugam, vestrique Palæmonis annos. 425
Si cui forte domi natorum gaudia, si quis
Hic pater, angusti puero date pulveris haustus,
Exiguamque facem : rogat, en rogat ipse jacentis
Vultus : ego infandas potior satiare volucres.
Me præbete feris : ego bella audere coegi. » 430
« Immo, ait Amphion, regem si tanta cupido
Condere, quæ timidis belli mens, ede, Pelasgis,
Quid fracti, exsanguesque parent : cuncta ocyus effer,

parmi vous, accordez à cet enfant un peu de poussière et une faible torche funèbre. Voyez-le étendu sur la terre : son visage vous supplie, vous implore. C'est moi qui dois plutôt rassasier les oiseaux cruels ; livrez-moi aux bêtes féroces ; c'est moi qui l'ai entraîné au combat. » « Eh bien, dit Amphion, si tu désires avec tant d'ardeur ensevelir ton roi, dis-nous quels sont les projets de tes lâches compagnons ; dis ce qu'ils méditent encore, quoique abattus et mourant de frayeur ; découvre-nous sur-le-champ toute la vérité, et tu obtiendras la liberté avec la vie, et un tombeau pour ton chef. » Saisi d'horreur, l'Arcadien enfonce dans sa poitrine son épée jusqu'à la garde. « Pour mettre le comble à nos maux, s'écrie-t-il, il ne manquait plus que de déshonorer les Grecs par ma trahison ! Nous n'achetons rien à ce prix, et lui-même ne voudrait pas d'une pareille sépulture. » Il dit, et, la poitrine ouverte par une large blessure, il tombe sur le corps du jeune homme, et murmure en mourant ces dernières paroles : « Au moins le corps d'un ami te servira de tombeau ! » Ainsi ce couple généreux, l'Étolien et l'illustre Arcadien, serrant tous deux dans leurs bras leur maître chéri, exhalent leur dernier soupir et meurent avec joie. Vous aussi, bien que mes chants retentissent sur une lyre moins sonore, consacrés par moi, vous vivrez dans la postérité. Peut-être les ombres d'Euryale et du Phrygien Nisus ne dédaigneront pas de vous associer à leur gloire.

Cependant le farouche Amphion, tout triomphant, envoie quelques-uns des siens annoncer au roi ce nouvel exploit, l'instruire de la ruse, et lui remettre les cadavres reconnus. Lui-même il se dirige vers le camp des Grecs pour les insulter, en leur montrant les têtes coupées de leurs compagnons.

Cependant du haut des murailles les Grecs voient Thiodamas revenir vers eux, et leur joie éclate lorsqu'ils aperçoivent les épées nues et les armes encore rouges de sang. De bruyantes acclamations s'élèvent dans les airs, et, dans leur avide empressement à reconnaître chacun des leurs, ils se suspendent au haut des retranchements. Telle une couvée jeune et tendre qui voit de loin revenir sa mère ; elle voudrait voler à sa rencontre, et se penche, le bec entr'ouvert, sur le bord du nid, près de tomber, si la mère éplorée ne les couvrait de son corps, et, en agitant ses ailes, ne les empêchait de tomber.

Tandis qu'ils énumèrent leurs exploits et les rapides succès de cette nuit silencieuse, et que, serrés dans les bras de leurs amis joyeux, ils cherchent Hoplée et se plaignent du retard de Dymas, le chef de l'escadron thébain arrive d'un pas rapide près du camp des Grecs ; il se réjouit du sang qu'il vient de verser, mais sa joie est courte : il voit la terre fumante et jonchée de cadavres, et toute une nation ensevelie dans une même ruine.

Semblable à un homme qu'a touché le feu terrible du ciel, le héros s'arrête immobile et frissonne d'horreur ; sa voix, ses yeux s'éteignent, son sang se glace ; il est prêt à gémir, mais son coursier, de lui-même, se détourne et l'entraîne. Son escadron fuit, et fait voler en arrière la poussière qui l'enveloppe. Ils n'avaient pas encore franchi les remparts de Thèbes, que déjà les cohortes argiennes, animées par le triomphe de la nuit, s'élancent dans la plaine ; déjà à travers les armes, les membres épars, le sol rouge de carnage, le sang des mourants, se précipitent chevaux et cavaliers. Les sabots pesants broient les cadavres, les roues plongent et s'embarrassent dans une mer de sang. C'est une volupté pour les Grecs de

Et vita, tumuloque ducis donatus, abito. »
Horruit, et toto praecordia protinus Arcas 435
Implevit capulo. « Summumne hoc cladibus, inquit,
Deerat, ut afflictos turparem ego proditor Argos?
Nil emimus tanti, nec sic velit ipse cremari. »
Sic ait, et magno proscissum vulnere pectus
Injecit puero, supremaque murmura volvens : 440
« Hoc tamen interea caro potiere sepulcro. »
Tales optatis regum in complexibus ambo,
Par insigne animis, Ætolus et inclytus Arcas,
Egregias efflant animas, letoque fruuntur.
Vos quoque sacrati, quamvis mea carmina surgant 445
Inferiore lyra, memores superabitis annos.
Forsitan et comites non aspernabitur umbras
Euryalus, Phrygiique admittet gloria Nisi.

At ferus Amphion, regi qui facta reportent,
Edoceantque dolum, captivaque corpora reddant, 450
Mittit ovans : clausis ipse insultare Pelasgis
Tendit, et abscisos sociorum ostendere vultus.

Interea reducem murorum e culmine Graii
Thiodamanta vident : nec jam erumpentia celant

Gaudia, ut exertos enses, et caede recenti 455
Arma rubere notant : novus assilit aethera magnus
Clamor, et e summo pendent cupida agmina vallo
Noscere quisque suos. Volucrum sic turba recentum
Quum reducem longo prospexit in aethere matrem,
Ire cupit contra, summaque e margine nidi 460
Exstat hians : jamjamque cadat, ni pectore toto
Obstet aperta parens, et amantibus increpet alis.

Dumque opus arcanum, et taciti compendia Martis
Enumerant, laetisque suos complexibus implent, 464
Hopleaque exquirunt, tardumque Dymanta queruntur,
Ecce et Dirceae juxta dux concitus alae
Venerat Amphion : non longum caede recenti
Laetatus, videt innumeris fervere catervis
Tellurem, atque una gentem exspirare ruina.

Qui tremor illicita coeli de lampade tactos, 470
Hic fixit juvenem, pariterque horrore sub uno
Vox, acies, sanguisque perit, gemitusque parantur
Ipse ultro convertit equus : fugit ala retorto
Pulvere : nondum illi Thebarum claustra subibant,
Et jam Argiva cohors nocturno freta triumpho 475

se frayer ainsi un passage : on dirait qu'ils foulent aux pieds avec orgueil Thèbes elle-même, renversée et réduite en cendres.

Capanée les exhorte : « Assez longtemps, ô Grecs, le courage s'est caché dans l'ombre : c'est maintenant qu'il est beau pour moi de vaincre à la face du ciel ! Avec moi marchez au grand jour, jeunes guerriers, au milieu des clameurs. Mon bras a aussi ses présages favorables ; mon épée nue, ses redoutables fureurs. » Il dit, et Adraste plein de joie, et son gendre d'Argos, échauffent encore leur ardeur. L'augure les suit, mais son visage est déjà plus triste. Bientôt ils sont sous les murs, et ils auraient sur-le-champ pénétré dans cette ville malheureuse, si Mégarée, du haut d'une tour, ne se fût promptement écrié : « Fermez, gardes, voilà les ennemis ! fermez toutes les portes. »

Il est des moments où l'excès de la frayeur donne des forces. A l'instant toutes les portes ont roulé sur leurs gonds ; mais tandis qu'Échion pousse avec trop de lenteur la porte Ogygienne, l'audacieuse jeunesse de Sparte s'élance, et sur le seuil tombent expirants Panopée, habitant du Taygète ; Ébalus, endurci à fendre les flots de l'Eurotas ; et toi, si fameux dans toutes les palestres, et naguère encore vainqueur dans la poussière néméenne, Alcidamas, que le fils de Tyndare lui-même avait armé la première fois du ceste : en mourant, tu lèves les yeux vers la voûte céleste où brille ton divin maître, mais l'astre du dieu se détourne, et s'évanouit comme toi. La forêt d'Œbalie, la rive glissante où folâtrait la vierge de Laconie, le fleuve qui retentit des chants du cygne trompeur, pleureront ton trépas ; les Nymphes de Diane, dans Amyclée, verseront pour toi des larmes, et ta mère, qui t'apprit les lois de la guerre, gémira de t'avoir trouvé trop docile à ses leçons.

C'est ainsi que Mars se déchaîne près de la porte que gardait Échion. Enfin Acron la poussant de son épaule, et Aliménide de sa large poitrine, ont fermé, par un puissant effort, ses battants d'airains. Tels, le front courbé sous le joug, deux taureaux fendent en gémissant le sol longtemps inculte de Pangée. Mais des pertes compensent cet avantage ; en emprisonnant quelques ennemis, ils ont fermé l'entrée à leurs propres compagnons. Dans l'enceinte des murailles tombe le Grec Ormène ; Amyntor tendait des mains suppliantes et demandait grâce, mais en vain ; sa tête est abattue et roule sur le sol, en murmurant des mots inachevés. Le collier qui le parait est jeté du même coup sur l'arène ennemie.

Cependant les retranchements cèdent aux efforts des Grecs ; les premiers obstacles sont vaincus. Déjà les cohortes se sont ralliées sous les murs ; mais les chevaux n'osent franchir les larges fossés : ils s'arrêtent effrayés et tremblants à la vue du précipice, ils résistent à l'éperon qui les presse. Tantôt ils s'avancent sur le bord, tantôt ils reculent contre le frein. Parmi les Grecs, les uns arrachent les pieux fixés dans le sol, les autres battent en brèche les portes, et s'épuisent à les dégarnir de leurs lames de fer ; ar-

Prosilit in campos : per et arma, et membra jacentum,
Tetraque congerie sola, semianimumque cruorem
Cornipedes, ipsique ruunt : gravis exterit artus
Ungula, sanguineus lavat imber, et impedit axes.
Dulce viris hac ire via, ceu tecta superbi   480
Sidonia, atque ipsas calcent in pulvere Thebas.
    Hortatur Capaneus : « Satis occultata, Pelasgi,
Delituit virtus : nunc, nunc mihi vincere pulchrum
Teste die : mecum clamore et pulvere aperto
Ite palam, juvenes : sunt et mihi provida dextræ   485
Omina, et horrendi stricto mucrone furores. »
Sic ait : ardentes alacer succendit Adrastus
Argolicusque gener : sequitur jam tristior augur.
Jamque premunt muros, et adhuc nova funera narrat
Amphion, miseramque intrabant protinus urbem,   490
Ni Megareus specula citus exclamasset ab alta :
« Claude, vigil : subeunt hostes : claude undique portas. »
    Est ubi dat vires nimius timor : ocyus omnis
Porta coit : solas dum tardius arctat Echion
Ogygias, audax animi Spartana juventus   495
Irrupit, cæsique ruunt in limine primo,
Incola Taygeti Panopeus, rigidique natator
Œbalus Eurotæ : tuque, o spectate palæstris
Omnibus, et nuper Nemeæo in pulvere felix,
Alcidama, primis quem cæstibus ipse ligarat   500
Tyndarides, nitidi moriens convexa magistri

Respicis : averso pariter Deus occidit astro.
Te nemus Œbalium, te lubrica ripa Lacænæ
Virginis, et falso gurges cantatus olore
Flebit, Amyclæis Triviæ lugebere nymphis :   505
Et quæ te leges, præceptaque fortia belli
Erudiit genitrix, nimium didicisse queretur.
    Talis Echionio Mavors in limine sævit.
Tandem humeris obnixus Acron, et pectore toto
Pronus Alimenides ferralæ robora portæ   510
Torserunt : quanta pariter cervice gementes
Profringunt inarata diu Pangæa juvenci.
Par operis jactura lucro ; quippe hoste retento
Exclusere suos : cadit intra mœnia Graius
Ormenus, et pronas tendentis Amyntoris ulnas,   515
Fundentisque preces, penitus cervice recisa
Verba solo vultusque cadunt, colloque decorus
Torquis in hostiles cecidit per vulnus arenas.
    Solvitur interea vallum, primæque recusant
Stare moræ : jam se peditum junxere catervæ   520
Mœnibus : at patulas saltu transmittere fossas
Horror equis : hærent trepidi, atque immane paventes
Abruptum mirantur agi : nunc impetus ire
Margine ab extremo, nunc sponte in frena recedunt.
Hi præfixa solo vellunt munimina : at illi   525
Portarum objectus minuunt, et ferrea sudant
Claustra remoliri, trabibusque arctata sonoro

més d'énormes poutres, ils ébranlent et détachent les pierres avec fracas. Les uns lancent des torches au faîte des tours, et bondissent de joie de les voir s'y fixer ; les autres attaquent le pied des murs, et, sous la tortue qui les cache, minent les fondements des tours. Les Thébains, à qui il ne reste plus que cette voie de salut, couronnent tout le sommet de leurs murailles, et lancent sur leurs ennemis des pieux noircis au feu, des javelots au fer brillant, des balles de plomb qui s'échauffent dans le vide des airs, et même les pierres arrachées aux murailles. Les remparts inondent les Grecs d'une pluie terrible, et les créneaux armés vomissent des traits qui sifflent au loin. De même qu'au-dessus du cap Malée ou des monts Cérauniens, les tempêtes s'arrêtent en nuages épais, s'agglomèrent au-dessus des noires collines, et tout à coup fondent sur les voiles, ainsi l'armée des Grecs est écrasée par les armes des descendants d'Agénor. Ni la tête des guerriers, ni leur poitrine, ne fléchissent sous cette horrible pluie ; ils lèvent leur visage vers les murs, sans songer aux blessures, et ne voient que leurs propres traits. Anthée, sur son char armé de faux, courait autour des remparts, lorsqu'il est atteint d'un javelot lancé avec force du haut des murs par un bras thébain : les rênes lui échappent des mains, il tombe en arrière, mais les liens de sa chaussure retiennent suspendu son corps expirant. Jeu cruel de la guerre ! ses armes traînent à terre ; les roues fumantes et la lance du héros creusent sur le sol un triple sillon ; sa tête défaillante traîne sur la poussière, et sa chevelure éparse et renversée y laisse une longue trace.

Cependant la trompette frappe la ville d'épouvante, et ébranle les portes de ses sons terribles. Les Grecs se sont partagé l'assaut : à chacune des entrées qu'ils assiégent, un guerrier farouche les précède, fier de porter un étendard qui le désigne à tous les coups. Dans l'intérieur s'offre un spectacle affreux : à peine si Mars lui-même en pourrait supporter la vue sans douleur. Troublée par une horrible anxiété, la ville flotte entre mille avis opposés que lui inspirent à la fois le désespoir, la fureur, l'épouvante, le désir d'une honteuse fuite à la faveur des ténèbres. On dirait que la guerre est entrée dans les murs. On court, on se presse dans les citadelles ; les rues retentissent de clameurs ; partout on croit voir le fer et la flamme, on croit sentir ses bras chargés de chaînes : la crainte épuise tous les maux à venir. La foule remplit l'enceinte des temples, et les autels insensibles retentissent de gémissements.

Une même terreur a saisi tous les âges. Les vieillards demandent la mort ; la jeunesse rougit et pâlit tour à tour ; les femmes font retentir les demeures de leurs gémissements ; les enfants pleurent et ne peuvent connaître la cause de leurs larmes : ce qui les frappe d'épouvante, ce sont les lamentations de leurs mères. Celles-ci, exaltées par leur amour à la vue du danger, ne rougissent plus de se montrer ; elles-mêmes présentent des armes à leurs maris, elles-mêmes leur donnent du courage et de la colère, les animent, se précipitent avec eux, et ne cessent de leur montrer le seuil de leurs ancêtres et leurs jeunes enfants. Ainsi, lorsqu'un berger, pour ravir des abeilles du creux d'un rocher, provoque leur essaim armé de l'aiguillon, le noir nuage

```
Pellunt saxa loco : pars ad fastigia missas
Exultant hæsisse faces ; pars ima lacessunt,
Scrutanturque cavas cæca testudine turres.           530
At Tyrii, quæ sola salus, caput omne coronant
Murorum, nigrasque sudes, et lucida ferro
Spicula, et arsuras cœli per inania glandes,
Saxaque in adversos ipsis avulsa rotabant
Mœnibus : exundant sævo fastigia nimbo,              535
Armatæque vomunt stridentia tela fenestræ.
Qualiter aut Malean, aut alta Ceraunia supra
Cessantes in nube sedent, nigrisque leguntur
Collibus, et subitæ saliunt in vela procellæ :
Talis Agenoreis Argivum exercitus armis              540
Obruitur : non ora virum, non pectora flectit
Imber atrox, rectosque tenent in mœnia vultus
Immemores leti, et tantum sua tela videntes.
Anthea falcato lustrantem mœnia curru
Desuper Ogygiæ pepulit gravis impetus hastæ.         545
Lora excussa manu, retroque in terga volutus
Semianimos artus ocreis retinentibus hæret ;
Mirandum visu belli scelus ! arma trahuntur,
Fumantesque rotæ tellurem, et tertius hastæ
Sulcus arant : longo sequitur vaga pulvere cervix    550

Et resupinarum patet orbita longa comarum.
    At tuba luctificis pulsat clangoribus urbem
Obseptasque fores sonitu perfringit amaro.
Divisere aditus, omnique in limine sævus
Signifer ante omnes sua damna et gaudia portat.      555
Dira intus facies : vix Mavors ipse videndo
Gaudeat : incertis lymphatam horroribus urbem
Scindunt dissensu vario, luctusque, furorque,
Et pavor, et cæcis fuga circumfusa tenebris.
Bellum intrasse putes : fervent discursibus arces,   560
Miscentur clamore viæ ; ferrum undique, et ignes
Mente vident : sævas mente accepere catenas.
Consumsit ventura timor ; jam tecta replerant,
Templaque, et ingratæ vallantur planctibus aræ.
    Una omnes eademque subit formido per annos.     565
Poscunt fata senes, ardet, palletque juventus,
Atria femineis trepidant ululata querelis.
Flent pueri, et flendi nequeunt cognoscere causas
Attoniti, et tantum matrum lamenta timentes.
Illas cogit amor, nec habent extrema pudorem.        570
Ipsæ tela viris, ipsæ iram animosque ministrant,
Hortanturque, unaque ruunt, nec avita gementes
Limina, nec parvos cessant ostendere natos.
```

s'élève, frémissant de courroux : elles s'excitent l'une l'autre par leur bourdonnement, et toutes fondent sur le visage de leur ennemi; bientôt, épuisées, elles s'attachent avec désespoir à leurs rayons, au miel qu'on leur enlève, et défendent de leur corps la cire qu'elles ont travaillée avec tant de peine.

Pour comble de malheur, la discorde règne parmi le peuple; les avis se combattent. Les uns demandent, non pas secrètement, mais publiquement, à haute voix, avec un bruyant tumulte, que le trône soit rendu à Polynice. L'épouvante a détruit leur respect pour le roi : « Qu'il vienne l'exilé, qu'il règne l'année qui lui est due; qu'il salue enfin, l'infortuné, les pénates cadméens, et son vieux père plongé dans les ténèbres! Pourquoi payerai-je de mon sang la fraude et le parjure d'un roi coupable? » D'autres s'écrient au contraire : « C'est trop tard recourir à la bonne foi, maintenant il aimera mieux vaincre. »

Ailleurs une foule suppliante implore avec larmes Tirésias, et lui demande (seule consolation qui reste encore à leurs maux) de leur dévoiler l'avenir; mais le devin tient cachés et ensevelis dans son cœur les secrets des Dieux. « Oui, sans doute, s'écrie-t-il, le roi a suivi bien fidèlement mes avis, lorsque je m'opposai à cette guerre impie. Cependant, ô malheureuse Thèbes, tu vas périr si je me tais, et je n'ai pas le courage d'entendre le bruit de ta chute, et de repaître mes yeux éteints de l'incendie allumé par les Grecs. Amour de la patrie, tu m'as vaincu! Allons, ma fille, élève un autel, interrogeons les Dieux. » Elle obéit, et d'un œil pénétrant elle observe et apprend au vieillard que les extrémités de la flamme sont d'une teinte sanglante, que le feu se partage en deux sur l'autel, et qu'au milieu cependant s'élève un jet de lumière qui brille à son sommet d'une vive clarté; qu'enfin la flamme se déroule, comme un serpent, en longs anneaux mouvants, et que les pointes rougeâtres se brisent et disparaissent. Ainsi la jeune fille instruit son père, et dissipe les ténèbres qui couvrent ses yeux. Mais lui, déjà, il embrasse les feux qui couronnent l'autel, et, le visage animé, aspire la vapeur prophétique. Ses cheveux se hérissent d'horreur, s'agitent, et soulèvent ses bandelettes tremblantes : on croirait que ses yeux s'ouvrent, et que l'éclat de la jeunesse renaît sur ses joues flétries; enfin il épanche en ces mots la sainte fureur qui l'anime :

« Connaissez, ô coupables Labdacides, les derniers sacrifices qui fléchiront les Dieux : votre heureuse délivrance arrive, mais par un sentier pénible. Le serpent de Mars exige pour les mânes une cruelle offrande, un cruel sacrifice. Que le dernier rejeton de la race du dragon meure : à cette condition seule la victoire vous est promise. Heureux qui, pour un si noble prix, sacrifiera sa vie! »

Auprès de l'autel redoutable du devin se tenait Créon, triste, et ne pleurant encore que les destins communs de la patrie : ces paroles l'ont frappé comme d'un coup de foudre. Il reste anéanti, comme si le feu céleste eût traversé sa poitrine de son triple dard. Il comprend que Ménécée est la victime demandée; sa frayeur le

Sic ubi pumiceo pastor rapturus ab antro
Armatas erexit apes, fremit aspera nubes : 575
Inque vicem sese stridore hortantur, et omnes
Hostis in ora volant; mox deficientibus alis
Amplexæ flavamque domum captivaque plangunt
Mella, laboratasque premunt ad pectora ceras.
    Nec non ancipitis pugnat sententia vulgi, 580
Discordesque serit motus : hi reddere fratrem
Nec mussant; sed voce palam, claroque tumultu
Reddere regna jubent : periit reverentia regis
Sollicitis : « Veniat, pactumque hic computet annum,
Cadmeosque lares exsul, patriasque salutet 585
Infelix tenebras : cur autem ego sanguine fraudes,
Et perjura luam regalis crimina noxæ? »
Inde alii : « Sera ista fides; jam vincere mavult. »
    Tiresian alii lacrimis et supplice cœtu
Orant, quodque unum rebus solamen in arctis, 590
Nosse futura rogant : tenet ille inclusa, premitque
Fata Deum : « Quiane ante duci bene credita nostra
Consilia et monitus, quum perfida bella vetarem?
Te tamen, infelix, inquit, periturαque Thebe,
Si taceam, nequeo miser exaudire cadentem, 595
Argolicumque oculis haurire vacantibus ignem.
Vincamur, pietas : pone eia altaria, virgo,

Quæramus Superos. » Facit illa, acieque sagaci
Sanguineos flammarum apices, geminumque per aras
Ignem, et clara tamen mediæ fastigia lucis 600
Orta docet : tunc in speciem serpentis inanem
Ancipiti gyro volvi, frangique ruborem
Demonstrat dubio, patriasque illuminat umbras.
Ille coronatos jamdudum amplectitur ignes,
Fatidicum sorbens vultu flagrante vaporem. 605
Stant tristes horrore comæ, vittasque trementes
Cæsaries insana levat : diducta putares
Lumina, consumptumque genis rediisse nitorem.
Tandem exundanti permisit verba furori :
    « Audite, o sontes, extrema litamina Divum, 610
Labdacidæ : venit alma salus, sed limite duro.
Martius inferias et sæva efflagitat anguis
Sacra, cadat generis quicumque novissimus exstat
Viperei : datur hoc tantum victoria pacto.
Felix, qui tanta lucem mercede relinquet! » 615
    Stabat fatidici prope sæva altaria vatis
Mœstus adhuc, patriæ tantum communia lugens
Fata Creon; grandem subiti quum fulminis ictum,
Non secus ac torta trajectus cuspide pectus,
Accipit exanimis, sentitque Menœcea posci. 620
Monstrat enim suadetque timor : stupet anxius alto

LIVRE X.   261

lui dit et le lui persuade trop bien : il reste stupéfait, dans une cruelle anxiété, et le cœur glacé par la crainte. Ainsi les rivages de la Sicile reçoivent le choc des flots qui s'élancent tumultueux des contrées de la Libye. Bientôt, à la voix du devin, qui, plein du dieu, ordonne qu'on se hâte, Créon se prosterne. Tantôt il embrasse ses genoux, tantôt il le conjure de fermer sa bouche. C'est en vain, la Renommée a saisi la parole sacrée ; elle vole, et Thèbes retentit du bruit de cet oracle.

Maintenant, qui a pu inspirer à ce jeune guerrier l'ardent désir et la joie d'une noble mort (car jamais sans l'inspiration des Dieux cette pensée n'est entrée dans le cœur de l'homme)? Apprends-le-moi, Clio, car tu le sais ; c'est à toi qu'appartiennent les siècles et les faits des vieux âges.

Près du trône de Jupiter siége la Vertu, sa divine compagne; c'est de là qu'elle vient, mais rarement, visiter la terre, lorsque le dieu tout-puissant accorde aux mortels cette faveur, ou qu'elle-même choisit pour son sanctuaire quelque âme digne d'elle, et, comme aujourd'hui, descend joyeuse des plages célestes. A son approche se rangent, pour lui faire place, les astres brillants et les feux qu'elle-même a attachés à la voûte azurée. Déjà elle touche la terre, et sa tête est encore près du ciel ; mais elle veut changer ses traits ; elle prend ceux de la sage Manto, afin que l'on ajoute une foi entière aux réponses de l'oracle, et elle dissimule sous ce déguisement sa forme première. L'éclat terrible et puissant de ses yeux s'est évanoui ; il ne lui reste qu'un peu de sa beauté, et ses traits ont plus de douceur. Elle a déposé son armure et revêtu les ornements de la prêtresse ; ses vêtements descendent jusqu'à terre, sa chevelure hérissée est nouée par des bandelettes, au lieu du laurier qui ceignait son front : cependant la déesse se trahit encore par son aspect sévère et sa démarche superbe. Ainsi l'épouse lydienne d'Hercule riait de le voir, dépouillé de sa terrible peau de lion, déchirer sur ses épaules la pourpre de Lydie, troubler les fuseaux, et briser les tambours de sa lourde main.

La déesse, ô Ménécée, ne te trouve pas indigne du sacrifice et du dévouement qu'elle vient réclamer de toi. Tu défendais alors la tour Dircéenne, dont la porte immense était ouverte, et là, debout sur le seuil, tu moissonnais les Grecs. Avec toi combat le belliqueux Hémon ; mais quoique vous soyez unis par les liens du sang et frères en toutes choses, tu l'emportes sur lui. Un monceau de cadavres s'entasse autour de lui, tous ses traits portent, tous ses coups donnent la mort : cependant la Vertu n'est pas encore à ses côtés ; point de repos pour son courage et son bras, point de relâche à ses armes avides. La figure du sphinx qui protége son casque semble l'animer, et l'on dirait qu'elle bondit et s'élance à la vue du carnage ; rouge de sang, l'armure de Ménécée reluit au loin. En ce moment la déesse saisit le bras du guerrier, et l'arrête.

« Magnanime jeune homme, toi que Mars n'hésiterait pas à reconnaître pour un rejeton de la semence guerrière de Cadmus, laisse là les combats vulgaires, ils ne sont pas dignes de ton courage. Les astres t'appellent, place ton âme au ciel en osant davantage. Voilà ce que mon père, dans sa fureur prophétique, fait connaître depuis longtemps, au pied des autels propices aux Thébains ; voilà ce

Corda metu glaciante pater. Trinacria qualis
Ora repercussum Libyco mare sumit ab æstu.
Mox plenum Phœbo vatem et celerare jubentem
Nunc humilis genua amplectens, nunc ora canentis   625
Nequicquam reticere rogat : jam fama sacratam
Vocem amplexa volat, clamantque oracula Thebæ.
    Nunc, age, quis stimulos et pulchræ gaudia mortis
Addiderit juveni (neque enim hæc absentibus unquam
Mens homini transmissa Deis) memor incipe Clio,   630
Sæcula te quoniam penes et digesta vetustas.
    Diva Jovis solio juxta comes, unde per orbem
Rara dari, terrisque solet contingere virtus ;
Seu pater omnipotens tribuit, sive ipsa capaces
Elegit penetrare viros, cœlestibus ut nunc   635
Desiluit gavisa plagis : dant clara meanti
Astra locum, quosque ipsa polis affixerat ignes.
Jamque premit terras, nec vultus ab æthere longe ;
Sed placuit mutare genas : fit provida Manto,
Responsis ut plana fides, et fraude priores   640
Exuitur vultus : abiit horrorque vigorque
Ex oculis, paullum decoris permansit, honosque
Mollior, et posito vatum gestamina ferro
Subdita : descendunt vestes, torvisque ligatur

Vitta comis ; nam laurus erat ; tamen aspera produnt   645
Ora Deam, nimiique gradus : sic Lydia conjux
Amphitryoniaden exutum horrentia terga
Perdere Sidonios humeris ridebat amictus,
Et turbare colus, et tympana rumpere dextra.
    Sed neque te indecorem sacris, dignumque juberi   650
Talia, Dircæa stantem pro turre, Menœceu,
Invenit : immensæ reserato limine portæ
Sternebas Danaos : pariter Mavortius Hæmon.
Sed consanguinei quamvis, atque omnia fratres,
Tu prior : exanimes circumcumulantur acervi.   655
Omne sedet telum : nulli sine cædibus ictus.
Necdum aderat virtus : non mens, non dextra quiescit,
Non avida arma vacant, ipsa insanire videtur
Sphinx galeæ custos, visoque animata cruore
Emicat effigies, et sparsa orichalca renident ;   660
Quum Dea pugnantis capulum, dextramque repressit :
    « Magnanime o juvenis, quo non agnoverit ullum
Certius armifero Cadmi de semine Mavors,
Linque humiles pugnas, non hæc tibi debita virtus :
Astra vocant, cœloque animam, plus concipe, mittes.
Jamdudum hoc hilares genitor bacchatur ad aras,   666
Hoc ignes, fibræque volunt, hoc urget Apollo.

que veulent et la flamme et les entrailles des victimes ; voilà ce qu'exige Apollon : c'est un fils de la terre qu'ils demandent pour tout le sang de la patrie. La Renommée publie cet avertissement des Dieux, et le peuple de Thèbes, qui compte sur toi, se réjouit déjà : que ton âme embrasse l'immortalité, et s'empare de ce noble destin. Va, je t'en prie, hâte-toi, de crainte qu'Hémon ne te prévienne. »

Elle dit, et le voyant hésiter, elle flatte son cœur par ses secrètes séductions et s'empare de toute son âme. Un cyprès frappé de la foudre n'absorbe pas plus vite, de ses racines à son sommet, la flamme qui doit le dévorer, que le jeune homme, tout entier possédé par la déesse, ne s'exalte à ses paroles et ne conçoit dans son sein l'ardeur de mourir. Manto s'éloigne ; à la vue de sa démarche, de son extérieur, de sa taille, qui tout à coup s'élève de la terre jusqu'aux nuages, il s'étonne : « Je te suis, qui que tu sois, ô déesse qui m'appelle ! j'obéis sans retard. » Il dit, et tout en reculant il frappe Agrée de Pylos, qui s'élançait sur le retranchement ; le guerrier mourant est reçu dans les bras de ses écuyers. Ménécée poursuit sa marche, et sur ses pas le peuple proclame que c'est à lui qu'il devra la paix, l'appelle son sauveur et son dieu, et l'enflamme d'une ardeur généreuse.

Déjà, d'une course précipitée et haletante, il se dirige vers les murs et se réjouit d'éviter la rencontre de ses malheureux parents, lorsque tout à coup paraît son père... Tous deux s'arrêtent ; la voix leur manque, leurs fronts s'inclinent vers la terre. Enfin le père rompt le premier le silence :

« Quel nouveau malheur t'arrache du milieu des combats ? Quel dessein médites-tu, qui soit plus important que la guerre ? Dis, mon fils, je t'en conjure, pourquoi ce regard farouche ? pourquoi cette affreuse pâleur sur tes traits ? Tes regards se détournent du visage paternel. Tu as appris l'oracle, je le vois bien : mon fils, je t'en supplie par ma vieillesse, par tes jeunes années, par le sein de ta malheureuse mère, ne crois pas au devin, cher enfant. Les Dieux daignent-ils inspirer ce profane vieillard ? lui, dont le visage est flétri, les yeux éteints, et qui, par son châtiment, ressemble en tout au sacrilége Œdipe. Et si c'était un piége, une ruse perfide du roi ? Dans sa détresse, il craint la noblesse de notre sang, et ta valeur qui te distingue entre tous les chefs. Peut-être cet oracle prétendu des Dieux, est-ce lui qui l'a dicté. Ne t'abandonne pas à ta brûlante ardeur, attends, diffère un moment : la précipitation est un guide funeste. Je t'en conjure, accorde cette faveur à ton père ! Puissent les cheveux blancs de la vieillesse couvrir tes tempes ! puisses-tu être père toi-même, et, malgré ton courage, ressentir les craintes qui m'agitent ! Ne va point par ta perte désoler mes pénates. Hé quoi ! la vue de ces enfants, de ces pères qui ne te sont rien, tout cela touche ton cœur ? Ah ! si tu es sensible, aie d'abord pitié des tiens : c'est ici qu'est la piété filiale, le véritable honneur ; là ce n'est qu'une apparence de gloire, un vain éclat, un triomphe qui s'évanouira avec la mort. Je ne veux pas te fléchir en père qui tremble. Va, affronte les combats, précipite-toi au milieu des bataillons grecs, à travers les épées, je ne te retiens pas ; mais hélas ! qu'il me soit permis de

---

Terrigenam cuncto patriæ pro sanguine poscunt.
Fama canit monitus : gaudet Cadmeia plebes
Certa tui : rape mente Deos, rape nobile fatum. 670
I, precor, accelera, ne proximus occupet Hæmon. »
  Sic ait, et magna cunctantis pectora dextra
Permulsit tacite, seseque in corde reliquit.
Fulminis haud citius radiis afflata cupressus
Combibit infestas et stirpe et vertice flammas, 675
Quam juvenis multo possessus numine pectus
Erexit sensus, letique invasit amorem.
Ut vero aversæ gressumque habitumque notavit,
Et subitam a terris in nubila crescere Manto,
Obstupuit. « Sequimur, Divum quæcunque vocasti, 680
Nec tarde paremus, » ait : jamjamque recedens,
Instantem vallo Pylium tamen Agrea fixit.
Armigeri fessum excipiunt : tum vulgus euntem
Auctorem pacis, servatoremque Deumque
Conclamat gaudens, atque ignibus implet honestis. 685
  Jamque iter ad muros cursu festinus anhelo
Obtinet, et miseros gaudet vitasse parentes ;
Quum genitor, steteruntque ambo, et vox hæsit utrimque
Dejectæque genæ ; tandem pater ante profatur :

« Quis novus inceptis rapuit te casus ab armis ? 690
Quæ bello graviora paras ? dic, nate, precanti,
Cur tibi torva acies ? cur hic truculentus in ore
Pallor ? et ad patrios non stant tua lumina vultus ?
Audisti responsa, palam est : per ego oro tuosque,
Nate, meosque annos, miseræque per ubera matris, 695
Ne vati, ne crede, puer : Superine profanum
Dignantur stimulare senem ? cui vultus inanis,
Exstinctique orbes, et pœna simillima diro
Œdipodæ ? quid si insidiis, et fraude dolosa
Rex agit ? extrema est cui nostra in sorte timori 700
Nobilitas, tuaque ante duces notissima virtus ?
Illius hæc forsan remur, quæ verba Deorum
Ille monet : ne frena animo permitte calenti :
Da spatium, tenuemque moram : male cuncta ministrat
Impetus : hoc, oro, munus concede parenti. 705
Sic tua maturis signentur tempora canis,
Et sis ipse parens, et ad hunc, animose, timorem
Pervenias : ne perge meos orbare penates.
Externi te nempe patres, alienaque tangunt
Pignora ? si pudor est, primum miserere tuorum. 710
Hæc pietas, hic verus honos, ibi gloria tantum

laver tes blessures palpitantes, de sécher avec mes larmes les flots de ton sang, et de te voir, plus d'une fois encore, t'élancer dans la cruelle mêlée : c'est là le vœu de Thèbes. » En parlant ainsi, il tenait serrés les mains et le cou de son fils ; mais ni ses larmes, ni ses prières ne touchent le jeune prince dévoué aux Dieux : docile à leur inspiration, il trompe son père par une ruse adroite et détourne ses craintes :

« Tu te trompes, ô mon père chéri, et le véritable objet de tes craintes, tu l'ignores : ce ne sont ni les avis des Dieux, ni les fureurs d'un devin, ni les mânes du dragon, qui m'agitent et m'émeuvent. Que le rusé Tirésias réserve ses oracles pour lui et pour sa fille : non, je n'en croirais pas Apollon lui-même, si tout à coup, ouvrant son sanctuaire, sa main versait dans mon sein ses transports prophétiques ; mais le malheur arrivé à mon frère bien-aimé me ramène dans la ville : Hémon gémit, atteint d'une lance grecque. A peine si du milieu de la poussière, entre les deux armées, et lorsque déjà les Argiens le saisissaient, j'ai pu... Mais je m'arrête. Va ranimer son courage ; dis à ceux qui le portent de le ménager, de le soutenir doucement. Moi, je vais chercher Étion, cet homme habile à fermer les blessures et à étancher le sang qui s'épuise. » Il n'achève pas son discours et s'échappe. Créon, le cœur plongé dans de noires ténèbres, demeure troublé, irrésolu ; son amour paternel flotte de l'un à l'autre, ses craintes se combattent ; mais les Parques le poussent à croire Ménécée.

Cependant, dans toute l'étendue du champ de bataille les Thébains, qui s'étaient élancés à travers les portes brisées, sont poursuivis par l'impétueux Capanée. La cavalerie, l'infanterie, les chars broyant les cadavres de leurs conducteurs, tout cède à sa fureur. Ici il ébranle sous une grêle de pierres les tours élevées ; là, il culbute les escadrons et s'échauffe au milieu du carnage ; tantôt il fait autour de lui voler la mort avec le plomb rapide, tantôt il brandit et lance dans les airs ses javelots ; aucun de ses traits ne parvient au faîte des remparts qui ne montre quel est le bras qui l'a lancé, et qui ne retombe souillé de sang. Pour les enfants de Pélops, Tydée, Hippomédon, le devin, le jeune Arcadien, semblent revivre ; réunissant leurs âmes en une seule, ils sont venus habiter en un même corps, tant Capanée se multiplie. Ni l'âge, ni les insignes, ni la beauté, rien ne l'émeut ; avec la même furie il frappe et ceux qui combattent et ceux qui l'implorent : nul n'ose lui résister, ni tenter les chances du combat. De loin, à l'aspect de ses armes, de sa terrible aigrette et de son casque menaçant, tous frémissent d'horreur.

Cependant sur une des éminences du rempart paraît le pieux Ménécée ; son front brille d'un éclat divin, une noble majesté est empreinte sur ses traits, comme si tout à coup il eût quitté la voûte céleste pour venir sur la terre ; son casque est détaché et laisse voir ses traits ; il abaisse alors ses regards sur les combattants, et pousse un grand cri qui fixe sur lui tous les regards et fait taire le combat : « Dieu de la guerre, et toi Phébus, qui m'accordes l'honneur d'un si beau

Ventosumque decus, titulique in morte latentes.
Nec timidus te flecto parens : i, prælia misce,
Per Danaas acies, mediosque per obvius enses;
Non teneo : liceat misero tremebunda lavare   715
Vulnera, et undantem lacrimis siccare cruorem,
Teque iterum sævis, iterumque remittere bellis.
Hoc malunt Thebæ. » Sic colla manusque tenebat
Implicitus : sed nec lacrimæ, nec verba movebant
Dis votum juvenem : quin et monstrantibus illis   720
Fraude patrem tacita subit, avertitque timorem :
« Falleris heu, verosque metus, pater optime, nescis.
Non me ulli monitus, nec vatum exorsa furentum
Sollicitant, manesque movent : sibi callidus ista
Tiresias, natæque canat : non si ipse reclusis   725
Cominus ex adytis in me insaniret Apollo.
Sed gravis unanimi casus me fratris ad urbem
Sponte refert : gemit Inachia mihi saucius Hæmon
Cuspide : vix illum medio de pulvere belli
Inter utrasque acies, jamjamque tenentibus Argis.   730
Sed moror : i, refove dubium, turbæque ferenti
Dic, parcant, leviterque vehant : ego vulnera doctum
Jungere, supremique fugam revocare cruoris,
Eetiona petam. » Sic imperfecta locutus
Effugit : illi atra mersum caligine pectus   735
Confudit sensus : pietas incerta vagatur,
Discordantque metus : impellunt credere Parcæ.
    Turbidus interea ruptis venientia portis
Agmina belligeri Capaneus agit æquore campi.
Cornua nunc equitum, cuneos nunc ille pedestres,   740
Et proculcantes moderantum funera currus.
Idem altas turres saxis, et turbine crebro
Laxat : agit turmas idem, atque in sanguine fumat.
Nunc spargit torquens volucri nova vulnera plumbo,
Nunc jaculum excusso rotat in sublime lacerto,   745
Nullaque tectorum subit ad fastigia, quæ non
Deferat hasta virum, perfusaque cæde recurrat.
Nec jam aut Œniden, aut Hippomedonta peremtos,
Aut vatem Pelopea phalanx, aut Arcada credunt :
Quin socium coiisse animas, et corpore in uno   750
Stare omnes : ita cuncta replet : non ullius ætas,
Non cultus, non forma movet : pugnantibus idem,
Supplicibusque furit : non quisquam obsistere contra,
Non belli tentare vices : procul arma furentis,
Terribilesque jubas, et frontem cassidis horrent. 755
    At pius electa murorum in parte Menœceus,
Jam sacer adspectu solitoque augustior ore,
Ceu subito in terras supero demissus ab axe,
Constitit, exemta manifestus casside nosci,
Despexitque acies hominum, et clamore profundo   760
Convertit campum, jussitque silentia bello.

trépas, donnez à Thèbes la joie que vous avez promise à mon dévouement et que j'achète au prix de tout mon sang. Éloignez la guerre de ses murs, refoulez dans Lerne captive le reste déshonoré de nos ennemis; que l'Inachus, en les voyant laver leurs blessures reçues par derrière, s'indigne contre ses lâches nourrissons. Rendez par ma mort aux Thébains leurs temples, leurs champs, leurs maisons, leurs enfants et leurs femmes. Si, en m'immolant pour la paix, je vous suis agréable; si j'ai entendu, sans m'effrayer, l'oracle du prophète; si j'y ai avidement souscrit quand Thèbes n'y croyait pas encore, accordez à la patrie d'Amphion le prix qui m'est dû, et, je vous en conjure, apaisez en ma faveur mon père que j'ai trompé. »

Il dit, et, de sa brillante épée, il délivre des liens du corps sa grande âme, qui, depuis longtemps, gémissait de sa captivité : une seule blessure a rompu ces liens. Le héros arrose les tours de son sang, purifie les murailles, et, sans retirer le glaive, se précipite au milieu des combattants; il s'efforce de tomber sur ses cruels ennemis. Mais la Piété et la Vertu le reçoivent dans leurs bras, et portent doucement son corps vers la terre. Déjà son âme est devant Jupiter, et, au milieu du ciel, vient réclamer sa récompense.

Les Thébains retirent sans peine le cadavre de leur prince, et, triomphants, le portent dans la ville. Saisies de vénération, les cohortes grecques s'étaient d'elles-mêmes éloignées. Le héros entre dans les murs, porté sur les épaules des jeunes guerriers, aux applaudissements d'une foule nombreuse, qui chante ses louanges, et le place, comme leur fondateur, au-dessus de Cadmus et d'Amphion. Les uns le couvrent de guirlandes, les autres des fleurs brillantes du printemps, et déposent dans le tombeau de ses aïeux son corps adoré. Bientôt, après lui avoir rendu ces honneurs, ils retournent au combat. Alors le malheureux père de Ménécée, vaincu dans sa colère, gémit, et sa mère peut enfin pleurer en liberté :

« Noble enfant, c'était donc pour t'offrir en expiation à la cruelle Thèbes, pour dévouer ta tête aux dieux infernaux, que je t'élevais, moi, une femme du sang royal! Quel crime ai-je donc commis? quelle divinité ai-je irritée contre moi? Je n'ai pas, par une monstrueuse alliance, bouleversé les lois de la nature; je n'ai pas, ô forfait! donné des enfants à mon fils. Qu'importe? Jocaste a ses enfants, elle les voit sur le trône et à la tête des armées. Nous, nous offrons à la guerre de cruelles expiations, pour que tour à tour (car telles sont les volontés du dieu de la foudre) les fils d'Œdipe ceignent leur front du diadème. Pourquoi me plaindre des Dieux ou des hommes? C'est toi, cruel Ménécée, c'est toi, qui, plus que tout autre, avances le dernier jour de ta malheureuse mère. D'où t'est venu cet amour de la mort, cette sainte folie qui saisit ton âme? Qu'ai-je donc conçu dans mon sein? Quel est ce triste fruit de mon amour, si peu semblable à moi-même? Ah! je reconnais le sang du dragon, le rejeton de cette terre de nos aïeux, qui se couvrit tout à coup d'une moisson d'armes! De là ce sombre courage; Mars était tout entier dans

« Armorum Superi, tuque o qui funere tanto
Indulges mihi, Phœbe, mori, date gaudia Thebis
Quæ pepigi, et toto quæ sanguine prodigus emi.
Ferte retro bellum, captæque impingite Lernæ   765
Relliquias turpes, confixaque terga foventes
Inachus indecores pater aversetur alumnos.
At Tyriis templa, arva, domos, connubia, natos
Reddite morte mea : si vos placida hostia juvi,
Si non attonitis vatis consulta recepi   770
Auribus, et Thebis nondum credentibus hausi,
Hæc Amphioniis pro me persolvite terris,
Ac mihi deceptum, precor, exorate parentem. »
    Sic ait, insignemque animam mucrone corusco
Dedignantem artus pridem, mœstamque teneri   775
Arripit, atque uno quæsitam vulnere rumpit.
Sanguine tunc spargit turres, et mœnia lustrat,
Seque super medias acies, nondum ense remisso,
Jecit, et in sævos cadere est conatus Achivos.
Ast illum amplexæ Pietas Virtusque, ferebant   780
Leniter ad terras corpus : jam spiritus olim
Ante Jovem, et summis apicem sibi poscit in astris.
    Jamque intra muros nullo sudore receptum
Gaudentes heroa ferunt : abscesserat ultro
Tantalidum venerata cohors : subit agmine longo   785
Colla inter juvenum, lætisque favoribus omni
Concinitur vulgo, Cadmum atque Amphiona supra
Conditor : hi sertis, hi veris honore soluto
Accumulant artus, patriaque in sede reponunt
Corpus adoratum : repetunt mox bella peractis   790
Laudibus : hic victa genitor lacrimabilis ira
Congemit, et tandem matri data flere potestas :
    « Lustralemne feris ego te, puer inclyte, Thebis,
Devotumque caput, vilis ceu mater alebam?
Quod molita nefas? cui tantum invisa Deorum?   795
Non ego monstrifero coitu revoluta notavi
Pignora, nec nato peperi funesta nepotes.
Quid refert? habet ecce suos Iocasta, ducesque
Regnantesque videt : nos sæva piacula bello
Demus, ut alternis, placet hoc tibi fulminis auctor,   800
Œdipodionii mutent diademata fratres.
Quid Superos, hominesve queror? tu, sæve Menœceu,
Tu miseram ante omnes properasti exstinguere matrem.
Unde hic mortis amor? quæ sacra insania menti?
Quosve ego conceptus, aut quæ male pignora fudi   805
Tam diversa mihi? nimirum Martius anguis,
Quæque novis proavum tellus effloruit armis.
Hinc animi tristes, nimiusque in pectore Mavors,
Et de matre nihil : sponte en ultroque peremptus
Irrumpis mœstas fatis nolentibus umbras.   810
Ast egomet Danaos, Capaneaque tela verebar.

son cœur; il n'avait rien de sa mère. Voici qu'immolé de ta propre main, tu te précipites toi-même, malgré les destins, chez les tristes ombres; et moi, je craignais les Grecs et les traits de Capanée! C'était ton bras, oui, c'était ce bras qu'il fallait redouter; c'était ce fer que moi-même, insensée, je t'avais donné. Voyez comme dans sa gorge le glaive s'est plongé tout entier : non, la main d'un Grec n'aurait pas fait une si profonde blessure. »

L'infortunée eût longtemps encore continué à remplir la ville de ses gémissements, mais ses compagnes et ses femmes l'entraînent malgré elle, la consolent, et la retiennent dans sa demeure. Elle reste assise, le visage meurtri, ensanglanté par ses ongles; elle fuit l'éclat du jour, ferme l'oreille aux prières qu'on lui adresse, et tient ses yeux fixés sur la terre; la voix, la raison l'ont abandonnée. Telle une tigresse farouche, à qui l'on a ravi ses petits, couchée seule dans son antre de Scythie, lèche les traces de la pierre encore chaude; elle n'a plus de colère, elle oublie sa rage, sa férocité, sa soif du sang; près d'elle passent tranquillement les troupeaux de brebis et de taureaux; elle les regarde sans faire un mouvement. Pourquoi en effet remplirait-elle ses mamelles? A qui apporterait-elle une proie autrefois si vivement désirée?

Jusqu'à présent les armes, les trompettes, le fer et les blessures ont été l'objet de mes chants : maintenant c'est Capanée que je dois élever jusqu'aux astres. Je ne puis plus chanter comme les autres poëtes : c'est au bois d'Aonie d'enhardir ma faiblesse! Venez toutes, ô déesses! osez le dire avec moi : Était-ce une fureur envoyée du ténébreux empire? les terribles sœurs du Styx, marchant sous les étendards de Capanée, avaient-elles osé s'armer contre Jupiter? Était-ce une valeur démesurée, ou l'amour téméraire de la gloire, ou le désir de la renommée qui accompagne un beau trépas, ou l'attrait d'abord si séduisant du mal, ou la colère des Dieux contre les hommes, colère si douce aux immortels?

Déjà le guerrier dédaigne de signaler son bras sur la terre; il contemple avec mépris ces cadavres amoncelés, et ayant épuisé tous ses traits et tous ceux des Grecs, le bras fatigué, il lève la tête vers le ciel. Bientôt d'un regard farouche il mesure la hauteur du rempart, et, poussant devant lui une échelle aux nombreux échelons, il porte le chemin qui doit lui servir à monter dans les airs. Il agite une torche de chêne dont la lumière ardente rougit tout à la fois ses armes et enflamme son bouclier : « Voici, dit-il, le chemin de Thèbes : c'est par ici que me guide mon audace, vers cette tour arrosée du sang de Ménécée. J'éprouverai ce que peuvent les sacrifices, et si l'oracle d'Apollon n'est pas trompeur. »

Il dit, et, montant les degrés, il s'élève triomphant vers les murailles assiégées. Tels, dans les airs, au milieu des nuages, apparurent jadis les Aloïdes, lorsque la terre impie grandissait pour insulter aux Dieux, et que l'Ossa seul, avant que le Pélion immense eût doublé sa hauteur, atteignait déjà la demeure de Jupiter épouvanté.

Dans cette cruelle extrémité, les Thébains, comme si Thèbes allait succomber sous ce dernier fléau, et que Bellone, une torche sanglante à la main, escaladât les tours pour les renverser de fond en comble, font pleuvoir à l'envi de tous

Hæc erat, hæc metuenda manus, ferrumque, quod amens
Ipsa dedi : viden', ut jugulo consumserit ensem?
Altius haud quisquam Danaum mucrone subisset. »
 Diceret infelix etiamnum et cuncta repleret   815
Questibus : abducunt comites, famulæque perosam
Solantes thalamoque tenent : sedet eruta multo
Ungue genas : non illa diem, non verba precantum
Respicit, aut visus flectit tellure relictos,
Jam vocis, jam mentis inops. Sic aspera tigris   820
Fœtibus abreptis Scythico deserta sub antro
Accubat, et tepidi lambit vestigia saxi.
Nusquam iræ : sedit rabies, feritasque, famesque
Oris, eunt præter secura armenta, gregesque.
Adspicit illa jacens : ubi enim, quibus ubera pascat,   825
Aut quos ingenti premat exspectata rapina?
 Hactenus arma, tubæ, ferrumque, et vulnera : sed nunc
Cominus astrigeros Capaneus tollendus in axes.
Non mihi jam solito vatum de more canendum :
Major ab Aoniis sumenda audacia lucis.   830
Mecum omnes audete Deæ : sive ille profunda
Missus nocte furor, Capaneaque signa secutæ
Arma Jovem contra Stygiæ rapuere sorores,
Seu virtus egressa modum, seu gloria præceps,

Seu magnæ data fama neci, seu læta malorum   835
Principia, et blandæ Superum mortalibus iræ.
 Jam sordent terrena viro, tædetque profundæ
Cædis, et exhaustis olim Graiumque suisque
Missilibus, lassa respexit in æthera dextra.
Ardua mox torvo metitur culmina visu,   840
Innumerosque gradus, gemina latus arbore clusus,
Aerium sibi portat iter, longeque timendus
Multifidam quercum flagranti lumine vibrat.
Arma rubent una, clypeoque incenditur ignis.
« Hac, ait, in Thebas, hac me jubet ardua virtus   845
Ire, Mœnœceo qua lubrica sanguine turris.
Experiar, quid sacra juvent; an falsus Apollo. »
 Dixit, et alterno captiva in mœnia gressu
Surgit ovans : quales mediis in nubibus æther
Vidit Aloidas, quum cresceret impia tellus   850
Despectura Deos, nec adhuc immane veniret
Pelion, et trepidum jam tangeret Ossa Tonantem.
 Tum vero attoniti fatorum in cardine summo,
Ceu suprema lues urbem, facibusque cruentis
Æquatura solo turres Bellona subiret,   855
Omnibus e tectis certatim ingentia saxa,
Roboraque, et gravidas fundæ Balearis habenas,

les toits sur Capanée des pierres énormes, des poutres, de lourds projectiles lancés par la fronde (car à quoi serviraient les javelots et les flèches égarées dans l'air?); ils le frappent à coups redoublés de leurs machines de guerre, et l'accablent sous de pesantes masses. C'est en vain, cette grêle de traits qui assiége ses épaules ne saurait l'ébranler : suspendu dans le vide des airs, aussi ferme que s'il marchait sur le sol, il s'avance, et brave cet amas de ruines qui fond sur lui. Ainsi un fleuve rapide attaque sans relâche les voûtes d'un vieux pont; déjà les pierres se détachent, les poutres se désunissent : l'obstacle qui irrite le fleuve accroît encore ses eaux et sa violence, il ébranle et entraîne la masse chancelante, jusqu'à ce qu'il ait brisé, dans son impétuosité, tous les obstacles, et que, vainqueur, il poursuive librement sa course.

Enfin, après de longs efforts, Capanée s'est élancé sur le sommet de la tour; de là il domine la ville; il la voit tremblante, épouvantée, à l'aspect de son ombre immense; il insulte à sa frayeur : « Voilà donc l'horrible citadelle d'Amphion! ô honte! voilà ces murs si dociles qui obéirent à des accords efféminés, et qu'ont si longtemps vantés les fables mensongères de Thèbes! Quelle gloire y a-t-il à renverser des murailles construites aux sons mélodieux de la lyre? » En même temps, de ses mains, de ses pieds, il détruit les angles qui soutiennent la masse de l'édifice et arrache les planchers; les poutres éclatent et se brisent, les liens de fer du toit tremblant tombent, et de toutes ces ruines il se fait des armes, lance les fragments de roche sur les temples, sur les maisons, et écrase la ville de ses propres murailles.

Déjà autour de Jupiter frémissaient, animés de sentiments divers, les dieux d'Argos et de Thèbes. Le dieu, dans son équité, voit leur ardente colère prête à éclater, et s'aperçoit que sa présence seule les contient. Bacchus, qu'observe sa marâtre, gémit, et, jetant sur son pere un regard de travers : « Maintenant, lui dit-il, qu'est devenu ton terrible bras? Où est, hélas! mon berceau de flamme, et ta foudre? oh! qu'as-tu fait de ta foudre? » Apollon pleure sur ces murs fondés sous ses auspices; le dieu de Tirynthe affligé balance entre Lerne et Thèbes, et, l'arc tendu, il hésite; le fils ailé de Danaé donne des larmes à Argos, sa ville maternelle. Vénus pleure sur le peuple de sa fille Harmonia, et, craignant son époux, elle se tient loin de lui, et, dans une muette colère, regarde le dieu des combats. L'audacieuse Pallas gourmande les dieux d'Aonie. Junon se tait, mais son cœur est torturé par ce silence farouche.

Cependant ce spectacle n'altère point le calme de Jupiter; les querelles allaient s'apaiser, lorsque Capanée se fit entendre jusqu'au milieu des astres : « Quoi! Thèbes est dans les alarmes, et aucun de ses dieux ne viendra prendre sa défense! Que sont donc devenus ces lâches nourrissons d'une terre impie, Bacchus et Alcide? J'ai honte de provoquer des dieux inférieurs. Viens plutôt toi-même, ô Jupiter! (qui est plus digne que toi de me combattre?) Vois, les cendres et le tombeau de Sémélé sont en mon pouvoir. Viens donc, rassemble toutes tes forces, lance toutes tes flammes. N'as-tu de puissance que pour effrayer de

(Nam jaculis, cœloque vagis spes unde sagittis?)
Verum avidi et tormenta rotant, et molibus urgent.
Ille nec ingestis, nec terga sequentibus unquam   860
Detrahitur telis, vacuoque sub aere pendens
Plana velut terra certus vestigia figat,
Tendit, et ingenti subit occurrente ruina.
Amnis ut incumbens longævi robora pontis
Assiduis oppugnat aquis : jam saxa fatiscunt,   865
Emotæque trabes : tanto violentior ille,
Sævit enim majore salo, quassatque, trahitque
Molem ægram, nexus donec celer alveus omnes
Abscidit, et cursu victor respirat aperto.
    Utque petita diu celsus fastigia supra   870
Eminuit, trepidamque assurgens desuper urbem
Vidit, et ingenti Thebas exterruit umbra:
Increpat attonitos : « Humilesne Amphionis arces,
Pro pudor, hi faciles, carmenque imbelle secuti,
Et, mentita diu Thebarum fabula, muri?   875
Et quidnam egregium prosternere mœnia molli
Structa lyra? » Simul insultans, gressuque, manuque
Molibus obstantes cuneos, tabulataque sævum
Destruit : absiliunt pontes, tectique trementis
Saxea frena labant, dissectoque aggere rursus   880
Utitur, et truncas rupes in templa, domosque
Præcipitat, frangitque suis jam mœnibus urbem.
    Jamque Jovem circa studiis diversa fremebant
Argolici, Tyriique Dei : pater æquus utrisque
Adspicit ingentes ardentum cominus iras,   885
Seque obstare videt : gemit inservante noverca
Liber, et obliquo respectans lumine patrem :
« Nunc ubi sæva manus, meaque heu! cunabula flammæ,
Fulmen, io ubi fulmen? » ait. Gemit auctor Apollo
Quas dedit ipse, domos. Lernam, Thebasque rependit
Mœstus, et intento dubitat Tirynthius arcu.   891
Maternos plangit volucer Danaeius Argos.
Flet Venus Harmoniæ populos; metuensque mariti
Stat procul, et tacita Gradivum respicit ira.
Increpat Aonios audax Tritonia Divos.   895
Junonem tacitam furibunda silentia torquent.
    Non tamen hæc turbant pacem Jovis : ecce quierant
Jurgia, quum mediis Capaneus auditus in astris.
« Nullane pro trepidis, clamabat, numina Thebis
Statis? ubi infandæ segnes telluris alumni,   900
Bacchus et Alcides? piget instigare minores.
Tu potius venias, (quis enim concurrere nobis
Dignior?) en cineres Semeleaque busta tenentur.
Nunc age, nunc totis in me conitere flammis.
Juppiter : an pavidas tonitru turbare puellas

ton tonnerre les vierges timides, et consumer le palais de ton beau-père Cadmus? » A ces mots, les Dieux poussent un cri d'indignation. Jupiter rit de sa fureur, et secouant les flots épais de sa divine chevelure : « Quel est donc l'espoir des mortels, après les terribles combats de Phlégra? Toi aussi, il faut te frapper? » Il dit, et la foule des immortels, frémissant de colère, presse la lenteur du dieu et implore ses traits vengeurs. Junon troublée n'ose plus s'opposer aux destins. Le palais céleste, avant le signal donné, tonne de lui-même; les nuées se rassemblent sans le secours des vents, et les orages accourent. On dirait que Japet a rompu ses chaînes infernales, et qu'Inarime vaincue, que l'Etna se soulèvent jusqu'à la voûte des cieux. Les Dieux rougissent de sentir la crainte; mais en voyant, au milieu du bouleversement du monde, un guerrier debout provoquer Jupiter à un combat insensé, ils admirent en silence, et doutent du pouvoir de la foudre.

Déjà au-dessus du faîte de la tour Ogygienne le ciel commençait à mugir sourdement, et les ténèbres voilaient les astres. Cependant Capanée s'attache encore à la citadelle qu'il ne voit plus, et toutes les fois que la tempête éclate, que l'éclair brille : « Voilà, s'écrie-t-il, voilà les feux que je veux lancer sur Thèbes : c'est là que je veux raviver ma torche, rallumer ce chêne qui s'éteint. »

Il parlait encore : la foudre lancée de toute la force de Jupiter l'a frappé. Son aigrette vole dispersée dans les nuages; la bosse de son bouclier, noircie par la flamme, tombe; tous les membres du héros jettent un vif éclat. Les deux armées reculent, et regardent avec terreur de quel côté il va tomber, quels bataillons va frapper son corps embrasé. Capanée sent la flamme pétiller sur son sein, sous son casque, entre ses cheveux ; il s'efforce d'arracher sa cuirasse brûlante, et ne saisit sur sa poitrine que la cendre du fer. Cependant il reste debout; tourné vers le ciel, il exhale son dernier soupir, et, pour ne pas tomber, appuie sa poitrine fumante contre ces murs odieux ; mais ses membres mortels le trahissent, et son âme se dépouille de son enveloppe. Si ses forces avaient été plus lentes à l'abandonner, il eût pu par un second blasphème mériter un second tonnerre.

LIVRE XI.

Quand le magnanime Capanée eut épuisé, dans cette lutte inégale, l'ardeur insensée de son courage; lorsque la foudre qui l'embrasa se fut éteinte, et que la flamme vengeresse, le suivant à terre dans sa chute, eut tracé sur les murs un long sillon, Jupiter vainqueur raffermit d'un signe l'Olympe ébranlé, et, d'un regard, rendit au monde le ciel et le jour. Les immortels le félicitent, comme s'il venait de soutenir, haletant et épuisé, les combats de Phlégra, et d'accabler Encelade sous le poids de l'Etna fumant. Capanée gît à terre, embrassant les ruines de la tour, et le visage terrible encore; il laisse après lui aux nations le souvenir de ses hauts faits, et d'une défaite dont Jupiter lui-même a pu s'enor-

Fortior? et soceri thalamos exscindere Cadmi? »
 Ingemuit dictis Superum dolor : ipse furentem
Risit, et incussa sanctarum mole comarum,
« Quænam spes hominum tumidæ post prælia Phlegræ?
Tune etiam feriendus? » ait : premit undique lentum 910
Turba Deum frendens, et tela ultricia poscit.
Nec jam audet satis turbata obsistere conjux.
Ipsa dato nondum cœlestis regia signo
Sponte tonat, coeunt ipsæ sine flamine nubes,
Accurruntque imbres. Stygias rupisse catenas   915
Iapetum, aut victam supera ad convexa levari
Inarimen, Ætnamve putes : pudet ista timere
Cœlicolas : sed quum in media vertigine mundi
Stare virum, insanasque vident deposcere pugnas,
Mirantur taciti, et dubio pro fulmine pendent.   920
 Cœperat Ogygiæ supra fastigia turris
Arcanum mugire polus, cœlumque tenebris
Auferri : tenet ille tamen, quas non videt, arces,
Fulguraque attritis quoties micuere procellis,
« His, ait, in Thebas, his jam decet ignibus uti,   925
Hinc renovare facem, lassamque accendere quercum. »
 Talia dicentem toto Jove fulmen adactum
Corripuit : primæ fugere in nubila cristæ,
Et clypei niger umbo cadit : jamque omnia lucent
Membra viri : cedunt acies, et terror utrimque,   930
Quo ruat, ardenti feriat quas corpore turmas.
Intra se stridere facem, galeamque, comasque
Quærit, et urentem thoraca repellere dextra
Conatus, ferri cinerem sub pectore tractat.
Stat tamen, extremumque in sidera versus anhelat,   935
Pectoraque invisis obicit fumantia muris,
Ne caderet : sed membra virum terrena relinquunt,
Exuiturque animus : paullum si tardius artus
Cessissent, potuit fulmen meruisse secundum.

LIBER XI.

 Postquam magnanimus furias virtutis iniquæ
Consumpsit Capaneus, exspiravitque receptum
Fulmen, et ad terras longe comitata cadentem
Signavit muros ultricis semita flammæ;
Componit dextra victor concussa plagarum   5
Juppiter, et vultu cœlumque diemque reducit.
Gratantur Superi, Phlegræ ceu fessus anhelet
Prælia, et Encelado fumantem impresserit Ætnam.
Ille jacet laceræ complexus fragmina turris,
Torvus adhuc visu, memorandaque facta relinquens   10
Gentibus, atque ipsi non illaudata Tonanti.

gueillir. Tel le téméraire qui osa attenter à l'honneur de la mère d'Apollon couvre un espace immense de l'Averne : les vautours eux-mêmes, attachés à sa poitrine, sont saisis d'horreur, si parfois, s'élevant au-dessus de leur proie, ils contemplent ses membres énormes, tandis que ses fibres renaissent pour leur offrir une nouvelle pâture. Ainsi Capanée pèse sur la terre et brûle le sol ennemi, d'où s'exhale la vapeur du soufre céleste. Thèbes respire; la foule, prosternée dans les temples, se relève : les vœux, les lamentations du désespoir ont cessé, et les mères ne pressent plus leurs enfants entre leurs bras.

Cependant l'armée des Grecs s'enfuit ; des flots de soldats roulent en désordre dans la plaine. Ce ne sont pas les cohortes ennemies, ce n'est pas le fer des hommes qu'ils redoutent : l'image des vengeances célestes les poursuit dans leur fuite; leur terreur leur fait voir leurs armes enflammées, leurs casques lançant la foudre, et Jupiter lui-même animé à leur poursuite, opposant ses feux aux fuyards tremblants. Les soldats thébains les pressent avec ardeur, et profitent du tumulte qui a troublé l'Olympe. Ainsi, lorsque, dans les champs de Massylie, un lion a déchiré de sa dent terrible les rois d'un troupeau, et se retire satisfait, alors les ours aux hurlements lourds et les loups avides accourent, et avec une rage froide lèchent lâchement les blessures qu'ils n'ont point faites. D'un côté s'élance à leur poursuite le terrible et sauvage Eurymédon qui brandit des traits rustiques, et sait, comme son père, répandre autour de lui le désordre et la terreur; de l'autre, le tendre Alatrée qui, par sa noble audace, devance son âge, et, enfant, égale déjà son père jeune encore. Heureux tous deux ! mais plus heureux celui qui s'enorgueillit d'être père! Il serait difficile de dire lequel des deux fait mieux résonner ses armes et lance son javelot d'un bras plus vigoureux. La foule épaisse des fuyards se précipite sur les retranchements, trop étroits pour les recevoir.

O Mars, quelle est ton inconstance! Tout à l'heure les Grecs escaladaient les murailles de Cadmus; maintenant ils défendent leurs propres remparts. Ainsi les nuées reviennent sur elles-mêmes; ainsi, sous le souffle mobile des Autans, de chaque côté s'inclinent tour à tour les moissons; ainsi, dans le gouffre qui écume, la vague tantôt découvre, tantôt cache le sable de ses rivages. Les jeunes guerriers de Tirynthe, parés de la dépouille d'un lion, à l'exemple du dieu qu'a vu naître leur pays, jonchent la terre de leurs cadavres. Du haut de l'Olympe, le farouche fils d'Amphitryon gémit en voyant nager dans le sang les peaux enlevées aux lions de Némée, et ces massues et ces carquois dont il s'armait autrefois. Debout sur le seuil d'airain d'une tour argienne, Énipée, habile à enflammer au combat par les sons de la trompette les guerriers que Mars favorise, donnait alors aux Grecs un triste mais utile signal; il les exhortait à fuir et à chercher un refuge dans leur camp, lorsque tout à coup un javelot fend l'air obliquement, et l'atteint à la main au moment où il le tenait appuyée sur l'oreille gauche, et renforçait les sons de sa trompette : la main reste clouée à la place qu'elle occupe; le souffle du guerrier se perd dans les

Quantus Apollineæ temerator matris Averno
Tenditur : ipsæ horrent, si quando pectore ab alto
Emergunt volucres, immensaque membra jacentis
Spectant, dum miseræ crescunt in pabula fibræ. 15
Sic gravat injectus terras, hostiliaque urit
Arva, et anhelantem cœlesti sulfure campum.
Respirant Thebæ, templisque jacentia surgunt
Agmina : jam finis votis, finisque supremis
Planctibus, et natos ausæ deponere matres. 20
 At vaga palantes campo fuga volvit Achivos.
Nec jam hostes turmæ, aut ferrum mortale timetur :
Omnibus ante oculos iræ Jovis, omnibus ardent
Arma metu, galeæque tonant, visusque paventes
Ipse sequi, et profugis opponere Juppiter ignes. 25
Instat Agenoreus miles, cœlique tumultu
Utitur : indomitos ut quum Massyla per arva
Armenti reges magno leo fregit hiatu,
Et contentus abit : rauci tunc cominus ursi,
Tunc avidi venere lupi, rabieque remissa 30
Lambunt degeneres alienæ vulnera prædæ.
Hinc premit Eurymedon, cui rusticus horror in armis,
Rustica tela manu, patriumque agitare tumultum.
Pan illi genitor : tener hinc conatibus annos
Egreditur, juvenemque patrem puer æquat Alatreus. 35

Felices ambo; sed fortunatior ille,
Quem genuisse juvat : nec jam dignoscere promtum,
Quæ magis arma sonent, quo plus eat hasta lacerto.
Arctatur denso fugientum examine vallum.
 Quas volvis, Gradive, vices ? modo mœnia Cadmi 40
Scandebant, sua nunc defendunt tecta Pelasgi.
Ceu redeunt nubes, ceu circumflantibus Austris
Alternus procumbit ager, ceu gurgite cano
Nunc retegit bibulas, nunc obruit æstus arenas.
Procumbit late pubes Tirynthia, alumni 45
Exuvias imitata Dei : trux mœret ab alto
Amphitryoniades Nemeæa in sanguine terga,
Et similes ramos, similesque videre pharetras.
Stabat in Argolicæ ferrato margine turris
Egregius lituo dextri Mavortis Enipeus 50
Hortator; sed tunc miseris dabat utile signum,
Suadebatque fugam, et tutos in castra receptus :
Quum subitum obliquo descendit ab aere vulnus,
Urgentisque sonum læva manus aure retenta est,
Sicut erat : fugit in vacuas jam spiritus auras, 55
Jam gelida ora tacent; carmen tuba sola peregit.
 Jamque potens scelerum, geminæque exercita gentis
Sanguine, Tisiphone fraterna cludere quærit
Bella tuba : nec se tanta in certamina retur

airs, sa bouche glacée se tait, et la trompette seule achève les sons commencés.

Enfin la déesse du mal, Tisiphone, rassasiée du sang des deux nations, cherche à terminer la guerre par le combat des deux frères; mais pour cette affreuse lutte elle ne croit pas ses forces suffisantes et veut, du séjour infernal, évoquer sa compagne, Mégère, comme elle hérissée de serpents. Elle se rend donc dans une vallée écartée et solitaire, creuse le sol avec son glaive infernal, et murmure, en s'adressant à la Terre, le nom de la furie absente. Pour donner aux demeures de l'Élysée un signe certain, elle soulève un des serpents de sa chevelure, le plus horrible de tous, qui se dresse avec un long sifflement. A ce bruit terrible la terre, la mer, le ciel, tout en frémit, et Jupiter tourna de nouveau les yeux vers les feux de l'Etna.

Mégère entend ce bruit. Elle était alors auprès de Pluton, au moment où Capanée recevait les éloges de toute la cour infernale, et plongeait dans les eaux du Styx son ombre illustre. Aussitôt perçant la voûte terrestre, elle plane au haut des cieux. Les mânes tressaillent de joie, et son départ dissipe les ténèbres de l'enfer, autant que sa présence obscurcit la clarté des cieux. La noire Tisiphone accueille sa sœur; et, lui serrant la main, elle lui dit : « Jusqu'à présent, ma sœur, j'ai pu accomplir les ordres redoutables du dieu du Styx, et suffire aux fureurs qu'il m'a commandées : seule sur la terre j'ai lutté contre un monde ennemi, tandis que vous gouverniez l'Élysée et les ombres dociles. Mon séjour ici n'a pas été sans gloire, mes travaux sans résultat. Ces ruisseaux de sang qui inondent la plaine et font fumer les marais, cette foule innombrable d'ombres dont se réjouissent les rives du Léthé, c'est l'ouvrage de mon bras, c'est mon glorieux trophée. Mais que dis-je? que Mars jouisse de ces exploits vulgaires, qu'Ényo s'en glorifie! Vous avez vu sans doute briller parmi les ombres du Styx ce chef dont les lèvres et la bouche étaient souillées d'un sang noir; c'est moi qui ai présenté à sa rage insatiable la tête qu'il a dévorée. Tout à l'heure sans doute un horrible fracas est descendu du ciel jusque dans vos demeures; eh bien, c'était contre moi qu'était dirigée cette tempête : inspirant à Capanée ses fureurs insensées, je riais des combats des Dieux et de la foudre déchaînée. Mais enfin, je l'avouerai, ma sœur, de si longues fatigues ont épuisé mes forces, et ma main est appesantie. L'if infernal perd son éclat sous le ciel, et l'éclat des astres endort mes serpents. Toi, dont la fureur est encore entière, dont la vivante chevelure se dresse ranimée dans les eaux du Cocyte, consens à unir tes forces aux miennes. Ce n'est pas pour un combat ordinaire, ce n'est pas pour une guerre semblable à celle de Mars que nous nous préparons. Malgré la bonne foi, malgré les liens du sang trop faibles contre nous, il faut que deux frères tournent le fer l'un contre l'autre. La tâche est grande : associons-nous à leur haine, à leurs armes ennemies. Que tardes-tu? Allons, choisis celui dont tu veux porter les étendards : tous deux sont faciles à entraîner, tous deux sont à nous. Mais le peuple mobile, les paroles d'une mère,

Sufficere, inferna comitem ni sede Megæram, 60
Et consanguineos in prælia suscitet angues.
Ergo procul vacua consedit valle, solumque
Ense fodit Stygio, terræque immurmurat absens
Nomen, et, Elysiis signum indubitabile regnis,
Crinalem attollit longo stridore cerasten. 65
Cæruleæ dux ille comæ, quo protinus omnis
Horruit audito tellus, pontusque, polusque,
Et pater Ætnæos iterum prospexit ad ignes.
 Accipit illa sonum : stabat tunc forte parenti
Proxima, dum cœtu Capaneus laudatur ab omni 70
Ditis, et insignem Stygiis fovet amnibus umbram.
Protinus abrupta terrarum mole sub astris
Constitit, exultant Manes, quantumque profundæ
Rarescunt tenebræ, tantum de luce recessit.
Excipit atra soror, dextræque innexa profatur : 75
« Hac germana tenus Stygii metuenda parentis
Imperia, et jussos potui tolerare furores,
Sola super terras, hostilique obvia mundo,
Dum vos Elysium et faciles compescitis umbras :
Nec pretium deforme moræ, cassique labores. 80
Hoc quodcunque madent campi, quod sanguine fumant
Stagna, quod innumero Lethæa examine gaudet
Ripa, meæ vires, mea læta insignia : sed quid
Hæc ego? Mars habeat, vulgataque jactet Enyo.

Vidistis (Stygiis certe manifestus in umbris) 85
Sanguine fœdatum rictus, atroque madentem
Ora ducem tabo : miserum insatiabilis edit
Me tradente caput : modo nempe horrendus ab astris
Descendit vos usque fragor : mea sacra premebat
Tempestas, ego mixta viri furialibus armis 90
Bella Deum, et magnas ridebam fulminis iras.
Sed jam (effabor enim) longo sudore fatiscunt
Corda, soror, tardæque manus : hebet infera cœlo
Taxus, et insuetos angues nimia astra soporant.
Tu, cui totus adhuc furor, exsultantque recentes 95
Cocyti de fonte comæ, da jungere vires.
Non solitas acies, nec Martia bella paramus,
Sed fratrum (licet alma fides, pietasque repugnent,
Vincentur), fratrum stringendi cominus enses.
Grande opus : ipsæ odiis, ipsæ discordibus armis 100
Aptemur : quid lenta venis? agedum elige, cujus
Signa feras : ambo faciles, nostrique; sed anceps
Vulgus, et affatus matris, blandamque precatu
Antigonem timeo, paullum ne nostra retardet
Consilia : ipse etiam, qui nos lassare precando 105
Suetus, et ultrices oculorum exposcere diras,
Jam pater est : cœtu fertur jam solus ab omni
Flere sibi : atque adeo moror ipsa irrumpere Thebas,
Assuetumque larem : tibi pareat impius exsul.

les touchantes prières d'Antigone, voilà ce que je crains, voilà l'obstacle qui pourrait retarder un moment nos projets. Œdipe lui-même, accoutumé à nous fatiguer de ses prières, à implorer notre secours pour venger sa triste cécité, Œdipe est redevenu père; il va seul, loin de la foule, pleurer sur son sort : aussi moi-même j'hésite à envahir Thèbes et ces foyers, ma demeure habituelle. Allons, qu'à toi obéisse l'impie exilé! pousse au crime l'Argien, ne laisse pas prévaloir la douceur d'Adraste, prends garde que le peuple de Lerne n'arrête tes efforts. Va, et reviens armée de toute ta haine pour ce sanglant combat. »

Ainsi les deux sœurs, après s'être partagé le rôle, se séparent et s'éloignent. Tels le Notus et Borée, des deux points opposés du monde, l'un nourri des neiges du Riphée, l'autre des sables de Libye, se livrent des combats : au loin retentissent les fleuves, les mers, les nuages, les forêts. Enfin apparaissent leurs ravages. Le laboureur pleure sur ses moissons détruites, et cependant il plaint encore les matelots assaillis par la tempête au milieu de l'Océan. Du sommet de l'Olympe Jupiter voit les Furies souiller le jour, et le disque tremblant du soleil se couvrir de taches : alors, d'une voix terrible, il s'écrie :

« Nous avons vu, habitants du ciel, jusqu'où peuvent aller la fureur des armes et les combats permis aux mortels, bien que l'un d'eux ait tenté une lutte impie, et est tombé sous mon bras. Maintenant se prépare entre deux guerriers un combat abominable, inconnu aux malheureux humains. Détournez vos regards : que de tels forfaits n'aient pas les Dieux pour témoins; qu'ils se dérobent à l'œil de Jupiter. C'est assez d'avoir vu le sanglant banquet de Tantale, et les autels horribles de Lycaon, et le festin de Mycènes, qui précipita le cours des astres épouvantés. Maintenant encore il faut obscurcir le jour. Terre, reçois de sinistres nuages; qu'un voile couvre les cieux, je veux épargner ce spectacle à l'Empyrée et à ceux qui l'habitent; que l'astre bienfaisant de la Vierge, que les frères, enfants de Léda, ne voient pas au moins de tels crimes. » Ainsi parle Jupiter : en même temps il détourne les regards de ces campagnes coupables, et la terre ne jouit plus de la douce sérénité du ciel.

Cependant la vierge infernale cherche les traces de Polynice à travers les cohortes argiennes; elle le trouve aux portes mêmes du camp, hésitant entre la fuite ou la mort, pour échapper à tant de maux. De sinistres présages avaient troublé ses sens. Tandis qu'il errait autour des retranchements au milieu de la nuit sombre, et qu'en proie à l'anxiété, il roulait dans son âme inquiète les plus affreuses résolutions, il avait vu la triste image de son épouse Argie, portant une torche funèbre (il est des visions envoyées par les Dieux : c'est bien ainsi qu'Argie devait aller à sa rencontre, c'est là la torche qu'elle devait apporter à son époux). Aux questions que lui faisait le héros : « Où vas-tu? quelle est cette douleur? pourquoi ces insignes de deuil? » elle n'osait répondre que par des pleurs, et sa main timide avait détourné la flamme. Polynice sait bien que son imagination n'a vu qu'un fantôme. Comment, en effet, son épouse serait-elle partie de Mycènes et arrivée tout à coup dans le camp? Mais il y voit un avis du destin. Il sent que sa mort approche, et il craint d'avoir trop bien compris. Mais à peine la déesse du ténébreux Achéron a touché trois fois sa cuirasse de son fouet furieux, hors de lui il ne songe plus à remonter sur le trône,

Argolicumque impelle nefas; neu mitis Adrastus 110
Prævaleat, plebesque, cave, Lernæa moretur.
Vade, et in alternas inimica revertere pugnas. »
Talia partitæ diversum abiere sorores.
Ut Notus et Boreas, gemino de cardine mundi,
Hic nive Riphæa, Libyeis hic pastus arenis, 115
Bella cient : clamant amnes, freta, nubila, silvæ;
amque patent strages : plangunt sua damna coloni,
Et tamen oppressos miserantur in æquore nautas.
Illas ut summo vidit pater altus Olympo
Incestare diem, trepidumque Hyperionis orbem 120
Suffundi maculis, torvo sic inchoat ore :

« Vidimus armiferos, quo fas erat usque, furores,
Cœlicolæ, licitasque acies, etsi impia bella
Unus init, aususque mea procumbere dextra.
Nunc par infandum, miserisque incognita terris 125
Pugna subest : auferte oculos : absentibus ausint
Ista Deis, lateantque Jovem : sat funera mensæ
Tantaleæ, et sontes vidisse Lycaonis aras,
Et festina polo ducentes astra Mycenas.
Nunc etiam turbanda dies : mala nubila, Tellus, 130
Accipe, secedantque poli : stat parcere mundo,
Cœlitibusque meis : saltem ne virginis almæ
Sidera, Ledæi videant neu talia fratres. »
Sic pater omnipotens, visusque nocentibus arvis
Abstulit, et dulci terræ caruere sereno. 135

Jamque per Argolicas Erebo sata virgo cohortes
Vestigat Polynicis iter, portisque sub ipsis
Invenit, incertum leto tot iniqua fugane
Exeat, et dubios turbabant omina sensus.
Viderat, obscura vallum dum nocte pererrat 140
Æger consilii, curisque novissima volvens,
Conjugis Argiæ lacera cum lampade mœstam
Effigiem (sunt monstra Deum, sic ire parabat,
Has latura viro tædas erat) : ergo roganti,
Quæ via, quisve dolor, cur mœsta insignia? tantum 145
Fleverat; atque manu timidos averterat ignes.
Scit mentem vidisse nefas : etenim unde Mycenis
Afforet, et vallum conjux inopina subiret?
Sed fati monitus, viciniaque funera sentit,
Ac sentire timet : quum vero Acherontis operti 150
Diva ter admoto tetigit thoraca flagello

il ne veut que des crimes, du carnage, il ne veut qu'expirer sur le corps sanglant de son frère immolé. Il va trouver Adraste et lui parle ainsi :

« Aujourd'hui que je suis le dernier de nos compagnons, que j'ai survécu à la nation grecque, j'embrasse, ô mon père, dans l'extrémité où nous sommes réduits, une bien tardive résolution. C'est quand le sang des Grecs n'avait pas encore coulé, qu'il me fallait de moi-même et le premier affronter le combat. Je n'aurais pas dû exposer au péril la fleur de la jeunesse argienne et les jours si précieux de tant de rois, pour ceindre mon front d'un diadème qui doit coûter des larmes à tant de peuples. Puisqu'un cruel devoir me l'ordonne, maintenant au moins qu'il me soit permis de payer ma dette. Tu le sais, ô mon père, quoique tu caches tes blessures profondes et que tu respectes ma honte et mon affliction, c'est moi qui troublant la paix de tes États, si heureux sous ton juste empire (hélas! que n'ai-je été chercher ailleurs l'hospitalité!), c'est moi qui t'ai arraché à ta patrie, à ton royaume. Venge-toi donc enfin : je provoque mon frère à un dernier combat. Pourquoi frémir? c'est ma ferme résolution ; cesse de t'y opposer, tu ne pourrais l'ébranler. Non, quand ma mère en deuil, quand nos malheureuses sœurs se jetteraient au milieu des armes, quand mon père lui-même se jetterait au-devant de moi, pour empêcher ce combat où je cours, et toucherait mon casque de ses yeux éteints, je ne céderais pas. Boirai-je donc jusqu'à la dernière goutte le sang des Grecs? Souffrirai-je que, pour moi, ils prodiguent encore leur vie? J'ai vu la terre s'entr'ouvrir à mes pieds, et je ne m'y suis pas précipité; j'ai vu Tydée sans vie, et c'est moi qui l'ai fait coupable. C'est à moi que Tégée ne cesse de redemander son roi ; c'est moi que, dans les antres d'Arcadie, une mère infortunée poursuit de ses gémissements : moi-même je ne me suis point lancé dans les eaux de l'Ismène qu'ensanglantait Hippomédon ; je ne t'ai point suivi, ô Capanée, sur les murailles de Thèbes ; je n'ai point été, sous les éclats de la foudre, mêler mes fureurs aux tiennes. Quel est donc ce lâche amour de la vie? Mais je vais dignement m'acquitter envers vous. Que de toutes parts se rassemblent les femmes, les mères des Grecs, et ces malheureux pères, chargés d'années, à qui j'ai enlevé toutes leurs joies, dont j'ai dépeuplé les maisons. Je combats contre mon frère : que puis-je de plus ? Qu'ils contemplent ce spectacle, et appellent de leurs vœux la victoire d'Étéocle. Adieu donc, ô mon épouse! adieu, douce Mycènes. Et toi, mon père chéri, songe que je ne suis pas la seule cause de tous ces maux, que les Dieux et les Parques sont coupables avec moi; sois clément pour mes restes : après le combat, arrache ma dépouille aux oiseaux de proie et à mon frère; protège mes cendres et dépose-les dans une urne. C'est la seule grâce que j'implore. Puisses-tu former pour ta fille une alliance plus heureuse ! »

Leurs yeux se mouillaient de larmes. Ainsi, lorsqu'aux premières chaleurs du printemps se fondent les neiges de Thrace, l'Hémus abaisse son sommet, et le Rhodope descend dans les rives étroites des fleuves. Déjà le vieillard, par sa douce parole, calmait la fureur de son gendre, lorsque la sanglante Euménide, par une terreur nouvelle, rompt l'entretien, et, sous les traits de l'Argien

Ardet inops animi, nec tam considere regno,
Quam scelus, et caedem, et perfossi in sanguine fratris
Exspirare cupit, subitusque affatur Adrastum :
 « Sera quidem, extremus socium, gentisque superstes
Argolicae, consulta, pater, jam rebus in arctis   156
Aggredior : tunc tempus erat, quum sanguis Achivum
Integer, ire ultro, primamque capessere pugnam,
Non plebis Danaae florem, regumque verendas
Objectare animas, ut lamentabile tantis   160
Urbibus induerem capiti decus : aspera quando
Praecepit virtus; nunc saltem exsolvere fas sit,
Quae merui. Scis namque, socer, licet alta recondas
Vulnera, et afflictum generi vereare pudorem :
Ille ego sum, qui te pacem et pia jura regentem   165
Infelix (utinamque aliis datus urbibus hospes)
Extorrem patria, regnoque jaces exige tandem
Supplicia : fratrem suprema in bella (quid horres?
Decretum est, fixumque) voco : desiste morari :
Nec poteris : non si atra parens, miseraeque sorores 170
In media arma cadant : non si ipse ad bella ruenti
Obstet, et exstinctos galeae pater ingerat orbes,
Deficiam. Anne bibam superest quodcunque cruoris
Inachii? et vestris etiamnum mortibus utar?

Vidi egomet propter ruptos telluris hiatus,   175
Nec subii : vidi exanimum, fecique nocentem
Tydea : me Tegee regem indefessa reposcit,
Orbaque Parrhasiis ululat mihi mater in antris.
Ipse nec Ismeni ripas, dum stagna cruentat
Hippomedon, Tyrias potui nec scandere turres,   180
Dum tonat, et tecum, Capaneu, miscere furores?
Quis tantus pro luce timor? sed digna rependam.
Conveniet ubicunque nurus, matresque Pelasgae,
Longaevique patres, quorum tot gaudia carpsi,
Orbavique domos : fratri concurro : quid ultra est? 185
Spectent, et votis victorem Eteoclea poscant.
Jamque vale, conjux, dulcesque valete Mycenae.
At tu, care socer, (nec enim omnis culpa malorum
Me penes; et Superi mecum, Parcaeque nocentes),
Sis lenis cineri, meque haec post praelia raptum   190
Alitibus, fratrique tegas, urnaque reportes.
Hoc tantum, et natae melius connubia jungas. »
  Ibant in lacrimas; veluti quum vere reverso
Bistoniae tepuere nives, submittitur ingens
Haemus, et angustos Rhodope descendit in amnes.   195
Coeperat et leni senior mulcere furentem
Alloquio : scidit orsa novo terrore cruenta

Périnthe, elle présente à Polynice son coursier rapide et ses armes fatales, et, le couvrant de son casque, ferme son oreille à des paroles amies. « Point de retard, s'écrie-t-elle ; hâtons-nous, le voici qui, dit-on, a franchi les portes et s'avance. » Ainsi elle triomphe de tous les obstacles, saisit Polynice et le jette sur son cheval. Il vole dans la plaine, tout pâle, à la vue de la déesse qui l'accompagne et l'enveloppe de son ombre.

Le roi de Thèbes, offrant un sacrifice à Jupiter, le remerciait de son appui : il s'était faussement persuadé que les Grecs avaient déposé les armes. Mais le maître de l'Olympe ni aucun autre dieu ne s'est approché des autels : la cruelle Tisiphone est là, seule, debout au milieu des prêtres tremblants, et elle détourne les prières vers le trône du souverain des enfers :

« Père des Dieux, c'est à toi qu'est due l'origine de Thèbes, ma patrie, que poursuivent les jalousies d'Argos et de l'implacable Junon, depuis le jour où elle fut fondée, où, pour ravir ton amante, tu vins troubler sur le rivage les danses sidoniennes, et daignas souffrir qu'une de nos vierges pressât tes flancs, tandis qu'à travers les ondes paisibles tu poussais des mugissements trompeurs. Plus tard, et ce n'est pas un bruit mensonger, tu formas avec Cadmus une nouvelle alliance, et pénétras avec trop de puissance dans le palais de Thèbes. Enfin tu jettes un regard favorable sur la famille d'Europe, sur ces murs bien-aimés ; tu nous protéges de ton tonnerre ; nous t'avons vu, non moins indigné que si l'on attaquait le palais du ciel, amonceler les nuages, lancer ta foudre redoutable, et nous avons reconnu les feux qu'entendirent nos aïeux. Maintenant reçois ces victimes, ces parfums accumulés, et ce taureau mâle qui t'est dû. Il n'est pas au pouvoir des mortels de t'offrir des actions de grâces vraiment dignes de toi. Que notre Bacchus, qu'Alcide s'efforcent de te témoigner leur reconnaissance : daigne pour eux conserver ces murailles. »

Il dit, une flamme noirâtre jaillit sur son visage et ses joues, s'attache à son diadème, et le consume sur sa tête. En même temps le taureau s'effarouche avant le coup mortel, couvre le parvis d'une écume sanglante, s'échappe du milieu de la foule qui s'oppose à ses efforts, et, furieux, frappe l'autel de ses cornes terribles. Les gardes s'enfuient, et l'aruspice console le roi. Étéocle mal assuré ordonne qu'on recommence le sacrifice, qu'on amène une nouvelle victime, et dissimule sur son visage les craintes qui l'agitent. Tel lorsque le héros de Tirynthe sentit le feu attaché à ses os, et le fatal vêtement de l'Œta se coller sur ses membres, il continua d'offrir ses vœux et de brûler l'encens, impassible encore et luttant contre la douleur ; bientôt, vaincu par la souffrance, il poussa un profond gémissement, et la robe victorieuse de Nessus pénétra dans ses entrailles. Cependant Épyte, abandonnant la garde d'une des portes, accourt près d'Étéocle d'un pas précipité, et tout haletant adresse au roi interdit ces mots entrecoupés : « Prince, interromps cette pieuse cérémonie, ces sacrifices inopportuns. Ton frère promène sa fureur autour de nos murailles ; il agite ses rênes et sa lance, et assiége nos portes. C'est ton nom qu'il répète, c'est toi seul qu'il appelle au combat. Derrière lui pleurent ses com-

Eumenis, alipedemque citum, fataliaque arma,
Protinus Inachii vultus expressa Perinthi
Obtulit, ac fidas exclusit casside voces. 200
Ac super hæc : « Abrumpe moras : celeremus, et illum
Adventare ferunt portis. » Sic omnia vicit,
Correptumque injecit equo : volat æquore aperto
Pallidus, instantemque Deæ circumspicit umbram.
    Sacra Jovi merito Tyrius pro fulmine ductor 205
Nequicquam Danaos ratus exarmasse ferebat.
Nec pater æthereus, Divumque has ullus ad aras ;
Sed mala Tisiphone trepidis inserta ministris
Adstat, et inferno prævertit vota Tonanti. 209
    « Summe Deum, tibi namque meæ primordia Thebæ,
Liveat infandum licet Argos, et aspera Juno,
Debent, Sidonios ex quo per littora raptor
Turbasti thyasos, dignatus virgine nostra
Terga premi, et placidas falsum mugire per undas !
Nec te vana fides, iterum Cadmeia adeptum 215
Connubia, et Tyrios nimium irrupisse penates.
Tandem, inquam, soceros, dilectaque mœnia gratus
Respicis, assertorque tonas : ceu regia cœli
Attentata tui ; sic te pro turribus altis
Vidimus urgentem nubes, lateque benignum 220
Fulmen, et auditos proavis agnovimus ignes.

Accipe nunc pecudes, et magni thuris acervos,
Votivumque marem : dignas sed pendere grates
Haud mortale opus est : certent tibi reddere Bacchus
Noster et Alcides : illis hæc mœnia serva. » 225
    Dixerat : ast illi niger ignis in ora genasque
Prosiluit, raptumque comis diadema cremavit.
Tunc ferus ante ictum spumis delubra cruentat
Taurus, et obstantum mediis e cœtibus exit
Turbidus, insano feriens altaria cornu. 230
Diffugiunt famuli, et regem solatur haruspex.
Ipse instaurari sacrum male fortis, agique
Imperat, et magnos ficto premit ore timores.
Qualis ubi implicitum Tirynthius ossibus ignem
Sensit, et Œteas membris accedere vestes, 235
Vota incepta tamen, libataque thura ferebat
Durus adhuc, patiensque mali, mox grande coactus
Ingemuit, victorque furit per viscera Nessus.
Nuntius exanimi suspensus pectora cursu
Æpytus ad regem, portæ statione relicta, 240
Tendit, et hæc trepido vix intellectus anhelat :
« Rumpe pios cultus, intempestivaque, rector,
Sacra Deum : frater muris circum omnibus instat,
Portarumque moras frenis assultat, et hastis,
Nomine te crebro, te solum in prælia poscens. » 245

pagnons affligés ; les deux armées gémissent de l'entendre, et font retentir l'air du bruit des armes qui s'entre-choquent ; lui, t'appelle toujours. Père des Dieux, c'est maintenant qu'il fallait... Capanée était-il plus coupable? » Troublé à ces paroles, le roi frémit de colère, et pourtant dans son cœur la joie se mêle à la rage.

Tel un taureau que l'exil de son rival, condamné à l'oisiveté, a fait roi d'un troupeau, si, l'oreille dressée, il entend le mugissement de son ennemi, s'il reconnaît ses menaces, il s'arrête bouillant de colère devant le troupeau, et, dans sa belliqueuse ardeur, la bouche écumante, l'œil farouche, tantôt de son pied il creuse le sol, tantôt il bat l'air de ses cornes. La campagne frémit, et les vallées attendent avec terreur le combat.

Les compagnons du roi s'empressent en foule autour de lui. « Laissez-le battre en vain nos murailles, s'écrient-ils ; qu'avec ses forces épuisées, il ose donc venir jusqu'ici ! C'est aux désespérés qu'il convient d'affronter ainsi le péril, de bannir toute crainte, de rejeter toute prudence. Restez à l'abri de ce trône : c'est à nous de repousser l'ennemi, ordonnez-nous de combattre. »

Ainsi lui parlait la foule qui l'entoure. Mais voici que Créon exaspéré se présente, prêt à tout dire avec la liberté que donne la guerre. Le souvenir de Ménécée aigrit son cœur farouche ; plus de repos pour ce malheureux père ; il le cherche, il le tient dans ses bras ; il le voit rejeter de sa poitrine des flots de sang, et sans cesse tomber de la funeste tour. Étéocle irrésolu résiste à accepter le combat ; Créon le voit, et s'écrie :

« Tu iras, et nous ne souffrirons pas plus longtemps, ô le plus odieux des rois et des frères, que tu jouisses impunément des funérailles et des larmes de la patrie, quand sur ta tête pèsent les Euménides et la guerre. Assez longtemps l'injustice des Dieux nous a punis de tes parjures. Cette ville naguère toute remplie d'armes et de richesses, et trop petite pour ses citoyens, c'est toi qui l'as dépeuplée, comme l'eût pu faire la peste ou la famine. Et cependant ton orgueil te dissimule le vide que tu as fait. Le peuple manque pour l'esclavage : les uns, privés des flammes du bûcher, gisent à terre ; les autres ont été entraînés dans la mer par le fleuve de notre patrie ; ceux-ci cherchent leurs membres que le fer a tranchés, ceux-là soignent leurs profondes blessures. Rends donc à tant de malheureux leurs frères, leurs fils, leurs pères ; rends à nos campagnes, à nos maisons leurs défenseurs. Où est le grand Hypsée? et Dryas, notre plus proche allié? Où sont les armées de l'harmonieuse Phocide et les chefs de l'Eubée? Eux au moins, c'est la fortune de la guerre qui les a précipités chez les mânes ; mais toi, mon fils, tu es tombé (ô honte !) victime du trône, victime sans honneur, comme un vil taureau qu'on égorge aux autels. Hélas ! c'est pour offrir à Mars les prémices de la guerre, c'est pour expier nos crimes, que tu as été sacrifié, condamné à mourir : et celui-ci hésitera encore? provoqué au combat, il ne se lèvera pas? Le profane Tirésias ordonne-t-il qu'un autre marche au combat? Imagine-t-il encore quelque oracle, pour m'arracher des larmes? Il ne me reste plus, hélas ! qu'Hémon pour appui. Eh bien ! envoie-le combattre à ta place, et d'ici, du haut de cette tour, regarde-le sans t'émouvoir ! Pour-

Flent mœsti retro comites, et uterque loquenti
Adgemit, et pulsis exercitus obstrepit armis.
Ille vocat ! Nunc tempus erat, sator optime Divum.
Quid meruit Capaneus? » Turbatus inhorruit altis
Rex odiis, mediaque tamen gavisus in ira est.   250
  Sic ubi regnator post exsulis otia tauri,
Mugitum hostilem summa tulit aure juvencus,
Agnovitque minas, magna stat fervidus ira
Ante gregem, spumisque animos ardentibus effert,
Nunc pede torvus humum, nunc cornibus aera findens.
Horret ager, trepidæque exspectant prælia valles.   256
  Non desunt regi comites : « Sine, mœnia pulset
Irritus : ille autem fractis huc audeat usque
Viribus? hic miseris furor est instare periclo,
Nec librare metus, et tuta odisse : resiste   260
Hoc fretus solio : nos propulsabimus hostem.
Hos bellare jube. » Sic proxima turba ; sed ardens
Ecce aderat luctu, dicturusque omnia belli
Libertate Creon : urit fera corda Menœceus :
Nulla patri requies : illum quæritque, tenetque ;   265
Illum sanguineos proflantem pectore rivos
Adspicit et sæva semper de turre cadentem.
Ut dubium, et pugnas cunctantem Eteoclea vidit :

« Ibis, ait, neque te ulterius, fratrumque ducumque
Pessime, funeribus patriæ, lacrimisque potitum,   270
Eumenidum bellique reum, patiemur inulti.
Sat tua non æquis luimus perjuria Divis.
Urbem armis opibusque gravem, et modo civibus arctam,
Ceu cœlo dimissa lues, inimicave tellus,
Hausisti, vacuamque tamen sublimis obumbras?   275
Deest servitio plebes : hos ignis egentes
Fert humus, hos pelago patrius jam detulit amnis.
Ili quærunt artus, illi ardua vulnera curant.
Redde agedum miseris fratres, natosque, patresque,
Redde arvis domibusque viros. Ubi maximus Hypseus,
Finitimusque Dryas? ubi Phocidos arma sonoræ,   281
Euboicique duces? illos tamen æqua duelli
Fors tulit ad Manes : at tu, pudet, hostia regni,
Hostia, nate, jaces, ceu mutus et e grege sanguis.
Hei mihi primitiis armorum, et rite nefasto   285
Libatus, jussusque mori, et cunctabitur ultra
Iste? nec adverso nunc saltem Marte vocatus
Stabit? an in pugnas alium jubet ire profanus
Tiresias? iterumque meos oracula nectit
In gemitus? quid enim misero super unicus Hæmon? 290
Ille jube subeat, tuque hinc spectator ab alta

quoi t'irriter, et frémir, et jeter des yeux farouches sur cette troupe de gardes? Eux aussi ils veulent que tu marches, que tu subisses ton châtiment. Ta mère, tes sœurs elles-mêmes te haïssent, ton frère furieux te menace de son glaive et de la mort; il arrache les barrières de nos portes, et toi tu trembles! »

Ainsi parle le vieillard, frémissant de rage et de désespoir. Étéocle lui répond : « Tu ne m'abuses point, et ce n'est pas le trépas glorieux de ton fils qui t'émeut; il devrait faire la joie et l'orgueil d'un père; mais l'espérance se cache sous tes larmes, l'espérance et une secrète ambition. La mort de ton fils sert de voile à tes vœux coupables. C'est en vain que tu me pousses au combat, pour monter au trône après moi. La Fortune n'abandonnera pas la ville de Thèbes, jusqu'à laisser tomber le sceptre entre tes mains, homme lâche et indigne d'un tel fils. La vengeance ne me serait pas difficile maintenant; mais avant de te frapper, mes armes! compagnons, qu'on m'apporte mes armes! Que les deux frères en viennent aux mains. Créon veut adoucir ses regrets : eh bien! jouis de ma fureur; mais après ma victoire, malheur à toi! » C'est ainsi qu'Étéocle diffère sa vengeance et remet dans le fourreau l'épée que la colère lui avait mise à la main. Tel un serpent qu'un berger a frappé d'une main incertaine se dresse en se repliant, et aspire dans sa gueule le venin répandu dans tout son corps : si son ennemi s'éloigne de quelques pas et se détourne de la route, ses menaces tombent, son cou, inutilement gonflé, s'affaisse, et lui-même absorbe sa colère et son venin.

Au premier bruit de cette funeste résolution, qu'elle n'hésite pas à croire, épouvantée, hors d'elle-même, Jocaste accourt; elle s'arrache les cheveux, ensanglante son visage et sa poitrine nue, et ne se souvient plus de son sexe ni de son rang. Telle la mère de Penthée s'élançait vers le sommet de la montagne théâtre de ses fureurs, pour rapporter au cruel Bacchus la tête qu'elle lui avait promise. Ni ses compagnes, ni ses filles elles-mêmes ne peuvent suivre ses pas, tant cette dernière douleur lui donne de force, tant le désespoir a ranimé sa vieillesse glacée!

Déjà le casque brille sur la tête d'Étéocle; déjà il saisit ses javelots, et s'élance vers son coursier palpitant d'ardeur, et frémissant de joie au bruit de la trompette et des clairons. Tout à coup son auguste mère se présente à ses yeux. A cet aspect, le roi lui-même et tous ses guerriers pâlissent de crainte : son écuyer retire la lance qu'il lui présentait.

« Quelle fureur! s'écrie Jocaste : l'Euménide de cet empire se lève donc avec une rage nouvelle; et nous-mêmes, après tant de désastres, il ne nous reste donc qu'à nous égorger! N'est-ce point assez pour nous d'avoir conduit ici deux armées et d'avoir commandé le crime? Que fera le vainqueur? Se jettera-t-il dans le sein maternel? Heureux Œdipe, d'être privé de la lumière! et moi, misérable, d'en jouir! Faudra-t-il donc voir ce jour funeste? Barbare, pourquoi détourner tes regards menaçants? Tu pâlis, tu rougis, tu changes de visage, tu t'efforces d'étouffer tes murmures; ils s'échappent malgré toi de ta bouche impie! Infortunée que

Turre sede : quid sæva fremis, famulamque cohortem
Respectas? hi te ire volunt, hi pendere pœnas:
Ipsa etiam genitrix, ipsæque odere sorores.
In te ardens frater ferrum, mortemque minatur, 295
Sævaque portarum convellit claustra, nec audes? »
  Sic pater infrendens, miseraque exæstuat ira.
Ille sub hæc : « Non fallis, ait, nec te inclyta nati
Fata movent : canere illa patrem, et jactare decebat.
Sed spes sub lacrimis, spes atque occulta cupido 300
His latet : insano prætendis funera voto,
Meque premis frustra, vacuæ ceu proximus aulæ.
Non ita Sidoniam fortuna reliquerit urbem,
In te ut sceptra cadant, tanto indignissime nato.
Nec mihi difficilis præsens vindicta : sed arma, 305
Arma prius, famuli : cocant in prælia fratres.
Vult gemitus lenire Creon. Lucrare furorem :
Victori mihi cuncta lues. » Sic jurgia paullum
Distulit, atque ensem, quem jam dabat ira, repressit.
Ictus ut incerto pastoris vulnere serpens 310
Erigitur gyro, longumque e corpore toto
Virus in ora legit; paullum si devius hostis
Torsit iter, cecidere minæ, tumefactaque frustra
Colla sedent, irasque sui bibit ipse veneni.

At genitrix primam funestæ sortis ut amens 315
Expavit famam, nec tarde credidit, ibat
Scissa comas, vultuque, et pectore nuda cruento,
Non sexus, decorisve memor. Pentheia qualis
Mater ad insani scandebat culmina montis,
Promissura sævo caput allatura Lyæo. 320
Non comites, non ferre ipsæ vestigia natæ
Æqua valent : tantum miseræ dolor ultimus addit
Robur, et exsangues crudescunt luctibus anni.
  Jamque decus galeæ, jam spicula sæva ligabat
Ductor, et ad lituos hilarem, trepidumque tubarum 325
Prospiciebat equum; subito quum apparuit ingens
Mater, et ipse metu, famulumque expalluit omnis
Cœtus, et oblatam retro dedit armiger hastam.
  « Quis furor? unde iterum regni integrata resurgit
Eumenis? ipsi etiam post omnia, cominus ipsi 330
Stabitis? usque adeo geminas duxisse cohortes,
Et facinus mandasse parum est? quo deinde redibit
Victor? in hosne sinus? o diri conjugis olim
Felices tenebræ! datis, improba lumina, pœnas.
Hæc spectanda dies? quo, sæve, minantia flectis 335
Ora? quid alternos vultus pallorque ruborque
Mutat? et obnixi frangunt mala murmura dentes?

je suis ! tu songes encore à vaincre ! Eh bien ! c'est contre moi qu'il faut d'abord éprouver tes armes. Tu trouveras ta mère debout sur le seuil de la porte, comme un présage funeste, comme une horrible image de tes crimes. Ah ! monstre ! il te faudra fouler ces cheveux blancs, écraser sous les pieds de ton cheval ce sein qui t'a nourri, ces flancs qui t'ont porté. Arrête ! Pourquoi m'opposer ton bouclier, me repousser avec la garde de ton épée ? Je n'ai point invoqué contre toi les Dieux du Styx, ma vengeance ne t'a point dévoué aux Furies ; exauce une infortunée ; tourne sur moi les yeux : ce n'est pas un père, c'est une mère qui te supplie ; diffère ton crime, ose en mesurer l'étendue. Mais, diras-tu, mon frère ébranle ces murailles ; il me provoque à un combat impie. Hélas ! ni une mère ni une sœur ne cherchent à le fléchir. Ici ta famille entière te conjure ; nous pleurons tous autour de toi ; tandis qu'Adraste est le seul qui puisse le détourner des combats, et que peut-être il l'excite. Et toi, c'est du palais de tes pères, c'est du temple de tes dieux, c'est de nos bras que tu t'arraches pour te précipiter sur ton frère. »

D'un autre côté, Antigone parvient à fendre la foule : sa timidité virginale ne peut arrêter ses pas. Troublée, hors d'elle-même, elle court au sommet des murailles. Le vieil Actor seul l'accompagne ; mais l'âge ne lui permettra pas d'y arriver avec elle. A la vue lointaine des guerriers, Antigone hésite un moment. O crime ! à ses armes et à sa voix menaçante, elle reconnaît son frère qui s'avance vers la ville : tout retentit alors de ses cris lamentables, et, se penchant sur les murailles, prête à se précipiter, elle s'écrie :

« Ah ! retiens tes javelots ; regarde cette tour ; tourne vers moi l'aigrette sanglante de ton casque ! Sont-ce des ennemis que tu vois ? Est-ce ainsi que tu réclames la foi des traités ? Voilà donc les plaintes d'un exilé vertueux ! voilà comme il fait valoir ses droits ! O mon frère, je t'en supplie par les Dieux tutélaires d'Argos (car tu ne respectes plus ceux de Thèbes), s'il est encore dans ta maison un objet qui te soit cher, c'est par lui que je t'en supplie, calme ta fureur ; voici que les deux familles, les deux armées t'en conjurent avec moi. Écoute cette Antigone dévouée au malheur des siens, suspecte à ton rival, et qui n'a plus, cruel, d'autre frère que toi ! Ah ! soulève ce casque qui couvre ton visage ; laisse-moi voir pour la dernière fois peut-être ces traits que je chéris ; que je juge au moins si mes prières t'arrachent quelques larmes. Déjà les pleurs de notre mère ont su toucher Étéocle ; on dit même que le glaive est tombé de sa main : moi seule te trouverai-je inflexible, moi qui déplore nuit et jour ton exil et ton erreur, moi qui viens de fléchir un père irrité contre toi ? Ah ! ta fureur justifie ton frère. Sans doute il a violé sa foi, il a rompu un traité solennel, il est coupable, il est cruel envers les siens ; et cependant, défié par toi, il ne se présente pas pour achever son crime. »

Déjà ces paroles commencent à fléchir Polynice, malgré la Furie qui s'efforce de l'irriter. Déjà sa main ne tient plus que faiblement les rênes ; il se tait : des soupirs s'échappent de son sein, et son casque ne peut dérober ses larmes ; sa colère va s'évanouir. Il a honte également

Me miseram vinces ! prius hæc tamen arma necesse est
Experiare domi : stabo ipsa in limine portæ
Auspicium infelix, scelerumque immanis imago. 340
Hæc tibi canities, hæc sunt calcanda, nefande,
Ubera, perque uterum sonipes hic matris agendus.
Parce : quid oppositam capulo parmaque repellis ?
Non ego te contra Stygiis feralia sanxi
Vota Deis, cæco nec Erinnyas ore rogavi. 345
Exaudi miseram : genitrix te, sæve, precatur,
Non pater : adde moram sceleri, et metire, quod audes.
Sed pulsat muros germanus, et impia contra
Bella ciet ? non mater enim, non obstat eunti
Ulla soror : te cuncta rogant, hic plangimus omnes. 350
Ast ibi vix unus pugnas dissuadet Adrastus,
Aut fortasse jubet : tu limina avita Deosque
Linquis, et a nostris in fratrem amplexibus exis ? »
  At parte ex alia tacitos obstante tumultu
Antigone furata gradus, nec casta retardat 355
Virginitas, volat Ogygii fastigia muri
Exsuperare furens ; senior comes hæret eunti
Actor, et hic summas non duraturus ad arces.
Utque procul visis paullum dubitavit in armis,
Agnovitque (nefas !) jaculis et voce superba 360

Tecta incessentem, magno prius omnia planctu
Implet, et e muris ceu descensura profatur :
  « Comprime tela manu, paullumque hanc adspice turrim,
Frater, et horrentes refer in mea lumina cristas.
Agnoscisne hostes ? sic annua pacta, fidemque 365
Poscimus ? hi questus ? hæc est bona causa modesti
Exsulis ? Argolicos per te, germane, penates,
(Nam Tyriis jam nullus honos,) per si quid in illa
Dulce domo, submitte animos : en utraque gentis
Turba rogant, ambæque acies : rogat illa suorum 370
Antigone devota malis, suspectaque regi,
Et tantum tua, dure, soror : saltem ora trucesque
Solve genas : liceat vultus fortasse supremum
Noscere dilectos, et, ad hæc lamenta, videre,
Anne fleas. Illum gemitu jam supplice mater 375
Frangit, et exertum dimittere dicitur ensem ;
Tu mihi fortis adhuc ! mihi, quæ tua nocte dieque
Exsilia erroresque fleo ? jam jamque tumentem
Placavi tibi, sæve, patrem : quid crimine solvis
Germanum ? nempe ille fidem et stata fœdera rupit, 380
Ille nocens, sævusque suis : tamen ecce vocatus
Non venit. » His paullum furor elanguescere dictis
Cœperat, obstreperet quamquam atque obstaret Erinnys.

et d'être venu et de s'en retourner coupable, lorsque tout à coup l'Euménide repousse Jocaste, brise les portes, et jette Étéocle hors des murs. Il s'écrie :

« Me voilà! et mon seul regret est d'avoir été prévenu. Ne me reproche point ce retard : ma mère s'attachait à mes armes. O patrie! ô terre qui ne sais pas encore quel est ton roi, la victoire te le fera connaître. »

« Ah! traître! répond Polynice avec l'accent de la fureur, tiens-tu enfin ta parole? Es-tu ici pour combattre? Que je t'ai longtemps attendu! Enfin tu montres que tu es mon frère! Achève, viens à moi : le fer, le fer, voilà nos lois, voilà nos traités! »

Il dit, et lance sur son frère un regard terrible. Une haine jalouse le dévore, à la vue de cette cour nombreuse qui environne le monarque, à la vue de son casque royal, de son coursier couvert de pourpre et de l'or qui brille sur son bouclier, quoique lui-même n'ait point à rougir de son armure ni de ses vêtements. Argie, sa jeune épouse, en forma le tissu, et d'une main savante elle avait uni l'or à la pourpre avec tout l'art de la Méonie.

Cependant, poussés par les Euménides, les deux frères s'élancent dans la plaine, au milieu d'un nuage de poussière. Chacun d'eux est livré à sa Furie, qui l'irrite, l'aiguillonne. Elles-mêmes tiennent les rênes, ajustent les harnois. Sous leurs mains les armes étincellent, et leurs serpents se mêlent aux crins des coursiers. Enfin le couple fratricide est au lieu du combat : la ressemblance de leur visage éclate sous le casque, et l'on voit que ces deux ennemis sont sortis des mêmes flancs. Aucun signal n'est donné; les trompettes se taisent, les instruments de Mars sont muets. Trois fois l'avare Pluton tonne du sein des enfers, trois fois la terre gémit, ébranlée sur ses fondements; les Dieux mêmes des combats se sont enfuis; la Valeur vertueuse n'apparaît plus; Bellone éteint son flambeau, Mars détourne ses chevaux épouvantés; Minerve a jeté son égide, l'impitoyable Gorgone s'arrête immobile, et les sœurs infernales se regardent en rougissant.

Alors une foule désolée paraît sur les murailles. Tous les yeux sont baignés de larmes, et les gémissements éclatent de toutes parts : ici les vieillards se plaignent d'avoir trop vécu; là les mères éplorées, le sein découvert, défendent à leurs enfants de tourner leurs regards vers la plaine. Soudain les portes du Tartare s'ouvrent, et le souverain du noir empire commande aux mânes des Thébains d'aller contempler les forfaits de leur nation. Ces fantômes se placent sur les montagnes voisines, leur cortége horrible souille le jour; ils se réjouissent : leurs crimes sont surpassés.

Adraste apprend que les deux frères, tout entiers à leur fureur, volent au combat, et que la honte du crime ne les retient plus. Il s'élance, et précipite son char au milieu d'eux. Ses dignités, son âge, le rendent vénérable : que peut-il attendre de ceux qui outragent les sentiments les plus sacrés? Cependant il les supplie tour à tour:

« Enfants d'Inachus, s'écrie-t-il, et vous, race de Cadmus, serons-nous témoins de ce crime? Ainsi vous oubliez les lois, les Dieux, les droits

Jam submissa manus, lente jam flectit habenas,
Jam tacet : erumpunt gemitus lacrimasque fatetur   385
Cassis : hebent iræ : pariterque et abire nocentem,
Et venisse pudet; subito quum matre repulsa
Eumenis ejecit fractis Eteoclea portis
Clamantem, « Venio, solumque, quod ante vocasti,
Invideo : ne incesse moras, gravis arma tenebat   390
Mater : io patria, o regum incertissima tellus,
Nunc certe victoris eris. » Nec mitior ille,
« Tandem, inquit, scis, sæve, fidem? et descendis in æquum?
O mihi nunc primum longo post tempore frater,
Congredere : hæ leges, hæc fœdera sola supersunt. »   395
  Sic hostile tuens fratrem : namque uritur alto
Corde, quod innumeri comites, quod regia cassis,
Instratusque ostro sonipes, quod fulva metallo
Parma micet : quamquam haud armis inhonorus et ipse,
Nec palla vulgare nitens : opus ipsa novarat   400
Mœoniis Argia modis, et pollice docto
Stamina purpureæ sociaverat aurea telæ.
  Jamque in pulvereum Furiis hortantibus æquor
Prosiliunt : sua quemque comes stimulatque, regitque.
Frena tenent ipsæ, phalerasque, et lucida comunt   405
Arma manu, mixtisque jubas serpentibus angent.

Stat consanguineum campo scelus, unius ingens
Bellum uteri, coeuntque pares sub casside vultus.
Signa tacent, siluere tubæ, stupefactaque Martis
Cornua : ter nigris avidus regnator ab oris   410
Intonuit, terque ima soli concussit, et ipsi
Armorum fugere Dei : nusquam inclyta Virtus :
Restinxit Bellona faces; longeque paventes
Mars rapuit currus : et Gorgone cruda virago
Abstitit; inque vicem Stygiæ rubuere sorores.   415
  Prominet excelsis vulgus miserabile tectis :
Cuncta madent lacrimis, et ab omni plangitur arce.
Hinc questi vixisse senes, hinc pectore nudo
Stant matres, parvosque vetant attendere natos.
Ipse quoque Ogygios monstra ad gentilia manes   420
Tartareus rector porta jubet ire reclusa.
Montibus insidunt patriis, tristique corona
Infecere diem, et vinci sua crimina gaudent.
  Illos ut stimulis ire in discrimen apertis
Audiit, et sceleri nullum jam obstare pudorem,   425
Advolat, et medias immittit Adrastus habenas.
Ipse quidem regnis multum et venerabilis ævo;
Sed quid apud tales, quis nec sua pignora curæ?
Alternos tamen ille rogat : « Spectabimus ergo,

LIVRE XI.

sacrés de la guerre? Arrêtez, barbares! Je t'en conjure, Étéocle, toi, mon ennemi, mais pour qui, malgré ta rage, la voix du sang me parle encore; et toi aussi, Polynice, ô mon gendre, je t'en conjure, je te l'ordonne, jette les armes; et si la soif de régner te consume, voilà mon sceptre : va, commande seul dans Lerne et dans Argos! »

Vains efforts! ces paroles de paix n'ont aucun empire sur ces furieux! Les flots courroucés de la mer de Scythie sépareraient plutôt les roches Cyanées. Déjà les deux coursiers se précipitent à travers un nuage de poussière, les dards vont s'échapper des mains des frères, le crime est commencé. Adraste cesse des prières inutiles, il fuit, il abandonne tout, et le camp, et l'armée, et son gendre, et Thèbes; il excite l'ardeur d'Arion, coursier prophétique, dont la fuite rapide lui présage de funestes destins. Tel le dieu choisi par un sort funeste pour être le gardien des ombres et le dernier héritier du monde pâlit incliné sur son char, lorsqu'il fut contraint de quitter l'Olympe pour régner sur le Tartare.

Cependant la fortune est incertaine, elle hésite à la vue du crime, et ne se hâte pas de le consommer. Deux fois ils fondent l'un sur l'autre, et deux fois, ô bonheur! leurs coursiers s'emportent et s'égarent. Les dards n'atteignent pas au but; un sang criminel ne les a point souillés. Furieux, ils tirent les rênes, enfoncent l'éperon dans le flanc des coursiers qui n'ont pas servi leur rage. Les deux armées s'indignent contre les Dieux qui permettent ce combat; des murmures sourds passent de rang en rang; souvent elles sont prêtes à se livrer à leur propre fureur et à l'opposer à celle des deux frères.

Depuis longtemps la Piété, bannie de la terre, bannie même de l'assemblée des Dieux, s'était retirée dans un lieu solitaire de l'Olympe. Dépouillée de son antique parure, la douleur peinte sur le visage, des bandelettes n'arrêtent plus ses cheveux. Souffrante, désolée, comme la sœur, comme la mère des coupables, elle donnait des larmes au crime fraternel. Elle accuse la cruauté de Jupiter, la dureté des Parques; elle veut abandonner le ciel et fuir la lumière, pour habiter l'Érèbe et la nuit des enfers. « O destin! s'écrie-t-elle, tu m'as créée pour adoucir les penchants criminels des hommes et souvent même des Dieux; et cependant je n'ai plus d'asile parmi les peuples, nulle part on ne me rend hommage. O fureur des mortels! ô coupable industrie de Prométhée! Pourquoi faut-il que Pyrrha ait repeuplé la terre? Plus heureux le monde, s'il fût resté désert! Voyez les forfaits des hommes! » A ces mots, elle saisit le moment favorable : « Tentons quelques efforts, dit-elle, dussent-ils être inutiles! »

Aussitôt elle descend de l'Olympe, et, quoique guidée par la douleur, elle trace dans les airs un sillon lumineux. A peine elle a touché la terre, que déjà la douce paix s'insinue dans les cœurs : on commence à comprendre l'énormité du crime. Les larmes coulent, les cœurs s'attendrissent, et les frères eux-mêmes sont saisis d'une secrète horreur. Alors la déesse prend les armes

Inachidæ, Tyriique nefas? ubi jura, Deique? 430
Bella ubi? ne perstate animis : te deprecor, hostis,
Quanquam, hæc ira sinat, nec tu mihi sanguine longe,
Te, gener, et jubeo : sceptri si tanta cupido est,
Exsuo regales habitus : i Lernan, et Argos
Solus habe. » Non verba magis suadentia frangunt 435
Accensos, sumptisque semel conatibus obstant,
Quam Scytha curvatis erectus fluctibus unquam
Pontus Cyaneos vetuit concurrere montes.

Ut periisse preces, geminosque ad prælia fusos
Pulvere cornipedes, exploraique furentum 440
In digitis amenta videt, fugit, omnia linquens
Castra, viros, generum, Thebas, ac fata monentem
Conversumque jugo propellit Ariona : qualis
Demissus curru lævæ post præmia sortis
Umbrarum custos, mundique novissimus hæres 445
Palluit, amisso veniens in Tartara cœlo.

Non tamen indulsit pugnæ, cunctataque primo
Substitit in scelere, et paullum fortuna morata est.
Bis cassæ periere viæ : bis cominus actos
Avertit bonus error equos, puræque nefandi 450
Sanguinis obliquis ceciderunt ictibus hastæ.
Tendunt frena manu, et sævis calcaribus urgent
Immeritos : movet et geminas miserabile Divum
Prodigium turmas, alternaque murmura volvunt

Mussantes; iterare aciem, procurrere sæpe 455
Impetus, et totum e miseris opponere bellum.

Jamdudum terris cœtuque offensa Deorum
Aversa cœli Pietas in parte sedebat,
Non habitu, quo nota prius, non ore sereno,
Sed vittis exuta comam, fraternaque bella, 460
Ceu soror infelix pugnantum, aut anxia mater,
Deflebat, sævumque Jovem, Parcasque nocentes
Vociferans, seseque polis et luce relicta
Descensuram Erebo, et Stygios jam malle penates.
« Quid me, ait, ut sævis animantum, ac sæpe Deorum, 465
Obstaturam animis, princeps natura, creabas?
Nil jam ego per populos, nusquam reverentia nostri.
O furor, o homines, diræque Promethëos artes!
Quam bene post Pyrrham tellus pontusque vacabant!
En mortale genus! » Dixit : speculataque tempus, 470
« Auxilium tentemus, ait, licet irrita coner; »
Desiluitque polo : niveus sub nubibus altis
Quanquam mœsta Deæ sequitur vestigia limes.
Vix steterat campo, subita mansuescere pace
Agmina, sentirique nefas : tunc ora madescunt, 475
Pectoraque, et tacitus subrepsit fratribus horror.
Arma etiam simulata gerens, cultusque viriles,
Nunc his, nunc illis, « Agite, ite, obsistite, clamat,
Quis nati fratresque domi, quis pignora tanta. 479

et la ressemblance d'un guerrier. Elle crie tour à tour aux deux armées : « Qui de vous n'a des enfants et des frères? qui de vous serait insensible à leur sort? Allez, courez, hâtez-vous d'empêcher le combat! »

A sa voix, les armes tombent, les chevaux s'arrêtent; le Destin lui-même hésite Ah! sans doute les Dieux ont pitié de tant de maux. La déesse triomphe; sa prière n'aura pas été vaine; mais l'affreuse Tisiphone en prévoit les effets : plus prompte que la foudre, elle se précipite, et s'écrie : « Oses-tu bien t'opposer au combat, lâche divinité, faite pour le repos? Fuis, insensée! ce champ de bataille est le mien, ce jour est à moi; il est trop tard pour secourir la coupable Thèbes. Où étais-tu quand Bacchus appelait la guerre, et que ses orgies remplissaient de fureur les mères dénaturées? Lâche divinité, où étais-tu, lorsque le serpent de Mars s'enivrait d'un sang impie, que la terre enfantait les guerriers de Cadmus, que le Sphinx tombait vaincu, que Laïus demandait la vie à son fils, et qu'à la lueur de nos torches Jocaste entrait dans le lit incestueux? »

Ainsi Tisiphone la presse, et, tandis que la Piété confuse détourne son visage couvert de rougeur, la Furie la repousse avec son flambeau, et darde contre elle ses serpents. La déesse timide voile sa tête, elle fuit, et va se plaindre au maître des Dieux. Soudain la haine se réveille avec plus de fureur; on se réjouit du combat, les deux armées brûlent de se contempler, et les frères poursuivent leur crime. Le roi saisit ses armes, et le premier lance son javelot : le trait frappe au milieu du bouclier, mais il est repoussé par l'or qui le couvre Alors Polynice s'avance, et fait entendre cette funeste prière : « O Dieux qu'Œdipe aveugle n'invoqua pas en vain, dirigez mes coups! mes vœux ne sont point injustes; j'expierai ma haine; je laverai dans mon sang ce fer que j'aurai teint du sien, content si le dernier regard d'un frère voit le sceptre dans ma main, et s'il emporte aux enfers la douleur de mourir mon sujet. » Le trait part à l'instant, il glisse entre la cuisse du cavalier et son cheval, et semble vouloir les percer tous deux. Étéocle l'évite en écartant le genou; et le dard, trompant la main qui le lance, s'enfonce dans les flancs du coursier. L'animal irrité ne sent plus la main qui le guide; son sang coule, et rougit la terre autour de lui. Polynice triomphe, et croit voir le sang de son frère. Étéocle effrayé le croit lui-même : il voit son ennemi qui se précipite sur son cheval blessé; ils se pressent; les rênes, les mains, les javelots se confondent, et, dans le trouble qui les agite, ils tombent tous deux sur l'arène. Ainsi, au milieu d'une nuit profonde, deux vaisseaux poussés par la tempête s'entre-choquent, brisent leurs rames, mêlent leurs cordages; ils luttent contre les vents, les flots et la nuit, et tout à coup, au milieu des ténèbres, s'enfoncent et disparaissent ensemble dans l'abîme. Tels on voit les deux frères, aveuglés par la rage, sans règle, sans art; leurs épées se cherchent, se croisent; la fureur seule guide leurs coups; la haine étincelle sous leurs casques, et ils se lancent d'horribles regards. Pressés, entrelacés dans les bras l'un de l'autre, leurs cris féroces les animent,

His quoque, nonne palam est ultro miserescere Divos?
Tela cadunt : cunctantur equi : fors ipsa repugnat. »
  Nonnihil impulerat dubios, ni torva notasset
Tisiphone fraudes, cœlestique ocyor igne
Afforet increpitans : « Quid belli obverteris ausis,
Numen iners, pacique datum? cede, improba : noster
Hic campus, nosterque dies : nunc sera nocentes   486
Defendis Thebas : ubi tunc, quum bella cieret
Bacchus? et armatas furiarent orgia matres?
Aut ubi segnis eras, dum Martius impia serpens
Stagna bibit? dum Cadmus arat? dum victa cadit Sphinx?
Dum rogat Œdipoden genitor? dum lampade nostra   491
In thalamos Iocasta venit? » Sic urget, et ultro
Vitantem adspectus etiam, pudibundaque longe
Ora reducentem, premit adstridentibus Hydris,
Intentatque faces : dejectam in lumina pallam   495
Diva trahit, magnoque fugit questura Tonanti.
Tunc vero accensæ stimulis majoribus iræ :
Arma placent, versæque volunt spectare cohortes.
Instaurant crudele nefas : rex impius aptat
Tela, et funestæ casum prior occupat hastæ.   500
Illa viam medium clypei conata per orbem
Non perfert ictus, atque alto vincitur auro.
Tunc exsul subit, et clare funesta precatur :

» Di, quos effosso non irritus ore rogavit
Œdipodes, firmate nefas, non improba posco   505
Vota : piabo manus, et eodem pectora ferro
Rescindam, dum me moriens hic sceptra tenentem
Linquat, et hunc secum portet, minor umbra, dolorem. »
Hasta subit velox equitis femur inter, equique
Ilia, letum utrique volens : sed plaga sedentis   510
Laxato vitata genu; tamen irrita voti
Cuspis in obliquis invenit vulnera costis.
It præceps sonipes strictæ contemtor habenæ,
Arvaque sanguineo scribit rutilantia gyro.
Exsultat, fratris credens hunc esse cruorem.   515
Credit et ipse metu : totis jamque exsul habenis
Indulget, cæcusque avidos illidit in ægrum
Cornipedem cursus : miscentur frena, manusque
Telaque, et ad terram turbatis gressibus ambo
Præcipitant : ut nocte rates, quas nubilus Auster   520
Implicuit, frangunt tonsas, mutantque rudentes,
Luctatæque diu tenebris, hyemique, sibique,
Sicut erant, imo pariter sedere profundo.
Hæc pugnæ facies : coeunt sine more, sine arte,
Tantum animis, iraque, atque ignescentia cernunt   525
Per galeas odia, et vultus rimantur acerbo
Lumine : nil adeo mediæ telluris, et enses

comme le bruit des trompettes et des clairons. Ainsi deux sangliers furieux s'élancent avec la rapidité de la foudre; leurs soies se hérissent, le feu jaillit de leurs yeux, et leurs défenses recourbées se heurtent avec fracas. Du haut d'un rocher voisin le chasseur regarde en pâlissant ce choc effroyable, et, craintif, il retient ses chiens dans le silence : tels les fils d'Œdipe. Le coup mortel n'est point encore porté, mais le sang coule, le crime est consommé; il n'est plus besoin des Furies. Debout près des combattants, ces filles de la Nuit se contentent d'applaudir, et s'affligent en même temps de voir leur fureur surpassée. Chacun brûle de répandre le sang de son frère, et ne sent pas couler le sien. Enfin l'exilé, dont la colère est plus vive et l'attentat plus juste, s'élance en s'excitant lui-même, et, saisissant le défaut de la cuirasse, il plonge son épée dans le corps de son frère. Étéocle n'éprouve aucune douleur, mais il a senti le froid de l'acier. Effrayé, il se couvre aussitôt de son bouclier; mais déjà sa blessure se fait sentir; il respire avec peine; chaque instant diminue ses forces : il chancelle. Son ennemi sans pitié insulte à sa faiblesse : « Où fuis-tu, roi de Thèbes? Voilà donc l'effet d'une vie molle et efféminée? Ton courage s'est énervé à l'ombre des grandeurs. Vois ces membres endurcis par l'exil et la misère, vois comme les malheureux combattent : apprends à mieux te servir des armes, et défie-toi de la prospérité. » Cependant un reste de vie soutient le monarque criminel, son sang n'est point épuisé; il pourrait se soutenir encore : mais il tombe à dessein, et, près d'expirer, il médite une dernière perfidie. Le Cythéron en pousse un long gémissement, et Polynice, qui se croit vainqueur, lève au ciel ses mains fratricides, et s'écrie : « Grâces aux Dieux, je n'ai point fait de vœux inutiles; ses yeux sont appesantis, les ombres de la mort couvrent son visage. Ah! tandis qu'il peut me voir encore, hâtez-vous de m'apporter le sceptre et la couronne! » Il dit, et se précipite sur son frère pour le dépouiller de ses armes, comme s'il voulait les offrir à sa patrie, et suspendre dans les temples un pareil trophée. Mais Étéocle respire encore; la vengeance seule arrête son âme, près de s'échapper. Il sent l'approche de Polynice qui se penche sur lui; secrètement il soulève son glaive; sa haine, qui vit tout entière, supplée aux forces qui l'abandonnent, et, plein d'une affreuse joie, il plonge le fer dans le cœur d'un rival abhorré.

« Ah! traître, tu respires! s'écrie Polynice; ta rage te survit. Hé quoi! ne peux-tu donc mourir? Viens avec moi aux enfers; là, je réclamerai la foi des traités, si Minos tient dans ses mains l'urne fatale qui punit même les rois. »

En disant ces mots il tombe, et, du poids de ses armes, écrase son frère expirant.

Allez, âmes féroces, allez souiller le Tartare de votre présence, allez épuiser tous les tourments de l'Érèbe; et vous, divinités du Styx, épargnez désormais les malheureux humains. Que dans tout l'univers et dans tous les siècles

Impliciti, nexæque manus, alternaque sævi
Murmura, ceu litnos rapiunt, aut signa tuharum.
Fulmineos veluti præceps quum cominus egit   530
Ira sues, strictisque erexit pectora setis :
Igne tremunt oculi, lunataque dentibus uncis
Ora sonant : spectat pugnas de rupe propinqua
Venator pallens, canibusque silentia suadet.
Sic avidi incurrunt : nec dum letalia miscent   535
Vulnera, sed cœptus sanguis : facinusque peractum.
Nec jam opus est Furiis : tantum mirantur, et adstant
Laudantes, hominumque dolent plus posse furores.
Fratris uterque furens cupit affectatque cruorem,
Et nescit manare suum : tandem irruit exsul,   540
Hortatusque manum, cui fortior ira, nefasque
Justius, alte ensem germani in corpore pressit,
Qua male jam plumis imus tegit inguina thorax.
Ille dolens nondum, sed ferri frigore primo
Territus, in clypeum turbatos colligit artus,   545
Mox intellecto magis ac magis æger anhelat
Vulnere; nec parcit cedenti, atque increpat hostis :
« Quo retrahis, germane, gradus? o languida somno,
Et regnis effœta quies! longaque sub umbra
Imperia! exsilio rebusque exercita egenis   550
Membra vides : disce arma pati, nec fidere lætis. »
Sic pugnant miseri : restabat lassa nefando
Vita duci, summusque cruor, poterantque parumper

Stare gradus : sed sponte ruit, fraudemque supremam
In media jam morte parat : clamore Cithæron   555
Erigitur, fraterque ratus vicisse, levavit
Ad cœlum palmas : « Bene habet : non irrita vovi,
Cerno graves oculos, atque ora natantia leto.
Huc aliquis propere sceptrum atque insigne comarum,
Dum videt. » Hæc dicens gressus admovit, et arma,   560
Ceu templis decus et patriæ laturus ovanti,
Arma etiam spoliare cupit : nondum ille peractis
Manibus, ultrices animam servabat in iras.
Utque superstantem, pronumque in pectore sensit,
Erigit occulte ferrum, vitæque labantis   565
Relliquias tenues odio supplevit, et ensem
Jam lætus fratris non frater corde reliquit.
Ille autem, « Vivisne? et adhuc manet ira superstes,
Perfide, nec sedes unquam meriture quietas?
I mecum ad manes : illic quoque pacta reposcam,   570
Si modo Agenorei stat Gnossia judicis urna,
Qua reges punire datur. » Nec plura locutus,
Concidit, et totis fratrem gravis obruit armis.
Ite truces animæ, funestaque Tartara leto
Polluite, et cunctas Erebi consumite pœnas.   575
Vosque malis hominum, Stygiæ, jam parcite, Divæ.
Omnibus in terris scelus hoc, omnique sub ævo
Viderit una dies, monstrumque infame futuris
Excidat, et soli meminerent hæc prælia reges.

un seul jour ait vu cet horrible fratricide; que nos descendants en perdent la mémoire, et que les rois seuls se souviennent de ce combat monstrueux !

Cependant Œdipe apprend que le crime est consommé ; il s'arrache à ses ténèbres profondes, et traîne loin de son affreux palais son cadavre vivant. Un sang noir et corrompu souille sa barbe et sa chevelure blanche; tout roidis par ce sang immonde, ses cheveux voilent sa tête sacrilège. Ses traits sont allongés, ses joues creuses, et ses yeux arrachés de leurs orbites ont laissé des traces hideuses. Sa main gauche s'appuie sur la jeune Antigone, l'autre sur un bâton. Tel, si, quittant sa barque, l'odieux nocher de l'Averne aux eaux dormantes paraît à la lumière du jour, le soleil et les astres troublés à sa vue pâlissent, et lui-même se sent bientôt affaibli et vaincu par l'astmosphère des vivants. Cependant, durant sa longue absence, sa triste tâche s'accumule, et sur toute la rive les générations des mortels attendent le pâle nocher.

Ainsi marchait Œdipe à travers la plaine : à ses côtés sa fille gémit sur l'excès de ses maux. « Conduis-moi, lui dit-il, vers mes fils; jette un père infortuné sur leur corps palpitant. » La vierge hésite, ne sachant pas ce qu'il a résolu. Ils s'avancent avec peine; les armes, les chevaux, les chars embarrassent et arrêtent leur marche; au milieu de ce monceau de morts, les pas du vieillard chancellent, et sa malheureuse compagne s'épuise à le soutenir. Après de longues recherches, un cri d'Antigone apprend à Œdipe qu'ils sont près des cadavres; il se jette aussitôt sur leur dépouille glacée, et les couvre de son corps. La voix lui manque : étendu à terre, il pousse de douloureux gémissements en baisant leurs blessures sanglantes, et longtemps il fait de vains efforts pour parler. Il promène ses mains sur leurs casques, il cherche leur visage, et, furieux de douleur, il rompt enfin son silence et ses soupirs :

« O Piété ! s'écrie-t-il, tu viens bien tard, après de si longues années, émouvoir mon âme! Est-il encore dans ce cœur quelque sentiment humain? Tu as vaincu, ô nature ! un père malheureux. Vois, je puis gémir, des larmes coulent à travers les blessures de mes paupières arides, et ma main impie obéit à ma douleur et meurtrit ma poitrine. Recevez ce tribut funèbre dû à votre mort sacrilége, fils cruels et trop semblables à moi. Hélas ! je ne puis ni reconnaître mes enfants, ni savoir à qui je m'adresse : dis-moi, ma fille, je t'en conjure, quel est celui que j'embrasse. Maintenant, barbare que je suis, quels honneurs rendrai-je à vos mânes? Oh ! si mes yeux renaissaient, si je pouvais encore les arracher, et sévir contre mon visage ! O douleur ! ô vœux d'un père dénaturé ! imprécations, hélas ! trop bien exaucées ! quelle divinité est venue se placer près de moi pour recueillir mes prières, pour dicter mes paroles aux destins ? C'est la démence, c'est Érinnys, c'est mon père, c'est ma mère, c'est un trône perdu et mes yeux éteints qui m'ont inspiré ces vœux ! Je n'ai rien dit moi-même, j'en jure par Pluton, par ces douces ténèbres, par cette fille infortunée qui guide mes pas. Ainsi puissé-je descendre dans le Tartare par une mort digne de moi ! Puisse l'ombre de Laïus ne pas me fuir irritée ! Hélas ! quels affreux embrassements unissent ces frères ! Quelles blessures je touche ! Ah !

At genitor, sceleris comperto fine, profundis 580
Erepsit tenebris, sævoque e limine profert
Mortem imperfectam : veteri stat sordida tabo
Utraque canities, et durus sanguine crinis
Obnubit furiale caput : procul ora, genæque
Intus, et effossæ squalent vestigia lucis. 585
Virgo autem impositæ sustentat pondera lævæ,
Dextra sedet baculo : qualis si puppe relicta
Exosus pigri manes sulcator Averni
Exeat ad Superos, solemque et pallida turbet
Astra, nec ipse diu fortis, patiensque superni 590
Aeris : interea longum cessante magistro
Crescat opus, totisque exspectent sæcula ripis.
Talis init campum, comitique extrema gementi,
« Duc, ait, ad natos, patremque recumbibus, oro,
Injice funeribus. » Cunctatur nescia virgo 595
Quid paret : impediunt iter, implicitosque morantur
Arma, viri, currus, altaque in strage seniles
Deficiunt gressus, et dux miseranda laborat.
Ut quæsita diu monstravit corpora clamor
Virginis, insternit totos frigentibus artus. 600
Nec vox ulla seni : jacet, immugitque cruentis
Vulneribus, nec verba diu tentata sequuntur.
Dum tractat galeas, atque ora latentia quærit ;
Tandem muta furens genitor suspiria solvit : 604
« Tarda meam, pietas, longo post tempore mentem
Percutis? estne sub hoc hominis clementia corde?
Vincis me miserum, vincis, natura, parentem.
En habeo gemitus, lacrimæque per arida serpunt
Vulnera, et in molles sequitur manus impia planctus.
Accipite infandæ justa exsequialia mortis, 610
Crudeles, nimiumque mei : nec noscere natos,
Alloquiumque aptare licet : dic, virgo, precanti,
Quem teneo? quo nunc vestras ego sævus honore
Prosequar inferias? o si fodienda redirent
Lumina, et in vultus sævire ex more potestas ! 615
Heu dolor ! heu justo magis exaudita parentis
Vota, malæque preces ! quisnam fuit ille Deorum,
Qui stetit orantem juxta, præceptaque verba
Dictavit fatis? furor illa, et movit Erinnys,
Et pater, et genitrix, et regna oculique cadentes; 620
Nil ego : per Ditem juro dulcesque tenebras,
Immeritamque ducem, subeam sic Tartara digna
Morte, nec irata fugiat me Laius umbra.
Hei mihi, quos nexus fratrum, quæ vulnera tracto !
Solvite, quæso, manus, infestaque vincula tandem 625

Je vous en conjure, détachez leurs mains, déliez ces nœuds funestes! que maintenant au moins il soit permis à leur père de se placer entre eux. »

En exhalant ces mots, peu à peu la fureur de la mort s'était emparée de lui. Il cherche secrètement une arme; mais Antigone a prévu son dessein, et sa chaste main a soustrait les épées. Le vieillard alors s'irrite : « Où sont leurs armes criminelles? O Furies! le fer a-t-il pénétré tout entier dans leur corps? » Sa triste compagne calme son désespoir; elle-même étouffe et fait taire sa douleur, heureuse de voir enfin éclater en sanglots son père jusqu'alors si farouche.

Cependant, aux premiers cris du fatal combat, la reine hors d'elle-même avait été chercher au fond de son palais une épée bien connue, cette lamentable épée, dépouille du roi Laïus. Après avoir mille fois maudit les Dieux, et son horrible hymen, et les fureurs de son fils, et l'ombre de son premier époux, elle roidit son bras avec effort, se penche, et fait à peine pénétrer le glaive dans sa poitrine. La blessure ouvre enfin ses veines glacées, et le sang purifie la couche fatale. Ismène tombe sur le sein décharné de sa mère, le baigne de larmes, et essuie avec sa chevelure la plaie d'où jaillit le sang. Telle, dans les bois de Marathon, la plaintive Érigone, près du corps de son père immolé, a cessé de gémir. Elle commence à préparer le nœud fatal, et choisit, pour se donner la mort, les plus solides rameaux.

Déjà, joyeuse d'avoir trompé l'espoir des deux chefs, la cruelle Fortune avait remis à un autre la puissance souveraine et le sceptre d'Amphion; Créon héritait des droits de Cadmus. Triste issue de la guerre! C'est pour lui que deux frères se sont égorgés, c'est lui qu'appellent les vœux des rejetons de Mars. Le dévouement de Ménécée, dont le souvenir est encore récent, lui concilie le peuple. Il monte, roi nouveau, sur le trône fatal de la malheureuse Aonie. O séductions du pouvoir! ô amour du sceptre! funeste conseiller! Les exemples des rois ne serviront-ils donc jamais à leurs successeurs? Créon est heureux de siéger à cette place marquée par tant de crimes, et de diriger le sanglant gouvernail de l'État. Que ne peut sur nous la prospérité? Déjà elle fait en Créon disparaître le père, et efface de son esprit le souvenir de Ménécée, à qui il doit l'empire. Épris du cruel amour de la royauté, pour préluder à son règne, pour se révéler tout entier, il ordonne que les débris de cette triste guerre restent sous le ciel, exposés à tous les regards, et que les mânes errent tristement sans sépulture.

Bientôt il rencontre sur le seuil de la porte Ogygienne Œdipe qui rentrait dans Thèbes. A cette vue, il se reconnaît secrètement moins grand que lui, et réprime sa colère. Mais bientôt, redevenu roi, il adresse au vieillard aveugle, son mortel ennemi, ces paroles audacieuses : « Va porter loin d'ici tes présages sinistres, odieux aux vainqueurs; éloigne les Furies, et délivre les murs de Thèbes de ta présence. Tes longues espérances sont accomplies. Va-t'en, tes fils gisent à terre : quels vœux te reste-t-il à former? »

Œdipe frémit, saisi d'un mouvement de rage :

Dividite, et medium nunc saltem admittite patrem. »
    Talia dequestus, paullatim sumserat iras
Mortis, et occulte telum, ni nata vetaret,
Quærebat; sed casta manu subtraxerat enses
Antigone : furit inde senex : « Ubi noxia tela?   630
Heu Furiæ, num totum abiit in corpora ferrum? »
Dicentem comes ægra levat, mutumque dolorem
Ipsa premit, sævum gaudens planxisse parentem.
    Olim autem, inceptæ clamore exterrita pugnæ
Regina exulerat notum penetralibus ensem,   635
Ensem sceptriferi spolium lacrimabile Laii.
Multaque quum Superis et diro questa cubili,
Et nati furiis, et primi conjugis umbris,
Luctata est dextra, et prono vix pectore ferrum
Intravit tandem, et venas prorupit aniles   640
Vulnus, et infelix lustratur sanguine lectus.
Illius exili stridentem in pectore plagam
Ismene collapsa super lacrimisque comisque
Siccabat plangens : qualis Marathonide silva
Flebilis Erigone, cæsi prope funera patris,   645
Questibus absumptis tristem jam solvere nodum
Cœperat, et fortes ramos moritura legebat.
    At jam, læta ducum spes elusisse duorum,
Res Amphionias alio sceptrumque maligna
Transtulerat Fortuna manu, Cadmique tenebat   650

Jura Creon. Miser heu bellorum terminus! illi
Pugnarant fratres : hunc et Mavortia clamant
Semina, et impensus patriæ paullo ante Menœceus
Conciliat populis : scandit fatale tyrannus
Flebilis Aoniæ solium : pro blanda potestas,   655
Et sceptri malesuadus amor! nunquamne priorum
Hærebunt documenta novis! juvat ecce nefasto
Stare loco, regimenque manu tractare cruentum.
Quid melior Fortuna potest? jam flectere patrem
Incipit, atque datis abolere Menœcea regnis.   660
Primum adeo sævis imbutus amoribus aulæ,
Iudicium specimenque sui, jubet igne supremo
Arceri Danaos, nudoque sub axe relinqui
Infelix bellum, et tristes sine sedibus umbras.   665
    Mox reducem Ogygia congressus limine portæ
Œdipoden timuit paullum, seseque minorem
Confessus tacite, promtamque coercuit iram.
Mox redit in regem, cæcumque audentibus hostem
Increpitans, « Procul, inquit, abi victoribus omen
Invisum, et Furias averte, ac mœnia lustra   670
Discessu Thebana tuo : spes longa peracta est.
Vade, jacent nati : quæ jam tibi vota supersunt? »
    Horruit instinctu rabido, steteruntque trementes,
Ceu visu præsente, genæ, seniumque recessit.
Tunc natam baculumque manu dimisit, et iræ   675

sa paupière se lève et tremble, comme si la vie y était encore; sa faiblesse a disparu. Il quitte et le bras de sa fille et son bâton, et, soutenu par sa seule colère, il exhale en ces mots ses fureurs :

« Es-tu déjà maître de faire du mal, ô Créon? Il n'y a qu'un moment, malheureux, que tu possèdes un trône souillé par la perfidie, et qu'à ma place tu jouis des honneurs souverains, et déjà il t'est permis de fouler aux pieds les ruines de la fortune des rois! Déjà aux vaincus tu refuses un tombeau, à tes concitoyens les murs de la patrie! Courage! tu peux dignement porter le sceptre de Thèbes. Voici ton premier jour; mais pourquoi, insensé, limiter ainsi tes droits nouveaux? pourquoi donner des bornes si étroites à ta royale puissance? Tu me prescris l'exil? timide rigueur pour un roi! Que n'ordonnes-tu aussitôt au glaive homicide de se teindre de mon sang? Crois-moi : il peut venir, le satellite empressé à t'obéir, et trancher sans crainte une tête qui s'offre à ses coups. Commence donc : attends-tu que je me prosternes à tes pieds, les mains suppliantes? que je m'attache aux pas d'un maître impitoyable? Et quand je voudrais le faire, le souffriras-tu? Tu me menaceras de quelque supplice? Mais crois-tu qu'il reste encore dans mon cœur place à la crainte? Tu m'ordonnes de quitter les demeures de la patrie? Mais n'ai-je pas volontairement quitté le ciel et la terre? n'ai-je pas, cruel envers moi-même, et sans que nul m'y contraignît, tourné contre mon visage ma main vengeresse? Roi barbare! que peux-tu m'ordonner de pareil? Je fuis, je m'éloigne de ce séjour abominable: qu'importe où j'irai cacher ma longue agonie, et les ténèbres de mes yeux? Ai-je à craindre que quelque peuple refuse à mes prières l'espace de terre que j'occupe dans ma patrie? Mais Thèbes m'est chère! En effet, la lumière y est plus brillante pour moi, les astres plus étincelants y réjouissent mes regards! Ici n'ai-je pas une mère et des fils? Possède donc et gouverne les murailles de Thèbes, sous les mêmes auspices que Laïus et que moi-même; sois aussi heureux que moi dans ton hymen, dans tes enfants. Puisses-tu n'avoir pas le courage de te délivrer par ta main de ta fortune! mais, surpris par le malheur, aime encore la lumière du jour : c'est assez de ces présages. Viens, conduis-moi, ma fille, loin d'ici. Mais pourquoi t'associer à mes douleurs? Donnez-moi un guide, grand roi. »

La malheureuse Antigone craint d'être abandonnée; elle a recours à d'autres prières. « Vénérable Créon, au nom de ton heureux empire, au nom de l'ombre sainte de Ménécée, pardonne à son affliction, oublie ses paroles superbes. Ses longs malheurs l'ont habitué à ce langage, et ce n'est pas pour toi seul qu'il est farouche : c'est ainsi qu'il apostrophe les destins et les Dieux. Les chagrins ont endurci son âme, et souvent pour moi-même il n'est pas sans rudesse. Depuis longtemps hélas! fermentent dans son cœur indomptable la liberté et l'espoir inquiet d'une mort cruelle, et maintenant il use d'adresse pour irriter ta colère, et il réclame le supplice. Mais toi, je t'en conjure, fais un plus noble usage de la royauté. Du haut de ta grandeur, épargne ceux qui sont abattus, et respecte les grands débris des rois tes prédécesseurs. Lui aussi, élevé autrefois sur le trône, entouré de gardes, il secourait les malheureux, et, juste envers tous, accueillait les sup-

---

Innixus tumido vocem de pectore rumpit :
« Jamne vacat sævire, Creon? modo perfida regna
Fortunæque locum nostræ, miserande, subisti,
Et tibi jam fas est regum calcare ruinas?
Jam tumulis victos, socios jam mœnibus arces?   680
Macte, potes digne Thebarum sceptra tueri.
Hæc tua prima dies : sed cur nova contrahis amens
Jura? quid auguste tantos metiris honores?
Exsilium intendis? timida inclementia regum
Ista : feros avidus quin protinus imbuis enses?   685
Crede : licet veniat cupidus parere satelles,
Intrepidusque secet non evitantia colla.
Incipe : an exspectas ut pronus supplice dextra
Sternar? et immitis domini vestigia quæram?
Finge autem tentare, sines? mihine ulla minaris   690
Supplicia? aut ullos reris superesse timores?
Linquere tecta jubes? cœlum terrasque reliqui
Sponte, atque ultricem crudelis in ora retorsi
Non ullo cogente manum : quid tale jubere,
Rex inimice, potes? fugio, excedoque nefandis   695
Sedibus : au refert, quo funera longa, measque
Transportem tenebras? ne non gens cuncta precanti
Concedat, patriæ quantum miser incubo terræ?

Sed dulces Thebæ! nimirum hic clarior ortus,
Et meliora meos permulcent sidera vultus!   700
Hic genitrix, natique! habeas Thebana regasque
Mœnia, quo Cadmus, quo Laius omine rexit,
Quoque ego : sic thalamos, sic pignora fida capessas :
Nec tibi sit virtus fortunam evadere dextra;
Sed lucem deprensus ames : satis omina sanxi :   705
Duc, age, nata procul : quid te autem luctibus addo?
Da, rex magne, ducem. » Timuit miseranda relinqui
Antigone, mutatque preces : « Felicia per te
Regna, verende Creon, sanctasque Menœcos umbras :
Da veniam afflicto, dictisque ignosce superbis.   710
Hunc morem fandi longæ fecere querelæ.
Nec soli ferus iste tibi : sic fata, Deosque
Alloquitur : durus luctu, facilisque nec ipsi
Sæpe mihi : pridem indomito sub pectore fervet
Libertas misera, et sævæ spes anxia mortis.   715
Et nunc ecce tuas irritat callidus iras,
Suppliciumque cupit : sed tu majoribus, oro,
Imperii potiare bonis, altæsque jacentes
Præterea, et magna ducum vereare priorum
Funera : et hic quondam solio sublimis, et armis   720
Septus, opem miseris, jura et poscentibus æquus,

pliants et faisait droit aux plaintes. Maintenant, de cette foule de courtisans, il ne reste plus près de lui que sa fille. Du moins il n'était pas encore exilé! Est-il donc un obstacle à ton bonheur? Pourquoi tourner contre lui toute ta haine, et toutes les forces de l'État? Pourquoi le chasser de ces murs? Crains-tu qu'il ne vienne gémir à haute voix près du seuil de ton palais, et t'assiéger de ses vœux importuns? Bannis cette crainte : s'il pleure, ce sera toujours loin de ta cour. J'abaisserai son orgueil, je lui apprendrai l'obéissance d'un sujet, je l'éloignerai de la foule et le cacherai dans une retraite solitaire : il sera exilé. Ailleurs, quelles murailles s'ouvriront pour recevoir le proscrit? Veux-tu qu'il aille à Argos, qu'il traîne sa misère à Mycènes, chez ses ennemis? qu'au seuil d'Adraste vaincu, il raconte les désastres de l'Aonie; que, roi de Thèbes, il mendie un faible secours? Pourquoi se plaire à dévoiler les crimes d'une famille infortunée, à étaler aux yeux de tous ses honteux malheurs? Cache, je t'en supplie, tout ce que nous sommes. Nous ne demandons pas, ô Créon! de longues faveurs. Aie pitié d'un vieillard, d'un père affligé; qu'ici, je t'en conjure, qu'ici puissent reposer ses mânes! Il est permis de donner la sépulture au moins aux Thébains. » Ainsi elle prie Créon, et se jette à ses pieds; mais son père l'entraîne, et la menace avec colère, indigné de ses supplications. Tel, au fond d'une caverne, un lion qui jadis, dans sa verte jeunesse, faisait trembler les forêts et les montagnes, reste immobile et étendu, désarmé par les longues années. Cependant son aspect est encore majestueux et sa vieillesse redoutable; et si un mugissement vient frapper son oreille baissée, il se dresse, se souvient de lui-même, et gémit en voyant ses forces épuisées, et d'autres lions régner dans les campagnes.

Les paroles d'Antigone ont fléchi le roi; cependant il n'accorde pas tout ce que demandent ses larmes suppliantes, et retranche une partie du bienfait. « Je ne t'exile pas, dit-il, loin des frontières de la patrie : pourvu que par ta présence tu ne souilles pas nos temples et nos demeures; que les bois, que le Cithéron, ton premier asile, soient encore ton séjour; tes pas errants dans l'ombre peuvent s'arrêter encore sur cette terre ensanglantée où sont étendus les débris de la guerre, où gisent les cadavres de deux nations. »

Il dit; les courtisans, le peuple gémissant donnent à ses paroles leur trompeuse approbation, et Créon, gonflé d'orgueil, se rend au palais des rois.

Cependant les Grecs mis en fuite abandonnent en secret le camp si fatal à leurs armes. Nul n'a ses étendards et son chef; ils marchent en désordre et silencieux, et, au lieu d'un glorieux trépas, ils n'ont obtenu qu'une vie déshonorée, un retour honteux. La nuit les favorise, et enveloppe leurs pas de son ombre protectrice.

LIVRE XII.

Le soleil n'avait pas encore, en réveillant la nature, chassé tous les astres de l'Olympe, et la lune moins brillante voyait s'avancer le jour. Tout à coup l'épouse de Tithon dissipe les nuages fugitifs, et ouvre à Phébus, qui reparaît, la vaste

Supplicibusque dabat : cui nunc ex agmine tanto
Una comes, necdum exsul erat : felicibus hiene
Obstat? in hunc odiis et regni viribus exis?
Hunc abigis tectis, an ne prope limina clarum   725
Ingemat, et votis intempestivus oberret?
Pone metum, procul usque tua submotus ab aula
Flebit : ego erectum subigam, et servire docebo.
Cœtibus abducam, solaque in sede recondam.
Exsul erit : nam quæ migranti externa patebunt   730
Mœnia? vis Argos eat, hostilesque Mycenas
Squalibus irreptet? victique ad limen Adrasti
Aonias narret clades? tenuemque precetur
Rex Thebanus opem? miseræ quid crimina gentis
Pandere, quid casus juvat ostentare pudendos?   735
Conde, precor, quodcunque sumus : nec longa precamur
Dona, Creon : miserere senis mœstique parentis.
Hic precor, hic manes indulge ponere : certe
Thebanos sepelire licet. » Sic orat, humique
Volvitur : abducit genitor, sævumque minatur   740
Indignans veniam : qualis leo rupe sub alta,
Quem viridem quondam silvæ montesque tremebant,
Jam piger, et longo jacet exarmatus ab ævo,
Magna tamen facies, et non adeunda senectus :
Et si demissas veniat mugitus ad aures,   745
Erigitur, meminitque sui, viresque peractas
Ingemit, et campis alios regnare leones.
    Flectitur affatu, sed non tamen omnia rector
Supplicis indulget lacrimis, partemque recidit
Muneris. « Haud, inquit, patriis prohibere longe   750
Finibus, occursu dum non pia templa domosque
Commacules, habeant te lustra, tuusque Cithæron :
Atque hæc ecce tuis tellus habitabilis umbris,
Qua bellum, gemineæque jacent in sanguine gentes. »
    Sic ait, et ficto comitum vulgique gementis   755
Assensu, limen tumidus regale petebat.
    Interea pulsi vallum exitiale Pelasgi
Destituunt furto : nulli sua signa, suusque
Ductor : eunt taciti passim, et pro funere pulchro
Dedecorem amplexi vitam reditusque pudendos.   760
Nox favet, et grata profugos amplectitur umbra.

LIVRE XII.

Nondum cuncta polo vigil inclinaverat astra
Ortus, et instantem cornu tenuiore videbat
Luna diem : trepidas subito Tithonia nubes
Discutit, ac reduci magnum parat æthera Phœbo.
Agmina jam raris Dircæa penatibus errant,

étendue des airs. Déjà les Thébains errent en foule autour de leurs demeures dépeuplées, accusant la lenteur de la nuit ; et pourtant c'est la première fois qu'après tant de fatigues, ils pouvaient enfin trouver quelque repos et se livrer aux douceurs du sommeil ; mais cette paix, encore mal assurée, les laisse dans l'inquiétude, et la victoire se souvient des terreurs de la guerre. A peine s'ils osent d'abord faire quelques pas hors de leurs remparts, à peine s'ils osent ouvrir toutes leurs portes. Ils ont toujours devant les yeux leurs anciennes craintes, et cette plaine déserte les fait encore frissonner. De même que, sous les pas du matelot longtemps balancé par les vagues, la terre d'abord semble chanceler, ainsi les Thébains s'étonnent de ne voir aucun guerrier s'avancer contre eux, et s'imaginent toujours que les bataillons étendus à terre vont se relever.

Ainsi, lorsque les oiseaux d'Idalie voient un serpent aux écailles fauves se glisser vers leur nid, placé au sommet d'une tour aérienne, ils repoussent dans l'intérieur leur tendre couvée, font à leur nid un rempart de leurs ongles, et s'apprêtent à combattre en agitant leurs faibles ailes. Le serpent s'est éloigné, cependant la blanche famille craint l'air même; enfin elle s'envole, mais en tremblant, et du haut des cieux elle regarde encore son nid. Les Thébains s'avancent à travers ce peuple inanimé, ces débris épars de la guerre ; la douleur, le deuil sanglant sert de guide à chacun d'eux. Ceux-ci reconnaissent des armes, ceux-là des corps, d'autres des têtes séparées du tronc, à côté de corps étrangers ; quelques-uns pleurent sur des chars vides, et adressent leurs plaintes à l'attelage, puisque c'est là tout ce qui leur reste ; d'autres pressent de leurs baisers de larges blessures, et maudissent la valeur. On rassemble les cadavres glacés par la mort. L'on voit des mains coupées qui serrent encore l'épée ou la lance ; là, des flèches fixées au milieu des yeux ; beaucoup ne peuvent retrouver les restes de ceux qu'ils pleurent, et courent çà et là étouffant des sanglots toujours prêts à éclater. Cependant autour de ces troncs informes s'élèvent de tristes débats : on se dispute le droit d'allumer le bûcher, de conduire les funérailles. Souvent aussi des Thébains, un moment trompés par la fortune, gémissent sur un ennemi mort, et ils ne peuvent distinguer les cadavres qu'il leur faut respecter, de ceux qu'ils doivent fouler aux pieds.

Ceux qui n'ont perdu aucun de leurs parents, qui n'ont personne à pleurer, dispersés dans la plaine, parcourent les tentes désertes des Grecs, y portent la flamme, ou bien (car c'est une grande volupté après les guerres) ils cherchent de tous côtés le cadavre de Tydée étendu sur la poussière, la place de l'abîme où s'engloutit le devin ; ils veulent savoir où est l'ennemi des Dieux, si le feu du ciel brûle encore sur ses membres.

Déjà ils ont passé le jour dans les larmes, et la nuit ne peut encore les éloigner. Ils aiment à savourer leur douleur, à jouir de leurs maux. Ils ne rentrent pas dans leurs demeures ; mais toute la nuit la foule reste auprès des cadavres. On se succède tour à tour pour gémir, et les cris plaintifs, et les feux allumés écartent les bêtes féroces ; ni la douce influence des astres, ni les pleurs qu'ils ne cessent de répandre, n'ont pu fatiguer et clore leurs paupières.

L'étoile du matin avait pour la troisième fois

Noctis questa moras ; quamvis tunc otia tandem,
Et primus post bella sopor : tamen ægra quietem
Pax fugat, et sævi meminit victoria belli.
Vix primo proferre gradum, et munimina valli
Solvere, vix totas reserare audacia portas.   10
Stant veteres ante ora metus, campique vacantis
Horror : ut assiduo jactatis æquore tellus
Prima labat, sic attoniti nil cominus ire
Mirantur, fusasque putant assurgere turmas.

Sic ubi prospicuæ scandentem limina turris   15
Idaliæ volucres fulvum adspexere draconem,
Intus agunt natos, et fœta cubilia vallant
Unguibus, imbellesque citant ad prælia pennas :
Mox ruerit licet ille retro, tamen aera nudum
Candida turba timet, tandemque ingressa volatus 20
Horret, et a mediis etiamnum respicit astris.

Itur in exsanguem populum, bellique jacentis
Relliquias, qua quemque dolor luctusque cruenti
Exegere duces : hi tela, hi corpora, at illi
Cæsorum tantum ora vident, alienaque juxta   25
Pectora : pars currus deflent, viduisque loquuntur,
Hoc solum quia restat, equis : pars oscula figunt
Vulneribus magnis, et de virtute queruntur.

Frigida digeritur strages : patuere recisæ
Cum capulis, hastisque manus, mediisque sagittæ 30
Luminibus stantes : multis vestigia cædis
Nulla ; ruunt plancta pendente et ubique parato.
At circum informes truncos miserabile surgit
Certamen, qui justa ferant, qui funera ducant.
Sæpe etiam hostiles, lusit Fortuna parumper,   35
Decepti flevere viros : nec certa facultas
Noscere, quem miseri vitent, calcentve cruorem.

At quibus est illæsa domus, vacuique dolores,
Aut deserta vagi Danaum tentoria lustrant,
Immittuntque faces, aut (quæ post bella voluptas) 40
Quærunt dispersi, jaceat quo pulvere Tydeus,
An rapti pateat specus auguris, aut ubi Divum
Hostis, an ætheriæ vivant per membra favillæ.

Jam lacrimis exempta dies, nec serus abegit
Vesper : amant miseri lamenta, malisque fruuntur. 45
Nec subiere domos, sed circum funera pernox
Turba sedet, vicibusque datis alterna gementes
Igne feras planctuque fugant : nec dulcibus astris
Victa, nec assiduo coierunt lumina fletu.

Tertius Auroram pulsabat Lucifer, et jam   50
Montibus orbatis lucorum gloria, magnæ

chassé l'aurore, et déjà les montagnes dépouillées pleurent ces forêts qui font leur gloire. Des sommets ombragés du Theumèse et du Cithéron, ami des funérailles, descendent des troncs énormes, et sur les piles de ces arbres entassés la flamme dévore les cadavres des guerriers. Ces honneurs suprêmes réjouissent les mânes des Thébains; mais la foule des Grecs, laissée sans sépulture, exhale de lamentables plaintes, et vole en gémissant autour des feux interdits à leurs ombres. Les mânes parjures du cruel Étéocle n'obtiennent que des funérailles simples et sans pompe royale : son frère est encore regardé par la loi comme Argien, et son ombre exilée erre sans honneur.

Mais un bûcher vulgaire ne doit pas consumer les restes de Ménécée; ni le roi son père ni Thèbes ne le permettent. Pour lui ce ne sont pas de vils arbres qu'on assemble, suivant l'usage; on élève un amas d'instruments de guerre, des chars, des boucliers, et tout ce que les Grecs ont laissé d'armes; et le héros est couché sur ces dépouilles ennemies comme un vainqueur, le front orné de bandelettes et du laurier pacifique, semblable au héros de Tirynthe, lorsque, appelé au ciel, il se coucha joyeux sur l'Œta embrasé. Pour apaiser les mânes de son fils, Créon fait immoler des captifs grecs et de généreux coursiers couverts de leurs harnois. Bientôt la flamme s'élève petillante, et alors Créon fait éclater ces gémissements :

« Oh! si la généreuse ambition d'une gloire si belle ne s'était emparée de ton cœur, mon fils, ombre sainte, tu régnerais avec moi dans Thèbes, et tu y aurais régné après ma mort. Maintenant tu empoisonnes ma joie, et les charmes de cette royauté qui m'a été offerte. Quoique la voûte céleste et l'assemblée des Dieux, je ne puis en douter, soient maintenant le séjour de ton immortelle vertu, ta divinité sera toujours pour moi un triste sujet de larmes. Que Thèbes t'élève des autels, te consacre des temples; moi, père infortuné, je ne puis que te pleurer. Et maintenant, hélas! puis-je t'offrir des honneurs funèbres, des funérailles dignes de toi? Non, quand j'aurais le pouvoir de mêler à tes cendres les cendres de la fatale Argos et de Mycènes, et les miennes avec elles; moi dont la vie, ô crime! dont les honneurs ont été payés du sang de mon fils. Faut-il que le même jour, que la même guerre impie, ô mon cher enfant, t'ait plongé dans le Tartare avec ces deux frères sacriléges? Maintenant Œdipe et moi, nous avons la même part de douleurs; mais ne sont-elles pas, en effet, bien semblables, ô grand Jupiter, les ombres que nous pleurons? Reçois, ô mon fils! comme la première offrande due à ton triomphe, reçois ce sceptre, ce diadème, ornement de mon front royal, que tu as valus à ton père et qui t'ont coûté si cher. Je te fais roi : puisse l'ombre d'Étéocle voir en toi son maître et gémir de douleur! » En disant ces mots, il ajoute avec plus de violence : « Qu'on m'appelle, si l'on veut, cruel et barbare, je défends aujourd'hui que les cadavres des Grecs soient brûlés avec toi : et que ne puis-je prolonger en eux le sentiment, et arracher leurs âmes criminelles du ciel et de l'Érèbe! Que ne puis-je suivre les bêtes farouches

Theumesi venere trabes, et amica Cithæron
Silva rogis : ardent excisæ viscera gentis
Molibus exstructis : supremo munere gaudent
Ogygii manes : queritur miserabile Graium   55
Nuda cohors, vetitumque gemens circumvolat ignem.
Accipit et sævi manes Eteoclis iniquos
Haudquaquam regalis honos; Argivus haberi
Frater jussus adhuc, atque exsule pellitur umbra.
    At non plebeio fumare Menœcea busto   60
Rex genitor Thebæque sinunt : nec robora vilem
Struxerunt de more rogum : sed bellicus agger
Curribus, et clypeis, Graiorumque omnibus armis
Sternitur : hostiles super ipse, ut victor, acervos,
Pacifera lauro crinem vittisque decorus,   65
Accubat : haud aliter, quam quum poscentibus astris
Lætus in accensa jacuit Tirynthius Œta.
Spirantes super inferias captiva Pelasgum
Corpora frenatosque pater, solatia, fortes
Bellorum, mactabat equos : his arduus ignis   70
Palpitat, et gemitus tandem erupere paterni :
    « O, nisi magnanimus tantæ te laudis inisset
Ardor, Echionios mecum venerande penates,
Atque ultra, recture puer : venientia qui nunc
Gaudia et ingratum regni mihi munus acerbas :   75

Tu, Superum convexa licet cœtusque perenni,
Credo equidem, virtute colas, mihi flebile semper
Numen eris : ponant aras, excelsaque Thebæ
Templa dicent : uni fas sit lugere parenti.
Et nunc heu! quæ digna tibi solemnia, quasve   80
Largiar exsequias? nec si fatale potestas
Argos et impulsas cineri miscere Mycenas,
Meque super, cui vita (nefas!) et sanguine nati
Partus honos. Eademne dies, eadem impia bella
Te, puer, et diros misere in Tartara fratres?   85
Et nunc Œdipodi par est fortuna doloris,
Ac mihi : quam similes gemimus, bone Juppiter, umbra !
Accipe, nate, tui nova libamenta triumphi,
Accipe, et hoc regimen dextræ, frontisque superbæ
Vincula, quæ patri nimium gestanda dedisti.   90
Regem, te, regem, tristes Eteocleos umbræ
Adspicient. » Simul hæc dicens, crinemque manumque
Destruit, accensaque iterat violentius ira :
    « Sævum agedum, immitemque vocent, nunc funera Lernæ
Tecum ardere veto : longos utinam addere sensus   95
Corporibus, cœloque animas Ereboque nocentes
Pellere fas, ipsumque feras, ipsum unca volucrum
Ora sequi, atque artus regum monstrare nefandos.
Hei mihi, quod positos humus alma diesque resolvit.

et les oiseaux de proie, et désigner à leur voracité les membres de ces rois impies! Quelle douleur pour moi de voir la terre bienfaisante dissoudre leurs corps! Je le déclare donc et le répète encore une fois, que nul n'ose accorder aux Grecs les honneurs suprêmes ni les flammes du bûcher, s'il ne veut que je le punisse de mort, et que son cadavre aille remplacer les cadavres dérobés à ma vengeance; je le jure par les Dieux, par le grand Ménécée. » Il dit, ses compagnons l'entraînent et le portent dans son palais.

Cependant la cruelle Renommée traîne hors des murailles dépeuplées d'Argos un lugubre cortége : les mères, les veuves désolées des Grecs se précipitent, semblables à une troupe de captives. Chacune a ses douleurs, mais leur extérieur est le même; leurs cheveux tombent sur leur poitrine, leur tunique est relevée, le sang coule de leurs visages déchirés, et leurs bras délicats sont gonflés par les meurtrissures.

A la tête de ce sombre et triste cortége marche la malheureuse Argie; souvent elle tombe entre les bras de ses femmes éplorées, puis elle se relève, et, dans l'égarement de sa douleur, cherche en vain sa route. Elle ne songe plus ni à son palais, ni à son père; Polynice seul a sa foi, le nom seul de Polynice est dans sa bouche; c'est Dircé, ce sont les funestes murailles de Cadmus qu'elle voudrait habiter de préférence à Mycènes.

Vient ensuite la troupe des Calydoniennes mêlées aux femmes de Lerne, que conduit aux funérailles de Tydée Déiphile, dont la douleur ne le cède point à celle de sa sœur. L'infortunée n'ignorait point le crime de son époux, qui d'une dent sacrilège avait outragé les morts; mais que ne pardonne pas un malheureux amour à celui qui n'est plus? Après elle marche Néalcé; ses traits, quoique farouches, inspirent pourtant la pitié; dans sa douleur, digne du héros, elle appelle Hippomédon. Puis vient l'épouse impie du devin; hélas! elle ne pourra lui élever qu'un tombeau vide. Enfin on voit paraître les dernières troupes de femmes gémissantes, conduites par la triste compagne de Diane, adorée sur le Ménale, et l'auguste Évadné : l'une gémit et déplore la téméraire audace de son fils; l'autre, pleine du souvenir de son redoutable époux, montre une douleur farouche, et maudit le ciel. Hécate les aperçoit dans les bois du Lycée, et les accompagne de ses gémissements; la Thébaine Ino, en les voyant, du tombeau de son fils, s'avancer vers le double rivage de l'isthme, ne peut retenir ses pleurs. Éleusis, qui déjà gémit sur elle-même, gémit encore sur cette multitude éplorée errant dans les ténèbres, et, pour guider leur marche, elle élève ses flambeaux mystérieux. Junon elle-même les conduit par des sentiers détournés, et cache leurs pas, de peur que, rencontrées par l'armée des Grecs, elles ne soient contraintes de s'arrêter, et ne puissent accomplir leur grande et glorieuse entreprise. Iris aussi a soin de conserver les cadavres des guerriers d'Argos; elle arrose en secret leurs membres décomposés d'une rosée céleste et des sucs de l'ambroisie, afin qu'ils se conservent plus longtemps, et qu'ils puissent, sans se dissoudre, attendre la flamme du bûcher.

Mais voici qu'un guerrier, au visage pâle et défait, Ornite, qui, affaibli par une blessure récente et encore ouverte, n'avait pu suivre l'armée des Grecs, se glisse timidement à travers

Quare iterum repetens, iterumque edico, suprema 100
Ne quis ope, aut flammis ausit juvisse Pelasgos :
Aut nece facta luet, numeroque explebit ademta
Corpora : per Superos, magnumque Menœcea juro. »
Dixit, et abreptum comites in tecta ferebant.

Flebilis interea vacuis comitatus ab Argis, 105
Fama trahit miseras; orbæ viduæque ruebant
Inachides, ceu capta manus : sua vulnera cuique,
Par habitus cunctis, dejecti in pectora crines,
Accinctique sinus : manant lacera ora cruentis
Unguibus, et molles planctu crevere lacerti. 110

Prima per attonitas nigræ regina catervæ
Tristibus illabens famulis, iterumque resurgens
Quærit inops Argia vias : non regia cordi,
Non pater : una fides, unum Polynicis amati
Nomen in ore sedet. Dircen, infaustaque Cadmi 115
Mœnia, posthabitis velit incoluisse Mycenis.

Proxima Lernæo Calydonidas agmine mixtas
Tydeos exsequias trahit haud cessura sorori
Deiphile; scelus illa quidem, morsusque profanos
Audierat miseranda viri : sed cuncta jacenti 120
Infelix ignoscit amor : post aspera visu,

Ac deflenda tamen, digno plangore Nealce
Hippomedonta ciens : vatis mox impia conjux
Heu vacuos positura rogos : postrema gementum
Agmina Mænaliæ ducit comes orba Dianæ, 125
Et gravis Evadne : dolet hæc, queriturque labores
Audacis pueri : magni memor illa mariti
It torvum lacrimans, summisque irascitur astris.
Illas et lucis Hecate speculata Lycæis
Prosequitur gemitu, duplexque ad litus euntes 130
Planxit ab Isthmiaco genitrix Thebana sepulcro :
Noctivagumque gregem, quamvis sibi luget, Eleusin
Flevit, et arcanos errantibus extulit ignes.
Ipsa per aversos ducit Saturnia colles,
Occultatque vias, ne plebs congressa suorum 135
Ire vetet, pereatque ingentis gloria cœpti.
Nec non functa ducum refovendi corpora curam
Iris habet : putresque arcanis roribus artus
Ambrosiæque rigat succis, ut longius obstent
Exspectentque rogos, flammas neve ante fatiscant. 140

Squalidus ecce genas, et hianti vulnere pallens,
Ornitus (hic socio desertus ab agmine; tardat
Plaga recens) timidus secreta per avia furto

les sentiers détournés, marchant avec peine, appuyé sur un débris de sa lance. Il s'étonne d'abord du tumulte étrange qui trouble ces lieux solitaires ; bientôt il reconnaît cette troupe de femmes, maintenant la seule armée de Lerne. Il ne leur demande pas le motif de leur voyage : qui ne le verrait? mais, d'une voix triste, il leur adresse le premier ces mots :

« Infortunées ! où portez-vous vos pas? Espérez-vous rendre les devoirs funèbres aux guerriers morts, et recueillir leurs cendres? Là, autour de leurs ombres, une garde veille sans cesse, et répond, au roi, des cadavres qui gisent sans sépulture, sans larmes; on repousse bien loin tout être humain; les oiseaux et les bêtes farouches peuvent seuls en approcher. Croyez-vous que Créon accorde à vos larmes leur sépulture? Il vous serait plus facile de fléchir les autels sanguinaires de Busiris, le roi de Thrace et ses coursiers affamés, et les divinités de la Sicile. Peut-être (si son âme m'est bien connue) il vous saisira malgré vos prières, et vous immolera, non pas sur les cadavres de vos époux, mais loin de leurs mânes chéris. Fuyez tandis que la route est sûre, et, de retour à Lerne, gravez leurs noms, la seule chose qui vous reste, sur des tombeaux vides, et appelez à de vains bûchers leurs âmes absentes. Ou bien allez à Athènes : Athènes n'est pas bien éloignée, et la renommée publie que Thésée revient triomphant des bords du Thermodon. Implorez le secours des enfants de Cécrops : c'est par la guerre, c'est par les armes qu'il faut ramener Créon à des sentiments humains. » Il dit, et elles frémissent d'horreur ; leurs larmes s'arrêtent, la stupeur glace l'ardeur immense qui les poussait, et sur tous ces visages règne la même pâleur. Ainsi, quand le rugissement d'une tigresse d'Hyrcanie, irritée par la faim, vient à frapper l'oreille des timides génisses, la campagne elle-même se trouble à ce bruit, le troupeau tremble, et attend, dans une cruelle anxiété, quelle victime va choisir sa faim cruelle.

Aussitôt parmi ces femmes les avis se partagent et se combattent : les unes veulent qu'on se rende à Thèbes, et qu'on implore l'orgueilleux Créon ; les autres, que l'on ait recours à la générosité du peuple athénien. Pour toutes retourner à Argos serait le pire des maux et une honte.

Mais soudain Argie, s'armant d'un courage au-dessus de son sexe, affronte une périlleuse entreprise. L'espérance d'un glorieux danger séduit son cœur : elle veut braver les ordres d'un roi cruel, elle veut aller où n'irait pas, escortée d'une armée d'Amazones, une fille du Rhodope, ou du Phase couvert de neiges. Elle imagine une ruse pour se séparer de ses fidèles compagnes, et aller défier les Dieux cruels, le sanguinaire Créon ; elle est sans crainte pour sa vie, et prête à tout oser dans l'excès de sa douleur. La piété, son chaste amour l'animent. Polynice lui-même se montre à ses yeux dans tous les actes de sa vie, tantôt son hôte, tantôt son fiancé au pied des autels, tantôt son époux bien-aimé, tantôt enfin sous le casque terrible, triste, la serrant dans ses bras, et du seuil qu'il quittait tournant plusieurs fois sur elle ses regards. Mais nulle image ne s'offre plus souvent à ses regards que celle du cadavre de Polynice, couché sur la poussière ensanglantée, et lui demandant un bûcher ; ces pensées qui l'agitent

Debile carpit iter, fractæque innititur hastæ.
Isque ubi mota novo stupuit loca sola tumultu, 145
Femineumque gregem, quæ jam super agmina Lernæ
Sola videt, non ille viam causasque requirit,
Quippe patent ; mœsto sed sic prior occupat ore :
« Quo miseræ, quo fertis iter? funusne perempis
Speratis, cineremque viris? stat pervigil illic 150
Umbrarum custos, inhumataque corpora regi
Annumerat : nusquam lacrimæ, procul usque fugati
Accessus hominum : solis avibusque ferisque
Ire licet : vestrisne Creon dabit æquus honorem
Luctibus? immites citius Busiridos aras, 155
Odrysiique famem stabuli, Siculosque licebit
Exorare Deos : rapiet fortasse precantes,
(Si mens nota mihi,) nec conjugialia supra
Funera, sed caris longe mactabit ab umbris.
Quin fugitis, dum tuta via est, Lernamque reversæ 160
Nomina, quod superest, vacuis datis orba sepulcris,
Absentesque animas ad inania busta vocatis?
Aut vos Cecropiam (prope namque et Thesea fama est
Thermodontiaco lætum remeare triumpho)
Imploratis opem? bello cogendus et armis 165
In mores hominemque Creon. » Sic fatus, at illis

Horruerant lacrimæ, stupuitque immanis eundi
Impetus, atque uno vultus pallore notati.
Non secus afflavit molles si quando juvencas
Tygridis Hyrcanæ jejunum murmur, et ipse 170
Auditu turbatur ager; timor omnibus ingens,
Quæ placeat, quos illa fames descendat in armos.
Continuo discors vario sententia motu
Scinditur : his Thebas, tumidumque ambire Creonta,
His placet Actææ si quid clementia gentis 175
Annuat : extremum curarum, ac turpe reverti.
At non femineæ subitum virtutis honorem
Colligit Argia, sexuque immane relicto
Tractat opus : placet egregii spes dura pericli
Cominus infandi leges accedere regni : 180
Quo Rhodopes non ulla nurus, nec alumna nivosi
Phasidis, innuptis vallata cohortibus, iret.
Tunc movet arte dolum, quo semet ab agmine fido
Segreget, immitesque Deos, regemque cruentum
Contemtrix animæ, et magno temeraria luctu 185
Provocet : hortantur pietas, ignesque pudici.
Ipse etiam ante oculos omni manifestus in actu
Nunc hospes miseræ, primas nunc sponsus ad aras,
Nunc mitis conjux, nunc jam sub casside torva

enflamment son esprit, elle aime d'une chaste ardeur ces tristes restes. Se tournant alors vers ses compagnes : « Vous, dit-elle, appelez à votre secours les guerriers d'Athènes et de Marathon, et que la fortune seconde votre pieuse entreprise! Pour moi, qui suis la seule cause de tant de désastres, laissez-moi pénétrer dans la ville d'Ogygès, et la première affronter le courroux terrible du roi. Les portes de cette ville barbare ne seront pas sourdes à mes coups. J'y trouverai le père et la mère de mon époux; j'y trouverai ses sœurs. A Thèbes, je ne serai pas inconnue. Je ne vous demande qu'une chose, ne me retenez point : j'obéis à une impulsion irrésistible et aux pressentiments de mon cœur. » Elle n'en dit pas davantage, et ne choisit pour l'accompagner que le seul Ménète, autrefois son gouverneur et le gardien de sa vertu. Quoique ne connaissant pas les lieux, elle s'engage dans la route qu'avait suivie Ornite, et lorsqu'elle se voit assez éloignée des compagnes de son infortune » : « Hé quoi! dit-elle, tandis que ton cadavre se consume sur la terre ennemie, irai-je attendre que Thésée prenne une résolution tardive? que les chefs, qu'un aruspice, y soient favorables? Pendant ce temps-là tes restes mêmes diminuent. Non! plutôt livrer mon propre corps à la serre des oiseaux de proie! Sans doute, si tu conserves encore quelque sentiment, ô mon fidèle époux! tu te plains, aux dieux du Styx, de ma dureté, et de ma lenteur à aller apaiser ton ombre. Hélas! que ton cadavre soit encore sur le sol, ou que déjà il soit enseveli, c'est pour moi une égale impiété. Les obstacles ne sont rien à ma douleur; ni la mort, ni le barbare Créon ne sauraient m'arrêter : Ornite, tu n'as fait qu'animer mon ardeur. » Elle dit, et, d'un pas rapide, parcourt les plaines de Mégare; ceux qu'elle rencontre lui indiquent les chemins. Son extérieur les effraye, mais ses malheurs inspirent le respect. Elle va, le regard farouche; aucun bruit n'étonne son oreille et ne trouble son cœur. Ce qui la rassure, c'est l'excès même de ses maux; elle est plus à craindre qu'elle ne craint elle-même. Ainsi, lorsque en Phrygie, pendant la nuit, le Dindyme retentit de lamentations, la prêtresse furieuse, à la tête d'un chœur armé de rameaux de pin, se précipite vers les bords du Simoïs; la déesse elle-même a mis entre ses mains le fer qui doit se teindre d'un sang qui lui est cher, et a orné son front de bandelettes.

Déjà le soleil avait plongé son char brûlant dans la mer d'Hyrcanie, pour se lever de nouveau du sein des ondes opposées, et cependant Argie, que sa douleur rend insensible aux fatigues, ne s'aperçoit pas que le jour a disparu : elle n'est pas effrayée des ténèbres qui couvrent la plaine, et continue sa route à travers les rochers inaccessibles, les troncs desséchés qui menacent ruine, les profondes retraites des forêts que n'éclaira jamais un jour serein, les champs coupés de fossés invisibles, et les fleuves dont elle ne cherche pas les gués; elle passe auprès des bêtes féroces endormies, auprès des repaires où reposent des monstres affreux : tant le courage et le désespoir

Mœstus in amplexu, multumque a limine summo 190
Respiciens : sed nulla animo obversatur imago
Crebrior, Aonii quam quæ de sanguine campi
Nuda venit, poscitque rogos : his anxia mentem
Ægrescit curis, et, qui castissimus ardor,
Funus amat : tunc ad comites conversa Pelasgas : 195
« Vos, ait, Actæas acies, Marathoniaque arma
Elicite, adspiretque pio fortuna labori.
Me sinite Ogygias, tantæ quæ sola ruinæ
Causa fui, penetrare domos, et fulmina regni
Prima pati : nec surda feræ pulsabimus urbis 200
Limina : sunt illic soceri mihi, suntque sorores
Conjugis, et Thebas haud ignoranda subibo.
Ne tantum revocate gradus : illo impetus ingens,
Auguriumque animi. » Nec plura : unumque Menœten,
Olim hic virginei custos monitorque pudoris, 205
Eligit; et quanquam rudis, atque ignara locorum,
Præcipites gressus, qua venerat Ornitus, affert.
Atque ubi visa procul socias liquisse malorum,
« Anne, ait, hostiles ego te labente per agros,
Heu dolor! exspectem, quænam sententia lenti
Theseos? an bello proceres, an dexter aruspex
Annuat? interea funus decrescit : et uncis
Alitibus non hos potius supponimus artus?
Et nunc me duram, si quis tibi sensus, ad umbras

Me tardam quereris Stygiis, fidissime, Divis. 215
Heu si nudus adhuc, heu si jam forte sepultus,
Nostrum utrumque nefas : adeo vis nulla dolenti,
Mors nusquam, sævusque Creon : hortaris euntem,
Ornite. » Sic dicens magno Megareia præceps
Arva rapit passu : demonstrat proxima quisquis 220
Obvius, horrescitque habitus, miseramque veretur.
Vadit atrox visu, nec corde, nec aure pavescens,
Et nimiis confisa malis, propiorque timeri.
Nocte velut Phrygia quum lamentata resultant
Dindyma, pinigeri rapitur Simoentis ad amnem 225
Dux vesana chori, cujus Dea sanguine lecto
Ipsa dedit ferrum, et vittata fronte notavit.
    Jam pater Hesperio flagrantem gurgite currum
Abdiderat Titan, aliis rediturus ab undis,
Quum tamen illa gravem luctu fallente laborem 230
Nescit abisse diem : nec caligantibus arvis
Terretur, nec frangit iter, per et invia saxa,
Lapsurasque trabes, nemorumque arcana sereno
Nigra die, cæcisque incisa novalia fossis,
Per fluvios secura vadi, somnosque ferarum 235
Præter, et horrendis insessa cubilia monstris.
Tantum animi, luctusque valent! pudet ire Menœten
Tardius, invalidæque gradum miratur alumnæ.
Quas non illa domos pecorumque hominumque modesto

donnent de force! Ménète rougit de ne pouvoir la suivre que de loin, et admire de quel pas marche cette faible jeune fille. Quelles chaumières, quelles maisons où n'ont pas frappé ses timides gémissements! combien de fois ses pas s'égarèrent! combien de fois vit-elle la flamme consolatrice qui guidait sa marche lui manquer, et son flambeau pâlir, vaincu par les froides ténèbres! Enfin, après de longues fatigues, les coteaux du Penthée s'aplanissent et s'effacent au loin. Ménète, hors d'haleine, et presque épuisé, commence alors en ces termes : « Si je ne suis point abusé par le désir de voir la fin de nos fatigues, voici la ville d'Ogygès et les cadavres privés de sépulture : l'air qui nous environne est lourd et infecté; les oiseaux de proie en reviennent à travers les airs. Voilà cette terre cruelle : les murailles de Thèbes ne sont pas bien loin. Vois-tu comme leur ombre immense se prolonge dans la plaine? comme les feux mourants brillent par intervalles sur le sommet des tours? Les murs sont tout près. Tout à l'heure la nuit était plus silencieuse, et les astres seuls perçaient la profondeur des ténèbres. » Argie frémit, et tendant ses mains vers les murailles :

« O Thèbes! autrefois l'objet de mes désirs et maintenant mon ennemie, toi qui me seras chère encore si tu me rends intacts les restes de mon époux, tu vois dans quel appareil, avec quel cortége je viens pour la première fois vers tes murs, moi la belle-fille du grand Œdipe! Mes vœux ne sont pas criminels; je n'implore de ton hospitalité qu'un bûcher, le droit de pleurer sur un tombeau. Ce malheureux exilé, repoussé par la guerre loin de son pays, ce prince que tu n'as pas jugé digne du trône paternel, rends-le à mes prières. Et toi, je t'en conjure, viens, si les mânes conservent quelque forme, si l'âme erre dégagée du corps. Montre-moi la route, conduis-moi vers ton cadavre, si j'ai mérité cette faveur. » Elle dit, se dirige vers le toit champêtre d'une chaumière voisine, y ranime la flamme de son flambeau mourant, et, troublée, hors d'elle-même, se précipite à travers l'horrible plaine.

Telle, allumant une torche aux rochers de l'Etna, Cérès désolée éclairait des reflets variés d'une flamme immense les rivages de l'Ausonie et de la Sicile, alors qu'elle suivait les traces du sombre ravisseur de sa fille, et les larges sillons tracés sur la poussière. A ses gémissements furieux Encelade lui-même répond; il fait jaillir ses feux, et illumine la route de la déesse. Les fleuves, les forêts, la mer et le ciel, tout appelle Proserpine; seule la demeure de Pluton ne redit point le nom de son épouse.

Le fidèle Ménète avertit Argie, qu'égare la douleur, de se souvenir de Créon, de baisser sa torche et de se dérober aux regards. Reine naguère, elle faisait trembler les villes de l'Argolide; elle était l'objet des vœux ardents d'une foule de guerriers, le plus noble espoir de la nation; et maintenant la voici qui, pendant une nuit terrible, sans guide, tout près de l'ennemi, seule, marche à travers des monceaux d'armes, sur un sol souillé de sang, sans craindre ni les ténèbres, ni les groupes d'ombres qui l'entourent, et toutes ces âmes qui gémissent sur leurs corps laissés sans sépulture. Souvent ses pieds incertains

```
Pulsavit gemitu? quoties amissus eunti                 240
Limes, et errantem comites solatia flammæ
Destituunt, gelidæque facem vicere tenebræ?
Jamque supinantur fessis, lateque fatiscunt
Penthei devexa jugi, quum pectore anhelo
Jam prope deficiens, sic inchoat orsa Menœtes :        245
« Haud procul, exacti si spes non blanda laboris,
Ogygias, Argia, domos, et egena sepulcri
Busta jacere reor : grave cominus æstuat aer
Sordidus, et magnæ redeunt per inane volucres.
Hæc illa est crudelis humus; nec mœnia longe.         250
Cernis, ut ingentes murorum porrigat umbras.
Campus, et e speculis moriens intermicet ignis?
Mœnia sunt juxta : modo nox magis ipsa tacebat,
Solaque nigrantes laxabant astra tenebras. »
Horruit Argia, dextramque ad mœnia tendens :          255
« Urbs optata prius, nunc tecta hostilia Thebæ,
Et tamen illæsas si reddis conjugis umbras,
Sic quoque dulce solum; cernis, quo prædita cultu,
Qua stipata manu, juxta tua mœnia primum
Œdipodis magni venio nurus? improba non sunt          260
Vota: rogos hospes, planctumque, et funera posco.
Illum, oro, extorrem regni, belloque fugatum,
Illum, quem solio non es dignata paterno,
```

```
Redde mihi : tuque, oro, veni, si Manibus ulla
Effigies, errantque animæ post membra solutæ.
Tu mihi pande vias, tuaque ipse ad funera deduc,
Si merui. » Dixit, tectumque aggressa propinquæ
Pastorale casæ, reficit spiramina fessi
Ignis, et horrendos irrumpit turbida campos.
   Qualis ab Ætnæis accensa lampade saxis             270
Orba Ceres magnæ variabat imagine flammæ
Ausonium Siculumque latus, vestigia nigri
Raptoris, vastosque legens in pulvere sulcos.
Illius insanis ululatibus ipse remugit
Enceladus, ruptoque vias illuminat igni.              275
Persephonen amnes, silvæ, freta, nubila clamant :
Persephonen tantum Stygii tacet aula mariti.
   Admonet attonitam fidus meminisse Creontis
Altor, et occultam submittere lampada furto.
Regina Argolicas modo formidata per urbes,            280
Votum immane procis, spesque augustissima gentis,
Nocte sub infesta, nullo duce, et hoste propinquo,
Sola per offensus armorum, et lubrica tabo
Gramina, non tenebras, non circumfusa tremiscens
Concilia umbrarum, atque animas sua membra gementes.
Sæpe gradu cæco ferrum, calcataque tela               285
Dissimulat, solusque labor vitare jacentes,
```

heurtent des glaives et des traits ; mais elle dissimule sa douleur, et ne songe qu'à éviter les cadavres. A chaque instant elle croit reconnaître celui qu'elle cherche, interroge d'un œil curieux tous ces guerriers couchés à terre, tourne vers elle leurs visages, se penche sur eux, et se plaint de la faible clarté des astres.

En ce moment, à travers les ombres qui apportent aux hommes le sommeil, Junon, qui s'est dérobée de la couche de son puissant époux, se dirigeait secrètement vers les murs de Thésée, pour fléchir Pallas, et préparer à Athènes un accès facile aux pieuses suppliantes. Dès qu'elle aperçoit du haut des airs la malheureuse Argie s'épuisant en vaines recherches dans la plaine, elle se sent émue à cette vue, et, tournant son char vers celui de la lune, elle lui adresse ces douces paroles : « Accorde à nos prières une légère faveur, Cynthie, si tu as quelque égard pour Junon : certes, c'est ta coupable déférence pour les ordres de Jupiter qui fit la triple nuit dans laquelle fut conçu Hercule.... mais je ne veux pas rappeler d'anciens sujets de plainte. Voici une occasion de m'être utile : Argie, cette fille de l'Inachus, si dévouée à mon culte, tu vois comme elle s'égare au milieu de cette sombre nuit, et, faible, ne peut trouver son époux au milieu des épaisses ténèbres, tandis que ton disque languissant est voilé par des nuages. Je t'en conjure, montre ton croissant; que les roues de ton char pèsent de plus près sur la terre, et que le Sommeil, qui, penché à côté de toi, dirige tes rênes humides, descende à ta voix sur les Thébains qui veillent.

A peine a-t-elle dit ces mots, que la déesse perce les nuages et fait briller son orbe immense. Les ombres ont fui effrayées, l'éclat des astres a pâli, et la fille de Saturne elle-même peut difficilement soutenir cette éclatante lumière. D'abord, à la lueur qui se répand dans la plaine, la malheureuse Argie reconnaît le manteau de Polynice, ouvrage de ses mains, bien que le tissu se dérobe aux regards et que la pourpre soit ternie par le sang qui la souille. Tandis qu'elle invoque les Dieux, persuadée que c'est là tout ce qui lui reste de la dépouille chérie de son époux, elle l'aperçoit lui-même, presque enseveli dans la poussière : aussitôt ses sens l'abandonnent, elle ne voit plus, elle n'entend plus rien, et la douleur arrête ses larmes ; elle se jette tout entière sur le corps de son époux, cherche par ses baisers à rappeler son âme absente, exprime le sang de ses cheveux et de ses vêtements, et le recueille pour le conserver. Enfin, recouvrant la voix :

« Est-ce bien toi, ô mon époux! toi, qui parti, à la tête d'une armée, pour reconquérir un trône qui t'était dû, toi, le gendre du puissant Adraste? Est-ce ainsi que je te retrouve? Voilà donc le triomphe au-devant duquel je devais courir? Lève vers moi ton visage et tes yeux éteints : Argie est venue vers Thèbes; allons, introduis-moi dans ces murs, montre-moi le palais de tes aïeux; à ton tour, offre-moi l'hospitalité. Hélas! que fais-je? ce gazon où gît ton cadavre, voilà tout ce qui te reste de la terre de ta patrie! Affreuse querelle! ton frère non plus ne possède pas l'empire. N'as-tu donc obtenu les larmes d'aucun des tiens? Où est ta mère? où est cette Antigone si renommée? Il est vrai, c'est pour moi que tu es mort, pour moi seule que tu as été vaincu. Je te disais :

Dum funus putat omne suum, visuque sagaci
Rimatur positos, et corpora prona supinat
Incumbens, queriturque parum lucentibus astris.   290
    Forte soporiferas cœli secreta per umbras
Juno, sinu magni semet furata mariti,
Theseos ad muros, ut Pallada flecteret, ibat,
Supplicibusque piis faciles aperiret Athenas :
Atque ubi per campos errore fatiscere vano   295
Immeritam Argian supero respexit ab axe,
Indoluit visu : et lunaribus obvia bigis
Advertit currum, placidaque ita voce locuta est :
« Da mihi poscenti munus breve, Cynthia, si quis
Est Junonis honos : certe Jovis improba jussu   300
Ternoctem Herculeam : veteres sed mitto querelas :
En locus officio : cultrix placidissima nostri
Inachis Argia cernis qua nocte vagetur,
Nec reperire virum densis queat ægra tenebris?
Et tibi nimbosum languet jubar : exere quæso   305
Cornua, et assueto propior premat orbita terras.
Hunc quoque, qui curru madidas tibi pronus habenas
Ducit, in Aonios vigiles demitte Soporem. »
    Vix ea, quum scissis magnum Dea nubibus orbem
Protulit : expavere umbræ, fulgorque recisus   310

Sideribus : vix ipsa tulit Saturnia flammas.
Primum per campos infuso lumine, pallam
Conjugis ipsa suos noscit miseranda labores,
Quamquam texta latent, suffusaque sanguine mœret
Purpura : dumque Deos vocat, et de funere caro   315
Hoc superesse putat, videt ipsum in pulvere pæne
Calcatum : fugere animus, visusque, sonusque,
Inclusitque dolor lacrimas : tunc corpore toto
Sternitur in vultus, animamque per oscula quærit
Absentem, pressumque comis ac veste cruorem   320
Servatura legit : mox tandem voce reversa :
« Hunc ego te, conjux, ad debita regna profectum
Ductorem belli, generumque potentis Adrasti
Adspicio? talisque tuis occurro triumphis?
Huc attolle genas, defectaque lumina : venit   325
Ad Thebas Argia tuas : age, mœnibus induc,
Et patrios ostende lares, et mutua redde
Hospitia : heu quid ago? projectus cespite nudo
Hoc patriæ telluris habes? quæ jurgia? certe
Imperium non frater habet : nullasne tuorum   330
Movisti lacrimas? ubi mater, ubi inclyta fama
Antigone? mihi nempe jaces : mihi victus es uni.
Dicebam, quo tendis iter? quid sceptra negata

Où portes-tu tes pas? Pourquoi réclamer un sceptre qu'on te refuse? Argos est à toi; tu régneras dans le palais de ton beau-père; là t'attendent les honneurs d'une longue vie et un pouvoir sans partage. Mais pourquoi me plaindre? C'est moi-même qui ai causé la guerre, c'est moi qui ai supplié mon père affligé, et c'était pour te serrer ainsi dans mes bras! Mais je suis satisfaite, Dieux immortels; je te remercie, ô Fortune! le but de mon long voyage est atteint. Je l'ai retrouvé tout entier. Hélas! quelle large et profonde blessure! Ton frère, c'est lui... Oh! je vous en conjure, montrez-moi où est étendu ce monstre impie? Que je puisse le trouver, et je surpasserai en férocité les oiseaux de proie, et je ferai reculer les bêtes farouches. Aurait-il, le sacrilége! obtenu les flammes du bûcher? Eh bien! la terre de ta patrie ne te verra pas non plus privé, ô mon époux, des feux sacrés : ton corps sera consumé, il recevra le tribut de larmes qu'on a voulu ravir aux rois immolés. Tu n'es plus, mais je te garderai ma foi; elle descendra avec moi dans le tombeau. Notre fils sera le témoin de ma douleur; mon jeune Polynice consolera mon veuvage. »

En ce moment, la malheureuse Antigone portait vers le même lieu ses pleurs et sa torche funèbre; elle a trouvé enfin, mais avec peine, l'occasion tant désirée de sortir des murailles : car sans cesse elle est surveillée par les gardes; le roi lui-même ordonne qu'on s'en défie; les sentinelles se succèdent plus souvent, et les feux en plus grand nombre éclairent la ville. Elle se justifie donc de sa lenteur aux Dieux, à son frère, et, hors d'elle-même, aussitôt que la garde odieuse s'est abandonnée un moment au sommeil, elle s'élance hors des murs. Telle une jeune lionne effraye les campagnes de ses rugissements, lorsque, libre enfin, elle peut pour la première fois se livrer à sa fureur, loin de sa mère. Antigone est bientôt près de Polynice, car elle connaît l'affreuse plaine, elle sait où son frère est couché sur la poussière. Ménète, dont la douleur est oisive, la voit s'avancer, et cherche à étouffer les gémissements de son élève chérie.

Mais les derniers sons de la voix d'Argie ont frappé les oreilles de la vierge attentive. Une femme vêtue de noir, les cheveux épars et négligés, le visage souillé de sang, lui apparaît à la lueur des astres et de la double torche. « Quels sont les mânes, quel est celui que tu cherches, téméraire, dans cette nuit qui m'appartient? » Argie reste longtemps sans répondre, mais elle jette son voile sur sa tête et sur celle de son époux, saisie d'une frayeur soudaine et oubliant un moment sa douleur. Ce silence confirme les soupçons d'Antigone; elle insiste, elle presse de ses questions la princesse et son compagnon; mais la force les abandonne tous deux; ils restent immobiles, et se taisent. Enfin Argie découvre son visage, et, serrant dans ses bras le corps de son époux, elle parle ainsi :

« Si au milieu de ces débris sanglants de la guerre tu viens comme moi chercher quelques restes, si tu crains aussi les ordres cruels de Créon, je puis, me fiant à toi, te dire la vérité. Si tu es malheureuse, comme j'en puis juger par tes larmes et tes gémissements, eh bien! faisons alliance ensemble : je suis la fille du roi Adraste... Mais, ô Dieux, quelqu'un n'approche-t-il pas?

Poscis? habes Argos : soceri regnabis in aula :
Hic tibi longus honos, hic indivisa potestas.   335
Quid queror? ipsa dedi bellum, mœstumque rogavi
Ipsa patrem, ut talem nunc te complexa tenerem.
Sed bene habet, Superi : gratum est, Fortuna : peracta est
Spes longinqua viæ : totos invenimus artus.
Hei mihi, sed quanto descendit vulnus hiatu!   340
Hoc frater? qua parte, precor, jacet ille nefandus
Prædator? vincam volucres, sit adire potestas,
Excludamque feras : an habet funestus et ignes?
Sed nec te flammis inopem tua terra videbit :
Ardebis, lacrimasque feres, quas ferre negatum   345
Regibus, æternumque tuo famulata sepulcro
Durabit deserta fides, testisque dolorum
Natus erit, parvoque torum Polynice fovebo. »
  Ecce alios gemitus, aliamque ad busta ferebat
Antigone miseranda facem, vix nacta petitos   350
Mœnibus egressus : illam nam tempore in omni
Attendunt vigiles, et rex jubet ipse timeri,
Contractæque vices, et crebrior excubat ignis.
Ergo Deis, fratrique moras excusat, et amens,
Ut paullum immisso cessit statio horrida somno,   355
Erumpit muris : fremitu quo territat agros

Virginis ira leæ rabies, cui libera tandem
Et primus sine matre furor : nec longa morata est,
Quippe trucem campum, et positus quo pulvere frater
Noverat : atque illam contra videt ire Menœtes,   360
Cui vacat, et caræ gemitus compescit alumnæ.
  Quum tamen erectas extremus virginis aures
Accessit sonus : utque atra sub veste, comisque
Squalentem, et crasso fœdatam sanguine vultus
Astrorum radiis, et utraque a lampade vidit :   365
« Cujus, ait, Manes, aut quem temeraria quæris
Nocte mea? » Nihil illa diu, sed in ora mariti
Dejicit, inque suos pariter velamina vultus,
Capta metu subito, paullumque oblita doloris.
Hoc magis increpitans suspecta silentia, perstat   370
Antigone, comitemque premens ipsamque : sed ambo
Deficiunt, fixique silent : tandem ora retexit
Argia, corpusque tamen complexa, profatur :
« Si quid in hoc veteri bellorum sanguine mecum
Quæsitura venis, si tu quoque dura Creontis   375
Jussa times, possum, tibi me confisa, fateri.
Si misera es, certe lacrimas lamentaque cerno,
Junge, age, junge fidem : proles ego regis Adrasti
(Hei mihi! num quis adest?) cari Polynicis ad ignes,

C'est pour rendre à mon cher Polynice les honneurs du bûcher que, malgré la défense du roi... » La vierge, fille de Cadmus, est frappée de stupeur, elle tremble, et soudain l'interrompt en ces mots : « Est-ce moi, compagne de tes malheurs, ô aveuglement du sort! est-ce moi que tu crains? Ces membres que tu tiens, ce corps que tu pleures, c'est aussi celui que je pleure. Je suis vaincue par toi : ô honte! ô lâche tendresse d'une sœur! »

Ainsi s'exprime Antigone. Alors toutes deux se précipitent sur le cadavre de Polynice, l'entourent de leurs bras entrelacés, et, dans leur douleur avide, mêlent leurs larmes, leur chevelure, se partagent ses membres chéris, et tour à tour reviennent mouiller de pleurs son visage et contempler avec amour sa tête inanimée. L'une parle de son frère, l'autre de son époux, et toutes deux s'interrompent mille fois pour parler de Thèbes et d'Argos. Argie cependant rappelle plus longuement les malheurs de son époux : « Je te le jure, dit-elle, par notre douleur commune, par ce devoir sacré rempli furtivement, par ces mânes chers à toutes deux, et ces astres qui m'entendent, non, bien qu'il fût errant et exilé, ce n'étaient pas les honneurs qu'il avait perdus, ni le sol de la patrie, ni le cœur d'une mère aimée, c'était toi seule qu'il regrettait, c'était le nom d'Antigone qu'il répétait le jour et la nuit; je lui étais moins chère que toi, et il me quitta sans désespoir. Peut-être qu'avant le forfait, du sommet d'une haute tour, tu l'as vu distribuant des étendards aux bataillons grecs; peut-être il t'a regardée du milieu de l'armée, et t'a saluée de son épée et du panache qui flottait sur sa tête; et moi, j'étais loin d'ici...!

Mais quel dieu l'a poussé à cet excès de rage? Quoi! vos prières n'ont rien pu sur son cœur? il a resisté à tes larmes? » Antigone allait lui faire le récit de ce crime et de ses tristes causes : leur compagnon fidèle leur donne ce sage avis: « Achevez plutôt maintenant votre entreprise; déjà les astres pâlissent, troublés par l'approche du jour; n'interrompez pas ce pieux ouvrage; un temps viendra pour les larmes: quand s'élèvera la flamme funèbre, alors vous pourrez pleurer. » Non loin de là, le murmure de l'onde indiquait les rives de l'Ismène, qui coulait encore tout troublé et teint de sang. Elles y traînent, en réunissant leurs faibles efforts, les membres déchirés de Polynice, et le vieillard leur prête le secours de son bras affaibli par l'âge. Ainsi les sœurs de Phaéton, fils du Soleil, lavèrent dans les tièdes ondes du Pô son cadavre fumant; et à peine l'avaient-elles enfermé dans le tombeau, que déjà, arbres plaintifs, elles prenaient racine sur les bords du fleuve.

Aussitôt que l'onde eut lavé le sang des blessures, et que les membres du héros eurent repris la pâle beauté de la mort, les deux infortunées, après les derniers baisers, cherchent du feu; mais elles ne voient autour d'elles sur le sol creusé qu'un amas de cendres froides, inanimées; partout la flamme est éteinte. Un seul bûcher était encore debout, et, soit par un effet du hasard ou par la volonté des Dieux, c'était celui où les membres du cruel Étéocle avaient été consumés. Peut-être la fortune voulait-elle susciter un nouveau prodige, peut-être aussi l'Euménide avait-elle gardé ces feux prêts à se diviser. Dans

Etsi regna vetant. » Stupuit Cadmeia virgo, 380
Intremuitque simul, dicentemque occupat ultro :
« Mene igitur sociam (pro sors ignara!) malorum,
Mene times? mea membra tenes, mea funera plangis.
Cedo, ten' pudet? heu pietas ignava sororis! »
Hæc prior : hic pariter lapsæ, junctoque per ipsum 385
Amplexu, miscent avidæ lacrimasque, comasque,
Partitæque artus redeunt vicibus alterna gementes
Ad vultum, et cara vicibus cervice fruuntur.
Dumque modo hæc fratrem memorat, nunc illa maritum,
Mutuaque exorsæ Thebas, Argosque renarrant, 390
Longius Argia miseros reminiscitur actus :
« Per tibi furtivi sacrum commune doloris,
Per socios Manes, et conscia sidera juro;
Non hic amissos, quamquam vagus exsul, honores,
Non gentile solum, caræ non pectora matris, 395
Te cupiens unam, noctesque, diesque, locutus
Antigonen : ego cura minor, facilisque relinqui.
Tu tamen excelsa sublimis forsitan arce,
Ante nefas Graiis dantem vexilla manipulis
Vidisti, teque illæ acie respexit ab ipsa 400
Ense salutatam, et mutantis vertice coni.
Nos procul : extremas sed quis Deus egit in iras?
Nil vestræ valuere preces? tibine iste negavit

Oranti? » Causas ac tristia reddere facta
Cœperat Antigone : fidus comes admonet ambas : 405
« Eia agite inceptum potius! jam sidera pallent
Vicino turbata die : perferte laborem,
Tempus erit lacrimis : accenso flebitis igne. »
Haud procul Ismeni monstrabant murmura ripas,
Qui turbatus adhuc et sanguine decolor ibat. 410
Huc laceros artus socio conamine portant
Invalidæ, jungitque comes non fortior ulnas.
Sic Hyperionium tepido Phaethonta sorores
Fumantem lavere Pado : vix dum ille sepulcro
Conditus, et flentes stant circum flumina silvæ. 415
 Ut sanies purgata vado, membrisque reversus
Mortis honos, ignem miseræ post ultima quærunt
Oscula : sed gelidæ circum exanimesque favillæ
Putribus in foveis, atque omnia busta quiescunt.
Stabat adhuc seu forte rogus, seu numine Divum, 420
Cui torrere datum sævos Eteocleos artus,
Sive locum monstris iterum fortuna parabat,
Seu discessuros servaverat Eumenis ignes.
Hic tenuem nigris etiamnum advivere lucem
Roboribus pariter cupidæ videre, simulque 425
Flebile gavisæ : nec adhuc, quæ busta, repertum,
Sed placidus quicumque, rogant, mitisque supremi

leur égal empressement elles aperçoivent la faible flamme qui vit encore dans les tisons noircis, et une triste joie brille en même temps sur leur visage. Elles ne savent pas encore à qui est ce bûcher; mais quel qu'il soit, elles le supplient de permettre à d'autres cendres de venir se mêler aux siennes, et de souffrir que des ombres étrangères se confondent.

Mais les deux frères se révèlent de nouveau : aussitôt que le feu dévorant a touché les membres de Polynice, le bûcher tremble, et repousse un cadavre odieux ; les flammes jaillissent, en se divisant à leur sommet, et élèvent deux pointes lumineuses qui se brisent tour à tour : on dirait que le pâle Orcus a mis aux prises les feux des Euménides, tant les deux tourbillons de flamme se menacent, et s'efforcent de s'éloigner l'un de l'autre; le bois même du bûcher s'ébranle sous ce poids et s'écarte. Alors la vierge effrayée s'écrie : « C'en est fait, nous avons ranimé de nos mains leur colère éteinte ! C'était son frère; car qui serait assez cruel pour refuser à une ombre l'hospitalité? Voici un fragment de son bouclier, je reconnais ce ceinturon à demi-brûlé : c'était son frère. Ne vois-tu pas comme les flammes se séparent, et cependant semblent lutter encore? Oui, leur affreuse haine leur survit; la guerre n'a rien terminé. Malheureux ! tandis que vous vous combattez ainsi, Créon est vainqueur; le trône est perdu pour vous. Quelle aveugle ardeur! Contre qui cette rage? Apaisez vos menaces; et toi, partout exilé, toujours victime de l'injustice, cède enfin; c'est ton épouse qui t'en conjure, c'est ta sœur; ou bien toutes deux nous nous jetterons au milieu de ces flammes furieuses. »

Elle dit, et soudain la terre tremble, fait chanceler le faîte des édifices, et favorise la discorde des deux flammes ennemies. Cette secousse a troublé le repos des gardes, à qui le sommeil lui-même offrait une image de cette scène lugubre. Ils se précipitent aussitôt, et entourent la plaine d'un réseau d'hommes armés. Le vieillard seul les voit avec effroi s'avancer; mais elles, debout devant le bûcher, loin de nier qu'elles viennent de braver ouvertement les ordres du barbare Créon, proclament, par leurs gémissements aigus, leur pieux larcin; elles sont tranquilles, car elles ont vu tomber en cendre tout le cadavre. Toutes deux se disputent l'honneur de mourir, et leur cœur s'enflamme à l'espoir du trépas. Elles s'accusent tour à tour d'avoir ravi, l'une les restes de son frère, l'autre, ceux de son époux : « C'est moi qui ai dérobé le corps, et moi la flamme; moi, la piété me guidait, et moi l'amour. » Elles se font une joie d'appeler sur leur tête les supplices, de tendre leurs mains aux chaînes. On ne remarque plus dans leurs paroles les égards qu'elles se témoignaient naguère; on les dirait animées par la colère et la haine, tant la discorde éclate dans leurs cris. Enfin elles entraînent vers le roi les gardes qui les ont saisies.

Cependant, bien loin de là, Junon, qui s'est concilié Pallas, introduit dans les murs d'Athènes les mères désolées d'Argos. La déesse prépare un favorable accueil à cette foule gémissante, et fait respecter leurs larmes; elle-même met en leurs mains des rameaux d'olivier, les bandelettes des suppliants, et leur recommande de marcher le front voilé, les yeux baissés, et de porter dans leurs mains des urnes vides. Tout le peuple d'Athènes sort en foule, et remplit les rues et les toits des édifices. Quel est cet essaim de femmes?

Admittat cineris consortem, et misceat umbras.
 Ecce iterum fratres : primos ut contigit artus
Ignis edax, tremuere rogi, et novus advena bustis   430
Pellitur : exundant diviso vertice flammæ,
Alternosque apices abrupta luce coruscant.
Pallidus Eumenidum veluti commiserit ignes
Orcus, uterque minax globus, et conatur uterque
Longius : ipsæ etiam commoto pondere paullum,   435
Secessere trabes : conclamat territa virgo :
« Occidimus, functasque manu stimulavimus iras.
Frater erat : quis enim accessus ferus hospitis umbræ
Pelleret? en clypei fragmen, semiustaque nosco
Cingula; frater erat : cernisne, ut flamma recedat,   440
Concurratque tamen? vivunt odia improba, vivunt.
Nil actum bello : miseri, sic dum arma movetis,
Vicit nempe Creon : nusquam jam regna : quis ardor?
Cui furitis? sedate minas : tuque exsul ubique,
Semper inops æqui, jam cede : hoc nupta precatur,   445
Hoc soror; aut sævos mediæ veniemus in ignes. »

 Vix ea, quum subitus campos tremor, altaque tecta
Impulit, adiuvitque rogi discordis hiatus,

Et vigilum turbata quies, quibus ipse malorum
Fingebat simulacra sopor : ruit ilicet, omnem   450
Prospectum lustrans armata indagine miles.
Illos instantes senior timet unus : at ipsæ
Ante rogum, sævique palam sprevisse Creontis
Imperia, et furtum claro plangore fatentur
Securæ, quippe omne vident fluxisse cadaver.   455
Ambigitur sæva de morte, animosaque leti
Spes furit : hæc fratris rapuisse, hæc conjugis artus
Contendunt, vicibusque probant : ego corpus, ego ignes :
Me pietas, me duxit amor : deposuere sævam
Supplicia, et dextras juvat inserere catenis.   460
Nusquam illa alternis modo quæ reverentia verbis;
Iram, odiumque putes : tantus discordat utrimque
Clamor! et ad regem, qui deprendere, trahuntur.

 At procul Actæis dextra jam Pallade muris
Juno Phoroneas inducit prævia matres   465
Attonitas, non ipsa minus, cœtumque gementem
Conciliat populis, et flentibus addit honorem.
Ipsa manu ramosque oleæ, vittasque precantes
Tradit, et obtenta submittere lumina palla,

pourquoi tant d'infortunées à la fois? On ne connaît pas encore la cause de leurs maux, et déjà l'on en gémit. La déesse parcourt les rangs des citoyens et ceux des Argiennes; elle dit quelle est leur nation, de quels guerriers elles pleurent la mort, et ce qu'elles sollicitent. Elles-mêmes vont annonçant partout sur leur passage l'arrêt de Thèbes et la cruauté de Créon. Ainsi les oiseaux de Thrace, d'une voix inarticulée, adressent à leur toit hospitalier leurs plaintes douloureuses, et racontent longuement le double hymen et le crime de Térée.

Au milieu de la ville s'élevait un autel qui n'était consacré à aucune des divinités supérieures. La douce Clémence y a fixé son séjour, et les malheureux l'ont rendu sacré. Là se pressent toujours de nouveaux suppliants; jamais aucun vœu ne fut repoussé par un refus; toutes les prières sont écoutées. Jour et nuit l'accès en est libre, et il suffit de se plaindre pour se rendre propice la déesse : point de luxe dans son culte; ni la fumée de l'encens, ni le sang des victimes ne sont reçus sur ses autels; des larmes seules les mouillent, et l'on n'y voit suspendues que des tresses lugubres de cheveux, et des vêtements qu'ont laissés les malheureux rendus à un meilleur destin. A l'entour est un bois tranquille où croissent des lauriers chargés de bandelettes, objet d'une profonde vénération, et l'olivier, l'arbre des suppliants. Là nulle image de la déesse, nulle statue d'airain qui reproduise ses traits; c'est dans le cœur des mortels qu'elle aime à habiter. Toujours une foule tremblante et misérable attriste ce lieu : le bonheur seul ne connaît pas ces autels. La renommée rapporte qu'après la mort d'Hercule, ses enfants, protégés par les armes d'Athènes, fondèrent ce temple. La renommée est ici au-dessous de la vérité; car il est plus juste de croire que les Dieux, pour qui Athènes fut toujours une terre hospitalière, la récompensèrent en lui donnant des mœurs plus douces, les cérémonies religieuses : les semences que la terre reçoit dans son sein, et qu'ils consacrèrent dans ce lieu un asile commun à toutes les infortunes, d'où devaient être bannies la Colère, les Menaces, la Tyrannie; la Fortune était également exclue de cet autel où régnait la Justice, et qui déjà, à cette époque, était connu de nations innombrables. C'est là que se rassemblent tous ceux qui ont été vaincus dans la guerre, ou chassés de leur patrie, ou dépouillés du trône, ou coupables d'un crime involontaire; c'est là qu'ils implorent le repos. Ce fut plus tard ce seuil hospitalier qui vainquit les Furies d'Œdipe, protégea les débris d'Olynthe, et écarta du malheureux Oreste le spectre de sa mère.

Le peuple montre ce lieu à la troupe affligée des femmes de Lerne; elles s'y rendent, et la foule des malheureux, qui les y avait précédées, se retire devant elles. A peine sont-elles au pied de cet autel, qu'elles sentent s'adoucir les soucis de leur cœur. Telles les grues chassées de leur patrie par l'Aquilon, aussitôt qu'en planant sur les mers elles ont aperçu Pharos, elles déploient leurs bataillons dans les airs, et poussent des cris de joie : heureuses de pouvoir, sous un ciel serein, braver les frimas, et réchauffer sur les bords du Nil leurs ailes glacées!

Et præferre docet vacuas sine Manibus urnas. 470
Omnis et Actæis effusa penatibus ætas
Tecta viasque replent : unde hoc examen? et una
Tot miseræ? nec dum causas novere malorum,
Jamque gemunt. Dea conciliis se miscet utrisque
Cuncta docens, qua gente satæ, quæ funera plangant,
Quidve petant; variis nec non affatibus ipsæ 476
Ogygias leges, immansuetumque Creonta
Multum et ubique fremunt. Geticæ non plura queruntur
Hospitibus tectis trunco sermone volucres,
Quum duplices thalamos, et iniquum Terea clamant. 480
  Urbe fuit media nulli concessa potentum
Ara Deum : mitis posuit Clementia sedem,
Et miseri fecere sacram : sine supplice nunquam
Illa novo; nulla damnavit vota repulsa.
Auditi, quicunque rogant; noctesque, diesque 485
Ire, datum, et solis numen placare querelis.
Parca superstitio : non thurea flamma, nec altus
Accipitur sanguis, lacrimis altaria sudant,
Mœstarumque super libamina serta comarum
Pendent, et vestes mutata sorte relictæ. 490
Mite nemus circa, cultuque insigne verendo
Vittatæ laurus, et supplicis arbor olivæ.
Nulla autem effigies, nulli commissa metallo

Forma Deæ, mentes habitare et pectora gaudet.
Semper habet trepidos, semper locus horret egenis 495
Cœtibus; ignotæ tantum felicibus aræ.
Fama est, defensos acie, post busta paterni
Numinis, Herculeos sedem fundasse nepotes.
Fama minor factis : ipsos nam credere dignum
Cœlicolas, tellus quibus hospita semper Athenæ, 500
Ceu leges, hominemque novum, ritusque sacrorum,
Seminaque in vacuas hinc descendentia terras,
Sic sacrasse loco communi animantibus ægris
Confugium, unde procul starent iræque, minæque,
Regnaque, et a justis Fortuna recederet aris. 505
Jam tunc innumeræ norant altaria gentes.
Huc victi bellis, patriaque a sede fugati,
Regnorumque inopes, scelerumque errore nocentes
Conveniunt, pacemque rogant : mox hospita sedes
Vicit et Œdipodæ Furias, et funus Olynthi 510
Texit, et a misero matrem submovit Oreste.
  Hunc vulgo monstrante locum, manus anxia Lernæ
Deveniunt : cedit miserorum turba priorum.
Vix ibi sedatis requierunt pectora curis :
Ceu patrio, super alta, grues Aquilone fugatæ 515
Quum videre Pharon; tunc æthera latius implent,
Tunc hilari clangore sonant; juvat orbe sereno

Cependant, après de rudes combats, Thésée avait vaincu les filles de la Scythie, et, porté sur un char orné de lauriers, il rentrait dans les murs de sa patrie. Les cris d'allégresse, les clameurs dont la multitude frappe l'air, les fanfares de la trompette, succèdent aux horreurs de la guerre, annoncent son retour. Devant lui marchent les dépouilles des ennemis et tous les emblèmes du cruel dieu des combats : les chars de ces vierges guerrières, des brancards chargés de casques, des chevaux baissant tristement la tête, des haches brisées dont elles s'armaient naguère pour abattre les forêts ou fendre les glaces des Palus-Méotides, des carquois légers, des ceinturons étincelants de pierreries, des boucliers échancrés, encore souillés de leur sang ; toujours intrépides, elles ne trahissent leur sexe ni par la frayeur, ni par de vulgaires gémissements ; elles dédaignent de s'abaisser aux prières, et ne cherchent que le temple de la chaste Pallas.

Tous les yeux se portent d'abord sur le vainqueur, dont le char est traîné par quatre chevaux blancs ; puis les regards du peuple se fixent sur Hippolyte, déjà moins farouche, et qui s'est pliée au joug conjugal. Les Athéniennes jalouses s'étonnent et murmurent en secret, en voyant qu'elle a osé enfreindre les usages sévères de sa patrie ; que ses cheveux sont parfumés ; que son sein tout entier est caché sous son manteau : elles murmurent de ce qu'une barbare vient se mêler aux nobles enfants d'Athènes, et donner des fils à son ennemi.

Les tristes Pélopides s'éloignent aussi un peu de l'autel où elles s'étaient assises, et admirent l'ordre et la pompe du triomphe. A cette vue, le souvenir de leurs maris vaincus revient à leur esprit. Le vainqueur arrête son char ; du haut de son siége superbe, il s'informe des causes de leur affliction, et prête à leurs prières une oreille bienveillante. Alors l'épouse de Capanée, la première, ose ainsi lui parler :

« Vaillant fils d'Égée, à qui la fortune offre tout à coup dans notre ruine une riche moisson de gloire, nous ne sommes pas d'une race étrangère ; nous sommes pures de tout crime. Nous avions pour demeure Argos, pour époux des rois : hélas ! que n'étaient-ils sans courage ! Pourquoi, en effet, faire marcher sept armées, et vouloir forcer à la justice les descendants d'Agénor ? Nous ne nous plaignons pas de leur mort, c'est le droit de la guerre, c'est la chance des armes ; mais ils n'étaient pas des monstres nés dans les antres de la Sicile, ni d'affreux centaures de l'Ossa, ces guerriers tombés dans les combats ! Je ne parle pas de leur origine, de leurs nobles ancêtres. C'était un sang d'homme, illustre Thésée, qui coulait dans leurs veines ; c'étaient des hommes dont l'âme émanait des mêmes astres que la vôtre, dont le corps était formé des mêmes éléments que vous : et Créon leur interdit les flammes du bûcher ! et, semblable au père des Euménides ou au nocher du Léthé, il les repousse des bords du Styx, et les retient suspendus entre le Ciel et l'Érèbe ! Hélas ! ô Nature ! principe des êtres, qu'est devenue ta volonté divine ? Où est le bras qui lance si injustement la foudre ? Où es-tu, ô Athènes ? Déjà la septième aurore s'est levée, et a détourné de leurs cadavres ses che-

Contemsisse nives, et frigora solvere Nilo.
Jamque domos patrias, Scythicæ post aspera gentis
Prælia, laurigero subeuntem Thesea curru   520
Lætifici plausus, missusque ad sidera vulgi
Clamor, et emeritis hilaris tuba nuntiat armis.
Ante ducem spolia et duri Mavortis imago,
Virginei currus, cumulataque fercula cristis,
Et tristes ducuntur equi, truncæque bipennes,   525
Quis nemora et solidam Mæotida cædere suetæ,
Corytique leves portantur, et ignea gemmis
Cingula, et informes dominarum sanguine peltæ.
Ipsæ autem nondum trepidæ, sexumque fatentur,
Nec vulgare gemunt, aspernanturque precari,   530
Et tantum innuptæ quærunt delubra Minervæ.

 Primus amor niveis victorem cernere vectum
Quadrijugis, nec non populos in semet agebat
Hippolyte, jam blanda genas, patiensque mariti
Fœderis : hanc patriæ ritus fregisse severos   535
Attliides obliquæ secum mirantur operto
Murmure : quod nitidi crines, quod pectora palla
Tota latent, magnis quod barbara semet Athenis
Misceat, atque hosti veniat paritura marito.

 Paullum et ab insessis mœstæ Pelopeides aris   540
Promovere gradum, seriemque et dona triumphi

Mirantur, victique animo rediere mariti.
Atque ubi tardavit currus, et ab axe superbo
Explorat causas victor, poscitque benigna
Aure preces, ausa ante alias Capaneia conjux : 545
« Belliger Ægide, subitæ cui maxima laudis
Semina de nostris aperit Fortuna ruinis,
Non externa genus, diræ nec conscia noxæ,
Turba sumus : domus Argos erat, regesque mariti,
Non utinam et fortes : quid enim septena movere 550
Castra, et Agenoreos opus emendare penates ?
Nec querimur cæsos : hæc bellica jura, vicesque
Armorum : sed non Siculis exorta sub antris
Monstra, nec Ossæi bello cecidere bimembres. 554
Mitto genus, clarosque patres ; hominum, inclyte Theseu,
Sanguis erant, homines, eademque in sidera eosdem
Sortitus animarum, alimentaque vestra creati,
Quos vetat igne Creon, Stygiæque a limine portæ,
Ceu sator Eumenidum, aut Lethæi portitor amnis,
Submovet, ac dubio cœlique Erebique sub axe   560
Detinet. Heu princeps natura ! ubi numina ? ubi ille
Fulminis injusti jaculator ? ubi estis, Athenæ ?
Septima jam surgens trepidis Aurora jacentes
Aversatur equis : radios declinat, et horret
Stelligeri jubar omne poli : jam cominus ipsæ 565

vaux épouvantés. Saisis d'horreur, tous les feux du ciel étoilé éloignent leurs rayons; déjà les bêtes farouches elles-mêmes reculent devant cette affreuse pâture, et les oiseaux de proie fuient ce champ d'où s'échappent dans l'air des exhalaisons fétides. Que reste-t-il encore de leurs cadavres? Qu'il permette au moins de brûler leurs ossements nus, leur chair putréfiée! Hâtez-vous, illustres enfants de Cécrops. C'est à vous qu'il appartient de venger cet outrage, avant que les Émathiens, ou les Thraces, ou quelque autre peuple, désirant d'obtenir un jour pour eux-mêmes les flammes du bûcher et d'habiter le séjour des mânes, vous ravissent cet honneur: car quel sera le terme de la vengeance? Nous avons combattu, soit; mais la haine est éteinte, mais la triste colère doit s'arrêter devant la mort. Toi-même (car la renommée nous a appris tes glorieux exploits) tu n'as pas livré aux monstres farouches Sinis et l'infâme Cercyon; tu voulais un bûcher pour les restes du cruel Scyron, et je ne doute pas que les sépultures des Amazones n'aient fumé sur les rives du Tanaïs, d'où tu ramènes tes armes victorieuses. Ne dédaigne pas ce nouveau triomphe; consacre un de tes travaux à la terre, au ciel, à l'Érèbe: n'as-tu pas rendu la sécurité aux champs paternels de Marathon, affranchi l'affreux palais de la Crète, et ta vieille amie n'a-t-elle pas reçu la récompense de ses pleurs? Ainsi puisses-tu ne combattre jamais sans le secours de Pallas; puisse le dieu de Tirynthe ne pas porter envie à tes exploits, qui égalent les siens; puisse ta mère te voir toujours monté sur un char de triomphe, toujours vainqueur; et qu'Athènes, toujours invincible, n'ait jamais à descendre à de telles prières! » Elle avait dit: toutes applaudissent, et tendent vers le roi, avec des cris de douleur, leurs mains suppliantes. Le héros, fils de Neptune, a rougi, ému de leurs larmes. Bientôt transporté de colère, il s'écrie: « Quelle Furie a jeté sur la terre ces mœurs nouvelles? Non, tels n'étaient point les cœurs des Grecs à mon départ, quand je me dirigeai vers la Scythie et les neiges du Pont. D'où vient cette nouvelle fureur? Crois-tu Thésée vaincu, ô barbare Créon? Me voici! cette lance a encore soif d'un sang coupable. Allons, point de retard; dirige de ce côté ton coursier, ô mon fidèle Phégée! et, aussitôt arrivé à Thèbes, ordonne des bûchers pour les Grecs, ou déclare la guerre aux Thébains. »

Il dit, et, oubliant les fatigues de la guerre et de la route, il exhorte ses soldats, et ranime leurs forces épuisées. Tel un taureau, après avoir reconquis ses amours et l'empire des forêts, se repose de ses combats: mais si le mugissement d'un nouveau rival retentit dans les bois, quoique sa tête et son cou soient encore humides d'une pluie de sang, il prépare de nouveau ses armes, frappe du pied la terre, dissimule ses gémissements, et cache ses blessures sous la poussière qu'il soulève. Pallas elle-même, agitant son bouclier, réveille Méduse, l'effroi de la Libye, Méduse qui protége sa poitrine. Soudain toutes les têtes des serpents se dressent, et regardent Thèbes. A peine le soldat de l'Attique se préparait à marcher, que déjà la malheureuse Dircé a tremblé aux accents du clairon. L'amour des combats n'enflamme pas seulement ces jeunes compagnons de Thésée, qui reviennent victorieux du Caucase; les habitants des campagnes, jusqu'alors étrangers aux com-

Pabula dira feræ, campumque odere volucres
Spirantem tabo, et cœlum, ventosque gravantem.
Quantum etenim superesse rear? nuda ossa, putremque
Urere permittat saniem: properate, verendi
Cecropidæ: vos ista decet vindicta, priusquam   570
Emathii, Thracesque volent, quæque exstat ubique
Gens arsura rogis, manesque habitura supremos.
Nam quis erit sævire modus? bellavimus: esto;
Sed cecidere odia, et tristes mors obruit iras.
Tu quoque, ut egregios fama cognovimus actus,   575
Non trucibus monstris Sinin infandumque dedisti
Cercyona, et sævum velles Scyrona crematum.
Credo et Amazoniis Tanain fumasse sepulcris,
Unde hæc arma refers: sed et hunc dignare triumphum.
Da terris unum, cœloque, Ereboque laborem: 580
Si patriam Marathona metu, si tecta levasti
Cressia, nec fudit vanos anus hospita fletus.
Sic tibi non ullæ socia sine Pallade pugnæ,
Nec sacer invideat paribus Tirynthius actis,
Semper et in curru, semper te mater ovantem   585
Cernat, et invictæ nil tale precentur Athenæ. »
Dixerat: excipiunt cunctæ, tendentque precantes
Cum clamore manus: rubuit Neptunius heros

Permotus lacrimis: justa mox concitus ira
Exclamat: « Quænam ista novos induxit Erinnys   590
Regnorum mores? non hæc ego pectora liqui
Graiorum abscedens, Scythiam pontumque nivalem
Quum peterem: novus unde furor? victumne putasti
Thesea, dire Creon? adsum: nec sanguine fessum
Crede: sitit meritos etiamnum hæc hasta cruores. 595
Nulla mora est: verte hunc adeo, fidissime Phegeu,
Cornipedem, et Tyrias invectus protinus arces
Aut Danais edice rogos, aut prælia Thebis. »
    Sic ait, oblitus bellique viæque laborum,
Hortaturque suos, viresque instaurat anhelas.   600
Ut modo connubiis taurus, saltuque recepto,
Quum posuit pugnas; alio si forte remugit
Bellatore nemus, quamquam ora et colla cruento
Imbre madent, novus arma parat, campumque lacessens
Dissimulat gemitus, et vulnera pulvere celat.   605
Ipsa metus Libycos, servatricemque Medusam
Pectoris, incussa movit Tritonia parma.
Protinus erecti toto simul agmine, Thebas
Respexere angues: nec dum Atticus ire parabat
Miles, et infelix expavit classica Dirce.   610
Continuo in pugnas haud solum accensa juventus,

bats se lèvent en armes. On voit accourir en foule, et se ranger d'eux-mêmes sous les drapeaux de leur chef ceux qui cultivent le froid Brauron, les champs de Munichie, le Pirée, refuge des matelots tremblants, et Marathon, que l'Orient vaincu n'avait pas encore illustré; puis apparaissent les guerriers qu'envoient aux combats les maisons d'Icare et de Célée, jadis les hôtes des Dieux générateurs, la verte Mélène, Égalée riche en forêts, Parnès aux riants vignobles, et Lycabessus, où croît de préférence la grasse olive; vient encore le farouche Iléen, le laboureur de l'odorant Hymette, et l'Acharnien, qui le premier a revêtu de lierre ses thyrses sauvages. D'autres abandonnent le Sunium, qu'aperçoivent de loin les vaisseaux de l'Orient, et d'où se précipita dans la mer qui porte son nom le malheureux Égée, abusé par la voile trompeuse du vaisseau de Crète. Ces guerriers viennent de Salamine; Éleusis, consacrée à Cérès, suspend le labourage, et envoie aussi ses habitants au combat. A eux se joignent les peuples que Callirhoé environne neuf fois de ses eaux errantes, et ceux que rafraîchit l'Ilissus, qui jadis, complice de l'enlèvement d'Orithyie, cacha sur ses rives les amours du dieu des Gètes. Pour les combats se dépeuple encore cette colline, témoin de la grande querelle qui divisa deux divinités, jusqu'au moment où du sein du rocher disputé un arbre nouveau s'élança, et étendit au loin son ombre sur le domaine de Neptune, forcé de céder. Hippolyte eût aussi marché vers les murs de Cadmus, à la tête de ses guerrières du nord; mais elle est retenue par l'espoir certain d'être bientôt mère : son époux la conjure de renoncer aux périls de Mars, et de déposer sur le lit nuptial son arc éprouvé dans les combats.

Aussitôt que Thésée voit ses guerriers, animés de l'ardeur des combats, embrasser à peine à la hâte leurs enfants chéris, il leur adresse ces paroles du haut de son char : « Guerriers, qui allez défendre avec moi les lois des peuples, les droits du genre humain, élevez vos courages; qu'ils soient dignes de cette entreprise. De notre côté est la faveur des Dieux et des hommes, la nature qui nous guide, et l'assemblée silencieuse de l'Averne; de l'autre il n'y a que la troupe des Châtiments, depuis longtemps acharnés sur Thèbes : les cruelles sœurs, armées de serpents, conduiront leurs étendards. Marchez avec joie, et ayez foi (votre roi vous en prie) dans une si noble cause. »

Il dit, et, lançant son javelot, il donne le signal du départ. Ainsi quand Jupiter, chargé de frimas, pèse sur l'axe hyperboréen, et fait trembler les astres aux approches de l'orage, la demeure d'Éole s'ouvre avec fracas, la tempête indignée de son repos s'élance, et les vents du nord font entendre leurs sifflements. Les montagnes, les ondes frémissent, les nuages luttent et se déchirent, et alors triomphent le tonnerre et la foudre furieuse. La terre gémit sous les pieds qui la foulent; le lourd sabot des coursiers change la face du sol; et cavaliers et fantassins, de leurs innombrables cohortes, broient les champs dévastés. Cependant les flots d'une épaisse poussière ne peuvent obscurcir l'éclat des armes : leurs éclairs se brisent dans les airs, les lances

```
Qui modo Caucasei comites rediere triumphi;
Omnis ad arma rudes ager exstimulavit alumnos.
Conveniunt, ultroque ducis vexilla sequuntur,
Qui gelidum Braurona viri, qui rura lacessunt          615
Munychia, et trepidis stabilem Piraea nautis,
Et nondum Eoo clarum Marathona triumpho.
Mittit in arma manus, genialibus hospita Divis
Icarii, Celeique domus, viridesque Melaenae,
Dives et Egaleos nemorum, Parnesque benignus           620
Vitibus, et pingui melior Lycabessos oliva.
Venit atrox Ileus, et olentis arator Hymetti,
Quaeque rudes thyrsos hederis vestistis, Acharnae.
Linquitur Eois longe speculabile proris
Sunion, unde vagi casurum in nomina ponti              625
Cressia decepit falso ratis Ægea velo.
Hos Salamis populos, illos Cerealis Eleusin
Horrida suspensis ad praelia misit aratris :
Et quos Callirhoe novies errantibus undis
Implicat, et raptae qui conscius Orithyiae             630
Celavit Geticos ripis Ilissos amores.
Isse quoque in pugnas vacuatur collis, ubi ingens
Lis Superum, dubiis donec nova surgeret arbor
Rupibus, et longa refugum mare frangeret umbra.
Ipset et Arctoas Cadmea ad moenia ducens               635
```

```
Hippolyte turmas : retinet jam certa tumentis
Spes uteri, conjuxque rogat dimittere curas
Martis, et emeritas thalamo sacrare pharetras.
Hos ubi velle acies, et dulci gliscere ferro
Dux videt, utque piis raptim dent oscula natis         640
Amplexusque breves, curru sic fatur ab alto :
« Terrarum leges et mundi foedera mecum
Defensura manus, dignas insumite mentes
Coeptibus : hac omnem Divumque hominumque favorem,
Naturamque ducem, coetusque silentis Averni            645
Stare palam est : illic Poenarum exercita Thebis
Agmina, et anguicomae ducent vexilla sorores.
Ite alacres, tantaeque, precor, confidite causae. »
Dixit, et emissa praeceps iter inchoat hasta.
Qualis Hyperboreos ubi nubilus institit axes           650
Juppiter, et prima tremefecit sidera bruma;
Rumpitur Æolia, et longam indignata quietem
Tollit hiems animos, ventosaque sibilat Arctos.
Tunc montes undaeque fremunt, tunc praelia caesis
Nubibus, et tonitrus insanaque fulmina gaudent.        655
Icta gemit tellus : virides gravis ungula campos
Mutat, et innumeris peditumque equitumque caterva
Exspirat protritus ager, nec pulvere crasso
Armorum lux victa perit, sed in aethera longum
```

étincellent dans la nue. Les Athéniens associent à leur entreprise la nuit et les paisibles ténèbres. C'est une lutte ardente entre ces guerriers à qui l'emportera de vitesse, qui le premier, du haut d'une éminence, signalera les murs de Thèbes, et lancera le premier son javelot contre les murs d'Ogygès.

Le fils de Neptune, Thésée, porte gravés sur son bouclier des bataillons entiers; on y a inscrit sur l'airain ses premiers exploits, les cent villes, les cent remparts de la Crète; on le voit lui-même dans les détours de l'antre, repaire du monstre, alors que, dans une lutte terrible, il étreint de ses mains et de ses bras nerveux le cou hérissé du minotaure, et évite ses cornes en rejetant la tête en arrière. La terreur saisit les peuples, lorsque, couvert de cette image effroyable, Thésée s'avance au combat : on croit voir deux fois le héros, deux fois ses mains souillées de sang. Il se souvient lui-même de sa gloire passée, en regardant les compagnons de son infortune, le seuil jadis si redoutable, et son amante de Crète pâlissant à la vue du fil prêt à lui manquer.

Cependant le barbare Créon fait marcher au supplice, les mains liées derrière le dos, Antigone et la fille d'Adraste, la veuve de Polynice : toutes deux se livrent à la joie, fières d'affronter cette mort glorieuse; elles présentent la gorge au glaive, et trompent la cruauté du tyran. Tout à coup apparaît Phégée, apportant les paroles de Thésée : il tient en ses mains le bienfaisant rameau de l'olivier; mais il veut la guerre, la guerre est dans ses menaces, sa parole est haute et frémissante de colère, et, trop fidèle mandataire, il répète que Thésée approche, que déjà il couvre la campagne de ses cohortes. Le roi de Thèbes demeure immobile, agité de soucis. Son orgueil qui menaçait chancelle, et sa premiere colère s'attiédit.

Enfin il se rassure, et avec un faux et sombre sourire : « La ruine de Mycènes n'est-elle donc qu'une faible leçon? Voici de nouveaux agresseurs : nous les recevrons, qu'ils viennent! Mais qu'après la guerre ils ne se plaignent pas : même loi pour les vaincus. » Il dit, et voit les nuages d'une épaisse poussière obscurcir le jour; les sommets des montagnes thébaines disparaissent. Déjà, pâle de crainte, il ordonne que le peuple s'arme, qu'on lui apporte à lui-même son épée; et soudain, troublé, loin de lui, il aperçoit au milieu de son palais les Euménides et Ménécée en pleurs, et les Grecs joyeux sur les bûchers qui les consument.

Quel jour que celui où la paix, achetée au prix de tant de sang, fut perdue pour les Thébains! Les armes qu'ils ont naguère suspendues aux temples des Dieux de la patrie, ils les détachent, et couvrent leur poitrine de boucliers brisés, leur tête de casques sans ornements, et s'arment de traits encore souillés de sang. Nul ne se fait remarquer par son carquois, par son épée, par la beauté de son cheval. Les remparts ne sont plus sûrs, les murs sont ouverts de tous côtés; les portes demandent de nouvelles défenses, elles sont au premier qui les voudra forcer; plus de créneaux, Capanée les a renversés. Épuisée et languissante, la jeunesse ne donne plus le dernier baiser aux femmes, aux enfants, et les pères abattus n'ont plus le courage de former des vœux.

Mais le héros de l'Attique, dès qu'il voit les

Frangitur, et mediis ardent in nubibus hastæ. 660
Noctem adeo, placidasque operi junxere tenebras
Certamenque immane viris, quo concita tendant
Agmina, quis visas proclamet ab aggere Thebas,
Cujus in Ogygio stet princeps lancea muro.
At procul ingenti Neptunius agmina Theseus 665
Angustat clypeo, propriæque exordia laudis,
Centum urbes umbone gerit, centenaque Cretæ
Mœnia; seque ipsum monstrosi ambagibus antri
Hispida torquentem luctantis colla juvenci,
Alternasque manus circum, et nodosa ligantem 670
Brachia, et abducto vitantem cornua vultu.
Terror habet populos, quum septus imagine torva
Ingreditur pugnas : bis Thesea, bisque cruentas
Cæde videre manus : veteres reminiscitur actus
Ipse tuens sociumque gregem, metuendaque quondam
Limina, et absumpto pallentem Gnossida filo. 676
Sævus at interea ferro post terga revinctas
Antigonen, viduamque Creon Adrastida leto
Admovet : ambæ hilares, et mortis amore superbæ,
Ensibus intentant jugulos, regemque cruentum 680
Destituunt; quum dicta ferens Theseia Phegeus
Adstitit : ille quidem ramis insontis olivæ

Pacificus, sed bella ciet, bellumque minatur,
Grande fremens, nimiumque memor mandantis, et ipsum
Jam prope, jam medios operire cohortibus agros 685
Ingeminans : stetit ambiguo Thebanus in æstu
Curarum, nutantque minæ, et prior ira tepescit.
Tunc firmat sese, fictumque, ac triste renidens :
« Parvane prostratis, inquit, documenta Mycenis
Sauximus? en iterum, qui mœnia nostra lacessant. 690
Accipimus : veniant; sed ne post bella querantur :
Lex eadem victis. » Dixit : sed pulvere crasso
Caligare diem, et Tyrios juga perdere montes
Adspicit : armari populos tamen, armaque ferri
Ipse jubet pallens, mediæque in sedibus aulæ 695
Eumenidas subitas, flentemque Menœcea cernit
Turbidus, impositosque rogis gaudere Pelasgos.
Quis fuit ille dies, tanto quum sanguine Thebis
Pax inventa perit? patriis modo fixa revellunt
Arma Deis, clypeisque obducunt pectora fractis, 700
Et galeas humiles, et adhuc sordentia tabo
Spicula : non pharetris quisquam, non ense decorus,
Non spectandus equo : cessit fiducia valli :
Murorum patet omne latus; munimina portæ
Exposcunt : prior hostis habet : fastigia desunt; 705

rayons briller à travers les nuages, et le soleil étinceler sur les armes, se précipite dans la plaine, où gisent sans sépulture, au pied des murailles, les cadavres des Grecs. Sous son casque poudreux pénètre un air corrompu dont il aspire en gémissant les vapeurs funestes, et, dans son légitime courroux, il brûle de combattre.

Le chef thébain accorde au moins aux malheureux Grecs l'honneur de ne point engager sur leurs cadavres un nouveau combat, une nouvelle mêlée ; mais, pour ne rien perdre des débris du carnage, le sacrilége ! il choisit une terre vierge encore, qui boira le sang versé. Déjà Bellone, si inégale dans ses faveurs, appelle les deux peuples au combat. Des deux côtés nul cri, la trompette se tait ; les guerriers de l'autre armée se tiennent à peine, et portent d'une main débile leurs glaives baissés, et la courroie de leurs javelots détendue. Ils cèdent le terrain, et, écartant leurs boucliers, montrent leurs vieilles blessures encore sanglantes. Déjà aussi les chefs des Athéniens n'ont plus la même ardeur : la menace languit sur leurs lèvres, et leur courage s'amollit faute d'ennemis. Ainsi les vents soufflent avec moins de furie, si quelque forêt n'arrête leur impétuosité, et les flots irrités se taisent dans une mer sans rivage.

Le fils de Neptune, Thésée, a levé sa lance, faite d'un chêne de Marathon, dont l'ombre redoutable se prolonge sur les ennemis, et qui remplit l'affreuse arène de l'éclat de son fer. On croirait voir le dieu Mars quand il fait voler du sommet de l'Hémus son char œdonien, et porte autour de lui sur son rapide essieu la mort et la fuite. Ainsi la terreur glacée disperse les descendants d'Agénor. Thésée a honte d'exercer sa valeur sur des fuyards, et son bras dédaigne un sang trop facile à répandre. Il laisse les autres guerriers se rassasier de meurtres vulgaires. Les chiens et les loups craintifs se jettent avec plaisir sur une proie abattue et sans vie ; mais la colère seule nourrit l'ardeur du lion. Cependant il renverse Olénius et Thamire, au moment où l'un tirait une flèche de son carquois, et où l'autre soulevait une énorme pierre ; les trois frères de la race d'Alcé, fiers de commander à trois peuples, sont percés tous trois de ses traits ; le fer pénètre tout entier dans la poitrine de Philée, s'enfonce dans la bouche d'Hélops qui le mord, et traverse l'épaule de Japix.

Bientôt il attaque Hémon sur son char à quatre chevaux, et lui lance un trait redoutable : Hémon détourne ses chevaux effrayés : la lance parcourt un long espace, traverse deux guerriers, et cherche une troisième victime ; mais un timon l'arrête et l'empêche d'aller au delà.

Cependant Créon est seul l'objet de ses vœux ; c'est Créon seul, qu'au milieu des bataillons il cherche et appelle d'une voix terrible. Il l'aperçoit enfin sur un autre point du champ de bataille, exhortant ses phalanges, et proférant en vain les plus affreuses menaces. Les compagnons de Thésée s'éloignent en désordre, et le laissent seul, se confiant aux Dieux et aux armes de leur

Dejecit Capaneus : exsanguis et ægra juventus
Jam nec conjugibus, suprema nec oscula natis
Jungit, et attoniti nil optavere parentes.
Atticus at contra, jubar ut clarescere ruptis
Nubibus, et solem primis adspexit in armis, 710
Desilit in campum, qui subter mœnia nudos
Asservat manes : dirisque vaporibus ægrum
Aera pulverea penitus sub casside ducens
Ingemit, et justas belli flammatur in iras.
Hunc saltem miseris ductor Thebanus honorem 715
Largitur Danais, quod non super ipsa jacentum
Corpora belligeras acies, Martemque secundum
Miscuit : at lacera ne quid de strage nefandus
Perderet, eligitur sævos potura cruores
Terra rudis : jamque alternas in prælia gentes 720
Dissimilis Bellona ciet : non clamor utrimque,
Non utrimque tubæ : stat debilis altera pubes,
Submissos enses nequicquam, amentaque dextris
Laxa tenens : cedunt tellure, armisque reductis
Ostentant veteres etiamnum in sanguine plagas. 725
Jam nec Cecropiis idem ductoribus ardor,
Languescuntque minæ, et virtus secura residit :
Ventorum velut ira minor, nisi silva furentes
Impedit, insanique tacent sine littore fluctus.
Ut vero æquoreus quercum Marathonida Theseus 730
Extulit, erectæ cujus crudelis in hostes

Umbra cadit, campumque trucem lux cuspidis implet
Ceu pater Edonos Hæmi de vertice Mavors
Impulerit currus, rapido mortemque fugamque
Axe vehens, sic exanimis in terga reducit 735
Pallor Agenoridas : tædet fugientibus uti
Thesea, nec facilem dignatur dextra cruorem.
Cætera plebeio desævit sanguine virtus.
Sic juvat exanimis projectaque præda canesque
Degeneresque lupos ; magnos alit ira leones. 740
Attamen Olenium, Thamirumque, hunc tela pharetra
Promentem, hunc sævi tollentem pondera saxi
Dejicit, et triplici confisos robore gentis
Alceidas fratres, totidem quos eminus hastis
Continuat : ferrum consumsit pectore Phileus, 745
Ore momordit Helops, humero transmisit Japix.
Jamque et quadrijugo celsum petit Hæmona curru,
Horrendumque manu telum rotat : ille paventes
Obliquavit equos : longo perlata tenore
Transiit hasta duos : sitiebat vulnera nec non 750
Tertia, sed medio cuspis temone retenta est.
Sed solum votis, solum clamore fremendo
Omnibus in turmis optatque vocatque Creonta.
Atque hunc diversa bellorum in fronte maniplos
Hortantem dictis, frustraque extrema minantem 755
Conspicit : abscedunt comites, et Thesea jussi
Linquebant, fretique Deis, atque ipsius armis.

chef. Créon, au contraire, retient et rappelle ses guerriers ; et, voyant que des deux côtés la haine pour lui est égale, il rassemble à ce dernier moment tout son courroux qu'aigrit une mort imminente : « Ce ne sont point de jeunes filles, armées de légers boucliers, que tu vas combattre, s'écrie-t-il ; ne crois pas trouver ici des mains de femme : ici, c'est un combat terrible avec des hommes ; c'est nous qui avons abattu Tydée, immolé le furieux Hippomédon, et précipité parmi les ombres le valeureux Capanée. Quel égarement t'a poussé à cette guerre, malheureux? Ne vois-tu pas ceux que tu vas venger, couchés sur la poussière? »

Il dit, et lance un trait qui va se fixer et mourir inutilement sur la surface du bouclier de Thésée. Le fils redoutable d'Égée rit des menaces et du bras de son ennemi, et, brandissant sa lance, il prépare un coup terrible ; mais, avant de frapper, d'une voix tonnante il s'écrie : « Mânes des Grecs, à qui j'immole cette victime, ouvrez le noir Chaos, appelez les Euménides vengeresses ; voici venir Créon. » A ces mots, la lance vibrante fend l'air, et frappe Créon à l'endroit où les mailles nombreuses de la cotte d'armes sont recouvertes de minces chaînons ; le sang de ce traître jaillit par mille issues ; ses yeux s'égarent et se ferment, il tombe. Thésée mettant le pied sur lui, et lui arrachant ses armes : « Te plaît-il maintenant, dit-il, d'accorder les flammes du bûcher aux ennemis expirés? te plaît-il qu'on ensevelisse les vaincus? Va subir d'affreux supplices, et cependant ne crains rien pour ta sépulture. »

Des deux côtés les étendards se rapprochent ; les mains s'unissent avec un pieux empressement, et scellent l'alliance au milieu du champ de bataille ; déjà Thésée est un hôte ; on le conjure d'entrer dans les murs, de ne pas mépriser les foyers thébains. Thésée accepte, et ne dédaigne pas la demeure de ses ennemis. Les mères et les épouses thébaines l'accueillent avec joie. Tel le Gange subjugué par le thyrse belliqueux, et déjà sous la douce influence de Bacchus, célébrait les fêtes voluptueuses du dieu.

Tout-à-coup, sur le sommet opposé de Dircé, à travers ses ombrages épais, des cris de femmes frappent l'air. Les mères ogygiennes descendent à pas précipités : telles les Thyades furieuses, lorsqu'elles accourent aux orgies de Bacchus ; on croirait qu'elles demandent quelque grand crime, ou qu'elles l'ont déjà commis. Heureuses de gémir, de nouvelles et douces larmes jaillissent de leurs yeux : elles se précipitent çà et là, incertaines ; iront-elles d'abord vers le magnanime Thésée, ou vers Créon, ou vers les dépouilles des leurs? La douleur les conduit vers les cadavres.

Non, quand même un dieu ferait sortir cent voix de ma poitrine, je ne pourrais chanter dignement tant de bûchers où brûlent à la fois chefs et soldats ; tant de gémissements confondus ; l'audacieuse Évadné se précipitant au milieu de ces flammes si chères, et cachant la foudre sur la noble poitrine de son époux ; la malheureuse Déiphile couvrant de baisers le corps de Tydée, et excusant sa barbarie ; Argie racontant à sa sœur la cruauté des gardes ; la Nymphe de l'Érymanthe, au milieu de ses gémissements, appe-

Ille tenet, revocatque suos : utque æqua notavit
Hinc atque hinc odia, extrema se colligit ira,
Jam letale furens, atque audax morte futura : 760
« Non cum peltiferis, ait, hæc tibi pugna puellis,
Virgineas nec crede manus : hic cruda virorum
Prælia : nos magnum qui Tydea, quique furentem
Hippomedonta neci, Capaneaque misimus umbris
Pectora. Quæ bellum præceps amentia suasit, 765
Improbe? nonne vides, quos ulciscare, jacentes? »
   Sic ait, et frustra periturum missile summo
Affixit clypeo : risit vocesque manumque
Horridus Ægides, ferrataque arbore magnos
Molitur jactus, nec non prius ore superbo 770
Intonat : « Argolici, quibus hæc datur hostia, Manes,
Pandite Tartareum chaos, ultricesque parate
Eumenidas, venit ecce Creon. » Sic fatus, et auras
Dissipat hasta tremens : tunc qua subtemine duro
Multiplicem tenues iterant thoraca catenæ, 775
Incidit ; emicuit per mille foramina sanguis
Impius : ille oculis extremo errore solutis
Labitur : adsistit Theseus gravis, armaque tollens :
« Jamne dare exstinctis justos, ait, hostibus ignes,
Jam victos operire placet? vade atra daturæ 780
Supplicia, extremique tamen secure sepulcri. »

Accedunt utrimque pio vexilla tumultu,
Permiscentque manus medio jam fœdera bello,
Jamque hospes Theseus : orant succedere muris,
Dignarique domos ; nec lecta hostilia victor 785
Aspernatus init : gaudent matresque nurusque
Ogygiæ : qualis thyrso bellante subactus
Mollia laudabat jam marcidus Orgia Ganges.
   Ecce per adversas Dircæi verticis umbras
Femineus quatit astra fragor, matresque Pelasgæ 790
Decurrunt : quales Bacchæa ad bella vocatæ
Thyades amentes, magnum quas poscere credas,
Aut fecisse nefas : gaudent lamenta, novæque
Exsultant lacrimæ : rapit huc, rapit impetus illuc,
Thesea magnanimum quærant prius, anne Creonta, 795
Anne suos ; vidui ducunt ad corpora luctus.
   Non ego, centena si quis mea pectora laxet
Voce Deus, tot busta simul, vulgique, ducumque
Tot pariter gemitus, dignis conatibus æquem :
Turbine quo sese caris instraverit audax 800
Ignibus Evadne, fulmenque in pectore magno
Quæsierit : quo more jacens super oscula sævi
Corporis infelix excuset Tydea conjux,
Ut sævos narret vigiles Argia sorori :
Arcada quo planctu genitrix Erymanthia clamet, 805

lant l'Arcadien Parthénopée; Parthénopée dont le visage éteint conserve encore toute sa beauté, Parthénopée que pleurèrent également les deux armées. A peine si je pourrais, animé d'un nouvel enthousiasme, inspiré par Apollon lui-même, remplir un pareil sujet; et mon vaisseau, par de longues fatigues, a mérité le port.

Vivras-tu dans la postérité, et, victorieuse du temps, seras-tu lue par le maître du monde, ô toi, Thébaïde! qui m'as coûté douze années de veilles?

Déjà la renommée bienveillante t'a ouvert une route facile et t'a montrée, jeune encore, aux siècles futurs; déjà le magnanime César daigne t'honorer de ses regards, déjà la jeunesse latine t'apprend avec ardeur, et répète tes vers. Puisse ta vie être longue! Mais n'essaye pas de rivaliser avec la divine Énéide; suis-la de loin, et adore toujours ses traces. Si l'envie t'oppose encore quelques nuages, ils se dissiperont bientôt, et des honneurs mérités te seront rendus après moi.

Arcada consumpto servantem sanguine vultus,
Arcada, quem geminæ pariter flevere cohortes.
Vix novus ista furor, veniensque implesset Apollo :
Et mea jam longo meruit ratis æquore portum.
 Durabisne procul, dominoque legere superstes, 810
O mihi bissenos multum vigilata per annos
Thebai? jam certe præsens tibi fama benignum

Stravit iter, cœpitque novam monstrare futuris.
Jam te magnanimus dignatur noscere Cæsar,
Itala jam studio discit, memoratque juventus. 815
Vive, precor : nec tu divinam Æneida tenta,
Sed longe sequere, et vestigia semper adora.
Mox tibi, si quis adhuc prætendit nubila livor,
Occidet, et meriti post me referentur honores

NOTES

SUR LA THÉBAIDE.

LIVRE PREMIER.

v. 22. *Tuque, o Latiæ decus addite famæ.* Il s'agit ici de Domitien.

v. 34. *Aonia.* Aonie, ancien nom de la Béotie, habitée autrefois par les Aones.

v. 38. *Lernæo sanguine.* Lernéen, c'est-à-dire Argien : Lerne était un canton de l'Argolide. Stace veut parler des guerriers d'Argos morts devant Thèbes.

v. 42. *Laurigeri... vatis.* Ce prêtre d'Apollon est Amphiaraüs.

v. 106. *Atracia rubet arte.* Atrax, fils d'Étolus ou du fleuve Pénée, régna en Thessalie, où il fonda la ville d'Atrax. On lui attribue l'invention de la magie.

v. 183. *Hyanteos.... per agros.* De même que les Béotiens, avant l'arrivée de la colonie phénicienne, portaient le nom d'Aones, ils portaient aussi celui d'Hyantes, pris d'Hyas, un de leurs rois. Peut-être étaient-ce deux peuplades différentes.

v. 229. *Mala gaudia matrum.* Niobé, Agavé, dont l'histoire est assez connue.

v. 230. *Erroresque feros nemorum.* Athamas, roi de Thèbes, qui, dans sa fureur, tua son fils Léarque, qu'il prenait pour un jeune lion.

v. 251-252. *Arces Cyclopum.* Argos, bâtie par les Cyclopes, à qui la tradition attribuait la construction des plus fortes citadelles de l'antiquité.

v. 252. *Magnique Phoroneos.* Phoronée, deuxième roi d'Argos, fils du fleuve Inachus et de Mélisse.

v. 258. *Mea fulmina.* Il est facile de reconnaître ici une allusion à l'histoire de Sémélé, qui exigea de Jupiter qu'il se montrât à elle dans l'éclat de sa divinité.

v. 265. *Coptos.* On croit voir dans ce passage percer le ressentiment de Junon contre Io, que quelques mythologues confondent avec Isis.

v. 333. *Infames Scyrone petras.* Scyron, fameux brigand, qui attaquait les voyageurs et les jetait dans la mer. Vaincu par Thésée, il y fut précipité à son tour; mais, selon Ovide, ni la terre ni la mer ne voulurent recevoir ses ossements, qui restèrent suspendus dans les airs, et furent enfin changés en rochers. De là l'expression d'*infames petras*.

v. 485. *Theumesia Tempe.* Il ne faut pas confondre cette vallée de Tempé, située en Béotie, au pied du mont Theumèse, ou Teumesse, avec la fameuse vallée de Thessalie qui porte le même nom.

v. 487. *Cleonæi.... monstri.* Le lion de Némée. Cléone était une ville de l'Argolide, voisine de cette forêt; d'où *Cleonæi*, pour désigner les monstres vaincus par Hercule.

v. 541. *Iasides.* Iasus, ancien roi d'Argos, fils de Triopas.

v. 670. *Parthaoniæ... domus.* Parthaon, fils d'Agénor, et père d'Œnée.

v. 720. *Mitram.* Mithras, divinité des Perses, que les Grecs et les Romains ont confondue avec le Soleil. Son culte fut introduit en Italie, l'an 687 de Rome. On le représentait sous la figure d'un jeune homme luttant contre un taureau; de là l'expression que Stace emploie, *torquentem cornua*.

LIVRE II.

v. 11. *Medica firmat vestigia virga.* Cette verge est le caducée, qu'il n'est pas besoin de décrire. L'épithète de *medica* signifie que ce caducée avait la propriété d'endormir les vivants et de rappeler les morts à la vie.

v. 80. *Baccho meliore.* Allusion aux fureurs d'Agavé, qui, dans une fête de Bacchus, mit en pièces son fils Penthée.

v. 185. *Sæva nec Elew.* Les luttes entre les prétendants à la main d'Hippodamie, etc.

v. 221. *Ferens caput ense Corœbus.* Cette tête est celle du monstre envoyé par Apollon contre Argos, et tué par Corèbe. Voir, dans le livre précédent, le récit d'Adraste.

v. 267. *Harmonies.* Harmonia, fille de Mars et de Vénus, et femme de Cadmus.

v. 290. *Versis in sibila dira querelis.* Chassée de Thèbes avec son époux, Harmonia le suivit en Illyrie, où tous deux furent changés en serpents.

v. 299. *Conjux perituri vatis.* Ériphile.

v. 353. *Echionius juvenis.* Échion était un des guerriers nés des dents du dragon; il épousa Agavé, fille de Cadmus, et régna à Thèbes après lui.

v. 517. *Simili deprensa viro.* Le trait de ressemblance entre Œdipe et le sphinx, c'est qu'ils étaient tous deux des instruments de la fatalité.

v. 573. *Terrigenas confisus avos.* Encore les dents du dragon semées par Cadmus.

v. 722. *Libyco Tritone.* Grand fleuve d'Afrique, qui traversait les lacs Libya et Tritonis, et se rendait à la mer. Minerve, disait-on, était née sur ses bords.

LIVRE III.

v. 35. *Hyperiona.* Hypérion, fils du Ciel et de la Terre, épousa Rhéa, dont il eut l'Aurore, le Soleil et la Lune. Ici Hypérion est pris pour le Soleil lui-même.

v. 106. *Cyrrhæaquevirgo.* Il y avait à Cyrrha, ville de la Phocide, située au pied du mont Parnasse, un temple d'Apollon. Le dieu y rendait des oracles. Mais qu'a voulu dire le poëte? Pourquoi mêle-t-il Dodone et Cyrrha, Jupiter et Apollon? C'est ce qu'il est difficile de comprendre.

v. 179 et seq. *Sæpe quidem infelix*, etc. On peut voir dans ce discours un exemple des procédés de Stace; il annonce des paroles de consolation, et l'oublie aussitôt pour faire étalage d'érudition mythologique.

v. 198. *Bina per ingentes.* Quelques auteurs, Ovide entre autres, donnent à Niobé quatorze enfants, sept fils et sept filles. C'est cette opinion que paraît avoir suivie Stace, puisqu'il dit qu'un double convoi sortit par chacune des portes de Thèbes.

v. 205. *In subitos regina lacus.* Dircé, femme de Lycus, roi de Thèbes. Amphion et Zéthus, fils d'Antiope, épouse répudiée de ce même roi, le firent mourir, et attachèrent Dircé à la queue d'un taureau indompté, qui la mit en pièces. Bacchus la changea en fontaine.

v. 269. *Socer o pulcherrime.* Il n'est pas nécessaire de dire que ces mots sont ironiques. Mars était beau-père de Cadmus; de Mars descendaient les chefs thébains, par sa fille Harmonia.

v. 320. *Armavitque in nube manum.* C'est encore Jupiter qui lance la foudre; mais on entrevoit ici, sous le symbole, l'explication naturelle du phénomène.

v. 334. *Pectore despecto.* Le taureau regarde sa poitrine, par conséquent il baisse la tête, signe d'abattement; mais cette poitrine est gonflée d'orgueil.

v. 352, 353. *Servatoremque cruentum Bebrycii nemoris.* Amycus, roi des Bébryces, défiait au combat du ceste tous les étrangers qui abordaient dans ses États. Il fut vaincu par Pollux.

v. 360. *Ante urbem vacuam.* Thèbes était déserte, parce que tous ses habitants étaient sortis de ses murs pour rendre les derniers devoirs aux guerriers tués par Tydée. Celui-ci, qui a épargné l'un des cinquante, et l'a envoyé à Étéocle pour lui annoncer la défaite de ses soldats, se figure la désolation de la ville ennemie, et ce mot *vacuam* est dans sa bouche un cri de triomphe.

v. 379. *Auditusque iterum revocet socer.* Adraste avait retenu une première fois Polynice, qui voulait aller à Thèbes réclamer son trône. Tydée l'avait remplacé.

v. 470. *Ac prior Œclides.* Amphiaraüs.

v. 475, 476. *Frondes... Chaonias.* Il y avait dans un bois de la Chaonie, en Épire, des colombes qui rendaient des oracles. On les appelait *Chaoniæ aves.*

v. 477. *Lyciæ.... sortes.* L'oracle de Patare, en Lycie. Apollon passait, dit-on, six mois de l'année dans cette ville et six à Delphes.

v. 479. *Branchus.* Il était, suivant les uns, fils, suivant les autres, ami d'Apollon. Il reçut du dieu le don de prophétie, et éleva en son honneur un temple à Didyme.

v. 480. *Lycaonia... in umbra.* Lycaonie, c'est-à-dire Arcadie. Cette contrée était ainsi appelée de Lycaon, un de ses anciens rois.

v. 539. *Hic excelsa potens.* Capanée.

v. 540. *Illum vestigia adortum.* Parthénopée.

v. 542. *Hic hosti implicitus.* Polynice.

v. 542. *Hunc fuga retro.* Adraste.

v. 544. *Hic nimbo.* Hippomédon.

v. 544. *Hic præpete viva.* Tydée.

v. 546, 547. *Illum... qui cadit.* Amphiaraüs.

v. 604. *Pholoës habitator.* Pholoé, montagne de l'Élide, où le centaure Pholus avait son tombeau.

LIVRE IV.

v. 8. *Adversæ celso stetit aggere Dirces.* Le Cithéron.

v. 43. *Jugo luctatur Arion.* Ce cheval était, suivant quelques-uns, celui que Neptune fit sortir de la terre d'un coup de trident. Adraste le tenait d'Hercule.

v. 48. *Lacedæmonium Thyre lectura cruorem.* C'était une ville de Messénie, célèbre par une bataille que s'y livrèrent les Lacédémoniens et les Argiens.

v. 59. *Inoas Ephyre solata querelas.* Corinthe, qui s'appelait d'abord Éphyre, s'était consolée des malheurs d'Ino, en instituant en l'honneur de son fils Mélicerte les jeux Isthmiques. Ce fut Sisyphe qui les établit, l'an 1326 av. J.-C.

v. 103. *Fletaque cognatis avibus.* Les sœurs de Méléagre furent si affligées de sa mort, qu'elles refusèrent de prendre des aliments. Les Dieux les changèrent en oiseaux appelés Méléagrides.

v. 121. *Genero tumuit Jove.* Io, maîtresse de Jupiter, était fille d'Inachus.

v. 151. *Monstrat Cyclopum... arces.* Les habitants de Tirynthe, comme tous les peuples déchus, mettent leur orgueil dans les débris de leur antique puissance.

v. 160. *Cleonæi... Molorchi.* Molorchus, vieux berger de Cléonce, donna l'hospitalité à Hercule, qui, pour l'en récompenser, tua le lion de Némée, terrible voisin dont ses troupeaux avaient beaucoup à souffrir. C'est à cette occasion que furent institués les jeux Néméens.

v. 186. *Illustres Satyro pendente Celænas.* Marsyas, dont tout le monde connaît l'histoire.

v. 192. *Hoc aurum.* Ériphile, pour avoir ce collier, découvrit à Polynice la retraite d'Amphiaraüs, son époux, qui s'était caché pour ne point aller au siége de Thèbes, où il savait qu'il devait mourir.

v. 246. *Parrhasias.... catervas.* Les Arcadiens étaient quelquefois appelés Parrhasiens, de Parrhasie, une de leurs villes.

v. 280, 281. *Populos umbrosa creavit Fraxinus.* Ce n'est pas seulement un abri que le frêne donnait alors aux hommes; il créait lui-même des populations entières.

Vivebant homines, qui, rupto robore nati,
Compositive luto, nullos habuere parentes.
Juv. Sat. VI, v. 12.

v. 294. *Pharetrato... Tonanti.* Jupiter avait pris la forme de Diane pour séduire Calisto.

v. 389. *Hermi de fontibus.* Hermus, fleuve de Lydie, qui roulait, comme le Pactole, un sable d'or dans ses eaux.

v. 419 et suiv. *Silva capax ævi.* On peut comparer cette description avec celle de la forêt de Marseille, dans Lucain. L'imitation est évidente.

v. 482. *Persea.* Hécate, fille, suivant quelques-uns, du Titan Persée et d'Astérie. On la confond avec Proserpine.

v. 517. *Quem scire nefastum est.* Allusion aux mystères, où les initiés seuls étaient instruits du vrai nom du Dieu.

v. 532. *Pœnarum lucra fateri.* Minos ne force pas les morts d'avouer qu'ils ont mérité tel ou tel châtiment, mais d'avouer ce qui doit être *un gain* pour le châtiment, c'est-à-dire l'aggraver. *Lucra* ne peut pas avoir un autre sens.

v. 542. *Obruit ora Deus.* Privé de la vue par Junon, Tirésias reçut de Jupiter le don de prophétie. D'autres prétendent que le malheur et le bienfait lui vinrent de Minerve.

v. 568. *Superosque lacus. Superos* opposé à *Stygios* désigne l'Élysée; c'est là d'ailleurs que son père Échion le reçoit, et *ubi* ne peut tomber que sur ces mots : *Superos lacus.*

v. 570. *Tristem nosco Lycum.* Le Lycus dont il est question ici est sans doute le mari de Dircé, qu'Amphion et Zéthus firent mourir.

v. 614. *Jacet ille.* Œdipe.

v. 655. *Icaria... umbra.* Icarius, d'Athènes, père d'Érigone, donna l'hospitalité à Bacchus, qui lui apprit à cultiver la vigne et à faire du vin.

v. 660. *Mimallones.* Ce mot, qui désigne les Bacchantes, est d'origine douteuse.

v. 698. *Ora situs.* Comme il s'agit ici des fontaines qui se dessèchent pour obéir à Bacchus, il m'a semblé que *situs* ne pouvait signifier que cette couche de mousse qu'on voit se former à la surface des eaux stagnantes et des ruisseaux près de tarir.

v. 719. *Archemorus... Ophellen* (v. 722). Ces deux noms désignent la même personne.

v. 721. *Hypsipylen.* Elle était reine de Lemnos; ce fut sous son règne que les Lemniennes massacrèrent tous les hommes de l'île : elle seule sauva son père Thoas, ce qui plus tard la fit chasser du trône et devint l'origine de ses malheurs.

v. 828. *Tumidos animam angustaret in artus. Artus* se rapporte au lion, et non à Hercule; autrement il ne serait pas à l'accusatif.

v. 838. *Centaureusque Lycormas.* Allusion à la mort du centaure Nessus.

LIVRE V.

v. 176. *Et in nullis spirat Deus.* Il y avait dans les entrailles des victimes une partie qu'on appelait *le Dieu*; si elle apparaissait tout entière, c'était un signe favorable.

v. 317. *Fraudemque et inania busta.* Hypsipyle avait une double crainte, pour elle-même d'abord; car, si la fraude était découverte, elle s'attirait la colère des Lemniennes; ensuite pour son père, car ce simulacre de funérailles était, dans les idées superstitieuses des anciens, un présage funeste.

v. 372. *Nunc cœlo Tritona ferens,* etc... Les vaisseaux avaient sur la proue quelque figure peinte qui servait à les désigner; c'était le plus souvent la figure de quelque divinité, sous la protection de laquelle le vaisseau était placé.

v. 456. *Scit cura Deum, etsi blandus Iason,* etc. Hypsipyle donne pour excuse de sa faute la nécessité : si Jason l'a depuis abandonnée, il était libre de le faire : *sua jura cruentum Phasin habent;* il pouvait, dans un pays barbare, contracter un nouvel hymen.

LIVRE VI.

v. 10. *Mox circum tristes.* Suivant Stace, les jeux isthmiques auraient été institués en l'honneur de Palémon ou Mélicerte, fils de Leucothoé ou Ino et d'Athamas, roi de Thèbes, et qui s'était noyé en fuyant avec sa mère les fureurs de son père. Plutarque, avec plus de raison, attribue la fondation des jeux isthmiques à Thésée, qui les consacra à son père Neptune. Les honneurs rendus à Palémon étaient plutôt des cérémonies sacrées et mystérieuses.

v. 202. *Primis in frondibus ignis exclamat.* Exclamat est une allusion à ce qui se passait dans les cérémonies funèbres des Romains : les gémissements éclataient au moment où le feu était mis au bûcher.

v. 239. *Lucifer... Mutato nocturnus equo.* Il s'agit de l'étoile de Vénus qui se lève le matin et le soir, et prend les noms de Lucifer et de Vesper. Les poëtes accordent au soleil quatre chevaux, deux à la lune, et un à chaque planète. Comme l'étoile de Vénus se lève deux fois dans un jour, et que le soir elle suit le soleil, tandis que le matin elle le précède, le poëte suppose qu'elle a changé la nuit de cheval. Ce changement n'empêche pas les autres astres de la reconnaître, tandis que les hommes s'y trompent. Pythagore est le premier, dit-on, qui reconnut l'identité des deux constellations Vesper et Lucifer.

v. 286. *Speciesque horrenda Corœbi.* C'est ce Corèbe, héros argien, dont il est question plus haut, au livre II, vers 221.

v. 288. *Tristis Amymone.* Elle était fille de Danaüs, et, étant allée puiser de l'eau à une fontaine, elle fut surprise par Neptune, qui la rendit mère et la métamorphosa elle-même en une fontaine appelée de son nom Amymone.

v. 289. *Alcmena... tergemina crinem circumdata luna.* Allusion aux trois nuits que Jupiter passa près d'Alcmène.

v. 362. *Quæ via soles Præcipitet.* C'est-à-dire quelle route suit le soleil pour amener la brièveté des jours et la longueur des nuits. Toutes ces questions d'astronomie et de physique faisaient le sujet des chants des premiers poëtes.

v. 424. *Præsagus Arion.* Le prophétique Arion. Les poëtes ne prêtent pas seulement aux chevaux de l'âge héroïque la sensibilité et la parole, ils leur accordent encore le don de prophétie. Voyez dans Homère le dialogue d'Achille avec ses coursiers, et la peinture de la douleur qu'ils éprouvent de la mort de Patrocle. *Iliad.*, XXIII.

v. 442. *Thessalus heros.* Stace, pour désigner ses héros, se sert souvent des noms tirés de leur pays ou de leurs ancêtres. Pour éviter toute confusion, nous allons en indiquer ici quelques-uns : le *héros de Thessalie*, Admète; le *fils d'Œclée*, Amphiaraüs; *le Labdacide*, le descendant *d'Échion*, l'*exilé d'Aonie*, Polynice; les *héros de Lemnos*, Eunée ou Thoas.

v. 727. *Auxiliumque Pelasgi.* Pélasgus, dont il est ici question, était fils du roi Triopas. Il reçut Cérès dans son palais, à Argos, lorsqu'elle allait à la recherche de sa fille, enlevée par Pluton.

v. 885. *Indignantem animum propriis non reddidit astris.* Dans l'opinion des anciens, qui attachaient un grand prix à la vie et n'en faisaient pas comme nous un exil, les âmes ne quittaient le corps qu'avec douleur.

Vitaque cum gemitu fugit indignata sub umbras.
Énéide, XII, 952.

Elles retournaient dans les astres où elles avaient puisé la vie, pour y être punies ou récompensées suivant leur mérite.

LIVRE VII.

v. 150. *Et intactæ ceciderunt cornibus uvæ.* Bacchus portait des cornes, comme fils de Jupiter Ammon.

v. 181. *Sylvasque Lycurgi.* Lycurgue, roi de Thrace, avait poursuivi les nourrices de Bacchus cachées à Nisa.

v. 236. *Longo fugit ordine velox tessera.* La tessère était un signe particulier auquel les hôtes pouvaient se reconnaître; c'était aussi un signe militaire qui servait de ralliement. C'est dans ce dernier sens qu'il faut le prendre ici.

v. 477. *Eumenidum velut antiquissima.* C'est Alecto qui passait pour la plus cruelle et la plus vieille des Furies.

v. 603. *Aut penetrale ruisse Harmonies.* Harmonia, épouse de Cadmus.

v. 664. *Mœnia Cyrrhœa monstravit Apollo juvenca.* Suivant la fable, l'oracle d'Apollon conseilla à Cadmus de suivre la génisse qu'il rencontrerait, et de fonder une ville à l'endroit où elle s'arrêterait : de là le nom de Béotie (βοῦς, bœuf).

v. 666. *Gener huic est,* etc. Cette ville devait ces différents titres à Sémélé, Alcmène, Antiope, Harmonia.

v. 712. *Phylea, falcato Clonin.* Un manuscrit porte Clonin, qui a été adopté pour éviter la répétition inexplicable de Chromin, à deux vers d'intervalle.

v. 792. *Scit peritura ratis.* Dans l'opinion des anciens, si pendant la tempête on apercevait à travers les voiles une étoile, c'était signe de naufrage, et cette étoile s'appelait Hélène; si on en apercevait deux, c'était signe de sérénité, et ces deux étoiles s'appelaient Castor et Pollux. Stace leur donne le nom de Thérapnéens, d'une ville de Laconie, Thérapnée, où ils étaient adorés.

LIVRE VIII.

v. 9. *Necdum illum aut trunca,* etc. Reconnaître les ombres à leur arrivée dans les enfers, et inscrire leur nom, était, suivant les poëtes, l'une des fonctions des Euménides et de Proserpine. On a aussi traduit *lustraverat* par *purifier*; mais on ne voit pas à quoi bon cette purification dans ce moment et de la part d'une Euménide.

v. 198. *Penetralia Branchi.* Voir les notes du Livre III, v. 479.

v. 210. *Mollique animam tellure reponant.* On croyait que l'âme habitait le tombeau pendant un certain temps; d'où vient cette expression : *sit tibi terra levis*, que la terre te soit légère!

v. 336. *Numinis interpres te, Phœbo absente, vocabo.* Les Dieux s'éloignaient quelquefois des lieux où ils avaient fixé leur séjour. Amphiaraüs n'est donc substitué que momentanément à Phébus. Toute autre pensée serait sacrilége dans la bouche du nouveau devin.

v. 418. *Et formidandæ non una morte sagittæ.* Cette double mort, c'est le fer et le poison.

v. 444. *Guttur Iphis,* etc. Ce vers ne se trouve que dans un manuscrit, et il est assez difficile à expliquer avec *cruorem*, et assez plat pour qu'on le juge interposé ou corrompu. Nous l'avons néanmoins traduit.

v. 766. *Nec prius astra subit.* Lorsque les anciens s'étaient souillés par quelque chose d'impur, comme, par exemple, la vue d'un cadavre, ils se purifiaient par le fer, le soufre et l'eau.

Terque senem flamma, ter aqua, ter sulfure purgat.
Ovide, *Métam.*, VII, v. 261.

LIVRE IX.

v. 19. *Nos ferrum mite, facesque.* On voit, d'après ce passage, qu'on se servait de torches dans le combat comme armes de guerre.

v. 74. *Dextramque reponit.* Tydée avait porté sa main vers sa bouche pour déchirer la tête de Ménalippe : Polynice la remit à sa place naturelle. C'était un usage chez les anciens de mettre les membres des morts dans la position la plus décente.

v. 148. *Noxasque retexens Tydeos.* Tydée avait tué son frère Ménalippe, et venait de déchirer de ses dents la tête d'un autre Ménalippe, son ennemi.

v. 328. *Non Anthedonii tegit hospitis.* Cet hôte d'Anthédon, ville de Béotie, près de l'Euripe, n'est autre que Glaucus, dieu marin.

v. 418. *Dextramque premit.* Sans doute pour l'exciter à la vengeance.

v. 518. *Ubi Cecropiæ post prœlia flammæ?* Ce passage est obscur : il fait allusion à la défense de donner la sépulture aux vaincus, faite par Créon, et à la vengeance de Thésée, roi d'Athènes, qui tua Créon, et rendit aux morts les honneurs funèbres.

v. 626. *Mœnades hostiles.* C'est-à-dire les Bacchantes, qu'elle avait vues en songe abattre le chêne consacré à Diane.

LIVRE X.

v. 68. *Tumulumque rebellem disjice.* Au vers 903 du même livre, il est encore question du même tombeau : c'est Capanée, qui du haut des murs s'écrie : « *En cineres Semeleaque busta tenentur.* Vois, les cendres et le tombeau de Sémélé sont en mon pouvoir. » On avait appelé *tombeau de Sémélé* l'endroit même où elle avait été consumée par la foudre, et cet endroit touchait aux murs, ou en faisait peut-être partie. Hygin rapporte que Zéthus et Amphion entourèrent Thèbes de murs jusqu'au tombeau de Sémélé.

v. 77. *Geminosque Tonantis concubitus.* C'est Castor et Pollux que le poëte veut désigner.

v. 85. *Æthiopasque alios.* Et les noirs Éthiopiens. Suivant Homère, il y a deux races d'Éthiopiens : ceux de l'Orient, vers la mer Rouge, et ceux de l'Occident, vers l'océan Atlantique, appelé aussi *Nigritæ*.

v. 99. *Terrarumque inclinat spiritus herbas.* Stace a écarté de ce séjour les vents furieux; *truces ventos*; mais il n'a pas dit qu'il n'y eût aucun souffle.

v. 172. *Quatit ille sacras in pectora pinus.* Les prêtres de Cybèle se livraient aux actes les plus furieux, et se meurtrissaient eux-mêmes, en mémoire d'Atys, aimé par la déesse; ils portaient une branche de pin, parce que c'était sous cet arbre qu'Atys s'était mutilé.

v. 326. *Quarta soporiferæ.* On sait que les anciens divisaient la nuit en quatre veilles, qui commençaient au coucher du soleil, et finissaient à son lever. A minuit finissaient les deux premières veilles : les veilles étaient plus ou moins longues, suivant les saisons.

v. 338. *Tibi enim hæc ego sacra litavi.* Ce sanglant sacrifice n'est autre que le massacre des Thébains, ce qui permit au devin d'offrir à Apollon les dépouilles des ennemis. Tout le monde sait qu'on ne pouvait approcher des autels des Dieux, ou leur adresser des prières, après ces meurtres, si l'on ne s'était auparavant purifié. Thiodamas n'a pas besoin de se purifier, puisqu'il vient d'immoler à Apollon des victimes humaines.

v. 503. *Te lubrica ripa Lacænæ.* Il s'agit de Léda, qu'aima Jupiter, et pour laquelle il se changea en cygne. Les vierges lacédémoniennes se livraient, sur les bords de l'Eurotas, aux mêmes exercices que les jeunes garçons.

v. 612. *Martius inferias...* C'est le serpent consacré à Mars, qu'avait tué Cadmus, et dont il avait semé les dents.

v. 842. *Aerium sibi portat iter.* Capanée est, dit-on, le premier qui se servit d'échelles dans les assauts.

v. 917. *Inarimen Ætnamve putes.* Inarime est une île située près de Naples, où le géant Tiphée, foudroyé par Jupiter, fut enseveli; elle est appelée aujourd'hui Ischia.

LIVRE XI.

v. 12. *Quantus Apollineæ temerator matris.* Il s'agit de Tityus, qu'Apollon perça de ses flèches et que Jupiter précipita dans les enfers, où ses entrailles étaient dévorées par deux vautours.

v. 93. *Hebet infera. Taxus.* Les Furies portaient, suivant les poëtes, des torches faites de cet arbre.

v. 129. *Et festina polo ducentes astra Mycenas.* Stace fait allusion au crime d'Atrée qui égorgea le fils de son frère Thyeste, et le lui fit servir à table.

v. 281. *Ubi Phocidos arma sonoræ.* La Phocide est appelée *sonore*, probablement à cause du séjour des Muses sur le Parnasse.

v. 432. *Nec tu mihi sanguine longe.* Par sa mère, Adraste descendait de Cadmus, fondateur de Thèbes.

LIVRE XII.

v. 132. *Quamvis sibi luget, Eleusin.* A Éleusis, ville de l'Attique, se célébraient des sacrifices en l'honneur de Cérès : on y déplorait l'enlèvement de Proserpine avec les signes de la plus violente douleur.

v. 155. *Immites citius Busiridos aras.* Busiris, roi d'Égypte, égorgeait les étrangers au pied de ses autels. Diomède, roi de Thrace, faisait manger à ses chevaux de la chair humaine. Les dieux de Sicile ne sont autres que les Cyclopes, appelés dieux par Hésiode dans sa Théogonie, et qui se nourrissaient aussi de chair humaine.

v. 226. *Dux vesana chori.* Stace, par *dux vesana*, veut désigner les prêtres de Cybèle, qui se mutilaient et portaient des vêtements de femmes.

v. 510. *Et funus Olynthi.* Olynthe, ville alliée d'Athènes, avait été livrée à Philippe par deux traîtres, Lasthène et Eutycrate. Les habitants se réfugièrent à Athènes, où ils furent accueillis avec bonté.

v. 540. *Paulum et ab insessis.* L'usage était que les suppliants vinssent s'asseoir sur l'autel même. Les exemples de cet usage sont nombreux dans les auteurs anciens.

v. 582. *Nec fudit vanos anus hospita fletus.* Une pauvre femme du nom d'Hécale avait offert l'hospitalité à Thésée, jeune encore; et, lorsqu'il partit pour la guerre, elle en ressentit une si vive douleur qu'elle fit vœu de s'immoler à Jupiter, s'il revenait vainqueur : mais elle mourut avant son retour. Pour témoigner sa reconnaissance, Thésée institua en son honneur des sacrifices à *Jupiter Hécalien.*

L'ACHILLÉIDE.

LIVRE PREMIER.

Le magnanime Achille, ce héros à qui le maître du tonnerre craignit de donner la vie, de peur de le voir un jour lui ravir le trône du ciel, muse, c'est à toi de le chanter. Ses exploits ont été illustrés par la lyre de Méonie; mais le champ est vaste encore. Parcourir toute sa vie, l'arracher de sa retraite de Scyros, au bruit de la trompette d'Ulysse, telle est mon entreprise : laissons là Hector traîné dans la poussière : c'est loin de Troie que je veux montrer le jeune héros.

Si jadis mes lèvres n'ont pas souillé les sources sacrées, permets-moi, ô Phébus! d'y puiser encore, et ceins mon front d'une seconde couronne. Ce n'est point un hôte nouveau qui pénètre dans les bois d'Aonie; ce n'est pas la première fois que les blanches bandelettes ornent ma chevelure. Les champs de Dircé me connaissent, Thèbes redit mon nom parmi les noms de ses aïeux, et m'associe à son Amphion.

Et toi que contemple avec admiration l'élite de la Grèce et de l'Italie, toi pour qui les deux palmes du poëte et du guerrier fleurissent à la fois, vaincues tour à tour l'une par l'autre, pardonne-moi; permets que quelque temps encore j'arrose cette carrière de mes sueurs. Par de longs et timides efforts je me prépare à chanter ta gloire, et le grand Achille sert de prélude.

Loin du rivage d'Œbalie voguait le pasteur troyen, fier de la douce proie ravie à la confiante Amyclée; déjà, accomplissant le présage du songe maternel, il traversait de nouveau ces flots funestes que, du fond de la mer où elle a été plongée, Hellé, nouvelle Néréide, gouverne à regret, lorsque Thétis (hélas! les pressentiments d'une mère ne trompent jamais), du fond de l'abîme azuré, tremble au bruit retentissant des rames. Soudain, suivie de la foule de ses sœurs, elle s'élance de sa couche. Les rivages resserrés de Phryxus bouillonnent, et la mer est à peine assez large pour le cortége divin. A peine Thétis eut-elle écarté les flots et touché les airs : « C'est contre moi qu'est dirigée cette flotte, s'écrie-t-elle, c'est moi qu'elle menace. Je reconnais des prédictions funestes, et Protée m'a dit vrai. Voici qu'à la lueur des flambeaux élevés sur la poupe, Bellone conduit à Priam une fille nouvelle. Déjà mille vaisseaux couvrent et la mer d'Ionie et la mer d'Égée, et ce n'est pas assez que la Grèce tout entière conspire avec les fiers Atrides : bientôt, sur les flots, sur la terre, ils chercheront mon Achille, et lui-même il voudra les suivre. Pourquoi ai-je confié son enfance au Pélion et à l'antre d'un maître farouche? Là sans doute il s'exerce, en jouant, aux combats des Lapithes, il essaye la lance de son père. O douleur! ô craintes tardives du cœur maternel! Ne pouvais-je pas, mal-

ACHILLEIDOS
LIBER PRIMUS.

Magnanimum Æaciden, formidatamque Tonanti
Progeniem, et patrio vetitam succedere cœlo,
Diva, refer : quanquam acta viri multum inclyta cantu
Mæonio, sed plura vacant : nos ire per omnem,
Sic amor est, Heroa velis, Scyroque latentem   5
Dulichia proferre tuba : nec in Hectore tracto
Sistere, sed tota juvenem deducere Troja.

Tu modo, si veteres digno deplevimus haustu,
Da fontes mihi, Phœbe, novos, ac fronde secunda
Necte comas : neque enim Aonium nemus advena pulso,
Nec mea nunc primis albescunt tempora vittis.   11
Scit Dircæus ager : meque inter prisca parentum
Nomina, cumque suo numerant Amphione Thebæ.

At tu, quem longe primum stupet Itala virtus,
Graiaque, cui geminæ florent vatumque ducumque   15
Certatim laurus, olim dolet altera vinci,
Da veniam, ac trepidum patere hoc sudare parumper
Pulvere, te longo, necdum fidente paratu
Molimur, magnusque tibi præludit Achilles.

Solverat Œbalio classem de littore pastor   20
Dardanus, incautas blande populatus Amyclas,
Plenaque materni referens præsagia somni
Culpatum relegebat iter, qua condita ponto
Fluctibus invisis jam Nereis imperat Helle :
Quum Thetis Idæos, heu nunquam vana parentum   25
Auguria! expavit vitreo sub gurgite remos.
Nec mora : et undosa turba comitante sororum
Prosiluit thalamis : fervent coeuntia Phryxi
Littora, et angustum dominas non explicat æquor.
Illa ubi discusso primum subit aera ponto :   30
« Me petit hæc, mihi classis, ait, funesta minatur :
Agnosco monitus, et Protea vera locutum.
Ecce novam Priamo, facibus de puppe levatis,
Fert Bellona nurum : video jam mille carinis
Ionium, Ægæumque premi : nec sufficit, omnis   35
Quod plaga Grajugenum tumidis conjurat Atridis ·
Jam pelago, terrisque meus quæretur Achilles,
Et volet ipse sequi : quid enim cunabula parvo
Pelion, et torvi commisimus antra magistri?
Illic, ni fallor, Lapitharum prælia ludit   40
Improbus, et patria jam se metitur in hasta.

heureuse, quand pour la première fois le vaisseau phrygien parut sur nos ondes, soulever la vaste mer, et, suivie de toutes mes sœurs, au milieu de la tempête, poursuivre l'impur ravisseur? Maintenant encore... mais il est trop tard, et l'injure est consommée. J'irai cependant, j'implorerai les Dieux de la mer, et, baisant la main du frère de Jupiter (car c'est là ma dernière espérance), au nom de Thétis, au nom de mon vieux père, je lui demanderai, malheureuse suppliante, une tempête, une seule. »

Elle dit, et en même temps aperçoit le puissant monarque, qui revenait du palais hospitalier de l'Océan ; la joie du festin épanouissait son visage, que faisait briller le nectar des Dieux de la mer : à sa vue les orages et les vents se taisent; les Tritons qui l'accompagnent font entendre de paisibles accords, les monstrueuses baleines et les troupeaux de dauphins s'agitent autour de lui, derrière lui, et saluent leur roi. Lui-même, debout, domine les ondes tranquilles, et de son trident presse ses coursiers. Ceux-ci amoncellent autour de leur poitrine les flots écumeux; leurs pieds agitent l'eau qui les porte, et leur queue efface leurs traces : « O père et souverain des vastes ondes ! dit Thétis, tu vois pour quel fatal usage tu as ouvert aux mortels ton empire. Les crimes de la terre voguent sans crainte, depuis le jour où les droits de la mer et sa solitaire majesté furent violés par le vaisseau du ravisseur Jason. Voici un nouveau larcin : chargé des dépouilles de son hôte, le juge audacieux de l'Ida fend les flots. Que de gémissements, hélas ! il prépare à la terre, à la mer, à moi-même ! Est-ce donc ainsi que nous payons la palme décernée par le Phrygien Páris? Est-ce donc là Vénus, et la reconnaissance de celle que nous avons nourrie ? Ordonne au moins que ces vaisseaux (puisque ce n'est pas des demi-dieux qu'ils portent, ni ton fils Thésée), ordonne, à l'honneur de tes flots te touche encore, qu'ils soient engloutis dans les abîmes, ou bien livre la mer à mon pouvoir. Je ne suis point cruelle, mais qu'il me soit pardonné de craindre pour mon fils ; permets-moi de soulever les ondes ; ne prends pas un cruel plaisir à ne me laisser, au milieu de ton vaste empire, qu'un seul rocher pour demeure, et un tombeau sur le rivage de Troie. »

Elle priait, en s'arrachant les cheveux, et de sa poitrine nue elle arrêtait les coursiers du roi des ondes. Celui-ci l'invite à monter sur son char, et console sa douleur par des paroles amies : « Ne me demande pas, ô Thétis ! de submerger la flotte troyenne : les destins me le défendent. Depuis longtemps les Dieux l'ont décidé, l'Europe et l'Asie se livreront une guerre sanglante; Jupiter en a fixé la durée, et voué au carnage ces tristes années. Quelle gloire donc attend ton fils dans la poussière des champs troyens ! Combien de funérailles, désespoir des mères phrygiennes, te feront un glorieux spectacle, lorsque ton Éacide tantôt inondera de sang les champs troyens, tantôt obstruera de ces flots nouveaux le courant des fleuves, ou fera voler son char ralenti par le cadavre d'Hector, et de sa main puissante ébranlera ces murs, notre inutile ouvrage ! Cesse

O dolor, o seri materno in corde timores !
Non potui infelix, quum primum in gurgite nostro
Rhœteææ cecidere trabes, attollere magnum
Æquor? et incesti prædonis vela profunda   45
Tempestate sequi? cunctasque inferre sorores?
Nunc quoque : sed tardum est, jam plena injuria raptæ.
Ibo tamen, pelagique Deos, dextramque secundi,
Quod superest, complexa Jovis, per Tethyos annos
Grandævumque patrem, supplex miseranda rogabo 50
Unam hiemem. » Dixit, magnumque in tempore regem
Adspicit. Oceano veniebat ab hospite, mensis
Lætus, et æquoreo diffusus nectare vultus,
Unde hiemes ventique silent, cantuque quieto
Armigeri Tritones eunt, scopulosaque cete,   55
Tyrrhenique greges circumque infraque rotantur
Rege salutato : placidis ipse arduus undis
Eminet, et triplici telo jubet ire jugales.
Illi spumiferos glomerant a pectore fluctus ;
Pone natant, delentque pedum vestigia cauda.   60
Cui Thetis : « O magni rector genitorque profundi,
Adspicis, in quales miserum patefeceris usus
Æquor? Eunt tutis terrarum crimina velis,
Ex quo jura freti majestatemque repostam
Rupit Iasonia puppis Pagasæa rapina.   65
En aliud furto scelus, et spolia hospita portans

Navigat injustæ temerarius arbiter Idæ,
Eheu quos gemitus terris pelagoque daturus !
Quos mihi ! sic Phrygiæ pensamus præmia palmæ.
Hi Veneris mores, hoc gratæ munus alumnæ ?   70
Has saltem (non Semideos, nostrumque reportant
Thesea), si quis adhuc undis honor, obrue puppes,
Aut permitte fretum : nulla inclementia : fas sit
Pro nato timuisse mihi : da tollere fluctus,
Nec tibi de tantis placeat me fluctibus unum   75
Littus, et Iliaci scopulos habitare sepulcri. »
   Orabat laniata comas, et pectore nudo
Cæruleis obstabat equis : tunc ductor aquarum
Invitat curru, dictisque ita mulcet amicis :
« Ne pete Dardaniam frustra, Theti, mergere classem. 80
Fata vetant : ratus ordo Deis, miscere cruentas
Europæque Asiæque manus, consultaque bella
Juppiter et tristes edixit cædibus annos.
Quem tu illic natum Sigeo in pulvere ? quanta
Adspicies victrix Phrygiarum funera matrum?   85
Quum tuus Æacides tepido modo sanguine Teucros
Undabit campos ; modo crassa exire velabit
Flumina, et Hectoreo tardabit funere currus,
Impelletque manu nostros, opera irrita, muros.
Pelea jam desiste queri, thalamosque minores, 90
Crediderís peperisse Jovi : nec inulta do'cbis,

de regretter l'hymen de Pélée et cette alliance inégale : tu croiras avoir donné un fils à Jupiter, et ta douleur sera vengée ; tu te serviras de ces ondes où le sang te donne des droits ; par moi tu les pourras soulever, quand les Grecs ramèneront leurs vaisseaux, que le mont Capharée fera briller son phare perfide, et que tous deux nous chercherons le cruel Ulysse. »

Il dit, Thétis écoute, les yeux baissés, ce refus qui l'accable ; déjà elle se préparait à bouleverser la mer, à combattre les vaisseaux troyens. Elle médite alors un projet nouveau, et, triste, elle se tourne vers la terre d'Hémonie. Trois fois ses mains ont fendu l'onde avec effort, trois fois ses pieds d'albâtre l'ont repoussée, et déjà elle touche aux rives de Thessalie. Les montagnes tressaillent de joie ; les antres, témoins de son hymen, lui ouvrent leurs retraites profondes ; le Sperchius s'avance en bouillonnant au-devant de la déesse, et baigne ses pieds de son onde caressante. Mais ces lieux ne peuvent la charmer ; elle roule péniblement dans son cœur le dessein qu'elle a conçu, et, guidée par l'ingénieuse tendresse d'une mère, elle se dirige vers le vieux Chiron. Sa demeure élevée s'enfonce dans le roc, et soutient de sa voûte immense tout le poids du Pélion. Une partie a été creusée par la main des hommes, l'autre a cédé aux efforts du temps ; on y voit encore les traces des Dieux, les lits qui les reçurent, la place que chacun d'eux a pressée, que sa majesté divine a consacrée. Dans l'intérieur s'étendent les profondes cavernes du centaure, bien différentes de celles de ses frères sacriléges : ici point de javelots rougis du sang des hommes, point de frênes fracassés dans des noces sanglantes, point de cratères brisés sur des ennemis qui étaient des frères, mais des carquois innocents, des dépouilles des bêtes fauves. Tout cela est du temps de sa verte jeunesse ; maintenant, affaibli par l'âge, son unique soin est de connaître les herbes salutaires aux malheureux mortels, ou d'apprendre à son élève à chanter sur la lyre les antiques héros.

En ce moment il attendait sur le seuil le retour du jeune chasseur ; il préparait le repas, et un vaste foyer réjouissait l'antre. Dès qu'il aperçoit au loin sur le rivage l'auguste Néréide, il s'élance de la forêt ; la joie lui prête des forces, et les pieds du vieux centaure font retentir du bruit de leur corne la plaine étonnée. Il présente gracieusement la main à la déesse, et, s'inclinant avec respect, il la conduit vers son humble toit, et l'introduit dans son antre.

Thétis promène de tous côtés un regard silencieux, et dans son impatience : « Où est mon fils, Chiron ? Réponds-moi, dit-elle ; pourquoi, si jeune encore, est-il un moment loin de toi ? Le trouble de mon sommeil et les noirs avertissements des Dieux seraient-ils donc fondés ? Ah ! puissent mes terreurs être vaines ! Tantôt je vois une homicide épée tournée contre mes flancs, tantôt mes mains toutes livides de meurtrissures ; tantôt des bêtes féroces s'élancent sur mon sein. Souvent moi-même, ô horreur ! je porte mon fils dans le noir Tartare, pour le plonger de nouveau dans le Styx. Le devin de Carpathos, pour détruire ces craintes, m'ordonne un sacrifice magique ; il veut que j'aille, sous un ciel propice, purifier mon fils dans ces ondes mystérieuses, où, vers les derniers rivages de l'Océan, mon père se réchauffe au feu des

Cognatis utere fretis : dabo tollere fluctus,
Quum reduces Danai, nocturnaque signa Caphareus
Exeret, et dirum pariter quæremus Ulixem. »
    Dixerat : illa gravi vultum demissa repulsa, 95
Quæ jam excire fretum, et ratibus bellare parabat
Iliacis, alios iterum commenta paratus,
Tristis ad Hæmonias detorquet brachia terras.
Ter conata manu, liquidum ter gressibus æquor
Reppulit, et niveas feriunt vada Thessala plantas. 100
Lætantur montes, et connubialia pandunt
Antra sinus, lateque Deæ Sperchios abundat
Obvius, et dulci vestigia circuit unda.
Illa nihil gavisa locis, sed cœpta fatigat
Pectore consilia, et solers pietate magistra 105
Longævum Chirona petit : domus ardua montem
Perforat, et longo suspendit Pelion arcu :
Pars exhausta manu, partem sua ruperat ætas.
Signa tamen, Divumque tori, et quem quisque sacrarat
Accubitu, genioque, locus monstrantur : at intra 110
Centauri stabula alta patent, non æqua nefandis
Fratribus : hic hominum nullos experta cruores
Spicula, nec truncæ bellis genialibus orni,
Aut consanguineos fracti crateres in hostes ;
Sed pharetræ insontes, et inania terga ferarum. 115
Hæc quoque dum viridis ; nam nunc labor unus inermi
Nosse salutiferas dubiis animantibus herbas,
Aut monstrare lyra veteres heroas alumno.
    At tunc venatu rediturum in limine primo
Opperiens, properatque dapes, largoque serenat 120
Igne domum : quum visa procul de littore mater
Nereis, erumpit silvis : dant gaudia vires,
Motaque desueto crepuit senis ungula campo.
Tunc blandus dextra, atque imos submissus in armos
Pauperibus tectis inducit, et admovet antris. 125
Jamdudum tacito lustrat Thetis omnia visu :
Nec perpessa moras : « Ubinam mea pignora, Chiron ?
Dic, ait, aut cur ulla puer jam tempora ducit
Te sine ? num merito trepidus sopor ? atraque matri
Signa Deum ? magnos utinam mentita timores ! 130
Namque mihi infestos utero modo contuor enses,
Nunc planctu livere manus, modo in ubera sævas
Ire feras : sæpe ipsa, nefas ! sub inania natum
Tartara, et ad Stygios iterum fero mergere fontes.
Hos abolere metus magici jubet ordine sacri 135
Carpathius vates, puerumque sub axe probato
Secretis lustrare fretis, ubi littora summa

astres qu'il reçoit dans son sein : c'est là que je dois offrir à des dieux inconnus des sacrifices horribles, des présents expiatoires. Mais il serait long de tout énumérer, et quelque chose me le défend. Mais toi, rends-moi mon fils. »

Ainsi parla Thétis : car Chiron ne lui eût pas remis Achille, si elle avait avoué au vieillard la vie efféminée et le honteux déguisement qu'elle lui destinait. Le centaure lui répond : « Emmène, ô la meilleure des mères! emmène Achille, et fléchis les Dieux par tes humbles prières; car tes vœux ont été surpassés, et il faut désarmer l'envie : je ne veux pas ajouter à tes craintes, mais je t'avouerai la vérité. Oui, mon cœur paternel ne m'abuse point, je ne sais quoi de grand se révèle dans cette force précoce, qui devance ses tendres années. Autrefois il supportait mes menaces, il obéissait à mes ordres, et ne s'éloignait pas beaucoup de notre antre : maintenant l'Ossa n'est plus assez grand pour lui, ni le vaste Pélion, ni les neiges de la Thessalie. Souvent les centaures viennent se plaindre à moi : leurs demeures ont été ravagées, leurs troupeaux emmenés sous leurs yeux, eux-mêmes forcés de fuir dans la plaine et de traverser les fleuves. Ils se préparent à lui dresser des embûches, à le combattre ; ils le menacent de leur colère. Jadis, lorsque le vaisseau de Thessalie emmena de ses bords les nobles Argonautes, je vis le jeune Alcide et Thésée... ; mais je me tais. » Une pâleur mortelle glaça la Néréide.

Achille était arrivé. La sueur et la poussière qui le couvrent le font paraître plus grand encore. Cependant, au milieu des armes et de ses courses laborieuses, il n'a rien perdu encore de la dou-

ceur de ses traits; son visage plus blanc que la neige s'anime d'un vif incarnat, et sa chevelure brille de l'éclat de l'or; le premier duvet n'a point encore signalé son adolescence; le feu de son regard est paisible encore, c'est sa mère presque tout entière qui respire en ses traits : tel Apollon lorsqu'il revient de la chasse sur les monts de Lycie, et qu'il abandonne pour la lyre ses flèches meurtrières. Achille est joyeux (oh! que la joie ajoute encore à la beauté!); il a frappé de son fer, sous la roche de Pholoé, une lionne qui avait récemment mis bas; il l'a laissée dans son repaire vide, et il apporte ses lionceaux en jouant avec leurs griffes : mais sitôt qu'il aperçoit Thétis sur le seuil, il les jette loin de lui, et, déjà il fait sentir son étreinte, et sa taille égale celle de la déesse.

Déjà lié avec Achille par une vive amitié, Patrocle le suit, Patrocle qui a grandi lui-même en devenant l'émule d'un héros. Tous deux sont semblables par les goûts, par l'âge, mais inégaux en force; et toutefois ils doivent trouver à Pergame le même destin.

Soudain Achille, d'un bond rapide, se précipite dans le fleuve voisin, et y lave ses joues fumantes et sa tête souillée. Tel Castor entre avec son coursier haletant dans les flots de l'Eurotas, et ranime l'éclat affaibli de ses rayons. Le vieillard est ravi ; il peigne la chevelure de son élève, et caresse tantôt sa poitrine, tantôt ses larges épaules. La joie de Thétis augmente encore ses inquiétudes de mère. Alors Chiron les invite à goûter aux mets et à vider les coupes, et, pour distraire la douleur de Thétis, il prend enfin sa lyre, en fait vibrer les cordes,

Oceani, et genitor tepet illabentibus astris
Pontus, ubi ignotis horrenda piacula Divis,
Donaque : sed longum cuncta enumerare, vetorque;   140
Trade magis. » Sic fata parens : neque enim ille dedisset,
Si molles habitus et tegmina fœda fateri
Ausa seni : tunc ille refert : « Duc, optima, quæso,
Duc genitrix, humilique Deos infringe precatu.
Nam superant tua vota modum, placandaque multum 145
Invidia est : non addo metum, sed vera fatebor :
Nescio quid magnum (nec me patria omina fallunt).
Vis festina, parat, tenerosque supervenit annos.
Olim ferre minas et ohire audita solebat
Imperia, et nostris procul haud discedere ab antris.   150
Nunc illum non Ossa capit, non Pelion ingens,
Thessaliæve nives : ipsi mihi sæpe queruntur
Centauri raptasque domos, abstractaque coram
Armenta, et campis semet fluviisque fugari.
Insidias et bella parant, tumidique minantur.   155
Olim equidem, Argoos pinus quum Thessala reges
Hac veheret, juvenem Alciden, et Thesea vidi;
Sed taceo. » Figit gelidus Nereida pallor.

Ille aderat multo sudore, et pulvere major.
Attamen arma inter, festinatosque labores,   160
Dulcis adhuc visu, niveo natat ignis in ore

Purpureus, fulvoque nitet coma gratior auro.
Nec dum prima nova lanugine vertitur ætas,
Tranquillæque faces oculis, et plurima vultu
Mater inest : qualis Lycia venator Apollo   165
Quum redit, et sævis permutat plectra pharetris.
Forte et lætus adest : (o quantum gaudia formæ
Adjiciunt!) fœtam Pholoës sub rupe leænam
Perculerat ferro, vacuisque reliquerat antris
Ipsam, sed catulos apportat, et incitat ungues.   170
Quos tamen, ut fido genitrix in limine visa est,
Abjicit, exceptamque avidis circumligat ulnis,
Jam gravis amplexu, jamque æquus vertice matri.
Insequitur magno jam tunc connexus amore
Patroclus, tantisque extenditur æmulus actis,   175
Par studiis, ævique modis, sed robore longe,
Et tamen æquali visurus Pergama fato.
Protinus ille subit rapido, quæ proxima, saltu
Flumina, fumantesque genas, crinemque novatur
Fontibus. Eurotæ qualis vada Castor anhelo   180
Intrat equo, fessumque sui jubar excitat astri.
Miratur, comitque senex, nunc pectora mulcens,
Nunc fortes humeros : angunt sua gaudia matrem.
Tunc libare dapes, Bacchæaque munera Chiron
Orat, et attonitam vario oblectamine mulcens,   185

qui charment les ennuis; et après les avoir essayées d'un doigt léger, il présente l'instrument au jeune homme. Celui-ci chante de préférence les hauts faits des héros, noble semence de gloire : le fils d'Amphitryon triomphant des ordres de sa cruelle marâtre; Pollux écrasant de son ceste le farouche Bébryce, et de quelle terrible étreinte le fils d'Égée brisa les membres robustes du minotaure; il chante l'hymen de sa mère, et le Péliou fléchissant sous le poids des Dieux. Ici Thétis dérobe ses larmes sous un sourire menteur. Bientôt la nuit les invite au sommeil : l'énorme centaure s'étend sur le rocher, et Achille s'enlace à son cou; bien qu'auprès de sa mère chérie, il préfère la poitrine où il a coutume de dormir.

Cependant Thétis veille sur le rivage retentissant : ne sachant quel asile choisir pour son fils, dans quelle contrée le cacher, elle roule dans son esprit mille projets contraires. La Thrace est voisine, mais trop belliqueuse; trop rude est la Macédoine; les Cécropides lui feraient sentir l'aiguillon de la gloire; Sestos et le golfe d'Abydos offrent un accès trop libre aux vaisseaux; les hautes Cyclades lui sourient : encore dédaigne-t-elle Mycone, l'humble Seriphe, et Lemnos où la colère des femmes est si cruelle, et Délos où toutes les nations se pressent en foule. Naguère elle avait vu, à la molle cour de l'inoffensif Lycomède, les vierges, filles de ce prince; elle avait entendu retentir leurs jeux sur les rivages, alors qu'elle y avait été envoyée pour s'assurer si Égéon ne s'était pas débarrassé de ses liens, et pour compter les cent chaînes dont on l'avait chargé. C'est cette île seule qui lui agrée, c'est la retraite qui paraît la plus sûre à cette mère craintive.

Tel un oiseau, prêt à déposer le fruit de ses amours, cherche déjà, plein de crainte et d'inquiétude, le feuillage où il suspendra sa demeure vide encore. Ici il cherche à s'abriter des vents, là il redoute les serpents ou les hommes; enfin un arbre a fixé son incertitude : à peine s'est-il posé sur les branches, que déjà il aime sa nouvelle demeure.

Un autre souci occupe encore la déesse et fatigue son esprit affligé. Emportera-t-elle son fils dans ses bras à travers les ondes? Ira-t-elle le confier à un monstrueux Triton, ou appeler les vents légers, ou en charger, Iris dont l'arc boit les flots de l'Océan? Enfin elle fait sortir de la mer et enchaîne à un frein un couple de dauphins que la grande Thétis avait nourris pour elle au fond des gouffres de l'Atlantique, dans les vallées sonores de Neptune. Il n'en est point, dans tout l'empire du dieu, qui les égalent en beauté, qui nagent avec plus de vigueur et soient plus doux à l'homme. Elle leur ordonne de rester aux endroits profonds du rivage, de peur qu'ils n'aient à souffrir du contact de la terre; puis prenant elle-même Achille, qui dormait à pleine poitrine du sommeil de l'enfance, elle le porte de l'antre d'Hémonie vers la cour paisible, vers le rivage qui se tait, docile à la voix de la déesse. Cynthie lui montre la route, et l'éclaire de tous les rayons de son orbe plein. Chiron suit la déesse, et, sans

---

Elicit extremo chelyn, et solantia curas
Fila movet, leviterque expertas pollice chordas
Dat puero : canit ille libens immania laudum
Semina, qui tumidæ superarit jussa novercæ
Amphitryoniades : crudum quo Bebryca cæstu   190
Obruerit Pollux : quanto circumdata nexu
Ruperit Ægides Minoi brachia tauri :
Maternos in fine toros, Superisque gravatum
Pelion : hic ficto risit Thetis anxia vultu.
Nox trahit in somnos : saxo collabitur ingens   195
Centaurus, blandisque humeris se innectit Achilles,
Quamquam ibi fida parens, assuetaque pectora mavult.
At Thetis undisonis per noctem in rupibus adstans,
Quæ nato secreta velit, quibus abdere terris
Destinet, huc, illuc, diversa mente volutat.   200
Proxima, sed studiis multum Mavortia, Thrace :
Nec Macetum gens dura placet, laudumque daturi
Cecropidæ stimulos : nimium opportuna carinis
Sestos, Abydenique sinus : placet ire per altas
Cycladas : hinc spretæ Myconos, humilisque Seriphos,
Et Lemnos non æqua viris, atque hospita Delos   206
Gentibus : imbelli nuper Lycomedis in aula
Virgineos cœtus, et littora persona ludo
Audierat, duros laxantem Ægæona nexus
Missa sequi, centumque Dei numerare catenas.   210
Hæc placet, hæc timidæ tellus tutissima matri.
 Qualis vicino volucris jam sedula partu,
Jamque timens, qua fronde domum suspendat inanem,
Providet hinc ventos, hinc anxia cogitat angues,
Hinc homines : tandem dubiæ placet umbra, novisque
Vix stetit in ramis, et protinus arbor amatur.   216
 Altera consilio superest, tristemque fatigat
Cura Deam, natum ipsa sinu complexa per undas,
An magno Tritone ferat, ventosque volucres
Advocet, an pelago solitam Thaumantida pasci.   220
Elicit inde fretis, et murice frenat acuto
Delphinas bijuges, quos illi maxima Thetis
Gurgite Atlanteo pelagi sub valle sonora
Nutrierat : nullis vada per Neptunia glaucæ
Tantus honor formæ, nandique potentia; nec plus   225
Pectoris humani : jubet hos subsistere pleno
Littore, ne nudæ noceant cognita terræ.
Ipsa dehinc toto resolutum pectore Achillem,
Qui pueris sopor, Hæmonii de rupibus antri
Ad placidas deportat aquas, et jussa tacere   230
Littora : monstrat iter, totoque effulserat orbe
Cynthia. Prosequitur Divam, celeresque recursus
Securus pelagi Chiron rogat, udaque celat
Lumina, et abreptos subito jamjamque latentes
Erecto prospectat equo, qua cana parumper   235

crainte du côté des flots, il demande que le retour de son élève soit prompt; il cache les larmes qui mouillent ses paupières : se dressant sur ses pieds de cheval, il les suit des yeux, déjà presque disparus et se perdant dans le lointain, laissant à peine sur leurs traces de légers cercles d'écume qui se brisent dans la grande mer. Hélas! la vallée de Tempé ne verra pas ce retour. Déjà gémissent la triste Pholoé, et l'Othrys chargé de nuages; le Sperchius resserre ses flots dans son lit, et la caverne du docte vieillard reste silencieuse : les Faunes redemandent les chants du jeune héros, et les Nymphes pleurent leurs longues espérances d'hymen.

Déjà le jour chasse les astres; le soleil, faible encore, pousse du sein des flots ses humides coursiers, et l'onde que son char entraîne retombe du haut des airs. Depuis longtemps Thétis avait franchi les mers et touché au rivage de Scyros; les dauphins fatigués s'étaient débarrassés du joug, lorsque la frayeur éveille l'enfant. Ses yeux ont senti le jour qui les inonde; il s'étonne de l'air qu'il respire : quels sont ces lieux, ces flots? où est le Pélion? Tout est changé, tout lui est inconnu; il hésite même à reconnaître sa mère. Celle-ci lui prend la main, et calme sa frayeur par ces douces paroles : « Cher enfant, si le sort moins injuste m'eût accordé l'hymen qu'il me promettait, je te tiendrais maintenant embrassé, astre brillant, dans les plages éthérées; le ciel eût été ton berceau, et je n'aurais point à redouter les humbles Parques et les destinées terrestres. Maintenant, ô mon fils! ta vie n'est pas sûre, et ta mère seule éloigne de toi la mort : que dis-je? déjà s'approchent les temps redoutables, déjà nous touchons aux extrêmes périls. Cédons : soumets un moment ton mâle courage, ne dédaigne pas le vêtement maternel. Si la rude main du dieu de Tirynthe a porté les fuseaux lydiens et des thyrses efféminés, si Bacchus ne rougit pas de balayer la terre des longs plis de sa robe dorée, si Jupiter a revêtu la figure d'une vierge, si le sexe équivoque de l'illustre Cénée n'a point énervé son courage, laisse passer, je t'en supplie, ces menaces du sort, et sa maligne influence. Bientôt je te rendrai tes vertes campagnes et les antres du Centaure. Au nom de ta beauté, des joies futures de ta jeunesse, si pour toi j'ai accepté sur la terre un époux obscur, si, dès ta naissance, j'ai armé ton corps (que ne l'ai-je armé tout entier!) des tristes eaux du Styx, souffre quelque temps que ce vêtement te protège; il ne nuira pas à ton courage. Pourquoi détournes-tu la tête? Que veut dire ce regard? Rougirais-tu d'adoucir ta fierté sous cette parure? J'en jure par toi, cher enfant, j'en jure par les flots paternels, Chiron ne le saura pas. » C'est ainsi qu'elle attaque par de vaines caresses ce cœur farouche : à ses prières s'oppose le souvenir de Pélée, du rigide Chiron, et l'ardeur naissante d'un grand courage. Tel, tout plein du feu d'une jeunesse indomptée, s'irrite un coursier qui, pour la première fois, est soumis au frein : longtemps il a pris de joyeux ébats dans les plaines, au milieu du fleuve, et, fier de sa liberté, il ne veut pas soumettre sa tête au joug ni sa bouche au mors; il gémit d'obéir en captif aux ordres d'un maître, et s'étonne d'apprendre des courses nouvelles.

Quel dieu inspira cette fraude, cet artifice à

Spumant signa fugæ, et liquido perit orbita ponto.
Illum non alias rediturum ad Thessala Tempe
Jam tristis Pholoe, jam nubilus ingemit Othrys,
Et tenuis Sperchios aquis, speluncaque docti
Muta senis : quærunt puerilia carmina Fauni,   240
Et sperata diu plorant connubia Nymphæ.
 Jam premit astra dies, humilisque ex æquore Titan
Rorantes evolvit equos, et ab æthere magno
Sublatum curru pelagus cadit : at vada mater
Scyria jamdudum fluctus emensa tenebat,   245
Exierantque jugo fessi Delphines herili;
Quum pueri tremefacta quies, oculique jacentis
Infusum sensere diem : stupet aere primo,
Quæ loca? qui fluctus? ubi Pelion? omnia versa
Atque ignota videt, dubitatque agnoscere matrem. 250
Occupat illa manu, blandeque affata paventem :
« Si mihi, care puer, thalamos sors æqua dedisset,
Quos dabat, æthereis ego te complexa tenerem
Sidus grande plagis, magnique puerpera cœli,
Nil humiles Parcas, terrenaque fata vererer.   255
Nunc impar tibi, nate, genus, præclusaque leti
Tantum matre via est : quin et metuenda propinquant
Tempora, et extremis admota pericula metis.

Cedamus, paulumque animos submitte viriles,
Atque habitus dignare meos. Si Lydia dura   260
Pensa manu, mollesque tulit Tirynthius hastas;
Si decet aurata Bacchum vestigia palla
Verrere, virgineos si Juppiter induit artus,
Nec magnum ambigui fregerunt Cænea sexus;
Has sine, quæso, minas numenque exire malignum.
Mox iterum campos, iterum Centaurica reddam   266
Lustra tibi : per ego hoc decus, et ventura juventæ
Gaudia, si terras, humilemque experta maritum
Te propter, si progenitum Stygos amne severo
Armavi, (totumque utinam!) cape tuta parumper   270
Tegmina, nil nocitura animo. Cur ora reducis?
Quidve parant oculi? pudet hoc mitescere cultu?
Per te, care puer, cognata per æquora juro,
Nesciet hoc Chiron. » Sic horrida pectora tractat
Nequicquam mulcens : obstat genitorque roganti,   275
Nutritorque ingens, et cruda exordia magnæ
Indolis : effrenæ tumidum velut igne juventæ
Si quis equum primis submittere tentet habenis;
Ille, diu campis, fluviisque, et honore superbo
Gavisus, non colla jugo, non aspera præbet   280
Ora lupis, dominique gemit captivus inire

cette mère alarmée? quelle pensée dompta cet enfant indocile? Scyros célébrait en ce jour la fête solennelle de Pallas, la déesse tutélaire de ce rivage, et les filles du pacifique Lycomède avaient obtenu par une rare faveur de sortir du palais paternel pour offrir à la divinité les trésors du printemps, pour couronner de feuillage son noble front, et entrelacer autour de sa lance des guirlandes de fleurs. Toutes se distinguent par leur beauté, toutes ont la même parure, et cette dernière pudeur de la vierge qui va devenir épouse, et ce sein gonflé que réclame la couche nuptiale. Mais autant Vénus écrase de sa beauté les vertes Nymphes qui l'entourent au milieu des mers, autant Diane s'élève au-dessus des Naïades ses compagnes, autant brille Déidamie, la reine de cet aimable chœur, autant elle éclipse la beauté de ses sœurs. Les roses de son teint rehaussent la pourpre de sa tunique, et donnent un nouvel éclat aux pierreries, un reflet plus doux à l'or. On la prendrait pour la déesse, si celle-ci désarmait sa poitrine de ses serpents, et adoucissait ses traits en déposant son casque. Le farouche adolescent, dont le cœur innocent n'avait point encore palpité, n'eut pas plutôt aperçu la jeune Déidamie conduisant la troupe de ses compagnes, qu'il frissonne, et boit à longs traits ce feu inconnu. L'amour qu'il vient d'aspirer se trahit lui-même : la flamme, pénétrant jusque dans la moelle de ses os, remonte à ses yeux, à son visage, colore l'éblouissante blancheur de ses joues et parcourt tous ses membres, qui frémissent mouillés d'une sueur légère. Comme on voit chez les Massagètes le sang rougir une coupe de lait, ou bien comme l'ivoire se teint de pourpre, ainsi se manifeste par des signes contraires la flamme du jeune homme, qui rougit et pâlit tour à tour. Il s'élancerait, et, farouche, oubliant son âge, il troublerait le sacrifice, sans nul souci de la foule, si la pudeur, si la présence de son auguste mère ne le retenait. Tel un taureau, le père et le roi futur d'un troupeau nombreux, mais dont le front n'est pas encore couronné de tout son croissant, s'il aperçoit une blanche génisse venue au même pâturage, soudain son cœur bouillonne, et ce premier feu de l'amour fait écumer sa bouche : les bergers le contemplent avec joie, et espèrent en sa vigueur.

Thétis a compris, et, saisissant cette occasion : « Hé quoi! te déguiser au milieu de ce chœur de jeunes filles, entrelacer tes bras dans les leurs, est-ce donc, ô mon fils! si difficile à ton courage? Qu'y a-t-il de semblable dans les vallées du froid Ossa, sur les coteaux du Pélion? Oh! s'il m'était donné de partager ma tendresse, de porter sur mon sein un autre Achille! » A ces mots il s'adoucit, rougit de plaisir, détourne son fier regard, et repousse les vêtements d'une main plus faible. Sa mère le voit hésiter, et, par une douce violence, jette sur lui une robe flottante. Alors elle adoucit la roideur de son cou, abaisse ses larges épaules, assouplit ses bras robustes, dompte avec art sa chevelure en désordre, pare de son propre collier ce sein bien-aimé, et enlace ses pieds de bandelettes brodées. Puis elle lui enseigne la démarche, les mouvements, le langage modeste d'une jeune fille. Comme on voit la cire s'animer sous les doigts d'un

Imperia, atque alios miratur discere cursus.
Quis Deus attonitæ fraudes, astumque parenti
Contulit? indocilem quæ mens detraxit Achillem?
Palladi littoreæ celebrabat Scyros honorum 285
Forte diem, placidoque satæ Lycomede sorores
Luce sacra patriis, quæ rara licentia, muris
Exierant, dare veris opes, Divæque severas
Fronde ligare comas, et spargere floribus hastam.
Omnibus eximium formæ decus : omnibus idem 290
Cultus, et expleto teneri jam fine pudoris
Virginitas matura toris, annique tumentes.
Sed quantum virides pelagi Venus addita Nymphas
Obruit, aut humeris quantum Diana relinquit
Naides, effulget tantum regina decori 295
Deidamia chori, pulchrisque sororibus obstat.
Illius et roseo flammatur purpura vultu,
Et gemmis lux major inest, et blandius aurum.
Atque ipsi par forma Deæ, si pectoris angues
Ponat, et exempta placetur casside vultus. 300
Hanc ubi ducentem longe socia agmina vidit
Trux puer, et nullo temeratus pectora motu;
Diriguit, totusque novum bibit ossibus ignem.
Nec latet haustus amor, sed fax vibrata medullis
In vultus atque ora redit, lucemque genarum 305

Tingit, et impulsum tenui sudore pererrat.
Lactea Massagetæ veluti quum pocula fuscant
Sanguine puniceo, vel ebur corrumpitur ostro :
Sic variis manifesta notis palletque rubetque
Flamma recens ; eat, atque ultro ferus hospita sacra 310
Discutiat turbæ securus, et immemor ævi,
Ni pudor et junctæ teneat reverentia matris.
Ut pater armenti quondam, rectorque futurus,
Cui nondum toto peraguntur cornua gyro,
Quum sociam pastus niveo candore juvencam 315
Adspicit, ardescunt animi, primusque per ora
Spumat amor, spectant hilares, optantque magistri.
Occupat arrepto jam tempore conscia mater :
« Hosne inter simulare choros, et brachia ludo
Nectere, nate, grave est? gelida quid tale sub Ossa, 320
Peliacisque jugis? o si mihi jungere curas,
Atque alium portare sinu contingat Achillem! »
Mulcetur, lætumque rubet, visusque superbos
Obliquat, vestesque manu leviore repellit.
Adspicit ambiguum genitrix, cogitque volentem, 325
Injicitque sinus : tunc colla rigentia mollit,
Submittitque graves humeros, et fortia laxat
Brachia, et impexos certo domat ordine crines,
Ac sua dilecta cervice monilia transfert,

artiste, et revêtir une forme nouvelle, en obéissant à la flamme et à la main qui la pétrit, ainsi la déesse façonnait le jeune Achille; et il ne lui fallut pas de longs efforts, car chez lui une grâce charmante se joignait à une force invincible. Son sexe se distinguait à peine encore, et pouvait tromper les regards. Ils s'avancent, et Thétis lui répète avec douceur ses avis, et le fatigue de ses conseils : « Voici donc quelle sera ta démarche, voici ton air, ton maintien. Imite avec adresse tes compagnes, prends garde d'éveiller les soupçons du roi, qui refuserait de t'admettre dans sa cour innocente, et nous ferait perdre tout le fruit de notre stratagème. » Elle dit, et ne cesse d'ajuster de sa main la parure de son fils. Ainsi, lorsque Hécate, fatiguée de son carquois virginal, revient vers son père et son frère, à ses côtés marche sa mère, qui voile ses épaules et ses bras découverts, dépose elle-même l'arc et le carquois, déroule les plis relevés de sa robe, et s'étudie à réparer le désordre de sa chevelure.

Aussitôt la déesse aborde le roi, et là, à la face des autels : « Nous te confions, ô roi ! la sœur de notre Achille, dit-elle. Tu vois comme son visage est farouche, comme elle ressemble à son frère. Elle voulait, dans sa belliqueuse ardeur, porter le carquois sur l'épaule, l'arc à la main, et, à l'exemple des Amazones, repousser l'hymen; mais c'est assez de trembler pour son frère. Qu'elle porte les corbeilles et les ornements sacrés. Toi, dompte par ta prudence son indocilité, contrains-la à rester jeune fille jusqu'à ce que l'âge de l'hymen la délie de la pudeur.

Ne souffre pas qu'elle se corrompe dans les jeux de la palestre, ni qu'elle s'égare dans les retraites des forêts; retiens-la dans l'intérieur du palais, loin des regards profanes, au milieu de ses jeunes compagnes; surtout éloigne-la des rivages et du port. Tu as vu naguère les voiles des Phrygiens : il n'est plus de respect pour les droits des nations, les vaisseaux en traversant les mers ont appris à les violer. »

Le roi accède à sa prière, et reçoit le jeune Éacide (qui pourrait résister aux artifices des Dieux?) sous le déguisement qu'a imaginé sa mère. Bien plus, tendant la main vers la déesse, comme pour l'adorer, il lui rend grâce de l'avoir préféré. La foule des pieuses filles de Scyros ne peut détacher ses regards des traits de leur nouvelle compagne, ni cesser d'admirer comme elle porte la tête haute, combien est large sa poitrine et fortes ses épaules; ensuite elles l'invitent à s'unir à leurs danses, à s'approcher des chastes autels; elles lui cèdent le pas, et se pressent à l'envi autour d'elle. Ainsi, lorsque les oiseaux d'Idalie fendent les légers nuages, si à leur essaim, que réunit toujours le même ciel ou le même toit, vient d'une autre région se mêler un hôte inconnu, tous d'abord s'étonnent et s'effrayent; bientôt ils s'en approchent peu à peu en volant, et au milieu même des airs ils en font un des leurs; puis, joyeux, ils l'entourent en battant des ailes, et le conduisent à leurs nids.

Thétis s'éloigne, non sans être restée longtemps sur le seuil, redisant à son fils les mêmes conseils, et lui murmurant à l'oreille des paroles mystérieu-

Et picturato cohibet vestigia limbo. 330
Incessum, motumque docet, fandique pudorem.
Qualiter artificis victuræ pollice ceræ
Accipiunt formas, ignemque, manumque sequuntur,
Talis erat Divæ natum mutantis imago.
Nec luctata diu : superest nam plurimus illi 335
Invicta virtute decor, fallitque tuentes
Ambiguus, tenuique latens discrimine sexus.
Procedunt, iterumque monet, rursumque fatigat
Blanda Thetis : « Sic ergo gradus, sic ora, manusque,
Nate, feres, comitesque modis imitabere fictis; 340
Ne te suspectum molli non misceat aulæ
Rector, et incepti pereant mendacia furti. »
Dixit, et admoto non cessat comere tactu.
Sic ubi virgineis Hecate lassata pharetris
Ad patrem fratremque redit, comes hæret eunti 345
Mater, et ipsa humeros exertaque brachia velat;
Ipsa arcum pharetramque locat, vestesque latentes
Deducit, sparsosque studet componere crines.
    Protinus aggreditur regem : atque ibi, testibus aris,
« Hanc tibi, ait, nostri germanam, rector, Achillis 350
(Nonne vides, ut torva genas, æquandaque fratri?)
Tradimus : arma humeris arcumque animosa petebat
Ferre, et Amazonio connubia pellere ritu.

Sed mihi curarum satis est pro stirpe virili.
Hæc calathos et sacra ferat : tu frange regendo 355
Indocilem, sexumque tene, dum nubilis ætas,
Solvendusque pudor : neve exercere protervas
Gymnadas, aut lustris nemorum concede vagari.
Intus ale, et similes inter seclude puellas.
Littore præcipue, portuque arcere memento. 360
Vidisti modo vela Phrygum : jam mutua jura
Fallere transmissæ pelago didicere carinæ. »
    Accedit dictis pater, ingenioque parentis
Occultum Æaciden (quis Divum fraudibus obstet)?
Accipit : ultro etiam veneratur supplice dextra, 365
Et grates electus agit : nec turba piarum
Scyriadum cessat nimio defigere visu
Virginis ora novæ, quantum cervice, comisque
Emineat, quantumque humeros ac pectora fundat.
Dehinc sociare choros, castisque accedere sacris 370
Hortantur, ceduntque loco, et contingere gaudent.
Qualiter Idaliæ volucres, ubi mollia frangunt
Nubila, jam longum cœloque domoque gregatæ,
Si junxit pennas, diversoque hospita tractu
Venit avis, cunctæ primum mirantur et horrent : 375
Mox propius propiusque volant, atque aere in ipso
Paulatim fecere suam, plausuque secundo

ses. Enfin elle lui dit un dernier adieu qu'elle accompagne d'un vœu secret. Les flots ont reçu la déesse, qui nage la tête tournée en arrière, et adresse au rivage ces tendres paroles : « Terre chérie, à qui j'ai confié par une ruse timide un précieux dépôt, mon fils, l'objet de ma plus vive sollicitude, sois heureuse, et garde mon secret, je t'en conjure, comme jadis la Crète a gardé celui de Rhéa : comblée d'honneurs durables, ceinte de temples immortels, tu surpasseras en renommée l'inconstante Délos ; respectée du vent et de la mer, parmi les écueils des Cyclades, où se brisent contre les rocs les tempêtes de la mer Égée, tu deviendras la paisible demeure des Néréides, et les matelots jureront par ton île. Seulement repousse les vaisseaux grecs, je t'en supplie ; fais publier à la Renommée qu'ici on ne forme que des danses en l'honneur de Bacchus, qu'ici rien ne peut servir à la guerre ; et, tandis que les Grecs préparent leurs armes, que Mars rugit entre deux mondes, qu'Achille ne soit que la fille du pieux Lycomède. »

Cependant, pour venger de justes colères, l'Europe se soulevait à la voix suppliante de ses rois, enflammée de la douce fureur des combats. Atride surtout les excite, bien que son épouse n'ait pas fui son palais : ses récits rendent plus odieux encore le crime du Troyen : « Ravir sans guerre, sans combat, la fille des Dieux, le nourrisson de la puissante Sparte ; violer à la fois les droits les plus saints, la bonne foi, le ciel lui-même ! voilà donc l'alliance phrygienne ? voilà l'union des deux pays ? Eh ! que doivent attendre les peuples, quand une telle injure monte jusqu'aux chefs ? » Toutes les nations se réunissent ; tous répondent à l'appel, depuis les barrières étroites de l'isthme baigné par deux mers, et les rochers retentissants du cap Malée, jusqu'aux contrées lointaines où le détroit de Phryxus sépare l'Europe de l'Asie, jusqu'aux rivages d'Abydos qu'enserrent les flots de la Propontide. Embrasées de l'amour de la guerre, les villes s'agitent et se lèvent. Témèse dompte l'airain ; les rives de l'Eubée sont battues par les mouvements des navires ; Mycènes retentit du bruit d'innombrables enclumes ; Pise renouvelle ses chars ; Némée fournit des dépouilles de bêtes fauves ; Cyrrha s'empresse de garnir de flèches les carquois ; Lerne, de revêtir de la peau des taureaux les lourds boucliers. L'Étolie, l'âpre Acarnanie arment leurs fantassins ; Argos fait voler ses escadrons ; les prairies de la riche Arcadie sont dépeuplées ; l'Épire soumet au frein ses rapides nourrissons. Et vous, ô Phocide ! ô Aonie ! vous éclaircissez vos ombrages pour amonceler des javelots ; Pylos et Messène dressent leurs machines. Nulle contrée n'est exempte du tribut de la guerre. On arrache des portiques les armes suspendues par les ancêtres ; la flamme liquéfie les richesses des temples. Mars ravit l'or des immortels, et le fait servir à sa fureur. C'en est fait des vieux ombrages : l'Othrys s'est abaissé, le Taygète a courbé sa haute cime ; les montagnes dépouillées ont enfin vu les airs. Toutes les forêts sont sur la mer ; les chênes abattus se façonnent en vaisseaux, les arbres plus petits en rames ; le

Circumeunt hilares, et ad alta cubilia ducunt.
  Digreditur multum cunctata in limine mater,
Dum repetit monitus, arcanaque murmura figit 380
Auribus, et tacito dat verba novissima voto.
Tunc excepta freto longe cervice reflexa
Abnatat, et blandis affatur littora verbis :
« Cara mihi tellus, magnæ cui pignora curæ,
Depositumque ingens, timido commisimus astu, 385
Sis felix, taceasque, precor, quo more tacebat
Creta Rheæ : te longus honos, æternaque cingent
Templa, nec instabili fama superabere Delo.
At ventis et sacra fretis, interque vadosas
Cycladas, Ægææ frangunt ubi saxa procellæ, 390
Nereidum tranquilla domus, jurandaque nautis
Insula, ne solum Danaas admitte carinas,
Te precor : hic thiasos tantum, nihil utile bellis,
Hic famam narrare doce : dumque arma parantur
Dorica, et alternum Mavors interfurit orbem, 395
Cedo equidem, sit virgo pii Lycomedis Achilles. »
  Interea meritos ultrix Europa dolores
Dulcibus armorum furiis et supplice regum
Conquestu flammata movet : quippe ambit Atrides
Ille magis, cui nupta domi, facinusque relatu 400
Asperat Iliacum : captam sine Marte, sine armis
Progeniem cœli, Spartæque potentis alumnam :
Jura, fidem, Superos una calcata rapina.
Hoc fœdus Phrygium, hæc geminæ commercia terræ ?
Quid maneat populos, ubi tanta injuria primos 405
Degrassata duces ? Coeunt gens omnis et ætas :
Nec tantum exciti, bimari quos Isthmia vallo
Claustra, nec undisonæ quos circuit umbo Maleæ,
Sed procul amotæ, Phryxi qua semita jungi
Europamque Asiamque vetat, quasque ordine gentes 410
Littore Abydeno maris alligat unda superni.
Fervet amor belli, concussasque erigit urbes.
Æra domant Temesæ : quatitur navalibus ora
Euboïs : innumera resonant incude Mycenæ :
Pisa novat currus : Nemee dat terga ferarum : 415
Cyrrha sagittiferas certat stipare pharetras :
Lerna graves clypeos cæsis vestire juvencis.
Dat bello pedites Ætolus, et asper Acarnan :
Argos agit turmas : vacuantur pascua ditis
Arcadiæ : frenat celeres Epiros alumnos : 420
Phocis, et Aoniæ jaculis rarescitis umbræ :
Murorum tormenta Pylos Messanaque tendunt.
Nulla immunis humus : velluntur postibus altis
Arma olim dimissa patrum, flammisque liquescunt
Dona Deum : raptum Superis Mars efferat aurum. 425
Nusquam umbræ veteres : minor Othrys, et ardua sidunt
Taygeta, exuti viderunt aera montes.
Jam natat omne nemus : cæduntur robora classi :
Silva minor remis : ferrum laxatur ad usus

fer se façonne pour mille usages : il affermira les éperons des navires, garnira les armes, maîtrisera les chevaux belliqueux, entrelacera de mille chaînons les cuirasses aux rudes écailles ; il boira le sang fumant dans les profondes blessures, et, conspirant avec le poison, précipitera le trépas des guerriers. Les pierres humides s'usent à aiguiser les noires épées : point de relâche ; on courbe les arcs, on fond les globes de plomb que jetteront les frondes ; les pieux sont durcis par la flamme, les casques se couronnent de leurs aigrettes. Au milieu de ce mouvement, la Thessalie gémit de son lâche repos, et accuse doublement le destin. Pélée est trop vieux, et Achille n'est pas mûr encore pour les combats.

Déjà Mars qui, dans sa fureur entasse sur les navires les chevaux et les guerriers, avait épuisé la terre de Pélops et la Grèce entière. Tout s'agite dans les ports ; la mer est couverte de vaisseaux ; la flotte en s'avançant soulève des flots et des tempêtes qui ne sont que pour elle. La plaine liquide ne suffit plus aux navires, et les voiles épuisent tous les vents.

C'est Aulis, la ville d'Hécate, qui rassemble d'abord les vaisseaux grecs ; Aulis dont les rochers prolongent au loin leur crête immense, et dominent la mer d'Eubée, rivages bien chers à la déesse qui erre sur les montagnes. Tout auprès, le promontoire Capharée élève au-dessus des flots mugissants sa tête menaçante. Dès qu'il vit la flotte grecque traverser la mer, trois fois ses ondes, trois fois ses vastes flancs retentirent sourdement, pour présager l'horrible nuit. C'est là que se rassemblent les armes si funestes à Troie, là que se prépare, comme une conjuration, une guerre formidable, pendant que le soleil accomplit sa révolution annuelle. Alors, pour la première fois, la Grèce contemple ses forces ; alors cette masse confuse et discordante prend un corps, une physionomie, et s'organise sous un seul roi. Ainsi un cordon de chasseurs cerne les bêtes fauves qui se cachent en vain dans leurs retraites, et les resserre dans un cercle de filets peu à peu rapprochés. Le feu, le bruit les effrayent ; elles quittent en désordre leurs repaires dispersés, et s'étonnent de voir se rétrécir leur domaine, jusqu'à ce que de toutes parts elles tombent dans une étroite vallée. Là elles se contemplent mutuellement avec effroi, puis s'adoucissent par une terreur commune. Le sanglier hérissé, l'ourse, le loup, sont tous réunis à la fois, et la biche se rit du lion captif.

Mais, bien que les deux Atrides s'arment avec la même ardeur pour leur propre cause, bien que le fils de Tydée et Sthénélus brûlent d'égaler la valeur de leurs pères, qu'Antilochus oublie sa jeunesse, qu'Ajax étale sur son vaste bouclier, dont l'orbe ressemble à un rempart, les dépouilles de sept rois des troupeaux, et que le vigilant Ulysse soit également redoutable par sa prudence et sa valeur, cependant toute l'armée n'a de pensées que pour Achille absent. Achille est le nom qu'elle aime ; c'est Achille seul qu'elle veut opposer à Hector : lui seul, dit-elle, est fatal aux Troyens et à Priam. Quel autre en effet a grandi dans les vallées de l'Hémonie, et essayé sur les neiges glacées ses premiers pas ? Qui, dès sa naissance, eut une école aussi rude, et un centaure pour former ses

Innumeros, quod rostra liget, quod muniat arma, 430
Belligeros quod frenet equos, quod mille catenis
Squalentes nectat tunicas, quod sanguine fumet,
Vulneraque alta bibat, quod conspirante veneno
Impellat mortes : tenuantque humentia saxa
Attritu, et nigris addunt mucronibus iras. 435
Nec modus, aut arcus lentare, aut fundere glandes,
Aut torrere sudes, galeasque attollere conis.
Hos inter motus pigram gemit ora quietem
Thessalis, et geminis incusat fata querelis,
Quod senior Peleus, nec adhuc maturus Achilles. 440
    Jam Pelopis terras Graiumque exhauserat orbem
Præcipitans in transtra viros insanus equosque
Bellipotens : fervent portus, et operta carinis
Stagna, suasque hiemes classis promota, suosque
Attollit fluctus : ipsum jam puppibus æquor 445
Deficit, et totos consumunt carbasa ventos.
    Prima rates Danaas Hecateia congregat Aulis,
Rupibus expositis, longique crepidine dorsi
Euboicum scandens Aulis mare, littora multum
Montivagæ dilecta Deæ : juxtaque Caphareus 450
Latratum pelago tollens caput : ille Pelasgas
Ut vidit transnare rates, ter monte, ter undis
Intonuit, sævæque dedit præsagia noctis.

Cœtus ibi armorum Trojæ fatalis : ibi ingens
Juratur bellum, donec sol annuus omnes 455
Conficeret metas : tum primum Græcia vires
Contemplata suas : tunc sparsa ac dissona moles
In corpus vultumque coit, et rege sub uno
Disposita est : sic curva feras indago latentes
Claudit, et admotis paullatim cassibus arctat. 460
Illæ ignem, sonitumque pavent, diffusaque linquunt
Avia, miranturque suum decrescere montem.
Donec in angustam ceciderunt undique vallem,
Inque vicem stupuere greges, socioque timore
Mansuescunt : simul hirtus aper, simul ursa, lupusque
Cogitur, et captos contemnit cerva leones. 466
    Sed quamquam gemini pariter sua bella capessant
Atridæ, famamque avidi virtute paternam
Tydides Sthenelusque premant, nec cogitet annos
Antilochus, septemque Ajax umbone coruscet 470
Armenti reges, atque æquum mœnibus orbem,
Consiliis armisque vigil contendat Ulixes ;
Omnis in absentem belli manus ardet Achillem ;
Nomen Achillis amant, et in Hectora solus Achilles
Poscitur : illum unum Teucris Priamoque loquuntur 475
Fatalem ; quis enim Hæmoniis sub vallibus alter
Creverit, effossa reptans nive ? cujus ab ortu

jeunes années? Qui, par son origine, touche de plus près au ciel? Quel est l'autre dont le beau corps a été plongé en secret par la main d'une Néréide dans ces ondes du Styx qui défient le fer? Voilà ce que les cohortes grecques se répètent entre elles. La foule des chefs cède à Achille, et avoue sans regret qu'elle est vaincue. Ainsi, lorsque les habitants de l'Olympe se précipitèrent au combat dans les champs de Phlégra, déjà le dieu Mars levait sa lance thrace, Pallas dressait ses serpents libyens, le dieu de Délos courbait son arc immense; mais la Terre, immobile, haletante d'effroi, les yeux fixés sur le seul Jupiter, attendait que du sein des nues il appelât les orages et le tonnerre, et demandât sa foudre à l'Etna embrasé.

Là, tandis qu'entourés de la foule de leurs soldats, les chefs délibèrent sur le moment de faire voile, de voler aux combats, Protésilas interpellant à grands cris le devin Calchas (car plus que tout autre Protésilas brûle de combattre, et déjà les destins lui ont accordé le premier trépas), « Depuis trop longtemps, lui dit-il, ô fils de Thestor! tu oublies Phébus et ton trépied. Quand sera-t-il plus à propos d'ouvrir cette bouche consacrée au Dieu, et de nous dévoiler les secrets des Parques? Tu vois comme, ravis d'admiration, tous réclament le petit-fils d'Éaque, qu'ils ne connaissent pas encore. Le vulgaire dédaigne et le héros de Calydon, et le fils du grand Télamon, et le second Ajax, et moi-même; mais Mars et Troie renversée vengeront notre gloire. O honte! c'est lui qu'au mépris de tous les chefs, ils chérissent comme le dieu des combats. Hâte-toi de nous apprendre (ou bien à quoi bon ces bandelettes sur ton front, et ces insignes pacifiques?) quelle contrée lui sert de retraite, dans quels lieux il faut le chercher; car la renommée publie qu'il n'est plus dans l'antre de Chiron, ni à la cour paternelle de Pélée. Fais donc enfin violence aux Dieux, déchire le voile des destins; que ta bouche plus avide que jamais aspire la flamme des lauriers sacrés. Nous t'avons fait grâce des armes homicides, des glaives cruels; jamais le casque ne profanera tes bandelettes innocentes : sois heureux, et que seul tu l'emportes sur tous les chefs réunis, si ta science prophétique découvre aux Grecs le grand Achille! »

Depuis longtemps le fils de Thestor promène autour de lui des regards troublés, et par sa pâleur annonce l'entrée du dieu dans son sein. Bientôt, roulant des yeux enflammés et sanglants, il ne voit ni ses compagnons, ni le camp; mais aveugle, hors de lui, tantôt il surprend au milieu des airs les grandes assemblées des Dieux, tantôt il parle aux oiseaux prophétiques, tantôt aux cruels fuseaux des Parques; ou bien il consulte avec anxiété les autels chargés d'encens, il saisit d'un rapide coup d'œil la pointe des flammes, et se repaît des ténèbres sacrées. Ses cheveux se dressent, se hérissent, et font vaciller ses bandelettes; son cou s'agite, et ses pas sont incertains.

Enfin sa bouche tremblante et fatiguée ouvre passage à de longs mugissements, et sa voix a vaincu la fureur qui l'oppressait.

« Où entraînes-tu avec tes ruses de femme le

```
Cruda rudimenta et teneros formaverit annos
Centaurus? patrii propior cui linea cœli?
Quemve alium Stygios tulerit secreta per amnes      480
Nereis, et pulchros ferro perstrinxerit artus?
Hæc Graiæ castris iterant, traduntque cohortes.
Cedit turba ducum, vincique haud mœsta fatetur.
Sic quum bellantes Phlegræa in castra coirent
Cœlicolæ, jamque Odrysiam Gradivus in hastam        485
Surgeret, et Libycos Tritonia tolleret angues,
Ingentemque manu curvaret Delius arcum;
Stabat anhela metu solum Natura Tonantem
Respiciens; quando ille hiemes tonitrusque vocaret
Nubibus, igniferam quæ fulmina posceret Ætnam.      490
Atque ibi dum mixta vallati plebe suorum
Et maris et belli consultant tempora reges,
Increpitans magno vatem Calchanta tumultu,
Protesilaus ait : (namque huic bellare cupido
Præcipua, et primæ jam tunc data copia mortis : )   495
« O nimium Phœbi, tripodumque oblite tuorum,
Thestoride! quando ora Deo possessa movebis
Justius? aut quando Parcarum occulta recludes?
Cernis, ut ignotum cuncti stupeantque petantque
Æaciden? sordet vulgo Calydonius heros,             500
Et magno genitus Telamone, Ajaxque secundus,
Nos quoque : sed Mavors abreptaque Troja probabunt.

Illum, neglectis, pudet heu! ductoribus, omnes
Belligerum ceu numen amant : dic ocius (aut cur
Serta comis et mitis honos?) quibus abditus oris,   505
Quave jubes tellure peti : nam fama, nec antris
Chironis, patria nec degere Peleos aula.
Eia, irrumpe Deos, et fata latentia laxa,
Laurigerosque ignes, si quando, avidissimus hauri
Arma horrenda tibi sævosque remisimus enses.       510
Nunquam has imbelles galea violabere vittas ·
Sis felix, numeroque ducum præstantior omni,'
Si magnum Danais per te portendis Achillem. »
Jamdudum trepido circumfert lumina motu,
Intrantemque Deum primo pallore fatetur            515
Thestorides : mox igne genas et sanguine torquens
Nec socios, nec castra videt, sed cæcus et amens
Nunc Superum magnos deprendit in æthere cœtus,
Nunc sagas affatur aves, nunc dira sororum
Licia, thuriferas modo consulit anxius aras,       520
Flammarumque apices rapit, et caligine sacra
Pascitur : exsiliunt crines, rigidaique laborat
Vitta comis, nec colla loco, nec in ordine gressus.
Tandem fessa tremens longis mugitibus ora
Solvit, et oppositus vox eluctata furorem est :    525
« Quo rapis ingentem magni Chironis alumnum
Femineis, Nerei, dolis? huc mitte : quid aufers?
```

noble élève du grand Chiron, ô fille de Nérée? C'est ici qu'il faut l'envoyer. Pourquoi l'emporter? je ne le souffrirai pas. C'est à moi, à moi qu'il appartient; tu es déesse de la mer, mais moi Phébus m'inspire. Dans quelle retraite essayes-tu de cacher le destructeur de l'Asie? Je te vois à travers les hautes Cyclades, éperdue, et cherchant un rivage pour ton larcin honteux. C'en est fait : elle a choisi pour complice la terre de Lycomède. O crime! une robe flottante descend sur la poitrine du héros : déchire-la, ô mon fils! déchire-la; ne crois pas ta craintive mère. Hélas! on l'entraîne, il disparaît. Quelle est au loin cette vierge odieuse? »

A ces mots, il s'arrête, il chancelle; la fureur divine l'abandonne, et, épuisé, tremblant, il tombe au pied des autels. Alors le héros de Calydon s'adresse au roi d'Ithaque, qui rêve irrésolu : « C'est nous qu'appelle cette entreprise; et je ne refuse pas d'y marcher sur tes pas, si ta prudence s'y sent entraînée. Quand même Thétis le cacherait dans ses antres sonores, à l'extrémité du monde, quand Nérée le presserait sur son sein humide, tu le trouveras. Donne seulement l'essor à ton esprit vigilant, aiguillonne ton sein fécond. Car, dans les circonstances douteuses, quel devin mieux que toi lit dans les destins? » Ulysse lui répond avec joie :

« Puisse le Dieu tout-puissant confirmer tes présages! puisse la vierge protectrice de ton père seconder tes desseins! Mais l'incertitude du succès me retient encore. Il est beau sans doute d'amener dans le camp Achille prêt à combattre; mais si les destins nous sont contraires, quel triste et honteux retour! Cependant je veux tenter de remplir les vœux de la Grèce. Ou le fils de Pélée reviendra avec moi, ou sa retraite est bien profonde, et Apollon dédaigne Calchas. »

Les Grecs applaudissent, et Agamemnon stimule leur ardeur. L'assemblée se sépare, et la foule dispersée fait entendre en se retirant un murmure de joie. Telles, aux approches de la nuit, les abeilles reviennent de la prairie, et le doux Hybla voit rentrer dans leurs cellules leurs essaims chargés d'un miel nouveau. Point de retard; déjà les voiles du vaisseau d'Ulysse attendent un vent favorable, et une jeunesse joyeuse est assise, la main sur les rames.

Cependant, bien loin de là, la jeune Déidamie, seule de ses sœurs, avait découvert, caché sous les dehors d'un sexe menteur, le véritable sexe du petit fils d'Éaque. Troublée par la conscience de sa faute secrète, tout lui fait peur; et, quoique ses sœurs se taisent, elle se croit devinée. Car à peine le noble Achille fut-il mêlé à cette troupe de vierges, à peine les dernières paroles de sa mère eurent-elles dissipé sa pudeur farouche, que, dans toute cette foule si empressée autour de lui, il choisit pour compagne la belle Déidamie. Déjà, dans un doux badinage, il lui dresse mille pièges dont elle ne se défie pas : il la poursuit sans relâche, la dévore mille fois de ses regards avides : tantôt il se presse à son côté avec une ardeur dont l'excès ne paraît pas l'importuner; tantôt il la frappe de ses guirlandes légères, de sa corbeille renversée à dessein, de son thyrse mollement balancé; tantôt il lui enseigne à manier les cordes de sa lyre fidèle, à en tirer de doux sons, et à chanter les

Non patiar : meus iste, meus : tu Diva profundi,
Et me Phœbus agit : latebris quibus addere tentas
Eversorem Asiæ? video per Cycladas altas   530
Attonitam, et turpi quærentem littora furto.
Occidimus : placuit Lycomedis conscia tellus.
O scelus! en fluxæ veniunt in pectora vestes.
Scinde, puer, scinde, et timidæ ne crede parenti.
Hei mihi, raptus abit! quænam hæc procul improba virgo? »
    Hic nutante gradu stetit, amissique furoris   536
Viribus ante ipsas tremefactus corruit aras.
Tunc hærentem Ithacum Calydonius occupat heros :
« Nos vocat iste labor : neque enim comes ire recuso,
Si te cura trahit : licet ille sonantibus antris   540
Thetios adversæ gremioque prematur aquoso
Nereos, invenies : tu tantum providus astu
Tende animum vigilem, fœcundumque erige pectus :
Nam mihi quis vatum dubiis in casibus ausit
Fata videre prior? » Subicit gavisus Ulixes :   545
    « Sic Deus omnipotens firmet, sic annuat illa
Virgo paterna tibi : sed me spes lubrica tardat :
Grande equidem armatum castris inducere Achillem.
Sed si fata negent, quam fœdum ac triste reverti!
Vota tamen Danaum non intentata relinquam.   550
Jamque adeo aut aderit mecum Peleius heros,
Aut verum penitus latet, et sine Apolline Calchas. »
    Conclamant Danai, stimulatque Agamemno volentes :
Laxantur cœtus, resolutaque murmure læto
Agmina discedunt : quales jam nocte propinqua   555
E pastu referuntur apes, vel in antra reverti
Melle novo gravidas mitis videt Hybla catervas.
Nec mora, jam dextras Ithacesia carbasus auras
Poscit, et in remis hilaris sedere juventus.
    At procul occultum falsi sub imagine sexus   560
Æaciden furto jam noverat una latentem
Deidamia virum : sed opertæ conscia culpæ
Cuncta pavet, tacitasque putat sentire sorores.
Namque ut virgineo stetit agmine clarus Achilles,
Exsolvitque rudem genitrix digressa pudorem,   565
Protinus elegit comitem, quanquam omnis in illum
Turba coit, blandeque novas nil tale timenti
Admovet insidias : illam sequiturque, premitque
Improbus : illam oculis iterumque iterumque resumit.
Nunc nimius lateri non evitantis adhæret :   570
Nunc levibus sertis, lapsis nunc sponte canistris,
Nunc thyrso parcente ferit : modo dulcia notæ
Fila lyræ, tenuesque modos, et carmina monstrat
Chironis, ducitque manum, digitosque sonanti
Infringit citharæ : nunc occupat ora canentis,   575

vers du centaure; il guide sa main et froisse ses doigts délicats sur la cithare sonore : tantôt il arrête avec des baisers les chants de ses douces lèvres, il la presse dans ses bras, et la paye par mille caresses. Elle aussi apprend avec plaisir combien est haute la cime du Pélion, combien est grand le petit-fils d'Éaque : le nom répété du jeune héros, ses hauts faits l'étonnent de plus en plus, et elle chante Achille devant Achille même. A son tour, elle lui enseigne à déployer avec plus de modestie ses membres robustes, à polir du pouce les rudes fils de la laine; elle refait son fuseau, et répare la tâche gâtée par sa main maladroite. Cependant le son de sa voix, la force de ses étreintes, son indifférence pour les autres jeunes filles, ses regards avidement fixés sur elle, ses soupirs qui souvent interrompent ses discours, tout étonne Déidamie. Plus d'une fois Achille allait lui découvrir sa ruse, mais la vierge légère s'enfuit et arrête l'aveu. Ainsi, sous les yeux de sa mère Rhéa, le jeune roi de l'Olympe donnait à sa sœur confiante de perfides baisers; il n'était encore que son frère, mais bientôt il ne respecta plus les liens du sang, et effraya sa sœur par les transports d'un véritable amour. Enfin les ruses de la craintive Néréide furent dévoilées.

Un bois sacré, destiné aux fêtes du dieu fils d'Agénor, élevait jusqu'aux cieux sa cime superbe. Sous ses ombrages les mères célébraient tous les trois ans les orgies sacrées, et, les mains souillées des lambeaux des victimes, ou armées de débris d'arbres déracinés, elles se livraient à toutes les fureurs qu'aime Bacchus. La loi en excluait les hommes : le monarque vénérable réitère cette défense : nul autre que les femmes n'aura accès dans cet antre mystérieux. C'est peu encore : la redoutable prêtresse est debout sur la limite fixée, et explore les avenues, afin qu'aucun profanateur ne vienne errer autour de cette troupe de femmes. Achille sourit en silence : il marche à la tête de la cohorte virginale, et ses compagnes admirent le mouvement gracieux de ses bras robustes ; car ce sexe emprunté ne lui sied pas moins que le mensonge de sa mère. Déidamie a déjà cessé d'être la plus belle de son cortége; autant elle efface ses sœurs par sa beauté, autant, à côté du bel Éacide, elle est effacée par lui. Le jeune héros détache la peau de daim de ses épaules; il attache avec le lierre les plis flottants de sa robe, couronne ses blonds cheveux de bandelettes de pourpre, puis soudain d'un bras vigoureux, il lance le javelot verdoyant. La foule s'arrête immobile et saisie de crainte; le sacrifice est interrompu ; on entoure Achille, tous les regards baissés à terre se lèvent sur lui. Tel, lorsque dans Thèbes Bacchus a livré à la joie son cœur et son visage, lorsqu'il s'est rassasié de tous les plaisirs de sa voluptueuse patrie, il détache de sa chevelure sa mitre et ses guirlandes, arme son bras du thyrse vert, et retourne plus belliqueux soumettre les Indes.

La Lune, sur son char de roses, franchissait les hauts sommets du ciel et achevait la moitié de sa course : c'était l'heure où le Sommeil plus languissant s'abat de tout son vol sur la terre, et enveloppe de ses ailes l'univers silencieux. Les chœurs ont cessé, et l'airain longtemps agité se tait un moment. Seul, loin de l'aimable troupe de ses compagnes, Achille roule en lui-même ces

Et ligat amplexus, et mille per oscula laudat.
Illa libens discit, quo vertice Pelion, et quis
Æacides, puerique auditum nomen et actus
Assidue stupet, et præsentem cantat Achillem.
Ipsa quoque et validos proferre modestius artus, 580
Et tenuare rudes attrito pollice lanas
Demonstrat, reficitque colos, et perdita dura
Pensa manu; vocisque sonum, pondusque tenentis,
Quodque fugit comites, nimio quod lumine sese
Figat, et in verbis intempestivus anhelet, 585
Miratur : jam jamque dolos aperire parantem
Virginea levitate fugit, prohibetque fateri.
Sic sub matre Rhea juvenis regnator Olympi
Oscula securæ dabat insidiosa sorori
Frater adhuc, medii donec reverentia cessit 590
Sanguinis, et veros germana expavit amores.
Tandem detecti timidæ Nereidos astus.

　Lucus Agenorei sublimis ad orgia Bacchi
Stabat, et admissum cœlo nemus : hujus in umbra
Alternum revocare piæ Trieterica matres 595
Consuerant, scissumque pecus, terraque revulsas
Ferre trabes, gratosque Deo præstare furores.
Lex procul ire mares : iterat præcepta verendus
Ductor, inaccessumque viris edicitur antrum.

Nec satis est : stat fine dato metuenda sacerdos, 600
Exploratque aditus, ne quis temerator oberret
Agmine femineo : tacitus subrisit Achilles.
Illum, virgineæ ducentem signa catervæ,
Magnaque difficili solventem brachia motu,
(Et sexus pariter decet, et mendacia matris), 605
Mirantur comites : nec jam pulcherrima turbæ
Deidamia suæ, tantumque admota superbo
Vincitur Æacide, quantum premit ipsa sorores.
Ut vero a tereti demissit nebrida collo,
Errantesque sinus hedera collegit, et alte 610
Cinxit purpureis flaventia tempora vittis,
Vibravitque gravi redimitum missile dextra;
Attonito stat turba metu, sacrisque relictis
Illum ambire libet, pronosque attollere vultus.
Talis, ubi ad Thebas vultumque animumque remisit 615
Evius, et patrio satiavit pectora luxu;
Serta comis, mitramque levat, thyrsumque virentem
Armat, et hostiles invisit fortior Indos.
　Scandebat roseo medii fastigia cœli
Luna jugo, totis ubi somnus inertior alis 620
Defluit in terras, mutumque amplectitur orbem.
Consedere chori, paullumque exercita pulsu
Æra tacent : tenero quum solus ab agmine Achilles

pensées : « Jusques à quand subiras-tu la ruse d'une mère craintive, perdant ainsi dans une molle prison la première fleur de ton courage? Hé quoi! il ne m'est plus permis de lancer les traits de Mars, de chasser, de poursuivre les bêtes féroces! Où sont les campagnes et les fleuves de l'Hémonie? O Sperchius! tes ondes, qui me reçurent tant de fois, ne redemandent-elles pas leur Achille, et cette chevelure que je t'avais promise? N'a-t-on plus que du mépris pour ce disciple fugitif? Me croit-on descendu aux sombres rives du Styx? Chiron, privé de son élève, pleure-t-il mon trépas? C'est toi, ô Patrocle! qui maintenant brandis mes javelots, courbes mon arc; c'est toi qui montes les coursiers que ma main a nourris : et moi, développer mon bras avec grâce en agitant le thyrse orné de pampres, tourner le fuseau (ô honte que je rougis d'avouer!), voilà toute ma science! Que dis-je? l'amour dont je suis épris pour une vierge de mon âge, cette flamme qui brûle mon cœur et le jour et la nuit, je la dissimule! Jusques à quand renfermeras-tu ta blessure dans ton sein embrasé? et même en amour (ô honte!) ne sauras-tu prouver que tu es homme? »

Il dit, et, profitant des ombres épaisses de la nuit et du silence profond qui favorise ses larcins, il parvient par la violence au comble de ses vœux, et presse son amante contre son cœur dans une brûlante étreinte. Du haut du ciel tout le chœur des astres sourit, et le croissant virginal de la lune rougit de pudeur. Déidamie remplit de ses cris les bois et la montagne; mais les Bacchantes, secouant l'épais nuage du sommeil, croient entendre le signal de nouvelles danses. De toutes parts s'élèvent les clameurs bien connues des orgies, et Achille agite de nouveau son thyrse; mais auparavant il rassure son amante par ces douces et consolantes paroles :

« C'est moi, pourquoi trembles-tu? c'est moi qu'une déesse de la mer a engendré dans les forêts du Pélion, et qu'elle a fait élever au milieu des neiges de la Thessalie. Je n'aurais pas souffert cette parure, ce honteux vêtement, si d'abord je ne t'avais aperçue sur le rivage; j'ai cédé pour toi seule, pour toi j'ai tourné le fuseau, pour toi j'ai porté ces instruments de femme. Pourquoi pleurer, quand tu deviens la fille du grand Océan? Pourquoi gémir, quand tu vas donner au ciel une illustre postérité? Mais ton père, mais Scyros périra anéantie par le fer et la flamme, mais ces murailles s'écrouleront sous l'effort des tempêtes amoncelées, avant qu'un trépas cruel t'arrache à ton époux. Non, je ne serai pas à ce point docile en tout aux ordres de ma mère. Va, mais sois discrète, et garde le secret de ta pudeur ravie. »

Tant de prodiges étonnent et effrayent la jeune princesse, bien qu'elle ait quelquefois soupçonné l'artifice; près d'Achille maintenant elle frissonne, et depuis son aveu elle lui trouve des traits bien différents. Que fera-t-elle? Ira-t-elle instruire son père de son malheur? ira-t-elle se perdre, et avec elle perdre son jeune amant, que menace peut-être un cruel supplice? Dans son cœur vit encore cet amour si longtemps trompé. Elle garde un douloureux silence, et cache une faute dont elle est déjà complice. Elle ne confie

Hæc secum : « Quonam timidæ commenta parentis
Usque feres? primumque imbelli carcere perdes 625
Florem animi? non tela licet Mavortia dextra,
Non trepidas agitare feras? ubi campus et amnes
Hæmonii? quærisne meos, Sperchie, natatus,
Promissasque comas? an desertoris alumni
Nullus honos: Stygiasque procul jam raptus ad umbras
Dicor? et orbatus plangit mea funera Chiron? 631
Tu nunc tela manu, nostros tu dirigis arcus,
Nutritosque mihi scandis, Patrocle, jugales :
Ast ego pampineis diffundere brachia thyrsis,
Et tenuare colos, pudet heu, tædetque fateri! 635
Jam scio : quin etiam dilectæ virginis ignem,
Æquævamque facem, captus, noctesque diesque
Dissimulas? quonam usque premes urentia pectus
Vulnera? teque marem, pudet heu! nec amore probabis? »
Sic ait, et densa noctis gavisus in umbra 640
Tempestiva suis torpere silentia furtis,
Vi potitur votis, et toto pectore veros
Admovet amplexus : risit chorus omnis ab alto
Astrorum, et teneræ rubuerunt cornua Lunæ.
Illa quidem clamore nemus montemque replevit : 645
Sed Bacchi comites, discussa nube soporis,
Signa choris indicta putant : fragor undique notus
Tollitur, et thyrsos iterum vibrabat Achilles.
Ante tamen dubiam verbis solatur amicis :
« Ille ego, quid trepidas? genuit quem cærula mater
Peliacis silvis, nivibusque immisit alendum 651
Thessalicis : neque ego hos cultus, aut fœda subissem
Tegmina, ni primo te visa in littore : cessi
Te propter : tibi pensa manu, tibi mollia gesto
Tympana : qui defles magno nurus addita ponto? 655
Quid gemis ingentes cœlo paritura nepotes?
Sed pater ante igni, ferroque excisa jacebit
Scyros, et in tumidas ibunt hæc versa procellas
Mœnia, quam sævo mea tu connubia perdas
Funere : non adeo parebimus omnia matri. 660
Vade, sed ereptum taceas, celesque pudorem. »
Obstupuit tantis regina exterrita monstris,
Quamquam olim suspecta fides, et cominus ipsum
Horruit, et multum facies mutata fatentis.
Quid faciat? casusne suos ferat ipsa parenti? 665
Seque simul, juvenemque premat, fortassis acerbæ
Hausurum pœnas? et adhuc in corde manebat
Ille diu deceptus amor : silet ægra, premitque
Jam commune nefas : unam placet addere furtis
Altricem sociam, precibus quæ victa duorum 670
Annuit. Illa astu tacito raptumque pudorem

son secret amoureux qu'à sa seule nourrice, qui, vaincue par leurs prières, consent enfin à les servir. Grâce à ses ruses, les larcins de la pudeur, ce sein qui se gonfle et s'affaisse sous le pénible fardeau des mois, échappent à tous les regards; enfin le terme prescrit arrive, et Lucine la soulage de ses longues douleurs.

LIVRE II.

Déjà le vaisseau du fils de Laërte fendait les flots de la mer Égée, et mille vents divers le poussaient à travers les Cyclades. Paros et Oléaros ont disparu; déjà les rivages élevés de Lemnos ont été effleurés par la rame; derrière décroît Naxos, l'île chère à Bacchus, tandis qu'en face grandit Samos. Déjà l'ombre de Délos obscurcit la mer; là, du haut de la poupe, les héros offrent des libations au dieu, et le supplient de ratifier l'oracle, de confirmer la parole de Calchas.

Le dieu à l'arc divin les entendit; du sommet du Cynthus il envoie le Zéphyre, enfle leurs voiles, et les rassure par ce présage. Le vaisseau vogue sans danger, car les ordres absolus du maître du tonnerre défendent à Thétis de renverser les lois immuables du destin. Accablée de tristesse, elle répand des larmes amères, elle gémit de ne pouvoir bouleverser les flots, et, avec l'aide des vents et de la mer déchaînée, poursuivre l'odieux Ulysse.

Déjà Phébus, penché vers l'extrémité de l'Olympe, brisait ses rayons contre la mer, et promettait à ses coursiers haletants une retraite au sein des ondes, quand tout à coup les âpres rochers de Scyros commencèrent à poindre à l'horizon. Le héros fils de Laërte déploie, pour y aborder, toutes ses voiles; il ordonne à ses compagnons de recommencer la lutte contre les flots, et d'aider par les rames le souffle languissant du Zéphyre. On obéit à ses ordres. Scyros se découvre de plus en plus, et l'on aperçoit le temple de Pallas, protectrice de ce paisible rivage : Ulysse et Diomède sortent du vaisseau, et adorent la divinité amie. Alors le plus prudent des héros, pour ne pas effrayer cette terre hospitalière par la soudaine apparition de tous ses guerriers, leur ordonne de rester dans le navire. Lui-même avec son fidèle Diomède gagne les hauteurs. Mais déjà Abas, qui garde la tour du rivage, les a devancés, et annonce au roi que des voiles grecques, mais inconnues, sont entrées dans le port. Les deux guerriers s'avancent, comme, dans une nuit orageuse, deux loups s'associent pour le carnage : malgré la faim qui les presse et qui tourmente leurs petits, ils dissimulent cependant leur rage et leurs projets perfides; ils se glissent en rampant, de peur que des chiens vigilants n'annoncent l'ennemi et ne jettent l'alarme parmi les bergers.

Ainsi marchent lentement les deux héros, et, en traversant la vaste plaine qui s'étend entre le port et les remparts de la ville, ils conversent entre eux. Le bouillant fils de Tydée commence : « Par quel moyen pourrons-nous réussir dans nos recherches? Depuis longtemps je réfléchis, et je ne puis comprendre pourquoi dans les villes que nous avons visitées tu as acheté ces thyrses efféminés, ces cymbales, ces tambourins de Bacchantes, et ces mitres, et ces peaux de daim

Surgentemque uterum, atque ægros in pondere menses
Occuluit, plenis donec stata tempora metis
Attulit, et partus index Lucina resolvit.

LIBER II.

Jamque per Ægæos ibat Laertia fluctus
Puppis, et innumeræ mutabant Cycladas auræ;
Jam Paros, Olearosque latent; jam raditur alta
Lemnos, et a tergo decrescit Bacchica Naxos,
Ante oculos crescente Samo; jam Delos opacat   5
Æquor; ubi excelsa libant carchesia puppe,
Responsique fidem, et verum Calchanta precantur.
  Audiit Arcitenens, Zephyrumque e vertice Cynthi
Impulit, et dubiis pleno dedit omina velo.
It pelago secura ratis : quippe alta Tonantis   10
Jussa Thetin certas fatorum vertere leges
Arcebant ægram lacrimis, ac multa gementem,
Quod non erueret pontum, ventisque, fretisque
Omnibus invisum jam tunc sequeretur Ulixem.
  Frangebat radios humili jam pronus Olympo   15
Phœbus, et Oceani penetrabile littus anhelis
Promittebat equis; quum se scopulosa levavit
Scyros : in hanc totos emisit puppe rudentes
Dux Laertiades, sociosque resumere pontum
Imperat, et remis Zephyros supplere cadentes.   20
Accedunt jussi : magis indubitata magisque
Scyros erat, placidique super Tritonia custos
Littoris : egressi numen venerantur amicæ
Ætolusque Ithacusque Deæ : tum providus heros,
Hospita ne subito terrerent mœnia cœtu,   25
Puppe jubet remanere suos : ipse ardua fido
Cum Diomede petit : sed jam prævenerat arcis
Littoreæ servator Abas, ignotaque regi
Ediderat, sed Graia tamen, succedere terris
Carbasa : procedunt, gemini ceu fœdere juncto   30
Hiberna sub nocte lupi; licet et sua pulset
Natorumque fames, penitus rabiemque minasque
Dissimulant, humilesque meant, ne nuntiet hostes
Cura canum, et trepidos moneat vigilare magistros.
  Sic segnes heroes eunt, campumque patentem,   35
Qui medius portum, celsamque interjacet urbem,
Alterno sermone serunt : prior occupat acer
Tydides : « Qua nunc verum ratione paramus
Scrutari? namque ambiguo sub pectore quondam
Verso, quid imbelles thyrsos mercatus et æra,   40

parsemées d'or ; pourquoi tu les apportes ici. Sont-ce là les armes dont tu veux revêtir Achille, le fléau des Phrygiens et de Priam ? »

Le roi d'Ithaque lui sourit doucement : « Ces présents, dit-il, si toutefois le fils de Pélée est chez Lycomède, caché parmi les vierges de sa cour, arracheront au jeune héros un aveu qui l'entraînera aux combats. Souviens-toi, lorsqu'il en sera temps, de les apporter du vaisseau, et d'y joindre ce bouclier enrichi de ciselures, rehaussé d'un or étincelant : cela suffira. Qu'Agyrte, l'habile héraut, t'accompagne, et que pour un secret usage il apporte en cachette son clairon sonore. »

Il dit, et aperçoit le roi à la porte de la ville ; aussitôt, lui présentant l'olivier pacifique, il lui adresse ces paroles :

« Depuis longtemps sans doute la renommée a porté jusqu'à tes oreilles, ô le meilleur des rois! le bruit de cette affreuse guerre qui ébranle l'Europe et l'Asie. Si tu veux connaître les noms des chefs auxquels notre vengeur, Atride, accorde sa confiance (et ces noms ont dû parvenir jusqu'à toi) : voici le digne rejeton d'une noble race, le fils du magnanime Tydée, plus brave encore que son père : moi, je suis Ulysse, le roi d'Ithaque. Le motif de notre voyage (pourquoi craindrais-je de tout avouer à un Grec, renommé entre tous pour sa fidélité?), c'est d'explorer les abords, les rivages ennemis de Troie, et d'observer ses préparatifs. » Lycomède l'interrompt : « Puisse la fortune vous sourire, puissent les Dieux seconder vos projets ! Honorez maintenant par votre présence mon toit hospitalier et mes sacrés pénates. » En même temps il les introduit.

Aussitôt la foule des esclaves prépare les tables et les lits. Ulysse, pendant ce temps, parcourt d'un regard scrutateur tout le palais, dans l'espoir de découvrir quelque jeune fille à la haute taille, ou quelque visage aux traits douteux et suspects. Il erre sous les vastes portiques, visite tous les appartements, comme s'il en admirait les beautés. Tel un chasseur qui a trouvé le repaire d'une bête fauve, parcourt en silence avec ses chiens les lieux environnants, jusqu'à ce que, sous le feuillage, il aperçoive son ennemi, qui dort étendu sur la terre, ses défenses cachées sous le gazon. Cependant le bruit circule jusque dans la partie la plus secrète du palais, sûre et paisible retraite des jeunes vierges, qu'un vaisseau grec, que des rois pélasges sont arrivés, et qu'ils ont été reçus en amis : à cette nouvelle, toutes sont saisies d'un juste effroi. Mais le fils de Pélée cache avec peine sa joie ; il désire avidement, même sous cet habit qu'il porte, de voir ces héros si nouveaux pour lui, et de contempler leur armure. Déjà dans le palais tout est en mouvement pour la fête royale, et l'on prend place sur les lits de pourpre. Lycomède fait venir ses filles et leurs chastes compagnes. Elles entrent, semblables aux Amazones, quand sur les rives méotides elles reviennent, après avoir ravagé les demeures des Scythes et soumis les peuplades gètes, déposer leurs armes et se livrer aux festins.

Alors Ulysse examine d'un œil attentif le visage et le sein de chacune d'elles ; la nuit,

Urbibus in mediis, Bacchæaque terga, mitrasque
Huc tuleris, varioque adspersas nebridas auro?
Hisne gravem Phrygibus Priamoque armamus Achillem? »
  Illi subridens Ithacus paullum ore remisso :
« Hæc tibi, virginea modo si Lycomedis in aula   45
Fraude latens, ultro confessum in prælia ducent
Peliden : tu cuncta citus de puppe memento
Ferre, ubi tempus erit, clypeumque iis jungere donis,
Qui pulcher signis, auroque asperrimus ardet.
Hæc sat erunt : tecum lituo bonus adsit Agyrtes,   50
Occultamque tubam tacitos apportet in usus. »
  Dixerat, atque ipso portarum in limine regem
Cernit, et ostensa pacem præfatus oliva.
« Magna, reor, pridem vestras pervenit ad aures
Fama trucis belli, regum placidissime, quod nunc   55
Europamque Asiamque quatit : si nomina quæras
Huc perlata ducum, fidit quibus ultor Atrides,
Hic tibi, quem tanta meliorem stirpe creavit
Magnanimus Tydeus ; Ithacis ego ductor Ulixes.
Causa viæ, (metuam quid enim tibi cuncta fateri, 60
Quum Graius, notaque fide celeberrimus unus?)
Explorare aditus, invisaque littora Trojæ,
Quidve parent. » Medio sermone intercipit ille :
« Annuerit Fortuna, precor, dextrique secundent
Ista Dei : nunc hospitio mea tecta piumque   65
Illustrate larem. » Simul intra limina ducit.
  Nec mora, jam mensas famularis turba torosque
Instruit : interea visu perlustrat Ulixes,
Scrutaturque domum, si qua vestigia magnæ
Virginis, aut dubia facies suspecta figura :   70
Porticibusque vagis errat, totosque penates,
Ceu miretur, adit : velut ille cubilia prædæ
Indubitata tenens muto legit arva Molosso
Venator, videat donec sub frondibus hostem
Porrectum somno, positosque in cespite dentes.   75
Rumor in arcana jamdudum perstrepit aula,
Virginibus quà fida domus, venisse Pelasgum
Ductores, Graiamque ratem, sociosque receptos.
Jure pavent aliæ : sed vix nova gaudia celat
Pelides, avidusque novos heroas et arma   80
Vel talis vidisse cupit : jamque atria fervent
Regali strepitu, et picto discumbitur ostro.
Tum pater ire jubet natas, comitesque pudicas
Natarum : subeunt, quales Mæotide ripa,
Quum Scythicas rapuere domos, et capta Getarum   85
Mœnia, suppositis epulantur Amazones armis.
  Tum vero intentus vultus ac pectora Ulixes
Prælibat visu : sed nox, illataque fallunt
Lumina, et extemplo latuit mensura jacentis.
Et tamen erectumque genas, oculisque vagantem,   90

les flambeaux qu'on apporte, trompent sa vue, et les lits sur lesquels elles sont couchées lui dérobent l'inégalité de leurs tailles. Et cependant l'une d'elles à la tête haute, au regard libre, en qui rien n'annonce la pudeur des jeunes filles, a fixé l'attention d'Ulysse, qui la montre de l'œil à son compagnon. Si Déidamie n'avertissait son amant, si elle ne retenait son impétuosité dans ses bras caressants, si elle n'avait soin de ramener ses vêtements sur sa poitrine, sur ses bras, sur ses épaules découvertes, si elle ne l'empêchait de s'élancer du lit, de faire remplir trop souvent sa coupe, si elle ne replaçait sur son front l'or qui retient ses cheveux, déjà les chefs grecs auraient reconnu Achille.

Deux et trois fois des mets divers se sont succédé, et la faim est apaisée. Le roi adresse la parole aux Grecs, et, la coupe à la main, leur donne l'exemple : « O vous l'honneur de la nation grecque, dit-il, je porte envie, je l'avoue, à vos nobles projets. Plût aux Dieux que j'eusse encore ma vigueur d'autrefois, lorsque les Dolopes vinrent attaquer les rivages de Scyros, et que, domptés par mon bras, la mer engloutit leurs débris! Vous avez vu les trophées de ma victoire, ces carènes suspendues aux murailles. Si du moins j'avais un fils, que je pusse envoyer partager vos périls, ma joie serait entière, car je pourrais vous servir. Mais vous voyez les seuls appuis de mon trône, les gages chéris de mon hymen. Quand me donneront-elles de nouveaux rejetons de mon sang? »

Il dit; et l'adroit Ulysse saisissant l'occasion : « Oui, dit-il, c'est une noble ambition que la tienne : qui ne brûlerait du désir de voir des nations innombrables, tant de chefs divers, et cette armée de rois? Toute la fleur de l'Europe, tout ce qu'elle compte de guerriers puissants a juré sur le glaive vengeur. Les campagnes, les villes sont désertes, les hautes montagnes dépouillées de leurs forêts; l'ombre de nos voiles couvre la mer. Les pères arment leurs fils, toute la jeunesse accourt; jamais plus belle moisson de gloire ne s'offrit aux braves, jamais plus vaste carrière ne fut ouverte au courage! » Ulysse regarde Achille; attentif, il dévorait ces paroles d'une oreille avide, tandis que les autres tremblaient, baissant leurs yeux vers la terre. Le héros continue : « Quiconque a des aïeux et une race illustre, quiconque sait dompter un cheval, lancer un javelot, tendre un arc, c'est là que l'honneur l'appelle, là que tous les grands noms viennent disputer le premier rang. A peine si les mères, si les vierges se résignent à garder le foyer domestique. Il est condamné à traîner des jours stériles, il est haï des Dieux, le lâche que tant de gloire n'émeut pas! » Achille allait s'élancer; mais la prévoyante Déidamie donne le signal, et quitte la table, suivie de toutes ses sœurs. Elle le serre dans ses bras; mais le jeune héros s'arrête, les yeux fixés sur le roi d'Ithaque, et sort le dernier de la salle du festin.

Ulysse d'un ton plus calme ajoute ce peu de paroles : « Pour toi, demeure tranquille, au sein d'une paix profonde; ménage de dignes alliances à tes filles chéries : le sort les a douées d'une beauté égale à celle des déesses. Avec quelle admiration tout à l'heure je les contemplais en silence! Quelle grâce! quelle mâle fierté unie à tous les charmes! »

Nullaque virginei servantem signa pudoris,
Defigit, comitique obliquo lumine monstrat.
Quod nisi præcipitem blando complexa moneret
Deidamia sinu, nudataque pectora semper,
Exertasque manus, humerosque in veste teneret,   95
Et prodire toris, et poscere vina vetaret
Sæpius, et fronti crinale reponeret aurum;
Argolicis ducibus jam tunc patuisset Achilles.
Ut placata fames epulis bis terque repostis,
Rex prior alloquitur, paterisque hortatur Achivos :   100
« Invideo vestris, fateor, decora inclyta gentis
Argolicæ, cœptis : utinam mihi fortior ætas,
Quæque fuit, Dolopas quum Scyria littora adortos
Perdomui, fregique vadis : quæ signa triumphi,
Vidistis celsas murorum in fronte carinas.   105
Saltem si soboles, aptam quam mittere bello
Possem, plena forent mihi gaudia : namque juvarem.
Nunc ipsi viresque meas, et cara videtis
Pignora : quando novos dabit hæc mihi turba nepotes? »
Dixerat, et solers arrepto tempore Ulixes :   110
« Haud spernanda cupis : quis enim non visere gentes
Innumeras, variosque duces, atque agmina regum
Ardeat? Omne simul roburque decusque potentis
Europæ meritos ultro juravit in enses.
Rura urbesque vacant : montes spoliavimus altos.   115
Omne fretum longa velorum obtexitur umbra.
Tradunt arma patres, ruit irrevocata juventus.
Non alias unquam tantæ data copia famæ
Fortibus, aut campo majore exercita virtus. »
Adspicit intentum, vigilique hæc aure bibentem,   120
Quum paveant aliæ, demissaque lumina flectant,
Atque iterat : « Quisquis proavis et gente superbus,
Quisquis equo jaculoque potens, qui prævalet arcu,
Omnis honos illic : illic ingentia certant
Nomina : vix timidæ matres, vix agmina cessant   125
Virginea : hic multum steriles damnantis in annos,
Invisusque Deis, si quem hæc nova gloria segnem
Præterit! » Exisset stratis, nisi provida signo
Deidamia dato, cunctas hortata sorores
Liquisset mensas, ipsum complexa : sed hæret   130
Respiciens Ithacum, cœtuque novissimus exit.
Ille quidem incepto paullum ex sermone remisit,
Pauca tamen jungens : « At tu tranquillus in alta
Pace mane, carisque para connubia natis,
Quas tibi sidereis Divarum vultibus æquas   135
Sors dedit : ut me olim tacitum reverentia tangit!

L'heureux père l'interrompt : « Que serait-ce si vous les aviez vues célébrer les orgies sacrées, ou danser autour des autels de Pallas? Vous jouirez de ce spectacle, pourvu que l'Auster se fasse encore attendre. » Les deux héros acceptent avec joie, et en conçoivent secrètement de nouvelles espérances. Exempte de toute inquiétude, la cour de Lycomède repose en paix ; mais la nuit paraît longue au roi d'Ithaque, et, fatigué des ténèbres, il appelle le jour.

A peine le soleil s'est levé, que déjà, accompagné d'Agyrte, le fils de Tydée arrive chargé des riches présents. Non moins empressées, les filles de Scyros quittent leurs appartements, impatientes d'offrir à leurs augustes hôtes le spectacle de leurs danses et des cérémonies sacrées. Au-dessus de toutes les autres brillent Déidamie, et le fils de Pélée qui l'accompagne. Telles, en Sicile, au pied de l'Etna, resplendissent, au milieu des Naïades leurs compagnes, et Diane, et la fière Pallas, et l'épouse du roi de l'Élysée. Déjà leurs pieds s'agitent en cadence, et le bois sacré de l'Ismène a donné le signal des danses. Quatre fois les cymbales de Rhéa, quatre fois les tambourins de Bacchus retentissent, et quatre fois les chœurs reviennent sur eux-mêmes par mille évolutions variées. Tantôt toutes ensemble elles lèvent les thyrses et les abaissent ensemble, tantôt elles précipitent leurs pas, à la manière des Curètes et des Samothraces, si occupés des choses divines ; ou bien, rangées de front, elles figurent le peigne amazonien, ou tournent en un cercle rapide, semblables aux Lacédémoniens, dont la déesse de Délos, dans la ville d'Amyclée, aime à conduire les danses et à croiser les pas : c'est alors, alors surtout qu'Achille se trahit ; il ne songe pas à suivre les évolutions, à entrelacer ses bras ; alors plus que jamais il dédaigne la grâce du maintien, et l'habit qu'il a revêtu ; il rompt les chœurs et y jette le désordre. Tel Penthée repoussait avec indignation les thyrses et les tambours de sa mère, aux yeux de Thèbes attristée.

La troupe légère se sépare au bruit des applaudissements, et regagne le seuil paternel. Là, dans une salle du palais, Tydée a fait placer, pour attirer les regards des jeunes vierges, les présents, gage d'hospitalité, récompense de leurs fatigues. Il les invite à choisir, et le bon roi ne s'y oppose pas : âme simple, hélas ! et trop confiante, qui ignore la perfidie de ces présents, les ruses des Grecs et les artifices d'Ulysse. Aussitôt toutes, guidées par les goûts de leur sexe, par leur instinct naturel, agitent les thyrses polis, essayent les tambourins sonores, ou se ceignent le front de bandelettes enrichies de pierreries ; elles voient des armes, et s'imaginent que c'est un présent destiné à leur père. Mais, dès que le farouche Éacide aperçoit le bouclier étincelant où sont ciselés d'affreux combats, que la guerre a rougi de ses traces sanglantes, dès qu'il voit à côté la lance homicide, soudain il frémit, la flamme jaillit de ses yeux, et sur son front découvert ses cheveux se sont dressés. Pour lui, plus d'avis maternels, plus de mystère d'amour : Troie tout entière est dans son cœur.

Tel un lion arraché à la mamelle de sa mère oublie sa férocité : il laisse peigner sa crinière, il apprend à craindre l'homme, ne s'abandonne

Is decor est, formæ species permixta virili. »
   Occurrit genitor : « Quid si Bacchæa ferentes
Orgia, Palladias aut circum videris aras?
Et dabimus, si forte novus cunctabitur Auster. »   140
Excipiunt cupidi, et tacitis spes addita votis.
Cætera depositis Lycomedis regia curis
Tranquilla sub pace silet, sed longa sagaci
Nox Ithaco : lucemque cupit, somnoque gravatur.
   Vix dum exorta dies, et jam comitatus Agyrta   145
Tydides aderat, prædictaque dona ferebat.
Nec minus egressæ thalamis Scyreides ibant
Ostentare choros, promissaque sacra verendis
Hospitibus : nitet ante alias regina comesque
Pelides : qualis Siculæ sub rupibus Ætnæ   150
Naides Ennæas inter Diana, feroxque
Pallas, et Elysii lucebat sponsa tyranni.
Jamque movent gressus, thiasisque Ismenia buxus
Signa dedit, quater æra Rheæ, quater Evia pulsant
Terga manu, variosque quater legere recursus.   155
Tunc thyrsos pariterque levant, pariterque reponunt,
Multiplicantque gradum, modo quo Curetes in actu,
Quoque pii Samothraces eunt : nunc obvia versæ
Pectine Amazonio, modo quo citat orbe Lacænas
Delia, plaudentesque suis intorquet Amyclis.   160

Tunc vero, tunc præcipue manifestus Achilles,
Nec servare vices, nec jungere brachia curat.
Tunc molles gressus, tunc aspernatur amictus
Plus solito, rumpitque choros, et plurima turbat.
Sic indignantem thyrsos, acceptaque matris   165
Tympana, jam tristes spectabant Penthea Thebæ.
   Solvuntur laudata cohors, repetuntque paterna
Limina, ubi in mediæ jamdudum sedibus aulæ
Munera, virgineos visus tractura, locarat
Tydides, signum hospitii, pretiumque laboris ;   170
Hortaturque legant, nec rex placidissimus arcet.
Heu simplex, nimiumque rudis, qui callida dona,
Graiorumque dolos, variumque ignorat Ulixem !
Hinc aliæ, quas sexus iners, naturaque ducit,
Aut teretes thyrsos, aut respondentia tentant   175
Tympana, gemmatis aut nectunt tempora limbis :
Arma vident, magnoque putant donata parenti.
At ferus Æacides, radiantem ut cominus orbem
Cælatum pugnis sævis, et forte rubentem
Bellorum maculis, accliuem et conspicit hastam ;   180
Infremuit, torsitque genas, et fronte relicta
Surrexere comæ : nusquam mandata parentis,
Nusquam occultus amor, totoque in pectore Troja est.
   Ut leo, materno quum raptus ab ubere mores

qu'à la fureur qui lui est commandée : mais que le fer vienne à frapper ses regards, c'en est fait, il abjure sa docilité; celui qui l'a dompté devient son ennemi et la première victime de sa faim ; il a honte d'avoir servi sous un maître qu'il voit trembler.

Achille s'est approché de plus près; l'éclat du bouclier réfléchit ses traits, et il reconnaît dans l'or sa fidèle image. A cette vue, il a horreur de lui-même et rougit de honte. Aussitôt Ulysse se penche à son côté, et lui dit à voix basse : « Pourquoi hésites-tu? nous le savons, c'est toi qui es l'élève du centaure Chiron, le petit-fils du Ciel et de l'Océan ; c'est toi que la flotte dorique, toi que la Grèce attend, pour déployer ses étendards; toi dont le nom seul ébranle déjà les murs de Pergame. Eh bien, suis-moi donc; plus de retard, viens; que la perfide Ida pâlisse, que ton père s'enorgueillisse au récit de tes hauts faits, et que ta mère ait honte de ses ruses et de ses alarmes. » Déjà Achille dégageait sa poitrine de sa robe, quand, sur l'ordre d'Ulysse, Agyrte fait entendre une fanfare guerrière; les jeunes vierges s'enfuient aussitôt, jettent çà et là les présents, et courent implorer leur père : elles croient entendre le signal des combats. Mais la robe d'Achille est d'elle-même tombée de sa poitrine. Déjà un bouclier, une lance plus courte arment son bras. O prodige! il paraît surpasser de toutes ses épaules et le roi d'Ithaque et le héros d'Étolie; tant ses armes éblouissantes et ses regards étincelants jettent le trouble et la frayeur dans le palais! Terrible dans sa démarche, comme si déjà il provoquait Hector, il s'arrête, debout, au milieu des spectateurs épouvantés : on cherche en vain la fille de Pélée. Cependant Déidamie pleurait à l'écart, en voyant la fraude découverte. Achille entend ces gémissements douloureux, et cette voix si chère à son cœur; il hésite, et le feu secret qui le brûle abat son courage; il laisse tomber son bouclier, se tourne vers le roi, que ces destins étranges, ces prodiges inattendus ont rempli d'étonnement et d'épouvante, et tel qu'il est, revêtu de ses armes, il adresse ces mots à Lycomède :

« C'est moi, ô mon père chéri! bannis tes alarmes, c'est moi que Thétis a remis entre tes mains. Cette gloire insigne t'était réservée. Tu envoies Achille aux Grecs qui le réclament, Achille, qui, si je puis le dire, t'aime plus que son illustre père, plus que Chiron, son maître chéri. Mais daigne encore m'écouter un moment et accueillir avec bonté mes paroles. Pélée et Thétis, dont tu fus l'hôte, t'ont choisi, ô roi! pour le beau-père de leur fils, et tous deux font remonter leur race jusqu'aux Dieux. Ils te demandent pour moi une des vierges de ta nombreuse famille : veux-tu Achille pour gendre? Suis-je à tes yeux d'un sang trop obscur? me crois-tu dégénéré? Tu ne refuses pas? eh bien, unis nos mains et scelle notre hyménée, et pardonne à tes enfants. Déidamie est à moi, l'amour me l'a secrètement livrée. Quel mortel en effet pourrait résister à mon bras? quelle vierge en mon pouvoir eût échappé à ma flamme? Ne fais payer cette faute qu'à moi. Je dépose les armes, je les rends aux Grecs, et je reste. Pourquoi

Accepit, pectique jubas, hominemque vereri 185
Edidicit, nullasque ruit nisi jussus in iras;
Si semel adverso radiavit lumine ferrum,
Ejurata fides, domitorque inimicus; in illum
Prima fames, timidoque pudet servisse magistro.

Ut vero accessit propius, luxque æmula vultum 190
Reddidit, et similem tandem se vidit in auro,
Horruit, erubuitque simul : tunc acer Ulixes
Admotus lateri submissa voce : « Quid hæres?
Scimus, ait, tu semiferi Chironis alumnus,
Tu cœli, pelagique nepos : te Dorica classis, 195
Te tua suspensis exspectat Græcia signis,
Ipsaque jam dubiis nutant tibi Pergama muris.
Eia, age, rumpe moras : sine, perfida palleat Ide,
Et juvet hæc audire patrem, pudeatque dolosam
Sic pro te timuisse Thetin. » Jam pectus amictu 200
Laxabat, quum grande tuba, sic jussus, Agyrtes
Insonuit : fugiunt disjectis undique donis,
Implorantque patrem, commotaque prælia credunt.
Illius intactæ cecidere a pectore vestes.
Jam clypeus, breviorque manu consumitur hasta, 205
(Mira fides) Ithacumque humeris excedere visus,
Ætolumque ducem : tantum subita arma, calorque
Martius horrenda confundit luce penates!
Immanisque gradu, ceu protinus Hectora poscens,

Stat medius trepidante domo. Peleia virgo 210
Quæritur : ast alia plangebat parte retectos
Deidamia dolos, cujus quum grandia primum
Lamenta, et notas accepit pectore voces,
Hæsit, et occulto virtus infracta calore est.
Dimittit clypeum, regisque ad lumina versus, 215
Attonitum fatis, inopinaque monstra paventem,
Sicut erat, mediis Lycomedem affatur in armis :
« Me tibi, care pater, dubium dimitte timorem,
Me Thetis alma dedit : te pridem tanta manebat
Gloria : quæsitum Danais tu mittis Achillem, 220
Gratior et magno, si fas dixisse, parente,
Et dulci Chirone mihi : sed corda parumper
Huc adverte libens, atque has bonus accipe voces.
Te Peleus nato socerum, et Thetis hospita jungunt,
Allegantque suos utroque a sanguine Divos. 225
Unam virgineo natarum ex agmine poscunt.
Dasne? an nos humiles tibi degeneresque videmur?
Non renuis : junge ergo manus, et concipe fœdus,
Atque ignosce tuis : tacito jam cognita furto
Deidamia mihi : quis enim his obstare lacertis, 230
Quæ potuit nostras possessa evadere flammas?
Me luere ista jube : pono arma, et reddo Pelasgis,
Et maneo : quid triste fremis? quid lumina mutas?
Jam socer es : (natum ante pedes projecit, et addit :)

frémir? pourquoi ce regard courroucé? Déjà tu es mon père, (et jetant son fils aux pieds du vieux roi, il ajoute) et déjà tu es aïeul. Toutes les fois qu'il faudra manier le glaive, nous serons assez pour te défendre. » En même temps les Grecs, au nom des droits les plus sacrés, au nom de l'hospitalité, implorent Lycomède, et Ulysse joint à leurs prières sa parole persuasive.

Le roi ressent l'injure faite à sa fille chérie; il est retenu par les ordres de Thétis, il craint de livrer le précieux dépôt que lui a confié la déesse, et cependant il n'ose s'opposer aux arrêts manifestes du destin, et enchaîner encore les armes de la Grèce; et le voulût-il, Achille en ce moment eût méconnu l'autorité de sa mère elle-même. Pour refuser l'alliance d'un tel gendre, la force lui manque, il cède. Déidamie sort en rougissant de la retraite où elle se tenait cachée. Troublée par la joie, elle n'ose croire encore à son pardon, et apaise son père en se plaçant derrière Achille.

On députe en Thessalie vers Pélée, pour l'instruire de ces grands événements et lui demander une flotte et des combattants. Le roi de Scyros lui-même offre à son gendre deux vaisseaux, et s'excuse auprès des Grecs de ce faible secours. Le reste du jour se passe en festins. Enfin l'alliance est confirmée, et la nuit, qui désormais ne sera plus témoin de leurs craintes, unit les deux amants.

Achille n'a devant les yeux que les combats, le Xanthe, l'Ida et les vaisseaux grecs, tandis que Déidamie songe déjà à la mer et redoute l'aurore. Couchée sur le sein chéri de son jeune époux, elle verse des larmes et le serre dans ses bras. « Te reverrai-je encore, ô mon Éacide?

pourrai-je encore poser ma tête sur cette poitrine? Daigneras-tu aimer encore ton fils? Vainqueur des Troyens, rapportant sur tes vaisseaux Troie entière, te souviendras-tu encore, dans l'ivresse du succès, de la retraite où tu passas pour une jeune fille? Quel sera, hélas! le premier objet de mes peines et de mes craintes? Que te recommanderai-je, dans le trouble qui m'agite, quand déjà le temps me manque pour pleurer? Une seule nuit te donne et t'enlève à mon amour. Voilà donc toutes les heures accordées à la couche nuptiale, voilà les douceurs d'un hymen autorisé! O doux larcins d'amour! ô ruses! ô frayeur! qu'êtes-vous devenus? On ne me donne Achille que pour l'arracher de mes bras. Mais va, je ne voudrais pas arrêter une si noble entreprise; va, mais sois prudent; souviens-toi que Thétis ne craignit pas en vain; va, triomphe, et reviens tout à moi. Mais j'exige trop. Bientôt les Troyennes, belles de leurs larmes et de leurs gémissements, te verront, et voudront enlacer ton cou dans leurs bras, et se dédommager par tes caresses de la perte de leur patrie. Ou bien elle te charmera peut-être elle-même, la fille de Tyndare, trop vantée pour cet enlèvement adultère; et moi, ou je serai la risée de tes esclaves, que tu amuseras avec le récit de tes premières amours, ou tu garderas le silence, et je serai oubliée. Oh! permets-moi plutôt de t'accompagner: pourquoi ne porterai-je pas avec moi les drapeaux de Mars? Tu as bien avec moi (ce que ne croira jamais la malheureuse Troie) manié le fuseau et porté les insignes sacrés de Bacchus! Mais au moins que cet enfant, la seule et triste consolation que tu me laisses, que cet enfant te soit toujours cher! accorde à ma

Jamque avus: immitis quoties tractabitur ensis, 235
Turba sumus. » Tunc et Danai, per sacra fidemque
Hospitii, blandusque precum compellat Ulixes.
 Ille, etsi caræ comperta injuria natæ,
Et Thetidis mandata movent, prodique veretur
Depositum tam grande Deæ, tamen obvius ire 240
Tot metuit fatis, Argivaque bella morari.
Fac velit: ipsam illic matrem sprevisset Achilles.
Ne tamen abnueret genero se jungere tali,
Vincitur: arcanis effert pudibunda tenebris
Deidamia gradum, veniam nec protinus amens, 245
Credit, et opposito genitorem placat Achille.
 Mittitur Hæmoniam, magni qui Pelea facti
Impleat, et classem comitesque in prælia poscat.
Nec non et geminas regnator Scyrius alnos
Deducit genero, viresque excusat Achivis. 250
Tunc epulis consumpta dies, tandemque receptum
Fœdus, et intrepidos nox conscia jungit amantes.
 Illius ante oculos nova bella, et Xanthus, et Ide,
Argolicæque rates: atque hæc jam cogitat undas,
Auroramque timet: cara cervice mariti 255
Fusa novi, lacrimas jam solvit, et occupat artus.

« Adspiciamne iterum, meque hoc in pectore ponam,
Æacide? rursusque tuos dignabere partus?
An tumidus Teucrosque lares, et capta reportans
Pergama, virgineæ nolis meminisse latebræ? 260
Quid precer, heu, timeamve prius? quidve anxia mandem,
Cui vix flere vacat? modo te nox una dediditque,
Inviditque mihi. Thalamis hæc tempora nostris?
Hicne est liber Hymen? o dulcia furta, dolique,
O timor! eripitur miseræ permissus Achilles. 265
I, neque enim tantos ausim revocare paratus,
I, cautus, nec vana Thetin timuisse memento.
I felix, nosterque redi: nimis improba posco.
Jam te spectabunt lacrimis planctuque decoræ
Troades, optabuntque tuis dare colla lacertis, 270
Et patriam pensare toris: aut ipsa placebit
Tyndaris, incesta nimium laudata rapina.
Ast ego vel primæ puerilis fabula culpæ
Narrabor famulis, aut dissimulata latebo.
Quin age, duc comitem: cur non ego Martia tecum 275
Signa feram? tu pensa manu, Bacchæaque mecum
Sacra, quod infelix non credet Troja, tulisti.
Attamen hunc, quem mœsta mihi solatia linquis,

prière cette seule grâce : Que jamais une épouse barbare ne te rende père; qu'une captive ne donne jamais à Thétis d'indignes neveux. »

Elle dit, et Achille ému la console, lui jure fidélité, et confirme ses serments par ses pleurs. Il lui promet à son retour de nobles captives, et les dépouilles d'Ilion, et les trésors de l'opulente Phrygie; mais les vents orageux emportent ses vaines promesses.

Sorti du sein de l'Océan, le jour a dissipé les humides ténèbres dont l'univers était enveloppé, et le père de la brillante lumière levait son flambeau, qui, pâlissant encore par le voisinage de la nuit, laissait tomber en rosée les vapeurs de la mer. Déjà revêtu d'un manteau de pourpre noué sur sa poitrine, et tout brillant de l'éclat des armes dont il s'est d'abord emparé, Achille, qu'appellent et les vents, et les ondes où règne sa mère, attire tous les regards. On tremble devant le jeune héros, et l'on n'ose se souvenir de ce qu'il fut, tant il paraît changé! on dirait que jamais il n'est venu aux rivages de Scyros, et qu'il vient d'être arraché aux antres du Pélion.

Alors, suivant l'usage, et d'après les conseils d'Ulysse, Achille offre un sacrifice aux Dieux de la mer et aux Vents; et au bord même des flots il immole un taureau en l'honneur du roi de l'empire azuré, et de Nérée, son aïeul; une génisse ornée de bandelettes apaise sa mère. Puis, jetant dans les vagues écumantes les entrailles qui palpitent encore : « Je t'ai obéi, ô ma mère! bien que l'obéissance fût pénible à mon courage, je t'ai trop obéi; maintenant je cours où m'appellent et la guerre de Troie et les vaisseaux de la Grèce. » Il dit, et s'élance sur le navire; le vent siffle, et l'éloigne de ces bords. Déjà au-dessus de sa tête grandissent les nuages, et Scyros décroît dans le lointain au milieu de l'Océan.

Cependant, au loin, sur une tour élevée, accompagnée de ses sœurs en larmes, et portant le jeune enfant qu'elle ose avouer, qu'elle nomme Pyrrhus, la malheureuse épouse reste penchée; et, les yeux fixés sur les voiles, elle marche avec le navire, et seule elle voit encore les flots et la poupe fugitive. Achille aussi tourne ses regards vers ces murs chéris, et songe à sa demeure qu'il a laissée vide, aux gémissements de son amante abandonnée. La passion cachée au fond de son cœur renaît, et prend un moment la place de sa mâle vertu. Le héros fils de Laërte a compris sa tristesse, et pour la calmer il lui adresse ces paroles amies : « Eh quoi! s'écrie-t-il, c'est toi auquel les destins promettent le ravage de l'opulente Troie, toi que réclament et la flotte des Grecs et les oracles des Dieux, toi que Mars attend, debout sur le seuil ouvert de son temple, c'est toi qu'une mère artificieuse a revêtu d'un habit de femme! En cachant dans l'ombre ce grand larcin, a-t-elle pu espérer un secret inviolable? Sollicitude coupable! sentiments trop maternels! Quoi! il languissait dans l'ombre et le mystère, ce courage qui, aux premiers sons de la trompette, s'est soustrait à Thétis, à ses compagnes, à la flamme qu'il avait jusqu'alors cachée? Car si tu cours aux armes, si tu nous suis, et si tu écoutes nos prières, la gloire n'en est pas à nous; tu serais venu de

```
Hunc saltem sub corde tene : et concede precanti
Hoc solum, pariat ne quid tibi barbara conjux,      280
Ne qua det indignos Thetidi captiva nepotes. »
  Talia dicentem non ipse immotus Achilles
Solatur, juratque fidem, jurataque fletu
Spondet, et ingentes famulas, captumque reversus
Ilion, et Phrygiæ promittit munera gazæ.           285
Irrita ventosæ rapiebant verba procellæ.
  Exuit implicitum tenebris humentibus orbem
Oceano prolata dies, genitorque coruscæ
Lucis, adhuc hebetem vicina nocte, levabat,
Et nondum excusso rorantem lampada ponto.          290
Et jam punicea nodatum pectora palla,
Insignemque ipsis quæ prima invaserat armis
Æaciden (quippe aura vocat, cognataque suadent
Æquora) prospectant cuncti, juvenemque, ducemque
Nil ausi meminisse, pavent : sic omnia visu        295
Mutatus rediit, ceu, nunquam Scyria passus
Littora, Peliaco raptus descendat ab antro.
  Tunc ex more Deis, ita namque monebat Ulixes,
Æquoreis, Austrisque litat, fluctuque sub ipso
Cæruleum regem tauro veneratur, avumque            300
Nerea : vittata genitrix placata juvenca est.
  Hic spumante salo jaciens tumida exta protatur :
« Paruimus, genitrix, quamquam haud toleranda jubebas,
Parvimus nimium, bella ad Trojana ratesque
Argolicas quæsitus eo. » Sic orsus, et alno        305
Insiluit, penitusque Noto stridente propinquis
Abripitur terris : jamque ardua crescere nubes
Incipit, et Scyros longe decrescere ponto.
  Turre procul summa, lacrimis comitata sororum,
Confessumque tenens, et habentem nomina Pyrrhum,
Pendebat conjux, oculisque in carbasa fixis        311
Ibat, et ipsa fretum et puppem jam sola videbat.
Ille quoque obliquos dilecta ad mœnia vultus
Declinat, viduamque domum; gemitusque relictæ
Cogitat : occultus sub corde renascitur ardor,     315
Datque locum virtus : sensit Laertius heros
Mœrentem, et placidis aggressus flectere dictis :
« Tene, inquit, magnæ vastator debite Trojæ,
Quem Danaæ classes, quem Divum oracula poscunt,
Erectumque manet reserato limine bellum,           320
Callida femineo genitrix velavit amictu?
Commisitque ullis tam grandia furta latebris?
Speravitque fidem? nimis o suspensa, nimisque
Mater! an hæc virtus tacita torperet in umbra,
Quæ, vix audito litui clangore, refugit            325
Et Thetin, et comites, et quos suppresserat ignes?
Nec nostrum est, quod in arma venis, sequerisque precantes;
Venisses ultro. » Quem talibus occupat heros
```

toi-même. » Le héros petit-fils d'Éaque l'interrompt par ces paroles : « Il serait long de t'exposer les causes de mon retard et la fraude criminelle de ma mère. Cette épée vengera la honte de Scyros et le déshonneur de cette parure, qu'il faut imputer aux destins. Mais toi plutôt, tandis que la mer est paisible, et que les zéphyrs enflent les voiles, dis-moi quelle fut la première cause de cette guerre, donne-moi un juste motif de m'irriter contre Troie. Le roi d'Ithaque reprend d'un peu loin les événements : « Dans le pays d'Hector, s'il faut en croire la renommée, on dit qu'un berger, choisi pour décerner le prix de la beauté, vit devant lui comparaître trois déesses qui briguaient cet honneur ; mais ni Minerve aux traits mâles et farouches, ni la compagne du maître des cieux, ne purent attirer sur elle un regard favorable ; il ne vit, dans sa folle ardeur, que la seule Vénus. Par la volonté des Dieux, la source de tous ces maux vient des antres mêmes que tu as habités, lorsque le Pélion serra les doux liens de Thétis et de Pélée ; tu fus dès lors promis à nos armes. La colère enflamme la déesse vaincue ; le juge réclame sa fatale récompense ; la facile Amyclée est désignée au ravisseur. Aussitôt il fait tomber sous la hache le bois sacré de Phrygie, le sanctuaire de la déesse au front couronné de tours, les pins, qui jamais n'auraient dû toucher le sol ; et, porté sur les flots vers la Grèce, vers la terre hospitalière d'Atride, ô honte ! ô déshonneur de la puissante Europe ! il envahit la couche de son hôte, et, fier de la conquête d'Hélène, il fend de nouveau les flots, et emmène Argos captif à Pergame. Le bruit s'en répand dans toutes les villes de la Grèce, et soudain, de nous-mêmes, sans exhortations, nous nous rassemblons pour la vengeance. Qui donc souffrirait que la ruse brisât ainsi les liens sacrés de l'hyménée, que son épouse fût ravie comme une proie facile, fût entraînée comme un troupeau de bœufs, ou les gerbes d'une vile moisson ? A cet affront, le lâche lui-même se sentirait ému. Le puissant Agénor ne souffrit pas les artifices des Dieux, ni les mugissements du taureau sacré ; il alla chercher Europe jusque dans les bras de son divin ravisseur, et dédaigna pour gendre le maître du tonnerre. Éétès ne souffrit pas que sa fille fût enlevée aux rivages de la Scythie, et, le fer à la main, il poursuivit avec sa flotte le roi, enfant des Dieux, et le navire qui devait monter un jour parmi les astres. Et nous, nous souffrirons qu'un Phrygien efféminé insulte, de son navire adultère, les ports et les rivages de la Grèce ! La Grèce n'a-t-elle donc plus d'armes, de chevaux ? les chemins de la mer nous sont-ils fermés ? Eh quoi ! si quelque téméraire voulait ravir Déidamie aux bords paternels, l'arracher de son palais désolé, tremblante, épouvantée, invoquant le nom d'Achille.... » Achille a porté la main à la garde de son épée, et la rougeur est montée à son visage : Ulysse satisfait garde le silence.

Le fils d'Œnée reprend : « O digne sang des Dieux, apprends-nous plutôt quelles furent les premières habitudes, les premières leçons de ton enfance ; puis quand approcha ta robuste jeunesse, comment Chiron jeta dans ton cœur les semences de la gloire, comment il ouvrit ton

Æacides : « Longum est resides exponere causas,
Maternumque nefas : hoc excusabitur ense   330
Scyros, et indecores, fatorum crimina, cultus.
Tu potius, dum lene fretum, Zephyrisque feruntur
Carbasa, quæ Danais tanti primordia belli,
Ede : libet justas hinc sumere protinus iras. »
Hic Ithacus paullum repetito longius orsu :   335
« Fertur in Hectorea, si talia credimus, ora
Electus formæ certamina solvere pastor
Sollicitas tenuisse Deas, nec torva Minervæ
Ora, nec ætherei sociam rectoris, amico
Lumine, sed solam nimium vidisse Dionen.   340
Atque adeo lis ista tuis exorta sub antris
Concilio Superum, dum Pelea dulce maritat
Pelion, et nostris jam tunc promitteris armis.
Ira quatit victas : petit exitialia judex
Præmia : raptori faciles monstrantur Amyclæ.   345
Ille Phrygas lucos, matris penetralia cædit
Turrigeræ, vetitasque solo procumbere pinus
Præcipitat, terrasque freto delatus Achæas
Hospitis Atridæ, pudet heu ! miseretque potentis
Europæ ! spoliat thalamos, Helenaque superbus   350
Navigat, et captos ad Pergama devehit Argos.
Inde dato passim varias rumore per urbes,
Undique inexciti sibi quisque et sponte coimus
Ultores : quis enim genialia fœdera rumpi
Capta dolis, facilique trahi connubia raptu,   355
Ceu pecus, armentumve, aut viles messis acervos
Perferat ? hæc et non fortes jactura moveret.
Non tulit insidias Divum imperiosus Agenor,
Mugitusque sacros, et magno numine vectam
Quæsiit Europen, aspernatusque Tonantem est   360
Ut generum : raptam et Scythico de littore prolem
Non tulit Æetes, ferroque et classe secutus
Semideos reges, et ituram in sidera puppim.
Nos Phryga semivirum portus et littora circum
Argolica incesta volitantem puppe feremus ?   365
Usque adeo nusquam arma et equi, fretaque invia Graiis ?
Quid si nunc aliquis patriis rapturus ab oris
Deidamian eat, viduaque a sede revellat
Attonitam, et magni clamantem nomen Achillis ? »
Illius ad capulum rediit manus, et simul ingens   370
Impulit ora rubor : tacuit contentus Ulixes.
Excipit Œnides : « Quin, o dignissima cœli
Progenies, ritusque tuos, elementaque primæ
Indolis, et valida mox accedente juventa,
Quæ solitus laudum tibi semina pandere Chiron   375
Virtutisque aditus, quas membra augere per artes,

âme à la vertu, par quel art il sut à la fois fortifier tes membres et ton courage. Accorde cette faveur à des compagnons, à des amis dévoués ; que ce soit là notre récompense pour avoir été chercher Scyros bien loin à travers les ondes, et avoir les premiers armé ton bras du glaive. »

Qui n'aime à parler de ses actions? Cependant Achille commence avec modestie ; il hésite un moment, et semble ne céder qu'à la contrainte : « On dit que, dès mes plus tendres années, et pendant toute mon adolescence, du jour où le vieillard de Thessalie me reçut dans son âpre montagne, je ne goûtai aucun des aliments ordinaires. Jamais, pour rassasier ma faim, je n'eus de douces mamelles, mais les dures entrailles des lions, et la moelle palpitante encore que je suçais avec plaisir : voilà quels furent d'abord pour moi les présents de Cérès, les dons joyeux de Bacchus, que me permettait mon nouveau père. Bientôt il m'entraîna à grands pas sur ses traces, à travers les repaires inaccessibles ; il m'apprit à sourire à la vue des bêtes féroces, à ne trembler ni au fracas des rochers brisés par les torrents, ni dans le profond silence d'une vaste forêt. Déjà j'avais la lance à la main, le carquois sur l'épaule, et l'amour précoce du fer. Le soleil et le froid avaient durci ma peau ; mes membres ne reposaient point sur une couche moelleuse ; je partageais le rocher où dormait mon maître. A peine mon enfance avait-elle, dans ces exercices pénibles, achevé pour la dixième fois le cercle de l'année, que déjà il me forçait à devancer les cerfs légers et les Lapithes montés sur leurs coursiers, à suivre à la course une flèche lancée devant moi, et lui-même souvent provoquait mon agile jeunesse, et s'élançait sur mes traces de toute la vitesse de ses pieds rapides ; puis, quand il me voyait épuisé de ma longue course à travers la campagne, il m'applaudissait en riant, et me soulevait sur ses épaules. Souvent aussi, à peine les flots commençaient-ils à s'arrêter engourdis, qu'il m'ordonnait de marcher légèrement sur la glace sans la briser. C'étaient là les glorieux exploits de mon enfance. Vous dirai-je maintenant mes combats dans les forêts et les bois, jadis retentissant de hurlements féroces, maintenant silencieux? Jamais Chiron ne me permit de poursuivre dans les défilés de l'Ossa les faibles lynx, ou de percer de mes traits les daims timides ; il m'ordonnait d'aller troubler dans leur tanière les ourses farouches, les sangliers à la course foudroyante, ou parfois quelque tigre monstrueux, quelque lionne retirée dans son antre avec ses lionceaux. Lui-même, assis dans sa vaste caverne, attendait que je revinsse triomphant, et tout couvert d'un noble sang. Et jamais il ne m'admit à ses caresses avant d'avoir visité mes javelots. Bientôt, quand j'approchai de la jeunesse, il me forma aux sanglantes mêlées du fer ; les cruels exercices de Mars me furent tous enseignés. J'appris comment les Péons font tournoyer leurs armes, comment les Macètes lancent leurs javelots, comment les Sauromates font tourbillonner leur ceste, comment les Gètes brandissent la faux, comment le Gélon tend son arc, comment enfin le frondeur des îles Baléares, balançant sa courroie sifflante, suspend le coup fatal, jusqu'à ce que le trait déchire en partant l'air qui l'emprisonne. J'aurais peine à raconter tous ces exercices, aux-

Quas animum, sociis, multumque faventibus ede :
Sit pretium longas penitus quæsisse per undas
Scyron, et his armis primum intendisse lacertos. »
   Quem pigeat sua facta loqui? tamen ille modeste 380
Inchoat, ambiguus paullum, propiorque coacto :
« Dicor, et in teneris, et adhuc crescentibus annis,
Thessalus ut rigido senior me monte recepit,
Non ullas ex more dapes habuisse, nec almis
Uberibus satiasse famem, sed spissa leonum 385
Viscera, semianimesque libens traxisse medullas.
Hæc mihi prima Ceres, hæc læti munera Bacchi,
Sic dabat ille pater : mox ire per avia secum
Lustra gradu majore trahens, visisque docebat
Arridere feris, nec fracta ruentibus undis 390
Saxa, nec ad vastæ trepidare silentia silvæ.
Jam tunc hasta manu, jam tunc cervice pharetræ,
Et ferri properatus amor, durataque multo
Sole geluque cutis ; tenero nec flexa cubili
Membra, sed ingenti saxum commune magistro. 395
Vix mihi bissenos annorum torserat orbes
Vita rudis, volucres quum jam prævertere cervos,
Et Lapithas cogebat equo, præmissaque cursu
Tela sequi : sæpe ipse gradu me præpete Chiron,
Dum velox ætas, campis admissus agebat 400
Omnibus, exhaustumque vago per gramina passu
Laudabat gaudens, atque in sua colla levabat.
Sæpe etiam primo fluvii torpore jubebat
Ire super, glaciemque levi non frangere planta.
Hoc puerile decus : quid nunc tibi prælia dicam 405
Silvarum ? et vacuos sævo jam murmure saltus ?
Nunquam ille imbelles Ossæa per avia lynces
Sectari, aut timidos passus me cuspide damas
Sternere, sed tristes turbare cubilibus ursas,
Fulmineosque sues, et sicubi maxima tigris, 410
Aut seducta jugis fœtæ spelunca leænæ.
Ipse sedens vasto facta exspectabat ab antro,
Si sparsus magno remearem sanguine ; nec me
Ante nisi inspectis admisit ad oscula telis.
Jamque et ad ensiferos vicina pube tumultus 415
Aptabar : nec me ulla feri Mavortis imago
Præteriit : didici, quo Pæones arma rotatu,
Quo Macetæ sua gesa citent, quo turbine cæstum
Sauromates, falcemque Getes, arcumque Gelonus
Tenderet, et flexæ Balearicus actor habenæ 420
Quo suspensa trahens libraret vulnera tortu,
Inclusum quoties distringeret aera gyro.
Vix memorem cunctos, etsi modo gessimus, actus.
Nunc docet ingenti saltu me jungere fossas :

quels je me livrais encore il y a si peu de temps. Tantôt il m'enseignait à franchir d'un bond les fossés, tantôt à gravir une montagne jusqu'à sa cime aérienne, d'un pas aussi ferme et aussi rapide qu'en pleine campagne; et, dans un combat simulé, à recevoir sur l'orbe de mon bouclier d'énormes pierres, à pénétrer dans une cabane en feu, à arrêter à pied dans leur vol les coursiers d'un quadrige. Je m'en souviens: un jour le Sperchius roulait avec impétuosité ses flots grossis par des pluies continuelles et les neiges fondues, et entraînait dans son cours des arbres déracinés et des quartiers de roche : le centaure m'envoie où l'onde se précipite avec le plus de fureur, et m'ordonne de tenir ferme et de repousser des vagues amoncelées, dont lui-même, malgré l'appui plus solide de ses pieds, aurait difficilement soutenu les assauts. Je tins ferme cependant, et ne me laissai point entraîner par la rapidité du courant, ni troubler par les ténèbres de ce gouffre. Le farouche Chiron, penché au-dessus de moi, me menaçait, et par ses paroles irritait mon orgueil : je ne m'éloignai que sur son ordre. C'est ainsi que la gloire excitait mon courage, et, sous les regards d'un si grand maître, nul travail ne m'était pénible. Cacher dans les nuages un disque d'Œbalie, étreindre la glissante Palès, faire voler çà et là le ceste, c'était pour moi un jeu, un délassement. Et la sueur alors ne mouillait pas plus mon front que quand je faisais vibrer sous l'archet d'Apollon les cordes sonores de ma lyre, et que, dans un saint ravissement, je chantais la gloire des antiques héros. Il m'apprit aussi à connaître les sucs des plantes, les herbes bienfaisantes, celles qui étanchent le sang, qui procurent le sommeil, qui ferment les blessures, à distinguer les plaies que le fer peut guérir, celles qui ne cèdent qu'aux simples. Il grava dans mon cœur ces préceptes de la sainte justice, qui toujours le guidait, quand il dicta ses lois augustes aux peuples du Pélion, et adoucit les mœurs sauvages des centaures. Telles furent jusqu'à ce jour, ô mes compagnons! les leçons de ma jeunesse : je m'en souviens, et ce souvenir m'est doux; ma mère sait le reste. »

```
Nunc caput aerii scandentem prendere montis,         425
Quo fugitur per plana gradu : simulacraque pugnæ,
Excipere immissos curvato umbone molares,
Ardentesque intrare casas, peditemque volantes
Sistere quadrijugos. Memini, rapidissimus ibat
Imbribus assiduis pastus, nivibusque solutis         430
Sperchios, vulsasque trabes et saxa ferebat;
Quum me ille immissum, qua sævior impetus undæ,
Stare jubet contra, tumidosque repellere fluctus,
Quos vix ipse gradu toties obstante tulisset.
Stabam equidem, nec me referebat concitus amnis,    435
Et latæ caligo viæ : ferus ille minari
Desuper incumbens, verbisque urgere pudorem.
Nec nisi jussus abii : sic me sublimis agebat
Gloria, nec duri tanto sub teste labores.

Nam procul Œbalios in nubila condere discos         440
Et liquidam nodare Palen, et spargere cæstus,
Ludus erat, requiesque mihi : nec major in istis
Sudor, Apollineo quam fila sonantia plectro
Quum quaterem, priscosque virum mirarer honores.
Quin etiam succos, atque auxiliantia morbis         445
Gramina, quo nimius staret medicamine sanguis,
Quid faciat somnos, quid hiantia vulnera claudat,
Quæ ferro cohibenda lues, quæ cederet herbis,
Edocuit, monitusque sacræ sub pectore fixit
Justitiæ, qua Peliacis dare jura verenda            450
Gentibus, atque suos solitus pacare bimembres.
Hactenus annorum, comites, elementa meorum
Et memini, et meminisse juvat : scit cætera mater. »
```

NOTES
SUR L'ACHILLÉIDE.

LIVRE PREMIER.

v. 1. *Formidatamque Tonanti.* Il avait été fixé par les Destins que l'enfant qui naîtrait de Thétis serait plus grand que son père. C'est pour ce motif que Jupiter évita tout commerce avec Thétis, quoiqu'il en fût épris.

v. 14. *At tu, quem longe primum.* Flatterie à l'adresse de Domitien, que Stace appelle le premier des orateurs grecs et latins. Domitien avait en effet dans sa jeunesse cultivé la poésie, et plus tard il avait institué en l'honneur de Jupiter Capitolin un concours quinquennal, où l'on disputait le prix de la musique, de la course équestre, de la gymnastique, et aussi de l'éloquence grecque et latine.

v. 76. *Iliaci scopulos habitare sepulcri.* Achille avait un temple et un tombeau près du promontoire de Sigée.

v. 93. *Nocturnaque signa Caphareus.* Allusion à ce que la fable raconte de Nauplius, lequel voulant se venger de la mort de son fils Palamède, tué par la fraude d'Ulysse, fit placer sur le Capharée, promontoire de l'Ile d'Eubée, un fanal qui attira et fit échouer sur des écueils les Grecs revenant dans leur patrie après la ruine de Troie.

v. 209. *Duros laxantem Ægæona nexus.* Ægéon, appelé aussi Briarée, était un des géants qui firent la guerre aux Dieux : il fut attaché par eux aux rochers des Cyclades.

v. 222. *Maxima Tethys.* La grande Téthys. C'est l'épouse de l'Océan : il ne faut pas la confondre avec Thétis, la mère d'Achille.

v. 264. *Ambigui... Cœnea sexus.* Cénès, vierge thessalienne, obtint de Neptune, qui l'avait violée, de changer de sexe et d'être invulnérable. Devenue un homme, elle périt, dans le combat des Lapithes contre les centaures, écrasée sous des arbres amoncelés, qui l'étouffèrent sans la blesser.

v. 494. *Protesilaus ait.* Protésilaüs, fils d'Iphictus, fut un des plus ardents à préparer la guerre contre Troie, quoique l'oracle eût dit qu'il périrait le premier. Débarqué en effet le premier sur le rivage troyen, il y fut tué par Hector.

LIVRE II.

v. 19. *Sociosque resumere pontum.* En pleine mer on quittait les rames, et l'on se servait seulement de voiles ; mais, en approchant du port, il fallait de nouveau recourir aux rames, ce que le poëte appelle *resumere pontum.*

v. 159. *Pectine Amazonio.* Selon Turnèbe, c'était un chœur de danse, dans lequel les jeunes filles, entrelacées et comme engagées les unes dans les autres, en rang serré et droit comme les dents d'un peigne, dansaient à la manière des Amazones.

v. 363. *Ituram in sidera puppim.* Le vaisseau des Argonautes fut mis au nombre des constellations : *servando dea facta deos,* a dit Manilius, 1, 422.

v. 418. Les Péons et les Macètes étaient des peuples de Macédoine ; les Sauromates, des peuples de la Scythie européenne ; les Gètes, de la Scythie asiatique.

v. 453. *Scit cætera mater.* Dans quelques éditions, après ce vers, vient celui-ci : *Aura silet ; puppis currens ad littora venit.* Il est depuis longtemps reconnu pour apocryphe. L'Achilléide est incomplète, quoiqu'on ait soutenu le contraire. L'auteur a bien dit en commençant qu'il voulait *tota juvenem deducere Troja,* éloigner son héros des champs de Troie ; mais comme, du reste, il veut décrire toute sa vie, *ire per omnem heroa,* il lui restait encore à chanter ses exploits avant son arrivée à Troie :

La Thessalie entière ou vaincue ou calmée,
Lesbos même conquise en attendant l'armée
De toute autre valeur éternels monuments,
Ne sont d'Achille oisif que les amusements.

MARTIAL.

NOTICE SUR MARTIAL.

Marcus Valérius Martial était Espagnol, de la ville de Bilbilis, qu'on dit avoir été peu éloignée de celle de Calatayud en Aragon. Il naquit sous le règne de l'empereur Claude, vers l'an 43 de l'ère chrétienne, comme on peut le conjecturer d'après quelques circonstances de sa vie. Les prénoms de Marcus et de Valérius qui, dans tous les manuscrits, précèdent le nom de Martial, les avait-il pris par caprice ou reçus de ses parents? C'est ce qu'il n'est guère possible et peut-être guère utile d'éclaircir. Seulement il paraît certain qu'il ne les porta qu'à Rome où il jouissait des droits de citoyen romain, non par concession, mais de naissance : car s'il eût été fait citoyen romain, il n'eût pas manqué de louer dans ses vers le patron auquel il aurait dû ce titre. Cette circonstance autorise à penser qu'il se donna lui-même ses deux prénoms, et peut-être son nom, pour avoir, comme tous les Romains, un prénom, un nom et un surnom. Il s'appela Marcus, et probablement Martial, parce qu'il était né dans le mois de Mars; Valérius, soit du nom de quelqu'un de ses Mécènes, soit du nom de Valérius Flaccus, son ami, soit peut-être en mémoire de Catulle, qu'il imita, et qui se nommait lui-même Valérius.

Un passage de Lampridius, dans la vie d'Alexandre-Sévère, a fait ajouter à tous les noms de Martial celui de Coquus (1). Sur cette autorité, beaucoup de commentateurs ou de biographes de Martial l'ont appelé Martial Coquus, les uns pensant qu'il devait ce dernier nom à ses vers sur les mets en usage chez les Romains; les autres, à ce qu'il aurait été cuisinier avant d'être poète; quelques-uns, qu'il le tenait soit de sa famille, soit de son père, à titre de sobriquet, parce que celui-ci aurait été cuisinier de profession. Les plus judicieux, à notre sens, sont ceux qui ont élevé des doutes sur l'intégrité du passage de Lampridius, et qui se sont demandé s'il ne fallait pas lire *quoque* au lieu de *Coqui*. La construction de la phrase, où *quoque* est appelé naturellement par l'ordre des mots, autoriserait cette conjecture (2), à laquelle nous sommes disposés à nous ranger.

Martial eut pour femme Clodia Marcella, Espagnole, comme il nous l'apprend, née aussi à Bilbilis, cette ville dont il parle avec affection, et qu'il appelle tour à tour la *haute Bilbilis; Bilbilis, fameuse par ses coursiers et ses armes; Bilbilis, si fière de son or et de son fer*. Bilbilis était une colonie fondée par Auguste. De là le nom d'*Augusta*

que lui donne Martial (1), et qu'on lit sur une monnaie d'airain, à l'effigie de l'empereur Tibère.

Martial vint à Rome à l'âge de vingt et un ans, sous le règne de Néron. Il y passa trente-cinq ans de sa vie, et il en sortit à l'âge de cinquante-six ans, après avoir traversé les règnes de Néron, Galba, Othon, Vitellius, Vespasien, Titus, Domitien, Nerva et Trajan. C'est pour avoir été négligé par ce prince, qu'il s'exila de Rome et revint dans sa patrie, où il mourut vers l'an 105 de notre ère, la quatrième ou cinquième année du règne de Trajan. Il avait été en grande faveur auprès de Domitien et de Titus, et en avait reçu des honneurs et des présents, entre autres le droit de trois enfants, que l'empereur seul avait pouvoir de conférer, et qui ne s'accordait qu'à des gens en crédit. On sait qu'entre autres priviléges attachés à ce droit, le titulaire avait une place à part au théâtre et dans les jeux publics, et qu'il obtenait pour ses enfants des dispenses d'âge dans la poursuite des emplois (2).

Martial fut aussi nommé tribun. C'était une place honorifique accordée par la faveur du prince à des gens qui n'avaient jamais vu les camps; cette place conférait les mêmes priviléges que le véritable tribunat militaire, l'une des plus hautes fonctions de l'armée. Tribun honoraire, notre poëte fut créé bientôt après chevalier honoraire, c'est-à-dire sans payer le cens équestre, et avec place sur les quatorze gradins d'où certains gardiens chassaient impitoyablement tous ceux qui s'y introduisaient sans en avoir le droit. Enfin Domitien lui fit don d'une maison de ville et d'une maison des champs tout près de Rome, ce qui faisait, dit-il, crever l'Envie de dépit.

Martial eut pour amis les plus illustres de ses contemporains : Quintilien, Juvénal, Valérius Flaccus, Silius, pour ne parler que des auteurs. Il les a loués dans plusieurs endroits de ses livres. On s'est étonné de n'y pas trouver le nom de Stace, qui vivait à la même époque, avait les mêmes amis, et traita souvent les mêmes sujets. A quoi attribuer cette omission? N'y aurait-il eu entre eux aucune relation particulière? ou bien quelque rivalité secrète les aurait-elle séparés? Serait-ce que Martial aurait trop loué, au gré de Stace, soit Silius Italicus, qu'il qualifie d'immortel, et dont il met le nom à côté de ceux de Virgile et de Cicéron (3), soit Lucain, auquel il décerne la seconde lyre romaine (4), c'est-à-dire le premier rang après Virgile? Serait-ce, plutôt, que Stace, ce poëte improvisateur, comme nous l'apprennent les préfaces de ses Silves, aurait donné quel-

---

(1) Voici ce passage : Ut « Martialis Coqui, inquit, epigramma significat, quod contra quamdam Geiliam, scripsit hujusmodi : *Quum leporem mittis.....* »

(2) Voici la phrase restaurée : « Idcirco quod multi septem diebus pulchros esse dicunt eos qui leporem comederint, ut Martialis *quoque* epigramma significat. » Rien n'est plus latin que *quoque* à cet endroit.

(1) Liv. x, 103.
(2) Liv. ix, 98.
(3) Liv. vii, 63.
(4) Liv. vii, 23.

quefois à Martial le chagrin de le devancer auprès de l'empereur dans des félicitations ou flatteries officielles? On ne sait que conjecturer à cet égard.

Après la mort de Domitien et le meurtre de Parthénius, protecteur et ami de Martial (1), celui-ci, sans crédit sous Nerva, et tout à fait négligé sous Trajan, ennuyé de Rome, et déjà appesanti par l'âge, retourna dans sa patrie, où il employa à faire son douzième livre les trois années qui précédèrent sa mort. Il ne trouva pas à Bilbilis le repos qu'il avait espéré. Loin de là, « il eut, » dit Rollin dans ses remarques sur ce poëte (2), « le temps de s'y ennuyer, n'y trouvant nulle compagnie sortable et qui eût du goût pour les lettres; ce qui lui fit souvent regretter son séjour de Rome: car, au lieu que dans cette savante ville ses vers étaient extrêmement goûtés et applaudis, à Bilbilis ils ne faisaient qu'exciter contre lui l'envie et la médisance; traitement qu'il est difficile de soutenir tous les jours avec patience. » On peut croire que ces contrariétés hâtèrent sa fin.

« Pline, ajoute Rollin, en l'honneur duquel il avait fait une épigramme (liv. X, 19), lui donna une somme d'argent lorsqu'il se retira de Rome : car il était peu avantagé des biens de la fortune. A cette occasion, Pline remarque que c'était un ancien usage d'accorder des récompenses utiles ou honorables à ceux qui avaient écrit à la gloire des villes ou de quelques particuliers. « Aujourd'hui, dit-il, la mode en est passée, avec tant d'autres qui n'avaient pas moins de grandeur et de noblesse. Depuis que nous cessons de faire des actions louables, nous méprisons la louange. »

Dans la lettre touchante d'où Rollin a tiré cette citation, Pline le jeune donne à la mort de Martial des regrets qui font honneur à ce poëte. « J'apprends, dit-il, que Valérius Martial est mort, et j'en ai du chagrin. C'était un homme ingénieux, piquant, vif, dont les écrits ont beaucoup de sel et de mordant, et guère moins de candeur. » Et plus loin, parlant de l'argent qu'il lui avait donné pour s'en retourner à Bilbilis : « N'ai-je pas eu raison de congédier avec cette marque d'amitié un homme qui avait écrit de moi ces choses? et n'ai-je pas raison aujourd'hui de déplorer sa mort comme celle d'un homme qui m'était très-ami? car il m'a donné le plus qu'il a pu; et il m'eût donné davantage, s'il l'avait pu. Que dis-je? peut-on faire à un homme un présent de plus grand prix que la gloire, la louange, une renommée éternelle? — Mais ce qu'il a écrit ne sera pas éternel. — Peut-être : toujours est-il qu'il l'a écrit comme pour durer éternellement. »

Rollin juge ainsi le poëte de Bilbilis : « Il serait à souhaiter qu'il y eût eu autant de pudeur et de modestie dans ses vers qu'il y a quelquefois de l'esprit. On lui reproche son humeur trop mordante, sa flatterie honteuse à l'égard de Domitien, jointe à la manière indigne dont il le traita après sa mort. L'amour des subtilités et l'affectation des pointes dans les discours avaient pris, dès le temps de Tibère et de Caligula, la place du bon goût qui régnait sous Auguste. Ce défaut alla toujours croissant; et c'est ce qui fit si fort goûter Martial. Il s'en faut bien que toutes ses épigrammes soient de la même force. On leur a justement appliqué ce vers qui est de lui :

Sunt bona, sunt quædam mediocria, sunt mala plura.

« Le plus grand nombre sont mauvaises, mais il y en a d'excellentes »

Parmi les jugements récents qui ont été portés sur Martial, on peut consulter le morceau très-étendu que M. Nisard lui a consacré dans ses *Études de mœurs et de critique sur les poëtes latins de la décadence*. Une même appréciation comprend l'homme, l'auteur, et tout un côté de l'époque où a vécu Martial.

---

(1) Parthénius était chambellan de l'empereur Domitien. Il en avait reçu ce qu'on appelait le droit de porter le glaive ; il le tourna contre ce prince, dont il fut un des assassins.

(2) *Histoire ancienne*, tome XI, p. 115.

MARTIAL.
DES SPECTACLES.

1. — L'AMPHITHÉATRE DE DOMITIEN.

Que la barbare Memphis ne nous parle plus de ses merveilleuses Pyramides; que Babylone exalte moins ses murailles; qu'on cesse de vanter le temple élevé par la molle Ionie à Diane Trivia, et l'autel d'Apollon, construit avec des cornes d'animaux; que la Carie ne porte pas aux nues son Mausolée, et parle avec moins d'emphase de ce tombeau suspendu dans les airs. Tous ces monuments le cèdent à l'amphithéâtre de César; lui seul doit par dessus-tous occuper les voix de la Renommée.

2. — LES MONUMENTS PUBLICS DE DOMITIEN.

Là où le radieux colosse contemple les astres de près, où la voie agrandie se prête au jeu des machines de théâtre, resplendissait naguère dans toute sa magnificence l'odieux palais d'un tyran; et ce palais, à lui seul, remplissait Rome entière. Là où s'élève aujourd'hui l'imposante masse d'un magnifique amphithéâtre, se trouvaient naguère les étangs de Néron. Là où nous admirons ces Thermes construits avec tant de rapidité, et dont le luxe nous étonne, était un champ agrandi aux dépens des maisons de quelques malheureux. Là enfin où nous voyons s'étendre le portique de Claude, se terminaient les bâtiments du palais impérial. Rome est rendue à elle-même, et ces lieux qui avaient été les délices d'un tyran, César, sont devenus, sous votre règne, les délices du peuple.

3. — SUR LE CONCOURS DES ÉTRANGERS A ROME, ET SUR LEURS ACCLAMATIONS.

Quelle nation assez lointaine, assez barbare, qui n'ait à Rome, pour l'admirer, un représentant? Le montagnard du Rhodope et de l'Hémus, cher à Orphée, est ici; on y voit le Sarmate qui s'abreuve de sang de cheval, l'Éthiopien qui boit les eaux du Nil à sa source, celui dont les rivages sont battus par les derniers flots de la mer. L'Arabe y accourt avec le Sabéen, et le Cilicien y est arrosé des parfums de son pays. Le Sicambre aux cheveux tressés et bouclés s'y rencontre avec l'Éthiopien crépu. Mille langues différentes s'y parlent; mais tous ces peuples n'en ont qu'une pour vous nommer, César, *le père de la patrie*.

4. — A CÉSAR, SUR LA PROSCRIPTION DES DÉLATEURS.

Cette foule odieuse, ennemie de la paix, de l'ordre et du repos, qui ne cherchait qu'à s'enrichir des dépouilles d'autrui, est reléguée dans la

M. VAL. MARTIALIS
DE SPECTACULIS
LIBELLUS.

I. IN AMPHITHEATRUM CÆSARIS.

Barbara Pyramidum sileat miracula Memphis :
   Assiduus jactet nec Babylona labor;
Nec Triviæ templo molles laudentur Iones ;
   Dissimuletque Deum cornibus ara frequens.
Aere nec vacuo pendentia Mausolea   5
   Laudibus immodicis Cares in astra ferant.
Omnis Cæsareo cedat labor Amphitheatro :
   Unum præ cunctis fama loquatur opus.

II. IN OPERA PUBLICA CÆSARIS.

Hic ubi sidereus propior videt astra colossus ,
   Et crescunt media pegmata celsa via;
Invidiosa feri radiabant atria regis,
   Unaque jam tota stabat in Urbe domus.
Hic, ubi conspicui venerabilis Amphitheatri   5
   Erigitur moles, stagna Neronis erant.
Hic, ubi miramur velocia munera Thermas,
   Abstulerat miseris tecta superbus ager.
Claudia diffusas ubi Porticus explicat umbras,
   Ultima pars aulæ deficientis erat.   10
Reddita Roma sibi est; et sunt, te præside, Cæsar,
   Deliciæ populi, quæ fuerant domini.

III. DE GENTIUM CONFLUXU ET CONGRATULATIONE.

Quæ tam seposita est, quæ gens tam barbara, Cæsar,
   Ex qua spectator non sit in urbe tua?
Venit ab Orpheo cultor Rhodopeius Hæmo,
   Venit et epoto Sarmata pastus equo ;
Et qui prima bibit deprensi flumina Nili,   5
   Et quem supremæ Tethyos unda ferit.
Festinavit Arabs, festinavere Sabæi ;
   Et Cilices nimbis hic maduere suis.
Crinibus in nodum tortis venere Sicambri,
   Atque aliter tortis crinibus Æthiopes.   10
Vox diversa sonat : populorum est vox tamen una,
   Quum verus PATRIÆ diceris esse PATER.

IV. AD CÆSAREM, QUOD EXPULERIT DELATORES.

Turba gravis paci, placidæque inimica quieti,
   Quæ semper miseras sollicitabat opes,

Gétulie, dont les sables ne suffisent point à tant de coupables! Le délateur subit l'exil qu'il faisait naguère subir aux autres.

5. — AU PEUPLE ROMAIN SUR CES MÊMES DÉLATEURS.

Le délateur proscrit fuit loin de Rome; la vie nous est rendue : tenons compte à César de ce nouveau bienfait.

6. — SUR LE SPECTACLE DE PASIPHAÉ.

Croyez que Pasiphaé s'est accouplée avec le taureau de Crète; nous en avons vu un exemple. Que l'antiquité cesse donc, ô César, de n'admirer qu'elle. Tout ce que la renommée nous en a dit, la scène le reproduit devant tes yeux.

7. — SUR UN COMBAT DE FEMMES AVEC DES ANIMAUX.

César, ce n'est pas assez que l'invincible Mars déploie pour toi sa valeur; Vénus elle-même se mêle aux combats.

8. — SUR LE MÊME SUJET.

La renommée célébra le glorieux exploit d'Hercule, terrassant dans une vaste vallée le lion Néméen. Que l'antique crédulité se taise; car dans cet amphithéâtre, témoignage de votre munificence, ô César, nous avons vu un pareil miracle accompli par la main d'une femme.

9. — SUR UN CONDAMNÉ DONNANT UNE REPRÉSENTATION VÉRITABLE DU SUPPLICE DE LAURÉOLUS.

Tel Prométhée, enchaîné sur un roc, en Scythie, nourrit de ses entrailles renaissantes l'insatiable vautour, tel ce Lauréolus, attaché à une véritable croix, vient d'offrir sa poitrine nue à un ours de Calédonie. Ses membres déchirés palpitaient, inondés de sang, et son corps tout entier n'était plus un corps. Soit qu'il eût assassiné son père, égorgé son maître, ou dérobé, dans sa fureur sacrilége, l'or de nos temples, soit qu'il eût tenté d'incendier Rome, le scélérat avait sans doute surpassé les crimes dont parle l'antiquité, et ce qui ne fut jadis qu'une fiction devint ici un supplice réel.

10. — SUR LA FABLE DE DÉDALE.

Dédale, quand tu es ainsi déchiré par un ours de Lucanie, que tu voudrais alors avoir tes ailes!

11. — SUR UN RHINOCÉROS.

C'est pour vous, César, que ce rhinocéros exposé dans l'arène a combattu au delà de ce qu'il promettait. Comme il baissait la tête! combien sa fureur était terrible! Quelle force il y avait dans cette corne pour laquelle un taureau n'était qu'un manequin!

12. SUR UN LION QUI AVAIT BLESSÉ SON MAÎTRE.

Un lion ingrat et perfide avait mordu et blessé son maître; il avait osé ensanglanter les mains qu'il devait si bien connaître : mais il paya la peine d'un tel forfait, et souffrit patiemment des traits, lui qui n'avait pu souffrir des coups. Quelles doivent être les mœurs des citoyens sous un prince qui force jusqu'aux bêtes féroces à s'adoucir?

Tradita Gætulis; nec cepit arena nocentes;
  Et delator habet, quod dabat, exsilium.

V. AD POPULUM ROMANUM DE IISDEM DELATORIBUS.

Exsulat Ausonia profugus delator ab urbe :
  Impensis vitam principis annumeros.

VI. DE PASIPHAES SPECTACULO.

Junctam Pasiphaen Dictæo credite tauro;
  Vidimus : accepit fabula prisca fidem.
Nec se miretur, Cæsar, longæva vetustas :
  Quicquid fama canit, donat arena tibi.

VII. DE FEMINARUM PUGNA CUM BESTIIS.

Belliger invictis quod Mars tibi sævit in armis,
  Non satis est, Cæsar; sævit et ipsa Venus.

VIII. DE EADEM.

Prostratum Nemeæ sed vasta in valle leonem,
  Nobile et Herculeum fama canebat opus.
Prisca fides taceat : nam post tua munera, Cæsar,
  Hæc jam feminea vidimus acta manu.

IX. DE DAMNATO QUODAM SUPPLICIUM LAUREOLI VERE REPRÆSENTANTE.

Qualiter in Scythica religatus rupe Prometheus
  Assiduam nimio pectore pavit avem :
Nuda Caledonio sic pectora præbuit urso,
  Non falsa pendens in cruce Laureolus.
Vivebant laceri membris stillantibus artus,
  Inque omni nusquam corpore corpus erat.
Denique supplicium dederat necis ille paternæ,
  Vel domini jugulum foderat ense nocens.
Templa vel arcano demens spoliaverat auro;
  Subdiderat sævas vel tibi, Roma, faces.   10
Vicerat antiquæ sceleratus crimina famæ :
  In quo, quæ fuerat fabula, pœna fuit.

X. DE FABULA DÆDALI.

Dædale, Lucano quum sic lacereris ab urso,
  Quam cuperes pennas nunc habuisse tuas!

XI. DE RHINOCEROTE.

Præstitit exhibitus tota tibi, Cæsar, arena,
  Quæ non promisit, prælia rhinoceros.
O quam terribiles exarsit pronus in iras!
  Quantus erat cornu, cui pila taurus erat!

XII. DE LEONE QUI GUBERNATOREM OFFENDIT.

Læserat ingrato leo perfidus ore magistrum,
  Ausus tam notas contemerare manus :
Sed dignas tanto persolvit crimine pœnas,
  Et qui non tulerat verbera, tela tulit.
Quos decet esse hominum tali sub principe mores,   5
  Qui jubet ingenium mitius esse feris?

13. — SUR UN OURS.

En se ruant, en se roulant sur l'arène sanglante, cet ours s'est ôté le moyen de fuir; il s'est empêtré dans la glu. Que les brillants épieux rentrent dans leurs gaines; qu'on cesse de brandir et de lancer les piques; qu'on chasse et qu'on saisisse la proie dans les airs, si l'on veut employer l'art de l'oiseleur contre les quadrupèdes des forêts.

14. — SUR UNE LAIE QUI MIT BAS PAR UNE BLESSURE.

Dans un de ces exercices sanglants de la chasse que nous offre César, une laie qu'avait percée un léger javelot mit bas un marcassin par l'ouverture même de la blessure. Cruelle Lucine! est-ce là mettre bas? Elle fût morte volontiers percée de bien d'autres traits, pour ouvrir à toute sa portée le chemin de la vie. Qui niera maintenant que Bacchus soit né de la mort de sa mère? Oui, vous devez croire qu'un Dieu naquit ainsi, puisqu'une bête vient de le faire.

15. — SUR LE MÊME SUJET.

Frappée d'un trait pesant et mortellement blessée, une laie perdit et donna la vie en même temps. Qu'elle fut adroite la main qui lança le fer! Je croirais que ce fut celle de Lucine. La bête expirante éprouva la double puissance de Diane, par le fait de sa délivrance et par celui de sa mort.

16. — SUR LE MÊME SUJET.

Une laie, près de son terme, mit bas avant le temps et devint mère par une blessure. Le marcassin ne fut pas tué, mais pendant que sa mère mourait, lui courait. Que le hasard est habile!

17. — SUR LE CHASSEUR CARPOPHORUS.

La gloire immense que tu as acquise, ô Méléagre! en tuant le sanglier de Calydon, n'est qu'une portion bien petite de celle de Carpophorus. Il perça de son épieu un ours qui se précipitait dans l'arène, et le premier de ceux qui furent jamais sous le pôle arctique; il terrassa un lion d'une taille inconnue jusqu'alors, et dont la défaite aurait illustré la main d'Hercule; enfin, il étendit mort le plus agile des léopards. Et, après ces victoires, quand il en recevait le prix, il était encore tout dispos.

18. — SUR HERCULE PORTÉ AU CIEL SUR UN TAUREAU.

Ce taureau qui s'élance de l'arène et monte dans les airs n'est point l'œuvre de l'art, mais de la piété. Un taureau avait porté Europe à travers le liquide empire de son frère, un taureau porte aujourd'hui Hercule dans le ciel. Comparez la fable de Jupiter et celle de César. Le poids était le même pour les deux taureaux; mais le dernier s'éleva davantage.

19. — SUR UN ÉLÉPHANT QUI ADORAIT CÉSAR.

Cet éléphant si pieux et si humble, qui vous adore, César, et qui tout à l'heure était si redoutable au taureau, n'agit point ainsi par ordre, ni parce qu'un maître le lui a enseigné : il sent, croyez-moi, aussi bien que nous, la présence de votre divinité.

XIII. DE URSO.

Præceps sanguinea dum se rotat ursus arena,
    Implicitam visco perdidit ille fugam.
Splendida jam tecto cessent venabula ferro;
    Nec volet excussa lancea torta manu.
Deprendat vacuo venator in aere prædam,   5
    Si captare feras aucupis arte placet.

XIV. DE SUE QUÆ EX VULNERE PEPERIT.

Inter Cæsareæ discrimina sæva Dianæ
    Fixisset gravidam quum levis hasta suem,
Exsiliit partus miseræ de vulnere matris.
    O Lucina ferox, hoc peperisse fuit?
Pluribus illa mori voluisset saucia telis,   5
    Omnibus ut natis triste pateret iter.
Quis negat esse satum materno funere Bacchum?
    Sic genitum numen credite; nata fera est.

XV. DE EADEM.

Icta gravi telo, confossaque vulnere, mater
    Sus pariter vitam perdidit, atque dedit.
O quam certa fuit librato dextera ferro?
    Hanc ego Lucinæ credo fuisse manum.
Experta est numen moriens utriusque Dianæ,   5
    Quaque soluta parens, quaque perempta fera est.

XVI. DE EADEM.

Sus fera jam gravior, maturi pignora ventris
    Emisit fœtum, vulnere facta parens.
Nec jacuit partus, sed matre cadente cucurrit.
    O quantum est subitis casibus ingenium!

XVII. DE CARPOPHORO VENATORE.

Summa tuæ, Meleagre, fuit quæ gloria famæ,
    Quantula Carpophori portio, fusus aper!
Ille et præcipiti venabula condidit urso,
    Primus in Arctoi qui fuit arce poli :
Stravit et ignota spectandum mole leonem,   5
    Herculeas potuit qui decuisse manus;
Et volucrem longo porrexit vulnere pardum :
    Præmia quum laudis ferret, adhuc poterat.

XVIII. DE HERCULE INSIDENTE TAURO AD CŒLUM RAPTO.

Raptus abit media quod ad æthera taurus arena,
    Non fuit hoc artis, sed pietatis opus.
Vexerat Europen fraterna per æquora taurus;
    At nunc Alciden taurus in astra tulit.
Cæsaris atque Jovis confer nunc schema juvenci   5
    Par onus ut tulerint; altius iste tulit.

XIX. DE SUPPLICE ELEPHANTE.

Quod pius et supplex elephas te, Cæsar, adorat,
    Hic modo qui tauro tam metuendus erat,
Non facit hoc jussus : nulloque docente magistro,
    Crede mihi, numen sentit et ille tuum.

20. — SUR UN TIGRE APPRIVOISÉ REVENU TOUT A COUP A SA FÉROCITÉ, A LA VUE D'UN LION.

Habitué à lécher la main d'un maître confiant, un tigre, la merveille et la gloire des montagnes de l'Hyrcanie, a déchiré de sa dent impitoyable un lion furieux. Jusqu'ici, on n'avait rien vu de pareil. Tant qu'il vécut dans les forêts, ce tigre ne fut jamais si audacieux; mais, depuis qu'il est parmi nous, il est devenu plus féroce.

21. — SUR UN TAUREAU ET UN ÉLÉPHANT.

Ce taureau qui tout à l'heure, excité par les flammes, faisait voler dans les airs les débris des mannequins, et en jonchait l'arène, tomba enfin, frappé par la défense d'un éléphant qu'il croyait enlever aussi facilement que les mannequins.

22. — SUR UN COUPLE DE GLADIATEURS.

Ici on voulait Myrinus, et là Triumphus : César, par un signe de chaque main, les promit tous deux. Il ne pouvait mieux clore ce plaisant débat. O l'ingénieuse bonté d'un prince invincible!

23. — SUR UN SPECTACLE D'ORPHÉE.

Tout ce qui se passa, dit-on, sur le mont Rhodope du temps d'Orphée, l'arène, César, l'a représenté devant vous. On y vit marcher les pierres et courir une forêt merveilleuse, telle que fut, dit-on, celle des Hespérides; on y vit les bêtes fauves pêle-mêle avec les troupeaux, et une foule d'oiseaux voltiger au-dessus de la tête du poëte. Lui-même périt, déchiré par un ours ingrat.

Ici, le fait est aussi réel que l'ancien récit est fabuleux.

24. — SUR UN RHINOCÉROS.

Tandis que, tout tremblants, les piqueurs excitaient le rhinocéros, et que celui-ci prenait son temps pour rassembler ses forces, on doutait que le combat annoncé eût lieu. Tout à coup l'animal, donnant cours à sa rage, enlève d'un coup de corne un ours monstrueux, aussi facilement que le taureau lance les mannequins dans les airs.

25. — SUR CARPOPHORUS.

Avec quelle assurance la main vigoureuse et jeune encore de Carpophorus dirige les coups d'un épieu dorien! Il porte sur sa tête, et sans se gêner, deux taureaux; il immole le féroce bubale aussi bien que le bison. Le lion fuit devant lui, et court tomber sous les traits d'autres chasseurs. Va maintenant, peuple impatient, et plains-toi qu'on te fasse attendre!

26. — SUR UNE NAUMACHIE.

Qui que vous soyez, spectateurs venus trop tard des pays lointains, et qui voyez ces jeux pour la première fois, ne soyez point dupes de cette Bellone navale, de ces flots pareils à la mer. Là fut la terre, il n'y a qu'un moment. En doutez-vous? Attendez que l'eau, en se retirant, mette fin aux combats; ce sera fait en un moment. Vous direz alors : La mer était là tout à l'heure.

27. — SUR LE SPECTACLE DE LÉANDRE.

Cesse d'être surpris, Léandre, que les flots

XX. DE TIGRIDE CICURE AD FERITATEM SUBITO REVERSA VISO LEONE.

Lambere securi dextram consueta magistri,
Tigris, ab Hyrcano gloria rara jugo,
Sæva ferum rabido laceravit dente leonem :
Res nova, non ullis cognita temporibus.
Ausa est tale nihil, sylvis dum vixit in altis : 5
Postquam inter nos est, plus feritatis habet.

XXI. DE TAURO ET ELEPHANTE.

Qui modo per totam, flammis stimulatus, arenam
Sustulerat raptas taurus in astra pilas,
Occubuit tandem cornuto ardore potitus,
Dum facilem tolli sic elephanta putat.

XXII. DE PARI GLADIATORUM.

Dum peteret pars hæc Myrinum, pars illa Triumphum,
Promisit pariter Cæsar utraque manu :
Non potuit melius litem finire jocosam.
O dulce invicti principis ingenium!

XXIII. DE SPECTACULO ORPHEI.

Quicquid in Orpheo Rhodope spectasse theatro
Dicitur, exhibuit, Cæsar, arena tibi.
Repserunt scopuli, mirandaque sylva cucurrit,
Quale fuisse nemus creditur Hesperidum.
Adfuit immixtum pecudum genus omne ferarum, 5
Et supra vatem multa pependit avis.

Ipse sed ingrato jacuit laceratus ab urso.
Hæc tamen ut res est facta, ita ficta alia est.

XXIV. DE RHINOCEROTE.

Sollicitant pavidi dum rhinocerota magistri,
Seque diu magnæ colligit ira feræ;
Desperabantur promissi prælia Martis :
Sed tamen is rediit cognitus ante furor.
Namque gravem gemino cornu sic extulit ursum, 5
Jactat ut impositas taurus in astra pilas.

XXV. DE CARPOPHORO.

Dorica quam certo venabula dirigit ictu
Fortis adhuc teneri dextera Carpophori!
Ille tulit geminos facili cervice juvencos;
Illi cessit atrox bubalus atque bison.
Hunc leo quum fugeret, præceps in tela cucurrit : 5
I nunc, et lentas corripe, turba, moras.

XXVI. DE NAUMACHIA.

Si quis ades longis serus spectator ab oris,
Cui lux prima sacri muneris ista fuit,
Ne te decipiat ratibus navalis Enyo,
Et par unda fretis; hic modo terra fuit.
Non credis? spectes, dum laxent æquora Martem : 5
Parva mora est : dices, hic modo pontus erat.

XXVII. DE LEANDRI SPECTACULO.

Quod nocturna tibi, Leandre, pepercerit unda,

t'aient épargné dans tes voyages nocturnes : ce sont les flots de César.

28. — SUR LÉANDRE.

Lorsque l'audacieux Léandre allait visiter l'objet de ses amours, et qu'accablé de lassitude, il pliait sous l'effort des vagues, le malheureux adressait, dit-on, ces paroles aux flots menaçants : « Épargnez-moi, lorsque je vais ; ne me noyez qu'à mon retour. »

29. — SUR DES NAGEURS.

La troupe docile des Néréides joua au sein de ces flots, et traça sur les eaux complaisantes cent figures variées. Ici, elles figurèrent le trident aux pointes menaçantes et l'ancre aux dents recourbées ; là, nous crûmes voir une rame, et plus loin un vaisseau ; puis la constellation des fils de Léda, chère aux matelots, puis les larges ondulations des voiles gonflées par le vent. Qui donc a conçu l'idée de ces jeux merveilleux sur le liquide élément ? Ou Thétis les apprit à César, ou bien elle les apprit de lui.

30. — SUR CARPOPHORUS.

César, si l'antiquité eût vu naître Carpophorus, l'univers eût été plus facilement délivré de ses fléaux : un taureau n'eût point effrayé Marathon, un lion la forêt de Némée, un sanglier le Ménale. Cette main armée eût d'un seul coup abattu toutes les têtes de l'hydre ; elle n'eût frappé qu'une fois la Chimère. Elle eût vaincu, sans le secours de Médée, les taureaux aux pieds de feu, et, seule, brisé les chaînes d'Hésion et d'Andromède. Comptez les travaux qui font la gloire d'Hercule : n'est-ce pas les surpasser que de vaincre en une fois vingt animaux féroces ?

31. — SUR UNE NAUMACHIE ET D'AUTRES SPECTACLES REPRÉSENTÉS SUR L'EAU.

Auguste mérita des éloges pour avoir fait combattre des flottes et retentir sur les mers la trompette navale. Mais que sa gloire est petite auprès de celle de César ! Thétis et Galatée ont vu dans leur empire des animaux sauvages et inconnus ; le Triton a vu des chars brûler la route sur l'onde écumeuse ; il a pris leurs chevaux pour ceux de son maître ; et tandis que Nérée dispose les vaisseaux pour le combat, il refuse d'aller à pied sur son élément. Enfin tout ce qui se passe dans le Cirque et dans l'Amphithéâtre est reproduit dans les eaux du magnifique César. Qu'on ne parle plus du lac Fucin ni des étangs de l'indolent Néron ; les siècles futurs ne connaîtront que cette seule naumachie.

32. — SUR LES GLADIATEURS PRISCUS ET VÉRUS.

Quand Priscus et Vérus prolongeaient le combat, sans fixer la victoire, on demanda souvent à grands cris quartier pour ces athlètes. Mais César était le premier à souffrir la loi qu'il avait faite. Cette loi déclarait la lutte terminée quand un des combattants avait levé le doigt. Jusque-là César permettait souvent qu'on leur donnât à manger et qu'on leur fit des présents. Cette fois pourtant, il trouva un moyen de mettre fin à ce combat toujours égal. Avantages, défaites, tout se compensait parfaitement chez nos deux champions. César envoya à l'un et à l'autre la baguette de congé et la palme de la victoire, juste récom-

---

Desine mirari : Cæsaris unda fuit.

XXVIII. DE LEANDRO.

Quum peteret dulces audax Leandrus amores,
    Et fessus tumidis jam premeretur aquis ;
Sic miser instantes affatus dicitur undas :
    Parcite, dum propero ; mergite, dum redeo.

XXIX. DE NATATORIBUS.

Lusit Nereidum docilis chorus æquore toto,
    Et vario faciles ordine pinxit aquas.
Fuscina dente minax, nexu fuit anchora curvo :
    Credidimus remum, credidimusque ratem ;
Et gratum nautis sidus fulgere Laconum,   5
    Lataque perspicuo vela tumere sinu.
Quis tantas liquidis artes invenit in undis ?
    Aut docuit lusus hos Thetis, aut didicit.

XXX. DE CARPOPHORO.

Sæcula Carpophorum, Cæsar, si prisca tulissent,
    Jam nullum in monstris orbe fuisset opus.
Non Marathon taurum, Nemee frondosa leonem,
    Arcas Mænalium non timuissst aprum.
Hæc armata manus hydræ mors una fuisset,   5
    Huic percussa foret tota Chimæra semel.
Ignipedes posset sine Colchide vincere tauros :
    Solvere et Hesionem solus, et Andromeden.
Herculeæ laudis numeretur gloria : plus est
    Bis denas pariter perdomuisse feras.   10

XXXI. DE NAUMACHIA ET DIVERSIS SPECTACULIS IN AQUA EXHIBITIS.

Augusti laudes fuerant, committere classes,
    Et freta navali sollicitare tuba :
Cæsaris hæc nostri pars est quota ? vidit in undis
    Et Thetis ignotas et Galatea feras.
Vidit in æquoreo ferventes pulvere currus,   5
    Et domini Triton ipse putavit equos.
Dumque parat sævis ratibus fera præclia Nereus,
    Abnuit in liquidis ire pedester aquis.
Quicquid et in Circo spectatur, et Amphitheatro,
    Dives Cæsarea præstitit unda tibi.   10
Fucinus et pigri taceantur stagna Neronis :
    Hanc norint unam sæcula Naumachiam.

XXXII. DE PRISCO ET VERO GLADIATORIBUS.

Quum traheret Priscus, traheret certamina Verus,
    Esset et æqualis Mars utriusque diu ;
Missio sæpe viris magno clamore petita est :
    Sed Cæsar legi paruit ipse suæ.
Lex erat, ad digitum posita concurrere palma :   5
    Quod licuit, lances, donaque sæpe dedit.
Inventus tamen est finis discriminis æqui ;

pense de leur adresse et de leur courage. Nul prince, vous excepté, César, n'eut le bonheur de voir deux combattants tous deux vainqueurs.

33. — A CÉSAR. (*Fragment.*)

César, excusez ces vers improvisés : celui-là ne mérite pas votre disgrâce, qui s'empresse trop de vous plaire.

34. — AU MÊME. (*Autre fragment.*)

Céder au plus fort, c'est n'être ni sans mérite ni sans courage ; mais qu'elle est lourde à subir la victoire d'un faible ennemi !

35. — SUR UN DAIM ET DES CHIENS.

Chassé par des chiens agiles, un daim fuyait, cherchant à les dépister à force de ruses et de détours. Il s'arrêta aux pieds de César, comme pour le supplier et lui demander grâce ; et les chiens ne le touchèrent pas...... Il avait reconnu César, et c'est ce qui le sauva : car César est un dieu ; sa force est sacrée, sa puissance l'est aussi : croyez-le, les bêtes ne savent pas mentir.

36. — AUTRE FRAGMENT, EXTRAIT DE L'ANCIEN SCOLIASTE DE JUVÉNAL.

Race des Flaviens, quel tort a fait à ta gloire ton troisième héritier ! Il valait tout autant, ou du moins, peu s'en faut, que tu n'eusses pas les deux autres.

ÉPIGRAMMES.

LIVRE PREMIER.

ÉPÎTRE AU LECTEUR.

J'espère avoir fait preuve, dans mes écrits, d'une telle modération, que quiconque jouit de sa propre estime ne peut se plaindre de moi, mes plaisanteries respectant toujours les personnes, fussent-elles du dernier rang. Cette réserve était si peu connue des anciens auteurs, qu'ils ont souvent abusé des véritables noms, et même de ceux des plus grands personnages. Achetons moins cher la renommée, et que l'esprit soit la dernière chose qu'on loue en moi. Loin d'ici tout malin interprète de mes bons mots ; que nul ne se fasse l'auteur de mes Épigrammes. C'est une perfidie que de prêter son esprit au livre d'autrui : quant à la crudité des expressions, qui est le langage de l'épigramme, je chercherais des excuses si j'en avais donné le premier l'exemple ; mais ainsi a écrit Catulle, ainsi Marsus, ainsi Pédo, ainsi Gétulicus, et tous ceux enfin qui se font lire. Si cependant il se trouve quelque censeur morose, dont la gravité ne permette pas qu'on parle latin devant lui, à quelque page que ce soit, il peut s'en tenir à cette préface, ou mieux encore au titre seul. Les épigrammes sont faites pour les spectateurs habituels des Jeux Floraux. Que Caton n'entre point dans notre théâtre, ou s'il y vient, qu'il regarde. Je serai dans mon droit si je clos cette épître par les vers suivants :

```
Pugnavere pares, succubuere pares.
Misit utrique rudes, et palmas Cæsar utrique :
  Hoc pretium virtus ingeniosa tulit.            10
Contigit hoc, nullo nisi te sub principe, Cæsar :
  Quum duo pugnarent, victor uterque fuit.
```

XXXIII. AD CÆSAREM. (FRAGMENTUM.)

```
Da veniam subitis : non displicuisse meretur,
  Festinat, Cæsar, qui placuisse tibi.
```

XXXIV. ALTERUM. (FRAGMENTUM.)

```
Cedere majori, virtutis fama secunda est.
  Illa gravis palma est, quam minor hostis habet.
```

XXXV. DE DAMA ET CANIBUS.

```
Concita veloces fugeret quum dama molossos,
  Et varia obliquas necteret arte moras ;
Cæsaris ante pedes supplex, similisque roganti
  Constitit ; et prædam non tetigere canes.
. . . . . . . . . . . . . . . . . . . . . . . . . .   5
  Hæc intellecto principe dona tulit.
Numen habet Cæsar. Sacra est vis, sacra potestas.
  Credite : mentiri non didicere feræ.
```

XXXVI. ALIUD, APUD ANTIQUUM JUVENALIS SCHOLIASTEN.

```
Flavia gens, quantum tibi tertius abstulit hæres !
  Pæne fuit tanti, non habuisse duos.
```

EPIGRAMMATUM

LIBER PRIMUS.

EPISTOLA AD LECTOREM.

Spero me secutum in libellis meis tale temperamentum, ut de illis queri non possit, quisquis de se bene senserit, quum salva infimarum quoque personarum reverentia ludant ; quæ adeo antiquis auctoribus defuit, ut nominibus non tantum veris abusi sint, sed etiam magnis. At mihi fama vilius constet, et probetur in me novissimum ingenium. Absit a jocorum nostrorum simplicitate malignus interpres, nec epigrammata mea scribat. Improbe facit, qui in alieno libro ingeniosus est. Lascivam verborum veritatem, id est, epigrammaton linguam excusarem, si meum esset exemplum : sic scribit Catullus, sic Marsus, sic Pedo, sic Getulicus, sic quicumque perlegitur. Si quis tamen tam ambitiose tristis est, ut apud illum in nulla pagina Latine loqui fas sit, potest epistola, vel potius Titulo contentus esse. Epigrammata illis scribuntur, qui solent spectare Florales. Non intret Cato theatrum nostrum ; aut si intraverit, spectet. Videor mihi meo jure facturus, si epistolam versibus clausero :

1. — A CATON.

Puisque tu connaissais les fêtes de l'aimable Flore, les joies, les plaisirs et les goûts licencieux du peuple, pourquoi, sévère Caton, entrais-tu au théâtre? N'était-ce que pour en sortir?

2. — AU LECTEUR.

Le voici ce poëte que tu lis et que tu veux lire, ce Martial connu dans tout l'univers par ses mordantes épigrammes, celui auquel, lecteur bienveillant, tu décernes pendant sa vie un honneur qu'il sait apprécier, et que bien peu de poëtes n'obtiennent qu'après leur mort.

3. — AU LECTEUR, SUR LE LIEU OU SES LIVRES SE VENDENT.

Toi qui désires avoir partout avec toi mes livres, et qui veux en faire tes compagnons de voyage, achète ceux dont le parchemin comprime le mince format. Laisse aux bibliothèques les gros volumes; je tiens tout entier dans la main. Cependant, pour que tu saches où l'on me vend, et que tu n'ailles pas courir toute la ville, je vais te servir de guide. Va trouver Secundus, l'affranchi du docte Lucensis, derrière le temple de la Paix et le marché de Pallas.

4. — A SON LIVRE, IMPATIENT D'ÊTRE PUBLIÉ.

Tu aimes donc mieux, petit livre, habiter les boutiques d'Argilète, que de garder ta place sur mes rayons. Tu ne connais pas, hélas! tu ne connais pas les dédains de la superbe Rome. Crois-moi, le peuple de Mars est devenu trop difficile; il n'est pas au monde de plus impitoyable frondeur; jeunes et vieux, tous, jusqu'aux enfants, y ont un nez de rhinocéros. Ici tu t'entendras dire : Bravo! tu recevras des baisers; là, on te bernera. Et pourtant, de peur de subir les perpétuelles ratures de ton maître, et que sa plume sévère ne réprime tes écarts, voilà que tu veux, étourdi, prendre ton vol en plein air! Va, fuis; mais tu pouvais être plus en sûreté à la maison.

5. — A CÉSAR.

Si par hasard vous daignez toucher à mes petits livres, quittez, ô César, cet air qui fait trembler le monde. Vos triomphes ont dû vous accoutumer aux plaisanteries, et un général ne rougit pas d'être l'objet d'un bon mot. Lisez donc, je vous prie, mes vers avec cette indulgence qui vous fait sourire au jeu de Thymèle et aux facéties de Latinus. La censure peut bien autoriser d'innocents badinages. Mes vers sont libres, mais ma vie est irréprochable.

6. — RÉPONSE DE L'EMPEREUR A MARTIAL.

Je te donne une naumachie, tu me donnes des épigrammes; tu veux, je pense, Marcus, nager avec ton livre.

7. — SUR LE LION DE CÉSAR.

Un aigle emporta jadis un enfant à travers les airs; de ses ongles timides, il pressait sans le blesser son précieux fardeau. Aujourd'hui, les lions de César se laissent attendrir par leur proie, et un lièvre joue impunément dans leurs vastes gueules. Quel est, selon vous, de ces deux prodi-

I. AD CATONEM.

Nosses jocosæ dulce cum sacrum Floræ,
  Festosque lusus, et licentiam vulgi,
Cur in theatrum, Cato severe, venisti?
  An ideo tantum veneras, ut exires?

II. AD LECTOREM.

Hic est quem legis, ille quem requiris,
Toto notus in orbe Martialis
Argutis Epigrammaton libellis :
Cui, lector studiose, quod dedisti   5
Viventi decus, atque sentienti,
Rari post cineres habent poetæ.

III. AD LECTOREM, UBI LIBRI VENALES.

Qui tecum cupis esse meos ubicumque libellos,
  Et comites longæ quæris habere viæ;
Hos eme, quos arctat brevibus membrana tabellis :
  Scrinia da magnis, me manus una capit.
Ne tamen ignores, ubi sim venalis, et erres   5
  Urbe vagus tota; me duce certus eris.
Libertum docti Lucensis quære Secundum,
  Limina post Pacis, Palladiumque forum.

IV. AD LIBRUM SUUM, IN LUCEM PRODIRE GESTIENTEM.

Argiletanas mavis habitare tabernas,
  Quum tibi, parve liber, scrinia nostra vacent.
Nescis, heu, nescis dominæ fastidia Romæ :
  Crede mihi, nimium Martia turba sapit.
Majores nusquam ronchi, juvenesque senesque   5
  Et pueri nasum rhinocerotis habent.
Audieris quum grande sophos, dum basia captas,
  Ibis ab excusso missus in astra sago.
Sed tu, ne toties domini patiare lituras,
  Neve notet lusus tristis arundo tuos;   10
Æthereas, lascive, cupis volitare per auras :
  I, fuge; sed poteras tutior esse domi.

V. AD CÆSAREM.

Contigeris nostros, Cæsar, si forte libellos,
  Terrarum dominum pone supercilium.
Consuevere jocos vestri quoque ferre triumphi;
  Materiam dictis nec pudet esse ducem.
Qua Thymelen spectas, derisoremque Latinum,   5
  Illa fronte precor carmina nostra legas.
Innocuos censura potest permittere lusus :
  Lasciva est nobis pagina, vita proba est.

VI. RESPONDET MARTIALI IMPERATOR.

Do tibi Naumachiam, tu das Epigrammata nobis.
  Vis puto cum libro, Marce, natare tuo.

VII. DE LEONE CÆSARIS.

Æthereas aquila puerum portante per auras,
  Illæsum timidis unguibus hæsit onus :
Nunc sua Cæsareos exorat præda leones,

ges le plus étonnant? Une puissance supérieure les produisit l'un et l'autre : César fit le second, Jupiter le premier.

8. — A MAXIME, SUR LA COLOMBE DE STELLA.

Je le dirai, Maxime, dût tout Vérone m'entendre, la colombe, délices de mon cher Stella, a vaincu le moineau de Catulle. Autant la colombe est plus grosse que le moineau, autant mon ami Stella est plus grand que votre ami Catulle.

9. — ÉLOGE DES PRINCIPES DE DÉCIANUS.

Vous suivez les dogmes du grand Thraséas et de Caton, ce sage consommé, sans vouloir pour cela renoncer à la vie, ni courir, le sein découvert, vous jeter au-devant d'un glaive nu. Je vous approuve, Décianus; car j'estime peu l'homme qui achète la renommée au prix d'un sang facile à répandre; mais je fais grand cas de celui qui peut se faire louer sans se tuer.

10. — CONTRE COTTA.

Tu veux, Cotta, passer en même temps pour joli et pour grand; mais Cotta, qui dit joli dit petit.

11. — SUR GÉMELLUS ET MARONILLA.

Gémellus veut épouser Maronilla; il est passionné, il presse, il supplie, il donne. Maronilla est donc bien belle? Loin de là, rien n'est plus hideux. Quoi donc attire et charme si fort Gémellus? Elle tousse.

12. — AU BUVEUR SEXTILIANUS.

Quand on ne donne que dix sesterces à un chevalier, pourquoi, Sextilianus, en bois-tu vingt à toi seul? Les esclaves qui servent l'eau chaude en manqueraient bientôt, Sextilianus, si tu ne buvais ton vin pur.

13. — SUR RÉGULUS, QUE N'ÉCRASA PAS LA CHUTE D'UN PORTIQUE.

Sur la route qui mène à Tibur, séjour plein de fraîcheur et chéri d'Hercule, là où fument les eaux sulfureuses de la blanche Albula, vers ces campagnes, ce bois sacré, ces coteaux aimés des Muses, que quatre milles séparent de Rome, un portique grossier prêtait son ombre contre les chaleurs de l'été. Mais, hélas! quel crime jusque-là sans exemple a-t-il failli commettre! Il s'est écroulé soudain, tandis que Régulus, sur un char à deux chevaux, passait sous ses voûtes. Sans doute que le destin, qui n'était pas de force à résister à notre haine, a eu peur de nos plaintes. Maintenant ces débris nous plaisent, tant nous sentons le prix du danger. Restées debout, ces voûtes n'eussent point attesté l'existence des Dieux.

14. — SUR ARRIA ET PÉTUS.

Lorsque la chaste Arria présentait à Pétus le poignard qu'elle venait de retirer de son sein, « Crois-moi, Pétus, dit-elle, ce n'est pas de ma blessure que je souffre, c'est de celle que tu vas te faire. »

15. — SUR UN LION JOUANT AVEC UN LIÈVRE DANS L'ARÈNE.

Nous avons vu, César, les lions, vos délices,

Tutus et ingenti ludit in ore lepus.
Quæ majora putas miracula? summus utrisque   5
  Auctor adest : hæc sunt Cæsaris, illa Jovis.

VIII. AD MAXIMUM, DE COLUMBA STELLÆ.

Stellæ delicium mei columba,
Verona licet audiente dicam,
Vicit, Maxime, passerem Catulli.
Tanto Stella meus tuo Catullo,
  Quanto passere major est columba.   5

IX. DECIANI DOGMATA LAUDAT.

Quod magni Thraseæ, consummatique Catonis
Dogmata sic sequeris, salvus ut esse velis;
Pectore nec nudo strictos incurris in enses;
  Quod fecisse velim te, Deciane, facis.
Nolo virum, facili redimit qui sanguine famam :   5
  Hunc volo, laudari qui sine morte potest.

X. IN COTTAM.

Bellus homo et magnus vis idem, Cotta, videri :
  Sed qui bellus homo est, Cotta, pusillus homo est.

XI. DE GEMELLO ET MARONILLA.

Petit Gemellus nuptias Maronillæ,
Et cupit, et instat, et precatur, et donat.
Adeone pulchra est? immo fœdius nil est.
  Quid ergo in illa petitur et placet? Tussit.

XII. AD SEXTILIANUM POTOREM.

Quum data sint equiti bis quina numismata, quare

Bis decies solus, Sextiliane, bibis?
Jam defecisset portantes calda ministros,
  Si non potares, Sextiliane, merum.

XIII. DE REGULO, PORTICUS RUINA NON OPPRESSO.

Itur ad Herculei gelidas qua Tiburis arces,
Canaque sulfureis Albula fumat aquis;
Rura, nemusque sacrum, dilectaque jugera Musis
  Signat vicina quartus ab Urbe lapis.
Hic rudis æstivas præstabat porticus umbras,   5
  Heu quam pæne novum porticus ausa nefas!
Nam subito collapsa ruit, quum mole sub illa
  Gestatus bijugis Regulus isset equis.
Nimirum timuit nostras Fortuna querelas,
  Quæ par tam magnæ non erat invidiæ.   10
Nunc et damna juvant; sunt ipsa pericula tanti :
  Stantia non poterant tecta probare deos.

XIV. DE ARRIA ET PÆTO.

Casta suo gladium quum traderet Arria Pœto,
  Quem de visceribus traxerat ipsa suis :
Si qua fides, vulnus, quod feci, non dolet, inquit;
  Sed quod tu facies, hoc mihi, Pæte, dolet.

XV. LUDUS LEONIS CUM LEPORE IN ARENA.

Delicias, Cæsar, lususque jocosque leonum
  Vidimus : hoc etiam præstat arena tibi;
Quum prensus blando toties a dente rediret,

jouer et folâtrer dans l'arène ; vous allez vous-même aujourd'hui jouir d'un pareil spectacle. Voyez ce lièvre pris et lâché vingt fois par ces mâchoires qui restent béantes, pour le laisser courir en liberté : un lion vorace peut-il épargner ainsi la proie qu'il a saisie? Mais ce lion est le vôtre, dit-on ; la chose est donc possible.

16. — A JULIUS.

O vous, Julius, celui de mes amis que je préfère à tous les autres, si une longue confiance et des droits toujours inviolables ont quelque force, écoutez-moi. Déjà vous tirez à la soixantaine, et c'est à peine si vous avez vécu quelques instants. N'ajournez pas mal à propos des plaisirs qui pourraient vous manquer plus tard, et ne regardez comme vôtre que le passé. Enchaînés les uns à la suite des autres, les soucis et les peines vous menacent ; mais le bonheur n'attend pas, il vole, il va s'enfuir. Saisissez-le à deux mains, étreignez-le de toute la force de vos bras ; souvent encore vous échappera-t-il. Croyez-moi, le sage ne dit pas : Je vivrai. Vivre demain, c'est vivre trop tard. Vivez dès aujourd'hui.

17. — A AVITUS, SUR SES ÉPIGRAMMES.

Parmi ces épigrammes, Avitus, il en est de bonnes, il en est de médiocres, il en est encore plus de mauvaises. Un livre ne se fait pas autrement.

18. — A TITUS.

Titus me pousse au barreau ; c'est là, ne cesse-t-il de me dire, une grande chose. — Une grande chose, Titus, c'est de labourer.

19. — A TUCCA.

Tucca, quel plaisir as-tu à mêler au vieux Falerne de la piquette du Vatican? Quel bien t'ont fait les vins les plus détestables? ou quel mal t'ont fait les meilleurs? Passe encore de nous assassiner ; mais assassiner ce Falerne et verser dans le vin de Campanie un poison infernal, c'est un exécrable forfait. Tes convives peut-être étaient dignes de mourir, mais une si précieuse amphore ! jamais.

20. — A ÉLIA.

Il te restait, Élia, s'il m'en souvient bien, quatre dents. Un premier accès de toux t'en fit cracher deux ; un second, les deux autres. Désormais tu peux impunément tousser du matin au soir ; un troisième accès n'a plus rien à faire.

21. — A CÉCILIANUS.

Dis-moi, Cécilianus, quelle rage est la tienne? Tu dévores à toi seul, à la barbe de tes convives, tous les champignons ! Que te souhaiterai-je qui soit digne d'un tel ventre et d'une telle gloutonnerie ? que tu avales un champignon comme celui qu'avala Claude.

22. — SUR PORSENNA ET MUCIUS SCÉVOLA.

Sa main qui cherchait à frapper le roi s'est égarée sur le satellite, et se condamne elle-même à périr dans un brasier sacré. Mais un ennemi généreux ne souffrit pas que ce miracle de courage s'accomplît, et il ordonna que l'intrépide Romain fût arraché aux flammes et renvoyé libre. La main que Mucius osait brûler en méprisant la douleur, Porsenna n'ose en soutenir la vue. La

---

Et per aperta vagus curreret ora lepus.
Unde potest avidus captæ leo parcere prædæ?   5
Sed tamen esse tuus dicitur ; ergo potest.

XVI. AD JULIUM.

O mihi post nullos, Juli, memorande sodales ;
Si quid longa fides, castaque jura valent :
Bis jam pæne tibi consul trigesimus instat,
Et numerat paucos vix tua vita dies.
Non bene distuleris, videas quæ posse negari ;   5
Et solum hoc ducas, quod fuit, esse tuum.
Esspectant curæque catenatique labores ;
Gaudia non remanent, sed fugitiva volant.
Hæc utraque manu, complexuque adsere toto :
Sæpe fluunt imo sic quoque lapsa sinu.   10
Non est, crede mihi, sapientis dicere, Vivam.
Sera nimis vita est crastina : vive hodie.

XVII. AD AVITUM, DE SUIS EPIGRAMMATIS.

Sunt bona, sunt quædam mediocria, sunt mala plura,
Quæ legis hic : aliter non fit, Avite, liber.

XVIII. AD TITUM.

Cogit me Titus actitare causas,
Et dicit mihi sæpe, Magna res est.
Res magna est, Tite, quam facit colonus.

XIX. AD TUCCAM.

Quid te, Tucca, juvat vetulo miscere Falerno
In Vaticanis condita musta cadis?
Quid tantum fecere boni tibi pessima vina?
Aut quid fecerunt optima vina mali?
De nobis facile est : scelus est jugulare Falernum, 5
Et dare Campano toxica sæva mero.
Convivæ meruere tui fortasse perire :
Amphora non meruit tam pretiosa mori.

XX. AD ÆLIAM.

Si memini, fuerant tibi quatuor, Ælia, dentes :
Exspuit una duos tussis, et una duos.
Jam secura potes totis tussire diebus ;
Nil istic, quod agat, tertia tussis habet.

XXI. AD CÆCILIANUM.

Dic mihi, quis furor est? turba spectante vocata,
Solus boletos, Cæciliane, voras.
Quid dignum tanto tibi ventre, gulaque precabor?
Boletum, qualem Claudius edit, edas.

XXII. DE PORSENA ET MUCIO SCÆVOLA.

Quum peteret regem decepta satellite dextra,
Ingessit sacris se peritura focis.
Sed tam sæva pius miracula non tulit hostis,
Et raptum flammis jussit abire virum.

gloire de cette main s'accroît par son erreur; elle eût moins fait, si elle ne se fût trompée.

23. — SUR UN LION ET UN LIÈVRE.

Lièvre, pourquoi fuis-tu la gueule inoffensive de ce paisible lion? Il n'a point appris à dévorer de si chétifs animaux; il réserve ses ongles pour de plus nobles proies, et n'apaise pas une soif comme la sienne avec si peu de sang. Le lièvre est la proie des chiens; un lion n'en ferait pas une bouchée. Un esclave dace ne doit pas craindre la colère de César.

24. — A COTTA.

Tu n'invites, Cotta, que ceux avec qui tu te baignes, et c'est aux bains seulement que tu recrutes des convives. Je m'étonnais, Cotta, que tu ne m'eusses jamais invité; je sais maintenant que, nu, je ne suis pas de ton goût.

25. — A DÉCIANUS.

Vous voyez, Décianus, ce personnage aux cheveux négligés, dont le sourcil froncé vous intimide; qui parle des Curius, des Camilles, ces grands défenseurs de la liberté : ne vous fiez pas à sa mine; hier encore il servait de giton.

26. — A FAUSTINUS.

Publiez enfin vos ouvrages, Faustinus; faites-nous connaître ces produits de vos inspirations savantes, dignes à la fois des éloges de la ville de Cécrops et de Pandion, des applaudissements de nos anciens. Hésitez-vous d'accueillir la renommée qui se tient à votre porte, et n'avez-vous nul souci de la récompense que méritent vos travaux? Que ces ouvrages destinés à vous survivre reçoivent de vous-même la vie dès aujourd'hui : la gloire posthume arrive trop tard.

27. — A SEXTILIANUS.

Sextilianus, tu bois, à toi seul, autant que cinq bancs de chevaliers; tu serais ivre en buvant la même quantité d'eau. Non-seulement tu demandes de l'argent à tes voisins, mais tu tires de la menue monnaie des gradins les plus éloignés. Le vin que tu bois n'est pas sorti des pressoirs de Péligne; ce n'est pas non plus la grappe des coteaux de Toscane; tu mets à sec les délicieuses bouteilles du vieux temps d'Opimius, et tu puises aux noirs tonneaux de Massique. Si tu bois plus de dix coups, Sextilianus, que le cabaretier te serve du vin trouble de Lalétanie.

28. — A PROCILLUS, CONVIVE DOUÉ D'UNE TROP HEUREUSE MÉMOIRE.

La nuit dernière, Procillus, je t'avais dit, après avoir bu, je crois, dix quinconces, que tu souperais aujourd'hui avec moi. Tu as cru soudain que c'était une affaire convenue, et tu as retenu soigneusement des paroles échappées à l'ivresse. L'exemple est par trop dangereux; je hais, Procillus, le buveur qui conserve la mémoire.

29. — SUR ACERRA.

Acerra sentir le vin de la veille! Erreur! Il boit toujours jusqu'au matin.

Urere quam potuit contempto Mucius igne,
  Hanc spectare manum Porsena non potuit.
Major deceptæ fama est et gloria dextræ :
  Si non errasset, fecerat illa minus.

XXIII. DE LEONE ET LEPORE.

Quid non sæva fugis placidi, lepus, ora leonis?
  Frangere tam parvas non didicere feras.
Servantur magnis isti cervicibus ungues,
  Nec gaudet tenui sanguine tanta sitis.
Præda canum lepus est, vastos non implet hiatus :
  Non timeat Dacus Cæsaris arma puer.

XXIV. AD COTTAM.

Invitas nullum, nisi cum quo, Cotta, lavaris,
  Et dant convivam balnea sola tibi.
Mirabar, quare nunquam me, Cotta, vocasses :
  Jam scio, me nudum displicuisse tibi.

XXV. AD DECIANUM.

Aspicis incomptis illum, Deciane, capillis,
  Cujus et ipse times triste supercilium;
Qui loquitur Curios, assertoresque Camillos?
  Nolito fronti credere, nupsit heri.

XXVI. AD FAUSTINUM.

Ede tuos tandem populo, Faustine, libellos,
  Et cultum docto pectore profer opus;
Quod nec Cecropiæ damnent Pandionis arces,
  Nec sileant nostri prætereantque senes.
Ante fores stantem dubitas admittere famam,
  Teque piget curæ præmia ferre tuæ?
Post te victuræ, per te quoque vivere chartæ
  Incipiant : cineri gloria sera venit.

XXVII. AD SEXTILIANUM.

Sextiliane, bibis quantum subsellia quinque
  Solus : aqua toties ebrius esse potes.
Nec consessorum vicina numismata tantum,
  Æra sed a cuneis ulteriora, petis.
Non hæc Pelignis agitur vindemia prælis;
  Uva nec in Tuscis nascitur ista jugis :
Testa sed antiqui felix siccatur Opimi,
  Egerit et nigros Massica cella cados.
A caupone tibi fæx Laletana petatur,
  Si plus quam decies, Sextiliane, bib s.

XXVIII. AD PROCILLUM, CONVIVAM NIMIS MEMOREM.

Hesterna tibi nocte dixeramus,
Quincunces, puto, post decem peractos
Cœnares hodie, Procille, mecum.
Tu factam tibi rem statim putasti,
Et non sobria verba subnotasti,
Exemplo nimium periculoso.
Μισῶ μνήμονα συμπότην, Procille.

XXIX. DE ACERRA.

Hesterno fœtere mero qui credit Acerram,
  Fallitur : in lucem semper Acerra bibit.

30. — AU PLAGIAIRE FIDENTINUS.

On dit, Fidentinus, que tu vas partout récitant mes vers, comme s'ils étaient de toi. Si tu veux que je passe pour en être l'auteur, je consens à t'en gratifier; mais si tu veux qu'on dise qu'ils sont tiens, achète-les, pour qu'ils cessent d'être miens.

31. — SUR LE MÉDECIN DIAULUS.

Diaulus était chirurgien, maintenant il est croque-mort; il fait de la clinique à sa manière.

32. — SUR ENCOLPE, MIGNON DE PUDENS.

Encolpe, les amours du centurion son maître, te voue, ô Phébus! sa chevelure entière : lorsque Pudens aura obtenu le grade de primipilaire qui lui est si bien dû, coupe aussitôt, Phébus, ces longs cheveux, tandis qu'aucun duvet ne couvre encore le tendre visage d'Encolpe, et que ses cheveux flottants jouent avec grâce autour de son cou d'ivoire; et, afin que tes faveurs soient longtemps assurées au maître et à l'esclave, fais que celui-ci soit bientôt tondu, mais qu'il ne devienne homme que le plus tard possible.

33. — A SABIDIUS.

Je ne t'aime point, Sabidius, et je ne saurais dire pourquoi: tout ce que je puis dire, c'est que je ne t'aime point.

34. — SUR GELLIA.

Tant qu'elle est seule, Gellia ne pleure pas la mort de son père. Vient-on? des larmes de commande jaillissent de ses yeux. Pleurer par ostentation, Gellia, ce n'est pas de la douleur : celui-là seul pleure vraiment qui pleure sans témoin.

35. — A LESBIE.

Jamais, Lesbie, ta porte n'est fermée, jamais elle n'est gardée, quand tu prends tes ébats. Tu aimes la publicité; le témoin de ton adultère te charme plus que ton propre complice, et les voluptés secrètes sont pour toi sans saveur. Pourtant la courtisane tire sur les curieux ses verrous et ses rideaux, et rarement on voit, même entr'ouvertes, les portes des bouges du Summénium. Prends au moins des leçons de pudeur de Chione ou d'Hélide, ces louves dégoûtantes qui cachent leur infamie à l'ombre des tombeaux. Ma censure te semble-t-elle trop sévère? Je ne t'empêche pas, Lesbie, d'être libertine, mais d'être prise sur le fait.

36. — A CORNÉLIUS.

Tu te plains, Cornélius, que mes vers sont trop libres, et de ceux qu'un magister ne lirait pas dans son école : mais il en est de ces opuscules comme des maris qui ne peuvent plaire à leurs femmes sans mentule. Voudrais-tu, par exemple, que j'écrivisse une épithalame en termes qui ne conviendraient pas à l'épithalame? Qui donc revêt la robe des jeux floraux, et permet en même temps aux courtisanes d'affecter les allures des matrones? Telle est la loi imposée aux vers badins; s'ils ne chatouillent les sens, ils déplaisent. Dépose donc ce masque austère, et fais grâce, je te prie, à mon badinage. Re-

XXX. AD FIDENTINUM, PLAGIARIUM.

Fama refert nostros te, Fidentine, libellos
  Non aliter populo, quam recitare tuos.
Si mea vis dici, gratis tibi carmina mittam.
  Si dici tua vis; hæc eme, ne mea sint.

XXXI. DE DIAULO MEDICO.

Chirurgus fuerat, nunc est vespillo Diaulus.
  Cœpit, quo poterat, clinicus esse modo.

XXXII. DE ENCOLPO, PUERO PUDENTIS.

Hos tibi, Phœbe, vovet totos a vertice crines
  Encolpus, domini centurionis amor :
Grata Pudens meriti tulerit quum præmia pili,
  Quam primum longas, Phœbe, recide comas.
Dum nulla teneri sordent lanugine vultus,   5
  Dumque decent fusæ lactea colla jubæ :
Utque tuis longum, dominusque, puerque fruatur
  Muneribus, tonsum fac cito, sero virum.

XXXIII. AD SABIDIUM.

Non amo te, Sabidi, nec possum dicere quare :
  Hoc tantum possum dicere, non amo te.

XXXIV. DE GELLIA.

Amissum non flet, quum sola est Gellia, patrem;
  Si quis adest, jussæ prosiliunt lacrymæ.
Non dolet hic, quisquis laudari, Gellia, quærit;
  Ille dolet vere, qui sine teste dolet.

XXXV. AD LESBIAM.

Incustoditis et apertis, Lesbia, semper
  Liminibus peccas, nec tua furta tegis :
Et plus spectator, quam te delectat adulter;
  Nec sunt grata tibi gaudia, si qua latent.
At meretrix abigit testem veloque seraque;   5
  Raraque Summœni fornice rima patet.
A Chione saltem, vel ab Helide disce pudorem :
  Abscondunt spurcas et monumenta lupas.
Numquid dura tibi nimium censura videtur ?
  Deprendi veto te, Lesbia, non futui.   10

XXXVI. AD CORNELIUM.

Versus scribere me parum severos,
  Nec quos prælegat in schola magister,
Corneli, quereris : sed hi libelli,
  Tanquam conjugibus suis mariti,
Non possunt sine mentula placere.   5
  Quid si me jubeas Thalassionem
Verbis dicere non Thalassionis ?
  Quis Floralia vestit, et stolatum
Permittit meretricibus pudorem ?
  Lex hæc carminibus data est jocosis,   10
Ne possint, nisi pruriant, juvare.
  Quare deposita severitate,
Parcas lusibus et jocis, rogamus :

nonce à châtrer mes livres : rien n'est plus laid que Priape fait prêtre de Cybèle.

37. — A LUCANUS ET A TULLUS.

S'il vous arrivait, Lucanus, ou à vous, Tullus, une destinée pareille à celle des deux Lacédémoniens fils de Léda, cette pieuse rivalité qui les rendit célèbres se renouvellerait aujourd'hui, et chacun de vous deux voudrait mourir le premier à la place de son frère. Mais celui qui descendrait le premier dans le séjour des ombres dirait à l'autre : « Vis tout ton âge, ô mon frère! vis tout le mien. »

38. — A BASSA.

Tu soulages ton ventre, et tu n'en rougis point, Bassa, dans un vase d'or, qui n'en peut mais, et tu bois dans un verre. Ce sont tes selles qui te coûtent le plus cher.

39. — A FIDENTINUS.

Ce livre que tu lis, Fidentinus, est de moi; quand tu le lis si mal, il devient tien.

40. — SUR DÉCIANUS.

S'il est un homme qu'on puisse compter parmi les amis rares, d'une fidélité antique et tels qu'on en voyait au bon vieux temps; s'il en est un profondément versé dans la connaissance des arts de la Grèce et de l'Italie, qui soit simple et vraiment bon, qui défende ce qui est juste, admire ce qui est honnête, et n'adresse point aux Dieux des prières clandestines; s'il en est un qui s'appuie sur la force de sa grande âme, que je meure, si ce n'est Décianus.

41. — CONTRE UN ENVIEUX.

Jaloux, dont la figure se refrogne, et qui lis ceci malgré toi, sois envieux de tout le monde, car de toi personne ne l'est.

42. — CONTRE CÉCILIUS.

Tu penses être, Cécilius, un fin railleur; il n'en est rien, crois-moi. Qu'es-tu donc? un pauvre bouffon ; ce qu'est un industriel ambulant d'au-delà du Tibre, qui troque des allumettes contre des verres cassés; ce qu'est l'homme qui vend aux badauds des pois bouillis; ce que sont le prestidigitateur qui joue avec des vipères, les vils esclaves des marchands de salaisons, le cuisinier à voix rauque qui colporte des saucisses fumantes dans les chaudes tavernes, un détestable poëte de carrefours, un infâme entremetteur venu de Cadix, un vieux libertin babillard. Cesse donc enfin, Cécilius, de te croire ce que tu n'es qu'à tes propres yeux, c'est-à-dire capable de surpasser en plaisanteries Galba et Sextius Caballus lui-même. Il n'est pas donné à tout le monde d'avoir du nez. Celui qui plaisante avec une sotte effronterie n'est pas un Sextius, mais une rosse.

43. — SUR PORCIA, FEMME DE BRUTUS.

Lorsque, apprenant la triste destinée de Brutus son époux, Porcia, dans sa douleur, cherchait les armes qu'on avait soustraites à ses regards : « Ne savez-vous pas encore, dit-elle, qu'on ne peut empêcher personne de mourir? Je croyais que mon père vous l'avait assez appris. » Elle dit, et avale avec avidité des charbons

---

Nec castrare velis meos libellos.
Gallo turpius est nihil Priapo. 15
XXXVII. AD LUCANUM ET TULLUM.
Si, Lucane, tibi, vel si tibi, Tulle, darentur,
Qualia Ledæi fata Lacones habent;
Nobilis hæc esset pietatis rixa duobus,
Quod pro fratre mori vellet uterque prior.
Diceret, infernas et qui prior isset ad umbras, 5
Vive tuo, frater, tempore, vive meo.
XXXVIII. AD BASSAM.
Ventris onus misero, nec te pudet, excipis auro
Bassa : bibis vitro : carius ergo cacas.
XXXIX. AD FIDENTINUM.
Quem recitas, meus est, o Fidentine, libellus :
Sed male quum recitas, incipit esse tuus.
XL. DE DECIANO.
Si quis erit, raros inter numerandus amicos
Quales prisca fides, famaque novit anus ;
Si quis Cecropiæ madidus Latiæque Minervæ
Artibus, et vera simplicitate bonus ;
Si quis erit recti custos, mirator honesti, 5
Et nihil arcano qui roget ore deos;
Si quis erit magnæ subnixus robore mentis,
Dispeream, si non hic Decianus erit.
XLI. IN INVIDUM.
Qui ducis vultus, et non legis ista libenter,

Omnibus invideas, livide; nemo tibi.
XLII. IN CÆCILIUM.
Urbanus tibi, Cæcili, videris.
Non es, crede mihi. Quid ergo? verna es.
Hoc quod Transtiberinus ambulator,
Qui pallentia sulfurata fractis
Permutat vitreis : quod otiosæ 5
Vendit qui madidum cicer coronæ :
Quod custos dominusque viperarum :
Quod viles pueri salariorum :
Quod fumantia qui tomacla raucus
Circumfert tepidis coquus popinis : 10
Quod non optimus urbicus poeta :
Quod de Gadibus improbus magister :
Quod bucca est vetuli loquax cinædi.
Quare desine jam tibi videri,
Quod soli tibi, Cæcili, videris : 15
Qui Galbam salibus tuis, et ipsum
Possis vincere Sextium Caballum.
Non culcumque datum est habere nasum.
Ludit qui stolida procacitate,
Non est Sextius ille, sed caballus. 20
XLIII. DE PORCIA UXORE BRUTI.
Conjugis audisset fatum quum Porcia Bruti,
Et subtracta sibi quæreret arma dolor :
Nondum scitis, ait, mortem non posse negari?

brûlants. Va maintenant, foule importune, et refuse-lui du fer!

44. — CONTRE MANCINUS, HÔTE AVARE.

Nous étions hier soixante convives à ta table, Mancinus, et l'on ne nous servit qu'un sanglier. Nous ne vîmes point de ces raisins conservés et récoltés seulement vers la fin de l'automne, de ces pommes dont la douceur le dispute aux rayons de miel; de ces poires qu'on suspend, liées avec des brins de genêt flexible; de ces grenades de Carthage, vermeilles comme la rose éphémère. Nous ne vîmes non plus ni ces fromages qui s'élèvent en forme de cônes dans leurs corbeilles rustiques, ni l'olive du Picénum qui nous vient en barils. Ton sanglier tout seul! et encore si petit, qu'un nain sans armes eût pu tuer son pareil. Tel était ton souper. Aussi nous bornâmes-nous à regarder la bête, comme nous l'eussions regardée courir dans l'arène. Après un tel procédé, que jamais, Mancinus, on ne te serve de sanglier; mais puisses-tu être servi toi-même à celui qui déchira Charidémus!

45. — A STELLA.

J'ai décrit dans deux pièces de vers plus ou moins longues les courses folâtres des lièvres et les jeux des lions : je me suis donc répété. Si vous croyez, Stella, que ce soit du superflu, faites-moi servir deux fois du lièvre.

46. — SUR SON LIVRE.

Plutôt que de perdre dans mes livres une seule page, plutôt que d'y laisser des blancs, disons, comme Homère : *Alors répondant...*

47. — A HÉDYLUS.

Lorsque tu me dis, Hédylus, « Je vais finir, dépêche-toi, » ma flamme affaiblie languit et s'éteint aussitôt. Dis-moi, au contraire, de ne pas me presser; retenu, j'irai plus vite. Hédylus, si tu te hâtes, dis-moi de ne pas me hâter.

48. — SUR LE MÉDECIN DIAULUS.

Diaulus était médecin, maintenant il est croque-mort; il n'a point changé de métier.

49. — SUR UN LION ET UN LIÈVRE.

Les ordonnateurs des combats de bêtes n'ont pu arracher des taureaux de ces formidables mâchoires, entre lesquelles va et vient un lièvre timide. Le plus étonnant est que ce lièvre s'échappe plus léger de la gueule de son ennemi, et qu'il semble lui avoir emprunté quelque chose de son noble courage. Il n'est pas plus en sûreté, lorsqu'il court seul dans l'arène; et quand il est dans sa loge, il n'est pas mieux protégé. Si tu veux, lièvre espiègle, éviter les morsures des chiens, tu as pour refuge la gueule d'un lion.

50. — LE POETE INVITE AUX DOUCEURS DE LA VIE CHAMPÊTRE LICINIANUS PARTANT POUR L'ESPAGNE.

Vous, dont les peuples de la Celtibérie ne tairont pas le nom, vous, l'honneur de notre Espagne, vous verrez donc, Licinianus, la haute

---

Credideram, satis hoc vos docuisse patrem.
Dixit, et ardentes avido bibit ore favillas.
I nunc, et ferrum, turba molesta, nega!

XLIV. IN MANCINUM, AVARUM CONVIVATOREM.

Bis tibi triceni fuimus, Mancine, vocati,
  Et positum est nobis nil here, præter aprum :
Non quæ de tardis servantur vitibus uvæ,
  Dulcibus aut certant quæ melimela favis :
Non pyra, quæ lenta pendent religata genista,
  Aut imitata breves punica mala rosas.
Rustica lactantes nec misit fiscina metas,
  Nec de Picenis venit oliva cadis.
Nudus aper; sed et hic minimus, qualisque necari
  A non armato pumilione potest.
Et nihil inde datum est; tantum spectavimus omnes.
  Ponere aprum nobis sic et arena solet.
Ponatur tibi nullus aper post talia facta :
  Sed tu ponaris, cui Charidemus, apro.

XLV. AD STELLAM.

Lascivos leporum cursus, lususque leonum,
  Quod major nobis charta, minorque gerit,
Et bis idem facimus : nimium si, Stella, videtur
  Hoc tibi; bis leporem tu quoque pone mihi.

XLVI. DE LIBRO SUO.

Edita ne brevibus pereat mihi charta libellis,
  Dicatur potius τὸν δ' ἀπαμειβόμενος.

XLVII. AD HEDYLUM.

Quum dicis propero, fac si facis, Hedyle, languet
  Protinus, et cessat debilitata Venus.
Exspectare jube : velocius ibo retentus.
Hedyle, si properas, dic mihi, ne properem.

XLVIII. DE DIAULO MEDICO.

Nuper erat medicus, nunc est vespillo Diaulus :
  Quod vespillo facit, fecerat et medicus.

XLIX. DE LEONE ET LEPORE.

Rictibus his tauros non eripuere magistri,
  Per quos præda fugax itque reditque lepus :
Quodque magis mirum, velocior exit ab hoste
  Nec nihil a tanta nobilitate refert.
Tutior in sola non est quum currit arena,
  Nec caveæ tanta conditur ille fide.
Si vitare canum morsus, lepus improbe, quæris,
  Ad quæ confugias, ora leonis habes.

L. LICINIANUM IN HISPANIAM PROFICISCENTEM AD VITAM RUSTICAM ET GENIALEM HORTATUR.

Vir Celtiberis non tacende gentibus,
  Nostræque laus Hispaniæ,
Videbis altam, Liciniane, Bilbilin,
  Aquis et armis nobilem,
Senemque Caunum nivibus, et fractis sacrum
  Vadaveronem montibus;
Et delicati dulce Botrodi nemus,

Bilbilis célèbre par ses eaux et par ses armes, le vieux Caunus couvert de neige, le sacré Vadavéron isolé au milieu des autres montagnes, les délicieux bosquets de la charmante Botrode, aimée de l'heureuse Pomone. Vous nagerez dans les eaux tièdes et lentes du Congédus, et dans les lacs, paisibles demeures des Nymphes; puis vous viendrez rafraîchir votre corps fatigué dans le lit peu profond du Salon, dans les eaux qui donnent au fer une trempe si solide. Là aussi Vobisca vous offrira du gibier que vous tuerez, sans sortir de table. Vous combattrez les chaleurs de l'été en vous baignant dans le Tage au sable d'or, à l'ombre des arbres qui bordent ses rives. L'eau glacée de Dircenna et celle de Néméa, plus froide que la neige, étancheront votre soif ardente. Mais lorsque viendront les frimas de décembre, et que les tempêtes de l'hiver mêleront leurs rauques mugissements à ceux de l'aquilon, vous regagnerez les rivages tempérés de Tarracone et vos domaines de la Lalétanie. Là, le daim, pris dans vos filets, tombera sous vos coups; là, sur un cheval vigoureux, vous forcerez à la course le lièvre rusé et le sanglier indigène; vous laisserez les cerfs au fermier. Le bois de la forêt voisine descendra, pour ainsi dire, de lui-même dans votre foyer, où se chaufferont de sales petits paysans. Invité par vous, le chasseur prendra place à table. Chez vous point de chaussures en forme de croissant, point de toges, point de vêtements qui exhalent une odeur de pourpre, point de grossier Liburnien, point d'importun client, point de veuve exigeante. Le pâle accusé ne troublera point votre sommeil, et vous dormirez la grasse matinée. Qu'un autre achète à grand prix le sot et vain plaisir d'être applaudi : pour vous, prenez en pitié les heureux, et jouissez sans orgueil de la véritable félicité, tandis que votre cher Sura obtient tous les éloges. On peut justement donner au repos le reste de sa vie, quand on a assez fait pour la gloire.

51. — PLAISANTERIE SUR UN CUISINIER, TIRÉE D'HOMÈRE.

Émilianus, si tu appelles ton cuisinier Mistyllus, pourquoi n'appellerai-je pas le mien Taratalla?

52. — A UN LIÈVRE.

Le lion ne s'accommode que des pièces les plus considérables; pourquoi, lièvre ambitieux, avoir tant de peur de ses dents? Voudrait-il jamais, des énormes taureaux, descendre jusqu'à toi, et dévorer ta tête qu'il ne voit même pas? Cesse d'aspirer à une fin si illustre. Cette gloire n'est pas faite pour toi; tu ne saurais, proie chétive, recevoir la mort d'un pareil ennemi.

53. — IL FAIT QUINTIANUS SON DÉFENSEUR.

Je vous recommande mes vers, Quintianus, si toutefois je puis les appeler ainsi quand ils sont récités par certain poëte de vos amis. S'ils se plaignent de leur pénible esclavage, soyez leur défenseur et leur appui; et si cet autre se dit leur maître, déclarez qu'ils sont à moi et que je

Pomona quod felix amat.
Tepidi innatabis lene Congedi vadum,
  Mollesque Nympharum lacus;   10
Quibus remissum corpus astringas brevi
  Salone, qui ferrum gelat.
Præstabit illic ipsa figendas prope
  Vobisca prandenti feras.
Æstus serenos aureo franges Tago,   15
  Obscurus umbris arborum.
Avidam rigens Dircenna placabit sitim,
  Et Nemea, quæ vincit nives.
At quum December canus, et bruma impotens
  Aquilone rauco mugiet;   20
Aprica repetes Tarraconis littora,
  Tuamque Laletaniam.
Ibi illigatas mollibus damas plagis
  Mactabis, et vernas apros,
Leporemque forti callidum rumpes equo :   25
  Cervos relinques villico.
Vicina in ipsum sylva descendet focum
  Infante cinctum sordido.
Vocabitur venator, et veniet tibi
  Conviva clamatus prope.   30
Lunata nusquam pellis, et nusquam toga,
  Olidæque vestes murice :
Procul horridus Liburnus, et querulus cliens,
  Imperia viduarum procul.
Non rumpet altum pallidus somnum reus :   35
  Sed mane totum dormies.
Mercetur alius grande et insanum sophos :
  Miserere tu felicium;
Veroque fruere non superbus gaudio;
  Dum Sura laudatur tuus.   40
Non impudenter vita, quod reliquum est, petit;
  Quum fama, quod satis est, habet.

LI. JOCUS EX HOMERO IN COCUM.

Si tibi Mistyllus cocus, Æmiliane, vocatur :
  Dicetur quare non Taratalla mihi?

LII. AD LEPOREM.

Non facit ad sævos cervix, nisi prima, leones.
  Quid fugis hos dentes, ambitiose lepus!
Scilicet a magnis ad te descendere tauris,
  Et, quæ non cernunt, frangere colla velint?
Desperanda tibi est ingentis gloria fati :   5
  Non potes hoc tenuis præda sub hoste mori.

LIII. QUINTIANUM FACIT ASSERTOREM.

Commendo tibi, Quintiane, nostros :
Nostros dicere si tamen libellos
Possim, quos recitat tuus poeta.
Si de servitio gravi queruntur,
  Assertor venias, satisque præstes,   5

les ni affranchis. Cette protestation, répétée trois ou quatre fois, fera rougir le plagiaire.

54. — AU PLAGIAIRE FIDENTINUS.

Il n'y a dans mes livres, Fidentinus, qu'une seule page de ta façon, mais si bien marquée de son cachet, qu'elle annonce hautement ta friponnerie. Ainsi la cape du Lingon, appliquée sur la robe pourpre violacée du citadin, la couvre de graisse; ainsi la vaisselle de terre d'Arétium jure parmi des cristaux; ainsi l'on rit du noir corbeau, lorsqu'il se montre par hasard sur les bords du Caïstre, au milieu des cygnes chéris de Léda; ainsi l'on est choqué d'entendre la pie mêler ses cris aux chants harmonieux dont Philomèle fait retentir les bosquets sacrés. Mes livres n'ont besoin ni qu'on les accuse, ni qu'on les défende; la page s'élève contre toi, et te dit : « Tu es un voleur. »

55. — A FUSCUS.

Fuscus, vous qui comptez en tous lieux des amis, s'il est encore dans votre cœur une place pour quelque affection nouvelle, s'il en est une seule, de grâce, accordez-la-moi. Ne me repoussez pas parce que je suis un nouveau venu, car tels furent d'abord tous vos anciens amis; voyez seulement si le nouvel ami qui se présente est propre à devenir un vieil ami.

56. — A FRONTON, SUR LE GENRE DE VIE OBJET DE SES VŒUX.

O vous, la gloire de nos armées et l'honneur du barreau, Fronton, si vous voulez connaître en peu de mots les vœux de votre ami Marcus, les voici : Cultiver une terre de peu d'étendue, mais qui soit à lui, et vivre dans une oisiveté sans faste au sein de la médiocrité. Où donc est l'homme assez sot pour aller, dès le matin, saluer et courtiser les grands dans leurs splendides palais de marbre de Laconie, quand il peut, riche du gibier de la forêt et de la plaine, étaler devant son foyer ses filets bien remplis, détacher de sa ligne tremblante le poisson frétillant, puiser dans un pot de terre rouge un miel jaune comme l'or; quand sa grasse fermière couvre de mets sa table aux pieds inégaux, et que ses œufs cuisent dans une cendre qui ne lui coûte rien? Je souhaite que celui qui ne m'aime pas n'aime pas ce genre de vie, et qu'il vive à Rome traînant la robe blanche, et livré à tous les ennuis de la ville.

57. A UN CABARETIER.

Des pluies continuelles font souffrir la vendange et la noient : quand tu le voudrais, cabaretier, tu ne pourrais nous vendre du vin pur.

58. A FLACCUS.

Flaccus, tu me demandes quelle maîtresse je voudrais ou ne voudrais pas avoir? Je ne la veux ni trop facile ni trop difficile : le milieu entre ces deux extrêmes est ce qui me plaît. Je ne veux en amour ni tourment, ni satiété.

59. SUR LE PRIX D'UN JEUNE GARÇON.

Un marchand d'esclaves me demande mille

Et, quum se dominum vocabit ille,
Dicas esse meos, manuque missos.
Hoc si terque quaterque clamitaris,
Impones plagiario pudorem.

LIV. AD FIDENTINUM, PLAGIARIUM.

Una est in nostris tua, Fidentine, libellis
Pagina, sed certa domini signata figura;
Quæ tua traducit manifesto carmina furto.
Sic interpositus villo contaminat uncto
Urbica Lingonicus Tyrianthina bardocucullus : 5
Sic Arctinæ violant crystallina testæ :
Sic niger, in ripis errat quum forte Caystri,
Inter Ledæos ridetur corvus olores :
Sic ubi multisona fervet sacer Atthide lucus,
Improba Cecropias offendit pica querelas. 10
Indice non opus est nostris, nec vindice libris :
Stat contra, dicitque tibi tua pagina, Fur es.

LV. AD FUSCUM.

Si quid, Fusce, vacas adhuc amari,
Nam sunt hinc tibi, sunt et hinc amici;
Unum, si superest, locum rogamus;
Nec me, quod tibi sum novus, recuses :
Omnes hoc veteres tui fuerunt. 5
Tu tantum inspice, qui novus paratur,
An possit fieri vetus sodalis.

LVI. AD FRONTONEM, DE VOTO VITÆ SUÆ.

Vota tui breviter si vis cognoscere Marci,
Clarum militiæ, Fronto, togæque decus,
Hoc petit, esse sui, nec magni, ruris arator;
Sordidaque in parvis otia rebus amat.
Quisquam picta colit Spartani frigora saxi, 5
Et matutinum portat ineptus Ave;
Cui licet exuviis nemoris rurisque beati
Ante focum plenas explicuisse plagas?
Et piscem tremula salientem ducere seta,
Flavaque de rubro promere mella cado? 10
Pinguis inæquales onerat cui villica mensas,
Et sua non emptus præparat ova cinis?
Non amet hanc vitam, quisquis me non amat, opto :
Vivat et urbanis albus in officiis.

LVII. AD CAUPONEM.

Continuis vexata madet vindemia nimbis.
Non potes, ut cupias, vendere, caupo, merum.

LVIII. AD FLACCUM.

Qualem, Flacce, velim quæris, nolimve puellam?
Nolo nimis facilem, difficilemque nimis.
Illud quod medium est, atque inter utrumque probamus.
Nec volo, quod cruciat; nec volo, quod satiat.

LIX. DE PUERI PRETIO.

Millia pro puero centum me mango poposcit :
Risi ego; sed Phœbus protinus illa dedit
Hoc dolet, et queritur de me mea mentula mecum,
Laudaturque meam Phœbus in invidiam.

sesterces d'un jeune garçon ; et moi de rire : mais Phébus les lui donne aussitôt. Ma mentule s'en afflige, et comme moi se plaint en secret de moi-même, tandis que Phébus est loué à mes dépens. Mais la mentule de Phébus lui a valu deux millions de sesterces : qu'on m'en donne autant, et je surenchérirai sur lui.

60. — A FLACCUS, SUR LA SPORTULE.

La sportule de Baïes me rapporte cent quadrants : qu'est-ce que cela dans ce séjour de délices? Rends-moi, Flaccus, les bains obscurs de Lupus et de Gryllus : quand je soupe si mal, pourquoi me baignerais-je si bien?

61. — SUR UN LION ET UN LIÈVRE.

Lièvre, tu as beau t'introduire dans la vaste gueule de ce lion, le terrible animal ne sent rien sous sa dent. Sur quelle croupe, sur quelles épaules se jettera-t-il, pour y imprimer les morsures profondes qu'il fait aux taureaux? Pourquoi fatigues-tu vainement le maître et le roi des forêts? La seule proie dont il se nourrisse est une proie de choix.

62. — A LICINIANUS, SUR LA PATRIE DE PLUSIEURS ÉCRIVAINS.

Vérone aime les vers du docte poëte qu'elle a vu naître ; Mantoue est heureuse de son Virgile ; Apone s'honore d'être la patrie de Tite-Live, de Stella et de V. Flaccus ; le Nil, qui tient lieu de pluie au pays de l'Égypte, redit avec applaudissements le nom d'Apollodore ; les Péligniens vantent leur Ovide ; l'éloquente Cordoue célèbre les deux Sénèques et son unique Lucain ; la folâtre Gadès se réjouit d'avoir donné le jour à Canius, et Émérita à mon ami Décianus. Bilbilis, notre patrie commune, Licinianus, glorifiera votre nom et ne se taira pas sur le mien.

63. — SUR LA CHASTE LÉVINA, DEVENUE ADULTÈRE A BAIES.

Chaste, ne le cédant point aux antiques Sabines, et plus tristement sévère encore que son farouche mari, Lévina se permettait tantôt les bains du Lucrin, tantôt ceux de l'Averne ; mais, depuis qu'elle va souvent se réchauffer aux eaux de Baïes, elle s'est sentie embrasée, et, laissant là son époux, elle a disparu avec un jeune amant. Pénélope elle arriva, Hélène elle repartit.

64. — A CÉLÈS.

Tu me pries de te lire mes épigrammes. Non, Célès ; ce ne sont pas mes vers que tu veux entendre, mais les tiens que tu veux me lire.

65. — A FABULLA, QUI AIMAIT A SE LOUER.

Tu es jolie, on le sait ; jeune, cela est vrai ; riche, qui peut dire le contraire? Mais, lorsque tu t'en vantes avec tant de complaisance, Fabulla, tu n'es ni riche, ni jeune, ni jolie.

66. — A CÉCILIANUS, SUR LE GENRE ET LES CAS DU MOT FICUS.

Quand je dis *ficus*, tu en ris, comme d'un mot barbare, et tu veux, Cécilianus, que je dise *ficos*. Nous appellerons *ficus* les fruits du figuier, et ceux que tu portes, nous les nommerons *ficos*.

Sed sestertiolum donavit mentula Phœbo
  Bis decies : hoc da tu mihi, pluris emam.

LX. AD FLACCUM DE SPORTULA.

Dat Baiana mihi quadrantes sportula centum :
  Inter delicias quid facit ista fames?
Redde Lupi nobis, tenebrosaque balnea Grylli :
  Tam male quum cœnem, cur bene, Flacce, lavor?

LXI. DE LEPORE ET LEONE.

Intres ampla licet torvi lepus ora leonis,
  Esse tamen vacuo se leo dente putat.
Quod ruet in tergum, vel quos procumbet in armos,
  Alta juvencorum vulnera figet ubi?
Quid frustra nemorum dominum regemque fatigas?
  Non nisi delecta pascitur ille fera.

LXII. AD LICINIANUM, SCRIPTORES UNDE.

Verona docti syllabas amat vatis :
  Marone felix Mantua est :
Censetur Apona Livio suo tellus,
  Stellaque, nec Flacco minus.
Apollodoro plaudit imbrifer Nilus ;
  Nasone Peligni sonant.
Duosque Senecas, unicumque Lucanum
  Facunda loquitur Corduba.
Gaudent jocosæ Canio suo Gades ;
  Emerita Deciano meo.
Te, Liciniane, gloriabitur nostra,
  Nec me tacebit Bilbilis.

LXIII. DE LÆVINA CASTA, ET AD BAIAS ADULTERA.

Casta, nec antiquis cedens Lævina Sabinis,
  Et quamvis tetrico tristior ipsa viro,
Dum modo Lucrino, modo se permittit Averno,
  Et dum Baianis sæpe fovetur aquis,
Incidit in flammas, juvenemque secuta, relicto
  Conjuge, Penelope venit, abit Helene.

LXIV. AD CELEREM.

Ut recitem tibi nostra rogas Epigrammata. Nolo.
  Non audire, Celer, sed recitare cupis.

LXV. AD FABULLAM SUI LAUDATRICEM.

Bella es ; novimus : et puella ; verum est :
Et dives ; quis enim potest negare?
Sed dum te nimium, Fabulla, laudas,
Nec dives, neque bella, nec puella es.

LXVI. AD CÆCILIANUM, DE GENERE ET DECLINATIONE FICUS.

Quum dixi, ficus, rides quasi barbara verba,
  Et dici, ficos, Cæciliane, jubes.
Dicemus ficus, quas scimus in arbore nasci :
  Dicemus ficos, Cæciliane, tuos.

67. — CONTRE UN PLAGIAIRE DE SON LIVRE.

Tu te trompes, voleur avare de mes livres, si tu crois qu'il n'en coûte, pour devenir poëte, que le prix d'un chétif volume et la peine de le faire copier. Ce n'est pas avec six ou dix sesterces qu'on acquiert de la renommée ! Cherche des vers ignorés, des compositions ébauchées, et connues d'un seul homme; quelque œuvre vierge enfin que n'ait point encore usée la barbe du lecteur, et que son père ait toujours tenue renfermée dans un étui. Un livre connu ne peut changer de maître. Mais s'il en est un que la pierre ponce n'ait point encore poli, qui soit sans rouleau ni couverture, achète-le : j'en ai de pareils à ton service ; personne n'en saura rien. Celui qui veut obtenir de la gloire en lisant comme siens les ouvrages d'autrui ne doit pas acheter le livre, mais le silence de l'auteur.

68. — A CHÉRILUS.

Tu me dis sans cesse, Chérilus, que je suis trop libre : il faut l'être en effet, Chérilus, pour parler de toi.

69. — SUR RUFUS.

Quoi qu'il fasse, Rufus n'est occupé que de Névia. Qu'il rie, qu'il pleure, qu'il se taise, le nom de Névia est dans sa bouche. Qu'il mange, qu'il boive, qu'il demande, qu'il refuse, qu'il fasse un geste, c'est toujours Névia. Sans Névia, il serait muet. Hier il adressait une lettre à son père : Salut, écrivait-il, Névia ma lumière, Névia ma vie. Névia lit ces mots, et sourit en baissant les yeux. Névia n'est pas à toi seul ; pourquoi donc, sot amant, une passion si folle ?

70. — A MAXIMUS.

Térente, qui montrait jadis sa statue de Pan, aujourd'hui, Maximus, commence à montrer Canius.

71. — A SON LIVRE.

Va, mon livre, va, officieux messager, trouver Proculus dans sa brillante demeure, et salue-le de ma part. Tu demandes le chemin : le voici. Tu passeras le long du temple de Castor, voisin du temple de l'antique Vesta et du collége de ses prêtresses. De là, suivant la colline sacrée, tu gagneras le palais majestueux près duquel tu admires la statue gigantesque du maître de l'empire. Ne t'arrête point à contempler ce colosse à la tête rayonnante, et tout fier de l'emporter par sa taille sur le colosse de Rhodes ; mais tourne du côté où s'élèvent le temple de Bacchus et celui de Cybèle, dont les voûtes représentent des scènes de Corybantes. Soudain apparaissent à gauche la façade de la maison où je t'envoie, et son vaste portique. Entre-s-y ; que sa grandeur imposante, que ses abords fastueux ne t'intimident pas ; il n'en est aucune dont la porte s'ouvre avec plus de facilité, et où Phébus et les doctes Sœurs reçoivent un meilleur accueil. Si le maître te dit : « Pourquoi ne vient-il pas lui-même ? » tu pourras donner cette excuse : « S'il était venu lui-même, il n'aurait pu écrire ce que vous lisez. »

LXVII. AD FUREM DE LIBRO SUO.

Erras, meorum fur avare librorum,
Fieri poetam posse qui putas tanti,
Scriptura quanti constet, et tomus vilis.
Non sex paratur aut decem sophos nummis.
Secreta quære carmina, et rudes curas, 5
Quas novit unus, scrinioque signatas
Custodit ipse virginis pater chartæ,
Quæ trita duro non inhorruit mento.
Mutare dominum non potest liber notus.
Sed pumicata fronte si quis est nondum, 10
Nec umbilicis cultus, atque membrana,
Mercare : tales habeo ; nec sciet quisquam.
Aliena quisquis recitat, et petit famam ;
Non emere librum, sed silentium debet.

LXVIII. AD CHŒRILUM.

Liber homo es nimium, dicis mihi, Chœrile, semper.
In te qui dicit, Chœrile, liber homo est.

LXIX. DE RUFO.

Quidquid agit Rufus, nihil est nisi Nævia Rufo.
Si gaudet, si flet, si tacet, hanc loquitur.
Cœnat, propinat, poscit, negat, innuit ; una est
Nævia : si non sit Nævia, mutus erit.
Scriberet hesterna patri quum luce salutem ; 5
Nævia lux, inquit, Nævia, lumen, ave.
Hæc legit, et ridet demisso Nævia vultu.
Nævia non una est : quid, vir inepte, furis ?

LXX. AD MAXIMUM.

Cœpit, Maxime, Pana quæ solebat,
Nunc ostendere Canium, Terentos.

LXXI. AD LIBRUM.

Vade salutatum ; pro me liber ire juberis
Ad Proculi nitidos officiose lares.
Quæris iter ? dicam : vicinum Castora canæ
Transibis Vestæ, virgineamque domum.
Inde sacro veneranda petes Pallatia clivo, 5
Plurima qua summi fulget imago ducis.
Nec te detineat miri radiata Colossi,
Quæ Rhodium moles vincere gaudet opus.
Flecte vias hac, qua madidi sunt tecta Lyæi,
Et Cybeles picto stat Corybante tholus. 10
Protinus a læva clari tibi fronte Penates,
Atriaque excelsæ sunt adeunda domus.
Hanc pete ; ne metuas fastus, limenque superbum :
Nulla magis toto janua poste patet ;
Nec proplor quam Phœbus amat, doctæque sorores. 15
Si dicet, Quare non tamen ipse venit ?
Sic licet excuses, Quia qualiacumque leguntur
Ista, salutator scribere non potuit.

72. — AU SOMMEIL.

Buvons six coups à Névia, sept à Justine, cinq à Lycas, quatre à Lydé, trois à Ida : sablons le falerne autant de fois qu'il y a de lettres dans le nom de chacune de ces dames. Mais, puisque aucune d'elles ne vient, Sommeil, viens à moi.

73. — A FIDENTINUS.

Tu crois, Fidentinus, être poëte avec mes vers, et tu veux le faire croire. Ainsi Églé achète un ratelier d'os ou d'ivoire, et s'imagine avoir des dents; ainsi Lycoris, plus noire que la mûre qui tombe, grâce au blanc de céruse se croit un teint de lis : ainsi le procédé qui te fait poëte, te servira, quand tu seras chauve, à te procurer des cheveux.

74. — A CÉCILIANUS.

Tant qu'on put, Cécilianus, aborder ta femme librement, personne, dans toute la ville, n'en voulut gratis; mais aujourd'hui tu la fais garder, et les galants d'accourir en foule. Tu es un habile homme!

75. — A PAULLA.

Il était ton amant, Paulla; cependant tu pouvais le nier; le voilà ton mari : le nieras-tu maintenant?

76. — SUR LINUS.

Celui qui aime mieux donner à Linus la moitié que de lui prêter le tout, aime mieux perdre seulement la moitié.

77. — A VALÉRIUS FLACCUS.

Flaccus, cher objet de ma sollicitude, vous le nourrisson et l'espoir de la ville d'Anténor, remettez à d'autres temps la poésie et le culte des Muses. Nulle de ces vierges ne vous donnera la richesse ; et qu'attendez-vous d'Apollon? Minerve, au contraire, a ses coffres remplis; celle-là fait sagement, celle-là prête à tous les Dieux. Que tirer de bon du lierre de Bacchus? L'arbre de Pallas a des fruits qui font plier ses rameaux sous leur faix. L'Hélicon n'a que des eaux, des fleurs, les lyres des déesses, et de grands mais stériles applaudissements. Qu'espérez-vous de Cirrha? de la fontaine du Permesse? Le barreau de Rome est plus riche et plus près de vous. C'est là qu'on entend tinter les écus ; mais autour de nos bancs, de nos chaires inutiles, on n'entend que le bruit des baisers.

78. — SUR CHARINUS.

Charinus se porte bien, et pourtant il est pâle ; Charinus boit sobrement, et pourtant il est pâle; Charinus digère bien, et pourtant il est pâle ; Charinus jouit de la chaleur du soleil, et pourtant il est pâle; Charinus se met du fard, et pourtant il est pâle; Charinus lèche les secrets appas des belles, et pourtant il est pâle.

79. — SUR FESTUS.

Atteint à la gorge d'un mal dévorant et qui étendait jusque sur la figure ses terribles ravages, Festus, digne d'un sort meilleur, l'œil sec,

LXXII. AD SOMNUM.

Nævia sex cyathis, septem Justina bibatur;
  Quinque Lycas, Lyde quatuor, Ida tribus.
Omnis ab infuso numeretur amica Falerno;
  Et quia nulla venit, tu mihi, Somne, veni.

LXXIII. AD FIDENTINUM.

Nostris versibus esse te poetam,
Fidentine, putas, cupisque credi?
Sic dentata sibi videtur Ægle,
Emptis ossibus, Indicoque cornu :
Sic, quæ nigrior est cadente moro,   5
Cerussata sibi placet Lycoris.
Hac et tu ratione, qua poeta es,
Calvus quum fueris, eris comatus.

LXXIV. AD CÆCILIANUM.

Nullus in urbe fuit tota, qui tangere vellet
  Uxorem gratis, Cæciliane, tuam;
Dum licuit : sed nunc positis custodibus, ingens
  Turba fututorum est. Ingeniosus homo es.

LXXV. AD PAULLAM.

Mœchus erat : poteras tamen hoc tu, Paulla, negare.
  Ecce vir est : numquid, Paulla, negare potes?

LXXVI. DE LINO.

Dimidium donare Lino, quam credere totum,
  Qui mavult, mavult perdere dimidium.

LXXVII. AD FLACCUM.

O mihi curarum pretium non vile mearum,
  Flacce, Antenorei spes et alumne Laris,
Pierios differ cantusque chorosque sororum :
  Æs dabit ex istis nulla puella tibi.
Quid petis a Phœbo? nummos habet arca Minervæ :   5
  Hæc sapit, hæc omnes fœnerat una Deos.
Quid possent hederæ Bacchi dare? Palladis arbor
  Inclinat varias pondere nigra comas.
Præter aquas Helicon, et serta, lyrasque dearum
  Nil habet, et magnum sed perinane sophos.   10
Quid tibi cum Cirrha? quid cum Permessidos unda?
  Romanum propius, divitiusque forum est.
Illic æra sonant : at circum pulpita nostra,
  Et steriles cathedras, basia sola crepant.

LXXVIII. DE CHARINO.

Pulchre valet Charinus, et tamen pallet.
Parce bibit Charinus, et tamen pallet.
Bene concoquit Charinus, et tamen pallet.
Sole utitur Charinus, et tamen pallet.
Tingit cutem Charinus, et tamen pallet.   5
Cunnum Charinus lingit, et tamen pallet.

LXXIX. DE FESTO.

Indignas premeret pestis quum tabida fauces,
  Inque ipsos vultus serperet atra lues;
Siccis ipse genis flentes hortatus amicos

et consolant ses amis en pleurs, résolut enfin de mourir. Toutefois il ne souilla point sa bouche vénérable d'un obscur poison, et ne livra point ses derniers instants aux lentes tortures de la faim : c'est en Romain que, finissant sa sainte vie, il laissa son âme s'exhaler par une plus noble voie. La renommée peut mettre cette mort au-dessus de celle du grand Caton : Festus était l'ami de César.

80. — A ATTALUS, L'ARDÉLION.

Toujours tu fais des plaidoiries, Attalus, tu fais toujours des affaires : qu'il y ait quelque chose ou qu'il n'y ait rien à faire, tu fais toujours, Attalus. Les plaidoiries et les affaires te manquent-elles? tu fais, Attalus, l'office de muletier. De peur qu'il ne te reste un jour rien à faire, Attalus, fais-toi mourir.

81. — A CANUS.

Dans la dernière nuit de ta vie, Canus, tu fis demander la sportule : tu mourus, je pense, Canus, du chagrin de n'en avoir reçu qu'une.

82. — A SOSIBIANUS.

Tu n'ignores pas que ta mère t'engendra d'un esclave, et tu l'avoues ingénument quand tu dis « Mon maître » à ton père.

83. — SUR RÉGULUS.

Il est tombé avec des flots de poussière, ce portique dont les ruines gisent au loin sur le sol. Voici comment il se fait pardonner sa chute. Régulus venait de passer en char sous ces voûtes qu'il laissait à peine derrière lui, quand tout à coup vaincues par leur propre poids, et ne craignant plus pour les jours de leur maître, elles s'écroulèrent sans le blesser, sans lui faire aucun mal. Maintenant, Régulus, que nous n'avons plus à accuser personne de votre mort, dira-t-on que vous n'êtes pas le protégé des Dieux, vous pour qui seul des ruines sont innocentes?

84. — SUR MANNÉIA.

Ton petit chien, Mannéia, te lèche la bouche et les lèvres : je ne m'en étonne pas; les chiens aiment les ordures.

85. — SUR QUIRINALIS.

Quirinalis ne pense pas à se marier, bien qu'il veuille avoir des enfants; et, pour en avoir, il a trouvé le vrai moyen : il engrosse ses servantes, et remplit sa maison et ses champs de chevaliers esclaves. C'est un vrai père de famille que Quirinalis.

86. — SUR UN CRIEUR.

Un crieur facétieux, chargé de vendre des coteaux bien cultivés et de belles terres situées près des murs de la ville, disait : « On se trompe, si l'on croit que Marius a besoin de vendre : il ne doit rien; il prête au contraire beaucoup d'argent. — Alors pourquoi vend-il? — Il a perdu dans ce domaine tous ses esclaves, ses troupeaux, ses récoltes. Il l'a pris en haine. » Qui maintenant aurait la sottise de faire des offres, à moins de vouloir se ruiner entièrement? Aussi le fatal domaine reste-t-il à Marius.

87. — UN VOISIN NON VOISIN.

Novius est mon voisin, et je puis, de ma fe-

Decrevit Stygios Festus adire lacus.
Nec tamen obscuro pia polluit ora veneno,
  Aut torsit lenta tristia fata fame :
Sanctam Romana vitam sed morte peregit,
  Dimisitque animam nobiliore via.
Hanc mortem satis magni præferre Catonis
  Fama potest : hujus Cæsar amicus erat.   10

LXXX. AD ATTALUM, ARDELIONEM.

Semper agis causas, et res agis, Attale, semper :
  Est, non est quod agas, Attale, semper agis.
Si res et causæ desunt, agis, Attale, mulas.
Attale, ne quod agas desit, agas animum.

LXXXI. AD CANUM.

Sportula, Cane, tibi suprema nocte petita est.
Occidit, puto, te, Cane, quod una fuit.

LXXXII. AD SOSIBIANUM.

E servo scis te genitum, blandeque fateris,
  Quum dicis dominum, Sosibiane, patrem.

LXXXIII. DE REGULO.

Hæc, quæ pulvere dissipata multo
Longas porticus explicat ruinas,
En quanto jacet absoluta casu!
Tectis nam modo Regulus sub illis
Gestatus fuerat, recesseratque;   5
Victa est pondere quum suo repente;
Et postquam domino nihil timebat,
Securo ruit incruenta damno.
Tantæ, Regule, post metum querelæ,
Quis curam neget esse te Deorum,   10
Propter quem fuit innocens ruina?

LXXXIV. DE MANNEIA.

Os et labra tibi lingit, Manneia, catellus :
Non miror, merdas si libet esse cani.

LXXXV. DE QUIRINALI.

Uxorem habendam non putat Quirinalis,
Quum vult habere filios; et invenit
Quo possit istud more : futuit ancillas,
Domumque, et agros implet equitibus vernis.
Pater familiæ verus est Quirinalis.   5

LXXXVI. IN PRÆCONEM STOLIDE FACETUM.

Venderet excultos colles quum præco facetus,
  Atque suburbani jugera pulchra soli :
Errat, ait, si quis Mario putat esse necesse
  Vendere : nil debet; fœnerat immo magis.
Quæ ratio est igitur? servos ubi perdidit omnes,   5
  Et pecus, et fructus, non amat inde locum.
Quis faceret pretium, nisi qui sua perdere vellet
  Omnia? sic Mario noxius hæret ager.

LXXXVII. VICINUS NON VICINUS.

Vicinus meus est, manuque tangi

nêtre, lui donner la main. Qui ne serait jaloux de mon sort et ne penserait pas que je suis heureux, pouvant, à toute heure et à mon gré, jouir d'un ami si près de moi? Cependant Novius est aussi loin pour moi que Térentianus qui commande présentement à Syène, sur les bords du Nil. Je ne puis vivre avec lui, pas même le voir, pas même l'entendre; et, dans toute la ville, personne n'est plus près ni plus loin que nous deux. Il faut pour nous voir, que lui ou moi nous allions demeurer plus loin. Qui veut ne pas voir Novius doit être son voisin, ou son colocataire.

88. — A LA BUVEUSE FESCENNIA.

Pour ne pas sentir le vin de la veille, tu manges, luxurieuse Fescennia, des pastilles de Cosmus. Cet ingrédient pris à jeun purifie tes dents, mais il ne peut rien contre les émanations qui s'échappent de ton estomac. Quoi de pire alors que ce mélange de parfum et d'haleine empoisonnée? et cette double puanteur n'est-elle pas plus affreuse? N'use donc plus de ces ruses trop connues, de ces déguisements qui ne sont bons qu'à te trahir, et sois ivre tout uniment.

89. — ÉPITAPHE DU JEUNE ALCIMUS.

Alcimus, toi qui, au printemps de tes jours, viens d'être enlevé aux caresses de ton maître, toi dont les restes, protégés par un modeste gazon, reposent le long de la voie Labicane, reçois sur ta tombe, non pas un mausolée de granit égyptien, et dont la matière inutile et périssable écraserait de son poids ta cendre, mais quelques bois fragiles, des pampres épais, et des fleurs dérobées à la prairie qui verdit sous mes larmes. Accepte, enfant chéri, ces monuments de ma douleur et ces vers qui vivront pour éterniser ta mémoire. Moi-même, je ne demande pas d'autres honneurs pour ma cendre, quand Lachésis aura filé mon dernier jour.

90. — A CINNA.

Tu nous parles toujours à l'oreille, Cinna, et pourtant tu ne dis rien qui ne puisse être dit à haute voix; tu ris, tu te plains, tu grondes, tu pleures, tu chantes, tu juges, tu te tais, tu cries, et cela toujours à l'oreille. Cette infirmité, Cinna, a jeté en toi de si profondes racines, que souvent tu viens nous faire à l'oreille l'éloge de César.

91. — A BASSA.

Comme je ne te voyais jamais, Bassa, courtisée par des hommes, que la chronique ne te donnait pas d'amant, et qu'une troupe de femmes, au contraire, à laquelle ne se mêlait jamais d'homme, était occupée à te servir, tu passais à mes yeux, je l'avoue, pour une Lucrèce; mais, ô crime! Bassa, tu étais toi-même l'amant de ces femmes! Tu oses besogner tes pareilles, et c'est toi qui, par un prodigieux effort de lubricité, joues le rôle de l'homme. Tu nous offres là une énigme digne de la sagacité du Sphinx: un adultère commis sans le concours d'un homme.

92. — AU DÉTRACTEUR LÉLIUS.

Tu ne publies pas tes vers, Lélius, et tu criti-

De nostris Novius potest fenestris.
  Quis non invideat mihi, putetque
Horis omnibus esse me beatum,
  Juncto cui liceat frui sodale?   5
Tam longe est mihi, quam Terentianus,
  Qui nunc Niliacam regit Syenen.
Non convivere, nec videre saltem,
  Non audire licet : nec urbe tota
Quisquam est tam prope, tam proculque nobis. 10
  Migrandum est mihi longius, vel illi.
Vicinus Novio, vel inquilinus
  Sit, si quis Novium videre non vult.

LXXXVIII. AD FESCENNIAM POTRICEM.

Ne gravis hesterno fragres, Fescennia, vino,
  Pastillos Cosmi luxuriosa voras.
Ista linunt dentes jentacula : sed nihil obstant,
  Extremo ructus quum venit a barathro.
Quid quod olet gravius mistum diapasmate virus, 5
  Atque duplex animæ longius exit odor?
Notas ergo nimis fraudes, deprensaque furta
  Jam tollas, et sis ebria simpliciter.

LXXXIX. EPITAPHIUM ALCIMI PUERI.

Alcime, quem raptum domino crescentibus annis
  Labicana levi cespite velat humus;
Accipe non Phario nutantia pondera saxo,
  Quæ cineri vanus dat ruitura labor;
Sed fragiles buxos, et opacas palmitis umbras,   5
  Quæque virent lacrymis roscida prata meis.
Accipe, care puer, nostri monumenta laboris :
  Hic tibi perpetuo tempore vivet honor.
Quum mihi supremos Lachesis perneverit annos,
  Non aliter cineres mando jacere meos.   10

XC. AD CINNAM.

Garris in aurem semper omnibus, Cinna;
Garris et illud, teste quod licet turba.
Rides in aurem, quereris, arguis, ploras :
Cantas in aurem, judicas, taces, clamas.
Adeone penitus sedit hic tibi morbus,   5
Ut sæpe in aurem, Cinna, Cæsarem laudes?

XCI. AD BASSAM TRIBADEM.

Quod nunquam maribus cinctam te, Bassa, videbam,
  Quodque tibi mœchum fabula nulla dabat;
Omne sed officium circa te semper obibat
  Turba tui sexus, non adeunte viro;
Esse videbaris, fateor, Lucretia nobis :   5
  At tu (proh facinus!) Bassa, fututor eras.
Inter se geminos audes committere cunnos,
  Mentiturque virum prodigiosa Venus.
Commenta es dignum thebano ænigmate monstrum :
  Hic, ubi vir non est, ut sit adulterium.   10

XCII. AD LÆLIUM, OBTRECTATOREM.

Quum tua non edas, carpis mea carmina, Læli.

ques les miens : ou ne critique pas mes vers, ou publie les tiens.

93. — A MAMURIANUS.

Cestus, la larme à l'œil, vient souvent se plaindre à moi, Mamurianus, des attouchements de ton doigt. Il n'est pas besoin de doigt : aie Cestus tout entier, s'il ne te manque nulle autre chose, Mamurianus. Mais si ton foyer est sans feu, et ton grabat sans support; si tu n'as pas même le vase ébréché de Chione ou d'Antiope; si une casaque jaunie et usée pend sur ton échine; si une jaquette gauloise laisse voir la moitié de tes fesses; si, pour tout aliment, tu n'as que la noire vapeur de la cuisine, et si tu te couches par terre comme un chien pour boire de l'eau sale, ce n'est pas ton derrière (si, ne faisant plus dès longtemps ses fonctions, il peut être appelé de ce nom), c'est l'œil qui te reste que j'enfoncerai avec le doigt. Ne m'accuse pas de jalousie ni de méchanceté; mais enfin, si tu veux jouir d'un jeune garçon, aie le ventre plein.

94. — SUR AQUINUS ET FABRICIUS.

Ici repose Aquinus, réuni à son fidèle Fabricius qui se réjouit d'arriver le premier au séjour de l'Élysée. Ce double autel atteste qu'ils remplissaient l'un et l'autre les fonctions de primipile; mais leur principale gloire est consignée dans la courte inscription que voici : « Unis tous deux par les liens sacrés d'une vie irréprochable, ils furent (ce que la renommée n'a pas à célébrer bien souvent) tous deux amis. »

95. — A ÉGLÉ.

Tu chantais mal, Églé, quand on te besognait. Aujourd'hui tu chantes bien; il ne faut donc plus t'embrasser.

96. — AU BRAILLARD HÉLIUS.

Quand tu cries sans cesse, Hélius, quand tu glapis aux oreilles des plaideurs, tu ne fais pas cela gratis; tu te fais payer pour te taire.

97. — A SCAZON, SUR UN LIBERTIN.

Si cela ne te déplaît ni ne t'ennuie, Scazon, dis, je te prie, de ma part, ce peu de mots à l'oreille de Maternus, mais de manière à ce que lui seul l'entende : Cet amateur de casaques grossières, qui se revêt de gros drap gris-brun fabriqué sur les rives du Bétis, qui n'admet pas au nombre des hommes ceux qui portent du drap écarlate, et qualifie de parures de femmes les habits couleur d'améthyste, peut bien faire l'éloge des vêtements de couleur naturelle, et ne se permettre dans ce genre que les teintes sombres; il n'en est pas moins efféminé. D'où vient, me direz-vous, que vous le soupçonnez de mollesse? Nous nous baignons ensemble, et jamais il n'élève la vue, mais il mange des yeux les gens vigoureusement constitués. A l'aspect de leurs mentules, l'eau lui vient à la bouche. — Quel est cet homme? — Son nom m'est échappé.

98. — A L'AVOCAT NÉVOLUS.

Quand tout le monde crie, Névolus, tu te contentes de parler, et tu te crois patron ou

Carpere vel noli nostra, vel ede tua.

XCIII. AD MAMURIANUM.

Sæpe mihi queritur non siccis Cestus ocellis,
  Tangi se digito, Mamuriane, tuo.
Non opus est digito : totum tibi Ceston habeto,
  Si deest nil aliud, Mamuriane, tibi.
Sed si nec focus est, nudi nec sponda grabati,   5
  Nec curtus Chiones, Antiopesve calix :
Cerea si pendet lumbis, et trita lacerna,
  Dimidiasque nates Gallica palla tegit;
Pasceris et nigræ solo nidore culinæ,
  Et bibis immundam cum cane pronus aquam : 10
Non culum (neque enim est culus, qui non cacat olim)
  Sed fodiam digito, qui superest, oculum.
Nec me zelotypum, nec dixeris esse malignum.
  Denique pædica, Mamuriane, satur.

XCIV. DE AQUINO ET FABRICIO.

Fabricio junctus fido requiescit Aquinus,
  Qui prior Elysias gaudet adisse domos.
Ara duplex primi testatur munera pili :
  Plus tamen est, titulo quod breviore legis :
Functus uterque sacro laudatæ fœdere vitæ,   5
  Famaque quod raro novit, amicus erat.

XCV. AD ÆGLEN FELLATRICEM.

Cantasti male, dum fututa es, Ægle.
Jam cantas bene; baslanda non es.

XCVI. AD HELIUM, RABULAM.

Quod clamas semper, quod agentibus obstrepis, Heli,
  Non facis hoc gratis : accipis, ut taceas.

XCVII. AD SCAZONTEM, DE FELLATORE.

Si non molestum est, teque non piget, Scazon,
Nostro, rogamus, pauca verba Materno
Dicas in aurem, sic, ut audiat solus.
Amator ille tristium lacernarum,
Et Bœticatus, atque leucophæatus,   5
Qui coccinatos non putat viros esse,
Amethystinasque mulierum vocat vestes;
Nativa laudet, habeat et licet semper
Fuscos colores, galbanos habet mores.
Rogabis unde suspicer virum mollem.   10
Una lavamur : aspicit nihil sursum;
Sed spectat oculis devorantibus draucos :
Nec otiosis mentulas videt labris.
Quæris, quis hic sit? excidit mihi nomen.

XCVIII. AD NÆVOLUM CAUSIDICUM.

Quum clamant omnes, loqueris tu, Nævole, tantum,
  Et te patronum causidicumque putas.

23.

avocat. Chacun à ce prix-là peut être éloquent : mais voici qu'on se tait ; parle donc, Névolus.

99. — A FLACCUS.

Diodorus plaide, Flaccus, et il a la goutte aux pieds ; mais il ne donne rien à son avocat : c'est donc aux mains qu'il a la goutte.

100. — A L'AVARE CALÉNUS.

Tu n'avais pas encore deux millions nets de sesterces, mais tu étais si prodigue, si libéral, si magnifique, Calénus, que tous tes amis t'en souhaitaient le quintuple. Les Dieux ont entendu nos vœux, et dans l'espace, je crois, de sept calendes, quatre morts t'ont donné cette fortune. Mais toi, comme si ces héritages t'eussent ruiné, au lieu de t'enrichir, tu t'es condamné à une telle abstinence, que le plus somptueux de tes festins, le seul de toute l'année pour lequel tu fasses des préparatifs, ne te coûte que quelques pièces de menue monnaie, et que nous, sept de tes anciens amis, ne te coûtons que la valeur d'une demi-livre de plomb. Quels souhaits nouveaux ferons-nous qui soient dignes de ta singulière générosité ? Nous te souhaiterons, Calénus, cent millions de sesterces ; si cette fortune t'arrive, tu mourras de faim.

101. — SUR AFRA.

Afra a des papas et des mamans ; mais de ses papas et de ses mamans, Afra peut bien être appelée la grand'maman.

102. — SUR LA MORT DE L'ESCLAVE DÉMÉTRIUS

Démétrius, cet esclave dont la main, fidèle confidente de mes vers, m'était si utile et était si connue des Césars, vient de mourir au printemps de sa vie, lorsqu'il ne comptait que trois lustres et quatre moissons. Toutefois, comme le mal impie le consumait, j'eus soin, pour que le moribond ne descendît pas esclave aux enfers, d'abandonner tous mes droits sur lui. Il méritait que cet acte de ma bienfaisance le guérît ; il en sentait bien tout le prix à son heure dernière, et quand il fut sur le point de descendre libre aux sombres bords, il m'appela son patron.

103. — A LYCORIS.

En peignant pour toi cette Vénus, ô Lycoris ! le peintre, je crois, flattait Minerve.

104. — A SCÉVOLA.

Si les Dieux me donnaient un million de sesterces, disais-tu, Scévola, lorsque tu n'avais pas encore le cens pour être chevalier, que je vivrais grand et heureux avec un pareil revenu. Les Dieux rirent de tes souhaits, et toutefois, pleins de bonté, ils les accomplirent. Depuis, ta toge est plus sale, ton manteau plus mauvais, et ta chaussure a été rapetassée trois ou quatre fois. Sur dix olives qu'on te sert, tu en gardes pour le lendemain le plus grand nombre ; et chez toi, le même service fournit aux besoins de deux repas. Tu ne bois que la lie épaisse du vin clairet de

Hac ratione potest nemo non esse disertus.
 Ecce tacent omnes : Nævole, dic aliquid.

XCIX. AD FLACCUM.

Litigat, et podagra Diodorus, Flacce, laborat.
 Sed nil patrono porrigit : hæc chiragra est.

C. AD CALENUM AVARUM.

Non plenum modo vicies habebas ;
Sed tam prodigus, atque liberalis,
Et tam lautus eras, Calene, ut omnes
Optarent tibi centies amici.
Audit vota Deus, precesque nostras ;   5
Atque intra, puto, septimas kalendas
Mortes hoc tibi quatuor dederunt.
At tu sic, quasi non foret relictum,
Sed raptum tibi centies, abisti
In tantam miser esuritionem,   10
Ut convivia sumptuosiora,
Toto quæ semel apparas in anno,
Nigræ sordibus explices monetæ ;
Et septem veteres tui sodales
Constemus tibi plumbea selibra.   15
Quid dignum meritis precemur istis?
Optemus tibi millies, Calene.
Hoc si contigerit, fame peribis.

CI. DE AFRA VETULA.

Mammas atque tatas habet Afra : sed ipsa tatarum
 Dici et mammarum maxima mamma potest.

CII. DE DEMETRII SERVI MORTE.

Illa manus quondam studiorum fida meorum,
 Et felix domino, notaque Cæsaribus,
Destituit primos viridis Demetrius annos :
 Quarta tribus lustris addita messis erat.
Ne tamen ad Stygias famulus descenderet umbras,   5
 Ureret implicitum quum scelerata lues,
Cavimus, et domini jus omne remisimus ægro :
 Munere dignus erat convaluisse meo.
Sensit deficiens sua præmia, meque patronum
 Dixit, ad infernas liber iturus aquas.   10

CIII. AD LYCORIM.

Qui pinxit Venerem tuam, Lycori,
Blanditus, puto, pictor est Minervæ.

CIV. AD SCÆVOLAM.

Si dederint Superi decies mihi millia centum,
 Dicebas nondum, Scævola, justus eques;
Qualiter o vivam, quam large, quamque beato!
 Riserunt faciles, et tribuere Dei.
Sordidior multo post hoc toga, pænula pejor :   5
 Calceus est sarta terque quaterque cute;
Deque decem plures semper servantur olivæ :
 Explicat et cœnas unica mensa duas ;
Et Veientani bibitur fæx crassa rubelli,
 Asse cicer tepidum constat, et asse Venus.   10
In jus, o fallax atque inficiator, eamus :

Véies; un plat de pois bouillis te coûte un as, et tes passe-temps amoureux pas davantage. Parais donc au tribunal, homme fourbe et menteur; marchons! Ou vis comme tu le dois, Scévola, ou rends aux Dieux ton million.

105. — SUR UN SPECTACLE.

A voir le léopard à la fourrure tachetée plier sa tête sous un joug délicatement façonné, les tigres féroces endurer avec patience les coups de fouet, les cerfs recevoir dans leur bouche le fer doré du mors, les ours de Libye obéir aux commandements du frein, un sanglier pareil à celui de Calydon se soumettre à la gêne d'un licou de pourpre, les bisons difformes traîner des chariots, et l'éléphant, docile à l'ordre de son noir conducteur auquel il ne sait rien refuser, danser avec grâce, qui ne croirait assister à un spectacle des Dieux? Ce spectacle toutefois est négligé, comme trop peu intéressant par quiconque assiste aux petites chasses des lions, de ces animaux que fatiguent, en fuyant devant eux, les lièvres agiles et épouvantés. Quitter leur proie, la reprendre, la caresser, et la tenir prisonnière entre leurs mâchoires où elle n'a nul danger à courir, lui ménager des issues et contraindre leurs dents pour ne pas la blesser, tel est le passe-temps de ces lions. Ils auraient honte d'écraser une si frêle créature, alors qu'ils viennent de terrasser de jeunes taureaux. Tant de clémence n'est pas l'œuvre de l'art; mais les lions savent à quel maître ils obéissent.

106. — A OVIDE.

Le vin de Nomente, Ovide, quand il est arrivé à une extrême vieillesse, perd avec le temps et sa nature première et son nom : la vieille amphore qui le contient peut alors recevoir telle étiquette qu'on voudra lui donner.

107. — A RUFUS.

Tu ne bois, Rufus, que de l'eau rougie, et ce n'est que sur les vives instances de ton ami que tu avales de rares gorgées de falerne bien trempé. Névia t'aurait-elle promis une nuit de bonheur, et voudrais-tu par la sobriété t'assurer de tes forces, pour ne pas faillir à l'aurore? Tu soupires, tu te tais, tu gémis! l'ingrate te refuse. Bois donc largement, tu le peux désormais; noie dans le vin la honte de ce refus. Pourquoi te ménager, Rufus? tu n'as plus rien à faire qu'à dormir.

108. — A LUCIUS JULIUS.

« Écrivez donc quelque chose de grand, paresseux que vous êtes, » me dites-vous souvent, illustre Julius. Ah! donnez-moi des loisirs tels que Mécène en donnait jadis à ses amis Horace et Virgile. Que j'essaye, dites-vous, d'immortaliser mon nom et de l'arracher aux flammes du bûcher! Les taureaux ne veulent pas labourer des champs stériles : un sol gras fatigue, mais la peine qu'on y prend n'est pas sans charmes.

109. — A GALLUS.

Votre maison (et puissiez-vous la posséder et

Aut vive, aut decies, Scævola, redde Deis.

CV. DE SPECTACULO.

Picto quod juga delicata collo
Pardus sustinet, improbæque tigres
Indulgent patientiam flagello :
Mordent aurea quod lupata cervi,
Quod frenis Libyci domantur ursi, 5
Et quantum Calydon tulisse fertur,
Paret purpureis aper capistris :
Turpes esseda quod trahunt bisontes,
Et molles dare jussa quod choreas
Nigro bellua nil negat magistro : 10
Quis spectacula non putet Deorum?
Hæc transit tamen, ut minora, quisquis
Venatus humiles videt leonum,
Quos velox leporum timor fatigat.
Dimittunt, repetunt, amantque captos, 15
Et securior est in ore præda;
Laxos cui dare perviosque rictus
Gaudent, et timidos tenere dentes,
Mollem frangere dum pudet rapinam,
Stratis quum modo venerint juvencis. 20
Hæc clementia non paratur arte,
Sed norunt cui serviant leones.

CVI. AD OVIDIUM.

In Nomentanis, Ovidi, quod nascitur agris,
  Accepit quoties tempora longa merum,
Exuit annosa mores nomenque senecta;
  Et, quicquid voluit, testa vocatur anus.

CVII. AD RUFUM.

Interponis aquam subinde, Rufe,
  Et si cogeris a sodale, raram
Diluti bibis unciam Falerni.
Numquid pollicita est tibi beatam
Noctem Nævia, sobriasque mavis 5
Certæ nequitias fututionis?
Suspiras, retices, gemis : negavit.
Crebros ergo bibas licet trientes,
Et durum jugules mero pudorem.
Quid parcis tibi, Rufe? dormiendum est. 10

CVIII. AD LUCIUM JULIUM.

Sæpe mihi dicis, Luci clarissime Juli,
  Scribe aliquid magnum : desidiosus homo es.
Otia da nobis; sed qualia fecerat olim
  Mæcenas Flacco, Virgilioque suo :
Condere victuras tentem per sæcula curas, 5
  Et nomen flammis eripuisse meum.
In steriles campos nolunt juga ferre juvenci :
  Pingue solum lassat, sed juvat ipse labor.

CIX. AD GALLUM.

Est tibi, sitque precor, multos crescatque per annos,
  Pulchra quidem, verum Transtiberina domus.

l'accroître encore pendant longues années), votre maison est belle sans doute, mais elle est située de l'autre côté du Tibre. Pour moi, je suis logé au plus haut, et je vois, de mon taudis, les lauriers d'Agrippa. C'est là que la vieillesse est venue me surprendre, et, pour pouvoir vous saluer chez vous tous les matins, Gallus, il me faudrait déménager. Je vous estime assez pour me transporter plus loin encore, s'il le fallait; mais c'est peu de chose pour votre gloire qu'un client de plus, et c'est beaucoup pour moi, Gallus, si je me dispense de ce déplacement. J'irai donc vous saluer vers la dixième heure au plus tard. Ce matin, mon livre vous souhaitera le bonjour de ma part.

110. — SUR LA PETITE CHIENNE DE PUBLIUS, ET SUR LE PORTRAIT DE CETTE CHIENNE.

Issa est plus agaçante que le moineau de Catulle, Issa est plus pure que le baiser de la colombe, Issa est plus tendre que toutes les jeunes filles, Issa est plus précieuse que les pierreries de l'Inde; la petite chienne Issa fait les délices de Publius. Quand elle se plaint, on croirait qu'elle parle; elle comprend la tristesse de son maître et sa joie; elle se couche sur son cou, et dort, sans faire entendre un soupir. A-t-elle quelque besoin, n'ayez pas peur qu'elle gâte les couvertures; mais elle avertit, par un mouvement de sa patte, qu'on la descende du lit, et demande ensuite à être nettoyée. Telle est la pudeur de cette chaste petite chienne, qu'elle ignore les plaisirs de l'amour, et qu'il ne s'est point trouvé d'époux digne d'une si tendre pucelle. Pour que la mort ne la lui ravît pas tout entière, Publius l'a peinte et l'a représentée avec tant de vérité, qu'Issa n'est pas plus semblable à elle-même. Comparez, en effet, Issa et son image, et vous croirez voir ou deux Issa, ou deux portraits.

111. — A VÉLOX.

Tu te plains, Vélox, de la longueur de mes épigrammes : tu les fais bien plus courtes, toi qui n'écris rien.

112. — A RÉGULUS.

La renommée que vous avez acquise par votre sagesse égalant votre respect envers les Dieux, et votre piété n'étant pas au-dessous de votre génie, celui qui s'étonne qu'on vous offre un livre et de l'encens ignore quels sont les présents qui conviennent au mérite.

113. — CONTRE PRISCUS.

Quand je ne te connaissais pas encore, je t'appelais mon maître et mon roi; maintenant que je te connais bien, c'est Priscus que je t'appelle.

114. — AU LECTEUR, SUR LE LIEU OU SES LIVRES SE VENDENT.

Si tu veux, lecteur, employer mal quelques heures utiles, et si tu es l'ennemi de ton loisir, ces bagatelles, ces riens qui jadis ont amusé mon enfance et ma jeunesse, et que je ne connais plus moi-même, tu peux les demander à Quintus Pollius Valérianus, qui a résolu de ne pas les laisser mourir.

At mea Vipsanas spectant cœnacula laurus :
   Factus in hac ego sum jam regione senex.
Migrandum est, ut mane domi te, Galle, salutem :
   Es tanti, vel si longius illa foret.
Sed tibi non multum est, unum si præsto togatum :
   Multum est, hunc unum si mihi, Galle, nego.
Ipse salutabo decima vel serius hora :
   Mane tibi me dicat avere liber.   10

CX. DE CATELLA PUBLII ET PICTURA EJUSDEM.

Issa est passere nequior Catulli.
Issa est purior osculo columbæ.
Issa est blandior omnibus puellis.
Issa est carior Indicis lapillis.
Issa est deliciæ catella Publi.   5
Hanc tu, si queritur, loqui putabis.
Sentit tristitiamque gaudiumque.
Collo nixa cubat, capitque somnos,
Ut suspiria nulla sentiantur.
Et desiderio coacta ventris,   10
Gutta pallia non fefellit ulla :
Sed blando pede suscitat, toroque
Deponi monet, et rogat lavari.
Castæ tantus inest pudor catellæ :
Ignorat Venerem : nec invenimus   15
Dignum tam tenera virum puella.
Hanc ne lux rapiat suprema totam,

Picta Publius exprimit tabella,
In qua tam similem videbis Issam,
Ut sit tam similis sibi nec Issa.   20
Issam denique pone cum tabella :
Aut utramque putabis esse veram,
Aut utramque putabis esse pictam.

CXI. AD VELOCEM.

Scribere me quereris, Velox, epigrammata longa.
   Ipse nihil scribis : tu breviora facis.

CXII. AD REGULUM.

Quum tibi sit sophiæ par fama, et cura Deorum,
   Ingenio pietas nec minor ipsa tuo;
Ignorat meritis dare munera, qui tibi librum,
   Et qui miratur, Regule, thura dari.

CXIII. IN PRISCUM.

Quum te non nossem, dominum regemque vocabam :
   Quum bene te novi, jam mihi Priscus eris.

CXIV. AD LECTOREM, UBI LIBRI SUI VENALES.

Quæcumque lusi juvenis et puer quondam,
Apinasque nostras, quas nec ipse jam novi,
Male collocare si bonas voles horas,
Et invidebis otio tuo, lector,
A Valeriano Pollio petes Quinto,   5
Per quem perire non licet meis nugis.

115. — A FAUSTINUS.

Ces jardins, Faustinus, voisins de votre demeure, ce petit champ, ces prés humides, sont le domaine de Télesphorus Fénius. Là il a déposé les cendres de sa fille ; là il a consacré le nom de son Antulla sur une tombe où le sien serait mieux placé : car il était dans l'ordre de la nature que le père descendît le premier sur les bords du Styx. Les destins ne l'ont pas voulu : qu'il vive donc pour honorer les mânes de sa fille.

116. — CONTRE PROCILLUS.

Jaloux Procillus, une jeune fille plus blanche que le cygne sans taches, que l'argent, que la neige, que le lis, que la fleur du troène, est éprise de moi. Tu vas te pendre ! mais moi j'en aime une autre plus noire que la nuit, que la fourmi, que la poix, que le geai, que la cigale. Si je te connais bien, Procillus, tu vivras.

117. — SUR LE CHAMP CONSACRÉ A LA SÉPULTURE D'ANTULLA ET DE SA FAMILLE

Fénius a consacré à l'éternel honneur des mânes ce bois et ce peu d'arpents de terrain cultivé. Antulla, ravie trop tôt à sa famille, repose sous ce tombeau ; les cendres de son père et de sa mère seront un jour mêlées aux siennes. Si quelqu'un désirait acquérir ce champ, qu'il perde, je l'en avertis, l'espoir de l'obtenir. Il est destiné pour toujours au service de ses maîtres.

118. — CONTRE LUPERCUS.

Vous ne manquez jamais, Lupercus, à chaque rencontre, de me dire : « Voulez-vous que je vous envoie mon esclave, et voulez-vous lui confier votre petit volume d'Epigrammes, que je vous renverrai dès que je l'aurai lu ? » Il est inutile, Lupercus, que vous donniez cette peine à votre esclave. La route est longue de chez vous au Poirier ; de plus, je loge au troisième étage, et les étages sont très-hauts. Ce que vous demandez, vous n'avez pas à le chercher si loin. Vous êtes un habitué de l'Argilète : or, près du forum de César se trouve une boutique, dont la devanture est toute couverte de titres d'ouvrages, de sorte qu'on y lit d'un coup d'œil les noms de tous les poëtes. Là, vous me demanderez, en vous adressant à Atrectus ; c'est le nom du marchand. Du premier ou du second casier il tirera un Martial bien poli et orné de pourpre, qu'il vous vendra cinq deniers. — « C'est trop cher, » dites-vous. — Vous avez raison, Lupercus.

119. — A CÉCILIANUS.

Celui qui, après avoir lu cent épigrammes, trouve que ce n'est pas assez, Cécilianus, peut bien se dire à l'épreuve de tout mal.

LIVRE II.

MARTIAL A SON AMI DÉCIANUS, SALUT.

« Que me veut cette épître, dites-vous ? N'est-ce pas assez de complaisance que de lire vos épigrammes ? Qu'allez-vous nous dire que vous ne puissiez dire dans vos vers ? Je comprends

---

CXV. AD FAUSTINUM.

Hos tibi vicinos, Faustine, Telesphorus hortos
   Fœnius, et breve rus, udaque prata tenet.
Condidit hic natæ cineres, nomenque sacravit,
   Quod legis, Antullæ, dignior ipse legi ;
Et Stygias æquum fuerat patrem isse sub umbras :   5
   Sed quia non licuit vivat, ut ossa colat.

CXVI. IN PROCILLUM.

Quædam me cupit, invide Procille,
   Loto candidior puella cycno,
   Argento, nive, lilio, ligustro :
   Jam suspendia sæva cogitabis.
Sed quamdam volo nocte nigriorem,   5
   Formica, pice, graculo, cicada :
   Si novi bene te, Procille, vives.

CXVII. DE AGRO IN ANTULLÆ EJUSQUE FAMILIÆ SEPULCRUM SEPOSITO.

Hoc nemus æterno cinerum sacravit honore
   Fœnius, et culti jugera pauca soli.
Hoc tegitur cito rapta suis Antulla sepulcro :
   Hoc erit Antullæ mixtus uterque parens.
Si cupit hunc aliquis, moneo ne speret, agellum :   5
   Perpetuo dominis serviet iste suis.

CXVIII. IN LUPERCUM.

Occurris quoties, Luperce, nobis,
Vis mittam puerum, subinde dicis,
Cui tradas Epigrammaton libellum,
Lectum quem tibi protinus remittam ?
Non est, quod puerum, Luperce, vexes.   5
Longum est, si velit ad Pyrum venire,
Et scalis habito tribus, sed altis.
Quod quæris, propius petas licebit :
Argi nempe soles subire letum.
Contra Cæsaris est forum taberna,   10
Scriptis postibus hinc et inde totis,
Omnes ut cito perlegas poetas.
Illinc me pete ; me roges Atrectum :
Hoc nomen dominus gerit tabernæ.
De primo dabit, alterove nido,   15
Rasum pumice, purpuraque cultum,
Denariis tibi quinque Martialem.
Tanti non es, ais ? sapis, Luperce.

CXIX. AD CÆCILIANUM.

Cui legisse satis non est epigrammata centum,
   Nil illi satis est, Cæciliane, mali.

LIBER II.

MARTIALIS DECIANO SUO S.

Quid nobis, inquis, cum epistola ? parumne tibi præstamus, si legimus epigrammata ? quid hic porro dicturus es-

pourquoi les poëtes tragiques ont recours au prologue, eux qui n'ont pas le droit de parler pour eux-mêmes dans leurs pièces : mais l'épigramme n'a pas besoin du ministère d'un Curion ; son mérite particulier, c'est-à-dire le droit de parler librement, lui suffit. A quelque page qu'on la lise, on peut la considérer comme une épître. Si tel est votre sentiment, gardez-vous de faire une chose ridicule, et de mettre la toge sur un danseur de théâtre. Voyez encore si, armé d'une férule, il vous plaît d'entrer en lutte avec un rétiaire. Pour moi, je me range du côté de ceux qui protestent aussitôt contre cette lutte inégale. »— Par Hercule! Décianus, je crois que vous dites vrai. Que serait-ce si vous saviez à quelle épître, à quelle longue épître vous alliez avoir affaire? Qu'il soit fait suivant votre volonté. S'il en est qui mettent la main sur ce livre, ils vous devront d'arriver sans fatigue au bout de la première page.

1. — A SON LIVRE.

Tu pouvais bien recevoir jusqu'à trois cents épigrammes ; mais qui te souffrirait, ô mon livre, et qui te lirait? Apprends donc aujourd'hui quels sont les avantages d'un petit livre. C'est d'abord de me coûter moins de papier, ensuite d'être transcrit en une heure par le copiste, lequel ne perd pas ainsi tout son temps à ces bagatelles ; enfin c'est de moins ennuyer si l'on vient à le lire, fût-il mauvais d'un bout à l'autre. A table, on te lira en se versant à boire, et l'on t'aura lu avant même que la liqueur se soit attiédie dans la coupe. Te crois-tu suffisamment recommandé par ta brièveté? Hélas! tel que tu es, pour combien de gens seras-tu encore trop long!

2. — A DOMITIEN.

La Crète valut un grand nom à Métellus, l'Afrique un plus grand à Scipion ; et l'un et l'autre ont dû cet honneur à la victoire. Mais la Germanie en valut un plus noble au vainqueur des peuples du Rhin, et ce nom, César, vous fûtes, quoique encore enfant, digne de le porter. Car si votre frère mérita de partager avec votre père les triomphes de l'Idumée, les lauriers cueillis chez les Cattes vous appartiennent tout entiers.

3. — A SEXTUS.

Sextus, tu ne dois rien ; tu ne dois rien, Sextus, je l'avoue : car on ne doit, Sextus, qu'autant qu'on peut payer.

4. — CONTRE AMMIANUS.

Que tu es caressant, Ammianus, pour ta mère! Ammianus, que ta mère est caressante pour toi! Elle t'appelle son frère, et tu la nommes ta sœur. Pourquoi ces étranges qualifications vous semblent-elles si douces? pourquoi ne pas vous en tenir à ce que vous êtes? Mais ce n'est qu'un jeu, dites-vous, une plaisanterie. Il n'en est rien. Une mère qui veut être sœur ne veut être ni sœur ni mère.

5. — A DÉCIANUS.

Que je meure, Décianus, si je ne souhaite de passer mes jours entiers et mes nuits entières avec vous! Mais deux mille pas nous séparent l'un de l'autre, ce qui fait quatre mille quand il

---

quod non possis versibus dicere? Video quare tragœdi epistolam accipiant, quibus pro se loqui non licet. Epigrammata Curione non egent, et contenta sunt sua, id est, mala lingua. In quacumque pagina visum est, epistolam faciunt. Noli ergo, si tibi videtur, rem facere ridiculam, et togam saltanti inducere personæ. Denique videas, an te delectet contra retiarium ferula. Ego inter illos sedeo, qui protinus reclamant. Puto me hercule, Deciane, verum dicis. Quid, si scias, cum qua, et quam longa epistola negotium fueras habiturus? Itaque, quod exigis, fiat. Debebunt tibi, si qui in hunc librum inciderint, quod ad primam paginam non lassi pervenient.

I. AD LIBRUM SUUM.

Ter centena quidem poteras epigrammata ferre :
  Sed quis te ferret perlegeretque, liber?
At nunc succincti quæ sint bona disce libelli.
  Hoc primum est, brevior quod mihi charta perit.
Deinde, quod hæc una peraget librarius hora,   5
  Nec tantum nugis serviet iste meis.
Tertia res hæc est, quod, si cui forte legeris,
  Sis licet usque malus, non odiosus eris.
Te conviva leget mixto quincunce : sed ante,
  Incipiat positus quam tepuisse calix.   10
Esse tibi tanta cautus brevitate videris?

Hei mihi, quam multis sic quoque longus eris?

II. AD CÆSAREM DOMITIANUM.

Creta dedit magnum, majus dedit Africa nomen,
  Scipio quod victor, quodque Metellus habet ;
Nobilius domito tribuit Germania Rheno,
  Et puer hoc dignus nomine, Cæsar, eras.
Frater Idumæos meruit cum patre triumphos :   5
  Quæ datur ex Cattis laurea, tota tua est.

III. AD SEXTUM.

Sexte, nihil debes ; nil debes, Sexte, fatemur.
  Debet enim, si quis solvere, Sexte, potest.

IV. IN AMMIANUM.

O quam blandus es, Ammiane, matri!
Quam blanda est tibi mater, Ammiane!
Fratrem te vocat, et soror vocatur.
Cur vos nomina nequiora tangunt?
Quare non juvat hoc, quod estis, esse?   5
Lusum creditis hoc, jocumque? non est.
Matrem, quæ cupit esse se sororem,
Nec matrem juvat esse, nec sororem.

V. AD DECIANUM.

Ne valeam, si non totis, Deciane, diebus,
  Et tecum totis noctibus esse velim.

faut revenir. Souvent vous n'êtes pas chez vous; souvent, bien que vous y soyez, on me refuse la porte; souvent encore vous préparez vos causes, ou vous vous donnez du bon temps. Je ferais volontiers deux mille pas pour vous voir; mais il m'est pénible d'en faire quatre mille pour ne vous voir pas.

6. — A SÉVÈRE.

Va maintenant, presse-moi de publier mes épigrammes. A peine as-tu lu deux pages, Sévère, que tu sautes à la fin du livre, et laisses échapper de longs bâillements. Pourtant ce sont les mêmes épigrammes que tu avais coutume, quand je les récitais, de transcrire à la dérobée sur tes tablettes vitelliennes; les mêmes que tu portais sur ton cœur, dans les festins, aux théâtres. Oui, ce sont les mêmes, ou de meilleures; car s'il en est que tu ne connaisses pas, tu ne connais pas les meilleures. A quoi sert que mon livre soit d'un format si petit, et qu'aucun cylindre n'en augmente le poids, s'il te faut trois jours pour le lire? Quel pauvre et sot plaisir! Tu succombes bien vite à la fatigue du voyage, et quand tu dois courir à Bovilles, tu cherches à dételer près du temple des Muses. Va maintenant, presse-moi de publier mes épigrammes.

7. — CONTRE ATTALUS.

Tu es un joli déclamateur, tu es, Attalus, un joli avocat. Tu écris de jolies histoires, tu fais de jolis vers; tu composes joliment des mimes, et tu fais de jolies épigrammes. Tu es un joli grammairien, un joli astrologue, un joli chanteur, un joli danseur. Tu manies joliment la lyre, et tu es un joli joueur de paume. Tu ne fais rien de bien, et cependant tu fais tout d'une jolie manière. Veux-tu que je te dise qui tu es? Tu es un grand ardélion.

8. — AU LECTEUR.

Lecteur, si quelques passages, dans ces épigrammes, te semblent ou trop obscurs ou peu latins, ce n'est pas ma faute, mais celle du copiste pressé de te livrer exactement le nombre. Que si tu crois, au contraire, que je suis le coupable, je croirai, moi, que tu es partial. — Mais ces épigrammes sont mauvaises. — Comme si je voulais nier l'évidence! Elles sont mauvaises, d'accord; mais tu n'en fais pas de meilleures.

9. — SUR NÉVIA.

J'ai écrit à Névia; elle ne m'a point répondu; je ne l'aurai donc pas. Mais elle a lu ma lettre: alors elle est à moi.

10. — CONTRE POSTHUMUS.

J'approuve, Posthumus, que tu me donnes des baisers de la moitié des lèvres; tu pourrais même me retrancher la moitié de cette moitié. Veux-tu me faire une grâce encore plus grande, une grâce sans égale? garde pour toi, Posthumus, toute cette dernière moitié.

11. — A RUFUS, SUR LE PARASITE SÉLIUS.

Rufus, parce que vous voyez des nuages sur le front de Sélius, parce qu'il se promène tard

Sed duo sunt, quæ nos distinguunt, millia passum :
  Quatuor hæc fiunt, quum rediturus eam.
Sæpe domi non es : quum sis quoque, sæpe negaris :   5
  Vel tantum causis, vel tibi sæpe vacas.
Te tamen ut videam, duo millia non piget ire :
  Ut te non videam, quatuor ire piget.

VI. AD SEVERUM.

I nunc, edere me jube libellos.
Lectis vix tibi paginis duabus,
Spectas ἐσχατοκώλιον, Severe,
Et longas trahis oscitationes.
Hæc sunt, quæ relegente me solebas   5
Rapta exscribere, sed Vitellianis.
Hæc sunt singula, quæ sinu ferebas
Per convivia cuncta, per theatra.
Hæc sunt, aut meliora si qua nescis.
Quid prodest mihi tam macer libellus,   10
Nullo crassior ut sit umbilico,
Si tot tibi triduo legatur?
Numquam deliciæ supiniores.
Lassus tam cito deficis viator,
Et quum currere debeas Bovillas,   15
Interjungere quæris ad Camœnas.
I nunc, edere me jube libellos.

VII. IN ATTALUM.

Declamas belle; causas agis, Attale, belle.
Historias bellas, carmina bella facis.
Componis belle mimos, epigrammata belle;
  Bellus grammaticus, bellus es astrologus.
Et belle cantas, et saltas, Attale, belle.   5
  Bellus es arte lyræ, bellus es arte pilæ.
Nil bene quum facias, facis attamen omnia belle.
  Vis dicam quid sis? magnus es ardelio.

VIII. AD LECTOREM.

Si qua videbuntur chartis tibi, lector, in istis
  Sive obscura nimis, sive latina parum;
Non meus est error : nocuit librarius illis,
  Dum properat versus annumerare tibi.
Quod si non illum, sed me peccasse putabis,   5
  Tunc ego te credam cordis habere nihil.
Ista tamen mala sunt. Quasi nos manifesta negemus?
  Hæc mala sunt; sed tu non meliora facis.

IX. DE NÆVIA.

Scripsi, rescripsit nil Nævia, non dabit ergo.
  Sed puto, quod scripsi, legerat : ergo dabit.

X. IN POSTHUMUM.

Basia dimidio quod das mihi, Posthume, labro,
  Laudo : licet demas hinc quoque dimidium.
Vis dare majus adhuc, et inenarrabile munus?
  Hoc tibi habe totum, Posthume, dimidium.

XI. AD RUFUM DE SELIO CORNIPETA.

Quod fronte Selium nubila vides, Rufe,

sous les portiques, parce que sa figure morne annonce quelque pensée sinistre, parce que son nez s'allonge jusqu'à terre, parce qu'il se frappe la poitrine et s'arrache les cheveux, il ne faut pas croire qu'il pleure la perte d'un ami ou d'un frère. Ses deux fils vivent, et je fais des vœux pour la continuation de leurs jours ; sa femme se porte à merveille ; ses meubles, ses esclaves sont en bon état ; son fermier, son métayer n'ont pas fait banqueroute. Quel est donc la cause de son chagrin? Il soupe chez lui.

12. — CONTRE POSTHUMUS.

Explique-moi pourquoi tes baisers sentent la myrrhe, pourquoi tu exhales toujours une odeur qui ne t'est point naturelle? Cette habitude, Posthumus, de sentir toujours bon, m'est suspecte ; celui-là ne sent pas bon, Posthumus, qui sent toujours bon.

13. — A SEXTUS.

Le juge réclame des épices, l'avocat des honoraires. Crois-moi, Sextus, paye ton créancier.

14. — A PAULINUS, SUR LE PARASITE SÉLIUS.

Il n'est rien que Sélius ne tente, rien qu'il n'ose, toutes les fois qu'il se voit menacé de dîner chez lui. Il court au portique d'Europe, et là, Paulinus, il vous loue sans mesure, ainsi que vos pieds rivaux de ceux d'Achille. Si Europe ne fait rien pour lui, il se dirige vers l'enceinte des Comices, pour voir s'il obtiendra davantage du fils de Philippe et de celui d'Éson. Déçu encore, il va au temple d'Isis, et s'y installe sur tes siéges, génisse désolée. De là, il gagne le palais aux cent colonnes, puis le Portique, monument de la magnificence de Pompée, et ses deux jardins. Il ne néglige de visiter ni les bains de Fortunatus, ni ceux de Faustus, ni les piscines ténébreuses de Gryllus, ni celles de Lupus ouvertes à tous les vents. Il se baigne cent fois dans chaque étuve, et, quand il a tout fait sans toucher le destin, il revient bien lavé et à toutes jambes près des buis de la tiède Europe, voir encore si quelque ami attardé n'apparaîtrait point. Toi du moins amoureux Taureau, je t'en conjure par toi-même, par la jeune fille dont tu fus le ravisseur, invite Sélius à souper.

15. — CONTRE LE PUANT HERMUS.

Si tu n'engages personne à boire dans ta coupe, Hermus, c'est par humanité, et non par orgueil.

16. — CONTRE ZOÏLE, FEIGNANT D'ÊTRE MALADE.

Zoïle est malade ; c'est son lit qui lui donne la fièvre. S'il se portait bien, que deviendraient cet étalage de couvertures écarlates, ce lit de bois d'Égypte, et ces draps parfumés dans lesquels il s'enveloppe? Tout son mal n'est-il pas dans cette ridicule ostentation de ses richesses? Qu'as-tu affaire de médecins, Zoïle? Chasse-moi tous ces Machaons. Veux-tu guérir? sers-toi de mes couvertures.

17. — A AMMIANUS, SUR UNE BARBIÈRE LIBERTINE.

Cette avare tondeuse qui demeure à l'entrée de la rue Suburra, au lieu même où pendent les fouets ensanglantés du bourreau, dans le quartier

---

    Quod ambulator porticum terit serus ;
    Lugubre quiddam quod tacet piger vultus ;
    Quod pæne terram tangit indecens nasus ;
    Quod dextra pectus pulsat, et comam vellit ;   5
    Non ille amici fata luget, aut fratris :
    Uterque natus vivit, et precor vivat :
    Salva est et uxor, sarcinæque, servique :
    Nihil colonus, villicusque decoxit.
    Mœroris igitur causa quæ? domi cœnat.   10

XII. IN POSTHUMUM.

Esse quid hoc dicam, quod olent tua basia myrrham,
    Quodque tibi est nunquam non alienus odor?
Hoc mihi suspectum est, quod oles bene, Posthume, semper :
    Posthume, non bene olet, qui bene semper olet.

XIII. AD SEXTUM.

Et judex petit, et petit patronus.
Solvas, censeo, Sexte, creditori.

XIV. AD PAULINUM DE SELIO CŒNIPETA.

Nil intentatum Selius, nil linquit inausum,
    Cænandum quoties jam videt esse domi.
Currit ad Europen ; et te, Pauline, tuosque
    Laudat Achilleos, sed sine fine, pedes.
Si nihil Europe fecit, tum Septa petuntur,   5
    Si quid Phillyrides præstet, et Æsonides.
Illinc quoque deceptus Memphitica templa frequentat,
    Assidet et cathedris, mœsta juvenca, tuis.
Inde petit centum pendentia tecta columnis ;
    Illinc Pompeii dona, nemusque duplex.   10
Nec Fortunati spernit, nec balnea Fausti,
    Nec Grylli tenebras, Æoliamque Lupi :
Nam thermis iterum cunctis iterumque lavatur.
    Omnia quum fecit, sed renuente Deo,
Lotus ad Europes lepidæ buxeta recurrit,   15
    Si quis ibi serum carpat amicus iter.
Per te, perque tuam, vector lascive, puellam,
    Ad cœnam Selium tu, rogo, Taure, voca.

XV. IN HERMUM, MALE OLENTEM.

Quod nulli calicem tuum propinas,
Humane facis, Herme, non superbe.

XVI. IN ZOILUM, ÆGRUM SE SIMULANTEM.

Zoilus ægrotat : faciunt hanc stragula febrem.
    Si fuerit sanus, coccina quid facient?
Quid torus a Nilo, quid sindone cinctus olenti?
    Ostendit stultas quid nisi morbus opes?
Quid tibi cum medicis? Dimitte Machaonas omnes :   5
    Vis fieri sanus? stragula sume mea.

XVII. AD AMMIANUM, ET TONSTRICE MOECHA ET AVARA.

Tonstrix Suburræ faucibus sedet primis,
    Cruenta pendent qua flagella tortorum,
Argique letum multus obsidet sutor.

de l'Argilète, peuplé de savetiers, cette tondeuse, Ammianus, ne tond pas. — Elle ne tond pas ? Que fait-elle donc ? — Elle écorche.

18. — CONTRE MAXIMUS.

Je quête, et j'en ai honte, mais enfin je quête, Maximus, un souper chez toi; tu en fais autant ailleurs : nous sommes donc égaux sur ce point. Le matin, je viens te saluer, et j'apprends que tu es déjà sorti pour en saluer un autre; là, nous sommes encore égaux. Je suis ton client, et je marche devant mon orgueilleux roi; toi, tu es le client d'autrui : nous voici donc égaux une troisième fois. C'est assez d'être valet; je ne veux pas être le valet d'un valet. Un maître, Maximus, doit n'avoir point de maître.

19. — A ZOÏLE.

Tu crois qu'un souper me rend heureux, Zoïle ! moi heureux d'un souper, Zoïle ! et du tien encore ! C'est à la colline d'Aricie qu'il doit prendre son souper, Zoïle, celui que le tien rend heureux.

20. — SUR PAULLUS.

Paullus achète des vers, Paullus récite ses vers : on peut dire sien ce qu'on achète.

21. — CONTRE POSTHUMUS.

Aux uns tu donnes des baisers, Posthumus, aux autres la main. Puis tu dis : Lequel préférez-vous ? choisissez. J'aime mieux ta main.

22. A APOLLON, SUR LE MÊME.

Que t'ai-je fait, ô Phébus ? Que vous ai-je fait, ô neuf Sœurs ? La gaieté de sa muse porte malheur au poëte. Naguère Posthumus ne me donnait que des demi-baisers, maintenant il m'en donne à pleines lèvres.

23. — SUR LE MÊME.

Je ne dirai point, malgré vos vives instances, non, je ne dirai point quel est ce Posthumus dont il est question dans mon livre. Car à quoi bon m'exposer à ces baisers qui ont toujours leur vengeance prête ?

24. — CONTRE CANDIDUS.

Si la fortune t'accable de quelque accusation, je serai près de toi, en habits de deuil et plus pâle qu'un accusé. Si l'on te condamne à quitter la patrie, je t'accompagnerai dans l'exil, à travers les mers, à travers les écueils. Mais le sort t'envoie des richesses, Candidus : ne sont-elles pas à nous deux ? Donne-m'en donc la moitié. — C'est beaucoup. — Alors une partie. Quoi ! tu veux être malheureux avec moi, et si le ciel jette sur toi un regard favorable, Candidus, tu veux être heureux tout seul !

25. — A GALLA.

A qui veut quelque chose de toi, Galla, tu ne donnes rien et tu promets tout ; si c'est ton habitude de tromper, Galla, quand je te ferai une demande, dis-moi non.

26. — A BITHYNICUS.

Parce que Névia respire péniblement, parce qu'elle a une toux aiguë et qu'elle laisse de temps en temps tomber des crachats sur sa poitrine, tu crois déjà, Bithynicus, que l'affaire est faite et

---

Sed ista tonstrix, Ammiane, non tondet.
Non tondet, inquis? ergo quid facit? radit.

XVIII. IN MAXIMUM.

Capto tuam, pudet heu, sed capto, Maxime, cœnam :
  Tu captas aliam : jam sumus ergo pares.
Mane salutatum venio ; tu diceris isse
  Ante salutatum : jam sumus ergo pares.
Sum comes ipse tuus, tumidique anteambulo regis ;   5
  Tu comes alterius : jam sumus ergo pares.
Esse sat est servum : jam nolo vicarius esse.
  Qui rex est, regem, Maxime, non habeat.

XIX. AD ZOILUM.

Felicem fieri credis me, Zoile, cœna :
  Felicem cœna, Zoile? deinde tua?
Debet Aricino conviva recumbere clivo,
  Quem tua felicem, Zoile, cœna facit.

XX. DE PAULLO.

Carmina Paullus emit : recitat sua carmina Paullus.
  Nam quod emas, possis dicere jure tuum.

XXI. IN POSTHUMUM.

Basia das aliis ; aliis das, Posthume, dextram.
  Dicis, Utrum mavis? elige : malo manum.

XXII. AD APOLLINEM DE EODEM.

Quid mihi vobiscum est, o Phœbe, novemque sorores ?
Ecce nocet vati Musa jocosa suo.
Dimidio nobis dare Posthumus ante solebat
  Basia ; nunc labro cœpit utroque dare.

XXIII. DE EODEM.

Non dicam, licet usque me rogetis,
Quis sit Posthumus in meo libello,
Non dicam : quid enim mihi necesse est
Has offendere basiationes,
Quæ se tam bene vindicare possunt ?   5

XXIV. IN CANDIDUM.

Si det iniqua tibi tristem fortuna reatum,
  Squalidus hærebo, pallidiorque reo.
Si jubeat patria damnatum excedere terra,
  Per freta, per scopulos exsulis ibo comes.
Dat tibi divitias : ecquid sunt ista duorum ?   5
  Das partem? multum est ; Candide, das aliquid ?
Mecum eris ergo miser : quod si Deus ore sereno
  Annuerit ; felix, Candide, solus eris ?

XXV. AD GALLAM.

Das nunquam, semper promittis, Galla, roganti
  Si semper fallis, quum rogo, Galla, nega.

XXVI. AD BITHYNICUM.

Quod querulum spirat, quod acerbum Nævia tussit,
  Inque suos mittit sputa subinde sinus :

qu'il en va bien pour toi. Erreur! Névia te flatte; elle ne meurt pas.

27. — SUR LE PARASITE SÉLIUS.

Quand Sélius cherche à attraper un souper, voici comment il vous loue, soit que vous lisiez, soit que vous plaidiez : Parfait! profond! vif! ingénieux! à merveille! courage! voilà ce que je veux! — Le souper est prêt, Sélius, tais-toi.

28. — CONTRE SEXTILLUS.

Moque-toi bien, Sextillus, de celui qui t'appelle pédéraste, et présente-lui le doigt du milieu. Mais tu n'es, Sextillus, ni pour homme, ni pour femme; et même la bouche brûlante de Vétussilla est pour toi sans attraits. Non, Sextillus, tu n'as aucun de ces goûts. Lesquels as-tu donc? Je ne sais; mais il en est deux encore, et tu les connais bien.

29. — A RUFUS.

Rufus, cet homme que vous voyez toujours assis sur les premiers gradins, dont la main est ornée d'une brillante sardoine, qui a des habits teints et reteints dans la pourpre de Tyr, une toge plus blanche que la neige la plus pure, dont la chevelure est fortement imprégnée de toutes les essences de Marcélianus, la peau des bras épilée et d'un poli transparent, qui porte à mi-jambe l'agrafe de sa chaussure à lunule, des brodequins d'écarlate qui lui serrent le pied sans le blesser, et dont le front est couvert d'innombrables mouches comme d'autant d'étoiles : ne le connaissez-vous pas? ôtez ses mouches, et vous lirez son nom.

30. — CONTRE CAÏUS, AMI AVARE.

Je demandais par hasard à emprunter vingt mille sesterces, somme qui n'eût point gêné le prêteur quand même il me l'eût donnée. Je m'adressais à un ancien ami, mortel heureux et dont les coffres regorgeaient d'or. Tu t'enrichiras, me dit-il, si tu te fais avocat. — Donne-moi ce que je te demande, Caïus; je ne te demande pas un conseil.

31. — A MARIANUS.

J'ai souvent possédé Chrestilla. Elle est donc bien voluptueuse, dites-vous? — Tellement, Marianus, qu'il est impossible de l'être davantage.

32. — CONTRE PONTICUS, PATRON INUTILE.

Je suis en procès avec Balbus; vous, Ponticus, vous ne voulez point offenser Balbus. Je plaide contre Licinus; c'est aussi un personnage important. Souvent le voisin Patrobas anticipe sur mon petit champ; vous craignez d'être hostile à un affranchi de César. Laronia refuse de me rendre mon esclave et le garde pour elle; vous me répondez qu'elle a perdu ses enfants, qu'elle est riche, vieille et veuve. On a tort, croyez-moi, de servir un ami serviteur de tout le monde. Qu'il soit libre celui qui veut être mon maître.

33. — CONTRE PHILÉNIS.

Pourquoi ne te donné-je pas un baiser, Philénis? tu es chauve. Pourquoi encore, Philénis? tu es rousse. Pourquoi toujours, Philénis? tu es

---

Jam te rem factam, Bithynice, credis habere!
  Erras : blanditur Nævia, non moritur.

XXVII. DE SELIO COENIPETA.

Laudantem Selium, cœnæ quum retia tendit,
  Accipe, sive legas, sive patronus agas.
Effecte! graviter! cito! nequiter! euge! beate!
Hoc volui! facta est jam tibi cœna : tace.

XXVIII. IN SEXTILLUM.

Rideto multum, qui te, Sextille, cinædum
  Dixerit, et digitum porrigito medium.
Sed nec pædico es, nec tu, Sextille, fututor :
  Calda Vetustillæ nec tibi bucca placet.
Ex istis nihil es, fateor, Sextille : quid ergo es? 5
  Nescio : sed tu scis res superesse duas.

XXIX. AD RUFUM.

Rufe, vides illum subsellia prima terentem,
  Cujus et hinc lucet sardonychata manus :
Quæque Tyron toties epotavere lacernæ,
  Et toga non tactas vincere jussa nives :
Cujus olet toto pinguis coma Marceliano, 5
  Et splendent vulso brachia trita pilo.
Non extrema sedet lunata lingula planta,
  Coccina non læsum cingit aluta pedem;
Et numerosa linunt stellantem splenia frontem.
  Ignoras quis sit? splenia tolle, leges. 10

XXX. IN CAIUM, AVARUM AMICUM.

Mutua viginti sestertia forte rogabam,
  Quæ vel donanti non grave munus erat :
Quippe rogabatur felixque vetusque sodalis,
  Et cujus laxas arca flagellat opes.
Is mihi, Dives eris, si causas egeris, inquit. 5
  Quod peto da, Cai : non peto consilium.

XXXI. AD MARIANUM.

Sæpe ego Chrestillam futui. Det quam bene, quæris?
  Supra quod fieri nil, Mariane, potest.

XXXII. IN PONTICUM, PATRONUM INUTILEM.

Lis mihi cum Balbo est; tu Balbum offendere non vis,
  Pontice : cum Licino est; hic quoque magnus homo est.
Vexat sæpe meum Patrobas confinis agellum :
  Contra libertum Cæsaris ire times.
Abnegat et retinet nostrum Laronia servum : 5
  Respondes, Orba est, dives, anus, vidua.
Non bene, crede mihi, servo servitur amico.
  Sit liber, dominus qui volet esse meus.

XXXIII. IN PHILÆNIM.

Cur non basio te, Philæni? calva es.
Cur non basio te, Philæni? rufa es.
Cur non basio te, Philæni? lusca es.
Te qui basiat, hic, Philæni, fellat.

borgne. Celui qui te donne un baiser, Philénis, te suce.

34. — CONTRE GALLA, VIEILLE DÉBAUCHÉE.

Par amour pour Philéros, que tu as affranchi au prix de ta dot entière, tu laisses, Galla, mourir de faim tes trois enfants : c'est traiter avec bien de la bonté tes appas surannés, et déjà morts aux chastes jouissances. Puisses-tu, jusqu'à ton dernier jour, être l'amante de Philéros, ô mère plus dénaturée que Pontia !

35. — A PHÉBUS, BANCROCHE.

Tes jambes ressemblent au croissant de la lune ; tu pourrais, Phébus, laver tes pieds dans un rhytium.

36. — A PANNICUS.

Je n'aime pas que tu boucles tes cheveux, mais je n'aime pas non plus que tu les mêles. Je ne veux pas que ta peau brille, je ne veux pas qu'elle soit crasseuse. N'aie la barbe ni d'un Phrygien mitré, ni d'un coupable sur la sellette. Je n'aime pas qu'on soit plus qu'un homme, Pannicus, ni moins qu'un homme. Tes jambes, ta poitrine sont horriblement velues ; mais ton âme, Pannicus, est efféminée.

37. — CONTRE CÉCILIANUS, QUI EMPORTAIT LES METS SERVIS SUR LA TABLE.

Tu fais rafle indistinctement de tout ce qu'on sert sur la table : tétines de truie, échine de porc, francolin préparé pour deux convives, moitié de surmulet, brochet entier, côte de lamproie, cuisse de poulet, ramier distillant sa fromentée, tout y passe. Quand tu l'as entassé dans ta serviette grasse, tu le donnes à ton esclave pour le porter chez toi. Nous autres, nous restons couchés bouche béante. Si tu as quelque pudeur, replace ces mets sur la table ; ce n'est pas pour demain, Cécilianus, que je t'ai invité.

38. — CONTRE LINUS.

Tu me demandes, Linus, ce que me rapporte mon domaine de Nomentanum ? L'avantage, Linus, de ne pas te voir.

39. — SUR DES CADEAUX ENVOYÉS A UNE COURTISANE.

Vous donnez des robes d'écarlate et de pourpre violacée à une fameuse courtisane. Voulez-vous lui faire un présent digne d'elle ? envoyez-lui une toge.

40. — SUR TONGILIUS FAISANT LE MALADE.

On dit à tous que la fièvre tierce brûle Tongilius. Je connais l'homme : il a faim et soif. Il n'a d'autre but que de faire tomber dans ses filets des grives bien dodues, et de prendre à l'hameçon le brochet et le surmulet. Clarifiez pour lui le cécube et tous les vins du consulat d'Opimius ; versez-lui dans de petits flacons le noir falerne. Les médecins ont prescrit les bains à Tongilius. O insensés ! vous croyez qu'il a la fièvre ? c'est de gloutonnerie qu'il est malade.

41. — CONTRE MAXIMINA.

Riez, si vous êtes sage, jeune fille, riez, disait, je crois, le poëte de Pélignum. Mais il ne le disait pas à toutes les jeunes filles, et quand il l'aurait dit pour toutes, il ne l'a pas dit pour toi, Maximina ; tu n'es plus une jeune fille, car tu

XXXIV. IN GALLAM ANUM LUXURIOSAM.

Quum placeat Phileros, tota tibi dote redemptus,
   Tres pateris natos, Galla, perire fame.
Præstatur cano tanta indulgentia cunno,
   Quem nec casta potest jam decuisse Venus.
Perpetuam Di te faciant Philerotis amicam,   5
   O mater, qua nec Pontia deterior.

XXXV. AD PHOEBUM, VARUM.

Quum sint crura tibi, simulent quæ cornua lunæ,
   In rhytio poteras, Phœbe, lavare pedes.

XXXVI. AD PANNICUM.

Flectere te nolim, sed nec turbare capillos.
   Splendida sit nolo, sordida nolo cutis.
Nec tibi mitrarum, nec sit tibi barba reorum.
   Nolo virum nimium, Pannice, nolo parum.
Sunt tibi crura pilis, et sunt tibi pectora setis   5
   Horrida : sed mens est, Pannice, vulsa tibi.

XXXVII. IN RAPTOREM COENÆ CÆCILIANUM.

Quidquid ponitur hinc et inde, verris :
Mammas suminis, imbricemque porci,
Communemque duobus attagenam,   5
Mullum dimidium, lupumque totum,
Murænæque latus, femurque pulli,
Stillantemque alica sua palumbum.

Hæc quum condita sunt madente mappa,
Traduntur puero domum ferenda.
Nos accumbimus otiosa turba.
Ullus si pudor est, repone cœnam :   10
Cras te, Cæciliane, non vocavi.

XXXVIII. IN LINUM.

Quid mihi reddat ager, quæris, Line, Nomentanus ?
   Hoc mihi reddit ager : te, Line, non video.

XXXIX. DE MUNERIBUS AD MOECHAM MISSIS.

Coccina famosæ donas et ianthina mœchæ.
   Vis dare, quæ meruit munera ? mitte togam.

XL. DE TONGILIO MORBUM SIMULANTE.

Uri Tongilius male dicitur hemitritæo.
   Novi hominis mores : esurit, atque sitit.
Subdola tenduntur crassis modo retia turdis :
   Hamus et in mullum mittitur atque lupum.
Cæcuba saccentur, quæque annus coxit Opimi :   5
   Condantur parco fusca Falerna vitro.
Omnes Tongilium medici jussere lavari.
   O stulti, febrem creditis esse ! gula est.

XLI. IN MAXIMINAM.

Ride, si sapis, o puella ! ride,
Pelignus, puto, dixerat poeta ;
Sed non dixerat omnibus puellis.

n'as plus que trois dents jaunes comme le buis et noires comme la poix. Si donc tu t'en rapportes à ton miroir et à moi, tu ne dois pas moins craindre le rire que Spanius ne craint le vent, et Priscus les attouchements; que Fabulla, qui se barbouille de craie, ne redoute la pluie; que Sabella, qui s'enduit de céruse, n'a peur du soleil. Prends un air plus sévère que l'épouse de Priam et l'aînée de ses brus. Évite les comédies du facétieux Philistion, les repas où la gaieté préside, et les gens dont les saillies piquantes vous forcent d'ouvrir les lèvres, en provoquant le rire. Ce qui te sied, c'est de consoler une mère affligée, une épouse qui pleure son mari, une sœur qui regrette son frère, et de n'assister qu'à des tragédies. Mais surtout, docile à mes conseils, pleure, ô jeune fille! pleure, si tu es sage.

42. — CONTRE ZOÏLE.

Zoïle, pourquoi salir le bain en t'y lavant le derrière? Plonge-s-y ta tête, Zoïle, tu le saliras bien davantage.

43. — CONTRE CANDIDUS.

Tout est commun entre amis, tel est ton refrain, Candidus, telles sont les paroles, que tu répètes nuit et jour avec emphase. Tu te pares d'une toge trempée dans les eaux du Galèse, dont les plus fines toisons de Parme ont fourni l'étoffe; au contraire, telle est la mienne, que le mannequin exposé le premier à la furie et aux cornes des taureaux ne voudrait pas qu'elle passât pour être à lui. Tyr te fournit de robes teintes par les descendants d'Agénor; ma robe d'écarlate ne se vendrait pas trois écus. Tes tables de citronnier reposent sur des pieds d'ivoire; un tesson étaye ma table de hêtre. D'immenses surmulets couvrent tes plats de vermeil; un crabe de la même couleur rougit mon plat de terre. Tu es servi par une foule d'esclaves qui le disputent par leur beauté au mignon de Jupiter; ma main, à moi, est mon Ganymède. De toutes tes richesses tu ne donnes rien à ton vieux et fidèle camarade, et tu dis, Candidus : Tout est commun entre amis!

44. — CONTRE SEXTUS.

Si j'achète un esclave, si j'achète une toge neuve ou quelque autre objet de trois ou quatre livres, soudain l'usurier Sextus, que vous connaissez pour un de mes anciens amis, tremble que je ne fasse un appel à sa bourse. Il murmure entre ses dents, mais de manière à ce que je l'entende : je dois à Secundus sept mille sesterces, quatre mille à Phébus, onze mille à Philétus, et je n'ai pas un quadrant en caisse. O ingénieux stratagème de mon ami! Le refus qui suit la requête est dur, Sextus; mais combien est plus dur celui qui la précède!

45. — A GLYPTUS.

Ta mentule avait perdu sa vigueur, Glyptus, tu l'as coupée : à quoi bon, pauvre sot? n'étais-tu pas déjà un prêtre de Cybèle?

```
    Verum ut dixerit omnibus puellis,
    Non dixit tibi; tu puella non es :           5
    Et tres sunt tibi, Maximina, dentes,
    Sed plane piceique, buxeique.
    Quare si speculo mihique credis,
    Debes non aliter timere risum,
    Quam ventum Spanius, manumque Priscus :     10
    Quam cretata timet Fabulla nimbum,
    Cerussata timet Sabella solem.
    Vultus indue tu magis severos,
    Quam conjux Priami, nurusque major.
    Mimos ridiculi Philistionis,                 15
    Et convivia nequiora vita,
    Et quidquid lepida procacitate
    Laxat perspicuo labella risu.
    Te mœstæ decet assidere matri,
    Lugentique virum, piumque fratrem,           20
    Et tantum tragicis vacare Musis.
    At tu, judicium secuta nostrum,
    Plora, si sapis, o puella! plora.
```

XLII. IN ZOILUM.

Zoïle, quid solium subluto podice perdis?
Spurcius ut fiat, Zoïle, merge caput.

XLIII. IN CANDIDUM.

Candide, κοινὰ φίλων, hæc sunt tua, Candide, πάντα,
    Quæ tu magniloquus nocte dieque sonas.
Te Lacedæmonio velat toga lota Galeso,
    Vel quam seposito de grege Parma dedit.
At me, quæ passa est furias et cornua tauri,
    Noluerit dici quam pila prima suam.   5
Misit Agenoreas Cadmi tibi terra lacernas :
    Non vendes nummis coccina nostra tribus.
Tu Libycos Indis suspendis dentibus orbes :
    Fulcitur testa fagina mensa mihi.   10
Immodici tibi flava tegunt chrysendeta mulli;
    Concolor in nostra, cammare, lance rubes.
Grex tuus Iliaco poterat certare cinædo :
    At mihi succurrit pro Ganymede manus.
Ex opibus tantis veteri fidoque sodali   15
    Das nihil, et dicis, Candide, κοινὰ φίλων?

XLIV. IN SEXTUM.

Emi seu puerum, togamve pexam,
    Seu tres, ut puto, quatuorve libras;
Sextus protinus ille fœnerator,
Quem nostis veterem meum sodalem,
Ne quid forte petam, timet, cavetque;   5
Et secum, sed ut audiam, susurrat :
Septem millia debeo Secundo;
Phœbo quatuor; undecim Phileto;
Et quadrans mihi nullus est in arca.
O grande ingenium mei sodalis!   10
Durum est, Sexte, negare, quum rogaris :
Quanto durius, antequam rogeris!

XLV. AD GLYPTUM.

Quæ tibi non stabat, præcisa est mentula, Glypte.
    Demens, cum ferro quid tibi? Gallus eras.

46. — CONTRE NÉVOLUS.

Tel l'Hybla étincelle des mille fleurs variées dont il est émaillé, alors que les abeilles de Sicile viennent butiner les dons éphémères du printemps, telles tes presses resplendissent des habits de toutes sortes qui y sont amoncelés, et ta garde-robe brille de l'éclat de tes innombrables synthèses. Les laines blanches que tu retires de tes nombreux troupeaux de l'Apulie suffiraient pour vêtir une tribu entière. Cependant tu regardes avec indifférence ton ami qui se morfond presque nu au milieu de l'hiver, et qui sent le froid, ô honte! pénétrer à travers ses haillons. Voyez le grand malheur de te dérober deux habits! Quoi, tu t'en effrayes! Ce n'est pas à toi, Scévola, qu'on ferait tort, mais aux vers.

47. — CONTRE GALLUS.

Fuis, je t'en avertis, les séductions de cette libertine fameuse, Gallus, toi dont la peau est plus douce que la conque de Vénus. Tu comptes sur tes fesses? mais ce n'est pas le goût du mari. Il n'aime que deux choses : sucer et besogner.

48. — A RUFUS.

Un cabaretier, un boucher, des bains, un barbier, des échecs, des dés, un petit nombre de livres choisis, un ami qui ne soit pas trop grossier, une jeune fille qui plaise à mon mignon, un mignon déjà grand et dont la peau reste longtemps douce; procurez-moi tout cela, Rufus, fût-ce même à Bitonte, et je vous cède les thermes de Néron.

49. — SUR THÉLÉSINA.

Je ne veux pas épouser Thélésina. Pourquoi? c'est une libertine. — Mais elle se donne à de jeunes garçons? — Je l'épouse.

50. — CONTRE LESBIE.

Tu suces et tu bois de l'eau, Lesbie : c'est très-bien. Tu laves l'endroit qui en a besoin.

51. — CONTRE HYLLUS.

Quoique souvent, Hyllus, tu n'aies en caisse qu'un seul denier et qu'il soit plus usé que ton derrière, pourtant ce ne sera ni le boulanger ni le cabaretier qui en profiteront; il est à l'homme qui exhibera fièrement le plus gros membre. Ton ventre contemple piteusement l'heureux régal de ton derrière, et il jeûne misérablement pendant que son voisin dévore.

52. — SUR DASIUS.

Dasius sait le compte des bains que chacun prend : il a exigé que Spatale aux grasses mamelles en payât trois, et elle y a consenti.

53. — CONTRE MAXIMUS.

Tu veux devenir libre? tu mens, Maximus, tu ne le veux pas : si cependant tu veux l'être, en voici le moyen. Tu seras libre, Maximus, si tu t'abstiens de souper en ville; si le vin de Véies suffit pour apaiser ta soif; si tu peux te moquer des plats d'or du malheureux Cinna; si tu t'accommodes d'une toge comme la mienne; si tu achètes pour deux as les faveurs d'une maîtresse

---

XLVI. IN NÆVOLUM.

Florida per varios ut pingitur Hybla colores,
  Quum breve Sicaniæ ver populantur apes;
Sic tua suppositis pellucent prela lacernis :
  Sic micat innumeris arcula synthesibus.
Atque unam vestire tribum tua candida possunt,   5
  Apula non uno quæ grege terra tulit.
Tu spectas hyemem succincti lentus amici,
  Pro scelus! et lateris frigora trita tui.
Quantum erat, infelix, pannis fraudare duobus!
  Quid metuis? Non te, Nævole, sed tineas!   10

XLVII. IN GALLUM.

Subdola famosæ, moneo, fuge retia mœchæ,
  Levior o conchis, Galle, Cytheriacis.
Confidis natibus? non est pædico maritus.
  Quæ faciat duo sunt : irrumat, aut futuit.

XLVIII. AD RUFUM.

Cauponem, laniumque, balneumque,
  Tonsorem, tabulamque, calculosque,
Et paucos, sed ut eligam, libellos :
Unum non nimium rudem sodalem,
Et caram puero meo puellam,   5
Et grandem puerum, diuque levem :
Hæc præsta mihi, Rufe, vel Bitouti;
Et thermas tibi habe Neronianas.

XLIX. DE THELESINA.

Uxorem nolo Thelesinam ducere : quare?
  Mœcha est. Sed pueris dat Thelesina : volo.

L. IN LESBIAM.

Quod fellas, et aquam potas, nil, Lesbia, peccas.
  Qua tibi parte opus est, Lesbia, sumis aquam.

LI. IN HYLLUM.

Unus sæpe tibi tota denarius arca
  Quum sit, et hic culo tritior, Hylle, tuo;
Non tamen hunc pistor, non auferet hunc tibi caupo;
  Sed si quis nimio pene superbus erit.
Infelix venter spectat convivia culi,   5
  Et semper miser hic esurit, ille vorat.

LII. DE DASIO.

Novit loturas Dasius numerare : poposcit
  Mammosam Spatalen pro tribus; illa dedit.

LIII. IN MAXIMUM.

Vis fieri liber? Mentiris, Maxime; non vis :
  Sed fieri si vis, hac ratione potes.
Liber eris, cœnare foris si, Maxime, nolis ·
  Veientana tuam si domat uva sitim;
Si ridere potes miseri chrysendeta Cinnæ :   5
  Contentus nostra si potes esse toga :
Si plebeia Venus gemino tibi vincitur asse :
  Si tua non rectus tecta subire potes.

vulgaire; s'il ne te répugne pas de te baisser pour entrer chez toi. Si tu as ce courage, si tu prends sur ton âme un tel empire, tu vivras plus libre qu'un roi des Parthes.

54. — CONTRE LINUS.

Ta femme, Linus, a fait voir assez clairement de quoi elle te soupçonne, et quelle partie de toi-même elle veut rendre plus chaste, en te donnant pour gardien un eunuque. On n'est pas plus avisé ni plus malin.

55. — A SEXTUS.

Vous voulez que je vous honore, Sextus : moi, je voulais vous aimer. Il faut vous obéir, et, puisque vous le voulez, on vous honorera. Mais si je vous honore, Sextus, je ne vous aimerai plus.

56. — A GALLUS.

Ta femme, Gallus, est citée parmi les peuples de Libye comme un type ignoble de la plus sordide avarice : mais c'est un pur mensonge. Non, elle ne reçoit pas toujours. Que fait-elle donc? Elle se donne.

57. — CONTRE UN FAUX RICHE.

Celui que vous voyez marchant à pas comptés et au hasard, qui, drapé dans sa robe violette, fend la foule à travers l'enceinte des Comices, que ni mon ami Publius, ni Codrus lui-même, l'alpha des gens qui portent manteau, ne surpassent en élégance, que suivent une troupe de clients en toges, aux cheveux longs, et une litière dont les rideaux et les courroies sont neufs, eh bien ! cet homme, pour avoir de quoi souper, a mis en gage dernièrement, au comptoir de Claudius, son anneau pour moins de huit sesterces.

58. — CONTRE ZOÏLE.

Avec ton habit magnifique, Zoïle, tu te moques de mon habit râpé. Râpé, j'en conviens, Zoïle; mais il est à moi.

59. — SUR UNE SALLE A MANGER NOMMÉE PAILLETTE D'OR.

Je me nomme *Mica*. Ce que je suis, vous le voyez : une petite salle à manger. De chez moi l'on découvre le mausolée de César. Foulez ces lits, demandez du vin, couronnez-vous de roses, parfumez-vous de nard. Le dieu lui-même ordonne qu'on se souvienne de la mort.

60. — CONTRE HYLLUS.

Tu es l'amant heureux, jeune Hyllus, de la femme d'un tribun militaire, et tu crains seulement la correction qu'on inflige, en pareil cas, aux adolescents. Malheur à toi, qui joues à ce terrible jeu! tu seras châtré. — Cela n'est pas permis. — Quoi! ce que tu fais, Hyllus, l'est-il donc?

61. — CONTRE UN MÉDISANT.

Un duvet douteux fleurissait à peine sur tes joues, que déjà ta méchante langue se livrait à d'infâmes complaisances. Mais depuis que ta triste tête est devenue le dégoût des vespillons et du misérable bourreau, tu fais de ta bouche un autre usage, et, tourmenté par ta jalousie, tu aboies à tous les noms que tu entends prononcer. Que ta détestable langue retourne à son premier métier; quand elle suçait, elle était plus pure.

Hæc tibi si vis est, si mentis tanta potestas,
  Liberior Partho vivere rege potes. 10

LIV. IN LINUM.

Quid de te, Line, suspicetur uxor,
  Et qua parte velit pudiciorem,
Certis indiciis satis probavit,
  Custodem tibi quæ dedit spadonem.
Nil nasutius hac, maligniusque est. 5

LV. AD SEXTUM.

Vis te, Sexte, coli : volebam amare.
Parendum est tibi; quod jubes, coleris :
Sed si te colo, Sexte, non amabo.

LVI. AD GALLUM, DE EJUS UXORE.

Gentibus in Libycis uxor tua, Galle, notatur
  Immodicæ fœdo crimine avaritiæ.
Sed mera narrantur mendacia : non solet illa
  Accipere omnino : quid solet ergo? Dare.

LVII. IN FICTUM DIVITEM.

Hic, quem videtis gressibus vagis lentum,
  Amethystinatus media qui secat septa;
Quem non lacernis Publius meus vincit,
  Non ipse Codrus alpha penulatorum;
Quem grex togatus sequitur, et capillatus, 5
  Recensque sella linteisque lorisque :

Oppigneravit Claudii modo ad mensam
  Vix octo nummis annulum, unde cœnaret.

LVIII. IN ZOILUM.

Pexatus pulchre rides mea, Zoile, trita.
Sunt hæc trita quidem, Zoile; sed mea sunt.

LIX. DE CŒNATIONE MICÆ.

Mica vocor; quid sim, cernis : cœnatio parva.
Ex me Cæsareum prospicis, ecce, tholum.
Frange toros, pete vina, rosas cape, tingere nardo :
Ipse jubet mortis te meminisse Deus.

LX. IN HYLLUM.

Uxorem armati futuis, puer Hylle, tribuni,
  Supplicium tantum dum puerile times.
Væ tibi, dum ludis; castrabere : jam mihi dices,
  Non licet hoc : quid, tu quod facis, Hylle, licet?

LXI. IN MALEDICUM.

Quum tibi vernarent dubia lanugine malæ,
  Lambebat medios improba lingua viros.
Postquam triste caput fastidia vespillonum,
  Et miseri meruit tædia carnificis;
Uteris ore aliter, nimiaque ærugine captus, 5
  Allatras nomen, quod tibi cumque datur.
Hæreat inguinibus potius tam noxia lingua
  Nam quum fellaret, purior illa fuit.

62. — CONTRE LABIÉNUS.

Quand tu épiles ta poitrine, tes jambes et tes bras ; quand tu tonds la toison qui borde ton engin, tout cela, on le sait Labiénus, est pour plaire à ta maîtresse. Mais pour qui Labiénus, épiles-tu ton derrière?

63. — CONTRE MILICHUS.

Tu n'avais que cent sesterces, Milichus, et l'acquisition que tu fis de Léda, dans la voie Sacrée, te les a enlevés. Ce serait un luxe, Milichus, fusses-tu riche, que d'aimer à si haut prix. Mais « je n'aime pas, » diras-tu. C'est un luxe encore bien plus grand.

64. — CONTRE TAURUS.

Pendant que tu songes, Taurus, à te faire tantôt avocat et tantôt rhéteur, sans te décider, vient pour toi l'âge de Pélée, de Priam et de Nestor. Déjà même il est bien tard pour t'y résoudre. Débute enfin : trois rhéteurs sont morts cette année ; débute, si tu as quelque peu de courage, quelque peu de talent. L'école t'ennuie? tous les tribunaux fourmillent de procès, et Marsyas lui-même pourrait se faire avocat. Allons, plus de délai. Combien attendrons-nous encore? Pendant que tu délibères sur ce que tu seras, tu pourrais bien cesser d'être.

65. — CONTRE SALÉIANUS.

Pourquoi voyons-nous Saléianus plus triste qu'à l'ordinaire? — N'ai-je pas raison de l'être ? j'ai enterré ma femme. — O barbare destin ! ô malheur affreux ! Quoi ! elle est morte, cette riche Secundilla qui t'avait apporté en dot un million de sesterces? O Saléianus ! que je voudrais que cela ne te fût pas arrivé !

66. — CONTRE LALAGÉ.

Mal fixée par l'épingle, une boucle dérangeait l'édifice de la coiffure de Lalagé. Pour punir ce crime, Lalagé frappa sa femme de chambre du miroir qui le lui avait révélé, la renversa du coup et lui arracha les cheveux. Cesse désormais, Lalagé, d'ajuster ta funeste chevelure, et que nulle de tes femmes ne touche à ta tête insensée : mais que la salamandre y verse son venin ou que le rasoir la dépouille sans pitié, afin que ton image soit digne de ton miroir.

67. — CONTRE POSTHUMUS.

Partout où tu me rencontres, Posthumus, tu me cries tout d'abord : « Que fais-tu? » Si tu me rencontres dix fois dans une heure, dix fois tu répètes ta question. J'en conclus, Posthumus, que tu n'as toi-même rien à faire.

68. — A OLUS.

De ce que je te salue aujourd'hui par ton nom tout court, après t'avoir appelé naguère mon maître et mon roi, ne m'accuses pas d'orgueil ; j'ai conquis le bonnet de la liberté au prix de tout mon bagage. C'est à celui qui ne se possède pas lui-même, et qui a tous les désirs des maîtres et des rois, à avoir des maîtres et des rois. Si tu peux, Olus, te passer d'un serviteur, tu peux également te passer d'un maître.

LXII. IN LABIENUM.

Quod pectus, quod crura tibi, quod brachia vellis,
 Quod cincta est brevibus mentula tonsa pilis :
Hoc præstas, Labiene, tuæ, quis nescit, amicæ.
 Cui præstas culum, quem, Labiene, pilas?

LXIII. IN MILICHUM.

Sola tibi fuerant sestertia, Miliche, centum,
 Quæ tulit e Sacra Leda redempta via.
Miliche, luxuria est, si tanti dives amares.
Non amo, jam dicis : hæc mage luxuria est.

LXIV. IN TAURUM.

Dum modo causidicum, dum te modo rhetora fingis,
 Et non decernis, Taure, quid esse velis :
Peleos, et Priami transit, vel Nestoris ætas,
 Et fuerat serum jam tibi desinere.
Incipe : tres uno perierunt rhetores anno,   5
 Si quid habes animi, si quid in arte vales.
Si schola damnatur ; fora litibus omnia fervent :
 Ipse potes fieri, Marsya, causidicus.
Eia age, rumpe moras : quo te sperabimus usque?
 Dum, quid sis, dubitas, jam potes esse nihil.   10

LXV. IN SALEIANUM.

Cur tristiorem cernimus Saleianum?
An causa levis est? Extuli, inquis, uxorem.
O grande fati crimen ! o gravem casum !
Illa, illa dives mortua est Secundilla,
Centena decies quæ tibi dedit dotis?   5
Nollem accidisset hoc tibi, Saleiane.

LXVI. IN LALAGEN.

Unus de toto peccaverat orbe comarum
 Annulus, incerta non bene fixus acu.
Hoc facinus Lalage speculo, quo viderat, ulta est,
 Et cecidit sectis icta Plecusa comis.
Desine jam, Lalage, tristes ornare capillos,   5
 Tangat et insanum nulla puella caput.
Hoc salamandra notet, vel sæva novacula nudet,
 Ut digna speculo stat imago tuo.

LXVII. IN POSTHUMUM.

Occurris quocumque loco mihi, Posthume, clamas
 Protinus, et prima est hæc tua vox, Quid agis?
Hoc, si me decies una conveneris hora,
 Dicis : habes puto tu, Posthume, nil quod agas.

LXVIII. AD OLUM.

Quod te nomine jam tuo saluto,
Quem regem et dominum prius vocabam,
Ne me dixeris esse contumacem :
Totis pilea sarcinis redemi.
Reges et dominos habere debet,   5
Qui se non habet, atque concupiscit,
Quod reges dominique concupiscunt.

69. — CONTRE CLASSICUS.

Classicus, c'est, dis-tu, malgré toi, que tu soupes dehors : que je meure, Classicus, si tu ne mens! Apicius lui-même se réjouissait de souper en ville, et, s'il soupait chez lui, il y mourait d'ennui. Si cependant c'est contre ton gré que tu soupes ailleurs que chez toi, pourquoi le faire, Classicus? — J'y suis forcé. — Oui, forcé, à peu près comme l'est Sélius. Voilà Mélior qui t'invite à un souper de cérémonie. Où sont maintenant tes grands mots? Si tu es un homme, fais-le voir, et refuse.

70. — CONTRE COTILUS.

Tu ne veux pas, Cotilus, que personne entre avant toi dans le bain. Pourquoi, si ce n'est qu'il te répugne de te baigner dans une eau souillée par des membres impurs? Mais alors, Cotilus, tout en te baignant le premier, il ne faut laver ta tête qu'après ta mentule.

71. — A CÉCILIANUS.

Nul n'est plus ingénu que toi, Cécilianus; c'est une remarque que j'ai faite. S'il m'arrive de lire quelques-uns de mes distiques, soudain tu me récites des vers de Marsus ou de Catulle. Tu me les donnes comme étant inférieurs aux miens, et comme devant, par la comparaison, rehausser le mérite de ceux-ci. Je veux le croire. Cependant, Cécilianus, j'aime mieux que tu me récites les tiens.

72. — CONTRE POSTHUMUS.

On raconte, Posthumus, un fait qui s'est passé hier à souper, et que, pour ma part, je déplore; car qui approuverait de pareilles choses? Tu reçus, dit-on, sur la face un soufflet tel que n'en appliqua jamais Latinus sur les joues sales de Panniculus; et, ce qui est plus étonnant, toute la ville dénonce Cécilius comme l'auteur de cet affront. Toi, de le nier. Veux-tu que je te croie? Je crois..... Quoi donc? que Cécilius a des témoins.

73. — CONTRE LYRIS.

Vous voulez savoir ce que fait Lyris. Ce qu'elle fait? elle suce, même quand elle n'est pas ivre.

74. — CONTRE SAUFÉIUS, FAUX RICHE.

Voyez-vous, Maternus, cette foule de clients en toge précéder et suivre Sauféius, aussi nombreux que le cortége ordinaire de Régulus, lorsque cet avocat revient chez lui, après avoir envoyé rendre grâces aux Dieux l'accusé tondu qu'il a fait absoudre? N'en soyez point jaloux, et que cette escorte, je vous prie, ne soit jamais la vôtre. Ces amis, ce troupeau de clients distingués, c'est Fusciculénus, c'est Faventinus qui les lui procurent.

75. — SUR UN LION APPRIVOISÉ REVENU A SA FÉROCITÉ.

Un lion accoutumé à recevoir sans s'irriter les coups de son maître, et à lui laisser mettre une main caressante dans sa gueule, oublia qu'il était apprivoisé, et redevint tout à coup plus féroce qu'il ne l'était dans les montagnes de la Libye. Deux de ces jeunes enfants qui, armés de

Servum si potes, Ole, non habere;
Et regem potes, Ole, non haber.

LXIX. IN CLASSICUM.

Invitum cœnare foris te, Classice, dicis :
Si non mentiris, Classice, disperearn.
Ipse quoque ad cœnam gaudebat Apicius ire :
Quum cœnaret, erat tristior ille, domi.
Si tamen invitus vadis, cur, Classice, vadis ? 5
Cogor, ais : verum est; cogitur et Selius.
En rogat ad cœnam Melior te, Classice, rectam.
Grandia verba ubi sunt? si vir es, ecce, nega.

LXX. IN COTILUM.

Non vis in solio prius lavari
Quemquam, Cotile : causa quæ, nisi hæc, est?
Undis ne fovearis irrumatis.
Te primus licet abluas, necesse est,
Ante hic mentula, quam caput, lavetur. 5

LXXI. AD CÆCILIANUM.

Candidius nihil est te, Cæciliane; notavi.
Si quando ex nostris disticha pauca lego,
Protinus aut Marsi recitas, aut scripta Catulli.
Hæc mihi das, tanquam deteriora legas.
Ut collata magis placeant mea? credimus illud. 5
Malo tamen recites, Cæciliane, tua.

LXXII. IN POSTHUMUM.

Hesterna factum narratur, Posthume, cœna,
Quod nollem : quis enim talia facta probet?
Os tibi præcisum, quanto non ipse Latinus
Vilia Panniculi percutit ora sono :
Quodque magis mirum est, auctorem criminis hujus 5
Cæcilium tota rumor in urbe sonat.
Esse negas factum : vis hoc me credere? credo.
Quid quod habet testes, Posthume, Cæcilius?

LXXIII. IN LYRIM.

Quid faciat vult scire Lyris : quid? sobria fellat.

LXXIV. IN SAUFEIUM, FICTUM DIVITEM.

Cinctum togatis post et ante Sauféium,
Quanta reduci Regulus solet turba,
Ad alta tonsum templa quum reum misit,
Materne, cernis? invidere nolito.
Comitatus iste sit, precor, tuus nunquam. 5
Hos illi amicos, et greges togatorum,
Fusciculenus præstat, et Faventinus.

XXV. DE LEONE CICURE, AD FERITATEM REVERSO.

Verbera securi solitus leo ferre magistri,
Insertamque pati blandus in ora manum,
Dedidicit pacem, subito feritate reversa,
Quanta nec in Libycis debuit esse jugis.
Nam duo de tenera puerilla corpora turba, 5
Sanguineam rastris quæ renovabat humum,
Sævus et infelix furiali dente peremit.

râteaux, couvrent de sable frais le sol ensanglanté de l'arène, périrent misérablement sous sa dent furieuse. Jamais l'amphithéâtre de Mars ne vit un plus grand crime : et c'est maintenant qu'on peut s'écrier : « Cruel, traître, assassin, apprends de notre louve à épargner les enfants. »

76. — SUR MARIUS.

Marius vous a légué cinq livres d'argent. Vous ne lui donnâtes jamais rien : il vous a donné des paroles.

77. — CONTRE COSCONIUS.

Toi qui trouves mes épigrammes trop longues, Cosconius, tu m'as bien l'air de n'être bon qu'à graisser des essieux. Tu pourrais aussi croire que le colosse est trop haut, et soutenir que l'enfant de Brutus est trop petit. Apprends ce que tu ne sais pas : souvent une seule épigramme de Marsus et du docte Pédo remplit deux pages. Elles ne sont jamais longues les épigrammes dont on ne peut rien retrancher ; mais toi, Cosconius, tu fais de longs distiques.

78. — A CÉCILIANUS.

Tu ne sais où mettre au frais ton poisson en été : mets-le dans tes thermes, Cécilianus.

79. — CONTRE NASICA.

Tu m'invites, Nasica, lorsque tu sais que j'attends moi-même des convives. Excuse-moi, je te prie : je soupe chez moi.

80. — SUR FANNIUS.

Fannius, fuyant son ennemi, se tua lui-même. Mourir de peur de mourir, n'est-ce pas, je vous le demande, une étrange folie ?

81. — CONTRE ZOÏLE.

Que ta litière soit plus vaste que les hexophores, j'y consens, pourvu, Zoïle, qu'elle te serve de corbillard.

82. — A PONTICUS.

Pourquoi, Ponticus, as-tu coupé la langue à ton valet ? Ignores-tu que ce qu'il ne peut dire, tout le monde le dit ?

83. — CONTRE UN MARI CRUEL.

O mari, tu as défiguré le malheureux amant de ta femme, et son visage, dont tu as coupé le nez et les oreilles, redemande en vain sa première forme. Te crois-tu suffisamment vengé ? Erreur : il peut encore user de sa bouche.

84. — CONTRE SERTORIUS.

Le fils de Péan était un efféminé qui se livrait aux hommes sans scrupule : c'est ainsi que Vénus vengea, dit-on, sur lui la mort de Pâris. Or, pourquoi Sertorius le Sicilien lèche-t-il les appas secrets des femmes ? Il paraît, Rufus, que c'est lui qui fut l'assassin d'Éryx.

85. — A UN AMI.

Recevez ce flacon recouvert d'osier, et propre à contenir des rafraîchissements à la neige : ce sera mon cadeau des Saturnales. Si vous vous plaignez de ce qu'au mois de décembre je vous fais un présent d'été, donnez-moi, vous, une toge aux poils ras.

86. — A CLASSICUS.

Parce que je ne vois aucun mérite à faire des vers ; parce que je ne lis pas à rebours le sale Sotadès ; parce que je n'écris pas, comme les Grecs,

Martia non vidit majus arena nefas.
Exclamare libet : Crudelis, perfide, prædo,
A nostra pueris parcere disce lupa ! 10

LXXVI. DE MARIO.

Argenti libras Marius tibi quinque reliquit.
Cui nihil ipse dabas, is tibi verba dedit.

LXXVII. IN COSCONIUM.

Cosconi, qui longa putas Epigrammata nostra,
Utilis ungendis axibus esse potes.
Hac tu credideris longum ratione colossum,
Et puerum Bruti dixeris esse brevem.
Disce, quod ignoras : Marsi doctique Pedonis 5
Sæpe duplex unum pagina tractat opus.
Non sunt longa, quibus nihil est, quod demere possis ;
Sed tu, Cosconi, disticha longa facis.

LXXVIII. AD CÆCILIANUM.

Æstivo serves ubi piscem tempore, quæris ?
In thermis serva, Cæciliane, tuis.

LXXIX. IN NASICAM.

Invitas tunc me, quum scis, Nasica, vocasse.
Excusatum habeas me, rogo : cœno domi.

LXXX. DE FANNIO.

Hostem quum fugeret, se Fannius ipse peremit.
Hoc, rogo, non furor est, ne moriare, mori ?

LXXXI. IN ZOILUM.

Laxior hexaphoris tua sit lectica licebit :
Dum tamen hæc tua sit, Zoile, sandapila.

LXXXII. AD PONTICUM.

Abscissa servum quid fingis, Pontice, lingua ?
Nescis tu populum, quod tacet ille, loqui ?

LXXXIII. IN SÆVUM MARITUM.

Fœdasti miserum, marite, mœchum :
Et se, qui fuerant prius, requirunt
Trunci naribus auribusque vultus.
Credis te satis esse vindicatum ?
Erras : iste potest et irrumare. 5

LXXXIV. IN SERTORIUM.

Mollis erat, facilisque viris Pæantius heros :
Vulnera sic Paridis dicitur ulta Venus.
Cur lingat cunnum Siculus Sertorius, hoc est :
Ex hoc occisus, Rufe, videtur Eryx.

LXXXV. AD AMICUM.

Vimine clausa levi nivea custodia coctæ,
Hoc tibi Saturni tempore munus erit.
Dona quod æstatis misi tibi mense decembri,
Si quereris ; rasam tu mihi mitte togam.

LXXXVI. AD CLASSICUM.

Quod nec carmine glorior supino,

des vers à Écho; parce que le délicieux Atys ne me dicte pas un mol et flasque galliambe, je ne suis pourtant pas, Classicus, un si mauvais poëte. Quoi! si tu ordonnais à Lada de se lancer malgré lui sur l'étroit espace du Pétaure, le ferait-il? Il est ridicule de s'épuiser à des bagatelles, et le travail sur des inepties est un sot travail. Que Palémon fasse des vers pour la foule, je ne veux plaire qu'à un petit nombre de lecteurs.

87. — CONTRE SEXTUS.

Tu dis que de jolies filles brûlent d'amour pour toi, Sextus, toi qui as la figure d'un homme qui nage entre deux eaux.

88. — CONTRE MAMERCUS.

Tu ne récites rien, et tu veux, Mamercus, passer pour poëte. Sois ce que tu voudras, pourvu que tu ne récites rien.

89. — CONTRE GAURUS.

Tu aimes à boire jusqu'au jour, je te le pardonne, Gaurus; c'était le défaut de Caton. Tu fais des vers en dépit d'Apollon et des Muses, on doit t'en féliciter; tu as cela de commun avec Cicéron. Tu vomis; Antoine vomissait : tu es gourmand; Apicius le fut. Mais tu suces! dis-moi de qui tu tiens ce vice?

90. — A QUINTILIEN.

Souverain modérateur de la pétulante jeunesse, Quintilien, la gloire de la toge romaine, pardonne, si, dans mon indigence et dans un âge encore peu avancé, je me hâte de vivre : on ne se presse jamais assez de le faire. Qu'il attende, celui qui veut éclipser par sa fortune la fortune de son père, et qui encombre d'images le vestibule de son palais. Pour moi, content de mon foyer, de mon toit que noircit à son gré la fumée, de ma fontaine d'eau vive, de mon gazon né sans culture, je ne demande, pour combler mes vœux, qu'un esclave bien nourri, une femme médiocrement savante, des nuits sans insomnies, et des jours sans procès.

91. — A DOMITIEN.

César, vous qui êtes le salut de l'empire, la gloire de l'univers; vous, dont l'existence atteste qu'il est des Dieux, si vous avez lu mes vers tant de fois, si ces légères productions de ma muse ont arrêté vos regards, réparez envers moi le tort du destin, et que je sois réputé père de trois enfants. Si je vous ai déplu, cette faveur sera ma consolation; si je vous ai plu, ce sera ma récompense.

92. — A SA FEMME.

Celui-là seul qui le pouvait m'a octroyé, pour prix de mes vers, les droits de père de trois enfants. Adieu, ma femme! Le bienfait du maître ne doit pas périr.

93. — A RÉGULUS.

Où est, dites-vous, le premier livre, puisque celui-ci est le second? — C'est que le premier a

Nec retro lego Sotaden cinædum,
Nusquam Græcula quod recantat Echo,
Nec dictat mihi luculentus Attis
Mollem debilitate galliambon;   5
Non sum, Classice, tam malus poeta.
Quid si per graciles vias Petauri
Invitum jubeas subire Ladam?
Turpe est difficiles habere nugas,
Et stultus labor est ineptiarum.   10
Scribat carmina circulis Palæmon :
Me raris juvat auribus placere.

LXXXVII. IN SEXTUM.

Dicis amore tui bellas ardere puellas,
  Qui faciem sub aqua, Sexte, natantis habes.

LXXXVIII. IN MAMERCUM.

Nil recitas, et vis, Mamerce, poeta videri.
  Quidquid vis esto, dummodo nil recites.

LXXXIX. IN GAURUM.

Quod nimio gaudes noctem producere vino,
  Ignosco : vitium, Gaure, Catonis habes.
Carmina quod scribis Musis et Apolline nullo,
  Laudari debes : hoc Ciceronis habes.
Quod vomis, Antoni; quod luxurias, Apici : 5
  Quod fellas; vitium dic mihi cujus habes?

XC. AD QUINTILIANUM.

Quintiliane, vagæ moderator summe juventæ,

Gloria Romanæ, Quintiliane, togæ,
Vivere quod propero pauper, nec inutilis annis,
  Da veniam : properat vivere nemo satis.
Differat hoc, patrios optat qui vincere census, 5
  Atriaque immodicis arctat imaginibus.
Me focus, et nigros non indignantia fumos
  Tecta juvant, et fons vivus, et herba rudis.
Sit mihi verna satur : sit non doctissima conjux :
  Sit nox cum somno : sit sine lite dies.

XCI. AD CÆSAREM DOMITIANUM.

Rerum certa salus, terrarum gloria, Cæsar,
  Sospite quo magnos credimus esse Deos;
Si festinatis toties tibi lecta libellis
  Detinuere oculos carmina nostra tuos;
Quod fortuna vetat fieri, permitte videri,   5
  Natorum genitor credar ut esse trium.
Hæc, si displicui, fuerint solatia nobis :
  Hæc fuerint nobis præmia, si placui.

XCII. AD UXOREM.

Natorum mihi jus trium roganti
Musarum pretium dedit mearum,
Solus qui poterat. Valebis, uxor.
Non debet domini perire munus.

XCIII. AD REGULUM.

Primus ubi est, inquis, quum sit liber iste secundus?
  Quid faciam, si plus ille pudoris habet?

été plus modeste. Toutefois, Régulus, si vous voulez que le second devienne le premier, ôtez un iota du titre.

LIVRE III.

1. AU LECTEUR, SUR CE LIVRE ÉCRIT EN GAULE.

La Gaule, qui doit son nom à la toge romaine, t'envoie de ses lointains climats ce livre tel qu'il est. Peut-être en le lisant loueras-tu celui qui l'a précédé. Mais ce dernier venu, et l'autre qui te semble meilleur, sont tous deux de ma façon. Toutefois, préfère celui qui est né dans la ville maîtresse du monde; car un livre indigène doit l'emporter sur un livre d'origine gauloise.

2. — A SON LIVRE.

A qui veux-tu, mon livre, que je te dédie? Hâte-toi de choisir un patron, de peur qu'emportés bientôt dans quelque sale cuisine, tes feuillets humides ne servent d'enveloppe aux jeunes thons, ou de cornets au poivre et à l'encens. Tu te réfugies dans le sein de Faustinus! C'est un parti sage. Tu peux circuler maintenant, parfumé d'huile de cèdre, paré au front d'une double couronne, enrichi de peintures, couvert d'une élégante étoffe de pourpre, et fier d'un index tout brillant d'écarlate. Avec un tel patron, ne crains pas même Probus.

3. — CONTRE UNE FEMME MAL FAITE.

Tu couvres d'un voile noir ta figure qui est fort belle, mais tu outrages les eaux en y baignant ton corps qui est loin d'être beau. Crois-moi, c'est la Naïade elle-même qui te parle par ma bouche et te dit : « Ou découvre ton visage, ou baigne-toi tout habillée. »

4. — A SON LIVRE.

Va, mon livre, à Rome, et si l'on s'enquiert d'où tu viens : Du pays, diras-tu, où mène la voie Émilia. Si l'on veut savoir la contrée et la ville où je suis, tu nommeras *Forum Cornelii*. Si l'on te demande la cause de mon absence, tu avoueras, en peu de mots, que je ne pouvais me résigner aux vains ennuis de la toge. Si l'on ajoute : Quand reviendra-t-il? réponds : Il était parti poëte; il reviendra quand il sera joueur de cithare.

5. — AU MÊME.

Puisque tu vas à Rome sans moi, veux-tu, mon petit livre, que je te recommande à bon nombre de gens? ou bien un seul patron te suffit-il? Oui, sans doute, un seul; et ce patron, pour qui tu ne seras point un étranger, est Julius, dont le nom est si souvent dans ma bouche. Tu chercheras de suite à le voir; il demeure à l'entrée de la ville, où Daphnis demeurait avant lui. Sa femme te prendra dans ses mains, te pressera sur son cœur, fusses-tu encore noir de poussière. Si tu les trouves ensemble, ou si tu les vois l'un après l'autre, tu leur diras : « Marcus me charge de vous saluer. » Voilà tout. On se recommande

Tu tamen hunc fieri si mavis, Regule, primum :
    Unum de titulo tollere iota potes.

LIBER III.

I. AD LECTOREM, DE LIBRO GALLICANO.

Hoc tibi, quidquid id est, longinquis mittit ab oris
    Gallia, Romanæ nomine dicta togæ.
Hunc legis, et laudas librum fortasse priorem :
    Illa, vel hæc mea sunt, quæ meliora putas.
Plus sane placeat, domina qui natus in urbe est: 5
    Debet enim Gallum vincere verna liber.

II. AD LIBRUM SUUM.

Cujus vis fieri, libelle, munus?
Festina tibi vindicem parare,
Ne nigram cito raptus in culinam
Cordyllas madida tegas papyro,
Vel thuris piperisque sis cucullus.   5
Faustini fugis in sinum! sapisti.
Cedro nunc licet ambules perunctus,
Et frontis gemino decens honore
Pictis luxurieris umbilicis;
Et te purpura delicata velet,   10
Et cocco rubeat superbus index :
Illo vindice nec Probum timeto.

III. IN MULIEREM DEFORMEM.

Formosam faciem nigro velamine celas :
    Sed non formoso corpore lædis aquas.
Ipsam crede Deam verbis tibi dicere nostris,
    Aut aperi faciem, vel tunicata lava.

IV. AD LIBRUM SUUM.

Romam vade, liber : si, veneris unde, requiret,
    Æmiliæ dices de regione viæ.
Si, quibus in terris, qua simus in urbe, rogabit,
    Corneli referas me licet esse foro.
Cur absim, quæret : breviter tu, multa, fatere,   5
    Non poterat vanæ tædia ferre togæ.
Si, quando veniet? dicet : responde : Poeta
    Exierat; veniet, quum citharœdus erit.

V. AD EUMDEM.

Vis commendari sine me cursurus in Urbem,
    Parve liber, multis? an satis unus erit?
Unus erit, mihi crede, satis, cui non eris hospes,
    Julius, assiduum nomen in ore meo.
Protinus hunc primæ quæres in limine Tectæ;   5
    Quos tenuit Daphnis, nunc tenet ille, Lares.
Est illi conjux, quæ te manibusque sinuque
    Excipiet, vel si pulverulentus eas.
Hos tu seu pariter, sive hanc, illumve priorem
    Videris; hoc dices : Marcus avere jubet.   10
Hoc satis est : alios commendat epistola : peccat,
    Qui commendandum se putat esse suis.

à des inconnus par une épître, mais c'est se tromper que de croire qu'il faille des recommandations près de ses amis.

6. — A MARCELLINUS.

Le troisième jour après les ides de mai, Marcellinus, est une fête que vous devez célébrer pour deux raisons. C'est le jour de la naissance de votre père, et c'est celui où vous consacrez le premier duvet de vos joues. Si favorable qu'il ait été à votre père, en lui faisant don d'une vie heureuse, ce jour ne le fut pas plus alors qu'il ne l'est aujourd'hui.

7. — SUR L'ÉDIT DE DOMITIEN, RÉTABLISSANT LES REPAS POUR LES CLIENTS.

Adieu donc nos cent misérables quadrants, largesse d'un patron aux clients exténués qui le précédent, et que leur distribuait un baigneur à demi cuit. Qu'en pensez-vous, hommes qui affamiez vos amis? Elles ont disparu les sportules de nos rois superbes! Désormais plus de subtilités; c'est un salaire qu'il faut donner.

8. — CONTRE QUINTUS.

Quintus aime Thaïs. — Quelle Thaïs? — Thaïs la borgne. — Thaïs n'a qu'un œil, mais Quintus n'en a pas du tout.

9. — CONTRE CINNA.

Cinna fait, dit-on, de petits vers contre moi. Faire des vers que personne ne lit, c'est ne pas en faire.

10. — CONTRE PHILOMUSUS.

Ton père, Philomusus, t'avait constitué une rente mensuelle de deux mille sesterces, qu'il payait jour par jour; autrement la misère du lendemain eût suivi les dissipations de la veille; il fallait n'alimenter tes vices que pour un jour. Il vient, en mourant de te laisser tout son bien. Ton père, Philomusus, t'a déshérité.

11. — A QUINTUS.

Si ta maîtresse n'est pas Thaïs, Quintus, si elle n'est pas borgne, pourquoi supposes-tu que mon épigramme est dirigée contre toi? Il est vrai qu'il y a certaine ressemblance de noms, j'ai dit Thaïs pour Laïs. Mais dis-moi quel rapport y a-t-il entre Thaïs et Hermione? Toi, tu es Quintus cependant. Changeons le nom de l'amant : si Quintus ne veut pas Thaïs, que ce soit Sextus qui l'aime.

12. — CONTRE FABULLUS, HÔTE AVARE.

Tu donnas hier, il est vrai, d'excellents parfums à tes convives; mais pas un seul morceau à mettre sous la dent. Il est piquant de sentir bon et de mourir de faim. Celui qui ne soupe pas et qu'on embaume me paraît, Fabullus, un véritable mort.

13. — CONTRE NÉVIA, HOTESSE AVARE.

Tu ne veux point toucher à ce lièvre, tu ne veux point toucher à ce surmulet, et tu respectes ce sanglier, Névia, plus religieusement que s'il était ton père. Tu accuses, tu bats ton cuisinier, sous prétexte qu'il a servi crus tous les mets. Allons, Névia, je n'aurai pas chez toi d'indigestion.

14. — SUR TUCCIUS.

Tuccius allait à Rome. Il revenait d'Espagne.

VI. AD MARCELLINUM.

Lux tibi post Idus numeratur tertia Maias,
 Marcelline, tuis bis celebranda sacris.
Imputat æthereos ortus hæc prima parenti :
 Libat florentes hæc tibi prima genas.
Magna licet dederit jucundæ munera vitæ, 5
 Plus nunquam patri præstitit illa dies.

VII. DE EDICTO DOMITIANI COENAS RECTAS REVOCANTE.

Centum miselli jam valete quadrantes,
Anteambulonis congiarium lassi,
Quos dividebat balneator elixus.
Quid cogitatis, o fames amicorum?
Regis superbi sportulæ recesserunt. 5
Nihil stropharum est : jam salarium dandum est.

VIII. IN QUINTUM.

Thaida Quintus amat : quam Thaida? Thaida luscam.
Unum oculum Thais non habet, ille duos.

IX. IN CINNAM.

Versiculos in me narratur scribere Cinna.
Non scribit, cujus carmina nemo legit.

X. IN PHILOMUSUM.

Constituit, Philomuse, pater tibi millia bina
 Menstrua, perque omnes præstitit illa dies,
Luxuriam premeret quum crastina semper egestas,
 Et vitiis essent danda diurna tuis.
Idem te moriens hæredem ex asse reliquit : 5
 Exhæredavit te, Philomuse, pater.

XI. AD QUINTUM.

Si tua nec Thais, nec lusca est, Quinte, puella,
 Cur in te factum distichon esse putas?
Sed simile est aliquid : pro Laide Thaida dixi.
 Dic mihi, quid simile est Thais et Hermione?
Tu tamen es Quintus : mutemus nomen amantis; 5
 Si non vult Quintus Thaida, Sextus amet.

XII. IN FABULLUM, AVARUM CONVIVATOREM.

Unguentum, fateor, bonum dedisti
Convivis here ; sed nihil scidisti.
Res salsa est bene olere, et esurire.
Qui non cœnat et ungitur, Fabulle,
Hic vere mihi mortuus videtur. 5

XIII. IN NÆVIAM, AVARAM CONVIVATRICEM.

Dum non vis leporem, dum non vis carpere mullum,
 Et plus quam patri, Nævia, parcis apro;
Accusas, rumpisque coquum, tanquam omnia cruda
 Attulerit. Nunquam sic ego crudus ero.

XIV. DE TUCCIO.

Romam petebat esuritor Tuccius,

Chemin faisant, il apprit la nouvelle des sportules. Du pont Mulvius il retourna sur ses pas.

15. — SUR CODRUS.

Personne, dans toute la ville, n'est plus confiant que Codrus. — Quoi! lui si pauvre? — Il est aveugle, et il aime.

16. — CONTRE UN SAVETIER.

Tu donnes des combats de gladiateurs, savetier, roitelet des cordonniers, et les profits que tu dois à ton alêne sont enlevés par le glaive tranchant du rétiaire. Tu es ivre, savetier! Tu ne te serais jamais avisé, si tu avais été de sang-froid, de donner des jeux aux dépens de ton propre cuir. Tu l'as fait pourtant, n'en parlons plus : mais dorénavant, savetier, je te le conseille, souviens-toi de t'en tenir à ta peau.

17. — CONTRE SABIDIUS.

Une tourte qu'on promenait depuis longtemps à la ronde, au second service, brûlait tellement les doigts, qu'on n'y pouvait toucher. Mais le gosier de Sabidius brûlait bien autrement... de l'avaler. Notre homme donc de gonfler ses joues, et de souffler trois ou quatre fois sur la tourte. Elle devint tiède et maniable, mais personne ne put y goûter; ce n'était plus qu'un excrément.

18. — CONTRE MAXIMUS.

Tu te plains, dès le début, d'un enrouement. Avec une excuse pareille, Maximus, pourquoi réciter?

19. — SUR UNE VIPÈRE CACHÉE DANS LA GUEULE D'UNE OURSE.

Près des cent colonnes, et parmi les figures de bêtes féroces qui décorent le Platanon, voyez cette ourse. Le bel Hylas, voulant jouer, plonge la main dans sa gueule béante, et y trouve cachée une odieuse vipère qui rendait ce monstre encore plus malfaisant que s'il eût été en vie. Mais l'enfant ne connaît le danger qu'en mourant de la morsure du reptile. O fatal accident! Pourquoi n'était-ce qu'une ourse en image?

20. — SUR CANIUS RUFUS.

Muse, dis-moi ce que fait mon ami Canius. Confie-t-il à ses impérissables tablettes l'histoire de Claude, ou réfute-t-il l'historien mensonger du règne de Néron? Compose-t-il, rival du malicieux Phèdre, d'ingénieux apologues? Fait-il quelque amoureuse élégie, quelque grave poëme épique? Chausse-t-il pompeusement le cothurne de Sophocle? Ou bien va-t-il, homme de loisir, débiter aux poëtes assemblés des vers fins et piquants, et après cela respirer sous le portique du temple d'Isis, ou parcourir nonchalamment celui des Argonautes? Ou bien serait-ce dans les délicieux bosquets, à l'ombre de ces buis doucement échauffés par le soleil, dans le voisinage du portique d'Europe, qu'il irait l'après-midi tantôt s'asseoir et tantôt se promener, libre de soucis amers? Se baigne-t-il aux thermes de Titus, à ceux d'Agrippa, ou dans les bains de l'impudique Tigellius? Est-il à la campagne de Tullus, ou à celle de Lucanus, ou à celle de Pollion, à quatre milles de Rome? Enfin, déjà parti pour les eaux de Baïes, traverse-t-il, paresseux navigateur, les étangs du Lucrin? — Tu veux savoir ce que fait Canius? — Il rit.

Profectus ex Hispania.
  Occurrit illi sportularum fabula :
  A ponte rediit Mulvio.

XV. DE CODRO.

Plus credit nemo, quam tota Codrus in urbe.
  Quum sit tam pauper, quomodo? Cæcus amat.

XVI. IN CERDONEM.

Das gladiatores, sutorum regule, cerdo,
  Quodque tibi tribuit subula, sica rapit.
Ebrius es : nec enim faceres id sobrius unquam,
  Ut velles corio ludere, cerdo, tuo.
Lusisti, satis est : sed te, mihi crede, memento   5
  Nunc in pellicula, cerdo, tenere tua.

XVII. IN SABIDIUM.

Circumlata diu mensis scriblita secundis,
  Urebat nimio sæva calore manus;
Sed magis ardebat Sabidi gula : protinus ergo
  Sufflavit buccis terque quaterque suis.
Illa quidem tepuit, digitosque admittere visa est :   5
  Sed nemo potuit tangere : merda fuit.

XVIII. IN MAXIMUM.

Perfrixisse tuas questa est præfatio fauces.
  Quum te excusaris, Maxime, quid recitas?

XIX. DE VIPERA IN ORE URSÆ.

Proxima centenis ostenditur ursa columnis,
  Exornant fictæ qua Platanona feræ.
Hujus dum patulos alludens tentat hiatus
  Pulcher Hylas, teneram mersit in ora manum.
Vipera sed cæco scelerata latebat in ore,
  Vivebatque anima deteriore fera.
Non sensit puer esse dolos, nisi dente recepto
  Dum perit : o facinus, falsa quod ursa fuit!

XX. DE CANIO.

Dic, Musa, quid agat Canius meus Rufus?
Utrumne chartis tradit ille victuris
Legenda temporum acta Claudianorum?
An quæ Neroni falsus adstruit scriptor?
An æmulatur improbi jocos Phædri?   5
Lascivus elegis, an severus herois?
An in cothurnis horridus Sophocleis?
An otiosus in schola poetarum
Lepore tinctos Attico sales narrat?
Hinc si recessit, porticum terit templi;   10
An spatia carpit lentus Argonautarum?
An delicatæ sole rursus Europæ?
Inter tepentes post meridiem buxos
Sedet, ambulatve liber acribus curis?

21. — CONTRE UN MAÎTRE CRUEL.

Un esclave marqué au front a sauvé son maître proscrit. Il l'a sauvé de la mort, mais non pas de la haine.

22. — SUR APICIUS.

Tu avais, Apicius, dépensé pour ton ventre six millions de sesterces; il t'en restait encore un million pour le moins. Désespéré, comme si cette somme ne pouvait te mettre à l'abri de la faim et de la soif, tu vidas une dernière coupe, mais une coupe de poison. Ce trait de gourmandise, Apicius, surpasse tous les autres.

23. — CONTRE UN AVARE QUI L'AVAIT INVITÉ.

Puisque tu fais passer par derrière tous les mets à tes esclaves, que ne fais-tu mettre la table derrière les convives?

24. — SUR UN ARUSPICE QUI AVAIT UNE HERNIE.

Coupable d'avoir brouté la vigne, un bouc, victime chère à Bacchus, attendait la mort au pied des autels. L'aruspice toscan, qui allait l'immoler, avait recommandé à un villageois ignorant et grossier de couper lestement et avec un couteau bien affilé les testicules de l'animal, afin que la chair n'exhalât pas l'odeur infecte de ces parties immondes. Se penchant donc sur l'autel de gazon, et tenant étroitement le bouc qui se débattait, le prêtre, en égorgeant l'animal, laissa voir, au grand scandale de l'assistance, une hernie monstrueuse. Le rustre y porte le fer et la coupe, s'imaginant que tel était le rit ancien de ces cérémonies, et que de temps immémorial on honorait les Dieux par de pareils holocaustes. Ainsi, de prêtre toscan, te voilà devenu prêtre de Cybèle, et, pendant que tu immoles un bouc, on te fait chevreau.

25. — A FAUSTINUS, SUR LE FROID RHÉTEUR SABINÉUS.

Si vous voulez, Faustinus, modérer la chaleur d'un bain dans lequel Julianus entrerait à peine, priez le rhéteur Sabinéus de s'y plonger; il refroidirait les thermes de Néron.

26. — CONTRE CANDIDUS.

Tes domaines sont à toi seul, Candidus, et tes écus à toi seul. A toi seul est ta vaisselle d'or, à toi seul sont tes vases myrrhins. A toi seul sont tes vins de Massique, à toi seul tes vins de Cécube, qui datent d'Opimius. A toi seul est ta sagesse, à toi seul ton esprit ; à toi seul est tout cela ; et Dieu me préserve de dire le contraire! Mais la femme que tu as, Candidus, est à tout le monde.

27. — CONTRE GALLUS.

Jamais tu ne me rends une invitation, quoique tu acceptes souvent les miennes. Je te pardonne, Gallus, si tu n'en invites pas d'autres que moi. Mais tu en invites d'autres : nous sommes tous deux coupables. — Comment cela, diras-tu? — Je n'ai point de cœur, Gallus, et tu n'as pas de honte.

28. — CONTRE NESTOR.

Tu t'étonnes que Marius pue de l'oreille; la

Titine thermis, an lavatur Agrippæ,
An impudici balneo Tigillini?
An rure Tulli fruitur, atque Lucani?
An Pollionis dulce currit ad Quartum?
An æstuantes jam profectus ad Baias
Piger Lucrino nauculatur in stagno? 20
Vis scire, quid agat Canius tuus? ridet.

XXI. IN CRUDELEM DOMINUM.

Proscriptum famulus servavit fronte notatus.
Non fuit hæc domini vita, sed invidia.

XXII. DE APICIO.

Dederas, Apici, bis tricenties ventri,
Sed adhuc supererat centies tibi laxum.
Hoc tu gravatus, ut famem et sitim ferre,
Summa venenum potione duxisti.
Nil est, Apici, tibi gulosius factum. 5

XXIII. IN AVARUM INVITATOREM.

Omnia quum retro pueris opsonia tradas,
Cur non mensa tibi ponitur a pedibus?

XXIV. DE HARUSPICE HERNIOSO.

Vite nocens rosa stabat moriturus ad aras
Hircus, Bacche, tuis victima grata sacris.
Quem Tuscus mactare deo quum vellet haruspex,
Dixerat agresti forte rudique viro,
Ut cito testiculos peracuta falce secaret, 5
Teter ut impundæ carnis abiret odor.
Ipse super virides aras luctantia pronus
Dum resecat cultro colla, premitque manu;
Ingens iratis apparuit hernia sacris.
Occupat hanc ferro rusticus, atque secat : 10
Hoc ratus antiquos sacrorum poscere ritus,
Talibus et fibris numina prisca coli.
Sic modo qui Tuscus fueras, nunc Gallus haruspex,
Dum jugulas hircum, factus es ipse caper.

XXV. AD FAUSTINUM, DE SABINEO RHETORE FRIGIDO.

Si temperari balneum cupis fervens,
Faustine, quod vix Julianus intraret :
Roga, lavetur, rhetorem Sabineum.
Neronianas hic refrigeret thermas.

XXVI. IN CANDIDUM.

Prædia solus habes, et solus, Candide, nummos,
Aurea solus habes, myrrhina solus habes;
Massica solus habes, et Opimi Cæcuba solus;
Et cor solus habes ; solus et ingenium.
Omnia solus habes; nec me puta velle negare : 5
Uxorem sed habes, Candide, cum populo.

XXVII. IN GALLUM.

Nunquam me revocas, venias quum sæpe vocatus :
Ignosco, nullum si modo, Galle, vocas.
Invitas alios : vitium est utriusque. Quod? inquis.
Et mihi cor non est; nec tibi, Galle, pudor.

XXVIII. IN NESTOREM.

Auriculam Mario graviter miraris olere!

faute en est à toi, Nestor, qui lui parles toujours à l'oreille.

29. — CONTRE UN ESCLAVE DEVENU CHEVALIER.

Zoïle te dédie, ô Saturne! ces chaînes et ces doubles entraves, ses premiers anneaux.

30. — A GARGILIANUS, CLIENT NÉCESSITEUX.

La sportule est supprimée, et tu peux dîner gratis. Cela étant, Gargilianus, dis-moi, que fais-tu à Rome? D'où te viennent cette toge et l'argent du loyer de ton bouge enfumé? Qui te donne un quadrant pour le bain? Avec quoi payes-tu les faveurs de Chioné? Bien que tu vives, selon toi, très-raisonnablement, tu n'as pas la moindre raison pour vivre.

31. — A RUFINUS, RICHE ORGUEILLEUX.

Tu possèdes, je l'avoue, d'immenses biens de campagne, et tes lares règnent à la ville sur de nombreux édifices. Une foule d'emprunteurs s'incline devant la toute-puissance de ton coffre-fort, et tes mets sont servis sur des tables dorées. Garde-toi cependant, Rufinus, de mépriser ceux qui ont moins. Plus riche que toi, Didymus le fut; Philomélus l'est encore.

32. — CONTRE MATRINIA.

Tu demandes, Matrinia, si je pourrais le faire avec une vieille? Je le pourrais sans doute : mais tu n'es pas vieille, toi, tu es morte. J'aurais pu faire avec Hécube, avec Niobé, Matrinia, avant que l'une fût changée en chienne, et l'autre en rocher.

33. — COMMENT IL VEUT UNE MAÎTRESSE.

Je l'aime de condition libre; sinon, je me contenterai d'une affranchie. Une esclave sera mon pis-aller : mais elle sera préférée aux deux autres, si sa beauté lui tient lieu de condition libre.

34. — SUR CHIONÉ.

Je dirai pourquoi tu es digne et indigne de ton nom. Tu es froide, tu es noire; tu n'es pas et tu es Chioné.

35. — SUR DES POISSONS CISELÉS.

Sur ce vase ciselé, chef-d'œuvre de l'art de Phidias, voyez ces poissons : pour nager, ils n'attendent que de l'eau.

36. — CONTRE FABIANUS, PATRON ARROGANT.

Les soins que te rend un nouvel ami, un ami de fraîche date, tu veux, Fabianus, que je te les rende. Tu veux que, dès le matin, je coure en négligé t'offrir mon salut, et me traîne dans la boue à la suite de ta litière; que vers la dixième heure, au plus tard, je t'accompagne aux thermes d'Agrippa, tandis que je me baigne à ceux de Titus. Ai-je donc mérité, Fabianus, après trente ans de dévouement, d'en être toujours à l'apprentissage de ton amitié? Ai-je mérité, Fabianus, par cette toge usée et qui n'est que trop à moi, que tu ne me crusses pas encore digne de recevoir mon congé?

37. — CONTRE LES AMIS TROP IRRITABLES.

Amis heureux, vous ne savez rien que vous fâcher. C'est fort mal; mais vous y trouvez votre compte.

Tu facis hoc : garris, Nestor, in auriculam.

XXIX. IN SERVUM EQUITEM FACTUM.

Has cum gemina compede dedicat catenas,
Saturne, tibi Zoilus, annulos priores.

XXX. AD GARGILIANUM, CLIENTEM EGENUM.

Sportula nulla datur; gratis conviva recumbis :
Dic mihi, quid Romæ, Gargiliane, facis?
Unde tibi togula est, et fuscæ pensio cellæ?
Unde datur quadrans? unde vir es Chiones?
Cum ratione licet dicas te vivere summa :   5
Quod vivis, nulla cum ratione facis.

XXXI. AD RUFINUM, DIVITEM ARROGANTEM.

Sunt tibi, confiteor, diffusi jugera campi,
Urbanique tenent prædia multa Lares :
Et servit dominæ numerosus debitor arcæ,
Sustentatque tuas aurea mensa dapes.
Fastidire tamen noli, Rufine, minores.   5
Plus habuit Didymus : plus Philomelus habet.

XXXII. IN MATRINIAM.

Num possim vetulam, quæris, Matrinia? possum
Et vetulam : sed tu mortua, non vetula es.
Possum Hecubam, possum Nioben, Matrinia : sed si
Nondum erit illa canis, nondum erit illa lapis.

XXXIII. QUALEM PUELLAM VELIT.

Ingenuam malo : sed si tamen illa negetur,
Libertina mihi proxima conditio est :
Extremo est ancilla loco; sed vincet utramque,
Si facie nobis hæc erit ingenua.

XXXIV. AD CHIONEM.

Digna tuo cur sis, indignaque nomine, dicam.
Frigida es, nigra es : non es, et es Chione.

XXXV. DE PISCIBUS SCULPTIS.

Artis Phidiacæ toreuma clarum,
Pisces aspicis : adde aquam, natabunt.

XXXVI. IN FABIANUM, ARROGANTEM PATRONUM.

Quod novus et nuper factus tibi præstat amicus,
Hoc præstare jubes me, Fabiane, tibi.
Horridus ut primo semper te mane salutem,
Per mediumque trahat me tua sella lutum :
Lassus ut in thermas decima, vel serius, hora   5
Te sequar Agrippæ, quum laver ipse Titi.
Hoc per triginta merui, Fabiane, Decembres,
Ut sim tiro tuæ semper amicitiæ?
Hoc merui, Fabiane, toga, tritaque, meaque,
Ut nondum credas me meruisse rudem?   10

XXXVII. IN IRASCENTES AMICOS.

Irasci tantum felices nostis amici.

38. — A SEXTUS.

Quel motif, Sextus, quelle résolution vous amène à Rome? qu'espérez-vous? que voulez-vous? répondez. — J'y plaiderai, dites-vous, plus éloquemment que Cicéron lui-même; on ne verra pas mon pareil dans les trois forum. — Alestinus a plaidé, et Caïus aussi; vous les connaissiez tous deux : eh bien, ils ne gagnèrent pas de quoi payer leur loyer. — Si je ne gagne rien à plaider, je ferai des vers, je vous les lirai, et vous direz qu'ils sont dignes de Virgile. — Vous êtes fou : tous ceux que vous voyez là, grelottant sous leurs manteaux, sont autant de Virgiles et d'Ovides. — Je me pousserai chez les grands. — Cette industrie en fait à peine vivre trois ou quatre; le reste meurt de faim. — Que faire alors? conseillez-moi; car je suis décidé à vivre à Rome. — Si vous êtes honnête homme, Sextus, vous pourrez y vivre; mais c'est un grand hasard.

39. — SUR LYCORIS.

Lycoris la borgne aime Faustinus, un enfant beau comme le berger Pâris. Qu'elle y voit bien, la borgne!

40. — CONTRE THÉLÉSINUS.

De ce que tu m'as prêté cent cinquante mille sesterces, prélevés sur les sommes immenses dont regorge ton coffre-fort, tu te crois, Thélésinus, un ami libéral. Toi, libéral, lorsque tu me prêtes! je le suis bien plus, moi, lorsque je te rends.

41. — SUR UN LÉZARD CISELÉ.

Il vit, le reptile que Mentor a ciselé sur ce vase. L'argent nous fait peur!

42. — CONTRE POLLA.

Quand tu t'efforces de faire disparaître sous un enduit de farine de fèves les rides de ton ventre, tu trompes tes regards, Polla, mais non pas les miens. Laisse tout simplement à découvert un défaut peut-être fort léger. Le défaut qu'on dissimule paraît plus grand qu'il n'est.

43. — CONTRE LENTINUS.

Tu joues le jeune homme, Lentinus; tu te teins les cheveux; tout à l'heure tu étais cygne, et te voilà soudain devenu corbeau. Tu ne tromperas pas tout le monde : Proserpine sait que tu es blanc; elle arrachera le masque de ta tête.

44. — CONTRE LIGURINUS.

Veux-tu savoir pourquoi personne n'aime à te rencontrer, pourquoi l'on se sauve dès qu'on t'aperçoit, pourquoi, Ligurinus, autour de toi règne une vaste solitude? Tu es trop poëte. C'est un bien dangereux défaut. La tigresse furieuse de l'enlèvement de ses petits, la vipère que brûle le soleil de midi, le scorpion malfaisant, sont moins à craindre que toi. Quoi de plus insupportable, en effet, qu'une pareille importunité! Si je suis debout, tu lis; si je m'assieds, tu lis; si je cours, tu lis; tu lis encore, quand je suis à la selle. Je fuis aux thermes, tu te pends à mon oreille; j'entre au bain, tu m'empêches d'y nager; je

---

Non belle facitis : sed juvat hoc facere.

XXXVIII. AD SEXTUM.

Quæ te causa trahit, vel quæ fiducia Romam,
  Sexte? quid aut speras, aut petis inde? refer.
Causas, inquis, agam Cicerone disertius ipso,
  Atque erit in triplici par mihi nemo foro.
Egit Atestinus causas, et Caius : utrumque   5
  Noras; sed neutri pensio tota fuit.
Si nihil hinc veniet, pangentur carmina nobis :
  Audieris, dices esse Maronis opus.
Insanis : omnes gelidis quicumque lacernis
  Sunt ibi, Nasones, Virgiliosque vides.   10
Atria magna colam. Vix tres, aut quatuor ista
  Res aluit; pallet cætera turba fame.
Quid faciam? suade : nam certum est vivere Romæ.
  Si bonus es, casu vivere, Sexte, potes.

XXXIX. DE LYCORI.

Iliaco similem puerum, Faustine, magistro
  Lusca Lycoris amat : quam bene lusca videt!

XL. IN THELESINUM.

Mutua quod nobis ter quinquaginta dedisti
  Ex opibus tantis, quas gravis arca premit;
Esse tibi magnus, Thelesine, videris amicus.
  Tu magnus, quod das? immo ego, quod recipis.

XLI. IN LACERTAM CÆLATAM.

Inserta phialæ Mentoris manu ducta
Lacerta vivit, et timetur argentum.

XLII. IN POLLAM.

Lomento rugas uteri quod condere tentas,
  Polla; tibi ventrem, non mihi labra linis.
Simpliciter pateat vitium fortasse pusillum :
  Quod tegitur, majus creditur esse malum.

XLIII. IN LENTINUM.

Mentiris juvenem tinctis, Lentine, capillis :
  Tam subito corvus, qui modo cycnus eras.
Non omnes falles : scit te Proserpina canum;
  Personam capiti detrahet illa tuo.

XLIV. IN LIGURINUM.

Occurrit tibi nemo quod libenter ;
Quod, quacumque venis, fuga est, et ingens
Circa te, Ligurine, solitudo;
Quid sit, scire cupis? nimis poeta es :
Hoc valde vitium periculosum est.   5
Non tigris catulis citata raptis,
Non dipsas medio perusta Sole,
Nec sic scorpius improbus timetur.
Nam tantos, rogo, quis ferat labores?
Et stanti legis, et legis sedenti :   10
Currenti legis, et legis cacanti.

rentre souper, tu ne me quittes pas un instant; je commence à manger, tu me chasses de table. Harassé, je m'endors, et soudain tu m'éveilles. Vois donc le mal que tu me fais! Tu es juste, probe, inoffensif, et pourtant tu es redouté!

45. — SUR LE MÊME.

Je ne sais si Apollon s'enfuit de la table au festin de Thyeste; mais nous, Ligurinus, nous fuyons de la tienne. Je le sais, elle est somptueuse et chargée des mets les plus délicats; et pourtant tout m'y déplaît, quand tu récites. Je dédaigne ton turbot et ton surmulet de deux livres; ce ne sont ni tes champignons, ni tes huîtres que je demande, mais seulement ton silence.

46. — A CANDIDUS.

Tu exiges de moi l'infatigable assiduité d'un client : je ne puis t'obéir, mais je t'envoie mon affranchi. Ce n'est pas, dis-tu, la même chose. C'est plus encore, et je le prouve. Je suis à peine en état de suivre ta litière, il la portera; si tu tombes au milieu d'une foule, il écartera tout le monde en jouant des coudes : moi, je suis délicat et faible. De quelque façon que tu plaides, je ne dirai mot; lui t'applaudira à toute outrance. Si tu as une dispute, il lâchera un torrent d'injures contre ton adversaire; je sais trop les convenances pour le prendre sur ce ton. — Ainsi, toi, mon ami, tu ne feras rien pour moi? — Je ferai, Candidus, tout ce que mon affranchi ne pourra faire.

47. — SUR BASSUS.

Là où la porte Capène distille de larges gouttes d'eau ; là où les prêtres de Cybèle viennent tremper dans l'Almon le glaive des sacrifices ; là où verdit toujours le champ sacré des Horaces, et où s'élève, exposé à toutes les ardeurs du soleil, le temple du petit Hercule, Bassus passait, ô Faustinus! sur un chariot rempli de toutes les productions d'une fertile campagne. On y voyait des choux magnifiques, des poireaux de l'une et l'autre espèce, des laitues pommées et des bettes salutaires aux ventres paresseux : on y voyait une énorme guirlande de grives dodues, un lièvre pris par un chien de Gaule, et un cochon de lait qui ne pouvait encore broyer des fèves. Devant le chariot marchait un esclave chargé lui-même, et portant des œufs enveloppés dans du foin. — Bassus revenait donc à Rome? — Non, il allait à sa campagne.

48. — SUR OLLUS.

Ollus a fait bâtir une pauvre cabane, mais il a vendu ses terres. Ollus a maintenant une cabane de pauvre.

49. — CONTRE UN AMPHITRYON.

Tu me sers du vin trempé de Veïes, et tu bois du Massique : j'aime mieux flairer ta coupe que vider la mienne.

50. — CONTRE LIGURINUS.

Tu n'as pas d'autre motif, Ligurinus, en appelant des convives, que de leur réciter de petits vers de ta façon. A peine ai-je ôté mes sandales,

---

In thermas fugio; sonas ad aurem.
Piscinam peto; non licet natare.
Ad cœnam propero; tenes euntem.
Ad cœnam venio; fugas edentem.   15
Lassus dormio; suscitas jacentem.
Vis, quantum facias mali, videre?
Vir justus, probus, innocens timeris.

XLV. DE EODEM.

Fugerit an mensas Phœbus cœnamque Thyestæ,
  Ignoro : fugimus nos, Ligurine, tuam.
Illa quidem lauta est, dapibusque instructa superbis :
  Sed nihil omnino, te recitante, placet.
Nolo mihi ponas rhombum, mullumve bilibrem :   5
  Nec volo boletos, ostrea nolo : tace.

XLVI. AD CANDIDUM.

Exigis a nobis operam sine fine togatam.
  Non eo, libertum sed tibi mitto meum.
Non est, inquis, idem : multo plus esse probabo.
  Vix ego lecticam subsequor ; ille feret.
In turbam incideris ; cunctos umbone repellet : 5
  Invalidum est nobis, ingenuumque latus.
Quidlibet in causis narraveris, ipse tacebo :
  At tibi tergeminum mugiet ille sophos.
Lis erit ; ingenti faciet convicia voce :
  Esse pudor vetuit fortia verba mihi.   10
Ergo nihil nobis, inquis, præstabis amicus?

Quidquid libertus, Candide, non poterit.

XLVII. DE BASSO.

Capena grandi porta qua pluit gutta,
Phrygiæque Matris Almo qua lavat ferrum,
Horatiorum qua viret sacer campus,
Et qua pusilli fervet Herculis fanum,
Faustine, plena Bassus ibat in rheda,   5
Omnes beati copias trahens ruris.
Illic videres frutice nobili caules,
Et utrumque porrum, sessilesque lactucas,
Pigroque ventri non inutiles betas.
Illic coronam pinguibus gravem turdis,   10
Leporemque læsum Gallici canis dente,
Nondumque victa lacteum faba porcum.
Nec feriatus ibat ante carrucam,
Sed tuta fœno cursor ova portabat.
Romam petebat Bassus? Immo rus ibat.   15

XLVIII. DE OLLO.

Pauperis exstruxit cellam, sed vendidit Ollus
  Prædia : nunc cellam pauperis Ollus habet.

XLIX. IN INVITATOREM.

Veientana mihi misces, tu Massica potas :
  Olfacere hæc malo pocula, quam bibere.

L. IN LIGURINUM.

Hæc tibi, non alia, est ad cœnam causa vocandi,

que soudain, parmi les laitues et les sauces piquantes, on apporte un énorme livre. Tu en lis un second au premier service; un troisième, avant l'arrivée du service suivant; enfin tu ne nous fais grâce ni d'un quatrième ni d'un cinquième. Un sanglier que tu nous servirais tant de fois sentirait mauvais. Que si tu ne fais pas servir tes maudits poëmes à envelopper des maquereaux, dorénavant, Ligurinus, tu souperas seul.

51. — A GALLA.

Quand je loue ta figure, quand j'admire ta jambe et ta main, tu me dis toujours, Galla : « Toute nue, je te plairais bien davantage. » Cependant tu évites toujours de te baigner avec moi. Crains-tu, Galla, que ce soit moi qui ne te plaise pas?

52. — A TONGILIANUS, SUR UN INCENDIE LUCRATIF.

Tu avais acheté ta maison deux cent mille sesterces, Tongilianus; un accident trop fréquent à Rome te l'a enlevée. Mais une souscription t'en a rendu cinq fois la valeur. Ne dirait-on pas, je te prie, que c'est toi-même qui y as mis le feu?

53. — A CHLOÉ.

Je peux me passer de ton visage, de ton cou, de tes mains, de tes jambes, de ton sein, de tes fesses, de tes reins; et, pour ne pas me fatiguer et décrire toutes les parties de ton corps, je peux, Chloé, me passer de toute ta personne.

54. — A GALLA.

Quand je ne puis payer, Galla, le prix que tu mets à tes faveurs, il serait bien plus simple, Galla, de me refuser tout net.

55. — CONTRE GELLIA.

Partout où tu viens, on dirait que Cosmus a déserté sa boutique, que ses flacons se sont brisés et ses essences renversées. Renonce, de grâce, à ces modes étrangères. Ne sais-tu pas qu'avec le même procédé mon chien aussi pourrait sentir bon?

56. — SUR UNE CITERNE A RAVENNE.

J'aime mieux, à Ravenne, une citerne qu'une vigne : j'y pourrais vendre l'eau plus cher que le vin.

57. — SUR UN CABARETIER.

Dernièrement, je fus la dupe d'un rusé cabaretier de Ravenne; je lui demandais du vin trempé, il m'en a vendu de pur.

58. — A BASSUS, SUR LA MAISON DE CAMPAGNE DE FAUSTINUS.

Bassus, la maison de campagne de notre ami Faustinus, à Baïes, n'embrasse pas l'espace perdu d'un terrain sans limites, où s'alignent symétriquement des myrtes inutiles, de stériles platanes et des buis bien tondus. Ce joyeux séjour est une campagne, dans la véritable et rustique acception du mot. Là, des masses de blé sont entassées jusque dans les recoins des

---

Versiculos recites ut, Ligurine, tuos.
Deposui soleas; affertur protinus ingens
　Inter lacturas oxygarumque liber.
Alter perlegitur, dum fercula prima morantur :　　5
　Tertius est, nec adhuc mensa secunda venit.
Et quartum recitas, et quintum denique librum.
　Putidus est, toties si mihi ponis aprum.
Quod si non scombris scelerata poemata donas :
　Cœnabis solus jam, Ligurine, domi.　　10

LI. AD GALLAM.

Quum faciem laudo, quum miror crura manusque;
　Dicere, Galla, soles : Nuda placebo magis.
Et semper vitas communia balnea nobis.
　Numquid, Galla, times, ne tibi non placeam?

LII. AD TONGILIANUM, DE UTILI INCENDIO.

Empta domus fuerat tibi, Tongiliane, ducenis :
　Abstulit hanc nimium casus in Urbe frequens.
Collatum est decies. Rogo, non potes ipse videri
　Incendisse tuam, Tongiliane, domum?

LIII. AD CHLOEN.

Et vultu poteram tuo carere,
Et collo, manibusque, cruribusque,
Et mamnis, natibusque, clunibusque :
Et, ne singula persequi laborem,
Tota te poteram, Chloe, carere.　　5

LIV. AD GALLAM.

Quum dare non possim, quod poscis, Galla, rogantem :
　Multo simplicius, Galla, negare potes.

LV. IN GELLIAM.

Quod quacumque venis, Cosmum migrare putamus,
　Et fluere excusso cinnama fusa vitro :
Nolo peregrinis placeas tibi, Gellia, nugis.
　Scis, puto, posse meum sic bene olere canem.

LVI. DE CISTERNA RAVENNATE.

Sit cisterna mihi, quam vinea, malo Ravennæ :
　Quum possim multo vendere pluris aquam.

LVII. DE CAUPONE.

Callidus imposuit nuper mihi caupo Ravennæ.
　Quum peterem mixtum, vendidit ille merum.

LVIII. DE VILLA FAUSTINI, AD BASSUM.

Baiana nostri villa, Basse, Faustini,
　Non otiosis ordinata myrtetis,
Viduaque platano, tonsilique buxeto
Ingrata lati spatia detinet campi :
Sed rure vero barbaroque lætatur.　　5
Hic farta premitur angulo Ceres omni,
Et multa fragrat testa senibus autumnis.
Hic post Novembres, imminente jam bruma,
Seras putator horridas refert uvas.

greniers; là, de nombreuses amphores exhalent les parfums d'un vin vieux de plusieurs automnes; là, quand novembre est passé, quand les frimas d'hiver nous menacent, le rustique vigneron fait la récolte des raisins qu'il a laissés tard sur le cep. Dans une vallée profonde mugissent les taureaux indomptés; le veau agite sa tête encore sans armes, mais déjà impatiente du combat. La basse-cour immonde est peuplée de volailles dans un perpétuel mouvement; on y voit l'oie criarde, le paon au plumage diamanté, l'oiseau qui doit son nom à l'éclat pourpré de ses ailes, la perdrix diaprée, la pintade tachetée de Numidie, et le faisan originaire de la criminelle Colchide. Les coqs orgueilleux y caressent leurs femelles rhodiennes, et les tours retentissent des battements d'ailes des colombes. Ici murmure le ramier, là gémit la blanche tourterelle. Des pourceaux gloutons suivent à la piste le tablier de la fermière, et le tendre agneau attend sa mère aux mamelles bien remplies. De jeunes esclaves, nés dans la maison et blancs comme le lait, entourent le paisible foyer, où le bois prodigué brûle en l'honneur des dieux domestiques. Ici la paresse flétrissante ne décolore pas les joues du cabaretier; le lutteur ne perd pas son huile; mais ils vont l'un et l'autre tendre leurs filets à la grive avide, jeter la ligne dont les oscillations trahissent la présence du poisson captif, ou enfin rapportent au logis le daim pris dans leurs toiles. Le jardin, planté d'une façon rustique, sert de lieu de divertissement aux citadins; là aussi les jeunes gens aux goûts folâtres, à la longue chevelure, aiment à obéir, sans y être contraints par leurs pédagogues, aux ordres du métayer, et l'eunuque efféminé lui-même paye avec gaieté sa part de travail. Le fermier d'ailleurs ne vient pas, les mains vides, saluer le maître du lieu. L'un apporte le miel blanc dans ses alvéoles de cire, et des fromages à la forme conique; l'autre, des loirs, amis du sommeil et pris dans la forêt de Sassina; celui-ci, un chevreau qui bêle à sa mère toute velue; celui-là, des chapons forcés de n'aimer plus. Les grandes filles de ces honnêtes villageois viennent aussi, portant dans leurs paniers d'osier les présents de leurs mères. A la fin du travail, on invite à souper le voisin, qui accepte avec joie; et l'on ne pousse pas l'économie jusqu'à garder pour le lendemain les mets une fois servis. Tout le monde mange, et le serviteur, bien repu, n'a rien à envier au convive bien désaltéré. Quant à toi, Bassus, tu as, dans le faubourg, une campagne où l'on meurt de faim. D'une tour élevée, ta vue plane sur des lauriers stériles; mais tu es sans inquiétude, le Priape de ton domaine ne craignant pas les voleurs. Tu nourris ton vigneron de farine achetée à la ville, et tu portes tranquillement, dans cette villa en peinture, des légumes, des œufs, des poulets, des fruits, du fromage, et du vin nouveau. Est-ce là ce qu'il faut appeler une maison des champs, ou n'est-ce pas plutôt une maison de ville éloignée?

59. — SUR UN CORDONNIER ET UN FOULON QUI DONNAIENT DES COMBATS DE GLADIATEURS.

Élégante Bologne, un cordonnier t'a donné le spectacle d'un combat de gladiateurs : un foulon en a donné un autre à Modène. Maintenant où le cabaretier donnera-t-il le sien?

Truces in alta valle mugiunt tauri, 10
Vitulusque inermi fronte prurit in pugnam.
Vagatur omnis turba sordidæ cortis,
Argutus anser, gemmeique pavones,
Nomenque debet quæ rubentibus pennis,
Et picta perdix, Numidicæque guttatæ, 15
Et impiorum phasiana Colchorum.
Rhodias superbi feminas premunt galli;
Sonantque turres plausibus columbarum.
Gemit hinc palumbus, inde cereus turtur
Avidi sequuntur villicæ sinum porci; 20
Matremque plenam mollis agnus exspectat.
Cingunt serenum lactei focum vernæ,
Et larga festos lucet ad Lares sylva.
Non segnis albo pallet otio caupo :
Nec perdit oleum lubricus palæstrita; 25
Sed tendit avidis rete subdolum turdis;
Tremulave captum linea trahit piscem,
Aut impeditam cassibus refert damam.
Exercet hilares facilis hortus urbanos,
Et pædagogo non jubente, lascivi 30
Parere gaudent villico capillati;
Et delicatus opere fruitur eunuchus.

Nec venit inanis rusticus salutator :
Fert ille ceris cana cum suis mella,
Metamque lactis : Sassinate de silva 35
Somniculosos ille porrigit glires;
Hic vagientem matris hispidæ fœtum;
Alius coactos non amare capones;
Et dona matrum vimineo ferunt texto
Grandes proborum virgines colonorum. 40
Facto vocatur lætus opere vicinus,
Nec avara servat crastinas dapes mensa ;
Vescuntur omnes, ebrioque non novit
Satur minister invidere convivæ.
At tu sub urbe possides famem mundam, 45
Et turre ad alta prospicis meras laurus,
Furem Priapo non timente securus.
Et vinitorem farre pascis urbano,
Pictamque portas otiosus ad villam
Olus, ova, pullos, poma, caseum, mustum. 50
Rus hoc vocari debet, an domus longe?

LIX. DE SUTORE ET FULLONE, MUNERARIIS.

Sutor cerdo dedit tibi, culta Bononia, munus.
Fullo dedit Mutinæ : nunc ubi caupo dabit?

60. — CONTRE PONTICUS.

Quand tu m'invites à un souper que je ne suis plus, comme jadis, obligé de mendier, pourquoi ne me sert-on pas les mêmes mets qu'à toi? Tu savoures des huîtres engraissées dans le lac Lucrin; moi, je suce des moules en m'écorchant la bouche. Tu manges de fins champignons, et j'en ai, moi, qu'on donnerait aux pourceaux. Tu as affaire avec un turbot; moi, avec une limande. Tu te repais du croupion bien gras d'une blanche tourterelle, tandis qu'on me sert une pie morte en cage. En soupant avec toi, Ponticus, pourquoi faut-il que je soupe sans toi? Profitons de la suppression de la sportule : mangeons tous deux la même chose.

61. — CONTRE CINNA.

Quoi que tu demandes, méchant Cinna, ce n'est rien, dis-tu. Puisque tu ne demandes rien, Cinna, je te l'accorde.

62. — CONTRE QUINTUS.

Parce que tu achètes de jeunes esclaves cent et souvent même deux cent mille sesterces; parce que tu bois des vins qui datent du roi Numa; parce que tu payes un million de sesterces une vaisselle de peu de valeur; parce qu'une livre d'argent mise en œuvre t'en coûte cinq mille monnayées; parce que tu sacrifies une terre à l'acquisition d'un char d'or; parce que tu as acheté une mule plus cher qu'une maison, tu crois, Quintus, que cette magnificence est d'une âme élevée? Tu te trompes, Quintus, elle est d'un petit esprit.

63. — CONTRE COTILUS.

Tu es un joli homme, Cotilus : bien des gens le disent, et moi aussi je l'entends dire. Mais, réponds-moi, qu'est-ce qu'un joli homme? Un joli homme est celui qui dispose avec art les boucles de ses cheveux; qui sent toujours le baume, toujours le cinnamome; qui fredonne des chansons de Cadix et d'Alexandrie; qui donne à ses bras épilés les mouvements les plus gracieux; qui passe les jours entiers, assis au milieu des femmes, et qui a toujours quelque chose à leur dire à l'oreille; qui lit des billets doux venus de tous côtés, et qui en écrit lui-même; qui redoute pour ses vêtements les coudes de ses voisins; qui connaît les intrigues amoureuses, qui court les festins, qui sait parfaitement la généalogie d'Hirpinus. Que dis-tu? Est-ce là, Cotilus, est-ce là un joli homme? Que c'est peu de chose, Cotilus, qu'un joli homme!

64. — A CASSIANUS, SUR CANIUS.

Ulysse évita, dit-on, les Sirènes, ces charmantes ennemies des navigateurs, et leurs trompeuses caresses, et leurs funestes appas; il les évita, elles qu'on ne pouvait fuir une fois qu'on les avait entendues. Je n'en suis pas surpris. Ce qui me surprendrait, Cassianus, c'est qu'il eût fui Canius récitant ses vers.

65. — AU JEUNE DIADUMÉNUS.

Ce qu'exhalent la pomme mordue par une jeune fille, l'air imprégné des émanations du safran de Corycie, la vigne lorsque des fleurs naissantes blanchissent ses rameaux, la prairie où vient

---

LX. IN PONTICUM.

Quum vocor ad cœnam, non jam venalis, ut ante,
  Cur mihi non eadem, quæ tibi, cœna datur?
Ostrea tu sumis stagno saturata Lucrino :
  Sugitur inciso mytilus ore mihi.
Sunt tibi boleti : fungos ego sumo suillos.   5
  Res tibi cum rhombo est : at mihi cum sparulo.
Cereus immodicis turtur te clunibus implet :
  Ponitur in cavea mortua pica mihi.
Cur sine te cœno, quum tecum, Pontice, cœnem?
  Sportula quod non est, prosit : edamus idem.   10

LXI. IN CINNAM.

Esse nihil dicis, quidquid petis, improbe Cinna :
  Si nil Cinna petis; nil tibi, Cinna, nego.

LXII. IN QUINTUM.

Centenis quod emis pueros, et sæpe ducenis :
  Quod sub rege Numa condita vina bibis :
Quod constat decies tibi non spatiosa supellex :
  Libra quod argenti millia quinque rapit :
Aurea quod fundi pretio carruca paratur :   5
  Quod pluris mula est, quam domus empta tibi :
Hæc animo credis magno te, Quinte, parare?
  Falleris : hæc animus, Quinte, pusillus emit.

LXIII. IN COTILUM.

Cotile, bellus homo es : dicunt hoc, Cotile, multi.
  Audio : sed quid sit, dic mihi, bellus homo?
Bellus homo est, flexos qui digerit ordine crines;
  Balsama qui semper, cinnama semper olet;
Cantica qui Nili, qui Gaditana susurrat;   5
  Qui movet in varios brachia vulsa modos;
Inter femineas tota qui luce cathedras
  Desidet, atque aliqua semper in aure sonat;
Qui legit hinc illinc missas, scribitque tabellas;
  Pallia vicini qui refugit cubiti;   10
Qui scit, quam quis amet; qui per convivia currit;
  Hirpini veteres qui bene novit avos.
Quid narras? hoc est, hoc est homo, Cotile, bellus?
  Res prætricosa est, Cotile, bellus homo.

LXIV. AD CASSIANUM, DE CANIO.

Sirenas hilarem navigantium pœnam,
Blandasque mortes, gaudiumque crudele,
Quas nemo quondam deserebat auditas,
Fallax Ulysses dicitur reliquisse.
Non miror : illud, Cassiane, mirarer,
Si fabulantem Canium reliquisset.

LXV. AD DIADUMENUM PUERUM.

Quod spirat tenera malum mordente puella;

butiner l'abeille, le myrte, l'Arabe moissonnant des parfums, le succin mis en poudre, la pâle fumée de l'encens oriental, la terre après une douce pluie d'été, la couronne posée sur une chevelure humectée de nard, tes baisers sentent tout cela, jeune et cruel Diaduménus. Que serait-ce, si tu les donnais avec plaisir?

66. — CONTRE ANTOINE.

Le crime d'Antoine est égal à celui de Pothinus : deux têtes vénérées tombèrent sous le glaive de ces deux assassins. L'une, ô Rome! appartenait aux beaux jours de ta gloire et de tes triomphes; l'autre, aux temps heureux de tes grands orateurs. Antoine cependant fut plus coupable que Pothinus : celui-ci fut assassin dans l'intérêt de son maître; celui-là, dans son propre intérêt.

67. — SUR DES NAUTONNIERS PARESSEUX.

Plus lents que le Vatrène et que l'Éridan, vous languissez, enfants, et n'entendez rien à votre métier. Vous naviguez sur les eaux dormantes, en les effleurant de vos rames paresseuses, aux cris cadencés qui devraient vous animer. Déjà, le char de Phaéton commence à descendre; Éthon est trempé de sueur. La journée est brûlante, et l'heure de midi ne fait encore que de dételer ses chevaux fatigués. Vous cependant vous errez à l'aventure sur les ondes paisibles, et jouez nonchalamment dans votre barque, à l'abri du danger. Vous n'êtes pas des nautes, mais des Argonautes.

68. — A UNE MATRONE PUDIQUE.

Jusqu'ici, matrone, c'est pour vous que ce livre est écrit. Et le reste, pour qui donc? — Pour moi. Le gymnase, les thermes, le stade sont de ce côté : retirez-vous donc. Nous nous déshabillons, prenez garde de voir des hommes nus. Ici, ivre et couronnée de roses, Terpsichore abdique la pudeur, et, dans son ivresse, ne sait plus ce qu'elle dit. Elle nomme sans détour et franchement cette partie que Vénus triomphante reçoit dans son sein au mois d'août, celle que le paysan met en sentinelle au milieu de son jardin, celle que la jeune fille ne regarde qu'au travers de ses doigts. Si je vous connais bien, vous alliez quitter le livre, rebutée par sa longueur; vous le lirez maintenant avec soin d'un bout à l'autre.

69. — A COSCONIUS.

Tu emploies dans tes épigrammes les termes les plus chastes; jamais de mentule dans tes vers. Je te loue et t'admire. Rien au monde de plus pur que toi. Quant à moi, nulle de mes pages n'est exempte de libertinage. Aussi ai-je pour lecteurs les jeunes égrillards, les fillettes d'une vertu facile, et le vieillard que lutine sa maîtresse. Mais tes vénérables et saints écrits, Cosconius, ce sont les enfants, ce sont les vierges qui les doivent lire.

70. — A CERVINUS.

Te voilà, Cervinus, l'amant d'Aufidia, dont tu as été le mari. Ton rival d'autrefois est aujourd'hui son époux. Pourquoi donc te plaît-elle ne

Quod de Corycio quæ venit aura croco;
Vinea quod, primis floret quum cana racemis;
Gramina quod redolent, quæ modo carpsit apis;
Quod myrtus, quod messor Arabs, quod succina trita; 5
Pallidus Eoo thure quod ignis olet;
Gleba quod, æstivo leviter quum spargitur imbre,
Quod madidis nardo sparsa corona comis;
Hoc tua, sæve puer Diadumene, basia fragrant.
Quid, si tota dares illa sine invidia? 10

LXVI. IN M. ANTONIUM.

Par scelus admisit Phariis Antonius armis;
Abscidit vultus ensis uterque sacros.
Illud, lauriegeros ageres quum læta triumphos;
Hoc tibi, Roma, caput, quum loquereris, erat.
Antoni tamen est pejor, quam causa Pothini : 5
Hic facinus domino præstitit; ille sibi.

LXVII. DE PIGRIS NAUTIS.

Cessatis, pueri, nihilque nostis,
Vatreno Eridanoque pigriores :
Quorum per vada tarda navigantes,
Lentos tingitis ad celeusma remos.
Jam prono Phaethonte sudat Æthon, 5
Exarsitque dies, et hora lassos
Interjungit equos meridiana.
At vos tam placidas vagi per undas
Tuta luditis otium carina.

Non nautas puto vos, sed Argonautas. 10

LXVIII. AD MATRONAM PUDICAM.

Huc est usque tibi scriptus, matrona, libellus.
Cui sint scripta rogas interiora? Mihi.
Gymnasium, thermæ, stadium est hac parte : recede.
Exsuimur : nudos parce videre viros.
Hic jam deposito post vina rosasque pudore, 5
Quid dicat, nescit saucia Terpsichore.
Schemate nec dubio, sed aperte nominat illam,
Quam recipit sexto mense superba Venus :
Custodem medio statuit quam villicus horto;
Opposita spectat quam proba virgo manu. 10
Si bene te novi; longum jam lassa libellum
Ponebas : totum nunc studiosa leges.

LXIX. AD COSCONIUM.

Omnia quod scribis castis epigrammata verbis,
Inque tuis nulla est mentula carminibus,
Admiror; laudo : nihil est tu sanctius uno :
At mea luxuria pagina nulla vacat.
Hæc igitur juvenes nequam facilesque puellæ, 5
Hæc senior, sed quem torquet amica, legat.
At tua, Cosconi, venerandaque sanctaque verba
A pueris debent virginibusque legi.

LXX. AD CERVINUM.

Mœchus es Aufidiæ, qui vir, Cervine, fuisti.
Rivalis fuerat qui tuus, ille vir est.

t'appartenant plus, celle qui te déplaisait lorsqu'elle était ta femme? Est-ce que la possession paisible t'ôte toute vigueur?

71. — CONTRE NÉVOLUS.

Tandis que ton jeune esclave souffre de la mentule, toi, Névolus, tu souffres du derrière. Je ne suis pas sorcier, mais je sais bien ce que tu fais.

72. — A LAUFÉIA.

Tu veux bien, Lauféia, te livrer à moi, mais non te baigner avec moi. Voilà qui m'est suspect, et qui cache sans doute quelque terrible défaut. Ou ta gorge est flasque et pendante, ou ton ventre sillonné de rides te fait craindre de te montrer nue, ou ta nymphe déchirée présente un développement exagéré, ou quelque excroissance en dépare les bords. Mais il n'est rien de tout cela. Nue, tu es très-belle, j'en suis sûr; mais si la chose est vraie, tu as le pire de tous les défauts; tu es bégueule.

73. — CONTRE PHÉBUS.

Tu couches, Phébus, avec des esclaves pourvus d'énormes membres; mais ce qui est droit chez eux, chez toi est pendant. Qu'en conclure, je te prie? Je voulais bien croire à ton goût pour les hommes; mais ce goût, dit-on, n'est pas comme je l'entendais.

74. — CONTRE GARGILIANUS.

Gargilianus, tu épiles ton visage avec le psilothrum, et ton crâne avec le dropax. Craindrais-tu le barbier? Comment feras-tu pour tes ongles? car il n'y a certainement ni résine, ni pâte de Venète qui puisse les rogner. S'il te reste quelque pudeur, cesse de faire jouer un rôle infâme à ta misérable tête; ce rôle ne convient, Gargilianus, qu'à l'organe secret des femmes.

75. — CONTRE LUPERCUS.

Depuis longtemps, Lupercus, ta mentule a perdu toute vigueur, et cependant, pauvre fou, tu mets tout en œuvre pour lui rendre sa vertu. Mais les roquettes, les bulbes aphrodisiaques, la satyrée stimulante, n'y peuvent rien. Maintenant tu commences à corrompre, à force d'argent, des bouches pures. Mais ce nouvel excitant ne réussit pas mieux. N'est-il pas étonnant, Lupercus, qu'il t'en ait tant coûté pour rester impuissant?

76. — CONTRE BASSUS.

Tu es de feu près des vieilles, Bassus, et tu dédaignes les jeunes. Ce n'est pas la beauté qui te plaît, mais la décrépitude. N'est-ce pas là, de grâce, une manie? Ta mentule n'a-t-elle pas perdu la raison? Tu peux tout avec Hécube, tu ne peux rien avec Andromaque!

77. — CONTRE BÉTICUS.

Ni le surmulet, ni la grive, Béticus, ne sont de ton goût : le lièvre et le sanglier te paraissent insipides. Tu n'aimes ni les gâteaux, ni les pâtisseries; et ce n'est pas pour toi que la Libye et le Phase nous envoient leurs oiseaux. Tu te gorges de câpres, d'oignons nageant dans une saumure dégoûtante, de jambon à la chair molle et d'une fraîcheur équivoque. Tu fais tes délices de hachis de sauterelles et de thon mariné, à la peau blanchie. Tu bois des vins qui sentent la résine,

---

Cur aliena placet tibi, cui sua non placet uxor?
  Numquid securus non potes arrigere?

LXXI. IN NÆVOLUM.

Mentula quum doleat puero; tibi, Nævole, culus :
  Non sum divinus, sed scio quid facias.

LXXII. AD LAUFEIAM.

Vis futui, nec vis mecum, Laufeia, lavari.
  Nescio quod magnum suspicor esse nefas.
Aut tibi pannosæ pendent a pectore mammæ :
  Aut sulcos uteri prodere nuda times :
Aut infinito lacerum patet inguen hiatu :   5
  Aut aliquid cunni prominet ore tui.
Sed nihil est horum : credo, pulcherrima nuda es.
  Si verum est, vitium pejus habes : fatua es.

LXXIII. IN PHOEBUM.

Dormis cum pueris mutoniatis,
  Et non stat tibi, Phœbe, quod stat illis.
Quid vis me, rogo, Phœbe, suspicari?
  Mollem credere te virum volebam :
Sed rumor negat esse te cinædum.   5

LXXIV. IN GARCILIANUM.

Psilothro faciem lævas, et dropace calvam.
  Numquid tonsorem, Gargiliane, times?
Quid facient ungues? nam certe non potes illos
  Resina, Veneto nec resecare luto.
Desine, si pudor est, miseram traducere calvam :   5
  Hoc fieri cunno, Gargiliane, solet.

LXXV. IN LUPERCUM.

Stare, Luperce, tibi jam pridem mentula desit :
  Luctaris demens tu tamen arrigere.
Sed nihil erucæ faciunt, bulbique salaces;
  Improba nec prosunt jam saturcia tibi.
Cœpisti puras opibus corrumpere buccas :   5
  Sic quoque non vivit sollicitata Venus.
Mirari satis hoc quisquam, vel credere possit,
  Quæ non stat, magno stare, Luperce, tibi?

LXXVI. IN BASSUM.

Arrigis ad vetulas; fastidis, Basse, puellas :
  Nec formosa tibi, sed moritura placet.
Hic, rogo, non furor est, non est hæc mentula demens?
  Quum possis Hecubam, non potes Andromachen.

LXXVII. IN BÆTICUM.

Nec mullus, nec te delectat, Bætice, turdus :
  Nec lepus est unquam, nec tibi gratus aper.
Nec te liba juvant, nec sectæ quadra placentæ :
  Nec Libye mittit, nec tibi Phasis aves.
Capparin, et putri cepas halece natantes,   5
  Et pulpam dubio de petasone voras.

et tu abhorres le falerne. Je soupçonne là je ne sais quel vice secret de ton estomac ; car enfin, Béticus, pourquoi faire de celui-ci un magasin de pourritures ?

78. — A PAULINUS.

Tandis que voguait le navire, Paulinus, tu pissas une première fois. Si tu pisses une seconde, alors tu seras Palinure.

79. — A SERTORIUS.

Sertorius commence tout et ne finit rien. Quand il besogne une fille, je doute qu'il achève.

80. — A APICIUS.

Tu ne te plains, tu ne médis de personne, Apicius : on dit pourtant que tu as une mauvaise langue.

81. — CONTRE BÉTICUS.

Pontife de Cybèle, qu'as-tu de commun, Béticus, avec les femmes ? Ta langue n'est bonne qu'à lécher les hommes au-dessous du bas-ventre. Pourquoi t'être coupé la mentule avec un tesson de bouteille, si tu avais tant de goût pour les femmes ? C'est ta tête qu'il faut couper : car, bien que tu sois eunuque par la mentule, infidèle au culte de Cybèle, tu es homme par ta bouche.

82. — CONTRE ZOÏLE.

Quiconque peut être le convive de Zoïle, peut souper aussi avec les femmes du quartier de Summénium, et boire de sang-froid dans le bidet ébréché de Léda. Je prétends même qu'il serait chez elles plus proprement et plus décemment.

Vêtu d'une robe d'étoffe blanche et sans poils, Zoïle est étendu sur un lit dont il s'est emparé le premier. Il foule des coussins de soie écarlate, et pousse à droite et à gauche, avec le coude, ses voisins de table. Dès qu'il est repu, un de ses mignons lui présente des plumes rouges et des cure-dents de lentisque. S'il a chaud, une concubine couchée nonchalamment sur le dos le rafraîchit doucement à l'aide d'un éventail vert, tandis qu'un jeune esclave chasse les mouches avec une branche de myrte. Une masseuse lui passe avec rapidité la main sur le corps et palpe avec art chacun de ses membres. Quand il fait craquer ses doigts, un eunuque habitué au signal et chargé de solliciter avec délicatesse l'émission des urines, dirige le membre ivre de son maître, qui ne cesse de boire. Cependant celui-ci se penchant vers la troupe des esclaves rangés à ses pieds, parmi de petites chiennes léchant des entrailles d'oies, partage à ses valets de palestre des glandes de sanglier, et donne à son favori des croupions de tourterelles. Et, tandis qu'on nous sert du vin des coteaux de Ligurie ou du mont enfumé de Marseille, il distribue à ses bouffons le nectar d'Opimius dans des vases de cristal et de myrrhe. Lui-même, parfumé du haut en bas de toutes les essences de Cosmus, il ne rougit pas de nous partager, dans un coquille d'or, la pommade dont se servent les dernières prostituées. Succombant enfin à ses libations multipliées, il s'endort. Pour nous, nous restons à table ; et, silencieux par ordre, tandis qu'il ronfle nous nous portons

Teque juvant gerres et pelle melandrya cana :
  Resinata bibis vina, Falerna fugis.
Nescio quod stomachi vitium secretius esse
  Suspicor : ut quid enim, Bætice, saprofagis.   10

LXXVIII. AD PAULINUM.

Minxisti currente semel, Pauline, carina.
  Meiere vis iterum ? jam Palinurus eris.

LXXIX. AD SERTORIUM.

Rem peragit nullam Sertorius, inchoat omnes.
  Hunc ego, quum futuit, non puto perficere.

LXXX. AD APICIUM.

De nullo quereris, nulli maledicis, Apici :
  Rumor ait, linguæ te tamen esse malæ.

LXXXI. IN BÆTICUM.

Quid cum fœmineo tibi, Bætice Galle, barathro ?
  Hæc debet medios lambere lingua viros.
Abscissa est quare Samia tibi mentula testa,
  Si tibi tam gratus, Bætice, cunnus erat ?
Castrandum caput est : nam sis licet inguine Gallus,   5
  Sacra tamen Cybeles decipis : ore vir es.

LXXXII. IN ZOILUM.

Conviva quisquis Zoili potest esse,
Summœnianas cœnet inter uxores,
Curtaque Ledæ sobrius bibat testa :

Hoc esse levius puriusque contendo.
Jacet occupato galbinatus in lecto :   5
Cubitisque trudit hinc et inde convivas,
Effultus ostro, sericisque pulvinis.
Stat exoletus, suggeritque ructanti
Pinnas rubentes, cuspidesque lentisci ;
Et æstuanti tenue ventilat frigus   10
Supina prasino concubina flabello ;
Fugatque muscas myrtea puer virga.
Percurrit agili corpus arte tractatrix,
Manumque doctam spargit omnibus membris.
Digiti crepantis signa novit eunuchus,   15
Et delicatæ suscitator urinæ
Domini bibentis ebrium regit penem.
At ipse retro flexus ad pedum turbam,
Inter catellas anserum exta lambentes
Partitur apri glandulas palæstritis,   20
Et concubino turturum nates donat :
Ligurumque nobis saxa quum ministrentur,
Vel cocta fumis musta Massilitanis ;
Opimianum morionibus nectar
Crystallinisque myrrhinisque propinat.   25
Et Cosmianis ipse fusus ampullis,
Non erubescit murice aureo nobis
Dividere mœchæ pauperis capillare.
Septunce multo deinde perditus stertit :

des santés par signes. Voilà ce que nous avons à souffrir de ce fastueux et insolent Malchion, et nous ne pouvons pas, Rufus, en tirer vengeance : il suce.

83. — CONTRE COCLÈS.

Tu me conseilles, Coclès, de faire des épigrammes plus courtes : sois pour moi Chioné ; je ne puis être plus concis.

84. — CONTRE TONGILION.

Que dit ta catin? Ce n'est pas d'une femme que je parle, Tongilion. — De qui donc? — De ta langue.

85. — A UN MARI.

Qui t'a conseillé de couper le nez à l'amant de ta femme? Pauvre mari, ce n'est pas de là que vient l'outrage. Qu'as-tu fait, imbécile? Ta femme n'y a rien perdu, puisque son Déiphobe a la mentule sauve.

86. — A UNE CHASTE MATRONE.

Je vous ai prévenue, je vous ai avertie, femme pudique, de ne pas lire cette partie graveleuse de mon livre : vous la lisez cependant. Mais si, toute chaste que vous êtes, vous allez voir jouer Panniculus et Latinus, mes vers ne sont pas plus indécents que leurs mimes : lisez-moi donc.

87. — CONTRE CHIONÉ.

Le bruit court, Chioné, que jamais personne n'eut affaire avec ton bijou, et qu'il n'est rien chez toi de plus pur que lui. Tu le caches pourtant assez mal à propos, lorsque tu te baignes. Si tu as de la pudeur, c'est ton visage qu'il faut voiler.

88. — CONTRE DEUX FRÈRES IMPUDIQUES.

Ils sont frères jumeaux, mais ils lèchent chacun un sexe différent. Dites s'ils sont plus ressemblants que différents.

89. — CONTRE PHÉBUS.

Fais usage de laitue et de mauve émolliente; car tu as, Phébus, le visage d'un constipé.

90. — SUR GALLA.

Galla veut et ne veut pas me donner : puisqu'elle veut et ne veut pas, je ne puis dire ce qu'elle veut.

91. — SUR MISITIUS ET ACHILLAS.

Tandis que Misitius gagnait le territoire de Ravenne, sa patrie, il joignit en chemin une troupe de ces hommes qui ne le sont qu'à moitié, des prêtres de Cybèle. Il avait pour compagnon de route le jeune Achillas, esclave fugitif d'une beauté et d'une gentillesse des plus agaçantes. Or, nos castrats s'informent de la place qu'il doit occuper au lit. Mais, soupçonnant quelque ruse, l'enfant répond par un mensonge. Ils le croient ; chacun va dormir après boire. Alors la bande scélérate, saisissant un fer, mutila le vieillard couché sur le devant du lit, tandis que le jeune garçon, couché dans la ruelle, était à l'abri de leurs atteintes. On raconte qu'une biche fut immolée jadis à la place d'une *vierge* ; mais ici c'est une *verge* qui fut substituée à un *cerf*.

92. — A GALLUS.

Ma femme me conjure, Gallus, de lui per-

Nos accubamus, et, silentium ronchis
Præstare jussi, nutibus propinamus.
Hos Malchionis patimur improbi fastus;
Nec vindicare, Rufe, possumus; fellat.

LXXXIII. IN COCLITEM.

Ut faciam breviora mones epigrammata, Cocles.
Fac mihi, quod Chione : non potui brevius.

LXXXIV. IN TONGILIONEM.

Quid narrat tua mœcha? non puellam
Dixi, Tongilion : quid ergo? linguam.

LXXXV. AD MARITUM.

Quis tibi persuasit nares abscindere mœcho?
Non hac peccatum est parte, marite, tibi.
Stulte, quid egisti? nihil hic tua perdidit uxor,
Quum sit salva sui mentula Deiphobi.

LXXXVI. AD CASTAM MATRONAM.

Ne legeres partem lascivi, casta, libelli,
Prædixi et monui : tu tamen, ecce, legis.
Sed si Panniculum, si spectas, casta, Latinum,
Non sunt hæc mimis improbiora : lege.

LXXXVII. IN CHIONEM.

Narrat te rumor, Chione, nunquam esse fututam,
Atque nihil cunno purius esse tuo.
Tecta tamen non hac, qua debes, parte lavaris.
Si pudor est, transfer subligar in faciem.

LXXXVIII. IN FRATRES FELLATORES.

Sunt gemini fratres, diversa sed inguina lingunt.
Dicite, dissimiles sint magis, an similes?

LXXXIX. AD PHOEBUM.

Utere lactucis, et mollibus utere malvis :
Nam faciem, durum, Phœbe, cacantis habes.

XC. DE GALLA.

Vult, non vult dare Galla mihi : nec dicere possum,
Quod vult, et non vult, quid sibi Galla velit.

XCI. DE MISITIO ET ACHILLA.

Quum peteret patriæ Misitius arva Ravennæ,
Semiviro Cybeles cum grege junxit iter.
Huic comes hærebat domini fugitivus Achillas,
Insignis forma nequitiaque puer.
Hoc steriles sensere viri : qua parte cubaret,
Quærunt; sed tacitos sensit et ille dolos.
Mentitur, credunt : somni post vina petuntur :
Continuo ferrum noxia turba rapit;
Exciduntque senem, spondæ qui parte jacebat;
Namque puer pluteo vindice tutus erat.
Suppositam, fama est, quondam pro virgine cervam ;
At nunc pro cervo mentula supposita est.

XCII. AD GALLUM.

Ut patiar mœchum, rogat uxor, Galle; sed unum :

mettre un amant, mais un seul : et moi, Gallus, je ne lui arrache pas les deux yeux!

93. — CONTRE VÉTUSTILLA.

Quoique tu aies vécu sous trois cents consuls, Vétustilla, qu'il ne te reste plus que trois cheveux et quatre dents, que tu aies une poitrine de cigale, des cuisses de fourmi, un front plus sillonné de rides que ta robe n'a de plis, des tétons pareils à une toile d'araignée, des mâchoires auprès desquelles la gueule du crocodile serait trop étroite ; quoique le coassement des grenouilles de Ravenne soit plus doux que ton langage, le bourdonnement du moucheron de l'Adriatique plus mélodieux que ton chant, et ta vue moins perçante que celle d'une chouette au matin ; quoique ton corps exhale une odeur de bouc, que tu aies le croupion d'une oie maigre, que tes secrets appas soient plus décharnés qu'un vieux cynique; quoique le baigneur, après avoir éteint sa lanterne, t'admette parmi les prostituées de cimetière, que le mois d'août soit encore pour toi la saison des frimas, et qu'une fièvre de pestiféré ne te réchaufferait pas, tu te berces, après deux cents veuvages, de la douce espérance d'un nouveau mariage, et tu veux, dans ta folie, qu'un homme sente encore sur tes cendres l'aiguillon de la chair! c'est comme si on voulait labourer un rocher. Qui t'appellera jamais sa compagne, sa femme, quand, dernièrement encore, Philomélus t'appelait son aïeule? Mais si tu veux absolument qu'on dissèque ton cadavre, que Coriclès dresse le lit, lui seul peut chanter ton épithalame. L'appareilleur des bûchers portera devant toi la torche des nouvelles mariées ; c'est la seule chose qui puisse entrer dans un bijou comme le tien.

94. — CONTRE RUFUS.

Tu dis que ce lièvre n'est pas cuit, et tu demandes des verges ; tu aimes mieux, Rufus, dépecer ton cuisinier que ton lièvre.

95. — CONTRE NÉVOLUS.

Jamais tu ne dis bonjour le premier, mais toujours tu te contentes de le rendre. Pourtant le corbeau, sur ce point, a l'habitude de prévenir. Par quelle raison attends-tu de moi ce bonjour? Réponds, de grâce, Névolus ; car je pense que tu n'es ni meilleur que moi, ni d'un plus haut rang. J'ai reçu des deux Césars des éloges et des récompenses : le dernier m'a même accordé le droit de trois enfants. Partout on lit mes vers, mon nom est connu dans toutes les villes, et ma gloire n'attend pas, pour s'étendre, les honneurs du bûcher. C'est quelque chose que cela. Rome m'a vu tribun, et je siège sur ces bancs d'où te chasse Océanus. Je soupçonne que tu n'as pas autant de valets que César, à ma sollicitation, a fait de citoyens. Mais tu es un giton, et tu remplis merveilleusement ce rôle. De ce côté tu me primes, Névolus ; oui, tu l'emportes sur moi. Bonjour donc.

96. — CONTRE GARGILIUS.

Tu lèches ma maîtresse, et ne lui fais rien autre chose ; puis tu babilles comme si tu étais bon amant et bon besogneur. Si je t'y prends, Gargilius, je te ferai taire.

Huic ego, non oculos eruo, Galle, duos?

XCIII. IN VETUSTILLAM.

Quum tibi trecenti consules, Vetustilla,
Et tres capilli, quatuorque sint dentes,
Pectus cicadæ, crusculumque formicæ ;
Rugosiorem quum geras stola frontem,
Et aranearum cassibus pares mammas ;
Quum comparata rictibus tuis ora
Niliacus habeat crocodilus angusta,
Meliusque garriant ranæ Ravennates,
Et Adrianus dulcius culex cantet,
Videasque quantum noctuæ vident mane,   10
Et illud oleas, quod viri capellarum,
Et anatis habeas orropygium macræ,
Senemque Cynicum vincat osseus cunnus ;
Quum te lucerna balneator exstincta
Admittat inter bustuarias mœchas,   15
Quum bruma mensem sit tibi per Augustum,
Regelare nec te pestilentia possit :
Gaudes ducentas nupturire post mortes,
Virumque demens cineribus tuis quæris
Prurire. Quid, sarrire si velit saxum?   20
Quis conjugem, quis te vocabit uxorem,
Philomelus aviam quam vocaverat nuper?
Quod si cadaver exigis tuum scalpi,
Sternatur a Coricle clinico lectus,
Thalassionem qui tuum decet solus,   25
Ustorque tædas præferat novæ nuptæ :
Intrare in istum sola fax potest cunnum.

XCIV. IN RUFUM.

Esse negas coctum leporem, poscisque flagella :
Mavis, Rufe, coquum scindere, quam leporem.

XCV. IN NÆVOLUM.

Nunquam dicis Ave, sed reddis, Nævole, semper,
Quod prior et corvus dicere sæpe solet.
Cur hoc exspectes a me, rogo, Nævole, dicas?
Nam puto, nec melior, Nævole, nec prior es.
Præmia laudato tribuit mihi Cæsar uterque,   5
Natorumque dedit jura paterna trium.
Ore legor multo, notumque per oppida nomen
Non exspectato dat mihi fama rogo.
Est et in hoc aliquid : vidit me Roma tribunum
Et sedeo qua te suscitat Oceanus.   10
Quot mihi Cæsareo facti sunt munere cives,
Nec famulos totidem suspicor esse tibi.
Sed pædicaris ; sed pulchre, Nævole, ceves :
Jam jam sic prior es, Nævole ; vincis : Ave.

XCVI. IN GARGILIUM.

Lingis, non futuis meam puellam :
Et garris quasi mœchus, et fututor.
Si te prendero, Gargili, tacebis.

97. — A RUFUS.

Je vous recommande, Rufus, que Chioné ne lise pas ce livre; elle est blessée par mes vers, elle pourrait me blesser à son tour.

98. — CONTRE SABELLUS.

Tu demandes jusqu'à quel point ton derrière est maigre? Tu pourrais, Sabellus, l'introduire dans un autre.

99. — A UN SAVETIER.

Tu ne dois pas, savetier, te fâcher contre mon livre. C'est le métier que tu fais, et non pas tes mœurs, que j'y attaque. Souffre d'innocentes plaisanteries. Pourquoi n'aurais-je pas le droit de m'amuser, quand tu as celui d'égorger?

100. — A RUFUS.

Il était six heures, Rufus, quand je vous ai dépêché le courrier qui, je crois, a été tout trempé en vous portant mes vers, car alors le ciel se fondait en eau. L'envoi de ce livre ne devait pas se faire autrement.

LIVRE IV.

1. — SUR L'ANNIVERSAIRE DE LA NAISSANCE DE DOMITIEN.

Jour fortuné de César, jour plus sacré que le jour où le mont Ida, complice de Cybèle, vit naître Jupiter Dictéen, je t'en supplie, prolonge ta durée au delà des trois âges du roi de Pylos! Conserve toujours cet aspect brillant, et, s'il se peut, augmente-s-en l'éclat. Que, pendant bien des années encore, notre chef, ceint d'une couronne d'or, sacrifie à Minerve Albaine, et que ses mains augustes distribuent encore d'innombrables couronnes de chêne. Qu'après une longue suite de lustres, il renouvelle les jeux séculaires et les fêtes instituées par Romulus à Térente. C'est vous demander beaucoup, Dieux immortels! mais vous devez ce bienfait à la terre. Quels vœux seraient indiscrets pour un si grand dieu que César?

2. — SUR HORACE.

Seul de tous les citoyens, Horace était vêtu de noir au spectacle, tandis que le peuple, les chevaliers et les sénateurs, avec leur chef sacré, y assistaient vêtus de blanc. Tout à coup la neige tombe en abondance; Horace alors assiste aux jeux, vêtu de blanc.

3. — SUR LES NEIGES.

Voyez quels épais flocons de neige tombent en silence sur le front et la robe de César! Cependant César pardonne à Jupiter : sa tête reste immobile, et il reçoit en riant ces eaux que le froid a congelées, habitué qu'il est à vaincre l'influence de la constellation hyperboréenne du Bouvier, à souffrir impassible les pluies de la grande Ourse, inondant sa chevelure. Mais quel dieu se plaît et s'amuse à verser du haut du ciel ces eaux glacées? Je soupçonne qu'elles sont un jeu du jeune fils de César.

XCVII. AD RUFUM.

Ne legat hunc Chione, mando tibi, Rufe, libellum.
  Carmine læsa meo est; lædere et illa potest.

XCVIII. IN SABELLUM.

Sit culus tibi quam macer, requiris?
Pædicare potes, Sabelle, culo.

XCIX. AD CERDONEM.

Irasci nostro non debes, cerdo, libello.
  Ars tua, non vita est, carmine læsa meo.
Innocuos permitte sales. Cur ludere nobis
  Non liceat, licuit si jugulare tibi?

C. AD RUFUM.

Cursorem sexta tibi, Rufe, remisimus hora,
  Carmina quem madidum nostra tulisse reor.
Imbribus immodicis cœlum nam forte ruebat;
  Non aliter mitti debuit iste liber.

LIBER IV.

I. DE NATALI DOMITIANI.

Cæsaris alma dies, et luce sacratior illa,
  Conscia Dictæum qua tulit Ida Jovem,
Longa, precor, Pylioque veni numerosior ævo,
  Semper et hoc vultu, vel meliore nite.
Hic colat Albano Tritonida multus in auro,
  Perque manus tantas plurima quercus eat.
Hic colat ingenti redeuntia sæcula lustro,
  Hæc quæ Romuleus sacra Terentus habet.
Magna quidem, Superi, petimus, at debita terris.
  Pro tanto quæ sunt improba vota Deo?   10

II. DE HORATIO.

Spectabat modo solus inter omnes
Nigris munus Horatius lacernis,
Quum plebs, et minor ordo, maximusque
Sancto cum duce candidus sederet.
Toto nix cecidit repente cœlo :   5
Albis spectat Horatius lacernis.

III. DE NIVIBUS.

Aspice quam densum tacitarum vellus aquarum
  Defluat in vultus Cæsaris, inque sinus.
Indulget tamen ille Jovi, nec vertice moto
  Concretas pigro frigore ridet aquas.
Sidus Hyperborei solitus lassare Bootæ,   5
  Et madidis Helicen dissimulare comis.
Qui siccis lascivit aquis, et ab æthere ludit,
  Suspicor has pueri Cæsaris esse nives.

4. — CONTRE BASSA.

L'odeur des lagunes d'où la mer s'est retirée, les miasmes épais qui s'élèvent des marais de l'Albula, l'air corrompu d'un vivier où a séjourné l'eau de mer, les émanations du bouc paresseux lorsqu'il presse amoureusement la chèvre ; les exhalaisons de la casaque d'un soldat émérite, accablé de fatigue; la puanteur d'une étoffe deux fois trempée dans le murex ; l'haleine des gens qui observent le jeûne du sabbat, celle des criminels condamnés au supplice; la fumée de la lampe mourante de la sale Léda, l'odeur des onguents préparés avec la lie de la Sabine, celle que le renard fuyant laisse échapper, celle du nid de la vipère; voilà, Bassa, ce que j'aimerais mieux sentir que ce que tu sens.

5. — A FABIANUS.

Citoyen pauvre et honnête, à la parole franche et au cœur sincère, vous qui venez à Rome, Fabianus, qu'y voulez-vous faire? Vous ne sauriez être un proxénète, ni un débauché, ni un crieur dont la voix monotone appelle au tribunal les accusés tremblants; il vous serait impossible de corrompre la femme d'un ami, de sentir l'aiguillon de la chair près de celles que l'âge a glacées, de vendre autour des palais des grands une fumée stérile, d'applaudir Canus ou Glaphyrus. De quoi donc vivrez-vous avec votre bonne foi, votre constance en amitié? Tout cela n'est rien, et avec ce caractère vous ne serez jamais un Philomélus.

6. CONTRE MALISIANUS.

Tu veux qu'on te croie plus chaste que la vierge pudique, plus innocent qu'un enfant, bien que tes mœurs, Malisianus, soient pires que celles du mignon de Stella, lequel lit, chez son maître, des vers composés à la manière de Tibulle.

7. — A HYLLUS.

Pourquoi, jeune Hyllus, me refuser aujourd'hui ce que tu m'accordais hier? Devenir si cruel après avoir été si tendre! Mais déjà tu m'opposes ta barbe, ton âge, et tes membres velus. Que tu es longue, ô nuit qui as suffi pour faire un vieillard! Pourquoi te moquer des gens, Hyllus? Tu n'étais hier qu'un enfant, dis-nous comment tu es homme aujourd'hui?

8. — A EUPHEMUS.

Les deux premières heures sont consacrées aux visites des clients ; à la troisième, on entend la voix enrouée des avocats; Rome entière pendant la cinquième, se livre à des occupations de tous genres ; à la sixième, on se repose de ses fatigues, et la septième met fin aux travaux. L'intervalle de la huitième à celle qui suit suffit aux exercices de la lutte; la neuvième nous invite à fouler les lits préparés pour la table; la dixième, Euphémus, est consacrée à la lecture de mes ouvrages, alors que vos fonctions vous appellent à offrir l'ambroisie à César, et que ce maître bienfaisant se rafraîchit avec le nectar céleste, versé modérément dans la coupe par sa main puissante. En cet instant, présentez-lui

IV. IN BASSAM.

Quod siccæ redolet palus lacunæ,
Crudarum nebulæ quod Albularum,
Piscinæ vetus aura quod marinæ,
Quod pressa piger hircus in capella,
Lassi bardiacus quod evocati,   5
Quod bis murice vellus inquinatum,
Quod jejunia sabbatariorum,
Mœstorum quod anhelitus reorum,
Quod spurcæ moriens lucerna Ledæ,
Quod ceromata fæce de Sabina,   10
Quod vulpis fuga, viperæ cubile,
Mallem, quam quod oles, olere, Bassa.

V. AD FABIANUM.

Vir bonus et pauper, linguaque et pectore verus.
Quid tibi vis, Urbem qui, Fabiane, petis?
Qui nec leno potes, nec comissator haberi,
Nec pavidos tristi voce citare reos :
Nec potes uxorem cari corrumpere amici :   5
Nec potes algentes arrigere ad vetulas;
Vendere nec vanos circa Pallatia fumos,
Plaudere nec Cano, plaudere nec Glaphyro.
Unde miser vives? homo fidus, certus amicus.
Hoc nihil est : nunquam sic Philomelus eris. 10

VI. IN MALISIANUM.

Credi virgine castior pudica,
Et frontis teneræ cupis videri,
Quum sis improbior, Malisiane,
Quam qui compositos metro Tibulli,
In Stellæ recitat domo libellos.   5

VII. AD HYLLUM.

Cur here quod dederas, hodie, puer Hylle, negasti?
Durus tam subito, qui modo mitis eras?
Sed jam causaris barbamque, annosque, pilosque :
O nox quam longa es, quæ facis una senem!
Quid nos derides? here qui puer, Hylle, fuisti,   5
Dic nobis, hodie qua ratione vir es?

VIII. AD EUPHEMUM.

Prima salutantes atque altera conterit hora;
Exercet raucos tertia causidicos.
In quintam varios extendit Roma labores.
Sexta quies lassis, septima finis erit.
Sufficit in nonam nitidis octava palæstris ;   5
Imperat excelsos frangere vina toros.
Hora libellorum decima est, Epheme, meorum,
Temperat ambrosias quum tua cura dapes;
Et bonus æthereo laxatur nectare Cæsar,

mes poésies légères; car ma muse n'oserait venir imprudemment interrompre les matinées de Jupiter.

9. — CONTRE FABULLA.

Fille du médecin Sota, Fabulla, tu quittes ton mari pour suivre Clitus; tu aimes celui-ci, tu lui fais des cadeaux; tu es bien prodigue!

10. — A FAUSTINUS.

Tandis que mon livre est encore neuf, que ses extrémités n'ont point encore été rognées, et que ses pages mal séchées redoutent le contact des mains; esclave, va porter cet humble présent à mon tendre ami, à celui-là seul auquel reviennent de droit les prémices de ces bagatelles. Cours; mais prends avec le livre une éponge de Carthage; c'est un accessoire indispensable au cadeau que je fais. De nombreuses ratures ne pourraient rendre mes vers plus corrects; une seule, Faustinus, le peut.

11. — CONTRE ANTONIUS SATURNINUS.

Trop vain d'un nom qui n'est pas le tien, tu rougis, misérable, du nom de Saturninus! Tu as suscité, dans ces pays situés sous la constellation de l'Ourse, une guerre impie, et pareille à celle que fit contre Rome l'époux de la reine d'Égypte. Avais-tu donc oublié la destinée de ce nom fameux, que la colère d'un puissant rival ensevelit dans les flots d'Actium? Le Rhin t'a-t-il promis les secours que le Nil lui a refusés? Les fleuves du Nord auraient-ils été plus disposés à te servir? Cet Antoine est aussi tombé sous nos armes, lui qui, comparé à toi, perfide, était un César.

12. — CONTRE THAIS.

Tu ne refuses tes faveurs à personne, Thaïs; si tu n'en rougis pas, rougis du moins de ne refuser rien.

13. — A RUFUS, SUR LE MARIAGE DE PUDENS ET DE CLAUDIA PÉRÉGRINA.

Rufus, Claudia Pérégrina épouse mon ami Pudens. O Hyménée! redouble l'éclat de tes flambeaux! Telle est l'union précieuse du nard et du cinname; tel est l'heureux mélange du vin de Massique avec le miel de l'Hymette. La jeune vigne ne se marie pas à l'ormeau avec plus d'amour; le lotos n'aime pas mieux les endroits humides, et le myrte les rivages. O Concorde, sois toujours l'incorruptible gardienne de la couche de ces époux! Que Vénus leur dispense toujours ses faveurs; que la femme chérisse son mari, même quand il sera vieux; et que sa femme, qui subira comme lui l'outrage du temps, ne s'aperçoive pas qu'il a marché pour elle.

14. — A SILIUS.

Silius, l'honneur des vierges de Castalie, vous qui peignez à grands traits les parjures, la fureur d'un peuple barbare, les ruses et la perfidie d'Annibal; vous qui forcez l'inconstant Carthaginois de céder à l'ascendant des immortels Scipions, quittez un moment votre austère gravité, dans ce mois de décembre où le jeu nous convie à

Ingentique tenet pocula parca manu.   10
Tunc admitte jocos : gressu timet ire licenti
   Matutinum nostra Thalia Jovem.

IX. IN FABULLAM.

Sotæ filia clinici, Fabulla,
Deserto sequeris Clitum marito,
Et donas, et amas, ἔχεις ἀσώτως.

X. AD FAUSTINUM.

Dum novus est, neque adhuc rasa mihi fronte libellus,
   Pagina dum tangi non bene sicca timet :
I puer, et caro perfer leve munus amico,
   Qui meruit nugas primus habere meas.
Curre, sed instructus; comitetur Punica librum   5
   Spongia : muneribus convenit illa meis.
Non possunt nostros multæ, Fauste, lituræ
   Emendare jocos : una litura potest.

XI. IN ANT. SATURNINUM.

Dum nimium vano tumefactus nomine gaudes,
   Et Saturninum te, miser, esse pudet :
Impia Parrhasia movisti bella sub Ursa,
   Qualia qui Phariæ conjugis arma tulit.
Exciderathe adeo fatum tibi nominis hujus,   5
   Obruit Actiaci quod gravis ira freti?
An tibi promisit Rhenus, quod non dedit illi
   Nilus, et Arctois plus licuisset aquis?

Ille etiam nostris Antonius occidit armis.
   Qui tibi collatus, perfide, Cæsar erat.   10

XII. IN THAIDEM.

Nulli, Thai, negas : sed si te non pudet istud,
   Hoc saltem pudeat, Thai, negare nihil.

XIII. AD RUFUM, DE NUPTIIS PUDENTIS ET CLAUDIÆ PEREGRINÆ.

Claudia, Rufe, meo nubit Peregrina Pudenti :
   Macte esto tædis, o Hymenæe, tuis!
Tam bene rara suo miscentur cinnama nardo,
   Massica Theseis tam bene vina favis.
Nec melius teneris junguntur vitibus ulmi,   5
   Nec plus lotos aquas, littora myrtus amat.
Candida perpetuo reside, Concordia, lecto,
   Tamque pari semper sit Venus æqua jugo.
Diligat illa senem quondam : sed et ipsa marito,
   Tunc quoque quum fuerit, non videatur anus.   10

XIV. AD SILIUM.

Sili, Castalidum decus sororum,
Qui perjuria barbari furoris
Ingenti premis ore, perfidosque
Astus Hannibalis, levesque Pœnos
Magnis cedere cogis Africanis   5
Paulum seposita severitate,
Dum blanda vagus alea December
Incertis sonat hinc et hinc fritillis,

tons ses hasards séduisants, où le bruit des cornets capricieux retentit çà et là, où le victimaire joue avec des dés pipés, à cette époque enfin si favorable aux loisirs de nos muses. Ne lisez pas d'un œil sévère, mais avec indulgence, ces œuvres empreintes de malice et de gaieté. Ainsi peut-être le tendre Catulle osa-t-il envoyer au grand Virgile le moineau qu'il avait chanté.

15. — A CÉCILIANUS.

Hier, Cécilianus, je t'ai refusé mille sesterces que tu me demandais pour six ou sept jours; mais, sous le prétexte de l'arrivée d'un ami, tu me demandes un bassin et quelques vases. Es-tu fou, ami, ou crois-tu que je le sois? Je t'ai refusé mille sesterces, et je t'en donnerais cinq mille!

16. — CONTRE GALLUS.

Du vivant même de ton père, on disait, Gallus, que tu n'étais rien moins que le beau-fils de ta belle-mère. Toutefois on le disait sans preuve. Mais aujourd'hui, Gallus, ton père est mort, et ta belle-mère demeure toujours avec toi. Dût le grand Cicéron revenir des sombres bords, dût Régulus lui-même prendre ta défense, nul ne serait capable de te justifier; car celle qui, depuis la mort de ton père, n'a pas cessé d'être ta belle-mère, ne l'avait jamais été.

17. — A PAULUS.

Tu veux, Paulus, que je fasse contre Lycisca des vers qui la couvrent de honte et excitent sa colère. C'est mal de ta part, Paulus; tu veux être le seul qui suce.

18. — SUR UN JEUNE HOMME TUÉ PAR LA CHUTE D'UN GLAÇON.

Sous la porte qui avoisine le portique d'Agrippa, là où s'échappant goutte à goutte l'eau arrose le pavé toujours glissant, un énorme glaçon tomba sur la gorge d'un jeune homme qui passait sous l'humide monument. Après avoir causé, d'une façon si cruelle, la mort de cet infortuné, le poignard attendri se fondit dans la plaie brûlante qu'il avait faite. Quels jeux barbares la fortune ne se permet-elle pas? Où la mort n'est-elle point cachée, puisque l'eau peut aussi nous égorger?

19. — SUR UNE ENDROMIDE.

Je vous envoie une endromide, vêtement étranger fort épais, tissu par une ouvrière de la Gaule Séquanaise, et qui, tout barbare qu'il est, porte un nom lacédémonien. C'est un présent de peu d'apparence, mais qui n'est point à dédaigner par ce froid de décembre. Soit que, frotté d'huile et de cire, vous vous exerciez à la lutte; soit que vous vous échauffiez à lancer le trigon, que vous enleviez avec la main le harpaste poudreux, ou que vous fassiez bondir le ballon gonflé de plumes; soit enfin que vous cherchiez à vaincre à la course le léger Athas, cet habit empêchera le froid pénétrant de s'insinuer dans vos membres humides, et vous rendra moins à craindre les averses de l'impétueuse Iris. Avec lui, en un mot, vous braverez le vent et la pluie : vous ne seriez pas mieux abrité sous un manteau de pourpre tyrienne.

 Et ludit popa nequiore talo,
Nostris otia commoda Camœnis.   10
 Nec torva lege fronte, sed remissa
Lascivis madidos jocis libellos.
 Sic forsan tener ausus est Catullus
Magno mittere passerem Maroni.

XV. AD CÆCILIANUM.

Mille tibi nummos hesterna luce roganti,
 In sex aut septem, Cæciliane, dies,
Non habeo, dixi : sed tu causatus amici
 Adventum, lancem paucaque vasa rogas.
Stultus es? an stultum me credis, amice? negavi   5
 Mille tibi nummos : millia quinque dabo?

XVI. IN GALLUM.

Privignum non esse tuæ te, Galle, novercæ
 Rumor erat, conjux dum fuit illa patris.
Non tamen hoc poterat vivo genitore probari.
 Jam nusquam pater est, Galle ; noverca domi est.
Magnus ab infernis revocetur Tullius umbris,   5
 Et te defendat Regulus ipse licet ;
Non potes absolvi : nam quæ non desinit esse
 Post patrem, nunquam, Galle, noverca fuit.

XVII. AD PAULUM.

Facere in Lyciscam, Paule, me jubes versus,
 Quibus illa lectis rubeat et sit irata.

O Paule, malus es : irrumare vis solus.

XVIII. DE PUERO PER STIRIAM CADENTEM JUGULATO.

Qua vicina pluit Vipsanis porta columnis,
 Et madet assiduo lubricus imbre lapis,
In jugulum pueri, qui roscida templa subibat,
 Decidit hyberno prægravis unda gelu :
Quumque peregisset miseri crudelia fata,
 Tabuit in calido vulnere mucro tener.
Quid non sæva sibi voluit Fortuna licere
 Aut ubi mors non est, si jugulatis, aquæ?

XIX. DE ENDROMIDE.

Hanc tibi Sequanicæ pinguem textricis alumnam,
 Quæ Lacedæmonium barbara nomen habet,
Sordida, sed gelido non aspernanda Decembri
 Dona, peregrinam mittimus endromida :
Seu lentum ceroma teris, tepidumve trigona,
 Sive harpasta manu pulverulenta rapis;
Plumea seu laxi partiris pondera follis;
 Sive levem cursu vincere quæris Atham :
Ne madidos intret penetrabile frigus in artus,
 Neve gravis subita te premat Iris aqua.
Ridebis ventos hoc munere tectus et imbres :
 Nec sic in Tyria sindone tutus eris.

20. — SUR CÉRELLIA ET GELLIA.

Cérellia se dit vieille, et n'est qu'une enfant. Gellia se dit enfant, et elle est vieille. Vous ne sauriez, Collinus, souffrir ni l'une ni l'autre : celle-ci est ridicule, et celle-là est pédante.

21. — SUR SÉLIUS.

Sélius affirme qu'il n'y a point de Dieux et que le ciel est vide; et la preuve qu'il en donne, c'est que, malgré son incrédulité, il se voit heureux.

22. — SUR CLÉOPATRE SA FEMME.

Après le premier assaut de l'amour, et encore irritée contre son mari vainqueur, Cléopâtre s'était plongée dans un bain d'eau limpide. Elle fuyait mes caresses : mais l'onde dans laquelle elle se cachait la trahit, et l'élément qui la couvrait tout entière fit ressortir davantage l'éclat de sa beauté. C'est ainsi que se comptent des lis enfermés sous un verre diaphane, c'est ainsi que le cristal défend à la rose de dissimuler ses couleurs. Je m'élance après elle, et, plongé dans les eaux, j'y cueille des baisers qu'elle dispute à mon ardeur. Ondes transparentes, vous ne m'en permîtes pas davantage.

23. — A THALIE, SUR BRUTIANUS.

Tandis que, trop longtemps indécise, tu te demandes lequel des deux sera le premier ou le second, lequel des deux doit obtenir la palme de l'épigramme grecque, Callimaque la décerne de lui-même, ô Thalie! à l'élégant Brutianus. Si, las de faire sa cour aux Muses gracieuses de l'Attique, Brutianus s'exerçait aux fines plaisanteries de la Minerve romaine, accorde-moi la faveur d'être le second après lui.

24. — SUR LYCORIS, A FABIANUS.

Lycoris a enterré toutes ses amies, Fabianus; puisse-t-elle devenir l'amie de ma femme!

25. — SUR LES RIVAGES D'ALTINUM ET SUR AQUILÉE.

Rivages d'Altinum, égaux en beauté aux campagnes de Baïes; bois qui fus témoin de la chute de Phaéton foudroyé; et toi, la plus belle des Dryades, qui, près des lacs Euganéens, épousas seule le Faune de la ville d'Anténor; et toi aussi, Aquilée, que féconde le Timave, où Cyllarus, le coursier du fils de Léda, vint boire de tes eaux qui se jettent dans la mer par sept embouchures, vous serez le port et le tranquille séjour de ma vieillesse, si jamais je suis maître de mes loisirs.

26. — A POSTHUMUS.

Pour n'être point allé de toute l'année te saluer le matin, veux-tu savoir, Posthumus, combien j'ai perdu? Deux fois trente sesterces, je pense, et peut-être trois fois vingt. Excuse-moi, Posthumus, je paye plus cher la moindre toge.

27. — A CÉSAR AUGUSTE DOMITIEN.

César, vous faites souvent l'éloge de mes vers. Un jaloux prétend qu'ils sont indignes de vos louanges, et cependant vous continuez à en dire du bien. Que dira-t-il maintenant, que vous ajou-

---

XX. DE CÆRELLIA ET GELLIA.

Dicit se vetulam, quum sit Cærellia puppa :
Puppam se dicit Gellia, quum sit anus.
Ferre nec hanc possis, possis, Colline, nec illam :
Altera ridicula est, altera putidula.

XXI. DE SELIO.

Nullos esse Deos, inane cœlum
Affirmat Selius, probatque; quod se
Factum, dum negat hoc, videt beatum.

XXII. DE CLEOPATRA UXORE.

Primos passa toros, et adhuc placanda marito,
    Merserat in nitidos se Cleopatra lacus,
Dum fugit amplexus : sed prodidit unda latentem;
    Lucebat totis quum tegeretur aquis.
Condita sic puro numerantur lilia vitro :   5
    Sic prohibet teneras gemma latere rosas.
Insilui, mersusque vadis luctantia carpsi
    Basia : perspicuæ plus vetuistis aquæ.

XXIII. AD THALIAM, DE BRUTIANO.

Dum tu lenta nimis, diuque quæris,
Quis primus tibi, quisve sit secundus;
Graium quisve epigramma comparabit;
Palmam Callimachus, Thalia, de se
Facundo dedit ipse Brutiano.   5

Qui si Cecropio satur lepore,
Romanæ sale luserit Minervæ;
Illi me facias, precor, secundum.

XXIV. DE LYCORI, AD FABIANUM.

Omnes, quas habuit, Fabiane, Lycoris amicas
Extulit; uxori fiat amica meæ.

XXV. DE LITTORIBUS ALTINI ET AQUILEIA.

Æmula Baianis Altini littora villis,
    Et Phaethontei conscia sylva rogi;
Quæque Antenoreo Dryadum pulcherrima Fauno
    Nupsit ad Euganeos sola puella lacus;
Et tu Ledæo felix Aquileia Timavo,
    Hic ubi septenas Cyllarus hausit aquas;
Vos eritis nostræ portus requiesque senectæ,
    Si juris fuerint otia nostra sui.

XXVI. AD POSTHUMUM.

Quod te mane domi toto non vidimus anno,
    Vis dicam, quantum, Posthume, perdiderim?
Tricenos', puto, bis; vicenos ter, puto, nummos.
    Ignosces; togulam, Posthume, pluris emo.

XXVII. AD CÆSAREM AUGUSTUM DOMITIANUM.

Sæpe meos laudare soles, Auguste, libellos.
    Invidus ecce negat : non minus ergo soles.
Quid, quod honorato non sola voce dedisti,

28. — A CHLOÉ.

Chloé, tu as fait présent au tendre Lupercus d'étoffes d'Espagne, de Tyr, d'écarlate, d'une toge lavée dans les tièdes eaux du Galèse, de surdoines de l'Inde, d'émeraudes de Scythie, de cent souverains nouvellement frappés; tout ce qu'il demande, tu l'accordes toujours. Malheur à toi, brebis tondue! malheur à toi, pauvre petite! ton Lupercus te mettra toute nue.

29. — A PUDENS.

Cher Pudens, le trop grand nombre nuit à mes épigrammes; un ouvrage qui ne finit pas lasse le lecteur et le rassasie. La rareté, au contraire, donne du prix aux choses. Ainsi, les premiers fruits plaisent davantage; ainsi, les roses sont plus justement appréciées en hiver; ainsi, la coquetterie est pour une maîtresse ruineuse un titre de recommandation : une porte ouverte à tout venant n'attire pas les jeunes gens. Il y a dans le seul livre de Perse plus de choses à retenir que dans toute l'Amazonide du léger Marsus. Vous aussi, quand vous lirez un de mes ouvrages, supposez qu'il est le seul, et vous l'en estimerez davantage.

30. — A UN PÊCHEUR.

Fuis, pêcheur, je t'en avertis, fuis loin du lac de Baïes, si tu ne veux pas en revenir criminel. Dans ces eaux nagent des poissons sacrés qui connaissent le souverain du monde, et qui lèchent sa main, la plus puissante de l'univers. Quoi! chacun d'eux n'a-t-il pas un nom, et ne vient-il pas à la voix d'un maître qui l'appelle? Un jour, un Libyen impie, tirant du fond de ces eaux le poisson suspendu à sa ligne tremblante, fut frappé tout à coup de cécité, et ne put voir la proie qu'il avait saisie. Aujourd'hui, maudissant ses hameçons sacrilèges, il se tient sur les bords du lac, mendiant les secours d'autrui. Toi donc, tandis que tu le peux encore, reviens innocent, et, jetant dans ces eaux une proie qui ne trompe pas, respecte des poissons consacrés.

31. — A HIPPODAMUS.

Vous voulez que votre nom soit inscrit et lu dans mes ouvrages, et vous pensez en recueillir beaucoup de gloire. Que je meure, si cela ne me serait pas très-agréable, et si je ne voudrais vous avoir nommé dans mes vers. Mais vous avez un nom qu'on vous a imposé en dépit des neuf sœurs, qui vous a été donné par une mère barbare, et que ni Melpomène, ni Polymnie, ni la pieuse Calliope, ni Apollon lui-même, ne sauraient prononcer. Adoptez donc un nom qui plaise aux Muses; celui d'Hippodamus ne sonne pas toujours bien à l'oreille.

32. — SUR UNE ABEILLE EMPRISONNÉE DANS UN MORCEAU D'AMBRE.

Enfermée dans une larme des Héliades, voyez

Non alius poterat quæ dare dona mihi?
Ecce iterum nigros corrodit lividus ungues.   5
   Da, Cæsar, tanto tu magis, ut doleat.

XXVIII. AD CHLOEN.

Donasti tenero, Chloe, Luperco
Hispanas, Tyriasque, coccinasque,
Et lotam tepido togam Galeso,
Indos sardonychas, Scythas smaragdos,
Et centum dominos novæ monetæ,   5
Et quidquid petit usque et usque donas.
Væ glabraria, væ tibi misella :
Nudam te statuet tuus Lupercus.

XXIX. AD PUDENTEM.

Obstat, care Pudens, nostris sua turba libellis
   Lectoremque frequens lassat et implet opus.
Rara juvant : primis sic major gratia pomis;
   Hybernæ pretium sic meruere rosæ :
Sic spoliatricem commendat fastus amicam,   5
   Janua nec juvenem semper aperta tenet.
Sæpius in libro memoratur Persius uno,
   Quam levis in tota Marsus Amazonide.
Tu quoque de nostris releges quemcumque libellis,
   Esse puta solum : sic tibi pluris erit.   10

XXX. AD PISCATOREM.

Baiano procul a lacu monemus,
Piscator, fuge, ne nocens recedas.
Sacris piscibus hæ natantur undæ,
Qui norunt Dominum, manumque lambunt
Illam, qua nihil est in orbe majus.   5
Quid, quod nomen habent, et ad magistri
Vocem quisque sui venit citatus?
Hoc quondam Libys impius profundo,
Dum prædam calamo tremente ducit,
Raptis luminibus repente cæcus   10
Captum non potuit videre piscem :
Et nunc sacrilegos perosus hamos,
Baianos sedet ad lacus rogator.
At tu, dum potes, innocens recede,
Jactis simplicibus cibis in undas,   15
Et pisces venerare dedicatos.

XXXI. AD HIPPODAMUM.

Quod cupis in nostris dicique legique libellis;
   Et nonnullus honos crederis iste tibi :
Ne valeam, si non res est gratissima nobis,
   Et volo te chartis inseruisse meis.
Sed tibi nomen habes averso fonte sororum   5
   Impositum, mater quod tibi dura dedit :
Quod nec Melpomene, quod nec Polyhymnia possit,
   Nec pia cum Phœbo dicere Calliope.
Ergo aliquod gratum Musis tibi nomen adopta :
   Non semper belle dicitur Hippodamus.   10

XXXII. DE APE ELECTRO INCLUSA.

Et latet et lucet Phaethontide condita gutta,

briller cette abeille, comme si elle était emprisonnée dans son propre nectar. C'est ainsi qu'elle recueille le prix de ses merveilleux travaux, et l'on croirait qu'elle-même a choisi ce genre de mort.

33. — A SOSIBIANUS.

Ton portefeuille est plein d'ouvrages soigneusement travaillés : pourquoi donc, Sosibianus, ne publies-tu rien ? — Mes héritiers s'en chargeront. — Quand cela, Sosibianus ? Il est temps qu'on te lise.

34. — A ATTALUS.

Quoique tu aies une toge dégoûtante, Attalus, il dit vrai pourtant celui qui dit qu'elle est de neige.

35. — SUR UN COMBAT DE DAIMS.

Nous avons vu des daims timides entre-choquer leurs fronts et tomber frappés du même coup. Les chiens ont regardé cette proie avec indifférence, et l'orgueilleux chasseur s'est étonné qu'il ne restât rien à faire à son couteau. Pourquoi dans de si faibles courages cet acharnement, cette fureur ? Des taureaux ne combattent pas, des hommes ne meurent pas avec plus d'intrépidité.

36. — A OLUS.

Ta barbe est blanche, et tes cheveux sont noirs. La raison de ce phénomène, Olus, c'est que tu ne peux teindre l'un, mais que tu peux teindre les autres.

37. — A AFER.

« Coranus me doit cent mille sesterces, Mancinus deux cent mille, Titius trois cent mille, Albinus deux fois, Sabinus dix fois, et Serranus vingt fois autant. Mes maisons, mes domaines ruraux me rapportent trois millions de sesterces, et mes troupeaux de Parme six cent mille. » Voilà ce que tu me racontes tous les jours de ta vie, Afer, et je sais ces choses-là mieux même que mon nom. Paye-moi donc, si tu veux que je me résigne plus longtemps à t'entendre. Dissipe avec quelque argent les nausées que tu me causes chaque jour ; je ne puis plus, Afer, les supporter gratis.

38. — A GALLA.

Refuse-moi, Galla : l'amour qui n'est pas mêlé de tourments est bientôt rassasié : mais, Galla, ne me refuse pas trop longtemps.

39. — A CHARINUS.

Tu as acheté une foule d'objets en argent ; tu possèdes seul les antiques chefs-d'œuvre de Myron, seul les ouvrages de Praxitèle, de Scopas, seul les vases ciselés de Phidias, et seul tout ce que Mentor a exécuté. Tu ne manques pas non plus de vrais Gratianus, de vases dorés de la Galice, et tu as aussi toute la vaisselle ciselée de tes aïeux. Mais, dans toute cette collection d'argenterie, je m'étonne, Charinus, que tu n'aies rien de pur.

40. — A POSTHUMUS.

Du temps que les Pisons et la famille trois fois illustre des Sénèques étalaient dans les vestibules de leurs palais toutes les images de leurs ancêtres,

---

Ut videatur apis nectare clausa suo.
Dignum tantorum pretium tulit illa laborum.
Credibile est ipsam sic voluisse mori.

XXXIII. AD SOSIBIANUM.

Plena laboratis habeas quum scrinia libris,
 Emittis quare, Sosibiane, nihil ?
Edent hæredes, inquis, mea carmina : quando ?
 Tempus erat jam te, Sosibiane, legi.

XXXIV. AD ATTALUM.

Sordida quum tibi sit, verum tamen, Attale, dicit,
 Quisquis te niveam dicit habere togam.

XXXV. DE PUGNA DAMARUM.

Frontibus adversis molles concurrere damas
 Vidimus, et fati sorte jacere pari.
Spectavere canes prædam ; stupuitque superbus
 Venator, cultro nil superesse suo.
Unde leves animi tanto caluere furore ?   5
 Sic pugnant tauri, sic cecidere viri.

XXXVI. AD OLUM.

Cana est barba tibi ; nigra est coma : tingere barbam
 Non potes, hæc causa est ; sed potes, Ole, comam.

XXXVII. AD AFRUM.

Centum Coranus, et ducenta Mancinus
Trecenta debet Titius, hoc bis Albinus,
Decies Sabinus, alterumque Serranus,
Ex insulis fundisque tricies soldum,
Ex pecore redeunt ter ducena Parmensi :   5
Totis diebus, Afer, hoc mihi narras,
Et teneo melius ista, quam meum nomen.
Numeres oportet aliquid, ut pati possim :
Quotidianam refice nauseam nummis.
Audire gratis, Afer, ista non possum   10

XXXVIII. AD GALLAM.

Galla, nega : satiatur amor, nisi gaudia torquent :
 Sed noli nimium, Galla, negare diu.

XXXIX. AD CHARINUM.

Argenti genus omne comparasti,
Et solus veteres Myronis artes,
Solus Praxitelis manus, Scopæque,
Solus Phidiaci toreuma cœli,
Solus Mentoreos habes labores.   5
Nec desunt tibi vera Gratiana,
Nec quæ Callaico linuntur auro,
Nec mensis anaglypta de paternis.
Argentum tamen inter omne, miror,
Quare non habeas, Charine, purum.   10

XL. AD POSTHUMUM.

Atria Pisonum stabant cum stemmate toto,
Et docti Senecæ ter numeranda domus ;
Prætulimus tantis solum te Posthume, regnis

Je te préférais seul, Posthumus, a ces hauts personnages. Tu étais pauvre et simple chevalier; mais, pour moi, tu valais un consul. Avec toi, Posthumus, j'ai compté trente hivers; et nous n'avions pour nous deux qu'un seul et même lit. Maintenant que tu es comblé d'honneurs et de richesses, tu peux donner, prodiguer même. J'attends, Posthumus, ce que tu vas faire. Mais tu ne fais rien, et pourtant il est trop tard pour que je cherche un autre patron. O fortune! voilà tes caprices : Posthumus m'a trompé.

41. — CONTRE UN MAUVAIS LECTEUR.

Pourquoi, quand tu vas réciter quelque chose, t'envelopper le cou de laine? Cette précaution siérait mieux à nos oreilles.

42. — A FLACCUS.

Si mes vœux pouvaient être exaucés, écoutez, Flaccus, comment je voudrais avoir un Ganymède. Je voudrais d'abord qu'il fût né sur les bords du Nil, nul climat ne disposant mieux à la volupté; qu'il fût plus blanc que la neige, car, sous le ciel brûlant du lac Mœris, la couleur blanche est d'autant plus belle qu'elle est plus rare; que l'éclat de ses yeux le disputât aux astres; que ses cheveux épars flottassent mollement sur son cou, car je n'aime pas, Flaccus, les cheveux arrangés avec tant de soin; qu'il eût le front bas et le nez légèrement aquilin; que ses lèvres de rose rivalisassent avec l'incarnat des roses de Pestum; que souvent il résistât à mes désirs et souvent me soumît aux siens; que souvent encore il fût plus libre que son maître; qu'il redoutât les jeunes garçons et écartât les jeunes filles; qu'enfin il fût homme pour les autres, et enfant pour moi seul. Je vous ai compris, et vous avez dit vrai : le portrait, à mon sens, est exact. Tel était, direz-vous, mon Amazonicus.

43. — CONTRE CORACINUS.

Je n'ai pas dit, Coracinus, que tu avais du goût pour ton sexe; je ne suis ni assez impudent ni assez audacieux pour mentir ainsi de gaieté de cœur. Si je l'ai dit, Coracinus, que je boive le breuvage de Pontia, que je boive la coupe de Métilus. Par les ulcères des prêtres de Cybèle, par les fureurs bérécynthiennes, je jure que je n'en ai pas dit un mot. Ce que j'ai dit est peu de chose, une bagatelle, un rien connu de tout le monde, et que toi-même tu ne nieras pas : j'ai dit, Coracinus, que tu étais cunnilingue.

44. — SUR LE VÉSUVE.

Le voilà ce Vésuve couronné jadis de pampres verts, dont le fruit généreux inondait de son jus nos pressoirs! Les voilà, ces coteaux que Bacchus préférait aux collines de Nysa! Naguère encore les Satyres dansaient sur ce mont; il fut le séjour de Vénus, plus cher à la déesse que Lacédémone; Hercule aussi l'illustra de son nom. Les flammes ont tout détruit, tout enseveli sous des monceaux de cendres! Les Dieux même voudraient que leur pouvoir ne fût pas allé jusque-là.

45. — VŒU DE PARTHÉNIUS A APOLLON POUR BURRUS, SON FILS.

L'heureux Parthénius, honneur du palais,

Pauper eras, et eques, sed mihi consul eras.
Tecum ter denas numeravi, Posthume, brumas : 5
Communis nobis lectus et unus erat.
Jam donare potes, jam perdere, plenus honorum,
Largus opum : exspecto, Posthume, quid facias.
Nil facis, et serum est alium mihi quærere regem.
Hoc, Fortuna, placet? Posthumus imposuit. 10

XLI. IN MALE RECITANTEM.

Quid recitaturus circumdas vellera collo?
Conveniunt nostris auribus illa magis.

XLII. AD FLACCUM.

Si quis forte mihi posset præstare roganti,
Audi, quem puerum, Flacce, rogare velim.
Niliacis primum puer is nascatur in oris :
Nequitias tellus scit dare nulla magis.
Sit nive candidior : namque in Mareotide fusca 5
Pulchrior est, quanto rarior iste color.
Lumina sideribus certent, mollesque flagellent
Colla comæ : tortas non amo, Flacce, comas.
Frons brevis, atque modus breviter sit naribus uncis;
Pæstanis rubeant æmula labra rosis. 10
Sæpe et nolentem cogat, nolitque volentem :
Liberior domino sæpe sit ille suo.
Et timeat pueros, excludat sæpe puellas;
Vir reliquis, uni sit puer ille mihi.

Jam scio, nec fallis; nam me quoque judice verum est : 15
Talis erat, dices, noster Amazonicus.

XLIII. IN CORACINUM.

Non dixi, Coracine, te cinædum :
Non sum tam temerarius, nec audax,
Nec mendacia qui loquar libenter.
Si dixi, Coracine, te cinædum,
Iratam mihi Pontiæ lagenam, 5
Iratum calicem mihi Metili.
Juro per Syrios tibi tumores,
Juro per Berecynthios furores.
Quod dixi tamen, hoc leve et pusillum est :
Quod notum est, quod et ipse non negabis; 10
Dixi te Coracine, cunnilingum.

XLIV. DE VESUVIO MONTE.

Hic est pampineis viridis modo Vesvius umbris :
Presserat hic madidos nobilis uva lacus.
Hæc juga, quam Nysæ colles, plus Bacchus amavit :
Hoc nuper Satyri monte dedere choros.
Hæc Veneris sedes, Lacedæmone gratior illi : 5
Hic locus Herculeo nomine clarus erat.
Cuncta jacent flammis, et tristi mersa favilla :
Nec Superi vellent hoc licuisse sibi.

XLV. VOTUM PARTHENII AD PHOEBUM PRO BURRO FILIO.

Hæc tibi pro nato plena dat lætus acerra,

t'offre, Phébus, avec abondance, ces dons et cet encens en faveur de Burrus, son fils. Que Burrus, qui vient d'accomplir aujourd'hui son second lustre, voie s'écouler pour lui de nombreuses olympiades! entends ces vœux d'un père. Ainsi puisse cette Daphné que tu aimes te payer de retour, et ta sœur être toujours heureuse de son inaltérable virginité! Ainsi puisse la fleur de sa jeunesse ne jamais se flétrir! Ainsi, enfin, puisse la chevelure de Bromius n'être jamais aussi longue que la tienne!

46. — SUR SABELLUS.

Les Saturnales ont fait riche Sabellus; Sabellus en est tout fier, et avec raison. Il ne croit pas, et il le dit tout haut, qu'il y ait un seul avocat plus heureux que lui. Ce qui donne à Sabellus cet orgueil et cette fatuité, c'est un demi-muid de farine, des fèves écossées, trois demi-livres d'encens et de poivre, des saucissons de Lucanie bourrés de viande de porc du pays des Falisques, une bouteille de Syrie pleine de vin cuit, des figues confites dans un vase de Libye, des oignons, des huîtres, et du fromage. Il a, de plus, reçu d'un client du Picénum quelques olives dans un petit baril, puis encore une cruche de terre grossièrement tournée par un potier espagnol, contenant sept mesures de vin de Sagonte ; enfin un laticlave garni de clous d'espèces différentes. En dix ans, Sabellus n'a pas eu de Saturnales aussi productives.

47. SUR UN PHAETON.

Ce tableau est un Phaéton peint à l'encaustique. Quelle idée, peintre. avez-vous eue de brûler deux fois Phaéton?

48. — CONTRE PAPILUS.

Tu aimes à être le patient, Papilus, et chaque fois tu déplores les suites de ta complaisance. Mais pourquoi te plaindre, quand tes vœux sont remplis, Papilus? Te repens-tu de ta jouissance impure, ou bien de ce qu'elle a cessé sitôt?

49. — A FLACCUS.

Croyez-moi, Flaccus, vous ignorez ce que c'est que des épigrammes. A votre avis, ce ne sont que bagatelles, que frivolités. Celui-là est bien plus frivole qui s'amuse à décrire les festins du barbare Térée et du cruel Thyeste, l'histoire de Dédale attachant à son fils des ailes de cire, et Polyphème faisant paître ses brebis sur les rivages de la Sicile. Mais l'enflure, quelle qu'elle soit, est étrangère à mes écrits, et ma muse ne se drape point avec orgueil dans l'extravagant manteau des tragiques. — Cependant on loue, on admire, on adore les compositions de ces derniers. — J'en conviens, on les loue : mais on lit les miennes.

50. — CONTRE THAÏS.

Pourquoi, Thaïs, me répéter que je suis vieux ? On n'est jamais trop vieux, Thaïs, pour lécher.

Phœbe, Palatinus munera Parthenins;
Ut qui prima novo signat quinquennia lustro,
   Impleat innumeras Burrus Olympiadas.
Fac rata vota patris : sic te tua diligat arbor, 5
   Gaudeat et certa virginitate soror :
Perpetuo sic flore mices : sic denique non sint
   Tam longæ Bromio, quam tibi, Phœbe, comæ.

XLVI. DE SABELLO.

Saturnalia divitem Sabellum
Fecerunt : merito tumet Sabellus ;
Nec quemquam putat esse, prædicatque
Inter causidicos beatiorem.
Hos fastus animosque dat Sabello 5
Farris semodius, fabæque fressæ,
Et thuris piperisque tres selibræ,
Et Lucanica ventre cum Falisco,
Et nigri Syra defruti lagena,
Et ficus Libyca gelata testa, 10
Cum bulbis, cochleisque, caseoque.
Piceno quoque venit a cliente
Parcæ cistula non capax olivæ,
Et crasso figuli polita cœlo
Septenaria synthesis Sagunti, 15
Hispanæ luteum rotæ toreuma,
Et lato variata mappa clavo.
Saturnalia fructuosiora

Annis non habuit decem Sabellus.

XLVII. DE PHAETHONTE.

Encaustus Phaethon tabula depictus in hac est.
   Quid tibi vis, dipyron qui Phaethonta facis?

XLVIII. IN PAPILUM.

Percidi gaudes : percisus, Papile, ploras.
   Cur, quæ vis fieri, Papile, factu doles?
Pœnitet obscœnæ pruriginis? an magis illud
   Fles, quod percidi, Papile, desieris?

XLIX. AD FLACCUM.

Nescis, crede mihi, quid sint epigrammata, Flacce,
   Qui tantum lusus illa, jocosque putas.
Ille magis ludit, qui scribit prandia sævi
   Tereos; aut cœnam, crude Thyesta, tuam;
Aut puero liquidas aptantem Dædalon alas, 5
   Pascentem Siculas aut Polyphemon oves.
A nostris procul est omnis vesica libellis :
   Musa nec insano syrmate nostra tumet.
Illa tamen laudant omnes, mirantur, adorant.
   Confiteor : laudant illa, sed ista legunt. 10

L. IN THAIDEM.

Quid me, Thai, senem subinde dicis?
Nemo est, Thai, senex ad irrumandum.

51. — A CÉCILIANUS.

Tu n'avais pas six mille sesterces, Cécilianus, et tu te faisais porter avec ostentation dans un vaste hexaphore. Depuis que l'aveugle déesse t'a donné deux millions de sesterces, et que ta robe se déchire sous le poids des écus, tu es soudain devenu piéton. Que te souhaiterai-je pour tant de mérite, pour une simplicité si digne d'éloges ? que les Dieux, Cécilianus, te rendent ta chaise à six porteurs !

52. — CONTRE HÉDYLUS.

Si tu ne cesses, Hédylus, de te faire porter par deux chèvres accouplées, de figuier que tu étais, tu deviendras chèvrefeuille.

53. — A COSMUS.

Cet homme que tu vois souvent dans l'intérieur et sur le seuil du nouveau temple de Pallas, vieillard portant bâton et besace, dont les cheveux sont blancs et sales, qui laisse tomber sur sa poitrine une barbe dégoûtante, qui se couvre la nuit d'une saye grasse, seule épouse qui partage son misérable grabat, auquel enfin le peuple, qu'il poursuit de ses aboiements, donne quelque nourriture, sans doute, Cosmus, qu'abusé par une fausse apparence, tu le prends pour un cynique ? Ce n'est point un cynique, Cosmus. — Qu'est-ce donc ? — Un chien.

54. — A COLINUS.

O vous qui fûtes digne d'obtenir au Capitole la couronne de chêne, et de ceindre le premier votre front de son noble feuillage, si vous êtes sage, Colinus, mettez à profit tous les jours de la vie, et songez sans cesse que le dernier est arrivé pour vous. Personne n'a pu fléchir les trois sœurs filandières ; elles marchent droit au but fixé par leurs décrets. Quand vous seriez plus riche que Crispus, plus ferme de cœur que Thraséas, plus magnifique que l'élégant Mélior, Lachésis n'ajoute rien à sa tâche : elle dévide les fuseaux de ses sœurs, et l'une des trois coupe toujours le fil.

55. — A LUCIUS.

Lucius, la gloire de votre siècle, vous qui ne souffrez pas que l'antique Graïus et notre Tage le cèdent à l'éloquente Arpi, laissez les poëtes, enfants de la Grèce, chanter dans leurs vers Thèbes ou Mycènes, la fameuse Rhodes, ou les athlètes fils de Léda, dont se glorifie la licencieuse Lacédémone : nous, enfants des Celtes et des Ibères, ne rougissons pas de célébrer, dans des vers dictés par la reconnaissance, les noms moins harmonieux de notre terre natale. Chantons Bilbilis, renommée par l'excellence de son métal redoutable, et supérieure, sur ce point, aux Chalybes et aux Noriques ; Platéa, où retentit le bruit du fer qu'on y travaille, et qu'entoure de son étroit mais turbulent cours d'eau le Salon qui donne la trempe aux armes ; Tutéla, Rixamare, et leur musique et leurs danses ; Cardua et ses joyeux festins ; Pétéron toute brillante de ses guirlandes de roses ; Rigas et ses antiques théâtres construits par nos aïeux ; Silas et ses habitants, qui lancent avec adresse

---

LI. AD CÆCILIANUM.

Quum tibi non essent sex millia, Cæciliane,
  Ingenti late vectus es hexaphoro.
Postquam bis decies tribuit Dea cæca, sinumque
  Ruperunt nummi, factus es ecce pedes.
Quid tibi pro meritis, et tantis laudibus optem ? 5
  Di reddant sellam, Cæciliane, tibi.

LII. IN HEDYLUM.

Gestari junctis nisi desinis, Hedyle, capris,
  Qui modo ficus eras, jam capriûcus eris.

LIII. AD COSMUM.

Hunc, quem sæpe vides inter penetralia nostræ
  Pallados, et templi limina, Cosme, novi,
Cum baculo, peraque senem ; cui cana, putrisque
  Stat coma, et in pectus sordida barba cadit ;
Cerea quem nudi tegit uxor abolla grabati, 5
  Cui dat latratos obvia turba cibos ;
Esse putas Cynicum, deceptus imagine falsa.
  Non est hic Cynicus, Cosme : quid ergo ? canis.

LIV. AD COLINUM.

O cui Tarpeias licuit contingere quercus,
  Et meritas prima cingere fronde comas !
Si sapis, utaris totis, Coline, diebus,
  Extremumque tibi semper adesse putes.
Lanificas nulli tres exorare puellas 5
  Contigit : observant, quem statuere, diem.
Ditior Crispo, Thrasea constantior ipso,
  Lautior et nitido sis Meliore licet ;
Nil adicit penso Lachesis, fusosque sororum
  Explicat, et semper de tribus una secat. 10

LV. AD LUCIUM.

Luci, gloria temporum tuorum,
Qui Graium veterem Tagumque nostrum
Arpis cedere non sinis disertis ;
Argivas generatus inter urbes,
Thebas carmine cantet, aut Mycenas, 5
Aut clarem Rhodon, aut libidinosæ
Ledæas Lacedæmonis palæstras.
Nos, Celtis genitos et ex Iberis,
Nostræ nomina duriora terræ
Grato non pudeat referre versu : 10
Sævo Bilbilin optimam metallo,
Quæ vincit Chalybasque, Noricosque,
Et ferro Plateam suo sonantem,
Quam fluctu tenui, sed inquieto,
Armorum Salo temperator ambit : 15
Tutelamque, chorosque Rixamarum,
Et convivia festa Carduarum,
Et textis Peteron rosis rubentem,
Atque antiqua patrum theatra Rigas,

le léger javelot; les lacs de Turgens, de Pétusie, et les eaux pures de la petite Vétonissa; le bois sacré de chênes verts du Baradon, promenade recherchée du marcheur même le plus paresseux; enfin la vallée enfoncée de Matinessa, que labourent les taureaux vigoureux de Manlius. Lecteur délicat, tu te moques de ces noms grossiers. A ton aise! mais, tout grossiers qu'ils sont, je les préfère à Bitonte.

56. — CONTRE GARGILIANUS.

Parce que tu fais des cadeaux considérables à des vieillards et à des veuves, tu veux, Gargilianus, que je vante ta générosité. Il n'est rien au contraire de plus sordide, rien de plus ignoble que toi, qui peux seul donner aux piéges que tu tends le nom de cadeaux. C'est ainsi que l'hameçon trompeur allèche les poissons avides; c'est ainsi qu'une proie fugitive abuse les hôtes des forêts. Je t'apprendrai, si tu l'ignores, ce que c'est que donner, que faire des largesses; donne-moi quelque chose, Gargilianus.

57. — A FAUSTINUS.

Tandis que je suis retenu sur les bords délicieux du lac Lucrin, voluptueux séjour dont les grottes sont échauffées par les sources qui jaillissent de la pierre ponce, vous habitez, Faustinus, le royal domaine du colon d'Argos, à vingt milles de Rome. Mais la poitrine velue du monstre de Némée est embrasée, et ce n'est point assez pour Baies de brûler de ses propres feux. Adieu donc, fontaines sacrées, charmants rivages, lieux chéris des Nymphes et des Néréides. Pendant les froids hivers, vous l'emportez sur les collines consacrées à Hercule; mais, dans cette saison, cédez à la fraîcheur qu'on goûte à Tibur.

58. — CONTRE GALLA.

Galla, tu pleures en secret l'époux que tu as perdu : tu rougis, je pense, de pleurer un homme.

59. — SUR UNE VIPÈRE ENFERMÉE DANS UN MORCEAU D'AMBRE.

Une vipère rampait sur des rameaux mouillés des larmes des Héliades; la perle liquide du succin rencontra le reptile, et coula sur lui. Étonné de se sentir retenu par la rosée visqueuse, celui-ci devint roide tout à coup, enchaîné par cet enduit glacé. Cesse, Cléopâtre, de t'enorgueillir de ton royal sépulcre : une vipère repose dans un tombeau plus noble que le tien.

60. — SUR CURIATIUS.

Pendant le solstice, allons à Ardée et dans les campagnes de Castrum, ou dans les plaines brûlées par l'astre de Cléonée. Curiatius maudit le ciel de Tibur, lorsque, des eaux si vantées de ce séjour, il descendit aux rives du Styx. Il n'est pas de lieu sur la terre inaccessible au destin : quand vient la mort, la Sardaigne est au milieu de Tibur.

61. — CONTRE MANCINUS.

Dernièrement, plein d'orgueil et de joie, tu

Et certos jaculo levi Silaos,
Turgentisque lacus, Petusiæque,
Et parvæ vada pura Vetonissæ,
Et sanctum Baradonis ilicetum,
Per quod vel piger ambulat viator;
Et quæ fortibus excolit juvencis
Curvæ Manlius arva Matinessæ.
Hæc tam rustica, delicate lector,
Rides nomina? rideas licebit.
Hæc tam rustica malo, quam Bituntum.

LVI. IN GARGILIANUM.

Munera quod senibus, viduisque ingentia mittis
 Vis te munificum, Gargiliane, vocem?
Sordidius nihil est, nihil est te spurcius uno,
 Qui potes insidias dona vocare tuas.
Sic avidis fallax indulget piscibus hamus;
 Callida sic stultas decipit esca feras.
Quid sit largiri, quid sit donare, docebo,
 Si nescis : dona, Gargiliane, mihi.

LVII. AD FAUSTINUM.

Dum nos blanda tenent lascivi stagna Lucrini,
Et quæ pumiceis fontibus antra calent;
Tu colis Argivi regnum, Faustine, coloni,
 Quo te bis decimus ducit ab Urbe lapis.
Horrida sed fervent Nemeæi pectora monstri;
Nec satis est, Baias igne calere suo.
Ergo, sacri fontes et littora grata, valete,
 Nympharum pariter Nereidumque domus.
Herculeos colles gelida vos vincite bruma;
 Nunc Tiburtinis cedite frigoribus.

LVIII. IN GALLAM.

In tenebris luges amissum, Galla, maritum :
 Nam plorare pudet te, puto, Galla, virum.

LIX. DE VIPERA ELECTRO INCLUSA.

Flentibus Heliadum ramis dum vipera serpit,
 Fluxit in obstantem succina gemma feram;
Quæ dum miratur pingui se rore teneri,
 Concreto riguit vincta repente gelu.
Ne tibi regali placeas, Cleopatra, sepulcro;
 Vipera si tumulo nobiliore jacet.

LX. DE CURIATIO.

Ardea solstitio, Castranaque rura petantur,
 Quique Cleonæo sidere fervet ager;
Quum Tiburtinas damnet Curiatius auras,
 Inter laudatas ad Styga missus aquas.
Nullo fata loco possis excludere; quum mors
 Venerit, in medio Tibure Sardinia est.

LXI. IN MANCINUM.

Donasse amicum tibi ducenta, Mancine,

te vantais, Mancinus, d'avoir reçu d'un ami deux mille sesterces. Il y a quatre jours, en causant, à l'assemblée des poëtes, tu nous dis que des robes à toi, payées dix mille sesterces, t'avaient été données par Pompilla. Tu juras tenir de Bassa et de Célia une vraie sardoine à trois couleurs, et deux aigues-marines. Mais, comme tu sortais précipitamment du théâtre au moment où Pollion chantait, tu nous dis, tout en courant, que tu venais d'hériter de trois cent mille sesterces; ce matin, de cent autres mille, et à midi, de cent mille encore. Quel si grand mal t'avons-nous donc fait, nous, tes amis? Aie pitié de nous, barbare, et tais-toi enfin : ou, si ta langue ne peut s'y résoudre, raconte-nous quelque chose que nous voulions entendre.

62. — SUR LYCORIS.

La noire Lycoris est partie pour Tibur, consacré à Hercule; elle s'imagine que là tout devient blanc.

63. — SUR CÉRELLIA.

En allant à Baïes par Bauli, Cérellia, mère de famille, périt victime de la fureur criminelle des flots. Quelle gloire vous perdez, ô flots, qui, malgré l'ordre de Néron, ne voulûtes pas jadis seconder ses projets parricides!

64. — SUR LES JARDINS DE JULES MARTIAL.

Jules Martial possède, le long du mont Janicule, quelques arpents de terre plus riants que le jardin des Hespérides. Des grottes sont creusées de loin en loin sur le penchant des collines, dont les sommets légèrement aplanis jouissent seuls d'un ciel pur et des rayons de la lumière, tandis que les nuages enveloppent de leur ombre les profondeurs des vallées. Le faîte de l'habitation s'élève avec grâce vers la pure demeure des astres. De là on distingue les sept collines de la cité reine, Rome elle-même, qu'on peut embrasser dans toute son étendue; les coteaux d'Albe, ceux de Tusculum, les retraites pleines de fraîcheur assises au-dessous de la ville, l'antique Fidène, la petite Rubra, le bois d'Anna-Pérenna, planté d'arbres fruitiers, et qu'arrosa le sang d'une vierge. De là encore, sur les deux voies Flaminienne et Salarienne, on voit passer le voyageur, sans entendre le bruit du char qui le porte. Le sommeil n'y est point troublé par le fracas des roues, ni par les cris des matelots, ni par les clameurs des portefaix, malgré la proximité du pont Milvius, et des navires qui glissent avec la rapidité de l'oiseau sur les eaux sacrées du Tibre. Le maître de cette campagne, ou plutôt, comme il faut la nommer, de cette maison, en rehausse encore le mérite : vous la croiriez à vous, tant il est facile d'y entrer, tant elle s'ouvre libéralement à l'hôte qui s'y présente. Vous la prendriez pour les pieux pénates d'Alcinoüs, ou pour le temple de Molorchus récemment enrichi. Quant à vous qui n'estimez que médiocrement tous ces avantages, allez, armés de houes, dompter

Nuper superbo lætus ore jactasti.
Quartus dies est, in schola poetarum
Dum fabulamur, millibus decem dixti
Emptas lacernas munus esse Pompillæ; 5
Sardonycha verum, lineisque ter cinctum,
Duasque similes fluctibus maris gemmas
Dedisse Bassam Cæliamque jurasti.
Here, de theatro, Pollione cantante,
Quum subito abires, dum fugis, loquebaris, 10
Hæreditatis tibi trecenta venisse;
Et mane centum, et post meridiem centum.
Quid tibi sodales fecimus mali tantum?
Miserere jam, crudelis, et sile tandem.
Aut, si tacere lingua non potest ista, 15
Aliquando narra, quod velimus audire.

LXII. DE LYCORI.

Tibur in Herculeum migravit nigra Lycoris,
Omnia dum fieri candida credit ibi.

LXIII. DE CÆRELLIA.

Dum petit a Baulis mater Cærellia Baias,
Occidit insani crimine mersa freti.
Gloria quanta perit vobis! hæc monstra Neroni
Nec quondam jussæ præstiteratis aquæ.

LXIV. DE HORTIS JULII MARTIALIS.

Juli jugera pauca Martialis,
Hortis Hesperidum beatiora,
Longo Januculi jugo recumbunt :
Lati collibus imminent recessus;
Et planus modico tumore vertex 5
Cœlo perfruitur sereniore;
Et curvas nebula tegente valles
Solus luce nitet peculiari :
Puris leniter admoventur astris
Celsæ culmina delicata villæ. 10
Hinc septem dominos videre montes,
Et totam licet æstimare Romam,
Albanos quoque, Tusculosque colles,
Et quodcumque jacet sub urbe frigus,
Fidenas veteres, brevesque Rubras, 15
Et quod virgineo cruore gaudet,
Annæ pomiferum nemus Perennæ.
Illic Flaminiæ Salariæque
Gestator patet, essedo tacente,
Ne blando rota sit molesta somno; 20
Quem nec rumpere nauticum celeusma,
Nec clamor valet helciariorum;
Quum sit tam prope Mulvius, sacrumque
Lapsæ per Tiberim volent carinæ.
Hoc rus (seu potius domus vocanda est) 25
Commendat dominus; tuam putabis;
Tam non invida, tamque liberalis,
Tam comi patet hospitalitate.
Credas Alcinoi pios penates,

le sol du froid Tibur et de Préneste; affermez à un seul cultivateur tous les coteaux de Sétia; moi, je préfère à tout cela les quelques arpents de Jules Martial.

65. — SUR PHILÉNIS.

Philénis ne pleure jamais que d'un œil. Comment cela? — Elle est borgne.

66. — A LINUS.

Tu as toujours mené, Linus, une vie bourgeoise, et la plus mesquine qu'il soit possible de voir. Aux ides seulement, et quelquefois aux calendes, tu secouais la poussière d'une toge chétive; une seule robe de cérémonie t'a duré dix ans. Tes bois te fournissaient le sanglier, et tes champs le lièvre, sans qu'il t'en coûtât rien; des battues dans tes forêts te procuraient des grives chargées de graisse. Ton vivier d'eau courante te donnait du poisson, et tes tonneaux du vin de ton crû. Tes jeunes esclaves ne venaient point de l'Argolide; tu n'avais à tes ordres qu'une troupe de valets campagnards et grossiers. La simple ménagère d'un fermier farouche servait à calmer tes ardeurs amoureuses, toutes les fois qu'elles étaient excitées par la chaleur du vin. Le feu n'a jamais endommagé tes maisons, ni le Sirius desséché tes champs: aucun de tes vaisseaux n'a été submergé, et tu n'en a pas qui voguent en ce moment sur les mers. Jamais tu n'as substitué à l'innocent osselet le jeu de dés, et quelques noix sont tout ce que tu as hasardé. Disnous donc ce qu'est devenu le million que ta mère avare t'a laissé? — Il n'est plus! — Tu as résolu, Linus, un problème difficile.

67. — CONTRE PRÉTOR.

Le pauvre Gaurus, connu par sa vieille amitié pour Prétor, lui demandait un jour cent sesterces, ajoutant que, pour pouvoir devenir légitimement chevalier et applaudir le maître du monde, il ne manquait que cette somme aux trois cents qu'il avait déjà. — Vous savez, lui répondit Prétor, que je dois en donner à Scorpus et à Thallus, et plût aux Dieux que j'en fusse quitte pour cent mille seulement! — Ah! j'ai honte, oui, j'ai honte de l'ingratitude de ce coffre-fort si sottement riche! Ce que tu refuses au chevalier Prétor, tu veux donc le donner au cheval?

68. — A SEXTUS.

Tu m'invites à venir recevoir à ta table les honneurs de la sportule, et tu soupes magnifiquement. Suis-je invité, Sextus, pour souper, ou bien pour te porter envie?

69. — A PAMPHILUS.

Tu sers toujours, Pamphilus, du vin de Sétia ou de Massique; mais le public nie la bonne qualité de ce vin. On l'accuse, en effet, de t'avoir rendu quatre fois célibataire. Je n'en crois absolument rien, Pamphilus; mais je n'ai pas soif.

70. — SUR AMMIANUS, A MARONILLUS.

Le père d'Ammianus, en mourant, ne lui a rien laissé qu'une corde sèche. Qui aurait jamais

Aut facti modo divitis Molorchi. 30
Vos nunc omnia parva qui putatis,
Centeno gelidum ligone Tibur,
Vel Præneste domate, pendulamque
Uni dedite Setiam colono;
Dum, me judice, præferantur istis 35
Juli jugera pauca Martialis.

LXV. DE PHILÆNI.

Oculo Philænis semper altero plorat.
Quo fiat istud, quæritis, modo? lusca est.

LXVI. AD LINUM.

Egisti vitam semper, Line, municipalem;
Qua nihil omnino vilius esse potest.
Idibus, et raris togula est excussa kalendis;
Duxit et æstates synthesis una decem.
Saltus aprum, campus leporem tibi misit inemptum; 5
Sylva graves turdos exagitata dedit.
Raptus flumineo venit de gurgite piscis;
Vina rubens fudit non peregrina cadus.
Nec tener Argolica missus de gente minister,
Sed stetit inculti rustica turba foci. 10
Villica vel duri compressa est nupta coloni,
Incaluit quoties saucia vena mero.
Nec nocuit tectis ignis, nec Sirius agris;
Nec mersa est pelago, nec fluit ulla ratis.

Supposita est blando nunquam tibi tessera talo; 15
Alea sed parcæ sola fuere nuces.
Dic ubi sit decies, mater quod avara reliquit?
Nusquam est: fecisti rem, Line, difficilem.

LXVII. IN PRÆTOREM.

Prætorem pauper centum sestertia Gaurus
Orabat cana notus amicitia;
Dicebatque suis hæc tantum deesse trecentis,
Ut posset Domino plaudere justus eques.
Prætor ait: Scis me Scorpo, Thalloque daturum; 5
Atque utinam centum millia sola darem!
Ah pudet ingratæ, pudet ah male divitis arcæ!
Quod non vis equiti, vis dare, Prætor, equo?

LXVIII. AD SEXTUM.

Invitas centum quadrantibus, et bene cœnas.
Ut cœnem invitor, Sexte, an ut invideam?

LXIX. AD PAMPHILUM.

Tu Setina quidem semper, vel Massica ponis,
Pamphile; sed rumor tam bona vina negat.
Diceris hac factus cælebs quater esse lagena.
Nec puto, nec credo, Pamphile, nec sitio.

LXX. DE AMMIANO AD MARONILLUM.

Nihil Ammiano, præter aridam restem
Moriens reliquit ultimis pater ceris.

cru, Maronillus, qu'Ammianus pût ne pas désirer la mort de son père?

71. — A SOPHRONIUS RUFUS.

Depuis longtemps, Sophronius Rufus, je cherche partout dans Rome s'il est quelque jeune fille qui refuse, et pas une ne refuse. Comme s'il n'était pas permis, comme s'il était honteux, comme s'il était contraire à la justice de refuser, pas une fille ne refuse. Il n'en est donc plus de chastes? — Il en est mille. — Que fait donc celle qui l'est? — Elle ne donne pas, mais ne refuse pas non plus.

72. — A QUINTUS.

Vous voulez, Quintus, que je vous donne mes œuvres; je ne les ai pas, mais Tryphon le libraire les a. — Moi, donner de l'argent pour ces niaiseries, et, sans être fou, j'achèterais vos vers! Je ne ferai point pareille sottise. — Ni moi.

73. — SUR VESTINUS.

Vestinus, malade, approchait de son heure suprême, et, déjà sur le point de traverser le Styx, il conjurait les Parques, qui filaient leur dernière quenouille, d'allonger encore un peu la trame noire de ses jours. Il acceptait la mort pour luimême, pourvu qu'il vécût encore quelques instants pour ses amis. Des vœux si respectables émurent les farouches déesses. Il fit alors le partage de son immense fortune, quitta la vie, et crut qu'il mourait de vieillesse.

74. — SUR DES DAIMS.

Vois avec quel courage combattent ces faibles daims; vois quelle fureur anime ces animaux timides! Ils brûlent de heurter, jusqu'à ce qu'ils meurent, leurs pauvres petits fronts. Veux-tu, César, sauver ces daims? lâche des chiens contre eux.

75. — SUR NIGRINA.

Heureuse par votre grande âme, heureuse par votre époux, Nigrina, la gloire des femmes du Latium, vous rendez les biens de votre héritage paternel communs à vous et à votre mari; vous aimez à l'associer à votre fortune, à la partager avec lui. Qu'Évadné se jette et se brûle sur le bûcher de son époux, qu'un égal dévouement porte jusqu'aux astres la renommée d'Alceste; votre gloire à vous brille bien davantage. En donnant, pendant votre vie, une preuve de votre générosité, vous avez mérité de n'avoir pas à donner, par votre mort, une preuve de votre amour.

76. — CONTRE UN AMI AVARE.

Tu m'as envoyé six mille sesterces, et je t'en demandais douze mille; pour en obtenir douze, je t'en demanderai vingt-quatre.

77. — CONTRE L'ENVIEUX ZOÏLE.

Je n'ai jamais demandé de richesses aux Dieux, je suis content de peu, content de ce que je possède. Maintenant, pauvreté, retire-toi, de grâce. — Pourquoi ce vœu si étrange et si subit? — Je veux voir Zoïle se pendre.

78. — CONTRE VARUS.

Dernièrement Varus m'invita par hasard à souper : les préparatifs furent splendides, mais mai-

---

Fieri putaret posse quis, Maronille,
Ut Ammianus mortuum patrem nollet?

LXXI. AD SOPHRONIUM RUFUM.

Quæro diu totam, Sophroni Rufe, per urbem,
  Si qua puella neget; nulla puella negat.
Tanquam fas non sit, tanquam sit turpe negare,
  Tanquam non liceat; nulla puella negat.
Casta igitur nulla est? castæ sunt mille. Quid ergo   5
  Casta facit? non dat; non tamen illa negat.

LXXII. AD QUINTUM.

Exigis, ut donem nostros tibi, Quinte, libellos.
  Non habeo, sed habet bibliopola Tryphon.
Æs dabo pro nugis, et emam tua carmina sanus?
  Non, inquis, faciam tam fatue. Nec ego.

LXXIII. DE VESTINO.

Quum gravis extremas Vestinus duceret horas,
  Et jam per Stygias esset iturus aquas;
Ultima volventes orabat pensa sorores,
  Ut traherent parva stamina pulla mora,
Jam sibi defunctus, caris dum vivit amicis;   5
  Moverunt tetricas tam pia vota Deas.
Tum largas partitus opes, a luce recessit;
  Seque mori post hoc credidit ille senem.

LXXIV. DE DAMIS.

Adspicis, imbelles tentent quam fortia damæ
  Prælia? tam timidis quanta sit ira feris?
In mortem parvis concurrere frontibus ardent.
  Vis, Cæsar, damis parcere? mitte canes.

LXXV. DE NIGRINA.

O felix animo, felix, Nigrina, marito,
  Atque inter Latias gloria prima nurus!
Te patrios miscere juvat cum conjuge census
  Gaudentem socio, participique viro.
Arserit Evadne flammis injecta mariti,   5
  Nec minor Alcestem fama sub astra ferat.
Tu melius : certo meruisti pignore vitæ,
  Ut tibi non esset morte probandus amor.

LXXVI. IN AVARUM AMICUM.

Millia misisti mihi sex, bis sena petenti;
  Ut bis sena feram, bis duodena petam.

LXXVII. IN ZOILUM INVIDUM.

Nunquam divitias Deos rogavi,
  Contentus modicis, meoque lætus.
Paupertas, veniam dabis, recede.
Causa est quæ subiti, novique voti?
Pendentem volo Zoilum videre.   5

LXXVIII. IN VARUM.

Ad cænam nuper Varus me forte vocavit;
  Ornatus dives, parvula cœna fuit.
Auro, non dapibus oneratur mensa : ministri

gre fût la chère. Au lieu de mets, la table était chargée d'or; les valets apportaient force choses pour la vue, et très-peu pour la bouche. Je suis venu, dis-je alors, pour repaître mon ventre, et non pas mes yeux : fais donc servir des mets, Varus, ou retire ces richesses.

9. — CONTRE AFER.

Bien que la soixantième moisson soit déjà rentrée, et que de nombreux poils blancs émaillent ton visage, tu vas courant à l'étourdie d'un bout de la ville à l'autre. Il n'est pas de siège auquel tu ne portes assidûment chaque matin tes salutations, pas de tribun qui puisse sortir de chez lui sans ta compagnie. Les deux consuls reçoivent aussi tes soins officieux : dix fois le jour, tu vas et reviens au palais impérial par la rue Sacrée, et tu fais sonner sans cesse les noms de Sigérius et de Parthénius. Que des jeunes gens fassent tout cela, c'est dans l'ordre; mais il n'est rien, Afer, de plus dégoûtant qu'un vieillard ardélion.

80. — A MATHON.

Tu étais, Mathon, l'hôte assidu de ma maison de Tibur. Tu l'as achetée maintenant. Eh bien, je t'ai trompé, c'est ta maison que je t'ai vendue.

81. — CONTRE MATHON.

Tu déclames, Mathon, quand tu as la fièvre : si tu ne sais pas, l'ami Mathon, que c'est la frénésie, tu n'es pas dans ton bon sens. Malade, tu déclames; tu déclames ayant la fièvre demi-tierce. Si tu ne peux suer autrement, à la bonne heure. —Déclamer est pourtant bien difficile.—Erreur, Mathon! Quand la fièvre nous brûle les entrailles, le difficile, c'est d'être coi.

82. — SUR FABULLA.

Après avoir lu l'épigramme où je me plains que nulle jeune fille ne refuse, Fabulla a repoussé une, deux, trois fois les prières de son amant. Promets enfin, Fabulla : j'ai bien conseillé le refus, mais non d'y persévérer.

83. — A RUFUS.

Recommandez aussi, Rufus, ces livres à Vénuléius, et priez-le de m'accorder quelques instants de ses loisirs. Qu'oubliant un peu ses soucis et ses affaires, il prête à mes plaisanteries une oreille indulgente; seulement qu'il ne les lise pas après avoir bu le premier ni le dernier coup, mais pendant ces luttes chères à Bacchus qu'engagent les convives au milieu du repas. Si, pour lui, c'est trop de lire deux livres, roulez l'un des deux; ainsi partagé, l'ouvrage deviendra court.

84. — CONTRE NÉVOLUS.

Quand tu es tranquille, Névolus, rien n'est pire que toi; rien n'est meilleur que toi, Névolus, quand tu es inquiet. Tranquille, tu ne rends le salut à personne, tu méprises tout le monde; nul homme ne te semble libre, nul bien né. Inquiet, tu es généreux, tu salues le premier venu des noms de seigneur, de roi; tu l'invites à souper. Sois toujours inquiet, Névolus.

85. — CONTRE THAÏS.

Personne, si nombreux que soient et ceux qui

Apponunt oculis plurima, pauca gulæ.
Tunc ego : Non oculos, sed ventrem pascere veni;   5
  Aut appone dapes, Vare, vel aufer opes.

LXXIX. IN AFRUM.

Condita quum tibi sit jam sexagesima messis,
  Et facies multo splendeat alba pilo;
Discurris tota vagus urbe, nec ulla cathedra est,
  Cui non mane feras irrequietus, Ave.
Et sine te nulli fas est prodire tribuno,   5
  Nec caret officio consul uterque tuo;
Et Sacro decies repetis Pallatia clivo,
  Sigeriosque meros, Partheniosque sonas.
Hæc faciant sane juvenes; deformius, Afer,
  Omnino nihil est ardelione sene.   10

LXXX. AD MATHONEM.

Hospes eras nostri semper, Matho, Tiburtini.
  Hoc emis : imposui; rus tibi vendo tuum.

LXXXI. IN MATHONEM.

Declamas in febre, Mathon : hanc esse phrenesim
  Si nescis, non es sanus, amice Mathon.
Declamas æger, declamas hemitritæus.
  Si sudare aliter non potes, est ratio.
Magna tamen res est. Erras; quum viscera febris   5
  Exurit, res est magna tacere, Mathon.

LXXXII. DE FABULLA.

Epigramma nostrum quum Fabulla legisset,
  Negare nullam quo queror puellarum,
Semel rogata bisque terque neglexit
  Preces amantis. Jam, Fabulla, promitte;
Negare jussi, pernegare non jussi.   5

LXXXIII. AD RUFUM.

Hos quoque commenda Venuleio, Rufe, libellos :
  Imputet et nobis otia parva, roga;
Immemor et paulum curarum, operumque suorum,
  Non tetrica nugas exigat aure meas.
Sed nec post primum legat hæc, summumve trientem :   5
  Sed sua quum medius prælia Bacchus amat.
Si nimis est legisse duos; tibi charta plicetur
  Altera : divisum sic breve fiet opus.

LXXXIV. IN NÆVOLUM.

Securo nihil est te, Nævole, pejus; eodem
  Sollicito nihil est, Nævole, te melius.
Securus, nullum resalutas, despicis omnes;
  Nec quisquam liber, nec tibi natus homo est.
Sollicitus, donas, dominum regemque salutas;   5
  Invitas : esto, Nævole, sollicitus.

LXXXV. IN THAIDEM.

Non est in populo, nec urbe tota,

l'ont désirée et ceux qui l'ont sollicitée, personne, parmi le peuple et dans toute la ville, ne peut prouver qu'il ait eu les faveurs de Thaïs. — Thaïs, je vous prie, est-elle donc si chaste? — Mieux que cela, elle suce.

86. — CONTRE PONTICUS.

Nous buvons dans du verre, et toi, Ponticus, dans une coupe de myrrhe. Pourquoi? C'est de peur que la transparence du vase ne trahisse la différence des vins.

87. — A SON LIVRE, SUR APOLLINAIRE.

Si tu veux plaire aux oreilles attiques, plais d'abord, je t'y engage et je te le recommande, au docte Apollinaire. Personne n'a plus de netteté dans le jugement, plus d'érudition, plus de candeur, plus de bienveillance. S'il te dépose en son sein, s'il te lit avec amour, tu ne craindras plus les ronflements satiriques des malveillants, et tu ne serviras point piteusement d'enveloppe aux anchois. S'il te condamne, au contraire, tu n'auras plus qu'à courir bien vite dans la boutique de quelque marchand de salaisons, pour y livrer le revers de tes feuilles au stylet de ses enfants.

88. — SUR BASSA.

Ta Bassa, Fabullus, a toujours avec elle un enfant; elle l'appelle son joujou, ses délices. Mais ce qu'il y a de plus étonnant, c'est qu'elle passe pour n'aimer pas les enfants. Quel motif a-t-elle donc? — Bassa est sujette aux vents.

89. — CONTRE UN AMI AVARE QUI TAISA[IT] LES PRÉSENTS QU'IL AVAIT REÇUS DU POETE.

Tu ne m'as rien donné en retour du petit pr[é]sent que je t'ai fait, et déjà expire le cinquièm[e] jour des Saturnales. Ainsi tu ne m'as envoyé les six scrupules d'argent de Septitianus, ni le t[a]pis, hommage du client qui pleure toujours m[i]sère, ni le pot rougi du sang du thon d'Antibe[s,] ni l'outre remplie de petites figues de Syrie, ni [le] petit panier d'olives vidées du Picénum, le to[ut] pour que tu puisses dire que tu te souviens [de] moi. Va en tromper d'autres par tes paroles mi[el]leuses, par ton air bénin! tu ne seras plus à m[es] yeux qu'un ingrat démasqué.

90. — PASSE-TEMPS A LA CAMPAGNE.

Interrogé sur ce que je fais à la campagne, réponds en peu de mots: Au commencement [du] jour, j'adresse aux Dieux ma prière, puis je vis[ite] mes champs, mes serviteurs, et j'assigne à chac[un] son travail, dans la proportion convenable. lls ensuite, j'invoque Apollon et j'excite ma mu[se.] Après quoi je me frotte d'huile, et je me li[vre] volontiers à l'exercice modéré de la lutte. Gai [de] cœur et libre de dettes usuraires, je dîne, [je] bois, je chante, je joue, je me baigne, je soup[e] et je me repose. A la faible lueur de ma pet[ite] lampe, ces vers m'ont été dictés par les Muse[s,] compagnes de mes veillées nocturnes.

91. — A SON LIVRE.

Holà! c'est assez! holà! petit livre! Nous vo[ici]

A se Thaida qui probet fututam,
  Quum multi cupiant, rogentque multi.
Tam casta est, rogo, Thais? Immo fellat.

LXXXVI. IN PONTICUM.

Nos bibimus vitro, tu myrrha, Pontice : quare?
Prodat perspicuus ne duo vina calix.

LXXXVII. AD LIBRUM SUUM, DE APOLLINARI.

Si vis auribus Atticis probari,
Exhortor, moneoque te, libelle,
Ut docto placeas Apollinari.
Nil exactius, eruditiusque est,
Sed nec candidius, benigniusque;   5
Si te pectore, si tenebit ore,
Nec ronchos metues maligniorum,
Nec scombris tunicas dabis molestas.
Si damnaverit, ad salariorum
Curras scrinia protinus licebit,   10
Inversa pueris arande charta.

LXXXVIII. DE BASSA.

Infantem secum semper tua Bassa, Fabulle,
Collocat, et lusus deliciasque vocat.
Et quod mireris magis, infantaria non est.
Ergo quid in causa est? Pedere Bassa solet.

LXXXIX. IN AVARUM AMICUM MUNERA A SE ACCEPTA DI[S]SIMULANTEM.

Nulla remisisti parvo pro munere dona;
  Et jam Saturni quinque fuere dies.
Ergo nec argenti sex scriptula Septitiani
  Missa, nec a querulo mappa cliente fuit;
Antipolitani nec quæ de sanguine thynni
  Testa rubet, nec quæ coctana parva gerit,
Nec rugosarum vimen breve Picenarum;
  Dicere te posses ut meminisse mei?
Decipies alios verbis vultuque benigno;
  Nam mihi jam notus dissimulator eris.

XC. DE RUSTICATIONE.

Rure morans quid agam, respondeo pauca, rogatus :
Luce Deos oro; famulos, post arva reviso,
Partibus atque meis justos indico labores.
Inde lego, Phœbumque cio, Musamque lacesso.
Hinc oleo corpusque frico, mollique palæstra
Stringo libens : animo gaudens, ac fœnore liber,
Prandeo, poto, cano, ludo, lavo, cœno, quiesco.
Dum parvus lychnus modicum consumat olivi,
Hæc dat nocturnis nox lucubrata Camœnis.

XCI. AD LIBRUM.

Ohe! jam satis est, ohe libelle!

parvenus jusqu'au rouleau. Tu veux aller plus loin, et déjà tu ne peux plus te contenir dans tes marges. Comme si rien n'était fini pour toi, qui finis même dès la première page! Déjà le lecteur se plaint, et le courage lui manque; déjà aussi le copiste te crie : Halte! holà! c'est assez! holà! petit livre!

LIVRE V.

1. — A CÉSAR DOMITIEN.

César, soit que vous résidiez sur les collines d'Albe la Palladienne, et que de là vous portiez vos regards tantôt sur le temple de la triple Hécate, tantôt sur les plaines de Thétys; soit que vous habitiez la ville dont l'enceinte est baignée par les flots paisibles de la mer, et où la Fortune, sous la figure de deux sœurs, rend vos oracles véridiques; soit enfin que vous aimiez la demeure de la nourrice d'Énée, ou de la fille du Soleil; ou le séjour d'Anxur, aux rochers blancs et aux eaux salutaires; je vous offre mon ouvrage, à vous le soutien et l'heureux protecteur de cet empire, à vous dont la prospérité semble être un témoignage de la reconnaissance de Jupiter. Daignez seulement recevoir mes vers; je croirai que vous les avez lus, et je jouirai avec orgueil de ma crédulité gauloise.

2. — A SES LECTEURS.

Matrones, jeunes filles et jeunes garçons, c'est à vous que je dédie ce livre. Mais vous qui n'aimez que les termes les plus libertins et les plaisanteries les moins voilées, lisez mes quatre premiers livres; ils en sont suffisamment assaisonnés. Le cinquième est pour amuser mon maître, lui seul. Le Germanique le lira sans rougir, en présence de la chaste Minerve.

3. — A DOMITIEN.

O Germanique! ce Dégis, venu des bords asservis de l'Ister, et maintenant habitant de nos rivages, heureux et étonné d'avoir vu récemment le maître du monde, adressa, dit-on, ces paroles à ses compagnons : « Que mon sort est préférable à celui de mon frère, puisque je puis contempler de si près le dieu qu'il honore de si loin! »

4. — A PAULUS, AU SUJET DE MYRTALE.

L'haleine de Myrtale exhale ordinairement l'odeur du vin; mais, pour nous tromper, elle mange des feuilles de laurier, et elle a la précaution d'en mettre dans son vin au lieu d'eau. Toutes les fois, Paulus, que vous la verrez venir la figure enluminée et ses veines gonflées, vous pourrez dire : Myrtale a bu du laurier.

5. — A SEXTUS.

Éloquent dépositaire des ouvrages de la bibliothèque palatine, Sextus, vous qui jouissez de plus près de la présence du dieu qui l'habite (car vous connaissez l'instant où naissent les pensées de notre maître, et il vous est permis d'entendre ses secrets les plus cachés), donnez à mes livres une place près de Pédo, de Marsus et de Catulle. Mais à côté de la céleste poésie

    Jam pervenimus usque ad umbilicos :
    Tu procedere adhuc, et ire quæris;
    Nec summa potes in scheda teneri.
    Sic tanquam tibi res peracta non sit,   5
    Quæ prima quoque pagina peracta est.
    Jam lector queriturque, deficitque;
    Jam librarius, ohe! et ipse dicit :
    Ohe! jam satis est, ohe! libelle.

LIBER V.

I. AD CÆSAREM.

Hoc tibi, Palladiæ seu collibus uteris Albæ,
    Cæsar, et hinc Triviam prospicis, inde Thetin;
Seu tua veridicæ discunt responsa sorores,
    Plana suburbani qua cubat unda freti;
Seu placet Æneæ nutrix, seu filia Solis,   5
    Sive salutiferis candidus Anxur aquis;
Mittimus, o rerum felix tutela, salusque!
    Sospite quo gratum credimus esse Jovem.
Tu tantum accipias : ego te legisse putabo,
    Et tumidus Galla credulitate fruar.   10

II. AD LECTORES.

Matronæ, puerique, virginesque,
    Vobis pagina nostra dedicatur.
Tu, quem nequitiæ procaciores
    Delectant nimium, salesque nudi,
Lascivos lege quatuor libellos;   5
    Quintus cum Domino liber jocetur,
Quem Germanicus ore non rubenti
    Coram Cecropia legat puella.

III. AD DOMITIANUM.

Accola jam nostræ Degis, Germanice, ripæ,
    A famulis Istri qui tibi venit aquis,
Lætus et attonitus, viso modo præside mundi,
    Affatus comites dicitur esse suos :
Sors mea quam fratris melior! cui tam prope fas est   5
    Cernere, tam longe quem colit ille Deum.

IV. AD PAULUM, DE MYRTALE.

. Fœtere multo Myrtale solet vino;
    Sed fallat ut nos, folia devorat lauri,
Merumque cauta fronde non aqua miscet.
    Hanc tu rubentem prominentibus venis
Quoties venire, Paule, videris contra;   5
    Dicas licebit : Myrtale bibit laurum.

V. AD SEXTUM.

Sexte, Palatinæ cultor facunde Minervæ,
    Ingenio frueris qui propiore Dei;
Nam tibi nascentes Domini cognoscere curas,
    Et secreta ducis pectora nosse licet;
Sit locus et nostris aliqua tibi parte libellis,

qui peint la guerre du Capitole, n'admettez que la sublime épopée du grand Virgile.

6. — AUX MUSES, OU IL RECOMMANDE SON LIVRE A PARTHÉNIUS.

Muses, s'il ne vous en coûte ni trop d'ennui ni trop de peine, adressez ces vœux à Parthénius, votre favori : « Que votre vieillesse se prolonge au sein de la tranquillité et s'achève de même sous l'empire de César! Que l'envie soit forcée d'applaudir à votre bonheur; et que Burrus, votre fils, soit bientôt en état d'apprécier la haute fortune de son père! Recevez, dans le sanctuaire du palais de César, cet humble petit livre. Vous savez ces moments où notre Jupiter est dans toute sa sérénité, où son front brillant et calme porte l'empreinte de cette bonté qui lui est naturelle, et qui ne sait rien refuser à ceux qui l'invoquent. Ne craignez pas que notre demande soit exagérée : non, ce recueil, orné de cèdre et de pourpre, et dont les feuilles se sont insensiblement accumulées autour de leurs noirs rouleaux, ne fut jamais importun ni ambitieux. Ne le présentez pas directement, mais tenez-le comme si vous n'offriez rien, par distraction. Si je connais bien le maître des neuf Sœurs, il vous le demandera de lui-même. »

7. — A VULCAIN.

Tel, après avoir vécu dix siècles, l'oiseau d'Assyrie, cet oiseau merveilleux, renaît à la lumière, et s'élance plus brillant du feu qui l'a consumé;
telle, exhumée de ses cendres, Rome a dépouillé son antique vieillesse et pris les traits de son maître. Oublie, Vulcain, je t'en conjure, notre ressentiment! grâce pour nous! car, si nous sommes le peuple de Mars, nous sommes aussi celui de Vénus. Grâce, dieu puissant! et qu'ainsi ta voluptueuse épouse te pardonne les filets de Lemnos et se résigne enfin à t'aimer!

8. — SUR PHASIS.

L'édit du maître et du dieu de l'empire, l'édit qui a fixé définitivement les places au théâtre, et assigné à l'ordre équestre des gradins séparés de la foule, était loué naguère par Phasis; Phasis, tout resplendissant de sa robe de pourpre. « Enfin, disait-il avec toute la fatuité de l'orgueil, on peut donc s'asseoir plus commodément! L'ordre équestre a reconquis sa dignité; nous ne sommes plus foulés, salis par la populace! » Tandis qu'il s'exprime ainsi en se pavanant, Lectius ordonne à l'orgueilleuse robe de pourpre de décamper.

9. — CONTRE SYMMACHUS.

J'étais languissant, Symmachus, et tu vins chez moi, escorté d'une centaine de tes élèves. Cent mains glacées par l'Aquilon me touchèrent. Je n'avais pas la fièvre, Symmachus; je l'ai maintenant.

10. — A RÉGULUS, SUR LA RÉPUTATION DES POETES.

Pourquoi refuse-t-on la gloire aux contemporains et pourquoi est-il si peu de lecteurs qui ai

---

 Qua Pedo, qua Marsus, quaque Catullus erit.
Ad Capitolini cœlestia carmina belli,
 Grande cothurnati pone Maronis opus.

VI. AD MUSAS : VEL LIBRUM COMMENDAT PARTHENIO.

 Si non est grave, nec nimis molestum,
 Musæ, Parthenium rogate vestrum :
 Sic te senior et beata quondam
 Salvo Cæsare finiat senectus,
 Et sis invidia favente felix;   5
 Sic Burrus cito sentiat parentem;
 Admittas timidam brevemque chartam
 Intra limina sanctioris aulæ.
 Nosti tempora tu Jovis sereni,
 Quum fulget placidus, suoque vultu,   10
 Quo nil supplicibus solet negare.
 Non est, quod metuas preces iniquas :
 Nunquam grandia nec molesta poscit,
 Quæ cedro decorata purpuraque
 Nigris pagina crevit umbilicis.   15
 Nec porrexeris ista, sed teneto,
 Sic tanquam nihil offeras agasque.
 Si novi dominum novem sororum,
 Ultro purpureum petet libellum.

VII. AD VULCANUM.

Qualiter Assyrios renovant incendia nidos,
 Una decem quoties sæcula vixit avis;
Taliter exuta est veterem nova Roma senectam,
 Et sumpsit vultus præsidis ipsa sui.
Jam precor oblitus nostræ, Vulcane, querelæ
 Parce : sumus Martis turba, sed et Veneris.
Parce, pater : sic Lemniacis lasciva catenis
 Ignoscat conjux, et patienter amet.

VIII. DE PHASIDE.

 Edictum Domini, Deique nostri,
 Quo subsellia certiora fiunt,
 Et puros eques ordines recepit,
 Dum laudat modo Phasis in theatro,
 Phasis purpureis rubens lacernis,
 Et jactat tumido superbus ore :
 Tandem commodius licet sedere,
 Nunc est reddita dignitas equestris;
 Turba non premimur, nec inquinamur.
 Hæc, et talia dum refert supinus,
 Illas purpureas et arrogantes
 Jussit surgere Lectius lacernas.

IX. IN SYMMACHUM.

Languebam : sed tu comitatus protinus ad me
 Venisti centum, Symmache, discipulis.
Centum me tetigere manus Aquilone gelatæ.
 Non habui febrem, Symmache, nunc habeo.

X. AD REGULUM, DE FAMA POETARUM.

Esse quid hoc dicam, vivis quod fama negatur,
 Et sua quod rarus tempora lector amat?

ment les écrivains de leur siècle? Tel est, à n'en pas douter, Régulus, le caractère de l'envie : elle préfère toujours les anciens aux modernes. Ainsi, ingrats que nous sommes, nous recherchons toujours l'ombre du vieux portique de Pompée; ainsi les vieillards vantent le temple grossier de Catulus. Rome, tu lisais Ennius du vivant de Virgile, et Homère fut la risée de son siècle. Rarement Ménandre fut applaudi et couronné au théâtre, et Ovide n'était lu que de sa Corinne. Cependant, ô mes vers! ne vous hâtez pas de courir après la gloire, si elle ne vient qu'après la mort, je ne suis pas pressé.

11. — SUR STELLA.

O Sévère, Stella que j'aime porte à ses doigts des sardoines, des émeraudes, des diamants, des jaspes. A ses doigts, dans ses vers, vous ne trouverez que pierres précieuses. Voilà, j'espère, une main élégante.

12. — SUR LE MÊME.

Que le superbe Masthlion porte des fardeaux qui chancellent sur sa tête immobile, ou que le géant Linus élève sur ses bras jusqu'à sept ou huit enfants, rien en cela ne me paraît difficile, quand mon ami Stella porte d'un seul doigt, n'importe lequel, dix jeunes filles ensemble.

13. — CONTRE CALLISTRATE.

Je suis, je l'avoue, et j'ai toujours été pauvre, Callistrate, mais non pas obscur, ni chevalier mal famé. L'univers entier lit mes œuvres et les relit. « Le voilà, » dit chacun ; et je recueille, de mon vivant, la gloire qui n'échoit, après la mort, qu'à bien peu de gens. Mais cent colonnes servent de support à ton immense palais, et ton coffre-fort recèle les scandaleux trésors d'un affranchi. Les vastes campagnes de Syène, arrosées par le Nil, t'appartiennent, et Parme la Gauloise tond pour toi d'innombrables troupeaux. Voilà ce que nous sommes l'un et l'autre; mais ce que je suis, tu ne peux jamais l'être; et ce que tu es, le premier venu peut le devenir.

14. — SUR NANNÉIUS.

Nannéius, qui avait l'habitude de s'asseoir toujours au premier rang quand il était permis à tout le monde de le faire, sommé deux ou trois fois de lever le siége, vint se placer, lui troisième, entre les bancs, après Caïus et Lucius. C'est de là que, la tête enveloppée de son capuchon, et ne pouvant se servir que d'un œil, l'impudent regarde le spectacle. Chassé de nouveau de cette place, le malheureux se réfugie dans le couloir, s'appuie à moitié sur le bout du banc, et là, encore à peine assis sur une fesse, il semble dire aux chevaliers : Je suis assis; à Lectius : Je suis debout.

15. — A DOMITIEN.

Auguste, voici le cinquième livre de mes Épigrammes, et personne ne se plaint d'avoir été offensé par mes vers. Nombre de lecteurs, au contraire, se félicitent de l'honneur que j'ai fait à leurs noms, et de ma générosité, qui leur assure une gloire impérissable. Mais à quoi servent

---

Hi sunt invidiæ nimirum, Regule, mores,
  Præferat antiquos semper ut illa novis.
Sic veterem ingrati Pompeii quærimus umbram;   5
  Sic laudant Catuli vilia templa senes.
Ennius est lectus salvo tibi, Roma, Marone;
  Et sua riserunt sæcula Mæonidem.
Rara coronato plausere theatra Menandro;
  Norat Nasonem sola Corinna suum.   10
Vos tamen, o nostri, ne festinate libelli;
  Si post fata venit gloria, non propero.

XI. DE STELLA.

Sardonychas, smaragdos, adamantas, iaspidas uno
  Versat in articulo Stella, Severe, meus.
Multas in digitis, plures in carmine gemmas,
  Invenies : inde est hæc, puto, culta manus.

XII. DE EODEM.

Quod nutantia fronte perticata
Gestat pondera Masthlion superbus,
Aut grandis Linus omnibus lacertis
Septem quod pueros levat, vel octo;
Res non difficilis mihi videtur :   5
Uno quum digito, vel hoc, vel illo,
Portet Stella meus decem puellas.

XIII. IN CALLISTRATUM.

Sum, fateor, semperque fui, Callistrate, pauper,
  Sed non obscurus, nec male notus eques;
Sed toto legor orbe frequens; et dicitur, Hic est;
  Quodque cinis paucis, hoc mihi vita dedit.
At tua centenis incumbunt tecta columnis,   5
  Et libertinas arca flagellat opes;
Magnaque Niliacæ servit tibi gleba Syenes;
  Tondet et innumeros Gallica Parma greges.
Hoc ego, tuque sumus : sed quod sum, non potes esse;
  Tu quod es, e populo quilibet esse potest.   10

XIV. DE NANNEIO.

Sedere primo solitus in gradu semper,
Tunc quum liceret occupare, Nanneius;
Bis excitatus terque transtulit castra,
Et inter ipsas pæne tertius sellas
Post Caiumque Luciumque consedit.   5
Illinc cucullo prospicit caput tectus,
Oculoque ludos spectat indecens uno.
Et hinc miser dejectus in viam transit,
Subsellioque semifultus extremo,
Et male receptus altero genu, jactat   10
Equiti sedere, Lectioque se stare.

XV. AD CÆSAREM DOMITIANUM.

Quintus nostrorum liber est, Auguste, jocorum,
  Et queritur læsus carmine nemo meo.
Gaudet honorato sed multus nomine lector,
  Cui victura meo munere fama datur.
Quid tamen hæc prosunt, quamvis venerantia multos?   5

ces vers si soigneux de la renommée d'autrui ? à rien sans doute : cependant ils m'amusent.

16. — AU LECTEUR.

Quand je pourrais écrire des choses sérieuses, si je préfère celles qui sont amusantes, c'est ta faute, ami lecteur, toi qui lis et qui chantes mes vers dans toute la ville. Mais tu ignores combien me coûtent tes applaudissements. Car si je voulais aller défendre des causes dans le temple de Saturne, si je voulais vendre mon éloquence aux accusés tremblants, de nombreux maîtres de navires, mes clients, approvisionneraient mes celliers de vins d'Espagne, et ma toge serait bientôt salie par l'argent de tous les pays. Mais mon livre n'est qu'un joyeux convive, un compagnon de plaisirs ; il plaît, parce qu'on en jouit gratis. Nos anciens ne se contentaient pas de cette gloire; le moindre présent fait à Virgile fut le bel Alexis. Je t'entends dire : « A merveille! il suffit : nos éloges te sont acquis à jamais. » Feindrais-tu, lecteur, de ne pas me comprendre? Je le vois bien; tu feras de moi un avocat.

17. — CONTRE GELLIA.

Tu vantais tes aïeux, leurs ancêtres, les grands noms de ta famille; un chevalier était pour toi de trop basse condition; tu ne voulais, Gellia, épouser qu'un homme qui portât le laticlave, et tu viens, Gellia, d'épouser un porte-balle.

18. — A QUINTIANUS.

Dans ce mois de décembre, en ces jours où les nappes, les minces ligules, la bougie, les tablettes, et les vases remplis de prunes sèches de Damas, circulent de toutes parts, si je ne vous envoie que mes petits livres, esclaves nés dans la maison de leur maître, je vais peut-être passer à vos yeux pour un avare ou pour un mal appris; mais je hais le but artificieux et intéressé des cadeaux. Les cadeaux ressemblent aux hameçons : qui ne sait que le scare avide se laisse prendre à l'appât d'une mouche? Quintianus libéral est le pauvre qui ne donne rien à un ami riche.

19. — A DOMITIEN.

S'il faut croire à la vérité, ô le plus grand des Césars! il n'est pas de siècle qu'on puisse mettre au-dessus du vôtre. En quel temps fut-il permis de contempler de plus nobles triomphes? Quand les Dieux du Capitole ont-ils mieux mérité notre reconnaissance? Lequel de ses maîtres fit de la cité de Mars une ville plus grande et plus belle? Sous quel prince eut-on plus de liberté? Toutefois il est chez nous un vice, un vice grave, quoiqu'il soit le seul, c'est que le pauvre ne trouve que des amitiés ingrates. Où est-il celui qui fait part de son opulence à un vieil et fidèle ami? Quel patron voit à sa suite un chevalier qu'il a créé? Aux Saturnales, si on nous envoie une lingule du prix de six onces d'argent, ou une robe de pourpre qui vaut en tout dix scrupules, c'est du luxe, et nos superbes patrons appellent cela des présents. Un de ces richards donnera peut-être, en les faisant sonner, quelques pièces d'or, mais il n'aura point d'imitateurs. Plus se perdent les saintes traditions de l'amitié, plus, César,

Non prosint : sane me tamen ista juvant.

XVI. AD LECTOREM.

Seria quum possim, quod delectantia malim
  Scribere, tu causa es, lector amice, mihi,
Qui legis, et tota cantas mea carmina Roma.
  Sed nescis, quanti stet mihi talis amor.
Nam si falciferi defendere templa Tonantis,   5
  Sollicitisque velim vendere verba reis ;
Plurimus Hispanas mittet mihi nauta metretas,
  Et fiet vario sordidus ære sinus.
At nunc conviva est, comissatorque libellus,
  Et tantum gratis pagina nostra placet.   10
Sed non hac veteres contenti laude fuerunt,
  Quum minimum vati munus Alexis erat.
Belle, inquis, dixti : satis est : laudabimur usque.
  Dissimulas? facies me, puto, causidicum.

XVII. IN GELLIAM.

Dum proavos, atavosque refers, et nomina magna;
  Dum tibi noster eques sordida conditio est;
Dum te posse negas nisi lato, Gellia, clavo
  Nubere : nupsisti, Gellia, cistifero.

XVIII. AD QUINTIANUM.

Quod tibi Decembri mense, quo volant mappæ,
  Gracilesque ligulæ, cereique, chartæque,
Et acuta senibus testa cum damascenis,
  Præter libellos, vernulas nihil misi ;
Fortasse avarus videar, aut inhumanus.
Odi dolosas munerum et malas artes.
Imitantur hamos dona : namque quis nescit,
  Avidum vorata decipi scarum musca?
Quoties amico diviti nihil donat,
  O Quintiane, liberalis est pauper.

XIX. AD CÆSAREM DOMITIANUM.

Si qua fides veri, præferri, maxime Cæsar,
  Temporibus possunt sæcula nulla tuis.
Quando magis dignos licuit spectare triumphos?
  Quando Palatini plus meruere Dei?
Pulchrior et major quo sub duce Martia Roma?
  Sub quo libertas principe tanta fuit?
Est tamen hoc vitium, sed non leve, sit licet unum,
  Quod colit ingratas pauper amicitias.
Quis largitur opes veteri fidoque sodali,
  Aut quem prosequitur non alienus eques?
Saturnalitiæ ligulam misisse selibræ,
  Flammatæve togæ scriptula tota decem,
Luxuria est, tumidique vocant hæc munera reges.
  Qui crepet aureolos, forsitan unus erit.
Quatenus hi non sunt, esto tu, Cæsar, amicus.

vous devez les maintenir. Il n'est pas, dans un prince, de vertu plus douce que la libéralité. Mais je vous vois, ô Germanique! sourire en secret du conseil intéressé que je vous donne.

20. — A JULES MARTIAL.

Si je pouvais avec vous, cher Martial, jouir en paix de mes derniers jours, disposer librement de mes loisirs et vivre enfin comme il faut vraiment vivre, nous ne connaîtrions ni les antichambres, ni les palais des grands, ni les tristes procès, ni les ennuis du barreau, ni les orgueilleuses images d'illustres ancêtres, mais la promenade, la conversation, la lecture, et le Champ de Mars. Les portiques, la fraîcheur de l'ombre, l'eau de la fontaine vierge, les bains, voilà les plaisirs, voilà les lieux qui nous conviendraient. Maintenant, hélas! ni l'un ni l'autre nous ne vivons pour nous, et tous deux nous voyons nos beaux jours s'écouler et s'enfuir; jours à jamais perdus, et qui nous sont comptés! Peut-on savoir vivre, et hésiter à le faire?

21. — SUR APOLLONIUS.

Régulus, le rhéteur Apollonius, qui saluait autrefois Décimus du nom de Quintus, et Crassus du nom de Macer, aujourd'hui les salue de nouveau, chacun sous son véritable nom. Merveilleux effets du travail et de l'application! il a écrit ces noms, et les a retenus.

22. — CONTRE PAULLUS.

Si je n'ai pas voulu te voir chez toi ce matin, Paullus, et si je n'ai pas mérité cet honneur, puisse ta maison des Esquilies être encore plus loin de la mienne! Mais tu sais que j'habite près des piliers de Tibur, d'où l'on voit s'élever, vis-à-vis du vieux Capitole, le temple de la rustique Flore. J'ai à franchir la rue montueuse de Suburra, et son pavé toujours sale et humide. Là, c'est à peine si l'on échappe aux longues files de mulets traînant, à force de cordes, des quartiers de marbre. Mais ce qu'il y a de plus insupportable, c'est, Paullus, après mille fatigues, que ton portier me dise, à moi tout haletant, que tu n'es pas à la maison. Voilà le prix de mes inutiles efforts, et des sueurs dont ma robe est trempée! A peine la vue de Paullus m'aurait-elle dédommagé ce matin de mes tribulations. L'homme trop officieux a toujours des amis qui ne le sont pas assez. Si donc tu ne dors pas plus longtemps, Paullus, tu ne peux pas être mon patron.

23. — A BASSUS.

Tu portais, Bassus, des habits de couleur verte, alors que les lois sur le théâtre étaient muettes; mais depuis qu'un censeur, ami de l'ordre, les a remises en vigueur, et que le chevalier, plus certain de son droit, se conforme aux ordres d'Océanus, tu viens en habit d'écarlate ou en robe de pourpre, et tu crois, par ce moyen, nous en imposer. Nul habit, Bassus, ne vaut quatre cent mille sesterces; ou mieux que personne, mon ami Codrus lui-même serait chevalier.

Nulla ducis virtus dulcior esse potest.
Jamdudum tacito rides, Germanice, naso;
Utile quod nobis do tibi consilium.

XX. AD JULIUM MARTIALEM.

Si tecum mihi, care Martialis,
  Securis liceat frui diebus;
Si disponere tempus otiosum,
  Et veræ pariter vacare vitæ;
Nec nos atria, nec domos potentum,   5
  Nec lites tetricas, forumque triste
Nossemus, nec imagines superbas;
  Sed gestatio, fabulæ, libelli,
Campus, porticus, umbra, virgo, thermæ;
  Hæc essent loca semper, hi labores.   10
Nunc vivit sibi neuter, heu! bonosque
  Soles effugere atque abire sentit:
Qui nobis pereunt, et imputantur.
  Quisquam vivere quum sciat, moratur?

XXI. DE APOLLONIO.

Quintum pro Decimo, pro Crasso, Regule, Macrum
  Ante salutabat rhetor Apollonius.
Nunc utrumque suo resalutat nomine: quantum
  Cura, laborque potest! scripsit, et edidicit.

XXII. IN PAULLUM.

Mane domi nisi te volui, meruique videre,
  Sint mihi, Paulle, tuæ longius Exquiliæ.
Sed Tiburtinæ sum proximus accola pilæ;
  Qua videt antiquum rustica Flora Jovem.
Alta Suburrani vincenda est semita clivi,   5
  Et nunquam sicco sordida saxa gradu;
Vixque datur longas mulorum rumpere mandras;
  Quæque trahi multo marmora fune vides.
Illud adhuc gravius, quod te post mille labores,
  Paulle, negat lasso janitor esse domi.   10
Exitus hic operis vani, togulæque madentis;
  Vix tanti Paullum mane videre fuit.
Semper inhumanos habet officiosus amicos;
  Rex, nisi dormieris, non potes esse meus.

XXIII. AD BASSUM.

Herbarum fueras indutus, Basse, colores,
  Jura theatralis dum siluere loci.
Quæ postquam placidi censoris cura renasci
  Jussit, et Oceanum certior audit eques,
Non nisi vel cocco madida, vel murice tincta   5
  Veste nites, et te sic dare verba putas.
Quadringentorum nullæ sunt, Basse, lacernæ,
  Aut meus ante omnes Codrus haberet equum.

24. — SUR HERMÈS.

Hermès fait les délices de Rome et de son siècle;

Hermès est habile à manier toutes les armes;

Hermès est gladiateur et maître d'escrime;

Hermès est la terreur et l'effroi de ses concurrents;

Hermès, le seul Hermès, est redouté d'Hélius;

Hermès, le seul Hermès, fait mordre la poussière à Advolans;

Hermès sait vaincre, et vaincre sans frapper;

Hermès ne peut être remplacé que par lui-même;

Hermès fait la fortune des loueurs de place;

Hermès est l'amour des danseuses, qui se le disputent;

Hermès, avec sa lance belliqueuse, est magnifique;

Hermès, avec le trident de Neptune, a le port menaçant;

Hermès fait trembler, lors même que son casque est mal attaché;

Hermès est en tout l'honneur du dieu Mars;

Hermès seul est tout, et trois fois unique.

25. — SUR CHÉRESTRATE.

Tu n'as pas quatre cent mille sesterces, Chérestrate; lève-toi, voici Lectius; debout, fuis, cours, cache-toi. Mais quel est celui qui te rappelle et te ramène à ta place? Quel est donc le généreux ami qui t'ouvre sa bourse? Quel est-il, pour que son nom soit proclamé par nous et connu de tout l'univers? Quel est-il celui-là qui ne veut point descendre tout entier dans les abîmes du Styx? Agir ainsi ne vaut-il pas mieux que de couvrir la scène d'un nuage de feuilles de rose, de l'inonder de safran, de dépenser quatre cents sesterces pour des statues équestres qui n'en sentiront rien, et pour qu'on voie briller partout le nez doré de Scorpus? O vous dont l'avarice égale les richesses, et qui faites semblant de ne plus connaître vos amis, vous lisez ces vers, vous les vantez! Ah! que de gloire vous laissez échapper!

26. — A CODRUS.

Codrus, si je t'ai naguère échauffé la bile en t'appelant dans une de mes épigrammes l'alpha des porteurs de pénules, appelle-moi le *béta* des porteurs de toge.

27. — CONTRE UN FAUX CHEVALIER.

Oui, je l'avoue, ton esprit, tes études, tes mœurs, ta naissance, sont d'un chevalier; mais, pour le reste, tu es du peuple. Les quatorze rangs de l'amphithéâtre ne valent pas assez, selon toi, pour venir t'y asseoir, et pâlir à l'aspect d'Océanus.

28. — A AULUS, SUR MAMERCUS.

Quelle que soit la pureté de vos mœurs, Aulus, vous ne sauriez faire que Mamercus pense et dise du bien de vous, lors même que vous surpasseriez en dévouement les frères Curtius, en douceur les Nerva, en politesse les Rusons, en probité les Macer, en équité les Mauricus, en éloquence les Régulus, en esprit les Paullus. Il ronge tout de ses dents infectées de rouille. Peut-être le croyez-vous méchant: je le crois plutôt malheureux, celui à qui personne ne plaît.

XXIV. DE HERMETE.

Hermes Martia sæculi voluptas;
Hermes omnibus eruditus armis;
Hermes et gladiator, et magister;
Hermes turba sui tremorque ludi;
Hermes, quem timet Helius, sed unum;   5
Hermes, cui cadit Advolans, sed uni;
Hermes vincere, nec ferire doctus;
Hermes supposititius sibi ipsi;
Hermes divitiæ locariorum;
Hermes cura, laborque ludiarum;   10
Hermes belligera superbus hasta;
Hermes æquoreo minax tridente;
Hermes casside languida timendus;
Hermes gloria Martis universi:
Hermes omnia solus, et ter unus.   15

XXV. DE CHÆRESTRATO.

Quadringenta tibi non sunt, Chærestrate, surge;
Lectius ecce venit: sta, fuge, curre, late.
Ecquis, io, revocat, discedentemque reducit?
Ecquis, io, largas pandit amicus opes?
Quem chartis famæque damus, populisque loquendum?
Quis Stygios non vult totus adire lacus?   6
Hoc, rogo, non melius, quam rubro pulpita nimbo
Spargere, et effuso permaduisse croco?
Quam non sensuro dare quadringenta caballo,
Aureus ut Scorpi nasus ubique micet?   10
O frustra locuples, o dissimulator amici,
Hæc legis et laudas? quæ tibi fama perit?

XXVI. AD CODRUM.

Quod Alpha dixi, Codre, penulatorum
Te nuper, aliqua quum jocarer in charta;
Si forte bilem movit hic tibi versus,
Dicas licebit Beta me togatorum.

XXVII. IN FICTUM EQUITEM.

Ingenium, studiumque tibi, moresque, genusque
Sunt equitis, fateor: cætera plebis habes.
Bis septena tibi non sunt subsellia tanti,
Ut sedeas viso pallidus Oceano.

XXVIII. AD AULUM, DE MAMERCO.

Ut bene loquatur, sentiatque Mamercus,
Efficere nullis, Aule, moribus possis;
Pietate fratres Curtios licet vincas,
Quiete Nervas, comitate Rusones,
Probitate Macros, æquitate Mauricos,   5
Oratione Regulos, jocis Paullos;
Rubiginosis cuncta dentibus rodit.
Hominem malignum forsan esse tu credas;

29. — A GELLIA.

Gellia, quand par hasard tu m'envoies un lièvre, « Marcus, me dis-tu, pendant sept jours tu seras beau. » Si tu ne railles pas, et si tu dis vrai, Gellia, ma mignonne, tu n'as jamais mangé de lièvre.

30. — A VARRON.

Vous que ne désavouerait pas la muse de Sophocle, et qui maniez avec autant de succès la lyre calabroise, Varron, suspendez vos travaux; que les scènes tracées par l'éloquent Catulle, que l'élégie aux formes élégantes n'absorbent pas tout votre esprit. Mais lisez les vers que je vous envoie dans ce mois de décembre, vers bien dignes de cette saison fumeuse, à moins que vous ne jugiez plus agréable et plus commode de perdre des noix.

31. — SUR DES ENFANTS JOUANT AVEC DES TAUREAUX.

Voyez avec quelle hardiesse cette troupe d'enfants saute sur ces paisibles taureaux, avec quel plaisir l'animal souffre leurs importunités ! L'un se suspend à l'extrémité de ses cornes, l'autre court sur ses épaules, et prélude au combat en brandissant ses armes. Mais l'humeur sauvage du taureau ne s'en émeut pas. L'arène elle-même n'offrirait pas plus de sécurité à ces enfants, et, sur un plan parfaitement uni, ils risqueraient peut-être de tomber. Cependant le taureau ne bronche pas, et déjà l'enfant paraît être aussi sûr de cueillir la palme que le taureau paraît inquiet qu'il ne l'obtienne.

32. — A FAUSTINUS, SUR CRISPUS.

Faustinus, Crispus, dans son testament, n'a pas légué un quadrant à sa femme. A qui donc a-t-il fait des legs? — A lui-même.

33. — CONTRE UN AVOCAT.

Certain avocat, dit-on, critique mes vers : je ne sais quel il est; si je le sais, avocat, malheur à toi!

34. — ÉPITAPHE D'ÉROTION, A FRONTON SON PÈRE.

Moi Flaccilla, la mère de la jeune Érotion, je recommande à Fronton, son père, cette enfant, ma joie et mes délices. Que la pauvre petite envisage sans effroi les ombres du Tartare et le chien à la triple gueule, gardien des portes de l'enfer. Si elle eût vécu six jours de plus, elle eût accompli sa sixième année. Maintenant qu'elle aille folâtrer au milieu des antiques patrons, et que là, de sa langue à peine déliée, elle bégaye souvent mon nom. Qu'un tendre gazon couvre ses os délicats; et toi, terre, ne pèse point sur elle; elle n'a point pesé sur toi.

35. — SUR EUCLIDE.

Pendant qu'Euclide, paré d'une robe de pourpre, dit à haute voix que ses terres de Patras lui rapportent deux cent mille sesterces, que les revenus de ses propriétés, dans les environs de Corinthe, sont plus considérables encore; pendant qu'il fait remonter jusqu'à la belle Léda l'ancienneté de sa noblesse, et que, sourd aux injonctions de Lectius, il refuse de quitter son siége, tout à

Ego esse miserum credo, cui placet nemo.

XXIX. AD GELLIAM.

Si quando leporem mittis mihi, Gellia, dicis,
  Formosus septem, Marce, diebus eris.
Si non derides, si verum, lux mea, narras,
  Edisti nunquam, Gellia, tu leporem.

XXX. AD VARRONEM.

Varro, Sophocleo non inficiande cothurno,
  Nec minus in Calabra suspiciende lyra;
Differ opus : nec te facundi scena Catulli
  Delineat, cultis aut Elegia comis.
Sed lege fumoso non aspernanda Decembri   5
  Carmina, mittuntur quæ tibi mense suo.
Commodius nisi forte tibi, potiusque videtur,
  Saturnalitias perdere, Varro, nuces.

XXXI. DE LUDO PUERORUM CUM JUVENCIS.

Aspice, quam placidis insultet turba juvencis :
  Et sua quam facilis pondera taurus amet.
Cornibus hic pendet summis; vagus ille per armos
  Currit, et in toto ventilat arma bove.
At feritas immota riget : non esset arena   5
  Tutior, et poterant fallere plana magis.
Nec trepidant gestus; sed de discrimine palmæ
  Securus puer est, sollicitumque pecus.

XXXII. AD FAUSTINUM, DE CRISPO.

Quadrantem Cripus tabulis, Faustine', supremis
  Non dedit uxori : cui dedit ergo? Sibi.

XXXIII. IN CAUSIDICUM.

Carpere causidicus fertur mea carmina : qui sit,
  Nescio : si sciero, væ tibi, causidice!

XXXIV. EPITAPHIUM EROTII AD FRONTONEM PARENTEM.

Hanc tibi, Fronto pater, genitrix Flaccilla puellam,
  Oscula commendo, deliciasque meas;
Paulula ne nigras horrescat Erotion umbras,
  Oraque Tartarei prodigiosa canis.
Impletura fuit sextæ modo frigora brumæ,   5
  Vixisset totidem ni minus illa dies.
Inter tam veteres ludat lasciva patronos,
  Et nomen blæso garriat ore meum.
Mollia nec rigidus cespes tegat ossa; nec illi,
  Terra, gravis fueris : non fuit illa tibi.   10

XXXV. DE EUCLIDE.

Dum sibi redire de Patrensibus fundis
  Ducena clamat coccinatus Euclides,
Corinthioque plura de suburbano,
  Longumque pulchra stemma repetit a Leda,
  Et suscitanti Lectio reluctatur;   5
Equiti ti superbo, nobili, locupleti,

coup, du sein de ce fier, noble et riche chevalier, tombe une grosse clef. Jamais clef, Fabullus, ne fît méchanceté plus noire.

36. — A FAUSTINUS.

Faustinus, certain individu que j'ai loué dans mes vers feint de l'ignorer, comme s'il ne me devait rien : il me prend pour sa dupe.

37. — SUR LA JEUNE ÉROTION.

Aimable enfant, plus douce, à mon gré, que le chant des cygnes dans leur vieillesse, plus tendre que les agneaux du Galèse Phalantin, plus délicate que les huîtres du lac Lucrin, plus blanche que les perles de la mer Érythrée, que la dent polie de l'éléphant indien, que la neige nouvellement tombée, que le lis encore intact sur sa tige ; toi dont la chevelure était plus belle que la toison des troupeaux du Bétis, que les tresses blondes des peuples du Rhin, que des paillettes d'or ; toi dont l'haleine suave exhalait le parfum des roses de Pestum, des premiers rayons du miel de l'Attique, et du succin froissé dans la main ; toi, près de qui le paon eût été laid, l'écureuil disgracieux et le phénix commun, Erotion, ton bûcher fume encore. La loi du destin, plus avare et plus cruelle que jamais, vient de te ravir au monde dans ton sixième hiver, et avant même qu'il ne fût accompli, toi, mes amours, ma joie et mes délices! Cependant Pétus, mon ami, me défend d'être triste. « N'avez-vous pas honte, me dit-il, de vous frapper la poitrine, de vous arracher les cheveux et de pleurer, parce que votre jeune esclave est morte? Moi, j'ai perdu ma femme, et je vis ; pourtant elle était distinguée, belle, noble, et riche. » Est-il possible en effet d'être plus courageux que Pétus? Il a hérité de deux millions de sesterces, et il vit encore !

38. — CONTRE CALLIODORE.

Calliodore a le cens nécessaire pour être chevalier : qui de nous l'ignore, Sextus? Mais Calliodore a un frère qui coupe en deux les quatre cent mille sesterces, et dit : *Partageons les figues*. Crois-tu que deux hommes puissent monter à la fois le même cheval? Pourquoi ce frère, Calliodore? pourquoi ce fâcheux Pollux? Si tu n'avais pas ce Pollux, tu serais Castor. Vous n'êtes qu'un, et vous siégez deux. Lève-toi, Calliodore, tu fais un solécisme. Suis l'exemple des fils de Léda ; tu ne peux siéger avec ton frère : siégez, Calliodore, l'un après l'autre.

39. — CONTRE CARINUS.

Trente fois, dans le cours de cette année, Carinus, pendant que tu faisais ton testament, je t'ai envoyé des gâteaux pétris avec du miel de l'Hybla. Je suis ruiné, Carinus ; aie pitié de moi. Teste moins souvent, ou accomplis une bonne fois ce que ta toux menteuse nous fait toujours si vainement espérer. J'ai vidé mes poches et ma bourse. Lors même que j'eusse été plus riche que Crésus, je serais aujourd'hui, Carinus, plus pauvre qu'Irus, si tu avais mangé seulement mon plat de fèves autant de fois que tu as fait ton testament.

Cecidit repente magna de sinu clavis.
Nunquam, Fabulle, nequior fuit clavis.

XXXVI. AD FAUSTINUM.

Laudatus nostro quidam, Faustine, libello
Dissimulat, quasi nil debeat : imposuit.

XXXVII. DE EROTIO PUELLA.

Puella senibus dulcior mihi cycnis,
Agna Galesi mollior Phalantini,
Concha Lucrini delicatior stagni ;
Cui nec lapillos præferas Erythræos,
Nec modo politum pecudis Indicæ dentem,   5
Nivesque primas, liliumque non tactum :
Quæ crine vicit Bætici gregis vellus,
Rhenique nodos, aureamque nitelam ;
Fragravit ore, quod rosarium Pæsti,
Quod Atticarum prima mella cerarum,   10
Quod succinorum rapta de manu gleba ;
Cui comparatus indecens erat pavo,
Inamabilis sciurus, et frequens phœnix :
Adhuc recenti tepet Erotion busto,
Quam pessimorum lex avara fatorum   15
Sexta peregit hieme, nec tamen tota,
Nostros amores, gaudiumque, lususque.
Et esse tristem me meus vetat Pætus ;
Pectusque pulsans, pariter et comam vellens
Deflere non te vernulæ pudet mortem?   20

Ego conjugem, inquit, extuli, et tamen vivo,
Notam, superbam, nobilem, locupletem.
Quid esse nostro fortius potest Pæto?
Ducenties accepit, et tamen vivit.

XXXVIII. IN CALLIODORUM.

Calliodorus habet censum, quis nescit? equestrem,
Sexte : sed et fratrem Calliodorus habet.
Quadringenta secat, qui dicit σῦκα μέριζε.
Uno credis equo posse sedere duos?
Quid cum fratre tibi, quid cum Polluce molesto?   5
Non esset Pollux si tibi, Castor eras.
Unus quum sitis ; duo, Calliodore, sedetis.
Surge : solœcismum, Calliodore, facis.
Aut imitare genus Ledæ ; aut cum fratre sedere
Non potes : alternis, Calliodore, sede.   10

XXXIX. IN CARINUM.

Supremas tibi tricies in anno
Signanti tabulas, Carine, misi
Hyblæis madidas thymis placentas.
Defeci : miserere jam, Carine.
Signa rarius, aut semel fac illud,   5
Mentitur tua quod subinde tussis.
Excussi loculosque sacculumque.
Crœso divitior licet fuissem,
Iro pauperior forem, Carine,
Si conchen toties meam comesses.   10

40. — A ARTÉMIDORE.

Tu as peint Vénus, Artémidore, quand Minerve est l'objet de ton culte, et tu es surpris que ton ouvrage ait déplu?

41. — CONTRE DIDYMUS.

Moins homme qu'un flasque eunuque, plus mou que le mignon de Célène, dont les prêtres mutilés de la mère des Dieux célèbrent la fête par des hurlements, tu parles sans cesse de théâtres, de degrés, d'édits, de trabées, d'ides, d'anneaux et de cens, et, de ta main polie à la pierre ponce, tu montres les gens qui sont pauvres. Je verrai, Didymus, si tu as le droit de t'asseoir dans les rangs des chevaliers; mais à coup sûr tu n'as pas celui de t'asseoir sur les bancs des maris.

42. — CE QU'ON DONNE A SES AMIS N'EST PAS PERDU.

Un voleur adroit forcera votre caisse et enlèvera votre argent; la flamme impie consumera vos lares paternels; un débiteur vous niera sa dette, principal et intérêts; vos champs, frappés de stérilité, ne vous rendront pas les fruits dont vous leur aurez confié la semence; une maîtresse trompeuse dépouillera votre intendant; les flots engloutiront vos vaisseaux chargés de marchandises : ce qu'on donne à ses amis est seul à l'abri des coups de la fortune. Le bien que vous aurez fait sera toujours votre seule richesse.

43. — SUR THAÏS ET LÉCANIA.

Thaïs a les dents noires, Lécania les a blanches comme la neige : pourquoi cela? — L'une a ses dents, l'autre en achète.

44. — CONTRE DENTON.

Qu'est-il arrivé, je te prie, qu'est-il arrivé de si soudain? Toi que j'ai invité quatre fois à souper, Denton, qui le croirait? tu as eu l'audace de me refuser! Tu détournes les yeux, et tu te soustrais à mes poursuites, toi qui me pourchassais dans les bains, aux théâtres et dans toutes les assemblées! Oui, quelque souper plus délicat t'a sans doute alléché, et le fumet entraînant d'une cuisine plus grasse a agi sur toi comme sur un chien famélique. Mais bientôt, quand on t'aura connu et partant laissé là, quand tu auras excité les dégoûts des riches qui t'auront hébergé, tu reviendras ronger les os de mon frugal souper.

45. — CONTRE BASSA.

Tu te dis belle, Bassa, tu te dis vierge : Bassa dit toujours ce qu'elle n'est pas.

46. — A DIADUMÉNUS.

Les seuls baisers que je veuille, sont ceux que je te vole malgré ta résistance, et ta colère me plaît encore plus que ta figure. Diadumène, pour en venir à mes fins j'ai recours aux verges. Tout ce que j'obtiens, c'est que je ne suis ni craint ni aimé de toi.

47. — SUR PHILON.

Philon jure qu'il n'a jamais soupé chez lui; cela est vrai : Philon ne soupe jamais, quand personne ne l'invite.

XL. AD ARTEMIDORUM.

Pinxisti Venerem; colis, Artemidore, Minervam;
Et miraris, opus displicuisse tuum?

XLI. IN DIDYMUM.

Spadone quum sis eviratior fluxo,
Et concubino mollior Celaeneo,
Quem sectus ululat matris entheae Gallus,
Theatra loqueris, et gradus, et edicta,
Trabeasque, et Idus, fibulasque, censusque;   5
Et pumicata pauperes manu monstras.
Sedere in equitum liceat an tibi scamnis,
Videbo, Didyme : non licet maritorum.

XLII. AMICIS QUOD DATUR, NON PERIRE.

Callidus effracta nummos fur auferet arca;
Prosternet patrios impia flamma Lares.
Debitor usuram pariter sortemque negabit;
Non reddet sterilis semina jacta seges.
Dispensatorem fallax spoliabit amica;   5
Mercibus exstructas obruet unda rates.
Extra fortunam est, quidquid donatur amicis;
Quas dederis, solas semper habebis opes.

XLIII. DE THAIDE ET LECANIA.

Thais habet nigros, niveos Lecania, dentes.

Quae ratio est? emptos haec habet, illa suos.

XLIV. IN DENTONEM.

Quid factum est, rogo, quid repente factum?
Ad coenam mihi, Dento, quod vocanti,
Quis credat? quater ausus es negare.
Sed nec respicis, et fugis sequentem;
Quem thermis modo quaerere, et theatris,   5
Et conclavibus omnibus solebas.
Sic est : captus es unctiore coena,
Et major rapuit canem culina.
Jam te : sed cito cognitum et relictum
Quum fastidierit popina dives,   10
Antiquae venies ad ossa coenae.

XLV. IN BASSAM.

Dicis formosam, dicis te, Bassa, puellam.
Istud quae non est, dicere Bassa solet.

XLVI. AD DIADUMENUM.

Basia dum nolo, nisi quae luctantia carpsi,
Et placet ira mihi plus tua, quam facies;
Ut te saepe rogem, caedo, Diadumene, saepe;
Consequor hoc, ut me nec timeas, nec ames.

XLVII. DE PHILONE.

Nunquam se coenasse domi Philo jurat : et hoc est;

48. — SUR ENCOLPUS.

A quoi n'oblige point l'amour? Encolpus a coupé ses cheveux malgré son maître, et toutefois sans que celui-ci l'en empêchât. Pudens l'a laissé faire, et a pleuré. C'est ainsi que le père de l'audacieux Phaéton lui cédait avec un pressentiment douloureux les rênes de son char; c'est ainsi qu'Hylas après son enlèvement, et Achille après qu'il fut découvert, faisaient gaiement (ce dernier au grand regret de sa mère) le sacrifice de leurs chevelures. Mais toi, barbe, ne te hâte point, sur la foi de ces cheveux raccourcis; mais ajourne ta venue, en considération d'un don de cette importance.

49. — A LABIÉNUS.

En te voyant l'autre jour seul et assis, Labiénus, je crus que vous étiez trois. La forme multiple de ta tête causa mon erreur. De chaque côté sont des cheveux plus soignés qu'il ne conviendrait même à un jeune garçon. Le milieu du crâne est entièrement nu, et, dans ce long sillon, on ne remarque pas un seul poil. Cette illusion te fut bien utile au mois de décembre dernier, lorsque l'empereur fit distribuer les dîners des Saturnales; tu revins chez toi avec trois sportules. Géryon, à mon avis, te ressemblait. Aussi je te conseille d'éviter le portique de Philippe : si Hercule t'y aperçoit, tu es mort.

50. — CONTRE CHAROPINUS.

Toutes les fois que je soupe chez moi, Charopinus, si tu n'es pas invité, je deviens tout à coup ton ennemi déclaré; et tu me menaces de me passer ton épée au travers du corps, si tu viens à savoir que mes fourneaux ont été chauffés pour d'autres que pour toi. Quoi donc! ne me sera-t-il pas permis une seule fois de te dérober un souper? Une telle gourmandise, Charopinus, est le comble de la méchanceté. Cesse dorénavant, je te prie, d'espionner ma cuisine, et qu'à l'avenir mon cuisinier te paye de paroles.

51. — A RUFUS.

Cet homme dont le bras gauche est chargé de manuscrits de toutes sortes, qu'entoure et que presse un essaim de scribes imberbes, auquel on apporte de tous les côtés des testaments et des lettres, et qui prend pour les lire une contenance aussi grave que celle d'un Caton, d'un Tullius et d'un Brutus, n'est pas capable, Rufus, dût la torture l'y contraindre, de dire Bonjour, en latin, ni Je vous salue, en grec. Si vous croyez que je mente, allons nous-mêmes le saluer.

52. — CONTRE POSTHUMUS.

Je me souviens, Posthumus, et je me souviendrai toujours des services que tu m'as rendus. Pourquoi donc n'en dis-je rien? Parce que tu as soin d'en parler toi-même. Lorsque je me mets à raconter quelques-uns de tes bienfaits, « Il me l'a déjà dit, » s'écrie-t-on aussitôt. Certaines choses se font mal à deux, mais une seule personne suffit pour celle-ci. Si tu veux que je

XLVIII. DE ENCOLPO.

Quid non cogit amor? secuit nolente capillos
  Encolpus domino, nec prohibente tamen.
Permisit, flevitque Pudens : sic cessit habenis
  Audaci questus de Phaethonte pater.
Talis raptus Hylas, talis deprensus Achilles   5
  Deposuit gaudens, matre dolente, comas.
Sed tu nec propera, brevibus nec crede capillis;
  Tardaque pro tanto munere, barba, veni.

XLIX. AD LABIENUM.

Vidissem modo forte quum sedentem
Solum te, Labiene; tres putavi :
Calvæ me numerus tuæ fefellit.
Sunt illinc tibi, sunt et hinc capilli,
Quales nec puerum decere possint.   5
Nudum est in medio caput, nec ullus
In longa pilus area notatur.
Hic error tibi profuit Decembri,
Tunc, quum prandia misit Imperator;
Cum panariolis tribus redisti.   10
Talem Geryonem fuisse credo.
Vites, censeo, porticum Philippi,
Si te viderit Hercules, peristi.

L. IN CHAROPINUM.

Cœno domi quoties, nisi te, Charopine, vocavi,
  Non cœnat, quoties nemo vocavit eum.
Protinus ingentes sunt inimicitiæ;
  Meque petis stricto medium transfigere ferro
Si nostrum sine te scis caluisse focum.
Nec semel ergo mihi furtum fecisse licebit?   5
  Improbius nihil est hac, Charopine, gula.
Desine jam nostram, precor, observare culinam,
  Atque aliquando meus det tibi verba coquus.

LI. AD RUFUM.

Hic, qui libellis prægravem gerit lævam,
Notariorum quem premit chorus levis,
Qui codicillis hinc et inde prolatis,
Epistolisque commodat gravem vultum,
Similis Catoni, Tullioque, Brutoque;   5
Exprimere, Rufe, fidiculæ licet cogant,
Ave latinum, χαῖρε non potest græcum.
Si fingere me istud putas, salutemus.

LII. IN POSTHUMUM.

Quæ mihi præstiteris memini, semperque tenebo.
  Cur igitur taceo? Posthume, tu loqueris.
Incipio quoties alicui tua dona referre,
  Protinus exclamat; Dixerat ipse mihi.
Non belle quædam faciunt duo : sufficit unus   5
  Huic operi : si vis, ut loquar, ipse tace.
Crede mihi, quamvis ingentia, Posthume, dona
  Auctoris pereunt garrulitate sui.

parle, tais-toi. Crois-moi, Posthumus, les services les plus signalés perdent leur prix par l'indiscrétion de celui qui les a rendus.

53. — A BASSUS.

Pourquoi traiter le sujet de Médée? pourquoi traiter, ami, le sujet de Thyeste? Qu'as-tu à démêler, Bassus, avec Niobé ou Andromaque? Crois-moi, le sujet qui convient le mieux à ta plume, c'est Deucalion, ou Phaéton, si le premier ne te sourit pas.

54. — SUR LE RHÉTEUR APOLLONIUS.

Il est parvenu à improviser, mon rhéteur; il a salué Calpurnius, et il n'en avait pas écrit le nom.

55. — SUR L'AIGLE DE JUPITER.

Dis-moi qui tu portes, roi des oiseaux? — Le dieu du tonnerre. — Pourquoi n'a-t-il pas sa foudre dans la main? — Il est amoureux. — De qui? — D'un enfant. — Pourquoi, le bec ouvert, le regardes-tu d'un air si doux? — Je lui parle de Ganymède.

56. — A LUPUS.

Depuis longtemps, Lupus, vous cherchez avec inquiétude et vous vous demandez à quel maître confier l'éducation de votre fils. Fuyez, je vous le conseille, tous les grammairiens et les rhéteurs; qu'il ne connaisse jamais les ouvrages de Cicéron et de Virgile; qu'il abandonne Rutilius à sa renommée. S'il fait des vers, déshéritez le poëte. A-t-il, au contraire, du goût pour les arts qui rapportent de l'argent; eh bien! soit : qu'il apprenne à jouer de la cithare ou de la flûte. S'il a la tête dure, faites-en un crieur public, ou bien un architecte.

57. — A CINNA.

Lorsque je t'appelle mon maître, Cinna, il ne faut pas en tirer vanité; car bien souvent je salue ainsi mon esclave.

58. — A POSTHUMUS.

C'est demain, me dites-vous sans cesse, c'est demain, Posthumus, que vous voulez vivre. Dites-moi donc aussi, Posthumus, ce demain quand arrivera-t-il? à quelle distance est ce demain? où est-il? où faut-il le chercher? Se cache-t-il chez les Parthes ou chez les Arméniens? Ce demain est aussi vieux déjà que Priam ou Nestor. Combien, répondez-moi, pourrait-on acheter ce demain? Vous vivrez demain! vivre aujourd'hui, Posthumus, c'est déjà bien tard. Le sage, Posthumus, est celui qui vivait dès hier.

59. — A STELLA.

Si je ne vous ai envoyé ni or ni argent, c'est pour vous-même, éloquent Stella, que je l'ai fait. Celui qui donne beaucoup veut aussi beaucoup recevoir. Le don de ces vases d'argile ne vous engage à rien.

60. — A UN DÉTRACTEUR.

Bien que tu aboies sans relâche après moi, et que tu me harcelles de tes opiniâtres glapissements, je suis résolu de ne t'accorder jamais ce que tu ambitionnes tant, c'est-à-dire l'honneur d'être cité dans mes ouvrages d'une manière ou d'autre, et d'y être connu de l'univers entier. Car pourquoi saurait-on que tu as existé? Il faut,

---

LIII. AD BASSUM.

Colchida quid scribis, quid scribis, amice, Thyesten?
  Quid tibi vel Nioben, Basse, vel Andromachen?
Materia est, mihi crede, tuis aptissima chartis
  Deucalion; vel, si non placet hic, Phaethon.

LIV. DE RHETORE APOLLONIO.

Extemporalis factus est meus rhetor;
Calpurnium non scripsit, et salutavit.

LV. DE AQUILA PORTANTE JOVEM.

Dic mihi quem portas, volucrum regina? Tonantem.
  Nulla manu quare fulmina gestat? Amat.
Quo calet igne Deus? Pueri. Cur mitis aperto
  Respicis ore Jovem? De Ganymede loquor.

LVI. AD LUPUM.

Cui tradas, Lupe, filium magistro,
Quæris sollicitus diu, rogasque.
Omnes grammaticosque rhetorasque
Devites, moneo : nihil sit illi
Cum libris Ciceronis, aut Maronis;
Famæ Rutilium suæ relinquat.
Si versus facit, abdices poetam.
Artes discere vult pecuniosas?
Fac, discat, citharœdus, aut choraules.

Si duri puer ingeni videtur,
Præconem facias, vel architectum.

LVII. AD CINNAM.

Quum voco te dominum, noli tibi, Cinna, placere;
  Sæpe etiam servum sic resaluto meum.

LVIII. AD POSTHUMUM.

Cras te victurum, cras dicis, Posthume, semper.
  Dic mihi cras istud, Posthume, quando venit?
Quam longe cras istud? ubi est? aut unde petendum?
  Numquid apud Parthos Armeniosque latet?
Jam cras istud habet Priami vel Nestoris annos.
  Cras istud quanti, dic mihi, possit emi?
Cras vives : hodie jam vivere, Posthume, serum est.
  Ille sapit, quisquis, Posthume, vixit heri.

LIX. AD STELLAM.

Quod non argentum, quod non tibi misimus aurum,
  Hoc facimus causa, Stella diserte, tua.
Quisquis magna dedit, voluit sibi magna remitti;
  Fictilibus nostris exoneratus eris.

LX. AD DETRACTOREM.

Allatres licet usque nos et usque,
Et gannitibus improbis lacessas;
Certum est hanc tibi pernegare famam,

misérable, que tu meures inconnu. Toutefois il se trouvera peut-être à Rome un, deux, trois ou quatre individus qui consentiront à déchirer ta peau de chien : mais moi, je veux préserver mes ongles du contact de cette peau galeuse.

61. — CONTRE MARIANUS.

Quel est, Marianus, ce dameret que l'on voit sans cesse sur les pas de ta femme? Quel est ce dameret qui murmure je ne sais quoi à l'oreille de la maîtresse du logis, qui appuie le coude sur le dos de son siége, dont tous les doigts sont ornés de bagues légères, et dont les jambes ne laissent pas apercevoir un seul poil qui en altère le poli? Tu ne me réponds pas! « Il fait, dis-tu, les affaires de ma femme : c'est un homme sûr, chaste dans ses mœurs, et qui porte sur sa figure toute la gravité d'un homme d'affaires. Aufidius de Chio n'avait pas un jugement plus prompt. » O Marianus! que tu mériterais bien les soufflets de Latinus! Tu serais, je le jure, le digne successeur de Panniculus. Il fait les affaires de ta femme! Il ne fait aucune affaire, ce dameret ; ou s'il en fait, ce ne sont point celles de ta femme, mais les tiennes.

62. — A SES HÔTES.

Tu es libre, mon hôte, de rester à ta guise dans ma maison de compagne, si tu peux te résoudre à coucher sur le sol nu, ou si tu apportes avec toi un mobilier complet; car mes meubles demandent grâce, ayant été usés par les hôtes qui t'ont devancé. Il n'y a pas même un pauvre matelas sur mes lits brisés, et les sangles pourries gisent en lambeaux sur les planchers. Toutefois que cet asile nous soit commun à tous deux : j'ai acheté la maison, c'était le plus cher; meuble-la, c'est la moindre dépense.

63. — A PONTICUS.

« Que penses-tu, Marcus, de mes ouvrages? » Telle est, Ponticus, la question que tu m'adresses souvent d'un air inquiet. Je suis dans l'admiration, dans le ravissement : Régulus lui-même s'inclinerait devant ton génie. — Est-ce là ce que tu penses? Que César donc, que Jupiter Capitolin te soient propices! — Et à toi aussi.

64. — A SES ESCLAVES.

Calliste, verse-moi deux sextants de falerne, et toi, Alcime, fais dissoudre dans ma coupe la neige, nos délices en été. Que ma chevelure soit inondée des parfums onctueux de l'amome, et que mon front s'affaisse sous des couronnes de roses. Les mausolées qui s'élèvent dans le voisinage nous invitent à jouir de la vie, en nous apprenant que les Dieux mêmes sont sujets à la mort.

65. — A CÉSAR.

Alcide conquit sa place dans le ciel et parmi les astres, par sa victoire sur le terrible lion de Némée et sur le sanglier d'Arcadie, par le châtiment dont il punit l'athlète qui infestait la Libye, par la défaite, en Sicile, du pesant Éryx auquel il fit mordre la poussière, par l'extermination de Cacus, la terreur des forêts et l'adroit voleur de

Olim quam petis in meis libellis,
Qualiscumque legaris ut per orbem.   5
Nam te cur aliquis sciat fuisse?
Ignotus pereas, miser, necesse est.
Non deerunt tamen hac in urbe forsan
Unus, vel duo, tresve, quatuorve,
Pellem rodere qui velint caninam.   10
Nos hac a scabie tenemus ungues.

LXI. IN MARIANUM.

Crispulus iste quis est, uxori semper adhæret
Qui, Mariane, tuæ? crispulus iste quis est?
Nescio quid dominæ teneram qui garrit in aurem,
Et sellam cubito dexteriore premit?
Per cujus digitos currit levis annulus omnes;   5
Crura gerit nullo qui violata pilo?
Nil mihi respondes? uxoris res agit, inquis,
Iste meæ : sane certus et asper homo est,
Procuratorem vultu qui præferat ipso;
Acrior hoc Chius non erat Aufidius.   10
O quam dignus eras alapis, Mariane, Latini!
Te successurum credo ego Panniculo.
Res uxoris agit? res nullas crispulus iste :
Res non uxoris, res agit iste tuas.

LXII. AD HOSPITES.

Jure tuo nostris maneas licet, hospes, in hortis,
Si potes in nudo ponere membra solo,
Aut si portatur tecum sibi magna supellex;
Nam mea jam digitum sustulit hospitibus.
Nulla tegit fractos nec inanis culcita lectos :   5
Putris et abrupta fascia reste jacet.
Sit tamen hospitium nobis commune duobus :
Emi hortos; plus est : instrue tu; minus est.

LXIII. AD PONTICUM.

Quid sentis, inquis, de nostris, Marce, libellis?
Sic me sollicitus, Pontice, sæpe rogas.
Admiror, stupeo : nihil est perfectius illis,
Ipse tuo cedit Regulus ingenio.
Hoc sentis? inquis; faciat tibi sic bene Cæsar,   5
Sic Capitolinus Jupiter. Immo tibi.

LXIV. AD SUOS MINISTROS.

Sextantes, Calliste, duos infunde Falerni;
Tu super æstivas, Alcime, solve nives.
Pinguescat nimio madidus mihi crinis amomo,
Lassenturque rosis tempora sutilibus.
Jam vicina jubent nos vivere Mausolea;   5
Quum doceant, ipsos posse perire Deos.

LXV. AD CÆSAREM.

Astra, polumque dedit, quamvis obstante noverca,
Alcidæ, Nemeæ terror, et Arcas aper;
Et castigatum Libycæ ceroma palæstræ;
Et gravis in Siculo pulvere fusus Eryx;
Sylvarumque tremor, tacita qui fraude solebat   5

ses troupeaux, qu'il traînait à reculons dans son repaire. Mais que ces hauts faits sont peu de chose, ô César! en comparaison des combats que nous offre votre arène! Ce sont chaque jour, chaque matin, des luttes plus merveilleuses. Que de lions vaincus, plus monstrueux que le lion de Némée! que de sangliers pareils à ceux du Ménale tombés sous le fer de vos épieux! On verrait se renouveler le triple combat du berger d'Ibérie, que vous pourriez encore opposer à Géryon un adversaire capable de le vaincre. La Grèce même compterait en vain les têtes renaissantes de son hydre de Lerne; qu'aurait cette hydre cruelle de comparable avec les monstres du Nil? Pour prix de tant d'exploits, Auguste, les Dieux se hâtèrent d'accorder l'apothéose à Hercule; mais à vous ils ne l'accorderont que le plus tard possible.

66. — CONTRE PONTILIANUS.

On a beau te saluer souvent, ce n'est jamais toi qui commences : ainsi, Pontilianus, il faudra te dire un éternel adieu.

67. — SUR UNE HIRONDELLE.

Tandis que, suivant leur coutume, les hirondelles gagnaient les pays où elles passent l'hiver, une d'entre elles resta dans son nid. Revenues au printemps, elles reconnurent la fraude, et mirent en pièces la transfuge. Le châtiment fut tardif : cette mère criminelle avait mérité son supplice, mais dès le temps où de ses mains elle déchira Itys.

68. — A LESBIE.

Je t'ai envoyé, Lesbie, cette chevelure des pays du nord, afin que tu visses combien la tienne était plus blonde.

69. — CONTRE MARC-ANTOINE.

O toi qui n'as rien à reprocher à l'Égyptien Pothinus, toi qui es moins coupable par tes listes de proscription que par le meurtre de Cicéron, Antoine, pourquoi tires-tu le glaive contre cette tête romaine? Catilina eût reculé devant un tel forfait. Mais ton or infâme corrompt un soldat parricide, et tes immenses richesses suffisent à peine pour faire taire une seule voix. A quoi te sert le silence si chèrement acheté de cette bouche sacrée? Toutes les bouches ne vont-elles pas désormais parler pour Cicéron?

70. — SUR SYRISCUS, A MAXIME.

Dernièrement entre les quatre bains, Syriscus, allant de taverne en taverne, a dissipé en débauches, jusqu'à la dernière obole, le million de sesterces dont l'avait gratifié son patron. Manger ainsi un million, Maxime, quelle gloutonnerie! Mais le manger sans se coucher, quelle gloutonnerie plus grande encore!

71. — A FAUSTINUS.

Les fraîches vallées que domine l'humide Trébula, des champs qui gardent leur verdure même sous le signe du Cancer, une nature que n'a jamais flétrie le lion de Cléonée, une maison enfin toujours favorisée des vents du midi, réclament votre présence, Faustinus. Venez passer sur ces coteaux les longues journées de la moisson, vous y retrouverez Tibur et sa fraîcheur.

Ducere nec rectas Cacus in antra boves.
Ista tuæ, Cæsar, quota pars spectatur arenæ?
   Dat majora novus prælia mane dies.
Quot graviora cadunt Nemeæo pondera monstro?
   Quot tua Mænalios collocat hasta sues?   10
Reddatur si pugna triplex pastoris Iberi;
   Est tibi, qui possit vincere Geryonem.
Sæpe licet Graiæ numeretur bellua Lernæ,
   Improba Niliacis quid facit Hydra feris?
Pro meritis cœlum tantis, Auguste, dederunt   15
   Alcidæ cito Di; sed tibi sero dabunt.

LXVI. IN PONTILIANUM.

Sæpe salutatus, nunquam prior ipse salutas;
   Sic erit æternum, Pontiliane, vale.

LXVII. DE HIRUNDINE.

Hibernos peterent solito quum more recessus
Atthides, in nidis una remansit avis.
Deprendere nefas ad tempora verna reversæ,
   Et profugam volucres diripuere suæ.
Sero dedit pœnas : discerpi noxia mater   5
   Debuerat; sed tunc, quum laceravit Ityn.

LXVIII. AD LESBIAM.

Arctoa de gente comam tibi, Lesbia, misi;
Ut scires, quanto sit tua flava magis.

LXIX. IN M. ANTONIUM.

Antoni, Phario nil objecture Pothino,
   Et levius tabula, quam Cicerone, nocens;
Quid gladium demens Romana stringis in ora?
   Hoc admisisset nec Catilina nefas.
Impius infando miles corrumpitur auro;   5
   Et tantis opibus vox tacet una tibi.
Quid prosunt sacræ pretiosa silentia linguæ?
   Incipient omnes pro Cicerone loqui.

LXX. DE SYRISCO, AD MAXIMUM.

Infusum sibi nuper a patrono
Plenum, Maxime, centies Syriscus
In sellariolis vagus popinis
Circa balnea quatuor peregit.
O quanta est gula, centies comesse!   5
Quanto major adhuc, nec accubare!

LXXI. AD FAUSTINUM.

Humida qua gelidas submittit Trebula valles,
   Et viridis, Cancri mensibus, alget ager,
Rura Cleonæo nunquam temerata Leone,
   Et domus Æolio semper amica Noto,
Te, Faustine, vocant : longas his exige messes
   Collibus : hibernum jam tibi Tibur erit.

72. — A RUFUS, SUR L'ORIGINE DE BACCHUS.

Celui qui a pu appeler le dieu du tonnerre mère de Bacchus peut bien aussi, Rufus, appeler Sémélé son père.

73. — A THÉODORUS.

Tu es surpris, Théodorus, de ce que, malgré tes prières réitérées, malgré tes instances, je ne te donne point mes ouvrages. La raison en est toute simple : je crains que tu ne me donnes les tiens.

74. — SUR POMPÉE ET SES FILS.

Les fils de Pompée ont trouvé leur tombeau en Asie et en Europe; Pompée lui-même a trouvé le sien en Libye, s'il en a trouvé un. Doit-on s'étonner de cette dispersion dans toutes les parties du monde? Un seul lieu ne pouvait contenir d'aussi vastes débris.

75. — A QUINTUS.

Cette Lélia, Quintus, que, pour obéir à la loi, tu as épousée, peux-tu bien l'appeler ta femme légitime?

76. — A CINNA.

Mithridate, à force de boire du poison, parvint à le boire sans danger. Toi, de même, Cinna, en soupant mal tous les jours, tu as réussi à ne pouvoir jamais mourir de faim.

77. — A MARULLUS.

On cite de quelqu'un un mot charmant à votre sujet, Marullus : vous portez, disait-on, de l'huile dans l'oreille.

78. — A TURANIUS.

S'il vous fâche et vous ennuie de souper chez vous, venez chez moi rester sur votre faim. Vous n'y manquerez, si vous aimez à boire, ni de laitues communes de Cappadoce, ni de poireaux à l'odeur forte; vous y trouverez en outre du thon recouvert de tranches d'œufs, de jeunes choux verts, récemment cueillis dans un frais potager, mais qu'on ne peut prendre sur leur plat fumeux sans se graisser les doigts; du boudin écrasant de son poids une bouillie blanche comme la neige, et de pâles fèves accommodées avec du lard rosé. Si vous voulez un second service, vous aurez des raisins secs, des poires de Syrie, des châtaignes récoltées dans les champs de la docte Naples, et rôties à petit feu. Pour le vin, c'est en le buvant que vous le vanterez, comme c'est l'ordinaire. Si ces mets excitent encore votre appétit, de nobles olives, nouvellement apportées du Picénum, viendront à votre aide, accompagnées de pois bouillants, et de lupins légèrement chauds. Un pareil repas est modeste : qui dirait le contraire? Mais du moins vous y jaserez avec abandon; vous n'y entendrez pas de mensonges, et n'y composerez pas votre visage. Le maître du logis n'y lira pas quelque sale manuscrit, et de jeunes et lubriques danseuses de la cité corrompue de Cadix n'y agiteront point devant vous leurs reins lascifs, aux tremblements continuels et habilement ménagés. En revanche, vous entendrez ce qui ne peut offenser personne et ce qui n'est pas non plus sans attrait, la flûte du jeune Condylus. Tel est mon pe-

LXXII. AD RUFUM, DE ORIGINE BACCHI.

Qui potuit Bacchi matrem dixisse Tonantem,
 Ille potest Semelen dicere, Rufe, patrem.

LXXIII. AD THEODORUM.

Non donem tibi cur meos libellos
Oranti toties, et exigenti,
Miraris, Theodore? Magna causa est:
Dones tu mihi ne tuos libellos.

LXXIV. DE POMPEIO ET FILIIS.

Pompeios juvenes Asia atque Europa, sed ipsum
 Terra tegit Libyes; si tamen ulla tegit.
Quid mirum toto si spargitur orbe? jacere
 Uno non poterat tanta ruina loco.

LXXV. AD QUINTUM.

Quæ legis causa nupsit tibi Lælia, Quinte,
 Uxorem potes hanc dicere legitimam?

LXXVI. AD CINNAM.

Profecit poto Mithridates sæpe veneno,
 Toxica ne possent sæva nocere sibi.
Tu quoque cavisti cœnando tam male semper,
 Ne posses unquam, Cinna, perire fame.

LXXVII. AD MARULLUM.

Narratur belle quidam dixisse, Marulle,
 Qui te ferre oleum dixit in auriculam.

LXXVIII. AD TURANIUM.

Si tristi domicœnio laboras,
Turani, potes esurire mecum.
Non deerunt tibi, si soles προπίνειν,
Viles Cappadocæ, gravesque porri.
Divisis cybium latebit ovis;
Ponetur digitis tenendus unctis
Nigra cauliculus virens patella,
Algentem modo qui reliquit hortum;
Et pultem niveam premens botellus,
Et pallens faba cum rubente lardo.   10
Mensæ munera si voles secundæ,
Marcentes tibi porrigentur uvæ,
Et nomen pyra quæ ferunt Syrorum;
Et quas docta Neapolis creavit,
Lento castaneæ vapore tostæ.   15
Vinum tu facies bonum bibendo.
Post hæc omnia forte si movebit
Bacchus, quam solet, esuritionem,
Succurrent tibi nobiles olivæ,
Piceni modo quas tulere rami,   20
Et fervens cicer, et tepens lupinus.
Parva est cœnula, quis potest negare?
Sed finges nihil, audiesve fictum,
Et vultu placidus tuo recumbes;
Nec crassum dominus leget volumen;   25

tit souper. Claudia vous y précédera ; et vous serez charmé, je pense, qu'elle préside, plutôt que vous, à nos plaisirs.

79. — CONTRE ZOÏLE.

Tu t'es levé onze fois, Zoïle, pendant un seul repas, et onze fois tu as changé de synthèse, de peur que la sueur absorbée par tes vêtements humides ne séjournât sur ton corps, et que le moindre vent ne t'offensât en se glissant par tes pores trop relâchés. Pourquoi donc, moi qui mange avec toi, Zoïle, ne suis-je pas sujet à suer? C'est qu'une seule synthèse est apparemment très-froide.

80. — A SÉVÈRE.

Quelque grand que soit ce sacrifice, accordez, Sévère, si vous en avez le temps, un peu moins d'une heure à la lecture et à l'examen de mes épigrammes. — Il est dur de perdre ainsi ses moments de loisir. — Supportez, je vous en conjure, cette perte avec résignation. Si vous faites cette lecture avec l'éloquent Secundus (mais ne suis-je pas trop exigeant?), mon livre vous devra plus qu'il ne doit à son auteur. Tranquille désormais sur sa destinée, il n'ira point aux enfers rejoindre Sisyphe qui n'en peut mais, et son mobile rocher; car le docte Secundus et mon ami Sévère auront fait passer sur lui la lime mordante de leur censure.

81. — A ÉMILIANUS.

Si tu es pauvre, Émilianus, pauvre tu resteras, car on ne donne aujourd'hui qu'aux riches.

82. — CONTRE GAURUS.

Pourquoi, Gaurus, me promettre deux cent mille sesterces, si tu ne m'en pouvais donner dix mille? Mais le peux-tu, et ne le veux-tu pas? N'est-ce pas plus honteux encore? je t'en fais juge. Que le ciel te confonde, Gaurus, tu es un pauvre homme!

83. — A DINDYMUS.

Tu me poursuis, je te fuis; tu me fuis, je te poursuis : tel est mon caprice : ce que tu ne veux pas, Dindymus, je le veux; ce que tu veux, je ne le veux pas.

84. — A GALLA.

Déjà l'enfant que rappellent à l'étude les cris de son pédagogue quitte tristement ses noix, et le joueur de dés, tout en sueur, trahi par le bruit séduisant du cornet, est arraché du tripot où il se cachait, et paraît devant l'édile qu'il implore. Les Saturnales sont passées, et toi, Galla, tu ne m'as envoyé ni les petits présents, ni les bagatelles que tu avais l'habitude de me donner. Sans doute tu vas laisser ainsi s'écouler pour moi tout le mois de décembre. Mais, tu le sais, nous voici près des calendes de mars; ce sont tes Saturnales; à cette époque, je te rendrai, Galla, ce que tu m'as donné.

    Nec de Gadibus improbis puellæ
      Vibrabunt sine fine prurientes
    Lascivos docili tremore lumbos.
    Sed, quod non grave sit, nec inficetum,
      Parvi tibia Condyli sonabit.   30
    Hæc est cœnula. Claudiam sequeris;
      Quam nobis cupis esse te priorem.

LXXIX. IN ZOILUM.

Undecies una surrexti, Zoile, cœna;
  Et mutata tibi est synthesis undecies;
Sudor inhæreret madida ne veste retentus,
  Et laxam tenuis læderet aura cutem.
Quare ego non sudo, qui tecum, Zoile, cœno?   5
  Frigus enim magnum synthesis una facit.

LXXX. AD SEVERUM.

Non totam mihi, si vacabis, horam,
Dones, et licet imputes, Severe,
Dum nostras legis exigisque nugas.
Durum est perdere ferias. Rogamus,
Jacturam patiaris hanc, ferasque.   5
Quod si legeris ipse cum diserto
(Sed numquid sumus improbi?) Secundo,
Plus multo tibi debiturus hic est,
Quam debet domino suo libellus.
Nam securus erit, nec inquieta   10
Lassi marmora Sisyphi videbit;
Quem censoria cum meo Severo

Docti lima momorderit Secundi.

LXXXI. AD ÆMILIANUM.

Semper eris pauper, si pauper es, Æmiliane.
  Dantur opes nulli nunc, nisi divitibus.

LXXXII. IN GAURUM.

Quid promittebas mihi millia, Gaure, ducenta,
  Si dare non poteras millia, Gaure, decem?
An potes, et non vis? rogo, non est turpius istud?
  I, tibi dispereas, Gaure : pusillus homo es.

LXXXIII. AD DINDYMUM.

Insequeris, fugio; fugis, insequor; hæc mihi mens est :
  Velle tuum nolo, Dindyme, nolle volo.

LXXXIV. AD GALLAM.

Jam tristis nucibus puer relictis
Clamoso revocatur a magistro;
Et blando male proditus fritillo,
Arcana modo raptus e popina,
Ædilem rogat udus aleator.   5
Saturnalia transiere tota,
Nec munuscula parva, nec minora
Misisti mihi, Galla, quæ solebas.
Sane sic abeat meus December.
Scis certe, puto, vestra jam venire   10
Saturnalia, Martias kalendas :
Tunc reddam tibi, Galla, quod dedisti.

LIVRE VI.

1. — A JULES MARTIAL.

O vous qui m'êtes cher par-dessus tout, Jules Martial, je vous envoie ce sixième livre. Si votre goût toujours sûr fait justice de ses imperfections, il osera, moins inquiet, moins tremblant, se placer dans les mains du grand César.

2. — A DOMITIEN.

On se faisait un jeu de violer les droits sacrés du mariage, un jeu de mutiler des hommes innocents : vous défendez cette double infamie, César, et vous rendez service aux générations futures, en garantissant désormais la légitimité des naissances. Personne, sous votre règne, ne sera ni eunuque, ni adultère. Avant vous cependant, ô mœurs! l'eunuque lui-même était un adultère.

3. — SUR LE FILS DE DOMITIEN.

Naissez, enfant promis au Troyen Jules, vrai rejeton des Dieux; naissez, illustre enfant. Puisse votre père, après de longues années, remettre en vos mains les rênes d'un immortel empire, et puissiez-vous, vieillard vous-même, partager avec l'auguste vieillard votre père le gouvernement du monde! Julie elle-même, de ses doigts blancs comme la neige, allongera la trame d'or de vos années, et filera pour vous la toison tout entière du bélier de Phrixus.

4. — COMPLIMENT A DOMITIEN.

Censeur suprême, prince des princes, Rome, qui vous doit déjà tant de triomphes, tant de temples nouveaux, tant d'anciens réparés, tant de spectacles, tant de Dieux, tant de villes, vous doit bien plus encore : vous lui rendez la pudeur.

5. — A CÉCILIANUS.

J'ai acheté fort cher un bien de campagne, Cécilianus; prête-moi, je te prie, cent mille sesterces. Tu ne me réponds pas. Je crois t'entendre murmurer tout bas : Tu ne me les rendrais pas. C'est pour cela, Cécilianus, que je te les demande.

6. — A LUPERCUS.

Trois acteurs sont sur la scène; mais ta Paulla, Lupercus, en aime quatre. Paulla aime jusqu'au personnage muet.

7. — SUR THÉLÉSINA.

Depuis que la loi Julia est rétablie, Faustinus, et que la pudeur a été contrainte de rentrer dans l'intérieur des familles, trente jours au plus se sont écoulés, et Thélésina en est déjà à son dixième mari. Se marier si souvent, ce n'est point se marier, c'est être adultère de par la loi. Une franche catin me scandaliserait moins.

8. — A SÉVÈRE.

Deux préteurs, quatre tribuns, sept avocats, dix poëtes, demandaient à certain vieillard la main de sa fille. Celui-ci, sans hésiter, l'accorde au crieur Eulogus. Est-ce là, Sévère, l'acte d'un étourdi?

LIBER VI.

I. AD JULIUM MARTIALEM.

Sextus mittitur hic tibi libellus,
In primis mihi care Martialis;
Quem si terseris aure diligenti,
Audebit minus anxius tremensque
Magnas Cæsaris in manus venire.   5

II. AD CÆSAREM DOMITIANUM.

Lusus erat sacræ connubia fallere tædæ;
Lusus et immeritos exsecuisse mares.
Utraque tu prohibes, Cæsar, populisque futuris
Succurris, nasci quos sine fraude jubes.
Nec spado jam, nec mœchus erit, te præside, quisquam. 5
At prius (o mores!) et spado mœchus erat.

III. DE FILIO DOMITIANI.

Nascere, Dardanio promissum nomen Iulo,
Vera Deum soboles : nascere, magne puer.
Cui pater æternas post sæcula tradat habenas;
Quique regas orbem cum seniore senex.
Ipsa tibi niveo trahet aurea pollice fila,   5
Et totam Phrixi Julia nebit ovem.

IV. ADULATORIUM.

Censor maxime, principumque princeps,
Quum tot jam tibi debeat triumphos,
Tot nascentia templa, tot renata,
Tot spectacula, tot Deos, tot urbes;
Plus debet tibi Roma, quod pudica est.

V. AD CÆCILIANUM.

Rustica mercatus multis sum prædia nummis;
Mutua des centum, Cæciliane, rogo.
Nil mihi respondes? tacitum te dicere, credo,
Non reddes : ideo, Cæciliane, rogo.

VI. AD LUPERCUM.

Comœdi tres sunt : sed amat tua Paulla, Luperce,
Quatuor; et κωφὸν Paulla πρόσωπον amat.

VII. DE THELESINA.

Julia lex populis ex quo, Faustine, renata est,
Atque intrare domos jussa Pudicitia est;
Aut minus, aut certe non plus tricesima lux est :
Et nubit decimo jam Thelesina viro.
Quæ nubit toties, non nubit : adultera lege est.
Offendor mœcha simpliciore minus.

VIII. AD SEVERUM.

Prætores duo, quatuor tribuni,
Septem causidici, decem poetæ,
Cujusdam modo nuptias petebant
A quodam sene : non moratus ille
Præconi dedit Eulogo puellam.
Dignum quid fatuo, Severe, fecit?

9. — A LÉVINUS.

Tu dors, Lévinus, au théâtre de Pompée; et si Océanus te réveille, tu te plains!

10. — IL DEMANDE INDIRECTEMENT DE L'ARGENT A DOMITIEN.

Lorsque, ces jours derniers, je demandais quelques milliers de sesterces à Jupiter, « Celui-là te les donnera, me dit-il, qui m'a donné des temples. » Il a donné des temples à Jupiter; mais de milliers de sesterces, il ne m'en a pas donné un. Il me faut donc rougir d'avoir si peu demandé à Jupiter. Cependant avec quelle bienveillance, de quel air calme et plein de sérénité, il avait lu ma requête! C'est ainsi qu'il permettait aux Daces suppliants de conserver leurs lois; c'est ainsi qu'il montait triomphant au Capitole, et qu'il en descendait. Dis-moi, je te prie, vierge confidente de notre Jupiter, dis-moi, si c'est ainsi qu'il refuse, de quelle façon accorde-t-il? J'avais dit. Pallas, déposant sa Gorgone, en deux mots me répond : « Ce qu'on ne t'a point encore donné, penses-tu, insensé, qu'on te le refuse? »

11. — CONTRE MARCUS.

Tu t'étonnes, Marcus, de ce que, dans ce siècle, il n'y ait plus d'Oreste ni de Pylade. Pylade, Marcus, buvait du même vin qu'Oreste; on ne servait point à celui-ci de meilleur pain ou de meilleures grives; mais tous deux avaient même repas et même table. Toi, Marcus, tu dévores des huîtres du Lucrin, et moi je mange des pélores aqueuses; pourtant mon palais n'est pas moins délicat que le tien. La cité de Cadmus, Tyr, te pourvoit de vêtements, et je reçois les miens du pays grossier de la Gaule. Veux-tu que, sous mon humble saie, je t'aime, Marcus, sous ta pourpre somptueuse? Pour que je sois le Pylade de quelqu'un, il faut qu'il soit Oreste. Pour moi, cela ne se fait point avec des paroles. Aime, Marcus, si tu veux être aimé.

12. — SUR FABULLA.

Fabulla jure que les cheveux qu'elle achète sont les siens; ment-elle, Paullus? Non vraiment.

13. — SUR LA STATUE DE JULIE.

Qui ne croirait, Julie, que vous êtes née du ciseau de Phidias, ou que vous êtes l'œuvre même de Minerve? A qui en douterait, le marbre blanc de Lygdos répond par cette image parlante, par cette figure calme où brille l'éclat transparent de la vie. Votre main douce et polie joue avec le ceste de la déesse acidalienne, que vous avez ravi au cou du jeune Cupidon. Pour ranimer la flamme amoureuse de Mars et du grand Jupiter, que Junon, que Vénus elle-même vous empruntent ce ceste magique.

14. — CONTRE LABÉRIUS.

Tu affirmes, Labérius, que tu es capable d'écrire d'excellents vers : pourquoi donc ne le veux-tu pas? Celui qui peut écrire de beaux vers et qui s'en abstient, Labérius, celui-là est un maître homme.

15. — SUR UNE FOURMI RENFERMÉE DANS UN MORCEAU D'AMBRE.

Pendant que cette fourmi allait et venait sous un arbre de Phaéton, une goutte de succin enve-

IX. AD LÆVINUM.

In Pompeiano dormis, Lævine, theatro;
Et quereris, si te suscitat Oceanus?

X. PETIT LATENTER A DOMITIANO PECUNIAM.

Pauca Jovem nuper quum millia forte rogarem ;
Ille dabit, dixit, qui mihi templa dedit.
Templa quidem dedit ille Jovi; sed millia nobis
Nulla dedit : pudeat pauca rogasse Jovem.
At quam non tetricus, quam nulla nubilus ira, 5
Quam placido nostras legerat ore preces!
Talis supplicibus tribuit diademata Dacis ;
Et Capitolinas itque reditque vias.
Dic precor, o nostri dic conscia virgo Tonantis ;
Si negat hoc vultu, quo solet ergo dare? 10
Sic ego. Sic breviter posita mihi Gorgone Pallas :
Quæ nondum data sunt, stulte, negata putas?

XI. IN MARCUM.

Quod non sit Pylades hoc tempore, non sit Orestes,
Miraris? Pylades, Marce, bibebat idem.
Nec melior panis turdusve dabatur Oresti ;
Sed par atque eadem cœna duobus erat.
Tu Lucrina voras; me pascit aquosa peloris : 5
Non minus ingenua est et mihi, Marce, gula.
Te Cadmea Tyros, me pinguis Gallia vestit :

Vis te purpureum, Marce, sagatus amem?
Ut præstem Pyladen, aliquis mihi præstet Orestem.
Hoc non fit verbis, Marce : ut ameris, ama. 10

XII. DE FABULLA.

Jurat capillos esse, quos emit, suos
Fabulla : numquid, Paulle, pejerat? nego.

XIII. DE STATUA JULIÆ.

Quis te Phidiaco formatam, Julia, cœlo ;
Vel quis Palladiæ non putet artis opus?
Candida non tacita respondet imagine Lygdos,
Et placido fulget vivus in ore liquor.
Ludit Acidalio, sed non manus aspera, nodo,
Quem rapuit collo, parve Cupido, tuo.
Ut Martis revocetur amor summique Tonantis,
A te Juno petat ceston et ipsa Venus.

XIV. IN LABERIUM.

Versus scribere posse te disertos
Affirmas, Laberi : quid ergo non vis?
Versus scribere qui potest disertos,
Non scribat, Laberi ; virum putabo.

XV. DE FORMICA SUCCINO INCLUSA.

Dum Phaethontea formica vagatur in umbra,
Implicuit tenuem succina gutta feram.

loppa le chétif insecte; et lui, qu'on dédaignait pendant sa vie, devint par sa mort un objet précieux.

16. — A PRIAPE.

Toi dont le membre épouvante les hommes, et dont la faux est l'effroi des pédérastes, protége les quelques arpents de ce réduit solitaire. Ainsi puissent ne pas entrer dans tes vergers de vieux larrons, mais seulement un jeune adolescent, ou une jeune et belle fille à la longue chevelure.

17. — CONTRE CINNAMUS.

Tu veux, Cinnamus, qu'on t'appelle Cinna. Ce nom, je te prie, n'est-il pas un barbarisme? Par la même raison, si tu avais eu le nom de Furius, il faudrait t'appeler Fur (voleur).

18. — ÉPITAPHE DE SALONINUS, A PRISCUS.

Les restes de Saloninus, ombre sainte et telle que l'empire du Styx n'en vit jamais de plus pure, reposent dans la terre d'Ibérie. Mais séchons nos pleurs, car celui qui vous a laissé après lui, Priscus, vit encore dans la partie de lui-même qui lui était la plus chère.

19. — CONTRE L'AVOCAT POSTHUMUS.

Il ne s'agit ni de violence, ni de meurtre, ni de poison, mais simplement du vol de mes trois chèvres. Je dénonce le voisin comme l'auteur de ce vol. Le juge demande des preuves, et toi tu parles de la bataille de Cannes, de la guerre de Mithridate, des perfidies et des fureurs puniques. Tu cites les Sylla, les Marius, les Mucius, avec un luxe désordonné de paroles et de gestes. Parle donc enfin, Posthumus, de mes trois chèvres!

20. — CONTRE PHÉBUS.

Comme tu me disais, Phébus : « Pourquoi ne me demandes-tu rien ? » je t'ai prié de me prêter cent sesterces. Tu t'informes, tu hésites, tu as des scrupules; depuis dix jours, tu nous fais souffrir l'un et l'autre. Refuse-moi, Phébus, je t'en prie.

21. — SUR STELLA ET IANTHIS.

En unissant à jamais Ianthis au poëte Stella, Vénus toute joyeuse dit à celui-ci : « Je n'ai pu te donner davantage. » Et cela, en présence de l'épouse. Mais avec plus de malice elle dit à l'oreille de Stella : « Prends garde, traître, de faire quelque sottise. Souvent, dans les transports de ma fureur, et avant qu'un hymen légitime soumît Mars à mes lois, j'ai puni l'inconstant de ses écarts. Mais depuis qu'il est à moi, il ne m'a fait rougir d'aucune rivale. Junon voudrait bien que Jupiter fût aussi raisonnable. » Elle dit, et frappe de son ceste mystérieux la poitrine de Stella. Douce fut la blessure; mais, ô déesse! frappe également les deux époux.

22. — CONTRE PROCULINA.

Tu épouses ton amant, Proculina, et de ce complice de ton adultère tu te fais un mari pour échapper à la loi Julia. Ce n'est point là épouser, Proculina, c'est faire un aveu.

Sic modo quæ fuerat vita contempta manente,
 Funeribus facta est nunc pretiosa suis.

XVI. AD PRIAPUM.

Tu qui pene viros terres, et falce cinædos,
 Jugera sepositi pauca tuere loci.
Sic tua non intrent vetuli pomaria fures;
 Sed puer, aut longis pulchra puella comis.

XVII. IN CINNAMUM.

Cinnam, Cinname, te jubes vocari.
Non est hic, rogo, Cinna, barbarismus?
Tu si Furius ante dictus esses,
Fur ista ratione dicereris.

XVIII. EPITAPHIUM SALONINI, AD PRISCUM.

Sancta Salonini terris requiescit Iberis,
 Qua melior Stygias non videt umbra domos.
Sed lugere nefas; nam qui te, Prisce, reliquit,
 Vivit, qua voluit vivere parte magis.

XIX. IN POSTHUMUM CAUSIDICUM.

Non de vi, neque cæde, nec veneno,
Sed lis est mihi de tribus capellis.
Vicini queror has abesse furto.
Hoc judex sibi postulat probari :
Tu Cannas, Mithridaticumque bellum, 5
Et perjuria Punici furoris,
Et Syllas, Mariosque, Muciosque
Magna voce sonas, manuque tota.
Jam dic, Posthume, de tribus capellis.

XX. IN PHŒBUM.

Mutua te centum sestertia, Phœbe, rogavi,
 Quum mihi dixisses, Exigis ergo nihil?
Inquiris, dubitas, cunctaris, meque diebus
 Teque decem crucias : jam rogo, Phœbe, nega.

XXI. DE STELLA ET IANTHIDE.

Perpetuam Stellæ dum jungit Ianthida vati
 Læta Venus, dixit, Plus dare non potui.
Hæc coram domina : sed nequius illud in aurem :
 Tu ne quid pecces, exitiose, vide.
Sæpe ego lascivum Martem furibunda cecidi, 5
 Legitimos esset quum vagus ante toros.
Sed postquam meus est, nulla me pellice læsit,
 Tam frugi Juno vellet habere Jovem.
Dixit, et arcano percussit pectora loro.
 Plaga juvat : sed tu jam, Dea, cæde duos. 10

XXII. IN PROCULINAM.

Quod nubis, Proculina, concubino,
Et mœchum modo, nunc facis maritum,
Ne lex Julia te notare possit;
Non nubis, Proculina, sed fateris.

23. — CONTRE LESBIE.

Tu veux, Lesbie, que je sois toujours prêt à l'action; crois-moi, une mentule n'est pas un doigt. Tu as beau me palper, me flatter, ta figure est ta plus cruelle ennemie.

24. — SUR CHARISIANUS.

On n'est pas plus effronté que Charisianus; il se promène en toge pendant les Saturnales.

25. — A MARCELLINUS.

Digne rejeton d'un père vertueux, Marcellinus, vous qui vivez maintenant sous le ciel glacé de l'Ourse parrhasienne, recevez les vœux que vous adresse un vieil ami de votre père, et ne les oubliez pas. Soyez tout à la fois courageux et prudent; qu'une ardeur téméraire ne vous précipite point au milieu des glaives et des traits homicides. Laissez aux fous la passion désordonnée de la guerre et de ses fureurs : vous pouvez être en même temps et le soldat et la gloire de votre patrie.

26. — SUR SOTADÈS.

Notre ami Sotadès court un danger capital. Vous croyez que Sotadès est accusé? Erreur. Sotadès, ne pouvant plus mettre sa lance en arrêt, lèche le but.

27. — A NÉPOS.

Népos, vous qui êtes doublement mon voisin (car vous habitez aussi près du temple de Flore et de l'antique Ficélies), une fille vous est née dont la figure est l'image de son père, et la preuve manifeste de la fidélité de sa mère. Toutefois, n'épargnez pas trop le vieux falerne, et laissez plutôt à votre fille des tonneaux remplis d'écus. Qu'elle soit vertueuse et riche, mais qu'elle boive le vin quand il est jeune, et que la seule amphore remplie au jour de sa naissance veillisse avec elle. Le Cécube ne doit pas désaltérer seulement ceux qui n'ont pas d'enfants; les pères de famille peuvent aussi, croyez-moi, jouir de la vie.

28. — ÉPITAPHE DE GLAUCIAS.

Cet affranchi de Mélior, si connu, et après sa mort si regretté de Rome entière, délices trop passagères d'un maître adoré, Glaucias, inhumé sous ce marbre, repose près de la voie Flaminia. Ses mœurs étaient chastes, sa pudeur naïve, son esprit vif, et sa beauté pleine de grâces. A peine comptait-il deux fois six étés et une année. Passant qui le pleurez, puissiez-vous n'avoir jamais rien à pleurer!

29. — SUR LE MÊME.

Il n'était pas de la plèbe des esclaves, il n'était pas de ceux qui, nés au logis, sont voués à la chaîne par l'avarice : c'était un enfant digne du tendre attachement de son maître. Bien qu'il fût encore incapable d'apprécier la générosité de Mélior, Glaucias était déjà son affranchi. Il dut ce bienfait à ses mœurs et à sa beauté. Car qui fut plus gracieux que lui? quelle plus ravissante figure, et plus semblable à celle d'Apollon? Courte est la vie et rare est la vieillesse des hommes doués au delà de la commune mesure. Quoi que vous aimiez, souhaitez de ne pas l'aimer trop.

XXIII. IN LESBIAM.

Stare jubes nostrum semper tibi, Lesbia, penem;
  Crede mihi, non est mentula, quod digitus.
Tu licet et manibus, blandis et vocibus instas;
  Contra te facies imperiosa tua est.

XXIV. DE CHARISIANO.

Nil lascivius est Charisiano;
Saturnalibus ambulat togatus.

XXV. AD MARCELLINUM.

Marcelline, boni soboles sincera parentis,
  Horrida Parrhasio quem tegit ursa jugo,
Ille vetus pro te patriusque quod optat amicus,
  Accipe, et hæc memori pectore vota tene :
Cauta sit ut virtus, nec te temerarius ardor   5
  In medios enses, sævaque tela ferat.
Bella velint, Martemque ferum rationis egentes;
  Tu potes et patriæ miles, et esse decus.

XXVI. DE SOTADE.

Periclitatur capite Sotades noster.
Reum putatis esse Sotadem? non est.
Arrigere desiit posse Sotades : lingit.

XXVII. AD NEPOTEM.

Bis vicine Nepos (nam tu quoque proxima Floræ
  Incolis, et veteres tu quoque Ficelias),
Est tibi, quæ patria signatur imagine vultus,
  Testis maternæ nata pudicitiæ.
Tu tamen annoso nimium ne parce Falerno;   5
  Et potius plenos ære relinque cados.
Sit pia, sit locuples, sed potet filia mustum;
  Amphora cum domina nunc nova fiat anus.
Cæcuba non solos vindemia nutriat orbos;
  Possunt et patres vivere, crede mihi.   10

XXVIII. EPITAPHIUM GLAUCIÆ.

Libertus Melioris ille notus,
Tota qui cecidit dolente Roma,
Cari deliciæ breves patroni,
Hoc sub marmore Glaucias humatus
Juncto Flaminiæ jacet sepulcro;   5
Castus moribus, innocens pudore,
Velox ingenio, decore felix.
Bis senis modo messibus peractis
Vix unum puer applicabat annum.
Qui fles talia, nil fleas, viator!   10

XXIX. DE EODEM.

Non de plebe domus, nec avaræ verna catastæ,
  Sed domini sancto dignus amore puer,
Munera quum posset nondum sentire patroni,
  Glaucia libertus jam Melioris erat.
Moribus hoc formæque datum : quis blandior illo?   5
  Aut quis Apollineo pulchrior ore fuit?
Immodicis brevis est ætas, et rara senectus.

30. — CONTRE PÉTUS.

Si tu m'eusses donné six sesterces, à l'instant même où tu me disais : « Prends, emporte, je te les donne, » je t'en aurais, Pétus, autant d'obligation que pour deux cents. Mais aujourd'hui, qu'après une longue attente, après, je crois, sept ou neuf calendes, tu t'exécutes enfin, veux-tu que je te dise la vraie vérité? Tu as perdu, Pétus, tes six sesterces.

31. — CONTRE CHARIDÉMUS.

Ton médecin, Charidémus, est l'amant de ta femme, tu le sais et tu le souffres; tu veux mourir sans fièvre.

32. — SUR LA MORT D'OTHON.

Énvo doutait encore des résultats de la guerre civile, et le hasard pouvait donner la victoire au faible Othon. Mais, condamnant une guerre qui faisait verser des flots de sang, il enfonça d'une main ferme le glaive dans sa poitrine. Certes, pendant sa vie, Caton fut plus grand que César même; mais, en mourant, le fut-il plus qu'Othon?

33. — CONTRE SABELLUS.

Tu ne sais rien, Mathon, de plus misérable que le pédéraste Sabellus, lui naguère le plus heureux des hommes! Vols, fuites et morts d'esclaves, incendies, deuil, tout l'accable à la fois. Pour comble de misère, il en est réduit à caresser des femmes!

34. — A DIADUMÉNUS.

Donne-moi, Diaduménus, force baisers. » Com-

bien, » dis-tu? C'est m'ordonner de te dire le nombre des flots de l'Océan, des coquilles éparses sur le bord de la mer Égée, des abeilles qui voltigent sur le mont Hymette, des voix et des mains qui applaudissent au théâtre, quand le peuple voit paraître César. Je n'en veux pas même autant que l'ingénieux Catulle en demandait à Lesbie; car c'est en désirer trop peu que d'en pouvoir compter le nombre.

35. — A CÉCILIANUS.

Un juge, cédant à regret à tes sollicitations bruyantes, t'a permis, Cécilianus, d'épuiser sept clepsydres : mais tu parles beaucoup et longtemps, et, la tête à demi renversée, tu avales d'énormes verres d'eau tiède. Pour qu'enfin tu calmes ta soif et ta loquacité, de grâce, Cécilianus, bois l'eau de la clepsydre.

36. — A PAPILUS.

Ton nez est si long, Papilus, et ta mentule si grande, que tu peux la flairer quand elle est debout.

37. — CONTRE CHARINUS.

Il ne reste plus à Charinus trace de son podex, lequel est fendu jusqu'au nombril ; et cependant jusqu'au nombril un prurit le ronge. Quel démon de luxure possède ce misérable! Il n'a plus d'anus, et pourtant il continue à se prostituer.

38. — SUR LE FILS DE RÉGULUS.

Voyez comme le fils de Régulus, cet enfant qui n'a pas encore trois ans accomplis, loue son père dès qu'il l'entend parler! Comme, à son

Quidquid amas, cupias non placuisse nimis.

XXX. IN PÆTUM.

Sex sestertia si statim dedisses,
Quum dixti mihi, Sume, tolle, dono ;
Deberem tibi, Pæte, pro ducentis.
At nunc quum dederis diu moratus,
Post septem, puto, vel novem kalendas,   5
Vis dicam tibi veriora veris?
Sex sestertia, Pæte, perdidisti.

XXXI. IN CHARIDEMUM.

Uxorem, Charideme, tuam scis ipse, sinisque
A medico futui : vis sine febre mori.

XXXII. DE MORTE OTHONIS.

Quum dubitaret adhuc belli civilis Enyo,
Forsitan et posset vincere mollis Otho;
Damnavit multo staturum sanguine Martem,
Et fodit certa pectora nuda manu.
Sit Cato, dum vivit, sane vel Cæsare major: 5
Dum moritur, numquid major Othone fuit?

XXXIII. IN SABELLUM.

Nil miserabilius, Matho, pædicone Sabello
Vidisti, quo nil lætius ante fuit.
Furta, fugæ, mortes servorum, incendia, luctus,
Affligunt hominem : tam miser, et futuit!

XXXIV. AD DIADUMENUM.

Basia da nobis, Diadumene, pressa : Quot, inquis?

Oceani fluctus me numerare jubes ;
Et maris Ægæi sparsas per littora conchas,
Et quæ Cecropio monte vagantur apes ;
Quæque sonant pleno vocesque manusque theatro,   5
Quum populus subiti Cæsaris ora videt.
Nolo quot arguto dedit exorata Catullo
Lesbia : pauca cupit, qui numerare potest.

XXXV. AD CÆCILIANUM.

Septem clepsydras magna tibi voce petenti
Arbiter invitus, Cæciliane, dedit.
At tu multa diu dicis : vitreisque tepentem
Ampullis potas semisupinus aquam.
Ut tandem saties vocemque sitimque, rogamus,   5
Jam de clepsydra, Cæciliane, bibas.

XXXVI. AD PAPILUM.

Mentula tam magna est, tantus tibi, Papile, nasus,
Ut possis, quoties arrigis, olfacere.

XXXVII. IN CHARINUM.

Secti podicis usque ad umbilicum
Nullas reliquias habet Charinus ;
Et prurit tamen usque ad umbilicum.
O quanta scabie miser laborat!
Culum non habet, est tamen cinædus.   5

XXXVIII. DE FILIO REGULI.

Aspicis, ut parvus, nec adhuc trieteride plena
Regulus auditum laudet et ipse patrem?

aspect, il quitte le sein maternel, et sent que la gloire de son père est aussi la sienne! Déjà les cris du peuple, les centumvirs, la foule, qui assiége les tribunaux, le temple de Jules font les délices de cet enfant. Ainsi le rejeton d'un noble coursier aime les flots de poussière; ainsi le jeune taureau, au front tendre encore, désire les combats. Dieux! veillez, je vous prie, sur cet objet des vœux d'un père et d'une mère! Que ce fils soit un jour entendu par Régulus, et tous deux par la mère!

39. — CONTRE CINNA.

Cinna, Marulla t'a sept fois rendu père, non pas d'enfants libres, car aucun d'eux n'est de toi, ni d'un ami, ni d'un voisin : mais tous ont été conçus sur des grabats, sur des nattes, et leurs traits dénoncent les infidélités de leur mère. Celui qui, les cheveux crépus, ressemble à un Maure, trahit la paternité du cuisinier Santra : le second, avec son nez camard et ses lèvres épaisses, est tout le portrait du lutteur Pannicus. Quel est celui qui, connaissant et voyant Damas le chassieux, doute que le troisième soit l'œuvre de ce boulanger? Le quatrième, avec son front de Ganymède et son teint blanc, est le fruit du commerce de Lygdus, ton compagnon de lit. Sois, si tu veux, l'amant de ce fils; il n'y a pas de mal à cela. Quant à celui dont la tête est pointue, dont les oreilles longues sont mobiles comme des oreilles d'ânes, qui niera qu'il ne soit le fils du bouffon Cyrrha? Les deux sœurs, l'une noire et l'autre rousse, sont du joueur de flûte Crotus et du fermier Carpus. Tu posséderais enfin un troupeau tout entier de métis, si Corésus et Dindymus n'étaient des eunuques.

40. — A LYCORIS.

Il n'était pas de femme qu'on pût te préférer, Lycoris, et il n'en est pas de préférable à Glycère. Elle sera ce que tu es, et ce qu'elle est, tu ne peux plus l'être. Ainsi fait le temps. Je t'ai voulue, je la veux.

41. — SUR UN POETE ENRHUMÉ.

Celui qui récite des vers la gorge et le cou garnis de laine, fait voir qu'il ne peut ni parler, ni se taire.

42. — A OPPIANUS, SUR LES THERMES D'ÉTRUSCUS.

Tu mourras dans ta crasse, Oppianus, si tu ne fais usage des bains d'Étruscus. Il n'est point d'eaux aussi douces à ton corps; ni les sources d'Apone interdites aux jeunes filles, ni la molle Sinuesse, ni les eaux chaudes du Passer, ni celles de l'orgueilleux Anxur, ni les bains d'Apollon de Cumes, ni ceux de Baïes, les premiers de tous. Nulle part le ciel n'est plus serein ni plus pur, nulle part les jours ne sont plus longs et la lumière plus lente à disparaître. Là brillent les marbres verts du Taygète; des masses de rochers, tels qu'on n'en arracha jamais des flancs les plus profonds des carrières de Phrygie et de Libye, y étalent à l'envi leurs couleurs variées; l'Onyx y absorbe

Maternosque sinus viso genitore relinquat,
  Et patrias laudes sentiat esse suas?
Jam clamor, centumque viri, densumque coronæ   5
  Vulgus, et infanti Julia tecta placent.
Acris equi soboles magno sic pulvere gaudet;
  Sic vitulus molli prælia fronte cupit.
Di, servate, precor, matri sua vota, patrique;
  Audiat ut natum Regulus, illa duos.   10

XXXIX. IN CINNAM.

Pater ex Marulla, Cinna, factus es septem,
Non liberorum : namque nec tuus quisquam,
Nec est amici, filiusve vicini;
Sed in grabatis tegetibusque concepti
Materna produnt capitibus suis furta.   5
Hic, qui retorto crine Maurus incedit,
Sobolem fatetur esse se coci Santræ.
At ille sima nare, turgidis labris,
Ipsa est imago Pannici palæstritæ.
Pistoris esse tertium quis ignorat,   10
Quicumque lippum novit, et videt Damam?
Quartus cinæda fronte, candido vultu,
Ex concubino natus est tibi Lygdo;
Percide, si vis, filium; nefas non est.
Hunc vero acuto capite, et auribus longis,   15
Quæ sic moventur, ut solent asellorum,
Quis morionis filium neget Cyrrhæ?
Duæ sorores, illa nigra, et hæc rufa,
Croti choraulæ, villicique sunt Carpi.
Jamque hybridarum grex tibi foret plenus,   20
Si spado Coresus, Dindymusque non esset.

XL. AD LYCORIM.

Fœmina præferri potuit tibi nulla, Lycori;
Præferri Glyceræ fœmina nulla potest.
Hæc erit hoc, quod tu : tu non potes esse, quod hæc est.
Tempora quid faciunt! hanc volo, te volui.

XLI. IN RAUCUM POETAM.

Qui recitat lana fauces et colla revinctus,
Hic se posse loqui, posse tacere negat.

XLII. DE ETRUSCI THERMIS, AD OPPIANUM.

Etrusci nisi thermulis lavaris,
Illotus morieris, Oppiane.
Nullæ sic tibi blandientur undæ :
Nec fontes Aponi rudes puellis,
Non mollis Sinuessa, fervidique   5
Fluctus Passeris, aut superbus Anxur,
Non Phœbi vada, principesque Baiæ.
Nusquam tam nitidum micat serenum;
Lux ipsa est ibi longior, diesque
Nullo tardius a loco recedit.   10
Illic Taygeti virent metalla,
Et certant vario decore saxa,
Quæ Phryx, et Libys altius cecidit
Siccos pinguis Onyx anhelat æstus

par ses pores la chaleur trop ardente, les ophites s'y pénètrent d'une vapeur tempérée. Si les usages des Lacédémoniens te plaisent, tu peux, satisfait d'une transpiration légère, te plonger ensuite dans la fontaine vierge, ou dans celle de Martius, si limpide qu'on ne soupçonnerait même pas qu'il y a là de l'eau, et qu'on croirait voir briller à nu le marbre de Lygdos. -- Mais déjà tu m'écoutes comme si tu ne m'entendais pas. Tu mourras dans ta crasse, Oppianus.

43. — A CASTRICUS.

Castricus, tandis que l'heureuse Baies vous dispense ses salutaires faveurs, et que vous vous baignez dans des eaux blanches et sulfureuses, tranquille moi-même, je reprends des forces dans ma campagne de Nomente, dont la modeste étendue ne m'est point à charge. Je trouve là le soleil de Baies, le doux Lucrin, et je jouis, Castricus, de toutes vos richesses. Naguère, je pouvais courir toutes les eaux en renom et braver la longueur des routes; aujourd'hui je n'aime plus que le voisinage de Rome, les retraites à ma portée, et c'est assez pour moi si je puis m'y livrer à ma paresse.

44. — CONTRE CALLIODORE.

Tu crois plaisanter agréablement, Calliodore, et avoir le privilège des traits piquants. Tu ris au nez de tout le monde, à tout le monde tu lances des brocards, et tu te crois un aimable convive. Je te dirai donc, sinon avec sel, du moins avec vérité : Nul ne t'invitera, Calliodore, à boire dans sa coupe.

45. — CONTRE LE MARIAGE DE LYGDUS ET DE LECTORIA.

Vous avez pris vos ébats, c'est assez, bijoux libertins; épousez-vous. Désormais les chastes amours vous sont seuls permis. Chastes, le sont-ils en effet? Lectoria se marie avec Lygdus; épouse, elle sera plus infâme qu'elle ne l'était concubine.

46. — A CATIANUS.

Cet attelage de la faction des Vénètes est fouetté sans cesse, et n'en court pas plus vite. Il fait là, Catianus, une grande chose.

47. — A LA NYMPHE IANTHIS.

Nymphe, qui épanches tes eaux pures et qui coules dans la superbe maison de mon ami Stella, ton maître, soit que l'épouse de Numa t'ait fait naître dans la grotte de la triple Hécate, soit que tu sortes des lieux mêmes où jaillit la fontaine des neuf Muses, Marcus, qui a, étant malade, bu de ton eau à la dérobée, accomplit envers toi le vœu de t'immoler une truie qui n'a point encore mis bas. Contente de mon expiation, accorde-moi maintenant la libre jouissance de ta source, et que ma soif désormais soit celle d'un homme sain.

48. — CONTRE POMPONIUS.

Quoiqu'une foule de gens en toge te crie bravo sans mesure, ce n'est pas toi, Pomponius, c'est ton souper qui est éloquent.

49. — PRIAPE, SUR LUI-MÊME.

Je ne suis pas fait d'orme fragile, et cette co-

    Et flamma tenui calent ophitæ.   15
Ritus si placeant tibi Laconum,
    Contentus potes arido vapore,
Cruda virgine Martiave mergi;
    Quæ tam candida, tam serena lucet,
Ut nullas ibi suspiceris undas,   20
    Et credas vacuam nitere Lygdon.
Non attendis, et aure me supina,
    Jamdudum quasi negligenter audis.
Illotus morieris, Oppiane.

XLIII. AD CASTRICUM.

Dum tibi felices indulgent, Castrice, Baiæ;
    Canaque sulfureis Nympha natatur aquis;
Me Nomentani confirmant otia ruris,
    Et casa jugeribus non onerosa suis.
Hic mihi Baiani soles, mollisque Lucrinus;   5
    Hic vestræ mihi sunt, Castrice, divitiæ.
Quondam laudatas quocumque libebat ad undas
    Currere, nec longas pertimuisse vias;
Nunc Urbi vicina juvant, facilesque recessus,
    Et satis est, pigro si licet esse mihi.   10

XLIV. IN CALLIODORUM.

Festive credis te, Calliodore, jocari,
    Et solum multo permaduisse sale.
Omnibus arrides, dicteria dicis in omnes;

Sic te convivam posse placere putas.
At si ego non belle, sed vere dixero quiddam;   5
    Nemo propinabit, Calliodore, tibi.

XLV. IN NUPTIAS LYCDI ET LECTORIÆ.

Lusistis, satis est; lascivi nubite cunni;
    Permissa est vobis non nisi casta Venus.
Hæc est casta Venus? nubit Lectoria Lygdo;
    Turpior uxor erit, quam modo mœcha fuit.

XLVI. AD CATIANUM.

Vapulat assiduo Veneti quadriga flagello,
    Nec currit : magnam rem, Catiane, facit.

XLVII. AD IANTHIDA NYMPHAM.

Nympha, mei Stellæ quæ fonte domestica puro
    Laberis, et domini gemmea tecta subis;
Sive Numæ conjux Triviæ te misit ab antro,
    Sive Camœnarum de grege nona venis;
Exsolvit votis hac se tibi virgine porca   5
    Marcus, furtivam quod bibit æger aquam.
Tu contenta meo jam crimine, gaudia fontis
    Da secura tui : sit mihi sana sitis.

XLVIII. IN POMPONIUM.

Quod tam grande sophos clamat tibi turba togata;
    Non tu, Pomponi, cœna diserta tua est.

XLIX. DE SE PRIAPUS.

Non sum de fragili dolatus ulmo;

lonne veineuse qui se tient là roide et saillante n'est pas d'un bois pris au hasard : elle est formée d'un cyprès plein de vie, qui ne craint ni les innombrables révolutions des ans, ni la pourriture qu'engendre la vétusté. Quoi que tu sois, misérable, redoute-la ; car si ta main rapace blesse tant soit peu les rameaux de cette vigne, ce cyprès greffera malgré toi, sur ton corps, un figuier qui portera des fruits.

50. — SUR THÉLÉSINUS.

Quand Thélésinus était pauvre et ne fréquentait que des amis purs, il errait çà et là avec une petite toge ouverte à tous les vents. Depuis qu'il fait sa cour à de sales débauchés, il achète argenterie, services de table, campagnes. Voulez-vous devenir riche, Bithynicus? Soyez le complaisant de pareilles gens. Des baisers chastes ne vous rapporteront rien, ou presque rien.

51. — A LUPERCUS.

J'ai trouvé, Lupercus, le moyen de te punir de ce que tu dînes si souvent sans moi. Tu auras beau m'appeler, me mander, me prier, je me fâcherai. — Que feras-tu donc? — Ce que je ferai? J'irai.

52. — ÉPITAPHE DU BARBIER PANTAGATHUS.

Ci-gît, enlevé à la fleur de l'âge, Pantagathus, les délices et les regrets de son maître, habile à couper, en y touchant à peine, le superflu des cheveux, et à nettoyer les joues du poil dont elles sont hérissées. Terre, sois-lui propice, tu le dois ; sois-lui légère, tu ne le seras jamais plus que sa main.

53. — SUR ANDRAGORAS.

Andragoras s'est baigné et a soupé gaiement avec nous, et cependant Andragoras a été trouvé mort le lendemain matin. Vous demandez, Faustinus, la cause d'une mort si subite? Il avait vu en rêve le médecin Hermocrate.

54. — SUR SEXTILIANUS.

Si vous voulez, Aulus, empêcher Sextilianus de parler des si grands et des si grandes, à peine le malheureux pourra-t-il joindre trois mots. Mais qu'entend-il par là? Je vais vous dire ce que je soupçonne : Sextilianus aime les si grands et les si grandes.

55. — CONTRE CORACINUS.

Parce que tu sens toujours la cannelle et le cinname, que ta peau est noire de parfums ravis au nid du phénix, que tu exhales l'odeur des vases de plomb de Nicérotus, tu te moques de nous, Coracinus, qui ne sentons rien. J'aime mieux ne rien sentir que de sentir bon.

56. — CONTRE CHARIDÉMUS.

Parce que tes jambes sont hérissées de poils et ta poitrine toute velue, tu crois, Charidémus, imposer au public. Arrache, je te le conseille, cette toison de tout ton corps, et prouve aussi que tes fesses sont épilées. — Pourquoi cela? — Tu sais

---

Nec quæ stat rigida supina vena,
De ligno mihi quolibet columna est,
Sed viva generata de cupresso;
Quæ nec sæcula centies peracta,   5
Nec longæ cariem timet senectæ.
Hanc tu, quisquis es, o malus, timeto:
Nam si vel minimos manu rapaci
Hoc de palmite læseris racemos;
Nascetur, licet hoc velis negare,   10
Inserta tibi ficus a cupresso.

L. DE THELESINO.

Quum coleret puros pauper Thelesinus amicos,
Errabat gelida sordidus in togula.
Obscœnos postquam cœpit curare cinædos,
Argentum, mensas, prædia solus emit.
Vis fieri dives, Bithynice? conscius esto,   5
Nil tibi, vel minimum, basia pura dabunt.

LI. AD LUPERCUM.

Quod convivaris sine me tam sæpe, Luperce,
Inveni, noceam qua ratione tibi.
Irascar, licet usque voces, mittasque, rogesque.
Quid facies? inquis : Quid faciam? veniam.

LII. EPITAPHIUM PANTAGATHI TONSORIS.

Hoc jacet in tumulo raptus puerilibus annis
Pantagathus, domini cura, dolorque sui,
Vix tangente vagos ferro resecare capillos
Doctus, et hirsutas excoluisse genas.

Sis licet, ut debes, Tellus placata, levisque;   5
Artificis levior non potes esse manu.

LIII. DE ANDRAGORA.

Lotus nobiscum est, hilaris cœnavit; et idem
Inventus mane est mortuus Andragoras.
Tam subitæ mortis causam, Faustine, requiris?
In somnis medicum viderat Hermocratem.

LIV. DE SEXTILIANO.

Tantos et tantas si dicere Sextilianum,
Aule, vetes ; junget vix tria verba miser.
Quid sibi vult? inquis : dicam, quid suspicer esse;
Tantos et tantas Sextilianus amat.

LV. IN CORACINUM.

Quod semper casiaque, cinnamoque,
Et nido niger alitis superbæ
Fragras plumbea Nicerotiana,
Rides nos, Coracine, nil olentes;
Malo, quam bene olere, nil olere.   5

LVI. IN CHARIDEMUM.

Quod tibi crura rigent setis, et pectora villis;
Verba putas famæ te, Charideme, dare.
Exstirpa, mihi crede, pilos de corpore toto,
Teque pilare tuas testificare nates.
Quæ ratio est? inquis : scis multos dicere multa.   5
Fac pædicari te, Charideme, putent.

LVII. IN PHOEBUM.

Mentiris fictos unguento, Phœbe, capillos

57. — CONTRE PHÉBUS.

Tu simules sur ton chef, Phébus, des cheveux avec un certain onguent, et ton crâne dégoûtant se couvre d'une chevelure en peinture. Tu n'as pas besoin, Phébus, d'un barbier pour te tondre : une éponge fera bien mieux l'affaire.

58. — A AULUS PUDENS.

Pendant que vous vous amusez, Aulus, à voir de près le chariot de Parrhasis et les astres paresseux du ciel de la Scythie, qu'il s'en est peu fallu qu'emporté vers les ondes du Styx, je ne visse les sombres rivages des champs Élysées! Mes yeux, bien qu'affaiblis, cherchaient votre présence, et le nom de Pudens était sans cesse dans ma bouche glacée. Si les sœurs filaudières ne tissent point en noir la trame de ma vie, et si les Dieux ne sont point sourds à ma voix, vous reviendrez sain et sauf dans le Latium revoir votre ami sain et sauf, et, chevalier illustre, vous serez récompensé de vos services par le grade de premier centurion.

59. — CONTRE BACCARA.

Baccara gémit et se plaint de ce que le froid ne vient pas faire honneur à ses six cents manteaux : il ne désire que temps couvert, que vent et que neige; l'hiver, s'il est doux, lui est odieux. Quel mal t'ont fait, cruel, nos robes si légères, que le moindre vent les enlèverait de dessus nos épaules? Combien il serait plus simple et combien plus humain de porter tes manteaux même dans le mois d'août!

60. — SUR POMPILLUS, A FAUSTINUS.

Pompillus a atteint son but, Faustinus ; il sera lu et son nom répandu dans tout l'univers. Qu'il en soit ainsi de la race inconstante des Usipiens aux poils roux, et de quiconque n'aime pas l'Ausonie! On dit cependant que les écrits de Pompillus sont ingénieux ; mais cela n'est pas assez, croyez-moi, pour la gloire. Que de savants servent de pâture aux mites et aux vers! Les cuisiniers seuls achètent les doctes poésies. Il faut je ne sais quoi de plus pour immortaliser un livre; il lui faut le cachet du génie.

61. — CONTRE UN ENVIEUX.

Rome, qui m'est chère, loue, aime et chante mes vers. Mon petit recueil est dans toutes les poches et dans toutes les mains. Mais un quidam rougit, pâlit, s'étonne, bâille, et me prend en aversion. Voilà ce que je veux : mes vers me plaisent maintenant.

62. — A OPPIANUS.

Silanus a perdu son fils unique, et tu cesses, Oppianus, de lui envoyer des présents! Cruel forfait! Parques impitoyables! à quel vautour appartiendra le cadavre de Silanus?

63. — A MARIANUS.

Tu sais qu'on te fait la cour, tu sais que celui qui te la fait est un avare; tu sais ce qu'il veut, et, ce qui est d'un sot, Marianus, tu l'inscris ton héritier; ce qui est d'un furieux, tu le mets en ton lieu et place. Il est vrai qu'il t'a fait de riches présents, mais au bout d'un hameçon ; et le poisson peut-il aimer le pêcheur? Cet homme s'affli-

---

Et tegitur pictis sordida calva comis.
Tonsorem capiti non est adhibere necessum;
Radere te melius spongia, Phœbe, potest.

LVIII. AD AULUM PUDENTEM.

Cernere Parrhasios dum te juvat, Aule, Triones
 Cominus et Scythici sidera pigra poli ;
O quam pæne tibi Stygias ego raptus ad undas
 Elysiæ vidi nubila fusca plagæ!
Quamvis lassa, tuos quærebant lumina vultus,   5
 Atque erat in gelido plurimus ore Pudens.
Si mihi lanificæ ducunt non pulla sorores
 Stamina, nec surdos vox habet ista Deos;
Sospite me sospes Latias reveheris ad urbes,
 Et referes pili præmia clarus eques.   10

LIX. IN BACCARAM.

Et dolet, et queritur, sibi non contingere frigus
 Propter sexcentas Baccara gausapinas :
Optat et obscuras luces, ventosque, nivesque;
 Odit et hibernos, si tepuere, dies.
Quid fecere mali nostræ tibi, sæve, lacernæ,   5
 Tollere de scapulis quas levis aura potest?
Quanto simplicius, quanto est humanius istud,
 Mense vel Augusto sumere gausapinas?

LX. DE POMPILLO, AD FAUSTINUM.

Rem factam Pompillus habet, Faustine : legetur,
 Et nomen toto sparget in orbe suum.
Sic leve flavorum valeat genus Usipiorum,
 Quisquis et Ausonium non amat imperium!
Ingeniosa tamen Pompilli scripta feruntur.   5
 Sed famæ non est hoc, mihi crede, satis.
Quam multi tineas pascuut blattasque diserti!
 Et redimunt soli carmina docta coci!
Nescio quid plus est, quod donet sæcula chartis
 Victurus Genium debet habere liber.   10

LXI. IN INVIDUM.

Laudat, amat, cantat nostros mea Roma libellos;
 Meque sinus omnes, me manus omnis habet.
Ecce rubet quidam, pallet, stupet, oscitat, odit.
 Hoc volo : nunc nobis carmina nostra placent.

LXII. AD OPPIANUM.

Amisit pater unicum Silanus ;
Cessas mittere munera, Oppiane?
Heu crudele nefas, malæque Parcæ!
Cujus vulturis hoc erit cadaver?

LXIII. AD MARIANUM.

Scis te captari : scis hunc, qui captat, avarum ;
 Et scis qui captat, quid, Mariane, velit;

gera-t-il sincèrement de ta mort? Veux-tu qu'il pleure, Marianus? ne lui donne rien.

64. — CONTRE UN DÉTRACTEUR.

Bien que tu ne sois pas de l'austère race des Fabius, ni tel que ce fils dont accoucha sous l'ombre d'un chêne l'épouse rubiconde de Curius, un jour qu'elle portait à dîner à son mari qui labourait; que tu sois, au contraire, fils d'un père qui s'épilait devant un miroir, d'une mère condamnée à porter la toge en public, et que ta femme pourrait t'appeler sa femme, tu te permets de critiquer mes ouvrages, déjà connus de la renommée, de censurer des bagatelles qui ont le bonheur de plaire, et que les plus grands personnages de Rome et du barreau ne dédaignent pas de lire avec plaisir; qui sont jugées dignes des bibliothèques de l'immortel Silius; que la bouche éloquente de Régulus aime à répéter si souvent; que loue encore Sura, le voisin de la Diane Aventine, qui peut voir de si près les jeux du grand cirque; que César enfin, César lui-même, notre maître, au milieu des affaires dont il porte l'immense fardeau, daigne relire jusqu'à deux et trois fois. Mais tu as sans doute plus de génie; ton esprit, poli par Minerve, est plus pénétrant, et l'élégante Athènes a formé ton goût. Que je meure, s'il n'y a pas plus de toutes ces qualités dans l'animal qui, les boyaux pendants, les jambes allongées, les poumons teints d'un sang corrompu et qui prend au nez, est porté de carrefour en carrefour par un barbare boucher! Tu oses en outre écrire contre moi des vers que ne lira qui que ce soit, et tu perds à ce travail un misérable papier. Mais si ma bile enflammée s'épanche, ce que je dirai contre toi vivra, restera, sera lu du monde entier, et tout l'art de l'habile Cinnamus n'en effacerait pas les stigmates. Aie donc pitié de toi, malheureux! prends garde que tes aboiements ne fassent enfler de colère les narines d'un ours plein de vie. Tout paisible qu'il est, et bien qu'il lèche les mains, s'il y est poussé par la bile et un juste ressentiment, il sera ours. Exerce tes dents sur quelque peau vide, et cherche à ronger des chairs mortes.

65. — A TUCCA.

Tucca, je le sais, dit que je fais des épigrammes en hexamètres. — Cela n'est pas sans exemples, Tucca; Tucca, cela est permis. — Pourtant, c'est bien long. — Cela est encore d'usage, Tucca, et permis. Si tu aimes mieux les vers plus courts, ne lis que des distiques, et convenons entre nous qu'il te sera loisible de passer les longues épigrammes, et à moi de les écrire.

66. — SUR UN CRIEUR QUI VENDAIT UNE JEUNE ESCLAVE.

Dernièrement Gellianus vendait une jeune fille d'une réputation fort équivoque, et telle que ces créatures qui siégent dans le quartier de Suburra. Comme on tardait à hausser les enchères, le vendeur, désirant témoigner, aux yeux du public, de la pureté de la jeune fille, l'attire par la main,

Tu tamen hunc tabulis hæredem, stulte, supremis
  Scribis, et esse tuo vis, furiose, loco.
Munera magna quidem misit, sed misit in hamo; 5
  Et piscatorem piscis amare potest?
Hiccine deflebit vero tua fata dolore?
  Si cupis, ut ploret, des, Mariane, nihil.

LXIV. IN DETRACTOREM.

Quum sis nec rigida Fabiorum gente creatus,
Nec qualem Curio, dum prandia portat aranti,
Hirsuta peperit rubicunda sub ilice conjux;
Sed patris ad speculum tonsi, matrisque togatæ
Filius, et sponsam possit te sponsa vocare: 5
Emendare meos, quos novit fama, libellos,
Et tibi permittis felices carpere nugas;
Has inquam, nugas, quibus aurem advertere totam
Non aspernantur proceres urbisque forique;
Quas et perpetui dignantur scrinia Sili, 10
Et repetit toties facundo Regulus ore;
Quique videt propius magni certamina Circi
Laudat Aventinæ vicinus Sura Dianæ;
Ipse etiam tanto dominus sub pondere rerum
Non dedignatur bis terque revolvere Cæsar. 15
Sed tibi plus mentis, tibi cor limante Minerva
Acrius, et tenues finxerunt pectus Athenæ.
Ne valeam, si non multo sapit altius istud,
Quod cum panticibus laxis, et cum pede grandi,
Et rubro pulmone vetus, nasisque timendum, 20
Omnia crudelis lanius per compita portat.
Audes præterea, quos nullus noverit, in me
Scribere versiculos, miseras et perdere chartas.
At si quid nostræ tibi bilis inusserit ardor,
Vivet, et hærebit, totoque legetur in orbe; 25
Stigmata nec vafra delebit Cinnamus arte.
Sed miserere tui, rabido nec perditus ore
Fumantem nasum vivi tentaveris ursi.
Sit placidus licet, et lambat digitosque manusque;
Si dolor, et bilis, si justa coegerit ira, 30
Ursus erit: vacua dentes in pelle fatiges,
Et tacitam quæras, quam possis rodere carnem.

LXV. AD TUCCAM.

Hexametris epigramma facis, scio dicere Tuccam.
  Tucca, solet fieri; denique, Tucca, licet.   [eetque;
Sed tamen hoc longum est: solet hoc quoque, Tucca, li-
  Si breviora probas, disticha sola legas.
Conveniat nobis, ut fas epigrammata longa   5
  Sit transire tibi; scribere, Tucca, mihi.

LXVI. DE PRÆCONE PUELLAM VENDENTE.

Famæ non nimium bonæ puellam,
Quales in media sedent Suburra,
Vendebat modo præco Gellianus.
Parvo quum pretio diu liceret,

malgré sa résistance, et l'embrasse deux, trois et quatre fois. Voulez-vous savoir quel avantage il en retira? Celui qui, tout à l'heure, offrait six cents sesterces, ne voulut plus les donner.

67. — A PANNICUS, SUR GELLIA, SON ÉPOUSE.

Tu demandes, Pannicus, pourquoi ta Gellia n'a chez elle que des eunuques? Gellia veut le plaisir, elle ne veut pas devenir mère.

68. — SUR LA MORT DU JEUNE EUTYCHUS.

Pleurez votre crime, ô Naïades! versez autant de larmes qu'il y a d'eau dans le lac Lucrin, et que Thétis elle-même se ressente de votre douleur. Il est mort, Castricus, englouti dans les ondes de Baïes! cet Eutychus, votre inséparable et tendre ami, le compagnon de vos peines et leur doux soulagement, vos amours, votre Alexis. Ne serait-ce pas qu'une nymphe amoureuse le vit nu au milieu de ses eaux limpides, et l'échangea contre Hylas, qu'elle rendit à Hercule? Serait-ce Salmacis, qui, séduite par un baiser du bel adolescent, aurait quitté pour lui son Hermaphrodite? Quoi qu'il en soit, et sans plus chercher la cause de cet enlèvement subit, terre, eau, soyez, je vous prie, soyez légères à cet enfant.

69. — SUR BASSA.

Je ne suis point étonné, Catulle, de ce que ta Bassa boive de l'eau; ce qui m'étonne, c'est que la fille de Bassus en boive.

70. — A MARTIANUS.

Cotta, je pense, a déjà vu soixante-deux moissons, Martianus, et il ne se souvient pas d'avoir, un seul jour, été forcé par la fièvre de garder le lit. Il nargue du doigt, et du doigt impudique, Alcon, Dasius et Symmaque. Qu'on fasse le calcul exact de nos années, et que des meilleures on sépare celles qui sont envahies par les sombres fièvres, les langueurs pesantes, et par les maux les plus cuisants, nous ne sommes plus que des enfants, quoique nous paraissions des vieillards. Celui qui regarde l'âge de Priam et de Nestor comme un long âge, Martianus, se trompe grossièrement. La vie n'est as de vivre, mais de se bien porter.

71. — SUR TÉLÉTHUSA.

Habile à prendre des attitudes lascives au son des castagnettes andalouses, et à danser la danse des filles de Cadix; capable de faire se roidir encore le tremblotant Pélias, et de réveiller les désirs du mari d'Hécube jusque sur le bûcher d'Hector, Téléthusa consume et met au supplice son premier maître. Servante il la vendit, il la rachète maîtresse.

72. — SUR LE VOLEUR CILIX.

Voleur d'une rapacité trop notoire, Cilix voulait piller un jardin. Mais dans cet immense jardin, Fabullus, il n'y avait qu'un Priape de marbre. Ne voulant pas s'en retourner les mains vides, Cilix vola le Priape.

    Dum puram cupit approbare cunctis,   5
    Attraxit prope se manu negantem;
    Et bis, terque, quaterque basiavit.
    Quid profecerit osculo, requiris?
    Sexcentos modo qui dabat, negavit.

LXVII. AD PANNICUM DE GELLIA UXORE.

Cur tantum eunuchos habeat tua Gellia, quæris,
    Pannice? vult futui Gellia, non parere.

LXVIII. DE MORTE EUTYCHI PUERI.

Flete nefas vestrum, sed toto flete Lucrino,
    Naides, et luctus sentiat ipsa Thetis.
Inter Baianas raptus puer occidit undas
    Eutychus, ille tuum, Castrice, dulce latus.
Hic tibi curarum socius, blandumque levamen;   5
    Hic amor, hic nostri vatis Alexis erat.
Numquid te vitreis nudum lasciva sub undis
    Vidit, et Alcidæ Nympha remisit Hylam?
An Dea femineum jam negligit Hermaphroditum,
    Amplexu teneri sollicitata viri?   10
Quidquid id est, subitæ quæcumque est causa rapinæ,
    Sit, precor, et tellus mitis, et unda tibi.

LXIX. DE BASSA.

Non miror, quod potat aquam tua Bassa, Catulle;
    Miror, quod Bassi filia potat aquam.

LXX. AD MARTIANUM.

Sexagesima, Martiane, messis
Acta est, et, puto, jam secunda Cottæ;
Nec se tædia lectuli calentis
Expertum meminit die vel uno.
Ostendit digitum, sed impudicum,   5
Alconti, Dasioque, Symmachoque.
At nostri bene computentur anni,
Et quantum tetricæ tulere febres,
Aut languor gravis, aut mali dolores,
A vita meliore separentur: 10
Infantes sumus, et senes videmur.
Ætatem Priamique Nestorisque
Longam qui putat esse, Martiane,
Multum decipiturque falliturque.
Non est vivere, sed valere, vita.   15

LXXI. DE TELETHUSA.

Edere lascivos ad Bætica crusmata gestus,
    Et Gaditanis ludere docta modis;
Tendere quæ tremulum Pelian, Hecubæque maritum
    Posset ad Hectoreos sollicitare rogos;
Urit et excruciat dominum Telethusa priorem: 5
    Vendidit ancillam; nunc redimit dominam.

LXXII. DE CILICE FURE.

Fur notæ nimium rapacitatis
Compilare Cilix volebat hortum;

73. — SUR LE PRIAPE D'HILARUS.

Je n'ai point été façonné par la serpe grossière d'un maladroit paysan; tel que vous me voyez, je suis le noble ouvrage de l'intendant des domaines d'Hilarus, le plus riche cultivateur des champs de Cérétum, de ces collines, de ces riants coteaux. Regardez: ma figure, exactement rendue, n'annonce pas que je suis de bois; et l'arme que je porte au-dessous du bas-ventre n'est pas destinée au feu. C'est d'un cyprès impérissable que fut formé, avec tout l'art de Phidias, mon sceptre immortel. Voisins, croyez-moi, célébrez le saint dieu Priape, et respectez ces quatorze arpents.

74. — A ESCULANUS.

Ce convive couché au bout du lit du milieu, dont le crâne, paré de trois cheveux, est sillonné de pommade, et qui fouille ses mâchoires entr'ouvertes avec des pointes de lentisque, cet homme en impose, Esculanus; il n'a pas de dents.

75. — CONTRE PONTIA.

Quand tu m'envoies une grive, ou une part de gâteau, ou une cuisse de lièvre, ou quelque chose de semblable, tu dis, Pontia, que tu t'es ôté, pour moi, les morceaux de la bouche. Je n'enverrai ces morceaux à personne, Pontia, ni ne les mangerai.

76. — ÉPITAPHE DE FUSCUS.

Gardien naguère de la personne sacrée de l'empereur, du Mars romain qui lui donna sur l'armée un pouvoir sans limites, ici repose Fuscus. Maintenant, ô Fortune! il faut l'avouer, ce marbre ne craint plus les menaces de l'ennemi. Le Dace vaincu a courbé sa tête sous un noble joug, et l'ombre de Fuscus repose dans un bois qui est le fruit de sa victoire.

77. — CONTRE AFER.

Toi qui es plus pauvre que le misérable Irus, plus jeune que Parthénopéus, plus vigoureux qu'Artémidore au temps de ses victoires, qu'as-tu besoin de te faire porter par six Cappadociens? On se moque de toi, Afer, on te tourne en ridicule beaucoup plus que si tu te promenais nu en plein forum. C'est ainsi qu'on se moque d'Atlas et du nain métis son compagnon, du noir éléphant et de son cornac libyen de la même couleur. Tu demandes ce qui rend ta litière si odieuse? C'est que tu ne dois pas, après ton décès, être porté dans un hexaphore.

78. — A AULUS, SUR PHRYX LE BORGNE.

Phryx, fameux buveur, n'y voyait que d'un œil, et avait l'autre chassieux. Gardez-vous de boire, lui disait Héras son médecin; si vous buvez, c'en est fait des deux yeux. Alors Phryx en riant: Adieu mon dernier œil! et sur-le-champ il se fait verser force rasades. Voulez-vous savoir la fin de cela? Phryx but le vin, et son œil but le poison.

LXXIII. DE PRIAPO HILARI.

Non rudis indocta fecit me falce colonus;
  Dispensatoris nobile cernis opus.
Nam Cæretani cultor ditissimus agri
  Hos Hilarus colles et juga læta tenet.
Aspice, quam certo videar non ligneus ore,   5
  Nec devota focis inguinis arma geram;
Sed mihi perpetua nunquam moritura cupresso
  Phidiaca rigeat mentula digna manu.
Vicini, moneo, sanctum celebrate Priapum,
  Et bis septenis parcite jugeribus.   10

LXXIV. AD ESCULANUM.

Medio recumbit imus ille qui lecto,
  Calvam trifilem semitatus unguento,
Foditque tonsis ora laxa lentiscis;
  Mentitur, Esculane: non habet dentes.

LXXV. IN PONTIAM.

Quum mittis turdumve nihil, quadramve placentæ,
  Sive femur leporis, sive quid his simile;
Buccellas misisse tuas te, Pontia, dicis.
  Has ego nec mittam, Pontia, sed nec edam.

LXXVI. EPITAPHIUM FUSCI.

Ille sacri lateris custos, Martisque togati,
  Credita cui summi castra fuere ducis;
Hic situs est Fuscus: licet hoc, Fortuna, fateri;
  Non timet hostiles jam lapis iste minas.
Grande jugum domita Dacus cervice recepit,   5
  Et famulum victrix possidet umbra nemus.

LXXVII. IN AFRUM.

Quum sis tam pauper, quam nec miserabilis Irus;
  Tam juvenis, quam nec Parthenopæus erat;
Tam fortis, quam nec, quum vinceret, Artemidorus;
  Quid te Cappadocum sex onus esse juvat?
Rideris, multoque magis traduceris, Afer,   5
  Quam nudus medio si spatiere foro.
Non aliter monstratur Atlas cum compare ginno;
  Quæque vehit similem bellua nigra Libyn.
Invidiosa tibi quam sit lectica, requiris?
  Non debes ferri mortuus hexaphoro.   10

LXXVIII. AD AULUM, DE PHRYGE LUSCO.

Potor nobilis, Aule, lumine uno
Luscus Phryx erat, alteroque lippus:
Huic Heras medicus, Bibas caveto;
Vinum si biberis, nihil videbis.
Ridens Phryx, oculo, Valebis, inquit.   5
Misceri sibi protinus deunces,
  Sed crebros jubet: exitum requiris?
Vinum Phryx, oculus bibit venenum.

79. — A LUPUS.

Vous êtes triste au sein du bonheur; prenez garde que la Fortune ne le sache. Si elle le savait, Lupus, elle dirait que vous êtes un ingrat.

80. — A CÉSAR, SUR DES ROSES D'HIVER.

L'habitant des bords du Nil, jaloux de vous faire sa cour, vous avait envoyé, César, des roses d'hiver, présent d'un genre tout nouveau. Aussi vit-on le marin de Memphis rire des jardins de l'Égypte, quand il eut passé le seuil de votre ville capitale : telle était la douceur des parfums du printemps et la beauté de Flore, tant on pouvait s'y croire dans la splendeur des bosquets de Pestum! De quelque côté qu'il portât ses pas et ses regards, toutes les rues étaient éclatantes de roses tressées en couronnes. O Nil! puisque tes hivers sont forcés désormais de le céder aux hivers de Rome, envoie-nous tes moissons, et accepte nos roses.

81. — CONTRE CHARIDÉMUS.

Tu te baignes, Charidémus, comme si tu étais irrité contre le peuple romain, tant tu plonges dans la cuve ton sale membre! Je ne voudrais pas, Charidémus, que tu y plongeasses ainsi ta tête. — Mais voici que tu l'y plonges à son tour. — J'aime encore mieux ton sale membre.

82. — A RUFUS.

L'autre jour, après m'avoir examiné avec beaucoup d'attention, comme l'auraient fait un marchand d'esclaves ou un maître de gladiateurs, après m'avoir désigné du doigt et de l'œil, un quidam me dit : « Serais-tu ce Martial dont chacun, à moins qu'il n'ait l'oreille batave, connaît les saillies, les joyeuses épigrammes? » Je souris un peu, et témoignai, par un léger signe, que j'étais en effet celui qu'il désignait. « Pourquoi donc, ajouta-t-il, as-tu un si mauvais manteau? » « Parce que, répondis-je, je suis un mauvais poëte. » Or, pour m'épargner l'ennui de faire trop souvent un pareil aveu, envoyez-moi, Rufus un bon manteau.

83. — A DOMITIEN.

Autant Étruscus doit aux prières de son fils, autant l'un et l'autre vous doivent, ô le plus grand des princes! Vous avez retenu la foudre échappée de votre main; et plût aux Dieux que celles de Jupiter fussent de cette humeur! Car si Jupiter, ô César, avait votre bonté, il serait plus avare de son tonnerre. Étruscus avoue qu'il vous doit la double faveur d'avoir accompagné son père en exil et d'en revenir avec lui.

84. — SUR PHILIPPE.

Avitus, Philippe en pleine santé, se fait porter en octaphore; si vous le croyez sain, Avitus, vous êtes fou.

85. — SUR LA MORT DE RUFUS CAMONIUS.

O Rufus! j'ai publié sans vous ce sixième livre, qui n'espère plus, ô mon ami! vous avoir pour lecteur. La terre impie de Cappadoce, que vous avez vue sous une influence sinistre, a rendu votre cendre et vos os à votre père. Pleure, Bologne délaissée, pleure sur ton cher Rufus; et

---

LXXIX. AD LUPUM.

Tristis es, et felix; sciat hoc Fortuna, caveto;
 Ingratum dicet te, Lupe, si scierit.

LXXX. AD CÆSAREM, DE ROSIS HIBERNIS.

Ut nova dona tibi, Cæsar, Nilotica tellus
 Miserat hibernas ambitiosa rosas;
Navita derisit Pharios Memphiticus hortos,
 Urbis ut intravit limina prima tuæ.
Tantus veris honos, et odoræ gratia Floræ,   5
 Tantaque Pæstani gloria ruris erat!
Sic quacunque vagus gressumque oculosque ferebat,
 Tonsilibus sertis omne rubebat iter.
At tu Romanæ jussus jam cedere brumæ,
 Mitte tuas messes; accipe, Nile, rosas.   10

LXXXII. IN CHARIDEMUM.

Iratus tanquam populo, Charideme, lavaris;
 Inguina sic toto subluis in solio.
Nec caput hic vellem sic te, Charideme, lavare;
 Et caput, ecce, lavas : inguina malo laves.

LXXXI. AD RUFUM.

Quidam me modo, Rufe, diligenter
Inspectum, velut emptor, aut lanista,
Quum vultu digitoque subnotasset,
Tunc es, tune, ait, ille Martialis,
Cujus nequitias jocosque novit,   5
Aurem qui modo non habet batavam?
Subrisi modice; levique nutu
Me, quem dixerat esse, non negavi.
Cur ergo, inquit, habes malas lacernas?
Respondi : Quia sum malus poeta.   10
Hoc ne sæpius accidat poetæ,
Mittas, Rufe, mihi bonas lacernas.

LXXXIII. AD CÆSAREM DOMITIANUM.

Quantum sollicito fortuna parentis Etrusco,
 Tantum, summe ducum, debet uterque tibi :
Nam tu missa tua revocasti fulmina dextra;
 Hos cuperem mores ignibus esse Jovis.
Si tua sit summo, Cæsar, natura Tonanti,   5
 Utetur toto fulmine rara manus.
Muneris hoc utrumque tui testatur Etruscus,
 Esse quod et comiti contigit, et reduci.

LXXXIV. DE PHILIPPO.

Octaphoro sanus portatur, Avite, Philippus;
 Hunc tu si sanum credis, Avite, furis.

LXXXV. IN MORTEM RUFI CAMONII.

Editus est sextus sine te mihi, Rufe Camoni,
 Nec te lectorem sperat, amice, liber.
Impia Cappadocum tellus, et numine lævo
 Visa tibi, cineres reddit et ossa patri.

que toute la voie Émilienne retentisse de gémissements! Hélas! quelle était sa tendresse pour moi! Oh! combien peu il a vécu! Cinq fois à peine il avait vu célébrer les jeux olympiques sur les bords de l'Alphée. O vous qui lisiez sans cesse mes épigrammes et qui les reteniez, recevez avec les larmes de votre ami désolé ces quelques vers; recevez-les comme un encens qu'il brûle loin de vous.

86. — CONTRE LES BUVEURS D'EAU CHAUDE.

Vin de Sétia, neige divine, nombreuses coupes, quand donc, avec la permission du médecin, pourrai-je vous boire? Celui-là est un sot et un ingrat, qui vous préfère l'héritage de l'opulent Midas; il n'est pas digne de vos inappréciables faveurs. Qu'il possède les moissons de la Libye, les trésors d'Hermus et du Tage, et qu'il boive de l'eau chaude, celui qui est jaloux de moi!

87. — A CÉSAR.

Que les Dieux vous donnent, César, et donnez-vous à vous-même tout ce que vous méritez! Que les Dieux me donnent, et donnez-moi, vous aussi, tout ce que je désire, si je le mérite!

88. — A CÉCILIANUS.

Un matin, je t'ai salué par hasard de ton nom pur et simple, Cécilianus, sans l'accompagner des mots : Mon maître. Veut-on savoir combien me coûte une liberté si grande? Elle me coûte cent quadrants.

89. — SUR PANARÉTUS LE BUVEUR.

Panarétus, tout plein de vin, demandait, au milieu de la nuit, le pot de chambre. On lui présente la bouteille de Spolète, qu'il avait vidée jusqu'à la dernière goutte, et dont l'ampleur n'avait pas épuisé sa soif. Panarétus, en homme d'équité, rendit à la bouteille tout le vin qu'il avait pris, et la remplit jusqu'au bord. Vous êtes étonné, Rufus, que la bouteille ait pu contenir tout ce qu'il avait bu. Cessez d'être surpris, il avait bu pur.

90. — SUR GELLIA.

Gellia n'a qu'un amant, un seul. Cela rend la chose plus honteuse : elle est la femme de deux maris.

91. — CONTRE ZOÏLE.

L'édit sacré du censeur et souverain maître de l'empire empêche et défend l'adultère. Réjouis-toi, Zoïle, tu ne besogneras plus.

92. — CONTRE AMMIANUS.

Myron a ciselé un serpent sur ta coupe, Ammianus, et tu y bois du vin du Vatican: c'est du poison que tu bois.

93. — SUR THAÏS.

Thaïs sent plus mauvais que le vieux baril d'un foulon avare qui s'est brisé dans la rue, qu'un bouc après une lutte amoureuse, que la gueule d'un lion, qu'une peau de chien écorché au delà du Tibre, qu'un fœtus pourri dans un œuf pondu avant terme, qu'une amphore de garus corrompu. Afin de neutraliser cette puan-

---

Funde tuo lacrymas, orbata Bononia, Rufo; 5
 Et resonet tota planctus in Æmilia.
Heu! qualis pietas, heu! quam brevis occidit ætas!
 Viderat Alphei præmia quinque modo.
Pectore tu memori nostros evolvere lusus,
 Tu solitus nostros, Rufe, tenere jocos. 10
Accipe cum fletu mœsti breve carmen amici,
 Atque hæc absentis thura fuisse puta.

LXXXVI. IN BIBENTES AQUAM CALIDAM.

Setinum, dominæque nives, densique trientes,
 Quando ego vos, medico non prohibente, bibam?
Stultus, et ingratus, nec tanto munere dignus,
 Qui mavult hæres divitis esse Midæ.
Possideat Libycas messes, Hermumque, Tagumque, 5
 Et potet calidam, qui mihi livet, aquam.

LXXXVII. AD CÆSAREM.

Di tibi dent, et tu, Cæsar, quæcumque mereris;
 Di mihi dent, et tu, quæ volo, si merui.

LXXXVIII. AD CÆCILIANUM.

Mane salutavi vero te nomine casu;
 Nec dixi dominum, Cæciliane, meum.
Quanti libertas constet mihi tanta, requiris?
 Centum quadrantes abstulit illa mihi.

LXXXIX. DE PANARETO POTORE.

Quum peteret seram media jam nocte matellam
 Arguto madidus pollice Panaretus;
Spoletina data est, sed quam siccaverat ipse;
 Nec fuerat soli tanta lagena satis.
Ille fide summa testæ sua vina remensus, 5
 Reddidit œnophori pondera plena sui.
Miraris, quantum biberat, cepisse lagenam?
 Desine mirari, Rufe : merum biberat.

XC. DE GELLIA.

Mœchum Gellia non habet, nisi unum.
Turpe est hoc magis, uxor est duorum.

XCI. IN ZOILUM.

Sancta ducis summi prohibet censura, vetatque
 Mœchari : gaude, Zoile, non futues.

XCII. IN AMMIANUM.

Cælatus tibi quum sit, Ammiane,
Serpens in patera Myronis arte;
Vaticana bibis : bibis venenum.

XCIII. DE THAIDE.

Tam male Thais olet, quam non fullonis avari
 Testa vetus, media sed modo fracta via;
Non ab amore recens hircus; non ora leonis;
 Non detracta cani Transtiberina cutis;

teur, chaque fois que pour se mettre au bain Thaïs se déshabille, elle s'enduit la peau de psilothrum, ou se cache sous un liniment de craie dissoute dans un acide, ou se fait donner trois ou quatre couches de pommade de fèves grasses. Quand, après mille artifices, elle croit s'être garantie contre sa puanteur, quand elle a tout fait, Thaïs sent toujours Thaïs.

94. — SUR CALPÉTIANUS.

Calpétianus est toujours servi dans de la vaisselle d'or, qu'il soupe en ville ou chez lui. A l'auberge, à sa campagne, c'est de même. Il n'a donc pas d'autre vaisselle? — Non, du moins qui soit à lui.

LIVRE VII.

1. A DOMITIEN, SUR SA CUIRASSE.

Prenez, César, la cuirasse de la belliqueuse Minerve, cuirasse redoutable, et qui fait trembler l'affreuse Méduse elle-même, aux cheveux hérissés. Quand vous ne la portez pas, César, elle peut garder le nom de cuirasse ; mais, placée sur votre poitrine sacrée, elle sera l'Égide.

2. — A LA CUIRASSE ELLE-MÊME.

Cuirasse du maître de l'empire, impénétrable aux traits des Sarmates, et plus sûre que le bouclier de cuir du Mars Gétique, toi qui, formée d'un tissu d'ongles de sanglier polis, braves impunément les coups même de la lance étolienne, heureuse est ta destinée! tu peux toucher la poitrine sacrée de notre dieu, et t'échauffer au foyer de son génie. Va donc, accompagne-le ; que les traits de l'ennemi te respectent ; mérite de nobles victoires, et rends bientôt à la toge notre prince couronné de palmes triomphales.

3. — A PONTILIANUS.

Pourquoi ne t'envoyé-je pas mes livres, Pontilianus? C'est, Pontilianus, de peur que tu ne m'envoies les tiens.

4. — SUR OPPIANUS.

Oppianus était pâle, Castricus; il s'est mis à faire des vers.

5. — A DOMITIEN.

Si les regrets du peuple et du sénat, si la joie sans mélange de Rome entière peuvent toucher votre cœur, ô César! rendez-nous la divinité que réclament nos vœux. Rome est jalouse de ses ennemis, en dépit de vos bulletins couronnés du laurier victorieux. Ils voient de plus près le maître de la terre, et votre visage épouvante et réjouit à la fois le barbare.

6. — SUR LE BRUIT DU RETOUR DE DOMITIEN.

Eh quoi! du fond des contrées hyperboréennes, déjà César s'apprête à revenir dans l'Ausonie? La nouvelle n'est pas encore certaine, mais elle vole de bouche en bouche. Je te crois, Renommée ; ordinairement tu dis vrai. Des bulletins de victoire viennent confirmer notre allégresse, et le fer des javelots de Mars est verdoyant de lauriers. Rome crie de nouveau : Triomphe, triom-

Pullus abortivo nec quum putrescit in ovo ; 5
  Amphora corrupto nec vitiata garo.
Virus ut hoc alio fallax permutet odore,
  Deposita quoties balnea veste petit ;
Psilothro viret, aut acida latet oblita creta ;
  Aut tegitur pingui terque quaterque faba. 10
Quum bene se tutam per fraudes mille putavit,
  Omnia quum fecit, Thaida Thais olet.

XCIV. DE CALPETIANO.

Ponuntur semper chrysendeta Calpetiano,
  Sive foris, seu quum cœnat in urbe domi.
Sic etiam in stabulo semper, sic cœnat in agro.
  Non habet ergo aliud? Non habet immo suum.

LIBER VII.

I. AD DOMITIANUM, DE LORICA.

Accipe belligeræ crudum thoraca Minervæ,
  Ipsa Medusææ quem timet ira comæ.
Dum vacat hæc, Cæsar, poterit lorica vocari ;
  Pectore quum sacro sederit, Ægis erit.

II. AD IPSAM LORICAM.

Invia Sarmaticis domini lorica sagittis,
  Et Martis Getico tergore fida magis ;
Quam vel ad Ætolæ securam cuspidis ictus

MARTIAL.

Texuit innumeri lubricus unguis apri.
Felix sorte tua! sacrum cui tangere pectus 5
  Fas erit, et nostri mente calere Dei.
I comes, et magnos illæsa merere triumphos,
  Palmatæque ducem, sed cito, redde togæ.

III. AD PONTILIANUM.

Cur non mitto meos tibi, Pontiliane, libellos?
  Ne mihi tu mittas, Pontiliane, tuos.

IV. DE OPPIANO.

Esset, Castrice, quum mali coloris,
  Versus scribere cœpit Oppianus.

V. AD CÆSAREM DOMITIANUM.

Si desiderium, Cæsar, populique patrumque
  Respicis, et Latiæ gaudia vera togæ ;
Redde Deum votis poscentibus : invidet hosti
  Roma suo, veniat laurea multa licet.
Terrarum dominum propius videt ille, tuoque 5
  Terretur vultu barbarus, et fruitur.

VI. DE FAMA REDITUS DOMITIANI.

Ecquid Hyperboreis ad nos conversus ab oris
  Ausonias Cæsar jam parat ire vias?
Certus abest auctor, sed vox hoc nuntiat omnis :
  Credo tibi ; verum dicere, Fama, soles.
Publica victrices testantur gaudia chartæ ; 5

phe! Toute la ville, César, vous proclame invincible. Mais, pour que nous soyons plus certains de notre bonheur, soyez vous-même le messager de vos victoires sur les Sarmates.

7. — A DOMITIEN.

Quoique les froides contrées du nord, la sauvage Peucé, l'Ister échauffé par le piaffement des chevaux, et le Rhin à la corne déjà brisée trois fois, vous retiennent loin de nous occupé à soumettre des nations perfides, ô suprême modérateur du monde, père de l'univers, vous ne pouvez échapper à nos vœux. Nos yeux et nos cœurs sont où vous êtes, César, et seul vous occupez tellement tous les esprits, que la foule même au grand cirque ne sait pas si c'est Passerinus ou Tigris qui court dans la carrière.

8. — SUR LE RETOUR DE DOMITIEN.

Maintenant, Muses joyeuses, si jamais vous fûtes dociles à ma voix, livrez-vous au plaisir; notre dieu, vainqueur des Odryses, nous est enfin rendu. Tu confirmes le premier les vœux du peuple, ô décembre! c'est aujourd'hui qu'on peut s'écrier : « Il est venu! » Sois heureux de ton sort; tu pourrais le disputer au mois de Janus, si tu nous donnais les joies que doit nous donner celui-ci. Le soldat, la tête ceinte d'une couronne et escortant les chevaux chargés des lauriers du triomphateur, s'apprête à lancer ses sarcasmes accoutumés. Souffrez donc, César, puisque le triomphe lui-même s'accommode de la licence des bons mots, souffrez que je fasse entendre à tous comme à vous-même mes plaisanteries innocentes et mes légères épigrammes.

9. — SUR CASCÉLIUS.

Cascélius a soixante ans, et il est homme d'esprit : quand sera-t-il éloquent?

10. — CONTRE OLUS.

Éros met son derrière et Linus sa bouche au service de Priape : que t'importe, Olus, l'usage que chacun fait de sa peau? Mathon paye cent mille sesterces les faveurs d'une femme : que t'importe, Olus? Ce n'est pas toi, c'est Mathon qui se ruinera. Sertorius soupe du soir jusqu'au matin : que t'importe, Olus, puisque tu es libre de ronfler toute la nuit? Lupus doit à Titus sept cents sesterces : que t'importe, Olus, pourvu que tu n'aies donné ni prêté un sou à Lupus? Tu ne dis rien, Olus, de ce qui t'importe, de ce qui devrait surtout te donner du souci. Tu dois le prix de cette guenille qui te sert de toge : c'est là ce qui t'importe, Olus. Personne ne te prêterait même un quadrant; cela t'importe encore. Ta femme a des amants; voici encore qui t'importe, Olus; et déjà ta fille prétend à une dot considérable : cela t'importe encore. Je pourrais te dire quinze fois de plus ce qui t'importe : mais quoi que tu fasses, Olus, cela ne m'importe guère.

11. — A AULUS PUDENS.

Vous voulez, Pudens, que je corrige pour vous mes livres de ma propre main. C'est m'estimer, c'est m'aimer trop, en vérité, que de vouloir ainsi posséder mes sottises en autographe!

Martia laurigera cuspide pila virent.
Rursus, io, magnos clamat tibi Roma triumphos
Invictusque tua, Cæsar, in urbe sonas.
Sed jam lætitiæ quo sit fiducia major,
Sarmaticæ laurus nuntius ipse veni.   10

VII. AD CÆSAREM DOMITIANUM.

Hiberna quamvis Arctos, et rudis Peuce,
Et ungularum pulsibus calens Ister,
Fractusque cornu jam ter improbo Rhenus,
Teneat domantem regna perfidæ gentis,
Te, summe mundi rector, et parens orbis,   5
Abesse nostris non tamen potes votis.
Illic et oculis et animis sumus, Cæsar,
Adeoque mentes omnium tenes unus,
Ut ipsa magni turba nesciat Circi
Utrumne currat Passerinus, an Tigris.   10

VIII. DE REDITU DOMITIANI.

Nunc hilares, si quando mihi, nunc ludite, Musæ;
Victor ab Odrysio redditur orbe Deus.
Certa facis populi tu primus vota, December;
Jam licet ingenti dicere voce, Venit.
Felix sorte tua! poteras non cedere Jano,   5
Gaudia si nobis, quæ dabit ille, dares.
Festa coronatus ludet convicia miles,
Inter laurigeros quum comes ibit equos.
Fas audire jocos, levioraque carmina, Cæsar,
Et tibi : si lusus ipse triumphus amat.   10

IX. DE CASCELIO.

Quum sexaginta numeret Cascelius annos,
Ingeniosus homo est : quando disertus erit?

X. IN OLUM.

Pædicatur Eros, fellat Linus : Ole, quid ad te,
De cute quid faciant ille, vel ille, sua?
Centenis futuit Matho millibus : Ole, quid ad te?
Non tu propterea, sed Matho pauper erit.
In lucem cœnat Sertorius : Ole, quid ad te,   5
Quum liceat tota stertere nocte tibi?
Septingenta Tito debet Lupus : Ole, quid ad te?
Assem ne dederis, crediderisve Lupo.
Illud dissimulas, ad te quod pertinet, Ole,
Quodque magis curæ convenit esse tuæ.   10
Pro togula debes : hoc ad te pertinet, Ole.
Quadrantem nemo jam tibi credet : et hoc.
Uxor mœcha tibi est : hoc ad te pertinet, Ole.
Poscit jam dotem filia grandis : et hoc.
Dicere quindecies poteram, quod pertinet ad te :   15
Sed quid agas, ad me pertinet, Ole, nihil.

XI. AD AULUM PUDENTEM.

Cogis me calamo manuque nostra
Emendare meos, Pudens, libellos.

12. — A FAUSTINUS.

Que mon maître, Faustinus, me lise avec autant de bienveillance, qu'il accueille mes plaisanteries avec autant de faveur, que je montre de modération envers ceux que j'ai le plus de raisons de haïr. Il sait combien je suis peu jaloux d'une gloire obtenue aux dépens d'autrui. A quoi sert-il à certaines gens de dire du mal de mes vers, et d'en parler comme de traits imprégnés du sang de Lycambe? de vomir, sous mon nom, le venin de la vipère, eux qui n'osent pas paraître à la clarté du jour, aux rayons du soleil? Mes bons mots sont innocents, vous le savez; j'en jure par le génie de la Renommée toute-puissante, par le chœur des vierges de Castalie, et aussi par tes propres oreilles, lecteur, toi que je considère comme ma divinité protectrice, et qui es exempt de cette odieuse passion qu'on appelle l'envie.

13. — SUR LYCORIS.

La brune Lycoris ayant entendu dire que le soleil de Tibur blanchissait l'ivoire des vieilles dents, se rendit sur ces collines consacrées à Hercule. O merveilleux effet de l'air de Tibur! brune elle était partie, noire elle est revenue.

14. — A AULUS, SUR LE MALHEUR ARRIVÉ A LA MAÎTRESSE DU POETE.

Un affreux malheur, Aulus, est arrivé à ma maîtresse; elle a perdu sa joie, ses délices. Ce n'est pas une perte comme celle qui fit couler les larmes de l'amante du tendre Catulle, de Lesbie, veuve de son moineau chéri; ce n'est pas non plus la colombe qui fut chantée par mon ami Stella, pleurée par Ianthis, et qui maintenant, ombre noire, voltige dans les enfers. L'objet de mon amour ne se laisse pas prendre à de semblables bagatelles, à des passions si frivoles; de pareils accidents n'affectent point le cœur de ma maîtresse. Elle vient de perdre un adolescent qui comptait deux fois dix années, et dont la baguette n'avait pas encore un pied et demi de long.

15. — A ARGINUS, ESCLAVE D'IANTHIS.

Quel est cet enfant qui s'éloigne des eaux pures d'Ianthis, et se réfugie près de la Naïade, leur maîtresse? N'est-ce pas Hylas? Quel bonheur que le demi-dieu de Tirynthe soit honoré dans ce bois, et qu'il veille de près sur ces eaux si amoureuses! Puise donc sans crainte, Arginus, ces eaux pour nous les servir; tu n'as rien à redouter des nymphes, mais prends garde aux caprices du Dieu.

16. — A RÉGULUS.

Je n'ai pas un sou chez moi, Régulus; il ne me reste plus qu'à vendre les présents que vous m'avez faits : ne les achèterez-vous pas?

17. — A LA BIBLIOTHÈQUE DE JULES MARTIAL.

Bibliothèque d'une délicieuse maison de campagne, d'où le lecteur aperçoit Rome dans le voisinage; si, parmi tes poésies plus sérieuses, il reste une place pour ma muse folâtre, reçois, ne fût-ce qu'au dernier rang, ces sept livres que je t'envoie, corrigés de la main de l'auteur. Les ratures font tout leur prix. Mais toi à qui je dédie

---

O quam me nimium probas, amasque,
Qui vis archetypas habere nugas!

XII. AD FAUSTINUM.

Sic me fronte legat dominus, Faustine, serena,
 Excipiatque meos, qua solet aure, jocos;
Ut mea nec, juste quos odit, pagina lædit,
 Et mihi de nullo fama rubore placet.
Quid prodest, cupiant quum quidam nostra videri, 5
 Si qua Lycambeo sanguine tela madent?
Vipereumque vomant nostro sub nomine virus,
 Qui Phœbi radios ferre diemque negant?
Ludimus innocui : scis hoc bene : juro potentis
 Per genium Famæ, Castalidumque gregem : 10
Perque tuas aures, magni mihi numinis instar,
 Lector, inhumana liber ab invidia.

XIII. DE LYCORIDE.

Dum Tiburtinis albescere solibus audit
 Antiqui dentis fusca Lycoris ebur.
Venit in Herculeos colles : quid Tiburis alti
 Aura valet? parvo tempore nigra redit.

XIV. AD AULUM, DE LUCTU SUÆ PUELLÆ.

Accidit infandum nostræ scelus, Aule, puellæ,
 Amisit lusus deliciasque suas :
Non quales teneri ploravit amica Catulli
 Lesbia, nequitiis passeris orba sui;
Vel Stellæ cantata meo, quam flevit Ianthis, 5
 Cujus in Elysio nigra columba volat.
Lux mea non capitur nugis, nec amoribus istis,
 Nec dominæ pectus talia damna movent.
Bis denos puerum numerantem perdidit annos,
 Mentula cui nondum sesquipedalis erat. 10

XV. AD ARGINUM PUERUM IANTHIDOS.

Quis puer hic nitidis absistit Ianthidos undis,
 Et fugit ad dominam Naiada? numquid Hylas?
O bene, quod sylva colitur Tirynthius ista,
 Et quod amatrices tam prope servat aquas!
Securus licet hos fontes, Argine, ministres; 5
 Nil facient nymphæ : ne velit ipse, cave.

XVI. AD REGULUM.

Æra domi non sunt; superest hoc, Regule, solum,
 Ut tua vendamus munera : numquid emis?

XVII. AD BIBLIOTHECAM JULII MARTIALIS.

Ruris bibliotheca delicati,
Vicinam videt unde lector Urbem;
Inter carmina sanctiora si quis
Lascivæ fuerit locus Thaliæ,
Hos nido licet inseras vel imo, 5
Septem quos tibi mittimus libellos,
Auctoris calamo sui notatos :
Hæc illis pretium facit litura.

cet humble présent, et qui en deviendras célèbre dans tout l'univers, bibliothèque de Jules Martial, protége ce gage de mon amitié!

18. — CONTRE GALLA.

Une femme elle-même ne trouverait rien à redire à ta figure, et ton corps est sans défaut. Cependant tu t'étonnes qu'on te désire rarement, et qu'après t'avoir possédée, rarement on y revienne; c'est que tu as un grand défaut, Galla. Chaque fois que je suis sur toi, et que, mêlant nos natures, nous besognons à qui mieux mieux, ton gouffre fait grand bruit, et tu te tais. Plût aux dieux que tu parlasses, et que l'autre se tût! Je suis choqué de son babil; j'aimerais mieux le bruit des pets : cela du moins, dit Symmachus, soulage et fait rire en même temps. Mais qui peut rire des gazouillements d'un si sot bijou? Et quand il se met à bavarder, quel est l'homme qui ne sente aussitôt défaillir son membre et son courage? Dis au moins quelque chose, et étouffe la voix de cet indiscret babillard : ou, si tu es décidément muette, apprends-lui à parler pour toi.

19. — SUR UN DÉBRIS DU NAVIRE ARGO.

Ce débris, qui vous semble un bois inutile et sans valeur, fut la première carène qui sillonna des mers inconnues. Ce que les écueils de Cyrène, si fertiles en naufrages, ce que le courroux plus dangereux encore de la mer de Scythie n'ont pu briser autrefois, les siècles l'ont détruit. Mais quoiqu'elle ait cédé à la force du temps, cette petite planche est plus digne de nos respects que ne serait le vaisseau tout entier.

20. — CONTRE SANCTRA.

Rien de plus misérable, de plus goulu que Sanctra. Lorsqu'il est à table, invité à un repas qu'il convoitait depuis tant de jours et tant de nuits, il demande jusqu'à trois fois des glandes de sanglier, quatre fois du filet et les deux cuisses et les deux épaules d'un lièvre. Il ne rougit pas de mentir pour une grive, et de dérober des huîtres aux fibres livides. Il salit sa serviette, en enveloppant des morceaux de gâteau; il y fourre aussi des raisins conservés dans des pots de terre, quelques grenades, la peau difforme d'une vulve vidée, des figues toutes suintantes, et des champignons mollasses. Et lorsque la serviette se déchire sous le poids de ces larcins, il place dans le pan de sa robe des os rongés, et le corps d'une tourterelle dont on a mangé la tête. Il n'a pas honte de ramasser de sa longue main tous les restes, et ce que les chiens même ont laissé là. Toute cette mangeaille ne suffisant pas à sa gourmandise, il remplit encore de vin mélangé une bouteille qu'il avait à ses pieds. Puis, après avoir gravi deux cents marches pour porter chez soi toutes ces provisions, notre goulu s'enferme sous clef dans son galetas, et vend tout le lendemain.

21. — SUR LE JOUR DE NAISSANCE DE LUCAIN.

Voici le jour qui, témoin d'une illustre nais-

```
      At tu munere dedicata parvo,
      Quæ cantaberis orbe nota toto,             10
      Pignus pectoris hoc mei tuere,
      Juli bibliotheca Martialis.
```

XVIII. IN GALLAM.

```
Quum tibi sit facies, de qua nec femina possit
    Dicere; quum corpus nulla litura notet;
Cur te tam rarus cupiat, repetatque fututor,
    Miraris? Vitium est non leve, Galla, tibi.
Accessi quoties ad opus, mixtisque movemur      5
    Inguinibus; cunnus non tacet, ipsa taces.
Di facerent, ut tu loquereris, et ipse taceret!
    Offendor cunni garrulitate tui.
Pedere te mallem : namque hoc nec inutile dicit
    Symmachus, et risum res movet ista simul.   10
Quis ridere potest fatui poppysmata cunni?
    Quum sonat hic, cui non mentula mensque cadit?
Dic aliquid saltem, clamosoque obstrepe cunno :
    Et si adeo muta es, disce vel inde loqui.
```

XIX. DE FRAGMENTO ARGUS.

```
Fragmentum, quod vile putas et inutile lignum,
    Hæc fuit ignoti prima carina maris.
Quam nec Cyaneæ quondam potuere ruinæ
    Frangere, nec Scythici tristior ira freti.
Sæcula vicerunt : sed quamvis cesserit annis,   5
    Sanctior est salva parva tabella rate.
```

XX. IN SANCTRAM.

```
Nihil est miserius, nec gulosius Sanctra,
    Rectam vocatus quum cucurrit ad cœnam,
Quam tot diebus, noctibusque captavit;
Ter poscit apri glandulas, quater lumbum,
Et utramque coxam leporis, et duos armos :      5
Nec erubescit pejerare de turdo,
Et ostreorum rapere lividos cirros.
Buccis placentæ sordidam linit mappam.
Illic et uvæ collocantur ollares,
Et Punicorum pauca grana malorum,               10
Et excavatæ pellis indecens vulvæ,
Et lippa ficus, debilisque boletus.
Sed mappa quum jam mille rumpitur furtis,
Rosos tepenti spondylos sinu condit,
Et devorato capite turturem truncum.            15
Colligere longa turpe nec putat dextra
Analecta, quidquid et canes reliquerunt.
Nec esculenta sufficit gulæ præda,
Mixto lagenam replet ad pedes vino.
Hæc per ducentas quum domum tulit scalas,       20
Seque obserata clausit anxius cella,
Gulosus ille postero die vendit.
```

XXI. DE NATALI LUCANI.

Hæc est illa dies, quæ magni conscia partus,

sance, donna Lucain au monde, et à vous, Polla Cruel Néron, hélas! aucune de tes victimes ne t'a rendu plus odieux : ce forfait du moins n'aurait pas dû t'être permis.

22. — SUR LE MÊME SUJET.

Le voilà le jour à jamais fameux par la naissance d'un illustre favori d'Apollon! Vierges d'Aonie, accueillez favorablement nos sacrifices. C'est pour t'avoir donné à la terre, ô Lucain, que le Bétis a mérité de mêler ses eaux à celles de Castalie.

23. — SUR LE MÊME SUJET, A PHÉBUS.

Viens, Phébus, viens, montre-toi tel que tu étais lorsque tu donnas au chantre sublime des guerres civiles la seconde lyre du Latium. Quels vœux formerai-je en un si grand jour? O Polla, honorez encore par vos hommages l'ombre de votre époux, et qu'il soit sensible à ce culte de votre piété!

24. — CONTRE UN MÉDISANT.

Toi qui cherches à me brouiller avec mon ami Juvénal, langue perfide, que n'oseras-tu pas dire? Avec tes criminels mensonges, Oreste eût abhorré Pylade; Pirithoüs eût fui Thésée. Tu aurais divisé les deux frères Siciliens, les Atrides, plus illustres encore, et les enfants de Léda. Pour prix de tes mérites et de ton impudence, je souhaite, ô langue, que tu continues de faire ce que je soupçonne que tu fais maintenant.

25. — CONTRE UN MAUVAIS POETE.

Tu n'écris que des épigrammes fades, et plus innocentes qu'une peau couverte de céruse; on n'y trouve pas un grain de sel, pas la moindre amertume, pas une goutte de fiel; et, insensé, tu veux être lu ! Un mets qui manque d'assaisonnement est désagréable au goût, et la figure déplaît, lorsqu'un sourire ne vient pas la dérider. Donne aux enfants des pommes mielleuses et de grosses figues sans saveur : pour moi, j'aime les figues piquantes de l'île de Chio.

26. — ENVOI D'UNE PIÈCE EN VERS SCAZONS A APOLLINARIS.

Scazon, va visiter mon cher Apollinaris; et s'il a le temps de te recevoir, car il ne faut pas que tu sois importun, présente-lui, tel qu'il est, ce recueil, dont il peut revendiquer sa part. Que la gaieté de ces vers s'insinue dans son esprit par ses oreilles. S'il te voit d'un œil favorable, demande-lui son crédit, sa faveur, son appui. Tu sais combien il aime mes plaisanteries : je ne puis moi-même t'aimer davantage. Si tu veux être à l'abri des traits de l'envie, Scazon, va visiter mon cher Apollinaris.

27. — SUR UN SANGLIER QUE LUI AVAIT ENVOYÉ DEXTER.

Destructeur des glands de Toscane auxquels tu dois ce corps pesant, sanglier, digne du second rang après le monstre d'Étolie, toi que mon ami Dexter a percé de son noble épieu, te voilà, proie enviée, étendu près de mon foyer. Que ton joyeux fumet remplisse mes pénates; que le bois brûle en ma cuisine comme un jour de fête. Mais mon cuisinier devra faire usage d'un monceau de

Lucanum populis, et tibi, Polla, dedit.
Heu! Nero crudelis, nullaque invisior umbra,
  Debuit hoc saltem non licuisse tibi.

XXII. DE EODEM.

Vatis Apollinei magno memorabilis ortu
  Lux redit : Aonidum turba favete sacris.
Hæc meruit, quum te terris, Lucane, dedisset,
  Mixtus Castaliæ Bætis ut esset aquæ.

XXIII. DE EODEM, AD PHOEBUM.

Phœbe, veni; sed quantus eras, quum bella tonanti
  Ipse dares Latiæ plectra secunda lyræ.
Quid tanta pro luce precer? tu, Polla, maritum
  Sæpe colas, et se sentiat ipse coli.

XXIV. IN MALEDICUM.

Cum Juvenale meo quæ me committere tentas,
  Quid non audebis, perfida lingua, loqui?
Te fingente nefas, Pyladen odisset Orestes :
  Thesea Pirithoi destituisset amor.
Tu Siculos fratres, et majus nomen Atridas,   5
  Et Ledæ poteras dissociare genus.
Hoc tibi pro meritis, et talibus imprecor ausis,
  Ut facias illud, quod, puto, lingua, facis.

XXV. IN MALUM POETAM.

Dulcia quum tantum scribas epigrammata semper,
  Et cerussata candidiora cute;
Nullaque mica salis, nec amari fellis in illis
  Gutta sit : o demens, vis tamen illa legi!
Nec cibus ipse juvat morsu fraudatus aceti;   5
  Nec grata est facies, cui gelasinus abest.
Infanti melimela dato, fatuasque mariscas;
  Nam mihi, quæ novit pungere, Chia sapit.

XXVI. SCAZONTA MITTIT AD APOLLINAREM.

Apollinarem conveni meum, Scazon,
Et si vacabit, ne molestus accedas,
Hoc qualecunque, cujus aliqua pars ipse est,
Dabis : hoc facetum carmen imbuant aures.
Si te receptum fronte videris tota,   5
Noto rogabis ut favore sustentet.
Quanto mearum, scis, amore nugarum
Flagret : nec ipse plus amare te possum.
Contra malignos esse si cupis tutus,
Apollinarem conveni meum, Scazon.   10

XXVII. DE APRO SIBI A DEXTRO MISSO.

Tuscæ glandis aper populator, et ilice multa
  Jam piger, Ætolæ fama secunda feræ,
Quem meus intravit splendenti cuspide Dexter,
  Præda jaces nostris invidiosa focis.
Pinguescant madido tetri nidore Penates,   5
  Flagret et exciso festa culina jugo.

poivre, et prodiguer le falerne et le mystérieux garum. Retourne vers ton maître : mon foyer est pour toi trop petit, ruineux sanglier : j'ai faim à meilleur marché.

28. — A FUSCUS.

Que votre bois de Tibur, consacré à Diane, croisse sans cesse, et repousse aussi souvent qu'il aura été abattu par la coignée; que vos olives ne le cèdent point à celles que foulent les pressoirs de Tartessia; que votre vin nouveau produise d'abondantes cuvées; que le forum vous admire, que le prince vous loue, et que de nombreuses palmes décorent la double porte de votre maison. Tandis qu'au milieu de décembre vous avez quelque loisir, recevez ces badinages et lisez-les avec ce jugement sûr qui vous est naturel. Je veux savoir la vérité; la chose est difficile : cependant, Fuscus, vous pouvez bien me dire ce que vous voulez qu'on vous dise à vous-même.

29. — AU JEUNE TESTILUS.

Doux martyre de Voconius Victor, Testilus, l'enfant le plus connu de l'univers, que ta beauté, même après le sacrifice de ta chevelure, fasse encore les délices de ton maître, et que jamais jeune fille ne plaise à ton poëte chéri! Écarte un moment ses doctes ouvrages, pendant que je lui lis mes vers. Quand Virgile chantait son Alexis à Mécène, on connaissait aussi l'amante de Marsus, la brune Mélénis.

30. — CONTRE CÉLIA.

Tu te donnes aux Parthes, Célia, tu te donnes aux Germains, tu te donnes aux Daces; tu ne dédaignes pas les embrassements du Cilicien ni du Cappadocien; il t'arrive un amant de Memphis, un autre, au teint basané, qui est venu de l'Inde par la mer Rouge. Tu ne repousses pas le membre d'un juif circoncis; l'Alain, sur son cheval sarmate, ne passe pas devant ta maison sans y entrer. Comment se fait-il que toi, fille de Rome, tu n'aimes pas les mentules romaines?

31. — A RÉGULUS.

Ces hôtes de la bruyante basse-cour, ces œufs de leurs poules, ces figues de Chio jaunies par une chaleur tempérée, ce jeune nourrisson d'une chèvre plaintive, ces olives déjà sensibles au froid, ces légumes saupoudrés de gelée blanche, vous supposez que tout cela vous est envoyé de ma maison de campagne. Quel soin vous prenez de vous tromper, ô Régulus! Mon domaine ne porte que moi. Ce que vous envoient votre métayer ombrien, votre fermier, votre campagne située à trois milles de Rome, celle de Toscane, celle de Tusculum, tout cela, Régulus, naît pour moi dans le marché de Suburra.

32. — A ATTICUS.

Atticus, digne fils d'ancêtres éloquents dont vous continuez la gloire, vous qui ne laissez point s'éteindre dans l'oubli une illustre maison, vous avez pour compagnons les pieux sectateurs de la Minerve cécropienne; vous aimez un modeste loisir, vous êtes l'ami de tous les sages : tandis que les autres jeunes gens ont la tête rompue des le-

---

Sed coquus ingentem piperis consumet acervum,
  Addet et arcano mixta Falerna garo.
Ad dominum redeas : noster te non capit ignis,
  Conturbator aper : vilius esurio.   10

XXVIII. AD FUSCUM.

Sic Tiburtinæ crescat tibi sylva Dianæ,
  Et properet cæsum sæpe redire nemus;
Nec Tartessiacis Pallas tua, Fusce, trapetis
  Cedat, et immodici dent bona musta lacus;
Sic fora mirentur, sic te Pallatia laudent,   5
  Excolat et geminas plurima palma fores :
Otia dum medius præstat tibi parva December,
  Excipe, sed certa, quos legis, aure jocos.
Scire libet verum : res est hæc ardua; sed tu
  Quod tibi vis dici, dicere, Fusce, potes.   10

XXIX. AD TESTILUM PUERUM.

Testile, Victoris tormentum dulce Voconi,
  Quo nemo est toto notior orbe puer;
Sic etiam positis formosus amere capillis,
  Et placeat vati nulla puella tuo;
Paulisper domini doctos sepone libellos,   5
  Carmina Victori dum lego pauca tuo.
Et Mæcenati Maro quum cantaret Alexim,
  Nota tamen Marsi fusca Melænis erat.

XXX. IN CÆLIAM.

Das Parthis, das Germanis, das, Cælia, Dacis;
  Nec Cilicum spernis, Cappadocumque toros;
Et tibi de Pharia Memphiticus urbe fututor
  Navigat, a rubris et niger Indus aquis;
Nec recutitorum fugis inguina Judæorum,   5
  Nec te Sarmatico transit Alanus equo.
Qua ratione facis, quum sis Romana puella,
  Quod Romana tibi mentula nulla placet?

XXXI. AD REGULUM.

Raucæ cortis aves, et ova matrum,
  Et flavas medio vapore Chias,
Et fœtum querulæ rudem capellæ,
  Nec jam frigoribus parcs olivas,
Et canum gelidis olus pruinis,   5
  De nostro tibi rure missa credis?
O quam, Regule, diligenter erras!
Nil nostri, nisi me, ferunt agelli.
Quidquid villicus Umber, aut colonus,
  Aut rus marmore tertio notatum,   10
Aut Tusci tibi, Tusculive mittunt,
  Id tota mihi nascitur Suburra.

XXXII. AD ATTICUM.

Attice, facundæ renovas qui nomina gentis,
  Nec sinis ingentem conticuisse domum;

çons d'un maître de gymnastique, qui leur graisse la peau et leur vole leur argent. Ce n'est pas en jouant à la paume, au ballon, à la balle rembourrée de plumes, ce n'est point en lançant contre un pieu des coups innocents, que vous vous préparez à entrer dans le bain; vous n'étendez point, à la manière des lutteurs, vos bras aux veines saillantes et frottés d'huile; vous n'enlevez point à la volée le palet poudreux; mais vous vous livrez à la course près de la fontaine vierge, ou près des lieux où le taureau brûle d'amour pour la fille du roi de Sidon. Se livrer aux exercices dont l'arène est le théâtre, quand on peut simplement courir, c'est de la paresse.

33. — CONTRE CINNA.

Ta toge étant plus sale que la boue, Cinna, et ta chaussure plus blanche que la neige fraîchement tombée, pourquoi, imbécile, laisses-tu flotter la première sur tes pieds? Retrousse-la, Cinna; ou c'en est fait de ta chaussure.

34. — A SÉVÈRE, SUR CHARINUS.

Vous demandez, Sévère, comment il est possible que Charinus, le plus méchant des hommes, ait fait quelque chose de bien? Je vais vous répondre, et sur-le-champ. Qu'y a-t-il de pire que Néron? qu'y a-t-il de meilleur que les thermes de Néron? Mais j'entends déjà quelque critique me dire d'un ton aigre: « Quoi ! préférez-vous les monuments de Néron à tant d'autres de notre maître, de notre Dieu? » — Je préfère les thermes de Néron aux bains d'un sale débauché.

35. — A LÉCANIA.

Chaque fois que tu prends un bain chaud, ton esclave se tient près de toi, les parties enveloppées d'une ceinture de cuir noir. Le mien, Lécania, pour ne pas parler de moi, n'a rien qui sente le juif à cacher sous un cuir : cependant, jeunes et vieux, se baignent tout nus avec toi. Ton esclave serait-il le seul qui soit vraiment homme? serait-ce qu'en matrone austère tu fréquentes les lieux où ne vont que les femmes, et que tu y laves en secret ton bijou dans une eau réservée à toi seule?

36. — A STELLA.

Ma maison de campagne ne pouvant plus résister aux eaux du ciel, et nageant toute délabrée dans un fleuve de pluie d'hiver, vous m'avez fait présent d'une grande quantité de tuiles pour me garantir des inondations subites. Voici déjà l'affreux décembre qui retentit des sifflements de Borée: Stella, vous couvrez la maison de campagne; vous ne couvrez pas le propriétaire.

37. — A CASTRICUS, SUR LE THÊTA.

Connaissez-vous, Castricus, le signal de mort du questeur? Il est important de connaître ce nouveau thêta. Notre homme avait décidé que chaque fois qu'il essuierait son nez que le froid faisait dégoutter, ce geste signifierait un arrêt de mort. Un jour que la bise humide de décembre soufflait avec fureur, une sale roupie pendait

---

Te pia Cecropiæ comitatur turba Minervæ,
  Te secreta quies, te sophos omnis amat.
At juvenes alios fracta colit aure magister, 5
  Et rapit immeritas sordidus unctor opes.
Non pila, non follis, non te paganica thermis
  Præparat, aut nudi stipitis ictus hebes :
Vara nec injecto ceromate brachia tendis;
  Non harpasta vagus pulverulenta rapis : 10
Sed curris niveas tantum prope Virginis undas,
  Aut ubi Sidonio taurus amore calet.
Per varias artes, omnis quibus area servit,
  Ludere, quum liceat currere, pigritia est.

XXXIII. IN CINNAM.

Sordidior cœno quum sit toga, calceus autem
  Candidior prima sit tibi, Cinna, nive;
Dejecto quid, inepte, pedes perfundis amictu?
  Collige, Cinna, togam; calceus ecce perit.

XXXIV. AD SEVERUM, DE CHARINO.

Quo possit fieri modo, Severe,
Ut vir pessimus omnium Charinus
Unam rem bene fecerit, requiris?
Dicam, sed cito : quid Nerone pejus?
Quid thermis melius Neronianis? 5
Non deest protinus, ecce, de malignis,
Qui sic rancidulo loquatur ore;
Quid? tu tot domini, Deique nostri
Præfers muneribus Neronianas?
Thermas præfero balneis cinædi. 10

XXXV. AD LECANIAM.

Inguina succinctus nigra tibi servus aluta
  Stat, quoties calidis tota foveris aquis.
Sed meus, ut de me taceam, Lecania, servus
  Judæum nulla sub cute pondus habet.
Et nudi tecum juvenesque senesque lavantur. 5
  An sola est servi mentula vera tui?
Ecquid femineos sequeris, matrona, recessus?
  Secretusque tua, cunne, lavaris aqua?

XXXVI. AD STELLAM.

Quum pluvias madidumque Jovem perferre negaret,
  Et rudis hibernis villa nataret aquis;
Plurima, quæ posset subitos effundere nimbos,
  Muneribus venit tegula missa tuis.
Horridus, ecce, sonat Boreæ stridore December; 5
Stella, tegis villam, non tegis agricolam.

XXXVII. AD CASTRICUM, DE THETA.

Nosti mortiferum quæstoris, Castrice, signum
  Est operæ pretium discere theta novum.
Exprimeret quoties rorantem frigore nasum,
  Letalem jugulo jusserat esse notam.
Turpis ab inviso pendebat stiria naso, 5
  Quum flaret madida fauce December atrox.

de son odieux nez. Ses collègues lui retinrent les mains. Que vous dirai-je de plus? Le misérable, Castricus, ne put pas se moucher.

38. — A POLYPHÈME.

Polyphême, esclave de mon ami Sévère, tu es si grand et bâti de telle façon que le Cyclope lui-même ne pourrait ne pas t'admirer. Mais Scylla n'est pas moins grande; de sorte que si l'on accouplait vos corps monstrueux, vous seriez l'effroi l'un de l'autre.

39. — SUR CÉLIUS.

Ne pouvant plus s'assujettir aux courses de toute espèce, aux visites du matin, ni tolérer davantage l'orgueil et le bonjour des grands, Célius se mit à feindre des attaques de goutte. Mais en voulant trop prouver la réalité du mal, tandis qu'il garnit ses pieds sains de bandages et de liniments, et qu'il marche d'un pas difficile (merveilleux effet des soins et de la douleur simulée!), Célius cesse de feindre qu'il avait la goutte.

40. — ÉPITAPHE DU PÈRE D'ÉTRUSCUS.

Ci-gît ce vieillard, célèbre à la cour du Dieu de l'empire, de ce Dieu dont il supporta noblement la disgrâce et la faveur. La piété filiale a réuni ses mânes aux mânes sacrés d'une épouse : tous deux habitent maintenant l'Élysée. Celle-ci surprise par la mort, au printemps de sa vie, succomba la première; celui-là vit s'écouler environ dix-huit olympiades. Mais en voyant vos larmes, Étruscus, chacun a cru qu'une mort prématurée vous avait enlevé votre père.

41. — A SEMPRONIUS TUCCA.

Tu te crois cosmopolite, Sempronius Tucca; mais les biens et les maux, Sempronius, sont cosmopolites.

42. — A CASTRICUS.

Si quelqu'un veut lutter avec vous de munificence, qu'il ose aussi, Castricus, lutter de talent poétique. Quant à nous qui n'avons aucune de ces prétentions, et qui sommes prêt à vous céder la palme, nous aimons à dormir, et le repos nous plaît. Pourquoi donc vous plaindre de ce que je vous ai donné de si mauvais vers? Pensez-vous que jamais personne n'offrit de fruits à Alcinoüs?

43. — CONTRE CINNA.

Tu commences, Cinna, par m'accorder ce que je te demande, puis soudain tu me le refuses. J'aime celui qui donne, Cinna; je ne hais pas celui qui refuse. Mais toi, Cinna, tu ne fais à propos ni l'un ni l'autre.

44. — SUR LE BUSTE DE MAXIMUS CÉSONIUS, A Q. OVIDE.

Voilà, Ovide, ce Maximus Césonius votre ami, dont la cire vivante a conservé les traits. Néron le condamna, mais vous osâtes condamner Néron, en suivant la destinée du proscrit. Généreux compagnon de son exil, vous franchîtes avec lui les écueils de Scylla, après avoir refusé de l'accompagner quand il était consul. Si les noms cités dans mes vers doivent passer à la postérité, et s'il m'est donné de survivre à ma cendre, la génération présente et les généra-

Collegæ tenuere manus : quid plura requiris?
  Emungi misero, Castrice, non licuit.

XXXVIII. AD POLYPHEMUM.

Tantus es, et talis nostri, Polypheme, Severi,
  Ut te mirari possit et ipse Cyclops.
Sed nec Scylla minor : quod si fera monstra duorum
  Junxeris, alterius fiet uterque timor.

XXXIX. DE CÆLIO.

Discursus varios, vagumque mane,
Et fastus, et Ave potentiorum,
Quum perferre patique jam negaret,
Cœpit fingere Cælius podagram.
Quam dum vult nimis approbare veram,   5
Et sanas linit obligatque plantas,
Inceditque gradu laborioso ;
(Quantum cura potest, et ars doloris!)
Desit fingere Cælius podagram.

XL. EPITAPHIUM PATRIS ETRUSCI.

Hic jacet ille senex, Augusta notus in aula,
  Pectore non humili passus utrumque Deum ;
Natorum pietas sanctis quem conjugis umbris
  Miscuit : Elysium possidet ambo nemus.
Occidit illa prior viridi fraudata juventa;   5
  Hic prope ter senas vidit Olympiadas.
Sed festinatis raptum tibi credidit annis,
  Aspexit lacrymas quisquis, Etrusce, tuas.

XLI. AD SEMPRONIUM TUCCAM.

Cosmicos esse tibi, Semproni Tucca, videris;
  Cosmica, Semproni, tam mala, quam bona sunt.

XLII. AD CASTRICUM.

Muneribus cupiat si quis contendere tecum,
  Audeat hic etiam, Castrice, carminibus.
Nos tenues in utroque sumus, vincique parati ;
  Inde sopor nobis, et placet alta quies.
Tam mala cur igitur dederim tibi carmina, quæris?   5
  Alcinoo nullum poma dedisse putas?

XLIII. IN CINNAM.

Primum est, ut præstes, si quid te, Cinna, rogabo;
  Illud deinde sequens, ut cito, Cinna, neges.
Diligo præstantem; non odi, Cinna, negantem :
  Sed tu nec præstas, nec cito, Cinna, negas.

XLIV. DE IMAGINE MAXIMI CÆSONII, AD Q. OVIDIUM.

Maximus ille tuus, Ovidi, Cæsonius hic est,
  Cujus adhuc vultum vivida cera tenet.
Hunc Nero damnavit : sed tu damnare Neronem
  Ausus es, et profugi, non tua, fata sequi.
Æquora per Scyllæ magnus comes exsulis isti,   5
  Qui modo nolueras consulis ire comes.
Si victura meis mandantur nomina chartis,
  Et fas est cineri me superesse meo,

tions futures sauront que vous fûtes à l'égard de ce grand homme ce qu'il avait été à l'égard de son cher Sénèque.

45. — SUR LE MÊME SUJET.

Voilà ce Maximus, cet ami puissant que Sénèque chérissait le plus après Carus, qu'il préférait à Sérénus, et auquel il écrivit de charmantes lettres! Vous qui l'avez suivi sur les mers de Sicile, Ovide, vous méritez d'être célébré par toutes les bouches, pour avoir bravé la fureur d'un tyran. Que l'antiquité vante son Pylade, qui suivit dans l'exil un ami proscrit par sa propre mère : qui pourrait comparer ses dangers avec les vôtres? Vous avez été le compagnon d'un proscrit de Néron.

46. — A PRISCUS.

En voulant rehausser par des vers le prix de ton cadeau, et parler avec plus d'élégance que le chantre de Méonie, tu nous mets l'un et l'autre à la torture pendant plusieurs jours, et je souffre de cet exercice qui charme ta muse. Adresse aux riches des vers et des élégies bien ronflantes, mais fais aux pauvres des cadeaux plus solides.

47. — A LICINIUS SURA.

Vous, le plus illustre de nos savants, Sura, vous dont l'éloquence antique rappelle la gravité du langage de nos aïeux, par quel immense bienfait du destin êtes-vous rendu à nos vœux, quand déjà vos lèvres avaient effleuré les eaux du Léthé? Déjà nous avions cessé d'espérer et de craindre, déjà, pleins de tristesse et sûrs de notre malheur, nous nous abandonnions aux larmes; déjà même c'en était fait de vous. Mais le roi du silencieux Averne redouta notre haine, et rendit lui-même aux Parques les fuseaux qu'il leur avait enlevés. Vous savez maintenant quels regrets a fait naître le faux bruit de votre mort, et vous jouissez de votre postérité. Vivez donc comme si votre existence était un larcin; cueillez les plaisirs trop fugitifs, et de la vie que vous recouvrez vous n'aurez perdu aucun jour.

48. — A ANNIUS.

Annius a presque deux cents tables; pour les servir, Annius a des valets. Aussi les mets ne font-ils que passer et les plats que voler. Riches, gardez pour vous de pareils festins; il n'est rien qui me déplaise comme un repas ambulatoire.

49. — A SÉVÈRE.

Je vous envoie, Sévère, ces modestes produits de mon jardin du faubourg; des œufs pour votre gosier, des fruits pour votre faim.

50. — A LA FONTAINE D'IANTHIS.

Reine de ces lieux, fontaine chérie de ta maîtresse Ianthis, gloire et délices de ce brillant séjour, lorsque ta rive est ornée d'une foule de jeunes esclaves plus blancs que la neige, lorsque tes eaux reflètent les chœurs de ces nouveaux Ganymèdes, que fait Alcide dans ce bois qui lui est consacré? Pourquoi ce dieu habite-t-il un antre si voisin de tes eaux? Veille-t-il à ce que les nymphes, dont il connaît les mœurs, n'entraî-

Audiet hoc præsens, venturaque turba, fuisse
  Illi te, Senecæ quod fuit ille suo.   10

XLV. DE EADEM.

Facundi Senecæ potens amicus,
  Caro proximus, aut prior Sereno,
Hic est Maximus ille, quem frequenti
  Felix littera pagina salutat.
Hunc tu per Siculas secutus undas,   5
  O nullis, Ovidi, tacende linguis,
Sprevisti domini furentis iras.
  Miretur Pyladem suum Vetustas,
Hæsit qui comes exsuli parentis.
  Quis discrimina comparet duorum?   10
Hæsisti comes exsuli Neronis.

XLVI. AD PRISCUM.

Commendare tuum dum vis mihi carmine munus,
  Mæonioque cupis doctius ore loqui;
Excrucias multis pariter me teque diebus;
  Et tua de nostro, Prisce, Thalia placet.
Divitibus poteris Musas, elegosque sonantes   5
  Mittere : pauperibus munera pexa dato.

XLVII. AD LICINIUM SURAM.

Doctorum Licini celeberrime Sura virorum,
  Cujus prisca graves lingua reduxit avos,
Redderis, heu quanto fatorum munere! nobis,
  Gustata Lethes pæne remissus aqua.
Perdiderant jam vota metum, securaque flebant   5
  Tristia cum lacrymis; jamque peractus eras.
Non tulit invidiam taciti regnator Averni,
  Et raptas fatis reddidit ipse colos.
Scis igitur, quantas hominum mors falsa querelas
  Moverit; et frueris posteritate tua.   10
Vive velut rapto, fugitivaque gaudia carpe;
  Perdiderit nullum vita reversa diem.

XLVIII. AD ANNIUM.

Quum mensas habeat fere ducentas,
  Pro mensis habet Annius ministros;
Transcurrunt gabatæ, volantque lances.
  Has vobis epulas habete, lauti.
Nos offendimur ambulante cœna.   5

XLIX. AD SEVERUM.

Parva suburbani munuscula mittimus horti :
  Faucibus ova tuis; poma, Severe, gulæ.

L. AD FONTEM IANTHIDOS.

Fons dominæ, regina loci, quo gaudet Ianthis,
  Gloria conspicuæ deliciumque domus,
Quum tua tot niveis ornetur ripa ministris,
  Et Ganymedeo luceat unda choro;
Quid facit Alcides sylva sacratus in ista?   5

nent pas à la fois un si grand nombre d'Hylas?

51. — A URBICUS.

S'il ne vous convient pas, Urbicus, d'acheter mes poëmes, et si pourtant vous voulez connaître ma muse folâtre, allez trouver Pompéius Auctus. Sans doute il ne vous est pas inconnu; en tous cas, sa demeure est sous le péristyle du temple de Mars Vengeur. Versé dans la science du droit, et rompu à tous les usages de la toge, je ne vous dirai pas que ce soit un de mes lecteurs; c'est mon livre lui-même. Il se rappelle et répète si souvent mes vers, qu'il ne lui en échappe pas un mot. Enfin, s'il le voulait, on pourrait croire qu'il les a faits lui-même; mais il aime mieux ne songer qu'à ma réputation. Vous pouvez aller le solliciter vers la dixième heure, car il n'est libre qu'à ce moment. Alors un modeste souper vous réunira tous deux. Il lira, et vous boirez; il déclamera, même en dépit de vous; et quand vous lui aurez dit : C'est assez, il lira encore.

52. — A AUCTUS.

Je suis charmé, Auctus, que vous lisiez mes ouvrages à Céler, si toutefois cette lecture plaît à Céler. Il a été gouverneur dans ma patrie chez les Celtes Ibériens, et jamais vertu plus pure ne brilla dans tout l'empire. Le respect dû à un si grand homme ne m'en trouble que plus, et il me semble qu'il n'est pas un auditeur, mais un juge.

53. — CONTRE UMBER.

Tu m'as envoyé, Umber, pour les Saturnales, tous les présents que t'ont valu ces cinq jours : une douzaine de tablettes à trois feuilles et sept cure-dents. A cela tu as ajouté une éponge, une nappe, un gobelet, un demi-boisseau de fèves, avec un panier d'olives du Picénum et une noire bouteille de vin cuit de Lalétanie; de plus, des figues de Syrie, avec des prunes blanches et un vase rempli de figues libyennes. Ces présents, portés par huit grands esclaves syriens, valaient à peine, je suppose, trente sesterces. Combien il eût été plus facile à un seul de tes esclaves, et moins fatiguant pour lui, de m'apporter cinq livres d'argent!

54. — CONTRE NASIDIÉNUS.

Tous les matins tu me racontes tes rêves qui me menacent de grands malheurs. Cela commence à m'inquiéter, Nasidiénus. Déjà mon vin de la précédente récolte et celui de l'année ont été employés jusqu'à la lie à faire conjurer par une sorcière l'effet de tes songes funestes. J'ai épuisé des monceaux de gâteaux salés et d'encens; mes troupeaux sont dépeuplés par mes nombreux sacrifices. Il ne me reste ni un porc, ni une volaille, ni un œuf. Veille donc, Nasidiénus, ou rêve pour ton propre compte.

55. — CONTRE CHRESTUS.

Si, recevant des cadeaux, tu n'en rends jamais, Chrestus; si tu ne m'en fais, ni par avance, ni

---

Tam vicina tibi cur tenet antra Deus?
Numquid Nympharum notos observat amores,
Tam multi pariter ne rapiantur Hylæ?

LI. AD URBICUM.

Mercari nostras si te piget, Urbice, nugas,
  Et lasciva tamen carmina nosse libet;
Pompeium quæras (et nosti forsitan) Auctum;
  Ultoris prima Martis in æde sedet.
Jure madens, varioque togæ limatus in usu,   5
  Non lector meus hic, Urbice, sed liber est.
Sic tenet absentis nostros, cantatque libellos;
  Ut pereat chartis litera nulla meis.
Denique, si vellet, poterat scripsisse videri;
  Sed famæ mavult ille favere meæ.   10
Hunc licet a decima, nec enim satis ante vacabit,
  Sollicites : capiet cœnula parva duos.
Ille leget, bibe tu : nolis licet, ille sonabit;
  Et quum, Jam satis est, dixeris, ille leget.

LII. AD AUCTUM.

Gratum est, quod Celeri nostros legis, Aucte, libellos;
  Si tamen et Celerem quod legis, Aucte, juvat.
Ille meas gentes, et Celtas rexit Iberos,
  Nec fuit in nostro certior orbe fides.
Major me tanto reverentia turbat; et aures   5
  Non auditoris, judicis esse puto.

LIII. IN UMBRUM.

Omnia misisti mihi Saturnalibus, Umber,
  Munera, contulerant quæ tibi quinque dies :
Bis senos triplices, et dentiscalpia septem;
  His comes accessit spongia, mappa, calix;
Semodiusque fabæ cum vimine Picenarum,   5
  Et Laletanæ nigra lagena sapæ.
Parvaque cum canis venerunt coctana prunis,
  Et Libycæ fici pondere testa gravis.
Vix puto triginta nummorum tota fuisse
  Munera, quæ grandes octo tulere Syri.   10
Quanto commodius nullo mihi ferre labore
  Argenti potuit pondera quinque puer?

LIV. IN NASIDIENUM.

Semper mane mihi de me mera somnia narras,
  Quæ moveant animum sollicitentque meum.
Jam prior ad fæcem, sed et hæc vindemia venit;
  Exorat noctes dum mihi saga tuas.
Consumpsi salsasque molas, et thuris acervos;   5
  Decrevere greges, dum cadit agna frequens.
Non porcus, non cortis aves, non ova supersunt.
  Aut vigila; aut dormi, Nasidiene, tibi.

LV. IN CHRESTUM.

Nulli munera, Chreste, si remittis,
Nec nobis dederis, remiserisque;

en retour des miens, je te croirai encore libéral. Mais si tu en rends à Apicius, à Lupus, à Gallus, à Titius et à Gellius, tu ne me lécheras pas la mentule, car elle est honnête personne; tu lécheras celle d'un Juif échappé à l'incendie de Solyme et condamné par le fisc.

56. — A RABIRIUS.

Votre esprit touchait aux cieux, Rabirius, lorsqu'avec un art si merveilleux vous élevâtes l'édifice du mont Palatin. Si Pise prépare au Jupiter de Phidias un temple digne de lui, c'est a notre Jupiter qu'elle doit demander l'architecte.

57. — SUR ACHILLAS.

Gabinius a transformé Achillas en Castor, de Pollux qu'il était : c'était un excellent lutteur, ce sera maintenant un écuyer.

58. — A GALLA.

Tu as déjà épousé, Galla, six ou sept gitons, séduite par leur chevelure et leur barbe bien peignées. Mais, après avoir éprouvé leur vigueur et senti leurs priapes rester flasques comme un cuir mouillé, malgré les sollicitations de ta main, tu renonces à ces stériles embrassements, à ces maris énervés. Cependant tu retombes encore dans les mêmes goûts. Cherche donc de ces gens austères qui ont toujours à la bouche les noms des Fabius et des Curius, de ces hommes velus, grossiers et sauvages : tu en trouveras; mais cette triste espèce a aussi ses efféminés. Il est difficile, Galla, de se marier avec un homme qui le soit véritablement.

59. — SUR CÉCILIANUS.

Titus, notre ami Cécilianus ne soupe jamais sans un sanglier. — Cécilianus a là un joli convive.

60. — A JUPITER CAPITOLIN.

Vénérable souverain du palais Tarpéien, toi dont nous reconnaissons la puissance, au soin que tu prends de nous conserver notre maître, ô Jupiter, lorsque chacun te fatigue de ses vœux, et te prie de lui donner ce que les dieux peuvent donner, ne t'offense pas contre moi, qui semble fier de ne te demander rien. Je dois te prier pour César; je dois prier César pour moi.

61. — A CÉSAR LE GERMANIQUE.

L'audacieux boutiquier s'était emparé de Rome entière, et son échoppe obstruait l'entrée de toutes les maisons. Vous avez fait élargir les voies trop étroites, et ce qui naguère n'était qu'un sentier est une rue aujourd'hui. Il n'y a plus de piliers entourés de bouteilles enchaînées, et le préteur n'est plus obligé de marcher au milieu de la boue. Le rasoir du barbier ne fonctionne plus à l'aventure au milieu d'une foule qui se presse, et de noirs cabarets n'encombrent plus la voie publique. Le barbier, le cabaretier, le rôtisseur, le boucher restent chez eux. Rome est Rome maintenant; naguère elle était une immense boutique.

62. — CONTRE AMILLUS.

Tu prends tes ébats en plein jour avec de

    Credam te satis esse liberalem.
Sed si reddis Apicio, Lupoque,
Et Gallo, Titioque, Gellioque;   5
    Lingas non mihi (nam proba et pusilla est),
    Sed quæ de Solymis venit perustis
    Damnatam modo mentulam tributi.

LVI. AD RABIRIUM.

Astra polumque tua cepisti mente, Rabiri;
  Parrhasiam mira qui struis arte domum.
Phidiaco si digna Jovi dare templa parabit,
  Has petat a nostro Pisa Tonante manus.

LVII. DE ACHILLA.

Castora de Polluce Gabinia fecit Achillam;
  Pyxagathos fuerat, nunc erit hippodamus.

LVIII. AD GALLAM.

Jam sex, aut septem nupsisti, Galla, cinædis;
  Dum coma te nimium pexaque barba juvat.
Deinde experta latus, madidoque simillima loro
  Inguina, nec lassa stare coacta manu,
Deseris imbelles thalamos, mollemque maritum :   5
  Rursus et in similes decidis usque toros.
Quære aliquem Curios semper Fabiosque loquentem,
  Hirsutum, et dura rusticitate trucem.
Invenies; sed habet tristis quoque turba cinædos :
  Difficile est vero nubere, Galla, viro.   10

LIX. DE CÆCILIANO.

Non cœnat sine apro noster, Tite, Cæcilianus.
  Bellum convivam Cæcilianus habet!

LX. AD JOVEM CAPITOLINUM.

  Tarpeiæ venerande rector aulæ,
  Quem salvo duce credimus Tonantem,
  Quum votis sibi quisque te fatiget,
  Et poscat dare, quæ Dei potestis;
  Nil pro me mihi, Jupiter, petenti   5
  Ne succenseris, velut superbo :
  Te pro Cæsare debeo rogare;
  Pro me debeo Cæsarem rogare.

LXI. AD CÆSAREM GERMANICUM.

Abstulerat totam temerarius institor Urbem,
  Inque suo nullum limine limen erat.
Jussisti tenues, Germanice, crescere vicos;
  Et modo quæ fuerat semita, facta via est.
Nulla catenatis pila est præcincta lagenis;   5
  Nec prætor medio cogitur ire luto.
Stringitur in densa nec cæca novacula turba;
  Occupat aut totas nigra popina vias.
Tonsor, caupo, coquus, lanius sua limina servant.
  Nunc Roma est; nuper magna taberna fuit.   10

LXII. IN AMILLUM.

Reclusis foribus grandes percidis, Amille,

grands garçons, Amillus; et, de peur de faire jaser tes affranchis, tes esclaves, ou quelque client dangereux par sa mauvaise langue, tu veux qu'on te surprenne dans cet exercice. Celui qui, en pareil cas, veut faire voir à des témoins qu'il n'est pas le patient, fait souvent ce qui se fait sans témoin.

63. — SUR SILIUS ITALICUS.

Vous qui lisez les immortels ouvrages de l'immortel Silius, et ses vers dignes de la toge romaine, croyez-vous que le poëte n'aima jamais que les retraites consacrées aux Muses, et les couronnes de lierre des vierges d'Aonie? Avant de chausser le cothurne du divin Virgile, il avait parcouru avec éclat la carrière du grand Cicéron. Il conserve encore l'admiration des centumvirs à la lance pesante; et plus d'un client parle de ses talents avec reconnaissance. Après avoir, sous les douze faisceaux, gouverné Rome pendant cette année à jamais mémorable qui fut marquée par l'affranchissement du monde, il consacra les jours de sa retraite à Phébus et aux Muses, et l'Hélicon dont il fut la gloire est aujourd'hui son barreau.

64. — CONTRE CINNAMUS.

Toi qui débutas au su de toute la ville par être barbier, qui fus ensuite chevalier par le crédit d'une maîtresse, tu t'es réfugié, Cinnamus, en Sicile, dans l'empire de l'Etna, pour échapper aux poursuites de la justice. Que vas-tu faire maintenant? Comment traîneras-tu le poids de l'existence? Comment vas-tu mettre à profit ta malheureuse et fugitive tranquillité? Tu ne peux être ni rhéteur, ni grammairien, ni maître d'école, ni cynique, ni stoïcien; tu ne peux vendre aux Siciliens ton éloquence, ni tes applaudissements à nos théâtres. Ta seule ressource encore, Cinnamus, c'est de reprendre le rasoir.

65. — CONTRE GARGILIANUS.

Voilà bientôt vingt ans, Gargilianus, que tu es rongé de soucis pour un misérable procès déjà jugé trois fois. Malheureux! comment peut-on plaider vingt ans pour un procès qu'il est si facile de perdre?

66. — SUR LABIÉNUS.

Fabius a institué Labiénus son légataire universel. Cependant Labiénus dit qu'il a mérité davantage.

67. — CONTRE PHILÉNIS.

La tribade Philénis sodomise de jeunes garçons, et, plus furieuse qu'un mari, elle va dans ses emportements jusqu'à dévorer, en un jour, onze jeunes filles. La robe retroussée, elle joue à la balle, et, les membres frottés de la poudre jaune des lutteurs, elle lance sans effort ces pesantes masses de plomb dont se servent les athlètes. Après la lutte, elle reçoit, toute souillée de boue, les coups de fouet du maître des jeux. Jamais elle ne soupe, jamais même elle ne se met à table, avant d'avoir vomi sept mesures de vin pur, et elle se croit le droit d'en avaler encore autant, lorsqu'elle a mangé seize de ces pains apprêtés pour les athlètes; après quoi, si elle se

---

Et te deprendi, quum facis ista, cupis;
Ne quid liberti narrent, cervique paterni,
Et niger obliqua garrulitate cliens.
Non pædicari se qui testatur, Amille,   5
Illud sæpe facit, quod sine teste facit.

LXIII. DE SILIO ITALICO.

Perpetui nunquam moritura volumina Sili
Qui legis, et Latia carmina digna toga;
Pierios tantum vati placuisse recessus
Credis, et Aoniæ Bacchica serta comæ?
Sacra cothurnati non attigit ante Maronis,   5
Implevit magni quam Ciceronis opus.
Hunc miratur adhuc centum gravis hasta virorum,
Hunc loquitur grato plurimus ore cliens.
Postquam bis senis ingentem fascibus annum
Rexerat, asserto qui sacer orbe fuit;   10
Emeritos Musis et Phœbo tradidit annos;
Proque suo celebrat nunc Helicona foro.

LXIV. IN CINNAMUM.

Qui tonsor fueras tota notissimus urbe,
Et post hæc dominæ munere factus eques;
Sicanias urbes Ætnæaque regna petisti,
Cinname, quum fugeres tristia jura fori.
Qua nunc arte graves tolerabis inutilis annos? 5
Quid facit infelix et fugitiva quies?
Non rhetor, non grammaticus, ludive magister,
Non cynicus, non tu stoicus esse potes;
Vendere nec vocem Siculis plausumque theatris;
Quod superest, iterum, Cinname, tonsor eris.   10

LXV. IN GARGILIANUM.

Lis te bis decimæ numerantem frigora brumæ
Conterit una tribus, Gargiliane, foris.
Ah miser, et demens! viginti litigat annis
Quisquam, cui vinci, Gargiliane, licet?

LXVI. DE LABIENO.

Hæredem Fabius Labienum ex asse reliquit;
Plus meruisse tamen se Labienus ait.

LXVII. IN PHILÆNIM.

Pædicat pueros tribas Philænis,
Et tentigine sævior mariti
Undenas vorat in die puellas.
Harpasto quoque subligata ludit,
Et flavescit haphe, gravesque draucis   5
Halteras facili rotat lacerto,
Et putri lutulenta de palæstra
Uncti verbere vapulat magistri:
Nec cœnat prius, aut recumbit ante,
Quam septem vomuit meros deunces;   10
Ad quos fas sibi tunc putat redire,

livre à ses sales voluptés, elle ne met point sa langue au service du sexe masculin, estimant ce goût peu digne du rôle d'homme qu'elle a pris; mais elle la plonge tout entière dans les appas secrets des jeunes filles. Que les dieux te rendent la raison, Philénis, toi qui penses que cette débauche est un acte viril!

68. — A INSTANTIUS RUFUS.

Gardez-vous, je vous prie, Instantius Rufus, de recommander mes poésies à votre beau-père : peut-être n'aime-t-il que les choses sérieuses. S'il approuvait de pareilles obscénités, je pourrais lire mes vers aux Curius et même aux Fabricius.

69. — A CANIUS, SUR THÉOPHILA.

La voilà, Canius, cette Théophila qui vous est promise, et dont l'esprit est orné des trésors de la littérature grecque! L'illustre vieillard des jardins d'Académus la revendiquerait à bon droit comme son élève, et la secte des stoïciens ne mettrait pas moins d'empressement à l'adopter. L'immortalité est acquise à tout ouvrage que vous aurez soumis à son jugement, tant elle est supérieure à son sexe, et au-dessus du vulgaire! Quoique bien connue dans le chœur des Muses, que votre Panténis ne lui dispute pas le premier rang. L'amoureuse Sappho donnerait des éloges aux vers de Théophila : moins chaste que celle-ci, elle n'eut pas plus de génie.

70. — CONTRE PHILÉNIS.

Tribade des tribades, Philénis, la femme que tu nommes ton amie est celle qui te sert le mieux.

71. — SUR UNE FAMILLE AYANT DES FICS.

La femme a des fics, le mari a des fics, la fille a des fics, ainsi que le gendre et le petit-fils. Ni l'intendant, ni le métayer, ni le journalier, ni le laboureur, ne sont exempts de ce honteux ulcère. Jeunes et vieux, tous ont des fics, et, chose étonnante, pas un de leurs champs n'a de figuiers.

72. A PAULLUS.

Puissiez-vous, Paullus, être content de décembre! Puisse ce mois vous rapporter autre chose que des tablettes sans valeur, des serviettes écourtées, ou de minces paquets d'encens d'une demi-livre! Mais qu'un riche accusé ou un ami puissant vous fasse cadeau de ces grands plats et de ces vastes coupes dont se servaient nos aïeux, ou d'objets qui vous plairont, et que vous désirez depuis longtemps! Puissiez-vous vaincre aux échecs Publius et Novius; obtenir des lutteurs frottés d'huile, juges impartiaux du combat, la palme du trigone, et mériter par l'adresse de votre main gauche plus d'éloges que Polybus! Si quelqu'un, par méchanceté, m'attribue des vers infectés d'un noir venin, élevez la voix pour me défendre : criez aussi haut que vous pourrez, et sans jamais vous lasser : « Mon ami Martial n'a point écrit cela. »

73. — A MAXIMUS.

Tu as une maison aux Esquilies, une maison

Quum coliphia sexdecim comedit.
Post hæc omnia, quum libidinatur,
Non fellat : putat hoc parum virile;
Sed plane medias vorat puellas.   15
Di mentem tibi dent tuam, Philæni;
Cunnum lingere quæ putas virile.

LXVIII. AD INSTANTIUM RUFUM.

Commendare meas, Instanti Rufe, Camœnas
Parce, precor, socero : seria forsan amat.
Quod si lascivos admittit et ille libellos,
Hæc ego vel Curio Fabricioque legam.

LXIX. DE THEOPHILA, AD CANIUM.

Hæc est illa tibi promissa Theophila, Cani,
Cujus Cecropia pectora dote madent.
Hanc sibi jure petat magni senis Atticus hortus,
Nec minus esse suam stoica turba velit.
Vivet opus quodcumque per has emiseris aures; 5
Tam non femineum, nec populare sapit.
Non tua Pantænis nimium se præferat illi,
Quamvis Pierio sit bene nota choro.
Carmina fingentem Sappho laudavit amatrix;
Castior hæc, et non doctior illa fuit.   10

LXX. IN PHILÆNIM.

Ipsarum tribadum tribas, Philæni,
Recte, quam futuis, vocas amicam.

LXXI. DE FAMILIA FICOSA.

Ficosa est uxor, ficosus et ipse maritus;
Filia ficosa est, et gener, atque nepos.
Nec dispensator, nec villicus ulcere turpi,
Nec rigidus fossor, sed nec arator eget.
Quum sint ficosi pariter juvenesque senesque,   5
Res mira est, ficos non habet unus ager.

LXXII. AD PAULLUM.

Gratus sic tibi, Paulle, sit December;
Nec vani triplices, brevesque mappæ,
Nec thuris veniant leves selibræ;
Sed lances ferat, aut scyphos avorum,
Aut grandis reus, aut potens amicus,   5
Seu quod te potius juvat capitque.
Sic vincas Noviumque Publiumque
Mandris et vitreo latrone clausos;
Sic palmam tibi de trigone nudo
Unctæ det favor arbiter coronæ,   10
Nec laudet Polybi magis sinistras :
Si quisquam mea dixerit malignus
Atro carmina quæ madent veneno;
Ut vocem mihi commodes patronam,
Et, quantum poteris, sed usque, clames;   15
Non scripsit meus ista Martialis.

LXXIII. AD MAXIMUM.

Esquiliis domus est, domus est tibi colle Dianæ,

sur la colline de Diane, une maison dans le quartier des patriciens. De l'une, tu vois le temple consacré à Cybèle pleurant son veuvage; de l'autre, celui de Vesta; de la troisième, le nouveau et l'ancien Capitole. Dis-moi où je pourrai te rejoindre? dis-moi où je te trouverai? Quiconque habite partout, Maximus, n'habite nulle part

74. — VŒU POUR CARUS ET NORBANA.

Honneur du mont Cyllène et du ciel, ministre éloquent de Jupiter, toi dont la main est armée de la verge d'or qu'enlace un double serpent, puisses-tu ne jamais manquer l'occasion de quelque amoureux larcin, soit que tu ambitionnes les faveurs de la déesse de Paphos, soit que tu brûles pour Ganymède! Que les ides maternelles te décorent de rameaux sacrés, et que ton vieil aïeul soit soulagé du fardeau qui l'accable! que Norbana et son époux Carus célèbrent toujours avec joie ce jour témoin des premiers mystères de leur couche nuptiale! Pontife religieux, Carus présente son offrande à la sagesse; il t'invoque et brûle pour toi de l'encens, sans cesser d'être fidèle à notre Jupiter.

75. — CONTRE UNE FEMME VIEILLE ET LAIDE.

Vieille et laide, tu veux qu'on te besogne gratis! C'est par trop ridicule : tu veux et tu ne veux pas donner.

76. — A PHILOMUSUS.

Il est vrai que les grands se disputent pour t'avoir à leur table. Ils te font venir dans leurs palais; ils t'entraînent au théâtre. Chaque fois qu'ils te rencontrent, ils te font monter dans leur litière; ils se baignent avec toi. Ne t'applaudis pas trop de ces faveurs. Tu les divertis, Philomusus; ils ne t'aiment pas.

77. — CONTRE TUCCA.

Tu veux, Tucca, que je te fasse présent de mes ouvrages : je ne le ferai pas; car tu veux les vendre et non les lire.

78. — CONTRE PAPILUS.

Tandis qu'on ne sert sur ta table que la gueule d'un poisson de Sex, et que pour te régaler, tu te contentes de fèves non assaisonnées, tu envoies en présent des tétines de laie, du sanglier du lièvre, des champignons, des huîtres, des surmulets. C'est à la fois, Papilus, manquer de sagesse et d'esprit.

79. — A SÉVÈRE.

Dernièrement, j'ai bu du vin consulaire. Vous me demandez s'il était vieux, s'il était généreux : le consul lui-même l'avait mis en bouteilles, et c'était le même consul, Sévère, qui nous le versait.

80. A FAUSTINUS, POUR QU'IL ENVOIE A MARCELLINUS LES OUVRAGES DU POETE.

Aujourd'hui que Rome laisse respirer les peuples de la Thrace, que les clairons belliqueux ne se font plus entendre, vous pourrez, Faustinus, envoyer ce livre a Marcellinus, lequel a déjà repris ses études et ses plaisirs. Si cependant vous voulez donner plus de prix au modeste présent de votre ami, faites-le porter par un jeune esclave, non pas de ceux qui, engraissés du lait des gé-

---

Et tua patricius culmina vicus habet :
Hinc viduæ Cybeles, illinc sacraria Vestæ;
Inde novum, veterem prospicis inde Jovem.
Dic? ubi conveniam? dic, qua te parte, requiram?   5
  Quisquis ubique habitat, Maxime, nusquam habitat.

LXXIV. PRO CARO ET NORBANA VOTUM.

Cyllenes cœlique decus, facunde minister,
  Aurea cui torto virga dracone viret;
Sic tibi lascivi non desit copia furti,
  Sive cupis Paphien, seu Ganymede cales;
Maternæque sacris ornentur frondibus Idus,   5
  Et senior parca mole prematur avus;
Hunc semper Norbana diem cum conjuge Caro
  Læta colat, primis quo coiere toris.
Hic pius antistes sophiæ sua dona ministrat :
Illic te thure vocat, fidus et ipse Jovi.   10

LXXV. IN ANUM DEFORMEM.

Vis futui gratis, quum sis deformis, anusque.
Res perridicula est : vis dare, nec dare vis.

LXXVI. AD PHILOMUSUM.

Quod te diripiunt potentiores
Per convivia, porticus, theatra,
Et tecum, quoties ita incidisti,
Gestari juvat, et juvat lavari;
Nolito nimium tibi placere.   5
Delectas, Philomuse : non amaris.

LXXVII. IN TUCCAM.

Exigis, ut nostros donem tibi, Tucca, libellos.
Non faciam : nam vis vendere, non legere.

LXXVIII. IN PAPILUM.

Quum Sexitani ponatur cauda lacerti,
  Et bene si cœnas, conchis inuncta tibi est;
Sumen, aprum, leporem, boletos, ostrea, mullos,
  Mittis : habes nec cor, Papile, nec genium.

LXXIX. AD SEVERUM.

Potavi modo consulare vinum.
Quæris, quam vetus atque liberale?
Ipso consule conditum : sed ipse,
Qui ponebat, erat, Severe, consul.

LXXX. AD FAUSTINUM, UT LIBELLOS SUOS MARCELLINO MITTAT.

Quatenus Odrysios jam pax Romana Triones
  Temperat, et tetricæ conticuere tubæ,
Hunc Marcellino poteris, Faustine, libellum
  Mittere : jam chartis, jam vacat ille jocis.
Sed si parva tui munuscula quæris amici   5
  Commendare, ferat carmina nostra puer :
Non qualis Geticæ satiatus lacte juvencæ

nisses de la Gétie, jouent avec le trochus sarmate sur quelque fleuve glacé, mais par un de ces adolescents au teint rosé, acheté d'un courtier de Mitylène, ou bien par un autre venu de Lacédémone, et que sa mère n'aura point encore fait fouetter. Quant à moi, je ne vous enverrai qu'un pauvre esclave né sur les bords conquis du Danube, et qui pourrait mener paître les troupeaux de Tibur.

81. — A LAUSUS.

Il y a dans tout ce livre trente mauvaises épigrammes. S'il y en a autant de bonnes, Lausus, le livre est bon.

82. — SUR MÉNOPHILUS.

La mentule de Ménophilus est enfermée dans un étui si vaste, qu'il suffirait seul à tous les comédiens à la fois. Je croyais, Flaccus (car souvent nous nous baignons ensemble), qu'il prenait cette précaution à cause de sa voix. Mais naguère, comme il s'exerçait à la palestre, en présence du peuple, le malheureux laissa choir son étui ! Il était circoncis.

83. — SUR EUTRAPÉLUS.

Pendant qu'Eutrapélus le barbier promène sa main sur le visage de Lupercus, et qu'il le rase d'un côté, la barbe repousse de l'autre.

84. — A SON LIVRE.

Tandis qu'on fait mon portrait pour Cécilius Secundus, et que la toile respire sous le pinceau de l'artiste, va, mon livre, à Peucé, dans le pays des Gètes, et sur les bords silencieux du Danube.

C'est là que Cécilius exerce sur des nations vaincues l'autorité qui lui fut déléguée. Tu lui offriras peu de chose, tendre ami ; mais cela même lui sera précieux. Mes traits se reproduiront plus solidement dans mes vers : ni le temps, ni les accidents ne pourront les effacer; ils vivront encore, lorsque l'œuvre de mon Apelle aura cessé d'exister.

85. — A SABELLUS.

Tu fais quelquefois de jolis quatrains, des distiques agréables. Je t'en félicite, Sabellus ; mais je ne m'en étonne pas. Il est facile de faire une jolie épigramme; mais en faire tout un livre, voilà le difficile.

86. — CONTRE SEXTUS.

Tu m'invitais au repas que tu donnes le jour de ta naissance, Sextus, avant que je fusse ton ami. Comment est-il arrivé, de grâce, comment se fait-il qu'après tant de gages de mon amitié, après une liaison de tant d'années, tu oublies tout à coup ton vieux camarade ? Ah ! j'en sais bien la cause ! Je ne t'ai point envoyé une livre d'argent de coupelle espagnol, ni de toge de fine étoffe, ni de surtouts neufs. La sportule dont on trafique n'est plus une sportule. Tu veux des présents, Sextus, et non pas des amis. Mais je t'entends dire : « Je punirai l'esclave chargé des invitations. »

87. — SUR LUI-MÊME.

S'il plaît à mon ami Flaccus d'avoir une chouette aux longues oreilles ; à Canius, un noir Éthiopien ; si Publius brûle d'amour pour une petite

---

Sarmatica rigido ludit in amne rota ;
Sed Mitylenæi roseus mangonis ephebus,
Vel non cæsus adhuc matre jubente Lacon.   10
At tibi captivo famulus mittetur ab Istro,
Qui Tiburtinas pascere possit oves.

LXXXI. AD LAUSUM.

Triginta toto mala sunt epigrammata libro :
Si totidem bona sunt, Lause, liber bonus est.

LXXXII. DE MENOPHILO.

Menophili penem tam grandis fibula vestit,
Ut sit comœdis omnibus una satis.
Hunc ego credideram (nam sæpe lavamur in unum)
Sollicitum voci parcere, Flacce, suæ :
Dum ludit media, populo spectante, palæstra,   5
Delapsa est misero fibula ; verpus erat.

LXXXIII. DE EUTRAPELO.

Eutrapelus tonsor dum circuit ora Luperci,
Expingitque genas, altera barba subit.

LXXXIV. AD LIBRUM.

Dum mea Cæcilio formatur imago Secundo,
Spirat et arguta picta tabella manu,
I, liber, ad Geticam Peucen, Istrumque tacentem ;
Hæc loca perdomitis gentibus ille tenet.

Parva dabis caro, sed dulcia dona sodali ;   5
Certior in nostro carmine vultus erit.
Casibus hic nullis, nullis delebilis annis
Vivet, Apelleum quum morietur opus.

LXXXV. AD SABELLUM.

Quod non insulse scribis tetrasticha quædam,
Disticha quod belle pauca, Sabelle, facis ;
Laudo, nec admiror : facile est epigrammata belle
Scribere ; sed librum scribere, difficile est.

LXXXVI. IN SEXTUM.

Ad natalitias dapes vocabar,
Essem quum tibi, Sexte, non amicus.
Quid factum est, rogo, quid repente factum,
Post tot pignora nostra, post tot annos,
Quod sum præteritus vetus sodalis ?   5
Sed causam scio : nulla venit a me
Hispani tibi libra pustulati,
Nec levis toga, nec rudes lacernæ ;
Non est sportula, quæ negotiatur.
Poscis munera, Sexte, non amicos.   10
Jam dices mihi, Vapulet vocator.

LXXXVII. DE SE.

Si meus aurita gaudet glaucopide Flaccus ;
Si fruitur tristi Canius Æthiope ;

chienne; si Cronius aime un singe qui lui ressemble; si le redoutable ichneumon amuse Marius; si la pie qui te salue, Lausus, te cause tant de plaisir; si Glacilla se fait un collier d'un serpent glacé; si Thélésina fit élever un tombeau à son rossignol; pourquoi celui qui est témoin des goûts bizarres de ses maîtres n'aimerait-il pas la douce figure de Labyca, digne de Cupidon lui-même?

88. — SUR SES OUVRAGES.

Si la renommée n'en impose pas, Vienne la Belle fait, dit-on, ses délices de mes ouvrages. Là, tout le monde me lit, les jeunes et les vieux, les enfants, et même les chastes mères en présence de leurs sévères maris. Succès plus flatteur que si les habitants des bords du Nil, qui boivent à sa source les eaux de ce fleuve, chantaient mes vers; que si le Tage qui coule dans ma patrie m'enrichissait de tout l'or de l'Espagne; que si les abeilles de l'Hybla et de l'Hymette me nourrissaient de leur miel. J'ai donc quelque génie; je ne suis point le jouet de paroles complaisantes et adulatrices. Désormais, Lausus, il me faut, je pense, croire à ton jugement.

89. — ENVOI D'UNE COURONNE DE ROSES A APOLLINARIS.

Allez, roses fortunées, allez ceindre de vos festons délicats la tête de mon cher Apollinaris. N'oubliez pas de la ceindre encore lorsqu'elle aura blanchi: mais que cela n'arrive pas avant longtemps! et vous, soyez toujours la fleur favorite de Vénus!

90. — A CRÉTICUS.

Mathon critique avec emphase l'inégalité de mon style: si cela est vrai, Mathon fait lui-même l'éloge de mes vers. Cabrinas et Umber ont un style parfaitement égal; un livre dont le style est égal, Créticus, est un mauvais livre.

91. — A JUVÉNAL.

Docte Juvénal, je vous envoie, pour vos saturnales, ces noix cueillies dans mon jardin. Le Dieu libertin qui le garde a donné mes autres fruits à de jeunes filles amoureuses.

92. — CONTRE BACCARA.

« Si tu as besoin de quelque chose, tu sais qu'il n'est pas nécessaire de me prier. » Voilà ce que tu me dis, Baccara, deux et trois fois par jour. Le fâcheux Secundus me réclame durement ce qu'il m'a prêté; tu l'entends, Baccara, mais tu ignores ce dont j'ai besoin. On me demande à ton nez, et à haute et intelligible voix, le prix de mon loyer; tu l'entends, Baccara, mais tu ignores ce dont j'ai besoin. Je me plains que ma robe soit déchirée, et ne me défende pas des injures de l'air; tu l'entends, Baccara, mais tu ignores ce dont j'ai besoin. J'ai besoin que ta langue soit frappée d'une paralysie subite, Baccara, afin que tu ne puisses plus me dire : « De quoi as-tu besoin? »

93. — A NARNIA.

Narnia, toi qu'un fleuve écumeux entoure de ses ondes sulfureuses, toi qui sur ton double mont parais inaccessible, quel plaisir as-tu à

Publius exiguæ si flagrat amore catellæ,
  Si Cronius similem cercopithecon amat;
Delectat Marium si perniciosus ichneumon;   5
  Pica salutatrix si tibi, Lause, placet;
Si gelidum collo nectit Glacilla draconem;
  Lusciniæ tumulum si Thelesina dedit :
Blanda Cupidinei cur non amet ora Labycæ,
  Qui videt hæc dominis monstra placere suis?   10

LXXXVIII. DE SUIS LIBRIS.

Fertur habere meos, si vera est fama, libellos
  Inter delicias pulchra Vienna suas.
Me legit omnis ibi senior, juvenisque, puerque,
  Et coram tetrico casta puella viro.
Hoc ego maluerim, quam si mea carmina cantent,   5
  Qui Nilum ex ipso protinus ore bibunt;
Quam meus Hispano si me Tagus impleat auro,
  Pascat et Hybla meas, pascat Hymettos apes.
Non nihil ergo sumus, nec blandæ munere linguæ
  Decipimur : credam jam, puto, Lause, tibi.   10

LXXXIX. APOLLINARI MITTIT CORONAM ROSEAM.

I, felix rosa, mollibusque sertis
Nostri cinge comas Apollinaris.
Quas tu nectere candidas, sed olim,
Sic te semper amet Venus, memento.

XC. AD CRETICUM.

Jactat inæqualem Matho me fecisse libellum;
  Si verum est, laudat carmina nostra Matho.
Æquales scribit libros Calvinus et Umber.
  Æqualis liber est, Cretice, qui malus est.

XCI. AD JUVENALEM.

De nostro, facunde, tibi, Juvenalis, agello
  Saturnalitias mittimus ecce nuces.
Cætera lascivis donavit poma puellis
  Mentula custodis luxuriosa Dei.

XCII. IN BACCARAM.

Si quid opus fuerit, scis me non esse rogandum,
  Bis nobis dicis, Baccara, terque die.
Appellat rigida tristis me voce Secundus;
  Audis, sed nescis, Baccara, quid sit opus.
Pensio te coram petitur clareque palamque;   5
  Audis, sed nescis, Baccara, quid sit opus.
Esse queror gelidasque mihi tritasque lacernas;
  Audis, sed nescis, Baccara, quid sit opus.
Hoc opus est, subito fias ut sidere mutus;
  Dicere ne possis, Baccare, quid sit opus.   10

XCIII. AD NARNIAM.

Narnia, sulfureo quam gurgite candidus amnis
  Circuit, ancipiti vix adeunda jugo,

m'enlever si souvent mon cher Quintus, et à le retenir si longtemps? Pourquoi me ravir le charme de ma terre de Nomente, dont le séjour m'est si doux à cause de son voisinage? Aie enfin pitié de moi, Narnia, et ne retiens pas plus longtemps mon cher Quintus. A cette condition, jouis à jamais du pont qui lie tes deux montagnes.

94. — SUR PAPILUS.

Tout à l'heure ce petit vase d'onyx contenait du parfum; Papilus l'a flairé, ce n'est plus que du garum infect.

95. — CONTRE LINUS.

Nous sommes en hiver; décembre est tout hérissé de glace, et tu oses néanmoins arrêter dans la rue les gens que tu rencontres, pour leur appliquer des baisers aussi froids que la neige, pour en donner enfin, Linus, à Rome tout entière. Si l'on t'avait outragé, battu, que pourrais-tu faire de plus sévère et de plus cruel? Par un froid pareil, je ne voudrais pas même que ma femme me baisât, je ne voudrais pas sentir les lèvres caressantes de mon innocente fille. Mais il n'en est pas de même de toi, plus galant, plus raffiné, de toi dont le nez, semblable à celui d'un chien, distille des roupies glaciales, et dont la barbe est aussi dure que celle d'un bouc du Cinyphus, tondu par les ciseaux d'un chevrier cilicien. J'aimerais mieux rencontrer une centaine de cunnilinges, et je craindrais moins un prêtre de Cybèle nouvellement châtré. S'il te reste encore un peu de bon sens et de pudeur, Linus, je t'en conjure, ajourne au mois d'avril tes baisers d'hiver.

96. — ÉPITAPHE DU JEUNE URBICUS.

Moi Urbicus, enfant pleuré de Bassus, je repose en ce lieu. Rome m'a donné la naissance et un nom. Il manquait six mois à mes trois ans, lorsque les Parques impitoyables tranchèrent le fil de mes jours. A quoi m'ont servi la beauté, mon langage enfantin, mon âge encore si tendre? Verse des larmes sur ma tombe, toi qui lis cette inscription; et puisse celui à qui tu souhaites des jours plus longs que les tiens ne descendre sur les bords du Léthé qu'après avoir passé l'âge de Nestor!

97. — A SON LIVRE, SUR CÉSIUS SABINUS.

O mon livre, si tu connais bien Césius Sabinus, l'honneur de la montueuse Ombrie, le compatriote de mon cher Aulus Pudens, donne-lui ces vers, fût-il même occupé. Malgré les soins qui l'assiègent, il trouvera bien un moment à me donner: car il m'aime, et il me lira aussitôt après les nobles écrits de Turnus. Quelle renommée, quelle gloire vais-je acquérir! quelle foule va s'arracher ces pages! Les festins, le forum, les maisons, les carrefours, les boutiques, ô mon livre, vont retentir de ton nom. Je ne t'ai envoyé qu'à un seul, mais tu seras lu de tout le monde.

98. — A CASTOR.

Tu achètes tout, Castor; c'est afin de tout revendre.

Quid tam sæpe meum nobis abducere Quintum
  Te juvat, et lenta detinuisse mora?
Quid Nomentani causam mihi perdis agelli,   5
  Propter vicinum qui pretiosus erat?
Sed jam parce mihi, nec abutere, Narnia, Quinto;
  Perpetuo liceat sic tibi ponte frui.

XCIV. DE PAPILO.

Unguentum fuerat, quod onyx modo parva gerebat
Olfecit postquam Papilus, ecce garum est.

XCV. IN LINUM.

Bruma est, et riget horridus December,
Audes tu tamen osculo nivali
Omnes obvius hinc et hinc tenere,
Et totam, Line, basiare Romam.
Quid possis graviusque sæviusque   5
Percussus facere, atque verberatus?
Hoc me frigore basiet nec uxor,
Blandis filia nec rudis labellis.
Sed tu dulcior, elegantiorque,
Cujus livida naribus caninis   10
Dependet glacies, rigetque barba,
Qualem forficibus metit supinis
Tonsor Cinyphio Cilix marito.
Centum occurrere malo cunnilingis;
Et Gallum timeo minus recentem.   15
Quare si tibi sensus est, pudorque,
Hibernas, Line, basiationes
In mensem rogo differas Aprilem.

XCVI. EPITAPHIUM URBICI PUERI.

Conditus hic ego sum Bassi dolor, Urbicus infans,
  Cui genus et nomen maxima Roma dedit.
Sex mihi de prima deerant trieteride menses,
  Ruperunt tetricæ quum mala pensa Deæ.
Quid species, quid lingua mihi, quid profuit ætas?   5
  Da lacrymas tumulo, qui legis ista, meo.
Sic ad Lethæas, nisi Nestore serior, undas
  Non eat, optabis quem superesse tibi.

XCVII. AD LIBRUM SUUM DE CÆSIO SABINO.

Nosti si bene Cæsium, libelle,
Montanæ decus Umbriæ Sabinum,
Auli municipem mei Pudentis;
Illi tu dabis, hæc, vel occupato.
Instent mille licet prementque curæ;   5
Nostris carminibus tamen vacabit.
Nam me diligit ille, proximumque
Turni nobilibus leget libellis.
O quantum mihi nominis paratur!
O quæ gloria! quam frequens amator!   10
Te convivia, te forum sonabit,
Ædes, compita, porticus, tabernæ.
Uni mitteris, omnibus legeris.

XCVIII. AD CASTOREM.

Omnia, Castor, emis: sic fiet, ut omnia vendas.

99. — A CRISPINUS.

Puissiez-vous, Crispinus, voir toujours la sérénité empreinte sur les traits du maître du tonnerre! Que Rome vous chérisse autant que Memphis votre patrie, si mes vers sont lus à la cour impériale! (car l'oreille sacrée de César daigne ordinairement les entendre.) Lecteur bienveillant, osez lui dire de moi : « Celui-là contribue à la gloire de votre règne; il n'est point inférieur à Marsus et au docte Catulle. » Ces mots suffiront; je m'en remets au Dieu pour le reste.

100. — A PONTICUS.

Tu cours sans cesse chez les grands, Ponticus, et tu examines tout. Tu médites sans doute de grands desseins, Ponticus; tu es un grand homme. Si tu fais certaines choses, Ponticus, tu les fais sans témoin, loin de la foule; peu de gens sont dans ta confidence, Ponticus; tu es un homme prudent. La nature t'a gratifié d'une beauté rare, Ponticus; tu étais digne d'Hélène, Ponticus; tu es un bel homme. Ta voix, Ponticus, serait capable d'attendrir le diamant; elle est pleine de douceur, Ponticus; tu es la douceur même. C'est ainsi, Ponticus, que tu trompes toi-même et les autres; veux-tu savoir la vérité, Ponticus? tu es un homme nul.

101. — SUR UNE VIEILLE.

Tu plais à qui t'entend; tu plais à qui te touche; enfin tu plais à qui ne te voit pas. Mais de ceux qui te voient, il n'est personne à qui tu plaises.

102. — SUR MILON.

Milon n'est pas chez lui : pendant qu'il voyage, son champ est en friche; mais sa femme n'en est pas moins féconde. Pourquoi ses terres sont-elles stériles? pourquoi sa femme a-t-elle des nourrissons? Je vais vous le dire : Personne ne cultive son champ, et quelqu'un cultive sa femme.

LIVRE VIII.

A L'EMPEREUR DOMITIEN, CÉSAR-AUGUSTE, LE GERMANIQUE, LE DACIQUE, VALÉRIUS MARTIAL, SALUT.

Prince, mes livres, qui vous doivent leur réputation, c'est-à-dire la vie, vous adressent leurs vœux; et c'est, je pense, cet hommage-là qui les fait lire. Celui-ci cependant, le huitième de mon recueil, a eu plus souvent l'occasion de vous manifester sa piété. Il m'a coûté moins de travail, le sujet me tenant lieu d'esprit. Toutefois j'ai tâché d'y semer de la variété, afin que tous mes vers n'infligeassent pas à votre modestie céleste des éloges plus propres à la fatiguer, qu'à satisfaire les besoins de ma reconnaissance. Mais, quoique mes épigrammes, même celles qui sont écrites pour les personnages les plus austères, pour ceux que la fortune a le plus élevés, semblent affecter dans les mots la licence des baladins, je n'ai pas voulu qu'elles parlassent aujourd'hui avec leur liberté accoutumée. Ce livre, dans sa plus grande et sa meilleure partie, ayant trait à la majesté de votre nom sacré, se souviendra qu'on n'entre jamais dans un temple sans s'être purifié par des ablutions. Et pour que mes lecteurs sachent

---

XCIX. AD CRISPINUM.

Sic placidum videas semper, Crispine, Tonantem;
  Nec te Roma minus, quam tua Memphis amet,
Carmina Parrhasia si nostra legentur in aula;
  (Namque solent sacra Cæsaris aure frui).
Dicere de nobis, ut lector candidus, aude :   5
  Temporibus præstat non nihil iste tuis;
Nec Marso nimium minor est, doctoque Catullo.
  Hoc satis est : ipsi cætera mando Deo.

C. AD PONTICUM.

Pontice, per reges discurris, et omnia lustras;
  Magna quidem sequeris, Pontice; magnus homo es.
Pontice, si qua facis, sine teste facis, sine turba;
  Non adhibes multos, Pontice : cautus homo es.
Pontice, te celebrem forma natura creavit;   5
  Dignus eras Helena, Pontice : pulcher homo es.
Pontice, voce tua posses adamanta movere;
  Vox tua dulce sonat, Pontice : dulcis homo es.
Pontice, sic alios, sic te quoque decipit error;
  Vis dicam verum, Pontice? nullus homo es.   10

CI. DE VETULA.

Tacta places, audita places; si non videare,
  Tota places : neutro, si videare, places.

CII. DE MILONE.

Milo domi non est; peregre Milone profecto
  Arva vacant : uxor non minus inde parit.
Cur sit ager sterilis, cur uxor lactitet, edam;
  Quo fodiatur ager non habet, uxor habet.

LIBER VIII.

IMPERATORI DOMITIANO
CÆSARI AUGUSTO, GERMANICO, DACICO,
VALERIUS MARTIALIS SALUTEM.

Omnes quidem libelli mei, domine, quibus tu famam, id est, vitam dedisti, tibi supplicant : et, puto, propter hoc leguntur. Hic tamen, qui operis nostri Octavus inscribitur, occasione pietatis frequentius fruitur. Minus itaque ingenio laborandum fuit, in cujus locum materia successerat : quam quidem subinde aliqua jocorum mixtura variare tentavimus; ne cœlesti verecundiæ tuæ laudes suas, quæ facilius te fatigare possunt, quam nos satiare, omnis versus ingereret. Quamvis autem Epigrammata severissimis quoque, et supremæ fortunæ viris ista scripta sint, ut mimicam verborum licentiam affectasse videantur; ego tamen illis non permisi tam lascive loqui, quam solent. Quum pars libri et major et melior ad majestatem sacri nominis tui allegata sit, meminerit non nisi religionis purificatione lustratus accedere ad templa debere. Quod

bien que je me conformerai à cette obligation, je veux en consigner la promesse en tête de mon livre, et dans une courte épigramme.

1. — A SON LIVRE.

Près d'entrer dans le palais que décorent les lauriers victorieux du prince, apprends, mon livre, à t'exprimer avec décence et respect. Loin d'ici, Vénus, avec ta nudité! ce livre ne s'adresse pas à toi. Mais toi, Pallas, toi que César adore, viens à moi.

2. — A JANUS.

Le créateur et le père des fastes, Janus, voyant naguère le vainqueur du Danube, pensa qu'il n'avait point assez de son double visage, et souhaita d'avoir un plus grand nombre d'yeux. Puis, faisant usage de sa double langue, il promit au maître de la terre, au Dieu de l'empire, une vieillesse quadruple de celle de Nestor. Ajoute-s-y encore la tienne, père Janus ; nous t'en prions.

3. — A SA MUSE.

« Cinq livres, c'est assez ; six ou sept, c'est trop. Pourquoi vouloir, ô ma muse, te livrer à de nouveaux jeux? Par pudeur, arrête-toi! Déjà la renommée ne peut plus rien ajouter à notre gloire; mes livres sont dans toutes les mains. Et lorsque le temps aura ruiné et renversé les monuments de Messala, lorsque les marbres fastueux de Licinius ne seront plus que poussière, on me lira encore, et plus d'un étranger emportera mes vers dans sa patrie. »

Je venais de parler, quand l'une des neuf Muses, la chevelure et la robe parfumées, me répondit : « Peux-tu bien, ingrat, renoncer à ces doux passe-temps? Dis-moi, quel meilleur usage vas-tu faire de tes loisirs? Prétends-tu substituer au simple brodequin le cothurne tragique, ou chanter en vers hexamètres les sanglants orages de la guerre, le tout pour être déclamé par la voix enrouée d'un pédant boursouflé, et pour faire le supplice d'une jeune fille déjà grande, ou de quelque pauvre écolier? Il faut laisser cela à ces hommes graves et sévères, dont la lampe éclaire jusqu'au milieu de la nuit les veilles laborieuses. Continue à assaisonner tes livres du sel de la gaieté romaine ; que ton siècle s'y reconnaisse, et y lise la peinture de ses mœurs. Qu'importe que tu paraisses tirer tes sons d'un léger chalumeau, pourvu que ce chalumeau l'emporte sur toutes les trompettes rivales? »

4. — A CÉSAR DOMITIEN, OU, SELON D'AUTRES, A CÉSAR LE GERMANIQUE.

Dieux! quel immense concours de peuples! Le monde entier forme, dans les temples du Latium, et accomplit des vœux en faveur du maître de l'empire! Ce ne sont pas seulement, ô Germanique, des signes de l'allégresse des hommes! ce sont les Dieux eux-mêmes qui célèbrent pour vous ces solennités.

5. — A MACER.

A force de donner des anneaux aux jeunes filles, Macer, tu as fini par être sans anneaux.

---

ut custoditurum me lecturi sciant, in ipso libelli hujus limine profiteri brevissimo placuit epigrammate.

I. AD LIBRUM SUUM.

Laurigeros domini, liber, intrature Penates,
   Disce verecundo sanctius ore loqui.
Nuda recede Venus : non est tuus iste libellus.
   Tu mihi, tu Pallas Cæsariana, veni.

II. AD JANUM.

Fastorum genitor parensque Janus
   Victorem modo quum videret Istri,
Tot vultus sibi non satis putavit;
   Optavitque oculos habere plures;
Et lingua pariter loquutus omni,   5
   Terrarum domino Deoque rerum
Promisit Pyliam quater senectam.
   Addas, Jane pater, tuam rogamus.

III. AD MUSAM.

Quinque satis fuerant; nam sex, septemve libelli,
   Est nimium : quid adhuc ludere, Musa, juvat?
Sit pudor, et finis : jam plus nihil addere nobis
   Fama potest; teritur noster ubique liber.
Et quum rupta situ Messalæ saxa jacebunt,   5
   Altaque quum Licini marmora pulvis erunt;
Me tamen ora legent, et secum plurimus hospes
   Ad patrias sedes carmina nostra feret.
Finieram, quum sic respondit nona sororum,
   Cui coma, et unguento sordida vestis erat :   10
Tune potes dulces, ingrate, relinquere nugas?
   Dic mihi, quid melius desidiosus ages?
An juvat ad tragicos soccum transferre cothurnos?
   Aspera vel paribus bella tonare modis?
Prælegat ut tumidus rauca te voce magister,   15
   Oderit et grandis virgo bonusque puer?
Scribant ista graves nimium, nimiumque severi,
   Quos media miseros nocte lucerna videt.
At tu Romano lepidos sale tinge libellos;
   Agnoscat mores vita legatque suos.   20
Angusta cantare licet videaris avena,
   Dum tua multorum vincat avena tubas.

IV. AD CÆSAREM DOMITIANUM, VEL, UT ALII, GERMANICUM.

Quantus, io, Latias mundi conventus ad aras
   Suscipit et solvit pro duce vota suo!
Non sunt hæc hominum, Germanice, gaudia tantum;
   Sed faciunt ipsi nunc, puto, sacra Dei.

V. AD MACRUM.

Dum donas, Macer, annulos puellis;
Desisti, Macer, annulos habere.

6. — CONTRE EUCTUS.

Rien de plus détestable que les vases originaux du vieil Euctus; j'aime mieux les vases de terre de Sagonte. Pendant que cet insipide bavard nous vante la magnificence et l'ancienneté de son argenterie, le vin se moisit sur la table. « Ces vases, dit-il, ont appartenu à Laomédon; ils furent donnés à Apollon, lorsqu'il eut élevé les murs de Troie au son de sa lyre. Le fier Rhécus s'étant battu avec le Dieu contre les Lapithes, ce bel ouvrage, vous le voyez, fut endommagé dans la bataille. Cet autre à double fond passe pour avoir appartenu au vieux Nestor, et le frottement de son pouce a donné à la colombe ce poli éclatant. Voici la coupe dans laquelle le fils d'Éacus fit boire à ses amis un vin pur et coloré, qu'il leur versait en abondance. Dans cette patère, la belle Didon but à la santé de Bitias, pendant le souper qu'elle donna au héros phrygien. » Quand vous vous serez bien extasié devant cette antique vaisselle ciselée, on vous fera boire Astyanax dans les coupes de Priam.

7. — CONTRE CINNA.

Est-ce plaider, est-ce parler en homme éloquent, Cinna, que de dire neuf paroles en dix heures? Tu viens encore de demander quatre clepsydres. Que tu es long, Cinna, pour ne rien dire!

8. — A JANUS, SUR LE RETOUR DE CÉSAR.

Bien que tu donnes naissance aux années fugitives; que ta figure, ô Janus, annonce le retour des siècles; que le premier tu reçoives nos hommages, notre encens, nos vœux et nos prières; que le premier tu sois fêté par les consuls et par tous les magistrats de l'empire; ce qui te flatte le plus, c'est de voir la cité reine du Latium s'applaudir, au renouvellement du mois qui t'est consacré, du retour de notre Dieu.

9. — A QUINTUS, SUR HYLAS.

Le chassieux Hylas voulait vous payer, Quintus, les neuf douzièmes de sa dette: le voilà borgne, il n'en veut plus donner que la moitié. Hâtez-vous d'accepter; l'occasion de faire quelque gain passe vite : s'il devient aveugle, Hylas ne vous payera rien du tout.

10. — SUR BASSUS.

Bassus a acheté dix mille sesterces des manteaux de pourpre tyrienne de la plus belle couleur : c'est un excellent marché. En vérité, direz-vous? — Sans doute; Bassus ne paye pas.

11. — A CÉSAR DOMITIEN.

Le Rhin sait déjà que vous êtes rentré dans Rome; lui aussi entend les acclamations du peuple. Le retentissement de ces cris d'allégresse a frappé de terreur les Sarmates, l'Ister et les Gètes. Tandis que les applaudissements prolongés du cirque vous accueillaient avec respect, on n'eût pas entendu courir les chevaux quatre fois lancés dans l'arène. Aucun de vos prédécesseurs ne fut aussi cher au peuple romain; voulût-il vous aimer davantage, il ne le pourrait.

VI. IN EUCTUM.

Archetypis vetuli nihil est odiosius Eucti.
   Ficta Saguntino cymbia malo luto.
Argenti fumosa sui quum stemmata narrat
   Garrulus, et verbis mucida vina facit.
Laomedonteæ fuerant hæc pocula mensæ;   5
   Ferret ut hæc, muros struxit Apollo lyra.
Hoc cratere ferox commisit prælia Rhæcus
   Cum Lapithis : pugna debile cernis opus.
Hi duo longævo censentur Nestore fundi;
   Pollice de Pylio trita columba nitet.   10
Hic scyphus est, in quo misceri jussit amicis
   Largius Æacides vividiusque merum.
Hac propinavit Bytiæ pulcherrima Dido
   In patera, Phrygio quum data cœna viro est.
Miratus fueris quum prisca toreumata multum,   15
   In Priami cyathis Astyanacta bibes.

VII. IN CINNAM.

Hoc agere est causas, hoc dicere, Cinna, diserte,
   Horis, Cinna, decem dicere verba novem?
Sed modo clepsydras ingenti voce petisti
   Quatuor : o quantum, Cinna, tacere potes!

VIII. AD JANUM DE REDITU CÆSARIS.

Principium des, Jane, licet velocibus annis,
   Et revoces vultu sæcula longa tuo;
Te primum pia thura rogent, te voce salutent;
   Purpura te felix, te colat omnis honos :
Tu tamen hoc mavis, Latiæ quod contigit urbi,   5
   Mense tuo reducem, Jane, videre Deum.

IX. AD QUINTUM DE HYLA.

Solvere dodrantem nuper tibi, Quinte, volebat
   Lippus Hylas : luscus vult dare dimidium.
Accipe quamprimum : brevis est occasio lucri.
   Si fuerit cæcus, nil tibi solvet Hylas.

X. DE BASSO.

Emit lacernas millibus decem Bassus.
Tyrias coloris optimi : lucrifecit.
Adeo bene emit? inquis : immo non solvit.

XI. AD CÆSAREM DOMITIANUM.

Pervenisse tuam jam te scit Rhenus in urbem;
   Nam populi voces audit et ille tui.
Sarmaticas etiam gentes, Istrumque, Getasque
   Lætitiæ clamor terruit ipse novæ.
Dum te longa sacro venerantur gaudia Circo,   5
   Nemo quater missos currere sensit equos.
Nullum Roma ducem, nec te sic, Cæsar, amavit;
   Te quoque jam non plus, ut velit ipsa,

12. — A PRISCUS.

Vous me demandez pourquoi je ne veux point d'une femme riche? C'est que je veux être le mari de ma femme. Une femme, Priscus, doit être inférieure à son mari; autrement, il n'y aurait pas d'égalité.

13. — A GARGILIANUS.

C'est un fou, me disais-tu : je l'ai acheté vingt mille sesterces. Rends-moi mon argent, Gargilianus, c'est un sage.

14. — CONTRE UN AMI CRUEL.

Pour que les arbres de Cilicie transplantés dans vos terres ne souffrent pas de la rigueur des frimas, et qu'un vent trop vif n'altère pas leurs tiges délicates, des châssis de pierre transparente, opposés au souffle de l'hiver, laissent pénétrer jusqu'à eux les rayons du soleil et une lumière pure. Mais on me donne à moi une misérable chambre dont la fenêtre ne peut pas se fermer, et dans laquelle Borée lui-même ne voudrait pas habiter. C'est ainsi, cruel, que vous donnez l'hospitalité à un vieil ami? Celle que me donneraient vos arbres serait bien meilleure.

15. — A DOMITIEN.

Tandis qu'on célèbre partout vos glorieux et nouveaux succès dans la guerre de Pannonie, que des sacrifices sont offerts dans tous les temples pour le retour de notre Jupiter; le peuple, les chevaliers reconnaissants et le sénat font fumer l'encens, et pour la troisième fois vous enrichissez de vos largesses les peuples du Latium. Rome consacrera aussi le souvenir de ces modestes triomphes, et ces lauriers, gages de la paix, ne le céderont pas aux premiers. Qu'augurez-vous maintenant de ce zèle pieux? La principale vertu d'un souverain est de bien connaître ses sujets.

16. — CONTRE CIPÉRUS.

Toi qui fus longtemps boulanger, Cipérus, tu plaides pour gagner deux cent mille sesterces. En attendant, tu manges et tu empruntes sans cesse. Tu n'a pas quitté ta profession, Cipérus; tu fais encore du pain et encore de la farine.

17. — A SEXTUS.

J'ai plaidé ta cause, Sextus, au prix convenu de deux mille sesterces : combien m'en as-tu envoyé? mille. Qu'est-ce à dire? — Tu as fort mal plaidé, et tu as perdu ma cause. — Plus j'en rougis, Sextus, et plus tu dois m'en récompenser.

18. — A CIRINIUS.

Si vous publiez vos épigrammes, Cirinius, on pourrait les lire en même temps que les miennes, et même avant les miennes. Mais vous avez tant de déférence pour votre vieil ami, que ma gloire vous est plus chère que la vôtre. C'est ainsi que Virgile abandonnait à Horace la palme du genre lyrique, où il aurait pu le surpasser; c'est ainsi que, pouvant s'élever jusqu'aux mâles accents de la tragédie, il refusa, par amitié pour Varius, de chausser le cothurne. Beaucoup d'amis donneront de l'or, des richesses, des terres; peu consentiront à céder le laurier du génie.

XII. AD PRISCUM.

Uxorem quare locupletem ducere nolim,
   Quæritis? uxori nubere nolo meæ.
Inferior matrona suo sit, Prisce, marito;
   Non aliter fuerint femina virque pares.

XIII. AD GARGILIANUM.

Morio dictus erat : viginti millibus emi.
   Redde mihi nummos, Gargiliane : sapit.

XIV. IN CRUDELEM AMICUM.

Pallida ne Cilicum timeant pomaria brumam,
   Mordeat et tenerum fortior aura nemus :
Hibernis objecta Notis specularia puros
   Admittunt soles, et sine fæce diem.
At mihi cella datur, non tota clausa fenestra,
   In qua nec Boreas ipse manere velit.
Sic habitare jubes veterem crudelis amicum?
   Arboris ergo tuæ tutior hospes ero.

XV. AD DOMITIANUM.

Dum nova Pannonici narratur gloria belli,
   Omnis et ad reducem dum litat ara Jovem;
Dat populus, dat gratus eques, dat thura senatus,
   Et ditant Latias tertia dona tribus.
Hos quoque secretos memorabit Roma triumphos, 5
   Nec minor ista tuæ laurea pacis erit;
Quod tibi de sancta credis pietate tuorum?
   Principis est virtus maxima, nosse suos.

XVI. IN CIPERUM.

Pistor qui fueras diu, Cipere,
   Nunc causas agis, et ducena quæris;
Sed consumis, et usque mutuaris.
A pistore, Cipere, non recedis,
   Et panem facis, et facis farinam. 5

XVII. AD SEXTUM.

Egi, Sexte, tuam, pactus duo millia, causam:
   Misisti nummos quot mihi? mille : quid est?
Narrasti nihil inquis, et a te perdita causa.
   Tanto plus debes, Sexte, quod erubui.

XVIII. AD CIRINIUM.

Si tua, Cirini, promas epigrammata vulgo,
   Vel mecum possis, vel prior ipse legi;
Sed tibi tantus inest veteris respectus amici,
   Carior ut mea sit, quam tua fama tibi.
Sic Maro nec Calabri tentavit carmina Flacci, 5
   Pindaricos nosset quum superare modos;
Et Vario cessit Romani laude cothurni,
   Quum posset tragico fortius ore loqui.
Aurum, et opes, et rura frequens donabit amicus;
   Qui velit ingenio cedere, rarus erit. 10

19. — SUR CINNA.

Cinna veut paraître pauvre; il est pauvre en effet.

20. — A VARUS.

Quoiqu'il n'y ait pas de jours où tu ne fasses deux cents vers, tu n'en lis pas un seul, Varus : c'est être fou et sage.

21. — A LUCIFER, OU SUR L'ARRIVÉE DE CÉSAR.

Étoile de Vénus, ramène le jour : pourquoi retardes-tu notre allégresse? César va venir, étoile de Vénus! ramène le jour; Rome t'en supplie. N'es-tu paresseuse que parce que tu arrives sur le chariot pesant du tranquille Boötès? Ne pouvais-tu emprunter au fils de Léda le coursier Cyllarus? Aujourd'hui Castor te le céderait volontiers. Titan brûle d'impatience; pourquoi le retiens-tu? Déjà Xanthus et Éthon demandent leur mors, et la bienfaisante mère de Memnon est éveillée. Cependant les astres en retard ne brillent pas d'un éclat moins vif que celui d'un jour pur, et la lune désire avec ardeur voir le maître de l'Ausonie. Viens, César, viens même pendant la nuit; que les astres demeurent, s'ils le veulent : quand tu arrives, le jour ne peut manquer au peuple romain.

22. — CONTRE GALLICUS.

Tu m'invites à manger du sanglier, Gallicus, et tu me sers du porc. Si tu me trompes, Gallicus, je veux être un métis!

23. — A RUSTICUS.

Je te parais cruel, Rusticus, je te parais gourmand, parce que je bats mon cuisinier pour m'avoir fait un mauvais souper. S'il ne te paraît pas que cette faute mérite les étrivières, à quel propos veux-tu qu'on batte un cuisinier?

24. — A CÉSAR DOMITIEN.

Si, dans un humble et court placet, je vous fais quelque demande, ô César, et si cette demande n'est pas indiscrète, exaucez-la : sinon, permettez du moins que je vous implore. L'encens et les prières n'offensent jamais Jupiter. L'artiste qui reproduit sur l'or ou sur le marbre les traits sacrés des Dieux ne fait pas les Dieux; celui qui les fait, c'est celui qui les prie.

25. — CONTRE OPPIANUS.

Une fois seulement, Oppianus, tu m'as vu malade; moi, je te verrai souvent dans cet état.

26. — A CÉSAR DOMITIEN.

Jamais chasseur des rives du Gange, pâle et fuyant sur son coursier d'Hyrcanie, ne fut épouvanté, dans les plaines de l'Orient, par autant de tigres que Rome, votre cité chérie, ô Germanique, n'en a vu tout récemment dans son enceinte. Elle ne put même compter ces animaux qui firent ses délices. Les jeux de votre cirque ont surpassé les triomphes de Bacchus dans les Indes, et effacé la pompe et la magnificence du dieu victorieux; car Bacchus se contentait de deux tigres lorsqu'il traînait à la suite de son char les Indiens captifs.

27. — A GAURUS.

Celui qui te fait des cadeaux, Gaurus, à toi riche et vieux, te dit, si tu n'es pas un sot et que tu l'entendes bien : « Meurs. »

XIX. DE CINNA.
Pauper videri Cinna vult; et est pauper.

XX. AD VARUM.
Quum facias versus nulla non luce ducenos,
  Vare, nihil recitas : non sapis, atque sapis.

XXI. AD LUCIFERUM, VEL, IN ADVENTUM CÆSARIS.
Phosphore, redde diem : quid gaudia nostra moraris?
  Cæsare, venturo, Phosphore, redde diem.
Roma rogat : placidi numquid te pigra Boötæ
  Plaustra vehunt, lento quod nimis igne venis?
Ledæo poteras abducere Cyllaron astro;
  Ipse suo cedet nunc tibi Castor equo.
Quid cupidum Titana tenes? jam Xanthus et Æthon
  Fræna volunt : vigilat Memnonis alma parens.
Tarda tamen nitidæ non cedunt sidera luci,
  Et cupit Ausonium Luna videre ducem.
Jam, Cæsar, vel nocte veni : stent astra licebit,
  Non deerit populo te veniente dies.

XXII. IN GALLICUM.
Invitas ad aprum; ponis mihi, Gallice, porcum.
  Hybrida sum, si das, Gallice, verba mihi.

XXIII. AD RUSTICUM.
Esse tibi videor sævus, nimiumque gulosus,
  Qui propter cœnam, Rustice, cædo coquum?
Si levis ista tibi flagrorum causa videtur,
  Ex qua vis causa vapulet ergo coquus?

XXIV. AD CÆSAREM DOMITIANUM.
Si quid forte petam timido gracilique libello,
  Improba non fuerit si mea charta, dato.
Et si non dederis, Cæsar, permitte rogari;
  Offendunt nunquam thura precesque Jovem.
Qui fingit sacros auro vel marmore vultus,
  Non facit ille Deos : qui rogat, ille facit.

XXV. IN OPPIANUM.
Vidisti semel, Oppiane, tantum
Ægrum me male : sæpe te videbo.

XXVI. AD CÆSAREM DOMITIANUM.
Non tot in Eois timuit Gangeticus arvis
  Raptor, in Hyrcano qui fugit albus equo,
Quot tua Roma novas vidit, Germanice, tigres;
  Delicias potuit nec numerare suas.
Vincit Erythræos tua, Cæsar, arena triumphos,
  Et victoris opes divitiasque Dei.
Nam quum captivos ageret sub curribus Indos,
  Contentus gemina tigride Bacchus erat.

XXVII. AD GAURUM.
Munera qui tibi dat locupleti, Gaure, senique,
  Si sapis, et sentis, hic tibi ait : Morere.

28. — SUR UNE TOGE, DON DE PARTHÉNIUS.

Riche présent du docte Parthénius, toge, dis-moi de quel troupeau tu fus l'ornement et la gloire? Ont-elles fleuri pour toi, ces prairies de la Pouille, situées près de la ville du Lacédémonien Phalante, et qu'arrosent et fertilisent les eaux du Galèse calabrois? Le nourricier des troupeaux de l'Ibérie, le Bétis qui coule à Tartessa, a-t-il lavé ta laine sur le dos des brebis de l'Hespérie? Cette laine a-t-elle compté le nombre des embouchures du Timave, où s'abreuvait le coursier Cyllarus, maintenant placé parmi les astres? Tu ne pouvais pas être salie par le poison d'Amycla; Milet n'eût pas été digne de ta toison. Tu es plus blanche que le lis, que la fleur du troëne encore debout sur sa tige, que l'ivoire de la colline de Tibur; tu l'emportes sur le cygne de Lacédémone, sur les colombes de Paphos; tu l'emportes sur la perle tirée du fond de la mer Érythrée. Mais, pour rivaliser d'éclat avec la neige fraîchement tombée, ce présent de Parthénius n'est pas plus pur que Parthénius lui-même. Je ne lui préférerais pas les étoffes tissues dans la fière Babylone, et brodées par l'aiguille de Sémiramis. Je ne serais pas plus orgueilleux sous la robe d'or d'Athamas, quand tu me donnerais, ô Phryxus, cette riche toison d'Éolie. O combien ne va-t-on pas rire de voir en même temps cette toge royale, et par-dessus mon manteau déchiré!

29. — SUR LES DISTIQUES.

Quiconque écrit des distiques veut, je pense, plaire par la brièveté. A quoi sert, je vous prie, la brièveté, s'il en fait un volume?

30. — SUR LA REPRÉSENTATION DU TRAIT DE SCÉVOLA.

Le trait qui nous est représenté aujourd'hui dans l'amphithéâtre est un des plus glorieux qui aient signalé le siècle de Brutus. Voyez avec quelle intrépidité cet homme a porté la main sur ce foyer ardent. Il semble trouver du plaisir dans la douleur, et commander à la flamme étonnée. Il se contemple lui-même, et s'applaudit de la perte de sa main. Si l'on n'eût enlevé l'instrument du supplice, il allait livrer sa main gauche à la flamme, vaincue par tant de courage. Après ce trait d'héroïsme, je ne demande pas ce qu'il a fait auparavant; il me suffit d'avoir vu cette main.

31. — CONTRE DENTON.

Tu joues un singulier rôle, Denton, lorsque tu sollicites les droits de père sous prétexte que tu es marié. Cesse donc d'importuner le maître du monde, et retourne chez toi. Voilà déjà trop longtemps que tu es à Rome. Tandis que loin de ta femme tu vas partout demandant trois enfants, il t'arrivera d'en trouver quatre chez toi.

32. — SUR LA COLOMBE D'ARÉTULLA.

Arétulla était assise; une colombe, fendant les airs, vint se poser mollement sur sa robe. On n'y eût vu qu'un effet du hasard, si la colombe ne fût demeurée, ne voulant point de la fuite qui lui était permise. S'il n'est point défendu à

XXVIII. DE PARTHENIANA TOGA.

Dic, toga, facundi gratum mihi munus amici,
  Esse velis cujus fama decusque gregis?
Apula Ledæi tibi floruit herba Phalanti,
  Qua saturat Calabris culta Galesus aquis?
An Tartessiacus stabuli nutritor Iberi   5
  Bætis in Hesperia te quoque lavit ove?
An tua multifidum numeravit lana Timavum,
  Quem prius astrifero Cyllarus ore bibit?
Te nec Amyclæo decuit livere veneno,
  Nec Miletus erat vellere digna tuo.   10
Lilia tu vincis, nec adhuc delapsa ligustra,
  Et Tiburtino monte quod albet ebur.
Spartanus tibi cedet olor, Paphiæque columbæ;
  Cedet Erythræis eruta gemma vadis.
Sed licet hæc primis nivibus sint æmula dona, 15
  Non sunt Parthenio candidiora suo.
Non ego prætulerim Babylonica picta superbe
  Texta, Semiramia quæ variantur acu.
Non Athamanteo potius me mirer in auro,
  Æolium dones si mihi, Phryxe, pecus.   20
O quantos risus pariter spectata movebit
  Trita Palatina nostra lacerna toga!

XXIX. DE DISTICHIS.

Disticha qui scribit, puto, vult brevitate placere.
  Quid prodest brevitas, dic mihi, si liber est?

XXX. DE SPECTACULO SCÆVOLÆ.

Qui nunc Cæsareæ lusus spectatur arenæ,
  Temporibus Bruti gloria summa fuit.
Aspicis, ut teneat flammas, pœnaque fruatur
  Fortis, et attonito regnet in igne manus!
Ipse sui spectator adest, et nobile dextræ   5
  Funus amat : totis pascitur illa sacris.
Quod nisi rapta foret nolenti pœna, parabat
  Sævior in lassos ire sinistra focos.
Scire piget post tale decus, quid fecerit ante;
  Quam vidi, satis est hanc mihi nosse manum. 10

XXXI. IN DENTONEM.

Nescio quid de te non belle, Dento, fateris,
  Conjuge qui ducta jura paterna petis.
Sed jam supplicibus dominum lassare libellis
  Desine, et in patriam serus ab Urbe redi :
Nam dum tu longe deserta uxore, diuque   5
  Tres quæris natos, quatuor invenies.

XXXII. DE COLUMBA ARETULLÆ.

Aera per tacitum delapsa sedentis in ipsos
  Fluxit Aretullæ blanda columba sinus.
Luserat hoc casus, nisi inobservata maneret,
  Permissaque diu nollet abire fuga.
Si meliora piæ fas est sperare sorori,   5
  Et dominum mundi flectere vota valent;

une tendre sœur d'en tirer un heureux présage, si ses vœux peuvent fléchir le maître du monde, cet oiseau, Arétulla, est peut-être le messager qui des côtes de Sardaigne vient t'annoncer le retour de ton frère exilé.

33. — A PAULUS, SUR UNE FIOLE.

Tu m'envoies, Paulus, une feuille de ta couronne prétorienne, et tu lui donnes le nom de fiole. Ce n'est qu'une légère couche appliquée naguère sur une décoration de théâtre, d'où un lavage d'eau de safran rousse et jaunâtre l'a fait disparaître. Ne serait-ce pas plutôt une mince feuille de métal enlevée, je suppose, aux pieds de ton lit, par l'ongle d'un adroit valet? De loin, elle pourrait frémir au vol d'un moucheron; l'aile du plus petit papillon pourrait l'agiter. Elle voltige, suspendue au-dessus de la fumée d'une petite lampe, et la chute d'une légère goutte de vin suffit pour la briser. C'est l'enveloppe, frêle comme la salive, dont est couverte la datte qu'aux calendes de janvier le misérable client porte avec une petite pièce de monnaie. Moins déliés sont les filaments du flexible colocase, moins épaisses sont les feuilles du lis qu'un soleil trop ardent fait tomber. L'araignée vagabonde ne court pas sur une toile si mince, et le ver à soie ne travaille pas suspendu à des fils si délicats. La craie étendue sur les joues de la vieille Fabulla est moins transparente; moins transparente est la bulle que produit l'eau agitée. Le réseau qui retient les tresses des cheveux des dames romaines a plus de corps, ainsi que l'écume batave dont elles se servent pour en changer la couleur.

C'est comme la peau qui enveloppait l'embryon dans l'œuf de Léda, comme ces bandelettes qu'on dispose sur le front en forme de croissant. Pourquoi m'envoyer une fiole, quand tu pouvais m'envoyer un couteau ou une cuiller? que dis-je! c'est encore trop demander; quand tu pouvais m'envoyer une coquille de limaçon; quand enfin, Paulus, tu pouvais ne rien m'envoyer.

34. — CONTRE UN FANFARON.

Tu as, dis-tu, des vases d'argent, qui sont de vrais Mys. Je le croirais, s'ils n'étaient salis par toi.

35. — CONTRE DE MAUVAIS ÉPOUX.

Méchant mari, et méchante femme; tous deux de vie et d'humeur pareilles, je suis surpris que vous ne vous accordiez pas.

36. — A CÉSAR DOMITIEN.

Moquez-vous, César, des merveilleuses pyramides des rois d'Égypte; déjà la barbare Memphis ne parle plus de ces monuments de l'orgueil oriental. Que sont, auprès de votre palais, leurs lourdes masses, ornements des contrées maréotiques? Le soleil n'en éclaire pas de plus beau dans tout l'univers. On dirait que les sept collines de Rome ont été posées les unes sur les autres, et moins haut est l'Ossa, surmonté du Pélion. Votre demeure s'élève si haut dans les airs, que sa tête atteint les astres; elle entend avec calme gronder la nue à ses pieds, et elle est inondée des rayons encore cachés de Phébus, avant que Circé ne voie le visage de son père dépasser l'horizon. César, ce palais dont le sommet frappe

---

Hæc a Sardois tibi forsitan exsulis oris,
    Fratre reversuro, nuntia venit avis.

XXXIII. AD PAULUM, DE PHIALA.

De prætoritia folium mihi, Paule, corona
    Mittis, et hoc phialæ nomen habere jubes.
Hac fuerat nuper nebula tibi pegma peruuctum,
    Pallida quam rubri diluit unda croci.
An magis astuti derasa est ungue ministri   5
    Bractea, de fulcro (quod reor esse) tuo?
Illa potest culicem longe sentire volantem,
    Et minimi penna papilionis agi.
Exiguæ volitat suspensa vapore lucernæ,
    Et leviter fuso rumpitur icta mero.   10
Hoc linitur sputo Jani caryota Kalendis,
    Quam fert cum parvo sordidus asse cliens.
Lenta minus gracili crescunt colocasia filo;
    Plena magis nimio lilia sole cadunt;
Nec vaga tam tenui discursat aranea tela,   15
    Tam leve nec bombyx pendulus urget opus.
Crassior in facie vetulæ stat creta Fabullæ;
    Crassior offensæ bulla tumescit aquæ.
Fortior et tortos servat vesica capillos,
    Et mutat Latias spuma batava comas.   20
Hac cute Ledæo vestitur pullus in ovo;
    Talia lunata splenia fronte sedent.
Quid tibi cum phiala, ligulam quum mittere posses;
    Mittere quum posses vel cochleare mihi?
Magna nimis loquimur, cochleam quum mittere posses;
    Denique quum posses mittere, Paule, nihil.   26

XXXIV. IN JACTATOREM.

Archetypum Myos argentum te dicis habere.
    Quod sine te factum est, hoc magis archetypum est.

XXXV. IN PESSIMOS CONJUGES.

Quum sitis similes, paresque vita,
Uxor pessima, pessimus maritus;
Miror, non bene convenire vobis.

XXXVI. AD CÆSAREM DOMITIANUM.

Regia pyramidum, Cæsar, miracula ride;
    Jam tacet Eoum barbara Memphis opus.
Pars quota Parrhasiæ labor est Mareoticus aulæ?
    Clarius in toto nil videt orbe dies.
Septenos pariter credas assurgere montes;   5
    Thessalicum brevior Pelion Ossa tulit.
Æthera sic intrat, nitidis ut conditus astris,
    Inferiore tonet nube serenus apex;
Et prius arcano satietur lumine Phœbi,
    Nascentis Circe quam videt ora patris.   10

le ciel, est égal au ciel lui-même, mais il est moins grand que son maître.

37. — A POLYCHARMUS.

En rendant à Caïétanus ton billet, crois-tu, Polycharmus, lui avoir donné cent mille sesterces? Il me les devait, réponds-tu. Garde le billet, Polycharmus, et prête à Caïétanus deux mille sesterces.

38. — A MÉLIOR.

Celui qui oblige un homme capable de reconnaître sa générosité cherche peut-être à le séduire, et demande du retour : mais donner à celui qui n'est plus, continuer à le servir au delà du trépas et jusque dans le tombeau, qu'est-ce en effet sinon chercher à se consoler soi-même? Ce n'est pas la même chose d'être bon, ou simplement de vouloir le paraître. Vous êtes bon, Mélior, le public le sait ; car vous avez soin de rendre à votre ami Blésus des honneurs solennels ; vous ne souffrez pas que son nom périsse avec lui, et les marques de votre munificence, destinées à célébrer son jour natal, sont distribuées à la foule reconnaissante et pieuse des scribes, en mémoire de Blésus. Ce tribut que vous payerez longtemps, pendant le reste de votre vie, vous le recueillerez vous-même aussi dans la tombe.

39. — A DOMITIEN.

Naguère il n'y avait pas dans votre palais d'endroit propre aux festins, et assez vaste pour recevoir les tables chargées de mets exquis. Ici, Germanique, vous pouvez enfin boire le divin nectar, versé dans votre coupe par la main de Ganymède. Veuillez, je vous prie, n'être que le plus tard possible le convive du dieu de la foudre ; et toi, Jupiter, si tu es pressé, viens à lui.

40. — A PRIAPE.

Gardien, non d'un jardin, ni d'une vigne féconde, mais de ce petit bois qui t'a produit et qui peut te produire encore, Priape, je te recommande d'en écarter les mains des voleurs, et de le conserver pour le foyer de son maître. Si cet aliment venait à lui manquer, tu es de bois toi-même.

41. — A FAUSTINUS.

Athénagoras est triste, parce qu'il ne m'a point envoyé les cadeaux qu'il me fait ordinairement au mois de décembre. Je verrai bien, Faustinus, si Athénagoras est triste. Mais ce qu'il y a de certain, c'est qu'Athénagoras m'a rendu triste.

42. — A MATHON.

Si l'appât d'une sportule plus considérable ne t'a point attiré, comme c'est l'usage, chez les heureux du jour, tu pourras, Mathon, prendre cent bains avec la mienne.

43. — CONTRE FABIUS ET CHRESTILLA.

Fabius enterre ses femmes, Chrestilla ses maris ; l'un et l'autre secouent sur le lit nuptial une torche funéraire. Mets aux prises ces deux fiers vainqueurs, ô Vénus, la même fin les attend, et Libitine les prendra tous deux du même coup.

Hæc, Auguste, tamen, quæ vertice sidera pulsat,
  Par domus est cœlo : sed minor est domino.

XXXVII. AD POLYCHARMUM.

Quod Caïetano reddis, Polycharme, tabellas,
  Millia te centum num tribuisse putas?
Debuit hæc, inquis : tibi habe, Polycharme, tabellas,
  Et Caïetano millia crede duo.

XXXVIII. AD MELIOREM.

Qui præstat pietate pertinaci
Sensuro bona liberalitatis,
Captet forsitan, aut vicem reposcat.
At si quis dare nomini relicto
Post manes tumulumque perseverat,   5
Quærit quid, nisi parcius dolere?
Refert sis bonus, an velis videri.
Præstas hoc, Melior, sciente fama :
Qui solennibus anxius sepulti
Nomen non sinis interire Blæsi ;   10
Et de munifica profusus arca
Ad natalitium diem colendum
Scribarum memori plæque turbæ
Quod donas, facis ipse Blæsianum.
Hoc longum tibi, vita dum manebit,   15
Hoc et post cineres erit tributum.

XXXIX. AD DOMITIANUM.

Qui Pallatinæ caperet convivia mensæ,
Ambrosiasque dapes, non erat ante locus.
Hic haurire decet sacrum, Germanice, nectar,
  Et Ganymedea pocula mixta manu.
Esse velis, oro, serus conviva Tonantis.
  At tu si properas, Jupiter, ipse veni.

XL. AD PRIAPUM.

Non horti, neque palmitis beati,
Sed rari nemoris, Priape, custos,
Ex quo natus es, et potes renasci,
Furaces, moneo, manus repellas
Et sylvam domini focis reserves.   5
Si defecerit hæc, et ipse lignum es.

XLI. AD FAUSTINUM.

Tristis Athenagoras non misit munera nobis,
  Quæ medio brumæ mittere mense solet.
An sit Athenagoras tristis, Faustine, videbo ;
  Me certe tristem fecit Athenagoras.

XLII. AD MATHONEM.

Si te sportula major ad beatos
Non corruperit, ut solet ; licebit
De nostro, Matho, centies laveris.

XLIII. IN FABIUM ET CHRESTILLAM.

Effert uxores Fabius, Chrestilla maritos ;
  Funeremque toris quassat uterque facem.
Victores committe, Venus : quos iste manebit
  Exitus, una duos ut Libitina ferat.

44. — A TITULLUS.

Vis joyeusement, Titullus, je te le conseille. Il est déjà tard pour commencer, et il serait encore tard quand on s'y prendrait dès l'enfance; tout vieux que tu es, tu ne vis pas encore, infortuné! Visiteur assidu, tu frappes à toutes les portes; dès le matin inondé de sueur, et la face humide des baisers de la ville entière, tu parcours, avant tous les chevaliers, les trois forum, tu cours au temple de Mars, à la place du colosse d'Auguste, aux troisième et cinquième décuries. Prends, entasse, enlève et conserve : il faudra tout quitter. Que, tout fier des écus que tu y accumules, ton coffre-fort en pâlisse, que les noms de tes débiteurs occupent cent pages de ton registre, ton héritier jurera que tu n'as rien laissé; et tandis que tu seras étendu sur le lit funéraire ou sur le marbre, que s'élèvera ton bûcher garni de papyrus, l'insolent baisera tes eunuques en pleurs; et ton fils désolé, que tu le veuilles ou non, dormira dès la première nuit avec ton esclave favori.

45. — A FLACCUS, SUR LE RETOUR DE TÉRENTIUS.

Flaccus, Térentius, revenu des campagnes qui bordent l'Etna, m'est enfin rendu! Marquons ce jour avec une blanche perle. Que la liqueur de cette amphore, réduite par les années depuis cent consuls, coule et brille de tout son éclat, dégagée, au moyen d'un tissu de lin, du limon qui la trouble. Quand pourrai-je, assis à la même table, goûter encore les délices de cette nuit fortunée? Quand me sera-t-il permis de me réchauffer de nouveau avec ce vin généreux? Ce sera, Flaccus, lorsque votre retour de Chypre, où règne Cythérée, m'en offrira l'occasion.

46. — A L'ENFANT CESTUS.

Que de candeur brille en toi, que de délicatesse dans tes formes, jeune Cestus, plus chaste que le jeune Hippolyte! Diane voudrait t'avoir avec elle, et Doris se baigner avec toi. Cybèle trouverait en toi toutes les grâces de son Atys. Tu pourrais succéder à Ganymède dans le lit de Jupiter; mais, rebelle à ses désirs, tu ne lui laisserais prendre que des baisers. Heureuse l'épouse qui fera le tourment d'un époux si tendre! heureuse la vierge qui la première te révélera que tu es homme!

47. — CONTRE UN HOMME QUI SE FAISAIT LA BARBE DE DIFFÉRENTES MANIÈRES.

Une partie de ta figure est tondue, une autre rasée, la troisième épilée. Qui croirait que tu n'as qu'une tête?

48. — SUR LE MANTEAU DE CRISPINUS.

Crispinus ne sait à qui il a confié son manteau, pendant qu'il changeait de toilette et se revêtait de sa toge. Qui que vous soyez, vous qui possédez ce manteau, rendez, je vous prie, leur ornement aux épaules de Crispinus. Ce n'est pas Crispinus, c'est son manteau qui vous en conjure. Un vêtement teint dans le murex ne convient pas au premier venu, et cette couleur est l'attribut de la seule opulence. Si le bien d'autrui, si un misérable et honteux profit vous séduisent, pour mieux en imposer, prenez la toge.

XLIV. AD TITULLUM.

Titulle, moneo, vive semper; hoc serum est;
Sub pædagogo cœperis licet, serum est.
At tu, miser Titulle, nec senex vivis;
Sed omne limen conteris salutator,
Et mane sudas urbis osculis udus, 5
Foroque triplici sparsus ante equos omnes,
Ædemque Martis, et colosson Augusti
Curris per omnes tertiasque, quintasque.
Rape, congere, aufer, posside : relinquendum est.
Superba densis arca palleat nummis, 10
Centum explicentur paginæ Kalendarum;
Jurabit hæres te nihil reliquisse,
Supraque pluteum te jacente, vel saxum,
Fartus papyro dum tibi torus crescit,
Flentes superbus basiabit eunuchos; 15
Tuoque tristis filius, velis nolis,
Cum concubino nocte dormiet prima.

XLV. AD FLACCUM DE REDITU P. TERENTII.

Priscus ab Ætnæis mihi, Flacce, Terentius oris
Redditur : hanc lucem lactea gemma notet.
Defluat, et lento splendescat turbida lino
Amphora centeno consule facta minor.
Continget nox quando meis tam candida mensis? 5
Tam justo dabitur quando calere mero?
Quum te, Flacce, mihi reddet Cythereia Cypros,
Luxuriæ fiet tam bona causa meæ.

XLVI. AD CESTUM PUERUM.

Quanta tua est probitas, quanta est infantia formæ,
Ceste puer, puero castior Hippolyto!
Te secum Diana velit, Dorisque natare;
Te Cybele totum mallet habere Phryga.
Tu Ganymedeo poteras succedere lecto, 5
Sed durus domino basia sola dares.
Felix quæ tenerum vexabit sponsa maritum,
Et quæ te faciet prima puella virum!

XLVII. IN VARIE SE TONDENTEM.

Pars maxillarum tonsa est tibi, pars tibi rasa est,
Pars vulsa est : unum quis putet esse caput?

XLVIII. DE ABOLLA CRISPINI.

Nescit cui dederit Tyriam Crispinus abollam,
Dum mutat cultus, induiturque togam.
Quisquis habes, humeris sua munera redde, precamur;
Non hoc Crispinus, te sed abolla rogat.
Non quicumque capit saturatas murice vestes; 5
Nec nisi deliciis convenit iste color.
Si te præda juvat fœdique insania lucri,
Qua possis melius fallere, sume togam.

49. — SUR ASPER.

Asper aime une personne parfaitement belle, mais il est aveugle. Asper aime, c'est évident, plus qu'il ne voit.

50. — A CÉSAR DOMITIEN.

Autant est mémorable le festin qui suivit la défaite des Géants, autant l'a été pour les Immortels la nuit où Jupiter, dans sa bonté, s'assit à table avec la foule des dieux, et permit même aux Faunes de lui demander à boire, autant l'est, César, le festin où nous célébrons vos victoires, et dont l'allégresse réjouit les Dieux eux-mêmes. Chevaliers, peuple, sénateurs, tous sont admis à votre table, et Rome dans la compagnie de son maître savoure des mets divins. Vous promîtes beaucoup; mais combien vous tenez davantage! On nous annonçait une sportule, nous eûmes un repas dans les règles.

51. — SUR UNE FIOLE D'INSTANTIUS RUFUS.

Qui a ciselé cette fiole? le savant Mys, ou Myron? sort-elle de la main de Mentor, ou de la tienne, ô Polyclète? Nulle tache n'en ternit l'éclat; son métal sans alliage ne craint pas le feu de l'essayeur. Moins vif que l'or dont elle brille, rayonne l'ambre pur; l'ivoire, blanc comme la neige, le cède aux reflets de ses ciselures d'argent. Les ornements n'ont rien à envier à la matière; ils en embrassent les contours, comme la lune, dans son plein, embrasse ceux de la terre. On y voit, sous la toison du bélier de Phryxus, un chevreau que sa sœur préfère pour sa monture. Les ciseaux d'un tondeur cinyphien n'oseraient toucher à sa laine, et tu voudrais toi-même, ô Bacchus, qu'il broutât ta vigne. Assis sur son dos, un Amour d'or ailé souffle de sa bouche délicate dans une flûte de lotus. Ainsi le dauphin, heureux de porter Arion de Méthymne, traversa la paisible mer sous son harmonieux fardeau. Que ta main, Cestus, et non celle du commun des esclaves, remplisse ce présent magnifique d'un nectar digne de moi! Cestus, l'honneur de ma table, verse du vin de Sétia : l'enfant ailé, le chevreau, semblent altérés. Buvons autant de fois que renferme de lettres le nom d'Instantius Rufus, de celui qui m'a fait cet inappréciable cadeau. Si Téléthuse survient, si elle m'offre les plaisirs qu'elle m'a promis, je saluerai ma maîtresse de cinq rasades, nombre des lettres de Rufus; si elle tarde, j'irai jusqu'à sept; et si elle trompe mon attente, je boirai les deux noms pour me consoler.

52. — A CÉDITIANUS.

Mon barbier, Céditianus, cet esclave plus habile dans son art que ne le fut Thalamus, barbier de Néron et préposé à toutes les barbes des Drusus, je l'ai prêté à Rufus, qui voulait être une fois rasé par lui. Après avoir, suivant l'ordre du patient, et sous la censure du miroir qui lui guidait la main, attaqué de nouveau les poils déjà coupés de Rufus, nettoyé sa peau et recommencé le lent abattage de ses cheveux, mon barbier m'est revenu la barbe longue.

XLIX. DE ASPRO.

Formosam plane, sed cæcus diligit Asper;
   Plus ergo, ut res est, quam videt Asper, amat.

L. AD CÆSAREM DOMITIANUM.

Quanta Gigantei memoratur mensa triumphi,
   Quantaque nox Superis omnibus illa fuit,
Qua bonus accubit genitor cum plebe Deorum,
   Et licuit Faunis poscere vina Jovem :
Tanta tuas, Cæsar, celebrant convivia laurus;   5
   Exhilarant ipsos gaudia nostra Deos.
Vescitur omnis eques tecum, populusque, patresque,
   Et capit ambrosias cum duce Roma dapes.
Grandia pollicitus, quanto majora dedisti!
   Promissa est nobis sportula; recta data est.   10

LI. DE PHIALA INSTANTII RUFI.

Quis labor in phiala? docti Myos, anne Myronis?
   Mentoris hæc manus est; an, Polyclete, tua?
Livescit nulla caligine fusca, nec odit
   Exploratores nubila massa focos.
Vera minus flavo radiant electra metallo,   5
   Et niveum felix pustula vincit ebur.
Materiæ non cedit opus : sic alligat orbem,
   Plurima quum tota lampade Luna nitet.
Stat caper Æolio Thebani vellere Phryxi
   Cultus : ab hoc mallet vecta fuisse soror.   10
Hunc nec Cinyphius tonsor violaverit; et tu
   Ipse tua pasci vite, Lyæe, velis.
Terga premit pecoris geminis Amor aureus alis;
   Palladius tenero lotos ab ore sonat.
Sic Methymnæo gavisus Arione delphin   15
   Languida non tacitum per freta vexit onus.
Imbuat egregium digno mihi nectare munus
   Non grege de domini, sed tua, Ceste, manus.
Ceste, decus mensæ, misce Setina : videtur
   Ipse puer nobis, ipse sitire caper.   20
Det numerum cyathis Instanti littera Rufi;
   Auctor enim tanti muneris ille mihi.
Si Telethusa venit, promissaque gaudia portat,
   Servabor dominæ, Rufe, triente tuo :
Si dubia est, septunce trahar : si fallit amantem,   25
   Ut jugulem curas, nomen utrumque bibam.

LII. AD CEDITIANUM.

Tonsorem puerum, sed arte talem,
Qualis nec Thalamus fuit Neronis,
Drusorum cui contigere barbæ,
Æquandas semel in genas rogatus,
Rufo, Ceditiane, commodavi.   5
Dum jussus repetit pilos eosdem,
Censura speculi manum regente,
Expingitque cutem, facitque longam
Detonsis epaphæresim capillis;
Barbatus mihi tonsor est reversus.   10

53. — CONTRE CATULLA.

O toi, la plus belle mais aussi la plus vile des femmes qui sont ou qui furent jamais, Catulla, que je voudrais que tu devinsses moins belle, ou plus honnête!

54. — A CÉSAR DOMITIEN.

Quelque magnifiques que soient les présents que vous nous avez faits tant de fois, et que vous voulez effacer par de plus magnifiques, César, vainqueur de vos ennemis, et vainqueur de vous-même, le peuple vous aime, non à cause de vos bienfaits; il aime vos bienfaits, César, à cause de vous-même.

55. — AU MÊME, SUR UN LION.

De même qu'on entend, dans les campagnes de la Massylie, les rugissements des lions innombrables qui peuplent les forêts, et forcent le berger pâle d'effroi de ramener à l'étable ses taureaux éperdus et le reste du troupeau épouvanté; ainsi dans l'Ausonie, aux rugissements terribles dont retentit naguère le cirque, qui n'aurait cru entendre une troupe entière de ces animaux? Cependant il n'y en avait qu'un seul, mais tel que les lions eux-mêmes eussent tremblé devant lui, et que la Numidie, aux carrières de marbre, l'eût ceint du bandeau royal. Quel port majestueux! quel air noble, lorsque les poils hérissés de son épaisse et blonde crinière retombaient en se recourbant sur son cou! Quels pieux gigantesques il a fallu pour percer sa large poitrine! quelle joie il ressentit de son illustre trépas! Laquelle de tes forêts, ô Libye! fut l'asile heureux d'un si noble animal? Venait-il des monts consacrés à Cybèle? Ou plutôt, Germanique, n'est-ce point votre frère ou votre père lui-même qui vous l'aurait envoyé de la constellation d'Hercule?

56. — A FLACCUS.

Malgré la supériorité du temps présent sur l'époque où vivaient nos pères, malgré l'accroissement de la gloire romaine, sous les auspices du prince qui nous régit, vous vous étonnez que notre siècle n'ait pas produit de poëte égal au divin Virgile; et qu'il ne se trouve personne capable d'emboucher la trompette héroïque. Donnez-nous des Mécènes, Flaccus, il naîtra des Virgiles; il en naîtra de vos propres campagnes. Tityre avait perdu quelques arpents voisins de la pauvre Crémone, et, triste, il pleurait ses troupeaux qu'on lui avait ravis. Le chevalier toscan le regarda en souriant, et l'affranchit d'une indigne pauvreté. « Accepte, dit-il, ces richesses, et sois le plus grand des poëtes, bien que tu brûles pour mon Alexis! » A souper ce bel enfant versait à son maître, d'une main blanche comme l'albâtre, le noir falerne, et lui présentait la coupe, après l'avoir effleurée de ses lèvres de rose, qui auraient allumé les désirs de Jupiter même. L'épaisse Galatée, Thestylis aux joues brûlées par le soleil d'été, sortirent de la mémoire du poëte étonné. Soudain il conçut l'Italie et l'*Arma virumque*, lui dont la muse, naguère inexpérimentée, pleurait le trépas d'un moucheron. Parlerai-je des Varus, des Marsus, de tant d'autres poëtes enrichis, qu'il serait trop difficile de

---

LIII. IN CATULLAM.

Formosissima quæ fuere, vel sunt,
  Sed vilissima quæ fuere, vel sunt,
O quam te fieri, Catulla, vellem
  Formosam minus, aut magis pudicam!

LIV. AD CÆSAREM DOMITIANUM.

Magna licet toties tribuas, majora daturus
  Dona, ducum victor, victor et ipse tui;
Diligeris populo non propter præmia, Cæsar:
  Propter te populus præmia, Cæsar, amat.

LV. AD EUMDEM, DE LEONE.

Auditur quantum Massyla per avia murmur,
  Innumero quoties sylva leone furit,
Pallidus attonitos ad Pœna mapalia pastor
  Quum revocat tauros, et sine mente pecus;
Tantus in Ausonia fremuit modo terror arena.   5
Quis non esse gregem crederet? unus erat:
Sed cujus tremerent ipsi quoque jura leones,
  Cui diadema daret marmore picta Nomas.
O quantum per colla decus, quem sparsit honorem,
  Aurea lunatæ quum stetit umbra jubæ!   10
Grandia quam decuit latum venabula pectus,
  Quantaque de magna gaudia morte tulit!
Unde tuis, Libye, tam felix gloria sylvis?
  A Cybeles numquid voverat ille jugis?
An magis Herculeo, Germanice, misit ab astro   15
  Hanc tibi vel frater, vel pater ipse feram?

LVI. AD FLACCUM.

Temporibus nostris ætas quum cedat avorum,
  Creverit et major cum duce Roma suo,
Ingenium sacri miraris abesse Maronis,
  Nec quemquam tanta bella sonare tuba.
Sint Mæcenates, non deerunt, Flacce, Marones,   5
  Virgiliumque tibi vel tua rura dabunt.
Jugera perdiderat miseræ vicina Cremonæ,
  Flebat et abductas Tityrus æger oves.
Risit Tuscus eques, paupertatemque malignam
  Reppulit, et celeri jussit abire fuga: 10
Accipe divitias, et vatum maximus esto;
  Tu licet et nostrum, dixit, Alexin ames.
Adstabat domini mensis pulcherrimus ille,
  Marmorea fundens nigra Falerna manu;
Et libata dabat roseis carchesia labris,   15
  Quæ poterant ipsum sollicitare Jovem.
Excidit attonito pinguis Galatea poetæ,
  Thestylis et rubras messibus usta genas;
Protinus Italiam concepit, et Arma virumque,
  Qui modo vix Culicem fleverat ore rudi.   20
Quid Varos, Marsosque loquar, ditataque vatum
  Nomina, magnus erit quos numerare labor?

compter? Serai-je donc un Virgile, si vous avez pour moi la munificence d'un Mécène? Je ne serai pas un Virgile, mais un Marsus.

57. — SUR PICENS.

Trois dents restaient à Picens; il les arracha toutes les trois, un jour qu'il était assis sur son propre tombeau; et, ramassant dans le pan de sa robe ces derniers débris de sa mâchoire dégarnie, il les enfouit dans la terre. Après sa mort, son héritier n'a que faire de recueillir ses os; d'avance Picens s'est rendu cet office à lui-même.

58. — CONTRE ARTÉMIDORUS.

Ton vêtement de dessus est si gras de crasse, Artémidorus, que j'aurais bien le droit de t'appeler porte-saie.

59. — CONTRE UN VOLEUR BORGNE.

Voyez-vous cet homme à qui suffit un seul œil, et dont l'autre est remplacé par une cavité chassieuse qui s'ouvre au bas de son front déprimé? Ne méprisez pas cet homme; c'est le plus grand voleur qui existe; la main d'Autolycus n'est pas aussi poisseuse que la sienne. C'est un convive qu'il ne faut pas manquer de surveiller; car, s'il n'est observé, il ne se contient plus, et le borgne y voit des deux yeux. Les vases, les gobelets disparaissent au nez des valets; il cache maintes et maintes serviettes sous sa robe; il sait escamoter un manteau tombé du bras d'un convive, et se retire souvent couvert de deux surtouts. Le fripon ne rougit pas de voler à l'esclave endormi sa lampe tout allumée. S'il n'a pu faire sa main, il enjôle traîtreusement l'esclave préposé à la garde des sandales, et finit par se voler les siennes.

60. — CONTRE CLAUDIA.

Tu serais de la même taille que le colosse palatin, si tu avais, Claudia, un pied et demi de moins.

61. — A SÉVÈRE, SUR CARINUS.

Carinus sèche d'envie, il en crève; il en est furieux, il en pleure; il cherche une branche assez haute pour s'y pendre; et cela, parce qu'on lit et qu'on vante mes vers dans le monde entier : non parce que, fier de la beauté de mon rouleau et de ma reliure de cèdre, je suis connu de toutes les nations soumises à la puissance romaine; mais parce que je possède hors de la ville une campagne d'été, et que je m'y fais conduire par des mules que je ne loue plus comme autrefois. Quel mal souhaiterai-je, ô Sévère, à cet envieux? Je lui souhaite des mules et une maison de campagne.

62. — SUR PICENS.

Picens écrit des épigrammes jusque sur le revers de ses pages, et il se plaint qu'elles soient à l'envers du bon sens.

63. — SUR AULUS.

Aulus aime Thestylus; il brûle pour Alexis, et peut-être a-t-il du goût pour mon Hyacinthe. Eh bien! douterez-vous maintenant qu'il aime les poëtes, lui qui aime tout ce qui fait leurs délices?

Ergo ero Virgilius, si munera Mæcenatis
  Des mihi? Virgilius non ero, Marsus ero.

LVII. DE PICENTE.

Tres habuit dentes, pariter quos exspuit omnes,
  Ad tumulum Picens dum sedet ipse suum;
Collegitque sinu fragmenta novissima laxi
  Oris, et aggesta contumulavit humo.
Ossa licet quondam defuncti non legat hæres;   5
  Hoc sibi jam Picens præstitit officium.

LVIII. IN ARTEMIDORUM.

Quum tibi tam crassæ sint, Artemidore, lacernæ,
  Possim te Sagarum jure vocare meo.

LIX. IN LUSCUM FUREM.

Adspicis hunc uno contentum lumine, cujus
  Lippa sub attrita fronte lacuna patet?
Ne contemne caput, nihil est furacius illo;   5
  Non fuit Autolyci tuam piceata manus.
Hunc tu convivam cautus servare memento;
  Tunc furit, atque oculo luscus utroque videt.
Pocula sollicit perdunt ligulasque ministri,
  Et latet in tepido plurima mappa sinu.
Lapsa nec a cubito subducere pallia nescit,
  Et lectus lænis sæpe duabus abit.   10
Nec dormitantem vernam fraudare lucerna

Erubuit fallax, ardeat illa licet.
Si nihil invasit, puerum tunc arte dolosa
  Circuit, et soleas surripit ipse suas.

LX. IN CLAUDIAM.

Summa Palatini poteras æquare colossi,
  Si fieres brevior, Claudia, sesquipedem.

LXI. AD SEVERUM, DE CARINO.

Livet Carinus, rumpitur, furit, plorat,
Et quærit altos, unde pendeat, ramos;
Non jam quod orbe cantor et legor toto;
Nec umbilicis quod decorus et cedro
Spargor per omnes, Roma quas tenet, gentes;   5
Sed quod sub Urbe rus habemus æstivum,
Vehimurque mulis non, ut ante, conductis.
Quid imprecabor, o Severe, liventi?
Hoc opto : mulas habeat, et suburbanum.

LXII. DE PICENTE.

Scribit in aversa Picens epigrammata charta;
  Et dolet, averso quod facit illa Deo.

LXIII. DE AULO.

Thestylon Aulus amat, sed nec minus ardet Alexin;
  Forsitan et nostrum sic Hyacinthon amat.
I nunc, et dubita, vates an diligat ipsos,
  Delicias vatum quum meus Aulus amet.

64. — CONTRE CLYTUS.

Pour demander un cadeau, Clytus, et pour l'exiger, tu nais huit fois dans la même année. Toutes les calendes, à l'exception peut-être de trois ou quatre, te sont anniversaires. Quoique ton visage soit plus lisse que les cailloux polis jetés sur le rivage, que tes cheveux soient plus noirs que la mûre près de tomber, ton teint plus délicat que la plume et le lait fraîchement caillé; que le gonflement de tes mamelles te fasse ressembler à la vierge nubile qui garde ses trésors pour son mari; tu me parais déjà vieux, Clytus. Qui croirait en effet que Priam ou Nestor aient compté tant d'anniversaires? Rougis enfin de tes rapines, mets-y un terme. Car si tu continues à te moquer de nous, et qu'il ne te suffise plus de naître une fois par an, je croirai, Clytus, que tu es encore à naître.

65. — A DOMITIEN.

Là où s'élève avec splendeur le temple magnifique consacré à la Fortune du Retour, était jadis une place fortunée. Là, beau de la poussière recueillie dans les guerres du Nord, César parut, le visage resplendissant d'une auréole enflammée. Là, vêtus de blanc et le front ceint de lauriers, les Romains saluèrent leur maître de la voix et du geste. D'autres monuments attestent la juste célébrité de ce lieu. Un arc de triomphe s'y élève en mémoire des nations que nous avons vaincues. Au dessus sont deux chars traînés par plusieurs éléphants, attelage immense que guide la statue d'or du prince. Cet arc, Germanique, est digne de vos triomphes et de décorer l'entrée de la ville de Mars.

66. — SUR LE CONSULAT DE SILIUS.

Muses, au nom de notre cher Silius, brûlez l'encens, immolez des victimes en l'honneur de notre auguste maître. Par son ordre, le fils de Silius est consul, et les douze faisceaux retournent dans la maison du poëte, et la porte de ce séjour des Muses retentit des coups de la noble verge. Unique et suprême conservateur de l'empire, César, il vous reste à combler la joie et les vœux de Silius, en décorant de la pourpre consulaire un troisième membre de sa famille. Quoique le sénat ait accordé jusqu'ici ces insignes honneurs au seul Pompée, et César à son gendre, que les noms de ces deux grands hommes aient été trois fois inscrits dans les fastes de Janus pacifique, cependant Silius aime mieux compter ses consulats dans la personne de ses fils.

67. — CONTRE CÉCILIANUS.

Ton esclave ne t'a point encore annoncé la cinquième heure, et déjà tu arrives, Cécilianus, pour dîner avec moi, lorsqu'on vient à peine d'ajourner les affaires qui se plaident à la quatrième heure, et que les bêtes destinées aux jeux Floraux se fatiguent encore à courir dans l'arène. Va, cours, Callistus, appelle les esclaves avant qu'ils se soient baignés; qu'on dresse les lits; sieds-toi, Cécilianus. Tu demandes de l'eau chaude, mais l'eau froide n'est point encore apportée; la cuisine

LXIV. IN CLYTUM.

Ut poscas, Clyte, munus, exigasque,
  Uno nasceris octies in anno,
Et solas, puto, tresve, quatuorve
  Non natalitias habes Kalendas.
Sit vultus tibi levior licebit   5
  Tritis littoris aridi lapillis;
Sit moro coma nigrior caduco;
  Vincas mollitie tremente plumas,
Aut massam modo lactis alligati;
  Et talis tumor excitet papillas,   10
Quales cruda viro puella servat :
  Tu nobis, Clyte, jam senex videris.
Tam multos quis enim fuisse credat
  Natales Priamive, Nestorisve?
Sit tandem pudor, et modus rapinis.   15
  Quod si ludis adhuc, semelque nasci
Uno jam tibi non sat est in anno;
  Natum te, Clyte, nec semel putabo.

LXV. AD DOMITIANUM.

Hic ubi Fortunæ Reducis fulgentia late
  Templa nitent, felix area nuper erat :
Hic stetit Arctoi formosus pulvere belli
  Purpureum fundens Cæsar ab ore jubar;
Hic lauro redimita comas, et candida cultu   5
  Roma salutavit voce manuque ducem.
Grande loci meritum testantur et altera dona;
  Stat sacer edomitis gentibus arcus ovans.
Hic gemini currus numerant elephanta frequentem;
  Sufficit immensis aureus ipse jugis.   10
Hæc est digna tuis, Germanice, porta triumphis;
  Hos aditus urbem Martis habere decet.

LXVI. DE CONSULATU SILII.

Augusto pia thura, victimasque
Pro nostro date Silio, Camœnæ.
Bis senos jubet en redire fasces
Nato consule, nobilique virga
Vatis Castaliam domum sonare.   5
Rerum prima salus et una Cæsar,
Gaudenti superest adhuc quod optet
Felix purpura, tertiusque consul.
Pompeio dederit licet senatus,
Et Cæsar genero sacros honores,   10
Quorum pacificus ter ampliavit
Janus nomina; Silius frequentes
Mavult sic numerare consulatus.

LXVII. IN CÆCILIANUM.

Horas quinque puer nondum tibi nuntiat, et tu
  Jam conviva mihi, Cæciliane, venis,
Quum modo distulerint raucæ vadimonia quartæ,
  Et Floralicias lasset arena feras.
Curre, age, et illotos revoca, Calliste, ministros; 5

est encore fermée, et les fourneaux éteints. Viens plutôt dès le matin; pourquoi attendre jusqu'à la cinquième heure? Tu es venu trop tard, Cécilianus, pour déjeuner.

68. — A ENTELLUS.

Celui qui a vu les vergers du roi de Corcyre leur préférerait, Entellus, votre maison des champs. Pour préserver vos pampres des frimas mordants et jaloux, et défendre du froid les dons que vous fait Bacchus, vous les abritez sous la pierre transparente qui couvre et protége, sans la cacher, la grappe féconde. Ainsi brille sous la gaze de soie le corps d'une femme; ainsi se comptent les cailloux au fond d'une eau limpide. O nature, que ne permets-tu pas au génie! Ici le stérile hiver est contraint de porter les produits de l'automne.

69. — CONTRE VACERRA.

Tu n'admires que les poëtes anciens, Vacerra, et ne loues que ceux qui sont morts. Excusemoi, de grâce, ô Vacerra, si je ne prise pas tellement tes éloges que je meure pour les mériter.

70. — SUR NERVA.

Autant le caractère de Nerva est doux, autant son éloquence est impétueuse; mais sa modestie arrête l'élan de son génie. Très-capable de boire à longs traits l'onde sacrée du Permesse, il a mieux aimé n'y porter que les lèvres; et, content de ceindre son front de poëte de la plus simple couronne, il a fermé ses voiles au vent de la renommée. Cependant quiconque a lu les vers du docte Néron n'ignore pas que Nerva est le Tibulle de notre âge.

71. — CONTRE POSTUMIANUS.

Il y a dix ans, Postumianus, tu m'envoyas, au mois de décembre, quatre livres d'argent. J'en espérais davantage (car les présents doivent ou rester les mêmes ou augmenter); mais l'envoi de l'année suivante ne fut que de deux livres, plus ou moins. A la troisième et à la quatrième année, il fut moindre encore; et à la cinquième, il ne dépassa pas une livre septicienne. Quelle générosité! Je reçus, à la sixième, une écuelle de huit onces, et l'année d'après une demi-livre juste d'argent dans une hémine. La huitième me valut un petit vase qui ne pesait pas un sextant, et la neuvième un plus petit encore, et plus léger qu'une aiguille. Tu ne saurais, à la dixième, descendre plus bas, Postumianus; reviens donc aux quatre livres.

72. — A SON LIVRE.

Toi que la pourpre ne recouvre pas encore, et que l'âpre morsure de la pierre ponce n'a point encore poli, ô mon livre, tu te hâtes de suivre Artanus, quand la belle Narbonne, Narbonne, patrie du docte Votiénus, le rappelle à ses devoirs de juge et aux faisceaux annuels. Un pareil séjour et un pareil ami, tels doivent être, à des titres égaux, les objets de tes vœux. Que je voudrais être à la place de mon livre!

Sternantur lecti; Cæciliane, sede.
Caldam poscis aquam : sed nondum frigida venit;
  Alget adhuc nudo clausa culina foco.
Mane veni potius : nam cur te quinta moretur?   10
  Ut jentes, sero, Cæciliane, venis.

LXVIII. AD ENTELLUM.

Qui Corcyræi vidit pomaria regis,
  Rus, Entelle, tuæ præferat ille domus.
Invida purpureos urat ne bruma racemos,
  Et gelidum Bacchi munera frigus edat;
Condita perspicua vivit vindemia gemma,   5
  Et tegitur felix, nec tamen uva latet.
Femineum lucet sic per bombycina corpus;
  Calculus in nitida sic numeratur aqua.
Quid non ingenio voluit natura licere?
  Autumnum sterilis ferre jubetur hyems.   10

LXIX. IN VACERRAM.

Miraris veteres, Vacerra, solos,
Nec laudas nisi mortuos poetas.
Ignoscas petimus, Vacerra : tanti
Non est, ut placeam tibi, perire.

LXX. DE NERVA.

Quanta quies placidi, tanta est facundia Nervæ;
  Sed cohibet vires ingeniumque pudor.
Quum siccare sacram largo Permessida posset
  Ore, verecundam maluit esse sitim;

Pieriam tenui frontem redimire corona   5
  Contentus, famæ nec dare vela suæ.
Sed tamen hunc nostri scit temporis esse Tibullum,
  Carmina qui docti nota Neronis habet.

LXXI. IN POSTUMIANUM.

Quatuor argenti libras mihi tempore brumæ
  Misisti ante annos, Postumiane, decem.
Speranti plures (nam stare aut crescere debent
  Munera) venerunt plusve, minusve duæ.
Tertius et quartus multo inferiora tulerunt.   5
  Libra fuit quinto Septitiana : quid est?
Bessalem ad scutulam sexto pervenimus anno;
  Post hunc in cotula rasa selibra data est.
Octavus ligulam misit sextante minorem;
  Nonus acu levius vix cochleare tulit.   10
Quod mittat nobis, decimus jam non habet annus;
  Quatuor ad libras, Postumiane, redi.

LXXII. AD LIBRUM SUUM.

Nondum murice cultus, asperoque
Morsu pumicis aridi politus,
Artanum properas sequi, libelle;
Quem pulcherrima jam redire Narbo,
Docti Narbo paterna Votieni   5
Ad leges jubet annuosque fasces:
Votis quod paribus tibi petendum est,
Continget locus ille, et hic amicus.
Quam vellem fieri meus libellus!

73. — A INSTANTIUS.

Instantius, vous dont personne n'égale la franchise et ne surpasse l'inaltérable candeur, si vous voulez donner de l'âme et de l'énergie à ma muse, si vous voulez qu'elle crée des productions durables, faites que je sois amoureux. Cynthie te fit poëte, ô voluptueux Properce; la belle Lycoris était le génie de Gallus; la charmante Némésis est la gloire du mélodieux Tibulle; docte Catulle, Lesbie t'a dicté tes vers. Le Pélignien et le Mantouan ne dédaigneront pas de me proclamer poëte, si moi aussi j'ai une Corinne et un Alexis.

74. — CONTRE UN MAUVAIS MÉDECIN.

Tu étais oculiste, te voilà gladiateur; ce que tu fais gladiateur, tu le fis oculiste.

75. — SUR UN GAULOIS DE LANGRES.

En regagnant de nuit et fort tard, par les rues Couverte et Flaminienne, l'appartement qu'il avait loué, un Langrois nouvellement arrivé se démit le talon en se heurtant le pied, et tomba de tout son long sur le sol. Que devenir alors? comment se remuer? Ce lourd personnage n'avait pour le servir qu'un pauvre petit esclave si maigre, qu'à peine pouvait-il porter le chétif manteau de son maître. Le hasard vint au secours du malheureux. Quatre esclaves marqués au front, et portant le cadavre d'un de ces gueux qu'on jette par milliers sur le fatal bûcher, étant venus à passer, le débile compagnon du Langrois les supplia à voix basse de se débarrasser quelque part de leur mort. Changeant donc de fardeau, ils placèrent avec effort l'énorme et pesante masse sur leur étroite civière. Ce Gaulois, inconnu, me paraît être le seul auquel on puisse dire avec raison : *Gaulois mort.*

76. — CONTRE GALLICUS.

« Dis-moi, de grâce, dis-moi la vérité, Marcus; il n'est rien que j'entende plus volontiers. » Telle est ta prière, tel est ton éternel refrain, Gallicus, toutes les fois que tu récites tes ouvrages, ou que tu plaides. Il est dur pour moi de te refuser; mais je vais te dire ce qui est encore plus vrai que la vérité : écoute : Tu n'entends pas volontiers la vérité, Gallicus.

77. — A SON AMI LIBER.

Liber, objet de la tendre sollicitude de vos amis, Liber, digne de vivre au sein d'éternelles délices, si vous êtes sage, faites que votre chevelure brille toujours parfumée d'amome assyrien, et que des couronnes de fleurs s'enlacent sur votre front. Que le cristal transparent de vos coupes se noircisse d'un vieux falerne; et que le tendre amour échauffe votre couche voluptueuse. Vivre ainsi, dût-on finir ses jours au milieu de sa carrière, c'est vivre plus longtemps qu'il ne nous a été donné de vivre.

78. — SUR LES JEUX DE STELLA.

Les jeux que le vainqueur des géants, dans la plaine de Phlégra, aurait voulu qu'on célébrât pour lui-même, ces jeux dont vous auriez envié la pompe,

LXXIII. AD INSTANTIUM.

Instanti, quo nec sincerior alter habetur
  Pectore, nec nivea simplicitate prior;
Si dare vis nostræ vires animosque Thaliæ,
  Et victura petis carmina; da, quod amem.
Cynthia te vatem fecit, lascive Properti;   5
  Ingenium Galli pulchra Lycoris erat :
Fama est arguti Nemesis formosa Tibulli;
  Lesbia dictavit, docte Catulle, tibi.
Non me Pelignus, nec spernet Mantua vatem;
  Si qua Corinna mihi, si quis Alexis erit.   10

LXXIV. IN MALUM MEDICUM.

Hoplomachus nunc es, fueras ophthalmicus ante :
  Fecisti medicus, quod facis hoplomachus.

LXXV. DE GALLO LINGONO.

Dum repetit sera conductos nocte Penates
  Lingonus a Tecta Flaminiaque recens,
Expulit offenso vitiatum pollice talum,
  Et jacuit toto corpore fusus humi.
Quid faceret Gallus, qua se ratione moveret?   5
  Ingenti domino servulus unus erat,
Tam macer, ut minimam posset vix ferre lacernam;
  Succurrit misero casus, opemque tulit.
Quatuor inscripti portabant vile cadaver,
  Accipit infelix qualia mille rogus.   10
Hos comes invalidus submissa voce precatur,
  Ut quocumque velint, corpus inane ferant.
Permutatur onus, stipataque tollitur alte
  Grandis in angusta sarcina sandapila.
Hic mihi de multis unus, Lucane, videtur;   15
  Cui merito dici, Mortue Galle, potest.

LXXVI. IN GALLICUM.

Dic verum mihi, Marce, dic amabo;
Nil est, quod magis audiam libenter :
Sic et quum recitas tuos libellos,
Et causam quoties agis clientis,
Oras, Gallice, me rogasque semper.   5
Durum est me tibi, quod petis, negare :
Vero verius ergo quid sit, audi :
Verum, Gallice, non libenter audis.

LXXVII. AD LIBERUM AMICUM.

Liber, amicorum dulcissima cura tuorum,
  Liber, in æterna vivere digne rosa;
Si sapis, Assyrio semper tibi crinis amomo
  Splendeat, et cingant florea serta caput :
Candida nigrescant vetulo crystalla Falerno,   5
  Et caleat blando mollis amore torus.
Qui sic vel medio finitus vixit in ævo,
  Longior huic facta est, quam data vita fuit.

LXXVIII. DE LUDIS STELLÆ.

Quos cuperet Phlegræa suos victoria ludos,
  Indica quos cuperet pompa, Lyæe, tuos,
Fecit Hyperborei celebrator Stella triumphi

ô Bacchus, après la conquête de l'Inde, Stella les a célébrés à l'occasion du triomphe de César sur les nations hyperboréennes; et, ô modestie, ô piété insigne! Stella croit que c'est encore trop peu. Tout l'or que roulent l'Hermus dans ses eaux bourbeuses, et le Tage dans ses flots qui coulent en murmurant autour de l'Hespérie, ne suffit pas à sa générosité. Chaque jour amène ses dons; ses libéralités se succèdent sans interruption, et tombent sur le peuple, qui en enlève les innombrables témoignages. Ce sont tantôt des pièces de monnaie qui pleuvent sur lui; tantôt de larges jetons, donnant droit à tel ou tel animal qu'il aura vu dans l'arène; tantôt enfin c'est un oiseau qui, n'ayant point figuré dans les jeux, se réjouit de trouver parmi le peuple un maître auquel il sera échu, et qui empêchera qu'il ne soit mis en pièces. Dirai-je le nombre des chars, les trente prix décernés aux vainqueurs, présents que les deux consuls même ne distribuent que rarement? Mais, César, ce qui surpasse la magnificence de toutes ces fêtes données en l'honneur de vos victoires, c'est que vous en êtes vous-même le témoin.

79. — CONTRE FABULLA.

Tu n'as pour amies, Fabulla, que des vieilles ou des laides, et plus laides encore que vieilles. Tu t'en fais suivre; tu les traînes après toi dans les festins, sous les portiques, aux spectacles. C'est ainsi, Fabulla, que tu parais jeune et jolie.

80. — A DOMITIEN.

Vous nous rendez les merveilles de nos vénérables aïeux, et vous ne souffrez pas, César, que la gloire de ces temps antiques périsse tout entière. Vous renouvelez ces spectacles que l'Italie célébrait jadis dans l'amphithéâtre, et le courage s'y déploie dans des luttes moins dangereuses. Sous vos lois, nos temples conservent leur ancienne magnificence; et la hutte primitive où Jupiter fut adoré est aussi l'objet de votre culte fervent. Ainsi, pendant que vous élevez de nouveaux temples, César, vous restaurez les anciens, et nous vous devons à la fois ceux qui sont et ceux qui ont été.

81. — SUR GELLIA.

Ce n'est point par les sacrés mystères de Cybèle, ni par le bœuf amoureux de la génisse de Memphis, ni par aucun de nos dieux et de nos déesses, que jure Gellia; c'est par ses perles. Elle les baise, les rebaise; les appelle ses frères, ses sœurs; les chérit mille fois plus que ses deux enfants. Si le hasard voulait qu'elle fût assez malheureuse pour les perdre, elle affirme qu'elle ne leur survivrait pas d'une heure. Ah! Papirianus, le bel exploit que ferait en cette occasion la main adroite d'Annéus Sérénus!

82. — A DOMITIEN

Quand la foule vous présente ses humbles plaintes, nous, César, qui n'offrons à notre maître que de pauvres vers, nous savons que votre divinité peut vaquer à la fois au gouvernement de l'empire et au culte des Muses, et que les couronnes qu'elles rapportent ont aussi du prix à vos yeux. Protégez vos poëtes, César; nous sommes aussi votre gloire, laquelle n'est pas sans douceur; nous sommes vos délices, les plus chers objets de votre sollicitude. Le chêne, le laurier

O pudor! o pietas! et putat esse parum.
Non illi satis est turbato sordidus auro 5
   Hermus, et Hesperio qui sonat orbe Tagus.
Omnis habet sua dona dies, nec linea dives
   Cessat; et in populum multa rapina cadit.
Nunc veniunt subitis lasciva numismata nimbis;
   Nunc dat spectatas tessera larga feras; 10
Nunc implere sinus securos gaudet, et absens
   Sortitur dominos, ne laceretur, avis.
Quid numerem currus, ter denaque præmia palmæ,
   Quæ dare non semper consul uterque solet?
Omnia sed, Cæsar, tanto superantur honore, 15
   Quod spectatorem te tua laurus habet.

LXXIX. IN FABULLAM.

Omnes aut vetulas habes amicas,
Aut turpes, vetulisque fœdiores;
Has ducis comites, trahisque tecum
Per convivia, porticus, theatra.
Sic formosa, Fabulla, sic puella es. 5

LXXX. AD DOMITIANUM.

Sanctorum nobis miracula reddis avorum,
   Nec pateris, Cæsar, sæcula cana mori;
Quum veteres Latiæ ritus renovantur arenæ,
   Et pugnat virtus simpliciore manu.
Sic priscis servatur honos te præside templis, 5
   Et casa tam culto sub Jove numen habet.
Sic nova dum condis, revocas, Auguste, priora:
   Debentur quæ sunt, quæque fuere, tibi.

LXXXI. DE GELLIA.

Non per mystica sacra Dindymenes,
Nec per Niliacæ bovem juvencæ,
Nullos denique per Deos, Deasque
Jurat Gellia; sed per uniones.
Hos amplectitur, hos deosculatur; 5
Hos fratres vocat, hos vocat sorores;
Hos natis amat acrius duobus.
His si quo careat misella casu,
Victuram negat esse se nec horam.
Eheu quam bene nunc, Papiriane, 10
Annæi faceret manus Sereni!

LXXXII. AD DOMITIANUM.

Dante tibi turba querulos, Auguste, libellos,
   Nos quoque, qui domino carmina parva damus,
Posse Deum rebus pariter Musisque vacare
   Scimus; et hæc etiam serta placere tibi.
Fer vates, Auguste, tuos: nos gloria dulcis, 5

LIVRE IX.

1. — A AVITUS.

Poëte sublime, célèbre malgré vous, et dont la cendre doit un jour recueillir la récompense due à votre génie, Avitus, écrivez au bas de mon portrait que vous avez placé parmi les images d'illustres citoyens cette courte inscription :

« Je suis celui qui ne le cède à personne en fait de frivolités ; qu'on n'admire pas, mais qu'on aime, du moins je le suppose. Que d'autres plus illustres fassent entendre des chants plus éclatants : pour moi, diseur de jolis riens, il me suffit de revenir souvent dans vos mains. »

MARTIAL A SON CHER TURANIUS, SALUT.

Bonjour, Turanius, mon très-cher frère. L'épigramme détachée des pages de ce livre a été adressée par moi à Stertinius, ce personnage distingué qui a placé mon portrait dans sa bibliothèque. J'ai cru devoir vous en prévenir, afin que vous sachiez qui j'ai désigné sous le nom d'Avitus. Adieu, préparez-vous à me recevoir.

2. — SUR LE TEMPLE DE LA FAMILLE FLAVIA.

Tant que Janus donnera son nom aux hivers, Domitien aux automnes, et Auguste aux étés; tant que le grand jour des calendes germaniques rappellera par son nom glorieux le Rhin subjugué; tant que dureront la roche Tarpéienne et le temple du père des dieux ; tant que la riche matrone adressera d'une voix suppliante ses prières et ses vœux à la divinité bienfaisante de Julie, la gloire de la famille Flavia conservera sa splendeur, aussi bien que le soleil, les astres, et la puissance romaine. Tout monument élevé par une main invincible est le ciel lui-même.

3. — CONTRE LUPUS.

Pauvre avec tes amis, Lupus, tu ne l'es point avec une maîtresse ; il n'y a que ta mentule qui ne te fasse aucun reproche. Elle s'engraisse, l'adultère, de conques de Vénus en fleur de farine, tandis que ton convive mange du pain noir. Sur ta table coule le vin de Sétia, qui échaufferait la neige elle-même ; et nous, nous buvons la liqueur trouble et empoisonnée des tonneaux de Corse. Tu payes de tout ton patrimoine une nuit, ou même la moitié; et ton ami abandonné laboure des champs qui ne sont pas les siens. La compagne de tes débauches brille, parée des perles de l'Érythrée ; et, pendant que tu t'ébats avec elle, on mène en prison ton client. Tu donnes à ta maîtresse une litière portée par huit esclaves syriens, et la bière recevra tout nu le corps de ton ami. Va maintenant, Cybèle, châtrer de misérables gitons ; la mentule de celui que je te dénonce est bien autrement digne de ton couteau.

4. — A DOMITIEN.

Si vous redemandiez aux Dieux et au ciel tout

Nos tua cura prior deliciæque sumus.
Non quercus te sola decet, nec laurea Phœbi;
Fiat et ex hedera civica nostra tibi.

LIVRE IX.

I. AD AVITUM.

Note, licet nolis, sublimi pectore vates,
  Cui referet serus præmia digna cinis,
Hoc tibi sub nostra breve carmen imagine vivat,
  Quam non obscuris jungis, Avite, viris.
ILLE EGO SUM NULLI NUGARUM LAUDE SECUNDUS ;   5
QUEM NON MIRARIS, SED PUTO, LECTOR, AMAS
MAJORES MAJORA SONENT : MIHI PARVA LOQUUTO
SUFFICIT IN VESTRAS SÆPE REDIRE MANUS.

MARTIALIS TURANO SUO S.

Ave, mi Turani, frater carissime. Epigramma, quod extra ordinem paginarum est, ad Stertinium clarissimum virum scripsimus, qui imaginem meam ponere in bibliotheca sua voluit. De quo scribendum tibi putavi, ne ignorares, Avitus iste quis vocaretur. Vale, et para hospitium.

II. DE TEMPLO FLAVIÆ GENTIS.

Dum Janus hyemes, Domitianus autumnos,
Augustus annis commodabit æstates ;
Dum grande famuli nomen asseret Rheni
Germanicarum magna lux Kalendarum ;
Tarpeia summi saxa dum patris stabunt;   5
Dum voce supplex, dumque thure placabit
Matrona dives dulce Juliæ numen :
Manebit altum Flaviæ decus gentis,
Cum sole, et astris, cumque luce romana.
Invicta quidquid condidit manus, cœlum est.   10

III. IN LUPUM.

Pauper amicitiæ quum sis, Lupe, non es amicæ ;
  Et queritur de te mentula sola nihil.
Illa siligineis pinguescit adultera cunnis,
  Convivam pascit nigra farina tuum.
Incensura nives dominæ Setina liquantur ;   5
  Nos bibimus Corsi pulla venena cadi.
Empta tibi nox est fundis non tota paternis ;
  Haud sua desertus rura sodalis arat.
Splendet Erythræis pellucida mœcha lapillis :
  Duceris addictus, te futuente, cliens.   10
Octo Syris suffulta datur lectica puellæ ;
  Nudum sandapilæ pondus amicus erit.
I nunc, et miseros, Cybele, præcide cinædos ;
  Hæc erat, hæc cultris mentula digna tuis.

IV. AD DOMITIANUM.

Quantum jam Superis, Cæsar, cœloque dedisti,

ce que vous leur avez donné, César, et que vous voulussiez être leur créancier, quelle que fût l'énormité de l'enchère ouverte dans l'Olympe, et les Dieux fussent-ils obligés de vendre tout ce qu'ils possèdent, Atlas ferait banqueroute, et le père des Dieux lui-même ne pourrait s'acquitter envers vous pour un douzième. Car combien peut-il donner pour le temple du Capitole? combien pour les couronnes de feuillage décernées aux jeux Tarpéiens? combien aussi Junon pour ses deux temples? Je ne parle pas de Pallas : elle fait elle-même vos affaires. Nommerai-je Alcide, Phébus, et les pieux jumeaux lacédémoniens? Citerai-je le temple des Flavius, ajouté à ceux qui s'élèvent dans le Latium? Il faut, César Auguste, que vous attendiez, que vous fassiez des remises. Les coffres de Jupiter n'ont pas de quoi vous payer.

5. — CONTRE ESCHYLUS.

Comme on peut, moyennant deux pièces d'or, obtenir de Galla les dernières faveurs, et même quelque chose de plus si l'on double la somme, pourquoi donc, Eschylus, reçoit-elle de toi dix pièces d'or? Galla ne met pas à sa bouche un si haut prix : que fait-elle alors? Elle est discrète.

6. — CONTRE PAULLA.

Tu veux épouser Priscus, Paulla, je ne m'en étonne point; tu as raison : mais Priscus ne veut pas de toi; il a raison aussi.

7. — A DOMITIEN.

Glorieux vainqueur du Rhin, père du monde et chaste prince, les villes vous adressent des actions de grâces. Leurs populations vont s'accroître, car on peut désormais enfanter sans crime. Le jeune garçon mutilé autrefois par l'art infâme d'un avide trafiquant d'esclaves, le jeune garçon ne pleure plus la perte de sa virilité, et la mère indigente ne vend plus au riche entremetteur son enfant destiné à la prostitution. La pudeur, qui, avant vous, avait déserté le lit conjugal, a commencé à pénétrer jusque dans les réduits de la débauche.

8. — CONTRE AFER.

Depuis ton retour de la Libye, Afer, j'ai voulu pendant cinq jours de suite te souhaiter le bonjour. « Il n'a pas le temps, ou il dort, » m'a-t-on dit à deux et trois reprises. C'en est assez, Afer; tu ne veux point de mon bonjour : adieu.

9. — A DOMITIEN.

Comme si c'eût été une légère offense pour notre sexe de livrer à l'infâme prostitution du peuple nos enfants mâles, le berceau était déjà devenu la proie de l'entremetteur, et l'enfant arraché au sein maternel semblait déjà par ses vagissements demander un honteux salaire. Des êtres, à peine nés d'hier, subissaient des tourments inouïs. Le père de l'Ausonie ne put endurer de pareilles horreurs, lui qui naguère prêtait son appui à la tendre adolescence, et empêchait qu'un libertinage barbare ne condamnât l'âge viril à la stérilité. Les adultes, les jeunes gens et les vieillards vous ont chéri tour à tour; mais c'est aux enfants, César, à vous aimer aujourd'hui.

Si repetas, et si creditor esse velis :
Grandis in æthereo licet auctio fiat Olympo,
  Coganturque Dei vendere quidquid habent;
Conturbabit Atlas, et non erit uncia tota,   5
  Decidat tecum qua pater ipse Deum.
Pro Capitolinis quid enim tibi solvere templis,
  Quid pro Tarpeiæ frondis honore potest?
Quid pro culminibus geminis matrona Tonantis?
  Pallada prætereo : res agit illa tuas.   10
Quid loquar Alciden, Phœbumque, piosque Laconas?
  Addita quid Latio Flavia templa polo?
Exspectes, et sustineas, Auguste, necesse est;
  Nam tibi quod solvat, non habet arca Jovis.

V. IN ÆSCHYLUM.

Aureolis futui quum possit Galla duobus,
  Et plus quam futui, si totidem addideris;
Aureolos a te cur accipit, Æschyle, denos?
  Non fellat tanti Galla : quid ergo? tacet.

VI. IN PAULLAM.

Nubere vis Prisco, non miror, Paulla : sapisti.
Ducere te non vult Priscus : et ille sapit.

VII. AD DOMITIANUM.

Tibi, summe Rheni domitor, et parens orbis,
Pudice princeps, gratias agunt urbes :

Populos habebunt; parere jam scelus non est.
Non puer avari sectus arte mangonis
Virilitatis damna mœret ereptæ;   5
Nec quam superbus computet stipem leno,
Dat prostituto misera mater infanti.
Qui nec cubili fuerat ante te quondam
Pudor, esse per te cœpit et lupanari.

VIII. IN AFRUM.

Dicere de Libycis reduci tibi gentibus, Afer,
  Continuis volui quinque diebus Ave.
Non vacat, aut dormit, dictum bis terque reverso.
Jam satis est : non vis, Afer, avere : Vale.

IX. AD DOMITIANUM.

Tanquam parva foret sexus injuria nostri
  Fœdandos populo prostituisse mares;
Jam cunæ lenonis erant, ut ab ubere raptus
  Sordida vagitu posceret æra puer.
Immatura dabant infandas corpora pœnas.   5
  Non tulit Ausonius talia monstra pater;
Idem qui teneris nuper succurrit ephebis,
  Ne faceret steriles sæva libido viros.
Dilexere prius pueri, juvenesque, senesque;
  At nunc infantes te quoque, Cæsar, amant.   10

10. — A BITHYNICUS.

Bithynicus, il ne vous a rien légué ce Fabius à qui vous faisiez, s'il m'en souvient, une pension annuelle de six mille sesterces. Il n'a rien laissé à personne pas plus qu'à vous, Bithynicus : cessez donc de vous plaindre; c'est une rente annuelle de six mille sesterces qu'il vous a léguée.

11. — CONTRE CANTHARUS.

Quoique tu soupes volontiers chez autrui, Cantharus, tu ne cesses de déblatérer, de médire et de menacer. Quitte, je te le conseille, ces airs d'indépendance. On ne peut être libre et gourmand tout ensemble.

12. — SUR ÉARINUS, MIGNON DE DOMITIEN.

Nom qui naquis avec les violettes et les roses, nom qui es celui de la plus belle saison de l'année, qui exhales les parfums de l'Hybla et des fleurs de l'Attique, nom aussi odoriférant que le nid de l'orgueilleux phénix, plus suave que le nectar céleste, et qui serait préféré même par l'amant de Cybèle et l'échanson du maître du tonnerre; nom auquel les Grâces et les Amours répondent, quand tu es prononcé dans le palais impérial; nom plein de noblesse, de douceur et de délicatesse, je voulais te faire entrer dans un vers élégant; mais toi, syllabe rebelle, tu t'y opposes. Cependant des poëtes disent *Earinon*; ce sont des Grecs, à qui tout est permis, et qui peuvent scander ces mots, *Ares*, *Ares*, comme ils le veulent. Quant à nous, de pareilles licences nous sont interdites, et les Muses que nous courtisons sont plus sévères.

13. — SUR LE MÊME.

Si l'automne me demandait un nom, je m'appellerais Oporinus; Chimérinus, si c'était l'affreux hiver; et Thérinus, si c'était l'été. Comment appeler celui qui doit son nom au printemps?

14. — SUR LE MÊME.

Tu as un nom qui désigne la douce saison de l'année, ce printemps si court qui voit les abeilles de l'Attique butiner les fleurs; un nom qui mériterait d'être écrit avec une flèche de l'Amour, et que Vénus se plaît à tracer avec son aiguille; un nom dont on devrait former les lettres avec des perles de l'Érythrée, ou du succin pressé par la main des Héliades; un nom que les grues, en volant, dessineraient dans les airs; qui seul enfin est digne du palais de César.

15. — CONTRE UN AMI PARASITE.

Cet homme que ta table, que tes soupers ont rendu ton ami, tu lui crois un cœur fidèle. Ce sont le sanglier, les surmulets, les tétines de truie, les huîtres qu'il aime, et non pas toi. Si ma table était aussi bien servie, il serait aussi mon ami.

16. — SUR CHLOÉ.

Sur les tombes de ses sept maris, la fameuse Chloé a mis cette inscription : « Chloé les a fait élever. » Est-il rien de plus naïf?

X. AD BITHYNICUM.

Nil tibi legavit Fabius, Bithynice, cui tu
Annua, si memini, millia sena dabas.
Plus nulli dedit ille; queri, Bithynice, noli :
Annua legavit millia sena tibi.

XI. IN CANTHARUM.

Cœnes, Canthare, quum foris libenter,
Clamas, et maledicis, et minaris.
Deponas animos truces, monemus;
Liber non potes, et gulosus esse.

XII. DE EARINO DOMITIANI.

Nomen cum violis, rosisque natum,
Quo pars optima nuncupatur anni;
Hyblam quod sapit, Atticosque flores,
Quod nidos olet alitis superbæ;
Nomen nectare dulcius beato, 5
Quo mallet Cybeles puer vocari,
Et qui pocula temperat Tonanti;
Quod si Parrhasia sones in aula,
Respondent Veneres, Cupidinesque;
Nomen nobile, molle, delicatum 10
Versu dicere non rudi volebam :
Sed tu, syllaba contumax, repugnas!
Dicunt Earinon tamen Poetæ,
Sed Græci, quibus est nihil negatum,
Et quos Ἄρες Ἄρες decet sonare; 15
Nobis non licet esse tam disertis,
Qui Musas colimus severiores.

XIII. DE EODEM.

Si daret autumnus mihi nomen, Ὀπωρινὸς essem;
Horrida si brumæ sidera, Χειμερινὸς·
Dictus ab æstivo Θερινὸς tibi mense vocarer :
Tempora cui nomen verna dedere, quis est?

XIV. DE EODEM.

Nomen habes, teneri quod tempora nuncupat anni,
Quum breve Cecropiæ ver populantur apes;
Nomen, Acidalia meruit quod arundine pingi,
Quod Cytherea sua scribere gaudet acu;
Nomen, Erythræis quod littera facta lapillis, 5
Gemma quod Heliadum pollice trita notet;
Quod penna scribente grues ad sidera tollant;
Quod decet in sola Cæsaris esse domo.

XV. IN AMICUM COENIPETAM.

Hunc, quem cœna tibi, quem mensa paravit amicum,
Esse putas fidæ pectus amicitiæ?
Aprum amat, et mullos, et sumen, et ostrea, non te.
Tam bene si cœnem, noster amicus erit.

XVI. DE CHLOE.

Inscripsit tumulo septem celebrata virorum
Se fecisse Chloe : quid pote simplicius?

17. — SUR LA CHEVELURE D'EARINUS.

Ce miroir conseiller de la beauté, cette molle chevelure ont été consacrés au Dieu de Pergame par l'enfant qui est le plus gracieux ornement de la cour de notre maître, et dont le nom est celui de la saison du printemps. Heureux le pays qu'honore un pareil présent! Il estimerait moins la chevelure de Ganymède.

18. — SUR LA MÊME, A ESCULAPE.

Vénérable petit-fils de Latone, qui, par les plantes salutaires, conjures les rigueurs des Parques et la rapidité de leurs fuseaux, c'est un de tes enfants qui, de la capitale du Latium, te fait hommage de sa chevelure, laquelle a mérité les louanges de son maître. A cette chevelure qu'il te consacre, il a joint ce miroir brillant, où il voyait toute sa beauté fidèlement retracée. Conserve-lui maintenant ses grâces juvéniles, de peur qu'avec ses cheveux courts il ne soit moins beau qu'avec ses cheveux longs.

19. — A DOMITIEN.

Je possède, César, et je fais des vœux pour la posséder encore longtemps sous votre règne, une maison très-modeste à la campagne, et une autre non moins modeste à la ville. Mais, tandis qu'une pompe recourbée aspire avec un pénible effort, du fond d'une étroite vallée, l'eau qu'elle verse dans mes jardins avides, ma maison à sec se plaint de ne pas être rafraîchie par la moindre rosée, bien que le murmure de la fontaine Martia se fasse entendre dans mon voisinage. L'eau que vous aurez donnée à mes pénates, César-Auguste, sera pour moi l'onde de Castalie ou la pluie de Jupiter.

20. — CONTRE SABELLUS.

Tu loues dans une pièce de trois cents vers les bains de Pontius, chez qui l'on soupe si bien, Sabellus. Tu veux souper, Sabellus, et non pas te baigner.

21. — A DOMITIEN.

Ce sol qui porte un temple ouvert à tous, et que recouvre le marbre et l'or, fut le témoin de la naissance du maître de l'empire. Terre heureuse d'avoir retenti de ses vagissements, de l'avoir vu et soutenu rampant sur ses mains enfantines! Là fut la maison vénérable qui donna au monde ce que Rhodes et la pieuse Crète ont donné aux cieux. Les armes des Curètes agitées bruyamment, et telles qu'en pouvaient porter ces Phrygiens hommes à moitié, ont protégé la naissance de Jupiter; mais vous, César, c'est le père des Dieux lui-même qui vous protégea, non pas du javelot ni du bouclier, mais de la foudre et de l'égide.

22. — A AUCTUS.

Artémidore a un mignon; mais il a vendu son champ. Calliodore, en échange de ce mignon, est devenu possesseur du champ. Dites-moi, Auctus, lequel des deux a fait la meilleure affaire? Artémidore fait l'amour; Calliodore laboure.

23. — A PASTOR.

Vous vous imaginez peut-être, Pastor, que

XVII. DE COMA EARINI.

Consilium formæ speculum, dulcesque capillos,
  Pergamon posuit dona sacrata Deo,
Ille puer tota domino gratissimus aula,
  Nomine qui signat tempora verna suo.
Felix, quæ tali censetur munere tellus!   5
  Nec Ganymedeas mallet habere comas.

XVIII. DE EADEM AD ÆSCULAPIUM.

Latonæ venerande nepos, qui mitibus herbis
  Parcarum exoras pensa, brevesque colos;
Hos tibi laudatos domino sua vota capillos
  Ille tuus Latia misit ab urbe puer.
Addidit et nitidum sacratis crinibus orbem,   5
  Quo felix facies judice tota fuit.
Tu juvenile decus serva, ne pulchrior ille
  In longa fuerit quam breviore coma.

XIX. AD CÆSAREM DOMITIANUM.

Est mihi, sitque precor longum te præside, Cæsar,
  Rus minimum: parvi sunt et in urbe Lares.
Sed de valle brevi, quas det sitientibus hortis,
  Curva laboratas antlia tollit aquas.
Sicca domus queritur nullo se rore foveri,   5
  Quum mihi vicino Martia fonte sonet.
Quam dederis nostris, Auguste, Penatibus undam,
  Castalis hæc nobis, aut Jovis imber erit.

XX. IN SABELLUM.

Laudas balnea versibus trecentis,
Cœnantis bene Pontici, Sabelle.
Vis cœnare, Sabelle, non lavari.

XXI. AD DOMITIANUM.

Hæc, quæ tota patet, tegiturque et marmore et auro,
  Infantis domini conscia terra fuit.
Felix, quæ tantis sonuit vagitibus, et quæ
  Vidit reptantes, sustinuitque manus!
Hic steterat veneranda domus, quæ præstitit orbi,   5
  Quod Rhodos, astrifero quod pia Creta polo.
Curetes texere Jovem crepitantibus armis,
  Semiviri poterant qualia ferre Phryges.
At te protexit Superum pater, et tibi, Cæsar,
  Pro jaculo et parma, fulmen et ægis erat.   10

XXII. AD AUCTUM.

Artemidorus habet puerum; sed vendidit agrum:
  Agrum pro puero Calliodorus habet.
Dic, uter ex istis melius rem gesserit, Aucte?
  Artemidorus amat, Calliodorus arat.

XXIII. AD PASTOREM.

Credis ob hoc me, Pastor, opes fortasse rogare
  Propter quod vulgus crassaque turba rogat;

je veux être riche pour ce qui fait désirer les richesses au vulgaire grossier; que je voudrais user mes hoyaux à broyer la terre des champs de Sétia; couvrir de mes innombrables esclaves, chargés de leurs chaînes bruyantes, les campagnes de la Toscane, dresser cent tables de Mauritanie sur des pieds d'ivoire libyen; posséder des lits étincelants de lames d'or, ne presser sous mes lèvres que de grands vases de cristal, ne boire du falerne que trempé de neige; faire suer des esclaves syriens de Canuse sous les brancards de ma litière, assiégée d'une troupe nombreuse de clients assidus; voir mon jeune esclave, que je ne changerais pas pour Ganymède, éveiller les désirs d'un convive pris de vin; monter une mule qui éclabousse mes habits de pourpre, et fouetter avec une houssine un cheval massylien : je ne veux rien de cela, j'en atteste le ciel et les Dieux! — Que voulez-vous donc? — Donner, Pastor, et bâtir.

24. — A CARUS.

Vous qui avez eu le bonheur, aux jeux de la chaste Pallas, de remporter la couronne d'or, dites-moi, Carus, où est maintenant ce glorieux trophée? — « Voyez ce buste de marbre, brillante image de notre maître; ma couronne est venue d'elle-même se placer sur son front. » Désormais le chêne sacré peut être jaloux de l'olivier du mont Alban, qui le premier aura ceint de son feuillage cette tête invincible.

25. — AU MÊME.

Quel artiste, par cette habile imitation de la figure de César, a donné au marbre du Latium la supériorité sur l'ivoire de Phidias? Telle est la face, tels sont les traits de Jupiter dans sa majesté calme et sereine; tel est ce Dieu quand, par un ciel sans nuage, il fait gronder son tonnerre. Non-seulement, Carus, Pallas vous a donné la couronne, mais encore l'image du maître que vous adorez.

26. — CONTRE AFER.

Chaque fois que je regarde ton Hyllus me versant à boire, tu m'observes, Afer, d'un œil inquiet. Quel crime y a-t-il, je te prie, à regarder un charmant esclave? Nous regardons bien le soleil, les astres, les Dieux, et leurs temples. Détournerai-je ma figure, me voilerai-je les yeux et la face, comme si c'était la Gorgone qui me versât à boire? Hercule était d'humeur farouche; mais il souffrait qu'on regardât Hylas. Mercure a la permission de jouer avec Ganymède. Si tu ne veux pas que les convives regardent les jeunes esclaves, n'invite, Afer, que des Phinées et des Œdipes.

27. — SUR NERVA.

Oser adresser des vers à l'éloquent Nerva, c'est, Cosmus, comme si l'on te faisait présent d'habits couleur d'eau de mer, comme si l'on donnait des violettes et de blancs troènes aux laboureurs de Pestum, et du miel de Corse aux abeilles de l'Hybla. Cependant la muse la plus modeste n'est pas sans quelque grâce. L'humble olive est recherchée même après qu'on a servi le loup marin. Ne vous étonnez donc pas si ma muse, convaincue de sa faiblesse, craint votre jugement. Néron lui-même appréhendait, dit-

Ut Setina meos consumat gleba ligones,
 Et sonet innumera compede Tuscus ager;
Ut Mauri Libycis centum stent dentibus orbes, 5
 Et crepet in nostris aurea lamna toris;
Nec labris nisi magna meis crystalla ferantur,
 Et faciant nigras nostra Falerna nives;
Ut Canusinatus nostro Syrus assere sudet,
 Et mea sit culto sella cliente frequens; 10
Æstuet ut nostro madibus conviva ministro,
 Quem permutatum nec Ganymede velim;
Ut lutulenta linat Tyrias mihi mula lacernas,
 Et Massyleum virga gubernet equum.
Est nihil ex istis : superos, ac sidera testor. 15
 Ergo quid? Ut donem, Pastor, et ædificem.

XXIV. AD CARUM.

O cui virgineo flavescere contigit auro,
 Dic ubi Palladium sit tibi, Care, decus?
Aspicis en Domini fulgentes marmore vultus,
 Venit ad has ultro nostra corona comas.
Albanæ livere potest pia quercus olivæ, 5
 Cinxerit invictum quod prior illa caput.

XXV. AD EUMDEM.

Quis, Palladinos imitatus imagine vultus,
 Phidiacum Latio marmore vicit ebur?

Hæc mundi facies, hæc sunt Jovis ora sereni;
 Sic tonat ille Deus, quum sine nube tonat.
Non solam tribuit Pallas tibi, Care, coronam;
 Effigiem domini, quam colis, illa dedit.

XXVI. IN AFRUM.

Dantem vina tuum quoties aspeximus Hyllum,
 Lumine nos, Afer, turbidiore notas.
Quod, rogo, quod scelus est mollem spectare ministrum?
 Aspicimus solem, sidera, templa, Deos.
Avertam vultus, tanquam mihi pocula Gorgon 5
 Porrigat, atque oculos oraque nostra tegam?
Trux erat Alcides; sed Hylam spectare licebat.
 Ludere Mercurio cum Ganymede licet.
Si non vis teneros spectet conviva ministros :
 Phineas invites, Afer, et Œdipodas. 10

XXVII. DE NERVA.

Audet facundo qui carmina mittere Nervæ,
 Pallida donabit glauca, Cosme, tibi.
Pæstano violas, et cana ligustra colono,
 Hyblæis apibus Corsica mella dabit.
Sed tamen et parvæ nonnulla est gratia Musæ; 5
 Appetitur posito vilis oliva lupo.
Nec tibi sit mirum, modici quod conscia vatis
 Judicium metuat nostra Thalia tuum.

on, votre censure, lorsque, dans sa jeunesse, il vous lisait ses œuvres badines.

28. — CONTRE CHRESTUS.

Avec tes testicules rasés, ta mentule pareille au cou d'un vautour, ta tête plus polie qu'un derrière qui se prostitue, tes jambes où ne croît pas un poil, tes lèvres que tu épiles sans cesse avec des pinces, tu affiches, Chrestus, le langage des Curius, des Camille, des Quinctius, des Numa, des Ancus, et de tout ce que nous connûmes jamais de philosophes mal peignés ; tu profères des paroles pompeuses et menaçantes, tu fais la guerre aux théâtres, au siècle. S'il se présente alors quelque jeune impudique, fraîchement émancipé de la tutelle d'un pédagogue, et dont le chirurgien a récemment débouclé le pénis gonflé sous son enveloppe, tu l'appelles par un signe, tu l'entraînes ; et j'aurais honte, Chrestus, de dire ce que fait alors ta langue de Caton.

29. — ÉPITAPHE DE LATINUS.

Doux ornement de la scène, honneur des jeux, c'est moi qui suis ce Latinus, votre acteur favori, vos délices ; celui qui eut le pouvoir de captiver les regards de Caton, et de dérider la gravité des Curius et des Fabricius. Ma vie ne s'est ressentie en rien des habitudes du théâtre ; acteur, je n'appartiens à la scène que par mon art. Sans mœurs, je n'aurais pu plaire à notre maître, à ce Dieu qui voit jusqu'au fond des consciences.

Appelez-moi, vous autres, le parasite d'Apollon, pourvu que Rome sache que je suis le serviteur de son Jupiter.

30. — ÉPITAPHE DE PHILÉNIS.

Après avoir, comme Nestor, vécu des siècles, te voilà donc entraînée, Philénis, dans l'infernal royaume de Pluton? Tu ne comptais pas encore autant de jours que la sibylle de Cumes ; car elle est morte, plus vieille que toi de trois mois. Ah ! quelle langue est réduite au silence ! Elle couvrait les voix de mille esclaves exposés en vente, de la foule des adorateurs de Sérapis, d'une troupe d'écoliers à la chevelure frisée, courant dès le matin chez leur maître, des troupeaux de grues qui importunent de leurs cris les bords du Strymon. Qui maintenant évoquera la lune à l'aide du rhombe thessalien ? quelle entremetteuse saura désormais conduire une intrigue amoureuse ? Que la terre te soit légère ; qu'une mince couche de sable te recouvre, afin que les chiens puissent déterrer tes os !

31. — SUR LA PIÉTÉ CONJUGALE DE NIGRINA.

Antistius a péri sur les rives barbares de la Cappadoce : ô terre coupable d'un odieux forfait ! Nigrina, portant dans sa robe les restes de son cher époux, est revenue, se plaignant que la route ne fût pas plus longue ; et lorsqu'elle confia l'urne sacrée à cette tombe dont elle est jalouse, il lui sembla qu'elle perdait une seconde fois son mari.

Ipse tuas etiam veritus Nero dicitur aures,
  Lascivum juvenis quum tibi lusit opus.   10

XXVIII. IN CHRESTUM.

Quum depilatos, Chreste, coleos portes,
Et vulturino mentulam parem collo,
Et prostitutis lævius caput culis,
Nec vivat ullus in tuo pilus crure,
Purgentque crebræ cana labra volsellæ ;   5
Curios, Camillos, Quintios, Numas, Ancos,
Et quidquid usquam legimus pilosorum
Loqueris, sonasque grandibus minax verbis ;
Et cum theatris sæculoque rixaris.
Occurrit aliquis inter ista si draucus,   10
Jam pædagogo liberatus, et cujus
Refibulavit turgidum faber penem,
Nutu vocatum ducis, et pudet fari,
Catoniana, Chreste, quod facis lingua.

XXIX. EPITAPHIUM LATINI.

Dulce decus scenæ, ludorum fama, Latinus
Ille ego sum, plausus, deliciæque tuæ :
Qui spectatorem potui fecisse Catonem,
Solvere qui Curios Fabriciosque graves.
Sed nihil a nostro sumpsit mea vita theatro,   5
Et sola tantum scenicus arte feror :

Nec poteram gratus Domino sine moribus esse ;
  Interius mentes inspicit ille Deus.
Vos me laurigeri parasitum dicite Phœbi,
  Roma sui famulum dum sciat esse Jovis.   10

XXX. EPITAPHIUM PHILÆNIS.

Sæcula Nestoreæ permensa, Philæni, senectæ,
  Rapta es ad infernas tam cito Ditis aquas ?
Euboicæ nondum numerabas longa Sibyllæ
  Tempora, major erat mensibus illa tribus.
Heu quæ lingua silet ! non illam mille catastæ   5
  Vincebant, nec quæ turba Serapin amat ;
Nec matutini cirrata caterva magistri,
  Nec quæ Strymonio de grege ripa sonat.
Quæ nunc Thessalico Lunam deducere rhombo,
  Quæ sciet hos illos vendere lena toros ?   10
Sit tibi terra levis, mollique tegaris arena,
  Ne tua non possint eruere ossa canes !

XXXI. IN PIETATEM NIGRINÆ.

Cappadocum sævis Antistius occidit oris
  Rusticus : o tristi crimine terra nocens !
Rettulit ossa sinu cari Nigrina mariti,
  Et questa est longas non satis esse vias :
Quumque daret sanctam tumulis, quibus invidet, urnam, 5
  Visa sibi est rapto bis viduata viro.

32. — SUR LE VŒU DE VÉLIUS.

Tandis que Vélius accompagnait César dans l'expédition contre les Sarmates, il fit vœu, pour le salut de son maître, d'immoler à Mars cet oiseau. La lune n'avait pas encore parcouru huit fois sa carrière, que le Dieu réclamait le payement de sa dette. Joyeuse, l'oie se hâta de voler vers l'autel, et, modeste victime, elle s'abattit sur le foyer sacré. Voyez-vous ces douze pièces d'argent suspendues à son bec entr'ouvert? elles étaient auparavant cachées dans ses entrailles. Ce sacrifice, où l'argent est répandu au lieu de sang, nous enseigne, ô César, que l'usage du fer nous est désormais inutile.

33. — QUELLE MAÎTRESSE IL VEUT.

J'en veux une facile, et courant çà et là, voilée du palliolum; j'en veux une éprouvée déjà par les caresses de mon jeune esclave; j'en veux une qu'on ait tout entière pour deux deniers; j'en veux une qui suffise à elle seule à trois galants. Quant à celle qui demande de l'or et qui fait de belles phrases, qu'elle serve à la mentule d'un lourdaud de Gascogne.

34. — A FLACCUS.

Quand vous entendrez des applaudissements dans un bain, Flaccus, sachez que là se trouve la mentule de Morion.

35. — SUR LE TEMPLE DE LA FAMILLE FLAVIA.

Quand il aperçut le temple élevé par César à la famille Flavia, Jupiter rit du tombeau mensonger qu'on éleva pour lui sur le mont Ida. Bientôt, comme il savourait à table le nectar versé à pleine coupe, et présentait la sienne à Mars son fils, il tourna les yeux vers Phébus et sa sœur, auprès desquels se trouvaient Alcide et le pieux Mercure, et leur dit : « Vous qui m'avez élevé ce monument en Crète, voyez comme il y a plus de profit à être le père de César. »

36. — CONTRE PHILOMUSUS.

Voici le moyen dont tu te sers, Philomusus, pour attraper un souper : tu inventes force nouvelles, que tu débites comme vraies. Tu sais ce qu'on a résolu dans le conseil de Pacorus, roi des Parthes; quelle est la force des armées du Rhin et de la Sarmatie. Tu connais les ordres transcrits sur ses tablettes par le chef des Daces; tu vois le laurier de la victoire avant qu'il ne nous soit apporté. Tu sais combien de fois il a plu chez les noirs habitants de Syène, combien de vaisseaux quittent les ports de la Libye, quelle tête César doit couronner de l'olivier, à quel vainqueur le père des Dieux destine la palme triomphale. Ne te donne pas tant de peine, Philomusus; tu souperas aujourd'hui chez moi, à condition que tu ne me diras point de nouvelles.

37. — ENTRETIEN DE JUPITER ET DE GANYMÈDE AU SUJET D'ÉARINUS ET DES AUTRES MIGNONS DE DOMITIEN.

En voyant naguère le mignon ausonien déposer sa chevelure, le mignon phrygien, illustres amours de l'autre Jupiter, dit : « Ce que ton ami César a permis à son jeune esclave, souverain

---

XXXII. DE VELII VOTO.

Dum comes Arctois hæreret Cæsaris armis
  Velius, hanc Marti pro duce vovit avem.
Luna quater binos non tota peregerat orbes,
  Debita poscebat jam sibi vota Deus.
Ipse suas patulo anser properavit lætus ad aras,   5
  Et cecidit sanctis hostia parva focis.
Octo vides patulo pendere numismata rostro
  Alitis? hæc extis condita nuper erant.
Quæ litat argento pro te, non sanguine, Cæsar,
  Victima, jam ferro non opus esse docet.   10

XXXIII. QUALEM VELIT AMICAM.

Hanc volo, quæ facilis, quæ palliolata vagatur;
Hanc volo, quam puero jam dedit ante meo;
Hanc volo, quam redimit totam denarius alter;
Hanc volo, quæ pariter sufficit una tribus.
Poscentem nummos, et grandia verba sonantem,   5
  Possideat crassi mentula Burdigali.

XXXIV. AD FLACCUM.

Audieris in quo, Flacce, balneo plausum;
  Morionis illic esse mentulam scito.

XXXV. DE TEMPLO GENTIS FLAVIÆ.

Jupiter Idæi risit mendacia busti,
  Dum videt Augusti Flavia templa poli :
Atque inter mensas largo jam nectare fusus,
  Pocula quum Marti traderet ipse suo;
Respiciens Phœbum pariter Phœbique sororem,   5
  Cum quibus Alcides et pius Arcas erat :
Cnossia vos, inquit, nobis monumenta dedistis;
  Cernite, quam plus sit, Cæsaris esse patrem.

XXXVI. IN PHILOMUSUM.

Artibus his semper cœnam, Philomuse, mereris;
  Plurima dum fingis, sed quasi vera refers.
Scis, quid in Arsacia Pacorus deliberet aula,
  Rhenanam numeras Sarmaticamque manum.
Verba ducis Daci chartis mandata resignas;   5
  Victricem laurum, quam venit, ante vides.
Scis, quoties Phario madeat Jove fusca Syene;
  Scis, quota de Libyco littore puppis eat :
Cujus Iuleæ capiti nascantur olivæ;
  Destinet æthereus cui sua serta pater.   10
Tolle tuas artes, hodie cœnabis apud me,
  Hac lege, ut narres nil, Philomuse, novi.

XXXVII. COLLOQUIUM GANYMEDIS ET JOVIS SUPER EARINO ET ALIIS DOMITIANI PUERIS.

Viderat Ausonium posito modo crine ministrum
  Phryx puer, alterius gaudia nota Jovis :
Quod tuus, ecce, suo Cæsar permisit ephebo,
  Tu permitte tuo, maxime rector, ait.

maître du monde, permets-le au tien. Déjà mon premier duvet est ombragé par de longs cheveux; déjà Junon me raille, et me dit que je suis un homme. » — « Enfant chéri, lui répond le Dieu du ciel, ce n'est pas moi, c'est le Destin lui-même qui s'oppose à ce que tu demandes. Ce César que j'aime a pour le servir mille esclaves aussi beaux que toi : à peine son immense palais contient-il cette troupe céleste. Mais si le sacrifice de ta chevelure fait de toi un homme, quel autre me versera le nectar? »

38. — CONTRE GALLA.

Pendant que tu es chez toi, on frise tes cheveux dans la boutique d'un coiffeur de la rue de Suburra, où l'on n'est occupé qu'à ta toilette. Chaque soir, tu ôtes tes dents comme ta robe; tes attraits sont renfermés dans des pots de cent espèces différentes, et ton visage ne couche pas avec toi. Cependant tu me fais signe de ce sourcil qu'on t'apporte le matin, et tu n'as pas honte de montrer des appas blanchis par les années. Tu peux déjà compter au nombre de tes aïeux. En vain tu me promets de merveilleuses jouissances; ma mentule est sourde, et, toute borgne qu'elle est, elle te voit bien.

39. — A AGATHINUS.

Quoique tu te joues avec adresse des exercices les plus périlleux, Agathinus, tu ne parviendras pas à laisser tomber ce bouclier. Il te suit, malgré toi, et revient toujours, à travers les airs, se replacer ou sur ton pied, ou sur ton dos, ou sur tes fesses, ou sur la pointe de tes doigts. En vain la scène devient glissante sous une pluie de safran, en vain le vent emporte les toiles luttant contre sa furie, le bouclier se promène sur tes membres qui le reçoivent sans y songer, et ni le vent ni la pluie ne te font obstacle. Quand tu voudrais faillir, tu ne le pourrais pas, et la chute de ton bouclier serait elle-même une preuve de dextérité.

40. — SUR LE JOUR DE NAISSANCE DE CÉSONIA.

Ce jour est le premier qui se leva pour le Dieu tonnant du mont Palatin, et Cybèle eût désiré qu'il fût jadis témoin de la naissance de Jupiter. C'est en ce jour que la chaste Césonia naquit pour mon cher Rufus : il n'est pas de jeune fille qui doive plus à sa mère. Son mari se réjouit du double bonheur qui met le comble à ses vœux, puisqu'il a deux raisons pour aimer ce jour.

41. — SUR DIODORE, ET SUR LE VŒU DE PHILÉNIS SA FEMME.

Diodore ayant quitté Pharos pour venir recevoir à Rome les couronnes du Capitole, Philénis fit vœu, pour obtenir le retour de son époux, de se faire lécher par une jeune ingénue, telle que les aiment les chastes Sabines. Une affreuse tempête ayant fracassé le vaisseau, Diodore, lancé dans les flots et un moment submergé, parvint à se sauver à la nage, grâce au vœu de Philénis! O mari trop tardif et trop paresseux! Si ma maîtresse eût fait, du rivage, un pareil vœu, comme je serais bien vite revenu!

Jam mihi prima latet longis lanugo capillis;
    Jam tua me ridet Juno, vocatque virum.
Cui pater æthereus, Puer o dulcissime, dixit :
    Non ego quod poscis, res negat ipsa tibi.
Cæsar habet noster similes tibi mille ministros,
    Tantaque sidereos vix capit aula mares.   10
At tibi si dederit vultus coma tonsa viriles,
    Quis mihi, qui nectar misceat, alter erit?

XXXVIII. IN GALLAM.

Quum sis ipsa domi, mediaque ornere Suburra,
    Fiant absentes et tibi, Galla, comæ;
Nec dentes aliter, quam Serica, nocte reponas,
    Et jaceas centum condita pyxidibus;
Nec tecum facies tua dormiat : innuis illo,   5
    Quod tibi prolatum est mane, supercilio.
Et te nulla movet cani reverentia cunni,
    Quem potes inter avos jam numerare tuos.
Promittis sexcenta tamen; sed mentula surda est;
    Et, sit lusca licet, te tamen illa videt.   10

XXXIX. AD AGATHINUM.

Summa licet velox, Agathine, pericula ludas;
    Non tamen efficis, ut tibi parma cadat.
Nolentem sequitur, tenuesque reversa per auras,
    Vel pede, vel tergo, clune, vel ungue sedet.
Lubrica Corycio quamvis sint pulpita nimbo   5
    Et rapiant celeres vela negata Noti;
Securos pueri neglecta perambulat artus,
    Et nocet artifici ventus et unda nihil.
Ut peccare velis, quum feceris omnia, falli
    Non potes : arte opus est, ut tibi parma cadat.   10

XL. DE NATALI CÆSONIÆ.

Prima Palatino lux est hæc orta Tonanti,
    Optasset Cybele qua peperisse Jovem.
Hac et sancta mei genita est Cæsonia Rufi :
    Plus debet matri nulla puella suæ.
Lætatur gemina votorum sorte maritus,   5
    Contigit hunc illi quod bis amare diem.

XLI. DE DIODORO ET VOTO PHILÆNIS UXORIS.

Tarpeias Diodorus ad coronas
Romam quum peteret Pharo relicta;
Vovit pro reditu viri Philænis,
Illam lingeret ut puella simplex,
Quam castæ quoque diligunt Sabinæ.   5
Dispersa rate tristibus procellis,
Mersus fluctibus, obrutusque ponto,
Ad votum Diodorus enatavit.
O tardus nimis et piger maritus!
Hoc a littore si puella votum   10
Fecisset mea, protinus redissem.

42. — CONTRE PONTICUS.

Parce que tu ne connais pas les plaisirs de Vénus, que ta main te sert de concubine, suppléant avec complaisance aux charmes d'une belle, tu t'imagines ne rien faire de mal. Mais c'est un crime, crois-moi, un crime horrible, et qui passe toute imagination : car, d'un seul coup, Horace engendra ses trois fils ; d'un seul coup, Mars eut de la chaste Ilia deux jumeaux. Que serait devenu l'empire, si l'un et l'autre, se masturbant, eussent confié à leurs mains le soin de leurs sales jouissances? Crois-en la nature elle-même, qui te dit : « Ce que tu perds avec tes doigts, Ponticus, est un homme. »

43. — A APOLLON, POUR SON AMI STELLA.

Puisses-tu, ô Apollon, dans les champs de Myrina, jouir toujours de tes antiques cygnes! puissent les doctes Sœurs continuer à te faire leur cour, et tes oracles de Delphes ne mentir jamais! puissent les hôtes du Palatin t'aimer et te révérer! puisse César, avec sa bonté ordinaire, accorder bientôt, comme je le désire, les douze faisceaux à Stella! Heureux alors, et prêt à remplir envers toi un engagement sacré, je conduirai au pied de tes rustiques autels, pour y être immolé, un jeune taureau aux cornes dorées. La victime est déjà née, Phébus : que tardes-tu?

44. — SUR UNE STATUE D'HERCULE.

Celui qui repose sur ce marbre, dont il adoucit la rudesse avec sa peau de lion, Dieu grand sous sa chétive image d'airain, qui, le visage tourné vers les astres, regarde le ciel qu'il a porté, qui tient de la main droite une massue et de la gauche une coupe, n'est point une célébrité de nos jours, une gloire de notre pays : ce fut un noble présent, c'est l'œuvre de Lysippe. Cette image figura jadis sur la table du tyran de Pella, sitôt enseveli sous la terre qu'il avait conquise. Annibal enfant l'avait adjurée sur les autels de la Libye; c'est celle qui contraignit Sylla à abdiquer son pouvoir, marqué par tant de cruautés. Dégoûté des cours, de leur orgueil et des craintes qui y règnent, il se plaît dans la demeure d'un simple citoyen; et comme il fut jadis le convive du paisible Molorchus, il veut être aussi le dieu du savant Vindex.

45. — SUR LA MÊME STATUE.

Dernièrement je demandais à l'Hercule de Vindex de quel artiste habile il était l'ouvrage. Il se mit à rire, suivant sa coutume ; puis, inclinant légèrement la tête : « Poëte, me dit-il, ne sais-tu pas le grec? L'inscription gravée sur le piédestal porte un nom... Lysippe! ai-je lu? je pensais lire Phidias.

46. — A MARCELLINUS.

Soldat prêt à partir pour les contrées hyperboréennes, à braver la rigueur des constellations paresseuses du ciel de la Gétie, vous allez bientôt, Marcellinus, voir de près le roc de Prométhée, fameux dans l'histoire. Lorsque vous contemplerez ces rochers, éternels confidents des douleurs

XLII. IN PONTICUM.

Pontice, quod nunquam futuis, sed pellice læva
   Uteris, et Veneri servit amica manus,
Hoc nihil esse putas? Scelus est, mihi crede, sed ingens,
   Quantum vix animo concipis ipse tuo.
Nempe semel futuit, generaret Horatius ut tres; 5
   Mars semel, ut geminos Ilia casta daret.
Omnia perdiderat, si masturbatus uterque
   Mandasset manibus gaudia fœda suis.
Ipsam crede tibi naturam dicere rerum :
   Istud quod digitis, Pontice, perdis, homo est. 10

XLIII. AD APOLLINEM PRO STELLA SUO.

Campis dives, Apollo, sic Myrinis,
Sic semper senibus fruare cycnis,
Doctæ sic tibi serviant sorores ;
Nec Delphis tua mentiatur ulli ;
Sic Palladia te colant, amentque : 5
Bis senos cito me rogante fasces
Det Stellæ bonus annuatque Cæsar.
Felix tunc ego, debitorque voti
Casurum tibi rusticas ad aras
Ducam cornibus aureis juvencum. 10
Nata est hostia, Phœbe, quid moraris?

XLIV. DE STATUA HERCULIS.

Ilic, qui dura sedens porrecto saxa leone
   Mitigat exiguo magnus in ære Deus,
Quæque tulit, spectat resupino sidera vultu,
   Cujus læva calet robore, dextra mero ;
Non est fama recens, nec nostri gloria cœli ; 5
   Nobile Lysippi munus opusque vides.
Hoc habuit numen Pellæi mensa tyranni,
   Qui cito perdomito victor in orbe jacet.
Hunc puer ad Libycas juraverat Hannibal aras ;
   Jusserat hic Syllam ponere regna trucem. 10
Offensus variæ tumidis terroribus aulæ,
   Privatos gaudet nunc habitare Lares.
Utque fuit quondam placidi conviva Molorchi,
   Sic voluit docti Vindicis esse Deus.

XLV. DE EADEM STATUA.

Alciden modo Vindicis rogabam,
Esset cujus opus laborque felix.
Risit (nam solet hoc), levique nutu,
Græce numquid, ait, Poeta, nescis?
Inscripta est basis, indicatque nomen. 5
ΛΥΣΙΠΠΟΥ lego, Phidiæ putavi.

XLVI. AD MARCELLINUM.

Miles hyperboreos modo, Marcelline, Triones,
   Et Getici tuleris sidera pigra poli ;
Ecce Prometheæ rupes, et fabula montis,
   Quam prope sunt oculis nunc adeunda tuis.
Videris immensis quum conclamata querelis 5
   Saxa senis, dices : Durior ille fuit.

du vieillard, vous direz : « Il fut encore plus dur qu'eux. » Et vous pourrez ajouter : « Celui qui put souffrir de 'pareils tourments pouvait aussi former le genre humain. »

47. — CONTRE GELLIUS.

Gellius bâtit sans cesse : tantôt il pose une porte, tantôt il achète une serrure, et y met une clef. Ici, c'est une fenêtre qu'il change, là c'en est une autre qu'il répare. Il n'y a rien que Gellius ne fasse, pourvu qu'il bâtisse; et cela pour pouvoir dire à un ami qui lui demande de l'argent, ce seul mot : « Je bâtis. »

48. — CONTRE PANNICUS.

Tu parles des Démocrite, des Zénon, de ce Platon qu'on ne comprend guère, et de tous ces personnages représentés avec des figures hérissées de barbe, comme si tu étais le successeur et l'héritier de Pythagore; et une barbe non moins longue te pend au menton. Mais ce membre si lent à s'émouvoir chez les gens aux exhalaisons de bouc, si dégoûtant chez les gens velus, tu le souffres pourtant, lorsqu'il est roide, entre tes fesses ramollies. Toi qui connais les principes et les systèmes des sectes philosophiques, dis-moi, Pannicus, à quel dogme appartient la pédérastie.

49. — CONTRE GALLICUS.

Quand tu me jurais par tes dieux, par ta tête, Gallicus, que j'hériterais d'un quart de ton bien, je te crus, (doute-t-on jamais de ce qu'on désire?) et, comptant sur ta promesse, je t'offrais force cadeaux. Je t'envoyai entre autres un sanglier de Laurente, d'une taille merveilleuse; on l'eût pris pour le sanglier de Calydon. Soudain tu convias peuple et sénateurs; et la malicieuse Rome a encore dans la bouche le goût de mon sanglier. Et moi (qui le croirait?) je ne figurai point à ta table, pas même comme le dernier des convives ; on ne m'envoya pas même une côtelette, un bout de queue. Comment espérer, Gallicus, un quart dans ta succession, quand tu ne m'as pas même offert une once de mon sanglier?

50. — SUR UNE TOGE QUE LUI AVAIT DONNÉE PARTHÉNIUS.

La voilà cette toge par moi tant chantée dans des vers que le lecteur sait par cœur et qu'il aime. Ce fut jadis un présent de Parthénius à son poëte, présent d'antique et glorieuse mémoire. Chevalier à la tournure distinguée, je me pavanais sous cette toge, quand sa laine, neuve encore, brillait de tout son lustre; quand elle était digne du nom de son donateur. Vieille maintenant, et à peine présentable, même pour le dernier et le plus transi de froid des citoyens, on peut à bon droit l'appeler une robe de neige. O longue suite des jours, ô années, que n'usez-vous pas! Cette toge n'est plus celle de Parthénius, c'est la mienne.

51. — CONTRE GAURUS.

Tu attestes, Gaurus, que je ne suis qu'un pauvre esprit, parce que je fais des ouvrages qui plaisent par leur brièveté. D'accord ; mais toi, qui racontes en vingt livres les grandes batailles de Priam, tu es un grand homme. Nous autres, nous peignons au vif le mignon de Brutus et

---

Et licet hoc addas : Potuit qui talia ferre,
    Humanum merito finxerat ille genus.

XLVII. IN GELLIUM.

Gellius ædificat semper : modo limina ponit,
    Nunc foribus claves aptat, emitque seras;
Nunc has, nunc illas mutat, reficitque fenestras.
    Dum tamen ædificet, quidlibet ille facit :
Oranti nummos ut dicere possit amico   5
    Unum illud verbum Gellius, Ædifico.

XLVIII. IN PANNICUM.

Democritos, Zenonas, inexplicitosque Platonas,
    Quidquid et hirsutis squalet imaginibus,
Sic quasi Pythagoræ loqueris successor, et hæres;
    Præpendet mento nec tibi barba minor.
Sed, quod et hircosis serum est, et turpe pilosis,   5
    In molli rigidum clune libenter habes.
Tu, qui sectarum causas et pondera nosti,
    Dic mihi, percidi, Pannice, dogma facit?

XLIX. IN GALLICUM.

Hæredem quum me partis tibi, Gallice, quartæ
    Per tua jurares sacra, caputque tuum,
Credidimus (quis enim damnet sua vota libenter?)
    Et spem muneribus fovimus usque datis;
Inter quæ rari Laurentem ponderis aprum   5
    Misimus : Ætola de Calydone putes.
At tu continuo populumque Patresque vocasti;
    Ructat adhuc aprum callida Roma meum.
Ipse ego (quis credat?) conviva nec ultimus hæsi;
    Sed nec costa data est, caudave missa mihi.   10
De quadrante tuo quid sperem, Gallice? nulla
    De nostro nobis uncia venit apro.

L. DE TOGA A PARTHENIO SIBI DONATA.

Hæc est illa meis multum cantata libellis,
    Quam meus edidicit lector amatque togam.
Partheniana fuit, quondam memorabile vatis
    Munus : in hac ibam conspiciendus eques;
Dum nova, dum nitida fulgebat splendida lana,   5
    Dumque erat auctoris nomine digna sui;
Nunc anus, et tremulo vix accipienda tribuli,
    Quam possis niveam dicere jure tuo.
Quid non longa dies, quid non consumitis anni?
    Hæc toga jam non est Partheniana : mea est.   10

LI. IN GAURUM.

Ingenium mihi, Gaure, probas sic esse pusillum,
    Carmina quod faciam, quæ brevitate placent.
Confiteor : sed tu bis denis grandia libris
    Qui scribis Priami prœlia, magnus homo es.

Lagon; toi, grand Gaurus, tu fais un géant d'argile.

52. — SUR LUCANUS ET TULLUS.

Ce que vous demandiez toujours aux Dieux, malgré votre frère, c'est-à-dire, de mourir avant lui, Lucanus, vous l'avez obtenu. Mais lui vous porte envie; car, bien qu'il fût le plus jeune, Tullus aspirait à descendre le premier sur les bords du Styx. Aujourd'hui habitant de l'Élysée et de ses frais ombrages, pour la première fois vous désirez d'être séparé de votre frère; et si l'un des Gémeaux vient du séjour brillant des astres sur la terre, vous conseillez à Castor de ne point venir remplacer Pollux.

53. — A QUINTUS OVIDE.

Croyez-moi, Quintus, j'aime (car vous le méritez) les calendes d'avril, époque de votre naissance, autant que les calendes de mars qui sont la date de la mienne. O jours également heureux, jours dignes d'être signalés parmi les plus beaux! l'un m'a donné la vie, et l'autre un ami. C'est à vos calendes, Quintus, que je dois le plus.

54. — AU MÊME.

Je voulais, Quintus, vous faire un petit présent pour votre jour de naissance; vous me le défendez; c'est beaucoup exiger. Cependant il faut vous obéir. Mais qu'il soit fait à chacun selon sa volonté; et ce qui doit nous convenir à tous deux, Quintus, c'est que vous me donniez quelque chose.

55. — A SON COUSIN.

Si j'avais des grives qu'engraissassent pour moi les olives du Picénum; si les bois de la Sabine étaient couverts de mes filets; si je prenais quelque petit poisson à la ligne et des oiseaux aux gluaux, j'offrirais au parent qui m'est cher le cadeau consacré par un usage solennel, et mon frère même ou mon aïeul n'auraient pas sur vous la préférence. Mais nos campagnes n'entendent que le maigre étourneau, le pinson plaintif et le moineau babillard, à la naissance du printemps. Ici le laboureur répond au salut de la pie, et là, sous nos yeux, le milan ravisseur vole au plus haut des airs. Je ne vous envoie donc que d'humbles produits de ma basse-cour; si vous agréez ces dons, vous serez souvent mon parent.

56. — A FLACCUS.

En ce jour fêté des parents, et où se donnent tant d'oiseaux; tandis que je prépare des grives pour Stella et pour vous, Flaccus, je vois accourir une foule immense et ruineuse de gens dont chacun prétend être le premier dans mes affections. Complaire à deux, tel est mon désir; en offenser plusieurs, cela n'est pas sans danger; faire des cadeaux à tous est trop onéreux. Il ne me reste qu'un moyen de sortir d'embarras, et je le prendrai : je ne donnerai des grives, Flaccus, ni à Stella, ni à vous.

57. — SUR SPENDOPHORUS.

Spendophorus, l'écuyer de César, part pour la

Nos facimus Bruti puerum, nos Lagona vivum; 5
  Tu magnus luteum, Gaure, Giganta facis.

LII. DE LUCANO ET TULLO.

Quod semper Superos invito fratre rogasti,
  Hoc, Lucane, tibi contigit, ante mori.
Invidet ille tibi : Stygias nam Tullus ad undas
  Optabat, quamvis sit minor, ire prior.
Tu colis Elysios, nemorisque habitator amœni 5
  Esse tuo primum nunc sine fratre cupis.
Et si jam nitidis alternus venit ab astris;
  Pro Polluce mones Castora, ne redeat.

LIII. AD QUINTUM OVIDIUM.

Si credis mihi, Quinte (quod mereris),
Natales, Ovidi, tuos Apriles,
Ut nostras amo Martias Kalendas.
Felix utraque lux, diesque nobis
Signandi melioribus lapillis! 5
Hic vitam tribuit, sed hic amicum.
Plus dant, Quinte, mihi tuæ Kalendæ.

LIV. AD EUMDEM.

Natali tibi, Quinte, tuo dare parva volebam
  Munera : tu prohibes; imperiosus homo es.
Parendum est monitis : fiat quod uterque jubemus;
  Et quod utrumque juvat, tu mihi, Quinte, dato.

LV. AD COGNATUM.

Si mihi Picena turdus palleret oliva,
  Tenderet aut nostras sylva Sabina plagas;
Aut crescente levis traheretur arundine præda,
  Pinguis et implicitas virga teneret aves;
Cara daret solenne tibi cognatio munus, 5
  Nec frater nobis, nec prior esset avus.
Nunc sturnos inopes, fringuillarumque querelas
  Audit, et arguto passere vernat ager.
Inde salutatus picæ respondet arator;
  Hinc prope summa rapax milvus in astra volat. 10
Mittimus ergo tibi parvæ munuscula cortis,
  Qualia si recipis, sæpe propinquus eris.

LVI. AD FLACCUM.

Luce propinquorum, qua plurima mittitur ales,
  Dum Stellæ turdos, dum tibi, Flacce, paro,
Succurrit nobis ingens onerosaque turba,
  In qua se primum quisque meumque putat.
Demeruisse duos, votum est : offendere plures, 5
  Vix tutum : multis mittere dona, grave est.
Qua possum sola veniam ratione merebor;
  Nec Stellæ turdos, nec tibi, Flacce, dabo.

LVII. DE SPENDOPHORO.

Spendophorus Libycas domini petit armiger urbes :

Libye. Prépare-toi, Cupidon, à donner à cet enfant les traits dont tu blesses les jeunes garçons et les tendres jeunes filles. Cependant, que sa main délicate ne porte qu'un léger javelot; garde pour toi la cuirasse, le bouclier et le casque. Le combat sera pour lui sans dangers, s'il s'y présente tout nu. Ni la lance, ni l'épée, ni la flèche, n'ont blessé Parthénopée tant qu'il n'eut point de casque. Quiconque sera blessé par Spendophorus mourra d'amour. Heureux celui qu'attend une destinée si douce! Reviens tandis que tu es encore enfant, et que ton visage conserve encore ses attraits séducteurs. C'est ta Rome, et non pas la Libye, qui doit te donner la virilité.

58. — CONTRE HÉDYLUS.

Rien n'est si usé que le pardessus d'Hédylus; ni les anses des antiques vases de Corinthe, ni la jambe polie par le froissement de dix ans de fers, ni le cou écorché d'une mule éreintée, ni les inégalités du sol qui sillonnent la voie Flaminienne, ni le galet qui brille sur le rivage, ni le hoyau toscan poli en fouillant la vigne, ni la toge déteinte qui couvre le cadavre d'un gueux, ni la roue fatiguée d'un charretier paresseux, ni le flanc d'un bison frotté contre les murs de l'étable, ni le vieux boutoir d'un farouche sanglier. Il y a pourtant, et Hédylus n'oserait le nier, une chose plus usée que son pardessus, c'est son derrière.

59. — A LA NYMPHE DE SABINUS.

Reine d'une eau sacrée, nymphe à qui Sabinus, par un acte de pieuse munificence, vient d'ériger un temple gracieux et durable, puisse la montueuse Ombrie rendre d'éternels hommages à ta source, et la ville de Sarsina, qui t'est chère, ne lui préférer jamais les eaux de Baïes! Reçois avec bonté mes ouvrages, ils sont jaloux d'un pareil honneur; tu seras pour ma muse la fontaine de Pégase. Celui qui offre ses vers au temple des Nymphes indique lui-même ce qu'il faut qu'on en fasse.

60. — CONTRE MAMURRA.

Après s'être promené beaucoup et longtemps dans ces bazars où l'opulente Rome étale avec orgueil ses richesses, Mamurra passe en revue et dévore des yeux les jeunes esclaves; non pas ceux qui sont exposés sur le devant des boutiques, mais ceux qu'on tient en réserve dans des loges secrètes, et que ne voient ni le peuple ni les gens de ma sorte. Rassasié, il passe de cet examen à celui des tables; il se fait montrer celle qu'on revêt d'une couverture; il en demande une en ivoire massif, et placée tout en haut. Après avoir pris quatre fois la mesure d'un lit à six places, incrusté d'écaille, il se désole de ce qu'il n'est pas assez grand pour sa table de citronnier. Il consulte son nez pour savoir si les vases sentent l'airain de Corinthe; il critique même tes statues, ô Polyclète! il se plaint qu'on ait gâté par le mélange d'un peu de verre la pureté des cristaux, et néanmoins il a noté et mis à part dix vases murrhins. Il marchande des corbeilles antiques, et, s'il s'en trouve, des coupes du célèbre Mentor; il compte les émeraudes en-

Quæ puero dones, tela, Cupido, para,
   Illa quibus juvenes ligis, mollesque puellas;
     Sit tamen in tenera levis et hasta manu.
Loricam clypeumque tibi galeamque remitto;   5
   Tutus ut invadat prælia, nudus eat.
Non jaculo, non ense fuit, læsusve sagitta,
   Casside dum liber Parthenopæus erat.
Quisquis ab hoc fuerit fixus, morietur amore.
   O felix, si quem tam bona fata manent!   10
Dum puer es, redeas, dum vultus lubricus; et te
   Non Libye faciat, sed tua Roma, virum.

LVIII. IN HEDYLUM.

Nil est tritius Hedyli lacernis,
Non ansæ veterum Corinthiorum,
Nec crus compede lubricum decenni,
Non ruptæ recutita colla mulæ,
Nec quæ Flaminiam secant salebræ,   5
Nec qui littoribus nitent lapilli,
Nec Tusca ligo vinea politus,
Nec pallens toga mortui tribulis,
Nec pigri rota quassa mulionis,
Nec rasum cavea latus bisontis,   10
Nec dens jam senior ferocis apri :
Res una est tamen, ipse non negabit
Culus tritior Hedyli lacernis.

LIX. AD NYMPHAM SABINI.

Nympha sacri regina lacus, cui grata Sabinus,
   Et mansura pio munere templa dedit;
Sic montana tuos semper colat Umbria fontes,
   Nec tua Baianas Sarsina malit aquas;
Excipe sollicitos placide, mea dona, libellos;   5
   Tu fueris Musis Pegasis unda meis.
Nympharum templis quisquis sua carmina donat,
   Quid fieri libris debeat, ipse monet.

LX. IN MAMURRAM.

In septis Mamurra diu multumque vagatus,
   Hic ubi Roma suas aurea vexat opes,
Inspexit molles pueros, oculisque comedit;
   Non hos, quos primæ prostituere casæ;
Sed quos arcanæ servant tabulata catastæ,   5
   Et quos non populus, nec mea turba videt.
Inde satur, mensas, et opertos exsuit orbes,
   Expositumque alte pingue poposcit ebur;
Et testudineum mensus quater hexaclinon,
   Ingemuit citro non satis esse suo.   10
Consuluit nares, an olerent æra Corinthon;
   Culpavit statuas et, Polyclete, tuas.
Et turbata brevi questus crystallina vitro,
   Myrrhina signavit, seposuitque decem.
Expendit veteres calathos, et si qua fuerunt   15

châssées dans un vase d'or, et ces pendants énormes qui résonnent aux blanches oreilles des femmes; dans chaque table, il cherche de véritables sardoines, et apprécie la valeur des jaspes les plus gros. Enfin, lorsqu'à la onzième heure, il se retire fatigué, il achète deux gobelets qu'il paye un as, et il les emporte.

61. — ENVOI D'UNE COURONNE DE ROSES A SABINUS.

Soit que tu viennes de Pestum ou de Tibur, soit que la terre de Tusculum ait vu l'incarnat de tes roses, soit qu'une villageoise t'ait cueillie dans les jardins de Préneste, soit enfin que tu aies été la gloire des plaines de la Campanie, couronne, pour que tu sembles plus belle à mon cher Sabinus, laisse-lui croire que tu viens de ma campagne de Nomente.

62. — SUR LE PLATANE DE CÉSAR.

Dans les champs Tartessiens, là où l'opulente Cordoue se plaît sur les bords du paisible Bétis, où les toisons empruntent leur pâle nuance du métal que le fleuve recèle, où enfin la toison des troupeaux de l'Hespérie brille du reflet de l'or, est un palais bien connu de toute la terre. Au milieu de ce palais s'élève un platane dont le feuillage épais couvre tous les édifices environnants. C'est le platane de César. C'est la main glorieuse de cet hôte invincible qui l'a planté; et c'est elle qui en a fait croître les premiers jets. A la richesse de sa verdure, à la hauteur de ses rameaux qui s'élancent jusqu'aux astres, il semble que cette espèce de forêt reconnaisse son créateur et son maître. Souvent les faunes ivres ont folâtré sous son ombre, et troublé, le soir, des sons de leur flûte, le silence du palais; souvent l'arbre a servi de retraite à la dryade rustique, fuyant, à travers les champs solitaires, les poursuites nocturnes de Pan; souvent les Lares qu'elle abrite ont exhalé l'odeur des libations bachiques qui favorisèrent sa croissance et son développement. Là aussi le gazon se joncha de couronnes de roses, et nul ne put dire le lendemain qu'il les y eût déposées. Arbre chéri des Dieux, arbre du grand César, ne crains ni la hache, ni la flamme sacrilége. Tu peux prétendre à la gloire d'un éternel feuillage, car ce ne sont pas des mains pompéiennes qui t'ont planté.

63. — CONTRE PHILÉNIS.

Si Philénis porte jour et nuit des vêtements de pourpre, ce n'est pas qu'elle soit ambitieuse ni vaine : elle en aime l'odeur et non la couleur.

64. — CONTRE PHÉBUS.

Tous les gitons t'invitent à souper, Phébus : celui qui vit de sa mentule n'est pas, je pense, un homme pur.

65. — SUR UNE STATUE DE DOMITIEN.

César, ayant daigné descendre jusqu'à revêtir les traits du grand Hercule, fonde un temple nouveau sur la voie Latine, à l'endroit où le voyageur qui va visiter le bois sacré de Diane compte, de Rome jusque là, une distance de huit milles. Auparavant, Hercule était ho-

    Pocula Mentorea nobilitata manu;
Et virides picto gemmas numeravit in auro,
    Quidquid et a nivea grandius aure sonat.
Sardonychas veros mensa quæsivit in omni,
    Et pretium magnis fecit iaspidibus.   20
Undecima lassus quum jam discederet hora,
    Asse duos calices emit, et ipse tulit.

LXI. SABINO MITTIT CORONAM ROSEAM.

Seu tu Pæstanis genita es, seu Tiburis arvis,
    Seu rubuit tellus Tuscula flore tuo,
Seu Prænestino te villica legit in horto,
    Seu modo Campani gloria ruris eras;
Pulchrior ut nostro videare corona Sabino,   5
    De Nomentano te putet esse meo.

LXII. DE PLATANO CÆSARIS.

In Tartessiacis domus est notissima terris,
    Qua dives placidum Corduba Bætin amat;
Vellera nativo pallent ubi flava metallo,
    Et linit Hesperium bractea viva pecus;
Ædibus in mediis totas amplexa Penates   5
    Stat platanus densis Cæsariana comis,
Hospitis invicti posuit quam dextera felix,
    Cœpit et ex illa crescere virga manu.
Auctorem, dominumque nemus sentire videtur;
    Sic viret, et ramis sidera celsa petit.   10

Sæpe sub hac madidi luserunt arbore Fauni,
    Terruit et tacitam fistula sera domum;
Dumque fugit solos nocturnum Pana per agros,
    Sæpe sub hac latuit rustica fronde Dryas.
Atque oluere lares commissatore Lyæo,   15
    Crevit et effuso lætior umbra mero;
Hesternisque rubens dejecta est herba coronis,
    Atque suas potuit dicere nemo rosas.
O dilecta Deis, o magni Cæsaris arbor,
    Ne metuas ferrum, sacrilegosque focos.   20
Perpetuos sperare licet tibi frondis honores;
    Non Pompeianæ te posuere manus.

LXIII. DE PHILÆNI.

Tinctis murice vestibus quod omni
Et nocte utitur, et die Philænis,
Non est ambitiosa, nec superba;
Delectatur odore, non colore.

LXIV. IN PHOEBUM.

Ad cœnam invitant omnes te, Phœbe, cinædi;
    Mentula quem pascit, non, puto, purus homo est.

LXV. DE STATUA CÆSARIS DOMITIANI.

Herculis in magni vultus descendere Cæsar
    Dignatus Latiæ dat nova templa viæ,
Qua Triviæ nemorosa petit dum regna viator,

noré par les prières des mortels et par le sang des victimes, et maintenant c'est lui-même qui abaisse sa divinité pour honorer un autre Hercule plus grand que lui. A celui-ci les uns demandent des richesses, les autres des honneurs; à celui-là on peut, sans crainte de l'outrager, adresser de plus humbles vœux.

66. — A HERCULE, SUR LA MÊME STATUE.

Alcide, toi que le Jupiter du Latium doit maintenant reconnaître, depuis que tu apparais sous la noble figure du dieu César, si tu avais eu ce port et ces traits lorsque tu immolas tant de monstres farouches, le monde n'eût pas été témoin de ton obéissance au tyran de l'Argolide, de ta soumission à son cruel despotisme. Tu aurais donné des ordres à Eurysthée, et le fourbe Lycas ne t'eût point apporté le perfide présent de Nessus. Tu serais remonté au ciel, séjour de ton glorieux père, sain et sauf, et sans avoir à subir, sur le bûcher de l'Œta, la peine que t'infligea le destin. Tu n'aurais point, en Lydie, tourné le fuseau d'une maîtresse orgueilleuse, ni vu le Styx et le chien qui garde les enfers. Aujourd'hui Junon t'est propice, aujourd'hui son Hébé te chérit; aujourd'hui, si elle te voyait, la nymphe qui t'a ravi ton Hylas te le rendrait.

67. — A FABULLUS.

Époux d'une femme belle, chaste et jeune, pourquoi, Fabullus, solliciter le privilége de père de trois enfants? Ce que tu demandes avec tant d'instances à notre maître, à notre Dieu, tu te le donneras bien toi-même, si tu n'es pas impuissant.

68. — CONTRE ESCHYLUS.

J'ai joui toute la nuit d'une jeune fille qui ne trouverait pas son égale en fait de gentillesse. Las de m'ébattre avec elle de mille manières, « Veux-tu, lui dis-je, faire le petit garçon? » Et avant que j'en vinsse aux prières, elle accepta ma proposition. Bientôt après je lui demandai, d'un air à la fois gai et confus, quelque chose de pis; la lascive jeune fille me le promit sans hésiter. Cependant elle sortit pure de mes bras. Elle ne sortira pas ainsi des tiens, Eschylus; mais, si tu veux de ce trésor, mets-y le prix.

69. — CONTRE UN MAÎTRE D'ÉCOLE.

Qu'avons-nous à démêler avec toi, coquin de maître d'école, tête odieuse aux garçons et aux filles? Le coq, dressant sa crête, n'a point encore chanté, qu'on entend déjà tonner ta voix et tes fouets retentir. Aussi bruyant est le son de l'airain martelé sur l'enclume, lorsque le forgeron fixe sur un coursier la statue d'un avocat; moins violents sont les cris frénétiques de l'amphithéâtre, quand le gladiateur victorieux est applaudi par ses partisans. Nous ne te demandons pas, nous tes voisins, de nous laisser dormir pendant toute la nuit, car c'est peu de chose que d'être réveillé; mais ne point dormir du tout est un supplice. Renvoie tes écoliers. Veux-tu, maudit bavard, que l'on te donne pour te taire autant que tu reçois pour brailler?

Octavum domina marmor ab urbe legit.
Ante colebatur votis, et sanguine largo;　　5
　Majorem Alciden nunc minor ipse colit.
Hunc magnas rogat alter opes, rogat alter honores;
　Illi securus vota minora facit.

LXVI. AD HERCULEM, DE EADEM STATUA.

Alcide, Latio nunc agnoscende Tonanti,
　Postquam pulchra Dei Cæsaris ora geris,
Si tibi tunc isti vultus habitusque fuissent,
　Cesserunt manibus quum fera monstra tuis;
Argolico famulum non te servire tyranno　　5
　Vidissent gentes, sævaque regna pati :
Sed tu jussisses Eurysthea; nec tibi fallax
　Portasset Nessi perfida dona Lichas.
Œtæi sine lege rogi securus adisses
　Astra patris summi, quæ tibi pœna dedit;　　10
Lydia nec dominæ traxisses pensa superbæ;
　Nec Styga vidisses, Tartareumque canem.
Nunc tibi Juno favet, nunc te tua diligit Hebe;
　Nunc te si videat Nympha, remittet Hylan.

LXVII. AD FABULLUM.

Uxor quum tibi sit formosa, pudica, puella,
　Quo tibi natorum jura, Fabulle, trium?
Quod petis a nostro supplex Dominoque Deoque,
　Tu dabis ipse tibi, si potes arrigere.

LXVIII. IN ÆSCHYLUM.

Lascivam tota possedi nocte puellam,
　Cujus nequitias vincere nemo potest.
Fessus mille modis, illud puerile poposci;
　Ante preces totas, primaque verba dedit.
Improbius quiddam ridensque rubensque rogavi;　　5
　Pollicita est nulla luxuriosa mora.
Sed mihi pura fuit; tibi non erit, Æschyle : si vis,
　Accipe et hoc munus conditione mala.

LXIX. IN MAGISTRUM LUDI.

Quid tibi nobiscum est, ludi scelerate magister,
　Invisum pueris virginibusque caput?
Nondum cristati rupere silentia galli;
　Murmure jam sævo verberibusque tonas.
Tam grave percussis incudibus æra resultant,　　5
　Causidicum medio quum faber aptat equo.
Mitior in magno clamor furit amphitheatro,
　Vincenti parmæ quum sua turba favet.
Vicini somnum non tota nocte rogamus;
　Nam vigilare leve est, pervigilare grave.　　10
Discipulos dimitte tuos : vis, garrule, quantum
　Accipis ut clames, accipere ut taceas?

70. — CONTRE POLYCARMUS.

Quand tu besognes une femme, Polycarmus, tu as coutume, en finissant, de soulager tes entrailles; mais quand on te besogne, Polycarmus, que fais-tu?

71. — CONTRE CÉCILIANUS.

O temps! ô mœurs! s'écriait jadis Cicéron, lorsque Catilina tramait ses complots sacriléges, lorsque le gendre et le beau-père tournaient l'un contre l'autre leurs armes, et que la terre était arrosée du sang des guerres civiles. Pourquoi redire maintenant, Cécilianus, O temps, ô mœurs? Qu'y a-t-il qui te déplaise? Nous n'avons point de généraux farouches, point de guerres insensées; nous jouissons de tout le bonheur possible. Ce ne sont pas nos mœurs qui font que le siècle excite tes dégoûts, Cécilianus; ce sont les tiennes.

72. — SUR UN LION ET UN BÉLIER.

Il est merveilleux, l'attachement qui unit ce lion, la gloire des monts Massyliens, et ce bélier! Voyez-les plutôt, habitant la même loge, et mangeant ensemble les mêmes aliments! Ils dédaignent les produits des forêts et les savoureux paturâges : la chair d'une brebis apaise leur faim commune. A quel titre la terreur de Némée et le traître ravisseur d'Hellé brillent-ils dans le ciel au rang des constellations? Si les bêtes fauves, si les bêtes à laine pouvaient encore mériter une place parmi les astres, elle serait dignement acquise à ce lion et à ce bélier.

73. — A LIBER.

Liber, toi dont le front est orné de la couronne d'Amyclée, et dont le poignet romain frappe les coups d'un athlète grec, quand tu m'envoies de quoi manger dans un panier bien fermé, pourquoi ne joins-tu pas à ton dîner une bouteille? Si tu faisais des présents dignes de ton nom, tu n'ignores pas, je pense, ceux que tu aurais à me faire.

74. — CONTRE UN SAVETIER.

Toi dont l'ancien métier était d'allonger de vieux cuirs avec tes dents, et de mordre des semelles usées et pourries par la boue, tu es aujourd'hui propriétaire d'un domaine de Préneste que tu as extorqué à ton patron, et dont tu n'étais pas digne d'habiter le dernier recoin. Tu brises, ivre de falerne, le cristal qui contient cette liqueur brûlante, et tu cèdes à l'aiguillon de la chair avec le Ganymède de ton maître. Et moi, mes sots parents m'ont fait étudier les lettres! Qu'avais-je besoin des grammairiens et des rhéteurs? Brise ta plume légère, ô Thalie, déchire les livres, puisqu'un soulier peut donner tout cela à un savetier!

75. — SUR LE PORTRAIT DE CAMONUS.

La peinture ne nous a transmis du jeune Camonus que l'image de l'enfant au berceau, et les premiers traits de sa figure. Si elle ne l'a point représenté dans la fleur de la jeunesse, c'est que le tendre père de Camonus a craint la vue d'un visage muet.

LXX. IN POLYCARMUM.

Quum futuis, Polycarme, soles in fine cacare.
   Quum pædicaris, quid, Polycarme, facis?

LXXI. IN CÆCILIANUM.

Dixerat, O mores! o tempora! Tullius olim,
   Sacrilegum strueret quum Catilina nefas;
Quum gener atque socer diris concurreret armis,
   Mœstaque civili cæde maderet humus.
Cur nunc, O mores! cur nunc, o tempora! dicis? 5
   Quod tibi non placeat, Cæciliane, quid est?
Nulla ducum feritas, nulla est insania ferri;
   Pace frui certa, lætitiaque licet.
Non nostri faciunt, tua quod tibi tempora sordent;
   Sed faciunt mores, Cæciliane, tui. 10

LXXII. DE LEONE ET ARIETE.

Massyli leo fama jugi, pecorisque maritus
   Lanigeri, mirum, qua coiere fide.
Ipse licet videas, cavea stabulantur in una,
   Et pariter socias carpit uterque dapes.
Nec fœtu nemorum gaudent, nec mitibus herbis; 5
   Concordem satiat sed rudis agna famem.
Quid meruit terror Nemees, quid proditor Helles,
   Ut niteant celsi lucida signa poli?
Sidera si possent pecudesque feræque mereri,
   Hic aries astris, hic leo dignus erat. 10

LXXIII. AD LIBERUM.

Liber, Amyclæa frontem vittate corona,
   Qui quatis Ausonia verbera Graia manu;
Clausa mihi texto quum prandia vimine mittas,
   Cur comitata dapes nulla lagena venit?
Atqui digna tuo si nomine munera ferres, 5
   Scis, puto, debuerint quæ mihi dona dari.

LXXIV. IN SUTOREM.

Dentibus antiquas solitus producere pelles,
   Et mordere luto putre vetusque solum,
Prænestina tenes decepti regna patroni,
   In quibus indignor si tibi cella fuit.
Rumpis et ardenti madidus crystalla Falerno, 5
   Et pruris domini cum Ganymede tui.
At me litterulas stulti docuere parentes.
   Quid cum grammaticis rhetoribusque mihi?
Frange leves calamos, et scinde, Thalia, libellos;
   Si dare sutori calceus ista potest. 10

LXXV. DE EFFIGIE CAMONI.

Effigiem tantum pueri pictura Camoni
   Servat, et infantis prima figura manet.
Florentes nulla signavit imagine vultus,
   Dum timet ora pius muta videre pater.

76. — SUR LE BAIN DE TUCCA.

Tucca n'a pas construit son bain en pierre de taille, ni en cailloux liés entre eux par le ciment, ni en briques cuites, comme celles des vastes remparts que Sémiramis éleva autour de Babylone; mais avec des monceaux de bois, avec une forêt de pins, tellement qu'il pourrait se servir de ce bain en guise de navire. De plus, le magnifique Tucca a fait bâtir des thermes en marbre de Caryste, de Synnas, de Numidie, et des carrières que l'Eurotas baigne de ses eaux limpides; mais il y manque du bois : place donc, Tucca, le bain sous les thermes.

77. — SUR LE PORTRAIT DE CAMONUS.

Ce portrait est celui de mon cher Camonus tel qu'il était dans son enfance. Vingt années avaient développé l'homme; un léger duvet couvrait les joues que le rasoir avait déjà effleurées, quand, jalouse de tant de charmes, une des parques coupa la trame de sa vie. Ses cendres furent portées, dans une urne, à son père, loin duquel il mourut. Mais, pour que la peinture n'ait pas seule le privilége de nous parler de cet enfant, ces vers en feront un portrait qui sera plus durable.

78. — SUR LE FESTIN DE PRISCUS.

Priscus, dans un ouvrage éloquent, demande quel est le meilleur festin. Il est dans cet écrit tantôt gracieux, tantôt sublime, et toujours savant. Vous demandez quel est le meilleur festin? c'est celui où il n'y a pas de joueurs de flûte.

79. — A PICENTINUS.

Après avoir enterré sept maris, Galla t'épouse, Picentinus. Galla, je pense, veut aller rejoindre ses maris.

80. — A DOMITIEN.

Avant vous, Rome haïssait les domestiques des princes, la foule de leurs premiers officiers, et l'orgueil des courtisans. Maintenant, César, tel est notre amour pour les vôtres, qu'il l'emporte même sur notre attachement pour nos familles : tant ils ont de douceur, de déférence pour nous, de bonté, de modestie! Les mœurs des gens de César (comme il arrive toujours dans une cour puissante) sont les mœurs du maître.

81. — SUR GELLIUS.

Pauvre et mourant de faim, Gellius a épousé une femme vieille et riche; Gellius ménage et besogne.

82. — A AUCTUS.

Qu'on lise mes vers ou qu'on les entende, Auctus, toujours on me loue. Certain poëte cependant conteste leur mérite. Je m'en soucie fort peu; j'aime mieux que les plats de ma table plaisent aux convives qu'aux cuisiniers.

83. — CONTRE MUNNA.

Un astrologue avait prédit que tu mourrais vite, Munna, et, selon moi, il disait vrai. Car, de peur de laisser quelque chose après toi, tu as épuisé en prodigalités et en débauches tout ton patrimoine. Deux millions de sesterces y ont

LXXVI. DE BALNEO TUCCÆ.

Non silice duro, structilive cæmento,
   Nec latere cocto, quo Semiramis longam
Babylona cinxit, Tucca balneum fecit;
   Sed strage nemorum, pineaque compage,
Ut navigare Tucca balneo possit.   5
Idem beatus lautus exstruit thermas
   De marmore omni, quod Carystos invenit,
Quod Phrygia Synnas, Afra quod Nomas mittit,
   Et quod vireuti fonte lavit Eurotas.
Sed ligna desunt : subice balneum thermis.   10

LXXVII. DE EFFIGIE CAMONI.

Hæc sunt illa mei, quæ cernitis, ora Camoni;
   Hæc pueri facies primaque forma fuit.
Creverat hic vultus bis denis fortior annis :
   Gaudebatque suas pingere barba genas;
Et libata semel summos modo purpura cultros   5
   Sparserat : invidit de tribus una soror;
Et festinatis incidit stamina pensis,
   Absentemque patri rettulit urna rogum.
Sed ne sola tamen puerum pictura loquatur,
   Hæc erit in chartis major imago meis.   10

LXXVIII. DE CONVIVIO PRISCI.

Quod optimum sit disputat convivium
   Facunda Prisci pagina;
Et multa dulci, multa sublimi refert,
   Sed cuncta docto pectore.
Quod optimum sit quæritis convivium?   5
   In quod choraules non venit.

LXXIX. AD PICENTINUM.

Funera post septem nupsit tibi Galla virorum,
   Picentine : sequi vult, puto, Galla viros.

LXXX. AD DOMITIANUM.

Oderat ante ducum famulos turbamque priorem,
   Et Pallatinum Roma supercilium;
At nunc tantus amor cunctis, Auguste, tuorum,
   Ut sit cuique suæ cura secunda domus.
Tam placidæ mentes, tanta est reverentia vestri,   5
   Tam pacata quies, tantus in ore pudor :
Nemo suos (hæc est aulæ natura potentis),
   Sed domini mores Cæsarianus habet.

LXXXI. DE GELLIO.

Duxerat esuriens locupletem pauper anumque
   Uxorem : parcit Gellius, et futuit.

LXXXII. AD AUCTUM.

Lector et auditor nostros probat, Aucte, libellos;
   Sed quidam exactos esse poeta negat.
Non nimium curo : nam cœnæ fercula nostræ
   Malim conviviis, quam placuisse coquis.

passé en moins d'un an. Dis-moi, Munna, n'est-ce pas là mourir vite?

84. — A DOMITIEN.

Au milieu des merveilles de cet amphithéâtre créé par vous, César, et qui surpasse tous les dons des anciens maîtres de Rome, les yeux reconnaissent vous devoir beaucoup : mais les oreilles vous doivent plus encore, parce que ceux-là sont devenus spectateurs muets qui jadis étaient acteurs.

85. — A NORBANUS.

Lorsque, pieusement fidèle à César, vous étiez auprès de lui, Norbanus, pour le défendre contre des fureurs sacriléges, moi, le protégé des Muses, fier de cultiver votre amitié, je m'amusais à écrire ces vers. Cependant à vous entendiez dire, au fond de la Vindélicie, que j'étais mort, et l'Ourse elle-même apprenait mon nom. O combien de fois, vantant notre antique amitié, vous êtes-vous dit : « C'est lui, c'est mon poëte! » Recevez donc de la main de l'auteur le recueil de ces poésies, que jusqu'alors, et pendant six ans, on ne vous avait lues qu'en détail.

86. — SUR PAULLUS.

Si notre ami Paullus est un peu malade, Atilius, ce n'est pas lui, mais ses convives qu'il met au régime. Ce mal subit n'est qu'une feinte, Paullus; c'est ma sportule qui est morte.

87. — SUR LA MORT DE SÉVÉRUS SILIUS.

Tandis que Silius, si glorieux pour l'Ausonie comme poète et comme orateur, pleurait la fin prématurée de son cher Sévérus, je mêlais mes regrets à ceux d'Apollon et des Muses. « Moi-même, disait Apollon, j'ai pleuré Linus. » Et, se tournant vers sa sœur Calliope : « Toi aussi, dit-il, ton cœur souffre comme le mien. » Voyez le Jupiter du Capitole, et celui du mont Palatin ; l'audacieuse Lachésis a été pour eux sans pitié. Quand les Dieux eux-mêmes sont soumis comme nous à l'inflexible loi du destin, comment peut-on les accuser d'injustice?

88. — A LUPERCUS.

C'est quand j'ai bu sept verres du vin d'Opimius ; c'est quand, à la suite des nombreuses rasades, ma langue est embarrassée, que tu m'apportes je ne sais quelles tablettes, et me dis : « J'affranchis Nasta (c'est un esclave qui me vient de mon père) ; signe. » — Cela se fera mieux demain, Lupercus ; aujourd'hui mon cachet est pour la bouteille.

89. — A RUFUS.

Quand vous me demandiez des louanges, vous m'envoyiez des présents ; depuis que vous avez été loué, Rufus, vous ne m'envoyez plus rien. J'y avais été pris : voulez-vous me retenir? faites-moi des présents : autrement, le sanglier mal nourri s'échappera de sa cage.

LXXXIII. IN MUNNAM.

Dixerat astrologus periturum te cito, Munna;
  Nec, puto, mentitus dixerat ille tibi ;
Nam tu dum metuis, ne quid post fata relinquas,
  Hausisti patrias luxuriosus opes.
Bisque tuum decies non toto tabuit anno ;   5
Dic mihi, non hoc est, Munna, perire cito ?

LXXXIV. AD CÆSAREM DOMITIANUM.

Inter tanta tuæ miracula, Cæsar, arenæ,
  Quæ vincit veterum munera clara ducum,
Multum oculi, sed plus aures debere fatentur
  Se tibi, quod spectant, qui recitare solent.

LXXXV. AD NORBANUM.

Quum tua sacrilegos contra, Norbane, furores
  Staret pro domino Cæsare sancta fides,
Hæc ego Pieria ludebam tutus in umbra,
  Ille tuæ cultor notus amicitiæ.
Me tibi Vindelicis raptum narrabat in oris,   5
  Nescia nec nostri nominis Arctos erat.
O quoties veterum non inficiatus amicum
  Dixisti, Meus est iste poeta, meus!
Omne tibi nostrum, quod bis trieteride juncta
  Ante dabat lector, nunc dabit auctor opus.   10

LXXXVI. DE PAULLO.

Languidior noster si quando est Paullus, Atili,
  Non se, convivas abstinet ille suos.
Tu languore quidem subito fictoque laboras,
  Sed mea porrexit sportula, Paulle, pedes.

LXXXVII. IN OBITUM SEVERI SILII.

Festinata sui gemeret quum fata Severi
  Silius, Ausonio non semel ore potens;
Cum grege Pierio mœstus Phœboque querebar,
  Ipse meum flevi, dixit Apollo, Linon.
Respexitque suam, quæ stabat proxima fratri,   5
  Calliopen, et ait : Tu quoque vulnus habes.
Aspice Tarpeium, Pallatinumque Tonantem;
  Ausa nefas Lachesis læsit utrumque Jovem.
Numina quum videas duris obnoxia fatis,
  Invidia possis exonerare Deos.   10

LXXXVIII. AD LUPERCUM.

Septem post calices Opimiani
Denso quum jaceam triente blæsus,
Affers nescio quas mihi tabellas,
Et dicis, Modo liberum esse jussi
Nastam (servulus est mihi paternus) ;   5
Signa : cras melius, Luperce, fiet.
Nunc signat meus annulus lagenam.

LXXXIX. AD RUFUM.

Dum me captares, mittebas munera nobis ;
  Postquam cepisti, das mihi, Rufe, nihil.
Ut captum teneas, capto quoque munera mitte,
  De cavea fugiat ne male pastus aper.

90. — A STELLA.

Stella, vous forcez impitoyablement votre convive à faire des vers : on peut en faire, sans doute, mais de mauvais.

91. — A FLACCUS.

Couché sur un gazon émaillé de fleurs, près d'un ruisseau limpide qui roule, en serpentant, ses cailloux d'une rive à l'autre, loin des fâcheux et la tête couronnée de roses, buvez votre vin frappé de glace, jouissez à vous seul des caresses de votre mignon et de celles d'une vierge pudique : mais, je vous le recommande, Flaccus, et je vous en conjure, défiez-vous des perfides chaleurs de Chypre, alors que les blés sont broyés sur l'aire, et que le Lion secoue sa crinière enflammée. Et toi, déesse de Paphos, rends à nos vœux ce jeune homme, rends-nous-le sain et sauf ; et puissent les calendes de mars t'être toujours consacrées ! puissent, avec l'encens, le vin et les victimes, de nombreux gâteaux t'être offerts sur tes blancs autels !

92. — IL FLATTE DOMITIEN.

Si j'étais en même temps invité à souper aux deux Olympes, ici avec César et là haut avec Jupiter, le ciel fût-il plus près et le palais impérial plus loin, voici ce que je ferais répondre aux Dieux : « Cherchez un convive qui préfère la table de votre Jupiter ; je reste ici-bas avec le mien. »

93. — A CONDYLUS.

Toi qui gémis d'être esclave depuis si longtemps, Condylus, tu ignores quels sont les désagréments du maître et les avantages du serviteur. Tu dors tranquille sur un grabat, et, sans pouvoir fermer l'œil, Caïus couche sur la plume. Caïus, dès le point du jour, va saluer en tremblant une foule de maîtres : toi, Condylus, tu ne salues pas même le tien. « Caïus, » crient d'un côté Phébus et de l'autre Cinnamus, « rends-moi l'argent que tu me dois ! » Personne, Condylus, ne t'en dit autant. Tu crains les corrections : mais, rongé de goutte aux pieds et aux mains, Caïus aimerait mieux souffrir mille coups de verges que de souffrir ainsi. Tu ne vomis pas le matin, tu n'as pas à faire le métier de cunnilingue. Or, n'aimes-tu pas mieux être Condylus que trois fois Caïus ?

94. — A CALOCISSUS.

Esclave, pourquoi cesses-tu de verser l'immortel falerne ? Puise au plus vieux tonneau, et remplis six fois ma coupe. Maintenant, Calocissus, en l'honneur de quel Dieu ces six rasades ? voyons : En l'honneur de César. Couvrons notre tête de dix couronnes de roses ; le nom de celui qui a élevé un temple à son illustre famille compte autant de lettres. Après cela, donne-moi dix baisers, autant qu'il y a de lettres dans le surnom que notre Dieu a rapporté de ses victoires dans les contrées du Nord.

XC. AD STELLAM.

Lege nimis dura couvivam scribere versus
  Cogis, Stella : licet scribere nempe malos.

XCI. AD FLACCUM.

Sic in gramine floreo reclinis,
  Qua gemmantibus hinc et inde rivis
Curva calculus excitatur unda,
Exclusis procul omnibus molestis,
Perfundas glaciem triente nigro,   5
  Frontem sutilibus ruber coronis ;
Sic uni tibi sit puer cinædus,
  Et castissima pruriat puella ;
Infamem nimio calore Cypron
Observes, moneo precorque, Flacce,   10
Messes area quum teret crepantes,
  Et fulvi juba sæviet Leonis.
At tu, diva Paphi, remitte, nostris
  Illæsum juvenem remitte votis.
Sic Martis tibi serviant Kalendæ,   15
  Et cum thure, meroque, victimaque
Libetur tibi candidas ad aras
  Secta plurima quadra de placenta.

XCII. ADULATUR DOMITIANO.

Ad cœnam si me diversa vocaret in astra
  Hinc invitator Cæsaris, inde Jovis ;
Astra licet propius, Pallatia longius essent

Responsa ad Superos hæc referenda darem :
Quærite, qui malit fieri conviva Tonantis ;   5
Me meus in terris Jupiter, ecce, tenet.

XCIII. AD CONDYLUM.

Quæ mala sint domini, quæ servi commoda nescis,
  Condyle, qui servum te gemis esse diu.
Dat tibi securos vilis tegeticula somnos ;
  Pervigil in pluma Caius, ecce, jacet.
Caius a prima tremebundus luce salutat   5
  Tot dominos : at tu, Condyle, nec dominum.
Quod debes, Cai, redde, inquit Phœbus, et illinc
  Cinnamus : hoc dicit, Condyle, nemo tibi.
Tortorem metuis ? podagra, chiragraque secatur
  Caius ; et mallet verbera mille pati.   10
Quod nec mane vomis, nec cunnum, Condyle, lingis,
  Non mavis, quam ter Caius esse tuus ?

XCIV. AD CALOCISSUM.

Addere quid cessas, puer, immortale Falernum ?
  Quadrantem duplica de seniore cado.
Nunc mihi dic, quis erit, cui te, Calocisse, Deorum
  Sex jubeo cyathos fundere ? Cæsar erit.
Sutilis aptetur decies rosa crinibus, ut sit   5
  Qui posuit sacræ nobile gentis opus.
Nunc bis quina mihi da basia, fiat ut illud
  Nomen, ab Odrysio quod Deus orbe tulit.

95. — SUR HIPPOCRATE.

Hippocrate m'a donné un breuvage empoisonné d'absinthe : l'impudent! il me demande en échange du vin miellé. Tu ne fus pas aussi sot, Glaucus, lorsque tu échangeas tes armes d'or contre des armes d'airain. Il veut du doux pour de l'amer, il l'aura; mais à condition de le boire avec de l'ellébore.

96. — SUR ATHENAGORAS.

Athénagoras était Alphicus; il est devenu Olficus en se mariant. Croyez-vous, Callistrate, que ce nom d'Athénagoras soit un vrai nom? — Je veux mourir, si je sais ce que c'est qu'Athénagoras. — Mais, Callistrate, je crois dire un nom véritable. — Alors ce n'est pas moi qui me trompe, c'est votre Athénagoras.

97. — SUR HÉRODE.

Le médecin Hérode volait la tasse d'un de ses malades : pris sur le fait, « Le sot! dit-il, pourquoi veut-il boire? »

98. — A JULIUS.

Certain individu crève de jalousie, mon cher Julius, de ce que Rome entière me lit; il crève de jalousie. Il crève de jalousie de ce que tout le monde s'occupe de moi; il crève de jalousie. Il crève de jalousie de ce que deux Césars m'ont accordé les priviléges de père de trois enfants; il crève de jalousie. Il crève de jalousie de ce que j'ai maison à la ville et maison à la campagne; il crève de jalousie. Il crève de jalousie de ce que je suis cher à mes amis, et convive recherché; il crève de jalousie. Il crève de jalousie de ce qu'on m'aime et qu'on m'applaudit. Ah! puisse-t-il crever celui qui crève de jalousie!

99. — A Q. OVIDE.

La vigne n'a pas été stérile partout, Ovide; on a mis à profit les grandes pluies. Coranus a fait cent amphores d'eau.

100. — A ATTICUS, SUR M. ANTONIUS.

Marcus Antonius aime mes vers, Atticus, si j'en crois sa lettre flatteuse; Marcus, que Toulouse revendique avec orgueil et qui naquit au sein du repos, fils de la paix. Toi qui peux supporter les frais d'un long voyage, pars, mon livre, gage d'une amitié qui résiste à l'absence. Tu serais peu de chose, j'en conviens, si tu étais acheté, puis offert; mais ce qui te donne du prix, c'est que tu es un présent de l'auteur. Il est bien différent, croyez-moi, de boire d'une eau courante, ou d'une eau qui croupit dans un lac immobile.

101. — CONTRE BASSUS.

Tu m'invites à un repas de trois deniers, Bassus, et tu veux que dès le matin, vêtu de ma toge, je vienne chez toi faire antichambre; qu'ensuite, pendu à tes côtés en précédant ta chaise, je t'accompagne chez dix veuves, plus ou moins. Ma pauvre toge vaut bien peu de chose, elle est bien sale et bien râpée; cependant, Bassus, je n'en aurais pas une pareille pour trois deniers.

XCV. DE HIPPOCRATE.

Santonica medicata dedit mihi pocula virga;
  Os hominis! mulsum me rogat Hippocrates.
Tam stupidus nunquam nec tu, puto, Glauce, fuisti,
  Chalcea donanti Chrysea qui dederas.
Dulce aliquis munus pro munere poscit amaro?   5
  Accipiat, sed si potat in helleboro.

XCVI. DE ATHENAGORA.

Alphicus ante fuit; cœpit nunc Olficus esse,
  Uxorem postquam duxit Athenagoras.
Nomen Athenagoræ credis, Callistrate, verum;
  Si scio, dispeream, quis sit Athenagoras.
Sed puto me verum, Callistrate, dicere nomen :   5
  Non ego, sed vester peccat Athenagoras.

XCVII. DE HERODE.

Clinicus Herodes trullam subduxerat ægro;
  Deprensus dixit, Stulte, quid ergo bibis?

XCVIII. AD JULIUM.

Rumpitur invidia quidam, carissime Juli,
  Quod me Roma legit, rumpitur invidia.
Rumpitur invidia, quod turba semper in omni
  Monstramur digito, rumpitur invidia.
Rumpitur invidia, tribuit quod Cæsar uterque   5
  Jus mihi natorum, rumpitur invidia.
Rumpitur invidia, quod rus mihi dulce sub Urbe est,
  Parvaque in Urbe domus, rumpitur invidia.
Rumpitur invidia, quod sum jucundus amicis,
  Quod conviva frequens, rumpitur invidia.   10
Rumpitur invidia, quod amamur, quodque probamur;
  Rumpatur, quisquis rumpitur invidia.

XCIX. AD Q. OVIDIUM.

Vindemiarum non ubique proventus
Cessavit, Ovidi : pluvia profuit grandis.
Centum Coranus amphoras aquæ fecit.

C. AD ATTICUM DE M. ANTONIO.

Marcus amat nostras Antonius, Attice, musas,
  Charta salutatrix si modo vera refert,
Marcus Palladiæ non inficianda Tolosæ
  Gloria, quem genuit pacis alumna quies.
Tu qui longa potes dispendia ferre viarum,   5
  I liber, absentis pignus amicitiæ.
Vilis eras, fateor, si te nunc mitteret emptor.
  Grande tui pretium muneris auctor erit.
Multum, crede mihi, refert, a fonte bibatur
  Quæ fluit, an pigro quæ stupet unda lacu.   10

CI. IN BASSUM.

Denariis tribus invitas, et mane togatum
  Observare jubes atria, Basse, tua;
Deinde hærere tuo lateri, præcedere sellam,
  Ad viduas tecum plus minus ire decem.
Trita quidem nobis togula est, vilisque putrisque;   5
  Denariis tamen hanc non emo, Basse, tribus.

102. — FLATTERIES A DOMITIEN.

Voie Appienne, toi que la personne vénérable de César sous la figure d'Hercule a consacrée, et rendue la plus illustre de toutes les voies de l'Italie, si tu veux connaître les exploits du premier Alcide, écoute-moi. Il soumit la Libye; il enleva les pommes d'or; il arracha son baudrier scythe à la reine des Amazones, et joignit à la défaite du sanglier d'Érymanthe celle du lion de Némée. Il délivra les forêts de la biche aux pieds d'airain, et les airs des oiseaux stymphalides. Il revint des bords du Styx avec Cerbère enchaîné, détruisit les têtes de l'Hydre que la mort même fécondait, et fit baigner dans les eaux de la Toscane les bœufs du tyran de l'Hespérie. Voilà pour le moins grand des Hercules; sache maintenant les hauts faits du plus grand, de celui qu'on adore à six milles d'Albe. Il a reconquis le palais impérial sur un usurpateur; il a fait, jeune encore, la guerre pour le Jupiter qui le protégeait. Bientôt maître du pouvoir, il le résigna, se contentant de la troisième place dans l'univers qui était à lui. Trois fois sur les bords du Danube il a dompté les perfides Sarmates, et trois fois il a plongé dans les neiges de la Gétie son cheval trempé de sueur. Que de triomphes il a refusés! Il ne rapporta qu'un nom de ses campagnes du Nord. Il a donné des temples aux Dieux, des mœurs aux peuples, du relâche au glaive, le ciel à sa famille, des astres au firmament, et des couronnes de fleurs à Jupiter. C'est trop peu de la divinité d'Hercule pour de si grandes choses; c'est au Jupiter du Capitole à emprunter les traits de César.

103. — A PHÉBUS.

Tu me rends un billet de quatre cent mille sesterces, Phébus;· prête-m'en plutôt cent mille autres. Va te vanter ailleurs d'un si misérable service : ce que je ne puis te payer, Phébus, est à moi.

104. — SUR DES FRÈRES JUMEAUX.

Quelle nouvelle Léda vous a donné ces deux mignons d'une si parfaite ressemblance? Quelle belle Lacédémonienne un cygne a-t-il encore séduite? Pollux a donné ses traits à Hiéron, et Castor à Asillus; et sur le visage de tous deux brille la beauté d'Hélène. Si ces charmantes figures avaient paru dans Amyclée, alors que Pâris repoussait les présents de deux déesses auxquelles il te préférait, ô Hélène, tu serais restée dans ton palais, et Pâris fût retourné en Phrygie avec ces deux Ganymèdes.

LIVRE X.

1. — LE LIVRE AU LECTEUR.

Si je te semble trop long, si tu trouves que je n'en finis pas, ne lis que quelques pièces, et tu m'abrégeras. Chacune de mes pages en contient trois ou quatre petites : je serai aussi court que tu le voudras.

2. — AU MÊME.

Ce dixième livre, écrit et publié trop vite, m'impose l'obligation de le revoir. Tu y liras des pièces que tu connais déjà, mais que j'ai retouchées. D'autres, et en plus grand nombre, sont

---

CII. ADULATUR DOMITIANO.

Appia, quam simili venerandus in Hercule Cæsar
  Consecrat, Ausoniæ maxima fama viæ,
Si cupis Alcidæ cognoscere facta prioris,
  Disce : Libyn domuit; aurea poma tulit;
Peltatam Scythico discinxit Amazona nodo;
  Addidit Arcadio terga leonis apro.
Æripedem sylvis cervam, Stymphalidas astris
  Abstulit : a Stygia cum cane venit aqua.
Fecundam vetuit reparari mortibus Hydram;
  Hesperias Tusco lavit in amne boves.   10
Hæc minor Alcides : major quæ gesserit, audi
  Sextus ab Albana quem colit arce lapis.
Asseruit possessa malis Pallatia regnis;
  Prima suo gessit pro Jove bella puer.
Solus Iuleas quum jam retineret habenas,   5
  Tradidit, inque suo tertius orbe fuit.
Cornua Sarmatici ter perfida contudit Istri;
  Sudantem Getica ter nive lavit equum.
Sæpe recusatos parcus duxisse triumphos,
  Victor Hyperboreo nomen ab orbe tulit.   20
Templa Deo, mores populis dedit, otia ferro,
  Astra suis, cœlo sidera, serta Jovi.
Herculeum tantis numen non sufficit actis;
  Tarpeio Deus hic commodet ora patri.

CIII. AD PHOEBUM.

Quadringentorum reddis mihi, Phœbe, tabellas;
  Centum da potius mutua, Phœbe, mihi.
Quære alium, cui te tam vano munere jactes;
  Quod tibi non possum solvere, Phœbe, meum est.

CIV. DE GEMINIS FRATRIBUS.

Quæ nova tam similes genuit tibi Leda ministros?
  Quæ capta est alio nuda Lacæna cycno?
Dat faciem Pollux Hiero, dat Castor Asillo;
  Atque in utroque nitet Tyndaris ore soror.
Ista Therapnæis si forma fuisset Amyclis,   5
  Quum vicere duas dona minora Deas;
Mansisses, Helene, Phrygiamque redisset in Idam
  Dardanius gemino cum Ganymede Paris.

LIBER X.

I. LIBER AD LECTOREM.

Si nimius videor, seraque coronide longus
  Esse liber : legito pauca, libellus ero.
Terque quaterque mihi finitur carmine parvo
  Pagina : fac tibi me quam cupis esse brevem.

II. AD EUMDEM.

Festinata prior decimi mihi cura libelli

toutes nouvelles : sois favorable aux unes et aux autres, ami lecteur, toi qui fais toute ma richesse, toi que m'a donné Rome, en me disant : « Je n'ai pas de plus beau présent à te faire. Par lui, tu échapperas à la funeste influence du Léthé, et la plus noble partie de toi-même te survivra. Le figuier sauvage fend les marbres de Messala, et l'insolent muletier se rit des chevaux châtrés de Crispus. Mais les larcins ni les siècles ne peuvent rien contre les écrits, seuls monuments qui ne meurent jamais. »

3. — A PRISCUS.

Certain poëte anonyme colporte dans le public des bons mots de laquais, des satires dégoûtantes, d'ignobles bouffonneries de baladins vagabonds, de ces ordures enfin dont un marchand de pots cassés ne donnerait pas la valeur d'une allumette, et il prétend me les attribuer. Croyez-vous, Priscus, que le perroquet veuille imiter la caille, et que Canus veuille jouer de la cornemuse? Loin de moi une renommée infâme! Quand la gloire me porte sur ses blanches ailes, pourquoi aspirerai-je à une honteuse célébrité, moi qui sais que le silence ne coûte rien?

4. — A MAMURRA.

Toi qui lis Œdipe, Thyeste à l'œil farouche, Médée et Scylla, tu ne lis là que des fables. Que te font l'enlèvement d'Hylas, la mort de Parthénopée ou d'Atys? Quel profit tireras-tu de l'histoire du dormeur Endymion, d'Icare et de ses ailes qui tombent, d'Hermaphrodite et de sa haine pour la Naïade qui l'aime? A quoi te serviront ces sottes et inutiles rêveries? Lis plutôt ce livre, image de la vie humaine, et où l'on peut dire, Ceci s'adresse à moi : j'ai éprouvé cela. Il ne s'agit là ni des Centaures, ni des Gorgones, ni des Harpyes; mon livre sent l'homme à chaque page. Mais tu ne veux, Mamurra, ni étudier tes mœurs, ni te connaître toi-même : lis donc les *Causes* de Callimaque.

5. — CONTRE UN POETE MÉDISANT.

Que le contempteur des matrones et des grands qu'il doit honorer, et qu'il insulte dans ses vers sacriléges, erre abandonné sur nos ponts et le long des rues montueuses; que, tombé au dernier degré de la misère, il mendie d'une voix enrouée une bouchée de ce mauvais pain qu'on jette aux chiens; que jamais il ne voie la fin de l'hiver, de ses pluies et de ses frimas; que, réfugié dans un trou, il soit exposé à toutes les rigueurs du froid; qu'il envie le bonheur de ceux qu'on porte sur le char funéraire; et, lorsqu'après une longue attente, sa dernière heure sera venue, qu'il entende autour de lui les chiens prêts à se disputer son cadavre, et chasse lui-même, en secouant son manteau, les oiseaux de proie; qu'une fois mort, il ne cesse pas de souffrir, mais que, tantôt déchiré par le fouet de l'inflexible Éaque, tantôt pressé sous le rocher toujours roulant de

Elapsum manibus nunc revocavit opus.
Nota leges quædam, sed lima rasa recenti;
  Pars nova major erit : lector, utrique fave.
Lector, opes nostræ, quem quum mihi Roma dedisset, 5
  Nil tibi quod demus majus habemus, ait.
Pigra per hunc fugies ingratæ flumina Lethes,
  Et meliore tui parte superstes eris.
Marmora Messalæ findit caprificus, et audax
  Dimidios Crispi mulio ridet equos. 10
At chartis nec furta nocent, nec sæcula prosunt;
  Solaque non norunt hæc monumenta mori.

III. AD PRISCUM.

Vernaculorum dicta, sordidum dentem,
Et fœda linguæ probra circulatricis,
Quæ sulfurato nolit empta ramento
Vatiniorum proxeneta fractorum,
Poeta quidam clancularius spargit; 5
Et vult videri nostra. Credis hoc, Prisce,
Voce ut loquatur psittacus coturnicis,
Et concupiscat esse Canus ascaules?
Procul a libellis nigra sit meis fama,
Quos rumor alba gemineus vehit penna. 10
Cur ego laborem notus esse tam prave,
Constare gratis quum silentium possit?

IV. AD MAMURRAM.

Qui legis Œdipodem, caligantemque Thyesten,
  Colchidas, et Scyllas; quid nisi monstra legis?
Quid tibi raptus Hylas, quid Parthenopæus, et Atys?
  Quid tibi dormitor proderit Endymion?
Exutusve puer pennis labentibus? aut qui 5
  Odit amatrices Hermaphroditus aquas?
Quid te vana juvant miseræ ludibria chartæ?
  Hoc lege, quod possit dicere vita, Meum est.
Non hic Centauros, non Gorgonas, Harpyiasque
  Invenies : hominem pagina nostra sapit. 10
Sed non vis, Mamurra, tuos cognoscere mores,
  Nec te scire : legas Aίτια Callimachi.

V. IN MALEDICUM POETAM.

Quisquis stolæve purpuræve contemptor,
Quos colere debet, læsit impio versu;
Erret per urbem pontis exsul et clivi,
Interque raucos ultimus rogatores
Oret caninas panis improbi buccas. 5
Illi December longus, et madens bruma,
Claususque fornix triste frigus extendat.
Vocet beatos clamitetque felices,
Orciniana qui feruntur in sponda,
Et, quum supremæ fila venerint horæ, 10
Diesque tardus, sentiat canum litem,
Abigatque moto noxias aves panno;
Nec finiantur morte simplices pœnæ;
Sed modo severi sectus Æaci loris,
Nunc inquieti monte Sisyphi pressus, 15
Nunc inter undas garruli senis siccus,
Delasset omnes fabulas poetarum;

Sisyphe, tantôt haletant de soif au milieu des eaux de l'indiscret Tantale, il épuise tout ce que les poëtes ont imaginé de tourments. Et, lorsque les Furies l'auront forcé d'avouer la vérité, qu'il s'écrie, trahi par sa conscience : « Oui, j'ai écrit ces vers ! »

6. — SUR L'ARRIVÉE DE CÉSAR TRAJAN.

Heureux ceux à qui le sort permit de voir ce chef illustre, rayonnant de l'éclat des astres du Nord! Quand viendra le jour où le champ de Mars et les arbres qui l'entourent seront couverts de spectateurs; où, pour le voir passer, les femmes du Latium brilleront à toutes les fenêtres? Quand verrons-nous, après une douce attente, les flots de poussière soulevés par la marche de César, et Rome entière se presser sur la voie Flaminienne? Quand paraîtrez-vous, chevaliers et vous Maures, revêtus de vos tuniques égyptiennes? Quand n'entendrons-nous que ce cri : « Il vient? »

7. — AU RHIN, SUR L'ARRIVÉE DE TRAJAN.

Père des Nymphes et des fleuves qu'alimentent les neiges du septentrion, ô Rhin, puissent tes ondes rouler toujours inaccessibles à la gelée, et ne sentir jamais le chariot d'un bouvier barbare! Puissent tes deux embouchures, puissent tes deux rivages être toujours soumis à l'empire de Rome! Mais le Tibre, ton maître, te conjure de rendre Trajan à ses peuples à Rome.

8. — SUR PAULLA.

Paulla veut que je l'épouse, et moi je ne le veux pas; elle est vieille. Si elle l'était davantage, je l'épouserais volontiers.

9. — SUR LUI-MÊME.

Je suis ce Martial, connu chez tous les peuples du monde par mes hendécasyllabes et mes vers piquants, quoique sans amertume. Pourquoi êtes-vous jaloux de moi? Je ne suis pas plus connu que Caballus Andrémon.

10. — CONTRE PAULLUS.

Lorsque tu ouvres l'année, Paullus, et que, précédé des faisceaux consulaires, tu assièges le matin de tes hommages mille portes diverses, que me reste-t-il à faire? A quoi suis-je bon après toi, moi enfant du peuple, et de la tribu la plus nombreuse? Qui m'honorera d'un regard? qui appellerai-je seigneur et maître? Tu remplis cet office avec tant de grâces! Suivrai-je une chaise, une litière? Mais cette humiliation, tu ne crains pas de t'y soumettre, et de disputer aux autres la faveur de marcher le premier au milieu de la boue. Me lèverai-je pour applaudir un poëte qui lit ses vers? Mais te voilà debout, les mains tendues vers l'auteur. Que fera donc le pauvre diable qui n'a pas le privilége d'être client? La pourpre des grands a supplanté la toge des petits.

11. — CONTRE CALLIODORE.

Tu ne parles que de Thésée, de Pirithoüs, Calliodore, et tu te crois l'égal de Pylade. Que je meure si tu es digne de présenter le pot de chambre à Pylade, ou de faire paître les pourceaux de Pirithoüs! « Pourtant, dis-tu, j'ai donné cinq

---

Et, quum fateri Furia jusserit verum,
Prodente clamet conscientia, Scripsi.

VI. DE ADVENTU CÆSARIS TRAJANI.

Felices, quibus urna dedit spectare coruscum
  Solibus Arctois sideribusque ducem.
Quando erit ille dies, quo campus, et arbor, et omnis
  Lucebit Latia culta fenestra nuru?
Quando morae dulces, longusque a Cæsare pulvis, 5
  Totaque Flaminia Roma videnda via?
Quando eques, et picti tunica Nilotide Mauri
  Ibitis? et populi vox erit una, Venit?

VII. AD RHENUM, DE EODEM.

Nympharum pater amniumque, Rhene,
Quicumque Odrysias bibunt pruinas,
Sic semper liquidis fruaris undis,
Nec te barbara contumeliosi
Calcatum rota conterat bubulci; 5
Sic et cornibus aureus receptis,
Et Romanus eas utraque ripa;
Trajanum populis suis, et Urbi,
Tibris te dominus rogat, remittas.

VIII. DE PAULLA.

Nubere Paulla cupit nobis; ego ducere Paullam
  Nolo; anus est · vellem, si magis esset anus.

IX. DE SE.

Undenis pedibusque, syllabisque,
Et multo sale, nec tamen protervo,
Notus gentibus ille Martialis,
Et notus populis : quid invidetis?
Non sum Andræmone notior Caballo. 5

X. IN PAULLUM.

Quum tu, laurigeris annum qui fascibus intras,
  Mane salutator limina mille teras;
Hic ego quid faciam? quid nobis, Paulle, relinquis,
  Qui de plebe Numæ, densaque turba sumus?
Qui me respiciet, dominum, regemque vocabo? 5
  Hoc tu (sed quanto blandius!) ipse facis.
Lecticam, sellamve sequar? nec ferre recusas;
  Per medium pugnas et prior ire lutum.
Sæpius assurgam recitanti carmina? tu stas,
  Et pariter geminas tendis in ora manus. 10
Quid faciet pauper, cui non licet esse clienti?
  Dimisit nostras purpura vestra togas.

XI. IN CALLIODORUM.

Nil aliud loqueris, quam Thesea, Pirithoumque
  Teque putas Pyladi, Calliodore, parem.
Dispeream, si tu Pyladi præstare matellam
  Dignus es, aut porcos pascere Pirithoi.

mille sesterces à mon ami, et une toge (quel cadeau!) qui n'a été lavée que trois ou quatre fois. » Quoi! Oreste a-t-il jamais rien donné à Pylade? Celui qui donne, fût-ce beaucoup, refuse encore davantage.

12. — A DOMITIUS.

Vous allez dans l'Émilie, à Verceil chérie d'Apollon, dans ces campagnes qu'arrose le fleuve où tomba Phaéton : que je meure, Domitius, si je ne vous vois partir avec plaisir, quoique sans vous il n'y ait aucun jour qui me soit agréable! Mais ce que je désire avant tout, c'est que vous vous délassiez, pendant un été, des travaux accablants de la ville. Allez, de grâce, et recevez par tous les pores la chaleur pénétrante du soleil. Que vous serez beau pendant ce voyage! Vous reviendrez méconnaissable pour la foule de vos amis, dont la pâle blancheur enviera le teint coloré de vos joues. Mais cette couleur rembrunie que vous aura donnée la campagne, Rome l'effacera bien vite, quand même vous reviendriez noir comme un Éthiopien.

13. — A TUCCA.

Tandis que tes esclaves efféminés marchent à ta suite, traînés par des chars; que des cavaliers libyens se couvrent pour toi de poussière et de sueur; que des lits somptueux entourent tes bains, rivaux de ceux de Baïes, et dont l'eau est blanchie à force de parfums; que ton vin de Sétia fait éclater les cristaux; que Vénus n'a pas pour dormir de coussins plus moelleux que les tiens, tu passes les nuits à la porte d'une maîtresse orgueilleuse, et cette porte, sourde à tes prières, est baignée de tes larmes. Les soupirs t'oppressent, et ton cœur brûle d'un feu dévorant. Veux-tu que je te dise, Tucca, d'où te vient tant de mal? De trop de bien.

14. — A CRISPUS.

Tu prétends, Crispus, que tu ne le cèdes à aucun de mes amis. Mais, pour me le prouver, que fais-tu, je te prie? Je te demandais à emprunter cinq cents sesterces, tu me les as refusés, quoique ton coffre-fort regorgeât d'écus. Quand m'as-tu donné un seul boisseau de farine ou de fèves? Et pourtant tu as des terres en Égypte et des fermiers. Quand m'as-tu fait cadeau, pour l'hiver, du manteau le plus humble? quand m'as-tu offert une demi-livre d'argent? Je ne vois pas de motif de te croire mon ami, Crispus, si ce n'est l'habitude que tu as de péter devant moi.

15. — SUR APER.

Aper a percé d'une flèche le cœur de sa riche épouse; mais c'était en jouant : Aper est un joueur adroit.

16. — CONTRE CAÏUS.

Si tu appelles donner promettre sans tenir, Caïus, je veux te vaincre en générosité. Reçois tout l'or que l'Asturien extrait des mines de la Galice, tout l'or que roulent les eaux du Tage, toutes les perles recueillies par l'Indien dans les algues de l'Érythrée, tous les parfums que le phénix amasse dans son nid, toutes les étoffes de

Donavi tamen, inquis, amico millia quinque,   5
  Et lotam (ut multum) terque quaterque togam.
Quid, quod nil unquam Pyladi donavit Orestes?
  Qui donat, quamvis plurima, plura negat.

XII. AD DOMITIUM.

Æmiliæ gentes, et Apollineas Vercellas,
  Et Phaethontei qui petis arva Padi;
Ne vivam, nisi te, Domiti, permitto libenter,
  Grata licet sine te sit mihi nulla dies.
Sed desiderium tanti est, ut messe vel una   5
  Urbano releves colla perusta jugo.
I, precor, et totos avida cute combibe soles.
  Quam formosus eris, dum peregrinus eris!
Et venies albis non cognoscendus amicis,
  Livebitque tuis pallida turba genis!
Sed, via quem dederit, rapiet cito Roma colorem,
  Niliaco redeas tu licet ore niger.

XIII. AD TUCCAM.

Quum cathedralicios portet tibi rheda ministros,
  Et Libys in longo pulvere sudet eques;
Strataque non unas cingant triclinia Baias,
  Et Thetis unguento palleat uncta tuo;
Candida Setini rumpant crystalla trientes,   5
  Dormiat in pluma nec meliore Venus;
Ad nocturna jaces fastosæ limina mœchæ,

Et madet (heu) lacrymis janua surda tuis;
Urere nec miserum cessant suspiria pectus.
  Vis dicam, male sit cur tibi, Tucca! Bene est.   10

XIV. AD CRISPUM.

Cedere de nostris nulli te dicis amicis.
  Sed, sit ut hoc verum, quid, rogo, Crispe, facis?
Mutua quum peterem sestertia quinque, negasti;
  Non caperet nummos quum gravis arca tuos.
Quando fabæ nobis modium farrisque dedisti,   5
  Quum tua Niliacus rura colonus aret?
Quando brevis gelidæ missa est toga tempore brumæ?
  Argenti venit quando selibra mihi?
Nil aliud video, quo te credamus amicum,
  Quam quod me coram pedere, Crispe, soles.   10

XV. DE APRO.

Dotatæ uxori cor arundine fixit acuta;
  Sed dum ludit Aper, ludere novit Aper.

XVI. IN CAIUM.

Si donare vocas promittere nec dare, Caï;
  Vincam te donis, muneribusque meis.
Accipe Callaicis quidquid fodit Astur in arvis,
  Aurea quidquid habet divitis unda Tagi;
Quidquid Erythræa niger invenit Indus in alga,   5
  Quidquid et in nidis unica servat avis;

pourpre que l'ingénieuse Tyr entasse dans ses cuves d'airain ; tous les trésors du monde, reçois-les comme tu les donnes.

17. — SUR MACER, A SA MUSE.

Vainement, ô ma muse, veux-tu frustrer Macer de la redevance des Saturnales ; tu ne le peux, car Macer est exigeant. Ce ne sont pas des poëmes solennels, des vers élégiaques qu'il demande ; il se plaint au contraire de ce que j'ai abdiqué la poésie légère. Mais lui-même il s'appesantit sur des livres de géométrie. Que deviendras-tu, voie Appienne, si Macer s'amuse à me lire ?

18. — SUR MARIUS.

Marius ne donne point à souper, ne fait pas de cadeaux, ne répond pour personne et ne prête rien : c'est qu'il n'a rien. Il ne manque pourtant pas de gens qui cultivent sa stérile amitié. O Rome, que de sottes gens dans ton sein !

19. — IL ENVOIE SON LIVRE A PLINE LE JEUNE.

Va porter à l'éloquent Pline, ô ma muse, ce livre dépourvu de science, de gravité, mais non pas de grâces. On a bientôt escaladé la montée de Suburra. Là, d'abord, tu verras Orphée sur le sommet d'un théâtre humide ; près de lui, les animaux qui l'admirent, et l'aigle qui apporta Ganymède au dieu du tonnerre. Là est aussi la maison de ton ami Pédo, humble demeure dont le fronton est orné d'un aigle plus petit. Mais ne va pas, comme une étourdie, heurter à contre-temps à la porte du séjour de l'éloquence. Le maître y consacre toutes ses journées à l'étude de la science la plus difficile, jaloux d'acquérir le suffrage des centumvirs, et de mériter un jour que nos descendants le comparent à l'orateur d'Arpinum. Le plus sûr est donc d'arriver le soir, aux lanternes. Ton heure, ô ma muse, est celle où l'orgie est dans toute son effervescence, où les têtes sont couronnées de roses, et les cheveux parfumés : alors les plus austères Catons peuvent me lire.

20. — A MANIUS.

Si je veux revoir ma patrie et ses maisons aux toits inclinés, le Salon et les campagnes Celtibériennes aux mines d'or, c'est à cause de vous, Manius, qui me fûtes cher dès mes premiers ans, dont je cultivai l'amitié pendant ma jeunesse, et après qui je ne connais personne dans toute l'Ibérie qui soit digne d'être aimé. Avec vous, j'habiterais volontiers les tentes de la brûlante Gétulie, et les huttes du Scythe sauvage. Si vos sentiments sont les mêmes, si notre amitié est réciproque, Rome sera partout où nous serons ensemble.

21. — A SEXTUS.

Quel plaisir as-tu, Sextus, à écrire des choses qui échappent presque à la sagacité de Modestus et de Claranus ? Ce ne sont pas des lecteurs qu'il faut à tes livres, mais un Apollon. A ton avis,

Quidquid Agenoreo Tyros improba cogit aheno ;
   Quidquid habent omnes, accipe, quomodo das.

XVII. DE MACRO AD MUSAM.

Saturnalicio Macrum fraudare tributo,
   Frustra, Musa, cupis : non licet, ipse petit ;
Solennesque jocos, nec tristia carmina poscit ;
   Et queritur nugas obticuisse meas.
Mensorum longis sed nunc vacat ille libellis.   5
   Appia, quid facies, si leget ista Macer ?

XVIII. DE MARIO.

Nec vocat ad coenam Marius, nec munera mittit,
   Nec spondet, nec vult credere : nec nec habet.
Turba tamen non deest, sterilem quæ curet amicum.
   Eheu quam fatuæ sunt tibi, Roma, togæ !

XIX. MITTIT LIBRUM SUUM AD PLINIUM (CÆCILIUM SECUNDUM.)

Nec doctum satis, et parum severum,
   Sed non rusticulum nimis libellum,
Facundo, mea, Plinio, Thalia,
I, perfer : brevis est labor peractæ
Altum vincere tramitem Suburræ.   5
Illic Orphea protinus videbis
Udi vertice lubricum theatri,
Mirantesque feras, avemque regis,
Raptum quæ Phryga pertulit Tonanti.
Illic parva tui domus Pedonis   10
Cælata est aquilæ minore penna.

Sed ne tempore non tuo disertam
Pulses ebria januam, videto.
Totos dat tetricæ dies Minervæ,
Dum centum studet auribus virorum,   15
Hoc, quod sæcula posterique possint
Arpinis quoque comparare chartis.
Seras tutior ibis ad lucernas.
Hæc hora est tua, quum furit Lyæus,
Quum regnat rosa, quum madent capilli ;   20
Tunc me vel rigidi legant Catones.

XX. AD MANIUM.

Ducit ad auriferas quod me Salo Celtiber oras,
   Pendula quod patriæ visere tecta libet ;
Tu mihi simplicibus, Mani, dilectus ab annis,
   Et prætextata cultus amicitia,
Tu facis, in terris quo non est alter Iberis   5
   Dulcior, et vero dignus amore magis.
Tecum ego vel sicci Gætula mapalia Pœni,
   Et poteram Scythicas hospes amare casas.
Si tibi mens eadem, si nostri mutua cura est,
   In quocumque loco Roma duobus erit.   10

XXI. AD SEXTUM.

Scribere te, quæ vix intelligat ipse Modestus,
   Et vix Claranus, quid rogo, Sexte, juvat ?
Non lectore tuis opus est, sed Apolline, libris ;
   Judice te major Cinna Marone fuit.
Sic tua laudentur : sane mea carmina, Sexte,   5

Cinna l'emporte sur Virgile. Puisse-t-on en dire autant de toi! Je veux bien que mes écrits plaisent aux grammairiens, mais à condition de n'avoir pas besoin de leurs commentaires.

22. — CONTRE PHILÉNIS.

Tu me demandes, Philénis, pourquoi j'ai souvent des emplâtres au menton, pourquoi mes lèvres sont blanches de céruse? Je ne veux pas t'embrasser.

23. — SUR MARCUS ANTONIUS.

L'heureux Antonius Primus compte déjà quinze olympiades écoulées au sein de la tranquillité; il repasse les années et les jours qu'il a vécu, sans craindre, si proches qu'elles soient, les eaux du Léthé; il n'est pas un moment de sa vie dont le souvenir l'attriste ou l'importune; il n'en est pas un qu'il n'aime à se rappeler. Ainsi l'homme de bien agrandit son existence : c'est vivre deux fois que de pouvoir jouir de sa vie passée.

24. — AUX CALENDES DE MARS.

Calendes de Mars, anniversaire de ma naissance, plus douces à mon cœur que toutes les autres calendes où je reçois des présents, même des jeunes filles, j'offre pour la cinquante-septième fois sur vos autels mon encens et des libations. A ce nombre ajoutez, je vous prie, (si ce vœu n'est pas indiscret) dix-huit années encore, afin que, sans trop ressentir le poids de la vieillesse, et après avoir ainsi parcouru les trois âges de la vie, je descende dans les bosquets du royaume de Proserpine. Après cette vie de Nestor, je ne demande pas un jour de plus.

25. — SUR MUCIUS.

Ce Mucius qu'on voyait dernièrement, à un spectacle du matin, poser sa main sur un brasier ardent, s'il vous a paru patient, courageux, insensible, vous avez l'esprit d'un Abdéritain. Quand on dit à un homme, en lui présentant la terrible tunique : « Laisse brûler ta main, » il y a plus de courage à répondre : « Je n'en ferai rien. »

26. — SUR LA MORT DE VARUS.

Varus, toi qui portais avec orgueil la baguette de centurion parmi les villes de l'Égypte, digne chef de cent guerriers, c'est en vain que le peuple de l'Ausonie attendait ton retour : ton ombre repose étrangère dans le pays où règne Lagus. Nous n'avons pu arroser de nos larmes tes froides reliques, ni jeter de l'encens sur ton bûcher funèbre; mais le poëte saura bien immortaliser ton nom. Peux-tu, Nil perfide, nous enlever aussi cette consolation?

27. — A DIODORUS.

A ton jour de naissance, Diodorus, le sénat s'assied à ta table ainsi qu'un grand nombre de chevaliers, et ta sportule ne te coûte pas moins de trente écus. Cependant, Diodorus, personne ne se doute que tu es né.

28. — A JANUS.

Père des fastes, heureux créateur de ce bril-

Grammaticis placeant, et sine grammaticis.

XXII. IN PHILÆNIM.

Cur spleniato sæpe prodeam mento,
Albave pictus sana labra cerussa,
Philæni, quæris? Basiare te nolo.

XXIII. DE M. ANTONIO.

Jam numerat placido felix Antonius ævo
 Quindecies actas Primus Olympiadas;
Præteritosque dies, et tutos respicit annos,
 Nec metuit Lethes jam propioris aquas.
Nulla recordanti lux est ingrata, gravisque; 5
 Nulla subit, cujus non meminisse velit.
Ampliat ætatis spatium sibi vir bonus : hoc est
 Vivere bis, vita posse priore frui.

XXIV. AD KALEND. MARTIAS.

Natales mihi Martiæ Kalendæ
(Lux formosior omnibus Kalendis,
Qua mittunt mihi munus et puellæ),
Quinquagesima liba, septimamque
Vestris addimus hanc focis acerram. 5
His vos (si tamen expedit roganti)
Annos addite bis precor novenos,
Ut pondum nimia piger senecta,
Sed vitæ tribus areis peractis
Lucos Elysiæ petam puellæ. 10

Post hunc Nestora, nec diem rogabo.

XXV. DE MUCIO.

In matutina nuper spectatus arena
 Mucius, imposuit qui sua membra focis,
Si patiens fortisque tibi durusque videtur,
 Abderitanæ pectora plebis habes.
Nam quum dicatur tunica præsente molesta, 5
 Ure manum : plus est dicere, Non facio.

XXVI. DE MORTE VARI.

Vare, Parætonias Latia modo vite per urbes
 Nobilis, et centum dux memorande viris;
At nunc Ausonio frustra promisse Quirino,
 Hospita Lagæi littoris umbra jaces.
Spargere non licuit frigentia fletibus ora, 5
 Pinguia nec mœstis addere thura rogis.
Sed datur æterno victurum carmine nomen.
 Numquid et hoc, fallax Nile, negare potes?

XXVII. AD DIODORUM.

Natali, Diodore, tuo conviva senatus
 Accubat, et rarus non adhibetur eques;
Et tua tricenos largitur sportula nummos;
 Nemo tamen natum te, Diodore, putat.

XXVIII. AD JANUM.

Annorum, nitidique sator pulcherrime mundi,
 Publica quem primum vota precesque vocant,

lant univers, premier objet de nos vœux et de nos prières, tu n'habitais jadis qu'un temple resserré, ouvert à tout venant, et qui servait de passage à Rome tout entière. Aujourd'hui la munificence de César vient de te doter d'une enceinte, et tu confines à autant de places que tu as de visages. Puisses-tu, divin protecteur, en reconnaissance d'un si grand bienfait, tenir à jamais fermées tes portes de fer!

29. — A SEXTILIANUS.

Le plat que tu me donnais ordinairement aux Saturnales, tu l'as envoyé, Sextilianus, à ta maîtresse; et du prix de la toge que tu me donnais aux calendes de Mars, tu lui as acheté une tunique vert-porreau. Tu as des maîtresses gratis, Sextilianus, et tu t'en donnes avec elles à mes dépens.

30. — SUR LA COTE DE FORMIES, SÉJOUR D'APOLLINARIS.

Charmants rivages de la délicieuse Formies, vous qu'Apollinaris préfère à tout autre séjour, lorsqu'il fuit les ennuis de Rome et se soustrait aux travaux qui l'y assiégent, le doux Tibur, patrie de sa chaste épouse, les retraites de Tusculum et d'Algide, Préneste et Antium, ont moins de prix que vous à ses yeux. Il ne regrette ni l'enchanteresse Circé, ni Caïète fondée par les enfants de Dardanus, ni Marica, ni Liris, ni Salmacis que baignent les eaux du Lucrin. A Formies, un vent léger ride la surface de la mer; les flots ne dorment jamais, et leur mouvement insensible, sous le souffle de la brise, pousse au rivage la nacelle aux brillantes couleurs. Une douce fraîcheur y pénètre, semblable à celle que se procure, en agitant sa robe, une jeune fille incommodée par la chaleur. La ligne n'y va pas loin chercher sa proie; mais, lancée de l'appartement, du lit même, elle ramène le poisson qu'on aperçoit captif au plus profond de l'eau. Si parfois Nérée souffre de l'influence d'Éole, la table, sûre de ses approvisionnements, se rit de la tempête. Un réservoir est là, où s'engraissent le turbot et le loup marin: la délicate murène y nage vers son maître; le nomenclateur y appelle le mulet favori, et les vieux barbeaux y accourent à sa voix. Mais quand Rome permet-elle à Apollinaris de jouir de tout cela? Combien de jours dans l'année les affaires qui l'enchaînent à la ville lui permettent-elles de consacrer à Formies? Heureux gardiens! heureux fermiers! ces biens préparés pour vos maîtres, c'est vous qui en profitez!

31. — CONTRE CALLIODORE.

Calliodore, tu vendis hier un esclave treize cents écus, pour bien souper une fois, et tu as mal soupé! un barbeau de quatre livres, que tu achetas, fut le morceau capital de ce festin. Il me prend envie de m'écrier : Misérable, ce n'est point un poisson, mais un homme, oui, un homme que tu dévores.

32. — A CÉDITIANUS, SUR LE PORTRAIT DE M. ANTONIUS.

Céditianus veut savoir de qui est ce portrait

Pervius exiguos habitabas ante Penates,
  Plurima qua medium Roma terebat iter.
Nunc tua Cæsareis cinguntur limina donis;   5
  Et fora tot numeras, Jane; quot ora geris.
At tu, sancte pater, tanto pro munere gratus,
  Ferrea perpetua claustra tuere sera.

XXIX. AD SEXTILIANUM.

Quam mihi mittebas Saturni tempore lancem,
  Misisti dominæ, Sextiliane, tuæ;   10
Et quam donabas dictis a Marte Kalendis,
  De nostra prasina est synthesis empta toga.
Jam constare tibi gratis cœpere puellæ;
  Muneribus futuis, Sextiliane, meis.

XXX. DE APOLLINARIS LITTORE FORMIANO.

O temperatæ dulce Formiæ littus!
Vos, quum severi fugit oppidum Martis,
Et inquietas fessus exuit curas,
Apollinaris omnibus locis præfert.
Non ille sanctæ dulce Tibur uxoris,   5
Nec Tusculanos, Algidosve secessus,
Præneste nec sic, Antiumve miratur.
Non blanda Circe, Dardanisve Caieta
Desiderantur, nec Marica, nec Liris,
Nec in Lucrina lota Salmacis vena.   10
Hic summa leni stringitur Thetis vento;
Nec languet æquor : viva sed quies Ponti

Pictam phaselon adjuvante fert aura;
Sicut puellæ non amantis æstatem
Mota salubre purpura venit frigus.   15
Nec seta longo quærit in mari prædam,
Sed a cubili lectuloque jactatam
Spectatus alte lineam trahit piscis.
Si quando Nereus sentit Æoli regnum,
Ridet procellas tuta de suo mensa :   20
Piscina rhombum pascit, et lupos vernas;
Natat ad magistrum delicata muræna;
Nomenculator mugilem citat notum,
Et adesse jussi prodeunt senes mulli.
Frui sed istis quando Roma permittit?   25
Quot Formianos imputat dies annus
Negotiosis rebus urbis hærenti?
O janitores, villicique felices!
Dominis parantur ista; serviunt vobis.

XXXI. IN CALLIODORUM.

Addixti servum nummis here mille trecentis,
  Ut bene cœnares, Calliodore, semel :
Nec bene cœnasti; mullus tibi quatuor emptus
  Librum cœnæ pompa caputque fuit.
Exclamare libet, Non est hic, improbe, non est   5
  Piscis : homo est : hominem, Calliodore, voras.

XXXII. DE IMAGINE M. ANTONII, AD CÆDITIANUM.

Hæc mihi quæ colitur violis pictura, rosisque,

décoré de violettes et de roses? Tel était M. Antonius Primus dans la vigueur de l'âge. Le vieillard retrouve là tous les traits de sa jeunesse. Pourquoi l'art ne peut-il reproduire de même les vertus et les qualités du cœur? il n'y aurait pas de plus beau portrait dans le monde.

33. — A MUNATIUS GALLUS.

Plus simple que les anciens Sabins, plus vertueux que le vieillard de Cécrops, puissiez-vous, Munatius, obtenir de Vénus Pudique que l'union de votre fille assure votre séjour dans l'illustre maison de son beau-père! Si la calomnie ose m'imputer des vers infâmes, démentez-les, comme vous l'avez déjà fait ; niez qu'un poëte, pour peu qu'il soit lu, écrive de pareilles choses. Voici quelle loi je me suis faite dans mes écrits : épargner les personnes et flageller les vices.

34. — A TRAJAN.

Que les dieux, ô Trajan, vous accordent ce que vous méritez, et vous comblent à jamais de leurs faveurs! Vous rendez au patron les droits dont on l'avait dépouillé ; il ne sera plus traité comme un proscrit par ses affranchis. Vous êtes digne aussi de conserver aux citoyens leurs prérogatives : qu'une occasion se présente, et vous prouverez que je dis vrai.

35. — ÉLOGE DE SULPICIA.

Jeunes filles qui ne voulez plaire qu'à un seul mari, lisez Sulpicia. Lisez Sulpicia, maris qui ne voulez plaire qu'à une seule femme. Elle ne décrit point les fureurs de Médée ni l'horrible festin de Thyeste ; elle ne croit ni à Scylla, ni à Byblis : mais elle enseigne de chastes et saintes amours, et peint leurs jeux, leurs délices et leurs badinages. Quiconque appréciera ses vers reconnaîtra qu'aucun poëte n'eut plus de malice ni plus de retenue. Tels étaient, j'imagine, les passe-temps d'Égérie sous la grotte humide du roi Numa. Avec elle pour maîtresse ou pour condisciple, tu serais, ô Sapho, plus docte et moins licencieuse ; et, s'il vous voyait toutes deux à la fois, c'est Sulpicia qu'aimerait l'inflexible Phaon. Mais en vain : car, si elle perdait Calénus, elle ne pourrait lui survivre, lors même que Jupiter la prendrait pour épouse, Apollon ou Bacchus pour amante.

36. — CONTRE MUNNA.

Tout ce que les celliers de Marseille renferment de vins passés à la fumée et vieillis par la cuisson, c'est toi qui nous l'envoies, Munna. Tu expédies à tes malheureux amis, à travers les mers et par d'interminables chemins, les poisons les plus malfaisants, le tout à un prix si élevé qu'une pièce de falerne ou de sétia se payeraient moins cher. Depuis longtemps tu ne viens plus à Rome ; c'est, je pense, de peur d'y boire de ton vin.

37. — A MATERNUS.

Observateur scrupuleux du droit et de la

Quos referat vultus, Cæditiane, rogas?
Talis erat Marcus mediis Antonius annis
  Primus : in hoc juvenem se videt ore senex.
Ars utinam mores, animumque effingere posset!   5
  Pulchrior in terris nulla tabella foret.

XXXIII. AD MUNATIUM GALLUM.

Simplicior priscis, Munati Galle, Sabinis,
  Cecropium superas qui bonitate senem ;
Sic tibi consoceri claros retinere Penates
  Perpetua natæ det face casta Venus ;
Ut tu, si viridi tinctos ærugine versus   5
  Forte malus livor dixerit esse meos,
Ut facis, a nobis abigas : nec scribere quemquam
  Talia contendas carmina, qui legitur.
Hunc servare modum nostri novere libelli,
  Parcere personis, dicere de vitiis.   10

XXXIV. AD CÆSAREM TRAJANUM.

Di tibi dent quidquid, princeps Trajane, mereris,
  Et rata perpetuo, quæ tribuere, velint ;
Qui sua restituis spoliato jura patrono ;
  Libertis exsul non erit ille suis.
Dignus es, ut possis totum servare clientem ;   5
  Ut liceat tantum, vera probare potes.

XXXV. DE SULPICIA.

Omnes Sulpiciam legant puellæ,
Uni quæ cupiunt viro placere.
Omnes Sulpiciam legant mariti,
Uni qui cupiunt placere nuptæ.
Non hæc Colchidos asserit furorem,   5
Diri prandia nec refert Thyestæ ;
Scyllam, Byblida nec fuisse credit :
Sed castos docet, et pios amores,
Lusus, delicias, facetiasque.
Cujus carmina qui bene æstimarit,   10
Nullam dixerit esse nequiorem,
Nullam dixerit esse sanctiorem.
Tales Ægeriæ jocos fuisse
Udo crediderim Numæ sub antro.
Hac condiscipula, vel hac magistra   15
Esses doctior et pudica, Sappho ;
Sed tecum pariter simulque visam
Durus Sulpiciam Phaon amaret.
Frustra : namque ea nec Tonantis uxor,
Nec Bacchi, nec Apollinis puella   20
Erepto sibi viveret Caleno.

XXXVI. IN MUNNAM.

Improba Massiliæ quidquid fumaria cogunt,
  Accipit ætatem quisquis ab igne cadus,
A te, Munna, venit : miseris tu mittis amicis
  Per freta, per longas toxica sæva vias ;
Nec facili pretio, sed quo contenta Falerni   5
  Testa sit, aut cellis Setia cara suis.
Non venias quare tam longo tempore Romam,
  Hæc puto causa tibi est, ne tua vina bibas.

XXXVII. AD MATERNUM.

Juris, et æquarum cultor sanctissime legum,

justice, ô Maternus, vous dont la bouche véridique est l'oracle du barreau de Rome, avez-vous quelque commission à donner pour la côte de la Galice à votre compatriote, à votre vieil ami? Croyez-vous, Maternus, qu'il vaille mieux prendre sur le rivage laurentin de hideuses grenouilles, ou pêcher de chétives ablettes, que de rendre à ses rochers le surmulet qui nous a paru ne pas peser trois livres? manger au second service une fade palourde ou des moules dans leurs minces coquilles, que des huîtres comme celles de Baïes, et en assez grand nombre pour que les valets s'en gorgent avec la permission du maître? A Rome, vous chasserez à grands cris dans vos filets un renard puant, et le sale animal fera sentir aux chiens ses morsures. Ici mes filets, tirés d'une rivière poissonneuse, serviront, encore tout humides, à prendre les lièvres au passage. Tandis que je parle, votre pêcheur revient avec sa nasse vide, et votre chasseur avec un blaireau dont il est tout fier. Le marché de Rome envoie à la mer ses approvisionnements : avez-vous quelque commission pour la côte de la Galice?

38. — A CALÉNUS.

Oh! quelles furent délicieuses ces quinze années de mariage que, par un bienfait des Dieux, tu passas avec ta chère Sulpicia! O nuits fortunées, ô jours marqués par les plus précieuses perles de l'Inde! De quelles luttes voluptueuses ils furent le témoins, ce bienheureux lit, cette lampe humide des parfums de Nicéros! Tu as vécu trois lustres, ô Calénus; ce fut là ta vie tout entière, car tu ne comptes que les jours où tu fus époux. Si Atropos te rendait un seul de ces jours que tu lui demandes avec tant d'instances, tu préférerais ce seul jour à quatre fois la vie de Nestor.

39. — CONTRE LESBIE.

Pourquoi jurer, Lesbie, que tu es née sous le consulat de Brutus? Tu mens, Lesbie, tu es née sous le roi Numa. Mais c'est mentir encore; car, à voir ta décrépitude, on dirait que tu es l'argile même façonné par Prométhée.

40. — A LUPUS, SUR POLLA.

On ne cessait de me répéter que Polla ma maîtresse avait de secrètes entrevues avec un sodomite; je les ai surpris, Lupus; ce n'était pas un sodomite.

41. — CONTRE PROCULÉIA.

Au retour de janvier, tu laisses là ton vieux mari, Proculéia, et tu lui déclares que tu veux te séparer de biens. Qu'est-il arrivé, je te prie? Qui te pousse à cette extrémité? Tu ne me réponds pas? je le dirai donc : Il était préteur. Sa nouvelle dignité devait, aux jeux mégalésiens, lui coûter cent mille sesterces, pour ne pas estimer trop bas sa générosité. La fête du peuple en eût coûté vingt mille. Ce n'est pas là un divorce, Proculéia, c'est une économie.

Veridico Latium qui regis ore forum,
Municipi, Materne, tuo, veterique sodali
   Callaicum mandas si quid ad Oceanum;
An Laurentino turpes in littore ranas, 5
   Et satius tenues ducere credis acos?
Ad sua captivum quam saxa remittere mullum,
   Visus erit libris qui minor esse tribus?
Et fatuam summa cœnare pelorida mensa,
   Quosque tegit levi cortice concha brevis? 10
Ostrea Baianis quam non liventia testis,
   Quæ pueri domino non prohibente vorent?
Hic olidam clamosus ages in retia vulpem,
   Mordebitque tuos sordida præda canes.
Illic piscoso modo vix educta profundo 15
   Impediet lepores humida lina meos.
Dum loquor, ecce redit sporta piscator inani;
   Venator capta mele superbus adest.
Omnis ab urbano venit ad mare cœna macello;
   Callaicum mandas si quid ad Oceanum. 20

XXXVIII. AD CALENUM.

O molles tibi quindecim, Calene,
   Quos cum Sulpicia tua jugales
Indulsit Deus et peregit annos;
O nox omnis et hora, quæ notata est
   Caris littoris Indici lapillis! 5
O quæ prælia, quas utrimque pugnas
Felix lectulus, et lucerna vidit

Nimbis ebria Nicerotianis!
Vixisti tribus, o Calene, lustris.
Ætas hæc tibi tota computatur, 10
Et solos numeras dies mariti.
Ex illis tibi si diu rogatam
Lucem redderet Atropos vel unam,
Malles, quam Pyliam quater senectam.

XXXIX. IN LESBIAM.

Consule te Bruto quid juras, Lesbia, natam?
   Mentiris : nata es, Lesbia, rege Numa.
Sic quoque mentiris : namque, ut tua sæcula narrant,
   Ficta Prometheo diceris esse luto.

XL. AD LUPUM, DE POLLA.

Semper quum mihi diceretur esse
Secreto mea Polla cum cinædo,
Irrupi, Lupe : non erat cinædus.

XLI. IN PROCULEIAM.

Mense novo Jani veterem, Proculeia, maritum
   Deseris, atque jubes res sibi habere suas.
Quid, rogo, quid factum est? subiti quæ causa doloris?
   Nil mihi respondes? dicam ego, Prætor erat.
Constatura fuit Megalensis purpura centum 5
   Millibus, ut nimium munera parca dares;
Et populare sacrum bis millia dena tulisset.
   Discidium non est hoc, Proculeia : lucrum

42. — A DINDYMUS.

Il est si léger, si délicat, le duvet de tes joues, qu'il se flétrit à la chaleur du soleil, au souffle de l'haleine, à celui de la moindre brise. Ils sont couverts du même duvet les coings que la jeune fille rend polis en les frottant avec le doigt. S'il m'arrive de te baiser cinq fois un peu fort, Dindymus, je deviens barbu de la dépouille de tes lèvres.

43. — A PHILÉROS.

Voilà la septième femme, Philéros, que tu enterres dans ton champ. Personne n'a de champ, Philéros, qui lui rapporte davantage.

44. — A OVIDE.

Vous allez donc, Ovide, visiter les Bretons de la Calédonie, et la verte Téthis, et le vieil Océan? vous quittez les collines de Numa et vos loisirs de Nomente? ni votre foyer, ni votre campagne ne retiennent votre vieillesse? Vous ajournez vos jouissances; mais Atropos ne laisse pas reposer ses fuseaux, et toutes vos heures vous sont comptées. Vous allez servir (et qui ne vous en louerait?) un ami qui vous est cher; la fidélité vous est plus précieuse que la vie. Du moins revenez quelque jour, pour n'en plus sortir, dans vos domaines de la Sabine, et comptez-vous au nombre de vos amis.

45. — CONTRE UN LECTEUR DIFFICILE.

Si mes vers ont quelque grâce et quelque douceur, s'ils distribuent l'éloge dans des formes caressantes, tu les trouves grossiers, et tu ronges la côte d'un sanglier laurentin, de préférence au filet que nous t'en offrons. Bois du Vatican, si tu aimes le vinaigre; notre ordinaire ne va pas à ton estomac.

46. — CONTRE MATHON.

Tu veux être un puriste, Mathon : parle quelquefois bien, ne parle ni bien ni mal, parle mal quelquefois.

47. — A JULES MARTIAL.

Voilà, cher Martial, ce qui rend la vie heureuse : Une fortune acquise sans peine, et par héritage; une terre d'un bon rapport; un feu qui dure; jamais de procès; peu d'éclat; un esprit calme; une constitution vigoureuse; un corps sain; une franchise mêlée de réserve; des amis qui soient vos égaux; une conversation facile; une table sans apprêts; une nuit sans inquiétudes; un lit où le plaisir trouve sa place ainsi que la pudeur; un sommeil qui abrége les ténèbres; se contenter d'être ce que l'on est, et rien de plus; ne désirer ni ne craindre son dernier jour.

48. — PRÉPARATIFS D'UN FESTIN DU POETE.

Les prêtres d'Isis annoncent la huitième heure, et la garde armée de javelots rentre dans ses quartiers. C'est l'heure où la température des bains est modérée, tandis qu'à la septième ils exhalent encore une vapeur brûlante, et qu'on ne peut les supporter à la sixième aux thermes de Néron. Stella, Népos, Canius, Céréalis, Flaccus, arrivez tous. Ma table est à sept places; nous sommes six, et Lupus doit venir. J'ai reçu de ma

XLII. AD DINDYMUM.

Tam dubia est lanugo tibi, tam mollis, ut illam
  Halitus, et soles, et levis aura terat.
Celantur simili ventura Cydonia lana,
  Pollice virgineo quæ spoliata nitent.
Fortius impressi quoties tibi basia quinque,   5
  Barbatus labris, Dindyme, fio tuis.

XLIII. AD PHILEROTEM.

Septima jam, Phileros, tibi conditur uxor in agro.
  Plus nulli, Phileros, quam tibi, reddit ager.

XLIV. AD Q. OVIDIUM.

Quinte Caledonios Ovidi visure Britannos,
  Et viridem Tethyn, Oceanumque patrem;
Ergo Numæ colles, et Nomentana relinques
  Otia? nec retinet rusque focusque senem?
Gaudia tu differs : at non et stamina differt   5
  Atropos, atque omnis scribitur hora tibi.
Præstiteris caro (quis non hoc laudet?) amico,
  Ut potior vita sit tibi sancta fides.
Sed reddare tuis tandem mansure Sabinis,
  Teque tuas numeres inter amicitias.   10

XLV. IN DELICATUM LECTOREM.

Si quid lene mei dicunt et dulce libelli,
  Si quid honorificum pagina blanda sonat,
Hoc tu pingue putas, et costam rodere mavis,
  Ilia Laurentis quum tibi demus apri.
Vaticana bibas, si delectaris aceto;   5
  Non facit ad stomachum nostra lagena tuum.

XLVI. IN MATHONEM.

Omnia vis belle, Matho, dicere : dic aliquando
  Et bene : dic neutrum : dic aliquando male.

XLVII. AD JULIUM MARTIALEM.

Vitam quæ faciunt beatiorem,
Jucundissime Martialis, hæc sunt :
Res non parta labore, sed relicta;
Non ingratus ager; focus perennis;
Lis nunquam; toga rara; mens quieta;   5
Vires ingenuæ; salubre corpus;
Prudens simplicitas; pares amici;
Convictus facilis, sine arte mensa;
Nox non ebria, sed soluta curis;
Non tristis torus, et tamen pudicus;   10
Somnus, qui faciat breves tenebras;
Quod sis, esse velis; nihilque malis;
Summum nec metuas diem, nec optes.

XLVIII. PARAT POETA CONVIVIUM.

Nuntiat octavam Phariæ sua turba juvencæ,
  Et pilata redit jamque subitque cohors.
Temperat hæc thermas, nimiis prior hora vapores
  Halat, et immodico sexta Nerone calet.
Stella, Nepos, Cani, Cerealis, Flacce, venitis?   5

fermière des mauves laxatives et d'autres produits de mon jardin ; de la petite laitue, des poireaux filandreux, quantité de menthe flatneuse, avec la roquette qui porte à l'amour : outre cela, vous aurez des anguilles bardées de rue et couronnées de tranches d'œufs, et des tétines de truie à la saumure de thon. Toutefois ces mets ne sont qu'apéritifs. On vous servira en même temps et sans autre mets un jeune chevreau sauvé de la gueule du loup. Puis, viendront les hachis qui n'ont que faire du couteau du découpeur, des fèves, régal des artisans, et des choux nains. On y ajoutera un poulet et un jambon qui a déjà figuré dans trois soupers; des fruits doux au dessert, et une bouteille de Nomente sans dépôt, et qui date du second consulat de Frontinus : le tout assaisonné de plaisanteries innocentes, de propos libres, mais dont on n'ait pas à se repentir le lendemain, et qu'on ne craigne pas non plus de répéter. Les convives parleront à leur aise de Prasinus et de Vénétus ; nos rasades ne compromettront personne.

49. — CONTRE COTTA.

Tandis que tu bois dans des coupes d'améthyste, que tu te gorges de la liqueur vermeille d'Opimius, tu me verses du vin nouveau de la Sabine, et tu me dis : « Le veux-tu dans une coupe d'or ? » Qui voudrait boire dans de l'or un vin plus vil que le plomb ?

50. — SUR SCORPUS.

Que la Victoire désolée brise ses palmes iduméennes ! Faveur, frappe impitoyablement ta poitrine nue ! Honneur, prends le deuil ! Gloire, jette aux flammes les couronnes qui parent ta chevelure ! O forfait ! tu meurs, Scorpus, dans la fleur de la jeunesse, et tu vas sitôt atteler les noirs coursiers des enfers ! Pourquoi dépassas-tu les bornes de ta vie aussi rapidement que ton char dépassait et franchissait les bornes du cirque ?

51. — A FAUSTINUS.

Déjà le taureau laisse derrière soi le Bélier, et l'Hiver fuit devant les Gémeaux. La campagne est riante ; la terre reprend ses vêtements, et les arbres leur parure. L'adultère Athénienne pleure le Thrace Itys. De quels beaux jours, Faustinus, de quelle Ravenne Rome vous a privé ! O soleils ! ô douceurs du repos en simple tunique ! Qu'ils ont de charmes ces bois, ces fontaines, ces rivages au sable humide mais ferme sous le pied, ces rochers d'Anxur tout resplendissants du voisinage de l'onde azurée, ce lit d'où la vue plane, ici sur les barques du fleuve, là sur les vaisseaux de la mer ! Mais vous n'y trouverez ni le théâtre de Marcellus, ni celui de Pompée, ni les triples bains, ni les quatre forum, ni le sublime temple de Jupiter Capitolin, ni ces autres temples qui semblent toucher au séjour de leurs Dieux. Que de fois je vous entends dire, las de tant de merveilles : « O Quirinus, garde pour toi ce qui est à toi, et laisse-moi jouir de ce qui est à moi ! »

L. DE SCORPO.

Frangat Idumæas tristis Victoria palmas ;
   Plange, Favor, sæva pectora nuda manu.
Mutet Honor cultus, et iniquis munera flammis;
   Mitte coronatas, Gloria mœsta, comas.
Heu facinus ! prima fraudatus, Scorpe, juventa 5
   Occidis, et nigros tam cito jungis equos.
Curribus illa tuis semper properata, brevisque,
   Cur fuit et vitæ tam prope meta tuæ ?

LI. AD FAUSTINUM.

Sidera jam Tyrius Phryxei respicit agni
   Taurus, et alternum Castora fugit hiems.
Ridet ager, vestitur humus, vestitur et arbos;
   Ismarium pellex Attica plorat Ityn.
Quos, Faustine, dies, qualem tibi Roma Ravennam 5
   Abstulit ? o soles ! o tunicata quies !
O nemus, o fontes, solidumque madentis arenæ
   Littus, et æquoreis splendidus Anxur aquis ;
Et non unius spectator lectulus undæ,
   Qui videt hinc puppes fluminis, inde maris ! 10
Sed nec Marcelli, Pompeianumque, nec illic
   Sunt triplices thermæ, nec fora juncta quater;
Nec Capitolini summum penetrale Tonantis,
   Quæque nitent cœlo proxima templa suo.
Dicere te lassum quoties ego credo Quirino ? 15
   Quæ tua sunt, tibi habe ; quæ mea, redde mihi.

Septem sigma capit, sex sumus, adde Lupum.
Exoneraturas ventrem mihi villica malvas
   Attulit, et varias, quas habet hortus, opes.
In quibus est lactuca sedens, et sectile porrum ;
   Nec deest ructatrix mentha, nec herba salax. 10
Secta coronabunt rutatos ova lacertos,
   Et madidum thynni de sale sumen erit.
Gustus in his ; una ponetur cœnula mensa,
   Hædus, inhumani raptus ab ore lupi.
Et, quæ non egeant ferro structoris, ofellæ, 15
   Et faba fabrorum, prototomique rudes.
Pullus ad hæc, cœnisque tribus jam perna superstes
   Addetur : saturis mitia poma dabo.
De Nomentana vinum sine fæce lagena,
   Quæ bis Frontino consule plena fuit. 20
Accedent sine felle joci, nec mane timenda
   Libertas, et nil, quod tacuisse velis.
De Prasino conviva meus, Venetoque loquatur;
   Nec facient quemquam pocula nostra reum.

XLIX. IN COTTAM.

Quum potes amethystinos trientes,
Et nigro madeas Opimiano ;
Propinas modo conditum Sabinum,
Et dicis mihi, Cotta, Vis in auro ?
Quisquam plumbea vina vult in auro ? 5

52. — SUR UN EUNUQUE.

Numa, voyant un jour l'eunuque Thélis en toge, dit : « C'est une adultère qui subit sa condamnation. »

53. — ÉPITAPHE DE SCORPUS.

Rome, je suis ce Scorpus, la gloire et l'objet des acclamations du Cirque, ton favori et tes trop courtes délices. La jalouse Parque, qui me ravit à vingt-sept ans, croyait, en comptant mes victoires, que j'étais déjà vieux.

54. — CONTRE OLUS.

Tu as bonne table, Olus, mais tu fais servir les plats couverts. Cela est ridicule. A ce prix, je puis aussi avoir une bonne table.

55. — CONTRE MARULLA.

Quand elle a longtemps pesé et mesuré avec la main une mentule en érection, Marulla l'évalue en livres, en scrupules et en sextules. Puis, quand le membre a fourni sa carrière, et que, las de la lutte, il tombe pareil à une courroie détendue, Marulla vous dit de combien il est devenu plus léger. Ce n'est pas une main qu'a cette femme, c'est une balance.

56. — CONTRE GALLUS.

Tu veux, Gallus, que je te sacrifie toutes mes journées, et que j'aille trois ou quatre fois par jour te voir à ton mont Aventin. Cascellius arrache ou guérit une dent malade ; Higinus brûle les poils qui incommodent les yeux ; Fannius enlève, sans la couper, la luette relâchée ; Éros efface les stigmates des esclaves ; Hermès est le Podalyre des gens affligés de hernies ; mais, dis-moi, Gallus, qui guérit les gens éreintés?

57. — A SEXTUS.

Tu allais m'envoyer une livre d'argent ; ce don s'est réduit à une demi-livre... de poivre! Je n'achète pas le poivre si cher, Sextus.

58. — A FRONTINUS.

Frontinus, tant que j'habitai les paisibles retraites d'Anxur, et Baïes plus rapprochée de Rome, et la maison assise sur le rivage, et ces bois où ne pénètrent pas les cigales inhumaines, même dans les plus ardentes chaleurs du Cancer, et les bords de ces lacs semblables à des fleuves, je pouvais avec vous fêter les Muses. Mais Rome aujourd'hui pèse sur nous de tout son poids. Est-il un jour qui n'appartienne à Rome? Plongé dans ce gouffre immense, j'y consume ma vie en de stériles travaux, tirant ma subsistance du mince revenu d'un champ voisin de la ville, et végétant dans ton quartier, vénérable Quirinus. Mais celui-là n'est pas le seul qui aime, qu'on voit assiéger jour et nuit le seuil du maître ; de telles pertes de temps ne vont pas à un poëte. Moi aussi j'aime, j'en jure par le culte que je rends aux Muses et par tous les Dieux ; mais je n'aime pas en officieux.

59. — CONTRE UN LECTEUR DIFFICILE.

Si une pièce de vers a plus d'une page, tu la passes ; celle qui te plaît ce n'est pas la meilleure,

---

LII. DE SPADONE.

Thelin viderat in toga spadonem,
Damnatam Numa dixit esse mœcham.

LIII. EPITAPHIUM SCORPI.

Ille ego sum Scorpus, clamosi gloria Circi,
  Plausus, Roma, tui, deliciæque breves :
Invida quem Lachesis raptum trieteride nona,
  Dum numerat palmas, credidit esse senem.

LIV. IN OLUM.

Mensas, Ole, bonas ponis : sed ponis opertas.
Ridiculum est : possum sic ego habere bonas.

LV. IN MARULLAM.

Arrectum quoties Marulla penem
Pensavit digitis, diuque mensa est ;
Libras, scriptula, sextulasque dicit.
Idem post opus, et suas palæstras,
Loro quum similis jacet remisso,
Quanto sit levior Marulla dicit.
Non ergo est manus ista, sed statera.

LVI. IN GALLUM.

Totis, Galle, jubes tibi me servire diebus,
  Et per Aventinum ter quater ire tuum.
Eximit, aut reficit dentem Cascellius ægrum :
  Infestos oculis uris, Higine, pilos.
Non secat, et tollit stillantem Fannius uvam :
  Tristia servorum stigmata delet Eros.
Enterocelarum fertur Podalirius Hermes :
  Qui sanet ruptos, dic mihi, Galle, quis est?

LVII. AD SEXTUM.

Argenti libram mittebas : facta selibra est,
  Sed piperis : tanti non emo, Sexte, piper.

LVIII. AD FRONTINUM.

Anxuris æquorei placidos, Frontine, recessus,
  Et propius Baias, littoreamque domum,
Et quod inhumanæ Cancro fervente cicadæ
  Non novere nemus, flumineosque lacus,
Dum colui, doctas tecum celebrare vacabat
  Pieridas : nunc nos maxima Roma terit.
Hic mihi quando dies meus est? jactamur in alto
  Urbis, et in sterili vita labore perit ;
Dura suburbani dum jugera pascimus agri,
  Vicinosque tibi, sancte Quirine, Lares.
Sed non solus amat, qui nocte dieque frequentat
  Limina ; nec vatem talia damna decent.
Per veneranda mihi Musarum sacra, per omnes
  Juro Deos ; et non officiosus amo.

LIX. IN DELICATUM LECTOREM.

Consumpta est uno si lemmate pagina, transis ;
  Et breviora tibi, non meliora placent.

c'est la plus courte. D'une table somptueuse et chargée de toutes sortes de mets, les friandises seules sont de ton goût. Je n'ai pas besoin d'un lecteur si délicat; j'en veux un qui sans pain, ne puisse se rassasier.

60. — SUR MUNNA.

Munna sollicite de César le droit de trois disciples. Il est habitué à n'en avoir que deux.

61. — ÉPITAPHE D'ÉROTION.

Ici repose Érotion, ombre que nous a ravie, dans son sixième hiver, un crime du destin. Qui que tu sois, maître après moi de ce petit champ, rends chaque année à ces tendres mânes de légitimes honneurs. Ainsi puissent ta maison être éternelle, ta famille toujours saine et sauve, et cette pierre être la seule ici sur laquelle on vienne pleurer !

62. — A UN MAÎTRE D'ÉCOLE.

Donne, maître d'école, un peu de relâche à tes jeunes disciples, si tu veux que cet aimable chœur de la muse, à la chevelure flottante, vienne en foule à ton école et se plaise à entendre tes leçons, et qu'un calculateur ou un sténographe ne voie pas s'agrandir à tes dépens le cercle de son auditoire. Les jours sont purs, et brûlent de tous les feux du Lion; l'ardent juillet mûrit nos moissons jaunissantes. Laisse reposer, laisse dormir jusqu'aux ides d'octobre ces courroies de cuir de Scythie, ces lanières qui ont déchiré Marsyas, et ces tristes férules, sceptres du pédagogue. Si les enfants se portent bien en été, ils sont assez savants.

63. — ÉPITAPHE D'UNE NOBLE MATRONE.

Passant, lis cette inscription : elle est sur un marbre modeste, mais qui ne le cède en rien au tombeau de Mausole et aux Pyramides. J'ai vu deux fois dans ma vie célébrer les jeux séculaires, et jusqu'à ma mort j'ai toujours été heureuse. Junon m'a donné cinq fils et cinq filles; leurs mains ont fermé mes yeux. Par un privilége rarement accordé au lit conjugal, mes chastes appas n'ont connu qu'un seul homme.

64. — A POLLA.

Polla, ma reine, si mes livres te tombent sous la main, que ces plaisanteries ne te mettent pas en colère. Le poëte, ton favori et la gloire de notre Hélicon, quand sur la trompette épique il chantait nos guerres sanglantes, n'a pas rougi d'écrire ce vers : « Cossa, qu'ai-je à faire ici, sinon le rôle d'un Ganymède?

65. — CONTRE CARMÉNION.

Quand tu te vantes, Carménion, d'être citoyen de Corinthe, ce que personne ne conteste, pourquoi m'appeler ton frère, moi enfant de la Celtibérie et né sur les bords du Tage? Nos figures ont-elles quelque ressemblance? Ta chevelure est onduleuse et brillante, la mienne est rude et peignée à l'espagnole. Tu ne passes pas un jour sans t'épiler; et mes jambes et mes joues sont hérissées de poils. Tu grasseyes, ta voix est languis-

---

Dives, et ex omni posita est instructa macello
 Cœna tibi, sed te mattea sola juvant.
Non opus est nobis nimium lectore guloso.   5
 Hunc volo, qui fiat non sine pane satur.

LX. DE MUNNA.

Jura trium petiit a Cæsare discipulorum,
 Assuetus semper Munna docere duos.

LXI. EPITAPHIUM EROTII.

Hic festinata requiescit Erotion umbra,
 Crimine quam fati sexta peregit hiems.
Quisquis eris nostri post me regnator agelli,
 Manibus exiguis annua justa dato.
Sic Lare perpetuo, sic turba sospite, solus   5
 Flebilis in terra sit lapis iste tua.

LXII. AD MAGISTRUM LUDI.

Ludi magister, parce simplici turbæ :
Sic te frequentes audiant capillati,
Et delicatæ diligat chorus Musæ :
Nec calculator, nec notarius velox
Majore quisquam circulo coronetur.   5
Albæ Leone flammeo calent luces,
Tostamque fervens Julius coquit messem.
Cirrata loris horridis Scythæ pellis,
Qua vapulavit Marsyas Celæneus,
Ferulæque tristes, sceptra pædagogorum,   10
Cessent, et Idus dormiant in Octobres :

Æstate pueri si valent, satis discunt.

LXIII. EPITAPHIUM NOBILIS MATRONÆ.

Marmora parva quidem, sed non cessura, viator,
 Mausoli saxis Pyramidumque legis.
Bis mea Romano spectata est vita Terento,
 Et nihil extremos perdidit ante rogos.
Quinque dedit pueros, totidem mihi Juno puellas :   5
 Clauserunt omnes lumina nostra manus.
Contigit et thalami mihi gloria rara, fuitque
 Una pudicitiæ mentula nota meæ.

LXIV. AD POLLAM.

Contigeris regina meos si Polla libellos,
 Non tetrica nostros excipe fronte jocos.
Ille tuus vates, Heliconis gloria nostri,
 Pieria caneret quum fera bella tuba,
Non tamen erubuit lascivo dicere versu :   5
 Si nec pædicor, Cotta, quid hic facio?

LXV. IN CARMENIONEM.

Quum te municipem Corinthiorum
Jactes, Carmenion, negante nullo,
Cur frater tibi dicor, ex Iberis,
Et Celtis genitus, Tagique civis?
An vultu similes videmur esse?   5
Tu flexa nitidus coma vagaris;
Hispanis ego contumax capillis.
Levis dropace tu quotidiano :

sante; une jeune fille parle plus haut que moi. L'aigle ne diffère pas plus de la colombe, le daim timide du terrible lion, que nous ne différons l'un de l'autre. Cesse donc, Carménion, de m'appeler ton frère, si tu ne veux pas que je t'appelle ma sœur.

66. — SUR THÉOPOMPE.

Quel maître insolent et barbare t'a forcé, Théopompe, à être cuisinier? Qui ose souffrir que la fumée de la cuisine et les vapeurs graisseuses noircissent un pareil visage, souillent une pareille chevelure? Qui mieux que toi présentera la coupe et les verres? Quelle main, en le versant, donnera plus de saveur au falerne? Si d'échansons aussi beaux que les astres on peut faire des cuisiniers, Jupiter fera le sien de Ganymède.

67. — ÉPITAPHE D'UNE VIEILLE

La fille de Pyrrha, la marâtre de Nestor, celle que Niobé, dans sa jeunesse, vit avec des cheveux blancs, celle que Laërte appelait son aïeule, Priam sa nourrice, Thyeste sa belle-mère, cette vieille qui a survécu à toutes les corneilles, Plotia enfin, éprouve encore dans le tombeau, et près du chauve Mélanthion, des velléités amoureuses.

68. — CONTRE LÉLIA.

Quoique tu ne sois ni d'Éphèse, ni de Rhodes, ni de Mitylène, mais tout simplement d'un faubourg de Rome; que ta mère, qui de sa vie ne se débarbouilla, ait vu le jour chez les Étrusques basanés, et ton rustre de père dans les campagnes d'Aricie, tu prodigues en grec ces doux accents de la volupté : *ma vie! mon âme!* O pudeur! toi, concitoyenne d'Hersilie et d'Égérie! De tels mots ne se disent qu'au lit; et encore faut-il que ce lit ait été dressé par une maîtresse pour son lascif amant. Tu veux savoir comment, si tu étais une chaste matrone, tu t'exprimerais en pareil cas : mais en seras-tu plus aimable dans tes embrassements? Va, quand tu finirais par savoir Corinthe par cœur, Lélia, tu ne serais jamais complétement une Laïs.

69. — SUR POLLA.

Tu donnes des surveillants à ton mari, Polla, et tu n'en veux pas pour toi-même. C'est ce qui s'appelle prendre pour femme un mari.

70. — A POTITUS.

Suivant vous, docte Potitus, je suis coupable de paresse, parce que je produis à peine un livre par an. Vous devriez plutôt vous étonner de ce que j'en produis un, quand je suis souvent des jours entiers à ne rien faire. Tantôt ce sont des amis qui viennent le soir me rendre ma visite du matin, que j'en félicite pour la plupart, et dont aucun, Potitus, ne me rendrait la pareille; tantôt c'est au mont Aventin qu'il me faut aller donner une signature : aujourd'hui c'est la première, demain c'est la cinquième heure qui me réclame. A leur tour, le consul, le préteur, une procession qui revient, me causent mille retards, sans parler d'un poëte qu'il me faut entendre toute la

```
        Hirsutis ego cruribus, genisque.
        Os blæsum tibi, debilisque lingua est :        10
        Nobis filia fortius loquetur.
        Tam dispar aquilæ columba non est,
        Nec dorcas rigido fugax leoni.
        Quare desine me vocare fratrem,
        Ne te, Carmenion, vocem sororem.               15
                    LXVI. DE THEOPOMPO.
Quis, rogo, tam durus, quis tam fuit ille superbus,
    Qui jussit fieri te, Theopompe, coquum?
Hanc aliquis faciem nigra violare culina
    Sustinet? has uncto polluit igne comas?
Quis potius cyathos, aut quis crystalla tenebit?      5
    Qua sapient melius mixta Falerna manu?
Si tam sidereos manet exitus iste ministros,
    Jupiter utatur jam Ganymede coquo.
                LXVII. EPITAPHIUM VETULÆ.
        Pyrrhæ filia, Nestoris noverca,
        Quam vidit Niobe puella canam,
        Laertes aviam senex vocavit,
        Nutricem Priamus, socrum Thyestes;
        Jam cornicibus omnibus superstes,              5
        Hoc tandem sita prurit in sepulcro
        Calvo Plotia cum Melanthione.
                    LXVIII. IN LÆLIAM.
Quum tibi non Ephesos, nec sit Rhodos, aut Mitylene,
        Sed domus in vico, Lælia, patricio;
Deque coloratis nunquam lita mater Etruscis,
    Durus Aricina de regione pater;
Ζωὴ καὶ ψυχὴ lascivum congeris usque,                 5
    Pro pudor! Hersiliæ civis, et Ægeriæ.
Lectulus has voces, nec lectulus audiat omnis;
    Sed quem lascivo stravit amica viro.
Scire cupis quo casta modo matrona loquaris :
    Numquid quum crissas, blandior esse potes?        10
Tu licet ediscas totam, referasque Corinthon,
    Non tamen omnino, Lælia, Lais eris.
                    LXIX. DE POLLA.
Custodes das, Polla, viro; non accipis ipsa.
    Hoc est uxorem ducere, Polla, virum.
                    LXX. AD POTITUM.
Quod mihi vix unus toto liber exeat anno,
    Desidiæ tibi sum, docte Potite, reus.
Justius at quanto mirere, quod exeat unus;
    Labantur toti quum mihi sæpe dies.
Nunc resalutantes video nocturnus amicos :            5
    Gratulor et multis; nemo, Potite, mihi.
Nunc ad Luciferam signat mea gemma Dianam :
    Nunc me prima sibi, nunc sibi quinta rapit.
Nunc consul, prætorve tenet, reducesque choreæ :
    Auditur toto sæpe poeta die.                      10
Sed nec caussidico possis impune negare,
```

journée. D'ailleurs peut-on refuser quelques instants à un avocat, à un rhéteur, à un grammairien? Après la sixième heure, fatigué, je vais au bain, et de là manger mes cent quadrants. Trouvez-moi donc, Potitus, le temps de faire un livre!

71. — SUR RABIRIUS.

Vous qui souhaitez à vos parents une vie longue et une fin heureuse, lisez, et réjouissez-vous de lire, l'inscription gravée sur ce marbre : « Rabirius a confié à ce tombeau deux ombres chéries. Nuls vieillards n'accomplirent plus heureusement leurs destinées. Une nuit sans douleur a mis fin à cette union conjugale qui dura douze lustres ; et le même bûcher suffit à deux funérailles. » Cependant Rabirius se désole, comme si ses père et mère lui eussent été ravis à la fleur de l'âge : quoi de plus injuste que de tels pleurs ?

72. — VERS EN L'HONNEUR DE TRAJAN.

Loin d'ici, vils flatteurs, aux lèvres flétries par le mensonge! Je n'ai plus à chanter un maître, ni un dieu. Il n'y a plus à Rome de place pour vous ; mais fuyez chez les Parthes ; allez, honteux, bas et suppliants, baiser les sandales de leurs rois chamarrés. Il n'y a plus ici de maître, mais un empereur, mais le plus juste du sénat, et qui a ramené parmi nous, du fond du Styx, la Vérité au front candide et pur. O Rome, si tu es sage, garde-toi de parler, sous un tel prince, le langage d'autrefois!

73. — A MARCUS.

Une lettre de mon docte ami m'annonce, comme gage précieux de son attachement, une toge, imposant costume de l'Ausonie. Fabricius peut-être n'eût pas voulu la porter ; mais Apicius, mais Mécène , le chevalier favori de César, n'eussent pas été si difficiles. J'en ferais moins de cas, si je la tenais d'un autre que vous. Pour qu'une victime soit agréable aux Dieux, le choix du sacrificateur n'est pas indifférent. Mais cette toge, c'est vous qui me l'envoyez ; et, s'il était possible que je n'aimasse pas le don à cause du donateur, je l'aimerais, Marcus, à cause de votre nom, qui est aussi le mien. Mais ce qui vaut mieux que le présent, ce qui est plus agréable que le nom, c'est l'urbanité, c'est le jugement d'un savant tel que vous.

74. — A ROME.

Rome, grâce enfin pour un complimenteur fatigué, pour un client éreinté! Combien de temps encore irai-je, à la suite d'une foule de pauvres hères, coureurs de sportules, promener mes salutations toute une journée, et gagner à ce métier cent quadrants? Scorpus, en une heure, gagnera quinze sacs d'or, tandis que pour prix de mes ouvrages (et que valent-ils en effet?) je ne voudrais pas de toute l'Apulie, ni de l'Hybla, ni des moissons que féconde le Nil, ni des vignes fameuses qui, des hauteurs de Sétia, dominent les marais Pontins. « Eh, dira quelqu'un, que veux-tu donc? » Dormir.

---

* Nec si te rhetor, grammaticusve rogent:
Balnea post decimam lasso , centumque petuntur
Quadrantes. Fiet quando , Potite, liber?

LXXI. DE RABIRIO.

Quisquis læta tuis et sera parentibus optas
    Fata, brevem titulum marmoris hujus ama.
Condidit hac caras tellure Rabirius umbras :
    Nulli sorte jacent candidiore senes.
Bis sex lustra tori nox mitis et ultima clusit,   5
    Arserunt uno funera bina rogo.
Hos tamen ut primis raptos sibi quærit in annis :
    Improbius nihil his fletibus esse potest.

LXXII. ADULATORIUM DE CÆSARE TRAJANO.

Frustra blanditiæ venitis ad me
Attritis miserabiles labellis.
Dicturus Dominum, Deumque non sum :
Jam non est locus hac in urbe vobis.
Ad Parthos procul ite pileatos ,   5
Et turpes, humilesque, supplicesque
Pictorum sola basiate regum.
Non est hic Dominus, sed imperator,
Sed justissimus omnium senator,
Per quem de Stygia domo reducta est   10
Siccis rustica Veritas capillis.
Hoc sub principe, si sapis, caveto

Verbis, Roma, prioribus loquaris.

LXXIII. AD MARCUM.

Littera facundi gratum mihi pignus amici
    Pertulit, Ausoniæ dona severa togæ :
Qua non Fabricius , sed vellet Apicius uti ;
    Vellet Mæcenas Cæsarianus eques.
Vilior hæc nobis alio mittente fuisset :   5
    Non quacumque manu victima cæsa litat.
A te missa venit : possem nisi munus amare ,
    Marce, tuum, poteram nomen amare meum.
Munere sed plus est, et nomine gratius ipso,
    Officium docti judiciumque viri.   10

LXXIV. AD ROMAM.

Jam parce lasso , Roma, gratulatori,
Lasso clienti : quamdiu salutator
Anteambulones et togatulos inter
Centum merebor plumbeos die toto?
Quum Scorpus una quindecim graves hora   5
Ferventis auri victor auferat saccos :
Non ego meorum præmium libellorum
(Quid enim merentur?), Apulos velim campos.
Non Hybla, non me spicifer capit Nilus ;
Nec quæ paludes delicata Pomptinas   10
Ex arce clivi spectat uva Setini.
Quid concupiscam quæris ergo? Dormire.

75. — SUR GALLA.

Autrefois Galla me demandait vingt mille sesterces, et ce n'était pas trop, je l'avoue. Un an se passe : « Je suis à toi, me dit-elle, pour dix mille. » C'est, pensai-je, plus cher que la première fois. Six mois après, elle tomba à deux mille ; j'en offre mille, et je suis refusé. Au bout de deux ou de trois calendes, elle vient d'elle-même se proposer pour trois ou quatre petites pièces d'or : à mon tour je refuse. Va donc pour cent sesterces, me dit-elle. La somme me paraît encore exorbitante. Une sportule de cent quadrants m'échoit un beau jour ; Galla la veut, mais je réponds que je l'ai donnée à mon mignon. Galla pouvait-elle descendre plus bas ? Sans doute : elle s'offre aujourd'hui pour rien ; mais je n'en veux pas davantage.

76. — SUR MÉVIUS.

O Fortune, est-il juste qu'un citoyen qui n'est ni Syrien, ni Parthe, ni chevalier de race d'esclaves cappadociens, mais de race romaine et sujet de Numa, aimable, honnête, vertueux, bon ami, savant dans les deux langues, n'ayant qu'un seul défaut, bien grand, il est vrai, qui est d'être poëte, que Mévius enfin grelotte de froid sous son capuchon, tandis que le muletier Incitatus se pavane sous sa pourpre ?

77. — SUR LE MÉDECIN CARUS.

Carus n'a rien fait de pis, Maximus, que de mourir de la fièvre ; et la fièvre elle-même est bien coupable. La cruelle ! la scélérate ! que n'était-elle au moins fièvre quarte ! Il eût été beau qu'elle se fût conservée pour son médecin.

78. — A MACER.

Vous partez pour Salona, Macer. La fidélité, l'amour de la justice et l'honneur vous accompagnent. Le magistrat intègre quitte toujours les affaires plus pauvre qu'auparavant. Aussi, peuples de la Dalmatie, heureux habitants d'une terre qui produit l'or, renverrez-vous un jour votre gouverneur les mains vides ; aussi regretterez-vous son départ et verserez-vous des larmes de reconnaissance. Pour moi, je vais, déplorant votre absence, chez les farouches Celtes, chez les Ibériens ; et là, chaque page que j'écrirai, assis sur les rives du Tage poissonneux, rappellera le nom de Macer. Ainsi serai-je lu avec les anciens poëtes ; et puissiez-vous, sans m'en préférer beaucoup, me placer immédiatement après Catulle !

79. — SUR TORQUATUS ET OTACILIUS.

Torquatus a un palais à quatre milles de Rome ; Otacilius achète, à la même distance, une petite maison de campagne. Torquatus fait construire des thermes de marbre ; Otacilius se donne une simple baignoire. Torquatus plante un bois de lauriers ; Otacilius sème cent châtaigniers. Sous le consulat de Torquatus, Otacilius devint syndic de son quartier, et le pauvre homme se croyait

LXXV. DE GALLA.

Millia viginti quondam me Galla poposcit ;
  Et, fateor, magni non erat illa nimis.
Annus abit : Bis quina dabis sestertia, dixit :
  Poscere plus visa est, quam prius, illa mihi.
Jam duo poscenti post sextum millia mensem, 5
  Mille dabam nummos : noluit accipere.
Transierant binæ forsan, trinæve Kalendæ,
  Aureolos ultro quatuor ipsa petit ;
Non dedimus : centum jussit me mittere nummos ;
  Sed visa est nobis hæc quoque summa gravis. 10
Sportula nos junxit quadrantibus arida centum :
  Hanc voluit : puero diximus esse datam.
Inferius numquid potuit descendere ? fecit.
  Dat gratis, ultro dat mihi Galla : nego.

LXXVI. DE MÆVIO.

Hoc, Fortuna, tibi videtur æquum ?
Civis non Syriæve, Parthiæve,
Nec de Cappadocis eques catastis,
Sed de plebe Remi, Numæque verna,
Jucundus, probus, innocens, amicus, 5
Lingua doctus utraque, cujus unum est,
Sed magnum vitium, quod est poeta,
Pullo Mævius alget in cucullo :
Cocco mulio fulget Incitatus.

LXXVII. DE CARO MEDICO.

Nequius a Caro nihil unquam, Maxime, factum est,
  Quam quod febre perit : fecit et illa nefas.
Sæva nocens febris saltem quartana fuisses !
  Servari medico debuit ille suo.

LXXVIII. AD MACRUM.

Ibis littoreas, Macer, Salonas :
Ibi rara fides, amorque recti,
Et secum comitem trahet pudorem.
Semper pauperior redit potestas.
Felix auriferæ colone terræ, 5
Rectorem vacuo sinu remittes,
Optabisque moras, et exeuntem
Udo, Dalmata, gaudio sequeris.
Nos Celtas, Macer, et truces Iberos
Cum desiderio tui petemus. 10
Sed quæcumque tamen feretur illic
Piscosi calamo Tagi notata,
Macrum pagina nostra nominabit.
Sic inter veteres legar poetas ;
Nec multos mihi præferas priores, 15
Uno sed tibi sim minor Catullo.

LXXIX. DE TORQUATO ET OTACILIO.

Ad lapidem Torquatus habet prætoria quartum :
  Ad quartum breve rus emit Otacilius.
Torquatus nitidas vario de marmore thermas
  Exstruxit : cucumam fecit Otacilius.
Disposuit daphnona suo Torquatus in agro : 5
  Castaneas centum sevit Otacilius.

aussi un grand personnage. Je crois que Torquatus fera crever Otacilius, comme le bœuf un jour fit crever la grenouille.

80. — SUR ÉROS.

Éros gémit toutes les fois qu'il voit des coupes myrrhines jaspées, de jeunes esclaves, ou des meubles de citronnier. Il pleure à se fendre le cœur, parce qu'il est trop pauvre pour acheter et emporter chez lui tout l'étalage. Que de gens font comme Éros, mais sans pleurer! que de gens rient de ses larmes, qui refoulent violemment les leurs!

81. — SUR PHYLLIS.

Deux galants vinrent un matin besogner Phyllis; c'était à qui l'aurait le premier. Phyllis promit de les satisfaire tous les deux, et elle le fit. L'un la prit par le devant, l'autre par derrière.

82. — A GALLUS.

Si la peine que je me donnerai peut t'être utile, je serai debout dès le matin et même dès minuit; je braverai les fureurs de l'Aquilon, et la pluie et la neige. Mais si, après tant d'efforts et de souffrances généreuses, tu n'en deviens pas plus riche d'un quadrant, grâce, je te prie, pour ma fatigue, et dispense-moi, Gallus, de ces démarches qui ne te servent pas, et qui me nuisent beaucoup.

83. — A MARINUS.

Tu rassembles tes cheveux clairsemés, Marinus, et, à l'aide de ceux qui te protègent encore les tempes, tu dissimules l'immense calvitie de ton crâne tout luisant. Mais le vent, qui les dérange et les repousse vers leur place, laisse voir ta tête nue, flanquée de deux boucles qui se déroulent de chaque côté. On dirait l'Herméros de Cydas entre Spendophorus et Telesphorus. Veux-tu simplement confesser ta vieillesse, et paraître enfin toujours le même? Que tes derniers cheveux tombent sous le rasoir du barbier. Il n'y a rien de laid comme un chauve qui a des cheveux.

84. — A CÉDITANUS, SUR AFER.

Vous vous étonnez qu'Afer n'aille pas dormir : ne voyez-vous pas, Céditanus, avec quelle femme il couche?

85. — SUR LE BATELIER LADON.

Devenu vieux, Ladon, le batelier du Tibre, acheta un bien sur les bords de son fleuve chéri. Mais souvent le fleuve débordé épanchait çà et là ses eaux tumultueuses, et du champ de Ladon ne faisait plus qu'un lac. La barque hors de service gisait sur le rivage : le batelier l'emplit de pierres, et s'en fait une digue contre les flots. Cela suffit pour les contenir, et (qui le croirait?) le naufrage de la barque fut le salut du maître.

86. — SUR LAURUS.

Jamais nouvel amant n'aima autant sa maîtresse que Laurus aime le jeu de balle. Mais si, dans sa jeunesse, il fut le premier des joueurs,

---

Consule Torquato vici fuit ille magister;
    Nec minor in tanto visus honore sibi.
Grandis ut exiguam bos ranam ruperat olim,
    Sic puto Torquatus rumpet Otacilium.   10

LXXX. DE EROTE.

Plorat Eros, quoties maculosæ pocula myrrhæ
    Inspicit, aut pueros, nobiliusve citrum :
Et gemitus imo ducit de pectore, quod non
    Tota miser coemat septa, feratque domum.
Quam multi faciunt, quod Eros, sed lumine sicco!   5
    Pars major lacrymas ridet, et intus habet.

LXXXI. DE PHYLLIDE.

Quum duo venissent ad Phyllida mane fututum,
    Et nudam cuperet sumere uterque prior :
Promisit pariter se Phyllis utrique daturam,
    Et dedit : ille pedem sustulit, hic tunicam.

LXXXII. AD GALLUM.

Si quid nostra tuis adicit vexatio rebus,
    Mane, vel a media nocte togatus ero :
Stridentesque feram flatus Aquilonis iniqui,
    Et patiar nimbos, excipiamque nives.
Sed si non fias quadrante beatior uno,   5
    Per gemitus nostros, ingenuasque cruces,
Parce, precor, lasso, vanosque remitte labores,
    Qui tibi non prosunt, et mihi, Galle, nocent.

LXXXIII. AD MARINUM.

Raros colligis hinc et hinc capillos,
Et latum nitidæ, Marine, calvæ
Campum temporibus tegis comatis :
Sed moti redeunt jubente vento,
Reddunturque sibi, caputque nudum   5
Cirris grandibus hinc et inde cingunt.
Inter Spendophorum, Telesphorumque,
Cydæ stare putabis Hermeroten.
Vis tu simplicius senem fateri?
Ut tandem videaris unus esse,   10
Tonsor jam reliquos metat capillos.
Calvo turpius est nihil comato

LXXXIV. DE AFRO, AD CÆDITIANUM.

Miraris, quare dormitum non eat Afer?
Accumbat cum qua, Cæditiane, vides.

LXXXV. DE LADONTE NAUTA.

Jam senior Ladon Tiberinæ nauta carinæ
    Proxima dilectis rura paravit aquis.
Quæ quum sæpe vagus premeret torrentibus undis
    Tibris, et hiberno rumperet arva lacu,
Emeritam puppim, ripa quæ stabat in alta,   5
    Implevit saxis, opposuitque vadis.
Sic nimias avertit aquas : quis credere posset?
    Auxilium domino mersa carina tulit.

LXXXVI. DE LAURO.

Nemo nova caluit sic inflammatus amica,
    Flagravit quanto Laurus amore pilæ.

depuis qu'il a cessé de jouer il est la première balle du jeu.

87. — SUR LE JOUR DE NAISSANCE DE RESTITUTUS.

Allons, que Rome reconnaissante célèbre les calendes d'octobre, anniversaire de l'éloquent Restitutus. Silence! qu'on n'entende plus que nos vœux! Nous fêtons cet anniversaire : trêve aux procès! Qu'on ajourne aux joyeuses Saturnales, la cire, les tablettes à trois feuillets, les tapis écourtés, piètres cadeaux du client besogneux; c'est aux heureux du siècle à lutter aujourd'hui de munificence. Que l'orgueilleux négociant du portique d'Agrippa vous apporte les riches étoffes de Tyr; que l'accusé de voies de fait pendant une nuit d'orgie vous envoie, pour prix de sa défense, sa robe de festin; que la jeune fille diffamée, qui a triomphé du calomniateur, vienne vous offrir elle-même de véritables sardoines; que le vieil antiquaire vous gratifie de quelque vase de Phidias; que le chasseur vous donne un lièvre, le fermier un chevreau, et le pêcheur le produit de sa pêche! Si chacun vous donne ainsi du sien, que pensez-vous, Restitutus, que doive vous envoyer le poëte?

88. — A COTTA.

Tu es en quête de tous les sacs du préteur, Cotta; tu te charges aussi de ses tablettes : tu es un mortel officieux, Cotta.

89. — SUR UNE STATUE DE JUNON.

Polyclète, cette Junon, ton ouvrage et ta gloire, que Phidias se fût honoré d'avoir créée, brille de tant d'attraits, que le juge du mont Ida n'eût pas hésité de lui donner la préférence sur les trois déesses. Si le dieu son frère n'avait pas autant d'amour pour sa Junon, il eût pu, Polyclète, s'éprendre de la tienne.

90. — CONTRE LIGELLA.

A quoi bon épiler tes appas surannés, Ligella? à quoi bon remuer les cendres de ce bûcher éteint? De tels soins conviennent aux jeunes filles; et toi, tu ne peux déjà plus passer pour une simple vieille. Crois-moi, Ligella, ce que tu fais serait très-bien de la part de la femme d'Hector, mais non pas de sa mère. Tu te trompes si tu penses que ce vieux temple de la volupté mérite encore qu'on y sacrifie. Cesse donc, Ligella, s'il te reste quelque pudeur, d'arracher le poil au lion qui n'est plus.

91. — SUR ALMON.

Almon n'a chez lui que des eunuques; il est lui-même le plus eunuque de tous, et il se plaint de ce que sa Polla est stérile.

92. — A MARIUS.

Amant d'une vie tranquille, Marius, vous qui partageâtes la mienne, vous, l'honneur de l'an-

Sed qui primus erat lusor, dum floruit ætas,
Nunc postquam desit ludere, prima pila est.

LXXXVII. DE NATALI RESTITUTI.

Octobres age sentiat Kalendas
Facundi pia Roma Restituti.
Linguis omnibus et favete votis.
Natalem colimus, tacete lites.
Absit cereus aridi clientis, 5
Et vani triplices, brevesque mappæ
Exspectent gelidi jocos Decembris.
Certent muneribus beatiores.
Agrippæ tumidus negotiator
Cadmi municipes ferat lacernas. 10
Pugnorum reus, ebrieæque noctis
Cœnatoria mittat advocato.
Infamata virum puella vicit?
Veros sardonychas, sed ipsa, tradat.
Mirator veterum senex avorum 15
Donet Phidiaci toreuma cœli.
Venator leporem, colonus hædum
Piscator ferat æquorum rapinas.
Si mittit sua quisque, quid poetam
Missurum tibi, Restitute, credis? 20

LXXXVIII. AD COTTAM.

Omnes persequeris prætorum, Cotta, locellos,
Accipis et ceras : officiosus homo es.

LXXXIX. DE STATUA JUNONIS.

Juno labor, Polyclete, tuus, et gloria felix,
Phidiacæ cuperent quam meruisse manus,
Ore nitet tanto, quanto superasset in Ida
Judice convictas non dubitante Deas.
Junonem, Polyclete, suam nisi frater amaret, 5
Junonem poterat frater amare tuam.

XC. IN LIGELLAM.

Quid vellis vetulum, Ligella, cunnum?
Quid busti cineres tui lacessis?
Tales munditiæ decent puellas :
Nam tu jam nec anus potes videri.
Istud, crede mihi, Ligella, belle 5
Non mater facit Hectoris, sed uxor.
Erras, si tibi cunnus hic videtur,
Ad quem mentula pertinere desit.
Quare si pudor est, Ligella, noli
Barbam vellere mortuo leoni. 10

XCI. DE ALMONE.

Omnes eunuchos habet Almo, nec arrigit ipse,
Et queritur, pariat quod sua Polla nihil.

XCII. AD MARIUM.

Mari, quietæ cultor et comes vitæ,
Quo cive prisca gloriatur Atina,
Has tibi gemellas barbari decus luci
Commendo pinus, ilicesque Faunorum,

tique Atina, je vous recommande ces pins jumeaux, la gloire de l'agreste bocage, ces yeuses chéries des faunes, ces autels du Dieu du tonnerre et du sauvage Sylvain, élevés par la main demi-savante de mon métayer, et teints plus d'une fois du sang d'un bouc ou d'un agneau. Je vous recommande aussi la vierge déesse de ce temple révéré, et l'hôte de cette chaste sœur, Mars, patron de mes calendes natales, et ce bois de lauriers consacré à la tendre Flore, qui s'y mit à l'abri des poursuites de Priape. Soit que vous immoliez une victime, soit que vous brûliez de l'encens en l'honneur de ces divinités protectrices de mon petit domaine, dites-leur : « En quelque lieu que soit mon cher Martial votre pontife, il s'unit à moi dans ce sacrifice : quoiqu'absent, regardez-le comme présent, et accordez à tous deux ce qu'un seul vous aura demandé. »

93. — A CLÉMENS.

Clémens, si vous voyez avant moi les collines Enganéennes, la cité où régna Hélicaon, et ces campagnes, et ces coteaux couronnés de pampres, portez à Sabina d'Atesta ces vers encore inédits, mais revêtus d'une couverture de pourpre neuve. Comme on aime une rose fraîchement cueillie, ainsi on aime le livre qui n'a point encore subi le menton du lecteur.

94. — ENVOI DE FRUITS.

Un dragon de Massylie ne garde pas mon verger ; je n'ai point de jardins d'Alcinoüs, mais les arbres de mon domaine de Nomente croissent en sûreté, et leurs fruits grossiers ne craignent pas les voleurs. Je vous envoie donc ceux-ci, que mon automne a jaunis, et qui sont nés pour moi au milieu de la rue de Suburra.

95. — A GALLA.

Ton mari, ton amant t'ont renvoyé ton enfant : c'est avouer, ce me semble, qu'ils n'ont rien fait avec toi qui t'ait rendue mère.

96. — A AVITUS.

Vous vous étonnez, Avitus, de ce que je cite souvent les pays étrangers, moi qui ai vieilli dans Rome ; de ce que je suis altéré des eaux du Tage aux sables d'or, et de celles du Salon qui m'a vu naître ; de ce que je regrette mes rustiques campagnes, et ma cabane pourvue de tout ce qui est nécessaire à la vie. C'est que j'aime les lieux où peu de chose suffit au bonheur, où tout le luxe consiste dans la simple aisance. A Rome, il faut nourrir la terre ; là, c'est elle qui me nourrit. Ici, une flamme avare échauffe à peine le foyer ; là, il donne une lumière immense. Ici, la faim coûte cher, le marché est le chemin de la banqueroute ; là, j'approvisionne ma table des seules richesses du sol. Ici, on use en été quatre toges et plus ; là, une seule me dure quatre automnes. Allez donc faire votre cour aux grands, tandis qu'il existe un lieu qui vous donne tout ce que vous refuse un ami !

97. — SUR NUMA.

On dressait le bûcher, un peu de papier allait l'enflammer ; l'épouse désolée achetait la cannelle et la myrrhe ; le lit funèbre, la fosse, l'embau-

    Et semidocta villici manu structas   5
    Tonantis aras, horridique Sylvani,
    Quas tinxit agni sæpe sanguis, aut hædi,
    Dominamque sancti virginem Deam templi,
    Et quem sororis hospitem vides castæ
    Martem mearum principem Kalendarum,   10
    Et delicatæ laureum nemus Floræ,
    In quod Priapo persequente confugit.
    Hoc omne agelli mite parvuli numen
    Seu tu cruore, sive thure placabis,
    Ubicumque noster Martialis est, dices ;   15
    Hac, ecce, mecum dextera litat vobis
    Absens sacerdos : vos putate præsentem,
    Et date duobus, quicquid alter optarit.

XCIII. AD CLEMENTEM.

Si prior Euganeas, Clemens, Helicaonis oras,
    Pictaque pampineis videris arva jugis,
Perfer Atestinæ nondum vulgata Sabinæ
    Carmina, purpurea sed modo suta toga.
Ut rosa delectat, metitur quæ pollice primo,   5
    Sic nova, nec mento sordida charta juvat.

XCIV. MUNUSCULUM POMORUM.

Non mea Massylus servat pomaria serpens,
    Regius Alcinoi nec mihi servit ager ;
Sed Nomentana securus germinat hortus
    Arbore, nec furem plumbea mala timent.
Hæc igitur, media quæ sunt mihi nata Suburra,
    Mittimus, Autumni cerea poma mei.

XCV. AD GALLAM.

Infantem tibi vir, tibi, Galla, remisit adulter.
    Hi, puto, non dubie se futuisse negant.

XCVI. AD AVITUM.

Sæpe loquar nimium gentes quod, Avite, remotas,
    Miraris, Latia factus in urbe senex,
Auriferumque Tagum sitiam, patriumque Salonem,
    Et repetam saturæ sordida rura casæ.
Illa placet tellus, in qua res parva beatum   5
    Me facit, et tenues luxuriantur opes.
Pascitur hic, ibi pascit ager : tepet igne maligno
    Hic focus, ingenti lumine lucet ibi.
Hic pretiosa fames, conturbatorque macellus,
    Mensa ibi divitiis ruris operta sui.   10
Quatuor hic æstate togæ, pluresve teruntur ;
    Autumnis ibi me quatuor una tegit.
I, cole nunc reges : quidquid non præstat amicus,
    Quum præstare tibi possit, Avite, locus.

XCVII. DE NUMA.

Dum levis arsura struitur Libitina papyro,
    Dum myrrham, et casiam flebilis uxor emit ;

meur étaient prêts : Numa m'institue son héritier, et guérit.

98. — CONTRE PUBLIUS.

Tandis que, plus gracieux que Ganymède, plus recherché dans sa toilette que ta fille, ta femme, ta mère ou ta sœur, ton échanson me verse le cécube, tu veux que je regarde les habits qui te couvrent, ta vieille table de citronnier et ses pieds d'ivoire? Si tu tiens à dissiper mes soupçons, fais-moi servir par quelques rustres sentant encore leur misérable village, à la tête rasée, malpropres, grossiers et difformes, fils, en un mot, de quelques porchers puants. Tu n'auras plus à rougir, Publius; tu ne peux avoir des mœurs chastes, et un tel échanson.

99. — SUR UN PORTRAIT DE SOCRATE.

Si ce portrait de Socrate était le portrait d'un Romain, ce serait celui de Julius Rufus quand il joue les Satyres.

100. — CONTRE UN PLAGIAIRE.

Imbécile, pourquoi mêler mes vers aux tiens? Qu'as-tu de commun, misérable, avec mon livre, qui fait ressortir ta médiocrité? Pourquoi vouloir accoupler le renard avec le lion, assimiler l'aigle au hibou? A quoi te servirait pour courir un des pieds de Lada, l'autre étant de bois?

101. — SUR CAPITOLINUS.

Si le vieux Galba, jadis aimé d'Auguste, revenait des champs Élysées, celui qui l'entendrait faire assaut de plaisanteries avec Capitolinus dirait : Grossier Galba, tais-toi.

102. — SUR PHILÉNUS.

Vous me demandez, Avitus, comment Philénus est devenu père, lui qui n'a jamais rien fait pour cela? Gaditanus vous le dira, lui qui n'a jamais fait de vers, et qui cependant est poëte.

103. — AUX BILBILITAINS SES CONCITOYENS.

O mes concitoyens, nés sur la montagne escarpée de Bilbilis, cité impériale qu'entoure le Salon rapide, n'êtes-vous pas joyeux et fiers de votre poëte? Votre honneur, votre renommée, votre gloire, je suis tout cela. Vérone ne doit pas plus au tendre Catulle, et ne serait pas moins jalouse de me compter au nombre de ses enfants. Il y a tantôt trente-quatre ans que vous offrez sans moi vos gâteaux rustiques à Cérès; et, depuis que j'habite la superbe Rome, mes cheveux ont changé de couleur. Si votre accueil doit être cordial, je viens parmi vous; s'il est froid, je serai bien vite reparti.

104. — A SON LIVRE.

Va, mon livre, sois le compagnon de Flaccus dans sa longue mais heureuse navigation : qu'un vent propice, qu'un trajet facile te conduisent en Espagne, jusqu'à Tarragone; et que de là une bonne voiture, t'emportant dans sa course rapide, te mène en cinq jours à Bilbilis, sur les bords de notre cher Salon. Tu me demandes mes

Jam scrobe, jam lecto, jam pollinctore parato
Hæredem scripsit me Numa : convaluit.

XCVIII. IN PUBLIUM.

Addat quum mihi Cæcubum minister,
Idæo resolutior cinædo,
Quo nec filia cultior, nec uxor,
Nec mater tua, nec soror recumbit;
Vis spectem potius tuas lacernas,   5
Et citrum vetus, Indicosque dentes?
Suspectus tibi ne tamen recumbam,
Præsta de grege, sordidaque villa
Tonsos, horridulos, rudes, pusillos
Hircosi mihi filios subulci.   10
Perdet te pudor hic : habere, Publi,
Mores non potes hos, et hos ministros.

XCIX. DE FIGURA SOCRATIS.

Si Romana forent hæc Socratis ora, fuissent
Julius in Satyris qualia Rufus habet.

C. IN COMMISCENTEM VERSUS OPERI SUO.

Quin, stulte, nostris versibus tuos misces?
Cum litigante quid tibi, miser, libro?
Quid congregare cum leonibus vulpes,
Aquilisque similes facere noctuas quæris?
Habeas licebit alterum pedem Ladæ,   5
Inepte, frustra crure ligneo curres.

CI. DE CAPITOLINO.

Elysio redeat si forte remissus ab agro
Ille suo felix Cæsare Galba vetus,
Qui Capitolinum pariter, Galbamque jocantes
Audierit; dicet, Rustice Galba, tace.

CII. DE PHILENO.

Qua factus ratione sit requiris,
Qui nunquam futuit, pater Philenus?
Caditanus, Avite, dicat istud,
Qui scribit nihil, et tamen poeta est.

CIII. AD MUNICIPES SUOS BILBILITANOS.

Municipes, Augusta mihi quos Bilbilis acri
Monte creat, rapidis quem Salo cingit aquis;
Ecquid læta juvat vestri vos gloria vatis?
Nam decus et nomen, famaque vestra sumus.
Nec sua plus debet tenui Verona Catullo,   5
Meque velit dici non minus illa suum.
Quatuor accessit trigesima messibus æstas,
Ut sine me Cereri rustica liba datis.
Mœnia dum colimus dominæ pulcherrima Romæ,
Mutavere meas Itala regna comas.   10
Excipitis reducem placida si mente, venimus;
Aspera si geritis corda, redire licet.

CIV. AD LIBRUM.

I nostro comes, i libelle, Flacco
Longum per mare, sed faventis undæ,
Et cursu facili, tuisque ventis
Hispanæ pete Tarraconis arces.
Illinc te rota tollet, et citatus   5

commissions; les voici : A peine arrivé, salue de ma part quelques vieux amis que je n'ai pas vus depuis trente-quatre ans, et recommande ensuite à Flaccus de me choisir une retraite agréable et commode, d'un prix modéré, propre enfin à favoriser la paresse de ton père. Voilà tout. Déjà le patron impérieux appelle et gourmande les retardataires; un bon vent lui ouvre la rade : adieu, mon livre. Le vaisseau, tu le sais, n'attend pas pour un seul.

LIVRE XI.

1. — A SON LIVRE.

Où vas-tu, mon livre? où vas-tu, désœuvré, dans tes habits de cérémonie? Chez Parthénius? — Oui. — Va donc; mais il ne t'ouvrira pas, car il ne lit pas de livres; il ne lit que des placets, et ne s'occupe des Muses que pour lui-même. Te contenterais-tu de lecteurs moins huppés? va alors au portique de Quirinus, tout près d'ici : celui de Pompée, celui d'Europe ou du premier qui gouverna un léger navire, n'abritent pas une foule plus oisive. Il s'y trouvera bien deux ou trois amateurs qui feuilletteront mes niaiseries, cette pâture des mites; mais seulement quand les discours et les paris sur Scorpus ou sur Incitatus auront cessé, de guerre lasse.

2. — AUX LECTEURS.

Gens aux regards maussades, Catons à l'air dur et sévère, agrestes filles des Fabricius, masques prétentieux, régulateurs de la morale, vous tous qui, au rebours de nous, n'aimez pas le mystère, loin d'ici! Voici venir mes vers, qui crient : O Saturnales! et cela, sans gêne ni frayeur, car c'est vous qui régnez, Nerva. Lecteurs difficiles, apprenez le rocailleux Sanctra : entre vous et moi, rien de commun; ce livre est mon livre.

3. — SUR SES OUVRAGES.

Ce n'est pas seulement aux citadins oisifs que plaît ma muse; je n'écris pas pour les seuls badauds : je suis lu par le sévère centurion qui combat chez les Gètes, sous un climat glacé; on dit même que les Bretons chantent mes vers. Mais à quoi bon? mon escarcelle ne se ressent pas de ma vogue. Et pourtant, moi aussi je pourrais écrire des pages immortelles; je pourrais emboucher le clairon des combats, si les Dieux rendaient au monde un Auguste, si Rome me donnait un Mécène!

4. — INVOCATION AUX DIEUX, EN FAVEUR DE TRAJAN.

Sacrés autels, Lares phrygiens que l'héritier d'Ilion aima mieux arracher du milieu des flammes que toutes les richesses de Laomédon; Ju-

    Altam Bilbilin, et tuum Salonem
Quinto forsitan essedo videbis.
    Quid mandem tibi, quæris? ut sodales
Paucos, sed veteres, et ante brumas
    Triginta mihi quatuorque visos   10
Ipsa protinus a via salutes,
    Et nostrum admoneas subinde Flaccum,
Jucundos mihi nec laboriosos
    Secessus pretio paret salubri,
Qui pigrum faciant tuum parentem.   15
    Hæc sunt : jam tumidus vocat magister,
Castigatque moras; et aura portum
    Laxavit melior : vale, libelle;
Navem, scis puto, non moratur unus.

LIBER XI.

I. AD LIBRUM.

Quo tu, quo, liber otiose, tendis,
Cultus sindone non quotidiana?
Numquid Parthenium videre? certe.
Vadas, et redeas inevolutus.
Libros non legit ille, sed libellos;   5
Nec Musis vacat, aut suis vacaret.
Ecquid te satis æstimas beatum,
Contingunt tibi si manus minores?
Vicini pete porticum Quirini;
Turbam non habet otiosiorem   10
Pompeius, vel Agenoris puella,
Vel primæ dominus levis carinæ.

    Sunt illic duo, tresve, qui revolvant
Nostrarum tineas ineptiarum;
    Sed quum sponsio, fabulæque lassæ   15
De Scorpo fuerint, et Incitato.

II. AD LECTORES.

Triste supercilium, durique severa Catonis
    Frons, et aratoris filia Fabricii,
Et personati fastus, et regula morum,
    Quidquid et in tenebris non sumus, ite foras.
Clamant ecce mei, Io Saturnalia, versus :   5
    Et licet; et sub te præside, Nerva, libet.
Lectores tetrici, salebrosum ediscite Sanctram;
    Nil mihi vobiscum est : iste liber meus est.

III. DE SUIS LIBELLIS.

Non urbana mea tantum Pimpleide gaudent
    Otia, nec vacuis auribus ista damus;
Sed meus in Geticis ad Martia signa pruinis
    A rigido teritur centurione liber.
Dicitur et nostros cantare Britannia versus.   5
    Quid prodest? nescit sacculus ista meus.
At quam victuras poteramus pangere chartas,
    Quantaque Pieria prælia flare tuba;
Quum pia reddiderint Augustum numina terris,
    Et Mæcenatem si mihi Roma daret!   10

IV. PRECATUR DEOS PRO NERVA TRAJANO.

Sacra, Laresque Phrygum, quos Trojæ maluit hæres,
    Quam rapere arsuras Laomedontis opes;
Scriptus et æterno nunc primum Jupiter auro,

piter dont l'image est faite d'un or impérissable; toi sa sœur, et toi sa fille, née de lui seul, toi enfin, Janus, qui déjà trois fois as inscrit le nom de Nerva dans les fastes consulaires, je vous le demande avec de pieuses instances, conservez notre chef, conservez le sénat; que celui-ci se règle sur les mœurs du prince, que le prince garde les siennes!

5. — A LA LOUANGE DE TRAJAN.

Vous avez du respect, César, pour le droit et la justice, comme en avait Numa; mais Numa était pauvre. C'était chose difficile de sauver vos mœurs de la séduction des richesses, et d'être Numa, après avoir vaincu tant de Crésus. Si nos ancêtres, ces illustres personnages, pouvaient quitter les champs Élysées et revenir sur la terre, l'invincible Camille vous préférerait même à la liberté; Fabricius accepterait de l'or de votre main; Brutus vous verrait commander avec joie; et le farouche Sylla, près d'abdiquer, vous céderait le pouvoir : vous seriez aimé de Pompée, vous le seriez de César, rendu à la vie privée; Crassus vous ferait l'abandon de ses richesses; et Caton lui-même, s'il revenait des enfers, serait du parti de Trajan.

6. — A ROME.

Aux jours gras, jours du vieux Saturne, temps où le dé règne sans contrôle, tu me permets sans doute, ô Rome, de t'égayer de mes faciles saillies, toi et tout ce qui porte bonnet. Tu ris! je me lance donc; plus de contrainte! Loin d'ici, pâles soucis! Disons tout ce qui nous vient à la bouche, sans réflexion, sans sotte pudeur. Verse, esclave, mais à moitié, comme Pythagoras quand il servait Néron; verse, verse encore, Dindymus! Le gosier sec, je ne suis bon à rien; quand j'ai bu, je vaux quinze poëtes. Maintenant donne-moi des baisers à la Catulle, et si j'en reçois le nombre qu'il a dit, je te donnerai le moineau de Catulle.

7. — A PAULLA.

Non, Paulla, tu ne diras plus maintenant à ton sot mari, quand tu voudras courir après ton amant : « César m'a ordonné de venir ce matin à Alba; César m'appelle à Circéi. » La ruse n'est plus de saison. Sous le règne de Nerva, il faut se faire Pénélope; mais chez toi la démangeaison du plaisir, la force de l'habitude s'y opposent. Malheureuse! que vas-tu faire? Inventeras-tu une amie malade? mais ton mari va s'attacher à tes pas : il te suivra chez ton frère, chez ta mère, chez ton père. A quel expédient s'arrêtera ton génie? Tout autre adultère se dirait hystérique, et résolue de prendre les eaux de Sinuesse. Mais que tu es plus ingénieuse, toi! toutes les fois que tu vas à un rendez-vous de plaisir, tu le dis à ton mari.

8. — SUR LES BAISERS DE SON MIGNON.

L'odeur balsamique concentrée qu'exhale un sodomite étranger, celle dont le safran penché

Et soror, et summi filia tota patris;
Et qui pu pureis jam tertia nomina fastis, 5
Jane, refers Nervæ; vos precor ore pio :
Hunc omnes servate ducem, servate senatum:
Moribus hic vivat principis, ille suis.

V. IN LAUDEM NERVÆ TRAJANI.

Tanta tibi est recti reverentia, Cæsar, et æqui,
Quanta Numæ fuerat : sed Numa pauper erat
Ardua res hæc est, opibus non tradere mores,
Et quum tot Crœsos viceris, esse Numam.
Si redeant veteres, ingentia nomina, patres, 5
Elysium liceat si vacuare nemus;
Te colet invictus pro libertate Camillus;
Aurum Fabricius, te tribuente, volet.
Te duce gaudebit Brutus; tibi Sylla cruentus
Imperium tradet, quum positurus erit. 10
Et te privato cum Cæsare Magnus amabit;
Donabit totas et tibi Crassus opes.
Ipse quoque infernis revocatus Ditis ab umbris
Si Cato reddatur, Cæsarianus erit.

VI. AD ROMAM.

Unctis falciferi senis diebus,
Regnator quibus imperat fritillus,
Versu ludere non laborioso
Permittis, puto, pileata Roma.
Risisti : licet ergo, nec vetamur.
Pallentes procul hinc abite curæ

Quidquid venerit obvium, loquamur,
Morosa sine cogitatione.
Misce dimidios, puer, trientes,
Quales Pythagoras dabat Neroni; 10
Misce, Dindyme, sed frequentiores.
Possum nil ego sobrius : bibenti
Succurrent mihi quindecim poetæ.
Da nunc basia, sed Catulliana;
Quæ si tot fuerint, quot ille dixit, 15
Donabo tibi passerem Catulli.

VII. AD PAULLAM.

Jam certe stupido non dices, Paulla, marito,
Ad mœchum quoties longius ire voles,
Cæsar in Albanum jussit me mane venire,
Cæsar Circeios : jam stropha talis abit.
Penelopæ licet esse tibi sub principe Nerva; 5
Sed prohibet scabies, ingeniumque vetus.
Infelix, quid ages? ægram simulabis amicam?
Hærebit dominæ vir comes ipse suæ;
Ibit et ad fratrem tecum, matremque, patremque.
Quas igitur fraudes ingeniosa paras? 10
Dicet et hystericam se forsitan altera mœcha
In Sinuessano velle sedere lacu.
Quanto tu melius! quoties placet ire fututum,
Quæ verum mavis dicere, Paulla, viro.

VIII. DE BASIIS SUI PUERI.

Lassa quod externi spirant opobalsama drauci,

sur sa tige parfume l'air avant de tomber, celle d'un fruitier garni de ses provisions d'hiver, celle d'un parterre de fleurs au printemps, celle du cabinet de toilette de l'impératrice, celle du succin échauffé par la main d'une jeune vierge, celle d'une amphore de falerne brisée qu'on sentirait à distance, celle des vases d'albâtre de Cosmus, des autels des Dieux, de la couronne qui vient de tomber de la tête d'un riche; que dirai-je enfin? seule, chacune de ces odeurs est insuffisante; mêlez-les, et toutes ensemble auront le parfum des baisers de mon mignon à son réveil. Tu veux savoir son nom? Je ne te dirai que ses baisers. En dépit de tes serments, Sabinus, tu es trop curieux.

9. — SUR UN PORTRAIT DE MÉMOR.

Couronné du chêne de Jupiter, Mémor, l'honneur du cothurne romain, respire ici sous le pinceau du peintre.

10. — SUR TURNUS.

Turnus a consacré son vaste génie à la satire. Que ne suivait-il le genre de Mémor, puisqu'il était son frère?

11. — A SON ESCLAVE.

Esclave, enlève ces gobelets, ces vases du pays brûlant de l'Égypte, et passe-moi sans crainte ces coupes qu'ont usées les lèvres de nos pères, et auxquelles n'a point touché un échanson efféminé. Rendons à nos tables la simplicité antique. Il n'appartient qu'à toi, Sardanapale, de boire dans la pierre précieuse, toi qui mutiles un Mentor pour en faire un pot de chambre à ta maîtresse.

12. — CONTRE ZOÏLE.

Qu'on te donne le droit de trois et même de sept enfants, Zoïle, d'accord, pourvu qu'on ne te donne ni père, ni mère.

13. — ÉPITAPHE DU MIME PARIS.

Toi qui suis la voie Flaminienne, passant, arrête-toi devant ce noble tombeau. Ci-gisent avec Pâris, les délices de Rome, le sel mordant de l'Égypte, l'art et la grâce, le plaisir et les jeux, la douleur et la gloire de la scène romaine, toutes les joies de Vénus et de l'Amour.

14. — SUR COLONUS.

Héritiers du petit Colonus, ne l'enterrez pas! la moindre parcelle de terre lui serait trop lourde encore.

15. — SUR SON LIVRE.

Il est certains de mes livres que liraient la femme de Caton et les austères Sabines. Mais je veux que celui-ci fasse rire d'un bout à l'autre, qu'il soit le plus libertin de tous, qu'il sente le vin, et ne rougisse pas d'être gras d'essences. Folâtre avec les garçons, amoureux des filles, il nommera sans détour ce membre dont nous sommes nés, qui est notre père à tous, et que le pieux Numa appelait *mentula*. Souvenez-vous pourtant, Apollinaris, que ce sont des vers de

---

Ultima quod curvo quæ cadit aura croco,
  Poma quod hyberna maturescentia capsa,
  Arbore quod verna luxuriosus ager,
De Pallatinis dominæ quod serica prælis,   5
  Succina virginea quod regelata manu,
Amphora quod nigri, sed longe fracta, Falerni,
  Quod qui Sicanias detinet hortus apes,
Quod Cosmi redolent alabastra, focique Deorum,
  Quod modo divitibus lapsa corona comis;   10
Singula quid dicam? non sunt satis, omnia misce:
  Hoc fragrant pueri basia mane mei.
Scire cupis nomen? nil præter basia dicam;
  Jurasti: nimium scire, Sabine, cupis.

IX. DE STATUA MEMORIS.

Clarus fronde Jovis, Romani fama cothurni,
Spirat Apellea redditus arte Memor.

X. DE TURNO.

Contulit ad Satyras ingentia pectora Turnus.
Cur non ad Memoris carmina? frater erat.

XI. AD PUERUM SUUM.

Tolle, puer, calices, tepidique toreumata Nili,
  Et mihi secura pocula trade manu,
Trita patrum labris, et tonso pura ministro;
  Antiquus mensis restituatur honor.
Te potare decet gemma, qui Mentora frangis   5
  In scaphum mœchæ, Sardanapale, tuæ.

XII. IN ZOILUM.

Jus tibi natorum vel septem, Zoile, detur;
  Dum matrem nemo det tibi, nemo patrem.

XIII. EPITAPHIUM PARIDIS PANTOMIMI.

Quisquis Flaminiam teris, viator,
Noli nobile præterire marmor.
Urbis deliciæ, salesque Nili,
Ars et gratia, lusus et voluptas,
Romani decus, et dolor theatri,   5
Atque omnes Veneres, Cupidinesque,
Hoc sunt condita, quo Paris, sepulcro.

XIV. DE COLONO.

Hæredes, nolite brevem sepelire Colonum;
Nam terra est illi quantulacumque gravis.

XV. DE LIBRO SUO.

Sunt chartæ mihi, quas Catonis uxor,
Et quas horribiles legant Sabinæ.
Hic totus volo rideat libellus,
Et sit nequior omnibus libellis;
Qui vino madeat, nec erubescat   5
Pingui sordidus esse Cosmiano.
Ludat cum pueris, amet puellas;
Nec per circuitus loquatur illam,
Ex qua nascimur, omnium parentem,
Quam sanctus Numa mentulam vocabat.   10
Versus hos tamen esse tu memento

Saturnales, et non le tableau de mes mœurs, que vous allez lire.

16. — AUX LECTEURS.

Lecteur trop susceptible, tu peux t'en aller où bon te semble. J'écris ici pour les oisifs de Rome. Ma muse est pleine du dieu de Lampsaque, et dans ma main résonnent les castagnettes de Tartesse. Que de fois, fusses-tu plus austère que les Curius et les Fabricius, le gonflement de ta veine inguinale soulèvera-t-il ta robe! Toi aussi, fusses-tu de Padoue, tu ne liras pas, jeune fille, sans émotion, les plaisanteries et les gravelures de ce livre. Lucrèce l'a bien jeté en rougissant, mais Brutus était là : sortez, Brutus, elle va le reprendre.

17. — A SABINIUS.

Toutes les pages de ce livre ne sont pas pour la nuit; il en est, Sabinus, qui se peuvent lire le matin.

18. — CONTRE LUPUS.

Tu m'as donné, Lupus, une campagne aux portes de Rome : j'en ai une plus grande sur ma fenêtre. Une campagne, oses-tu dire! une campagne, où le bois consacré à Diane est un buisson de rue que couvrirait l'aile d'une cigale, qu'une fourmi rongerait en un jour, que couronnerait une feuille de rose non encore épanouie; une campagne où l'on ne trouve pas plus de gazon que de costus ou de poivre vert, où le concombre ne pourrait croître droit, ni un serpent s'allonger! Une chenille y jeûnerait, un moucheron y mourrait de faim, eût-il consommé la saussaie; une taupe suffirait pour la labourer. Défense au champignon de s'y développer, à la figue d'y sourire, à la violette d'y poindre. Un rat, que le jardinier craint comme le sanglier de Calydon, en ravage les frontières. Progné en enlèverait au vol tout le chaume pour le nid de ses petits; et Priape, sans faux ni mentule, ne s'y logerait pas à moitié. La moisson battue ne remplirait pas une cuiller, et la récolte du vin tiendrait dans une noix poissée. Tu t'es trompé, Lupus, mais d'une syllabe : tu m'as donné un jardinet (*prædium*), j'eusse aimé mieux un dîner (*prandium*).

19. — CONTRE GALLA.

Tu veux savoir, Galla, pourquoi je ne t'épouse point? C'est que tu es puriste, et que ma mentule fait souvent des solécismes.

20. — A UN LECTEUR SÉVÈRE.

Envieux, qui lis certains mots d'un air refrogné, lis, Caton, ce sixain un peu leste de César-Auguste :

« Parce qu'Antoine besogne Glaphyre, Fulvie exige que je lui en fasse autant. Moi, besogner Fulvie! Quoi donc! si Manius me prie à son tour et m'offre son derrière, l'accepterai-je? Non pas, si je suis sage. — Exécute-toi, dit-elle, ou combattons. — Eh bien! oui; ma mentule m'est plus chère que la vie : sonnez, trompettes! »

Tu absous la licence de mes écrits, Auguste,

Saturnalicios, Apollinaris.
Mores non habet hic meos libellus.

XVI. AD LECTORES.

Qui gravis es nimium, potes hinc jam, lector, abire
  Quo libet : urbanæ scripsimus ista togæ.
Nam mea Lampsacio lascivit pagina versu,
  Et Tartessiaca concrepat æra manu.
O quoties rigida pulsabis pallia vena, 5
  Sis gravior Curio, Fabricioque licet!
Tu quoque nequitias nostri lususque libelli
  Uda puella leges, sis Patavina licet.
Erubuit, posuitque meum Lucretia librum;
  Sed coram Bruto : Brute, recede, leget. 10

XVII. AD SABINUM.

Non omnis nostri nocturna est pagina libri;
  Invenies et quod mane, Sabine, legas.

XVIII. IN LUPUM.

Donasti, Lupe, rus sub Urbe nobis;
Sed rus est mihi majus in fenestra.
Rus hoc dicere, rus potes vocare?
In quo ruta facit nemus Dianæ,
Argutæ tegit ala quod cicadæ, 5
Quod formica die comedit uno,
Clausæ cui folium rosæ corona est;
In quo non magis invenitur herba,
Quam costi folium, piperve crudum;
In quo nec cucumis jacere rectus, 10
Nec serpens habitare tota possit.
Erucam male pascit hortus unam;
Consumpto moritur culex salicto;
Et talpa est mihi fossor, atque arator.
Non boletus hiare, non mariscæ 15
Ridere, aut violæ patere possunt.
Fines mus populatur, et colono
Tanquam sus Calydonius timetur,
Et sublata volantis ungue Procnes
In nido seges est hirundinino; 20
Et quum stet sine falce, mentulaque,
Non est dimidio locus Priapo.
Vix implet cochleam peracta messis,
Et mustum nuce condimus picata.
Errasti, Lupe, littera sed una; 25
Nam quo tempore prædium dedisti,
Mallem tu mihi prandium dedisses.

XIX. IN GALLAM.

Quæris cur nolim te ducere, Galla? diserta es.
  Sæpe solœcismum mentula nostra facit.

XX. AD LECTOREM GRAVEM.

Cæsaris Augusti lascivos, livide, versus
  Sex lege, qui tristis verba Latina legis :
Quod futuit Glaphyren Antonius, hanc mihi pœnam
  Fulvia constituit, se quoque uti futuam.
Fulviam ego ut futuam? Quid si me Manius oret

toi qui parles si bien, et avec cette candeur toute romaine.

21. — CONTRE LYDIE.

Lydie est aussi large que le derrière d'un cheval de bronze, que le cerceau rapide aux phalanges d'airain retentissantes, que la roue à travers laquelle s'élance le pétaure sans y toucher, qu'un vieux soulier détrempé dans la boue, qu'un filet à mailles serrées, pour prendre des grives, que les toiles détendues du théâtre de Pompée, que le bracelet tombé du bras d'un libertin phthisique, qu'un matelas vide de sa laine, que les vieilles braies d'un pauvre Breton, que le hideux gosier d'un butor de Ravennes. On dit que j'ai besogné Lydie dans une piscine d'eau de mer : n'est-ce pas plutôt la piscine que j'ai besognée?

22. — CONTRE UN PÉDÉBASTE MASTURBANT.

Que tu baises avec brutalité les lèvres délicates du blanc Galésus, que tu couches nu à nu avec un Ganymède, c'est déjà, dit-on, beaucoup trop. Ainsi, reste-s-en là, et épargne à ces douces créatures les infâmes sollicitations de ta main libertine. Cette main leur fait plus de mal que tout ce que peut exiger d'eux ta lubrique mentule; elle hâte, elle précipite l'époque de leur virilité. De là chez eux cette odeur d'aisselles, cette croissance prématurée des poils, cette barbe qui fait l'étonnement de leurs mères, et le peu de plaisir qu'on éprouve à les voir au bain, en plein jour. La nature a donné aux mâles deux parties : l'une pour le service des filles, l'autre pour celui des hommes. Use de celle qui t'appartient.

23. — CONTRE SILA.

Sila veut que je l'épouse à tout prix; moi, je ne le veux à aucun. Cependant elle insiste. Eh bien, lui dis-je, tu m'apporteras en dot un million de sesterces : puis-je moins exiger? Quoique ton mari, je serai dispensé d'en donner la preuve, même la première nuit, et nous ferons lit à part. J'embrasserai ma maîtresse sans que tu t'y opposes, et tu m'enverras ta suivante quand je la voudrai. Mon esclave favori et même le tien me baiseront amoureusement à ton nez ; à table, tu te tiendras à une distance telle que nos vêtements ne se touchent pas. Tu ne me donneras, et seulement quand je t'y inviterai, que de rares baisers; non des baisers d'épouse, mais des baisers de grand'mère. Si tu peux souffrir tout cela et ne refuser aucune de ces conditions, tu trouveras, Sila, qui voudra t'épouser.

24. — A LABULLUS.

Pendant que je vous suis à la piste, que je vous reconduis, que je suis tout oreille au moindre signe de vos lèvres, que j'admire ce que vous dites, et que vous faites, que de vers, Labullus, auraient pu naître! N'est-ce rien, selon vous, que des œuvres aimées de Rome, recherchées de l'étranger, prisées du chevalier, gardées avec soin par le sénateur, exaltées par le jurisconsulte et enviées par le poëte, soient perdues à cause de vous?

Pædicem, faciam? non puto, si sapiam.
Aut futue, aut pugnemus, ait. Quid, quod mihi vita
   Carior est ipsa mentula? signa canant.
Absolvis lepidos nimirum, Auguste, libellos,
   Qui scis Romana simplicitate loqui. 10

XXI. IN LYDIAM.

Lydia tam laxa est, equitis quam culus aheni;
   Quam celer arguto qui sonat ære trochus;
Quam rota transmisso toties intacta petauro;
   Quam vetus a crassa calceus udus aqua;
Quam quæ rara vagos exspectant retia turdos, 5
   Quam Pompeiano vela negata Noto;
Quam quæ de phthisico lapsa est armilla cinædo,
   Culcita Leuconico quam viduata suo;
Quam veteres brachæ Britonis pauperis, et quam
   Turpe Ravennatis guttur onocrotali. 10
Hanc in piscina dicor futuisse marina.
Nescio : piscinam me futuisse puto.

XXII. IN PÆDICONEM MASTURBANTEM.

Mollia quod nivei duro teris ore Galesi
   Basia, quod nudo cum Ganymede jaces,
Quis negat hoc nimium? sed sit satis : inguina saltem
   Parce fututrici sollicitare manu.
Levibus in pueris plus hæc, quam mentula, peccat; 5
   Et faciunt digiti, præcipitantque virum.
Inde tragus, celeresque pili, mirandaque matri
Barba, nec in clara balnea luce placent.
Divisit natura mares : pars una puellis,
   Una viris genita est : utere parte tua. 10

XXIII. IN SILAM.

Nubere Sila mihi nulla non lege parata est;
   Sed Silam nulla ducere lege volo.
Quum tamen instaret, decies mihi dotis in auro
   Sponsa dabis, dixi : quid minus esse potest?
Nec futuam quamvis prima te nocte maritus; 5
   Communis tecum nec mihi lectus erit.
Complectarque meam, nec tu prohibebis, amicam;
   Ancillam mittes et mihi jussa tuam.
Te spectante dabit nobis lasciva minister
   Basia, sive meus, sive erit ille tuus. 10
Ad cœnam venies : sed sic divisa recumbes,
   Ut non tangantur pallia nostra tuis.
Oscula rara dabis nobis, sed non dabis ultro;
   Nec quasi nupta dabis, sed quasi mater anus.
Si potes ista pati, si nil perferre recusas; 15
   Invenies qui te ducere, Sila, velit.

XXIV. AD LABULLUM.

Dum te prosequor, et domum reduco,
Aurem dum tibi præsto garrienti,
Et quidquid loqueris facisque laudo,
Quot versus poterant, Labulle, nasci?
Hoc damnum tibi non videtur esse, 5

En vérité, Labullus, comment voir de sang-froid que, pour augmenter le nombre de vos clients, il me faille diminuer celui de mes livres? Depuis plus de trente jours, j'ai à peine écrit une page! Voilà ce qui arrive au poëte qui ne sait pas souper chez lui.

25. — CONTRE LINIUS.

Cette libertine éhontée, cette intime connaissance de tant de fillettes, la mentule de Linius ne peut plus se dresser : gare à sa langue!

26. — AU JEUNE TÉLESPHORUS.

Charme de ma vie, doux objet de mes soins, Télesphorus, toi dont les caresses ont des délices qui m'étaient inconnues jusqu'alors, donne-moi, enfant, des baisers parfumés de vieux falerne, et passe-moi la coupe après y avoir trempé tes lèvres. Si tu m'accordes en outre les vraies jouissances de l'amour, oui, moins heureux sera Jupiter avec son Ganymède.

27. — A FLACCUS.

Es-tu de fer, Flaccus, que tu aies le membre roide près d'une maîtresse qui s'évalue soi-même six tasses de saumure, deux tranches de thon, ou un petit lézard d'eau ; qui ne s'estime pas au delà d'une grappe de raisin, qui ne fait qu'une bouchée d'un hareng servi par une joyeuse servante dans un plat de terre rouge qui, lorsqu'elle met bas toute honte, demande jusqu'à cinq toisons de laine brute pour se faire un jupon? Mais que ma maîtresse me demande une livre des plus précieux parfums, une paire d'émeraudes ou de sardoines ; qu'en fait de soieries, elle n'en veuille que de la rue de Toscane ; qu'elle me taxe à cent pièces d'or, comme si c'était du cuivre, crois-tu que je voulusse lui donner tant de choses? non ; mais je veux une maîtresse qui en soit digne.

28. — SUR UN NÉPHRÉTIQUE FRÉNÉTIQUE.

Auctus le néphrétique a poursuivi de son poignard le médecin Hylas, et il l'a perforé : certes, il n'était pas si malade.

29. — A PHYLLIS.

A peine ta vieille main, Phyllis, a-t-elle palpé mon membre languissant, que je crois sentir les doigts de la mort. Tu as beau m'appeler ton rat, tes yeux, dix heures de ce manége ne suffiraient pas pour me réconforter. Tu ne sais pas caresser : dis-moi : « Tiens, voilà cent mille sesterces, des terres en plein rapport sur les coteaux de Sétia, du vin, des maisons, des esclaves, de la vaisselle d'or, des meubles. » Voilà qui me chatouillera, Phyllis, mieux que ta main.

30. — CONTRE ZOÏLE.

Tu dis que les avocats et les poëtes puent de la bouche ; c'est bien pis, Zoïle, chez les suceurs de mentules.

31. — CONTRE CÉCILIUS.

Atrée des citrouilles, Cécilius les coupe et les déchire en mille morceaux, comme Thyeste

Si quod Roma legit, requirit hospes,
Non deridet eques, tenet senator,
Laudat caussidicus, poeta carpit,
Propter te perit? hoc, Labulle, verum est?
Hoc quisquam ferat, ut tibi tuorum   10
Sit major numerus togatulorum,
Librorum mihi sit minor meorum?
Triginta prope jam diebus una est
Nobis pagina vix peracta : sic fit,
Quum cœnare domi poeta non vult.   15

XXV. IN LINUM.

Illa salax nimium, nec paucis nota puellis,
Stare Lino desit mentula : lingua, cave.

XXVI. AD TELESPHORUM PUERUM.

O mihi grata quies, o blanda, Telesphore, cura,
Qualis in amplexu non fuit ante meo!
Basia da nobis vetulo, puer, uda Falerno,
Pocula da labris facta minora tuis.
Addideris super hæc Veneris si gaudia vera,   5
Esse negem melius cum Ganymede Jovi.

XXVII. AD FLACCUM.

Ferreus es, si stare potest tibi mentula, Flacce,
Quum te sex cyathos orat amica gari ;
Vel duo frustra rogat cybii, tenuemve lacertum,
Nec dignam toto se botryone putat ;
Cui portat gaudens ancilla paropside rubra   5
Alecem, sed quam protinus illa voret ;
Aut quum perfricuit frontem, posuitque pudorem,
Succida palliolo vellera quinque petit.
At mea me libram foliati poscat amica,
Aut virides gemmas, sardonychasve pares,   10
Nec nisi prima velit de Tusco serica vico,
Aut centum aureolos, sic velut æra, roget.
Nunc tu velle putas hæc me dare dona puellæ?
Nolo : sed, his ut sit digna puella, volo.

XXVIII. DE NEPHRITICO, SED PHRENETICO.

Invasit medicum sica nephriticus, Aucte,
Et præcidit Hylan : hic, puto, sanus erat.

XXIX. AD PHYLLIDEM.

Languida quum vetula tractare virilia dextra
Cœpisti, jugulor pollice, Phylli, tuo.
Nam quum me murem, quum me tua lumina dicis ;
Horis me refici vix puto posse decem.
Blanditias nescis : Dabo, dic, tibi millia centum,   5
Et dabo Setini jugera culta soli ;
Accipe vina, domum, pueros, chrysendeta, mensas.
Nil opus est digitis : sic mihi, Phylli, frica.

XXX. IN ZOILUM.

Os male caussidicis et dicis olere poetis ;
Sed fellatori, Zoile, pejus olet.

XXXI. IN CÆCILIUM.

Atreus Cæcilius cucurbitarum
Sic illas, quasi filios Thyestæ,

faisait de ses enfants. Il en offre aux entrées, au premier, au second, au troisième service. Il les reproduit au dessert, en fait des gâteaux d'une insupportable fadeur, des pâtisseries de toutes les façons, et des dattes même telles qu'on en voit sur le théâtre. Elles sortent de sa cuisine en hachis, en ragoûts de lentilles ou de fèves; elles imitent les champignons, les saucisses, la queue de thon, et jusqu'aux petits anchois. Son maître d'hôtel épuise toutes les ressources de l'art pour relever la saveur de ces mets avec de la feuille de rue. C'est ainsi que Cécilius remplit ses plats, ses écuelles, ses jattes, ses bassins, et il croit avoir fait merveille quand il n'a dépensé qu'un as pour ce beau repas.

32. — CONTRE NESTOR.

Tu n'as pas une toge, un foyer, un lit infecté de punaises, une natte de jonc, pas un esclave jeune ou vieux, pas une servante, pas un enfant, pas une serrure, pas une clef, pas un chien, pas un vase à boire, et pourtant, Nestor, tu veux passer pour pauvre, être appelé et classé à ce titre parmi le peuple. Tu mens, Nestor; tu te fais trop d'honneur : la pauvreté n'est pas de ne rien posséder.

33. — SUR LE COCHER DE LA FACTION VERTE.

Depuis la mort de Néron, le cocher de la faction verte a souvent remporté la palme, et même plusieurs à la fois. Eh bien, maligne envie, dis encore que tu as cédé à Néron : aujourd'hui ce n'est plus Néron qui est le vainqueur, c'est le cocher de la faction verte.

34. — SUR APER.

Aper vient d'acheter une maison; une chouette ne voudrait pas l'habiter, tant elle est noire et vieille. Maron possède une élégante villa dans son voisinage. Aper soupera bien, s'il est mal logé.

35. — A FABULLUS.

Tu veux me faire souper avec trois cents convives inconnus, et tu t'étonnes que je ne me rende pas à ton invitation; tu t'en plains, tu m'en fais une querelle. Je n'aime pas à souper seul, Fabullus.

36. — SUR CAIUS PROCULUS.

Marquons ce jour d'une pierre blanche; ô bonheur! Caïus Julius est rendu à mes vœux. Il m'est doux d'avoir désespéré, comme si déjà les Parques eussent tranché ses jours; on a moins de joie, quand d'abord on n'a pas eu de craintes. Esclave, qu'attends-tu, les bras croisés? verse l'immortel falerne, et du plus vieux tonneau, pour une pareille fête. Vidons cinq, six et huit coupes, pour Caïus, pour Julius et pour Proculus.

37. — CONTRE ZOILE.

Pourquoi, Zoïle, employer toute une livre d'or

```
    In partes lacerat, secatque mille.
    Gustu protinus has edes in ipso,
    Has prima feret, alterave cœna,            5
    Has cœna tibi tertia reponet.
    Hinc seras epidipnidas parabit;
    Hinc pistor fatuas facit placentas;
    Hinc et multiplices struit tabellas
    Et notas caryotidas theatris;             10
    Hinc exit varium coquo minutal.
    Ut lentem positam fabamque credas;
    Boletos imitatur, et botellos,
    Et caudam cybii, brevesque mænas,
    Hinc cellarius experitur artes,           15
    Ut condat vario vafer sapore
    In rutæ folium Capellianæ.
    Sic implet gabatas, paropsidasque,
    Et leves scutulas, cavasque lances.
    Hoc lautum putat, hoc putat venustum,     20
    Unum ponere ferculis tot assem.

            XXXII. IN NESTOREM.
Nec toga, nec focus est, nec tritus cimice lectus,
    Nec tibi de bibula sarta palude teges;
Nec puer, aut senior, nulla est ancilla, nec infans,
    Nec sera, nec clavis, nec canis, atque calix.
Tu tamen affectas, Nestor, dici atque videri    5
    Pauper, et in populo quæris habere locum.
Mentiris, vanoque tibi blandiris honore :
    Non est paupertas, Nestor, habere nihil.

            XXXIII. DE PRASINO.
Sæpius ad palmam Prasinus post fata Neronis
    Pervenit, et victor præmia plura refert.
I nunc, Livor edax, dic te cessisse Neroni;
    Vicit nimirum, non Nero, sed Prasinus.

            XXXIV. DE APRO.
Ædes emit Aper, sed quas nec noctua vellet
    Esse suas; adeo nigra, vetusque casa est.
Vicinos illi nitidus Maro possidet hortos.
    Cœnabit belle, non habitabit Aper.

            XXXV. AD FABULLUM.
    Ignotos mihi quum voces trecentos,
    Quare non veniam vocatus a te,
    Miraris, quærerisque, litigasque.
    Solus cœno, Fabulle, non libenter.

            XXXVI. DE CAIO PROCULO.
Caius hanc lucem gemma mihi Julius alba
    Signat, io! votis redditus, ecce, meis.
Desperasse juvat, veluti jam rupta sororum
    Fila : minus gaudent, qui timuere nihil.
Hypne, quid exspectas piger? immortale Falernum   5
    Funde : senem poscunt talia vota cadum.
Quincunces, et sex cyathos, bessemque bibamus,
    Caius ut fiat, Julius, et Proculus.

            XXXVII. IN ZOILUM.
Zoile, quid tota gemmam præcingere libra
    Te juvat, et miserum perdere sardonycha?
Annulus iste tuis fuerat modo cruribus aptus;
    Non eadem digitis pondera conveniunt.
```

pour monter une pierre, et noyer ainsi cette pauvre sardoine? Un tel anneau eût convenu naguère à tes jambes; c'est un poids trop lourd pour tes doigts.

38. — SUR UN MULETIER SOURD.

Un muletier vient d'être vendu vingt mille sesterces. Tu t'étonnes de cette cherté, Aulus; il était sourd.

39. — CONTRE CHARIDÉMUS.

Tu m'as bercé dans mon maillot, Charidémus, tu as été le gardien, le fidèle compagnon de mon enfance; mais déjà ma barbe rasée salit des serviettes, déjà la jeune fille se plaint que je la pique. Pour toi seul, je n'ai pas grandi. Tu es en horreur aux fermiers et à l'intendant, toute la maison te craint; tu ne me permets ni de jouer, ni de faire l'amour; tu m'interdis tout et ne te refuses rien. Tu me grondes, tu m'espionnes, tu te plains et soupires; tu enrages de voir ma main se soustraire à ta férule. Si je mets des habits de pourpre, si je parfume mes cheveux: « Votre père, t'écries-tu, n'agissait pas ainsi. » Tu comptes, en fronçant le sourcil, les verres que je bois, comme si c'était ta cave qui en souffrit. Trêve enfin: je ne puis supporter un affranchi qui fait le Caton. Ma maîtresse te dira que je suis un homme.

40. — SUR LUPERCUS.

Lupercus aime la belle Glycère; seul il la possède, seul il lui commande. Comme il se plai-gnait piteusement de ne l'avoir pas besognée depuis un grand mois, et qu'il voulait en déduire la cause à Élianus: « Elle a, disait-il, mal aux dents. »

41. — SUR AMYNTAS.

Amyntas prenait un soin excessif de son troupeau: heureux d'entendre vanter ses pourceaux, de voir leur enbonpoint, il était monté sur un chêne pour en secouer le gland: son poids fait rompre les branches, et il tombe avec sa récolte. Le père d'Amyntas ne veut pas que l'arbre fatal survive à son fils, il le condamne aux flammes. Laisse donc, Lygdus, laisse ton voisin Iolas engraisser ses pourceaux, et contente-toi d'avoir le compte exact des tiens.

42. — CONTRE CÉCILIANUS.

Tu veux des épigrammes piquantes, et tu me proposes des sujets stériles. Comment faire, Cécilianus? Tu veux du miel de l'Hybla et de l'Hymette, et tu donnes à l'abeille attique du thym de Corse?

43. — CONTRE SA FEMME.

Tu me grondes, ma femme, tu m'injuries pour m'avoir surpris avec mon mignon, et tu me rappelles que tu as aussi un derrière. Que de fois Junon n'a-t-elle pas fait le même reproche à Jupiter? Il n'en couchait pas moins avec l'aimable Ganymède. Hercule débandait son arc pour coucher avec Hylas, et crois-tu que Mégara n'eût pas de fesses? La fuite de Daphné faisait le supplice d'Apollon, mais il oublia son amour près du berger d'Œbalie. Quoique Briséis, en tournant le dos à

XXXVIII. DE MULIONE SURDO.

Mulio viginti venit modo millibus, Aule.
   Miraris pretium tam grave? surdus erat.

XXXIX. IN CHARIDEMUM.

Cunarum fueras motor, Charideme, mearum,
   Et pueri custos, assiduusque comes.
Jam mihi nigrescunt tonsa sudaria barba,
   Et queritur labris puncta puella meis.
Sed tibi non crevi: te noster villicus horret; 5
   Te dispensator, te domus ipsa pavet.
Ludere nec nobis, nec tu permittis amare;
   Nil mihi vis, et vis cuncta licere tibi.
Corripis, observas, quereris, suspiria ducis;
   Et vix a ferulis abstinet ira manum. 10
Si Tyrios sumpsi cultus, unxive capillos;
   Exclamas, Nunquam fecerat ista pater.
Et numeras nostros astricta fronte trientes,
   Tanquam de cella sit cadus ille tua.
Desine: non possum libertum ferre Catonem. 15
   Esse virum jam me dicet amica tibi.

XL. DE LUPERCO.

Formosam Glyceren amat Lupercus,
Et solus tenet, imperatque solus;
Quam toto sibi mense non fututam

Quum tristis quereretur, et roganti
Causam reddere vellet Æliano; 5
Respondit, Glyceræ dolere dentes.

XLI. DE AMYNTA.

Indulget pecori nimium dum pastor Amyntas,
   Et gaudet fama, luxuriaque gregis;
Cedentes oneri ramos, sylvamque fluentem
   Vicit, concussas ipse secutus opes.
Triste nemus diræ vetuit superesse rapinæ, 5
   Damnavitque rogis noxia ligna pater.
Pingues, Lygde, sues habeat vicinus Iolas;
   Te satis est nobis annumerare pecus.

XLII. IN CÆCILIANUM.

Vivida quum poscas epigrammata, mortua ponis
   Lemmata: qui fieri, Cæciliane, potest?
Mella jubes Hyblæa tibi, vel Hymettia nasci:
   Et thyma Cecropiæ Corsica ponis api?

XLIII. IN UXOREM.

Deprensum in puero tetricis me vocibus, uxor,
   Corripis, et culum te quoque habere refers.
Dixit idem quoties lascivo Juno Tonanti?
   Ille tamen gracili cum Ganymede jacet.
Incurvabat Hylam posito Tirynthius arcu; 5
   Tu Megaram credis non habuisse nates?
Torquebat Phœbum Daphne fugitiva: sed illas

Achille, irritât les désirs du héros, celui-ci préférait la peau douce de l'imberbe Patrocle. Cesse donc de croire qu'il y ait rien de masculin dans tes affaires, et songe bien, ma mie, que, soit devant, soit derrière, tu n'es qu'une femme.

44. — A UN VIEILLARD QUI A PERDU SES ENFANTS.

Sans enfants, riche, et né sous le consulat de Brutus, vous vous imaginez avoir de vrais amis? Il en est de vrais : et vous en aviez étant jeune et pauvre. Quant aux nouveaux, ce sont gens qui désirent votre mort.

45. — CONTRE CANTHARUS.

Chaque fois qu'attiré par les charmes d'un jeune garçon ou d'une jeune fille, tu entres dans une cellule, sur la foi de l'enseigne, tu ne te contentes pas de te cacher derrière une porte, un rideau, une serrure; tu exiges encore plus de secret. As-tu soupçon de la moindre fente, d'un trou à y passer une aiguille de toilette, vite tu les fais boucher. On n'est pas, Cantharus, d'une pudeur si délicate et si inquiète, quand on se contente des plaisirs ordinaires.

46. — CONTRE MÉVIUS.

Ton membre, Mévius, ne se roidit plus que quand tu dors, et déjà tu commences à pisser sur tes pieds. Ta main se lasse à solliciter ce membre flétri; il ne relèvera jamais sa tête abattue. Pourquoi donc harceler de ton impuissance les devants et les derrières? Adresse-toi plus haut; c'est là que revit une vieille mentule.

47. — CONTRE BLATTARA.

Pourquoi Blattara évite-t-il les bains fréquentés des femmes? Pour ne pas besogner. Pourquoi ne se promène-t-il pas sous le portique de Pompée, ou près du temple d'Inachus? Pour ne pas besogner. Pourquoi se baigne-t-il dans l'eau froide, frotté d'huile et de cire comme un lutteur lacédémonien? Pour ne pas besogner. Puisque Blattara fuit ainsi tout commerce légitime avec les femmes, pourquoi joue-t-il de la langue? Pour ne pas besogner.

48. — SUR SILIUS ITALICUS.

Silius a voué un culte au tombeau du grand Virgile; il a en outre la campagne de l'éloquent Cicéron. Tous deux n'eussent pas choisi d'autre héritier, l'un de ses Lares, l'autre de son tombeau.

49. — SUR LE MÊME.

Déjà il ne restait plus qu'un pauvre hère, et seul encore, qui honorât les cendres abandonnées et le saint nom de Virgile, quand Silius vint au secours de cette ombre chérie, et le grand poëte fut honoré par un de ses pairs.

50. — SUR PHYLLIS.

Il n'est pas de jour, Phyllis, où tu ne me voles et ne me dépouilles, tant tu mets d'adresse à tes escroqueries! Tantôt c'est ta rusée soubrette qui s'en vient pleurer la perte de ton miroir, de ta bague ou de ta boucle d'oreille; tantôt ce sont des soies de contrebande qu'on peut acheter à bon compte; tantôt des parfums dont il me faut rem-

---

Œbalius flammas jussit abire puer.
Briseis multum quamvis aversa jaceret,
　Æacidæ propior levis amicus erat
Parce tuis igitur dare mascula nomina rebus;
　Teque puta cunnos, uxor, habere duos.

XLIV. AD SENEM ORBUM.

Orbus es, et locuples, et Bruto consule natus,
　Esse tibi veras credis amicitias?
Sunt veræ : sed quas juvenis, quas pauper habebas.
　Qui novus est, mortem diligit ille tuam.

XLV. IN CANTHARUM.

Intrasti quoties inscriptæ limina cellæ,
　Seu puer arrisit, sive puella tibi;
Contentus non es foribus, veloque, seraque,
　Secretumque jubes grandius esse tibi.
Oblinitur minimæ si qua est suspicio rimæ,　5
　Punctaque lasciva quæ terebrantur acu.
Nemo est tam teneri, tam sollicitique pudoris,
　Qui vel pædicat, Canthare, vel futuit.

XLIV IN NÆVIUM.

Jam, nisi per somnum, non arrigis, et tibi, Mævi,
　Incipit in medios meiere verpa pedes;
Truditur et digitis pannucea mentula lassis,
　Nec levat exstinctum sollicitata caput.
Quid miseros frustra cunnos, culosque lacessis
　Summa petas : illic mentula vivit anus.

XLVII IN BLATTARAM.

Omnia femineis quare dilecta catervis
　Balnea devitat Blattara? ne futuat.
Cur nec Pompeia lentus spatiatur in umbra,
　Nec petit Inachidos limina? ne futuat.
Cur Lacedæmonio luteum ceromate corpus　5
　Perfundit gelida Virgine? ne futuat.
Quum sic feminei generis contagia vitet,
　Cur lingit cunnum Blattara? ne futuat.

XLVIII. DE SILIO ITALICO.

Silius hæc magni celebrat monumenta Maronis,
　Jugera facundi qui Ciceronis habet.
Hæredem dominumque sui tumulive Larisve
　Non alium mallet, nec Maro, nec Cicero.

XLIX. DE SILIO.

Jam prope desertos cineres, et sancta Maronis
　Nomina qui coleret pauper, et unus erat.
Silius optatæ succurrere censuit umbræ,
　Silius et vatem, non minor ipse, tulit.

L. IN PHYLLIDA.

Nulla est hora tibi qua non me, Phylli, furentem
　Despolies : tanta calliditate rapis.
Nunc plorat speculo fallax ancilla relicto;
　Gemma vel a digito, vel cadit aure lapis.
Nunc furtiva lucri fieri bombycina possunt;

plir ta cassolette. Puis, c'est une amphore de falerne vieux et moisi, pour faire expier tes insomnies à une sorcière babillarde; puis un loup de mer monstrueux, ou un mulet de deux livres, pour régaler l'opulente amie à qui tu donnes à souper. Par pudeur, Phyllis, sois vraie et sois juste en même temps : je ne te refuse rien; ne me refuse pas davantage.

51. — SUR TITIUS.

La colonne qui pend à Titius est aussi grande que celle qu'adorent les femmes de Lampsaque. Seul et sans témoin fâcheux, il se baigne dans ses vastes thermes, et y est à l'étroit.

52. — A JULIUS CÉRÉALIS.

Vous souperez bien chez moi, J. Céréalis; venez donc, si vous n'avez d'invitation meilleure. Mon heure sera la vôtre, la huitième : nous nous baignerons ensemble. Vous savez que je touche aux bains de Stéphanus. Nous commencerons par la laitue émolliente et laxative, et par les filets de poireau ; après, viendra le thon avec le cordylle plus gros que l'anchois, tous deux garnis d'œufs et de feuilles de rue ; puis d'autres œufs légèrement cuits sous la cendre, du fromage de Vélabre durci au feu, et des olives du Picénum ridées par le froid. Voilà pour ouvrir l'appétit. Voulez-vous savoir le reste? Que je mentirais bien pour vous engager à venir ! Vous aurez des poissons, des coquilles de toutes espèces, des tétines de truies, de la volaille et des oiseaux de marais, toutes choses que Stella sert rarement sur sa table. Je vous promets plus, je ne vous lirai rien. C'est vous au contraire qui me lirez votre guerre des Géants, ou vos poésies champêtres, égales à celles de l'immortel Virgile.

53. — SUR CLAUDIA RUFINA.

Quoique née chez les Bretons aux yeux bleus, Claudia est tout Italienne. Qu'elle est belle ! Les femmes du Latium la croiraient Romaine, celles de l'Attique, Athénienne. Dieux, qui l'avez rendue féconde, et lui avez promis des gendres et des brus, faites qu'elle n'ait jamais qu'un seul époux, et conserve toujours ses trois enfants !

54. — CONTRE ZOÏLE.

Fripon de Zoïle, vide ta poche dégoûtante de ces parfums, de cette cannelle, de cette myrrhe qui sent la mort, de cet encens à moitié brûlé par la flamme du bûcher, de ce cinname que tu as pris sur un lit funèbre. C'est de tes pieds que tes mains perverses ont reçu de telles leçons. Je ne m'étonne pas que tu sois voleur, après avoir été fugitif.

55. — SUR LUPUS, A URBICUS.

Urbicus, ne crois pas Lupus quand il t'exhorte à devenir père : c'est la chose qu'il souhaite le moins. Paraître vouloir ce qu'on ne veut pas, c'est le grand art de séduire. Son désir est que tu ne fasses pas ce dont il te sollicite. Que seulement ta femme Cosconia se dise enceinte, et soudain

---

Profertur Cosmi nunc mihi siccus onyx.
  Amphora nunc petitur nigri cariosa Falerni,
Expiet ut somnos garrula saga tuos.
Nunc ut emam grandemve lupum, mullumve bilibrem,
  Indixit cœnam dives amica tibi.   10
Sit pudor, et tandem veri respectus, et æqui.
  Nil tibi, Phylli, nego : nil mihi, Phylli, nega.

LI. DE TITIO.

Tanta est quæ Titio columna pendet,
Quantam Lampsaciæ colunt puellæ.
Hic nullo comitante, nec molesto,
Thermis grandibus, et suis lavatur;
Anguste Titius tamen lavatur.   5

LII. AD JULIUM CEREALEM.

Cœnabis belle, Juli Cerealis, apud me;
  Conditio est melior si tibi nulla, veni.
Octavam poteris servare : lavabimur una;
  Scis, quam sint Stephani balnea juncta mihi.
Prima tibi dabitur ventri lactuca movendo   5
  Utilis, et porris fila resecta suis;
Mox vetus, et tenui major cordylla lacerto;
  Sed quam cum rutæ frondibus ova tegant.
Altera non deerunt tenui versata favilla;
  Et Velabrensi massa recocta foco :   10
Et quæ Picenum senserunt frigus olivæ;
  Hæc satis in gustu : cætera nosse cupis?
Mentiar, ut venias : pisces, conchylia, sumen,
  Et cortis saturas, atque paludis aves;
Quæ nec Stella solet rara nisi ponere cœna.   15
  Plus ego pollicear : nil recitabo tibi.
Ipse tuos nobis relegas licet usque Gigantas,
  Rura vel æterno proxima Virgilio.

LIII. DE CLAUDIA RUFINA.

Claudia cæruleis quum sit Rufina Britannis
  Edita, quam Latiæ pectora plebis habet!
Quale decus formæ ! Romanam credere matres
  Italides possunt, Atthides esse suam.
Di bene, quod sancto peperit fecunda marito,   5
  Quod sperat generos, quodque puella nurus.
Sic placeat Superis, ut conjuge gaudeat uno,
  Et semper natis gaudeat illa tribus.

LIV. IN ZOILUM.

Unguenta, et casias, et olentem funera myrrham,
  Thuraque de medio semicremata rogo,
Et quæ de Stygio rapuisti cinnama lecto,
  Improbe de turpi, Zoile, redde sinu.
A pedibus didicere manus peccare protervæ.   5
  Non miror furem, qui fugitivus erat.

LV. DE LUPO, AD URBICUM.

Hortatur fieri quod te Lupus, Urbice, patrem,
  Ne credas : nihil est, quod minus ille velit.
Ars est captandi, quod nolis velle videri;
  Ne facias optat, quod rogat ut facias.

Lupus deviendra plus pâle qu'une femme en couche. Cependant, si tu veux avoir l'air de suivre ses conseils, meurs de telle façon que cet ami ne doute pas que tu es devenu père.

56. — CONTRE CHÉRÉMON.

Par ton éloge outré de la mort stoïque, Chérémon, tu veux me faire admirer, exalter ta grande âme. C'est ta pauvre vaisselle ébréchée, ton triste foyer sans feu, ton grabat, la natte que tu partages avec les punaises, c'est ta toge écourtée, toge de nuit et de jour, qui te rendent si philosophe. O le grand homme! qui sait se priver de la lie d'un vin tourné en vinaigre, de paille et de pain noir! Aie un peu des matelas d'excellente laine, des couvertures de pourpre, un compagnon de lit, jeune esclave à la bouche de rose, convoité des convives auxquels il verse le cécube, oh! que tu envieras la vieillesse de Nestor! que tu voudras ne pas perdre un jour de cette vie délicieuse! Quand on est pauvre, il est facile de mépriser la vie : le vrai courage est de savoir souffrir.

57. — A SÉVÈRE.

Vous vous étonnez de ce que je vous envoie des vers, docte Sévère; vous vous étonnez, docte Sévère, de ce que je vous invite à souper. Jupiter se nourrit d'ambroisie et s'abreuve de nectar; pourtant nous lui offrons des entrailles sanglantes et du vin. Si, déjà comblé de tous les dons des Dieux, vous ne voulez pas ce que vous possédez, qu'accepterez-vous donc?

58. — CONTRE TÉLESPHORUS.

Quand tu me vois plein de désirs et la pique en arrêt, Télesphorus, tu deviens exigeant; tu penses que je ne saurais te rien refuser : et, si je n'en fais le serment, tu retires ces fesses sur lesquelles tu fondes tes exigences. Oh! si l'esclave qui me rase osait, en approchant le fer, me demander de l'or ou sa liberté, je lui promettrais tout. Dans un pareil moment, ce n'est plus le barbier qui demande, c'est un voleur; et la peur est bien impérieuse. Mais que le rasoir rentre dans son étui, et je romps bras et jambes au barbier. A toi, je ne ferai rien de pareil : seulement, dès que j'aurais lavé mes mains, pour te punir de ton avarice, ma mentule t'ordonnera de la lécher.

59. — SUR CHARINUS.

Charinus porte six bagues à chaque doigt; il les porte la nuit, il les porte au bain. Pourquoi cela? Il n'a pas d'écrin.

60. — SUR CHIONÉ ET PHLOGIS.

Vous demandez laquelle de Chioné ou de Phlogis est la plus propre à l'amour? Chioné est plus belle, mais Phlogis est un volcan qui redonnerait du ton à la lavette de Priam, et de la jeunesse au vieux Nestor; un volcan dont chacun souhaiterait la chaleur à sa maîtresse; que Criton pour-

---

Dicat praegnantem tua se Cosconia tantum; 5
Pallidior fiet jam pariente Lupus.
At tu consilio videaris ut usus amici,
Sic morere, ut factum te putet esse patrem.

LVI. IN CHÆREMONEM.

Quod nimium laudas, Chæremon stoice, mortem,
Vis animum mirer suspiciamque tuum.
Hanc tibi virtutem fracta facit urceus ansa,
Et tristis nullo qui tepet igne focus;
Et teges, et cimex, et nudi sponda grabati, 5
Et brevis, atque eadem nocte dieque toga.
O quam magnus homo es, qui faece rubentis aceti,
Et stipula, et nigro pane carere potes!
Leuconicis agedum tumeat tibi culcita lanis,
Constringatque tuos purpura texta toros; 10
Dormiat et tecum, qui, quum modo Cæcuba miscet,
Convivas roseo torserat ore, puer :
O quam tu cupies ter vivere Nestoris annos,
Et nihil ex ulla perdere luce voles!
Rebus in angustis facile est contemnere vitam. 15
Fortiter ille facit, qui miser esse potest.

LVII. AD SEVERUM.

Miraris, docto quod carmina mitto Severo,
Ad coenam quod te, docte Severe, vocem?
Jupiter ambrosia satur est, et nectare vivit;
Nos tamen exta Jovi cruda merumque damus.
Omnia quum tibi sint dono concessa Deorum; 5
Si quod habes, non vis; ergo quid accipies?

LVIII. IN TELESPHORUM.

Quum me velle vides, tantumque, Telesphore, sentis;
Magna rogas : puta me velle negare nihil.
Et nisi juratus dixi, dabo, subtrahis illas,
Permittunt in me quae tibi multa, nates.
Quid si me tonsor, quum stricta novacula supra est, 5
Tunc libertatem, divitiasque roget?
Promittam; nec enim rogat illo tempore tonsor,
Latro rogat : res est imperiosa timor.
Sed fuerit curva quum tuta novacula theca,
Frangam tonsori crura manusque simul. 10
At tibi nil faciam : sed lota mentula laeva
Λειχάζειν cupidae dicet avaritiae.

LIX. DE CHARINO.

Senos Charinus omnibus digitis gerit,
Nec nocte ponit, annulos,
Nec quum lavatur : caussa quae sit, quaeritis?
Dactyliothecam non habet.

LX. DE CHIONE ET PHLOGIDE.

Sit Phlogis, an Chione Veneri magis apta, requiris?
Pulchrior est Chione; sed Phlogis ulcus habet.
Ulcus habet, Priami quod tendere possit alutam,
Quodque senem Pylium non sinat esse senem.
Ulcus habet, quod habere suam vult quisque puellam, 5
Quod sanare Criton, non quod Hygia potest.

33.

raît éteindre, mais non pas Hygie. Chioné, au contraire, ne sent rien, ne dit rien; vous la croiriez absente, ou de marbre. Dieux, si un pareil miracle vous est possible, et que vous vouliez m'accorder une faveur si précieuse, faites, je vous supplie, que Phlogis ait les formes de Chioné, et Chioné le feu de Phlogis!

61. — SUR MANNÉIUS.

Mari par la langue, adultère par la bouche, plus sale que les coureuses de remparts, effroi des maquerelles de Suburra, qui, sitôt qu'elles t'aperçoivent des fenêtres de leurs bouges, se hâtent de fermer les portes, Mannéius, qui aime mieux baiser le milieu que le haut, qui naguère, pénétrant au plus profond des entrailles d'une femme, pouvait dire à coup sûr si elle était grosse d'un garçon ou d'une fille, Mannéius (réjouissez-vous, bijoux féminins, vous n'avez plus rien à démêler avec lui), Mannéius ne peut plus roidir sa langue libertine; car, pendant qu'il la plongeait au fond d'une vulve gonflée de luxure, et qu'il y demeurait attaché, entendant dans l'intérieur les vagissements de l'enfant, une maladie honteuse a paralysé cette langue avide, si bien qu'il n'est plus possible à Mannéius d'être pur ni impur.

62. — SUR LESBIE.

Lesbie jure qu'on ne l'a jamais besognée gratis : cela est vrai, car elle paye pour qu'on la besogne.

63. — CONTRE PHILOMUSUS.

Quand je me baigne, Philomusus, tu me regardes, et me demandes ensuite pourquoi je suis entouré d'esclaves si bien montés. Le voici en deux mots : Ils exploitent les curieux.

64. — CONTRE FAUSTUS.

Je ne sais, Faustus, ce que tu écris à tant de femmes; ce que je sais, c'est qu'elles ne t'écrivent pas.

65. — CONTRE JUSTINUS.

Six cents personnes sont invitées à souper chez toi, Justinus, pour fêter le jour de ta naissance. Jadis, il m'en souvient, je n'étais pas le dernier invité, et alors je n'étais envié de personne. Mais demain, les honneurs de ta table seront pour moi : sois donc aujourd'hui né pour six cents personnes; demain, tu le seras pour moi seul.

66. — CONTRE VACERRA.

Délateur, calomniateur, filou, entremetteur, suceur, et maître d'escrime, tu es tout cela, Vacerra, et, chose étonnante, tu n'as pas le sou.

67. — CONTRE MARON.

Tu ne veux rien me donner de ton vivant; tu me promets tout après ta mort. Si tu n'es pas un sot, Maron, tu sais ce que je veux.

68. — A MATHON.

Tu demandes si peu aux grands! et pourtant ils

At Chione non sentit opus, nec vocibus ullis
    Adjuvat : absentem, marmoreamve putes.
Exorare, Dei, si vos tam magna liceret,
    Et bona velletis tam pretiosa dare;   10
Hoc quod habet Chione corpus, faceretis haberet
    Ut Phlogis, et Chione, quod Phlogis ulcus habet.

LXI. DE MANNEIO.

Lingua maritus, mœchus ore Manneius,
Summœnianis inquinatior buccis;
Quem quum fenestra vidit a Suburrana
Obscœna nudum lena, fornicem cludit,
Mediumque mavult basiare, quam summum;   5
Modo qui per omnes viscerum tubos ibat,
Et voce certa, consciaque dicebat,
Puer, an puella matris esset in ventre;
(Gaudete cunni; vestra namque res acta est)
Arrigere linguam non potest fututricem.   10
Nam, dum tumenti mersus hæret in vulva,
Et vagientes intus audit infantes,
Partem gulosam solvit indecens morbus :
Nec purus esse nunc potest, nec impurus.

LXII. DE LESBIA.

Lesbia se jurat gratis nunquam esse fututam.
    Verum est : quum futui vult, numerare solet.

LXIII. IN PHILOMUSUM.

Spectas nos, Philomuse, quum lavamur,
Et quare mihi tam mutoniati
Sint leves pueri, subinde quæris.
Dicam simpliciter tibi roganti :
Pædicant, Philomuse, curiosos.   5

LXIV. IN FAUSTUM.

Nescio tam multis quid scribas, Fauste, puellis :
    Hoc scio, quod scribit nulla puella tibi.

LXV. IN JUSTINUM.

Sexcenti cœnant a te, Justine, vocati
    Lucis ad officium, quæ tibi prima fuit.
Inter quos, memini, non ultimus esse solebam,
    Nec locus hic nobis invidiosus erat.
Postera sed festæ reddes solemnia mensæ :   5
    Sexcentis hodie, cras mihi natus eris.

LXVI. IN VACERRAM.

Et delator es, et calumniator;
Et fraudator es, et negotiator;
Et fellator es, et lanista : miror
Quare non habeas, Vacerra, nummos.

LXVII. IN MARONEM.

Nil mihi das vivus : dicis, post fata daturum.
    Si non es stultus, scis, Maro, quid cupiam.

LXVIII. AD MATHONEM.

Parva rogas magnos : sed non dant hæc quoque magni.
    Ut pudeat levius te, Matho, magna roga.

te le refusent. Que ne demandes-tu beaucoup, Mathon? tu aurais moins à rougir.

69. — ÉPITAPHE DE LA CHIENNE LYDIA.

Nourrie par les maîtres des jeux, dressée pour la chasse, intrépide dans les bois et caressante à la maison, jadis je m'appelais Lydia. Fidèle à mon maître Dexter, il m'eût préférée à la chienne d'Érigone, et à ce chien crétois, compagnon de Céphale, qui fut, après sa mort, mis au rang des astres, à côté de la messagère du jour. Ce n'est pas le temps qui a terminé mon inutile vieillesse, ainsi qu'il arriva au chien du roi d'Ithaque; je meurs sous la dent cruelle d'un sanglier furieux comme ceux de Calydon ou d'Érymanthe. Et je ne me plains pas, quoique sitôt précipitée sous les ombres infernales; je ne pouvais mourir d'une plus belle mort.

70. — CONTRE TUCCA.

Ces jeunes esclaves que tu as achetés cent mille sesterces, qui jadis furent tes maîtres et qui pleurent aujourd'hui, peux-tu déjà les vendre, Tucca? Ni leurs caresses, ni leurs plaintes, ni leurs discours naïfs, ni leurs cous empreints de tes morsures, ne peuvent t'émouvoir? O forfait! déjà on les met à nu; on les voit par devant, on les voit par derrière; on examine leurs mentules, que tes mains ont formées. Si tu as tant besoin d'argent comptant, vends ta vaisselle plate, tes meubles, tes vases murrhins, tes maisons de campagne et de ville; vends tes vieux serviteurs, vends le domaine de tes pères, vends tout enfin, malheureux, plutôt que ces jeunes esclaves. C'était (qui en doute ou qui le nie?) être grandement prodigue que de les acheter; mais c'est l'être bien davantage, que de les vendre.

71. — SUR LÉDA.

Léda déclare à son vieux mari qu'elle est hystérique, et se plaint qu'il lui faille de nécessité se faire besogner. Elle pleure, elle gémit, elle proteste qu'elle n'achètera pas si cher sa guérison : « J'aime mieux mourir, » dit-elle. Son mari la conjure de vivre, de ne point sacrifier ses belles années; il permet qu'on lui fasse ce qu'il ne peut déjà plus lui faire. Soudain les médecins arrivent, et les matrones partent; la dame fait la culbute : ô le fâcheux remède!

72. — SUR NATA.

Nata dit que son amant n'a qu'un virolet, auprès duquel Priape n'est qu'un eunuque!

73. — CONTRE LYGDUS.

Tu me promets toujours, Lygdus, de venir à mes rendez-vous; tu m'indiques toi-même l'heure et le lieu. Quand j'ai bien attendu, las d'une longue et inutile érection, je demande à ma main quelque soulagement. Aussi, pourquoi prier un homme qui a de tels procédés? Va, Lygdus, va, trompeur, porter l'ombrelle de ta maîtresse borgne.

74. — SUR BACCARA.

Baccara le Grec donne son membre à guérir à un médecin son rival : Baccara veut être eunuque.

75. — CONTRE CÉLIA.

Ton esclave, Célia, est bouclé, quand vous

LXIX. EPITAPHIUM CANIS LYDIÆ.

Amphitheatrales inter nutrita magistros
  Venatrix, sylvis aspera, blanda domi,
Lydia dicebar, domino fidissima Dextro,
  Qui non Erigones mallet habere canem,
Nec qui, Dictæa Cephalum de gente secutus, 5
  Luciferæ pariter venit ad astra Deæ.
Non me longa dies, nec inutilis abstulit ætas,
  Qualia Dulichio fata fuere cani.
Fulmineo spumantis apri sum dente perempta,
  Quantus erat, Calydon, aut, Erymanthe, tuus. 10
Nec queror, infernas quamvis cito rapta sub umbras :
  Non potui fato nobiliore mori.

LXX. IN TUCCAM.

Vendere, Tucca, potes centenis millibus emptos?
  Plorantes dominos vendere, Tucca, potes?
Nec te blanditiæ, nec verba, rudesque querelæ,
  Nec te dente tuo saucia colla movent?
Ah facinus! tunica patet inguen utrimque levata; 5
  Inspiciturque tua mentula facta manu.
Si te delectat numerata pecunia, vende
  Argentum, mensas, myrrhina, rura, domum.
Vende senes servos, agros et vende paternos :
  Ne pueros vendas, omnia vende miser. 10
Luxuria est emere hos, (quis enim dubitatve, negatve?)
  Sed multo major vendere luxuria est.

LXXI. DE LEDA.

Hystericam vetulo se dixerat esse marito,
  Et queritur futui Leda necesse sibi :
Sed flens atque gemens tanti negat esse salutem,
  Seque refert potius proposuisse mori.
Vir rogat, ut vivat, virides nec deserat annos; 5
  Et fieri, quod jam non facit ipse, sinit.
Protinus accedunt medici, medicæque recedunt,
  Tollunturque pedes : o medicina gravis!

LXXII. DE NATA.

Drauci Nata sui vocat pipinnam,
  Collatus cui Gallus est Priapus.

LXXIII. IN LYGDUM.

Venturum juras semper mihi, Lygde, roganti :
  Constituisque horam, constituisque locum.
Quum frustra jacui longa prurigine tentus,
  Succurrit pro te sæpe sinistra mihi.
Quid precer, o fallax, meritis et moribus istis? 5
  Umbellam luscæ, Lygde, feras dominæ.

LXXIV. DE BACCARA.

Curandum penem commisit Baccara Græcus
  Rivali medico : Bacarra Gallus erit.

vous baignez ensemble : pourquoi cela, je te prie ? Il n'est ni citharède, ni joueur de flûte. Tu veux sans doute ne pas voir son membre. Alors pourquoi te baigner avec tout le monde ? Sommes-nous donc des eunuques ? Crains, Célia, de paraître jalouse de ton esclave, et déboucle-le.

76. — A PÉTUS.

Tu veux, Pétus, que je te paye dix sesterces, parce que Buccon t'en a fait perdre deux cents. De grâce, ne me punis pas d'une faute qui n'est pas la mienne. Si tu peux perdre deux cents sesterces, perds-en dix.

77. — CONTRE VACERRA.

Vacerra passe tout son temps et se tient tout le jour au cabinet : ce n'est pas pour y vider son ventre, mais pour se préparer à l'emplir.

78. — A VICTOR QUI SE MARIAIT.

Jouis, Victor, des embrassements d'une femme, et que ta mentule s'initie à des fonctions qu'elle ne connaît pas encore. On prépare à ta fiancée le voile de l'hymen ; on instruit la vierge de ses devoirs d'épouse, et bientôt, nouvelle mariée, elle coupera la chevelure de tes jeunes esclaves. Une fois seulement, effrayée du trait dont son impétueux mari va la transpercer, elle le laissera diriger ses attaques par derrière ; mais la nourrice et la mère te défendront de les réitérer, et te diront : « C'est à votre femme, et non à votre esclave que vous avez affaire. » Ah ! que d'embarras t'attendent, que de peines ! tu n'as pas encore l'expérience d'un bijou féminin ! Va donc te faire instruire chez quelque professe de Suburra ; elle t'apprendra à être homme : une vierge est un mauvais maître.

79. — A PÉTUS.

Parce que je ne suis arrivé qu'à la dixième heure au bout de mon mille, tu m'accuses de lenteur et de paresse ; ce n'est pas moi, non plus que la route, qu'il en faut accuser ; c'est toi, Pétus, qui m'as envoyé tes mules.

80. — SUR BAÏES.

Je ferais un poëme de mille vers à la louange de Baïes, de ces rivages délicieux, chéris de Vénus, et où la nature s'est montrée si libérale et si magnifique, qu'il serait impossible de le louer dignement. Mais, Flaccus, j'aime mieux Martial que Baïes. Vouloir posséder l'un et l'autre en même temps, ce serait trop vouloir. Si cependant les Dieux vous accordent cette faveur, quel bonheur de jouir à la fois de Martial et de Baïes !

81. — SUR UN EUNUQUE ET UN VIEILLARD.

L'eunuque Dindymus et un vieillard harcèlent à qui mieux mieux la jeune Églé, qui reste froide comme marbre, couchée entre les deux. L'un manque de vigueur, l'autre a trop d'années, et tous deux se trémoussent en pure perte. Églé te prie, Vénus, pour elle et pour ces malheureux, de rendre à celui-ci sa jeunesse, à celui-là sa virilité.

LXXV. IN CÆLIAM.

Theca tectus ahenea lavatur
Tecum, Cælia, servus : ut quid, oro,
Non sit quum citharœdus, aut choraules ?
Non vis, ut puto, mentulam videre.
Quare cum populo lavaris ergo ? 5
Omnes an tibi nos sumus spadones ?
Ergo, ne videaris invidere,
Servo, Cælia, fibulam remitte.

LXXVI. AD PÆTUM.

Solvere, Pæte, decem tibi me sestertia cogis :
Perdiderit quoniam Bucco ducenta tibi.
Ne noceant, oro, mihi non mea crimina : tu qui
Bis centena potes perdere, perde decem.

LXXVII. IN VACERRAM.

In omnibus Vacerra quod conclavibus
Consumit horas, et die tota sedet :
Cœnaturit Vacerra, non cacaturit.

LXXVIII. AD VICTOREM SPONSUM.

Utere femineis complexibus, utere, Victor,
Ignotumque sibi mentula discat opus.
Flammea texuntur sponsæ, jam virgo paratur,
Tondebit pueros jam nova nupta tuos.
Pædicare semel cupido dabit illa marito, 5
Dum metuit teli vulnera prima novi.
Sæpius hoc fieri nutrix materque vetabunt,
Et dicent, Uxor, non puer, ista tibi est.
Heu quantos æstus, quantos patiere labores,
Si fuerit cunnus res peregrina tibi ! 10
Ergo Suburranæ tironem trade magistræ.
Illa virum faciet : non bene virgo docet.

LXXIX. AD PÆTUM.

Ad primum decima lapidem quod venimus hora,
Arguimur lentæ crimine pigritiæ.
Non est ista viæ, non est mea, sed tua culpa ;
Misisti mulas qui mihi, Pæte, tuas.

LXXX. DE BAIIS.

Littus beatæ Veneris aureum Baias,
Baias superbæ blanda dona Naturæ,
Ut mille laudem, Flacce, versibus Baias,
Laudabo digne non satis tamen Baias.
Sed Martialem malo, Flacce, quam Baias. 5
Optare utrumque pariter, improbum votum est.
Quod si Deorum munere hoc tibi detur :
Quid gaudiorum est Martialis et Baiæ !

LXXXI. DE SPADONE ET SENE.

Cum sene communem vexat spado Dindymus Æglen,
Et jacet in medio sicca puella toro :
Viribus hic operi non est, hic utilis annis.
Ergo sine effectu prurit uterque labor.
Supplex illa rogat pro se, miserisque duobus, 5
Hunc juvenem facias, hunc, Cytherea, virum.

82. — SUR PHILOSTRATE.

Philostrate, revenant fort tard de Sinuesse où il avait soupé, faillit périr, en roulant, comme Elpénor, du haut des escaliers de son hôtel garni. Il n'eut pas couru tant de danger, Nymphes de Sinuesse, s'il se fût contenté de boire de vos eaux.

83. — A SOSIBIANUS.

Personne ne loge chez toi, s'il n'est riche et sans enfants. Personne, Sosibianus, ne loue sa maison plus cher que toi.

84. — SUR LE BARBIER ANTIOCHUS.

Que celui qui n'est pas las de vivre fuie, s'il est sage, le barbier Antiochus. Plus terribles sont ses rasoirs que les couteaux dont les prêtres de Cybèle se déchirent les membres au son du tambour; plus douce est la main d'Alcon quand il coupe une hernie, quand il replace habilement des os fracturés. Qu'il rase donc de pauvres cyniques, et des mentons stoïciens; qu'il tonde les crins poudreux des chevaux; mais s'il rasait Prométhée sur son roc, Prométhée redemanderait bien vite le vautour qui lui ronge le foie. Penthée se sauverait vers sa mère, Orphée chez les Ménades, s'ils entendaient seulement le bruit de son atroce outil. Ces stigmates que vous voyez sur mon menton, aussi nombreux que les rides d'un vieil athlète, ne viennent pas des ongles d'un épouse en fureur, mais du fer d'Antiochus et de sa main scélérate. Seul, de tous les animaux, le bouc a raison · il vit avec sa barbe, par effroi d'Antiochus.

85. — CONTRE ZOÏLE.

Un astre malin a tout à coup paralysé ta langue, Zoïle, au moment où elle usurpait l'office de ta mentule; celle-ci, Zoïle, va donc reprendre ses fonctions.

86. — CONTRE PARTHÉNOPÉE.

Pour apaiser la toux qui te déchire la gorge, ton médecin, Parthénopée, te prescrit le miel, le lait d'amande, les pâtes adoucissantes, et tout ce qui fait taire les enfants colères. Cependant tu ne cesses de tousser jour et nuit : ce n'est pas là du rhume, Parthénopée, c'est de la gourmandise.

87. — A CHARIDÉMUS.

Jadis tu étais riche, mais tu étais pédéraste, et jamais tu ne connus de femme. Aujourd'hui tu cours après les vieilles : ô puissance de la misère? elle te force à rentrer dans la voie commune.

88. — SUR CHARISIANUS.

Lupus, Charisianus dit que depuis plusieurs jours il ne peut plus bougironner; ses compagnons lui en demandant le motif, « C'est, dit-il, que j'ai la diarrhée. »

89. A POLLA.

Pourquoi, Polla, m'envoyer des couronnes

LXXXII. DE PHILOSTRATO.

A Sinuessanis conviva Philostratus undis
 Conductum repetens nocte jubente larem,
Pæne imitatus obit sævis Elpenora fatis,
 Præceps per longos dum ruit usque gradus.
Non esset, Nymphæ, tam magna pericula passus,   5
 Si potius vestras ille bibisset aquas.

LXXXIII. AD SOSIBIANUM.

Nemo habitat gratis nisi dives et orbus, apud te.
 Nemo domum pluris, Sosibiane, locat.

LXXXIV. DE ANTIOCHO TONSORE.

Qui nondum Stygias descendere quærit ad undas,
 Tonsorem fugiat, si sapit, Antiochum.
Alba minus sævis lacerantur brachia cultris,
 Quum furit ad Phrygios enthea turba modos.
Mitior implicitas Alcon secat enterocelas,   5
 Fractaque fabrili dedolat ossa manu.
Tondeat hic inopes cynicos, et stoica menta,
 Collaque pulverea nudet equina juba.
Hic miserum Scythica sub rupe Promethea radat,
 Carnificem nudo pectore poscet avem.   10
Ad matrem fugiet Pentheus, ad Mœnadas Orpheus
 Antiochi tantum barbara tela sonent.
Hæc quæcumque meo numeratis stigmata mento,
 In vetuli pyctæ qualia fronte sedent,
Non iracundis fecit gravis unguibus uxor;   15
Antiochi ferrum est, et scelerata manus.
Unus de cunctis animalibus hircus habet cor;
 Barbatus vivit, ne ferat Antiochum.

LXXXV. IN ZOILUM.

Sidere percussa est subito tibi, Zoile, lingua,
 Dum lingis : certe, Zoile, nunc futues.

LXXXVI. IN PARTHENOPÆUM.

Leniat ut fauces medicus, quas aspera vexat
 Assidue tussis, Parthenopæe, tibi;
Mella dari, nucleosque jubet, dulcesque placentas,
 Et quidquid pueros non sinit esse truces.
At tu non cessas totis tussire diebus.   5
 Non est hæc tussis, Parthenopæe : gula est.

LXXXVII. AD CHARIDEMUM.

Dives eras quondam : sed tunc pædico fuisti,
 Et tibi nulla diu femina nota fuit.
Nunc sectaris anus : o quantum cogit egestas!
 Illa fututorem te, Charideme, facit.

LXXXVIII. DE CHARISIANO.

Multis jam Lupe, posse se diebus
Pædicare negat Charisianus.
Caussam quum modo quærerent sodales,
Ventrem dixit habere se solutum.

LXXXIX. AD POLLAM.

Intactas quare mittis mihi, Polla, coronas?

toutes fraîches? j'aimerais mieux celles que tu aurais fanées.

90. — CONTRE CHRESTILLUS.

Tu n'aimes pas les vers faciles et coulants, mais âpres et rocailleux. Tu préfères ceci à un vers d'Homère : *Luceilei columella heic situ' Metrophan' est.* Tu t'extasies à ces mots : *terrai frugiferai*, et à tous ceux qu'ont vomis Accius et Pacuvius. Tu veux, Chrestillus, que j'imite ces vieux poëtes, tes chers amis. Que je meure, si tu sens toute la douceur du mot *mentula!*

91. — ÉPITAPHE DE CANACÉ.

Ci gît l'Éolienne Canacé, enfant dont la septième année fut la dernière. O crime! ô forfait! Passant, pourquoi te hâter de pleurer? Il ne s'agit pas ici de déplorer la brièveté de sa vie : le genre de sa mort est plus triste que sa mort même. Une lèpre affreuse a détruit son visage; elle s'est fixée sur sa bouche délicate; elle a dévoré ce siége des baisers, et ravi presque tout entières ses lèvres au bûcher. Puisque les destins étaient si pressés de fondre sitôt sur leur victime, ils devaient venir par une autre voie. Mais la mort s'est hâtée d'étouffer cette voix charmante, de peur qu'elle ne fléchît les inexorables déesses.

92. — CONTRE ZOÏLE.

Il ment, Zoïle, celui qui t'appelle vicieux. Tu n'es pas vicieux, Zoïle : tu es le vice même.

93. — SUR THÉODORUS.

Le feu a dévoré les pénates du poëte Théodorus : et les Muses et Phébus l'ont souffert! O crime! ô forfait abominable! ô injustice des Dieux! la maison a brûlé, et non le maître!

94. — CONTRE UN RIVAL CIRCONCIS.

Sèche de jalousie, déchire en tous lieux mes écrits, je te le pardonne, poëte circoncis; tu as tes raisons. Je me soucie peu que tu dises du mal de mes vers, tout en les pillant; poëte circoncis, tu as tes raisons. Ce qui me fâche, c'est que toi, véritable enfant de Solyme, tu te permettes, poëte circoncis, de profaner le derrière de mon esclave. Tu as beau le nier, et prendre à témoin Jupiter tonnant, je ne te crois pas, circoncis; jure donc par Anchialus.

95. — A FLACCUS.

Chaque fois que vous recevez les baisers de quelque sale suceur, il me semble vous voir, Flaccus, plonger la tête dans une cuvette.

96. — A UN GERMAIN.

Germain, c'est la source de Mars et non pas le Rhin qui jaillit ici : pourquoi donc empêcher cet enfant de boire de ces nobles eaux? L'eau des vainqueurs ne doit pas, Barbare, désaltérer un captif au lieu et place d'un Romain.

97. — CONTRE THÉLÉSILLA.

Je puis le faire quatre fois en une nuit; mais que je meure, Thélésilla, si en quatre ans je puis le faire une seule fois avec toi.

98. — A BASSUS.

Il est impossible, Bassus, d'échapper aux bai-

A te vexatas malo tenere rosas.

XC. IN CHRESTILLUM.

Carmina nulla probas, molli quæ limite currunt,
  Sed quæ per salebras, altaque saxa cadunt.
Et tibi Mæonio res carmine major habetur,
  Luceilei columella heic si tu' Metrophan' est.
Attonitusque legis, *terrai frugiferai*, 5
  Accius et quidquid Pacuviusque vomunt.
Vis imiter veteres, Chrestille, tuosque poetas?
  Dispeream, si scis, mentula quid sapiat.

XCI. EPITAPHIUM CANACES.

Æolidon Canace jacet hoc tumulata sepulcro,
  Ultima cui parvæ septima venit hyems.
Ah scelus, ah facinus! properas quid flere, viator?
  Non licet hic vitæ de brevitate queri.
Tristius est leto leti genus : horrida vultus 5
  Abstulit, et tenero sedit in ore lues;
Ipsaque crudeles ederunt oscula morbi;
  Nec data sunt nigris tota labella rogis.
Si tam præcipiti fuerant ventura volatu,
  Debuerant alia fata venire via. 10
Sed mors vocis iter properavit cludere blandæ,
  Ne posset duras flectere lingua Deas.

XCII. IN ZOILUM.

Mentitur, qui te vitiosum, Zoile, dicit.
  Non vitiosus homo es, Zoile, sed vitium.

XCIII. DE THEODORO.

Pierios vatis Theodori flamma Penates
  Abstulit : hoc Musis, hoc tibi, Phœbe, placet?
O scelus, o magnum facinus, crimenque Deorum,
  Non arsit pariter quod domus, et dominus!

XCIV. IN VERPUM ÆMULUM.

Quod nimium lives, nostris et ubique libellis
  Detrahis, ignosco : verpe poeta, sapis.
Hoc quoque non curo, quod, quum mea carmina carpas,
  Compilas : et sic, verpe poeta, sapis.
Illud me cruciat, Solymis quod natus in ipsis, 5
  Pædicas puerum, verpe poeta, meum.
Ecce negas, jurasque mihi per templa Tonantis.
  Non credo : jura, verpe, per Anchialum.

XCV. AD FLACCUM.

Incideris quoties in basia fellatorum,
  In solio puto te mergere, Flacce, caput.

XCVI. AD GERMANUM.

Martia, non Rhenus, salit hic, Germane : quid obstas,
  Et puerum prohibes divitis imbre lacus?
Barbare, non debet, summoto cive, ministro
  Captivam victrix unda levare sitim.

XCVII. IN THELESILLAM.

Una nocte quater possum : sed quatuor annis
  Si possum, peream, te Thelesilla, semel.

seurs. Ils vous pressent, vous arrêtent, vous poursuivent, vous rencontrent ici, là, ailleurs et partout. Il n'est pas d'ulcère, de boutons enflammés, de mentagre, de dartres immondes, de lèvres barbouillées de cérat, de roupie condensée au bout du nez, qui vous en garantissent. Ils vous baisent quand vous avez chaud, quand vous avez froid, quand vous n'avez envie que d'être baisé par votre femme. Le capuchon qui vous couvre la tête, les peaux et les rideaux de votre litière, le soin que vous prenez à la tenir fermée, tout cela est inutile : le baiseur passe à travers les fentes. Soyez consul, soyez tribun, ayez les faisceaux, ayez des licteurs à la verge imposante et à la voix criarde, vous ne chasserez point un baiseur. Siégez sur un tribunal, du haut de la chaise curule rendez la justice, un baiseur escaladera l'un et l'autre. Ayez la fièvre, il vous baisera; pleurez, il vous baisera; bâillez, il vous baisera; nagez, il vous baisera; videz-vous le ventre, il vous baisera encore. Contre un tel fléau, il n'est qu'un remède : faites-vous un ami que vous ne vouliez pas baiser.

99. — CONTRE LESBIE.

Toutes les fois que tu te lèves de ta chaise, je remarque, malheureuse Lesbie, que tes jupes t'entrent souvent dans le derrière. Tu tires avec effort tantôt à droite, tantôt à gauche, pour les en arracher; mais tu n'en viens à bout qu'après bien des larmes et des gémissements, tant ils adhèrent à tes fesses, tant ils sont engagés dans le détroit de ces nouvelles Symplégades. Veux-tu savoir le remède à ce honteux inconvénient? Je vais te le dire : ne te lève ni ne t'assieds. Lesbie.

100. — A FLACCUS.

Je ne veux point, Flaccus, d'une maîtresse efflanquée, qui se fasse des bracelets de mes bagues, dont les fesses soient des ratissoires, le genou un poinçon, l'épine dorsale une scie, et le derrière un épieu. Mais je ne veux pas non plus d'une maîtresse qui pèse un millier : j'aime la chair, et non la graisse.

101. — A FLACCUS.

Quoi ! Flaccus, vous avez pu voir cette imperceptible Thaïs ? Vous voyez donc, Flaccus, ce qui n'existe pas.

102. — CONTRE LYDIE.

On ne ment pas, Lydie, quand on affirme que, sans avoir la figure belle tu as une belle, carnation. Cela est vrai, surtout lorsque tu restes immobile et muette comme une figure de cire ou comme un tableau. Mais sitôt que tu parles, Lydie, ta carnation perd tout son mérite, et la langue ne nuit à personne plus qu'à toi. Gare que l'édile ne t'entende et ne te voie ! toutes les fois qu'une statue parle, c'est un prodige.

103. — A SOPHRONIUS.

Il y a tant de candeur, Sophronius, dans ton

XCVIII. AD BASSUM.

Effugere non est, Basse, basiatores.
Instant, morantur, persequuntur, occurrunt,
Et hinc, et illinc, usquequaque, quacumque.
Non ulcus acre, pustulaeve lucentes,
Nec triste mentum, sordidique lichenes,   5
Nec labra pingui delibuta ceroto,
Nec congelati gutta proderit nasi.
Et aestuantem basiant, et algentem,
Et nuptiale basium reservantem.
Non te cucullis asseret caput tectum,   10
Lectica nec te tuta pelle veloque,
Nec vindicabit sella saepius clusa.
Rimas per omnes basiator intrabit.
Non consulatus ipse, non tribunatus,
Saevique fasces, nec superba clamosi   15
Lictoris abiget virga basiatorem.
Sedeas in alto tu licet tribunali,
Et e curuli jura gentibus reddas,
Ascendet illa basiator, atque illa;
Febricitantem basiabit et flentem ;   20
Dabit oscitanti basium, natantique;
Dabit et cacanti : remedium mali solum est,
Facias amicum, basiare quem nolis

XCIX. IN LESBIAM.

De cathedra quoties surgis, jam saepe notavi,
Paedicant miseram, Lesbia, te tunicae.
Quas quum conata es dextra, conata sinistra
Vellere, eum lacrymis eximis, et gemitu.
Sic constringuntur gemina Symplegade culi,   5
Et Minyas intrant, Cyaneasque nates.
Emendare cupis vitium deforme? docebo;
Lesbia, nec surgas censeo, nec sedeas.

C. AD FLACCUM.

Habere amicam nolo, Flacce, subtilem,
Cujus lacertos annuli mei cingant,
Quae clune nudo radat, et genu pungat;
Cui serra lumbis, cuspis eminet culo.
Sed idem amicam nolo mille librarum ;   5
Carnarius sum, pinguiarius non sum.

CI. AD FLACCUM.

Thaida tam tenuem potuisti, Flacce, videre?
Tu puto, quod non est, Flacce, videre potes.

CII. IN LYDIAM.

Non est mentitus, qui te mihi dixit habere
Formosam carnem, Lydia, non faciem.
Est ita, si taceas, et si tam muta recumbas,
Quam silet in cera vultus, et in tabula.
Sed quoties loqueris, carnem quoque, Lydia, perdis ; 5
Et sua plus nulli, quam tibi, lingua nocet.
Audiat aedilis ne te, videatque, caveto;
Portentum est, quoties coepit imago loqui.

CIII. AD SOPHRONIUM.

Tanta tibi est animi probitas orisque, Sophroni,
Ut mirer fieri te potuisse patrem.

âme et sur ta figure, que je m'étonne que tu sois devenu père.

104. — CONTRE SA FEMME.

Allez vous promener, ma femme, ou vivez à ma mode. Je ne suis ni un Curius, ni un Numa, ni un Tatius. Passer des nuits à vider joyeusement les bouteilles, voilà ce que j'aime : boire de l'eau, sortir tôt de table en faisant la grimace, telle est votre habitude. Vous n'aimez que les ténèbres; moi, j'aime qu'un flambeau éclaire mes plaisirs et que Vénus s'ébatte au grand jour. Vous vous enveloppez de voiles, de tuniques et de manteaux épais; pour moi, jamais une femme n'est assez nue. J'aime les baisers à la manière des tourterelles, et les vôtres sont comme ceux que vous donnez chaque matin à votre grand'-mère. Dans l'œuvre amoureuse vous restez sans mouvement, et vous ne daignez y aider ni de la voix ni de la main. Vous êtes aussi tranquille que si vous prépariez l'encens et le vin d'un sacrifice. Quand Andromaque chevauchait son mari, les esclaves se masturbaient derrière la porte; et pendant qu'Ulysse dormait, la chaste Pénélope avait toujours la main où vous savez. Votre derrière est clos pour moi : cependant Cornélie ne faisait pas tant de façons avec Gracchus, Julie avec Pompée, Porcia avec Brutus. Avant que Ganymède ne versât à boire à Jupiter, et ne fût son mignon, c'est Junon qui en tenait lieu. Soyez, puisque vous avez des goûts si austères, soyez une Lucrèce tout le long du jour; mais la nuit, mordieu, je veux une Laïs.

105. — A GARRICUS.

Tu m'envoyais une livre d'argent, Garricus; aujourd'hui, ce n'est plus qu'un quart. Ah! Garricus, va au moins jusqu'à la demie.

106. — A ALBIUS MAXIMUS.

Lisez ceci seulement, A. Maximus, si vous en avez le temps; car vous êtes très-occupé et n'êtes pas trop laborieux. Mais quoi! pas même ces quatre vers? Vous avez bien raison.

107. — A SEPTICIANUS.

Tu me rends mon manuscrit, Septicianus, comme si tu l'avais déroulé et lu jusqu'au bout. Tu as tout lu : je le crois, je le sais, je m'en réjouis vraiment. Ainsi ai-je moi-même lu tes cinq livres.

108. — AU LECTEUR.

Quoique tu en aies assez et trop sans doute d'un livre si long, tu demandes encore, lecteur, quelques distiques. Mais Lupus réclame les intérêts de son argent, et mes esclaves leurs gages. Paye donc, lecteur. Tu ne dis mot, tu fais la sourde oreille : adieu donc.

LIVRE XII.

MARTIAL A SON AMI PRISCUS.

Je dois, je le sais, me justifier de la paresse à laquelle je me suis laissé aller depuis trois ans, et qui serait à peine excusable à Rome, où les occupations attrayantes ne sont guère qu'une sorte d'agitation plutôt importune qu'agréable

---

CIV. IN UXOREM.

Uxor, vade foras, aut moribus utere nostris :
   Non ego sum Curius, non Numa, non Tatius.
Me jucunda juvant tractæ per pocula noctes ;
   Tu properas pota surgere tristis aqua.
Tu tenebris gaudes : me ludere teste lucerna,   5
   Et juvat admissa rumpere luce latus.
Fascia te, tunicæque, obscuraque pallia celant;
   At mihi nulla satis nuda puella jacet.
Basia me capiunt blandas imitata columbas ;
   Tu mihi das, aviæ qualia mane soles.   10
Nec motu dignaris opus, nec voce juvare,
   Nec digitis; tanquam thura merumque pares.
Masturbabantur Phrygii post ostia servi,
   Hectoreo quoties sederat uxor equo.
Et quamvis Ithaco stertente, pudica solebat   15
   Illic Penelope semper habere manum.
Pædicare negas : dabat hoc Cornelia Graccho ;
   Julia Pompeio; Porcia, Brute, tibi.
Dulcia Dardanio nondum miscente ministro
   Pocula, Juno fuit pro Ganymede Jovi.   20
Si te delectat gravitas, Lucretia toto
   Sis licet usque die; Laida nocte volo.

CV. AD CARRICUM.

Mittebas libram : quadrantem, Garrice, mittis.

Saltem semissem, Garrice, solve mihi.

CVI. AD ALBIUM MAXIMUM.

Albi Maxime, si vacabit hora,
Hoc tantum lege : namque et occupatus,
Et non es nimium laboriosus.
Transis hos quoque quatuor? sapisti.

CVII. AD SEPTICIANUM.

Explicitum nobis usque ad sua cornua librum,
   Et quasi perlectum, Septiciane, refers.
Omnia legisti : credo, scio, gaudeo, verum est.
   Perlegi libros sic ego quinque tuos.

CVIII. AD LECTOREM.

Quamvis tam longo possis satur esse libello,
   Lector; adhuc a me disticha pauca petis.
Sed Lupus usuram, puerique diaria poscunt.
   Lector, solve : taces, dissimulasque? vale.

LIBER XII.

M. VAL. MARTIALIS PRISCO SUO SALUTEM.

Scio me patrocinium debere contumacissimæ trienii desidiæ : quæ absolvenda non esset inter illas quoque occupationes urbicas, quibus facilius consequimur, ut molesti potius quam officiosi esse videamur ; nedum in hac

aux gens, mais qui l'est bien moins encore dans la solitude d'une province, où, si l'on ne se livre avec excès à l'étude, la retraite est sans consolation, sans excuse. Écoutez donc mes raisons. La première, et la meilleure, c'est que je cherche vainement ici les auditeurs que je trouvais à Rome, et que j'y suis comme si je plaidais dans un barreau étranger. S'il est en effet quelque charme en mes livres, je le dois à mes auditeurs. La pénétration dans le jugement, la fécondité du génie, les bibliothèques, les théâtres, les réunions où l'on étudie en prenant du plaisir, toutes ces choses que la satiété me fit abandonner, je les regrette comme si je les avais perdues à jamais. Ajoutez à cela l'humeur mordante des provinciaux, l'envie qui tient la place de la critique, un ou deux malintentionnés qui sont une foule dans un petit endroit, et en présence desquels il est si difficile de garder tous les jours sa bonne humeur. Ne vous étonnez donc pas si j'ai rejeté avec indignation ce que d'habitude je pratiquais avec délices. Cependant, à votre arrivée de Rome, quand vous me demanderez mes comptes, pour ne pas refuser un homme envers qui ce n'est pas être reconnaissant que de m'en tenir à ce qui m'est possible, je me suis fait une obligation de ce qui m'était jadis un plaisir, à savoir, de consacrer quelques jours au travail, afin d'offrir à mon meilleur ami mon hommage de bienvenue. Veuillez donc, je vous prie, examiner, peser scrupuleusement ces vers, qui, près de vous seul, n'ont pas de dangers à courir. Jugez sans ménagement (ce qui doit vous être pénible) ces bagatelles nées de ma veine, de peur que je n'envoie à Rome, si toutefois vous le décidez ainsi, non pas un livre fait en Espagne, mais un livre espagnol.

1. — AU MÊME.

Pendant que les filets sont pliés, que les chiens n'aboyent plus, que la forêt est silencieuse et qu'on n'y rencontre plus le sanglier, donnez à ce livre, Priscus, un peu de vos loisirs. Nous ne sommes pas en été, et l'heure que vous me donnerez ne sera pas perdue tout entière.

2. — A SES VERS.

Vous qui alliez jadis à Pyrgos, mes vers, allez maintenant dans la rue Sacrée; il n'y fait plus de poussière.

3. — A SON LIVRE.

Toi qui jadis, ô mon livre, allais de Rome chez les autres peuples, c'est de chez eux maintenant que tu vas à Rome. Pars donc des pays que baigne le Tage au sable d'or, des arides rivages du Salon, de cette terre puissante où reposent les cendres de mes aïeux. Dans cette orgueilleuse cité de Rémus, où sont nés la plupart de tes frères, tu ne seras ni étranger, ni nouveau venu. Aborde, tu en as le droit, le seuil de ce temple vénérable rendu naguère au chœur sacré des Muses; ou, si tu l'aimes mieux, commence par gravir la rue de Suburra. C'est là que s'élève le palais du consul, mon ami, de l'illustre Stella, dont les pénates sont ornés du laurier de l'éloquence, et qui étanche sa soif à la fontaine de Castalie. Cette fontaine y verse avec orgueil son onde transparente, et souvent les neuf Sœurs viennent, dit-on, s'y désaltérer. C'est lui qui te répandra parmi le peuple, les sénateurs et les chevaliers; lui-même ne te lira pas sans émotion. Tu veux un titre? à quoi bon? Qu'on lise

---

provinciali solitudine, ubi nisi etiam intemperanter studemus, et sine solatio, et sine excusatione secessimus. Accipe ergo rationem; in qua hoc maximum et primum est, quod civitatis aures, quibus assueveram, quæro, et videor mihi in alieno foro litigare. Si quid est enim in libellis meis, quod placeat, dictavit auditor. Illam judiciorum subtilitatem, illud materiarum ingenium, bibliothecas, theatra, conventus, in quibus studere se voluptatibus non sentiunt : ad summam omnium ea, quæ delicati reliquimus, quasi destituti desideramus. Accedit his municipalium rubigo dentium, et judicii loco livor, et unus aut alter mali, in pusillo loco multi, adversus quos difficile est habere quotidie bonum stomachum. Ne mireris igitur abjecta ab indignante, quæ a gestiente fieri solebant. Ne quid tamen et advenienti tibi ab Urbe, et exigenti negarem (cui non refero gratiam, si tantum ea præsto, quæ possim); imperavi mihi, quod indulgere consueveram, et studii paucissimis diebus, ut familiarissimas mihi aures tuas exciperem adventoria sua. Tu velim ista, quæ tantum apud te non periclitantur, diligenter æstimare et excutere non graveris; et, quod tibi difficillimum est, de nugis nostris judices nitore seposito, ne Romam, si ita decreveris, non Hispaniensem librum mittamus, sed Hispanum.

I. AD EUMDEM.

Retia dum cessant, latratoresque Molossi,
   Et non invento sylva quiescit apro :
Otia, Prisce, brevi poteris donare libello.
   Hora nec æstiva est, nec tibi tota perit.

II. AD SUA CARMINA.

Quæ modo littoreos ibatis carmina Pyrgos;
   Ite Sacra, jam non pulverulenta via est.

III. AD LIBRUM SUUM.

Ad populos mitti qui nuper ab Urbe solebas,
   Ibis io Romam nunc peregrine liber,
Auriferi de gente Tagi, tetricique Salonis,
   Dat patrios Manes quæ mihi terra potens.
Non tamen hospes eris, nec jam potes advena dici, 5
   Cujus habet fratres tot domus alta Remi.
Jure tuo veneranda novi pete limina templi,
   Reddita Pierio sunt ubi templa choro.
Vel si malueris, prima gradiere Suburra :
   Atria sunt illic consulis alta mei. 10
Lauriferos habitat facundus Stella Penates,
   Clarus Hyantææ Stella sititor aquæ.

deux ou trois vers, mon livre, et l'on dira que tu es bien mon livre.

4. — A PRISCUS.

Ce que le descendant des rois, Mécène, fut pour Horace, Varius et Virgile, mes vers, que la postérité attend, diront aux nations à venir que vous l'avez été pour moi. Vous donnez l'élan à mon génie; ce que je vaux, je vous le dois; c'est à vous que je suis redevable du noble loisir du poëte.

5. — A CÉSAR.

Mon dixième et mon onzième livres étaient trop longs; je les ai abrégés par quelques coupures. Que les oisifs, que ceux qui vous doivent la tranquillité de leur existence en lisent la première édition; pour vous, César, lisez-les tels qu'ils sont maintenant, peut-être les lirez-vous tels qu'il étaient.

6. — ÉLOGE DE NERVA.

L'Ausonie, Nerva, a le bonheur d'avoir le plus clément des princes; libre à nous maintenant de cultiver les Muses. L'équité, la bonne foi, la clémence au riant visage, la puissance tutélaire, sont de retour; la crainte a fui loin de nous. Rome, ton peuple fidèle, les nations soumises à ton empire ne forment pour toi qu'un vœu : c'est que tu aies toujours de pareils princes, et que tu conserves longtemps celui-ci. Courage donc, Nerva! Ayez cet esprit supérieur, ces mœurs pures qu'avait Numa et dont se fût glorifié Caton.

Aujourd'hui vous pouvez, oui, vous le pouvez, faire des largesses, exercer votre bienfaisance, augmenter les petits patrimoines, et donner au delà même de ce que vous devez à la bonté des Dieux. Sous un mauvais prince, dans des temps les plus durs, vous osâtes seul être bon.

7. — SUR LIGÉIA.

Si Ligéia calcule son âge d'après le nombre de ses cheveux, elle a trois ans.

8. — ÉLOGE DE TRAJAN.

Déesse des nations et du monde, Rome que rien n'égale et dont rien n'approche, heureuse de l'avénement de Trajan, tu te flattais naguère de le voir régner longtemps, et, admirant dans cet illustre chef la réunion de toutes les qualités, la jeunesse, le courage et les talents militaires, tu t'écrias toute glorieuse : « Princes des Parthes, rois des Sères, Thraces, Sarmates, Gètes et Bretons, je puis vous montrer un César, approchez. »

9. — A CÉSAR.

O le plus clément des princes, Palma gouverne notre chère Ibérie, et, sous son joug plein de douceur, la paix fleurit dans ces contrées. Recevez donc nos actions de grâces pour un si grand bienfait; vous nous avez envoyé un autre vous-même.

10. — SUR AFRICANUS.

Africanus a cent millions, et il court les testaments. La fortune donne trop à une foule de gens, jamais assez à personne.

Fons ibi Castalius vitreo torrente superbit,
   Unde novem dominas sæpe bibisse ferunt.
Ille dabit populo, patribusque, equitique legendum,   15
   Nec nimium siccis perleget ipse genis.
Quid titulum poscis? versus duo tresve legantur,
   Clamabunt omnes te, liber, esse meum.

IV. AD PRISCUM.

Quod Flacco, Varioque fuit, summoque Maroni,
   Mæcenas atavis regibus ortus eques,
Gentibus et populis hoc te mihi, Prisce Terenti,
   Fama fuisse loquax, chartaque dicet anus.
Tu facis ingenium; tu, si quid posse videmur;   5
   Tu das ingenuæ jus mihi pigritiæ.

V. AD CÆSAREM.

Longior undecimi nobis, decimique libelli
   Arctatus labor est, et breve rasit opus.
Plura legant vacui, quibus otia tuta dedisti;
   Hæc lege tu, Cæsar : forsan et illa leges.

VI. IN COMMENDATIONEM NERVÆ.

Contigit Ausoniæ procerum mitissimus aulæ
   Nerva : licet toto nunc Helicone frui.
Recta Fides, hilaris Clementia, canta Potestas
   Jam redeunt : longi terga dedere Metus.
Hoc populi, gentesque tuæ, pia Roma, precantur;   5
   Dux tibi sit semper talis, et iste diu.
Macte animi, quem rarus habet, morumque tuorum,

Quos Numa, quos hilaris posset habere Cato.
Largiri, præstare, breves extendere census,
   Et dare, quæ faciles vix tribuere Dei,   10
Nunc licet, et fas est : sed tu sub principe duro,
   Temporibusque malis, ausus es esse bonus.

VII. DE LIGEIA.

Toto vertice quot gerit capillos,
Annos si tot habet Ligeia, trima est.

VIII. IN COMMENDATIONEM TRAJANI.

Terrarum Dea gentiumque Roma,
Cui par est nihil, et nihil secundum,
Trajani modo læta quum futuros
Tot per sæcula computaret annos,
Et fortem, juvenemque, Martiumque   5
In tanto duce militem videret;
Dixit præside gloriosa tali :
Parthorum proceres, ducesque Serum,
Thraces, Sauromatæ, Getæ, Britanni,
Possum ostendere Cæsarem; venite.   10

IX. AD CÆSAREM.

Palma regit nostros, mitissime Cæsar, Iberos,
   Et placido fruitur pax peregrina jugo.
Ergo agimus læti tanto pro munere grates :
   Misisti mores in loca nostra tuos.

X. DE AFRICANO.

Habet Africanus millies, tamen captat.

11. — IL ENVOIE SON LIVRE A PARTHÉNIUS.

Muse, salue Parthénius, mon ami et le tien. Nul ne boit à plus longs traits dans la fontaine d'Aonie. Quelle lyre résonne avec plus d'éclat dans les antres de Pimplée? Quel poëte fut jamais plus chéri d'Apollon? Si par hasard, ce que je n'ose espérer, il a quelque loisir, prie-le de mettre lui-même mes vers sous les yeux du prince. Qu'en faveur de cet humble et court opuscule, il dise seulement ces trois mots : « Rome le lit. »

12. — CONTRE POSTHUMUS.

Quand tu as passé la nuit à boire, tu promets tout, et le matin tu l'oublies. Bois le matin, Posthumus.

13. — A AUCTUS.

Les riches, Auctus, font de la colère une matière à profit. Il en coûte moins de se fâcher que de donner.

14. — A PRISCUS.

Usez plus sobrement, croyez-moi, du coursier rapide, et ne soyez pas si ardent, Priscus, contre les pauvres lièvres. Souvent, lorsqu'il tombe de cheval pour ne plus se relever, le chasseur venge la bête. La plaine aussi a ses dangers et ses piéges, quoiqu'elle n'ait ni fossés, ni éminences, ni rochers perfides. Assez de gens vous donneront ce fâcheux spectacle; mais leur perte sera moins regrettable. S'il vous faut de nobles dangers, chassons, le courage y est plus sûr, chassons le sanglier de Toscane.

Qu'ont de si attrayant ces courses imprudentes à bride abattue? Le cavalier, Priscus, y est plus souvent vaincu que le lièvre.

15. — COMPLIMENT.

Tout ce qui brillait dans le palais impérial a été donné aux Dieux, et sera vu de tous. Jupiter admire ces émeraudes de Scythie enchâssées dans leurs cercles d'or; il considère avec étonnement ces magnificences orgueilleuses des rois, ce luxe qu'ont payé les nations. Voilà des coupes dignes du maître du tonnerre, des coupes auxquelles il faudrait l'échanson phrygien. Aujourd'hui Jupiter est heureux, et nous le sommes avec lui; mais naguère (aveu honteux, oui, honteux !) Jupiter était pauvre avec tous les Romains.

16. — CONTRE LABIÉNUS.

Tu as vendu trois champs, Labiénus, et acheté trois mignons. Ce sont tes champs que tu prostitues.

17. — CONTRE LENTINUS.

Depuis plusieurs jours la fièvre te mine, Lentinus, et tu te demandes en pleurant pourquoi elle s'acharne après toi : avec toi elle va en litière; avec toi, au bain; elle mange des champignons, des huîtres, de la tétine et du sanglier, s'enivre souvent de sétia et souvent de falerne, ne boit le cécube qu'à la glace, ne couche que sur la rose et l'amome, ne dort que sur la plume et dans la pourpre. Si bien traitée, si bien nourrie, voudrais-tu qu'elle allât chez Dama?

Fortuna multis dat nimis, satis nulli.

XI. MITTIT LIBRUM AD PARTHENIUM.

Parthenio dic, Musa, tuo nostroque salutem :
Nam quis ab Aonio largius amne bibit?
Cujus Pimplæo lyra clarior exit ab antro?
Quem plus Pierio de grege Phœbus amat?
Et si forte, sed hoc vix est sperare, vacabit,   5
Tradat ut ipse duci carmina nostra, roga;
Quatuor et tantum timidumque brevemque libellum
Commendet verbis : Hunc tua Roma legit.

XII. IN POSTHUMUM.

Omnia promittis, quum tota nocte bibisti :
Mane nihil præstas. Posthume, mane bibe.

XIII. AD AUCTUM.

Genus, Aucte, lucri divites habent iram
Odisse, quam donare, vilius constat.

XIV. AD PRISCUM.

Parcius utaris, moneo, rapiente veredo,
Prisce, nec in lepores tam violentus eas.
Sæpe satisfecit prædæ venator, et acri
Decidit excussus, nec rediturus, equo.
Insidias et campus habet : nec fossa, nec agger,   5
Nec sint saxa licet, fallere plana solent.
Non deerunt qui tanta tibi spectacula præstent,
Invidia fati sed leviore cadant.
Si te delectant animosa pericula, Tuscis
(Tutior est virtus) insidiemur apris.   10

Quid te fræna juvant temeraria? sæpius illis,
Prisce, datum est equitem rumpere, quam leporem.

XV. ADULATORIUM.

Quidquid Pharrhasia nitebat aula,
Donatum est oculis, Deisque nostris.
Miratur Scythicas virentis auri
Flammas Jupiter, et stupet superbi
Regis delicias, gravesque luxus.   5
Hæc sunt pocula, quæ decent Tonantem :
Hæc sunt, quæ Phrygium decent ministrum.
Omnes cum Jove nunc sumus beati :
At nuper (pudet, ah pudet fateri)
Omnes cum Jove pauperes eramus.   10

XVI. IN LABIENUM.

Addixti, Labiene, tres agellos :
Emisti, Labiene, tres cinædos :
Pædicas, Labiene, tres agellos.

XVII. IN LENTINUM.

Quare tam multis a te, Lentine, diebus
Non abeat febris, quæris, et usque gemis.
Gestatur tecum pariter, pariterque lavatur :
Cœnat boletos, ostrea, sumen, aprum.
Ebria Setino fit sæpe, et sæpe Falerno :   5
Nec nisi per niveam Cæcuba potat aquam.
Circumfusa rosis, et nigra recumbit amomo;
Dormit et in pluma, purpureoque toro.
Quum sit ei pulchre, quum tam bene vivat apud te,

18. — A JUVÉNAL.

Tandis qu'occupé de vos affaires vous traversez en courant la rue de Suburra, cette rue si tumultueuse, ou que vous battez le pavé de la colline de Diane; tandis que, tout en sueur sous votre robe qui fouette l'air, vous allez de palais en palais, et que vous vous fatiguez à courir du grand au petit Célius, je suis, après bien des années, revenu à Bilbilis, fière de ses mines d'or et de fer, où je vis en campagnard. Là, paresseux colon, je cultive sans trop d'efforts les champs de Boterde et de Platée, noms grossiers de la Celtibérie. Je goûte un sommeil profond, opiniâtre, qui dure souvent au delà de la troisième heure, et je répare ici toutes mes veilles de trente ans. Dans ces lieux, la toge est inconnue; et le premier vêtement venu, jeté sur ma chaise cassée, est celui qu'on me donne, quand je le demande. Je me lève, le feu m'attend, noble amas de branches de chêne coupé dans la forêt voisine. La fermière l'a déjà flanqué d'une vaste ceinture de marmites. Arrive le chasseur, mais tel que vous en voudriez un pareil dans le fourré le plus épais. Le métayer, imberbe encore, distribue leur tâche aux esclaves, et me prie de lui permettre de couper sa chevelure. Voilà comme j'aime à vivre, voilà comme je veux mourir.

19. — SUR ÉMILIUS.

Au bain, Émilius mange des laitues, des œufs, des lézards de mer; puis il assure qu'il ne dîne jamais en ville.

20. — A FABULLUS.

Vous demandez, Fabullus, pourquoi Thémison n'a point de femme? Il a une sœur.

21. — A MARCELLA.

Qui croirait, Marcella, que tu habites sur les rives du Salon, ou même que tu es Espagnole? Tes manières sont si douces, si distinguées! Qu'on t'entende seulement parler, et l'on dira que tu es de la cour de César. Dans la rue de Suburra, sur le mont Capitolin, pas une femme n'oserait le disputer avec toi; pas une fille qui a souri en naissant à une mère étrangère ne mérite plus que toi d'être Romaine. Tu me rends plus supportable la privation de la reine des cités; seule, tu es Rome pour moi.

22. — SUR PHILÉNIS.

Que Philénis est laide avec son œil borgne! Voulez-vous, Fabullus, qu'en deux mots je vous dise à quel point? Philénis aveugle serait plus belle.

23. — CONTRE LÉLIA.

Tu as acheté tes dents, tes cheveux, et tu n'as pas honte de t'en servir! Comment feras-tu pour ton œil, Lélia? on n'en vend point.

24. — A JUVÉNÉUS, SUR UNE VOITURE COUVERTE.

Agréable et discret véhicule, présent du docte

Ad Damam potius vis tua febris eat ?

XVIII. AD JUVENALEM.

Dum tu forsitan inquietus erras
Clamosa, Juvenalis, in Suburra,
Aut collem dominæ teris Dianæ;
Dum per limina te potentiorum
Sudatrix toga ventilat, vagumque   5
Major Cœlius, et minor fatigant;
Me multos repetita post decembres
Accepit mea, rusticumque fecit,
Auro Bilbilis et superba ferro.
Hic pigri colimus labore dulci   10
Boterdum Plateamque : Celtiberis
Hæc sunt nomina crassiora terris.
Ingenti fruor improboque somno,
Quem nec tertia sæpe rumpit hora,
Et totum mihi nunc repono, quidquid 15
Ter denos vigilaveram per annos.
Ignota est toga : sed datur petenti
Rupta proxima vestis e cathedra.
Surgentem focus excipit superba
Vicini strue cultus iliceti,   20
Multa villica quem coronat olla.
Venator sequitur; sed ille, quem tu
Secreta cupias habere sylva.
Dispensat pueris, rogatque longos
Levis ponere villicus capillos.   25
Sic me vivere, sic juvat perire.

XIX. DE ÆMILIO.

In thermis sumit lactucas, ova, lacertum,
Et cœnare foris se negat Æmilius.

XX. AD FABULLUM.

Quare non habeat, Fabulle, quæris
Uxorem Themison? Habet sororem.

XXI. AD MARCELLAM.

Municipem rigidi quis te, Marcella, Salonis,
Et genitam nostris quis putet esse locis?
Tam rarum, tam dulce sapis : Pallatia dicent,
Audierint si te vel semel, esse suam;
Nulla nec in media certabit nata Suburra,   5
Nec Capitolini collis alumna tibi.
Nec cito ridebit peregrini gloria partus,
Romanam deceat quam magis esse nurum.
Tu desiderium dominæ mihi mitius urbis
Esse jubes : Romam tu mihi sola facis.   10

XXII. DE PHILÆNIDE.

Quam sit lusca Philænis indecenter,
Vis dicam breviter tibi, Fabulle?
Esset cæca decentior Philænis.

XXIII. IN LÆLIAM.

Dentibus atque comis, nec te pudet, uteris emptis.
Quid facies oculo, Lælia? non emitur.

XXIV. AD JUVENCUM, DE COVINO CURRU.

O jucunda, Covine, solitudo,

Élianus, que tu es bien préférable au char et à la litière! Là du moins, Juvencus, vous pourrez librement me dire tout ce qui vous viendra à l'idée; là, point de noir cocher libyen, de postillon étroitement sanglé; là pas même un muletier : deux bidets seulement, et qui ne diront rien. Oh! s'il était des nôtres Avitus, le seul tiers dont je ne craindrais pas les oreilles, comme le jour passerait bien ainsi !

25. — CONTRE THÉLÉSINUS.

Si je te demande à emprunter sans gage, « Je n'ai rien, » me dis-tu. Que mon champ soit ma caution, et ton argent est prêt. La confiance que tu me refuses à moi ton ancien ami, Thélésinus, tu l'accordes à mes sillons, à mes arbres. Mais voici Carus qui t'accuse! que mon champ te défende. On t'exile; que mon champ parte avec toi.

26. — CONTRE UN AMI AVARE.

De ce que, toi sénateur, tu vas chaque matin frapper à soixante portes diverses, tu me traites de paresseux, moi simple chevalier, qui dès l'aube du jour ne bats point le pavé de la ville, et ne rentre point chez moi fatigué et sali de mille baisers. Ton but à toi est de placer un nouveau nom dans les fastes consulaires, et d'aller gouverner la Numidie ou la Cappadoce. Quant à moi, que tu forces à interrompre mon sommeil pour aller dès le matin barboter dans la boue, qu'ai-je à espérer? Si mon pied s'échappe de ma sandale déchirée, si un nuage vient à crever sur ma tête, tous mes cris ne me donneront pas un valet pour changer mes habits trempés. Mais un esclave s'approchant de mon oreille glacée : « Létorius, me dit-il, vous invite à souper. — Et la sportule? — Vingt pièces d'argent. » J'aime mieux conserver ma faim. Ce qui ne me vaut qu'un souper te procure une province. Puisque nous faisons le même métier, il est juste que nous obtenions la même récompense.

27. — CONTRE SÉNIA.

Tu te vantes, Sénia, d'avoir été besognée par des voleurs. « Fi donc! jamais, » disent les voleurs.

28. — CONTRE CINNA.

Je bois deux cyathes; toi, Cinna, tu en bois onze, et tu te plains, Cinna, qu'on ne nous serve pas le même vin!

29. — SUR LE VOLEUR HERMOGÈNE.

Hermogène est, selon moi, un aussi grand voleur de linge, Ponticus, que Massa le fut de pièces d'argent. Observez sa main droite, et tenez sa main gauche, il trouvera moyen de vous voler votre serviette. Telle est l'aspiration du cerf quand il absorbe un reptile; telle la force d'attraction de l'arc-en-ciel lorsqu'il pompe les eaux de la terre, qui retomberont en pluie. Dernièrement, pendant qu'on demandait grâce pour Myrinus blessé, Hermogène escamota quatre serviettes. Le préteur allait avec la sienne donner le signal des jeux : Hermogène la lui vola encore. Un jour que, par précaution, personne n'en avait à souper,

Carruca magis, essedoque gratum
  Facundi mihi munus Æliani;
Hic mecum licet, hic, Juvence, quidquid
  In buccam tibi venerit, loquaris. 5
Non rector Libyci niger caballi,
  Succinctus neque cursor antecedit.
Nusquam est mulio : mannuli tacebunt.
O si conscius esset hic Avitus,
  Aurem non ego tertiam timerem. 10
Totus quam bene sic dies abiret !

XXV. IN THELESINUM.

Quum rogo te nummos sine pignore, Non habeo, inquis.
  Idem; si pro me spondet agellus, habes.
Quod mihi non credis veteri, Thelesine, sodali,
  Credis colliculis, arboribusque meis.
Ecce reum Carus te detulit : adsit agellus. 5
  Exsilii comitem quæris? agellus eat.

XXVI. IN AVARUM AMICUM.

Sexaginta teras quum limina mane senator,
  Esse tibi videor desidiosus eques,
Quod non a prima discurram luce per Urbem,
  Et referam lassus basia mille domum.
Sed tu purpureis ut des nova nomina fastis, 5
  Aut Numidum gentes, Cappadocumve petas;
At mihi, quem cogis medios abrumpere somnos,
  Et matutinum ferre patique lutum,

Quid petitur? rupta quum pes vagus exit aluta,
  Et subitus crassæ decidit imber aquæ; 10
Nec venit ablatis clamatus verna lacernis :
  Accedit gelidam servus ad auriculam,
Et, Rogat ut cœnes secum Lætorius, inquit.
  Viginti nummis? non ego : malo famem.
Quam sit cœna mihi, tibi sit provincia merces, 15
  Et faciamus idem, nec mereamur idem.

XXVII. IN SENIAM.

A latronibus esse te fututam
Dicis, Senia : sed negant latrones.

XXVIII. IN CINNAM.

Poto ego sextantes : tu potas, Cinna, deunces :
  Et quereris quod non, Cinna, bibamus idem.

XXIX. DE HERMOGENE FURE.

Hermogenes tantus mapparum, Pontice, fur est,
  Quantus nummorum vix, puto, Massa fuit.
Tu licet observes dextram, teneasque sinistram,
  Inveniet, mappam qua ratione trahat.
Cervinus gelidum sorbet sic halitus anguem : 5
  Casuras alte sic rapit Iris aquas.
Nuper quum Myrino peteretur missio læso,
  Subduxit mappas quatuor Hermogenes.
Cretatam prætor quum vellet mittere mappam,
  Prætori mappam surpuit Hermogenes. 10
Attulerat mappam nemo, dum furta timentur :

Hermogène enleva la nappe. Et n'y eût-il pas de nappe, Hermogène dépouillait les lits, et détachait les pieds des tables. Au spectacle on enlève les toiles, malgré la grande chaleur, lorsqu'Hermogène arrive. Les matelots effrayés se hâtent de ployer leurs voiles, toutes les fois qu'Hermogène parait sur le port. Les prêtres tondus d'Isis et la troupe qui agite les sistres, se sauvent, dès qu'ils aperçoivent Hermogène parmi les adorateurs. Jamais Hermogène n'apporta de serviette dans un souper, mais il en rapporta toujours.

30. — A APER.

Aper est sobre et ne boit pas : que m'importe? J'aime ces qualités dans un esclave et non dans un ami.

31. — SUR LES JARDINS DE MARCELLA, SA FEMME.

Ces bois, ces fontaines, ces berceaux que revêt une vigne élancée, ce ruisseau d'une eau vive et courante, ces prés, ces roseraies qui ne le cèdent point à celles de Pestum, puisqu'ils fleurissent deux fois l'an; ces légumes qui verdissent en janvier et ne gèlent jamais; ces viviers où nage l'anguille domestique; cette tour blanche, asile de blanches colombes, sont un présent de ma femme. Marcella m'a donné, après sept lustres d'absence, ce bien, ce petit royaume. Si Nausicaa me cédait les jardins de son père, je pourrais dire à Alcinoüs : « J'aime mieux les miens. »

32. — CONTRE VACERRA.

O honte des calendes de juillet! j'ai vu, Vacerra, j'ai vu ton mobilier! On avait dédaigné de le saisir pour deux ans de loyer. Ta femme, cette rousse qui n'a plus que sept cheveux, le portait, aidée de sa longue sœur et de sa vieille mère. Je pensais voir les Furies échappées des enfers. Tu les suivais, nouvel Irus, affamé, transi, jaune comme la feuille du buis desséchée. On eût dit un déménagement de la colline d'Aricie. C'était d'abord un grabat à trois pieds seulement, une table qui n'en avait que deux, une lampe, une tasse de corne, un pot de chambre fêlé et pouvant servir d'arrosoir, une amphore en guise de réchaud, hissée sur sa tête, et dont l'odeur infecte semblait une émanation de sauterelles grillées ou de maigres anchois. Ensuite venait un quart de fromage de Toulouse, avec un chapelet de pouliot vieux de quatre ans au moins, des bâtons garnis d'aulx et d'oignons, un pot appartenant à ta mère, rempli de cette résine immonde qui sert à l'épilation des prostituées. Pourquoi chercher un logement, Vacerra, et rire de la misère des paysans, quand tu peux te loger gratis? La pompe de ton ménage convient parfaitement au coin d'un pont.

33. — SUR LABIÉNUS.

Labiénus a vendu ses jardins pour acheter des mignons; il n'a gardé qu'un verger de figuiers.

Mantile e mensa surpuit Hermogenes.
Hoc quoque si deerit, medios discingere lectos,
  Mensarumque pedes non timet Hermogenes.
Quamvis non modico caleant spectacula Sole,   15
  Vela reducuntur, quum venit Hermogenes.
Festinant trepidi substringere carbasa nautæ,
  Ad portum quoties paruit Hermogenes.
Linigeri fugiunt calvi, sistrataque turba,
  Inter adorantes quum stetit Hermogenes.   20
Ad cœnam Hermogenes mappam non attulit unquam :
  A cœna semper rettulit Hermogenes.

XXX. AD APRUM.

Siccus, sobrius est Aper : quid ad me?
Servum sic ego laudo, non amicum.

XXXI. DE HORTIS MARCELLÆ UXORIS.

Hoc nemus, hi fontes, hæc textilis umbra supini
  Palmitis, hoc riguæ ductile flumen aquæ;
Prataque, nec bifero cessura rosaria Pæsto;
  Quodque viret Jani mense, nec alget olus;
Quæque natat clusis anguilla domestica lymphis,   5
  Quæque gerit similes candida turris aves,
Munera sunt dominæ post septima lustra reversæ;
  Has Marcella domos, parvaque regna dedit.
Si mihi Nausicae patrios concederet hortos,
  Alcinoo possem dicere, Malo meos.   10

XXXII. IN VACERRAM.

O Juliarum dedecus Kalendarum,
Vidi, Vacerra, sarcinas tuas; vidi :
Quas non retentas pensione pro bima
Portabat uxor rufa crinibus septem,
  Et cum sorore cana mater ingenti;   5
Furias putavi nocte Ditis emersas.
Has tu priores frigore et fame siccus,
Et non recenti pallidus magis buxo,
Irus tuorum temporum, sequebaris.
Migrare clivum crederes Aricinum.   10
Ibat tripes grabatus, et bipes mensa,
Et cum lucerna, corneoque cratere
Matella curto rupta latere meiebat.
Focum ferentis suberat amphoræ cervix :
Fuisse gerres, aut inutiles mænas   15
Odor impudicus urceï fatebatur,
Qualem marinæ misit aura piscinæ.
Nec quadra deerat casei Tolosatis;
Quadrima nigri nec corona pulei,
Calvæque restes allioque, cepisque,   20
Nec plena turpi matris olla resina,
Summœnianæ qua pilantur uxores.
Quid quæris ædes, villicosque derides,
Habitare gratis, o Vacerra, quum possis?
Hæc sarcinarum pompa convenit ponti.   25

XXXIII. DE LABIENO.

Ut pueros emeret Labienus, vendidit hortos :
Nil nisi ficetum nunc Labienus habet.

XXXIV. AD JULIUM MARTIALEM

Triginta mihi quatuorque messes

34. — A JULES MARTIAL.

Voilà, Jules, si je ne me trompe, trente-quatre ans que nous vivons ensemble, trente-quatre ans mêlés tour à tour d'amertume et de douceur. Cependant les moments de plaisir ont été les plus nombreux ; et si tous les jours dont je parle étaient marqués de pierres noires ou blanches, le blanc l'emporterait sur le noir. Si vous voulez échapper aux disgrâces, vous préserver des soucis rongeurs, ne nous liez pas trop aisément. Vous serez moins heureux, mais vous aurez moins de peines.

35. — A CALLISTRATE.

Tu as l'habitude de me dire, Callistrate, comme si tu en usais toujours franchement avec moi, que souvent tu as servi de giton. Tu n'es pas si franc, Callistrate, que tu le veux paraître ; car avouer de telles choses, c'est en dissimuler bien d'autres.

36. — CONTRE LABULLUS.

De ce que personne, si ce n'est toi, Labullus, ne donne à son ami trois ou quatre pièces d'argent, une toge sous laquelle on périsse de froid, une courte casaque de laine, par-ci par-là quelques pièces d'or que tu fais sonner et qui dureront bien deux calendes, il ne s'ensuit pas, crois-moi, que tu sois un homme bienfaisant. — Quoi donc ? — Tu es, à dire vrai, le meilleur des méchants. Rends-nous les Pisons, les Sénèques, les Memmius, les Crispus de l'ancien temps, et tu seras tout à coup le dernier des bons. Veux-tu te vanter d'être un excellent coureur ? Devance Tigris et le léger Passérinus. Il n'y a point de gloire à courir mieux qu'un baudet.

37. — CONTRE UN GRAND NEZ.

Tu veux passer pour avoir un grand nez ! J'aime qu'on ait un grand nez, mais non un polype.

38. — A CANDIDUS.

Ce dameret, trop connu de toute la ville, qu'on voit jour et nuit dans la litière des femmes, bien peigné, bien parfumé, tout brillant de pourpre, aux traits délicats, à la poitrine large, aux jambes épilées, qui s'attache à ta femme et la lutine sans cesse, ne le crains pas, Candidus ; il n'en veut pas aux femmes.

39. — CONTRE SABELLUS.

Je te hais, Sabellus, parce que tu es un bel homme. C'est peu de chose qu'un bel homme et Sabellus. Encore aimé-je mieux un bel homme que Sabellus. Puisses-tu en sécher de dépit, beau Sabellus !

40. — CONTRE PONTILIANUS.

Mens-tu ? je te crois : lis-tu de méchants vers ? je te loue : chantes-tu ? je chante : bois-tu, Pontilianus ? je bois : pètes-tu ? je dissimule : joues-tu aux échecs ? je me laisse battre. Il n'est qu'une chose que tu fais sans moi, et cette chose je n'en dis mot. Cependant tu ne m'as jamais rendu un service. — A ma mort, dis-tu, je te traiterai bien. — Je ne veux rien ; mais crève.

Tecum, si memini, fuere, Juli :
Quarum dulcia mixta sunt amaris ;
Sed jucunda tamen fuere plura.
Et si calculus omnis huc et illuc   5
Diversus bicolorque digeratur,
Vincet candida turba nigriorem.
Si vitare velis acerba quædam,
Et tristes animi cavere morsus,
Nulli te facias nimis sodalem.   10
Gaudebis minus, et minus dolebis.

XXXV. AD CALLISTRATUM.

Tanquam simpliciter mecum, Callistrate, vivas,
Dicere percisum te mihi sæpe soles.
Non es tam simplex quam vis, Callistrate, credi :
Nam quisquis narrat talia, plura tacet.

XXXVI. IN LABULLUM.

Libras quatuor, aut duas amico,
Algentemque togam, brevemque lænam,
Interdum aureolos manu crepantes,
Possint ducere qui duas Kalendas,
Quod nemo, nisi tu, Labulle, donas ;   5
Non es, crede mihi, bonus : quid ergo ?
Ut verum loquar, optimus malorum.
Pisones, Senecasque, Memmiosque,
Et Crispos mihi redde, sed priores.
Fies protinus ultimus bonorum.   10

Vis cursu pedibusque gloriari ?
Tigrim vince, levemque Passerinum.
Nulla est gloria præterire asellos.

XXXVII. IN NASUTUM.

Nasutus nimium cupis videri.
Nasutum volo, nolo polyposum.

XXXVIII. AD CANDIDUM.

Hunc qui femineis noctesque diesque cathedris
Incedit tota notus in urbe nimis,
Crine nitens, niger unguento, perlucidus ostro,
Ore tener, latus pectore, crure glaber,
Uxori qui sæpe tuæ comes improbus hæret :   5
Non est quod timeas, Candide ; non futuit.

XXXIX. IN SABELLUM.

Odi te, quia bellus es, Sabelle.
Res est putida bellus, et Sabellus ;
Bellum denique malo, quam Sabellum.
Tabescas utinam, Sabelle belle !

XL. IN PONTILIANUM.

Mentiris ? credo : recitas mala carmina ? laudo :
Cantas ? canto : bibis, Pontiliane ? bibo.
Pedis ? dissimulo : gemma vis ludere ? vincor.
Res una est, sine me quam facis, et taceo.
Nil tamen omnino præstas mihi : Mortuus, inquis, 5
Accipiam bene te : nil volo ; sed morere.

41. — CONTRE TUCCA.

Il ne te suffit pas d'être gourmand, Tucca, tu veux le paraître et l'entendre dire.

42. — SUR CALLISTRATUS ET AFER.

Le barbu Callistratus épouse le vigoureux Afer, suivant la loi qui unit communément l'homme à la femme. Les flambeaux sont allumés, le voile nuptial couvre la tête des époux, on entend les chants d'hyménée; la dot même est convenue. En est-ce assez, ô Rome? Attends-tu des fruits d'une pareille union?

43. — CONTRE SABELLUS.

Tu m'as lu, Sabellus, sur des scènes de débauche des vers qui ne sont que trop expressifs, et tels que n'en lisent pas les filles de Didymus, et que n'en contiennent pas les livres obscènes d'Éléphantis. Il s'agit, dans tes œuvres, de nouvelles postures érotiques, propres aux libertins les plus effrénés; de turpitudes que pratiquent en cachette les débauchés du plus bas étage; de l'accouplement par cinq, et au delà, jusqu'à former une chaîne; enfin de tout ce qu'il est possible de faire, quand les lumières sont éteintes. Cela ne valait pas la peine d'être si éloquent.

44. — A M. UNICUS.

Unicus, vous qui m'êtes uni par le sang et par la conformité de nos études, vous faites des vers qui ne le cèdent qu'à ceux de votre frère; vous l'égalez par le cœur, mais vous le surpassez par la tendresse. Lesbie eût partagé son amour entre Catulle et vous; apres Ovide, c'est que vous Corinne eût aimé : si vous vouliez vous confier aux vagues, les Zéphyrs enfleraient vos voiles; mais vous n'aimez que la rive; vous tenez aussi cela de votre frère.

45. — A PHÉBUS.

Quand tu couvres d'une peau de bouc tes tempes et ton crâne sans cheveux on dit plaisamment, Phébus, que tu te chausses la tête.

46. — A CLASSICUS.

Gallus et Lupercus vendent leurs vers : niez maintenant, Classicus, que ces poëtes aient le sens commun.

47. — CONTRE UN HOMME D'HUMEUR INÉGALE.

Revêche et liant, aimable et fantasque, tu es tout cela, et je ne puis vivre avec toi ni sans toi.

48. — CONTRE UN AMPHITRYON FASTUEUX.

Que tu me fasses servir comme ordinaire des champignons et du sanglier, et que tu ne croies pas ce que sont là tous mes vœux, j'accepte. Mais si tu me crois fort heureux, et si tu veux que, pour une demi-douzaine d'huîtres du Lucrin, je te fasse mon légataire, serviteur. Ta table est splendide, je l'avoue, et très-splendide; mais demain, aujourd'hui même, à l'instant où je parle, qu'en reste-t-il? Rien. Témoin l'éponge infortunée qui est attachée à un triste bâton, témoin le premier chien venu, le pissoir du coin de la rue. Rougets, lièvres, tétines, tout a le même sort, sans

XLI. IN TUCCAM.

Non est, Tucca, satis, quod es gulosus :
Et dici cupis, et cupis videri.

XLII. DE CALLISTRATO ET AFRO.

Barbatus rigido nupsit Callistratus Afro,
Hac qua lege viro nubere virgo solet.
Præluxere faces, velarunt flammea vultus :
Nec tua defuerunt verba, Thalasse, tibi.
Dos etiam dicta est : nondum tibi, Roma, videtur   5
Hoc satis? exspectas numquid ut et pariat?

XLIII. IN SABELLUM.

Facundos mihi de libidinosis
Legisti nimium, Sabelle, versus :
Quales nec Didymi sciunt puellæ,
Nec molles Elephantidos libelli.
Sunt illic Veneris novæ figuræ,   5
Quales perditus audeat fututor;
Præstent et taceant quid exoleti;
Quo symplegmate quinque copulentur;
Qua plures teneantur a catena;
Exstinctam liceat quid ad lucernam.   10
Tanti non erat esse te disertum.

XLIV. AD M. UNICUM.

Unice, cognato junctum mihi sanguine nomen,
Quique geris studiis corda propinqua meis;
Carmina quum facias soli cedentia fratri,
Pectore non minor es, sed pietate prior.
Lesbia cum tenero te posset amare Catullo,   5
Te post Nasonem blanda Corinna sequi.
Nec deerant Zephyri, si te dare vela juvaret;
Sed tu littus amas : hoc quoque fratris habes.

XLV. AD PHOEBUM.

Hædina tibi pelle contegenti
Nudæ tempora verticemque calvæ,
Festive tibi, Phœbe, dixit ille,
Qui dixit caput esse calceatum.

XLVI. AD CLASSICUM.

Vendunt carmina Gallus, et Lupercus,
Sanos, Classice, nunc nega poetas.

XLVII. IN HABENTEM VARIOS MORES.

Difficilis, facilis, jucundus, acerbus es idem :
Nec tecum possum vivere, nec sine te.

XLVIII. IN LAUTUM INVITATOREM.

Boletos et aprum si tanquam vilia ponis,
Et non esse putas hæc mea vota : volo.
Si fortunatum fieri me credis, et hæres
Vis scribi, propter quinque Lucrina : vale.
Lauta tamen cœna est : fateor, lautissima; sed cras   5
Nil erit, immo hodie, protinus immo nihil,
Quod sciat infelix damnatæ spongia virgæ,
Vel quicumque canis, junctaque testa viæ.
Mullorum, leporumque, et suminis exitus hic est,

parler des teints jaunes et des ravages de la goutte. A ce prix je ne voudrais point des repas du mont Albain, de la bonne chère du Capitole et des pontifes ; à ce prix, le nectar de Jupiter serait pour moi du vinaigre, ou de l'infâme piquette du Vatican. Cherche, maître, cherche d'autres convives que séduise la royale magnificence de ta table. Qu'un ami m'invite à la fortune du pot ; voilà le repas que j'aime, voilà celui que je puis rendre.

49. — AU PÉDAGOGUE LINUS.

Linus, toi le pédagogue d'une foule d'enfants aux longs cheveux, toi que la riche Postumilla nomme le maître de ses biens, à qui elle confie ses bijoux, son or, ses vins, ses mignons, puisses-tu, après une longue épreuve de ta fidélité, être toujours le favori de ta protectrice ! Viens en aide, je te prie, à ma passion malheureuse, et relâche-toi quelque peu de ta surveillance envers les objets de mes désirs. Je songe à eux jour et nuit ; je voudrais les presser sur mon sein, car ils sont beaux, blancs comme neige, grands, pareils en tout, de vrais jumeaux : je ne parle pas des enfants, mais des diamants.

50. — CONTRE LE PROPRIÉTAIRE D'UN RICHE DOMAINE.

Toi seul tu possèdes des bois de lauriers et de platanes, des cyprès élancés, des bains qui pourraient servir à tout un peuple. Cent colonnes soutiennent tes gigantesques portiques ; ton pied superbe foule la mosaïque étincelante ; tes coursiers rapides font voler la poussière de l'hippodrome ; de tous côtés on entend le murmure de tes jets d'eau et de tes cascades ; tes appartements se déploient en immenses galeries ; mais de salle à manger, mais de chambre à coucher, nulle part. La belle habitation pour n'y pas loger !

51. — SUR FABULLUS.

Vous vous étonnez, Aulus, que notre cher Fabullinus soit trompé si souvent : l'honnête homme est toujours novice.

52. — A SEMPRONIA.

Lauréat des neuf Sœurs, avocat chéri des accusés, ci-gît Rufus, celui qui fut votre époux, Sempronia, et dont la cendre brûle encore d'amour pour vous. Les habitants de l'Élysée aiment à parler de vous, et le récit de votre enlèvement confond la fille de Tyndare. Honneur à vous qui avez fui votre ravisseur pour revenir à votre époux ! Hélène ne voulut pas même suivre le sien qui la rappelait. Ménélas rit, en entendant raconter ces nouveaux amours troyens ; votre enlèvement absout le Phrygien Pâris. Un jour, quand vous viendrez habiter cet asile des ombres pieuses, il n'en sera pas, le long des rives du Styx, de plus connue que la vôtre. Loin de haïr les belles enlevées, Proserpine les aime ; votre aventure vous conciliera ses bonnes grâces.

53. — CONTRE UN AVARE.

Bien que riche à effacer les plus riches citoyens

Sulfureusque color, carnificesque pedes. 10
Non albana mihi sit comissatio tanti ;
Nec Capitolinæ, pontificumque dapes.
Imputet ipse Deus nectar mihi, fiet acetum,
Et Vaticani perfida vappa cadi.
Convivas alios cœnarum quære magister, 15
Quos capiant mensæ regna superba tuæ.
Me meus ad subitas invitet amicus ofellas :
Hæc mihi, quam possum reddere, cœna placet.

XLIX. AD LINUM PÆDAGOGUM.

Crinitæ Line pædagoge turbæ,
Rerum quem dominum vocat suarum,
Et credi cui Postumilla dives
Gemmas, aurea, vina, concubinos :
Sic te, perpetua fide probatum, 5
Nulli non tua præferat patrona :
Succurras misero, precor, furori,
Et serves aliquando negligenter
Illos qui male cor meum perurunt :
Quos et noctibus et diebus opto 10
In nostro cupidus sinu videre,
Formosos, niveos, pares, gemellos,
Grandes, non pueros, sed uniones.

L. IN HABENTEM AMOENAS ÆDES.

Daphnonas, platanonas, et aerias cyparissos,
Et non unius balnea solus habes ;
Et tibi centenis stat porticus alta columnis,

Calcatusque tuo sub pede lucet onyx ;
Pulvereumque fugax hippodromon ungula plaudit, 5
Et pereuntis aquæ fluctus ubique sonat.
Atria longa patent : sed nec cœnantibus usquam,
Nec somno locus est : quam bene non habitas !

LI. DE FABULLO.

Tam sæpe nostrum decipi Fabullinum,
Miraris, Aule ? semper homo bonus tiro est.

LII. AD SEMPRONIAM.

Tempora Pieria solitus redimire corona,
Nec minus attonitis vox celebrata reis,
Hic situs est, hic ille tuus, Sempronia, Rufus ;
Cujus et ipse tui flagrat amore cinis.
Dulcis in Elysio narraris fabula campo, 5
Et stupet ad raptus Tyndaris ipsa tuos.
Tu melior, quæ deserto raptore redisti ;
Illa virum voluit nec repetita sequi.
Ridet, et Iliacos audit Menelaus amores ;
Absolvit Phrygium vestra rapina Parim. 10
Accipient olim quum te loca læta piorum,
Non erit in Stygia notior umbra domo.
Non aliena videt, sed amat Proserpina raptas ;
Iste tibi dominam conciliabit amor.

LIII. IN AVARUM.

Nummi quum tibi sint, opesque tantæ,

et pères de famille, tu es un ladre, et tu couches sur tes trésors comme ce dragon chanté par les poëtes, qui gardait le bois sacré de la Colchide. La cause de ce vice odieux, tu la dis et tu t'en vantes : c'est ton fils. Cherche des niais et des sots à qui tu achèves de tourner l'esprit par un pareil conte. Ton fils, c'est ton avarice.

54. — CONTRE ZOÏLE.

Avec tes cheveux roux, ton teint noir, tes pieds courts et ton œil borgne, tu es un habile homme, Zoïle, si tu es honnête homme.

55. — AUX JEUNES FILLES.

Vouloir que vous vous donniez gratis, jeunes filles, c'est être bien sot et bien misérable. Ne donnez rien gratis, si ce n'est des baisers. Églé ne les donne pas, l'avare! elle les vend. Soit : que peuvent donc valoir des baisers? Églé ne se les fait pas peu payer : c'est une livre de parfums de Cosmus, ou huit pièces de la nouvelle monnaie. A ce prix, ses baisers sonnent fort, et partent franchement des lèvres. Sur un point cependant, mais sur un seul, Églé est généreuse; car, si elle ne baise pas gratis, elle lèche gratis.

56. — CONTRE POLYCHARMUS.

Tu tombes malade dix fois et plus chaque année. Ce n'est pas toi, Polycharmus, c'est nous qui en souffrons; car, à chaque convalescence, tu exiges de tes amis les présents d'usage. Par pudeur, Polycharmus, sois malade une bonne fois.

57. — A SPARSUS.

Vous voulez savoir pourquoi je vais si souvent à ma modeste campagne, à mon humble villa de l'aride pays de Nomente? L'homme pauvre, Sparsus, ne peut ni méditer à Rome, ni s'y reposer. Tant de gens vous empêchent d'y vivre! Le matin, ce sont les maîtres d'école; la nuit, les boulangers; et tout le long du jour, les chaudronniers et leurs marteaux. Ici, c'est le changeur qui passe son temps à faire sonner sur son sale comptoir des pièces au coin de Néron; là, c'est le batteur de lin d'Espagne qui l'écrase sur la pierre à l'aide d'un fléau poli; ce sont encore les cris incessants des prêtres fanatiques de Bellone; la voix criarde du naufragé portant au cou sa tirelire; celle du Juif instruit par sa mère à mendier, et du chassieux marchand d'allumettes. Qui compterait les heures perdues à Rome pour le sommeil, dirait le nombre des mains qui frappent sur des bassins de cuivre pour ensorceler la lune. Vous, Sparsus, vous ignorez ces choses-là; vous ne pouvez les savoir, voluptueux possesseur du palais de Pétilius, dont la plate-forme domine les collines d'alentour. Vous avez votre campagne au milieu de Rome; votre vigneron est Romain, et vos vignes sont aussi fécondes en automne que celles des coteaux de Falerne. Sans sortir de chez vous, vous pouvez faire des courses en char; au fond de votre palais, où le jour ne pénètre que quand vous le voulez, vous trouvez le sommeil, et un repos que ne trouble aucune voix humaine.

Quantas civis habet, paterve, rarus;
Largiris nihil, incubasque gazæ,
Ut magnus draco, quem canunt poetæ
Custodem Scythici fuisse luci.   5
Sed caussa, ut memoras, et ipse jactas,
Diræ filius est rapacitatis.
Et quid tu fatuos rudesque quæris,
Illudas quibus, auferasque mentem?
Huic semper vitio pater fuisti.   10

LIV. IN ZOILUM.

Crine ruber, niger ore, brevis pede, lumine læsus,
Rem magnam præstas, Zoile, si bonus es.

LV. AD PUELLAS.

Gratis qui dare vos jubet, puellæ,
Insulsissimus improbissimusque est.
Gratis ne date; basiate gratis.
Hoc Ægle negat, hoc avara vendit.
Sed vendat bene, basiare quantum est?   5
Hoc vendit quoque nec levi rapina;
Aut libram petit illa Cosmiani,
Aut binos quater a nova moneta;
Ne sint basia muta, nec maligna,
Nec clusis aditum neget labellis.   10
Humane facit hoc tamen : sed unum est;
Gratis quæ dare basium recusat,
Gratis lingere nec recusat Ægle.

LVI. IN POLYCHARMUM.

Ægrotas uno decies, aut sæpius, anno;
Nec tibi, sed nobis hoc, Polycharme, nocet.
Nam quoties surgis, soteria poscis amicos.
Sit pudor : ægrota jam, Polycharme, semel.

LVII. AD SPARSUM.

Cur sæpe sicci parva rura Nomenti,
Laremque villæ sordidum petam, quæris.
Nec cogitandi, Sparse, nec quiescendi
In urbe locus est pauperi; negant vitam
Ludimagistri mane, nocte pistores,   5
Ærariorum marculi die toto.
Hinc otiosus sordidam quatit mensam
Neroniana nummularius massa;
Illinc paludis malleator Hispanæ
Tritum nitenti fuste verberat saxum.   10
Nec turba cessat entheata Bellonæ,
Nec fasciato naufragus loquax trunco,
A matre doctus nec rogare Judæus,
Nec sulfuratæ lippus institor mercis.
Numerare pigri damna qui potest somni,   15
Dicet quot æra verberent manus urbis,
Quum secta Colcho Luna vapulat rhombo.
Tu, Sparse, nescis ista, nec potes scire,
Petilianis delicatus in regnis,
Cui plana summos despicit domus montes,   20
Et rus in urbe est, vinitorque Romanus;

Quant à moi, les éclats de rire de la foule qui passe m'éveillent, et Rome entière est à mon chevet. Fatigué, ennuyé, toutes les fois que je veux dormir, je cours à la campagne.

58. — A ALAUDA.

Ta femme dit que tu cours les servantes, elle-même court les laquais : vous êtes à deux de jeu, Alauda.

59. — SUR LES BAISEURS IMPORTUNS.

Rome vous baise, après quinze ans d'absence, plus de fois que Lesbie ne baisait Catulle. Tous les voisins vous baisent; votre fermier velu vous applique un baiser qui sent le bouc; viennent après le tisserand, le foulon, le cordonnier dont les lèvres puent le cuir; puis un autre au menton peuplé de vermine, un louche, un chassieux; puis un suceur et un cunnilingue. Ce n'était pas la peine de venir.

60. — A SON JOUR NATAL.

Jour chéri de Mars, où, pour la première fois, je vis l'aurore empourprée et le visage radieux du dieu des astres, si tu regrettes que je te fête à la campagne sur un autel de gazon, toi que je fêtai jusqu'ici dans la capitale du Latium, pardonne-moi; je veux être libre pendant tes calendes, je veux jouir de la vie le jour où je suis né. Trembler, dans un pareil jour, que l'eau chaude ne manque à Sabellus, que le vin ne soit pas assez pur pour Alauda; clarifier précipitamment le cécube; aller et venir sans cesse autour des tables; recevoir celui-ci, recevoir celui-là; être toujours en l'air; fouler de ses pieds nus les marbres glacés de la salle : qui donc se donnerait de gaieté de cœur tous ces ennuis, lorsqu'on s'y soumettrait à peine sous l'ordre d'un maître et d'un roi?

61. — SUR LIGURRA.

Tu redoutes mes vers, Ligurra, tu crains la piqûre de mes épigrammes, et tu veux qu'on ne te croie pas indigne de cette crainte. Vain désir, vaine peur! Le lion de Libye rugit contre un taureau, et n'inquiète pas le papillon. Cherche, je te le conseille, si tu as soif de renommée, quelque poëte ivrogne, de ceux dont la main trace au charbon ou à la craie, sur les murs d'un privé, des vers lus par les gens qui viennent se vider le ventre. Un front comme le tien ne mérite pas que je le flétrisse.

62. — A SATURNE, POUR PRISCUS TÉRENTIUS.

Roi de l'antique univers, en ces temps primitifs où régnaient une paix profonde, une oisiveté sans fatigue; où la foudre ne frappait personne, faute de coupables qui le méritassent; où la terre offrait d'elle-même ses richesses sans qu'on allât les chercher jusqu'au fond de ses abîmes, viens, joyeux et bienveillant, assister à la fête que nous

Nec in Falerno colle major autumnus,
 Intraque limen clausus essedo cursus,
Et in profundo somnus, et quies nullis
 Offensa linguis; nec dies, nisi admissus. 25
Nos transeuntis risus excitat turbæ,
 Et ad cubile est Roma : tædio fessis
Dormire quoties libuit, imus ad villam.

LVIII. AD ALAUDAM.

Ancillariolum tua te vocat uxor, et ipsa
 Lecticariola est : estis, Alauda, pares.

LIX. DE IMPORTUNIS BASIATORIBUS.

Tantum dat tibi Roma basiorum
Post annos modo quindecim reverso,
Quantum Lesbia non dedit Catullo.
Te vicinia tota, te pilosus
Hircoso premit osculo colonus. 5
Hinc instat tibi textor, inde fullo,
Hinc sutor modo pelle basiata,
Hinc menti dominus pediculosi,
Hinc defioculusque, et inde lippus,
Fellatorque, recensque cunnilingus. 10
Jam tanti tibi non fuit redire.

LX. AD SUUM NATALEM.

Martis alumne dies, roscam quo lampada primum,
 Magnaque siderei vidimus ora Dei,
Si te rure coli, viridesque pigebit ad aras,
 Qui fueras Latia cultus in urbe mihi;
Da veniam, servire tuis quod nolo Kalendis, 5
 Et qua sum genitus, vivere luce volo.

Natali pallere suo, ne calda Sabello
 Desit, et ut liquidum potet Alauda merum;
Turbida sollicito transmittere Cæcuba sacco,
 Atque inter mensas ire, redire suas; 10
Excipere hos, illos, et tota surgere cœna,
 Marmora calcantem frigidiora gelu :
Quæ ratio est, hæc sponte tua perferre patique,
 Quæ te si jubeat rex dominusque, neges?

LXI. DE LIGURRA.

Versus, et breve vividumque carmen,
In te ne faciam times, Ligurra;
Et dignus cupis hoc metu videri :
Sed frustra metuis, cupisque frustra.
In tauros Libyci fremunt leones; 5
Non sunt papilionibus molesti.
Quæras, censeo, si legi laboras,
Nigri fornicis ebrium poetam;
Qui carbone rudi, putrique creta
Scribit carmina, quæ legunt cacantes. 10
Frons hæc stigmate non meo notanda est.

LXII. AD SATURNUM PRO PRISCO TERENTIO.

Antiqui rex magne poli, mundique prioris,
 Sub quo pigra quies, nec labor ullus erat,
Nec regale nimis fulmen, nec fulmine digna,
 Scissa nec ad Manes, sed sita dives humus;
Lætus ad hæc facilisque veni solemnia Prisci 5
 Gaudia, quum sacris te decet esse tuis.
Tu reducem patriæ sexta, pater optime, bruma
 Pacifici Latia reddis ab urbe Numæ.

célébrons en l'honneur de Priscus : tu ne peux te dispenser d'y paraître. C'est toi, ô le meilleur des pères, qui le rends à sa patrie, après six ans de séjour dans la ville où règne le pacifique Numa. Tu vois la pompe, les honneurs qu'on te rend ici avec une magnificence égale à celle des pontifes de l'Ausonie. Une main avare a-t-elle compté les richesses, les offrandes dont nous couvrons ces tables? Et, pour qu'elles te soient encore plus agréables et plus précieuses, ô Saturne, c'est un père, c'est un homme de mœurs simples qui honore ainsi tes solennités. Puisses-tu, dieu vénérable, recevoir toujours, au mois de décembre, de pareils hommages! Puissent de pareils jours revenir souvent pour Priscus!

63. — A CORDOUE.

Cordoue, plus délicieuse que la fertile Vénafre, aussi riche en oliviers que l'Istrie, et plus riche en troupeaux que les bords du Galèse, trop honnête pour emprunter au murex ou au sang les vives couleurs que tes toisons doivent à la seule nature, rappelle, je te prie, un de tes poëtes à la pudeur, et qu'il cesse de donner pour siens les vers que j'ai faits. Passe encore s'il était bon poëte, et que je pusse lui rendre la pareille! Mais c'est un célibataire qui séduit ma femme, sans crainte de représailles; c'est un aveugle à qui le talion ne peut faire perdre l'œil qu'il arrache à autrui. Rien n'est plus dangereux qu'un voleur dénué de tout; rien n'est plus en sûreté qu'un mauvais poëte.

64. — SUR CINNA.

D'un esclave plus blond, plus frais que jamais esclave ne le fut, Cinna fait son cuisinier. — Cinna est un gaillard friand.

65. — SUR PHYLLIS.

La belle Phyllis m'avait prodigué pendant toute une nuit des faveurs de tous les genres. Comme je songeais, le matin, si je lui donnerais une livre de parfums de Cosmus ou de Nicéros, ou une charge de laine d'Espagne, ou dix pièces d'or au coin de César, Phyllis me saute au cou, me caresse, me donne un baiser aussi long que ceux des colombes, et finit par me demander une amphore de vin.

66. — A AMÉNUS.

La maison qui t'a coûté cent mille sesterces, tu prétends la vendre à meilleur marché. Tu n'en tromperas pas moins l'acquéreur, Aménus; il ne verra pas la barraque sous la richesse ambitieuse de l'ameublement. Tu as là des lits incrustés d'écaille, des meubles rares en citronnier de Mauritanie, des tables de marbre de Delphes chargées d'or et d'argent; des esclaves tels que je les voudrais pour maîtres. Puis, tu demandes deux cent mille sesterces; pas un sou de moins! Ta maison, Aménus, avec ce qui la meuble, est pour rien.

67. — POUR LE JOUR NATAL DE VIRGILE.

Ides de mai, vous avez vu naître Mercure. L'anniversaire de Diane vient aux ides d'août. Virgile naquit aux ides d'octobre. Puissiez-vous fêter longtemps les ides de Mercure et de Diane, vous qui célébrez les ides de Virgile!

```
Cernis ut Ausonio similis tibi pompa macello
  Pendeat, et quantus luxurietur honos?           10
Quam non parca manus, largœque nomismata mensæ,
  Quæ, Saturne, tibi pernumerentur opes?
Utque sit bis pretium meritis, et gratia major,
  Et pater, et frugi sic tua sacra colit.
At tu sancte tuo sic semper amere Decembri;      15
  Hos illi jubeas sæpe redire dies.
```

LXIII. AD CORDUBAM.

```
Uncto Corduba lætior Venafro,
Histra nec minus absoluta testa,
Albi quæ superas oves Galesi,
Nullo murice, nec cruore mendax,
Sed tinctis gregibus colore vivo;                 5
Dic vestro, rogo, sit pudor poetæ,
Ne gratis recitet meos libellos.
Ferrem, si faceret bonus poeta,
Cui possem dare mutuos honores :
Corrumpit sine talione cælebs;                    10
Cæcus perdere non potest quod aufert.
Nil est deterius latrone nudo,
Nil securius est malo poeta.
```

LXIV. DE CINNA.

Vincentem roseos facieque comaque ministros
Cinna coquum fecit : Cinna gulosus homo est.

LXV. DE PHYLLIDE.

```
Formosa Phyllis nocte quum mihi tota
Se præstitisset omnibus modis largam,
Et cogitarem mane quod darem munus,
Utrumne Cosmi, Nicerotis an libram,
An Bæticarum pondus acre lanarum,                 5
An de moneta Cæsaris decem flavos;
Amplexa collum, basioque tam longo
Blandita, quam sunt nuptiæ columbarum,
Rogare cœpit Phyllis amphoram vini.
```

LXVI. AD AMOENUM.

```
Bis quinquagenis domus est tibi millibus empta,
  Vendere quam summa vel breviore cupis.
Arte sed emptorem vafra corrumpis, Amœne ,
  Et casa divitiis ambitiosa latet.
Gemmantes prima fulgent testudine lecti,          5
  Et Maurusiaci pondera rara citri.
Argentum atque aurum non simplex Delphica portat;
  Stant pueri, dominos quos precer esse meos.
Deinde ducenta sonas, et ais, non esse minoris.
  Instructam vili vendis, Amœne, domum.           10
```

LXVII. IN NATALEM MARONIS.

Maiæ Mercurium creastis Idus.

68. — AUX CLIENTS.

Client matinal, toi qui m'as chassé de Rome, hante, si c'est ton goût, ses palais fastueux. Je ne suis pas avocat, je ne suis pas propre à la chicane; mais, déjà sur le retour, ami de la paresse et des Muses, j'ai besoin du repos et du sommeil, que je ne trouve point à Rome. J'y retourne pourtant, s'il me faut également veiller ici.

69. — A PAULLUS.

Comme pour les coupes et les tableaux, Paullus, tu n'as, en fait d'amis, que des modèles.

70. — SUR APER.

Lorsque, naguère encore, Aper se faisait apporter son linge par un esclave aux jambes torses, et donnait sa petite toge à garder à une vieille femme borgne qui s'asseyait dessus; que le baigneur hernieux lui faisait l'aumône d'une goutte d'huile, Aper était le censeur le plus amer, le plus rigoureux des buveurs. « Brisez les verres, renversez le falerne, » disait-il au chevalier qui buvait en sortant du bain. Mais depuis qu'un vieil oncle lui a légué trois cent mille sesterces, il ne revient plus du bain qu'il ne soit ivre. O pouvoir de la vaisselle ciselée, de cinq esclaves aux longs cheveux! Quand il était pauvre, Aper n'avait jamais soif.

71. — A LYGDUS.

Il n'est rien aujourd'hui, Lygdus, que tu ne me refuses : mais autrefois, Lygdus, tu ne me refusais rien.

72. — A PANNICUS.

Acquéreur de quelques arpents inaperçus près du cimetière des Gaulois, et d'une maisonnette mal couverte et mal bâtie, tu as quitté Rome, Pannicus, les procès, ton vrai patrimoine, et les minces mais sûrs profits de ton métier de robin. Homme de loi, tu vendais froment, millet, orge, fèves; aujourd'hui cultivateur, tu les achètes.

73. — A CATULLE.

Tu m'as fait ton héritier, dis-tu : je ne le croirai, Catulle, que quand je l'aurai lu.

74. — A FLACCUS.

Bien que le paquebot d'Égypte vous apporte des coupes de cristal, recevez ces vases du cirque de Flaminius. Qui est le plus hardi, ou de ces vases, ou de ceux qui vous les offrent? Mais leur grossièreté double leur mérite : ils n'excitent pas la cupidité du voleur; l'eau bouillante ne peut les gâter. De plus, les convives y boivent sans donner d'inquiétude aux valets, sans craindre qu'ils ne se cassent entre leurs mains. Encore un avantage, et qui n'est pas médiocre : vous boirez dans ces vases, Flaccus, lorsqu'on devra briser sa coupe, après un toast.

75. — SUR SES MIGNONS.

Polytimus n'est bien qu'avec les jeunes filles;

Augustis redit Idibus Diana.
Octobres Maro consecravit Idus.
Idus sæpe colas et has, et illas,
Qui magni celebras Maronis Idus.

LXVIII. AD CLIENTES.

Matutine cliens, Urbis mihi caussa relictæ,
  Atria, si sapias, ambitiosa colas.
Non sum ego causidicus, nec amaris litibus aptus;
  Sed piger, et senior, Pieridumque comes.
Otia me somnusque juvant, quæ magna negavit 5
  Roma mihi : redeo, si vigilatur et hic.

LXIX. AD PAULLUM.

Sic tanquam tabulas, scyphosque, Paulle,
Omnes archetypos habes amicos.

LXX. DE APRO.

Lintea ferret Apro vatius quum vernula nuper,
  Et supra togulam lusca sederet anus,
Atque olei stillam daret enterocelicus unctor,
  Udorum tetricus censor et asper erat.
Frangendos calices, effundendumque Falernum 5
  Clamabat, biberet qui modo lotus eques.
A sene sed postquam patruo venere trecenta,
  Sobrius a thermis nescit abire domum.
O quantum diafreta valent, et quinque comati!
  Tunc, quum pauper erat, non sitiebat Aper. 10

LXXI. AD LYGDUM.

Nil non, Lygde, mihi negas roganti;
At quondam mihi, Lygde, nil negabas.

LXXII. AD PANNICUM.

Jugera mercatus prope busta latentis agelli,
  Et male compactæ culmina fulta casæ,
Deseris urbanas, tua prædia, Pannice, lites,
  Parvaque sed tritæ præmia certa togæ.
Frumentum, milium, ptisanamque, fabamque solebas, 5
  Vendere pragmaticus : nunc emis agricola.

LXXIII. AD CATULLUM.

Hæredem tibi me, Catulle, dicis.
Non credam, nisi legero, Catulle.

LXXIV. AD FLACCUM.

Quum tibi Niliacus portet crystalla cataplus,
  Accipe de circo pocula Flaminio.
Hi magis audaces, an sunt qui talia mittunt
  Munera? sed geminus vilibus usus inest.
Nullum sollicitant hæc, Flacce, toreumata furem,
  Et nimium calidis non vitiantur aquis.
Quid, quod securo potat conviva ministro,
  Et casum tremulæ non timuere manus?
Hoc quoque non nihil est, quod propinabis in istis,
  Frangendus fuerit si tibi, Flacce, calix. 10

LXXV. DE PUERIS.

Festinat Polytimus ad puellas;
Invitus puerum fatetur Hymnus;

Hymnus regrette ingénument d'être garçon; Secundus a les fesses nourries de glands; Dindymus est lascif, et fait la coquette; Amphion pouvait naître fille. Je préfère, ami, les douces faveurs de ces mignons, leurs dédains superbes et leurs caprices, à une dot d'un million de sesterces.

76. — SUR UN LABOUREUR.

L'amphore de vin coûte vingt as, et le boisseau de blé quatre. Ivre et malade d'indigestion, ce laboureur n'a pas le sou.

77. — SUR ÉTHON.

Tandis que, respectueusement incliné jusqu'à terre, Éthon adressait un jour ses vœux à Jupiter Capitolin, il péta; et les assistants de rire à l'envi. Mais le père des Dieux, offensé, condamna son indiscret client à ne pas souper ailleurs que chez lui pendant trois jours. Depuis cet accident, le malheureux Éthon, quand il veut aller au Capitole, va d'abord aux latrines de Patrocle, et lâche dix, vingt pets. Cependant, malgré cette précaution, il a grand soin de ne saluer Jupiter qu'en serrant les fesses.

78. — SUR LE MÊME.

Un histrion bien repu fit un pet devant la statue de Jupiter. Le Dieu, pour le punir, le condamna à vivre à ses dépens.

79. — A BITHYNIUS.

Je n'ai rien écrit contre toi, Bithynius : tu refuses de me croire, et tu veux un serment : j'aime mieux payer l'amende.

80. — A ATTICILLA.

Je t'ai donné tout ce que tu m'as demandé, plus que tu ne m'as demandé; et pourtant tu demandes toujours. Qui ne refuse rien suce, Atticilla.

81. — SUR CALLISTRATE.

De peur de louer ceux qui le méritent, Callistrate loue tout le monde. Mais qui peut être bon pour qui nul n'est mauvais?

82. — SUR UMBER

Pauvre jadis, Umber m'envoyait, à l'entrée de l'hiver, aux Saturnales, une petite toge; il m'envoie aujourd'hui de la fleur de froment : c'est qu'aujourd'hui Umber est riche.

83. — SUR MÉNOGÈNE.

Dans les thermes, autour des bains, nulle part, quelle que soit votre adresse, vous n'échapperez à Ménogène. Il prendra des deux mains la balle encore chaude, et vous la présentera, dans l'espoir que vous lui tiendrez compte de ce service. Il ramassera, pour vous le rapporter, et bien qu'il se soit lavé et chaussé, le ballon poudreux et dégonflé. Si vous prenez du linge, il le dira plus blanc que neige, ce linge fût-il plus sale que le maillot d'un enfant. Si vous peignez vos cheveux, ceux d'Achille n'étaient pas plus beaux. Il vous apportera lui-même une bouteille

---

Pastas glande nates habet Secundus;
Mollis Dindymus est, sed esse non vult;
Amphion potuit puella nasci.   5
Horum delicias, superbiamque,
Et fastus querulos, amice, malo,
Quam dotis mihi quinquies ducena.

LXXVI. DE AGRICOLA.

Amphora vigessis, modius datur ære quaterno.
Ebrius et crudus nil habet agricola.

LXXVII. DE ÆTHONTE.

Multis dum precibus Jovem salutat,
Stans summos resupinus usque in ungues,
Æthon in Capitolio pepedit.
Riserunt comites : sed ipse Divum
Offensus genitor trinoctiali   5
Affecit domicœnio clientem.
Post hoc flagitium misellus Æthon,
Quum vult in Capitolium venire,
Sellas ante petit Patroclianas,
Et pedit deciesque, viciesque.   10
Sed quamvis sibi caverit crepando,
Compressis natibus Jovem salutat.

LXXVIII. DE EODEM.

Ante Jovis statuam crepuit satur histrio : pœnam
Jupiter indixit, vivere de proprio.

LXXIX. AD BITHYNICUM.

Nil in te scripsi, Bithynice : credere non vis,
Et jurare jubes : malo satisfacere.

LXXX. AD ATTICILLAM.

Donavi tibi multa, quæ rogasti;
Donavi tibi plura, quam rogasti;
Non cessas tamen usque me rogare :
Quisquis nil negat, Atticilla, fellat.

LXXXI. DE CALLISTRATO.

Ne laudet dignos, laudat Callistratus omnes.
Cui malus est nemo, quis bonus esse potest?

LXXXII. DE UMBRO.

Brumæ diebus, feriisque Saturni,
Mittebat Umber aliculam mihi pauper;
Nunc misit alicam : factus est enim dives.

LXXXIII. DE MENOGENE.

Effugere in thermis et circa balnea non est
Menogenen, omni tu licet arte velis.
Captabit tepidum dextra lævaque trigonem,
Imputet exceptas ut tibi sæpe pilas.
Colliget, et referet laxum de pulvere follem, 5
Et si jam lotus, jam soleatus erit.
Lintea si sumes, nive candidiora loquetur,
Sint licet infantis sordidiora sinu.
Exiguos secto comentem dente capillos,
Dicet Achilleas disposuisse comas.   10
Fumosæ feret ipse tropin de fæce lagenæ,

de vin trouble et éventé, et essuiera la sueur de votre front. Il louera tout, admirera tout, jusqu'à ce qu'accablé d'ennui, vous lui disiez : Viens souper.

84. — SUR FABIANUS.

Fabianus, ce plaisant si fâcheux aux gens affligés de hernies, de descentes et d'hydrocèles, qui naguère faisait contre ces maladies plus d'épigrammes que deux Catulle ensemble, Fabianus, l'infortuné! se vit nu aux thermes de Néron, et se tut tout à coup.

85. — A POLYTIMUS.

Je ne voulais pas te couper les cheveux, Polytimus ; mais je suis bien aise d'avoir cédé à ta prière. Telle est, maintenant qu'ils sont tombés, ta blancheur éclatante, que, nouveau Pélops, une épouse te croirait tout d'ivoire.

86. — CONTRE FABULLUS.

Les pédérastes, dis-tu, puent de la bouche. Si cela est vrai, Fabullus, que sentent, dis-moi, les cunnilingues?

87. — CONTRE UN HOMME USÉ.

Tu as trente mignons et trente jeunes filles; mais tu n'as qu'une mentule, et qui ne peut se dresser : que feras-tu?

88. — SUR COTTA.

Cotta se plaignait d'avoir deux fois perdu sa chaussure, par la négligence du valet qui s'assied à ses pieds, et qui forme à lui seul la fortune et le cortége du pauvre diable. En homme fin et rusé, pour n'être plus exposé au même accident, il a imaginé un moyen : c'est d'aller pieds nus souper en ville.

89. — SUR TONGILIANUS.

Tongilianus a du nez; je le sais, j'en conviens; mais déjà il n'a rien de plus.

90. — A CHARINUS.

Si tu t'enveloppes de laine la tête tout entière, Charinus, ce ne sont pas tes oreilles, mais tes cheveux qui sont malades.

91. — SUR MARON.

Pour un ami vieux, miné et brûlé par la fièvre tierce, Maron a fait vœu solennellement, si le malade n'est pas encore parti pour les sombres bords, d'immoler une victime au grand Jupiter. Alors les médecins de répondre de la guérison. Maintenant Maron fait des vœux pour ne pas acquitter le premier.

92. — CONTRE MAGULLA.

Puisque ton mari et toi vous avez le même lit, le même mignon, pourquoi, Magulla, n'avez-vous pas le même échanson? Tu soupires : je conçois; tu crains le breuvage.

93. — A PRISCUS.

Tu me demandes souvent, Priscus, ce que je ferais, si je devenais tout à coup riche et puissant. Penses-tu qu'on puisse prévoir ses goûts à venir ? Que ferais-tu, dis-moi, si tu devenais lion?

Frontis et humorem colliget usque tuæ ;
Omnia laudabit, mirabitur omnia, donec
Perpessus dicas tædia mille, Veni.

LXXXIV. DE FABIANO.

Derisor Fabianus herniarum,
Omnes quem modo colei timebant
Dicentem tumidas in hydrocelas,
Quantum nec duo dicerent Catulli,
In thermis subito Neronianis
Vidit se miser, et tacere cœpit.

LXXXV. AD POLYTIMUM.

Nolueram, Polytime, tuos violare capillos;
Sed juvat hoc precibus me tribuisse tuis.
Talis eras modo tonse Pelops, positisque nitebas
Crinibus, ut totum sponsa videret ebur.

LXXXVI. IN FABULLUM.

Pædiconibus os olere dicis.
Hoc si, sicut ais, Fabulle, verum est,
Quid tu credis olere cunnilingis?

LXXXVII. IN NON ARRIGENTEM.

Triginta tibi sunt pueri, totidemque puellæ;
Una est, nec surgit mentula : quid facies?

LXXXVIII. DE COTTA.

Bis Cotta soleas perdidisse se questus,
Dum negligentem ducit ad pedes vernam,
Qui solus inopi præstat, et facit turbam;

Excogitavit homo sagax, et astutus,
Ne facere posset tale sæpius damnum ;
Excalceatus ire cœpit ad cœnam.

LXXXIX. DE TONCILIANO.

Tongilianus habet nasum; scio, non nego : sed jam
Nil, præter nasum, Tongilianus habet.

XC. AD CHARINUM.

Quod lana caput alligas, Charine,
Non aures tibi, sed dolent capilli.

XCI. DE MARONE.

Pro sene, sed clare, votum Maro fecit amico,
Cui gravis et fervens hemitritæus erat;
Si Stygias æger non iret missus ad undas,
Ut caderet magno victima grata Jovi.
Cœperunt certam medici spondere salutem :
Ne votum solvat, nunc Maro vota facit.

XCII. IN MAGULLAM.

Communis tibi cum viro, Magulla,
Quum sit lectulus, et sit exoletus,
Quare dic mihi non sit et minister?
Suspiras : ratio est, times lagenam.

XCIII. AD PRISCUM.

Sæpe rogare soles qualis sim, Prisce, futurus,
Si fiam locuples, simque repente potens.
Quemquam posse putas mores narrare futuros?
Dic mihi, si fias tu leo, qualis eris?

94. — SUR FABULLA.

Fabulla a trouvé le moyen de baiser son amant au nez de son mari. Elle baise son fou et le rebaise ; et lorsque l'enfant en est tout mouillé, l'amant le saisit à son tour, et le rend, tout imbibé de ses baisers, à sa maîtresse, qui rit de la ruse. O mari, plus fou que le fou !

95. — CONTRE TUCCA.

Je faisais une épopée, tu en commenças une ; je m'arrêtai, de peur de rivaliser avec toi. Ma muse chaussa le cothurne tragique ; la tienne s'affubla du manteau traînant. Je chantai sur la lyre calabroise ; jaloux, tu saisis l'archet. Je hasardai la satire ; tu voulus être un Lucilius. Je modulai des élégies ; tu fis de même. Pouvais-je descendre encore ? Oui : je fais des épigrammes, et tu m'envies déjà ma renommée. Choisis : de quoi ne veux-tu pas ? N'est-ce pas une honte de vouloir s'emparer de tout ? S'il est quelque chose que tu ne veuilles pas, Tucca, laisse-le-moi.

96. — A RUFUS.

Lisez, Instantius Rufus, les livres impudiques de Musée, qui le disputent aux livres sybaritiques ; lisez ces pages empreintes d'une piquante obscénité. Mais que votre maîtresse soit là, de peur que votre main libertine n'usurpe les droits d'hyménée, et que vous ne fassiez le mari sans femme.

97. — CONTRE UNE JALOUSE.

Quand la vie et la fidélité de votre époux vous sont connues, que nulle rivale ne vous dispute son amour, pourquoi vous inquiéter sottement de ses mignons, comme s'ils étaient des concubines, et des plaisirs, éphémères suivant vous, qu'il goûte avec eux ? Ces enfants, je le prouverai, vous sont plus utiles qu'à votre mari ; ils sont cause que vous êtes sa seule femme ; ils donnent ce que vous, épouse, ne voulez pas donner. — Mais je le donne aussi, dites-vous, pour fixer son amour. — C'est bien différent : j'aime les figues de Chio, et non les marisques ! Pour que vous n'ayez point de doute sur ce qu'est la figue de Chio, sachez que la marisque est la vôtre. Une épouse, une matrone, doit savoir jusqu'où vont ses droits ; laissez aux mignons leur part ; usez de la vôtre.

98. — CONTRE BASSUS.

Époux d'une femme jeune, riche, noble, instruite et vertueuse, telle enfin, Bassus, que la pourrait désirer le plus exigeant des maris, tu t'épuises les flancs auprès de jeunes blondins que sa dot a payés ; de sorte que ta mentule, qui te coûte des milliers de sesterces, revient toute languissante à ta femme. Ni les plus tendres paroles, ni les douces sollicitations du poignet ne peuvent la relever. Un peu de pudeur enfin, ou allons en justice. Ta mentule n'est plus à toi, Bassus ; tu l'as vendue.

99. — AU FLEUVE BÉTIS.

Bétis, toi dont le front est couronné d'oliviers,

XCIV. DE FABULLA.

Qua mœchum ratione basiaret
Coram conjuge repperit Fabulla.
Parvum basiat usque morionem ;
Hunc multis rapit osculis madentem
Mœchus protinus, et suis repletum   5
Ridenti dominæ statim remittit.
Quanto morio major est maritus !

XCV. IN TUCCAM.

Scribebamus epos, cœpisti scribere ; cessi,
Æmula ne starent carmina nostra tuis.
Transtulit ad tragicos se nostra Thalia cothurnos ;
Aptasti longum tu quoque syrma tibi.
Fila lyræ movi Calabris exculta Camœnis ;   5
Plectra rapis nobis ambitione nova.
Audemus satiras ; Lucilius esse laboras.
Ludo leves elegos ; tu quoque ludis idem.
Quid minus esse potest ? epigrammata fingere cœpi ;
Hinc etiam petitur jam mea fama tibi.   10
Elige, quid nolis ; quis enim pudor omnia velle ?
Et si quid non vis, Tucca, relinque mihi.

XCVI. AD RUFUM.

Musæi pathicissimos libellos,
Qui certant Sybariticis libellis,
Et tinctas sale prurienti chartas,
Instanti, lege, Rufe : sed puella
Sit tecum tua, ne Thalassionem   5
Indicas manibus libidinosis,

Et fias sine femina maritus.

XCVII. IN ZELOTYPAM.

Quum tibi nota tui sit vita fidesque mariti,
Nec premat ulla tuos sollicitetve toros ;
Quid, quasi pellicibus, torqueris inepta ministris,
In quibus et brevis est et fugitiva Venus ?
Plus tibi quam domino pueros præstare probabo ;   5
Hi faciunt, ut sis femina sola viro.
Hi dant, quod non vis uxor dare. Do tamen, inquis,
Ne vagus a thalamis conjugis erret amor.
Non eadem res est : Chiam volo, nolo mariscam
Ne dubites quæ sit Chia, marisca tua est.   10
Scire suos fines matrona et femina debet :
Cede suam pueris ; utere parte tua.

XCVIII. IN BASSUM.

Uxor quum tibi sit puella, qualem
Votis vix petat improbis maritus,
Dives, nobilis, erudita, casta ;
Rumpis, Basse, latus, sed in comatis,
Uxoris tibi dote quos parasti :   5
Et sic ad dominam reversa languet
Multis mentula millibus redempta ;
Sed nec vocibus excitata blandis,
Molli pollice nec rogata surgit.
Sit tandem pudor, aut eamus in jus.   10
Non est hæc tua, Basse : vendidisti.

XCIX. AD BÆTIM.

Bætis olivifera crinem redimite corona,

et dont les eaux limpides donnent aux poissons leur teinte dorée; toi que chérissent Bromius et Pallas; toi pour qui Neptune a ouvert des chemins sur toutes les mers, reçois sur tes rivages, reçois favorablement Instantius, et que cette année soit pour les peuples semblable à la précédente! Il n'ignore pas tout ce que lui impose l'honneur de succéder à Macer : celui qui connaît les devoirs d'une charge est capable de la remplir.

100. — CONTRE UN EFFRONTÉ.

Tu as, dis-tu, la bouche de ton grand-père, le nez de ton oncle, les yeux de ton père, et les gestes de ta mère. Puisque tu représentes si bien ta famille, et qu'il n'est pas une partie de ton corps qui ne l'atteste, dis-moi, je te prie, de qui tu as le front?

101. — A MATTUS.

Celui qui te fait dire qu'il n'est pas chez lui, quand tu frappes à sa porte, sais-tu ce qu'il veut dire? « Je dors pour toi, Mattus. »

102. — A MILON.

Tu vends de l'encens, du poivre, des habits, de l'argenterie, des couvertures, des bijoux, et la denrée suit l'acheteur. Mais ta meilleure marchandise est ta femme, Milon; car, vendue et revendue, jamais on ne l'emporte; elle fait toujours partie de ton avoir.

LIVRE XIII.
LES PRÉSENTS.
1. — AU LECTEUR.

Pour que les thons ne manquent pas de toge, les olives de manteau, et la sale mitte de quoi braver la disette et la faim, Muse, abandonne-leur ce papyrus égyptien, qui me fait perdre tant de temps. L'ivresse des Saturnales m'invite à de nouvelles folies. Mon dé ne se mesure pas avec le superbe osselet, et je ne secoue pas dans mon cornet les as avec les six. Ces tablettes sont à la fois des noix et un cornet; c'est un jeu où il n'y a chance ni de perte ni de gain.

2. — AU CRITIQUE.

Quand tu serais tout nez, ou plutôt quand tu en aurais un si long, qu'Atlas, l'en priât-on, n'en voudrait pas de pareil; quand tu pourrais railler Latinus, tu ne peux pas dire plus de mal de mes facéties que ce que j'en ai dit moi-même. Pourquoi mordre qui a de si bonnes dents? C'est de la viande qu'il te faut, si tu veux te rassasier. Ne perds pas ton temps, garde ta mauvaise humeur pour ceux qui s'admirent; je sais, moi, que ce petit livre n'a pas grande valeur; cependant j'aurai bien fait de l'ajouter aux autres, si tu le lis avec faveur, si tu ne l'accueilles pas avec l'air refrogné du matin.

3. — AU LECTEUR.

Toute la foule des présents réunis dans ce petit livre te coûtera quatre écus. Quatre! c'est trop. — Peut-être l'auras-tu pour deux, et le

---

Aurea qui nitidis vellera tingis aquis;
Quem Bromius, quem Pallas amat; cui rector aquarum
Albula navigerum per freta pandit iter :
Ominibus lætis vestras Instantius oras   5
Intret; et hic populis, ut prior, annus eat.
Non ignorat, onus quod sit, succedere Macro.
Qui sua metitur pondera, ferre potest.

C. IN EFFRONTEM.

Os atavi, patrui nasum, duo lumina patris,
Et matris gestus dicis habere tuæ.
Quum referas priscos, nullamque in corpore partem
Mentiris; frontem, dic mihi, cujus habes?

CI. AD MATTUM.

Qui negat esse domi se, tunc quum limina pulsas,
Quid dicat, nescis? Dormio, Matte, tibi.

CII. AD MILONEM.

Thura, piper, vestes, argentum, pallia, gemmas
Vendere, Milo, soles, cum quibus emptor abit.
Conjugis utilior merx est, quæ, vendita sæpe,
Vendentem nunquam deserit, aut minuit.

LIBER XIII,
CUI XENIA INDITUM NOMEN.
I. AD LECTOREM.

Ne toga cordylis, ne pænula desit olivis,
  Aut inopem metuat sordida blatta famem,
Perdite Niliacas, Musæ, mea damna, papyros;
  Postulat ecce novos ebria bruma sales.
Non mea magnanimo depugnat tessera talo,   5
Senio nec nostrum cum cane quassat ebur.
Hæc mihi charta nuces, hæc est mihi charta fritillus :
  Alea nec damnum, nec facit ista lucrum.

II. IN DETRACTOREM.

Nasutus sis usque licet, sis denique nasus,
  Quantum noluerit ferre rogatus Atlas,
Et possis ipsum tu deridere Latinum,
  Non potes in nugas dicere plura meas,
Ipse ego quam dixi : quid dentem dente juvabit   5
  Rodere? carne opus est, si satur esse velis.
Ne perdas operam; qui se mirantur, in illos
  Virus habe : nos hæc novimus esse nihil.
Nec tamen hoc nimium nihil est, si candidus aure,
  Nec matutina si mihi fronte venis.   10

III. AD LECTOREM.

Omnis in hoc gracili Xeniorum turba libello
  Constabit nummis quatuor empta tibi.

libraire Tryphon y trouvera son profit. Tu pourras envoyer à tes hôtes ces distiques en guise de cadeaux, si ta bourse n'est pas mieux garnie que la mienne. Chaque objet y est désigné par son nom au titre même; s'il en est qui ne soient pas de ton goût, passe-les.

4. — L'ENCENS.

Pour que le Germanique commande encore longtemps à la terre, avant d'aller commander au ciel, offrez le pieux encens à Jupiter.

5. — LE POIVRE.

Si l'on vous donne par hasard un bec-figue au dos luisant et gonflé de graisse, poivrez-le, si vous êtes sage.

6. — LA LIQUEUR DE FROMENT.

Je vous envoie de la liqueur de froment; le riche pourra vous envoyer du vin doux; sinon, achetez-en.

7. — LA FÈVE AVEC SA COSSE.

Si la pâle fève cuit chez vous dans un pot de terre rouge, vous vous passerez souvent de la table des riches.

8. — LA FARINE.

Enduisez de farine de Clusium des amphores plébéiennes, afin que, bien repu, vous trouviez au vin plus de douceur.

9. — LA LENTILLE.

Recevez cette lentille égyptienne, présent de la ville de Péluse. Elle est plus commune que l'alica, et plus chère que la fève.

10. — LA FLEUR DE FROMENT.

Vous ne sauriez nombrer les qualités, ni les usages de la fleur de froment : le boulanger et le cuisinier l'emploient de tant de manières!

11. — L'ORGE.

Prends ceci, muletier; ce n'est pas sans doute pour tes mules discrètes. Aussi est-ce à l'hôtelier et non à toi que je le donne.

12. — LE FROMENT.

Prenez ces trois cents mesures de froment de Libye, pour que votre champ d'au delà des murs ne reste pas stérile.

13. — LES BETTES.

Pour que les fades bettes, ce mets des artisans, aient quelque saveur, que de fois le cuisinier demandera du vin et du poivre!

14. — LA LAITUE.

Nos aïeux finissaient ordinairement leurs repas par la laitue; dites-moi pourquoi nous commençons les nôtres par là?

15. — BOIS A BRULER.

Si tu as tes domaines près de Nomente, n'oublie pas, campagnard, de porter du bois à ta villa.

16. — LES RAVES.

Ces raves, amies de l'hiver et des frimas, je vous les donne; Romulus en mange dans le ciel.

17. — LE CŒUR DE CHOU.

Pour que ces choux pâlissants ne vous répugnent pas, rendez-les verts avec de l'eau nitrée.

18. — LES CIBOULES.

Toutes les fois que vous avez mangé des ci-

Quatuor est nimium : poterit constare duobus,
  Et faciet lucrum bibliopola Tryphon.
Hæc licet hospitibus pro munere disticha mittas,   5
  Si tibi tam rarus, quam mihi, nummus erit.
Addita per titulos sua nomina rebus habebis;
  Præterea, si quid non facit ad stomachum.

IV. THUS.

Serus ut æthereæ Germanicus imperet aulæ,
  Utque diu terris, da pia thura Jovi.

V. PIPER.

Cerea quæ patulo lucet ficedula lumbo,
  Quum tibi forte datur, si sapis, adde piper.

VI. ALICA.

Nos alicam; mulsum poterit tibi mittere dives.
  Si tibi noluerit mittere dives, eme.

VII. CONCHIS FABA.

Si spumet rubra conchis tibi pallida testa,
  Lautorum cœnis sæpe negare potes.

VIII. FAR.

Imbue plebeias Clusinis pultibus ollas,
  Ut satur in vacuis dulcia musta bibas.

IX. LENS.

Accipe Niliacam, Pelusia munera, lentem;
  Vilior est alica, carior illa faba.

X. SIMILA EX TRITICO.

Nec poteris similæ dotes numerare nec usus,
  Pistori toties quum sit et apta coquo.

XI. HORDEUM.

Mulio, quod non des tacituris, accipe, mulis.
  Hæc ego cauponi, non tibi, dona dedi.

XII. FRUMENTUM TRITICEUM.

Tercentum Libyci modios de messe coloni
  Sume, suburbanus ne moriatur ager.

XIII. BETÆ.

Ut sapiant fatuæ fabrorum prandia betæ,
  O quam sæpe petet vina piperque coquus!

XIV. LACTUCA.

Claudere quæ cœnas lactuca solebat avorum,
  Dic mihi, cur nostras inchoat illa dapes?

XV. LIGNA ACAPNA.

Si vicina tibi Nomento rura coluntur,
  Ad villam moneo, rustice, ligna feras.

XVI. RAPA.

Hæc tibi brumali gaudentia frigore rapa
  Quæ damus, in cœlo Romulus esse solet.

XVII. COLICULI.

Ne tibi pallentes moveant fastidia caules,
  Nitrata viridis brassica fiat aqua.

XVIII. PORRI SECTIVI.

Fila Tarentini graviter redolentia porri

boules de Tarente, à l'odeur forte, ne baisez qu'à lèvres closes.

19. — LES POIREAUX A TÊTES

Aricie, célèbre par sa forêt, nous envoie les plus beaux poireaux : voyez la verdure de leurs tiges et la blancheur de leurs têtes !

20. — LES NAVETS.

Nous venons dans les fertiles jardins du territoire d'Amiterne ; vous pourrez donc manger moins de navets ronds de Nursie.

21. — LES ASPERGES.

L'épine délicate qui croît sur les côtes de Ravenne n'est pas plus agréable que les asperges sauvages.

22. — LE RAISIN FERME.

Je ne vaux rien dans la coupe, je suis inutile à Bacchus ; mais pour qui ne me boit pas, je suis du nectar.

23. — LA FIGUE DE CHIO.

La figue de Chio, semblable au vin vieux de Sétia, porte avec elle son vin et son sel.

24. — LES COINGS.

Si l'on vous donnait des coings saturés de miel attique, vous diriez que ce sont des pommes de paradis.

25. — LES POMMES DE PIN.

Nous sommes les fruits de Cybèle : passant, au large, si tu ne veux pas que nous te tombions sur la tête !

26. — LES CORMES.

Cormes nous sommes, bonnes pour arrêter les flux de ventre ; nous convenons mieux à vos enfants qu'à vous.

27. — LA BRANCHE DE DATTES.

Aux calendes de janvier, on offre la datte dorée ; encore ce fruit est-il communément le présent du pauvre.

28. — LES COCTANES.

Ces coctanes qui vous arrivent, enfermées dans un panier de jonc, seraient des figues, si elles étaient plus grosses.

29. — LES PRUNES DE DAMAS.

Recevez ces prunes étrangères, vieilles et ridées ; elles guérissent ordinairement la constipation.

30. — LE FROMAGE DE LUNA.

Ce fromage en forme de lune est de Luna en Étrurie ; il fournira mille fois à dîner à vos esclaves.

31. — LE FROMAGE VESTIN.

Si vous voulez faire, sans viande, un frugal déjeuner, voici du fromage qui vient des troupeaux du Vestin.

32. — LE FROMAGE DU VÉLABRE.

Tout foyer, toute fumée ne convient pas au fromage ; mais la fumée du Vélabre le rend excellent.

33. — LES FROMAGES DE TRÉBULA.

Nous sommes de Trébula ; également recommandables, soit qu'on nous passe à un feu léger, soit qu'on nous détrempe dans l'eau.

Edisti quoties, oscula clausa dato.

XIX. PORRI CAPITATI.

Mittit præcipuos nemoralis Aricia porros ;
In niveo virides stipite cerne comas.

XX. NAPI.

Nos Amiternus ager felicibus educat hortis ;
Nursinas poteris parcius esse pilas.

XXI. ASPARAGI.

Mollis in æquorea quæ crevit spina Ravenna,
Non erit incultis gratior asparagis.

XXII. UVA DURACINA.

Non habilis cyathis, et inutilis uva Lyæo ;
Sed non potanti me, tibi nectar ero.

XXIII. CHIA FICUS.

Chia seni similis Baccho quem Setia misit,
Ipsa merum secum portat, et ipsa salem.

XXIV. CYDONIA.

Si tibi Cecropio saturata Cydonia melle
Ponentur, dicas hæc melimela licet.

XXV. NUCES PINEÆ.

Poma sumus Cybeles : procul hinc discede, viator,
Ne cadat in miserum nostra ruina caput.

XXVI. SORBA.

Sorba sumus, molles nimium durantia ventres ;
Aptius hæc puero, quam tibi, poma dabis.

XXVII. SPATHALION CARYOTARUM.

Aurea porrigitur Jani caryota Kalendis ;
Sed tamen hoc munus pauperis esse solet.

XXVIII. COCTANA.

Hæc tibi quæ torta venerunt condita meta,
Si majora forent coctana, ficus erant.

XXIX. PRUNA DAMASCENA.

Pruna peregrinæ carie rugosa senectæ
Sume : solent duri solvere ventris onus.

XXX. CASEUS LUNENSIS.

Caseus Etruscæ signatus imagine Lunæ
Præstabit pueris prandia mille tuis.

XXXI. CASEUS VESTINUS.

Si sine carne voles jentacula sumere frugi,
Hæc tibi Vestino de grege massa venit.

XXXII. CASEUS VELABRENSIS.

Non quemcumque focum nec fumum caseus omnem,
Sed Velabrensem qui bibit, ille sapit.

XXXIII. CASEI TREBULANI.

Trebula nos genuit ; commendat gratia duplex,
Sive levi flamma, sive domamur aqua.

34. — LES BULBES.

Si votre femme est vieille, et votre vigueur perdue, vous ne pouvez faire mieux que de manger force bulbes.

35. — LA SAUCISSE.

Fille d'une truie du Picénum, je viens de Lucanie pour servir d'encadrement délicieux à la blanche bouillie.

36. — LES OLIVES.

Sauvées des pressoirs du Picénum, ces olives commencent et finissent le repas.

37. — LES CITRONS.

Ces citrons viennent ou des jardins de Corcyre, ou de ceux que gardait le dragon de Massylie.

38. — LE LAIT CAILLÉ.

Ce caillé que je vous offre est d'un lait de chèvres trait par le berger, avant que les petits ne tettent leurs mères.

39. — LES CHEVREAUX.

Qu'elle soit punie cette bête lascive, et friande des bourgeons de la vigne! elle naissait à peine, que déjà elle blessait Bacchus.

40. — LES OEUFS.

Délayez dans le garum de scombre d'Espagne le jaune d'œuf nageant au milieu du blanc.

41. — LE COCHON DE LAIT.

Qu'on me serve, quand il tette encore, le nourrisson d'une truie paresseuse, et que le riche mange du sanglier d'Étolie.

42. — LES GRENADES ET LES JUJUBES.

Ces grenades et ces jujubes ne viennent point de la Libye, mais de mon jardin de Nomente, d'où je vous les envoie.

43. — MÊME SUJET.

Je vous envoie de mon jardin hors des murs ces grenades et ces jujubes domestiques : qu'avez-vous besoin de celles de Libye?

44. — LA TÉTINE.

On ne croirait pas manger une tétine, tant le lait frais jaillit abondamment de cette mamelle rebondie.

45. — LES POULETS.

Si j'avais des oiseaux de Libye ou du Phase, vous les accepteriez ; pour le moment, contentez-vous de ceux de ma basse-cour.

46. — LES PÊCHES, LES BRUGNONS.

Fruits précoces et vulgaires sur l'arbre maternel, nous sommes délicieux aujourd'hui, entés sur un arbre adoptif.

47. — LES PAINS DU PICÉNUM.

Trempés dans le lait, ces pains du Picénum gonflent tellement, qu'on dirait une éponge imbibée d'eau.

48. — LES CHAMPIGNONS.

Envoyer de l'argent, de l'or, un manteau, une toge, cela est facile; mais des champignons, voilà le difficile.

49. — LE BEC-FIGUE.

Puisque je me nourris à la fois de raisins et

XXXIV. BULBI.

Quum sit anus conjux, et sint tibi mortua membra,
Nil aliud bulbis quam satur esse potes.

XXXV. LUCANICA.

Filia Picenæ venio Lucanica porcæ;
Pultibus hinc niveis grata corona datur.

XXXVI. OLIVÆ.

Hæc, quæ Picenis venit subducta trapetis,
Inchoat, atque eadem finit oliva dapes.

XXXVII. MALA CITREA.

Aut Corcyræi sunt hæc de frondibus horti,
Aut hæc Massyli poma draconis erant.

XXXVIII. COLOSTRUM.

Surripuit pastor quæ nondum stantibus hædis,
De primo matrum lacte colostra damus.

XXXIX. HÆDI.

Lascivum pecus, et viridi non utile Baccho,
Det pœnas : nocuit jam tener ille Deo.

XL. OVA.

Candida si croceos circumfluit unda vitellos,
Hesperius scombri temperet ova liquor.

XLI. PORCELLUS LACTENS.

Lacte mero pastum pigræ mihi matris alumnum
Ponat, et Ætolo de sue dives edat.

XLII. APYRINA ET TUBERES.

Non tibi de Libycis tuberes, et apyrina ramis
De Nomentanis sed damus arboribus.

XLIII. IDEM.

Lecta suburbanis mittuntur apyrina ramis,
Et vernæ tuberes : quid tibi cum Libycis?

XLIV. SUMEN.

Esse putes nondum sumen; sic ubere largo
Effluit, et vivo lacte papilla tumet.

XLV. PULLI GALLINACEI.

Si Libycæ nobis volucres, et Phasides essent,
Acciperes : at nunc accipe cortis aves.

XLVI. PERSICA, NUCIPERSICA.

Vilia maternis fueramus præcoqua ramis;
Nunc in adoptivis Persica cara sumus.

XLVII. PANES PICENTINI.

Picentina Ceres niveo sic nectare crescit,
Ut levis accepta spongia turget aqua.

XLVIII. BOLETI.

Argentum atque aurum facile est, lænamque togamque
Mittere : boletos mittere difficile est.

XLIX. FICEDULA.

Quum me ficus alat, quum pascar dulcibus uvis;

de figues, pourquoi le raisin ne m'a-t-il pas plutôt donné son nom?

50. — LES TRUFFES.

Nous autres tubercules qui entr'ouvrons à peine le sein nourricier de la terre, nous sommes les seconds du champignon.

51. — LA COURONNE DE GRIVES.

Vous aimez sans doute une couronne de roses ou de feuilles de nard; moi, j'aime une couronne de grives.

52. — LE CANARD.

Si l'on vous sert un canard entier, ne faites cas que de la poitrine et de la cervelle; rendez le reste au cuisinier.

53. — LE TOURTEREAU.

Tant que j'aurai un gras tourtereau, fi de la laitue, et gardez vos coquillages! je ne veux pas prodiguer ma faim.

54. — LE JAMBON.

Apportez-moi un jambon du pays des Cerrétans ou des Ménapiens; je laisse les délicats se gorger du filet.

55. — LE FILET DE PORC.

Il est tout frais: allons, hâtez-vous d'inviter vos amis; je ne me soucie guère du filet faisandé.

56. — LA VULVE.

Peut-être que la vulve d'une truie vierge vous agréera davantage; moi je préfère celle d'une truie pleine.

57. — LA COLOCASE.

Vous rirez en mangeant ce légume du Nil et ses longs filaments, quand vous le tirerez et des dents et des mains.

58. — LE FOIE D'OIE.

Voyez ce foie plus gros qu'une grosse oie; vous allez dire tout stupéfait : « D'où vient, je vous prie, un tel développement? »

59. — LES LOIRS.

Je dors tout l'hiver, et n'en suis que plus gras. Le sommeil suffit alors pour me nourrir.

60. — LE LAPIN.

Le lapin aime le terrier qu'il s'est creusé lui-même; c'est de lui qu'à la guerre on apprit l'usage des mines.

61. — LES GÉLINOTTES.

Le premier des oiseaux, pour la délicatesse, est, dit-on, la gélinotte d'Ionie.

62. — LA POULARDE.

La poularde s'engraisse de farine, elle s'engraisse de l'obscurité. O génie de la gourmandise!

63. — LE CHAPON.

Pour que le coq, épuisé par le coït, ne maigrisse pas, on le chaponne. Il n'est plus alors pour moi qu'un prêtre de Cybèle.

64. — LE MÊME.

C'est en vain que la poule se prête aux caresses de cet époux impuissant; mieux vaudrait pour lui qu'il fût l'oiseau de Cybèle.

65. — LA PERDRIX.

En Italie, on la voit rarement sur les tables; pourtant on en mange souvent chez les riches.

Cur potius nomen non dedit uva mihi?

L. TUBERA.

Rumpimus altricem tenero quæ vertice terram
Tubera, boletis poma secunda sumus.

LI. TURDORUM CORONA.

Texta rosis fortasse tibi, vel divite nardo,
At mihi de turdis facta corona placet.

LII. ANAS.

Tota quidem ponatur anas : sed pectore tantum,
Et cervice sapit : cætera redde coquo.

LIII. TURTUR.

Dum pinguis mihi turtur erit, lactuca, valebis,
Et cochleas tibi habe : perdere nolo famem.

LIV. PERNA.

Cerretana mihi fiet, vel missa licebit
De Menapis : lauti de petasone vorent.

LV. PETASO.

Musteus est : propera, caros nec differ amicos;
Nam mihi cum vetulo sit petasone nihil.

LVI. VULVA.

Te fortasse magis capiet de virgine porca;
Me materna gravi de sue vulva capit.

LVII. COLOCASIA.

Niliacum ridebis olus lanasque sequaces,
Improba quum morsu fila manuque trahes.

LVIII. JECUR ANSERIS.

Aspice, quam tumeat magno jecur ansere majus!
Miratus dices, Hoc, rogo, crevit ubi?

LIX. GLIRES.

Tota mihi dormitur hiems, et pinguior illo
Tempore sum, quo me nil nisi somnus alit.

LX. CUNICULUS.

Gaudet in effossis habitare cuniculus antris;
Monstravit tacitas hostibus ille vias.

LXI. ATTAGENÆ.

Inter sapores fertur alitum primus
Ionicarum gustus attagenarum.

LXII. GALLINA ALTILIS.

Pascitur et dulci facilis gallina farina,
Pascitur et tenebris : ingeniosa gula est.

LXIII. CAPO.

Ne nimis exhausto macresceret inguine gallus,
Amisit testes : nunc mihi Gallus erit.

LXIV. IDEM.

Succumbit sterili frustra gallina marito;
Hanc matris Cybeles esse decebat avem.

LXV. PERDIX.

Ponitur Ausoniis avis hæc rarissima mensis :
Hanc in lautorum mandere sæpe soles.

66. — LES PIGEONS.

Ne portez pas une dent sacrilége sur les tendres colombes, si vous êtes initié aux mystères de la déesse de Gnide.

67. — LE RAMIER A COLLIER.

Les ramiers à collier engourdissent et émoussent les organes de la génération : ne mangez pas de ce gibier, si vous voulez être propre à l'amour.

68. — LE LORIOT.

On chasse le loriot à la glu et au filet, quand le raisin encore vert commence à grossir.

69. — LES MARTRES.

Jamais l'Ombrie ne nous donna de martres pannoniennes : Pudens, qui en possède, aime mieux en faire présent à son maître.

70. — LE PAON.

Vous l'admirez toutes les fois qu'il déploie ses ailes étincelantes de pierreries, et vous pouvez, barbare, le livrer à l'impitoyable cuisinier?

71. — LE PHÉNICOPTÈRE.

Je tire mon nom de mes plumes pourprées, mais les gourmands font cas de ma langue : que serait-ce, si elle pouvait parler?

72. — LE FAISAN.

Je suis venu pour la première fois sur le navire Argo; je n'avais jusque-là rien connu que le Phase.

73. — LES PINTADES

Tout repu qu'il était d'oies romaines, jamais le farouche Annibal ne mangea d'oiseaux de son pays.

74. — L'OIE.

Cet oiseau sauva le Capitole, et vous vous en étonnez! Un Dieu n'avait point encore élevé ce temple.

75. — LES GRUES.

Vous détruirez la symétrie, et la lettre ne volera plus entière, si vous ôtez un seul des oiseaux de Palamède.

76. — LA BÉCASSE.

Que je sois bécasse ou perdrix, qu'importe, si j'en vaux tout autant? La perdrix est plus chère, voilà ce qui la rend meilleure.

77. — LE CYGNE.

Le cygne, de sa voix défaillante, module de tendres accents à l'heure où il est lui-même le chantre de sa mort.

78. — LES PORPHYRIONS.

Quoi! un oiseau si petit porter le nom d'un géant! c'est le nom de Porphyrion de la faction verte.

79. — LE SURMULET.

Ce surmulet respire encore, mais avec peine, dans l'eau de mer transportée. Se meurt-il? renouvelez l'eau; il renaîtra.

80. — LA MURÈNE.

La grosse murène qui nage au fond des mers de Sicile ne peut s'y replonger, une fois qu'à la surface elle a senti sa peau brûlée par le soleil.

81. — LE TURBOT.

Si large que soit le plat qui porte ce turbot, le turbot est encore plus large que le plat.

82. — L'HUITRE.

J'arrive bien saturée de l'eau du Lucrin;

LXVI. COLUMBINI.

Ne violes teneras perjuro dente columbas,
Tradita si Cnidiæ sunt tibi sacra Deæ.

LXVII. PALUMBUS TORQUATUS.

Inguina torquati tardant hebetantque palumbi :
Non edat hanc volucrem, qui cupit esse salax.

LXVIII. GALBULA.

Galbula decipitur calamis et retibus ales,
Turget adhuc viridi quum rudis uva mero.

LXIX. CATTÆ.

Pannonicas nobis nunquam dedit Umbria cattas;
Mavult hæc domino mittere dona Pudens.

LXX. PAVO.

Miraris quoties gemmantes explicat alas,
Et potes hunc sævo tradere, dure, coquo?

LXXI. PHOENICOPTERUS.

Dat mihi penna rubens nomen : sed lingua gulosis
Nostra sapit; quid si garrula lingua foret?

LXXII. PHASIANUS.

Argiva primum sum transportata carina;
Ante mihi notum nil, nisi Phasis, erat.

LXXIII. NUMIDICÆ.

Ansere Romano quamvis satur Hannibal esset,
Ipse suas nunquam barbarus edit aves.

LXXIV. ANSER.

Hæc servavit avis Tarpeii templa Tonantis.
Miraris? nondum fecerat illa Deus.

LXXV. GRUES.

Turbabis versus, nec littera tota volabit,
Unam perdideris si Palamedis avem.

LXXVI. RUSTICULA.

Rustica sim, an perdix, quid refert, si sapor idem est?
Carior est perdix : sic sapit illa magis.

LXXVII. CYCNUS.

Dulcia defecta modulatur carmina lingua
Cantator cycnus funeris ipse sui.

LXXVIII. PORPHYRIONES.

Nomen habet magni volucris tam parva gigantis?
Et nomen Prasini Porphyrionis habet.

LXXIX. MULLUS.

Spirat in advecto, sed jam piger, æquore mullus;
Languescit? vivum da mare, fortis erit.

LXXX. MURÆNA.

Quæ natat in Siculo grandis muræna profundo,
Non valet exustam mergere Sole cutem.

LXXXI. RHOMBUS.

Quamvis lata gerat patella rhombum;
Rhombus latior est tamen patella.

maintenant j'ai une soif désordonnée du noble garum.

83. — LES SQUILLES.

Aimées du paisible Liris que protégent les bois de Marica, c'est par troupes que nous autres squilles nous nageons dans ses eaux.

84. — LE SCARE.

Ce scare qui arrive de la mer bien replet n'a de bon que ses intestins; le reste est d'un médiocre goût.

85. — LE CORACIN.

Coracin, roi des marchés du Nil, où l'on se dispute ta possession, rien n'est plus estimé que toi des gourmets d'Alexandrie.

86. — L'OURSIN.

Bien que son enveloppe hérissée de dards pique les doigts, on trouve en lui, quand on l'a dépouillé, une chair délicate.

87. — LES MUREX.

Ce n'est pas assez, ingrats, de porter des habits teints de notre sang, vous nous mangez encore.

88. — LE GOUJON.

Quelle que soit la magnificence des festins chez les Vénètes, on y débute ordinairement par le goujon.

89. — LE LOUP DE MER.

Le loup délicat nage à l'embouchure du Timave, et s'engraisse à la fois d'eau douce et salée.

90. — LA DORADE.

Toutes les dorades ne valent pas le même prix et ne méritent pas les mêmes éloges; la meilleure se nourrit d'huîtres du Lucrin.

91. — L'ESTURGEON.

Envoyez l'esturgeon aux tables impériales, et qu'un morceau si rare soit l'ornement des festins des Dieux.

92. — LE LIÈVRE.

La grive a, selon moi, le premier rang parmi les oiseaux, et le lièvre parmi les quadrupèdes.

93. — LE SANGLIER.

Tel était le monstre porte-soie terrible au pays de Diomède, et qui succomba sous le javelot étolien.

94. — LES DAIMS.

Le sanglier est redoutable par ses défenses, le cerf est protégé par son bois; que sommes-nous, faibles daims, sinon une proie?

95. — L'ORYX.

Tu n'es pas, aux combats du matin, la dernière des bêtes fauves, cruel oryx; que de chiens tu me coûtes!

96. — LE CERF.

Cyparisse, ce cerf était-il celui que tu domptas et que tu apprivoisas? ou plutôt, Silvie, n'était-ce pas le tien?

97. — LE LALISION.

Quand l'onagre est tout jeune et qu'il tette encore, on l'appelle lalision, nom qu'il ne porte pas au delà de cet âge, et qu'il ne garde pas longtemps.

98. — LE CHEVREUIL.

Faites cadeau à votre enfant de ce gentil che-

LXXXII. OSTREA.
Ebria Baiano veni modo concha Lucrino;
Nobile nunc sitio luxuriosa garum.

LXXXIII. SQUILLÆ.
Cœruleus nos Liris amat, quem silva Maricæ
Protegit : hinc squillæ maxima turba sumus.

LXXXIV. SCARUS.
Hic Scarus, æquoreis qui venit obesus ab undis,
Visceribus bonus est : cætera vile sapit.

LXXXV. CORACINUS.
Princeps Niliaci raperis, Coracine, macelli;
Pellææ prior est gloria nulla gulæ.

LXXXVI. ECHINUS.
Iste licet digitos testudine pungat acuta,
Cortice deposito mollis echinus erit.

LXXXVII. MURICES.
Sanguine de nostro tinctas, ingrate, lacernas
Induis, et, non est hoc satis, esca sumus.

LXXXVIII. GOBIUS.
In Venetis sint lauta licet convivia terris,
Principium cœnæ gobius esse solet.

LXXXIX. LUPUS.
Laneus Euganei lupus excipit ora Timavi,
Æquoreo dulces cum sale pastus aquas.

XC. AURATA.
Non omnis laudem pretiumque aurata meretur,
Sed cui solus erit concha Lucrina cibus.

XCI. ACIPENSIS.
Ad Palatinas acipensem mittite mensas;
Ambrosias ornent munera rara dapes.

XCII. LEPUS.
Inter aves turdus, si quis me judice certet,
Inter quadrupedes mattea prima lepus.

XCIII. APER.
Qui Diomedæis metuendus setiger agris
Ætola cecidit cuspide, talis erat.

XCIV. DAMÆ.
Dente timentur apri; defendunt cornua cervos;
Imbelles damæ quid, nisi præda, sumus?

XCV. ORYX.
Matutinarum non ultima præda ferarum
Sævus oryx, constat quot mihi morte canum?

XCVI. CERVUS.
Hic erat ille tuo domitus, Cyparisse, capistro?
An magis iste tuus, Silvia, cervus erat?

XCVII. LALISIO.
Quum tener est onager, solaque lalisio matre
Pascitur; hoc infans, sed breve nomen habet.

vreuil que le peuple aime à pourchasser dans l'arène, en agitant ses vêtements.

99. — LE CHAMOIS.

Voyez le chamois suspendu au sommet d'une roche escarpée; vous croyez qu'il va tomber : pas du tout, il nargue les chiens.

100. — L'ONAGRE.

Voici le bel onagre : quittez la chasse de l'éléphant érythréen; allons, enlevez les filets.

101. — L'HUILE DE VÉNAFRE.

Cette essence est à l'olive du Vénafre campanien; on le sent bien à l'usage.

102. — LE GARUM DES ALLIÉS.

Recevez ce présent qui doit vous être cher, ce précieux garum; c'est le premier sang d'un scombre expirant.

103. — LA SAUMURE.

Oui, je suis fille du thon d'Antipolis : si je l'étais du scombre, je ne vous aurais pas été envoyée.

104. — LE MIEL ATTIQUE.

L'abeille de l'Hymette vous envoie ce noble nectar qu'elle a recueilli, en butinant, dans les forêts de Minerve.

105. — LE MIEL DE SICILE.

Quand vous offrirez de ce miel des coteaux de l'Hybla, vous pourrez dire qu'il vient du pays de Cécrops.

106. — LE VIN CUIT.

Les vignes de la Crète, où régna Minos, ont produit pour vous ce vin; c'est le vin miellé du pauvre.

107. — LE VIN POISSÉ.

Ce vin poissé est du fameux cru de Vienne, n'en doutez pas; c'est Romulus lui-même qui me l'a envoyé.

108. — LE VIN MIELLÉ.

Tu épaissis, miel attique, ce nectar de Falerne; c'est à Ganymède qu'il convient de le verser.

109. — LE VIN D'ALBE.

Cette douce liqueur vous vient des celliers de César, de la vigne qui se plaît sur le mont Jule.

110. — LE VIN DE SORRENTE.

Buvez-vous du sorrente? laissez-là les coupes d'or et de myrrhe; buvez-le dans l'argile même qui l'apporte.

111. — LE VIN DE FALERNE.

Ce massique sort des pressoirs de Sinuesse. De quel consul date-t-il, dites-vous? Il n'y en avait pas encore.

112. — LE VIN DE SÉTIA.

Suspendue au-dessus des marais Pontins, qu'elle domine, la petite ville de Sétia nous envoie ses vieux tonneaux.

113. — LE VIN DE FONDI.

Ce vin de Fondi date de l'heureux automne d'Opimius; le consul l'a fait et en a bu lui-même.

114. — LE VIN DE TRIFOLIN.

Non, je l'avoue, je ne suis pas des premiers crus; mais je réclame la septième place.

XCVIII. DORCAS.

Delicium parvo donabis dorcada nato;
Jactatis solet hanc mittere turba togis.

XCIX. CAPREA.

Pendentem summa capream de rupe videbis :
Casuram speres, despicit illa canes.

C. ONAGER.

Pulcher adest onager : mitti venatio debet
Dentis Erythraei : jam removete sinus.

CI. OLEUM VENAFRANUM.

Hoc tibi Campani sudavit bacca Venafri
Unguentum, quoties sumis, et istud olet.

CII. GARUM SOCIORUM.

Exspirantis adhuc scombri de sanguine primo,
Accipe fastosum munera cara garum.

CIII. MURIA.

Antipolitani, fateor, sum filia thynni :
Essem si scombri, non tibi missa forem.

CIV. MEL ATTICUM.

Hoc tibi Thesei popularix misit Hymetti
Pallados a silvis nobile nectar apis.

CV. FAVI SICULI.

Quum dederis Siculos mediis de collibus Hyblae,
Cecropios dicas tu licet esse favos.

CVI. PASSUM.

Gnossia Minoae genuit vindemia Cretae

Hoc tibi, quod mulsum pauperis esse solet.

CVII. PICATUM VINUM.

Haec de vitifera venisse picata Vienna
Ne dubites : misit Romulus ipse mihi.

CVIII. MULSUM.

Attica nectareum turbatis mella Falernum;
Misceri decet hoc a Ganymede merum.

CIX. ALBANUM.

Hoc de Caesareis mitis vindemia cellis
Misit, Iuleo quae sibi monte placet.

CX. SURRENTINUM.

Surrentina bibis? nec myrrhina picta, nec aurum
Sume : dabunt calices haec tibi vina suos.

CXI. FALERNUM.

De Sinuessanis venerunt Massica praelis;
Condita quo quaeris consule? nullus erat.

CXII. SETINUM.

Pendula Pomptinos quae spectat Setia campos,
Exigua vetulos misit ab urbe cados.

CXIII. FUNDANUM.

Haec Fundana tulit felix autumnus Opimi;
Expressit mustum consul, et ipse bibit.

CXIV. TRIFOLINUM.

Non sum de primo, fateor, Trifolina Lyaeo,
Inter vina tamen septima vitis ero.

115. — LE VIN DE CÉCUBE.

Le généreux cécube mûrit sur le sol fondanien d'Amyclée : le cep d'où il sort verdit au milieu des marais.

116. — LE VIN DE SIGNIE.

Buvez du vin de Signie, qui resserre le ventre; mais buvez-en modérément, pour qu'il ne vous resserre pas trop.

117. — LE VIN DE MAMERTIN.

Si l'on vous fait cadeau d'une amphore de mamertin aussi vieux que Nestor, vous pourrez lui donner le nom que vous voudrez.

118. — LE VIN DE TARRAGONE.

Ce vin de Tarragone, qui ne le cède qu'à ceux de Campanie, rivalise avec ceux de Toscane.

119. — LE VIN DE NOMENTE.

Ce sont mes vignes de Nomente qui produisent ce vin : si vous êtes l'ami de Quintus, vous en boirez de meilleur.

120. — LE VIN DE SPOLÈTE.

Le vin de Spolète qui a vieilli en bouteilles est préférable au falerne nouveau.

121. — LE VIN DE PÉLIGNE.

Les vignerons péligniens vous envoient le vin trouble des Marses; n'y touchez pas; laissez-le à votre affranchi.

122. — LE VINAIGRE.

Ne dédaignez pas cette amphore de vinaigre du Nil : il n'avait pas tant de prix quand il était vin.

123. — LE VIN DE MARSEILLE.

Puisque la sportule vous attire des centaines de clients, faites-leur boire de vos vins enfumés de Marseille.

124. — LE VIN DE CÉRÉ.

Que Népos vous serve du céré, vous le prendrez pour du sétie. Il ne le donne pas à tout le monde; il le boit en trio d'amis.

125. — LE VIN DE TARENTE.

Aulone est célèbre et riche par ses laines et par ses vignobles. A vous ses toisons précieuses ; à moi ses vins.

126. — LES PARFUMS.

Ne laissez à votre héritier ni vins, ni parfums; ne lui laissez que votre argent; dépensez tout le reste.

127. — LA COURONNE DE ROSES.

L'hiver, César, vous offre ces couronnes précoces. La rose était autrefois la fleur du printemps, elle est maintenant la vôtre.

LIVRE XIV.
ÉTRENNES.

1. — AU LECTEUR.

Tandis que chevaliers et sénateurs se parent de la synthèse, que notre Jupiter se coiffe du bonnet, que l'esclave, dès qu'il voit la glace près de couvrir les eaux, agite son cornet sans craindre d'être vu par l'édile, reçois ces lots divers,

---

CXV. CÆCUBUM.

Cæcuba Fundanis generosa coquuntur Amyclis;
  Vitis et in media nata palude viret.

CXVI. SIGNINUM.

Potabis liquidum Signina morantia ventrem ;
  Ne nimium sistant, sit tibi parca sitis.

CXVII. MAMERTINUM.

Amphora Nestorea tibi Mamertina senecta
  Si detur, quodvis nomen habere potest.

CXVIII. TARRACONENSE.

Tarraco, Campano tantum cessura Lyæo,
  Hæc genuit Tuscis æmula vina cadis.

CXIX. NOMENTANUM.

Nomentana meum tibi dat vindemia Bacchum;
  Si te Quintus amat, commodiora bibes.

CXX. SPOLETINUM.

De Spoletinis quæ sunt cariosa lagenis
  Malueris, quam si musta Falerna bibas.

CXXI. PELIGNUM.

Marsica Peligni mittunt turbata coloni;
  Non tu, libertus sed bibat illa tuus.

CXXII. ACETUM.

Amphora Niliaci non sit tibi vilis aceti;
  Esset quum vinum, vilior illa fuit.

CXXIII. MASSILIANUM.

Quum tua centenos expugnet sportula cives,
  Fumea Massiliæ ponere vina potes.

CXXIV. CÆRETANUM.

Cæretana Nepos ponat, Setina putabis.
  Non ponit turbæ, cum tribus illa bibit.

CXXV. TARENTINUM.

Nobilis et lanis, et felix vitibus Aulon,
  Det pretiosa tibi vellera, vina mihi.

CXXVI. UNGUENTUM.

Unguentum hæredi nunquam, nec vina relinquas.
  Ille habeat nummos : hæc tibi tota dato.

CXXVII. CORONA ROSEA.

Dat festinatas, Cæsar, tibi bruma coronas;
  Quondam veris erat, nunc tua facta rosa est.

LIBER XIV,
CUI APOPHORETA INDITUM NOMEN.

I. AD LECTOREM.

Synthesibus dum gaudet eques, dominusque senatus
  Dumque decent nostrum pilea sumpta Jovem ;
Nec timet ædilem moto spectare fritillo,
  Quum videt gelidos jam prope verna lacus :
Divitis alternas, et pauperis accipe sortes;

partage du riche et du pauvre. Que chacun fasse son cadeau à ses convives. — Ce sont des bagatelles, des vétilles, moins que cela encore. — Qui ne le sait? qui le nie? La chose est claire. Cependant, quoi de mieux à faire en ces jours d'ivresse que le fils de Saturne a donnés à son père en échange du ciel? Faut-il que j'écrive les guerres de Thèbes et de Troie, ou les malheurs de Mycènes? — Joue aux noix, dira-t-on. — Je ne veux pas perdre des noix. Tu peux, lecteur, finir ce livre partout où tu voudras. Chaque sujet est décrit en deux vers.

2. — ÉTRENNES.

Si tu me demandes pourquoi je mets un titre à chaque pièce, c'est afin que tu ne lises que les titres, si tu le préfères.

3. — TABLETTES DE CITRONNIER.

Si nous n'étions de bois coupé en feuilles minces, nous serions dignes d'être supportées par l'ivoire de Libye.

4. — TABLETTES DE CIRE A CINQ FEUILLES.

Le sang des jeunes taureaux fume dans le palais impérial, quand le décret qui confère de nouveaux honneurs à César est écrit sur des tablettes de cire à cinq feuilles.

5. — TABLETTES D'IVOIRE.

Pour que la triste cire n'obscurcisse pas votre vue affaiblie, prenez ces tablettes d'ivoire; les lettres noires s'y peignent à merveille.

6. — TABLETTES A TROIS FEUILLES.

Voici des tablettes à trois feuilles qui vous seront précieuses, quand elles vous marqueront la prochaine arrivée de votre maîtresse.

7. — TABLETTES DE PARCHEMIN.

Figurez-vous qu'elles sont de cire, bien qu'on les appelle parchemin. Vous en effacerez l'enduit, si vous voulez y écrire une seconde fois.

8. — TABLETTES VITELLIENNES.

Avant de les avoir lues, la jeune fille sait ce que veulent ces tablettes vitelliennes.

9. — LES MÊMES.

En nous voyant si petites, vous croyez qu'on nous adresse à quelque maîtresse? Erreur : nous demandons de l'argent.

10. — LE GRAND PAPIER.

Ne prenez pas pour un mince cadeau ce papier blanc que vous donne un poëte.

11. — PAPIER A LETTRES.

Que vous l'adressiez à une simple connaissance ou à un ami, il les appelle tous deux : Mon cher.

12. — COFFRETS D'IVOIRE.

L'or seul est digne de remplir ces coffres : quant à l'argent, le simple bois suffit.

13. — COFFRETS DE BOIS.

S'il reste encore quelque monnaie au fond de ce coffre, elle est à vous; s'il n'y a rien, prenez le coffre lui-même.

14. — LES OSSELETS D'IVOIRE.

Si chacun d'eux vous amène un point différent, convenez que je vous aurai fait là un beau cadeau.

Præmia convivæ det sua quisque suo.
Sunt apinæ, tricæque, et si quid vilius istis.
Quis nescit? vel quis tam manifesta negat?
Sed quid agam potius madidis, Saturne, diebus,
Quos tibi pro cœlo filius ipse dedit?   10
Vis scribam Thebas, Trojamque, malasque Mycenas?
Lude, inquis, nucibus : perdere nolo nuces.
Quo vis cumque loco, potes hunc finire libellum;
Versibus explicitum est omne duobus opus.

II. APOPHORETA.

Lemmata si quæris cur sint adscripta, docebo;
Ut, si malueris, lemmata sola legas.

III. PUGILLARES CITREI.

Secta nisi in tenues essemus ligna tabellas,
Essemus Libyci nobile dentis onus.

IV. QUINCUPLICES.

Cæde juvencorum Domini calet area felix,
Quincuplici cera quum datur auctus honor.

V. PUGILLARES EBOREI.

Languida ne tristes obscurent lumina ceræ,
Nigra tibi niveum littera pingat ebur.

VI. TRIPLICES.

Nunc triplices nostros non vilia dona putabis,

Quum se venturam scribet amica tibi.

VII. PUGILLARES MEMBRANEI.

Esse puta ceras, licet hæc membrana vocetur;
Delebis, quoties scripta novare voles.

VIII. VITELLIANI.

Nondum legerit hos licet puella,
Novit quid cupiant Vitelliani.

IX. IIDEM.

Quod minimos cernis, mitti nos credis amicæ;
Falleris : et nummos ista tabella rogat.

X. CHARTÆ MAJORES.

Non est, munera quod putes pusilla,
Quum donat vacuas poeta chartas.

XI. CHARTÆ EPISTOLARES.

Seu leviter noto, seu caro missa sodali,
Omnes ista solet charta vocare suos.

XII. LOCULI EBOREI.

Hos nisi de flava loculos implere moneta
Non decet; argentum vilia ligna ferant.

XIII. LOCULI LIGNEI.

Si quid adhuc superest in nostri fæce locelli,
Munus erit : nihil est, ipse locellus erit.

XIV. TALI EBOREI.

Quum steterit nullus vultu tibi talus eodem,
Munera me dices magna dedisse tibi.

15. — LE DÉ.

Si je suis inférieur en nombre aux osselets, la chance, avec moi, est plus forte.

16. — LE CORNET.

La main tricheuse qui amène les dés qui lui conviennent n'a plus qu'à faire des vœux, si elle me les confie.

17. — LA TABLE DE JEU.

Ici on joue aux dés, et le point le plus fort est douze; là c'est aux échecs, et le pion cerné par deux autres est un pion perdu.

18. — LES NOIX.

Ce jeu est peu de chose et paraît sans danger; toutefois il fut souvent fatal aux fesses des enfants.

19. — L'ÉCRITOIRE.

S'il vous échoit une écritoire, souvenez-vous de la garnir. Nous vous donnons le principal; c'est à vous d'y joindre l'accessoire.

20. — LES ÉCHECS.

Si vous aimez les ruses, les combats des échecs, ces pions de verre seront vos ennemis et vos soldats.

21. — L'ÉTUI A STYLES.

A vous cet étui garni de styles de fer : si vous le donnez à un enfant, vous ne lui ferez pas un mince cadeau.

22. — LE CURE-DENT.

Le lentisque est meilleur; mais, à défaut de ce bois, vous pouvez vous servir d'une plume.

23. — LE CURE-OREILLE.

Si vous sentez dans l'oreille une démangeaison vive et obstinée, nous vous donnons une arme contre ce chatouillement importun.

24. — L'AIGUILLE D'OR.

Pour que votre chevelure grasse ne tache pas vos légers vêtements de soie, fixez-en, soutenez-en les tresses avec cette aiguille.

25. — LE PEIGNE A UNE CHAUVE.

Ce bois aux mille dents qu'on te donne, que fera-t-il sur ta tête, où il ne trouvera pas un cheveu?

26. — LE SAVON.

Son écume corrosive rougit la chevelure des Teutons, et pourra rendre aussi la vôtre plus belle que celle de ces vaincus.

27. — LES BOULES DE MATTIACUM.

Si tu veux, vieille tête blanche, changer la couleur de tes cheveux, reçois (mais à quoi bon? tu es chauve) ces boucles de Mattiacum.

28. — L'OMBRELLE.

Recevez cette ombrelle, impénétrable aux rayons d'un soleil brûlant; s'il fait du vent, elle vous tiendra lieu de voiles.

29. — LE BONNET AUX LARGES BORDS.

Je n'irai plus que coiffé au théâtre de Pompée, où le vent plus d'une fois nous rend les voiles inutiles.

30. — LES ÉPIEUX.

Ils recevront le choc du sanglier, attendront celui du lion, et perceront l'ours, pourvu qu'ils soient en des mains vigoureuses.

XV. TESSERA.

Non sim talorum numero par tessera, dum sit
Major, quam talis, alea sæpe mihi.

XVI. TURRICULA.

Quæ scit compositos manus improba mittere talos,
Si per me misit, nil nisi vota facit.

XVII. TABULA LUSORIA.

Hic mihi bis seno numeratur tessera puncto;
Calculus hic gemino discolor hoste perit.

XVIII. NUCES.

Alea parva nuces, et non damnosa videntur;
Sæpe tamen pueris abstulit illa nates.

XIX. THECA CALAMARIA.

Sortitus thecam, calamis armare memento;
Cætera nos dedimus, tu leviora para.

XX. CALCULI.

Insidiosorum si ludis bella latronum,
Gemmeus iste tibi miles, et hostis erit.

XXI. GRAPHIARIUM.

Hæc tibi erunt armata suo graphiaria ferro;
Si puero dones, non leve munus erit.

XXII. DENTISCALPIUM.

Lentiscum melius : sed si tibi frondea cuspis
Defuerit, dentes penna levare potest.

XXIII. AURISCALPIUM.

Si tibi morosa prurigine verminat auris,
Arma damus tantis apta libidinibus.

XXIV. ACUS AUREA.

Tenuia ne madidi violent bombycina crines;
Figat acus tortas, sustineatque comas.

XXV. PECTEN AD CALVAM.

Quid faciet, nullos hic inventura capillos,
Multifido buxus quæ tibi dente datur?

XXVI. SAPO.

Caustica Teutonicos accendit spuma capillos;
Captivis poteris cultior esse comis.

XXVII. MATTIACÆ PILÆ.

Si mutare paras longævos, cana, capillos;
Accipe Mattiacas (quo tibi, calva?) pilas.

XXVIII. UMBELLA.

Accipe quæ nimios vincant umbracula soles,
Sit licet et ventus, te tua vela tegent.

XXIX. CAUSIA.

In Pompeiano tectus spectabo theatro;
Nam ventus populo vela negare solet.

XXX. VENABULA.

Excipient apros, exspectabuntque leones;
Intrabunt ursos, sit modo firma manus.

31. — LE COUTEAU DE CHASSE.

Si, par malheur, le sanglier d'un coup de boutoir vous désarme de votre épieu, avec cette arme plus courte vous l'attaquerez de plus près.

32. — LE CEINTURON GARNI DE SON ÉPÉE.

C'est une décoration militaire, une récompense honorable, une arme digne de ceindre les flancs d'un tribun des soldats.

33. — LE POIGNARD.

Ce poignard, que des veines sillonnent en lignes courbes, fut trempé dans l'eau glacée et frémissante du Salon.

34. — L'ÉPÉE DEVENUE FAUX.

La paix que César assure au monde m'a courbée pour un paisible usage. J'ai servi au soldat, je sers au laboureur.

35. — LA HACHETTE.

Dans une vente forcée faite par des créanciers, cette hachette a été achetée quatre cent mille sesterces.

36. — LA TROUSSE DE BARBIER.

Ces instruments vous serviront à couper, celui-ci vos cheveux, celui-là vos ongles, cet autre votre barbe.

37. — LE PORTE-FEUILLE.

Si vous ne serrez bien les papiers que vous me confiez, j'y laisserai s'introduire les mites et les teignes dévorantes.

38. — LES PAQUETS DE ROSEAUX A ÉCRIRE.

La terre de Memphis produit les roseaux bons pour écrire; ceux des autres marais servent à couvrir les toits.

39. — LA LAMPE DE NUIT.

Je suis le confident des plaisirs de votre couche; faites ce qu'il vous plaira, je n'en dirai rien.

40. — LA CHANDELLE.

Le sort vous a donné cette servante de la lampe; sa vigilance met en fuite les ténèbres et rend la sécurité.

41. — LA LAMPE POLYBRANCHE.

J'éclaire de mes feux les tables et les convives; et, bien que j'aie plusieurs becs, je ne suis pourtant qu'une lumière.

42. — LA BOUGIE.

Cette bougie vous prêtera cette nuit sa lumière, car on a volé la lampe à votre esclave.

43. — LE CANDÉLABRE CORINTHIEN.

L'antique chandelle m'a donné mon nom. Nos pères économes ne connaissaient pas encore l'usage de l'huile et des lampes.

44. — LE CHANDELIER DE BOIS.

Il est de bois, vous le voyez; si vous ne faites attention à la flamme, de chandelier qu'il est il deviendra une vaste lampe.

45. — LA BALLE DES PAYSANS.

Cette balle gonflée de plumes et difficile à manier est moins tendue que le ballon, moins serrée que la balle ordinaire.

46. — LA PAUME TRIGONALE.

Si tu sais me lancer adroitement vers la gauche, je suis à toi; sinon, rends-moi, manant, à mes nobles joueurs.

XXXI. CULTER VENATORIUS.

Si dejecta gemes longo venabula rostro;
  Hic brevis in grandem cominus ibit aprum.

XXXII. PARAZONIUM.

Militiæ decus hoc, et grati nomen honoris,
  Arma tribunicium cingere digna latus.

XXXIII. PUGIO.

Pugio, quem curvis signat brevis orbita venis,
  Stridentem gelidis hunc Salo tinxit aquis.

XXXIV. FALX EX ENSE.

Pax me certa ducis placidos curvavit in usus.
  Agricolæ nunc sum, militis ante fui.

XXXV. SECURICULA.

Quum fieret tristis solvendis auctio nummis,
  Hæc quadringentis millibus empta fuit.

XXXVI. FERRAMENTA TONSORIA.

Tondendis hæc arma tibi sunt apta capillis;
  Unguibus hæc longis utilis, illa genis.

XXXVII. SCRINIUM.

Constrictos nisi das mihi libellos;
  Admittam tineas, trucesque blattas.

XXXVIII. FASCES CALAMORUM.

Dat chartis habiles calamos Memphitica tellus;
  Texantur reliqua tecta palude tibi.

XXXIX. LUCERNA CUBICULARIA.

Dulcis conscia lectuli lucerna,
  Quidquid vis facias licet, tacebo.

XL. CANDELA.

Ancillam tibi sors dedit lucernæ,
  Tutas quæ vigil exigit tenebras.

XLI. LUCERNA POLYMYXOS.

Illustrem quum tota meis convivia flammis,
  Totque geram myxas, una lucerna vocor.

XLII. CEREUS.

Hic tibi nocturnos præstabit cereus ignes;
  Subducta est puero namque lucerna tuo.

XLIII. CANDELABRUM CORINTHIUM.

Nomina candelæ nobis antiqua dederunt :
  Non norat parcos uncta lucerna patres.

XLIV. CANDELABRUM LIGNEUM.

Esse vides lignum : serves nisi lumina, fiet
  De candelabro magna lucerna tibi.

XLV. PILA PAGANICA.

Hæc quæ difficilis turget paganica pluma,
  Folle minus laxa est, et minus arcta pila.

XLVI. PILA TRIGONALIS.

Si me nobilibus scis expulsare sinistris,
  Sum tua : si nescis, rustice, redde pilam.

47. — LE BALLON.

Loin d'ici, jeunes gens : votre âge a trop de fougue ; c'est au ballon que jouent les vieillards, au ballon que jouent les enfants.

48. — L'HARPASTE.

L'agile libertin enlève l'harpaste sur l'arène poudreuse ; mais, impropre à cet exercice, il allonge en vain le cou.

49. — LES MASSES DE PLOMB.

Pourquoi détruire la vigueur de vos bras avec cette masse ridicule? mieux vaut à l'homme le travail de la vigne.

50. — LA CALOTTE.

Pour qu'une poussière immonde ne souille pas votre chevelure brillante et parfumée, vous pourrez la mettre à l'abri sous cette calotte.

51. — LES BROSSES A BAIN.

Elles nous viennent de Pergame ; elles sont de fer, et recourbées. Frottez-vous-en, et votre linge aura moins souvent besoin du dégraisseur.

52. — LA CORNE DE TAUREAU.

Naguère un jeune taureau me portait à son front ; maintenant on me prendrait pour une corne de rhinocéros.

53. — LA CORNE DE RHINOCÉROS.

Naguère en spectacle dans l'arène du maître de l'Ausonie, ce rhinocéros sera pour vous ce qu'était pour lui le taureau, un mannequin.

54. — LES CASTAGNETTES.

Si l'enfant d'un de vos esclaves vient se pendre à votre cou en pleurant, que sa petite main agite ces sistres bruyants.

55. — LE FOUET.

Même en le frappant de ce fouet à coups redoublés, vous n'obtiendrez rien d'un cheval, s'il est de la faction rouge.

56. — LA POUDRE DENTIFRICE.

Qu'y a-t-il de commun entre vous et moi? C'est à la jeune fille à m'employer. Je n'ai pas l'habitude de polir les dents achetées.

57. — LE MYROBALAN.

Ce nom, qu'on ne trouve ni dans Virgile ni dans Homère, est formé des mots *parfum* (μῦρον) *et gland* (βάλανος).

58. — L'APHRONITRE.

Êtes-vous un barbare? ignorez-vous le grec? Je m'appelle écume de nitre. Êtes-vous Grec? Je suis l'ἀφρόνιτρον.

59. — LES BAUMES.

J'aime les baumes, c'est le parfum des hommes : à vous, belles, les essences de Cosmus.

60. — LA FARINE DE FÈVES.

Vous apprécierez ce cadeau utile aux ventres ridés, si vous allez en plein jour aux bains de Stéphanus.

61. — LA LANTERNE DE CORNE.

Lanterne à la lumière dorée et recluse, je sers de guide, et la petite lampe est en sûreté dans mon sein.

62. — LA LANTERNE DE VESSIE.

Si je ne suis pas de corne, en suis-je plus obscure? ou les gens qui me rencontrent ne me prennent-ils que pour une vessie?

XLVII. FOLLIS.

Ite procul, juvenes : mitis mihi convenit ætas;
Folle decet pueros ludere, folle senes.

XLVIII. HARPASTA.

Hæc rapit Antæi velox in pulvere draucus,
Grandia qui vano colla labore facit.

XLIX. HALTERES.

Quid pereunt stulto fortes haltere lacerti?
Exercet melius vinea fossa viros.

L. GALERICULUM.

Ne lutet immundum nitidos ceroma capillos,
Hac poteris madidas condere pelle comas.

LI. STRIGILES.

Pergamus has misit : curvo destringere ferro;
Non tam sæpe teret lintea fullo tibi.

LII. CUTTUS CORNEUS.

Gestavit modo fronte me juvencus.
Verum rhinocerota me putabis.

LIII. RHINOCEROS.

Nuper in Ausonia Domini spectatus arena
Hic erit ille tibi, cuipila taurus erat.

LIV. CREPITACILLUM.

Si quis plorator collo tibi vernula pendet,
Hæc quatiat tenera garrula sistra manu.

LV. FLAGELLUM.

Proficies nihil hoc, cædas licet usque flagello,
Si tibi purpureo de grege currit equus.

LVI. DENTIFRICIUM.

Quid mecum est tibi? me puella sumat.
Emptos non soleo polire dentes.

LVII. MYROBALANUM.

Quod nec Virgilius, nec carmine dixit Homerus,
Hoc ex unguento constat, et ex balano.

LVIII. APHRONITRUM.

Rusticus es? nescis quid Græco nomine dicar,
Spuma vocor nitri. Græcus es? ἀφρόνιτρον.

LIX. OPOBALSAMA.

Balsama me capiunt, hæc sunt unguenta virorum;
Delicias Cosmi vos redolete, nurus.

LX. LOMENTUM.

Gratum munus erit, scisso nec inutile ventri,
Si clara Stephani balnea luce petes.

LXI. LATERNA CORNEA.

Dux laterna viæ clausis feror aurea flammis,
Et tuta est gremio parva lucerna meo.

LXII. LATERNA EX VESICA.

Cornea si non sum, numquid sum fuscior? aut me
Vesicam, contra qui venit, esse putat?

63. — LA FLÛTE DE ROSEAUX.

Pourquoi rire de mes roseaux joints avec de la cire? Ainsi était faite la première flûte.

64. — LES FLÛTES.

La joueuse ivre nous rompt les oreilles en gonflant sa bouche avinée; tantôt elle joue de deux flûtes, et tantôt d'une seule.

65. — LES SANDALES DE LAINE.

Si votre esclave est absent et que vous vouliez mettre vos sandales, servez-vous de vos pieds en guise d'esclave.

66. — LE CORSET.

Il faudrait, pour vous maintenir la gorge, la peau entière d'un taureau; ce corset ne la contiendrait pas.

67. — LE CHASSE-MOUCHE DE PLUMES DE PAON.

Ce qui garantit vos mets des saletés des mouches était naguère la superbe queue d'un merveilleux oiseau.

68. — LE BISCUIT DE RHODES.

Quand votre esclave est en faute, ne lui brisez pas les dents d'un coup de poing, mais qu'il mange du biscuit de la célèbre Rhodes.

69. — UN PRIAPE DE PATE.

Si vous voulez vous rassasier, vous pouvez manger ce Priape : même en le dévorant jusqu'aux testicules, vous resterez pur.

70. — LE PORC.

Il vous fera passer de bonnes saturnales, ce porc nourri de glands parmi les sangliers écumants.

71. — LE CHASSE-MOUCHE DE QUEUE DE BOEUF.

Si la poussière a sali vos vêtements, battez-les légèrement avec cette queue.

72. — LE SAUCISSON.

Ce saucisson qui vous arrive au milieu de l'hiver m'avait été envoyé avant les sept jours de Saturne.

73. — LE PERROQUET.

J'apprendrai de vous d'autres noms : j'ai appris de moi-même à dire : César, salut.

74. — LE CORBEAU.

Corbeau salutateur, pourquoi passes-tu pour suceur? Jamais mentule n'entra dans ton bec.

75. — LE ROSSIGNOL.

Philomèle pleure le crime de l'incestueux Térée, et la parole qu'elle perdit jeune fille, elle la recouvre oiseau.

76. — LA PIE.

Je suis la pie babillarde, et je vous salue, maître, très-distinctement : si vous ne me voyiez, vous nieriez que je sois une pie.

77. — LA CAGE D'IVOIRE.

Si vous avez un oiseau comme celui que pleura Lesbie, la maîtresse de Catulle, voici de quoi le loger.

78. — LE DROGUIER.

Vous voilà possesseur de ce droguier, dépôt de la science médicale, et qu'envierait Pactius.

79. — LES ÉTRIVIÈRES.

Jouez, esclaves libertins, mais bornez-vous à

LXIII. FISTULA.

Quid me compactam ceris et arundine rides?
  Quæ primum structa est fistula, talis erat.

LXIV. TIBIÆ.

Ebria nos madidis rumpit tibicina buccis;
  Sæpe duas pariter, sæpe monaulon habet.

LXV. SOLEÆ LANATÆ.

Defuerit si forte puer, soleasque libebit
  Sumere; pro puero pes erit ipse sibi.

LXVI. MAMILLARE.

Taurino poteras pectus constringere tergo;
  Nam pellis mammas non capit ista tuas.

LXVII. MUSCARIA PAVONINA.

Lambere quæ turpes prohibet tua prandia muscas
  Alitis eximiæ cauda superba fuit.

LXVIII. COPTA RHODIA.

Peccantis famuli pugno ne percute dentes;
  Clara Rhodos coptam coquam quam tibi misit, edat.

LXIX. PRIAPUS SILIGINEUS.

Si vis esse satur, nostrum potes esse Priapum;
  Ipse licet rodas inguina, purus eris.

LXX. PORCUS.

Iste tibi faciet bona Saturnalia porcus,
  Inter spumantes ilice pastus apros.

LXXI. MUSCARIUM BUBULUM.

Sordida si flavo fuerit tibi pulvere vestis,
  Colliget hunc tenui verbere cauda levis.

LXXII. BOTULUS.

Qui venit botulus medio tibi tempore brumæ,
  Saturni septem venerat ante dies.

LXXIII. PSITTACUS.

Psittacus a vobis aliorum nomina discam;
  Hoc didici per me dicere : Cæsar, ave.

LXXIV. CORVUS.

Corve salutator, quare fellator haberis?
  In caput intravit mentula nulla tuum.

LXXV. LUSCINIA.

Flet Philomela nefas incesti Tereos : et quæ
  Muta puella fuit, garrula fertur avis.

LXXVI. PICA.

Pica loquax certa dominum te voce saluto;
  Si me non videas, esse negabis avem.

LXXVII. CAVEA EBOREA.

Si tibi talis erit, qualem dilecta Catullo
  Lesbia plorabat, hic habitare potest.

LXXVIII. NARTHECIUM.

Artis ebur medicæ narthecia cernis habere
  Munera, quæ cuperet Pactius esse sua.

jouer ; je vais enfermer ces étrivières pendant cinq jours.

80. — LES FÉRULES.

Aussi odieuses aux enfants que nécessaires aux maîtres, nous sommes, par la grâce de Prométhée, devenues un bois fameux.

81. — LA BESACE.

Cette besace demande incessamment à ne pas porter le dîner d'un philosophe mendiant, nu et barbu ; à ne pas servir d'oreiller à ce chien déhonté.

82. — LES BALAIS.

Ces balais eurent du prix ; le palmier dont ils sont faits en est la preuve : maintenant les esclaves qui desservent les laisseront en repos.

83. — LE GRATTOIR.

Ce grattoir en forme de main protégera vos épaules contre l'insupportable morsure des puces, ou de tout autre insecte plus dégoûtant.

84. — LA COUVERTURE.

Ces planchettes de sapin préserveront longtemps vos livres contre le frottement destructeur de votre toge ou de votre manteau.

85. — LIT EN QUEUE DE PAON.

Ce lit doit son nom au plumage du magnifique oiseau qui est maintenant l'oiseau de Junon, mais qui fut d'abord celui d'Argus.

86. — LA SELLE.

Chasseur, mets une selle à ce coursier prêt à prendre son élan : quand on monte un cheval à poil, le derrière est exposé à gagner des ampoules.

87. — LE LIT DE TABLE.

Recevez ce lit garni d'écaille et arrondi en demi-lune ; il est de huit places : viennent les amis.

88. — LA TABLE A COLLATION.

Si vous me croyez d'écaille femelle provenant d'une tortue de terre, vous vous trompez ; je suis mâle, et viens d'une tortue de mer.

89. — LA TABLE DE CITRONNIER.

Recevez ce cadeau, riche produit des forêts de l'Atlas ; il vaut plus que son pesant d'or.

90. — LA TABLE D'ÉRABLE.

Je ne suis pas ondée, il est vrai, ni fille des bois de la Mauritanie ; mais les festins les plus somptueux ne me sont pas inconnus.

91. — LES DENTS D'IVOIRE.

Ces dents ont enlevé de pesants taureaux ; et vous demandez si elles pourront soutenir des tables de citronnier libyen ?

92. — LE QUINTIPÈDE.

Ce morceau de chêne piqueté, et qui se termine en pointe aiguë, révèle souvent la fraude de l'entrepreneur.

93. — LES VASES ANTIQUES.

Ils ne sont pas modernes ; ils ne sont pas la gloire de notre burin. Mentor les fit, et y but le premier.

94. — LES TASSES.

Un travail hardi nous a faites, pour l'usage du peuple, d'un verre ciselé qui ne craint pas l'eau bouillante.

95. — LA COUPE D'OR CISELÉE.

Quelque gloire que je tire du précieux métal

LXXIX. FLAGRA.

Ludite lascivi, sed tantum ludite, servi ;
Hæc signata mihi quinque diebus erunt.

LXXX. FERULÆ.

Invisæ nimium pueris, grataeque magistris,
Clara Prometheo munere ligna sumus.

LXXXI. PERA.

Ne mendica ferat barbati prandia nudi,
Dormiat et tetrico cum cane, pera rogat.

LXXXII. SCOPÆ.

In pretio scopas testatur palma fuisse ;
Otia sed scopis nunc analecta dabit.

LXXXIII. SCALPTORIUM.

Defendet manus hæc scapulas mordente molesto
Pulice, vel si quid pulice sordidius.

LXXXIV. MANUALE.

Ne toga barbatos faciat vel penula libros,
Hæc abies chartis tempora longa dabit.

LXXXV. LECTUS PAVONINUS.

Nomina dat spondæ pictis pulcherrima pennis
Nunc Junonis avis : sed prius Argus erat.

LXXXVI. EPHIPPIUM.

Stragula succincti, venator, sume veredi ;
Nam solet a nudo surgere ficus equo.

LXXXVII. STIBADIA.

Accipe lunata scriptum testudine sigma ;
Octo capit : veniat, quisquis amicus erit.

LXXXVIII. GUSTATORIUM.

Femineam nobis cherson si credis inesse,
Deciperis : pelagi mascula præda sumus.

LXXXIX. MENSA CITREA.

Accipe felices, Atlantica munera, sylvas ;
Aurea qui dederit dona, minora dabit.

XC. MENSA ACERNA.

Non sum crispa quidem, nec silvæ filia Mauræ ;
Sed norunt lautas et mea ligna dapes.

XCI. DENTES EBOREI.

Grandia taurorum portant qui corpora, quæris,
An Libycas possint sustinuisse trabes ?

XCII. QUINCUPEDAL.

Puncta notis ilex, et acuta cuspide clausa,
Sæpe redemptoris prodere furta solet.

XCIII. POCULA ARCHETYPA.

Non est ista recens, nec nostri gloria cœli ;
Primus in his Mentor, dum facit illa, bibit.

XCIV. CALICES.

Nos sumus audacis plebeia toreumata vitri ;
Nostra nec ardenti gemma feritur aqua.

de la Galice, l'art qui m'a formée me rend plus fière encore. Je suis l'œuvre de Mys.

96. — LES COUPES DE VATINIUS.

Recevez cette coupe qui rappelle l'ignoble souvenir du cordonnier Vatinius : pourtant il avait le nez plus long.

97. — LES PLATS DE VERMEIL.

N'allez pas déshonorer par un méchant surmulet ces grands plats de vermeil : celui qu'ils admettent doit peser au moins deux livres.

98. — LES VASES D'ARÉTIUM.

N'allez pas, je vous en avertis, mépriser trop ces vases d'Arétium. Telle était la somptueuse vaisselle de Porsena.

99. — LA JATTE.

Je suis barbare, et viens de chez les Pictes ; mais aujourd'hui Rome dit que je suis indigène.

100. — LES VASES PANACIENS.

Si vous connaissez la patrie du docte Catulle, vous bûtes dans ces vases du vin de Rhétie.

101. — LE PLAT AUX CHAMPIGNONS.

Quoique les champignons m'aient donné un nom distingué, je sers, et j'en ai honte, à recevoir de jeunes choux.

102. — LES COUPES DE SORRENTE.

Recevez ces coupes de fine argile ; c'est la roue d'un adroit potier de Sorrente qui les a façonnées.

103. — LES PASSOIRES A LA NEIGE.

Tempérez, croyez-moi, vos vins de Sétia par un mélange de neige : le lin pourra vous servir pour les vins plus communs.

104. — LE SAC A NEIGE.

Le lin dont je suis fait sait clarifier la neige ; l'eau ne sort pas plus froide de vos passoires.

105. — LES AIGUIÈRES.

Ayez de l'eau froide, vous en aurez de la chaude à souhait ; seulement ne soyez pas un buveur capricieux et difficile.

106. — LE POT D'ARGILE.

Prenez ce pot de terre rouge, à l'anse recourbée ; le stoïcien Fronton n'avait pas d'autre vase pour boire de l'eau froide.

107. — LES PANIERS DE VENDANGES.

Bacchus et les Satyres nous aiment ; nous enivrons le tigre, et lui apprenons à lécher les pieds de son maître.

108. — LES COUPES DE SAGONTE.

Prenez ces coupes d'argile de Sagonte ; votre esclave pourra les manier, les serrer sans inquiétude.

109. — LES COUPES ORNÉES DE PIERRERIES.

Voyez de quels feux scintillent les émeraudes sur cette coupe d'or ! Que de doigts dépouillés pour elle !

110. — FLACON A BOIRE.

Si vous avez soif de parfums, buvez, luxurieux, dans ce brillant flacon qui porte le nom de Cosmus.

111. — LES COUPES DE CRISTAL.

Quand vous craignez de briser ces cristaux,

XCV. PHIALA AUREA CÆLATA.

Quamvis Callaico rubeam generosa metallo,
  Glorior arte magis : nam Myos iste labor.

XCVI. CALICES VATINII.

Vilia sutoris calicem monumenta Vatini
  Accipe : sed nasus longior ille fuit.

XCVII. LANCES CHRYSENDETÆ.

Grandia ne viola parvo chrysendeta mullo ;
  Ut minimum, libras debet habere duas.

XCVIII. VASA ARETINA.

Aretina nimis ne spernas vasa, monemus ;
  Lautus erat Tuscis Porsena fictilibus.

XCIX. BASCAUDA.

Barbara de pictis veni bascauda Britannis ;
  Sed me jam mavult dicere Roma suam.

C. PANACA.

Si non ignota est docti tibi terra Catulli,
  Potasti testa Rhætica vina mea.

CI. BOLETARIA.

Quum mihi boleti dederint tam nobile nomen,
  Prototomis, pudet heu ! servio coliculis.

CII. CALICES SURRENTINI.

Accipe non vili calices de pulvere natos ;
  Sed Surrentinæ leve toreuma rotæ.

CIII. COLUM NIVARIUM.

Setinos, moneo, nostra nive frange trientes ;
Pauperiore mero tingere lina potes.

CIV. SACCUS NIVARIUS.

Attenuare nives norunt et lintea nostra ;
  Frigidior colo non salit unda tuo.

CV. URCEOLI MINISTRATORII.

Frigida non desit, non deerit calda petenti ;
  Sed tu morosa ludere parce siti.

CVI. URCEUS FICTILIS.

Hic tibi donatur panda ruber urceus ansa ;
  Stoicus hoc gelidam Fronto petebat aquam.

CVII. CALATHI.

Nos Satyri, nos Bacchus amat, nos ebria tigris,
  Perfusos domini lambere docta pedes.

CVIII. CALICES SAGUNTINI.

Quæ non sollicitus teneat servetque minister,
  Sume Saguntino pocula ficta luto.

CIX. CALICES GEMMATI.

Gemmatum Scythicis ut luceat ignibus aurum,
  Aspice : quot digitos exuit iste calix !

CX. AMPULLA POTORIA.

Hac licet in gemma, quæ servat nomina Cosmi,
  Luxuriose, bibas, si foliata sitis.

CXI. CRYSTALLINA.

Frangere dum metuis, frangis crystallina : peccant

vous les brisez en effet; on pèche également par trop d'assurance et par trop de précaution.

112. — LE NUAGE DE VERRE.

Le nuage envoyé par Jupiter versera largement de l'eau dans votre coupe; celui-ci la remplira de vin.

113. — LES VASES MURRHINS.

Aimez-vous d'un vin chaud? le vase murrhin convient à l'ardent falerne, et le rend meilleur.

114. — LA PETITE JATTE DE CUMES.

La chaste Sibylle de Cumes vous fait présent de cette jatte de terre rouge, sa compatriote.

115. — DES COUPES DE VERRE.

Voyez le génie égyptien : à force de vouloir embellir son œuvre, que de fois l'ouvrier l'a-t-il perdue!

116. — LA CARAFFE A LA NEIGE.

Vous buvez du vin de Spolète ou du vin des Marses; à quoi bon alors le luxe de cette eau glacée après qu'elle a bouilli?

117. — LES NEIGES.

Boire non pas de la neige, mais de l'eau que la neige a glacée, c'est une ingénieuse invention de la soif.

118. — MÊME SUJET.

Esclave, ne mêle point à l'eau de neige du vin enfumé de Marseille, pour que cette eau ne te coûte pas plus cher que le vin.

119. — LE POT DE CHAMBRE.

Combien de fois, quand l'esclave répondait trop lentement au craquement des doigts de mon maître, la cuvette a-t-elle été ma rivale!

120. — LA LIGULE D'ARGENT.

Bien que les chevaliers et les sénateurs m'appellent ligule, d'ignorants grammairiens disent lingule.

121. — LE COQUILLIER.

Je sers pour les coquillages, je ne sers pas moins pour les œufs : sauriez-vous pourquoi les coquillages seuls m'ont donné mon nom?

122. — LES ANNEAUX.

Jadis présents vulgaires, nous sommes aujourd'hui rarement offerts à l'amitié. Heureux qui a pour client un chevalier de sa façon!

123. — LE BAGUIER.

Souvent vos bagues trop lourdes s'échappent de vos doigts parfumés; confiez-les-moi, elles ne se perdront pas.

124. — LA TOGE.

Celui qui donna le ciel à son illustre père, donne aussi l'empire du monde à la toge romaine.

125. — MÊME SUJET.

Si vous êtes matinal, vous aurez souvent la sportule, mais vous userez votre toge.

126. — L'ENDROMIDE.

C'est le présent du pauvre, mais le pauvre ne s'en sert pas : au lieu d'une cape, je vous envoie cette endromide.

127. — LE DRAP FONCÉ DE CANUSE.

Recevez ce drap de Canuse, dont la couleur

Securæ nimium sollicitæque manus.

CXII. NIMBUS VITREUS.

Ab Jove qui venict, miscenda ad pocula largas
Fundet nimbus aquas : hic tibi vina dabit.

CXIII. MYRRHINA.

Si calidum potas, ardenti myrrha Falerno
Convenit, et melior fit sapor inde mero.

CXIV. PATELLA CUMANA.

Hanc tibi Cumano rubicundam pulvere testam,
Municipem misit casta Sibylla suam.

CXV. CALICES VITREI.

Aspicis ingenium Nili : quibus addere plura
Dum cupit, ah, quoties perdidit auctor opus!

CXVI. LAGENA NIVARIA.

Spoletina bibis, vel Marsis condita cellis;
Quo tibi decoctæ nobile frigus aquæ?

CXVII. NIVES.

Non potare nivem, sed aquam potare rigentem
De nive, commenta est ingeniosa sitis.

CXVIII. IDEM.

Massiliæ fumos miscere nivalibus undis
Parce, puer, constet ne tibi pluris aqua.

CXIX. MATELLA FICTILIS.

Dum poscor crepitu digitorum, et verna moratur;

O quoties pellex culcita facta mea est!

CXX. LIGULA ARGENTEA.

Quamvis me ligulam dicant equitesque patresque,
Dicor ab indoctis lingula grammaticis.

CXXI. COCHLEARIA.

Sum cochleis habilis, sed nec minus utilis ovis;
Numquid scis, potius cur cochleare vocer?

CXXII. ANNULI.

Ante frequens, sed nunc rarus nos donat amicus;
Felix cui comes est non alienus eques.

CXXIII. DACTYLIOTHECA.

Sæpe gravis digitis elabitur annulus unctis;
Tuta mea fiet sed tua gemma fide.

CXXIV. TOGA.

Romanos rerum dominos, gentemque togatam
Ille facit, magno qui dedit astra patri.

CXXV. IDEM.

Si matutinos facile est tibi rumpere somnos,
Attrita veniet sportula sæpe toga.

CXXVI. ENDROMIS.

Pauperis est munus, sed non est pauperis usus,
Hanc tibi pro læna mittimus endromida.

CXXVII. CANUSINÆ FUSCÆ.

Hæc tibi turbato Canusina simillima mulso

ressemble à du moût troublé. Réjouissez-vous, il ne vieillira pas de sitôt.

128. — LA CASAQUE GAULOISE.

La Gaule vous revêt de cette casaque de Saintonge, ornée d'un capuchon; naguère on en habillait les singes.

129. — LE DRAP ROUX DE CANUSE.

Rome préfère le drap brun, la Gaule le drap roux : cette dernière couleur plaît aux enfants et aux soldats.

130. — LA CASAQUE DE CUIR.

Quoique vous vous mettiez en route par un beau temps, ayez toujours une casaque de cuir pour vous abriter des ondées subites.

131. — LES ROBES D'ÉCARLATE.

Si vous êtes pour les verts ou pour les bleus, pourquoi vous vêtir d'écarlate? Prenez garde de passer pour un transfuge.

132. — LE BONNET.

Je voudrais pouvoir vous envoyer l'habillement complet; je ne vous envoie que de quoi vous couvrir la tête.

133. — LES ROBES DE LA BÉTIQUE.

Ma laine n'est pas menteuse, la teinture n'en a pas changé la couleur. Aimez la pourpre de Tyr; moi, je tiens ma couleur de la brebis qui m'a portée.

134. — LE FICHU.

Fichu, comprime le sein naissant de ma maîtresse, afin que je puisse le saisir et le couvrir d'une seule main.

135. — LES ROBES DE FESTIN.

Nous ne connaissons ni le barreau ni les procès; nous n'avons affaire qu'aux convives accoudés sur les lits brodés.

136. — LE SURTOUT DE LAINE.

L'hiver, on se sert peu de vêtements unis; mes longs poils réchaufferont votre robe.

137. — LES LACERNES BLANCHES.

On nous recommande pour aller à l'amphithéâtre; nous servons de surtout aux toges que le froid pénètre.

138. — LE TAPIS A PLUCHE, OU NAPPE.

Couvrez vos tables de citronier de ces nappes à longs poils; nos tables communes ne craignent pas l'empreinte des plats.

139. — LES CAPUCHONS LIBURNIENS.

Tu n'as pas su, imbécile, nous assortir convenablement à ton manteau; blanc tu l'avais mis; bleu tu le déposes.

140. — LES CHAUSSONS CILICIENS.

Nous ne sommes pas faits de laine, mais des poils du bouc puant; vous pouvez vous chausser de ce tissu cinyphien.

141. — LA SYNTHÈSE.

S'il vous plaît de laisser pendant cinq jours reposer votre toge, vous pourrez en toute liberté vous servir de ce vêtement.

142. — LA CRAVATE.

S'il m'arrive de vous offrir et de vous lire un de mes livres, bandez-vous les oreilles avec cette cravate.

Munus erit : gaude; non cito fiet anus.

CXXVIII. BARDOCUCULLUS.

Gallia Santonico vestit te bardocucullo;
Cercopithecorum penula nuper erat.

CXXIX. CANUSINÆ RUFÆ.

Roma magis fuscis vestitur, Gallia rufis;
Et placet hic pueris militibusque color.

CXXX. PENULA SCORTEA.

Ingrediare viam cœlo licet usque sereno;
Ad subitas nunquam scortea desit aquas.

CXXXI. LACERNÆ COCCINEÆ.

Si Veneto, Prasinove faves, quid coccina sumis?
Ne fias ista transfuga sorte, vide.

CXXXII. PILEUS.

Si possem, totas cuperem misisse lacernas;
Nunc tantum capiti munera mitto tuo.

CXXXIII. LACERNÆ BÆTICÆ.

Non est lana mihi mendax, nec mutor aheno;
Si placeant Tyriæ, me mea tinxit ovis.

CXXXIV. FASCIA PECTORALIS.

Fascia, crescentes dominæ compesce papillas,
Ut sit quod capiat nostra tegatque manus.

CXXXV. COENATORIA.

Nec fora sunt nobis, nec sunt vadimonia nota;
Hic opus est pictis accubuisse toris.

CXXXVI. LÆNA.

Tempore brumali non multum levia prosunt;
Calfaciunt villi pallia vestra mei.

CXXXVII. LACERNÆ ALBÆ.

Amphitheatrales nos commendamur ad usus,
Quum tegit algentes nostra lacerna togas.

CXXXVIII. GAUSAPA VILLOSA, VEL MANTILE.

Nobilius villosa tegant tibi lintea citrum;
Orbibus in nostris circulus esse potest.

CXXXIX. CUCULLI LIBURNICI.

Jungere nescisti nobis, o stulte, lacernas;
Indueras albas; exue callainas.

CXL. UDONES CILICII.

Non hos lana dedit, sed olentis barba mariti;
Cinyphio poteris planta latere sinu.

CXLI. SYNTHESIS.

Dum toga per quinas gaudet requiescere luces,
Hos poteris cultus sumere jure tuo.

CXLII. FOCALE.

Si recitaturus dedero tibi forte libellum,
Hoc focale tuas asserat auriculas.

143. — LES TUNIQUES PADOUANES.

Ces tuniques à triple tissu sont si épaisses, qu'il faudrait une scie pour les couper.

144. — L'ÉPONGE.

Le sort vous a donné cette éponge bonne à nettoyer les tables, quand elle est légèrement gonflée par l'eau qu'elle a bue.

145. LE MANTEAU A LONGS POILS.

Ma blancheur est telle, mes poils sont si beaux, que vous me porteriez volontiers, même au cœur de l'été.

146. — L'OREILLER.

Frottez-vous les cheveux de la feuille du nard, votre oreille sentira bon : quand la tête a perdu son parfum, la plume le garde.

147. — LES COUVERTURES A LONGS POILS.

Votre lit de pourpre est orné de couvertures à longs poils : à quoi bon, si votre vieille épouse est un glaçon ?

148. — LES COURTES-POINTES.

Pour cacher la nudité de vos couvertures, nous venons, unies comme deux sœurs, couvrir votre lit tout entier.

149. — LA GORGETTE.

Je crains les mamelues : donnez-moi à quelque jeune fille, afin que le lin dont je suis formé caresse sa gorge de neige.

150. — LA ROBE DE CHAMBRE.

Memphis vous fait ce présent : la navette du Nil a vaincu ici l'aiguille de Babylone.

151. — LA CEINTURE.

Maintenant je suis assez longue : mais si quelque doux fardeau faisait gonfler votre ventre, je deviendrais trop courte.

152. — LE TAPIS CARRÉ.

Le pays du docte Catulle vous enverra vos courtes-pointes ; nous venons, nous, du pays d'Hélicaon.

153. — LE TABLIER.

Que le riche vous donne une tunique ; je ne puis vous couvrir que le devant. Si j'étais riche, je ferais pour vous l'un et l'autre.

154. — LA LAINE AMÉTHYSTE.

Ivre du sang du murex sidonien, j'ignore pourquoi l'on m'appelle une laine sobre.

155. — LA LAINE BLANCHE.

L'Apulie est renommée pour les toisons de première qualité, Parme pour celles de la seconde, Altinum pour celles de la troisième.

156. — LA LAINE DE TYR.

Un berger m'offrit à la belle Lacédémonienne sa maîtresse : Léda, la mère de celle-ci, se parait d'une pourpre inférieure.

157. — LA LAINE DE POLLENTIA.

Ce pays produit ordinairement des toisons, et des vases d'un ton triste et lugubre.

158. — MÊME SUJET.

Triste je suis, j'en conviens ; mais je suis bonne pour les esclaves à tête rasée, et du second ordre, qui servent à table.

CXLIII. TUNICÆ PATAVINÆ.

Vellera quum sumant Patavinæ multa trilices,
  Et pingues tunicas serra secare potest.

CXLIV. SPONGIA.

Hæc tibi sorte datur tergendis spongia mensis
  Utilis, expresso quum levis imbre tumet.

CXLV. PENULA GAUSAPINA.

Is mihi candor inest, villorum gratia tanta est,
  Ut me vel media sumere messe velis.

CXLVI. CERVICAL.

Tinge caput nardi folio, cervical olebit ;
  Perdidit unguentum quum coma, pluma tenet.

CXLVII. CUBICULARIA CAUSAPINA.

Stragula purpureis lucent villosa tapetis ;
  Quid prodest, si te congelat uxor anus ?

CXLVIII. LODICES.

Nudo stragula ne toro paterent,
  Junctæ nos tibi venimus sorores.

CXLIX. AMICTORIUM.

Mammosas metuo : teneræ me trade puellæ,
  Ut possint niveo pectore lina frui.

CL. CUBICULARIA POLYMITA.

Hæc tibi Memphitis tellus dat munera : victa est
  Pectine Niliaco jam Babylonis acus.

CLI. ZONA.

Longa satis nunc sum : dulci sed pondere venter
  Si tumeat, fiam tunc tibi zona brevis.

CLII. GAUSAPE QUADRATUM.

Lodices mittet docti tibi terra Catulli ;
  Nos Helicaonia de regione sumus.

CLIII. SEMICINCTIUM.

Det tunicam dives : ego te præcingere possum.
  Essem si locuples, munus utrumque darem.

CLIV. LANÆ AMETHYSTINÆ.

Ebria Sidoniæ quum sim de sanguine conchæ,
  Non video quare sobria lana vocer.

CLV. LANÆ ALBÆ.

Velleribus primis Apulia, Parma secundis
  Nobilis : Altinum tertia laudat ovis.

CLVI. LANÆ TYRIÆ.

Nos Lacedæmoniæ pastor donavit amicæ ;
  Deterior Ledæ purpura matris erat.

CLVII. LANÆ POLLENTINÆ.

Non tantum pullo lugentes vellere lanas,
  Sed solet et calices hæc dare terra suos.

CLVIII. IDEM.

Lana quidem tristis, sed tonsis apta ministris,
  Quales non primo de grege mensa vocat.

159. — LA BOURRE DE LEUCONIUM.

La plume trop affaissée vous laisse-t-elle sentir la sangle, prenez de cette bourre tondue sur les étoffes de Leuconium.

160. — LA BOURRE DU CIRQUE.

On appelle bourre du Cirque le jonc de marais. Le pauvre s'en sert, au lieu de bourre de Leuconium.

161. — LA PLUME.

Vous pourrez vous reposer de vos fatigues sur ce duvet du cygne d'Amyclée, sur cette laine qui croit sous son plumage.

162. — LE FOIN.

Garnissez votre fragile couchette de ce foin volé aux mules; les pâles soucis n'approchent pas d'un lit si dur.

163. — LA CLOCHE.

Laissez la balle; la cloche des thermes a sonné. Vous continuez? Voulez-vous donc rentrer à la maison après un bain froid?

164. — LE DISQUE.

Quand vole le disque brillant de Sparte, éloignez-vous, enfants : qu'il ne soit coupable qu'une seule fois!

165. — LA LYRE.

Elle rendit Eurydice au poëte, mais le poëte perdit Eurydice pour avoir manqué de confiance, pour avoir trop impatiemment aimé.

166. — LA MÊME.

Elle fut souvent jetée hors du théâtre de Pompée, cette lyre qui faisait marcher les forêts, et qu'écoutaient les bêtes!

167. — LES PLECTRES.

Pour préserver vos doigts des ampoules brûlantes que cause le pincement des cordes, que les plectres bruyants décorent votre lyre docile!

168. — LE TROCHUS (CERCEAU.)

Garni de ses anneaux vous m'en faites un présent utile : aux enfants le cerceau, à moi la garniture.

169. — LE MÊME.

Pourquoi cet anneau babillard se promène-t-il çà et là dans ce cercle roulant? C'est pour que ses sons aigus avertissent les passants de lui faire place.

170. — LA STATUE DE LA VICTOIRE.

Ce n'est pas le hasard qui vous la donne, à vous que le Rhin décora d'un vrai nom : esclave, verse dix coups de falerne.

171. — LE JEUNE ESCLAVE DE BRUTUS.

Elle n'est pas si obscure, la gloire de ce petit cachet! Brutus aimait l'enfant qu'il représente.

172. — LE CORINTHIEN SAUROCTONE.

Ne tire pas, malin enfant, sur ce lézard qui rampe vers toi; c'est dans tes mains qu'il veut mourir.

173. — TABLEAU REPRÉSENTANT HYACINTHE.

Il détourne ses yeux mourants du disque fatal, ce jeune Ébalien, le crime et la douleur d'Apollon!

174. — L'HERMAPHRODITE DE MARBRE.

Il entra mâle dans la fontaine; il en sortit mâle et femelle. Sur un point seulement il ressemble à son père; de sa mère il a tout le reste.

CLIX. TOMENTUM LEUCONICUM.

Oppressæ nimium vicina est fascia plumæ?
Vellera Leuconicis accipe rasa sagis.

CLX. TOMENTUM CIRCENSE.

Tomentum concisa palus Circense vocatur;
Hæc pro Leuconico stramina pauper emit.

CLXI. PLUMA.

Lassus Amyclæa poteris requiescere pluma,
Interior cycni quam tibi lana dedit.

CLXII. FOENUM.

Fraudata tumeat fragilis tibi culcita mula;
Non venit ad duros pallida cura toros.

CLXIII. TINTINNABULUM.

Redde pilam; sonat æs thermarum : ludere pergis?
Virgine vis sola lotus abire domum?

CLXIV. DISCUS.

Splendida quum volitent Spartani pondera disci,
Este procul, pueri : sit semel ille nocens.

CLXV. CITHARA.

Reddidit Eurydicen vati : sed perdidit ipse,
Dum sibi non credit, nec patienter amat.

CLXVI. IDEM.

De Pompeiano sæpe est ejecta theatro,
Quæ duxit silvas, detinuitque feras.

CLXVII. PLECTRA.

Fervida ne trito tibi pollice pustula surgat;
Exornent docilem garrula plectra lyram.

CLXVIII. TROCHUS.

Inducenda rota est : das nobis utile munus.
Ista trochus pueris, at mihi canthus erit.

CLXIX. IDEM.

Garrulus in laxo cur annulus orbe vagatur,
Cedat ut argutis obvia turba trochis?

CLXX. SIGNUM VICTORIÆ.

Hæc illi sine sorte datur, cui nomina Rhenus
Vera dedit : decies adde Falerna, puer.

CLXXI. ΒΡΟΥΤΟΥ ΠΑΙΔΙΟΝ.

Gloria tam parvi non est obscura sigilli;
Istius pueri Brutus amator erat.

CLXXII. SAUROCTONOS CORINTHIUS.

Ad te reptanti, puer insidiose, lacertæ
Parce : cupit digitis illa perire tuis.

CLXXIII. HYACINTHUS IN TABULA PICTUS.

Flectit ab inviso morientia lumina disco
Œbalius, Phœbi culpa dolorque, puer.

CLXXIV. HERMAPHRODITUS MARMOREUS.

Masculus intravit fontes : emersit utrumque.
Pars est una patris; cætera matris habet.

175. — TABLEAU DE DANAÉ.

Pourquoi, roi de l'Olympe, acheter Danaé, quand Léda se donne à toi gratis?

176. — LE MASQUE GERMAIN.

Fantaisie d'un potier, je suis le masque d'un Batave aux cheveux roux : bien que je vous fasse rire, je suis la terreur des enfants.

177. — L'HERCULE CORINTHIEN.

Il écrase au berceau deux serpents sans les voir. L'hydre pouvait déjà redouter ses mains enfantines.

178. — L'HERCULE EN TERRE CUITE.

Je suis fragile; mais, je vous en avertis, gardez-vous de me dédaigner : Alcide ne rougit pas de porter mon nom.

179. — LA MINERVE D'ARGENT.

Dis-moi, vierge intrépide, pourquoi, ayant le casque et la lance, n'as-tu pas l'égide? C'est César qui la porte.

180. — LE TABLEAU D'EUROPE.

Père des Dieux, tu choisis mal ton temps; il fallait te changer en taureau, quand Io était génisse.

181. — LE LÉANDRE EN MARBRE.

L'audacieux Léandre, au milieu des flots soulevés par la tempête, s'écriait : « Ne me noyez qu'au retour! »

182. — SUR UNE FIGURE D'ARGILE D'UN BOSSU.

Prométhée était ivre, je pense, quand il fit ce monstre; il le pétrit, en s'amusant, avec de la boue des Saturnales.

183. — LA BATRACHOMYOMACHIE D'HOMÈRE.

Lisez les *Grenouilles* du chantre de Méonie, et sachez rire à mes innocentes frivolités.

184. — UN HOMÈRE EN PARCHEMIN.

L'Iliade et cet Ulysse, l'ennemi du roi Priam, sont ensemble contenus dans les plis nombreux de ce parchemin.

185. — LE MOUCHERON DE VIRGILE.

Recevez, homme studieux, *le Moucheron* de l'éloquent Virgile; car, en ces jours de plaisir, il ne faut pas quitter le badinage, et entonner l'*Arma virumque*.

186. — UN VIRGILE EN PARCHEMIN.

Qu'il est petit ce parchemin pour les œuvres complètes du grand Virgile! Voici même son portrait sur la première feuille.

187. — LA THAÏS DE MÉNANDRE.

Cette Thaïs est bien celle qui se jouait de la passion des jeunes gens; ce fut aussi la vraie maîtresse du poëte, et non pas Glycère.

188. — UN CICÉRON EN PARCHEMIN.

Si vous vous faites accompagner par ce parchemin, songez que Cicéron vous suffira pour les plus longs voyages.

189. — A PROPERCE.

Cynthie chantée par le jeune et élégant Properce ne lui donnera pas moins de gloire qu'elle n'en reçut de lui.

190. — UN TITE-LIVE EN PARCHEMIN.

Le grand Tite-Live est contenu dans ces petits

CLXXV. DANAE PICTA.

Cur a te pretium Danae, regnator Olympi,
  Accepit, gratis si tibi Leda dedit?

CLXXVI. PERSONA GERMANICA.

Sum figuli lusus rufi persona Batavi.
  Quæ tu derides, hæc timet ora puer.

CLXXVII. HERCULES CORINTHIUS.

Elidit geminos infans, nec respicit angues.
  Jam poterat teneras hydra timere manus.

CLXXVIII. HERCULES FICTILIS.

Sum fragilis : sed tu, moneo, ne sperne sigillum.
  Non pudet Alciden nomen habere meum.

CLXXIX. MINERVA ARGENTEA.

Dic mihi, virgo ferox, quum sit tibi cassis et hasta,
  Quare non habeas ægida? Cæsar habet.

CLXXX. EUROPA PICTA.

Mutari melius tauro, pater optime Divum,
  Tunc poteras, Io quum tibi vacca fuit.

CLXXXI. LEANDER MARMOREUS.

Clamabat tumidis audax Leander in undis :
  Mergite me fluctus, quum rediturus ero.

CLXXXII. SIGILLUM GIBBERI FICTILE.

Ebrius hæc fecit terris puto monstra Prometheus;
  Saturnalicio lusit et ipse luto.

CLXXXIII. HOMERI BATRACHOMYOMACHIA.

Perlege Mæonio cantatas carmine ranas,
  Et frontem nugis solvere disce meis.

CLXXXIV. HOMERUS IN MEMBRANIS.

Ilias et Priami regnis inimicus Ulysses
  Multiplici pariter condita pelle latent.

CLXXXV. VIRGILII CULEX.

Accipe facundi Culicem, studiose, Maronis;
  Ne nugis positis Arma virumque canas.

CLXXXVI. VIRGILIUS IN MEMBRANA.

Quam brevis immensum cepit membrana Maronem
  Ipsius vultus prima tabella gerit.

CLXXXVII. MENANDRI THAIS.

Hæc primum juvenum lascivos lusit amores,
  Nec Glycere, vere Thais amica fuit.

CLXXXVIII. CICERO IN MEMBRANIS.

Si comes ista tibi fuerit membrana, putato
  Carpere te longas cum Cicerone vias.

CLXXXIX. PROPERTIUS.

Cynthia, facundi carmen juvenile Properti,
  Accepit famam, nec minus ipsa dedit.

CXC. LIVIUS IN MEMBRANIS.

Pellibus exiguis arctatur Livius ingens,

vélins, lui que ma bibliothèque ne contient pas tout entier!

191. — UN SALLUSTE.

Si l'on en croit les savants, Crispus sera le prince des historiens de Rome.

192. — LES MÉTAMORPHOSES D'OVIDE EN PARCHEMIN.

Cette masse épaisse de feuillets renferme quinze livres des poésies d'Ovide.

193. — UN TIBULLE.

La folâtre Némésis fit mourir d'amour Tibulle, qui prenait plaisir à n'être rien dans sa propre maison.

194. — UN LUCAIN.

Il y en a qui nient que je sois poëte; mais le libraire qui me vend n'est pas de cet avis.

195. — UN CATULLE.

Vérone la grande doit autant de gloire à son Catulle que Virgile en a donné à Mantoue la petite.

196. — L'EAU CHAUDE ET L'EAU FROIDE.

Ces vers vous donnent le nom des eaux chaudes : quant au papier, il mérite bien qu'on l'y envoie nager.

197. — LES PETITES MULES.

On n'a pas à craindre de tomber, lorsqu'on est sur ces petites mules; on serait plus haut, assis par terre.

198. — LA PETITE CHIENNE GAULOISE.

Ce serait trop peu d'une page entière, si vous vouliez que je vous racontasse les gentillesses de ce petit animal.

199. — LE CHEVAL DES ASTURIES.

Ce petit cheval, qui galope si bien en mesure, vient des Asturies, riches en mines d'or.

200. — LE CHIEN DE CHASSE.

Ce n'est pas pour lui, mais pour son maître, que chasse cet ardent limier qui va vous rapporter dans sa gueule un lièvre sans le blesser.

201. — LE LUTTEUR.

Je n'aime pas le vainqueur; mais celui qui sait succomber et qui combat encore.

202. — LE SINGE.

J'évite avec adresse les bâtons qu'on me lance : si j'avais une queue, je serais un cercopithèque.

203. — LA JEUNE FILLE DE CADIX.

Elle a des mouvements si lubriques, elle est si lascive et si voluptueuse, qu'elle eût fait se masturber Hippolyte lui-même.

204. — LES CYMBALES.

Quand le prêtre de Cybèle a faim, il vend assez souvent cet airain qui sert à déplorer les amours de la déesse pour Atys.

205. — LE MIGNON.

Qu'on me donne un jeune garçon qui doive la douceur de sa peau à son âge et non à la pierre ponce; il n'est pas de tendron que je lui préfère.

206. — LA CEINTURE DE VÉNUS.

Jeune enfant, entoure ton cou de ce ceste tout tiède encore de la chaleur de Vénus, et tout amour.

Quem mea non totum bibliotheca capit.

CXCI. SALLUSTIUS.

Hic erit, ut perhibent doctorum corda virorum,
Primus Romana Crispus in historia.

CXCII. OVIDII METAMORPHOSIS IN MEMBRANIS.

Hæc tibi, multiplici quæ structa est massa tabella,
Carmina Nasonis quinque decemque gerit.

CXCIII. TIBULLUS.

Ussit amatorem Nemesis lasciva Tibullum,
In tota juvit quem nihil esse domo.

CXCIV. LUCANUS.

Sunt quidam, qui me dicunt non esse poetam;
Sed, qui me vendit, bibliopola putat.

CXCV. CATULLUS.

Tantum magna suo debet Verona Catullo,
Quantum parva suo Mantua Virgilio.

CXCVI. CALDA ET FRIGIDA AQUA.

Hæc tibi, quæ fuerint caldarum nomina, dicunt;
Ipsa suas melius charta natabit aquas.

CXCVII. MULÆ PUMILÆ.

His tibi de mulis non est metuenda ruina;
Altius in terra pæne sedere soles.

CXCVIII. CATELLA GALLICANA.

Delicias parvæ si vis audire catellæ,
Narranti brevis est pagina tota mihi.

CXCIX. ASTURCO.

Hic brevis, ad numerum rapidos qui colligit ungues,
Venit ab auriferis gentibus, Astur equus.

CC. CANIS VERTAGUS.

Non sibi, sed domino venatur vertagus acer,
Illæsum leporem qui tibi dente feret.

CCI. PALÆSTRITA.

Non amo, qui vincit, sed qui succumbere novit,
Et dicit melius τὴν ἀνακλινοπάλην.

CCII. SIMIUS.

Callidus emissas eludere simius hastas,
Si mihi cauda foret, cercopithecus eram.

CCIII. PUELLA GADITANA.

Tam tremulum crissat, tam blandum prurit, ut ipsum
Masturbatorem fecerit Hippolytum.

CCIV. CYMBALA.

Æra Celænæos lugentia matris amores
Esuriens Gallus vendere sæpe solet.

CCV. PUER CINÆDUS.

Sit nobis ætate puer, non pumice levis,
Propter quem placeat nulla puella mihi.

CCVI. CESTOS.

Collo necte puer meros amores,
Ceston de Veneris sinu calentem.

207. — LA MÊME.

Prends ce ceste imprégné du nectar de Cythère; il a porté la flamme jusque dans le cœur de Jupiter.

208. — LE TACHYGRAPHE.

Les paroles ont beau courir, la main est plus rapide qu'elles; la langue n'a pas fini, que déjà la plume a achevé son ouvrage.

209. — LE COQUILLAGE.

Polissez le papyrus égyptien avec un coquillage de mer, et le roseau courra dessus sans obstacle.

210. — LE FOU.

Sa stupidité n'est pas feinte; il est sans art et sans malice. Quiconque n'est pas trop sage est sage en effet.

211. — LA TÊTE DE BÉLIER.

Vous avez coupé la tête innocente de ce coursier de Phryxus : l'avait-il mérité, lui qui vous habilla si souvent?

212. — LE NAIN.

Ne voyez que la tête de l'individu, vous diriez un Hector; voyez son corps, ce n'est plus qu'Astyanax.

213. — LA PARME.

Cette parme si souvent vaincue, si rarement victorieuse, serait un bouclier pour un nain.

214. — LES ENFANTS COMÉDIENS.

Il n'en est pas un de la troupe qui soit *misoumène*; mais il en est bien un qui serait *disexapothos*.

215. — LA BOUCLE.

Dites-moi franchement à quoi sert cette boucle aux comédiens et aux joueurs de lyre? A faire hausser le prix de leurs passes amoureuses.

216. — L'ÉPERVIER.

Jadis chasseur d'oiseaux, il est maintenant valet de l'oiseleur. Il prend toujours des oiseaux, et regrette que ce ne soit pas pour son compte.

217. — LE RESTAURATEUR.

Dites combien vous êtes, à quel prix vous voulez souper; n'ajoutez pas un mot : vous êtes servis.

218. — LES GLUAUX.

Ce ne sont pas seulement les baguettes de glu, c'est encore le chant qui trompe l'oiseau, quand la main de l'oiseleur glisse tout doucement le perfide roseau jusqu'à lui.

219. — LE CŒUR DE BŒUF.

Pauvre avocat, tu fais des vers qui ne te rapportent pas un sou; reçois ce cœur : tu as le pareil.

220. — LE CUISINIER.

L'art seul ne suffit pas au cuisinier; je ne veux pas que mon palais soit esclave : le cuisinier doit avoir le goût raffiné du maître.

221. — LE GRIL ET LA BROCHE.

Faites suer la mince griblette sur le gril recourbé, mais que le sanglier écumeux rôtisse à la longue broche.

222. — LE PATISSIER.

Cette main va produire mille friandises de tou-

CCVII. IDEM.

Sume Cytheriaco medicatum nectare ceston :
Ussit amatorem balteus iste Jovem.

CCVIII. NOTARIUS.

Currant verba licet, manus est velocior illis;
Nondum lingua suum, dextra peregit opus.

CCIX. CONCHA.

Levis ab æquorea cortex Mareotica concha
Fiat : inoffensa curret arundo via.

CCX. MORIO.

Non mendax stupor est, nec fingitur arte dolosa;
Quisquis plus justo non sapit, ille sapit.

CCXI. CAPUT ARIETINUM.

Mollia Phryxei secuisti colla mariti.
Hoc meruit, tunicam qui tibi sæpe dedit?

CCXII. PUMILIO.

Si solum spectes hominis caput, Hectora credas;
Si stantem videas, Astyanacta putes.

CCXIII. PARMA.

Hæc, quæ sæpe solet vinci, quæ vincere raro,
Parma tibi, scutum pumilionis erit.

CCXIV. PUERI COMOEDI.

Non erit in turba quisquam μισούμενος ista;
Sed poterit quivis esse διςεξάποθος.

CCXV. FIBULA.

Dic mihi simpliciter, comœdis et citharœdis
Fibula quid præstat? carius ut futuant.

CCXVI. ACCIPITER.

Prædo fuit volucrum, famulus nunc aucupis : idem
Decipit, et captas non sibi mœret aves.

CCXVII. OPSONATOR.

Dic quotus, et quanti cupias cœnare; nec unum
Addideris verbum : cœna parata tibi est.

CCXVIII. CALAMI AUCUPATORII.

Non tantum calamis, sed cantu fallitur ales,
Pallida dum tacita crescit arundo manu.

CCXIX. COR BUBULUM.

Pauper caussidicus, nullos referentia nummos
Carmina quum scribas; accipe cor, quod habes.

CCXX. COQUUS.

Non satis est ars sola coquo : servire palatum
Nolo; coquus domini debet habere gulam.

CCXXI. CRATICULA CUM VERU.

Parva tibi curva craticula sudet ofella;
Spumeus in longa cuspide fumet aper.

CCXXII. PISTOR DULCIARIUS.

Mille tibi dulces operum manus ista figuras,

tes les formes; c'est pour elle seule que travaille l'abeille ménagère.

223. — LES DÉJEUNERS.

Debout! Déjà le patissier vend aux enfants leurs déjeuners, et les oiseaux porte-crêtes annoncent de tous côtés le retour de la lumière.

ÉPIGRAMMES
ATTRIBUÉES A MARTIAL.

1. — SUR LA MÉDIOCRITÉ.

Je ne veux pas que la fortune me place au premier ni au dernier rang, mais dans un juste milieu. Les grands sont en butte à l'envie, les petits aux outrages. Heureux qui vit à l'abri de ce double fléau!

2. — A SCÉVOLA.

Scévola, tu soupes chez tout le monde, et personne ne soupe chez toi; tu vides les bouteilles d'autrui, et personne ne vide les tiennes. Ou rends la pareille, ou cesse d'accepter des invitations. Il est honteux de toujours prendre et de ne jamais rendre.

3. — A AUCTUS.

Tu exiges de nous l'amitié que tu n'as pour personne; la confiance que tu n'accordes à personne, Auctus, tu l'exiges de nous. Tu exiges de nous des égards dont tu es indigne; il est merveilleux que tu veuilles recevoir ce que tu ne donnes pas.

4. — SUR FILUS.

Filus porte des manteaux; il a des bagues d'or aux doigts : cependant Filus est le plus pauvre des pauvres. Filus a des chlamydes de pourpre, un immense mobilier, des clients; pourtant il est le plus pauvre des pauvres. Filus a des palais d'une magnificence royale; pourtant il est le plus pauvre des pauvres. Il a faim, il a soif, au milieu de ses coupes d'or et de ses pierres précieuses; vêtu d'une cyclade, il a faim, il a soif. Son teint, sa maigreur trahissent la faim qui le presse; sa bulle d'or la dissimule. Le malheureux se vendrait comme esclave pour avoir du pain, mais sa bulle d'or s'oppose à ce qu'il soit esclave. S'il importune quelqu'un de ses vœux et de ses prières, la soie qui le couvre les fait repousser. Si donc il ne veut pas mourir, de riche qu'il devienne pauvre; car ce n'est que pauvre qu'il peut être riche.

5. — A AULUS.

Ni ta naissance, ni ta beauté, ni le cens que tu es fier de payer, ni la gravité de tes mœurs, Aulus, ne te serviront de rien. Tu seras toujours pauvre, parce que tu es pauvre; et tu es le dernier des derniers.

6. — A RÉGULUS.

Hermagoras prétend qu'il ne faut pas plaire à tout le monde. Choisis dans la foule, Régulus, celui auquel tu veux plaire.

7. — A AULICUS.

Tu me donnes beaucoup; je crains que tu ne

Exstruit : huic uni parca laborat apis.
            CCXXIII. JENTACULA.
Surgite, jam vendit pueris jentacula pistor,
    Cristatæque sonant undique lucis aves.

EPIGRAMMATA QUÆDAM
M. VAL. MARTIALI
AFFICTA.

I. IN MEDIOCRITATEM.

Nec volo me summis fortuna nec applicet imis,
    Sed medium vitæ temperet illa gradum.
Invidia excelsos, inopes injuria vexat;
    Quam felix vivit, quisquis utroque caret!

II. AD SCÆVOLAM.

Scævola, tu cœnas apud omnes, nullus apud te;
    Alterius siccas pocula, nemo tua.
Aut tu redde vices, aut desine velle vocari;
    Dedecus est semper sumere, nilque dare.

III. AD AUCTUM.

Exigis a nobis, quem nulli solvis, amorem;
    Quam nulli præstas, exigis, Aucte, fidem.
Exigis a nobis, quem non merearis, honorem;
    Mirum est, quod non das, id tibi velle dari.

IV. DE FILO.

Pallia Filus habet, digitos circumligat auro;
    Sed tamen est Filus paupere pauperior.
Sunt Tyriæ chlamydes, mille instrumenta, clientes
    Filo; sed tamen est paupere pauperior.
Atria sunt Filo regali consita cultu;   5
    Sed tamen est Filus paupere pauperior.
Esurit atque sitit : gemmis instructus et auro,
    Cyclade vestitus, esurit atque sitit.
Pondus adesse famis, pallor maciesque loquuntur :
    Aurea bulla negat, pondus adesse famis.   10
Ergo miser se servitio pro pane locabit;
    Sed ne sit servus, aurea bulla facit.
Si vero quemquam pulsabit supplice voto,
    Ut non exoret, serica vestis adest.
Ergo ne pereat, fiet de divite pauper;   15
    Pauper enim factus ditior esse potest.

V. AD AULUM.

Non sanguis, non oris honor, non gloria census,
    Non gravitas morum proderit, Aule, tibi.
Pauper enim tu semper eris, quia pauper es : et te
    Colligit ulterior ulteriore gradus.

VI. AD REGULUM.

Prædicat Hermagoras, non omnibus esse placendum.
    Elige de multis, Regule, cui placeas.

VII. AD AULICUM.

Multa mihi donas, vereor ne multa requiras;

me demandes beaucoup. Aulicus, ne me donne rien, si tu dois me demander.

8. — A GERMANICUS.

Tu cries en plaidant, Germanicus, de telle sorte que les fureurs de ta voix sont l'écho des fureurs de ton âme.

9. — A BASSUS.

Tout ami aime; mais tout ce qui aime n'est pas ami. Mais toi, Bassus, sois donc enfin l'ami de celui que tu aimes.

10. — CONTRE TURGIDUS.

Tu prolonges dans la nuit tes dîners, aussi bien que tes soupers, Turgidus; et, jour et nuit, tu bois comme une éponge. Quand tu soignes ta peau, ce n'est pas parce que tu veux te marier; non, tu ne le veux pas; car, dis-tu, j'aime la continence. Tu mens, Turgidus; la continence n'est pas cela. Ce qu'elle est, je le dirai, si tu veux. C'est la mesure.

11. — CONTRE CHLOÉ.

Tu brûles pour un lascif Ganymède; tu es un moule à toute pièce; tu rends amoureux fous jusqu'aux Hippolytes. De nombreux adultères te ménagent l'entrée de leur logis; tu t'offres au premier venu : que tu es populaire! Je voudrais t'appeler Démophilé, si ta mère ne voulait que tu fusses Chloé : elle a tort et elle a raison.

12. — CONTRE LAÏS.

Laïs, des femmes la plus belle, quand je te demande le prix d'une nuit passée dans tes bras, tu exiges bien vite un grand talent. Laïs, je n'achète pas si cher le repentir.

13. — CONTRE MACRINUS.

Les mousserons ne font pas mourir, disais-tu, Macrinus; pourtant tu mourus d'un mousseron.

Nolo mihi dones, Aulice, si repetas.

VIII. AD GERMANICUM.

Exaltas in lite tuam, Germanice, vocem,
Ut furias mentis vox furiosa sonet.

IX. AD BASSUM.

Omnis amicus amat, sed non qui amat omnis amicus;
Sed quem, Basse, tu ames, esto et amicus ei.

X. IN TURGIDUM.

In noctem prandes, in noctem, Turgide, coenas,
Multimodoque mades nocte dieque mero.
Quumque cuti studeas, uxorem ducere non vis;
Quum nolis, dicis, Vita pudica placet.
Turgide, mentiris : non est hæc vita pudica. 5
Vis dicam, quæ sit vita pudica? Modus.

XI. IN CHLOEN.

Lascivo Ganymede cales; te quilibet intrat;
Hippolytos etiam reddis amore graves.
Plurimus interea tibi limen servat adulter;
Exposita es cuivis : quam populare sapis!
Demophilen cuperem te dicere, te nisi mater 5
Esse Chloen vellet : non sapit atque sapit.

XII. IN LAIDEM.

Formosissima Lai feminarum,
Dum noctis pretium tibi requiro,
Magnum continuo petis talentum :
Tanti non emo, Lai, pœnitere.

XIII. IN MACRINUM.

Defungi fungis homines, Macrine, negabas;
Boleti leti causa fuere tui.

NOTES SUR MARTIAL.

DES SPECTACLES.

Les petites pièces contenues dans ce livre roulent sur des spectacles ou jeux publics donnés à Rome par Titus et par Domitien, et peut-être par d'autres. Les savants s'accordent à ne pas les reconnaître, du moins dans leur totalité, comme sorties de la main de Martial; et la plupart d'entre elles sont, en effet, indignes de lui, et très-inférieures aux épigrammes sur des sujets semblables, qu'il a dispersées çà et là dans ses douze premiers livres. Ce recueil serait, comme celui des *Priapées* qu'on a si mal à propos attribué au chaste Virgile, un recueil d'opuscules d'un genre spécial, écrits par divers auteurs et réunis sous un titre commun. Dans cette hypothèse, Martial pourrait avoir été l'éditeur de la collection, et même y avoir fourni quelque chose. S'il en est ainsi (et rien n'empêche de le croire), on a lieu de s'étonner de ce que l'exemple de Farnabe, qui a rejeté à la fin des œuvres de notre poète le livre des Spectacles, n'a été suivi de personne, et de ce qu'au contraire l'usage de placer ce livre en première ligne a prévalu, et s'est, pour ainsi dire, érigé en loi.

Épig. I. L'amphithéâtre dont il s'agit, construit sur l'emplacement de la Maison Dorée de Néron, fut commencé par Vespasien et achevé par Titus. Une tradition immémoriale désigne ce monument, ou plutôt ses restes, par le nom de *Colisée*, qui semble dériver de *colosse*, et faire allusion, ou à la grandeur de l'édifice, ou à celle des statues dont il était orné, ou au voisinage dans lequel il était du *Colosse* de Néron. Voyez Scipion Maffei, *degli Anfiteatri*, et *Verona illustrata*, etc. — L'auteur met cet amphithéâtre au-dessus de toutes les merveilles du monde, dont il rappelle les principales : les Pyramides d'Égypte, les murs de Babylone, le temple de Diane à Éphèse, l'autel d'Apollon à Délos, le tombeau de Mausole.

v. 3. *Nec Triviæ templo molles laudentur Iones.* Là

leçon vulgaire, et qui se retrouve constamment dans tous les manuscrits, veut qu'on lise : *Molles... honores*. Mais elle est très-obscure, et a donné lieu à une foule de versions. La meilleure, et peut-être aussi la seule vraie, est celle de Scaliger, *Molles... Iones* : nous l'avons adoptée. Racine dit quelque part : *Éphèse et la molle Ionie*, et il ne le dit que d'après les anciens, qu'il connaissait bien, et qui ont donné la même épithète à la contrée dont il s'agit, ainsi qu'à ses habitants.

v. 4. *Cornibus ara frequens*. Sur cet autel qu'Apollon construisit à Délos avec des cornes de chèvres, v. les auteurs cités par les interprètes de Callimaque, *ad Hymn. in Apoll.* 60 sqq., et d'Ovide, *ad Heroïd.* xxi, 99.

II. v. 1. *Sidereus... colossus*. Le colosse de Néron était un des principaux ornements de son palais d'or, *domus aurea*, dont il décorait le vestibule; il avait cent vingt pieds de haut. Suétone, *Ner.* 31. Il était situé dans la IVe région de Rome.

v. 6. *Stagna Neronis*. Lacs ou étangs qui dépendaient de la Maison Dorée. Tacite, *Annal.* xv, 42.

v. 7. *Velocia munera Thermas*. Les bains de Titus, qui furent construits très-promptement par ce prince, et qui étaient placés près de l'amphithéâtre. Suétone, *Tit.* 7.

v. 12. *Pater patriæ*. Sur ce titre, dont les empereurs romains étaient fort jaloux, v. Pline, *Paneg.* 21.

IV. Cette pièce est-elle adressée à Titus ou à Domitien? Ces deux empereurs, le premier seulement au commencement de son règne, proscrivirent l'un et l'autre les délateurs. V. Suétone, *Tit.* 8, et *Domit.* 9.

V. Ce distique, dans les anciennes éditions, termine l'épigramme précédente. Scaliger et Scrivérius ont pensé qu'il devait en être séparé, ce qui est très-probable.

VI. On représentait sur l'amphithéâtre des sujets tirés de la fable, dans des sortes de ballets qu'on appelait *pyrrhiques*. Le ballet de Pasiphaé fut joué devant Néron, au rapport de Suétone, *Ner.* 12. Une femme enfermée dans une vache de bois jouait le principal rôle, et un taureau la violait publiquement; c'est du moins ce que les spectateurs croyaient voir.

VII. Dans plusieurs éditions, ce distique est joint à l'épigramme suivante. — Suétone, *Domit.* 4, nous apprend que sous ce prince des femmes même parurent dans l'arène avec des hommes : *commisit... nec virorum modo pugnas, sed et feminarum*. Néron avait déjà donné ce spectacle, au rapport de Tacite, *Annal.* xv, 32; et c'étaient, suivant cet historien, des femmes du premier rang et des sénateurs qui se dégradèrent à ce point. *Sed feminarum illustrium senatorumque plures per arenam fœdati sunt*. — Voy. Xiphilin, *in Ner.* et *in Tit.*, et Juvénal, *Sat.* I, 22.

v. 1 et 2. *Mars — Venus*. Le premier de ces mots désigne les hommes, et le second, les femmes combattant dans le cirque.

VIII. Voy. la note sur l'épig. précédente.

v. 1. *Prostratum Nemeæ sed vasta in valle. Prostratum vasta Nemees*. Gronov. *Prostratum Nemees et vastum*. Marcil. *Prævasta in valle*. Gruter. etc. etc. Ces variantes, en faisant disparaître le *sed* de la leçon vulgaire, sont favorables à l'opinion de ceux qui séparent, comme nous, cette pièce de la précédente.

IX. Il existait un mime, un drame qui se terminait par le crucifiement d'un brigand nommé Lauréolus. Ordinairement le supplice n'était que simulé : on substituait à l'acteur un mannequin; mais, dans la représentation dont il s'agit ici, l'exécution avait été réelle. On avait choisi un individu condamné à mort, pour procurer cet horrible spectacle aux Romains; et, comme le dit bien le dernier vers, *quæ fuerat fabula, pœna fuit*. Juvénal, *Sat.* viii, 187, parle d'un Lentulus qui jouait à merveille dans ce drame, mais qui n'y était pas crucifié en effet, quoiqu'il le méritât :

Laureolum velox etiam bene Lentulus egit,
Judice me, dignus vera cruce.

Suétone, *Calig.* 57, nous a conservé le souvenir d'une scène de la même pantomime, où celui qui remplissait le rôle de Lauréolus, en s'échappant des ruines d'un palais, feignait de vomir du sang sur le théâtre. On croit communément que l'auteur de cette pièce se nommait Q. Lutatius Catullus. V. Ziegler, *de Mim. Rom.* p. 74.

X. Cette fable, rapportée par Ovide, *Metam.* viii, 183 et suiv., était mise en action dans l'arène. On enlevait dans l'air, par le moyen de machines, l'acteur qui jouait Dédale; puis on le laissait tomber sur un os qui le déchirait. La même ou une semblable représentation eut lieu devant Néron. Suétone nous apprend en effet, dans la vie de ce prince, 12, qu'étant au spectacle, un Icare tomba, dès son premier effort, tout près de lui, et le couvrit de sang.

XI. Pompée et ensuite Auguste firent paraître des rhinocéros dans les jeux publics : plusieurs empereurs imitèrent cet exemple.

v. 4. *Quantus erat cornu... Pila* signifie ici le mannequin vêtu de rouge dont on se servait pour exciter les bêtes qui combattaient dans l'arène. Un taureau n'était qu'un mannequin pour le rhinocéros, qui le lançait sans peine avec sa corne.

XII. v. 6. *Qui jubet ingenium mitius esse feris*. Ce vers est calqué sur le vers suivant d'Ovide, *Amor.* 1, 10, 26, ou plutôt n'en est qu'une copie :

Turpe erit ingenium mitius esse feris.

XIV. Le poëte compare cette laie en gésine à Sémélé, qui, effrayée par la foudre de Jupiter, enfanta Bacchus avant terme. On sait le reste.

XV. v. 4. *Hanc ego Lucinæ*, etc. L'intervention de Lucine, dans cette ép. et la précédente, v. 4, à l'accouchement d'une truie, et la comparaison de cette truie avec la mère de Bacchus, sont des traits singuliers, qui témoignent du peu de respect des païens pour leurs divinités.

XVI. Ou ce sujet plaisait beaucoup au poëte, ou les trois pièces où il est traité sont de trois mains diverses qui ont voulu lutter ensemble.

XVII. Sur Carpophorus, chasseur du cirque. Il en sera encore question plus bas, ép. 23 et 27, où le poëte le met au-dessus de Thésée, de Bellérophon, de Jason, de Persée, comme ici il le préfère à Méléagre et à Hercule. On ne sait où Caldérinus a pris qu'il existait du temps de Domitien deux personnages du nom de Carpophorus : l'un, qu'il dit avoir été un *mango*, ou marchand d'esclaves, et l'autre, plus jeune, aimé de Domitien pour son habileté, sa force et son courage dans les jeux du cirque. C'est de ce dernier, suivant lui, que parlent cette ép. et les deux autres que nous avons citées. *Carpophorus* se trouve comme surnom dans une inscription de Genève, rapportée par Muratori, p. 678, n. 8, et consacrée à Sex. Attius Carpophorus, sévir augustal.

XVIII. Domitien avait donné le spectacle d'un taureau enlevant Hercule et le portant au ciel : l'auteur de l'épigramme compare ce taureau à celui qui enleva Europe, et lui donne l'avantage sur ce dernier.

XIX. On avait sans doute appris à cet éléphant à fléchir le genou : ce qu'on lui faisait faire devant l'empereur. Pline, H. N. viii, 1, dit des éléphants : *Nam quod ad docilitatem attinet, regem adorant, genua submittunt, coronas porrigunt*, etc.

XX. Ce tigre était d'Hyrcanie, pays de l'Asie, sur les bords de la mer Caspienne, qui produit les plus féroces de ces animaux. On était parvenu à l'apprivoiser : exemple qui s'est renouvelé de nos jours.

XXI. V. 1. *Pilas*. V. la note sur le v. dernier de l'ép. 9 de ce liv.

XXII. *Myrinus* et *Triumphus*, deux gladiateurs qui avaient chacun leurs partisans. Myrinus est encore mentionné, l. xxii, ép. 29, v. 7, où l'on voit qu'il fut blessé et demanda son congé.

v. 2. *Promisit pariter*, etc. Ce fait paraît être le même que Suétone rappelle, *in Domit.* 4 : Domitien donna, pour sa questure, des jeux dont il s'était dispensé lorsqu'il l'exerçait, et permit au peuple de lui demander à la fin de ces jeux des paires de gladiateurs, *bina paria*, qu'il faisait paraître en appareil de cour, *aulico apparatu*.

XXIII. On représentait dans l'amphithéâtre l'aventure d'Orphée. Le malheureux qui jouait le rôle de ce célèbre chanteur portait une lyre, était entouré d'animaux, et de décorations représentant une forêt, et mis en pièces par un ours, comme le véritable Orphée l'avait été par les Bacchantes.

XXIV. Voy. les notes sur l'ép. 11.

XXV. Voy. la note sur l'ép. 17.

XXVI. Suétone, *in Tit.* 7, dit que Titus fit représenter un combat naval dans l'ancienne naumachie, et *in Domit.* 4, que Domitien donna des jeux semblables dans un vaste lac creusé auprès du Tibre, et où des flottes entières semblaient se heurter.

XXVII. L'aventure de Léandre représentée dans la naumachie. Neptune n'épargna pas le véritable Léandre, qui se noya en allant voir Héro. Celui qui jouait son rôle fut plus heureux; il échappa aux eaux, mais c'étaient les eaux de César. *Cæsaris unda fuit.* Voy. liv. xiv, 181, une autre épigramme sur le même sujet.

XXIX. Description du jeu des nageurs déguisés en Néréides dans la naumachie.

XXX. Voy. la note sur l'ép. 17.

XXXI. Les spectacles célébrés dans cette pièce paraissent être ceux que donna Titus et que décrit Xiphilin. Ils sont mis par l'auteur au-dessus des jeux du même genre qui eurent lieu sous Auguste, sous Claude et sous Néron.

v. 11. *Fucinus*. Le lac Fucin, dans le pays des Marses, où Claude donna un combat naval. Tacite, *Annal.* xii, et Suétone, *Claud.* 21.

v. 11. *Stagna Neronis*. Voy. la note sur le v. 6 de l'ép. 2.

XXXII. Priscus et Vérus étaient, à ce qu'il paraît, *par gladiatorum*, comme le Myrinus et le Triumphus de l'ép. 20, ou, pour parler comme Suétone, *in Domit.* 4, un de ces *bina paria* que Domitien permit au peuple de lui demander, et qu'il fit paraître dans l'arène à la fin des jeux, *aulico apparatu*.

XXXIII. *Da veniam*... Ce distique, ainsi que le suivant, ne se trouvent pas dans les anciennes éditions : c'est, à ce qu'il paraît, André Junius qui les a placés ici pour la première fois. Ils figurent aussi dans les Catalectes, où ils ne forment qu'une seule pièce.

XXXV. *Concita veloces*... Cette pièce a été publiée d'abord dans les Catalectes; elle paraît mutilée. Cependant Scriverius ne la juge pas telle; il y trouve, au contraire, un sens complet et satisfaisant, en la réduisant à trois distiques au moyen de la rature des points qui suivent le vers 4, et de la suppression du pentamètre : *Hæc intellecto*..., qui vient ensuite.

XXXVI. *Flavia gens*... Ce distique, qui n'est pas à sa place, n'ayant aucun rapport avec les spectacles, nous a été conservé par le vieux Scholiaste de Juvénal, *ad Sat.* iv, 34, où il est cité comme la fin d'une épigramme de Martial. La tournure en est vive et piquante. On peut le rapprocher d'une pensée de Pline le jeune, *Paneg. Traj.* c. 6, mais seulement pour l'expression; l'intention n'est pas la même : il s'agit de Nerva assiégé dans son palais par les soldats qui venaient de tuer Domitien : *Si tamen hæc sola erat ratio quæ te publicæ salutis gubernaculis admoveret, prope est ut exclamem, tanti fuisse.* Collesson doute que le fragment en question soit de Martial, parce que, dit-il, le trait est dirigé contre Domitien, que le poëte flatte sans cesse et partout; mais il oublie qu'après la mort de cet empereur, Martial changea de ton, et, pour faire sa cour à Trajan, rabaissa la mémoire du prince qu'il avait tant exalté pendant sa vie. Voyez l. x, ép. 72.

Il est sans doute inutile de noter que les mots *Flavia gens*, famille flavienne, désignent Vespasien et ses deux fils Titus et Domitien, qui régnèrent successivement.

ÉPIGRAMMES.

LIVRE PREMIER.

Epistola ad lectorem. Martial se vante ici, et l. x, ép. 33, d'une discrétion à laquelle il est difficile de croire, et que certains passages de ses épigrammes semblent démentir. Mais, en admettant que, comme il le dit, il ait toujours tu les véritables noms de ses victimes et ne les ait jamais attaquées que sous des noms supposés, il est à présumer que la malice publique n'y perdait rien : les personnes étaient désignées de manière à ce qu'on les reconnût facilement, et on ne manquait pas, d'ailleurs, de faire courir des *clefs*, au moyen desquelles chaque trait parvenait à son adresse. Toutefois nous devons rappeler à la décharge de Martial que Pline le jeune, *Epist.* iii, 21, lui rend ce témoignage qu'il y avait dans son caractère autant de candeur que de sel et d'amertume dans ses écrits.

Sic scribit Catullus, sic Marsus, sic Pedo, sic Gætulicus. Caïus Valérius Catullus (Catulle), poëte latin bien connu. On sait que parmi les pièces qui nous restent de lui, il en est de fort licencieuses. — Domitius Marsus, autre poëte latin, qui vivait sous Auguste, et dont nous ne possédons que des fragments, une épitaphe de Tibulle et une épigramme contre Bavius. Voyez l'article que lui a consacré M. Boissonade dans la *Biog. univ.*, pour plus de détails, M. Aug. Weichert, *Poetar. Latin. Hostii, Lævii,* etc., *reliquiæ*, p. 241. S'il était certain, comme le conjecturait Fr. Guyet, que les Priapées fussent, non une collection de pièces de divers auteurs, mais l'ouvrage de Domitius Marsus, il ne faudrait certes pas s'étonner de le voir compter par Martial au nombre des poëtes les plus graveleux. — C. Pedo Albinovanus, autre poëte du même temps, sur lequel on peut consulter aussi la *Biogr. univ.* Il nous reste de lui, entre autres morceaux, une très-belle élégie adressée à Livie, sur la mort de son fils Drusus; mais ses épigrammes ne sont pas venues jusqu'à nous. — Il n'en est pas de même de quelques-unes de celles de Gætulicus, si c'est à lui qu'appartiennent les neuf pièces de l'Anthologie, insérées par Brunck dans son *Anal.* ii, 166-8. Brunck les croit de Gætulicus, et pense que c'est le même personnage que le Cnéius Lentulus Gætulicus, consul l'an de R. 779 (26 de J. C.), qui, pour s'être allié à Séjan, faillit perdre la faveur de Tibère (Tacite, *Ann.* vi, 30), et fut plus tard une des victimes de la cruauté ombrageuse de Caligula (Dion, lix, 22); mais Jacobs, *Catal. poet. epigraph.* iii, ii, 896, doute de cette identité. Du reste, les épigrammes dont il s'agit sont chastes, et ne pourraient dès lors être celles du même auteur, que Martial cite ici pour justifier l'obscénité des siennes. Nous avons donné de plus amples notices sur les trois derniers des épigrammatistes qui font l'objet de cette note, dans le Sidoine Apollinaire de MM. Grégoire et Collombet, ad Carm. ix, v. 256 et 257.

Qui solent spectare Florales. Les jeux floraux, institués dès les premières années de Rome par une courtisane qui fut dans la suite honorée comme déesse sous le nom de Flore, se célébraient, à la fin du mois d'avril, avec une grande indécence. Des femmes qui exerçaient la profession de la fondatrice s'y montraient toutes nues, sur le théâtre, aux yeux du peuple.

Non intret Cato. Il y a ici, et dans les quatre vers qui suivent cette épître, une allusion à un trait de la vie de Caton, rapporté par Valère Maxime, ii, 10, 8. Voy. aussi Sénèque, *Epist.* 97.

IV. v. 1. *Argiletanas.... Tabernas.* L'Argilète était un endroit de Rome, situé près du mont Palatin, non loin du théâtre de Marcellus. Les bibliopoles y avaient leurs boutiques. Il s'y trouvait aussi beaucoup de cordonniers. V. l. ii, ép. 17, v. 3. Sur les diverses étymologies de ce nom, voy. Varron, *de L. L.* iv, et Servius, *ad Virgil. Æn.* viii, 345.

v. 6. *Nasum rhinocerotis.* Un long nez était regardé par les anciens comme le signe d'un esprit railleur : de là l'épithète de *nasutus* qu'ils donnaient à l'homme doué d'un esprit de ce genre, et l'hyperbole de nez de rhinocéros employée en cet endroit.

v. 7. *Grande Sophos. Sophos* (σοφῶς, *sapienter*) était une acclamation qui répondait à notre *bravo*, et qui était fort usitée chez les Romains, lorsqu'ils entendaient quelque discours ou quelque lecture qui leur plaisaient. Pline le jeune, *Epist.* ii, 14, nous apprend que de son temps on appelait les applaudisseurs à gages que les orateurs menaient à leur suite, des *sophocles* (σοφοκλεῖς), c'est à-dire, des gens appelés pour crier *sophos*. Il trouve cette expression plaisante et de bon goût (*non inurbane sophocles vocantur*); il ajoute que ces mêmes gens on les nommait aussi *laudiceni*, mot qui signifiait *louangeurs pour des repas*, et se prononçait comme *Laodiceni*, habitants de Laodicée. On voit que la mode des calembours ne date pas d'hier, non plus que l'usage des applaudissements payés.

v. 8. *Ibis ab excusso missus in astra sago.* Tu seras berné. Le latin exprime fort bien cette espèce d'amusement tant soit peu inhumain dont il n'est question ici que par métaphore, et dont on trouvera au besoin une description plus détaillée dans Cervantes, *Don Quichotte*, t. 1, c. 17. Suétone, vie d'Othon, 2, nous apprend que ce prince dans sa jeunesse se faisait un jeu de berner les ivrognes et les estropiés qu'il rencontrait, la nuit, dans les rues de Rome. *Ferebatur et vagari noctibus solitus, atque invalidum quemque obviorum vel potulentum corripere, ac distento sago impositum in sublime iactare.*

V. Martial s'excuse de la licence de ses épigrammes auprès de Domitien; il sollicite pour elles la même indulgence que ce prince accorde aux plaisanteries dont il est l'objet lors de ses triomphes, et la même faveur avec laquelle il écoute Thymèle et Latinus, deux acteurs alors à la mode. Du reste, le poëte soutient que son badinage est inoffensif, qu'il n'attaque pas les personnes, et qu'on ne peut tirer de la licence de ses vers aucune induction contre ses mœurs, qui sont pures et irréprochables.

v. 3. *Vestri triumphi.* Tous les historiens, et notamment Suétone, *Jul. Cæs.* 149, attestent l'usage où étaient le peuple et les soldats d'accompagner de leurs plaisanteries le char du triomphateur.

v. 5. *Thymelen... Latinum.* Thymèle et Latinus, son mari ou son amant, mimes célèbres du temps de Domitien. Voy. Juvénal, *Sat.* i, 36, et v, 44 et 66. On trouvera plus bas, l. ix, ép. 29, une épitaphe de Latinus très-flatteuse pour son talent d'acteur et même pour ses mœurs et sa conduite privée.

v. 8. *Lasciva est nobis pagina, vita proba est.* Ausone, *Cent. nupt.*, cite le vers tel qu'il est, et l'attribue à Pline (ce qui ne peut s'entendre que de Pline le jeune) : est-ce un manque de mémoire, ou ce vers serait-il dans notre épigramme une citation, un emprunt fait à un ami ? Ce qu'il y a de certain, c'est que Pline le jeune composait des poésies érotiques, et se justifiait à peu près comme Martial. V. *Epist.* v, 14, et vii, 4. Au demeurant, ce moyen de défense est l'excuse banale des poëtes licencieux. Ovide l'avait employé, *Trist.* ii, 353, presque dans les mêmes termes; et Catulle, *Carm.* xvi, 5, avait proposé cette règle :

*Nam castum esse decet pium poetam
Ipsum : versiculos nihil necesse est.*

VI. Martial met ce distique dans la bouche de Domitien.

v. 1. *Epigrammata.* Ceci se réfère sans doute aux ép. 26 et suiv. du livre des Spectacles.

VIII. v. 1. *Stellæ delicium mei columba.* Le poëme de la Colombe de Stella, que Martial met au-dessus de la pièce de Catulle sur le Moineau de Lesbie, n'est pas parvenu jusqu'à nous : ainsi nous ne pouvons ni accueillir ni rejeter le jugement qui en est porté ici. Il y a dans Pline le jeune, *Epist.* ix, 25, une allusion spirituelle aux deux ouvrages dont il s'agit : elle fait voir que tous les deux jouissaient alors d'une grande célébrité. Pline écrit à son ami Mamilianus, alors au camp, et lui promet de lui envoyer des vers; puis il ajoute : *Tu passerculis et columbis nostris inter aquilas vestras dabis pennas, si tamen et sibi et tibi placebunt : si tantum sibi, continendos cavea nidove curabis.* « Vous ferez voler nos moineaux et nos colombes parmi vos aigles, si la bonne opinion que vous en avez conçue répond à leur confiance ; que si leur confiance les trompe, vous les enfermerez dans la cage et dans le nid. » Traduction de Sacy. Lucius Arruntius Stella, ami de Martial et de Stace, né l'an 61, d'une famille patricienne, consul subrogé l'an 94, était de Padoue.

IX. Décianus, ami de Martial, stoïcien mitigé, puisqu'il ne permettait pas le suicide au sage, était, ainsi que nous le verrons plus bas, né à Émérita, aujourd'hui Mérida, dans la Nouvelle-Castille. Il paraît qu'il se livrait aux exercices du barreau. V. l. i, ép. 40 et 62, et l. ii, Epist. et 5.

v. 1. *Magni Thraseæ.* Lucius Pétus Thraséa, citoyen vertueux, qui, condamné à mort sous Néron, se fit ouvrir les veines, offrant son sang en libation à Jupiter Libérateur. Tacite, *Annal.* xvi, 21 et suiv.

Consummatique Catonis. Marcus Porcius Cato, désigné ordinairement sous le nom de *Caton d'Utique*, arrière-petit-fils de Caton l'Ancien, autre illustre suicide, dont personne n'ignore l'histoire.

XIII. Marcus Aquilius Régulus était un avocat riche et intrigant, dont la fortune, commencée à la cour de Néron, s'accrut considérablement sous le règne de Domitien, et qui mourut peu regretté sous celui de Trajan. Martial le loue ou plutôt le flatte avec excès dans cette épigramme et dans plusieurs autres (L. 1, 83 et 112; ii, 74, 2, et 93; iv, 16, 6 ; v, 10, 28, 6, et 63, 4; vi, 38, et vii, 16 et 31) ; il vante son éloquence, sa générosité, ses vertus; il va jusqu'à en faire un protégé du ciel ; mais il est démenti sur tous les points par Pline le jeune (*Epist.* i, 5; ii, 20; iv, 2 et 7, et vi, 2), qui se plaît, au contraire, à nous dépeindre Régulus sous les traits les plus odieux; car il le représente comme un vil courtisan, un lâche délateur, un persécuteur des gens de bien, un captateur de successions, un orateur détestable, un homme bas et vain, avare et magnifique, un insolent parvenu; et il cite avec complaisance le mot d'un ennemi qui l'avait appelé *omnium bipedum nequissimus*. Il serait, comme on le voit, difficile de trouver deux jugements plus contradictoires portés sur le même individu par des contemporains. Toutefois il y a peut-être lieu de penser qu'au fond le dissentiment n'était pas aussi absolu dans l'esprit des deux auteurs que leurs écrits l'annoncent, et qu'il y avait de l'exagération de part et d'autre : Pline ayant eu plusieurs fois Régulus pour adversaire au barreau, avait pu se laisser prévenir contre lui, tandis que Martial, qui avait reçu des présents du même homme (L. vii, ép. 31 déjà citée), pouvait être, au contraire, jusqu'à un certain point, aveuglé sur son compte par la reconnaissance.

v. 1.... *Herculei*... *Tiburis*. Tibur, aujourd'hui *Tivoli*, à dix milles de Rome. Hercule y avait sans doute un temple.

v. 2... *Albula*... *Albula*, ruisseau ainsi nommé de la blancheur de ses eaux. Les eaux de l'Albula sont connues maintenant sous le nom de *Bagni di Tivoli*.

XIV. Rien de plus connu que le trait historique sur lequel roule cette épigramme. Cécina Pétus avait trempé dans la révolte de Scribonien contre l'empereur Claude : forcé de se donner la mort, Arrie sa femme lui présenta l'épée dont elle venait de se percer le sein, en prononçant ces belles paroles : *Pœte, non dolet.* « Pætus, cela ne fait point de mal. » (Pline le jeune, *Epist.* iii, 16.)

XVI. Cette pièce est peut-être adressée à Julius Martialis; v. l. iv, ép. 20 et 64; vii, 17, et xii, 34; ou à Julius Céréalis, v. l. iii, ép. 5, v. 4, et xi, 52. L'ép. 98 du l. ix est également adressée *ad Julium;* la 108e de ce l. i, *ad Lucium Julium*. Il est question d'un *Julius Rufus*, l. x, ép. 99, et d'un *Caius Julius Proculus*, xi, 36. — Cette pièce tout épicurienne roule, comme les ép. 59 et 90 du l. ii, 54 du l. iv, 20 et 58 du l. v, 47 du l. vii, et 44 et 77 du l. viii, sur l'intérêt que nous avons à nous hâter de jouir de cette courte vie, à profiter du présent, à ne pas compter sur un avenir incertain, etc.

v. 1. *O mihi post nullos*... Vers pris à Ovide, *Trist.* iv, 1, 1, sauf le changement d'un mot :

O mihi post nullos unquam memorande sodales.

v. 7. *Catenatique labores.* Ausone, *Idyll.* xv, 14 :

.... *Catenatosque labores,*
Mutandos semper gravioribus. ....

Racine, *Esther*, act. iii, sc. 1 :

Les malheurs sont souvent enchaînés l'un à l'autre.

v. 11 et 12. v. la note sur les v. 7 et dernier de l'ép. 58 du l. v.

XVII. v. 2. *Quæ legis hic : aliter non fit, Avite, liber.* Il y a deux manières de ponctuer ce vers, qui en augmentent ou restreignent le sens : en plaçant les deux points après *hic*, le trait est dirigé contre tous les livres en général; en les plaçant après *legis*, comme dans les anciennes éditions, il ne s'adresse qu'aux livres qui se faisaient alors à Rome.

XIX. v. 1. *Falerno*. Le vin de Falerne, si renommé dans l'antiquité, se récoltait dans la Campanie.

v. 2. *In Vaticanis*. Le vin du Vatican, près de Rome, était, au contraire, un vin détestable que Martial compare à du poison, l. vi, ép. 92, comme il le fait ici, v. 5, par les mots *toxica sæva*.

v. 4. *Jugulare Falernum*. *Juguler* le Falerne; cette expression est un peu hardie; mais elle est bien amenée, et elle ne dépare point l'épigramme, qui est une des meilleures de Martial.

XXI. v. 4. *Boletum, qualem Claudius edit, edas.* L'empereur Claude mourut empoisonné; mais on ne sut pas avec certitude par qui ni comment. Suétone, *in Claud*. 44. Martial adopte la version la plus répandue qui attribuait ce crime à Agrippine, qu'on disait avoir présenté à son époux un champignon vénéneux, pressée qu'elle était de voir parvenir son fils Néron à l'empire. Notre poëte semble avoir fourni à Juvénal, *Sat.* v, le trait suivant, où le même bruit est accueilli :

Vilibus ancipites fungi ponentur amicis,
Boletus domino; sed quales Claudius edit
Ante illum uxoris, post quem nil amplius edit.

Néron lui-même donnait du crédit aux accusateurs de sa mère, lorsqu'il appelait en plaisantant les champignons le mets des dieux, *cibum deorum*. Suétone, *in Ner.* 33. Claude avait eu les honneurs de l'apothéose.

XXII. Cette épigramme est fort belle. Sur le fait qu'elle rappelle, on peut consulter les biographies et surtout Tite-Live, ii. Le dernier vers :

Si non errasset, fecerat illa minus,

a passé en proverbe et rencontré de nombreuses applications. Martial écrit *Porsena* avec un seul *n*, au v. 6, parce qu'il a besoin d'un dactyle : les auteurs en prose, et notamment Tite-Live, écrivent constamment *Porsenna*.

XXVI. Ce Faustinus, que nous verrons reparaître dans plusieurs épigrammes, était auteur d'un ouvrage que Martial jugeait digne de la Grèce et de Rome, et qu'il l'engageait à publier. Le sujet de cet ouvrage ne nous est pas connu. V. la note sur l'ép. 115 de ce livre.

XXVII. v. 1. *Subsellia quinque*. Synecdoque, cinq bancs de chevaliers pour cinq chevaliers, ou bien autant de chevaliers que cinq bancs en contiennent. Ces bancs étaient ceux qu'occupaient les chevaliers au théâtre.

v. 5... *Pelignis*... *prælis*. Les *Peligni* étaient un peuple d'Italie, dans l'Abruzze, dont la capitale était Sulmone, patrie d'Ovide. Le vin que produisait leur territoire était d'une qualité inférieure.

v. 7. *Testa*... *antiqui*... *Opimi*. Le vin recueilli sous le consulat d'Opimius était célèbre. L'année avait été extrêmement favorable à la vigne. L. Opimius était consul l'an de R. 633, avant J. C. 121.

v. 8... *Massica*... Le massique et le falerne étaient les vins les plus renommés de l'Italie. Le massique croissait sur une colline de la Campanie, aujourd'hui Terre de Labour, dans le royaume de Naples.

XXVIII. v. 7. Μισῶ μνήμονα συμπότην... Proverbe grec cité par Lucien, *in Sympos*, et dont Plutarque examine l'origine et le sens, *Quæst. Sympos.* I, i.

XXXI. Le sel de ce distique est dans le double sens qui y est prêté au mot *clinicus*. Ce mot désignait ordinairement un médecin, et dérivait ἀπὸ τῆς κλίνης, du lit, parce que les médecins visitaient les malades alités. Nous disons encore *la clinique* pour distinguer la médecine de la chirurgie : distinction dont les anciens médecins n'étaient pas moins jaloux que les modernes, et dont on retrouve la trace jusque dans les siècles héroïques, comme le prouve un fragment du poëte cyclique Arctinus. Martial affuble de ce nom de *clinicus* un *vespillo*, c'est-à-dire un de ces hommes dont le métier était de porter les morts au cimetière, parce qu'on les y portait dans des civières ou brancards qu'on appelait aussi des lits. Diaulus n'était que chirurgien, mais il se fit *vespillo*, et prit par là le seul moyen qu'il pût avoir de devenir *clinicus*. Comparez cette épigramme avec la 48e de ce livre, lancée contre le même personnage.

XXXII. Pour obtenir que Pudens son maître, dont il est le favori, le mignon, parvienne à la dignité de primipile, le jeune esclave Encolpus voue à Phébus les prémices de sa chevelure, sa chevelure entière jusqu'alors intondue. Ces sortes de vœux, qu'on adressait tantôt au dieu que nous venons de nommer, tantôt à d'autres divinités, selon l'objet de la demande et la dévotion du postulant, étaient fort en usage dans l'antiquité. Voyez Adrien Junius, *de Coma*, c. 4; voyez aussi Alexandre Lenoir, *Observations sur les offrandes que les anciens faisaient de leur chevelure*, p. 17 et suiv.

Le primipilat était la charge qu'exerçait dans les légions romaines le premier centurion de la première centurie du premier manipule des triaires; il conférait divers avantages, et notamment l'honneur d'être placé au rang des chevaliers, et le droit d'assister au conseil de guerre avec le consul et les tribuns. Pudens parvint à ce grade, et Encolpus s'acquitta de son vœu, comme on le verra plus bas, l. v, ép. 48. Nous donnerons de plus amples détails sur Pudens dans une note sur l'ép. 13 du l. iv, relative à son mariage avec une dame nommée *Claudia*. V. aussi même l., ép. 29.

XXXV. Comparez cette pièce avec la 14e élégie du l. iii des *Amours* d'Ovide.

v. 5. *At meretrix*... Ovide, *Amor.* iii, 14, 9 :

Ignoto meretrix corpus junctura Quiriti
Apposita populum submovet ante sera.

v. 6. *Summœni*. Par contraction pour *summœnii*. Le *summœnium* faisait, à ce que nous croyons, partie de la rue *Suburra*, et c'était là, sous des voûtes qui dépendaient des murs de la ville, *sub mœnibus*, que les courtisanes exerçaient leur métier. V. l. ii, ép. 17, v. i.

v. 7. *A Chione vel ab Helide*. Chioné et Hélis, courtisanes alors célèbres. Martial mentionne plusieurs fois la première (ép. 93 de ce l.; iii, 30, 83, 87 et 97; xi, 60); il ne nomme plus la seconde.

v. 10. *Deprendi veto te*... Ovide, *Amor.* iii, 14, donne à peu près les mêmes conseils à Corinne. Apulée dit fort bien, *Metam.* x, que ce qui n'est su de personne ne se fait presque pas : *Nam quod nemo novit, pene non fit.*

XXXVI. v. 2, 6 et 7. *Thalassionem... Thalassionis.* Ce mot, dont Tite-Live, i, 93, nous apprend l'origine, désignait ou la cérémonie des noces, ou les chants licencieux qui les accompagnaient. Voy. Plutarque, *Vie de Romulus*, 21; *Vie de Pompée*, 8, et *Demandes romaines*, 31.

v. 8. *Floralia*. V. l. i, *Epist. ad lect.*

XXXVII. Martial compare Domitius Lucanus et Domitius Tullus à Castor et à Pollux. Ces deux frères vivaient, en effet, en communauté de biens, unis par la plus tendre amitié. Pline le jeune, *Epist.* viii, 18, nous apprend qu'ils étaient fils adoptifs de l'orateur Domitius Afer, et nous donne tous les éléments de leur biographie. Tullus, le plus jeune, survécut à son frère, dont il recueillit l'héritage au préjudice d'une fille que laissait ce dernier; mais à son tour il transmit en mourant à celle-ci toute sa fortune. Pline fait l'éloge de ce testament, qui contenait encore d'autres dispositions non moins sages. Toutefois, à côté de ce qu'il dit d'intéressant et de judicieux sur ce sujet, il ne dissimule pas le peu d'estime qu'il faisait des deux frères, et surtout de Tullus. Ce n'est pas le seul exemple de la dissidence d'opinions qui existait entre lui et Martial sur le mérite de quelques-uns de leurs contemporains. V. la note sur l'épigr. xiii de ce livre.

XLII. v. 11. *Quod non optimus Urbicus poeta*. *Urbicus poeta* paraît désigner un poëte de carrefour, ou, comme nous le dirions, un faiseur de ponts-neufs, de vaudevilles, de complaintes, de chansons qui courent les rues. Cependant on retrouve *Urbicus*, l. vii, 51, 1, et 96, 1, et xi, 55, 1, et il y est nom propre.

v. 12. *Quod de Gadibus improbus magister*. Gadès, aujourd'hui Cadix, en Espagne, était célèbre par ses danses lascives, dont Martial parle plusieurs fois. Voy. l. v, ép. 78, v, 26; l. vi, ép. 71, v, 2, et l. xiv, ép. 203. C'est encore de l'Espagne que nous viennent des danses semblables qui ne sont que trop connues. Il y avait, comme on le voit, à Rome des *maîtres* qui en donnaient leçon.

v. 16. *Galbam*. Galba, bouffon de la cour d'Auguste, le même qui faisait semblant de dormir quand sa femme était caressée par Mécène; mais qui se trouvait fort bien réveillé quand un esclave voulait profiter de ce sommeil simulé pour lui voler quelque vase : d'où est venu le proverbe : *Non omnibus dormio*. V. Plutarque, *in Amator.*, et Juvénal, *Sat.* v, 4.

v. 17. *Sextium Caballum*. Sestius ou Sextius Caballus, autre bouffon qui n'est nommé nulle autre part, à moins que ce ne soit, comme le veut Radérus, le Sestius Gallus dont parle Suétone, *in Tiber.* 42. La pointe de l'épigramme consiste dans l'équivoque du surnom de *Caballus*, qui signifie *le cheval, la rosse*.

v. 18. *Non cuicumque datum est habere nasum*. V. la note sur le v. 6 de l'épigr. 4 de ce livre.

XLIII. Porcia, fille de Caton d'Utique. Cette épigramme est tout historique. Voy. Plutarque, *in Brut.*, Valère Maxime, iii, 2, Rom. 15, et iv, 6, Rom. 5, Dion, l. xlvii, etc. On peut la placer à côté de celles sur Lucius Scévola et sur Arrie et Pétus, 14e et 22e de ce livre, et les donner comme des modèles du genre noble dans la classe des petits poëmes à laquelle elles appartiennent.

XLIV. v. 14. *Sed tu ponaris, cui Charidemus, apro*. Ce Charidémus, inconnu d'ailleurs, fut sans doute condamné par Domitien à combattre un sanglier dans l'arène. Colleson et, d'après lui, Lemaire ont tort d'indiquer Suétone comme rapportant le fait : cet historien, *in Domit.* c. 10, parle d'un père de famille qui, pour avoir dit au spectacle qu'un Thrace valait bien un mirmillon, mais ne valait pas un rétiaire, fut, par ordre de l'empereur, traîné dans l'arène et exposé aux chiens; mais il ne dit mot de Charidémus.

XLV. V. la note sur l'ép. 8 de ce livre.

XLVI. v. 2. *Dicatur potius*... Le τὸν δ' ἀπαμειβόμενος, auquel Martial veut recourir plutôt que de laisser des blancs dans les pages de ses livres, est un hémistiche, en quelque sorte, de remplissage, qu'Homère emploie souvent, et que Virgile a rendu par *Quem contra*. Il signifie : *auquel répliquant* ou *répondant à celui-ci*. Eusèbe, *Praeparat. evang.* x, 3, nous apprend que le poëte comique Cratinus se moquait dans une de ses pièces de l'abus fait par Homère de cette formule.

XLVII. AD HEDYLUM. Al. *Hedylam. Ædilum. Ædilam*. La vraie leçon paraît être *Hedylum*. Ceux qui ont voulu substituer ici un nom de femme à un nom d'homme ont eu plus d'égard à nos idées sur la bienséance qu'à celles des anciens : leur scrupule était à peu près du même genre que le scrupule de certains éditeurs d'Horace, qui ont remplacé *cunnus* par *mulier* dans ce vers si connu et si naïvement traduit par l'auteur du Roman de la Rose :

Nam fuit ante Helenam cunnus teterrima belli
Causa. . . . . Sat. i, 3, 107;

ou que celui du copiste du manuscrit de Martial de la bibliothèque du président de Thou, qui a mis *monstrum* partout où il avait trouvé ce malheureux *cunnus* : ce qui nous rappelle que le même mot est transformé plusieurs fois en celui de *Christus* dans le rare volume intitulé : *Jaannis Burmeisteri, P. L., Martialis renati parodiæ sacræ*. Goslar. 1612, in-12. Le plus plaisant de la chose, c'est que les épigrammes de Martial, que ce poëte religieux a parodié d'un bout à l'autre, se trouvent en toutes lettres en regard de ses parodies.

XLVIII. V. la note sur l'ép. 31 de ce liv. contre le même. On connaît l'imitation de Boileau :

Paul, ce grand médecin, l'effroi de son quartier, etc.

L. Ce Licinianus est-il le personnage sur lequel roule l'épître ii du livre iv de Pline le jeune? c'est ce qu'il n'est pas facile de décider. Celui auquel s'adresse Martial était son compatriote, il était comme lui de Bilbilis ; et à l'occasion de son départ pour l'Espagne, où il se retirait, le poëte le félicite d'aller revoir leur ville natale, dont il se complaît à décrire les environs. Les commentateurs se sont livrés à des recherches sur les petites localités qui sont nommées dans cette pièce; mais leurs explications ne sont guère que des conjectures et offrent peu d'intérêt.

v. 31. *Lunata nusquam pellis et nusquam toga*. Les nobles Romains portaient des souliers ornés d'une lunule ou croissant, qui, ayant la forme du C, valant en chiffre cent, rappelait le nombre primitif des patriciens créés par Romulus. — La toge était la robe de cérémonie.

v. 33. *Horridus Liburnus*. « Les Liburniens (habitants de la Dalmatie) étaient une espèce d'hommes très-grands et très-vigoureux, comme sont encore les Croates, leurs voisins. On les employait à Rome comme porteurs de litières, et pour tous les services qui exigeaient de la force. Quand Martial parle des charmes de la vie champêtre (1, 50), il dit, entre autres choses : *Procul horridus Liburnus*. Voyez Juvénal, III, 240. »

v. 37. *Grande et insanum sophos*. V. la note sur le v. 7 de l'ép. 13 de ce l.

v. 40. *Dum Sura laudatur tuus*. On ne voit pas à quel titre ce Sura appartenait à Licinianus. Était-ce son fils? Ce qu'il y a de certain, c'est qu'il était moins âgé que Licinianus, puisque l'heure de la retraite, qui était venue pour ce dernier, ne l'était pas encore pour Sura. Martial le nomme une seconde fois, l. VI, ép. 64, v. 13, comme un de ses admirateurs, et nous apprend qu'il demeurait sur le mont Aventin, près du temple de Diane. Il est probable que c'est le Licinius Sura qui fut mis à la tête des cohortes prétoriennes par Trajan, et auquel, après sa mort, ce prince accorda les honneurs de la sépulture publique et fit élever une statue; le même aussi à qui sont adressées deux lettres de Pline le jeune, IV, 30, et VII, 27.

LI. Émilianus avait donné à son cuisinier le nom de *Mistyllus*, tiré de ce vers de l'Iliade, I, 465 :

Μίστυλλόν τ' ἄρα τἆλλα, καὶ ἀμφ' ὀβελοῖσιν ἔπειραν.

« Ils divisaient en morceaux les restes (de la victime), et les perçaient avec des broches. »

Martial demande pourquoi, à son tour, il ne nommerait pas son cuisinier *Taratalla* (τ' ἄρα τἆλλα), mots qui suivent celui qu'empruntait Émilianus du vers d'Homère.

LIII. v. 9. *Impones plagiario pudorem*. Le mot *plagiarius* était un terme de droit, par lequel on désignait le coupable du crime appelé *plagium* et consistant à vendre l'esclave d'autrui, comme on en était le maître, ou un homme libre, comme s'il était esclave. Martial eut l'idée d'appliquer ce nom à un voleur d'écrits; et cette métaphore a tellement fait fortune qu'elle n'en est plus une aujourd'hui, mais le terme propre dont nous nous servons pour signaler cette espèce de voleurs. Les savants qui font dériver de *plaga* les mots de *plagium* et de *plagiarius*, sous prétexte que les plagiaires étaient condamnés *ad plagas*, à être battus de verges, sont dans une erreur que la mesure prosodique de *plaga*, pris dans ce sens, rend manifeste : la première syllabe en est longue, tandis qu'elle est brève dans *plagiarius* (comme le prouve le vers de Martial), et dans *plagium*. Il faut reconnaître avec les meilleurs étymologistes que la véritable source de ces mots est dans le grec πλάγιος, *obliquus*.

LVI. Le Fronto auquel est adressée cette élégante épigramme paraît être celui que nomme Juvénal, *Sat*. 1, 12 :

*Frontonis platani convulsaque marmora clamant
Semper, et assiduo ruptæ lectore columnæ.*

C'était, à ce qu'il semble, un ami des lettres, ou du moins un riche citoyen, sous les portiques duquel les poëtes se réunissaient pour faire des lectures. Le vieux scholiaste de Juvénal nous confirme dans cette idée, et note en même temps que le maison de Fronto était celle qui avait appartenu à Horace : *In domo Horatiana*, dit-il, *in qua poetæ recitabant*. On a cru également à l'identité de ce personnage et de celui du même nom qui fut consul avec Trajan l'an 100 de J.-C.; mais, si l'on admettait cette conjecture, il serait difficile de concilier le vers de Martial :

Clarum militiæ, Fronto, togæque decus,

avec le passage de Pline le jeune, *Paneg*., c. 60, où il est dit que Trajan, dans son troisième consulat (c'est-à-dire celui de l'an 100) choisit un collègue qui n'était point homme de guerre. Des raisons de chronologie permettent encore moins de confondre le Fronto de notre épigramme avec le célèbre précepteur de Marc-Aurèle et de Lucius Vérus, M. Cornélius Fronto, dont M. Angelo Mai a retrouvé et publié en 1815 plusieurs ouvrages et fragments véritablement précieux pour l'histoire et les lettres.

LIX. *Millia centum*. Cent mille sesterces. Les savants ne sont guère d'accord sur la valeur des *sesterces*, monnaie de compte. M. Lemaire évalue les cent mille sesterces de ce vers à 781 liv., et les deux millions de sesterces des v. 5 et 6, à quinze mille six cent vingt-cinq liv. de notre monnaie. Cette évaluation est trop faible de beaucoup, et n'est point, d'ailleurs, en rapport avec le tableau de réduction de l'écu romain en francs et en centimes, qu'il a placé à la p. 495 du t. I de son Martial.

v. 5 et 6. *Sestertiolum... Bis decies...* Deux millions de sesterces. Les anciens, quand ils se servaient des adverbes *decies*, *centies*, *millies*, etc., pour désigner une somme en sesterces, sous-entendaient toujours *centum millia*: ainsi *decies* signifiait un million de sesterces, *centies* dix millions, *millies* cent millions, etc.

LX. Les patrons donnaient primitivement à souper à leurs clients certains jours de cérémonie. Ce repas, qui était appelé *cœna recta*, un repas en règle, fut converti par Néron en une certaine portion de mets que chaque client emportait dans une petite corbeille appelée *sportula*. Insensiblement cette distribution changea encore de nature sans changer de nom; on la remplaça par un présent modique en argent, qui était de cent *quadrants* ou vingt-cinq *as*. C'est ce dernier usage qui prévalait au temps où Martial écrivait son premier livre; mais bientôt Domitien abolit la sportule, et rétablit le repas en règle. Martial s'en réjouit, et en fait un sujet d'éloge pour ce prince, l. III, ép. 7. Voy. Suétone, *in Ner*. 16, et *in Domit*. 7.

LXII. v. 1. *Docti vatis*. Catulle. Le surnom de *docte* lui a été donné plusieurs fois par les anciens. Voy. Tibulle, VII, 6, 41; Ovide, *Amor*. III, 9, 51; Martial, VIII, 73, 8; Térentianus Maurus, 839. Les Romains trouvaient-ils dans la facture de ses vers quelque chose de savant qui nous échappe? ou signalaient-ils par cette épithète sa connaissance approfondie de la langue des Grecs et son habileté à imiter leurs poëtes?

v. 7. *Duosque Senecas*. Marcus Annæus Seneca, Sénèque le rhéteur, l'auteur des Controverses, et Lucius Annæus Seneca son fils, le philosophe et poëte tragique.

v. 9. *Canio*. Canius Rufus, ce *joyeux* poëte de Cadix, ne nous est connu que par Martial qui en parle encore, ép. 70 de ce livre, et l. III, ép. 20 et 64, VII, 69 et 87, 2.

v. 10. *Deciano*. Voy. not. sur l'ép. 9 de ce livre.

LXVI. Cette épigramme roule sur le double sens du mot *ficus*, signifiant tout à la fois une *figue*, fruit du figuier, et un *fic*, sorte de tumeur propre à une partie cachée du corps, et pouvant être le résultat de certains excès de libertinage; mais, dans la première signification, ce mot était féminin, faisait *ficus* au génitif et appartenait à la quatrième déclinaison, tandis qu'il était de la seconde dans son autre acception, faisait *fici* et était masculin. La plaisanterie que Martial tire de cette homonymie n'est pas très-piquante pour nous; mais elle l'était davantage pour les Romains, qui la comprenaient sans commentaire, et découvraient aisément le trait de satire sous la leçon de grammaire. La plupart des jeux de l'esprit ont un jour dans lequel il faut les voir pour les bien apprécier. Il en est peu qui soient de tous les pays et de tous les temps.

LXVII. v. 4. *Sophos.* V. la note sur le v. 7 de l'ép. 4 de ce l. *Sex aut decem nummis.* Six sesterces, environ 1 fr. 20 cent. ; dix sesterces, environ 2 fr., monnaie actuelle. Les applaudissements n'étaient pas chers.

v. 7. *Chartæ virginis. Charta virgo*, un papier vierge, un écrit dont personne n'a pris de copie. Cette sorte d'apposition de deux substantifs n'est pas rare dans les auteurs. Apulée a dit *rosæ virgines.* Martial ailleurs, l. xii, ép. 4, v. 4 : *charta anus*; ép. 40 du présent l., v. 2 : *fama anus*; l. xi, ép. 46, v. d^{er}. : *mentula anus*, etc.

v. 10. *Pumicata fronte...* On se servait de la pierre ponce pour polir l'extrémité (*frons*) du papier ou du parchemin d'un livre, c'est-à-dire ce que nous appelons *la tranche.*

v. 11. *Nec umbilicis...* On sait comment étaient faits les livres des anciens : la bande de peau ou de papyrus, sur un des côtés de laquelle ils étaient écrits, se roulait ou sur elle-même ou sur un rouleau auquel elle était attachée dans sa partie inférieure, et qu'on appelait *umbilicus*, parce qu'il occupait le milieu du volume quand celui-ci était fermé. Ce rouleau était de bois, d'os ou d'ivoire, et plus ou moins artistement travaillé, selon le goût ou les caprices des amateurs. On a cherché à donner une idée de ce mécanisme, en le comparant aux rouleaux pareils que l'on place quelquefois au bas de nos cartes de géographie, ou à la manière dont se roulent et se déroulent les stores de nos voitures. Consultez Schwartz, *de Ornamentis librorum apud veteres usitatis.*

LXVIII. Jeu de mots fondé sur le double sens de *liber* : homme libre, qui se donne toute licence, ou homme désœuvré, libre de toute occupation.

LXX. v. 2. *Nunc ostendere Canium Terentos.* Il y avait dans le champ de Mars un lieu appelé *Terentus*, où se trouvait une statue de Pan, remarquable, comme certains bustes de faunes, par le sourire malin qui animait ses traits. Canius Rufus, grand rieur aussi (voy. la note sur le v. 9 de l'ép. 62 de ce livre), étant venu probablement demeurer dans le voisinage, Martial dit qu'il attirera en cet endroit plus de curieux que le dieu Pan lui-même.

LXXI. v. 2. *Ad Proculi...* Ce Proculus paraît avoir été un riche patricien qui avait de l'amitié ou de la bienveillance pour Martial. Il y a toute apparence que c'est le Caïus Julius Proculus de l'ép. 36 du liv. xi. Burmann, *ad Petron.* c. 38, t. i, p. 230, passe en revue les divers personnages qui ont porté le nom de Proculus; il y oublie celui auquel est adressée l'épître 65 du livre iii de Pline le jeune.

Martial envoie son livre saluer son ami ou son patron, en le chargeant de l'excuser s'il n'y va pas en personne; il lui trace l'itinéraire à suivre, et lui indique les monuments publics qui se rencontrent sur la route. La distance était assez considérable. Le poëte demeurait *ad Pilam Tiburtinam*, dans la VIe région de la ville (l. v, ép. 22, v. 3); et la maison, ou, comme nous le dirions, l'hôtel de Proculus, se trouvait sur le mont Palatin, dans la Xe région, à gauche du temple de Cybèle.

LXXII. « Martial en ses Épigrammes dénote une gentille invention des anciens, qui beuvoient autant de verres de vin qu'il y avoit de lettres au nom de leurs amies : *Nævia sex cyathis..... tu mihi, Somne, veni.* Calderin en son commentaire ne touche ni près ni loin la vraie interprétation, quand il vient au mot de *Somne*; car il dit que c'est la coutume des poëtes d'invoquer le sommeil, comme ont fait Ovide et Papinie. Mais en cela il me semble qu'il parle fort froidement : car quelle apparence y auroit-il à demander à dormir entre des beuveurs ? J'estime donc que le poëte veuille dire que, pour ce qu'il n'a point d'amie, il veut boire cinq fois, qui est autant de coups qu'il y a de lettres au mot *Somne*, qui est un boire médiocre; et si quelqu'un le veut forcer de passer outre, il déclare qu'il aime mieux dormir que boire davantage. Mais on m'a dit qu'il y a des lieutenants, sur les rivières de Saone et Marne, qui disent qu'avant que dormir ils voudroient bien *Somne* au nominatif qui a six lettres, savoir *Somnus*, pour dénoter six bonnes fois. » Estienne Tabourot, *les Bigarrures et touches du seigneur des Accords*; Paris, 1662, in-12, p. 581 et 282.

Voltaire, qui cite notre épigramme dans son *Dict. phil.* (*Œuvres de Volt.*, éd. Beuchot, t. xxvii, p. 338), paraît ne l'avoir pas comprise; car il dit : « Dans la joie d'un festin on buvait pour célébrer sa maîtresse, et non pas pour qu'elle eût une bonne santé. Voyez dans Martial :

Nævia sex cyathis, septem Justina bibatur.
Six coups pour Névia, sept au moins pour Justine. »

C'était bien pour *célébrer* sa maîtresse que l'on buvait quelquefois chez les anciens; mais il fallait ajouter, et cela était du sujet, que l'on buvait alors autant de coups qu'il y avait de lettres dans le nom qu'elle portait; ne pas écrire, en traduisant le vers de Martial, *Névia*, mais *Nævia*, pour qu'il y eût six lettres dans ce nom, et enfin ne pas traduire *septem Justina bibatur* par *sept au moins pour Justine*, parce qu'*au moins* est de trop et fait un contre-sens. Voltaire aurait dû ajouter encore que ce n'était pas seulement à sa maîtresse que l'on buvait ainsi, mais à toute autre personne, à un ami, au prince même. Voy. plus bas l. viii, ép. 51; ix, 94; xi, 36, et xiv, 170.

v. 1. *Cyathis.* Le cyathe était une tasse ou un verre contenant la douzième partie du setier (*sextarius*), mesure dont la capacité était à peu près celle de notre litre.

LXXVI. Le nom de Linus, donné ici à un mauvais débiteur, est un nom en l'air qu'on retrouve très-souvent dans Martial, et qui y est appliqué à des individus très-différents entre eux. C'est une rêverie que de vouloir avec quelques savants voir dans l'un de ces Linus le chrétien ainsi appelé, dont il est fait mention dans le verset suivant de la seconde Épître de S. Paul à Timothée, 4, 21 : *Salutant te Eubulus, et Pudens, et Linus, et Claudia, et fratres* : passage que nous aurons encore occasion de citer au sujet du Pudens et de la Claudia de l'ép. 13 du l. iv.

LXXVII. Il s'agit ici de Valérius Flaccus, auteur du poëme des Argonautiques. Voy. ép. 62, v. 2, de ce livre. Nic. Rigault, *ad Phædr.*, voit dans cette épigramme une imitation de la fable 17 du l. iii du fabuliste latin.

v. 10. *Magnum sed perinane sophos.* Sur cette espèce d'acclamation par laquelle les Romains applaudissaient aux lectures des poëtes, v. la note sur le v. 7 de l'ép. 4 de ce l.

v. 11. *Cirrha.* Nom de l'un des sommets du Parnasse; l'autre s'appelait Nysa.

LXXX. Voy. la note sur l'ép. 7 du l. ii. Le poëte joue sur les diverses acceptions du verbe *agere* : on sent dès-lors que cette pièce est d'une traduction difficile.

LXXXI. *Sportula...* Voy. ép. 60 de ce livre.

LXXXIII. Voy. ép. 13 de ce livre.

LXXXVII. v. 6 et 7.

Tam longe est mihi quam Terentianus,
Qui nunc Niliacam regit Syenen.

Ce Térentianus est-il le Térentianus Maurus, auteur du poëme *De litteris, syllabis, pedibus et metris*, que nous possédons? C'est un point sur lequel les savants ne sont point d'accord; car il en est qui tiennent pour l'affirmative, et plusieurs, au contraire, qui veulent que Térentianus Maurus ait vécu plus tard, et qu'il soit le Posthumius Térentianus auquel Longin a dédié son traité *du Sublime*; mais les uns et les autres n'appuient leur opinion d'aucune preuve. On sent que la simple identité de nom n'est qu'un faible indice. Notons en passant que, par un oubli inexplicable, Térentianus Maurus, dont l'ouvrage est précieux pour les lumières qu'il jette sur la métrique des anciens, n'a point d'article dans la *Biogr. univ.*

LXXXVIII. v. 2. *Pastillos Cosmi...* Cosmus, dont Fescennia dévorait les pastilles pour déguiser l'odeur du vin qu'elle avait bu la veille, était un myropole ou parfumeur de Rome, alors en grande réputation. Martial en parle fréquemment. V. l. III, ép. 55, v. 1; III, 82, 26; IX, 27, 2; XI, 8, 9; 15, 50, 6; XII, 55, 7; 65, 4; XIV, 110, 1.

Le *Cosmus* du XVIIe siècle, par un hasard singulier, se nommait Martial; et Molière, dans la *Comtesse d'Escarbagnas*, sc. 17, fait de ce nom, porté par deux personnages si différents, le sujet d'une méprise plaisante dans le temps, mais qui ne l'est guère aujourd'hui, qu'elle a besoin de commentaire : « LE VICOMTE.... Je trouve ces vers admirables, et ne les appelle pas seulement deux strophes, mais deux épigrammes aussi bonnes que toutes celles de Martial. — LA COMTESSE. Quoi! Martial fait-il des vers? je pensois qu'il ne fît que des gants. — MONSIEUR TIBAUDIER. Ce n'est pas ce Martial-là, madame; c'est un auteur qui vivoit il y a trente ou quarante ans... » Martial le parfumeur, valet de chambre de Monsieur, était si connu alors qu'on le retrouve mentionné dans une foule d'autres auteurs ses contemporains, tels que Loret, qui rend compte dans une de ses lettres en vers d'une fête singulière que ce Martial donna en 1652; Balzac, qui le nomme deux ou trois fois dans ses lettres, *Lettres à Conrart*, 1677, p. 263, et *Lettres choisies*, 1650, p. 296; Guéret, qui le rappelle aussi dans sa *Promenade de Saint-Cloud*, *Mém. de Brugs*, t. II, p. 198; et enfin Chapelle, qui dit dans son *Voyage* : « Dans la grande rue des Parfumeurs (à Montpellier), par où l'on entre d'abord, l'on croit être dans la boutique de Martial. » Nous espérons qu'on nous pardonnera cette petite digression, si c'en est une, en faveur de Molière, dont elle peut servir à illustrer un passage.

LXXXIX. Un traducteur de cette excellente pièce a écrit au bas de sa version la note suivante : « On croit que cet Alcime était un fils du poëte. » Il faut lui dire ce que l'abbé Galiani disait au sujet de Dacier, qui prétendait qu'un Mystès, de la perte duquel Valgius était inconsolable, au rapport d'Horace, *Od.* II, 8, était fils de ce Valgius : « Le fils d'un Romain qui s'appelait *Titus Valgius* ne peut jamais s'appeler *Mystès*. *Mystès* est un nom grec; c'est par conséquent le nom d'un jeune esclave. » De même le fils d'un citoyen romain qui s'appelait *Marcus Valerius Martialis* ne peut jamais s'appeler *Alcimus*. *Alcimus* est un nom grec, etc. — L'erreur vient d'une note latine de Farnabe mal comprise : *Puer hic videtur esse Martialis. Puer*, en cet endroit, veut dire *un jeune esclave.*

XI. Molière se rappelait certainement cette épigramme, lorsqu'il fait faire par Célimène (*le Misanthrope*, act. II, sc. v) ce portrait de Timante :

C'est de la tête aux pieds un homme tout mystère,
Qui vous jette en passant un coup d'œil égaré,
Et, sans aucune affaire, est toujours affairé.
Tout ce qu'il vous débite en grimaces abonde;
A force de façons il assomme le monde;
Sans cesse il a tout bas, pour rompre l'entretien,
Un secret à vous dire, et ce secret n'est rien;
De la moindre vétille il fait une merveille,
Et, jusques au bonjour il dit tout à l'oreille.

La Bruyère, chap. de la *Cour*, parle ainsi de Théodote : « Il est fin, cauteleux, mystérieux; il s'approche de vous, « et il vous dit à l'oreille : Voilà un beau temps, voilà un « beau dégel. »

XCIII. Ces énormités de la débauche romaine, si éloignées de nos mœurs, ce cynisme délirant, sont souvent difficiles à comprendre, et le sont toujours à exprimer complètement dans notre langue. Le sens général de la pièce est que Mamurianus, qui osait aspirer aux faveurs du jeune esclave Cestus, ne devait pas, étant fait comme il l'était, borgne, pauvre et mourant de faim, songer aux jouissances pédérastiques. Le nom de *Mamurianus* est sans doute un nom supposé, mais formé sur celui de ce Mamurra, libertin éhonté, si décrié par les vers de Catulle comme l'ami et le compagnon de débauche de Jules César. La pièce de Martial est elle-même imitée de Catulle, *Carm.* IX, *ad Furium.*

v. 7. *Lacerna.* La lacerne était une espèce de surtout ou de manteau que l'on mettait seul, et quelquefois par-dessus la toge : il s'ouvrait par le devant et s'attachait avec des agrafes (*fibulæ*).

v. 8. *Dimidiasque nates gallica palla tegit.* Il s'agit ici d'une autre espèce de manteau dont la forme était empruntée aux Gaulois. Mamurianus en avait un, mais qui était déchiré par derrière. On lit dans le *Ménagiana*, t. I, p. 332, éd. de 1662 : « Il n'y a point de poëte latin où il y ait plus de choses qui puissent tomber dans la conversation que dans Martial; on y trouve tout. Là-dessus une personne me demanda un jour si j'y trouverois le manteau de M. de Varillas, de qui on venoit de parler; je répondis sur-le-champ et sans hésiter :

Dimidiasque nates gallica palla tegit. »

XCIV. *Aquinus* et *Fabricius*, dont on voit ici l'épitaphe, ne nous sont connus que par cette pièce, quoiqu'on lise dans le Martial de M. Lemaire : *Nobile par amicorum, de quibus apud Polybium est mentio.* On sent bien que Polybe, contemporain de Scipion, n'a pu parler de ces deux amis, morts vraisemblablement sous Domitien. L'erreur vient de ce que Radérus renvoie à Polybe pour l'explication des fonctions de centurion primipilaire qu'ont exercées Fabricius et Aquinus, et de ce que l'auteur de la note en question n'a pas compris la phrase. L'endroit de Polybe que Radérus a l'intention de désigner est sans doute le chap. 7 du liv. VI de l'Histoire romaine.

v. 3. *Primi pili.* Voy. la note sur l'ép. 32 de ce livre.

XCVII. Le scazon ou choliambe (et non *scoliambe*, comme le nomme M. Lemaire) est un vers iambique *boiteux*, ainsi que l'indique l'étymologie : σκάζω, *claudico*; *claudus*; et ce nom lui vient de ce que son dernier pied, au lieu d'être un iambe, est un spondée. C'est le mètre de cette épigramme et de plusieurs autres épigrammes de Martial. Il était, en quelque sorte, consacré aux pièces satiriques et mordantes. Pline le jeune, *Epist.* v, 11, engageant Suétone à publier ses ouvrages, et à se dégager de la promesse qu'il avait faite de leur prochaine apparition dans des hendécasyllabes adressés à des amis communs, lui dit : *Proinde aut rumpe jam moras, aut cave ne eosdem illos libellos, quos tibi hendecasyllabi nostri blanditiis elicere non possunt, convicio scazontes extorqueant;* ce que Sacy, plus fidèle au sens qu'à l'expression, rend ainsi : « Ne différez donc plus à nous satisfaire, ou craignez que je n'arrache par des vers aigres et piquants ce que des vers doux et flatteurs n'ont pu obtenir. » Il faut cependant remarquer qu'on trouve dans les anciens et dans Martial lui-même des scazons qui n'ont rien de caustique : témoin l'ép. 26 du liv. VII. Martial personnifie ici le scazon, et l'envoie, clopin clopant, à son ami Maternus.

v. 2. *Materno.* Ce Maternus était avocat, et compatriote de Martial. Voy. l. II, 74, et x, 37. C'est vraisemblablement Curiatius Maternus, poëte et orateur, qui joue un grand rôle dans le *Dialog. des orateurs*, attribué à Tacite.

v. 4. *Lacernarum.* Voy. la note sur le v. 7 de l'ép. 93 de ce livre.

v. 14. *Quæris quis hic sit? excidit mihi nomen.* L'argutie de cette conclusion consiste dans le double sens du mot *excidit : le nom m'est échappé*, c'est-à-dire, est sorti de ma plume, ou *m'a échappé*, c'est-à-dire, est sorti de ma mémoire. Le poëte, quant à lui, l'entend, à ce qu'on croit, dans le premier sens, et en conséquence on soupçonne que le nom du personnage qu'il flétrit dans cette pièce est caché sous un des mots qu'il y emploie : ce serait, par exemple, ou *Cinna* qu'on trouve dans *coccinatos*, v. 6, ou *Fuscus* qui est dans *Fuscos*, v. 9, ou *Galba* dans *Galbanos*, même vers. On ne peut faire là-dessus que des conjectures, sans savoir à laquelle s'arrêter ; mais les contemporains savaient à quoi s'en tenir, et c'était pour eux que l'épigramme était faite. Martial, par malheur, n'a pas eu, comme Boileau, son Brossette, pour *épargner des tortures aux Saumaises futurs*.

C. v. 4, 9 et 17. *Vicies... centies... millies*. *Vicies*, deux millions de sesterces ; *centies*, dix millions ; *millies*, cent millions. V. la note sur les v. 5 et 6 de l'ép. 59 de ce livre.

CII. Épitaphe du secrétaire de Martial, nommé Démétrius, mort à l'âge de dix-neuf ans. On voit par cette pièce et par d'autres que Martial, quoique pauvre, avait des esclaves : il affranchit celui-ci pendant la maladie dont il mourut.

CIV. v. 1 et 12. *Decies..* un million de sesterces. V. la note sur les v. 5 et 6 de l'ép. 59 de ce livre.

v. 2. *Nondum... justus eques*. Pour être admis dans l'ordre des chevaliers, il fallait avoir quatre cent mille sesterces de revenu : c'est ce qu'on appelait *census equestris*, le cens équestre.

v. 4.... *Toga..., pœnula*. La toge se portait à la ville ; on la mettait par-dessus la tunique ; la pénule était un manteau à longs poils, qu'on portait à la campagne, ou en temps de pluie.

CVI. Il s'agit sans doute ici du Q. Ovidius, auquel est adressée la 44e ép. du l. vii, ainsi que la 53e et la 99e du l. ix.

v. 1. *In Nomentanis agris*. C'est le vin que Martial recueillait dans son domaine de Nomente. V. l. xiii, ép. 119.

CIX. La maison de Gallus était au delà du Tibre, et le galetas qu'habitait Martial (*cœnaculum*) était près du Panthéon. V. l. v, ép. 22, et vi, 27, 1.

v. 3. *Vipsanas laurus*. Les lauriers du portique d'Agrippa, dont le nom de famille était Vipsanus. Ce portique dépendait du Panthéon, temple magnifique qu'Agrippa avait élevé en l'honneur de tous les dieux.

CX. Martial a célébré la petite chienne de son ami Publius, comme Catulle avait fait l'éloge du moineau de Lesbie (*Carm.* 2) ; Ovide, celui du perroquet de Corinne (II *Amor.* 6) ; Stace, du perroquet d'Atédius Mélior (*Sylv.* II, 4) ; et Stella, de la colombe d'Astérie. Il semble lui-même insinuer qu'il voulait lutter contre le premier et le dernier de ces poêmes : car, dès son début (v. 1 et 2), il nomme l'un et fait allusion à l'autre.

CXII. Voy. la note sur l'ép. 13 de ce livre.

CXIII. v. 1. *Cum bene non nossem*, etc. Sénèque, *Epist.* III : *Obvios, si nomen non succurrit, dominos salutamus*.

CXIV. *Apinasque nostras....* Nos bagatelles, nos petits ouvrages. Martial dit encore, l. xiv, ép. 1, v. 7 :

Sunt apinæ tricæque, et si quid vilius istis.

Apina et *Trica* étaient les noms de deux villes de l'Apulie que Diomède détruisit, et dont l'exiguïté passa en proverbe. Pline, H., N. 111, II. On se servit de ces noms pour exprimer des choses de peu de valeur. *Tricas et Apinas vulgo res futiles et nugatorias dicebant*. Érasme, *Adag.* I, 2, 43. L'origine du mot français *bicoque*, ainsi que le remarque M. Lemaire, est du même genre.

v. 5. *A Valeriano Pollio petes Quinto*. Quintus Valérianus Pollius était, comme on le voit, un libraire ou bibliopole qui vendait les ouvrages de Martial. C'est le besoin de la mesure qui a fait renverser à ce dernier l'ordre naturel des trois noms de ce libraire : car il est évident que Quintus était son prénom.

v. 6. *Meis nugis*. Catulle, *Carm.* I, v. 3, qualifiait de même ses petites pièces :

*Namque tu solebas
Meas esse aliquid putare nugas*.

CXV. voy. la note sur l'ép. 26 de ce livre. Deux autres épigrammes, la 57e du l. IV et la 71e du Ve, sont également adressées à Faustinus, et nous apprennent qu'il possédait un domaine à Tibur. Il est donc probable qu'il est le même individu, ou du moins un membre de la même famille, que le Q. Ortentius Faustinus, de Tibur, mentionné dans une inscription découverte au même lieu ; inscription qui paraît avoir été gravée sur la base d'une statue que le *collegium fabrorum Tiburtium* éleva en son honneur, et où il est qualifié d'*advocatus fisci* et de *præfectus fabrorum*. Voy. Fr. *Martii Historia Tiburtina*, l. VIII, dans le *Thes. ant. et hist. ital.* de Burmann, t. VIII, part. IV, p. 79. On peut conjecturer aussi que Télesphorus Fænius (*Fenius*, selon Heinsius, *ad Ovid. Heroïd.* I, 101) était un client ou un affranchi de Faustinus, et que son jardin, voisin d'une maison de campagne de ce dernier, était pareillement à Tibur.

v. 1 et 2. *Telesphorus... Fænius*. Ces deux noms se retrouvent séparément dans un assez grand nombre d'inscriptions : celui d'*Antulla* (v. 4) figure aussi dans quelques autres.

Télesphorus avait fait construire dans son jardin un tombeau pour lui et pour sa famille ; il eut la douleur d'y enterrer sa fille Antulla, et se plaignit amèrement de cette interversion des lois ordinaires de la nature. Rien de si commun que ces plaintes, dans les monuments épigraphiques, de la part de pères ou de mères qui avaient survécu à leurs enfants. Les commentateurs en citent quelques exemples qu'il serait facile de multiplier.

On voit aussi, dans plusieurs inscriptions, des propriétaires consacrer, comme Télesphorus, une partie de leurs fonds à leur sépulture et à celle de leur famille. Les tombes qu'on plaçait ainsi devaient être religieusement conservées ; le local en était quelquefois déclaré inaliénable ; on les entourait d'arbustes et de fleurs ; on ordonnait quelquefois que des roses seraient jetées dessus chaque année. Il existe sur ces sortes de tombeaux une dissertation de Ryclof-Michel van Goens, intitulée, *de Cepotaphiis*, Utrecht, 1763, in-8°.

CXVII. Cette épigramme, qui roule sur le même sujet que la 115e, la suit immédiatement dans quelques éditions. On la retrouve dans les Catalectes de Pithou, l. III, p. 132, et Burmann l'a insérée dans son *Anthol. lat.* IV, 245, t. II, p. 184. V. les notes dont il l'a accompagnée.

CXVIII. A supposer que ce Lupercus, avare amateur des ouvrages de Martial, figure ici sous son véritable nom, rien ne nous fait savoir s'il est le même que le Lupercus auquel sont adressées deux lettres de Pline le jeune, la 5e du l. II et la 26e du l. IX, ou si ce sont deux homonymes.

v. 6. *Ad Pyrum*. Au Poirier. C'était le nom du quartier, ou plutôt celui de la maison où demeurait Martial. Les anciens désignaient souvent leurs maisons par les enseignes qui y étaient apposées. Il y avait sans doute un *poirier* sur celle dont il s'agit. Le même usage s'est perpétué longtemps parmi nous, et n'a cessé que depuis l'invention du numérotage, dont l'emploi si simple et si commode ne remonte pas à une époque bien reculée. Martial ajoute une indication de plus sur son domicile (l. v, ép. 22, v. 3), en disant qu'il était logé près de la *Pile Tiburtine*, entre le temple de Flore et l'ancien Capitole :

Sed Tiburtinæ sum proximus accola Pilæ,
Qua videt antiquum rustica Flora Jovem.

Voy. la note sur le v. 2 de l'ép. 71 de ce livre.

v. 7. *Et scalis habito tribus, sed altis.* Martial n'était pas propriétaire, mais locataire de l'appartement qu'il occupait, et cet appartement était au troisième étage : car il paraît que c'est ainsi qu'il faut entendre les *tres scalæ* dont il parle. On montait dans les maisons qui avaient ce nombre d'étages (et c'étaient, ce semble, les plus élevées qu'il y eût à Rome) par des *échelles* ou escaliers qui prenaient pied dans la rue. V. Tite-Live, xxxix, 14, et Cicéron, *Or. pro Mil.* 15. Les riches occupaient le reste de ces maisons. On pourrait appliquer à notre auteur le passage de Juvénal, *Sat.* III, 201 :

Quem tegula sola tuetur
A pluvia, molles ubi reddunt ova columbæ.

Ces espèces de mansardes, habitées par des inquilins, se nommaient *cœnacula*.

v. 9. *Argi nempe soles subire letum.* Tmèse qu'on retrouve, l. II, ép. 17, v. 3 :

Argique letum multus obsidet sutor.

Voy. sur l'Argilète la note sur le v. 1 de l'ép. 6 de ce livre.

v. 16. *Rasum pumice, purpuraque cultum.* Poli à la pierre ponce et bien habillé de pourpre. Voy. la note sur le v. 10 de l'ép. 67 de ce livre.

v. 17. *Denariis quinque.* Les cinq deniers que coûtait le livre de Martial, valaient à peu près 3 franc 50 centimes de notre monnaie. Barthius, *Advers.*, XLIII, 22, dit qu'il a lu quelque part *denaris* au lieu de *denariis* : cette leçon rétablit la mesure du vers.

CXIX. v. 1. *Epigrammata centum.* Le chiffre est arrondi, 100 pour 119.

v. 2. *Nil satis est... mali.* Martial avait en vue le mot de Callimaque, qui disait « qu'un grand livre était un grand mal. » Athénée, III, 1, p. 72 A.

LIVRE II.

EPISTOLA. Sur Décianus, voy. la note sur l'ép. 9 du l. I. On se rappelle que le l. I est précédé d'une épître en prose *ad lectorem* : celle-ci, adressée à Décianus, est le second morceau de ce genre qu'on trouve dans Martial. Il y en a cinq en tout, savoir : les deux que nous venons d'indiquer, puis la dédicace à Domitien à la tête du l. VIII, l'épître à Turanius à la suite de l'ép. 1 du l. IX, et celle à Priscus qui ouvre le l. XII. Ces cinq morceaux ne nous donnent pas une haute idée du talent de notre poète comme prosateur. On peut consulter les excellentes réflexions que fait sur ce point le P. Vavasseur dans son élégant traité *de Ludicra dictione*, c. IV, sect. 2.

Curione. Le *curion* était proprement le chef ou président de la *curie*, qui était une subdivision de la tribu, laquelle, comme on le sait, se composait de dix curies. C'était lui qui proclamait les édits du prince ou du peuple, et les ordres des magistrats. Cette partie de son office l'assimilait à un héraut ou crieur public. C'est dans ce sens figuré que Martial emploie ici le mot *curio* pour celui de *præco theatralis*.

Et togam saltanti inducere personæ. Martial compare l'inconvenance qu'il y aurait de placer une épître sérieuse à la tête d'un recueil de vers badins, à celle de mettre à un danseur de théâtre une toge, vêtement de cérémonie et d'apparat, qui était réservé pour les grandes occasions, et servait de marque distinctive au citoyen, à l'homme libre, au Romain.

An te delectet contra retiarium ferula. Le *rétiaire* était un gladiateur qui portait d'une main un filet dont il cherchait à envelopper son adversaire, et, de l'autre, une fourche ou un trident pour le tuer.

V. Voy. la note sur l'ép. 9 du l. 1.

VI. v. 6. *Vitellianis.* Les *pugillares vitelliani* (tablettes vitelliennes) étaient principalement consacrés aux vers de galanterie et aux lettres d'amour. V. l. XIV, ép. 8.

v. x. *Umbilico.* V. la note sur le v. 11 de l'ép. 67 du l. 1.

VII. L'ép. 80 du l. I est dirigée contre le même Attalus, et intitulée dans toutes les éditions *Ad Attalum*, excepté une seule où l'on a assez inutilement ainsi allongé ce lemme : *Ad Attalum, ardelionem.* Le nom d'Attalus reparaît encore, l. IV, ép. 34.

v. 8. *Magnus es ardelio.* Tout le monde sait par cœur es quatre vers qui servent de début à la fable 5 du livre II de Phèdre, *Cæsar ad Atriensem* :

Est ardelionum quædam Romæ natio,
Trepide concursans, occupata in otio,
Gratis anhelans, multa agendo nihil agens,
Sibi molesta et aliis odiosissima.

C'est à peu près sous les mêmes traits que Martial nous dépeint Attalus dans cette épigramme et dans la 80ᵉ du l. I, citée plus haut, ainsi qu'un autre individu qu'il nomme Afer et qu'il traite de *vieux ardélion*, dans la 79ᵉ du l. IV. Ce nom paraît dérivé du verbe *ardeo*, que Nonius nous apprend avoir été synonyme de *festino*, je m'empresse. Fénelon parle quelque part de certains dévots qu'il appelle « des *ardélions* spirituels, incommodés de tout et presque tous incommodés. » Sénèque a décrit ce caractère, *de Tranq. anim.* 12.

VIII. v. 3. *Non meus est error; nocuit librarius illis.* Martial se plaint-il des fautes de son *librarius*, c'est-à-dire de son copiste, ou de celles que ce dernier, en le pressant trop de lui livrer l'autographe de ses poésies pour les transcrire, lui a fait commettre à lui-même ? Radérus adopte cette seconde interprétation; Ramirez de Prado, au contraire, tient pour la première, que les expressions du texte favorisent davantage et qui nous semble la véritable. Quoi qu'il en soit, les anciennes copies devaient être bien défectueuses, si celles que nous ont léguées les siècles intermédiaires en sont la reproduction fidèle. Les *librarii*, esclaves des *bibliopolæ* (libraires de l'antiquité), étaient presque toujours d'ignorants manœuvres.

IX. Voy. Ovide, *de Art. am.*, I, 479.

v. 1. ... *Non dabit ergo. Dare*, employé absolument, et en parlant d'une femme, sorte d'ellipse et d'euphémisme, pour *se donner, se livrer, accorder ses faveurs.* C'est par une semblable figure que l'on dit *avoir une femme* :

Ayez-la : c'est d'abord ce que vous devez.
 GRESSET, *le Méchant*, act. II, sc. 7;

figure dont les Grecs se servaient aussi : témoin le fameux mot d'Aristippe sur Laïs : J'ai Laïs, mais elle ne m'a pas.

XI. Le parasite Sélius est remis en scène dans les ép. 14 et 27 de ce livre.

v. 4. *Quod pæne terram tangit indecens nasus.* Nous disons en français : *il a un pied de nez*, expression proverbiale dont il n'est pas aisé de rendre raison, et qui est d'autant plus singulière qu'elle est absolument opposée à une autre que nous employons dans le même sens figuré : *il est demeuré camus.* Voy. Ménage, *Observ. sur la lang. fr.*, t. II, p. 466, et la Monnoye, dans une note sur les *Contes et Nouv.* de des Périers, t. I, p. 268.

XII. v. 4. *Non bene olet, qui bene semper olet.* S Jérôme, *ad Demetriad. de Virginit. serv.*, trompé sans doute par sa mémoire, cite ces mots comme de Pétrone. Martial dit encore, l. VI, ép. 55. v. dᵉʳ :

Malo, quam bene olere, nil olere.

La pensée est originairement de Plaute, *Mostellar.* act. I, sc. 3, v. 106 :

Ecastor, mulier recte olet, ubi nihil olet.

XIV. Il y a lieu de croire que ce Paulinus, auquel est

aussi adressée l'ép. 78 du l. III, est le Valérius Paulinus, ami de Pline le jeune, né à Fréjus, dans la Gaule Narbonnaise, dont il fut l'intendant, et qui mourut sénateur à Rome. Les auteurs de l'*Histoire littéraire de la France*, t. I, p. 245, lui ont consacré une notice où ils ont rassemblé avec soin tout ce qu'ils ont pu trouver de détails biographiques qui lui fussent relatifs. Quant à Sélius, c'est le même qui donne lieu à l'ép. 11 de ce livre.

v. 3, 5 et 15. *Europen*. Le portique d'Europe, dans le champ de Mars. Il y en avait une partie plantée de buis.

v. 4. *Achilleos... pedes*. Les pieds d'Achille étaient célèbres. Homère lui donne souvent l'épithète de ποδώκης.

v. 5. *Septa*, situés aussi dans le champ de Mars, étaient primitivement des espèces de parcs (*ovilia*, comme les appelle Juvénal, *Sat.* VI, 528) qui occupaient une enceinte circulaire, et dans lesquels on faisait entrer les tribus pour donner leurs suffrages lors des comices. Dans la suite, les palissades de bois dont ils étaient clos et d'où leur venait leur nom, furent changées en colonnes de marbre, formant de vastes portiques, ornés de peintures et de sculptures. Les *Septa des Jules* étaient l'ouvrage d'Agrippa, qui leur donna le nom de la famille régnante. Plus d'une fois ils servirent aux spectacles publics. On s'en servait aussi, hors le temps des comices, comme d'un bazar où les marchands étalaient leurs marchandises, et où il y avait presque toujours un grand concours de peuple. Malte-Brun, *Martial considéré comme peintre de mœurs*, etc., dit que les *Septa* étaient alors à Rome « ce que le Palais-Royal est à Paris. »

v. 6. *Phillyrides... et Æsonides*. Le centaure Chiron, fils de Saturne et de Phillyra, et Jason, fils d'Éson, dont les statues décoraient le portique du temple de Neptune, voisin des *Septa*. V. Pline, *Hist. nat.*, XXXV, 10.

v. 7. *Memphitica templa*. Le temple d'Isis, dont le culte était égyptien. On sait qu'Isis est la même qu'Io, qui fut changée en génisse par Junon et qui se réfugia en Égypte, où elle devint l'épouse d'Osiris.

v. 9. *Centum pendentia tecta columnis*. Le *porticus Vipsania* ou *Pompeia*, le *porticus Corinthia Cn. Octavii*. V. sur le premier, la note sur le v. 3 de l'ép. 109 du l. I.

v. 10. *Pompeii dona nemusque duplex*. Le *porticus Pompeia*, donné par Pompée au peuple romain, et les deux bois consacrés, ou les deux jardins voisins de ce portique.

v. 10 et 11. *Fortunati... nec balnea Fausti, Nec Grylli tenebras Æoliamque Lupi*. Bains possédés ou tenus par Fortunatus, Faustus, Gryllus et Lupus. Les deux derniers sont caractérisés poétiquement par des circonstances qui les distinguaient.

XVI. v. 5... *Machaonas*. Les Machaons, antonomase, pour *les médecins*. Homère a célébré Machaon et Podalire, fils d'Esculape.

XVII. v. 1. *Tonstrix Suburrœ*. *Tonstrix*, une femme qui fait le métier de couper les cheveux. Quoique ce métier fut le plus ordinairement exercé par des hommes, on voit figurer dans les inscriptions beaucoup de femmes qui l'exerçaient. La rue nommée *Suburra*, une des rues les plus fréquentées de Rome, était située dans la seconde région, sous les murailles de la ville, d'où elle tirait son nom (*suburbana*); elle commençait à la grande place et allait se rendre au grand chemin de Tivoli, le long des Esquilies. C'est là qu'habitaient de préférence les femmes publiques, qu'on désignait quelquefois sous le nom de *Summœnianœ*, parce que le local était aussi appelé *Summœnium* (*sub mœnibus*).

v. 2. *Cruenta pendent qua flagella tortorum*. Vers la maison du bourreau, à la porte duquel étaient suspendus des fouets, ou vers le temple d'Apollon surnommé *Tortor*, dont parle Suétone, *in Aug*. 70.

v. 3. *Argique letum*... Tmèse que nous avons déjà vue l. I, ép. 118, v. 9 :

Argi nempe soles subire letum.

Sur l'Argilète, v. la note sur le v. 1 de l'ép. 6 du l. I.

v. 5. *Non tondet, inquit? ergo quid facit? radit*. Le verbe *radere* a un double sens qui fait le sel de l'épigramme; il signifie *raser*, et *écorcher*, pris dans la signification que nous donnons à ce mot, lorsque nous disons *écorcher la pratique*, lui extorquer de l'argent, lui survendre. On devine de quel genre étaient les extorsions de cette femme, et la rue qu'elle habitait aide à le conjecturer. V. la note sur le v. 1.

XIX. v. 3. *Aricino... clivo*. *Aricia* était une ancienne ville d'Italie, à environ treize milles de Rome, sur la voie Appienne, au pied et sur le penchant du mont Albanus. Les mendiants s'y portaient en foule, et y stationnaient, soit qu'ils choisissent ce lieu comme très-passager, soit qu'ils y trouvassent un refuge lorsqu'on les chassait de Rome. V. Juvénal, *sat.* IV, 117. Il y avait, deux milles plus loin, un bois consacré à Diane, célèbre dans l'antiquité. C'est là ou près de là qu'était la fontaine Égérie.

XX. Quelques auteurs ont voulu voir dans ce Paullus le Passiénus Paullus, chevalier romain distingué, homme savant, poëte élégiaque et lyrique, heureux émule d'Horace, et de Properce duquel il descendait, l'ami de Pline le jeune; mais ces traits, qui sont ceux sous lesquels ce dernier nous le dépeint, *Epist.* VI, 15 et IX, 22, ne conviennent guère à un prétendu homme de lettres qui, n'ayant par lui-même, ni esprit ni talent, achetait d'autrui. Tout le monde sait que cœur le quatrain suivant, facilement imité du distique de Martial, et attribué à Boileau :

> On dit que l'abbé Roquette
> Prêche les sermons d'autrui :
> Moi qui sais qu'il les achète,
> Je soutiens qu'ils sont à lui.

v. 1. *Sua carmina*. Sénèque, *de Benef.* VII, 6, fait de judicieuses réflexions sur un exemple tout pareil des différentes acceptions du pronom possessif : *In omnibus istis quæ modo retuli, uterque ejusdem rei dominus est, quomodo? quia alter rei dominus est, alter usus. Libros dicimus esse Ciceronis : eosdem Dorus librarius suos vocat; et utrumque verum est : alter illos tanquam auctor sibi, alter tanquam emptor asserit : ac recta utriusque dicuntur esse. Utriusque enim sunt, sed non eodem modo...*

v. 2. *Nam quod emas, possis dicere jure tuum*. C'est là l'idée sur laquelle roule l'épigramme, et qui en est le pivot. Le poëte applique encore ailleurs cette espèce d'axiome, l. I, ép. 30, et VI, 12. Le mot de César, rapporté par Plutarque, *Vie de Sylla*, 6, a aussi le même fondement : « Sylla fut esleu prœtur, moyennant ce qu'il gaigna partie du peuple par caresse, et partie par argent : à l'occasion de quoy estant venu par grosses paroles à l'encontre de Cæsar, jusques à le menacer en cholere qu'il useroit de l'autorité et puissance à l'encontre de luy que son office luy donnoit, Cæsar en riant luy respondit : « Tu as raison de l'appeler ton office, car il est voirement tien, puisque tu l'as achepté. » *Traduction d'Amyot*.

XXIII. v. 2. *Quis sit Posthumus in meo libello*. On voit par là que le nom de Posthumus, dans les deux épigr. précédentes, est un nom supposé : il l'est également dans les 10e et 12e de ce livre, qui roulent sur le même sujet, et sans doute aussi dans les 67e et 72e de ce même livre, 28 et 40 du IV, 52 et 58 du V, 19 du VI et 12 du XII. On a remarqué qu'il serait plus régulier d'écrire ce nom sans *h*, *Postumus* : c'est l'orthographe qu'il a dans la plupart des nombreuses inscriptions où figurent des personnes qui le portaient.

XXVII. Voy. la note sur l'ép. 11 de ce livre.

XXVIII. v. 2. *Digitum porrigito medium.* Présenter le doigt du milieu est un geste de raillerie, encore usité par le peuple en Espagne. V. l. 1, ép. 93, v. 2, et vi, 70, 5.

v. 6. *Sed tu scis res superesse duas.* Les deux choses qui restent, ce sont, suivant les uns, *fellare* et *lingere*; suivant les autres, *masturbari* et *pædicari* ou *irrumari*. Il serait presque impossible, et, dans tous les cas, honteux d'expliquer le sens de ces mots en français : ceux qui l'ignorent ne gagneraient rien, d'ailleurs, à le savoir.

XXIX. v. 1. *Subsellia prima...* Les premiers bancs étaient ceux que les sénateurs et les chevaliers occupaient au spectacle, dans l'orchestre. On appelait aussi du même nom de *subsellia* les siéges sur lesquels s'asseyaient les juges qui assistaient le préteur dans ses fonctions, les accusés, les accusateurs et les témoins.

v. 3 et 4. *Lacernæ toga.* V. les notes sur le v. 7 de l'ép. 93. du l. i.

v. 5. *Marcelliano.. al. Marcellano..* Huile ou pommade dont on se parfumait les cheveux, et qui devait sans doute son nom à un myropole appelé *Marcelius* ou *Marcellus*.

v. 7. *Lunata... planta.* V. la note sur le v. 31 de l'ép. 50 du l. i.

v. 10. *Splenia tolle, lege.* Levez le bandeau, ou l'emplâtre qu'il a sur le front, et vous connaîtrez l'homme, c'est-à-dire, vous verrez qu'il a été esclave. On marquait avec un fer chaud le front des esclaves pour les reconnaître, ou plutôt pour les punir. Ces stigmates figuraient ordinairement les lettres initiales du nom de leur maître, ou de l'emploi auquel ils étaient destinés, ou de la faute qu'ils avaient commise : de là la plaisanterie de Plaute, qui donne à un valet l'épithète de *litteratus*.

XXXI. v. 1. *Det quam bene.* V. la note sur le v. 1 de l'ép. 9 de ce livre.

v. 2. *Supra quod fieri nil... potest.* Il y a diverses manières d'expliquer ces mots, plus indécentes les unes que les autres. La plus vraisemblable est celle qui est due à Robert Titius. V. *ses Locor. controv. lib.* x, L. iii, c. 19.

XXXIV. v. 6. *Pontia. al. Pontica.* Cette dernière leçon, qui est celle de plusieurs manuscrits, est peut-être la bonne; elle désignerait Médée, qui, comme on le sait, immola ses propres enfants. En suivant la leçon vulgaire, il s'agirait de l'empoisonneuse dont parle Juvénal, VI, 638 :

Sed clamat Pontia, Feci,
Confiteor, puerisque meis aconita paravi.

XXXV. v. 2. *In rhytio... Le rhytum* ou *rhytium* était une espèce de vase qui avait la forme d'une paire de cornes. V. Athénée, l. xi, p. 496-7.

XXXVIII. v. 1.... *Ager... Nomentanus.* Martial parle souvent de son domaine de Nomente, et ne nous en donne pas une haute idée. Le meilleur revenu qu'il en tirait, c'est, comme il le dit lui-même, l'avantage d'y trouver un refuge contre les fâcheux de la ville.

XXXIX. v. 2. *Mitte togam.* La stole (*stola*), grande robe traînante, était l'habillement des honnêtes femmes; les femmes publiques et celles qui avaient été condamnées pour adultère portaient la toge, qui était cependant l'habillement particulier aux hommes. V. l. v, ép. 52. cf. Juvénal, *Sat.* ii, 70.

XL. v. 5... *Annus... Opimi.* L'année du consulat de L. Opimius. V. la note sur le v. 7 de l'ép. 27 du l. i.

XLI. v. 1 et 2. *Ride, si sapis, o puella! ride, Pelignus, puto, dixerat Poeta.* Les mots *Pelignus Poeta* désignent Ovide, né à Sulmone, dans le pays des *Peligni* (aujourd'hui l'Abruzze supérieure). Le vers que Martial lui attribue n'est nulle part, du moins en mêmes termes, dans ses œuvres telles qu'elles nous sont parvenues. Domitius Caldérinus prétend que la pensée s'en retrouve dans l'*Art d'aimer*, et cite particulièrement le vers 513 du l. iii :

Spectantem specta: ridenti mollia ride.

D'autres veulent que le vers dont il s'agit soit tiré de la tragédie de *Médée*, aujourd'hui perdue. Politien croit qu'il faisait partie d'une des épigrammes d'Ovide que le temps nous a également enviées.

v. 15. *Mimos ridiculi Philistionis.* Philistion, poëte de l'ancienne comédie, qui ne nous est guère connu que par les mentions que les auteurs lui ont accordées en passant. Suidas, l'un d'eux, est celui qui nous a conservé le plus de détails; il nous apprend, entre autres choses, que Philistion avait fait un ouvrage intitulé *Philogelón*, ou l'amateur du rire, et que sa mort fut l'effet d'un rire excessif.

XLII. v. 1... Κοινὰ φίλων... πάντα. *Communia amicorum omnia.* Tout est commun entre amis. C'était un précepte de l'école de Socrate ou de celle de Pythagore, qui devint proverbe, et l'est encore aujourd'hui. Voy. Érasme, *Adag.* chil. 1, cent. 1, prov. 1, et Chardon de la Rochette, *Mél.*, t. ii, p. 389.

XLII. v. 3. *Lacedæmonio.. toga lota Galeso.* Le Galèse, fleuve qui baignait les murs de Tarente, ville que fondèrent les Lacédémoniens, conduits par Phalante. Les brebis qui paissaient sur ses bords étaient regardées comme fournissant les plus belles toisons.

v. 4.... *Parma....* Les toisons de Parme étaient aussi fort estimées.

v. 7. *Misit Agenoreas Cadmi tibi terra lacernas. Cadmi terra*, la terre de Cadmus, fils d'Agénor, roi de Tyr. *Lacernas Agenoreas*, des lacernes de laine teinte en pourpre. La pourpre fut découverte à Tyr.

v. 11. *Flava chrysendeta.* Les *chrysendeta* étaient une sorte de vases ou de plats garnis d'or. Martial en reparle, v. 4, ép. 53 de ce l., l. vi, ép. 94, xi, 29, 7 et xiv, 97. Cette dernière épigramme est intitulée : *Lances chrysendetæ*.

v. 13. *Iliaco... cinædo.* A Ganymède, fils de Tros, qui fut enlevé sur le mont Ida, à cause de sa beauté, par l'aigle de Jupiter, et qui devint l'échanson des dieux.

v. 14. *At mihi succurrit pro Ganymede manus.* Quant à moi, je me sers moi-même. Ce vers est susceptible d'un sens obscène, que feront comprendre l'ép. 42 du l. ix, et surtout le v. 4 de l'ép. 73 du l. xi.

XLIV. v. 10... *quadrans.* Le *quadrans* était le quart de l'as : le *sestertius*, ou petit sesterce, valait deux as et demi.

XLVI. v. 3. *Sic tua suppositis pellucent prela lacernis.* On mettait le drap à la presse pour lui donner du lustre. Sur les *lacernes*, v. la note sur le v. 7 de l'ép. 93 du l. i.

XLVIII. v. 7. *Bitonti.* Martial nomme la même ville, l. iv, ép. 55, v. der. « Il s'agit de *Bitontum*, *Bituntum*, ou *Butentum*, qui est aujourd'hui *Bitunto*, ou du moins la même que *Buduntum* (dans la Calabre). Martial en parle avec chagrin, comme d'un lieu fort désagréable, dans les passages rapportés. Cependant on vient de voir que Bitonto est agréablement situé. La source de ce chagrin est apparemment cachée dans quelque aventure arrivée à Martial, et que nous ne savons pas. » La Martinière, *Dict. geogr.*, art. *Bituntum*.

v. 8. *Thermas... Neronianas.* Thermes agréables et magnifiques, construits par l'empereur Néron. V. l. viii, ép. 33.

LII. v. 1. *Novit loturas Dasius numerare...* Il y a d'autres manières de lire ce vers, mais celle-ci nous semble la meilleure.

v. 2. *Mammosam Spatalen....* Cette Spatalé, à laquelle le baigneur Dasius faisait payer trois fois le prix de son bain, comme si elle occupait la place de trois personnes, n'avait rien à envier aux femmes de Méroé, dont Juvénal, *Sat.* III, 163, dit que les mamelles étaient plus grosses que leurs nourrissons :

...... *Crasso majorem infante mamillam.*

LIII. v. 4. *Veientena...., uva.* Du vin de Véies. Le territoire de Véies ne produisait qu'un vin d'une qualité très-inférieure. Véies était une ancienne ville de l'Étrurie, aujourd'hui détruite, située près du Tibre, à environ cent stades de Rome.

v. 5....,. *Chrysendeta Cinnæ.* V. la note sur le v. 11 de l'ép. 43 de ce l.

LVI. v. 4. *Dare.* Donner et se donner. V. la note sur le v. 1 de l'ép. 9 de ce l.

LVII. x. 2..... *Septa...* V. la note sur le v. 5 de l'ép. 14 de ce l.

v. 3.. *Lacernis..* V. la note sur le v. 7 de l'ép. 23 du l. I.

v. 4. *Codrus alpha pænulatorum.* Le vêtement riche et brillant de ce Codrus, et le cortége dont il était suivi, n'empêchent point de voir en lui le poëte plus que nécessiteux dont Juvénal dit, *Sat.* III, 108 :

Nil habuit Codrus : quis enim negat ? et tamen illud
Perdidit infelix totum nihil............

Tout cet appareil était emprunté, et le pauvre hère qui en était revêtu mourait de faim, puisqu'à la fin de l'ép., il engage son anneau pour payer son dîner. Le même Codrus reparaît dans les ép. 23 et 26 du l. v, et sans doute aussi dans la 57ᵉ du l. II. M. Weichert, *Poetar. latinor. reliquiæ*, p. 409, ne doute point de cette identité, déjà soupçonnée par d'autres savants : ce qu'il dit en cet endroit peut servir beaucoup à l'intelligence des épigrammes que nous venons de citer. *L'alpha*, c'est-à-dire, le premier. Manière de parler, empruntée de l'usage de compter par les lettres de l'alphabet. Ératosthène fut, dit-on, appelé le *beta des philosophes*, βῆτα τῶν φιλοσοφούντων. Dieu dit de lui-même, *Apocalyps.* 1, 8 : *Ego sum alpha et omega, principium et finis.*

La *pænula* était une sorte de manteau à long poil, très-chaud, et qu'on prenait volontiers en temps de pluie.

v. 7... *Claudii ad mensam.* Au comptoir de Claudius, qui était vraisemblablement un usurier ou un prêteur sur gages alors très-connu.

v. 8. *Vix octo nummis annulum...* Il fallait être tombé dans la plus grande misère pour vendre ou pour mettre en gage son anneau. C'était la dernière chose dont on pût se défaire. Juvénal, *Sat.* IX, 42 :

Talibus a dominis post cuncta novissimus exit
Annulus, et digito mendicat Pollio nudo.

LIX. v. 1. *Mica vocor.* La *Mica* était une petite salle à manger qui formait peut-être un bâtiment séparé, mais qui dépendait, à ce qu'on croit, du palais de Domitien; elle était située sur le *Cœlimontium*. P. Victor et S. Rufus l'appellent *Mica aurea*. L'empereur y faisait des repas de débauche avec ses favoris et ses courtisans. Il est à présumer que Martial fut admis dans ces réunions intimes. Les quatre vers de cette épigramme, où il prête la parole à la *Mica* elle-même, semblent être une inscription faite pour en décorer la porte.

v. 2. *Cæsareum tholum.* La voûte césarienne ou impériale. Était-ce, comme le veut Ramirez, celle du mausolée d'Auguste qu'on apercevait de la, ou, comme Radérus le conjecture avec Scaliger, *Lection.* Auson. II, 26, celle même de la *Mica*, à laquelle était suspendue une tête de mort; spectacle par lequel les anciens s'excitaient à jouir de la vie?

v. 4. *Ipse jubet mortis te meminisse deus.* al. *deme-minisse.* Cette dernière leçon que Calderini avait trouvée dans un manuscrit, et que les Aldes ont adoptée dans une, au moins, de leurs éditions, doit évidemment être rejetée comme contraire aux idées de l'antiquité. Loin d'oublier la mort, loin d'en écarter le souvenir, ils aimaient à le rappeler, comme nous venons de le dire, quand ils voulaient se livrer à la joie et aux voluptés des sens; ils se représentaient alors par les plus vives images la rapidité du temps et la brièveté de la vie : les ouvrages des poëtes épicuriens, tels qu'Anacréon et Horace, en fourniraient au besoin des exemples multipliés. Martial lui-même dit ailleurs, l. v, ép. 64, v. 5, avec la même intention qu'il a ici :

Jam vicina jubent nos vivere Mausolea,
Quum doceant ipsos posse perire deos.

Deus. Ou Auguste dont le tombeau était proche, ou Domitien lui-même, qui avait fait placer dans le local dont il s'agit quelque image de la mort.

LXIV. v. 1... *Rhetora...* Accusatif grec.

v. 3. *Peleos et Priami... vel Nestoris ætas.* Pélée, Priam et Nestor parvinrent à un grand âge. Nestor, en particulier, vécut (ou régna) trois générations d'hommes : ce que les uns expliquent par 90 ans et les autres par trois siècles. Voy. Méziriac, *Comment. sur les Épitr. d'Ovid.*, t. I, p. 77, et Achaintre, note ajoutée au *Juvénal* de Dusaulx, t. II, p. 267. *Peleos.* Génitif grec.

v. 5.... *Rhetores anno.* La mesure donnée ici à la dernière syllabe de *rhetores* est un hellénisme dont nous avons vu un autre exemple, v. 6, ép. 1 du l. des Spect.

v. 8... *Marsya.* Vocatif grec. Il y avait au forum une statue de Marsyas.

LXV. v. 5. *Centena decies..* Un million de sesterces. Voy. la note sur le v. 5 et 6 de l'ép. 59 du l. I.

LXIX. v. 3.... *Apicius...* Apicius aimait à aller dîner en ville. Il y a eu trois gastronomes célèbres de ce nom. Le second, Marcus Apicius, qui vécut sous Auguste et Tibère, est celui qui est rappelé en cet endroit et que mentionnent également Sénèque, Pline et Juvénal. Pline l'appelle *nepotum omnium altissimus gurges.* Consultez pour les détails et les autorités l'excellent article *Apicius* dans le dictionnaire de Bayle. L'article de la *Biogr. univ.* n'en est guère qu'un abrégé.

v. 6. *Selius..* Voy. la note sur l'ép. 11 de ce livre.

v. 7... *Melior...* Atédius Mélior, personnage riche et considérable de ce temps, auquel Martial faisait sa cour (v. l. IV, ép. 54, v. 8; VI, 28, 1, et 29, 4, et VIII, 38), et qui fut aussi l'un des patrons de Stace. Ce dernier lui adresse l'épître dédicatoire du 2ᵉ livre des *Silves*, et célèbre, dans les pièces 1, 3 et 4 du même livre, son affranchi Glaucias, un arbre et un perroquet qui lui appartenaient également.

Cænam... reclam. Un repas en règle. Voy. la note sur l'ép. 60 du l. I.

LXXI. v. 3... *Marsi... Catulli.* Sur Catulle et Domitius Marsus, voy. les notes sur l'*Epist. ad lect.*, à la tête du l. I, et sur les v. 7 et 8 de l'ép. 29 du l. IV.

LXXII. v. 3 et 4... *Latinus... Panniculi...* Sur le mime Latinus, voy. la note sur le v. 5 de l'ép. 5 du l. I. Panniculus était un autre mime, ou un des personnages d'une comédie ou farce aujourd'hui perdue, espèce de paillasse qui se laissait souffleter par Latinus, à la grande satisfaction des spectateurs romains. Martial dit ailleurs, v, 61, II :

O quam dignus eras alapis, Mariane, Latini !
Te successurum credo ego Panniculo.

v. 8.... *Testes...* Le double sens de ce mot fait la pointe de l'épigramme.

LXXIII. *Quid faciat vult scire Lyris : quid ? sobria fellat.* Cette épigramme d'un seul vers offre plusieurs variantes. Nous lirions volontiers avec Musambertius : *Quid faciat vis scire Lyris quoque sobria? fellat.* Le manuscrit de la bibliothèque Bodléienne ajoute à ce vers le pentamètre suivant :

Gaudeo : quid facies ebria facta Lyris ?

C'est une espèce de glose due à quelque copiste, mais qui aide à faire comprendre la pensée du poète. *Fellare* est un *schema venereum*, dont le nom paraît dérivé *a fele*. Il y a une expression française qui y répond et qui a la même origine. Nous nous garderons bien de l'écrire ; nous avons déjà trop dit.

LXXIV. v. 1.... *Togatis*. De gens en toges, c'est-à-dire, de clients, de flatteurs, qui, pour faire honneur à Sauféius, le suivaient et l'entouraient en grand costume. Nous avons déjà vu plusieurs fois que la toge était l'habit de ville, l'habit de cérémonie.

v. 2.... *Regulus*... Voy. la note sur l'ép. 13 du l. 1.

v. 4. *Materne.* Voy. la note sur le v. 2 de l'ép. 9 du l. 1.

v. 5. *Comitatus iste sit, precor, tuus nunquam*. Je ne le souhaite pas un pareil cortège. Tacite, ou l'auteur du *Dial. des Orateurs*, c. 6 : *Jam vero qui togatorum comitatus et egressus ! quæ in publico species ! quæ in judiciis veneratio*, etc.

v. 7. *Fusciculenus præstat aut Faventinus*. Fusciculénus et Faventinus étaient-ils des usuriers qui fournissaient sur de gros gages à Sauféius l'argent à l'aide duquel il payait le cortège de ses prétendus amis et de ses flatteurs ; ou, comme le veut Didier Hérauld, ces noms, en sous-entendant *ager* ou *fundus* à chacun d'eux, désignaient-ils des domaines que Sauféius avait vendus ou hypothéqués pour soutenir le faste insolent que Martial lui reproche ? C'est au lecteur à adopter celle de ces conjectures qui lui agréera le plus.

LXXVI. v. 2. *Cui nihil ipse dabas, is tibi verba dedit*. Jeu de mots qui paraît fondé sur la double signification de *verba dare*, donner des paroles, ou tromper. Ovide emploie cette locution dans le premier sens, *de Arte am.* II, 166 :

Cum dare non possem munera, verba dabam.

Le légataire de Marius fut-il trompé, ou parce qu'il espérait trouver davantage dans la succession, ou parce que, cette succession étant absorbée par les dettes du défunt, il ne put se faire payer son legs, ou parce qu'il n'attendait rien d'un homme qu'il avait négligé de son vivant ? Entre ces diverses explications données par les interprètes de cette épigramme, il n'est pas aisé de décider quelle est la véritable.

LXXVII. v. 2. *Utilis ungendis axibus esse potes*. Mot à mot, Tu serais un bon graisseur de roues. Expression métaphorique et sans doute proverbiale, qu'on ne retrouve pas ailleurs, et dont personne encore n'a bien déterminé le sens figuré. Martial veut-il dire : Tu trouves que les roues ont toujours besoin d'être graissées, c'est-à-dire qu'elles ne vont jamais assez vite, et que de même mes épigrammes procèdent trop lentement et n'arrivent qu'avec peine au but ?

v. 3 et 4. *Hac tu credideris longum ratione Colossum, Et puerum Bruti dixeris esse brevem*. Tu reprocherais donc au Colosse sa longueur, et au nain de Brutus la brièveté de sa taille ? mais l'un et l'autre ont la proportion qu'ils doivent avoir ; ils sont tels qu'ils doivent être.

Le colosse dont il s'agit est le célèbre colosse de Néron, que l'on croit avoir donné son nom au Colisée. Voy. la note sur le v. 1 de l'ép. 2 du l. des *Spect*. Le nain de Brutus était une statue faite par le sculpteur Strongylion, et représentant un jeune esclave qui était le mignon du fameux meurtrier de César. Voy. l. IX, ép. 51, v. 5 ; XIV, 171, et Pline, *Hist. nat.* XXXIV, 8.

v. 5. *Marsi doctique Pedonis*. Sur Domitius Marsus et Pedo Albinovanus, voy. les notes sur *l'Epist. ad lect.*, à la tête du l. 1.

LXXIX. v. 1..... *Quum scis, Nasica, vocasse*. Les anciennes éditions portaient *vocatum*. La leçon *vocasse*, rétablie par Scrivérius, a paru offrir un meilleur sens.

LXXX. On a cru longtemps, et tous nos anciens dictionnaires historiques l'ont répété, que ce Fannius, qui se donna la mort pour ne pas mourir, était le Fannius Cæpio, nommé par Suétone, *in Aug.* 19 et *in Tib.* 8, comme ayant été, avec Varro Muréna, à la tête d'une conspiration contre Auguste ; mais cette opinion a été victorieusement réfutée par Bayle, *Fannius (Caius)*, rem. D, d'après l'autorité de Macrobe et celle de Dion. Le premier de ces auteurs raconte, en effet (*Saturn.* 1, 11), un trait de fidélité d'un esclave de ce Fannius pour son maître. Il nous apprend que ce dernier fuyait la mort avec tous les soins imaginables ; et le second (l. LIV, 598) dit positivement qu'il fut tué, et qu'un de ses valets le trahit. Bayle conclut avec raison de ce double témoignage que Fannius Cæpio ne se tua point lui-même ; et qu'ainsi l'épigramme de Martial ne saurait lui convenir. On a droit de s'étonner, après cela, qu'un des derniers éditeurs ait adopté purement et simplement la note d'un de ses prédécesseurs, qui ne doute nullement de l'identité des deux personnages dont il s'agit.

LXXXI. v. 2. *Dum tamen hæc tua sit, Zoile, sandapila*. *Sandapila*, une bière, un cercueil, sur lequel on portait en terre les corps des condamnés, et des personnes pauvres et de basse condition. Suétone, *in Domit.* 17 : *Cadaver ejus populari sandapila per vespillones exportatum*. Gronovius a trouvé dans un MS : *Quum tamen hæc tua sit, Zoile, sandapila est.* Cette leçon, qu'il approuve, donnerait à peu près ce sens à l'épigramme : « Ta litière peut bien être large et magnifique, Zoïle ; mais dès le moment que tu t'en sers, elle ressemble au cercueil banal, elle ne porte plus qu'un cadavre. »

LXXXIV. v. 1.... *Pœantius heros*. Philoctète, fils de Pœan.

v. 2... *Eryx*. Éryx, fils de Vénus et de Butas, célèbre dans le combat du ceste, fut tué en Sicile par une main demeurée inconnue : on donna son nom à une montagne de la Sicile, sur laquelle on éleva un temple à Vénus surnommée Érycine. Virgile, *Æn.* V, 759. Notre poète soupçonne que le Sicilien Sertorius est l'auteur ignoré jusqu'alors du meurtre d'Éryx, et indique comme un châtiment qui lui a été infligé par Vénus un horrible goût qu'elle lui a inspiré, de même que jadis elle en avait inspiré un autre non moins horrible à Philoctète pour avoir tué Pâris.

LXXXVI. L'épigrammatiste se moque de ces versificateurs qui perdent leur temps à composer des pièces d'une forme singulière, et dont tout le mérite est dans la difficulté vaincue ; espèce de tour de force bon pour l'amusement des gens oisifs, et digne du mépris des vrais poètes. Le commencement du ch. 54 du l. I des *Essais* de Montaigne peut fournir un excellent commentaire à cette épigramme.

v. 1. *Quod nec carmine glorior supino*. Il s'agit ici des vers rétrogrades, appelés aussi *recurrentes, reciproci, cancrini, serpentini, anacyclici, antistrophi, palindromi* : on leur a donné tous ces noms. On pouvait les lire à rebours, c'est-à-dire de droite à gauche, ou par les lettres ou seulement par les mots ; et, lus ainsi, ils offraient ou les mêmes vers ou des vers différents. Les commentateurs citent de l'une et de l'autre manière plusieurs exemples qu'il serait aisé de multiplier encore. Il existe, en effet, un grand nombre de ces productions puériles. Les plus anciens vers de ce genre que l'on connaisse en latin sont les trois ou quatre que rapporte Sidoine Apollinaire, *Epist.* IX, 14 ; ils sont de la première des deux espèces que nous venons d'indiquer, la plus difficile sans contredit. Nous ne citerons que celui-ci :

Roma tibi subito motibus ibit amor,

auquel on peut comparer les suivants, les seuls que nous connaissions en français :

L'ame des uns jamais n'use de mal.
A reveler mon nom, mon nom relevera.

On trouve dans l'Anthologie des vers rétrogrades de la seconde espèce, et le moyen âge nous a laissé des poèmes entiers composés de la même façon. Voy. Étienne Tabourot, *Bigarrures et touches du seigneur des Accords*, ch. 10, et G. Peignot, *Amusements philologiques*, p. 88.

v. 2. *Nec retro lego Sotaden cinædum.* Sotades, qui, par parenthèse, n'a point d'article dans la *Biogr. univ.*, était un poëte célèbre dans l'antiquité pour l'obscénité de ses vers; il était né à Maronée, et fut mis à mort par ordre de Ptolémée Philadelphe, qu'il avait offensé par une satire. Il écrivait dans le dialecte ionique, et inventa une espèce de vers qui prit son nom, et sur laquelle on peut consulter les auteurs de traités *de re metrica*, et principalement Térentianus Maurus. Ce vers avait six pieds, dont la réunion formait quatorze syllabes; il différait du phaleuque ou hendécasyllabe, en ce que le dactyle, qui est le second pied de ce dernier, y était précédé d'un anapeste. L'épigr. 20 du l. III de Martial est dans ce mètre. Ennius avait fait des vers sotadiques, aussi bien que L. Attius, au rapport d'Aulu-Gelle, VIII, 9. Sans doute que parmi les vers de cette mesure que Sotades avait composés, il y en avait de rétrogrades. L'épithète de *cinædus* que Martial lui donne, et qui peut se rapporter à la fois à ses mœurs et à ses écrits, Ausone la transporte au vers qu'il avait inventé, *Epist.* XIV, 29 :

Σοταδικόν τε κίναιδον ιωνικόν αμφοτέρωθεν.

Suidas en fait le titre même de ses ouvrages : Σωτάδης;... ἔγραψε φλύακας, ἤτοι κιναίδους.

v. 3. *Nunquam Græcula quod recantat Echo.* A. de Rooy, *Spicil. crit.*, p. 114, propose *garrula* au lieu de *Græcula*. Les vers à écho dont il est question ici étaient connus des Grecs, mais ne leur étaient pas exclusivement particuliers. L'épithète de *garrula* convient, d'ailleurs, très-bien à l'écho, et Ovide la lui donne, *Metam.* III, 360. Les vers échoïques sont ceux dont les dernières syllabes sont répétées, et font ainsi une espèce d'écho. On en trouve dans les anciens. Sidoine Apollinaire, *Epist.* VIII, 11, parle d'un poëte de son temps qui faisait des élégies échoïques, *elegos echoicos*. M. Lemaire regarde comme étant du même genre ce que les anciens poëtes appelaient *rime annexée*, *batelée*, *emperière*, *senée*, *équivoque*, *brisée*, dont il donne des exemples.

v. 4 et 5. *Nec dictat mihi luculentus Attis Mollem debilitate galliambum.* Le galliambe ou vers galliambique était ainsi nommé parce que les Galles ou prêtres de Cybèle en faisaient un grand usage dans leurs chants religieux, et qu'il était consacré à célébrer leur déesse, et spécialement à chanter l'aventure d'Atys. C'était un rhythme plein de mollesse. Ce vers avait six pieds, il commençait par un anapeste et finissait par un autre anapeste précédé d'un dactyle ou d'un spondée. Cécilius, ami de Catulle, s'en était vraisemblablement servi dans un poëme qu'il fit sur Cybèle, et c'est aussi le mètre du poëme de Catulle lui-même, intitulé *de Aty* (carm. 63). Notre célèbre humaniste Muret a composé sur la même mesure un hymne à Bacchus, qui est une belle imitation de l'antique.

v. 7 et 8. *Quid si per graciles vias petauri Invitum jubeas subire Ladam?* Le *petaurus* ou *petaurum* ne nous est pas très-exactement connu, quoiqu'il soit mentionné par Martial, encore une fois, XI, 21, 3, par Juvénal, XIV, 265, et par plusieurs autres auteurs. Il paraît que c'était une roue posée en l'air sur un essieu, autour de laquelle s'exécutait une sorte de voltige. D'après un passage de Manilius, v. 440, deux personnes se plaçaient à la fois sur cette roue, qui, en tournant, élevait l'une, tandis que l'autre descendait. Ammien Marcellin attribue quelque part l'invention de ce jeu aux Germains. Le nom de *petaurus* venait, ou du latin *peto auras*, ou du grec πρὸς αὔρας πέτομαι.

— *Ladas.* Courrier d'Alexandre, dont la vélocité, devenue en quelque sorte proverbiale, était telle, suivant Solin, *Polyhist.* 1, que ses pieds ne laissaient aucun vestige sur le sable. Voy. Pausanias, *in Corinth.*, *in Arcad.* et *in Bœot.*; Catulle, LV, 25 ; Cicéron, *ad Heren.* IV, 3 ; Juvénal, XIII, 97 ; Martial, x, 100, 5, etc.

v. 9 et 10. *Turpe est difficiles habere nugas, Et stultus labor est ineptiarum.* Tout le monde sait par cœur ces deux excellents vers, qui sont, en quelque sorte, devenus proverbes. On est étonné que l'abbé Ricard, dans une note de sa traduction des *Œuvr. mor. de Plutarque*, t. IX, p. 7, éd. de 1786, ait cité le premier comme une phrase de Quintilien. Ce même premier vers, qui le croirait? a servi de sujet à une de ces *niaiseries difficiles* qu'il condamne si bien. L'original auteur d'une dissertation sur les chronogrammes, publiée en 1718, non-seulement l'a pris pour épigraphe, mais encore s'est donné la peine d'y trouver la date de son livre. En effet, prenez les lettres numérales de ce vers :

Stvltvm est dIffICILes habere nvgas.

vous aurez vLvMDIICILV, qui, mis par ordre de nombre, donne MDCLLVVVIII, c'est-à-dire M mille, D cinq cent, C cent, L cinquante, qui, répété deux fois, fait cent, V cinq, qui, répété trois fois, fait quinze, I un, qui, répété trois fois, fait trois; et le tout additionné vous donnera 1718.

v. 11. *Scribat carmina circulis Palæmon.* Qu'un Palémon fasse des vers pour la populace rassemblée en *cercle* autour de lui. Ce trait convient assez au L. Remnius ou Remmius Palæmon, grammairien arrogant et de mauvaises mœurs, qui vivait sous Claude et sous Tibère, et dont Suétone, *de Illustr. grammat.* 23, nous a donné une biographie où on lit : *Capiebat homines tum memoria rerum, tum facilitate sermonis : nec non etiam poemata faciebat ex tempore. Scripsit vero variis ac vulgaribus metris.* Ce Remnius Palæmon fut le précepteur de Perse, suivant la vie de ce poëte attribuée au même Suétone; il le fut aussi de Quintilien, s'il faut s'en rapporter au vieux scholiaste de Juvénal, *ad Sat.* VI, 451 ; et c'est à lui qu'on donne, peut-être sans raison, un poëme qui nous est parvenu sur les poids et mesures des Grecs et des Romains. Enfin Juvénal nomme encore le même grammairien, *Sat.* VII, 215, où il lui donne l'épithète de *docte*, mais évidemment avec ironie.

v. 12. *Me raris juvat auribus placere.* Horace, *Sat.* I, 10., 73 :

Neque, ut te miretur turba, labores,
Contentus paucis lectoribus..........

LXXXIX. v. 2.... *Vitium... Catonis habes.* Horace, *Od.* III, 21, II :

Narratur et prisci Catonis
Sæpe mero caluisse virtus.

J.-B. Rousseau :

La vertu du vieux Caton,
Chez les Romains tant prônée,
Étoit souvent, nous dit-on,
De falerne enluminée.

Cf. Plutarque, *in Caton.* et Pline, *Epist.* III, 12.

v. 4.... *Hoc Ciceronis habes.* Martial n'est pas le seul qui ait déprécié le talent poétique de Cicéron; Juvénal, x, 122, et Sénèque, *Epist.* 107, et *Fragm. ap. A. Gell.* XII, 2, en ont parlé comme lui; mais, sur ce point comme sur quelques autres, le grand homme a trouvé des défenseurs.

Voy. Middleton, *Hist. de Cic.*, trad. par l'abbé Prévost; le président de Brosses, *Vie de Salluste*, et Voltaire, préface de *Catilina*.

v. 5. *Quod vomis, Antoni...* La délicatesse moderne s'étonne tout à la fois et de cette circonstance de la vie de Marc-Antoine, et des expressions employées par Cicéron pour la lui reprocher. Voy. *Philipp.* II.

Quod luxuriaris, Apici. Voy. la note sur le v. 3 de l'ép. 69 de ce livre.

XC. *Marcus Fabius Quintilianus, Quintilien*, auquel nous devons un excellent traité d'éducation et de rhétorique, un cours complet de littérature et d'éloquence, intitulé *De l'institution oratoire*, et fait pour servir de modèle à tous les ouvrages du même genre. C'est le seul écrivain, comme on l'a remarqué, qui n'ait jamais rencontré de censeur. Il était Espagnol comme Martial, né à Calagurris, aujourd'hui Calahorra, dans la vieille Castille; il fut amené à Rome par Galba, et y tint école publique pendant plus de vingt ans. Il compta parmi ses disciples les neveux de Domitien, fils d'un Clément qui avait épousé la sœur de ce prince. Quoiqu'il jouit de la plus grande considération, il paraît qu'il vécut longtemps dans un état de fortune très-médiocre; mais on croit qu'il en fut retiré par Adrien, devenu empereur, qui avait été aussi son élève, et qu'il le combla de biens vers la fin de sa carrière. Juvénal, *Sat.* VIII, 186 et sqq. L'amitié ou du moins les liens d'estime et de bienveillance qui ont existé entre Martial et Quintilien, font honneur à tous deux; ils sont constatés, comme on le voit, par notre épigramme, que Dusaulx avait totalement oubliée lorsqu'il a dit, dans sa note sur le v. 189 de la satire de Juvénal que nous venons de citer : « Il est singulier que Martial, originaire d'Espagne, et qui a célébré tous les auteurs de son pays, ait passé celui-ci (Quintilien) sous silence : c'est peut-être ce qui a fait croire à l'auteur de la vie de Quintilien qu'il était né à Rome. » Il y a là-dessus deux erreurs : l'une dans le fait qu'avance Dusaulx, et l'autre dans la conjecture qu'il fonde sur ce fait. Ce qui est vrai, c'est que Quintilien ne rend point à Martial éloge pour éloge, ou du moins ne lui fait pas l'honneur de le nommer dans *l'Institution oratoire*; mais on croit qu'il l'y désigne avec d'autres contemporains distingués, et lui présage l'immortalité. l. x, c. 1, où, après avoir parlé des poëtes latins morts avant lui, et notamment d'Horace et de Perse, il ajoute : *Sunt clari hodieque, et qui olim nominabuntur*.

v. 2. *Gloria romanæ, Quintilianæ, togæ*. La toge désigne ici, ou les lettres qu'enseignait Quintilien et qui fleurissent surtout dans la paix dont la toge était le symbole, ou la dignité de sénateur, à laquelle il fut élevé, comme on doit l'induire de ce vers de Juvénal, sat. citée, 192 :

Appositam nigræ lunam subtexit alutæ.

Nous apprenons par Ausone, *in Gratiar. act.*, que Quintilien fut revêtu des ornements consulaires; mais peut-être n'obtint-il cette dignité, ainsi que celle de sénateur qui en était la conséquence, qu'à une époque postérieure à celle où écrivait Martial. Le poëte donne à Fronton, l. I, ép. 56, v. 2, la même épithète qu'il donne ici à Quintilien; il le qualifie de *togæ decus*, mais avec le sens d'*honneur de la paix*, comme l'indique l'opposition de *togæ* et de *militiæ* :

Clarum militiæ, Fronto, decusque togæ.

La toge était le vêtement civil; le vêtement militaire était le *sagum*.

Du reste, le rapport que nous venons d'indiquer entre l'ép. 56 du l. I, et celle qui fait le sujet de cette note, n'est pas le seul qui existe entre ces deux pièces : elles contiennent encore les mêmes vœux, et exaltent en beaux vers les douceurs de cette médiocrité si bien chantée par Horace.

XCI. Cette pièce est une requête présentée par Martial à Domitien pour obtenir ce qu'on appelait *jus trium liberorum*. On sait que les Romains crurent devoir encourager la population par toutes sortes de moyens : le principal de ceux auxquels ils eurent recours fut de priver les célibataires de droits importants et de prérogatives qu'ils accordèrent aux gens mariés. Les lois Julia et Papia Poppæa établirent, en faveur de ces derniers, de plus amples priviléges, lorsqu'ils étaient trois fois pères. Néanmoins les maris qui avaient perdu leurs enfants, ou dont l'hymen avait été stérile, n'étaient point totalement exclus de ces avantages. Le prince avait le pouvoir de les leur conférer, et de réparer le tort que leur avaient fait la nature ou la fortune, en les plaçant, par une fiction, dans une position qui n'était pas la leur. Cette faveur, que les empereurs accordaient avec plus ou moins de discrétion, était fort recherchée, ainsi que nous l'apprennent une foule de passages des auteurs classiques, et particulièrement de Pline le jeune. Martial en reparle souvent. v. I. III, ép. 95, v. 5 et 6; IX, 67; 98, 5 et 6, et XI, 13. On peut consulter sur le *jus trium liberorum* le corps de droit et ses interprètes, et une foule de dissertations répandues çà et là. Montesquieu donne des notions suffisantes sur cette matière dans un chapitre de l'*Esprit des lois*, le 21ᵉ du l. XXIII, intitulé : *Des lois des Romains sur la propagation de l'espèce*. On verra par l'ép. suivante comment l'empereur accueillit la demande de Martial.

v. 2. *Sospite quo magnos credimus esse deos*. Même pensée, presque dans les mêmes termes, l. v. ép. 1, v. 8 :

Sospite quo gratum credimus esse Jovem;

et VII, 60, 1 et 2 :

Tarpeiæ venerande rector aulæ,
Quem salvo duce credimus Tonantem...

v. 5 et 8. *Quod fortuna vetat fieri, permitte videri*, etc. Pline le jeune, *epist.* x, 94, se sert à peu près des mêmes expressions, en demandant à Trajan pour Suétone le droit de trois enfants : *Impetrandumque a bonitate tua per nos habet, quod illi fortunæ malignitas denegavit*.

XCII. Cette épigramme et la précédente prouvent que notre poëte était marié; car le droit dont il s'agit ne s'accordait pas aux célibataires; mais elles ne nous apprennent rien sur la femme que Martial avait alors, sinon qu'il n'avait point d'enfant d'elle. M. D. Nisard, *Étud. sur les poët. lat. de la déc.*, t. I, p. 358, se livre, sur ces deux pièces, à des observations qui trouveront tout naturellement ici leur place : « Martial, après avoir obtenu de Domitien le droit de trois enfants, écrit à sa femme : « Adieu, ma femme, le présent de mon maître ne doit pas être inutile. » Sa femme est-elle morte, négligée, ou répudiée? Cela veut-il dire : Je ne m'inquiète plus de n'avoir point d'enfants, ou : Je ne veux pas en avoir, pour ne pas obtenir par la paternité un bienfait que j'aime bien mieux devoir à la munificence de César? Grave embarras pour les commentateurs. Pline aussi obtint de Trajan le droit de trois enfants. Ses remerciements à l'empereur sont amusants. « Cela redoublera, dit-il, le désir que j'ai d'avoir des enfants; désir manifesté par deux mariages, hélas ! où mes espérances de père ont été déçues. » Ainsi ce qui doit stimuler Pline met l'esprit de Martial en repos.

« Puisque je viens de parler de la femme de Martial, une question délicate se présente. Martial a-t-il été marié trois fois, ou une seule fois ? Dans son recueil, il y a trois femmes, toutes trois portant le titre d'*uxor* : celle d'abord à laquelle il vient de faire un si mauvais compliment, une autre qui lui inspire d'horribles impuretés (XI, 43), une troisième, Marcella (XII, 21 et 31), charmante Espagnole, dont il fait le plus grand bien, et qu'il paraît avoir épousée à son retour de Bilbilis. Il loue la maison de Marcella, ses jardins, ses viviers où nagent des poissons apprivoisés, son bois de palmiers, sa fontaine, son colombier, « petits royaumes, dit-il, que je tiens de Marcella. » Ceci est une question de biographie que je n'ai pu résoudre, n'ayant trouvé dans les quinze cents épigrammes de notre poëte aucun renseignement sur son mariage ou sur ses mariages. Il est aussi discret sur ce sujet que sur ses premières années : peut-être avait-il de bonnes raisons pour cela. »

Ajoutons à ces piquantes réflexions qu'il y a encore un point qui accroît l'embarras des biographes à l'égard du mariage ou des mariages de Martial : c'est que son recueil contient cinq pièces qui le supposent célibataire et qui se trouvent entremêlées parmi celles qui le supposent marié ; ce sont les suivantes : l. II, ép. 49 ; VIII, 12 ; XI, 19 et 23. Ces dernières ne sont peut-être que des jeux d'esprit. Les poëtes sont amis des fictions ; ils jouent des personnages : pour ne pas perdre un bon mot, une pensée qui leur plaît, ils se placent souvent dans une position imaginaire ; et nous ne serions point étonné d'apprendre que l'auteur inconnu de cette épigramme, que Boileau regardait comme la meilleure qui existât :

Ci-gît ma femme... Oh ! qu'elle est bien,
Pour son repos et pour le mien !

eût toujours vécu dans le célibat. Du reste, on pourrait expliquer les intermittences de célibat et de mariage dans lesquelles les diverses pièces que nous avons citées nous représentent Martial, en admettant que ses liaisons matrimoniales furent de peu de durée, et que c'est dans les intervalles de liberté qu'elles lui laissèrent qu'il fit celles de ces pièces où il parle en homme dégagé de tout lien de ce genre. Il est à regretter que Jean Masson n'ait pas exécuté le projet qu'il avait conçu de nous donner une vie chronologique de Martial sur le modèle de ses vies d'Horace, d'Ovide et de Pline le jeune ; il y eût peut-être éclairci ce point, parmi beaucoup d'autres plus intéressants.

XCIII. V. la note sur l'ép. 13 du l. I.

v. 4. *Unum de titulo tollere iota potes*. De II ôtez I (ou un iota), restera I : le livre II deviendra ainsi le livre I. Ces chiffres sont du nombre de ceux dont les Romains se servaient, et que pour cette raison nous appelons *chiffres romains*; nous les distinguons par là des *chiffres arabes*, inconnus à l'antiquité. Les Grecs employaient d'autres lettres dans leur numération ; l'*iota* y était le signe représentatif du nombre *dix*. Le I avait la forme de l'*iota* grec, comme de l'i latin. Les Romains, dans l'usage habituel nommaient les lettres à peu près comme nous ; l'ép. 6 du recueil des *Priapeia* prouve en particulier qu'ils appelaient *té* le T, et le P *pé*; et l'ép. 54 du même recueil, qu'ils avaient pour désigner le D et l'E d'autres noms qu'*epsilon* et *delta ;* mais, comme presque tout le monde entendait le grec à Rome, les littérateurs et surtout les poëtes empruntaient souvent à cette langue sa nomenclature des lettres.

LIVRE III.

I. *Du Forum Cornelii*, sur la voie Émilienne, où il était allé passer quelque temps, comme on le verra par l'ép. 4 ci-après, Martial envoie son livre à Rome. Quelques-unes seulement des épigrammes de ce livre, quoique le poëte semble dire le contraire, étaient déjà composées avant son voyage.

v. 1. *Gallia, Romanæ nomine dicta togæ. Gallia togata*, aujourd'hui la Lombardie. L'épithète de *togata*, donnée à la Gaule qui était cisalpine pour les Romains, venait de ce que ses habitants portaient la toge comme les habitants de Rome ; ce surnom servait à la distinguer de la Gaule transalpine proprement dite, qu'on appelait *braccata* et *comata*, parce que la *braie* était le vêtement national, et qu'on y gardait la chevelure longue.

v. 6.... *Verna liber*. On appelait *vernæ* les esclaves nés dans la maison du maître. *Verna liber* est un livre né au logis, dans le domicile de l'auteur, à Rome, *domina in urbe*, par opposition à *liber gallus* ou *gallicanus*, un livre né en Gaule, hors du logis, en pays étranger. Nous verrons encore ailleurs *verna* pris dans ce sens figuré.

v. 2. *Festina tibi vindicem parare. Vindex* était un terme de l'ancien droit qui signifiait celui qui se rendait caution pour un ajourné. On donna ensuite à ce mot plus d'étendue, en l'appliquant à quiconque repoussait la violence et l'injure faites à un tiers, et en général tout ce qui pouvait nuire à ce tiers, de quelque manière que ce fût. C'est dans ce dernier sens que Martial l'emploie. Hâte-toi, dit-il à son livre, de te chercher un vengeur, un défenseur qui te soutienne et te protége. Ce mot a été le sujet d'un calembourg que Suétone nous a conservé dans la vie de Néron, c. 46. Pendant la nuit, des Romains mécontents de ce prince feignaient de quereller leurs esclaves, et demandaient à grands cris *un vengeur. Vindicem poscebant*. Vindex était le nom d'un préteur qui venait de se révolter, et de soulever les Gaules contre Néron.

v. 6. *Faustini...* L'ép. 26 du l. I est adressée *ad Faustinum*, ainsi que la 115ᵉ du même l. V. la note sur cette ép. On verra reparaître ce même personnage dans les épigr. 25, 39, 47 et 58 de ce livre, et dans les livres suivants.

v. 7. *Cedro peruncius*. « Oint d'huile de cèdre. » On croyait que cette huile avait la vertu de préserver les livres de la moisissure et des vers. V. les interpr. d'Horace, et nommément Dacier, sur l'*Art poét.*, v. 331.

v. 8 et 9... *Frontis gemino... honore... Pictis.. umbilicis...* V. les notes sur les v. 10 et 11 de l'ép. 67 du l. I.

v. 10... *Te purpura delicata velet*. La pourpre servait à décorer l'extérieur des livres, c'est-à-dire qu'on en faisait usage dans leur reliure.

v. 11. *Et cocco rubeat superbus index*. Le coccus est le grain qui fournit l'écarlate. Il paraît qu'on s'en servait pour écrire l'index ou table des livres, comme on employait le *minium* pour en écrire le titre. Ovide, *Trist.* I, 1, 7 :

Nec titulus minio, nec cedro charta notetur.

Du reste, v. pour ce vers et pour les quatre précédents Schwartz, *de Ornamentis librorum apud veteres usitatis*.

v. 12. *Illo vindice nec Probum timeto*. « Avec un tel défenseur tu pourrais braver même un Probus. » On croit qu'il s'agit de Marcus Valérius Probus, de Béryte, qui vivait sous Néron, et que Suétone a placé dans ses *Illustres grammairiens*, c. ult. La courte biographie de ce Probus nous le représente comme un critique pointilleux, tout occupé de corriger et d'annoter les livres. C'est, comme on le sait, le métier auquel se livrait, avec plus de succès sans doute, le fameux éditeur d'Homère, Aristarque, dont le nom passé en proverbe est devenu synonyme de censeur âpre et sévère.

III. v. 3. *Ipsam... deam*. La nymphe elle-même.

v. 4... *Aut tunicata lava*. « Ou baigne-toi avec ta tunique. » La tunique était un vêtement intérieur et léger, qui touchait immédiatement le corps et se mettait par-dessous les autres vêtements ; elle était ce qu'est aujourd'hui la chemise.

IV. v. 4. *Cornelii... foro*. Le *forum Cornelii* est aujourd'hui Imola, dans la Romagne. Cette ville avait été fondée par L. Cornélius Sylla, et était située sur la voie Émilienne.

v. 6. *Non poterat vanæ tædia ferre togæ*. Rome et ses embarras, ses cérémonies, ses vanités, ses devoirs et ses importuns l'ennuyaient ; il était venu chercher un refuge dans ce petit endroit. Nous avons déjà vu le mot *toga*, dont les acceptions figurées sont si nombreuses dans les auteurs latins, employé pour signifier les offices des clients envers les patrons, des protégés envers les protecteurs, etc.

V. v. 4. *Julius.* Peut-être le *Julius* de l'ép. 16 du l. 1 et 98 du IX*e*, ou le *Julius Cerealis* de l'ép. 48 du l. x et 52 du XI*e*, ou le *Julius Martialis* de l'ép. 17 du l. VII et 34 du XII*e*.

VI. v. 1. *Lux., post idus... tertia Maias.* Le troisième jour après les ides de mai. Nous dirions : « le 18 de mai. » Les ides de ce mois étaient le 15.

VII. *V.* la note sur l'ép. 60 du l. I.

X. v. 1. *Millia bina.* Deux mille sesterces. Nous avons déjà dit que les savants ne sont pas d'accord dans leur réduction des monnaies anciennes en monnaies nouvelles. Le sesterce, monnaie de compte, est évalué un peu plus de 17 centimes dans un tableau que M. Lemaire a placé à la fin du t. I du Martial de sa *Biblioth. lat. class.* Nous l'avons évalué avec d'autres auteurs 20 centimes, pour la facilité des calculs. A ce compte, les deux mille sesterces auraient valu 400 fr., monnaie actuelle.

v. 5.... *Te... hœredem ex asse reliquit.* « Il te laissa sa succession tout entière. » *L'as* ou la *livre* et ses douze onces étaient chez les Romains comme le type d'après lequel diverses choses se divisaient en douze parties égales : ainsi, dans le langage usuel comme au barreau, on nommait l'hérédité entière *as*, et chacun de ses douzièmes *uncia*, once. On se servait également en cette matière du nom des autres fractionnements de l'as : on appelait les deux douzièmes ou onces de l'hérédité, *sextans*; les trois, *quadrans*; les quatre, *triens*; les cinq, *quincunx*; les six, *semis*; les sept, *septunx*; les huit, *bes*; les neuf, *dodrans*; les dix, *dextans*; les onze, *deunx*. La connaissance de cette nomenclature est absolument nécessaire pour l'intelligence d'une infinité de passages des classiques latins.

XI. v. 2. *Cur in te factum distichon esse putas?* Ceci se réfère à l'ép. 8 de ce livre, contre Quintus et la borgne Thaïs sa maîtresse. Un Quintus (et il y en avait beaucoup, car ce prénom était très-commun) se plaignait de cette épigramme, qu'il prétendait dirigée contre lui ; mais sa maîtresse n'était pas borgne, et s'appelait Laïs ou Hermione, et non Thaïs. Martial s'excuse d'abord par ces deux circonstances. Puis, pour apaiser tout-à-fait son homme, il consent à changer dans son distique le nom de l'amant, et finit par dire, en jouant sur la signification de ce nom (*le cinquième*) et de celui de Sextus (*le sixième*), qu'il propose de substituer et qui n'était pas moins banal :

Si non vult Quintus Thaïda, Sextus amet.

Y a-t-il de plus dans cette pointe, comme le pense un commentateur, une allusion au nombre des galants de la belle borgne?

XIV. Cette épigramme semblerait n'être pas à la place chronologique qui lui convient : car elle suppose l'existence de l'usage de la sportule, et nous avons vu dans l'ép. 8 ci-dessus, à la note de laquelle nous renvoyons, Domitien révoquer cet usage, et rétablir celui des repas appelés *cœnæ rectæ*; mais il arriva probablement que l'édit de l'empereur ne put prévaloir contre une coutume reçue, et que l'avarice des patrons était intéressée à maintenir, ou plutôt que ceux-ci éludèrent, en quelque sorte, l'intention du prince par l'extrême parcimonie des repas qu'ils donnèrent à leurs clients. Dans cette dernière hypothèse, le *fabula sportularum* du v. 3 désignerait la nouvelle du rétablissement si dérisoire de ces mêmes repas. En effet, comme nous l'avons dit aussi sur l'ép. 8, la gratification dont il s'agit, sous les transformations successives qu'on lui fit subir, conserva toujours, par un abus de langage, le nom de *sportule*.

v. 4. *A ponte... Mulvio.* Le pont Milvius ou Mulvius, sur le Tibre, à deux milles de Rome, remplacé aujourd'hui par le *ponte Mole*.

XV. Voy. ce que nous avons dit sur ce Codrus, l. II, ép. 57, v. 4. M. Weichert, à l'endroit cité dans cette note, ponctue ainsi notre épigramme :

Plus credit nemo, quam tota Codrus in urbe,
Quum sit tam pauper; quomodo? cæcus amat.

Quelque ponctuation qu'on adopte, le sens est le même, et il y a toujours un jeu sur les deux acceptions du verbe *credere* : croire, et prêter de l'argent. On s'imagine d'abord que le poète veut dire que personne n'est plus en état d'obliger les emprunteurs que Codrus, quoiqu'il n'ait pas le sou; mais on ne tarde pas à voir qu'on s'est trompé : *credit* signifie encore autre chose; Codrus est aveugle et il aime, *cæcus amat;* il *croit* que sa maîtresse est belle; certes, dans la ville, nul n'a une foi plus robuste que la sienne. On peut comparer ce trait à celui de l'ép. 49 du l. VIII contre un autre aveugle nommé Asper, qui aimait aussi :

Formosam plane sed cæcus diligit Asper:
Plus ergo, ut res est, quam videt, Asper amat.

XVI. Martial, ép. 59 de ce livre, nous apprend que ce fut à Bologne qu'eut lieu ce spectacle, et qu'il y en eut un pareil à Modène, mais donné par un foulon. L'ép. 99 de ce même livre nous fait savoir que le savetier anonyme dont il s'agit fut fort irrité contre le poète, qui le tança de nouveau. C'était un grand scandale pour les Romains, que des gens de rien osassent se livrer à une dépense aussi considérable que celle des jeux publics, et qui ne devait être permise qu'aux riches et aux grands. Aussi voyons-nous dans Tacite, *Annal.* IV, 63, que, sous Tibère, un sénatus-consulte défendit l'exhibition de ces jeux à quiconque n'avait pas quatre cent mille sesterces de revenu, le cens équestre ; et un passage de Suétone, *in Claud.* 28, donne lieu de penser que la même défense existait pour les affranchis, sauf une autorisation spéciale du prince. Juvénal, *Sat.* III, et Perse, *Sat.* IV, s'indignent, comme Martial, de ce scandale, dont les exemples, à ce qu'il paraît, n'étaient pas rares de leur temps.

v. 1. *Sutorum regule, cerdo.* Le *sutor* (cordonnier) et le *cerdo* différaient en ce que le premier faisait des souliers, et que le second ne faisait que les réparer. C'est par raillerie que le *cerdo* est nommé ici le petit roi des *sutores*, dont le métier semble être un peu moins vil.

v. 2... *Subula... sica.* Le poignard (*sica*) était l'arme des gladiateurs appelés *Thraces* ou *retiarii.* La *subula* est l'alène des cordonniers.

v. 4 et 61... *Corio... tuo... in pellicula... tua.* Expressions prises ici au propre et au figuré, qui font allusion à l'état de savetier, et dont la dernière rappelle l'adage si connu : *Ne sutor ultra crepidam.*

XIX. v. 1... *Centenis... columnis.* Le *porticus Vipsania*, ou portique d'Agrippa, formé de cent colonnes et décoré de statues. Voy. l. I, ép. 109, v. 3 ; II, 14, 9, et IV, 18, 1.

XX. DE CANIO. Canius Rufus, de Cadix, poète, ami de Martial, qui parle encore ailleurs de son humeur enjouée et de son visage toujours riant. Voy. l. 1, ép. 62, v. 9, et ép. 70. — Le poète s'adresse à la Muse ; il lui demande ce que fait Canius, et passe en revue toutes les occupations qu'il peut avoir. La Muse lui répond :

Vis scire, quid agat Canius tuus? ridet.

v. 5. *An æmulatur improbi jocos Phædri?* Il y a grand débat entre quelques savants sur le point de savoir s'il s'agit dans ce vers du célèbre fabuliste, ou d'un philosophe grec de la secte d'Épicure, qui portait le même nom, et dont les écrits ne sont point parvenus jusqu'à nous. Ceux qui soutiennent le premier parti nient l'existence du Phèdre latin et l'authenticité des fables qu'on lui attribue. *Non nostrum tantas componere lites.* Ce qu'il y a de certain, c'est que la plupart des interprètes de Martial n'ont nullement douté qu'il ne fût ici question du fabuliste, dont ils ne regardent point le recueil comme apocryphe. Quelques-uns ont de plus observé que ce même Phèdre a désigné plusieurs fois (*Prolog. libb.* i, ii et iii, et *Fab.* i et vi *lib.* iv) ses charmants apologues de la même manière que Martial le fait, c'est-à-dire par le mot de *joci*.

v. 10... *Porticum... templi.* Sans doute le portique du temple d'Isis. Voy. la note sur le v. 7 de l'ép. 14 du l. ii.

v. 11. *Spatia... Argonautarum.* Voy. la note sur le v. 6 de la même ép.

v. 12. *Europæ...* Le portique d'Europe. Voy. la note sur les v. 3, 5 et 15 de la même ép.

v. 15. *Titine thermis, an lavatur Agrippæ.* Les thermes de Titus, près de l'amphithéâtre. Voy. Spect. ép. 2, v. 7. — Les Thermes d'Agrippa, près du portique du même. Voy. l. i, ép. 109, v. 3.

Martial cite encore l'un à côté de l'autre (l. iii, ép. 36, v. 6) ces deux établissements publics.

v. 16. *An impudici... Tigillini.* Les bains de l'impudique Tigillin, de ce Sophonius Tigillinus, favori de Néron, dont Tacite, *Annal.* xiv, a immortalisé l'infamie.

v. 17... *Tulli... atque Lucani.* Voy. la note sur l'ép. 37 du l. i.

v. 18... *Pollionis... ad Quartum.* La maison de campagne de ce Pollion était sans doute située à la quatrième pierre, *ad quartum lapidem*, c'est-à-dire à quatre milles de Rome.

XXI. Les interprètes croient, avec toute apparence, que cette épigramme a pour sujet le fait suivant, rapporté par Valère Maxime, vi, 8, 7, et par Macrobe, *Saturn.* i, ii. Antius Restio, proscrit par les triumvirs, était sur le point de tomber dans les mains de leurs satellites. Un esclave l'avait suivi dans sa fuite. Cet esclave avait cependant éprouvé de mauvais traitements de sa part, et il en portait la marque sur le front. Néanmoins il fut assez généreux, non-seulement pour oublier cette injure, mais même pour sauver l'homme de qui il l'avait reçue. Construisant à la hâte un bûcher, et y jetant le corps d'un vieillard qu'il avait tué, il dit aux soldats que c'était Antius lui-même qu'il venait d'immoler à sa vengeance. Ceux-ci le crurent, et Antius échappa à ses bourreaux.

v. 1... *Fronte notatus.* Voy. la note sur le v. d^{er} de l'ép. 29 du l. ii.

v. 2. Le v. i expose ou plutôt rappelle aussi brièvement que possible l'histoire d'Antius Restio; le v. 2 présente la réflexion que lui suggère à l'auteur : « Ce n'est pas la vie de son maître que cet esclave a voulu sauver; en se couvrant lui-même de gloire, il s'est vengé; il a flétri l'honneur de son maître; il a fait de lui un objet de haine et d'horreur, en montrant combien il avait été injuste et cruel. »

XXII. Voy. la note sur le v. 3 de l'ép. 69 du l. ii. Voyez aussi Sénèque, *Consol. ad Helv.* 10.

v. 1... *bis tricenties..* Soixante millions de sesterces, environ 12 millions de francs, monnaie actuelle. Meursius proposait de lire *ter trecenties* (quatre-vingt-dix millions de sesterces), pour mettre Martial d'accord avec Sénèque dans le passage que nous venons de citer.

v. 2... *Centies...* Dix millions de sesterces, environ 2 millions de francs, monnaie actuelle.

XXIII. Les interprètes cherchent à expliquer ce distique par la description de la forme des lits sur lesquels les Romains se mettaient pour prendre leurs repas; mais leurs explications ne sont guère satisfaisantes.

XXIV. L'événement rapporté dans cette épigramme ne valait pas la peine d'être raconté en vers si élégants, qui, d'ailleurs, ne sauvent pas l'indécence du sujet et le dégoût qu'il inspire.

v. 13.., *Qui Tuscus fueras, nunc Gallus haruspex.* Le poëte joue sur le mot *Gallus*, qui signifie et *Gaulois* et *prêtre de Cybèle*. On sait que ces prêtres se faisaient eunuques.

v. 14. *Dum jugulas hircum, factus es ipse caper. Hircus*, un bouc entier; *caper*, un bouc mutilé.

XXV. Sur Faustinus, auquel cette épigramme est adressée, voy. les notes sur les ép. 26 et 115 du l. i. Quant à Sabinéus, ce rhéteur si froid, et ce Julianus, si endurci à la chaleur, il n'est mention d'eux nulle autre part que nous sachions; peut-être même que le nom du premier est supposé, et n'était qu'un masque aisément percé par les contemporains. Le trait de Martial est assez froid lui-même, et de plus fort commun. Athénée, l. xiii, p. 579, nous a conservé un fragment d'un poëte grec nommé Machon, où on lit ce dialogue entre le poëte comique Diphilus et la courtisane Guathæna : le premier s'étonne de la fraîcheur glaciale de l'eau que vient de lui faire servir la seconde. — « Ne vous en étonnez pas, répond celle-ci; nous avons soin de jeter dans notre puits les prologues de vos pièces. » Plutarque, *Vie d'Alexandre*, c. 5, cite une pensée d'Hégésias sur la coïncidence du jour où le temple de Diane fut brûlé à Éphèse et du jour où naquit Alexandre; et il trouve cette pensée si froide, « qu'elle eût été, dit-il, capable d'éteindre l'incendie. » Jupiter, dans un des dialogues de Lucien, se plaint de ce que, depuis qu'on a bâti le temple de Diane à Éphèse, celui d'Apollon à Delphes, celui d'Esculape à Pergame, et tant d'autres, « ses autels sont devenus plus froids que les lois de Platon et les syllogismes de Chrysippe. » Voilà pour les anciens. Parmi les modernes, Boileau, *Lettres à Brossette* (la 10e dans l'éd. de M. Daunou), dit de la traduction en vers du premier livre de l'Iliade par Regnier Desmarais : « Je crois qu'en la mettant dans les seaux pour rafraîchir le vin, elle pourra suppléer au manque de glace qu'il y a cette année. » Tout le monde sait par cœur l'épigramme de J.-B. Rousseau contre Bellegarde :

Sous ce tombeau gît un pauvre écuyer, etc.

v. 4. *Neronianas hic refrigeret thermas.* Les thermes de Néron étaient un établissement parfait en son genre. Martial dit ailleurs (l. vii, ép. 34, v. 5) :

Quid thermis melius Neronianis?

v. 2... *Myrrhina...* Des myrrhins ou murrhins. Il s'agit de ces fameux vases murrhins si estimés des anciens, et dont on ne sait pas au juste quelle était la matière : car les uns ont cru que c'était la porcelaine; d'autres, des débris de conques, ou la myrrhe durcie et peinte, ou l'onyx ou la sardoine orientale, ou la pierre d'*yu* des Chinois, etc. Voy. les commentateurs de Pline le naturaliste, xxxvii, 2, et une foule de dissertations qu'on trouve dans les recueils archéologiques. Martial parle souvent de ces vases en homme qui savait les apprécier; et il nous apprend, entre autres choses à leur sujet, l. iv, ép. 86, qu'ils n'étaient pas transparents; l. x, ép. 80, v. i, qu'ils étaient tachetés; l. xiii, ép. 110, qu'on les peignait, ou qu'ils présentaient des couleurs variées; et l. xiv, ép. 113, qu'ils supportaient l'action de la chaleur, et qu'ils communiquaient au vin un goût plus agréable.

v. 3... *Massica... Opimi Cœcuba...* Le massique et le cécube de l'année d'Opimius. De ces deux vins renommés dans l'antiquité, le premier se recueillait sur le mont Massique, dans la Campanie, aujourd'hui terre de Labour, dans le royaume de Naples; et le second, près d'Amycles et de Fondi, vers le golfe de Gaëte. Nous avons vu plus haut (l. i, ép. 27, v. 7) ce que c'était que l'année d'Opimius.

XXIX. Cette épigramme, écrite dans le mètre sotadique (v. la note sur le v. 2 de la 86ᵉ ép. du l. ii), est dirigée contre un esclave sorti de l'*ergastulum*, et devenu tout à coup chevalier; elle a la forme d'une inscription que cet esclave est censé graver au bas de la statue de Saturne, et en y déposant, en manière *d'ex-voto* ou plutôt d'une de ces offrandes que les anciens appelaient *anathemata*, les chaînes et les anneaux de fer que naguère il portait autour des jambes, et qu'il appelle *ses premiers anneaux*, par opposition à son anneau actuel, celui de chevalier romain, dont sa main venait d'être décorée. Le même échange d'anneaux fait aussi les frais de l'ép. 38 du l. vi, lancée sans doute contre le même parvenu, qui y est également désigné par le nom supposé de Zoïle. L'hommage est ici adressé à Saturne, parce que ce dieu était, en quelque sorte, le patron des esclaves. Lui-même avait été quelque temps dans les fers, où l'avait jeté Jupiter son fils. Aussi enveloppait-on, toute l'année, ses jambes d'un lien de laine qu'on ne détachait qu'à l'époque des Saturnales, fête célébrée surtout par les esclaves, qui se promenaient alors par la ville avec le *pileus* sur la tête, et même, dit-on, prenaient au logis la place de leurs maîtres.

XXX. v. 1. *Sportula nulla datur*. On ne donne plus la sportule, c'est-à-dire, on ne donne plus aux clients la rétribution de ce nom, ni en denrées ni en argent. Domitien l'avait supprimée en rétablissant les repas, *cœnæ rectæ*, qu'elle remplaçait. Voy. l'ép. 7 de ce livre.

XXXI. v. 4. *Sustentatque tuas aurea mensa dapes*. Nic. Heinsius, dans une lettre à Marc Meibomius (*Epist. Syllog. Burmann*. t. ii, p. 822), propose de lire *citrea* au lieu d'*aurea*, parce que, dit-il, il est bien fait mention dans Lampride, *Heliogabal*., de tables d'argent : *Primus mensas et capsas argenteas habuit*; mais nulle part de tables d'or.

v. 6. *Plus habuit Didymus : plus Philomelus habet*. Pour rabaisser l'orgueil d'un Rufinus, riche insolent, Martial lui jette à la tête les noms de deux méprisables parvenus plus riches encore que lui, Didymus et Philomélus. Quant à Didymus, rien ne nous fait savoir si c'est lui que nous retrouvons mentionné l. xii, ép. 43, v. 3, ni s'il est l'efféminé auquel est adressée l'ép. 41 du l. vii. Quel qu'il ait été, le mot *habuit* semble indiquer qu'à l'époque où l'épigramme fut faite, ou il était mort, ou il avait perdu son immense fortune. Quant à Philomélus, il reparaît à la fin de l'ép. 5 du l. iv, où il est aussi nommé comme fournissant l'exemple d'une grande opulence acquise par des moyens plus que suspects. Charles de Valois, sur le v. 92 de la viiᵉ sat. de Juvénal, croit que ce Philomélus était un histrion devenu riche et puissant, et que c'est lui et un de ses pareils appelé Pélopéus que Juvénal, dans ce vers :

Præfectos Pelopea facit, Philomela tribunos,

désigne sous les noms féminins de *Philomela* et de *Pelopea*, par allusion à la mollesse et à la corruption de leurs mœurs. Jusqu'alors on avait pensé que ces deux noms étaient des titres de tragédies, qui, vendues au célèbre comédien Pâris, tout-puissant à la cour, faisaient des préfets et des tribuns.

XXXII. v. 1 et 3. *Num possim vetulam... possum... Possum Hecubam, possum Nioben*. Le verbe *posse*, pris ainsi d'une manière absolue et gouvernant l'accusatif, est une ellipse employée par euphémisme, comme il y en a dans toutes les langues : on sous-entend *futuere*. Horace, Epod. xii, 15 : *Inachiam ter nocte potes*. Nous disons de même en français, *l'impuissance*, pour exprimer l'impuissance *in re venerea*. — *Hécube*, une vieille femme; *Niobé*, une femme mère de plusieurs enfants;

la première fut changée en chienne, la seconde en rocher. Voy. Ovide, *Metam*.

XXXIV. v. 2... *Non es, et es Chione*. Jeu de mot sur le nom de *Chioné*, qui, en grec, signifie *neige*, χιών. Chioné mérite ce nom, puisqu'elle est froide; elle ne le mérite pas, puisqu'elle est noire. Il faut avouer que l'épigramme serait bien froide, à son tour, si ce nom était supposé : il y a donc grande apparence qu'il est réel; on le retrouve dans Juvénal, *Sat*. iii, 136, donné à une courtisane du plus bas étage, et dans sept autres épigrammes de Martial (i, 35, 7, et 93, 6; iii, 30, 4; 83, 2; 88, 1, et 97, 1, et xi, 60), où il est également donné à une créature du même genre; ou plutôt c'est de la même personne qu'il s'agit dans les deux poëtes. L'épithète de *froide*, appliquée à celle dont il s'agit ici, convient du moins on ne peut mieux à une femme dont il est dit dans l'ép. 60 du l. xi, v. 7 et 8 :

At Chione non sentit opus, nec vocibus ullis
Adjuvat : absentem, marmoreamve putes.

XXXV. v. 1. *Artis phidiacæ toreuma clarum*. *Toreuma*, ouvrage fait au ciseau. On appelait *toreutice*, toreutique (du grec τορεύω), l'art de faire ces sortes d'ouvrages, art qui était en grande estime, et dont on regardait le célèbre Phidias comme l'inventeur. Voy. Pline, *Hist. nat*. xxxv, 10.

v. 2. *Pisces adspicis : adde aquam, natabunt*. « Ces poissons, pour nager, n'attendent que de l'eau. » La tournure de ce vers est vive et animée. Toutefois l'hyperbole qu'il contient cesserait d'en être une, s'il était fait d'hier : car on fabrique de nos jours, mais par un autre procédé et avec une autre matière, de petits poissons brillants de diverses couleurs, qui, étant creux intérieurement, se soutiennent sur l'eau et semblent nager. Au moyen d'un peu de fer placé dans leur tête, on les pêche à la ligne avec un hameçon aimanté. C'est un jouet d'enfant.

XXXVI. Cette épigramme énumère quelques-uns des devoirs ou offices des clients envers leur patron, tels que l'obligation où ils étaient d'aller le saluer chez lui dès le grand matin, de suivre ou de précéder sa litière à pied, dans la boue, et de l'accompagner au bain à des heures qui ne leur convenaient pas, et dans des établissements qu'ils ne fréquentaient pas d'ordinaire. Martial se plaint de ce que Fabianus, auquel il rend depuis trente années tous ces offices et dont il se croyait l'ami, les exige de lui comme d'un nouveau client; il lui montre sa toge usée et le prie de lui faire la cour, et se croit en droit d'obtenir enfin son congé, ou, comme nous le dirions, sa pension de retraite.

v. 6... *Agrippa... Titi*... Voy. la note sur le v. 15 de l'ép. 20 de ce livre

v. 10. *Ut nondum credas me meruisse rudem*. La *rudis*, employée ici figurément, était une verge ou épée de bois qu'on donnait aux gladiateurs émérites, qui les dispensait de descendre dans l'arène, et leur donnait le droit d'être nourris aux dépens du public.

XXXVIII. v. 4... *In triplici... foro*. L'ancien forum, le forum de Jules César et celui d'Auguste.

XXXIX. v. 1. *Iliaco...... magistro*, ou *ministro*. Ganymède ou Pâris, tous deux Troyens, tous deux célèbres pour leur beauté. C'est Pâris en lisant *magistro*, mais il faut alors sous-entendre *pecoris*; c'est Ganymède, l'échanson des dieux, en lisant *ministro*. Cette dernière leçon nous semble la meilleure. Martial, l. ii, ép. 43, v. 13, désigne Ganymède par les mots *Iliacus cinædus* :

Grex tuus Iliaco poterat certare cinædo.

XL. v. 1.... *Ter quinquaginta*. Cent cinquante mille sesterces, environ trente mille fr., monnaie actuelle.

XLI. v. 1...... *Mentoris*. Mentor, graveur célèbre, dont il est encore question l. iv, ép. 39, v. 5; viii, 51, 2; ix, 60, 16; xi, ii, 5, et xiv, 93, 2. V. Sillig, *Catalog. artific*.

XLII. v. 1. *Lomento*... Sorte de pommade dont on se servait pour faire disparaître les rides, ou plutôt pour les dissimuler, les cacher.

v. 2... *Tibi ventrem, non mihi labra linis*. Plaute a dit de même, *os sublinere*, pour tromper; expression qui paraît tirée de l'usage où l'on était de frotter de miel les bords d'un vase contenant quelque remède amer qu'on voulait faire prendre à un enfant.

v. 7. *Non dipsas medio perusta sole*. La dipsade, sorte de serpent d'Afrique, dont la morsure excite une soif mortelle : ce qui lui a valu son nom, dont la racine est le grec δίψα, soif.

v. 12. *Ad thermas fugio; sonas ad aurem*. L'Eumolpe de Pétrone était un *recitator acerbus*, comme le *Ligurinus* de Martial et le poète d'Horace; il récitait aussi dans le bain : *Relictoque Eumolpo : nam in balneo carmen recitabat*. Satyric. 92.

XLV. v. 1. *Fugerit an mensas Phœbus cœnamque Thyestæ*... On connaît l'affreux repas que Thyeste fit servir à son frère Atrée, et qui fit reculer d'horreur le Soleil. La haine des deux frères a été le sujet de plusieurs tragédies anciennes et modernes. Racine a fait une belle allusion au festin impie de Thyeste dans son *Iphigénie*, act. v, sc. 4 :

Et toi, Soleil, et toi qui dans cette contrée
Reconnois l'héritier et le vrai fils d'Atrée,
Toi, qui n'osas du père éclairer le festin,
Recule ! ils t'ont appris ce funeste chemin.

XLVI. *Ad Candidum*. Les ép. 24 et 43 du l. II et l'ép. 26 de ce livre portent la même adresse. Rien n'empêche qu'elles ne soient dirigées contre le même personnage; mais le nom paraît supposé.

v. 1.... *Operam... togatam*. Les offices, les déférences que les clients avaient pour leurs patrons, la cour qu'ils leur faisaient. Voy. la note sur l'ép. 36 de ce livre.

v. 5..... *umbone*. *Umbo*, le rond, la partie saillante du bouclier.

v. 8. *Tergeminum sophos*. Une triple salve d'applaudissements. Voy. la note sur le v. 7 de l'ép. 4 du l. I.

XLVII. Cette épigramme devrait être intitulée *De villa Bassi, ad Faustinum*, comme l'ép. 58 de ce livre l'est : *De villa Faustini, ad Bassum*. Il faut rapprocher ces deux pièces, qui roulent sur des maisons de campagne fort différentes l'une de l'autre, et fort bien décrites toutes deux par le poète. L'une, celle de Bassus, située près de la ville, n'était une maison de campagne que de nom; il fallait y porter tout ce que les champs fournissent d'ordinaire; l'autre, celle de Faustinus, située près de Baïes, était, au contraire, un vrai domaine champêtre, une ferme grossière, mais fertile, mais abondante en tout ce que la terre peut produire. On ne sait quel était le Bassus dont il s'agit ici, ni si c'est le même qui figure encore, ép. 76 de ce livre, et l. v, ép. 23 et 53; vi, ép. 69; vii; 96; viii, 10 et 53; ix, 101; xi, 98 et xii, 98. Il y avait à Rome vers ce temps un poète nommé Saleius Bassus, sur lequel M. Wernsdorf a rassemblé tout ce que les anciens nous en ont appris, dans ses *Poët. lat., min.* t. iv, p. 41 et 75, et auquel il attribue le *Carmen ad Pisonem*, que l'on donne ordinairement à Lucain. Quant à Faustinus, voy. la note sur les ép. 26 et 115 du l. I.

v. 1. *Capena... porta*... La porte Capène, dans la première région de Rome; il y avait un aqueduc au-dessus de cette porte, par laquelle on allait à Capoue; on l'appelle aujourd'hui de Saint-Sébastien.

v. 2. *Phrygiæque Matris Almo qua lavat ferrum*. L'Almon, rivière ou ruisseau qui se jette dans le Tibre et qui prenait sa source près de la voie Appienne, laquelle commençait au sortir de la porte Capène. Les prêtres de Cybèle y lavaient leurs instruments de sacrifice.

v. 3. *Horatiorum qua viret sacer campus*. Le champ de bataille où avaient combattu les Horaces et les Curiaces, et où les premiers avaient leurs tombeaux, était situé hors de la ville, près de la porte Capène.

v. 4. *Et qua pusilli fervet Herculis fanum*. Hercule avait un temple ou une chapelle dans la première région de la ville, dans le voisinage de la porte Capène. Le poète l'appelle le *petit Hercule*, suivant les uns, pour flatter Domitien, qui se faisait représenter sous les traits d'Hercule et adorer sous ce nom, et qui est nommé *Hercules major*, l. ix, ép. 65, v. 6. Voy. aussi l'ép. 66 du même livre. Suivant d'autres, l'épithète de *pusilli* se réfère à la petitesse du temple dont il s'agit.

XLVIII. v. 1 et 2. *Pauperis... cellam*... La cabane du pauvre, *cella pauperis*, était, à ce qu'il paraît, un petit édifice ou appartement que les riches faisaient construire à côté de leur maison, et où ils recevaient les pauvres et les gens d'une condition inférieure. Ollus en avait une contiguë à sa maison des champs; mais ayant mangé tout son bien et s'étant vu forcé de vendre ses domaines, il ne lui resta que la *cabane du pauvre*, ou, si l'on veut, *une cabane de pauvre*.

XLIX. v. 1. *Veientana*.... Voy. la note sur le v. 4 de l'ép. 53 du l. II. *Massica*. Voy. la note sur le v. 5 de l'ép. 27 du l. I.

L. Ce Ligurinus est le même personnage qui est l'objet des ép. 44 et 45 de ce livre.

v. 4. *Inter lactucas oxygarumque*. Du temps de Martial, on servait la laitue au commencement du repas, v. l. xiii, ép. 14, ainsi que *l'oxygarum*, sorte de mets ou de sauce composée de *garum* et de *vinaigre*. Le *garum* était une espèce de saumure faite avec les intestins de certains poissons. V. l. xiii, ép. 102.

v. 5 et 6.... *Fercula prima... mensa secunda*. Le premier, le second service.

v. 9. *Quod si non scombris scelerata poemata dones*. Voy. la note sur les v. 2-5 de l'ép. 2 de ce livre.

LI. v. 3.... *Communia balnea*... Les bains des hommes n'étaient pas séparés de ceux des femmes; ils ne le furent que plus tard sous Adrien, au rapport de Dion. Héliogabale autorisa le mélange des deux sexes dans ces sortes d'établissements; mais Alexandre Sévère en rétablit la défense. Voy. Lampride, *in Alex. Sev.* c. 24. Julien rendit une semblable ordonnance. Les canons de l'Église proscrivirent aussi les bains communs.

LII. Juvénal, ami et contemporain de Martial, mais qui écrivit un peu plus tard, paraît avoir voulu imiter cette épigramme dans la sat. III, v. 212-222. Ce sont deux morceaux qu'on peut appeler parallèles, et le P. Vavasseur les rapproche avec raison l'un de l'autre dans son excellent livre *de Epigrammate*, c. 12. Il n'y a nul doute qu'ils ne reposent sur le même fait, et que les noms d'Arturius Persicus et de Tongilianus, qui sont également supposés, ne cachent un seul et même personnage. Ces deux morceaux doivent donc s'interpréter réciproquement et se fournir une mutuelle lumière. On voit qu'il y est question d'un riche propriétaire de Rome qui n'avait point d'enfant, *orborum lautissimus*, dont la maison fut brûlée par un accident très-commun dans les grandes villes, et qui, après cet incendie, devint encore plus riche qu'il n'était auparavant, grâce aux dons intéressés de ces captateurs de successions, dont le nombre était si considérable, et que les anciens aimaient tant à railler; témoin de nombreux passages de Sénèque, Pétrone et Lucien, outre ceux que peuvent fournir Juvénal et Martial. Ces flatteurs, ces prétendus amis de l'incendié, se cotisèrent, ou, comme on le dirait aujourd'hui, ouvrirent en sa faveur *une souscription* qui fut bientôt remplie : ce qui est exprimé par le *collatum est decies* du faiseur d'épigrammes, et par le *conferat impensas* du satirique. Par là, l'incendié, loin d'avoir rien perdu, se vit plus opulent après qu'avant son malheur. D'où nos deux poëtes concluent pareillement qu'on pouvait le soupçonner d'avoir, dans la prévision de ce résultat, mis lui-même le feu à sa maison, sorte d'industrie qui, pour le dire en passant, serait assez semblable à celle de quelques propriétaires de nos jours qui ont eu recours au même moyen, après avoir fait assurer leurs immeubles pour des sommes plus fortes que leur valeur.

v. 1.... *Ducenis*. Deux cent mille sesterces, environ trente-quatre mille fr., monnaie actuelle.

v. 3. *Collatum est decies.* On s'est cotisé en sa faveur jusqu'à un million de sesterces, environ cent soixante-dix mille fr., monnaie actuelle. *Conferre,* c'est contribuer, apporter en commun pour un usage quelconque; c'est ce que nous appelons aujourd'hui *souscrire*. Il est souvent question dans les auteurs, et dans les inscriptions antiques, de monuments, tombeaux, statues, etc., élevés *ex ære collato,* ou *collaticio.*

LIII. v. 5. *Tota te poteram, Chloe, carere.* Dans Molière, Dorine dit à Tartufe, act. III, sc. 2 :

Et je vous verrais nu, du haut jusques en bas,
Que toute votre peau ne me tenterait pas.

LV. v. 1.... *Cosmum...* Voy. la note sur le v. 2 de l'ép. 88 du l. I.

LVIII. Voy. la note sur l'ép. 47 de ce livre.

v. 14. *Nomenque debet quæ rubentibus pennis.* Le phénicoptère, qui dit lui-même, l. XIII, ép. 71 : *Dat mihi penna rubens nomen.* Son nom est, en effet, composé des deux mots grecs : φοίνιξ, pourpre, et πτερόν, aile.

v. 5. *Et impiorum phasiana Colchorum.* Le faisan, qui tire son nom du Phase, fleuve du pays des Colques, aujourd'hui la Mingrélie. Voy. l. XIII, ép. 72. Martial donne aux Colques l'épithète *d'impies,* sans doute à cause de Médée, princesse de ce pays, dont l'histoire est bien connue.

v. 35..... *Sarsinate de silva.* Cette forêt *Sassina* ou *Sarsina* n'est pas connue d'ailleurs. Il y avait bien une ville d'Ombrie, appelée *Sarsina,* qui fut la patrie de Plaute; mais la forêt dont il s'agit ici était proche de Baies.

LIX. Voy. la note sur l'ép. 16 de ce livre.

LX. Nous avons vu, ép. 7 et 30 de ce livre, que Domitien par un édit révoqua l'usage des anciennes distributions connues sous le nom de *sportulæ,* et rétablit les repas de règle, *cœnæ rectæ.* Cette épigramme nous fait voir que les grands de Rome éludèrent cet édit, en faisant servir sur leur table des mets grossiers et de peu de valeur pour leurs clients, et d'autres mets plus exquis pour eux-mêmes.

LXII. v. 1. *Centenis... ducenis.* Cent mille, deux cent mille sesterces, environ vingt mille et quarante mille fr. de notre monnaie.

v. 2. *Quod sub rege Numa condita vina bibis.* Hyperbole. A l'époque où écrivait Martial, il s'était écoulé plus de sept siècles depuis le règne de Numa, second roi de Rome.

v. 3.... *Decies...* Un million de sesterces, environ deux cent mille fr. de notre monnaie.

v. 4. *Millia quinque.* Cinq mille sesterces, environ mille fr. La livre d'argent ne pouvait coûter à Quintus un pareil prix qu'à raison de la main-d'œuvre.

v. 5.... *Carruca...* Sorte de char, dont le nom semble être la source étymologique de notre mot *carrosse.*

LXIII. Cette épigramme nous offre le portrait du petit-maître antique, et tel qu'il était à Rome du temps de Martial.

v. 5. *Cantica qui Nili, qui Gaditana susurrat.* Les chants du Nil et ceux de Cadix étaient alors à la mode. Le petit-maître romain les fredonnait, comme celui de Paris fredonne la romance ou l'ariette nouvelles.

v. 7.... *Femineas... cathedras.* Les sièges sur lesquels s'asseyaient les dames romaines. *Desidere inter cathe-* *dras femineas,* était une expression analogue à celle du XVIIe siècle, *fréquenter les ruelles.*

v. 8. *Qui scit, quam quis amet...* Qui sait ce que nous appelons *la chronique scandaleuse.*

v. 12. *Hirpini veteres qui bene novit avos.* Qui connaît la généalogie d'Hirpinus, cheval du cirque, qui avait souvent remporté des prix. Voy. Juvénal, VIII, 61.

v. 14. *Res prætricosa.* Le mot *tricæ* semble être le principal élément de celui de *prætricosa.* Voy. la note sur le v. 2 de l'ép. 104 du l. I.

LXIV. Sur Canius Rufus, voy. l. I, ép. 62 et 70; et ép. 20 de ce livre.

LXV. Voy. la note sur l'ép. 54 du l. VI.

LXVI. Contre Marc-Antoine le triumvir, l'ami de César et le meurtrier de Cicéron. Martial le compare à Pothinus, le meurtrier de Pompée, et trouve le crime de Pothinus moins odieux que celui d'Antoine, en ce que ce dernier agit dans son propre intérêt et de son propre mouvement, tandis que le premier avait une sorte d'excuse dans l'obéissance qu'il croyait devoir aux ordres du roi Ptolémée son maître.

LXVII. v. 10. *Non nautas puto vos, sed Argonautas.* Jeu de mots sur *Argonautes,* que le poëte dérive par plaisanterie d'ἀργός, paresseux, et de ναύτης, nautonnier. Les *Argonautes,* Jason, Thésée, Hercule, etc., étaient, comme on sait, les héros qui allèrent en Colchide faire la conquête de la toison d'or; le vaisseau qui les portait s'appelait *Argo*; d'où leur nom.

LXVIII. v. 7... *illam.* Le nom sous-entendu est dans le v. 2 de l'ép. suivante.

v. 8. *Quam recipit sexto mense superba Venus.* Le mois d'août ou d'Auguste était le sixième mois, parce que l'année commençait au mois de mars; et pour cette raison on l'appela d'abord *sextilis.* Le 7 des calendes de ce mois, on portait en grande pompe le phallus au temple de Vénus, hors de la porte Colline, et on le plaçait sur le sein de la déesse. Voy. Alex. ab Alex. *Gen. d.* III, 18.

v. 9. *Custodem medio statuit quam villicus horto.* Le dieu Priape, gardien des jardins, dont on connaît la figure.

LXIX. L'ép. 77 du l. II est contre ce même Cosconius qui trouvait les épigrammes de Martial trop longues, et qui lui-même faisait de longs distiques.

LXXII. Juvénal, *Sat.* VI, 320, parle de cette impudique que les MSS. de ce poëte nomment tantôt *Laufeia,* tantôt *Laufella,* tantôt *Saufeia.* La même variété de leçons est reproduite dans les différentes éditions de Martial.

v. 1.... *Nec vis mecum, Laufeia, lavari.* Voy. la note sur le v. 3 de l'ép. 51 de ce livre.

LXXIII. v. 1. *Dormis cum pueris mutoniatis.* La première syllabe de *mutoniatus* semblerait devoir être longue, comme elle l'est dans *muto,* d'après trois ou quatre exemples que nous avons de l'emploi de ce mot par les anciens poëtes, et notamment par Horace, *Sat.* I, 2, 68. C'est sans doute pour le besoin de la mesure que Martial, en cet endroit et l. XI, ép. 63, v. 2, et l'auteur des Priapées, *carm.* 53, font cette syllabe brève.

v. 5. *Sed rumor negat esse te cinædum.* Le mot *rumor* n'est pas employé ici sans dessein; sans perdre le sens qui lui est propre, il fait allusion au verbe *irrumor,* qui exprimait l'horrible outrage auquel se soumettait volontairement le héros de cette pièce. On retrouve la même allusion, v. 2, ép. 80, et v. 1, ép. 87 de ce livre, et peut-être aussi v. 6 de l'ép. 75 du l. II.

LXXIV. v. 1. *Psilothro faciem lævas... Le psilothrum* était un onguent dépilatoire dont Pline nous a conservé la recette, XXIV, 9 : *Amerinæ nigræ semen cum spuma argenti pari pondere a balneo illitum, psilothrum est.* Voy. aussi XXII, 1. *Et dropace calvam. Le dropax,* autre drogue dépilatoire, que Martial mentionne encore l. x, ép. 65, v. 8.

v. 4. *Resina, Veneto nec resecare luto*. Le *lutum venetum* était un mélange de terre de Chypre et de vinaigre, qui servait aussi à épiler.

LXXV. v. 3... *Erucæ*... La roquette passait chez les anciens pour un puissant aphrodisiaque. Martial la désigne ailleurs, l. x, ép. 48, v. 10, par les mots *herba salax*. Columelle, *de Cult. hort.* 108 :

Et quæ frugifero seritur vicina Priapo,
Excitet ut Veneri tardos eruca maritos.

Bulbique. Martial cite encore les bulbes, l. xiii, ép. 34, comme propres à produire le même effet que la roquette. C'était une espèce d'oignons dont les meilleurs venaient de Mégare. Columelle, *loc. cit.* v. 107.

v. 4. *Satureia*... Comme ce mot, employé aussi par Ovide, *de Art. am.* ii, 415, est un pluriel neutre, il y a quelque apparence qu'il ne désigne pas la même plante que Pline et Columelle appellent du nom féminin *satureia, æ*, d'autant plus qu'ils n'attribuent à cette dernière aucune vertu aphrodisiaque. Peut-être faut-il lire *satyrea*, comme le soupçonne Micyllus *ad Ovid. loc. cit.*, et y voir une composition dans laquelle entrait le *satyrion*, sorte d'herbe, dont Pline, *H. N.* xxvi, 10, 62, dit : *Concitatricem vim habet*, et dont Pétrone, *Satyric.* 8, parle dans le même sens : *Adeo ubique omnes mihi videbantur satyrion bibisse.*

v. 8. *Quæ non stat.* Il y a là un jeu de mots fondé sur deux acceptions du verbe *stare* : être droit et coûter. *Non stat* et *magno stat*. Dans le premier sens nous disons en français *être en état*. Bussy-Rabutin, lettre à madame de Sévigné du 26 juin 1672 : « Que les jeunes filles croyoient que les hommes étoient toujours en état. »

LXXVI. v. 4. *Quum possis Hecubam, non potes Andromachen*. Voy. la note sur les v. 1 et 3 de l'ép. 32 de ce livre. *Hécube*, une vieille femme; *Andromaque*, une jeune femme, antonomase.

LXXVII. v. 8. *Resinata bibis vina*. Des vins qui sentent la résine. Voy. Pline, *H. N.* xxiii, 1. *Falerna*. V. l. i, ép. 19, v. 1.

v. 10. *Saprofagis*. Ce mot est formé des mots grecs σαπρὸς, *putridus*, et φάγω, *edo*, et veut dire : *putrida edis*.

LXXVIII. Ce Paullinus est-il celui de l'ép. 14 du l. ii, v. 3 et 4, qui avait les pieds d'Achille?

v. 2. *Jam Palinurus eris*. Le nom du fameux pilote Palinure, célébré par Virgile, aurait une étymologie singulière, s'il était formé des deux mots grecs : πάλιν, *rursus*, et οὐρέω, *meio*, qui n'ont aucun rapport avec ce que nous savons du personnage. Martial profite ou plutôt abuse de cette origine prétendue pour dire à celui auquel s'adresse ce distique : *Minxisti. Meie iterum, et eris Palinurus.* «..... Et de Paullinus que tu es, tu deviendras Palinurus. » Il y a aussi, comme on le voit, une légère allitération entre les deux noms : ce qui n'ajoute pas beaucoup de sel à une épigramme qui n'en a guère sans cela.

LXXX. v. 2. *Rumor ait linguæ te tamen esse malæ*. Voy. la note sur le v. dernier de l'ép. 63 de ce livre.

LXXXII. v. 2. *Summœnianas.. uxores*. Les épouses du *summœnium* l'étaient de tout le monde, moyennant salaire compétent. Les mêmes femmes sont appelées du même nom l. xii, ép. 32, v. 22 :

Summœnianæ qua pilantur uxores.

Nous avons vu ce que c'était que le *summœnium*, l. i, ép. 35, v. 6, et l. ii, ép. 17, v. 1.

v. 13 et 14. *Percurrit agili corpus arte tractatrix*, etc. Ces deux vers expriment fort bien une espèce d'opération que les voluptueux de Rome se faisaient faire, et qui est encore en usage dans quelques parties de l'Orient. Au sortir du bain ou dans le lit, des esclaves de l'un ou de l'autre sexe les pressaient, étiraient, frictionnaient leurs membres. Ces esclaves s'appelaient *tractatores* et *tractatrices*. On se servait, pour désigner l'action de leur art ou de leur métier, du verbe *tractare*, ou de celui de *malaxare* ou *malacissare* (*corpus* ou *artus*), tiré du grec μαλακίζειν, amollir, et d'où dérive par syncope notre mot *masser*, à moins qu'il ne vienne de μάσσειν, palper, pétrir. Sénèque, *Epist.* 66, *sub fin.* : *An potius optem, ut malacissandos artus exoletis meis porrigam*, etc.

v. 24. *Opimianum... nectar*. Voy. la note sur le v. 7 de l'ép. 27 du l. i.

v. 25... *Myrrhinisque*. Voy. la note sur le v. 2 de l'ép. 26 de ce l.

v. 26... *Cosmianis... ampullis*. Voy. la note sur le v. 2 de l'ép. 88 du l. i.

v. 29. *Septunce multo...* Le *septunx* comprenait sept onces du *sextarius*, divisé comme l'as en douze onces ou parties.

v. 32. *Hos Malchionis patimur improbi fastus*. Ce nom de *Malchion* est sans doute supposé, et tiré du grec μαλακὸς, *mollis* ; il rappelle celui de *Trimalchion*, personnage du même genre, qui joue un grand rôle dans la satire de Pétrone, où Martial l'a peut-être pris, en l'abrégeant d'une syllabe pour le faire entrer dans son vers.

LXXXIII. *Fac mihi quod Chione : non potui brevius*. Ce que Chioné faisait à ses amants et ce que Martial voulait que Coclès lui fît, on l'apprend d'autres épigrammes, telles que la 87e et la 98e de ce l. Elle avait « une mauvaise langue, » *fellabat*. Cela ne pouvait se dire en moins de mots et devait satisfaire un ami de la brièveté. Du reste, cette Chioné, courtisane effrontée et du plus bas étage, mais très-connue, mentionnée aussi par Juvénal, iii, 136, revient fréquemment dans les vers de Martial. Voy. notamment l. i, ép. 35, v. 7; ii, 30 et 34; xi, 60, etc.

LXXXV. v. 4. ... *Sui... Deiphobi*. Antonomase. Déiphobe est connu par ces vers de Virgile, *Æn.* xi, 494 :

Ora manusque ambas, populataque tempora raptis
Auribus, et truncas inhonesto vulnere nares.

C'est, comme on le voit, à la dernière mutilation qu'indique ce passage que Martial fait allusion.

LXXXVI. v. 3.. *Panniculum... Latinum*. Voy. les notes sur le v. 5 de l'ép. 5 du l. i et sur les v. 3 et 4 de l'ép. 72 du l. ii.

LXXXVII. Sur Chioné, voy. la note sur l'ép. 83 de ce livre.

v. 1. *Narrat te rumor....* Voy. la note sur le v. d^{er} de l'ép. 63 de ce livre.

LXXXIX. v. 2. *Nam faciem, durum, Phœbe, cacantis habes*. Suétone, *in Vespas.* 20, donne à Vespasien un visage semblable : *vultu veluti nitentis*.

Vult, non vult dare. Dare est pris ici dans le double sens qu'il a, de *se donner*, sui copiam facere, et de *donner de l'argent*, pecuniam dare. On trouve le même jeu de mots l. vii, ép. 74.

XCI. Récit d'un événement qui méritait peu d'être transmis à la postérité, et que ne relève pas assez le calembour : *pro cervo — pro servo*.

Nupturire. Ce mot, qui du manuscrit de Cagnerius a passé dans les nouvelles éditions, est, à ce qu'il paraît, un verbe de la façon de Martial, mais qu'on retrouve dans Apulée, *Apol.* : *Sponte eam diceres jam olim nupturisse*.

v. 21. *Thalassionem...* Voy. la note sur les v. 6 et 7 de l'ép. 36 du l. i.

v. 22. *Philomelus*.. Voy. la note sur le v. 6 de l'ép. 31 de ce livre.

v. 24. *Sternatur a Coricle clinico lectus.* Sur le sens du mot *clinicus*, voy. l. i, ép. 31.

XCV. v. 2. *Quod prior et corvus dicere sæpe solet.* Pour comprendre ce vers, il suffit de se rappeler qu'on enseignait aux corbeaux à dire : *Ave*, je vous salue. Voy. l. xiv, ép. 74.

v. 5. ... *Cæsar uterque.* Titus et Domitien.

v. 6. *Natorumque dedit jura paterna trium.* Voy. les notes sur les ép. 91 et 92 du l. ii.

v. 9 et 10. ... *Vidit me Roma tribunum, Et sedeo qua te suscitat Oceanus.* Martial fut fait chevalier et tribun par la faveur du prince; il y a grande apparence qu'il ne possédait pas le cens équestre : il nous apprend lui-même qu'il était pauvre. La double qualité de tribun et de chevalier lui donnait le droit de s'asseoir dans les quatorze bancs du théâtre réservés pour les citoyens revêtus de ces dignités. Océanus était un inspecteur chargé de désigner la place qui appartenait à chacun, et de l'empêcher d'en prendre une autre. Martial nomme aussi un Lectius qui avait le même emploi. Voy. l. v, ép. 14, v. ult; 23, 4; 25, 2; 27, ult., et 35, 5.

XCVI. v. 3. ... *Tacebis.* Je te fermerai la bouche. On comprendra le sens infâme de cette menace, en se rappelant celles de Catulle à Aurélius et à Furius, *carm.* 16 :

Pædicabo ego vos, et inrumabo.

XCIX. Voy. la note sur l'ép. 16 de ce livre.

C. v. 4. *Non aliter mitti debuit iste liber.* Ou afin que la pluie l'efface, ou afin qu'elle le lave de ses impuretés.

LIVRE IV.

I. Le jour anniversaire de la naissance de Domitien, que Martial célèbre ici, était le 9 des calendes de novembre (24 octobre). Suétone, *in Domit.* 1.

v. 3. *Pylioque veni numerosior ævo.* L'âge pylien, c'est l'âge de Nestor, roi de Pylos. On sait qu'il vécut trois âges d'hommes, que les uns évaluent à 90 ans, et les autres à trois siècles.

v. 8. *Terentus.* Voy. la note sur le v. 2 de l'ép. 70 du l. i.

II. v. 2 et 6. *Nigris..... Albis... lacernis.* Les Romains assistaient d'ordinaire vêtus de blanc aux jeux de l'amphithéâtre. A un de ces spectacles où l'empereur était présent, costumé suivant l'usage, l'Horatius de notre épigramme était seul vêtu de noir; mais, heureusement pour lui, il tomba une neige abondante qui sauva son incongruité, en faisant paraître son habit aussi blanc que l'était celui de tous les autres spectateurs. — La *lacerne* était une espèce de surtout ou de manteau qu'on mettait par-dessus la toge. Voy. la note sur le v. 7 de l'ép. 93 du l. i. C'était dans le principe un vêtement militaire : l'usage s'introduisit de le porter en ville, et principalement au théâtre, pour se mettre à l'abri du froid et des autres injures du temps. Voy. l. xiv, ép. 137.

III. v. 1. *Tacitarum vellus aquarum.* Cette métaphore qui exprime la neige est la même que celle du Psalmiste, 147, 16 : *Qui dat nivem sicut lanam.*

v. 3. *Sidus Hyperborei.... Bootæ.* La constellation du Bouvier, voisine du pôle arctique.

v. 4. *Helicen.* — La grande Ourse, appelée *Helice* (du grec ἑλίσσω, *volvo*, parce qu'elle tourne autour du pôle arctique). On supposait que cette Hélice avait été la nourrice de Jupiter, et que ce dieu l'avait placée parmi les astres.

v. 8. *Suspicor lus pueri Cæsaris esse nives.* L'enfant César est ici le fils que Domitien avait eu de Domitia Augusta, et qu'il avait récemment perdu et fait mettre au rang des dieux. Le poète ne veut pas que la neige tombant pendant le spectacle dont il parle soit regardée comme un effet de la colère de Jupiter; mais il soupçonne que c'est un jeu, une espièglerie du fils de l'empereur.

IV. On peut comparer cette épigr. contre Bassa avec celle contre Thaïs, vi, 93, où il y a également une longue énumération des plus détestables odeurs, et une conclusion presque semblable.

v. 2. *Crudarum nebulæ quod Albularum.* Les brouillards ou plutôt les vapeurs qui s'élevaient des eaux appelées *Albulæ*, près de Tibur, aujourd'hui *Bagni di Tivoli*.

v. 5. *Lassi bardiacus.* Ce passage offre dans les manuscrits une foule de variantes. Quelle que soit celle qu'on adopte, il n'en reste pas moins obscur.

v. 7. *Quod jejunia sabbatariorum.* Les jeûnes des observateurs du sabbat, des Juifs. La cause pour l'effet : ces jeûnes rendaient leur haleine fétide.

v. 10. *Quod ceromata fæce de Sabina.* Le *ceroma*, onguent composé de cire et d'huile, dont les lutteurs enduisaient leur corps pour le fortifier. La *lie Sabine* était sans doute une huile de mauvaise qualité, et qui communiquait au *ceroma*, quand on la faisait entrer dans sa composition, une très-mauvaise odeur.

V. v. 2. *Quid tibi vis, urbem....* Qu'aller faire dans cette ville dont Pétrone parle ainsi sous le nom de Crotone : *Quoscumque homines in hac urbe videritis, scitote in duas partes esse divisos, nam qui captant aut captantur,* ou dont on pouvait dire ce que Boileau a dit de Paris, *Sat.* i, 129 d'après Juvénal, parlant aussi de Rome, *Sat.* iii, 41.

v. 5. *Nec potes uxorem..* V. Boileau, même sat. v. 53.

v. 8. *Plaudere nec Cano, plaudere nec Glaphyro.* Canus, célèbre joueur de flûte (*choraules*), auquel Galba, au rapport de Suétone, dans sa vie, c. 12, fit après l'avoir entendu avec beaucoup de plaisir, le don dérisoire de cinq deniers qu'il avait tirés de sa bourse particulière. Glaphyrus, autre musicien (*citharœdus*) célèbre aussi à cette époque: il est cité par Juvénal, *Sat.* vi, 76.

v. 10.... *Nunquam sic Philomelus eris.* Sur Philomélus, v. la note sur le v. d⁰ʳ de l'ép. 31 du l. iii. Boileau, Sat. i, 111, en imitant ce passage (ce qu'aucun de ses commentateurs n'a relevé), a substitué à Philomélus l'Angéli, fou *en titre d'office* à la cour de Louis xiii, qui fit une grande fortune :

Et l'esprit le plus beau, l'auteur le plus poli
N'y parviendra jamais au sort de l'Angéli.

VI. v. 4 et 5. *Quum qui compositos metro Tibulli In Stellæ recitat domo libellos.* On a conjecturé quelque part que le poète dont il s'agit ici était Nerva, qui depuis fut empereur.

VIII. Cet Euphémus paraît avoir été le maître d'hôtel de Domitien, d'après le v. 8 :

Temperat ambrosias quum tua cura dapes.

La pièce est curieuse en ce qu'elle nous apprend l'emploi habituel des heures de la journée chez les Romains. On sait que le jour se composait de douze heures depuis le lever du soleil jusqu'à la nuit. Le poète les passe en revue l'une après l'autre depuis la première jusqu'à la dixième, qui est celle qui suit le repas, ou plutôt celle du dessert, et qu'il conjure Euphémus de choisir pour offrir ses vers à l'empereur.

IX. Cette petite pièce roule sur un jeu de mots qui ne peut se traduire : Fabulla est la fille du médecin *Sota*, dont le nom semble dérivé du grec σώζω, *je sauve, je conserve*; et cependant cette même Fabulla, qui a abandonné son mari pour suivre Clitus son amant, prodigue à celui-ci et son amour et ses richesses, de façon que le poète croit pouvoir lui dire : ἔχεις ἀσώτως, ce qui signifie en même temps, *tu ne te conduis pas en fille de Sota*, et *tu te conduis en prodigue, en débauchée, en femme perdue*.

X. Sur Faustinus, v. les notes sur les ép. 24 et 115 du l. I.

v. 1.... *Neque adhuc rasa mihi fronte libellum.* V. la note sur le v. 10 de l'ép. 67 du l. 1.

v. 6. *Spongia Punica*, une éponge punique. Pline, H. N., IX, 45, fait mention des éponges africaines, qui se forment dans les Syrtes. Les anciens se servaient de l'éponge pour effacer les caractères tracés sur le parchemin, ou sur les tablettes de papyrus, dont ils usaient pour écrire leurs premières pensées. D'où la plaisanterie d'Auguste rapportée par Suétone, c. 85, et par Macrobe, *Saturn.* II, 4 : il avait commencé une tragédie d'Ajax, mais mécontent de ce qu'il avait fait, il l'avait effacée. Lucius lui demanda où en était son Ajax : Il s'est jeté, dit-il, sur une éponge. » *Ajax in spongiam incubit.* C'était comme s'il eût dit en notre langue : « Il s'est passé une éponge à travers le corps. » Elle lui a tenu lieu d'épée. Quand on employait, au lieu de parchemin ou de papyrus, les tablettes enduites de cire, le stylet avec lequel on écrivait, en le renversant, servait à effacer ce qu'on voulait retrancher. C'est ce que fait entendre le fameux conseil d'Horace, *Sat.* I, 10, 72 : *Sæpe stylum vertas.*

XI. Lucius Antonius Saturninus, contre lequel cette épigramme ou plutôt cette invective est dirigée, venait d'exciter un soulèvement dans l'Allemagne supérieure, où il avait un commandement. Suétone, *in Domit.* c. 6, nous apprend que Domitien étouffa cette révolte avec un bonheur singulier, et sans sortir de Rome. Au moment du combat, le Rhin débordé tout à coup empêcha les troupes des Barbares de venir se joindre à celles d'Antonius : il fut battu, et les présages de cette victoire en précédèrent la nouvelle. Le jour même de la bataille, un gros aigle vola autour de la statue de l'empereur en poussant des cris de joie, et peu de temps après, le bruit de la mort d'Antonius se répandit : plusieurs même prétendaient avoir vu apporter sa tête. Il fut tué, suivant Xiphilin, par Lucius Maximus ; suivant Aurélius Victor, par Urbanus Appius.

v. 1.... *Vano tumefactus nomine...* Fier de porter le nom d'Antoine le triumvir.

v. 2. *Et Saturninum te, miser, esse pudet.* Le nom de *Saturninus*, dont Lucius Antonius ne se glorifiait pas, avait été celui d'un tribun séditieux, Lucius Apuléius Saturninus, qui fut tué l'an de R. 645.

v. 3... *Parrhasia... sub ursa.* Dans la Germanie, qui est du côté de l'ourse Parrhasienne, c'est-à-dire, du septentrion.

v. 4.... *Phariæ... conjugis...* De Cléopâtre, reine d'Égypte, qu'Antoine épousa. Pharos était une ville d'Égypte, située dans une île près d'Alexandrie. C'est là qu'était le fameux phare.

v. 6... *Actiaci,.. freti.* Antoine fut défait par Auguste, dans un combat naval, vers le promontoire d'Actium.

v. 8... *Arctois... aquis.* Aux eaux septentrionales, aux fleuves de la Germanie.

v. 10. *Qui tibi collatus, perfide, Cæsar erat.* Perfide, cet Antoine dont tu portes le nom, comparé à toi, était ou valait un César ; il te surpassait autant qu'Auguste le surpassa lui-même.

XIII.... Cette pièce est consacrée à célébrer les noces de Pudens et de Claudia. Voyez ce que nous avons déjà dit de l'époux sur l'ép. 32 du l. I. Quant à l'épouse, c'est apparemment la Claudia Rufina de l'ép. 53 du l. XI, qui était née dans la Grande-Bretagne, mais digne d'être Romaine, et douée d'une grande beauté. On trouve, au sujet de cette épigramme, sur Pudens et sur sa biographie, une note curieuse de M. Weichert dans ses *Poet. lat. Hostii, Lævii,* etc. *reliquiæ*, p. 253-5. M. Weichert y cite la singulière opinion de ceux qui ont pensé que ce personnage et la Claudia qui fut sa femme étaient les mêmes que mentionne S. Paul, *ad Timoth.* II, 4, 21, où on lit : *Salutant te Eubulus, et Pudens, et Linus, et Claudia, et fratres omnes,* et qui ont conclu de ce passage que Martial ne fut pas étranger à la religion chrétienne (voyez *Colomesii Keimelia litt.,* c. 12). Puis il passe à une conjecture de M. Osann, qu'il trouve des plus ingénieuses. M. Osann, dans une dissertation insérée *Annal. philol. et pædag.* de Jahn, vol. VIII, p. 65 et suiv., 1828, croit que le Pudens de Martial n'est autre que le *Nardus poeta Pudens* d'une inscription de Gruter, p. MCXVIII, 6, et le *L. Valerius Pudens* d'une autre inscription du même, p. CCCXXXII, 3, qui fut couronné, à l'âge de treize ans, dans un concours de poésie des jeux capitolins, et auquel sa patrie, la ville d'Histonium (aujourd'hui *Guasto d'Amone*) fit élever une statue (voyez Baillet, *Enfants célèbres, Romains,* n° 9) ; il fait voir que cette identité est confirmée, soit par la chronologie, soit par un mot de notre épigramme, v. 3, où il est fait une élégante allusion au nom de *Nardus : Miscentur cinnama nardo.* Nous renvoyons, pour les détails, à la note de M. Weichert.

v. 1. *Peregrina*. Était-ce le surnom de Claudia, ou une épithète signifiant qu'elle était étrangère ? Cette seconde conjecture est la plus probable, si l'on admet, comme il y a lieu de le faire, que cette dame est la Claudia Rufina de l'ép. 53 du l. XI, qui était née en Bretagne :

Claudia cæruleis cum sit Rufina Britannis
Edita.................

Le Rufus auquel est adressée l'épigramme, objet de cette note, était peut-être son père : d'où le nom de *Rufina* qu'elle portait.

XIV. Caïus Silius Italicus, auteur d'un poëme sur la seconde guerre punique (*de Bello punico secundo,* lib. XVII) qui est parvenu jusqu'à nous, et auquel Martial fait allusion dans les premiers vers de cette épigramme. Il est encore mentionné, toujours avec de grands éloges, l. VI, ép. 64, v. 10, VII, 63, XVIII, 66, et VI, 51. Voyez Pline le Jeune, *Epist.* III, 7. On trouve sur ce poëte un bon article de M. Tabaraud dans la *Biogr. univ.* Martial lui envoie son recueil d'épigrammes dans le temps des Saturnales, et, en faveur de ce temps de réjouissance et de liberté, réclame de l'indulgence pour ses gravelures.

v. 13 et 14. *Sic forsan tener ausus est Catullus Magno mittere passerem Maroni.* Catulle est un peu plus ancien que Virgile, et n'a pu lui envoyer sa pièce du Moineau. Martial sauve cet anachronisme par le mot *forsan.* Schrevélius le fait disparaître encore mieux, en proposant de lire : *ausus et Catullus,* ce qui signifierait : « Ainsi le tendre Catulle eût osé peut-être envoyer son moineau au grand Virgile. » On voit que Martial compare Silius à Virgile, et se compare lui-même à Catulle.

XV. v. 1 et 6. *Mille... nummos..... Millia quinque...* Mille sesterces, environ 200 fr., monnaie actuelle. Cinq mille sesterces, environ 1000 fr.

XVII. v. 1. *Lyciscam...* Nom grec tout à fait convenable à une courtisane, puisqu'il signifie *petite louve.* Messaline, se prostituant *aux portefaix de Rome,* avait emprunté le bouge et le nom d'une fameuse courtisane de son temps ainsi appelée :

Tum nuda Papillis
Prostitit auratis titulum mentita Lyciscæ.
JUVÉNAL, *Sat.* VI, 122.

La *Lycisca* dont il s'agit dans cette épigramme était du genre des femmes impudiques que les anciens nommaient *fellatrices, a fele.* V. la note, l. II, ép. 73.

XVIII. On peut comparer cette épigramme avec la LXXI° de Philippe de Thessalonique et la XII° de Statyllius Flaccus (Brunck. *Anal.* t. II, p. 231 et 264), traduites ou imitées en beau latin par Germanicus César (*Anthol. lat.,* t. II, p. 62).

v. 1. *Qua Vicina pluit vipsanis porta columnis*. La porte Capène, voisine du portique d'Agrippa, V. l. III, ép. 47, v. 1. Ant. de Rooy lit *vipsaniis*, et pour conserver la mesure, contracte les deux dernières syllabes en une seule. V. la note sur le v. 3 de l'ép. 109 du l. I.

XIX. Le vêtement appelé *endromis*, du grec ἐν τῷ δρόμῳ, était une espèce de manteau épais et grossier, dont se servaient les Grecs et surtout les Lacédémoniens, et, à leur exemple, les Romains, pour ne pas prendre froid après les exercices gymnastiques. L'endromide que Martial envoie par cette pièce à un ami était d'une étoffe tissue dans la Séquanie, c'est-à-dire dans le pays où la Seine (*Sequana*) prend son cours, dans la Bourgogne.

v. 5. *Seu lentum ceroma teris...* Le *ceroma* était un mélange de cire, d'huile et de poussière dont les lutteurs se frottaient le corps. Voy. la note sur le v. 10 de l'ép. 4 de ce l.

Tepidumve trigona. Le *trigon* était un jeu de paume, dans lequel les joueurs, au nombre de trois, occupaient chacun l'une des extrémités d'un triangle. Voy. l. XIV, ép. 46.

v. 6... *Harpasta*... L'*harpastum* était aussi une espèce de paume, un peu plus grande que la *pila trigonalis*. Voy. l. XIV, ép. 48.

v. 7. *Plumea laxi pondera follis*. Le *follis*, ballon enflé d'air, léger comme la plume, qu'on lançait avec le poing, et qui était aussi un jeu usité dans l'antiquité. Voy. l. XIV, ép. 47.

v. 8. *Sive levem cursu vincere quæris Atham*. Cet *Atha* ne nous est pas connu d'ailleurs : c'était quelque coureur alors célèbre.

v. 11. *Nec sic in Tyria sindone tutus eris*. Pollux, *Onomast.* VII, 16, dit que la *sindon* était un vêtement égyptien, une espèce de manteau qu'on appelait de son temps *dicrosson*, c'est-à-dire à double frange. Il paraît qu'on en fabriquait à Tyr.

XXII. Cette *Cleopatra*, avec son nom grec, fut-elle la femme de Martial, comme l'annonce le titre qu'on met ordinairement à cette épigramme? On sait que ces titres ne sont pas du poète. N'est-ce point le *marito* du v. 1, qui a fait illusion aux éditeurs qui les ont composés? Or, le mot *maritus* s'emploie souvent au figuré pour désigner un amant, comme ceux de *nuptiæ*, *nubere*, *uxor*, etc., se trouvent fréquemment, dans les poëtes, appliqués aussi à des unions illégitimes. Il serait facile d'en citer des exemples, même dans notre auteur. Il faudrait donc retrancher cette pièce du nombre de celles qu'on allègue pour prouver que Martial a été marié. Voy. du reste ce qui a été dit sur ce sujet dans la note sur l'ép. 92 du l. II.

XXIII. Il y a lieu de penser, avec les interprètes de Martial et de Pline le jeune, que ce Brutianus est le Lustricus Brutianus que le second de ces auteurs, *Epist.* VI, 22, nous représente comme un homme excellent et intègre. Martial lui accorde un grand talent en poésie, puisque, pour ses vers grecs, il le met au-dessus de Callimaque, et qu'il demande à Thalie l'honneur d'être placé immédiatement après lui, s'il veut s'exercer dans la poésie latine.

v. 4... *Callimachus*. Callimaque, poëte né à Cyrène, fleurit en Égypte dans la 125ᵉ olympiade. Il vécut du temps de Ptolémée Philadelphe, dont il fut l'ami. Il écrivit des épigrammes, des élégies et des hymnes grecs.

XXV. *Altinum*, ville d'Italie, qui fut détruite par Attila, et dont il reste une tour appelée *Altino*, sur la mer Adriatique, entre Padoue et Concordia, dans l'état de Venise. Suivant Strabon, sa position était semblable à celle de Ravenne. Martial en fait la rivale de Baïes, et vante une forêt voisine, située sur le Pô, et où les poètes ont supposé qu'eut lieu la chute de Phaéton. *Aquileia*, Aquilée, autre ville d'Italie, jadis considérable et florissante, ruinée aussi par Attila, remplacée par un petit bourg sous le nom d'*Aquilegia*, dans le Frioul.

v. 3 et 4. *Quæque Antenoreo... sola*.... Anténor, échappé de Troie, vint fonder près de l'embouchure du Pô la ville de Padoue. Le pays appartenait aux Eugänéens qui habitaient au couchant des Vénètes. Laurent Pignorius, *Epist. symbol.* 14, veut que *Sola* soit le nom du lac qui est au pied d'une colline de ce territoire, et que ce lac soit celui que les indigènes nomment maintenant *la Solana*.

v. 5... *Ledæo... Timavo*. Le *Timavus*, fleuve célèbre chez les poètes, qui coulait dans cette localité. Il avait sept sources et se jetait par une seule embouchure dans la mer Adriatique. Castor et Pollux, fils de Léda, traversèrent, dit-on, ce fleuve avec les Argonautes. Voy. Pline, H. N., III, 18.

v. 6. *Hic ubi septenas Cyllarus hausit aquas*. *Cyllarus* est le nom du cheval de Castor. Le poëte suppose que ce cheval accompagnait son maître, et qu'ainsi il put boire dans les sept sources du Timave.

XXVI. v. 3. *Tricenos... bis; vicenos ter... nummos*. Soixante sesterces, environ 12 fr., monnaie actuelle.

XXVIII. v. 2. *Hispanas, Tyriasque, coccinasque*. Sous-entendez *lacernas*. Celles de Tyr étaient de laine teinte en pourpre. Les *coccinæ* étaient de couleur écarlate. Les *Hispanæ* avaient leur couleur naturelle et n'en étaient pas moins estimées; elles venaient des bords du Bétis.

v. 3. *Et lotam tepido togam Galeso*. Le *Galèse*, tant chanté par les poètes, à qui ce nom paraissait harmonieux, fleuve qui arrosait la ville de Tarente. Voy. la note sur le v. 3 de l'ép. 43 du l. II.

v. 5. *Et centum dominos novæ monetæ*. Cent pièces de la nouvelle monnaie : elles sont appelées ici *dominos*, parce qu'elles étaient au type de l'empereur. Domitius Calderinus les nomme des *Flaviens*, comme ayant été frappées par les empereurs de la famille de ce nom, Vespasien, Titus et Domitien.

v. ult. *Nudam te statuet tuus Lupercus*. La pointe est ici dans la double signification du nom de *Lupercus* que portait l'amant de Chloé; car ce nom désignait aussi les prêtres du dieu Pan : or, ces prêtres, institués par Évandre ou par Romulus, étaient dans l'usage de courir tout nus, à l'époque des Lupercales, dans les rues de Rome, frappant avec des lanières de peau de bouc les femmes qu'ils rencontraient, et dont la plupart offraient volontiers leurs mains à ces coups, persuadées qu'ils avaient la vertu de les rendre fécondes. Voy. Virgile, *Æn.*, VIII, 663; Ovide, *Fast.* II, 267; Juvénal, *Sat.* II, 142, etc. Martial donne à entendre que le Lupercus de Chloé, vrai Luperque, en ce qu'il était nu, c'est-à-dire pauvre, réduirait bientôt sa maîtresse au même état.

XXIX. A Aulus Pudens, sur lequel voyez l. I, ép. 32; IV, 13; V, 48; VI, 58; VII, 97, 3, et XIII, 62, 2.

v. 7 et 8. *Sæpius in libro memoratur Persius uno, Quam levis in tota Marsus Amazonide*. On sait que Perse n'a fait qu'un livre qui ne contient que six satires, dans lesquelles encore il est tellement précis que la clarté en souffre. Tout le monde se rappelle les deux vers de Boileau, *Art. poét.* II, 155 :

Perse, en ses vers obscurs, mais serrés et pressants,
Affecta d'enfermer moins de mots que de sens.

Quintilien, X, 1, juge ce poëte comme Martial : *Multum et veræ gloriæ, quamvis uno libro, meruit*. Le dernier préfère ce seul livre, tout petit qu'il est, à un grand poëme, à l'Amazonide du léger Marsus. L'Amazonide de Marsus n'est pas venue jusqu'à nous : était-elle de Domitius Marsus l'épigrammatiste, sur lequel on peut consulter une de nos notes de l'épître en prose à la tête du l. 1ᵉʳ? Le talent de Domitius Marsus pour l'épigramme n'empêcherait point que ce littérateur n'eût fait un mauvais poëme épique : car, comme le dit encore Boileau, *Art poét.* I, 13,

La nature, fertile en esprits excellents,
Sait entre les auteurs partager les talents, etc.

Scaliger assure avoir lu dans un MSS. *Codrus*, au lieu de *Marsus*; mais cette dernière leçon est celle des meilleurs MSS. connus.

XXX. v. 3. *Sacris piscibus*... Ces poissons étaient sacrés; ils appartenaient au dieu Domitien. Quelques peuples de l'antiquité ont regardé tous les poissons comme sacrés; chez d'autres, il y en avait seulement certains qui étaient tenus pour tels, et qu'on supposait placés sous la protection de telle ou telle divinité. V. Pline, *H. N.*, ix, 47; le faux Lucien, *de Syria dea* (Opp. t. ii, p. 884, E); Athénée, vii, 18 sqq., etc.

Hæ natantur undæ. Cet emploi du verbe *natare* au passif est à remarquer. Il suppose que ce verbe, ordinairement neutre, est quelquefois actif. Ainsi Virgile dit: *Nocte natat cœca serus freta.* Georg. iii, 260.

v. 4. *Qui norunt dominum*... On a peine à croire que des poissons aient le degré d'intelligence nécessaire pour apprendre à connaître leur maître; qu'ils puissent entendre sa voix et accourir lorsqu'on les appelle. Martial pourtant certifie encore ailleurs ce fait, l. x, ép. 30, v. 21 et suiv.

Pline, *H. N.*, x, 70, dit: « Les poissons n'ont point l'organe ordinaire de l'ouïe; ils manquent de trous auditifs: néanmoins il est évident qu'ils entendent, puisque, dans quelques viviers, on en voit qui sont dressés à venir à un certain bruit, et qui, dès qu'on frappe des mains, accourent en foule pour recevoir leur nourriture. Et même, dans les réservoirs de César, il y a des poissons qui viennent en troupe quand on les appelle par leur nom générique, et quelques-uns encore qui viennent seuls, étant particulièrement appelés.... » Traduction de Poinsinet, qui, dans une note sur ce passage, remarque ce qui suit : « Frédéric Morel, cité par le P. Hardouin, atteste avoir vu, sous le règne de Charles IX, un poisson marin qu'on élevait dans un vivier auprès du Louvre : ce poisson prenait, dit-il, à la main les morceaux de pain qu'on lui présentait, et accourait aussitôt qu'il s'entendait appeler *loup-loup*. »

v. 9. *Dum prædam calamo tremente ducit.* Un plaisant a défini l'instrument de la pêche à la ligne un long fil et un long bâton, ayant

A l'un des bouts un sot, à l'autre un hameçon.

Les poëtes se sont plu de tout temps à décrire cette pêche. Martial y revient jusqu'à trois fois : l. i, ép. 56; iii, ép. 58; x, ép. 30. Voyez Ausone, *Mosell.* v. 247; Delille, l'*Hom. des champs*, et Boisjolin, *la Forêt de Windsor*.

XXXI. Cette épigramme a grand besoin d'éclaircissement. Hippodamus désire que Martial l'immortalise en le nommant dans ses poésies; mais celui-ci y trouve de la difficulté, en ce que le nom d'*Hippodamus* est choquant, barbare, anti-poétique, impossible à faire entrer dans des vers, et il le prie d'adopter un autre nom qui n'effarouche pas les Muses : or, le nom dont il s'agit, loin d'être tel que le fait entendre Martial, nous paraît, au contraire, très-harmonieux ; il signifie *dompteur de chevaux*, et Homère s'en sert souvent comme d'une épithète qu'il applique à Hector ; la maîtresse de Pélops était une princesse nommée *Hippodamé* ou *Hippodamia*; d'autres femmes, appelées de même, figurent dans les poëtes de l'antiquité. Ce nom n'est pas plus barbare que celui d'*Hippolyte*, qui offre une signification analogue; il ressemble beaucoup à celui de *Damasippus*, dont il n'est, en quelque sorte, que l'anagramme, et qui fut le surnom de la famille des Junius Brutus; sa mesure permet de l'employer dans l'hexamètre et le pentamètre, par conséquent dans le mètre élégiaque, et dans un grand nombre d'autres espèces de poésie. Il y a donc quelque chose de faux et d'inexplicable dans ce que Martial semble dire. Les conjectures des interprètes, pour venir à son secours, sont nombreuses; mais aucune n'est satisfaisante. Qu'on nous permette d'en hasarder une nouvelle qui soulèverait au moins une partie du voile, et ne laisserait de doute que sur le sens du dernier vers de la pièce. Ne serait-ce point le titre que les éditeurs ont donné à cette épigramme, qui en cause principalement l'obscurité? Nous avons déjà fait observer plusieurs fois que ces titres, à l'exception de ceux des liv. xiii et xiv, ne sont pas de l'auteur lui-même. Au lieu d'être adressée à Hippodamus, notre pièce ne doit-elle pas l'être à un personnage inconnu dont le nom également inconnu serait, on par sa mesure, ou par la dureté des syllabes dont il serait composé, peu propre ou même tout à fait impropre à figurer dans des vers, comme celui de la ville d'*Equotutium*, qu'Horace, *Sat.* i, 5, appelle *oppidulum*,

. . . . . *Quod versu dicere non est*;

ou comme celui de la fête des *Sigillaria*, dont, au rapport du scholiaste du même poëte, Lucilius disait :

. . . . . *Servorum festu dies est*,
Quem versu hexametro non plane dicere possis;

ou comme celui de *Tuticanus*, ami d'Ovide, que ce dernier, *ex Pont.* xii, v. 1 et sqq., et xiv, v. 1 et 2, se plaignait de ne pouvoir placer dans ses élégies; ou comme celui d'un poisson du Pont et de la Méotide, qu'Archestrate dans Athénée, vii, 8, s'excuse de n'indiquer que par une périphrase, parce que, dit-il, ἐν μέτρῳ οὐ θέμις εἰπεῖν; ou comme celui d'Euripide, qui lui a fait perdre beaucoup d'éloges mérités de la part des poëtes grecs et latins, à cause de sa quantité syllabique (v. Bayle, art. *Euripide*, rem. G); ou enfin comme celui d'Éarinus, jeune et charmant esclave de Domitien, dont Martial, ix, 12, regrette d'être obligé d'altérer la première syllabe, par une raison analogue. En adoptant cette hypothèse, il ne serait question d'*Hippodamus* que dans ce vers qui termine l'épigramme :

Non belle semper dicitur Hippodamus,

et qui voudrait dire : « Le nom d'*Hippodamus* lui-même n'est pas toujours poétique, ne l'est pas toujours bien venu des Muses. » Et il y aurait là ou une allusion obscène, ou un calembour, *Hippo, damus*, ou quelque autre allusion qui était claire pour les contemporains, mais dont la clef est perdue pour nous. Juvénal mentionne un infâme appelé *Hippo*, dont il dit, *Sat.* ii, 50 :

Hippo subit juvenes, et morbo pallet utroque.

Martial emploie lui-même, dans un autre endroit (l. vi, ép. 57, v. d^{er}) avec une signification graveleuse, le mot *Hippodamus*, mais pris adjectivement.

XXXII. L'ambre jaune ou succin, nommé par les anciens *electrum*, est une substance fossile, résineuse, odorante, dont on ne connaît pas bien la nature et les causes. C'est principalement sur les bords de la mer Baltique qu'on le recueille; il y est jeté par les eaux et vient de rivages éloignés. On supposait dans l'antiquité, qui rendait raison de tout par des fictions, que l'ambre était le produit des larmes des sœurs de Phaéthon changées en peupliers, et pleurant chaque année la chute et la mort de leur frère : c'est pourquoi Martial le nomme ici, v. 1, *Phaëthontis gutta.* Ovide, *Metam.* ii. Il paraît que l'ambre est d'abord liquide, et qu'en coulant il enveloppe parfois et s'incorpore des feuilles, des débris d'arbres et de plantes, de petits animaux, surtout des insectes : il se durcit ensuite et les conserve sans les altérer; sa transparence permet à l'œil de les distinguer comme s'ils étaient dans du verre. Voy. Pline, *H. N.*, xxiii, 7 ; Tacite, *de Mor. Germ.* 45 ; S. Ambroise, *Hexam.* ii, 15, et les naturalistes modernes. Cette épigramme roule sur une abeille ainsi emprisonnée, et n'est pas la seule de son genre que contienne le recueil de Martial : il offre deux autres pièces semblables, non moins ingénieuses ; la première, qui est la 59e de ce l., a pour sujet une vipère, et la seconde, qui est la 15ᵉ du l. vi, une fourmi, pareillement surprises par l'ambre. André Chénier, dans son poëme de *l'Invention*, a dit, à l'imitation de Martial, en parlant des bords de la mer Baltique :

> Là les arts vont cueillir cette merveille utile,
> Tombe odorante où vit l'insecte volatile;
> Dans cet or diaphane il est lui-même encor;
> On dirait qu'il respire et va prendre l'essor.

XXXIII. v. ult. *Tempus erat jam te, Sosibiane, legi*. Suivant Didier Herauld, *legi* ne doit pas être entendu dans le sens d'*être lu*; mais il se réfère à l'expression *legere ossa*, recueillir les os de quelqu'un, lui rendre ce dernier devoir. Il serait temps que tes os fussent recueillis, c'est-à-dire, que tu mourusses.

XXXIV. Voy. la note sur l'ép. 7 du l. ii.

XXXVII. v. 1. *Centum...* Cent mille sesterces, environ 20,000 fr. Calculez sur le même pied, c'est-à-dire à raison de 20 cent. le sesterce, les autres sommes mentionnées après celle-ci, en sous-entendant *millia* après *ducenta*, *trecenta* et *ter ducena*, et *centena millia* après *decies* et *tricies*.

XXXIX. v. 2, 3, 4 et 5. Myron, Praxitèle, Scopas, Phidias, Mentor, artistes en sculpture ou ciselure, sur lesquels on peut consulter Sillig, *Catalog. artific*.

v. 6... *Vera Gratiana*. Pline, *H., N.* xxxiii, 11 : *Vasa ex argento mira inconstantia humani ingenii variat, nullum genus officinæ diu probando, nunc Furniana, nunc Clodiana, nunc Gratiana...* Ces trois manufactures, dont chacune avait eu à son tour la vogue, devaient sans doute leurs noms à trois fabricants, appelés *Furnius*, *Clodius* et *Gratius*. Il paraît, d'après l'épithète de *Vera* que Martial joint à *Gratiana*, que le dernier avait eu à se plaindre des contrefacteurs; race ancienne, comme on le voit.

v. 7. *Callaïco.... auro*. L'or galicien. Les *Callaïci*, ou *Gallaïci*, ou *Gallæci*, étaient des peuples de l'Espagne qui en occupaient, à ce qu'il semble, la partie appelée aujourd'hui *la Galice*. Il est encore question de l'or excellent qu'on en tirait, l. xiv, ép. 95.

v. 8. *Anaglypta...* Le passage de Pline que nous avons cité plus haut se termine par ces mots : *Nunc anaglypta, in asperitatemque excisa, circa linearum picturas quærimus*. Les *anaglypta* étaient donc une argenterie sur laquelle il y avait des dessins creusés au burin, bordés d'autres dessins en relief.

v. 10. *Quare non habeas... purum*. Martial peut se commenter ici lui-même : le vice qu'il reproche tacitement à Charinus est celui dont il l'accuse d'une manière formelle dans le dernier vers de l'ép. 78 du l. i :

Cunnum Charinus lingis...

XL. v. 1. *Atria Pisonum...* L'*atrium* ou vestibule était l'endroit de la maison où l'on plaçait les images des ancêtres. *Calpurnii Pisones* (*Piso* était le surnom des *Calpurnius*), famille des plus nobles et des plus anciennes de Rome, dont il est question en mille et mille endroits de l'histoire romaine. Ils prétendaient descendre d'un Calpus, fils de Numa. Horace adresse son Art poétique *ad Pisones*, c'est-à-dire, à un Pison et à ses deux fils. Il existe un poëme intitulé *Panegyricus ad Calpurnium Pisonem*, que l'on attribue communément à Lucain, mais que M. Wernsdorf a revendiqué en faveur de Saléius Bassus. Le commencement en est consacré à relever la noblesse et la gloire de cette famille. M. Wernsdorf entre dans les plus grands détails sur le Calpurnius Piso auquel ce poëme est adressé. Voy. *Poet. lat. min.*, t. iv, p. 36. Il croit que c'est principalement à lui que Martial pensait en traçant le v. 1 de notre épigramme. Toutefois les expressions de ce vers semblent annoncer qu'à l'époque où il l'écrivait, la famille des Pisons avait cessé d'exister, ou avait perdu de son éclat.

v. 2. *Et docti Senecæ ter numeranda domus*. Suivant les uns, le *ter numeranda* signifie *très célèbre;* suivant d'autres, il signifie que la famille de Sénèque se divisa en trois branches par les trois fils du rhéteur de ce nom, savoir, Annæus le philosophe, Sénèque Gallion ou Novatus, et Sénèque Mela ou Mella, père de Lucain. Quelques-uns veulent que la triple illustration attribuée ici à cette famille soit celle qu'elle reçut de Sénèque le rhéteur, du philosophe son fils, et de l'auteur de la Pharsale.

XLII. Suivant toute apparence, le Flaccus dont il s'agit ici est le poëte Valérius Flaccus, auteur des Argonautiques, auquel sont sans doute également adressées l'ép. 49 de ce l. et la 77ᵉ du l. i.

XLIII. v. 5. et 6... *Ponticæ lagenam... calicem.. Metili*. Pontia, empoisonneuse célèbre. Voy. la note sur le v. dᵉʳ de l'ép. 34 du l. ii. Quant à Métilius, autre empoisonneur, il n'est nommé nulle autre part que nous sachions.

XLIV. Il s'agit ici de la fameuse éruption du Vésuve, arrivée sous l'empire de Titus, l'an de R. 832, de J. C. 79, et qui fit disparaître les villes d'Herculanum et de Pompéia. On se rappelle que, pour avoir voulu examiner de près ce terrible événement, Pline le naturaliste périt, étouffé par la fumée. Voy. le récit que fait Pline le jeune son neveu, *Epist*. vi, 16, à Tacite. Martial compare l'état brillant des environs du Vésuve avant cette époque au triste état où ils se trouvèrent depuis.

v. 3... *Nysæ colles...* Nysa, montagne de l'Inde, près du fleuve Indus, où Bacchus naquit de la cuisse de Jupiter : ce qui lui a valu le nom de *Dionysius* (Διὸς, *Jovis*, Νύσα, *Nysa*).

v. 4. *Hæc Veneris sedes, Lacedæmone gratior illi*. Il y avait au mont Vésuve un temple dédié à Vénus et à Hercule. Le culte de Vénus était en grand honneur à Lacédémone. Voy. Pausanias, *Lacon*.

v. 5. *Hic locus Herculeo nomine clarus erat*. Herculanum.

XLV. Vœu offert à Phébus par Parthénius, en faveur de Burrus son fils, âgé de cinq ans. Il demande au dieu de lui accorder que ce fils chéri vive pendant un grand nombre d'olympiades, et Martial joint ses propres prières à ces prières paternelles. Parthénius était officier de la chambre de Domitien, *cubiculo præpositus* : ce qui revient à l'épithète de *Palatinus* que Martial accolle à son nom, v. 2. Suétone, *Domit*. 15, nous donne à penser que cet officier ne fut point étranger au meurtre de l'empereur, son maître : ce fut lui qui le retint dans l'appartement où les conjurés vinrent le frapper. L'historien nomme même parmi les meurtriers un affranchi de Parthénius appelé Maximus, lequel fut un de ceux qui portèrent les sept coups de poignard que reçut Domitien. Nous verrons reparaître plusieurs fois ce même Parthénius, qui semble avoir été un des patrons ou protecteurs de Martial auprès de l'empereur, qu'il devait trahir plus tard.

v. 5..... *Sic te tua diligat arbor*. L'arbre d'Apollon, c'est Daphné qui fut changée en laurier.

XLVI. Martial se moque des présents de peu de valeur que le pauvre avocat Sabellus recevait de ses pauvres clients pendant les Saturnales, et dont il était heureux et vain. La longue énumération de ces présents (*xenia*) offre peu d'intérêt pour les lecteurs de notre temps.

XLVII. La peinture encaustique se faisait à l'aide de la cire et du feu. La manière dont les anciens la pratiquaient a été l'objet des recherches de plusieurs savants, et notamment de M. de Caylus, qui a publié un mémoire sur ce sujet en 1755.

Quelques-uns de nos peintres peignent à l'encaustique;

mais il n'est pas sûr que ce soit d'après les procédés en usage dans l'antiquité. Martial plaisante sur un Phaéthon peint de cette manière; il demande pourquoi on a fait subir une seconde fois à ce pauvre fils du Soleil le supplice du feu.

XLIX. Voy. la note sur l'ép. 42 de ce l.

LI. v. 1. *Sex millia...* Six mille sesterces, environ 1200 fr., monnaie actuelle.

v. 3... *Bis decies...* Deux millions de sesterces, environ 400,000 fr.

LII. Ce distique n'est qu'un mauvais jeu de mots sur *caprificus*, qui veut dire *chèvrefeuille*, mais dont l'auteur fait une espèce d'adjectif composé de *caper* ou *capra*, et de *ficus*, figuier, figue, ou fic, sorte de maladie honteuse sur laquelle voyez la note de l'ép. 56 du l. 1. Martial conclut, en effet, de ce qu'Hédilus (ne pourrait-on pas lire *Hœdulus?*) se fait traîner par un attelage de boucs et de ce qu'il a des fics, qu'on peut avec raison l'appeler *caprifique*. Des savants ont soupçonné qu'il y avait quelque obscénité sous jeu; mais ce qu'ils disent à cet égard rend, s'il est possible, les deux vers encore plus obscurs.

LIII. Ce Cosmus était un philosophe cynique, et en avait tout l'attirail, que le poëte décrit. On sait que *cynicus* signifie *caninus*, et que ce nom avait été donné aux partisans de cette secte, à cause de leur insolence et de leur mépris de toute pudeur. Martial le trouve toutefois trop relevé pour Cosmus, qu'il dit être, non un cynique, mais un véritable chien.

LIV. v. 1... *Tarpeias... quercus*. Les couronnes de feuilles de chêne que l'on donnait aux vainqueurs dans le concours quinquennal que Domitien avait institué en l'honneur de Jupiter Capitolin. Ce concours était triple, c'est-à-dire, musical, équestre et gymnique. Il y avait aussi un prix de prose grecque et latine. Suétone, *Domit.*, 4.

v. 7. *Divitior Crispo...* Les uns veulent que ce Crispus donné comme un parangon de richesse soit Crispus Passiénus, beau-père de Néron; les autres, et Gronovius est de ce nombre, veulent que ce soit Vibius Crispus, dont Tacite, *Hist.* II, 10, dit que par sa fortune, son pouvoir et ses talents il avait plus d'éclat que de considération, et qu'un passage du *Dialogue des Orateurs*, c. 8, nous représente comme possesseur de trois cent millions de sesterces (environ 60 millions de fr.).

Thrasea constantior... Lucius Pétus Thraséa. V. la note sur le v. 1 de l'ép. 9 du l. 1.

v. 8. *Lautior nitido Meliore.* Atédius Mélior, ami de Martial et de Stace. V. la note sur le v. 7 de l'ép. 69 du l. II et sur les ép. 28 et 29 du l. VI. Parmi les éloges que Stace et Martial prodiguent à l'envi à Mélior, ils vantent surtout sa magnificence, sa générosité, et la délicatesse de son goût. Le premier lui donne aussi l'épithète de *nitidus*, *Silv.* II, 3, 1, et dans l'épître dédicatoire du même livre il le qualifie ainsi : *Vir optime, nec minus in judicio litterarum, quam in omni vitæ colore tersissime.*

LV. v. 2... *Graium veterem Tagumque.* Le Graïus et le Tage, fleuves d'Espagne. Le premier donnait son nom aux *Gravii*, peuples qui habitaient les bords de ce fleuve dans l'Espagne citérieure, et que Pline mentionne, *H. N.*, IV, 20 : le changement d'une syllabe dans la transmission de ce nom fait l'effet du temps, et c'est ce qui vaut au Graïus l'épithète de *vetus* qu'il a ici. Silius Italicus, III, fait aussi allusion à cette altération étymologique :

Et quos nunc Gravios violato nomine Graium, etc.

Le Lucius de cette épigramme, non connu d'ailleurs, et dont Martial fait un poëte lyrique, rival d'Horace, était sans doute *Gravien*. Plusieurs anciennes éditions portent *Gaurum* au lieu de *Graium*; mais les éditions nouvelles, ainsi que les interprètes, retiennent à l'envi la dernière leçon.

v. 3. *Arpis cedere non sinis disertis.* Arpi, ville de la Pouille daunienne, aujourd'hui détruite, et voisine de Venouse où naquit Horace. C'est une figure très-commune dans les poëtes, que celle qui suppose que les pays, les villes où les fleuves sont fiers et jaloux d'avoir vu naître tel ou tel grand homme; qu'ils se disputent entre eux la prééminence sous ce rapport; que l'un le cède à l'autre, ou l'emporte sur lui, etc. Martial, en particulier, pourrait nous fournir plusieurs exemples de ce trope élégant.

v. 6. *Aut claram Rhodon....* Horace, *Od.* I, 7, 1 :

Laudabunt alii claram Rhodon...

v. 6 et 7.... *Libidinosæ Lacedæmonis.* Ou à cause des luttes gymnastiques auxquelles s'y livraient les jeunes filles nues, mêlées parmi les hommes, ou à cause du culte de Vénus en grand honneur chez les Lacédémoniens, ou à cause d'Hélène. *Ledæas.... palæstras*. Ou à cause de Castor et de Pollux, fils de Léda, et grands amateurs de jeux gymnastiques, ou à cause de Léda elle-même, en l'honneur de laquelle ces jeux auraient été institués à Lacédémone.

v. 8. *Nos Celtis genitos et ex Iberis.* Les Celtes ayant occupé une partie de l'Espagne, sur les bords du fleuve Ibérus, donnèrent à cette contrée (aujourd'hui partie de l'Aragon et de la Castille) le nom de *Celtibérie*. C'est là qu'était la ville de Bilbilis, patrie de Martial.

9. *Nostræ nomina duriora terræ.* Les noms obscurs et barbares des localités voisines de Bilbilis, que Martial passe en revue dans les vers suivants, et qu'il oppose au nom de *Bituntus*, petite ville de la Pouille, varient presque tous dans les manuscrits et dans les éditions : il n'y a nul moyen de constater les leçons véritables.

v. 20. *Bituntum.* V. la note sur le v. 7 de l'ép. 48 du l. II.

LVI. Ce Gargilianus était un de ces captateurs de successions que les anciens aimaient tant à stigmatiser. V. Sénèque, Pétrone, Lucien, etc. *passim*. Beaucoup d'autres épigrammes de Martial sont dirigées contre cette classe, alors nombreuse à Rome. V. l. I, ép. 11; II, 76; VI, 62 et 63; VIII, 27; IX, 10, etc.

LVII. Faustinus, ami de Martial. Nous l'avons déjà vu, l. I, ép. 26 et 115; III, 25, 39, 47 et 58, et nous le reverrons plusieurs fois dans les livres suivants. Il s'agit ici d'un domaine qu'il avait à Tibur, duquel il sera reparlé v, 71. Il en possédait un autre à Baies, III, 58.

LIX. V. la note sur l'ép. 32 de ce l.

v. 1.... *Heliadum...* des sœurs de Phaéthon, appelées *Héliades* parce qu'elles étaient filles du Soleil, dont le nom grec est Ἥλιος.

v. 5.... *Cleopatra....* Cléopâtre, comme chacun sait, se donna la mort en se faisant mordre par un aspic; elle et Marc-Antoine avaient commencé, de leur vivant, la construction de leur tombeau; Auguste le fit achever, après avoir permis qu'on leur y donnât une sépulture commune. Suétone, *Aug.* 17. Il y a toute apparence, et d'ailleurs Martial le donne assez à entendre, que ce tombeau était somptueux et magnifique, et digne, sous ce rapport, de deux personnages dont les énormes prodigalités sont connues.

LX. Il existait à Rome un Curiatius Maternus, poëte, auteur, entre autres pièces, d'une tragédie de Caton, et l'un des interlocuteurs du *Dialogue des Orateurs* attribué à Tacite; mais ce littérateur, si c'est lui, comme on le croit, que Dion désigne par le nom seul de Maternus et auquel il donne la qualification de sophiste, fut une des victimes de la cruauté de Domitien, offensé du ton hardi et républicain de ses déclamations, tandis que le Curiatius de Martial mourut d'une mort toute naturelle à Tibur, où il était venu chercher la santé.

v. 1. *Ardea.* Ardée, ancienne ville du Latium, patrie

de Turnus, et dont le nom semble dérivé *ab ardore*. *Castranaque rura*. Castrum Inui, ville voisine d'Ardée.

v. 2. *Quique Cleonæo sidere fervet ager*. On croit qu'il s'agit de Baïes, parce que Martial dit ailleurs, ép. 57 de ce livre :

Horrida sed fervent Nemæi pectora monstri;
Nec satis est, Baias igne calere suo.

Le *sidus Cleonæum* et le *Nemæum monstrum* désignent le lion de Némée. La fable supposait que ce lion, tué par Hercule dans la forêt de Némée, près de la ville de Cléone, dans le Péloponnèse, avait été placé dans le ciel, où il figurait celui des douze signes du zodiaque dans lequel le soleil entre au mois d'août.

v. 3... *Tiburtinas auras*. La fraîcheur de l'air et des eaux de Tibur est un fait des plus connus, et souvent célébré par les poëtes et notamment par Horace.

v. 6... *In medio Tibure Sardinia est*. La Sardaigne, dont l'insalubrité est également un fait que personne n'ignore. Cicéron, *ad Famil.* VII, 24, donne à Tigellius, qui était de cette île, le titre d'homme plus empesté que son pays, *hominem pestilentiorem patria sua*. La Sardaigne est mise ici dans un sens figuré : elle est à Tibur quand le moment fatal est venu, c'est-à-dire qu'on y meurt aussi bien qu'ailleurs.

LXI. v. 1... *Ducenta*... Deux cent mille sesterces, environ 40,000 fr., monnaie actuelle.

LXII. Ce distique trouve, en quelque sorte, son complément dans la 13ᵉ ép. du l. VII, où nous apprenons quel fut le résultat du voyage de Lycoris à Tivoli.

v. 1. *Tibur in Herculeum*... V. la note sur le v. 1 de l'ép. 13 du l. I.

LXIII. Cérellia, dame romaine, périt dans le trajet par mer de Bauli à Baïes; elle fut moins heureuse qu'Agrippine, qui, dans le même trajet, échappa à la nage du vaisseau à soupape que Néron lui avait fait préparer.

v. 1... *A Baulis*... Bauli, ville de la Campanie, près de Baïes, primitivement appelée *Boaulia*, étable de bœufs, aujourd'hui *Bacoli*. On racontait qu'Hercule, revenant d'Espagne, s'était arrêté en cet endroit, et y avait parqué les troupeaux de Géryon. V. Symmaque, *Epist.* I, 1, et Servius, *ad Æn.* VII, 662.

LXIV. Ce Julius Martialis, dont les jardins situés sur le penchant du Janicule sont ici décrits si poétiquement, était peut-être un parent et certainement un ami de Martial. V. l. v, ép. 20; VI, 1; VII, 17, et x, 47. On le croit identique avec le tribun militaire du même nom que Tacite mentionne deux fois, *Hist.* I., 28 et 82, comme un des partisans d'Othon. Le meurtrier de Caracalla, dans le siècle suivant, s'appelait aussi *Julius Martialis*. Il y a eu un *Gargilius Martialis* qui est cité comme historien par Vopiscus et par Lampride, et dont nous possédons, si c'est le même, quelques fragments d'ouvrages sur l'agronomie : il est omis dans la *Biographie universelle*. On voit enfin figurer sur les monuments épigraphiques un assez grand nombre de personnages portant le nom ou le surnom de *Martialis*. — On appliquait, du temps de Martial, la dénomination de jardins, *horti*, à de vastes emplacements situés dans la ville même, et où se trouvait réuni tout ce qui fait l'agrément des plus belles campagnes. *Jam quidem hortorum nomine in ipsa urbe delicias, agros villasque possident*. Pline, *H. N.*, XIX, 19. Il y avait, en effet, dans ces lieux de délices des bois, des champs, des allées d'arbres, des statues, des colonnes, des portiques, etc. Tels étaient les jardins de Mécène, ceux de Salluste, de Servilius, de César, vers le Tibre, et beaucoup d'autres. Quoique moins étendus, moins somptueux, ceux de Julius Martialis ne laissaient pas que d'être charmants par leur position et par la vue dont on y jouissait, non moins que par l'affabilité du propriétaire et le bon accueil qu'il y faisait à ses amis.

v. 13. *Albanos... Tusculosque colles*. Les collines d'Albe, ainsi appelées d'Alba-Longa, ville bâtie par Ascagne, fils d'Énée. Tusculum, petite ville du Latium, connue par la maison de campagne que Cicéron avait dans son territoire, et où il composa ses célèbres *Tusculanes*, qui prirent de là leur nom.

v. 15. *Fidenas veteres brevesque Rubras*. Fidènes, ville des plus anciennes du Latium, aujourd'hui bourg de *Castel Giubileo*. *Rubræ*, aujourd'hui *Grotta rossa*, près de Veies, en Étrurie.

v. 17. *Annæ nemus Perannæ*. Le bois d'Anna Péranna, divinité champêtre qu'on honorait sur les bords du Tibre, entre ce fleuve et le fleuve Numicius. Quelques-uns veulent que ce soit Anna, la sœur de Didon, qui aurait été changée en nymphe. On célébrait sa fête aux ides de mars. Le peuple s'y livrait à la joie, à la débauche et à la danse, et les jeunes filles elles-mêmes y chantaient des vers où la pudeur n'était pas toujours ménagée : circonstance qui justifierait la variante *virgineo rubore*, proposée par Heinsius pour le vers précédent.

v. 18. *Flaminiæ Salariæque*. La voie *Flaminia*, établie par le consul Caïus Flaminius, passant par la porte Flaminia ou Flumentana, et allant jusqu'à Rimini. La voie *Salaria*, passant par la porte Salaria, et conduisant dans le pays des Sabins.

v. 23. *Mulvius*. Le pont Mulvius ou Milvius. V. la note sur le v. 4 de l'ép. 14 du l. III.

v. 29. *Alcinoï*. Alcinoüs, roi des Phéaciens dans l'île de Corcyre, célèbre par l'hospitalité qu'il exerça envers Ulysse et par la beauté de ses jardins. V. Homère, *Odyss.*

v. 30... *Molorchi*. Molorchus, pauvre berger, qui fut l'hôte d'Hercule, lorsque ce demi-dieu allait à la chasse du lion de Némée.

v. 33. *Prænestæ*... Préneste, ville du Latium, aujourd'hui Palestrine.

v. 34. *Setiam*. Sétia, autre ville du Latium, à l'extrémité de ce pays, au-dessus du *Forum Appii*, aujourd'hui *Sezza*, où l'on voit les restes d'un temple de Saturne. Elle était située au-dessus d'une montagne, d'où lui vient l'épithète de *pendula*. Son territoire produisait un vin estimé. V. l. XIII, ép. 112.

LXVI. Sur Linus, v. la note sur l'ép. 76 du l. 1.

LXVII. Quelques commentateurs croient que *Prætor* est ici un nom propre, et cette opinion est très-vraisemblable. Gaurus voulait entrer dans l'ordre des chevaliers, mais il n'avait pas le cens; il n'avait que trois cent mille sesterces, et on se rappelle qu'il en fallait quatre cent mille ; il eut recours à son ancien camarade, Prætor qui refusa sous prétexte qu'il avait besoin de cet argent, et même de plus fortes sommes, pour gratifier Scorpus et Thallus, cochers du cirque. Martial s'étonne avec raison de ce que Prætor est plus généreux pour des chevaux que pour un ami.

v. 1... *Centum sestertia*... Cent mille sesterces, environ 20,000 fr.

v. 2. *Trecentis*. Trois cent mille sesterces, environ 60,000 fr.

v. 4. *Ut posset domino plaudere justus eques*. Pour pouvoir, en qualité de chevalier légitimement admis, applaudir au prince. L'usage était d'applaudir, lorsque l'empereur entrait au théâtre, où les chevaliers occupaient les quatorze premiers bancs.

v. 5.... *Scorpo Thalloque*... Scorpus et Thallus, deux cochers du cirque alors célèbres. Le premier est mentionné fréquemment dans Martial. V. l. v, ép. 25, 10; x, 50, 53 et 74, et XI, 1, 16. Radérus cite, d'après J. Lipse, *Epist. quæst.* I, 5, une ancienne inscription en l'honneur du cocher Dioclès, où il est dit que ce dernier vainquit Thallus, le premier de la faction appelée *russata*, et où il est également question de Flavius Scorpus, de la faction *prasina*.

LXVIII. v. 1. *Invitas centum quadrantibus...* Tu m'invites à un dîner du prix de cent quadrants, ou qui devait être suivi d'une distribution de cent quadrants. Martial dit de même à Bassus, l. ix, ép. 101 :

Denariis tribus invitas.....

Le Sextus dont il s'agit ici n'est probablement pas le même qui est l'objet de l'ép. 38 du l. iii, et de l'ép. 55 du l. ii.

LXIX. v. 1... *Setina.... Massica.* V. les notes sur le v. 1 de l'ép. 86 du l. vi, et sur le v. 8 de l'ép. 27 du l. i.

LXX. v. 1. *Nihil... præter aridam restem.* Ne laisser à quelqu'un qu'une corde pour se pendre, expression proverbiale que nous avons conservée, et qui signifie ne lui rien laisser, le déshériter. On lit cette disposition testamentaire dans une ancienne inscription citée par Radérus :

ATIMETO. LIB. CVIVS. DOLO. FILIAM. AMISI.
RESTEM. ET. CLAVOM. VNDE. SIBI. COLLVM. ALLIGET.

Sous-entendu *relinquo*, ou *lego*.

LXXII. v. 2... *Bibliopola Tryphon.* Le libraire Tryphon, qui vendait les œuvres de Martial, est encore nommé l. xii, ép. 3, v. 4. *L'Institution oratoire* de Quintilien est précédée d'une épître à ce bibliopole, où l'on voit que ce fut lui qui engagea l'auteur à publier son ouvrage, et où un témoignage flatteur est rendu au soin qu'il apportait à ce que les livres, du débit desquels il se chargeait, eussent le plus de correction possible. Quintilien lui parle en ces termes : *Sed si tantopere efflagitantur* (libri mei), *quam tu affirmas, permittamus vela ventis, et oram solventibus bene precemur. Multum autem in tua quoque fide ac diligentia positum est, ut in manus hominum quam emendatissimi veniant.* Les bibliopoles, à ce qu'il paraît, achetaient les manuscrits autographes, et en mettaient en vente les copies qu'ils faisaient faire par des ouvriers appelés *librarii* ou *scribæ*.

LXXIII. Ce Vestinus, suivant Juste-Lipse et Radérus, était fils de L. Vestinus Atticus, Viennois, consul sous Néron et l'une des victimes de ce prince dont il avait été l'ami. Voy. Tacite, *Annal.* xv, 68 et 69; Suétone, *Ner.* 35 ; voy. aussi la harangue de Claude pour les Lyonnais.

LXXV. v. 5... *Evadne...* Évadné, fille de Mars, ou, selon d'autres, d'Iphis et de Thébé, et femme de Capanée, un de ces sept généraux grecs qui assiégèrent Thèbes, et qui sont connus sous le nom des *Sept chefs*. Son mari ayant été tué dans cette guerre, elle se jeta de désespoir dans son bûcher. Voy. Virgile, *Æn.* vi; Ovide, *Trist.* iv, 3, 63, et *Art. am.* iii, 21, et Stace, *Theb.* xii, 803.

v. 6.... *Alcestem....* Alceste, fille de Pélias et femme d'Admète, fut tuée dans cette guerre. Elle se dévoua pour son mari et aurait été immolée, si Hercule ne l'eût sauvée en l'enlevant. Toute l'antiquité a célébré ce dévouement conjugal. Euripide en a fait le sujet d'une tragédie qui a été plusieurs fois imitée.

LXXVI. v. 1. *Millia sex...* Six mille sesterces, environ 1200 fr. *Bis sena.* Douze mille sesterces, environ 2,400 fr.

v. 2... *Bis duodena...* Vingt-quatre mille sesterces, environ 4,800 fr.

LXXVIII. Cette épigramme ne se trouve pas dans les plus anciennes éditions; elle est du nombre de celles qui ont été ajoutées au recueil de Martial par Adrien Junius, et qu'il avait extraites d'un manuscrit d'Angleterre. V. ses *Animadv.* l. v, c. 17. Depuis elle a figuré dans presque toutes les éditions, soit à la place qu'elle occupe ici, soit parmi les pièces supposées. Quelques savants la rejettent comme apocryphe; d'autres la regardent, sinon comme authentique, du moins comme digne de notre poëte. Ramirez de Prado trouve élégante la *métathèse* qui la termine.

LXXIX. Voy. la note sur le v. d^{er} de l'ép. 7 du l. ii.

v. 7... *Sacro... clivo.* La voie Sacrée, qui conduisait au temple de Jupiter dans le Capitole.

v. 8. *Sigeriosque meros Partheniosque sonas.* Voy. sur Parthénius la note sur l'ép. 45 de ce l. Quant à Sigérius, c'était un officier de la chambre de Domitien : Xiphilin accole pareillement son nom à celui de Parthénius. Le pluriel est employé ici par emphase.

LXXX. Il est fait mention d'un avocat nommé Mathon dans Juvénal, *Sat.* i, 32t. Mais rien n'annonce que ce soit le même personnage auquel s'adressent cette épigramme et la suivante, et le nom peut être supposé dans les deux poëtes.

LXXXII. v. 1. *Epigramma nostrum quum Fabulla legisset.* L'épigramme que cette Fabulla avait lue est la 71e de ce livre.

v. 50. *Negare jussi, pernegare non jussi.* J'ai conseillé le refus, mais non pas le refus éternel. Telle est la force de la particule *per* mise à la tête du verbe. Martial lui-même en fournit cet autre exemple, l. ix, ép. 69, v. 10 :

Nam vigilare leve est, pervigilare grave.

« Il est supportable de veiller, pourvu que ce ne soit pas toute la nuit. ». Quant au conseil en lui-même, Marot en donne aux belles un meilleur encore, ou du moins qui doit leur plaire davantage :

Dites nenni en le faisant.

LXXXIII. Le nom de *Rufus*, qui répond tout à fait à notre *Rousseau*, comme au *Pyrrhus* et au *Pyrrhias* des Grecs, se retrouve au moins vingt fois dans Martial (voy. l. i, ép. 69 et 107; ii, 11, 29, 48, 84 et 97, etc., etc.) ; mais il ne s'applique pas toujours au même personnage, et il y a grande apparence qu'il est supposé en plus d'un endroit. Il figure souvent à la tête ou à la suite d'un autre nom, soit comme nom, soit comme surnom : *Canius Rufus*, l. iii, ép. 20 ; *Sophronius* ou *Sempronius Rufus*, iv, 71 ; *Rufus Camonius*, vi, 81 ; *Instantius Rufus*, vii, 68 ; viii, 51, et xii, 96, et *Julius Rufus*, x, 99. On ne sait pas non plus sous quel est celui auquel Martial adresse cette épigramme pour le prier de présenter à Vénuléius (qui n'est pas nommé ailleurs) les livres iii et iv, en choisissant le moment propice, c'est-à-dire le milieu du repas :

Quum furit Lyæus,
Quum regnat rosa, quum madent capilli.
L. x, ép. 19, v. 19.

Prière semblable à celle qui est faite, v. 7 de l'ép. 8 de ce livre, à Euphémus, maître d'hôtel de Domitien.

LXXXVI. v. 1... *Myrrha...* Sur les vases murrhins, voy. note sur le v. 2 de l'ép. 26 du l. iii.

LXXXVII. Cet Apollinaris, rappelé encore l. vii, ép. 26 ; x, 30, et xi, 15, était un des bons amis et protecteurs de Martial; ce devait être un personnage important de l'époque, si c'est le même auquel sont adressées les épîtres 9 du l. ii et 6 du l. v de Pline le jeune, et que le même Pline, ix, 13, nomme *Domitius Apollinaris*, avec la qualification de *consul désigné*.

v. 8. *Nec scombris tunicas dabis molestas.* Nous dirons ailleurs, l. x, ép. 25, v. 5, ce qu'on entendait par *tunica molesta*. On reconnaît ici une imitation d'Horace, et une plaisanterie que ce poëte, Martial et Boileau ont rendue tout à fait banale. Voy. la note sur les v. 3—5 de l'ép. 2 du l. iii.

LXXXVIII. v. 3.... *Infantaria...* Mot créé par Martial, comme ceux de *domicœnium*, l. v, ép. 78, v. 1 ; de *nupturire*, l. iii, ép. 93, v. 18, etc.

LXXXIX. v. 2. *Et jam Saturni quinque fuere dies.* Les Saturnales, pendant lesquelles on s'envoyait les présents, ne duraient primitivement qu'un jour; elles furent portées à cinq, et même à sept. Voy. l. xiv, ép. 72, v. 2.

v. 3. *Ergo nec argenti sex scriptula Septitiani.* Le *scriptulum*, *scripulum* ou *scripitum* (dont nous avons fait *scrupule*, au propre et au figuré), était la 24ᵉ partie d'une once; en sorte qu'il fallait 288 *scriptula* pour faire une livre. Les Grecs appelaient ce poids γράμμα, *lettre* (d'où venait le mot *grain*, usité autrefois, et d'où vient le mot *gramme*, employé dans la nouvelle nomenclature des poids et mesures), du nombre des lettres de l'alphabet. On ne sait ce que c'est que l'*argentum septitianum*, non plus que la *libra septitiana* du v. 6 de l'ép. 71 du l. vIII. Chaque savant a là-dessus sa conjecture. Quelques-uns veulent que ce nom vienne d'un *Septitius*, orfèvre dont l'argent aurait été d'un mauvais titre. Farnabe le dérive *a Septis*, des *Septa*, espèce d'enceinte dans le champ de Mars, destinée aux comices, mais où les marchands se rassemblaient et faisaient leur trafic. Voy. la note sur le v. 5 de l'ép. 14 du l. II.

v. 5 et 6. *Antipolitani nec quæ de sanguine thynni Testa rubet*. On faisait de la saumure (*muria*), d'une qualité inférieure, avec le thon pêché à Antibes, ville maritime de la Gaule Narbonnaise, et dont le nom était alors *Antipolis*. Voy. l. xIII, ép. 103.

v. 7. *Nec rugosarum vimen breve Picenarum*, sub. *olivarum*. Les olives du *Picenum* étaient estimées. Voy. les v. 12 et 13 de l'ép. 46 de ce l., et l'ép. 36 du l. xIII.

v. 10. *Nam mihi jam notus dissimulator eris*. Sénèque, *de Benef.* III, 1 : *Dum ingratus est qui beneficium accepisse se negat, quod accepit; ingratus est qui dissimulat*.

XC. Ces vers, indignes de Martial, ne sortirent jamais de sa plume, et on les chercherait vainement dans les meilleurs et les plus anciens manuscrits que nous avons de ses épigrammes. Adrien Junius est le premier qui les ait insérés dans le recueil. Pithou, *Catalect.* l. Iv, p. 187, les donne sous le nom d'Aviénus, *Avieni v.-c. ad amicos de agro*, d'après de vieux manuscrits contenant des pièces de divers auteurs; et Burmann les fait figurer sous le même titre dans son *Anthol. lat.* l. III, ép. 59, t. I, p. 496. On les rejette le plus ordinairement et avec raison à la fin des œuvres de Martial, parmi les pièces supposées.

v. 2. *Luce deos oro*. Cette prière du matin sent un peu le chrétien.

v. 7. *Prandeo, poto, cano, ludo, lavo, cœno, quiesco*. M. Wernsdorf remarque que ce vers composé de mots distincts et accumulés est entièrement dans le goût des poëtes des bas siècles, et il ajoute : *Unde etiam, Martialis hoc epigramma minime esse, facile agnoscas*.

XCI. v. 1, et ult. *Ohe! jam satis est, ohe libelle!* Ce vers, qui est répété au commencement et à la fin de la pièce, rappelle le vers intercalaire d'une épître du P. du Cerceau :

Monsieur Estienne, eh! ne m'imprimez pas.

Ce n'est pas le seul rapport qu'il y ait entre les deux ouvrages.

v. 2.... *Ad umbilicos*. Voy. la note sur le v. 11 de l'ép. 67 du l. I.

LIVRE V.

I. A Domitien.

v. 1. *Palladiæ Albæ*. Albe la Palladienne. Domitien voulait passer pour le fils de Pallas, et il séjournait volontiers sur le mont Albanus, où il avait élevé des autels à cette déesse.

v. 3. *Veridicæ sorores*. On croit que dans ce vers et dans le suivant il s'agit d'Antium, où la Fortune avait un temple, dans lequel elle était doublement représentée sous la figure de deux sœurs, l'une présidant à la prospérité et l'autre à l'adversité.

v. 5. *Æneæ nutrix*. Caieta, auj. Gaëte, fondée par la nourrice d'Énée. *Filia Solis :* Circeii, ville dans le pays des Volsques, aujourd'hui ruinée, et remplacée par un village appelé *Santa-Felicita ;* elle passait pour avoir été fondée par Circé, fille du Soleil.

v. 6. *Anxur*, aujourd'hui *Terracine*.

v. 10. *Et tumidus Galla credulitate fruar*. Les Gaulois étaient naturellement simples et bons : c'est du moins le témoignage que leur rend Strabon, l. Iv, où on lit : Ἄλλως δὲ ἁπλοῦν καὶ οὐ κακοήθες, suppl. φῦλον Γαλλικόν; c'est aussi ce que signifie ce vers d'Ennodius qui s'applique plus particulièrement aux Gaulois des bords du Rhône :

Et natos Rhodani lac probitatis habet.

Nous disons même encore aujourd'hui : *une probité*, *une franchise gauloise*. On sait que la crédulité est le défaut des bons caractères. Martial, l. xII, ép. 51 :

Semper homo bonus tiro est.

III. v. 5. *Sors mea quam fratris melior*. Ce frère était Décébale, roi des Daces.

IV. v. 2. *Folia devorat lauri*. Sur l'usage de manger des feuilles de laurier, voy. Athénée IV, 140, D et E. Les anciens croyaient que ces feuilles avaient la vertu de dissiper l'ivresse.

V. Ce Sextus, qui n'est désigné que par son prénom, était un officier de la cour de Domitien, peut-être son secrétaire ou son bibliothécaire.

v. 6. *Qua Pedo, qua Marsus, quaque Catullus erit*. Voy. les notes sur l'épître au lecteur, à la tête du l. I.

v. 7. *Ad Capitolini cœlestia carmina belli*. Auprès du divin poëme sur la guerre du Capitole. Quelle est cette guerre, et quel est ce poëme digne d'être placé à côté de l'Énéide? On a conjecturé qu'il s'agissait du poëme composé par Domitien sur la défense qu'il avait faite du Capitole, avec son oncle Sabinus, contre les partisans de Vitellius; il s'y était réfugié avec quelques troupes, et s'y maintint jusqu'à ce que Vitellius y mît le feu; puis il se cacha chez un des desservants du temple, et s'échappa le lendemain déguisé en prêtre d'Isis. Suétone, *in Domit.* I. II n'y avait rien là de bien glorieux ; mais la vanité du prince avait pu altérer les circonstances de ce fait, et les tourner à son honneur. Ce qu'il y a de certain, c'est que Domitien dans sa jeunesse s'était occupé de poésie, aussi bien que son frère Titus, et qu'il avait même projeté un poëme sur l'expédition de Judée, comme nous l'apprend Valérius Flaccus, *Argonaut.* l. I, v. 12. Cf. Suétone, *loc. cit.* 2; Pline l'Ancien, *Proœm. Hist. Nat.*; Quintilien, l. x, c. 1, et l. Iv, *Proœm.*; Martial, *passim*, et Gyraldus, *Dial.* v *poetar.*

VI. Sur Parthénius, voy. la note sur l'ép. 45 du l. Iv.

v. 14 et 15. *Quæ cedro decorata purpuraque Nigris pagina crevit umbilicis*. Voy. les notes sur le v. 11 de l'ép. 67 du l. I, et sur les v. 7 et 10 de l'ép. 2 du l. III.

VIII. v. 1 et 2. *Edictum... Quo subsellia certiora fiunt*. Domitien renouvela la loi Roscia, qui ne permettait qu'aux chevaliers de siéger sur les quatorze bancs destinés pour eux au théâtre. Nous avons déjà parlé plusieurs fois de ce règlement.

v. 12. *Jussit surgere Lectius lacernas*. Lectius et Océanus étaient deux officiers ou commissaires chargés de veiller à l'exécution de l'édit de Domitien.

IX. IN SYMMACHUM. Symmachus, médecin de ce temps-là, encore nommé l. vI, ép. 70, v. 6, et vII, 18, 10.

X. Sur Régulus, voy. la note sur l'ép. 13 du l. I.

v. 5. *Sic veterem*, etc. Le portique de Pompée, qui

38.

était planté d'arbres. Voy. la note sur le v. 3 de l'ép. 109 du l. 1.

v. 6. *Sic laudant Catuli Julia templa senes.* al. *Et laudant Catuli vilia templa senis.* Lutatius Catulus, dans le temps de Sylla, restaura le Capitole, dont la construction, commencée par Servius Tullius avait été achevée par Tarquin le Superbe. Jules César le restaura pareillement, aussi bien que Domitien. La pensée de Martial est, selon celle des deux leçons qu'on adopte, ou que les vieillards préfèrent le Capitole restauré par Catulus et par Jules César à ce même temple reconstruit par Domitien, ou qu'il est des gens qui louent encore l'ancienne restauration de Catulus. Grotius propose une troisième explication ; il voit dans *Catuli senes* des vieillards amis du temps passé, *laudatores temporis acti.*

XI. Sur Stella, voy. la note sur le v. 1 de l'ép. 8 du l. 1.

v. 1. *Sardonychas, smaragdos.* al. *zmaragdos.* al. *smaragdos.* al. *onychas.* La première leçon est la plus autorisée, quoique la prosodie semble réclamer contre elle : la seconde syllabe de *smaragdos* devrait, en effet, être longue, et c'est la quantité que Martial lui-même lui donne dans le v. 4 de l'ép. 28 du l. iv :

Indos sardonychas, Scythas smaragdos;

mais on suppose qu'ici cette syllabe est abrégée par une licence dont on trouve des exemples analogues chez les poètes grecs et latins, surtout chez les premiers. Les commentateurs citent le vers 101 de l'idylle xvii de Théocrite, où le mot Αἰγυπτίησιν forme un dactyle et un spondée :

Θωρηχθεὶς ἐπὶ βουσὶν ἀνάρσιος Αἰγυπτίησιν ;

et ils rappellent aussi que la première syllabe de δάκτυλος a été employée comme brève. On peut ajouter qu'à l'imitation des Grecs, les Latins font tantôt longue la même syllabe dans *Cycnus* et *Procne*; qu'Horace lui a donné la première de ces quantités dans *Tecmessa,* Od. ii, 4, 6 ; que la seconde syllabe de *Therapnœus,* dans Silius Italicus, et de *Clytemnestra,* dans Ausone, *Epist. Her.* 1, 4, sont brèves également, etc., etc.

v. 3.... *Gemmas,* Ce mot est ici à deux faces, comme Janus ; il est au propre et au figuré. C'est le trope que les rhéteurs appellent *syllepse.* M. Boissonade s'est complu en divers endroits à rassembler des exemples tirés, soit des anciens, soit des modernes, de verbes auxquels les auteurs ont fait ainsi jouer un double rôle : voyez notamment ses commentaires sur la version grecque des *Métamorphoses* d'Ovide, par Planude, p. 145, n. 1 ; p. 274, n. 4, etc. On peut rapprocher des *gemmæ* de Martial les *Pierres précieuses* de Ronsard dans son épitaphe de Remi Belleau, où elles indiquent un ouvrage de ce dernier, et conservent en même temps leur signification propre :

Ne taillez, mains industrieuses,
Des pierres pour couvrir Belleau :
Lui-même a bâti son tombeau
Dedans ses Pierres précieuses.

XII. v. 6 et 7. *Uno quum digito, vel hoc, vel illo, Portet Stella meus decem puellas.* Que faut-il entendre par ces dix jeunes filles que Stella porte à tel ou tel de ses doigts? C'est une matière à conjectures , et , parmi toutes celles auxquelles on s'est livré, il n'est pas facile de décider quelle est la meilleure. Suivant les uns, il s'agit de dix anneaux donnés à Stella par autant de jeunes filles ; suivant les autres, et notamment Domitius, ce seraient des anneaux avec lesquels il aurait pu acheter leurs bonnes grâces ; suivant d'autres enfin, ces mêmes anneaux auraient été décorés de dix têtes gravées de jeunes filles, ou de celles des neuf Muses, et d'Hianthis, la maîtresse de Stella ; et il y aurait là une allusion à l'anneau de Pyrrhus qui représentait Apollon avec les neuf Muses, au rapport de Marbodæus, *de Lap. pret.* :

Rex Pyrrhus gessisse refertur achatem,
Cujus plana novem signabat pagina Musas,
Et stans in medio citharam tangebat Apollo :
Naturæ, non artis opus....

XIII. v. 1..... *Pauper.* La possession d'un petit domaine à Nomente et d'un autre à Tibur, dans le *Suburbium,* ainsi que d'une petite maison à Rome (l. ii, ép. 38, v. 1 ; iv, 80, 1; vi, 43, 3 ; viii, 61, 6 ; ix, 98, 8, etc.), n'empêchait pas que Martial ne fût pauvre; il vivait principalement de la vente de ses recueils de poésies, et des gratifications de Domitien et de quelques autres grands personnages auxquels il faisait sa cour. Lorsqu'il voulut retourner en Espagne pour y terminer ses jours, sous le règne de Trajan qui le négligeait, il n'avait pas de quoi subvenir aux frais du voyage, et il fallut, pour qu'il pût partir, que Pline le Jeune (voy. ses *Epist.* iii, 21), en récompense de quelques éloges, lui tendît un secours pécuniaire.

v. 2..... *Eques.* Martial ne possédait pas le cens équestre ; mais Domitien lui accorda le droit de siéger parmi les chevaliers :

Vidit me Roma tribunum,
Et sedeo, qua te suscitat Oceanus.. iii, ép. 95, v. 9.

v. 3... *Et dicitur, hic est.* Allusion au v. 28 de la sat. i de Perse :

At pulchrum est digito monstrari, et dicier, Hic est.

v. 6... *Libertinas... opes.* Des richesses d'affranchis, c'est-à-dire d'immenses richesses. On sait à quel degré d'opulence parvinrent les affranchis Narcisse et Pallas, sous le règne de Claude ; et ce Crispinus que Juvénal aime à poursuivre de ses invectives.

XIV. v. 11. *Lectioque..* Lectius, chargé de désigner les places à ceux qui avaient droit de siéger sur les quatorze bancs des chevaliers, et d'exclure ceux qui n'avaient pas ce droit.

XV. v. 2. *Et queritur læsus carmine nemo meo.* Voy. là-dessus les réflexions de Perrault, *Parallèle des anc. et des mod.,* t. iii, p. 234. Voy. aussi ce que nous avons dit dans une note sur l'épître en prose, à la tête du l. 1.

XVIII. v. 3... *Lato... clavo.* A un sénateur ; par *figure,* l'attribut pour celui qui le portait. Le *clavus* était une bande de pourpre cousue ou appliquée de haut en bas à la tunique, et qui servait de marque distinctive aux sénateurs et aux chevaliers : celui des premiers était large, et s'appelait *latus clavus,* laticlave ; celui des seconds était étroit, et s'appelait *angustus clavus.*

v. 4... *Nupsisti, Gellia, cistifero.* Cette Gellia, orgueilleuse de ses ancêtres, pour laquelle un chevalier était un parti (*conditio*) ignoble et sordide, et qui ne voulait pas moins qu'un sénateur pour mari, finit, comme *la Fille,* dans la fable de la Fontaine, vii, 5 :

Se trouvant à la fin tout aise et tout heureuse
De rencontrer un malotru.

C'est là, du moins en gros, le sens généralement reconnu de la pièce ; mais on n'est pas d'accord sur le sens précis et particulier du dernier mot, non plus que sur la manière de le lire. Turnèbe, *Advers.* iii, 21, lit *cistigero* au lieu de *cistifero,* et l'entend d'un misérable prêtre de Cybèle, portant la corbeille dans laquelle on mettait les objets secrets du culte de la déesse. Radérus adopte cette explication. Albert Rubens (*de Re vestiaria veterum, præcipue de lato clavo libri duo*) ajoute que ces prêtres avaient aussi un laticlave sur leur robe de lin appelée *calasiris,* et renvoie à un passage de Silius Italicus, iii, qui le dit formellement. D'autres veulent que *cistifer* ou *cistiger* désigne un Juif ; ils se fondent sur deux passages de Juvénal, *Sat.* iii, 14, et vi, 542, où la corbeille, *cophinus,* synonyme de *cista,* est mentionnée comme faiwere partie de l'attirail ordinaire des gens de cette nation. Voy. Lamp. Alardus, *Epiphyll. philol.* c. 8, p. 56, et P. Cunæus, *lib.* III *de Rep. Hebr.* c. 4, p. 340. Quelques-uns préfèrent *cistophoro* à *cistifero*, et l'expliquent de même. Beverland dit qu'il avait cru dans un temps qu'il fallait *cæstifero*, id est, *pugili, qui flagellum fert, et in cujus cæsto clavi erant ferrei*, d'après ce vers de Virgile :

Terga boum plumbo insuto ferroque rigentem.

Voy. Facciolati, *Lexic.* v° Cestifer. Il en est qui substituent *Celtibero*, sans faire attention que le sens du vers et la mesure du mot répugnent à ce changement : la pénultième de *Celtibero* est longue; et Martial étant Celtibère eût eu garde de rabaisser ses compatriotes. Une dernière correction est celle de M. Görenz, qui propose *cistibero*, s'appuyant sur ce passage du Digeste, 1, 2, 2 : *Quia magistratibus, vespertinis temporibus, in publicum esse, inconveniens erat, quinqueviri constituti sunt eis Tiberim et uls Tiberim, qui possent pro magistratibus fungi.* Le savant allemand pense que c'est un de ces magistrats subalternes que Martial avait en vue; mais M. J.-V. le Clerc, qui rapporte cette conjecture dans la 88e note sur les *Acad.* de Cic., II, 44, la désapprouve formellement en ces termes : « M. Görenz corrige *cistibero*. Ce « serait au moins *cistiberi*, si l'on admet cette phrase « de l'éd. de Torrentinus, *Digeste*, lieu cité : *Hi, quos* « cistiberes *dicimus*. J'avoue que *cistiberus* me semble « barbare. Pourquoi ne pas se contenter de l'explication « de Turnèbe? »

XVIII. v. 2. *Gracilesque ligulæ*. Voy. l. XIV, ép. 120.

v. 3... *Senibus... Damascenis.* Ces vieillards, ou plutôt ces vieilles de Damas, ce sont des figues séchées, ridées par le feu, le soleil, la fumée. Voy. l. XIII, ép. 29.

XIX. Flatteries dégoûtantes et bassement intéressées, comme il y en a trop souvent dans Martial.

v. 6. *Sub quo libertas principe tanta fuit?* On aurait pu dire au poëte : *Mentiris impudentissime*. Domitien était un tyran, et la liberté n'eut jamais de plus grand ennemi.

v. 10. *Aut quem prosequitur non alienus eques?* Martial dit ailleurs, l. XIV, ép. 122 :

Felix cui comes est non alienus eques.

Eques non alienus, suivant Turnèbe, *Advers.* IX, 24, était celui qui était devenu chevalier par la libéralité d'un ami riche, qui devait à celui-ci le cens équestre. « Quel est le patron qui voit à sa suite un chevalier qu'il « a créé? » Le poëte taxe ici les grands d'avarice; mais son reproche ne s'adressait pas à Domitien, par la faveur duquel il avait été lui-même nommé chevalier. Voy. la note sur le v. 2 de l'ép. 13 de ce l.

v. 11. *Ligulam...* Voy. l. XIV, ép. 120.

v. 12... *Scriptula*. D'autres, *scrupula*. Voy. la note sur le v. 3 de l'ép. 89 du l. IV.

v. 18. *Utile quod nobis*. La plupart des anciennes éditions portent *Utile quod non vis*; mais les meilleurs manuscrits et les éditions récentes offrent la leçon que nous avons suivie, qu'approuvait Scrivérius, et dont le sens paraît préférable.

XX. *Ad Julium Martialem*. Sur Julius Martialis, voy. la note sur l'ép. 64 du l. IV. Cette pièce épicurienne est fort bien tournée.

v. 13. L. Racine, *la Religion*, ch. VI, rend ainsi ce passage, qu'il déclare dans une note avoir sous les yeux :

Je me hâte de vivre et de vivre avec moi.
Je demande et saisis, avec un cœur avide,
Ces moments que m'éclaire un soleil si rapide,
Dont à peine obtenus qu'ils nous sont emportés,
Moments que nous perdons, et qui nous sont comptés !

XXI. v. 1... *Macrum*. Apollodotus saluait *Quintus* quand il rencontrait *Décimus*, *Macer* quand il rencontrait *Crassus*; sa faible mémoire lui faisait confondre le *cinquième* avec le *dixième*, le *maigre* avec le *gras* : car ces noms signifiaient tout cela. En lisant *Marcum*, comme on le trouve dans quelques MSS., l'antithèse disparaît.

v. 2... *Rhetor Apollonius*. Au lieu d'*Apollonius*, qui rompt ici la mesure, Gronovius veut qu'on restitue *Apollodotus*, d'après un manuscrit d'Isaac Vossius, où il y avait *Apollodorus*. Le second o d'*Apollonius* et le troisième d'*Apollodorus* étant longs dans ces noms grecs, et ces noms ne pouvant dès lors terminer un vers pentamètre, la conjecture qui fait disparaître cette faute est heureuse. Nous verrons plus bas Martial revenir à la charge contre le même rhéteur, et pousser peut-être encore plus loin l'ironie et l'hyperbole à son égard.

XXII. Ce Paullus ou Paulus était un riche avocat de ce temps, dont parle souvent Martial, et que mentionne aussi Juvénal, *Sat.* VII, 143.

v. 3 et 4. *Sed Tiburtinæ*, etc. Martial nous fait connaître ici l'endroit où était son logement à Rome. Il habitait vers la colonne Tiburtine, vis-à-vis du temple de Flore. La colonne Tiburtine devait servir à marquer la porte par où l'on sortait pour aller à Tibur. Nous voyons ensuite le chemin qu'il fallait suivre pour aller de cette colonne aux Esquilies, que Paulus habitait; il fallait gravir dans sa longueur la rue de Suburra, et surmonter tous les embarras de cette rue si populeuse.

v. 7 et 8. *Vixque datur longas mulorum rumpere mandras*, etc. Conférez avec ces vers les vers 37, 50 et suivants de la sat. VI de Boileau sur les *Embarras de Paris*, imités de la sat. III de Juvénal, intitulée *Urbis incommoda*.

v. 14. *Rex, nisi dormieris, non potes esse meus.* Martial fait entendre par là que Paulus lui-même sortait de grand matin pour aller faire sa cour à d'autres.

XXIII. v. 1. *Herbarum... colores.* Des vêtements de couleur verte.

v. 2. *Jura theatralis dum siluere loci*. A. de Rooy conjecture *fori*, et renvoie au v. 4 de l'ép. 64 du l. VII, où on lit : *jura fori*; il soupçonne que Martial avait sous les yeux ce passage de l'élégie *de Morte Drusi*, 185 :

Jura silent, mutæque jacent sine vindice leges :
Aspicitur toto purpura nulla foro.

Il faut entendre par ces *droits* ceux qui étaient réglés par la loi *Roscia*, proposée par L. Roscius Othon, tribun du peuple, l'an 685 de R., laquelle déterminait la fortune requise pour être chevalier, et assignait à cet ordre une place distinguée au théâtre.

v. 4... *Oceanum...* Océanus. Voy. la note sur le v. 12 de l'ép. 8 de ce l.

v. 8... *Codrus...* Voy. la note sur le v. 4 de l'ép. 57 du l. II.

XXIV. Hermès était un gladiateur alors très-célèbre; toutes les qualités qu'il déployait dans sa profession sont ici énumérées, et son nom est répété par emphase à chaque vers.

v. 15. *Hermes omnia solus, et ter unus.* Ce vers est le résumé de la pièce entière : Hermès est tout, à lui tout seul, et il est trois fois unique. Le *ter unus* fait sans doute allusion au surnom de *trismégiste* (trois fois très-grand), donné au philosophe égyptien si fameux dans l'antiquité, Hermès, l'homonyme de notre gladiateur romain.

XXV. Ce nom de Chérestrate paraît supposé; il est donné ici à un individu que le *designator* Lectius chassait des bancs du théâtre, parce qu'il ne possédait pas le cens équestre : à l'occasion de quoi Martial fait honte aux grands qui aimaient mieux prodiguer des sommes considérables à donner des jeux publics, à souscrire pour des statues en l'honneur de tel ou tel cocher du cirque, qu'à réparer les torts de la fortune envers des gens estimables et bien nés, dont ils auraient pu se faire d'honorables clients.

v. 2. *Lectius*... Voy. la note sur le v. 12 de l'ép. 8 de ce l.

v. 10. *Scorpi*. De Scorpus, célèbre cocher du cirque, dont Martial parle encore ailleurs. Voy. l. x, ép. 53; 74, 5, et xi, 1, 16. Il paraît que les amateurs de son talent lui avaient élevé ou avaient voulu lui élever une statue dorée.

XXVI. Cette épigramme se réfère à l'ép. 57 du l. ii. Voy. les notes sur le v. 4 de cette dernière, et sur la 15ᵉ du l. iii.

XXVII. v. 4. *Oceano*... Océanus. Voy. la note sur le v. 12 de l'ép. 8 de ce l.

XXVIII. v. 3.... *Fratres Curtios*... On ne sait quels étaient ces *frères Curtius*, renommés pour leur piété. Le nom de *Curtius* était fort commun chez les Romains. *Pietas* signifie sans doute en cet endroit l'affection fraternelle ou l'amour filial.

v. 4.... *Nervas*... Probablement le Nerva qui succéda comme empereur à Domitien. Il se fit remarquer, en effet, par un caractère pacifique et doux, *quiete*.

Rusones. D'autres, *Drusones*. M. Lemaire dit qu'il ne trouve rien sur eux. *De his nihil reperio*. Il y a cependant dans Pline le Jeune, vi, 23, un Crémutius *Ruso*, jeune homme distingué que Pline protégeait, et dont il dit : *Est indolis optimæ*. Les deux noms de *Druso* et de *Ruso*, si toutefois l'un n'est pas une altération de l'autre, sont encore connus d'ailleurs. Il est notamment question d'un *Druso*, usurier célèbre et historien impertinent, dans Horace, *Sat*. i, 3, 86, où Bentley propose de lire *Rusonem* au lieu de *Drusonem*, parce qu'il y avait des Rusons en ce temps-là. P. Calvisius *Ruso*, rappelé dans Gruter, *Inscr*. 64, 9, fut consul l'an de R. 814, de J. C. 61.

v. 5. *Macros*. Gruter veut qu'il s'agisse de Bæbius *Macer*, auquel, dit-il, sont adressées quelques lettres de Pline le Jeune. Les lettres dont il parle sont les 5ᵉ du l. iii, 18ᵉ du l. v, et 24ᵉ du l. vi; mais elles ne portent pour suscription que *Plinius Macro*. Il y a encore eu d'autres *Macer* rappelés dans les classiques, tels que Calpurnius *Macer*, etc. Ce nom ou surnom se représente souvent.

Mauricos. Pline, *Epist*. i, 5 et 14; ii, 11 et 18; iv, 22, et vi, 24, vante des qualités analogues à celles que Martial attribue aux Mauricus, dans Junius Mauricus, personnage considérable de ce temps, qui fut exilé sur la fin du règne de Domitien.

v. 6. *Regulos*. Régulus. V. la note sur l'ép. 13 du l. i.

Paullos. Peut-être le *Paullus* des épigr. 22 de ce liv., 72 du l. vii, 86 du l. ix, etc.

XXIX. Cette épigramme repose sur un dicton populaire, qui voulait que, quand on avait mangé du lièvre, on fût beau pendant sept jours. Pline, qui rappelle ce proverbe (xxviii, 19), le traite de badinage frivole, *frivolo quidem joco*; mais il ajoute que l'opinion qu'il exprime est trop accréditée pour être tout à fait dénuée de fondement. Il y a grande apparence qu'elle n'en avait d'autre que la ressemblance fortuite des deux mots, *lepus*, lièvre, et *lepos*, beauté, dont les cas obliques sont les mêmes, sauf que la seconde syllabe y est brève dans le premier de ces mots et longue dans le second. Quoi qu'il en soit, nous voyons dans Lampride que le proverbe dont il s'agit subsistait encore au troisième siècle de notre ère; car, après avoir cité l'épigramme de Martial, il rapporte les quatre mauvais vers suivants, faits par un poète de cour sur l'habitude qu'avait l'empereur Alexandre Sévère de manger tous les jours du lièvre :

Pulchrum quod vides esse nostrum regem,
Quem Syrum sua detulit propago,
Venatus facit et lepus comesus,
Ex quo continuum capit leporem

et une traduction latine à peu près aussi mal versifiée de la réponse peu gracieuse que fit en grec le même empereur à ce compliment, et dans laquelle la vertu prétendue de la chair de lièvre est qualifiée de conte vulgaire, *vulgari... de fabella*. Voy. *Hist. Aug. Script. cum not. varior*. p. 553.

v. 1. *Si quando leporem mittis mihi*, *Gellia*, *dicis*. Lampride, *loc. cit.*, rapporte ainsi ce vers : *Quum leporem mittis, semper mihi, Gellia, mandas*.

XXX. Ce Varron, poëte tragique, lyrique, mimique, élégiaque, ne nous a rien laissé, et même ne nous est connu que par cette pièce de Martial : car il ne faut le confondre ni avec l'un ni avec l'autre de ses homonymes, tous deux plus anciens que lui, le savant auteur des satires Ménippées, et le Varro Atacinus, contemporain d'Horace.

XXXII. Sur Faustinus, v. l. 1, ép. 26 et 115.

v. 1. *Quadrantem*. Le quart de l'as, trois onces, c'est-à-dire le quart de sa succession.

v. 2. *Cui dedit ergo ? sibi*. Crispus avait tout mangé; il s'était donné d'avance à lui-même tout son avoir. N'est-ce pas Franklin qui a dit : « Quand la cuisine est grasse, « le testament est maigre ? »

XXXIV. *Erotium*, qui signifie en grec *petit amour*, était le nom d'une jeune esclave de Martial, née dans sa maison. Le père de cet enfant s'appelait *Fronto*, et sa mère *Flaccilla*. Elle mourut après son père à l'âge de six ans moins six jours. La mère la recommande à son mari.

v. 1. *Hanc tibi, Fronto pater, genitrix Flaccilla puellam*. Radérus a mal compris ce vers; il a cru que Fronto et Flaccilla *recommandaient* Erotium. Il est tombé ailleurs, et dès la première phrase de sa *Vita Martialis, ex ipso Martiale potissimum deprompta*, dans une erreur bien plus grave : il a fait de Fronto et de Flaccilla les père et mère de Martial lui-même.

v. 9 et 10. *Mollia nec rigidus*, etc. On connaît la formule que les anciens inscrivaient sur les tombeaux : S. T. T. L., *sit tibi terra levis*. Ils souhaitaient que la terre fût légère à leurs amis et pesante à leurs ennemis. Martial souvent emploie cette formule ou y fait allusion. Voy. notamment l. vi, ép. 52, v. 5; ix, 30, 11; xi, 14, etc.

XXXV. Cet Euclide se glissait au théâtre parmi les chevaliers, et voulait passer pour appartenir à cet ordre, prétendant posséder le cens requis; mais il fut trahi par un accident imprévu.

v. 1, 3. *De Patrensibus fundis.. Corinthioque.. de suburbano*. Il alléguait les fonds qu'il possédait, disait-il, à Patras et dans la banlieue de Corinthe, et dont le revenu, suivant lui, excédait celui de quatre cent mille sesterces, exigé pour être admis parmi les chevaliers.

v. 2... *Coccinatus*. Les chevaliers s'habillaient d'écarlate ou de pourpre. Voy. ép. 24 de ce l.

v. 4. *Longumque pulchra stemma repetit a Leda*. Il se vantait de descendre de Castor et de Pollux, fils de la belle Léda, ces fameux écuyers.

v. 5.. *Lectio*... Lectius. Voy. la note sur le v. 11 de l'ép. 14 de ce l.

v. 8. *Nunquam, Fabulle, nequior fuit clavis*. Cette grande clef qui tomba si traîtreusement de la ceinture d'Euclide, et qui le fit chasser des quatorze bancs du théâtre, annonçait qu'il était un esclave, ou du moins qu'il n'était pas assez riche pour en avoir un. La clef était un des attributs des esclaves : c'étaient eux qui la portaient. Il y a ici un badinage ingénieux qui a échappé aux commentateurs : Martial joue sur le double étymologie du nom d'Euclide, qu'on peut faire venir, ou de κλέος, gloire, ou de κλείς, clef. Le soi-disant chevalier, au lieu d'être Euclide (*illustre*), était Euclide (*porte-clef*).

XXXVI. Sur Faustinus, voy. les notes sur les ép. 26 et 115 du l. I.

v. 2. *Imposuit.* Il m'en a imposé, il m'a trompé.

XXXVII. Voy. ci-dessus la note sur l'ép. 34 de ce l. Il y a, dans le style de cette pièce et dans les comparaisons un peu ambitieuses qui y sont accumulées jusqu'au v. 13 inclusivement, quelque chose du goût espagnol. L'épigramme est terminée par un trait ironique assez piquant.

v. 2... *Galesi,* . *Phalantini.* L'épithète de *Phalantinus,* donnée au Galèse, vient de ce que ce fleuve coulait près de Tarente, ville fondée ou rétablie par Phalante, général lacédémonien.

XXXVIII. Calliodore avait les quatre cent mille sesterces qui faisaient le cens équestre, mais il les avait indivis avec un frère; Martial le raille spirituellement de sa prétention au rang de chevalier.

v. 3. *Quadringenta secat, qui dicit* σῦκα μέριζε. Rutgers, *Var. lect.* vi, 11, veut qu'on lise *seca.* Samuel Petit, dans ses *Miscell.,* conserve *secat*, mais il propose de substituer aux deux mots grecs qui terminent le vers, ceux-ci : σὺ κ' ἐμὲ ῥ' ἴζε, *tu fac me quoque sedere*: correction des plus ingénieuses. Ceux qui retiennent l'ancienne leçon voient dans σῦκα μέριζε un proverbe qui s'appliquait, suivant eux, à des héritiers auxquels une petite succession était échue, et qui en faisaient le plus minutieux partage, jusqu'à diviser une figue.

XLI. Est-ce le *Didymus* de l'ép. 43, l. xii, v. 3, ou le *Dindymus* de l'ép. 75, même l., v. 4 ?

v. 2... *Concubino... Celœneo.* Ces mots désignent Atys, l'amant de Cybèle, qui se mutila lui-même. Voy. Catulle, *Carm.* 63, *de Aty.* Célènes était une ville de la Phrygie, qui fut le théâtre des aventures de la mère des dieux, et où son culte était en grand honneur. Atys était Phrygien.

v. 8. *Non licet maritorum.* Martial regarde comme douteux que Didymus pût siéger sur les bancs des chevaliers; mais il ne doute point qu'on ne dût l'exclure des bancs des maris, *quia spado erat, et effœminatus ut spado.* Suétone, *Aug.* c. 44, nous apprend qu'Auguste assigna dans les spectacles une place particulière aux gens mariés.

XLVI. Voy. la note sur l'ép. 34 du l. vi.

v. 1. *Basia... luctantia.* La même pensée se retrouve plusieurs fois dans Martial et dans d'autres poëtes. La résistance vaincue fait le plaisir, comme elle fait la gloire.

XLVIII. Voy. la note sur l'ép. 32 du l. i.

LIII. Ce Bassus était, à ce qu'il paraît, un poëte tragique qui puisait ses sujets dans la fable. Martial lui conseille de laisser là Médée, Thyeste, Niobé, Andromaque, et lui indique comme convenant mieux à ses chants Deucalion et Phaéton, lui faisant entendre par là que ses pièces sont dignes de l'eau et du feu. M. Wernsdorf a pensé que le nom de Bassus n'était point supposé, mais qu'en cet endroit, comme dans les autres où on le retrouve, il s'agissait de Saléius Bassus, poëte de ce temps, auquel il attribue le *Panegyricus ad Pisonem.* Voy. la note sur le v. 2 de l'ép. suivante.

LIV. Voy. la note sur l'ép. 21 de ce l.

v. 2. *Calpurnium non scripsit, et salutavit.* Le rhéteur dont il est question dans ce distique avait la mémoire si courte que, quand il voulait saluer quelqu'un par son nom, il était obligé d'écrire ce nom et de l'apprendre par cœur. Voy. ép. 21 de ce l. Mais il fit tant de progrès qu'un jour, pour saluer Calpurnius, il n'eut pas besoin de recourir à ce moyen. Martial en conclut que le voilà devenu improvisateur. Un commentateur croit qu'en employant le nom de Calpurnius, l'épigrammatiste a choisi un nom difficile à prononcer, *durum nomen,* sans doute pour rendre encore plus merveilleux le prodigieux effort de mémoire d'Apollonius; mais, suivant M. Wernsdorf, *Poet.*

lat. min., t. iv, p. 39, ce n'est point un nom en l'air, mais celui d'un grand personnage du temps, L. Calpurnius Piso, qui fut un des chefs d'une conspiration contre Néron, la même dans laquelle trempa Lucain. C'est, d'après le même philologue, en l'honneur de ce Calpurnius, que fut faite la pièce intitulée *Panegyricus ad Pisonem,* qui nous est parvenue sans qu'on sache précisément qui en est l'auteur, mais qu'on a donnée à Lucain le plus communément. M. Wernsdorf l'attribue à un Saléius Bassus, poëte de cette époque, dont il est question dans Juvénal et dans le Dialogue des Orateurs de Tacite, et il prétend que c'est à lui que sont adressées celles des épigrammes de Martial où il est aussi question d'un Bassus. Comme Calpurnius était un personnage considérable, d'une haute naissance, et un grand protecteur des gens de lettres, et que dès lors il était très-connu à Rome, on devait trouver plaisante l'idée du poëte qui se récriait sur ce qu'Apollonius, qui avait peut-être reçu des bienfaits de Pison, s'était rappelé son nom en le saluant. Cette conjecture nous semble très-plausible.

LV. Ces quatre vers, contenant un dialogue élégant, vif et précis, étaient sans doute destinés à servir d'inscription à une statue ou à un tableau représentant Jupiter porté par son aigle.

LVI. v. 6. *Famæ Tutilium suæ relinquat.* D'autres, *Lucilium;* d'autres, *Rutilium.* Nous suivons la première leçon comme préférable aux deux autres, surtout à la dernière, qui ne va pas à la mesure du vers, la première syllabe de *Rutilium* étant brève et la seconde longue. Le nom de *Tutilius* se trouve dans plusieurs inscriptions. Le beau-père de Quintilius se nommait ainsi, d'après Pline, *Epist.* vi, 32. C'était quelque rhéteur ou grammairien, alors célèbre, aujourd'hui inconnu.

v. 9. *Fac, discat, citharœdus aut choraules.* Hellénisme: *discat citharœdus,* pour *discat fieri citharœdus.* Robert Titius, *Loc. controv.* l. iii, c. 17, p. 100, propose : *Fac hiscat citharœdus.*

v. 11. *Præconem facias vel architectum.* Voy. la note sur le v. 5 de l'ép. 8 du l. vi.

LVIII Posthumus paraît être un nom en l'air, mais pris dans Horace, qui adresse également *ad Posthumum* l'ode 14 de son l. ii, dont le sujet est le même que celui de cette épigramme. Le poëte lyrique y parle aussi de la rapidité de la vie, pour faire entendre que c'est folie que de ne pas jouir du présent. Voy. la note sur le v. 2 de l'ép. 23 du l. ii.

v. 7 et 8. *Cras vives...* La Fontaine, *Fables,* viii, 27 :

Jouis. — Je le ferai. — Mais quand donc ? — Dès demain.
— Eh ! mon ami, la mort te peut prendre en chemin :
Jouis dès aujourd'hui.....

Martial avait dit plus haut, l. i, ép. 16, v. 11 et 12 :

Non est, crede mihi, sapientis dicere, Vivam.
Sera nimis vita est crastina : vive hodie.

LIX. Sur Stella, voy. la note sur le v. 1 de l'ép. 8 de l. i.

LXI. Ce portrait d'un sigisbée romain mérite de fixer l'attention comme peinture de mœurs.

v. 10. *Acrior hoc Chius non erat Aufidius.* Juvénal, ix, 25, parle aussi de cet Aufidius sous le même rapport :

Notior Aufidio mœchus............

v. 11 et 12... *Latini... Panniculo.* Voy. les notes sur le v. 5 de l'ép. 5 du l. i, et sur les v. 3 et 4 de l'ép. 72 du l. ii.

LXII. v. 4. *Nam mea jam digitum sustulit hospitibus. Tollere digitum* avait une double signification : les gladiateurs, dans l'arène, levaient le doigt pour déclarer qu'ils se reconnaissaient vaincus; les acheteurs à l'encan faisaient le même geste pour annoncer qu'ils voulaient enchérir. Il n'est pas aisé de déterminer auquel de ces deux ordres d'idées se rapporte la métaphore employée ici par Martial. Tout ce qu'on voit, c'est qu'il veut dire que son mobilier (*supellex*) avait disparu, et qu'il ne lui en restait rien.

v. 8. *Emi hortos; plus est : instrue tu; minus est*. Faites le moins, j'ai fait le plus : j'ai acheté les jardins, meublez-les. Sous le nom de jardins, on entendait non-seulement un terrain cultivé, un clos, un petit domaine qui se trouvait dans l'enceinte de la ville, mais aussi la maison qui y était jointe. Voy. la note sur la 64e ép. du l. IV.

LXIV. v. 1. *Sextantes*.... Le *sextans* était la sixième partie du *sextarius*, lequel contenait douze cyathes.

v. 2. *Tu super æstivas, Alcime, solve nives*. On exprimait l'eau de la neige, et on s'en servait pour délayer le vin. Le vin des anciens était plus épais que le nôtre, et ne pouvait se boire que mêlé avec de l'eau. On faisait aussi passer par la neige de l'eau qui avait bouilli, et qu'on appelait *decocta*. Cette seconde méthode, qui procurait une boisson plus froide, avait été inventée par Néron. V. l. XIV, ép. 116 et 117.

v. 4... *Rosis... sutilibus*. Des branches de rosiers chargées de fleurs, cousues ou plutôt entrelacées en forme de couronne.

v. 5. *Jam vicina... Mausolea*. Les mausolées voisins, c'est-à-dire les sépulcres des empereurs.

v. 6. *Deos*... Les empereurs divinisés après leur mort.

LXV. *Ad Cæsarem*. Comparez cette épigramme avec la 27e du liv. des Spectacles.

LXVII. Il y a dans l'Anthologie plusieurs pièces sur de petits événements semblables. Celle-ci se termine par une allusion à la fable de Procné, qui, pour venger l'affront fait à sa sœur Philomèle, tua son fils Itys, qu'elle servit à Térée son mari, et qui fut changée en hirondelle. Voy. Ovide, *Metam*. VI.

v. 2. *Atthides, in nidis*... La quantité donnée à la dernière syllabe d'*Atthides* est un hellénisme dont nous avons déjà vu des exemples. *Atthides*, les Athéniennes, pour les hirondelles. Procné, changée en hirondelle, était fille de Pandion, roi d'Athènes.

LXVIII. *Arctoa de gente*... De la Germanie, située vers le septentrion. *Arctos*, l'ourse. — Cette pièce prouve l'antiquité de l'usage des perruques, dont il y a bien d'autres preuves. Les femmes galantes préféraient les perruques blondes. Juvénal, *Sat*. VI, 121, dit de Messaline :

Sed, nigrum flavo crinem abscondente galero,
Intravit calidum veteri centone lupanar.

LXIX. Contre Marc-Antoine, au sujet du meurtre de Cicéron, dont la vie lui fut cédée par Octave, en échange de celle de Lucius César son oncle : horrible contrat que l'histoire a flétri avec raison.

v. 1. *Phario nil objecturæ Pothino*. L'Égyptien Pothinus fut le meurtrier du grand Pompée. Martial établit ailleurs, l. III, ép. 66, un parallèle entre cet assassinat et celui de Cicéron, et conclut que ce dernier crime fut le plus odieux.

v. 2. *Tabula*. La table ou la liste de proscription que les triumvirs firent afficher à Rome.

v. 8. *Incipient omnes pro Cicerone loqui*. Le crime d'Antoine a excité, en effet, l'indignation de la postérité. Les historiens et les poëtes en offrent de nombreux témoignages. On peut consulter ce que disent sur ce sujet les divers biographes de Cicéron. Il y a dans Velléius Paterculus, II, 37, une éloquente invective contre le triumvir. Sénèque, *Suasor*. 6, nous a conservé un très-beau fragment de Cornélius Sévérus (le même auquel on attribue le poëme *sur l'Etna*), où la mort de l'orateur romain n'est pas moins dignement déplorée. Ce fragment consiste en vingt-cinq vers hexamètres. On croit qu'il était tiré d'un poëme sur la guerre de Sicile, dont nous avons à regretter la perte.

LXX. v. 2 et 5. *Centies*... Dix millions de sesterces, environ deux millions de francs, monnaie actuelle.

v. 3. *In sellariolis... popinis*. Dans des cabarets, dans des lieux de débauche, où les libertins *s'asseyaient* et faisaient gogaille. Le nom de *sellaria* convenait à ces sortes de réduits. Tibère nommait ainsi la *cella* qui était, à Caprée, le siége de ses secrètes impudicités. Suétone, *Tiber*. 43. Tacite, *Annal*. VI, 1 : *Tunc primum ignota ante vocabula reperta sunt sellariorum et spintriarum*. Pline, XXXIV, 8 : *Sellaria domus aureæ Neronis*.

v. 4... *Balnea... quatuor*... Les bains de Néron, de Gryllus, de Titus et d'Agrippa.

v. 5 et 6... *Centies comesse... nec accubare*. Manger deux millions sans se coucher, c'est-à-dire sans se mettre à table, comme pour les repas ordinaires. On se rappelle que les Romains s'étendaient sur des lits pour prendre leurs repas. Il paraît qu'on ne se servait pas de lits dans les tavernes que fréquentait Syriscus, dissipateur ignoble et crapuleux.

LXXI. Sur Faustinus, voy. les notes sur les ép. 26 et 115 du l. I.

LXXIV. Les trois parties du monde alors connues se partagèrent les dépouilles mortelles des trois Pompées : le père fut assassiné en Afrique; de ses deux fils, l'un, Cnéus, fut tué en Europe, à Munda, par les soldats de César, et l'autre, Sextus, en Asie, à Milet, par les soldats d'Antoine.

v. 2... *Si tamen ulla legit*. Quelques auteurs veulent que Pompée ait été enseveli à Péluse, en Égypte, vers l'une des embouchures du Nil. Suivant Strabon, l. XVI, ce fut sur le mont Cassius. D'autres prétendent qu'il n'eut pas même les honneurs de la sépulture, ou du moins d'un tombeau, comme il est dit dans le fameux distique de Varro Atacinus :

Marmoreo in tumulo Licinus jacet, at Cato parvo,
Pompeius nullo. Quis putet esse Deos?

v. 4. *Uno non poterat*... Cette pensée est grande; elle est dans le genre de Lucain et de Corneille; mais il semble que Martial n'en doit pas avoir tout l'honneur : car Pétrone, *Satyric*. c. 120, avait dit avant lui, parlant de Crassus, de Pompée et de Jules César :

Crassum Parthus habet; Libyco jacet æquore Magnus;
Julius ingratam perfudit sanguine Romam.
Et, quasi non posset tellus tot ferre sepulcra,
Divisit cineres. . . . . .

LXXV. Martial donne ici en plaisantant au mot *légitime* une acception qu'il n'a pas ordinairement; il entend par *épouse légitime*, non une femme épousée en légitime mariage, mais une femme qui se marie pour échapper aux peines de la loi Julia. Quintus et Lælia avaient eu avant la noce un commerce criminel.

LXXVI. v. 1... *Mithridates*... Voy. Pline, *H. N.* XXV, 2, et A. Gell. XVII, 16. Racine, dans sa tragédie de *Mithridate*, fait deux fois allusion à ce trait historique : act. IV, sc. 5, et act. V, sc. 4. L'application que fait Martial de cette même anecdote, vraie ou fausse, est plaisante.

LXXVII. v. 2. *Qui te ferre oleum dixit in auriculam*. Porter de l'huile dans l'oreille paraît être une expression proverbiale et figurée; mais nous en ignorons le sens, et les conjectures des savants pour l'expliquer ne nous semblent guère satisfaisantes.

LIVRE VI.

I. Sur Julius Martialis, voy. l. IV, ép. 64, etc.

II. IN CÆSAREM DOMITIANUM. Tout infâme et corrompu qu'il était, Domitien publia plusieurs édits favorables aux bonnes mœurs : il fit notamment remettre à exécution la loi Julia contre les adultères, (voy. ép. 7 de ce l), et défendit la castration dans toute l'étendue de l'empire. *Castrari mares vetuit. Spadonum qui apud mangones erant, pretia moderatus est.* Suétone, *Domit.* 7. cfr. Ammien Marcellin, l. XVIII, 4, et Stace, *Sylv.* l. III, 4, v. 74, et IV, 3, v. 13. Martial et les autres flatteurs de ce prince n'ont pas manqué de faire sonner bien haut ces ordonnances ; mais il y a quelque chose à rabattre des éloges qu'elles lui ont attirés, surtout de ceux qui concernent la seconde, s'il est vrai que, comme le dit l'abréviateur de Dion, Domitien ne l'ait rendue qu'en haine de la mémoire de son frère Titus, qui aimait passionnément les eunuques. Lui-même eut pour favori un eunuque nommé Charinus. Ainsi tout ce que ces lois avaient pu produire de bons effets, il le détruisait ou au moins l'atténuait par ses exemples, et les motifs qui le faisaient agir lui en enlevaient tout le mérite.

v. 6. *Et spado mœchus erat.* Il y avait des Romains qui aimaient les eunuques et recherchaient leurs embrassements, parce qu'ils étaient stériles. Voy. Martial, ép. 67 de ce liv., et Juvénal, *Sat.* VI, v. 367.

III. DE FILIO DOMITIANI. Ce fils est celui que Domitien eut de Domitia pendant son second consulat, l'an de R. 826, de J. C. 73. Suétone, *Domit.* c. 3. Il mourut en bas âge, et reçut les honneurs de l'apothéose, comme on le voit par un denier d'argent de Domitia, sur le revers duquel cet enfant est représenté nu au-dessus d'un globe et entouré d'étoiles, avec cette légende : *Divus Cæsar imp. Domitiani F.* Charles Patin a fait graver cette médaille dans ses notes sur Suétone, et Burmann l'a reproduite dans une planches qu'il a placées à la suite des douze Césars du même auteur.

v. 1. *Nascere, Dardanio promissum nomen Iulo.* Vers imité de Virgile, *Æn.* I, v. 288 :

Julius, a magno demissum nomen Iulo.

v. 2. *Cara deum soboles.* Hémistiche emprunté de Virgile, *Ecl.* IV, v. 49.

v. 4. *Quique regas*, etc. Vers imité d'Ovide, *Trist.* II, v. 165 :

*Sospite sic te sit natus quoque sospes; et olim
Imperium regat hoc cum seniore senex.*

v. 6. *Julia...* Julia, fille de Titus et par conséquent nièce de Domitien. Suétone, *Domit.* c. 22, entre dans quelques détails sur cette princesse. On avait voulu que Domitien l'épousât ; il s'y était refusé ; mais il la séduisit dès qu'elle fut mariée à un autre, du vivant même de Titus ; et, lorsqu'elle eut perdu son père et son mari, il l'aima publiquement, et fut la cause de sa mort, en l'obligeant de se faire avorter. Elle n'existait plus lorsque Martial écrivait cette pièce, où il suppose que c'est elle qui filera la destinée de son cousin, le jeune fils de Domitien, et qu'elle y emploiera toute la laine du bélier de Phryxus. On sait que ce bélier fut celui qui fournit la toison d'or.

IV. ADULATORIUM, al. AD CÆSAREM. De ces deux titres le premier, souvent répété à la tête d'autres pièces semblables, devrait être certainement rejeté, si les titres des épigrammes de Martial étaient de lui, et non de ses éditeurs. Quant aux éloges trop flatteurs dont Domitien est ici l'objet, voy. la note sur l'ép. 2 de ce l.

V. v. 2. *Centum.* Cent mille sesterces environ vingt mille francs, monnaie actuelle.

VI. AD LUPERCUM. Les anciens ne mettaient guère en scène plus de trois interlocuteurs à la fois : s'il y en avait un quatrième, c'était un personnage muet. C'est ce que Horace, *de Art. poet.*, v. 192, érige en règle :

.... *Nec quarta loqui persona laboret.*

De là la plaisanterie de Martial contre Paulla, qui aimait les acteurs dramatiques, et ne s'effrayait pas du nombre, puisqu'elle allait encore plus loin que la belle dont il est dit, l. IX, ép. 33, v. 4 :

.... *Pariter sufficit una tribus.*

VIII. v. 5. *Præconi dedit Eulogo puellam.* Ce n'est peut-être pas sans dessein que le nom d'*Eulogus* (en grec, qui parle ou compte bien) est donné ici à un crieur public. Les crieurs publics, *præcones*, classe autrefois méprisée, étaient, en ce temps où l'on mesurait l'estime d'après la fortune, des personnages considérés, parce qu'ils exerçaient une profession lucrative ; on les mettait par ce motif, aussi bien que les joueurs de cithare ou de flûte, au-dessus des poètes, des grammairiens et des rhéteurs, lesquels mouraient de faim ; on les préférait même à des magistrats, à des préteurs, à des tribuns, auxquels manquait le prestige de la richesse. La richesse était tout. Martial attaque directement ce travers de son siècle dans l'ép. 56 du l. v, où il donne à un père de famille, embarrassé du choix d'un bon état pour son fils, le conseil d'en faire un musicien, ou, s'il a la tête trop dure, un crieur public ou un architecte. Cfr. Juvénal, *Sat.* III, v. 21 et sqq.

IX. AD LÆVINUM. Il s'agit d'un faux chevalier, d'un intrus qui s'asseyait au théâtre dans les quatorze bancs, et que le *designator* Océanus y surprit. Il feignait de dormir ; mais Océanus le réveilla, ou le chassa. *Suscitat* a cette double acception, et c'est sur l'amphibologie de ce mot que roule la plaisanterie que ce distique exprime d'une manière assez vive.

v. 1. *In Pompeiano.. theatro.* Le théâtre de Pompée était situé dans la IX° région de Rome ; il contenait quatre-vingt mille spectateurs.

v. 2. *Oceanus.* voy. la note sur le v. der. de l'ép. 27 du l. v.

XI. v. 10. *Ut ameris, ama.* Sénèque, *Epist.* 9 : *Hecaton ait : « Ego tibi monstrabo amatorium sine medicamento, sine herba, sine ullius veneficæ carmine. Si vis amari, ama.* » Je ne sais si le secret qu'indique Ovide, n'est pas encore meilleur ; il dit, *Ars. am.* l. II, v. 108 :

.... *Ut ameris, amabilis esto.*

XII. DE FABULLA. Fabulla portait perruque, et soutenait que ses cheveux étaient à elle : elle pouvait le soutenir même avec serment, sans se parjurer :

Nam quod emas, possis dicere jure tuum.

L. II, ép. 20, v. der.

L'épigramme d'où ce vers est tirée, et la 30° du l. I, roulent sur la même plaisanterie, mais appliquée à des vers, au lieu de l'être à des cheveux.

Scrivérius regardait ce distique comme aprocryphe, et comme fait par quelque écolier à l'imitation de Martial.

v. 2. *Fabulla : numquid, Paulle, pejerat? nego.* L'éd. princeps, et quelques autres de celles qui l'ont suivie, ne portent pas *nego*, et le vers est boiteux. Scrivérius l'a rétabli, d'après deux manuscrits qu'il possédait. D'anciennes éditions lisent :

Fabulla : numquid ipsa, Paulle, pejerat?

XIII. DE STATUA JULIÆ. Sur une statue de Julie, fille de Titus et nièce de Domitien. Cette princesse fut la maîtresse de son oncle. Suétone, *Domit.* c. 22, nous apprend que ce dernier, épris de Domitia, refusa d'épouser Julie qu'on lui offrait en mariage, mais qu'il la séduisit dès qu'elle fut mariée à un autre, du vivant même de Titus; et que lorsqu'elle eut perdu son mari et son père, il l'aima publiquement, et fut la cause de sa mort en l'obligeant de se faire avorter.

La statue de Julie était en marbre blanc. C'était, s'il faut en croire le poëte, un ouvrage digne de Phidias ou de Minerve elle-même. Elle tenait à la main le ceste de Vénus.

v. 3. *Candida... Lygdos. Lygdos* était sur le mont Taurus, en Arabie : on en tirait un marbre renommé pour sa beauté et sa blancheur.

v. 5... *Acidalio... nodo.* Le ceste ou ceinture de Vénus, sorte d'écharpe enlevée à Cupidon, et dont l'attouchement excitait l'amour. Vénus s'en servit pour enflammer Mars, et Junon pour enflammer Jupiter. Voyez l'admirable description qu'en donne Homère, *Iliad.* XIV, v. 215 sqq. Il était sans doute placé dans les mains de Julie comme un symbole du charme que cette princesse exerçait sur le cœur de Domitien. L'épithète d'*acidalien* donné par Martial au ceste lui convient parfaitement; elle rappelle la fontaine *Acidalie* dans laquelle se baignaient les Grâces, et qui coulait près d'Orchomène, en Béotie.

XV. DE FORMICA SUCCINO INCLUSA. Voy. les notes sur les épp. 32 et 59 du l. IV.

XVI. AD PRIAPUM. Cette pièce est dans le genre de celles dont se compose le recueil intitulé *Diversorum poetarum in Priapum lusus*, et que Scioppius croyait avoir été dans l'origine inscrites sur les murs d'une chapelle dédiée à Priape, dans les jardins de Mécène, par les poëtes qui faisaient la cour à ce dernier.

v. 3. *Sic.* al. *Sed.* C'est la leçon ancienne. Gruter préfère *sic*, qui est une formule solennelle dans les prières, comme nous avons déjà eu plusieurs fois occasion de le remarquer.

XVII. IN CINNAMUM. Cette épigramme est du nombre de celles qu'on ne peut traduire; et à supposer qu'elle soit bonne, elle ne l'est qu'en latin. Cinnamus est sans doute le barbier contre lequel est dirigée l'ép. 64 du l. VII; il s'était imaginé de se faire appeler *Cinna*, nom connu et rendu célèbre. « Pourquoi, dit le poëte, abréger et altérer ainsi ton nom? Si une telle altération était permise et que tu t'appelasses *Furius*, on pourrait donc t'appeler *Fur ?* » *Furius* était aussi un nom romain très-commun, et *fur* signifiait *voleur*. On trouve un *P. Arruntius Cinnamus* dans une inscription rapportée par Fabretti, p. 6, n. XXXIV.

XVIII. EPITAPHIUM SALONINI. Cette épitaphe est bonne, et se termine par un trait touchant. Elle ne nous apprend pas quel lien unissait le Priscus auquel elle s'adresse, et le Saloninus qui revivait en lui : étaient-ce le père et le fils, ou seulement deux amis?

XIX. La Harpe, *Cours de litt.* l. I, c. 9, 5, 3, après avoir jugé Martial avec une sévérité outrée, dit que cette pièce est du petit nombre de celles « qu'on a retenues de lui, » et qu'elle « peut servir de leçon à Paris comme à Rome; » il ajoute « qu'elle ne corrigera pas plus l'un que l'autre, » et finit par en donner cet essai d'imitation en vers :

On m'a volé; j'en demande raison
A mon voisin, et je l'ai mis en cause
Pour trois chevreaux, et non pour autre chose.
Il ne s'agit de fer ni de poison;
Et toi, tu viens, d'une voix emphatique,
Parler ici de la guerre punique,
Et d'Annibal, et de nos vieux héros,
Des triumvirs, de leurs combats funestes.

Eh! laisse là tes grands mots, les grands gestes :
Ami, de grâce, un mot de mes chevreaux!

Le célèbre critique a raison, quand il observe que cette épigramme est dans la mémoire de tout le monde. Le dernier vers : *Jam dic, Postume, de tribus capellis*, est presque devenu un proverbe que l'on applique journellement aux personnes qui parlent beaucoup sans venir au fait ; et la Fontaine se rappelait ce vers, lorsqu'il terminait ainsi une lettre à M. Simon de Troyes, sur un pâté de canards :

On s'en va nommer l'avocat des trois chèvres :
Le fait était d'un vol, il citait des Césars.
Les grands mots comme à lui me naissent sur les lèvres,
Pour un pâté de trois canards.

Mais où la Harpe va trop loin, c'est lorsqu'il donne à entendre que le barreau de Paris pourrait puiser une leçon dans l'épigramme de Martial. Cette épigramme n'est nullement applicable à nos avocats; on ne peut leur reprocher l'érudition pédantesque et le fatras scolastique dont les avocats du *temps de Racine*, malgré l'exemple de Patru, embarrassaient encore leurs plaidoyers, comme le remarque Geoffroy dans son commentaire sur *les Plaideurs*, act. III, sc. 3. « Nos avocats, dit-il très-bien, sont fort à l'abri de l'abus de la science : ils ont d'autres ridicules; mais un siècle de goût les a corrigés radicalement de celui-là. » Geoffroy ajoute aussi avec raison qu'à en juger par l'épigramme de Martial, il paraît cependant qu'il y avait encore à Rome des *Petitjean*, même après le règne d'Auguste.

Il y en avait encore aussi lorsque Lucilius, poëte de l'Anthologie grecque, écrivait : car sa 84e épigramme (Brunck, *Anal.* t. II, p. 334) offre le même cadre et le même fond que celle de l'épigrammatiste latin : il n'y a guère de changé que le nom de l'avocat et le sujet du procès : l'avocat se nommait Ménéclès, au lieu de Postumus; et il s'agissait d'un cochon de lait, d'une vache et d'une seule chèvre, au lieu de trois chèvres. Mais à quelle époque appartient Lucilius? quel est celui des deux auteurs qui a copié ou du moins imité l'autre? Les savants ne sont pas d'accord. Lessing et Fabricius font vivre Lucilius sous les Antonins ; mais Jacobs, dans le *Catalog. poetar. epigr.*, à la suite de ses *Animadv. in Anthol.*, fait voir que cette opinion repose sur un fondement peu solide, et conjecture avec un peu plus de vraisemblance que Lucilius florissait sous Néron. Dans cette hypothèse, c'est Martial qui serait le copiste.

XXI. DE STELLA ET IANTHIDE. Lucius Arruntius Stella, de Padoue. Voy. la note sur le v. 1 de l'ép. 8 du l. I. *Ianthis* est le nom, habillé à la grecque, de la maîtresse de Stella, dont le nom romain était *Violantilla*. Martial fit cette pièce à l'occasion de leur mariage. Stace traita le même sujet, ou plutôt composa pour ces époux un épithalame en règle, *Epithalamion Stellæ et Violantillæ*, qui n'a pas moins de 277 vers hexamètres : c'est la 2e de ses Silves, l. I.

XXIV. DE CHARISIANO. Charisianus était sans doute un pauvre hère qui n'avait d'autre vêtement que sa toge : costume qui n'était point de mise pendant les Saturnales, et que l'on remplaçait alors par la robe appelée *synthesis*.

XXV. Marcellinus était militaire et servait dans une armée romaine. Calderinus croit qu'il était Espagnol comme le poëte, à cause des mots *patrius amicus* du v. 3 ; mais ces mots paraissent plutôt vouloir dire qu'il était le fils d'un ami de Martial.

v. 2. *Horrida*, etc. Ce vers indique un pays septentrional, un pays situé sous la constellation de l'ourse surnommée *Parrhasienne*, du nom de la ville d'Arcadie où naquit Calisto, que Jupiter changea en ourse et plaça dans le ciel. On conjecture que ce pays est la Dacie, où les Romains faisaient la guerre.

XXVI. Le nom de Sotades est ici supposé; mais il convenait fort bien à l'impudique que Martial avait en vue, puisque ce nom avait été celui d'un poëte infâme. Voy. la note sur le v. 2 de l'ép. 86 du l. II.

v. 1. *Periclitatur capite*. La peine capitale dont était menacé Sotades n'est pas celle qu'on entend ordinairement par ces mots : c'est ce qu'on voit par le reste de la pièce. L'anecdote suivante, rapportée par Sénèque, *de Benef.* IV, c. 31, peut servir aussi à la faire comprendre; il y est question de Mamercus Scaurus, qui fut consul : « Un jour qu'il trouva Asinius Pollion couché, il eut l'effronterie de lui faire, en termes obscurs, les propositions les plus déshonnêtes : *verbo obscœno usus, dixerat se facturum id quod pati malebat*; et voyant que Pollion fronçait le sourcil : Que le mal que je vous ai dit, reprit-il, retombe sur moi et sur ma tête! *Quidquid, inquit, mali dixi, mihi et capiti meo!* » On pourrait dire, s'il était permis à un faiseur de notes de jouer aussi sur le mot, que ce sont là des infamies *capitales*. Il n'y a que trop d'énormités semblables dans les auteurs classiques. Quelles étranges idées elles nous donnent des mœurs de l'antiquité!

XXVII. Le Népos auquel s'adresse cette pièce tout épicurienne reparaît dans quelques autres épigrammes de Martial. C'était, à ce qu'il paraît, un de ses plus intimes amis. Il était marié et n'avait qu'une fille.

v. 1. *Bis vicine Nepos*. Népos était doublement voisin de Martial, c'est-à-dire à la ville et à la campagne : à la ville, son logement était près du temple de Flore, et c'est aussi le quartier que Martial habitait, comme il le témoigne en cet endroit, et l. v, ép. 22. v. 3 :

Sed Tiburtinæ sum proximus accola pilæ,
Qua videt antiquum rustica Flora Jovem.

A la campagne ou dans la banlieue de Rome, ils occupaient la même localité désignée ici par les noms de *Veteres Ficelias* (al. *Ficuleas*, ou *Fregellias*, ou *Ficedulas*). Est-ce Nomente, où nous avons vu que Martial avait un petit domaine? est-ce un autre domaine qu'il avait aussi, et qu'il appelle *rus sub urbe*, l. VIII, ép. 61, v. 6, et IX, 98, 7?

v. 5 et 6. *Tu tamen annoso*, etc. Il donne, en d'autres termes, le même conseil, l. XIII, ép. 126.

XXVIII. EPITAPHIUM GLAUCIÆ. Atédius Mélior, personnage considérable de son temps, comme nous l'avons déjà dit (voy. l. IV, ép. 54, v. 8, et II, 69, 7) était un ami ou un protecteur de Martial, en même temps que de Stace. Ce dernier lui a donné de grandes louanges; il lui a dédié le second livre de ses Silves, dont trois, la 1re, la 3e et la 4e, lui sont consacrées. La première de ces pièces est ce que les anciens appelaient un *épicedion*, et roule sur la mort d'un jeune affranchi de Mélior nommé Glaucia, le même dont Martial nous donne ici l'épitaphe, et dont il déplore encore la perte dans l'ép. suivante. Ce jeune enfant faisait les délices de son maître, auquel il fut ravi à l'âge de moins de treize ans.

v. 5. Il y avait beaucoup de tombeaux le long de la voie Flaminienne. On sait que les anciens avaient coutume de placer les cimetières près du bord des grandes routes. De là l'usage de s'adresser aux passants ou voyageurs (*viatoribus*) dans les épitaphes.

v. 10. *Qui fles talia, nil fleas, viator*. Martial termine par un vœu semblable l'épitaphe de sa jeune esclave Erotium, l. x, ép. 61.

XXIX. Sur le même sujet que la précédente.

v. 7 et 8. Ces deux vers sont souvent cités et méritent de l'être. On trouve des *Remarques* sur leur véritable sens et la meilleure manière de les traduire, par M. Formey, secrétaire perpétuel de l'Acad. roy. de Prusse,

dans le *Merc. de Fr.* d'août 1763. Voy. aussi le n° de décembre suivant.

XXX. v. 1. *Sex sestertia*. Six mille sesterces, environ 1200 fr. monnaie actuelle.

v. 3. *Ducentis*. Deux cent mille sesterces, environ 40,000 fr. de notre monnaie.

XXXI. v. 2. *Vis sine febre mori*. Tu veux mourir sans fièvre. Le P. Hardouin prétend que Martial avait ici en vue ce que dit du cerf Pline l'Ancien, *H. N.* l. VIII, c. 32 : *Febrium morbos non sentit hoc animal, quin et medetur huic timori*. « Le cerf n'est jamais sujet à la fièvre, et même on tire de lui des préservatifs contre cette maladie. » Suivant Poinsinet, cette idée du savant jésuite serait une vision à ajouter à toutes celles qu'on connaît de lui. « Le P. Hardouin, dit-il dans une des notes qui accompagnent sa traduction de Pline, t. III, p. 430, soutient qu'en cette occasion *vis sine febre mori* signifie, tu veux devenir cerf, c'est-à-dire grand cornard, mais au surplus sans fièvre, par allusion aux cornes du cerf et à sa complexion exempte de fièvre; ou par allusion à la propriété qu'on attribue au bois de cerf de guérir la fièvre. Mais il est évident que Martial a seulement voulu dire : *ta complaisance pour ton médecin, on voit bien que tu crains la fièvre*. » C'est là, en effet, le sens le plus naturel et le plus généralement adopté.

XXXII. La mort d'Othon, que Martial met au-dessus de celle de Caton, est rapportée avec beaucoup de détails par Suétone, *Oth.* c. 9, 10 et 11, par Dion et par Tacite, *Hist.* l. II, c. 46 sqq. Il n'y a qu'une voix dans l'antiquité pour admirer cette mort. Othon se tua, après trois mois de règne, par haine pour la guerre civile et pour y mettre un terme. Son armée venait, à la vérité, d'éprouver un échec à Bédriac de la part des Vitelliens; mais ses affaires étaient loin d'être désespérées. Ce prince avait les mœurs d'un efféminé et quitta la vie en héros, du moins d'après les idées de son temps. Tacite dit : *Alii diutius imperium tenuerunt; nemo tam fortiter reliquit*.

XXXIV. Ce Diaduménus, jeune esclave aimé de Martial, figure déjà l. III, ép. 65, et l. v, ép. 46, où il est aussi question d'amour et de baisers. Ces pièces, et surtout celle qui est l'objet de cette note, ont été fréquemment imitées dans les langues modernes; mais les imitateurs ont eu soin d'en changer l'adresse, pour les appliquer à un amour plus honnête et de meilleur goût. Nos mœurs, justement sévères sur ce point, réprouvent formellement la fausse direction que les anciens n'ont que trop souvent donnée au plus doux et au plus naturel des penchants.

Le nom grec de *Diaduménus* (Διαδούμενος) répond à *Diadematus*, en latin. Ce surnom, nous le savons des historiens, car les médailles portent *Diadumenianus*, fut donné à un jeune prince, fils et successeur de Macrin, qui fut un instant empereur. Lampride nous apprend que cette dénomination, qui toutefois avait été celle de son aïeul maternel, lui vint de ce qu'il naquit avec la marque d'un diadème sur le front.

v. 7 et 8. *Nolo quot*, etc. Allusion à une pièce charmante et célèbre de Catulle (*Carm.* v), où on lit, v. 7 et suiv. :

Da mi basia mille, deinde centum;
Dein mille altera, dein secunda centum;
Dein usque altera mille, deinde centum.

XXXV. La clepsydre ou horloge d'eau servait, chez les Athéniens, à mesurer le temps qu'on accordait aux orateurs. L'usage s'en introduisit à Rome sous le troisième consulat de Pompée. On ne sait pas au juste quel espace de temps marquait l'écoulement entier de la clepsydre, ni combien de fois on la renouvelait pour chaque plaidoirie. Il semble qu'il y en avait de différentes grandeurs, et qu'on les laissait s'écouler plus ou moins de fois, selon la volonté des juges, la nature de la cause et le rôle de l'avocat. Le défendeur ou l'accusé était toujours plus favorisé sous ce rapport que l'accusateur ou le demandeur. Par abus de langage, par synecdoque, on employait le mot de *clepsydre* pour désigner le temps que l'eau contenue dans cette espèce d'horloge mettait à s'écouler; on disait qu'on avait accordé à tel orateur tant de clepsydres. Le Cécilianus, objet de l'épigramme, était un avocat bavard et diffus; il demandait sept clepsydres, qui suffisaient à peine à sa loquacité : il avait, d'ailleurs, l'habitude de boire des verres d'eau tiède pendant ses plaidoiries. Martial lui conseille de boire l'eau de la clepsydre : ce qui soulagerait tout ensemble et sa voix et sa soif, et en même temps abrégerait son discours, à la grande satisfaction des oreilles de ses auditeurs. — Boire et même manger en plaidant était une habitude qu'avaient quelques orateurs, et que Quintilien, l. xi, c. *ult.*, condamne formellement en ces termes : *Bibere aut etiam esse inter agendum, quod multis moris fuit, et est quibusdam, ab oratore meo procul absit.*

XXXVIII. Sur le fils de Régulus, voy. Pline le jeune, l. iv, *lett.* 2, et la note sur l'ép. 13 du l. 1.

v. 6. *Julia tecta.* Ant. de Rooy préférerait *Julia templa,* qu'on retrouve dans Ovide, *Pont.* l. iv, 5, v. 21, et dans Stace, *Silv.* l. i, 1, v. 31. Il s'agit de la basilique ou temple de Jules César, dans le Forum, où les centumvirs tenaient leurs audiences. Cfr. Pline le jeune, l. v, *lett.* 2, et vi, 33.

XLII. DE ETRUSCI THERMIS. Stace, que l'on rencontre souvent sur les pas de Martial et qui vivait dans la même société, a aussi célébré les bains d'Étruscus. Voyez ses *Silves*, l. 1, 5, et conférez les deux auteurs. Cet Étruscus était le fils de Claudius Étruscus. Celui-ci était né dans l'Ionie : c'était un esclave parvenu, un affranchi qui, par son caractère et ses talents, obtint successivement la faveur de Tibère, de Caligula et de Claude; il fut aussi dans les bonnes grâces de Vespasien, et, pendant un temps, dans celles de Domitien, qu'il perdit ensuite, mais qu'il finit par recouvrer, à la sollicitation de ses enfants; il avait été exilé à Capoue, d'où il fut rappelé et rétabli dans ses biens; il ne tarda pas à mourir, presque nonagénaire. Voy. l. vii, ép. 40, et Stace, *Silv.* l. iii, 3.

v. 4. *Nec fontes Aponi rudes puellis.* La fontaine *Aponus*, près de Padoue, se nomme aujourd'hui *Bagni d'Abano*. Les eaux en sont chaudes et salutaires. Les anciens en ont vanté les heureux effets. Voy. Claudien, *Carm.* xlix, et Cassiodore, *Epist.* ii, 39. On ne sait pourquoi Martial donne à ces eaux l'épithète de *rudes puellis*, qui semble signifier que les jeunes filles ne s'y baignaient point. Marolles traduit plaisamment : « Les fontaines d'Appone (sic), qui n'ont de la rudesse que pour les filles. »

v. 5. *Sinuessa.* Sinuesse, ville maritime de la Campanie, située au pied d'une montagne appelée aujourd'hui *Rocca di Mondragone.* Cette ville était célèbre aussi pour la salubrité de ses eaux. Voy. Pline, *H. N.* l. xxxi, c. 2; Tacite, *Annal.* l. xii, c. 66, etc.

v. 5 et 6. *Fervidique Fluctus Passeris.* Marolles traduit : *Ni les flots de l'ardent Passereau*, et dit dans une note que « c'était un fleuve de la Campanie. » Comme il n'est question en cet endroit que de sources minérales, il y a grande apparence que c'en était une aussi, et non une rivière, que ce *Passer*, qui, du reste, n'est mentionné nulle autre part.

v. 6. *Anxur.* Aujourd'hui *Terracine.*

v. 7. *Phœbi vada.* Ou les eaux du rivage de Cumes, où Apollon avait un temple célèbre; ou, suivant Clavier, celles de Cæré, ville d'Étrurie, appelées Apollinaires. — *Principesque Baiæ.* Les eaux de Baies, si renommées dans l'antiquité. Martial les met au-dessus de toutes les autres.

v. 10. *Nullo*, etc. Après ce vers, beaucoup d'éditions, et de ce nombre sont les plus anciennes, placent le v. 14 : *Siccos pinguis onyx anhelat æstus;* mais il semble que l'ordre des idées réclame contre cette disposition, qui a été adoptée par Colesson, mais rejetée par Gruter, Scrivérius, Farnabe, Schrévélius, Lemascrier, Valpy, Lemaire, et tout récemment par M. D. F. G. Schneidewin, professeur à Gottingue, qui publie, pendant que nous rédigeons ces notes, une édition critique de Martial, *Grimæ, impensis* J. M. Gebhardt, 2 vol. in-8°.

v. 11. *Taygeti metalla.* Les marbres du *Taygète*, montagne de la Laconie. *Metalla*, par catachrèse, pour *lapides* ou *marmora*, comme dans Stace, *Silv.* l. i, 5, v. 36.

v. 12. *Quæ Phryx... et Libys.* Le marbre Sinadique, qui était rouge et venait de Phrygie, et le marbre Nomadique, qui était jaune et venait d'Afrique.

v. 14 et 15. *Siccos pinguis onyx*, etc. Ces deux vers sont en opposition directe avec le v. 35 de la Silve de Stace précitée, où il est dit formellement que dans les bains d'Étruscus il n'y avait ni onyx ni ophite :

Mæret onyx longe, querilurque exclusus ophites.

v. 16. *Ritus si placeant tibi Laconum.* Les Lacédémoniens se baignaient dans l'eau froide, pour s'endurcir le corps.

v. 18. *Cruda Virgine Martiave.* Sur l'eau *Virgo*, voy. l. v, ép. 20, v. 9. L'eau *Martia*, qui abreuvait aussi la ville de Rome, y avait été amenée par le roi Ancus Martius ou par le préteur Q. Martius.

v. 21. *Lygdon.* Voy. le v. 3 de l'ép. 13 de ce l.

XLIV. v. 6. Martial reproche ici *impuritatem oris* à Calliodorus. *Propinare*, c'est porter la coupe à ses lèvres et la faire passer à un autre convive. Cette singulière politesse, inconnue parmi nous, est encore usitée chez plusieurs peuples.

XLVI. v. 1. *Veneti quadriga.* Le quadrige du Vénète. Les *Veneti* étaient une des quatre factions du cirque : ils avaient adopté la couleur bleue, comme les *Prasini* avaient choisi la verte, les *Russati*, la rousse, les *Albi*, la blanche.

v. 2. ... *Magnam rem... facit.* Un attelage qu'on parvient à faire marcher à l'aide du fouet, n'offre rien d'étonnant; mais il n'en est pas de même de celui qui, frappé jusqu'au sang, n'en va pas plus vite, reste immobile, insensible aux coups, comme le sage à la chute de l'univers. Voilà le prodige!

XLVII. A la nymphe Ianthis. Stella avait donné à une fontaine qui coulait dans sa maison le nom d'*Ianthis*, traduction grecque du nom latin de *Violantilla*, qui était celui de sa femme. Voy. la note sur l'ép. 21 de ce l.

v. 3. Les nombreuses variantes de ce vers font voir combien ce passage a paru difficile aux savants : celle que nous avons adoptée est la plus généralement suivie. Pour les autres, nous renvoyons le lecteur aux interprètes et aux auteurs qu'ils citent. La femme de Numa, c'est la nymphe Égérie. L'antre de Trivia serait l'antre où l'on supposait qu'avaient eu lieu leurs secrets entretiens. Cet antre était situé près d'Aricie, où il y avait un bois consacré à Diane surnommée *Trivia*.

v. 4. *Sive Camænarum de grege nona venis.* Soit que tu sois une des neuf Muses. Il y avait un *Camænarum lucus*, dans lequel ou près duquel étaient le bois et la fontaine d'Égérie.

XLVIII. v. 1. *Grande sophos.* Cette expression se retrouve l. i, ép. 4, v. 7; ép. 50, v. 37, et 77, 10. Voy. les notes sur la première de ces épigrammes.

XLIX. *De se Priapus.* Encore une Priapée, du genre de celles qu'on trouve dans le recueil que les anciens nous ont laissé. Voy. la note sur l'ép. 16 de ce l.

v. 11. *Inserta tibi ficus a cupresso.* J'enterai sur toi

la branche de cyprès dont mon attribut est formé, et elle produira un figuier, c'est-à-dire elle te fera venir des fics. Voy. les notes sur l'ép. 66 du l. I et 71 du l. VII.

LII. v. 5 et 6. Rien n'est plus connu que la formule tumulaire des anciens : *Sit tibi terra levis*, dont on se contentait quelquefois d'inscrire les lettres initiales : S. T. T. L. Elle avait pour but de détourner les enchantements. On supposait que des fascinations pouvaient rendre la terre pesante pour les morts, et retenir et accabler les âmes ou les mânes. Il y a de nombreuses allusions à cette idée superstitieuse dans les classiques, et spécialement dans Martial. Voy. l. I, ép. 89, v. 2 ; v, 34, 9 et 10 ; IX, 30, II, et XI, 14.

LIII. Andragoras et le médecin Hermocratès sont vraisemblablement des noms supposés. Le poëte de l'Anthologie, Lucilius, a traité le même sujet en un distique sur Diophantus et le médecin Hermogénès ; voy. son ép. 37 (Brunck. *Anal.* t. II, p. 324) ; mais on ne sait si c'est avant ou après Martial. Ce serait avant lui, si Lucilius, comme le croit Jacobs, florissait sous Néron, et alors Martial ne serait ici qu'imitateur ; il n'aurait qu'un peu paraphrasé et changé les noms : ce dont il eût même pu se dispenser à l'égard du médecin qu'il a mis en scène : car *Hermocratem*, par lequel il termine sa pièce, lui offrait la même mesure qu'*Hermogenem*. Nicarchus, autre poëte grec, qui paraît avoir vécu dans le second siècle de notre ère, a dans sa 27ᵉ épigr. (Brunck, même t., p. 355) une pensée analogue, mais où l'hyperbole est encore poussée plus loin : c'est une femme qui parle, et qui nous apprend qu'elle n'a point reçu de clystère des mains du médecin Phidon, qu'il ne l'a point touchée ; mais que seulement elle s'est rappelé son nom un jour qu'elle avait la fièvre, et qu'elle a aussitôt trépassé.

v. 3. Sur Faustinus, v. l. I, ép. 25 et 115, etc.

LIV. DE SEXTILIANO. Les ép. 12 et 27 du l. I sont aussi adressées à un Sextilianus : il paraît que celui de cette épigramme, autre ou le même, était sujet à ce que nous appelons *un tic* ; il répétait sans cesse *tantos et tantas* ; il fourrait ces mots partout, et n'en sortait pas. Martial se demande ce que cela veut dire, et il répond qu'il soupçonne que Sextilianus aime *tantos et tantas* : ce que les interprètes expliquent par *prægrandes draucos eorumque mentulas*.

LV. v. 1 et 2. *Quod semper casia*. La *casia* et le *cinnamum* étaient des parfums que fournissaient certains arbustes d'Arabie ou d'Éthiopie. Le phénix, désigné par les mots *alitis superbæ*, v. 2, rassemblait ces parfums et d'autres dans son nid, où l'on supposait qu'on allait les recueillir.

v. 3. *Plumbea Nicerotiana*. Niceros était le nom d'un myropole célèbre ; voy. l. X, ép. 38, v, 8, et XII, 65, 4. Les parfums auxquels il donnait son nom étaient sans doute renfermés dans des boîtes de plomb : d'où l'épithète de *plumbea* qu'ils ont dans ce vers.

v. 5. *Malo, quam bene olere, nil olere*. Voy. la note sur le v. der. de l'ép. 12 du l. II. Aux auteurs que nous y avons cités ajoutez Pline, qui dit quelque part que « la meilleure eau est celle qui n'a point de goût ; » et Varron, qui a laissé cette pensée : *Bellaria maxime mellita, quia mellita non sunt*.

LVII. La manière de se faire une perruque avec de l'onguent est une chose assez difficile à concevoir : il paraît cependant, d'après cette pièce, qu'elle est possible. En admettant ce point, on comprend la plaisanterie de Martial. On sent bien que, pour couper des cheveux en peinture, on n'a besoin ni de ciseaux ni de rasoirs, et qu'une éponge suffit.

Quant au personnage que le poëte avait en vue, le nom de *Phœbus* qu'il lui donne est sans doute une ironie de plus : ce nom était celui d'un dieu qu'on représentait toujours avec une belle chevelure.

LVIII. Sur Aulus Pudens, voy. l. I, ép. 32, et v. 48.

v. 1. *Parrhasios Triones*. Le Septentrion, les pays septentrionaux, c'est-à-dire le pays des Gètes, des Sarmates, qui habitaient de ce côté. Les mots *Triones, septem Triones*, désignaient les sept étoiles ou la constellation connue aussi dans l'antiquité et de nos jours sous le nom de *chariot*. Trio, quasi *terio*, a signifié primitivement *un bœuf*. Voy. Aulu-Gelle, *N. A.* l. II, c. 21, qui indique encore d'autres étymologies moins vraisemblables. L'épithète de *Parrhasios* dérive du nom de la ville d'Arcadie appelée *Parrhasia* ; Martial applique semblablement cette épithète à la constellation de l'Ourse, l. IV, ép. II, v. 3 :

Impia Parrhasia movisti bella sub Ursa.

On étendait le nom de *Parrhasius* à tout ce qui venait de l'Arcadie. La fable qui supposait que Calisto, aimée de Jupiter, changée en ourse et mise parmi les astres, était arcadienne, donnait sans doute aussi la même patrie aux *Triones*, placés pareillement dans le ciel.

LX. v. 3. *Usipiorum*. Les Usipiens étaient un peuple de la Germanie, fort inconstant dans ses alliances. Voy. Tacite, *Annal*. et *Hist*. passim, *de Mor. Germ*. c. 32, et *Agric*. c. 28 et 32. On croit qu'ils occupaient le duché de Clèves, au delà du Rhin, et une partie de l'évêché de Munster.

v. 8. *Et redimunt soli carmina docta coci. Et redimunt olidi*... Heins.

« Et les cuisiniers achètent seuls les savants ouvrages des poëtes, » pour en habiller les jeunes thons (*cordyllas*) et en faire des cornets pour le poivre. V. l. III, ép. 2, v. 4, et IV, 87, 8.

v. 10. *Victurus Genium debet habere liber*. Ce vers, presque proverbe, rappelle celui de Térentianus Maurus qu'on cite encore plus souvent (mais avec un autre sens, en retranchant les trois premiers mots) :

Pro captu lectoris habent sua fata libelli,

qu'on a essayé de traduire ainsi :

C'est l'esprit du lecteur qui fait le sort d'un livre,

et auquel revient cette phrase du P. de Tournemine, dans sa *Défense du grand Corneille* : « On ne trouve dans un livre qu'autant d'esprit qu'on en a. » Mais ce n'est pas là tout à fait ce que Martial a voulu dire, ou du moins sa pensée a plus d'étendue ; on aura un commentaire plus direct de ses paroles dans ce passage de Balzac (*De la Conversation des Romains*) : « Il y a ... un destin des lettres, qui perd et sauve sans choix les monuments de l'intelligence humaine, qui pardonne à de mauvais vers et à des fables mal inventées, pour supprimer les oracles et priver le monde de la lumière des historiens nécessaires. Les anciens ont reconnu un démon qui préside à la naissance des livres, et dispose si souverainement de leur fortune et de leur succès, qu'ils réussissent bien ou mal, et vivent beaucoup ou peu, selon qu'il leur est favorable ou ennemi. » Le même auteur dit encore quelque part : « Il y a une certaine puissance inconnue qui gouverne les choses écrites ; » et ailleurs : « Un certain démon des papiers préside à leur bon et à leur mauvais destin, et les fait vivre ou mourir quand il lui plaît. » On pourrait paraphraser le vers de Martial par ceux-ci :

Pour qu'un ouvrage obtienne une immortelle vie,
Il lui faut le secours d'un bienfaisant génie.

Du reste, il n'est pas étonnant que les anciens supposassent qu'un génie, un démon, était chargé de présider au sort des livres : ils en agissaient de même à l'égard de tout ce qui existe ; il n'y avait rien, suivant eux, qui fût soumis à un esprit invisible et particulier, et le monde était plein de ces puissances occultes.

LXIII. v. 8. *Si cupis ut ploret, œs, Mariane, nihil*. Un autre poëte a dit :

LXIV. v. 1. *Fabiorum*. Les *Fabii*, famille qui se distingua, dès les premiers temps de la république, par ses mœurs rigides et ses vertus guerrières.

v. 2. *Curio*. Marcus Curius Dentatus, connu par ses victoires sur les Samnites, sur les Sabins et sur Pyrrhus, non moins que par sa vie rustique et frugale. V. les historiens romains.

v. 10. *Perpetui Sili*. De l'immortel Silius Italicus. V. l. IV, ép. 14, et VII, 63.

v. 11. *Regulus*. V. l. I, ép. 13 et 112, *et passim*
v. 13. *Sura*. V. l. I, ép. 50, v. 40.
v. 23. *Miseras et perdere chartas*. Juvénal, *Sat*. I, v. 18 :

.... *Periturœ parcere chartæ*..

et Boileau, *Sat*. IX, 105 :

.... chacun à ce métier
Peut *perdre* impunément de l'encre et du papier

v. 24 et 25. *At si quid*, etc. Horace, *Sat*. I, v. 45 :

*Qui me commorit, melius non tangere, clamo,
Flebit, et insignis tota cantabitur urbe.*

v. 26. *Cinnamus*. Le barbier Cinnamus. V. l. VII, ép. 64.

LXV. A Tucca, qui trouvait l'épigramme précédente longue, et blâmait l'usage continu que le poëte y fait de l'hexamètre.

v. 5. *Conveniat nobis*, etc. Voltaire, *Les quatre manières*, conte :

L'hexamètre est fort beau, mais parfois ennuyeux.

v. 5. et 6. *Epigrammata longa sit transire tibi*. J. B. Rousseau, épigr. II, 12 :

Rendons-les courts, en ne les lisant point.

LXVI. v. 2. *Quales in media sedent Suburra*. On a déjà vu ailleurs (l. I, ép. 35, v. 5 ; II, 17, 1, etc.) que les courtisanes habitaient la rue *Suburra*, ou plutôt *Suburra*.

LXVII. AD PANNICUM DE GELLIA UXORE. Cette Gellia, femme de Pannicus, était une de ces Romaines dont Juvénal dit, *Sat*. VI, v. 367 :

*Sunt quas eunuchi imbelles ac mollia semper
Oscula delectent*..............

LXVIII. Eutychus, jeune esclave de Castricus, ses *délices*, comme disaient les anciens, son *Alexis*, s'était noyé dans les eaux de Baïes. Martial consacre cette jolie pièce à sa mémoire.

v. 1. *Flete nefas vestrum*, etc. La Fontaine, *Élégie pour M. Fouquet* :

Remplissez l'air de cris en vos grottes profondes ;
Pleurez, nymphes de Vaux, faites croître vos ondes....

LXX. Martial prend occasion de ce que son ami Cotta était parvenu à sa 62e année sans avoir eu un seul jour de peine ni de malaise, pour faire observer que telle n'est point la destinée ordinaire des hommes, etc. Le chevalier de Bonnard a fait de cette élégante pièce une heureuse et facile imitation, qu'on relira avec plaisir :

Dans le cours d'une vie entière
S'il fallait ne compter que les heureux instants,
A quoi se réduirait la plus longue carrière ?
On vous croit des vieillards ; nous sommes des enfants.
Qu'est-ce, en effet, que des jours languissants,
Flétris par la douleur et par la maladie ?
Longtemps souffrir, est-ce vivre longtemps ?
Ce n'est pas le nombre des ans,
C'est le plaisir, qui fait la vie.

Le Martianus auquel cette épigramme est adressée est-il le Flavius Martianus que nomme Pline le jeune, l. II, *lett*. 2, et qui fut impliqué dans une grande cause où ce même Plineet Tacite portèrent la parole ?

v. 5. *Ostendit digitum, sed impudicum*. Le doigt impudique, obscène ou infâme, est le doigt du milieu. Montrer à quelqu'un ce doigt tendu, les autres étant baissés, était un geste de moquerie, d'insulte triviale, qui est encore usité en Espagne et en Italie. V. l. I, ép. 93, v. 2, et II, 28, 2. Cfr. Juvénal, *Sat*. X, v. 53 ; Perse, *Sat*. II, v. 33 ; *Priap*., 56, v. 1.

LXXI. Le nom de Téléthusa se trouve dans les *Priapées*, *carm*. XVIII, v. 1 :

Ecquando Telethusa circulatrix ;
et *carm*. XL, v. 1 :

Nota Suburanas inter Telethusa puellas.

v. 1. *Edere lascivos*, etc. Se mouvoir lascivement au son des castagnettes et du tambour de basque *crusma* ou *cruma*, du grec κρούω, *pulso*. *Bœtica*, d'Espagne, du pays qu'arrose le *Bœtis*, aujourd'hui le *Guadalquivir*.

v. 2. *Et Gaditanis*, etc. Les danses de Gadès (aujourd'hui Cadix) étaient célèbres pour leur lasciveté, comme le sont encore de nos jours certaines danses espagnoles dont l'usage semble depuis quelque temps vouloir s'introduire en France, en dépit des arrêtés de police. Sur les danses et les chants qui les accompagnaient, v. l. I, ép. 42, v. 12 ; III, 63, 5 ; v, 78, 26, et XIV, 203. Cfr. Juvénal, *Sat*. XI, v. 162. — *Modis*. J.-C. Scaliger, *Poet*. I, 18, divise ces modes en trois parties : *chironomia*, *halma*, *luctisma*.

v. 3. *Pelian*. Pélias, roi de Thessalie, père de Jason, qui parvint à un grand âge. — *Hecubæque maritum*. Priam.

LXXII. DE CILICE FURE. On ne voit pas si *Cilix* est un nom propre, ou s'il désigne le voleur dont il s'agit par le pays d'où il était, la Cilicie, partie de l'Asie mineure. Comparez cette épigramme avec les 38e, 39e et 41e de Philippe de Thessalonique (Brunck, *Anal*. t. II, p. 222 et 223), et surtout avec la 14e de Lucien (*ibid*. p. 311).

LXXIII. DE PRIAPO HILARI. Encore une pièce du genre de celles qu'on appelle Priapées, comme la précédente, et comme la 49e de ce l. et la 40e du l. VIII.

v. 2. *Dispensatoris*. Est-ce le nom de l'ouvrier qui avait sculpté ce Priape, ou la qualité en laquelle Hilarus tenait et cultivait les quatorze arpents dont il s'agit ? *Dispensator* se trouve dans Martial lui-même, l. v, ép. 42, v. 5 ; VIII, 71, 3, et XI, 39, 6, avec le sens d'intendant, d'économe. Le *dispensator* était un préposé qui régissait le bien du maître, auquel il rendait compte ; il avait sous lui les *villici*, qui cultivaient les fonds de leurs propres mains. *Cæretani .....agri*. *Cæré* était une ville d'Étrurie.

v. 7. *Cupresso*. Nous avons déjà vu un Priape de cyprès, ép. 49 de c. l., v. 4. Catulle en mentionne un de chêne, *carm*. 19, et un de peuplier, *car*. 20. Le cyprès est un bois dur que les vers n'attaquent point, qui se conserve longtemps : d'où l'épithète de *perpetua* qu'il a ici. Celui qu'Horace met en scène, *Sat*. I, l. 8, était de figuier.

v. 8. *Phidiaca riget mentula digna manu*. Une autre statue du dieu des jardins dit, au contraire, dans les *Priapeia*, *carm*. IX, v. 3 :

Non sum Phidiaca manu politus.

v. 9. *Sanctum Priapum*. Il y a sans doute un peu d'ironie dans cette épithète de *saint* appliquée au dieu des jardins : car c'était un de ces dieux inférieurs sur le compte desquels les poëtes anciens, tout païens qu'ils étaient, aimaient à s'égayer ; témoin la pièce précédente, la sat. VIII du l. I d'Horace, le recueil des *Lusus in Priapum*, etc.

v. 10. *Jugeribus*. Le *jugerum* était une mesure agraire de deux cent quarante pieds de longueur et de cent vingt de largeur.

LXXIV. v. 3. *Lentiscis*. On faisait des cure-dents avec du bois de lentisque. V. l. III, ép. 82, v. 9, et l. XIV, ép. 22.

v. 4. *Mentitur, Esculane : non habet dentes*. Ant. de Rooy propose de ponctuer ainsi : *Mentitur, Esculane, non habet, dentes*, et fait rapporter *mentitur* à *dentes*.

Mentitur dentes, dit-il, comme dans l'ép. 57 de ce l. : *Mentiris fictos unguento, Phœbe, capillos*.

LXXV. *In Pontiam*. Pontia, empoisonneuse célèbre du temps de Martial, déjà nommée l. II, ép. 34, v. dern., et IV, 43, 5.

LXXVI. EPITAPHIUM FUSCI. Ce Fuscus paraît avoir été préfet du prétoire sous Domitien, et ensuite commandant de l'expédition de ce prince contre les Daces, où il fut tué au moment de la victoire remportée sur ces peuples : ce qui fait dire à Martial, à la fin de cette pièce :

Et famulum victrix possidet umbra nemus.

Il est question dans Pline le jeune, *Epist*. VI, 11 et 26, VII, 9, et IX, 36 et 40, d'un *Fuscus Salinator*, jeune homme d'un grand mérite, orateur et homme de lettres très-distingué.

LXXVII. v. 1. *Irus*. Mendiant d'Ithaque, dépeint par Homère, *Odyss*. VII, et dont le nom est devenu le type de l'extrême pauvreté.

v. 2. *Parthenopœus*. Stace, *Theb*. IV, 246 et suiv.

v. 3. *Artemidorus*. Nom, à ce qu'il paraît, d'un athlète ou gladiateur, inconnu d'ailleurs.

v. 10. *Hexaphoro*. Une litière portée par six hommes. C'était le corbillard des riches. Martial dit que ce ne serait pas celui d'Afer, bien qu'il s'en servît de son vivant : ce qui signifie qu'Afer était un pauvre homme, et que le brancard banal, appelé *sandapila* (v. l. II, ép. 81, v. 2), lui était destiné.

LXXVIII. v. 6. *Deunces*. Deunx, onze onces, ou les onze douzièmes du *sextarius*, mesure romaine des liquides.

LXXX. L'Égypte fournissait à l'Italie des roses pendant l'hiver; mais on vint à bout d'en avoir d'indigènes à Rome pendant la même saison, sans doute par le moyen des serres : c'est le sujet de cette élégante épigramme, ainsi que de la 127ᵉ du l. XIII.

v. 6. *Pœstani*. Les roses de *Pœstum*, appelé d'abord *Posidonia*, étaient célèbres dans l'antiquité : on en faisait deux récoltes. Virgile, *Georg*. IV, 119 :

..... *Biferique rosaria Pœsti*.

LXXXIII. v. 1. *Etrusco*. Sur Étruscus, voy. l'ép. 42 de ce l. Ce fut principalement aux sollicitations de son fils qu'il obtint son rappel de l'exil, où ce même fils l'avait suivi.

LXXXVI. v. 1. *Setinum dominæque nives densique trientes*. Setinum, le vin de Sétia, ville de la Campanie, aujourd'hui Sezza, souvent mentionné comme excellent dans Martial. Les *maîtresses neiges*, celles dont on se servait pour rafraîchir l'eau et le vin, suivant la mode d'alors : voy. l. XIV, ép. 117, *et passim*. — Le *triens* contenait quatre cyathes.

v. 6. *Et potet calidam, qui mihi livet, aquam*. Leçon due à Scrivérius, et que Gronovius a approuvée. Les anciennes éditions portaient : *Qui mihi laudat*, ou *qui mihi libat*, au lieu de *qui mihi livet*, qui paraît être le vrai texte de l'auteur. On conçoit aisément que Martial souhaite à ses envieux une boisson aussi fade et aussi nauséabonde que l'eau chaude, laquelle avait pourtant ses partisans à Rome, puisque cette ville possédait plusieurs établissements publics appelés *thermopolia*, où l'on en vendait.

LXXXVIII. v. 2. Sur l'emploi du mot *dominus*, v. l v, ép. 57, v. I.

v. 4. *Centum quadrantes*. Le quadrant était le quart de l'as, et par conséquent le dixième du sesterce, qui valait deux as et demi. Les cent quadrants équivalaient à dix sesterces, faisant 2 fr. de la monnaie actuelle.

XCII. v. 2. *Myronis*. Sur le célèbre sculpteur Myron, voy. Sillig, *Catalog. artific*.

v. 3. *Vaticana*. V. l. I, ép. 19, v. 2.

XCIV. V. 1. *Chrysendeta*. v. la note sur le v. II de l'ép. 43 du l. II.

(NOTA. Les notes de ces six premiers livres sont de M. Béghot du Lut; celles de tous les livres suivants sont de l'auteur de la traduction.)

LIVRE SEPTIÈME.

I. v. 1. *Crudum thoraca Minervæ*. Domitien, dans l'expédition qu'il entreprit contre les Sarmates ou contre les Daces, s'était fait faire, à ce qu'il paraît, une cuirasse pareille à l'égide de Minerve, déesse qu'il honora toujours très-particulièrement, et dont il prétendait être le fils.

II. v. 1. *Invia Sarmaticis*. Cette cuirasse était faite à la manière de celles des Sarmates, de cuir brut. Elles étaient si dures, qu'elles supportaient impunément les coups les plus vigoureux. C'est ce qu'atteste Pausanias, liv. I. Ovide, dans ses *Tristes* et ses *Pontiques*, parle souvent des traits des Sarmates, aujourd'hui les Polonais.

v. 3. *Ætolæ... cuspidis*. C'est-à-dire la lance étolienne, ou le dard de Méléagre, né en Étolie.

v. 8. *Palmatæ... togæ*. Les tuniques ordinaires des Romains étaient blanches, garnies de nœuds de pourpre; et on les appelait *palmatæ*, à cause de la largeur de ces nœuds, d'un diamètre sans doute égal à celui de la paume de la main. Dans la suite, on peignit ces nœuds. Ce mode de peinture ayant depuis été appliqué aux tuniques des triomphateurs, on les appela aussi *palmatæ*; ce nom fut donné pareillement aux tuniques dont étaient revêtus ceux qui portaient dans les cérémonies les statues des dieux.

III. AD PONTILIANUM. C'est le même sujet que celui de l'ép. 73 du livre v. Catulle, *Carm*. XIV, se plaint de même à Calvus.

IV. DE OPPIANO. Cet Oppianus, dont il est déjà question l. VI, ép. 42, s'appliquait à la poésie, persuadé qu'à cause de son teint de valétudinaire, il passerait pour un poète fameux.

V. v. 4. *Veniat laurea*. Allusion aux lettres garnies de laurier que le vainqueur envoyait à Rome pour y annoncer son succès. Voyez l'ép. 6 de ce livre.

VI. v. 1. *Hyperboreis*. De chez les Sarmates, peuples du Nord.

v. 5. *Victrices... chartæ*. Voyez la note ci-dessus de l'ép. 5; Pline, XV, c. dern.; Tacite, *Hist*. l. III, c. 77; Perse, *Sat*. VI, v. 43.

v. 6. *Pila virent*. Les soldats ornaient leurs lances de laurier ou d'autres feuillages, en réjouissance de la victoire. Voy. Pline, l. XXXV, c. dern.

VII. v. 2. *Ungularum catens Ister*. Voyez Ovide, *Trist*., l. III, 10, v. 29 et suiv.

v. 3. *Fractusque cornu.... Rhenus*. Métonymie; le poëte dit le Rhin trois fois abattu, au lieu des Bataves, des Germains et des Cattes; il fait aussi allusion à la corne dont on armait le front des dieux des fleuves.

v. 10. *Passerinus an Tigris*. Noms de deux chevaux célèbres. Cependant il faut entendre ici les chars traînés par ces chevaux, plutôt que les chevaux eux-mêmes. Voyez l. XII, ép. 36, v. 12. — *Passeris* est ce que nous appellerions aujourd'hui *noir* ou *bai-brun*; et *tigris*, *gris-pommelé*.

VIII. v. 2. *Odrysio*. Nom donné à ce pays, du nom d'Odrysa, ville de Thrace, vers le Pont-Euxin.

v. 7. *Festa coronatus*. Lorsqu'un général romain triomphait, ses soldats, en l'accompagnant, faisaient entendre des chansons militaires, où le triomphateur lui-même n'était pas épargné. Voy. l. I, ép. 5, v. 3.

X. v. 12. *Quadrantem*. C'est-à-dire le quart de l'as. Voy. l. III., ép. 10, et la note.

XI. v. 4. *Archetypas nugas*. On voit que les manuscrits de la main des auteurs, les premières éditions des livres, ne sont pas seulement estimés de notre temps.

XII. v. 6. *Lycambœo.* Archiloque, poëte lacédémonien, écrivit des ïambes si acerbes contre Lycambe, qui lui avait refusé sa fille en mariage, qu'il le força, lui et sa fille, à se pendre. Voyez l. x, ép. 3 et 33.

XIII. De Lycoride. Voyez l. iv, ép. 62, et l. i, ép. 73.

v. 3. *Quid Tiburis alti Aura.* Voyez Sil. Italicus, l. xii, v. 229.

XIV. v. 10. *Mentula.... sesquipedalis.* Un *cazzo infernale*, un *cazzo di diavolo*, disent les Italiens; et ce mot de *cazzo* leur est tellement familier, qu'ils le disent comme *bonjour*, et que les femmes même le laissent échapper en société.

XV. v. 1. *Ianthidos undis.* Voyez sur cette fontaine l. vi, ép. 47.

XVI. *Ad Regulum.* Voyez sur ce Régulus l. i, ép. 13 et ailleurs.

XVIII. v. 11. *Poppysmata.* Mot pris du son qu'on produit avec la langue pour encourager les chevaux et hâter leur allure.

XIX. v. 3. *Cyaneæ quondam.* Ces deux îles, situées à l'embouchure du Pont-Euxin, étaient appelées *symplegades*, *syndromades* ou *planetæ*, parce que, de loin, elles semblaient se mouvoir et se précipiter l'une contre l'autre, en poussant des gémissements.

XX. v. 2. *Rectam ad cœnam.* C'étaient des repas réglés que Domitien avait imposés aux patrons, au lieu de la sportule qu'ils donnaient auparavant à leurs clients. Voyez liv. I, ép. 60, et la note.

v. 4. *Glandulas.* On appelait ainsi certaines parties charnues très-délicates qui se trouvent autour de la cervelle du sanglier.

v. 7. *Cirros.* Ce mot, pris dans le sens propre, signifie des cheveux : ici, au figuré, il exprime les fibres de la chair de l'huître.

v. 9. *Uvæ... ollares.* Raisins ainsi appelés du vaisseau dans lequel ils étaient conservés.

v. 12. *Lippa ficus.* La liqueur de la figue parvenue à son plus haut point de maturité, coule comme la chassie des yeux.

v. 14. *Spondylos.* Sont-ce des vertèbres d'animaux, ou des poissons, suivant Macrobe et Sénèque, qui les appellent *schinoli?* Sont-ce des assaisonnements, selon Athénée? Pline, l. xxxi, c. 11, nomme ainsi les vertèbres de l'épine dorsale.

v. 17. *Analecta.* C'était ce qui tombait de la table, et qu'on abandonnait aux esclaves.

XXI. De natali Lucani. Il s'agit ici du poëte Lucain, né à Cordoue, le 4 des nones de novembre, sous le consulat de C. César Germanicus et de L. Césianus.

v. 2. *Nero crudelis.* Lucain avait conspiré contre Néron, parce que celui-ci, jaloux de la réputation du poëte, l'avait empêché de publier son ouvrage. Néron le força ensuite à s'ouvrir les veines.

XXII. v. 4. *Bœtis,* aujourd'hui Guadalquivir.

XXIII. v. 3. *Polla,* femme de Lucain.

XXIV. v. 1. *Juvenale.* Il s'agit du poëte satirique.

v. 5. *Siculos fractus.* Amphinomus et Anapia, nés à Catane, en Sicile, dont Strabon l. vi, et Sénèque, *Bienf.* l. iii, c. 17, citent le pieux attachement pour leurs parents.

XXV. v. 8. *Chia.* La figue de Chio était amère.

XXVI. v. 1. *Apollinarem.* Personnage considérable et fort en crédit, si toutefois c'est l'Apollinaris auquel Pline le jeune adresse les lettres 9 du livre ii et 6 du livre v. Cette épigramme annoncerait aussi qu'il était très-savant, Il est déjà question de lui l. ii, ép. 87. — *Scazon.* Iambe boiteux qui a un spondée au sixième pied. Voyez l. i, ép. 97 et la note.

XXVII. v. 2. *Ætolæ... feræ.* Le sanglier de Calydon, suscité par Diane, irritée contre les Étoliens. Voyez *Spect*, ép. 15.

v. 8. *Addet et arcano... garo.* C'est-à-dire de l'intérieur et du meilleur. Sur le garus, voyez l. xiii, ép. 102 et la note.

XXVIII. v. 3. *Tartessiacis...... trapetis.* Le Bétis ou Guadalquivir était aussi appelé jadis *Tartessus. Trapes* ou *trapetum* est la meule à broyer l'olive, prise pour le pressoir.

v. 6. *Palma fores.* On plantait des palmes à la porte des avocats qui avaient gagné une cause. Voyez Juvénal, *Sat.* vii, v. 217.

XXIX. v. 8. *Melænis.* Du mot grec μέλαινα, noire.

XXX. v. 1. *Das Parthicis.* C'est ce que Salluste appelle énergiquement *pudicitiam in propatulo habere,* : ou, comme a dit un moderne :

Lycoris fait l'amour avec le monde entier.

v. 6. *Alanus.* Pline et Ptolémée placent les Alains dans la Sarmatie européenne.

XXXII. v. 1. *Facundæ renovas qui nomina gentis.* Le poëte parle ici de Pomp'sius Atticus, l'ami de Cicéron, celui dont Corn. Népos a écrit la vie, et au descendant duquel est adressée cette épigramme.

v. 7. *Non pila, non follis.* Voyez la note de l'ép. 9 du liv. iv.

v. 8. *Aut nudi stipitis.* On fixait en terre un pieu, contre lequel on s'affermissait comme contre un adversaire sérieux.

v. 9. *Corona.* Voyez la note de l'ép. 19 du liv. iv.

v. 12. *Sidonio... amore.* Voyez la note du v. 4 de l'ép. 14 du liv. ii.

XXXIII. v. 2. *Candidior... nive.* Les Romains se servaient donc de chaussures blanches?

XXXIV. v. 5. *Thermis... Neronianis.* Voyez. liv. iii, ép. 25 et la note.

XXXV. v. 1. *Succinctus.* On ne devine pas précisément pourquoi Lécania voulait que son esclave se tint auprès d'elle, les parties enveloppées, dans un lieu où hommes et femmes se baignaient tout nus, pêle-mêle, suivant la coutume des Romains. C'était peut-être afin que l'esclave n'éveillât point la jalousie de sa maîtresse, en excitant la convoitise des autres femmes. Voyez sur les bains communs liv. iii, ép. 51 et la note.

v. 4. *Judæum nulla.* Voyez plus loin ép. 55 et livre xi, ép. 75, où il est question du tribut que payaient les Juifs circoncis, lesquels, pour y échapper, se couvraient les parties obscènes, lorsqu'ils étaient aux bains.

XXXVII. v. 2. *Théta.* Le poëte appelle ce thêta *mortiferum*, parce qu'il était le signe de la condamnation à mort, chez les Grecs. C'est la première lettre de θάνατος. Les Romains, pour absoudre, employaient la lettre A; la lettre C, pour condamner, et les lettres N. L., pour exprimer que l'affaire n'était pas éclaircie (*non liquet.*)

v. 7. *Collegæ.* Il y avait plusieurs questeurs de la mort. Dans le principe, ils étaient deux; il y en eut quatre ensuite, et plus tard le nombre en fut encore augmenté.

XXXVIII. v. 3. *Sed nec Scylla minor.* C'était l'esclave jemelle de Sévérus.

XL. Epitaphium patris Etrusci. Il est question des Étruscus père et fils, vi, ép. 83. Voyez aussi la note au même endroit, et Stace, *Silv.* iii.

v. 6. *Hic prope ter senas.* Le poëte compte ici par olympiades ou intervalle de 4 ans, au lieu de compter par lustres, ou intervalle de 5 ans. Étruscus aurait ainsi vécu 70 ans environ, selon Martial, tandis qu'il en aurait vécu environ 80, suivant Stace, *Silv.* iii.

XLI. v. 1. *Cosmicos.* Turnèbe, liv. xxv, c. 24, explique ainsi cette épigramme : « Je crois, dit-il, que Sempro-
« nius voulait paraître imiter Socrate et les philosophes
« qui se disaient *mundanos* ou κοσμοπολίτας, c'est-à-dire
« citoyens du monde entier. Mais Martial, qui savait qu'il
« y a dans le monde autant de bien que de mal, et qui
« comprenait que beaucoup de gens cachaient de grands
« vices sous le titre ambitieux de philosophe, dit que les
« biens et les maux sont *cosmica*, afin que Sempronius ne
« s'enorgueillisse pas trop de son nom de philosophe. »

XLII. v. 5. *Alcinoo.* Voy. l. iv, ép. 64 et la note.

XLIV. v. 1. *Maximus.... Cœsonius.* Personnage consulaire; il fut condamné par Néron, et exilé comme complice de la conjuration de Pison. Tac., *Ann.* l. xv. Q. Ovide, qui l'accompagna, conserva de ce personnage, après sa mort, une image en cire, à laquelle Martial adresse son épigramme.

v. 10. *Senecœ.* Césonius avait, à ce qu'il paraît, suivi Annéus Sénèque en Corse, où cet illustre philosophe avait été relégué par Claude.

XLVII. Ad Licinium Suram. Le même à qui Pline le jeune adresse la lettre 30 du livre iv.

XLIX. v. 2. *Faucibus ova.* On sait que les œufs adoucissent la voix, et que les chanteurs de théâtre d'aujourd'hui en avalent encore quelquefois avant d'entrer en scène.

L. v. 1. *Ianthis.* Voyez ci-dessus ép. 15, et liv. vi, ép. 47.

LI. v. 4. *Ultoris... Martis.* Temple élevé par Auguste, après la bataille de Philippes, en mémoire de César, dont il venait de venger la mort. Voy. Suétone, *Aug.* c. 29; Juvénal, *Sat.* iv, et Dion. l. liv.

LII. v. 1. *Celeri.* Gouverneur de l'Espagne. Il était frère de celui à qui Pline le jeune adresse la lettre 11 du liv. iv, et qui, accusé d'inceste avec la vestale Cornélie, expira sous les verges, sur la place des Comices.

v. 3. *Celtas.* Habitants des rives de l'Èbre, et, pour cette raison, appelés Celtibères.

LIII. v. 2. *Triplices.* Ces tablettes étaient ou de citronnier, ou d'ivoire, ou de toute autre matière. Voyez l. xiv, ép. 7. — *Dentiscalpia.* Voyez l. vi, ép. 74 ; et l. xiv, ép. 22.

v. 4. *Spongia.* On essuyait les tables avec des éponges. Voyez l. xiv, ép. 144.

v. 5. *Semodius.* Voyez l. iv, ép. 46, v. 6. — *Vimine Picenarum.* Voyez l. xiii, ép. 36.

v. 6. *Lalætanæ.* Ville de l'Espagne Tarragonaise.

v. 7. *Coctana.* Petite figue de Syrie. Il en est parlé l. xiii, ép. 28 ; l. iv, ép. 89.

v. 8. *Libycæ fici.* Voyez l. iv, ép. 46.

LIV. v. 5. *Salsasque molas.* On s'en servait dans les sacrifices dont le but était de détourner l'effet des mauvais présages.

v. 7. *Non porcus, etc.* Tous ces objets étaient employés pour les expiations.

LV. v. 4, 5. *Apicio, Lupoque.* Débauchés de la dernière infamie.

v. 8. *De Solymis.* Après l'incendie de Jérusalem, Domitien ayant exigé un tribut des Juifs, plusieurs d'entre eux dissimulaient leur origine, pour ne pas le payer. Mais les agents du fisc, qui savaient la fraude, envoyaient des inspecteurs chargés de vérifier la nationalité des gens ; et les Juifs qui se reconnaissaient bientôt à la mutilation du prépuce, payaient sans doute, et pour leur qualité de Juifs, et pour la fraude. Voyez ci-dessus, ép. 35 et la note.

LVI. v. 2. *Parrhasiam.* C'est le palais du mont Palatin, où Évandre de Parrhasie, en Arcadie, bâtit la première maison. Tel est du moins le sens que les interprètes donnent à ce passage, d'après ce vers de Virgile, *Énéid.* xi, 31 :

.... Parrhasio Evandro
Armiger ante fuit.

v. 4. *Pisa.* Ville du Péloponnèse, fameuse par ses courses de chars.

LVII. v. 1. *Gabinia.* Femme riche qui donna le cens équestre à Achillas, afin qu'il fût chevalier. Martial fait ici allusion à ce vers d'Homère, *Iliade* Γ : Κάστορά θ ἱππόδαμον, καὶ πὺξ ἀγαθὸν Πολυδεύκεα : *Castora equorum domitorem, et Pollucem pugnis fortem.* Les Grecs, soit à cause de ce vers d'Homère, soit à cause d'autres vers d'Hésiode, de Théocrite, etc., disaient *Hippodamos* pour Castor et *Pyxagathos* pour Pollux. Or Achillas, qui était auparavant athlète au pugilat, devenait dompteur de chevaux, c'est-à-dire chevalier, et allait être le galant ou l'époux de Gabinia (liv. iii, ép. 91). Le poëte ici joue sur l'ambiguïté du mot πὺξ ou *pugnus*, poing ; or, ce mot πὺξ, dans Aristote, est pris pour πυγὴ, lequel veut dire les fesses, le derrière. Ainsi Achillas, jeune débauché qui naguère savait tirer parti, pour gagner de l'argent, de son πὺξ ou πυγή, est maintenant un écuyer, ἱππόδαμος, *per maneggiare e cavalcare la Gabinia ;* c'est-à-dire de Castor est changé en Pollux.

Cette épigramme avait besoin de cette longue explication pour être bien comprise.

LIX. v. 1. *Apro.* Domitius ne veut pas qu'il s'agisse ici d'un sanglier, mais du personnage nommé Aper, dont le poëte parle ép. 15 du l. x.

LXI. v. 3. *Germanice.* Il appelle ainsi Domitien, à cause de ses victoires sur les Germains. Voyez l. v, ép. 11, et ailleurs.

v. 9. *Limina servant.* C'est-à-dire ne construisent plus d'échoppes au milieu de la rue, suivant les prescriptions de Domitien, et exercent leur industrie dans l'intérieur de leurs maisons.

LXIII. v. 1. *Sili.* Voyez l. iv, ép. 14, et Pline le jeune l. iii, *lett.* 7.

v. 7. *Centumgravis.* Les centumvirs jugeaient des testaments et des héritages. Une lance était plantée près d'eux, comme aussi près des commissaires-priseurs d'alors, ou *auctionarii,* quand ils opéraient des ventes publiques.

LXIV. v. 1. *Qui tonsor fueras.* N'est-ce pas ce *tonsor* dont il est question dans Juvénal, *Sat.* i, v. 25 ?

v. 7. *Ludive magister.* Il faut entendre ici un maître d'école, et non pas, comme le veut Domitius, un maître d'escrime. Le poëte descend, par gradation, du rhéteur au grammairien, du grammairien au maître d'école.

LXV. v. 2. *Tribus....foris.* Voyez sur les trois forums l. iii, ép. 38, et la note.

LXVI. v. 2. *Plus meruisse.* Sans doute à cause de la peine qu'il s'était donnée pour capter la bienveillance du testateur.

LXVII. v. 4. *Harpasto.* Voyez l. iv, ép. 19.

v. 5. *Halteras.* Voyez l. xiv, ép. 48 et 49, et Juvénal *Sat.* vi, v. 422, lequel paraît correspondre à ce passage de Martial.

v. 9. *Nec cœnat.* Voyez l. v, ép. 70.

v. 15. *Sed plane medias.* Voyez v. 3. Ce mot (*medias*) est employé souvent par Martial, par Catulle et par les auteurs des *Priapées.* Il est difficile de l'expliquer en français. On en trouve le sens dans ce passage de Minucius Felix : « Qui scortorum licentiæ invident, qui me- « *dios* viros lambunt, libidinoso ore adhærescunt, homi- « nis malæ linguæ, etiamsi tacerent. » Voici maintenant l'effet du mot *vorare* : « Lesbiantes, id est tenta virorum « *vorantes*, alba sibi labra reddebant, ut rubra, phœni- « cissantes. »

LXIX. v. 1. *Theophila.* Jeune fille savante, fiancée de Canius, dont il est parlé l. III, ép. 20 ; l. I, ép. 62 et 70.

v. 3. *Atticus hortus.* Jardin de l'Académie, consacré par Académus ; selon d'autres, acheté par Épicure, pour y rassembler et instruire la jeunesse.

v. 10. *Castior hæc.* On connaît l'histoire des dérèglements de Sapho, son génie poétique, et son amour pour Phaon.

LXXII. v. 7. *Novium Publiumque.* Deux habiles joueurs d'échecs. On est fort incertain sur la manière dont les anciens jouaient ce jeu, quoiqu'il en soit parlé dans plusieurs auteurs. Voyez l. xiv, ép. 20 ; Ovide, *Art d'aimer*, l. II, v. 207, et consultez aussi Saumaise.

v. 8. *Mandris.* Ce sont les casiers de l'échiquier, comme le mot *latro* en indique les pions ou les pièces.

v. 9. *Sic palmam... de trigone.* Voyez l. IV, ép. 19.

LXXIII. v. 1. *Esquiliis.* Voyez l. v, ép. 22. — *Colle Dianæ.* Voyez l. VI, ép. 64.

v. 3. *Hinc biviæ Cybeles... Vestæ.* Il est déjà parlé de ces deux temples l. 1, ép. 71.

v. 4. *Novum veterem.* C'est-à-dire le nouveau et l'ancien Capitole.

LXXIV. v. 1. *Cyllenes.* Montagne d'Arcadie, où Maïa accoucha de Mercure ; d'où l'épithète de *Cylleneus*, appliquée à Mercure.

LXXVIII. v. 1. *Saxetani.* Détestable poisson qu'on pêchait dans le Bétis, suivant Pline l. xxxII, c. 11.

LXXIX. *Consulare vinum.* Voyez l. I, ép. 27, et la note.

LXXX. v. 1. *Odrysios*, ou Gétiques. Voyez plus haut ép. 7. — *Triones*, c.-à-d. l'Ourse. Voyez l. VI, ép. 58.

v. 8. *Sarmatia... rota.* Le trochus. Voyez l. xIV, ép. 168.

v. 9. *Mangonis.* Voyez l. I. ép. 59.

LXXXII. v. 1. *Fibula.* — v. 4. *voci parcere.* Les commentateurs remarquent qu'il y a deux espèces de *fibula* : la première était une sorte de couverture, de suspensoir qui protégeait ou soutenait les parties nobles ; la seconde, un fil de bronze ou d'argent qui traversait le prépuce. Cette double assertion est fausse ; car Celsus dit que ce n'est pas un fil, puisqu'il distingue le fil de la *fibula*, et que celle-ci reste, encore bien qu'on ait ôté le fil ; il ajoute que ce n'est pas non plus un *vêtement* à l'usage des parties dont il est question. Mais la *fibula* était un anneau d'airain ou d'argent qu'on soudait, afin qu'on ne pût l'enlever facilement, et qu'on dessoudait, lorsqu'il en était besoin, par le ministère d'un ouvrier. Qu'est-ce donc que cette *fibula* dont parle Martial, et dont il indique la fonction ? Est-ce une ceinture, un fourreau ? mais cet objet ne pouvait servir à conserver la voix ; et comment l'eût-il fait, pouvant tomber ou être enlevé si facilement ? On le portait donc par un sentiment d'honnêteté, de pudeur, principalement les Juifs, pour dissimuler leur circoncision. Or, les Juifs n'ayant plus de prépuce et ne pouvant avoir à cette partie un fil qui la traversât, il faut en conclure que la *fibula* dont Martial parle ici est par lui improprement appelée de ce nom, et que ce n'est pas de la *fibula* pure et simple qu'il s'agit, mais de la machine qui servait en général, soit à cacher les parties, soit à empêcher que l'anneau trop agité ne blessât la peau, soit à toute autre chose.

LXXXIV. v. 1. *Cæcilio.* On pense que ce Cécilius n'est autre que Cæcilius Plinius Secundus, ou Pline le jeune, qui fut gouverneur du Pont et de la Bithynie, comme nous l'apprend une de ses lettres.

LXXXVI. v. 7. *Pustulati*, ou *pusulati*. C'est, suivant l'interprétation de Turnèbe, liv. xiv, c. 2, de l'argent pur ayant des taches et comme des tumeurs. Suétone, *Nér.* c. 44, fait mention de cette espèce d'argent.

v. 11. *Vapulet vocator. Vocare* est le mot propre pour inviter. De là *vocator*, esclave chargé de faire les invitations ; *revocare*, prier à son tour celui chez lequel on a été invité. *Vocare* se dit aussi des femmes complaisantes *quæ poscuntur ad concubitum.*

LXXXVII. v. 2. *Canius.* Poëte de Cadix, dont il est parlé l. III, ép. 20. — *Tristi.* Martial donne cette épithèse à l'Éthiopien, soit parce qu'il est noir, soit parce qu'on regardait comme d'un mauvais augure la rencontre d'un Éthiopien. Voy. Juvénal. *sat.* vi, v. 601 et 602.

v. 3. *Publius... catellæ.* Voyez sur la chienne de Publius l. I, ép. 110.

v. 4. *Similem.* Est-ce semblable à l'Éthiopien ? ou à la chienne ? ou au singe ? ou à lui-même ? Voyez l. xiv, ép. 202.

v. 5. *Ichneumon.* Conférez Pline l. vIII, c. 24 ; Élien l. vIII, c. 25, et Athénée l. IX, c. 10.

LXXXVIII. v. 2. *Vienna.* Ville située sur les bords du Rhône, qui porte le même nom, et qui fut jadis la ville la plus considérable des Allobroges.

LXXXIX. v. 2. *Apollinaris.* Le même que dans l'ép. 26 de ce livre, et 87 du livre IV.

XC. v. 4. *Æqualis liber... malus.* Un livre écrit de cette manière est mauvais, suivant Martial, parce que, pour qu'il soit bon, il doit réunir sans doute les trois conditions que le poëte indique dans ce vers de l'ép. 17 du livre I :

Sunt bona, sunt quædam mediocria, sunt mala plura.

XCI. v. 2. *Saturnalitias... nuces.* Voyez l. v, ép. 30. Il s'adresse encore ici au poëte Juvénal.

XCII. v. 3. *Secundus.* C'est probablement quelque usurier.

XCIII. v. 1. *Narnia.* Ville d'Ombrie, aujourd'hui Narni.

v. 3. *Quintum.* Q. Ovidius, dont il est parlé ép. 44 de ce livre.

XCV. v. 4. *Totam... basiare Romam.* Les baisers étaient fort en usage parmi les anciens. Les baisers sur les yeux se donnaient au retour d'un voyage. Cicéron et Pline en donnent des raisons curieuses : « C'est, dit le premier, parce que les yeux sont les fenêtres de l'âme. » — « C'est, dit le second, parce qu'un baiser imprimé sur les yeux semble pénétrer jusqu'au cœur. » Quant au baiser sur la bouche, il était d'usage entre hommes chez nos pères, et il l'est encore chez les Italiens et chez les peuples du Nord.

v. 13. *Cinyphio.* Fleuve d'Afrique, sur les bords duquel vivaient un grand nombre de boucs. Voy. Strabon, l. xvII.

v. 15. *Gallum.* S'agit-il ici d'un Gaulois nouvellement arrivé à Rome, et dont les émanations grossières et infectes blessaient l'odorat d'un Romain ? ou d'un Galle, prêtre de Cybèle, dont l'haleine devenait puante à la suite de sa récente castration? ou de Gallus Bœticus, cet homme λεί-ξαντα dont parle Martial l. III, ép. 81, 8?

XCVII. v. 3. *Auli.... Pudentis.* Le poëte en parle souvent. Voyez l. 1, ép. 32; l. iv, ép. 13; l. v, ép. 48, etc.

v. 8. *Turni.* C'était un poëte satirique.

XCIX. *Ad Crispinum.* C'est le Crispinus dont parle Juvénal *sat.* 1, v. 26, et le même dont il est question l. VIII, ép. 48.

v. 1. *Tonantem.* Domitien. Modeste flatterie du poëte.

v. 3. *Parrhasia.* Voyez ép. 56 de ce livre et la note.

v. 7. *Marso..... Catullo.* Sur ces deux poëtes épigrammatistes, voyez l'épît. au lecteur du liv. 1.

C. v. 1. *Per reges.* Ce mot est pris ici, et très-souvent en général, pour *patronos*; comme *principes* pour *optimates.* Voyez l. II, ép. 18 et 32; Juvénal, *sat.* 1, v. 136.

v. 3. *Sine teste facis.* Le poëte a probablement en vue quelque saleté de Ponticus.

CI. DE VETULA. On comprend assez le mérite et le sens de cette charmante épigramme, sans qu'il soit besoin d'y faire un commentaire.

LIVRE HUITIÈME.

I. v. 1. *Laurigeros domini... Penates.* Allusion à la victoire que Domitien venait de remporter sur les Sarmates.

v. 4. *Pallas Cæsariana.* Domitien affectait une grande vénération pour Minerve, et voulut même, nous dit Suétone (*Domit.* 15), se faire passer pour son fils.

II. v. 1. *Fastorum genitos parensque Janus.* Martial appelle ainsi Janus, parce que ce dieu présidait au premier jour de l'année; et les Romains donnaient le nom de *Fastes* à un calendrier où étaient marquées leurs cérémonies religieuses.

v. 2. *Victorem..... Istri.* Domitien, vainqueur des Sarmates, qui habitaient les bords de l'Ister ou du Danube.

v. 3. *Tot vultus.* Janus était représenté ordinairement avec deux visages, parce qu'il connaissait le passé et l'avenir; quelquefois aussi on lui en donnait quatre, à cause des quatre saisons ou des quatre éléments. Les mots *tot vultus* indiquent que le Janus de cette épigramme est Janus aux quatre faces.

v. 7. *Pyliam..... senectam.* Pylos, ville d'Élide, était la patrie de Nestor, qui vécut trois âges d'homme, c'est-à-dire 300 ans suivant les uns, 90 suivant les autres; différence qui n'est presque rien.

III. v. 5. *Messalæ.* M. Valérius Messala Corvinus, célèbre orateur, qui fut l'ami de Tibulle. — *Saxa.* Voy. l. XI, ép. 2.

v. 6. *Licini marmora.* Ce Licinius, esclave et barbier d'Auguste, fut, après son affranchissement, élevé par ce prince à la dignité de sénateur. Le tombeau dont parle ici Martial avait déjà inspiré l'épigramme suivante :

Marmoreo Licinus tumulo jacet, at Cato parvo,
Pompeius nullo : quis putet esse deos ?

v. 13. *Soccum.* Le *soccus*, sorte de brodequin, était la chaussure des acteurs comiques, comme le cothurne celle des acteurs tragiques.

IV. v. 1. *Mundi conventus.* Hyperbole qui désigne les ambassadeurs venus à Rome des diverses parties du monde.

v. 4. *Faciunt ipsi nunc..... sacra dei.* Domitien ayant fait élever un grand nombre de temples, le poëte nous montre ici les dieux lui offrant eux-mêmes des sacrifices, à l'occasion de son retour.

V. v. 2. *Desisti... annulos habere.* Macer, qui était chevalier, avait dépensé avec les jeunes filles une grande partie de son patrimoine, et avait été rayé de l'ordre équestre, dont on ne pouvait plus faire partie quand on cessait de posséder une fortune de 400,000 sesterces. Or, tout chevalier dégradé devait cesser de porter l'anneau d'or, marque distinctive de ceux qui appartenaient à cet ordre. *Desisti annulos habere* signifie donc ici « tu as perdu le rang de chevalier. » Juvénal a dit, dans le même sens :

Talibus a dominis post cuncta novissimus exit
Annulus...

VI. v. 1. *Archetypis.* Des coupes fort anciennes, et qui servaient de modèles ; on employait aussi ce mot pour exprimer des manuscrits originaux, ou écrits de la main des auteurs. Voy. la note de l'ép. 11 du l. VII.

v. 2. *Cymbia.* Voy. Macrobe, *Saturn.* v. c. 21. Vase en forme de barque, *cymba*, d'où vient leur nom.

v. 11. *Amicis.* Ulysse, Ajax et Phénix, envoyés par Agamemnon vers Achille pour l'apaiser.

v. 13. *Bytiæ.* Bytias, amant de Didon, se trouvait à la cour de cette reine, à l'arrivée d'Énée et des Troyens.

v. 16. *Astyanacta.* C.-à-d. du vin jeune comme Astyanax, petit-fils de Priam, par opposition à *Priamum bibes*, tu boiras du vin vieux comme Priam.

VII. v. 3. *Clepsydras.* Les horloges d'eau. On en plaçait, dans les tribunaux, une devant l'accusateur, une autre devant l'accusé ; et elles servaient à mesurer l'espace de temps accordé à chacune des deux parties pour plaider sa cause. Ainsi l'on disait parler deux, trois clepsydres, comme on dit chez nous parler trois, quatre heures. Voy. l. VI, ép. 35 et la note.

VIII. v. 4. *Purpura.* Les consuls revêtus de la pourpre.

IX. v. 1. *Dodrantem*, c.-à-d. neuf onces. La plupart du temps, les dettes et les héritages se divisaient en douze parties.

XIII. v. 1. *Morio.* On appelait *moriones* des fous qui servaient à l'amusement des riches, lesquels les achetaient souvent fort cher.

XIV. v. 3. *Specularia.* C'étaient des châssis dont on se servait pour abriter contre le vent les arbres d'une constitution délicate. On croit qu'ils étaient faits d'une pierre transparente.

XV. v. 5. *Hoc quoque secretos..... triumphos.* Domitien, après sa victoire sur les Sarmates, refusa les honneurs du triomphe, et se contenta d'aller déposer une branche de laurier dans le temple de Jupiter Capitolin. Martial appelle donc *secretos triumphos* un triomphe que le vainqueur modeste eût voulu en quelque sorte cacher.

XVI. v. 5. *Et panem facis et facis farinam.* Il y a là certainement un jeu de mots amené par le changement d'état de Ciperus. Tu fais du pain, dit le poëte, quand tu plaides et que tu cherches à gagner 200,000 sest., contre les prescriptions de la loi Sincia ; tu fais de la farine, quand tu dépenses ce que tu as mal acquis ; car lorsqu'on passe la farine à travers un crible, le bon s'en va et le mauvais reste.

XVIII. v. 5. *Calabri.* Martial désigne ainsi Horace, né à Vénuse, située sur les confins de la Calabre.

v. 7. *Vario.* L. Varius, poëte fameux du siècle d'Auguste, et ami de Virgile et d'Horace.

XXI. v. 1. *Phosphore.* L'étoile de Vénus appelée par les Grecs Φώσφορος, et par les Latins *Lucifer*, avant le lever du soleil ; *Vesper*, après son coucher.

v. 5. *Ledæo... astro.* La constellation de Castor et Pollux, enfants de Léda.

Cyllaron. Fameux cheval appartenant à Pollux, selon le témoignage de Virgile (*Géorg.* III, v. 90). Sénèque, Claudien et Martial le donnent de préférence à Castor; mais les deux frères s'entendaient mieux : ils le montaient alternativement, lorsqu'ils revenaient l'un après l'autre des enfers.

v. 7. *Xanthus et Æthon.* Chevaux du Soleil.

v. 8. *Memnonis alma parens.* L'Aurore, mère de Memnon.

v. 12. *Non deerit populo te veniente dies.* Le poëte indique assez clairement qu'à ses yeux Domitien est un autre soleil.

XXII. v. 1. *Hybrida.* On appelait ainsi tout animal né d'un autre sauvage, et d'un autre domestique. Par extension, on appliquait cette épithète aux individus nés d'une mère libre et d'un père esclave.

XXVI. Domitien avait fait paraître dans un spectacle plusieurs tigres. Le poëte saisit cette occasion pour le louer et l'opposer à Bacchus, qui ne triompha sur les bords du Gange que sur un char traîné par deux tigres.

v. 2. *Hyrcano... equo.* C.-à-d. sur un cheval rapide. C'est ainsi du moins que Martial paraît l'entendre.

v. 5. *Erythrœos.* La mer Érythrée ou la mer Rouge, du mot ἐρυθραῖος, rouge. On y pêchait de belles perles. Voy. plus bas, ép. 28.

XXVIII. v. 1. *Dic, toga.* Martial avait reçu de Parthénius, favori de l'empereur Domitien, et préfet du palais, une fort belle toge blanche; il demande maintenant une lacerne dont la beauté réponde à celle de la toge.

v. 9. *Amyclœo... veneno.* Amyclée, ville de Laconie, et Milet, ville d'Ionie, étaient renommées pour leurs teintures.

v. 12. *Tiburtino monte quod albet ebur.* On exposait sur ce mont, où la température était très-froide, l'ivoire que l'on voulait blanchir.

v. 14. *Erythrœis...gemma.* Voy. ép. 26 de ce l. et la note.

v. 22. *Palatina...toga.* Cette toge venait du palais de César, situé sur le mont Palatin.

XXX. v. 9. *Scire piget,* etc. Ces rôles de Scévola, d'Icare, de Dédale, de Lauréole, etc., étaient remplis par des condamnés.

XXXI. v. 2. *Jura paterna.* Le droit appelé *Jus trium liberorum.* Voy. l. II, ép. 92 et la note.

XXXII. v. 5. *Si meliora piœ,* etc. Domitien avait exilé le frère d'Aretulla, qui ne cessait de demander son rappel.

XXXIII. v. 1. *De prœtoritia folium... corona mittis.* Dans les jeux, les préteurs donnaient aux vainqueurs des couronnes enrichies de lames d'or ou d'argent, qui représentaient des feuilles et des fleurs. L'avare Paulus n'avait envoyé à Martial, pendant les Saturnales, qu'une fiole mince comme une de ces feuilles.

v. 11. *Hoc linitur sputo.* Les dattes sont ordinairement humides et gluantes. Ne peut-on pas dire que le marchand les humectait de salive, pour les rafraîchir quand elles étaient vieilles, et leur rendre l'apparence d'un fruit nouvellement débarqué? et cette interprétation ne vaut-elle pas celle de Scaliger, *ad Tibull.* l. I, et de Farnabe?

v. 22. *Splenia.* C'était une espèce de bandeau qu'on disposait sur le front, de manière à ce que les deux bouts imitassent le croissant de la lune.

v. 24. *Ligulam.* Ce mot reparaît souvent dans Martial. Voy. l, v, ép. 19, et xiv, ép. 120. C'est tantôt une espèce de poignard, tantôt une spatule, tantôt une mesure de capacité, nommée la *cochlear,* mais plus forte que celle-ci.

XXXVI. v. 5. *Et prius arcano satietur,* etc. C'est-à-dire les premiers rayons du soleil éclairent le faîte de ton palais avant d'atteindre le sommet du mont Circé. — On sait que Circé était fille du Soleil et de la nymphe Persa.

XL. v. 6. *Ipse lignum es.* Ces mots sont une menace de brûler ce Priape de bois, si le bosquet n'est pas épargné par les voleurs.

XLII. v. 1. *Sportula.* Voy. l. I, ép. 60 et la note.

XLIV. v. 5. *Osculis udus.* Les anciens avaient coutume d'embrasser ceux qui venaient leur rendre visite. Voy. l. VII, ép. 95 et la note.

v. 6. *Foroque triplici.* Il n'y eut d'abord qu'un forum; César et Auguste en construisirent deux autres; Domitien, un quatrième, terminé par Nerva; et Trajan, un cinquième, le plus beau de tous.

v. 7. *Colosson Augusti.* La statue colossale d'Apollon.

v. 14. *Fartus papyro.* On garnissait les bûchers funèbres de papyrus, pour accélérer la combustion des matériaux qui les composaient. Voy. l. x, ép. 97.

XLV. v. 2. *Hanc lucem lactea gemma notet.* Les anciens marquaient par une pierre blanche les jours heureux, et les jours malheureux par une pierre noire.

XLVIII. v. 1. *Crispinus.* Égyptien, fort en faveur auprès de Domitien. — *Abollam.* C'était un surtout, sorte de casaque militaire, ou de manteau de philosophe. Voy. l. IV, ép. 53.

L. v. 1. *Quanto Gigantei,* etc. Dans cette épigramme, Martial célèbre un magnifique repas donné par Domitien au peuple, après sa victoire sur les Sarmates.

LI. v. 18. *Ceste.* Jeune homme aimé de Martial.

v. 21. *Det numerum cyathis.* Voy. l. I, ép. 72 et les notes.

v. 24 et 25. *Triente — Septunce.* Voy. l. III, ép. 10 et la note.

LII. v. 9. *Epaphœresim.* Du mot grec ἐπαφαιρέω, *insuper detraho.*

LIV. v. 1. *Magna licet toties tribuas...Dona.* Le peuple avait reçu trois fois de Domitien la gratification appelée *congiarium.*

LV. v. 1. *Massyla per avia.* La Massylie était une partie de la Libye, célèbre par la prodigieuse quantité de ses lions.

v. 16. *Vel frater, vel pater.* Titus et Vespasien, mis tous deux au rang des dieux.

LVI. v. 9. *Tuscus eques.* Mécène, chevalier romain, descendait des rois d'Étrurie.

v. 20. *Culicem fleverat.* On sait que Virgile composa dans sa jeunesse un petit poëme intitulé *Culex.* Voy. l. XIV, ép. 185 et la note.

LVIII. v. 2. *Sagarum.* Ce nom propre, sur lequel roule le trait de l'épigramme, est emprunté de *sagum,* saie.

LIX. v. 4. *Autolyci.* Adroit voleur, dont la fable a raconté des merveilles, et dont parle Homère, *Iliad.* K.

v. 7. *Ligulas.* Voy. ci-dessus la note de l'ép. 33.

v. 10. *Duabus.* La sienne et une autre.

v. 14. *Soleas.* Les convives avant de se mettre à table ôtaient leurs chaussures, qui étaient gardées par des esclaves.

LX. v. 1. *Palatini... colossi.* C'est, selon les uns, la statue colossale d'Apollon; selon les autres, la statue équestre de Domitien, placée près du palais impérial.

v. 4. *Cedro.* Voy. la note de l'ép. 2 du livre III. — *Umbilicis.* Voy. la note de l'ép. 67 du l. I.

LXII. v. 1. *Scribit in aversa,* etc. La pointe de cette épigramme, où Martial se moque de la malheureuse fécondité de Picens, roule sur les mots *aversa charta* et *aversa ico*. Les anciens n'écrivaient ordinairement que d'un côté; il fallait être possédé, comme Picens, de la fureur de versifier, pour écrire sur le revers du feuillet, sur le *verso*.

LXV. v. 1. *Fortunæ Reducis*. Domitien avait fait élever sous ce nom un temple à la Fortune, parce qu'elle l'avait préservé de tout accident pendant son retour.

v. 8. *Arcus ovans*. Parmi les nombreux arcs de triomphe que Domitien fit construire après sa victoire sur les Sarmates, il y en avait un plus magnifique que tous les autres : c'est celui dont Martial vante la magnificence dans cette épigramme.

v. 9. *Hic gemini currus*. Sur cet arc de triomphe on voyait deux chars traînés par des éléphants, qui semblaient conduire une statue d'or de Domitien.

LXVI. v. 1. *Augusto*. L'empereur Domitien.

v. 2. *Silio*. Le poëte Silius, consul une première fois sous Néron, et une seconde fois sous Domitien.

v. 5. *Domum sonare*. Quand un consul était sur le point d'entrer dans une maison étrangère ou dans la sienne, un des licteurs qui le précédaient frappait à la porte avec sa baguette pour annoncer son arrivée.

LXVII. v. 1. *Puer... nuntiat*. Des esclaves étaient chargés d'annoncer l'heure. Voy. aussi les vers 216, 217, de la deuxième satire de Juvénal.

v. 3. *Raucæ vadimonia quartæ*. Voy. l. iv, ép. 8.

v. 4. *Floralitias... feras*. Aux jeux floraux, les édiles exposaient aux yeux du public des lièvres, des chèvres, et d'autres animaux.

LXVIII. v. 1. *Corcyræi... regis*. Alcinoüs, roi des Phéaciens, dans l'île de Corcyre. Voy. l. iv, ép. 64 et la note.

LXX. v. 1. *Nervæ*. M. Ulpius Cocceius Nerva, qui fut empereur après Domitien.

v. 5. *Tenui fronte... corona*. La couronne de lierre; celle de chêne était pour les poëtes épiques.

LXXI. v. 6. *Septitiana*. Voy. l. iv, ép. 89 et la note.

v. 7. *Bessalem... scutulam*. Petit vase creux et rond, de la forme d'un bouclier. *Bessalem*, de *bes*, huit onces.

v. 8. *Cotula*. Mesure de 6 onces, ou hémine.

LXXII. v. 5. *Votieni*. Votiénus Montanus, écrivain en réputation, exilé par Tibère aux îles Baléares. — Voyez en outre sur les ornements des livres la note de l'ép. 67 du l. i, et 2 de l. iii.

v. 6. *Ad leges jubet annuosque fasces*. Narbonne, colonie romaine, était gouvernée comme les autres à l'instar de Rome. Les sénateurs s'y appelaient décurions, et c'était parmi ces décurions qu'on choisissait chaque année les consuls, appelés décemvirs. Voilà pourquoi Martial dit de son ami Artanus qu'il est rappelé *ad leges*, c'est-à-dire à l'administration de la justice, et *ad annuos fasces*, c'est-à-dire à l'exercice de sa magistrature d'une année.

v. 9. *Quam vellem fieri meus libellus*. Voy. Ovide, *Eleg*. xv, v. 8.

LXXIV. C'est-à-dire : Tu tuais les hommes étant médecin; tu les tues encore, gladiateur.

LXXV. v. 9. *Inscripti*. C'étaient des esclaves portant sans doute, comme les commissionnaires de nos jours, quelque plaque indiquant la nature de leurs fonctions.

v. 16. *Mortue Galle*. Martial joue ici sur ces deux mots. *Gallus* signifie un Gaulois et un prêtre de Cybèle, un eunuque; et on donnait à ces derniers l'épithète de *mortui*, à cause de l'opération qu'ils avaient subie avant de se consacrer au culte de la Bonne Déesse. — Quant au mot *sandapila*, voy. l. ii, ép. 81 et la note.

LXXVIII. v. 1. *Phlegræa.... victoria*. La victoire remportée par les dieux sur les Géants, dans les champs Phlégriens, près de Cumes.

v. 3. *Stella*. Le poëte Arruntius Stella, qui possédait une grande fortune, chanta la victoire de Domitien sur les Sarmates, et donna, pour la célébrer, de magnifiques jeux, vantés dans cette épigramme.

v. 7. *Linea dives*. Ces mots ont été un grand embarras pour les commentateurs. Ils paraissent signifier de petits billets sur chacun desquels était écrit le nom d'un objet de prix, que l'on délivrait sur-le-champ à celui qui présentait le billet renfermant ce nom.

v. 10. *Tessera*. Petit corps sphérique où était écrit le nom d'un animal. On jetait au peuple ces boules, et l'on donnait à chacun de ceux qui parvenaient à les ramasser l'animal dont le nom se trouvait sur la boule. Si la boule portait le mot *chevreuil*, on lui donnait un chevreuil, etc.

LXXX. v. 4. *Et pugnat virtus simpliciore manu*. Dans ce vers et les précédents, Martial félicite Domitien d'avoir rétabli le pugilat, qui n'ensanglantait pas l'arène comme les combats des gladiateurs; dans les suivants, il le loue de sa piété.

LXXXI. v. 1. *Dindymenes*. Surnom donné à Cybèle, à cause du mont Dindyme, où elle était adorée, ou du nom de Dindymes sa mère, reine de Phrygie.

v. 11. *Annæi... Sereni*. Voleur fameux. Martial souhaite qu'il dérobe les bijoux de Gellia, qui en mourrait de chagrin, puisqu'elle aime plus les bijoux que ses enfants, que les dieux eux-mêmes.

LXXXII. v. 3. *Deum*. Domitien.

LIVRE NEUVIÈME.

I. v. 4. *Avite*. Il a été déjà question d'un Avitus liv. i ép. 17. Est-ce le même? Nous l'ignorons. Quoi qu'il en soit, Martial avait placé le portrait d'Avitus dans sa bibliothèque, parmi ceux des poëtes les plus célèbres.

Turanio. On ne sait ce qu'était ce Turanius.

Stertinium. C'est l'autre nom d'Avitus.

II. FLAVIÆ GENTIS. Ce sont Vespasien et ses deux fils, Titus et Domitien.

v. 1. *Domitianus autumnos*. Parce que Domitien avait donné son nom au mois d'octobre.

v. 4. *Germanicarum..... calendarum*. Le mois d'octobre ayant reçu son nom de Domitien, les calendes germaniques ou de Domitien le Germanique étaient le premier jour d'octobre.

v. 7. *Juliæ numen*. C'était Julie, fille de Titus, qu'au dire de Suétone, Domitius aima éperdument, et dont il fit une divinité après sa mort.

III. v. 3. *Siligineis..... cunnis*. On faisait de ces petits pains ou gâteaux, auxquels on donnait la forme des parties honteuses de l'un et de l'autre sexe. Voy. l. xiv, ép. 69.

v. 5. *Setina*. Voy. liv. 4, ép. 69 et la note.

v. 6. *Corsi Cadi*. Vin de Corse très-médiocre.

v. 9. *Erythræis..... lapillis*. Voy. l. viii, ép. 26 et la note.

v. 11. *Octo Syris*. Les porte-litières étaient des hommes grands et forts, tirés le plus souvent de la Dalmatie ou de la Syrie.

v. 12. *Sandapilæ*. Voy. l. ii, ép. 81.

IV. v. 7. *Capitolinis..... templis*. Voy. l. iv, ép. 54 et la note.

v. 8. *Tarpeiæ frondis*. Voy. l. iv, ép. 54 et la note.

v. 10. *Culminibus geminis*. Probablement deux temples consacrés à Junon.

v. 11. *Pallada prætereo*. Allusion à un autre temple de Minerve.

v. 12. *Alciden Phœbumque*, etc.. Autres temples.
v. 13. *Flavia templa.* Voy. ép. 2 de ce livre.
V. v. 1. *Aureolis duobus.* Monnaie d'or qui valait cent sesterces, ou environ 20 f. de notre monnaie.
VI. IN PAULLAM. Probablement celle dont il est question au liv. 1, ép. 75.
VII. 2. *Pudice princeps.* Allusion aux lois portées par Domitien contre l'adultère, la prostitution. Voy. liv. vi, ép. 4; ép. 67; ép. 2, et les notes.
XII. DE EARINO. Mot venant de ἔαρ, printemps, ἐαρινός, de printemps. C'était l'eunuque favori de Domitien, chanté par Stace dans une de ses Silves.
v. 4. *Alitis superbœ.* Le phénix, qui enduisait son nid d'encens, de cinnamome et de canelle. Voy. l. vi, ép. 55.
v. 13. *Earinon.* Quelques poëtes grecs font la première syllabe brève.
v. 15. Ἄρες. Homère II. E. Ἄρες, Ἄρες, βροτολοιγέ, μιαιφόνε, τειχεσιπλῆτα, où la première syllabe d'Ἄρες est commune, mais avec un accent différent.
XIV. v. 3. *Acidalia arundine.* Voy. liv. vi, ép. 13.
v. 7. *Penna scribente grues.* On ne dit pas cependant que les grues forment une E dans leur vol. Voy. liv. xiii, ép. 75 et la note.
XVII. v. 2. *Pergameo ..... deo.* Esculape, qui avait un temple célèbre à Pergame, ville de la Troade, dans l'Asie mineure.
XVIII. v. 1. *Latonœ nepos.* Esculape, né des amours d'Apollon, fils de Latone, et de la nymphe Coronis.
v. 3. *Sua vota capillo.* Voy. l. i, ép. 32 et la note.
XIX. v. 1. *Est mihi.* Voy. l. ii, ép. 38 et la note; l. v, ép. 13 et la note.
XXI. v. 7. *Curetes.* Prêtres de Cybèle, qui dérobèrent Jupiter aux recherches de Saturne, et qui l'élevèrent secrètement dans l'île de Crète.
v. 8. *Semiviri.* Ces prêtres étaient eunuques. Voy. l. i, ép. 71; l. iii, ép. 91.
XXIII. v. 4. *Innumera compede.* Les esclaves travaillaient aux champs, enchaînés.
v. 5. *Mauri ..... orbes.* Tables de Mauritanie, dont les pieds étaient faits d'ivoire de dents d'éléphants.
v. 9. *Canusinatus.* Canusium était une ville d'Apulie.
v. 1. *Massyleum ..... equum.* Cheval numide. La Massylie est la même que la Numidie.
XXVI. v. 5. *Gorgon.* Méduse, la plus célèbre des trois *Gorgones*, quoique la seule des trois qui ne fût pas immortelle. Neptune l'ayant violée, et transportée dans le temple de Minerve, l'étouffa. Minerve, selon d'autres, changea en serpents la belle chevelure de Méduse, et donna à ses yeux la vertu de changer en pierre quiconque la regarderait.
v. 10. *Phineas.* Phinée eut deux femmes. A la persuasion de la seconde, il fit crever les yeux aux enfants qu'il avait eus de la première, en punition de quoi les dieux lui ôtèrent la vue. On sait aussi comment Œdipe devint aveugle.
XXVII. v. 3. *Pœstano violas.* Pestum, aujourd'hui *Agropilli*, ville de Lucanie, dont la campagne abondait en toutes sortes de fleurs, et principalement en roses.
v. 4. *Corsica mella.* Le miel de Corse était fort amer.
XXVIII. v. 12. *Refibulavit.* Voy. la note de l'ép. 82 du liv. vii.
XXIX. EPITAPHIUM LATINI. Voy. liv. i, ép. 5 et la note.
v. 9. *Parasitum dicite Phœbi.* On appelait ainsi les mimes et les histrions, et particulièrement les mimes qui jouaient les seconds rôles, parce qu'aux jeux d'Apollon il y avait beaucoup de parasites parmi ces mimes.

XXX. EPITAPHIUM PHILÆNIS. Il est question de Philénis au liv. vii, ép. 67.
v. 3. *Euboicœ... sibyllœ.* La sibylle était appelée ainsi de Cumes, colonie fondée par les Calcidiens, lesquels habitaient l'île d'Eubée, dans la mer Égée.
v. 5. *Catastœ.* C'étaient des entraves de bois, dans lesquelles on exposait en vente les esclaves. Voy. liv. vi, ép. 29, et l. x, ép. 76.
v. 6. *Serapin.* Dieu des Égyptiens.
v. 8. *Strymonio de grege.* Les grues qui venaient des bords du Strymon, fleuve de Thrace.
v. 9. *Thessalico...rhumbo.* Le rhombe qui servait aux sorcières, dans leurs opérations magiques, était une espèce de toupie qu'on fouettait pour la faire tourner. On la fouettait ensuite dans le sens contraire, lorsqu'on voulait détruire l'enchantement. Voy. l. xii, ép. 57, et Horace, *Epod.* 17. — La Thessalie était célèbre par ses enchantements et ses poisons.
XXXII. v. 1. *Dum comes Arctois.* Vélius Crispus avait suivi Domitien dans son expédition contre les Sarmates.
XXXIII. v. 6. *Crassi... burdigali.* Ce nom est-il une épigramme lancée contre les habitants de Bordeaux, par cet esprit de rivalité entre les Espagnes et les Gaules, dont on trouve assez souvent des traits dans Martial?
XXXIV. v. 2. *Morionis.* Voy. l. vii, ép. 13 et la note.
XXXV. v. 6. *Pius Arcas.* Mercure, né sur le mont Cyllène en Arcadie. L'épithète de *Pius* fait allusion à l'usage des sacrifices aux dieux institués par lui.
XXXVI. v. 3. *Arsacia ..... aula.* Les rois parthes étaient appelés Arsacides, du nom d'Arsace, l'un d'eux, le chef de cette dynastie.
Pacorus. Pacorus, roi des Parthes. Cette épigramme n'a pas été faite sous le règne de Domitien; car il n'y eut que deux rois du nom de Pacorus, dont le premier succéda à Vologèse en l'an de Rome 861, de l'ère chrétienne 108, et par conséquent douze ans après la mort de Domitien.
v. 7. *Jove.* Jupiter est ici pour la pluie.
Fusca Syene. Syène est située sur les confins de l'Égypte et de l'Éthiopie, sous le tropique du Cancer. De là l'épithète de *fuscus*.
v. 9. *Iulcœ... olivœ.* C'est-à-dire *Cœsareœ*, du nom d'Ascagne ou d'Iule, fils d'Énée, d'où César se vantait de tirer son origine. Le poëte fait ici allusion aux fêtes quinquennales, dont les vainqueurs devaient être couronnés par Domitien.
v. 10. *Æthereus pater.* Il s'agit des fêtes en l'honneur de Jupiter Capitolin.
XXXVII. v. 1. *Ausonium...ministrum.* Il s'agit de cet Éarinus dont il a été parlé dans les épigrammes 17 et 18 de ce livre. *Ausonius* signifie attaché au service du chef de l'Ausonie.
XXXVIII. v. 1. *Media... Suburra.* Quartier de Rome où se vendaient les drogues et le fard.
v. 6. *Quod tibi prolatum est mane supercilio.* Il s'agit ou de faux sourcils tirés d'une boîte de toilette, ou de sourcils prolongés au moyen d'une substance noire.
XXXIX. AD AGATHINUM. Il s'agit ici d'un de ces joueurs de boule dont parle Quintilien, liv. x, chap. 7, qui étaient si habiles, que l'objet qu'ils jetaient en l'air paraissait venir de soi-même dans leurs mains.
v. 5. *Lubrica ..... pulpita.* Le théâtre était rendu glissant par le safran et le vin qu'on y versait.

v. 6. *Vela negata.* Il s'agit ici du vent qui agitait le *velarium*, toile immense qui recouvrait le théâtre.

XL. v. 1. *Prima Palatino.* C'est le 9 des calendes de novembre que naquit, au témoignage de Pétrone, le Jupiter Palatin, comme Martial appelle Domitien.

XLI. v. 1. *Tarpeias..... ad coronas.* Voy. l. IV, ép. 54 et la note.

v. 2. *Pharo.* Pharos, aujourd'hui *Farion*, colonie et ville de l'Égypte, auprès d'Alexandrie, dans une île qui touche presque au continent.

XLIII. v. 1. *Campis..... Myrinis.* Petite ville des Myrinéens, contrée dans l'Éolide, en Asie mineure, où se trouvaient, au dire de Strabon, liv. XIII, un temple d'Apollon, avec un oracle antique, somptueux, et construit en pierre blanche.

v. 6. *Bis senos fasces.* Les douze faisceaux étaient l'un des insignes du consulat.

v. 10. *Cornibus aureis.* On avait coutume, pour ajouter à la pompe des sacrifices, de dorer les cornes des victimes.

XLIV. v. 6. *Lysippi.* Statuaire célèbre qui vivait au temps d'Alexandre, et qui lui fit présent de cette statue d'Hercule.

v. 7. *Pellei.... tyranni.* De Pella, ville de Macédoine, où naquit Alexandre.

v. 10. *Jusserat hic Syllam.* Le poète suppose que Sylla qui posséda, cette statue, en avait reçu le conseil d'abdiquer.

v. 13. *Molorchi.* Voy. l. IV, ép. 64 et la note.

XLVI. v. 1. *Hyperboreos..... Triones.* Marcellinus allait partir pour le pays des Sarmates et des Scythes.

v. 3. *Prometheæ rupes.* Le Caucase, au sommet duquel, selon la fable, avait été attaché Prométhée.

XLIX. v. 6. *Œtola de Calydone.* Calydon, ville d'Étolie, dans les campagnes de laquelle se trouvait le sanglier que tua Méléagre.

L. v. 1. *Multum cantata.* Voy. l. VIII, ép. 28. Sur Parthénius voy. l. IV, ép. 45 et la note, et l. XII, ép. 11.

v. 4. *Conspiciendus eques.* Voy. l. V, ép. 13 et l. XII, ép. 26.

v. 6. *Nominis digna.* Mauvais jeu de mots sur Parthénius, qui vient de παρθένος, vierge ; comme si le poète disait : Toge qui par sa nouveauté et sa grâce est, pour ainsi dire, vierge.

LI. v. 5. *Bruti puerum.* Martial en parle ainsi, l. XIV, ép. 171 :

Gloria tam parvi non est obscura sigilli;
Istius pueri Brutus amator erat.

Nos.... Lagona. Bel enfant dont parle Pline, l. XXXIV, en ces termes : *Lyciscus Lagonem puerum subdolæ ac fucatæ vernilitatis fecit.*

LII. DE LUCANO TULLO. Il a déjà été parlé de ces deux frères au liv. I, ép. 37.

LIII. AD QUINTUM OVIDIUM. Il est question de ce Quintus liv. VII, ép. 44 et 93.

LV. v. 3. *Aut crescente..... arundine.* Voy. l. XIV, ép. 218 et la note.

LVI. AD FLACCUM. S'agit-il ici du poète Valérius Flaccus, l'auteur des *Argonautes*, qui florissait au temps des Flaviens et était des amis de Martial? Si rien ne l'indique particulièrement, rien ne prouve le contraire.

v. 2. *Dum Stellæ.* Voy. sur Stella, l. I, ép. 8 et la note.

LVII. v. 8. *Parthenopæus.* Fils de Méléagre et d'Atalante, dont la beauté était célèbre. Il prit part à la guerre de Thèbes. Voir la *Thébaïde* de Stace. Il était ainsi appelé à cause de ses yeux, qui avaient la beauté de ceux d'une jeune fille ; des mots παρθένου de vierge, et ὄπας, yeux.

LIX. v. 1. *Sabinus.* Le même à qui Martial offre le septième livre de ses épigrammes, liv. VII, ép. 96.

v. 4. *Sarsina.* Ville de l'Ombrie.

v. 8. *Quid fieri. ... debeat.* Conf. l. III, ép. 100, et l. IV, ép. 10.

LX. v. 1. *In septis.* Voy. l. II, ép. 14 et la note.

v. 5. *Catastæ.* Voy. l. VII, ép. 29 et la note.

v. 9. *Testudineum.... hexaclinon.* C'est le lit de table, lequel contenait six convives, et était orné d'écailles de tortues. Voy. Juvénal, *Sat.* II, v. 95.

v. 14. *Myrrhina.* Voy. l. III, ép. 26 et la note.

v. 17. *Virides..... gemmas.* Les anciens faisaient grand cas des émeraudes incrustées dans les coupes d'or.

v. 19. *Sardonychas.* Voy. l. V, ép. 11 et la note.

LXII. v. 1. *Tartessiacis.* Le Tartesse est le même que le Bétis.

v. 2. *Corduba.* Cordoue, ville d'Espagne sur les bords du Bétis, où les brebis ont des toisons aux reflets d'or. Martial, l. XII, ép. 99, dit :

Bætis olivifera crinem redimite corona,
Aurea qui nitidis vellera tingis aquis.

v. 12. *Fistula sera.* Syrinx fuyait Pan, et fut changée en roseau. Le dieu en fit une flûte qu'on appelle encore, à tort ou à raison, flûte de Pan.

v. 14. *Dryas.* Nymphe des forêts ; de δρῦς, chêne.

v. 16. *Crevit et effuso..... mero.* Les anciens avaient coutume d'arroser les platanes avec du vin, pour les faire croître plus vite.

v. 22. *Pompeianæ te... manus.* C'est-à-dire ce ne sont pas des mains vaincues et de mauvais présage.

LXV. v. 1. *Hercules.* Domitien s'était fait représenter et adorer sous les traits d'Hercule, auquel il avait élevé un temple sur la voie Appienne.

v. 3. *Triviæ nemorosa... regna.* Il s'agit d'un temple de Diane très-célèbre et très-ancien, auprès duquel se trouvait le bois sacré d'Aricie.

v. 6. *Majorem Alciden.* C'est Domitien.

LXVI. v. 5. *Argolico..... tyranno.* Eurysthée.

v. 8. *Lichas.* Esclave de Déjanire.

v. 12. *Nec Styga vidisses.* Par l'ordre, soit d'Omphale, soit d'Eurysthée.

LXVII. v. 3. *Dominoque deoque.* Domitien.

LXIX. *Vincenti parmæ.* Un de ces gladiateurs thraces qui combattaient armés d'un bouclier, et qui avaient leur faction (*sua turba*) au cirque.

LXXII. v. 7. *Terror Nemees.* Le lion de Némée. — *Proditor Helles.* Le bouc qui porta Phryxus et Hellé.

LXXIII. v. 1. *Liber.* Martial demande à un athlète exercé au pugilat, qui lui avait fait un présent de comestibles, pourquoi il n'y a pas joint du vin ; puis il joue sur son nom de *Liber*, qui veut dire Bacchus.

Amyclæa... corona. Amyclée, ville de la Laconie, où le Spartiate Pollux inventa le pugilat, art qui fleurit surtout chez les habitants d'Amyclée.

LXXVI. v. 7. *Carystos.* Ville de l'île d'Eubée, aujourd'hui *Négrepont*.

v. 8. *Synnas.* Ville de Phrygie.

LXXVIII. v. 6. *Choraules non venit.* Les Romains avaient, dans leurs festins, des musiciens, des chanteurs, des danseurs, pour les égayer, mais qui, le plus souvent, devaient faire un tapage insupportable. Le poète se moque ici de Priscus, qui faisait un livre pour se demander quel était le meilleur festin ; ce que Priscus pouvait dire en ce peu de mots : *in quod choraules non venit.*

LXXXIV. Selon Juste Lipse, il s'agirait dans cette épigramme de l'interdiction faite par Domitien, aux chevaliers romains, de paraître sur le théâtre, malgré l'exemple donné par ses prédécesseurs.

LXXXV. v. 1. *Sacrilegos.... furores.* Il s'agit de la guerre civile excitée par Antonius Saturninus, gouverneur de la Germanie supérieure. Voy. liv. IV, ép. 11, et la note.

LXXXVI. v. 4. *Mea porrexit sportula.... pedes.* Attilius feignait une maladie, pour ne pas donner la sportule à ses amis. On comprend la métaphore tirée du mode d'enterrer les morts, lesquels étaient déposés devant la porte, les pieds du côté de la rue.

LXXXVII. v. 2. *Silius.* Le poëte Silius Italicus.

v. 4. *Linon.* Linus, fils d'Apollon et de Terpsichore, tué par Hercule, selon les poëtes.

LXXXVIII. Ce Lupercus était probablement un de ces gens qui faisaient métier à Rome d'escroquer, ou d'extorquer les testaments.

v. 2. *Triente.* Voy. l. III, ép. 10 et la note.

v. 3. *Nescio quas.* Des tablettes supposées par Lupercus, qui profite de l'ivresse de sa dupe pour les lui faire signer.

XCII. Le poëte fait sans doute ici allusion au repas donné par Domitien, dont Stace parle au liv. 1er des Silves.

XCIV. v. 7. *Fiat ut illud Nomen.* Voyez sur cet usage, l. 1, ép. 72 et la note.

XCV. v. 1. *Santonica.* C'est-à-dire sentant l'absinthe. Pline, l. XVII, c. 7, en parle ainsi : *Absinthi genera sunt plura. Santonicum appellatur a Galliœ civitate.*

v. 3. *Glauce.* Il changea ses armes d'or pour celles de fer de Diomède.

XCVI. v. 1. *Alphicus.* C'est-à-dire médecin qui traite les dartres, du mot grec ἄλφος, dartre. Athénagoras, en se mariant, devint *olficus*, c'est-à-dire *olfaciens cunnum*. Le poëte ne se trompe donc pas, en disant qu'il sait bien le personnage dont il parle, et qu'il appelle *Alphicus* et *Olficus* ; c'est Athénagoras qui se trompe, en croyant s'appeler Athénagoras.

XCVII. v. 1. *Clinicus.* Voy. l. 1, ép. 31, et la note.

XCIX. v. 3. *Coranus.* C'est le nom de quelque *perfidus caupo*, comme dit Horace.

C. v. 1. *Antonius.* Martial parle ici de Marcus Antonius Primus, le plus habile homme de guerre du parti Flavien, lequel donna à Vespasien l'empire que Mucien n'avait fait que lui déférer.

v. 3. *Palladiœ....·Tolosœ.* Les lettres florissaient dès ce temps-là à Toulouse.

CII. v. 14. *Prima suo gessit pro Jove bella.* Dans la guerre contre les Vitelliens, Domitien se réfugia dans le Capitole. Voy. Suétone, *vie de Domitien*.

v. 16. *Inque suo tertius orbe fuit.* En l'absence de son père, Domitien gouverna Rome avec Mucien jusqu'à ce que Vespasien fût de retour. Alors il abandonna le gouvernement à son père, et ne régna qu'après Vespasien et Titus.

v. 17. *Cornua Sarmatici..... Istri.* Guerres de Domitien en Germanie.

CIII. AD PHŒBUM. C'est le même sujet que dans l'ép. 37 du l. VIII.

v. 1. *Tabellas.* C'était un billet, une reconnaissance de Martial, attestant qu'il devait à Phébus 400,000 sest.

v. 4. *Quod tibi.* Voici l'ép. 3 du liv. II, qui est le commentaire parfait de celle-ci :

Sexte, nihil debes; nil debes, Sexte, fatemur;
Debet enim si quis solvere, Sexte, potest.

LIVRE DIXIÈME.

I. Domitien étant mort à l'époque où ce livre fut composé, l'auteur ne dit plus un mot de l'empereur qu'il a tant flatté dans les livres précédents.

v. 4. *Fac tibi me quam cupis esse brevis.* On connaît ces vers de J. B.-Rousseau :

Ami lecteur, vous voilà bien en peine ;
Rendons-les courts en ne les lisant point.

II. v. 10. *Crispi.* Voy. l. IV, ép. 54 et la note.

III. v. 1. *Vernaculorum dicta.* Bouffonneries propres aux esclaves nés dans la maison du maître, lesquels prenaient sans doute cette liberté de langage qu'on permet quelquefois à de vieux domestiques.

v. 2. *Linguœ.... circulatricis* pour *circulatoris*. On appelait *circulatores* les escamoteurs et les saltimbanques qui exerçaient sur les places publiques, ou peut-être les simples flâneurs.

v. 4. *Vatiniorum.* Pots ou vases de verre qui tiraient leur nom de Vatinius, savetier de Bénévent, lequel est cité l. XIV, ép. 96 ; dans Juvénal, *Sat.* v, v. 46, et dans Tacite, *Ann.* l. XV. On prétend qu'il dut l'honneur de les qualifier, à son *nez*, qui était fort long, et à la ressemblance de cet organe avec ces vases. — *Proxeneta.* Ce mot était employé, suivant Apulée, pour indiquer l'intermédiaire entre l'acheteur et le vendeur.

v. 8. *Canus.* Fameux joueur de flûte. Galba l'aimait beaucoup, et le payait cher. — *Ascaules.* Ou *Utricularius*, joueur de cornemuse, talent que Canus dédaignait.

IV. v. 1. *Thyesten.* Il est appelé *caligans*, parce qu'il fit fuir le soleil, qui ne voulait pas le voir manger son fils, que lui avait servi son frère Atrée.

v. 2. *Colchidas.* Les tragédies de *Médée.* — *Scyllas.* La fille de Nisus. Voy. Ovide, *Mét.* VIII, c. 91.

v. 3. *Parthenopœus.* Fils de Méléagre et d'Atalante, qui fut tué à la guerre de Thèbes. Voy. l. VI, ép. 77, et l. IX, ép. 57. — *Atys.* Voy. l. II, ép. 86.

v. 5. *Exutusve puer.* Icare. — *Aut qui Odit amatrices... aquas.* Hermaphrodite et Salmacis.

v. 12. Αἴτια *Callimachi.* C'était un ouvrage de Callimaque, plein d'emphase et d'obscurité.

V. v. 1. *Stolœve purpurœ.* La *stola* était proprement le vêtement des femmes. Quant à la pourpre, les magistrats, dans les premiers temps de l'empire, étaient les seuls qui eussent le droit de porter une robe de cette couleur : plus tard, l'étoffe de pourpre devint la parure des gens riches.

v. 12. *Noxias aves.* Les oiseaux funèbres, les corbeaux, les vautours, etc.

v. 15. *Inquieti... Sisyphi.* De Sisyphe, qui ne se repose jamais. *Inquieti* n'est pas pris ici dans le sens où nous l'entendons en français.

v. 16. *Garruli senis.* Du vieillard indiscret. Ces mots *brûlant de soif au milieu des eaux* indiquent bien que Martial veut parler de Tantale; mais nous ne savons pourquoi il lui applique l'épithète de *garrulus*, Tantale n'ayant pas été puni, que nous sachions, pour avoir été indiscret, mais pour avoir servi les membres de son fils à la table des dieux.

v. 17. *Delasset omnes fabulas poetarum.* C'est-à-dire « qu'il épuise tous ces supplices inventés par les poëtes. »

VI. v. 1. *Urna.* L'urne des destinées. Ce mot est pris dans un sens figuré, pour exprimer le *Sort*.

v. 6. *Flaminia.... via.* C'était la route de la Germanie.

v. 7. *Picti... Mauri.* Les Romains avaient, par luxe, des cavaliers maures à leur service. Toutefois nous pensons qu'il s'agit ici d'un courrier chargé d'annoncer l'arrivée du prince.

IX. v. 5. *Andræmone....* *Caballo.* Caballus Andræmon, l'un des écuyers les plus renommés du Cirque.

X. v. 1. *Laurigeris annum qui fascibus intras.* Au commencement de l'année, on avait coutume de porter les faisceaux ornés de lauriers chez les nouveaux consuls.

v. 5. *Dominum regemque vocabo.* Seigneur et roi; noms que les clients ne rougissaient pas de donner à leurs patrons.

XI. v. 1, 2 *Thesea Pirithoumque... Pyladi.* Tout le monde connaît l'histoire de ces trois personnages.

XII. v. 1. *Æmiliæ gentes.* Les peuples de l'Émilie. L'Émilie était une des provinces de l'Italie, sous les empereurs, située entre le Pô et l'Apennin.

v. 2. *Phæthontei.... arva Padi.* C'est dans les eaux de ce fleuve que tomba Phaéton.

v. 9. *Albis... amicis.* Ses amis, qui, n'ayant pas vécu au soleil, auront conservé le teint blanc.

XIII. v. 1. *Rheda.* C'était un char dont on ne se servait qu'au dehors de la ville, et où se faisaient traîner, comme incapables de se servir de leurs jambes, les esclaves efféminés de Tucca.

v. 2. *Libys...eques.* Quelque cavalier de ceux dont il est question dans la note de l'ép. 6 de ce liv.

v. 6. *Dormiat in pluma nec meliore Venus.* On voit dans la mythologie que Vénus dormait sur des plumes de cygne.

XVI. v. 4. *Divitis unda Tagi.* Ce fleuve passait pour rouler du sable qui contenait des parcelles d'or. Voyez l. 1, ép. 50 ; ép. 96 de ce livre ; l. xii, ép. 3, *et passim.*

v. 6. *Unica... avis.* Le phénix enduisait, disait-on, son nid d'encens, de cinnamome et de cannelle.

XVII. v. 1. *Saturnalicio... tributo.* Pièce de vers que Martial adressait à ce Macer, à l'époque des Saturnales. C'est ce qu'il appelle le tribut des Saturnales. Mais on peut dire que c'est Macer qui payait le tribut.

v. 5. *Mensorum... vacat ille libellis.* Macer, par la nature de ses fonctions d'ingénieur de la voie *Appienne,* devait lire plutôt des ouvrages de géométrie que des vers.

v. 6. *Appia, quid facies?* Martial appréhende pour elle, si Macer vient à la lire.

XIX. v. 6. *Orphea.* C'était la statue d'Orphée placée au haut d'un théâtre, et dont il est question *Spect.,* ép. 3.

v. 10. *Pedonis.* Voy. les notes de l'épître au lecteur, du l. i.

v. 15. *Centum...virorum.* Juges qui connaissaient des testaments et des héritages. Voy. l. vii, ép. 63.

v. 17. *Arpinis.* Cicéron était né à Arpinum. Pline le jeune avoue qu'il s'était proposé de l'imiter.

XX. Martial allait retourner dans sa patrie lorsqu'il écrivit cette épigramme. On sait qu'il était né à Bithilis, en Espagne. Il pensait quitter Rome pour n'y plus revenir.

v. 10. *In quocumque loco.* Voltaire, dans *Mahomet,* act. 1, sc. 2, a dit:

La patrie est aux lieux où l'âme est enchaînée.

XXI. *Modestus.* Célèbre grammairien, cité avec éloges par Suétone. Il y a un autre Modestus qui fit un traité sur l'art de la guerre, *de re militari.* Ce traité a été conservé.

v. 2. *Claranus.* Autre grammairien aussi fameux que Modestus.

v. 3. *Sed Apollini.* Martial veut dire qu'il n'y a que l'oracle d'Apollon qui puisse trouver un sens dans le galimatias de Sextus.

v. 4. *Cinna.* Helvius Cinna, mauvais poète des derniers temps de la république. Il fut mis en pièces après le meurtre de César. Le peuple l'ayant pris pour un des assassins du dictateur, qui portait aussi le nom de Cinna, le tua, comme il assistait aux funérailles.

v. 6. *Sine grammaticis.* Sans commentateurs, parce que les commentateurs, en expliquant tout, rendent tout obscur.

XXII. v. 1. *Spleniato.* Voy. l. ii, ép. 29 et la note.

XXIII. DE MARCO ANTONIO. C'est le même que dans l'épigramme 100 du liv. ix.

v. 2. *Quindecies...Olympiadas.* Quinze olympiades; soixante ans.

XXIV. v. 5. *Acerram.* C'était le vase dans lequel on faisait fumer l'encens.

v. 10. *Elysiæ... puellæ.* Proserpine.

XXV. v. 1. *In matutina... arena.* Les gladiateurs combattaient deux fois dans le même jour : le matin contre les bêtes féroces, et le soir entre eux.

v. 2. *Mucius.* Voyez, à propos de ce Mucius, les épigrammes 22 du liv. i et 30 du liv. viii.

v. 4. *Abderitanæ pectora plebis.* Allusion à un usage barbare des habitants d'Abdère, qui présentaient cette alternative au gladiateur, ou de poser la main sur un brasier allumé, ou d'être revêtu d'une chemise de soufre, à laquelle on mettait le feu. On comprend maintenant le sens de cette épigramme.

XXVI. v. 1. *Parætonias.* Parétonium, ville maritime de l'Égypte, aujourd'hui *Porto-Rassa*, suivant les uns; suivant les autres, *Berton.*

Latia.. vite. C'est proprement le fameux cep de vigne avec lequel les centurions romains châtiaient leurs soldats.

v. 6. *Pinguia thura.* L'épaisse vapeur de l'encens.

XXVII. v. 1. *Diodore.* Ce Diodore était un citoyen de la dernière classe de Rome, qui était devenu fort riche. On voit par cette épigramme qu'il avait coutume de célébrer le jour de sa naissance par des fêtes magnifiques.

v. 4. *Nemo.... natum te putat.* A cause de l'obscurité de sa naissance.

XXVIII. v. 1. *Annorum nitidique sator.* Voy. les épigr. 2 du l. viii : *Fastorum genitor parensque Janus.*

v. 4. *Plurima..... Roma.* Le temple de Janus était dans le quartier le plus fréquenté de Rome.

La nouvelle enceinte du temple de Janus, et les places qui l'entouraient, furent commencées par Domitien et terminées par Nerva. Les quatre places se nommaient *forum vetus Romanum, forum Julium, forum Augustum, forum Transitorium.*

XXIX. v. 3. *A Marte kalendis.* On a vu, épig. 24 du même livre, que Martial était né à l'époque des calendes de Mars.

XXX. *Formiæ.* Formies, aujourd'hui *Mola.* Son port était très-sûr et très-commode. Située sur l'Adriatique, et voisine de la province de Campanie, on la citait pour la douceur de sa température. On voit dans la mythologie qu'elle fut habitée d'abord par les Lestrigons, qui cultivèrent la vigne sur son territoire.

v. 2. *Oppidum Martis.* La ville de Mars, Rome. Mais ce n'était qu'un bourg, *oppidum,* sous Romulus.

v. 4. *Apollinaris.* L'un des amis de Martial, dont il est question l. iv, ép. 86, et l. vii, ép. 26. Cette pièce est consacrée à la description de sa maison de campagne.

v. 6. *Algidosve secessus.* Algide, près Tusculum, à 7 lieues de Rome.

v. 7. *Præneste.* Préneste, dans le Latium ; elle était connue par son temple de la Fortune. Marius y mourut.

Antium. C'était la capitale des Volsques, avant leur défaite. On connaît l'ode d'Horace à la Fortune d'Antium. En effet, cette ville était renommée par un temple à la Fortune, dont les prêtres rendaient des oracles. Il y avait aussi un temple consacré à Esculape.

v. 8. *Blanda Circe*. Promontoire d'Italie, remarquable par la beauté du climat. On disait que Circé y avait habité. Voy. épig. 36, liv. vIII.

Dardanisve Cajeta. Caiète, fondée par les Troyens ou Dardaniens. Elle tirait son nom de Caieta, nourrice d'Énée.

Tuquoque littoribus nostris, Æneia nutrix,
Æternam moriens famam, Caieta, dedisti.
VIRG., *Eneid*., *l*. VII, *v*. 1 et 2.

v. 9. *Marica*. Ville de Campanie. On l'appelait ainsi de Marica, nymphe du fleuve Lyris, et mère de Latinus.

v. 10. *Salmacis vena*. Martial compare cette fontaine à la fameuse fontaine de Salmacis en Carie, si renommée chez les anciens. Voy. Ovide, *Métam*. IV, 286.

v. 11. *Summa Thetis*. La surface des eaux.

v. 13. *Phaselon*. Petite barque campanienne.

v. 16. *Seta*. C'est la ligne à pêcher.

v. 19. *Nereus*. Le dieu de la mer.

v. 21. *Piscina*. Il y avait un réservoir pour les poissons dans toutes les maisons des citoyens riches.

v. 23. *Nomenclator*. Le *nomenclateur* annonçait au maître le nom des clients qui se trouvaient sur son passage; il y en avait un autre qui faisait placer les convives à table; et enfin une troisième, chargé de faire connaître le nom des poissons.

XXXI. v. 1. *Addixti*. C'est-à-dire « tu as vendu; tu as adjugé. »

v. 4. *Cœnæ pompa*. Le repas se composait ordinairement de trois services; le premier *antecœna*, le second et le principal *cœna*, le troisième ou dessert *secunda mensa*.

XXXII. v. 3. *Marcus*. C'est ce Marcus Antonius Primus dont il a été question épig. 23 de ce livre, et. l. IX, ép. 100.

XXXIII. v. 1. *Cecropium senem*. Selon les uns Socrate, selon les autres Épicure.

XXXIV. v. 3. *Restituis spoliato jura patrono*. Les patrons avaient le droit de faire rentrer dans l'esclavage ceux de leurs affranchis qui se montraient ingrats envers eux. Domitien leur enleva ce droit, que Trajan leur rendit.

XXXV. DE SULPICIA. — Sulpicia, qui fit un poëme sur l'amour conjugal.

v. 5. *Colchidos.... furorem*. La fureur de Médée. Médée était fille du roi de Colchide. Voy. l. v., ép. 53.

v. 7. *Scyllam*. Scylla, qui fut changée en oiseau pour avoir aimé Minos. Voy. ci-dessus, ép., 4.

Byblida. Sœur de Caunus, qui devint amoureuse de son frère, et fut métamorphosée en fontaine.

v. 16. *Sappho*. Elle aima éperdument Phaon, qui dédaigna son amour.

v. 21. *Caleno*. Ce Calénus était le mari de Sulpicia. Voy. épig. 38 de ce livre.

XXXVI. v. 1. *Massiliæ... fumaria*. Voy. l. XIII, ép. 123 et la note; l. III, ép. 82.

XXXVII. AD MATERNUM. Jurisconsulte, compatriote de Martial. Il en est parlé l. II, ép. 64, et l. I, ép. 97.

v. 6. *Acos*. Poisson de mer peu estimé.

v. 8. *Visus erit libris qui minor esse tribus*. Le poisson appelé mulet était extrêmement cher, surtout lorsqu'il pesait plus de deux livres.

v. 9. *Pelorida*. C'était une espèce d'huître que le poëte, l. VI, ép. II, appelle *aquosam*, c'est-à-dire sans ce croquant, comme dit Radérus, par lequel l'huître se recommande.

v. 11. *Baianis... testis*. Les huîtres du lac Lucrin, près de Baies, très-appréciées des gourmets de Rome.

v. 13. *Olidam... vulpem*. Martial a dit ailleurs, à propos de cette odeur du renard :

Quod vulpis fuga, viperæ cubile,
Mallem, quam quod oles, olere, Bassa.

IV. v. 17. *Sporta*. Nasse ou panier d'osier.

v. 19. *Omnis ab urbano venit ad mare cœna macello*; comme dans nos ports de France, où l'on est obligé en quelque sorte, pour manger du poisson, de le faire venir de Paris.

XXXVIII. AD CALENUM. Mari de Sulpicia, dont il est parlé ci-dessus, ép. 35.

v. 8. *Nicerotianis*. Nicéros, célèbre marchand de parfums, dont il est question l. VI, ép. 55.

v. 14. *Pyliam... senectam*. Voy. l'ép. 2 du l. VIII.

XXXIX. v. 1. *Consule te Bruto*. Le premier des consuls romains.

XL. v. 3. *Non erat cinædus*. Voy. l'épigramme 47 du livre II, où Martial dit, à propos d'un certain Gallus : *confidis natibus*.

XLI. v. 4. *Prætor erat*. Les préteurs étaient obligés de donner des jeux pour se rendre agréables au peuple, et ces jeux coûtaient des sommes considérables.

v. 5. *Megalensis purpura*. Les jeux Mégalésiens avaient été établis en l'honneur de Cybèle, dont la statue fut apportée de Pessinunte, ville de Phrygie, à Rome. Voy. Ovide, *Fastes*, liv. IV, v. 179 et suiv.

v. 7. *Populare Sacrum*. Les jeux floraux, pendant lesquels on distribuait de l'argent et du blé à la populace de Rome.

XLIII. v. 2. *Plus nulli.. quam tibi reddit ager*. A cause de la dot de ces sept femmes dont il a hérité.

XLIV. v. 3. *Numæ colles*. Les collines de Numa, c'est-à-dire les collines du pays Sabin, patrie de Numa.

v. 7. *Præstiteris caro... amico*. Martial fait allusion à un trait de générosité de Q. Ovidius, qui suivit en exil son ami Césonius Maximus, banni par Néron. Voy. l. VII, ép. 43 et 44; l. I, ép. 106.

XLVI. v. 1. *Matho*. Voy. l. IV, ép. 80 et la note.

XLVII. v. 2. *Martialis*. Voyez l. IV, ép. 64 et la note.

XLVIII. v. 1. *Phariæ.... turba juvencæ*. C'étaient les prêtres d'Isis, divinité égyptienne dont le temple était dans le champ de Mars.

v. 2. *Pilata... cohors*. La légion prétorienne chargée de la garde du palais impérial, et qui était armée de javelots.

v. 6. *Sigma*. Le canapé qui se prolongeait autour de la table, ainsi nommé à cause de sa forme, qui était celle du sigma grec ou du C latin.

v. 7. *Exoneraturas ventrem... malvas*. Voy. ép. 89 du liv. III.

v. 10. *Herba salax*. La roquette. C'est un excitant. Ovide : *Remèd. d'am*. v. 779 :

Nec minus erucas aptum vitare salaces.

v. 15. *Ferro structoris*. Le *structor* était un esclave chargé de découper les viandes. C'était ce que nous appelons un écuyer tranchant.

v. 20. *Bis Frontino consule*. Julius Frontinus, auteur d'un ouvrage sur l'art militaire, intitulé *Stratagemes*. Martial dit *Bis consule;* mais les commentateurs prétendent que le nom de Frontinus ne se trouve pas sur les fastes consulaires; de sorte que, loin de savoir s'il a été deux fois consul, on ne sait pas même s'il l'a été une; ce qui d'ailleurs importe assez peu.

v. 23. *Prasino ..... Venetoque*. Les Prasins et les Vénètes, deux factions du Cirque, la bleue et la verte. Voy. l. VI. ép. 46; l. XIII, ép. 78 et la note.

XLIX. v. 3. *Propinas modo conditum Sabinum*. Ce vin ne peut se boire qu'après avoir été gardé pendant six ans.

L. DE SCORPO. Le poëte déplore la mort de Scorpus, fameux cocher du Cirque. Voy. plus bas, ép. 53.

LI. v. 1 et 2. *Tyrius.... Taurus.* Jupiter, qui, sous la forme d'un taureau enleva Europe, fille du roi de Tyr. — *Phryxei.... agni.* On sait que Phryxus et Hellé furent enlevés par un bélier.

v. 2. *Alternum Castora.* Castor et Pollux, les deux Gémeaux.

v. 4. *Pellex Attica.* Philomèle. Voy. Ovide, *Mét.* vi, v. 433 et suiv.

v. 6. *O tunicata quies.* A la campagne on quittait la toge pour la tunique.

v. 8. *Anxur.* Aujourd'hui Terracine.

v. 12. *Triplices Thermæ.* Les bains d'Agrippa, de Néron et de Titus.

v. 14. *Quæque nitent cœlo.* Les temples des Flaviens, bâtis par Domitien.

v. 15. *Quirino.* Quirinus, c'est-à-dire, Rome. Les Romains s'exprimaient souvent ainsi, désignant la ville par le nom du fondateur.

LII. v. 1. *Thelin... in toga.* Les femmes condamnées pour adultère étaient obligées de quitter la *stola*, habit de femme, pour la *toga*, habit d'homme. On comprend maintenant le sel de la plaisanterie de Martial.

LIII. v. 1. *Clamosi..... Circi.* A cause des applaudissements qu'on prodiguait à ce Scorpus. Voy. ci-dessus, ép. 50.

LV. v. 3. *Scriptula.* La vingt-quatrième partie d'une once. *Sextulas*, la sixième partie.

LVI. v. 3. *Cascellius.* Chirurgien.

v. 7. *Podalirius.* Podalire, fils d'Esculape. — *Enterocelarum.* Hernies; quand les intestins tombent dans le scrotum : de ἔντερον, intestin, et κήλη, descente.

LVIII. v. 3. *Cancro fervente.* Pendant les chaleurs du Cancer, au mois de juillet.

v. 10. *Vicinosque tibi, sancte Quirine.* On voit par ces mots que Martial habitait sur le mont Quirinal.

LIX. v. 4. *Mattea.* On dit que c'était un mets fort délicat : en grec, ματτύα ou ματτύη, *lautitiæ*, *cupediæ*, *dulciaria.* (Athénée, l. xiv.) Il consistait ou en poissons habilement préparés, ou en oiseaux, ou en légumes, ou en tout autre aliment, haché menu et bourré d'aromates.

LX. v. 1. *Jura trium.* Voy. l. ii, ép. 91 et la note.

LXI. v. *Erotion.* Martial a parlé de cette jeune fille dans les épig. 34 et 37 du liv. v.

LXII. v. 9. *Celæneus.* Célène était la patrie de Marsyas, lequel, vaincu par Apollon, qu'il avait défié au combat du chant et de la flûte, fut déchiré par le dieu à coups de fouet. Voy. Ovide, *Mét.* vi.

LXIII. v. 3. *Bis mea Romano.... Terento.* Allusion aux jeux séculaires, qui se célébraient dans un endroit du champ de Mars, appelé Térente. Cette femme n'aurait dû les voir qu'une fois, puisqu'on ne devait voir que tous les cent ans. Mais comme on n'avait pas suivi exactement l'ordre des époques, Domitien, pour réparer cette erreur, fit renouveler les cérémonies sous son règne, quarante ans après la dernière célébration qui avait eu lieu sous Claude; et les habitants de Rome regardaient comme une faveur des dieux d'avoir assisté deux fois à ces jeux, que leurs ancêtres et leurs descendants n'avaient vus ou ne verraient qu'une fois.

LXIV. AD POLLAM. C'était la femme du poëte Lucain, que Néron fit mourir, lorsque la conjuration de Pison fut découverte. On sait que Lucain était un des principaux conjurés. Voy. l. vii, ép. 21, 22, et la note.

LXV. v. 2. *Negante nullo.* Le peuple de Corinthe était célèbre dans toute la Grèce par ses habitudes molles et efféminées.

v. 8. *Dropace.* Onguent pour faire tomber les poils. Voy. l. iii, ép. 74 et la note.

v. 13. *Dorcas.* Chèvre sauvage, renommée par la légèreté de sa course.

LXVII. On connaît assez l'histoire des personnages mythologiques dont il est question dans cette épigr.

LXIX. DE POLLA. On voit bien qu'il ne s'agit pas ici de Polla femme de Lucain.

LXX. v. 5. *Nunc resalutantes, video nocturnus amicos.* L'usage voulait, à Rome, qu'on rendît le soir les visites qu'on avait reçues le matin.

v. 7. *Luciferam.... Dianam.* Diane et Lucifer avaient un temple sur le mont Aventin.

v. 13 et 14. *Centum..... Quadrantes.* Cent quadrans, montant de la sportule que les citoyens riches faisaient distribuer en entrant au bain. C'était environ douze francs. Il est à croire que tous les clients n'en recevaient pas autant, car la fortune la plus considérable n'y aurait pas suffi, si l'on songe à cette foule de clients qui composaient la cour d'un patricien ou d'un homme enrichi.

LXXI. DE RABIRIO. Architecte célèbre qui construisit un palais pour Domitien.

v. 6. *Arserunt uno funera bina rogo.* Il paraît que le père et la mère de Rabirius moururent la même nuit, et que leurs corps furent brûlés en même temps.

LXXII. v. 3. *Apicius.* Son nom est célèbre dans les annales de la gourmandise. C'est lui qui, n'ayant plus qu'un million de fortune, se tua, parce que, disait-il, un homme comme lui ne pouvait pas vivre avec un million.

LXXIV. v. 7. *Centum. ... plumbeos.* Les quadrans étaient en airain, mais Martial les flétrit de l'épithète de *plumbeos* à cause de l'exiguïté de la somme.

LXXVI. v. 2. *Civis non Syriæve.* On sait que beaucoup d'affranchis, anciens esclaves venus de tous les pays, furent élevés, sous les empereurs, à la dignité de chevaliers.

v. 8. *Pullo.* Le vêtement des pauvres était ordinairement de couleur brune. *Cucullo.* C'était le capuchon dont ils se couvraient la tête.

v. 9. *Incitatus.* C'était aussi le nom du cheval dont Caligula voulut faire un consul.

LXXVIII. AD MACRUM. Il avait été préteur en Espagne qu'il avait gouvernée avec une grande intégrité (l. xii, ép. 100), et il venait d'être chargé de l'administration de la province de Dalmatie.

v. 1. *Salonas.* En Dalmatie. C'est dans cette ville que se retira et que mourut Dioclétien.

v. 6. *Vacuo sinu.* Les mains ou plutôt les poches vides.

v. 16. *Minor Catullo.* Voy. liv. ii, épig. 71, et liv. v, épig. 5.

LXXXII. v. 6. *Ingenuasque cruces.* Martial se plaint d'être obligé, malgré la pluie, le vent et la tempête, de se rendre d'un bout de la ville à l'autre chez son patron, pour recevoir cent misérables quadrans. C'est ce qu'il appelle les tourments réservés à un homme libre, *ingenuasque cruces;* et il a bien raison.

LXXXIII. v. 7. *Spendophorum.* Voy. liv. ix, ép. 57. — *Telesphorum.* Voy. liv. xi, ép. 26.

v. 8. *Cydæ.* Cydas, l'auteur de la statue du Mercure Herméros.

v. 12. *Culvo turpius est nihil comato.* « Rien n'est plus hideux qu'un chauve qui a des cheveux, » c'est-à-dire qu'un chauve qui a un faux toupet.

LXXXV. v. 1. *Ladon.* Ce Ladon n'était pas un vrai marin, mais un marin d'eau douce, comme on dit aujourd'hui.

LXXXVI. v. 4. *Prima pila est.* Voy. épig. 43 du liv. II. C'est-à-dire : Laurus est joué, bafoué par tout le monde, et traité comme ces mannequins contre lesquels on exerçait la fureur des taureaux.

LXXXVII. v. 7. *Gelidi jocos decembris.* Les Saturnales.
v. 10. *Cadmi municipes.... lacernas.* Les étoffes de la ville de Tyr. Cadmus était fils d'Agénor, roi de Tyr.
v. 14. *Sardonychas.* Voy. l. v, ép. 2 et la note.

LXXXIX. v. 4. *Convictas non dubitante deas.* Minerve et Vénus. Allusion au jugement de Pâris sur le mont Ida.

XC. v. 9 et 10. *Noli barbam vellere mortuo leoni.* C'était un proverbe. « N'arrache pas les poils d'un lion mort ; » c'est-à-dire, n'excite pas la colère d'un lion mort.

XCII. v. 2. *Atina.* Ville du Latium : Virgile en a parlé.
Tela novant, Atina potens, Tiburque superbum.
Æneid., l. VII, v. 630.
v. 4. *Pinus, ilicesque Faunorum.* Ces deux arbres étaient consacrés aux Faunes.
v. 6. *Horridi..... Sylvani.* Les affreux Sylvains ; à cause des cornes qu'ils avaient au front.
v. 7. *Agni sanguis, aut hædi.* On avait coutume d'immoler un agneau ou un chevreau aux dieux faunes.
Nunc et in umbrosis Fauno decet immolare lucis,
Seu poscat, agna, sive malit, hædo. HOR. Od. 4, liv. I.
v. 8. *Virginem deam.* Diane.

XCIII. v. 1. *Euganeas... oras.* Les rivages de la Rhétie et de la Vénétie. C'est ce qu'on appelle aujourd'hui le royaume lombard-vénitien. — *Helicaonis*, Hélicaon, fils d'Anténor. La ville de Padoue le regardait comme son fondateur.
v. 3. *Alestinæ.* Atesta, ville du pays vénitien.
v. 6. *Nec mento sordida charta juvat.* Voy. l. I, ép. 67. Quand on déroulait un volume, ou mettait sous son menton l'extrémité ou le commencement de la feuille, pour l'assujettir et le lire plus commodément.

XCIV. v. 1. *Massylus... serpens.* Allusion au dragon du jardin des Hespérides.
v. 5. *Quæ sunt mihi nata Suburra.* Le marché aux fruits se trouvait dans la rue Suburra.

XCVI. v. 7. *Igne maligno.* Le bois était très-cher à Rome.
v. 9. *Pretiosa fames.* Il faut dépenser beaucoup d'argent pour satisfaire sa faim. — *Conturbatorque macellus.* Les dépenses du marché portent la ruine dans vos affaires.
v. 13. *Reges.* On appelait ainsi les patrons, surtout depuis l'empire.
v. 14. *Locus.* C.-à-d. la patrie.

XCVII. v. 1. *Libitina.* C'était la déesse des funérailles. Mais l'auteur désigne ici le bûcher.
v. 2. *Myrrham et casiam.* La myrrhe et le romarin, ou la cannelle, qu'on faisait brûler sur le bûcher.
v. 3. *Pollinctore.* De *pellis* et *unctor.* C'était l'embaumeur.

XCVIII. v. 1. *Addat... Cæcubum.* Les Latins se servaient souvent du verbe *addere* au lieu de *dare*, pour exprimer l'action de verser du vin.
v. 2. *Idæo... cinædo.* Ganymède, né en Phrygie.
v. 6. *Citrum vetus.* Sur la vieille table de bois de citron. — *Indicosque dentes.* Les Indes étant le pays des éléphants, c'est de là que vient l'ivoire.

C. v. 1. *Quid, stulte*, etc. Voy. liv. I, ép. 54 et 73.
v. 5. *Ladæ.* Lada. C'était le courrier d'Alexandre.

CI. v. 2. *Galba.* C'était le bouffon d'Auguste.
v. 3. *Capitolinum.* Autre bouffon.

LIVRE ONZIÈME.

I. v. 2. *Cultus sindone.* Élégamment relié. *Sindo* signifiait un vêtement égyptien de fin lin. Voy. l. IV, ép. 19 et la note.
3. *Parthenium.* Parthénius, le favori de Domitien, auquel le poëte a déjà adressé plusieurs épigrammes.
v. 4. *Inevolutus.* Sans avoir été feuilleté, littéralement déroulé. On sait que les livres des anciens étaient en forme de rouleaux.
v. 5. *Libellos.* Les pétitions adressées à l'empereur.
v. 9. *Porticum Quirini.* Le portique de Quirinus, qui servait de promenade à la population élégante de Rome.
v. 11. *Pompeius.* Le portique de Pompée. C'était aussi une des plus brillantes promenades de Rome. — *Agenoris puella.* Martial désigne par ces mots le portique d'Europe, ainsi nommé parce qu'un des bas-reliefs de ce portique représentait l'histoire d'Europe, fille d'Agénor. Il était situé près du champ de Mars.
v. 12. *Primæ dominus levis carinæ.* Le portique des Argonautes, où l'histoire des Argonautes se trouvait représentée, sans doute comme celle d'Europe, sur le portique dont nous venons de parler.
v. 16. *Scorpo.* Fameux écuyer du Cirque. Voy. l. IV, ép. 50, et la note. — *Incitato.* Des commentateurs pensent que le poëte a voulu désigner le cheval dont Caligula voulut faire un sénateur ou un consul, et qui s'appelait en effet *Incitatus.* Mais ici le rapprochement de *Scorpus* et d'*Incitatus* doit faire admettre qu'il s'agit de deux cochers ou écuyers.

II. v. 6. *Sub te præside, Nerva.* Domitien étant mort, les Romains avaient le droit de tout dire, et en usaient comme des gens qui avaient été forcés de se taire pendant longtemps.
v. 7. *Sanctram.* Mauvais poëte. Martial, l. VII, ép. 20, parle d'un gourmand de ce nom.

III. v. 1. *Mea.... Pimpleide...* Les Muses étaient appelées Pimpléides, de la montagne de Pimpla en Macédoine, où, disait-on, elles habitaient.
v. 3. *Meus in Geticis.* Les vers de Martial étaient lus dans le camp, pendant l'expédition contre les Gètes, entreprise par Trajan. Ils étaient aussi chantés par les Bretons, dont le pays venait à peine d'être subjugué par Agrippa.

IV. v. 1. *Trojæ.... hæres.* Énée. Virgile a dit :
Tu, genitor, cape sacra manu patriosque penates.
Æneid., l. II, v. 717.
v. 2. *Laomedontis.* Laomédon, père de Priam
v. 3. *Æterno... auro.* Trajan avait fait élever une statue d'or à Jupiter.
v. 4. *Soror.* Junon, sœur et femme de Jupiter.
Summi filia tota patris. Minerve, qui, sortie du cerveau de Jupiter, était en effet sa fille *tout entière*, si l'on peut s'exprimer ainsi.
v. 6. *Nervæ.* C'est Trajan, à qui l'auteur donne le nom de Nerva, qui avait adopté ce prince.

V. v. 4. *Tot Cræsos viceris.* C'est-à-dire : tant de rois dont les richesses égalaient celles de Crésus.
v. 7. *Camillus.* Exilé, puis rappelé et créé dictateur, Camille sauva son ingrate patrie du siége des Gaulois.
v. 8. *Fabricius.* Sénateur et pauvre, il repoussa les présents de Pyrrhus et l'or des Samnites.
v. 9. *Brutus.* Celui qui chassa les Tarquins. — *Sylla.* On connaît assez son histoire.
v. 11. *Magnus.* C'est le nom de Pompée.
v. 12. *Crassus.* Le plus riche citoyen de Rome. Voy. Val. Maxime, l. VI, c. 2.

v. 14. *Cato.* Caton d'Utique, qui se perça de son épée plutôt que de se rendre à César.

VI. v. 2. *Regnator... fritillus.* On se livrait alors impunément à tous les jeux de hasard, lesquels étaient sévèrement interdits à toute autre époque qu'à celle des Saturnales.

v. 4. *Pileata Roma.* Tous, pendant les Saturnales, esclaves et maîtres, étaient *pileati.* Le reste de l'année, ils allaient tête nue. On ne connaît pas une seule statue antique avec le *pileum.*

v. 8. *Trientes.* Voyez l. III, ép. 10 et la note.

v. 10. *Pythagoras.* Un des jeunes débauchés qui composaient la cour de Néron. Voyez Tacite, *Ann.* l. xv, c. 37, et Suétone, *Néron*, c. 28, 29.

v. 14. *Passerem.* Tout le monde connaît la jolie pièce de Catulle sur le moineau de Lesbie.

VII. v. 11. *Hystericam.* On cherchait dans l'excès des plaisirs sensuels un soulagement à cette maladie : *hystera*, du grec ὑστέρα, *extrema mulieris; vulva.*

v. 12. *Sinuessano.* Les eaux de Sinuesse, en Campanie, passaient pour guérir la stérilité et d'autres maladies.

VIII. v. 1. *Drauci.* Ce n'est pas d'un enfant délicat qu'il s'agit, mais d'un homme entièrement homme, et, comme eût dit Henri IV, sentant le gousset.

v. 9. *Cosmi.* Voyez l. I, ép. 88 et la note.

XI. v. 1. *Toreumata.* C'étaient des vases de cristal.

XII. v. 1. *Jus.... natorum.* Voyez l. II, ép. 91 et la note.

XIII. v. 1. *Flaminiam.* On sait que les Romains enterraient leurs morts le long de cette voie.

XVI. v. 3. *Lampsacio.* Lampsaque, ville de Mysie, au nord de ce pays, était célèbre par le culte de Priape.

v. 4. *Et Tartessiaca.* Voyez l. VII, ép. 28, et l. VI, ép. 71.

2. 8. *Sis Patavina licet.* Les femmes de ce pays passaient pour très-pudiques.

XVIII. v. 9. *Costi folium.* Voyez Pline, l. XII, c. 12.

XX. Les deux premiers et les deux derniers vers de cette épigramme sont de Martial; les vers intermédiaires sont d'Auguste, et Martial les cite pour se justifier.

XXI. v. 1. *Equitis.* Brodæus pense que ce mot est mis ici pour *equi;* nous avons adopté cette opinion, sans que nous comprenions davantage ce que le poëte entend par cette comparaison.

v. 2. *Trochus.* C'était quelque chose comme nos cerceaux d'aujourd'hui, auxquels les enfants adaptent des morceaux de fer blanc qu'ils passent dans des fils de fer. Ces fils traversent, en se croisant, le diamètre du cerceau, pendant la rotation duquel les morceaux de fer blanc s'agitent et font du bruit.

v. 3. *Petauro.* Turnèbe pense que c'était un morceau de bois que le *petaurista* cherchait à lancer à travers une roue, sans toucher probablement les barres transversales de cette roue. Cornélius Vitellius pense au contraire que c'était le *pétauriste* qui se lançait lui-même. Nous avons adopté cette version, comme ayant plus de vraisemblance, à en juger par ce qui se passe aujourd'hui dans nos théâtres hippiques.

v. 7. *De phthisico lapsu.* Les bracelets ne tiennent plus nécessairement aux bras du phthisique, et tombent aussitôt que l'extrême maigreur de ses membres ne lui permet plus de les assujettir.

v. 10. *Ravennatis... onocrotali.* C'était un oiseau de marais, remarquable, à ce qu'il paraît, par la largeur de son gosier, et par son cri rauque. C'est en effet de cette dernière propriété que lui venait son nom, lequel est formé d'ὄνος, âne et du χρόταλον, atabale, instrument bruyant de musique des Égyptiens. Voy. Élien, l. XVI, c. 4.

XXVII. v. 11. *Prima.* Ce qu'il y a de plus beau. — *De Tusco serica vico.* Presque toutes les boutiques des marchands de soierie étaient dans la rue de Toscane.

XXVIII. v. 1. *Sica.* Poignard à l'usage des brigands. C'est de là qu'est venu le mot *sicaire.*

XXXI. v. 1. *Atreus... cucurbitarum.* L'Atrée des citrouilles; en d'autres termes : Cécilius traite ces citrouilles comme Atrée traita les enfants de son frère.

v. 7. *Epidipnidas.* Il les servait tard, c.-à-d. au dessert, en grec, ἐπίδειπνον.

v. 11. *Minutal.* C'est ce qu'on appelle du hachis.

v. 18. *Gabatas paropsidasque.* Plats de différentes espèces, et dont on ignore la forme.

XXXII. v. 8. *Non est paupertas.* « Ce n'est pas de la pauvreté. » Sans doute, c'est de la misère.

XXXIII. v. 4. *Vicit nimirum, non Nero, sed Prasinus.* Ce Prasinus ou cocher de la faction verte (voy. ép. 78 du l. XIII) appartenait à la faction protégée par Néron, et obtenait souvent le prix. Ses rivaux prétendaient qu'on ne lui le accordait que pour ne pas déplaire à l'empereur. Mais après la mort de Néron il continua de remporter les prix, ce qui fait dire à Martial que c'est à lui-même et non à l'empereur que Prasinus a dû ses succès.

XXXIV. v. 4. *Cœnabit ille, non habitabit.* Il ne sera pas logé, parce que sa maison est laide; mais il dînera bien, parce qu'étant le voisin de Maron, il sera souvent invité par celui-ci.

XXXV. v. 4. *Solus cœno.* En effet, se trouver avec des gens qu'on ne connaît pas, c'est en quelque sorte se trouver seul.

XXXVI. C. Jul. Proculus. Voy. ép. 71, liv. 1.

v. 1. *Gemma.... alba.* La pierre blanche par laquelle on marquait les jours heureux.

v. 2. *Votis redditus.* Proculus avait été atteint d'une maladie grave. Martial célèbre son retour à la santé.

v. 5. *Hypne.* C'est un esclave.

XXXVII. v. 1. *Zoïle.* Voy. épig. 29 du liv. III.

XXXVIII. v. 2. *Surdus erat.* Il était sourd, qualité bien précieuse chez un domestique, et qui explique pourquoi a été acheté si cher. Le maître est sûr que son esclave ne rapportera pas ce qu'on dira devant lui.

XL. v. 6. *Glyceræ dolere dentes.* C'est ce que les Latins appelaient *irrumare*, et ce que Glycère ne pouvait pas faire ayant mal aux dents.

XLIII. v. 5. *Tirynthius.* Surnom d'Hercule, qui avait été élevé à Tirynthe, ville de l'Argolide.

v. 6. *Megaram.* Fille de Créon, reine de Thèbes, et femme d'Hercule, qui l'épousa fort jeune encore.

v. 7. *Fugitiva.* Daphné, qui fuyait devant Apollon lorsqu'elle fut changée en laurier.

v. 8. *Œbalius... puer.* Le berger d'Œbalie, Hyacinthe, qu'Apollon tua en jouant au palet avec lui, et qu'il changea en une fleur à laquelle il donna le nom de son ami.

v. 9. *Briseis.* La captive d'Achille.

v. 10. *Æacide.* Achille, descendant d'Éacus.— *Levis amicus.* Patrocle.

XLV. v. 1. *Inscriptæ..... cellæ.* Le nom des femmes qui servaient aux plaisirs du public était inscrit sur leurs portes.

XLVI. v. 3. *Pannucea.* Flétri comme une vieille loque.

v. 6. *Illic mentula vivit anus.* Voy. liv. IV, épig. 50.

XLVII. v. 4. *Inachidos limina.* Le temple d'Isis, près duquel se donnaient sans doute les rendez-vous d'amour.

v. 5. *Lacedæmonio... ceromate.* Les Lacédémoniens étaient regardés comme les inventeurs des jeux palestriques.

v. 6. *Gelida virgine.* Voy. l. vii, ép. 32, et l. iv, ép. 42.

XLVIII. v. 2. *Jugera facundi qui Ciceronis habet.* Silius Italicus acheta un bien qui avait appartenu à Cicéron.

v. 3. *Tumulive.* Le tombeau de Virgile et sa maison de campagne. Voyez Pline, l. xxxi, c. 1.

XLIX. v. 3. *Silius optatæ.* Silius Italicus acheta aussi le champ où avaient été déposés les restes de Virgile.

LI. v. 2. *Quantum Lampsacie colunt puellæ.* On a vu ci-dessus, ép. 16, que Priape était le dieu de prédilection de Lampsaque.

LII. v. 1. *Juli Cerealis.* C'était un poëte, ami de Martial. Voyez liv. iv, ép. 8.

v. 8. *Quam cum rutæ frondibus ora tegant.* Voyez epig. 48, l. x :

Secta coronabunt rutatos ova lacertos.

v. 9. *Tenui versata favilla.* Ovide a dit : *Ovaque non acri leviter versata favilla.* Métam. l. viii, v. 667.

v. 10. *Velabrensi.* Le Vélabre, l'un des principaux marchés de Rome, sur le bord du Tibre, entre l'Aventin, le Palatin et le Capitole. Voy. l. xiii, ép. 32 et la note.

v. 15. *Quæ nec Stella solet rara nisi ponere cæna.* Sans doute parce qu'il était trop pauvre ou trop avare.

LIV. v. 1. *Unguenta, et casias.* Présents qu'on avait coutume de déposer sur les bûchers. Voyez l. x, ép. 97.

v. 6. *Qui fugitivus erat.* Ce Zoïle était esclave, et s'était enfui de chez son maître.

LV. v. 8. *Ut factum te putet esse patrem.* C'est-à-dire : ne lui laisse rien dans ton testament. Cet Urbicus courait après les héritages.

LIX. v. 4. *Dactyliothecam non habet.* Cette plaisanterie pourrait s'appliquer à ceux qui ont de beaux habits et n'ont pas de quoi dîner. *Dactyliotheca*, un baguier ou écrin.

LX. v. 1. *Phlogis... Chione.* De φλόξ, flamme, et de χιών, neige. Voyez la note de l'ép. 34 du l. iii.

v. 4. *Senem Pylium.* Nestor, roi de Pylos.

v. 5. *Criton*, médecin de Trajan. — *Hygia.* Déesse de la santé.

LXI. v. 2. *Summænianis.* Voy. l. i ép. 35 et la note; ii, ép. 17 et la note.

v. 3. *Suburrana.* Voy. liv. ii, ép. 17 et la note.

LXVI. v. 4. *Quare non habeas.* C'est en effet exercer trop de professions pour n'avoir pas le sou.

LXIX. v. 2. *Amphitheatrales..... magistros.* Ceux qui présidaient aux jeux de l'amphithéâtre, et principalement aux chasses qui s'y donnaient.

v. 3. *Lydia.* Cette chienne était d'une force prodigieuse, et tua un jour un sanglier dans l'amphithéâtre.

v. 4. *Erigones..... canem.* Cette chienne s'appelait Méra. Érigone était fille d'Icare, qui avait avec lui Méra lorsqu'il fut tué, en parcourant l'Attique. Guidée par Méra, Érigone trouva le cadavre de son père, et se pendit de désespoir. On la plaça parmi les constellations. Quant à la chienne, elle desséchа de douleur, et reçut le même honneur que sa maîtresse. Méra devint le signe *du Chien*, ou *la Canicule*, et Érigone la *Vierge*.

v. 5. *Dictæa Cephalum.* Chien non moins célèbre que Méra et Lydie. Diane le donna à Procris, qui, à son tour, le donna à Céphale, son mari. On le plaça aussi dans le ciel. C'est l'étoile de *Syrius.*

v. 8. *Dulichio.. cani.* Le chien de Dulichium ; le fameux chien d'Ulysse.

LXXI. v. 1. *Hystericam.* Voy. ci-dessus, ép. 8 et la note.

LXXIII. v. 6. *Umbellam luscæ.* Le poëte renvoie Lygdus à sa vieille maîtresse, ou plutôt à sa laide maîtresse, puisqu'il fait tant le difficile sur l'amour qu'un homme a pour lui. Quelle alternative ! quelles mœurs !

LXXV. v. 1. *Theca tectus.* Voyez la note sur le mot *fibula*, ép. 82 du liv. vii.

LXXVII. v. 1. *Conclavibus.* Ce mot a plusieurs significations. Il s'entendait proprement de cette partie de la maison qui fermait à clef. Il s'appliqua bientôt au *triclinium*, ensuite aux autres pièces plus petites qui communiquaient immédiatement à celui-ci, et où les convives se faisaient vomir ou se déchargeaient le ventre.

v. 3. *Cænaturit.* Mot forgé ou du moins inusité jusqu'à Martial. Il en est de même de *cacaturit*.

LXXVIII. v. 4. *Tondebit pueros.* Voy. l. xii, ép. 85 et la note.

v. 3. *Flammea.* Voile couleur de feu à l'usage des jeunes filles, le jour de leurs noces.

v. 11. *Suburranæ.* Voyez l. ii, ép. 17 et la note.

LXXIX. v. 1. *Ad primum.... lapidem.* La maison de Pétus était à un mille de Rome, et chaque mille romain était indiqué par une pierre. — *Decima...... hora.* La dixième heure ; deux heures avant la nuit.

LXXXII. v. 3. *Elpenora.* Compagnon d'Ulysse qui tomba d'une échelle, étant ivre, et se tua. Voyez Homère, *Odyss.* l. x.

LXXXIV. v. 4. *Enthea.* De ἐν et θεός, plein de l'esprit du dieu.

v. 5. *Alcon*, célèbre chirurgien du temps de Martial.

v. 11. *Ad matrem fugiet Pantheus.* Bacchus ayant à se venger de Penthée, troubla l'esprit de sa mère et de ses tantes, lesquelles, le prenant pour un lionceau, appelèrent à leur secours les bacchantes, leurs compagnes, qui le déchirèrent.

XCIV. v. 8. *Anchialum.* Jos. Scaliger, dans les Prolégomènes de l'ouvrage intitulé *in Emendatione temporum*, parlant des dialectes des Tyriens et des Sidoniens, dit : « Il est étonnant combien était sacrée chez eux la formule de serment *Korban*, comme chez les Juifs celle de *Chialla* ou *Chiaidonai*. Mais du temps de Martial on prononçait *Chiala.* Or, comme le poëte entendait que les Juifs juraient par *Chiala*, il croyait entendre *Anchiala*, parce que le mot Anchialus était alors plus connu des Romains. » Il résulte de cette observation de Scaliger, que les commentateurs qui ont attribué aux Romains l'opinion que les Juifs adoraient leur dieu sous la forme d'un âne, qu'ils appelaient *Anchialus*, est erronée. En effet, ce n'est pas *anchialus* que les Latins appelaient un âne, mais *ancharius* ou *ancarius*, comme il résulte de ce passage de Lucilius :

Hæc, inquam, rudet e rostris, atque elulitavit,
Concursans veluti ancarius, clareque quiritans.

XCVIII. v. 11. *Lectica nec te tuta.* Les litières étaient formées avec des peaux, et des voiles ou rideaux.

v. 15. *Sævique fasces.* Ces licteurs étaient ceux des préteurs, magistrats chargés de rendre la justice, qui venaient, dans la hiérarchie administrative, immédiatement après les consuls, et qui, comme eux, marchaient précédés de licteurs.

v. 18. *Curuli.* Siége à bras et d'ivoire, d'où les magistrats rendaient la justice.

XCIX. v. 5. *Symplegade.* Iles rocheuses et nues du Pont-Euxin, à l'embouchure de cette mer, que les anciens croyaient s'entrechoquer, et qu'ils appelaient aussi

Cyanées. On comprend d'ailleurs ici la hideuse énergie de la métaphore du poëte.

CIV. IN UXOREM. Voyez, sur la question de savoir si Martial fut ou non marié, la note curieuse de l'épigr. 92 du liv. II.

v. 16 et suiv. *Penelope... Cornelia.... Julia... Porcia, etc.* On connaît l'histoire de toutes ces femmes célèbres.

CVIII. v. 3. *Lupus.* Un usurier à qui Martial devait de l'argent. — *Diaria.* Leurs gages, ou, ce qui est mieux leur pitance quotidienne.

LIVRE XII.

ÉPÎTRE. Martial n'avait rien écrit depuis trois ans qu'il était de retour de sa patrie. Il se justifie de son silence dans cette épître adressée à Priscus qui arrive de Rome, et auquel il dédie ce douzième livre.

I. v. 4. *Hora nec œstiva.* Les anciens divisaient en douze parties égales la longueur des journées d'été comme celle des journées d'hiver; il arrivait donc que les heures d'hiver étaient moins longues que celles d'été, puisque les jours d'été étaient plus longs que ceux d'hiver.

II. v. 1. *Pyrgos.* Bourg de l'Étrurie, près de la mer.

III. v. 9. *Suburra.* Voy. l. II, ép. 17 et la note.

v. 12. *Hyanteœ.* C'est à tort que Scrivérius veut qu'on écrive *Iantheœ*; car il ne s'agit pas ici, comme il paraît le croire, de la fontaine d'Ianthis (l. VI, ép. 48; VII, ép. 50), mais de la fontaine de Castalie, ainsi qu'on le voit dans Ovide; *Juvenis Hyantius Acteon et Hyanteo Iolao;* dans Stace, *Hiantiœ sorores Musœ*, etc.

V. AD CÆSAREM. Cette épigramme aussi bien que la sixième est adressée à Trajan, lequel s'appela *Nerva Trajan,* depuis son adoption par Nerva.

VIII. v. 1. *Terrarum dea.* Ce n'est point ici une hyperbole: Rome fut mise au rang des divinités, et l'on voit aujourd'hui de médailles qui la représentent assise sur un trône, tenant dans sa main gauche le monde, et dans sa droite une statue de la Victoire.

v. 6. *In tanto duce.* Pline le jeune, *Panég.* c. 19, dit: *Sic imperatorem commilitonemque miscueras.*

XI. AD PARTHENIUM. Voy. l. V, ép. 6.

v. 6. *Duci.* Trajan.

XII. v. 2. *Mane bibe.* Afin que le sommeil ne te fasse point oublier tes promesses.

XIII. La pensée de cette épigramme se trouve aussi l. III, ép. 37.

XVII. v. 10. *Ad Damam.* Nom générique employé souvent par les poëtes pour désigner un homme de rien, un affranchi ou un esclave. Voyez *La Goutte et l'Araignée,* de la Fontaine.

XVIII. AD JUVENALEM. Le poëte satirique.

v. 2. *In Suburra.* Voy. l. II, ép. 17 et la note.

v. 3. *Collem... Dianœ.* Le mont Aventin au haut duquel était le temple de Diane. Voy. l. VI, ép. 64.

v. 9. *Bilbilis.* Voy. l. I, ép. 50; IV, ép. 55, et les notes 8, 9 de cette épigr.

v. 11. *Boterdum Plateamque.* Voy. l. IV, ép. 55 et les notes 8 et 9 de cette épigr.

v. 14. *Tertia... hora.* Voy. l. IV, ép. 8 et la note.

XX. v. 2. *Habet sororem.* Ce mot couvre ici la même pensée qui est développée dans l'ép. 4 du l. II.

XXI. v. 1. *Salonis.* Ce fleuve, dont les eaux donnaient au fer une trempe excellente, traversait Bilbilis, patrie de Martial. Les habitants de Bilbilis passaient pour très-habiles dans l'art de fabriquer des armes, comme on le voit par l'ép. 18 de ce livre, v. 9. Voyez sur le Salon ou Xalon, l. I, ép. 50; IV, ép. 55; X, ép. 96, 103, 104; XIV, ép. 32.

v. 5. *Suburra.* Voy. l. II, ép. 17 et la note.

XXII. DE PHILÆNIDE. Martial a déjà souvent parlé de cette femme, et toujours en mauvaise part. Voy. l. II, ép. 34; IV, ép. 65; VII, ép. 67 et 70; IX, ép. 30, 41 et 63; X, ép. 22.

XXIV. v. 1. *Covine.* Espèce de char armé de faux, dont les Gaulois se servaient dans les combats. On pense bien que les Romains, qui en avaient fait un véhicule de plaisir, en avaient supprimé les faux. Le mot *solitudo* s'explique par l'avantage que ce char offrait de pouvoir être conduit sans cocher, et de laisser par conséquent les voyageurs à leurs causeries intimes.

v. 9. *Avitus.* Le même que dans l'ép. 1 du l. IX.

XXVIII. v. 1. *Sextantes... deunces.* Voy. l. III, ép. 10 et la note. Nous ajouterons seulement ici que le mot *as*, chez les Romains, est synonyme de l'unité dans toute espèce de calcul.

XXIX. DE HERMOGENE FURE. Ce mot appliqué à un voleur est supposé sans doute par le poëte. Il n'en est pas moins heureusement choisi, puisqu'il est formé de Ἑρμῆς et γένομαι, comme qui dirait fils de Mercure. Or, Mercure était le patron des voleurs.

v. 2. *Massa.* Nouveau Verrès du temps de Domitien. Voy. ce qu'en dit Pline le jeune, *lett.* 33 l. VI.

v. 7. *Myrino.* Voy. *Spect.* ép. 22 et la note.

v. 11. *Attulerat mappam.* Longtemps après le siècle d'Auguste, on ne donnait point encore de serviettes aux convives : ils en apportaient de chez eux.

v. 16. *Vela reducuntur.* A Rome, sur la fin de la république, les édiles faisaient couvrir de toiles les amphithéâtres pendant les jeux. Marcellus, suivant Pline, l. XIX, c. 6, fit plus : il fit, pendant son édilité, constamment couvrir le forum, afin que les plaideurs et les juges ne fussent point incommodés par le soleil.

v. 19. *Sistrataque turba.* On représentait Isis tenant un vase d'une main, et le sistre de l'autre. La *sistrata turba* était la troupe des prêtres d'Isis. Le sistre, dans l'origine, ne paraît avoir servi que pour accompagner en mesure les chants plaintifs sur Osiris. La construction du sistre était telle qu'on ne pouvait guère en tirer qu'un bruit aigu, qui s'accordait assez bien avec des plaintes. Dans la suite, le véritable sens de cet usage s'est perdu; et lorsque les superstitions égyptiennes devinrent en vogue à Rome, les personnes qui y étaient fortement attachées secouaient leur sistre à des heures fixes. Les sistres variaient un peu pour la forme; mais le plus souvent, ils étaient ovales et faits de quelque lame de métal sonore. La circonférence était de chaque côté percée de plusieurs trous opposés l'un à l'autre; par ces trous passaient plusieurs verges de même métal que le corps de l'instrument, dont ils traversaient ainsi le plus petit diamètre; ces verges étaient terminées en crochet à leurs extrémités. Une poignée adaptée à la partie inférieure du sistre servait à le tenir et à l'agiter en cadence. Quelquefois la partie supérieure, au lieu d'offrir une portion de cercle, est disposée en forme de triangle. Quelquefois aussi le sistre est sans aucun ornement; et quelquefois encore sa partie supérieure est surmontée de figures, souvent d'une fleur de lotus seulement, et d'une figure de chat; et plusieurs de ces sistres offrent aussi une tête de chat de chaque côté du chat. On voit, au cabinet d'antiquités de la Bibliothèque royale, deux sistres en cuivre. Des musiciens qui les ont expérimentés, dit-on, prétendent qu'ils forment chacun un accord parfait.

v. 22. *A cœna.... rettulit.* Racine, *les Plaideurs,* act. I, sc. IV, a dit :

Elle eût du buvetier emporté les serviettes,
Plutôt que de rentrer au logis les mains nettes.

XXXII. v. 1. *Juliarum... Kalendarum.* Le terme des loyers à Rome était en effet le 1er juillet. Voy. Suétone, *Tibère*, c. 85.

v. 10. *Clivum... Aricinum.* Voy. la note de l'ép. 19 du l. II.

v. 22. *Summœniancæ.* Voy. la note de l'ép. 35 du l. I, et celle de l'ép. 17 du l. II.

v. 25. *Convenit ponti.* C'était au coin des ponts que les mendiants et les gueux établissaient leur domicile :
Erret per urbem pontis exsul et clivi. (L. x, ép. 5.)

XXXIII. v. 2. *Nil nisi ficetum.* Voy. l. I, ép. 66 et la note.

XXXIV. v. 5. *Calculus.* Les cailloux blancs représentaient les jours heureux ; les noirs, les jours malheureux. Voy. l. VIII, ép. 45.

XXXVI. v. 2. *Togam.* Voy. l. II, ép. 90 et la note.

v. 8. *Pisones.* Ceux à qui Horace a dédié son Art poétique. — *Memmiosque.* Allusion du poëte au Memmius à qui Lucrèce dédia son poëme.

v. 12. *Tigrim...Passerinum.* Les uns veulent que ce soient deux chevaux, les autres, deux cochers. Voy. l. VII, ép. 7 et la note.

XXXVII. v. 1. *Nasutus.* Voy. l. I, ép. 4 et la note.

XXXVIII. v. 1. *Femineis...cathedris.* Voy. l. III, ép. 63 et la note.

XXXIX. v. 1. *Sabelle.* Voy. l. VII, ép. 85.

XL. v. 3. *Gemma vis ludere.* Voy. l'ép. 20 du l. XIV, et la note.

XLII. v. 1. *Nupsit Callistratus Afro.* Infamie trop commune chez les anciens. Voy. la satire II, v. 134, de Juvénal.

v. 4. *Thalasse.* Voy. l. I, ép. 36 et la note.

XLIII. v. 3. *Didymi.* Personnage inconnu.

v. 4. *Elephantidos.* Femme citée par Suétone, (*Tib.* c. 43). Dans sa retraite de Caprée, Tibère, parmi une foule de peintures et de sculptures obscènes, avait placé les livres de cette Eléphantis. Voyez à ce propos les Priapées et Clément d'Alexandrie (Προτρεπτικῷ *ad Græcos*).

v. 7. *Taceant quid exoleti.* Voy. l. III. ép. 96 et la note.

v. 8. *Quo symplegmate quinque copulentur.* Suétone, *Vie de Tibère*, c. 43, ne peint qu'avec trop de vérité ces abominables turpitudes. Voyez encore Clément d'Alexandrie, *loc. cit.*

XLVIII. v. 7. *Spongia virgæ.* « Les anciens, dit Montaigne (lettre xx), se torchoyent le c., avec une esponge... et estoit cette esponge attachée au bout d'un baston, comme tesmoigne l'histoire de celui qu'on menoit pour estre présenté aux bestes devant le peuple, qui demanda congé d'aller à ses affaires; et n'ayant aulcun aultre moyen de se tuer, il se fourra ce baston et esponge dans le gosier et s'en estouffa. »

v. 8. *Junclaque testa viæ.* On a établi de nos jours dans quelques endroits de Paris, à côté de plusieurs boutiques, de ces urinoires, qui étaient de terre chez les Romains et qui sont de fer chez nous.

v. 11. *Albana...comissatio.* Allusion au somptueux repas qu'offrit Domitien à Minerve, sur le mont Albain, pendant les Quinquatries.

v. 12. *Capitolinœ.* Le banquet donné en l'honneur de Jupiter Capitolin, et dont Valère-Maxime fait mention l. II, c. 1. — *Pontificumque dapes.* Ces festins étaient passés en proverbe. Horace en parle, l. II, *od.* 4. Macrobe les décrit avec plus de détails, *Saturn.* III, c. 13.

v. 14. *Vaticani.* Voy. l. I, ép. 19 et la note.

XLIX. v. 1. *Crinitœ...turbœ.* Ces mots désignent les jeunes gens de famille qui fréquentaient les écoles; ils laissaient croître et frisaient leurs cheveux. Voy. l. IX, ép. 30, où le poëte les désigne sous le nom de *cirrata caterva.*

LII. v. 13. *Amat Proserpina raptas.* On sait pourquoi Proserpine aimait les filles enlevées, comme aussi pourquoi Vénus n'aimait pas les vierges.

LIII. v. 5. *Scythici...luci.* Allusion à la fable de la Toison d'or. Voyez à ce sujet Apollonius de Rhodes et Valérius Flaccus, *Argonautiques*; Ovide, *Métam.* l. XIII, etc., etc.

LV. v. 7. *Cosmiani.* Voy. l. I, ép. 88 et la note; III, ép. 55 et 82; IX, ép. 27, et *passim.*

LVII. Comparez à cette épigr. la satire 3e de Juvénal et la 6e de Boileau.

v. 11. *Turba... entheata Bellonæ.* Ces prêtres se déchiraient à coups de fouet, croyant apaiser par l'effusion de leur sang la terrible déesse des combats. *Entheata,* d'ἐνθουσιάζουσα.

v. 12. *Nec fasciato... trunco.* Les naufragés portaient suspendu à leur cou le tableau de leur naufrage, pour attirer la compassion et les aumônes du public, sans avoir à faire à chaque passant la description de leur malheur. Les naufragés qui n'avaient pas besoin de secours n'en faisaient pas moins représenter leur aventure sur un tableau, qu'ils consacraient dans le temple du dieu auquel ils attribuaient leur salut. Cet usage est aujourd'hui très-commun chez les Grecs.

v. 17. *Quum secta Colcho Luna.* Cette cérémonie bizarre nous est attestée par une foule d'auteurs. Voy. Virgile, *Eclog.* VIII, v. 69 :

Carmina vel cœlo possunt deducere Lunam;

Lucain, *Phars.* l. VI, v. 500 :

.... *illis et sidera primum*
Præcipiti deducta polo;

Stace, *Theb.* l. VI, v. 685 et suiv.; Juvénal, *Sat.* VI, v. 441 et suiv.; Ovide, *Fast.* l. II, v. 575; Sénèque le poëte, *Hippolyte*, v. 785 et suiv.; Properce, l. II, élég. 28, v. 35 et suiv., et l. III, élég. 6, v. 25 et 26.

Toutes ces citations ne sont pas inutiles pour faire comprendre le vers de Martial. Les anciens croyaient donc que les éclipses de lune étaient l'œuvre des magiciennes, surtout de Thessalie, lesquelles, suivant eux, avaient le pouvoir, par leurs enchantements, d'attirer la lune sur la terre. Aussi faisait-on un grand bruit avec des chaudrons et d'autres instruments pour faire revenir l'astre à sa place. Les Romains, entre autres, suivaient cet usage, et allumaient des torches et des flambeaux, qu'ils élevaient vers le ciel pour rappeler la lumière de la lune éclipsée. Les Chinois ont aussi cette pratique superstitieuse.

Quant au *rhombe,* voyez ce que nous en avons dit dans la note de l'épigr. 30 du l. IX.

LVIII. v. 1. *Ancillariolum.* Coureur de servantes. Les matrones romaines appelaient ainsi ceux qui n'avaient pas le talent de se faire des maîtresses de haut parage. Les *lecticarioli* étaient les porteurs de litières.

LIX. v. 9. *Defloculus. Cui defit, seudeest oculus,* c'est-à-dire *luscus.*

LXI. v. 10. *Quæ legunt cacantes.* A voir ce qui se passe encore chez nous dans ces endroits là, on se croirait au temps des Romains.

LXII. v. 7. *Tu reducem.... bruma.... Reddis.* Priscus revenant à l'époque des Saturnales, c'est Saturne que le poëte en remercie.

LXIII. v. 1. *Corduba.* Ville d'Espagne, aujourd'hui Cordoue, sur le Guadalquivir, très-riche en oliviers. — *Venafrum,* aujourd'hui *Venafro*, ville d'Italie, sur le Vulturne, célèbre par son huile d'olive.

v. 3. *Albi..... Galest.* Aujourd'hui Cervaro, petit fleuve qui a son embouchure près de l'ancienne Tarente, colonie lacédémonienne.

v. 6. *Murice..... cruore.* Voyez, pour la teinture des laines, Pline l. IX, c. 62; et pour les murex et les pourpres, même livre, c. 60.

LXV. v. 4. *Cosmi.* Voy. l. I, ép. 88 et la note. — *Nicerotis.* Autre parfumeur.

LXVI. v. 6. *Et Maurusiaci.* Martial a parlé de ces tables de citronnier au l. II, ép. 43.

v. 7. *Delphica.* Sous-entendu *mensa.* Ces tables étaient de marbre, comme il résulte du VIe discours de Cicéron contre Verrès.

v. 8. *Dominos quos precer.* Au même titre qu'une amante qu'on nomme *sa maîtresse.*

LXVII. v. 1. *Idus.* Elles tombaient le 13 ou le 15 de chaque mois, qu'elles divisaient ainsi en deux parts à peu près égales. Elles tiraient leur nom du mot *iduare*, qui, dans la langue étrusque, signifiait *diviser.* Elles arrivaient le 13 pour les mois d'avril, juin, août, septembre, novembre, décembre, janvier, février; et le 15 pour les mois de mars, mai, juillet et octobre.

v. 3. *Octobres Maro.* Jour de naissance de Virgile.

LXX. v. 1. *Lintea ferret Apro.* Les Romains portaient ou faisaient porter le linge dont ils se servaient aux bains pour s'essuyer. Les riches y portaient de plus, dans une corne de rhinocéros, l'huile précieuse dont on les frottait au sortir de l'eau. On allait aux *thermes* pour suer, *aux bains*, pour se laver. Les bains ne s'ouvraient pas d'abord avant deux ou trois heures après midi; ensuite, ils furent ouverts depuis le lever jusqu'au coucher du soleil. Voyez encore la note de l'ép. 51 du l. III. — *Vatius... vernula.* Il y a cette différence entre *varus* et *vatius*, que le premier désigne un homme qui a les jambes torses en dedans, et le second celui qui les a telles en dehors.

v. 9. *Diatreta.* Espèces de coupes, incrustées de pierres précieuses, ou, suivant d'autres, simplement ciselées.

LXXII. v. 1. *Prope busta.* Sous-entendu *Gallica.* On appelait ainsi l'endroit où les Gaulois furent massacrés par Camille, ou décimés par la peste qui ravagea leur camp, pendant qu'ils assiégeaient Rome. Voyez Tite-Live, l. V, c. 45.

v. 6. *Pragmaticus.* C'est celui qui connaît les formules du droit, et qui rappelle, au besoin, aux orateurs les lois et les coutumes. Voyez Juvénal, *Sat.* VII, v. 123.

LXXIV. v. 2. *Circo... Flaminio.* C'était le lieu où se tenait le marché de la faïence et de la poterie.

v. 3. *Audaces.* Voy. l. XIV, ép. 94 et la note.

LXXVI. v. 2. *Ebrius et crudus nil habet.* Parce qu'il boit et mange tout, plutôt que de vendre ses récoltes à si vil prix.

LXXVII. v. 9. *Sellas... Patroclianas.* Il y avait à Rome des latrines publiques, *foricæ*; d'où sont appelés, dans le droit, *foricarii* ceux qui les affermaient. Patrocle était sans doute un de ces gens. Ils payaient au fisc le prix de leur bail, comme le prouve la loi du Digeste, l. XII, tit. I.

LXXIX. v. 2. *Jurare jubes.* A Rome, aussi bien que chez nous, le serment pouvait être déféré par un des plaideurs à l'autre, ou bien il était déféré d'office par le juge à l'une ou à l'autre partie.

LXXX. v. 4. *Quisquis nil negat.* Nous voyons en effet, par l'ép. 12 du l. IV, que *nil negare* est synonyme de *fellare*, et présente une idée obscène.

LXXXII. v. 1. *Feriisque Saturni.* Voyez sur les présents des Saturnales, l. XIII, note première.

v. 2, 3. *aliculam... Alicam.* Ce jeu de mots intraduisible roule sur ces deux expressions. L'*alicula* était une espèce de mantelet qui couvrait seulement les épaules. Elle n'était portée, suivant Ulpien, que par les enfants, et suffisait pour préserver du froid le cou et les oreilles. L'*alica* a une triple signification; car il veut dire *boisson, bouillie, gruau* ou fleur de froment, et souvent même le grain avec lequel on faisait aussi du pain ou des gâteaux. Voy. l. XIII, ép. 47 et la note. On soumettait ce gruau, ou cette bouillie, à la fermentation, et on en obtenait une sorte de bière. Voy. l. XIII, ép. 6 et la note.

LXXXIII. v. 1. *In thermis et... balnea.* Nous avons dit, dans la note de l'ép. 70 de ce livre, la différence qu'il y avait entre les thermes et les bains.

v. 3. *Trigonem.* v. 4. *pilas.* v. 5. *follem.* Voy. l. IV, ép. 19 et la note.

v. 7. *Lintea.* Voy. la note de l'ép. 70 de ce livre.

v. 11. *Tropin.* Ce mot, qui désigne ordinairement la cale d'un vaisseau, est pris ici pour le vin épais qui se trouve au fond de la cruche. Les anciens s'en servaient pour se nettoyer le corps, ou, avant le repas, pour provoquer le vomissement, et se mieux gorger d'aliments.

LXXXIV. v. 4. *Thermis... Neronianis.* Voy. l. II, ép. 48 et la note.

LXXXV. v. 1. *Violare capillos.* Il s'agit probablement ici d'un esclave affranchi par Martial. Les esclaves qu'on allait affranchir se rasaient la chevelure, qu'ils consacraient à quelque dieu. Elle était aussi quelquefois coupée par la femme du maître elle-même, le lendemain de ses noces; ce qui voulait dire que désormais les esclaves ne serviraient plus aux plaisirs de leur maître.

LXXXVII. v. 2. *Quid facies?* Nul doute que *linges* ne soit la réponse à cette question.

LXXXIX. v. 1. *Habet nasum.* Voy. l. I, ép. 4 et la note.

XCI. v. 2. *Hemitritæus*, fièvre demi-tierce, ainsi nommée du grec ἡμι, demi, et τριταῖος, troisième. Voy. l. II, ép. 41.

XCIV. v. 7. *Quanto morio major.* La Fontaine, l. III, fable 1, a dit:

Le plus âne des trois n'est pas celui qu'on pense.

Sur le mot *morio*, voy. l. VIII, ép. 13 et la note.

XCV. v. 3, 4. *Cothurnos... Syrma.* Martial désigne ici la tragédie, par le cothurne et par la robe flottante que portaient les acteurs tragiques. Il dit encore l. IV, ép. 49:

Musa nec insano syrmate nostra tumet.

Syrmate pour *tragœdia.* Juvénal donne à ce mot la même valeur, *Sat.* XV, v. 30:

....A Pyrrha quanquam omnia syrmate volvas,

L'étymologie de ce mot est σύρειν, traîner, balayer.

v. 5. *Calabris... Camœnis.* Allusion à Horace, né à Venouse, en Calabre. *Calabra lyra*, dit encore Martial, l. V, ép. 30.

v. 7. *Lucilius.* Premier poëte satirique des Latins.

XCVI. v. 1. *Musæi.* Il ne faut pas confondre ce Musée avec le poëte grec qui a chanté les amours d'Héro et de Léandre.

v. 2. *Sybariticis libellis.* On trouve dans Lucien, πρὸς ἀπαίδευτον, § 23, le nom d'un certain Hémithéon de Sybaris, qui a composé un ouvrage bien digne de la réputation de cette ville. Est-ce de lui qu'il est ici question? Nous lisons dans Ovide, *Tristes*, l. II, v. 417:

Nec, qui composuit nuper Sybaritida, fugit.

v. 4. *Rufe.* Le même dont il est question l. VIII, ép. 51.

v. 5. *Thalassionem.* Voy. l. I, ép. 36 et la note.

v. 7. *Et fias sine femina maritus.* Comme nous l'avons déjà vu l. IX, ép. 42.

XCVII. v. 7. *Hi dant quod non vis... dare.* On comprend cela et de reste.

v. 9. *Chiam volo; nolo mariscam.* L'ép. 25 du l. vii nous apprend la différence qu'on faisait entre la fade marisque et la figue piquante de Chio.

XCVIII. v. 10. *Aut eamus in jus.* Dans les premiers temps de Rome, quatre choses, du côté de la femme, entraînaient le divorce, savoir : le vol, l'adultère, l'infanticide et l'usage du vin, qui était sévèrement interdit aux femmes. Ce passage prouve d'ailleurs que l'initiative n'appartint pas toujours exclusivement aux hommes, et que les femmes pouvaient aussi, dans certains cas, demander le divorce. Elles usèrent en effet plus tard de cette licence, à tel point que Sénèque (*Bienf.* l. iii, c. 16) se plaint de ce qu'au lieu de dater des consulats, elles dataient des différents maris dont elles avaient changé. Voyez encore Juvénal, *Sat.* ix, v. 74 et suiv.

XCIX. v. 3. *Bromius.* Surnom de Bacchus, de βρομός, bruit, fracas, tumulte des Bacchanales.

v. 5. *Instantius.* Celui dont il est question l. viii, ép. 73.

v. 7. *Macro.* Voy. l. x, ép. 88 et la note.

CII. v. 3. *Vendita sæpe.* Idée plus spirituelle que vraie. Il s'agit moins ici d'une vente que d'un contrat de louage.

(Cette épigramme et les deux précédentes manquent dans beaucoup d'éditions. Scrivérius et Raderus prétendent, un peu légèrement peut-être, qu'elles ne sont pas de Martial. Passe encore s'il s'agissait d'un poème épique.)

LIVRE XIII.

Xenia. Les épigrammes de ce livre sont ainsi appelées, parce qu'elles étaient adressées ou envoyées à des hôtes, τοῖς ξένοις, à des amis. Martial, ép. 3 de ce livre, nous avertit qu'il leur a donné à chacune son titre. Et ce témoignage n'est pas indifférent, quand on considère que beaucoup de ces pièces, et principalement celles du livre xii, présentent, suivant les éditions et les manuscrits, une grande diversité dans leurs titres.

Quant au mot *Apophoreta*, titre du xive livre, il vient aussi du mot grec ἀποφέρειν, emporter, et désigne les mets ou autres menus cadeaux qu'on permettait aux convives, surtout à l'époque des Saturnales, d'emporter chez eux. C'était la monnaie dont Martial payait ses amis : car le poëte était pauvre, pauvre quelquefois jusqu'à l'indignité, puisqu'il ne craignait pas de mendier, quoiqu'en termes fort spirituels et en vers délicieux. Au lieu donc de vases, de médailles, de vêtements, etc., il donnait des distiques et des épigrammes. Nous devrions bien réhabiliter cette louable et économique coutume ; les fortunes honnêtes et médiocres ne s'en porteraient que mieux : nous n'aurions que de mauvais poètes de plus.

I. v. 1. *Cordylis.* Cordyle ou jeune thon. Voy. l. iii, ép. 2, et l. xi, ép. 52.

v. 4. *Ebria bruma.* L'époque des Saturnales, qui se célébraient dans la dernière quinzaine de décembre.

v. 5. *Talo.* Voyez la note suivante.

v. 6. *Senio.* Martial, l. xiv, ép. 65, nous apprend lui-même la différence qu'il y avait entre les *tali* et les *tesseræ*. Les *tali* n'avaient que quatre faces marquées : l'as, *unio* ; le trois, *ternio* ; le quatre, *quaternio* ; le six, *senio*. Ces quatre faces étaient oblongues. Les *tesseræ* avaient la forme cube et deux faces de plus : le deux, *binio*, et le cinq, *quinio*. Le coup le plus heureux était le *senio*, que Perse appelle l'heureux six, *dexter senio* ; et le plus malheureux était l'as, nommé aussi *canicula* ou *canis*, sans qu'on sache d'où lui vient ce nom. Le *senio* s'appelait aussi *Venus*, *jactus venereus* ou *basilicus*, coup de Vénus ou coup royal.

v. 7. *Fritillus.* Voyez l. iv, ép. 14. Ce sont les cornets d'où l'on lance les dés.

II. v. 1. *Nasutus.* Voyez l. 1, ép. 4 et la note.

v. 3. *Latinum.* Mime célèbre de ce temps-là. Voyez l. 1, ép. 5 et la note.

III. v. 2. *Nummis quatuor.* Il s'agit ici du *nummus* d'argent, qui valait 1 fr. 45 c. Le livre xiii de Martial revenait donc à 5 fr. 80 c.

v. 4. *Tryphon.* Fameux libraire. Voy. l. iv, ép. 72 et la note.

Les particuliers qui faisaient métier de vendre ou de relier des livres étaient 1° le *librarius*; c'était un copiste chargé de transcrire, pour le compte du *bibliopola*, les manuscrits, et d'en multiplier les copies; 2° le *bibliopola*; c'était le libraire proprement dit, qui achetait les ouvrages anciens et nouveaux, et les débitait; 3° le *librariolus*; il tenait le milieu entre le *librarius* et le *bibliopegus*, disposait ou décorait les bibliothèques, intervenait soit dans la fabrique, soit dans la contexture du livre matériel, était un peu au-dessus des relieurs, et relieur par occasion (Cic. *Att.* iv. 4 ou *lett.* 105 de notre édition); 4° le *bibliopegus*; c'était le relieur par état; on le désignait aussi sous les noms de *librorum concinnator, compactor* : 5° *glutinator*; ses fonctions étaient de coller les feuilles de papyrus à la suite les unes des autres, pour en former un volume. Voy. liv. ii, ép. 8 et la note.

La boutique du *bibliopola* se nommait *taberna libraria* (Cic. *Phil.* ii, c. 9), ou *libraria* (Aul. Gell., l. v, c. 4).

Les magasins de livres s'appelaient *apotheca*.

La rue, le quartier qu'habitaient les bibliopoles, se nommait *Argiletum*.

Les fabriques de papier étaient désignées sous le nom d'*officinæ chartariæ*, et les magasins où on le débitait, de *tabernæ chartariæ*.

La main de papier, composée de 20 feuilles, s'appelait *scapus* (Plin. l. xiii, c. 23).

VI. v. 1. *Nos alicam.* Festus dérive ce mot d'*alere*, nourrir; *quod alit corpus.* Voyez plus bas la note de l'ép. 47, et l'ép. 82 du l. xii et la note.

VIII. v. 1. *Plebeias.* Juvénal, *Sat.* xi, v. 145, emploie la même expression pour désigner des coupes d'argile, *plebeios calices.* — *Clusinis pultibus.* Espèce de bouillie qu'on faisait avec de la farine de Clusium, aujourd'hui Chiusi, ville de Toscane, laquelle farine on détrempait dans de l'eau et où on mêlait quelquefois des œufs et du miel. (Pline, l. xviii, c. 19, 24, 44.)

IX. v. 1. *Niliacam...lentem.* Les lentilles de Péluse, ville de la basse Égypte, avaient de la célébrité. (Pline, l. xviii, c. 31.)

X. *Simila.* C'est la fleur de la farine. De ce mot vient peut-être celui de semoule.

XI. v. 1. *Tacituris.* Les mules ne diront certes pas qu'on leur a enlevé leur orge, pour la vendre à l'aubergiste; mais le maître le devine, et il le fait assez entendre au muletier.

XII. v. 2. *Modios.* Mesure de 32 hémines, ou de 16 setiers, ou de 8 litres 82 centilitres.

XIV. v. 2. *Cur.... inchoat illa dapes?* Martial lui-même nous l'apprend au livre xi, ép. 52 :

Prima tibi dabitur ventri lactuca movendo.

Voyez Pline l. xix, c. 38.

XV. v. 1. *Nomentum.* Ville du Latium, à 10 milles de Rome, environnée de marais, où le bois était humide par conséquent, et difficile à brûler.

XVI. *Rapa.* Voyez Pline, l. xviii, c. 33, 35.

v. 2. *In cœlo Romulus.* Allusion ingénieuse à la pauvreté des premiers Romains.

XVII. v. 2. *Nitrata viridis.* Voyez Pline, l. xix, c. 41; xxxi, c. 46.

XVIII. *Porri.* Voyez Pline, l. xix, c. 33.

XIX. v. 1. *Aricia.* Ville du Latium. Voy. liv. ii, ép. 19 et la note.

XX. v. 1. *Amiternus.* Ville d'Italie, voisine d'Aquilée.

v. 2. *Nursinas.* Ville des Sabins, aujourd'hui *Norza.*

XXI. v. 1. *Mollis.... spina.* Ce que le poëte appelle ici *spina* est l'asperge de Ravenne dont parle Pline, l. xxi, c. 54, et xix, c. 19. L'asperge porte en effet une multitude de petites feuilles qui ressemblent jusqu'à un certain point à des épines, et que les naturalistes regardent, non sans raison, pour des branches avortées.

XXII. *Uva duracina.* Voyez Pline l. xiv, c. 3, Colum. l. iii, c. 1.

XXIII. *Chia ficus.* On voit, par l'ép. 25 du liv. vii, que la figue de Chio avait un goût piquant et relevé; Martial en donne ici la raison. Voyez Pline, l. xv, c. 19.

XXIV. v. 1. *Cecropio.* Pour *Attico.* Tout le monde connaît la célébrité du miel de l'Attique. — *Cydonia.* Les coings sont ainsi appelés de Cydon, ville de Crète (Candie). Voyez Pline, l. xv, c. 10.

v. 2. *Melimela.* De μέλι et μῆλον, miel et pomme. Ce fruit était consacré à Vénus, et regardé comme l'emblème du bonheur et de l'amour.

XXV. v. 1. *Cybeles.* Les pommes de pin étaient consacrées à Cybèle, en mémoire d'Atys qu'elle aimait, et qu'elle changea en pin au moment où il allait se pendre, dans un accès de rage (Ovide, *Mét.* x).

XXVI. v. 1. *Sorba sumus.* Pline, l. xv, c. 23, en compte quatre espèces. La propriété de la corme est attestée par Dioscoride, l. i, c. 173.

XXVII. v. 1. *Caryota.* Martial parle déjà de cet usage l. viii, ép. 33. Quand au mot de *caryota*, il vient de κάρη, tête, et de ὠδία, stupidité; ce qui ne s'entend pas du fruit, mais du vin, qu'on obtient par la fermentation et qui porte à la tête. Voyez Pline, l. xiii, c. 9.

XXVIII. v. 2. *Coctana.* D'autres écrivent *Cottona.* Voyez ce qu'en dit Pline, l. xiii, c. 10.

XXIX. Pruna Damascena. Ainsi appelée parce qu'elle est originaire des monts de Damas. Voy. l. v, ép. 18 et la note, et Pline, l. xiii, c. 10, et xv, c. 13.

XXX. v. 1. *Lunæ.* Luna, ville d'Étrurie, aujourd'hui *Porto Venere,* où l'on faisait d'énormes fromages. Voyez Pline, l. xi, c. 97. Il pourrait bien aussi se faire que ce fromage ait en la forme d'une lune, cette sorte de petite vanité nationale n'étant pas indifférente à une ville de province.

XXXI. v. 2. *Vestino.* Ces peuples étaient voisins de l'Adriatique, près du fleuve Matrin. D'autres Vestins habitaient la Campanie, près de la mer Tyrrhénienne. Voyez Plin., l. xi, c. 97.

XXXII. v. 2. *Velabrensem.* Le Vélabre était situé dans la seconde région de Rome, près du mont Aventin. Ce lieu fut ainsi appelé, parce qu'étant marécageux, ceux qui le traversaient, pour aller sur le mont Aventin, passaient sur une barque, moyennant un impôt du nautonnier, qu'on nommait *velatura;* d'où, par corruption, on a fait *Velabrum.*

XXXIII. v. 1. *Trebula.* Il est question de Trébule l. v, ép. 71. C'était un bourg du pays des Sabins, d'où l'on apportait à Rome des fromages, ou grillés ou macérés dans l'eau.

XXXIV. v. 2. *Bulbis.* Ces bulbes sont les aulx, qui passaient pour très aphrodisiaques.

XXXV. v. 1. *Picenæ.* La truie du Picenum était très-estimée, à cause de la qualité des glands.

XXXVII. v. 1. *Corcyrei.* Corcyre, aujourd'hui Corfou, devait sa célébrité aux jardins de son roi Alcinoüs. Voyez Homère, *Odyss.* vii, v. 112.

v. 2. *Massyli.* Les pommes du jardin des Hespérides. Voyez au sujet des *mala citrea*, Pline, l. xiii, c. 31.

XXXVIII. v. 2. *Colostra.* Le premier lait que donnent la vache et la chèvre, après avoir mis bas. Voyez Pline, l. xi, c. 96.

XXXIX. v. 2. *Det pœnas.* La même raison qui fit immoler à Cérès le porc, dévastateur des blés, fit immoler à Bacchus le bouc, qui mange les jeunes bourgeons de la vigne.

XL. v. 2. *Scombri.... liquor.* Voyez l'ép. 102 de ce livre et la note.

XLI. v. 2. *Ætolo.* Allusion au sanglier envoyé par Diane pour ravager l'Étolie, et qui fut tué par Méléagre.

XLII. v. 1. *Tuberes et apyrina.* Pline parle des uns au livre xv, c. 14; quant à *apyrina*, ce mot désigne quelque une variété du jujubier.

XLV. v. 1. *Libycæ Phasides.* Voyez l'ép. 58 du liv. iii et la note.

XLVI. v. 1. *Præcoqua.* Palladius, xii, *novemb.* 7, 64, compte quatre variétés de pêches : *duracina, præcoqua, persica, armenia.* On en distingue aujourd'hui plus de cinquante.

XLVII. v. 1. *Picentina Ceres. L'alica,* dont le pain fut inventé dans le Picénum, trempait pendant 9 jours; le 10e, on la pétrissait avec du jus de raisin sec, et on la cuisait au four dans des pots de terre qui s'y rompaient facilement. On ne mangeait ce pain que trempé, et ordinairement dans du vin miellé. Voyez Pline, l. xviii, c. 13, 29; xxxi, c. 18, 28; iii, c. 9; xxviii, c. 67. Voy. aussi sur une autre espèce d'*alica* Martial, l. xii, ép. 82 et la note.

XLVIII. v. 2. *Boletos mittere difficile est.* Sans doute parce qu'étant très-rares, on aimait mieux les manger soi-même.

XLIX. Ficedula. Les Grecs l'appelaient συκαλίς, de σῦκον, figue, et de ἁλίσκομαι, je suis pris; les Latins, *ficedula, de ficus* et *edere;* les Français, bec-figue.

v. 2. *Nomen... uva.* Ou *uvedula* ou ἀμπαλίς. Cet oiseau en effet s'attaque aux raisins aussi bien qu'aux figues.

L. v. 2. *Tubera.* Voyez Pline, l. xix, c. 11 et 13.

LI. v. 2. *Turdis.* Voyez sur les grives et sur les couronnes de grives l'ép. 47 du liv. iii, d'où l'on peut naturellement conclure que ces couronnes étaient formées d'une baguette d'osier arrondie en cercle, et autour de laquelle on attachait les grives.

LIV. v. 1. *Cerretana.* Peuple d'Espagne, près des Pyrénées. Voyez Athénée, l. xiv; Turnèbe, l. xvi, c. 18.

v. 2. *Menapis.* Tacite, *Hist.* l. iv, c. 28, fait mention des Ménapiens, qu'il place au delà de la Meuse.

LVI. v. 2. *Vulva.* Voyez Pline, l. viii, c. 77 et xi, c. 84.

LVII. Colocasia. Voyez. Pline, l. xxi, c. 51, qui dit que sa tige, mâchée cuite, se divise en fils semblables à ceux de l'araignée. Voyez aussi Dioscoride, l. ii, c. 99; Théophraste, l. iv, c. 10, et Athénée, l. iii, c. 1.

LVIII. v. 1. *Jecur anseris.* Voyez Pline, l. x, c. 27; Horace, l. ii, *Sat.* 8, v. 88; Juvénal, *Sat.* v, v. 114; Ovide, *Fastes*, l. i, v. 453.

LIX. Glires. Voyez Pline, l. viii, c. 82.

LX. v. 1. *Cuniculus.* Voyez Pline, l. vιιι, 81.

LXI. v. 2. *Attagenarum.* Voyez Pline l. x, c. 68.

LXII. v. 1. *Gallina.* Voyez Pline, l. x, c. 71, et Varron, l. ιιι, c. 9.

LXIII. v. 2. *Gallus erit.* On comprend l'analogie entre le chapon et le Galle ou prêtre de Cybèle. Le sel de l'épigramme tient encore à la signification du mot *gallus*, qui veut aussi dire coq.

LXV. Perdix. Voyez Pline, l. x, c. 51. Cet oiseau coûtait jusqu'à 50 drachmes. Voyez plus loin l'épigramme 76 de ce livre.

LXVI. v. 1. *Columbas.* Voyez Pline, l. x, c. 9; 36; 41; 74; 79; 80.

v. 2. *Tradita si Cnidiæ.* Il était défendu aux prêtres de Vénus de manger des oiseaux qui lui étaient consacrés.

LXVII. Palumbus torquatus. Ainsi appelé de l'espèce de collier qui distingue cette variété.

LXVIII. v. 1. *Galbula.* C'est sans doute le même que Pline appelle *galgulus*, l. x, c. 36.

LXIX. v. 2. *Pudens.* Le même dont il est question l. vιι, ép. 97, et ailleurs.

LXX. Pavo. Voyez Pline, l. x, c. 21; 22; 23.

LXXI. Phœnicopterus. De φοίνιξ, pourpre, et de πτερόν, aile. Sa langue est d'un goût exquis (Pline, l. x, c. 68). Voy. notre auteur l. ιιι, ép. 58 et la note.

LXXII. v. 2. *Phasis.* Voyez liv. ιιι, ép. 58 et la note, et Pline, l. x, c. 67.

LXXIII. Numidicæ. Voyez Pline, l. x, c. 67, et Columelle, l. vιιι, c. 2.

LXXIV. Ansere. On connaît assez ce trait de l'histoire romaine. Voyez Pline, l. x, c. 26.

v. 2. *Nondum fecerat illa deus.* Ce dieu est tout bonnement Domitien, qui fit reconstruire le Capitole, après que ce temple eut été incendié.

LXXV. v. 1. *Littera tota.* Les uns disent qu'elles forment l'Υ, les autres le Δ. Voyez Cicéron, *Nat. des Dieux*, l. ιι, c. 49; Pline, l. x, c. 30, et Martial, liv. ιx, ép. 14.

v. 2. *Palamedis.* La grue est appelée oiseau de Palamède parce que, suivant quelques auteurs anciens, c'est au vol bizarre de cet oiseau que Palamède emprunta les quatre lettres inventées par lui durant le siége de Troie. Voyez Pline, l. vιι, c. 57.

LXXVI. v. 2. *Carior est perdix.* Voyez ci-dessus ép. 65.

LXXVII. v. 2. *Cantator.* Pline, ordinairement si crédule, nie le fait, l. x, c. 32.

LXXVIII. v. 1. *Magni... gigantis.* Ce géant était Porphyrion (Horace, *od.* l. 4, v. 54). Les Romains donnaient le nom de factions aux différentes troupes de combattants, *agitatorum*, qui couraient sur des chars dans les jeux du Cirque. Il y avait quatre principales factions, distinguées par autant de couleurs: *prasina*, la verte; *veneta*, la bleue; *rossata*, la rouge; *albata*, la blanche. Domitien en ajouta deux autres, la pourpre et la dorée, dénominations prises de l'étoffe ou de l'ornement des casaques qu'elles portaient.

Quant au sens de l'ép., le voici: « Tu t'étonnes qu'un si petit oiseau porte le nom d'un géant? Que diras-tu quand tu sauras que, tout rouge qu'il est, il porte le nom du premier coureur de la faction verte? »

LXXIX. v. 1. *Mullus.* Voyez Pline, l. ιx, c. 30.

LXXX. v. 1. *Murœna.* Voyez Pline, l. ιx, c. 39.

LXXXI. v. 1. *Rhombum.* Voyez Pline, l. ιx, c. 36, et Juvénal, *Sat.* ιv, sur le fameux turbot offert à Domitien.

LXXXII. v. 1. *Lucrino.* Tous les auteurs latins ont célébré les huîtres du Lucrin., Voyez Pline, l. ιx, c. 79; Macr. *Saturn*, l. ιι, c. 11.

v. 2. *Garum.* Nous parlerons du garum dans la note sur l'ép. 102.

LXXXIII. v. 1. *Liris......Maricæ.* Le fleuve Liris, en Campanie, coulait près de Minturnes, et le long d'un bois consacré à la nymphe Marica, épouse du roi Faunus.

v. 2. *Squillæ.* Voyez Pline, l. ιx, c. 66.

LXXXIV. v. 1. *Scarus.* Voyez Pline, l. ιx, c. 29; Athénée, l. vιι, et Macrobe, *Saturn.* l. ιι, c. 11.

LXXXV. v. 2. *Pellœæ..... gulæ.* C'est-à-dire pour les gourmands d'Alexandrie, ville fondée par Alexandre, né à Pella. Voyez sur le coracin, Pline, l. ιx, c. 24 et 32.

LXXXVI, v. 2. *Echinus.* Voyez Pline, l. ιx, c. 51.

LXXXVII. Murices. Voyez Pline, l. ιx, c. 60.

LXXXVIII. v. 2. *Gobius.* Il s'agit ici du goujon de mer, appelé aussi *boulereau*. Les Vénètes étaient des peuples de l'Italie septentrionale, près de la mer Adriatique, et voisins de la Gaule cisalpine. Dans cette partie de l'Armorique, qu'Auguste appela la 3e Lyonnaise (aujourd'hui la Bretagne), il y eut aussi des peuples du même nom, dont la ville principale était Vannes.

LXXXIX. v. 1. *Lupus.* Voyez Appien l, ι; Pline, l. xxxιι, c. 5; Horace, *Sat.* ι, ιι, 2; Ovide, *Halieut.* La férocité de ce poisson lui a valu le nom de *lupus*. Les Grecs l'appelaient λάβραξ. — *Timavi.* Voyez l. ιv, ép. 25 et la note.

XC. v. 1. *Aurata.* Voyez Pline, l. xxxιι, c. 53. Macrobe, *Saturn.* l. ιιι, c. 15, nous apprend que Sergius dut son surnom d'*Orata* à sa passion exagérée pour ce poisson.

XCI. Accipensis. Il était aussi appelé *elops*, comme le témoigne Pline, l. ιx, c. 27, et comme on le voit dans Ovide, *Halieut.* v. 96. Il était précieux, et par sa qualité, et par sa rareté. Voyez Aristote, l. ιι, c. 13 et 14; Appien, dans Athénée, l. vιι; Varron, ιι, c. 6; Pline, l. ιx, c. 79, et xxxιι, l. c. 54.

XCIII. v. 1. *Diomedæis.* Les campagnes de l'Étolie, ainsi appelée parce que Diomède, fils de Tydée, habitait ce pays.

XCV. v. 1. *Matutinarum.* Sénèque, *lettre* vιι, fait allusion à ces combats du matin : « Mane leonibus et ursis homines, meridie spectatoribus suis objiciebantur. »

v. 2. *Oryx.* Voyez Élien, l. vιι, c. 8; Pline, l. ιι, c. 40.

XCVI. v. 1. *Cyparisse.* Voyez Ovide, *Métam.* l. x, v. 120.

v. 2. *Silvia.* Sœur de Tyrrhida, fille de Tyrrhéus, dont parle Virgile, *Enéid.*, l. vιι, v. 487. — *Cervus.* Voyez Pline l. vιιι, c. 50.

XCVII. v. 1. *Onager.* Voyez Pline, l. vιιι, c. 68; 69; 83.

v. 2. *Breve nomen.* C.-à-d. qu'aussitôt que le *latisio* est sevré, il s'appelle *onager*. Son nom n'est donc pas *court* quant aux syllabes, qui sont au nombre de quatre, mais quant au peu de temps qu'il faut à l'animal pour passer de l'état de *Latisio* à celui d'*onager*.

CI. v. 1. *Venafri.* Plusieurs auteurs ont célébré les olives et l'huile de Vénafre. Voyez Pline, l. xv, c. 3; Horace, Od. l. ιι, 6. Vénafre était une ville de Campanie, au nord du Samnium. On la nomme encore aujourd'hui *Venafro*.

CII. Garum sociorum. Tous les auteurs latins parlent de cette sauce fameuse. On croit que c'était une saumure de maquereau, ou scombre. Son nom de *garum des alliés* lui venait d'une société de chevaliers romains qui avaient établi une exploitation de *garum* sur la côte d'Espagne, près de Carthagène. Du temps de Pline, le garum de 1re qualité se faisait avec le scombre, et se vendait jusqu'à mille pièces d'argent les deux conges (Pline, l. ix, c. 30; et xxxi, c. 44). Cet auteur dit ailleurs que ce liquide recherché était formé d'intestins de poissons qu'on faisait mariner dans le sel. Martial voyait dans le garum le sang même du scombre.

CIII. MURIA. Les Romains connaissaient trois sauces principales : le *garum*; la *muria*, faite avec le sang du thon, et l'*alec* avec les entrailles d'un petit poisson appelé *aphya* par les Grecs, parce qu'il devait sa naissance à la pluie. Voyez Pline, l. xxxi, c. 43 et 44.

v. 1. *Antipolitani.* Antipolis, aujourd'hui Antibes, ville de la Gaule Narbonnaise.

CVI. PASSUM. Voyez Pline, l. xiv, c. 11; Virgile, *Géor.* l. ii; Columelle, l. xii, c. 39; Palladius, *octob.*, c. 19.

CVII. v. 1. *Piçata.* Il y avait en effet, suivant Pline, l. xiv, c. 3, un vin de Vienne, en Dauphiné, qui sentait la poix. Romulus est peut-être le nom de quelque marchand de ce vin.

CVIII. MULSUM. Voyez Pline, l. xxii, c. 53. C'est une boisson faite de vin et de miel.

CIX. ALBANUM. Voyez Pline, l. xiv c. 8, et Juvénal *Sat.* xiii.

v. 1. *Cæsareis... cellis.* C'est-à-dire des celliers du mont Albain. Domitien visitait souvent cette colline. — *Julæo.* Ainsi nommé d'Iule, fils d'Énée et fondateur d'Albe.

CX. v. 1. *Surrentina.* Vin de Sorrente épais, grossier et âpre. Voy. Plin., l. xiv, c. 8, et xxiii, c. 20. — *Myrrhina.* Voy. liv. iii, ép. 25 et les notes.

CXI. v. 1. *Sinuessanis...Massica.* Voyez liv. iii, ép. 25 et la note, et liv. i, ép. 27 et la note. Le poëte ne distingue pas ici le Falerne du Massique, bien que Pline, l. iii, c. 9, le distingue positivement, et dise que les monts de Massique sont au delà des champs de Sétie, de Falerne, etc. — Sinuesse, ville du Latium, que quelques-uns ont cru avoir été appelée Sinope.

CXII. SETINUM. Sétia ou Sétie, aujourd'hui Sezza, située dans le voisinage de Terracine, à l'extrémité des marais Pontins, ne se recommande guère aujourd'hui par ses vins. Voy. Pline, qui met ce vin au premier rang, l. xiv, c. 8, et Martial; l. v, ép. 64 et la note.

CXIII. FUNDANUM. Les vignobles de Fondi produisent encore aujourd'hui des vins ordinaires d'un goût fort agréable. Voy. Pline, l. xiv, c. 8.

v. 1. *Optimi.* Voy. liv. i, ép. 27 et la note; iii, ép. 26 et la note.

CXIV. v. 1. *Trifolina.* Trifolin, dans le voisinage de Cumes. Voyez Juvénal, *Sat.* ix, v. 56, et Pline, l. xiv, c. 8.

CXV. CŒCUBUM. Le territoire de Cécube n'a plus aujourd'hui son renom. Pline indique aussi les marais Pontins comme étant la localité où se récoltait le Cécube, l. xvii, c. 3. Voyez Horace, *Od.* l. i, 37, et ii, 14; Pline, l. xiv, c. 8.

CXVI. SIGNINUM. Signie, ville d'Italie. Pline, l. xiv, c. 8, est du même avis que Martial. Voy. Dioscoride, l. v, c. 7.

CXVII. MAMERTINUM. Il s'agit ici du vin de Messine, dont les habitants s'appelaient, comme on sait, Mamertins. Voyez Pline, l. xiv, c. 8; Athénée, l. i, c. 24; Dioscoride, l. v, c. 7.

CXVIII. v. 1. *Tarraco.* Ville d'Espagne, aujourd'hui Tarragone. Voyez Pline, l. xiv, c. 8.

CXIX. NOMENTANUM. Voyez l. i, ép. 106 et la note; Pline, l. xiv, c. 4 et 5.

CXX. SPOLETUM. Ville d'Ombrie, aujourd'hui Spoleto. — *Musta.* Pline, l. xiv, c. 24, nous apprend ce que l'on doit entendre par *mustum*, et comment on le préparait. Voyez aussi l. i, ép. 19; iii, ép. 58; 82.

CXXI. v. 1. *Marsica Peligni.* Les Marses étaient voisins des Péligniens. Ils font aujourd'hui partie de ce pays qu'on appelle les Abbruzes. Voyez Horace, *Od.* l. iii, 14, v. 17.

CXXII. v. 6. *Aceti.* Voyez Juvénal, *Sat.* xiii, v. 85.

CXXIII. v. 1. *Sportula.* Voyez l. i, ép. 60 et les notes.

v. 2. *Fumea Massiliæ.* Martial a déjà fait mention des vins enfumés de Marseille. Voyez l. iii, ép. 82, et x, ép. 36.

CXXIV. v. 1. *Cœretana.* La ville de Céré, aujourd'hui *Cervetere*, fait partie des États du Pape. Elle diffère de Cerretanum, ville d'Espagne, dont il est parlé plus haut, ép. 54, v. 1. — *Nepos.* Le même dont il est question au livre x, ép. 48.

CXXV. TARENTINUM. Les vins de Tarente, dans la terre d'Otrante, sont encore aujourd'hui de bonne qualité. Voyez Pline, l. xiv, c. 8, et Athénée, l. i, c. 24.

v. 1. *Nobilis et lanis.* Horace, *epît.* l. ii, 1, v. 207 :

. . . . . . : *quid placet ergo?*
Lana Tarentino violas imitata veneno.

Cette laine était en effet fameuse par la teinture de pourpre qu'y appliquaient les Tarentins.

LIVRE XIV.

APOPHORETA. Voyez le commencement des notes du livre précédent.

I. v. 1. *Synthesibus.* On revêtait la synthèse aux jours des Saturnales; c'était le vêtement consacré pour les divertissements de cette solennité, et commun alors aux sénateurs comme aux plus humbles des citoyens.

v. 2. *Nostrum...Jovem.* Toujours Domitien. — *Pilea sumpta.* Voyez l. ii, ép. 68.

v. 3. *Ædilem.* Une fois les Saturnales passées, l'édile poursuivait et punissait les joueurs de dés. Voyez l. v, ép. 84. — *Moto...fritillo.* Voyez l. iv, ép. 14, et xiii, ép. 1.

v. 4. *Gelidos... lacus.* Il s'agit ici du châtiment que les Grecs nommaient καταποντισμός. On lit dans Tacite, *Germ.* c. 12 : « Les lâches ou ceux qui, pour échapper à la guerre, se mutilent, sont plongés dans un bourbier. »

III. PUGILLARES. Ces tablettes d'ivoire, de citronnier ou de tout autre bois, étaient faites de feuilles minces, de forme carrée oblongue. On les enduisait de cire, et on y écrivait avec un style ou poinçon. Il paraît cependant qu'on faisait des tablettes en parchemin, qu'on enduisait également de cire. Voyez plus bas, ép. 7. Quoi qu'il en soit, ces sortes *d'agenda* se composaient de deux, trois et vingt-cinq feuilles. Longtemps on les appela *codices* ou *caudices*, de *caudex*, mot par lequel les anciens désignaient un assemblage de planches (Sénèque, *Br. de la vie*, c. 13), et qui fut le surnom d'un Ap. Claudius, parce qu'il fut le premier qui engagea les Romains à monter sur des vaisseaux.

IV. QUINCUPLICES. Tablettes à cinq feuilles; voyez la note ci-dessus. On ne comprend bien le sens de cette ép. qu'en supposant qu'on publiait les sénatus-consultes ou les triomphes en les écrivant sur ces tablettes, lesquelles par leur forme et par leur volume étaient très-portatives.

V. v. 1. *Tristes... lumina ceræ.* On gravait sur ces tablettes, avec le style ou stylet, des lettres dans lesquelles on mettait une espèce d'encre, afin de rendre ces lettres noires, et plus faciles à lire aux vues faibles ou fatiguées.

VI. TRIPLICES. Tablettes à trois feuilles; voyez ci-dessus la note de l'ép. 3.

VII. PUGILLARES MEMBRANEI. Les peaux-d'âne, dans nos porte-feuilles modernes, rendent le même service.

VIII. v. 2. *Vitelliani.* Voyez l. II, ép. 6 et la note.

X. CHARTÆ MAJORES. Voyez, sur l'usage du papier chez les Romains, la date de son origine, sa fabrication et ses différentes espèces, Pline, l. XIII, c. 21-26.

XI. v. 2. *Charta vocare suos.* Les anciens, au commencement de leurs lettres, unissaient leur nom à celui de la personne à laquelle ils écrivaient, et associaient au dernier le pronom *suo* ou *suis* : *M. Tullius Cicero Attico suo.*

XIV. v. 1. *Quum steterit nullus.* Il s'agit ici du coup de Vénus. Voyez la note de l'ép. 1 du livre XIII.

XV. v. 1. *Non sim talorum.* On jouait avec deux ou trois dés seulement, tandis qu'il fallait quatre osselets au moins. — *Major alea.* Quand on jouait gros jeu, on prenait plutôt les dés que les osselets.

XVI. TURRICULA. Ce cornet s'appelait indifféremment, *fritillus*, *turricula* et *pyrgos*, du grec πύργος, tour. v. ép. 1, liv. XIII; et Horace, *Sat.* l. II, 7, v. 17.

XVII. v. 1. *Bis seno.* Ces mots nous apprennent, 1° qu'on jouait quelquefois avec deux dés seulement; 2° que le six, *senio*, était le point le plus heureux. Voyez la note de l'ép. 1 du liv. XIII. — Il s'agit ici du jeu d'échecs, où deux armées sont en présence, *geminus hostis*, avec chacune sa couleur, *discolor.*

XVIII. NUCES. Ce jeu était peu ruineux; c'était un des jeux de l'enfance. *Nucibus relictis* signifiait qu'on n'était plus enfant. L'époux, en se mariant, jetait des noix, pour exprimer qu'il renonçait aux jeux de l'enfance, aux folies de la jeunesse, pour prendre la gravité du père de famille. Servius (sur Virgile, *Egl.* VIII, v. 29) donne de cette dernière coutume une explication très-différente, et qui, si elle n'est pas vraie, est du moins très-ingénieuse : « *Illud vulgare est*, dit-il, *ideo spargi nuces, ut rapientibus pueris fiat strepitus, ne puellæ vox virginitatem deponentis possit audiri.* »

v. 2. *Abstulit illa nates.* Ceci, suivant Gronovius, doit s'entendre d'une correction plus obscène que celle du fouet.

XX. v. 1. *Latronum.* Les pièces du jeu d'échecs s'appelaient indifféremment *calculi*, *latrones* et *latrunculi.* Voyez Ovide, *Art. d'aimer*, l. II, v. 207. Elles étaient de verre ou de pierre transparente.

XXI. GRAPHIARIUM. L'étui dont il s'agit ici n'était autre que l'écritoire même, garnie de ses stylets. Il tirait son nom du style ou stylet lui-même, tantôt appelé *stylus*, tantôt *graphium.* Voyez sur l'usage du style, la note de l'ép. 10 du l. IV.

XXVI. SAPO. Voyez Pline, l. XXVIII, c. 51.

XXVII. v. 1. *Mattiacas... pilas.* Pains ou boules de savon, ainsi nommés de *Mattiacum*, ville de Germanie, où on les fabriquait. Ortelius prétend que *Mattiacum* est aujourd'hui *Marpurg.*

XXXII. PARAZONIUM. Suivant les uns, un ceinturon garni de son épée; suivant les autres, une espèce de glaive qu'on portait à la ceinture.

XXXVIII. v. 1. *Calamos Memphitica tellus.* Les Romains ignoraient l'usage des plumes d'oie pour écrire : ils se servaient d'un roseau appelé *calamus*, *arundo*, *fistula* ou *canna*, qu'ils taillaient avec le *scalprum* ou *scalpellum*, nommé par les Grecs γλύφανον. Voyez Pline, l. XVI, c. 64, qui nous apprend que ceux d'Égypte étaient les meilleurs.

LIX. POLYMYXOS. C'est-à-dire à plusieurs mèches, de πολὺς et μύξα. D'où δίμυξος, τρίμυξος, τετράμυξος, à 2, 3, et 4 mèches.

XLII. v. 2. *Subducta est puero.* Voyez l. VIII, ép. 59.

XLIII. CORINTHIUM. C.-à-d. d'airain de Corinthe.

XLVI. PILA TRIGONALIS. Voy. l. IV, ép. 19 et la note.

XLVII. FOLLIS. Voy. l. IV, ép. 19 et la note.

XLVIII. v. 1. *Antæi.* Géant, fils de Neptune et de la Terre, qu'Hercule combattit et terrassa trois fois en vain. Sa mère lui rendait de nouvelles forces, lorsqu'il la touchait. Hercule l'enleva enfin, et l'étouffa entre ses bras. Voyez Stace, *Théb.* l. IV, v. 649. — Sur le mot *harpasta*, voyez l. IV, ép. 19 et la note.

XLIX. v. 1. *Haltere.* Masse de pierre ou de métal qu'on portait à bras tendu, et qu'on balançait pour prendre de l'exercice et suer au sortir du bain. Ce mot vient de ἅλλομαι, sauter.

L. GALERICULUM. On s'en servait pour se couvrir la tête quand on était chauve (l. XII, ép. 45, et Suétone, *Othon*, c. 12), ou pour cacher la couleur de sa chevelure, (Juvénal, *Sat.* VI, v. 120.)

LI. v. *Curvo.. ferro.* Ces brosses, en grec στλεγγίδες, en latin *strigiles*, d'où vient notre mot *étrilles*, étaient quelquefois en acier, comme les cardes à carder la laine. Le manche s'appelait *capulus* et était à jour pour y engager la main ; et la languette, *ligula*, était courbée en demi-cercle, et creusée en façon de gouttière qui formait une sorte de canal pour l'écoulement de l'eau, de la sueur ou de l'huile.

LIII. v. 2. *Cui pila taurus erat.* Voyez *Spect.* ép. 11 et la note.

LIV. v. 2. *Sistra.* Voy. l. XII, ép. 29 et la note.

LV. v. 2. *Purpureo.* Voyez la note de l'ép. 78 du livre XIII.

LVII. MYROBOLANUM. Voyez Pline, l. XII, c. 47.

LVIII. APHRONITRUM. D'ἀφρὸς, écume, et νίτρον, nitre Voyez Pline l. XXXI, c. 46.

LIX. v. 1. *Balsama.* Voyez Pline, l. XII, c. 54.

LX. v. 2. *Stephani balnea.* Les mêmes que dans l'ép. 53 du liv. XI.

LXIII. v. 2. *Fistula.* Virgile nous en apprend et la matière, et la structure, et l'inventeur, *Egl.* II, v. 32. Voyez aussi Théocrite, *Egl.* VIII, v. 18.

LXIV. TIBIÆ. Ces flûtes ne différaient des précédentes que par la forme, et non par la matière. Voyez ce qu'en dit Solin, ch. 11.

LXV. v. 2. *Pro puero pes.* Jeu de mots que l'œil ne saisit pas, et que l'oreille peut seule entendre. Le mot *pes*, tel qu'on le prononçait chez les Latins, correspondait par le son au mot grec παῖς, enfant ou esclave. Tous deux du moins se prononçaient-ils de même du temps de Martial.

LXIX. v. 1. *Potes esse Priapum.* Voyez liv. IX, ép. 3.

LXXIV. v. 1. *Corve salutator.* Voyez sur ce trait bien connu, Macrobe, *Saturn.* l. II, c. 4. — *Fellator.* Pline dit, l. X, c. 15, d'où vient au corbeau cette réputation.

LXXV. v. 1. *Flet Philomela.* Voyez Ovide, *Métam.* l. VI; Virgile, *Géorg.* l. IV, v. 514.

LXXIX. v. 2. *Quinque diebus.* Les Saturnales, pendant lesquelles les esclaves n'avaient pas à craindre les étrivières.

LXXX. v. 2. *Prometheo munere.* C'est, en effet, dans la tige d'une férule que Prométhée apporta sur la terre le feu qu'il avait dérobé au soleil. La *ferula* est une plante ombellifère, à moelle astringente, à longue tige. On en faisait aussi des houssines pour les chevaux. Ovide dit :

Quadrupedem ferula dum malus urget eques.

LXXXI. v. 2. *Cum cane.* Les Grecs et les Latins appelaient souvent κύων et *canis* les philosophes cyniques. Voyez l. IV, ép. 53 et la note.

LXXXVI. v. 2. *Ficus.* Cette espèce d'ulcère dont Martial a déjà bien souvent parlé. Voyez l. I, ép. 66 et la note.

LXXXVII. v. 1. *Sigma.* Cette table ressemblait au sigma majuscule des Grecs, ainsi figuré dans les inscriptions, C. Voyez l. X, ép. 48.

LXXXIX. v. 1. *Atlantica munera.* Pline en parle au livre XIII, c. 29.

XCI. v, 2. *Sustinuisse trabes.* Juvénal fait aussi mention de ces tables, *Sat.* XI, v. 124.

XCIII. v. 2. *Mentor.* Fameux graveur dont il est question, l. III, ép. 41, et ailleurs.

XCIV. v. 1. *Nos sumus audacis.* Voyez l. XII, ép. 74. Martial nous y apprend que ces tasses défient la rapacité du voleur, qu'elles peuvent braver l'eau bouillante, qu'elles ne craignent pas la maladresse des esclaves. C'est là sans doute le seul véritable sens d'*audacis*.

XCV. x, 1. *Callaico.* Voyez liv. IV, ép. 39 et la note.
v. 2. *Myos.* Il en est parlé livre VIII, ép. 15.

XCVI. v. 1. *Vilia sutoris.* Voyez Juvénal, *Sat.* v, v. 48

XCVII. v. 1. *Chrysendeta.* Plats doublés d'or, de χρυσός, or, et ενδύω, je revêts.

XCIX. v. 1. *Bascauda.* Les Romains les imitèrent des Bretons, et en faisaient grand cas.

C. v. 1. *Terra Catulli.* Vérone, patrie du poëte Catulle. Voyez sur le vin de Rhétie, Virgile, *Géorg.* l. II, v. 96; Suétone, *Aug.* c. 77.

CI. v. 2. *Prototomis.* Du grec πρῶτος, premier, et τομέω, je coupe. Pline, l. XIX, c. 41, dit : « Cyma *a prima sectione* præstat proximo vere. »

CII. SURRENTINI. Pline fait mention des coupes de Sorrente au livre XXXV, c. 46.

CIII. v. 1. *Frange trientes.* Les anciens cherchaient à affaiblir la quantité d'alcool contenue dans leurs vins. — *Trientes.* Voyez l. III, ép. 10 et la note.

CVII. v. 2. *Lambere docta pedes.* Voyez *Spect.* ép. 18.

CVIII. v. 2. *Saguntino.* Il en est parlé au livre IV, ép. 46.

CIX. v. 2. *Digitos exuit.* Les Romains, quelque immensément riches qu'ils fussent, se dépouillaient des anneaux qu'ils portaient aux doigts, pour en orner des vases, des coupes, etc. Voyez Pline, l. XXXVII, c. 6; Juvénal, *Sat.* v. v. 37 et suiv.

CX. v. 1. *Cosmi.* Voy. l. I, ép. 88 et la note.

CXIII. MYRRHINA. Voy. l. III, ép. 26 et la note.

CXIV. v. 1. *Cuma.* On l'appelle encore aujourd'hui de ce nom.

CXVI. v. 1. *Spoletino.* Voy. l. XIII, ép. 120 et 121.

v. 2. *Nobile frigus aquæ.* Néron fut le premier qui imagina de faire bouillir de l'eau et de la mettre ensuite dans du verre, pour la rafraîchir dans la neige. Voy. sur cet usage Pline l. XIX, c. 19; XXXI, c. 23; Juvénal. *Sat.* v. v.50; Sénèque, *lett.* XV; Suétone, *Néron*; Plutarque, *Sympos.* VI; Lampride, Héliogabale, Athénée.

CXVIII. v. 1. *Massiliæ fumos.* Voy. l. III, ép. 82; x, ép. 36, et XIII, ép. 123.

CXIX. v. 1. *Crepitu digitorum.* Signal pour demander l'urinal. Voy. l. III, ép. 82.

CXX. v. 1. *Ligulam.* Aulu-Gelle, l. X, c. 25, définit la ligule, *gladiolum in speciem linguæ factum.* D'autres prétendent que c'était une espèce de mesure. Voy. l. II, ép. 29; v, ép. 18 et 19; VIII, ép. 33 et la note.

CXXI. COCHLEAR. Voy. l. VIII, ép. 33 et la note.

CXXII. ANNULI. Voy. l. II, ép. 57 et 66; III, ép. 29; v, ép. 61, etc.

CXXIV. v. 1. *Romanos.* Ce vers est textuellement emprunté à Virgile, *Én éid.* l. I, v. 286.

CXXV. v. 2. *Sportula.* Voy. liv. I, ép. 60, et III, ép. 30 et les notes.

CXXVI. v. 2. *Endromida.* Voy. l. IV, ép. 19 et la note, et Juvénal, *Sat.* III, v. 102.

CXXVII. v. 1. *Canusina.* Canusium, ville d'Apulie, aujourd'hui *Canola.*

CXXVIII. v. 1. *Santonico... bardocucullo.* C'était un vêtement grossier, fabriqué chez les Santons, peuple de l'Aquitaine Gauloise, aujourd'hui la Saintonge. Voy. l. I, ép. 54.

v. 2. *Cercopithecorum.* Les Grecs et les Romains distinguaient comme nous plusieurs espèces de singes : ils appelaient πίθηκοι ceux qui n'avaient pas de queue, et κερκοπίθηκοι, ceux qui en avaient. Queue se dit en grec, κέρκος. Voyez aussi plus bas, ép. 202.

CXXX. v. 1. *Cœlo licet usque sereno.* Voyez ce que Martial dit ce manteau, livre II, ép. 57, et l. I, ép. 104 et les notes.

CXXXI. v. 1. *Veneto Prasinove.* Voyez la note de l'ép. 78 du liv. XIII. — *Coccina.* Le coccum, en grec κόκκος βαφική, est un arbrisseau du fruit duquel les teinturiers exprimaient la couleur écarlate qu'ils donnaient à la laine. Il y en avait abondamment dans cette partie de l'Espagne qu'on appelait *Turdetania.* Voy. l. II, ép. 16; 29; 39; 43; IV, ép. 28.

CXXXIII. BÆTICÆ. Il est parlé de cette laine, l. I, ép. 97, et dans la note de l'ép. 28 du l. IV.

CXXXVII. LACERNÆ ALBÆ. Voy. l. I, ép. 93 et liv. IV, ép. 2 et les notes.

CXXXVIII. GAUSAPA. En grec, γαυσάπης. Ces gausapes étaient des tapis de tables, des nappes, et même des serviettes. Plus tard on appela gausapes (voy. plus loin ép 145) des vêtements très-légers, espèce de surtouts que l'on substituait à la toge. Pline dit que son père en a vu commencer l'usage. Voyez encore l. VI, ép. 59, et l'ép. 147 de ce livre, qui nous apprend, qu'on nommait aussi *gausapina* les couvertures de lit.

CXL. v. 2. *Cinyphio... sinu.* Périphrase pour exprimer les poils du bouc. Le Cinyphe était un fleuve d'Afrique, suivant les uns, de Cilicie, suivant les autres, sur les bords duquel on rencontrait beaucoup de boucs. Voy. l. VII, ép. 95.

CXLI. SYNTHESIS. Voy. l'ép. 1re de ce livre et la note.

CXLII. v. 1. *Si recitaturus.* Voy. l. IV, ép. 41.

CL. POLYMITA. Du grec πολύμιτος, tissu de fil de différentes couleurs.

CLV. v. 2. *Altinum.* Voy. liv. IV, ép. 25 et la note.

CLIV. v. 2. *Sobria lana vocer.* Cette épigramme cache un jeu de mots. *Amethystina* vient du grec ἀμέθυστος, (de ἀ privatif, et de μεθύω je m'enivre), c'est aussi le nom de l'améthyste, pierre précieuse dont ces laines avaient la couleur. Comme elles la devaient au sang de la coquille de Sidon (pourpre), comme elles étaient pour ainsi dire enivrées de cette liqueur, elles ont droit de s'étonner qu'on les appelle d'un nom qui est la négation de l'ivresse.

CLVI. v. 1. *Pastor.* Pâris, le ravisseur d'Hélène. Voyez Horace, *Od.* l. 1, 15.

CLX. TOMENTUM CIRCENSE. On appelait ainsi un matelas fait avec le duvet de roseau. C'était le lit ordinaire des pauvres. Quant à l'épithète de *Circense*, Turnèbe pense qu'on appelait ainsi les matelas, parce qu'autrefois, dans les jeux du Cirque, les pauvres avaient coutume de se coucher dessus. (*Advers.* l. IX, c. 24).

CLXIII. v. 1. *Thermarum.... œs.* C'était une cloche qui appelait des exercices de gymnastique aux bains. Galénus remarque que les anciens avaient coutume de prendre un bain chaud, après l'exercice de la paume : une clochette leur donnait le signal, et les avertissait d'accourir avant la fermeture des bains. Les retardataires étaient obligés de se baigner dans l'eau froide, *aqua virgine, vel Martia.*

v. 2. *Virgine.* On appelait *eau vierge* celle qui n'avait été échauffée ni par le soleil, ni par le feu. Cette expression se trouve aussi dans Pline, l. XXXI, c. 25 ; mais dans un autre sens qu'explique un passage de Frontin, *de aquæduct.* Nous lisons encore dans Martial, l. VI, ép. 42 :

<pre>
Ritus si placeant tibi Laconum,
Contentus potes arido vapore,
Cruda Virgine Martiave mergi.
</pre>

Dans ce dernier passage, *virgine* n'a pas le même sens que dans celui que nous commentons. Ce qui le prouve, c'est que Pline, avant de décrire l'*eau vierge*, décrit l'*eau Martia*. Il s'agit donc, dans l'ép. 42 du livre VI, de l'aqueduc construit par Agrippa, comme Pline nous l'apprend. On la nomme encore aujourd'hui *Aqua Vergine*. Elle verse ses eaux par la belle fontaine de *Trevi*.

CLXIV. v. 1. *Sit semel ille nocens.* Allusion au malheur d'Hyacinthe, à la fois aimé de Zéphyre et d'Apollon. Piqué de la préférence qu'Hyacinthe donnait à celui-ci, Zéphyre détourna le disque ou palet qu'Apollon venait de lancer, et causa la mort d'Hyacinthe. Apollon le changea en la fleur de ce nom. (Ovide, *Métam.* l. x ; Pausanias, l. III, c. 19 ; Apollodore, l. III).

CLXVIII. TROCHUS. Espèce de cerceau en fer, de l'invention des Grecs, auquel étaient attachés des anneaux, qui rendaient un son aigu, quand il était lancé.

CLXX. v. 2. *Decies adde.* Voyez l. 1, ép. 72 et la note.

CLXXII. v. 1. *Lacertæ.* On lit dans Pline, l. XXXIV, c. 19 : « Praxitèle est l'auteur de l'Apollon Pubère, dit Sauroctone (de σαῦρος, lézard, et κτείνω, je tue), parce qu'il s'apprête à tuer avec une flèche un lézard qui rampe à ses pieds.

CLXXIII. v. 1. *Disco.* Voyez la note ci-dessus de l'ép. 164. Quant au tableau dont il est ici question, voici ce qu'en dit Pline, l. XXXV, c. 40 : « On a de Nicias l'Athénien un Hyacinthe, tableau favori d'Auguste, qui l'emporta avec lui à Rome, après la prise d'Alexandrie, et qu'ensuite Tibère plaça dans le temple dédié à son prédécesseur. »

CLXXIV. v. 1. *Masculus.* Voyez Ovide, *Métam.* l. IV.

v. 2. *Patris.* Mercure ; en grec, Ἑρμῆς. — *Matris.* Vénus ; en grec, Ἀφροδίτη.

CLXXVII. HERCULES CORINTHIUS. Pline, l. XXXV, c. 36, parle aussi de cet Hercule de Zeuxis.

CLXXVIII. v. 2. *Non pudet Alcidem.* Voici ce qu'en dit Pline, l. XXXV, c. 45 : « On doit à Turianus un Hercule qui, fait de terre, porte encore aujourd'hui le nom de *Fictilis.* »

CLXXXII. v. 1. *Prometheus.* Voyez Horace, *Od.* l. 1, 16, v. 13.

CLXXXIII. *Batrachomyomachia.* De βάτραχος, grenouille, μῦς, rat et μάχομαι, je combats ; titre d'un poëme d'Homère.

CLXXXV. v. 1. *Culicem.* Presque tous les interprètes s'accordent à voir dans ce petit poëme une allégorie touchante, un hommage à la mémoire de Cicéron, un conseil à Octave d'élever à ce grand orateur un monument expiatoire. — Voyez l. VIII, ép. 56.

CXCI. v. 1. *Ut perhibent doctorum.* Voyez à cet égard les témoignages de Quintilien, l. II, c. 6, et IV, c. 2 ; de Sénèque, *Déclam.* l III, et *Controv.* l. V, c. 25 ; de Tacite, *Ann.* l. III, c. 30.

CXCIII. v. 2. *In tota juvit.* C'est la pensée qui se trouve exprimée dans Tibulle lui-même, l. 1, *élég.* 5, v. 29 et 30.

CXCIV. v. 1. *Non esse poetam.* Ce reproche a été bien des fois répété. Voir sur Lucain, les *Études de mœurs et de critique sur les poètes latins de la décadence*, tom. II, par M. D. Nisard.

CCII. v. 2. *Cercopithecus.* Voyez la note de l'ép. 128 ci-dessus.

CCIII. v. 1. *Tam tremulum crissat.* On retrouve à peu près la même idée dans l'ép. 71 du livre VI. Voyez aussi la note de l'ép. 42 du liv. 1.

CCIV. v. 1. *Celænœos... amores.* Atys, l'objet des amours de Cybèle, était né à Célène, ville de Phrygie, patrie de Marsyas et de Midas.

CCV. v. 1. *Non pumica levis.* Ovide, *Art d'aimer*, l. I, v. 506, a dit pareillement :

<pre>
Sed tibi nec ferro placeat torquere capillo :
Nec tua mordaci pumice crura teras.
</pre>

Voyez sur le mot *pumice*, liv. 1, ép. 67, et la note.

CCXIV. v. 1, 2. Μισούμενος δισεξάποθος. Turnèbe pense avec raison que Martial fait ici allusion au titre de deux pièces de Ménandre. Ce qui confirme en partie cette opinion, c'est le passage suivant de Pollux, l. X, c. 314 : Καὶ ἐν τῷ Μισουμένῳ Μένανδρος· Ἀφανεῖν γεγόνασιν αἱ σπάθαι. Quant au mot δισεξάποθος, il y a tout lieu de penser que c'est une faute de copiste, et qu'il faut lire δισεξαπατῶν, c'est-à-dire « trompant doublement. » On lit en effet dans Fulgence : « *Nam et Menander similiter in Disexapaton comœdia ita ait.* »

CCXV. v. 2. *Fibula.* Voyez la note sur l'ép. 82 du livre VII.

CCXVII. v. 1. *Dic quotus.* Cette petite pièce rappelle le trait de Lucullus, qui, prié par Cicéron et Pompée de leur donner un jour à souper sans façon, convint avec eux qu'il ne serait prévenu que quelques moments avant de se mettre à table. Le jour étant venu, Lucullus se contenta de dire à son maître d'hôtel qu'il souperait dans la salle d'Apollon. Or, cette salle était réservée aux festins délicats et somptueux, et la précaution des deux convives fut déjouée au point que Cicéron, je crois, rapporta de ce souper une indigestion.

CCXVIII. v. 2. *Crescit arundo.* L'oiseleur, caché sous un arbre, rappelait les oiseaux en imitant leur chant ; puis, quand les oiseaux étaient sur l'arbre, il allongeait le roseau enduit de glu qu'il tenait à la main, et les oiseaux venaient s'y prendre. Le poète dit que le roseau *croissait*, parce qu'à mesure que l'oiseleur se hissait sur ses pieds, la baguette engluée semblait croître en effet. Telle est la manière dont les commentateurs anciens interprètent ce distique.

MARCUS MANILIUS.

EXTRAIT

DE L'INTRODUCTION DE PINGRÉ

SUR MANILIUS.

Manilius est ordinairement nommé *Marcus Manilius* : d'autres lui donnent le prénom de *Caïus*, et le nom de *Mallius* ou de *Manlius*. On a même douté s'il portait aucun de ces noms : le plus ancien manuscrit qu'on connaisse de son ouvrage est anonyme de la première main. On n'est pas plus instruit sur la patrie de cet auteur : un vers du quatrième livre a fait penser à quelques critiques qu'il était Romain ; mais nous croyons, ainsi que Bentlei, que ce vers n'est pas de Manilius : d'ailleurs il prouverait tout au plus que l'auteur écrivait à Rome, mais non pas qu'il fût Romain d'origine. D'autres ont conjecturé qu'il était étranger ; ils ont cru pouvoir le conclure de son style. En effet, ce poëme est rempli d'expressions, de tournures énergiques et poétiques, il est vrai, mais singulières, et qu'on ne trouverait pas facilement dans un poëte du même siècle. Manilius le sentait sans doute lui-même : il s'en excuse sur la nouveauté et sur la difficulté du sujet qu'il s'était proposé de traiter.

Manilius écrivait sous Auguste ; c'est une vérité qui n'est plus révoquée en doute. Il parle de la défaite de Varus, arrivée cinq ans avant la mort d'Auguste ; la composition de son poëme doit donc être rapportée aux dernières années du règne de ce prince. Mais, a-t-on dit, si Manilius a écrit avant la mort d'Auguste, pourquoi Ovide, pourquoi Quintilien, pourquoi aucun ancien auteur n'a-t-il parlé ni de lui, ni de ses Astronomiques? Le silence d'Ovide n'est pas surprenant. Ce poëte, *Trist. l.* IV, *El.* 10, ne nomme que ceux avec lesquels il avait été en relation lorsqu'il était encore jeune ; et *de Pont. l.* IV, *El.* 16, il ne fait mention que de ceux qui florissaient à Rome avant son exil. Or Manilius ne florissait pas à Rome, il n'y était peut-être pas même avant l'exil d'Ovide : ou s'il y était, il était du nombre de ceux qu'Ovide n'avait pas droit de nommer, disait-il, parce qu'ils n'avaient rien publié.

Essent et juvenes, quorum quod inedita causa est,
Appellandorum nil mihi juris adest.

Quant aux autres anciens, on a répondu que pareillement aucun d'eux n'avait parlé de Phèdre, de Quinte-Curce, de Velléius Paterculus. On pourrait imaginer une cause assez naturelle de ce silence, par rapport à Manilius. Ce poëte, *l.* 1, *v.* 112 *et suiv.*, souhaite une longue et paisible vieillesse, pour avoir le temps de mettre la dernière main à son poëme : nous soupçonnons que ses vœux n'ont pas été exaucés. Son ouvrage est en effet incomplet : il promet de parler du cours et des propriétés des planètes, des effets de leurs aspects, de leur combinaison avec les décanies et les dodécatémories des signes ; avec les douze maisons célestes, avec les douze sorts, de l'énergie des constellations à leur coucher, de plusieurs autres objets, dont on ne trouve rien dans son ouvrage. Nous croyons qu'on peut supposer que ce poëme n'a pas été achevé : il n'a pas été publié ; il est resté inconnu jusqu'au règne de Constantin ; il s'est trouvé alors en la possession de Julius Firmicus Maternus, qui nous en a laissé un commentaire, ou plutôt une simple traduction en prose, sans nous instruire de la source où il avait puisé, tant ce qu'il nous dit d'après Manilius que ce qu'il ajoute à la doctrine de ce poëte, sans doute d'après des auteurs également anciens. Depuis Firmicus, l'exemplaire autographe de Manilius sera encore resté enseveli sous la poussière, jusqu'à ce qu'enfin, vers le dixième siècle, il a été retrouvé en fort mauvais état, et presque consumé de vétusté. On a commencé alors par en tirer des copies, dont quelques-unes sont parvenues jusqu'à nous. Tout cela sans doute n'est qu'une supposition, mais tout cela est possible, tout cela nous paraît même extrêmement probable ; on peut conclure qu'il ne doit point paraître surprenant qu'Ovide, Quintilien, etc., n'aient fait aucune mention d'un ouvrage qui n'avait pas été publié.

Le titre du poëme est *Astronomicon* : à l'exemple de plusieurs savants critiques, et nommément de Bentlei, nous croyons que ce mot est un génitif pluriel, et nous le traduisons par les *Astronomiques de Manilius*, comme on dit les *Géorgiques* de Virgile. Il serait à plus juste titre intitulé *les Astrologiques* : mais la distinction entre l'astronomie et l'astrologie était inconnue du temps de Manilius. Cet auteur était poëte, son ouvrage le prouve : nous doutons qu'il fût astronome ; il rassemblait et parait des fleurs de la poésie ce qu'il trouvait en différents auteurs grecs et latins ; il ne faut donc pas s'étonner s'il se contredit quelquefois. Son poëme est divisé en cinq livres.

Le premier livre traite de la sphère céleste. Il s'ouvre par un bel exorde sur les premiers auteurs de l'astronomie et sur les progrès des sciences humaines. Le poëte traite ensuite de l'origine du monde, des diverses opinions des philosophes sur ce sujet, des éléments, et de la rondeur ou sphéricité de la terre, du ciel et des astres. Il fait le dénombrement des signes du zodiaque et des constellations extra-zodiacales. Il démontre l'existence de Dieu par l'ordre constant des mouvements célestes : ce Dieu est, selon lui, l'âme du monde ; en conséquence il attribue la divinité à l'univers. Il développe tout ce qui concerne les cercles de la sphère, au nombre desquels il met la voie lactée : il expose les différentes opinions des philosophes sur la nature de cette voie, ce qui donne lieu à quelques épisodes. Il rapporte enfin les diverses idées des anciens sur la nature et la génération des comètes : il n'oublie pas les désastres dont on prétendait alors que ces astres étaient les avant-coureurs ; ce qui amène de nouvelles descriptions dignes d'un poète du siècle d'Auguste. Ce premier livre est intéressant dans sa totalité.

Le second et le troisième livre sont appelés par Scaliger *Isagogiques*, c'est-à-dire introducteurs ou préparatoires, parce qu'ils ne contiennent que des définitions, sans aucune application à l'art de pronostiquer les événements futurs. Dans le second, Manilius donne d'abord un précis des différents sujets traités par Homère, Hésiode et d'autres poètes. Il s'applaudit d'être le premier qui ait entrepris de chanter les propriétés et l'énergie des astres : leur activité sur les corps terrestres est démontrée, selon lui, et tout ce qui la concerne n'est pas au-dessus de la portée de l'intelligence humaine. Ce long exorde est encore intéressant : nous voudrions pouvoir en dire autant du reste du livre ; mais ce ne sont plus que d'insipides rêves astrologiques sur les différentes divisions des signes du zodiaque. Il est cependant curieux de voir avec quelle variété, avec quelle force de génie Manilius traite des matières aussi ingrates. Signes masculins, signes féminins ; signes diurnes, signes nocturnes ; signes terrestres, signes aqueux, signes amphibies ; signes fertiles, signes stériles, etc. Aspects des signes, trine, quadrat, sextil, opposé ; qualités bonnes ou mauvaises de ces aspects. Signes qui sont sous la protection de chaque dieu ; signes qui dominent chaque partie du corps humain ; signes qui se voient, qui s'entendent réciproquement, qui s'aiment, qui se haïssent : au sujet de ces derniers, le poète fait une vive et belle sortie contre la dépravation des mœurs de son siècle. Division de chaque signe en douze dodécatémories ; dodécatémories des planètes. Division du ciel en douze maisons ; propriétés et énergie de ces douze maisons. Tels sont les objets, extrêmement importants suivant Manilius, qui forment la matière de son second livre.

L'exorde du troisième livre roule sur ce dont Manilius ne traite pas : il se fait lire avec plaisir. Le poète fait sentir la difficulté de la tâche qu'il s'est imposée. On trouve ensuite la division du zodiaque en douze *athles* ou sorts, dont le premier est celui de la fortune. Moyen de trouver le lieu de ce premier sort, et de déterminer celui de l'horoscope, c'est-à-dire le point de l'écliptique qui est à l'horizon dans la partie orientale du ciel, à tous les instants du jour et de la nuit. Il n'est pas vrai que les signes emploient tous également deux heures à monter au-dessus de l'horizon : l'inégalité des heures qu'on employait alors, et l'obliquité variable de l'écliptique sur l'horizon, doivent produire de l'inégalité dans la durée du lever des signes. Il faut d'abord employer des heures égales, telles qu'elles sont au temps des équinoxes. On peut aussi mesurer la durée du lever des signes par stades ; et *stade*, dans la doctrine de Manilius, est un arc de l'écliptique qui emploie deux minutes de temps à se lever ou à se coucher. Stades contenus dans chaque signe, et temps que chaque signe emploie à monter au-dessus de l'horizon, ou à descendre au-dessous. Différence entre la durée des jours depuis l'équateur, sous lequel les jours et les nuits sont également, durant tout le cours de l'année, de douze heures, jusqu'au pôle, sous lequel il n'y a dans l'année qu'un seul jour et une seule nuit, l'un et l'autre de six mois continus. Règle assez ingénieuse pour trouver, mais à peu près seulement, le temps que chaque signe met à se lever ou à se coucher, sous quelque latitude que ce soit. Autre règle de même espèce, pour déterminer l'accroissement ou le décroissement des jours sous chaque signe. Manilius revient à son astrologie ; il prétend nous apprendre quelles années, quels mois, quels jours et quelles heures de notre vie appartiennent à chaque signe, et le nombre d'années de vie qui nous est promis, tant par chacun des douze signes que par chacune des douze maisons célestes. Le livre est terminé par la définition des signes tropiques, ou qui président aux saisons, ce qui donne lieu à une belle description des quatre saisons de l'année.

Scaliger nomme le quatrième et le cinquième livre, *Apotélesmatiques*, ou décisifs, parce que le poète y traite des décrets des astres, c'est-à-dire de leur action, de leur influence sur les destinées des hommes. Il ouvre le quatrième par un exorde magnifique, dans lequel il prétend prouver que tout est soumis aux lois irréfragables du destin. Nous sommes fort éloignés de souscrire à son opinion sur le fatalisme ; mais nous ne pouvons disconvenir qu'il ne l'ait revêtue des plus brillantes couleurs de la poésie. Il nous donne des descriptions intéressantes des arts, des professions, des inclinations, des caractères qui doivent distinguer les hommes nés sous chacun des douze signes du zodiaque. Il divise chaque signe en trois décanies ; il distribue ces décanies à différents signes ; il détermine les effets de ces distributions. Il fait l'énumération des degrés pernicieux de chaque signe : ce détail n'est pas fort amusant, mais heureusement il est court : on y a admiré la fécondité de Manilius, qui a su exprimer une même idée par des tournures perpétuellement variées. L'efficace prétendue de chaque signe, au moment de son lever, fournit au poète l'occasion de nous donner de nouvelles descriptions d'arts et de caractères. Situation détaillée des côtes de la mer Méditerranée et de ses principales îles, du Pont-Euxin, du Palus-Méotide, de la mer Caspienne, des golfes Arabique et Persique. Description géographique du monde alors connu des Romains ; mœurs de chaque peuple, dépendantes des signes qui dominent chaque région. Signes écliptiques, auxquels les éclipses de lune font perdre toute activité. Bel épilogue sur la noblesse de l'homme et sur la portée de son intelligence. On voit, par cet exposé, que, sauf ce qui est dit des décanies, des degrés pernicieux et des signes écliptiques, ce quatrième livre est un des plus intéressants de tout l'ouvrage.

Le cinquième livre est, à notre avis, supérieur à tous les précédents. Il contient une énumération des constellations extra-zodiacales, et des degrés des douze signes avec lesquels elles se lèvent. Leur lever inspire des inclinations, des mœurs, des caractères; porte à s'adonner à des arts, des professions, des métiers, dont les descriptions, vraiment poétiques, occupent presque tout le livre. Ces descriptions sont entremêlées d'épisodes : on y remarque surtout le bel épisode d'Andromède, que plusieurs savants critiques ont jugé digne de Virgile. Le livre est terminé par la distinction connue des étoiles en six différentes grandeurs.

Tels sont donc les objets traités par Manilius dans les cinq livres de ses Astronomiques. Il s'était proposé d'en traiter beaucoup d'autres; mais, comme nous l'avons dit, la mort ne lui en a pas probablement laissé le temps. Quant à son style, il est poétique, énergique, digne du siècle d'Auguste. Si l'on considère le sujet que Manilius avait à traiter, et qu'on fasse attention qu'il était le premier des Latins qui entreprit de soumettre cette matière aux lois de la poésie, on ne pourra se dispenser d'admirer la variété, la profondeur de génie, la clarté même avec laquelle il a manié ce sujet aussi nouveau que difficile. On dira peut-être que, pour matière de ses chants, il pouvait choisir un objet plus facile et plus intéressant. Nous répondrons d'abord, d'après lui, que les autres sujets avaient déjà été traités : nous ajouterons que l'astrologie était alors autant estimée, qu'elle est méprisée de nos jours.

ASTRONOMIQUES
DE
MARCUS MANILIUS.

LIVRE PREMIER.

J'entreprends, dans mes chants, de faire descendre du ciel des connaissances véritablement divines, et les astres mêmes, confidents du destin, et dont le pouvoir, dirigé par une sagesse suprême, produit tant de vicissitudes dans le cours de la vie humaine. Je serai le premier des Romains qui ferai entendre sur l'Hélicon ces nouveaux concerts, et qui déposerai au pied de ses arbres, dont la cime toujours verte est sans cesse agitée, des dons qu'on ne leur a pas encore offerts. C'est vous, César (1), vous prince et père de la patrie, vous qui, par des lois respectables, régissez l'univers soumis, vous vrai dieu, qui méritez une place dans le ciel où votre illustre père (2) a été admis; c'est vous qui m'inspirez, vous qui me donnez la force nécessaire pour chanter d'aussi sublimes objets. La nature, devenue plus favorable aux vœux de ceux qui cherchent à l'approfondir, semble désirer qu'on révèle, dans des chants mélodieux, les richesses qu'elle renferme. La paix seule peut donner ces loisirs. Il est doux de s'élever au plus haut de l'espace, de passer ses jours à en parcourir les routes immenses, de connaître les signes célestes et les mouvements des étoiles errantes (1), opposés à celui de l'univers. Mais c'est peu de s'en tenir à ces premières connaissances : il faut s'efforcer de pénétrer ce que le ciel a de plus secret; il faut montrer le pouvoir que ses signes exercent sur la production et la conservation de tout ce qui respire; il faut décrire ces choses dans des vers dictés par Apollon. Le feu sacré s'allume pour moi sur deux autels : je dois mon encens à deux temples différents, parce que deux difficultés m'effraient, celle du vers, et celle du sujet. Je m'astreins à une mesure soumise à des lois sévères ; et l'univers, faisant retentir autour de moi le bruit imposant des parties qui le composent, m'offre des objets qu'on pourrait à peine décrire dans un langage affranchi des entraves de la poésie.

Quel est l'homme qui pénétra le premier les mystères du ciel, par la faveur des dieux? S'ils s'y fussent opposés, qui aurait osé dérober les secrets de cette puissance souveraine qui règle l'univers? Par quels efforts un audacieux mortel serait-il parvenu à paraître égaler les dieux, malgré les dieux eux-mêmes ; [à s'ouvrir les routes sublimes du ciel ; à suivre jusque sous l'horizon, et dans tous les retours de l'espace, les astres tou-

(1) César-Auguste. — (2) Jules-César.

(1) Les planètes.

MARCI MANILII
ASTRONOMICON
LIBER PRIMUS.

Carmine divinas artes, et conscia fati
Sidera diversos hominum variantia casus,
Cœlestis rationis opus, deducere mundo
Aggredior; primusque novis Helicona movere
Cantibus, ad viridi nutantes vertice silvas   5
Hospita sacra ferens, nulli memorata priorum.
Hunc mihi tu, Cæsar, patriæ princepsque paterque,
Qui regis augustis parentem legibus orbem,
Concessumque patri mundum Deus ipse mereris,
Das animum, viresque facis ad tanta canenda.   10
Jam propiusque favet mundus scrutantibus ipsum,
Et cupit æthereos per carmina pandere census.
Hoc sub pace vacat tantum : juvat ire per altum
Aera, et immensum spatiantem vivere cœlo,
Signaque et adversos stellarum noscere cursus.   15
Quod solum novisse parum est : Impensius ipsa
Scire juvat magni penitus præcordia mundi :
Quaque regat generetque suis animalia signis
Cernere, et in numerum, Phœbo modulante, referre.
Bina mihi positis lucent altaria flammis ;   20
Ad duo templa precor, duplici circumdatus æstu,
Carminis et rerum : certa cum lege canentem
Mundus et immenso vatem circumstrepit orbe,
Vixque soluta suis immittit verba figuris.
Quem primum interius licuit cognoscere cœlum   25
Munere cœlestum? quis enim, condentibus illis,
Clepsisset furto mundum, quo cuncta reguntur?
Quis foret humano conatus pectore tantum,
Invitis ut diis cuperet Deus ipse videri,
[Sublimes aperire vias, imumque sub orbem   30
Et per inane suis parentia finibus astra

jours fidèles à produire les effets qui leur sont commandés; à connaître les noms, le cours, l'action des constellations célestes?] C'est à vous, ô Mercure, que nous sommes redevables de cette science divine; [c'est vous qui avez découvert à l'homme les mystères du ciel et des astres, pour agrandir ses idées sur l'univers; pour qu'il respectât non-seulement les apparences extérieures du monde, mais surtout le pouvoir énergique des objets qu'il renferme; pour qu'il pût enfin connaître Dieu dans toute l'étendue de son immensité.] Et la nature elle-même a encouragé les hommes à lever le voile qui la couvrait. Elle daigna d'abord se faire connaître aux rois, à ces âmes dont la puissance approche de la majesté divine; qui, dans les contrées de l'orient, ont policé les nations sauvages, [dont les terres sont partagées par l'Euphrate, ou inondées par le Nil :] c'est là que le monde renaît, et voit la lumière s'élever au-dessus des villes enveloppées de ténèbres. Après les rois, les prêtres, choisis pour offrir en tout temps des sacrifices dans les temples et pour présenter aux dieux les hommages du peuple, se concilièrent leur faveur par ce saint office : la divinité, présente en eux, embrasa leur âme généreuse; elle se communiqua à ses ministres et leur manifesta son essence. Ils furent les premiers qui pénétrèrent dans cet auguste sanctuaire; qui, d'après des principes certains, reconnurent que les destinées des hommes dépendent du mouvement des astres. Renfermant dans leurs vastes combinaisons une longue suite de siècles, ils assignèrent à chaque instant l'événement qui s'y rapportait : ils remarquèrent le jour de la naissance de chaque homme, les vicissitudes de sa vie, le rapport de chaque circonstance avec l'heure

à laquelle elle avait eu lieu, les différences surprenantes qu'un moment de plus ou de moins produisait dans les destinées humaines. Lorsque, après quelques révolutions célestes, ils eurent déterminé les parties du ciel où chaque astre doit être observé, et l'espèce de pouvoir que chacun d'eux exerçait sur le cours de notre vie, ils établirent des règles fondées sur une longue expérience : l'observation du passé traça la route pour l'avenir; et, d'après des spéculations profondes, ils reconnurent que les astres ont sur l'homme un empire assujéti à des lois cachées; que les mouvements de l'univers sont réglés par des causes périodiques; que les vicissitudes de la vie dépendent des différentes configurations des corps célestes. En effet, avant ces sages observateurs, les hommes, sans principes, sans discernement, ne s'attachant qu'à ce qui tombait sous leurs sens, ignoraient les causes de tout ce qu'ils voyaient. Le lever du soleil leur paraissait un phénomène surprenant : la disparition des astres était pour eux une perte affligeante, leur réapparition un motif de joie : ils ne soupçonnaient point la cause de l'inégalité des jours et des nuits, ni même pourquoi la longueur des ombres varie selon le plus grand éloignement ou la plus grande proximité du soleil. La sagacité de l'esprit humain n'avait pas encore enfanté les arts; la terre ne fournissait point aux besoins d'habitants qui ne la cultivaient pas; l'or était enseveli dans le sein des montagnes désertes; des mondes nouveaux étaient séparés de nous par un océan qu'on ne fréquentait point; on n'osait confier sa vie à la mer, ni au vent ses espérances; et chacun était content du peu de connaissances qu'il avait. Mais quand la succession des siècles eut exercé l'esprit

Nominaque et cursus signorum, et pandere vires?]
Tu princeps auctorque sacri, Cyllenie, tanti :
[Per le jam coelum interius, jam sidera nota,
Major uti mundi facies foret, et veneranda   35
Non species tantum, sed et ipsa potentia rerum :
Sentirentque Deum gentes, qua maximus esset.]
Et natura dedit vires, seque ipsa reclusit;
Regales animos primum dignata movere,
Proxima tangentes rerum fastigia coelo,   40
Qui domuere feras gentes oriente sub ipso,
[Quas secat Euphrates, in quas et Nilus inundat,]
Qua mundus redit, et nigras supervolat urbes.
Tum qui templa sacris coluerunt omne per ævum,
Delectique sacerdotes in publica vota   45
Officio vinxere Deum; quibus ipsa potentis
Numinis accendit castam præsentia mentem,
Inque Deum Deus ipse tulit patuitque ministris.
Hi tantum movere decus; primique per artem
Sideribus videre vagis pendentia fata.   50
Singula nam proprio signarunt tempora casu,
Longa per assiduas complexi secula curas;
Nascendi quæ cuique dies, quæ vita fuisset;

In quas fortunæ leges quæque hora valeret;
Quantaque quam parvi facerent discrimina motus.   55
Postquam omnis coeli species, redeuntibus astris,
Percepta in proprias sedes, et reddita certis
Fatorum ordinibus sua cuique potentia formæ;
Per varios usus artem experientia fecit,
Exemplo monstrante viam; speculataque longe   60
Deprendit tacitis dominantia legibus astra,
Et totum alterna mundum ratione moveri,
Fatorumque vices certis discurrere signis.
Nam rudis ante illos nullo discrimine vita
In speciem conversa', operum ratione carebat,   65
Et stupefacta novo pendebat lumine mundi :
Tum velut amissis moerens, tum læta renatis
Sideribus; variosque dies incertaque noctis
Tempora, nec similes umbras, jam sole regresso,
Jam propiore, suis impar discernere causis.   70
Necdum etiam doctas solertia fecerat artes,
Terraque sub rudibus cessabat vasta colonis.
Tumque in desertis habitabat montibus aurum,
Immotusque novos pontus subduxerat orbes.
Nec vitam pelago, nec ventis credere vota   75

des mortels, que la peine eut donné l'essor aux réflexions, que la Fortune, en contrariant les désirs de l'homme, l'eut convaincu de la nécessité de veiller à son bien-être ; les intelligences s'appliquèrent à l'envi à différents genres d'études, et tout ce qu'une expérience raisonnée fit découvrir devint une source d'utilité publique, par le plaisir que chacun se fit de communiquer le fruit de ses recherches. Alors le langage barbare se polit et s'assujétit à des lois ; la terre cultivée produisit toute espèce de fruits ; le navigateur inquiet affronta des flots inconnus, et facilita le commerce entre des nations qui ne se connaissaient pas. De là, bientôt, on vit naître l'art de la guerre et les occupations de la paix ; une connaissance acquise par l'expérience étant nécessairement le germe d'une découverte nouvelle. Et, pour ne point m'arrêter sur des objets généralement connus, on parvint à entendre le langage des oiseaux, à lire l'avenir dans les entrailles des victimes, à faire périr les serpents par des enchantements, à évoquer les ombres, à ébranler l'Achéron jusque dans ses plus profonds abimes, à changer le jour en nuit et la nuit en jour : l'industrie de l'homme, toujours susceptible de nouveaux progrès, tenta tout, vint à bout de tout, et ne mit un terme à ses recherches qu'après avoir pénétré jusqu'au ciel, qu'après avoir surpris la nature dans ses plus profondes retraites, qu'après avoir compris tout ce qui est. On sut alors pourquoi les nuages, en se heurtant, produisent un si terrible bruit ; pourquoi la neige de l'hiver a moins de consistance que la grêle de l'été : on connut la cause des volcans, des tremblements de terre, de la formation de la pluie, de l'impétuosité des vents ; et l'esprit éclairé cessa d'admirer ces effets naturels comme des prodiges. Arrachant à Jupiter sa foudre et le droit de tonner, il attribua le bruit du tonnerre aux vents, et le feu de l'éclair aux nuages. Après avoir ainsi restitué les effets à leurs véritables causes, l'homme s'appliqua à étudier l'univers au centre duquel il est placé ; il voulut connaître tout ce que renferme l'étendue du ciel : il décrivit la forme des signes célestes ; il les désigna par des noms convenables ; il détermina les lois qui règlent leurs divers mouvements : il découvrit que tous les événements de la vie sont subordonnés à la puissance et à l'état actuel de l'univers ; que nos destinées sont sujettes à des variations qui dépendent des diverses dispositions des corps célestes. Tel est le sujet que je me propose de développer, et que personne avant moi n'a consacré par ses chants. Puisse la Fortune favoriser cette grande entreprise ! puissent mes jours n'être terminés que par une longue et heureuse vieillesse, qui me laisse le temps de traiter à fond ce sujet immense, et d'entrer dans un détail également intéressant des parties grandes et petites qui en dépendent !

Puisque mes chants embrassent toute la profondeur du ciel, et que je me propose d'amener sur la terre la connaissance des secrets du destin, mon premier soin doit être de tracer le tableau de la nature, et de faire connaître la disposition générale de tout ce qui compose l'univers. Que le monde ne reconnaisse aucun principe de son existence, qu'il ne la doive qu'à soi-même ; qu'il ait toujours existé, qu'il doive exister toujours ; qu'il n'ait jamais eu de commencement, qu'il ne puisse jamais avoir de fin (1) ; que le

(1) Tel était le sentiment d'Aristote.

```
Audebant, se quisque satis novisse putabant.
Sed cum longa dies acuit mortalia corda,
Et labor ingenium miseris dedit, et sua quemque
Advigilare sibi jussit fortuna premendo :
Seducta in varias certarunt pectora curas;          80
Et quodcumque sagax tentando repperit usus,
In commune bonum commentum læta dederunt.
Tunc et lingua suas accepit barbara leges,
Et fera diversis exercita frugibus arva,
Et vagus in cæcum penetravit navita pontum,        85
Fecit et ignotis iter in commercia terris.
Tum belli pacisque artes commenta vetustas :
Semper enim ex aliis alia proseminat usus.
Ne vulgata canam ; linguas didicere volucrum,
Consultare fibras et rumpere vocibus angues,        90
Sollicitare umbras, imumque Acheronta movere,
In noctemque dies, in lucem vertere noctes.
Omnia conando docilis solertia vicit :
Nec prius imposuit rebus finemque manumque,
Quam cœlum ascendit ratio, cepitque profundis      95
Naturam rerum claustris, viditque quod usquam est.
Nubila cur tanto quaterentur pulsa fragore,
Hiberna æstiva nix grandine mollior esset,

Arderent terræ, solidusque tremisceret orbis,
Cur imbres ruerent, ventos quæ causa moveret,     100
Pervidit, solvitque animis miracula rerum ;
Eripuitque Jovi fulmen viresque tonandi,
Et sonitum ventis concessit, nubibus ignem.
Quæ postquam in proprias deduxit singula causas,
Vicinam ex alto mundi cognoscere molem            105
Intendit, totumque animo comprendere cœlum :
Attribuitque suas formas, sua nomina signis;
Quasque vices agerent, certa sub sorte notavit :
Omniaque ad numen mundi faciemque moveri,
Sideribus vario mutantibus ordine fata.           110
Hoc mihi surgit opus, non ullis ante sacratum
Carminibus. Faveat magno fortuna labori,
Annosa et molli contingat vita senecta ;
Ut possim rerum tantas evincere moles,
Magnaque cum parvis simili percurrere cura.       115
  Ac quoniam cœlo descendit carmen ab alto,
Et venit in terras fatorum conditus ordo,
Ipsa mihi primum naturæ forma canenda est,
Ponendusque sua totus sub imagine mundus :
Quem sive ex nullis repetentem semina rebus       120
Natali quoque egere placet, semperque fuisse
```

chaos l'ait engendré par la séparation des éléments primitivement entremêlés sans aucun ordre; que les ténèbres, après avoir produit un monde éclatant de lumière, aient été contraintes de se retirer au plus profond de l'abîme (1); que le monde ait été produit par le feu; que les astres, ces yeux de la nature, doivent leur existence à une vive flamme répandue dans tous les corps, et formant dans le ciel le terrible tonnerre (2); que l'eau soit le principe universel, sans lequel la matière, toujours engourdie, reste sans action; et qu'elle ait engendré le feu, par lequel elle est elle-même anéantie (3); ou qu'enfin la terre, le feu, l'air et l'eau existent par eux-mêmes; que ces quatre éléments soient les membres de la divinité, qu'ils aient formé l'univers, et que, créateurs de tout ce qui est, ils ne permettent de reconnaître aucun être qui leur soit antérieur; qu'ils aient tout disposé de manière que le froid se combine avec le chaud, le sec avec l'humide, les solides avec les fluides; que, toujours en guerre et toujours agissant de concert, ils se soient trouvés par cela même intimement réunis, capables d'engendrer, assez puissants pour produire tout ce qui subsiste (4); ces diverses opinions seront toujours débattues; l'origine du monde sera toujours un secret au-dessus de l'intelligence des hommes et de celle des dieux. Mais, quelle que soit cette origine, on s'accorde au moins sur la disposition de ses parties, toutes placées dans un ordre invariable. Le feu, plus subtil, monta vers la région la plus élevée, et, se fixant dans le ciel étoilé, il y forma comme une barrière de flamme, qui sert de rempart à la nature. L'air léger occupa la région qui suivait immédiatement; il s'étendit dans le vide de l'espace, et, placé au-dessous des astres, il fournit au feu l'aliment nécessaire. La troisième place fut occupée par l'eau, dont les flots, toujours agités, ont formé les immenses plaines des mers : ce fluide, en s'exhalant en vapeurs, devient le germe de l'air qu'elle alimente. La terre, par son poids, s'arrondit et se trouva fixée au-dessous des autres éléments : elle n'était d'abord qu'une masse de vase, mêlée de sable mouvant, que le fluide abandonnait pour se porter vers une région plus élevée. Plus ce fluide se raréfiait et se dissipait dans les airs, plus la terre desséchée resserrait les eaux et les forçait de couler dans des vallées. Les montagnes sortirent du fond de la mer, la terre naquit du sein des flots, environnée cependant de tous côtés par le vaste océan. Elle est immobile, parce que l'univers s'écarte d'elle en tout sens avec une égale force; elle est tellement tombée de toutes parts, qu'elle ne peut plus tomber d'aucune : elle est le centre et en même temps le lieu le plus bas de tout l'univers. [Les corps qui la composent, également pressés partout, se soutiennent réciproquement, et ne lui permettent pas de se déplacer.] Si un juste équilibre ne retenait pas la terre au centre du monde, le soleil, suivi de tous les astres du ciel, ne dirigerait plus sa course à l'occident, pour reparaître ensuite à l'orient; la lune ne roulerait pas son char dans l'espace qui est notre horizon; l'étoile du jour ne brillerait pas le matin, après avoir répandu son éclat du côté de l'occident, sous le nom d'étoile du soir. Or, si la terre n'est pas reléguée au plus bas de l'espace,

(1) Tel était le sentiment d'Hésiode, d'Euripide, etc. — (2) Id. d'Héraclite. — (3) Id. de Thalès. — (4) Id. d'Empédocle.

```
Et fore, principio pariter fatoque carentem :
Seu permixta chaos rerum primordia quondam
Discrevit partu, mundumque enixa nitentem
Fugit in infernas caligo pulsa tenebras ;            125
Sive ignis fabricavit opus, flammæque micantes,
Quæ mundi fecere oculos, habitantque per omne
Corpus, et in cœlo vibrantia fulmina fingunt :
Seu liquor hoc peperit, sine quo riget arida rerum
Materies, ipsumque creat, quo solvitur, ignem :      130
Aut neque terra patrem novit, nec flamma, nec aer,
Aut humor, faciuntque deum per quattuor artus,
Et mundi struxere globum, prohibentque requiri
Ultra se quicquam; cum per se cuncta creentur,
Frigida nec calidis desint, aut humida siccis,       135
Spiritus aut solidis; sitque hæc discordia concors,
Quæ nexus habiles et opus generabile fingit,
Atque omnis partus elementa capacia reddit :
Semper erit genus in pugna; dubiumque manebit,
Quod latet, et tantum supra est hominemque deumque.  140
Sed facies, quacumque tamen sub origine, rerum
Convenit, et certo digestum est ordine corpus.
Ignis in æthereas volucer se sustulit oras ;
Summaque complexus stellantis culmina cœli,
Flammarum vallo naturæ mœnia fecit.                  145
Proximus in tenues descendit spiritus auras,
Aeraque extendit medium per inania mundi ;
Ignem flatus alit vicinis subditus astris.
Tertia sors undas stravit fluctusque natantes ;
Æquora perfudit toto nascentia ponto :               150
Ut liquor exhalet, tenues atque evomat auras,
Aeraque ex ipso ducentem semina pascat.
Ultima subsedit glomerato pondere tellus,
Convenitque vagis permixtus limus arenis,
Paulatim ad summum tenui fugiente liquore.           155
Quoque magis puras humor secessit in auras,
Et siccata magis strinxerunt æquora terræ,
Adjacuitque cavis fluidum convallibus æquor :
Emersere fretis montes, orbisque per undas
Exiliit, vasto clausus tamen undique ponto.          160
Idcircoque manet stabilis, quia totus ab illo
Tantumdem refugit mundus : fecitque cadendo
Undique ne caderet : medium totius et imum est.
[Ictaque contractis consistunt corpora plagis,
Et concurrendo prohibent in longius ire.]            165
Quod nisi librato penderet pondere tellus,
Non ageret cursus, mundi subeuntibus astris,
```

mais qu'elle en occupe exactement le milieu, tous les chemins sont libres autour d'elle; toutes les parties du ciel peuvent descendre sous l'horizon à l'occident, et se relever à l'orient. Car enfin l'on ne me persuadera jamais ou que le lever des astres soit l'effet d'un pur hasard, ou que le ciel se reproduise si souvent de nouveau, et que le soleil périsse et renaisse tous les jours, surtout lorsque je considère que la disposition des signes célestes est la même depuis tant de siècles; que le même soleil parcourt les mêmes parties du ciel; que la lune varie ses phases et ses retours dans un ordre invariable; que la nature ne s'en tient point à des essais incertains, mais qu'elle suit inviolablement les lois qu'elle s'est imposées elle-même; que le jour, accompagné d'une clarté toujours constante, et parcourant la circonférence de la terre, fait compter successivement à toutes les nations les mêmes heures; qu'un nouvel orient s'offrant sans cesse à la vue de ceux qui s'avancent vers l'orient, et un occident nouveau se présentant toujours à ceux qui voyagent vers l'occident, semblent embrasser, ainsi que le soleil, la circonférence entière du ciel.

Au reste, il ne faut pas s'étonner que la terre demeure ainsi suspendue : le ciel ne l'est-il pas aussi lui-même? Il n'a autour de lui aucun appui, [son mouvement et la rapidité de sa course en sont une preuve convaincante.] Le soleil, suspendu pareillement, promène çà et là son char agile, en se tenant dans les bornes de la route qui lui est prescrite. La lune et les étoiles volent dans l'espace : la terre, se modelant sur les lois célestes, y reste également suspendue. La terre se trouve donc placée au centre de la région éthérée, à une distance égale des parties extrêmes qui la terminent. Sa surface ne s'étend point en une plaine immense; elle est sphérique, elle s'élève et s'abaisse également de toutes parts. Telle est aussi la figure de l'univers. Le ciel, par son mouvement de rotation, imprime cette même forme à tous les astres. Nous voyons que le corps du soleil est rond : il en est de même de celui de la lune; elle reçoit sur une surface convexe les rayons du soleil; et ces rayons, devenant de plus en plus obliques, ne peuvent éclairer toute sa circonférence. Telle est donc la figure invariable des astres; elle est une vive image de la divinité; on ne peut y distinguer ni commencement ni fin; elle se ressemble dans toute son étendue, elle est partout la même. C'est par une conséquence de la sphéricité de la terre, qu'on ne voit pas partout les mêmes constellations. Vous chercheriez en vain Canopus dans le ciel, jusqu'à ce qu'après avoir traversé la mer, vous soyez parvenu sur les rives du Nil. Mais les peuples qui voient cette étoile au-dessus de leur tête ne peuvent découvrir la grande ourse; la convexité de la terre y met obstacle, et leur dérobe la vue de cette partie du ciel. Je vous appelle vous-même à témoin, astre des nuits, de la sphéricité de notre globe. Lorsqu'au milieu de la nuit vous vous trouvez plongé dans d'épaisses ténèbres, l'ombre qui vous couvre n'épouvante pas toutes les nations à la même heure : les peuples orientaux sont les premiers à qui manque votre lumière; cette perte devient ensuite

Phœbus ad occasum, et numquam remearet ad ortus;
Lunave submersos regeret per inania currus;
Nec matutinis fulgeret Lucifer horis,   170
Hesperos emenso dederat qui lumen Olympo.
Nunc quia non imo tellus dejecta profundo,
Sed medio suspensa manet, sunt pervia cuncta;
Qua cadat et subeat cœlum, rursusque resurgat.
Nam neque fortuitos ortus surgentibus astris,   175
Nec toties possum nascentem credere mundum,
Solisve assiduos partus et fata diurna;
Cum facies eadem signis ore secula constet,
Idem Phœbus eat cœli de partibus iisdem,
Lunaque per totidem luces mutetur et orbes,   180
Et natura vias servet quas fecerat ipsa,
Nec tyrocinio peccet; circumque feratur
Æterna cum luce dies, qui tempora monstrat
Nunc his, nunc illis eadem regionibus orbis,
Semper et ulterior vadentibus ortus ad ortum   185
Occasumve obitus cœlum cum sole pererret.
   Nec vero tibi natura admiranda videri
Pendentis terræ debet, cum pendeat ipse
Mundus, et in nullo ponat vestigia fundo,
[Quod patet ex ipso motu cursuque volantis;]   190
Cum suspensus eat Phœbus, currusque reflectat
Huc illuc agiles, et servet in æthere metas;
Cum luna et stellæ volitent per inania mundi :
Terra quoque aerias leges imitata pependit.
Est igitur mediam tellus sortita cavernam   195
Aeris, e toto pariter sublata profundo;
Nec patulas distenta plagas, sed condita in orbem
Undique surgentem pariter, pariterque cadentem.
Hæc est naturæ facies. Sic mundus et ipse
In convexa volans teretes facit esse figuras   200
Stellarum; solisque orbem lunæque rotundum
Aspicimus, tumido quærentis corpore lumen,
Quod globus obliquos totus non accipit ignes.
Hæc æterna manet divisque simillima forma,
Cui neque principium est usquam, nec finis in ipsa;   205
Sed similis toto orbe manet, perque omnia par est.
Idcirco terris non omnibus omnia signa
Conspicimus. Nusquam invenies fulgere Canopum,
Donec Niliacas per pontum veneris oras.
Sed quærent helicen, quibus ille supervenit ignis,   210
Quod laterum tractus obstant, medioque tumore
Eripiunt terræ cœlum, visusque coercent.
Te testem dat, luna, sui glomeraminis orbis;
Quæ cum mersa nigris per noctem deficis umbris,
Non omnes pariter confundis sidere gentes :   215
Sed prius eoæ quærunt tua lumina terræ;
Post, medio subjecta polo quæcumque feruntur;

sensible à ceux qui vous cherchent dans l'ombre; l'obscurité de votre char s'étend enfin sur les nations qui peuplent l'occident; ce sont les dernières qui croient vous rendre votre éclat par le son bruyant des instruments. Si la surface de la terre était plane, il suffirait que vous fussiez sur l'horizon, pour que votre éclipse inquiétât à la même heure toutes les nations. Mais la terre étant de figure sphérique, la déesse de Délos éclaire d'abord un peuple, et puis un autre; elle se lève et se couche au même instant, en tournant autour de la surface convexe de la terre : si elle monte relativement à un point de cette surface, elle descend relativement à un autre; et quand elle commence à dominer sur une partie, elle cesse de dominer sur la partie voisine. La surface de la terre est habitée par diverses nations, par différentes espèces d'animaux, par des oiseaux. Une partie s'élève vers les deux ourses; une autre, également habitable, s'étend vers les climats méridionaux; celle-ci est sous nos pieds, elle nous croit sous les siens : c'est un effet de la pente insensible du globe, dont chaque point est dans un sens plus élevé, dans un autre plus abaissé que celui qui le précède. Lorsque le soleil, parvenu à notre occident, commence à éclairer l'horizon de ces peuples, le jour, renaissant pour eux, les arrache au sommeil, et les rappelle à la nécessité du travail : la nuit commence pour nous, et nous invite aux douceurs du repos. Le vaste océan sépare ces deux parties de la terre, et leur sert de commune enceinte.

Ce bel ouvrage, embrassant le corps entier de l'univers et tous les membres de la nature, produits par les diverses combinaisons de l'air et du feu, de la terre et de l'eau, est dirigé par une âme céleste : la divinité l'entretient par une influence secrète, en gouverne les ressorts cachés, en réunit toutes les parties par plusieurs sortes de rapports, de manière qu'elles se soutiennent réciproquement, qu'elles se communiquent mutuellement leur énergie, et que le tout reste fermement uni, malgré la variété des parties qui le composent.

Je vais vous nommer maintenant, dans un ordre méthodique, les constellations qui dardent leurs feux étincelants de tous les points du ciel; et je commencerai par celles qui, de leur cercle oblique, ceignent le milieu de l'univers; elles jouissent tour à tour de la présence du soleil et de celle des autres étoiles errantes, qui, par leur mouvement propre, semblent lutter contre celui du monde entier. Par un ciel serein, il est facile de les distinguer; c'est par elles qu'on peut pénétrer les décrets du destin : il est naturel de commencer par la partie de l'univers qui a sur nous le plus d'influence.

Le bélier, premier des signes célestes, remarquable par l'or de sa toison, regarde avec admiration le taureau qui vient d'un point opposé, et qui, le front baissé, semble appeler les gémeaux, que suit l'écrevisse, après laquelle se présentent le lion, puis la vierge. La balance, après avoir égalé la durée du jour et de la nuit, se fait suivre du scorpion, qu'on distingue à son feu étincelant. Le sagittaire, composé d'homme et de cheval, tend son arc, et est prêt à décocher sa flèche sur la queue du scorpion. On voit ensuite le capricorne, réduit à un assez petit espace. Après lui, le verseau vide son urne inclinée, et

Ultima ad hesperios infectis volveris alis,
Seraque in extremis quatiuntur gentibus æra.
Quod si plana foret tellus, semel orta per omnem   220
Deficeres, pariter toti miserabilis orbi.
Sed quia per teretem deducta est terra tumorem,
His modo, post illis apparet Delia terris,
Exoriens simul atque cadens; quia fertur in orbem
Ventris, et acclivis pariter declivia jungit,   225
Atque alios superat gyros, aliosque relinquit.
Hanc circum variæ gentes hominum atque ferarum,
Aeriæque colunt volucres. Pars ejus ad arctos
Eminet; austrinis pars est habitabilis oris,
Sub pedibusque jacet nostris, supraque videtur   230
Ipsa sibi, fallente solo declivia longa,
Et pariter surgente via, pariterque cadente.
Hanc ubi ad occasus nostros sol aspicit ortus,
Illic orta dies sopitas excitat urbes,
Et cum luce refert operum vadimonia terris :   235
Nos in nocte sumus, et somno membra levamus.
Pontus utrosque suis disjungit et alligat undis.

Hoc opus, immensi constructum corpore mundi,
Membraque naturæ diversa condita forma

Aeris atque ignis, terræ pelagique jacentis,   240
Vis animæ divina regit; sacroque meatu
Conspirat deus, et tacita ratione gubernat,
Et multa in cunctas dispensat fœdera partes,
Altera ut alterius vires faciatque, feratque,
Summaque per varias maneat cognata figuras.   245
   Nunc tibi signorum lucentes undique flammas
Ordinibus certis referam; primumque canentur
Quæ medium obliquo præcingunt ordine mundum,
Solemque alternis vicibus per tempora portant,
Atque alia adverso luctantia sidera mundo :   250
Omnia quæ possis cœlo numerare sereno;
E quibus et ratio fatorum ducitur omnis :
Ut sit idem primum, mundi quod continet arcem.
   Aurato princeps aries in vellere fulgens
Respicit, admirans aversum surgere taurum,   255
Submisso vultu geminos et fronte vocantem.
Quos sequitur cancer, cancrum leo, virgo leonem.
Æquato tum libra die cum tempore noctis
Attrahit ardenti fulgentem scorpion astro.
In cujus caudam contentum dirigit arcum   260
Mixtus equo, volucrem missurus jamque sagittam.

41.

les poissons reçoivent avec avidité l'eau qui en tombe, et où ils vivent; suivis eux-mêmes du bélier, ils sont les derniers des signes célestes. Tels sont les signes qui divisent le ciel en autant de parties égales; autant de tableaux étincelants qui en forment comme la voûte. Rien n'est au-dessus d'eux; ils occupent le faîte de l'univers, ils servent d'enceinte à ce palais commun de la nature, dont le centre contient la terre et l'océan. Tous éprouvent, avec le plus admirable concert, les vicissitudes constantes du lever et du coucher, passant successivement des lieux où le ciel se plonge sous l'horizon à ceux où il semble renaître.

Vers le lieu où le ciel s'élève jusqu'aux ourses, jusqu'à ces deux brillantes constellations qui, du sommet de l'univers, voient en bas tous les astres, [qui ne se couchent jamais, qui, du plus haut du ciel où elles sont différemment placées, font circuler autour d'elles le monde et ses constellations,] un axe sans épaisseur prend naissance au centre des frimas, et coupe également l'univers, dont il peut être regardé comme le pivot. Tout le globe céleste roule autour de lui, tout y est dans un mouvement perpétuel; lui seul, immobile, traverse diamétralement l'espace et la terre même, et va se terminer près des ourses australes. Cet axe n'a aucune consistance; ce n'est pas son poids qui lui permet de porter la charge de toute la machine céleste. Mais la substance éthérée étant toujours agitée d'un mouvement circulaire, et toutes ses parties conservant nécessairement ce mouvement primitif, la ligne qui est au centre de cette espèce de tourbillon, et autour de laquelle tout éprouve une rotation continuelle, cette ligne si dépourvue de toute épaisseur qu'on ne peut la regarder comme tournant autour d'elle-même, cette ligne [incapable de s'incliner, d'éprouver aucun mouvement de rotation,] a été nommée axe, parce que, immobile elle-même, elle voit tout l'univers se mouvoir autour d'elle.

A l'une de ses extrémités sont deux constellations bien connues des infortunés navigateurs : elles sont leurs guides, lorsque l'appât du gain leur fait affronter les périls de la mer. Hélice (1) est la plus grande, et décrit un plus grand cercle; elle est remarquable par sept étoiles, qui disputent entre elles d'éclat et de beauté : c'est sur elle que les Grecs se règlent dans leurs navigations. Cynosure (2), plus petite, roule dans un espace plus resserré; elle a moins d'étendue, moins d'éclat, mais plus d'utilité, au jugement des Tyriens : les Carthaginois ne croient pouvoir choisir un meilleur guide, lorsque, sur mer, ils veulent aborder à une côte qui ne paraît pas encore. Ces deux ourses ne sont point placées de front; chacune tourne sa queue vers le museau de l'autre, de sorte qu'elles paraissent réciproquement se suivre. Entre elles est un dragon qui les environne, les sépare l'une de l'autre, et les renferme dans l'enceinte de ses brillantes étoiles, de manière qu'elles ne peuvent se joindre, ni quitter la place qui leur est assignée. Entre le dragon et le milieu du ciel, où sept astres, précipitant leur course, parcourent les douze signes qui semblent s'opposer à leur marche, on remarque plusieurs constellations, dont les forces, dues à des causes opposées, sont nécessairement mélangées : voisines du pôle d'une part, de l'autre

(1) La grande ourse. — (2) La petite ourse.

Tum venit angusto capricornus sidere flexus.
Post hunc inflexam defundit aquarius urnam,
Piscibus assuetas avide subeuntibus undas.
Quos aries tangit claudentes ultima signa.   205
Hæc igitur texunt æquali sidera tractu
Ignibus in varias cœlum laqueantia formas.
Altius his nihil est : hæc sunt fastigia mundi.
Publica naturæ domus his contenta tenetur
Finibus, amplectens pontum terrasque jacentes.   270
Omnia concordi tractu veniuntque, caduntque,
Qua semel incubuit nocturna, versumque resurgit.
At qua fulgentes cœlum consurgit ad Arctos,
Omnia quæ e summo despectant sidera mundo,
[Nec norunt obitus, unoque in vertice, tantum   275
In diversa sitæ, cœlumque et sidera torquent,]
Aera per gelidum tenuis deducitur axis,
Libratumque regit diverso cardine mundum :
Sidereus circa medium quem volvitur orbis,
Æthereosque rotat cursus; immotus at ille   280
Austrinas arctos magni per inania mundi
Perque ipsum terræ directus conspicit orbem.
Nec vero solido stat robore corporis axis,
Nec grave pondus habet, quod onus ferat ætheris alti.

Sed cum aer omnis semper volvatur in orbem,   285
Quoque semel cœpit, totus volet undique in ipsum;
Quodcumque in medio est, circa quod cuncta moventur,
Usque adeo tenue, ut verti non possit in ipsum,
[Nec jam inclinari, nec se convertere in orbem,]
Hoc dixere axem, quia motum non habet ullum :   290
Ipse videt circa volitantia cuncta moveri.
  Summa tenent ejus miseris notissima nautis
Signa, per immensum cupidos ducentia pontum :
Majoremque Helice major decircinat arcum.
Septem illam stellæ certantes lumine signant :   295
Qua duce per fluctus Graiæ dant vela carinæ.
Angusto Cynosura brevis torquetur in orbe,
Quam spatio, tam luce minor; sed judice vincit
Majorem Tyrio : Pœnis hæc certior auctor,
Non apparentem pelago quærentibus oram.   300
Nec paribus positæ sunt frontibus; utraque caudam
Vergit in alterius rostrum, sequiturque sequentem.
Has inter fusus, circumque amplexus utramque,
Dividit et cingit stellis ardentibus anguis;
Ne coeant, abeantve suis a sedibus unquam.   305
Hunc inter, mediumque orbem, quo sidera septem
Per bissena volant contra nitentia signa,

des feux du ciel, elles en reçoivent des influences qui, se combattant, modèrent réciproquement leur activité : il arrive de là que ces constellations rendent fertiles les terres au-dessus desquelles elles dominent. On voit d'abord, près des ourses brillantes et de l'aquilon glacé, la constellation toujours agenouillée (1); elle sait sans doute pourquoi elle garde cette posture. Derrière elle est Arctophylax (2), nommé aussi le bouvier, parce qu'il est dans l'attitude d'un homme qui pique des bœufs attelés : il transporte avec lui l'étoile Arcturus (3), placée sur sa poitrine. D'un autre côté paraît le cercle lumineux formé par la couronne : l'éclat n'en est point partout le même; l'étoile qu'on voit dans sa partie la plus élevée surpasse les autres en grandeur, et les feux dont elle brille éclipsent leur tendre blancheur : c'est un monument consacré à Ariadne abandonnée. La lyre, les bras étendus, se distingue aussi parmi les constellations célestes : c'est l'instrument avec lequel Orphée charmait autrefois tout ce que ses chants allaient frapper ; Orphée, qui s'ouvrit une route jusqu'aux enfers mêmes, et dont la voix mélodieuse en fit révoquer les immuables décrets : de là les honneurs du ciel accordés à sa lyre, qui y exerce le même pouvoir ; elle attirait les forêts et les rochers ; elle entraîne maintenant les astres, et se fait suivre par le globe immense de l'univers. La constellation nommée par les Grecs Ophiuchos (4) serre le serpent par le milieu, et semble s'appliquer à le retenir, à développer les nœuds de son vaste corps, à en étendre les replis : le serpent tourne cependant vers cet ennemi son cou flexible, se dérobe à cette étreinte, et rend ses efforts inutiles. Près de là est le cygne, que Jupiter même a placé au ciel pour prix de sa beauté, qui lui servit à séduire une amante : ce dieu, descendu du ciel, prit la forme d'un cygne plus blanc que la neige, et prêta son dos couvert de plumes à l'imprudente Léda. Le cygne étend encore, comme pour voler, ses ailes parsemées d'étoiles. On voit briller ensuite cette constellation qui a l'aspect et la rapidité de la flèche. Après elle l'oiseau du grand Jupiter (1) cherche à s'élever au plus haut du ciel, et semble porter le foudre en des lieux où il fait son séjour : oiseau digne de Jupiter et des cieux, auxquels il fournit des armes redoutables. Il est suivi du dauphin, sorti du sein des mers pour prendre place entre les astres : ornement de l'océan et du ciel, où il s'est également immortalisé. Le cheval (2), remarquable par la belle étoile de sa poitrine, précipite sa course pour atteindre le dauphin : son train de derrière se perd dans Andromède. A une distance assez considérable de cette constellation, on en voit une que sa figure a fait nommer Deltoton (3) : deux de ses côtés sont égaux, le troisième a moins d'étendue. Près de là sont Céphée, puis Cassiopée dans une attitude convenable à la punition qu'elle s'est attirée ; enfin Andromède abandonnée s'épouvante à l'aspect de l'effroyable gueule du monstre (4) qui s'apprête à la dévorer. Cassiopée pleure sur la triste destinée de sa fille exposée et garrottée sur le rocher où elle devrait périr, si Persée, conservant dans le ciel son ancien

(1) On la nomme aujourd'hui Hercule ; les anciens l'appelaient *Engonasis*, terme grec qui signifie *agenouillé.* — (2) En grec, *gardien de l'ourse.* — (3) Belle étoile, placée au bas de la robe du bouvier. — (4) Le serpentaire.

(1) L'aigle. — (2) Pégase. — (3) Le triangle. — (4) La baleine.

Mixta ex diversis consurgunt viribus astra,
Hinc vicina polo, cœlique hinc proxima flammis :
Quæ, quia dissimilis, qua pugnat, temperat aer, 310
Frugiferum sub se reddunt mortalibus orbem.
Proxima frigentes arctos, boreamque rigentem
Nixa venit species genibus, sibi conscia causæ.
A tergo nitet arctophylax, idemque bootes,
Quod stimulo junctis instat de more juvencis ; 315
Arcturumque rapit medio sub pectore secum.
At parte ex alia claro volat orbe corona,
Luce micans varia ; nam stella vincitur una
Circulus, in media radiat quæ maxima fronte,
Candidaque ardenti distinguit lumina flamma ; 320
Gnossia desertæ hæc fulgent monumenta puellæ.
At lyra diductis per cœlum cornibus inter
Sidera conspicitur, qua quondam ceperat Orpheus
Omne quod attigerat cantu, manesque per ipsos
Fecit iter, domuitque infernas carmine leges. 325
Hinc cœlestis honos, similisque potentia causæ :
Tunc silvas et saxa trahens, nunc sidera ducit,
Et rapit immensum mundi revolubilis orbem.
Serpentem Graiis ophiuchos nomine dictus
Dividit, atque etiam toto ingens corpore corpus 330
Explicat, et nodos sinuataque terga per orbes,
Respicit ille tamen molli cervice reflexus,
Et redit, elusis per laxa volumina palmis.
Proxima sors cycni, quem cœlo Juppiter ipse
Imposuit, formæ pretio, qua cepit amantem ; 335
Cum deus in niveum descendit versus olorem,
Tergaque fidenti subjecit plumea Ledæ.
Nunc quoque diductas volitat stellatus in alas.
Hinc imitata nitent cursumque habitumque sagittæ
Sidera. Tum magni Jovis ales fertur in altum, 340
Assueto volitans gestet ceu fulmina mundo,
Digna Jove et cœlo, quod sacris instruit armis.
Tum quoque de ponto surgit Delphinus ad astra,
Oceani cœlique decus, per utrumque sacratus.
Quem rapido conatus equus comprendere cursu 345
Festinat, pectus fulgenti sidere clarus ;
Et finitur in Andromeda. Succedit iniquo
Divisum spatio, cui tertia linea dispar
Conspicitur paribus, deltoton nomine sidus
Ex simili dictum. Cepheusque, et Cassiepia, 350
In pœnas signata suas, juxtaque relictam
Andromedam vastos metuentem pristis hiatus,
Expositam ponto deflet, scopulisque revinctam,

amour, ne venait pas à son aide, armé de la tête formidable de la Gorgone, dépouille glorieuse pour lui, mortelle pour quiconque a le malheur de la voir. Non loin de là paraît le cocher (1), dont les pieds touchent presque le taureau : son art lui mérita le ciel, et le nom sous lequel il est connu. Jupiter l'ayant vu voler le premier sur un char à quatre chevaux, le transporta parmi les astres. Avec lui paraissent les chevreaux, dont les feux rendent la navigation dangereuse ; et la chèvre, dont les illustres mamelles ont nourri le roi du monde : c'est en les quittant que ce dieu devint maître de l'Olympe ; il dut à ce lait étranger la force de lancer la foudre et de faire gronder le tonnerre. Jupiter, reconnaissant, donna rang à la chèvre entre les astres éternels ; une place dans le ciel devint le juste prix de l'empire du ciel. Les pléiades et les hyades font partie du fier taureau ; elles déclinent vers le pôle boréal. Telles sont les constellations septentrionales.

Passons à celles que l'on observe au delà du cours du soleil, qui roulent au-dessus des parties de la terre brûlées par ses feux, ou qui sont comprises entre le signe glacé du capricorne et le pôle inférieur du monde. Sous ces constellations est une autre partie de la terre, où nous ne pouvons pénétrer : les peuples qui l'habitent nous sont inconnus, nous n'avons aucun commerce avec eux. Ils jouissent du même soleil qui nous éclaire, leurs ombres sont opposées aux nôtres, la disposition du ciel paraît renversée à leur égard ; les astres se couchent à leur gauche, se lèvent à leur droite. Ils voient un ciel aussi étendu et non moins éclairé que le nôtre ; il ne se lève pas pour eux moins d'étoiles que pour nous. Tout, en un mot, est égal de part et d'autre : nous ne l'emportons sur eux que par le bonheur de posséder un astre tel qu'Auguste ; César sur la terre, il sera un jour un des principaux dieux du ciel.

On voit dans le voisinage des gémeaux Orion (1), étendant ses bras dans une grande partie des cieux : sa marche hardie franchit pareillement un vaste espace. Ses brillantes épaules sont marquées de deux belles étoiles ; trois autres, obliquement rangées, soutiennent son épée. Sa tête se perd dans le plus haut du ciel : trois étoiles la caractérisent ; on les voit à peine, non qu'elles aient moins d'éclat que les autres, mais elles sont à une plus grande distance. Dans leur course rapide, les astres du ciel regardent Orion comme leur chef. La canicule (2) le suit, fournissant sa carrière avec une promptitude extrême : il n'est point de constellation dont la terre doive plus redouter la première apparition. Ceux qui observent son lever de la cime élevée du mont Taurus, en augurent l'abondance ou la disette des fruits de la terre, la température des saisons, les maladies qui régneront, les alliances qui devront se conclure. Elle est l'arbitre de la guerre et de la paix : variant les circonstances de sa première apparition, elle produit des effets relatifs aux aspects qu'elle prend alors, et nous gouverne par son seul regard. Qu'elle ait ce pouvoir, nous en avons pour garant sa couleur, sa vivacité, l'éclat de ses feux : presque égale au soleil, elle n'en diffère

(1) Héniochus, en grec, *teneur de bride.*

(1) Une des plus grandes et la plus brillante des constellations qui paraissent sur notre horizon. — (2) Le grand chien, ou plutôt l'étoile de sa gueule, dite *Sirius.*

Ni veterem Perseus cœlo quoque servet amorem,
Auxilioque juvet, fugiendaque Gorgonis ora   355
Sustineat, spoliumque sibi, pestemque videnti.
Tum vicina ferens nixo vestigia tauro
Heniochus, studio mundumque et nomen adeptus;
Quem primum curru volitantem Juppiter alto
Quadrijugis conspexit equis, cœloque sacravit.   360
Tunc subeunt hædi claudentes sidere pontum;
Nobilis et mundi nutrito rege capella;
Cujus ab uberibus magnum ille ascendit Olympum,
Lacte fero crescens ad fulmina vimque tonandi.
Hanc ergo æternis merito sacravit in astris   365
Juppiter et cœli cœlum mercede rependit.
Pleiadesque hyadesque, feri pars utraque tauri,
In boream scandunt. Hæc sunt aquilonia signa.
    Aspice nunc infra solis surgentia cursus;
Quæ super exustas labuntur sidera terras;   370
Quæque intra gelidum capricorni sidus et axe
Imo subnixum vertuntur lumina mundum :
Altera pars orbis sub quis jacet invia nobis,
Ignotæque hominum gentes, nec transita regna,
Commune ex uno lumen ducentia sole;   375
Diversasque umbras, lævaque cadentia signa,
Et dextros ortus cœlo spectantia verso.

Nec minor est illis mundus, nec lumine pejor,
Nec numerosa minus nascuntur sidera in orbem.
Cetera non cedunt; uno vincuntur in astro   380
Augusto, sidus nostro quod contigit orbi;
Cæsar nunc terris, post cœlo maximus auctor.
    Cernere vicinum geminis licet Oriona,
In magnam cœli pandentem brachia partem,
Nec minus extento surgentem ad sidera passu :   385
Singula fulgentes humeros cui lumina signant,
Et tribus obliquis demissus ducitur ensis.
At caput Orion excelso immersum Olympo
Per tria subducto signatur lumina vultu ;
Non quod clara minus, sed quod magis alta recedant. 390
Hoc duce per totum decurrunt sidera mundum.
Subsequitur rapido contenta canicula cursu,
Qua nullum terris violentius advenit astrum.
Hanc qui surgentem, primo cum redditur ortu,
Montis ab excelso speculantur vertice Tauri,   385
Proventus frugum varios, et tempora discunt;
Quæque valetudo veniat, concordia quanta.
Bella facit, pacemque refert, varieque revertens
Sic movet, ut vidit mundum, vultuque gubernat.
Magna fides hoc posse, color cursusque micantis   400
In radiis : vix sole minor ; nisi quod procul hærens

qu'en ce qu'étant beaucoup plus éloignée, elle ne nous lance que des rayons azurés, dont la chaleur est fort affaiblie. Tous les autres astres pâlissent devant elle; de tous ceux qui se plongent dans l'océan et qui en ressortent pour éclairer le monde, il n'en est aucun dont l'éclat soit comparable au sien. A la canicule succèdent Procyon (1), et le lièvre rapide, et le célèbre navire Argo, qui, des mers où il s'est hasardé le premier, a été transporté au ciel, dont il s'était rendu digne par l'audace de ses courses périlleuses : après avoir sauvé des dieux, il est devenu dieu lui-même. L'hydre est près de lui ; ses étoiles brillantes semblent autant d'écailles qui la couvrent. Là aussi on voit l'oiseau consacré à Phébus (2), la coupe chère à Bacchus, et ensuite le centaure à la double forme; homme en partie, il a, depuis la poitrine jusqu'en bas, les membres d'un cheval. Après le centaure est le temple du monde : on y voit briller un autel consacré par les dieux, quand ils eurent à repousser ces énormes géants [armés contr'eux, engendrés des crevasses de leur mère, et aussi remarquables par la diversité des traits de leur visage que par l'immensité de leurs corps]. La terre en fureur les souleva contre le ciel ; les dieux alors se crurent abandonnés par les dieux supérieurs : Jupiter hésita lui-même, dans la crainte de ne pouvoir pas ce qu'il pouvait réellement. Il voyait la terre révoltée, la nature bouleversée de fond en comble, les montagnes entassées sur les montagnes, les astres reculant d'effroi à l'approche de ces masses énormes. Il n'avait point encore éprouvé de pareils assauts ; il ignorait qu'il pût y avoir des puissances capables de contre-balancer la sienne.

(1) Ou le petit chien. — (2) Le corbeau.

Il éleva cet autel, et le décora des feux que nous y voyons briller encore aujourd'hui. Près de l'autel est la baleine, roulant son dos couvert d'écailles, se pliant et repliant sur elle-même, et fendant les eaux de sa vaste poitrine : [avide de dévorer sa proie, elle semble prête à la saisir.] Telle autrefois, en s'approchant avec fureur de la fille de Céphée, exposée sur le rocher, elle fit jaillir l'eau de la mer fort au delà de ses limites. Elle est voisine du poisson austral, ainsi appelé du nom de la partie du ciel qu'il occupe. Vers cette même partie coulent, par mille sinuosités, les ondes étoilées que répand le verseau ; et ce fleuve, continuant de diriger son cours vers les régions australes, réunit ses eaux à la tête du poisson, et paraît ne faire avec lui qu'un même astérisme. Telles sont les constellations qui sous le nom d'*australes*, que leur ont donné les anciens astronomes, embellissent la partie du ciel la plus éloignée de nous ; elle est comprise entre la route du soleil et les ourses qui nous sont invisibles, et qui, vers l'autre pôle, font plier sous leur poids l'essieu de l'univers.

Les astres qui font leur révolution dans la partie la plus basse du ciel, qui servent comme de fondement au brillant palais de l'univers, qui ne se montrent jamais au-dessus de notre horizon, ressemblent sans doute à ceux qui décorent le faîte du monde : ce sont, de part et d'autre, les mêmes astérismes, et l'on voit près de chaque pôle deux ourses en des attitudes opposées.

Telles sont donc les constellations dispersées dans les différentes régions du ciel, et qui en occupent la vaste étendue. Mais ne vous figurez pas que vous reconnaîtrez dans le ciel des figures

Frigida cœruleo contorquet lumina vultu.
Cetera vincuntur specie, nec clarius astrum
Tinguitur oceano, cœlumve revisit ab undis.
Tunc procyon veloxque lepus; tum nobilis Argo,   405
In cœlum subducta mari, quod prima cucurrit,
Emeritum magnis mundum tenet acta periclis;
Servando dea facta deos : cui proximus anguis
Squamea dispositis imitatur lumina flammis :
Et Phœbo sacer ales; et una gratus Iaccho   410
Crater; et duplici centaurus imagine fulget,
Pars homo, sed tergo pectus commissus equino.
Ipsius hinc mundi templum est, victrixque solutis
Ara nitet sacris, vastos cum terra gigantas,
[Arma importantes, et rupta matre creatos,   415
Discordes vultu, permixtaque corpora, partus]
In cœlum furibunda tulit. Tum di quoque magnos
Quæsivere deos : dubitavit Juppiter ipse,
Quod poterat non posse timens; cum surgere terram
Cerneret, et verti naturam crederet omnem,   420
Montibus atque aliis aggestos crescere montes,
Et jam vicinas fugientia sidera moles.
Necdum hostile sibi quicquam, nec numina norat,
Si qua forent majora suis. Tunc Juppiter arce

Sidera constituit, quæ nunc quoque maxima fulget.   425
Quam propter cetus convolvens squamea terga
Orbibus insurgit tortis, et fluctuat alvo;
[Intentans morsum, similis jam jamque tenenti :]
Qualis ad expositæ fatum Cepheidos ardens,
Expulit adveniens ultra sua littora pontum.   430
Tum notius piscis, venti de nomine dictus,
Exsurgit de parte noti, qua fusa feruntur
Flexa per ingentes stellarum flumina gyros.
Ulterius capiti conjugit aquarius undas
Amnis, et in medium coeunt, et sidera miscent.   435
His, inter solisque vias, arctosque latentes
Axem quæ mundi stridentem pondere torquent,
Orbe peregrino cœlum depingitur astris;
Quæ notia antiqui dixerunt sidera vates.
Ultima, quæ mundo semper volvuntur in imo,   440
Quis innixa manent cœli fulgentia templa,
Nusquam in conspectum redeuntia cardine verso
Sublimis speciem mundi, similesque figuras
Astrorum referunt, et versas frontibus arctos.
Hæc igitur magno divisas æthere sedes   445
Signa tenent, mundi totum diducta per orbem.
Tu modo corporeis similes ne quære figuras ;

analogues à leurs noms, et qu'un éclat égal vous en fera distinguer tous les membres de manière qu'il ne vous reste rien à désirer, et que tous les linéaments soient marqués par des traits de lumière. Si des feux égaux embrasaient tous leurs membres, l'univers ne pourrait supporter un si grand incendie. En ménageant ces feux, la nature s'est ménagée elle-même; elle a craint de succomber sous le poids : elle s'est donc contentée de distinguer les formes des constellations, et de nous les faire reconnaître à des signes certains. Les étoiles répondent tellement les unes aux autres, celles qui sont au milieu à celles qui occupent les extrémités, les plus basses aux plus hautes, qu'il ne faut qu'un simple trait pour les déterminer; il doit nous suffire que toutes leurs parties ne soient pas invisibles. Lorsque la lune surtout, au milieu de sa révolution, montre tout son disque éclairé, les plus belles étoiles brillent en même temps dans le ciel; les plus petites, peuple vil et sans nom, paraissent fuir devant elle; on peut alors découvrir et compter les astres les plus lumineux, ils ne sont plus confondus avec les plus petits. Voulez-vous reconnaître avec plus de facilité ces brillants astérismes? Remarquez qu'ils ne varient jamais sur le lieu de leur lever et de leur coucher; l'heure de leur lever est pareillement déterminée pour chaque jour de l'année; le temps de leur apparition et de leur disparition est réglé sur des lois invariables. Dans ce vaste univers, rien n'est si étonnant que son uniformité, que l'ordre constant qui en règle tous les ressorts : le nombre des parties ne cause aucune confusion, rien ne se déplace; les mouvements ne se précipitent jamais, jamais ils ne se ralentissent, ils ne changent jamais de direction. Peut-on concevoir une machine plus composée dans ses ressorts, plus uniforme dans ses effets?

Quant à moi, je ne pense pas qu'il soit possible de démontrer avec plus d'évidence que le monde est gouverné par une puissance divine, qu'il est dieu lui-même; que ce n'est point un hasard créateur qui l'a produit, comme a prétendu nous le persuader ce philosophe (1) qui s'imagina le premier que ce bel univers n'était dû qu'au concours fortuit d'atomes imperceptibles, dans lesquels il devait un jour se résoudre; qui enseigna que ces atomes étaient les vrais principes de la terre, de l'eau, des feux célestes, de l'air même, doué par cela seul de la puissance de former une infinité de mondes, et d'en détruire autant d'autres; qui ajouta que tout retournait à ces premiers principes, et changeait sans cesse de forme. [A qui persuadera-t-on que ces masses immenses sont l'ouvrage de légers corpuscules sans que la divinité s'en soit mêlée, et que le monde est l'ouvrage d'un aveugle hasard?] Si c'est le hasard qui l'a formé, qu'on dise donc que c'est le hasard qui le gouverne. Mais pourquoi le lever successif des astres est-il si régulier? comment leur marche est-elle assujétie à des lois si constantes? pourquoi aucun d'eux ne hâte-t-il sa course, et ne laisse-t-il derrière lui l'astérisme dont il fait partie? pourquoi les nuits d'été sont-elles constamment éclairées des mêmes étoiles; et pourquoi en est-il de même des nuits d'hiver? Pourquoi les mêmes jours de l'année nous ramènent-ils les mêmes figures célestes? pourquoi en font-ils invariablement disparaître d'autres? Dès le temps où les peuples de la Grèce détruisirent

(1) Épicure, en cela précédé par Démocrite.

Omnia ut æquali fulgescant membra colore,
Deficiat nihil, aut vacuum quid lumine cesset.
Non poterit mundus sufferre incendia tanta, 450
Omnia si plenis ardebunt sidera membris.
Quicquid subduxit flammis, natura pepercit,
Succubitura oneri, formas distinguere tantum.
Contenta, et stellis ostendere sidera certis.
Linea designat species, atque ignibus igues 455
Respondent; media extremis, atque ultima summis
Redduntur : satis est, si se non omnia celant.
Præcipue, medio cum luna implebitur orbe,
Certa nitent mundo; cum luna conditur omne
Stellarum vulgus, fugiunt sine nomine turba. 460
Pura licet vacuo tum cernere sidera cœlo;
Nec fallunt numero, parvis nec mixta feruntur.
Et, quo clara magis possis cognoscere signa,
Non varios obitus norunt variosque recursus;
Certa sed in proprias oriuntur sidera luces, 465
Natalesque suos occasumque ordine servant.
Nec quisquam in tanta magis est mirabile mole
Quam ratio, et certis quod legibus omnia parent.
Nusquam turba nocet, nihil ullis partibus errat,

Laxius, aut levius, mutatove ordine fertur. 470
Quid tam confusum specie, quid tam vice certum est?
Ac mihi tam præsens ratio non ulla videtur,
Qua pateat mundum divino numine verti,
Atque ipsum esse deum; nec forte coisse magistra;
Ut voluit credi, qui primus mœnia mundi 475
Seminibus struxit minimis, inque illa resolvit :
E quis et maria, et terras, et sidera cœli,
Ætheraque immensis fabricantem finibus orbes
Solventemque alios constare; et cuncta reverti
In sua principia, et rerum mutare figuras. 480
[Quis credat tantas operum sine numine moles
Ex minimis, cœcoque creatum fœdere mundum!]
Si fors ista dedit nobis, fors ipsa gubernet.
At cur dispositis vicibus consurgere signa,
Et velut imperio præscriptos reddere cursus 485
Cernimus, ac nullis properantibus ulla relinqui?
Cur eadem æstivas exornant sidera noctes,
Semper, et hibernas eadem? certamque figuram
Quisque dies reddit mundo, certamque relinquit?
Jam tum, cum Graiæ verterunt Pergama gentes, 490
Arctos et Orion adversis frontibus ibant;

Ilion, l'ourse et Orion étaient déjà dans les attitudes opposées où on les voit aujourd'hui : l'ourse se bornait à une révolution circonscrite autour du pôle ; Orion semblait s'élever vers elle comme pour venir à sa rencontre, et ne quittait jamais le milieu du ciel (1). Dès lors on distinguait les temps de la nuit par la position des étoiles, et les heures en étaient gravées au firmament. Depuis la ruine de Troie, combien de trônes renversés ! combien de peuples réduits en captivité ! que de fois la fortune inconstante a fait succéder la puissance à l'esclavage, la servitude à l'autorité ! quel vaste empire elle a fait naître des cendres oubliées de Troie ! la Grèce, enfin, a été soumise au sort qu'elle avait fait subir à l'Asie. Je ne finirais pas, si je voulais compulser les fastes de tous les siècles, et compter les vicissitudes que les feux du soleil ont éclairées. Tout ce qui est créé pour finir est sujet au changement ; après quelques années, les nations ne se reconnaissent plus elles-mêmes ; chaque siècle en change l'état et les mœurs. Mais le ciel est exempt de ces révolutions ; ses parties n'éprouvent aucune altération, la succession des âges n'en augmente pas le nombre, et la vieillesse ne le diminue pas : il sera toujours le même, parce qu'il a toujours été le même. Tel que l'ont observé nos pères, tel le verront nos neveux : il est dieu, puisqu'il est immuable. Que le soleil ne s'égare jamais vers les ourses voisines du pôle, qu'il ne varie point dans sa marche, que sa route ne le porte jamais vers l'orient ; que l'aurore naisse constamment dans les mêmes parties de l'horizon ; que la lumière de la lune soit assujétie à des progrès certains et limités, qu'elle croisse et décroisse conformément à des lois invariables ; que les astres, suspendus dans l'espace, ne tombent pas sur la terre, mais qu'ils circulent dans des temps déterminés, conjointement avec les constellations dont ils font partie ; ce n'est point un effet du hasard, c'est un ordre établi par la sagesse divine.

Mais quelle est l'étendue de l'espace qu'occupe la voûte du monde ? quelle est celle des douze signes célestes ? La raison seule suffit pour nous en instruire. La raison ne connaît point d'obstacles ; l'immensité des objets, leur obscurité, rien ne l'arrête ; tout cède à sa force ; son activité s'étend jusqu'au ciel même. Elle enseigne que la distance des signes célestes à la terre et à la mer est égale à l'étendue de deux de ces signes. Toute ligne qui traverse une sphère, en passant par son centre, a de longueur le tiers de la circonférence de la sphère ; c'est, à bien peu de chose près, sa juste mesure : donc, puisque quatre signes forment le tiers de l'étendue des douze signes célestes, il s'ensuit que la distance de la partie la plus haute à la partie la plus basse du ciel est de quatre signes, et que la terre, suspendue au milieu de cet espace, est distante de l'intervalle de deux signes de chacune de ces deux extrémités. Donc toute l'étendue que vous voyez au-dessus de vous, cet espace que votre vue embrasse et celui qu'elle ne peut plus atteindre, doit être égalé à deux signes : prise six fois, elle vous donnera la circonférence de cette zone céleste, parcourue par les douze signes qui tapissent le ciel en compartiments égaux. Ne vous étonnez donc pas si, sous

(1) L'équateur.

Hæc contenta suos in vertice flectere gyros,
Ille et diverso vertentem surgere contra
Obvius, et toto semper decurrere mundo.
Temporaque obscuræ noctis deprendere signis   495
Jam poterant, cœlumque suas distinxerat horas.
Quot post excidium Trojæ sunt eruta regna,
Quot capti populi ! quoties fortuna per orbem
Servitium imperiumque tulit, varieque revertit !
Trojanos cineres in quantum oblita refovit   500
Imperium ! satis Asiæ jam Græcia pressa est.
Sæcula dinumerare piget, quotiesque recurrens
Lustrarit mundum vario sol igneus orbe.
Omnia mortali mutantur lege creata ;
Nec se cognoscunt terræ, vertentibus annis ;   505
Exutæ variant faciem per sæcula gentes.
At manet incolumis mundus, suaque omnia servat ;
Quæ nec longa dies auget, minuitve senectus :
Idem semper erit, quoniam semper fuit idem.
Non alium videre patres, aliumve nepotes   510
Aspicient : deus est, qui non mutatur in ævo.
Numquam transversas solem decurrere ad arctos,
Nec mutare vias, et in ortum vertere cursus,
Auroramque novis nascentem ostendere terris ;

Nec lunam certos excedere luminis orbes,   515
Sed servare modum, quo crescat, quove recedat ;
Nec cadere in terram pendentia sidera cœlo,
Sed dimensa suis consumere tempora signis ;
Non casus opus est, magni sed numinis ordo.
  Ipse autem quantum convexo mundus Olympo   520
Obtineat spatium, quantis bis sena ferantur
Finibus astra, docet ratio ; cui nulla resistunt
Claustra, nec immensæ moles ; ceduntque recessus :
Omnia succumbunt ; ipsum est penetrabile cœlum.
Nam quantum a terris atque æquore signa recedunt, 525
Tantum bina patent. Quacumque inciditur orbis
Per medium, pars efficitur tum tertia gyri,
Exiguo dirimens solidam discrimine summam.
Summum igitur cœlum bis bina refugit ab imo
Astra, e bis senis ut sit pars tertia signis.   530
Sed quia per medium est tellus suspensa profundum,
Binis a summo signis discedit et imo.
Hinc igitur quodcumque supra te suspicis ipse,
Qua per inane meant oculi, quaque ire recusant,
Binis æquandum est signis ; sex tanta rotundæ   535
Efficiunt orbem zonæ ; qua signa feruntur
Bis sex, æquali spatio texentia cœlum.

les mêmes signes, on voit naître des hommes d'un caractère différent, et dont les destinées sont entièrement opposées : considérez l'étendue de chaque signe, et le temps qu'il met à la parcourir ; un jour entier suffit à peine à leur lever successif.

Il me reste à vous exposer quels sont les limites célestes, les bornes établies au ciel dans un ordre régulier, les termes qui règlent la course des astres étincelants. Un cercle du côté de l'aquilon soutient l'ourse brillante ; six parties entières le séparent du sommet du ciel. Un second cercle passe par l'extrémité la plus boréale de l'écrevisse : c'est là que Phébus semble s'arrêter, lancer ses plus chauds rayons, et, dans des révolutions plus visibles, nous prodiguer le plus longtemps ses feux : ce cercle, déterminant la saison des plus grandes chaleurs, en a pris le nom de *cercle d'été :* il borne, dans cette partie, la course brûlante du soleil ; il est un des termes de sa carrière : sa distance au cercle boréal est de cinq parties. Le troisième cercle, placé précisément au milieu du monde, voit de part et d'autre les deux pôles à des distances égales : c'est là que Phébus, ouvrant, dans sa marche rapide, les saisons tempérées du printemps et de l'automne, règle sur des mesures égales la durée du jour et de la nuit. Ce cercle divise le ciel en deux hémisphères semblables : quatre parties séparent sa trace de celle du cercle d'été. Le cercle qui suit immédiatement porte le nom de *cercle d'hiver* (1) ; il règle les derniers pas que fait le soleil pour s'éloigner de nous ; il ne laisse arriver à nous que par des rayons obliques les feux affaiblis de cet astre, qu'il retient le moins longtemps possible sur notre horizon. Mais les régions au-dessus desquelles il domine jouissent de leurs plus longs jours ; une chaleur brûlante en prolonge la durée : à peine ces jours font-ils place à de courtes nuits. Deux fois deux parties écartent ce cercle de celui du milieu du ciel. Il reste encore un cercle (1) voisin de l'extrémité de l'axe, et qui, pressant les ourses australes, les entoure comme d'une ligne de circonvallation : sa distance au cercle d'hiver est de cinq parties ; et il est aussi éloigné du pôle dont il est voisin, que le cercle qui lui correspond de notre côté est distant de notre pôle. Ainsi l'espace compris entre les deux pôles, divisé par le cercle du milieu en deux parties égales, forme par la réunion de ces deux parties la circonférence de l'univers, et cinq cercles, divisant cette étendue, déterminent les limites des astres, et le temps de leur séjour au-dessus de l'horizon. La rotation de ces cercles est la même que celle du monde ; ils n'ont aucune inclinaison l'un vers l'autre ; le lever, le coucher de tous leurs points sont réglés sur des lois uniformes. En effet, la trace de ces cercles étant parallèle à la rotation universelle de la sphère céleste, ils suivent constamment la direction du mouvement du ciel, toujours à des distances égales les uns des autres, ne s'écartant jamais des bornes qui leur sont assignées, des termes qui leur sont prescrits.

Du sommet supérieur du ciel au sommet inférieur, s'étendent deux autres cercles opposés l'un

---

(1) Le tropique du capricorne.

(1) Le cercle polaire antarctique.

Nec mirere vagos partus eadem esse per astra,
Et mixtum ingenti generis discrimine fatum ;
Singula cum tantum teneant, tantoque ferantur 540
Tempore, vix tota surgentia sidera luce.
  Restat ut æthereos fines tibi reddere coner,
Filaque dispositis vicibus comitantia cœlum,
Per quæ dirigitur signorum flammeus ordo.
Circulus ad boream fulgentem sustinet arcton, 545
Sexque fugit solidas a cœli vertice partes.
Alter, ad extremi decurrens sidera cancri,
In quo consummat Phœbus lucemque moramque,
Tardaque per longos circumfert lumina flexus,
Æstivi medio nomen sibi sumit ab æstu ; 550
Temporis et titulo potitur ; metamque volantis
Solis et extremos designat fervidus axes ;
Et quinque in partes aquilonis distat ab orbe.
Tertius, in media mundi regione locatus,
Ingenti spira totum præcingit Olympum ; 555
Parte ab utraque videns axem : quo culmine Phœbus
Componit paribus numeris noctemque, diemque,
Veris et autumni currens per tempora mixta.
Hic medium æquali distinguit limite cœlum :
Quatuor et gradibus sua fila reducit ab æstu. 560

Proximus hunc ultra, brumalis nomine gaudens
Ultima designat fugientis limina solis ;
Invidaque obliqua radiorum munera flamma
Dat per iter minimum nobis, sed finibus illis,
Quos super incubuit, longa stant tempora luce ; 565
Vixque dies transit candentem extenta per æstum ;
Bisque jacet binis summotus partibus orbis.
Unus ab his superest extremo proximus axi
Circulus, austrinas qui stringit et obsidet arctos.
Hic quoque brumalem per partes quinque relinquit ; 570
Et quantum a nostro sublimis cardine gyrus
Distat, ab adverso tantumdem proximus illi.
Sic tibi per binas vertex a vertice partes
Divisus, duplici summa circumdat Olympum,
Et per quinque notat signantes tempora fines. 575
Illis eadem est via, quæ mundo ; pariterque rotantur
Inclines, sociosque ortus occasibus æquant :
Quandoquidem textu, quo totus volvitur orbis,
Fila trahunt, alti cursum comitantia cœli ;
Intervalla pari servantes limite semper, 580
Divisosque semel fines, sortemque dicatam.
  Sunt duo, quos recipit ductos a vertice vertex,
Inter se adversi, qui cunctos ante relatos

à l'autre, et qui, coupant tous les cercles dont nous venons de parler, se coupent eux-mêmes en se rencontrant aux deux pôles du monde; l'axe de la sphère est leur point de réunion à chacune de ses deux extrémités. Ils distinguent les saisons de l'année, et divisent le ciel et les signes célestes en quatre parties égales, dont chacune correspond à un nombre égal de mois. Le premier, descendant de la cime la plus élevée du ciel, traverse la queue du dragon, passe entre les deux ourses, qui ne se plongent jamais dans l'océan, et entre les bassins de la balance, qui s'agitent au milieu du ciel : passant ensuite, dans la partie méridionale, sur la queue de l'hydre et par le milieu du centaure, il gagne le pôle inférieur, d'où il se relève pour venir à la baleine; il traverse le dos écailleux de cette constellation, prolonge les premières étoiles du bélier et celles qui brillent dans le triangle, passe le long des plis de la robe d'Andromède, et près des pieds de sa mère, et se termine enfin au pôle d'où il est primitivement parti. L'autre cercle s'appuie sur ce premier, et sur l'extrémité supérieure de l'axe. De là il traverse les pattes antérieures et la tête de l'ourse, qui, grâce à l'éclat de ses sept belles étoiles, se montre la première de toutes les constellations, après la retraite du soleil, et éclaire les ténèbres de la nuit. Il sépare ensuite l'écrevisse des gémeaux, il côtoie le chien à la gueule étincelante, et le gouvernail du navire victorieux des ondes ; il court de là au pôle invisible, en passant par des astérismes placés en travers de ceux sur lesquels le premier cercle a passé, et, partant de cette limite, il se dirige vers vous, signe du capricorne, et, parvenu à vos étoiles, il fixe celles de l'aigle : traversant ensuite la lyre recourbée et les nœuds du dragon, il s'approche des pattes postérieures de la petite ourse, et traverse sa queue près du pôle, où il se rejoint à lui-même, ne pouvant oublier les lieux d'où il a pris son essor.

Les anciens astronomes ont assigné aux cercles précédents des places fixes, des positions invariables entre les constellations célestes; ils en ont reconnu deux autres susceptibles de déplacement. L'un, prenant son origine à la grande ourse, coupe la route du soleil en deux parties égales ; il partage le jour et détermine la sixième heure. Il est à une distance égale du lever et du coucher de tous les astres. Sa trace dans le ciel n'est pas toujours la même : allez à l'orient, allez vers l'occident, vous déterminez au-dessus de vous un cercle, passant par le point qui répond directement à votre tête et par le pôle du monde, et partageant en deux la route visible du soleil : or, en changeant ainsi de lieu, vous changez d'heure ; le ciel que vous voyez n'est plus le même ; chaque point que vous parcourez a son méridien propre ; l'heure vole sur toute la surface de la terre. Lorsque nous voyons l'astre du jour sortir du sein des eaux, les peuples qu'il presse alors de son char étincelant comptent la sixième heure. Il est pareillement six heures pour les peuples occidentaux, lorsque le jour pour nous fait place aux ombres de la nuit : ces deux sixièmes heures nous les comptons l'une pour la première, l'autre pour la dernière heure du jour, et les rayons extrêmes du soleil ne nous procurent qu'une lumière dépourvue de chaleur.

Désirez-vous connaître la trace du second cercle mobile (1)? Portez votre vue de toutes

(1) L'horizon.

Seque secant, gemino coeuntes cardine mundi ;
Transversoque polo rectum ducuntur in axem :   585
Tempora signantes anni, cœlumque per astra
Quattuor in partes divisum mensibus æquis.
Alter ab excelso decurrens limes Olympo
Serpentis caudam, siccas et dividit arctos,
Et juga chelarum medio volitantia gyro :   590
Extremamque secans hydram, mediumque sub austris
Centaurum, adversum concurrit rursus in axem,
Et redit in cetum ; squamosaque tergora ceti,
Lanigerique notat fines, clarumque trigonum,
Andromedæque sinus imos, vestigia matris,   595
Principiumque suum repetito cardine claudit.
Alter in hunc medium summumque incumbit in axem ;
Perque pedes primos cervicem transit et ursæ,
Quam septem stellæ primam, jam sole remoto,
Producunt, nigræ præbentem lumina nocti :   600
Et geminis cancrum dirimit, stringitque flagrantem
Ore canem, clavumque ratis, quæ vicerat æquor.
Inde axem occultum per gyri signa prioris
Transversa ; atque illo rursus de limite tangit
Te, capricorne, tuisque aquilam designat ab astris :   605

Perque lyram inversam currens, spirasque draconis,
Posteriora pedum cynosuræ præterit astra ;
Transversamque secat vicino cardine caudam.
Hic iterum coit ipse sibi, memor unde profectus.
Atque hæc æterna fixerunt tempora sede,   610
Immotis per signa locis statione perenni.
Hos volucres fecere duos. Namque alter ab ipsa
Consurgens helice medium præcidit Olympum,
Discernitque diem, sextamque examinat horam,
Et paribus spatiis occasus cernit et ortus.   615
Hic mutat per signa vices : nam seu quis eoos
Seu petit hesperios, supra se circinat orbem
Verticibus superastantem, mediumque secantem
Cœlum, et diviso signantem culmine mundum ;
Cumque loco terræ cœlumque et tempora mutat ;   620
Quando aliis aliud medium est : volat hora per orbem :
Atque ubi se primis extollit Phœbus ab undis,
Illis sexta manet, quos tum premit aureus orbis.
Rursus ad hesperios sexta est, ubi cedit in umbras :
Nos primam ac summam sextam numeramus utramque,   625
Et gelidum extremo lumen sentimus ab igne.
Alterius fines si vis cognoscere gyri,

parts jusqu'où elle peut s'étendre : ce cercle, qui vous paraît être la partie la plus basse du ciel et la plus élevée de la terre, qui joint immédiatement la partie visible du ciel avec celle que nous ne voyons pas, qui reçoit comme au sein des flots et nous renvoie les astres étincelants; ce cercle ou plutôt cette ligne indivisible environne tout le ciel qu'elle divise, et cette même ligne parcourt tous les points de l'univers. De quelque côté que vous portiez vos pas inconstants, soit que vous avanciez vers un point de la terre, soit que vous marchiez vers un autre, le cercle qui termine votre vue n'est plus le même, il change à chaque pas; il vous découvre une nouvelle partie du ciel, il en dérobe une autre à votre vue; toujours il vous cache et vous montre la moitié du ciel; mais le terme qui sépare ces deux moitiés varie, et sa trace change toutes les fois que vous changez de place. Ce cercle est terrestre, parce qu'il embrasse la circonférence de la terre, et que son plan l'environne de toutes parts; et comme il sert de borne et de limite, on lui a donné le nom d'*horizon*.

A ces cercles ajoutez deux cercles obliques, dont les directions sont très-différentes. L'un (1) porte ces signes éclatants, sur lesquels Phébus laisse flotter ses rênes : la déesse de Délos le suit, montée sur son char agile, et les cinq étoiles errantes, emportées dans une course opposée à celle de l'univers, semblent y former des pas variés que règlent les lois de la nature. L'écrevisse en occupe le point le plus élevé, et le capricorne le point le plus bas : rencontré deux fois par le cercle qui égale le jour à la nuit, il le coupe au signe du bé-

lier et à celui de la balance. Ainsi ce cercle, s'appuyant sur trois autres (1), s'écarte, par une marche oblique, du mouvement direct commun à tous les astres. D'ailleurs on ne peut dire de ce cercle ce qu'on pourrait dire de tous les précédents, qu'il est imperceptible aux yeux, et que l'esprit seul peut se le figurer : il forme une ceinture qui resplendit de tout l'éclat des belles étoiles qui la décorent; le ciel est comme ciselé par la brillante lumière qu'il y répand. Sa longueur est de trois cent soixante parties, il en a douze de large; c'est dans cette zone que les étoiles errantes exécutent leurs divers mouvements.

L'autre cercle (2) est placé en travers du précédent; il naît dans le voisinage des ourses; sa trace est voisine du cercle polaire boréal. Il passe dans les étoiles de Cassiopée, renversée sur sa chaise; descendant obliquement, il touche le cygne, il coupe le cercle d'été, l'aigle renversée en arrière, le cercle qui égale le jour à la nuit, et celui que parcourent les coursiers du soleil; et il laisse d'un côté la queue ardente du scorpion, de l'autre la main gauche et la flèche du sagittaire. Il dirige ensuite sa marche sinueuse à travers les cuisses et les pieds du centaure, et, commençant à remonter vers nous, il parvient au sommet des mâts du navire, traverse le cercle qui occupe le milieu du ciel, couvre les étoiles les plus basses des gémeaux, entre dans le cocher, et aspirant à vous rejoindre, vous qui l'aviez vu partir, Cassiopée, il passe au-dessus de Persée, et termine son circuit dans la constellation où il l'avait commencé. Ce cercle coupe donc en deux

(1) Le zodiaque.

(1) L'équateur et les deux tropiques. — (2) La voie lactée.

Circumfer faciles oculos vultumque per orbem.
Quicquid erit cœlique imum terræque supremum,
Qua coit ipse sibi nullo discrimine mundus,　　　630
Redditque aut recipit fulgentia sidera ponto,
Præcingit tenui transversum limite mundum.
Hæc quoque per totum volitabit linea cœlum.
Nam quacumque vagæ tulerint vestigia plantæ
Has modo terrarum, nunc has gradientis in oras,　　　635
Semper erit novus et terris mutabitur arcus :
Quippe aliud cœlum ostendens, aliudque relinquens
Dimidium teget et referet, varioque notabit
Fine, et cum visu pariter sua fila movente.
Hic terrestris erit, quia terræ amplectitur orbem,　　　640
Et medium plano præcingit limite, gyrus;
Atque a fine trahens titulum, memoratur horizon.

His adice obliquos adversumque fila trahentes
Inter se gyros : quorum fulgentia signa
Alter habet, per quæ Phœbus moderatur habenas;　　　645
Subsequiturque suo solem vaga Delia curru ;
Et quinque adverso luctantia sidera mundo
Exercent varias naturæ lege choreas.
Hunc tenet a summo cancer, capricornus ab imo;
His recipit lucem qui circulus æquat et umbras,　　　650
Lanigeri et libræ signo sua fila secantem.

Sic per tres gyros inflexus ducitur orbis,
Rectaque devexo fallit vestigia clivo.
Nec visus aciemque fugit, tantumque notari
Mente potest, sicut cernuntur mente priores.　　　655
Sed nitet ingenti stellatus balteus orbe,
Insignemque facit cælato lumine mundum,
Et ter vicenas partes patet atque trecentas
In longum : bis sex latescit fascia partes,
Quæ cohibet vario labentia sidera cursu.　　　660

Alter in adversum positus succedit ad arctos,
Et paulum a boreæ gyro sua fila reducit,
Transitque inversæ per sidera Cassiepiæ.
Inde per obliquum descendens, tangit olorem;
Æstivosque secat fines, aquilamque supinam,　　　665
Temporaque æquantem gyrum, zonamque ferentem
Solis equos, inter caudam, qua scorpius ardet,
Extremamque sagittari lævam, atque sagittam.
Inde suos sinuat flexus per crura pedesque
Centauri alterius; rursusque ascendere cœlum　　　670
Incipit, argivamque ratem per aplustria summa,
Et medium mundi gyrum, geminosque per ima
Signa secans subit heniochum; teque unde profectus,
Cassiepia, petens, super ipsum Persea transit;
Orbemque ex illa cœptum concludit in ipsa :　　　675

points les trois cercles du milieu de la sphère et celui qui porte les signes, et il en est réciproquement coupé en autant de parties. Il ne faut pas se donner beaucoup de peine pour le chercher ; il se présente de lui-même, on le voit sans aucun effort, il n'est pas possible de s'y tromper. Dans l'azur du ciel s'offre une bande remarquable par sa blancheur; on la prendrait pour une aurore d'où va poindre le jour, et qui doit ouvrir les portes du ciel. Telle une route, battue par le passage assidu des voitures qui la parcourent, se distingue au milieu des vertes prairies qu'elle partage ; ou comme les flots de la mer blanchissent d'écume sous le sillage, et, sortis en bouillonnant du gouffre qui les vomit, déterminent le chemin que suit le navire : telle cette route céleste brille par sa blancheur au milieu des ténèbres qui couvrent l'Olympe, et projette sa vive lumière sur le fond azuré du ciel. Semblable à Iris qui tend son arc dans les nues, elle imprime au-dessus de nos têtes sa trace lumineuse, et force les mortels à la regarder avec étonnement : ils ne peuvent pas ne pas admirer cette lumière insolite qui perce les ombres de la nuit; et ils cherchent, malgré les bornes de leur intelligence, à pénétrer la cause de ces divines merveilles. Est-ce que les deux parties du ciel tendent à se désunir? leur liaison trop faible menace-t-elle de se dissoudre, et la voûte céleste, commençant à se séparer, ouvre-t-elle un passage à cette lumière nouvelle? Comment ne pas frémir à l'aspect du ciel ainsi déchiré, lorsque ces plaies de la nature frappent nos yeux épouvantés ! Penserons-nous plutôt qu'une double voûte, ayant formé le ciel, trouve ici sa ligne de réunion, que les deux moitiés y sont fortement cimentées, que c'est une cicatrice apparente qui réunit pour toujours ces deux parties; que la matière céleste y étant amassée en plus grande quantité, s'y condense, forme un nuage aérien, et entasse une plus grande masse de la matière qui constitue le plus haut des cieux ? En croirons-nous une vieille tradition, suivant laquelle, dans des siècles reculés, les coursiers du soleil, tenant une autre route que celle qu'ils suivent aujourd'hui, avaient longtemps parcouru ce cercle? Il s'embrasa enfin, les astres qu'il portait furent la proie des flammes ; à leur azur succéda cette couleur blanchâtre, qui n'est que celle de leur cendre : on peut regarder ce lieu comme le tombeau du monde. L'antiquité nous a transmis un autre fait. Phaéton conduisit autrefois le char de son père le long des signes célestes. Mais tandis que ce jeune téméraire s'amuse à contempler de près les merveilles du ciel, qu'il sourit à ces nouveaux objets, qu'il se livre tout entier au plaisir d'être porté sur le char du soleil, qu'il pense même à oser plus que lui, il abandonne la route qui lui est prescrite, et s'en ouvre une toute nouvelle. Les astres qu'il traverse ne peuvent supporter la proximité de ces feux errants auxquels ils ne sont point accoutumés; le char vole en éclats. Pourquoi nous plaindrions-nous des ravages causés par cet incendie dans toute l'étendue de la terre, devenue son propre bûcher, et qui vit toutes ses villes consumées par les flammes ? Les éclats dispersés du char du soleil portèrent le feu partout; le ciel même fut embrasé; le feu gagna le monde entier; les astres voisins de la route de Phaéton

Tresque secat medios gyros et signa ferentem
Partibus e binis, quotiens præciditur ipse.
Nec quærendus erit : visus incurrit in ipsos
Sponte sua ; seque ipse docet cogitque notari.
Namque in cœruleo candens nitet orbita mundo,   680
Ceu missura diem subito, cœlumque recludens.
Ac veluti virides discernit semita campos,
Quam terit assiduo renovans iter orbita tractu
Ut freta canescunt sulcum ducente carina,
Accipiuntque viam fluctus spumantibus undis,   685
Qua tortus verso movit se gurgite vortex :
Candidus in nigro lucet sic limes Olympo,
Cœruleum pingens ingenti lumine mundum.
Utque suos arcus per nubila circinat Iris,
Sic superincumbit signato culmine limes   690
Candidus, et resupina facit mortalibus ora,
Dum nova per cæcam mirantur lumina noctem,
Inquiruntque sacras humano pectore causas.
Num se diductis conetur solvere moles
Segminibus, raraque labent compagine rimæ,   695
Admittantque novum laxato tegmine lumen.
Quid sibi non timeant, magni cum vulnera cœli
Conspiciant, feriatque oculos injuria mundi?
An coeat mundus, duplicisque extrema cavernæ
Conveniant, cœlique oras et segmina jungant;   700
Perque ipsos flat nexus manifesta cicatrix,
Fusuram faciens; mundi stipatus et orbis
Aeriam in nebulam crassa compagine versus,
In cuneos alti cogat fundamina cœli.
An melius manet illa fides, per sæcula prisca   705
Illac solis equos diversis cursibus isse,
Atque aliam trivisse viam; longumque per ævum
Exustas sedes, incoctaque sidera flammis
Cœruleam verso speciem mutasse colore ;
Infusumque loco cinerem, mundumque sepultum.   710
Fama etiam antiquis ad nos descendit ab annis,
Phaethontem patrio curru per signa volantem,
(Dum nova miratur propius spectacula mundi,
Et puer in cœlo ludit, curruque superbus
Luxuriat nitido, cupit et majora parente,)   715
Monstratas liquisse vias, aliamque recentem
Imposuisse polo ; nec signa insueta tulisse
Errantes meta flammas, currumque solutum.
Quid querimur flammas totum sævisse per orbem,
Terrarumque rogum cunctas arsisse per urbes?   720
Cum vaga dispersi fluitarunt fragmina currus,
Et cœlum exustum est. Luit ipse incendia mundus,
Et vicina novis flagrarunt sidera flammis,

en devinrent la proie, et portent encore l'empreinte de cette catastrophe. Les annales anciennes font mention d'un fait moins tragique, que je ne dois pas passer sous silence: quelques gouttes de lait, échappées du sein de la reine des dieux, donnèrent cette couleur à la partie du ciel qui les reçut; et c'est de là que vient le nom de *voie lactée*, nom qui rappelle la cause de cette blancheur. Ne faudrait-il pas plutôt penser qu'une grande quantité d'étoiles sur ce même point y forme comme un tissu de flammes, nous renvoie une lumière plus dense, et rend cette partie du ciel plus brillante par la réunion d'un plus grand nombre d'objets lumineux? Dira-t-on enfin que les âmes des héros qui ont mérité le ciel, dégagées des liens de leurs corps après leur séjour sur la terre, sont transportées dans cette demeure; que ce ciel leur est approprié; qu'elles y mènent une vie céleste, qu'elles y jouissent du monde entier? Là sont honorés les Éacides, les Atrides, l'intrépide fils de Tydée, le souverain d'Ithaque, vainqueur de la nature et sur terre et sur mer, le roi de Pylos, célèbre par trois siècles de vie; tous les autres chefs des Grecs qui combattirent sous les murs d'Ilion, Assaracus; Ilus, tous les héros troyens qui suivaient les étendards d'Hector; le noir fils de l'Aurore, et le roi de Lycie, digne sang de Jupiter. Je ne dois pas vous oublier, belliqueuse Amazone, non plus que la ville de Pella, que la naissance d'un grand conquérant (1) a rendue si célèbre. On y voit aussi ces hommes qui se sont illustrés par l'étendue de leur génie et par l'autorité de leurs conseils, dont toutes les ressources étaient en eux-mêmes : le juste Solon,

(1) Alexandre le Grand.

le sévère Lycurgue, le divin Platon, et celui (1) qui avait été son maître, et dont l'injuste condamnation fit retomber sur Athènes, sa patrie, l'arrêt odieux prononcé contre lui; celui qui vainquit la Perse (2), malgré les innombrables vaisseaux dont elle avait comme pavé la mer; les héros romains, dont les rangs sont aujourd'hui si serrés; les rois de Rome, excepté Tarquin; les Horaces, illustres jumeaux, qui tinrent lieu à leur patrie d'une armée entière; Scévola, que sa mutilation a comblé de gloire; la jeune Clélie, supérieure aux hommes en courage; Coclès, ceint de la couronne murale pour avoir protégé Rome; Corvinus, fier de ses riches dépouilles, et de ce nom glorieux conquis dans un combat où Apollon se fit son compagnon d'armes, sous l'extérieur d'un corbeau; Camille, qui, en sauvant le Capitole, mérita d'être placé au ciel, et d'être regardé comme le second fondateur de Rome; Brutus, qui fonda la république, après avoir expulsé Tarquin; Papyrius, qui ne voulut se venger que par les armes des cruautés de Pyrrhus; Fabricius, les deux Curius; Marcellus, qui, le troisième des Romains, remporta des dépouilles opimes et tua un roi de sa main; Cossus, qui eut le même honneur; les Décius, égaux par leurs victoires et par leur dévouement à la patrie; Fabius, qui devint invincible en temporisant; Livius, qui, secondé de Néron, vainquit le perfide Asdrubal; les deux Scipions, nés pour la ruine de Carthage; Pompée, vainqueur de l'univers, et qui se vit décoré de trois triomphes et le chef de la république avant le temps prescrit par les lois; Cicéron, que son éloquence seule éleva au consulat; la race illustre

(1) Socrate. — (2) Thémistocle.

```
Nunc quoque præteriti faciem referentia casus.
Nec mihi celanda est famæ vulgata vetustas              725
Mollior, e niveo lactis fluxisse liquorem
Pectore reginæ divum, cœlumque colore
Infecisse suo : quapropter lacteus orbis
Dicitur, et nomen causa descendit ab ipsa.
An major densa stellarum turba corona                   730
Contexit flammas, et crasso lumine candet,
Et fulgore nitet collato clarior orbis?
An fortes animæ dignataque numina cœlo,
Corporibus resoluta suis, terraque remissa,
Huc migrant ex orbe; suumque habitantia cœlum           735
Æthereos vivunt annos, mundoque fruuntur,
Atque hic Æacidas, hic et veneramur Atridas,
Tydidenque ferum, terræque marisque triumphis
Naturæ victorem Ithacum, Pyliumque senecta
Insignem triplici, Danaumque ad Pergama reges;          740
Assaracum, atque Ilum, totamque sub Hectore Trojam;
Auroræque nigrum partum, stirpemque Tonantis
Rectorem Lyciæ : nec te, Mavortia virgo,
Præteream, regesque alios, quos Græcia misit
Atque Asiæ gentes et Magno maxima Pella.                745
Quique animi vires et strictas pondere mentes
Prudentes habuere viri, quibus omnis in ipsis
Census erat; justusque Solon, fortisque Lycurgus,
Æthereusque Plato, et qui fabricaverat illum,
Damnatusque suas melius damnavit Athenas;               750
Persidos et victor, straret quæ classibus æquor;
Romanique viri, quorum jam maxima turba est,
Tarquinioque minus reges, et Horatia proles,
Tota acies partus; necnon et Scævola trunco
Nobilior, majorque viris et Clœlia virgo;               755
Et Romana ferens quæ texit mœnia Cocles;
Et commilitio volucris Corvinus adeptus
Et spolia et nomen, qui gestat in alite Phœbum;
Et Jove qui meruit cœlum, Romamque Camillus
Servando posuit; Brutusque a rege receptæ               760
Conditor; et Pyrrhi per bella Papyrius ultor;
Fabricius, Curiique pares; et tertia palma
Marcellus, Cossusque prior, de rege necato;
Certantes Decii votis, similesque triumphis :
Invictusque mora Fabius; victorque nefandi              765
Livius Asdrubalis, socio per bella Nerone;
Scipiadæque duo, fatum Carthaginis unum;
Pompeiusque orbis domitor, per tresque triumphos
Ante diem princeps; et censu Tullius oris
```

des Claudes, les chefs de la famille Émilienne, les célèbres Métellus ; Caton, supérieur à la fortune; Agrippa, qui passa du sein maternel aux fatigues de la guerre. La famille des Jules, dont l'origine remonte à Vénus, et qui était descendue du ciel, a peuplé le ciel, maintenant gouverné par Auguste, que Jupiter s'est associé dans cet empire. Elle voit au milieu d'elle le grand et divin Romulus, au-dessus de cette trace lumineuse qui tapisse la voûte éthérée. Ce ciel supérieur est réservé aux dieux; la voie lactée est la demeure des héros qui, semblables aux dieux par la vertu, ont approché d'eux de plus près.

[Il est d'autres astres dont la marche est contraire au mouvement de l'univers, et qui, dans leur vol rapide, sont suspendus entre le ciel et la terre : ce sont Saturne, Jupiter, Mars et le Soleil. Sous eux, Mercure fait sa révolution entre Vénus et la lune.]

Maintenant, avant de faire connaître l'énergie des astres et le pouvoir que les signes exercent sur nos destinées, achevons de décrire ce qu'on observe dans le ciel, et ce qui fait sa richesse. [Tout objet éclatant mérite notre attention, ainsi que le temps où il brille.]

Il est des feux répandus dans l'air, qui naissent d'une matière sans consistance. En effet, aux époques de grandes révolutions, on a vu quelquefois des comètes se dissiper en un instant, et d'autres s'enflammer subitement. La cause en est peut-être que la terre exhalant les vapeurs qu'elle renferme dans son sein, l'humidité de ces vapeurs est détruite par la sécheresse de l'air. Toute la matière des nuages s'étant dissipée dans un ciel longtemps serein, et les rayons du soleil ayant embrasé l'air, le feu, qui a franchi ses limites, s'empare de ces vapeurs comme d'un aliment qui lui est propre, et la flamme y trouve une matière prête à la recevoir. Comme cette matière n'a aucune solidité, que ce n'est qu'une exhalaison extrêmement raréfiée et semblable à une fumée légère, l'embrasement dure peu, et cesse presque en même temps qu'il commence, on voit ainsi la comète briller d'un vif éclat, et s'éteindre presque au même instant. Si l'extinction de ces feux n'en suivait pas de près la formation, et que cet incendie se prolongeât, la nuit serait changée en jour, le jour à peine fini renaîtrait, et surprendrait la terre, ensevelie dans un profond sommeil. De plus, comme ces vapeurs sèches de la terre ne se répandent pas toujours uniformément dans l'air, et que le feu les trouve diversement rassemblées, il s'ensuit que ces flammes, que nous voyons subitement paraître dans l'obscurité de la nuit, doivent se montrer sous différentes formes. En effet, elles prennent quelquefois celle d'une chevelure éparse, et le feu lance en tous sens des rayons qui ressemblent à de longs cheveux flottants autour de la tête. Quelquefois ces mêmes rayons s'étendent d'un seul côté, sous la forme d'une barbe enflammée. On voit aussi ce feu, tantôt terminé partout également, représenter ou une poutre carrée, ou une colonne cylindrique; tantôt, enflé par le milieu, offrir l'image d'un tonneau embrasé ; ou se rassembler en petits pelotons, dont la flamme tremblante représente comme autant de mentons barbus, et a fait imaginer pour eux le nom de

Emeritus fasces ; et Claudi magna propago, 770
Æmiliæque domus proceres, clarique Metelli ;
Et Cato fortunæ victor ; matrisque sub armis
Miles Agrippa suæ. Venerisque ab origine proles
Julia descendit cœlo, cœlumque replevit ;
Quod regit Augustus, socio per signa Tonante ; 775
Cernit et in cœtu divum magnumque Quirinum,
Altius ætherei quam candet circulus orbis.
Illa deum sedes ; hæc illis proxima divum
Qui virtute sua similes vestigia tangunt.

[Sunt alia adverso pugnantia sidera mundo, 780
Quæ cœlum terramque inter volitantia pendent,
Saturni, Jovis et Martis, solisque ; sub illis
Mercurius Venerem inter agit lunamque locatus.]

Nunc, prius incipiam stellis quam reddere vires,
Signorumque canam fatalia carmine jura, 785
Implenda est mundi facies, censusque per omne.
[Quicquid ubique nitet, vigeat quandoque notandum est.]
Sunt etenim raris orti natalibus ignes
Aera per liquidum : natosque perire cometas
Protinus, et raptim subitas candescere flammas, 790
Rara per ingentes viderunt sæcula motus.
Sive quod, ingenitum terra spirante vaporem,
Humidior sicca superatur spiritus aura.

Nubila cum longo cessant depulsa sereno,
Et solis radiis arescit torridus aer, 795
Apta alimenta sibi dimissus corripit ignis,
Materiamque sui deprendit flamma capacem.
Et quia non solidum est corpus, sed rara vagantur
Principia aurarum, volucrique simillima fumo,
In breve vivit opus, et cœpta incendia finem 800
Accipiunt, pariterque cadunt fulgentque cometæ.
Quod nisi vicinos agerent occasibus ortus,
Et tam parva forent accensis tempora flammis,
Alter nocte dies esset, cœlumque rediret
Immersum, et somno totum deprenderet orbem. 805
Tum quia non una specie dispergitur omnis
Aridior terræ vapor, et comprenditur igni ;
Diversas quoque per facies accensa feruntur
Lumina, quæ subitis existunt nata tenebris.
Nam modo, ceu longi fluitent de vertice crines, 810
Flamma comas imitata volat ; tenuesque capillos
Diffusus radiis ardentibus explicat ignis.
Nunc prior hæc species dispersis crinibus exit,
Et glomus ardentis sequitur sub imagine barbæ.
Interdum æquali laterum compagine ductus, 815
Quadratamve trabem fingit, teretemve columnam.
Quin etiam tumidis exæquat dolia flammis,

petites chèvres : d'autres fois, divisé en branches lumineuses, il ressemble à ces lampes d'où sortent plusieurs mèches. Par un ciel serein, quand les étoiles scintillent de toutes parts, on en voit qui semblent se précipiter sur la terre, ou errer çà et là dans l'espace, laissant après elles une longue trace de feu ; ou bien, se transportant à de grandes distances avec la rapidité de la flèche, elles marquent pareillement d'un trait de lumière l'intervalle que leur course a embrasé. Le feu pénètre toutes les parties de l'univers. Il est dans ces nuages épais où s'élabore la foudre ; il traverse les entrailles de la terre ; il menace d'incendier le ciel par les bouches de l'Etna ; il fait bouillonner les eaux jusque dans leurs sources ; le caillou le plus dur et la verte écorce des arbres le recèlent ; le bois, dans les forêts, s'embrase par le frottement : tant la nature est partout imprégnée de feu. Ne soyez donc pas étonnés de voir tant de flambeaux s'allumer subitement dans le ciel, et l'air enflammé reluire de leur éclat, quand il a reçu les exhalaisons desséchées qui s'échappent de la terre, exhalaisons dont le feu s'empare, et dont il suit et abandonne successivement la trace. Ne voyez-vous pas les feux du tonnerre s'élancer en serpentant du sein même de la pluie, et le ciel forcé de s'ouvrir devant lui ? Soit donc que la terre, fournissant quelquefois au feu aérien un aliment qui lui est propre, puisse par là contribuer à la génération des comètes ; soit que la nature, en créant les astres, ait en même temps produit ces feux dont la flamme est éternelle, mais que le soleil attire à lui par sa chaleur, et qu'il enveloppe dans la sphère de ses rayons, dont ensuite ils se dégagent ; (tel Mercure, telle Vénus, qui; après avoir éclairé le commencement de la nuit, disparaissent souvent, que l'on cherche en vain dans le ciel, et qui bientôt redeviennent visibles :) soit enfin que Dieu, sensible à nos malheurs prochains, nous donne par ces révolutions, par ces incendies du ciel, des avertissements salutaires : jamais les feux célestes ne furent des menaces frivoles. Les laboureurs, frustrés de leur espérance, pleurent la perte de leurs moissons ; accablés de fatigue au milieu de leurs sillons stériles, ils font plier sous un joug inutile des bœufs qui semblent partager leur tristesse. Ou bien une flamme mortelle s'empare des entrailles des hommes, et les consume par des maladies cruelles ou par une langueur contagieuse : des peuples entiers périssent ; les villes deviennent le tombeau, le bûcher commun de tous leurs habitants. Telle fut cette peste affreuse qui, dépeuplant le royaume d'Érechthée, ne fit de l'ancienne Athènes qu'un monceau de cadavres ; ses malheureux habitants périssaient sur les corps mêmes de leurs concitoyens ; la science du médecin n'était d'aucun secours ; on offrait en vain des vœux à la divinité ; les malades étaient abandonnés, les funérailles négligées ; on ne versait point de larmes sur les tombeaux ; le feu, fatigué d'avoir allumé tant de bûchers, avait enfin manqué. On brûlait les corps entassés les uns sur les autres : et ce peuple, autrefois si nombreux, eut à peine un héritier qui lui survécût. Tels sont les malheurs que les brillantes comètes nous annoncent

```
Procere distenta uteros ; parvasque capellas
Mentitur, parvos ignis glomeratus in orbes,
Hirta figurantes tremulo sub lumine menta ;            820
Lampadas et fissas ramosos fundit in ignes.
Præcipitant stellæ, passimque volare videntur,
Cum vaga per nitidum scintillant lumina mundum ;
Et tenuem longis jaculantur crinibus ignem,
Excurruntque procul volucres imitata sagittas ;        825
Arida cum gracili tenuatur semita filo.
Sunt autem cunctis permixti partibus ignes ;
Qui gravidas habitant fabricantes fulmina nubes,
Et penetrant terras Ætnamque minantur Olympo,
Et calidas reddunt ipsis in fontibus undas,            830
Ac silice in dura viridique in cortice sedem
Inveniunt, cum silva sibi collisa crematur.
Ignibus usque adeo natura est omnis abundans !
Ne mirere faces subitas erumpere cœlo,
Aeraque accensum flammis lucere coruscis,              835
Arida complexum spirantis semina terræ,
Quæ volucer pascens ignis sequiturque, fugitque ;
Fulgura cum videas tremulum vibrantia lumen
Imbribus e mediis, et cœlum fulmine ruptum.
Sive igitur raro præbentes semina terræ                840
In volucres ignes possunt generare cometas,
Sive illas natura faces ut cuncta creavit
Sidera, perpetuis cœlo lucentia flammis ;
Sed trahit ad semet rapido Titanius æstu,
Involvitque suo flammantes igne cometas,               845
Ac modo dimittit (sicut Cyllenius orbis,
Et Venus, accenso cum ducit vespere noctem,
Sæpe latent, falluntque oculos, rursumque revisunt );
Seu Deus, instantis fati miseratus, in orbem
Signa per affectus cœlique incendia mittit :
Numquam futilibus excanduit ignibus æther.             850
Squalidaque elusi deplorant arva coloni,
Et steriles inter sulcos defessus arator
Ad juga mœrentes cogit frustrata juvencos.
Aut gravibus morbis et lenta corpora tabe              855
Corripit exustis letalis flamma medullis,
Labentesque rapit populos ; totasque per urbes
Publica succensis peraguntur fata sepulcris.
Qualis Erechtheos pestis populata colonos
Extulit antiquas per funera pacis Athenas,             860
Alter in alterius labens cum fata ruebant.
Nec locus artis erat medicæ, nec vota valebant,
Cesserat officium morbis ; et funera deerant
Mortibus, et lacrymæ ; lassus defecerat ignis,
[Et coacervatis ardebant corpora membris :]            865
Ac tanto quondam populo vix contigit heres.
Talia significant lucentes sæpe cometæ ;
```

souvent : des épidémies les accompagnent ; elles menacent de couvrir la terre de bûchers ; le monde et la nature entière languissent, et semblent avoir trouvé comme un tombeau dans ces feux. Ces phénomènes présagent aussi des révolutions subites, des invasions clandestines, appuyées sur la fraude, et apportées par des nations étrangères, comme lorsque le féroce Germain, violant la foi des traités, fit périr le général Varus, et teignit le champ de bataille du sang de trois légions romaines. On vit alors des flambeaux menaçants errer çà et là dans toute l'étendue du ciel : la nature même semblait par ces feux nous déclarer la guerre, rassembler ses forces contre nous, et nous menacer d'une destruction prochaine. Au reste, ne soyez pas surpris de ces révolutions et de ces désastres : la cause en est souvent en nous-mêmes : mais nous sommes sourds à la voix du ciel. Quelquefois aussi ces incendies célestes annoncent des divisions intestines, des guerres civiles. Jamais ils ne furent si multipliés que quand des armées, rangées sous les drapeaux de chefs redoutables, couvrirent de leurs bataillons les campagnes de Philippes. Ces plaines étaient encore imbibées de sang romain, et le soldat, pour marcher au combat, foulait aux pieds les membres mutilés de ses concitoyens : l'empire épuisait ses forces contre lui-même. Auguste, père de la patrie, fut vainqueur aux mêmes lieux que Jules son père. Mais nous n'étions pas à la fin de nos malheurs : il fallait combattre de nouveau près d'Actium ; et la mer fut le théâtre où les armes devaient décider si Rome serait la dot d'une reine, et à qui appartiendrait l'empire de l'univers. Rome incertaine craignait de tomber sous le joug d'une femme : c'était la foudre même avec laquelle les sistres d'Isis osaient se mesurer. On fut bientôt forcé de soutenir une autre guerre contre des esclaves, contre des bandits attroupés par le jeune Pompée, qui, à l'exemple des ennemis de son père, infestait les mers que le grand Pompée avait nettoyées de pirates. Mais que les destins ennemis soient enfin satisfaits ! jouissons des douceurs de la paix ; que la discorde, chargée de chaînes indestructibles, soit reléguée dans des cachots éternels. Que le père de la patrie soit invincible ; que Rome soit heureuse sous son gouvernement ; et que, lorsqu'elle aura fait présent au ciel de cette divinité bienfaitrice, elle ne s'aperçoive pas de son absence sur la terre.

LIVRE II.

Les combats livrés sous les murs d'Ilion ; Priam, père et roi de cinquante souverains ; la flotte des Grecs incendiée par Hector ; Troie invincible sous ce héros ; les erreurs d'Ulysse, qui durèrent autant que ses exploits, et l'exposèrent sur mer à autant de périls que devant Troie ; les derniers combats qu'il eut à soutenir dans sa patrie pour recouvrer son royaume usurpé : tels sont les événements chantés par ce poëte immortel dont la Grèce nous a laissé ignorer la vraie patrie, en lui en assignant sept différentes ; par cet homme divin, dont les écrits sont une source féconde où ont puisé tous les poëtes, un fleuve que la postérité, enrichie des trésors d'un seul homme, a partagé

Funera cum facibus veniunt, terrisque minantur
Ardentes sine fine rogos, cum mundus et ipsa
Ægrotet natura novum sortita sepulcrum. 870
Quin et bella canunt ignes, subitosque tumultus,
Et clandestinis surgentia fraudibus arma :
Externas modo per gentes ; ut fœdere rupto
Cum fera ductorem rapuit Germania Varum,
Infecitque trium legionum sanguine campos : 875
Arserunt toto passim minitantia mundo
Lumina, et ipsa tulit bellum natura per ignes,
Oppositque suas vires, finemque minata est.
Nec mirere graves rerumque hominumque ruinas ;
Sæpe domi culpa est : nescimus credere cœlo. 880
Civiles etiam motus, cognataque bella
Significant. Nec plura alias incendia mundus
Sustinuit, quam cum ducibus jurata cruentis
Arma Philippeos implerunt agmine campos.
Vixque etiam sicca miles Romanus arena 885
Ossa virum, lacerosque prius superastitit artus :
Imperiumque suis conflixit viribus ipsum,
Perque patris pater Augustus vestigia vicit.
Necdum finis erat : restabant Actia bella
Dotali commissa acie, repetitaque rerum 890
Alea, et in ponto quæsitus rector Olympi :

Femineum sortita jugum cum Roma pependit,
Atque ipsa Isiaco certarunt fulmina sistro.
Restabant profugo servilia milite bella ; 895
Cum patriis armis imitatus filius hostes,
Æquora Pompeius cepit defensa parenti.
Sed satis hoc fatis fuerit : jam bella quiescant,
Atque adamanteis discordia vincta catenis
Æternos habeat frenos, in carcere clausa.
Sit pater invictus patriæ ; sit Roma sub illo, 900
Cumque deum cœlo dederit, non quærat in orbe.

LIBER II.

Maximus Iliacæ gentis certamina vates,
Et quinquaginta regum regemque patremque,
Hectoreamque facem, tutamque sub Hectore Trojam ;
Erroremque ducis totidem, quot vicerat, annis
Instantis pelago, geminataque Pergama ponto ; 5
Ultimaque in patria captisque penatibus arma,
Ore sacro cecinit ; patriam cui Græcia, septem
Dum dabat, eripuit ; cujusque ex ore profuso
Omnis posteritas latices in carmina duxit,
Amnemque in tenues ausa est diducere rivos, 10
Unius fecunda bonis. Sed proximus illi

en une infinité de rameaux. Hésiode le suivit de près : il a célébré les dieux et ceux dont ils tirent leur origine ; il a montré le chaos engendrant la terre, l'enfance du monde sous l'empire du chaos ; les astres, premières productions de la nature, et encore incertains dans leur marche ; les vieux Titans ; le berceau du grand Jupiter ; son titre d'époux joint à celui de frère ; le nom de mère acquis à Junon sans l'entremise de ce frère ; la seconde naissance de Bacchus sortant de la cuisse paternelle ; enfin toutes les divinités dispersées dans la vaste étendue de l'univers. Il a fait plus : voulant nous faire profiter des dons de la nature, il a dicté les lois de la culture des terres ; il a enseigné l'art de les rendre fertiles : il nous a appris que Bacchus se plaît sur les coteaux, Cérès dans les plaines, Pallas dans ce double séjour, et que par la greffe on peut faire produire aux arbres diverses espèces de fruits ; occupations dignes d'exercer l'homme pendant la paix. Quelques-uns ont décrit les figures des constellations, les signes que nous voyons répandus dans toute l'étendue des cieux ; il les ont rangés en différentes classes, et nous ont dit les causes qui leur ont mérité les honneurs célestes. L'appareil d'un supplice y a conduit Persée et Andromède, la plaintive Cassiopée, et Céphée qui s'efforce de la consoler. La fille de Lycaon (1) y fut enlevée par Jupiter ; Cynosure (2) y est parvenue, pour le soin qu'elle prit du maître des dieux ; la chèvre, pour l'avoir nourri de son lait ; le cygne, pour lui avoir prêté son plumage ; Érigone (3), pour prix de sa piété ; le scorpion, pour avoir lancé son dard à propos ; le lion, pour sa dépouille enlevée par Hercule ; l'écrevisse, pour avoir mordu ce héros ; les poissons, pour avoir vu Vénus emprunter leur forme ; le bélier, chef des signes célestes, pour avoir triomphé des flots. Il en est de même des autres constellations que nous voyons rouler au haut de l'espace ; les poëtes ont puisé dans l'histoire les causes qui les ont élevées au ciel, et le ciel, dans leurs vers, n'est qu'un tableau historique ; ils nous montrent la terre peuplant le ciel, au lieu de nous la représenter comme en étant dépendante. Le poëte que la Sicile a vu naître (1) a décrit les mœurs des bergers ; il a chanté Pan enflant ses chalumeaux : ses vers, consacrés aux forêts, n'ont rien d'agreste ; la douceur de ses modulations donne de l'agrément aux lieux les plus champêtres, et les antres, grâce à lui, deviennent le séjour des Muses. Celui-là chante le plumage varié des oiseaux, et les antipathies des animaux ; celui-ci traite des serpents venimeux ; cet autre, des herbes et des plantes dont l'usage peut ou donner la mort, ou rappeler à la vie (2). Il en est même qui évoquent le noir Tartare des ténèbres où il est plongé, le produisent à la lumière, et qui, rompant les liens de l'univers, le déroulent en quelque sorte, pour en bouleverser l'intérieur. Rien n'est resté étranger aux doctes Sœurs ; il n'est point de chemin, conduisant à l'Hélicon, qui n'ait été frayé ; les sources qui en découlent ont donné naissance à des fleuves, dont les eaux réunies ne sont pas encore assez abondantes pour la foule qui s'y précipite. Cherchons quelque prairie dont l'herbe, humectée de rosée, n'ait pas encore été foulée ; une fontaine qui murmure paisiblement au fond de quelque antre solitaire, que le bec des oiseaux n'ait point effleurée, et où le

---

(1) Calisto, la grande ourse. — (2) La petite ourse. — (3) La vierge.

(1) Théocrite. — (2) Emilius Macer.

Hesiodus memorat divos, divumque parentes,
Et chaos enixum terras, orbemque sub illo
Infantem, et primos titubantia sidera partus ;
Titanasque senes, Jovis et cunabula magni ;　　15
Et sub fratre viri nomen, sine fratre parentis,
Atque iterum patrio nascentem corpore Bacchum,
Omniaque immenso volitantia numina mundo.
Quin etiam ruris cultus legesque rogavit
Militiamque soli ; quod colles Bacchus amaret,　　20
Quod fecunda Ceres campos, quod Pallas utrumque ;
Atque arbusta vagis essent quod adultera pomis ;
Pacis opus, magnos naturæ condit in usus.
Astrorum quidam varias dixere figuras,
Signaque diffuso passim labentia cœlo　　25
In proprium cujusque genus causasque tulere :
Persea et Andromedam pœna, matremque dolentem,
Solantemque patrem ; raptamque Lycaone natam,
Officioque Jovis cynosuram, lacte capellam,
Et furto cycnum, pietate ad sidera ductam　　30
Erigonen, ictuque nepam, spolioque leonem,
Et morsu cancrum, pisces Cythereide versa,

Lanigerum victo ducentem sidera ponto.
Cæteraque ex variis pendentia casibus astra
Æthera per summum voluerunt fixa revolvi :　　35
Quorum carminibus nihil est nisi fabula cœlum,
Terraque composuit cœlum, quæ pendet ab illo.
Quin etiam ritus pastorum, et Pana sonantem
In calamos, Sicula memorat tellure creatus ;
Nec silvis silvestre canit, perque horrida motus　　40
Rura serit dulces, musamque inducit in antra.
Ecce alius pictas volucres ac bella ferarum,
Ille venenatos angues, hic gramina et herbas
Fata refert vitamque sua radice ferentes.
Quin etiam tenebris immersum Tartaron atra　　45
In lucem de nocte vocant ; orbemque revolvunt
Interius versum, naturæ fœdere rupto.
Omne genus rerum doctæ cecinere sorores :
Omnis ad accessus Heliconis semita trita est.
Et jam confusi manant de fontibus amnes,　　50
Nec capiunt haustum, turbamque ad nota ruentem.
Integra quæramus rorantes prata per herbas ;
Undamque occultis meditantem murmur in antris,

feu céleste de Phébus n'ait jamais pénétré. Tout ce que je dirai m'appartient; je n'emprunterai rien d'aucun poëte; mes vers ne seront point un larcin, mais une œuvre; le char qui m'élèvera au ciel est à moi; c'est sur ma propre nacelle que je fendrai les flots. Je chanterai la nature douée d'une secrète intelligence, et la divinité, qui, vivifiant le ciel, la terre et les eaux, tient toutes les parties de cette immense machine unies par des liens communs. Je décrirai ce tout, qui subsiste par le concert mutuel de ses parties, et le mouvement qui lui est imprimé par la raison souveraine. C'est, en effet, le même esprit qui, franchissant les espaces, anime tout, pénètre toutes les parties du ciel, et donne aux corps des animaux la forme qui leur convient. Si cette vaste machine n'était pas un assemblage de parties convenablement assorties, si elle n'était pas soumise aux lois d'un maître, si une sagesse universelle n'en dirigeait pas tous les ressorts, la terre ne serait pas immobile, les astres ne circuleraient pas autour d'elle, le ciel s'arrêterait, et, en perdant son activité, s'endurcirait par le froid; les signes célestes s'écarteraient de la route qui leur est prescrite; la nuit ne fuirait pas à l'approche du jour, et ne le mettrait pas en fuite à son tour. Les pluies ne féconderaient pas la terre, les vents n'entretiendraient point l'air, la mer ne fournirait point d'aliment aux nuées, les fleuves n'en serviraient pas à la mer, celle-ci ne ferait pas refluer ses ondes aux sources des rivières; l'univers, sans un sage moteur, n'aurait plus, dans ses parties, cette juste proportion qui empêche que les eaux ne tarissent ou qu'elles n'inondent la terre, et que les astres ne précipitent ou ne ralentissent leur course. Le mouvement entretient, mais ne change pas le monde. Tout est donc distribué dans l'univers par la volonté d'une sagesse souveraine. Or ce dieu, cette raison, qui gouverne tout, a voulu que les animaux de la terre dépendissent des signes du ciel. Il tient, il est vrai, ces signes à une distance extrême de nous; mais il nous force de reconnaître par expérience qu'ils décident de la vie et des destinées des nations, des mœurs qui caractérisent tous les êtres. Cette vérité n'exige pas de longs raisonnements. Le ciel agit manifestement sur nos campagnes; il fait la stérilité ou la fertilité de nos moissons; il agite la mer, il la pousse sur nos côtes et l'en retire : ces deux mouvements opposés de l'océan sont dus à l'action de la lune, qui s'approche et s'éloigne, et à celle du soleil, qui, dans l'espace d'une année, fournit sa vaste carrière. Des animaux, plongés au fond de la mer, et comme emprisonnés dans leurs écailles, sont de même sensibles au mouvement de la lune : ils suivent, reine de Délos, les vicissitudes de votre force et de votre faiblesse. Et vous-même, déesse de la nuit, ne perdez-vous pas votre lumière, en vous plongeant dans les rayons de votre frère? ne la recouvrez-vous pas, en vous éloignant de lui? Autant il vous laisse ou vous communique d'éclat, autant vous en renvoyez à la terre, et votre astre est dépendant du sien. Les quadrupèdes même et les autres animaux terrestres, quoique vivant dans une profonde ignorance d'eux-mêmes et des lois de leur existence, rappelés toutefois par la nature au souverain auteur de tout ce qui est, semblent s'élever jusqu'à lui, et se régler

Quam neque durato gustarint ore volucres,
Ipse nec æthereo Phœbus libaverit igni. 55
Nostra loquar; nulli vatum debebimus orsa;
Nec furtum, sed opus veniet; soloque volamus
In cœlum curru; propria rate pellimus undas.
Namque canam tacita naturam mente potentem,
Infusumque deum cœlo terrisque fretoque, 60
Ingentem æquali moderantem fœdere molem;
Totumque alterno consensu vivere mundum,
Et rationis agi motu : cum spiritus unus
Per cunctas habitet partes, atque irriget orbem
Omnia pervolitans, corpusque animale figuret. 65
Quod nisi cognatis membris contexta maneret
Machina, et imposito pareret tota magistro,
Ac tantum mundi regeret prudentia censum;
Non esset statio terris, non ambitus astris,
Hæreretque vagus mundus, standoque rigeret, 70
Nec sua dispositos servarent sidera cursus,
Noxve alterna diem fugeret, rursumque fugaret,
Non imbres alerent terras, non æthera venti,
Nec pontus gravidas nubes, nec flumina pontum,
Nec pelagus fontes; nec staret summa per omnes 75
Par semper partes æquo digesta parente;
Ut neque deficerent undæ, nec sideret orbis,
Nec cœlum justo majusve minusve volaret.
Motus alit, non mutat opus. Sic omnia toto
Dispensata manent mundo, dominumque sequuntur. 80
Hic igitur deus, et ratio quæ cuncta gubernat
Ducit ab æthereis terrena animalia signis :
Quæ quamquam longo cogit submota recessu
Sentiri tamen, ut vitas ac fata ministrent
Gentibus, ac proprios per singula corpora mores. 85
Nec nimis est quærenda fides. Sic temperat arva
Cœlum; sic varias fruges redditque, rapitque :
Sic pontum movet, ac terris immittit et aufert;
Atque hæc seditio pelagus nunc sidere lunæ
Mota tenet, nunc diverso stimulata recessu, 90
Nunc anni spatio Phœbum comitata volantem :
Sic submersa fretis, concharum et carcere clausa,
Ad lunæ motum variant animalia corpus,
Et tua damna, tuas imitantur, Delia, vires :
Tu quoque fraternis sic perdis in oribus ora, 95
Atque iterum ex iisdem repetis; quantumque reliquit
Aut dedit ille, refers, et sidus sidere constas :
Denique sic pecudes et muta animalia terris,
Cum maneant ignara sui legisque per ævum,
Natura tamen ad mundum revocante parentem, 100
Attollunt animos, cœlumque et sidera servant;

sur le mouvement du ciel et des astres. Ceux-ci, par une sorte de lustration, se baignent dès que la lune montre son croissant (1) ; ceux-là présagent les tempêtes et le retour de la sérénité. Après ces exemples, qui pourra douter qu'un rapport intime existe entre le ciel et l'homme, à qui la nature a accordé le don de la parole, un esprit étendu, un génie pénétrant, et en qui, par un unique privilége, la divinité descend, habite, et s'étudie elle-même? Je passe sous silence d'autres arts (2) proscrits par les lois, féconds en erreurs, et qui sont d'ailleurs étrangers à mon sujet. Je n'insiste pas sur l'inégalité des dons de la nature. Je n'observerai pas qu'il est impossible de résister au destin, que les ordres en sont irrévocables; que le propre de la matière est d'obéir, celui du ciel de commander. Qui pourrait connaître le ciel, si cette science ne lui venait du ciel? Qui se formerait une idée de la divinité, s'il n'était lui-même une partie de la divinité? Qui pourrait juger de la grandeur de ce globe immense et sans bornes, discerner l'ordre des signes, la voûte de feu qui environne l'univers, la marche des étoiles errantes, éternellement opposée à celle des signes célestes, et renfermer ces connaissances dans les étroites limites de son intelligence, si la nature n'avait pas donné des yeux perçants à l'esprit de l'homme, si elle ne tournait pas vers elle-même l'attention de l'âme humaine, douée de la même origine qu'elle, si elle ne présidait pas elle-même à ces sublimes recherches, si ce qui nous appelle au ciel, pour y prendre communication des vérités éternelles, [et des lois primordiales que les astres imposent à l'homme naissant,] pouvait venir

(1) On l'a dit des éléphants. — (2) Il s'agit apparemment ici des arts magiques.

d'autre part que du ciel? Niera-t-on que ce ne soit un attentat de prétendre se mettre en possession de l'univers malgré l'univers même, et de le montrer aux habitants de la terre, après en avoir fait en quelque sorte notre captif? Mais ne nous arrêtons point à prouver par de longs raisonnements une vérité manifeste: l'expérience seule suffit pour lui donner tout le poids, toute l'autorité qu'elle mérite. La raison ne peut être trompée, et elle ne trompe jamais. Suivons la route qui nous a été frayée d'après des principes certains, et l'événement justifiera toujours la prédiction. Or, qui osera taxer de fausseté ce qui reçoit la sanction du succès? qui se refusera à une telle évidence? Divinement inspiré pour montrer cette énergie des astres, je ne ramperai point sur terre, et n'écrirai pas pour la multitude. Porté seul sur mon char, je le ferai rouler librement dans l'étendue de l'Olympe, où je ne crains aucune rencontre, où aucune autre main ne m'aidera à le conduire. Mes chants seront écoutés au ciel, ils seront admirés des astres; le monde se félicitera d'avoir trouvé un poëte digne de lui. J'obtiendrai aussi les applaudissements de ce petit nombre de sages que le ciel n'a pas dédaigné d'admettre dans ce séjour sacré, pour qu'ils pussent y puiser la connaissance de ses merveilles. Quant à ceux qui n'ont d'autre passion que celle des richesses, de l'or, de l'autorité, des faisceaux, du luxe, de l'oisiveté, des concerts harmonieux, d'une musique mélodieuse (et le nombre en est grand), ils dédaigneraient d'employer quelques heures à étudier les décrets du destin ; et c'est encore une faveur du destin, qu'une application sérieuse à pénétrer ses lois.

Il faut d'abord observer la nature variée des

Corporaque ad lunæ nascentis cornua lustrant;
Venturasque vident hyemes, reditura serena.
Quis dubitet post hæc hominem conjungere cœlo,
Cui dedit eximiam linguam natura, capaxque   105
Ingenium, volucremque animum? quem denique in unum
Descendit deus atque habitat, seque ipse requirit?
Mitto alias artes quarum haud permissa facultas,
Infidas adeo, nec nostri munera census.
Mitto, quod æquali nihil est sub lege tributum.   110
Mitto, quod et certum est, et inevitabile fatum;
Materiæque datum est cogi, sed cogere mundo.
Quis cœlum possel, nisi cœli munere, nosse?
Et reperire deum, nisi qui pars ipse deorum est?
Quisve hanc convexi molem sine fine patentis,   115
Signorumque choros, ac mundi flammea tecta,
Æternum et stellis adversus sidera bellum
Cernere, et angusto sub pectore claudere posset;
Ni vegetos animis oculos natura dedisset,
Cognataque sul mentem vertisset ad ipsam,   120
Et tantum dictasset opus; cœloque veniret
Quod vocat in cœlum, sacra ad commercia rerum,
Et primas quas dant leges nascentibus astra?]

Quis neget esse nefas invitum prendere mundum,
Et velut in semet captum deducere in orbem?   125
Sed ne circuitu longo manifesta probentur,
Ipsa fides operi faciet pondusque fidemque.
Nam neque decipitur ratio, nec decipit unquam.
Rite sequenda via est a veris tradita causis;
Eventusque datur, qualis prædicitur ante.   130
Quod fortuna ratum faciat quis dicere falsum
Audeat, et tantæ suffragia vincere sortis?
Hæc ego divino cupiam cum ad sidera flatu
Ferre, nec in terram, nec turbæ carmina condam
Sed solus vacuo veluti vectatus in orbe,   135
Liber agam currus, non occursantibus ullis,
Nec per iter socios commune regentibus actus.
Sed cœlo noscenda canam, mirantibus astris,
Et gaudente sui mundo per carmina vatis :
Vel quibus illa sacros non invidere meatus,   140
Notitiamque sui; minima est quæ turba per orbem.
Illa frequens, quæ divitias, quæ diligit aurum,
Imperia, et fasces, mollemque per otia luxum,
Et blandis diversa sonis, dulcemque per aures
Affectum, ut modico noscenda ad fata labore.   145

signes, et les noms qu'ils portent et qui appartiennent aux deux sexes. Six sont masculins, les six autres sont féminins. Le premier de ceux-ci est le taureau : vous le voyez, quand il se lève, reculer, et présenter d'abord la partie postérieure. La différence de sexe est alternative dans toute la suite des signes.

Vous remarquerez aussi des signes à figure humaine ; ils inspireront des mœurs douces et honnêtes : d'autres, représentant des animaux brutes et féroces, imprimeront un caractère analogue. Il faut, en outre, observer qu'il y a des signes simples ; ils sont, dans toute leur étendue, d'une seule et même nature. D'autres sont doubles, et un second associé contribue puissamment à augmenter la force des influences ; la réunion altère en des sens opposés l'énergie réciproque ; l'activité de deux figures ainsi appariées peut n'être pas la même : l'une portera au bien, l'autre au mal. Parcourez les signes, vous y voyez deux poissons, vous y voyez deux gémeaux nus ; ceux-ci parcourent le ciel, en se tenant tendrement embrassés ; ceux-là, opposés l'un à l'autre, semblent tenir des routes différentes. C'est le même nombre de part et d'autre ; mais il faut faire attention aux positions contraires. Au reste, entre les signes doubles, les deux que nous avons nommés possèdent en entier tout ce qui convient à leur nature : ils ne sont point étonnés de se voir surchargés de membres étrangers ; ils ne regrettent la perte d'aucun de ceux qui leur sont propres. Il est d'autres signes auxquels il manque quelques membres : leur corps est composé de parties étrangères les unes aux autres. Tel est le capricorne, tel est aussi ce signe qui, empruntant les membres d'un cheval, tient son arc continuellement tendu (1) : celui-ci a des membres humains, et il n'y en a point dans le capricorne. [Il faut de plus observer, dans le grand art dont nous traitons, qu'un signe composé de deux figures entières diffère beaucoup de celui qui n'a qu'une figure composée de deux corps différents.] On met aussi Érigone au nombre des signes doubles : elle l'est, en effet, par sa forme (2), et par le rapport qu'elle a avec deux saisons : au milieu de la vierge l'été finit, et l'automne commence. Si les signes tropiques du bélier, de la balance, de l'écrevisse et du capricorne sont toujours précédés par des signes doubles, c'est que ces signes réunissent les forces combinées de deux saisons. Ainsi, des deux frères qui précèdent l'écrevisse, celui-ci nous fait jouir de la saison fleurie du printemps, celui-là nous fait éprouver déjà les ardeurs brûlantes de l'été. Ils sont cependant nus l'un et l'autre, parce qu'ils ressentent, l'un la chaleur du printemps qui finit, l'autre celle de l'été qui commence. Le sort du premier est donc le même que celui du second. Le sagittaire est pareillement représenté sous une figure double ; il annonce l'arrivée prochaine du capricorne qui le suit. La saison tempérée de l'automne s'approprie les parties les plus délicates de ce signe, ses membres humains, tandis que sa croupe, hérissée de poils, est l'apanage de l'hiver et en annonce le commencement. Les poissons, dont le bélier est précédé, sont au nombre de deux, et ont rapport à deux saisons : le premier termine l'hiver,

(1) Le sagittaire, représenté sous la figure d'un centaure. — (2) La vierge est représentée avec des ailes d'oiseau.

Hoc quoque fatorum est, legem perdiscere fati.
   Et primum astrorum varia est natura notanda
Nominibus per utrumque genus : nam mascula sex sunt ;
Diversi totidem generis sub principe tauro :
Cernis ut aversos redeundo surgat in artus? 150
Alternant genus, et vicibus variantur in orbem.
   Humanas etiam species in parte videbis ;
Nec mores distant : pecudum pars atque ferarum
Ingenium facient. Quædam signanda sagaci
Singula sunt animo, propria quæ sorte feruntur. 155
Nunc binis insiste : dabunt geminata potentes
Per socium effectus ; multum comes addit et aufert ;
Ambiguisque valent, quis sunt collegia, fatis
Ad meritum noxamque. Duos per sidera pisces,
Et totidem geminos nudatis aspice membris : 160
His conjuncta meant alterno brachia nexu ;
Dissimile est illis iter in contraria versis :
Par numerus ; sed enim dispar positura notanda est.
Atque hæc ex paribus toto gaudentia censu
Signa meant ; nihil exterius mirantur in ipsis, 165
Amissumve dolent. Quædam sunt parte recisa,
Atque ex diverso commissis corpore membris,
Ut capricornus, et hic, qui intentum dirigit arcum,

Junctus equo : pars huic hominis, sed nulla priori.
[Hoc quoque servandum est alta discrimen in arte ; 170
Distat enim, gemina duo sint duplane figura.]
Quin etiam Erigone binis numeratur in astris,
Et facie et ratione duplex : nam desinit æstas,
Incipit autumnus media sub virgine utrimque.
Idcirco tropicis præcedunt omnibus astra 175
Bina ; ut lanigero, chelis, cancroque, caproque ;
Quod duplices retinent connexo tempore vires.
Ut, quos subsequitur cancer per sidera fratres,
E geminis alter florentia tempora veris
Sufficit, æstatem sitientem provehit alter : 180
Nudus uterque tamen, sentit quia uterque calorem,
Ille senescentis veris, subeuntis et ille
Æstatis ; par est primæ sors ultima sorti.
Quin etiam arcitenens, qui te, capricorne, sub ipso
Promittit, duplici formatus imagine fertur. 185
Mitior autumnus molles sibi vindicat artus
Materiamque hominis ; fera tergo membra rigentem
Excipiunt hiemem, mittuntque in tempora signum.
Quosque aries præ se mittit, duo tempora pisces
Bina dicant ; hiemem hic claudit, ver inchoat alter. 190
Cum sol æquoreis revolans decurrit in astris,

le second commence le printemps. Alors le soleil, accourant vers nous, parcourt des signes humides : les pluies d'hiver se marient avec les rosées du printemps; les unes et les autres revendiquent les poissons, comme leur appartenant.

De plus, trois signes consécutifs semblent s'opposer à la marche des neuf autres : on croirait qu'une guerre intestine va diviser le ciel. Observez qu'en se levant le taureau présente d'abord sa croupe, les gémeaux leurs pieds, l'écrevisse sa cuirasse écailleuse, tandis que les autres signes se lèvent dans une position droite et naturelle. Ne soyez donc pas surpris si le soleil, en parcourant ces signes qui lui font obstacle, retarde sa marche, et rend conséquemment les mois de l'été plus longs que les autres.

Remarquez encore qu'il y a des signes nocturnes et des signes diurnes, et appliquez-vous à les bien distinguer. Cette différence ne vient pas de ce que les uns roulent au-dessus de nous pendant le jour, et les autres durant la nuit : autrement il aurait fallu les désigner tous par le même nom, parce qu'il n'est point d'heure qui ne les voie briller successivement : [ils sont sur l'horizon tantôt le jour et tantôt la nuit.] Mais la nature, créatrice de l'univers, a attribué pour toujours à chaque signe des parties du temps absolument invariables. Le titre de signes diurnes est échu en partage au sagittaire, au lion furieux, à celui qui détourne la tête pour contempler l'or de sa toison, aux poissons, à l'écrevisse, au dangereux scorpion : ces signes ou se suivent immédiatement, ou sont séparés par des intervalles égaux.

[Les six autres ou contigus, ou, relativement au lieu qu'ils occupent,] espacés comme les premiers, sont appelés nocturnes. D'autres ont donné le nom de diurnes aux six signes consécutifs commençant par le bélier, chef de tous les signes; et celui de nocturnes aux six autres qui se suivent, depuis la balance. Enfin il a plu à quelques-uns de regarder comme diurnes les signes masculins, et de reléguer les féminins dans la paix et les ténèbres de la nuit.

Il est des signes qui doivent évidemment leur origine à Neptune : telle est l'écrevisse, qui peuple nos rivières; tels sont les poissons, qui habitent l'océan et les fleuves. D'autres sont censés avoir une nature terrestre, comme le taureau, chef du gros bétail; le bélier, fier de son empire sur les bêtes à laine; le lion, ennemi et destructeur de l'un et de l'autre; et le scorpion, qui aime à fréquenter les buissons. D'autres signes enfin tiennent une sorte de milieu entre les précédents; ils réunissent en eux les propriétés des deux éléments associés : ainsi le capricorne tient en partie à la terre, le verseau a un même rapport avec les ondes.

Nous ne devons pas négliger ici les plus petits détails; tout a sa raison, rien n'a été créé inutilement. La fécondité est une propriété de l'écrevisse, du scorpion âpre à la piqûre, et des poissons, qui peuplent les mers. Mais la vierge est stérile, comme le lion son voisin : le verseau ne conçoit, ou du moins n'engendre aucun fruit. Le capricorne, dont le corps est formé de membres disparates, tient le milieu entre ces deux extrêmes, ainsi que le sagittaire, qui fait briller l'arc dont il est armé. Le bélier est dans la même

Hiberni coeunt cum vernis roribus imbres;
Utraque sors humoris habet fluitantia signa.
 Quin tria signa novem serie conjuncta repugnant,
Et quasi seditio cœlum tenet : aspice taurum 195
Clunibus, et geminos pedibus, testudine cancrum
Surgere; cum rectis oriantur cetera membris.
Nec mirere moras, cum sol adversa per astra
Æstivum tardis attollat mensibus annum.
 Nec te prætereat, nocturna diurnaque signa 200
Quæ sint, perspicere, et propria deducere lege :
Non tenebris aut luce suam peragentia signa;
Nam commune foret nullo discrimine nomen,
Omnia quod certis vicibus per tempora fulgent,
[Et nunc illa dies, nunc noctes illa sequuntur :] 205
Sed quibus illa parens mundi natura sacratas
Temporis attribuit partes statione perenni.
Namque sagittari signum, rabidique leonis,
Et sua respiciens aurato vellere terga,
Tum pisces, et cancer, et acri scorpios ictu, 210
Aut vicina loco, divisa aut partibus æquis,
Omnia dicuntur simili sub sorte diurna.
[Cetera sex numero, consortia, vel vice sedis]
Interjecta locis totidem, nocturna feruntur.

 Quin etiam sex continuis dixere diurnas 215
Esse vices astris, quæ sunt a principe signo
Lanigeri; sex a chelis nocturna videri.
Sunt quibus esse diurna placet, quæ mascula surgunt,
Femineam sortem noctis gaudere tenebris.
 Quin nonnulla tibi nullo monstrante loquuntur 220
Neptuno debere genus, populosus in undis
Cancer, et effuso gaudentes æquore pisces.
Ut quæ terrena censentur sidera sorte,
Princeps armenti taurus, regnoque superbus
Lanigeri gregis est aries, pestisque duorum 225
Prædatorque leo, et dumosis scorpios arvis.
Sunt etiam mediæ legis communia signa,
Ambiguus terræ capricornus, aquarius undis,
Humida terrenis æquali fœdere mixta.
 Non licet a minimis animum deflectere curis; 230
Nec quicquam rationis eget, frustrave creatum est.
Fœcundum est propriæ caneri genus, acer et ictu
Scorpios, et partu complentes æquora pisces.
Sed sterilis virgo est, simili conjuncta leoni;
Nec capit aut captos effundit aquarius ortus. 235
Inter utrumque manet capricornus corpore mixto,
Et qui Cretæo fulget centaurus in arcu,

classe, et y retient avec lui la balance qui égale la nuit au jour, les gémeaux et le taureau.

N'allez pas croire que ce soit sans motifs que la nature a donné aux signes différentes attitudes. Les uns sont *courants*, comme le lion, le sagittaire, et le bélier aux cornes menaçantes. D'autres sont *debout*, entretenant tous leurs membres dans un juste équilibre, tels que la vierge, les gémeaux et le verseau, qui vide continuellement son urne. Quelques-uns, images naturelles des esprits indolents, sont *assis*, comme s'ils étaient accablés de lassitude : tels sont le taureau, qui s'assoupit sur le joug dont il est affranchi; la balance (1), qui se repose de la fatigue d'un long travail; et vous, capricorne, dont un froid glacial contracte tous les membres. Les autres enfin sont *couchés*, comme l'écrevisse affaissée sur son large ventre, comme le scorpion allongé sur la terre, comme les poissons, qui restent toujours obliquement étendus sur le côté.

Si vous examinez le ciel avec attention, vous vous apercevrez qu'il y a des signes privés de leurs membres. Le scorpion n'a point de serres; la balance les absorbe : le taureau s'affaisse sur une jambe recourbée qui ne peut le soutenir : l'écrevisse est aveugle : il reste un œil au sagittaire, qui a perdu l'autre. C'est ainsi que le ciel nous console de nos malheurs; il nous apprend par ces exemples à les supporter patiemment, puisque nous voyons tous les événements dépendre de lui, et les signes célestes eux-mêmes n'être point exempts de ces disgrâces.

Les signes se distinguent encore par leurs rapports avec les saisons. Les gémeaux donnent naissance à l'été, la vierge à l'automne; l'hiver commence au sagittaire, le printemps aux poissons : trois signes consécutifs sont attribués à chacune des quatre saisons; les signes d'hiver sont opposés aux signes d'été, ceux du printemps à ceux de l'automne.

Il ne suffit pas de connaître les qualités propres à chacun des douze signes : ils s'allient ensemble, et nos destinées dépendent de leurs combinaisons; ils se prêtent des forces relatives à leur énergie, et au lieu qu'ils occupent. Suivez la courbure du cercle entier des signes, et portez une même ligne trois fois sur sa circonférence, de manière que la division se termine au point précis où elle a commencé : les signes que déterminera l'extrémité de cette ligne sont nommés *trigones* (1), parce que les trois angles formés par l'inflexion de la ligne tombent sur trois signes séparés les uns des autres par trois signes intermédiaires. C'est ainsi que le bélier voit à des intervalles égaux, mais de deux côtés différents, les signes du lion et du sagittaire : le capricorne est dans la même position relativement à la vierge et au taureau : les autres signes trigones sont pareillement espacés à de semblables distances (2). Mais si la ligne, devenant dans son inflexion perpendiculaire à elle-même, divise le cercle en quatre parties égales, les signes où cette ligne rebrousse sont nommés *tétragones* (3). C'est ainsi que le capricorne regarde la balance,

(1) Les signes *trigones* ou triangulaires sont dits être en *trine aspect*. — (2) Les deux autres suites de signes trigones sont composées des gémeaux, de la balance, du verseau et de l'écrevisse, du scorpion, des poissons. — (3) *Tétragones*, ou quadrangulaires, ou carrés; et ces signes sont dits être en *quadrat aspect*.

(1) La balance était autrefois représentée sous la figure d'une femme assise, tenant en main une balance.

Communisque aries æquantem tempora libram,
Et geminos, taurumque pari sub sorte recenset.
   Nec tu nulla putes in eo momenta locasse   240
Naturam rerum, quod sunt currentia quædam,
Ut leo, et arcitenens, ariesque in cornua torvus :
Aut quæ recta suis librantur stantia membris,
Ut virgo, et gemini, fundens et aquarius undas :
Vel quæ fessa sedent, pigras referentia mentes,   245
Taurus depositis in collo sopitus aratris,
Libra sub emenso considens orbe laborum,
Tuque tuo, capricorne, gelu contractus in astris.
Strata jacent, cancer patulam distentus in alvum,
Scorpios incumbens plano sub pectore terræ,   250
In latus obliqui pisces semperque jacentes.
   Quod si solerti circumspicis omnia cura,
Fraudata invenies amissis sidera membris.
Scorpios in libra consumit brachia : taurus
Succidit incurvo claudus pede : lumina cancro   255
Desunt : centauro superest et quæritur unum.
Sic nostros casus solatur mundus in astris,
Exemploque docet patienter damna subire;
Omnis cum cœlo fortunæ pendeat ordo,
Ipsaque debilibus formentur sidera membris.   260

   Temporibus quoque sunt propriis pollentia signa.
Æstas a geminis, autumnus virgine surgit,
Bruma sagittifero, ver piscibus incipit esse.
Quattuor in partes scribuntur sidera terna;
Hiberna æstivis, autumnis verna repugnant.   265
   Nec satis est proprias signorum noscere sortes :
Consensu quoque fata movent, et fœdere gaudent,
Atque alias alia succedunt sorte locoque.
Circulus ut flexo signorum clauditur orbe,
In tres æquales discurrit linea ductus,   270
Inque vicem extremis jungit se finibus ipsa;
Et quæcumque ferit, dicuntur signa trigona,
In tria partitus quod ter cadit angulus astra;
Quæ divisa manent ternis distantia signis.
Laniger e paribus spatiis duo signa, leonis   275
Atque sagittari diverso conspicit ortu.
Virginis et tauri capricorno consonat astrum.
Cetera sunt simili ratione triangula signa
Per totidem partes. At quæ divisa quaternis
Partibus æquali laterum stant condita ductu,   280
Quorum designat normalis virgula sedes,
Hæc quadrata ferunt. Libram capricornus, et illum
Conspicit hinc aries, atque ipsum a partibus æquis

et est regardé par le bélier; c'est ainsi qu'à des distances égales l'écrevisse voit le bélier, et est vue de la balance, qui la suit à sa gauche; car tout signe qui précède un autre signe est censé être à sa droite. On peut, sur ce modèle, faire d'autres distributions pareilles, et trouver dans les douze signes trois suites de signes tétragones, qui suivent l'ordre que nous venons de proposer (1), et qui ont la même énergie.

Mais si quelqu'un se contentait de déterminer les tétragones en divisant le ciel de quatre en quatre signes, ou les trigones en étendant la division jusqu'au cinquième signe, il serait fort éloigné de découvrir par ce procédé les forces réunies, les positions heureuses, les aspects favorables, les relations réciproques des astres. En effet, quoiqu'on ait exactement compté cinq signes, celui qui serait né sous l'aspect de ces signes ainsi espacés n'éprouverait pas pour cela l'influence du trigone : ce serait un trine aspect, mais de nom seulement; il n'en aurait ni le nombre, ni la vraie position, ni par conséquent les propriétés. Les degrés du cercle des signes parcouru par l'astre brûlant de Phébus sont au nombre de trois cent soixante; le tiers de ce nombre doit former le côté du trigone, puisque le trigone divise le cercle en trois parties égales. Or vous ne trouverez pas cette somme, si vous vous contentez de compter depuis un signe jusqu'à l'autre, au lieu de compter depuis tel degré du premier signe jusqu'à pareil degré du second. La raison en est que, quoique vous ayez deux signes séparés l'un de l'autre par trois intermédiaires, si vous comptez depuis le commencement du premier signe jusqu'à la fin du cinquième, la somme s'étendra jusqu'à cent cinquante degrés; elle sera trop forte, et empiétera sur le second côté du trigone. Donc, quoique les signes soient trigones entre eux, leurs degrés que l'on compare ne le sont pas. On se tromperait également en suivant le même procédé pour les signes tétragones. Trois fois trente degrés sont la quatrième partie de la circonférence du cercle des signes : or, si pour côté du tétragone vous tirez une ligne depuis le premier degré du premier signe jusqu'au dernier degré du quatrième, vous aurez un côté de deux fois soixante degrés. Si, au contraire, on ne compte que depuis le dernier degré du signe précédent jusqu'au premier du signe suivant, la ligne traversera les deux signes intermédiaires, et restera bornée à cette longueur; elle ne sera que de deux fois trente degrés, trop courte d'un tiers : en vain l'on dira qu'on a compté depuis un signe jusqu'au quatrième signe suivant; la valeur d'un signe s'évanouit dans la supputation des degrés. Il ne suffit donc pas de régler le trigone par le nombre de cinq signes, ni de donner quatre signes à chaque côté du tétragone. Si vous voulez obtenir un tétragone régulier, ou un trigone dont les trois côtés soient parfaitement égaux, prenez une étendue de cent degrés, augmentée d'une part de sa cinquième partie, diminuée de l'autre de sa dixième, et vous aurez les mesures précises qu'il faut employer. Alors tous les points du cercle des signes où le trait diviseur formera un angle du tétragone, et tous ceux où la ligne qui déterminera les côtés du trigone rebroussera pour former

(1) Ces trois suites sont, 1° celle que le poëte vient d'exposer, du bélier, de l'écrevisse, de la balance et du capricorne; 2° celle du taureau, du lion, du scorpion, du verseau ; 3° enfin celle des gémeaux, de la vierge, du sagittaire et des poissons.

Cancer, et hunc læva subeuntis sidera libræ.
Semper enim dextris censentur signa priora.   285
Sic licet in totidem partes deducere cuncta,
Ternaque bis senis quadrata effingere signis;
Quorum proposito redduntur in ordine vires.
Sed si quis contentus erit numerasse quadrata,
Divisum ut signis mundum putet esse quaternis,   290
Aut tria sub quinis signis formare trigonum,
Ut socias vires et amicos exigat ortus,
Fœderaque inveniat mundi cognata per astra,
Falsus erit. Nam quina licet sint undique signa,
Qui tamen ex signis, quæ quinto quoque feruntur   295
Posta loco, fuerint nati, sentire trigoni
Non poterunt vires, licet illud nomine servent :
Amisere loco dotes, numerisque repugnant.
Nam cum sint partes orbis per signa trecentæ
Et ter vicenæ, quas Phœbi circuit ardor;   300
Tertia pars ejus numeri latus efficit unum
In tres perducti partes per signa trigoni.
Hanc autem numeri non reddit linea summam,
Si signum a signo, non pars a parte notetur :
Quod, quamvis duo sunt, ternis dirimentibus, astra;   305
Si tamen extremum lævi primumque prioris
Inter se conferre voles, numerumque notare;
Ter quinquagenas implebunt ordine partes :
Transibit numerus formam, finesque sequentis
Consumet ductus. Licet ergo signa trigona   310
Dicantur, partes non servant illa trigonas.
Hæc eadem species fallet per signa quadrata,
Quod, cum totius numeri qui construit orbem
Ter triginta quadrum partes per sidera reddant
Evenit ut, prima signi de parte prioris   315
Si partem ad summam ducatur virga sequentis
Bis sexagenas faciat : sin summa prioris
Et pars conferur subjuncti prima, duorum
Signorum in quadro numerum transitque referque,
Triginta duplicat partes, pars tertia deerit :   320
Et quamvis quartum a quarto quis computet astrum
Naufragium facient partes unius in ipsis.
Non igitur satis est quinis numerasse trigonum,
Quadrative fidem quæri per signa quaterna.
Quadrati si forte voles effingere formam,   325
Aut trinis paribus facies cum membra trigoni;
Hic poscit quintam partem centesima summa,
Illic amittit decimam : sic convenit ordo.
Et quiscumque quater junctus favet angulus usque,

un nouveau côté, ont reçu de la nature une liaison étroite, une association d'activité, un droit réciproque de se seconder. Il s'ensuit que toute nativité ne ressent pas les influences des signes trigones de celui qui la domine; et que deux signes peuvent être en quadrat aspect, sans avoir entre eux la correspondance qui conviendrait à des tétragones. En effet, un aspect qui mesure exactement la circonférence du cercle est fort différent de celui qui se refuse à cette mesure exacte, et qui, répété trois ou quatre fois, s'étend à plus de signes qu'il n'y en a dans toute la circonférence du cercle céleste. Au reste, l'énergie des signes trigones est fort supérieure à celle des tétragones. Le côté de ces derniers est plus élevé, plus voisin du ciel : la ligne, au contraire, qui forme le côté du trigone est plus voisine de nous, plus éloignée du ciel; les signes trigones regardent la terre de plus près, ils nous font respirer un air plus imprégné de leurs influences.

On a aussi assigné des rapports, mais moins certains, aux signes qui se suivent alternativement. La liaison réciproque de ces signes est peu constante, parce que la ligne qui décrit l'*hexagone* se laisse courber comme malgré elle, après n'avoir soutenu qu'un petit arc. Cette trace est en effet formée en passant successivement un signe, et en se courbant en angle au signe suivant : elle éprouve en conséquence six rebroussements : du taureau elle passe à l'écrevisse ; de là, après avoir touché la vierge, elle entre dans le scorpion ; elle va vous joindre ensuite, capricorne glacé, et vous quitte pour aller aux poissons : elle termine enfin la division au signe du taureau,

où elle l'avait commencée. Le trait du second hexagone doit passer par tous les signes que le premier hexagone n'a pas touchés, et exclure tous ceux qui viennent d'être nommés ; il est d'ailleurs, dans sa marche et pour le nombre de ses rebroussements, entièrement semblable au premier. Les signes de l'hexagone ne se voient donc qu'indirectement, ils sont obligés de détourner les yeux, et ne se regardent que de côté; ils voient à peine leur voisin : un aspect direct est bien plus efficace. [Un troisième signe est comme caché, l'enfoncement des angles étant presque insensible.] D'ailleurs, lorsque la ligne qui joint les signes est si voisine de la convexité du ciel, et qu'elle ne passe alternativement les signes que de deux en deux, elle erre en quelque sorte au plus haut du ciel; son activité s'exerce fort loin de nous, et elle ne peut nous transmettre que de faibles influences. Toutefois ces signes sont amis à titre d'affinité, parce qu'en raison de leur position alternative ils sont tous d'un même sexe : les signes masculins correspondent aux signes masculins, et les féminins entretiennent entre eux un commerce réciproque. Ainsi, quoique ces signes ne soient qu'alternatifs, la nature cède à leur influence; ils ont entre eux des affinités fondées sur la ressemblance du sexe.

Les signes qui se touchent ne peuvent former entre eux aucune liaison, l'amitié ne pouvant exister entre ceux qui ne se voient point. Une secrète inclination unit les astres avec les astres éloignés, parce que ceux-ci sont à la portée de leur vue. Les astres voisins sont d'ailleurs de sexe différent : un signe masculin est pressé de part et d'autre par

Quæque loca in triplici signarit linea ductu, 330
Cum curvata viæ linquet compendia rectæ ;
His natura dedit communi fœdera lege,
Inque vicem affectus, et mutua jura favoris.
Quocirca non omnis habet genitura trigonis
Consensum signis : nec cum sunt forte quadrata, 335
Continuo inter se servant commercia rerum.
Distat enim, an partes consumat linea justas,
Detrectetne modum numeri quem circulus ambit;
Nunc tres efficiat, nunc quattuor undique ductus,
Quos in plura jubet ratio procedere signa 340
Interdum, quam sunt numeris memorata per orbem.
Sed longe major vis est per signa trigonis,
Quam quibus est titulus sub quarto quoque quadratis.
Altior est horum submoto linea templo :
Illa magis vicina meat, cœloque recedit, 345
Et propius terras accedit visus eorum,
Aeraque infectum nostras demittit ad auras.
    At dubia alternis data sunt commercia signis,
Mutua nec magno consensu fœdera servant,
Invita angusto quod linea flectitur orbe. 350
Nam cum pertransit formatus singula limes
Sidera, et alterno devertitur angulus astro,
Sexque per anfractus curvatur virgula in orbem ;

A tauro venit in cancrum ; tum, virgine tacta,
Scorpion ingreditur ; tum te, capricorne, rigentem, 355
Et geminos a te pisces, aversaque tauri
Sidera contingens, finit, qua cœperat, orbem.
Alterius ductus locus est per transita signa :
Utque ea prætereas quæ sunt mihi singula dicta,
Flexibus hic totidem similis fit circulus illi. 360
Transversos igitur fugiunt sexangula visus,
Quod nimis inclinant aciem, limisque videntur,
Vicinoque latent : ex recto certior ictus.
[Tertia connexo conduntur signa recessu :]
Et quæ succedit convexo linea cœlo, 365
Singula circuitu quæ tantum transmeat astra,
Vis ejus procul est, altoque vagatur Olympo,
Et tenues vires ex longo mittit in orbem.
Sed tamen est illis fœdus sub lege propinqua ;
Quod non diversum est genus, alternantibus astris ; 370
Mascula sed maribus respondent ; cetera sexus
Feminei secum jungunt commercia mundi.
Sic quamquam alternis paret natura figuris,
Et cognata jacent generis sub legibus astra.
    Jam vero nulla est hærentibus addita signis, 375
Gratia : nam consensus hebet, quia visus ademptus :
In seducta ferunt animos, quæ cernere possunt.

deux féminins : la concorde est impossible entre des signes si disparates.

Les signes qui se suivent de six en six ne peuvent se communiquer aucune activité, en ce que la ligne qui les unit étant redoublée ne peut jamais terminer le cercle : elle formera un second côté, le long duquel deux signes extrêmes en renfermeront quatre intermédiaires : mais la circonférence sera complète avant que le troisième côté soit terminé.

Quant aux astres qui lancent leurs feux des parties les plus éloignées du monde, et qui, suspendus en des points de l'espace directement opposés, sont séparés les uns des autres de toute l'étendue du ciel ou d'un intervalle de sept signes, leur éloignement, quel qu'il soit, ne nuit pas à leur activité : ils réunissent leurs forces, ou pour allumer la guerre ou pour procurer la paix, suivant les circonstances qui les déterminent ; les étoiles errantes pouvant leur inspirer tantôt des pensées de concorde, et tantôt le désir de tout brouiller. Voulez-vous connaître les noms des signes qui sont en opposition, et les lieux qu'ils occupent dans le ciel? Observez que le solstice d'été est opposé aux frimas, l'écrevisse au capricorne, le bélier à la balance ; le jour est égal à la nuit dans ces deux signes ; Érigone est opposée aux poissons, le lion au verseau et à son urne : quand le scorpion est au haut du ciel, le taureau en occupe le bas ; enfin le sagittaire disparaît, lorsque les gémeaux montent sur l'horizon. [Les signes contraires observent réciproquement leurs cours.] Quoique les signes contraires soient diamétralement opposés, leur nature les rend souvent amis, et de la ressemblance de sexe naît une mutuelle bienveillance. C'est un signe masculin opposé à un masculin, ou bien les signes opposés sont tous les deux de l'autre sexe. Les poissons et la vierge s'avancent contrairement l'un à l'autre ; ils sont cependant disposés à s'entr'aider ; la nature agit plus fortement que l'opposition directe ; mais cette ressemblance de nature a moins d'énergie que l'opposition des saisons. L'écrevisse, signe féminin, vous est hostile, ô capricorne, quoique vous soyez du même sexe ; mais c'est que l'hiver et l'été diffèrent trop : d'un côté, les glaces, les frimas, les campagnes blanchies par la neige ; de l'autre, la soif ardente, les sueurs, les coteaux arides et desséchés : ajoutez que les nuits froides de l'hiver égalent les jours de l'été. Ainsi la nature paraît se contrarier elle-même, et l'année ne ressemble point à l'année ; il n'est donc pas étonnant que de tels signes ne puissent s'accorder entre eux. Mais il n'y a pas une répugnance entière entre le bélier et la balance, quoique le printemps et l'automne soient deux saisons différentes, que l'une produise les fleurs, et que l'autre porte les fruits à parfaite maturité. Ces deux signes ont un rapport commun, l'égalité des jours et des nuits : ils nous procurent deux saisons dont la température est semblable ; douce température qu'ils entretiennent de concert, et qui est l'effet de la position de ces deux signes à une égale distance des deux solstices. De tels astres ne peuvent avoir l'un pour l'autre une antipathie déclarée. Tels sont les rapports d'aspect qu'on peut remarquer entre les signes.

Après ces observations, notre soin principal doit être de rechercher quels sont les dieux qui président à chaque signe, et quels sont les signes

Sunt etiam adversi generis connexa per orbem
Mascula femineis, semperque obsessa vicissim :
Disparibus non ulla datur concordia signis.   380
   Sexta quoque in nullas numerantur commoda vires,
Virgula per totum quod par non ducitur orbem ;
Sed duo signa ferit mediis submota quaternis ;
Tertius absumpto ductus non sufficit orbe.
   At quæ diversis e partibus astra refulgent,   385
Per medium adverso mundum pendentia vultu,
Et toto divisa manent contraria cœlo,
Septima quæque, loco quamvis submota feruntur,
Ex longo tamen illa valent, viresque ministrant
Vel bello, vel pace suas, ut tempora poscunt,   390
Nunc fœdus stellis, nunc et dictantibus iras.
Quod si forte libet quæ sint contraria signa
Per titulos celebrare suos sedesque ; memento
Solstitium brumæ, capricornum opponere cancro,
Lanigerum libræ ; par nox in utroque diesque ;   395
Piscibus Erigonen, juvenalique urnæque leonem :
Scorpios e summo cum fulget, taurus in imo est :
Et cadit arcitenens, geminis orientibus orbi.
[Observant inter sese contraria cursus.]
Sed quamquam adversis fulgent contraria signis,   400

Natura tamen interdum sociata feruntur,
Et generis vinclis concordia mutua surgit ;
Mascula quod maribus, vel quod diversa suorum
Respondent generi. Pisces et virginis astrum
Adversi volitant ; sed amant communia jura,   405
Et vincit natura locum ; sed vincitur ipsa
Temporibus ; cancerque tibi, capricorne, repugnat
Femina femineo, quia brumæ dissidet æstas.
Hinc rigor et glacies, nivibusque albentia rura :
Hinc sitis et sudor, nudusque in collibus orbis ;   410
Æstivosque dies æquat nox frigida brumæ.
Sic bellum natura gerit, discordat et annus :
Ne mirere in ea pugnantia sidera parte.
At non lanigeri signum libræque repugnant
In totum, quia ver autumno tempore differt ;   415
Fructibus hoc implet maturis, floribus illud.
Sed ratio par est, æquata nocte diebus ;
Temporaque efficiunt simili concordia textu,
Permixtosque dies, mediis hiemem inter et æstum
Articulis, uno servantia utrimque tenore ;   420
Quo minus infesto decertent sidera bello.
Talis erit ratio diversis addita signis.
   His animadversis, restat (quæ proxima cura)

que la nature a mis plus particulièrement sous la protection de chaque dieu, dès le temps où, donnant aux plus augustes vertus le caractère de la divinité, elle nous en a représenté l'énergie sous des noms sacrés, afin que la majesté de la personne nous rendît la chose plus respectable. Pallas protége le bélier, la déesse de Cythère le taureau, Apollon les aimables gémeaux. Vous présidez, Mercure, à l'écrevisse; et vous, Jupiter, vous commandez au lion, avec la mère des dieux. La vierge, avec son épi, appartient de droit à Cérès, et la balance à Vulcain, qui l'a forgée. Le scorpion belliqueux s'attache à Mars; Diane protége le chasseur, moitié homme et moitié cheval. Le capricorne rétréci est attribué à Vesta; le verseau, astre de Junon, est opposé à celui de Jupiter : Neptune revendique au ciel les poissons, comme originaires de son empire. Ces principes peuvent vous être d'un grand secours pour pénétrer dans la science de l'avenir. Lorsque vous promenez votre pensée parmi les étoiles et les signes célestes, vous devez tirer des conséquences de tous leurs rapports, de tous leurs mouvements, afin que les règles de l'art vous fassent découvrir tous les ressorts de la puissance divine, et que votre certitude soit aussi inébranlable que les arrêts du ciel.

Remarquez la distribution des parties du corps humain entre les signes célestes, et la dépendance où est chaque membre de son propre signe, qui déploie principalement sur lui toute l'énergie de son pouvoir. Le bélier, chef de tous les signes, a reçu la tête en partage : le cou, embelli par les grâces, est celui du taureau : les bras jusqu'aux épaules sont échus par le sort aux gémeaux : la poitrine est placée sous le pouvoir de l'écrevisse : les flancs et les épaules appartiennent au lion : les reins sont le propre apanage de la vierge : la balance préside aux parties charnues sur lesquelles on s'assied, le scorpion à celles de la génération : les cuisses sont du ressort du sagittaire : le capricorne commande aux deux genoux : les jambes forment l'empire du verseau ; et les poissons exercent leur empire sur les pieds.

Les astres ont de plus entre eux certains rapports particuliers, suivant lesquels ils se forment à eux-mêmes d'autres espèces de correspondance. Ils se regardent, ils s'écoutent les uns les autres; ils s'aiment, ils se haïssent; quelques-uns ne tournent que vers eux-mêmes des regards complaisants. Il arrive de là que des signes opposés se prêtent quelquefois des secours ; que d'autres, liés par des affinités, se font réciproquement la guerre ; que quelques-uns, quoique dans des aspects défavorables, versent sur les hommes, à leur naissance, le germe d'une amitié inaltérable; que quelques autres enfin, résistant à l'impulsion et de leur nature et de leur position, s'évitent mutuellement. La cause en est que Dieu, en donnant des lois au monde, inspira diverses affections aux signes célestes; il assortit entre eux les yeux de ceux-ci, les oreilles de ceux-là; il en unit quelques-uns par les liens d'une étroite amitié : de manière que ces signes pussent en voir, en écouter d'autres, aimer ceux-ci, faire à ceux-là une guerre éternelle; que plusieurs même fussent tellement satisfaits de leur sort, qu'ils n'eussent d'inclination que pour eux seuls, qu'ils se

Noscere tutelas, adjectaque numina signis,
Et quæ cuique deo rerum natura dicavit, 425
Cum divina dedit magnis virtutibus ora,
Condidit et varias sacro sub nomine vires,
Pondus uti rebus persona imponere possit.
Lanigerum Pallas, taurum Cytherea tuetur,
Formosos Phœbus geminos; Cyllenie, cancrum, 430
Tuque, pater, cum matre deum, regis ipse leonem;
Spicifera est virgo Cereris, fabricataque libra
Vulcani; pugnax Mavorti scorpios hæret;
Venantem Diana virum, sed partis equinæ;
Atque angusta fovet capricorni sidera Vesta; 435
E Jovis adverso Junonis aquarius astrum est;
Agnoscitque suos Neptunus in æthere pisces.
Hinc quoque magna tibi venient momenta futuri.
Cum ratio tua per stellas et sidera curret,
Argumenta petes omni de parte viaque, 440
Artis ut ingenio divina potentia surgat,
Exæquentque fidem cœlo mortalia corda.

Accipe divisas hominis per sidera partes,
Singulaque propriis parentia membra figuris,
In quis præcipuas toto de corpore vires 445
Exercent. Aries caput est ante omnia princeps
Sortitus, censusque sui pulcherrima colla

Taurus; et in geminos æquali brachia sorte
Scribuntur connexa humeris; pectusque locatum
Sub cancro est; laterum regnum scapulæque leonis; 450
Virginis in propriam concedunt ilia sortem;
Libra regit clunes; et scorpios inguine gaudet;
Centauro femina accedunt; capricornus utrisque
Imperitat genibus; crurum fundentis Aquari
Arbitrium est; piscesque pedum sibi jura reposcunt. 455

Quin etiam propriis inter se legibus astra
Conveniunt, ut certa gerant commercia rerum;
Inque vicem præstant visus, atque auribus hærent,
Aut odium fœdusve gerunt; conversaque quædam
In semet, proprio ducuntur plena favore. 460
Idcirco adversis nonnumquam est gratia signis;
Et bellum sociata gerunt; alienaque sede
Inter se generant conjunctos omne per ævum,
Utrique aut sorti pugnant, fugiuntque vicissim.
Quod deus, in leges mundum cum conderet omnem, 465
Affectus quoque divisit variantibus astris,
Atque aliorum oculos, aliorum contulit aures;
Junxitque amicitias horum sub fœdere certo :
Cernere ut inter se possent audireque quædam,
Diligerent alia et noxas bellumque moverent; 470
His etiam propriæ foret indulgentia sortis,

portassent une affection exclusive. Nous voyons des hommes de ce caractère; ils le tiennent des astres qui ont présidé à leur naissance. Le bélier est son propre conseil à lui-même, cela convient à un chef; il s'écoute, regarde la balance, et s'abuse en aimant le taureau. Ce dernier lui tend des embûches, et voit plus loin les poissons étincelants, il les écoute : mais son âme est éprise de la vierge. Tel il avait autrefois porté sur son dos la belle Europe, qui de sa main gauche se retenait à ses cornes : il prêtait alors sa forme à Jupiter. L'oreille des gémeaux se porte vers le jeune homme qui fournit aux poissons des eaux intarissables; les poissons sont l'objet de leur complaisance, le lion celui de leur attention. L'écrevisse et le capricorne, diamétralement opposés, se regardent eux-mêmes et se prêtent réciproquement l'oreille : l'écrevisse cherche à faire tomber le verseau dans ses pièges. Le lion dirige sa vue vers les gémeaux, son oreille vers le sagittaire; il aime le capricorne. Érigone regarde le taureau, écoute le scorpion, et cherche à tromper le sagittaire. La balance se consulte elle-même : elle ne voit que le bélier, elle chérit tendrement le scorpion, qui est au-dessous d'elle. Celui-ci voit les poissons, et hait souverainement la balance. Le sagittaire prête habituellement une oreille attentive au terrible lion; il ne détourne pas les yeux de l'urne du verseau; entre tous les signes, il n'affectionne que la vierge. Le capricorne au contraire se contemple lui-même : pourrait-il porter sa vue sur un signe plus noble? Il a eu le bonheur d'éclairer la naissance d'Auguste :

il écoute l'écrevisse, qui brille à la partie la plus élevée du ciel. Le verseau, toujours nu, écoute attentivement les gémeaux; il cultive l'amitié de la brûlante écrevisse, et regarde les flèches acérées du sagittaire. Les poissons tournent la vue vers le bouillant scorpion, et désirent entendre le taureau. Telles sont les propriétés que la nature a données aux signes, lorsqu'elle les a placés au ciel : ceux qui naissent sous eux ont les mêmes inclinations; ils écoutent volontiers ceux-ci, voient ceux-là avec plaisir; ils haïssent les uns, et ont la plus tendre amitié pour les autres; ils tendent des pièges à celui-ci, et ils se laissent tromper par celui-là.

Il règne même des inimitiés entre les trigones : le trait de la ligne qui les forme, étant alternativement posé, occasionne des guerres entre eux. C'est ainsi que la nature est toujours uniforme dans ses opérations. Le bélier, le lion, le sagittaire, unis pour faire un seul trigone, ne veulent se prêter à aucune alliance avec le trigone formé par la balance, les gémeaux et le verseau. Deux causes nous forcent à reconnaître la réalité de cette inimitié : les trois premiers signes sont en opposition directe avec les trois autres, et de plus il existe une guerre éternelle entre l'homme et la bête. La balance a une figure humaine; le lion en a une différente. Les animaux brutes plient sous l'homme, parce que la raison doit l'emporter sur les plus grandes forces. Le lion brille au ciel, mais après avoir été vaincu; le bélier ne doit cet honneur qu'à sa riche toison, qui lui fut enlevée; le sagittaire même, considéré dans les

Ut se diligerent semper, sibique ipsa placerent :
Sicut naturas hominum plerasque videmus,
Qui genus ex signis ducunt formantibus ortus.
Consilium ipse suum est aries, ut principe dignum est, 475
Audit se, libramque videt, frustratur amando
Taurum; lanigero qui fraudem nectit, et ultra
Fulgentes videt atque audit per sidera pisces;
Virgine mens capitur. Sic quondam vexerat ante
Europam dorso retinentem cornua læva, 480
Indutusque Jovi est. Geminorum ducitur auris
Ad juvenem æternas fundentem piscibus undas;
Inque ipsos animus pisces, oculique leonem.
Cancer, et adverso capricornus conditus astro
In semet vertunt oculos, in mutua tendunt 485
Auribus; et cancri captatur aquarius astro.
At leo cum geminis aciem conjungit, et aurem
Centauro gemino, capricorni diligit astrum.
Erigone taurum spectat, sed scorpion audit,
Atque sagittifero conatur nectere fraudem. 490
Libra suos sequitur sensus, solumque videndo
Lanigerum, atque animo complexa est scorpion infra.
Ille videt pisces, oditque per omnia libram.
Necnon arcitenens magno parere leoni
Auribus, atque oculis sinum fundentis aquari 495
Conspicere assuevit, solamque ex omnibus astris

Diligit Erigonen. Contra capricornus in ipsum
Convertit visus; quid enim mirabitur ille
Majus, in Augusti felix cum fulserit ortum?
Auribus et summi captat fastigia cancri. 500
At nudus geminis intendit aquarius aurem,
Sublimemque colit cancrum, spectatque reducta
Tela sagittiferi. Pisces ad scorpion acrem
Direxere aciem, cupiuntque attendere taurum.
Has natura vices tribuit, cum sidera fixit. 505
His orti similes referunt per mutua sensus,
Audire ut cupiant alios, aliosque videre;
Horum odio, nunc horum iidem ducantur amore;
Illis insidias tendant, captentur ab illis.
Quin adversa meant etiamque trigona trigonis; 510
Alteraque in bellum diverso limite ducit
Linea. Sic veri per totum consonat ordo.
Namque aries, leo et arcitenens, sociata trigono
Signa, negant chelis fœdus, totique trigono,
Quod gemini excipiunt, fundens et aquarius undas. 515
Idque duplex ratio cogit verum esse fateri;
Quod tria signa tribus signis contraria fulgent;
Quodque æterna manent hominum bella atque ferarum;
Humana est facies libræ, diversa leoni.
Idcirco et cedunt pecudes, quod viribus amplis 520
Consilium est majus. Victus leo fulget in astris;

parties qu'il tient du cheval, est dompté par l'homme. La puissance de l'homme est telle, que je serais fort étonné si le trigone de l'éclatante balance pouvait être vaincu par ces trois animaux brutes. Il est une observation plus simple encore, que l'on peut faire sur les signes célestes. Tous les signes qui brillent sous une forme humaine sont ennemis, et restent vainqueurs de ceux qui n'ont que des figures d'animaux. Mais ils ont chacun des sentiments qui leur sont propres, et ils livrent des combats à leurs ennemis secrets. Ceux à la naissance desquels préside le bélier sont en lutte contre ceux qui naissent sous la vierge ou sous la balance, contre ceux enfin que l'eau des deux poissons a vus naître. Quiconque voit le jour sous le taureau se défendra contre ceux qui doivent leur existence à l'écrevisse, à la balance, au scorpion ardent, et aux poissons. Quant à ceux qu'engendrent les gémeaux, ils sont en guerre avec le bélier et tout son trigone. Ceux qui sont nés sous l'écrevisse sont continuellement harcelés par ceux qui ont vu le jour sous le capricorne, la balance, le signe de la vierge et celui du taureau, dont la marche est contraire à la leur. Le lion rugissant a les mêmes ennemis que le bélier, les mêmes signes à combattre (1). Érigone craint les assauts du taureau, du sagittaire armé de son arc, des poissons, et les vôtres aussi, capricorne glacé. La balance a une foule d'ennemis, le capricorne et l'écrevisse, directement opposés l'un à l'autre, et formant avec elle un tétragone; et de plus tous les signes qui composent le trigone du bélier. Les ennemis du scorpion ne sont pas moins nombreux : ce sont le jeune homme épanchant son urne, les gémeaux, le taureau, le lion; il évite aussi Érigone et la balance, de laquelle il est redouté lui-même. Ceux qui naissent sous les gémeaux, la balance, la vierge et le verseau, oppriment, autant qu'il est en eux, ceux que le sagittaire a vus naître; et ces mêmes signes, par une suite nécessaire de leur nature (1), haïssent ceux que le capricorne a formés. Ceux qui sont, en naissant, arrosés des eaux que le verseau ne cesse de répandre, ont à repousser les attaques du lion de Némée et de tout son trigone, troupe d'animaux brutes, auxquels un jeune homme seul a le courage de résister : le verseau, voisin des poissons, attaque ceux qui leur doivent le jour : il est secondé dans cette guerre par les gémeaux, par ceux qui sont nés sous la vierge, par ceux enfin à la naissance desquels le sagittaire a présidé. Plusieurs causes concourent à inspirer aux hommes des inimitiés réciproques, à faire germer en eux des semences de haine ou d'affection mutuelle, dès l'instant de leur naissance. D'ordinaire les signes pris de trois en trois se haïssent; ils ne se voient qu'obliquement, et cet aspect est mauvais. En quelque lieu du ciel que l'on considère deux signes opposés, placés à sept signes l'un de l'autre, et se jetant par conséquent des regards opposés, on remarquera toujours que les signes qui forment le trigone d'un de ces signes sont troisièmes l'un et l'autre à l'égard de l'autre signe. Or est-il étonnant que des signes ne puissent se concilier avec d'autres signes, qui regardent leur ennemi sous le plus favorable aspect?

(1) C'est-à-dire la vierge, la balance et les poissons, ou, si l'on veut, le verseau.

(1) C'est-à-dire parce que tous ces signes sont de figure humaine.

Aurea lanigero cone ssit sidera pellis;
Ipse feræ partis centaurus tergore cedit.
Usque adeo est hominis virtus, quo mirer ab illis
Fulgentis libræ superari posse trigonum.   525
Quin etiam brevior ratio est per signa sequenda.
Nam quæcumque nitent humana condita forma
Astra, manent illis inimica et victa ferarum.
Sed tamen in proprias secedunt singula mentes,
Et privata gerunt secretis hostibus arma.   530
Lanigero genitis bellum est cum virgine natis,
Et libra; et gemini piscis quos protulit unda.
In partus tauri sub cancro nata feruntur
Pectora, et in chelis, et quæ dat scorpios acer,
Et pisces. At quos geminorum sidera formant,   535
His cum lanigero bellum est, ejusque trigono.
In cancro genitos capricorni semina lædunt,
Et libræ partus; et quos dat virginis astrum,
Quique sub aversi numerantur sidere tauri.
Lanigeri communis erit rabidique leonis   540
Hostis, a totidem bellum subscribitur astris.
Erigone taurumque timet, geminumque sub arcu
Centaurum, et pisces, et te, capricorne, rigentem.
Maxima turba petit libram, capricornus, et illi
Adversus cancer, chelis quod utrumque quadratum est, 545
Quæque in lanigeri numerantur signa trigonum.
Scorpios in totidem fœcundus creditur hostes :
Æquoreum juvenem, geminos, taurum atque leonem,
Erigonen, libramque fugit, metuendus et ipse.
Quique sagittari veniunt de sidere partus,   550
Hos geminis nati, libraque, et virgine, et urna
Depressisse volunt. Naturæ et lege jubente,
Hæc eadem, capricorne, tuis inimica feruntur.
At quos æternis perfundit aquarius undis,
Ad pugnam Nemeæus agit, totumque trigonum,   555
Turba sub unius juvenis virtute ferarum.
Piscibus exortos vicinus aquarius urget,
Et gemini fratres, et quos dat virginis astrum,
Quique sagittari descendunt sidere nati.
Nec sola est ratio, quæ dat nascentibus arma,   560
Inque odium generat partus, et mutua velle :
Sed plerumque manent inimica tertia quæque
Lege, in transversum vultu defixa maligno;
Quoque manent quæcumque loco contraria signa,
Adversosque gerunt inter se septima visus,   565
Tertia quæque illis utriusque trigona feruntur.
Ne sit mirandum si fœdus non datur astris,
Quæ sunt adversi signis cognata trigoni.
Per tot signorum species contraria surgunt

tant sont nombreuses les combinaisons de signes qui inspirent aux hommes naissants des haines réciproques; tant doivent être fréquents les effets de cette espèce d'influence! C'est pour cela qu'une tendre et sincère amitié est le plus précieux et le plus rare présent de la nature. On ne cite qu'un seul Pylade, on ne cite qu'un seul Oreste qui ait voulu mourir pour son ami : c'est, dans le cours de plusieurs siècles, le seul exemple que nous ayons d'un semblable débat, l'un se dévouant de grand cœur à la mort, l'autre ne voulant pas le permettre. Ce bel exemple a eu depuis deux imitateurs : le répondant formait des vœux pour que son ami ne pût revenir : celui-ci craignait que le premier ne fût victime de son amitié. Oui, qu'on remonte le cours des années, des âges, des générations; qu'on jette un coup d'œil sur toutes ces guerres, sur les calamités qui nous affligent, même en temps de paix; on conviendra que, si la fortune cherche la probité, la bonne foi, il s'en trouve à peine quelque vestige. Au contraire, quelle énorme quantité de crimes dans tous les siècles! sous quel poids de dissensions et de haines la terre est vue accablée, sans qu'on pût alléguer aucune raison qui les justifiât! [Les pères et les mères sont vendus et livrés à la mort par des fils ingrats; le soleil recule à l'aspect des crimes, et refuse d'éclairer la terre]. Parlerai-je des villes renversées, des temples profanés, des forfaits commis au sein de la paix, des empoisonnements fréquents, des piéges tendus dans le forum, des assassinats dans les villes, des horreurs auxquelles une multitude effrénée se livre sous le voile de l'amitié? Le crime est épidémique, tout regorge de fureurs. Justice, injustice, tout est confondu : la scélératesse se couvre du manteau de la loi pour exercer sa barbarie; les forfaits sont enfin devenus plus grands que les supplices. Si la paix a disparu de la terre, si la bonne foi est devenue si rare, si l'on en voit si peu d'exemples, c'est sans doute parce qu'un trop grand nombre de signes jette dans le cœur des hommes naissants des semences de discorde. Le ciel n'étant pas d'accord avec lui-même, il doit en être de même de la terre : une fatalité impérieuse entraîne les nations à des haines implacables.

Si vous désirez cependant connaître les signes amis, ceux qui réunissent les cœurs par de tendres liens et se secondent réciproquement, joignez le bélier aux autres signes de son trigone. Toutefois le bélier a plus de générosité : il favorise ceux qui sont nés sous le lion ou sous le sagittaire, avec plus de franchise qu'il n'est favorisé lui-même par ces deux signes. Il est d'un naturel plus traitable; on peut lui nuire impunément, il n'use d'aucun artifice; son caractère est aussi doux que sa toison. Les deux autres signes sont farouches et cupides; leurs inclinations vénales les portent quelquefois à sacrifier la bonne foi à leurs intérêts, et à oublier les bienfaits qu'ils ont reçus. Il faut cependant remarquer que l'influence du sagittaire, signe composé, qui tient en partie de l'homme, est plus efficace que la vôtre, ô lion de Némée, qui n'avez qu'une forme simple! Pour toutes ces raisons, les trois signes vivent en paix, mais non sans quelque mélange de discorde. Le taureau est pareillement uni avec le capricorne, mais cette union n'est pas plus solide que celle des signes précédents. Ceux qui naissent sous le taureau ont une tendre amitié pour ceux que produit la vierge; mais il s'y mêle de fréquents sujets de

Corpora, totque modis, totiens inimica creantur! 570
Idcirco nihil ex semet natura creavit
Pectore amicitiæ majus, nec rarius unquam.
Unus erat Pylades, unus qui mallet Orestes
Ipse mori : lis una fuit per sæcula mortis;
Alter quod raperet fatum, non cederet alter. 575
Et duo qui potuere sequi vestigia; tum cum
Optavitque reum sponsor non posse reverti,
Sponsorique reus timuit ne solveret ipsum.
Perque tot ætates hominum, tot tempora, et annos,
Tot bella, et varios etiam sub pace labores, 580
Cum fortuna fidem quærat, vix invenit usquam.
At quanta est scelerum moles per sæcula cuncta!
Quantum onus invidiæ non excusabile terris!
[Venales ad fata patres, matrumque sepulchra
Imposuit Phœbus noctem, terrasque reliquit.] 585
Quid loquar eversas urbes, et prodita templa,
Et varias pacis clades, et mixta venena,
Insidiasque fori, cædesque in mœnibus ipsis,
Et sub amicitiæ grassantem nomine turbam?
In populo scelus est, et abundant cuncta furore 590
Et fas atque nefas mixtum; legesque per ipsas
Sævit nequities : pœnas jam noxia vincit.

Scilicet in multis quoniam discordia signis
Corpora nascuntur, pax est sublata per orbem;
Et fidei rarum fœdus, paucisque tributum. 595
Utque sibi cœlum, sic tellus dissidet ipsi.
Atque hominum gentes inimica sorte feruntur.
Si tamen et cognata cupis dignoscere signa
Quæ jungant animos, et amica sorte ferantur;
Lanigeri partus cum toto junge trigono. 600
Simplicior tamen est aries, meliusque leone
Prosequitur genitos et te, centaure, creatos,
Quam colitur : namque est natura mitius astrum,
Expositumque suæ noxæ, sine fraudibus ullis.
Nec minus ingenio molli, quam corpore constat. 605
Illis est feritas signis, prædæque cupido,
Venalisque animus nonnumquam vendere cogit
Commoditate fidem, nec longa est gratia facti.
Plus tamen in duplici numerandum est roboris esse,
Cui commixtus homo est, quam te, Nemeæe, sub uno. 610
Idcirco et pax est signis, et mixta querela.
Quin etiam tauri capricorno jungitur astrum;
Nec magis illorum coeunt ad fœdera mentes.
Virgineos etiam partus quicumque creantur
Tauro complecti cupiunt; sed sæpe queruntur. 615

plainte. Ceux qui voient le jour sous la balance, le verseau et les gémeaux, n'ont qu'un cœur et qu'une âme ; leur union est indissoluble ; ils ont aussi l'heureux talent de se faire un grand nombre d'amis. Le scorpion et l'écrevisse réunissent par les liens d'une amitié fraternelle ceux à la naissance desquels ils président ; et cette union s'étend à ceux qui naissent sous les poissons. Mais la ruse vient souvent se mêler à ce commerce ; le scorpion, sous le voile de l'amitié, enfante des querelles. Pour ceux que les poissons éclairent au moment de leur naissance, ils ne sont jamais fermes dans un même sentiment ; ils en changent souvent ; ils rompent et renouent leurs liaisons : sous un extérieur serein, ils cachent des haines secrètes, mais peu constantes. Telles sont les inimitiés, telles sont les sympathies annoncées par les astres : telles sont les destinées des hommes, prononcées dès l'instant de leur naissance. Il ne faut pas considérer les signes célestes seuls, et comme isolés les uns des autres : leur position altère leurs propriétés ; leurs aspects changent leur influence : le tétragone a ses droits, le trigone a les siens ; il en faut dire autant de la ligne qui divise le cercle en six parties égales, et de celle qui traverse diamétralement le ciel. En conséquence, l'état actuel du ciel tantôt augmente et tantôt diminue l'énergie des signes ; ils concevront ici des inimitiés que, transportés ailleurs, ils déposeront : [car leur activité n'est pas la même lorsqu'ils se lèvent, lorsqu'ils montent ou lorsqu'ils descendent sous l'horizon.] Les signes opposés se haïssent le plus souvent : il y a de l'affinité entre les signes d'un tétragone, de l'amitié entre ceux d'un trigone. La raison n'en est pas difficile à concevoir. Les signes que la nature a espacés de quatre en quatre ont entre eux des rapports évidents. Quatre de ces signes divisent le ciel en quatre parties, que Dieu même a établies pour déterminer les quatre saisons de l'année. Le bélier donne naissance au printemps, l'écrevisse aux dons de Cérès, la balance à ceux de Bacchus, le capricorne à l'hiver et aux mois glacés par la rigueur des frimas. Les signes doubles sont pareillement espacés de quatre en quatre : ce sont les deux poissons, les deux gémeaux, la vierge, qui est censée être un signe double, et le sagittaire, composé d'homme et de cheval, ne formant cependant qu'un seul corps. Les signes simples enfin sont pareillement disposés en tétragone : le taureau n'a point d'associé ; nul n'est le compagnon du terrible lion ; le scorpion, sans collègue, ne craint personne ; le verseau est au rang des signes simples. Ainsi tous les signes qui dans le ciel sont disposés en tétragone ont entre eux un rapport relatif ou à leur figure ou aux saisons qu'ils président. Ceux-ci sont unis entre eux par une affinité naturelle ; ils désignent en conséquence les parents, les alliés, ceux qui tirent leur origine d'une même source : les signes qui les suivent immédiatement exercent leur action sur les voisins, et les quatre autres sur les hôtes : tel est l'ordre de l'influence de ces huit derniers signes, relatif à leur différente distance des quatre signes cardinaux des saisons. Mais quoique ces signes, divisant le ciel en quatre parties égales, forment de vrais tétragones, ils ne possèdent cependant pas toutes les propriétés de cet aspect : l'analogie de leurs figures a moins de force que leur place

Quosque dabunt gemini, chelæque et aquarius ortus,
Unum pectus habent, fideique immobile vinclum :
Magnus et in multos veniet successus amicos.
Scorpios et cancer fraterna in nomina ducunt
Ex semet genitos ; necnon et piscibus orti   620
Concordant illis : sæpe est et subdolus astus,
Scorpios aspergit noxas sub nomine amici.
At quibus in lucem pisces venientibus adsunt,
His non una manet semper sententia cordi :
Commutant animos interdum, et fœdera rumpunt,   625
Ac repetunt, tectæque lues sub fronte vagantur.
Sic erit e signis odium tibi paxque notanda :
In terris geniti tali sub lege creantur.
Nec satis hoc tantum solis insistere signis :
Parte genus variant, et vires linea mutat.   630
Nam sua quadratis veniunt, sua jura trigonis,
Et quæ per senos decurrit virgula tractus,
Quæque secat medium transverso limite cœlum.
Hinc modo dat mundus vires, modo deterit idem ;
Quæque illic sumunt iras, huc acta, reponunt.   635
[Distat enim surgantne eadem, subeantne, cadantne.]
Crebrius adversis odium est ; cognata quadratis
Corpora censentur signis, et amica trigonis.
Nec ratio obscura est : nam quartum quodque locavit
Ejusdem generis signum natura per orbem.   640
Quattuor æquali cœlum discrimine signant,
In quibus articulos anni deus ipse creavit.
Ver aries, Cererem cancer, Bacchumque ministrat
Libra, caper brumam genitosque ad frigora menses.
Necnon et duplici quæ sunt connexa figura,   645
Quartum quæque locum retinent. Duo cernere pisces
Et geminos juvenes, duplicemque in virgine formam,
Et duo centauri licet uno corpora textu.
Sic et simplicibus signis stat forma quadrata.
Nam neque taurus habet comitem, nec jungitur ulli 650
Horrendus leo, nec metuit sine compare quemquam
Scorpios, atque uno censetur aquarius astro.
Sic, quæcumque manent quadrato condita templo
Signa, parem referunt numeris aut tempore sortem.
Hæc veluti cognata manent sub fœdere tali :   655
Idcirco affines signant, gradibusque propinquis
Accedunt, unaque tenent ab origine natos,
Proxima vicinis subscribunt ; tertia quæque
Hospitibus : sic astrorum servabitur ordo,
Quotquot cardinibus, serie variante, moventur. 660
Quæ quamquam in partes divisi quattuor orbis
Sidera quadrata efficiunt, non lege quadrati
Censentur ; minor est numeri quam cardinis usus.

aux points cardinaux des saisons. Le côté du trigone, parcourant trois signes entiers intermédiaires, est plus long, occupe un plus grand espace que le côté du tétragone. Aussi les signes d'un trigone unissent nos cœurs par le charme d'une tendre amitié, dont la force égale celle du sang et de la nature. Se regardant à de plus grandes distances, ils n'en ont que plus d'activité pour nous faire franchir l'intervalle qui nous tenait séparés. Cette douce affection qui réunit les âmes est sans doute préférable aux liaisons, souvent trompeuses, que la parenté seule a formées. Combinez les signes avec leurs parties, et ces parties avec les signes : car ici rien d'isolé ne peut avoir d'effet : toutes les parties du ciel sont dans une dépendance réciproque les unes des autres; elles se communiquent mutuellement leur énergie; c'est ce que j'expliquerai bientôt dans un ordre convenable. Dans l'art dont nous traitons, il ne faut négliger aucun de ces détails, si l'on veut distinguer les signes favorables de ceux qui sont pernicieux.

Considérez maintenant un objet, bien simple en apparence, mais en réalité très-important. Je ne puis le désigner que par un terme grec, celui de dodécatémorie, qui exprime bien la nature de la chose. Chaque signe céleste a trente degrés : on divise cette étendue en douze parties égales; et l'on conçoit facilement que chaque partie comprendra deux degrés et demi. Il est donc certain que telle est la mesure précise de la dodécatémorie, et que dans chaque signe il y a douze dodécatémories, que le créateur de l'univers a attribuées aux douze signes célestes, afin qu'ils se trouvassent tous réunis par des combinaisons alternatives; que le ciel fût partout semblable à lui-même; que tous les signes se renfermassent réciproquement les uns les autres; que, par cette communication mutuelle, tout fût entretenu en paix, et que l'intérêt, devenu commun, contribuât à la conservation de la machine. Des enfants peuvent donc naître sous un même signe, et avoir des mœurs différentes, des inclinations opposées. Quelle variété ne voyons-nous pas dans la production des animaux? Après un mâle naît une femelle, et c'est le même signe qui a éclairé les deux naissances. C'est que le signe varie lui-même par l'effet de sa division : sa dodécatémorie change l'influence qu'il devrait naturellement avoir. Mais quelles sont les dodécatémories de chaque signe? à qui faut-il les attribuer? dans quel ordre faut-il les compter? C'est ce que je vais expliquer, pour que vous puissiez éviter toute incertitude, toute erreur dans la pratique de ces divisions. La première dodécatémorie d'un signe appartient à ce signe même, la seconde au signe qui suit immédiatement, les autres aux signes suivants, toujours dans le même ordre, jusqu'au dernier signe, auquel on attribuera la dernière dodécatémorie. Ainsi chaque signe s'attribue successivement deux degrés et demi, et la somme totale rend les trente degrés compris dans l'étendue de chaque signe.

Les dodécatémories ne se bornent pas à une seule espèce; il est plus d'un moyen de les déterminer. La nature a lié la vérité à différentes combinaisons; elle a croisé les routes qui conduisent jusqu'à elle, afin que nous la cherchassions partout. Voici donc, sous le même nom de dodécatémorie, une autre espèce de combinaison. Re-

Longior in spatium porrecta est linea majus,
Quæ tribus emensis signis facit astra trigona : 665
Hæc ad amicitias imitantes jura gradumque
Sanguinis, atque animis hærentia fœdera ducunt.
Utque ipsa ex longo coeunt submota recessu,
Sic nos conjungunt majoribus intervallis.
Hæc meliora putant mentes quæ jungere possunt, 670
Quam quæ nonnumquam fœdus sub sanguine fallunt.
Adde suas partes signis, sua partibus astra,
Nam nihil in totum servit sibi; mixta feruntur.
Ipsis dant vires astris capiuntque vicissim :
Quæ mihi mox certo digesta sub ordine surgent. 675
Omnibus ex istis ratio est repetenda per artem,
Pacata infestis signa ut discernere possis.

Perspice nunc tenuem visu rem, pondere magnam,
Et tantum Graio signari nomine passam,
Dodecatemoria, in titulo signantia causas. 680
Nam cum tricenas per partes sidera constent,
Rursus bis senis numerus diducitur omnis.
Ipsa igitur ratio binas in partibus esse
Dimidiasque docet partes. His finibus esse
Dodecatemorium constat, bis senaque cuncta 685
Omnibus in signis : quæ mundi conditor ille

Attribuit totidem numero fulgentibus astris;
Ut sociata forent alterna sidera sorte,
Et similis sibi mundus, et omnia in omnibus astra;
Quorum mixturis regeret concordia corpus, 690
Et tutela foret communi mutua causa.
Idcirco quamquam signis nascantur eisdem,
Diversos referunt mores, inimicaque vota.
Et sæpe in pecudes errat natura, maremque
Femina subsequitur, miscentur sidere partus; 695
Singula divisis variant quod partibus astra,
Dodecatemoriis proprias mutantia vires.
Nunc quæ sint cujusque canam, quove ordine constent;
Ne vagus ignotis signorum partibus erres.
Ipsa suo retinent primas in corpore partes 700
Sidera; vicinæ subeuntibus attribuuntur.
Cetera pro numero ducunt ex ordine sortes :
Ultima et extremis ratio conceditur astris.
Singula sic retinent binas in sidere quoque
Dimidiasque sibi partes, et summa repletur 705
Partibus exactis triginta sidere in omni.

Nec genus est unum, ratio nec prodita simplex;
Pluribus inque modis verum natura locavit,
Diduxitque vias, voluitque per omnia quæri.

marquez le degré où se trouve la lune au moment d'une naissance; multipliez ce degré par douze, parce que c'est là le nombre des signes qui brillent au plus haut du ciel. Sur le produit, attribuez au signe où est la lune le nombre de degrés dont elle est avancée dans ce signe, sans oublier les degrés qui lui restent à parcourir dans le même signe, et donnez trente degrés par ordre aux signes suivants. [Lorsqu'il vous restera moins de trente degrés, divisez ce reste en parties égales de deux degrés et demi chacune, et attribuez ces parties au signe sur lequel vous vous êtes arrêté, et à ceux qui le suivent.] Le signe où cette distribution sera épuisée sera celui de la dodécatémorie de la lune. Cet astre occupera ensuite les dodécatémories suivantes, conformément à l'ordre des signes célestes.

Pour ne pas vous tromper dans toute cette science, remarquez ce qui suit. La dodécatémorie la moins étendue est la plus efficace, parce que c'est dans les parties mêmes de la dodécatémorie qu'on trouve la base d'une nouvelle dodécatémorie. Pour cela divisez la première en cinq parties, parce qu'on voit briller au ciel cinq étoiles errantes: chacune de ces étoiles s'attribuera un demi-degré, et dans ce partage elle acquerra de nouveaux droits, une plus grande activité. Il faut donc observer en quelle dodécatémorie sont les planètes, et le temps où elles s'y trouvent; car la dodécatémorie à laquelle il faut rapporter une planète ne manquera pas de produire un effet proportionné à l'énergie de cette planète. Il ne faut négliger aucune de ces combinaisons, qui sont le fondement de tous les événements.

Mais je reviendrai à cet objet, et je le traiterai dans l'ordre convenable. Il me suffit, pour le présent, d'avoir dévoilé plusieurs vérités, en démontrant l'usage qu'on en pouvait faire. Par là l'intelligence des parties séparées facilitera celle du tout; et mes chants pourront plus facilement persuader les vérités générales, lorsque j'aurai fait concevoir les vérités particulières. On apprend d'abord aux enfants à connaître la forme et le nom des lettres; on leur en montre l'usage, on leur enseigne ensuite à les réunir pour en former des syllabes; bientôt la lecture des mots les conduit à la connaissance de leur construction; alors on leur fait concevoir la force des expressions et les règles de l'art; ils parviennent successivement à arranger des pieds, à former des vers: il faut qu'ils aient passé par tous les préliminaires précédents; si on ne les avait pas bien affermis dans ces premières connaissances, si les maîtres s'étaient trop pressés, les préceptes prématurés seraient devenus inutiles, parce qu'on n'aurait pas observé la marche convenable. Ainsi, m'étant proposé de parcourir dans mes chants l'univers entier, de dévoiler les secrets les plus impénétrables du destin, d'en assujétir même l'exposition au langage des Muses, de faire descendre la divinité du haut du ciel, où elle a son trône; je dois avancer par degrés vers ce but, et expliquer chaque partie dans l'ordre convenable, afin qu'après les avoir toutes comprises, on puisse en tirer plus facilement la connaissance de leurs différents usages. Lorsque l'on veut construire une ville sur la cime inculte de quelque montagne, le fondateur, après avoir choisi l'éminence qu'il

Hæc quoque compertà est ratio sub nomine eodem.   710
Quacumque in parte nascentum tempore luna
Constiterit, numeris hanc ter dispone quaternis,
Sublimi totidem quia fulgent sidera mundo.
Inde suas illi signo, quo luna refulsit,
Quæque hinc defuerant, partes numerare memento.   715
Proxima tricenas pariterque sequentia ducunt.
[Hic ubi deficiet numerus, tunc summa relicta
In binas sortes, adjecta parte locetur
Dimidia', reliquis tribuatur ut ordine signis.]
In quo destituent, ejus tum luna tenebit   720
Dodecatemorium signi: post cætera ducet
Ordine quæque suo, sicut stant astra locata.
  Hæc quoque te ratio ne fallat, perspice paucis.
Major in effectu, minor est; quod partibus ipsis
Dodecatemorii quid sit, quod dicitur esse   725
Dodecatemorium. Namque id per quinque notatur
Partes; nam totidem præfulgent sidera cœlo
Quæ vaga dicuntur: ducunt et singula sortes
Dimidias, viresque in eis et jura capessunt.
In quocumque igitur stellæ quandoque locatæ   730
Dodecatemorio fuerint, spectare decebit.
Cujus enim stella in fines in sidere quoque
Inciderit, dabit effectus pro viribus ejus.

Undique miscenda est ratio, per quam omnia constant.
Verum hæc posterius proprio cuncta ordine reddam.   735
Nunc satis est docuisse suos ignota per usus:
Ut cum perceptis steterit fiducia membris,
Hinc totum corpus facili ratione notetur,
Et bene de summa veniat post singula carmen.
Ut rudibus pueris monstratur littera primum,   740
Per faciem nomenque suum; tum ponitur usus:
Tunc et vincta suis formatur syllaba nodis.
Hinc verbi structura venit per membra legendi.
Tunc rerum vires, atque artis traditur usus;
Perque pedes proprios nascentia carmina surgunt   745
Singulaque in summam prodest didicisse priora.
Quæ nisi constiterint primis fundata elementis,
Vel sua præpropere dederint præcepta magistri,
Effluat in vanum rerum præposterus ordo.
Sic mihi per totum volitanti carmine mundum,   750
Obrutaque abstrusa penitus caligine fata,
Pieridum numeris etiam modulata, canenti,
Quaque deus regnat revocanti numen ab arce,
Per partes ducenda fides, et singula rerum
Sunt gradibus tradenda suis; ut cum omnia certa   755
Notitia steterint, proprios revocentur ad usus;
Ac velut in nudis cum surgunt montibus urbes;

veut entourer de murs, ne commence pas d'abord l'ouverture du fossé : il commence par méditer sur l'ensemble de son projet. Aussitôt le chêne tombe sous des coups redoublés, la forêt abattue s'étonne de voir un nouveau soleil et des astres qui lui avaient été si longtemps inconnus; les oiseaux, les bêtes sauvages, chassés de leurs anciennes retraites, sont obligés d'en chercher d'autres. Ici l'on tire de la carrière la pierre qui doit servir à la construction des murs, on arrache des entrailles de la terre le marbre qui décorera les temples; là on donne au fer la trempe qui doit le durcir : tous les arts, tous les métiers concourent à ces préparatifs : ce n'est qu'après tous ces préliminaires qu'on procède à l'exécution du plan projeté; si l'on eût renversé cet ordre, mille obstacles auraient interrompu la construction. De même, avant d'exécuter la haute entreprise que j'ai formée, je dois rassembler d'abord les matériaux, sans entrer dans le détail de leurs usages : grâce à cette marche, les raisons que j'en donnerai ensuite seront plus intelligibles, et le fil de mes raisonnements ne sera pas interrompu par de nouvelles choses qu'il faudrait expliquer.

Appliquez-vous donc à bien connaître les cercles cardinaux : ils sont au nombre de quatre, leur position dans le ciel est toujours la même; ils font varier les vertus des signes qui les traversent. Le premier, placé dans la partie où le ciel s'élève sur l'horizon, commence à voir la terre également divisée. Le second répond à la partie du ciel directement opposée; là les astres nous abandonnent, et se précipitent dans le Tartare. Le troisième a sa place au plus haut du ciel, où Phébus fatigué arrête ses chevaux hors d'haleine, s'apprête à faire baisser le jour, et détermine la longueur des ombres méridiennes. Le quatrième occupe le plus bas du ciel, dont il peut s'enorgueillir d'être comme le fondement : c'est là que les astres cessent de descendre, et commencent à remonter vers nous; ce cercle voit leur lever et leur coucher à des distances égales. Ces quatre parties du ciel ont la plus grande activité; elles influent le plus puissamment sur les destinées des hommes, parce qu'elles sont comme les gonds célestes sur lesquels l'univers est inébranlablement appuyé. En effet, si le ciel, emporté par un mouvement circulaire et continuel, n'était retenu par ces cercles, s'il n'était pas fortement retenu tant sur les deux côtés qu'à son point le plus élevé et à sa partie la plus basse, toute la machine croulerait bientôt, et s'anéantirait.

Cependant chaque cercle cardinal a une énergie différente, et variée suivant la place et le rang qu'il occupe. Le premier est celui qui domine au plus haut du ciel, et qui, par un trait imperceptible, le divise en deux parties égales : il est le plus noble de tous, à raison de la place éminente où il est élevé. Ce poste sublime exige qu'il ait sous sa protection tout ce qui est grand et relevé, qu'il dispense en souverain les honneurs et les distinctions. Il est la source de la faveur et des dignités imposantes, il concilie l'affection du peuple : c'est par lui qu'on brille au forum, qu'on donne des lois à l'univers, qu'on contracte des alliances utiles avec les nations étrangères, et qu'on se fait un nom digne de son rang et de sa condition. Le second cercle occupe, il est vrai,

Conditor, ut vacuos muris circumdare colles
Destinat, ante manu quam tentet scindere fossas,
Versat opus. Ruit ecce nemus saltusque vetusti   760
Procumbunt, solemque novum, nova sidera cernunt :
Pellitur omne loco volucrum genus atque ferarum,
Antiquasque domos et nota cubilia linquunt.
Ast alii silicem in muros, et marmora templis
Rimantur; ferrique rigor per tempora nota   765
Quæritur : huc artes, huc omnis convenit usus.
Tunc demum consurgit opus, cum cuncta supersunt;
Ne medios rumpat cursus præpostera cura.
Sic mihi cunctanti tantæ succedere moli
Materies primum rerum, ratione remota,   770
Tradenda est; ratio sit ne post irrita, neve
Argumenta novis stupeant nascentia rebus.
Ergo age, noscendis animum compone sagacem
Cardinibus, qui per mundum sunt quattuor omnes
Dispositi semper, mutantque volantia signa.   775
Unus ab exortu cœli nascentis in orbem,
Qui primum terras æquali limite cernit.
Alter ab adversa respondens ætheris ora,
Unde fugit mundus, præcepsque in tartara tendit
Tertius excelsi signat fastigia cœli,   780
Quo defessus equis Phœbus subsistit anhelis,
Declinatque diem, mediasque examinat umbras.
Ima tenet quartus fundato nobilis orbe;
In quo principium est reditus, finisque cadendi
Sideribus; pariterque occasus cernit et ortus.   785
Hæc loca præcipuas vires, summosque per artem
Fatorum effectus referunt; quod totus in illis
Nititur æternis veluti compagibus orbis.
Quæ nisi perpetuis alterna sorte volantem
Cursibus excipiant, nectantque in vincula, bina   790
Per latera, atque imum templi summumque cacumen;
Dissociata fluat resoluto machina mundo.
    Sed diversa tamen vis est in cardine quoque;
Et pro sorte loci variant, atque ordine distant.
Primus erit, summi qui regnat culmine cœli,   795
Et medium tenui partitur limite mundum;
Quem capit excelsa sublimem gloria sede.
Scilicet hæc tutela decet fastigia summa,
Quicquid ut emineat sibi vindicet, et decus omne
Asserat, et varios tribuendo regnet honores.   800
Hinc favor, et species, atque omnis gratia vulgi;
Reddere jura foro, componere legibus orbem;
Fœderibusque suis externas jungere gentes;
Et pro sorte sua cujusque extollere nomen.
    Proximus est, ima quamquam statione locatus,   805

le lieu le plus bas; mais il soutient le ciel, appuyé sur lui comme sur une base solide et éternelle. Les effets en sont moins brillants en apparence, mais en réalité ils sont plus utiles : il procure le fondement de toute félicité; les richesses viennent de lui. [Il comble les vœux des hommes, en arrachant du sein de la terre les métaux, et tout ce qu'elle nous cache de plus précieux]. Le troisième cercle est aussi un des fondements du monde : il occupe le point brillant de l'orient, où les astres se lèvent, où renaît le jour, d'où l'on commence à compter les heures : c'est pour cela que les Grecs l'ont appelé horoscope, nom qui exprime ce qu'il est; les Latins ne lui en ont point donné d'autre. Ce cercle est l'arbitre de la vie; il forme les mœurs, il favorise d'un succès heureux les projets, il donne de l'activité aux arts, il préside aux premières années qui suivent la naissance, et à l'éducation de l'enfant; c'est de lui que ressortit la noblesse de l'extraction. Mais, sur tous ces objets, il faut que l'activité de l'horoscope soit secondée par celle des signes où il se trouve. Le dernier cercle est celui qui reçoit les astres, lorsqu'ils ont fourni leur carrière au-dessus de l'horizon : placé à l'occident, il voit au-dessous de lui la partie de la terre plongée sous les ondes : il préside à la conclusion de toutes les affaires, au terme de nos travaux, au mariage, aux festins, aux derniers moments de la vie, au repos, à la société, au culte des dieux.

Il ne suffit pas d'observer les cercles cardinaux, il est essentiel de faire encore attention aux intervalles qui les séparent : ils forment quatre grands espaces, et chaque espace a son énergie particulière. Le premier, qui s'étend depuis le cercle de l'orient jusqu'au plus haut du ciel (1), préside aux premières années, à celles qui suivent immédiatement la naissance. Ce qui suit, en descendant du comble de la voûte céleste jusqu'au cercle de l'occident, succède aux années de l'enfance, et tient sous son pouvoir la tendre jeunesse. L'espace qui se trouve sous le cercle occidental, et qui descend jusqu'au bas du ciel, régit l'âge mûr, que fortifient le passé même et les leçons réitérées de l'expérience. Enfin, l'intervalle qui, pour compléter le ciel entier, commence à remonter, et gravit lentement, avec peine, ce qui reste d'espace jusqu'au cercle oriental, embrasse les dernières années de la vie, son déclin, la tremblante vieillesse.

Tout signe, quelle que soit sa figure, reçoit de nouvelles propriétés de la partie du ciel où il se trouve : le lieu domine les astres, et leur imprime des qualités bonnes ou mauvaises. Les signes, roulant successivement par tout le ciel, acquièrent ici une certaine activité; ils la perdent ailleurs. La nature de la maison est plus forte que celle du signe; elle veut que ses lois soient observées dans toute l'étendue de son domaine; elle force ces signes passagers à se plier à son caractère : telle maison dispense les honneurs et les dignités, telle autre est stérile; les signes qui la traversent portent la peine de leur passage. La maison qui est au-dessus du cercle de l'orient (2), la troisième après le milieu du ciel, est une maison funeste qui prépare un fâcheux avenir, et n'annonce que des maux de toute sorte. Ce défaut ne lui est pas particulier; la maison qui est direc-

(1) C'est-à-dire, jusqu'au méridien. — (2) La douzième maison des astrologues.

Sustinet æternis nixum radicibus orbem :
Effectu minor in specie, sed major in usu,
Fundamenta tenet rerum, censusque gubernat.
[Quam rata sint fossis scrutatur vota metallis,
Atque ex occulto quantum contingere possis.]   810
Tertius æquali pollens in parte, nitentem
Qui tenet exortum, qua primum sidera surgunt,
Unde dies redit, et tempus describit in horas;
Hinc inter Graias horoscopos editur urbes;
Nec capit externum, proprio quia nomine gaudet.   815
Hic tenet arbitrium vitæ, hic regula morum est;
Fortunamque dabit rebus, ducetque per artes;
Qualiaque excipiant nascentes tempora prima,
Quos capiant cultus, quali sint sede creati;
Utcumque admixtis subscribent viribus astra.   820
Ultimus, emenso qui condit sidera mundo,
Occasumque tenens submersum despicit orbem,
Pertinet ad rerum summas, finemque laborum,
Conjugia atque epulas, extremaque tempora vitæ,
Otiaque et cœtus hominum, cultusque deorum.   825
   Nec contentus eris percepto cardine quoquam.
Intervalla etiam memori sunt mente notanda,
Per majus dimensa, suas reddentia vires.

Quicquid ab exortu summum curvatur in orbem
Ætatis primæ nascentisque asserit annos.   830
Quod summo premitur devexum culmine mundi,
Donec ad occasus veniat, puerilibus annis
Succedit, teneramque regit sub sede juventam.
Quæ pars occasus infra est, imumque sub orbem
Descendit, regit hæc maturæ tempora vitæ,   835
Et propria serie varioque exercita cursu.
At qua perficitur cursus quadrante sub imo,
Tarda supinatum lassatis viribus arcum
Ascendens, seros demum complectitur annos,
Labentemque diem vitæ, tremulamque senectam   840
   Omne quidem signum sub qualicumque figura
Partibus inficitur mundi : locus imperat astris,
Et dotes noxamque facit : vertuntur in orbem
Singula, et accipiunt vires, ultroque remittunt.
Vincit enim natura genus, legesque ministrat   845
Finibus in propriis, et præetereuntia cogit
Esse sui moris, vario nunc dives honore,
Nunc sterilis; pœnamque ferent ea sidera sedis.
Quæ super exortum est, a summo tertia cœlo,
Infelix regio, rebusque inimica futuris,   850
Et vitio fecunda nimis : nec sola, sed illi

tement opposée (1) n'est pas plus favorable : toutes deux sont *abattues*, et craignent la chute dont elles sont menacées : on les appelle *portes du travail;* là il faut toujours monter, et ici tomber toujours. Le sort du monde n'est pas plus heureux dans les maisons qui sont immédiatement au-dessus de celle de l'occident (2) ou au-dessous de celle de l'orient (3); celle-ci est penchée sur le bord du précipice, celle-là est comme suspendue dans l'espace : l'une appréhende d'être écrasée par la maison orientale, l'autre craint de tomber, si le cercle de l'occident vient à manquer sous elle. C'est donc avec beaucoup de raison qu'on les a regardées l'une et l'autre comme les horribles *maisons de Typhée*. La terre courroucée produisit ce géant, lorsqu'elle s'arma contre le ciel. On vit naître des enfants monstrueux, dont la taille égalait presque celle de leur mère : mais, frappés de la foudre, ils rentrèrent bientôt dans le sein qui les avait portés, et les montagnes qu'ils avaient entassées retombèrent sur eux. Le même tombeau mit fin à la guerre et à la vie de Typhée ; ce géant, devenu la proie des flammes au fond du mont Etna, fait encore trembler sa mère. La maison qui suit la cime éclatante du ciel (4) le cède à peine à celle dont elle est voisine : mieux fondée dans ses espérances, prétendant à la palme, victorieuse des maisons qui l'ont précédée, elle les surpasse toutes en élévation, elle touche au sommet des cieux : mais ensuite elle ne pourra que déchoir, et ne formera plus que des vœux inutiles. Il ne faut donc pas s'étonner si, pour caractériser cette maison, attenante au faîte du ciel, et qui le suit immédiatement, on l'a consacrée à la *bonne Fortune;* c'est ainsi que notre langue participe de l'énergie de la langue grecque, en traduisant par cette expression le nom que les Grecs ont donné à cette maison. Elle est la demeure de Jupiter; fiez-vous à la fortune qui y préside. Sur un point directement opposé, et dans la partie inférieure du ciel, est une maison semblable (1), contiguë au cercle cardinal du bas du ciel. Elle est comme fatiguée de la carrière qu'elle a parcourue; destinée à une course nouvelle, elle va succéder à la maison cardinale, et à son important office : elle ne porte pas encore le poids du ciel, mais elle espère avoir bientôt cet honneur. Les Grecs l'appellent *Démonienne* (2) : nous ne pouvons l'exprimer en latin par aucun terme compatible avec la mesure de nos vers. Mais gravez profondément dans votre mémoire que ce lieu est habité par un dieu puissant, qui le tient sous sa protection : ce souvenir vous sera dans la suite de la plus grande utilité. Cette maison est le siége ordinaire de tout ce qui peut entretenir notre santé : elle recèle aussi les maladies qui nous font intérieurement une guerre cruelle. Elle produit ces deux effets opposés, en raison de la double influence des circonstances et du dieu qui y préside, et qui se plaît à varier alternativement son action sur la santé des hommes. Le soleil préfère à tous les lieux du ciel la maison où il entre après l'heure de midi (3), lorsque, descendant du haut de la voûte céleste, il commence à incliner vers le couchant. Nos corps, par l'action de cet astre, y contractent des qualités bonnes et mauvaises, et y participent aussi aux faveurs de la fortune. Les Grecs ont donné le nom de *dieu* à cette maison. Celle qui lui est diamétralement opposée (4), qui du plus bas du

---

(1) La sixième. — (2) La huitième. — (3) La seconde. — (4) La onzième maison.

(1) La cinquième. — (2) *Démon* en grec signifie un *génie*, bon ou mauvais. — (3) La neuvième maison. — (4) La troisième.

Par erit, adverso quæ fulget sidere sedes.
Utraque prætenta fertur dejecta ruina :
Porta laboris erit; scandendum est atque cadendum.
Nec melior super occasus, contraque sub ortu, 855
Sors agitur mundi : præceps hæc, illa superne
Pendens, aut metuit vicino cardine finem,
Aut fraudata cadet. Merito Typhonis habentur
Horrendæ sedes, quem tellus sæva profudit,
Cum bellum cœlo peperit : vix matre minores 860
Extiterunt partus; sed fulmine rursus in alvum
Compulsi, montesque super rediere cadentes.
Cessit et in tumulum belli vitæque Typhœus.
Ipsa tremit mater flagrantem montem sub Ætna.
At quæ fulgentis sequitur fastigia cœli, 865
Proxima non ipsi cedat cui jungitur astro :
Spe melior, palmamque petens, victrixque priorum
Altius insurgit, summæ comes addita fini :
In pejusque manent cursus, nec vota supersunt.
Quocirca minime est mirum, si proxima summæ 870
Atque eadem interior, Fortunæ sorte dicatur
Cui titulus felix : censum sic proxima Graiæ

Nostra subit linguæ, vertitque a nomine nomen.
Jupiter hac habitat : fortunæ crede regenti.
Huic in perversum similis dejecta sub orbe 875
Imaque submersi contingens culmina mundi,
Adversa quæ parte nitet; defessa peracta
Militia, rursusque novo devota labori,
Cardinis et subitura jugum sortemque potentem,
Nondum sentit onus mundi, jam sperat honorem. 880
Dæmonien memorant Graii : Romana per ora
Quæritur in versu titulus. Tu corde sagaci
Conde locum, numenque dei nomenque potentis :
Quæ tibi posterius magnos revocentur ad usus.
Hic momenta manent nostræ plerumque salutis, 885
Bellaque morborum cæcis pugnantia telis,
Viribus ambigua in geminis casusque, deique,
Nunc huc, nunc illuc sortem mutantis utramque.
Sed medium post articulum, curvataque primum
Culmina nutantis summo de vertice mundi, 890
Degere Phœbus amat : sub quo quoque corpora nostra
Dotes et vitia et fortunam ex viribus ejus
Concipiunt. Deus ille locus sub nomine Graio

ciel s'élève la première, et commence à nous ramener les astres, est d'une couleur sombre, et préside à la mort : elle est sous la domination de la lune, qui de ce lieu contemple le brillant séjour de son frère, placé à l'opposite du sien ; [et qui, perdant peu à peu sa lumière vers la fin de sa révolution, est une image des derniers instants de la vie.] Cette maison est appelée *déesse* par les Romains ; les Grecs lui donnent un nom dont la signification est la même. Au plus haut du ciel, dans ce lieu où les astres, cessant de monter, commencent à descendre ; dans cette maison (1) qui, à égale distance du lever et du coucher des astres, semble tenir le monde dans un parfait équilibre, la déesse de Cythère a établi le trône de son empire : de là elle offre en quelque sorte à l'univers le spectacle de ses charmes ; c'est par eux qu'elle gouverne la terre. La fonction particulière de cette maison est de présider au mariage, au lit nuptial, à la cérémonie des noces : lancer des traits qui aillent jusqu'au cœur est un art digne de Vénus. Ce lieu du ciel s'appelle la *Fortune* : ne l'oubliez pas, je vous prie, afin que, si mon poëme est long, j'en puisse au moins abréger les détails. Dans la partie du ciel la plus basse, dans cette maison cardinale (2) qui est le fondement de l'univers, et qui voit au-dessus de soi le monde entier ; dans ces lieux de ténèbres, Saturne, dépouillé de l'empire des dieux et renversé du trône de l'univers, exerce sa puissance : père, il répand ses influences sur les destinées des pères ; celles des vieillards dépendent aussi de lui. Ce dieu est le premier qui, de ce séjour,

(1) La dixième, ou celle du milieu du ciel. — (2) La quatrième.

étende une double protection sur les pères, *et* sur les enfants nouveaux nés. Il est austère et attentif : les Grecs lui ont donné le nom de *Démon*, nom qui exprime bien le pouvoir qu'on lui attribue. Portez maintenant vos regards sur la partie du ciel qui s'élève vers le premier cercle cardinal (1), où les astres renaissants recommencent à fournir leur carrière accoutumée, où le soleil, humide encore, sort du sein glacé de l'océan ; ses rayons affaiblis reprennent par degrés leur chaleur et leur lumière dorée : il est alors dans le temple qu'on dit vous être consacré, ô Mercure, fils de Maïa ! C'est là que la nature a déposé les destinées des enfants, et suspendu l'espérance des pères. Il reste encore la maison de l'occident (2) : elle précipite le ciel sous la terre ; les astres sont plongés par elle dans l'obscurité des ténèbres : elle avait vu le soleil en face, elle ne le voit plus que par derrière. Il n'est pas étonnant qu'on l'ait appelée porte de Pluton, qu'elle préside à la vie, qu'elle soit consacrée à la mort : le jour même vient mourir en cette partie du ciel ; elle le dérobe successivement à la terre, elle enferme le ciel dans les prisons de la nuit. Elle préside d'ailleurs à la bonne foi et aux sages conseils. Telle est l'énergie de cette maison, qui rappelle à elle et nous cache le soleil, qui le reçoit de nous pour le rendre à d'autres peuples, et qui perpétue le jour autour de la terre. Telles sont les observations que vous devez faire sur les temples célestes et sur leurs propriétés. Tous les astres les traversent ; ils en reçoivent les influences, ils leur communiquent les leurs. Les planètes les parcourent pareillement,

(1) La première maison, celle de l'horoscope. — (2) La septième.

Dicitur. Huic adversa nitens, quæ prima resurgit
Sedibus ex imis, iterumque reducit olympum, 895
Pars mundi, furvumque nitet, mortesque gubernat ;
Et dominam agnoscit Phœben, fraterna videntem
Regna, per adversas cœli fulgentia partes,
[Fataque damnosis imitantem finibus oris.]
Huic parti dea nomen erit Romana per ora : 900
Græcia voce sua titulum designat eumdem.
Arce sed in cœli, qua summa acclivia finem
Inveniunt, qua principium declivia sumunt,
Culminaque insurgunt occasus inter et ortus,
Suspenduntque suo libratum examine mundum ; 905
Asserit hanc Cytherea sibi per sidera sedem,
Et velut in facie mundi sua collocat ora,
Per quæ humana regit. Propria est hæc reddita parti
Vis, ut connubia et thalamos tædasque gubernet.
Hæc tutela decet Venerem, sua tela movere. 910
Nomen erit Fortuna loco, quod percipe mente,
Ut brevia in longo compendia carmine præstem.
At qua subsidit converso cardine mundus
Fundamenta tenens, adversum et suspicit orbem,
Ac media sub nocte jacet ; Saturnus in illa 915
Parte suas agitat vires, dejectus et ipse
Imperio quondam mundi solioque deorum :

Et pater in patrios exercet numina casus,
Fortunamque senum : prima est tutela duorum
Nascentum atque patrum, quæ tali condita parte est. 920
Asper et attentus, titulum cui Græcia fecit
Dæmonium, signatque suas pro nomine vires.
Nunc age, surgentem primo de cardine mundum
Respice, qua solitos nascentia signa recursus
Incipiunt, udus gelidis et Phœbus ab undis 925
Enatat, et fulvo paulatim accenditur igne :
Hæc tua templa ferunt, Maia Cyllenie nate,
In quis fortunam natorum condidit omnem
Natura, eque illis suspendit vota parentum.
Unus in occasu locus est super : ille ruentem 930
Præcipitat mundum, tenebris et sidera mergit :
Tergaque prospectat Phœbi, qui viderat ora.
Ne mirere, nigri si Ditis janua fertur,
Et finem vitæ retinet, mortique dicatur.
Hic etiam ipse dies moritur, terrasque per orbem 935
Subripit, et noctis cœlum sub carcere claudit.
Necnon et fidei tutelam vindicat ipsam,
Pectoris et pondus : tanta est in sede potestas,
Quæ vocat et condit Phœbum, recipitque refertque,
Continuatque diem. Tali sub lege notandæ 940
Templorum tibi sunt vires, quæ pervolat omnis

suivant l'ordre que la nature a déterminé; elles en font varier l'énergie lorsqu'elles se trouvent dans un domaine qui n'est pas le leur, et que, comme étrangères, elles s'arrêtent dans un domicile qui ne leur appartient pas. Mais cette matière me fournira d'autres chants, lorsque je traiterai des étoiles errantes. Il me suffit maintenant d'avoir expliqué les distinctions établies entre les diverses parties du ciel, les noms qu'on leur donne, les propriétés de chaque lieu, quels sont les dieux qui y président, et à quelle partie le premier auteur de cet art a donné le nom d'*octo topos*. L'ordre demande que j'expose maintenant les lois du mouvement des étoiles, lorsque, dans leur course errante, elles traversent ces maisons célestes.

LIVRE III.

Je prends un nouvel essor; j'ose au delà de mes forces; je ne crains pas de m'engager en des chemins où personne n'a marché avant moi. Muses, soyez mes guides; je travaille à reculer les bornes de votre empire; je veux puiser d'autres chants dans vos fontaines intarissables. Je ne prends pas pour sujet la guerre entreprise contre le ciel, les Titans frappés de la foudre et ensevelis dans le sein de leur mère; les rois conjurés contre Troie, la destruction de cette ville célèbre, Priam portant au bûcher son fils Hector, dont il a racheté les dépouilles sanglantes; l'impudique Médée vendant le trône de son père, et déchirant son frère en morceaux; une moisson de soldats engendrés de la terre, des taureaux vomissant des flammes, un dragon veillant sans cesse; la jeunesse rendue à un vieillard; un incendie, fruit d'un présent perfide; la naissance criminelle des enfants de Médée, et leur mort plus criminelle encore. Je ne peindrai point le long siége de la coupable Messène; les sept chefs devant Thèbes, la foudre garantissant cette ville de l'incendie, et cette même ville vaincue et saccagée parce qu'elle avait été victorieuse. Je ne montrerai pas des enfants frères de leur père et petits-fils de leur mère; les membres du fils servis sur la table du père; les astres reculant d'horreur, le jour fuyant la terre; un Perse déclarant la guerre aux ondes, et les ondes disparaissant sous la multitude de ses vaisseaux; un nouveau bras de mer creusé entre les terres, une route solide établie sur les flots. Je ne chanterai pas les conquêtes d'un grand roi (1), faites en moins de temps qu'il en faudrait pour les célébrer dignement. L'origine du peuple romain, ses généraux, ses guerres, ses loisirs, ses succès étonnants, qui ont rangé toute la terre sous les lois d'une seule ville, ont exercé plusieurs poëtes. Il est facile de naviguer, lorsque le vent est favorable : un sol fertile se prête de lui-même à toute espèce de culture; il est aisé d'ajouter un nouvel éclat à l'or et à l'ivoire, la matière brute en ayant déjà par elle-même : célébrer en vers des actions héroïques, rien de plus simple, et plusieurs l'ont tenté avec succès. Mais, dans le projet d'assujétir aux lois de la poésie des choses dont les noms mêmes ne sont pas déterminés, les temps, les différentes circonstances, les effets des mouvements de l'univers, les diverses fonctions des signes célestes, leurs divisions et celles de leurs parties; que d'obstacles n'ai-je pas à craindre?

(1) Alexandre le Grand.

Astrorum series, ducitque et commodat illis
Ipsa suas leges; stellæque ex ordine certo,
Ut natura sinit, lustrant, variasque locorum
Efficiunt vires, utcumque aliena capessunt   945
Regna, et in externis subsidunt hospita castris
Hæc mihi sub certa stellarum parte canentur.
Nunc satis est cœli partes titulosque notasse,
Effectusque loci per se cujusque, deosque :
Cui parti nomen posuit, qui condidit artem   950
Octo topos; per quos stellæ in diversa volantes
Quos reddant motus, proprio venit ordine rerum.

LIBER III.

In nova surgentem, majoraque viribus ausum,
Nec per inaccessos metuentem vadere saltus,
Ducite, Pierides : vestros extendere fines
Conor, et irriguos in carmina ducere fontes.
Non ego in excidium cœli nascentia bella,   5
Fulminis et flamma partus in matre sepultos;
Non conjuratos reges, Trojaque cadente
Hectora venalem cineri, Priamumque ferentem;
Colchida nec referam vendentem regna parentis,
Et lacerum fratrem stupro; segetesque virorum,   10
Taurorumque truces flammas, vigilemque draconem,
Et reduces annos, auroque incendia facta,
Et male conceptos partus, pejusque necatos :
Non annosa canam Messanæ bella nocentis;
Septenosve duces, ereptaque fulmine flammis   15
Mœnia Thebarum, et victam, quia vicerat, urbem :
Germanosve patris referam, matrisque nepotes;
Natorumve epulas, conversaque sidera retro,
Ereptumque diem; nec Persica bella profundo
Indicta, et magna pontum sub classe latentem;   20
Immissumque fretum terris, iter æquoris undis :
Non regis magni spatio majore canenda,
Quam sint acta, loquar : Romanæ gentis origo,
Totque duces urbis, tot bella atque otia, et omnis
In populi unius leges ut cesserit orbis,   25
Differtur : facile est ventis dare vela secundis,
Fecundumque solum varias agitare per artes;
Auroque atque ebori decus addere, cum rudis ipsa
Materies niteat : speciosis condere rebus
Carmina vulgatum est opus, et componere simplex.   30
At mihi per numeros ignotaque nomina rerum,
Temporaque et varios casus, momentaque mundi,

Concevoir tous ces objets, première difficulté; les exprimer, difficulté plus grande encore; le faire en des termes propres au sujet, et orner l'expression des grâces de la poésie, quel embarras extrême! O vous, qui que vous soyez, qui pouvez prêter à mon travail une attention suivie, écoutez-moi, c'est la vérité que je vous annoncerai; appliquez-vous à la comprendre. Mais ne cherchez pas ici les charmes d'une douce poésie; la matière que je traite n'est pas susceptible d'agréments, elle ne permet que l'instruction. Et si je suis quelquefois obligé d'emprunter les mots d'une langue étrangère, ce sera la faute du sujet, et non celle du poëte: il est des choses qu'on ne peut mieux exprimer que par les termes qui leur ont été primitivement appliqués.

Commencez donc par vous bien pénétrer d'une doctrine de la plus grande importance: vous en retirerez les plus précieux avantages; elle vous conduira, par une route sûre, à la connaissance des décrets du destin, si vous réussissez à la graver profondément dans votre esprit. Lorsque la nature, principe de tout, dépositaire de ce qu'il y a de plus caché, a formé des masses immenses (1) qui servissent d'enceinte à l'univers; qu'elle y a placé des astres innombrables qui environnent la terre, partout suspendue au milieu de ce vaste espace; qu'elle a composé un seul corps de ces membres divers, et qu'elle les a unis par les liens d'un ordre constant et immuable; qu'elle a ordonné à l'air, à la terre, au feu et à l'eau de se fournir des aliments réciproques, afin que la concorde régnât entre tant d'agents opposés, que le monde se maintînt dans une parfaite harmonie, que tout sans exception fût soumis à l'empire de la raison souveraine, et que toutes les parties de l'univers fussent régies par l'univers même; elle a réglé que la vie et les destinées des hommes dépendraient des signes célestes, qui seraient les arbitres du succès de nos entreprises, de notre vie, de notre réputation; que, sans jamais se lasser, ils fourniraient une carrière éternelle; que, placés au milieu et comme au cœur du ciel, ils auraient un pouvoir souvent supérieur à celui du soleil, de la lune et des planètes, à l'action desquels ils seraient cependant obligés de céder à leur tour. La nature leur a confié la direction des choses humaines, elle a attribué à chacun d'eux un domaine particulier; elle a voulu que la somme de nos destinées fût toujours dépendante d'un seul et même ordre de *sorts*. En effet, tout ce qu'on peut imaginer, tous les travaux, toutes les professions, tous les arts, tous les événements qui peuvent remplir la vie des hommes, la nature les a rassemblés et divisés en autant de classes qu'elle avait placé de signes au ciel: elle a attribué à chaque classe des propriétés et des fonctions particulières; elle a ainsi distribué autour du ciel toutes les circonstances de la vie de chaque homme dans un ordre tellement réglé, que chaque classe, toujours limitrophe des mêmes classes, ne pût jamais changer de voisinage. Ces douze sorts répondent aux douze signes, non qu'ils soient éternellement assujétis à la même partie du ciel, et que, pour connaître leur action à la naissance de chaque homme, il faille les chercher aux mêmes degrés des mêmes signes: mais, à l'instant de chaque naissance, ils occupent un lieu déterminé, ils passent d'un signe dans un autre, et chacun

(1) Les signes et les constellations célestes.

Signorumque vices, partesque in partibus ipsis,
Luctandum est: quæ nosse nimis, quid? dicere, quantum est?
Carmine quid proprio? pedibus quid jungere certis?   35
Huc ades, o quicumque meis advertere cœptis
Aurem oculosque potes, veras et percipe voces;
Impendas animum: nec dulcia carmina quæras;
Ornari res ipsa negat, contenta doceri.
Et si qua externa referentur nomina lingua,   40
Hoc operis, non vatis erit: non omnia flecti
Possunt, et propria melius sub voce notantur.

Nunc age, subtili rem summam perspice cura,
Quæ tibi præcipuos usus monstrata ministret,
Et certas det in arte vias ad fata videnda,   45
Si bene constiterit vigilanti condita sensu.
Principium rerum et custos natura latentum,
Cum tantas strueret moles per mœnia mundi,
Et circumfusis orbem concluderet astris
Undique pendentem in medium, diversaque membra   50
Ordinibus certis sociaret corpus in unum,
Aeraque et terras flammamque undamque natantem
Mutua in alternum præbere alimenta juberet;
Ut tot pugnantes regeret concordia causas,
Staretque æterno religatus fœdere mundus;   55
Exceptum a summa ne quid ratione maneret,
Et quod erat mundi, mundo regeretur ab ipso;
Fata quoque et vitas hominum suspendit ab astris:
Quæ summas operum partes, quæ lucis honorem,
Quæ famam assererent, quæ nunquam fessa volarent;   60
Quæ, quasi per mediam mundi præcordia partem
Disposita obtineant, Phœbum lunamque vagasque
Evincant stellas, necnon vincantur et ipsa.
His regimen natura dedit, propriasque sacravit
Unicuique vices, sanxitque per omnia, summam   65
Undique uti fati ratio traheretur in unam.
Nam quodcumque genus rerum, quodcumque laborum,
Quæque opera atque artes, quicumque per omnia casus
Humanæ in vitæ poterant contingere sorte
Complexa est: tot et in partes, quot et astra locarat,   70
Disposuit; certasque vices, sua nomina cuique
Attribuit; totumque hominis per sidera censum
Ordine sub certo duxit, pars semper ut eidem
Confinis parti vicinis staret in arvis.
Horum operum sortes ad singula signa locavit;   75
Non ut in æterna cœli statione manerent,
Et cunctos hominum pariter traherentur in ortus
Ex iisdem repetita locis; sed tempore sedes

d'eux les parcourt ainsi successivement tous, de manière qu'aux divers instants de plusieurs naissances successives la forme du ciel se trouve changée, sans qu'il en résulte aucune irrégularité dans les mouvements célestes. Mais dès que la classe des sorts, qui doit occuper le premier rang, a été placée au lieu qui lui convient à l'instant d'une naissance, les autres se succèdent sans interruption, et sont attribués par ordre aux signes suivants. L'ordre dépend de la place du premier sort, les autres suivent jusqu'à ce que le cercle soit complet. Or, suivant que les sept astres errants concourront d'une manière avantageuse ou défavorable avec ces sorts, distribués dans toute l'étendue des signes et arbitres de tous les événements de notre vie, ou selon que la puissance divine combinera leur position avec celle des cercles cardinaux, notre destinée sera douce ou malheureuse, nos entreprises couronnées d'un bon ou d'un mauvais succès. Il est nécessaire que j'entre dans un détail raisonné sur ces sorts, que j'en développe la nature et l'objet, afin qu'on puisse en connaître la position dans le ciel, les noms et les propriétés.

Le premier sort a été attribué à la *fortune* ; les astronomes l'ont ainsi nommé, parce qu'il renferme tout ce qui peut contribuer à établir et à soutenir une maison, le nombre d'esclaves et les terres que l'on possédera à la campagne, les palais, les grands édifices que l'on fera construire, pourvu cependant que les étoiles errantes de la voûte céleste favorisent le pronostic. Le sort suivant est celui de la *milice ;* dans cette seule classe on comprend tout ce qui concerne l'art militaire,

et tout ce qui doit arriver à ceux qui séjournent dans des villes étrangères. La troisième classe roule sur les *occupations civiles ;* c'est une autre espèce de milice : tous les actes entre citoyens y ressortissent; elle renferme les liens dépendant de la bonne foi, elle forme les amitiés, elle engage à rendre des services trop souvent méconnus, elle fait envisager les précieux avantages d'un caractère doux et complaisant; mais il faut que le ciel en favorise l'activité par un concours heureux de planètes. La nature a placé au quatrième rang tout ce qui concerne les *jugements* et tout ce qui a rapport au barreau : l'avocat, qui fait valoir le talent de la parole ; le plaideur, qui fonde ses espérances sur l'éloquence de son défenseur ; le jurisconsulte, qui de la tribune développe au peuple les lois établies ; qui, après avoir examiné les pièces d'un procès, en annonce l'issue d'un seul de ses regards ; qui, dans ses décisions, ne se propose que le triomphe de la vérité. En un mot, tout don de la parole qui se rattache à l'exécution des lois doit être rapporté à cette seule classe, et en éprouvera les influences, mais suivant ce qu'en décideront les astres qui domineront alors. La cinquième classe, appropriée au *mariage*, comprend aussi ceux qui sont unis par les liens de la société et de l'hospitalité, ou par les nœuds d'une tendre amitié. De la sixième classe dépendent les *richesses* et leur conservation : nous y apprenons, d'un côté, quelle sera la quantité des biens dont nous jouirons; de l'autre, combien de temps nous les posséderons ; tout cela étant toujours subordonné à l'action des astres et à leur position dans les temples célestes. Le sep-

Nascentum acciperent proprias, signisque migrarent,
Atque alias alii sors quæque accederet astro ; 80
Ut caperet genitura novam per sidera formam,
Nec tamen incerto confunderet omnia motu.
Sed cum pars operum, quæ prima condita parte est,
Accepit propriam nascentis tempore sedem,
Cetera succedunt, signisque sequentibus hærent. 85
Ordo ducem sequitur, donec venit orbis in orbem.
Has autem facies rerum per signa locatas,
In quibus omnis erit fortunæ condita summa,
Utcumque aut stellæ septem læduntve juvantve,
Cardinibusve movet divina potentia mundum : 90
Sic felix aut triste venit per singula fatum,
Talis et ullius sors est speranda negoti.
Hæc mihi solemni sunt ordine cuncta canenda,
Et titulis signanda suis rerumque figuris ;
Ut pateat positura operum, nomenque, genusque. 95
 Fortunæ sors prima data est. Hoc illa per artem
Censetur titulo, quia proxima continet in se
Fundamenta domus, domuique hærentia cuncta ;
Qui modus in servis, qui sit concessus in arvis,
Quaque datum magnas operum componere moles ; 100
Ut vaga fulgentis concordant sidera cœli.
Posthinc militiæ locus est ; qua quicquid in armis,

Quodque peregrinas inter versantibus urbes
Accidere assuevit, titulo comprenditur uno.
Tertia ad urbanos statio est numeranda labores. 105
Hoc quoque militiæ genus est, civilibus actis
Compositum, fideique tenet parentia vincla :
Format amicitias, et sæpe cadentia frustra
Officia, et, cultus contingant præmia quanta,
Edocet ; appositis cum mundus consonat astris. 110
Judiciorum opus in quarta natura locavit,
Fortunamque fori, fundentem verba patronum,
Pendentemque reum lingua ; rostrisque loquentem
Impositum, et populo nudantem condita jura,
Atque expensa sua solventem jurgia fronte, 115
Cum judex veri nihil amplius advocat ipso.
Quicquid propositas inter facundia leges
Efficit, hoc totum partem concessit in unam ;
Atque, utcumque regunt dominantia sidera, paret.
Quintus conjugio gradus est per signa dicatus ; 120
Et socios tenet et comites ; atque hospitium una
Jungitur, et similes conjungens fœdus amicos.
In sexta dives numeratur copia sede,
Atque adjuncta salus rerum : quarum altera, quanti
Contingant usus, monet ; altera, quam diuturni ; 125
Sidera ut inclinant vires, et templa gubernant.

tième sort est effrayant par les *périls* extrêmes dont il nous menace, si les positions défavorables des planètes concourent à nous les faire essuyer. La huitième classe, celle de la *noblesse*, nous donne les dignités, les honneurs, la réputation, une haute naissance, et le magnifique éclat de la faveur. La neuvième part est assignée au sort incertain des *enfants*, aux inquiétudes paternelles, et généralement à tous les soins qu'on se donne pour les élever. La classe suivante comprend la conduite de la vie ; nous y puisons nos mœurs, nous y apprenons quels exemples nous devons à notre *famille*, et dans quel ordre nos esclaves doivent s'acquitter auprès de nous des emplois qui leur sont confiés. Le onzième sort est le plus important de tous ; c'est par lui que nous conservons notre vie et nos forces : il préside à la *santé* ; les maladies nous épargnent et nous accablent, suivant l'impression que les astres communiquent au monde. C'est ce sort qu'il faut consulter sur le choix des remèdes et sur le temps d'en faire usage ; c'est quand il est favorable que les sucs salutaires des plantes doivent le plus sûrement nous rappeler à la vie. La succession des sorts se termine enfin par celui qui nous fait obtenir l'objet de nos *vœux* : il renferme tout ce qui peut contribuer au succès de nos résolutions, et des démarches que l'on fait tant pour soi que pour les siens, soit que, pour réussir, il faille employer les assiduités, recourir même à toute sorte de flatteries ; soit qu'on doive tenter, devant les tribunaux, le hasard d'un procès épineux ; soit que, porté sur l'aile des vents, on poursuive sur les flots la fortune ; soit qu'on désire que la semence confiée à Cérès devienne une riche moisson, et que Bacchus fasse couler de nos cuves des ruisseaux abondants d'un vin délicieux : cette classe nous fera connaître les jours et les instants les plus favorables, à la condition, toujours nécessaire, d'une position heureuse des planètes dans les signes célestes. J'expliquerai plus tard, dans un ordre convenable, les influences bonnes et mauvaises de ces étoiles errantes, lorsque je traiterai de leur efficacité : maintenant je considère les objets comme isolés : c'est, je pense, le seul moyen d'éviter la confusion.

J'ai donc expliqué dans mes vers les noms et les vertus de tous ces sorts, rangés dans un ordre constant et immuable (les Grecs les nomment *athla*, parce qu'ils renferment tous les événements de la vie humaine, répartis en douze classes) : il me reste à déterminer comment et en quel temps ils se combinent avec les douze signes. En effet, ils n'ont point de place fixe dans le ciel ; ils n'occupent pas les mêmes lieux à la naissance de chaque enfant : chacun d'eux, sujet à des déplacements continuels, répond tantôt à un signe, tantôt à un autre, de manière cependant que l'ordre originairement établi entre eux demeure invariable. Si donc vous voulez ne vous pas tromper dans la figure d'une nativité, sur laquelle vous avez à placer chaque sort au signe qui lui convient, cherchez d'abord le lieu que la *fortune* doit occuper dans le ciel. Dès que ce sort sera convenablement placé, vous attribuerez par ordre les autres sorts aux signes suivants, et tous occuperont alors les lieux qui leur appartiennent. Mais, pour ne pas errer comme à l'aventure dans la détermination du

Septima censetur sævis horrenda periclis,
Si male subscribunt stellæ per signa locatæ.
Nobilitas tenet octavam ; qua constat honoris
Conditio, et famæ modus, et genus, et specioso   130
Gratia prætextu. Nonus locus occupat omnem
Gnatorum sortem dubiam, patriosque timores,
Omniaque infantum mixta nutritia turba.
Huic vicinus erit, vitæ qui continet actum ;
In quo sortimur mores, et qualibus omnis   135
Formetur domus exemplis ; quaque ordine certo
Ad sua compositi discedant munera servi.
Præcipua undecima pars est in sorte locata,
Quæ summam nostri semper viresque gubernat ;
Quaque valetudo constat, nunc libera morbis,   140
Nunc oppressa ; movent ut mundum sidera cumque.
Non alia est sedes, tempusve genusve medendi
Quæ sibi deposcat, vel cujus tempore præstet
Auxilium in vitæ succos miscere salubres.
Ultimus et totam concludens ordine summam   145
Rebus apiscendis labor est, qui continet omnes
Votorum effectus, et quæ sibi quisque suisque
Proponit studia atque artes, hæc irrita ne sint :
Seu ferat officium, nutus blanditus in omnes,
Aspera sive foro per litem jurgia tentet ;   150

Fortunamve petat pelago, ventisque sequatur ;
Seu Cererem plena vincentem credita messe,
Aut repetat Bacchum per pinguia musta fluentem :
Hac in parte dies, inque hac momenta dabuntur ;
Si bene convenient stellæ per signa sequentes,   155
Quarum ego posterius vires in utrumque valentes
Ordine sub certo reddam, cum pandere earum
Incipiam effectus. Nunc ne permixta legentem
Confundant, nudis satis est insistere membris.
   Et quoniam certo digestos orbe labores,   160
Nominaque in numerum, viresque exegimus omnes ;
(Athla vocant Graii, quod cuncta negotia rerum
In genera et partes his sex divisa coercent,)
Nunc quibus ascendant signis, quandoque, canendum est.
Perpetuas neque enim sedes, eademve per omnes   165
Sidera nascentes retinent ; sed tempore mutant,
Nunc huc, nunc illuc signorum mota per orbem ;
Incolumis tamen ut maneat qui conditus ordo est.
Ergo age, ne falsa variet genitura figura,
Si sua quemque voles revocare ad signa laborem,   170
Fortunæ conquire locum per sidera cuncta :
Qui tibi cum fuerit certa ratione repertus,
Cetera prædicto subeuntibus ordine signis
Conjuges, teneant proprias ut singula sedes.

lieu de la fortune, voici deux moyens certains de la distinguer. Connaissez bien l'instant de la naissance de l'enfant, et l'état du ciel à cet instant, et placez les planètes aux degrés des signes qu'elles occupaient. Si le soleil est plus élevé que le cercle cardinal de l'orient et que celui qui plonge les astres sous les eaux, prononcez infailliblement que l'enfant est né pendant le jour. Mais si le soleil, plus bas que les deux cercles qui soutiennent le ciel à droite et à gauche, est dans un des six signes abaissés sous l'horizon, la naissance aura eu lieu durant la nuit. Cette distinction faite avec toute la précision possible, si c'est le jour qui a reçu l'enfant au sortir du sein maternel, comptez combien il se trouve de degrés depuis le soleil jusqu'à la lune, en suivant l'ordre des signes; portez ces degrés dans le même ordre sur le cercle des signes, en partant du cercle de l'orient, que, dans l'exacte division du ciel, nous nommons horoscope : le point du cercle des signes où le nombre s'arrêtera sera le lieu de la fortune. Vous attribuerez consécutivement les autres sorts aux autres signes, en suivant toujours l'ordre de ceux-ci. Mais si la nuit couvrait la terre de ses sombres ailes au moment où l'enfant quitta le sein de sa mère, changez de marche, puisque la nature a changé de face. Consultez alors la lune; elle imite l'éclat de son frère, et la nuit est spécialement soumise à son empire : autant il y a de signes et de degrés entre elle et le soleil, autant il en faut compter en deçà du brillant horoscope, jusqu'au lieu que doit occuper la fortune : les autres sorts seront successivement placés dans l'ordre établi par la nature pour la suite des signes célestes.

Vous me ferez peut-être une question qui mérite une attention sérieuse. Comment, à l'instant d'une naissance, déterminera-t-on le point qui, se levant alors, doit être reconnu pour horoscope? Si ce point n'est pas donné avec la plus grande précision, les fondements de notre science s'écroulent, l'ordre établi dans le ciel devient inutile. Tout, en effet, dépend des cercles cardinaux : s'ils sont mal déterminés, vous donnez au ciel une disposition qu'il n'a pas; le point d'où il faut tout compter devient incertain, et ce déplacement en occasionne un dans tous les signes célestes. Mais l'opération nécessaire pour éviter l'erreur est aussi difficile qu'elle est importante, puisqu'il s'agit de représenter le ciel sans cesse emporté par un mouvement circulaire, et parcourant sans interruption tous les signes; de s'assurer qu'on en a saisi la disposition actuelle, de déterminer dans cette vaste étendue la position d'un point indivisible, de reconnaître avec certitude les parties qui sont à l'orient, au sommet de la voûte céleste, à l'occident; celle enfin qui est descendue au plus bas du ciel.

La méthode ordinaire ne m'est point inconnue : on compte deux heures pour la durée du lever de chaque signe; comme ils sont tous égaux, on suppose qu'ils emploient des temps égaux à monter au-dessus de l'horizon. On compte donc les heures écoulées depuis le lever du soleil, et l'on distribue ces heures sur le cercle des signes célestes, jusqu'à ce qu'on soit parvenu au moment de la naissance de l'enfant : le point où la somme sera épuisée sera celui qui se lève en ce même moment. Mais le cercle des signes est oblique

Et ne forte vagus fortunæ quærere sedem 175
Incipias, duplici certam ratione capesse.
Cum tibi, nascentis percepto tempore, forma
Constiterit cœli, stellis ad signa locatis,
Transverso Phœbus si cardine celsior ibit,
Qui tenet exortum, vel qui demergit in undas: 180
Per tempus licet affirmes natum esse diei.
At si subjectis senis fulgebit in astris,
Inferior dextra lævaque tenentibus orbem
Cardinibus, noctis fuerit per tempora natus.
Hæc tibi cum fuerint certo discrimine nota, 185
Tunc si forte dies nascentem exceperit alma,
A sole ad lunam numerabis in ordine partes
Signorum : ortivo totidem de cardine duces,
Quem bene partitis memorant horoscopon astris.
In quodcumque igitur numerus pervenerit astrum, 190
Hoc da fortunæ : junges tunc cetera signis
Athla suis, certo subeuntibus ordine cunctis.
At cum obducta nigris nox orbem texerit alis,
Si quis erit, qui tum materna excesserit alvo,
Verte vias, sicut naturæ vertitur ordo. 195
Consule tum Phœben imitantem lumina fratris
Semper, et in proprio regnantem tempore noctis :
Quotque ab ea Phœbus partes et signa recedit,

Tot numerare jubet fulgens horoscopos a se.
Hunc fortuna locum teneat subeuntibus athlis, 200
Ordine naturæ sicut sunt cuncta locata.
  Forsitan et quæras agili rem corde notandam,
Qua ratione queas a tali tempore nati
Exprimere immerso surgentem horoscopon orbe.
Quod nisi subtili visum ratione tenetur, 205
Fundamenta ruunt artis, nec consonat ordo :
Cardinibus quoniam falsis, qui cuncta gubernant,
Mentitur faciem mundus, nec constat origo,
Flexaque momento variantur sidera templi.
Sed quanta effectu res est, tam plena laboris, 210
Cursibus æternis mundum per signa volantem
Ut totum lustret curvatis arcubus orbem,
Exprimere, et vultus ejus componere certos,
Ac tantæ molis minimum comprendere punctum;
Quæ pars exortum, vel quæ fastigia mundi, 215
Aut terat occasus, aut imo siderit orbe.
  Nec me vulgatæ rationis præterit ordo,
Quæ binas tribuit signis surgentibus horas,
Et paribus spatiis æqualia digerit astra;
Ut parte ex illa, qua Phœbi cœperit orbis, 220
Discedat numerus, summamque accommodet astris,
Donec perveniat nascentis tempus ad ipsum;

relativement au mouvement du ciel ; d'où il arrive que quelques signes se lèvent très-obliquement, tandis que l'ascension des autres est beaucoup plus droite : cette différence dépend de ce que les uns sont plus voisins, les autres plus éloignés de nous. A peine l'écrevisse permet-elle que le jour finisse, à peine l'hiver souffre-t-il qu'il commence : ici le cercle diurne du soleil est aussi court qu'il est long en été : la balance et le bélier nous donnent des jours égaux aux nuits. On voit donc une opposition entre les signes extrêmes et ceux du milieu, entre les plus élevés et ceux qui le sont moins; et la durée de la nuit ne varie pas moins que celle du jour : on remarque seulement que la différence de l'un et de l'autre est la même dans les mois opposés. Pour peu qu'on réfléchisse sur ces variations, sur ces inégalités des jours et des nuits, est-il possible de se persuader que les signes célestes emploient tous le même temps à monter sur l'horizon? Ajoutez à cela que la durée des heures n'est pas la même; celle qui suit est plus ou moins longue que celle qui a précédé : puisque les jours sont inégaux, leurs parties doivent être sujettes à la même inégalité, tantôt croître et tantôt décroître. Cependant, quelle que puisse être à chaque instant la disposition du ciel, six signes sont constamment au-dessus de l'horizon, six sont au-dessous. Cela ne peut se concilier avec l'attribution de deux heures au lever de chaque signe, ces heures étant dans leur durée si différentes les unes des autres, et douze d'entre elles formant constamment un jour. Cette correspondance des heures avec les signes paraît d'abord raisonnable : veut-on en faire l'application, on en découvre l'insuffisance.

Vous ne parviendrez jamais à suivre les traces de la vérité, si, après avoir divisé le jour et la nuit en heures égales, vous ne déterminez la durée de ces heures dans les différentes saisons, et si, pour cet effet, vous ne choisissez des heures régulièrement égales, qui puissent servir comme de module pour mesurer et les plus longs jours et les plus courtes nuits. C'est ce qu'on trouve pour la balance, lorsque les nuits commencent à surpasser les jours, ou lorsqu'au cœur du printemps la durée du jour commence à dépasser celle de la nuit. C'est alors seulement que le jour et la nuit, égaux entre eux, contiennent chacun douze heures égales, le soleil parcourant le milieu du ciel. Lorsque cet astre, repoussé dans les signes méridionaux par les glaces de l'hiver, brille dans le huitième degré du capricorne à double forme, le jour, ayant alors la plus courte durée qu'il puisse avoir, ne contient que neuf heures équinoxiales et demie; et la nuit, qui semble oublier qu'elle nous redoit le jour, outre quatorze heures pareilles, contient encore une demi-heure, pour compléter le nombre de vingt-quatre. Ainsi les douze heures qu'on a coutume de compter se trouvent compensées de part et d'autre, et l'on retrouve au total la somme que la nature a prescrite pour la durée d'un jour entier. Les nuits diminuent ensuite et les jours croissent, jusqu'à ce qu'ils subissent une inégalité semblable au signe de la brûlante écrevisse : alors les heures sont les mêmes qu'en hiver, mais en sens contraire; celles du jour égalent en durée celles des nuits d'hiver, et les nuits ne sont pas plus longues que ne l'étaient alors les jours; et cette supériorité alternative dépend des divers lieux que le soleil occupe

Atque ubi substiterit, signum dicatur oriri.
Sed jacet obliquo signorum circulus orbe,
Atque alia inflexis oriuntur sidera membris; 225
Ast illis magis est rectus surgentibus ordo;
Ut propius nobis aliquod, vel longius astrum est.
Vix finit luces cancer, vix bruma reducit;
Quam brevis ille jacet, tam longus circulus hic est.
Libra ariesque parem reddunt noctemque diemque 230
Sic media extremis pugnant extremaeque summis.
Nec nocturna minus variant quam tempora lucis;
Sed tantum adversis idem stat mensibus ordo.
In tam dissimili spatio, variisque dierum
Umbrarumque modis, quis possit credere in auras 235
Omnia signa pari mundi sub lege meare?
Adde quod incerta est horae mensura, neque ullam
Altera par sequitur ; sed sicut summa dierum
Vertitur, et partes surgunt, rursusque recedunt :
Cum tamen in quocumque dies deducitur astro, 240
Sex habeat supra terras, sex signa sub illis.
Quo fit ut in binas non possint omnia nasci,
Cum spatium non sit tantum pugnantibus horis;
Si modo bis senae serventur luce sub omni :
Quem numerum debet ratio, sed non capit usus. 245

Nec tibi constabunt aliter vestigia veri,
Ni lucem noctemque pares dimensus in horas,
In quantum vario pateant sub tempore noris ;
Regulaque exacta primum formetur in hora,
Quae segnemque diem, celeres perpendat et umbras. 250
Haec erit, in libra cum lucem vincere noctes
Incipiunt, vel cum medio concedere vere.
Tunc etenim solum bis senas tempora in horas
Aequa patent, medio quod currit Phœbus Olympo.
Is cum per gelidas hiemes submotus in austros 255
Fulget in octava capricorni parte biformis ;
Tunc angusta dies vernales fertur in horas
Dimidiam atque novem : sed nox oblita diei
Bis septem, apposita, numerus ne claudicet, hora
Dimidia. Sic in duodenas exit utrimque, 260
Et redit in solidum naturae condita summa.
Inde cadunt noctes, surguntque in tempora luces;
Donec ad ardentis pugnarint sidera cancri.
Atque ibi conversis vicibus mutantur in horas
Brumales, noctemque dies, lucemque tenebrae 265
Hibernam referunt, alternaque tempora vincunt;
Nunc huc nunc illuc gradibus per sidera certis
Impulsae : quarum ratio manifesta per artem

dans le cercle des signes. La science des astres nous fournit des preuves démonstratives de cette doctrine; je les exposerai dans la suite de cet ouvrage. Telle est donc la mesure des jours et des nuits dans les contrées que le Nil arrose, après avoir été grossi par les torrents dont il reçoit en été les eaux : ce fleuve imite les astres du ciel, en se dégorgeant par sept embouchures dans la mer, dont il fait refluer les flots.

Je vais maintenant expliquer combien chaque signe a de stades (1), et combien il emploie de temps à se lever ou à se coucher. Le sujet est intéressant, et je serai concis; prêtez-moi une sérieuse attention, si vous ne voulez pas que la vérité vous échappe. Le noble signe du bélier, qui précède tous les autres, s'approprie quarante stades à son lever, le double de ce nombre à son coucher : son lever dure une heure et un tiers; la durée de son coucher est une fois plus longue. Chacun des signes suivants a pour son lever huit stades de plus que celui qui le précède; il en perd huit, lorsqu'il descend sous les ombres glacées de la nuit. Le temps du lever doit être, à chaque signe, augmenté d'un quart d'heure, et de la quinzième partie de ce quart d'heure. Tels sont les accroissements qui ont lieu pour le lever des signes jusqu'à celui de la balance : les diminutions sur la durée des couchers suivent la même progression. Quant aux signes qui suivent la balance, il faut renverser l'ordre : les variations sont les mêmes, mais suivant une marche opposée. Autant nous avons compté d'heures et de stades pour que le bélier montât sur l'horizon, autant la balance en emploiera pour descendre au-dessous; et l'espace ou le temps que le bélier met à se coucher est précisément celui qu'il faut attribuer au lever de la balance. Les cinq signes suivants se règlent sur la même marche. Lorsque vous vous serez bien pénétré de ces principes, il vous sera facile de déterminer à chaque instant le point de l'horoscope, puisqu'alors vous connaîtrez le temps qu'il faut attribuer à la durée du lever de chaque signe, et la quantité de signes et de parties de signes qui répond à l'heure proposée, en commençant à compter depuis le degré du signe où est alors le soleil, ainsi que je l'ai expliqué plus haut.

Mais de plus la longueur des jours et des nuits n'est point partout la même; la variation des temps est sujette à différentes lois; l'état du ciel est le même, et la durée des jours est fort inégale. Dans les contrées situées sous la toison du bélier de Phryxus, ou sous les serres du scorpion et les bassins uniformes de la balance, chaque signe emploie constamment deux heures à se lever, parce que toutes les parties du cercle des signes se meuvent dans une direction perpendiculaire à l'horizon, et qu'elles roulent uniformément sur l'axe du monde. Là les jours et les sombres nuits sont toujours dans un parfait accord; l'égalité des temps n'est jamais troublée. Sous tous les signes on a l'automne, sous tous les signes on jouit du printemps, parce que Phébus y parcourt d'un pas égal une même carrière. Dans quelque signe qu'il se trouve, qu'il brûle l'écrevisse de ses feux, ou qu'il soit dans le signe opposé, il n'en résulte aucune variation. Le cercle des signes s'étend obliquement, il est vrai, sur

(1) Le stade, dans la doctrine de Manilius, est un arc de l'écliptique, qui emploie deux minutes de temps à monter au-dessus de l'horizon, ou à descendre au-dessous.

Collecta est, venietque suo per carmina textu.
Atque haec est illas demum mensura per oras, 270
Quas rigat aestivis gravidus torrentibus amnis
Nilus, et erumpens imitatur sidera mundi
Per septem fauces, atque ora fugantia pontum.

Nunc age, quot stadiis et quanto tempore surgant
Sidera, quotque cadant, animo cognosce sagaci; 275
Ne magna in brevibus pereant compendia dictis.
Nobile lanigeri sidus, quod cuncta sequuntur,
Dena quater stadia exoriens, duplicataque ducit,
Cum cadit; atque horam surgens ejusque trientem
Occupat, occiduus geminat. Tum cetera signa 280
Octonis crescunt stadiis orientia in orbem,
Et totidem amittunt gelidas vergentia in umbras.
Hora novo crescit per singula signa quadrante,
Tertiaque in quartas partes pars ducitur ejus.
Haec sunt ad librae sidus surgentibus astris 285
Incrementa; pari momento damna trahuntur,
Cum subeunt orbem. Rursusque a sidere librae,
Ordine mutato, paribus per tempora versa
Momentis redeunt. Nam per quot creverat astrum
Lanigeri stadia aut horas, tot libra recedit. 290

Occiduusque aries spatium tempusque cadendi
Quod tenet, in tantum chelae consurgere perstant.
Ejus in exemplum se signa sequentia vertunt.
Haec ubi constiterint vigilanti condita mente,
Jam facile est tibi, quod quandoque horoscopet astrum, 295
Noscere, cum liceat certis surgentia signa
Ducere temporibus, propriisque ascribere in horas
Partibus; ut ratio signis ducatur ab illis,
In quis Phoebus erit; quorum mihi reddita summa est.
    Sed neque per terras omnes mensura dierum 300
Umbrarumque eadem est, simili nec tempora summa
Mutantur : modus est varius statione sub una.
Nam qua Phryxaei ducuntur vellera signi,
Chelarumque fides, justaeque examina librae,
Omnia consurgunt binas ibi signa per horas : 305
Quod medius recto praecingitur ordine mundus,
Aequalisque super transversum vertitur axem.
Illic perpetua junguntur pace diebus
Obscurae noctes; aequo stat foedere tempus.
Omnibus autumnus signis, ver omnibus unum; 310
Una quod aequali lustratur linea Phoebo.
Nec refert tunc quo Phoebus decurrat in astro;

les trois cercles du milieu du ciel (1), mais toutes ses parties s'élèvent dans des directions uniformes et parallèles, et conservent ces directions tant au-dessus qu'au-dessous de l'horizon ; les intervalles de temps entre leurs levers respectifs sont proportionnels à leurs distances réciproques ; et le ciel, exactement divisé, montre et cache uniformément toutes les parties qui le composent. Mais écartez-vous de cette partie de la terre, et, portant vos pas vers l'un des pôles, avancez sur la convexité de notre globe, auquel la nature a donné dans tous les sens une figure sphérique, et qu'elle a suspendu au centre du monde : à chaque pas que vous ferez en gravissant cette circonférence, montant toujours et descendant en même temps, une partie de la terre se dérobera, une autre s'offrira à votre vue : or cette inclinaison, cette pente de notre globe influera sur la position du ciel, qui s'inclinera pareillement ; les signes qui montaient directement sur l'horizon s'y élèveront obliquement : ce cercle qui les porte, et qui, semblable à un baudrier, entourait également le ciel des deux côtés, prendra une forme moins régulière en apparence. La position en est cependant toujours la même ; c'est nous qui avons changé de place. Il doit résulter de là une variation sensible dans les temps, et l'égalité des jours ne peut plus subsister, puisque les signes plus ou moins inclinés suivent maintenant des routes obliques à l'horizon, puisque ces routes sont les unes plus voisines, les autres plus éloignées de nous. La durée de la présence des signes sur l'horizon est proportionnée à leur distance :

(1) L'équateur et les deux tropiques.

les plus voisins de nous décrivent de plus **grands** arcs visibles ; les plus éloignés sont plus tôt plongés dans les ombres de la nuit. Plus on approchera des ourses glacées, plus les signes d'hiver se déroberont à la vue ; levés à peine, ils descendront déjà sous l'horizon. Si l'on avance plus loin, des signes entiers disparaîtront ; et chacun amènera trente nuits consécutives, qui ne seront interrompues par aucun jour. Ainsi la durée des jours décroît peu à peu ; ils sont enfin anéantis par la destruction des heures qui les composaient. Les signes lumineux disparaissent par degrés ; le temps pendant lequel ils étaient visibles se dérobant par parties, ils descendent successivement sous la convexité de la terre ; on les chercherait en vain sur l'horizon. Phébus disparaît avec eux, les ténèbres prennent plus de consistance, jusqu'à ce moment où l'année devient défectueuse par la suppression de plusieurs mois. Si la nature permet à l'homme d'habiter sous le pôle, sous ce sommet du monde, que l'axe glacé soutient et unit par des liens inflexibles, au milieu de neiges éternelles, dans ce climat rigoureux, voisin de la fille de Lycaon, changée en ourse, le ciel lui paraîtra se tenir debout ; sa circonférence sera emportée, comme celle de la toupie, par un tournoiement continuel : six signes formant un demi-cercle obliquement placé seront perpétuellement sur l'horizon, sans pouvoir jamais cesser d'être visibles ; tous leurs points traceront dans le ciel des cercles parallèles à l'horizon. Un seul jour, égal en durée à six mois, répandra pendant la moitié de l'année une lumière non interrompue, parce que le soleil ne se couchera pas tant que

Littoreumne coquat cancrum, contrane feratur :
Quod, quamquam per tres signorum circulus arcus
Obliquus jaceat, recto tamen ordine zonæ   315
Consurgunt, supraque caput subterque feruntur,
Et paribus spatiis per singula puncta resurgunt :
Ac bene diviso mundus latet orbe patetque.
At simul ex illa terrarum parte recedas,
Quicquid ad extremos temet proverteris axes,   320
Per convexa trahens gressum fastigia terræ,
Quam tereti natura solo decircinat orbem
In tumidum, et mediam mundo suspendit ab omni :
Ergo ubi conscendes orbem scandensque rotundum
Degrediere simul ; fugiet pars altera terræ,   325
Altera reddetur : sed quantum inflexerit orbis,
Tantum inclinabit cœli positura volantis.
Et modo quæ fuerant surgentia limite recto
Sidera, curvato ducentur in æthera tractu.
Atque erit obliquo signorum balteus orbe,   330
Qui transversus erat : statio quando illius una est,
Nostræ mutantur sedes. Ergo ipsa moveri
Tempora jam ratio cogit, variosque referre
Sub tali regione dies ; cum sidera flexo
Ordine conficiant cursus obliqua malignos ;   335
Longius atque aliis aliud propiusve recumbat.

Pro spatio mora cuique datur. Quæ proxima nobis
Consurgunt, longos cœli visuntur in orbes :
Ultima quæ fulgent citius mergantur in umbras.
Et quanto ad gelidas propius quis venerit arctos,   340
Tam magis effugiunt oculos brumalia signa ;
Vixque ortis occasus erit. Si longius inde
Procedat, totis condentur singula membris,
Tricenasque trahent connexo tempore noctes,
Et totidem luces adiment. Sic parva dici   345
Efficitur mora, et attritis consumitur horis ;
Paulatimque perit statio fulgentibus astris.
Pluraque, per partes subrepto tempore, signa
Quærentur, medio terræ celata tumore ;
Abducentque simul Phœbum, texentque tenebras,   350
Mensibus ereptis donec sit debilis annus.
Si vero natura sinat sub vertice cœli,
Quem gelidus rigidis fulcit compaginibus axis,
Æternas super ire nives, orbemque rigentem
Prona Lycaoniæ spectantem membra puellæ ;   355
Stantis erit cœli species ; laterumque meatu
Turbinis in morem recta vertigine curret.
Inde tibi obliquo sex tantum signa patebunt
Circuitu, nullos umquam fugientia visus,
Sed teretem inclini mundum comitantia spira.   360

son char parcourra les six signes élevés : il paraîtra comme voltiger sans cesse autour de l'axe du monde. Mais dès qu'il commencera à descendre de l'équateur vers les six signes abaissés sous l'horizon, et qu'il promènera ses coursiers dans la partie la moins élevée du cercle des signes, une seule nuit prolongera les ténèbres de ceux qui habitent sous le pôle durant un égal nombre de mois. Car quiconque est placé dans l'axe d'une sphère ne peut jamais voir que la moitié de cette sphère; la partie inférieure lui est nécessairement cachée, parce que ses rayons visuels ne peuvent comprendre toute la sphère, divisée par son renflement même en deux hémisphères. De même, lorsque le soleil se promène dans les six signes inférieurs, il n'est pas possible de le voir si l'on est sous le pôle, jusqu'à ce qu'ayant parcouru ces six signes pendant autant de mois, il revienne au point d'où il était parti, remonte vers les ourses, ramène la lumière, et chasse devant lui les ténèbres. Un seul jour, une seule nuit, séparés par la distinction des deux hémisphères, forment en ce lieu la division de toute l'année.

Nous avons démontré que les jours et les nuits ne sont point égaux partout ; nous avons exposé les degrés et les causes de ces inégalités : il nous reste à exposer les moyens de déterminer, pour quelque contrée que ce soit, le nombre d'heures que chaque signe emploie à se lever ou à se coucher, afin qu'on connaisse l'heure précise à laquelle chaque degré de ces signes est au point de l'orient, et que le doute ne nous conduise point à déterminer faussement l'horoscope. Voici une loi générale à laquelle on peut s'arrêter : car d'assigner des nombres exacts, des temps précis pour chaque lieu, c'est ce que la trop grande différence d'obliquité des mouvements célestes ne peut permettre. Je propose la loi ; chacun suivra la route que je vais tracer, fera lui-même l'application, mais me sera redevable de la méthode. En quelque lieu de la terre qu'on se propose de résoudre ce problème, il faut d'abord déterminer le nombre d'heures égales comprises dans la durée du plus long jour et de la plus courte nuit de l'été. La sixième partie du nombre d'heures que contient le plus long jour doit être attribuée au lion, qui se présente au sortir du temple de l'écrevisse. Partagez de même en six la durée de la plus courte nuit, et assignez une de ces parties au temps que le taureau emploie à s'élever à reculons au-dessus de l'horizon. Prenez ensuite la différence entre la durée du lever du taureau, et celle qui aura été assignée au lever du lion de Némée, et partagez-la en trois. A la première de ces deux durées ajoutez successivement un tiers de la différence, et vous aurez d'abord la durée du lever des gémeaux, puis celle de l'écrevisse, enfin celle du lion, qui se trouvera la même que celle qu'on avait obtenue d'abord, en prenant la sixième partie du plus long jour. L'addition consécutive du même tiers donnera la durée du lever de la vierge. Mais il faut remarquer que cette addition doit toujours être faite à la durée entière du lever du signe qui précède immédiatement, de manière que les durées aillent toujours en croissant. Cet accroissement ayant eu lieu jusqu'à la balance, les

Hic erit una dies per senos undique menses,
Dimidiumque trahens contextis lucibus annum;
Numquam erit occiduus quod tanto tempore Phœbus,
Dum bis terna suis perlustrat cursibus astra;
Sed circumvolitans recto visetur ab orbe. 365
At simul e medio præceps descenderit orbe,
Inferiora petens dejecto sidera cursu;
Et dabit in pronum laxas effusus habenas;
Per totidem menses junget nox una tenebras
Vertice sub cœli. Nam quisquis spectat ab axe, 370
Dimidium e toto tantum videt orbe rotundi;
Pars latet inferior. Neque enim circumvenit illum
Recta acies, mediaque tenus distinguitur alvo.
Effugit ergo oculos summo spectantis ab orbe,
Dum sex submersis vectatur Phœbus in astris: 375
Sideribus donec totidem quot mensibus actis,
Cesserat unde redit, geminasque ascendit ad arctos;
Adducitque simul luces, tenebrasque relinquit.
Hic locus in binas annum noctesque diesque
Per duo partitæ dirimit divortia terræ. 380
  Et quoniam quanto variantur tempora motu,
Et quibus e causis dictum est; nunc accipe, signa
Quot surgant in quoque loco, cedantque per horas :
Partibus ut prendi possint orientia certis,
Ne falsus dubia ratione horoscopos erret. 385

Atque hoc in totum certa sub lege sequendum,
(Singula quod nequeunt, per tot distantia motus,
Temporibus numerisque suis exacta referri,)
A me sumat; iter positum sibi quisque sequatur;
Perque suos tendat gressus; mihi debeat artem. 390
Quacumque hoc parte in terrarum quisque requiret,
Deducat proprias noctemque diemque per horas,
Maxima sub cancro minimis quæ cingitur umbris :
Et sextam summæ fuerit quæ forte diurnæ
Vicino tribuat post cancri templa leoni. 395
At quæ nocturnis fuerit mensura tenebris,
In totidem partes simili ratione secanda est;
Ut, quantum una ferat, tantum tribuatur ad ortus
Temporis averso nascentis sidere tauri.
Has inter, quasque accipiet Nemeæus in ortus, 400
Quod discrimen erit, per tres id divide partes;
Tertia ut accedat geminis, quæ tempora tauro
Vinciat, atque eadem cancro, similisque leoni.
Sic erit ad summam ratio perducta priorem,
Quam modo divisis Nemeæus duxerat horis. 405
Inde pari virgo procedat temporis auctu :
Sed certa sub lege, prioris semper ut astri
Incolumem servent summam, crescantque novando.
Hic usque ad chelas horarum partibus aucta,
Per totidem a libra decrescent sidera partes. 410

durées décroîtront ensuite dans la même proportion. Or, autant chaque signe met de temps à monter au-dessus de l'horizon, autant le signe qui lui est diamétralement opposé en doit employer pour se plonger entièrement dans l'ombre. Cette méthode générale du calcul des heures doit aussi s'appliquer à celui des stades que chaque signe parcourt en se levant et en se couchant. Les stades sont au nombre de sept cent vingt. Otez de cette somme une partie proportionnelle à celle que le soleil a réservée sur vingt-quatre heures, pour en former la nuit d'été, lorsqu'au plus haut du ciel il détermine le solstice. Ce qui reste après la soustraction étant divisé en six parties égales, attribuez une de ces parties au signe brûlant du lion ; la sixième partie de ce qui a été retranché, comme répondant à la plus courte nuit, sera donnée au taureau. Le nombre de stades dont le lever du lion surpasse celui du taureau, ou la différence du nombre des stades attribués à ces deux signes, doit être partagée en trois tiers, dont un sera ajouté au nombre du taureau, pour avoir celui des gémeaux. Une pareille augmentation, toujours faite au nombre complet des stades d'un signe, donnera les stades des signes immédiatement suivants, jusqu'à ce qu'on soit parvenu au point équinoxial de la balance. Il faut alors diminuer dans la même proportion le nombre des stades, jusqu'à ce qu'on ait atteint le bélier. Les accroissements et les diminutions de la durée du coucher de tous les signes sont les mêmes, mais dans un ordre inverse du précédent. Par cette méthode on connaîtra le nombre des stades de chaque signe, et le temps que chacun emploie à se lever. Combinant tout cela

avec l'heure courante, on n'aura aucune erreur à craindre dans la détermination du point de l'horoscope, puisqu'on pourra attribuer à chaque signe le temps qui lui convient, en commençant à compter du lieu que le soleil occupe.

Je vais maintenant expliquer d'une manière claire et concise un objet fort important, le progrès de l'accroissement des jours pendant les mois de l'hiver. Cet accroissement, en effet, n'est pas le même sous chacun des trois signes que le soleil parcourt, jusqu'à ce qu'ayant atteint la brillante toison du bélier, il réduise le jour et la nuit sous le joug de la plus parfaite égalité. Il faut d'abord déterminer la durée du jour le plus court et celle de la nuit la plus longue, telles qu'elles nous sont données par le signe du capricorne. La quantité dont la plus longue nuit excédera la nuit moyenne, ou celle dont le jour moyen surpassera le plus court, doit être divisée en trois, et le tiers de l'excès sera attribué au second signe d'hiver, qui, s'étant approprié cet accroissement, doit excéder d'un demi-tiers le premier signe, et être surpassé lui-même d'une pareille quantité par le troisième. C'est ainsi qu'il faut distribuer l'accroissement des jours [sur les trois signes d'hiver, de manière que l'application de chaque excès à un signe suivant soit toujours faite au nombre entier du signe précédent.] Par exemple, qu'au solstice d'hiver la nuit soit trop longue de trois heures, le capricorne diminuera cet excès d'une demi-heure ; le verseau, pour sa part, en retranchera une heure, outre la diminution déjà faite sous le signe précédent : enfin les poissons opéreront une réduction nouvelle, égale à la somme des diminutions faites

Et quantis utrimque modis tollentur ad ortus,
Diversam in sortem tantis mergentur ad umbras.
Hæc erit horarum ratio ducenda per orbem ;
Sidera ut in stadiis oriantur quæque, cadantque.
Quæ septingenta in numeris vicenaque cum sint ; 415
Detrahitur summæ tota pars, quotam ademit utrimque
Omnibus ex horis æstivæ nomine noctis,
Solstitium summo peragit dum Phœbus Olympo.
Quodque his exsuperat demptis, id didito in æquas
Sex partes, sextamque ardenti trade leoni. 420
Rursus qui steterit numerus sub nomine noctis,
Ejus erit signo tauri pars illa dicanda.
Quodque hanc exsuperat partem, superatur ab illa,
Distinguitque duas medio discrimine summas ;
Tertia pars ejus numero superaddita tauri 425
Traditur et geminis. Simili tunc cetera lucro
Procedunt, numeros semper tutata priores ;
Augebuntque novo vicinas munere summas,
Donec perveniant ad justæ sidera libræ.
Ex illa totidem per partes sic breviantur, 430
Lanigeri ad fines : conversaque omnia lege
Accipiunt perduntque pares cedentia sortes.
Hæc via monstrabit stadiorum ponere summas,

Et numerare suos ortus per sidera cuncta.
Quod bene cum propriis simul acceptaveris horis, 435
In nulla fallet regione horoscopos umquam :
Cum poterunt certis numerari singula signa
Temporibus, parte ex illa quam Phœbus habebit.
    Nunc quibus hiberni momentis surgere menses
Incipiant (neque enim paribus per sidera cuncta 440
Procedunt gradibus, nivei dum vellera signi
Contingant, æquum luces cogentia et umbras
Ferre jugum) magna est ratio, breviterque docenda.
Principio capienda tibi est mensura diei,
Quam minimam capricornus agit ; noctisque per horas 445
Quam summam : quoque ab justo superaverit umbra,
Et trepident luces, ejus pars tertia signo
Tradenda est medio semper ; qua sorte retenta,
Dimidia vincat primum, vincatur et ipsum
Extremo : totum in partes ita digere tempus. 450
[His opibus tria signa valent : sed summa prioris
Accedit numeri conjuncta sequentibus astris.]
Sic erit, ut ternis fuerit si longior horis
Brumali nox forte die, capricornus in hora
Dimidia attollat luces ; et aquarius horæ 455
Ipse suam sortem ducat, summæque priori

par les deux autres signes ; et après, avoir anéanti l'excès des trois heures, ils remettront au bélier le soin d'ouvrir le printemps par l'égalité du jour et de la nuit. La trop longue durée de la nuit diminue donc d'abord d'une sixième partie ; la diminution est double sous le second signe, triple sous le dernier. Ainsi les jours recouvrent ce qui leur manquait ; les nuits leur ont restitué les heures qu'elles avaient empiétées sur eux. Après l'équinoxe, elles continuent de céder aux jours une partie de leur durée, mais en suivant une marche inverse. Le bélier diminue la durée de la nuit autant qu'elle avait été déjà diminuée par les poissons ; le taureau lui enlève encore une heure, et, pour mettre le comble à tous ces échecs, les gémeaux y ajoutent encore une demi-heure. Ainsi donc entre ces six signes (1) l'action du premier est égale à celle du dernier : il faut en dire autant des deux signes qui les touchent immédiatement : enfin cette égalité d'action a pareillement lieu entre les signes du milieu, et ceux-ci contribuent plus que tous les autres à faire varier l'inégalité du jour et de la nuit. Tel est l'ordre suivant lequel les nuits décroissent et les jours augmentent après le solstice d'hiver. Mais quand le soleil atteint le signe de la lente écrevisse, tout change de face ; la nuit d'été n'est pas plus longue que le jour d'hiver, et la longue durée du jour égale celle de la nuit de l'autre saison : le jour diminue ensuite, par la même loi qu'il a suivie en augmentant.

Voici une autre méthode pour déterminer le point du cercle des signes qui, s'élevant du sein de l'Océan, commence à reparaître sur l'horizon. Il faut d'abord déterminer l'heure du jour (1), si la nativité est diurne, et multiplier cette heure par quinze, vu qu'à chaque heure il s'élève au-dessus de l'horizon quinze degrés du cercle des signes. Ajoutez au produit le nombre des degrés que le soleil a parcourus dans le signe où il se trouve. De la somme qui en résultera vous attribuerez trente degrés à chaque signe, en commençant par celui où est alors le soleil, et en suivant d'ailleurs l'ordre même des signes où la somme se trouvera épuisée ; le degré au delà duquel il ne restera rien à compter sera le signe et le degré qui se lève actuellement. Il faut suivre le même procédé au travers des feux de la nuit. Lorsque vous aurez déterminé comme auparavant la somme convenable, vous en distribuerez les degrés, trente par trente, sur chaque signe, jusqu'à ce qu'elle soit épuisée : le degré où la distribution finira sera celui qui vient de naître sur l'horizon avec le corps de l'enfant : l'un et l'autre ont commencé à paraître au même instant de la nuit. C'est par ces méthodes que vous pouvez déterminer entre les signes célestes la partie qui naît à tout instant donné, ou le point ascendant de l'horoscope. Connaissant ainsi avec certitude ce premier point cardinal, vous ne pourrez vous tromper ni sur celui qui occupe le faîte de la voûte céleste, ni sur celui de l'occident ; et le bas du ciel, qui en est comme le fondement, sera pareillement déterminé. Vous assignerez à chaque partie les propriétés et la classe de sorts qui lui conviennent.

(1) Les six signes depuis le capricorne jusqu'aux gémeaux.

(1) C'est-à-dire, le nombre d'heures écoulées depuis le lever précédent du soleil.

Adjungat ; pisces tantum sibi temporis ipsi
Constituant, quantum accipiant de sorte priorum ;
Et tribus expletis horis, noctemque diemque
Lanigero tradant æquandam tempore veris. 460
Incipit a sexta tempus procedere parte
Dividuum ; duplicant vires hærentia signa ;
Ultimaque acceptas triplicant. Ita summa diebus
Redditur ; æquato solvuntur fœnere noctes ;
Rursus et incipiunt propria de sorte diebus 465
Cedere conversa labentia tempora lege.
Namque aries totidem deducit noctibus horas,
Quot prius abstulerant proprio sub nomine pisces.
Hora datur tauro : cumuletque ut damna priora,
Dimidiam adjungunt gemini. Sic ultima primis 470
Respondent, pariterque illis quæ proxima fulgent :
Et media æquatis censentur viribus astra,
Præcipuosque gerunt varianda ad tempora motus.
Hac vice descendunt noctes a sidere brumæ,
Tollunturque dies ; annique invertitur orbis, 475
Solstitium tardi cum fit sub sidere cancri :
Tuncque diem brumæ nox æquat, tempora noctis
Longa dies, similique redit, quo creverat, actu.
Illa etiam poterit nascens via ducere ad astrum
Quod quandoque vadis emissum redditur orbi. 480

Nam quota sit lucis, si luce requiritur, hora
Aspicies ; atque hunc numerum revocabis in ipsum
Multiplicans decies ; adjectis insuper eidem
Quinque tamen summis : quia qualicumque sub hora
Ter quinas mundi se tollunt sidera partes. 485
Hic ubi constiterit numerus, conjungere et illas,
Quæ superent Phœbo partes per signa, memento.
Ex hac tricenas summa per sidera partes
Distribues ; primamque vicem, quo Phœbus in astro
Fulserit, inde aliis, solem quæcumque sequentur. 490
Tum quo subsistet numerus consumptus in astro,
Quave in parte suam summam momenve relinquit ;
Hæc erit exoriens et pars, et forma. Per ignes
Continua partes. Ubi summam feceris unam,
Tricenas dabis ex illa per singula signa, 495
Donec deficiat numerus : quaque ille sub astri
Parte cadat, credas illam cum corpore natam
Esse hominis, pariterque orbem vidisse per ignes.
Sic erit ipse tibi rapidis quærendus in astris
Natalis mundi, certoque horoscopos ortu : 500
Ut cum exacta fides steterit sub cardine primo,
Fallere non possint summi fastigia cœli,
Non seri te obitus, stent fundamenta sub imo ;
Omniaque in proprias vires sortesque recedant.

Je vais maintenant donner une idée générale du rapport qui existe entre le temps et les signes célestes. Chaque signe s'approprie des années, des mois, des jours, des heures; et c'est sur ces parties du temps qu'il exerce principalement son énergie. Le soleil, parcourant le cercle des signes, détermine l'année; donc la première année de la vie appartient au signe où est le soleil à l'instant de la naissance, la seconde année au signe suivant, et ainsi de suite, selon l'ordre naturel des signes. La lune, fournissant sa carrière en un mois, règle de même la présidence des mois. Le signe où est l'horoscope prend sous sa protection le premier jour et la première heure; il abandonne les jours et les heures suivantes aux signes qui lui succèdent. C'est la nature qui a voulu que les années, les mois, les jours, les heures même fussent ainsi distribués entre les signes, afin que tous les instants de notre vie fussent dépendants des astres, que la succession des parties de ce temps fût relative à celle des étoiles, et que ces parties acquissent par cette combinaison l'énergie de tous les signes successifs. De cet ordre naît la vicissitude étonnante des choses de ce monde, cet enchaînement de biens et de maux, cette alternative de larmes et de plaisir, cette inconstance de la fortune, qui semble ne tenir à rien, tant elle est sujette à varier, qui enfin ne se fixe nulle part les révolutions continuelles : que ses caprices nous font essuyer lui ont fait, avec raison, perdre tout crédit. Une année ne ressemble point à une année, un mois diffère d'un autre mois, le jour succède au jour et n'est jamais le même, une heure enfin n'est pas semblable à l'heure qui l'a précédée. C'est que les parties du temps qui composent la durée de cette courte vie s'approprient différents signes, aux impulsions desquels elles sont obligées d'obéir : en conséquence elles nous communiquent des forces, et nous menacent d'accidents analogues aux propriétés des astres qui nous dominent successivement.

Comme on commence à compter les heures du jour lorsque le soleil est au cercle de l'orient, quelques astronomes ont pensé que ces supputations de temps correspondants aux signes devaient pareillement commencer par ce même cercle; que de ce seul et unique point devait partir la distribution des années, des mois, des jours et des heures, entre le signe ascendant et ceux qui le suivent. En effet, disent-ils, quoique toutes ces périodes aient une même origine, elles ne marcheront pas toujours de front; les unes s'achèvent plus promptement, les autres ont une plus longue durée : un signe est rencontré deux fois en un jour par la même heure, et une fois en un mois par le même jour; un seul mois peut lui correspondre dans le cours d'une année; enfin la période des années n'est complète qu'après douze révolutions du soleil. Il est difficile que tout cela se combine de manière que l'année et le mois appartiennent au même signe. [Il arrivera de là que, l'année appartenant à un signe heureux,] le mois sera dominé par un signe fâcheux : si le mois est gouverné par un signe favorable, le jour sera présidé par un signe pernicieux; le jour ne promet que du bonheur, mais il contiendra des heures funestes. C'est ainsi qu'on ne peut trouver un rapport constant entre les signes et les années, les années et les mois,

Nunc sua reddentur generatim tempora signis, 505
Quæ divisa etiam proprios ducuntur in annos,
Et menses, lucesque suas, horasque dierum;
Per quæ præcipuas ostendunt singula vires.
Primus erit signi, quo sol effulserit, annus;
Annua quod lustrans consumit tempora mundum 510
Proximus atque alii subeuntia signa sequuntur.
Luna dabit menses, peragit quod menstrua cursum.
Tutelæque suæ primas horoscopos horas
Asserit atque dies, traditque sequentibus astris.
Sic annum, mensesque suos natura, diesque, 515
Atque ipsas voluit numerari signa per horas;
Omnia ut omne foret divisum tempus in astra,
Perque alterna suos variaret sidera motus;
Ut cujusque vices ageret redeuntis in orbem.
Idcirco tanta est rerum discordia in ævo, 520
Et subtexta malis bona sunt, lacrymæque sequuntur
Vota, nec in cunctos servat fortuna tenorem;
Usque adeo permixta fluit, nec permanet usquam;
Amisitque fidem variando cuncta per omnes.
Non annis anni, nec menses mensibus usque 525
Conveniunt, seque ipse dies, aliumque revisit,

Horaque non ulli similis producitur horæ.
Tempora quod sic stant propriis parentia signis,
Per numeros omnes ævi divisa volantis :
Talesque efficiunt vires, casusve minantur, 530
Qualia sunt, quorum vicibus tum vertimur, astra.
Sunt quibus et cœli placeat nascentis ab ortu,
Parte quod ex illa describitur hora diebus,
Omne genus rationis agi per tempora et astra;
Et capite ex uno menses annosque diesque 535
Incipere atque astra, tradique sequentibus astris :
Et quamquam socia nascuntur origine cuncta,
Diversas tamen esse vices; quod tardius illa,
Hæc citius peragunt orbem. Venit omnis ad astrum
Hora die bis, mense dies semel, unus in anno 540
Mensis, et exactis bis sex jam solibus annus.
Difficile est in idem tempus concurrere cuncta,
Unius ut signi pariter sit mensis et annus.
[Sic erit, ut mitis qui signi duxerit annum]
Asperioris agat mensem, si mensis in astrum 545
Lætius inciderit, signum sit triste diei;
Si fortuna diem foveat, sit durior hora.
Idcirco nihil in totum sibi credere fas est;

les mois et les jours, les jours et toutes les heures qui les composent. De ces parties du temps, les unes s'écoulent plus vite, les autres plus lentement. Le temps que l'on désire manque à ceux-ci, se présente à ceux-là; il arrive, il disparaît alternativement; il fait place à un autre temps, il est soumis à des variations journalières et perpétuelles.

Nous avons traité des différents rapports qu'on pouvait observer entre les parties du temps et les divers événements de la vie; j'ai montré à quel signe il fallait rapporter les années, les mois, les jours et les heures. L'objet qui doit maintenant nous occuper roulera sur la durée totale de la vie, et sur le nombre d'années que promet chaque signe. Faites attention à cette doctrine, et tenez un compte exact du nombre d'années attribué à chaque signe, si vous voulez déterminer par les astres quel sera le terme de la vie. Le bélier donne dix ans, et une onzième année diminuée d'un tiers. A cette durée, taureau céleste, vous ajoutez deux ans : mais autant vous l'emportez sur le bélier, autant les gémeaux l'emportent sur vous. Quant à vous, écrevisse du ciel, vous prolongez la vie jusqu'à deux fois huit ans et deux tiers. Mais vous, lion de Némée, vous doublez le nombre neuf et vous lui ajoutez huit mois. Érigone à deux fois dix ans joint deux tiers d'année. La balance accorde à la durée de la vie autant d'années que la vierge. La libéralité du scorpion est la même que celle du lion. Le sagittaire règle la sienne sur celle de l'écrevisse. Pour vous, ô capricorne, vous donneriez trois fois cinq ans de vie, si l'on ajoutait quatre mois à ce que vous promettez. Le verseau, après avoir triplé quatre ans, ajoutera encore huit mois. Les poissons et le bélier sont voisins, leurs forces sont égales; ils procureront deux lustres et huit mois entiers de vie.

Mais, pour connaître la durée de la vie des hommes, il ne suffit pas de savoir combien d'années sont promises par chaque signe céleste : les maisons, les parties du ciel ont aussi leurs fonctions dans ce pronostic; elles ajoutent des années à la vie, avec des restrictions cependant, relatives aux lieux qu'occupent alors les étoiles errantes. Mais pour le moment je ne parlerai que de l'énergie des temples célestes; je traiterai ailleurs en détail des autres circonstances, et des effets que leurs combinaisons produisent. Lorsque l'on aura commencé par bien établir les fondements de ces opérations, l'on n'aura plus à craindre le désordre que pourrait occasionner le mélange des différentes parties qui viendraient se croiser. Si la lune est favorablement placée dans la première maison (1), dans cette maison cardinale qui rend le ciel à la terre, et qu'à l'heure de la naissance de l'enfant elle renaisse elle-même à l'orient, huit fois dix années, moins deux ans, constitueront la durée de la vie. Il faut retrancher trois ans de cette durée, si la lune est au haut du ciel (2). La seule maison occidentale (3) donnerait libéralement à l'enfant nouveau-né quatre-vingts ans de vie, s'il ne manquait une olympiade (4) à ce nombre. Le bas du ciel, maison fondamentale (5) de l'univers, s'approprie deux fois trente ans, avec un surcroît de deux fois six mois. La maison qui forme l'angle le plus à droite du premier trigone (6) accorde soixante ans, augmentés de deux fois quatre; et celle qui occupe la gauche de ce

(1) C'est-à-dire, si son influence n'est pas contrariée par un aspect malin de quelque autre planète, ou par une position défavorable du sort de la fortune, ou de quelque autre sort. — (2) Dans la dixième maison. — (3) La septième maison. — (4) Quatre ans. — (5) La quatrième maison. — (6) C'est celle qui précède le haut du ciel, ou la neuvième.

Non annos signis, menses vertentibus annis,
Mensibus aut luces, aut omnes lucibus horas : 550
Quod nunc illa nimis properant, nunc illa morantur;
Et modo deest aliis, modo adest; vicibusque recedit,
Aut redit; atque alio mutatur tempore tempus
Interpellatum variata sorte dierum.
 Et quoniam docui, per singula tempora, vitæ 555
Quod quandoque genus veniat, cujusque sit astri
Quisque annus, cujus mensis, simul hora, diesque;
Altera nunc ratio, quæ summam contineat ævi,
Reddenda est, quot quæque annos dare signa ferantur.
Quæ tibi, cum finem vitæ per sidera quæris, 560
Respicienda manet ratio, numerisque notanda.
Bis quinos annos aries, unumque triente
Fraudatum dabit. Appositis tu, taure, duobus
Vincis; sed totidem geminorum vinceris astro.
Tuque bis octonos, cancer, binosque trientes : 565
Bisque novem, Nemeæe, dabis, bessemque sub illis.
Erigone geminatque decem, geminatque trientem.
Nec plures fuerint libræ quam virginis anni.
Scorpios æquabit tribuentem dona leonem.

Centauri fuerint eadem quæ munera cancri. 570
Ter quinos, capricorne, dares, si quattuor essent
Appositi menses. Triplicabit aquarius annos
Quattuor, et menses vitam producet in octo.
Pisces atque aries et sorte et finibus hærent;
Lustra duo tribuent solidis cum mensibus octo. 575
 Nec satis est annos signorum noscere certos,
Ne lateat ratio finem quærentibus ævi.
Templa quoque et partes cœli sua munera norunt,
Et proprias tribuunt certo discrimine summas,
Cum bene constiterit stellarum conditus ordo. 580
Sed mihi templorum tantum nunc jura canentur :
Mox veniet mixtura suis cum viribus omnis.
Cum bene materies steterit præcognita rerum,
Non interpositis turbabitur undique membris.
Si bene constiterit primo sub cardine luna, 585
Qua redit in terras mundus, nascensque tenebit
Exortum, octonos decies ducetur in annos,
Si duo decedant. At cum sub culmine summo
Consistet, tribus hic numerus fraudabitur annis.
Bis quadragenis occasus dives in ortos 590

même trigone (1), et qui suit les trois temples dont il se compose, ajoute trois ans au double de trente. La maison qui se trouve à la troisième place au-dessus du cercle de l'orient (2), et qui est contiguë au haut du ciel, retranche trois de trois fois vingt ans. Celle qui est abaissée d'autant au-dessous du même cercle (3) borne sa bienfaisance à cinquante hivers. La maison immédiatement placée sous l'horoscope (4) détermine pour la durée de la vie quatre fois dix révolutions du soleil, y ajoute deux autres révolutions, et ne permet pas d'aller au delà. Mais celle qui précède la maison cardinale de l'orient (5) accordera seulement vingt-trois ans de vie à l'enfant; il sera enlevé dans la fleur de la jeunesse, ayant à peine commencé à en goûter les douceurs. Le temple qui est au-dessus de l'occident (6) bornera la vie à dix ans, augmentés de trois années; celui qui est au-dessous (7) sera funeste à l'enfant; une mort prématurée terminera ses jours après douze années de vie.

Il faut surtout graver profondément dans sa mémoire quelle est l'activité de ces signes qui, opposés les uns aux autres, divisent le ciel en quatre parties égales. On les appelle *tropiques*, parce que c'est sur eux que roulent les quatre saisons de l'année; ils en désunissent les nœuds, ils font prendre au ciel une disposition nouvelle, en faisant varier les parties fondamentales qui le soutiennent; ils amènent avec eux un nouvel ordre de travaux; la nature change de face.

(1) La cinquième maison. — (2) La onzième. — (3) La troisième. — (4) La seconde. — (5) La douzième. — (6) La huitième. — (7) La sixième.

L'écrevisse lance ses feux du sommet de la zone brûlante de l'été; elle nous procure les plus longs jours; ils décroissent, mais très-peu, et ce qui est retranché de la durée du jour est ajouté à celle de la nuit; la somme de l'un et de l'autre reste constamment la même. Alors le moissonneur s'empresse de séparer le grain de la tige fragile qui le soutenait; on se livre à différents exercices du corps, à toute espèce de jeux gymniques : la mer attiédie entretient ses eaux dans un calme favorable. D'un autre côté, Mars déploie l'étendard sanglant de la guerre; les glaces ne servent plus de rempart à la Scythie; la Germanie, n'étant plus défendue par ses marais desséchés, cherche des contrées où elle ne puisse être attaquée; le Nil enflé inonde les plaines. Tel est l'état de la nature, lorsque Phébus ayant atteint l'écrevisse, y forme le solstice, et roule dans la partie la plus élevée de l'Olympe.

Le capricorne, dans la partie opposée, préside à l'hiver engourdi : sous lui, les jours sont les plus courts et les nuits les plus longues de l'année; le jour croît cependant, et la longueur de la nuit diminue; il compense sur la durée de l'un ce qu'il retranche sur la durée de l'autre. Dans cette saison, le froid durcit nos campagnes, la mer est interdite, les camps sont silencieux; les rochers, couverts de frimas, ne peuvent supporter la rigueur de l'hiver; et la nature, sans action, languit dans l'inertie.

Les deux signes qui égalent le jour à la nuit produisent des effets assez analogues entre eux, et se ressemblent par leur efficacité. Le bélier ar-

Solus erat, numero nisi deesset olympias una.
Imaque tricenos bis fundamenta per annos
Censentur, bis sex adjectis mensibus ævo.
Quodque prius natum fuerit dextrumque trigonum,
Hoc sexagenos tribuit duplicatque quaternos. 595
Quod fuerit lævum, prælataque signa sequetur,
Tricenos annos duplicat, tres insuper addit.
Quæque super signum nascens a cardine primum
Tertia forma est, et summo jam proxima cœlo,
Hæc ter vicenos geminat, tres abstrahit annos. 600
Quæque infra veniet spatio divisa sub æquo,
Per quinquagenas complet sua munera brumas.
Quemque locum superat nascens horoscopos, ille
Dena quater revocat vertentis tempora solis,
Accumulatque duos cursus, juvenemque relinquit. 605
At qui præcedit surgentis cardinis horam,
Vicenos ternosque dabit nascentibus annos,
Vix degustatam rapiens sub flore juventam.
Quod super occasus templum est, hoc dena remittit
Annorum spatia, et decimum tribus ampliat annum. 610
Inferius puerum interimet; bis sexque peracti
Immatura trahent natales corpora morti.
Sed tamen in primis memori sunt mente notanda,
Partibus adversis quæ surgunt condita signa,
Divisumque tenent æquo discrimine cœlum; 615
Quæ tropica appellant, quod in illis quattuor anni
Tempora vertuntur signis, nodosque resolvunt;
Totumque emittunt converso cardine mundum,
Inducuntque novas operum rerumque figuras.
Cancer ad æstivæ fulget fastigia zonæ, 620
Extenditque diem summum, parvoque recessu
Destruit; et quanto fraudavit tempore luces,
In tantum noctes auget : stat summa per omne.
Tunc Cererem fragili properat destringere culmo
Messor, et in varias denudant membra palæstras; 625
Et tepidum pelagus sedatis languet in undis.
Tunc et bella fero tractantur Marte cruenta;
Nec Scythiam defendit hiems; Germania sicca
Jam tellure fugit; Nilusque tumescit in arva.
Hic rerum status est, cancri cum sidere Phœbus 630
Solstitium facit, et summo versatur Olympo.
Parte ex adversa brumam capricornus inertem
Per minimas cogit luces et maxima noctis
Tempora; producitque diem, tenebrasque resolvit;
Inque vicem nunc damna facit, nunc tempora supplet. 635
Tunc riget omnis ager, clausum mare, condita castra :
Nec tolerant medias hiemes sudantia saxa;
Statque uno natura loco, paulumque quiescit.
Proxima in effectu, et similes referentia motus,
Esse ferunt noctes æquantia signa diebus. 640

rête le soleil au milieu de la carrière que cet astre parcourt pour regagner l'écrevisse : il divise le ciel de manière à ce qu'une parfaite harmonie règne entre le temps de la lumière et celui des ténèbres. Il change la face de la nature : comme, durant l'hiver, le jour a toujours été moindre que la nuit, il lui ordonne de prendre le dessus, et à la nuit de plier sous le jour, jusqu'à ce que l'un et l'autre aient atteint le signe de l'ardente écrevisse. Alors la mer commence à calmer ses flots soulevés; la terre, ouvrant son sein, ose produire toutes sortes de fleurs; les troupeaux, les oiseaux de toute espèce, épars dans les riches campagnes, y goûtent les plaisirs de l'amour, et se hâtent de se reproduire; la forêt retentit d'harmonieux concerts, et les feuilles verdoyantes renaissent de toutes parts : tant la nature a retrouvé de forces, au sortir de son engourdissement!

A l'opposite du bélier brille la balance, qui a des propriétés semblables, et réunit la nuit et le jour par les liens de l'égalité. Mais à ce changement de saison, c'est la nuit qui, précédemment plus courte que le jour, commence à prendre le dessus; et elle le conserve jusqu'au commencement de l'hiver. Dans cette saison, Bacchus se détache de l'ormeau fatigué; nos cuves voient écumer la liqueur précieuse exprimée du raisin; on confie les dons de Cérès aux sillons; le sein de la terre, ouvert par la douce température de l'automne, est disposé à les recevoir.

Ces quatre signes sont de la plus grande importance en astronomie; comme ils changent les saisons, ils déterminent aussi des vicissitudes surprenantes dans le cours des choses humaines :

rien ne peut alors demeurer dans l'état antérieur. Mais ces révolutions et ces changements de saisons n'appartiennent pas à la totalité de ces signes, à toutes les parties qui les composent. Lorsque le bélier et la balance nous ramènent le printemps et l'automne, il n'y a, sous chacun de ces signes, qu'un seul jour égal à une seule nuit. De même il n'y a qu'un seul plus long jour sous le signe de l'écrevisse, et sous celui du capricorne une seule nuit égale à ce plus long jour. Les jours et les nuits qui suivent ont déjà reçu quelque accroissement ou subi quelque diminution. Il n'y a donc, dans les signes tropiques, qu'un seul degré à considérer, degré capable de changer la face de la nature, d'opérer la succession des saisons, de rendre nos démarches inutiles, de faire échouer nos projets, de faire naître des circonstances tantôt contraires, tantôt favorables à nos desseins. Cette énergie est attribuée par quelques astronomes (1) au huitième, par d'autres (2) au dixième degré des signes. Il en est même (3) qui pensent que le premier degré est le véritable siége du changement des saisons, et de toutes les vicissitudes qui en sont la suite.

LIVRE IV.

Pourquoi consumons-nous en tant de vains projets tous les moments de notre vie ? Tourmentés sans cesse par la crainte ou par d'aveugles désirs, en proie à des passions inquiètes qui hâtent notre vieillesse, nous cherchons le bonheur, et nous suivons une route qui nous en éloigne : nos

(1) C'était le sentiment des Chaldéens. — (2) On ne connaît plus personne qui ait été de cet avis. — (3) Les Égyptiens, Hipparque, Ptolémée, et généralement tous ceux qui sont venus depuis.

Namque aries Phœbum repetentem sidera cancri
Inter principium reditus finemque coercet,
Tempora diviso jungens concordia mundo;
Convertitque vices, victumque a sidere brumæ
Exsuperare diem jubet, et succumbere noctes;   645
Æstivi donec veniant ad sidera cancri.
Tunc primum miti pelagus consternitur unda;
Et varios audet flores emittere tellus.
Tunc pecudum volucrumque genus per pabula læta
In venerem partumque ruit, totumque canora   650
Voce nemus loquitur, frondemque virescit in omnem.
Viribus in tantum segnis natura movetur.
    Huic ex adverso simili cum sorte refulget
Libra, diem noctemque pari cum fœdere ducens
Tantum quod victas usque ad se vincere noctes   655
Ex ipsa jubet ad brumam, cum tempora vertit.
Tum Liber gravida descendit plenus ab ulmo,
Pinguiaque expressis despumant musta racemis.
Mandant et sulcis Cererem, dum terra tepore
Autumni resoluta patet, dum semina ducit.   660
    Quattuor hæc et in arte valent, ut tempora vertunt,
Sic hos aut illos rerum flectentia casus,
Nec quicquam in prima patientia sede manere

Sed non per totas æqua est versura figuras,
Omnia nec plenis flectuntur tempora signis.   665
Una dies sub utroque æquat sibi sidere noctem,
Dum libra atque aries autumnum verque figurant.
Una dies toto cancri longissima signo,
Cui nox æqualis capricorni sidere fertur.
Cetera nunc urgent vicibus, nunc tempore cedunt.   670
Una ergo in tropicis pars est cernenda figuris,
Quæ moveat mundum, quæ rerum tempora mutet,
Facta novet, consulta alios declinet in usus,
Omnia in adversum flectat, contraque revolvat.
Has quidam vires octava in parte reponunt.   675
Sunt quibus esse placet decimam : nec defuit auctor,
Qui primæ momenta daret frænosque dierum.

LIBER IV.

Quid tam sollicitis vitam consumimus annis?
Torquemurque metu, cæcaque cupidine rerum;
Æternisque senes curis, dum quærimus ævum,
Perdimus; et nullo votorum fine beati
Victuros agimus semper, nec vivimus umquam?   5

vœux immodérés nous empêchent d'être heureux : nous nous proposons toujours de vivre, et nous ne vivons jamais. Plus on accumule de richesses, et plus on est réellement pauvre : ce que l'on a ne touche point; on se porte tout entier vers ce que l'on n'a pas. La nature se contente de peu : pourquoi, par d'insatiables désirs, nous précipitons-nous vers notre ruine? L'opulence nous inspire l'amour du luxe; le luxe conduit à des moyens illégitimes de s'enrichir; et l'unique fruit de nos richesses est de les prodiguer en de folles dépenses. O hommes, renoncez à ces soins inutiles, à ces inquiétudes superflues; cessez de murmurer en vain contre les décrets du ciel. Le destin règle tout, tout est soumis à ses lois immuables; tous les événements sont irrévocablement liés aux temps qui doivent les produire. L'instant qui nous voit naître a déterminé celui de notre mort; notre fin dépend du premier moment de notre existence. De ce même principe découlent les richesses, les dignités, souvent même la pauvreté, les succès dans les arts, les mœurs, les défauts, les malheurs, la perte ou l'augmentation des biens. Ce que le destin nous prépare ne peut nous manquer; nous n'acquerrons jamais ce qu'il nous refuse. En vain essayerions-nous de prévenir par nos désirs les faveurs ou les menaces de la fortune : il faut que chacun se soumette au sort qui lui est réservé. Et si le destin ne disposait pas souverainement de la vie et de la mort, Énée aurait-il survécu à l'embrasement de Troie? Cette ville, ne subsistant plus que dans un seul homme, se serait-elle relevée de ses cendres, victorieuse et triomphante? Une louve se serait-elle présentée pour allaiter deux enfants exposés? Quelques pauvres cabanes auraient-elles été le berceau de Rome?

Des pâtres réunis auraient-ils converti leurs viles chaumières en ces forteresses qui défendent le mont Capitolin; et Jupiter se serait-il restreint à habiter le Capitole, pour en faire la capitale de l'univers? Une nation vaincue serait-elle devenue victorieuse du monde entier? Mucius, après avoir éteint le feu sacré sous les flots de sang qui sortaient de sa plaie, serait-il rentré triomphant dans Rome? Horace seul eût-il défendu le passage d'un pont et les approches de la ville contre une armée entière? Une jeune Romaine (1) eût-elle osé violer un traité? Trois frères auraient-ils succombé sous le courage d'un seul? Jamais armée ne remporta une victoire aussi importante; le salut de Rome dépendait d'un homme; sans lui cette ville, destinée à être reine de l'univers, passait sous le joug. Rappellerai-je ici la journée de Cannes; l'ennemi sous nos murs; Varron, grand dans sa fuite, parce qu'il croit qu'il est possible de vivre même après la déroute de Thrasimène; Fabius, célèbre par sa sage lenteur; la fière Carthage vaincue et soumise à nos lois; [Annibal, que nous espérions charger de chaînes, ne s'y dérobant que par une mort volontaire; juste punition de la fuite qui l'avait soustrait à notre joug?] Joignez à cela les guerres soutenues contre l'Italie, Rome armée contre ses alliés : ajoutez-y les guerres civiles, Marius sur passant Cinna, César l'emportant sur Marius; ce même Marius passant de six consulats à l'exil, et de l'exil à un septième consulat, réfugié sur les ruines de Carthage, qui lui offrent un tableau fidèle de son propre désastre, et ne sortant de ces décombres que pour recouvrer le pouvoir souverain. La fortune seule n'aurait pu frapper ces coups, si le

(1) Clélie.

Pauperiorque bonis quisque est, quo plura pararit;
Nec quod habet, numerat; tantum quod non habet, optat?
Cumque sibi parvos usus natura reposcat,
Materiam struimus magnæ per vota ruinæ;
Luxuriamque lucris emimus, luxuque rapinas; 0
Et summum census pretium est effundere censum?
Solvite, mortales, animos, curasque levate,
Totque supervacuis vitam deplete querelis.
Fata regunt orbem, certa stant omnia lege,
Cunctaque per certos signantur tempora casus. 15
Nascentes morimur, finisque ab origine pendet.
Hinc et opes et regna fluunt, et sæpius orta
Paupertas; artesque datæ, moresque creatis,
Et vitia, et clades, damna, et compendia rerum.
Nemo carere dato poterit, nec habere negatum, 20
Fortunamve suis invitam prendere votis,
Aut fugere instantem : sors est sua cuique ferenda.
An, nisi fata darent leges vitæque necisque,
Fugissent ignes Æneam? Troja sub uno
Non eversa viro satis vicisset in ipsis? 25
An lupa projectos nutrisset Martia fratres?
Roma casis enata foret; pecudumque magistri

In Capitolinos auxissent culmina montes?
Includive sua potuisset Juppiter arce?
Captus et a captis orbis foret? igne sepulto 30
Vulneribus, victor repetisset Mucius urbem?
Solus et oppositis clausisset Horatius armis
Pontem urbemque simul? rupisset fœdera virgo?
Tresque sub unius fratres virtute jacerent?
Nulla acies tantum vicit; pendebat ab uno 35
Roma viro, regnumque orbis sortita jacebat.
Quid referam Cannas, admotaque mœnibus arma?
Varronemque fuga magnum, quod vivere possit
Postque tuos, Thrasimene, lacus, Fabiumque morantem?
Accepisse jugum victæ Carthaginis arces; 40
[Speratum Annibalem nostris cecidisse catenis,
Exiliumque rei furtiva morte luisse?]
Adde etiamque Italas acies, Romamque suismet
Pugnantem membris; adice et civilia bella,
Et Cinnam in Mario, Mariumque in Cæsare victum; 45
Quod consul totiens, exul; quod de exule, consul;
Quod jacuit Libycis compar jactura ruinis,
Eque crepidinibus cepit Carthaginis orbem.
Hoc nisi fata darent, numquam fortuna tulisset.

destin ne l'avait décrété. Quelle apparence, ô grand Pompée, qu'après vos victoires sur Mithridate, après avoir rétabli la sûreté des mers, après trois triomphes mérités aux extrémités du monde, lorsque, pour être grand, il suffisait d'un de vos regards, on dût vous voir périr sur les bords du Nil, et que, pour votre bûcher funéraire, il fallût employer les misérables débris d'une barque échouée? Quelle autre cause que l'ordre du destin eût pu produire cette étonnante révolution? Ce héros même, descendu des cieux où il est remonté, ce héros, qui, après avoir par ses victoires terminé les guerres civiles, s'occupait du soin de protéger les droits du sénat, ne put éviter le triste sort qui lui avait été si souvent prédit. Le sénat entier était présent : César tenait à la main l'avis de la conspiration et la liste des conjurés; il effaça leurs noms de son sang : il fallait que l'arrêt du destin eût son entier effet. Rappellerai-je tant de villes détruites et de rois renversés du trône; Crésus mourant sur un bûcher; le corps de Priam séparé de sa tête et abandonné sur le rivage, sans que Troie embrasée puisse lui tenir lieu du bûcher funéraire; la puissance de Xerxès éprouvant un naufrage plus grand que l'immensité même de la mer; le fils d'une esclave (2), devenu roi des Romains; le feu sacré sauvé d'un incendie qui consume un temple, mais respecte la piété d'un seul homme (2)? Combien de personnes, jouissant d'une santé robuste, sont surprises par une mort imprévue? Combien d'autres échappent à une mort prochaine, qui semble se fuir elle-même, et s'écarter du bûcher déjà prêt? Quelques-uns même sont sortis vivants de la tombe où ils étaient ensevelis : ceux-ci ont eu en quelque sorte une double vie; ceux-là peuvent dire à peine qu'ils aient joui d'une seule. Une infirmité légère conduit au tombeau; on réchappe d'une maladie dangereuse : tout l'art du médecin échoue, le raisonnement devient inutile; le soin qu'on prend du malade a de pernicieux effets, la négligence a d'heureuses suites; souvent, au contraire, le délai entraîne de fâcheuses conséquences. La nourriture la plus saine devient nuisible, et les poisons rappellent à la vie. Les enfants dégénèrent de leurs ancêtres, ils les surpassent quelquefois; d'autres fois ils les égalent. La fortune oublie celui-ci; elle comble celui-là de ses faveurs. L'un, aveuglé par l'amour, brave la fureur des flots, il sera la cause du désastre de Troie; l'autre sera destiné à dicter des lois. D'autre part je vois des fils assassiner leur père, des pères égorger leurs enfants, des frères armés contre leurs frères, et se baignant dans leur sang. Ces forfaits doivent-ils être attribués aux hommes? Non, mais au destin qui les entraîne, qui les force à se punir, à se déchirer eux-mêmes. Si tous les siècles ne produisent point des Décius, des Camille, un Caton qui, vaincu, garde un cœur invincible; ce n'est pas que le germe de ces héros n'existe point dans la nature; mais la loi du destin s'oppose à leur production. Ce n'est point la pauvreté qui décide de la brièveté de la vie; de longs et heureux jours ne s'achètent pas avec des richesses immenses : la fortune se plaît à faire sortir la mort et le deuil du palais le plus somptueux, elle dresse le bûcher des souverains, elle leur ordonne de mourir. Quelle autorité que celle qui commande aux rois mêmes! Bien plus, la vertu

(1) Servius Tullius. — (2) Métellus, souverain pontife.

Quis te Niliaco periturum littore, Magne, 50
Post victas Mithridatis opes, pelagusque receptum,
Et tres emenso meritos ex orbe triumphos,
Cum jam etiam posses alium componere magnum,
Crederet; ut corpus sepeliret naufragus ignis,
Ejectæque rogum facerent fragmenta carinæ? 55
Quis tantum mutare potest sine numine fati?
Ille etiam cœlo genitus, cœloque receptus,
Cum bene compositis victor civilibus armis
Jura togæ regeret, toliens prædicta cavere
Vulnera non potuit : toto spectante senatu, 60
Indicium dextra retinens nomenque, cruore
Delevit proprio; possent ut vincere fata.
Quid numerem eversas urbes, regumque ruinas?
Inque rogo Crœsum, Priamumque in littore truncum,
Cui nec Troja rogus? Quid Xerxem, majus et ipso 65
Naufragium pelago? Quid capto sanguine regem
Romanis positum? raptosque ex ignibus ignes,
Cedentemque viro flammam, quæ templa ferebat?
Quot subitæ veniunt validorum in corpora mortes;
Seque ipsæ rursus fugiunt, errantque per ignes? 70
Ex ipsis quidam elati rediere sepulchris :
Atque his vita duplex, illis vix contigit una.

Ecce levis perimit morbus, graviorque remittit :
Succumbunt artes, rationis vincitur usus,
Cura nocet, cessare juvat; mora sæpe malorum 75
Dat causas : læduntque cibi, parcuntque venena.
Degenerant nati patribus, vincuntque parentes,
Ingeniumque suum retinent. Transitque per illum,
Ex illo fortuna venit. Furit alter amore,
Et pontum tranare potest, et vertere Trojam : 80
Alterius sors est scribendis legibus apta.
Ecce patrem nati perimunt, natosque parentes;
Mutuaque armati coeunt in vulnera fratres.
Non hominum hoc scelus est; coguntur tanta moveri,
Inque suas ferri pœnas, lacerandaque membra. 85
Quod Decios non omne tulit, non omne Camillos
Tempus, et invicta devictum mente Catonem;
Materies in rem superat, res lege repugnat.
Et neque paupertas breviores excipit annos,
Nec sunt immensis opibus venalia fata. 90
Sed rapit ex tecto funus fortuna superbo,
Indicitque rogum summis, statuitque sepulchrum.
Quantum est hoc regnum, quod regibus imperat ipsis?
Quin etiam infelix virtus et noxia felix;
Et male consultis pretium est, prudentia fallit, 95

est souvent malheureuse, tandis que le crime prospère; des démarches inconsidérées réussissent où la prudence échoue : la fortune ne pèse rien, elle est sans égards pour le mérite : toujours inconstante, elle erre çà et là, et ne reconnaît d'autre règle que ses caprices. C'est qu'il est un autre pouvoir plus fort qui nous gouverne, qui nous subjugue, qui nous force d'obéir à ses lois, qui, donnant la naissance aux hommes, détermine en même temps la durée de leur vie et les vicissitudes de leur fortune. Il produit souvent un bizarre assemblage de membres humains et de membres d'animaux bruts : la cause de ce monstrueux mélange n'est pas dans les principes de la génération : qu'y a-t-il de commun entre nous et les bêtes? et peut-on dire qu'une telle production soit la juste peine d'un coupable adultère? C'est le ciel même qui produit ces formes étranges; de telles difformités sont l'œuvre des astres. [Enfin comment pourrait-on développer les lois du destin, si elles n'existaient pas? comment prédirait-on avec certitude le temps et les circonstances des événements futurs?]

Ne concluez cependant pas que nous ouvrons la porte au crime, ou que nous privons la vertu des récompenses qui lui sont dues. En effet, ferons-nous servir les plantes vénéneuses à notre nourriture, parce que leur production n'est pas un effet de notre libre volonté, mais une suite nécessaire de la qualité de leur semence? Userons-nous moins volontiers des aliments sains et agréables, parce que c'est la nature, et non un libre choix, qui les a produits? De même nous devons d'autant plus estimer la vertu, qu'elle est un don de la bonté du ciel; et d'autant plus haïr les scélérats, qu'ils ne sont nés que pour commettre des crimes, et les expier par de justes supplices. Le crime est toujours crime, quelle que soit son origine : si le destin y pousse un malheureux, il a aussi déterminé qu'il en subirait le châtiment. Ceci bien établi, il me reste à exposer avec ordre par quels degrés celui qui veut prévoir les événements futurs peut s'élever à la connaissance de la vertu et des propriétés des astres.

Je vais d'abord parler des mœurs, des affections, des inclinations, des professions vers lesquelles nous entraînent les signes célestes. Le bélier, dont la riche toison produit une laine abondante, espère toujours en réparer la perte; toujours placé entre une fortune brillante et une ruine instantanée, il ne s'enrichira que pour s'appauvrir, et son bonheur sera le signal de sa chute. D'un côté, ses tendres agneaux seront conduits à la boucherie; de l'autre, ses toisons formeront le fonds de mille commerces lucratifs; on rassemblera les laines en pelotons, le cardeur les épurera, le fuseau en formera des fils déliés, l'ouvrier en façonnera des étoffes, le négociant les achètera, et en fabriquera des habits, objet de première nécessité pour toutes les nations; ces habits revendus produiront un nouveau profit; et tous ces usages précieux sont indépendants du luxe. Pallas elle-même n'a pas dédaigné de travailler la laine, et regarda comme un triomphe glorieux et digne d'elle celui qu'elle remporta sur Arachné. Telles sont les occupations que le bélier destine à ceux qui naîtront sous lui. Mais il leur donnera aussi de la timidité, ils se détermineront difficilement; ils seront toujours portés à se faire valoir, à se louer eux-mêmes.

Le taureau prescrira l'agriculture aux labo-

Nec fortuna probat causas, sequiturque merentes,
Sed vaga per cunctos nullo discrimine fertur.
Scilicet est aliud, quod nos cogatque regatque,
Majus, et in proprias ducat mortalia leges,
Attributaque suos ex se nascentibus annos, 100
Fortunæque vices. Permiscet sæpe ferarum
Corpora cum membris hominum : non seminis ille
Partus erit; quid enim nobis commune ferisque?
Quisve in portenti noxam peccarit adulter?
Astra novant formas, cœlumque interpolat ora. 105
[Denique, si non est, fati cur traditur ordo?
Cunctaqu temporibus certis ventura canuntur?]
   Nec tamen hæc ratio facinus defendere pergit,
Virtutemve suis fraudare in præmia donis.
Nam neque mortiferas quisquam magis ederit herbas, 110
Quod non arbitrio veniunt, sed semine certo :
Gratia nec levior tribuetur dulcibus escis,
Quod natura dedit fruges, non ulla voluntas.
Sic hominum meritis tanto sit gloria major,
Quod cœlo gaudente venit : rursusque nocentes 115
Oderimus magis, in culpam pœnasque creatos.
Nec refert scelus unde cadat, scelus esse fatendum.

Hoc quoque fatale est, sic ipsum expendere fatum.
Quod quoniam docui, superest nunc ordine certo
Cœlestes fabricare gradus, qui ducere recto 120
Tramite prudentem valeant ad sidera vatem.
   Nunc tibi signorum mores, summumque colorem
Et studia, et varias artes, ex ordine reddam.
Dives fecundis aries in vellera lanis,
Exutusque, novis rursum spem semper habebit; 125
Naufragiumque inter subitum censusque beatos
Crescendo cadet, et votis in damna feretur :
In jugulumque dabit fructus, et mille per artes
Vellera diversos ex se parientia quæstus :
Nunc glomerare rudes, nunc rursus solvere lanas, 130
Nunc tenuare levi filo, nunc ducere tela :
Nunc emere, et varias in quæstum vendere vestes,
Quis sine non poterant ullæ subsistere gentes :
Vel sine luxuria tantum est opus. Ipsa suismet
Asseruit Pallas manibus dignumque putavit 135
Seque in Arachnea magnum portasse triumphum.
Hæc studia et similes dicet nascentibus artes;
At dubia in trepido præcordia pectore finget,
Seque sua semper cupientia vendere laude.

rieux cultivateurs; il les verra s'adonner aux travaux de la campagne; les fruits de la terre, et non de fades éloges, seront la juste récompense de leurs peines. Le taureau céleste baisse la tête, et semble y appeler le joug. Lorsqu'il porte entre ses cornes le globe de Phébus, il ordonne de ne laisser aucun repos à la terre : modèle de travail, il veut qu'on reprenne la culture des terres laissées en repos : on ne le voit pas couché mollement dans les sillons; il ne se roule pas sur la poussière. C'est lui qui forma les Serranus et les Curius; lui qui fit offrir les faisceaux à des laboureurs, et enlever un dictateur à la charrue traînée par un taureau. Il donne à ceux qu'il voit naître l'amour de la gloire, un caractère taciturne, un corps pesant et robuste : le dieu de l'amour établit volontiers sur leur front le trône de son empire.

Les gémeaux président à des occupations plus douces, et font couler la vie plus agréablement : on la passe à chanter, à former des concerts; on accompagne de la voix les tendres sons de la lyre ou du chalumeau; les plaisirs même paraissent quelquefois un travail. Point de trompettes, point d'instruments de guerre; on écarte toute idée d'une triste vieillesse : du repos et une jeunesse éternelle passée dans les bras de l'amour, tel est le vœu de ceux qui naissent sous les gémeaux. Ils se frayent aussi un chemin jusqu'à la connaissance des astres; et, continuant à parcourir le cercle des sciences, ils étudient les nombres et les mesures, et laissent bien loin derrière eux l'étude du ciel. La nature, moins vaste que leur génie, se prête à toutes leurs recherches, tant sont variées les connaissances dont ce signe inspire le goût.

L'écrevisse, placée dans le cercle brûlant de l'été, et que le soleil, revenu à son point le plus élevé, inonde de ses feux, est comme à la cime du monde, et nous renvoie de là une éblouissante lumière. Ferme en ses desseins, et ne se laissant pas facilement pénétrer, elle est féconde en ressources, et elle ouvre différentes voies à la richesse, soit en liant avec l'étranger un commerce lucratif, soit en confiant sa fortune aux vents, si elle prévoit qu'une disette prochaine fera renchérir les denrées, et permettra de revendre au monde les biens du monde même; soit en établissant divers genres de négoce entre des nations inconnues, en demandant de nouveaux tributs à un autre ciel, et en amassant une ample fortune par le prompt débit de ces marchandises. On parcourt les mers, et, aspirant à une prompte échéance, on vend le temps de manière à doubler bientôt le principal par des intérêts usuraires. On a, sous ce signe, l'esprit subtil et ardent pour ses intérêts.

Qui ne connaît la nature du terrible lion, et les occupations qu'il prescrit à ceux à la naissance desquels il préside? Celui-là déclare une guerre sanglante aux bêtes fauves, les poursuit sans relâche, se charge de leurs dépouilles, vit de leur chair. Celui-ci se plaît à décorer les colonnes de son palais de la peau des animaux féroces : il suspend sa proie aux murs de ses habitations; il répand dans la forêt le silence et la terreur; il vit aussi de sa chasse. Il en est d'autres dont les inclinations sont les mêmes; l'enceinte des murailles ne leur est point un obstacle; ils font la guerre aux bêtes dans les villes mêmes; ils en exposent les membres sanglants au devant de leurs boutiques, offrant ainsi un ali-

Taurus simplicibus dictabit rura colonis, 140
Pacatique labor veniet : nec præmia laudis,
Sed terræ tribuet partus. Submittit in astris
Colla, jugumque suis posci cervicibus ipse.
Ille, suis Phœbi portat cum cornibus orbem,
Militiam incidit terris, et segnia rura 145
In veteres revocat cultus, dux ipse laboris;
Nec jacet in sulcis, volvitque in pulvere pectus.
Serranos Curiosque tulit, fascesque per arva
Tradidit, eque suo dictator venit aratro.
Laudis amor, tacitæ mentes, et corpora tarda 150
Mole valent, habitatque puer sub fronte Cupido.

Mollius e geminis studium est, et mitior ætas;
Per varios cantus, modulataque vocibus ora,
Et graciles calamos, et nervis insita verba,
Ingenitumque sonum : labor est etiam ipsa voluptas. 155
Arma procul, lituosque volunt, tristemque senectam.
Otia et æternam peragunt in amore juventam.
Inveniunt et in astra vias, numerisque modisque
Consummant orbem, postque ipsos sidera linquunt.
Natura ingenio minor est, perque omnia servit. 160
In tot fecundi gemini commenta feruntur.

Cancer ad ardentem fulgens in cardine metam,
Quam Phœbus summis revocatus curribus ambit,
Articulum mundi retinet, lucesque reflectit.
Ille tenax animi, nullosque effusus in usus 165
Attribuit varios quæstus artemque lucrorum;
Merce peregrina fortunam ferre per urbes,
Et gravia annonæ speculantem incendia ventis
Credere opes, orbisque orbi bona vendere posse;
Totque per ignotas commercia jungere terras, 170
Atque alio sub sole novas exquirere prædas,
Et rerum pretio subitos componere census.
Navigat, et celeres optando sortibus annos,
Dulcibus usuris, æquo quoque, tempora vendit.
Ingenium solers, suaque in compendia pugnax.

Quis dubitet vasti quæ sit natura leonis; 175
Quasque suo dictet signo nascentibus artes?
Ille novas semper pugnas, nova bella ferarum
Apparat, et spolio vivit, pecorumque rapinis.
Hoc habet hic studium, postes ornare superbos 180
Pellibus, et captas domibus præfigere prædas,
Et pacare metu silvas, et vivere rapto.
Sunt quorum similes animos nec mœnia frenent;

ment au luxe de leurs concitoyens, et se faisant un commerce lucratif de la dépravation des mœurs. Ils sont d'ailleurs aussi faciles à s'apaiser que prompts à s'emporter; ils sont intègres, et incapables de déguisement.

Érigone, retenue par un des quatre nœuds du cercle des signes, préside à l'enseignement : elle formera par l'étude les mœurs de ceux dont elle a éclairé la naissance; ils perfectionneront leur esprit par la pratique des beaux-arts; ils seront moins curieux de multiplier leurs revenus, que de pénétrer les causes et les propriétés des choses naturelles. Ce signe donnera le talent de la parole et le sceptre de l'éloquence; il ouvrira les yeux de l'esprit pour distinguer tous les effets, si épaisses que soient les ténèbres qui nous en voilent les causes. Il procurera aussi le talent d'écrire avec célérité; une lettre tiendra lieu d'un mot; la main sera plus prompte que la langue; un petit nombre de notes représentera les longues phrases d'un orateur véhément. Celui qui naît sous ce signe sera ingénieux : mais, durant sa jeunesse, son extrême modestie nuira beaucoup au succès des grands talents qu'il aura reçus de la nature. Il n'aura pas la fécondité en partage : peut-on l'avoir sous l'empire d'une vierge?

La balance, rétablissant le jour et la nuit dans un juste équilibre, lorsque nous jouissons des nouveaux dons de Bacchus parvenus à leur maturité, enseignera l'usage des poids et des mesures. Qui naîtra sous elle deviendra l'émule de ce Palamède qui le premier appliqua les nombres aux choses, distingua les sommes par des noms, et réduisit le tout à des mesures et à des figures déterminées. Ce signe donne aussi le talent d'interpréter le livre des lois, d'approfondir tout ce qui en traite, de déchiffrer les écrits qui s'y rapportent, si abrégés qu'en puissent être les caractères. C'est par lui qu'on connaît ce qui est licite, et les peines que la loi impose à ce qui ne l'est pas; on devient, pour ainsi dire, un préteur perpétuel, toujours en état de juger dans son cabinet les causes des citoyens. Sous ce signe était sans doute né Servius Sulpitius, qui, expliquant les lois, paraissait moins un interprète qu'un législateur. Enfin tout ce qui est mis en litige, et ne peut être décidé sans quelque autorité, le sera par l'aiguille de la balance.

Le scorpion, terrible par le dangereux aiguillon de sa queue, avec laquelle, tout en conduisant dans le ciel le char de Phébus, il ouvre le sein de la terre et enrichit les sillons de nouvelles semences, rend l'homme ardent pour la guerre, et lui inspire un courage martial : mais ce même homme se plaît à répandre le sang; il aime le carnage encore plus que le butin. Il ne dépose pas les armes, même pendant la paix : les bois sont alors son champ de bataille; il parcourt les forêts, et fait une guerre continuelle tantôt contre les hommes, tantôt contre les bêtes féroces. D'autres se dévouent à la mort et aux périls de l'arène : ils cherchent encore des ennemis, quand la guerre terminée ne leur en offre plus. Il en est enfin qui se plaisent à des simulacres de batailles, à des jeux imitant les combats, tant est grande leur ardeur pour la guerre. Au sein de la paix, ils apprennent à manier les armes, et font leur étude de tout ce qui touche à l'art militaire.

Sed pecudum membris media grassentur in urbe,
Et laceros artus suspendant fronte tabernæ, 185
Luxuriæque parent cœnam, moresque lucrentur.
Ingenium ad subitas facilesque receptus
Æquale, et puro sententia pectore simplex.

At quibus Erigone dixit nascentibus ævum,
Apta magisterio, nodoque coercita virgo, 190
Ab studio ducet mores, et pectora doctis
Artibus instituet; nec tam compendia census
Quam causas viresque dabit perquirere rerum.
Illa decus linguæ faciet, regnumque loquendi,
Atque oculos menti, quis possit cernere cuncta, 195
Quamvis occultis naturæ condita causis.
Hic et scriptor erit velox, cui littera verbum est,
Quique notis linguam superet, cursimque loquentis
Excipiat longas nova per compendia voces.
Ingenio bonus, at teneros pudor impedit annos, 200
Magnaque naturæ cohibendo munera frenat.
Nec fecundus erit (quid mirum in virgine?) partus.

Librantes noctem chelæ cum tempore lucis,
Cum nova maturi gustamus munera Bacchi,
Mensuræ tribuent usus, ac pondera rerum, 205
Et Palamedeis certantem viribus ortum,
Qui primus numeros rebus, qui nomina summis
Imposuit, certumque modum, propriasque figuras.
Hic etiam legum tabulas et condita jura
Noverit, atque notis levibus pendentia verba; 210
Et licitum sciet, et vetitum quæ pœna sequatur,
Perpetuus populi privato in limine prætor.
Non alio prorsus genitus sit Servius astro,
Qui leges potius posuit, quam jura retexit.
Denique in ambiguo fuerit quodcumque locatum, 215
Et rectoris egens, diriment examina libræ.
Scorpios armatus violenta cuspide caudam,
Qua, cum Phœbi currum per sidera ducit,
Rimatur terras, et sulcis semina miscet,
In bellum ardentes animos, et Martia corda 220
Efficit, et multo gaudentem sanguine civem;
Nec præda quam cæde magis. Quin ipsa sub armis
Pax agitur : capiunt saltus, silvasque pererrant.
Nunc hominum, nunc bella gerunt violenta ferarum;
Nunc caput in mortem vendunt et funus arenæ; 225
Atque hostem sibi quisque parat, cum bella quiescunt.
Sunt quibus et simulacra placent, et ludus in armis :
(Tantus amor pugnæ) discuntque per otia bellum,
Et quodcumque pari studium producitur arte.
At quibus in bifero centauri corpore sors est 230

Quant à ceux auxquels il est donné de naître sous le sagittaire à double forme, ils se plaisent à faire voler un char, à dompter la fougue des chevaux, à suivre des troupeaux paissant dans de vastes prairies, à donner à toute espèce de quadrupèdes des maîtres qui les rendent traitables, à calmer la fureur du tigre, à apprivoiser le lion, à se faire entendre de l'éléphant, et à dresser habilement cette masse énorme à nous donner des spectacles variés. Ce signe, étant un buste humain placé au-dessus des membres d'un quadrupède, doit assurer à l'homme l'empire sur les brutes; et comme il bande un arc armé d'une flèche prête à partir, il donne de la force aux muscles, de la vivacité au génie, de l'agilité aux membres, à tout l'homme une vigueur infatigable.

Quant à vous, ô capricorne, Vesta entretient vos feux dans son sanctuaire : de là les goûts et les inclinations que vous inspirez. Tous les arts où le feu entre comme agent nécessaire, tous les métiers qui exigent l'entretien d'un feu continuel, sont de votre ressort. Vous enseignez à fouiller les mines, à arracher les métaux des entrailles de la terre. L'art de mettre l'or et l'argent en œuvre, la fusion du fer et de l'airain dans des creusets ardents, le secret de donner, à l'aide du feu, une dernière préparation aux dons de Cérès, sont autant de présents que nous tenons de votre libéralité. Vous donnez aussi du goût pour les habits, et pour les marchandises dont le froid accélère le débit. C'est que vous présidez toujours aux frimas : trouvant les nuits parvenues à leur plus grande longueur, vous faites renaître l'année, en augmentant la durée des jours. De là viennent l'incertitude des choses humaines, l'inconstance des entreprises, l'irrésolution des esprits. La partie postérieure de ce signe, terminée en poisson, promet une vieillesse plus heureuse : la partie antérieure porte à la passion de l'amour; on n'épargne pas même le crime pour la satisfaire.

Ce jeune homme qui, de son urne inclinée, fait couler une fontaine intarissable, le verseau donne des inclinations analogues à son occupation. On découvre alors des veines d'eau cachées sous terre, on les convertit en ruisseaux apparents, on les dénature en les faisant jaillir jusqu'aux astres; le luxe affronte la mer, à laquelle il assigne de nouvelles limites; il creuse des lacs et des fleuves factices; il fait couler sur le toit des maisons des ruisseaux dont la source est lointaine. On doit à ce signe une infinité d'arts qui ont l'eau pour agent. Il produit aussi ces rares génies qui pénètrent la sphère céleste, en expliquent les mouvements, en annoncent les variations, et les réduisent à des périodes déterminées. Ceux qui naissent sous ce signe ont un caractère doux, des mœurs faciles, une âme noble; ils dépensent volontiers; ils ne connaissent jamais ni la disette, ni la trop grande abondance : telles sont aussi les propriétés de l'urne du verseau.

Ceux qui voient le jour sous les poissons, dernier signe céleste, aimeront les hasards de la mer; ils confieront leur vie aux ondes; ils construiront ou armeront des vaisseaux; ils prépareront tout ce qui est nécessaire à la navigation. Ce penchant embrasse une infinité d'arts, et à peine trouverait-on assez de noms pour les faire connaître; il y en a autant que de parties dans un navire. Ajoutez-y l'art de gouverner un vaisseau; un bon pilote connaît nécessairement les astres; le ciel

Nascendi concessa, libet subjungere currus,
Ardentes et equos ad mollia ducere frena,
Et totis armenta sequi pascentia campis,
Quadrupedum omne genus positis domitare magistris,
Exorare tigres, rabiemque auferre leoni, 235
Cumque elephante loqui, tantamque aptare loquendo
Artibus humanis varia ad spectacula molem.
Quippe ferae mixtum est hominis per sidera corpus;
Impositumque manet : quocirca regnat in illas.
Quodque intenta gerit curvato spicula cornu; 240
Et nervos tribuit membris, et acumina cordi,
Et celeres motus, nec delassabile pectus.
Vesta tuos, capricorne, fovet penetralibus ignes;
Hinc artes studiumque trahis. Nam quicquid in usus
Ignis eget, poscitque novas ad munera flammas, 245
Sub te censendum est : scrutari cæca metalla,
Depositas etiopes terrarum exquirere venis;
Quicquid et argento fabricetur, quicquid et auro;
Quod ferrum calidi solvant atque æra camini,
Consummentque foci Cererem, tua munera surgent. 250
Addis et in vestes studium, mercemque fugacem
Frigore, brumalem servans per sæcula sortem,
Qua retrahis ductas summa ad fastigia noctes,

Nascentemque facis, revocatis lucibus, annum.
Hinc et mobilitas rerum, mutataque sæpe 255
Mens natat : at melior,juncto sub pisce senecta est;
Pars prior at Veneri mixto cum crimine servit.
Ille quoque, inflexa fontem qui projicit urna,
Cognatas tribuit juvenilis aquarius artes.
Cernere sub terris undas, inducere terris, 260
Ipsaque conversis aspergere fluctibus astra,
Littoribusque novis per luxum illudere ponto,
Et varios fabricare lacus et flumina ficta,
Et peregrinantes domibus suspendere rivos.
Mille sub hoc habitant artes, quas temperat unda. 265
Quippe etiam mundi faciem, sedesque movebit
Sidereas, cœlumque novum versabit in orbem.
Mite genus, dulcesque fluunt ab sidere partus;
Pectora nec sordent; faciles in damna feruntur;
Nec deest, nec superest census. Sic profluit urna. 270
Ultima quos gemini producunt sidera pisces,
Ilis erit in pontum studium, vitamque profundo
Credent, et puppes, aut puppibus arma parabunt,
Quicquid et in proprios pelagus desiderat usus.
Innumeræ veniunt artes : vix nomina rebus 275
Sufficiunt : tot sunt parvæ quoque membra carinæ.

est la règle de ses opérations maritimes : il ne doit pas ignorer la position des terres, des fleuves et des ports, non plus que la direction des vents. Ici il communique rapidement au gouvernail les mouvements nécessaires pour diriger la marche du navire et pour fendre directement les flots : là il manie l'aviron avec dextérité, et, à l'aide des rames, il accélère la navigation. D'autres, armés de filets, se plaisent à balayer le fond d'une mer tranquille ; ils exposent sur le rivage un peuple de poissons captifs, ou bien ils cachent sous l'appât des hameçons perfides, ou enfin ils déploient des rets dont le poisson ne peut se dégager. Ce même signe inspire aussi un goût vif pour les batailles navales, pour ces combats qu'on livre sur un théâtre mobile, et où les flots se rougissent de sang. La fécondité, l'amour de la volupté, la légèreté et l'inconstance sont le partage de ceux qui naissent sous les poissons.

Telles sont les mœurs, telles sont les occupations que les douze signes inspirent à l'homme naissant ; ils jouissent eux-mêmes d'attributs individuels analogues à ces inclinations. Mais aucun d'eux ne produit de soi-même son entier effet. Ils se divisent tous également, pour associer leurs forces avec d'autres signes auxquels ils accordent un droit d'hospitalité, liant avec eux un commerce, et leur cédant leurs propres droits sur une partie de leur domaine. On a donné à ces divisions le nom de *décanies*, nom analogue au nombre de leurs degrés. En effet, chaque signe contenant trente degrés est divisé en trois parties égales, et cède dix degrés à chacun des signes qu'il s'associe ; et tous deviennent successivement le domicile de trois signes. C'est ainsi que la nature s'enveloppe toujours de nuages presque impénétrables ; le siége de la vérité est au centre des ténèbres ; il faut, pour la trouver, percer de grandes obscurités ; le chemin qui y conduit est long et pénible : le ciel ne connaît pas de voie courte et abrégée. Un signe, opposé à un autre, peut jeter dans l'erreur ; il fait méconnaître sa force et son énergie : ce n'est pas avec les yeux du corps, mais par ceux de l'esprit, qu'il faut dissiper ces ténèbres ; c'est à fond, et non superficiellement, qu'on doit étudier la divinité.

Afin donc que vous connaissiez les forces que les signes acquièrent dans les lieux qui leur sont étrangers, je vais dire quelle est leur association, avec quels signes et dans quel ordre ils la contractent. Le bélier se réserve sa première partie ; il cède la seconde au taureau, la troisième aux gémeaux : il se trouve ainsi partagé entre trois signes, et répand autant d'influences qu'il a fait de parts de son autorité. Il n'en est pas de même du taureau, qui, ne se réservant aucune de ses décanies, donne la première à l'écrevisse, celle du milieu au lion, et la dernière à la vierge ; sa nature n'est cependant pas anéantie : il unit ses forces à celles des signes qu'il s'est associés. La balance s'approprie les dix premiers degrés des gémeaux ; le scorpion, les dix suivants ; les dix derniers sont au sagittaire. Le nombre de degrés attribué à chaque signe est toujours le même ; ils suivent d'ailleurs l'ordre qu'ils occupent dans le ciel. L'écrevisse, en opposition directe avec le capricorne, le gratifie de ses dix premiers degrés ; il

Adde gubernandi studium. Pervenit in astra,
Et pontum cœlo conjunxit. Noverit orbem
Fluminaque et portus mundi ventosque necesse est
Jamque huc atque illuc agilem convertere clavum, 280
Et frenare ratem, fluctusque effindere rectos ;
Aut remos agitare, et lentas flectere tonsas ;
Et placidum inductis everrere retibus æquor,
Littoribusque suis populos exponere captos,
Aut uncos celare cibis aut carcere fraudem. 285
Navales etiam pugnas, pendentiaque bella
Attribuunt, pelagique infectos sanguine fluctus.
Fecundum genus est natis et amica voluptas,
Et celeres motus, mutataque cuncta per ævum.
Hos tribuunt mores atque has nascentibus artes 290
Bis sex natura propria pollentia signa.
Sed nihil in semet totum valet. Omnia vires
Cum certis sociant signis sub partibus æquis,
Et velut hospitio mundi commercia jungunt,
Conceduntque suas partes retinentibus astris. 295
Quam partem decimam dixere decania gentes
A numero nomen positum est, quod partibus astra
Condita tricenis triplici sub sorte feruntur.
Et tribuunt denas in se coeuntibus astris,

Inque vicem ternis habitantur singula signis. 300
Sic altis natura manet consepta tenebris,
Et verum in cœco est, multaque ambagine rerum.
Nec brevis usus, nec amat compendia cœa
Verum aliis alia opposita est, et fallit imago,
Mentiturque suas vires, et munia celat, 305
Quæ tibi non oculis, alta sed mente fuganda est
Caligo ; penitusque deus, non fronte notandus.
Nunc quæ sint conjuncta, quibus, quove ordine reddam ;
Ne lateant aliæ vires aliena per astra.
Namque aries primam partem sibi vindicat ipsi ; 310
Altera sors tauro, geminis pars tertia cedit.
Sic inter trinos divisum ducitur astrum,
Totque dabit vires, dominos quotcumque recepit.
Diversa in tauro ratio est, nec parte sub ulla
Censetur : cancro primam, mediamque leoni, 315
Extremam Erigonæ tribuit. Natura per astrum
Stat tamen, et proprias miscet per singula vires.
Libra decem partes geminorum prima capessit ;
Scorpios adjunctas ; centauri tertia sors est.
Nec quisquam numero discernitur, ordine cedit. 320
Cancer in adversum capricorni dirigit astrum,
Bis quinas primum partes dignatus in illo

existe entre ces deux signes une espèce d'affinité, relative aux saisons qu'ils gouvernent; l'écrevisse nous donne des jours aussi longs que les nuits d'hiver : ainsi l'un et l'autre signe, quoique opposés, suivent des lois analogues. Les feux des dix degrés suivants sont arrosés par le verseau; les poissons le suivent, et occupent les derniers degrés de l'écrevisse. Le lion n'oublie pas le signe qui lui est associé dans un même trigone; il donne sa première décanie au bélier, la seconde au taureau, qui lui est pareillement uni dans un tétragone; il réserve la troisième aux gémeaux, avec lesquels le côté d'un hexagone lui donne quelque rapport. La vierge donne chez elle la place d'honneur ou sa première décanie à l'écrevisse; la décanie voisine vous est abandonnée, ô lion de Némée, par droit de voisinage; Érigone se réserve la dernière, contente d'occuper la place que les deux autres signes ont dédaignée. La balance se laisse entraîner par l'exemple; son modèle est le bélier; celui-ci, quoique dans une autre saison, s'accorde avec elle sur les limites du jour et de la nuit; il maintient l'équilibre du printemps; elle préside à l'égalité des heures de l'automne. En conséquence elle ne cède à aucun signe sa première décanie; elle accorde la suivante au signe qui la suit, et la troisième appartient au sagittaire. Le scorpion a établi le capricorne dans sa première partie; il a soumis la seconde à celui qui tire son nom de l'eau qu'il ne cesse de verser; il a voulu que la dernière fût dominée par les poissons. Celui qui, l'arc tendu, menace toujours de décocher sa flèche, cède la première place au bélier par droit de communauté de trigone, la suivante au taureau, la dernière aux gémeaux. On ne reprochera point au capricorne le crime honteux de l'ingratitude : reconnaissant envers l'écrevisse, qui l'a admis dans son domaine, il l'admet dans le sien; elle y occupe le premier rang, le lion règne ensuite, la vierge s'approprie les derniers degrés. Le jeune homme, qui se glorifie de faire sortir de son urne une source intarissable, confie à la balance le gouvernement de sa première partie; le scorpion s'attribue les dix degrés suivants; les dix derniers sont occupés par le sagittaire. Il ne reste plus que les poissons, dernier des signes célestes : ils accordent au bélier le premier rang dans l'étendue de leur empire, et après vous avoir admis, ô taureau, à gouverner les dix degrés du milieu, ils se réservent ce qui reste; et comme ils complètent la série des signes, ils n'exercent un pouvoir exclusif que sur les derniers degrés de leur domaine. Ce rapport réciproque sert à développer les forces secrètes du ciel; il le divise de différentes manières, et assigne à ses parties différents principes d'activité : elles contractent ainsi des affinités d'autant plus grandes, qu'elles sont plus multipliées. Ne vous laissez pas séduire par des titres dont vous croyez connaître la signification : les astres se déguisent, et ne se montrent pas à découvert aux mortels. Il faut que la sagacité de l'esprit humain s'élève plus haut : les signes doivent être cherchés dans d'autres signes; il faut combiner les forces de ceux qui agissent ensemble. Chacun apporte en naissant les inclinations convenables au degré du signe sous lequel il voit le jour, et il est censé naître sous le signe qui y do-

Temporis articulo, sub quo censetur et ipse,
Quod facit æquales luces brumalibus umbris,
Cognatamque gerit diverso in cardine legem. 325
Alterius partis perfundit aquarius ignes,
Quem subeunt pisces extremo sidere cancri.
At leo consortis meminit sub lege trigoni,
Lanigerumque ducem recipit, taurumque quadrato
Conjunctum sibi : sub geminis pars tertia fertur : 330
Hos quoque conjungit per senos linea flexus.
Præcipuum Erigone cancro concedit honorem,
Cui primam tribuit partem : vicina relicta est,
Vicino, Nemeæe, tibi : pars ipsius ima est,
Quæ fastidito concessa est jure potiri. 335
Sed libra exemplo gaudet, pariterque regentem
Noctes atque dies diverso in tempore secum
Lanigerum sequitur. Veris juga temperat ille;
Hæc autumnales componit lucibus horas.
Nulli concedit primam, traditque sequenti 340
Vicinam partem; centauri tertia summa est.
Scorpios in prima capricornum parte locavit;
Alterius dominum fecit, cui nomen ab undis;
Extremas voluit partes sub piscibus esse,
At qui contento minitatur spicula nervo, 345
Lanigero primas tradit sub jure trigoni,

Et medias tauro partes, geminisque supremas.
Nec manet ingratus capricornus crimine turpi,
Sed munus reddit cancro, recipitque receptus,
Principiumque sui donat; conjuncta leonis 350
Regna ferunt, summas partes at virginis esse.
Fontibus æternis gaudens urnaque fluenti
Jura sui libræ permittit prima regenda;
Hærentesque decem partes nepa vindicat ipsi;
Summas centaurus retinet juvenile per astrum. 355
Jam superant gemini pisces, qui sidera claudunt :
Lanigero primos tradunt in finibus usus.
Perque decem medias partes tu, taure, receptus.
Quod superest ipsi sumunt; utque orbe feruntur
Extremo, sic et sortis pars ultima cedit. 360
Hæc ratio retegit latitantis robora mundi,
In pluresque modos repetitaque nomina cœlum
Dividit, et melius sociat, quo sæpius, orbem.
Nec tua sub titulis fallantur pectora notis :
Dissimulant, non se ostentant mortalibus astra. 365
Altius est acies animi mittenda sagacis;
Inque alio quærenda manent, jun lisque sequentum
Viribus : et cujus signi quis parte creatur,
Ejus habet mores, atque illo nascitur astro
Talis per denas sortes natura feretur. 370

mine; tel est le principe de l'énergie de toutes les décanies. J'en prends à témoin cette variété d'êtres qui naissent sous un même signe : dans ces milliers d'animaux à la naissance desquels un même astérisme a présidé, on remarque autant d'habitudes différentes que d'individus ; ce sont des caractères analogues à des signes différents de celui sous lequel on est né ; on n'aperçoit que confusion dans la naissance des hommes et des animaux. La cause en est que les signes se réunissent les uns aux autres dans plusieurs de leurs parties : ils conservent leurs noms, mais leurs différents degrés suivent des lois différentes. Le bélier ne se borne pas à fournir de la laine, le taureau à conduire la charrue, les gémeaux à protéger les Muses, l'écrevisse à négocier ; le lion n'est pas exclusivement occupé de la chasse, ni la vierge de l'instruction, ni la balance des poids et mesures, ni le scorpion des armes ; le sagittaire ne se contente pas d'inspirer de l'inclination pour les animaux, le capricorne pour le feu, le verseau pour l'eau qu'il répand, les poissons pour la mer : ces signes acquièrent d'autres propriétés par les diverses associations qu'ils forment entre eux.

C'est, me direz-vous, un travail immense et bien délicat, que celui que vous m'imposez ; vous replongez mon esprit dans les plus épaisses ténèbres, au moment même où je croyais mes yeux ouverts à la lumière. Mais quel est l'objet de vos recherches ? la divinité même. Vous voulez vous élever jusqu'au ciel ; pénétrer le destin, dont les arrêts font que vous existez ; reculer les bornes de votre intelligence ; jouir de l'univers entier. Le travail doit être proportionné au bien que l'on espère ; de si hautes connaissances ne s'acquièrent pas sans peine. Ne soyez pas étonné des détours et des obstacles qui s'offrent sur la route : c'est beaucoup que d'y être une fois engagé ; le reste ne doit dépendre que de nous. Vous n'obtenez l'or qu'après avoir creusé les montagnes ; la terre ensevelit ses richesses, et s'oppose à votre désir de les posséder. [On traverse l'univers entier pour acquérir des perles.] On affronte les mers pour obtenir des pierreries. Le laboureur inquiet s'épuise en vœux éternels ; mais quel prix peut-il espérer de ses récoltes souvent trompeuses ? Chercherons-nous à nous enrichir par un commerce maritime ? ou l'espérance du butin nous enrôlera-t-elle sous les drapeaux de Mars ? Rougissons de payer si cher des biens périssables. Le luxe même est une fatigue ; l'estomac veille pour se ruiner ; le débauché soupire souvent après des plaisirs qui le conduisent au tombeau. Que ferons-nous pour le ciel ? à quel prix achèterons-nous ce qui n'a pas de prix ? L'homme doit se donner tout entier lui-même, pour devenir le temple de la divinité.

Telles sont les lois qui décident des mœurs que l'enfant naissant doit avoir. Mais il ne suffit pas de savoir quels signes dominent dans les décanies des autres signes, et quelles sont leurs propriétés : il faut distinguer aussi entre leurs degrés ceux qui sont engourdis par le froid ou embrasés par une chaleur excessive, ou, qui péchant soit par l'excès soit par le manque d'humidité, sont également stériles. Toutes ces circonstances contribuent à mélanger les influences des signes, dont les degrés se suivent sans se ressembler. Rien n'est uniforme. Parcourez l'étendue de la terre, celle de l'Océan et des fleuves, dont l'onde fugitive court s'y réunir ; vous apercevez partout le désordre partout

Testis erit varius sub eodem sidere fœtus,
Quodque in tam multis animantum millibus, uno
Quæ veniunt signo, tot sunt, quot corpora, mores ;
Et genus externum referunt aliena per astra,
Confusique fluunt partus hominum atque ferarum.   375
Scilicet in partes junguntur condita plures,
Diversasque ferunt proprio sub nomine leges.
Nec tantum lanas aries, nec taurus aratra,
Nec gemini Musas, nec merces cancer amabit ;
Nec leo venator veniet, nec virgo magistra,   380
Mensuris aut libra potens, aut scorpios armis,
Centaurusque feris, igni capricornus, et undis
Ipse suis juvenis, geminique per æquora pisces :
Mixta sed in plures sociantur sidera vires.
    Multum, inquis, tenuemque jubes me ferre laborem ;   385
Rursus et in magna mergis caligine mentem,
Cernere cum facili lucem ratione viderer.
Quod quæris, deus est : conaris scandere cœlum,
Fataque fatali genitus cognoscere lege,
Et transire tuum pectus, mundoque potiri ?   390
Pro pretio labor est, nec sunt immunia tanta,
Nec mirere viæ flexus, rerumque catenas.

Admitti potuisse sat est ; sint cetera nostra.
At nisi perfossis fugiet te montibus aurum,
Obstabitque suis opibus superaddita tellus.   395
[Ut veniant gemmæ, totus transibitur orbis.]
Nec lapidum pretio pelagus cepisse pigebit.
Annua solliciti consummant vota coloni :
Et quantæ mercedis erunt fallacia rura ?
Quæremus lucrum navi, Martemque sequemur   400
In prædas ? pudeat tanto bona velle caduca.
Luxuriæ quoque militia est, vigilatque ruinis
Venter, et ut pereant, suspirant sæpe nepotes.
Quid cœlo dabimus ? quantum est, quo veneat omne ?
Impendendus homo, deus esse ut possit in ipso.   405
    Hac tibi nascentum mores sunt lege notandi.
Nec satis est signis dominantia discere signa
Per denos numeros, et quæ sint insita cuique.
Sed proprias partes ipsas spectare memento,
Vel glacie rigidas, vel quas exusserit ignis,   410
Et, steriles utroque modo, quas largior humor,
Quasve minor jam succus obit. Namque omnia mixtis
Viribus et vario consurgunt sidera textu.
Est æquale nihil. Terrenos aspice tractus,

vous voyez le mal à côté du bien. Une année de stérilité frappe quelquefois les meilleures terres, et fait périr en un instant les fruits, avant qu'ils aient atteint leur maturité. Sur cette côte où vous avez reconnu un bon port, vous voyez maintenant un redoutable écueil : le calme de la mer vous plaisait, il est bientôt suivi de la bourrasque. Le même fleuve roule tantôt entre les rochers, et tantôt coule paisiblement dans la plaine; il suit le lit qu'il trouve tracé, ou, formant mille détours, il semble chercher la route qu'il doit tenir. Les parties du ciel subissent de semblables variations : autant un signe diffère d'un autre signe, autant diffère-t-il de lui-même; la plus légère circonstance le prive de son énergie naturelle, de ses salutaires influences. L'espérance que tel de ses degrés faisait concevoir est bientôt frustrée; son effet est détruit, ou mélangé d'accessoires pernicieux. Je dois donc maintenant exposer, dans des vers appropriés au sujet, les degrés défavorables des signes. Mais comment assujétir tant de nombres aux lois de la poésie? comment revenir si souvent sur les mêmes degrés? comment exprimer toutes ces sommes différentes? comment représenter ces objets avec quelque variété de style? Répéterai-je les mêmes termes? J'ai de la peine à m'y résoudre; mon ouvrage serait dépourvu d'agréments : or on méprise facilement des vers qui ne flattent pas l'oreille. Mais puisque je veux faire connaître les arrêts du destin et les mouvements sacrés du ciel, je ne puis avoir qu'un langage conforme aux lois que j'expose. Il ne m'est pas permis de feindre ce qui n'est pas; je ne dois montrer que ce qui est. Ce sera beaucoup pour moi d'avoir dévoilé les secrets de la divinité; elle saura se recommander

elle-même : en vain prétendrions-nous la relever par nos expressions; ce qu'elle est est au-dessus de ce que nous pouvons en dire. Je croirai n'avoir pas peu réussi, si je puis seulement apprendre à distinguer les parties dangereuses des signes. Voyons donc quelles sont celles dont il faut se méfier.

Le quatrième degré du bélier est malfaisant; le sixième, le septième, le dixième et le douzième ne sont pas favorables; ceux qui sont doubles de sept et de neuf, et celui qui surpasse d'une unité le vingtième, sont pernicieux; le cinquième et le septième, au-dessus de vingt, terminent les degrés défavorables de ce signe.

Le neuvième degré du taureau est mauvais, ainsi que le troisième et le septième de la seconde dizaine; les degrés doubles du onzième, du douzième et du treizième sont dangereux, comme celui auquel il ne manque que deux pour arriver à trente; enfin le trentième degré n'est pas moins à redouter.

Le premier et le troisième degré des gémeaux sont pernicieux; le septième n'est pas meilleur; le triple du cinquième est aussi dangereux, ainsi que celui qui précède et celui qui suit immédiatement le vingtième : le vingt-cinquième est d'un aussi mauvais présage, et l'on ne sera pas plus favorisé en ajoutant deux ou quatre à vingt-cinq.

Défiez-vous du premier, du troisième et du sixième degré de l'écrevisse; le huitième leur ressemble; le premier de la seconde dizaine est furieux; le triple du cinquième n'a pas de plus douces influences; le dix-septième et le vingtième ne promettent que le deuil, ainsi que le cinquième, le septième et le neuvième des degrés suivants.

Et maris, et pronis fugientia flumina ripis. 415
Crimen ubique frequens, et laudi noxia juncta est.
Sic sterilis lætis terris intervenit annus,
Ac subito perimit parvos discrimine fœtus :
Et modo portus erat pelagi, jam vasta Charybdis;
Laudatique cadit post paulum gratia ponti : 420
Et nunc per scopulos, nunc campis labitur amnis,
Aut faciens iter, aut quærens, curritve reditve.
Sic etiam cœli partes variantur in astris.
Ut signum a signo, sic a se discrepat ipsum,
Momentoque negat vires, usumque salubrem. 425
Quodque per has geritur partes, sine fruge creatur;
Aut cadit, aut multis sentit bona mixta querelis.
Hæ mihi signandæ proprio sunt carmine partes.
Sed quis tot numeros totiens sub lege referre,
Tot partes iterare queat, tot dicere summas, 430
Proque artis causis faciem mutare loquendi?
Ingeminem si verba, piget; quod gratia deerit,
In vanumque labor cedit, quem despicit auris.
Sed mihi per carmen fatalia jura ferenti,
Et sacros cœli motus, ad jussa loquendum est; 435
Nec fingenda datur, tantum monstranda figura.
Ostendisse deum nimis est; dabit ipse sibimet

Pondera : nec fas est verbis splendescere mundum;
Rebus erit major. Nec parva est gratia nostri
Oris, si tantum poterit signare cavenda. 440
Accipe, damnandæ quæ sint per sidera partes.
    Lanigeri pars quarta nocet, nec sexta salubris.
Septima par illi, ac decima, decimæque secunda;
Quæque duas duplicat summas, septemque, novemque;
Unaque viginti numeris pars addita lædit, 445
Et quinta, et duram consummans septima partem.
    Tauri nona mala est; similis quoque tertia pars est
Post decimam, nec non decimæ pars septima juncta;
Bisque undena nocens, et bis duodena; nocentes
Quæque decem tresque ingeminat, fraudatque duobus 450
Triginta numeros, et tum tricesima summa.
    Pestifera in geminis pars prima et tertia signis.
Septima non melior, ter quinæ noxia par est.
Unaque bis denis brevior nocet, unaque major;
Et similis noxæ veniet vicesima quinta; 455
Cumque duæ subeunt, vel cum se quattuor addunt.
    Nec cancri prima immunis, nec tertia pars est,
Nec sexta; octava est similis; decimaque peracta
Prima rabit; nec ter quinæ clementior usus.
Septima post decimam luctum, et vicesima, portat; 460

LIVRE IV.

Vous n'êtes pas moins redoutable, ô lion de Némée, dans votre premier degré; vous nous terrassez sous votre quatrième; ceux qui sont doubles ou triples du cinquième rendent l'air contagieux : le vingt-unième est nuisible; qu'on ajoute trois ou six à ce nombre, le danger est encore le même : le dernier degré enfin n'est pas plus favorable que le premier.

Jamais ni le premier degré de la vierge, ni le sixième, ni ceux qui occupent le premier, le quatrième et le huitième rang après le dixième, n'ont procuré d'avantages ; le premier et le quatrième de la dernière dizaine sont à craindre : joignez-y le trentième et dernier degré.

Le cinquième et le septième degré de la balance nuisent par leur excessive chaleur; ajoutez trois à onze, sept à dix, et quatre ou sept à vingt, vous aurez autant de degrés malfaisants : il en est de même du vingt-neuvième et du trentième degré, qui terminent le signe.

Le scorpion est funeste dans ses premier, troisième, sixième et quinzième degrés; dans celui qui double onze; dans le vingt-cinquième; dans ceux enfin qui occupent la huitième et la neuvième place dans la troisième dizaine.

Si le destin vous laisse la liberté du choix, ne faites pas tomber sur le quatrième degré du sagittaire; évitez aussi le huitième; ceux qui sont doubles du sixième, du huitième et du dixième infectent l'air que nous respirons; portez le même jugement des degrés qui doublent douze ou treize, de celui qui est formé par quatre fois sept, enfin de celui que produit le triple de dix.

Les degrés du capricorne les moins favorables sont le septième et le neuvième, le troisième de la seconde dizaine, ceux auxquels il manque trois ou un pour atteindre le vingtième, enfin ceux qui excèdent ce vingtième de cinq ou six unités.

On n'éprouve que des malheurs sous le premier degré du jeune homme qui verse une eau intarissable ; on regarde comme funeste celui qui suit le dixième, ainsi que le troisième, le cinquième et le neuvième de cette même dizaine, celui qui suit le vingtième, le vingt-cinquième, et enfin le vingt-neuvième, qui surpasse le précédent de quatre degrés.

Dans les poissons, les degrés à craindre sont le troisième, le cinquième, le septième, le onzième, le dix-septième, le quintuple de cinq, et celui qui ajoute deux au degré précédent.

Tous ces degrés, péchant par le froid ou par le chaud, par la sécheresse ou par une humidité surabondante, rendent l'air stérile, soit parce que Mars le traverse alors de ses feux pénétrants, soit parce que Saturne l'engourdit par ses glaces, ou que le soleil l'atténue par ses vapeurs.

Ne vous croyez pas affranchi de toute application, lorsque vous aurez su distinguer les degrés des signes : les circonstances peuvent en changer les qualités; ils acquièrent à leur lever des propriétés qu'ils perdent ailleurs. Voyez, par exemple, le bélier, qui nous montre la courbure de son cou avant ses cornes, lorsqu'il s'élève au-dessus des eaux de l'Océan ; il produit des âmes avides, qui, n'étant jamais satisfaites de la fortune présente, se livrent au pillage, et déposent toute honte : une entreprise les flatte par cela même qu'elle est

Et quinta accedens, et septima, nonaque summa.
 Tu quoque contactu primo, Nemeæe, timendus;
Et quarta sub parte premis : bis quina salubri
Terque caret cœlo; vicesima et altera lædit;
Et tribus appositis vitium est, totidemque secutis; 465
Ultima nec prima melior tricesima pars est.
 Erigones nec pars prima est, nec sexta, nec una
Ad decimam, nec quarta, nec octava utilis umquam.
Proxima viginti numeris, et quarta timenda est;
Et quæ ter decimam claudit sors ultima partem. 470
 At quinta in chelis, et septima inutilis æstu,
Tertia et undecimæ, decimæque et septima juncta;
Quartaque bis denis actis, et septima, et ambæ
Quæ numerum claudunt, nona et tricesima partes.
 Scorpios in prima reus est, cui tertia par est, 475
Ut sexta et decima, et quæ ter quoque quina notatur;
Undecimam geminans, et quæ vicesima quinta est,
Octavoque manet numero, nonamque capessit.
 Si te fata sinant, quartam ne selige partem
Centauri; fuge et octavam : bis sexque peractis, 480
Octo bis aut denis metuendus ducitur aër;
Cumque iterum duodena refert, aut terna decemque,
Aut septena quater, vel cum ter dena figurat.
 Nec pars optanda est capricorni septima; nona

Consentit, decimamque sequens quam tertia signat; 485
Et tribus aut una quæ te, vicesima, fraudat;
Quæve auget quinta, numero vel sexta feretur.
 Pars est prima nocens fundentis semper aquari;
Damnanda et decimæ succedens prima peractæ,
Tertiaque et quinta, et numero quæ condita nono est; 490
Et post viginti prima, et vicesima quinta;
Cumque illa quartam accumulans vicesima nona.
 Tertia per geminos, et quinta et septima pisces,
Undecima, et decimæ metuenda est septima juncta;
Et quinta in quinos numeros revocata, duasque 495
Accipiens ultra summas, metuenda feretur.
 Hæ partes sterilem ducunt et frigore et igni
Aera, vel sicco, vel quod superaverit humor;
Seu rapidos Mavors ignes jaculatur in illum,
Saturnusve suam glaciem, Phœbusve vapores. 500
 Nec te perceptis signorum cura relinquat
Partibus ; in tempus quædam mutantur, et ortu
Accipiunt proprias vires, ultraque remittunt.
Namque ubi se summis aries extollit ab undis,
Et cervice prior flexa quam cornibus ibit; 505
Non contenta suo generabit pectora censu,
Et dabit in prædas animos, solvetque pudorem.
Tantum audere juvat. Sic ipse in cornua fertur,

hardie. Tel le bélier présente la corne, comme résolu de vaincre ou de mourir. Une vie douce et tranquille au sein des mêmes pénates n'est point du goût des hommes ; ils aiment à visiter de nouvelles villes, à voguer sur des mers inconnues ; ils sont citoyens du monde entier. Ainsi le bélier lui-même teignit autrefois de l'or de sa toison les flots de l'Hellespont, et transporta dans la Colchide, sur les rives du Phase, Phrixus, affligé de la triste destinée de sa sœur.

Ceux dont la naissance concourt avec le lever des premières étoiles du taureau sont mous et efféminés. Il ne faut pas en chercher la cause bien loin, si du moins il est vrai qu'on puisse connaître la nature par ses causes : ce signe en se levant présente d'abord sa croupe ; il porte en outre un grand nombre d'étoiles du sexe féminin, le groupe des Pléiades, circonscrit dans un petit espace. Le taureau, conformément à sa nature, promet aussi d'abondantes moissons ; et, pour fendre les guérets, il fait plier sous le joug le cou du bœuf laborieux.

Lorsque l'horizon nous montre une moitié des gémeaux, et retient l'autre moitié cachée sous les eaux, l'enfant qui naît alors a du penchant pour l'étude, des dispositions pour les beaux-arts : ce signe n'inspire point un caractère sombre, mais gai et plein d'aménité ; la musique, ou vocale ou instrumentale, est un de ses présents ; il allie le charme de la voix à la mélodie des instruments.

Quand la noire écrevisse commence à s'élever avec ce nuage sombre (1), qui, tel qu'un feu dont l'éclat serait terni par celui du soleil, paraît s'éteindre, et répand son obscurité sur le signe dont il fait partie, ceux qui naissent alors seront privés de la vue ; le destin semble les condamner à un double trépas, leur vie n'étant en quelque sorte qu'une mort continuelle.

Si, à la naissance d'un enfant, le lion avide montre sa gueule au-dessus des eaux, et que sa mâchoire vorace s'élève alors sur l'horizon, l'enfant, également criminel envers son père et ses descendants, ne leur fera point part des richesses qu'il aura acquises, et engloutira tout en lui-même : son appétit sera si irrésistible et sa faim si dévorante, qu'il mangera tout son bien sans que rien puisse le rassasier ; sa table absorbera jusqu'au prix de sa sépulture et de ses funérailles.

La vierge Érigone, qui fit régner la justice dans les premiers âges du monde, et qui abandonna la terre lorsqu'elle commença à se corrompre, donne à son lever la puissance et l'autorité suprême : elle crée des législateurs, des jurisconsultes, et de dignes ministres des saints autels.

Lorsque la balance, signe qui préside à l'automne, commence à s'élever sur l'horizon, heureux l'enfant qui naît sous le parfait équilibre de son fléau ! Il deviendra souverain arbitre de la vie et de la mort ; il assujettira les nations, il leur imposera des lois ; les villes, les royaumes trembleront devant lui ; tout se réglera par sa seule volonté ; et, après avoir fourni sa carrière sur la terre, il jouira de la puissance qui lui est réservée dans le ciel.

Quand le scorpion commence à montrer les étoiles qui décorent l'extrémité de sa queue, si quelqu'un naît alors, et que la position des étoiles

(1) Amas de petites étoiles qui forment comme un nuage blanchâtre dans la poitrine de l'écrevisse, et qu'on a nommé *præsepe*, ou *la crèche*.

Ut ruat aut vincat. Non illos sedibus iisdem
Mollia per placidam delectant otia vitam ;   510
Sed juvat ignotas semper transire per urbes,
Scrutarique novum pelagus, totius et esse
Orbis in hospitio. Testis sibi laniger ipse,
Cum vitreum findens auravit vellere pontum ;
Orbatumque sua Phrixum per fata sorore   515
Phasidos ad ripas et Colchida tergore vexit.

At quos prima creant nascentis sidera tauri,
Feminei incedunt : nec longe causa petenda est,
Si modo per causas naturam quærere fas est.
Aversus venit in cœlum, divœque puellis,   520
Pleiadum parvo referens glomeramine sidus.
Accedunt et ruris opes, propriaque juvencum
Dote per inversos exercent vomere campos.

Sed geminos æqua cum profert unda tegitque
Parte, dabit studia, et doctas producet ad artes.   525
Nec triste ingenium, sed dulci tincta lepore
Corda creat ; vocisque bonis citharæque sonantis
Instruit, et dotem cantus cum pectine jungit.

At niger obscura cancer cum nube feretur,
Quæ velut extinctus Phœbeis ignibus ignis   530

Deficit, et multa fuscat caligine sidus ;
Lumina deficient partus, geminamque creatis
Mortem fata dabunt : se quisque, et vivit, et effert.
Si cui per summas avidus produxerit undas
Ora leo, et scandat malis hiscentibus orbem ;   535
Ille patri natisque reus, quas ceperit ipse
Non legabit opes, censumque immerget in ipso.
Tanta fames animumque cibi tam dira cupido
Corripit, ut capiat semet, neque compleat umquam,
Inque epulas funus revocet, pretiumque sepulcri.   540
Erigone surgens, quæ rexit secula prisca
Justitia, rursusque eadem labentia fugit,
Alta per imperium tribuit fastigia summum :
Rectoremque dabit legum jurisque sacrati,
Sancta pudicitia divorum templa colentem.   545
Sed cum autumnales cœperunt surgere chelæ,
Felix æquato genitus sub pondere libræ
Judex examen sistet vitæque necisque,
Imponetque jugum terris, legesque rogabit.
Illum urbes et regna trement, nutuque regentur   550
Unius, et cœli post terras jura manebunt.
Scorpios extremæ cum tollit lumina caudæ,

errantes favorise le pronostic, il bâtira de nouvelles villes, il attellera des bœufs pour en tracer l'enceinte avec le soc de la charrue ; il rasera des villes anciennes, les convertira en terres labourables, et fera naître des moissons où s'élevaient des palais : tant seront grandes et sa valeur et sa puissance !

Lorsque le sagittaire fait briller à l'orient son écharpe, il crée des héros illustres dans la guerre, célèbres par leurs triomphes ; il les conduira victorieux dans leur patrie : tantôt ils construiront de nouvelles forteresses, tantôt ils en détruiront d'anciennes. Mais lorsque la fortune prodigue tant de faveurs, elle semble ne les accorder qu'à regret, et se montre souvent cruelle envers ceux qu'elle a le plus favorisés. Ce général redoutable, vainqueur à Trébie, à Cannes, au lac de Trasimène, paya cher ces triomphes, étant devenu, avant sa fuite, un exemple frappant de cette instabilité de la fortune.

La dernière étoile, à l'extrémité de la queue du capricorne, donne de l'inclination pour les exploits maritimes, pour l'art difficile de conduire un vaisseau, et pour une vie toujours active.

Cherchez-vous un homme intègre, irréprochable, d'une probité éprouvée ; c'est sous l'ascendant des premières étoiles du verseau que vous le verrez naître.

Mais donnez-vous bien de garde de désirer que ce soient les poissons qui commencent alors à se lever : ce signe ne donne du goût que pour un babil odieux ; il empoisonne la langue : on parle bas à toutes les oreilles, pour répandre le venin de la médisance ; on divulgue malignement partout les fautes les plus secrètes. Point de bonne foi dans les procédés, point de retenue dans les passions honteuses ; pour les assouvir, on affronte le feu et la flamme. C'est que la déesse de Cythère se transforma en poisson, lorsqu'elle se précipita dans l'Euphrate pour se soustraire [à la fureur de Typhon, ce monstre ailé dont les pieds imitaient les replis du serpent.] Vénus communiqua aux poissons l'ardeur de ses feux. Sous ce signe double, on ne naît pas seul ; un frère ou une tendre sœur vous accompagne ; ou si une fille naît seule, elle deviendra quelque jour mère de deux jumeaux.

Passons maintenant à la distinction des signes qui dominent sur les différentes régions de la terre : mais il faut d'abord donner une idée générale de la disposition de ces régions. Le globe céleste se divise en quatre parties : celle d'où naît le jour, celle où il disparaît, celle qui nous envoie les plus grandes chaleurs, celle qui est voisine de l'ourse. De ces quatre parties s'élancent autant de vents qui se font la guerre dans le vague de l'air : le fougueux Borée part du pôle, l'Eurus s'échappe de l'orient, l'Autan a son poste au midi, le Zéphyr vient de l'occident. Entre ces vents principaux, chaque partie exhale deux vents intermédiaires qui sont de même nature, et ne diffèrent que par le nom. La terre, flottante au centre du monde, est environnée de l'Océan qui lui sert de couronne, et la resserre en tous sens entre ses bras liquides. Elle admet encore dans son sein une autre mer (1). Celle-ci entre dans les terres du côté du sombre couchant, arrose à droite la Numidie, la brûlante Libye, et les ruines de la superbe Carthage.

(1) La mer Méditerranée.

Si quis erit stellis tum suffragantibus ortus,
Urbibus augebit terras, junctisque juvencis
Mœnia subcinctus curvo describet aratro : 555
Aut sternet positas urbes, inque arva reducet
Oppida, et in domibus maturas reddet aristas.
Tanta erit et virtus, et cum virtute potestas!

Nec non arcitenens prima cum veste resurgit,
Pectora clara dabit bello, magnisque triumphis 560
Conspicuum patrias victorem ducet ad arces :
Altaque nunc statuet, nunc idem mœnia vertet.
Sed nimium indulgens rebus fortuna secundis
Invidet in facie, sævitque asperrima fronti.
Horrendus bello Trebiam, Cannasque, Lacumque 565
Ante fugam tali pensabat imagine victor.

Ultimus in caudæ capricornus acumine summo
Militiam ponto dictat, puppisque colendæ
Dura ministeria, et vitæ discrimen inertis.

Quod si quem sanctumque velis, castumque, probumque, 570
Hic tibi nascetur cum primus aquarius exit.

Neve sit ut primos aveas procedere pisces.
Garrulitas odiosa datur, linguæque venenum
Verba maligna novas mussantis semper ad aures.

Crimina per populum populi seret ore bilingui. 575
Nulla fides inerit natis ; sed summa libido
Ardentem medios animum jubet ire per ignes.
Scilicet in piscem sese Cytherea novavit,
Cum Babyloniacas submersa profugit in undas
[Anguipedem alatis humeris Typhona furentem,] 580
Inseruitque suos squamosis piscibus ignes.
Nec solus fuerit geminis sub piscibus ortus :
Frater erit, dulcisve soror, materve duorum.

Nunc age, diversis dominantia sidera terris
Percipe ; sed summa est rerum referenda figura. 585
Quattuor in partes cœli describitur orbis,
Nascentem, lapsumque diem, mediosque calores,
Teque, Helice. Totidem venti de partibus iisdem
Erumpunt, secumque gerunt per inania bellum.
Asper ab axe ruit Boreas, fugit Eurus ab ortu, 590
Auster amat medium solem, Zephyrusque profectum.
Hos inter binæ mediis e partibus auræ
Exspirant, similes mutato nomine flatus.
Ipsa natat tellus pelagi lustrata corona,
Cingentis medium liquidis amplexibus orbem ; 595
Inque sinus pontum recipit, qui vespere ab atro
Admissus, dextra Numidas Libyamque calentem

Quand elle a, dans ses sinuosités, enveloppé les deux Syrtes, golfes dangereux par leurs bancs de sable, elle reprend son cours direct jusqu'aux bouches du Nil. Ces mêmes flots, à gauche, battent d'abord les côtes de l'Espagne, et celles de la Gaule qui l'avoisinent : ils baignent ensuite l'Italie, qui, s'avançant vers la rive droite de cette mer, s'étend jusqu'aux chiens qui aboient autour de vous, ô Scylla, et jusqu'aux gouffres de Charybde. Lorsqu'elle a franchi ce détroit, elle devient mer Ionienne, et fait rouler librement ses eaux dans un plus vaste espace. Se repliant d'abord sur la gauche, elle achève, sous le nom de mer Adriatique, de faire le tour de l'Italie, et reçoit les eaux de l'Éridan (1). Elle arrose et laisse à gauche l'Illyrie; elle baigne l'Épire et la célèbre Corinthe; elle roule autour des amples rivages du Péloponnèse; et, se détournant une seconde fois vers la gauche, elle embrasse dans son vaste contour les côtes de la Thessalie et les campagnes de l'Achaïe. De là, par ce détroit (2) que traversa le jeune Phrixus, et dans lequel Hellé se perdit, elle s'ouvre avec violence un passage dans les terres, et joint l'entrée étroite de la Propontide (3) au Pont-Euxin (4) et au Palus-Méotide (5), qui, placé derrière toutes ces mers, semble la source de toute la Méditerranée. Lorsque le navigateur, ramené vers les détroits, a traversé de nouveau les flots de l'Hellespont, il fend la mer Icarienne et la mer Égée; il admire à sa gauche les belles plaines de l'Asie; il y voit autant de trophées que de pays, une contrée où les populations abondent, le mont Taurus menaçant les flots, les peuples de Cilicie, la Syrie brûlée par les ardeurs du soleil, des terres qui, formant un vaste golfe, paraissent vouloir éviter le voisinage de la mer ; jusqu'à ce que la côte, continuant de se courber, vienne se terminer une seconde fois et mourir en quelque sorte à la rencontre du Nil. Tel est le circuit de la mer Méditerranée, telles sont les limites qu'il n'est pas permis à ses eaux de franchir. Mille terres sont semées dans cette vaste étendue de mer. La Sardaigne, dans la mer de Libye, représente l'empreinte d'un pied humain : la Sicile n'est séparée de l'Italie que par un détroit : la Grèce voit avec étonnement vis-à-vis d'elle les montagnes de l'Eubée. La Crète est célèbre pour avoir été le berceau de Jupiter, et l'avoir compté au nombre de ses citoyens. L'île de Chypre est environnée de tous côtés par la mer d'Égypte. Je passe sous silence beaucoup d'îles moins apparentes, élevées cependant au-dessus de la mer, telles que les Cyclades, sur lesquelles semble avoir passé le niveau, Délos, Rhodes, l'Aulide, Ténédos, la Corse voisine de la triste Sardaigne, l'île d'Ivice, qui la première de toutes rompt les flots de l'Océan à son entrée dans l'intérieur des terres, et les autres îles Baléares. Les rochers, les montagnes qui s'élèvent au-dessus de cette mer, sont sans nombre. Et ce n'est pas d'un seul côté que l'Océan, forçant les rivages qui le retenaient, s'est ouvert de nouvelles issues dans les terres ; ses flots ont inondé plusieurs côtes ; mais de hautes montagnes les ont arrêtés, et ne leur ont pas permis de couvrir la terre entière. Entre

(1) Le Pô. — (2) Le détroit des Dardanelles, autrefois l'Hellespont. — (3) La mer de Marmara. — (4) La mer Noire. — (5) La mer de Zabache

Adluit, et magnæ quondam Carthaginis arces ;
Littoraque in Syrtes revocans sinuata vadosas,
Rursum usque ad Nilum directis fluctibus exit.   600
Læva freti cædunt Hispanas æquora gentes,
Teque in vicinis hærentem, Gallia, terris;
Italiæque urbes, dextram sinuantis in undam
  ne canes ad, Scylla, tuos, avidamque Charybdin.
    ubi es primum porta mare fudit, aperto   605
Enatat Ionio, laxasque vagatur in undas.
Et prius in lævam se effundens, circuit omnem
Italiam, Adriaco mutatum nomina ponto,
Eridanique bibit fluctus ; secat æquore lævum
Illyricum; Epironque lavat, claramque Corinthon,   610
Et Peloponnesi patulas circumvolat oras.
Rursus et in lævum refluit, vastoque recessu
Thessaliæ fines, et Achaïca præterit arva.
Hinc intra juvenisque fretum mersæque puellæ
Truditur invitum, faucesque Propontidos arctas   615
Euxino jungit ponto, et Mæotidos undis,
Quæ tergo conjuncta manet, pontumque ministrat.
Inde ubi in angustas revocatus navita fauces
Hellespontiacis iterum se fluctibus effert,
Icarium, Ægæumque secat, lævaque nitentes   620
Miratur populos Asiæ, totidemque tropæa

Quot loca, et innumeras gentes, Taurumque minantem
Fluctibus, et Cilicum populos, Syriamque perustam,
Ingentique sinu fugientes æquora terras ;
Donec in Ægyptum redeunt curvata per undas   625
Littora, Niliacis iterum morientia ripis.
Hæc medium terris circumdat linea pontum,
Atque his undarum tractum constringit habenis.
Mille jacent mediæ diffusa per æquora terræ.
Sardiniam in Lybico signant vestigia plantæ;   630
Trinacria Italia tantum præcisa recessit :
Adversa Euboicos miratur Græcia montes,
Et genitrix Crete civem sortita Tonantem.
Ægypti Cypros pulsatur fluctibus omnis.
Totque minora sola, et tamen emergentia ponto   635
Prætereo, æquales Cyclades, Delonque, Rhodonque,
Aulidaque, et Tenedon, vicinaque Corsica tristi
Littora Sardiniæ, primumque intrantis in orbem
Oceani victricem Ebusum, et Balearica rura.
Innumeri surgunt scopuli montesque per altum.   640
Nec tantum ex una pontus sibi parte reclusit
Faucibus abruptis orbem : nam littora plura
Impulit Oceano ; potius sed montibus altis
Est vetitus, totam ne vinceret æquore terram.
Namque inter Borean ortumque æstate nitentem,   645

le septentrion et l'orient d'été, un bras de mer long et très-étroit, facile à traverser, s'échappe de l'Océan, s'élargit au milieu des terres, et forme, sous le nom de mer Caspienne, une mer égale au Pont-Euxin. Vers le midi, l'Océan a fait deux autres invasions sur le continent : ses flots se sont emparés d'une partie des plaines de la Perse, et cette nouvelle mer a usurpé le nom des côtes qu'elle baigne maintenant, et entre lesquelles elle pénètre par une assez large ouverture. Non loin de ce golfe, en Arabie, dans ce pays dont les habitants efféminés jouissent des délices particulières au climat, et respirent des odeurs dont une infinité de plantes parfument l'air, une autre mer mouille tranquillement les rivages où l'on recueille les perles ; elle porte le nom du pays qu'elle arrose. L'Arabie sépare ces deux mers.

(*Lacune, vers la fin de laquelle l'Afrique était sans doute nommée.*)

La belliqueuse Carthage y tenait autrefois le premier rang, lorsqu'Annibal réduisit en cendres les forteresses que nous avions construites sur les Alpes, immortalisa Trébie, couvrit Cannes de tombeaux, et transporta l'Afrique en Italie. La nature, ayant en horreur les guerres que Carthage devait soutenir contre Rome, en punit l'Afrique en la rendant le repaire de bêtes féroces et de monstres de toute espèce, d'horribles serpents, d'animaux infectés de venin, nourris de ce qui donne la mort, vrais forfaits de la terre qui les produit. Cette terre barbare, fertile en productions qui la dévastent, porte aussi d'énormes éléphants et des lions furieux : c'est un jeu pour elle de donner naissance à des singes de la difformité la plus hideuse. Plus tristement partagée que si elle était stérile, elle couvre de monstrueux produits ses sables arides, et elle est telle jusqu'aux frontières où commence l'Égypte.

De là on passe en Asie, terre fertile en productions de toute espèce : l'or roule dans les fleuves ; les mers brillent de l'éclat des perles ; les forêts sont parfumées par la suave odeur des plantes médicinales. L'Inde est fort au-dessus de ce que la renommée en publie ; la région des Parthes paraît un monde entier ; le Taurus semble élever sa cime jusqu'au ciel ; il est environné d'une multitude de peuples connus sous différents noms ; ils s'étendent jusqu'au Tanaïs, qui, en arrosant les plaines de la Scythie, forme la séparation de deux parties du monde [jusqu'au Palus-Méotide, aux eaux dangereuses du Pont-Euxin, et à l'Hellespont qui termine la Propontide :] c'est là que la nature a fixé les limites de la puissante Asie.

Le reste de la terre appartient à l'Europe : cette contrée fut la première qui reçut Jupiter au sortir des flots qu'il avait traversés à la nage ; ce dieu y quitta la forme d'un taureau dont il s'était revêtu : [il donna à cette mer le nom de sa chère Europe, et consacra par un titre le monument de son amour.] Cette partie du monde est la plus noble et la plus féconde en héros et en villes savantes. Athènes a remporté la palme de l'éloquence ; Sparte est connue par la valeur de ses guerriers, Thèbes par les dieux qui y ont pris naissance : un seul roi (1) a suffi pour immortaliser la Thessalie ainsi que l'Épire ; l'Illyrie, qui en est voisine, est renommée pour la beauté de ses côtes ; la Thrace a compté Mars au

(1) Achille.

In longum angusto penetrabilis æquore fluctus
Pervenit, et patulis tum demum funditur arvis,
Caspiaque Euxini similis facit æquora ponti.
Altera sub medium solem duo bella per undas
Intulit Oceanus terris. Nam Persica fluctus 650
Arva tenet, titulum pelagi prædatus ab isdem
Quæ rigat ipse locis, latoque infunditur ore.
Nec procul in molles Arabas, terramque ferentem
Delicias variæque novos radicis odores,
Leniter adfundit gemmantia littora pontus ; 655
Et terræ mare nomen habet : media illa duobus.

Multa desunt.

Quondam Carthago regnum sortita sub armis,
Ignibus Alpinas cum contudit Hannibal arces,
Fecit et æternum Trebiam, Cannasque sepulcris
Obruit, et Libyen Italas infudit in urbes. 660
Huic varias pestes diversaque monstra ferarum
Concessit bellis natura infesta futuris.
Horrendos angues, habitataque membra veneno,
Et mortis pastu viventia, crimina terræ,
Et vastos elephantas habet, sævosque leones 665
In pœnas fecunda suas parit horrida tellus ;

Et portentosos cercopum ludit in ortus,
Ac sterili pejor siccas incestat arenas,
Donec ad Ægypti ponat sua jura colonos.
Inde Asiæ populi, divesque per omnia tellus, 670
Auratique fluunt amnes, gemmisque relucet
Pontus ; odoratæ spirant medicamina silvæ,
India notitia major, Parthisque vel orbis
Alter, et in cœlum surgentis moenia Tauri.
Totque illum circa diverso nomine gentes, 675
Ad Tanaim Scythicis dirimentem fluctibus orbes,
[Mœotisque lacus, Euxinique aspera ponti
Æquora, et extremum Propontidos Hellespontum.]
Hanc Asiæ metam posuit natura potentis.
Quod superest Europa tenet, quæ prima natantem 680
Fluctibus excepitque Jovem, taurumque resolvit,
[Ille puellari donavit nomine fluctus,
Et monumenta sui titulo sacravit amoris.]
Maxima terra viris, et fecundissima doctis
Urbibus. In regnum florentes oris Athenæ ; 685
Sparta manu, Thebæ divis, et rege vel uno
Thessalia Epirosque potens, vicinaque ripis
Illyris, et Thrace Martem sortita colonum ;
Et stupefacta suos inter Germania partus ;

nombre de ses citoyens : la Germanie admire avec étonnement la taille de ses habitants; la Gaule est riche, l'Espagne belliqueuse. L'Italie domine sur tous les peuples; Rome, capitale du monde entier, lui a communiqué la souveraineté de l'univers, se réservant pour elle-même l'empire du ciel. Telle est la division de la terre et de la mer : la nature en a distribué le domaine entre les signes célestes; chacun d'eux est chargé de la protection des royaumes, des nations, des villes puissantes qui lui sont attribués, et sur lesquels il doit exercer principalement son énergie. Tel le corps de l'homme est pareillement distribué entre les signes célestes, de manière que, quoique leur protection s'étende sur le corps entier, chaque membre cependant dépend plus particulièrement du signe auquel il est départi : (ainsi le bélier domine sur la tête, le taureau sur le cou; les bras appartiennent aux gémeaux, la poitrine à l'écrevisse; les épaules sont votre partage, ô lion de Némée ! et les flancs, celui de la vierge; les parties inférieures du dos sont soumises à la balance, celles de la génération au scorpion; les cuisses sont le domaine du sagittaire, et les genoux, celui du capricorne; les jambes sont sous la protection du verseau, les pieds sous celle des poissons) : de même chaque région de la terre est attribuée à un signe qui la protége plus spécialement.

C'est à ce partage qu'il faut rapporter ces différences de mœurs et de figures que nous remarquons parmi les hommes ; chaque nation est distinguée par ses nuances; et des traits de ressemblance, des traces de conformité caractérisent les naturels d'un même pays. Les Germains sont d'un blond ardent et d'une taille élevée. La couleur des Gaulois est à peu près la même, mais cependant moins vive. L'Espagne, plus austère, donne à ses habitants une constitution vigoureuse. Mars, père de la ville de Rome, donne aux Romains un maintien guerrier; et Vénus, joignant son influence à celle de Mars, y ajoute la grâce. La Grèce, ingénieuse et basanée, montre assez par la couleur de ses habitants qu'ils excellent dans la gymnastique et dans l'exercice de la lutte. Une chevelure crépue est la marque distinctive du Syrien. Le teint noir des Éthiopiens forme dans l'univers une vraie bigarrure; ils représentent assez bien des peuples qui seraient toujours enveloppés de ténèbres. Les Indiens sont moins brûlés; un air moins chaud ne les colore qu'à moitié. L'Égypte, plus voisine de notre climat, et rafraîchie par les débordements du Nil, donne à ses habitants une couleur encore moins foncée. L'Africain est desséché par l'ardeur du soleil, au milieu de ses sables brûlants. La Mauritanie, ainsi appelée à cause de la couleur de ceux qui l'habitent, doit ce nom à la lividité de leur teint (1). A ces variétés joignez celle des inflexions de la voix; autant de langues que de peuples; des mœurs assorties à chaque nation, partout des coutumes différentes; les fruits de la terre variés à l'infini, quoique provenant des mêmes semences; les dons de Cérès communs à tous les pays; une aussi grande variété dans la production des légumes; Bacchus ne faisant point partout ses présents avec une égale libéralité, et diversifiant les vins dont il enrichit les

(1) Le nom de Mauritanie vient probablement, suivant Manilius, du grec ἀμαυρός, sombre, obscur.

Gallia per census, Hispania maxima belli;   690
Italia in summa, quam rerum maxima Roma
Imposuit terris, cœloque adjungitur ipsa.
Hos erit in fines orbis pontusque notandus,
Quem deus in partes per singula dividit astra,
Ac sua cuique dedit tutelæ regna per orbem.   695
Et proprias gentes atque urbes addidit altas,
In quibus exsererent præstantes sidera vires.
Ac velut humana est signis descripta figura,
Et quamquam communis eat tutela per omne
Corpus, et in proprium divisis artubus exit :   700
(Namque aries capiti, taurus cervicibus hæret;
Brachia sub geminis censentur, pectora cancro;
Te scapulæ, Nemeæe, vocant, teque ilia, virgo;
Libra colit clunes, et scorpios inguine regnat;
At femina arcitenens, genua et capricornus amavit;   705
Cruraque defendit juvenis, vestigia pisces;)
Sic alias aliud terras sibi vindicat astrum.
  Idcirco in varias leges variasque figuras
Dispositum genus est hominum, proprioque colore
Formantur gentes; sociataque jura per artus   710
Materiamque parem privato fœdere signant.
Flava per ingentes surgit Germania partus.

Gallia vicino minus est infecta rubore.
Asperior solidos Hispania contrahit artus.
Martia Romanis urbis pater induit ora,   715
Gradivumque Venus miscens bene temperat artus.
Perque coloratas subtilis Græcia gentes
Gymnasium præfert vultu, fortesque palæstras.
Et Syriam produnt torti per tempora crines.
Æthiopes maculant orbem, tenebrisque figurant   720
Perfusas hominum gentes. Minus India tostas
Progenerat, mediumque facit moderata tenorem.
Jam propior, tellusque natans Ægyptia Nilo
Lenius irriguis infuscat corpora campis.
Phœbus arenosis Afrorum pulvere terris   725
Exsiccat populos. Et Mauritania nomen
Oris habet, titulumque suo fert ipsa colore.
Adde sonos totidem vocum, totidem insere linguas,
Et mores pro sorte pares, ritusque locorum.
Adde genus proprium simili sub semine frugum,   730
Et Cererem varia redeuntem messe per orbem,
Nec paribus siliquas referentem viribus omnes;
Nec te, Bacche, pari donantem munere terras,
Atque alias aliis fundentem co.libus uvas;
Cinnama nec totis passim nascentia campis

divers coteaux; les plantes aromatiques ne naissant point dans toutes les campagnes; les différences entre les animaux domestiques et sauvages d'une même espèce; les éléphants ne se reproduisant que dans deux parties de la terre. Il y a donc autant de mondes différents que de parties différentes dans le monde; cela dépend des signes qui dominent chaque région, et qui versent sur elle leurs puissantes influences.

Le bélier, qui, placé au milieu de la route du soleil, à égale distance de l'écrevisse et du capricorne glacé, nous ramène le printemps, exerce son empire sur le bras de mer dont il avait bravé les flots, lorsqu'après la perte de la jeune Hellé il déposa son frère sur le rivage opposé, s'attristant de sentir son fardeau diminué, et son dos déchargé de la moitié du poids qu'il portait. Il est pareillement le signe dominant de la Propontide, voisine de ce détroit; des peuples de la Syrie, des Perses aux manteaux flottants et aux vêtements étroits; du Nil, que le signe de l'écrevisse fait déborder, et de l'Égypte, qui nage alors dans les eaux de son fleuve. Le taureau règne sur les montagnes de la Scythie, sur la puissante Asie, et sur les Arabes efféminés, dont les bois font la principale richesse. Le Pont-Euxin, qui, par la courbure de ses rivages, imite celle d'un arc de Scythie, vous fait partager, ô Apollon, sous le nom des gémeaux, le culte qu'il rend à votre frère (1). L'habitant des rives du Gange, situé à l'extrémité de la terre, et l'Indien, bruni par l'ardeur du soleil, obéissent au même signe. L'ardente écrevisse brûle les Éthiopiens; leur couleur le prouve assez. Pour vous, lion de Némée, consacré à la mère des dieux, vous avez sous votre empire la Phrygie, les contrées sauvages de la Cappadoce, les montagnes de l'Arménie, la riche Bithynie, et la Macédoine, qui avait autrefois subjugué la terre. La vierge incorruptible domine sur Rhodes, île également heureuse et sur terre et sur mer; elle a été le séjour du prince (1) qui doit gouverner l'univers. Consacrée au soleil, elle devint véritablement la maison de cet astre, lorsqu'elle admit dans son enceinte celui qui, après César, est la vraie lumière du monde. Les villes de l'Ionie, les plaines de la Doride, le peuple ancien de l'Arcadie, et la célèbre Carie, sont aussi du ressort de la vierge. Si vous étiez maître du choix, à quel signe attribueriez-vous l'Italie, sinon à celui qui introduit partout la règle et l'ordre, qui pèse, qui mesure, qui calcule tout, qui distingue ce qui est juste de ce qui ne l'est pas, qui détermine les saisons, qui égale la nuit et le jour? La balance est le signe propre de l'Italie; c'est sous elle que Rome fut fondée: c'est par elle que, maîtresse du monde, elle dispose du sort des peuples; que, les tenant comme dans sa balance, elle les élève ou les abaisse à son gré, et qu'elle régit l'univers, attentif à recevoir et à exécuter ses lois. Le signe suivant domine sur les murs démolis de Carthage, sur la Libye, sur les pays limitrophes de l'Égypte, cédés au peuple romain; il étend son pouvoir jusque sur les eaux de l'Italie, sur la Sardaigne et sur les autres îles de la même mer. Il en faut cependant excepter la Sicile, heureuse de se voir associée à sa sœur souveraine de l'univers, et qui a été fondée sous le même signe: voisine de l'Italie, dont elle n'est séparée que par un détroit, elle est assujettie aux

(1) Hercule. Les deux gémeaux sont ordinairement Castor et Pollux: mais plusieurs anciens les ont nommés Hercule et Apollon.

(1) Tibère, depuis empereur.

Diversas pecudum facies, propriasque ferarum;
Et duplici clausos elephantas carcere terræ.
Quot partes orbis, totidem sub partibus orbes;
Et certis descripta nitent regionibus astra,
Perfunduntque suo subjectas æthere gentes. 740
   Laniger in medio sortitus sidera mundo
Cancrum inter gelidumque caprum, per tempora veris,
Adserit in vires pontum, quem viderat ipse,
Virgine delapsa cum fratrem ad littora vexit,
Et minui deflevit onus, dorsumque levari. 745
Illum etiam venerata colit vicina Propontis,
Et Syriæ gentes, et laxo Persis amictu,
Vestibus ipsa suis hærens, Nilusque tumescens
In cancrum, et tellus Ægypti jussa natare.
Taurus habet Scythiæ montes, Asiamque potentem, 750
Et molles Arabas, silvarum ditia regna.
Euxinus Scythicos pontus sinuatus in arcus
Sub geminis te, Phœbe, colit post brachia fratris;
Ultimus et colit hos Ganges et decolor Indus.
Ardent Æthiopes cancro, cui plurimus ignis; 755
Hoc color ipse docet. Phrygia, Nemeæe, potiris,
Idææ matris famulus, regnoque feroci

Cappadocum, Armeniæque jugis: Bithynia dives
Te colit, et Macetum tellus, quæ vicerat orbem.
Virgine sub casta felix terraque marique 760
Est Rhodos, hospitium recturi principis orbem;
Tumque domus vere solis, cui tota sacrata est,
Cum caperet lumen magni sub Cæsare mundi:
Ioniæ quoque sunt urbes, et Dorica rura,
Arcades antiqui, celebrataque Caria fama. 765
Quod potius colat Italiam, si seligis, astrum,
Quam quod cuncta regit, quod rerum pondera novit;
Designat summas, et iniquum separat æquo,
Tempora quo pendent, coeunt quo noxque diesque?
Hesperiam sua libra tenet, qua condita Roma 770
Orbis in imperio retinet discrimina rerum,
Lancibus et positis gentes tollitque premitque,
Et propriis frenat pendentem nutibus orbem.
Inferius victæ sidus Carthaginis arces,
Et Libyam, Ægyptique latus, donataque rura 775
Eligit; Italiæque tamen respectat ad undas,
Sardiniamque tenet, fusasque per æquora terras:
Non ita Trinacriam, quæ dantem jura sororem
Subsequitur gaudens, sub eodem condita signo;

mêmes lois, et n'est pas dominée par un signe différent. La Crète, environnée par la mer, obéit au sagittaire : ainsi le fils de Minos, informe composé de deux corps différents, est sous la protection d'un signe composé. C'est pour cela que les Crétois sont sans cesse armés de flèches rapides, et ont toujours, comme le sagittaire, un arc tendu à la main. Le signe équivoque, en partie terrestre, aquatique en partie, s'approprie les peuples de l'Espagne, ceux de la Gaule opulente, et les vôtres aussi, ô Germanie, contrée digne de ne produire que des bêtes farouches, et sujette à des débordements perpétuels, qui font de vous tantôt une mer, tantôt un continent! Le verseau, jeune homme nu et d'une complexion délicate, exerce son empire sur le climat tempéré de l'Égypte, sur les murs de Tyr, sur les peuples de Cilicie, et sur les plaines de la Carie, qui en sont voisines. L'Euphrate est le partage des poissons : c'est dans les eaux de ce fleuve que Vénus, sous la forme d'un poisson, se plongea pour se dérober à la poursuite de Typhon. La Parthie, vaste contrée baignée par une grande étendue de mer, est aussi du ressort des poissons, ainsi que les peuples domptés en différents temps par les Parthes, la Bactriane, l'Ariane, Babylone, Suse, l'île de Panis, mille autres peuples qu'il serait trop long de nommer, le Tigre, et les agréables rivages du golfe Persique.

Telle est la division de la terre entre les signes célestes : il faut appliquer à chaque région les lois et les propriétés qui conviennent au signe dominant : les nations ont, en effet, entre elles les mêmes relations que les signes : comme on remarque entre ceux-ci des amitiés, des inimitiés, des oppositions, des aspects favorables, tels que celui du trigone, et d'autres rapports modifiés par différentes causes; de même, sur terre, des contrées correspondent avec d'autres contrées, des villes avec d'autres villes, des rivages avec d'autres rivages; des royaumes sont en guerre avec d'autres royaumes. Avec ces connaissances, chacun peut savoir où il lui sera le plus avantageux de s'établir, où il lui serait pernicieux de résider, où il peut espérer des secours, où il doit craindre des dangers : les astres, du haut du ciel, prononcent ces arrêts.

Apprenez maintenant quels sont les signes qu'on désigne sous le nom grec de signes *écliptiques*, parce que, fatigués d'une carrière qu'ils ont longtemps fournie, ils semblent quelquefois engourdis et privés de toute énergie. C'est que, dans l'immense durée des temps, rien ne reste dans le même état; tout éclat est bientôt flétri; une suite d'événements analogues ne peut se perpétuer. Tout varie chaque jour; chaque année, tout change : ces campagnes fertiles cessent de nous prodiguer leurs fruits, que leur sein fatigué refuse enfin de produire. Ces plaines, au contraire, qui ne rendaient pas même les semences qu'on leur confiait, nous payent maintenant, presque sans culture, des tributs abondants. La terre, appuyée sur des fondements si solides, s'ébranle quelquefois; elle se dérobe sous nos pas, elle nage en quelque sorte sur elle-même; l'Océan vomit ses eaux sur elle, et les reprend avec avidité : il ne peut se contenir dans ses bornes. On l'a vu submerger la terre entière, lorsque Deucalion, uni-

Proximaque Italiæ et tenui divisa profundo 780
Ora, pares sequitur leges, nec sidere rupta est.
Gnosia Centauro tellus circumdata ponto
Paret, et in geminum Minois filius astrum
Ipse venit geminus : celeres hinc Creta sagittas
Asserit, intentosque imitatur sideris arcus. 785
Hispanas gentes, et quot fert Gallia dives,
Teque feris dignam tantum, Germania, matrem
Asserit ambiguum sidus terræque marisque,
Æstibus assiduis pontum terrasque tenentem.
Sed juvenis nudos formatus mollior artus 790
Ægyptum tepidam Tyriasque recedit ad arces,
Et Cilicum gentes, vicinaque Caridos arva.
Piscibus Euphrates datus est, ubi piscis amictu,
Cum fugeret Typhona, Venus subsedit in undis.
Magna jacet tellus magnis circumdata ripis, 795
Parthis, et a Parthis domitæ per secula gentes,
Bactraque, et Arii, Babylon, et Susa, Panosque,
Nominaque innumeris vix amplectenda figuris,
Et Tigris, et rubri radiantia littora ponti.
  Sic divisa manet tellus per sidera cuncta : 800
E quibus in proprias partes sunt jura trahenda :
Namque eadem, quæ sunt signis, commercia servant :
Utque illa inter se coeunt, odiove repugnant,

Nunc adversa polo, nunc et conjuncta trigono;
Quæque alia in varios adfectus causa gubernat ; 805
Sic terræ terris respondent, urbibus urbes,
Littora littoribus, regnis contraria regna.
Sic erit et sedes fugienda petendaque cuique;
Sic speranda fides, sic et metuenda pericla,
Ut genus in terram cœlo descendit ab alto. 810
  Percipe nunc etiam quæ sint ecliptica Graio
Nomine, quod certos quasi delassata per annos
Nonnumquam cessant sterili torpentia motu.
Scilicet immenso nihil est æquale sub ævo,
Perpetuosque tenet flores ununique tenorem. 815
Mutantur sed cuncta die, variantque per annos :
Et fecunda suis abstinent frugibus arva,
Continuosque negant partus, effœta creando.
Rursus quæ fuerant steriles ad semina terræ,
Post nova sufficiunt, nullo mandante, tributa. 820
Concutitur tellus validis compagibus hærens,
Subducitque solum pedibus. Natat orbis in ipso,
Et vomit oceanus pontum, sitiensque resorbet,
Nec sese ipse capit. Sic quondam merserat urbes,
Humani generis cum solus constitit heres 825
Deucalion, scopuloque orbem possedit in uno.
Necnon cum patrias Phaethon tentavit habenas,

que héritier du genre humain, possédait, dans un seul rocher, toute la terre habitable. De même, lorsque Phaéton tenait en main les rênes des coursiers de son père, la terre fut en feu, le ciel craignit d'être consumé, les signes embrasés redoutèrent la violence de ces flammes inaccoutumées, la nature appréhenda de se voir ensevelie dans un immense bûcher : tant sont grands les changements que tous les corps éprouvent avec le temps; après quoi tout rentre dans l'ordre primitif. Tels les signes célestes perdent quelquefois et recouvrent ensuite leur activité. Il n'en faut pas chercher la cause ailleurs que dans les éclipses de lune : cet astre, privé de l'aspect de son frère, est plongé dans les ténèbres de la nuit. La terre intercepte les rayons du soleil; leur lumière, source unique de celle de la déesse de Délos, ne peut plus pénétrer jusqu'à elle. Les signes où elle se trouve alors languissent avec elle; ils n'ont plus la même vigueur : on dirait qu'ils ont perdu leur souveraine, et qu'ils en portent le deuil. Le nom de *signes écliptiques*, que les anciens leur ont donné, exprime bien ce qu'ils éprouvent alors. Ils s'affaiblissent toujours deux à deux : et les deux signes défaillants ne sont pas voisins, ils sont au contraire opposés, d'autant plus que la lune n'est éclipsée que quand elle cesse de voir Phébus, roulant dans un signe diamétralement opposé au sien. Le temps de cet affaiblissement n'est pas le même pour tous les signes : quelquefois toute l'année s'en ressent; le terme de la défaillance est tantôt accéléré, tantôt retardé; il peut s'étendre au delà d'une révolution du soleil. Lorsque le temps prescrit à la durée du malaise de deux signes, directement opposés, est accompli, et qu'ils sont arrivés au terme de leur deuil, leur affaiblissement passe à deux autres signes voisins des deux premiers, et qui se lèvent et se couchent immédiatement avant eux. En tout ceci la terre ne contrarie jamais le ciel; au contraire, elle en suit tous les mouvements, toutes les variations; elle ne communique plus des forces qu'elle a perdues, elle ne répand plus la même mesure de biens et de maux : le différent état du ciel produit toutes ces altérations.

Mais pourquoi, direz-vous, étudier le ciel par des moyens si subtils, si notre esprit se refuse à cette étude, si la crainte d'échouer nous ôte l'espérance du succès, et met obstacle à nos recherches? Tout ce que la nature recèle dans le vaste dépôt de ses mystères échappe à nos yeux, et passe les bornes de notre intelligence. En vain dirait-on, pour appuyer la nécessité de cette étude, que tout est réglé sur les décrets du destin, si le destin nous est lui-même absolument impénétrable. Mais pourquoi vous obstiner ainsi à vous dégrader vous-même, à repousser des biens dont Dieu consent que vous jouissiez, à fermer les yeux de votre esprit à la lumière que la nature vous présente? Nous voyons le ciel : pourquoi, par la bienfaisance de ce ciel même, ne nous serait-il pas permis de chercher à pénétrer les propriétés du monde, d'examiner en détail les éléments qui composent cette masse immense, de promener notre esprit par toutes les avenues du ciel auquel il doit son origine, d'étudier ce qui se passe à notre horizon, de descendre au-dessous des parties les plus basses de la terre suspendue au milieu de l'espace, de devenir citoyens de l'univers entier? La nature n'a déjà plus d'obscurité

Arserunt gentes, timuitque incendia cœlum,
Fugeruntque novas ardentia sidera flammas,
Atque uno timuit condi natura sepulchro. 830
In tantum longo mutantur tempore cuncta,
Atque iterum in semet redeunt! Sic tempore certo
Signa quoque amittunt vires, sumuntque receptas.
Causa patet, quod, luna quibus defecit in astris,
Orba sui fratris, noctisque immersa tenebris, 835
Cum medius Phœbi radios intercipit orbis,
Nec trahit in se tum, quo fulget, Delia lumen ;
Hæc quoque signa suo pariter cum sidere languent
Incurvata simul, solitoque exempta vigore,
Et velut elatam Phœben in funere lugent. 840
Ipse docet titulus causas : ecliptica signa
Dixere antiqui. Pariter sed bina laborant ;
Nec vicina loco, sed quæ contraria fulgent :
Sicut luna suo tunc tantum deficit orbe,
Cum Phœbum adversis currentem non videt astris. 845
Nec tamen æquali languescunt tempore cuncta :
Sed modo in affectus totus producitur annus ,
Nunc brevius lassata manent, nunc longius astra,
Exceduntque suo Phœbeia tempora casu.
Atque ubi perfectum est spatium quod cuique dicatur, 850

Impleruntque suos certa statione labores
Bina per adversum cœlum fulgentia signa,
Tum vicina labant, ipsis hærentia signis,
Quæ prius in terras veniunt, terrasque reliquunt :
Sidereo non ut pugnet contrarius orbis ; 855
Sed qua mundus agit cursus, inclinat et ipse,
Amissasque negat vires : nec munera tanta
Nec similes reddit noxas. Locus omnia vertit.
    Sed quid tam tenui prodest ratione nitentem
Scrutari mundum, si mens sua cuique repugnat , 860
Spemque timor tollit, prohibetque a limine cœli ?
Condit enim quicquid vasto natura recessu
Mortalesque fugit visus, et pectora nostra :
Nec prodesse potest, quod fatis cuncta reguntur,
Cum fatum nulla possit ratione videri. 865
Quid juvat in semet sua per convicia ferri ?
Et fraudare bonis, quæ nec deus invidet ipse ?
Quousque dedit natura, oculos deponere mentis ?
Perspicimus cœlum : cur non est munere cœli
Inque ipsos penitus mundi descendere census , 870
Seminibusque suis tantam componere molem ,
Et partum cœli sua per nutritia ferre ,
Extremumque sequi pontum, terræque subire

pour nous; nous la connaissons tout entière. Le monde est devenu notre conquête; nous en jouissons à ce titre. Partie nous-mêmes de celui qui nous a donné l'être, nous savons ce qu'il est; enfants des astres, nous nous élevons jusqu'à eux. Peut-on douter que la divinité n'habite nos âmes, que ces âmes ne nous viennent du ciel, qu'elles ne doivent y retourner? que, comme le monde est composé de tous les éléments, de l'air, du feu, de la terre et de l'eau, et qu'il y a de plus dans ce monde un esprit qui veille à l'exécution de ce qu'il a ordonné, de même il se trouve en nous un corps formé de terre, un principe de vie résidant dans le sang, et de plus un esprit qui gouverne et dirige l'homme entier? Est-il étonnant que les hommes puissent connaître le monde, puisque le monde est en eux-mêmes, et que chaque homme est une image, une copie amoindrie de la divinité? Est-il possible de se figurer que notre origine vient d'ailleurs que du ciel? Tous les animaux sont courbés vers la terre, ou plongés dans les eaux, ou suspendus dans l'air; privés de la raison et du don de la parole, ils se livrent au repos, satisfont aux besoins de l'estomac, jouissent des plaisirs des sens. L'homme seul est destiné à examiner tout ce qui est, à parler, à raisonner, à cultiver tous les arts. Produit par la nature pour tout gouverner, il a formé des sociétés dans les villes, il a obligé la terre à produire des fruits, il a forcé les animaux à le servir, il s'est ouvert un chemin sur les eaux; seul il porte la tête droite et élevée; supérieur à tout, il dirige vers les astres des regards triomphants; il observe de plus près le ciel, il y interroge la divinité, et, non content de l'enveloppe extérieure, il veut connaître à fond l'univers: étudiant ainsi le ciel, avec lequel il a tant de rapports, il s'étudie lui-même dans les astres. D'après cela, ne sommes-nous pas en droit d'exiger ici autant de confiance que nous en accordons tous les jours au chant des oiseaux, aux entrailles palpitantes des victimes? Y a-t-il moins de raison à consulter les sacrés pronostics des astres, qu'à ajouter foi aux présages tirés des bêtes mortes ou du cri des oiseaux? Et en effet, pourquoi Dieu permet-il que, de la terre, on voie le ciel; pourquoi se montre-t-il à nous sous cette forme, dans ce qu'il a de corporel, en le faisant rouler sans cesse autour de nous? pourquoi s'offre-t-il, se jette-t-il en quelque sorte au-devant de nous, si ce n'est pour se faire bien connaître, pour nous apprendre quelle est sa marche, pour fixer notre attention sur ses lois? Le ciel lui-même nous invite à contempler les astres: puisqu'il ne nous cache pas son pouvoir et ses droits, sa volonté est que nous nous appliquions à les étudier. Dira-t-on qu'il n'est pas permis de connaître ce qu'il est permis de voir? Et ne méprisez pas vos forces, parce qu'elles sont circonscrites dans les bornes étroites de votre corps: ce qu'il y a de fort en vous est immense. Ainsi l'or, sous un petit volume, excède le prix d'une grande masse d'airain: ainsi le diamant, cette pierre si petite, est encore plus précieux que l'or: ainsi la prunelle de l'œil, principal organe de la vision, est un point, et elle comprend l'image du ciel entier; elle embrasse les plus vastes objets. Telle l'âme de l'homme réside dans un cœur bien peu vaste; mais, franchissant ces étroi-

Pendentis tractus, et toto vivere in orbe?
Jam nusquam natura latet; pervidimus omnem, 875
Et capto potimur mundo, nostrumque parentem
Pars sua perspicimus, genitique accedimus astris.
An dubium est habitare deum sub pectore nostro?
In cœlumque redire animas, cœloque venire?
Utque est ex omni constructus corpore mundus, 880
Aeris, atque ignis summi, terræque, marisque,
Spiritus et toto rapido, quæ jussa, gubernat:
Sic esse in nobis terrenæ corpora sortis,
Sanguineasque animas, animum qui cuncta gubernat
Dispensatque hominem? Quid mirum, noscere mundum
Si possunt homines, quibus est et mundus in ipsis, 886
Exemplumque dei quisque est in imagine parva?
An quoquam genitos, nisi cœlo, credere fas est
Esse homines? Projecta jacent animalia cuncta
In terra, vel mersa vadis, vel in aere pendent: 890
Et quia consilium non est, et lingua remissa,
Omnibus una quies, venter, sensusque per artus.
Unus in inspectus rerum, viresque loquendi,
Ingeniumque capax, variasque educitur artes.
Hic partus, qui cuncta regit, secessit in urbes, 895
Edomuit terram ad fruges, animalia cepit,
Imposuitque viam ponto, stetit unus in arcem

Erectus capitis, victorque ad sidera mittit
Sidereos oculos, propiusque aspectat Olympum,
Inquiritque Jovem; nec sola fronte deorum 900
Contentus manet, et cœlum scrutatur in alvo,
Cognatumque sequens corpus, se quærit in astris.
Huic in fata fidem petimus, quam sæpe volucres
Accipiunt, trepidæque boum sub pectore fibræ.
An minus est sacris rationem ducere signis, 905
Quam pecudum mortes, aviumque attendere cantus?
Atque ideo faciem cœli non invidet orbi
Ipse deus, vultusque suos corpusque recludit
Semper volvendo, seque ipsum inculcat et offert;
Ut bene cognosci possit, doceatque videndus 910
Qualis eat, cogatque suas attendere leges.
Ipse vocat nostros animos ad sidera mundus;
Nec patitur, quia non condit, sua jura latere.
Quis putet esse nefas nosci, quod cernere fas est?
Nec contemne tuas quasi parvo in corpore vires: 915
Quod valet immensum est. Sic auri pondera parva
Exsuperant pretio numerosos æris acervos.
Sic adamas, punctum lapidis, pretiosior auro est.
Parvula sic totum pervisit pupula cœlum;
Quoque vident oculi minimum est, cum maxima cernant.
Sic animi sedes tenui sub corde locata 920

tes limites, elle gouverne tout le corps. Ne mesurez donc pas le volume de la matière qui est en vous, mais pesez vos forces, les forces de votre raison, et non le poids de votre corps; c'est la raison qui triomphe de tout. Ne balancez donc point à reconnaître dans l'homme une intelligence divine. Et ne voyez-vous pas que l'homme fait lui-même des dieux; déjà nous avons enrichi les astres d'une divinité nouvelle; Auguste, gouvernant le ciel, en relève encore la puissance.

LIVRE V.

Un autre eût ici terminé sa course céleste; après avoir traité des signes dont le mouvement est contrarié par celui des cinq étoiles errantes, de Phébus porté sur un char à quatre chevaux, de Diane qui se promène sur le sien attelé de deux coursiers, il s'abstiendrait de toute autre recherche; il descendrait du ciel, et, sur sa route, il visiterait les orbes inférieurs de Saturne, de Jupiter, de Mars et du Soleil, et, après avoir traversé ceux de Vénus et de Mercure, il étudierait les erreurs de la lune. Le ciel veut que je poursuive ma course : il m'a fait monter sur un char éthéré, qui doit me porter jusqu'à sa cime la plus élevée; il me défend d'en descendre avant de l'avoir parcouru en entier, avant d'en avoir visité toutes les constellations.

D'un côté, je me sens appelé par Orion, partie considérable du vaste firmament; par le navire qui a porté tant de héros, et qui vogue encore parmi les astres; par le fleuve (1) qui serpente au loin dans le ciel; par le centaure, et par la baleine

(1) L'Éridan.

aux dures écailles et à la gueule menaçante; par le gardien vigilant du jardin des Hespérides et de ses pommes d'or; par le grand chien, dont l'univers entier ressent les feux; par l'autel des dieux, auquel l'Olympe paye le tribut de son hommage. Je vois, de l'autre côté, le dragon qui se replie entre les deux ourses; le cocher qui fait encore rouler son char, et le bouvier qui conduit sa charrue; la couronne d'Ariadne, présent vraiment céleste; Persée armé de son glaive, et vainqueur de l'horrible Méduse; Céphée et son épouse, qui semblent méconnaître leur fille Andromède; le cheval ailé, tout rayonnant d'étoiles; le dauphin disputant de vitesse avec la flèche; Jupiter sous l'enveloppe d'un oiseau, et plusieurs autres astérismes qui roulent dans l'étendue du ciel. Tels sont les objets que j'entreprends de chanter : je dirai leurs propriétés, leurs influences, soit à leur lever, soit lorsqu'ils se précipitent dans l'Océan; je déterminerai quel degré des douze signes ramène chacune de ces constellations sur l'horizon. C'est le créateur de l'univers qui leur imprima dans l'origine leur énergie particulière, et qui détermina le temps où cette force devait être déployée.

Le chef du troupeau, vainqueur de l'Hellespont, auquel il valut ce nom, en s'y allégeant d'une partie de son fardeau, le bélier qui y perdit même sa précieuse toison, et qui donna occasion à la princesse de Colchos de porter à Iolcos l'art funeste des empoisonnements, et de le répandre de là sur toutes les parties de la terre; le bélier, comme s'il fendait encore les flots, traîne à sa suite la poupe du navire Argo, voisine de lui, et à la droite de laquelle il est situé. Cette poupe com-

---

Per totum angusto regnat de limite corpus.
Materiæ ne quære modum, sed perspice vires,
Quas ratio, non pondus habet. Ratio omnia vincit
Ne dubites homini divinos credere visus :   925
Jam facit ipse deos, mittitque ad sidera numen;
Majus et Augusto crescit sub principe cœlum.

LIBER V.

Hic alius finisset iter, signisque relatis,
Quis adversa meant stellarum numina quinque,
Quadrijugis et Phœbus equis, et Delia bigis,
Non ultra struxisset opus, cœloque rediret.
Ac per descensum medios decurreret ignes   5
Saturni, Jovis et Martis, solisque sub illis;
Post Venerem et Maia natum, te, luna, vagantem.
Me superare viam mundus jubet, omnia circum
Sidera vectatum, et toto decurrere cœlo;
Cum semel æthereos jussus conscendere currus   10
Summum contigerim sua per fastigia culmen.

Hinc vocat Orion magni pars maxima cœli,
Et ratis heroum quæ nunc quoque navigat astris,
Fluminaque errantes late sinuantia flexus,

Et bifer, et cetus squamis atque ore tremendo,   15
Hesperidumque vigil custos et divitis auri,
Et canis in totum portans incendia mundum,
Aræque divorum cui votum solvit Olympus :
Illinc per geminas anguis qui labitur arctos,
Heniochusque memor currus, plaustrique bootes, 20
Atque Ariadnæ cœlestia dona coronæ,
Victor et invisæ Perseus cum falce Medusæ,
Andromedamque negans genitor cum conjuge Cepheus,
Quinque volat stellatus equus, celerique sagittæ
Delphinus certans, et Juppiter alite tectus,   25
Ceteraque in toto passim labentia cœlo.
Quæ mihi per proprias vires sunt cuncta canenda;
Quid valeant ortu, quid cum merguntur in undas,
Et quota de bis sex astris pars quæque reducat.
His stellis proprias vires et tempora rerum   30
Constituit magni quondam fabricator Olympi.
Vir gregis et ponti victor, cui parte relicta
Nomen onusque dedit, nec pelle immunis ab ipsa;
Colchidos et magicas artes qui visere Iolcon
Medeæ jussit, movitque venena per orbem;   35
Nunc quoque vicinam puppim, cen naviget, Argo
A dextri lateris ducit regione per astra.

mence à hisser ses premiers fanaux, lorsque le quatrième degré du bélier monte sur l'horizon. Quiconque naîtra sous un tel ascendant commandera un vaisseau ; attaché au timon, il préférera la mer à la terre ; les vents seront les dépositaires de sa fortune ; il voudra parcourir toute l'étendue de l'Océan, et rencontrer à l'embouchure de quelque nouveau fleuve une nouvelle armée d'Argonautes, pour intimider son pilote Typhis, et le forcer de chercher son salut au milieu des plus dangereux écueils. Que le navire ne produise point de tels navigateurs, il n'y aura plus de guerre de Troie ; l'effusion du sang ne sera plus le prix du départ d'une flotte, ou de son arrivée au lieu de sa destination ; Xerxès n'embarquera pas toute la Perse, ne creusera pas de nouvelles mers, ne construira pas de pont sur les anciennes ; le succès des Athéniens à Salamine n'amènera pas leur ruine entière à Syracuse ; les débris des flottes de Carthage n'encombreront plus les mers ; le monde ne paraîtra pas en suspens à la journée d'Actium, et le sort du ciel ne semblera pas dépendre de l'inconstance des flots. C'est sous la conduite de tels chefs qu'on voit des vaisseaux courir sur toutes les mers, rapprocher toutes les parties de la terre, et nous faire jouir, avec l'aide des vents, de toutes les commodités que ce globe peut fournir.

A la gauche du bélier, et avec son dixième degré, Orion se lève : c'est la plus belle des constellations ; elle paraît embrasser toute l'étendue de l'Olympe : lorsqu'elle est sur l'horizon, entraînant le ciel entier, la nuit, émule du jour, semble ne pas vouloir déployer ses ailes ténébreuses. Orion procure un génie vif, un corps alerte, un caractère prompt à obliger, un courage infatigable dans les plus fâcheuses circonstances. Un seul homme de cette espèce vaut tout un peuple, il habite tous les quartiers d'une ville, il est à toutes les portes, c'est l'ami de tout le monde ; et, dès le matin, tout citoyen reçoit de lui le même salut.

Mais lorsque le quinzième degré du bélier se montre à l'orient, le cocher sort du sein des ondes ; son char gravit la partie inférieure du ciel, on le voit paraître vers la plage d'où le glacial Borée nous fait sentir le froid piquant de son haleine. Cet astérisme inspire ses propres inclinations, le goût qu'il avait sur terre pour la conduite d'un char, et qu'il conserve encore dans le ciel. On aimera cet exercice, on se plaira à voir écumer le frein dans la bouche de quatre coursiers, à modérer leur trop grande ardeur, à les faire caracoler à propos ; ou, dès que la barrière sera ouverte et que les chevaux l'auront franchie, on saura hâter leur vol, et, penché en avant, on semblera vouloir devancer les coursiers ; les roues toucheront à peine la superficie de l'arène, et l'on surpassera la vitesse du vent ; ou, parvenu à la tête de ceux qui disputent le prix de la course, on leur coupera le chemin, pour les empêcher de prendre l'avantage ; on emploiera mille ruses pour retarder leur marche et leur fermer en quelque sorte toute la largeur du cirque ; ou, si l'on se trouve au milieu des concurrents, assuré de la qualité du sol, on saura tourner à droite aussitôt qu'il en sera temps, s'approcher de la borne le plus près possible, et tenir jusqu'à la fin les esprits indécis sur l'issue de la lutte. On aura aussi

Sed tum prima suos puppis consurgit in ignes,
Quattuor in partes cum corniger extulit ora.
Illa quisquis erit terris oriente creatus, 40
Rector erit puppis, clavoque immobilis hærens
Mutabit pelago terras, ventisque sequetur
Fortunam, totumque volet tranare profundum
Classibus, atque alios Minyas, aliumque videre
Phasin, in cautes Tiphyn superare trementem. 45
Tolle istos ortus hominum sub sidere tali ;
Sustuleris bellum Trojæ, classemque solutam
Sanguine et appulsam terris ; non invehet undis
Persida, nec pelagus Xerxes facietque, tegetque ;
Vera Syracusis Salamis non merget Athenas ; 50
Punica nec toto fluitabunt æquore rostra :
Actiacosve sinus inter suspensus utrimque
Orbis, et in ponto cœli fortuna natabit.
His ducibus cæco ducuntur in æquore classes,
Et coit ipsa sibi tellus, totusque per usus 55
Diversos rerum ventis accessitor orbis.

Sed decima lateris surgens de parte sinistri
Maximus Orion, magnumque amplexus Olympum
(Quod fulgente super terras, cœlumque trahente,
Ementita diem nigras nox contrahit alas) 60

Solertes animos, velocia corpora finget,
Atque agilem officio mentem, curasque per omnes
Indelassato properantia corda vigore.
Instar erit populi, totaque habitabit in urbe
Limina pervolitans, unumque per omnia verbum 65
Mane salutandi portans communis amicus.
Sed cum se terris aries ter quinque peractis
Partibus extollit, primum juga tollit ab undis
Heniochus, clivoque rotas convellit ab imo,
Qua gelidus Boreas aquilonibus instat acutis. 70
Ille dabit proprium studium, cœloque retentas,
Quas prius in terris agitator amaverat, artes ;
Stare levi curru, moderantem quattuor ora
Spumigeris frenata lupis, et flectere equorum
Prævalidas vires, ac torto stringere gyro ; 75
Aut, cum laxato fregerunt cardine claustra,
Exagitare feros, pronumque anteire volantes,
Vixque rotis levibus summum contingere campum,
Vincentem pedibus ventos ; vel prima tenentem
Agmina in obliquum currus agitare malignos, 80
Obstantemque mora totum præcludere circum ;
Vel medium turbæ, nunc dextros ire per orbes
Fidentem campo, nunc meta currere acuta,

le talent de conduire deux chevaux accouplés, de sauter de l'un sur l'autre, de se tenir alternativement debout sur chacun des deux, de voler de l'un à l'autre, et d'accompagner cet exercice de mille tours d'adresse. Ou bien plusieurs rivaux, montés chacun sur un cheval, tantôt s'exerceront armés, et tantôt entrecouperont leur course dans le cirque, en offrant l'image d'un combat simulé. En un mot, on aura tous les talents qui peuvent se rapporter au maniement des chevaux. C'était sous le cocher sans doute qu'était né Salmonée, qui, faisant rouler un quadrige sur un pont d'airain, croyait imiter le ciel, et s'imaginait qu'en contrefaisant la foudre il passerait pour Jupiter descendu sur ce globe. L'insensé s'aperçut bientôt qu'il n'était pas facile d'imiter le tonnerre, et, renversé par un foudre véritable, il éprouva combien son pouvoir était inférieur à celui de Jupiter. Ne doutez pas que cette même constellation n'ait présidé à la naissance de Bellérophon, qui, se frayant vers les cieux une route nouvelle, vola jusqu'aux étoiles. Le ciel était sa carrière; il voyait la terre et l'Océan sous ses pieds : il ne laissa dans sa course aucun vestige de la route qu'il avait tenue. Telles sont les influences du cocher au moment de son lever.

Lorsque le degré ascendant du bélier doublera le nombre de dix, les chevreaux commenceront à nous montrer leurs ondoyants mentons, et leurs dos hérissés monteront bientôt après au-dessus de l'horizon, vers la partie boréale du ciel. N'attribuez pas à cette constellation la naissance de ces hommes graves et sévères, austères comme des Catons, qui punissent de mort leur propre fils, comme Manlius, et qui ont le courage d'un Horace : la charge serait trop pesante pour un tel astérisme; les chevreaux pétulants ne sont pas capables d'inspirer des sentiments si nobles; ils s'amusent de choses frivoles, ils sont l'image des cœurs lascifs; ardents à toute sorte de jeux, ils aiment à faire parade de leur intrépide agilité. Ils engagent la jeunesse dans des amours illicites : guidé alors, non par la vertu, mais par la passion, l'on affronte mille dangers; la mort même n'a rien de terrible, pourvu qu'on se satisfasse. [Et cette mort, en effet, est le moindre des malheurs; le plus grand est le crime qui y a conduit.] Les chevreaux donnent aussi de l'inclination pour la garde des troupeaux; ils président à la naissance de ceux qui, chargés de les conduire aux pâturages, portent toujours au cou un tendre chalumeau, dont ils tirent des sons mélodieux.

Mais lorsqu'à deux fois dix degrés du bélier il en sera joint sept autres, les hyades se lèveront. Ceux qui naissent alors sont ennemis du repos; l'inaction n'a pour eux aucun attrait; ils sont partisans du peuple, ils cherchent le trouble : les tumultes séditieux, les discussions bruyantes sont de leur goût; ils aiment à entendre les Gracques haranguer du haut de la tribune, à voir le peuple sur le mont Sacré, et Rome presque sans citoyens; ces guerres intestines leur plaisent, et ils tiennent en haleine la vigilance des magistrats. D'autres gardent à la campagne des troupeaux d'animaux immondes : c'est sous ces étoiles sans doute qu'était né le fidèle porcher du fils de Laërte. Tels sont les penchants que les hyades inspirent, lorsqu'elles se lèvent à l'instant de quelque naissance.

Lorsque le bélier, montrant son dernier degré à la terre, est entièrement levé, et sorti du sein

Spemque sub extremo dubiam suspendere casu.
Necnon alterno desultor sidere dorso 85
Quadrupedum, et stabiles poterit defigere plantas,
Perque volabit equos, ludens per terga volantum;
Aut solo vectatus equo, nunc arma movebit,
Nunc ciet in longo per cursus prælia circo :
Quicquid de tali studio formatur, habebit. 90
Hinc mihi Salmoneus, (qui cœlum imitatus in orbe,
Pontibus impositis, missisque per æra quadrigis
Expressisse sonum mundi sibi visus, et ipsum
Admovisse Jovem terris; male fulmina fingi
Sensit, et immissos ignes super ipse secutus 95
Morte Jovem didicit) generatus possit haberi.
Hoc genitum credas de sidere Bellerophontem
Imposuisse viam mundo per signa volantem;
Cui cœlum campus fuerat, terræque fretumque
Sub pedibus; non ulla tulit vestigia cursus. 100
His erit Heniochi surgens tibi forma notanda.
   Cumque decem partes aries duplicaverit ortu,
Incipient hædi tremulum producere mentum,
Hirtaque tum demum terris promittere terga,
Qua dexter Boreas spirat. Ne crede severæ 105
Frontis opus signo; strictos ne crede Catones,
Abreptumque patri Torquatum et Horatia facta :
Majus onus signo est, hædis nec tanta petulcis
Conveniunt. Levibus gaudent, lascivaque signant
Pectora, et in lusus agiles agilemque vigorem 110
Desudant : vario ducunt in amore juventam.
In vulnus numquam virtus, sed sæpe libido
Impellit; turpisque emitur vel morte voluptas.
[Et minimum cecidisse malum est, quia crimine victum.
Necnon et cultus pecorum nascentibus addunt, 115
Pastoremque suum generant, cui fistula collo
Hæreat, et voces alterna per oscula ducat.
   Sed cum bis denas augebit septima partes
Lanigeri, surgent hyades; quo tempore natis
Nulla quies placet, in nullo sunt otia fructu; 120
Sed populum turbamque petunt, rerumque tumultus.
Seditio clamorque juvat; Gracchosque tenentes
Rostra volunt, montemque sacrum, rarosque Quirites;
Pacis bella probant, curæque alimenta ministrant.
Immundosve greges agitant per sordida rura; 125
Et fidum Laertiadæ genuere syboten.
Hos generant hyades mores surgentibus astris.
   Ultima lanigeri cum pars excluditur orbi;
Quæ totum ostendit terris, atque eruit undis;

des ondes, on commence à voir la chèvre ; elle veille à la garde de ses chevreaux, qu'elle a fait passer devant elle : [elle se lève du côté du pôle glacé, à la partie droite du ciel.] Nourrice de Jupiter, elle lui tint lieu de mère ; et le lait dont elle abreuva ce dieu encore enfant lui donna la force de lancer la foudre. Ceux qui naissent sous elle sont naturellement timides ; leur esprit craintif prend l'alarme au moindre bruit, et s'effraye des plus vains fantômes. Ils sont d'ailleurs portés à visiter des terres inconnues : telle la chèvre gravit sur les rochers pour y chercher de nouveaux arbustes, et se plaît à avancer toujours, pour paître en des lieux où elle n'a pas encore brouté.

Lorsque le taureau, reculant d'un pas précipité, nous montre la sixième partie de l'espace qu'il occupe (1), il fait lever les pléiades, sœurs célestes, égales en éclat. Ceux dont elles éclairent alors la naissance sont amis de Bacchus et de Vénus. Dans la joie des festins, ils s'abandonnent à la pétulance de leur caractère, et égayent les convives par le sel mordant de la plaisanterie. Ils ont toujours le plus grand soin de leur parure : curieux d'une propreté recherchée, ils disposent leurs cheveux en boucles flottantes, ou les retiennent avec des bandelettes, pour en former une touffe épaisse et élevée ; ou enfin ils changent leur visage, en se couvrant d'une fausse chevelure. Ils ont recours à la pierre-ponce pour adoucir la peau de leurs membres hérissés ; ce qui tient en eux de l'homme leur est un objet d'horreur ; ils voudraient que leurs bras ne se chargeassent jamais d'aucun poil. Ils s'habillent en femme ; s'ils sont chaussés, ce n'est pas pour l'usage, mais pour la parure ; leur démarche est efféminée et sautillante. Ils rougissent d'être hommes, et leur aveuglement est tel, qu'avec ces défauts ils ambitionnent de passer pour honnêtes. C'est peu pour eux d'aimer, ils veulent qu'on les tienne pour véritablement amoureux.

Les gémeaux présentent ensuite au-dessus des eaux de l'Océan leurs étoiles, unies par les liens de la fraternité. Le septième degré de ce signe amène le lièvre : ceux qui naissent sous cette constellation ont comme reçu de la nature des ailes et le don de voler, tant est grande l'agilité de leurs membres, qui égale la rapidité des vents. Ils ne sont pas encore partis de la barrière, qu'ils ont déjà remporté le prix de la course ; par la souplesse de leurs mouvements, ils parent les rudes atteintes du ceste, aussi habiles à esquiver les coups de l'adversaire qu'à lui en porter d'assurés. Une balle qui va fuir, ils la reprennent d'un pied agile, qui fait alors l'office de main ; ils sautent après elle dans leurs jeux, et leurs bras, toujours en mouvement, multiplient les coups rapides. Un autre jette en l'air tant de balles, qu'en retombant elles le couvrent tout entier ; alors ses mains se portent à toutes les parties de son corps, prêtes à recevoir et à renvoyer ces balles, qui, pour ainsi dire, instruites de la route qu'elles doivent tenir, obéissent à son ordre, et retombent autour de lui. Ces mortels veillent en dormant (1) ; ils sont ingénieux à écarter tout sujet d'inquiétude, et, dans un paisible loisir, ils ne s'occupent que de varier leurs amusements.

Passons aux astérismes voisins de l'écrevisse :

(1) C'est-à-dire, ses cinq premiers degrés.

(1) Ils tiennent cela du lièvre, qui, dit-on, dort les yeux ouverts.

Olenie servans prægressos tollitur hædos, 130
[E gelido stellata polo, quæ dextera pars est,]
Officio magni mater Jovis : illa Tonanti
Nutrimenta dedit, pectusque implevit hiantis
Lacte suo, dedit et dignas ad fulmina vires.
Hinc timidæ mentes, tremebundaque corda creantur, 135
Suspensa in strepitus, levibusque obnoxia causis.
His etiam ingenita est visendi ignota cupido,
Ut nova per montes quærunt arbusta capellæ,
Semper et ulterius pascentes tendere gaudent.
Taurus in aversos præceps cum tollitur artus, 140
Sexta parte sui certantes luce sorores
Pleiadas ducit ; quibus aspirantibus, almam
In lucem eduntur Bacchi Venerisque sequaces ;
Perque dapes, mensasque super petulantia corda,
Et sale mordaci dulces quærentia risus. 145
Illis cura sui cultus, frontisque decoræ
Semper erit ; tortos in fluctum ponere crines,
Aut vinclis revocare comas, et vertice denso
Fingere, et appositis caput emutare capillis,
Pumicibusque cavis horrentia membra polire, 150
Atque odisse virum, sterilesque optare lacertos.

Femineæ vestes, nec in usum tegmina plantis,
Sed speciem ; fractique placent ad mollia gressus.
Naturæ pudet, atque habitat sub pectore cæco
Ambitio, et morbum virtutis nomine jactant. 155
Semper amare, parum est, cupient et amare videri.
Jam vero geminis fraterna ferentibus astra
In cœlum, summoque natantibus æquore ponti,
Septima pars leporem tollit ; quo sidere natis
Vix alas natura negat volucrumque meatus. 160
Tantus erit per membra vigor referentia ventos,
Ille prius victor stadio quam missus abibit ;
Ille cito motu rigidos eludere cæstus ;
Nunc exire levis missas, nunc mittere palmas ;
Ille pilam celeri fugientem reddere planta, 165
Et pedibus pensare manus, et ludere saltu,
Mobilibusque citos ictus glomerare lacertis ;
Ille potens turba perfundere membra pilarum,
Per totumque vagas corpus disponere palmas,
Ut teneat tantos orbes, sibique ipse recludat, 170
Et velut edoctos jubeat volitare per ipsum.
Invigilat somnis, curas industria vincit ;
Otia per varios exercet dulcia lusus.

à sa gauche se lèvent les étoiles du baudrier d'Orion (1). Ceux qui les ont pour ascendant vous affectionnent particulièrement, Méléagre, vous qui fûtes consumé par des flammes lointaines, vous dont la mort causa celle de votre mère, vous qui perdites lentement la vie, avant de rendre le dernier soupir. Ils ont une égale vénération pour celui qui soulagea Atlas du poids de son fardeau ; pour l'héroïne (2) qui combattit sur les rochers de la Calédonie, qui surpassa les hommes en courage, qui porta le premier coup à un monstre qu'il semblait qu'une fille ne pouvait pas même regarder impunément ; pour Actéon enfin, ce modèle du chasseur, avant que le destin en ait fait la proie de ses chiens. Ils chassent aussi aux filets ; de vastes montagnes sont entourées d'épouvantails de plumes ; on prépare des fosses trompeuses, on dispose des pièges perfides ; les bêtes sauvages, au milieu de leur course, se trouvent arrêtées dans les lacs qui leur sont tendus ; le fer ou les chiens terminent la chasse, et l'on emporte la proie. D'autres se plaisent à poursuivre dans la mer toute espèce de poisson, et à étaler sur la grève les animaux monstrueux qu'ils ont tirés des gouffres de l'Océan : ils portent la guerre sur les ondes, et jusque dans les bras de mer les plus orageux ; ils coupent par des filets le courant des fleuves ; ils suivent leur proie avec ardeur, partout où ils la soupçonnent. La terre ne suffit plus au luxe de nos tables, nous sommes dégoûtés de ce qu'elle fournit ; il faut, pour satisfaire nos goûts, que Nérée nous procure des productions d'un autre élément.

Procyon (1) paraît, lorsque le vingt-septième degré de l'écrevisse sort de l'onde. Il ne forme pas, à la vérité, des chasseurs, mais il fournit les instruments nécessaires à la vénerie : il enseigne à dresser les jeunes chiens pour la quête, à distinguer leur espèce par la race dont ils sortent, leurs qualités par le lieu de leur naissance ; à faire des filets, de forts épieux garnis de fer, des javelots souples et noueux ; à fabriquer, en un mot, toutes les armes, tout l'équipage convenable à un chasseur : on en fera commerce, et ce sera l'objet d'une profession lucrative.

Lorsque le lion commence à nous montrer sa terrible gueule, le chien se lève, la canicule vomit des flammes : l'ardeur de ses feux la rend furieuse, et double la chaleur du soleil. Quand elle secoue son flambeau sur le globe, et qu'elle nous darde ses rayons, la terre, presque réduite en cendre, semble être à son dernier moment ; Neptune languit au fond de ses eaux, les arbres des forêts sont sans sève, les herbes sans vigueur. Tous les animaux cherchent un asile sous un ciel lointain ; le monde aurait besoin d'un autre monde, où il pût se réfugier. La nature, au milieu de cet incendie, éprouve des maux dont elle-même est la cause, et elle vit en quelque sorte sur son bûcher ; tant est grande la chaleur répandue par tout le ciel ! Les feux de tous les astres semblent concentrés dans un seul. Lorsque cette constellation, sortant des eaux, commence à monter sur le penchant du globe, celui que l'eau de la mer effleure alors au moment de sa naissance sera d'un caractère violent et im-

(1) Ou, selon d'autres, les ânes de l'écrevisse. — (2) Atalante.

(1) Procyon, ou l'avant-chien, ou le petit chien.

```
Nunc cancro vicina canam, cui parte sinistra
Consurgunt jugulæ; quibus aspirantibus orti              175
Te, Meleagre, colunt flammis absentibus ustum
Reddentemque tuæ per mortem mutua matri;
Cujus et ante necem paulatim vita sepulta est;
Atque Atlanteos conatum ferre labores;
Et Calydonea bellantem rupe puellam,                     180
Vincentemque viros, et, quam potuisse videre
Virgine majus erat, sternentem vulnere primo;
Quaque erat Actæon sylvis imitandus, et ante
Quam canibus nova præda fuit. Ducuntur et ipsi
Retibus, et claudunt vastos formidine montes,            185
Mendacesque parant foveas, laqueosque tenaces,
Currentesque feras pedicarum compede nectunt,
Aut canibus ferrove necant, prædasque reportant.
Sunt quibus in ponto studium est cepisse ferarum
Diversas facies, et cæco mersa profundo                  190
Sternere littoreis monstrorum corpora arenis,
Horrendumque fretis in bella lacessere pontum,
Et colare vagos inductis retibus amnes,
At per nulla sequi dubitant vestigia prædas.
Luxuriæ quia terra parum, fastidiet orbem                195
Venter, et ipse gulam Nereus ex æquore pascet.
    At Procyon oriens, cum jam vicesima cancri
Septimaque ex undis pars sese emergit in astra,
Venatus non ille quidem, verum arma creatis
Venandi tribuit; catulos nutrire sagaces,                200
Et genus a proavis, mores numerare per urbes;
Retiaque, et valida venabula cuspide fixa,
Lentaque contextis formare hastilia nodis;
Et quodcumque solet venandi poscere cura
In proprios fabricare dabit venalia quæstus.             205
    Cum vero in vastos surget Nemeæus hiatus,
Exoriturque canis, latratque canicula flammas,
Et rabit igne suo, geminatque incendia solis :
Qua subdente facem terris, radiosque movente,
Dimicat in cineres orbis, fatumque supremum              210
Sortitur, languetque suis Neptunus in undis,
Et viridis nemori sanguis decedit et herbis.
Cuncta peregrinos orbes animalia quærunt;
Atque eget alterius mundus. Natura suismet
Ægrotat morbis, nimios obsessa per æstus,                215
Inque rogo vivit. Tantus per sidera fervor
Funditur! atque uno ceu sunt in lumine cuncta.
Hæc ubi se ponto per pronas extulit oras,
Nascentem si quem pelagi perstrinxerit unda,
Effrenos animos, violentaque pectora finget,             220
Irarumque dabit fluctus, odiumque, metumque
```

pétueux : livré à ses fureurs, il sera pour la foule un objet de terreur et de haine; un tel homme précipite sans raison ses paroles ; il n'a pas encore ouvert la bouche, qu'il a déjà montré son emportement : le sujet le plus léger le met hors de lui-même; il écume, il hurle au lieu de parler; il se tord la langue, et ne peut achever son discours. Un autre défaut rend celui-ci plus redoutable encore : Bacchus augmente la fureur de cet insensé, dont l'indomptable rage se porte aux derniers excès. La nuit des forêts, la hauteur des montagnes, la vue d'un lion terrible, les défenses d'un sanglier écumant, les armes dont les bêtes sauvages sont pourvues, rien n'est capable de l'intimider; il déploie sa fureur contre le premier ennemi qui se présente. Au reste, ne soyez pas surpris que cette constellation inspire de telles inclinations. Ne voyez-vous pas qu'elle chasse elle-même dans le ciel? Elle cherche à atteindre dans sa course le lièvre qui fuit devant elle.

Lorsque le dernier degré du vaste signe du lion monte sur l'horizon, on voit paraître la coupe, qui semble comme ciselée par l'éclat des étoiles qui la décorent. Celui qui est redevable à cet astérisme de ses mœurs et de ses inclinations doit aimer les plaines arrosées de ruisseaux, les rivières et les lacs : il se plaira, ô Bacchus, à vous marier avec l'ormeau, à vous donner sur les coteaux des formes symétriques ; ou, se fiant à vos forces, il vous étendra en treilles, et vous abandonnera à vous-même ; ou bien du principal cep il retranchera des provins, qu'il soutiendra avec des échalas, et dans les intervalles des plants il sèmera des légumes. Et comme les méthodes de culture varient infiniment suivant les lieux, il étudiera et suivra les usages de chaque contrée. D'ailleurs il ne ménagera pas le vin qu'il aura recueilli; il jouira des fruits que lui donnera la vigne; il boira avec plaisir son vin sans mélange, il noiera volontiers sa raison dans son verre. Il ne se contentera pas des fruits que la terre lui fournira chaque année; il prendra à ferme les impôts sur les denrées; il fera commerce de marchandises, de celles surtout qui doivent à l'eau leur production et leur accroissement. Tel est le caractère de ceux qui naissent sous la coupe, constellation amie de toute chose liquide.

Érigone paraît ensuite : lorsque ses cinq premiers degrés se seront soustraits à la mer, on verra au-dessus des eaux le monument éclatant de la couronne d'Ariadne. Elle inspirera du penchant pour des occupations douces et tranquilles : cela doit être ; on voit se lever d'un côté les dons de la vierge, de l'autre la vierge elle-même. On cultivera des parterres émaillés de fleurs, et où naîtront la pâle violette, la jacinthe pourprée, le lis, le pavot, émule des brillantes couleurs de Tyr, la rose, dont la tendre beauté est si agréablement relevée par un rouge incarnat : on ornera les coteaux de bosquets et de gazon toujours vert ; on embellira les prairies des couleurs les plus naturelles : ou bien, assemblant diverses fleurs, on en formera des guirlandes, image de la constellation dominante. De plus, on en distillera les sucs, on y mêlera des parfums extraits des bois odoriférants de l'Arabie ; on en composera des onguents dont la suave odeur ne le cédera point à celle du laurier de Médie, et que le mélange de tant de sucs exquis rendra bien plus utiles. On recherchera la propreté, la bonne

Totius vulgi. Præcurrunt verba loquentes ;
Ante os est animus : nec magnis concita causis
Corda micant, et lingua rabit, latratque loquendo :
Morsibus et crebris dentes in voce relinquit. 225
Ardescit vitio vitium, viresque ministrat
Bacchus, et in flammam sævas exsuscitat iras.
Nec silvas rupesque timent, vastosque leones,
Aut spumantis apri dentes, atque arma ferarum.
Effunduntque suas concesso in robore flammas. 230
Nec tales mirere artes sub sidere tali :
Cernis, ut ipsum etiam sidus venetur in astris?
Progressum quærit leporem comprendere cursu.
Ultima pars magni cum tollitur orbe leonis,
Crater auratis surgit cælatus ab astris. 235
Inde trahit quicumque genus moresque, sequetur
Irriguos rivis campos, amnesque, lacusque :
Et te, Bacche, tuas nubentem junget ad ulmos,
Disponetve jugis, imitatus fronde choreas;
Robore vel proprio fidentem in brachia ducet, 240
Teque tibi credet semper; quin matre resectum
Adjunget calamis, segetemque interseret uvis :
Quæque alia innumeri cultus est forma per orbem,
Pro regione colet : nec parce vina recepta
Hauriet ; emessis et fructibus ipse fructur, 245
Gaudebitque mero, mergetque in pocula mentem.
Nec solum terræ spem credet in annua vota :
Annonæ quoque vectigal, mercesque sequetur,
Præcipue quas humor alit ; nec deserit unda.
Tales effinget crater humoris amator. 250
    Jam subit Erigone ; quæ cum tibi quinque feretur
Partibus ereptis ponto, tollentur ab undis
Clara Ariadnææ quondam monumenta coronæ,
Et molles tribuent artes. Hinc dona puellæ
Namque nitent ; illinc oriens est ipsa puella. 255
Ille colet nitidis gemmantem floribus hortum,
Pallentes violas, et purpureos hyacinthos,
Liliaque, et Tyrias imitata papavera luces,
Vernantisque rosæ rubicundo sanguine florem.
Cæruleum foliis viridi quin gramine collem 260
Conseret, et veris depinget prata figuris ;
Aut varios nectet flores, sertisque locabit,
Effingetque suum sidus : quin mutua pressos
Incoquet, eque Arabum silvis miscebit odores ;
Et Medos unguenta dabit referentia flatus, 265
Ut sit adulterio succorum gratia major.
Munditiæ cultusque placent, artesque decoræ,

grâce, l'élégance de la parure, tout ce qui fait l'agrément, le plaisir de la vie : l'âge tendre encore de la vierge, les fleurs dont est formée la couronne, semblent commander ces inclinations.

Lorsque l'épi hérissé (1), se levant au dixième degré de la vierge, fera voir les barbes qui le défendent, il inspirera le goût de la campagne et de l'agriculture : on confiera son grain aux sillons, dans l'espérance de grosses usures ; on en obtiendra des intérêts, que l'abondance de la récolte rendra bien plus considérables que le principal ; on préparera des greniers pour recevoir la moisson. C'est en effet là le seul métal que l'homme eût dû chercher dans le sein de la terre ; il n'y eût eu alors ni famine ni indigence ; chacun ayant abondamment le nécessaire, tous eussent été également riches. Si l'on ne peut s'appliquer aux travaux de la campagne, on exercera des arts sans lesquels les faveurs de Cérès et le produit des moissons deviendraient inutiles : on mettra le blé sous le caillou qui doit le broyer ; on donnera le mouvement à la pierre circulaire sous laquelle il sera placé ; on détrempera la farine, on la fera cuire au feu ; on préparera la nourriture ordinaire de l'homme, et avec la même pâte on fera des mets variés à l'infini. De plus, comme l'épi renferme plusieurs grains, rangés dans un ordre symétrique, et assez semblable à celui que les hommes observent dans leurs constructions, chaque semence ayant sa cellule et son habitation particulière ; l'épi de la vierge donnera le talent d'orner de sculptures les lambris des temples, et de décorer de compartiments les lieux où le maître du tonnerre

(1) L'épi de la vierge est une belle étoile de cette constellation.

est honoré. De telles somptuosités étaient autrefois réservées pour les dieux ; elles font aujourd'hui partie de notre luxe : la pompe de nos buffets ne le cède en rien à celle des temples ; couverts d'or, nous voulons que nos tables en soient aussi couvertes.

Voyez maintenant la flèche se lever avec le huitième degré de la balance : c'est d'elle qu'on tiendra l'art de lancer le javelot avec la main, la flèche avec l'arc, le caillou avec la fronde ; d'atteindre un oiseau dans la plus haute élévation de son vol, de percer avec un triple harpon le poisson qui se croit en sûreté. Sous quelle autre constellation placerais-je la naissance de Teucer ? à quelle autre partie du ciel, ô Philoctète, serait-il possible d'attribuer la vôtre ? Teucer, avec son arc et ses flèches, détourne les feux qu' [Hector lançait contre la nombreuse flotte des Grecs :] Philoctète portait dans son carquois le sort de la guerre et la destinée d'Ilion : réduit à l'inaction d'un triste exil, il était un ennemi plus redoutable que tous les Grecs armés contre Troie. Ce fut probablement sous la flèche que naquit ce père qui eut le courage de viser et l'adresse de tuer un serpent étendu sur le visage de son fils endormi, et qui lui suçait le sang et la vie. L'amour paternel est un grand maître ; la nature fut plus forte que le danger ; elle arracha en même temps au sommeil et à la mort cet enfant, qui, renaissant une seconde fois, fut soustrait en dormant aux ciseaux de la Parque.

Mais lorsque l'imprudent chevreau, errant dans des plaines écartées, paraît chercher à rejoindre ses frères, et qu'ils se lèvent longtemps après le troupeau dont il a fait partie, il

Et lenocinium vitæ, præsensque voluptas.
Virginis hoc anni poscunt, floresque coronæ.
 At cum per decimam consurgens horrida partem 270
Spica feret præ se vallantes corpus aristas,
Arvorum ingenerat studium rurisque colendi ;
Seminaque in fœnus sulcatis credere terris ;
Usuramque sequi majorem sorte, receptis
Frugibus innumeris ; atque horrea quærere messi : 275
(Quod solum decuit mortales nosse metallum :
Nulla fames, non ulla forent jejunia terris :
Dives erat census, saturatis gentibus, orbis.)
Et si forte labor ruris tardaverit, artes
Quis sine nulla Ceres, non ullus seminis usus, 280
Subdere fracturo silici frumenta, superque
Ducere pendentes orbes, et mergere farra,
Ac torrere focis, hominumque alimenta parare,
Atque unum genus in multas variare figuras.
Et quia dispositis habitatur spica per artem 285
Frugibus, et structo similis componitur ordo,
Seminibusque suis cellas atque horrea præbet ;
Sculpentem faciet sanctis laquearia templis,
Condentemque novum cœlum per tecta Tonantis.
Hæc fuerat quondam divis concessa figura : 290

At jam luxuriæ pars est : triclinia templis
Concertant ; tectique auro, jam vescimur auro.
 Sed parte octava surgentem cerne sagittam
Chelarum : dabit et jaculum torquere lacertis,
Et calamum nervis, glebas et mittere virgis ; 295
Pendentemque suo volucrem deprendere cœlo,
Cuspide vel triplici securum figere piscem.
Quod potius dederim Teucro sidusve genusve ?
Teve, Philoctete, cui malim credere parti ?
Hectoris ille faces arcu teloque fugavit, 300
[Mittebat qui atros ignes in mille carinas :]
Hic sortem pharetra Trojæ bellique gerebat,
Major et armatis hostis subsederat exul.
Quin etiam ille pater tali de sidere cretus
Esse potest, qui serpentem super ora cubantem, 305
Infelix, nati, somnumque animamque bibentem,
Sustinuit misso petere ac prosternere telo.
Ars erat esse patrem ; vicit natura periclum,
Et pariter juvenem somnoque ac morte levavit,
Tunc iterum natum, et fato per somnia raptum. 310
 At cum secretis improvidus hædus in arvis
Erranti similis fratrum vestigia quærit,
Postque gregem longo producitur intervallo,

préside à la naissance de ceux qui ont l'esprit souple et inquiet : pleins de ressources, ils s'immiscent dans toutes les affaires; les leurs ne leur suffisant pas, ils se chargent de celles du public ; ils sont perpétuellement chez les magistrats, ils fréquentent tous les tribunaux. Partout où ils se trouvent, il ne manque jamais d'enchérisseur aux ventes publiques, d'adjudicataire à la criée des biens confisqués, de délateur contre les coupables de péculat, ou contre les banqueroutiers frauduleux. Ils sont les agents de toute la ville. Ils sont d'ailleurs ardents pour le plaisir de l'amour, et Bacchus leur fait oublier les affaires contentieuses; ils s'exercent à la danse, et s'amollissent sur le théâtre.

Lorsque la lyre se lève, on voit paraître au-dessus des ondes l'image de la tortue, qui, après l'accomplissement de son destin, rendit encore des sons sous les doigts du dieu qui en avait hérité. C'est par elle qu'Orphée, fils d'OEagre, sut donner de l'intelligence aux animaux, du sentiment aux rochers, des oreilles aux forêts; il attendrit même Pluton, et mit un terme à la mort. De là naissent l'harmonie de la voix, celle des instruments, l'expressive mélodie de la flûte, qui, sous des formes différentes, produit de si douces modulations; en un mot, tout ce qui parle sous les doigts, tout ce qui est mis en mouvement par le souffle. On chantera agréablement dans un repas ; on ajoutera par le charme de sa voix de nouvelles grâces à Bacchus ; on y emploiera des nuits entières. Quoique occupé d'affaires sérieuses, on répétera quelque chanson, l'on murmurera des airs à voix basse; seul, on chantera pour soi-même, sans être entendu d'autres oreilles que des

siennes. C'est la lyre qui inspire ces inclinations ; elle commence à montrer ses bras au lever du vingt-sixième degré de la balance.

Mais avec le scorpion, montrant à peine son huitième degré, l'autel paraît; le groupe de ses étoiles représente le feu qui doit consumer l'encens dont il est chargé. C'est au pied de cet autel que les géants furent autrefois terrassés : Jupiter ne s'arma de son foudre vengeur qu'après y avoir exercé les fonctions de prêtre des dieux. Quels hommes formera cette constellation, sinon ceux qui sont destinés au culte des autels, et qui, admis au troisième degré de ce saint ministère, presque dieux eux-mêmes, chantent d'une voix majestueuse les louanges de la divinité, et peuvent lire dans l'avenir?

Quatre degrés de plus montreront les étoiles du centaure, qui donne des inclinations analogues à sa nature. L'un conduira des mulets ou des chevaux de somme ; il mettra sous le joug des quadrupèdes de race mêlée ; il dirigera un char avec adresse ; il ornera son coursier de riches harnois, et le conduira au combat. Un autre possédera le secret de guérir les maladies des chevaux : c'est un grand art que de pouvoir se passer de la déclaration du malade, que d'appliquer des remèdes aux maladies de bêtes qui ne peuvent les indiquer, que de pressentir leurs souffrances longtemps avant qu'elles les ressentent elles mêmes.

Le sagittaire vient ensuite; avec son cinquième degré, on voit lever la brillante étoile *Arcturus*. La fortune ne craint pas de confier ses trésors à ceux qui naissent sous cet astre; ils sont destinés à être les dépositaires des finances des

Solertes animos, agitataque pectora in usus
Effingit varios, nec deficientia curis,   315
Nec contenta domo. Populi sunt illa ministra,
Perque magistratus, et publica jura feruntur.
Non illo coram digitos quæsiverit hasta,
Defueritque bonis sector, pœnamque lucretur
Noxius, et patriam fraudarit debitor æris.   320
Cognitor est urbis. Necnon lascivit amores
In varios; ponitque forum, suadente Lyæo ;
Mobilis in saltus, et scenæ mollior arte.
    Nunc surgente lyra, testudinis enatat undis
Forma, per heredem tantum post fata sonantis;   325
Qua quondam mentemque feris OEagrius Orpheus,
Et sensus scopulis, et silvis addidit aures,
Et diti lacrymas, et morti denique finem.
Hinc venient vocis dotes, chordæque sonantis,
Garrulaque in modulos diversa tibia forma,   330
Et quodcumque manu loquitur, flatuque movetur.
Ille dabit cantus inter convivia dulces,
Mulcebitque sono Bacchum, noctesque tenebit
Quin etiam curas inter, secreta movebit
Carmina, furtivo modulatus murmure vocem ;   335
Solus et ipse suas semper cantabit ad aures :

Sic dictante lyra, quæ cornua ducit in astra,
Chelarum surgit cum pars vicesima sexta.
    Sed regione nepæ vix partes octo trahentis,
Ara ferens turis, stellis imitantibus, ignem,   340
(In qua devoti quondam cecidere gigantes,
Nec prius armavit violento fulmine dextram
Juppiter, ante deos quam constitit ipse sacerdos;)
Quos potius finget partus, quam templa colentes,
Atque auctoratos in tertia jura ministros,   345
Divorumque sacra venerantes numina voce,
Pene deos, et qui possunt ventura videre?
    Quattuor appositis centaurus partibus effert
Sidera, et ex ipso mores nascentibus addit.
Hic mulos aget aut mannos, mixtoque jugabit   350
Semine quadrupedes, aut curru celsior ibit;
Aut ornabit equos phaleris aut ducet in arma.
Ille tenet medicas artes ad membra ferorum :
Hoc est artis opus non exspectare gementes,
Et non auditos mutorum tollere morbos,   355
Et sibi non ægros jamdudum credere tales.
    Nunc subit arcitenens, cujus pars quinta nitentem
Arcturum ostendit ponto, quo tempore natis
Fortuna ipsa suos audet committere census,

rois et du trésor public, à régner sous l'autorité de leurs princes, à devenir leurs principaux ministres, ou à se voir chargés des intérêts du peuple, ou à être intendants des grandes maisons, à borner leurs occupations aux soins qu'ils prendront des affaires d'autrui.

Lorsque le sagittaire sera entièrement sorti du sein des eaux, au lever du trentième degré de cet astérisme, le cygne, décoré de ses brillantes étoiles, déploiera ses ailes éclatantes et prendra son vol vers le ciel. L'homme qui, abandonnant le sein maternel, voit alors le jour, s'occupera des habitants de l'air, et de toutes les espèces d'oiseaux qui peuplent le ciel ; il en fera commerce. De là mille industries ; on fera la guerre dans les airs ; on arrêtera les oiseaux au milieu de leur vol, on les surprendra dans leurs nids, on les engagera dans des filets, soit lorsqu'ils sont perchés sur la branche, soit lorsqu'ils prennent à terre leur nourriture. Et tous ces soins n'ont que notre luxe pour objet ; celui de la table nous fait pénétrer jusqu'aux contrées que nos armes n'ont pu subjuguer ; nous mettons à contribution les extrémités de la Numidie, les bois qui bordent le Phase ; on expose, dans nos marchés, des denrées apportées du pays d'où de hardis navigateurs enlevèrent autrefois la toison d'or. On aura de plus le talent de former les oiseaux à notre langage, à nos expressions, de leur apprendre à s'entretenir avec nous, de leur enseigner à faire de leur langue un usage que la nature leur a interdit. Le cygne nous cache un dieu ; cette divinité lui prête une espèce de voix ; il est plus qu'oiseau, il murmure des paroles au-dedans de lui-même. N'oublions pas ceux qui aiment à élever l'oiseau de Vénus (1) dans les parties les plus hautes de leur maison, et qui, après l'avoir mis en liberté, savent le rappeler au moyen de certains signaux, ou qui portent par toute la ville des cages renfermant des oiseaux dressés à obéir au commandement : souvent leurs richesses ne consistent qu'en quelques vils passereaux. Tels sont les arts auxquels on est porté par la brillante constellation du cygne.

Le serpentaire, enveloppé dans les replis de son serpent, paraît avec le signe du capricorne, et rend ceux qui naissent alors invulnérables aux traits de ces animaux ; ils les mettent dans leur sein, ils les cachent sous leurs robes traînantes, ils baisent impunément ces sales et venimeux reptiles.

Mais lorsque le poisson (2), sortant de l'océan, sa vraie patrie, se lève au-dessus de l'horizon, pour entrer dans un élément étranger, celui qui alors recevra la vie passera ses années sur le bord des fleuves, sur le rivage de la mer : il surprendra le poisson au fond de l'eau ; plongeant lui-même dans la mer, il en retirera les perles cachées sous la nacre, et ravira en même temps les maisons qui les recèlent. Il ne reste plus à l'homme de nouveaux périls à braver. On risque de se noyer, pourvu qu'on entrevoie quelque gain. Quelquefois, avec les perles, on retire le corps de celui qui a péri dans cette pêche. Mais c'est qu'ordinairement le profit qu'on en retire est très-considérable : les perles sont aussi estimées que les plus riches domaines. A peine peut-on passer pour riche, si on ne l'est en pierreries ; sur les

(1) Le pigeon ou la colombe. — (2) Le poisson austral, constellation distinguée de celle des poissons.

```
Regales ut opes et sancta æraria servent,              360
Regnantes sub rege suo, rerumque ministri ;
Tutelamve gerant populi, domibusve regendis
Præpositi, curas alieno limine claudant.
Arcitenens cum se totum produxerit undis
Ter decima sub parte feri, formantibus astris,         365
Plumeus in cœlum nitidis olor evolat alis :
Quo surgente trahens lucem, matremque relinquens
Ipse quoque aerios populos cœloque dicatum
Alituum genus in studium censusque vocabit.
Mille fluent artes ; aut bellum indicere mundo,        370
Et medios inter volucrem prensare meatus.
Aut nido captare suo ; ramove sedentem ;
Pascentemve super surgentia ducere lina.
Atque hæc in luxum : jam ventri longius itur,
Quam modo militiæ. Numidarum pascimur oris,           375
Phasidos et lucis ; accessitur inde macellum,
Unde aurata novo convecta est æquore pellis.
Quin etiam linguas hominum sensusque docebit
Aerias volucres, novaque in commercia ducet,
Verbaque præcipiet naturæ lege negata.                380
Ipse deum cycnus condit vocemque sub illo,
Non totus volucer, secumque immurmurat intus.

    Nec te prætereant, clausas qui culmine summo
Pascere aves Veneris gaudent, et credere campo,
Ac certis revocare notis ; totamque per urbem         385
Qui gestant caveis volucres ad jussa paratas,
Quorum omnis parvo consistit passere census.
Has erit et similes tribuens olor aureus artes

    Anguitenens magno circumdatus orbe draconis,
Cum venit in regione tuæ, capricorne, figuræ,         390
Non inimica facit serpentum membra creatis.
Accipient finibusque suis peploque fluenti ;
Osculaque horrendis jungent impune venenis.

    At cum se patrio producet ab æquore piscis,
In cœlumque ferens alienis finibus ibit ;             395
Quisquis erit tali capiens sub tempore vitam,
Littoribus ripisque suos circumferet annos,
Pendentem et cæco captabit in æquore piscem,
Cumque suis domibus concha vallatoque latentes
Protrahet immersus. Nihil est audere relictum.        400
Quæstus naufragio petitur, corpusque profundo
Immissum pariter cum præda exquiritur ipsa.
Nec semper tanti merces est parva laboris :
Censibus æquantur conchæ, lapidum absque nitore
```

richesses de la terre on accumule celles de l'Océan. Tel est donc le sort de celui qui naît sous le poisson : il exerce ses talents le long des rivages, ou il emploie à prix d'argent d'autres pêcheurs, profite de leur travail, et fait commerce de toute espèce de marchandise maritime.

Lorsque les étoiles de la lyre commencent à monter dans le ciel, elles président à la naissance de celui qui sera choisi pour informer des crimes, pour en ordonner la punition, pour rassembler les preuves de ceux qui ont été commis, pour faire paraître au grand jour ceux qu'on espérait tenir perpétuellement cachés. Il faut mettre aussi dans cette classe l'inexorable bourreau, les autres ministres de la justice, ceux qui aiment la vérité, qui haïssent le mal, qui apaisent les querelles, et déracinent du cœur les inimitiés.

Au moment où le dauphin azuré quitte l'Océan pour paraître au milieu des astres, et qu'il fait briller ses étoiles semblables à des écailles, on voit naître des hommes d'une nature amphibie ; la terre et l'eau sont à la fois leur élément. Le dauphin aux rapides nageoires fend les ondes, tantôt sillonnant leur surface, tantôt plongeant au fond des eaux : et il retrouve de nouvelles forces dans la sinuosité de ses mouvements, qui nous représente l'inégalité des flots. Ainsi celui qui lui doit la vie paraît voler dans l'eau. Agitant lentement ses bras l'un après l'autre, ou il en frappe l'onde avec bruit, ou il les écarte et les plonge sous l'eau, et s'en sert comme d'avirons cachés qui le dirigent : tantôt il se tient debout dans l'eau ; il nage et paraît marcher ; on dirait qu'il est sur un gué, et que la mer est pour lui une plaine unie : tantôt, couché tranquillement sur le dos ou sur le côté, il ne pèse point sur les flots, il n'enfonce point, c'est sur un lit qu'il repose ; on le prendrait pour une nacelle qui n'a pas besoin de rameurs. Celui-là se plaît à chercher la mer dans la mer même, à plonger au fond de l'eau, à visiter Nérée et les nymphes dans leurs grottes profondes : il en rapporte les dépouilles de la mer, les richesses que les naufrages y ont déposées ; il fouille avec avidité jusqu'au fond de ses gouffres. C'est de part et d'autre la même inclination, mais appliquée différemment ; quoique ainsi partagée, elle n'a qu'une origine. A ces sortes d'industrie on en peut ajouter d'autres qui s'y rapportent : telle est celle de ces hommes qui, sur une balançoire, s'élèvent et retombent alternativement et font en retombant monter ceux qui sont placés de l'autre côté. Telle est aussi celle de ces gladiateurs qui traversent des flammes ou des cerceaux enflammés, retombent à terre aussi doucement qu'ils tomberaient dans l'eau, et qui, par la flexibilité de leurs mouvements, imitent l'agilité du dauphin, volent sans ailes et se jouent dans les airs. S'ils ne s'appliquent pas à ces exercices, ils y auront du moins la plus grande aptitude ; la nature leur aura donné toute la force nécessaire, une grande souplesse dans les membres, une extrême légèreté à la course.

Céphée sortant des eaux, en même temps que les étoiles de l'humide verseau, n'inspirera point de goût pour les jeux ; il donnera un front grave, un visage où se peindra l'austérité du caractère. On se nourrira de soins et d'inquiétudes, on ne citera que les exemples du vieux temps, on fera

```
Vix quisquam est locuples : oneratur terra profundo.    405
Tali sorte suas artes per littora tractat,
Aut emit externos pretio mutatque labores,
Institor æquoreæ varia sub imagine mercis.

    Cumque fidis magno succedunt sidera mundo,
Quæsitor scelerum veniet, vindexque reorum,            410
Qui commissa suis rimabitur argumentis,
In lucemque trahet tacita lætantia fraude.
Hinc etiam immitis tortor, pœnæque minister,
Et quisquis vero favit, culpamve perodit,
Proditor, atque alto qui jurgia pectore tollat.        415

    Cæruleus ponto cum se delphinus in astra
Erigit, et squamam stellis imitantibus exit,
Ambiguus terræ partus pelagoque creatur.
Nam velut ipse citis perlabitur æquora pinnis,
Nunc summum scindens pelagus, nunc alta profundi,      420
Et sinibus vires sumit, fluctumque figurat ;
Sic, venit ex illo quisquis, volitabit in undis :
Hic alterna ferens in lentos brachia tractus,
Nunc plausa resonabit aqua ; nunc æquore mersas
Diducet palmas, furtivus remus in ipso :               425
Nunc in aquas rectus veniet, passuque natabit ;
Et vada mentitus reddet super æquore campum :
Aut immota ferens in tergus membra latusve,
Non onerabit aquas, summisque accumbet in undis,
Pendebitque super ; totus sine remige velum est.       430
Illis in ponto jucundum est quærere pontum,
Corporaque immergunt undis, ipsumque sub antris
Nerea, et æquoreas conantur visere nymphas ;
Exportantque maris prædas, et rapta profundo
Naufragia, atque imas avidi scrutantur arenas.         435
Par ex diverso studium sociatur utrumque
In genus, atque uno digestum semine surgit.
Admoveres etiam illa licet cognata per artem
Corpora, quæ valido saliunt excussa petauro,
Alternosque cient motus : delatus et ille              440
Huc jacet, atque hujus casu suspenditur ille.
Membrave, per flammas orbesque emissa flagrantes,
Molliter ut liquidis per humum ponuntur in undis :
Delphinumque suo per inane imitantia motu
Et viduata volant pennis, et in aere ludunt.           445
At si deficient artes, remanebit in illis
Materies tamen apta : dabit natura vigorem,
Atque alacres cursus, campoque volantia membra.

    Sed regione means Cepheus humentis aquari
Non dabit in lusum mores : facit ora severa ;          450
Frontes ac vultus componit pondere mentis.
Pascentur curis, veterumque exempla revolvent
```

sans cesse l'éloge des maximes de l'ancien Caton, on aura l'air sourcilleux d'un tuteur, ou la morgue d'un oncle sévère. Ce même astérisme forme aussi des gouverneurs pour la tendre jeunesse : donnés pour maîtres à des enfants qui sont véritablement les leurs, éblouis de cette autorité précaire, ils semblent se persuader qu'ils sont réellement ce qu'ils ne font que représenter. Il produit aussi ces écrivains éloquents, la gloire du cothurne tragique, et dont le style, quoique sur le papier, ne respire que le carnage. Ils se plairont au récit des forfaits et des révolutions sanglantes, ils aimeront à tracer les funèbres images d'un affreux tombeau, à représenter un père se rassasiant des membres de son fils, le soleil reculant d'effroi, le jour changé en nuit. Ils mettront volontiers sur la scène deux frères s'égorgeant sous les murs de Thèbes ; un père qui est en même temps le frère de ses deux fils; les enfants, le frère et le père de Médée ; ici une robe empoisonnée, là des flammes qu'elle envoie pour présent nuptial, sa fuite à travers les airs, son char enlevé par des dragons ; et Céphée lui-même pourra figurer aussi dans leurs tragédies. Ils traceront enfin dans leurs vers mille autres images aussi terribles. Si des sujets moins tragiques sont du goût de quelqu'un de ces écrivains, il cherchera à plaire au spectateur par les grâces de la comédie : il introduira sur le théâtre des jeunes gens entraînés par la fougue de l'âge, des jeunes filles enlevées par leurs amants, des vieillards trompés, des valets hardis à tout entreprendre. C'est par là que Ménandre s'est fait une réputation immortelle : profitant de la beauté de la langue, il se fit le précepteur de ses concitoyens ; et, en traçant dans ses écrits la vie de l'homme telle qu'elle était, il montra ce qu'elle devait être. Mais si les forces des élèves de Céphée ne leur permettent pas d'exécuter de pareils ouvrages, ils auront au moins le talent de seconder les poëtes dramatiques, soit par la voix, soit par des gestes muets; leur visage représentera toutes les passions, ils se les approprieront par l'expression : un seul d'entre eux suffira pour rendre tous les rôles, et tiendra lieu d'une troupe de comédiens. [Il jouera tantôt le rôle des plus célèbres héros, tantôt celui d'un simple particulier.] Il prendra l'air et le ton convenables à tous les états ; son geste rendra tout ce que dit le chœur ; il vous fera voir Troie en cendres, et Priam expirant à vos yeux.

Je passe à la constellation de l'aigle : elle vole à la gauche du jeune échanson qu'elle enleva elle-même à la terre; elle couve sa proie sous ses ailes déployées. Cet oiseau rapporte les foudres lancées par Jupiter, et combat ainsi pour le ciel : son lever détermine celui du douzième degré du verseau. Celui qui naît au même instant que lui se livrera au vol, au brigandage, et n'épargnera pas même la vie de ceux qu'il voudra dépouiller. [Après avoir exercé sa fureur contre les hommes, il l'étendra sur les bêtes sauvages.] Pour lui point de différence entre la guerre et la paix, entre l'ennemi et le citoyen ; il n'a d'autre loi que sa volonté ; il déploie son caractère violent partout où le porte son caprice ; il se fait un mérite de disputer toute possession. Mais son ardeur l'engage-t-elle par hasard dans une juste cause, cet emportement deviendra courage ; il se distinguera dans l'art militaire, il sera capable d'acquérir à sa patrie l'honneur des plus éclatants

Semper, et antiqui laudabunt verba Catonis,
Tutorisve supercilium, patruive rigorem.
Componet teneros etiam qui nutriat annos,   455
Et dominum dominus prætextæ lege sequatur,
Quodque agit, id credat, stupefactus imagine juris.
Quin etiam tragico præstabunt verba cothurno,
Cujus erit, quamquam in chartis, stylus ipse cruentus.
Nec minus et scelerum facie, rerumque tumultu   460
Gaudebunt : atri luctum memorare sepulchri;
Ructantemque patrem natos, solemque reversum,
Et cæcum sine luce diem ; Thebana juvabit
Dicere bella uteri, mixtumque in fratre parentem;
Quin et Medeæ natos, fratremque, patremque;   465
Hinc vestes, flammas illinc pro munere missas,
Aeriamque fugam, junctosque in curribus angues.
Forsitan ipse etiam Cepheus referetur in actus.
Mille alias rerum species in carmina ducent.
At si quis studio scribendi mitior ibit,   470
Comica componet lætis spectacula ludis;
Ardentes juvenes, raptasque in amore puellas,
Elusosque senes, agilesque per omnia servos :
Quis in cuncta suam produxit sæcula vitam
Doctor in urbe sua linguæ sub flore Menander,   475

Qui vitæ ostendit vitam, chartisque sacravit.
Et, si tanta operum vires commenta negarint,
Externis tamen aptus erit nunc voce poetis,
Nunc tacito gestu; referetque affectibus ora,
Et sua dicendo faciet; solusque per omnes   480
Ibit personas, et turbam reddet in uno :
[Aut magnos heroas aget, scenisque togatas.]
Omnis fortunæ vultum per membra reducet,
Æquabitque choros gestu, cogetque videre
Præsentem Trojam, Priamumque ante ora cadentem.   485
    Nunc aquilæ sidus referam, quæ parte sinistra
Rorantis juvenis, quem terris sustulit ipsa,
Fertur, et extentis prædam circumvolat alis.
Fulmina missa refert, et cœlo militat astris.
Dis sextamque notat partem fluvialis aquari.   490
Illius in terris orientis tempore natus
Ad spolia et partas surget vel cæde rapinas,
[Cumque hominum dederit strages, dabit ille ferarum.]
Nec pacem a bello, civem discernet ab hoste.
Ipse sibi lex est ; et qua fert cumque voluntas,   495
Præcipitat vires : laus est contendere cuncta.
At si forte bonis accesserit impetus ausis,
Improbitas fiet virtus; et condere bella,

triomphes. Et comme l'aigle ne combat pas lui-même, mais fournit des armes, en rapportant à Jupiter les foudres qu'il a lancés; celui qui naît sous cette constellation sera le ministre d'un roi ou d'un général d'armée, et, par son mâle courage, il lui rendra les plus importants services.

Mais lorsqu'après le lever de deux fois dix degrés du verseau, Cassiopée se montrera à la droite de ce signe, elle fera naître des orfèvres, qui auront le talent de donner à l'or toutes les formes possibles, d'ajouter par leur travail un nouveau prix à ce précieux métal, et d'en relever l'éclat par les brillantes couleurs des pierreries. De là ces augustes présents qui décorent nos temples sacrés, ces lambris dont la splendeur égale celle de l'astre du jour, cet éclat des pierres précieuses, ce feu éblouissant des diamants; de là ces monuments encore subsistants de l'ancien triomphe de Pompée, et ces trophées ornés du portrait de Mithridate. De là ces parures qui rehaussent la beauté : on a eu recours à l'or pour s'embellir; on a orné sa tête, son cou, ses mains, de pierreries; des boucles d'or ont étincelé sur des pieds d'une blancheur éblouissante. A quel art une femme distinguée (1) peut-elle appliquer ceux qui lui doivent l'être, si ce n'est à celui dont elle peut faire un aussi grand usage pour sa parure? Mais, pour fournir la matière nécessaire à cette profession, Cassiopée excite encore à chercher l'or dans les entrailles de la terre, à arracher du sein de la nature les richesses qu'elle veut nous dérober, à bouleverser notre globe pour en ravir ces dépouilles, à tâcher de découvrir des trésors dans des monceaux de sable, et à les produire, comme malgré eux, au grand jour. On comptera avec avidité tous les grains du sable qui recèle l'or, on le lavera dans plusieurs eaux, et de la réunion de plusieurs de ces grains on formera des masses précieuses. On rassemblera même les richesses de la mer, dont l'écume peut contenir de l'or; et, pour se procurer quelques parcelles de cet éclatant métal, on portera ses regards avides jusque dans les gouffres les plus profonds. On mettra aussi l'argent au creuset, après l'avoir extrait de la mine, et l'avoir purifié dans quelque ruisseau d'eau saillante. Ou enfin l'on fera commerce de ces deux métaux préparés par ces deux sortes d'ouvriers (1), et on les échangera l'un contre l'autre pour un usage réciproque. Telles seront les inclinations de ceux à la naissance desquels préside Cassiopée.

Elle est suivie d'Andromède, qui, toute rayonnante d'or, paraît à la droite du ciel, lorsque douze degrés des poissons se sont élevés sur l'horizon. La faute des coupables auteurs de ses jours l'exposa autrefois à un cruel supplice, lorsque la mer débordée inondait tous les rivages, et que la terre craignit un naufrage universel. On proposa pour condition du salut public d'abandonner Andromède à la fureur des flots; ses membres délicats devaient être la pâture d'un monstre hideux. Tel était l'hyménée auquel on la destinait. Victime désignée pour mettre fin, par sa seule mort, au malheur de tout un peuple, elle est parée pour ce sacrifice; on la revêt d'habillements qui avaient eu une destination

---

(1) Cette femme distinguée n'est autre que Cassiopée.

(1) L'ouvrier en or et l'ouvrier en argent.

Et magnis patriam poterit ornare triumphis.
Et quia non tractat volucris, sed suggerit arma,   500
Inmissosque refert ignes, et fulmina reddit :
Regis erit magnive ducis per bella minister,
Ingentesque suis præstabit viribus usus.
    At cum Cassiope, bis denis partibus actis
Æquorei juvenis, dextra de parte resurgit,   505
Artifices auri faciet; qui mille figuris
Vertere opus possint, cæræque acquirere dotem
Materiæ, et lapidum vivos miscere colores.
Hinc augusta nitent sacratis munera templis,
Aurea Phœbeis certantia lumina flammis,   510
Gemmarumque jubar, radiantes lucibus ignes.
Hinc Pompeia manent veteris monimenta triumphi,
Et Mithridateos vultus induta tropæa.
Hinc lenocinium formæ, cultusque repertus
Corporis, atque auro quæsita est gratia frontis,   515
Perque caput ducti lapides, per colla manusque,
Et pedibus niveis fulserunt aurea vincla.
Quid potius matrona velit tractare creatos,
Quam factum revocare suos quod possit ad usus?
Ac ne materies tali sub munere desit,   520
Quærere sub terris aurum, furtoque latentem
Naturam eruere omnem, orbemque invertere prædæ

Imperat, et glebas inter deprendere gazam,
Invitamque novo tandem producere cœlo.
Ille etiam fulvas avidus numerabit arenas,   525
Perfundetque novo stillantia littora ponto,
Magnaque ramentis faciet momenta minutis :
Pontique ille leget census spumantis in aurum;
Et perlucentes cupiens prensare lapillos,
Vorticibus mediis oculos immittet avaros.   530
Et coquet argenti glebas, venamque latentem
Eruet, et silicem rivo saliente liquabit.
Aut facti mercator erit per utrumque metalli.
Alterum et alterius semper mutabit ad usus.
Talia Cassiope nascentum pectora finget.   535
    Andromedæ sequitur sidus, quæ, piscibus ortis
Bis sex in partes, cœlo venit aurea dextro.
Hanc quondam pœnæ dirorum culpa parentum
Prodidit, infestus totis cum finibus omnis
Incubuit pontus, timuit tum naufraga tellus.   540
Proposita est merces, vesano dedere ponto
Andromedan, teneros ut bellua manderet artus.
Hic hymenæus erat. Solataque publica damna
Privatis lacrymis, ornatur victima pœnæ;
Induiturque sinus non hæc ad vota paratos :   545
Virginis et vivæ rapitur sine funere funus.

bien différente. Sans aucune pompe funèbre, on traîne cette jeune princesse, encore vivante, au lieu de sa sépulture. Dès qu'on est arrivé sur le rivage de cette mer terrible, on étend ses tendres bras sur un dur rocher; ses pieds y sont liés; on la charge de chaînes; elle est comme attachée à la croix sur laquelle elle doit expirer. Dans cet appareil de torture, on a soin cependant que rien ne puisse offenser la décence, ni alarmer la pudeur. Son infortune ajoute à sa beauté : sa tête est mollement penchée sur un sein d'une blancheur éblouissante; abandonnée de tous, elle est seule gardienne d'elle-même. Ses habits ont glissé de dessus ses épaules; ses bras sont nus, ses cheveux épars flottent autour de sa tête. Les alcyons volant autour de vous, infortunée princesse, témoignèrent leur douleur par leurs tristes concerts; ils déplorèrent votre destinée, et, joignant leurs ailes, ils vous mirent à l'abri des ardeurs du soleil. La mer, à votre aspect, retint ses flots, et n'osa les porter jusqu'à leurs limites ordinaires. La Néréide éleva sa tête au-dessus des ondes, et, sensible à votre malheur, elle arrosa la mer de ses larmes. Le Zéphyr, rafraîchissant de sa douce haleine vos membres étendus, fit retentir d'un triste sifflement les rochers d'alentour. Mais enfin cet heureux jour ramène sur ce rivage Persée, vainqueur de l'horrible Méduse. Il voit la princesse enchaînée sur le rocher; il est glacé d'horreur, lui que n'avait pas épouvanté le hideux aspect de la Gorgone : la dépouille qu'il en a remportée échappe presque de ses mains : vainqueur de Méduse, il est vaincu par la vue d'Andromède. Il est jaloux du roc où elle est attachée, il envie le bonheur des chaînes qui la retiennent. Instruit par elle des causes de son malheur, il veut, pour acquérir le titre de son époux, combattre la mer même, prêt à tout entreprendre, dût-il avoir à lutter contre une seconde Gorgone. Il fend l'air avec rapidité, il rassure Céphée et Cassiopée, en s'engageant à sauver la princesse; Andromède lui est promise, il retourne au rivage. Déjà la mer avait commencé à s'enfler; les flots, cédant à l'impétuosité du monstre qui les pousse, fuient en mugissant devant lui : sa tête s'élève au-dessus d'eux; il revomit l'onde amère, les flots battent avec bruit contre ses dents, une mer orageuse paraît rouler dans son énorme gueule; sa croupe se recourbe en une infinité de replis immenses, et couvre presque toute la plaine liquide. Les Syrtes retentissent du bruit qu'il fait en s'avançant; les rochers, les montagnes frémissent à son approche. Princesse infortunée, quel était alors votre destin, malgré le puissant défenseur armé pour vous secourir? Quelle pâleur était la vôtre! quelle défaillance! quel froid pénétrait tous vos membres, lorsque, du rocher où vous étiez retenue, vous vîtes la mort s'avancer vers vous, et votre supplice apporté sur l'aile des flots! faible proie, hélas, pour un si énorme monstre! Persée abaisse son vol; planant dans l'air, il s'élance tout à coup contre le monstre, et plonge dans son sang cette épée terrible, teinte encore de celui de Méduse. Le monstre se défend contre le jeune héros, dresse sa tête au-dessus des flots, et, s'appuyant sur les replis immenses de sa queue, il bondit et s'élève de toute sa hauteur.

Ac simul infesti ventum est ad littora ponti,
Mollia per duras panduntur brachia cautes;
Astrinxere pedes scopulis injectaque vincla :
Et cruce virginea moritura puella pependit. 550
Servatur tamen in poena cultusque pudoris.
Supplicia ipsa decent. Nivea cervice reclinis
Molliter ipsa, suae custos est ipsa figurae.
Defluxere sinus humeris, fugitque lacertos
Vestis, et effusi scapulis lusere capilli. 555
Te circum alcyones pennis planxere volantes,
Fleveruntque tuos miserando carmine casus,
Et tibi contextas umbram fecere per alas;
Ad tua sustinuit fluctus spectacula pontus,
Assuetasque sibi desiit perfundere ripas. 560
Extulit et liquido Nereis ab aequore vultus;
Et casus miserata tuos roravit et undas.
Ipsa levi flatu refovens pendentia membra
Aura per extremas resonavit flebile rupes.
Tandem Gorgonei victorem Persea monstri 565
Felix illa dies redeuntem ad littora duxit.
Isque, ubi pendentem vidit de rupe puellam,
Diriguit, facies quem non stupefecerat bestis :
Vixque manu spolium tenuit; victorque Medusae
Victus in Andromeda est. Jam cautibus invidet ipsis; 570
Felicesque vocat, teneant quae membra, catenas
At postquam poenae causam cognovit ab ipsa,
Destinat in thalamos per bellum vadere ponti,
Altera si Gorgo veniat, non territus ire.
Concitat aerios cursus, flentesque parentes 575
Promissu vitae recreat, pactusque maritum
Ad littus remeat. Gravidus jam surgere pontus
Coeperat et longo fugiebant agmine fluctus
Impellentis onus monstri. Caput eminet undas
Scindentis, pelagusque vomit : circumsonat aequor 580
Dentibus, inque ipso rapidum mare navigat ore.
Hinc vasti surgunt immensis torquibus orbes,
Tergaque consumunt pelagus. Sonat undique Syrtis,
Atque ipsi metuunt montes scopulique ruentem.
Infelix virgo, quamvis sub vindice tanto, 585
Quae tua tunc fuerat facies? quam fugit in auras
Spiritus! ut toto caruerunt sanguine membra!
Cum tua fata cavis e rupibus ipsa videres,
Advantemque tibi poenam, pelagusque ferentem,
Quantula praeda maris! Quassis hic subvolat alis 590
Perseus, et caelo pendens libratur in hostem,
Gorgoneo tinctum defigens sanguine ferrum.
Illa subit contra, versamque a gurgite frontem
Erigit, et tortis innitens orbibus alte

Inutiles efforts! chaque fois qu'il s'élance, Persée prend son vol plus haut, et semble se jouer dans les airs. Le monstre ne cède cependant point, il déploie sa rage contre l'air; ses dents craquent sans faire de blessures; l'eau sort à gros bouillons de ses naseaux, il inonde Persée d'un fleuve de sang, et fait rejaillir la mer jusqu'au ciel. A la vue de ce combat dont elle est l'objet, Andromède oublie son propre péril, et n'envisage en soupirant que celui de son généreux défenseur; son esprit agité est moins libre que sou corps. Enfin percé de coups, le monstre se plonge dans les flots; il ne peut plus rejeter l'eau qu'il respire, il revient à la surface, et couvre de son énorme cadavre une vaste étendue de mer, trop redoutable encore pour être vu sans effroi par une jeune princesse. Persée se lave dans le cristal liquide d'une eau pure, et, plus grand qu'avant le combat, il vole à la cime du rocher, et dégage la princesse de ses liens : il s'était assuré sa main par la défaite du monstre; l'hymenée suivit; le succès du combat tint lieu de dot. Persée obtint pour Andromède les honneurs du ciel, elle fut mise au nombre des constellations : digne issue d'un combat glorieux, où un monstre, non moins redoutable que Méduse, périt, et soulagea la mer de son poids odieux. Quiconque naît au moment où Andromède sort du sein des eaux sera sans pitié; il fera servir la justice à la punition des criminels; la garde de la prison publique lui sera confiée; il verra avec dédain les mères des malheureux prisonniers prosternées contre terre à ses pieds, les pères passant les nuits entières à sa porte, demandant la grâce d'embrasser leurs enfants pour la dernière fois, et de recevoir leur dernier soupir en les tenant serrés entre leurs bras. On voit encore ici ce bourreau qui fait trafic de la mort qu'il donne, des bûchers qu'il allume, des haches qu'il teint de sang; les supplices sont revenus : il serait capable d'envisager sans frémir la vertueuse Andromède garrottée sur la cime de son rocher. Quelquefois chargé de la garde des captifs, et partageant le poids de leurs chaînes, il veille sur les innocentes victimes de l'iniquité, pour qu'elles ne puissent échapper au supplice.

Lorsque les poissons étant à l'orient, leur vingt-unième degré déterminera l'horizon, et se montrera à la terre, le cheval céleste (1) se lèvera, et prendra son vol vers le ciel. Ceux qui naîtront alors seront d'une agilité extrême; leurs membres alertes seront aptes à toute espèce d'exercice. Celui-ci fera tourner et caracoler un cheval en mille cercles; fièrement monté sur son coursier, un jour de bataille, général et soldat tout ensemble, il se jettera dans la mêlée. Celui-là franchit la carrière avec une vitesse incroyable; sa course impose au spectateur, l'espace semble disparaître sous ses pas. En un instant il vous rapporte des nouvelles de l'extrémité même de la terre; il fait deux fois le voyage, s'il est nécessaire. Il aura aussi le talent de guérir les maladies des quadrupèdes, en employant le suc des herbes les plus communes : il connaîtra la vertu des plantes médicinales, soit de celles dont on se sert dans les maladies des chevaux, soit même de celles qui sont réservées pour l'usage de l'homme.

A la droite du ciel, et conjointement avec le

(1) Pégase.

```
Emicat, ac toto sublimis corpore fertur.                      595
Sed quantum illa subit semet jaculata profundo,
Is tantum revolat, laxumque per aera ludit.
Nec cedit tamen illa viro, sed sævit in auras
Morsibus, et vani crepitant sine vulnere dentes.
Efflat et in cælum pelagus, mergitque volantem               600
Sanguineis undis, pontumque extollit in astra.
Spectabat pugnam pugnandi causa puella;
Jamque oblita sui, metuit pro vindice tali
Suspirans, animoque magis quam corpore pendet.
Tandem confossis subsedit bellua membris,                    605
Plena maris, summasque iterum remeavit ad undas,
Et magnum vasto contexit corpore pontum,
Tunc quoque terribilis, nec virginis ore videnda.
Perfundit liquido Perseus in marmore corpus,
Major et ex undis ad cautes provolat altas,                  610
Solvitque hærentem vinclis de rupe puellam
Desponsam pugna, nupturam dote mariti.
Hic dedit Andromedæ cœlum, stellisque sacravit
Mercedem tanti belli, quo concidit ipsa
Gorgone non levius monstrum, pelagusque levavit.             615
Quisquis in Andromedæ surgentis tempora ponto
Nascitur, immitis veniet pœnæque minister,
Carceris et duri custos, quo stante, superbo
Prostratæ jaceant miserorum in limine matres,
Pernoctesque patres cupiant extrema suorum                   620
Oscula, et in proprias animam transferre medullas:
Carnificisque venit mortem vendentis imago,
Accensosque rogos et tinctas cæde secures;
Supplicium vectigal erit : qui denique posset
Pendentem e scopulis ipsam spectare puellam.                 625
Vinctorum dominus, sociusque in parte catenæ,
Interdum pœnis innoxia corpora servat.
     Piscibus exortis, cum pars vicesima prima
Signabit terræ limen, fulgebit et orbi,
Aerius nascetur equus cœloque volabit;                       630
Velocesque dabit sub tali tempore partus,
Omne per officium vigilantia membra ferentes.
Hic glomerabit equo gyros, dorsoque superbus
Ardua bella geret rector cum milite mixtus.
Hic stadium fraudare fide, poteritque videri                 635
Mentitus passus, et campum tollere cursu.
Quamvis extremo, citius revolaverit orbe
Nuntius, extremum vel bis penetraverit orbem.
Vilibus ille etiam sanabit vulnera succis
Quadrupedum : et medicas artes in membra ferorum             640
Noverit, humanos et quæ nascentur ad usus.
     Nixa genu species, et Graio nomine dicta
```

dernier degré des poissons, se lève l'astérisme agenouillé; les Grecs le nomment *Engonasi*: son attitude, on la connaît; quelle en est la cause, on l'ignore. Celui qui naît alors sera fugitif, fourbe, toujours au guet pour tendre des piéges, brigand redoutable dans l'intérieur des villes. Si sa volonté le porte vers quelque industrie, ce sera vers celles qu'on ne peut exercer sans danger; les périls lui paraîtront un prix digne de ses talents. Hardi à poser ses pieds où rien ne semble pouvoir les soutenir, il marchera sur une corde horizontalement tendue : il paraîtra, au contraire, ne plus s'appuyer sur rien et monter inutilement vers le ciel, lorsque, suspendu à une corde verticale, il tiendra les yeux du spectateur arrêtés sur lui.

La baleine, se levant à gauche avec le dernier degré des poissons, suit Andromède dans le ciel, après l'avoir poursuivie sur le bord de la mer. Par elle, on fait une guerre sanglante aux poissons et à tout animal portant écailles; on embarrasse le fond des eaux par des filets, on enchaîne en quelque sorte les flots furieux; on arrête, on enferme dans des prisons maillées les veaux marins, qui s'y croient en sûreté comme en pleine mer; on surprend les thons, déçus par la largeur des mailles des filets. Ce n'est pas assez de les avoir pris; on les laisse s'agiter en s'efforçant de rompre les nœuds qui les retiennent, on attend que la proie devienne plus abondante; on les tue alors, et les eaux de la mer sont rougies de leur sang. Lorsque toute la grève est couverte du produit de la pêche, on procède à une nouvelle boucherie : on coupe le poisson en morceaux, et ces membres divisés sont réservés pour des usages différents. Telle partie est meilleure desséchée; telle autre, conservée avec tous ses sucs. De celles-ci on extrait une saumure précieuse, c'est la partie la plus pure du sang; relevée avec le sel, elle fournit un assaisonnement délicat. Celles-là paraissent trop faciles à se corrompre, ce sont les intestins; on les rassemble, ils se communiquent par le mélange une fermentation réciproque, et forment un autre assaisonnement d'un usage plus général. Ou lorsqu'on voit sur l'eau une nuée de poissons dont la couleur azurée se distingue à peine de celle de la mer, et que leur multitude même rend immobiles, on les environne d'une vaste seine et l'on en remplit des caques et des tonneaux; ces poissons ainsi renfermés mêlent tous leurs sucs, et de leur chair corrompue on obtient encore une nouvelle espèce de saumure. Une autre profession de ceux qui naissent sous la baleine, c'est de travailler aux grandes salines, de communiquer à l'eau de la mer une chaleur suffisante, et de la dépouiller de son venin. Dans ce but, ils préparent une aire assez vaste, et l'entourent d'un rebord élevé : ils y font entrer l'eau de la mer par une ouverture qu'ils referment, pour empêcher l'eau de s'échapper. L'aire reste exposée à la chaleur de l'été : l'humidité, dissipée par l'ardeur du soleil, dépose une matière brillante et desséchée que l'on recueille, une production blanche de la mer que l'on réserve pour le service de la table, une écume solide dont on remplit de vastes greniers. C'était un vrai poison, dont l'amertume ne permettait pas d'employer l'eau qu'il corrompait : on en a fait un sel vivifiant et salutaire

Engonasi, (ignota facies sub origine constat)
Dextra per extremos attollit lumina pisces.
Hinc fuga nascentum, dolus, insidiæque creantur, 645
Grassatorque venit media metuendus in urbe.
Et si forte aliquas animis exsurget in artes,
In prærupta dabit studium, vendetque periclo
Ingenium : ac tenues ausus sine limite gressus
Certa per extentos ponet vestigia funes ; 650
Et cœli meditatus iter vestigia perdet
Pene sua, et pendens populum suspendet ab ipso.

Læva sub extremis consurgunt sidera ceti
Piscibus Andromedam ponto cœloque sequentis.
Hic trahit in pelagi cædes, et vulnera natos 655
Squamigeri gregis : extentis laqueare profundum
Retibus, et pontum vinclis arctare furentem ;
Et velut in laxo securas æquore phocas
Carceribus claudunt raris, et compede nectunt ;
Incautosque trahunt macularum lumine thynnos. 660
Nec cepisse sat est : luctantur corpora nodis,
Expectantque novas acies, ferroque necantur,
Inficiturque suo permixtus sanguine pontus.
Tum quoque, cum toto jacuerunt littore prædæ,
Altera fit cædis cædes : scinduntur in artus, 665
Corpore et ex uno varius describitur usus.
Illa datis melior succis pars, illa retentis.
Hinc sanies pretiosa fluit, floremque cruoris
Evomit, et mixto gustum sale temperat oris.
Illa putris turba est : strages confunditur omnis, 670
Permiscetque suas alterna in damna figuras,
Communemque cibis usum, succumque ministrat.
Aut cum cæruleo stetit ipsa simillima ponto
Squamigerum nubes, turbaque immobilis hæret,
Excipitur vasta circumvallata sagena, 675
Ingentesque lacus et Bacchi dolia complet,
Humoresque vomit socia per mutua dote ;
Et fluit in liquidam tabem resoluta medulla.
Quin etiam magnas poterunt celebrare salinas,
Et pontum coquere, et ponti secernere virus, 680
Cum solidum certo distendunt margine campum,
Adpelluntque suo deductum ex æquore fluctum,
Claudendoque negant. Tum demum suscipit auras
Area, tum posito per solem humore nitescit.
Congeritur siccum pelagus, mensisque profundi 685
Canities seposta maris ; spumæque rigentis
Ingentes faciunt cumulos ; pelagique venenum
Quo perit usus aquæ succo corruptus amaro,
Vitali sale permutant, redduntque salubre.
At revoluta polo cum pronis vultibus arctos 690

La grande ourse, la tête penchée vers la terre, termine sa révolution autour du pôle, et recommence à parcourir une carrière qu'elle ne cesse jamais de fournir, ne se couchant point, mais décrivant sans cesse le même chemin sur l'horizon; les premiers feux de la petite ourse commencent aussi à se lever de nouveau; le vaste lion et le violent scorpion, sortant à leur tour des ténèbres, reparaissent au-dessus de l'horizon. Celui qui naît alors sera respecté des bêtes féroces; il empêchera qu'elles ne nuisent au commerce pacifique des nations. Il aura le talent d'apprivoiser les lions farouches, de caresser les loups, de prendre les panthères, et de jouer avec elles; il n'évitera pas la rencontre des ourses, qui ont tant de rapport avec sa constellation. Il montera sur le dos de l'éléphant, le conduira à sa guise, lui fera faire des exercices qui lui sont étrangers, et ne paraissent convenir qu'à l'homme; cette masse énorme obéira honteusement à un léger aiguillon. Il domptera la fureur du tigre, et le rendra doux et paisible : il se fera aimer de tous les autres animaux féroces qui dévastent les forêts. Les chiens, dont l'odorat est si subtil.....

. . . .

Le troisième ordre renferme les pléiades, unies entre elles par les liens d'une commune origine : leur éclat est tempéré par une tendre rougeur convenable à leur sexe. On remarque cette même couleur dans vos étoiles, ô Cynosure! dans les quatre qui étincellent sur le dauphin, dans les trois du triangle; l'aigle et les dragons, dans leurs replis, offrent de pareilles étoiles. Celles du quatrième et du cinquième ordre se font reconnaître facilement par tout le ciel; l'éclat seul distingue ces deux ordres. Enfin le plus grand nombre des étoiles forme la dernière classe : celles-ci, dispersées dans la plus haute région du ciel, ne brillent ni toutes les nuits, ni en tout temps. Mais lorsque la déesse de Délos a plongé son char au-dessous de notre hémisphère, que les étoiles errantes nous refusent leur lumière, que le brillant Orion ne nous montre plus ses étoiles éclatantes, et que le soleil, après avoir parcouru tous les signes, renouvelle l'année, ces étoiles percent les ténèbres, et leur feu devient visible dans l'obscurité de la nuit. Alors vous voyez la céleste voûte semée de flambeaux sans nombre; le ciel renvoie de toutes parts l'éclat des étoiles; elles ne sont pas moins nombreuses que les fleurs, que les grains de sable accumulés sur le rivage inégal de l'Océan : comptez, si vous le pouvez, les flots qui se succèdent sur la surface de la mer, les feuilles qui tombent par milliers dans les forêts; vous n'approcherez pas du nombre des feux qui circulent dans le ciel. Comme, dans le dénombrement des habitants d'une grande ville, on met les sénateurs au premier rang, l'ordre équestre au second, le citoyen après le chevalier, enfin après le citoyen le vil peuple, la populace sans nom; de même il existe dans le monde une espèce de république établie par la nature, qui du ciel a fait une grande ville. Là, des étoiles représentent les chefs; d'autres approchent fort près de ces premières : tous les honneurs, tous les droits sont réservés pour ces astres principaux. Le peuple vient ensuite, il est innombrable, il roule au haut de la voûte céleste : si la nature

Ad sua perpetuos revocat vestigia passus,
Numquam tincta vadis, sed semper flexilis orbe;
Aut cynosura minor cum prima luce resurgit :
Et pariter vastusve leo, vel scorpios acer
Nocte sub extrema permittunt jura diei :   695
Non inimica feræ tali sub tempore natis
Ora ferent, placidasque regent commercia gentes.
Ille manu vastos poterit frenare leones,
Et palpare lupos, pantheris ludere captis,
Nec fugiet validas cognati sideris ursas.   700
Ille elephanta premet dorso, stimulisque monebit,
Inque artes hominum perversaque munia ducet,
Turpiter in tanto cedentem pondere punctis.
Ille tigrim rabie solvet, pacique domabit;
Quæque alia infestant silvis animalia terras   705
Junget amicitia secum; catulosque sagaces

. . . .

Tertia pleiadas dotavit forma sorores,
Femineum rubro vultum suffusa pyropo,
Invenitque parem sub te, cynosura, colorem,
Et quos delphinus jaculatur quattuor ignes,   710
Deltotonque tribus facibus, similique nitentem
Luce aquilam, et flexos per lubrica terga dracones.
Tum quartum quintumque genus discernitur omni

E numero, summamque gradus disjungit utramque.
Maxima pars numero censu concluditur imo,   715
Quæ neque per cunctas noctes, neque tempore in omni
Resplendet, vasto cœli submota profundo :
Sed cum clara suos avertit Delia currus,
Cumque vagæ stellæ terris sua lumina condunt,
Mersit et ardentes Orion aureus ignes,   720
Signaque transgressus mutat per tempora Phœbus;
Effulget tenebris, et nocte accenditur atra.
Tunc conferta licet cœli fulgentia templa
Cernere luminibus densis, totumque micare
Stipatum stellis mundum, nec cedere summa   725
Floribus, aut siccæ curvum per littus arenæ :
Sed quot eant semper nascentes æquore fluctus,
Quot delapsa cadant foliorum millia silvis,
Amplius hoc ignes numero volitare per orbem.
Utque per ingentes populus describitur urbes   730
Præcipuumque patres retinent, et proximum equester
Ordo locum, populumque equiti, populoque subire
Vulgus iners videas et jam sine nomine turbam;
Sic etiam in magno quædam respublica mundo est;
Quam natura facit, quæ cœlo condidit urbem.   735
Sunt stellæ procerum similes, sunt proxima primis
Sidera, suntque gradus, atque omnia jura priorum.

eût accordé à ces petites étoiles des forces proportionnées à leur nombre la région éthérée ne pourrait supporter ses propres feux, et les flammes du ciel embrasé consumeraient l'univers.

Maximus est populus, summo qui culmine fertur,
Cui si pro numero vires natura dedisset,
Ipse suas æther flammas sufferre nequiret,
Totus et accenso mundus flagraret Olympo.

740

NOTES SUR MANILIUS.

LIVRE I.

v. 38. *Et natura.* Il n'est pas inutile de remarquer que, dans le système de Manilius, la nature, le monde, le ciel, Dieu, ne sont qu'une seule et même chose, douée cependant d'une intelligence infinie. Outre ce Dieu universel, il admettait les dieux du paganisme; mais il paraît qu'il les regardait comme subordonnés à ce Dieu-Nature, aux lois primitives duquel ni Jupiter, ni les autres dieux, ni les hommes, ne pouvaient se soustraire.

v. 140. *Supra est hominemque deumque.* Nous ne voyons pas qu'on puisse donner raisonnablement un autre sens à ce que dit ici Manilius. Au reste, par ce dieu ou ces dieux, dont la cause de l'existence du monde surpasse l'intelligence, il faut sans doute entendre les dieux particuliers, Jupiter, Apollon, etc., et non la souveraine intelligence, qui, suivant notre poëte, anime toutes les parties de l'univers. Cette intelligence était nécessairement aussi ancienne que le monde, dont elle gouverne les ressorts; on ne peut dire la même chose de Jupiter et des autres dieux, dont on connaissait la naissance, l'éducation, l'enfance et les progrès.

v. 163. *Medium totius et imum est.* Manilius suit ici les opinions reçues de son temps sur le système physique de l'univers. Si, comme nous n'en doutons pas, ces opinions sont erronées, au moins il faut convenir que le poëte les présente sous le jour le plus favorable. On aurait pu cependant lui demander pourquoi la lune, pourquoi les planètes, corps opaques, selon lui, ainsi que la terre, ne sont pas aussi tombées par leur poids au centre de l'univers.

v. 208. *Canopum.* Canopus est une belle étoile dans le gouvernail du vaisseau, invisible en France. On a fait un crime à Manilius d'avoir dit qu'il fallait aller jusqu'en Égypte pour voir cette étoile, qu'on découvre cependant facilement sans traverser la Méditerranée. Il est vrai que l'on découvre Canopus à Cadix et dans la partie méridionale de la Grèce; mais ceux qui ont fait cette objection n'ont pas fait attention que la déclinaison de cette étoile est maintenant moins australe que du temps de Manilius et d'Eudoxe. Canopus pouvait alors s'élever au-dessus de l'horizon de Cadix, mais si peu, que les vapeurs de l'horizon ne permettaient pas de le distinguer.

v. 218. *Ultima ad hesperios.* Ce que dit ici Manilius n'est pas tout à fait exact. Partout où l'on voit une éclipse de lune, on la voit au même instant physique. Mais les peuples occidentaux, qui ont la lune éclipsée à leur orient, comptent une heure beaucoup moins avancée que les peuples orientaux, qui observent l'éclipse à leur occident.

v. 235. *Alligat undis.* Plusieurs interprètes ont pensé que, par le verbe *alligat*, Manilius avait voulu désigner l'Océan comme un moyen de communication entre les deux hémisphères opposés. Nous ne pouvons être de ce sentiment : il est facile de voir que Manilius ne regardait pas cette communication comme possible. Il est du moins certain qu'elle n'existait pas de son temps.

v. 248. *Quæ medium obliquo præcingunt...* Les douze signes du zodiaque : c'était aux étoiles éparses dans ces douze signes que les astrologues attribuaient la plus grande influence sur les destinées des hommes; la position favorable ou défavorable des planètes dans ces constellations décidait de tous les événements.

v. 250. *Adverso luctantia...* Suivant l'ancien système, tout le ciel tourne autour de la terre d'orient en occident : outre ce mouvement commun, les planètes en ont un particulier d'occident en orient.

281. *Austrinas arctos.* On voit plus bas que Manilius imaginait une ressemblance parfaite entre les deux pôles; que, suivant lui, il y avait près du pôle austral deux ourses semblables à celles qui sont dans le voisinage de notre pôle; que ces ourses étaient séparées par un dragon, etc. Je ne sais où Manilius avait puisé cette idée : la partie du ciel que nous voyons au delà de l'équateur ne ressemble en aucune manière à celle que nous observons en deçà.

v. 367. *Pleiadesque hyadesque.* Les pléiades sont un amas d'étoiles au-dessus des épaules du Taureau, connu du peuple sous le nom de la *poussinière*. Elles étaient, suivant les anciens, au nombre de sept, quoiqu'à la vue on n'en pût découvrir que six. Vues maintenant avec le télescope, elles sont sans nombre. Les hyades sont un autre groupe d'étoiles dans la tête du taureau, ayant la figure d'un ➤ couché : on y découvre pareillement avec le télescope un grand nombre d'étoiles.

v. 394. *Hanc qui surgentem...* Le lever héliaque des étoiles, dont il s'agit ici, est leur première apparition, lorsque, après avoir été longtemps cachées dans les rayons du soleil, elles en sortent, et redeviennent visibles du côté de l'orient.

v. 414. *Ara nitet.* Cette constellation, connue généralement sous le nom d'*autel*, est appelée *turibulum*, ou l'*encensoir*, par Germanicus, Claudien et quelques autres.

v. 431. *Tum notius piscis.* Il ne faut pas confondre ce poisson avec les poissons, douzième signe du zodiaque : celui-ci, placé à l'extrémité de l'effusion du verseau, forme lui seul une constellation.

v. 444. *Et versas frontibus arctos.* Si quelqu'un regrettait les quatre vers que nous avons supprimés dans le texte, il pourrait ajouter ici : Nous croyons par analogie qu'elles sont séparées et environnées par un seul dragon; mais nous ne pouvons nous en assurer par le témoignage de nos yeux. C'est pour cela que, sur les cartes célestes, la partie du ciel qui nous est invisible est représentée parfaitement semblable à celle que nous voyons toujours.

v. 495. *Temporaque.* C'est, dit-on, Palamède qui, durant le siége de Troie, apprit à distinguer les veilles de la nuit par la position des étoiles dans le ciel. Cela peut être; mais nous ne doutons pas que, longtemps avant Palamède, les Égyptiens et les Chaldéens ne sussent déterminer par les astres les heures de la nuit.

v. 537. *Æquali spatio texentia cœlum.* Toute cette doctrine de Manilius se réduit à ceci : Dans une sphère quelconque, le diamètre est à peu de chose près égal au tiers de la circonférence d'un grand cercle de cette sphère; c'est une vérité connue de tout apprenti géomètre. Or, l'univers est sphérique; la terre est au centre de cette sphère. Elle sépare donc en deux parties égales tous les diamètres : sa distance à la surface de la sphère est donc à peu près la sixième partie de la circonférence d'un grand cercle. Or, douze signes sont l'étendue de la circonférence d'un grand cercle, tel que le zodiaque. Donc la distance de la terre à la partie la plus éloignée de la sphère, ou à la surface de l'univers, est égale à la sixième partie de douze signes, ou à l'étendue de deux signes. Mais cela nous conduit-il à la connaissance de la distance absolue de la terre aux signes célestes, à celle de l'étendue absolue de ces signes? J'ose ajouter : cela méritait-il l'éloge pompeux de la raison, qui sert de préambule au raisonnement de notre poëte?

v. 545. *Circulus ad Borcam.* Cercle polaire arctique, ou plutôt cercle qui renferme les étoiles qui ne se couchent jamais, dont par conséquent la distance au pôle est toujours égale à la hauteur du pôle.

v. 546. *Sexque.* Les anciens ne divisaient la circonférence du cercle qu'en soixante parties; donc une de ces parties valait six de nos degrés; donc six parties valaient trente-six degrés. Telle était en effet la hauteur du pôle à Cnide, où Eudoxe écrivait : et Manilius, tant ici que presque partout ailleurs, ne fait que copier Eudoxe.

v. 547. *Alter.* Le tropique de l'écrevisse, dont la distance au cercle polaire était à Cnide de cinq parties ou de trente degrés en nombres ronds.

v. 554. *Tertius.* L'équateur. Sa distance à chacun des deux tropiques est, en nombres ronds, de quatre parties ou de vingt-quatre degrés.

v. 582. *Sunt duo.* Les deux colures : le premier est celui des équinoxes, le second celui des solstices. *Colure* est un mot grec qui signifie *mutilé de la queue.* On a donné ce nom à ces deux cercles, non qu'ils soient réellement mutilés; mais parce qu'une partie de leur circonférence ne s'élève jamais au-dessus de l'horizon, à moins qu'on n'habite sous l'équateur même. On ne les voit donc point entiers, même successivement.

v. 589. *Siccas et dividit arctos.* Scaliger prétend qu'il n'est pas possible qu'un colure traverse en même temps la queue du dragon et les deux ourses; et il ajoute que le reste de la description est assez exact : *reliqua satis bene habent.* Deux pages après, presque tout ce que dit Manilius des colures est faux, suivant Scaliger, *falsa sunt maximam partem* : mais, ajoute-t-il, cela ne vaut pas la peine qu'on s'y arrête. Il faut rapporter le ciel de Manilius au temps d'Eudoxe de Cnide; et alors on trouvera que la description que notre poëte nous donne des colures est non pas absolument précise, mais approchante au moins de la vérité. Huet remarque que Manilius ne dit pas que le colure traverse les deux ourses, mais qu'il les sépare, qu'il passe entre elles. Je vais plus loin, et j'ose assurer que Scaliger était distrait en avançant qu'il n'est pas possible qu'un colure traverse la queue du dragon et les ourses. Quelques siècles avant celui d'Eudoxe, le colure des solstices rasait de fort près l'étoile β de la petite ourse, traversait la queue du dragon entre χ et λ, et passait un peu à l'occident de l'étoile *Dubhé* ou α, et entre les pattes antérieures et postérieures de la grande ourse.

v. 613. *Consurgens helice.* Plus exactement : prenant naissance au pôle du monde. Il s'agit ici du méridien qui passe par les pôles et le zénith, et qui coupe à angles droits l'équateur et tous les arcs diurnes des astres.

v. 614. *Sextamque examinat horam.* Les anciens divisaient le jour, soit d'hiver, soit d'été, en douze heures : ainsi la sixième heure chez eux était toujours celle de midi.

LIVRE II.

v. 20. *Pallas utrumque.* Avant Bentlei, le nom de Bacchus était ici répété, au lieu de celui de Pallas, ce qui était ridicule. Stoeber regrette fort l'ancienne leçon. Hésiode, dit-il, ne parle pas de l'olivier. Mais il ne parle pas non plus des lieux où se plaisent la vigne et les blés : c'est sans doute parce que nous n'avons pas Hésiode complet. Stoeber ne croit pas qu'aucun poëte ait donné à l'olivier le nom de Pallas; c'est qu'il n'a pas lu Virgile, *Æn. VII, v.* 154. Ovide, *Trist. l. IV, El.* 5, *v.* 4, etc. Enfin, dit-il, selon Columelle, l'olivier se plaît sur les coteaux; mais Lucrèce, *V. v.* 1377, et d'autres, y ajoutent les plaines.

v. 125. *Captum deducere in orbem.* Suivant Scaliger, *deducere in orbem* est ici une expression proverbiale, synonyme de *cogere in ordinem.* Selon cette explication, Manilius demanderait ici ce n'est pas un attentat que de prétendre mettre l'univers à la raison, ou de vouloir le ranger à la place qui lui convient? Je m'étonne que Huet n'ait rien dit de cette interprétation, qui nous paraît au moins bien singulière.

v. 200. *Nec te prætereat,* etc. Il est aisé de s'apercevoir que toutes ces belles divisions sont appuyées sur des fondements que le souffle le plus léger peut faire écrouler. Les unes sont établies d'après les noms très-arbitraires qu'il a plu aux anciens astronomes de donner aux diverses parties du ciel; les autres, d'après les postures, pareillement arbitraires, que les premiers peintres ont données aux constellations sur les globes et les planisphères. Les noms des constellations célestes ont varié en différents siècles : la lyre a été le vautour tombant, l'aigle le vautour volant; Antinoüs s'est appelé Ganymède; les serres du scorpion ont fait place à la balance. D'ailleurs les noms, les divisions des constellations ne sont pas les mêmes chez tous les peuples. Les constellations des Arabes diffèrent des nôtres; ils ont banni du ciel toutes les figures humaines. L'Inde a ses constellations : celles des Chinois n'ont aucun rapport avec celles des autres nations. Si l'énergie d'un signe dépend de sa forme et de son nom, il s'ensuivra qu'un même signe sera favorable en Chine, défavorable dans l'Inde, bienfaisant dans un siècle, pernicieux dans l'autre.

v. 291. *Aut tria sub quinis…* Lorsque Manilius parle de divisions de quatre en quatre signes, de trois en trois, de cinq en cinq, etc., les deux signes extrêmes y sont toujours compris. Ainsi du bélier aux gémeaux il y a trois signes, le bélier, le taureau, les gémeaux, etc.

v. 328. *Sic convenit ordo.* En effet, la cinquième partie de cent degrés est vingt degrés, et la dixième partie est dix degrés. A cent degrés ajoutez vingt, vous aurez cent vingt degrés, tiers de trois cent soixante, et côté du trigone : et si de cent degrés vous en ôtez dix, il restera quatre-vingt-dix degrés, quart de trois cent soixante, et par conséquent côté du tétragone.

v. 350. *Quod linea flectitur.* Le terme *hexagone* ne se trouve pas dans le texte, la loi du mètre ne permettant pas de l'y faire entrer. Les signes hexagones sont dits être en *sextil aspect.*

v. 365. *Et quæ succedit.* Scaliger croit qu'à ce vers il ne s'agit plus de l'hexagone, mais des signes qui se suivent immédiatement, et qui forment les côtés du dodécagone. Pour soutenir cette interprétation, il pense que le vers 369 doit être entendu d'une alliance entre des signes de différent sexe. Il est étonnant qu'une telle idée ait pu naître dans l'esprit d'un aussi excellent critique : la plus légère attention suffit pour se convaincre que Manilius ne commence qu'au vers 375 à parler des signes qui se touchent. Les signes qui se suivent immédiatement sont nécessairement de différent sexe, et Manilius déclare, *vers 370 et suiv.*, que les signes dont il parle ici sont d'un même sexe. Au reste, on peut voir la note de Scaliger et la contre-note de Huet.

v. 384. *Tertius absumpto.* Suivant Scaliger, le sens de ce vers serait, que la ligne qui s'étend d'un signe au troisième signe suivant, c'est-à-dire, le côté de l'hexagone, ne partage pas également la circonférence du cercle. Scaliger en prend occasion d'apostropher vivement Manilius, comme coupable d'une double bévue. Mais ici la bévue est certainement du côté de Scaliger : aussi a-t-elle été fortement relevée par Bouillaud et par le savant évêque d'Avranches.

v. 399. *Observant inter sese.* On pourrait aussi traduire : *Les signes opposés se voient réciproquement d'un aspect direct dans tous leurs mouvements.* Mais nous ne nous arrêtons pas à ce vers, que nous ne croyons pas être de Manilius.

v. 422. *Talis erat ratio.* Tous ces différents aspects formaient une des principales branches de la prétendue science astrologique. Le discrédit où ces rêveries sont maintenant tombées nous dispense de les réfuter. Nous nous contenterons d'observer ici que les astrologues n'ont pas toujours été d'accord entre eux sur l'énergie des différents aspects. Suivant Manilius, il paraît que l'aspect le plus favorable est le trine, ensuite le quadrat, puis le sextil ; mais, selon la doctrine du plus grand nombre des astrologues, le trine et le sextil aspect sont favorables, le quadrat pernicieux. L'expression *diversis signis* du vers 422 est entendue, par Scaliger et par d'autres interprètes, des signes *contraires* ou *opposés* ; et cette interprétation est la seule cause qui engage Bentlei à proscrire le vers. Mais l'expression *diversis* enferme-t-elle nécessairement l'idée de contrariété, d'opposition ?

v. 444. *Propriis.. figuris.* Scaliger croit que les *figures propres,* dont parle ici Manilius, sont les caractères par lesquels on a coutume de désigner les douze signes du zodiaque, et qu'on trouve en tête de tous les almanachs.

v. 477. *Fulgentes videt.* Scaliger et Huet trouvent ici le texte de Manilius en erreur. Le taureau, disent-ils, ne voit pas les poissons, mais la vierge ; en conséquence, Huet propose une correction. Bentlei pense que Manilius a mieux aimé faire ici le personnage de poëte que celui d'astrologue : au lieu de dire que le taureau voit la vierge, il dit qu'il l'aime, et cela amène tout naturellement le petit épisode de Jupiter et d'Europe. Selon cette fable, Jupiter ne revêtait pas le taureau ; il en était plutôt revêtu lui-même : Scaliger s'est donc trompé en regardant le *Jovi* du vers 481 comme un ablatif pour *Jove* : c'est bien certainement un datif.

v. 519. *Humana est facies libræ.* Nous avons déjà dit que le signe de la balance était représenté sous la figure d'une femme tenant une balance. Mais, dans les siècles plus reculés, il n'y avait pas de balance au ciel ; les serres du scorpion en occupaient la place. Or, on pouvait demander aux astrologues si les serres du scorpion avaient une figure humaine ; ou si, depuis qu'il leur avait plu de substituer la balance aux serres, l'énergie de ce signe céleste avait pareillement varié.

532. *Piscis... unda.* Par l'eau des deux poissons, Scaliger, Huet, etc., entendent le signe des poissons ; Dufay celui du verseau : la leçon de Bentlei lèverait toute équivoque : *et geminis, et si quos protulit unda.*

v. 542. *Erigone taurumque timet.* Comment la vierge craint-elle les assauts du taureau, si, *v.* 479, l'âme du taureau est éprise de la vierge ? On verra pareillement, *v.* 549, que le scorpion évite la balance : il a certainement grand tort, puisque la balance, *v.* 492, l'aime tendrement. Les gémeaux, *v.* 557, 558, vexent ceux qui doivent le jour aux poissons, etc. ; *v.* 483, les poissons nous sont donnés comme l'objet de la complaisance des gémeaux. Ces contrariétés sont apparemment des mystères qu'il est réservé aux seuls astrologues de pénétrer.

v. 556. *Turba sub unius juvenis.* Par ce *jeune homme* Bentlei entend la partie humaine du sagittaire : le sens serait alors que le bélier et le lion seraient conduits par le sagittaire au combat contre le verseau. Mais, 1° *turba,* troupe, ne peut se dire de deux seulement. 2° Dans tout le poëme de Manilius l'épithète de jeune homme est fréquemment donnée au verseau, et jamais ni à d'autres signes. Bentlei a voulu l'appliquer au *centaure,* l. 1, v. 712 : mais sa leçon est démentie par tous les livres imprimés et manuscrits.

v. 608. *Nec longa est gratia facti.* Si quelqu'un regrettait les trois vers que nous avons supprimés de la v. 608 ; pour le satisfaire, nous ajoutons ici l'interprétation qu'Huet en a donnée ; c'est la moins intolérable de celles qui sont venues à notre connaissance.

Ceux qui sont nés sous les deux trigones, c'est-à-dire sous le lion et le sagittaire, ne sont pas toujours unis avec ceux qui naissent sous le bélier, n'embrassent pas toujours leur parti : mais ils leur font quelquefois la guerre, quoique rarement. C'est une suite de la férocité de ces deux signes, que les circonstances présentes entraînent dans ces dissensions passagères.

v. 637. *Cognata quadratis.* Nous avons déjà averti que Manilius ne s'accordait pas avec le plus grand nombre des astrologues au sujet des signes tétragones. En effet, ces signes sont de différent sexe : quelle affinité peut-il y avoir entre eux ? Je ne vois pas pourquoi Scaliger dit ici que de tous les aspects le quadrat est le plus favorable en fait d'amitié, parce que, dit-il, les signes tétragones sont ὁμογενῆ, de même nature ; et il cite Ptolémée, qui dit expressément que ces signes sont ἀνομοιογενῆ, de différente nature. Il confirme le tout par un passage qu'il attribue aux Grecs en général, et où il est dit que τὰ τετράγωνα μάχης καὶ ἐναντιότητός ἐστι δηλωτικά : c'est-à-dire, si je ne me trompe, que les tétragones pronostiquent la guerre et les dissensions. Je m'étonne qu'Huet n'ait pas relevé cette contradiction. Si les signes tétragones pronostiquent guerres et dissensions, il n'est donc pas vrai qu'on les préfère de beaucoup, *longe præferuntur,* à tous les autres aspects.

v. 660. *Quotquot cardinibus.* Scaliger a fait ici un léger changement à l'ordre des vers, et se félicite fort d'avoir rendu intelligible ce que personne n'avait entendu avant lui. L'ordre de l'influence des signes, dit-il, est ainsi réparti entre quatre espèces de liens, relatifs à ceux du droit civil. L'affinité ou l'alliance est du ressort des trigones ; la parenté, de celui des quatre signes cardinaux ; le voisinage, où la cohabitation est attribuée aux quatre signes simples qui suivent immédiatement les cardinaux ; enfin les quatre autres signes influent sur l'hospitalité. Il n'est point du tout ici question de trigones : Manilius en parlera quelques vers plus bas, et leur attribuera une énergie, non sur l'affinité, mais sur l'amitié. Huet n'a pas négligé cette occasion de relever Scaliger. Quant aux amitiés auxquelles nous sommes portés par l'influence des trigones, Scaliger les restreint à des alliances entre des nations différentes ; c'est apparemment le *majoribus intervallis* qui lui a fait naître cette idée, qui ne nous paraît pas pouvoir s'accorder avec le texte de Manilius.

v. 703. *Ultima et extremis.* Ainsi, par exemple, les deux premiers degrés et demi du lion appartiennent au lion, les deux et demi suivants à la vierge, ceux qui suivent à la balance, et ainsi de suite jusqu'aux deux derniers et demi, qui sont attribués à l'écrevisse.

v. 719. *Reliquis tribuatur ut ordine signis*. Firmicus, l. II, c. 15, donne sur les dodécatémories les mêmes préceptes que Manilius; mais il ne parle pas de cette division du premier reste. On pourrait en conclure que les vers proscrits par Bentlei n'existaient point dans l'exemplaire que Firmicus avait sous les yeux.

v. 731. *Dodecatemorio*. Δωδεκατημόριον en grec, *dodecatemorium* en latin, sont du neutre : il eût donc été naturel de faire *dodécatémorie* du masculin; mais l'expression *le dodécatémorie* m'a révolté; je n'ai pu prendre sur moi de l'employer.

v. 774. *Cardinibus*. Nous les appelons cercles, quoique, à proprement parler, ce ne soient que des demi-cercles. Suivant les astrologues, ce sont des fuseaux dont les pointes se joignent aux points nord et sud de l'horizon. Leur plus grande largeur est de trente degrés, comptés depuis le cercle cardinal, suivant l'ordre des signes. Ces fuseaux, dans la doctrine des astrologues, sont des *maisons*: il y en a douze; la maison de l'orient est la *première*, celle de l'occident la *septième*, celle du haut du ciel la *dixième*, celle du bas du ciel la *quatrième*. Manilius ne les considère ici que comme des demi-cercles : plus bas, il les considérera comme des temples ou des maisons. Les Grecs appellent ces maisons *les douze lieux*. Manilius divise ces douze lieux en deux parties, quatre cardinales et huit intermédiaires; aux huit intermédiaires il donnera le nom *des huit lieux*.

v. 792. *Dissociata fluat*. Manilius ne pensait certainement pas que ces cercles cardinaux fussent plus solides que l'axe et les cercles de la sphère, dont il a parlé dans le premier livre. Ces cercles cardinaux, d'ailleurs, ne différant point de l'horizon et du méridien, sont aussi variables que ces deux cercles; on en change perpétuellement en changeant de lieu. Comment donc l'usage de ces cercles pourrait-il être de contenir toute la machine de l'univers, qui sans eux croulerait et s'anéantirait? C'est une imagination bizarre, mais très-excusable dans un poëte.

v. 810. *Atque ex occulto*... Firmicus, l. II, c. 22, attribue à la maison du bas du ciel les parents, le patrimoine, les richesses, les biens fonds, les meubles, et *tout ce qui concerne les biens patrimoniaux cachés ou mis en réserve*. C'est un sens que l'on peut donner au v. 810, et c'est peut-être ainsi qu'il aura été entendu par Firmicus. Si cela est, les deux vers proscrits par Bentlei seraient réellement de Manilius.

v. 840. *Labentemque diem vitæ*. Démophile, auteur grec, attribue aux cercles cardinaux les départements que Manilius dit appartenir aux intervalles, avec quelque différence cependant. Suivant lui, l'horoscope préside aux premières années, le milieu du ciel au moyen âge, le cercle ou la maison de l'occident à l'âge avancé, le bas du ciel à la mort.

v. 951. *Octo topos*. Ce terme grec signifie *les huit lieux* : ce sont les huit maisons intermédiaires entre les quatre maisons cardinales. Les douze maisons, collectivement prises, se nomment *dodecatopos*, ou les douze lieux.

LIVRE III.

v. 66. *Fati ratio*... Les sorts sont au nombre de douze, ainsi que les maisons célestes. D'ailleurs les astrologues mettent une grande différence entre l'énergie des uns et des autres. Celle des maisons s'étend principalement sur tout ce qui est intérieur en quelque sorte à l'homme, sur sa naissance, le cours de sa vie, les bonnes ou les mauvaises qualités de son âme, sa santé, ses maladies, sa mort, etc. Les sorts, au contraire, exercent leur action sur ce qui nous est extérieur, sur les richesses, sur les voyages, sur les amis, sur les esclaves, sur les enfants, sur les périls, etc. De plus, les maisons ont toujours une place fixe : l'horoscope, qui est la première, ne quitte pas l'orient : la fortune, premier sort, se trouve indifféremment à l'orient, à l'occident, au plus haut, au plus bas du ciel, comme on le verra par la suite. Au reste, les douze signes du zodiaque, les douze maisons célestes dont il a été parlé vers la fin du livre précédent, et les douze sorts dont il s'agit maintenant, ont chacun leur influence propre et déterminée quant à son objet : mais, suivant la doctrine des astrologues, l'application bonne ou mauvaise de ces influences dépend de la position favorable ou défavorable des planètes dans les signes, dans les maisons, dans les sorts. Cette énergie même des planètes est diversifiée en mille manières par leurs aspects réciproques, trine, quadrat, sextil, d'opposition, de conjonction. Manilius promet souvent de traiter de ces objets : il ne l'a pas fait, ou ce qu'il en a dit est perdu. Le mal n'est pas grand, quant au fond de la doctrine : mais cette doctrine aurait été entrecoupée de descriptions et d'épisodes, que nous ne pouvons trop regretter.

v. 162. *Athla vocant Graii*. Athla signifie *travaux, combats, prix des travaux, lice*, etc. Manilius est le seul d'entre les Latins qui se soit servi de ce terme : il en a donné lui-même, vers 67, 68, 69, la définition la plus claire qu'on puisse désirer. On croit communément que par ce terme Manilius a voulu faire allusion aux douze travaux d'Hercule. Nous avons donné à ces *athla* le nom de *sorts*; on aurait pu les désigner aussi par ceux de *lots, chances*, etc.

v. 176. *Duplici... ratione*. Ces deux moyens, dans le fond, reviennent au même. Soit le soleil en 11 degrés 49 minutes du taureau, la lune en 26 degrés 31 minutes de la vierge, et que l'horoscope, ou le point de l'écliptique qui se lève, soit le 21e degré des gémeaux. De 11 degrés 49 minutes du taureau, lieu du soleil, jusqu'à 26 degrés 31 minutes de la vierge, lieu de la lune, il y a 134 degrés 42 minutes. Comptez 134 degrés 42 minutes sur l'écliptique, en partant du 21e degré des gemeaux, lieu de l'horoscope, la distribution se terminera sur 5 degrés 42 minutes du scorpion; c'est le lieu de la fortune; les 30 degrés suivants constitueront le premier sort. Cette nativité est diurne; supposons-la nocturne. Du lieu de la lune à celui du soleil il y a 225 degrés 18 minutes. Portez ces 225 degrés 18 minutes sur l'écliptique, contre l'ordre des signes, en commençant la distribution au 21e degré des gémeaux, lieu de l'horoscope : elle donnera comme auparavant le lieu de la fortune en 5 degrés 42 minutes du scorpion.

v. 223. *Signum dicatur oriri*. On pourrait traduire moins littéralement, mais plus clairement : Comptez les heures écoulées depuis le lever du soleil jusqu'au moment de la naissance de l'enfant, et réduisez-les en degrés, à raison de quinze degrés par heure. Distribuez ces degrés sur le cercle des signes, en commençant au point où est alors le soleil, et en suivant l'ordre des signes; le point où finira la distribution sera celui de l'horoscope.

v. 237. *Adde quod*. Les anciens divisaient constamment le jour en douze heures, et la nuit pareillement en douze heures : donc leurs heures ne pouvaient être égales que sous l'équateur.

v. 243. *Cum spatium non sit*. Si le jour et la nuit, pris ici pour le temps que le soleil est au-dessus ou au-dessous de l'horizon, sont dans toutes les saisons de l'année divisés l'un et l'autre en douze heures, il est manifeste que les heures du jour seront beaucoup plus longues en été qu'en hiver : ce sera le contraire pour les heures de la nuit. Cette inégalité est d'autant plus sensible, qu'on s'écarte plus de la ligne équinoxiale, sous laquelle les jours et les nuits ont une égalité constante, comme Manilius le remarquera dans la suite. Au temps des équinoxes, les jours sont partout égaux aux nuits. Plus on s'écarte des équinoxes, plus les heures du jour et de la nuit deviennent inégales. Or des heures inégales ne peuvent être une mesure constante et non équivoque de quelque durée que ce puisse être.

v. 273. *Per septem fauces...* L'exemple rapporté par Manilius convient à Cnide, patrie d'Eudoxe, et non aux bouches du Nil. Le plus long jour à Alexandrie n'est que de quatorze heures, abstraction faite de la réfraction, que les anciens ne connaissaient pas; et la plus courte nuit est de dix heures. Mais il ne faut pas exiger d'un poëte une si grande précision. Manilius, d'une part, copiait Eudoxe; de l'autre, il ne voulait pas laisser échapper l'occasion de comparer les sept bouches du Nil aux sept planètes.

v. 285. *Ad libræ sidus.* Ceci doit s'entendre jusqu'à la balance *exclusivement*; car la durée du lever et du coucher de la balance est bien précisément la même que celle du lever et du coucher de la vierge. Il en est de même du bélier à l'égard des poissons. Au reste, tous ces préceptes de Manilius sont simples, mais ils ne donnent que des *à peu près*.

v. 304. *Chelarumque fides.* Le scorpion avait primitivement soixante degrés d'étendue et composait deux signes, dont le premier était nommé *chelæ*, ou les *serres*: on lui a depuis substitué la balance; mais on a continué de le désigner souvent par l'ancien terme, *chelæ*. Ainsi les serres du scorpion et la balance ne sont qu'un même signe.

v. 305. *Binas.. per horas.* Cela n'est pas de la plus grande précision. Même sous la ligne, les signes voisins des points équinoxiaux mettent moins de deux heures à se lever; au contraire, ceux qui sont dans le voisinage des points solstitiaux en mettent davantage. Mais la différence n'est pas si sensible que sous les hautes latitudes.

v. 318. *Ac bene diviso mundus..* Les astronomes distinguent trois sortes de sphères, ou plutôt trois différentes positions de la sphère : la droite, l'oblique et la parallèle. Ces dénominations sont relatives à la différente position respective de l'horizon et de l'équateur. Sous la ligne équinoxiale, l'équateur et tous les cercles qui lui sont parallèles s'élèvent et s'abaissent perpendiculairement, ou à angles droits, au-dessus et au-dessous du plan de l'horizon, qui les coupe tous en deux parties égales. Ceux qui habitent sous cette ligne sont dits avoir la sphère *droite*: c'est cette position de la sphère que Manilius décrit depuis le v. 303 jusqu'au v. 318. Le v. 319 et les suivants, jusqu'au v. 351, contiennent la description de la sphère *oblique*; c'est celle sous laquelle le plan de l'horizon coupe obliquement les cercles parallèles à l'équateur, et les divise en deux parties inégales. Cette inégalité est d'autant plus grande, qu'on s'éloigne plus de l'équateur. Quelques-uns de ces cercles même n'atteignent pas l'horizon, et restent perpétuellement au-dessus ou au-dessous du plan de ce cercle. Enfin, sous les pôles mêmes on aurait la sphère *parallèle*, c'est-à-dire que l'équateur étant confondu avec l'horizon, tous les cercles parallèles à l'équateur seraient aussi parallèles à l'horizon : tous leurs points resteraient perpétuellement ou au-dessus ou au-dessous du plan de ce cercle. Manilius décrit les propriétés de la sphère parallèle depuis le v. 352 jusqu'au v. 380.

v. 372. *Neque enim circumvenit illum.* Manilius suppose un axe ; donc il suppose la sphère roulant sur cet axe. L'œil étant dans l'axe ne peut jamais voir que le même hémisphère. Si l'œil était hors de l'axe, l'hémisphère visible varierait; l'œil verrait, successivement, plus de la moitié de la sphère : il la verrait même toute entière, s'il était placé dans le plan de l'équateur de cette sphère.

v. 409. *Usque ad chelas.* Jusqu'à la balance exclusivement. La durée du lever de la balance est égale à celle du lever de la vierge, comme celle du bélier est égale à celle des poissons, ainsi que nous l'avons dit plus haut. Pour éclaircir tout ceci par un exemple, voyons combien le lever et le coucher des signes doit durer à Paris, suivant la doctrine de Manilius. Le plus long jour d'été est de 16 heures, et la plus courte nuit de 8. La sixième partie de 16 heures est 2 heures 40 minutes, et la sixième partie de 8 heures est une heure 20 minutes : donc la durée du lever du lion est de 2 heures 40 minutes, et celle du lever du taureau de 1 heure 20 minutes. La différence entre ces deux durées est de 1 heure 20 minutes, dont le tiers est 26 minutes $\frac{2}{3}$: donc la durée du lever des gémeaux excédera celle du taureau de 26 minutes $\frac{2}{3}$. Un excès semblable donnera la durée du lever de l'écrevisse, du lion et de la vierge, si on l'ajoute successivement à la durée du signe immédiatement précédent ; et par une marche semblable on aura l'excès de la durée du lever du taureau sur celle du bélier. Cette durée sera donc de 52 minutes $\frac{2}{3}$ pour le bélier, de 1 heure 20 minutes pour le taureau, de 1 heure 46 minutes $\frac{2}{3}$ pour les gémeaux, de 2 heures 13 minutes $\frac{1}{3}$ pour l'écrevisse, de 2 heures 40 minutes pour le lion, de 3 heures 6 minutes $\frac{2}{3}$ pour la vierge et pour la balance. Après la balance, on suit la même marche, mais en rétrogradant; c'est-à-dire que la durée des levers diminue, de la balance aux poissons, dans la même proportion qu'elle avait augmenté du bélier à la vierge : le lever du scorpion dure autant que celui du lion, celui du sagittaire autant que celui de l'écrevisse, et ainsi des autres. La durée du coucher est égale à la durée du lever de chaque signe diamétralement opposé. Le bélier met autant de temps à se coucher que la balance à se lever : le coucher du taureau dure autant que le lever du scorpion, etc. Telle est la doctrine de Manilius : on conçoit qu'une telle méthode, quelque ingénieuse qu'elle puisse paraître, ne peut donner que des approximations plus ou moins grossières. Dans la réalité, le lever du bélier dure à Paris 53 minutes; celui du taureau, 1 heure 14 minutes; celui des gémeaux, 1 heure 49 minutes; celui de l'écrevisse, 2 heures 28 minutes; celui du lion, 2 heures 45 minutes; et celui de la vierge, 2 heures 45 min.

v. 449. *Vincatur et ipsum Extremo.* Ainsi à Paris l'excès de la plus longue nuit sur la nuit moyenne est de 4 heures, dont le tiers est une heure vingt minutes : la durée de la nuit sera diminuée d'une heure vingt minutes par le verseau, second signe d'hiver; de quarante minutes par le capricorne, premier signe; et de deux heures par les poissons, troisième signe de la même saison. Ce n'est encore ici que pour une approximation.

v. 481. *Redditur orbi.* La méthode que propose ici Manilius est bien précisément la même que celle qu'il a proposée ci-dessus, v. 217 et suiv., et qu'il a ensuite victorieusement réfutée. Scaliger a fait cette remarque avant nous.

v. 547. *Si fortuna...* Tout ceci met les astrologues fort au large ; ils auront prédit à quelqu'un une année fort heureuse, et cependant elle sera traversée par un événement des plus funestes : c'est que l'activité favorable de l'année aura été anéantie par l'influence pernicieuse du mois, du jour ou de l'heure; ou c'est qu'au lieu de commencer les supputations par l'horoscope, on les aura fait partir du soleil ou de la lune, etc.

LIVRE IV.

v. 190. *Nodoque coercita virgo.* Le texte porte, *nodo coercita*, à la lettre *retenue* ou *arrêtée par un nœud* ce qui peut s'entendre en trois sens différents. 1° L'histoire ou la fable rapporte qu'Érigone, pénétrée de douleur de la mort de son père, tué par des bergers, et ne voulant pas lui survivre, se passa un lacet autour du cou, et cessa de vivre sur la terre. Mais, en récompense de sa piété filiale, elle fut transportée au ciel, où elle occupe un des signes du zodiaque. Comme Andromède, sur nos globes, est encore représentée enchaînée, de même la vierge était peut-être représentée avec le lacet au cou. Alors le nœud qui la retient ne serait autre que ce lacet. 2° Ce nœud pourrait aussi n'être autre chose que celui d'une ceinture qui retient ses vêtements : c'est dans ce sens que Virgile dit de Vénus, *Æneid.* i, 324, *nodoque sinus collecta fluentes.* Enfin, suivant le troisième sens, que nous avons suivi d'après Bentlei, le nœud dont il est ici question serait un des quatre points cardinaux du zodiaque, l'équinoxe d'automne. Ces quatre points principaux, les deux solstices et les deux équinoxes, sont appelés *nœuds* de l'année, non-seulement par Manilius, mais encore par Lucrèce. Manilius, l. iii, 616, 617, parlant des signes tropiques, dit :

Quæ tropica appellant, quod in illis quattuor anni
Tempora vertuntur signis, nodosque *resolvunt.*

Et Lucrèce, l. v, v. 687, parlant du soleil,

Donec ad id signum cœli pervenit, ubi anni
Nodus nocturnas exæquat lucibus umbras.

Au reste, ce n'est pas sans raison, dit Bentlei, que Manilius nous représente ici la vierge comme retenue par un nœud. Elle préside à l'instruction ; or l'instruction est bien plus efficace, lorsqu'elle est appuyée de l'exemple. Érigone, obligée de retenir ses disciples, est retenue elle-même.

v. 247. *Depositas et opes...* Bentlei croit qu'on peut conserver dans le texte ce vers barbare d'un alchimiste :

Materiamque manu certa duplicarier arte;

mais 1° en le transportant après le vers 248, 2° en le corrigeant ainsi :

Materiamque rudem cara duplicaverit *arte.*

Cela diffère un peu trop de la leçon commune. Si cependant on veut admettre le vers ainsi corrigé, il faut ajouter à la traduction : *Et de doubler le prix de ces métaux par la délicatesse de la façon.*

v. 296. *Dixere decania.* On pourrait dire aussi *décuries.* Cette division des signes en trois parties, et l'attribution de chaque tiers à trois signes consécutifs, est fort ancienne : les premiers astrologues connus en font mention. Ptolémée proscrivit cette belle doctrine : mais les Arabes la ressuscitèrent, et les astrologues l'ont avidement embrassée. Quant au nom, il n'est pas de la même antiquité ; il est manifestement latin : il ne serait pas cependant impossible que, comme le remarque Huet, il eût été imaginé par des Grecs, c'est-à-dire par des Grecs alexandrins. On reprochait à ces Grecs égyptiens de parler un grec fort corrompu. D'ailleurs, leur pays était presque toujours couvert de légions romaines : ils y voyaient des *primani*, des *secundani*, des *tertiani*, etc. ; ils avaient l'oreille rebattue de ces noms. Sur ce modèle ils forgèrent le terme de δεκανοί ou *decani*, et l'attribuèrent d'abord aux signes qui présidaient à chaque décanie, et ensuite aux décanies mêmes.

v. 358. *Perque decem medias partes.* Le capricorne doit occuper la première décanie des poissons, et le verseau la seconde, comme le remarque Scaliger. Manilius n'y regardait pas apparemment de si près.

v. 532. *Lumina deficient.* L'écrevisse elle-même est aveugle, s'il faut en croire Manilius, l. ii, v. 255. Scaliger croit qu'il s'agit ici de la nativité d'Œdipe. Les anciens astrologues, dit-il, ont écrit qu'à la naissance de ce prince l'horoscope et la lune se trouvaient l'un et l'autre dans la crèche de l'écrevisse.

v. 539. *Ut capiat semet.* On pourrait aussi traduire, qu'*il se dévorera lui-même* : car on convient assez généralement qu'il s'agit ici d'Érisichthon, qui, après avoir abattu une forêt consacrée à Cérès, en fut puni par une faim si cruelle, qu'il mangea tout son bien, et finit par dévorer ses propres membres. Cependant Bentlei pense qu'il n'est ici question que des débauchés.

v. 564. *Sævitque asperrima fronti.* Il ne nous a pas été possible de suivre ici le sens du savant évêque d'Avranches. Suivant lui, la fortune balance les triomphes par les difformités au visage : ainsi Annibal paya ses victoires par la perte d'un œil. Mais Annibal avait perdu un œil avant ses principales victoires, et quatorze ou quinze ans avant sa fuite, c'est-à-dire, avant son retour en Afrique. Il nous paraît clair, par la contexture du discours, que les infortunes d'Annibal ont dû suivre et non pas précéder ses prospérités. Scaliger croit que, dans ce pronostic du sagittaire, Manilius a aussi eu en vue Jules-César. Mais pourquoi ne l'aurait-il pas nommé ?

v. 580. *Alatis humeris.* Tout le monde sait, dit Scaliger, que les Titans avaient des ailes. Mais si cela est, pourquoi entassaient-ils montagnes sur montagnes, pour escalader le ciel ? Ils n'avaient qu'à y voler.

v. 741. *Laniger in media...* Les astrologues ne sont point d'accord sur l'attribution des différentes parties de la terre à chaque signe. Par exemple, le bélier préside, suivant Manilius, à la Propontide et à l'Hellespont ; Ptolémée le charge du soin de la Bretagne, de la Gaule, etc. ; Hipparque, de la Thrace, de l'Arménie, etc., les anciens Égyptiens, de la Babylonie, de l'Arabie. Il en est de même des autres signes. Qui d'eux tous a raison ? La réponse n'est pas difficile à faire.

v. 787. *Teque feris dignam.* Manilius écrivait peu après la défaite de Varus : il n'est point étonnant que cet événement lui ait donné de l'humeur contre les Germains.

v. 811. *Quæ sint ecliptica.* Ecliptique vient du verbe grec ἐκλείπειν, manquer, faire faute, s'éclipser. On a donné ce nom à la ligne ou au cercle que le soleil paraît décrire par son mouvement annuel, et qui sépare la largeur du zodiaque en deux parties égales. Il ne peut y avoir d'éclipse, soit de soleil, soit de lune, que lorsque la lune, ou nouvelle ou pleine, est sous ce cercle, ou du moins lorsqu'elle en est très-voisine. Manilius donne ce même nom d'*écliptiques* aux signes où se trouve la lune au temps de ses éclipses, et aux signes diamétralement opposés ; non-seulement par une raison analogue à celle que nous venons de donner, mais plus particulièrement encore parce que, dans la doctrine de notre poëte, ces signes perdent leur activité, les forces leur manquent, leur énergie s'éclipse.

v. 867. *Quæ nec deus invidet ipse.* Ce quatrième livre avait commencé par un beau prologue sur la nécessité du destin : l'épilogue qui le termine, et qui roule sur la dignité de l'âme humaine, n'est pas moins magnifique. C'était sans doute le jugement qu'en avait porté Firmicus, puisqu'il n'a pas manqué de saisir et de s'approprier en quelque sorte ces deux morceaux, l'un dans le troisième chapitre de son premier livre, l'autre pour servir de préface au livre huitième. Dans celui-ci, Firmicus s'efforce de s'élever à la hauteur de Manilius ; et s'il est moins énergique que son modèle, il est du moins plus moraliste. De la dignité de notre âme, il conclut qu'elle doit se rendre souveraine de toutes les affections, de toutes les passions du corps, les modérer, les dompter ; que le corps corruptible tendant sans cesse à appesantir l'âme immortelle, nous ne pouvons être trop en garde contre les atteintes qu'il peut donner à notre innocence ; que nous ne devons ni nous élever dans la prospérité, ni nous laisser abattre par l'adversité ; que notre soin principal doit être de conserver notre âme pure et sans tache, pour la rendre telle à notre créateur. On croirait presque lire un sermon d'un père de l'Église en lisant cet endroit de Firmicus, et c'est l'ouvrage d'un païen que l'on a sous les yeux.

LIVRE V.

v. 37. *A dextri lateris*. On a vu ailleurs qu'un signe qui en précède un autre est censé être à sa droite. Mais de plus, selon le savant évêque d'Avranches, la partie boréale du ciel est censée être à droite, et la partie australe à gauche. Il paraît, en effet, que, dans toute cette combinaison du lever des constellations avec celui des douze signes, Manilius suit assez fidèlement cette nomenclature. Au reste, cette concomitance du lever des signes avec celui des autres constellations tant australes que boréales, telle qu'elle nous est donnée par Manilius, n'est point du tout exacte, ainsi que Scaliger l'a remarqué. Par exemple, notre poëte nous dit que la poupe du vaisseau se lève avec le quatrième degré du bélier. Quelle monstrueuse astrologie! s'écrie Scaliger : du temps de Manilius, les premières étoiles du navire se levaient avec le onzième degré de l'écrevisse. Nous ne relèverons pas toutes les autres erreurs de cette espèce; elles ont été assez fidèlement copiées par Firmicus, et Scaliger n'en a laissé tomber aucune. Mais si Manilius est ici mauvais astronome, ses erreurs sont de la plus petite conséquence, et d'ailleurs il nous en dédommage bien par la beauté des descriptions et des épisodes dont ce cinquième livre est tissu.

v. 207. *Latratque canicula flammas*. A la lettre, la canicule aboie des flammes. La canicule, dans la gueule du grand chien, est la plus belle des étoiles fixes : on la nomme aussi *Sirius*. Quelques écrivains ont confondu la canicule avec le petit chien. Selon Scaliger, le nom de *chien* représente la constellation entière du grand chien, et celui de *Sirius* ou de *canicule* est restreint à signifier la belle étoile de sa gueule. Huet, toujours prompt à contredire Scaliger, prouve, par une foule d'autorités, que les noms de *chien*, de *canicule*, de *Sirius*, ont été appliqués assez indifféremment et à la belle étoile de la gueule, et à la constellation entière : en cela Huet a raison. Mais il est certain, d'un autre côté, qu'on a souvent distingué l'une et l'autre ; que Manilius nommément, dans le vers qui nous occupe, autorise cette distinction; que, par le chien, il désigne la constellation entière, et, par la canicule, l'étoile la plus brillante de cette constellation. Ainsi Scaliger n'a pas tout à fait tort. Bentlei ne convient pas que Manilius distingue le chien de la canicule; et, en effet, notre poëte, lib. 1, v. 392, paraît donner à la constellation entière le nom de *canicule*. Mais Manilius était poëte, et non astronome; il revêt, comme nous l'avons dit ailleurs, des ornements de la poésie ce qu'il a rassemblé de divers auteurs : il n'est pas étonnant qu'il se contredise quelquefois. D'ailleurs c'est une bien légère erreur, que de donner le même nom à une constellation et à la principale étoile de cette constellation.

v. 255. *Illinc oriens est ipsa puella*. Ceci suppose que les étoiles de la couronne ont primitivement fait partie de la constellation de la vierge ; ou, plus probablement peut-être, qu'on a confondu le signe de la vierge avec Ariadne.

311. *Improvidus hædus*. On ne sait ce que c'est que cette constellation du chevreau, manifestement distincte de la chèvre et des chevreaux du cocher : Manilius, et son copiste Firmicus, sont les seuls qui en fassent mention. Huet soutient vivement contre Scaliger qu'il s'agit ici des deux chevreaux de la constellation du cocher. Le savant prélat avait apparemment oublié que Manilius, v. 102 et suiv. de ce même livre, fait lever ces chevreaux avec le vingtième degré du bélier; et celui-ci se lève avec la balance.

v. 318. *Non... digitos quæsiverit hasta*. A la lettre : Partout où ils seront, la pique ne manquera pas de doigts. Dans les ventes publiques, on enfonçait une pique en terre, et celui qui voulait enchérir élevait un doigt, ou l'étendait vers cette pique.

v. 325. *Per heredem*. Mercure est, dit-on, l'inventeur de la lyre; il forma la première avec une écaille de tortue, et c'est cette première lyre que les mythologistes ont placée dans le ciel.

v. 343. *Juppiter ante deos*. Théon, d'après Ératosthène, témoigne que les dieux se jurèrent sur l'autel une alliance contre les géants ; c'était donc devant les dieux, en leur présence, que Jupiter exerçait les fonctions sacerdotales, *ante Deos.*

v. 345. *In tertia jura ministros*. Les trois degrés étaient celui des *ædituï*, chargés du soin de tout ce qui appartenait au temple, tels que seraient aujourd'hui nos sacristains; celui des simples prêtres, et celui des hiérophantes ou souverains pontifes: ceux-ci prédisaient l'avenir. Il est clair que Manilius parle ici des hiérophantes, et non des *ædituï*, comme l'a rêvé Dufay.

v. 409. *Cumque fides*. Voici une autre lyre inconnue à tous les astronomes anciens et modernes. La lyre est appelée par les Grecs *lyra*; par les Latins, *fides*. Est-ce que Manilius a vu dans ces deux noms deux constellations différentes? Firmicus, son copiste, ne fait mention que d'une seule lyre; il la fait lever avec le dixième degré du capricorne, et lui attribue les mêmes influences que Manilius départit à sa seconde lyre. L'unique lyre, connue des astronomes, précède le capricorne, et d'ailleurs elle est d'environ soixante degrés plus boréale que ce signe : il y a donc longtemps qu'elle est levée, lorsque le capricorne commence à paraître au-dessus de l'horizon.

v. 417. *Squamam stellis imitantibus*. Scaliger fait ici une vive sortie contre notre poëte, sur ce qu'il donne des écailles au dauphin. Mais Manilius n'était pas naturaliste : il s'est véritablement trompé ici, et il n'est pas le seul des anciens poëtes qui ait donné dans cette erreur. Ovide, Métam. III, 663, représentant les Tyrrhéniens changés par Bacchus en dauphins, couvre leur peau d'écailles. *Voyez* Huet.

v. 476. *Qui vitæ ostendit vitam*. Je n'assurerai pas que j'aie rendu complètement le sens de Manilius. Suivant Scaliger, qui prend *vitæ* pour un génitif, Ménandre a enseigné quelle était la véritable vie de l'homme ou de la vie humaine, et cette vie de la vie est l'amour, dit-il. Huet et Bentlei pensent que le sens de Manilius est que Ménandre a montré à son siècle quelles étaient les mœurs de son siècle, qu'il les a représentées fidèlement. Ce sens nous paraît plus admissible que le premier ; il est renfermé dans celui que nous avons cru devoir adopter.

v. 487. *Rorantis juvenis*. Ganymède; c'était, avant le règne de l'empereur Adrien, Ménandre à qui on a nommée depuis Antinoüs. Elle est représentée sur nos cartes célestes sous la figure d'un jeune homme que l'aigle tient dans ses serres; ce qui conviendrait mieux à Ganymède qu'à Antinoüs. D'autres entendent ceci du verseau. Mais quoique l'aigle se lève, suivant Manilius, avec le verseau, ces deux constellations sont trop distantes l'une de l'autre pour que l'on puisse dire que l'aigle couvre le verseau de ses ailes. D'ailleurs, l'aigle en tout sens est à la droite du verseau, il le précède, et il est plus boréal que lui. D'un autre côté cependant, Manilius, faisant dans son premier livre l'énumération des constellations, n'y renferme pas le Ganymède, dit aujourd'hui Antinoüs. Concluons, avec quelques indices, qu'il s'agit ici de Ganymède, il est vrai , mais que ce Ganymède de Manilius n'est autre que le verseau; et que quant aux difficultés qu'on pourrait proposer, il faut toujours se souvenir que, comme nous l'avons dit plusieurs fois, Manilius était meilleur poëte qu'astronome. Sa plus grande erreur est ici de faire lever le douzième degré du verseau avec l'aigle; et de son temps l'aigle se levait quatre ou cinq heures au moins avant le douzième degré du verseau. Il faut bien lui passer cette erreur : pourquoi ne lui passerions-nous pas les autres ?

v. 538. *Culpa parentum.* La faute des parents d'Andromède, ou plutôt celle de sa mère Cassiopée, avait été de préférer la beauté d'Andromède à celle des Néréides. Aratus insinue, Cicéron dans ses Aratées dit clairement, que c'était sa propre beauté qu'elle avait prétendu plus accomplie que celle de ces déesses. Les Néréides, outrées d'un juste dépit, en portèrent des plaintes amères à Neptune ; et ce dieu punit l'orgueil de Cassiopée par des débordements qui firent les plus grands ravages dans les terres voisines de la mer. De plus, un monstre marin d'une taille énorme était apporté par les flots et désolait toute la campagne : hommes, femmes, enfants, bestiaux, tous les êtres vivants qu'il rencontrait étaient une faible proie pour sa voracité. On consulta l'oracle : il fut répondu que ces fléaux ne pouvaient cesser que lorsqu'on aurait abandonné Andromède à la fureur du monstre. Tel est le prélude de l'histoire, ou plutôt de la fable dont Manilius va nous raconter la suite. On fait ordinairement Céphée roi d'Éthiopie ; la scène aurait été sur la mer Rouge. Manilius n'était apparemment pas de cet avis ; il donne, vers 552, à Andromède une blancheur éblouissante, qui cadrerait mal avec la noirceur des Éthiopiens. De plus, il fait mention, v. 583, des Syrtes qui étaient bien certainement situées sur la côte septentrionale de l'Afrique. Il s'agit donc ici de la mer Méditerranée.

v. 612. *Nupturam dote mariti.* A la lettre, Andromède devait se marier, dotée par son époux. Suivant l'usage ordinaire, Andromède aurait dû porter en mariage une dot à Persée ; ici c'est au contraire Persée qui la dote, en la défendant du monstre, et en lui conservant la vie, sans laquelle toute autre dot lui devenait inutile.

v. 626. *Sociusque in parte catenæ.* Scaliger remarque que le criminel et celui auquel on en confiait la garde étaient liés souvent d'une même chaîne. Cela se pratiquait surtout à l'égard des soldats.

v. 643 *Engonasi. Engonasi,* à la lettre, signifie, *à genoux* : cette constellation est plus connue sous le nom d'*Hercule,* qu'on lui a donné depuis. On ne laisse pas cependant de le représenter toujours sur nos cartes célestes fléchissant un genou, et appuyant son autre pied sur la tête du dragon. Mais on couvre sa tête et ses épaules de la dépouille d'un lion ; on lui met à la main droite une massue, à la gauche un rameau et le chien Cerbère : les anciens astronomes, qui ne lui donnaient pas le nom d'*Hercule,* ne lui reconnaissaient probablement pas ces attributs.

v. 674. *Squamigerum nubes.* La pêche dont parle maintenant Manilius est celle du maquereau. Les Turcs, les Grecs, les Italiens retirent de ce poisson une saumure qui était autrefois très-recherchée. C'est celle dont parle Horace, *Serm. II, Sat.* viii, 46. Dans le texte, Manilius parle de poissons à écailles : mais celui qui, v. 417, a donné des écailles au dauphin en peut bien maintenant gratifier le maquereau.

[v. 690. *Atrevoluta....* En termes simples et didactiques : Au lever du lion, la grande ourse est au plus bas de sa révolution et commence à remonter ; et pareillement, au lever du scorpion, la petite ourse, parvenue au méridien sous le pôle, commence également à se relever. Celui qui naît sous ces dispositions du ciel, etc. Du temps de Manilius, et à plus forte raison au siècle d'Eudoxe, la petite ourse n'était pas si voisine du pôle qu'elle l'est actuellement.

v. 706. *Catulosque sagaces....* Il manque ici plusieurs vers. Manilius y parlait sans doute des influences du dragon. Il distinguait ensuite les étoiles en six classes, relativement à leur éclat ou à leur grandeur apparente. Il faisait l'énumération des étoiles du premier et du second ordre.

v. 712. *Aquilam... dracones.* Le dragon et le serpent, suivant Bentlei. Je pense qu'on y peut joindre l'hydre, qui comprend aussi plusieurs étoiles de la troisième grandeur. L'hydre et le dragon, sur nos globes célestes, sont représentés comme de simples serpents. Au reste, Manilius n'a pas prétendu sans doute faire ici une énumération exacte des étoiles de la troisième grandeur : il s'en trouve dans presque toutes les constellations.

LUCILIUS JUNIOR.

NOTICE

SUR LUCILIUS JUNIOR.

Les opinions sur l'auteur de l'Etna sont extrêmement partagées. Ce poëme a été longtemps attribué à Virgile, par suite d'une tradition qui s'est conservée parmi les anciens commentateurs, et que les éditeurs qui l'ont publié avec ses œuvres ont adoptée sans examen. D'autres croyaient que cet ouvrage était de Claudien : en effet, on le trouve dans quelques manuscrits des poésies de Claudien, et cette circonstance seule aurait suffi pour accréditer une erreur causée par l'existence d'un poëme sur le mont Etna, qui fait partie des Idylles de cet auteur. Jules César Scaliger crut que l'Etna était une production de Quintilius Varus, l'ami de Virgile; mais ce grand critique ne s'est pas expliqué sur les motifs de son opinion. Gaspard Barth attribue cet ouvrage à Manilius, à cause de plusieurs traits de ressemblance qui se trouvent entre l'Etna et les Astronomiques de Manilius; mais ces rapports prouvent plutôt que l'auteur de l'Etna a été postérieur à Manilius, ou que ces deux poëtes ont imité les mêmes originaux. Joseph Scaliger, dont l'opinion a été généralement adoptée, attribue ce poëme à Cornélius Sévérus, mort très-jeune sous Auguste. Il se fonde sur un passage d'une lettre de Sénèque (ép. LXXIX) (1), où ce philosophe cite une description de l'Etna par Cornélius Sévérus; mais la manière même dont Sénèque parle de cette description n'indique nullement qu'elle fût le sujet d'un poëme particulier. Ainsi qu'Ovide et Virgile, qui ont donné, l'un dans ses Métamorphoses, l'autre dans l'Énéide, des descriptions de l'Etna, Sévérus peut en avoir fait entrer une dans son poëme sur la guerre de Sicile. Il devait même parler de cette montagne à l'occasion de la bataille qu'Auguste livra à Sextus Pompée, et pendant laquelle, selon le récit d'Appien, l'Etna vomit des flammes. En comparant le fragment sur la mort de Cicéron, qui est indubitablement de Cornélius Sévérus, avec le poëme sur l'Etna, on remarque dans le premier une diction facile et élégante; dans le second, on reconnaît plutôt un philosophe qu'un poëte : ce morceau est écrit d'un style concis, coupé et peu coulant. Quelques expressions prouvent qu'il n'est pas du siècle d'Auguste, et l'on y remarque différentes allusions qui indiquent qu'il a été écrit du temps de Claude et de Néron. Au vers 290, il est question d'un triton donnant du cor, machine hydraulique inventée sous Claude (Suét. *Claude*, 21). Peu après, le poëte parle de l'orgue hydraulique placé dans les théâtres : cet instrument ne fut employé dans les spectacles que du temps de Néron (Suét. *Nér*. 41, 54; Sénèq. ép. XCIV).

La question relative au véritable auteur de l'Etna reste donc encore indécise. La lettre de Sénèque que nous avons citée indique que son ami Lucilius Junior, qui était procurateur de la Sicile, et auquel il adressa, outre ses lettres, son ouvrage *sur la Providence*, ainsi que ses *Questions naturelles*, devait donner une description de l'Etna. Il est vrai que le passage de Sénèque ne prouve pas que cette description devait former un poëme particulier; il paraît, au contraire, que Lucilius se proposait de chanter tout ce que la nature offre d'extraordinaire en Sicile; mais une lecture attentive des ouvrages de Sénèque permet de supposer que Lucilius changea ensuite de plan, qu'il divisa ce grand sujet en plusieurs poëmes détachés, et réserva le mont Etna pour un poëme à part, qu'il ne publia qu'après la mort de Sénèque. On voit, par les épîtres de celui-ci, que son ami s'occupait de préférence de l'étude de la physique, et qu'il aimait la philosophie d'Épicure. L'auteur de l'Etna est, en effet, plus philosophe que poëte; il parle avec mépris des fictions que se permettent les poëtes; il examine avec soin les causes de l'éruption du volcan. Dans une de ses lettres, Sénèque avait demandé à son ami s'il était vrai que la masse de l'Etna diminuait insensiblement; l'auteur de la description de l'Etna a l'air de répondre à cette question dans les vers 363 et suivants. Au reste, une lecture attentive de ce poëme fait voir que l'auteur était très-familiarisé avec les ouvrages de Sénèque.

(SCHŒLL, *Hist. de la litt. lat.*)

---

[1] Morbo tuo daturus eras, etiam si nemo mandaret tibi, donec Etnam describas in tuo carmine, et hunc solemnem omnibus poetis locum attingas quem quo minus Ovidius tractaret nihil obstitit quod jam Virgilius impleverat; ne Severum quidem Cornelium uterque deterruit.

LUCILIUS JUNIOR.

L'ETNA.

L'Etna, les flammes qui jaillissent de ses profondes cavernes, les causes de ces violents embrasements qui portent, avec un bruit sourd et effrayant, la désolation et le ravage dans les régions voisines, tel sera le sujet de mes vers. Apollon, soit que vous habitiez dans la ville de Xanthe, soit que vous ayez préféré le séjour de Délos ou celui de Delphes, secondez-moi, inspirez-moi vos chants divins : venez, et que les Muses, favorables à mon entreprise, accourent avec vous de la fontaine de Piérie. Sous la conduite d'Apollon, on marche bien plus sûrement dans des routes inconnues.

Quel mortel ne connaît pas les merveilles de l'âge d'or, et le règne pacifique de Saturne? Siècle heureux, où il n'était pas besoin d'ensemencer la terre, ni d'empêcher les mauvaises herbes de nuire au bon grain! Les greniers s'emplissaient tous les ans de moissons abondantes; le vin coulait de lui-même du fruit de la vigne; l'huile, de l'olivier; et le miel, des feuilles des arbres. Les hommes, charmés du séjour de la campagne, ne pensaient pas à se rassembler dans les villes. Personne aujourd'hui ne sait mieux l'histoire de son siècle que celle de ces temps reculés. Qui n'a pas chanté l'antique expédition des Argonautes dans la Colchide? qui n'a pas déploré le sort de Troie réduite en cendres par les Grecs,

la triste destinée d'Hécube et la mort de ses enfants? Qui ignore le crime devant lequel recula l'astre du jour, l'histoire des dents semées par Cadmus, la perfidie et les parjures de Thésée; les plaintes d'Ariadne abandonnée sur un rivage désert; enfin tout ce que la fable a publié des antiques forfaits?

Une nouvelle carrière s'ouvre devant moi, et je ne crains pas d'y entrer. Je vais chanter les formidables agitations de l'Etna, la source des flammes qui sortent sans cesse de son sein, la cause qui lui fait vomir, avec un horrible bruit, des masses embrasées, lesquelles portent des torrents de feu dans tous les environs. Tel est le dessein de ce poëme.

D'abord ne nous laissons pas séduire par les fictions des poëtes, qui prétendent que l'Etna est la demeure d'une divinité, que le feu qui sort avec impétuosité de ses abîmes est le feu même de Vulcain, et que c'est ce dieu qui fait retentir les cavernes de la montagne, quand il travaille avec ardeur à quelque ouvrage. De si basses occupations sont indignes des dieux; tranquilles dans l'Olympe où ils règnent, ils ne s'amusent pas à exercer les vils métiers de nos artisans.

Une autre fable des poëtes fait de cette montagne la forge des Cyclopes, qui, d'un bras vigoureux frappant leurs enclumes en cadence, y fa-

LUCILII JUNIORIS

(vulgo CORNELII SEVERI)

ÆTNA.

Ætna mihi, ruptique cavis fornacibus ignes,
Et quæ tam fortes volvant incendia caussæ;
Quod fremat imperium, quid raucos torqueat æstus,
Carmen erit : dexter venias mihi carminis auctor,
Seu te Xanthos habet, seu Delos gratior illa, 5
Sive tibi Pytho est potior; tecumque faventes
In nova Pierio properent a fonte sorores
Vota : per insolitum Phœbo duce cautius itur.
    Aurea securi quis nescit sæcula regis?
Quum domitis nemo cererem jactaret in arvis, 10
Venturisque malas prohiberet frugibus herbas;
Annua sed saturæ complerent horrea messes,
Ipse suo flueret Bacchus pede, mellaque lentis
Penderent foliis, et pingui Pallas oliva.
Secretos omnes ageret quum gratia ruris. 15
Non cessit cuiquam melius sua tempora nosse.

Ultima quis tacuit juvenum certamina Colchos?
Quis non Argolico deflevit Pergamon igni
Impositam, et tristem natorum funere matrem,
Aversumve diem, sparsumve in semina dentem? 20
Quis non perjuræ doluit mendacia puppis,
Desertam vacuo Minoida littore questus?
Quidquid in antiquum jactata est fabula crimen?
    Fortius ignotas molimur pectore curas :
Qui tanto motus operi, quæ caussa perennes 25
Explicet in densum flammas, eructet ab imo
Ingenti sonitu moles, et proxima quæque
Ignibus irriguis urat : mens carminis hæc est.
Principio, ne quem capiat fallacia vatum,
Sedes esse Dei, tumidisque e faucibus ignem 30
Vulcani ruere, et clausis resonare cavernis
Festinantis opus; non est tam sordida Divis
Cura, neque extremas jus est demittere in artes
Sidera; seducto regnant sublimia cœlo
Illa, neque artificum curant tractare laborem. 35
    Discrepat a prima facies hæc altera vatum.
Illis Cyclopas memorant fornacibus usos,
Quum super incudem numerosa in verbera fortes

briquaient à grands coups de marteau la foudre destinée au bras de Jupiter. Toute fiction sans fondement est indigne de la poésie.

Une autre fable, aussi téméraire, attribue l'éternel embrasement de l'Etna à l'audacieuse entreprise de Phlégra : des géants, pleins d'une audace criminelle, voulurent chasser les dieux du ciel, détrôner Jupiter, se saisir de lui, et donner des lois à l'Olympe. Semblables aux autres hommes par la partie supérieure de leur corps, ces monstres avaient une queue de serpent couverte d'écailles, et qui formait des replis tortueux. Ils entassent montagne sur montagne, Ossa sur Pélion, Olympe sur Ossa, afin de pouvoir porter la guerre jusque dans le ciel même, qu'ils s'efforcent d'escalader à l'aide de ces montagnes amoncelées. Ces guerriers sacriléges menacent de près les astres étonnés. Jupiter appelle au combat tous les dieux du ciel, et sa main, armée de la foudre, dissipe en un moment les ténèbres, en y faisant briller la flamme des éclairs. Les géants s'avancent en poussant de grands cris. Le père des dieux et des hommes fait retentir son tonnerre, dont le bruit est encore augmenté par celui des vents furieux qui se livrent un combat acharné. La foudre fend à chaque instant les nues épouvantées. Toutes les puissances célestes courent aux armes; Mars et tous les dieux sont transportés de fureur; la crainte est répandue partout. Jupiter lance ses armes terribles, et, d'une main victorieuse, renverse les montagnes ; ces remparts formidables, élevés contre la puissance céleste, tombent, et dans leur chute entraînent les ennemis, que la Terre, leur mère, cherche en vain à ranimer. Cette victoire rend la paix à l'univers; Bacchus revient triomphant dans le ciel, si glorieusement défendu par les immortels. Jupiter précipite sous le mont Etna Encelade, expirant dans la mer de Sicile. C'est là qu'accablé sous le poids énorme de cette montagne, il vomit de sa bouche enflammée des torrents de feu. Telle est la liberté que se sont donnée les poëtes dans leurs fictions : c'est par ces mensonges qu'ils ont cherché à se rendre célèbres. La plupart des sujets qu'ils chantent n'ont pas plus de réalité que ceux qu'on voit représentés sur la scène : ils ont vu les enfers et les ombres errantes dans le sombre royaume de Pluton. Ils ont imaginé un fleuve du Styx, et un chien à trois têtes. Ils ont étendu Tityus sur un espace de sept arpents; ils vous font souffrir, ô Tantale, une soif ardente au milieu d'un étang plein d'eau. Ils chantent aussi la justice que vous rendez aux enfers, ô Minos; et vous aussi, Éaque. Ils font tourner la roue d'Ixion, et peuplent la terre de choses qu'elle sait bien ne point contenir dans ses entrailles. Pour eux, ce n'est pas assez de ces lieux souterrains; ils élèvent leurs fictions jusqu'aux divinités célestes, et ils ne craignent pas de porter leurs regards curieux jusque dans le ciel, si éloigné de nous. Ils connaissent les guerres des dieux, ils pénètrent le mystère de leurs intrigues amoureuses; ils savent combien ils ont emprunté de formes diverses pour satisfaire leurs désirs; ils ont vu Jupiter enlever Europe sous la forme d'un taureau, tromper Léda sous celle d'un cygne,

Horrendum magno quaterent sub pondere fulmen,
Armarentque Jovem; turpe est sine pignore carmen.   40
   Proxima vivaces Ætnæi verticis ignes
Impia sollicitat Phlegræis fabula castris.
Tentavere, nefas, olim detrudere mundo
Sidera, captivique Jovis transferre Gigantes
Imperium, et victo leges imponere cœlo.   45
His natura sua est alvo tenus; ima per orbes.
Squameus intortos sinuat vestigia serpens.
Construitur magnis ad prælia montibus agger;
Pelion Ossa terit, summus premit Ossan Olympus.
Jam coacervatas nituntur scandere moles,   50
Impius et miles metuentia cominus astra
Provocat infestus : cunctos ad prælia Divos
Jupiter e cœlo mittit, dextramque corusca
Armatus flamma removet caligine mundum.
Incursant vasto primum clamore Gigantes.   55
Hic magno tonat ore pater, geminantque favente
Undique discordes comitum simul agmine venti;
Densa per attonitas rumpuntur fulmina nubes.
Quin et in arma ruit quæcumque potentia Divum;
Jam Mars sævus erat, jam cætera turba Deorum.   60
Stant utrimque metus; validos tum Jupiter ignes
Increpat, et jacto proturbat fulmine montes.
Illinc devecta verterunt terga ruina.

Infestæ Divis acies, atque impius hostis
Præceps cum castris agitur, materque jacentes   65
Impellens victos : tum pax est reddita mundo,
Tum Liber celsus venit per sidera cœli,
Defensique decus mundi nunc redditur astris.
Gurgite Trinacrio morientem Jupiter Ætna
Obruit Enceladum, vasti qui pondere montis   70
Æstuat, et patulis exspirat faucibus ignes.
Hæc est mendosæ vulgata licentia famæ.
Vatibus ingenium est; hinc audit nobile carmen.
Plurima par scenæ rerum est fallacia : vates
Sub terris nigros viderunt carmine Manes,   75
Atque inter cineres Ditis pallentia regna;
Mentiti vates Stygias undasque canesque.
Hi Tityon septem stravere in jugera fœdum :
Sollicitant stagno te circum, Tantale, pleno,
Sollicitantque siti : Minos, tuaque, Æace, in umbris   80
Jura canunt, Ixionque rotant Ixionis orbem,
Quidquid et interius falsi sibi conscia terra est.
Non est terra satis, speculantur numina Divum,
Nec metuunt oculos alieno admittere cœlo.
Norunt bella Deum, norunt abscondita nobis   85
Conjugia, et falsa quoties sub imagine peccent,
Taurus in Europen, in Ledam candidus ales,
Jupiter ut Danaæ pretiosus fluxerit imber.

et séduire Danaé sous l'image d'une pluie d'or. On doit pardonner cette licence aux poëtes. Mais moi, renfermé dans les bornes de la vérité, je m'attacherai à découvrir la cause des incendies du mont Etna, et la source des feux toujours nouveaux qui l'embrasent.

Le globe terrestre, à le considérer dans cette vaste étendue que baignent les eaux de la mer, n'est point partout également solide; la terre a des ouvertures de toutes parts; elle est pleine de cavités; de petits canaux sillonnent ce vaste corps, comme les veines celui des animaux. Les eaux, qui lui tiennent lieu de sang, circulent dans ses conduits souterrains, et il s'y forme aussi des vents qui s'y distribuent de la même manière. La vaste matière dont est fait le monde n'a certes pas été autrefois divisée en mer, en terre et en ciel, de telle sorte que le ciel ait occupé le lieu le plus élevé, la mer la seconde place, et la terre le lieu le plus bas; mais cette matière, plus pesante, forma de nombreuses cavités; et comme des pierres inégales qu'on jette au hasard ne se touchent pas dans toutes leurs parties, ainsi la terre, au sein de laquelle il est resté des vides, se trouve coupée par de petits canaux, qui l'empêchent de se rejoindre et de se resserrer. Soit qu'il en ait toujours été ainsi dès l'origine du globe, ou que l'air, se trouvant enfermé dans son sein, se soit ouvert des routes pour s'en échapper; soit que l'eau qui y coule continuellement l'ait miné peu à peu, et en ait creusé les parties qui s'opposaient à son passage; ou qu'enfin la matière solide ait été consumée par le feu emprisonné dans la terre, et qu'ainsi il se soit fait jour pour en sortir, ou que tout ce qu'elle contient ait été dans une guerre continuelle; ce n'est point ici le lieu d'en chercher la cause; il suffit que l'effet soit certain. Qui pourrait douter qu'il n'y ait de ces sortes de cavités dans la terre, puisqu'on voit sortir de ses gouffres des fontaines et des torrents, qui certainement ne sont point formés de petits ruisseaux, ni de quelques gouttes d'eau éparses çà et là, mais qui ont dû nécessairement trouver leur source dans un amas considérable d'eau? Car il y a de grands fleuves qui, après avoir coulé sur la terre, ont entièrement disparu et furent engloutis dans ses abîmes, ou qui, après y avoir séjourné longtemps, sont venus reparaître dans des régions lointaines, où l'on ne s'attendait pas à les revoir. Que si la terre a des cavernes qui contiennent des fleuves cachés dans son sein, il est constant aussi qu'elle a plusieurs canaux par où sortent les ruisseaux et les fontaines : elle n'est donc pas partout également solide; et s'il y a des fleuves qui se précipitent dans des gouffres et qui reparaissent ensuite, si même il en sort dont on n'avait pas jusque-là soupçonné l'existence, il n'est pas surprenant que la terre ait aussi comme des soupiraux destinés à faire sortir l'air qui est renfermé dans ses abîmes. Quiconque voudra se convaincre de ces vérités n'a qu'à parcourir la terre des yeux; elle en fournit des preuves certaines. Dans beaucoup d'endroits, il y a de grands gouffres où plusieurs arpents du sol sont engloutis; et quand on les considère de loin, l'on ne voit que de vastes ouvertures d'une profondeur et d'une obscurité immenses. On trouve de même dans

Debita carminibus libertas ista, sed omnis
In vero mihi cura : canam quo fervida motu   90
Æstuet Ætna, novosque rapax sibi congerat ignes.
  Quacumque immensus terræ se porrigit orbis,
Extremique maris curvis incingitur undis,
Non totum est solidum, defit namque omnis hiatu.
Secta est omnis humus, penitusque cavata latebris,   95
Exiles suspensa vias agit; utque animantis
Per tota errantes percurrunt corpora venæ,
Ad vitam sanguis, omnis qua commeat isdem
Terra foraminibus conceptas digerit auras.
Scilicet haud olim diviso corpore mundi   100
In maria, ac terras et sidera, sors data cœlo
Prima, sequuta maris, deseditque infima tellus,
Sed totis rimosa cavis, et qualis acervus
Exsilit imparibus jactis ex tempore saxis,
Ut crebro introrsus spatio vacuata corymbos   105
Pendeat in sese : simili quoquo terra figura
In tenues laxata vias, non omnis in arctum,
Nec stipata coit : sive illi caussa vetusta est,
Nec nata est facies; seu liber spiritus intra
Effugiens molitur iter; seu lympha perenni   110
Edit humum lima, furtimque obstantia mollit;
Aut etiam inclusi solidum exedere vapores,
Atque igni quæsita via est; sive omnia certis
Pugnavere locis; non est hic caussa docenda,
Dum stet opus caussæ. Quis enim non credat inanes   115
Esse sinus, penitus tantos erumpere fontes
Quum videt, ac torrentem imo se emergere hiatu?
Non ille ex tenui, vacuoque agat aucta necesse est
Confluvia, et raptis accessat ea undique ab undis,
Sed trahat ex pleno, quo fontem contrahat, amne;   120
Flumina quin etiam latis currentia rivis
Occasus habuere suos : aut illa vorago
Derepta in præceps fatali condidit ore;
Aut occulta fluunt tectis adoperta cavernis,
Atque inopinatos referunt procul edita cursus.   125
Quod si diversos emittat terra canales,
Hospitium fluviorum, haud semita nulla profecto
Fontibus, et rivis constat via; pigraque tellus
Conferta in solidum segni sub pondere cessat.
Quod si præcipiti conduntur flumina terræ,   130
Condita si redeunt, si qua etiam incondita surgunt,
Haud mirum, clausis etiam si libera ventis
Spiramenta latent : certis tibi pignora rebus
Atque oculis hæsura tuis dabit ordine tellus.
Immensos plerumque sinus, et jugera pessum   135
Intercepta licet, densæque abscondita nocti

les forêts des antres très-profonds, que les bêtes féroces découvrent en se creusant des retraites; on n'en connaît point les issues, et l'eau qui y coule ne les remplit jamais : preuve certaine qu'il y a des souterrains qu'on ne connaît point. C'est ainsi qu'il faut saisir par le raisonnement ce qui ne tombe pas sous les sens, et établir la vérité des choses cachées par l'évidence de celles qu'on connaît. En effet, plus le feu est naturellement vif et léger, plus il a d'impétuosité lorsqu'il est enfermé, et plus il donne de violentes secousses pour briser ses liens et rompre les digues qui le retiennent. Toutefois il ne cherche pas à se faire jour par les voies les plus difficiles, mais il se détourne vers celles où la résistance est moindre, et la flamme en serpentant s'ouvre un passage du côté le plus facile à pénétrer. De là ces tremblements du globe, qui arrivent lorsque l'air resserré dans ses cavités l'ébranle, et met en mouvement la matière qui était auparavant immobile. Si la terre était partout solide, et qu'elle ne renfermât point de gouffres, elle ne nous donnerait le spectacle d'aucun de ces prodiges qui nous étonnent, et elle demeurerait comme une lourde masse, assise sur une base inébranlable.

Croire que ces merveilles de la nature s'opèrent dans des cavités voisines de la superficie de la terre, et que là s'alimentent ces feux qui en sortent avec tant de violence, c'est se tromper, et n'en avoir pas encore pénétré la véritable cause. En effet, dès que les gouffres qui touchent à la superficie du sol ont des ouvertures, le feu et les vents y sont tranquilles et sans aucun mouvement. Car telle est la nature du vent : dès qu'il a un libre cours, et qu'il ne se trouve point emprisonné dans des antres souterrains, il ne produit aucun effet, aucune de ces secousses si redoutables. Pour qu'il arrive un tremblement de terre, il faut que le vent soit comprimé dans des cavernes sans issue. Mais lorsqu'il se trouve ainsi pressé, il s'agite, il frémit, et, de concert avec les autres vents qui se glissent dans ces cavités par les ouvertures qui sont à la surface, il produit ces grandes secousses qui menacent d'une ruine prochaine les fondements de la terre et les villes ébranlées : aussi, si l'on peut croire que le monde doit jamais rentrer dans le chaos, ce ne peut être que par de semblables catastrophes.

Telle est donc la nature de la terre, qu'elle est entrecoupée d'abîmes et de veines profondes. L'Etna en est une preuve, et rend cette vérité tout à fait vraisemblable. Les causes de tout ce qui arrive de merveilleux dans cette montagne ne resteront point cachées, si l'on veut me suivre : elles frapperont tous les yeux, et prouveront la vérité de ce que j'ai dit. Elle présente de tous côtés de larges et d'effrayantes ouvertures, et de vastes abîmes. Là elle se resserre elle-même, et absorbe, pour ainsi dire, le terrain qui s'élève. Ailleurs un nombre infini de rochers s'opposent à l'action des feux souterrains, et causent un fracas épouvantable dans l'intérieur de la montagne : les uns sont attachés et comme enchaînés au milieu des autres; une partie de ces rochers paraît avoir été vaincue par les flammes, et l'autre avoir servi d'appui et de passage au feu;

Prospectare procul; chaos ac sine fine ruinæ.
Cernis et in silvis spatiosa cubilia retro,
Antraque demissis pedibus effossa latebris;
Incomperta via est operum; tantum influit intra : 140
Argumenta dabunt ignoti vera profundi.
Tu modo subtiles, animo duce, percipe curas,
Occultamque fidem manifestis adstrue rebus.
Nam quo liberior, quoque est animosior ignis,
Semper et inclusus, nec vectus, sævior illa 145
Sub terra, penitusque movens; hoc plura necesse est
Vincla magis solvat, magis hoc obstantia pellat.
Nec tamen in rigidas exit contenta canales
Vis animæ; flamma avertit qua proxima cedunt,
Obliquumque secat, qua visa tenerrima caula est. 150
Hinc terræ tremor, hinc motus; ubi densus hiatu
Spiritus exagitat venas, cessantiaque urget.
Quod si spissa foret, solidoque instaret inane,
Nulla daret miranda sui spectacula tellus,
Pigraque et in pondus conferta immobilis esset. 155
    Sed summis si forte putas concredere caulis
Tantum opus, et summis alimentum viribus oris,
Quæ valida in promptu cernis, validosque recessus;
Falleris, et nondum certo tibi lumine res est.
Namque illud, quocumque vacat specus omnis hiatu, 160
Est reses introitu; solvunt se, aditumque patenti
Conversæ languent vires, animosque remittunt.
Quippe ubi, contineant ventos quæcumque morantes
In vacuo desunt, cessat, tantumque profundi
Explicat errantes, et in ipso limite tardat. 165
Angustis opus est turbare in faucibus illos :
Fervet opus, densique fremunt, premiturque ruina
Nunc furtim Borea atque Noto, nunc unus uterque.
Hinc venti rabies, dum sævo quassa meatu
Fundamenta solo trepidant, urbesque caducæ. 170
Inde, neque est aliud, si fas est credere, mundo
Venturam antiquam faciem, veracius omen.
    Hæc primo quum sit species, naturaque terræ,
Introrsus cessante solo, trahit undique venas :
Ætna sui manifesta fides, et proxima vero est. 175
Non illic, duce me, occultas scrutabere caussas;
Occurrent oculis ipsæ, cogentque fateri :
Plurima namque patent illi miracula monti.
Hinc vasti terrent aditus, merguntque profundo;
Corrigit hinc artus, penitusque quod exigit ultra : 180
Hinc spissæ rupes obstant, discordiaque ingens
Inter opus; vectant aliæ mediasque coercent,
Pars igni domitæ, pars ignes ferre coactæ
Ut major species Ætnæ succurrat inanis :

en sorte qu'il semble que l'Etna n'est plein de cavités que pour nous présenter au dehors un spectacle plus imposant et plus beau. Tel est le théâtre de tant de prodiges surprenants : prodiges qui enflamment maintenant celui qui les retrace du désir d'en rechercher la véritable cause, bien éloignée de ces causes frivoles et fabuleuses. Les feux qui s'élancent de tous côtés nous forceront de reconnaître les vérités qu'ils enseignent : on serait même tenté de considérer de près les phénomènes de cette montagne, si l'on pouvait en approcher. Mais les flammes, qui sont comme les gardiennes de l'Etna, en défendent l'accès; et la main divine qui produit ces merveilles ne veut point de témoins. Elle ne nous permet de les voir que de loin.

Nous ne saurions douter, en effet, que quelqu'un ne gouverne l'Etna dans ses abîmes, ou qu'un ouvrier admirable ne préside à des effets si surprenants. L'Etna vomit des tourbillons de sable brûlé; des masses enflammées en sortent avec fureur; il est bouleversé jusque dans ses fondements; tantôt toute la montagne retentit d'un bruit effroyable, tantôt les flammes en sont mêlées d'une matière noire qui les obscurcit. Jupiter lui-même admire de loin ces embrasements; et, craignant que les géants ne songent à recommencer une guerre déjà éteinte, ou que Pluton, mécontent de son partage, ne veuille échanger les enfers contre le ciel, il retient la terre comprimée sous sa main. Des monceaux de rochers mêlés de sable, qui ne se soulèveraient pas d'eux-mêmes, et qui tombent si quelque force ne les tient suspendus, se détachent de la montagne, et roulés au fond de l'abîme par les tourbillons du vent, y tournent sur eux-mêmes, et y causent ces embrasements dont l'explosion est attendue. Le vent, en ranimant l'air et le feu, leur donne une activité qu'ils n'avaient pas. Car le feu n'est pas toujours actif ni violent au même degré ; sa propriété est d'être rapide et dans un mouvement perpétuel ; mais il a besoin de secours pour éclater, et pousser dehors les corps qui sont dans la terre. C'est le vent qui lui donne cette violence à laquelle il obéit, et qu'il n'a pas naturellement ; c'est sous ce chef puissant qu'il combat, qu'il est grand et souverain.

Après avoir montré les causes des incendies de l'Etna et fait connaître la composition de cette montagne, de quelle manière le vent s'y introduit, et quels sont les aliments de la flamme qui en sort, je vais dire pourquoi ces feux cessent tout d'un coup, et comment un profond silence succède à des mugissements effroyables. Cette œuvre est immense, mais féconde, et un prix digne de ce travail récompensera les efforts qu'il aura coûtés. C'est pour l'homme un grand avantage de ne pas voir seulement des yeux, comme les animaux, les merveilles de la nature; de n'être point comme eux courbé vers la terre, et occupé du seul soin du corps; mais de pouvoir pénétrer les causes de ce qui arrive, d'en approfondir les plus cachées; de s'attacher aux objets les plus sublimes, de porter la vue jusque dans le ciel, de connaître la nature et le nombre des éléments, et de savoir si leur dissolution n'entraînera pas la ruine entière de l'univers, si le cours des siècles doit toujours durer, si les liens qui font subsister la machine du monde seront éternels; quel est le mouvement du soleil; de combien

Hæc illis sedes, tantarumque area rerum est. 185
Nunc opus artificem incendit, caussamque reposcit,
Non illam parvi aut tenuis discriminis; ignes
Mille sub exiguo ponent tibi tempore veras
Res, oculique duces certo rem credere cogent.
Quin etiam tactu moneant contingere toto, 190
Si liceat; prohibent flammæ, custodiaque igni
Illi operum est; arcent aditu, divinaque rerum
Cura sine arbitrio est; eadem procul omnia cernis.
Nec tamen est dubium, penitus quis torqueat Ætnam,
Aut quis mirandus tantæ faber imperet arti. 195
Pellitur exustæ glomeratus nimbus arenæ,
Flagrantes properant moles, volvuntur ab imo
Fundamenta, fragor tota nunc rumpitur Ætna;
Nunc fusca pallent incendia mixta ruina.
Ipse procul magnos miratur Jupiter ignes, 200
Neve sepulta novi surgant in bella Gigantes,
Neu Ditem regni pudeat, neu Tartara cœlo
Vertat; in occulto tantum premit omnia dextra.
Congeries operis saxorum, et putris arena
(Quæ nec sponte sua saliunt, nec corporis ullis 205
Sustentata cadunt robusti viribus) omnis
Exigitur; venti sursum vada vortice sævo

In densum congesta rotant, volvuntque profundo.
Hac caussa exspectata ruunt incendia montis ;
Spiritus inflatis momen, languentibus aer. 210
Non propera est igni par et violentia semper :
Ingenium velox illi, motusque perennis;
Verum opus auxilio est, ut pellat corpora : nullus
Impetus est ipsi; qua spiritus imperat, audit. 214
Nunc princeps magnusque, sub hoc duce, militat ignis.
Nunc quoniam in promptu est operis natura, solique,
Una ipsi et venti, quæ res incendia pascit;
Quum subito cohibetur, inest quæ caussa silenti,
Subsequar. Immensus labor est, sed fertilis idem;
Digna laborantis respondent præmia curis. 220
Non oculis solum pecudum miranda tueri
More; nec effusis in humum grave pascere corpus;
Nosse fidem rebus, dubiasque exquirere caussas,
Sacra perurgentem, capitique attollere cœlum;
Scire quot et quæ sint magno natalia mundo 225
Principia; occasus metuunt, an sæcula pergent,
Et firma æterno religata est machina vinclo;
Solis scire modum, et quanto minor orbita lunæ est;
Hæc brevior cur bissenos cita pervolet orbes,
Annuus ille meet; quæ certo sidera currant 230

l'orbite de la lune est plus petit que celui de cet astre; pourquoi celle-ci se hâte de parcourir la terre douze fois en un an, pendant que le soleil ne la parcourt qu'une seule fois ; quelles sont les étoiles qui tournent d'un mouvement régulier, et celles qui errent dans le ciel ; dans quel ordre le soleil et la lune parcourent les douze signes du zodiaque, et quelles lois ils suivent dans ce mouvement; pourquoi la lune, quand on la voit pâlir au sein des nuages qui l'environnent, annonce la pluie ; quelle cause la fait parfois rougir, et comment le soleil perd de son éclat ; pourquoi l'année est divisée en plusieurs saisons, pourquoi le printemps fait place à l'été, l'été à l'automne, et l'automne à l'hiver, qui recommence un nouveau cercle de saisons se succédant l'une à l'autre ; de connaître la constellation de l'ourse, et les comètes qui présagent toujours quelque triste événement ; de quel feu brillent l'étoile du soir, l'étoile du matin et celle du bouvier ; comment la planète de Saturne est l'indice de la lenteur, et celle de Mars de l'humeur guerrière ; de connaître la saison et l'art de la navigation ; de prédire les mouvements célestes, ce qu'annonce le lever d'Orion, et le coucher de la canicule. Enfin c'est un plaisir vraiment divin d'étudier les merveilles du monde, de les distinguer toutes par leurs propriétés, et de ne pas les laisser confondues et comme ensevelies dans la masse commune. Mais le premier soin de l'homme doit être d'étudier la terre, et de remarquer ce que la nature y a mis de plus digne de notre admiration ; la terre nous intéresse bien plus que la connaissance des astres. Quelle espérance, en effet, peuvent avoir les hommes de connaître le ciel ? Qu'y a-t-il de plus insensé que de vouloir parcourir le royaume de Jupiter, dont on ne connaît point les routes, et de négliger, par une paresse condamnable, les merveilles que nous avons sous nos yeux ? Nous nous tourmentons, malheureux que nous sommes, pour des bagatelles, et nous en faisons un sujet de travail, afin de nous payer ainsi de nos peines ; et les arts qui nous conduisent à la connaissance du vrai sont négligés honteusement, comme quelque chose de vil, et dont on ne peut attendre aucun profit. Les laboureurs ne se donnent point de relâche dans la culture de leurs champs ; ils s'endurcissent à ce travail ; l'expérience leur apprend à quel usage chaque terre est bonne : l'une convient mieux au blé, et l'autre à la vigne ; celle-ci est plus propre à produire des platanes, et celle-là des herbes ; les pâturages viennent mieux ici, et là les forêts ; il faut planter les oliviers dans un terrain aride ; l'orme se plaît dans un terrain moins sec et plus vigoureux : ils se tourmentent l'esprit et le corps dans l'unique soin de recueillir de riches moissons, de faire des vendanges abondantes, et de remplir leurs greniers d'un énorme amas de foin. C'est ainsi que, toujours avides, nous nous livrons encore à d'autres travaux, qui nous paraissent plus lucratifs que ceux-là ; nous fouillons les entrailles des montagnes, pour y trouver des mines d'or ou d'argent ; nous appliquons le fer et le feu à la terre pour en arracher ce métal : libres de ces soins frivoles, nous devrions, au contraire, consacrer cette ardeur à acquérir des connaissances plus dignes de l'homme ; ce sont là les fruits dont l'esprit doit se nourrir ; une belle récompense paye nos efforts, c'est de savoir ce que la terre a de caché dans son sein, de ne rien ignorer de tout ce qui s'y fait, de pouvoir rendre raison des frémissements de l'Etna, de connaître le

Ordine, quæve suo careant incondita cursu ;
Scire vices etiam signorum et tradita jura ;
Nubila cur cœlo terræ denuntiet imbres,
Quo rubeat Phœbe, quo frater palleat igne ;
Tempora cur variant anni, ver, prima juventa, 235
Cur æstate perit, cur æstas ipsa senescit,
Autumnoque obrepit hiems et in orbe recurrit ;
Axem scire Helices, et tristem nosse cometen,
Lucifer unde micet, quave Hesperus, unde Bootes ;
Saturni cur stella tenax, cur Martia pugnax ; 240
Quo rapiant nautæ, quo sidere lintea tendant,
Scire vias maris, et cœli prædicere cursus ;
Quo volet Orion, quo Sirius incubet index ;
Et quæcumque jacent tanto miracula mundo,
Non digesta pati, nec acervo condita rerum, 245
Sed manifesta notis certa disponere sede
Singula, divina est animi ac jucunda voluptas.
Sed prior hæc hominis cura est dignoscere terram,
Et quæ hujus miranda tulit natura notare ;
Hæc nobis magis affinis cœlestibus astris. 250
Nam quæ mortales, spes est, quæ amentia major,
In Jovis errantem regno perquirere velle,
Tantum opus ante pedes transire et perdere segnes ?
Torquemur miseri in parvis, premimurque, labores
Ut sese pretio redimant, verumque professæ, 255
Turpe ! silent artes, viles inopesque relictæ.
Noctes atque dies festinant arva coloni,
Callent rure manus, glebarum expendimus usum ;
Fertilis hæc segetique feracior, altera viti,
Hæc platanis humus, hæc herbis dignissima tellus, 260
Hæc dura et melior pecori, silvisque fidelis,
Aridiora tenent oleæ, succosior ulmis
Grata : leves cruciant animos et corpora caussæ,
Horrea uti saturent, tumeant et dolia musto,
Plenaque desecto surgant fenilia campo. 265
Sic avidi semper, qua visum est carius istis,
Scrutamur rimas, et vertimus omne profundum,
Quæritur argenti semen, nunc aurea vena,
Torquentur flamma terræ, ferroque domantur.
Implendus sibi quisque bonis est artibus ; illæ 270
Sunt animi fruges ; hæc rerum maxima merces,
Scire quid occulto terræ natura coercet,

principe de ses agitations, de ne plus pâlir au bruit imprévu qui retentit dans ses flancs, de ne plus croire que les dieux ont transporté du ciel dans ses abîmes les marques de leur courroux; de connaître enfin ce qui retient les vents dans le sein de la montagne, ce qui nourrit ses feux éternels, comment un long et profond silence y succède tout à coup à d'effroyables mugissements; pourquoi de nouvelles forces renaissent dans ses abîmes, soit qu'elles se raniment dans ses entrailles mêmes, ou qu'elles viennent des vents que la terre attire dans ses profondeurs par de petits soupiraux.

Cela arrive surtout sur le sommet hérissé de l'Etna : en butte à tous les vents, il les reçoit de toutes parts dans des cavernes; et ces vents contraires, introduits dans ses antres, deviennent plus furieux par leur union, soit que les nuées et le vent du midi les poussent en dedans, soit que, prêts à sortir, quelque autre obstacle les oblige à rentrer. L'eau de la mer, qui s'y glisse avec bruit par des cavités intérieures, chasse ces vents enflammés, et resserre les corps qu'elle rencontre à son passage. De même que, dans la trompette appelée triton, l'eau qu'on y pousse avec violence chasse l'air, et produit, selon l'art de celui qui fait jouer l'instrument, un son qui fait retentir la voûte du théâtre; de même les torrents d'eau qui coulent dans les cavernes de l'Etna refoulent l'air, qui, ainsi comprimé, s'efforce de sortir, et fait entendre de longs mugissements.

On doit croire, en effet, que la cause des vents qui se forment dans cette montagne est la même que la cause des vents qui se forment sur la surface de la terre; et que, lorsque plusieurs matières se trouvent pressées dans le sein de l'Etna, les unes, comprimées par le poids des autres, tombent dans ses cavernes et entraînent avec elles celles qui étaient déjà prêtes à se détacher de la masse, jusqu'à ce qu'elles aient trouvé des obstacles qui les arrêtent. Que si l'on n'est pas tout à fait de mon avis, et qu'on donne d'autres causes à ces vents, du moins on ne peut disconvenir que des rochers et des cavernes ne s'écroulent quelquefois avec un grand fracas, et que leur chute ne refoule l'air qui se trouve aux environs, et ne le contraigne de s'échapper de toutes parts : par la même raison, on voit les vents refoulés dans l'air par des nuées même peu épaisses, ce qui arrive d'ordinaire dans les campagnes qui sont arrosées par quelque fleuve. En effet, c'est de ces contrées que sort une vapeur qui forme le vent. On voit régner sur les petites rivières même un faible vent, auquel ces vapeurs impriment une grande agitation. Or, si les vents ont tant de force en plein air, il faut nécessairement qu'ils en aient davantage, et qu'ils produisent des effets bien plus violents, lorsqu'ils sont enfermés. Ces vents, formés de la même manière dans des cavités, sont mis en mouvement par les mêmes causes; ils s'agitent dans ces conduits étroits; l'un s'efforce de s'ouvrir un passage que ferme l'autre; de même que, sur la mer, lorsqu'elle est agitée par la violence des vents, les flots s'élèvent et se

Nullum fallere opus, non mutos cernere sacros
Ætnæi montis fremitus, animosque furentis,
Non subito pallere sono, nec credere subter 275
Cœlestes migrasse minas ad Tartara mundi;
Nosse quid impediat ventos, quid nutriat ignes.
Unde repente quies et multo fœdere pax sit;
Cur crescant animi penitus, seu forte cavernæ
Introitusque ipsi fervent, seu terra minutis 280
Rara foraminibus tenues in se abstrahit auras.
Planius hoc etiam, rigido qua vertice surgit,
Illinc infestus, atque hinc obnoxius, intus
Undique diversas admittere cogitat auras;
Et conjuratis addit concordia vires; 285
Sive introrsus agunt nubes et nubilus Auster,
Seu forsan flexere caput, tergoque feruntur.
Præcipiti delata sono premit unda, fugatque
Torrentes auras, pulsataque corpora densat.
Nam veluti, resonante diu Tritone canoro, 290
Pellit opes collectus aquæ, victusque movetur
Spiritus, et longas emugit buccina voces;
Carmineque irriguo magni cortina theatri
Imparibus numerosa modis canit arte regentis,
Quæ tenuem impellens animam subremigat undam : 295
Haud aliter submota furens torrentibus aura
Pugnat in angusto, et magnum commurmurat Ætna.
Credendum est etiam ventorum exsistere caussas

Sub terris similes harum, quas cernimus extra;
Ut quum densa premunt inter se corpora, turba 300
Elisa in vacuum fugiant, et proxima secum
Momine tota trahant, tutaque in sede resistant.
Quod si forte mihi quædam discordia tecum est,
Principiisque aliis credas consurgere ventos,
Non dubium rupes aliquas, penitusque cavernas 305
Proruere ingenti sonitu, casuque propinquas
Diffugere impellique animas; hinc cernere ventos,
Aut humore etiam nebulas effundere largo,
Ut campis agrisque solent, quos obruit amnis.
Vallibus exoriens caligat nubilus aer, 310
Flumina parva ferunt auras, vis proxima vento est,
Eminus adspirat fortes et verberat humor.
Atque hæc in vacuo si tanta potentia eorum est,
Hoc plura efficiant intra, clausique necesse est.
His igitur caussis extra, penitusque coactus 315
Exagitat ventus, pugnans in faucibus, alter
Pugnantis suffocat iter; velut unda profundo
Terque quaterque exhausta graves ubi perbibit Euros,
Ingeminant fluctus et primos ultimus urget,
Haud secus adstrictus certamine tangitur ictu 320
Spiritus, involvensque suo sibi pondere vires,
Densa per ardentes exercet corpora venas,
Et quacumque iter est, properat, transitque morantem,
Donec confluvio revolutis æstibus amnis

poussent réciproquement; l'air, ainsi pressé dans les cavernes de l'Etna, et tirant de cette pression même une nouvelle force, s'échappe aussitôt par tous les endroits où il trouve une issue, et fait tourbillonner les matières qu'il rencontre, jusqu'à ce qu'étant devenues liquides par la chaleur que leur donne ce mouvement, elles sortent elles-mêmes, comme un fleuve de feu vomi par l'Etna furieux. Que si l'on croit que les vents s'introduisent dans l'Etna par les mêmes ouvertures qui leur servent d'issue, la simple inspection des lieux convaincra du contraire. Car, dans le temps même que le ciel est le plus pur et que le soleil brille de tout son éclat, l'on aperçoit toujours au-dessus de la montagne un nuage épais et obscur, qu'aucune agitation ne saurait dissiper ; il suit, à la vérité, l'impulsion du vent qui l'agite, mais il revient ensuite à la même place. On doit juger de ce qui se passe au dedans de la montagne par ce que l'on en voit au dehors. On peut voir encore sur le sommet de l'Etna, et à l'entrée même des plus grandes cavernes dont l'œil ne saurait sonder la profondeur, des gens qui apaisent par des sacrifices les divinités célestes, pourvu qu'en ce moment rien ne ranime les flammes, principe de tant de merveilles, et que l'intérieur de la montagne soit tranquille. Ici vous vous demandez peut-être ce qui fait que ce vent impétueux, qui engloutit les masses de terre et les rochers, et qui lance des feux avec tant de fureur, retient ses forces et met tout à coup un frein à sa violence; surtout pourquoi il n'emporte jamais les corps que leur propre poids fait pencher vers leur ruine, et qu'il ne renverse pas les voûtes des cavernes. En voici la raison, si je ne me trompe : le mouvement de la flamme est si rapide et si léger,

qu'il échapperait souvent à notre vue, quand même nous pourrions porter nos regards jusqu'au fond de la montagne, et ces corps ont un certain poids : le vent ne fait donc que les battre et les ébranler. La flamme de la torche sacrée que le prêtre agite de sa main mouillée d'eau lustrale fouette le visage, et imprime une secousse au corps qui semble s'avancer au devant, tant il suffit d'une petite cause pour mettre en mouvement une grande force ; et toutefois le vent de cette flamme n'emporte ni la cendre, ni la paille légère, ni l'herbe sèche, et ne brûle pas les plantes les plus voisines : la fumée s'élève dans les airs au-dessus des autels parfumés, tant cette flamme est inoffensive, et respecte même ce qu'elle touche.

Que ce soit l'air du dehors, ou celui qui se trouve enfermé dans l'Etna, qui le mette en mouvement; il est certain que c'est cet air agité qui produit toute l'impétuosité du feu, et c'est ce feu qui lui fait vomir ces torrents de sable noir et ces roches embrasées qui en sortent avec le fracas de la foudre. C'est ainsi qu'on a vu quelquefois des forêts entières s'enflammer par l'extrême agitation que le vent donne aux branches des arbres, qui s'entre-choquent mutuellement.

N'adoptez pas cette erreur du vulgaire ignorant, qui s'imagine que l'Etna cesse de vomir des feux parce que ses cavernes sont épuisées, et que les intervalles que cette montagne met entre ses incendies sont nécessaires pour réparer ses forces abattues, et permettre à l'eau et au feu d'y recommencer de nouveaux combats; repoussez cette opinion également fausse, et injurieuse à la divinité. Les dieux ne sont pas réduits à une disette si honteuse, qu'ils manquent de matière pour faire subsister des feux qu'ils ont

Exsilit; atque furens tota vomit igneus Ætna. 325
Quod si forte putas iisdem decurrere ventos
Faucibus, atque iisdem pulsos remeare, notandas
Res oculis locus ipse dabit, cogetque negare.
Quamvis cæruleo siccus Jove frigeat æther,
Purpureoque rubens surgat jubar aureus ostro, 330
Illinc obscura semper caligine nubes
Pigraque defuso circumstupet humida vultu ;
Prospectat sublimis opus, vastosque recessus,
Non illam fugat Ætna, nec ullo intercipit æstu,
Obsequitur quacumque jubet levis aura reditque. 335
Placantes etiam cœlestia numina ture
Summo cerne jugo, vel qua liberrimus Ætna
Improspectus hiat, tantarum semina rerum
Si nihil irritet flammas, stupeatque profundum,
Hic igitur cernis, torrens ut spiritus ille, 340
Qui rupes terramque vorat, qui fulminat ignes,
Correxit vires, et præceps flexit habenas.
Præsertim ipsa suo declivia pondere nunquam
Corpora deripiat, validoque absolverit arcu ;
Quod nisi fallor, adest species, tantusque ruinis 345
Impetus attentos oculorum transfugit ictus ;

Nec levitas tanta est : igitur ferit aura, movetque.
Sparsa liquore manus sacros ubi ventilat ignes,
Verberat ora tamen, pulsataque corpora nostra
Incursant ; adeo tenuis vim caussa repellit ! 350
Non cinerem, stipulamve levem, non arida sorbet
Gramina, non plantis exuritur humor apricis.
Surgit odoratis sublimis fumus ab aris ;
Tanta quies illi est, et fax innoxia rapti.

Sive peregrinis igitur, propriisve potentes 355
Conjurant animæ caussis ; ille impetus ignis,
Et montis partes atra subvertit arena,
Vastæque concursu trepidantia saxa fragoris
Ardentesque simul flammas et fulmina rumpunt.
Haud aliter, quam quum prono jacuere sub Austro, 360
Aut Aquilone fremunt silvæ, dant brachia nodo
Implicitæ, ac serpunt junctis incendia ramis.

Nec te decipiant stolidi mendacia vulgi,
Exhaustos cessare sinus ; dare tempora rursus,
Ut reparent vires, repetantque in prælia victi. 365
Pelle nefas animo, mendacemque exue famam,
Non est divinis tam sordida rebus egestas.

allumés. L'Etna ne va point solliciter de faibles secours ou des souffles légers; il a toujours des légions de vents prêts à produire ses merveilles. Mais la cause qui empêche le feu de sortir, et qui en arrête le cours, n'est pas bien connue. Les entrées des cavernes sont souvent remplies par l'éboulement de quelque partie de la montagne, qui, fermant le passage aux vents, arrête les efforts qu'ils font dans l'intérieur pour s'échapper : les voûtes écroulées n'ont plus aucun mouvement. L'Etna, comme fatigué de son travail, semble alors se reposer, et les vents eux-mêmes se retirent. Mais quand leur fureur a été quelque temps suspendue, ils pressent et poussent avec plus de violence ces masses énormes qui les tenaient comme enchaînés; ils rompent les digues qui les arrêtaient, ils renversent tout ce qui se trouve sur leur passage; et les obstacles redoublant encore cette impétuosité, ces feux, nourris par les matières combustibles de la montagne, sortent avec violence, et se répandent dans les campagnes voisines. Dès que les vents s'apaisent, cette montagne n'offre plus à l'homme aucun spectacle.

Toutefois ce n'est pas qu'elle manque de matière; la terre lui en fournit sans cesse pour de nouveaux embrasements : que les vents soufflent, et aussitôt s'allumeront les matières combustibles qui servent d'aliment au feu. Car l'Etna est rempli de soufre liquéfié; un suc épais y coule comme un fleuve intarissable; il contient une grande quantité de bitume, ainsi que tout ce qui est propre à s'enflammer. Telle est la nature de l'Etna. L'odeur qu'exhalent les sources qui sortent du pied de cette montagne ne permettent pas de douter qu'il n'y ait dans ses entrailles de ces torrents de soufre et de bitume.

On peut aisément voir qu'une partie de la montagne est composée de pierres dures, dont le suc gras entretient les incendies : il y a aussi de certaines pierres, qui n'ont point de nom, qui se fondent et coulent comme des torrents, lorsque la montagne est embrasée; la nature les a rendues très-propres à conserver le feu qu'elles contiennent. Mais c'est surtout la pierre à meule qui entretient les feux de l'Etna : de cette pierre se compose la plus grande partie de cette montagne : si par hasard on la tient dans la main, et qu'on en examine la force, on se persuadera qu'elle n'est point propre à conserver le feu, ni à le communiquer à d'autres matières; mais dès qu'on la frappe avec du fer, on en voit sortir des étincelles. Si on la jette dans un feu bien ardent, on la voit changer aussitôt, perdre sa dureté, et se fondre en aussi peu de temps que le fer; elle change d'aspect et s'altère au contact du feu. Quand elle est une fois enflammée, il n'y a rien qui conserve plus longtemps et avec plus d'opiniâtreté le feu, qui semble dompté par elle et en recevoir la loi : elle perd rarement sa vertu, et ne laisse guère échapper le feu qu'elle renferme : son tissu dur et serré fait qu'elle retient longtemps le feu qu'elle a reçu par des pores étroits; et comme il ne s'y est introduit qu'avec peine et avec lenteur, il n'en sort qu'avec la même difficulté. Cette pierre dont est formé en grande partie l'Etna n'est pourtant pas la seule cause de ses embrasements, comme je l'ai déjà remarqué; mais ce qu'elle a de merveilleux, c'est la propriété de conserver le

```
Nec parvas mendicat opes, nec corrogat auras;
Præsto sunt operæ ventorum examina semper.
Caussa latet, quæ rumpat iter, cogatque morari.        370
Sæpe premit fauces magnis exstructa ruinis
Congeries, clauditque vias, luctamine ab imo,
Et scisso veluti tecto, sub poudere restat.
Haud secus ac tenero tum sub Jove frigida monti
Desidia est, retroque liquet discedere ventos.         375
Post ubi continuere moram, velocius urgent,
Pellunt oppositas moles ac vincula rumpunt,
Quidquid in obliquum est frangunt iter; acrior ictu
Impetus exoritur, magnis operata rapinis
Flamma micat, latosque ruens exundat in agros,        380
Si cessant a jure, ferunt spectacula venti.
   Nunc superant, quæcumque regant incendia, silvæ,
Quæ flammis alimenta vacent, quid nutriat Ætnam.
Incendi patiens illis vernacula caulis
Materia, appositumque igni genus utile terræ est.     385
Uritur assidue calidus nunc sulfuris humor,
Nunc spissus crebro præbetur flumine succus,
Pingue bitumen adest, et quidquid cominus acres
Irritat flammas; illius corporis Ætna est.
   Atque hanc materiam penitus discurrere, fontes      390
Infectæ erumpunt et aquæ radice sub ipsa.

   Pars oculis manifesta jacet, quæ corpore duro est,
Ac lapis; in pingui fervent incendia succo.
Quin etiam vario quædam sub nomine saxa
Toto monte liquant; illis custodia flammæ             395
Vera tenaxque data est; sed maxima caussa molaris
Illius incendi lapis, is sibi vindicat Ætnam.
Quem si forte manu teneas et robora cernas,
Nec servare putes ignem, nec spargere posse.
Sed simul ac ferro quæres, respondet, et ictu         400
Scintillat calor : hunc multis circumdato flammis,
Et potes extorquere animos; atque exsue robur,
Funditur ferro citius : nam mobilis illi
Et metuens natura mali est, ubi cogitur igni.
Sed simul atque hausit flammas, non tutior haustis    405
Ulla domus, servans aciem, duransque tenaci
Septa fide : tanta est illi patientia victo!
Vix unquam redit in vires, atque evomit ignem.
Totus enim denso stipatus robore tarda,
Per tenues admissa vias, incendia nutrit,             410
Cunctanterque eadem pigreque accepta remittit.
Nec tamen hoc uno, quod montis plurima pars est,
Vincit, et incendi caussam tenet ille; profecto
Miranda est lapidum vivax, animosaque virtus.
Cætera materies, quæcumque est fertilis igni,         415
```

feu. Toute autre matière combustible s'éteint pour jamais dès qu'elle a été une fois brûlée : il ne lui reste plus aucune qualité qui lui permette de s'enflammer de nouveau ; elle est réduite en cendres, ou en une terre morte sans suc et sans vertu. Celle-ci, au contraire, ne s'allume pas une seule fois, mais mille ; elle renouvelle toujours ses forces, et ne cesse d'entretenir le feu, jusqu'à ce que, toute sa substance étant enfin consumée, elle soit entièrement calcinée et devienne de la pierre-ponce, qui tombe en cendres et en poussière. On peut voir ailleurs des montagnes autrefois embrasées, et qui contenaient même une plus grande quantité de matière combustible. Mais on peut juger sûrement, par la couleur même des pierres de ces montagnes, qu'elles n'ont fourni aucun aliment au feu, au milieu duquel elles sont sans action. On connaît, à certaines marques, que l'île de Pithécuse a jeté autrefois du feu ; mais elle est aujourd'hui refroidie et silencieuse. Il y a aussi entre Cumes et Naples un endroit où l'on ne voit aucun vestige de feu depuis plusieurs années, quoique le terrain gras y produise continuellement du soufre, que l'on ramasse pour le vendre. Il y a encore une île qui tire son nom de sa forme ronde, et où cette matière abonde bien plus que dans l'Etna. La superficie de cette île est composée de soufre, et la terre n'y contient aucune cavité ; il s'y forme même une espèce de pierre propre à conserver le feu : d'elle-même cette île jette rarement des flammes ; elle brûle à peine lorsqu'elle est allumée, parce que la matière combustible qu'elle contient n'a pas assez de consistance pour entretenir longtemps le feu. Une autre île consacrée à Vulcain, dont elle tire son nom, brûle encore aujourd'hui ; cependant la plus grande partie de cette île enflammée est éteinte, et les vaisseaux agités sur la mer trouvent un asile dans son port, qui les met à l'abri de la tempête. L'autre partie qui jette encore des feux est la moindre ; elle est assez abondante en matière combustible, mais les feux n'en sont pas comparables à ceux de l'Etna : il n'y en resterait même plus depuis longtemps, si le suc de la terre n'y produisait peu à peu, dans des cavités souterraines, une nouvelle matière, et si différents vents ne s'agitaient dans des canaux étroits, n'allumaient cette matière, et ne perpétuaient l'embrasement.

Mais on connaît mieux l'Etna par lui-même ; il fournit des preuves convaincantes de ses incendies. Il n'en tient point la cause cachée dans le fond de ses cavernes, puisqu'il jette sur les flancs et jusqu'au pied même de la montagne des pierres brûlées, et qu'on en trouve partout mêlées avec la terre ; en sorte qu'on ne peut douter que la pierre à meule n'entretienne ses feux, et qu'elle ne soit la principale matière de ses embrasements, qui sont plus ou moins considérables, selon qu'elle est plus ou moins abondante. Dès que cette pierre est assez embrasée pour s'allumer, elle se détache, et, tombant sur d'autres matières, elle les enflamme et les fait fondre. Il n'est pas surprenant de voir cesser au dehors les agitations de l'Etna ; pendant ce temps-là, le feu se nourrit en dedans avec plus d'avidité ; la pierre à meule embrase une plus grande quantité de nouvelles matières, et annonce, par des signes certains, les flammes que le mont va bientôt vomir. Dès que les vents commencent à souffler et apportent la menace d'un grand ravage, les carrières se fendent, la terre tremble, les ouver-

Ut semel accensa est, moritur ; nec restat in illa,
Quod repetas, tantum cinis et sine semine terra est.
Hic semel atque iterum patiens, ac mille perhaustis
Ignibus, instaurat vires, nec desinit ante,
Quam levis excocto defecit robore pumex.   420
In cinerem putresque jacet dilapsus arenas.
Cerne locis etiam similes arsisse cavernas,
Illic materiæ nascentis copia major.
Sed genus hoc lapidis, certissima signa coloris,
Quod nullas adjunxit opes et languet in ignes.   425
Dicitur insignis flagrasse Ænaria quondam,
Nunc exstincta stupet ; testisque Neapolin inter
Et Cumas locus est, multis jam frigidus annis,
Quamvis æternum pinguescat ab ubere sulfur.
In mercem legitur tantum. Fecundior Ætna   430
Insula, cui nomen facies dedit ipsa Rotundæ.
Sulfur enim solum, nec obesa cavamine terra est,
Et lapis adcretus regerendis ignibus aptus ;
Sed raro fumat, quin vix, si accenditur, ardet,
In breve mortales flammas quod copia nutrit.   435
Insula durat adhuc, Vulcani nomine sacra,
Pars tamen incendi major refrixit, et alto

Jactatas recipit classes, portuque tuetur
Quæ restat minor et dives satis ubere terra est,
Sed non, Ætnæis vires, quas conferat, illi.   440
Atque hæc ipsa tamen jam quondam exstincta fuisset,
Ni furtim adgeneret secretis callibus humor
Materiam, silvamque suam, pressaque canali
Huc illuc ageret ventos, et pasceret ignes.
    Sed melius res ipsa nota est, spectataque veris 445
Occurrit signis, nec tentat fallere pestis ;
Nam circa latera, atque imis radicibus Ætnæ
Candentes efflat lapides, disjectaque saxa
Intereunt venis, manifesto ut credere possis
Pabula et ardendi caussam lapidem esse molarem,   450
Cujus defectus jejunos colligit ignes.
Ille, ubi collegit flammas, jacit et simul ictu
Materiam accendit, cogitque liquescere secum.
Haud equidem mirum factu, quod cernimus extra,
Si lenitur opus reses ; at magis uritur illic,   455
Sollicitatque magis vicina incendia saxum,
Certaque venturæ præmittit pignora flammæ.
Nam simul atque movent Euri, turbamque minantur,
Diffugit, extemploque solum tremit, actaque rima

tures qui s'y font laissent entendre un bruit confus, et donnent un libre passage à l'incendie. C'est alors que, saisi de crainte, il faut prendre la fuite et s'éloigner, pour aller considérer cette scène de désolation du haut de quelque colline. Car alors l'Etna ne manque jamais de donner des spectacles effrayants; il s'enflamme et lance des rochers embrasés : on voit s'écrouler des monceaux de la montagne arrachés par les flammes; et des nuées d'un sable noir et brûlé sont accompagnées, en sortant de ces abîmes, d'un épouvantable fracas. Ensuite l'Etna, comme fatigué, semble prendre du repos; les flammes qu'il a lancées n'y rentrent point, et plus il en a vomi, plus il est tranquille. On voit alors les matières qu'il a rejetées éparses et sans aucun mouvement, comme on voit, après la défaite d'une armée, les troupes taillées en pièces sur le champ de bataille. Il reste aux pierres qui ont cédé à la fureur des flammes, une surface plus rude et plus inégale qu'auparavant; elles ressemblent à l'écume que jette le fer lorsqu'on le purifie dans le feu. Car les pierres à meule, cuites et brûlées dans l'Etna comme dans une fournaise, perdent tout leur feu et deviennent de la pierre-ponce, laquelle est sans vertu et d'une extrême légèreté; dans cet état, elles s'élèvent facilement des cavernes du mont Etna, et s'échappent par les issues de la montagne : comme la matière fondue que ces pierres ont fournie est aussi en mouvement par la chaleur qui l'a rendue liquide, elle s'élance aussi et coule par les mêmes issues; c'est d'abord comme un fleuve tranquille; tombant ensuite du haut de la montagne, elle va quelquefois se répandre jusqu'à douze milles au milieu des campagnes voisines, sans que rien puisse l'arrêter, sans qu'aucune digue soit capable de s'opposer à sa violence : forêts, rochers, elle dévore tout ce qu'elle rencontre. Ce fleuve de feu prend de nouvelles forces dans la nature même du terrain qu'il parcourt, et qui devient liquide comme lui. Si par hasard il vient à couler dans un endroit creux (car les lieux par lesquels il passe sont fort inégaux,) alors, comme ses flots y tombent avec plus de rapidité, son impétuosité redouble, et il pousse avec violence ses premiers flots, qui étaient presque sans mouvement. C'est ainsi qu'on voit sur la mer, lorsqu'elle commence à être agitée, les premières vagues, quoique d'un moindre volume, pousser avec violence de plus grandes masses d'eau, s'étendre, et être ensuite repoussées elles-mêmes. Si cette matière fondue rencontre de l'eau sur son passage, le froid la resserre, et cette masse en s'endurcissant jette de la fumée. Quelquefois, entraînée par son propre poids, elle roule avec un grand bruit : si elle tombe d'un endroit élevé sur un rocher, elle le brise avec éclat; l'endroit où il a été brisé paraît tout en feu; il pétille, et la flamme en sort. Si on regarde ce spectacle d'un lieu éloigné, on voit le feu se propager de tous côtés avec une extrême vitesse. Si cette matière liquide vient à rouler dans quelque fleuve, elle se gèle et s'endurcit, de sorte qu'on peut à peine l'ébranler avec des leviers; et l'on emploie fort souvent plusieurs jours pour la tirer de l'eau où elle s'est précipitée.

En vain j'entreprendrais de vous donner des raisons de tous ces phénomènes et de vous en développer les causes, si vous vous arrêtez encore aux fables des poëtes, ou si vous croyez qu'une

```
Et grave sub terra murmur demonstrat et ignes.        460
Tum pavidum fugere et sacris tum cedere rebus
Par erit; e tuto speculaberis omnia colli.
Nam subito efferunt operosæ incendia rupis,
Accensæ subeunt moles, truncæque ruinæ
Provolvunt, atque atra sonant examina arenæ.         465
Nec recipit flammas mons hic, defessus anhelat,
Utque aperit se hostis, decrescit spiritus illi.
Haud aliter quam quum læto devicta tropæo,
Prona jacet campis acies, et castra sub ipsa.
Tum si quis lapidum summo pertabuit igni,            470
Asperior sopita et quædam sordida fæx est,
Qualem purgato cernis decedere ferro.
Verum ubi paullatim exsiluit sublata caduci
Congeries saxi se angusto e vertice purgans;
Sic, veluti in fornace lapis, torretur, et omnis     475
Exsuitur penitus venis; subit altius humor,
Amissis opibus levis et sine pondere pumex
Excutitur, liquor ille magis fervere magisque,
Fluminis in speciem mitis procedere tandem
Incipit, et primis demittit collibus undas.          480
Illæ paulatim bis sena in millia pergunt,
Quippe nihil revocat, certis nihil ignibus obstat,
Nulla tenet frustra moles; simul omnia purgant,
Nunc silvas rupesque vorant hæc tela, solumque
Ipsum adjutat opes, facilesque sibi induit amnis.    485
Quod si forte cavis cunctatus vallibus hæsit,
Utpote inæquales volvens perpascitur agros,
Ingeminat fluctus et stantibus increpat undis :
Sicut quum curvo rapidum mare cernitur æstu,
Ac primum tenuis sinus exigit ulteriores,            490
Progrediens late diffunditur et subcernens.
Flumina consistunt ripis ac frigore durant,
Paullatimque ignes coeunt, ac flammea massis
Exsuitur facies; tum prima ut quæque rigescit,
Effumat moles, atque ipso pondere tracta             495
Volvitur ingenti strepitu, præcepsque sonanti
Quum solido inflicta est, pulsantis dissipat ictus;
Et qua discussa est, candenti robore fulget,
Et micat examen plagis, ardentia saxa
Scintillant. Procul ecce vide, procul ecce ruentes : 500
Incolumi fervore cadunt; verum impetus ignes
Sic cumulat, quondam ut ripas trajecerit amnis.
Vix cuneis quisquam fixis dimoverit illas.
Vicenos persæpe pedes jacet obruta moles.
Sed frustra certis disponere singula caussis         505
```

autre matière, fondue par les feux de l'Etna, se mêlant avec la pierrre à meule, lui communique ses propriétés, et que le soufre joint au bitume produit seul ces embrasements. Une preuve qu'il n'y a point ce mélange de matières, c'est que la montagne, après avoir jeté de la pierre à meule, vomit séparément de la craie brûlée : aussi voit-on, dans le voisinage, des ouvriers en argile, lesquels emploient cette craie, qui, condensée ensuite par le froid, reprend sa première dureté. Ces raisonnements, direz-vous, sont vagues et sans fondement : je vais donc vous donner des preuves plus certaines de ce que j'avance. Comme l'airain, avant d'avoir passé par le feu ou après avoir été fondu, conserve sa nature et ne permet pas de douter qu'il ne soit toujours le même métal, de même la pierre à meule, soit après avoir été liquéfiée par les flammes, soit avant qu'elle ait reçu aucune atteinte, jouit toujours des mêmes propriétés, et l'on voit à sa surface des marques du feu qu'elle contient. D'ailleurs la violence de l'incendie ne lui ôte rien à l'extérieur ; elle ne perd ni sa couleur, ni son odeur, ni son poids ; et quoique fragile alors, elle a toujours les mêmes qualités et présente aux yeux le même aspect. Je conviens cependant qu'il y a d'autres pierres qui sont de nature à s'embraser par le feu qu'elles renferment : c'est leur propriété particulière. Les Siciliens ont donné à ces pierres le nom de polissoires. Ils veulent aussi faire entendre par ce nom même qu'elles ont la propriété de se fondre. Elles ne se fondent pourtant jamais, quoiqu'elles contiennent une grande quantité de suc, à moins qu'elles ne se trouvent mêlées dans des veines de la pierre à meule.

Si quelqu'un est surpris de la propriété qu'a cette pierre de se fondre, qu'il lise un traité ancien, plein de vérités, quoique obscur, et il apprendra que rien ne résiste à la force du feu, qui est le premier principe de toutes choses. Au fond, cela ne doit pas paraître si surprenant, puisque les corps les plus denses et les moins poreux sont dissous par le feu. Ne voit-on pas la dureté du bronze céder à la violence des flammes ? et le feu liquéfier même le fer, plus dur encore que tout cela ? Lorsque les pierres les plus dures, dans les veines desquelles se trouve de l'or, sont mises dans un fourneau, n'en voit-on pas couler ce précieux métal ? Il y a peut-être d'autres pierres cachées dans le sein de la terre qu'on ne connaît point, et qui ont la même propriété. Il n'est pas nécessaire d'employer ici les subtilités du raisonnement ; les yeux seuls suffisent pour s'instruire. En effet, cette pierre, naturellement très-dure, résiste lorsqu'on veut la brûler à l'air et à un petit feu. Mais qu'on l'enferme dans une fournaise ardente, elle ne se roidit plus contre le feu, et elle cède à sa violence jusqu'à s'amollir et devenir enfin liquide. Croyez-vous qu'on puisse augmenter par quelque nouvelle invention la violence de ce feu, pour la rendre égale à celui des fournaises de l'Etna, que tiennent allumées des flammes éternelles ? Ce feu a bien plus de véhémence que celui qui sert à notre usage ; il tient de la nature des feux célestes, ou de celui de la foudre dont Jupiter est armé. Le souffle d'un

Tentamus, si firma manet tibi fabula mendax,
Materiam ut credas aliam furere igne favillæ,
Plurima proprietate simul concrescere, sicque
Commixtum lento flagrare bitumine sulfur :
Nam posse exustæ cretæ quoque robora fundi,   510
Et figulos huic esse fidem ; dein frigoris usu
Duritiem revocare suam, et constringere venas.
Sed signum commune leve est, atque irrita caussa,
Quæ trepidat ; verum tibi certo pignore constet :
Nam velut arguti natura est æris, et igni   515
Quum domitum constat, eademque et robore salvo,
Utramque ut possis æris cognoscere partem ;
Haud aliter lapis ille tenet (seu forte madentes
Effluat in flammas, seu sit securus ab illis),
Conservatque notas, nec vultu perdidit ignes.   520
Quin etiam externum nulli color ipse resolvit,
Non odor, aut levitas : putris magis ille, magisque,
Una operis facies, eademque per omnia terra est.
Nec tamen inficior lapides ardescere certos,
Interius furere accensos : hæc propria virtus   525
Quin ipsis quædam Siculi cognomina saxis
Imposuere Fricas, etiam ipso nomine signant
Fusilium esse notas ; nunquam tamen illa liquescunt
Quamvis materies foveat succosior intus,
Nec penitus venæ fuerit commissa molari.   530

Quod si quis lapidis miratur fusile robur,
Cogitet obscuri verissima dicta libelli,
Et discet vero nihil insuperabile ab igni,
Omnia quo rerum naturæ semina jacta.
Nec nimium hoc mirum : densissima corpora sæpe   535
Et solido vicina, tamen compescimus igne.
Non animos æris flammis succumbere cernis ?
Lentitiem plumbum non exsuit ? ipsaque ferri
Materies prædura, tamen subvertitur igne ?
Spissaque suspensis fornacibus aurea saxa   540
Exsudant pretium ? Quædam fortasse profundo
Incomperta jacent, similique obnoxia sorti.
Nec locus ingenio est ; oculi, te judice, vincent :
Nam lapis ille riget perculsus, et ignibus obstat,
Si parvis torrere velis, cœloque patenti.   545
Candentem pressumque agedum fornace coerce ;
Nec sufferre potest, nec sævum durat in hostem :
Vincitur et solvit vires, captusque liquescit.
Quæ majora putas autem tormenta moveri
Posse manu ? quæ tanta putas incendia nostris   550
Sustentari opibus, quantis fornacibus Ætna
Uritur, a sacro nunquam non fertilis igne ?
Sed non qui nostro fervet moderatior usu,
Sed cœlo propior, vel quali Jupiter ipse
Armatus flamma est ; his viribus additus ingens   555

grand vent, resserré dans des canaux étroits, ajoute encore à sa violence; comme des forgerons, qui travaillent des barres de fer à coups de marteau redoublés, donnent plus d'activité au feu de leurs forges à l'aide des soufflets qu'ils agitent violemment. Pour tout dire en un mot, telle est la véritable cause des incendies du fameux Etna. La terre attire dans son sein des vents qui, pressés dans des cavités étroites, deviennent si impétueux, qu'ils peuvent embraser d'immenses rochers.

On va voir avec empressement des bâtiments magnifiques, des temples ornés des richesses des hommes, des statues de marbre, ou des monuments antiques; on traverse, dans ce but, et la terre et les mers; on court vers des ruines qui vont disparaître, tant nous respectons la fabuleuse antiquité! Tantôt l'on se plaît à visiter les murailles de Thèbes, dont Ogygès fut le premier roi, et les tombeaux des deux frères, dont l'un fut berger, et dont l'autre, si habile à jouer de la lyre, a transmis à la postérité son nom et celui de son frère, à cause des murs de Thèbes qu'il fonda. On assiste avec bonheur à ces scènes d'un autre âge; on voit avec étonnement les pierres qui, attirées par l'harmonie des vers et de la lyre d'Amphion, se placèrent elles-mêmes de manière à former les murs de cette fameuse ville; nous considérons avec le même étonnement la flamme qui, en consumant les corps des frères ennemis, se divisa en deux parties. Nous admirons l'histoire des sept capitaines, et de celui que la terre engloutit. La Laconie et les lois de Lycurgue arrêtent à Sparte notre curiosité : là nous admirons ces armées des Lacédémoniens qui observaient avec tant d'exactitude la discipline militaire. Ici

Athènes, cette fameuse ville que plusieurs poëtes ont rendue illustre, et qui se glorifie encore de la protection de la victorieuse Minerve, occupe notre esprit. C'est là, perfide Thésée, que tu oublias de mettre des voiles blanches à ton vaisseau, pour rassurer un père plein de tendresse. Quant à toi, Érigone, qui attiras sur Athènes le malheur dont elle fut affligée, tu es maintenant un astre éclatant. Ta postérité, ô Philomèle, fait son séjour ordinaire dans les forêts, qui retentissent de ses chants; ta sœur habite sous les toits des maisons, et le barbare Térée est errant dans les déserts. Nous allons visiter les ruines de Troie et ses forteresses, qui coûtèrent tant de larmes aux vaincus, après la perte d'Hector, dont nous voyons le tombeau, peu digne d'un si grand capitaine : celui d'Achille n'est pas loin de là, ni celui du vengeur d'Hector. Les statues et les tableaux des peintres de la Grèce charment encore nos regards : ici l'art nous représente Vénus sortant de l'onde : là de petits enfants qui jouent sous le glaive de Médée : c'est tantôt Agamemnon le visage couvert d'un voile, et tous les généraux de l'armée des Grecs accablés de tristesse devant l'autel de Diane, avant que la biche eût été envoyée; nous admirons enfin la vache de Myron, qui passa pour vivante, et qui lui acquit tant de gloire. Non-seulement la beauté, mais aussi le nombre de ces ouvrages, arrêtent les yeux des spectateurs.

Vous vous croyez obligés d'aller voir toutes ces choses, malgré les dangers du voyage et sur terre et sur mer : considérez le grand ouvrage de la nature dans les phénomènes du mont Etna, et vous ne verrez nulle part de spectacle semblable; surtout si vous le regardez vers le temps du

Spiritus, adstrictis elisus faucibus; ut quum
Fabriles operæ tudibus contundere massas
Festinant, ignes quatiunt, follesque trementes
Exanimant, pressoque instigant agmine ventos.
Hæc operis forma est; sic nobilis uritur Ætna.   560
Terra foraminibus vires trahit, urget in arctum,
Spiritus incendi vivit per maxima saxa.

   Magnificas ædes, operosaque visere templa
Divitiis hominum, aut sacra marmora, resve vetustas,
Trajicimus maria et terras; per proxima fatis   565
Currimus, atque avidi veteris mendacia famæ
Eruimus, cunctasque libet percurrere gentes.
Nunc juvat Ogygiis circumdata mœnia Thebis
Cernereque et fratres (ille impiger, iste canorus
Condere); felicesque alieno intersumus ævo,   570
Invitata pio nunc carmine saxa lyraque,
Nunc gemina ex uno fumantia sacra vapore
Miramur, septemque duces, raptumque profundo.
Detinet Eurotas illic et Sparta Lycurgi,
Et sacer in bellum numerus, sua turba regenti.   575
Nunc hic Cecropiæ variis spectantur Athenæ
Carminibus, gaudentque sua victrice Minerva :

Excidit hic reduci quondam tibi, perfide Theseu,
Candida sollicito præmittere vela parenti.
Tu quoque Athenarum crimen, jam nobile sidus,   580
Erigone; genus et vestrum, Philomela canoris
En volat in silvis, et tu, soror hospita, tectis
Acciperis; solis Tereus ferus exsulat agris.
Miramur Trojæ cineres et flebile victis
Pergamon, exstinctosque suo Phrygas Hectore, parvum
Conspicimus magni tumulum ducis; hic et Achilles   586
Impiger et victus magni jacet Hectoris ultor.
Quin etiam Graiæ fixos tenuere tabellæ,
Signave; nunc Paphiæ rorantes arte capilli,
Sub truce nunc parvi ludentes Colchide nati,   590
Nunc tristes circa subjectæ altaria cervæ,
Velatusque pater; nunc gloria viva Myronis.
Quin etiam illa manus operum, turbæque morantur.

   Hæc visenda putas terræ dubiusque marisque?
Artificis naturæ ingens opus adspice, nulla   595
Tu tanta humanis rebus spectacula cernes;
Præcipueque vigil fervens quum Sirius ardet.
Insequitur miranda tamen sua fabula montem;
Nec minus ille pius, quam fortis, nobilis ignis.

lever de la canicule. Ce qu'on en raconte est encore plus surprenant, et il faut que ses flammes aient autant de respect pour la piété, qu'elles ont de fureur et d'éclat. Un jour, le feu de cette montagne, après avoir renversé tous les obstacles et brisé toutes les digues qui s'opposaient à son passage, sortait avec violence et se répandait de tous côtés. Ce torrent, aussi prompt que la foudre, quand Jupiter en courroux la lance à travers les nuages qui obscurcissent le ciel, portait partout le ravage et la désolation. Les moissons et tous les lieux cultivés d'alentour, les maisons, les forêts, et les collines couvertes de verdure, tout était la proie de ce terrible fléau. Les flammes avaient à peine commencé à se répandre, que Catane se sentit agitée d'un violent tremblement de terre, et que l'incendie avait déjà pénétré dans la ville. Chacun tâche alors, selon ses forces et son courage, d'arracher ses richesses à la fureur du feu. L'un gémit sous le pesant fardeau de son argent; l'autre est si troublé qu'il prend ses armes, comme s'il voulait combattre un tel ennemi. Celui-ci, accablé sous le poids de ses richesses, peut-être acquises par ses crimes, ne peut avancer, tandis que le pauvre, chargé d'un fardeau plus léger, court avec une extrême vitesse; enfin chacun fuit, chacun emporte ce qu'il a de plus précieux; mais tous ne peuvent pas également le sauver. Le feu dévore les plus lents, et ceux qu'une sordide avarice a retenus trop longtemps; tel qui croit avoir échappé à la fureur de l'incendie en est atteint, et perd en un moment ses richesses et le fruit de ses peines. Ces précieuses dépouilles deviennent la proie des flammes, dont la fureur épargne seulement ceux que la piété anime, tels qu'Amphinomus et son frère, qui portaient tous deux avec un courage égal un bien précieux fardeau. Comme le feu gagnait déjà les maisons voisines, ils aperçoivent leur père et leur mère, accablés de vieillesse et d'infirmités et se soutenant à peine, à la porte de leur maison, où ils s'étaient traînés; ces deux enfants courent à eux, les prennent, et se partagent ce fardeau, sous lequel ils sentent augmenter leurs forces. Foule avare, épargne-toi la peine d'emporter tes trésors! jette les yeux sur ces deux frères, qui ne connaissent d'autres richesses que leur père et leur mère. Ils enlèvent ce trésor et marchent à travers les flammes, comme si le feu leur avait promis de les épargner. Oui, la piété filiale est la plus grande de toutes les vertus, et celle qui doit être la plus chère aux hommes! les flammes la respectent dans ces jeunes gens, et, de quelque côté qu'ils tournent leurs pas, elles se retirent. Jour heureux, terre fortunée! quoique l'incendie exerce de tous côtés sa fureur, les deux frères traversent les flammes comme en triomphe. Ils échappent l'un et l'autre, sous ce pieux fardeau, à la violence du feu, qui modère sa rage autour d'eux. Enfin ils arrivent, avec leurs dieux tutélaires, en un lieu sûr, sans avoir éprouvé aucun mal. Les poëtes ont chanté leurs louanges. Après leur mort, Pluton, voulant que leur mémoire fût à jamais célébrée, ne les confondit point parmi les ombres: ce saint couple de frères ne subit pas la destinée du commun des hommes; ils jouissent du bienheureux séjour réservé à la piété filiale.

Nam quando ruptis excanduit Ætna cavernis, 600
Et, velut eversis penitus fornacibus, ignis
Evecta in longum rapidis fervoribus unda est:
Haud aliter quam quum, sævo Jove, fulgurat æther,
Et nitidum obscura cœlum caligine torquet;
Ardebant arvis segetes, et millia culta 605
Jugera cum domibus, silvæ, collesque virentes.
Vix dum castra putant hostem movisse, tremebant,
Et jam finitimæ portas evaserat urbis.
Tum vero ut cuique est animus viresque, rapina
Tutari conantur opes: gemit ille sub auro, 610
Colligit ille arma, et stulta cervice reponit;
Defectum raptis illum sua crimina tardant,
Hic velox minimo properat sub pondere pauper,
Et quod cuique fuit cari, fugit ipse sub illo:
Sed non incolumis dominum sua præda sequuta est; 615
Cunctantes vorat ignis, et undique torret avaros,
Consequitur fugisse ratos, et præmia captis
Concremat, ac nullis parsura incendia pascunt,
Vel solis parsura piis. Namque optima proles,
Amphinomus fraterque pari sub pondere fortes, 620

Quum jam vicinis streperent incendia tectis,
Adspiciunt pigrumque patrem, matremque, senecta
Eheu! defessos posuisse in limine membra.
Parcite, avara manus, dites attollere prædas:
Illis divitiæ solæ materque paterque. 625
Hanc rapiunt prædam, mediumque exire per ignem,
Ipso dante fidem, properant. O maxima rerum,
Et merito pietas homini tutissima virtus!
Erubuere pios juvenes attingere flammæ,
Et quacumque ferunt illi vestigia, cedunt. 630
Felix illa dies, illa est innoxia terra.
Dextra sæva tenent, lævaque incendia fervent:
Ille per obliquos ignes, fraterque triumphant,
Tutus uterque pio sub pondere; suffugit illac,
Et circa geminos avidus sibi temperat ignis. 635
Incolumes abeunt tandem, et sua numina secum
Salva ferunt: illos mirantur carmina vatum;
Illos seposuit claro sub nomine Ditis,
Nec sanctos juvenes attingunt sordida fata,
Sed vere cessere domus et rura piorum. 640

NOTES SUR L'ETNA.

v. 17. *Ultima quis.* Lucilius appelle *ultima* l'expédition des Argonautes, parce qu'il en parle comme de l'antiquité la plus reculée. En effet, après le règne des dieux, c'est-à-dire, des premiers rois de la Grèce, il n'y a rien de plus ancien dans l'histoire que cette fameuse expédition.

v. 19. *Tristem natorum funere matrem.* Ce vers ne peut s'entendre d'une autre mère qu'Hécube; quoique Scaliger ait cru que le poëte voulait parler de Médée, ou d'Érope, femme de Thyeste. Ce savant critique n'a pas fait attention que le poëte parle ensuite du repas de Thyeste; et qu'outre qu'il rapporte encore le meurtre des enfants de Médée, cette mère dénaturée était bien éloignée de verser des larmes pour ses enfants, puisqu'elle les égorgeait elle-même. Ces larmes peuvent donc ne convenir qu'à Hécube, qui ne devait la perte de ses enfants qu'à sa malheureuse destinée. Cette reine, femme de Priam, après le sac de Troie, ayant appris la mort de Polydore, le dernier de ses fils et le seul qui lui restât d'un si grand nombre, que Polymnestor, son gendre, avait assassiné pour avoir ses richesses; et voyant encore immoler sa fille Polixène sur le tombeau d'Achille, versa tant de larmes et poussa de si grands hurlements, qu'Ovide dit qu'elle fut métamorphosée en chienne. *Métam.* l. XIII.

v. 23. *Fabula crimen.* On a préféré, avec Scaliger et Goral, *crimen* à *carmen*, qu'on lisait dans les anciennes éditions. Il semble en effet que *crimen* convient mieux à cette partie de la fable dont parle Lucilius, qui tourne en ridicule la plupart des poëtes qui s'étaient occupés à célébrer les mauvaises actions des dieux et des héros. Martial s'est servi de la même expression en parlant d'un certain Lauréolus, homme très-méchant, qui fut crucifié sur l'amphithéâtre de Vespasien, pour représenter le supplice de Prométhée. Ce scélérat, dit-il, avait surpassé par ses crimes les héros de la fable, et il a subi la même peine.

Vicerat antiquæ sceleratus crimina famæ
In quo, quæ fuerat fabula pœna fuit.
Mart. *Spect.* 1, ep. 7.

v. 33. *Jus est. Jus*, dans le sens où le poëte l'emploie, ne s'entend pas des lois, mais de ce qui est contraire à la raison, comme la fable dont il parle.

Ibid. Extremas artes. L'on ne saurait entendre par ces mots que les arts qui sont exercés par le bas peuple, *extrema plebe*.

v. 34. *Sidera.* On a souvent regardé parmi les païens les étoiles comme des dieux; c'est ce qui fait que Lucilius donne le nom d'étoile à tous les dieux en général, ce qui n'est guère commun dans les autres poëtes, quoique le culte des étoiles le fût surtout dans l'Orient. Voss. l. II, *de idol. Gentil.*

v. 112. *Exedere vapores.* Au lieu d'*exedere*, que porte l'édition de Goral, le traducteur a admis la leçon, *vicere.* Cette correction a été suggérée par l'abbé Sevin, qui, dans le cinquième tome des Mémoires de l'Académie des belles-lettres, fait voir qu'outre que *vicere* ne change rien à la pensée de l'auteur, il forme une image bien plus vive qu'*exedere.* Il appuie son sentiment de deux passages de Lucrèce. Quoiqu'on ne trouve cette expression dans aucune édition du poëme de Lucilius, il y a bien de l'apparence que c'est celle dont il s'est servi.

v. 168. *Borea atque Noto.* Joseph Scaliger a cru que Lucilius parle ici des vents qui s'introduisent dans l'Etna par ses ouvertures; mais il n'a pas entendu le sens de ces vers. Le nom que le poëte donne à ces vents, *Borea atque Noto*, etc., a été cause de sa méprise. Il est aisé de voir que Lucilius parle ici des vents souterrains, et que c'est parce qu'il les suppose contraires, qu'il leur donne le même nom qu'ils ont sur la surface de la terre.

v. 204. *Congeries operis.* Le poëte a voulu exprimer par *opus* les mouvements qui se font dans les entrailles du mont Etna, et par *congeries* l'assemblage des rochers calcinés et des pierres fondues qu'il vomit.

v. 260. *Hæc platanis.* Lucilius nomme ici le platane, comme l'arbre qui était le plus à la mode de son temps pour faire de l'ombre. Les Grecs et les Romains en faisaient l'ornement de leurs jardins, comme on fait aujourd'hui des tilleuls et des marronniers. On était devenu si amoureux de cet arbre, dit Pline, qu'on l'arrosait avec du vin, pour le rendre plus beau et plus agréable. *Lib.* XII, cap. 1.

v. 381. *Si cessant a jure.* Cette expression métaphorique est tirée de l'usage du barreau : on disait *Prætor a jure dicendo cessat*, c'est-à-dire, le préteur discontinue de rendre la justice.

v. 450. *Lapidem... molarem.* Cette pierre, que le poëte appelle *lapsis molaris*, a cela de particulier, que non-seulement elle se liquéfie, mais qu'elle fait encore liquéfier toute la matière qui brûle avec elle. Théophraste avait fait cette découverte avant Lucilius. *Lib. de Lapid.*

v. 532. *Cogitet... dicta libelli.* Le poëte désigne ici voir un traité d'Héraclite, où ce philosophe explique la force du feu, et dont le système se réduit à montrer que tout cède à cet élément, et qu'il est le principe de tout. *Diog. Laërt.* l. VI, § 5. Cette opinion n'était pas nouvelle du temps d'Héraclite; elle avait pris naissance chez les Chaldéens, d'où elle passa ensuite chez les Perses; c'est pourquoi ces nations adoraient le feu. Basn., *Hist. des ouvrag. des Scav.*, tom. II.

RUTILIUS.

NOTICE SUR RUTILIUS.

Claudius Rutilius Numatianus était Gaulois de naissance, comme l'indiquent ces deux vers de son poëme :

At mea dilectis fortuna revellitur oris,
Indigenamque suum Gallica rura vocant.

On lui donne pour patrie Toulouse ou Poitiers. Son père, comme il nous l'apprend, avait rempli à Rome des charges considérables. Lui-même fut, sous Honorius, maître des offices et préfet de Rome. On a cru qu'il parvint au consulat ; mais ce fait est douteux, et ne s'appuie que sur ces mots *virum consularem*, que l'on trouve dans le titre des premières éditions.

Il nous reste de lui, sous le nom d'*Itinerarium*, un poëme en deux chants : nous n'avons du second chant que les 68 premiers vers ; le reste manque ; c'est une perte que le mérite de l'ouvrage doit faire vivement regretter. Ce poëme, écrit en vers élégiaques, est le récit d'un voyage que l'auteur fit de Rome dans les Gaules, vers 417 ou 420. Il est plein de détails précieux pour la géographie et pour l'histoire. Le style de Rutilius est pur, et formé sur celui des meilleurs poëtes, qu'il imite assez souvent : ses vers faciles et gracieux semblent appartenir à une autre époque.

« Rutilius, dit M. Boissonade, était païen, et s'est échappé en dures invectives contre les Juifs et les moines ; ce qui lui a beaucoup nui dans l'esprit de quelques rigoristes. Mais il faut lui accorder un peu d'indulgence : plus d'un chrétien a eu pareil tort. »

La seule traduction française de Rutilius qui ait paru, se trouve au tome III d'un *Recueil amusant de voyages en vers et en prose*, publié vers la fin du XVIIIe siècle : l'auteur est Lefranc de Pompignan. Cette traduction est agréable à lire, correcte, d'une exactitude qui s'attache plus à rendre le sens, qu'à reproduire le tour d'imagination du poëte, et d'une élégance qui trahit une main exercée. Nous la donnons ici, sauf un assez bon nombre de corrections aux endroits où Lefranc de Pompignan n'a pas cru devoir se gêner pour une traduction qui devait être imprimée sans le texte en regard. Quelques notes historiques et littéraires complètent cette publication.

ITINÉRAIRE
DE C. RUTILIUS NUMATIEN,
CONSULAIRE.

LIVRE PREMIER.

Vous êtes surpris que j'aie tant tardé à revenir dans ma patrie; vous devriez l'être de ma promptitude à quitter Rome. Eh! qui peut se lasser d'un séjour si agréable et si séduisant? qui peut s'arracher à des biens inaltérables, à des plaisirs que rien ne trouble, et dont on ne voit jamais la fin? Mille fois heureux ceux à qui cette ville a donné le jour! heureux les mortels qui joignent à une origine illustre l'avantage précieux d'être nés à Rome! Les dieux se plaisent à y rassembler tous les talents et toutes les vertus; ils ne pouvaient les mieux placer. Heureux encore ceux qui, moins favorisés du ciel, ont cependant pris naissance dans des villes romaines! Le sénat se fait un devoir d'accueillir ces gloires étrangères, et regarde comme citoyens de Rome ceux qui sont dignes de l'être. Admis aux charges et aux dignités, une partie des respects qu'ils rendent, avec tout l'univers, à cette ville leur maîtresse, rejaillit sur eux comme Romains. Tels les dieux du second ordre sont associés par Jupiter, leur souverain, au suprême gouvernement du monde.

Mais la fortune m'arrache enfin de ces climats chéris. Né Gaulois, les champs paternels me redemandent : pays autrefois si beau, si fertile, aujourd'hui défiguré par les ravages de la guerre, et par là plus digne de pitié! Quand la patrie est tranquille, la négliger est chose pardonnable; mais, dans ses malheurs, elle a droit à tout notre dévouement. Ce n'est pas de loin qu'il faut plaindre sa patrie : avertis de ses périls, nous devons les partager. Il ne m'est plus permis d'ignorer des malheurs qui se sont multipliés faute de secours. Il est temps de réparer les ruines de nos campagnes, de rebâtir au moins les cabanes de nos bergers. Hélas! les fontaines, si elles parlaient, les arbres même, m'eussent reproché ma lenteur. Tout enfin m'appelait dans ma patrie. Elle a vaincu : j'ai sacrifié les plaisirs de Rome, et je me suis repenti d'avoir tardé si longtemps.

J'ai préféré, pour mon voyage, la mer à la terre, parce que les plaines étaient inondées par le débordement des rivières, et que les chemins des montagnes sont hérissés de rochers.

CLAUDII RUTILII NUMATIANI
v. c.
DE REDITU SUO
ITINERARIUM.

LIBER PRIMUS.

Velocem potius reditum mirabere, lector,
   Tam cito Romuleis posse carere bonis.
Quid longum toto Romam venerantibus ævo?
   Nil unquam longum est, quod sine fine placet.
O quantum, et quoties, possem numerare beatos,   5
   Nasci felici qui meruere solo!
Qui, Romanorum procerum generosa propago,
   Ingenitum cumulant Urbis honore decus!
Semina virtutum demissa et tradita cœlo
   Non potuere aliis dignius esse locis.   10
Felices etiam, qui proxima munera primis
   Sortiti, Latias obtinuere domos.
Relligiosa patet peregrinæ Curia laudi;
   Nec putat externos, quos decet esse suos.
Ordinis imperio, collegarumque fruuntur;   15
   Et partem Genii, quem venerantur habent.
Quale per ætherios mundani verticis axes
   Connubium summi credimus esse Dei.
At mea dilectis fortuna revellitur oris,
   Indigenamque suum Gallica rura vocant.   20
Illa quidem longis nimium deformia bellis;
   Sed, quam grata minus, tam miseranda magis.
Securos levius crimen contemnere cives :
   Privatam repetunt publica damna fidem.
Præsentes lacrymas tectis debemus avitis :   25
   Prodest admonitus sæpe dolore labor.
Nec fas, ulterius longas nescire ruinas,
   Quas mora suspensæ multiplicavit opis.
Jam tempus', laceris post longa incendia fundis
   Vel pastorales ædificare casas.   30
Ipsi quin etiam fontes si mittere vocem,
   Ipsaque si possent arbuta nostra loqui;
Cessantem justis poterant urgere querelis,
   Et desideriis reddere vela meis.
Jamjam, laxatis caræ complexibus urbis,   35
   Vincimur, et serum vix toleramus iter.
Electum pelagus; quoniam terrena viarum

D'ailleurs, la Toscane et la voie Aurélienne sont impraticables depuis les courses des Goths, qui ont tout mis à feu et à sang. Plus de maisons sûres pour les voyageurs, plus de ponts pour traverser les fleuves. Cette route m'a plus effrayé que les inconvénients de la navigation.

Je baisai mille fois les portes de Rome; j'offris mes regrets, mes pleurs et mes vœux à cette ville sacrée, que je quittais malgré moi; et je lui adressai ce discours, qu'interrompirent souvent mes larmes :

Écoute-moi, reine du monde, divinité assise sur les astres ! Écoute-moi, mère des hommes et des dieux, toi qui nous rapproches du ciel par tes temples !

Je chante tes louanges, et je ne cesserai de les chanter tant que la Parque filera pour moi. On ne perd ton souvenir qu'avec la vie. Je refuserais au soleil le tribut de ma reconnaissance, plutôt que d'étouffer dans mon cœur les sentiments que je te dois. Tes bienfaits s'étendent aussi loin que les rayons du soleil, jusqu'aux bornes de la terre, qu'embrasse l'océan. L'astre dont la course embrasse l'univers ne roule que pour toi : il se lève dans ton empire, il se couche dans tes mers. Les sables brûlants de la Libye, les climats glacés de l'ourse n'ont opposé à ta valeur que de vains obstacles; elle a pénétré jusqu'aux lieux inanimés où la nature même expire. Sous tes lois, toutes les nations de l'univers n'ont qu'une même patrie : les Barbares s'estiment heureux d'avoir été soumis par tes armes. En accordant aux vaincus les priviléges des vainqueurs, tu n'as fait qu'une seule ville du monde entier. Vénus, mère d'Énée, et Mars, père de Romulus, sont les auteurs de ton origine : on les reconnaît l'un et l'autre au mélange de force et de douceur qui éclate dans tes actions. Le caractère de ces deux divinités forme le tien; tu te plais autant à pardonner qu'à combattre. Tu domptes ceux que tu craignais; ceux que tu as domptés te deviennent chers. Nous admirons Minerve et Bacchus pour avoir donné aux hommes l'olivier et la vigne; nous rendons les honneurs divins à l'enfant qui traça les premiers sillons. L'art de Pæon a mérité des autels; Alcide s'est élevé par ses travaux au rang des dieux. Et toi, Rome, déesse adorable, après avoir rempli la terre de tes triomphes, tu as obligé les peuples qui l'habitent à vivre sous de communes lois. Partout ils en célèbrent l'équité; ils jouissent, sous ton autorité paisible, de la liberté que tu leur laisses. Les astres n'ont jamais éclairé un si bel empire que le tien. Les Assyriens, les Mèdes, les Parthes, les Macédoniens ont formé successivement des États qui n'ont pas duré. Avec peu de soldats et de citoyens à ta naissance, tu fus cependant redoutable dès cette époque par ta prudence et par ta sagesse. C'est par des guerres justes, c'est par ta générosité après la victoire, que tu es enfin parvenue à ce comble de puissance et d'honneur. Tu règnes; mais tu mérites de régner, et c'est en cela que consiste ta gloire. Tes exploits sont encore plus grands que ta fortune. Eh! qui

 Plana madent fluviis, cautibus alta rigent :
Postquam Tuscus ager, postquamque Aurelius agger,
 Perpessus Geticas ense vel igne manus,   40
Non silvas domibus, non flumina ponte coercet;
 Incerto satius credere vela mari.
Crebra relinquendis infigimus oscula portis :
 Inviti superant limina sacra pedes.
Oramus veniam lacrymis, et laude litamus,   45
 In quantum fletus currere verba sinit.
Exaudi, Regina tui pulcherrima mundi,
 Inter sidereos Roma recepta polos :
Exaudi, genetrix hominum, genetrixque Deorum,
 Non procul a cœlo per tua templa sumus.   50
Te canimus, semperque, sinent dum fata, canemus :
 Sospes nemo potest immemor esse tui.
Obruerint citius scelerata oblivia solem,
 Quam tuus ex nostro corde recedat honos :
Nam solis radiis æqualia munera tendis,   55
 Qua circumfusus fluctuat Oceanus,
Volvitur ipse tibi, qui continet omnia, Phœbus,
 Eque tuis ortos in tua condit equos.
Te non flammigeris Libye tardavit arenis,
 Non armata suo reppulit ursa gelu.   60
Quantum vitalis natura tetendit in axes,
 Tantum virtuti pervia terra tuæ.
Fecisti patriam diversis gentibus unam;

 Profuit injustis, te dominante, capi :
Dumque offers victis proprii consortia juris,   65
 Urbem fecisti, quod prius orbis erat.
Auctorem generis Venerem Martemque fatemur,
 Æneadum matrem, Romulidumque patrem.
Mitigat armatas victrix clementia vires;
 Convenit in mores numen utrumque tuos.   70
Hinc tibi certandi bona, parcendique, voluptas :
 Quos timuit, superat; quos superavit, amat.
Inventrix oleæ colitur, vinique repertor,
 Et qui primus humo pressit aratra puer :
Aras Pæoniam meruit Medicina per artem :   75
 Factus et Alcides nobilitate Deus :
Tu quoque, legiferis mundum complexa triumphis,
 Fœdere communi vivere cuncta facis.
Te, Dea, te celebrat Romanus ubique recessus,
 Pacificoque gerit libera colla jugo.   80
Omnia perpetuos quæ servant sidera motus
 Nullum viderunt pulchrius imperium.
Quid simile? Assyriis connectere contigit arva,
 Medi finitimos quum domuere suos :
Magni Parthorum reges, Macetumque tyranni,   85
 Mutua per varias jura dedere vices.
Nec tibi nascenti plures animæque manusque,
 Sed plus consilii judiciique fuit.
Justis bellorum caussis, nec pace superba,

pourrait les compter? Ils surpassent en nombre les étoiles qui peuplent le ciel. Les yeux sont éblouis de l'éclat surprenant de tes temples; on croit être au milieu de l'Olympe. Que dirai-je de ces eaux que l'art entraîne sur des voûtes si élevées, qu'elles touchent presque aux lieux où se forme le trône éclatant d'Iris? Que la Grèce, à l'aspect de ces travaux, ne nous parle plus des monts entassés par les Géants! des fleuves, des lacs entiers se perdent dans ton enceinte, ou sont consumés par tes bains. Tes jardins sont arrosés d'eaux vives qui leur appartiennent, et l'on entend partout le bruit des sources qui naissent dans tes murs. Les chaleurs de l'été y sont tempérées par des vents frais; on s'y désaltère dans des fontaines toujours pures. Ce fut pour te sauver que la terre fit sortir brusquement de son sein ces torrents d'eaux brûlantes, qui rompirent les chemins du Capitole sous les pas de tes ennemis. Si elles coulaient encore, je croirais que le hasard les fit naître; mais elles rentrèrent dans leur gouffre après t'avoir secourue. Oublierai-je ces bois immenses qui accompagnent tes palais, et qui retentissent du chant de mille oiseaux? L'année n'est pour toi qu'un printemps continuel, qui défend tes jardins des outrages de l'hiver.

Lève ta tête triomphante, ô divine Rome! entrelace de lauriers tes cheveux blanchis par une vieillesse mâle et vigoureuse. Secoue fièrement les tours qui forment ton diadème; que ton bouclier d'or répande des feux étincelants : étouffe le souvenir de tes dernières pertes; que le mépris de la douleur ferme tes plaies! Tu as perdu des batailles, mais jamais le courage ni l'espoir; tes défaites même t'enrichissent. C'est ainsi que les astres ne disparaissent à nos yeux que pour rentrer plus brillants dans la carrière; que la lune ne finit son cours que pour le recommencer avec un nouvel éclat. La victoire de Brennus sur les bords de l'Allia n'a point empêché son châtiment; l'esclavage des Samnites vengea le joug des légions; après de longs désastres, vaincue, tu chassas Pyrrhus; Annibal lui-même pleura sur ses triomphes. Semblable à ces corps qui remontent toujours à la surface de l'eau, victorieux des efforts qu'on fait pour les submerger, ou telle qu'un flambeau qui s'allume davantage à mesure qu'on l'incline, tu te relèves plus glorieuse que jamais de l'abaissement où l'on t'avait réduite. Tes lois régleront le sort de l'univers jusqu'aux derniers âges. Toi seule es à l'abri du ciseau des Parques, quoique tu touches presque à ton douzième siècle; ta durée égalera celle de la terre et du ciel. Ce qui détruit les autres empires sert à fortifier le tien : on dirait que tu reçois de tes malheurs une naissance nouvelle. Il en est temps : immole à ta gloire une nation sacrilége : que les perfides Goths fléchissent enfin sous le joug; que leurs terres conquises te parent d'abondants tributs, et remplis ton trésor auguste des richesses de ces barbares. Que le Germain cul-

Nobilis ad summas gloria venit opes. 90
Quod regnas, minus est, quam quod regnare mereris :
 Excedis factis grandia fata tuis.
Percensere labor densis decora alta tropæis,
 Ut si quis stellas pernumerare velit :
Confunduntque vagos delubra micantia visus : 95
 Ipsos crediderim sic habitare Deos.
Quid loquar aerio pendentes fornice rivos,
 Qua vix imbriferas tolleret Iris aquas?
Hos potius dicas crevisse in sidera montes,
 Tale giganteum Græcia laudat opus. 100
Intercepta tuis conduntur flumina muris;
 Consumunt totos celsa lavacra lacus.
Nec minus et propriis celebrantur roscida venis,
 Totaque nativo mœnia fonte sonant.
Frigidus æstivas hinc temperat halitus auras; 105
 Innocuamque levat purior unda sitim :
Nempe tibi subitus calidarum gurges aquarum
 Rupit Tarpeias, hoste premente, vias.
Si foret æternus, casum fortasse putarem :
 Auxilio fluxit, qui rediturus erat. 110
Quid loquar inclusas inter laquearia silvas?
 Vernula qua vario carmine ludit avis?
Vere tuo nunquam mulceri desinit annus;
 Deliciasque tuas victa tuetur hiems.
Erige crinales lauros, seniumque sacrati 115
 Verticis in virides, Roma, refinge comas.
Aurea turrigero radient diademata cono,
Perpetuosque ignes aureus umbo vomat.
Abscondat tristem deleta injuria casum :
 Contemptus solidet vulnera clausa dolor. 120
Adversis solemne tuis, sperare secunda :
 Exemplo cœli ditia damna subis.
Astrorum flammæ renovant occasibus ortus;
 Lunam finiri cernis ut incipiat.
Victoris Brenni non distulit Allia pœnam : 125
 Samnis servitio fœdera sæva luit.
Post multas Pyrrhum clades superata fugasti;
 Flevit successus Annibal ipse suos.
Quæ mergi nequeunt, nisu majore resurgunt,
 Exsiliuntque imis altius acta vadis. 130
Utque novas vires fax inclinata resumit,
 Clarior ex humili sorte superna petis.
Porrige victuras Romana in sæcula leges,
 Solaque fatales non verearе colus.
Quamvis sedecies denis et mille peractis 135
 Annus præterea jam tibi nonus eat.
Quæ restant, nullis obnoxia tempora metis,
 Dum stabunt terræ, dum polus astra feret.
Illud te reparat, quod cætera regna resolvit :
 Ordo renascendi est, crescere posse malis. 140
Ergo, age, sacrilegæ tandem cadat hostia gentis :
 Submittant trepidi perfida colla Getæ.
Ditia pacatæ dent vectigalia terræ :
 Impleat angustos barbara præda sinus.
Æternum tibi Rhenus aret, tibi Nilus inundet : 145

tive pour toi ses plaines fertiles ; que le Nil inonde en ta faveur les plaines de l'Égypte. Mère et bienfaitrice de tous les peuples, accepte les bienfaits de tes enfants. Que l'Afrique entasse à tes pieds ses moissons, qu'elle doit moins aux chaleurs de son climat qu'aux vapeurs fécondes que tu lui envoies. Remplis cependant tes villes et tes provinces d'inépuisables greniers. Que tous les pressoirs de l'Italie regorgent de tes vins délicieux. Que le Tibre, couronné d'un roseau triomphal, commande à ses ondes de t'obéir : qu'il t'apporte d'un côté les trésors de la campagne, et de l'autre les richesses de la mer. Protége-moi dans le voyage que j'entreprends ; appelle à mon secours Castor et Pollux, et que la divine Cythérée aplanisse les flots. Si je n'ai pas déplu aux Romains dans les emplois qui m'ont été confiés, si j'ai mérité l'estime des sénateurs ; car je compte pour rien de n'avoir jamais trempé dans le sang le glaive de la justice, puisque c'est moins l'éloge de ma clémence que du peuple dont je fus le magistrat ; soit que je doive finir mes jours dans les pays qui m'ont vu naître, soit que je puisse espérer de revoir encore tes murs, ô Rome ! ô ma divinité ! je serai au comble de mes vœux, je serai le plus fortuné des hommes, si tu daignes te souvenir de moi.

A ces mots, je partis : mes amis m'accompagnèrent : je ne pouvais leur dire adieu sans verser des pleurs. Ils retournèrent enfin à Rome, excepté Rufus, cet ami qui m'est si cher, ce digne héritier des vertus et de la gloire de son père Albinus, qui fait remonter ses aïeux jusqu'à Volusus et aux anciens rois des Rutules, et dont l'antique noblesse est consacrée par l'autorité de Virgile. Son éloquence lui a mérité, dans un âge encore tendre, un des plus brillants emplois du palais de l'empereur : c'est lui qui parle et qui écrit au nom du prince. Il était à peine sorti de l'enfance, qu'il fut envoyé à Carthage en qualité de proconsul. Les Africains l'aimaient et le craignaient. Ses vertus, modelées sur celles de son père, lui promettent les faisceaux consulaires ; il sera consul, si le mérite est vraiment la garantie du succès.

Il voulait me suivre plus loin, je l'en empêchai. Nous nous séparâmes ; mais nos cœurs et nos esprits revolent toujours l'un vers l'autre. Je gagnai nos vaisseaux, qui étaient à l'embouchure droite du Tibre : les sables qui embarrassent la gauche l'ont rendue inaccessible. Elle reçut autrefois Énée ; c'est la seule gloire qui lui reste.

Déjà le soleil s'approchait du scorpion, les chaleurs diminuaient, les nuits devenaient plus longues ; nous fûmes contraints de différer notre départ, et de rentrer dans le port. Ce délai me fit plaisir. Pendant que nous laissions passer les tempêtes violentes, causées en automne par le coucher des pléiades, je tournais souvent mes regards du côté de Rome ; ils suivaient de loin les montagnes renfermées dans son enceinte. Mes yeux, tout pleins de cette image, croient toujours voir ce qu'ils désirent, et ce n'est pas à des nuages de fumée que je reconnais l'emplacement de la capitale du monde. Toutefois le chantre d'Ulysse vante ce signal, quand il s'élève d'un lieu chéri :

 Altricemque suam fertilis orbis alat.
Quin et fecundas tibi conferat Africa messes,
 Sole suo dives, sed magis imbre tuo.
Interea Latiis consurgant horrea sulcis,
 Pinguiaque Hesperio nectare præla fluant. 150
Ipse, triumphali redimitus arundine, Tibris
 Romuleis famulas usibus aptet aquas ;
Atque opulenta tibi placidis commercia ripis
 Devehat hinc ruris, subvehat inde maris.
Pande, precor, gemino placatum Castore pontum, 155
 Temperet æquoream dux Cytherea viam ;
Si non displicui, regerem quum jura Quirini,
 Si colui sanctos consuluique Patres.
Nam, quod nulla meum strinxerunt crimina ferrum,
 Non sit præfecti gloria, sed populi. 160
Sive datur patriis vitam componere terris,
 Sive oculis unquam restituere meis :
Fortunatus agam votoque beatior omni,
 Semper digneris si meminisse mei.
His dictis iter arripimus : comitantur amici. 165
 Non possum sicca dicere luce, Vale !
Jamque aliis Romam redeuntibus, hæret eunti
 Rufus, Albini gloria viva patris.
Qui Volusi antiquo derivat stemmate nomen,
 Et reges Rutulos, teste Marone, refert. 170

Hujus facundæ commissa Palatia linguæ :
 Primævus meruit principis ore loqui.
Rexerat ante puer populos pro consule Pœnos ;
 Æqualis Tyriis terror amorque fuit.
Sedula promisit summos imitatio fasces : 175
 Si fas est meritis fidere, consul erit.
Invitum tristis tandem remeare coegi :
 Corpore diviso mens tamen una fuit.
Tum demum ad naves gradior, qua fronte bicorni
 Dividuus Tiberis dexteriora secat. 180
Lævus inaccessis fluvius vitatur arenis,
 Hospitis Æneæ gloria sola manet.
Et jam nocturnis spatium laxaverat horis
 Phœbus, chelarum pallidiore polo.
Cunctamur tentare salum, portuque sedemus, 185
 Nec piget oppositis otia ferre moris,
Occidua infido dum sævit gurgite Plias,
 Dumque procellosi temporis ira cadit.
Respectare juvat vicinam sæpius Urbem,
 Et montes visu deficiente sequi ; 190
Quaque duces oculi, grata regione fruuntur,
 Dum se, quod cupiunt, cernere posse putant.
Nec locus ille mihi cognoscitur indice fumo,
 Qui dominas arces et caput orbis habet ;
Quamquam signa levis fumi commendat Homerus, 195

mais un horizon plus pur, un ciel plus serein annoncent visiblement aux mortels les sept fameuses collines. Là, le soleil est toujours radieux ; Rome semble briller d'un éclat qui lui est propre, et ne devoir qu'à elle-même les beaux jours. Je crois entendre le bruit du cirque, les applaudissements du théâtre. Des voix qui me sont connues frappent mon oreille, soit qu'elles y parviennent en effet, soit que l'amour me le persuade.

Nous attendîmes quinze jours pour nous assurer de la mer, et pour que la nouvelle lune nous ramenât un vent favorable. Enfin, prêt à partir, je renvoyai à Rome, pour y continuer ses études, le jeune Palladius, l'espoir et la gloire de ma maison. On l'avait fait venir depuis peu des Gaules, pour apprendre le droit romain à sa source. Il me serait cher comme mon parent, mais je l'aime comme mon fils. Son père Exsupérantius fait goûter aux peuples armoriques les douceurs de la paix. Restaurateur des lois, protecteur de la liberté, il ne souffre pas que ses esclaves règnent en maîtres sur des hommes libres.

Nous levâmes l'ancre à la pointe du jour, dans l'instant que les campagnes commencent à se colorer. Les petits bâtiments où nous étions côtoyaient la terre. Ils abordent vite en cas de besoin. Que les gros navires s'exposent l'été aux hasards de la pleine mer ; en automne, il est plus prudent de ne pas s'éloigner de la côte. Nous passâmes assez près d'Alsium, et nous laissâmes bientôt derrière nous Pyrges. C'était autrefois une petite ville ; ce ne sont plus aujourd'hui que de grandes métairies. Nous aperçûmes aussi Cère, qui s'appelait anciennement Agylla, et nous longeâmes les murs de Castrum, rongés par la mer et par le temps. Il n'en reste qu'une vieille porte et quelques murailles délabrées. On y voit encore une petite statue du dieu tutélaire de l'endroit, avec son habit de berger et ses cornes. On croit que ce lieu est l'antique bourg d'Inuus, quoiqu'il en ait perdu le nom depuis longtemps.

Au surplus, que cet Inuus soit le dieu Pan, qui aurait quitté le Ménale pour les montagnes d'Étrurie, ou, si l'on veut, le dieu Faune, dont la lubricité n'est que trop connue, il n'est pas moins vrai que les habitants du lieu s'étaient mis sous la protection d'une divinité peu chaste.

Un furieux vent du midi nous obligea de relâcher à Centum-Celles. Ce port est sûr ; nos vaisseaux y furent à l'abri de tout danger. Son enceinte, formée par de grands môles, ressemble à un amphithéâtre. L'ouverture en est resserrée, et est défendue par une île faite de main d'homme. On entre par deux passages étroits qui se trouvent entre les côtes de l'île et les pointes des deux môles, et qui sont commandés par deux tours extrêmement hautes. Outre les magasins et les arsenaux dont le port est environné, et qui ne permettent pas aux vents d'y donner la moindre secousse aux vaisseaux, on a pratiqué dans l'intérieur de ces vastes édifices d'immenses réservoirs, où l'eau n'est jamais agitée par aucun souffle. Tels sont ces bassins voluptueux de Naples, où l'on

    Dilecto quoties surgit in astra solo :
Sed cœli plaga candidior, tractusque serenus
    Signat septenis culmina clara jugis.
Illic perpetui soles, atque ipse videtur,
    Quem sibi Roma facit, purior esse dies.   200
Sæpius attonitæ resonant circensibus aures ;
    Nuntiat accensus plena theatra favor :
Pulsato notæ redduntur ab æthere voces,
    Vel quia perveniunt, vel quia fingit amor.
Explorata fides pelagi ter quinque diebus,   205
    Dum melior lunæ fideret aura novæ.
Tum discessurus, studiis Urbique remitto
    Palladium, generis spemque decusque mei :
Facundus juvenis Gallorum nuper ab arvis
    Missus, Romani discere jura fori.   210
Ille meæ secum dulcissima vincula curæ,
    Filius adfectu, stirpe propinquus, habet :
Cujus Aremoricas pater Exsuperantius oras
    Nunc postliminium pacis amare docet ;
Leges restituit, libertatemque reducit,   215
    Et servos famulis non sinit esse suis.
Solvimus auroræ dubio, quo tempore primum
    Agnosci patitur redditus arva color.
Progredimur parvis per littora proxima cymbis ;
    Quarum perfugio crebra pateret humus.   220
Æstivos penetrent oneraria carbasa fluctus :

Tutior autumnus mobilitate fugæ.
Alsia prælegitur tellus, Pyrgique recedunt ;
    Nunc villæ grandes, oppida parva prius.
Jam Cæretanos demonstrat navita fines :   225
    Ævo deposuit nomen Agylla vetus.
Stringimus hinc exesum et fluctu et tempore Castrum :
    Index semiruti porta vetusta loci.
Præsidet exigui formatus imagine saxi,
    Qui pastorali nomina fronte gerit.   230
Multa licet priscum nomen deleverit ætas,
    Hoc Inui Castrum fama fuisse putat.
Seu Pan Tyrrhenis mutavit Mænala silvis,
    Sive sinus patrios incola Faunus init.
Dum renovat largo mortalia semina fetu,   235
    Fingitur in venerem pronior esse Deus.
Ad Centumcellas forti deflexumus Austro :
    Tranquilla puppes in statione sedent.
Molibus æquoreum concluditur amphitheatrum,
    Angustosque aditus insula facta tegit,   240
Adtollit geminas turres, bifidoque meatu
    Faucibus arctatis, pandit utrumque latus.
Nec posuisse satis laxo navalia portu,
    Ne vaga vel tutas ventilet aura rates :
Interior medias sinus invitatus in ædes   245
    Instabilem fixis aera nescit aquis ;
Qualis in Euboicis captiva natatibus unda

joint le plaisir de nager sans risque à l'agrément du bain.

J'eus la curiosité d'aller voir les thermes du Taureau ; il ne fallait faire pour cela que trois milles. Les eaux n'en sont point amères ; des vapeurs de soufre n'en altèrent pas la couleur. Elles flattent le goût et l'odorat de ceux qui s'y baignent. S'il faut croire ce qu'on en publie, ce fut un taureau qui, donnant des cornes contre un vieux tronc, et frappant la terre de ses pieds pour s'animer au combat, découvrit par hasard la fontaine dont on a formé ces bains chauds. Il se peut aussi que Jupiter, ne voulant pas qu'une source si précieuse fût ignorée, se revêtit, pour la faire jaillir, de la figure d'un taureau ; déguisement dont il s'était servi autrefois pour enlever, à travers les flots, la jeune fille d'Agénor. Messala, à qui ce lieu appartient et qui l'a illustré par ses vers, le compare à l'Hippocrène. On a gravé sur la porte l'inscription suivante, qu'il a composée et qui fixe l'attention de tous ceux que ces bains attirent : « La Grèce n'est pas le seul pays des prodiges. Nous avons ici notre Hippocrène, sortie miraculeusement de la terre, comme la fontaine des Muses. Ce que Pégase fit pour elles, un taureau l'a fait pour nous. »

Il descend du fameux Valérius Publicola, qui fut honoré du consulat quand on institua, pour la première fois, cette dignité. Il a été préfet du prétoire ; mais il est moins respectable par le rang qu'il occupe que par ses talents. Il nous a appris, par son exemple, que c'est dans un cœur droit qu'habite l'éloquence, et que, pour être orateur, il faut être honnête homme.

Le crépuscule du matin dorait les nuages ; la rosée tombait quand nous remîmes à la voile. Nous nous éloignâmes un peu du rivage pour éviter l'embouchure du Minio. Le bouillonnement et la crispation des ondes nous avertissaient qu'il y avait là des écueils et des bancs de sable. Nous aperçûmes Gravisque, où il y a peu de maisons et peu d'habitants, à cause d'un marais dont l'odeur pestilentielle infecte cette ville pendant tout l'été ; mais la campagne des environs paraît riante : elle est couverte de bois épais et de sapins, qui portent leur ombre jusque dans les flots de la mer.

Nous vîmes les antiques ruines et les masures désertes de Cosa. J'ai honte de rapporter l'histoire ridicule du malheur de cette ville, mais je ne puis m'empêcher d'en rire. On prétend que ses citoyens furent chassés de leurs maisons par une armée de rats. J'aime autant croire aux combats des grues et des Pygmées.

On gagna le port d'Hercule ; le vent nous était devenu très-favorable sur la fin du jour. Des vestiges de vieux camps nous rappelèrent, dans la conversation, les désordres des guerres civiles, et la fuite précipitée du premier Lépidus dans l'île de Sardaigne, quand il fut chassé par Catulus du rivage de Cosa ; moins coupable cependant que le triumvir, cet indigne citoyen qui s'associa avec les destructeurs de la république et qui porta le dernier coup à la liberté de Rome,

    Sustinet alterno brachia lenta sono.
Nosse juvat tauri dictas de nomine thermas :
    Nec mora difficilis millibus ire tribus. 250
Non illic gustu latices vitiantur amaro,
    Lymphaque fumifico sulfure tincta calet :
Purus odor, mollisque sapor dubitare lavantem
    Cogit, qua melius parte petantur aquæ.
Credere si dignum famæ, flagrantia taurus 255
    Investigato fonte lavacra dedit,
Ut solet excussis pugnam præludere glebis,
    Stipite quum rigido cornua prona terit :
Sive Deus, faciem mentitus et ora juvenci,
    Noluit ardentis dona latere soli ; 260
Qualis, Agenorei rapturus gaudia furti
    Per freta, virgineum sollicitavit onus.
Ardua non solos deceant miracula Graios.
    Auctorem pecudem fons Heliconis habet :
Elicitas simili credamus origine lymphas, 265
    Musarum ut latices ungula fodit equi.
Hæc quoque Pieriis spiracula comparat antris
    Carmine Messalæ nobilitatus ager ;
Intrantemque capit, discedentemque moratur
    Postibus adfixum dulce poema sacris. 270
Hic est, qui primo seriem de consule ducit,
    Usque ad Publicolas si redeamus avos :
Hic et præfecti nutu prætoria rexit ;

    Sed menti et linguæ gloria major inest.
Hic docuit, qualem poscat facundia sedem, 275
    Ut bonus esse velit, quisque disertus erit.
Roscida puniceo fulsere crepuscula cœlo :
    Pandimus obliquo lintea flexa sinu.
Paullisper fugimus littus Minione vadosum :
    Suspecto trepidant ostia parva solo. 280
Inde Graviscarum fastigia rara videmus,
    Quas premit æstivæ sæpe paludis odor ;
Sed nemorosa viret densis vicinia lucis,
    Pineaque extremis fluctuat umbra fretis.
Cernimus antiquas, nullo custode, ruinas 285
    Et desolatæ mœnia fœda Cosæ.
Ridiculam cladis pudet inter seria caussam
    Promere ; sed risum dissimulare piget.
Dicuntur cives quondam, migrare coacti,
    Muribus infestos deseruisse lares. 290
Credere maluerim Pygmææ damna cohortis,
    Et conjuratas in sua bella grues.
Haud procul hinc petitur signatus ab Hercule portus.
    Vergentem sequitur mollior aura diem.
Inter castrorum vestigia, sermo retexit 295
    Sardoam, Lepido præcipitante, fugam :
Littore namque Cosæ cognatos depulit hostes
    Virtutem Catuli Roma sequuta ducis.
Ille tamen Lepidus pejor, civilibus armis

dont la bataille de Modène avait relevé l'espérance. Le troisième de ce nom essaya de troubler la paix de l'empire par une affreuse conspiration. Il reçut le salaire que méritait cet attentat. Le quatrième Lépidus voulait usurper le trône des Césars, et fut puni de mort pour ses amours adultères. Enfin de nos jours...; mais laissons à la renommée la punition des Lépidus nos contemporains. Le jugement de la postérité nous vengera des dignes rejetons d'une famille odieuse, où les forfaits se perpétuent. Fatalité singulière! Est-ce le nom qui mène au crime, ou le crime qui suit le nom? Quoi qu'il en soit, c'est une chose étonnante que nos annales parlent si souvent de crimes commis par des Lépidus.

Nous nous rembarquâmes pendant la nuit avec un vent qui nous venait des hauteurs voisines. Nous passâmes sous l'Argentarus, qui s'avance au milieu des ondes en forme de péninsule. Cette montagne a trente-six milles de circuit. Elle tient à la terre par une branche étroite de coteaux qui a six milles de longueur. Cet isthme a quelque ressemblance avec celui de Corinthe, qui sépare la mer Égée d'avec la mer d'Ionie. Nous fûmes contraints de faire plusieurs tours et détours pour éviter les rochers épars çà et là dans ces parages; ce qui n'abrège pas le chemin. Comme, dans une navigation aussi oblique, nous changions sans cesse de vent, pour en profiter nous étions obligés à chaque instant d'orienter différemment nos voiles.

J'admirai de loin les montagnes d'Igilium, couvertes d'arbres épais. Ce serait un crime de ne pas lui rendre l'hommage qui lui est dû. Cette île a eu le bonheur de conserver ses forêts, grâce aux avantages de sa situation, ou plutôt au génie du prince qui nous gouverne. Le petit espace d'eau qui la sépare de la terre fut pour elle une barrière aussi sûre contre les armes du vainqueur, qu'aurait pu l'être un long bras de mer. Elle reçut plusieurs citoyens de Rome, fugitifs de leur ville depuis qu'elle avait été prise et ravagée, et elle leur fournit une retraite commode et inaccessible aux ennemis. Les Goths, qui jusque-là n'avaient combattu qu'à cheval et en pleine campagne, s'étaient rendus formidables sur la mer. Igilium seul leur a échappé : chose étrange et remarquable, qu'à une égale distance le même port se soit trouvé si près des Romains et si loin des Barbares.

Nous arrivâmes à l'embouchure de l'Umbro, fleuve assez grand, qui sert d'asile aux navigateurs effrayés. L'entrée en est si sûre et si facile, que les vaisseaux menacés ou battus de la tempête s'y réfugient sans peine et sans risque. J'eusse été fort aise de m'y arrêter. Il fallut céder à nos matelots, qui voulaient aller plus loin. Cependant le jour et le vent nous manquèrent à la fois, en sorte qu'on ne pouvait avancer ni reculer. Nous descendîmes sur le rivage pour y passer la nuit. Un bois de myrte nous fournit de quoi nous échauffer; nous construisîmes, comme nous pûmes, de petites cabanes avec nos rames et nos avirons.

Le jour parut. Nous reprîmes notre route, et l'on se mit à ramer. Il ne paraissait pas que nous

Qui gessit sociis impia bella tribus;	300
Qui libertatem, Mutinensi Marte receptam,	
Obruit auxiliis, orbe pavente, novis.	
Insidias paci moliri tertius ausus,	
Tristibus excepit congrua fata reis.	
Quartus, Cæsareo dum vult irrepere regno,	305
Incesti pœnam solvit adulterii.	
Nunc quoque... Sed melius de nostris fama queratur :	
Judex posteritas semina dira notet.	
Nominibus certos credam decurrere mores?	
Moribus an potius nomina certa dari?	310
Quidquid id est, mirus Latiis annalibus ordo,	
Quod Lepidum toties recidit ense malum.	
Necdum decessis pelago permittimur umbris.	
Natus vicino vertice ventus adest.	
Tenditur in medias mons Argentarius undas,	315
Ancipitique jugo cærula curva premit.	
Transversos colles bis ternis millibus arctat,	
Circuitu ponti ter duodena patet :	
Qualis per geminos fluctus Ephyreius isthmos	
Ionias bimari littore findit aquas.	320
Vix circumvehimur sparsæ dispendia rupis;	
Nec sinuosa gravi cura labore caret :	
Mutantur toties vario spiramina flexu :	
Quæ nunc profuerant vela, repente nocent.	
Eminus Igilii silvosa cacumina miror :	325
Quam fraudare nefas laudis honore suæ.	
Hæc proprios nuper tutata est insula saltus	
Sive loci ingenio, seu domini genio;	
Gurgite quum modico victricibus obstitit armis,	
Tamquam longinquo dissociata mari.	330
Hæc multos lacera suscepit ab Urbe fugatos;	
Hic fessis posito certa timore salus.	
Plurima terreno populaverat æquora bello	
Contra naturam classe timendus eques.	
Unum, mira fides, vario discrimine portum	335
Tam prope Romanis, tam procul esse Getis.	
Tangimus Umbronem : non est ignobile flumen;	
Quod toto trepidus excipit ore rates :	
Tam facilis pronis semper patet alveus undis,	
In pontum quoties sæva procella ruit.	340
Hic ego tranquillæ volui succedere ripæ :	
Sed nautas, avidos longius ire, sequor.	
Sic festinantes ventusque diesque relinquit;	
Nec proferre pedem, nec revocare licet.	
Littorea noctis requiem metamur arena :	345
Dat vespertinos myrtea silva focos :	
Parvula subjectis facimus tentoria remis;	
Transversus subito culmine contus erat.	
Lux aderat; tonsis progressi, stare videmur :	

changeassions de place ; l'éloignement seul de la terre nous avertissait du chemin que nous faisions. Ilva s'offrit à nos yeux : célèbre par ses mines, elle produit autant de fer que la terre de Noricum, celle des Bituriges qui trempent l'acier, et la Sardaigne, où ce métal est mêlé au sol ; métal plus utile aux hommes que le gravier précieux du Tage. L'or est le père des vices, l'auteur de tous les forfaits : il viole l'hymen, il corrompt la virginité. C'est l'or qui prend les villes, l'or qui donne les emplois. Mais c'est avec le fer qu'on embellit et qu'on fertilise les campagnes. L'homme lui doit sa meilleure nourriture. Dans le siècle des demi-dieux, temps où les armes meurtrières étaient encore inconnues, le fer servait de défense contre les bêtes féroces ; nos faibles mains ont besoin de ce secours étranger.

Ces réflexions me faisaient oublier la lenteur ennuyeuse de notre course, pendant que nos rameurs s'excitaient par des cris discordants. Le voisinage de Falérie nous invite à suspendre notre course, quoique le soleil fût à peine au milieu de sa carrière. Les habitants de ce lieu maritime, répandus dans la campagne, se délassaient de leurs travaux champêtres par des jeux solennels. Ils célébraient l'anniversaire d'Osiris. C'était le jour où l'on offre à ce dieu des sacrifices, pour le prier d'être favorable à la naissance des fruits.

Nous allâmes à une ferme voisine, ornée d'un joli bois où nous nous promenâmes, et d'un bel étang entouré de murs. Il était si spacieux, qu'on y voyait les poissons jouer de toutes parts. Mais nous fûmes bientôt relancés par le fermier de ce lieu charmant, homme plus intraitable que le roi des Lestrigons. C'était un Juif hargneux, une espèce de bête féroce, incapable de commercer avec les hommes. Il s'écrie que nous tourmentons ses arbres, que nous agitons les algues de son étang ; et si nous touchons à l'eau de ses viviers, le voilà qui se lamente sur les énormes dégâts. Nous lui répondons par toutes les injures que mérite sa nation : cette race ignoble, qui pratique la circoncision, est devenue la mère de toutes les erreurs ; elle célèbre scrupuleusement cette fête si froide du sabbat, et a le cœur plus froid encore que sa religion. Elle passe dans l'oisiveté un jour sur sept, pour imiter ainsi la fatigue de son Dieu après la création. Les autres rêveries de ces imposteurs trouveraient à peine créance chez les enfants. Plût au ciel que la Judée n'eût jamais été soumise par les armes de Pompée ni par celles de Titus ! les superstitions contagieuses des Juifs n'en ont fait que plus de progrès. Cette nation vaincue a été funeste à ses vainqueurs.

Il s'éleva tout à coup un grand vent du nord ; nous tâchâmes de le vaincre à force de rames ; les astres de la nuit commençaient alors à disparaître, et le soleil s'approchait. Le jour nous découvrit le rivage de Populonia, d'où nous n'étions pas fort éloignés. Nous entrâmes dans le port, fait par la nature au milieu des terres. On n'y

---

Sed cursum prorae terra relicta probat. 350
Occurrit chalybum memorabilis Ilva metallis,
  Qua nil uberius Norica gleba tulit ;
Non Biturix largo potior strictura camino,
  Nec quae Sardoo cespite massa fluit.
Plus confert populis ferri fecunda creatrix, 355
  Quam Tartessiaci glarea fulva Tagi.
Materies vitiis aurum letale parandis ;
  Auri coecus amor ducit in omne nefas.
Aurea legitimas expugnant munera taedas,
  Virgineosque sinus aureus imber emit : 360
Auro victa fides munitas decipit urbes :
  Auri flagitiis ambitus ipse furit.
At contra ferro squalentia rura coluntur :
  Ferro vivendi prima reperta via est.
Saecula Semideum, ferrati nescia Martis, 365
  Ferro crudeles sustinuere feras.
Humanis manibus non sufficit usus inermis,
  Si non sint aliae, ferrea tela, manus.
His mecum pigri solabar taedia venti ;
  Dum resonat variis vile celeusma modis. 370
Laxatum cohibet vicina Faleria cursum,
  Quamquam vix medium Phoebus haberet iter.
Et tum forte hilares per compita rustica pagi
  Mulcebant sacris pectora fessa jocis.
Illo quippe die tandem renovatus Osiris 375
  Excitat in fruges germina laeta novas.

Egressi, villam petimus, ludoque vacamus ;
  Stagna placent septo deliciosa vado.
Ludere lascivos intra vivaria pisces
  Gurgitis inclusi laxior unda sinit. 380
Sed male pensavit requiem stationis amoenae
  Hospite conductor durior Antiphate.
Namque loci querulus curam Judaeus agebat,
  Humanis animal dissociale cibis.
Vexatos frutices, pulsatas imputat algas ; 385
  Damnaque libatae grandia clamat aquae.
Reddimus obscenae convicia debita genti,
  Quae genitale caput propudiosa metit.
Radix stultitiae : cui frigida sabbata cordi,
  Sed cor frigidius relligione sua est. 390
Septima quaeque dies turpi damnata veterno,
  Tanquam lassati mollis imago Dei.
Caetera mendacis deliramenta catastae
  Nec pueros omnes credere posse reor.
Atque utinam nunquam Judaea subacta fuisset 395
  Pompeii bellis imperioque Titi !
Latius excisae pestis contagia serpunt,
  Victoresque suos natio victa premit.
Adversus surgit Boreas : sed nos quoque remis
  Surgere certamus, dum tegit astra dies. 400
Proxima securum reserat Populonia littus,
  Qua naturalem ducit in arva sinum.
Non illic positas extollit in aethera moles

voit point de phare qui, s'élevant jusqu'aux nues, éclaire pendant la nuit les abîmes de la mer. Au lieu de ce secours, il y avait autrefois, dans l'endroit où la montagne, s'avançant en pointe dans les flots, les contraint et les resserre, un château très-fort, bâti sur des rochers escarpés, qui servaient de défense à la côte et de signal aux navigateurs. Cette ancienne forteresse ne subsiste plus; le temps, qui consume tout, en a miné les murs. Il n'en paraît que des vestiges d'espace en espace : ces hautes tours sont ensevelies sous un amas confus de décombres et de débris. Ne murmurons plus de la dissolution de nos corps; consolons-nous de cette disgrâce, à la vue de tant d'édifices détruits, de tant de villes renversées.

Une nouvelle intéressante nous attendait à Populonia. La joie que j'en ressentis fut sur le point de me ramener à Rome. Nous apprîmes, mon cher ami, que l'empereur venait de vous nommer à la préfecture de cette capitale du monde. Vos talents et vos vertus méritaient cette récompense. Que ne puis-je faire entrer dans mes vers votre véritable nom! Mais les fâcheuses règles dont nous sommes esclaves ne sauraient se concilier avec certains mots. Que du moins votre surnom de Rufius, ô mon très-cher ami, entre dans mes vers! aussi bien est-ce sous ce surnom que je vous ai célébré d'abord. Je renouvellerai pour vous la fête qui fut célébrée pour moi en pareille occasion; ma maison sera ornée des mêmes festons de verdure. Mes vœux sont exaucés; la moitié de moi-même est au comble des honneurs. Oui, je me crois continué dans la dignité de pré-

fet, puisque j'y vois un homme à qui je l'eusse volontiers cédée, quand on me fit la grâce de m'en revêtir.

Le vent du nord souffla de nouveau; nous déployâmes toutes nos voiles, et nous partîmes au lever de l'aurore. La Corse nous montrait de loin ses montagnes obscures, dont les sommets se perdent dans les nuées qui les environnent. C'est ainsi que la clarté de la lune s'évanouit quand le jour renaît, et que les extrémités de son croissant se dérobent peu à peu à l'œil fatigué qui les suit. Le court trajet qui sépare la Corse de l'Italie a donné lieu sans doute à l'histoire fabuleuse du troupeau de bœufs qui passa, dit-on, à la nage dans cette île, autrefois appelée Cyrnus, et dont on changea le nom, depuis qu'une femme nommée Corsa y eut abordé à la suite de ses bœufs fugitifs.

Nous aperçûmes, en continuant notre route, l'île de Capraria, qui est peuplée d'une sorte d'hommes qu'on peut comparer à des hiboux; ils s'appellent moines, nom tiré du grec, parce qu'ils vivent seuls et sans témoins. Ces insensés fuient les faveurs de la fortune, pendant qu'ils craignent ses rigueurs. Est-il possible qu'on se rende volontairement pauvre, pour éviter la pauvreté? Quelle folie, ou quelle rage de ne pouvoir supporter les biens de la vie, et d'en redouter les maux! Ils se renferment donc en eux-mêmes, comme de vils esclaves dans leurs cachots, soit par ordre du destin, soit par un effet de leur tempérament noir et atrabilaire. Vous savez qu'Homère attribue à l'humeur bilieuse de Bellérophon la retraite et la vie mélancolique de ce

Lumine nocturno conspicienda Pharos;
   Sed speculam validæ rupis sortita vetustas,   405
Qua fluctus domitos arduus urget apex,
Castellum geminos hominum fundavit in usus,
   Præsidium terris, indiciumque fretis.
Agnosci nequeunt ævi monumenta prioris.
   Grandia consumpsit mœnia tempus edax.   410
Sola manent interceptis vestigia muris
   Ruderibus late tecta sepulta jacent.
Nos indignemur, mortalia corpora, solvi?
   Cernimus exemplis, oppida posse mori.
Lætior hic nostras crebrescit fama per aures :   415
   Consilium Romam pæne redire fuit.
Hic præfecturam sacræ cognoscimus Urbis
   Delatam meritis, dulcis amice, tuis.
Optarem verum complecti carmine nomen;
   Sed quosdam refugit regula dura pedes.   420
Cognomen versu veniat, carissime, Rufi :
   Illo te dudum pagina nostra canit.
Festa dies, pridemque meos dignata penates,
   Poste coronato vota secunda colat;
Exornent virides communia gaudia rami :   425
   Provecta est animæ portio magna meæ.
Sic mihi, sic potius placeat geminata potestas :

Per quem malueram, rursus honore fruar.
Currere curamus velis, Aquilone reverso,
   Quum primum roseo fulsit Eous equo.   430
Incipit obscuros ostendere Corsica montes,
   Nubiferumque caput concolor umbra levat.
Sic dubitanda solet gracili vanescere cornu,
   Defessisque oculis luna reperta latet.
Hæc ponti brevitas auxit mendacia famæ :   435
   Armentale ferunt quippe natasse pecus,
Tempore, Cyrnæas quo primum venit in oras
   Forte sequuta vagum femina Corsa bovem.
Processu pelagi jam se Capraria tollit.
   Squalet lucifugis insula plena viris.   440
Ipsi se monachos Graio cognomine dicunt,
   Quod soli nullo vivere teste volunt.
Munera fortunæ metuunt, dum damna verentur.
   Quisquam sponte miser, ne miser esse queat?
Quænam perversi rabies tam stulta cerebri,   445
   Dum mala formides, nec bona posse pati?
Sive suas repetunt ex fato ergastula pœnas;
   Tristia seu nigro viscera felle tument.
Sic nimiæ bilis morbum adsignavit Homerus
   Bellerophonteis sollicitudinibus :   450
Nam juveni offenso, sævi post tela doloris,

prince, à qui le ressentiment de ses injures passées rendit odieux le genre humain.

Nous entrâmes dans le canal dangereux de Vadi, dont les eaux sont fort basses, et dont nous tînmes toujours le milieu. Le pilote qui était à la proue eut besoin de toute son attention; il regardait continuellement à droite et à gauche, conduisant le gouvernail, et avertissant de la voix ceux qui étaient à la poupe, de la manœuvre qu'il fallait faire. Le chemin que doivent tenir les vaisseaux et les barques, pour éviter les bancs de sable cachés aux yeux des pilotes, est marqué par deux gros arbres qu'on a plantés à l'entrée du courant qu'il faut suivre, et auxquels sont attachées des branches de laurier, remarquables de loin par leur hauteur et par un feuillage touffu, afin que l'amas d'écume et de mousse qui se forme autour des deux arbres ne dérobe pas aux mariniers la vue de ces signaux.

Un de ces ouragans terribles qui brisent jusqu'aux arbres des forêts, nous obligea d'aborder bien vite. A peine eûmes-nous le temps de gagner les maisons voisines, pour nous mettre à l'abri de la pluie violente qui survint. Je me réfugiai dans une ferme d'Albinus, de cet ami si cher, qui m'a succédé dans la charge que j'ai ci-devant remplie, ou plutôt par qui j'en continue encore les fonctions. Il a suppléé par son mérite à ce qui lui manque du côté des années : au printemps de son âge, il a la maturité de la vieillesse. La conformité de nos mœurs nous lia d'abord par des égards mutuels, et nous unit ensuite par les nœuds de la plus étroite amitié. Il pouvait obtenir la dignité de préfet, quand elle me fut accordée; il trouva moins glorieux pour lui d'en être revêtu que de la céder à son ami.

Nous eûmes le temps de considérer les salines qui sont dominées par cette ferme; car c'est ainsi qu'on appelle les marais salants. On détourne l'eau de la mer dans des canaux que l'on a creusés exprès dans les terres, et on la conduit par de petites rigoles dans des réservoirs formés en compartiments : mais dès que la canicule fait sentir ses ardeurs brûlantes, que les herbes pâlissent, et que la terre altérée se fend de toutes parts, alors on ferme les écluses, afin que le fond échauffé durcisse l'eau devenue fixe et immobile. Les rayons du soleil pénètrent les parties propres à se coaguler; il s'en forme bientôt une croûte dure et raboteuse. Telle paraît à peu près la surface glacée du Danube, quand on voit les pesants chariots des Germains rouler tranquillement sur son onde enchaînée par les hivers. Que les savants pénètrent ces mystères de la nature, et qu'ils nous apprennent comment la même cause peut produire des effets si opposés. Ici les rayons du soleil fondent la glace; là ces mêmes rayons glacent les eaux.

Souvent le malheur est utile : le retard causé par la tempête, et qui m'avait tant chagriné, me devint bien agréable. J'eus la consolation d'embrasser Victorin, que j'ai toujours regardé comme un autre moi-même, et qui fut charmé à son tour de me revoir. Errant et sans patrie, après que la ville de Toulouse eut été prise par les Barbares, il avait fixé son séjour dans la province de Toscane. Sa sagesse, que la prospérité n'avait point altérée, ne brilla pas moins dans l'infortune : les peuples que l'Océan environne,

Dicitur humanum displicuisse genus.
In Volaterranum, vero Vada nomine, tractum
 Ingressus, dubii tramitis alta lego.
Despectat prorœ custos, clavumque sequentem 455
 Dirigit, et puppim voce monente regit.
Incertas gemina discriminat arbore fauces,
 Defixasque offert limes uterque sudes :
Illis proceras mos est adnectere lauros
 Conspicuas ramis et fruticante coma, 460
Ut, præbente algam densi symplegade limi,
 Servet inoffensas semita clara notas.
Illic me rapidus consistere Corus adegit,
 Qualis silvarum frangere lustra solet.
Vix tuti domibus sævos toleravimus imbres : 465
 Albini patuit proxima villa mei.
Namque meus, quem Roma meo subjunxit honori,
 Per quem jura meæ continuata togæ.
Non exspectatos pensavit laudibus annos;
 Vitæ flore puer, sed gravitate senex. 470
Mutua germanos junxit reverentia mores,
 Et favor alternis crevit amicitiis.
Prætulit ille meas, quum vincere posset, habenas;
 Prædecessoris major amore fuit.

Subjectas villæ vacat adspectare salinas; 475
 Namque hoc censetur nomine salsa palus,
Qua mare terrenis declive canalibus intrat,
 Multifidosque lacus parvula fossa rigat :
Ast ubi flagrantes admovit Sirius ignes,
 Quum pallent herbæ, quum sitit omnis ager; 480
Tum cataractarum claustris excluditur æquor,
 Ut fixos latices torrida duret humus.
Concipiunt acrem nativa coagula Phœbum,
 Et gravis æstivo crusta calore coit;
Haud aliter, quam quum glacie riget horridus Ister, 485
 Grandiaque adstricto flumine plaustra vehit.
Rimetur solitus naturæ expendere caussas,
 Inque pari dispar fomite quærat opus :
Vincta fluenta gelu, conspecto sole, liquescunt,
 Et rursus liquidæ sole gelantur aquæ. 490
O quam sæpe malis generatur origo bonorum!
 Tempestas dulcem fecit amara moram :
Victorinus enim, nostræ pars maxima mentis,
 Congressu explevit mutua vota suo.
Errantem Tuscis considere compulit agris 495
 Et colere externos, capta Tolosa, lares.
Nec tantum duris nituit sapientia rebus :

les habitans de Thulé et les Bretons féroces, sont autant de témoins de ses vertus. Le temps limité de la magistrature qu'il a exercée dans ces pays lointains, comme vicaire du préfet des Gaules, a suffi pour lui gagner tous les cœurs, et rendre son souvenir à jamais précieux aux nations de ces contrées. Elles sont aux extrémités du monde; mais il s'y est conduit comme si les yeux de tout l'univers l'eussent contemplé de près. Il est beau de rechercher les suffrages de ceux même à qui l'on pourrait déplaire impunément. Nommé depuis peu à la dignité de comte du palais, il a préféré les plaisirs de la campagne aux honneurs de la cour. En l'embrassant, je trompai les vents qui nous étaient contraires; c'était jouir en partie des plaisirs de la patrie.

Cependant l'aurore, par son lever pur et serein, nous annonçait un beau jour. Nous hissâmes nos antennes à la faveur du vent qui nous venait du rivage. Les flammes, soutenues par un souffle égal et tranquille, fendaient l'air sans s'agiter; nos voiles, mollement enflées, ne fatiguaient point les cordages. Nous vîmes en passant l'île de Gorgone, qui est au milieu de la mer, entre la côte du Pisan et celle de Corse. A la vue des écueils dont elle est entourée, je m'y rappelai le citoyen infortuné qui venait de s'y enterrer tout vivant. Ce jeune homme de nos amis, distingué par sa naissance, par sa fortune, et par une alliance brillante, entraîné sans doute par les Furies, avait abandonné les dieux et les hommes; il s'était lui-même exilé dans cette honteuse retraite. Malheureux, qui crois que cette malpropreté est un hommage pour la divinité, et qui se punit plus cruellement que ne le puniraient les dieux mêmes qu'il a offensés! Sa secte n'est-elle pas mille fois plus dangereuse que les poisons de Circé? Ceux-ci ne changeaient que les corps; ceux-là changent les esprits.

Nous abordâmes à Triturrita. C'est ainsi qu'on appelle une maison de campagne située sur une péninsule artificielle : car, à force de rochers et de pierres, on a reculé au loin les flots; et celui qui a bâti la maison en a construit auparavant le sol. J'admirai le port voisin : il est célèbre par le grand commerce et par les richesses des Pisans; mais il est plus remarquable par sa singularité. Nu, découvert, et sans môles avancés qui le défendent, les flots le battent de tous côtés. Il n'en est garanti que par une sorte d'herbe qui, dans ce lieu, croît en grande quantité au fond de la mer, et qui s'élève si haut, sans nuire aux bâtiments dont le poids la fait plier, qu'elle arrête, pour ainsi dire, les ondes agitées, qu'elle rompt ces prodigieuses lames d'eau que la tempête et la pleine mer poussent avec fureur contre le rivage.

Un vent d'orient, très-favorable, nous dédommageait des commencements fâcheux de notre navigation. Je m'arrêtai pour rendre visite à Protade. Si je voulais qu'on reconnût à des signes certains cet homme si respectable, je dirais : Figurez-vous la vertu elle-même; cette idée vous le représentera mieux que le portrait le plus ressemblant. Ses traits, sa physionomie, son maintien, annoncent d'abord sa prudence et son équité. Si l'on soupçonne de partialité les

Pectore non alio prosperiora tulit.
Conscius Oceanus virtutum, conscia Thule,
 Et quæcumque ferox arva Britannus arat : 500
Qua præfectorum vicibus frenata potestas
 Perpetuum magni fœnus amoris habet.
Extremum pars illa quidem discessit in orbem,
 Sed tanquam medio rector in orbe fuit.
Plus palmæ est, illos inter voluisse placere, 505
 Inter quos minor est displicuisse pudor.
Illustris nuper sacræ comes additus aulæ,
 Contempsit summos, ruris amore, gradus.
Hunc ego complexus, ventorum adversa fefelli,
 Dum videor patriæ jam mihi parte frui. 510
Lutea protulerat sudos aurora jugales :
 Antennas tendi littoris aura jubet.
Inconcussa vehit tranquillus aplustria flatus,
 Mollia securo vela rudente tremunt.
Adsurgit ponti medio circumflua Gorgon, 515
 Inter Pisanum Cyrniacumque latus.
Aversor scopulos, damni monumenta recentis :
 Perditus hic vivo funere civis erat.
Noster enim nuper, juvenis majoribus amplis,
 Nec censu inferior, conjugiove minor, 520
Impulsus furiis, homines Divosque reliquit,
 Et turpem latebram credulus exsul amat.
 Infelix putat illuvie cœlestia pasci;
 Seque premit læsis sævior ipse Deis.
Nunc, rogo, deterior Circæis secta venenis? 525
 Tunc mutabantur corpora, nunc animi.
Inde Triturritam petimus : sic villa vocatur,
 Quæ jacet, expulsis insula pæne fretis.
Namque manu junctis procedit in æquora saxis;
 Quique domum posuit, condidit ante solum. 530
Contiguum stupui portum, quem fama frequentat
 Pisarum emporio, divitiisque maris.
Mira loci facies : pelago pulsatur aperto,
 Inque omnes ventos littora nuda patent :
Non ullus tegitur per brachia tuta recessus, 535
 Æolias possit qui prohibere minas :
Sed procera suo prætexitur alga profundo,
 Molliter offensæ non nocitura rati :
Et tamen insanas cedendo interligat undas,
 Nec sinit ex alto grande volumen agi. 540
Tempora navigii clarus reparaverat Eurus :
 Sed mihi Protadium visere cura fuit.
Quem qui forte velit certis cognoscere signis,
 Virtutis speciem corde vidente petat :
Nec magis efficiet similem pictura colorem, 545
 Quam quæ de meritis mixta figura venit.
Adspicienda procul certo prudentia vultu,

louanges qu'un Gaulois donne à son compatriote, le témoignage de Rome, où il a rempli une des premières magistratures, ne sera pas suspect. Privé des biens paternels, il vit dans un héritage médiocre qu'il possède en Ombrie. Sa vertu lui fait voir du même œil la bonne et la mauvaise fortune. Supérieur aux richesses et à la pauvreté, il vécut dans l'opulence en homme qui la méprise ; il est pauvre en homme qui ne croit pas l'être. Autrefois un petit champ suffisait à des dictateurs et à des consuls ; une métairie de peu d'arpents produisait des Cincinnatus : pour moi, j'estime autant le courage et le désintéressement de Protade, que la charrue de Serranus et la cabane de Fabricius.

Je laissai donc nos vaisseaux dans un lieu sûr, et j'allai par terre à Pise. Le tribun me donna des chevaux ; il m'offrit aussi des voitures. C'était mon ami, et mon ancien camarade : nous avions servi ensemble dans le palais de l'empereur, quand j'y étais chargé du soin de la discipline et des écoles militaires, et que je commandais la garde impériale.

Je vis cette cité que des Grecs, venus des bords de l'Alphée, ont autrefois bâtie, et que l'Arne et l'Auser environnent de leurs eaux. Ces deux fleuves décrivent le long de ses murs comme deux côtés de pyramides, dont la pointe est formée par leur confluent. Le côté libre par où l'on entre est fort étroit ; l'Auser perd son nom dans les flots de l'Arne, qui conserve le sien jusqu'à la mer. Longtemps avant que la destinée eût conduit les Troyens dans le Latium, l'antique Étrurie avait reçu dans son sein les habitants de Pise en Élide. Le nom de la ville dont je fais ici la description est une preuve incontestable de son origine.

Là s'offrit à mes yeux la statue de mon père, que les Pisans ont érigée dans leur place publique. Tout ému des louanges d'un père que j'avais perdu, je ressentis une joie triste, qui m'arracha des larmes abondantes. Mon père avait gouverné la Toscane en qualité de proconsul. Il nous disait souvent que, de toutes les charges qu'il avait remplies, c'était celle qui l'avait le plus flatté ; il la préférait à la questure, à l'administration des finances, et, si je l'ose ajouter, à la préfecture même, tant il avait d'estime et d'amitié pour les Toscans. Ils le payaient bien de retour. Leur vénération et leur attachement pour lui sont consacrés par le monument éternel qu'ils ont érigé à sa gloire. Les vieillards parlent tous les jours à leurs enfants de son égalité, de sa justice, de sa douceur. Ils voient avec plaisir que je marche sur ses pas dans la carrière des honneurs : ils respectent en moi ses vertus et ses dignités. J'ai trouvé dans toute la voie Flaminia les mêmes sentiments de la part du peuple, les mêmes témoignages rendus à la mémoire de mon père : oui, le vertueux Lachanius vit encore dans le souvenir des Toscans ; ils l'honorent à l'égal d'un dieu.

Les mœurs de ces bons peuples ont retenu la franchise et la pureté des mœurs antiques. Puissent-ils n'avoir jamais que des magistrats qui leur ressemblent ! Tel est aujourd'hui Décius, ce digne

Formaque justitiæ suspicienda micat.
Sit fortasse minus, si laudet Gallia civem :
   Testis Roma sui præsulis esse potest. 550
Substituit patriis mediocres Umbria sedes :
   Virtus fortunam fecit utramque parem.
Mens invicta viri pro magnis parva tuetur,
   Pro parvis animo magna fuere suo.
Exiguus rerum rectores cespes habebat, 555
   Et Cincinnatos jugera pauca dabant.
Hæc etiam nobis non inferiora feruntur
   Vomere Serrani, Fabriciique foco.
Puppibus ergo meis fida in statione locatis,
   Ipse vehor Pisas, qua solet ire pedes. 560
Præbet equos, offert etiam carpenta, tribunus,
   Ex commilitio carus et ipse m hi,
Officiis regerem quum regia tecta magister,
   Armigerasque pii principis excubias.
Alpheæ veterem contemplor originis urbem, 565
   Quam cingunt geminis Arnus et Auser aquis ;
Conum pyramidis coeuntia flumina ducunt :
   Intratur modico frons patefacta solo ;
Sed proprium retinet communi in gurgite nomen,
   Et pontum solus scilicet Arnus adit. 570
Ante diu, quam Trojugenas fortuna penates
   Laurentinorum regibus insereret ,

Elide deductas suscepit Etruria Pisas,
   Nominis indicio testificata genus.
Hic oblata mihi sancti genitoris imago , 575
   Pisani proprio quam posuere foro.
Laudibus amissi cogor lacrymare parentis :
   Fluxerunt madidis gaudia mœsta genis.
Namque pater quondam Tyrrhenis præfuit arvis,
   Fascibus et senis credita jura dedit. 580
Narrabat, memini, multos emensus honores,
   Tuscorum regimen plus placuisse sibi :
Nam neque opum curam , quamvis sit magna, sacrarum,
   Nec jus quæsturæ, grata fuisse magis :
Ipsam, si fas est, postponere præfecturam 585
   Pronior in Tuscos non dubitabat amor.
Nec fallebatur, tam carus et ipse probatis :
   Æternas grates mutua cura canit ;
Constantemque sibi pariter mitemque fuisse,
   Insinuant natis, qui meminere, senes. 590
Ipsum me gradibus non degenerasse parentis
   Gaudent, et duplici sedulitate fovent.
Hæc eadem, quum Flaminiæ regionibus irem,
   Splendoris patrii sæpe reperta fides :
Famam Lachanii veneratur, numinis instar, 595
   Inter Tyrrhigenas Lydia tota suos.
Grata bonis priscos retinet provincia mores,

rejeton du fameux Lucilius, qui revit avec tant de gloire dans le plus illustre de ses descendants. Les satires de cet écrivain moderne, aussi enjouées que mordantes, ne le cèdent point à celles de Turnus et de Juvénal. Malgré l'effronterie de notre siècle, son utile censure a couvert de honte et de confusion ceux qui en étaient l'objet. En décriant le vice, il apprend à aimer la vertu; jadis administrateur du trésor impérial, avec quel courage ne repoussait-il pas les harpies qui assiégeaient nuit et jour ce dépôt sacré, ces harpies cruelles qui déchirent impitoyablement l'univers, qui entraînent tout ce qu'elles touchent, qui tromperaient la vigilance d'Argus et les regards perçants de Lyncée! Gardiens aussi infidèles qu'exacteurs inhumains, ils volent le prince, après avoir pillé les sujets. Ces enfants de Briarée n'ont pu résister à Lucilius; leurs cent mains n'ont jamais vaincu la sienne.

Revenu de Pise à Triturrita, je me disposais à partir, à la faveur d'un vent du midi et par un jour fort serein, quand tout à coup le ciel se couvrit de nuages épais, d'où sortaient de fréquents éclairs. Nous suspendîmes notre départ. Qui serait assez fou pour s'embarquer au commencement d'une tempête? nous employâmes ce temps à chasser. Notre hôte nous fournit pour cela tout l'attirail nécessaire et d'excellents chiens. Après plusieurs ruses, ils jetèrent dans nos toiles un sanglier terrible, que Méléagre n'eût osé attaquer, et qui se serait échappé des bras d'Hercule. Cette prise fut célébrée par le bruit des fanfares. Les coteaux voisins en retentirent; nos gens portèrent à la maison cet effroyable animal, que les chansons et la joie firent trouver moins lourd.

Le vent qui nous avait amené la pluie durait encore, et le temps ne s'éclaircissait point. Le coucher des Hyades était toujours humide. De sombres vapeurs cachaient le lièvre, astre d'une fort petite grandeur, mais redouté sur les flots, et dont la présence ne permet point aux pilotes prudents de quitter la terre, tant que la saison est pluvieuse. Il est voisin des étoiles orageuses d'Orion, et l'on dirait qu'il fuit le chien brûlant de l'été.

Nous vîmes la mer rouler jusqu'au milieu des champs ses flots jaunis par le sable qu'elle soulevait avec elle, comme nous voyons l'Océan se répandre dans les campagnes, et se retirer ensuite, soit que les flots s'éloignent de notre continent pour inonder d'autres terres, ou qu'ils soient attirés par les astres, dont ils entretiennent la matière et la clarté.

LIVRE II.

Cet ouvrage n'est pas si étendu, que je n'eusse pu continuer sans l'interrompre. Un repas trop long fatigue; on boit plus agréablement à petits coups. Les inscriptions des bornes milliaires, en marquant les intervalles et les distances, abré-

Dignaque, rectores semper habere bonos.
Qualis nunc Decius, Lucilli nobile pignus,
  Per Corythi populos arva beata regit. 600
Nec mirum, magni si redditus indole nati,
  Felix tam simili posteritate pater.
Hujus vulnificis, satira ludente, Camenis
  Nec Turnus potior, nec Juvenalis erit.
Restituit veterem censoria lima pudorem : 605
  Dumque malos carpit, præcipit esse bonos.
Non olim, sacri justissimus arbiter auri,
  Circumsistentes reppulit Harpyias?
Harpyias, quarum decerpitur unguibus orbis,
  Quæ pede glutineo, quod tetigere, trahunt : 610
Quæ luscum faciunt Argum, quæ Lyncea cæcum :
  Inter custodes publica furta volant.
Sed non Lucillum Briareia præda fefellit,
  Totque simul manibus restitit una manus.
Jamque Triturritam Pisæa ex urbe reversus, 615
  Aptabam nitido pendula vela Noto,
Quum subitis tectus nimbis insorduit æther;
  Sparserunt radios nubila rupta vagos.
Substitimus : quis enim, sub tempestate maligna,
  Insanituris audeat ire fretis? 620
Otia vicinis terimus navalia silvis,
  Sectandisque juvat membra movere feris.
Instrumenta parat venandi villicus hospes,
  Atque olidum doctas nosse cubile canes.

Funditur insidiis et rara fraude plagarum, 625
  Terribilisque cadit fulmine dentis aper, .
Quem Meleagrei vereantur adire lacerti,
  Qui laxet nodos Amphitryoniadæ.
Tum responsuros persultat buccina colles,
  Fitque, reportando, carmine præda levis. 630
Interea madidis non desinit Africus alis
  Continuos picea nube negare dies.
Jam matutinis Hyades occasibus udæ;
  Jam latet hiberno conditus imbre Lepus.
Exiguum radiis, sed magnum fluctibus, astrum, 635
  Quo madidam nullus navita linquit humum.
Namque procelloso subjungitur Oarioni,
  Æstiferumque canem roscida præda fugit.
Vidimus excitis pontum flavescere arenis,
  Atque eructato vortice rura tegi. 640
Qualiter Oceanus mediis infunditur agris,
  Destituenda vago quum premit arva salo;
Sive alio refluus, nostro colliditur orbe,
  Sive corusca suis sidera pascit aquis.

LIBER SECUNDUS.

Nondum longus erat, nec multa volumina passus,
  Jure suo poterat longior esse liber :
Tædia continuo timui cessura labori,
  Sumere ne lector juge paveret opus.

gent le chemin, et délassent le voyageur. Ce n'est qu'en rougissant que je divise en deux parties ce poëme, que je devais poursuivre d'une seule haleine.

Enfin, la mer n'étant plus assiégée par les tempêtes, nous sortîmes du port de Pise. L'onde tranquille réfléchissait le rayon tremblant du soleil, et s'ouvrait avec un léger murmure sous le tranchant de l'éperon. Nous commençâmes alors à voir le mont Apennin, dont la tête se perd dans les nues, et qui enchaîne à ses pieds l'impétuosité des flots.

Si l'on pouvait découvrir des yeux toute l'Italie, cette maîtresse du monde, ou si l'on voulait en représenter exactement la figure, il se trouverait qu'elle ressemble à une feuille de chêne, beaucoup plus longue que large. Sa longueur, depuis le pays des Liguriens jusqu'au détroit de Sicile, est de quatre lieues. Ses deux côtés sont bordés par les mers Adriatique et de Thyrrène, qui pénètrent souvent dans ses campagnes par la sinuosité de ses rivages. Dans l'endroit où elle est le plus resserrée, sa largeur n'est que de cinquante-deux lieues.

L'Apennin s'étend obliquement entre les deux mers, bornées par le levant et par le couchant : un de ses sommets tournés vers l'aurore commande la Dalmatie, et l'autre domine vers l'occident, sur la mer de Toscane. Si nous avouons qu'on a observé quelque ordre dans la construction du monde, et que ce vaste édifice est l'ouvrage d'une divinité sage et prudente, nous devons croire qu'elle a voulu que l'Apennin servît de garde à l'Italie, et que cette montagne fût en quelque sorte impraticable. La nature a craint de paraître imparfaite, et qu'on ne lui reprochât que les Alpes n'étaient pas une barrière suffisante contre les nations du nord. C'est ainsi que dans le corps humain elle environne de plusieurs membres les parties essentielles, et ne se contente pas d'une seule enveloppe pour assurer leur conservation. La capitale du monde méritait qu'on préparât d'avance de si redoutables boulevards; et Rome, avant sa fondation, occupait déjà les dieux.

Tout cela rend mille fois plus coupable ce malheureux Stilicon, qui a trahi la gloire et la majesté de l'empire. Il s'efforça de survivre au peuple romain, et, dans ses fureurs cruelles, il bouleversa tout l'empire. Objet de terreur, mais redoutant lui-même ceux qui le craignaient, il a introduit les Barbares dans le sein de sa patrie; il l'a livrée sans défense à des ennemis armés. Par cette indigne perfidie, il s'est assuré des moyens de la perdre. Rome était ouverte à des soldats étrangers dont les vêtements bizarres l'effrayaient, et, sans être encore prise, elle était déjà captive. Non content d'employer contre elle les armes des Goths, il a brûlé les ouvrages sacrés des Sibylles. Nous détestons la mémoire d'Althée, qui consuma le tison d'où dépendait la vie de son fils. Les oiseaux même sont touchés du crime que Scylla commit contre son père. Mais Stilicon a voulu briser, entre les

Sæpe cibis adfert serus fastidia finis :   5
 Gratior est, modicis haustibus unda, siti.
Intervalla viæ fessis præstare videtur,
 Qui notat inscriptus millia crebra lapis.
Partimur trepidum per opuscula bina ruborem,
 Quem satius fuerat sustinuisse semel.   10
Tandem nimbosa maris obsidione solutis
 Pisano e portu contigit alta sequi.
Adridet placidum radiis crispantibus æquor,
 Et sulcata levi murmurat unda sono.
Incipiunt Apennini devexa videri,   15
 Qua fremit aerio monte repulsa Thetis.
Italiam, rerum dominam, qui cingere visu,
 Et totam pariter cernere mente velit,
Inveniet quernæ similem procedere frondi,
 Arctatam laterum conveniente sinu.   20
Millia per longum decies centena teruntur
 A Ligurum terris ad freta Sicaniæ :
In latum variis damnosa anfractibus intrat
 Tyrrheni rabies Adriacique salis.
Qua tamen est juncti maris angustissima tellus,   25
 Triginta et centum millia sola patet.
Diversas medius mons obliquatur in undas,
 Qua fert atque refert Phœbus uterque diem :
Urget Dalmaticos Eoo vertice fluctus,
 Cærulaque occiduis frangit Etrusca jugis.   30

Si factum certa mundum ratione fatemur,
 Consiliumque Dei machina tanta fuit;
Excubiis Latii prætexuit Apenninum,
 Claustraque montanis vix adeunda viis.
Invidiam timuit natura, parumque putavit   35
 Arctois Alpes opposuisse minis :
Sicut vallavit multis vitalia membris,
 Nec semel inclusit, quæ pretiosa tulit.
Jam tum multiplici meruit munimine cingi,
 Sollicitosque habuit Roma futura Deos.   40
Quo magis est facinus diri Stilichonis acerbum,
 Proditor arcani qui fuit imperii.
Romano generi dum nititur esse superstes,
 Crudelis summis miscuit ima furor :
Dumque timet, quidquid se fecerat ipse timeri,   45
 Immisit Latiæ barbara tela neci.
Visceribus nudis armatum condidit hostem,
 Illatæ cladis liberiore dolo.
Ipsa satellitibus pellitis Roma patebat,
 Et captiva prius, quam caperetur, erat.   50
Nec tantum Geticis grassatus proditor armis,
 Ante Sibyllinæ fata cremavit opis.
Odimus Althæam consumpti funere torris;
 Niseum crinem flere putantur aves.
At Stilicho æterni fatalia pignora regni,   55
 Et plenas voluit præcipitare colus.

mains des Parques, leur fuseau chargé de nos longues destinées, gage assuré de l'éternité de cet empire. Furies vengeresses, laissez respirer le cruel Néron; employez les feux du Styx à tourmenter une ombre plus odieuse : celui-là n'a frappé qu'une mortelle, celui-ci a porté ses mains sacrilèges sur une divinité. L'un n'a ôté la vie qu'à sa propre mère; l'autre menaçait les jours de la mère du monde.

Mais je m'emporte. Reprenons mon voyage interrompu. Nous arrivâmes dans cette ville à qui la sœur du Soleil a donné son nom. Ses murs, éblouissants de blancheur, sont bâtis de pierres polies et brillantes, qui surpassent l'éclat du lis. On trouve dans cette contrée plusieurs carrières de marbre blanc, et plus blanc que la neige.

Omnia Tartarei cessent tormenta Neronis,
  Consumat Stygias tristior umbra faces,
Hic immortalem, mortalem perculit ille;
  Hic mundi matrem perculit, ille suam.   60
Sed diverticulo fuimus fortasse loquaces :
  Carmine propositum jam repetamus iter.

Advehimur celeri candentia mœnia lapsu :
  Nominis est auctor Sole corusca soror.
Indigenis superat ridentia lilia saxis,   65
  Et lœvi radiat picta nitore silex.
Dives marmoribus tellus, quæ luce coloris
  Provocat intactas luxuriosa nives.

NOTES SUR RUTILIUS.

LIVRE PREMIER.

v. 11. *Felices etiam, qui proxima munera primis*
Sortiti, Latias obtinuere domos.

La constitution de Caracalla étendait à toutes les villes de l'empire le droit de cité, réservé d'abord à quelques-unes : ce qui, entre autres privilèges, permettait aux habitants de ces villes, qui y avaient exercé quelque fonction publique, de prétendre à toutes les magistratures romaines; ils pouvaient même entrer dans le sénat.

v. 21. *Illa quidem longis nimium deformis bellis;*
Sed, quam grata minus, tam miseranda magis.

Cicéron, lettr. VI, 9, à Marcellus : « Nunc vero nec locus tibi ullus dulcior esse debet patria, nec eam diligere minus debes, quod deformior est; sed misereri potius, nec multis claris viris orbatam privare etiam aspectu tuo. » La Gaule venait d'être parcourue et ravagée en tous sens par les invasions des Barbares.

v. 39.... *Aurelius agger.* La voie Aurélienne traversait la Toscane.

v. 43. On peut rapprocher tout ce passage d'un morceau célèbre d'Ovide : *Tristes*, III.

v. 97. *Aerio pendentes fornice rivos.* Les aqueducs de Rome : Manilius, l. IV, 265,

Et peregrinantes domibus suspendere rivos.

v. 107. *Nempe tibi subitus calidarum gurges aquarum*
Rupit Tarpeias, hoste premente, vias.

Une ancienne tradition rapportait que, pendant le combat livré aux Romains par Tatius après l'enlèvement des Sabines, des torrents d'eau bouillante, s'échappant du temple de Janus, avaient arrêté les Sabins déjà maîtres d'une des portes, et donné la victoire aux Romains. (Ovide, *Fast.* I, 265; Macrobe, *Saturn.* I, chap. 9.)

v. 111. *Quid loquar inclusas inter laquearia silvas?*

Horace, Épîtres, I, 10, 22 :

Nempe inter varias nutritur silva columnas.

v. 168. *Rufius Albini.* Cet Albinus paraît avoir été le même que Cœionius Rufius Albinus, préfet de Rome, sous Valentinien II. Il était de Volusium.

v. 170. *Et reges Rutulos, teste Marone, refert.* Virg. *En.* XI, 463 :

Tu, Voluse, armari Volscorum edice manipulis :
Duc, ait, Rutulos.

v. 195. *Quanquam signa levis fumi commendat Homerus,*
Dilecto quoties surgit in astra solo.

Voici le passage d'Homère auquel le poëte fait allusion. *Odyssée*, l. 1, v. 57 :

Αὐτὰρ Ὀδυσσεὺς,
ἱέμενος καὶ καπνὸν ἀποθρώσκοντα νοῆσαι
ἧς γαίης, θανέειν ἱμείρεται.

v. 223 et suivants. *Alia prœlegitur tellus*, etc. Æsium, Pyrges, Cère, villes maritimes de l'Étrurie. Centum-Celles, actuellement *Civita-Vecchia*, célèbre par son port. Voy. Pline, *Lettres*, VI, 31.

v. 279. Le *Minion*, rivière d'Étrurie. *Gravisque;* Virgile, *Énéide*, livre X^e, v. 183 :

Qui Cœrete domo, qui sunt Minionis in arvis,
Et Pyrgi veteres, intempestæque Graviscæ.

v. 289. *Dicuntur cives quondam, migrare coacti,*
Muribus infestos deseruisse lares.

Plusieurs faits du même genre, rapportés par Strabon, Pline et d'autres écrivains, pourraient justifier cette tradition, qui semble à Rutilius ridicule et incroyable. (Voy. Strabon, livre III, page 144 ; Pline, VIII, 55, et même livre, c. 29.)

v. 295. Le premier Lépidus (Marcus Émilius Lépidus), consul avec L. Catulus, voulut abolir tous les actes de Sylla rappeler les proscrits, et leur rendre les biens qui avaient été confisqués par le dictateur. C'était rallumer la guerre civile. Catulus, son collègue, et Pompée se réunirent contre lui. Lépidus, vaincu, se réfugia en Sardaigne, et y mourut de maladie : *Ibi morbo et pœnitentia interiit*, dit Florus, l. III, ch. 23. Le second Lépidus fut le collègue d'Octave et d'Antoine dans le triumvirat. Le fils du triumvir conspira contre Auguste et fut puni de mort. *Quartus, Cæsareo dum vult irrepere regno.* Marcus Lépidus, mari de Drusille, sœur de Caligula, fut accusé d'adultère avec deux autres sœurs de ce prince, Agrippine et Liville : soupçonné en outre de prétendre à l'empire, il fut mis à mort par ordre de Caligula.

v. 307. *Nunc quoque...* On ne sait quels sont les membres de la famille de Lépidus auxquels Rutilius fait ici allusion.

v. 325. *Eminus Igilii silvosa cacumina miror.* Petite île sur la côte d'Étrurie, aujourd'hui *Giglio*. L'invasion des Goths, dont il est parlé dans les vers suivants, est celle d'Alaric.

v. 337. *Tangimus Umbronem.* Pline, livre III, 5 : « Umbro navigationum capax, et ab eo tractus Umbriæ. »

v. 351. *Chalybum memorabilis Ilva metallis.* L'île d'Elbe; Virgile parle aussi de ses mines de fer :

Insula inexhaustis Chalybum generosa metallis.
Én. x, 174.

v. 253. *Biturix.... strictura.* César vante les mines du Berry, VII, 22.

v. 384. *Humanis animal dissociale cibis.* Juvénal, XIV, 98 :

Nec distare putant humana carne suillum.

v. 397. Ce sont les chrétiens dont parle ici Rutilius; on les confondait avec les Juifs.

v. 420. L'ami dont Rutilius parle ici est ce Rufius Volusianus dont il a déjà été question au vers 168. Volusianis ne peut entrer dans un vers hexamètre.

v. 496. *Et colere externos, capta Tolosa, lares.* Toulouse fut prise par Ataulph, chef des Goths, qui s'empara de toute l'Aquitaine jusqu'à l'Océan.

v. 561. *Præbet equos, offert etiam carpenta, tribunus. Tribunus,* un tribun des soldats, qui commandait dans le pays.

v. 585.... *Præfecturam.* Était-ce la préfecture de la ville, ou la charge de préfet du prétoire? rien ne l'indique.

v. 604. Turnus écrivit des satires sous Vespasien. Nous avons, sous le nom de cet écrivain, un fragment de satire que l'on attribue aujourd'hui à Balzac.

LIVRE II.

v. 8. *Qui notat inscriptus millia crebra lapis.* Les bornes milliaires, placées, dit-on, par Caïus Gracchus.

v. 41. *Quo magis est facinus diri Stilichonis acerbum,*
Proditor arcani qui fuit imperii.

Stilichon, ayant laissé Alaric pénétrer en Italie, fut accusé de trahison par les Romains.

v. 63. *Advehimur celeri candentia mænia lapsu :*
Nominis est auctor Sole corusca soror.

Oppidum Lunæ. Aujourd'hui Lunegiano, en ruines.

GRATIUS FALISCUS.

NOTICE

SUR GRATIUS FALISCUS.

La vie de Gratius nous est entièrement inconnue. Son nom ne nous a été transmis que par Ovide, dont il fut le contemporain. L'auteur des Métamorphoses nous dit en effet, dans une de ses élégies (*Pont. ult.* v. 33), où il énumère tous les poëtes du siècle d'Auguste avec lesquels il a vécu :

Tityrus antiquas et erat qui pasceret herbas,
Aptaque venanti Gratius arma dabat.

Comme le premier vers de ce distique s'applique à Virgile [1], quelques commentateurs ont cru qu'en rapprochant ainsi Gratius et le prince des poëtes latins, Ovide fait entendre qu'il met peu de différence entre eux. C'est faire injure à Ovide, qui a moins songé à établir un parallèle entre ces deux poëtes, qu'à indiquer l'analogie des sujets traités par eux.

Au reste, c'est la seule mention qui ait été faite de Gratius. Les vers de son poëme ne sont cités nulle part. Ce qui doit surprendre encore davantage, c'est que Némésien, qui, longtemps après Gratius, a composé un poëme sur la chasse, s'annonce comme parcourant une route qui n'a pas encore été battue, c'est-à-dire, pour parler en prose, comme traitant un sujet qu'aucun poëte n'a traité avant lui. Mais on sait qu'il ne faut pas prendre au mot les poëtes qui parlent ainsi.

Gratius n'a rien dit dans ses Cynégétiques qui pût suppléer au silence que les autres écrivains gardent sur lui. On présume seulement, d'après un de ses vers (le 40e de toutes les éditions et le 52e de la nôtre), qu'il est né dans les environs de Falérie, ou qu'il y possédait une propriété : de là le surnom de Faliscus qui lui a été donné.

Sans doute il n'était pas d'une famille illustre; car son nom, qui a la physionomie de ceux qu'on imposait aux esclaves ou aux affranchis, se rencontre rarement dans les monuments anciens. La manière honorable dont il parle du *veneur* ou *préposé aux meutes* porte à croire qu'il était attaché en cette qualité à quelque grande maison (vers 331 à 333).

Gratius s'est-il borné au petit poëme dont nous donnons la traduction? Il est probable qu'à l'exemple d'Oppien et de Némésien, il avait composé autant de poëmes que la chasse offre de branches diverses. Ainsi, outre des Cynégétiques, il aurait été l'auteur d'un traité de la chasse aux oiseaux, et peut-être des *Halieutiques*, ou traité de la pêche que, dans le doute, nous avons publiées selon l'usage, à la fin des œuvres d'Ovide, auquel on attribue ce poëme, quoique le style offre d'assez notables ressemblances avec celui de Gratius.

C'est en 1504 que Sannazar fit la découverte de ce poëme dans une bibliothèque de France. Le manuscrit qui le contenait avec le poëme de Némésien, les fragments des Halieutiques et l'Itinéraire de Rutilius, a été la base de toutes les éditions qui ont paru successivement, et dont la dernière, donnée par Wernsdorff, et reproduite dans la collection Lemaire, est, à quelques leçons près, celle que nous avons suivie.

Parmi les corrections que nous avons cru devoir y faire, une seule a besoin d'être expliquée : c'est une transposition qui consiste à placer après le 24e vers le morceau qui, dans les éditions précédentes, est compris entre les 61e et 72e vers inclusivement. Quelques commentateurs avaient déjà remarqué que ce morceau ne se lie pas avec ce qui précède, et ils en avaient tiré la conséquence qu'il existait là une lacune. En effet, le poëte, après avoir dit à quelle époque il faut récolter le lin qui convient à la fabrication des filets, ajoute, d'après le manuscrit :

Magnum opus, et tangi, nisi cura vincitur, impar.

Puis il nous rappelle les demi-dieux qui, pour n'avoir pas connu les règles de la chasse, ont été victimes de leur imprudence; moins heureux qu'Hercule, lequel a dû les premiers éloges de la renommée à son habileté comme chasseur.

Il nous a paru, d'après le ton de cet épisode, qu'il y avait lieu de le rattacher à l'exposition du poëme, et nous ne doutons pas qu'on ne nous approuve de l'avoir fait. En effet, le poëte débute en invoquant Diane, déesse de la chasse (1-20), puis il annonce qu'il s'efforcera de défendre notre existence contre les bêtes féroces, qu'il donnera des armes au chasseur, et lui apprendra comment, à l'aide des filets et des toiles, il peut dresser des embûches à ses ennemis. Qu'à la suite de cette exposition on place l'épisode dont nous avons cité le premier vers, *Magnum opus...*, et l'on verra que les idées de l'auteur s'enchaînent parfaitement. « Importants travaux, dira Gratius, dont on ne surmonte les difficultés qu'à force de soins. Voyez en effet les demi-dieux, » etc.

Cette traduction est la première qui ait été faite du poëme de Gratius.

---

(1) Némésien donne aussi à Virgile le nom de Tityre (*Ecl.* II, 84.)

GRATIUS FALISCUS.
CYNÉGÉTIQUES.

Diane, je chante sous tes auspices cet art, présent des dieux, qui a tant de charmes pour les chasseurs.

Autrefois les hommes plaçaient tout leur espoir dans la force. Pleins de témérité, n'ayant d'autre appui qu'un vain courage, ils parcouraient les bois profonds, où ils étaient sans cesse à la merci de leur inexpérience. Plus tard, ils suivirent une voie plus sûre, et prirent le raisonnement pour guide de leurs entreprises. Depuis ce jour l'existence devint facile : l'ordre et la méthode dissipèrent les ténèbres, et la connaissance d'un art fit germer un art voisin. Depuis ce jour, la violence aveugle cessa de régner.

Nous devons à la bienfaisance des dieux la découverte des arts : ils en firent un rempart contre notre faiblesse. Puis chacun s'appliqua à celui où l'entraînait son goût; et la perfection fut le fruit de l'étude.

Ainsi, quand les hommes ne se procuraient leur nourriture qu'en soutenant contre les bêtes fauves une guerre périlleuse, c'est toi, Diane, qui daignas leur faire part de ton expérience, les protéger, les affranchir des dangers qui les menaçaient! Autour de toi vinrent se ranger les nombreuses déesses des forêts et des fontaines : autour de toi se réfugièrent les Naïades, et Faune qui préside au riant Latium, et Pan qui habite le Ménale, et la Mère des dieux, habile à dompter les lions, et Silvain qui se plaît dans les contrées incultes.

Moi, dans mes vers, je dévoilerai les secours que nous devons à Diane, et j'essayerai de protéger l'homme par eux contre les innombrables hôtes des bois. Dans mes vers je donnerai des armes au chasseur : je lui dirai comment il peut s'en servir; comment, avec des filets et des toiles, il peut dresser des embûches à ses ennemis : travaux importants, dont on ne surmonte les difficultés qu'à force de soins.

Rappelle-toi ce que les anciennes traditions racontent des demi-dieux. A l'aide de hautes montagnes, ils ont tenté de s'élever jusqu'aux demeures célestes; ils ont osé se frayer une route à travers les mers, et porter une main outrageante sur les déesses; et pourtant vois à quel prix ils ont pénétré dans les forêts, sans suivre les règles que je vais tracer? Vénus, vaincue par la douleur, pleure encore et pleurera toujours Adonis. Ancée a péri sous les défenses d'un sanglier, bien qu'il fût adroit, et défendu par une hache à deux tranchants.

Au contraire le héros de Tyrinthe, Hercule, ce dieu qui a civilisé l'univers encore sauvage, ce dieu dont le nom est répété et sur terre et sur mer, et dans l'insatiable empire de Pluton (car il osait tout, et se précipitait partout où il y avait de la gloire à recueillir), Hercule s'est illustré par son habi-

GRATII FALISCI
CYNEGETICON.

Dona cano divum, lætas venantibus artes,
Auspicio, Diana, tuo; prius omnis in armis
Spes fuit, et nuda silvas virtute movebant
Inconsulti homines, vitaque erat error in omni;
Post alia propiore via, meliusque profecti,   5
Te sociam, Ratio, rebus sumpsere gerendis.
Hinc omne auxilium vitæ, rectusque reluxit
Ordo, et contiguas didicere ex artibus artes
Proserere; hinc demens cecidit violentia retro.
Sed primum auspicium Deus artibus, altaque circum   10
Firmamenta dedit; tum partes quisque sequutus
Exegere suas, tetigitque industria finem.
Tu trepidam bello vitam, Diana, ferino,
Qua primam quærebat opem, dignata repertis
Protegere auxiliis, orbemque hac solvere noxa.   15
Adscivere tuo comites sub nomine divæ
Centum omnes nemorum, centum de fontibus, omnes
Naiades, et Latii cultor qui Faunus amœni,
Mænaliusque puer, domitrixque Idæa leonum
Mater, et inculto Silvanus termite gaudens.   20
His ego præsidiis nostram defendere sortem
Contra mille feras, et non sine carmine, nisus,
Carmine et arma dabo venanti, et persequar artes
Armorum, cassesque, plagarumque ordiar astus.
Magnum opus, et tangi, nisi cura vincitur, impar.   25
Nonne vides, veterum quos prodit fabula rerum,
Semidei, cœlum aggeribus tentare superbis,
Ire freta, et matres ausi tractare deorum,
Quam magnam mercede meo sine munere silvas
Impulerint : flet adhuc et porro flebit Adonim   30
Victa Venus, ceciditque suis Ancæus in armis,
Ut prædexter erat geminisque securibus ingens.
Ipse deus, cultorque feri Tyrinthius orbis,
Quem mare, quem tellus, quem præceps janua Ditis,
Omnia tentantem, qua laus erat obvia, passi,   35

leté dans la chasse, et a obtenu par elle les premiers éloges de la renommée.

D'abord, il faut joindre avec un léger fil la frange naissante de ton filet, puis réunir fortement ces fils par une maille carrée. Fait de cette manière, il supportera de longues fatigues et sera d'un long usage. Ensuite, quand tu seras arrivé au milieu de l'ouverture, là où commencent les fils, tu tresseras jusqu'à six panneaux, afin que, si plusieurs bêtes viennent à s'y précipiter, le filet puisse les contenir toutes. Je veux que tu lui donnes une longueur de deux fois vingt pas, et qu'il ait dix nœuds pleins en profondeur. S'il excède cette dimension, il exigera plus de frais et sera moins commode.

Pour ne pas t'arrêter davantage, apprends que les marais du Cinyphe te fourniront du lin excellent pour ce travail. On estime aussi celui de la vallée consacrée à la sibylle d'Éolie, et celui qui croît dans les champs de la Toscane, qu'abreuve le Tibre, dont les eaux silencieuses coulent ensuite à travers le fertile Latium, avant de se perdre dans la mer par une large embouchure.

Notre lin de Falérie manque de force, et celui d'Espagne n'est recherché que pour d'autres usages. L'Égypte en produit qui suffit à peine pour couvrir légèrement les prêtres de la brûlante Canope, lorsqu'ils dansent en foule aux fêtes de Diane. Sa couleur blanche est d'ailleurs pernicieuse, et rend le filet inutile, en indiquant de loin le piége aux ennemis qu'il épouvante.

Le misérable habitant d'Alabande cultive dans ses jardins, où coule une eau limpide, des forêts d'un chanvre propre à nos travaux; mais il est d'une conservation difficile, surtout si tu vises à enfermer dans tes rêts des ours d'Émonie. Pour y remédier, veille par-dessus tout à ce que l'humidité ne les pénètre pas : elle en est le principal fléau. On ne peut se servir d'instruments de chasse qui sont humides : on ne peut y avoir confiance. Soit donc que dans une profonde vallée ils aient été imbibés de l'eau d'un fleuve, soit qu'ils aient été couverts de la vase épaisse d'un étang, soit enfin qu'une pluie imprévue les ait humectés, tends-les par un temps sec, lorsque règne l'Aquilon, ou suspends-les auprès de ton foyer enfumé. Aussi défend-on de songer à la récolte du lin avant que la brillante Pléiade n'ait paru dans les cieux, et n'ait embrasé l'air de ses feux les plus ardents. Que le lin en soit imprégné, et il résistera mieux aux atteintes du temps.

Si mon art peut te rendre encore des services, écoute comment on parvient, par la ruse, à triompher des bêtes fauves.

Dans ce but, quelques chasseurs se servent avec beaucoup de succès des plumes arrachées à d'immondes vautours; seulement il faut qu'elles soient alternées avec les ailes argentées du cygne, et cet appareil suffit. Par un beau soleil, elles brillent, et forment ensemble un épouvantail terrible. L'odeur infecte qu'exhale l'avide vautour jette l'effroi dans les forêts. L'on approuve donc avec raison ce mélange. Mais autant les plumes dont tu te sers doivent être éclatantes et épaisses, autant elles doivent être moelleuses et libres de nœuds. Autrement, lorsqu'on se hâtera de porter les toiles, elles s'y embarrasseront, et au moment

Hinc decus et famæ primum impetravit honorem.]
Prima jubent tenui nascentem jungere filo
Limbum, et quadruplici tormento adstringere limbos;
Illa operum patiens, illa usus linea longi.
Tunc ipsum medio cassem qui nascitur ore, 40
Per senos circum usque sinus laqueabis, ut omnem
Concipiat tergo, si quisquam est plurimus, hostem.
Et bis vicenos spatium prætendere passus
Rete velim, plenisque decem consurgere nodis.
Ingrati majora sinus impendia sument. 45
   Optima Cinyphiæ, ne quid cunctere, paludes
Lina dabunt; bonus Æoliæ de valle Sibyllæ
Fœtus, et aprico Tuscorum stupea campo
Messis, contiguum sorbens de flumine rorem,
Qua cultor Latii per opaca silentia Tibris 50
Labitur, inque sinus magno venit ore marinos.
At contra nostri imbellia lina Faliscis;
Hispanique alio spectantur Sætabes usu.
Vix operata suo sacra ad Bubastia lino
Velatur sonipes æstivi turba Canopi. 55
Ipse in materia damnosus candor inerti
Ostendit longe fraudem, atque exterruit hostes.
At pauper rigui custos Alabandicus horti
Cannabias nutrit silvas, qua commoda nostro

Armamenta operi; gravis est tutela sed illis, 60
Tu licet Æmonios includas retibus ursos.
Tantum ne subeat vitiorum pessimus humor,
Ante cave : non est humentibus usus in armis;
Nulla fides : ergo, seu pressa flumina valle
Inter opus, crassæque malum fecere paludes; 65
Sive improvisus cœlo perfuderit imber,
Illa vel ad flatus Helices oppande serenæ,
Vel caligineo laxanda reponito fumo.
Idcirco et primas linorum tangere messes
Ante vetant, quam maturis accenderit annum 70
Ignibus, et claro Pleias se prompserit ortu.
Imbiberit, tanto respondet longior usus,
Exige, si qua meis respondet ab artibus ergo
Gratia, quæ vires fallat collata ferinas.
   Sunt, quibus immundo decerptæ vulture plumæ 75
Instrumentum operis fuit, et non parva facultas.
Tantum inter nivei jungantur vellera cygni;
Et satis armorum est : hæc clara luce coruscant
Terribiles species; ab vulture dirus avaro
Turbat odor silvas, meliusque alterna valet res. 80
Sed quam clara tuis et pinguis pluma sub armis,
Tam mollis tactu et non sit creberrima nexu,
Ne repressa suis properantem linea pinnis

d'en faire usage, elles accuseront ton imprévoyance.

Ces épouvantails sont utiles surtout pour chasser le cerf Si tu as soin d'en teindre par intervalle les plumes mobiles avec la pourpre assyrienne; si tu les fais briller sur des fourches dressées au milieu des toiles, il est rare qu'aucune bête féroce ne soit trompée par ces faux sujets d'alarmes.

Il est aussi quelquefois avantageux de se servir de lacets mobiles. On conseille surtout de les couvrir avec une peau de cerf. Sous la perfide apparence d'une bête fauve, ils cacheront mieux les embûches. Que dirai-je des piéges munis de dents, que le chasseur entoure de bois d'yeuse? Combien de fois, avec ces engins trompeurs, un étranger a pu profiter du gibier d'autrui!

Gloire à l'homme qui, guidé par l'industrie, sut découvrir ces admirables secrets! Il fut un dieu, ou du moins il eut une intelligence presque divine, celui qui porta la lumière au milieu des profondes ténèbres où l'on était plongé, celui qui éclaira le vulgaire encore ignorant. Diane, dis son nom, tu le peux, à un élève d'Apollon.

Si l'on en croit la renommée, ce fut un vieillard d'Arcadie, que le fertile Ménale, que la ville d'Amyclée, voisine de Lacédémone, virent pour la première fois tendre des filets dans les vallons inaccoutumés. Ce fut Dercyle, l'homme le plus juste qui ait jamais existé, le plus rigide observateur du culte des dieux. Il était jeune encore, quand la déesse des forêts prit soin de le former. Elle daigna l'associer à ses glorieux travaux : elle lui dévoila son art, et lui ordonna de le faire connaître aux nations.

C'est lui aussi qui, le premier, revêtit l'épieu d'une dent solide, lui qui, à l'aide des arêtes dont il le garnit, sut maîtriser l'impétueux courroux d'une bête blessée, et en soutenir le fardeau. Plus tard on fabriqua des hampes dont le fer long et acéré fut hérissé d'une double fourche. Plus tard aussi quelques chasseurs entourèrent de pointes l'orbe de leurs javelines, afin de pouvoir porter une blessure qui ne restât pas sans effet.

Fuis l'attrait de l'inconstante nouveauté, et souviens-toi que tout excès est nuisible. Pourtant la mode volage amène chaque jour des changements, pour lesquels nos chasseurs s'empressent d'abandonner les usages déjà éprouvés.

Que dirai-je des lances macédoniennes dont le bois, d'une longueur démesurée, se termine par une pointe si petite? Et des javelines rapides des Lucaniens, qui se composent au contraire d'une légère écorce que fatigue une large lame?

L'expérience, en se gardant de ces excès, est parvenue à perfectionner nos armes. C'est ainsi que nous avons aujourd'hui des javelines commodes, qui portent des coups meurtriers et atteignent le but avec impétuosité.

Diane protégea elle-même ses compagnes avec l'arc et le carquois de Lycie. Ne méprise pas ces armes de la déesse. Les flèches rendent aussi quelquefois de grands services.

Apprends maintenant à connaître les arbres dont le bois peut former des hampes solides. Tels sont le cornouiller, qui abonde dans les vallées de la Thrace, que l'Hèbre féconde; le myrte ombreux, qui se plait dans l'île consacrée à Vénus; l'if, le pin, et le genêt d'Altinum. L'arbre sauvage qui pro-

Implicet, atque ipso mendosa coarguat usu.
Hic magis in cervos valuit metus : ast ubi lentæ 85
Interdum Libyco fucantur sandyce pinnæ,
Lineaque exstructis lucent anconibus arma,
Rarum, si qua metus eludat bellua falsos.
Nam fuit et laqueis aliquis curracibus usus :
Cervino jussere magis contexere nervo; 90
Fraus teget insidias, habitu mentita ferino.
Quid, qui dentatas iligno robore clausit
Venator pedicas? quam dissimulantibus armis
Sæpe habet imprudens alieni lucra laboris!
O felix, tantis quem primum industria rebus 95
Prodidit auctorem! Deus ille, an proxima divos
Mens fuit, in cæcas aciem quæ magna tenebras
Egit, et ignarum perfudit lumine vulgus?
Dic age Pierio, fas est, Diana, ministro.
Arcadium stat fama senem, quem Mænalus altor 100
Et Lacedæmoniæ primum vidistis Amyclæ,
Per non assuetas metantem retia valles,
Dercylon : haud illo quisquam se justior egit,
Aut fuit in terris divum observantior alter.
Ergo illum primis nemorum Dea finxit in annis, 105
Auctoremque operi dignata inscribere magno,

Jussit adire suas et pandere gentibus artes.
Ille etiam valido primus venabula dente
Induit; et proni moderatus vulneris iram
Omne moris excepit onus : tum stricta verutis 110
Dentibus, et geminas subiere hastilia furcas.
Et quidam totos clauserunt ensibus orbes
Ne cessaret iners in vulnere massa ferino.
Blandimenta vagæ fugies novitatis; ibidem
Exiguo nimiove nocent : sed lubricus errat 115
Mos, et ab expertis festinant usibus omnes.
Quid, Macetum immensos libeat si dicere contos,
Quam longa exigui spicant hastilia dentes?
Aut contra ut tenero destrictas cortice virgas
Prægravat ingenti pernix Lucania cultro? 120
Omnia tela modi melius finxere salubres.
Quocirca et jaculis habilem perpendimus usum;
Neu leve arcu vulnus eat, neu sit brevis impetus illi.
Ipsa arcu Lyciaque suas Diana pharetra
Armavit comites ; ne tela spernite Divæ, 125
Magnum opus et volucres quondam fecere sagittæ.
    Disce agedum et validis delectum hastilibus omnem.
Plurima Threicii nutritur vallibus Hebri
Cornus, et umbrosæ Veneris per littora myrtus,

duit le lotos n'est pas assez uni pour servir à nos travaux. Mais du pays de Saba, en Orient, nous vient cette tige magnifique qui donne l'encens au doux parfum. Elle est si belle, qu'on l'emploie (ainsi l'ont voulu les divinités des forêts) sans aucun art, et telle qu'elle est sortie des mains de la nature; tandis que les autres tiges qui naissent dans nos bois ne sont converties en javelines qu'après avoir été façonnées avec beaucoup de travail.

Jamais en effet nos arbres ne prennent spontanément une belle direction, et d'eux-mêmes les genêts se courbent sur leurs pieds. N'hésite donc pas, coupe les branches surabondantes, les pousses nuisibles. Tout ce luxe de végétation surcharge à tort tes plants. Quand, à force de soins, un arbre généreux s'élèvera sur une tige droite, et balancera dans l'air des rameaux unis et sans nœuds, alors arrache les feuilles qui croissent à l'entour, redresse les branches nouvelles. L'humeur pernicieuse s'échappera de l'ulcère, et formera au dehors des veines dures et immobiles. Enfin, lorsque les branches auront une longueur de cinq pieds, abats-les à pleines mains, à cette époque de l'année où les arbres se couvrent de fruits, et où l'automne remplit le ciel de pluies orageuses.

Mais pourquoi m'égarer si longtemps dans ces étroits sentiers? Les chiens surtout, les chiens doivent fixer ton attention, soit que, pour vaincre tes sauvages ennemis, tu ayes recours à la force et aux armes, soit que tu appelles la ruse à ton aide.

Mille pays différents fournissent des chiens propres à la chasse, et chaque race a un caractère distinct. Le chien de la Médie, qui est indocile, livre de grands combats. Une contrée bien opposée, la Gaule, nourrit aussi des chiens dont la renommée publie au loin la gloire. Au contraire, les Gélons sont lâches et refusent de lutter, mais ils sont intelligents. Ceux de la Perse sont à la fois intelligents et braves. Quelques chasseurs nourrissent des chiens indiens; ceux-ci sont indomptables et farouches, tandis que ceux de l'Arcadie sont dociles et ardents au combat.

Cette ardeur ne suffit pas aux chiennes d'Hyrcanie. Elles-mêmes vont dans les bois pour apaiser des feux illégitimes. Vénus les guide, et leur procure les accouplements qu'elles désirent. Alors on voit leur amant adultère, le tigre farouche, errer en sûreté autour de nos maisons, qui ne lui sont plus hostiles; et la chienne qui a osé s'unir à lui, donner le jour à un fils d'un noble sang. Mais ce bâtard exercera son impétueux courage en chassant même dans la basse-cour, et il ne croîtra pas sans répandre souvent le sang de tes troupeaux. Nourris-le cependant, quelques crimes qu'il commette. Il les expiera plus tard dans les forêts, où il signalera sa bravoure.

Le chien d'Ombrie, habile à dépister les ennemis, les fuit dès qu'ils opposent de la résistance. Plût aux dieux qu'il eût autant d'ardeur et de courage qu'il a de finesse et de puissance dans l'odorat!

Que ne peux-tu aborder les rivages des Morins, rivages baignés par une mer toujours incertaine! que ne peux-tu pénétrer dans le pays des Bretons! Combien tu serais dédommagé de tes peines et de tes dépenses par les chiens dont tu ferais la con-

```
Taxique, pinusque, Altinatesque genistæ,              130
Est operæ magis incomptus lotaster agrestis
Termes, ab Eois descendet virga Sabæis,
Mater odorati multum pulcherrima turis.
Illa suos usus intractatumque decorem
(Sic nemorum jussere Deæ) natalibus haurit           135
Arbitriis : atenim multo sunt ficta labore
Cætera, quæ silvis errant hastilia nostris.
Nunquam sponte sua procerus ad aera termes
Exilt, inque ipsa curvantur stirpe genistæ.
Ergo age, luxuriam primo fœtusque nocentes           140
Detrahe : frondosas gravat indulgentia silvas.
Post ubi proceris generosa stirpibus arbor
Se dederit, teretesque ferent ad sidera virgæ,
Stringe notas circum, et gemmantes exige versus.
His, si quis vitium nociturus suffecit humor,       145
Ulceribus fluet, et venas durabit inertes.
In quinos sublata pedes hastilia plena
Cæde manu, dum pomiferis advertitur annus
Frondibus, et tepidos autumnus continet imbres.
    Sed cur exiguis tantos in partibus orbes        150
Lustramus? prima illa canum, non ulla per artes
Cura prior, sive indomitos vehementior hostes
Nudo marte premas, seu bellum ex arte ministres.

Mille canum patriæ, ductique ab origine mores
Cuique sua : magna indocilis dat prælia Medus,       155
Magnaque diversos extollit gloria Celtas.
Arma negant contra, martemque odere Geloni,
Sed natura sagax : Perses in utroque paratus.
Sunt qui Seras alant, genus intractabilis iræ.
At contra faciles, magnique Lycaones armis.          160
Sed non Hyrcanæ satis est vehementia genti
Tanta : suis petiere ultro fera semina silvis.
Dat Venus accessus, et blando fœdere jungit.
Tunc et mansuetis tuto ferus errat adulter
In stabulis, ultroque gravis succedere tigrim       165
Ausa canis, majore tulit de sanguine fœtum.
Sed præceps virtus ipsa venabitur aula :
Ille tibi et pecudum multo cum sanguine crescet;
Pasce tamen, quæcumque domi sibi crimina fecit
Excutiet silva magnus pugnator adepta.              170
At fugit adversos idem quos repperit hostes
Umber : quanta fides, utinam, et solertia naris,
Tanta foret virtus, et tantum vellet in armis !
Quid freta si Morinum, dubio refluentia ponto,
Veneris, atque ipsos libeat penetrare Britannos?    175
O quanta est merces, et quantum impendia supra!
Si non ad speciem mentiturosque decores
```

quête! Sans doute ils n'ont pas d'apparence; sans doute ils n'ont pas une beauté qui impose (c'est leur seul défaut); mais, dans les grandes chasses, quand vient le moment de déployer du courage, quand Mars les appelle à se précipiter à travers les périls, alors on a pour eux plus d'admiration que pour les Molosses, dont on vante la beauté.

Les villes d'Athamas, d'Acyre, de Phère, et la perfide Acarnanie, opposent aux chiens bretons les chiens rusés qu'elles produisent. Semblables aux Acarnaniens, qui usent de stratagème dans les combats, ces chiens surprennent leurs ennemis en silence. Au contraire, tous les élèves de race étolienne ont le défaut essentiel d'aboyer en poursuivant les sangliers qu'ils ne voient même pas encore, soit que la crainte leur arrache des cris, soit qu'ils se laissent emporter par une vaine fureur. Garde-toi cependant de mépriser cette espèce comme ne pouvant servir à aucun genre de chasse. Les chiens d'Étolie rendent d'importants services par leur célérité et leur odorat. D'ailleurs, ils ne succombent à aucune fatigue.

Je suis d'avis qu'on croise les races entre elles. Par cette pratique, quelquefois le chien gaulois, qui est étourdi, recevra d'une mère ombrienne un sens exquis. Le Gélon prendra du courage dans le sang d'un père hyrcanien, et le Molosse corrigera le chien d'Étolie de ses importuns aboiements. Ainsi les brillantes qualités des aïeux seront transmises à leurs descendants, et, de ce mélange de races, naîtra un heureux naturel.

Te plaît-tu aux chasses de peu d'importance? aimes-tu à forcer le daim timide et à suivre les traces du lièvre rusé? Fais choix des chiens qui sont renommés pour ces chasses: sois secondé par le Pétronien, par le rapide Sicambre, et par le Vertrahus, marqué de taches fauves. Le Vertrahus est plus prompt que la flèche et que la pensée. Mais s'il sait presser le gibier qui est dépisté, il n'est pas aussi habile à découvrir celui qui est au gîte. Cette gloire est réservée au Pétronien. Ah! si celui-ci pouvait dissimuler jusqu'au moment opportun la joie qu'il éprouve quand il sent le gibier, s'il pouvait en approcher en silence, il recueillerait toute la gloire qui appartient maintenant aux Métagontes. Son vain courage lui fait tort. Toutefois c'est une noble espèce: son origine est illustre. Sparte et la Crète se vantent avec raison de lui donner le jour.

Glympice, tu es le premier chien dont le cou ait porté une courroie. Tu fus ainsi conduit dans les forêts par le Béotien Hagnon, fils d'Astylis; Hagnon, dont notre reconnaissance, dont nos usages attesteront toujours les bienfaits. C'est lui qui, à l'époque où l'art de la chasse était encore dangereux et incertain, sut découvrir les méthodes les plus sûres, lui qui sut se passer de cette foule de serviteurs qui, autrefois, agitaient bruyamment des vases d'airain. Le Métagonte qui l'accompagnait était son seul appui et sa seule espérance. Avec lui, il parcourait, dès la pointe du jour, les lieux hantés par les bêtes fauves, leurs viandis, leurs abreuvoirs et leurs forts. Avec lui, il cherchait les traces récentes du gibier; et si, dans quelque endroit, elles se croisaient de manière à induire en erreur, il formait une enceinte et embrassait un plus grand espace. Puis, le fidèle Métagonte rencontrait-il

Protinus: hæc una est catulis jactura Britannis.
At magnum quum venit opus, promendaque virtus,
Et vocat extremo præceps discrimine Mavors,   180
Non tunc egregios tantum admirere Molossos.
Comparat his versuta suas Athamania fraudes,
Acyrusque, Pheræque, et clandestinus Acarnan.
Sicut Acarnanes subierunt prælia furto;
Sic canis illa suos taciturna supervenit hostes.   185
At clangore citat, quos nondum conspicit, apros
Ætola quæcumque canis de stirpe (malignum
Officinm), sive illa metus convicia rupit,
Seu frustra nimius properat furor: et tamen illud
Ne vanum totas genus aspernere per artes,   190
Mirum quam celeres, et quantum nare merentur:
Tum non est victi cui concessere labori.
    Idcirco variis miscebo gentibus usum.
Quondam inconsultis mater dabit Umbrica Gallis
Sensum agilem; traxere animos de patre Gelonæ   195
Hyrcano, et vanæ tantum Calydonia linguæ
Exibit vitium patre emendata Molosso.
Scilicet ex omni florem virtute capessunt,
Et sequitur natura favens: at te leve si qua
Tangit opus, pavidosque juvat compellere dorcas, 200

Aut versuta sequi leporis vestigia parvi;
Petronios (sic fama) canes, volucresque Sicambros,
Et pictam macula Vertraham delige fulva.
Ocior affectu mentis pinnaque cucurrit;
Sed premit inventas, non inventura latentes   205
Illa feras; quæ Petroniis bene gloria constat.
Quod si maturo pressantes gaudia lusu
Dissimulare feras, tacitique accedere possent;
Illis omne decus, quod nunc, Metagontes, habetis,
Constaret silvis; sed virtus irrita damno est.   210
At vestrum non vile genus, non patria vulgo,
Sparta suos et Creta suos promittit alumnos.
    Sed primum celsa lorum cervice ferentem,
Glympice, te silvis egit Bœotius Hagnon,
Hagnon Astylides, Hagnon, quem plurima semper   215
Gratia per nostros unum testabitur usus.
Hic trepidas artes et vix novitate sedentes
Vidit, qua propior patuit via; nec sibi turbam
Contraxit comitem, nec vasa sonantia longe.
Unus præsidium, atque operi spes magna petito,   220
Assumptus Metagon lustrat per nota ferarum
Pascua, per fontes, per quas trivere latebras,
Primæ lucis opus; tum signa vapore ferino

une trace non équivoque, il s'élançait semblable au quadrige, l'orgueil de la Thessalie, qui vole dans l'arène de Corinthe, dirigé par un écuyer qu'excite la gloire de ses aïeux et l'ambitieux espoir d'une première couronne. Mais, pour que sa trop grande fougue ne devînt pas pernicieuse, une loi lui était imposée : il lui était interdit d'aboyer en attaquant son ennemi, de changer de voie pour suivre une proie de peu de valeur, ou qui offrît l'assurance d'une prompte victoire, et de perdre ainsi le fruit de ses premiers efforts.

Déjà la fortune commence à sourire à tes travaux : te voilà arrivé près de la retraite des bêtes fauves. Ton limier les sent; il te révèle par des signes nombreux l'approche des ennemis qu'on ne voit pas encore ; les mouvements réitérés de sa queue témoignent de la joie qu'il éprouve. Il imprime avec ses ongles des traces profondes, et tantôt il semble dévorer le sol, tantôt il lève la tête pour aspirer le vent. Toutefois, crains que ces premiers indices ne l'abusent, et, crois-moi, conduis-le tout autour du fourré le plus épais, afin d'y reconnaître les entrées et les sorties du gibier; et si (ce qui arrive rarement) l'espoir que ce lieu avait inspiré était déçu, reviens avec lui sur tes pas, dirige-toi vers un endroit plus favorable, et fais une nouvelle enceinte.

Quand la victoire a couronné tes efforts, je veux que ton compagnon prenne part à la proie, qu'il ait la récompense due à son habileté, et qu'il apprenne ainsi à aimer ses travaux. Illustre Hagnon, c'est à toi que les dieux accordèrent encore cette utile découverte, cette dernière palme à ton trophée. Ainsi ton nom vivra tant que la poésie, tant que les forêts auront du charme pour nous, tant que les armes de Diane seront en honneur sur la terre.

C'est Hagnon aussi qui, le premier, obtint par le croisement l'espèce demi-sauvage provenant des Thoës. Aucune n'a plus d'ardeur, soit pour suivre à l'odorat les traces de l'ennemi, soit pour lutter corps à corps avec lui. On a vu des Thoës, (ainsi le publie la renommée) triompher des lions par la ruse, et les faire expirer sous leurs pattes aiguës. C'est une espèce chétive, et l'on a honte de dire combien elle est laide; elle a l'extérieur du renard, mais elle est douée d'une grande persévérance ; et il n'en est aucune que tu doives dresser de préférence pour de grandes entreprises, si tu ne veux pas éprouver de regrets au milieu de tes travaux, alors qu'il est trop tard pour être prudent.

Unis ensemble des chiens de bonne race. Que les nouveaux-nés soient marqués du sceau de leurs ancêtres; que des parents encore jeunes donnent le jour à un Métagonte d'une énorme grandeur. Surtout accouple entre eux des chiens dont le courage soit éprouvé : c'est ton premier devoir. Le second est de veiller à ce que les qualités extérieures répondent au courage, et ne forment pas une disparate choquante.

Un bon chien a la tête haute, les oreilles velues, une large gueule qui semble lancer des flammes en aboyant, un ventre resserré par les côtes, une queue courte, des flancs développés, un cou d'où descende une crinière peu épaisse,

Intemerata legens, si qua est, qua fallitur, ejus
Turba loci, majore secat spatia extera gyro.   225
Atque hic egressu jam tum sine fraude reperto
Incubuit spatiis, qualis permissa Lechæis
Thessalium quadriga decus, quam gloria patrum
Excitat, et primæ spes ambitiosa coronæ.
Sed ne qua ex nimio redeat jactura favore,   230
Lex dicta officiis; ne voce lacesseret hostem,
Neve levem prædam, aut propioris pignora lucri
Amplexus, primos nequidquam effunderet actus.
Jam vero impensum melior fortuna laborem
Consequitur, juxtaque domus quæsita ferarum.   235
Scit canis, occultos et signis arguit hostes;
Aut effecta levi testatur gaudia cauda,
Aut ipsa infodiens uncis vestigia plantis
Mandit humum, celsasve apprensat naribus auras.
Et tamen, ut ne prima faventem pignora fallant,   240
Circa omnem, aspretis medius qua clauditur orbis,
Ferre pedem, accessusque, abitusque notasse ferarum
Admoneo, et, si forte loci spes prima fefellit,
(Rarum opus) incumbas spatiis ad prospera versis,
Intacto repetens prima ad vestigia gyro.   245
Ergo ubi plena suo rediit victoria fine,
Io partem prædæ veniat comes, et sua naris

Præmia : sic operi juvet inservisse benigno.
Hoc ingens meritum est, hæc ultima palma tropæi,
Hagnon magne, tibi Divum concessa favore.   250
Ergo semper eris, dum carmina, dumque manebunt
Silvarum dotes, atque arma Diania terris.
Hic et semiferam Thoum de sanguine prolem
Finxit : non alio major sub pectore virtus,
Sive voces naris, seu nudi ad pignora Martis.   255
Thoes commissos (clarissima fama) leones
Et subiere astu, et parvis domuere lacertis.
Nam genus exiguum, et, pudeat quam informe fateri,
Vulpina species; tamen huic exacta voluntas.
At non est alius, quem tanta ad munia, fetus,   260
Exercere velis; aut te tua culpa refellat
Inter opus, quo sera cadit prudentia damno.
Junge pares ergo, et majorum pignore signa
Feturam, prodantque tibi Metagonta parentes,
Qui genuere sua pecus hoc immane juventa.   265
Et primum expertos animi, quæ gratia prima est,
In Venerem jungunt; tum sortis cura secunda,
Ne renuat species, aut quæ detrectet honorem.
Sint celsi vultus, sint hirtæ frontibus aures,
Os magnum, et patulis agitatos morsibus ignes   270
Spirent, adstricti succingant ilia ventres,

mais qui suffise pour garantir du froid ; et, sous des épaules vigoureuses, une poitrine qui suffise aux grandes émotions. Repousse celui dont la plante imprime de larges vestiges : il est mou dans la chasse. Je veux que le tien ait les jambes nerveuses, les jarrets secs et les ongles solides.

En vain tu te disposes à de longs travaux, si, au temps où ta chienne est en rut, tu n'as soin de la renfermer dans de profondes retraites, si tu ne lui permets les plaisirs de l'amour, mais avec un seul mari qui ne la fasse pas déroger à la gloire qu'elle a méritée. La première union est celle qui procure les plus douces jouissances, et l'amour est un accès de fureur auquel on ne peut imposer aucun frein.

Lorsqu'elle refuse tous les amants, si elle n'a pas formé de mésalliance, permets qu'elle se repose pendant sa gestation : affranchis-la des travaux accoutumés. A peine pourra-t-elle suffire elle-même à son fardeau. Afin qu'elle ne soit pas fatiguée par une postérité nombreuse et indocile, je veux te faire savoir à quels signes tu reconnaîtras, avant qu'ils soient adultes, les chiens que tu dois garder. Eux-mêmes se révéleront à toi. Celui qui sera un jour le soutien et l'honneur de tes chasses peut à peine rester immobile, malgré la faiblesse de ses membres. Il se montre impatient à l'excès de faire voir sa supériorité. Il affecte la domination même sous le sein maternel : il s'empare des mamelles. Il a le dos libre et découvert, lorsque la chaleur embrase l'atmosphère : quand, au contraire, règne la bise et que le froid exerce ses rigueurs, sa fougue s'apaise, et il use de sa puissance pour s'en garantir sous le corps de ses frères engourdis. Tu peux aussi, en le pesant dans tes mains, apprécier ses forces futures. Son poids l'emportera sur celui des autres. Ces gages sont certains, et mes préceptes ne te tromperont pas.

Veille alors particulièrement sur la mère : prodigue-lui les soins et les égards qui lui sont dus. Elle traitera ses petits comme tu l'auras traitée, et payera tes soins par de longs services. Mais quand elle cesse de s'occuper d'eux, quand les fonctions maternelles ont épuisé ses forces, reporte toute ta sollicitude sur les nourrissons qu'elle abandonne.

Élève sobrement la jeune famille : qu'elle se contente de lait et de farine d'orge; qu'elle ignore les mets délicats, et ne se livre pas à sa gloutonnerie. L'intempérance lui serait pernicieuse. Ne t'en étonne pas : aucun vice n'émoussa jamais davantage les facultés des mortels. C'est l'intempérance qui nous prive de la raison, et fait pénétrer tous les vices dans nos cœurs. C'est elle qui renverse de leurs trônes les monarques égyptiens, tandis qu'ils boivent dans des coupes de diamant le vin délicieux de Maréotide, qu'ils moissonnent les parfums du Gange, et donnent un libre cours à leurs passions. C'est par elle, riche Lydie, que tu es tombée sous le fer de Cyrus, toi dont les rivières roulaient des flots d'or. Et toi, Grèce insensée, en voulant atteindre à tous les genres de perfection, en accueillant dans ton sein les vains arts enfantés par le luxe, et en prenant pour exemple les débordements des nations voisines,

Cauda brevis, longumque latus, discretaque collo
Cæsaries, non pexa nimis, non frigoris illa
Impatiens; validis tum surgat pectus ab armis,
Quod magnos capiat motus, magnisque supersit. 275
Effuge, qui lata pandit vestigia planta;
Mollis in officio : siccis ego dura lacertis
Crura velim, et solidos hæc in certamina calces.
Sed frustra longus properat labor, abdita si non
Altas in latebras, unique inclusa marito 280
Femina, nec patitur Veneris sub tempore magnos
Illa, neque emeritæ servat fastigia laudis.
Primi complexus, dulcissima prima voluptas :
Hunc Veneris dedit impatiens natura furorem.
Si renuit cunctos, et mater adultera non est, 285
Da requiem gravidæ, solitosque remitte labores.
Vix oneri super illa suo : tum deinde monebo,
Ne matrem indocilis natorum turba fatiget,
Percensere notis, jamque inde excernere parvos.
Signa dabunt ipsi : teneris vix artubus hæret 290
Ille tuos olim non defecturus honores ;
Jamque illum impatiens æquæ vehementia sortis
Extulit : affectat materna regna sub alvo;
Ubera tota tenet, a tergo liber aperto,
Dum tepida indulget terris clementia mundi. 295
Verum ubi Caurino perstrinxit frigore vesper,
Ira jacet, turbaque potens operitur inerti.
Illius et manibus vires sit cura futuras
Perpensare : levis deducet pondere fratres :
Nec me pignoribus, nec te mea carmina fallent. 300
Protinus et cultus alios et debita fetæ
Blandimenta feres, curaque sequere merentem :
Illa perinde suos, ut erit delecta, minores;
Ac longam præstabit opem : tum denique, fetæ
Quum desunt operi, fregitque industria matres, 305
Transeat in catulos omnis tutela relictos.
Lacte novam pubem, facilique tuebere maza;
Nec luxus alios, avidæque impendia vitæ
Noscant : hæc magno redit indulgentia damno.
Nec mirum; humanos non est magis altera sensus. 310
Tollit se ratio, et vitiis adeuntibus obstat.
Hæc illa est, Pharios quæ fregit noxia reges,
Dum servata cavis potant Mareotica gemmis,
Nardiferumque metunt Gangem, vitiisque ministrant.
Sic et Achæmenio cecidisti, Lydia, Cyro : 315
Atqui dives eras, fluvialibus aurea venis.
Scilicet, ad summam ne quid restaret habendum,
Tu quoque luxuriæ fictas dum colligis artes,
Et sequeris demens alienam, Græcia, culpam,
O quantum et quoties decoris frustrata paterni! 320
At qualis nostris, quam simplex mensa Camillis!

combien tu t'es dégradée! et que de fois tu as dérogé à la gloire de tes pères! Combien au contraire était simple la table de nos Camilles! O Serranus, quelle était ta vie après tant de triomphes! C'est par cette simplicité, c'est par ces antiques vertus que nos aïeux ont placé Rome à la tête du monde, qu'ils l'ont portée au faîte de la gloire, et ont élevé sa renommée jusqu'au ciel.

Apprends par ces grands exemples ce que tu dois faire dans les petites circonstances : apprends par eux comment tu dois te conduire pour élever tes meutes.

Il faut à tes élèves un maître qui exerce sur eux un empire absolu. C'est lui qui les gouvernera, qui leur distribuera la nourriture, les châtiments et les emplois. Que la troupe qui te rendra maître des forêts ait toujours les yeux fixés sur lui. Son ministère n'a rien d'avilissant. Celui que tu investiras d'une telle autorité doit être beau et d'une brillante jeunesse; il doit être sage et à la fois bouillant dans les combats. S'il ne sait quand et comment il doit attaquer, s'il ne sait protéger ses compagnons contre un ennemi plus fort, ceux-ci céderont, ou la victoire ne sera achetée qu'au prix du sang.

Veille toi-même à tous les travaux. Sois présent quand on fabriquera tes armes et ton équipement de chasse. Les armes aplanissent les difficultés. Que des brodequins couvrent tes pieds; que les serviteurs soient revêtus d'une peau de couleur fauve, et d'un bonnet de blaireau en poil blanc; qu'ils attachent à leur ceinture un couteau de Tolède; qu'ils fassent retentir dans leurs mains la falarique redoutable, et n'oublient pas la faux recourbée, destinée à couper tout ce qui fait obstacle.

Tel sera ton équipement de chasse. Mais il faut aussi que tu saches soigner tes nourrissons, quand ils ont été blessés dans les combats, et quand ils sont atteints d'une des nombreuses maladies qui les menacent. Il faut que tu en connaisses les causes et les effets. Hélas! une affreuse fatalité plane sur eux. L'avide Pluton dévore tout, et enveloppe l'univers de ses ailes lugubres.

Plus le mal offre de dangers, plus tu dois prodiguer de soins aux malades. La divinité est favorable aux hommes expérimentés; apprends donc aussi comment on peut l'apaiser et en obtenir des secours. Ils ne sont pas loin, même lorsque la blessure est large et profonde, et que les fibres tombent avec un sang noir. Dans ce cas, empresse-toi de recueillir l'urine de l'ennemi qui a causé la blessure; répands-la sur l'orifice de la plaie, jusqu'à ce que l'âcreté de ce liquide ait arrêté l'effusion du sang. Ainsi tu fermeras à la mort la porte qui lui était ouverte. Ensuite, lorsque les bords de la cicatrice auront été purifiés, joins-les avec un fil léger.

Si au contraire la blessure s'annonce par une ouverture étroite, élargis-la, découvre-s-en les causes cachées. Il est facile de porter remède à une maladie qui débute. C'est ainsi qu'on soulage le blessé en appliquant sur sa plaie des feuilles de palmier, ou en mettant tout autour un onguent composé de poix noire. Ce traitement suffit. S'il souffre peu de la blessure qu'il a reçue, il trouvera même dans sa salive un remède naturel et efficace.

Qui tibi cultus erat post tot, Serrane, triumphos
Ergo illi ex habitu, virtutisque indole priscæ,
Imposuere orbi Romani caput; actaque ab illis
Ad cælum virtus, summosque tetendit honores.   325
  Scilicet exiguis magna sub imagine rebus
Prospicies, quæ sit ratio, et quo fine regenda.
Idcirco imperium catulis, unusque magister
Additur : ille dapes, pœnamque operamque ministrans
Temperet; hunc spectet silvas domitura juventus.   330
Nec vile arbitrium est : cuicumque hæc regna dicantur,
Ille tibi egregia juvenis de pube legendus,
Utrumque et prudens, et sumptis impiger armis.
Quod nisi et accessus, et agendi tempora belli
Noverit, et socios tutabitur hoste minores;   335
Aut cedent, aut illa tamen victoria damno est.
Ergo in opus vigila, factusque ades omnibus armis;
Arma acuere viam : tegat imas fascia suras.
Sit famulis vitulina tuis, aut tergore fulvo
Mantica, curta chlamys, canaque e mele galeri;   340
Ima Toletano præcingant ilia cultro;
Terribilemque manu vibrata falarica dextra
Det sonitum, et curva rumpant non pervia falce.

Hæc tua militia est; quin et Mavortia bello
Vulnera, et errantes per tot divortia morbos,   345
Caussasque, affectusque canum tua cura tueri est.
Stat fatum supra, totumque avidissimus Orcus
Pascitur, et nigris orbem circumsonat alis.
Scilicet ad magnum major ducenda laborem
Cura, nec expertos fallet Deus : hinc quoque nosse   350
Est aliud, quod præstet opus placabile numen.
Nec longe auxilium, licet alti vulneris oræ
Abstiterint, atroque cadant cum sanguine fibræ;
Inde rape ex ipso, qui vulnus fecerit, hoste
Virosam eluviem, lacerique per ulceris ora   355
Sparge manu, venas dum succus comprimat acer.
Mortis enim patuere viæ : tum pura monebo
Circum labra sequi, tenuique includere filo.
At si pernicies angusto pascitur ore,
Contra pande viam, fallentesque argue caussas;   360
Morborum in vitio facilis medicina recenti.
Sed tactu impositis mulcent pecuaria palmis,
(Id satis) aut nigræ circum picis unguine signant
Quod si destricto levis est in vulnere noxa,
Ipse habet auxilium validæ natale salivæ.   365

Le danger est plus grand et la cure plus difficile, lorsque les chiens recèlent dans l'intérieur de leurs corps la cause de leur maladie, et qu'elle ne se révèle que quand elle est arrivée à son paroxysme. Alors elle devient une affreuse contagion, qui se communique de proche en proche jusqu'à ce que tous succombent sous ses coups. Alors ni la vigueur ni le talent ne trouvent grâce devant elle : elle est sourde à toutes les prières. Aussi, soit que Proserpine fasse sortir la mort des ombres du Styx, et qu'elle venge, à l'aide des Furies, un outrage qu'elle a reçu ; soit encore que l'air contienne et exhale des vapeurs pestilentielles, et que la terre se plaise à ravager les productions qui l'embellissent, fuis la source du mal, hâte-toi de conduire tes meutes au delà des profondes vallées, laisse loin derrière toi les larges fleuves. Ensuite fais usage des remèdes prescrits, et tu te féliciteras d'avoir suivi mes préceptes.

Mais les maladies sont diverses, et le même remède ne s'applique pas à toutes. Apprends quelles sont les principales, et emploie le traitement qui convient le mieux à chacune d'elles.

Les chiens sont sujets à plusieurs espèces de rage. Si tu diffères d'y porter remède, cette maladie deviendra incurable. Il vaut bien mieux la prévenir par de prompts secours et triompher des premiers symptômes. L'affreux et cruel fléau se manifeste à l'endroit où la langue est adhérente au gosier par une membrane qu'on appelle *vermicule*. Dès que le chien est attaqué, une soif opiniâtre allonge et dessèche ses intestins : il est en proie aux feux brûlants qu'allume la fièvre : il prend la fuite, et dédaigne les lieux qu'il aimait autrefois. Bientôt, agité de transports et pressé par de puissants aiguillons, il devient furieux. Coupe donc avec le fer, dès l'origine, le germe et la racine du mal. Quand l'incision est faite, hâte-toi d'appliquer le remède. Répands sur la plaie un sel pur, et adoucis-la avec le suc de l'olive. Avant que la nuit n'ait de nouveau étendu ses ombres sur l'univers, ton chien reviendra à toi, oubliant sa récente blessure : il s'empressera autour de tes tables, et réclamera la nourriture accoutumée.

Ferai-je connaître les anciens remèdes employés contre la rage dans un siècle plus simple? Nés d'une terreur superstitieuse, ils ne nous inspirent plus de confiance. Ils consistent à attacher aux courroies des malades les poils du blaireau qui fuit la lumière, ou à leur composer des colliers avec des coquillages sacrés, de la pierre vive et des coraux de Malte, mêlés à des herbages sur lesquels on prononce des prières magiques. C'est ainsi que les dieux apaisés arrêtent les poisons, et rompent les charmes jetés par un œil envieux.

Mais si une gale honteuse ronge leurs corps, ils arrivent lentement à une mort qui n'est pas moins terrible. Ici quand la maladie s'est déclarée, le remède est douloureux : il faut, si tu veux sauver tes meutes, immoler le premier chien qu'attaque la cruelle contagion ; autrement, il la communiquera à ses frères, qu'il entraînera avec lui. Toutefois si la maladie est lente dans ses progrès, si ses ravages sont insensibles, apprends comment on peut la repousser des membres dont elle s'empare. Dans ce cas, prends du bitume

Illa gravis labes, et cura est altior illis,
Quum vitium caussæ totis egere latentes
Corporibus, seraque aperitur noxia summa.
Inde emissa lues, et per contagia morbus
Venere in vulgum, juxtaque exercitus ingens 370
Æquali sub labe ruit; nec viribus ullis,
Aut merito venia est, aut spes, exire precanti.
Quod sive a Stygia letum Proserpina nocte
Extulit, et Furiis commissam ulcisceitur iram ;
Seu vitium ex alto, spiratque vaporibus æther 375
Pestiferis, seu terra suos populatur honores ;
Fontem averte mali : trans altas ducere valles
Admoneo ; latumque fuga superabitis amnem.
Hoc primum effugium leti : tunc dicta valebunt
Auxilia, et nostra quidam redit usus ab arte. 380
Sed varii motus, nec in omnibus una potestas ;
Disce vices, et quæ tutela est proxima, tenta.

Plurima per catulos rabies, invictaque tardis,
Præcipitat letale malum ; sic tutius ergo
Anteire auxiliis, et primas vincere caussas : 385
Namque subit, nodis qua lingua tenacibus hæret,
(Vermiculum dixere) mala atque incondita pestis.
Ille, ubi salsa siti præcepit viscera longa,
Æstivos vibrans accensis febribus ignes,

Moliturque fugas, et sedem spernit amatam. 390
Scilicet hoc motu, stimulisque pronitibus acti
In furias vertere canes : ergo insita ferro
Jam teneris elementa mali caussasque recidant.
Nec longa in facto medicina est ulcere : purum
Sparge salem, et tenui permulce vulnus olivo. 395
Ante relata suas quam nox bene compleat umbras,
Ecce aderit, factique oblitus vulneris, ultro
Blanditur mensis, Cereremque efflagitat ore.
Quid priscas artes inventaque simplicis anni
Si referam? non illa metus solatia falsi, 400
Tam longam traxere fidem : collaribus ergo
Sunt qui lucifugæ cristas inducere melis
Jussere, aut sacris conserta monilia conchis,
Et vivum lapidem, et circa Melitensia nectunt
Curalia, et magicis adjutas cantibus herbas. 405
Ac sic effectus, oculique venena maligni
Vicit tutela pax impetrata Deorum.
At si deformis lacerum dulcedine corpus
Persequitur scabies, longi via pessima leti :
In primo accessu tristis medicina ; sed una 410
Pernicies redimenda anima, quæ prima sequaci
Sparsa malo est, ne dira trahant contagia vulgum.
Quod si dat spatium, clemens et promovet ortu

adouci par un vin parfumé, ajoute-s-y de la poix et de la lie d'huile. Que la flamme fasse de toutes ces substances une seule décoction. Ensuite frotte-s-en les malades. Le mal sera apaisé, les douleurs seront moins vives. Ne reste pourtant pas sans inquiétude, et ne cesse pas de prodiguer tes soins aux convalescents. Qu'ils évitent les pluies et les froids de la bise : qu'ils aillent plutôt se reposer, à l'abri du vent et par un temps chaud, dans les vallées sans ombrage; qu'ils y reçoivent les rayons d'un soleil ardent. Ils rejetteront de leurs corps, par la transpiration, tout ce qui s'y trouve de virus. Complète la guérison en les plongeant dans des gouffres cachés; c'est une méthode qu'on pratique. Apollon est favorable aussi et accorde ses secours à ceux qui baignent leurs chiens dans les vagues écumantes qui viennent se briser sur le rivage.

O combien les sages conseils de l'expérience procureraient de bien aux hommes, s'ils savaient surmonter leur indolence, et se donner quelque peine pour arriver au but où ils tendent.

Il est en Sicile un antre immense creusé dans un rocher. Les cavités en sont profondes et sinueuses. Des forêts obscures forment à l'entour un mur épais, et des fleuves embrasés s'échappent de l'embouchure. C'est la demeure de Vulcain : là règnent des lacs incessamment remplis d'une huile épaisse.

Souvent j'ai vu se traîner en cet endroit des meutes entières attaquées de la contagion, et avec elles leurs maîtres vaincus par la gravité du mal : « C'est toi que nous invoquons, disent ceux-ci, toi Vulcain, habitant de ce saint lieu : c'est ta faveur que nous implorons. Accorde tes puissants secours à des infortunés. S'ils n'ont commis aucun crime, s'ils n'ont pas mérité leurs maux, prends pitié d'eux, et permets qu'ils approchent leurs lèvres de tes sources sacrées. » Trois fois ils appellent le dieu, trois fois ils brûlent l'encens sur le foyer. Des rameaux choisis forment un autel. Soudain, prodige inconnu dans les autres contrées! du fond de l'antre, des entrailles entr'ouvertes de la montagne, Vulcain s'élance sur l'aile des vents, radieux et le corps enveloppé de flammes. Le prêtre alors, agitant d'une main tremblante une branche d'olivier : « Loin, loin d'ici, profanes! s'écrie-t-il. « Fuyez la présence du dieu, fuyez la vue de ses « autels, vous tous dont le crime a souillé la main « ou le cœur! » L'effroi glace l'esprit et les membres des spectateurs. Oh! si l'homme qui a osé fouler aux pieds les droits d'un suppliant malheureux, mettre à prix la tête de son frère ou de son meilleur ami, et blasphémer contre les dieux de son pays, était conduit dans ce lieu par l'audace, compagne des forfaits, il apprendrait comment le dieu vengeur qui le suit toujours sait punir le crime. Mais si Vulcain est imploré par un homme d'un cœur pur, qui vénère sa divinité, il effleure légèrement l'autel, et dès que la flamme s'est emparée des offrandes, il s'éloigne et disparaît dans son antre. Celui pour qui s'accomplissent ces prodiges peut espérer le secours et les faveurs de Vulcain.

Ne tarde pas alors : plonge dans l'onde bienfaisante ta meute, dont le mal ronge les intestins. Frotte leurs corps affaiblis, rends-toi maître de

Morbus, disce vias, et, qua sinit, artubus exi.
Tunc et odorato medicata bitumina vino, 415
Imponasque pices, immundæque unguen amurcæ.
Miscuit, et summam complectitur ignis in unam.
Inde lavant ægros : est ira coercita morbi,
Laxatusque rigor, quæ te ne cura timentem
Differat, et pluvias, et Cauri frigora vitent; 420
Sic magis, ut nudis incumbant vallibus, æstu,
A vento, clarique faces ad solis, ut omne
Exsudent vitium, subeatque latentibus ultro,
Quæ facta est medicina, vadis : nec non tamen illum
Spumosi catulos mergentem littoris æstu 425
Respicit, et facilis Pæan adjuvit in artes.
O rerum prudens quantam experientia vulgo
Materiem largita boni, si vincere curent
Desidiam, et gratos agitando prendere fines!

Est in Trinacria specus ingens rupe, caviqué. 430
Introrsum reditus; circum atræ mœnia silvæ
Alta premunt, ruptoque ambustis faucibus amnes.
Vulcano condicta domus, quam subter eunti
Stagna sedent, venis oleoque madentia vivo.
Huc defecta mala vidi pecuaria tabe 435
Sæpe trahi, victosque malo graviore magistros :
Te primum, Vulcane, loci, pacemque precamur,
Incola sancte, tuam, des ipsis ultima rebus
Auxilia; et, meriti si nulla est noxia tanti,
Tot miserere animas, liceatque attingere fontes, 440
Sancte, tuos : ter quisque vocant, ter pinguia libant
Tura foco; struitur ramis felicibus ara.
Hic dictu mirum, atque alias ignobile monstrum
Adversis specubus, ruptoque e pectore montis
Venit, ovans austris, et multo flumine flammæ. 445
Emicat ipse, manu ramum pallente sacerdos
Termiteum quatiens : procul hinc extorribus ire
Edico, præsente Deo, præsentibus aris, [est,
Queis scelus aut manibus sumptum, aut in pectore motum
Inclamat : cecidere animi et trepidantia membra. 450
O quisquis misero fas unquam in supplice fregit,
Qui pretio fratrum, meliorisque ausus amici
Sollicitare caput, patriosve lacessere Divos;
Illum agat infandæ comes huc audacia culpæ :
Discet, commissa quantum Deus ultor in ira 455
Pone sequens valeat; sed cui bona pectore mens est,
Obsequiturque Deo, Deus illam molliter aram
Lambit, et ipse, suos ubi contigit ignis honores,
Defugit ab sacris, rursumque reconditor antro :
Huic fas auxilium et Vulcania tangere dona. 460
Nec mora; si medias exedit noxia fibras,
His lave præsidiis, affectaque corpora mulce,
Regnantem excutiens morbum. Deus auctor, et ipsa

la contagion, et arrache-lui sa proie. Tu devras tes succès à Vulcain et à la nature même du lieu. Est-il une maladie plus puissante et qui conduise plus sûrement à la mort? cependant le remède qu'on trouve là est plus puissant qu'elle, et dompte ses fureurs.

Si les secours du dieu ne répondaient pas immédiatement à ton attente, attaque toi-même le mal, car c'est alors qu'on peut espérer sa guérison. Applique un remède subit, au milieu de la subite émotion qu'éprouvent tes chiens. Étreins leurs narines, coupe avec le fer les ligaments qui les unissent, et fais-en couler tout le sang que tu pourras. Ce sang est le germe et la source de l'avide contagion. Après cette opération douloureuse pour les malades, donne du repos et des secours à leurs corps fatigués, répands-y du marc d'huile et du vin vieux de Massique. Le vin chassera leurs soucis : le vin est un remède contre la violence de la maladie.

Parlerai-je des ravages de la toux et de ceux de la léthargie chagrine? indiquerai-je les remèdes, s'il en est, propres à dompter la goutte qui brise les membres? mille fléaux s'appesantissent sur les meutes, et leur puissance brave tous les soins. Crois-moi (car il ne faut pas avoir tant de confiance dans l'art des hommes), crois-moi, renonce aux médicaments, et fais descendre tes secours des sommets de l'Olympe. Adresse des sacrifices aux dieux, et réclame leur appui par d'humbles prières. C'est pour l'obtenir que nous parcourons les hauteurs et les carrefours des bois sacrés, que, devant le temple de Diane, nous fixons à terre des torches qui ont la forme d'épis, et que nous couvrons nos chiens des bandelettes accoutumées. Là, au milieu du bois et parmi les fleurs qui couvrent ces lieux, nous déposons nos armes mêmes, qui doivent chômer en ces temps de fêtes et de sacrifices. Là, sont placés devant nous un vase rempli de vin, des gâteaux encore chauds portés sur un brancard de feuillage, un chevreau dont le jeune front commence à s'armer de cornes, et des fruits encore attachés aux branches. Ces offrandes sont, suivant les rites usités, offerts à la déesse des bois, et les chasseurs font des lustrations en son honneur, afin d'en obtenir une année prospère.

Diane alors, si tu l'invoques, te sera favorable et répondra à tes vœux. Soit donc que tu demandes à être vainqueur dans les forêts, soit que tu désires, avant tout, que les compagnons de tes plaisirs échappent aux maladies qui les consument ou à la mort qui les menace, la chaste déesse doit être ton espoir et ton appui.

Il me reste à faire connaître les chevaux qui conviennent aux travaux de Diane. Ils n'ont pas tous assez d'audace. Les uns manquent d'énergie; les autres ont le corps trop faible. Il en est aussi dont l'ardeur fougueuse est nuisible. Vois le cheval thessalien, qui se baigne dans les eaux du Pénée, ou le cheval bai-brun auquel Mycènes a donné le jour. Ils sont grands : leurs jambes élevées se précipitent dans l'air. Qui jamais mieux qu'eux a parcouru la lice olympique? Toutefois, ce n'est pas la gloire de la chasse qu'ils doivent ambitionner : ils ont trop de fougue pour les combats que Mars livre dans nos forêts.

Que la sablonneuse Syène cesse d'admirer ses farouches coursiers; le cheval parthe est facilement renommé au milieu de ses plaines unies;

Artem aluit natura suam : quæ robore pestis
Acrior, aut leto propior via? sed tamen illi 465
Hinc venit auxilium valida vehementius ira.
Quod primam si fallet opem dimissa facultas,
At tu præcipitem, qua spes est proxima, labem
Aggredere : in subito subita est medicina tumultu.
Stringendæ nares, scindenda ligamina ferro 470
Armorum, geminaque cruor ducendus ab aure.
Hinc vitium, hinc illa est avidæ vehementia pesti.
Ilicet auxiliis fessum solabere corpus;
Subsiduasque fraces, diffusaque Massica prisco
Sparge cado. Liber tenues e pectore curas 475
Exiget; est morbo Liber medicina furenti.
Quid dicam tussis, quid mœsti damna veterni,
Aut incurvatæ si qua est tutela podagræ?
Mille tenent pestes, curaque potentia major.
Mitte, age, non opibus tanta est fiducia nostris, 480
Mitte, anime, ex alto ducendum numen Olympo,
Supplicibusque vocanda sacris tutela Deorum.
Idcirco aeriis molimur compita lucis,
Spicatasque faces, sacrum, ad nemora alta, Dianæ,
Sistimus, et solito catuli velantur honore; 485
Ipsaque per flores medio in discrimine luci

Stravere arma, sacris et pace vacantia festa.
Tum cadus, et viridi fumantia liba feretro
Præveniunt, teneraque extrudens cornua fronte
Hædus, et ad ramos etiamnum hærentia poma, 490
Lustralis de more sacri, quo tota juventus
Lustraturque Deæ, proque anno reddit honorem.
Ergo impetrato respondet multa favore
Ad partes, qua poscis opem, seu vincere silvas,
Seu tibi fatorum labes exire minasque 495
Cura prior; tua magna fides tutelaque, Virgo.
Restat equos finire notis, quos arma Dianæ
Admittant : non omne meas genus audet in artes.
Est vitium ex animo; sunt quos imbellia fallant
Corpora; præveniens quondam est incommoda virtus. 500
Consule, Penei qualis perfunditur amne
Thessalus, aut patriæ quem conspexere Mycenæ
Glaucum : nempe ingens, nempe ardua fundet in auras
Crura : quis Eleas potior lustravit arenas?
Ne tamen hoc attingat opus; jactantior illi 505
Virtus, quam silvas, durumque lacessere Martem.
Nec sævos miretur equos terrena Syene.
Scilicet et Parthis inter sua mollia rura
Mansit honor; veniat Caudini saxa Taburni,

mais qu'il vienne dans les rochers de Taburne, qu'il parcoure l'âpre Garganus et les Alpes Liguriennes, il y aura bientôt usé la corne de son sabot, et succombera avant d'avoir accompli sa tâche. Néanmoins il a du courage, et on peut le dresser à l'art de la chasse. Il est à regretter qu'à côté de ses qualités, la nature ait placé ce défaut. Au contraire, les chevaux de la Galice sont très-propres à parcourir les rocailleuses Pyrénées. Mais je n'oserais pas avec eux soutenir des combats terribles. On peut à peine, avec des freins en fer, contenir le cheval de Murcibie, tandis qu'à l'aide d'une légère baguette on dresse pour les jeux olympiques tous ceux auxquels la Nasamonie donne le jour. Le Numide est affranchi de tout frein : il est audacieux et infatigable. Si tu le presses, il peut parcourir cent fois l'espace du cirque avant que son impétuosité soit affaiblie. On l'élève aussi à peu de frais. Il se contente de ce que produit le sol le plus ingrat, et apaise sa soif aux plus petits ruisseaux.

Les coursiers de la Thrace, qui vivent sur les bords du Strymon, sont aussi d'un entretien facile. Plût aux dieux qu'ils pussent chasser sur les sommets de l'Etna, comme les chevaux siciliens, pour qui c'est un jeu! Pourquoi aussi ont-ils une encolure si difforme? pourquoi une épine si grêle se courbe-t-elle sur leur dos? Parmi les chevaux siciliens, les Grecs ont célébré celui d'Agragas, devant lequel les daims vaincus abandonnent la cime retentissante du Nébrode. O combien sera puissant à la chasse celui qui formera beaucoup d'élèves de cette race! Qui oserait leur comparer les cavales d'Épire, illustres par la palme achaïque qu'elles méritent à peine?

Les coursiers de couleur rousse qui naissent près de Pella et du mont Céraunus, ceux qui font la gloire de la ville de Cyrrha, consacrée à l'illustre Apollon, peuvent tout au plus conduire nos chariots aux rendez-vous de chasse. Il faut aux nôtres une couleur plus avantageuse. Les noirs ont d'excellentes jambes. On estime aussi ceux qui portent sur leur poitrail une crinière de poil bai, et ceux dont la couleur a le reflet de la braise qui s'éteint.

Combien, grâce aux Dieux, les cavales italiennes l'emportent sur les autres! L'Italie est en tout genre la première des nations. Ses prairies nourrissent d'excellents coursiers.

(*Le reste manque.*)

Garganumve trucem, aut Ligurinas desuper Alpes, 510
Ante opus excussis cadet unguibus; et tamen illi
Est animus, fingetque meas se jussus in artes.
Sed juxta vitium posuit Deus : at tibi contra
Callæcis lustratur equis scruposa Pyrene;
Non tamen Hispano Martem tentare minacem 515
Ausim. Murcibii vix ora tenacia ferro
Concedunt : at tota levi Nasamon*ia virga*
Fingit equos. Pisis Numidæ solvere *jugales*,
Audax et patiens operum genus : ille vigebit
Centum actus spatiis, atque eluctabitur iram. 520
Nec magni cultus; sterilis quodcumque remisit
Terra, fuit, tenuesque sitim producere rivi.
Sic et Strymonio facilis tutela Bisaltæ;
Possent Ætnæas utinam se ferre per arces,
Qui ludus Siculis : quid tum, si turpia colla, 525

Aut tenuis dorso curvatur spina? per illos
Cantatus Graiis Agragas, victæque fragosum
Nebroden liquere feræ. O quantus in armis
Ille meis, cujus dociles pecuaria fœtus
Sufficient! quis Chaonias contendere contra 530
Ausit, vix merita quas signat Achaia palma!
Spadices vix Pellæi valuere Cerauni,
Et tibi devotæ magnum pecuaria Cyrrhæ,
Phœbe, decus, nostras agere in sacraria tensas.
Venanti melius pugnat color : optima nigri 535
Crura pili, badiosque legunt *in pectore crines*,
Et quorum fessas imitantur terga favillas.
O *quantum* Italiæ, sic Dii voluere, parentes
Præstant, et terras omni præcepimus usu;
Nostraque non segnis illustrat prata *juventus*. 540
(*Reliqua desiderantur.*)

NOTES SUR LES CYNÉGÉTIQUES
DE GRATIUS FALISCUS.

v. 16. *Adscivere tuo comites.* Le poëte donne à Diane pour cortège les nombreuses divinités des champs, qu'elle protégeait contre les bêtes nuisibles. De ce nombre est Faunus, fils de Picus et petit-fils de Saturne. Il avait été un des premiers rois du Latium, et les Romains l'honoraient comme un dieu. Gratius l'appelle *cultor Latii*, parce qu'en effet il présidait au Latium, ainsi que nous l'apprennent Varron et Lactance. Faunus fait partie du cortège de Diane à un autre titre encore : d'après Properce, il était le dieu de l'oisellerie (IV, 2, 34).

v. 24. *Cassesque, plagarumque*. On employait deux espèces de filets, dont l'usage était bien différent, les toiles (*plagæ*) et les rets (*retia*) Les toiles servaient à entourer le lieu où l'on portait la chasse, et qui était presque toujours un bois. Elles étaient à surface plane, comme l'indique l'étymologie de leur nom. On les plaçait verticalement, et elles formaient, pour ainsi dire, un mur d'enceinte. Elles n'étaient interrompues qu'en un seul endroit, celui qui d'habitude servait d'issue aux bêtes, et c'était là qu'était placé le filet proprement dit *rete*. Ce dernier n'avait pas la même forme que les toiles. Il contenait plusieurs poches ou panneaux, *casses, sinus*, dans lesquels on prenait les bêtes. Afin de les y pousser, les chasseurs entraient dans l'enceinte par le côté opposé au filet, *rete*. A l'aide de leurs chiens, ils forçaient le gibier à prendre la fuite devant eux et à tomber dans le piége. De là les expressions si familières aux poëtes, *agere in retia, premere ad retia*.

v. 27. *Semidei, cœlum*. Les précédentes éditions portaient *semidcos ? Illi..* Nous avons adopté ici la correction proposée par Johnson.

v. 30. *Adonim*. Adonis, amant de Vénus, fut tué par un sanglier qu'il avait blessé. — Ancée, Arcadien, de la ville de Parrhase, fils de Lycurgue, est un des princes qui prirent part à la chasse du sanglier de Calydon. Voir Ovide (*Mét*. VIII et X).

v. 46. *Optima Cinyphiæ*. Ces marais étaient formés par les débordements du Cinyphe, dans la contrée la plus fertile de l'Afrique, entre les deux syrtes.

v. 74. *Quæ vires fallat collata ferinas*. Outre les toiles et les rets que les animaux pouvaient quelquefois rompre, ou qui n'embrassaient pas assez d'espace, on avait imaginé de placer, à des intervalles plus ou moins éloignés, des épouvantails sur des fourches ou pieux qu'on appelait *ancones* (vers 87), *furcæ, vari*. Ils consistaient ordinairement en des plumes de diverses couleurs qu'on entremêlait. Les blanches et les rouges étaient celles qu'on employait le plus. — Beaucoup d'auteurs anciens font mention des épouvantails et des plumes dont on les composait. Voir, entre autres, Sénèque (*Hipp*. v. 46) et Virgile (*Georg*. III, 371, *Én*. XII, 749), et Némésien (*Cyn*. 303 à 320).

v. 80. *Turbat odor*. L'odeur était un auxiliaire des épouvantails. Sénèque a dit : *acerrimas feras umbra, vox et odor insolitus exagitant*.

v. 89. On ne voit comment, dans le texte, la conjonction *nam* peut servir de lien entre ce qui précède et ce qui suit. Aussi nous pensons qu'il existe ici une lacune, ou que le vers 89 et les cinq suivants ont été soit interpolés, soit déplacés. En admettant qu'il y ait une lacune, elle doit être très-courte, puisque le poëte va parler de l'inventeur des filets. — *Laqueis.. curracibus* s'entend des piéges que la bête entraîne avec elle, et qui ne sont pas fixés à un pieu. Le vers 94 le prouve.

v. 103. *Dercylon*. Dercyle, que Gratius dit être l'inventeur des rets, n'est cité comme tel par aucun autre écrivain. Il y a plus : Xénophon donne une nomenclature des chasseurs célèbres des anciens temps, et il ne dit pas un mot de Dercyle. Oppien déclare même qu'Hippolyte fut l'inventeur des toiles et des rets. Burmann pense qu'il s'agit ici de Dercylide, que Xénophon appelle homme très-industrieux. Mais de Dercylide était Lacédémonien, et Gratius dit positivement que l'inventeur des filets était d'Arcadie. — Il a existé un écrivain nommé Dercyle, dont les ouvrages sont vantés par Plutarque, Athénée et Clément d'Alexandrie. Il avait composé un traité sur les productions de l'Étolie, un autre sur les pierres, un troisième sur les montagnes. Peut-être parlait-il de l'art de la chasse dans l'un de ses ouvrages, par exemple, dans celui qui concernait l'Étolie, dont les habitants étaient renommés comme chasseurs : on peut donc regarder ce Dercyle comme l'inventeur que célèbre Gratius. — Selon des commentateurs, le Dercyle de Gratius ne serait autre qu'Aristée, dont Virgile a rendu le nom si populaire. Wernsdorff, qui le premier a développé cette opinion, démontre que Dercyle est un surnom, et signifie *qui parcourt les forêts* (Δέρκεσθαι ὕλη). Aristée avait déjà des surnoms analogues. Pindare dit qu'il a été nommé *Nomius* et *Agrius*, parce qu'il se plaisait à nourrir des troupeaux et à chasser. Aristée était d'Arcadie : suivant Nonnus Dionysius, il est l'inventeur de la chasse, des filets, des fourches, et de l'art de suivre les bêtes à la piste; enfin Plutarque nous apprend qu'il a inventé les piéges, et que ceux qui font la chasse aux loups ou aux ours, soit avec des fosses, soit avec des lacets, lui adressent des vœux.

v. 125. *Ne tela spernite Divæ*. Quelques éditeurs ont substitué *relinquete* à *spernite*, qui est la leçon des manuscrits; probablement parce qu'il leur a paru que dans *tela* la dernière syllabe étant brève, le vers manquait à la mesure. Mais, parmi d'autres exemples, Virgile n'a-t-il pas dit :

... *Dale tela, scandite muros?*

v. 131. *Est operæ magis*. Le manuscrit portait :

*Et magis incomptus operæ lutoser agrestis
Termes, ab...*

Pour rétablir ce vers tout à fait altéré, les commentateurs ont proposé une foule de corrections. Aucune d'elles ne nous a paru satisfaisante. Évidemment l'arbre dont il est question dans ce vers est opposé à celui qui est mentionné plus bas. En effet, il est impossible de ne pas lire *incumptus*, l'*u* final dans le MS. étant souvent remplacé par un *o*, et le poëte a dû dire : Le *lutoser* (admettons ce mot pour un instant), arbre sauvage, est trop négligé, trop inégal pour nos travaux, tandis qu'il nous vient de Saba l'arbre magnifique qui produit l'encens, et dont on peut employer les branches sans avoir recours à l'art. Ce sens étant admis, il fallait rétablir le vers de manière à faire disparaître la faute de quantité que forment les mots *incomptus operæ*, et trouver un arbre dont le nom remplaçât celui de *lutoser*, qui paraît barbare. Nous croyons que notre leçon réunira tous les suffrages. C'est Johnson qui a proposé *lotaster*. Quoique ce mot ne se rencontre dans aucun auteur, il a cependant une physionomie latine, puisqu'on dit *pinaster, oleaster*. — Peut-être, au vers suivant, faudrait-il lire *descendit* ou *descendat*, au lieu de *descendet*.

v. 144. *Stringe notas*. Pithou propose de lire, conformément à Virgile (*Georg*. II, 367) *stringe comas*, au lieu de *stringe notas*.

v. 171. *At fugit.... Umber*. Quoique Gratius signale le peu de courage du chien d'Ombrie, il est néanmoins célébré par l'auteur de l'Énéide (XII, 749). Mais Virgile n'était pas chasseur, et a pu se tromper.

v. 199. *At le leve si qua*. La transition par laquelle Gratius nous fait passer du croisement des races à des préceptes sur les petites chasses est plus naturelle qu'elle ne paraît d'abord. En effet, les chiens dont il est question pour les petites chasses, savoir le Pétronien, le Sicambre, le Vertrahus et le Métagonte, sont vraisemblablement tous obtenus par le croisement. Il ne peut y avoir de doute à l'égard du Pétronien (voir le vers 112). — Gratius est le seul auteur ancien qui parle de cette dernière espèce. Son nom, légèrement changé, ainsi que celui du Vertrahus, est cité dans une des lois du code Bourguignon : « Quiconque, « y est-il dit, sera convaincu d'avoir volé un chien *Veltra-* « *hus* ou *Segutius* ou *Petronculien*, sera condamné à lui « baiser le pétronien en présence de tout le peuple : *Si quis canem Veltrahum, aut Segutium, aut Petronculum, præsumpserit involare, jubemus ut convictus coram omni populo posteriora ipsius osculetur*. — Le Vertrahus

(*Vertraha* étant le féminin de ce mot) est évidemment le même que celui dont Martial fait mention sous le nom de *Vertragus* (Ep. xiv, 200). Le Métagonte paraît avoir été ainsi appelé parce qu'il provenait de races différentes. La finesse de son odorat en faisait un excellent quêteur. On nous assure qu'il est encore connu aujourd'hui des chasseurs sous le nom de *Matagon*.

v. 212. *Sparta suos et Creta suos*. Les chiens de Sparte et de Crète étaient très-renommés.

v. 215. *Hagnon*. Il règne sur Hagnon la même obscurité que sur Dercyle. Gratius seul en parle. Ulitius pense qu'il s'agit d'Agnius, cité par Apollodore. Il était fils de Typhis, qu'Higin dit être Béotien. On a pensé aussi que ce pouvait être Hémon de Béotie, dont parle Properce (v. 5, 39.).

v. 219. *Nec vasa sonantia longe*. Les diverses éditions portent *tenentia*, qu'il est impossible d'expliquer. Nous avons cru devoir y substituer *sonantia*. Par cette correction, les vers 218 et 219 expliquent ceux qui précèdent. Avant Hagnon, on ne se servait pas de chiens pour chasser. Des hommes en grand nombre entraient dans le bois, et se tenaient à une petite distance l'un de l'autre ; puis, afin de pousser le gibier devant eux et le faire tomber dans les rets, ils l'effrayaient en frappant des vases d'airain. Chez nous on traque encore quelquefois de cette manière.

v. 235. Les autres éditions portent :

Jam vero impensum melior fortuna laborem
Cum sequitur, juxtaque domus quæsita ferarum,
Ut sciat, occultos et signis arguat hostes....

Le manuscrit portait *consequitur*; et si les commentateurs n'ont pas conservé ce mot, c'est qu'ils n'ont su comment finir le sens de la phrase au second vers. Nous n'avons pas hésité à adopter le manuscrit, et à terminer le vers par un point. Par cette correction, l'idée que présentent les deux premiers vers est claire et complète. C'est sans l'autorité du manuscrit, mais non sans raison, que nous avons modifié le vers suivant. Ce qui prouve qu'il faut lire *scit* et *arguit*, ce sont les mots *testatur*, *mandit* et *apprensat* des vers qui suivent, et qui appartiennent certainement à la même phrase. Nous avons pensé que le mot *canis* manquait, et il est probable que l'erreur qui a amené *ut sciat occultos* est due à une réminiscence de ce vers de Silius Italicus :

Ut canis occultos agitat cum bellicus apros.

On aura pris le mot *ut* de ce vers, et conservé le verbe *scire* de celui de Gratius. Dans le vers 243, nous avons remplacé *admonet* par *admoneo*, qui était nécessité par le sens de la phrase (voir le vers 378), et dans le suivant *incubuit* par *incumbas*.

v. 256. *Thoes*. Le Thoës est probablement le quadrupède que les modernes appellent chacal. Il participe à la fois de la nature du loup et de celle du renard, et se trouve communément en Asie. Au vers 255, nous avons adopté la correction proposée par Johnson, en mettant *sive voces naris*, au lieu de *seu norit voces*.

v. 299. *Levis deducet pondere fratres*. Non-seulement Némésien dit, comme Gratius, que le plus lourd sera un jour le plus fort, il va même jusqu'à affirmer qu'il sera le plus léger (vers 146) :

Pondere nam catuli poteris perpendere vires,
Corporibusque leves gravibus prænoscere cursu.

Frascator, poëte moderne, qui a composé une idylle sur les chiens de chasse, est aussi d'avis qu'il faut choisir les plus lourds (v. 59) :

Selige de multis quos jam præstare videbis pondere.

v. 339. *Sit famulis vitulina tuis*. Les mots écrits en caractères italiques n'ont pu être lus dans le manuscrit, et ont été remplis par Ulitius.

v. 345. *Divortia*. Au lieu de *per tot divortia* nous voudrions *per tot discrimina*. Le copiste, voyant dans le vers précédent, et précisément à la même place, *mavortia bello*, aura commencé le mot *discrimina*, et l'aura terminé par les syllabes qui frappaient ses yeux.

v. 430. *Est in Trinacria*. Plusieurs écrivains anciens parlent d'une source d'eau bitumineuse qui existait en Sicile dans le territoire d'Agragas. Pline assure que l'eau en convient à la guérison des bêtes de somme attaquées de la galle. Aristote dit que, près de cette source, est un rocher duquel s'échappent des flammes à l'époque des grandes chaleurs. De là était née la croyance populaire qui en faisait le séjour de Vulcain.

v. 480. *Mitte age, non opibus*. Cet endroit a été fort travaillé. Nous proposerions la leçon suivante, qui ferait disparaître ce vocatif, *anime*, lequel est si insolite :

Mitte ergo, haud opibus tanta est fiducia nostris,
Mitte agere.

Mitte agere offre un sens complet; et il est de la même latinité que le *fuge quærere* d'Horace (*Od.* i, 9).

v. 483. *Idcirco aeriis*. Le poëte décrit ici la fête qu'on célébrait tous les ans, en l'honneur de Diane, dans la forêt d'Aricie près de Rome, où la déesse avait un temple. Plusieurs écrivains, notamment Ovide (*Fast.* iii, 263) et Stace (*Silv.* iii, 1, 55), confirment en partie ce que dit Gratius.

v. 536. *Crura.. in pectore crines*. Tous les mots en italique ont été ajoutés par Ulitius.

NÉMÉSIEN.

NOTICE SUR NÉMÉSIEN.

Némésien (Marcus Aurélius Olympius) était natif de Carthage. Son véritable nom de famille paraît avoir été Olympius; celui de Némésien, sous lequel on le cite communément, indique probablement que ses ancêtres s'étaient fixés à Némésium, ville de Libye Deux passages de ses Cynégétiques ne laissent aucun doute sur l'époque où fleurit Némésien : « On m'entendra bientôt, dit-il, illustres rejetons du divin Carus, chanter sur un ton plus mâle et vos triomphes, et vos lois reconnues aux deux extrémités du monde. » Et plus loin : « Dieux bienfaisants de la terre, ma muse vous offrira ces hommages, quand il me sera permis de voir vos fronts sacrés. » Ces dieux bienfaisants de la terre sont Carus et ses fils, Carus et Numérien. Vopiscus, dans la vie de ce dernier, qui, en 284, fut revêtu de la pourpre des Césars, rapporte que Némésien soutint contre lui un combat poétique, et remporta la victoire.

Nous n'adoptons pas la conjecture hasardée par Ulitius, qui va jusqu'à faire de Némésien un parent de Carus, par le seul motif que ce prince et ses deux fils portent, comme ce poëte, les prénoms de Marc-Aurèle. Comment concilier en effet cette parenté avec la patrie de Némésien? Carus était originaire et habitant de Rome. et Némésien était né à Carthage. N'était-il pas d'ailleurs dans l'usage constant de cette époque de donner aux enfants, au moment de leur naissance, les prénoms des personnages distingués de l'empire? et quoi de plus probable que les parents de Némésien eussent donné à leur fils un prénom que Carus venait d'honorer par ses exploits militaires, et par son élévation au commandement des armées et à la dignité du prétoire?

Vopiscus nous apprend encore que Némésien composa des poëmes sur la pêche, sur la chasse et sur la navigation, et qu'il gagna *toutes sortes de couronnes*.

L'époque de sa mort n'est guère plus facile à fixer que celle de sa naissance. Sur ces deux points, les conjectures étant sans danger, on peut croire qu'il naquit sur la fin du règne de l'infortuné Valérien, vers l'an 258 de notre ère, et qu'il fut probablement victime de ses relations d'amitié avec Némésien, enveloppé dans les proscriptions qui suivirent la défaite et la mort de Carus, et qui furent comme l'essai des fureurs par lesquelles Dioclétien signala son élévation à l'empire. Ainsi Némésien aurait vu la captivité de Valérien, les déchirements de l'empire sous Gallien, Zénobie vaincue par Aurélien, Tacite et Probus mourant, l'un des fatigues de la guerre, l'autre assassiné par son armée en révolte; après eux, Carus moissonné au milieu de ses victoires; puis l'assassinat de Numérien, la mort de son frère, et l'avénement de Dioclétien.

Nous n'avons que l'un des trois poëmes dont parle l'historien, celui de la chasse, ou les Cynégétiques. Les Cynégétiques ont 325 vers; mais l'ouvrage est incomplet, soit que Némésien ne l'ait pas achevé, soit qu'une partie en ait été perdue. Le plan du poëme n'est pas le même que celui de Gratius Faliscus. Ce dernier parle en un seul chant et très-succinctement de toutes les espèces de chasses; Némésien, au contraire, paraît en avoir traité séparément, et d'une manière détaillée. Dans le premier livre, que nous possédons, il n'est question que des préparatifs de la chasse, de l'éducation des chiens et des chevaux, et des ustensiles nécessaires au chasseur; d'ailleurs rien n'indique que le poëte ait connu Gratius. Quoique son ouvrage ne soit pas exempt des défauts du siècle où il a vécu, Némésien est peut-être supérieur à ses contemporains par la correction et l'élégance.

Il existe des fragments relatifs à la pêche et à la navigation, qu'on a regardés comme appartenant aux deux autres poëmes composés par Némésien sur ce double sujet : mais l'authenticité de ces fragments est plus que douteuse. On attribue encore à ce poëte, mais sans motif plausible, un petit poëme en l'honneur d'Hercule, dont quelques éditeurs de Claudien ont fait, avec tout aussi peu de fondement, honneur à ce poëte. Quant aux quatre églogues qui figurent sous son nom, soit au commencement, soit à la suite des églogues de Calpurnius, nous croyons avoir suffisamment établi, dans la notice sur ce poëte, qu'il les faut définitivement restituer à leur véritable auteur, Calpurnius.

NÉMÉSIEN.
CYNÉGÉTIQUES.

Je chante la chasse et ses mille secrets, ses fatigues et ses plaisirs, les courses précipitées et les combats sans péril dont la campagne est le théâtre. Déjà mon âme est transportée d'un poétique délire; le dieu de l'Hélicon m'ordonne de parcourir les plaines immenses; le dieu de Castalie offre une fois encore à mes lèvres des coupes remplies à une source féconde; il ouvre devant moi des espaces sans bornes; il soumet le poëte au joug; il retient dans des chaînes de lierre ma tête obéissante; il m'entraîne dans des lieux escarpés, qui ne reçurent jamais l'empreinte d'une roue. Que j'aime, docile élève d'Apollon, à précéder son char d'or, à m'avancer sur l'herbe verdoyante, à fouler, près de lui, une mousse ignorée des mortels! En vain s'offrent à moi des sentiers battus : tu sauras, ô Calliope, guider mes pas dans de vastes prairies, où je creuserai les premiers sillons. Car qui n'a pas déjà chanté l'inconsolable Niobé, pleurant la mort de ses nombreux enfants? Qui ne connaît Sémélé, dont une ruse de sa rivale éclaira de la même flamme et l'hymen et le trépas? Qui n'a pas célébré le second berceau de Bacchus, de ce dieu puissant à qui Jupiter daigna rendre les mois qu'il avait encore à compter dans le sein maternel, jusqu'au jour de sa naissance? Il en est qui, pour leurs chants, choisissent des sujets vulgaires, les thyrses rougis d'un sang sacrilége, les chaînes de Dircé, les lois imposées à l'amant d'Hippodamie, l'ordre barbare de Danaüs, et les cruelles épouses qui, le premier jour de leur hymen, changèrent en torches funèbres les joyeux flambeaux de l'amour. Le crime de Biblis a exercé tous les poëtes; on connaît l'union impie de Myrrha, ses sanglants outrages à la couche paternelle, sa fuite à travers les plaines de l'Arabie, où on la vit disparaître vivante sous l'insensible écorce d'un arbre verdoyant. Ceux-ci ont répété les sinistres sifflements de Cadmus aux brillantes écailles; ils ont peint les étoiles semées sur la tête du gardien d'Io, les nombreux travaux d'Hercule, les ailes naissantes qui, après le festin de Philomèle, élevèrent Térée dans les cieux étonnés. Ceux-là nous montrent Phaéton essayant en vain de conduire par des routes inconnues le char du Soleil; la foudre céleste éteignant l'incendie; l'Éridan couvert de fumée, et Cycnus embelli d'un plumage argenté, et les arbres versant d'éternels pleurs sur le tombeau d'un frère. Les malheurs des Pélopides, leurs tables baignées de sang, Titan se cachant le visage à la vue de Mycènes, et les épouvan-

M. AURELII OLYMPII NEMESIANI
POETÆ CARTHAGINIENSIS
CYNEGETICON.

Venandi cano mille vias; hilaresque labores,
Discursusque citos, securi prælia ruris,
Pandimus. Aonio jam nunc mihi pectus ab œstro
Æstuat; ingentes Helicon jubet ire per agros;
Castaliusque mihi nova pocula fontis alumno   5
Ingerit, et late campos metatur apertos;
Imponitque jugum vati, retinetque corymbis
Implicitum, ducitque per avia, qua sola nunquam
Trita rotis : juvat aurato procedere curru,
Et parere Deo; virides en ire per herbas   10
Imperat; intacto primumus vestigia musco.
Et quamvis cursus se ostendat tramite noto,
Obvia, Calliope, facies insistere prato
Complacito, rudibus qua luceat orbita sulcis.
Nam quis non Nioben numeroso funere mœstam   15
Jam cecinit? quis non Semelen, ignemque jugalem
Letalemque simul, novit de pellicis astu?
Quis magno recreata tacet cunabula Baccho?
Ut pater omnipotens maternos reddere menses
Dignatus, justi complerit tempora partus?   20
Sunt qui sacrilego rorantes sanguine thyrsos
(Nota nimis) dixisse velint, qui vincula Dirces,
Pisæique tori legem, Danaique cruentum
Imperium, sponsasque truces sub fœdere primo,
Dulcia funereis mutantes gaudia tædis.   25
Biblidos indictum nulli scelus; impia Myrrhæ
Connubia, et sævo violatum crimine patrem
Novimus, utque Arabum fugiens quum carperet arva,
Ivit in arboreas frondes, animamque virentem.
Sunt qui squamosi referant fera sibila Cadmi,   30
Stellatumque oculis custodem virginis Ius,
Herculeosque velint semper numerare labores,
Miratumque rudes se tollere Terea pinnas
Post epulas, Philomela, tuas : sunt ardua mundi
Qui male tentantem curru Phaethonta loquantur,   35
Exstinctasque canant emisso fulmine flammas,
Fumantemque Padum, Cygnum, plumamque senilem,
Et flentes semper germani funere silvas.
Tantalidum casus, et sparsas sanguine mensas,
Condentemque caput visis Titana Mycenis,

tables vengeances de cette famille, ont fourni bien des vers à l'antiquité. Je ne chanterai ni le courroux de la fille de Colchos, ni ses présents empoisonnés, ni les feux de la belle Glaucé, ni le cheveu de Nisus, ni les coupes de la cruelle Circé, ni le pieux larcin d'Antigone, élevant à son frère un nocturne bûcher. Une foule de poëtes ont déjà traité ces sujets; les premiers âges n'ont plus pour nous que des fables vulgaires.

Je vais, d'un pas rapide, parcourir les bois, et les vastes prairies, et les campagnes immenses, et des plaines sans nombre; je vais, avec un chien docile, poursuivre les hôtes des forêts, percer le lièvre timide, le daim craintif, le loup audacieux, et mettre en défaut les ruses du renard; je vais errer sous les ombrages voisins des fleuves, chercher l'ichneumon dans une moisson de roseaux, sur des rives silencieuses; attacher au tronc d'un arbre, avec de longs traits, le chat menaçant, et emporter le corps épineux du hérisson replié sur lui-même. Telle sera l'occupation de mes loisirs, aujourd'hui que ma faible nacelle, accoutumée à voguer près du rivage et à fendre avec la rame l'onde inoffensive des golfes, livre pour la première fois ses voiles au souffle des vents, renonce au calme du port, et ose braver les tempêtes de l'Adriatique.

On m'entendra bientôt, illustres rejetons du divin Carus, chanter sur un ton plus mâle et vos triomphes, et vos lois reconnues aux deux extrémités du monde, et vos armes fraternelles, victorieuses des nations qui s'abreuvent aux flots du Rhin et du Tigre, comme aux sources lointaines de l'Arar et du Nil. Je dirai, ô Carin, tes succès récents, qui, sous les glaces de l'ourse, ont mis fin à la guerre, et presque effacé ceux du dieu dont tu as reçu le jour : je dirai comment ton frère a conquis la Perse et les antiques remparts de Babylone, vengeant ainsi les outrages faits à l'héritier de l'empire de Romulus. Je peindrai la fuite honteuse du Parthe, et ses carquois inutiles, et ses arcs détendus, et ses traits émoussés. Dieux bienfaisants de la terre, ma muse vous offrira ces hommages, quand il me sera permis de voir vos fronts sacrés. Impatient des retards, mon esprit aime à pressentir ces jouissances : il me semble que je vois déjà ces deux frères sous un costume auguste, que je vois Rome, le sénat radieux, les héros dont la guerre atteste la fidélité, et les bataillons nombreux qu'anime aux combats la sainteté des serments : les drapeaux brillent au loin, à mes yeux, de l'éclat de l'or et de la pourpre; et un léger zéphyr soulève les dragons menaçants.

O toi qui parcours les paisibles retraites des forêts, Phébé, l'éternelle gloire de Latone, montre-toi dans ta parure accoutumée : arme ta main d'un arc; suspends à tes épaules un carquois aux vives couleurs et aux flèches dorées; attache à tes pieds d'albâtre des cothurnes de pourpre; que l'or se marie partout à la trame de ton manteau; qu'une ceinture de perles fixe autour de toi les plis gracieux de ta robe; qu'un diadème retienne tes cheveux obéissants. A tes côtés se presseront les

Horrendasque vices generis dixere priores.
Colchidos iratæ sacris imbuta venenis
Munera non canimus, pulchræque incendia Glauces,
Non crinem Nisi, non sævæ pocula Circes,
Nec nocturna pie furantem busta sororem. 45
Hæc jam magnorum præcepit copia vatum,
Omnis et antiqui vulgata est fabula sæcli.
 Nos saltus, viridesque plagas, camposque patentes
Scrutamur, totisque citi discurrimus arvis,
Et varias cupimus facili cane sumere prædas; 50
Nos timidos lepores, imbelles figere damas,
Audacesque lupos, vulpem captare dolosam
Gaudemus; nos flumineas errare per umbras
Malumus, et placidis ichneumona quærere ripis,
Inter arundineas segetes, felemque minacem 55
Arboris in trunco longis præfigere telis,
Impliciumque sinu spinosi corporis erem
Ferre domum; talique placet dare lintea curæ;
Dum non magna ratis vicinis sueta moveri
Littoribus, tutosque sinus percurrere remis, 60
Nunc primum dat vela Notis, portusque fideles
Linquit, et Hadriacas audet tentare procellas.
 Mox vestros meliore lyra memorare triumphos
Accingar, divi fortissima pignora Cari,
Atque canam nostrum geminis sub finibus orbis 65
Littus, et edomitas fraterno numine gentes.

Quæ Rhenum Tigrimque bibunt, Ararisque remotum
Principium, Niliqué bibunt ab origine fontem.
Nec taceam primum quæ nuper bella sub Arcto
Felici, Carine, manu confeceris, ipso 70
Pæne prior genitore Deo; utque intima frater
Persidos, et veteres Babylonos ceperit arces,
Ultus Romulei violata cacumina regni :
Imbellemque fugam referam, clausasque pharetras
Parthorum, laxosque arcus, et spicula nulla. 75
Hæc vobis nostræ libabunt carmina Musæ,
Quum primum vultus sacros, bona numina terræ,
Contigerit vidisse mihi : jam gaudia nota
Temporis impatiens sensus, spretorque morarum
Præsumit; videorque mihi jam cernere fratrum 80
Augustos habitus, Romam, clarumque senatum,
Et fidos ad bella duces, et milite multo
Agmina, queis fortes animat devotio mentes.
Aurea purpureo longe radiantia velo
Signa micant, sinuatque truces levis aura dracones. 85
 Tu modo, quæ saltus placidos silvasque pererras,
Latonæ, Phœbe, magnum decus, eia age suetos
Sume habitus, arcumque manu; pictamque pharetram
Suspende ex humeris : sint aurea tela, sagittæ;
Candida puniceis aptentur crura cothurnis; 90
Sit chlamys aurato multum subtemine lusa,
Corrugosque sinus; gemmatis balteus arctet

Naïades amoureuses, les Dryades embellies des charmes du jeune âge, les Nymphes à qui les fleuves doivent leurs eaux limpides, et les Oréades dont l'écho docile redira les accents. O déesse, conduis ton poëte sous des ombrages écartés : il te suivra dans les retraites inhospitalières de l'habitant des bois. Viens donc à mes côtés, toi à qui l'amour de la chasse rend odieux les débats judiciaires, l'agitation des armes cupides, les fureurs séditieuses, le fracas des batailles et les abîmes des mers, où l'espoir des richesses entraîne les mortels.

D'abord prodigue à tes chiens des soins assidus dès le commencement de l'année, dès le jour où le dieu du temps, Janus, ouvre aux douze mois une carrière invariable; choisis alors une mère aussi docile à la voix qui l'anime qu'à la voix qui la rappelle, une mère qu'auront vue naître les plaines célèbres de Sparte ou des Molosses. Qu'elle ait les jambes hautes et fermes, une ample poitrine, un large ventre mollement incliné vers les côtes et rétréci à mesure qu'il s'en éloigne, des reins vastes et vigoureux, des cuisses fournies et de souples oreilles, qui flottent dans ses courses rapides. Donne-lui un époux digne d'elle et dont la taille n'ait rien à envier à la sienne, pendant que la vigueur de l'âge et la fleur de la jeunesse font couler dans leurs veines un sang abondant. Car bientôt surviennent les maladies cruelles et la vieillesse paresseuse : des parents affaiblis ne produiront qu'une race débile. Un âge différent les invite à l'hymen. Lorsque deux fois vingt mois l'auront mis en possession de toutes ses forces, abandonne le mâle aux passions de l'amour; permets-les à la femelle après deux étés. Telle est l'époque favorable de leur union. Mais les nourrissons de Sparte ou des Molosses ne doivent pas être le seul objet de tes soins : la Bretagne t'en donnera dont l'agilité pourra briller dans les chasses de nos climats. Garde-toi aussi de dédaigner les élèves de la Pannonie, les descendants des races ibériennes, ou même les rejetons de la brillante Libye, qui mériteront ton choix. Phébé a déjà deux fois allumé son flambeau, depuis que dans le sein de son épouse l'époux a versé des germes de vie. Le temps entr'ouvre enfin les entrailles de la mère féconde; et déjà se presse sous elle une nombreuse postérité. Malgré ton impatience, tu feras bien de mépriser ces premiers fruits de l'amour, et de ne pas nourrir tous ceux qui viendront encore. Car si tu aimes à conserver ce peuple de nourrissons, tu les verras bientôt en proie à la faim, et, privés de nourriture, se disputer à l'envi la mamelle, fatiguer les entrailles de leur mère, et épuiser ses forces.

Si tu crains de livrer à la mort ou de chasser le plus digne de ta préférence; si tu veux éprouver ces nouveaux-nés, dont les pattes sont faibles encore et les yeux fermés à l'éclat du jour, écoute les préceptes de l'expérience, et souscris sans peine aux leçons que tu vas lire. Tu pourras, à leur poids, t'assurer de leurs forces, et juger d'avance de la légèreté de leur course par la pesanteur de

Nexibus; implicitos cohibe diademate crines.
Tecum Naiades faciles, viridique juventa
Pubentes Dryades, Nymphæque, unde amnibus humor,
Adsint, et docilis decantet Oreadas Echo.   95
Duc age, Diva, tuum frondosa per avia vatem;
Te sequimur : tu pande domos et lustra ferarum.
Huc igitur mecum, quisquis percussus amore
Venandi, damnas lites, avidosque tumultus,   100
Civilesque fugis strepitus, bellique fragores,
Nec prædas avidus sectaris gurgite ponti.

Principio tibi cura canum non segnis ab anno
Incipiat primo, quum Janus temporis auctor
Pandit inocciduum bissenis mensibus ævum,   105
Elige tunc cursu facilem, facilemque recursus,
Seu Lacedæmonio natam, seu rure Molosso,
Non humili de gente canem; sit cruribus altis,
Sit rigidis, multamque gerat sub pectore lato,
Costarum sub fine, decenter prona, carinam,   110
Quæ sensim rursus sicca se colligat alvo,
Renibus ampla satis validis, diductaque coxas,
Cuique nimis molles fluitent in cursibus aures.
Huic parilem submitte marem, sic omnia magnum,
Dum superant vires, dum læto flore juventus,   115
Corporis et venis primævi sanguis abundat :
Namque graves morbi subeunt, segnisque senectus;
Invalidamque dabunt non firmo robore prolem.

Sed diversa magis feturæ convenit ætas.
Tu, bis vicenis plenum jam mensibus, acrem   120
In venerem permitte marem; sit femina, binos
Quæ tulerit soles : hæc optima cura jugandis.
Sed non Spartanos tantum, tantumve Molossos
Pascendum catulos; divisa Britannia mittit
Veloces, nostrique orbis venatibus aptos.   125
Nec tibi Pannonicæ stirpis temnatur origo,
Nec quorum proles de sanguine manat Ibero.
Quin etiam siccæ Libyes in finibus acres
Gignuntur catuli, quorum non spreveris usum.
Mox quum se bina formarit lampade Phœbe,   130
Ex quo passa marem genitalia viscera turgent,
Fecundos aperit partus matura gravedo
Continuo, largaque vides strepere omnia prole;
Sed, quamvis avidus, primos contemnere partus
Malueris, mox non omnes nutrire minores.   135
Nam tibi si placitum populosos pascere fetus,
Jam macie tenues, succique videbis inanes,
Pugnantesque diu, quisnam prior ubera lambat,
Distrahere invalidam lassato viscere matrem.

Sin vero hæc cura est, melior ne forte necetur,   140
Abdaturve domo, catulosque probare voluntas,
Queis nondum gressus stabiles, neque lumina passa
Luciferum videre jubar; quæ prodidit usus
Percipe, et intrepidus spectatis adnue dictis :

leur corps. Tu peux aussi tracer un long cercle de feu, en marquer adroitement les contours par une flamme brillante, et rester en sûreté au milieu de cette enceinte. Porte-s-y sans distinction la troupe naissante ; et le choix de la mère dirigera le tien sur les petits, que, dans sa tendresse éclairée, elle ne craindra pas de sauver, au péril de ses jours. A peine a-t-elle vu les gages de son amour emprisonnés dans un cercle enflammé, que, d'un saut rapide, elle franchit la barrière de feu, saisit dans sa gueule et porte dans son gîte d'abord un des petits, puis un second, puis un troisième. Cette mère est guidée dans son choix par un sûr instinct, qui est l'amour du mérite.

Que le petit lait soit, au retour du printemps, la nourriture des petits et de la mère ; car c'est l'époque où le lait abonde, et blanchit, dans les bergeries, les vases écumants. Mêle quelquefois à cette liqueur les dons de Cérès : ces sucs plus nourrissants iront remplir leurs os encore tendres, et leur promettront, dès leur enfance, des forces et du courage. Mais quand Phébus embrase de ses feux la voûte céleste, et que, plus lent dans sa course, il entre dans le signe du Cancer qui la retarde, tu te trouveras bien de diminuer leur pâture et de la leur présenter d'une main moins prodigue ; car l'embonpoint nuirait à leur souplesse, et relâcherait les liens qui unissent leurs membres : leurs pattes seraient faibles et leurs jambes incertaines. Quand tu verras leur gueule s'armer de dents d'ivoire, ne les tiens plus enfermés ; n'emprisonne pas dans un collier leur cou rebelle ; que leur course pesante n'accuse pas un jour ton imprudence. Ils aimeront, dans leur longue solitude, à ronger les poutres et les portes vieillies ; et ces efforts fatiguent leurs faibles membres : leurs dents naissantes s'émoussent sur la dureté du chêne, et le bois impénétrable brise leurs griffes encore tendres. Lorsque deux fois quatre mois, écoulés depuis leur naissance, les auront affermis sur leurs jambes, et que l'examen de leurs membres ne t'offrira aucune blessure, pourris-les encore d'un mélange de farine et de petit-lait : cet aliment leur donnera des forces nouvelles. Qu'ils apprennent alors à porter sur un cou resté libre le joug d'un collier, à marcher d'un pas égal, à souffrir leur captivité.

Cependant Phébé a vingt fois renouvelé son disque. Commence alors par ouvrir à tes élèves une courte carrière : dans un étroit vallon, dans un parc sans culture, lâche devant eux un lièvre, dont la faiblesse et la marche pénible promettent à leur supériorité une proie facile. Renouvelle souvent pour eux cette lutte inégale ; encore novices, ils devanceront bientôt l'animal le plus léger ; l'art de la chasse n'aura plus pour eux de mystères, et ils aimeront à s'entendre louer de leur victoire. Qu'ils sachent distinguer aussi la voix qui les rappelle, et l'ordre qui les excite : ils apprendront à toucher l'animal dont ils seront maîtres, et à lui ôter la vie, en respectant ses membres.

Pondere nam catuli poteris perpendere vires,　145
Corporibusque leves gravibus prænoscere cursu.
Quin et flammato ducatur linea longe
Circuitu, signetque habilem vapor igneus orbem,
Impune in medio possis consistere circo.
Huc omnes catuli, huc indiscreta feratur　150
Turba ; dabit mater partus examine honestos,
Judicio natos servans, trepidoque periclo :
Nam postquam conclusa videt sua germina flammis,
Continuo saltu transcendens fervida zonæ
Vincla, rapit rictu primum, portatque cubili,　155
Mox alium, mox deinde alium : sic conscia mater
Segregat egregiam sobolem virtutis amore.

Hos igitur genetrice simul, jam vere sereno,
Molli pasce sero ; passim nam lactis abundans
Tempus adest, albent plenis et ovilia mulctris.　160
Interdumque cibo cererem cum lacte ministra,
Fortibus ut succis teneras complere medullas
Possint, et validas jam tunc promittere vires.
Sed postquam Phœbus candentem fervidus axem
Contigerit, tardasque vias, Cancrique morantis　165
Sidus init, tunc consuetam minuisse saginam
Profuerit, tenuesque magis retinere cibatus ;
Ne gravis articulos depravet pondere moles.
Nam quum membrorum nexus nodosque relaxant,
Infirmosque pedes, et crura natantia ponunt,　170
Tum etiam niveis armantur dentibus ora.

Sed neque conclusos teneas, neque vincula collo
Impatiens circumdederis, noceasque futuris
Cursibus imprudens : catulis nam sæpe remotis
Aut vexare trabes, laceras aut pandere valvas　175
Mens erit, et teneros torquent conatibus artus ;
Obtunduntve novos adroso robore dentes,
Aut teneros duris impingunt postibus ungues.
Mox quum jam validis insistere cruribus ætas
Passa, quater binos volvens ab origine menses,　180
Illæsis catulos spectaveris undique membris,
Tunc rursus miscere sero cerealia dona
Conveniet, fortemque dari de frugibus escam.
Libera tunc primum consuescant colla ligari,
Concordes et ferre gradus, clausique teneri.　185

Jam quum bis denos Phœbe reparaverit ortus,
Incipe non longo catulos producere cursu ;
Sed parvæ vallis spatio, septove novali.
His leporem præmitte manu, non viribus æquis,
Nec cursus virtute parem, sed tarda trahentem　190
Membra, queant jam nunc faciles ut sumere prædas.
Nec semel indulge catulis moderamine cursus ;
Sed donec validos etiam prævertere suescant,
Exerceto diu, venandi munera cogens
Discere, et emerita laudem virtutis amare.　195
Nec non consuetæ norint hortamina vocis,
Seu cursus revocent, jubeantve seu tendere cursus.
Quin etiam docti victam contingere prædam,

Ainsi répare chaque année les ouvrages du temps sur tes meutes, et que les petits soient l'objet de soins particuliers. Les maladies impitoyables, et une gale honteuse, corrompent souvent le sang de leurs veines, et font dans cette troupe d'épouvantables ravages. Prodigue-leur tous les soins d'une inquiète sollicitude, et remplace les victimes par une postérité nouvelle. Il faut, avec le jus aigri de la treille, mêler le jus onctueux de l'olive; puis on enduit de ces sucs et les petits et les mères : on les expose ensuite aux chauds rayons du soleil, et l'on détache, avec un couteau brûlant, les insectes fixés à leurs oreilles. La rage est aussi pour les chiens une maladie mortelle. Des airs corrompus, elle descend sur la terre. Lorsque, du haut du ciel attristé, Phébus lance des rayons languissants, et montre son front pâle à l'univers surpris, ou quand il presse les pas brûlants du lion à la crinière de flammes, les chiens éprouvent des transports bien étrangers à leur douceur. Peut-être faut-il en attribuer la cause aux exhalaisons de la terre et à l'insalubrité de l'air; peut-être aussi que le défaut d'une onde fraîche inocule dans leurs veines des germes enflammés. Quelle que soit cette cause, la rage pénètre jusqu'au fond de leurs entrailles; elle les agite; elle souffle dans leur gueule homicide l'écume d'un noir poison; elle leur commande des morsures venimeuses. Connais donc les boissons bienfaisantes et les traitements salutaires : prends du baume de castor, et quand le choc de la pierre l'aura, sous tes coups redoublés, rendu liant et ductile, tu y joindras de la poussière d'ivoire pilé ou coupé. Longtemps mêlés, ces corps n'en feront plus qu'un, sur lequel tu verseras quelques gouttes de lait, qui devront faciliter dans la gorge, où l'on introduira un tuyau, l'épanchement de la liqueur, détruire la cause de la rage, et rendre à tes chiens leur douceur première.

On aime aussi les chiens qui naissent dans l'Étrurie : quoique leur poil soit hérissé, et que la conformation de leurs membres n'annonce pas la légèreté, tu auras à te réjouir des fruits nombreux de leur chasse; car le parfum des prairies ne saurait dérober à leur odorat ni les traces ni les gîtes secrets du lièvre. Je peindrai bientôt leur audace, leur caractère, leur sagacité. Il me faut parler ici du soin des coursiers et de l'attirail des chasseurs.

Que la Grèce nous donne l'élite de ses coursiers, dont la race généreuse rappellera les nourrissons de la Cappadoce, et qu'armés pour le combat, ils surpassent les triomphes de leurs pères. Leur dos uni présente une large surface; leurs flancs s'étendent sans mesure : ils ont, sur des jambes hautes, le ventre court, une mâle encolure, l'oreille mobile, la tête altière et noble, l'œil vif et inquiet; leur cou allongé descend sur de vigoureuses épaules; leurs naseaux brûlants exhalent d'humides vapeurs; leur pied ne connaît pas le repos; la terre frémit sous les coups répétés de leurs pieds sonores; une bouillante ardeur agite leurs membres. Au delà des monts

Exanimare velint tantum, non carpere sumptam.
Sic tibi veloces catulos reparare memento 200
Semper, et in parvos iterum protendere curas :
Nam tristes morbi, scabies et sordida venis
Sæpe venit, multanique canes discrimine nullo
Dant stragem; tu sollicitos impende labores,
Et sortire gregem suffecta prole quotannis. 205
Quin acidos Bacchi latices Tritonide oliva
Admiscere decet, catulosque canesque maritas
Ungere profuerit, tepidoque ostendere soli,
Auribus et tineas candenti pellere cultro.
Est etiam canibus rabies, letale periclum, 210
Quod seu cœlesti corrupto sidere manat,
Quum segnes radios tristi jaculatur ab æthra
Phœbus, et attonito pallens caput exserit orbe;
Seu magis ignicomi candentia terga leonis
Quum quatit, hoc canibus blandis inviscerat æstus : 215
Exhalat seu terra sinu, seu noxius aer
Caussa mali; seu, quum gelidus non sufficit humor,
Torrida per venas concrescunt semina flammæ.
Quidquid id est, imas agitat sub corde medullas,
Inque feros rictus, nigro spumante veneno, 220
Prosilit, insanos cogens infigere morsus.
Disce igitur potus medicos, curamque salubrem.
Tunc virosa tibi sumes, multumque domabis
Castorea, attritu silicis lentescere cogens.

Ex ebore huc trito pulvis sectove feratur, 225
Admiscensque diu facies concrescere utrumque;
Mox lactis liquidos sensim superadde fluores,
Ut non cunctantes haustus infundere cornu
Inserto possis, furiasque repellere tristes,
Atque iterum blandas canibus componere mentes. 230
Quin et Tuscorum non est extrema voluptas
Sæpe canum : sit forma illis licet obsita villo,
Dissimilesque habeant catulis velocibus artus;
Haud tamen injucunda dabunt tibi munera prædæ :
Namque et odorato noscunt vestigia prato, 235
Atque etiam leporum secreta cubilia monstrant.
Horum animos, moresque simul, naresque sagaces
Mox referam; nunc omnis adhuc narranda supellex
Venandi, cultusque mihi dicendus equorum.
    Cornipedes igitur lectos det Græcia nobis, 240
Cappadocumque notas referat generosa propago,
Armata et palmas nuper grex omnis avorum.
Illis ampla satis levi sunt æquora dorso,
Immodicumque latus, parvæque ingentibus alvi,
Ardua frons, auresque agiles, capitique decoro 245
Altus honos, oculique vago splendore micantes;
Plurima se validos cervix resupinat in armos :
Fumant humentes calida de nare vapores;
Nec pes officium standi tenet; ungula terram
Crebra ferit, virtusque artus animosa fatigat. 250

sourcilleux de Calpé, s'étend une vaste contrée, féconde en coursiers excellents : ils parcourent dans les prés des espaces immenses, et leur beauté peut se comparer à celle des rejetons de la Grèce. On les voit aussi, pleins d'ardeur, vomir des torrents de flamme, rouler des yeux étincelants, frissonner d'impatience en frappant l'air de hennissements, repousser le frein, dresser à chaque instant l'oreille, et agiter leurs jambes ennemies du repos. Compte parmi tes coursiers un de ceux qu'a nourris la terre des Maures, pourvu que sa naissance ne soit pas le fruit d'un adultère; et celui qu'au sein de ses déserts le noir Mazace a su asservir à d'éternels travaux. Ne recule pas en voyant leur tête grossière, leur énorme ventre, leur indocile ardeur, leur amour pour la liberté, leur crinière abattue sur leurs flancs; car il est facile de les conduire, et leur tête libre obéit aux moindres lois d'une flexible baguette. Un coup hâte leur marche, un coup la ralentit. Sur la vaste surface d'une immense plaine, la course échauffe leur sang, multiplie leurs forces, et ils laissent bientôt derrière eux leurs émules jaloux. Ainsi, lorsqu'au milieu des vents déchaînés sur l'azur des mers, Borée, sorti des antres de la Thrace, soulève au loin les flots sous son souffle bruyant et terrible, tous les vents abandonnent cet empire bouleversé : lui seul fait écumer, mugir et bouillonner les ondes : sa tête s'élève au-dessus des mers, et la foule des Néréides admire sa marche audacieuse sur la plaine liquide. L'agilité est dans ces coursiers le fruit tardif du temps. Aussi, quand sont venues les années, ils ont encore la vigueur du jeune âge. Attendant l'époque marquée par la nature, ils ne perdent les forces du corps qu'avec celles de l'âme. Au retour du printemps, nourris tes chevaux d'herbes légères, et entr'ouvre leurs veines; avec les flots d'un sang noir, s'écoulera sous tes yeux la source de leurs douleurs. Bientôt renaîtront pour eux et l'ardeur et les forces, et cette vigueur nouvelle rendra à leur corps l'éclat et la beauté : bientôt un sang plus pur échauffera leurs veines; ils soupireront après de vastes campagnes, après une longue carrière rapidement franchie. Quand l'été aura durci le chaume encore tendre, tari le lait des plantes, séché l'humidité des moissons, et donné aux épis des appuis plus solides, souviens-toi de leur offrir l'orge légère et la paille nouvelle : sépare de la poussière le grain épuré; promène sur leur fanon une main caressante. Tes flatteries les rempliront d'allégresse; ils ouvriront leurs entrailles aux sucs nourriciers. Tels seront les soins des esclaves, et d'une jeunesse amie de la chasse.

La chasse veut encore un attirail de lacets, de toiles, et de rets aux vastes contours : apprends à serrer les nœuds épars, à placer à des distances égales les mailles dont sont formés ces solides filets : que ces tissus, destinés à envelopper des bois immenses, à renfermer le butin ailé que la frayeur y conduit, offrent les dépouilles de

Quin etiam gens ampla jacet trans ardua Calpes
Culmina, cornipedum late fecunda proborum :
Namque valent longos pratis intendere cursus;
Nec minor est illis, Graio quam in corpore, forma.
Nec non terribiles, spirabile flumen, anheli   255
Provolvunt flatus, et lumina vivida torquent,
Hinnitusque cient tremuli, frenisque repugnant;
Nec segnes mulcent aures, nec crure quiescunt.
Sit tibi præterea sonipes, Maurusia tellus
Quem mittit, modo sit gentili sanguine firmus;   260
Quemque coloratus Mazax deserta per arva
Pavit, et assiduos docuit tolerare labores.
Nec pigeat, quod turpe caput, deformis et alvus
Est ollis, quodque infrenes, quod liber uterque,
Quodque jubis pronos cervix diverberet armos.   265
Nam flecti facilis, lascivaque colla sequutus,
Paret in obsequium lentæ moderamine virgæ :
Verbera sunt præcepta fugæ, sunt verbera freni.
Quin et promissi spatiosa per æquora campi
Cursibus acquirunt commoto sanguine vires,   270
Paullatimque avidos comites post terga relinquunt.
Haud secus effusis Nerei per cærula ventis,
Quum se Threicius Boreas super extulit antro,
Stridentique sono vastas exterruit undas,
Omnia turbato cesserunt flamina ponto;   275
Ipse super fluctus spumanti murmure fervens,
Conspicuum pelago caput eminet; omnis euntem
Nereidum mirata suo super æquore turba.
Horum tarda venit longi fiducia cursus;
His etiam emerito vigor est juvenilis in ævo :   280
Nam quæcumque suis virtus bene floruit annis,
Non prius est animo, quam corpore, passa ruinam.
Pasce igitur sub vere novo farragine molli
Cornipedes, venamque feri, veteresque labores
Effluere adspecta nigri cum labe cruoris.   285
Mox lætæ redeunt in pectora fortia vires,
Et nitidos artus distento robore formant;
Mox sanguis venis melior calet; ire viarum
Longa volunt, latumque fuga consumere campum.
Inde ubi pubentes calamos duraverit æstas,   290
Lactentesque urens herbas siccaverit omnem
Messibus humorem, culmisque armarit aristas;
Hordea tum, paleasque leves præbere memento.
Pulvere quin etiam puras secernere fruges
Cura sit, atque toros manibus percurrere equorum,   295
Gaudeat ut plausu sonipes, lætumque relaxet
Corpus, et altores rapiat per viscera succos :
Id curent famuli, comitumque animosa juventus.

Nec non et casses iidem venatibus aptos,
Atque plagas, longoque meantia retia tractu   300
Addiscant raris semper contexere nodis,
Et servare modum maculis, linoque tenaci.
Linea quin etiam, magnos circumdare saltus
Quæ possit, volucresque metu concludere prædas,

divers oiseaux. A cette vue, l'ours, le redoutable sanglier, le cerf fugitif, et le renard, et le loup audacieux, tremblent comme à la vue de la foudre, et on les voit respecter ce frêle rempart. Aie donc toujours soin de le couvrir de peintures différentes, de mêler au blanc d'autres couleurs et d'étendre sur la longueur des filets des taches effrayantes. Tu emprunteras mille sujets d'alarmes au vautour, aux monstrueux oiseaux que produit la Libye, au cygne déjà vieux, au blanc plumage de l'oie, aux hôtes inconstants des fleuves et des marais, de ces eaux croupissantes que fendent leurs pieds munis d'une peau légère; avec leurs dépouilles, tu surprendras sans peine les nourrissons de l'Afrique, qui t'offrira sous son ciel un peuple de volatiles dont la pourpre rougit les ailes, dont le printemps émaille le plumage. Quand tes apprêts sont finis, quand vient l'humide hiver, lance dans les prairies tes meutes agiles, et guide au sein des plaines tes coursiers impatients : chassons au lever de l'aurore, à cette heure où le tendre gazon garde encore les traces nocturnes qu'y ont laissées les hôtes des forêts.

Digerat innexas non una ex alite pinnas :   305
Namque ursos, magnosque sues, cervosque fugaces,
Et vulpes, acresque lupos, ceu fulgura cœli
Terrificant, linique vetant transcendere septum.
Has igitur vario semper fucare veneno
Cura tibi, niveisque alios miscere colores,   310
Alternosque metus subtemine tendere longo.
Dat tibi pinnarum terrentia millia vultur,
Dat Libye, magnarum avium fecunda creatrix;
Dantque grues, cycnique senes, et candidus anser;
Dant, quæ fluminibus crassisque paludibus errant,   315

Pellitosque pedes stagnanti gurgite tingunt.
Hinc mage Puniceas nativo munere sumes;
Namque illic sine fine greges florentibus alis
Invenies avium, suavique rubescere luto,
Et sparsos passim tergo vernare colores.   320
His ita dispositis, hiemis sub tempus aquosæ,
Incipe veloces catulos immittere pratis,
Incipe cornipedes latos agitare per agros :
Venemur, dum mane novum, dum mollia prata
Nocturnis calcata feris vestigia servant.   325

NOTES

SUR LES CYNÉGÉTIQUES DE NÉMÉSIEN.

v. 8. *Ducitque per avia*.... L'auteur a imité ici Lucrèce I, 924, Virgile, Georg. III, 291, et Oppien, *Cyneg.* I, 10.

v. 54. *Ichneumona quærere ripis*. L'ichneumon, quadrupède de la taille d'un chat et de la forme d'une martre, se plaisait sur les bords du Nil, où il faisait la guerre aux serpents et aux jeunes crocodiles. On trouve des détails sur cet animal, dans Pline, VIII, 25, Élien, *de Anim.* VIII, 25, et Oppien, *Cyneg.* III, 407.

v. 74. *Clausasque pharetras, etc.* Gronove fait remarquer que Némésien avait alors sous les yeux Stace, qui a dit :

Et sontes operit pharetras acumque retendit
Parthus.   Silv. IV, 30.

v. 85. *Sinuatque truces levis aura dracones*. Les dragons étaient devenus, depuis le siècle de Trajan, les enseignes militaires des légions, lesquelles étaient faites de telle manière qu'elles s'enflaient d'elles-mêmes au souffle du vent.

v. 324. *Dum mane novum, dum mollia prata, etc.* Il y a ici une imitation évidente de Virgile, Georg. III, 325 :

Rura
Carpemus, dum mane novum, dum gramina canent.

Voyez aussi Sénèque, *Hippol.* 39, et Gratius Faliscus, v. 223.

CALPURNIUS.

NOTICE SUR CALPURNIUS.

Il n'existe dans les auteurs anciens aucun renseignement sur l'époque où vécut Calpurnius. Mais il ne paraît pas douteux, d'après certains passages de ses églogues, qu'il n'ait fleuri sous les règnes de M. Aurélius Carus et de ses fils, et n'ait été par conséquent contemporain de Némésien. Deux éditions seulement, d'après un manuscrit de Vossius, lui donnent le prénom de Caïus; dans toutes les autres il porte celui de Titus. Quant au surnom de *Sicilien*, qui est généralement joint à son nom, on a fait de vaines conjectures pour échapper à l'explication la plus simple, qui fait venir le surnom de la Sicile, dont Calpurnius aurait été originaire; la coutume des auteurs de cette époque étant de faire suivre leur nom de celui de leur patrie.

On ne connaît d'une manière certaine aucune des circonstances de la vie de Calpurnius. Mais on a pu conjecturer avec raison qu'il s'est peint alternativement sous les personnages de Tityre et de Corydon; qu'il est Corydon dans les églogues I, IV et VII, et Tityre dans la VIIIe, parce qu'alors sa fortune, devenue meilleure, le fait ressembler au Tityre de Virgile. Il y a aussi dans Calpurnius un Mélibée. Le personnage qu'il célèbre sous ce nom paraît avoir été son Mécène. Dans l'églogue IV, il raconte qu'après avoir lutté longtemps contre la pauvreté, comme il songeait à s'exiler en Espagne et jusqu'aux confins du monde, il fut rappelé par Mélibée, qui le traita avec bonté et le mit en meilleure situation. Il laisse voir assez clairement que, grâce à son patronage, il a obtenu un emploi à la cour impériale; et, d'après l'opinion des grammairiens, c'est sous le nom de l'Amaryllis de Virgile qu'il désigne sa nouvelle fortune.

Quel est ce Mélibée? Selon l'opinion commune, ce serait le poëte Olympius Némésien. Un érudit fort habile, malgré quelques erreurs clair-semées dans d'importants et solides travaux, Wernsdorff prétend que Mélibée n'est autre qu'un des officiers de la cour impériale, probablement le *maître des offices*. Il en donne des preuves pour le moins très-ingénieuses. La plupart des louanges que Calpurnius donne à Mélibée, et en particulier le passage de l'églogue VIII, où il en fait l'éloge funèbre, lui paraissent s'appliquer parfaitement aux fonctions et aux devoirs qui constituaient cette charge. Or ce *maître des offices* ne serait autre que C. Junius Tibérianus, qui, un peu avant le règne de Carus, fut consul avec l'empereur Probus, l'an de Rome 281, et, vingt ans après, consul pour la seconde fois, et préfet de la ville. Quelques passages des églogues semblent comme autant de traits du caractère de Junius Tibérianus. Ainsi Calpurnius loue le savoir de Mélibée, la faveur qu'il montre aux savants, les encouragements et les récompenses qu'il leur prodigue. Or, c'est là, presque littéralement, l'éloge que fait de Junius Tibérianus l'historien Vopiscus, au commencement de sa vie d'Aurélien. Il y vante les conversations de Tibérianus sur les lettres en général, et particulièrement sur l'histoire, et déclare que c'est d'après son invitation, et sur sa promesse de lui ouvrir les trésors de la bibliothèque Ulpienne, qu'il a entrepris l'histoire de l'empereur Aurélien. Le même Vopiscus qualifie Junius Tibérianus du titre de *sanctus vir*, ce qui se rapporterait exactement à ce que dit Tibérianus de la sainteté de mœurs de Mélibée. En outre, Calpurnius, églog. IV, v. 55, et VIII, v. 63, loue Mélibée de favoriser les poëtes et d'être poëte lui-même : or Fulgence, *Mythol.* lib. III, cite un poëme de *Prométhée* comme étant l'ouvrage de Tibérianus, lequel ne serait autre que Junius Tibérianus. Enfin, ce que Calpurnius dit, églog. VIII, vers 43, du grand âge de Mélibée, convient parfaitement à Junius Tibérianus, consul en l'an de Rome 281, préfet de la ville dans les années 291 et 303; ce qui s'applique à cette longue carrière d'honneurs caractérisée par ce passage de Calpurnius :

Longa tibi cunctisque diu spectata senectus,
Felicesque anni.

Quant aux fonctions qu'aurait occupées Calpurnius à la cour impériale, on pourrait conjecturer, d'après un passage du même Vopiscus, qu'il y exerçait l'emploi de *magister* ou *dictator memoriæ*, c'est-à-dire l'un des secrétaires et archivistes de l'empereur. Ce poste demandait une grande probité et beaucoup d'instruction, et le titulaire devait en être présenté au choix de l'empereur par le maître des offices.

Ces diverses raisons, fondées sur des citations extraites indifféremment des onze églogues, supposent que Wernsdorff a résolu la question de savoir s'il faut en attribuer le recueil tout entier à Calpurnius, ou les partager entre lui et son contemporain Olympius Némésien. En effet, le savant philologue se prononce en faveur de Calpurnius. Voici ses principaux motifs, auxquels nous avons cru devoir nous ranger.

Rien dans les auteurs anciens n'indique que Némésien ait écrit des Bucoliques. Vopiscus, qui, dans la vie de Némésien, énumère les poëmes où il s'est exercé, ne parle que d'Alieutiques, de Cynégétiques et de Nautiques, mais ne fait pas mention (ce qu'il n'eût demandé qu'un mot) de Bucoliques.

[1] Vopiscus, *in Caro*, VIII. Il est vrai que le Calpurnius dont parle Vopiscus a le prénom de *Junius*; mais outre que rien ne prouve que ce ne soit pas notre auteur, ce prénom ne pourrait-il pas venir à l'appui de la conjecture de Wernsdorff sur les relations de Calpurnius avec ce Tibérianus?

En second lieu, dans le moyen-âge, et avant la découverte de l'imprimerie, les auteurs ne reconnaissent et ne nomment que deux poëtes bucoliques, Virgile et Calpurnius; et, dans les premières et les plus anciennes éditions de ces églogues, il n'est fait aucune mention de Némésien.

Le premier qui en détacha quatre du recueil et les attribua à Némésien est Ugoletus, qui en fit une édition d'après un manuscrit trouvé en Allemagne, et portant les deux noms de Némésien et de Calpurnius. Cette distinction eut de la faveur, comme toute nouveauté; et les érudits l'adoptèrent à la légère, ou la reproduisirent sans la discuter. Mais un examen attentif des faits ne permet pas de douter que cette invention de deux auteurs ne soit une de ces erreurs très-communes en philologie.

Nous avons dit que, dans l'opinion générale, le protecteur célébré par Calpurnius, sous le nom de Mélibée, était le poëte Olympius Némésien, son contemporain, très en faveur auprès de Carus et de ses fils. Or, quelque copiste qui partageait cette opinion, ayant remarqué dans certaines églogues des passages où Calpurnius envoie et recommande ses poésies à Mélibée, cru Némésien, en aurait conclu que ces églogues lui étaient dédiées, et se serait empressé d'inscrire en tête de ces pièces : *A Némésien le Carthaginois*. Le même, ou tout autre, reconnaissant dans la huitième églogue l'éloge funèbre de Mélibée, toujours cru Némésien, aurait imaginé de mettre en tête de cette églogue : *Épitaphe de Némésien*. De là à ne lire dans les deux inscriptions du copiste que le nom de Némésien, et à faire de ce poëte l'auteur des pièces dont il n'est pas même le héros, il n'y avait qu'un pas. C'est ce que fit le copiste du manuscrit qu'a reproduit l'édition de Parme. Dans la joie de sa conjecture, il se hâta de changer le titre et le numéro de la huitième églogue, qui devint la première des quatre qu'il attribuait de sa pleine autorité à Némésien. Le manuscrit même dénonce l'interpolation par un mot laissé en tête de la quatrième de ce recueil de nouvelle fabrique : c'est le mot *undecima*, écrit très-lisiblement, et qui désignait cette églogue comme *l'onzième* du recueil primitif.

La conformité ou la différence de style devait suffire pour décider la question. Mais à cet égard il ne faut s'en rapporter qu'à son propre sentiment, les savants à qui semble appartenir la décision de ces difficultés ayant été fort partagés d'opinion sur ce point. Ainsi, pour n'en citer que deux, d'un grand mérite, Vossius et Ulitius, le premier pense que les églogues de Calpurnius sont plus exactes et plus châtiées que celles de Némésien; le second, qu'il n'y a aucune différence de style, et que les deux parties du recueil se ressemblent comme du lait à du lait. En y réfléchissant, on ne s'étonnera pas de cette contradiction. Le fait de la duplicité des auteurs étant admis, il a bien fallu imaginer un style particulier pour chacun d'eux. Et il a été d'autant plus facile d'y reconnaître des différences, que le style de ces églogues, quoique ingénieux et souvent poétique, est un de ces styles des époques de décadence, où l'on trouve tout ce qu'on veut. Mais au lieu que les différences sont douteuses ou fort exagérées, les ressemblances ou plutôt l'identité des deux parties de ce recueil sont manifestes. Il suffit, pour en être frappé, d'être libre de la prévention établie par le manuscrit de Parme.

Nous croyons donc à un auteur unique, et nous nous conformons au véritable ordre de ces églogues, tel que l'a restitué Wernsdorff, dont le texte est celui de notre édition.

LES ÉGLOGUES
DE CALPURNIUS.

ÉGLOGUE I.
DÉLOS.

ORNITE, CORYDON.

Ornite. Le soleil n'amortit point encore les feux que nous lance son char, bien que l'été soit sur son déclin, que les pressoirs gémissent sous le poids de la vendange ruisselante, et que le vin écumeux fermente avec un sourd murmure.

Corydon. Tu vois, Ornite, les troupeaux que m'a confiés mon père, couchés mollement entre ces genêts touffus. Au lieu de nous garantir des ardeurs du soleil avec un simple chapeau de paille, pourquoi n'allons-nous pas aussi nous reposer à l'ombre de ces arbres?

Ornite. Retirons-nous plutôt dans ce bois, mon cher Corydon; gagnons cet antre consacré à Faune, près duquel s'élève une forêt de pins, dont les têtes grêles se pressent en si grand nombre qu'elles arrêtent les rayons brûlants du soleil : c'est là qu'on voit un hêtre dont les branches entrelacées ombragent une source bouillonnante qui baigne sa racine.

Corydon. Je t'accompagnerai, Ornite, partout où tu me conduiras. Depuis que ma Leucé me refuse les plaisirs que la nuit couvre de son voile, je suis digne d'entrer dans le sanctuaire du dieu Faune, au front armé de cornes.

Ornite. Si tu sais quelque air agréable, prépare tes chalumeaux. Je t'offre aussi ma flûte, que la main complaisante de Lygdon a façonnée récemment, en assemblant des roseaux coupés à leur maturité. Nous voici à l'ombre que nous souhaitions. Mais qu'aperçois-je sur ce hêtre sacré? quels sont ces caractères qu'une main légère semble y avoir tracés à la hâte?

Corydon. Tu vois, Ornite, comme les traits qui les forment conservent encore leur fraîcheur. La chaleur ne les a ni séchés, ni agrandis. Ornite, regarde de plus près : les longues jambes et la haute taille que tu as reçues de tes généreux parents te mettent à portée de lire plus aisément que moi les vers gravés sur cette écorce.

Ornite. Ce n'est point ici l'ouvrage d'un berger, ou d'un voyageur accoutumé à chanter dans les carrefours ; ce sont les chants d'un dieu même. Je n'y reconnais rien de champêtre, et ils ne sont point mêlés de ces acclamations dont nous faisons retentir nos montagnes.

Corydon. Ce que tu dis me surprend ; mais ne

ECLOGA I.
DELOS.

ORNITUS, CORYDON.

ORNITUS.

Nondum solis equos declivis mitigat æstas,
Quamvis et madidis incumbant præla racemis,
Et spument rauco ferventia musta susurro.

CORYDON.

Cernis ut, ecce, pater quas tradidit, Ornite, vaccæ
Molle sub hirsuta latus explicuere genista.   5
Nos quoque vicinis cur non succedimus umbris?
Torrida cur solo defendimus ora galero?

ORNITUS.

Hoc potius, frater Corydon, nemus, ista petamus
Antra patris Fauni, graciles ubi pinea densat
Silva comas, rapidoque caput levat obvia soli;   10
Bullantes ubi fagus aquas radice sub ipsa
Protegit, et ramis errantibus implicat umbras.

CORYDON.

Quo me cumque vocas, sequor, Ornite ; nam mea Leuce,
Dum negat amplexus nocturnaque gaudia nobis,
Pervia cornigeri fecit sacraria Fauni.   15

ORNITUS.

Prome igitur calamos, et si qua recondita servas :
Nec tibi defuerit mea fistula, quam mihi nuper
Matura docilis compegit arundine Lygdon.
Et jam captatæ pariter successimus umbræ.
Sed quænam sacra descripta est pagina fago,   20
Quam modo nescio quis properanti falce notavit?

CORYDON.

Adspicis, ut virides etiam nunc littera rimas
Servet, et arenti nondum se laxet hiatu?
Ornite, fer propius tua lumina ; tu potes alto
Cortice descriptos citius percurrere versus :   25
Nam tibi longa satis pater internodia largus,
Procerumque dedit mater non invida corpus.

ORNITUS.

Non pastor, non hoc triviali more viator,
Sed Deus ipse canit : nihil armentale resultat ;
Non montana sacros distinguunt jubila versus.   30

CORYDON.

Mira refers ; sed rumpe moras, oculoque sequaci

diffère pas davantage, et parcours d'un œil attentif ces vers divins.

Ornite. « Je suis le dieu Faune qui dois au ciel ma naissance, et qui protége les montagnes et les forêts. Voici les événements que j'annonce aux humains; et je prends plaisir à graver sur ce hêtre qui m'est consacré des oracles garants de leur bonheur. O vous habitants des bois, vous mon peuple, livrez-vous aux transports de la plus vive joie. Quand même le berger laisserait sans défiance errer ses troupeaux dans les campagnes, et négligerait de fermer la nuit leur asile avec une claie de frêne, nul ravisseur ne tendra des embûches autour des bergeries, et ne dérobera les bestiaux après avoir dénoué leurs liens. L'âge d'or, la paix et la sécurité vont renaître. La bienfaisante Thémis reparait sur la terre, purifiée de toutes les souillures qui ternissaient sa beauté. Le monde devra des siècles de bonheur à un jeune prince qui fit de l'art de la parole l'amusement de son enfance. Lorsque, dieu tutélaire, il gouvernera lui-même les peuples, l'affreuse Bellone, les mains enchaînées derrière le dos, dépouillée de ses armes, déchirera son propre sein avec fureur, et tournera contre elle-même le flambeau de la guerre civile, dont elle vient d'embraser le monde. De nouvelles batailles de Philippes ne coûteront plus de larmes à Rome; on ne la verra plus remporter des triomphes funestes à sa liberté. Toutes les Guerres seront précipitées dans les cachots du Tartare; la tête ensevelie dans les ténèbres, elles craindront la lumière du jour. La Paix montrera son visage riant : non cette fausse Paix qui, sans donner le signal des combats, après l'apaisement de toute guerre étrangère, armait dans l'ombre les Romains, et soufflait parmi eux le feu des discordes publiques. Une véritable Paix fera disparaître celle qui n'en avait que la trompeuse apparence, et la Clémence désarmera les peuples transportés d'une aveugle fureur. On ne verra plus ces funèbres cortéges de sénateurs allant, chargés de chaînes, fatiguer les bourreaux; et ce malheureux corps, dépeuplé par les prisons, ne sera plus réduit à compter dans son enceinte de rares sénateurs. Une paix profonde, laissant l'épée dormir dans le fourreau, rappellera le règne de Saturne dans le Latium, et celui de Numa. Ce fut Numa qui, le premier, enseigna les travaux de la paix aux soldats de Romulus, encore émus de leurs sanglants triomphes et respirant le carnage; ce fut lui qui, dans le silence des armes, fit retentir au milieu des sacrifices, et non dans les combats, le bruit éclatant des trompettes. Un consul condamné au silence ne mettra plus l'enchère à de chimériques honneurs, et dédaignera des faisceaux stériles et un vain tribunal. Un dieu propice rendra au barreau son ancienne splendeur, aux lois leur force, et à l'univers sa félicité. Faites éclater votre joie, peuples qui habitez les terres d'où vient le Notus ou les régions plus élevées de Borée, peuples de l'orient et du couchant, et vous qui occupez le centre du monde! Voici la vingtième nuit qu'à la faveur d'un ciel serein brille une étincelante comète; elle répand une vive et douce lumière, et ne présage aucun désastre. Elle n'est point semblable à celles qui de l'un à l'autre pôle lancent

Quamprimum nobis divinum perlege carmen.

ORNITUS.

« Qui juga, qui silvas tueor satus æthere Faunus,
Hæc populis ventura cano : juvat arbore sacra
Læta patefactis incidere carmina fatis. 35
« Vos o præcipue nemorum gaudete coloni,
Vos populi gaudete mei : licet omne vagetur
Securo custode pecus, nocturnaque pastor
Claudere fraxinea nolit præsepia crate;
Non tamen insidias prædator ovilibus ullas 40
Afferet, aut laxis abiget jumenta capistris.
Aurea secura cum pace renascitur ætas,
Et redit ad terras tandem squalore situque
Alma Themis posito, juvenemque beata sequuntur
Sæcula, maternis caussam qui lusit in ulnis. 45
Dum populos Deus ipse reget, dabit impia vinctas
Post tergum Bellona manus, spoliataque telis
In sua vesanos torquebit viscera morsus;
Et modo quæ toto civilia distulit orbe,
Secum bella geret : nullos jam Roma Philippos 50
Deflebit, nullos ducet captiva triumphos.
Omnia Tartareo subigentur carcere Bella,
Immergentque caput tenebris, lucemque timebunt.
Candida Pax aderit, nec solum candida vultu,
Qualis sæpe fuit, quæ libera Marte professo, 55

Quæ, domito procul hoste, tamen grassantibus armis
Publica diffudit tacito discordia ferro.
Omne procul vitium simulatæ cedere pacis
Jussit, et insanos Clementia condidit enses.
Nulla catenati feralis pompa senatus 60
Carnificum lassabit opus, nec carcere pleno
Infelix raros numerabit curia Patres.
Plena quies aderit, quæ stricti nescia ferri
Altera Saturni revocet Latialia regna,
Altera regna Numæ, qui primus ovantia cæde 65
Agmina, Romuleis et adhuc ardentia castris
Pacis opus docuit, jussitque silentibus armis
Inter sacra tubas, non inter bella, sonare.
Jam nec adumbrati faciem mercatus honoris,
Nec vacuos tacitus fasces, et inane tribunal 70
Accipiet consul; sed legibus omne reductis
Jus aderit, moremque fori vultumque priorem
Reddet, et afflictum melior Deus auferet ævum.
Exsultet quæcumque Notum gens ima jacentem,
Erectumque colit Boream, quæcumque vel Ortu 75
Vel patet Occasu, medio ve sub æthere fervit.
Cernitis ut puro nox jam vicesima cœlo
Fulgeat? ut placidam radianti luce cometem
Proferat? ut liquidum mittat sine vulnere sidus?
Numquid utrumque polum, sicut solet, igne cruento 80

des rayons de feu et de sang, telle que la comète qui, après la mort de César, annonça aux Romains une affreuse guerre civile. Lorsqu'un jeune dieu se chargera du poids immense de l'empire, il le soutiendra d'un bras si puissant, que le monde changera de maître sans en être ébranlé, et Rome n'apprendra le trépas des dieux qui veillaient sur elle que par le nouvel astre qui commencera à se lever. »

Corydon. Je me sens, Ornite, comme plein de la divinité qui préside en ce lieu. Une sainte horreur mêlée de joie fait frissonner mes sens. Allons adorer la divinité qui nous envoie ces heureux présages.

Ornite. Chantons les vers que ce dieu semble nous avoir présentés à ce dessein, et que le chalumeau accompagne nos chants. Peut-être Mélibée les portera jusqu'aux oreilles d'Auguste.

ÉGLOGUE II.
CROCALE.

ASTACUS, IDAS, THYRSIS.

Le jeune Astacus et le jeune Idas, l'un maître d'un riche troupeau, l'autre d'un jardin, aimaient depuis longtemps la chaste Crocale; leur beauté était égale, comme leur habileté dans l'art du chant. Un jour que le soleil faisait sentir à la terre sa brûlante chaleur, ils se rencontrent par hasard à l'ombre des mêmes ormes, sur les bords d'une fraîche fontaine, et se préparent à disputer entre eux la victoire par des chants mélodieux. Ils conviennent que le vaincu donnera un prix au vainqueur. Idas promet sept toisons, et Astacus tous les fruits de son jardin. Thyrsis fut pris pour juge de ce grand combat. On vit accourir en foule les troupeaux, les bêtes féroces et les volages habitants de l'air, les bergers qui font paître leurs tranquilles brebis à l'ombre des chênes, Faune protecteur des bergers, les Satyres au front armé de cornes, les Dryades au pied sec, et les humides Naïades. Les fleuves rapides suspendirent leur cours; les vents retenant leur haleine cessèrent d'agiter le feuillage, et firent régner un silence profond sur le sommet des montagnes. Tout devint attentif. Les taureaux négligeaient les pâturages, et les foulaient d'un pied tranquille. Pour être témoin de cette dispute, on vit même l'industrieuse abeille s'arracher aux fleurs d'où elle tire un nectar délicieux. Thyrsis s'était déjà placé sous un orme antique, entre les deux rivaux. « Jeunes bergers, leur dit-il, comme votre juge, je supprime les prix que vous vous destinez. Le vainqueur sera assez récompensé par l'honneur de sa victoire, et le vaincu assez puni par l'humiliation de sa défaite. Chantez alternativement, et, pour régler l'ordre de vos chants, consultez le sort en élevant trois fois la main en l'air. » Thyrsis est aussitôt obéi. Le sort veut qu'Idas chante le premier.

Idas. Je suis chéri du dieu Sylvain; il me fait présent de chalumeaux faciles à toucher, et il ceint mon front de couronnes de pin. Je n'ai pas oublié

```
Spargit, et ardenti scintillat sanguine lampas?
At quondam non talis erat, quum Cæsare rapto
Indixit miseris fatalia civibus arma.
Scilicet ipse Deus Romanæ pondera molis
Fortibus excipiet sic inconcussa lacertis,          85
Ut neque translati sonitu fragor intonet orbis,
Nec prius ex meritis defunctos Roma penates
Censeat, occasus nisi quum respexerit ortus. »
                    CORYDON.
Ornite, jam dudum velut ipso numine plenus
Me quatit, et mixtus subit inter gaudia terror;    90
Sed bona facundi veneremur numina Fauni.
                    ORNITUS.
Carmina, quæ nobis Deus obtulit ipse canenda,
Dicamus, teretique sonum modulemur avena :
Forsitan Augustas feret hæc Melibœus ad aures.
```

ECLOGA II.
CROCALE.

ASTACUS, IDAS, THYRSIS.

```
Intactam Crocalen puer Astacus, et puer Idas,
Idas lanigeri dominus gregis, Astacus horti,
Dilexere diu : formosus uterque, nec impar
```

```
Voce sonans; terras hi quum gravis ureret æstas,
Ad gelidos fontes et easdem forte sub ulmos         5
Conveniunt, dulcique simul contendere cantu
Pignoribusque parant : placet, hic ut vellera septem,
Ille sui victus ne messem vindicet horti;
Et magnum certamen erat sub judice Thyrsi.
Adfuit omne genus pecudum, genus omne ferarum,    10
Et quæcumque vagis altum ferit aera pennis.
Convenit umbrosa quicumque sub ilice lentas
Pascit oves, Faunusque pater, Satyrique bicornes.
Adfuerunt sicco Dryades pede, Naiades udo,
Et tenuere suos properantia flumina cursus :       15
Desistunt tremulis incurrere frondibus Euri,
Altaque per totos fecere silentia montes.
Omnia cessabant, neglectaque pascua tauri
Calcabant : illis etiam certantibus ausa est
Dædala nectareos apis intermittere flores.         20
   Jamque sub umbrosa medius consederat ulmo
Thyrsis, et, « O pueri, me judice, pignora, dixit,
Irrita sint moneo : satis hoc mercedis habeto,
Si laudem victor, si fert opprobria victus;
Et nunc alternos magis ut distinguere cantus       25
Possitis, ter quisque manus jactate micantes. »
Nec mora discernunt digitis; prior incipit Idas.
                    IDAS.
Me Silvanus amat, dociles mihi donat avenas,
```

la prédiction qu'il fit à mon enfance, en me disant : C'est pour toi que croît ce faible roseau, que tu rendras un jour mélodieux.

Astacus. Flore pare ma chevelure de ses dons qu'elle fait éclore dans mes jardins, et Pomone prend plaisir à charger mes arbres de fruits. Reçois, jeune berger, me dirent autrefois les Nymphes, reçois cette fontaine; ses eaux, détournées par des canaux, fertiliseront tes jardins.

Idas. Palès elle-même daigne m'instruire du soin des troupeaux. Elle m'enseigne pourquoi, lorsqu'un agneau doit le jour à une brebis blanche et à un bélier noir, sa toison, qui n'est en entier ni de l'une ni de l'autre couleur, témoigne par sa double couleur de sa double origine.

Astacus. Je ne suis pas moins habile à forcer les arbres de se revêtir de feuilles qui leur sont inconnues, et à leur faire porter des fruits étrangers. Je sais enter le pommier sur le poirier, et je contrains les pêches d'usurper sur les rameaux du prunier précoce la place destinée à ses fruits naturels.

Idas. Je coupe de tendres branches de saules et d'oliviers sauvages; et en les donnant à mes agneaux, je les accoutume à paître le feuillage et à exercer leurs dents sur le gazon, de peur qu'un jour ils ne cherchent en vain leur mère, qui s'éloignera en leur refusant son lait.

Astacus. Lorsque la terre entr'ouverte par la chaleur découvre les racines de mes arbrisseaux, je l'arrose; et, en la désaltérant, j'empêche que ces jeunes plants ne languissent, faute de trouver dans une nouvelle terre les sucs qui les nourrissaient auparavant.

Idas. Ah! si quelque dieu offrait ici Crocale à mes regards, je reconnaîtrais qu'il est le seul maître de la terre et des cieux. Je lui consacrerais un bois, et je m'écrierais : Sous ces arbres habite une divinité; loin d'ici, profanes, ce lieu est sacré; loin d'ici!

Astacus. Je brûle pour Crocale. Si quelque dieu favorise mes désirs, je lui élèverai une statue au milieu de ces ormes, près de cette fontaine dont les eaux, plus pures que le cristal, serpentent entre ces lis, doucement agitées.

Idas. Ne méprise pas, Crocale, la cabane rustique d'un berger. Il est vrai qu'Idas habite la campagne, mais il n'en a pas la grossièreté. Dans les fêtes consacrées à Palès, cette déesse voit souvent mes agneaux et mes brebis, immolés en son honneur, palpiter sur un autel de gazons parfumés.

Astacus. J'ai coutume aussi d'offrir aux dieux lares les prémices de mon jardin, et de faire des libations à Priape. Je n'épargne point dans mes sacrifices les rayons qui distillent le miel, ni le miel liquide, offrande qui n'est guère moins agréable aux dieux que le sang d'un chevreau répandu sur leur autel.

Idas. J'ai mille agneaux qui bêlent sous la mamelle de leurs mères, et autant de brebis de Tarente qui m'enrichissent de leurs toisons. Je fais dans toutes les saisons de délicieux fromages.

Et mea frondenti circumdat tempora tæda.
Ille etiam parvo hoc dixit mihi non leve carmen; 30
Jam levis obliqua crescit tibi fistula canna.

ASTACUS.

At mihi Flora comas parienti gramine spargit,
Et matura mihi Pomona sub arbore ludit.
Accipe, dixerunt Nymphæ, puer, accipe fontem,
Nam potes irriguis nutrire canalibus hortos. 35

IDAS.

Me docet ipsa Pales cultum gregis, ut niger albæ
Terga maritus ovis nascenti mutet in agna,
Quæ neque diversi speciem servare parentis
Possit, et ambiguo testetur utrumque colore.

ASTACUS.

Non minus arte mea mutabilis induit arbos 40
Ignotas frondes, et non gentilia poma.
Ars mea nunc malo pira temperat, et modo cogit
Insita præcoquibus subrepere persica prunis.

IDAS.

Me teneras salices juvat, aut oleastra putare,
Et gregibus portare, novas ut carpere frondes 45
Condiscant, primoque recidere gramina morsu,
Ne depulsa vagos quærat fetura parentes.

ASTACUS.

Et mihi, quum fulvis radicibus arida tellus
Panditur, irriguo perfunditur area fonte,
Et satiatur aqua, succos ne forte priores 50
Languida mutata quærant plantaria terra.

IDAS.

O si quis Crocalen Deus adferat! hunc ego terris,
Hunc ego sideribus solum regnare fatebor;
Decernamque nemus, dicamque, sub arbore numen
Hoc erit, ite procul, sacer est locus, ite profani. 55

ASTACUS.

Urimur in Crocalen : si quis mea vota Deorum
Audiat, huic soli, virides qua gemmeus undas
Fons agit, et tremulo percurrit lilia rivo,
Inter pampineas ponetur faginus ulmos.

IDAS.

Ne contemne casas, et pastoralia tecta : 60
Rusticus est, fateor, sed non est barbarus Idas.
Sæpe vaporato mihi cespite palpitat agnus,
Sæpe cadit festis devota Palilibus agna.

ASTACUS.

Nos quoque pomiferi Laribus consuevimus horti
Mittere primitias et fingere liba Priapo; 65
Rorantesque favos damus, et liquentia mella;
Nec fore grata minus, quam si caper imbuat aras.

IDAS.

Mille sub uberibus balantes pascimus agnas;
Totque Tarentinæ præstant mihi vellera matres :
Per totum niveus premitur mihi caseus annum; 70

Si tu viens chez moi, Crocale, tu disposeras de tout ce que rapportent mes troupeaux.

Astacus. Celui qui voudrait compter les fruits que je cueille sur mes arbres viendrait plutôt à bout de compter les épis de toute une moisson. Malgré la chaleur et les frimas, mon jardin produit en tout temps des légumes. Crocale, si tu te rends à mes vœux, tout mon jardin est à toi.

Idas. Quoique l'ardeur du soleil ait desséché l'herbe mourante de nos prairies, reçois ces vases pleins d'une crème tremblante. Je te présenterai des toisons, lorsque le printemps de retour et les tièdes kalendes m'auront permis de tondre mes brebis.

Astacus. Et moi, Crocale, qui m'enrichis même durant les brûlantes chaleurs de l'été, je t'offrirai des milliers de figues couvertes d'une peau brillante; je t'offrirai d'abondantes châtaignes, dès qu'au soleil de novembre leurs vertes enveloppes marqueront, en s'ouvrant, leur maturité.

Idas. Suis-je difforme à tes yeux, ou surchargé d'années? Malheureux! me ferais-je illusion toutes les fois que je porte ma main sur mes joues délicates, et que j'y cherche cette première fleur que ma barbe n'a point encore poussée? Un duvet insensible échapperait-il sous mes doigts?

Astacus. Lorsque je me contemple dans l'eau pure des fontaines, je ne puis m'empêcher de m'admirer. La fleur de la jeunesse brille sur mon visage, semblable à ces fruits qui sous un léger coton étalent de riches couleurs.

Idas. L'amour a recours aux vers, et les vers ne manquent point aux amants. Mais le jour fuit, et l'étoile du soir annonce le crépuscule. Conduis ici ces troupeaux, Daphnis, et qu'Alphésibée mène les autres de ce côté-là.

Astacus. Déjà les arbres sont agités par les vents, et retentissent du chant des oiseaux. Va, Doris, donne un libre cours aux eaux de mon réservoir; qu'elles aillent rafraîchir les plantes altérées de mes jardins.

Idas et Astacus avaient fini leurs chants. « Vous êtes également habiles, leur dit le vieux Thyrsis; soyez donc toujours amis. Votre âge, vos chants, votre beauté, vos amours, tout concourt à vous unir. »

ÉGLOGUE III.
LA SUPPLICATION.

IOLAS, LYCIDAS.

Iolas. N'aurais-tu pas vu par hasard, Lycidas, ma génisse dans cette vallée, où tes taureaux l'attirent ordinairement? Il y a près de deux heures que je la cherche en vain. Les ronces et les épines, en déchirant douloureusement mes jambes, n'ont point ralenti mes pas, et, malgré tout le sang que j'ai perdu, je ne puis la retrouver.

Lycidas. Je n'ai pas été assez attentif. D'autres soins m'occupent. Je brûle, Iolas, je brûle de

Si venias, Crocale, totus tibi serviet hornus.
ASTACUS.
Qui numerare velit, quam multa sub arbore nostra
Poma legam, citius tenues numerabit aristas.
Semper olus metimus; nec bruma, nec impedit æstas,
Si venias, Crocale, totus tibi serviet hortus. 75
IDAS.
Quamvis siccus ager languentes excoquat herbas,
Sume tamen calathos nutanti lacte coactos.
Vellera tunc dabimus, quum primum tempus apricum
Surget, et a tepidis fiet tonsura Kalendis.
ASTACUS.
Et nos, quos etiam prætorrida muneret æstas, 80
Mille renidenti dabimus tibi cortice Chias,
Castaneasque nuces totidem, quum sole Novembri
Maturis nucibus virides rumpentur echini.
IDAS.
Num, precor, informis videor tibi? num gravis annis?
Decipiorque miser, quoties mollissima tango 85
Ora manu, primique sequor vestigia floris
Nescius, et gracili digitos lanugine fallo?
ASTACUS.
Fontibus in liquidis quoties me conspicor, ipse
Admiror toties; etenim sic flore juventæ
Induimus vultus, ut in arbore sæpe notavi 90
Cerea sub tenui lucere Cydonia lana.

IDAS.
Carmina poscit amor, nec fistula cedit amori;
Sed fugit ecce dies, revocatque crepuscula Vesper.
Hinc tu, Daphni, greges, illinc agat Alphesibœus.
ASTACUS.
Jam resonant frondes, jam cantibus obstrepit arbos, 95
I procul, o Dorida, primumque reclude canalem,
Et sine jam dudum sitientes irriget hortos.

Vix ea finierant, senior quum talia Thyrsis:
Este pares, et ob hoc concordes vivite; nam vos
Et decor et cantus, et amor sociavit, et ætas. 100

ECLOGA III.
EXORATIO.

IOLAS, LYCIDAS.

IOLAS.
Numquid in hac, Lycida, vidisti forte juvencam
Valle meam? solet illa tuis occurrere tauris,
Et jam pæne duas, dum quæritur, eximit horas;
Nec tamen apparet; duris ego perdita ruscis
Jamdudum et nullis dubitavi crura rubetis 5
Scindere, nec quidquam post tantum sanguinis egi.

l'amour le plus violent. L'ingrate Phyllis abandonne Lycidas, et, malgré tous les présents qu'elle a reçus de moi, Mopsus est pour elle l'objet d'un nouvel amour.

Iolas. O sexe plus léger que les vents! quoi! c'est ainsi que ta Phyllis te traite? cette Phyllis qui jurait (je m'en souviens) que, durant ton absence, le miel perdait pour elle sa douceur.

Lycidas. Je te raconterai mes malheurs, lorsque tu auras du loisir. Cherche maintenant ta génisse parmi ces saules et ces ormes qui s'élèvent à notre gauche. C'est là que mes taureaux, pour éviter la brûlante chaleur des prairies, aiment à se reposer, et que, fraîchement couchés à l'ombre, ils ruminent l'herbe dont ils se sont nourris le matin.

Iolas. Non, Lycidas, je ne te quitterai point, quoique tu veuilles dédaigneusement m'éloigner. Tityre, dirige-toi seul vers les saules que Lycidas vient d'indiquer, et si tu trouves ma génisse, amène-la ici; mais accable-la de coups, et ne rapporte que les débris de ta houlette. Parle maintenant, Lycidas, dis-moi la cause de cette grande discorde. Quelle divinité ennemie a traversé vos amours?

Lycidas. Uniquement attaché à Phyllis, toi seul, Iolas, en es témoin, je refusai la main de Callirhoé, quoiqu'elle m'offrît une dot. Cependant Phyllis s'avise un jour, de concert avec Mopsus, de lier ses chalumeaux à l'aide de la cire, et se met à chanter à l'ombre d'un chêne auprès de ce jeune berger. A cette vue, je ne pus, je l'avoue,
retenir ma fureur. Je déchirai sur-le-champ sa robe, et je frappai son sein nu. Phillis, transportée de colère, me dit, en se dirigeant vers la demeure d'Alcippe : « Cruel Lycidas, je te quitte pour toujours; ta Phyllis n'aimera désormais que Mopsus. » Elle s'est retirée chez Alcippe, et je crains qu'elle n'en sorte. Hélas! je désire encore moins qu'elle me rende son cœur, que j'appréhende qu'elle ne le donne à Mopsus.

Iolas. Tu as commencé la querelle, c'est à toi à tendre les mains en signe de défaite. Il faut pardonner à sa maîtresse, lors même qu'elle nous a offensé la première. Si tu veux informer Phyllis de tes sentiments, je porterai fidèlement le message qui doit fléchir sa colère.

Lycidas. Je médite depuis longtemps par quels vers je pourrai l'apaiser. Mes chants l'adouciront peut-être : elle avait coutume d'élever ma muse jusqu'aux cieux.

Iolas. Chante, je graverai tes vers sur ce cerisier, et, après en avoir enlevé l'écorce, je les porterai à Phyllis.

Lycidas. Le triste Lycidas t'adresse ces prières, ô Phyllis; il te consacre ces chants qu'il fait entendre dans le silence d'une nuit cruelle. Son visage est baigné de larmes, et ses yeux troublés se refusent au sommeil. La grive qui languit après la récolte de l'olive, le lièvre errant quand le grappilleur a dépouillé la vigne de son dernier raisin, offrent une faible image du désespoir de Lycidas, depuis qu'il a perdu Phyllis. Malheureux que je suis! Les lis, sans toi, me semblent

LYCIDAS.

Non satis attendi : neque enim vacat : uror, Iola,
Uror, et immodice; Lycidan ingrata reliquit
Phyllis, amatque novum post tot mea munera Mopsum.

IOLAS.

Mobilior ventis o femina! sic tua Phyllis? 10
Quæ sibi, nam memini, si quando solus abesses,
Mella etiam sine te jurabat amara videri.

LICIDAS.

Altius ista querar, si quando vacabis, Iola.
Has pete nunc salices, et lævas flecte sub ulmos.
Nam quum prata calent, illic requiescere noster 15
Taurus amat, gelidaque jacet spatiatus in umbra,
Et matutinas revocat palearibus herbas.

IOLAS.

Non equidem, Lycida, quamvis contemptus, abibo.
Tityre, quas dixit salices pete lævus, et illinc,
Si tamen invenies, deprensam verbere multo 20
Huc age; sed fractum referas hastili memento.
Nunc age, dic, Lycida, quæ vos tam magna tulere
Jurgia? quis vestro Deus intervenit amori?

LYCIDAS.

Phyllide contentus, solus tu testis Iola es,
Callirhoen sprevi, quamvis cum dote rogaret. 25
En sibi cum Mopso calamos intexere cera
Incipit, et puero comitata sub ilice cantat.

Hoc ego quum vidi, fateor, sic intimus arsi,
Ut nihil ulterius tulerim; nam protinus ambas
Diduxi tunicas, et pectora nuda cecidi. 30
Alcippen irata petit, dixitque, relicto,
Improbe, te, Lycida, Mopsum tua Phyllis amabit.
Nunc penes Alcippen manet, ac ne forte vagetur,
Ah! vereor; nec tam nobis ego Phyllida reddi
Exopto, quam, quod Mopso jurgetur anhelo. 35

IOLAS.

A te cœperunt tua jurgia : tu prior illi
Victas tende manus; decet indulgere puellæ,
Vel quum prima nocet : si quid mandare juvabit,
Sedulus iratæ contingam nuntius aures.

LYCIDAS.

Jamdudum meditor, quo Phyllida carmine placem : 40
Forsitan audito poterit mitescere cantu :
Et solet illa meas ad sidera ferre Camenas.

IOLAS.

Dic age, nam cerasi tua cortice verba notabo,
Et decisa feram rutilanti carmina libro.

LYCIDAS.

Has tibi, Phylli, preces jam pallidus, hos tibi cantus 45
Dat Lycidas, quos nocte miser modulatur acerba,
Dum flet, et excusso dispergit lumina somno.
Non sic districta macrescit turdus oliva,
Non lepus, extremas legulus quum sustulit uvas,

noirs, l'eau des fontaines insipide, et le vin est acide à mes lèvres : mais si tu reviens, les lis retrouveront leur éclat, l'eau et le vin leur douce saveur. Ne suis-je pas ce Lycidas que dans tes chants tu avais coutume d'appeler heureux, à qui tu as donné si souvent de tendres baisers, et dont tu interrompais les chants pour chercher ses lèvres errantes sur ses chalumeaux? Hélas ! malgré tant de faveurs, la voix dure de Mopsus, ses vers languissants et le son aigu de sa flûte ont pu te plaire ! A qui vas-tu porter ton amour? qui abandonnes-tu, Phyllis ? On me dit plus beau que Mopsus; tu me le disais souvent toi-même. Ne suis-je pas encore plus riche que lui ? Prétendrait-il mener aux pâturages des béliers aussi nombreux que les taureaux dont je fais chaque soir le dénombrement? Pourquoi rappeler ce que tu sais? Tu connais, ma chère Phyllis, combien je possède de génisses, l'abondance du lait qu'elles font couler dans les vases destinés à le recevoir, et le nombreux troupeau qui se suspend à leurs mamelles. Mais hélas ! depuis que je ne te vois plus, je ne songe ni à former de petits paniers avec des rameaux de saule entrelacés, ni à figer le lait en fromages tremblants. Crains-tu encore un traitement cruel ? Ah ! voilà mes mains, qu'on les lie derrière mon dos, et qu'une branche noueuse de saule, qu'un cep de vigne soient l'instrument de leur supplice. Ainsi furent garrottées les mains coupables de Mopsus, lorsque Tityre suspendit ce nocturne larron au milieu de sa bergerie. Je te les livre, ces mains dignes toutes les deux de châtiment. Ce sont elles pourtant qui t'ont si souvent offert des colombes et des levreaux tremblants, enlevés par surprise à leur mère; ce sont elles qui cueillaient pour toi les premiers lis et les premières roses, et qui savaient te faire des couronnes avec des fleurs si nouvelles, que les abeilles en avaient à peine goûté. Mais peut-être Mopsus est-il assez peu sincère pour se vanter de t'avoir fait de riches présents, lui qui va, dit-on, cueillir avant le lever de l'aurore le funèbre lupin, et qui fait cuire ce vil légume, pour s'en nourrir au lieu de pain; lui dont le suprême bonheur est de broyer de l'orge entre ses mains armées de deux cailloux. Si l'indigne passion qui t'aveugle te rend insensible à ma prière (pensée qui me fait frémir), j'attacherai un lien fatal à ce chêne, premier témoin de notre rupture, et, avant que de mettre fin à ma vie, je graverai ces vers sur l'écorce de cet arbre funeste : « Bergers, ne comptez point sur la foi des inconstantes jeunes filles. Phyllis aime Mopsus; Lycidas est réduit à mourir. »

Si tu es secourable au malheur, cours, Iolas, porte ce message à Phyllis, et, pour la toucher, unis tes chants à mes vers. Je me tiendrai moi-même loin d'ici, ou je me cacherai derrière ces joncs aigus, ou, selon ma coutume, derrière cet autel.

Iolas. J'y cours, et si le présage ne me trompe, je te ramènerai Phyllis : c'est le bon Tityre qui m'apporte cet heureux présage : le voici qui revient du côté droit, et qui ramène ma génisse retrouvée.

Ut Lycidas, domina sine Phyllide, tabidus erro. 50
Te sine, væ misero! mihi lilia nigra videntur;
Nec sapiunt fontes, et acescunt vina bibenti.
At si tu venias, et candida lilia fient,
Et sapient fontes, et dulcia vina bibentur.
Ille ego sum Lycidas, quo te cantante solebas 55
Dicere felicem, cui dulcia sæpe dedisti
Oscula, nec medios dubitasti rumpere cantus,
Atque inter calamos errantia labra petisti.
Ah dolor ! et post hoc placuit tibi torrida Mopsi
Vox, et carmen inops, et acerbæ stridor avenæ ? 60
Quem sequeris? quem, Phylli, fugis? formosior illo
Dicor, et hoc ipsum mihi tu narrare solebas.
Sum quoque divitior; certavit ille tot hædos
Pascere, quot nostri numerantur vespere tauri?
Quid tibi, quæ nosti, referam? scis, optima Phylli, 65
Quam numerosa meis siccetur bucula mulctris,
Et quam multa suos suspendat ad ubera natos.
Sed mihi nec gracilis sine te fiscella salicto
Texitur, et nullo tremuere coagula lacte.
Quod si dura times etiam nunc verbera, Phylli, 70
Tradimus ecce manus; licet illæ et vimine torto,
Scilicet et lenta post tergum vite domentur,
Ut mala nocturni religavit brachia Mopsi
Tityrus, et medio furem suspendit ovili.
Accipe, ne dubita, meruit manus utraque pœnas. 75

His tamen, his isdem manibus tibi sæpe palumbes,
Sæpe etiam leporem, decepta matre, paventem
Misimus in gremium; per me tibi lilia prima
Contigerant, primæque rosæ; vixdum bene florem
Degustabat apis, tu cingebare coronis. 80
Aurea sed forsan mendax tibi munera jactat,
Qui metere occidua ferales nocte lupinos
Dicitur, et cocto pensare legumine panem :
Qui sibi tunc felix, tunc fortunatus habetur,
Vilia quum subigit manualibus hordea saxis. 85
Quod si turpis amor precibus, quod abominor, istis
Obstiterit, laqueum miseri nectemus ab illa
Ilice, quæ primum nostros violavit amores.
Hi tamen ante mala figentur in arbore versus :
« Credere, pastores, levibus nolite puellis : 90
« Phyllida Mopsus amat, Lycidas habet ultima rerum. »
Nunc age, si quidquam miseris succurris, Iola,
Perfer, et exora modulato Phyllida cantu.
Ipse procul stabo, vel acuta carice tectus,
Vel propius latitans vicina, ut sæpe, sub ara. 95

IOLAS.

Ibimus, et veniet, nisi me præsagia fallunt;
Nam bonus a dextro fecit mihi Tityrus omen,
Qui redit inventa non irritus, ecce, juvenca.

ÉGLOGUE IV.
CÉSAR.

MÉLIBÉE, CORYDON, AMYNTAS.

D'où te vient, Corydon, cet air pensif, ce regard sévère? Pourquoi te reposer imprudemment sous ce platane, si près de ce ruisseau dont le murmure importune? L'humidité de ses bords et l'air froid qu'on y respire ont-ils donc de l'attrait pour toi?

Corydon. Je médite depuis longtemps, Mélibée, des vers dont le sujet n'a rien de champêtre. J'entreprends de chanter l'âge d'or, le dieu qui gouverne l'empire romain, et la paix qu'il fait régner avec lui.

Mélibée. Jeune berger, tes vers, il est vrai, sont harmonieux, et Apollon n'a pour toi que des regards favorables. Mais les divinités de Rome, la maîtresse du monde, ne doivent pas être chantées sur le même ton que la bergerie de Ménalque.

Corydon. Qu'importe que mes vers, estimés seulement des bergers de notre hameau, paraissent trop champêtres aux oreilles délicates? Si ma simplicité rustique ne peut atteindre aux finesses de l'art, du moins on me saura gré de mon zèle pieux. Assis sur le même rocher, à l'ombre de ce pin, mon frère Amyntas, que son âge rapproche du mien, compose des vers sur le même sujet.

Mélibée. Tu permets donc à ce jeune berger d'assembler ses chalumeaux avec de la cire parfumée, toi dont la sévérité paternelle lui défendait l'usage de ces légers tuyaux de paille qu'il s'efforçait de rendre mélodieux. Ne t'ai-je pas entendu, Corydon, lui dire plus d'une fois : « Enfant, brise ces chalumeaux, abandonne les « Muses stériles; ramasse plutôt des glands et « des cormes vermeilles; fais traire tes troupeaux, « et va vendre leur lait en le criant par la ville? « Que te rapportera ta flûte? te défendra-t-elle « de la faim? Hélas! l'écho seul répète vaine- « ment les vers que je chante au milieu de ces « rochers. »

Corydon. J'avoue, Mélibée, que j'ai autrefois tenu ce discours; mais les temps sont changés; nous avons un autre dieu, et de plus riantes espérances. Je ne suis plus réduit à vivre de fraises et de mûres, à soulager ma faim avec de vertes racines; grâce à sa générosité, je me nourris de froment : touché de notre indigence et des maux qu'endurait notre jeunesse si tristement résignée, tu ne veux plus que le gland fasse pendant l'hiver notre unique nourriture. Si la tristesse est bannie de nos chants, si, dans une tranquille abondance, couchés à l'ombre des forêts d'Amaryllis, nous y savourons les douceurs de la sécurité et du repos, c'est à toi, Mélibée, que nous le devons. Sans toi nous serions relégués à l'extrémité de la terre, dans ces pays ravagés par les Maures, séjour de Géryon,

ECLOGA IV.
CÆSAR.

MELIBŒUS, CORYDON, AMYNTAS.

MELIBŒUS.

Quid tacitus, Corydon, vultuque subinde minaci,
Quidve sub hac platano, quam garrulus adstrepit humor,
Infesta statione sedes? juvat humida forsan
Ripa? levatque diem vicini spiritus amnis?

CORYDON.

Carmina jam dudum, non quæ nemorale resultent, 5
Volvimus, o Melibœe; sed hæc, quibus aurea possint
Sæcula cantari, quibus et Deus ipse canatur,
Qui populos Urbemque regit, pacemque togatam.

MELIBŒUS.

Dulce quidem resonas, nec te diversus Apollo
Despicit, o juvenis; sed magnæ numina Romæ 10
Non ita cantari debent, ut ovile Menalcæ.

CORYDON.

Quidquid id est, silvestre licet videatur acutis
Auribus, et nostro tantum memorabile pago;
Dum mea rusticitas, si non valet arte polita
Carminis, at certe valeat pietate probari. 15
Rupe sub hac eadem, quam proxima pinus obumbrat,
Hæc eadem nobis frater meditatur Amyntas,
Quem vicina meis natalibus admovet ætas.

MELIBŒUS.

Jam puerum calamos et odoræ vincula ceræ
Jungere nunc cohibes, levibus quem sæpe cicutis 20
Ludere conantem vetuisti fronte paterna.
Dicentem, Corydon, te non semel ista notavi :
Frange, puer, calamos, et inanes desere Musas,
Et potius glandes rubicundaque collige corna :
Duc ad mulctra greges, et lac venale per urbem 25
Non tacitus porta; quid enim tibi fistula reddet,
Quo tutere famem? certe mea carmina nemo,
Præter ab his scopulis ventosa remurmurat echo.

CORYDON.

Hæc ego, confiteor, dixi, Melibœe; sed olim.
Non eadem nobis sunt tempora, non Deus idem. 30
Spes magis arridet : certe ne fraga rubosque
Colligerem, viridique famem solarer hibisco,
Tu facis, et tua nos alit indulgentia farre.
Tu nostras miseratus opes, docilemque juventam,
Hiberna prohibes jejunia solvere fago. 35
Ecce nihil querulum per te, Melibœe, sonamus;
Per te secura saturi recubamus in umbra,
Et fruimur silvis Amaryllidos; ultima nuper
Littora terrarum, nisi tu, Melibœe, fuisses,
Ultima visuri, trucibusque obnoxia Mauris 40
Pascua Geryonis, liquidis ubi cursibus ingens

EGLOGUE IV.

où l'on dit que le grand fleuve Bétis entraîne au sein des mers ces sables qui voient se coucher le soleil. Hélas! vil rebut des hommes, je languirais aux confins du monde, confondu parmi les pâtres de l'Ibérie. En vain je tourmenterais ma flûte sur tous les tons, ma muse serait ignorée dans ces sauvages lieux : mes chants ne seraient peut-être pas même entendus de notre dieu, et les vœux que je lui adresserais du bout de l'univers ne parviendraient pas jusqu'à lui. Si des sons plus agréables et des vers plus harmonieux que les miens n'attirent point ailleurs son oreille, ô Mélibée, permets que je soumette à ta savante lime ceux que j'ai composés aujourd'hui. Non-seulement tu tiens des dieux le don de prédire les orages qui menacent les habitants des campagnes, et le temps qu'annonce le soleil lorsqu'il brille à son lever de l'éclat de l'or, mais tu chantes souvent des vers mélodieux. Tantôt les Muses te couronnent avec le lierre cher à Bacchus; tantôt Apollon, dieu de la beauté, ombrage ton front de ses lauriers. Si tu daignes encourager ma timidité, j'essayerai peut-être ces chalumeaux dont l'habile Iolas m'a fait hier présent : Cette flûte, m'a-t-il dit, a la vertu d'apprivoiser les taureaux sauvages, et sa douce harmonie plaît au dieu Faune. C'est la flûte dont se servit Tityre, lorsqu'il fit retentir ces montagnes des chants qui n'avaient été entendus que sur celles de Sicile.

Mélibée. Ton ambition est bien haute, Corydon, si tu prétends égaler Tityre. C'était un poëte divin, et qui savait tirer du chalumeau des sons supérieurs à ceux de la lyre. Charmées par la douceur de ses chants, souvent les bêtes féroces venaient le caresser; les chênes même s'approchaient pour l'entendre, et les Naïades répandaient sur lui des acanthes vermeilles.

Corydon. Je l'avoue, Mélibée, Tityre était un dieu; mais peut-être Phébus ne me refusera-t-il pas ses dons. Prête-moi seulement une oreille favorable, car nous savons combien tu es cher à ce dieu.

Mélibée. Commence, je t'écoute : mais prends garde de faire résonner ce frêle tuyau, dont le son aigu n'est propre qu'à célébrer les louanges d'Alexis. Enfle plutôt ces chalumeaux par qui j'ai su rendre les forêts dignes d'un consul. Commence sans plus de retard. Mais voici ton frère Amyntas : que vos chants se succèdent alternativement, et s'enchaînent dans un ordre régulier. Chante le premier, Corydon, et qu'Amyntas se fasse entendre après toi.

Corydon. Qu'il invoque d'abord Jupiter, celui qui choisit l'air pour le sujet de ses chants, ou les cieux dont Atlas supporte l'énorme poids. Pour moi, j'implore le dieu tutélaire qui gouverne le monde, et dont le bras jeune et puissant y maintient une paix constante. Que son auguste visage prenne pour moi un air riant et serein.

Amyntas. Que César, dont l'éloquence égale celle d'Apollon, jette aussi sur moi un regard favorable. Qu'il ne dédaigne pas d'honorer nos montagnes de sa présence, ces montagnes que Phébus chérit, que Jupiter lui-même protége,

Dicitur occiduas impellere Bætis arenas.
Scilicet extremo nunc vilis in orbe jacerem,
Ah dolor! et pecudes inter conductus Iberas,
Irrita septena modularer sibila canna : 45
Nec quisquam nostras inter dumeta Camenas
Respiceret : non ipse daret mihi forsitan aurem
Ipse Deus vacuam, longeque sonantia vota
Scilicet extremo non exaudiret in orbe.
Sed, nisi forte tuas melior sonus avocat aures, 50
Et nostris aliena magis tibi carmina rident,
Vis hodierna tua subigatur pagina lima?
Nam tibi non solum venturos noscere nimbos
Agricolis, qualemque ferat sol aureus ortum,
Attribuere Dei; sed dulcia carmina sæpe 55
Concinis, et modo te Baccheis Musa corymbis
Munerat, et lauro modo pulcher obumbrat Apollo.
Quod si tu faveas trepido mihi, forsitan illos
Experiar calamos, here quos mihi doctus Iolas
Donavit, dixitque : Truces hæc fistula tauros 60
Conciliat, nostroque sonat dulcissima Fauno.
Tityrus hanc habuit, cecinit qui primus in istis
Montibus Hyblæa modulabile carmen avena.

MELIBOEUS.

Magna petis, Corydon, si Tityrus esse laboras;
Ille fuit vates sacer, et qui posset avena 65
Præsonuisse chelyn, blande cui sæpe canenti

Allusere feræ, cui substitit advena quercus,
Quem modo cantantem rutilo spargebat acantho
Nais, et implicitos comebat pectine crines.

CORYDON.

Est, fateor, Melibœe, Deus; sed nec mihi Phœbus 70
Forsitan abnuerit, tu tantum commodus audi;
Scimus enim, quam te non aspernetur Apollo.

MELIBOEUS.

Incipe, nam faveo; sed prospice, ne tibi forte
Tinnula tam fragili respiret fistula buxo,
Quam resonare solet, si quando laudat Alexin. 75
Hos potius calamos, magis hos sectare canales,
Per me qui dignas cecinerunt consule silvas.
Incipe, ne dubita : venit en et frater Amyntas;
Cantibus iste tuis alterno succinet ore.
Dicite, ne mora sit, vicibusque reducite carmen; 80
Tuque prior, Corydon, tu proximus ibis, Amynta.

CORYDON.

Ab Jove principium, si quis canit æthera, sumat,
Si quis Atlantiaci molitur pondus Olympi :
At mihi, qui nostras præsenti numine terras
Perpetuamque regit juvenili robore pacem, 85
Lætus, et Augusto felix arrideat ore.

AMYNTAS.

Me quoque facundo comitatus Apolline Cæsar
Respiciat, montes neu dedignetur adire,

et qui produisent le chêne et le laurier, destinés à être si souvent témoins de ses triomphes.

Corydon. Jupiter, le père de la nature, qui fait succéder aux feux de l'été les glaces de l'hiver, ce dieu dont tu es, César, si éloigné par la distance des lieux, et si proche par tes vertus, laissant reposer son tonnerre, aborde souvent aux campagnes de Crète, et, couché dans un antre verdoyant, il se plaît à écouter les chants dont les Corybantes font retentir les bois du mont Dictée.

Amyntas. Remarquez-vous le silence qui règne dans ces vertes forêts, depuis qu'elles ont entendu le nom de César? Je me souviens qu'un jour, à ce seul nom, les rameaux des arbres battus par l'orage devinrent tout à coup immobiles et silencieux. Il n'y a qu'un Dieu, m'écriai-je, qui ait pu dissiper ainsi les vents; et ses louanges retentirent aussitôt sur les flûtes des bergers.

Corydon. Voyez-vous la vigueur subite de ces tendres agneaux? Les mamelles de leur mère ne peuvent retenir tout le lait dont elles sont chargées, et leurs toisons, récemment tondues, poussent déjà de nouvelles laines. Une fois, m'en souvient, j'ai remarqué de semblables merveilles dans cette vallée ; les bergers les attribuaient à la présence de Palès.

Amyntas. L'univers entier, toutes les nations adorent ce prince. Les dieux le chérissent, et, pour l'honorer, les arbrisseaux gardent une silencieuse immobilité : à ce nom seul, la terre engourdie se réchauffe, et produit des fleurs; les arbres étonnés se couvrent de feuilles nouvelles, et leur épaisse chevelure répand au loin des parfums.

Corydon. Dès que la terre a senti la présence de ce dieu, cessant de tromper l'attente du laboureur, elle a commencé de prodiguer ses richesses : abondamment nourris par les sucs de la terre les légumes font éclater leurs cosses; la funeste ivraie n'étouffe plus nos moissons, et les herbes stériles n'élèvent plus leurs tiges pâles au milieu des épis.

Amyntas. Celui qui fouille avec le fer le sein de la terre ne craint plus d'être condamné à un travail stérile; et s'il découvre par hasard un trésor, il en demeure possesseur. Le laboureur n'appréhende plus qu'un bloc précieux, arrêtant sa charrue au milieu du sillon qu'elle trace, ne fasse un bruit qui le trahisse. Plus il trouve de résistance, plus il travaille ouvertement à la vaincre.

Corydon. C'est grâce à César que le laboureur consacre à Cérès les prémices de la moisson, que le vigneron foule les raisins avec ses pieds nus, et qu'il fait à Bacchus des libations d'un vin pur ; c'est grâce à lui que la foule rassasiée applaudit aux jeux solennels qui se célèbrent dans les carrefours.

Amyntas. Il a rappelé la paix sur nos montagnes : désormais il me sera permis d'y faire entendre mes chants, et de les accompagner de danses joyeuses. Je puis graver mes vers sur l'écorce verdoyante des arbres, et le son de nos chalumeaux n'est plus étouffé par le bruit confus des clairons.

Quos et Phœbus amat, quos Juppiter ipse tuetur :
In quibus Augustos visuraque sæpe triumphos 90
Laurus fructificat, vicinaque nascitur arbos.
CORYDON.
Ipse polos etiam qui temperat igne geluque,
Jupiter ipse parens, cui tu jam proximus ipse,
Cæsar, abes, posito paulisper fulmine sæpe
Cressia rura petit, viridique reclinis in antro 95
Carmina Dictæis audit Curetica silvis.
AMYNTAS.
Adspicis, ut virides, audito Cæsare, silvæ
Conticeant? memini, quamvis urgente procella,
Sic nemus immotis subito requiescere ramis,
Et dixi : Deus hinc, certe Deus expulit Euros, 100
Nec mora, Pharsaliæ solverunt sibila cannæ.
CORYDON.
Adspicis, ut teneros subitus vigor excitet agnos?
Utque superfuso magis ubera lacte graventur?
Et nuper tonsis exundent vellera fetis?
Hoc ego jam, memini, semel hac in valle notavi, 510
Et, venisse Palem, pecoris dixisse magistros.
AMYNTAS.
Scilicet omnis eum tellus, gens omnis adorat,
Diligiturque Deis : quem sic taciturna verentur
Arbuta, cujus iners audito nomine tellus

Incaluit, floremque dedit; cui silva vocato 110
Densat odore comas, stupefacta regerminat arbos.
CORYDON.
Illius ut primum senserunt numina terræ,
Cœpit et uberior, sulcis fallentibus olim,
Luxuriare seges, tandemque legumina plenis
Vix resonant siliquis : nec præfocata malignum 115
Messis habet lolium, nec inertibus albet avenis.
AMYNTAS.
Jam neque damnatos metuit jactare ligones
Fossor, et invento, si fors dedit, utitur auro.
Nec timet, ut nuper, dum jugera versat arator,
Ne sonet offenso contraria vomere massa; 120
Jamque palam presso magis ac magis instat aratro.
CORYDON.
Ille dat, ut primas Cereri dare cultor aristas
Possit, et intacto Bromium perfundere vino,
Ut nudus ruptas saliat calcator in uvas,
Ut quoque turba bono plaudat satiata magistro, 125
Qui facit egregios ad pervia compita ludos.
AMYNTAS.
Ille meis pacem dat montibus : ecce per illum
Seu cantare juvat, seu ter pede læta ferire
Carmina; non nullas licet hic cantare choreas,
Et cantus viridante licet mihi condere libro, 130

Corydon. Sous les auspices de César, Pan rassuré est revenu habiter les forêts, Faune jouit en paix de l'ombre agréable des bois, la Naïade se baigne dans les eaux tranquilles de sa fontaine, et, sans craindre de souiller ses pieds légers de sang humain, l'Oréade parcourt rapidement les montagnes.

Amyntas. Dieux, ne rappelez auprès de vous qu'après une longue suite d'années ce jeune prince que vous nous avez envoyé, si je ne me trompe, du haut de l'Olympe! ou plutôt prolongez sa vie au delà du terme mortel, et formez-en la trame d'un fil d'or sans fin. Qu'il soit un dieu, mais qu'il n'échange pas son palais contre le séjour des cieux.

Corydon. Soit que nous voyions en toi Jupiter lui-même sous des traits empruntés, ou quelque autre dieu caché sous une figure mortelle, vis, César, et règne éternellement sur le monde, sur les nations; n'envie point le séjour de l'Olympe, et n'abandonne pas la terre, dont tu as commencé le bonheur.

Mélibée. Je croyais que les dieux des forêts ne vous avaient enseigné que des chants rustiques, et propres à charmer des oreilles grossières : mais ceux que vous venez de faire entendre sur vos chalumeaux d'inégale longueur sont si doux et si mélodieux, que je ne prendrais pas plus de plaisir à boire le nectar que distillent les essaims d'abeilles de l'Abbruzze.

Corydon. Que mes vers coulent faibles encore, Mélibée! Ma muse éclatera avec plus de forces lorsque j'aurai un asile sur ces montagnes, et que je me verrai maître d'un champ. Car l'envieuse pauvreté me tient sans cesse en éveil, et me crie : « Prends soin de ton troupeau! » Cependant, Mélibée, si mes vers ne sont pas à tes yeux tout à fait méprisables, présente-les au dieu qui les a inspirés; car il t'est permis d'entrer dans le sanctuaire de cet Apollon qui séjourne sur le mont Palatin. Tu seras pour moi ce que fut pour Tityre ce Romain qui, touché de la douceur de ses chants, le fit sortir des forêts pour le mener à la ville qui gouverne le monde, lui en montra les dieux, et lui dit : « Abandonne, « Tityre, le soin de ton troupeau; tu as assez « chanté les campagnes, chante maintenant les « combats. »

Amyntas. Puisse la fortune plus riante jeter sur nos travaux un regard favorable, et puisse notre jeunesse attirer sur nous la protection du dieu que nous honorons! Mais ne différons pas davantage à immoler le chevreau destiné au repas que nous allons faire ensemble.

Mélibée. Bergers, menez boire vos brebis. En ce moment le soleil lance ses feux les plus ardents, il rétrécit nos ombres, et en rapproche de nous l'extrémité.

ÉGLOGUE V.
MYCON.

Le vieillard Mycon et Canthus son élève, assis à l'ombre d'un arbre, s'abritaient sous son épais

Turbida nec calamos exsurdant classica nostros.

CORYDON.

Numine Cæsareo securior ipse Lyceus
Pan recolit silvas, et amœna Faunus in umbra
Securus recubat, placidoque in fonte lavatur
Nais, et humanum non calcatura cruorem   135
Per juga siccato velox pede currit Oreas.

AMYNTAS.

Dii, precor, hunc juvenem, quem vos, nisi fallor, ab ipso
Æthere misistis, post longa reducite vitæ
Tempora, vel potius mortale resolvite pensum
Et date perpetuo cælestia fila metallo :   140
Sit Deus, et nolit pensare palatia cœlo.

CORYDON.

Tu quoque, mutata seu Juppiter ipse figura,
Cæsar, ades, seu quis superum sub imagine falsa
Mortalique lates : vivas atque hunc, precor, orbem,
Hos, precor, æternus populos rege; sit tibi cœli   145
Vilis amor, cœptamque, pater, ne desere terram.

MELIBOEUS.

Rustica credebam nemorales carmina vobis
Concessisse Deos, et obesis auribus apta;
Verum, quæ imparibus modo concinuistis avenis,
Tam liquidum, tam dulce canunt, ut non ego malim,   150
Quod Peligna solent examina, lambere nectar.

CALPURNIUS.

O mihi quam tenero decurrunt carmina versu!
Tum, Melibœe, sonent, si quando in montibus istis
Dicar habere larem, si quando nostra videre
Pascua contigerit; vellit nam sæpius aurem   155
Invida paupertas, et dixit, ovilia cura.
At tu, si qua modo non aspernanda putabis,
Fer, Melibœe, Deo mea carmina; nam tibi fas est
Sacra Palatini penetralia visere Phœbi :
Tu mihi talis eris, qualis qui dulce sonantem   160
Tityron e silvis dominam deduxit in urbem,
Ostenditque Deos, et spreto, dixit, ovili,
Tityre, rura prius, sed post cantabimus arma.

AMYNTAS.

Respiciat nostros utinam Fortuna labores
Pulchrior, et meritæ faveat Deus ipse juventæ!   165
Nos tamen interea tenerum mactabimus hædum,
Et pariter subitæ peragemus fercula cœnæ.

MELIBOEUS.

Nunc ad flumen oves deducite : jam fremit æstas,
Jam sol contractas pedibus magis admovet umbras.

ECLOGA V.
MYCON.

Forte Mycon senior, Canthusque Myconis alumnus,

feuillage contre l'ardeur du soleil, lorsque Mycon, voulant instruire son jeune nourrisson, lui adressa ces paroles d'une voix tremblante et entrecoupée :

« Ces chèvres que tu vois errer parmi les buissons et brouter capricieusement les pâles arbustes, ces troupeaux qui, non loin de cette montagne, paissent le gazon dans un champ exposé aux feux du soleil, je te les donne, mon cher Canthus : c'est le don paternel d'un vieillard à son jeune élève. Je les confie à ta garde. Les fatigues champêtres ne sont plus au-dessus de tes forces, et tu peux maintenant me remplacer en vouant au travail ta vigoureuse jeunesse. Tu vois de combien de maux la vieillesse m'accable, et que, courbé sous le faix des ans, l'appui d'un bâton m'est nécessaire. Apprends comment il faut gouverner les chèvres qui se plaisent sur les rochers escarpés, et les brebis qui aiment mieux errer dans les riantes prairies. Au commencement du printemps, lorsque tu entendras le ramage des oiseaux, et que l'hirondelle de retour cimentera son nid, fais sortir tes troupeaux entiers de la bergerie qui les a abrités pendant l'hiver. Partout alors dans les forêts la terre se tapisse de verdure, les arbres en fleurs commencent à réparer la perte de leur ombrage, tout renaît et reverdit dans la nature. Alors aussi Vénus fait sentir ses brûlants aiguillons, et les chèvres amoureuses reçoivent les caresses de leurs mâles lascifs. Mais avant que de conduire aux pâturages les troupeaux rendus à la liberté, honore par un sacrifice la déesse Palès. Allume du feu sur un tertre de gazon, invoque le Génie du lieu, Faune et les dieux Lares, en y jetant de la farine et du sel; plonge ensuite le couteau dans les entrailles fumantes d'une victime, et purifie l'étable pendant qu'elle respire encore. Une heure après le lever du soleil, et sitôt qu'il paraîtra au-dessus de cette montagne, hâte-toi de mener tes brebis paître l'herbe, et tes chèvres brouter les buissons. Si tes loisirs te le permettent, que le lait de tes troupeaux ruisselle de leurs mamelles gonflées dans les vases écumants, tandis que par sa chaleur le soleil tempère la fraîcheur du matin. Le soir, tu sépareras la sérosité de ce lait, et, après les avoir traites une seconde fois, tu emploieras le lendemain matin au même usage le lait de la veille. Songe pourtant à tes agneaux, et que l'appât du gain ne cause point leur perte, en faisant convertir leur nourriture en fromages; chéris-les au contraire plus que tout le reste de ton troupeau. Lorsque le soir tu le ramèneras à la bergerie, si quelqu'une de tes brebis, venant à mettre bas, reste sans force couchée sur la terre, ne rougis pas de la porter sur tes épaules, et d'échauffer dans ton sein ses agneaux tremblants, et trop faibles encore pour se soutenir. Ne va pas chercher des pâturages ni des bois trop éloignés de ta bergerie, tant que Jupiter fait durer le variable printemps. Il faut se défier de cette saison trompeuse : souvent son front riant et serein promet un temps calme, et, le ciel se couvrant tout à coup de nuages orageux, d'impétueux torrents entraînent nos brebis infortunées. Attends que le dieu des saisons ait ramené les jours longs et brûlants de l'été, et qu'il ait fixé l'inconstance du ciel : mène alors tes troupeaux dans les bois, et cherche au loin des pâ-

Torrentem patula vitabant arbore solem,
Quum juveni senior præcepta daturus alumno,
Talia verba refert tremulis titubantia labris :
« Quas errare vides inter dumeta capellas, 5
Canaque lascivo concidere gramina morsu,
Canthe puer; quos ecce greges a monte remotos
Cernis in aprico decerpere gramina campo,
Hos tibi do senior juveni pater : ipse tuendos
Accipe; jam certe potes insudare labori, 10
Jam pro me gnavam potes exercere juventam.
Adspicis, ut nobis jamdudum mille querelas
Adferat, et baculum premat inclinata senectus.
Sed qua lege regas et amantes lustra capellas,
Et melius pratis errantes mollibus agnas, 15
Percipe. Vere novo, quum jam tinnire volucres
Incipient, nidosque reversa lutabit hirundo ;
Protinus hiberno pecus omne movebis ovili.
Tunc etenim toto vernanti gramine silva
Pullat, et æstivas reparabilis inchoat umbras; 20
Tunc florent silvæ, viridisque renascitur annus :
Tunc Venus, et calidi scintillat fervor amoris,
Lascivumque pecus salientes accipit hircos.
Sed non ante greges in pascua mittito clausos,
Quam fuerit placata Pales; tum cespite vivo 25
Pone focum, Geniumque loci, Faunumque, Laremque
Salso farre voca : tepidos tunc hostia cultros
Imbuat; atque etiam, dum vivit, ovilia lustra.
Nec mora; tunc campos ovibus, dumeta capellis
Orto sole dabis, simul hunc transcendere montem 30
Cœperit, et primæ spatium tepefecerit horæ.
At si forte vaces, dum matutina relaxat
Frigora sol, tumidis spument tibi mulctra papillis,
Implebis, quod messe fluat; rursusque premetur
Mane, quod occiduæ mulsura redegerit horæ. 35
Parce tamen fetis : nec sint compendia tanti,
Destruat ut niveos venalis caseus agnos;
Nam tibi præcipuo fetura colatur amore.
Te quoque non pudeat, quum serus ovilia vises,
Si qua jacebit ovis partu resoluta recenti, 40
Hanc humeris portare tuis, natosque tepenti
Ferre sinu tremulos, et nondum stare paratos.
Nec tu longinquas procul a præsepibus herbas,
Nec nimis amotæ sectabere pabula silvæ,
Dum peragit vernum Jovis inconstantia tempus. 45
Veris enim dubitanda fides ; modo fronte serena
Blandius arrisit, modo cum caligine nimbos
Intulit, et miseras torrentibus abstulit agnas.
At quum longa dies sitientes adferet æstus,

ÉGLOGUE V.   819

turages; mais surtout fais sortir tes troupeaux de la bergerie avant le lever du soleil. L'humide haleine du zéphyre rend plus douce leur nourriture : quand les vents d'orient ont cessé de souffler, les pâturages sont imprégnés de la fraîcheur de la nuit, et couverts le matin des gouttes brillantes de la rosée. Dès que les cigales feront retentir les forêts de leurs chants aigus, conduis tes troupeaux à quelque fontaine, et, sans permettre que l'attrait du pâturage les disperse dans les campagnes, cherche pour eux l'abri d'un chêne antique qui les couvre de son ombre. Vers la neuvième heure du jour, lorsque le soleil sur son déclin avertit les bergers de prendre leur frugal repas, tu quitteras l'ombrage des bois pour ramener tes troupeaux aux pâturages. Quand tu verras enfin l'oiseau retiré dans son nid léger pour s'y livrer au sommeil, à l'heure où le lait se transforme en fromages tremblants, tu enfermeras tes bestiaux dans l'étable qui doit les abriter durant l'été. Lorsque le moment sera venu de tondre tes brebis, de faire tomber sous le ciseau la barbe et la toison infecte des boucs, et de diviser la laine en flocons liés à l'aide de joncs flexibles, sépare tes troupeaux : tu mettras ensemble les laines de chaque espèce, et tu auras soin de ne pas confondre les longues avec les courtes, les fines avec les grossières, les blanches avec les brunes. Quand la brebis dépouillée de sa toison montrera sa peau dans sa nudité, examine si le ciseau tranchant ne l'a point entamée, et prends garde que sous quelque plaie cachée il ne se forme insensiblement une tumeur empoisonnée, qui, hélas! dé-

vorera tout son corps et rongera jusqu'à ses os, si le fer n'arrête ses progrès par une incision. N'oublie pas dans ta prévoyance (l'avis est important) de porter toujours sur toi du soufre prompt à s'enflammer, des racines de scilles, et du bitume pur, remèdes efficaces pour les blessures; souviens-toi aussi de te munir de poix : réduite en liquide, elle te servira à frotter le dos de tes brebis, après qu'elles seront tondues. Tu feras bouillir dans un vase du miel, du vif-argent et du bitume, mélange destiné à imprimer ton nom sur tes bestiaux. Une brebis égarée qui porte sur son dos le nom de son maître ne peut lui susciter de longs procès. Alors que la terre brûlante n'offre plus aux yeux que d'arides campagnes dont les feux du soleil ont pulvérisé l'herbe, et des marais dont l'épais limon durci par la chaleur s'entr'ouvre de toutes parts, brûle dans tes étables de la gomme de Syrie, et purifie-les avec la vapeur de la corne de cerf. Cette dernière odeur est mortelle aux serpents. Tu verras bientôt leur fureur s'éteindre; on n'a plus à craindre les morsures de leurs dents meurtrières, leur gueule et leur venin deviennent des armes impuissantes; ils restent sans force étendus sur la terre. Instruis-toi maintenant des soins convenables à la saison qui précède les frimas. Lorsque la haie qui entoure la vigne ouvre passage au vendangeur, et qu'il s'assure la possession, jusque-là incertaine, du raisin; armé de la faucille, commence à couper dans les bois des rameaux d'arbres garnis de leurs feuilles; tu tailleras à leur extrémité ces tendres rameaux, et tu conserveras les feuilles qu'un reste de sève

Nec fuerit variante Deo mutabile cœlum;   50
Jam silvis committe greges, jam longius herbas
Quære; sed ante diem pecus exeat : humida dulces
Efficit aura cibos, quoties fugientibus Euris
Frigida nocturno tinguntur pascua rore,
Et matutinæ lucent in gramine guttæ.   55
At simul argutæ nemus increpuere cicadæ,
Ad fontem compelle greges, nec protinus herbas,
Vel campos permitte sequi : sine protegat illos
Interea veteres quæ porrigit æsculus umbras.
Verum ubi declivi jam nona tepescere sole   60
Incipiet, seræque videbitur hora merendæ;
Rursus pasce greges, et opacos desere lucos,
Nec prius æstivo pecus includatur ovili,
Quam levibus nidis somnos captare volucris
Cogitet, et tremuli tremebunda coagula lactis.   65
Succida jam tereti constringere vellera junco
Quum jam tempus erit, maternas demere lanas,
Hircorumque jubas, et olentes cædere barbas,
Ante tamen secerne pecus, gregibusque notatis
Consimiles include comas; ne longa minutis,   70
Mollia ne duris coeant, ne candida fuscis.
Sed tibi quum vacuas posito velamine costas
Denudabit ovis, circumspice, ne sit acuta
Forfice læsa cutis, tacitum ne pustula virus

Texerit occulto sub vulnere; quæ nisi ferro   75
Rumpitur, ah! miserum fragili rubigine corpus
Corrodet sanies, et putrida contrahet ossa.
Providus (hoc moneo) viventia sulphura tecum,
Et scillæ caput, atque intacta bitumina porta,
Ulceribus laturus opem : nec Brutia desit   80
Dura tibi, et liquido simul unguine terga, memento,
Si sint rasa, lineas; vivi quoque pondera melle
Argenti coquito, lentumque bitumen aheno,
Impressurus ovi tua nomina : nam tibi lites
Auferet ingentes lectus possessor in armo.   85
Tunc etiam, dum siccus ager, dum fervida tellus,
Dum rimosa palus, et multo torrida limo
Æstuat, et fragiles nimius sol pulverat herbas,
Lurida conveniet succendere galbana septis,
Et tua cervino lustrare mapalia fumo :   90
Obfuit iste malis odor anguibus; ipse videbis
Serpentum cecidisse minas; non stringere dentes
Ulla potest uncos, sed inani debilis ore
Marcet, et obtuso jacet exarmata veneno.
Tunc age, vicinæ, circumspice, tempora brumæ   95
Qua ratione geras : aperit quum vinea sepes,
Et portat lectas securus vinitor uvas,
Incipe falce nemus vivasque recidere frondes.
Tunc opus est teneras summatim stringere virgas,

y tient attachées, et qui ne sont pas exposées à être le jouet des vents : ce feuillage entassé dans tes tiédes granges deviendra la nourriture de tes troupeaux, lorsque vers la fin de l'année tu seras obligé de les tenir renfermés. C'est dans cette saison qu'il te faut redoubler d'efforts, de soins et de vigilance ; c'est alors qu'on reconnaît l'habileté du berger. Ne néglige pas non plus de mêler des rameaux tendres et pleins de séve à ceux qui seront desséchés, de peur que l'hiver, amenant les pluies, les vents et les glaces, ne dépouille les arbres de leurs feuilles, et ne fasse plier leurs branches sous le poids des neiges endurcies. Tu pourras cependant couper dans les froides vallées le lierre et le tendre feuillage du saule. C'est par cette fraîche nourriture qu'il faut songer, mon cher Canthus, à apaiser la soif de tes troupeaux. En vain leur prodiguerais-tu des monceaux de feuilles sèches, si tu leur refuses ces rameaux succulents, et tout gonflés encore de la séve qui les nourrissait. Couvre surtout de paille et de feuillage sec le sol glacé sur lequel ils reposent : tu les préserveras ainsi de l'atteinte pénétrante du froid, et des maladies qui dépeupleraient ton étable. Il me resterait bien d'autres leçons à te donner : mais déjà la nuit tombe, déjà le soleil a disparu, et la froide étoile du soir dissipe la brûlante chaleur du jour.

```
Tum debes servare comas, dum permanet humor,    100
Dum viret, et tremulas non excutit Africus umbras
Has tibi conveniet tepidis fenilibus olim
Promere, quum pecudes extremus clauserit annus.
Sic tibi nitendum est ; labor hoc in tempore noster,
Gnavaque sedulitas venit, et pastoria virtus.    105
Nec pigeat ramos siccis miscere recentes
Et succos adhibere novos : ne torrida nimbis
Instet hiems, nimioque gelu, nivibusque coactis,
Incurvare velis nemus, et constringere frondes.
Tu tamen aut lexes hederas, aut molle salictum    110
Valle premes gelida ; sitis est pensanda tuorum,
Canthe, gregum viridanti cibo ; nihil aridus illis,
Ingenti positus quamvis strue, prosit acervus,
Virgea si desint liquido turgentia succo,
Et quibus est aliquid plenæ vitale medullæ.    115
Præcipue gelidum stipulis et fronde caduca
Sterne solum, ne forte rigor penetrabile corpus
Urat, et interno vastet pecuaria morbo.
Plura, quidem monuisse velim : nam plura supersunt ;
Sed jam sera dies cadit, et jam, sole fugato,    120
Frigidus æstivas impellit Noctifer horas. »
```

ÉGLOGUE VI.
LA DISPUTE.

ASTILE, LYCIDAS, MNASYLE.

Astile. Tu arrives trop tard, Lycidas. Nyctile et le jeune Alcon viennent de se disputer tour à tour sous ces arbres la palme du chant. J'étais juge du combat, et le dépositaire de leurs gages. Nyctile m'avait confié une chèvre avec ses chevreaux, Alcon un jeune chien dont il a juré qu'une lionne était la mère. Alcon a remporté la victoire et le prix.

Lycidas. Quand la voix de la corneille surpassera celle du chardonneret, quand le funeste hibou triomphera du mélodieux rossignol, alors seulement, Astile, il sera croyable que l'ignorant Alcon a vaincu Nyctile par ses chants.

Astile. Que j'éprouve éternellement tes rigueurs, chère Pétale, qui seule causes mon tourment, si Alcon ne l'emporte pas autant sur Nyctile dans l'art de chanter et de jouer du chalumeau que par la beauté !

Lycidas. Je me laisse gagner par ce jugement. Oui, j'en conviens, Nyctile est pâle, et sa barbe est plus hérissée que les soies aiguës d'un porc-épic. Alcon au contraire a le teint éclatant de blancheur, la peau unie, les yeux riants, et la couleur de sa chevelure ressemble à celle de l'or : s'il ne chantait jamais, on le prendrait pour Apollon.

ECLOGA VI.
LITIGIUM.

ASTILUS, LYCIDAS, MNASYLUS.

ASTILUS.

Serus ades, Lycida ; modo Nyctilus et puer Alcon
Certavere sub his alterno carmine ramis,
Judice me, sed non sine pignore : Nyctilus hædos
Juncta matre dedit ; catulum dedit ille, leænæ
Juravitque genus : sed sustulit omnia victor.   5

LYCIDAS.

Nyctilon ut cantu rudis exsuperaverit Alcon,
Astile, credibile est ? ut vincat acanthida cornix,
Vocalem superet si dirus aedona bubo.

ASTILUS.

Te patiar, Petale, qua nunc ego maceror una,
Si magis aut docili calamorum Nyctilus arte,   10
Aut cantu magis est, quam vultu, proximus illi.

LYCIDAS.

Jam nunc decipior, te judice : pallidus alter
Venit, et hirsuta spinosior histrice barba ;
Candidus alter erat, levique decentior ovo,
Et ridens oculis, crinemque simillimus auro,   15
Qui dici posset, si non cantaret, Apollo.

ÉGLOGUE VI.

Astile. Si tu avais, Lycidas, quelque expérience de l'art des vers, tu joindrais tes éloges aux miens en faveur d'Alcon.

Lycidas. Je te prouverai, juge aveugle, que j'y suis plus versé que toi. Veux-tu mesurer nos chalumeaux? veux-tu entrer en lice? J'y consens, Alcon lui-même dût-il être notre arbitre.

Astile. Toi, le vainqueur de quelqu'un? Est-il même un berger qui ait daigné le disputer avec toi, dont la voix ingrate peut à peine former quelques sons languissants, et qui ne sais tirer de ton gosier que des paroles pénibles et entrecoupées?

Lycidas. Poursuis tes impostures, car tu ne saurais, homme sans foi, me faire des reproches aussi justes que ceux dont Lycotas t'accabla l'autre jour. Mais pourquoi perdre le temps en vaines disputes? Voici Mnasyle: si tu ne le récuses pas, il sera notre juge. Et maintenant, incrédule et perfide que tu es, avise-toi d'éprouver la vérité de mes paroles.

Astile. J'aimerais mieux, je l'avoue, renoncer au prix qui m'est assuré, plutôt que d'engager un combat où ma voix rencontrerait la tienne pour rivale. Mais tu seras puni de ta témérité. Vois-tu ce cerf couché au milieu de ces lis éclatants de blancheur? quoiqu'il soit aimé de ma chère Pétale, je te le donne si tu es vainqueur. Il sait porter le joug, obéir au frein; il suit docilement la voix qui l'appelle, et se présente à table sans que son avidité importune. Regarde la hauteur du bois qui s'élève de son front, le vif éclat du collier qui entoure son cou gracieux, la beauté de sa tête retenue par un lien aussi blanc que la neige, et la ceinture parsemée de perles de cristal qui brille sur son dos et autour de ses flancs: des guirlandes de roses, entrelacées à son bois, flottent autour de son cou, et tombent sur sa poitrine, où pend l'ivoire d'un sanglier, taillé en forme de croissant et qui en marque le milieu. Tel que tu le vois dans cette vallée, je m'engage à le donner en prix au vainqueur, pourvu que tu t'obliges toi-même à payer ta défaite.

Lycidas. Il croit, Mnasyle, m'effrayer par la beauté de son gage: vois comme j'ai peur. Tu sais que j'ai des cavales qui n'ont jamais porté le joug. J'offre en gage un de leurs poulains, le léger Pétase, qui, récemment privé de sa mère, effleure à peine de ses dents faibles encore l'herbe des prairies. Il a la jambe fine, les flancs raccourcis, la tête très-élevée et petite; sa croupe appelle le cavalier, le feu brille dans ses yeux et dans ses narines; son pied arrondi est resserré sous une corne étroite; il bondit dans les vertes campagnes avec tant de légèreté qu'il touche la pointe des épis sans les faire plier. Je te le donnerai, si tu es vainqueur; je le jure par les divinités des forêts.

Mnasyle. J'ai le loisir d'entendre vos chants, et j'y prendrai plaisir. Je consens donc à être le juge de votre dispute, puisque vous le voulez. Asseyons-nous sur ce lit de verdure que les Muses semblent avoir dressé exprès sous ce chêne. Cependant, de peur d'être troublés par ce fleuve bruyant et rapide, quittons plutôt les ga-

ASTILUS.
O Lycida, si quis tibi carminis usus adesset,
Tu quoque laudatum posses Alcona probare.
LYCIDAS.
Vis igitur, quoniam nec nobis, improbe, par es,
Ipse tuos judex calamos committere nostris?   20
Vis conferre manus? veniat licet arbiter Alcon.
ASTILUS.
Vincere tu quemquam? vel te certamine quisquam
Dignetur, qui vix stillantes, aride, voces
Rumpis, et expellis male singultantia verba?
LYCIDAS.
Fingas plura licet; nec enim potes, improbe, vera   25
Exprobrare mihi, sicut tibi multa Lycotas.
Sed quid opus vana consumere tempora lite?
Ecce venit Mnasylus: erit (nisi forte recusas)
Arbiter; insta nunc non credulus, improbe, verbis.
ASTILUS.
Malueram, fateor, vel praedam nactus abire,   30
Quam tibi certanti partem committere vocis:
Nec tamen hoc impune feres: en adspicis illum,
Candida qui medius cubat inter lilia, cervum?
Quamvis hunc Petale mea diligat, accipe victor.
Scit frenos, scit ferre jugum, sequiturque vocantem   35
Credulus, et mensae non improba porrigit ora.
Adspicis ut fruticat late caput? utque sub ipsis
Cornibus, et tereti lucent redimicula collo?
Adspicis ut niveo frons irretita capistro
Lucet, et, a dorso quae totam circuit alvum,   40
Alternat vitreas lateralis cingula bullas?
Cornua subtiles, ramosaque tempora molles
Implicuere rosae, rutiloque monilia torque
Extrema cervice natant: ubi pendulus apri
Dens sedet, et nivea distinguit pectora luna.   45
Hunc ego, qualemcumque vides in valle, paciscor
Pendere, dum sciat hic se non sine pignore vinci.
LYCIDAS.
Terreri, Mnasyle, suo me munere credit;
Adspice, quam timeam: genus est, ut scitis, equarum
Non jugale mihi, quarum de sanguine ponam   50
Velocem Petason, qui gramina, matre relicta,
Nunc primum teneris libavit dentibus; illi
Pes levis, adductum latus, excelsissima cervix,
Terga sedent, micat acre caput, sine pondere cervix,
Et tornata brevi substringitur ungula cornu,   55
Ungula, quae viridi sic exsultavit in arvo,
Tangeret ut fragiles, sed non curvaret aristas:
Hunc dare, si vincar, silvestria numina juro.
MNASYLUS.
Et vacat, et vestros cantus audire juvabit.
Judice me sane contendite, si libet; istic   60
Protinus ecce torum fecere sub ilice Musae.

zons qui couvrent son rivage. L'oreille est importunée du murmure de ses eaux qui se brisent contre ce rocher et le minent incessamment, et du bruissement des graviers qu'il roule dans sa course.

Astile. Retirons-nous, si vous le voulez, dans l'antre voisin; gagnons ces rochers couverts d'une mousse toujours verte d'où l'eau distille goutte à goutte, et qui, creusés en forme de voûte, paraissent suspendus en l'air, comme une conque rongée par les eaux.

Mnasyle. Nous voici arrivés; le silence de cet antre favorisera vos chants. Si vous voulez vous asseoir, le gazon y présente des siéges naturels : si vous aimez mieux vous coucher, ces tapis de verdure sont préférables à ceux que l'art a façonnés. Ne rappelez pas vos différends dans vos vers : il me sera plus doux de vous entendre chanter alternativement vos tendres amours. Astile, célèbre les louanges de Pétale; et toi, Lycidas, celles de Phyllis.

Lycidas. Prête donc l'oreille à nos chants, Mnasyle, et sois juge de notre combat, comme on dit que tu le fus dernièrement dans la forêt de Thalée du différend d'Astile et d'Acanthide.

Astile. Puisque Lycidas me provoque, je ne puis garder le silence, je cède à ma juste colère : il cherche sans cesse de nouvelles querelles : eh bien! qu'il dise contre moi ce qu'il voudra; mais qu'il m'écoute à son tour. Que j'aurai de plaisir à voir ce Lycidas, tremblant et pâle de honte, essuyer en ta présence le reproche de ses crimes!

Lycidas. C'est sans doute moi qui, surpris dans ce verger tandis que je poursuivais d'innocents baisers le jeune Mopsus, excitai les malignes railleries de mes voisins Égon et Stimicon.

Astile. Ah! plût à Dieu que je ne fusse pas retenu par la présence de Mnasyle! je te rendrais à tes propres yeux le plus méprisable des hommes.

Mnasyle. Quelle fureur vous agite? quelle folle animosité vous entraîne à ce combat? Est-ce ainsi que vous prétendez disputer la victoire? Du moins je ne serai pas votre arbitre : un autre que moi jugera votre querelle. Voici Mycon, voici votre voisin Iolas, qui pourront la terminer.

ÉGLOGUE VII.
LE TEMPLE.

LYCOTAS, CORYDON.

Lycotas. Que ton séjour à Rome a été long, ô Corydon! vingt nuits se sont écoulées depuis que nos forêts désirent de te revoir, depuis que nos taureaux attristés attendent que tu fasses retentir les joyeux éclats de ta voix.

Corydon. Ah! Lycotas, il faut être indolent comme toi, et comme toi plus insensible que le bois d'un essieu, pour préférer la vue de ces vieux hêtres aux spectacles nouveaux que notre

---

Sed, ne vicini nobis sonus obstrepat amnis,
Gramina linquamus, ripamque volubilis undæ :
Namque sub exeso raucum mihi pumice lymphæ
Respondent, et obest arguti glarea rivi.   65

ASTILUS.

Si placet, antra magis vicinaque saxa petamus,
Saxa, quibus viridis stillanti vellere muscus
Dependet, scopulisque cavum sinuantibus arcum
Imminet, exesa veluti testudine, concha.

MNASYLUS.

Venimus, et tacito sonitum tutabimur antro.   70
Seu residere libet, dabit ecce sedilia tophus :
Ponere seu cubitum, melior viret herba tapetis.
Nunc mihi seposita reddantur carmina lite ;
Nam vicibus teneros malim cantetis amores :
Astile, tu Petalen; Lycida, tu Phyllida lauda.   75

LYCIDAS.

Tu modo nos illis jam nunc, Mnasyle, precamur,
Auribus excipias, quibus hunc et Acanthida nuper
Diceris in silva judex audisse Thalea.

ASTILUS.

Non equidem possum, quum provocet iste, tacere.
Rumor enim merito : nihil hic nisi jurgia quærit.   80
Audiat, aut dicat, quoniam cupit; hoc mihi certe
Dulce satis fuerit, Lycidan spectare trementem,
Dum te stante palam sua crimina pallidus audit.

LYCIDAS.

Me, puto, vicinus Stimicon, me proximus Ægon

Hos inter frutices tacite risere volentem   85
Oscula cum tenero simulare virilia Mopso.

ASTILUS.

Fortior o utinam nondum Mnasylus adesset!
Efficerem, ne te quisquam tibi turpior esset.

MNASYLUS.

Quid furitis? quæ vos insania tendere jussit ?
Sic vicibus certare placet? sed non ego vobis   90
Arbiter ; hoc alius possit discernere judex.
Et venit ecce Mycon, venit et vicinus Iolas :
Litibus hi vestris poterunt imponere finem.

ECLOGA VII.
TEMPLUM.

LYCOTAS, CORYDON.

LYCOTAS.

Lentus ab Urbe venis, Corydon ; vigesima certe
Nox fuit, ut nostræ cupiunt te cernere silvæ,
Et tua mœrentes exspectant jubila tauri.

CORYDON.

O piger, et duro jam durior axe, Lycota,
Qui veteres fagos, nova quam spectacula, mavis   5
Cernere, quæ patula juvenis Deus edit arena!

ÉGLOGUE VII.

jeune dieu vient de donner dans l'arène du cirque !

Lycotas. Je ne pouvais imaginer quel grave motif retardait ton retour, ni pourquoi ta flûte se taisait si longtemps dans le silence de nos forêts, tandis que, le front ceint d'une pâle couronne de lierre, Stimicon seul y faisait entendre sa voix. Pendant les ennuis de ta longue absence, Thyrsis a purifié nos bergeries, et il a engagé les jeunes bergers au combat de la flûte mélodieuse. Stimicon vainqueur a reçu de nous un chevreau.

Corydon. Que l'invincible Stimicon remporte tous les prix et s'enrichisse à force de vaincre; quand il s'applaudirait d'avoir gagné non-seulement un chevreau, mais tous les troupeaux renfermés dans les bergeries que Thyrsis purifie, son bonheur n'égalerait pas le mien. Non, si l'on me donnait tous les bestiaux que nourrit la forêt de Lucanie, un tel don ne me causerait pas plus de plaisir que les spectacles que Rome m'a offerts.

Lycotas. Parle, Corydon, et ne dédaigne pas de m'en faire le récit : je n'en serai pas moins charmé que je le suis lorsque j'entends ta voix disputer le prix du chant, au milieu des sacrifices où l'on invoque la féconde Palès, ou Apollon dieu des bergers.

Corydon. J'ai vu un amphithéâtre formé par l'assemblage de poutres colossales ; il s'élevait jusqu'aux nues, et semblait regarder au-dessous de lui le mont Tarpéien : ses degrés étaient immenses, et régnaient sur une pente douce et facile. J'ai pris place sur l'un des siéges destinés pour le peuple au costume sombre et indigent, et voisins de ceux qu'occupaient les femmes. Sur les autres siéges, qui n'étaient couverts que par la voûte des cieux, on voyait se presser en foule les chevaliers et les tribuns en habits blancs. De même qu'une chaîne de montagnes, sur la pente desquelles s'élèvent de toutes parts des forêts, embrasse une vallée dans ses contours sinueux et forme autour d'elle une enceinte continue ; ainsi deux énormes théâtres qui se réunissaient à leurs extrémités renfermaient l'arène sous leurs arcs prodigieux, et lui donnaient une forme ovale. Comment te ferais-je en détail le récit de ce spectacle ? à peine pouvais-je suffire à voir toutes ses merveilles, tant sa magnificence m'éblouissait de toutes parts. Immobile, les yeux fixes, la bouche béante, j'admirais toute chose, sans me rendre toujours compte de mon admiration, lorsqu'un vieillard, dont la place se trouvait par hasard à gauche de la mienne, me dit : « Est-il « surprenant, simple habitant des campagnes, « que tant de richesses accumulées te ravissent « en extase, toi dont les yeux ne sont point faits « à l'éclat de l'or, et qui ne connais que tes éta- « bles et tes rustiques cabanes ? Tu vois comme « ma tête tremble, comme l'âge a blanchi mes « cheveux ; j'ai vieilli dans cette ville, et cepen- « dant je suis moi-même frappé d'étonnement. « Oui, tout ce que j'ai vu, tous les spectacles aux- « quels j'ai assisté jusqu'à ce jour, me semblent « méprisables et vils auprès de celui-ci. » Je vois encore rayonner à l'envi et les pierres précieuses du premier degré, et l'or qui couvre le portique. Sur la limite de l'arène, au bas du mur de marbre dont elle était entourée, tournait une roue

LYCOTAS.

Mirabar, quæ caussa foret tibi tanta morandi,
Cur tua cessaret taciturnis fistula silvis,
Et solus Stimicon caneret pallente corymbo ;
Quem sine te mœsti tenero donavimus hædo.   10
Nam, dum lentus abes, lustravit ovilia Thyrsis,
Jussit et arguta juvenes certare cicuta.

CORYDON.

Scilicet invictus Stimicon, et præmia dives
Auferat, accepto non solum gaudeat hædo ;
Verum tota ferat, quæ lustrat ovilia Thyrsis   15
Non tamen æquabit mea gaudia ; nec mihi, si quis
Omnia Lucanæ donet pecuaria silvæ,
Grata magis fuerint, quam quæ spectamus in Urbe.

LYCOTAS.

Dic age, dic Corydon, nec nostras invidus aures
Despice : non aliter certe mihi dulce loquere,   20
Quam certare soles, quoties ad sacra vocatur
Aut fecunda Pales, aut pastoralis Apollo.

CORYDON.

Vidimus in cœlum trabibus spectacula textis
Surgere, Tarpeium prope despectantia culmen,
Immensosque gradus, et clivos lene jacentes.   25
Venimus ad sedes, ubi pulla sordida veste
Inter femineas spectabat turba cathedras.
Nam quæcumque patent sub aperto libera cœlo,
Aut eques, aut nivei loca densavere tribuni.
Qualiter hæc patulum contendit vallis in orbem,   30
Et sinuata latus, resupinis undique silvis,
Inter continuos curvatur concava montes ;
Sic tibi planitiem curvæ sinus ambit arenæ,
Et geminis medium se molibus alligat ovum.
Quid tibi nunc referam, quæ vix suffecimus ipsi   35
Per partes spectare suas ? sic undique fulgor
Percussit ; stabam defixus, et ore patenti,
Cunctaque mirabar, necdum bona singula noram.
Tum mihi, tunc senior lateri qui forte sinistro
Junctus erat, « Quid te stupefactum, rustice, dixit, 40
Ad tantas miraris opes, qui nescius auri,
Sordida tecta, casas, et sola mapalia nosti?
En ego tam tremulus, tam vertice canus, et ista
Factus in Urbe senex, stupeo tamen omnia : cert'
Vilia sunt nobis, quæcumque prioribus annis   45
Vidimus, et sordet quidquid spectavimus olim. »
Balteus en gemmis, en illita porticus auro
Certatim radiant ; nec non, ubi finis arenæ
Proxima marmoreo peragit spectacula muro ;
Sternitur adjunctis ebur admirabile truncis,   50

merveilleuse, formée de morceaux d'ivoire rapportés avec art, dont la surface glissante devait tromper l'effort des bêtes féroces quand elles y posaient leurs griffes, et les faire tomber soudain en les frappant de vertige. L'amphithéâtre était aussi défendu par de superbes filets de tresse d'or, armés de dents d'éléphant, toutes égales, et tournées du côté de l'arène. Ces dents (me croiras-tu, Lycotas?) étaient plus longues que nos râteaux. Comment te faire un récit fidèle? J'ai vu toute sorte d'animaux, des lièvres aussi blancs que la neige, des sangliers armés de cornes, une manticore, des élans qui sortaient d'un bois semblable à ceux où l'on a coutume de les trouver, des taureaux qui avaient la tête élevée, et portaient sur le dos une protubérance monstrueuse : d'autres, sur le cou desquels flottait une épaisse crinière, qui avaient une longue barbe pendante sous leur mâchoire, et dont le tremblant fanon était couvert d'une soie hérissée. Outre ces monstres habitants des forêts, j'ai vu des veaux marins qui combattaient contre des ours, et des animaux informes qu'on pourrait comparer au cheval, et qui naissent dans le fleuve dont les eaux fertilisent les terres par leur débordement. Ah! combien de fois ne fûmes-nous pas saisis de frayeur, lorsque l'arène s'entr'ouvrant à nos yeux, il en sortait comme d'un gouffre tantôt des bêtes féroces, et tantôt une forêt d'arbousiers à l'écorce d'or.

Lycotas. Que tu es heureux, ô Corydon, de n'avoir pas à lutter contre la tremblante vieillesse! Que tu es heureux que les dieux favorables aient permis à ta jeunesse de s'écouler au sein de ces siècles fortunés! Le hasard t'a-t-il procuré le bonheur d'approcher de la divinité à qui nous devons nos hommages? parle, as-tu remarqué son visage, son air? Dis-moi, Corydon, comment sont faits les dieux.

Corydon. Plût au ciel que je n'eusse pas été vêtu d'habits rustiques! j'aurais vu de près le dieu que j'adore. Mais la grossièreté de mon vêtement, sa couleur sombre qui attestait mon indigence, et la boucle qui l'attachait avec sa dent recourbée, ont été un obstacle à mes désirs. Autant que j'ai pu l'entrevoir de loin, son visage m'a paru réunir les traits de Mars et ceux d'Apollon.

ÉGLOGUE VIII.
L'ELOGE FUNÈBRE.

TIMÈTE, TITYRE.

Timèle. Tandis que ces campagnes retentissent du bruit importun des cigales, et que tes mains entrelacent les joncs pour en former des paniers, chante-moi quelques vers, si tu en sais qui conviennent aux doux sons du chalumeau. L'on t'a enseigné à jouer de cet instrument, et Apollon t'a favorisé du don de la poésie. Commence tandis que les génisses paissent l'herbe, que les chevreaux broutent le saule, et que la rosée et la douce chaleur du soleil levant nous permet-

Et coit in rutulum, tereti qua lubricus axe
Impositos subita vertigine falleret ungues,
Excutretque feras; auro quoque torta refulgent
Retia, quæ totis in arenam dentibus exstant,
Dentibus æquatis, et erat (mihi crede, Lycota, 55
Si qua fides) nostro dens longior omnis aratro.
Ordine quid referam? vidi genus omne ferarum.
Hic niveos lepores, et non sine cornibus apros,
Manticoram, silvis etiam quibus editur, Alcen
Vidimus, et tauros, quibus aut cervice levata 60
Deformis scapulis torus eminet, aut quibus hirtæ
Jactantur per colla jubæ, quibus aspera mento
Barba jacet, tremulisque rigent palearia setis.
Non solum nobis silvestria cernere monstra
Contigit; æquoreos ego cum certantibus ursis 65
Spectavi vitulos, et equorum nomine dignum,
Sed deforme pecus, quod in illo nascitur amni,
Qui sata riparum venientibus irrigat undis.
Ah! trepidi quoties nos descendentis arenæ
Vidimus in partes, ruptaque voragine terræ 70
Emersisse feras; et eisdem sæpe latebris
Aurea cum croceo creverunt arbuta libro.

LYCOTAS.

O felix Corydon, quem non tremebunda senectus
Impedit! o felix, quod in hæc tibi sæcula primos,
Indulgente Deo, demittere contigit annos! 75

Nunc tibi si propius venerandum cernere numen
Sors dedit, et præsens vultumque habitumque notasti;
Dic age, dic, Corydon, quæ sit modo forma Deorum.

CORYDON.

O utinam nobis non rustica vestis inesset!
Vidissem propius mea numina; sed mihi sordes,
Pullaque paupertas, et adunco fibula morsu
Obfuerunt; utcumque tamen conspeximus ipsum
Longius, ac, nisi me decepit visus, in uno
Et Martis vultus et Apollinis esse putavi.

ECLOGA VIII.
(ALIIS NEMESIANI I.)
EPIPHUNUS.

TIMETAS, TITYRUS.

TIMETAS.

Dum fiscella tibi fluviali, Tityre, junco
Texitur, et raucis resonant tua rura cicadis :
Incipe, si quod habes gracili sub arundine carmen
Compositum ; nam te calamos inflare labello
Pan docuit, versuque bonus tibi favit Apollo. 5
Incipe, dum salices hædi, dum gramina vaccæ
Detondent, viridique greges permittere campo

tent de laisser nos troupeaux errer dans la prairie.

Tityre. Jeune berger favori des dieux, peux-tu, cher Timète, exiger des vers d'un vieillard courbé par les années? J'ai chanté autrefois en m'accompagnant sur le chalumeau, lorsque, exempt de soucis, j'égayais ma jeunesse par les plaisirs de l'amour. La vieillesse a blanchi mes cheveux, l'amour s'est attiédi dans mon cœur, et j'ai suspendu ma flûte, consacrée à Faune, dieu des campagnes. Toi, au contraire, tu fais retentir nos campagnes de tes chants. Dernièrement encore je t'adjugeai le prix, et tu rendis ridicules les faux sons de Mopsus ton rival. Le vieux Mélibée, témoin comme moi de ce combat, portait jusqu'aux cieux tes louanges. Ce berger a depuis terminé sa longue carrière, il est maintenant dans un monde séparé du nôtre, séjour des âmes vertueuses. Si sa mémoire t'est chère, que ta flûte rende hommage à ses mânes.

Timète. C'est mon devoir, et il m'est doux de t'obéir. Ce vieillard mériterait qu'Apollon même fit des vers à sa louange, que Linus et Orphée chantassent ses actions sur leur lyre, et Pan sur sa flûte : mais, puisque tu désires d'entendre les accents de mon chalumeau, écoute les vers gravés par moi sur l'écorce du cerisier que tu vois près de ce ruisseau.

Tityre. Commence. Cependant, pour éviter le bruit du vent qui murmure à travers les branches de ce pin, allons plutôt sous ces hêtres ou sous ces ormes.

Timète. Ce lieu est favorable aux chants; la terre y est tapissée d'un vert gazon; dans ce bois règne partout le silence : regarde, nos taureaux paissent tranquillement au loin dans la campagne.

Feu céleste, père de la nature, vaste Océan, principe de toute chose, terre féconde qui donnes la naissance aux corps animés, air qui soutiens la vie, agréez mes chants et portez-les jusqu'à l'oreille de Mélibée, si le sommeil de la mort n'éteint pas le sentiment. Mais si les grandes âmes sont admises au séjour des dieux, et qu'élevées au-dessus des voûtes azurées, elles jouissent du spectacle de l'univers, écoute, ô Mélibée, des chants semblables à ceux que ton indulgence te fit applaudir. Quoique nous ayons tous été témoins de ta belle vieillesse, le fatal instant qui a terminé le cours de tes longues prospérités nous a plongés dans la douleur, et nos larmes ont coulé en aussi grande abondance que si la mort jalouse t'eût moissonné à la fleur de tes ans. Mortels comme toi, notre commune destinée ne nous a point empêchés d'exprimer ainsi nos regrets : « O Mélibée, te voilà couché dans la froide nuit du tombeau, victime, hélas! de la loi qui entraîne les humains, toi qui, au terme d'une longue vieillesse, méritais de partager et les honneurs célestes et la demeure des dieux. Tu pesais toute chose dans la balance de la justice. C'est toi qui terminais les différends de nos bergers, c'est ta prudence qui apaisait leurs querelles. Tu nous appris à chérir les délices de la vie champêtre. L'équité, par tes soins, vit ses lois

Et ros, et primi suadet clementia solis.

TITYRUS.

Hos annos, canamque meam, mihi care, senectam
Tu juvenis, carusque Deis in carmina cogis?   10
Viximus, et calamis versus cantavimus olim,
Dum secura hilares ætas ludebat amores.
Nunc album caput, et veneres tepuere sub annis :
Jam mea ruricolæ dependet fistula Fauno.
Te nunc rura sonant; nuper nam carmine victor   15
Risisti calamos et dissona flamina Mopsi,
Judice me; mecum senior Melibœus utrumque
Audierat, laudesque tuas sublime ferebat.
Quem nunc, emeritæ permensum tempora vitæ,
Secreti pars orbis habet mundusque piorum.   20
Quare age, si qua tibi Melibœi gratia vivit,
Dicat honoratos prædulcis tibia manes.

TIMETAS.

Et parere decet jussis, et grata jubentur.
Namque fuit dignus senior, quem carmine Phœbus,
Pan calamis, fidibusque Linus, modulatibus Orpheus   25
Concinerent, atque acta viri laudesque sonarent.
Sed quia tu nostræ musam deposcis avenæ,
Accipe, quæ super hæc cerasus, quam cernis ad amnem,
Continet, inciso servans mea carmina libro.

TITYRUS.

Dic age; sed nobis ne vento garrula pinus   30
Obstrepat, has ulmos potius fagosve petamus.

TIMETAS.

Hic cantare libet; virides nam suggerit herbas
Mollis ager, lateque tacet nemus omne : quieti,
Aspice, ut, ecce, procul decerpant gramina tauri.
Omniparens æther, et rerum caussa liquores,   35
Corporis et genetrix tellus, vitalis et aer,
Accipite hos calamos, atque hæc nostro Melibœo
Mittite, si sentire datur post fata quietis.
Nam sublimes animæ cœlestia templa
Sidereasque colunt sedes, mundoque fruuntur :   40
Tu nostros adverte modos, quos ipse benigno
Pectore fovisti, quos tu, Melibœe, probasti.
Longa tibi, cunctisque diu spectata senectus,
Felicesque anni, nostrique novissimus ævi
Circulus, innocuæ clauserunt tempora vitæ.   45
Nec minus hinc nobis gemitus lacrymæque fuere,
Quam si florentes mors invida pelleret annos.
Nec tenuit tales communis caussa querelas :
Heu! Melibœe, jaces letali frigore segnis
Lege hominum, cœlo dignus, canente senecta,   50
Concilioque Deum : plenum tibi ponderis æqui
Pectus erat; tu ruricolum discernere lites
Adsueras, varias patiens mulcendo querelas.
Sub te ruris amor, sub te reverentia justi
Floruit, ambiguos signavit terminus agros.   55

respectées parmi nous, et fixa les limites incertaines de nos champs. Ton air grave n'avait rien que d'aimable, et la sérénité adoucissait ton front sévère; doux de visage, tu l'étais plus encore de cœur. Tu nous exhortais à approcher le chalumeau de nos lèvres, et à charmer ainsi nos tristes ennuis. De peur que notre jeunesse ne se flétrît dans une stupide oisiveté, souvent tu donnais de magnifiques prix à celles de nos muses que tu en jugeais digne. Souvent aussi, malgré ton âge, pour exciter notre émulation, tu chantais gaîment sur un chalumeau des vers dignes d'Apollon. Heureux Mélibée, reçois nos adieux. Apollon, protecteur de nos campagnes, te couronne de lauriers odoriférants. Chaque Faune t'offre de ses richesses, des raisins, des gerbes de blé, et des fruits de toute espèce. L'antique Palès te présente dans des vases le lait écumant, les Nymphes t'apportent du miel, et Flore des couronnes émaillées de ses plus riches dons. Les Muses consacrent des vers à ta mémoire, et nous, nous te chantons sur le chalumeau. Le plane des forêts murmure le nom de Mélibée, le pin en retentit, Écho ne répète plus dans nos bois que des vers à ta louange; nos troupeaux même semblent t'appeler par leurs mugissements. On verra les phoques paître dans les campagnes arides, le lion à la longue crinière vivre au milieu des mers, l'if distiller le miel le plus doux; contre l'ordre des saisons, la moisson se fera pendant le triste hiver, on cueillera les olives l'été, le printemps produira les fruits de l'automne, et l'automne les fleurs du printemps, avant que ma flûte cesse de célébrer tes louanges, ô Mélibée ! »

Tityre. Continue, jeune berger, n'interromps pas tes chants : telle est leur douce harmonie, qu'Apollon charmé te conduira lui-même à la ville qui gouverne le monde. Déjà la Renommée, dissipant les épais nuages de l'envie, t'a frayé dans ces forêts une route facile. Mais le char du soleil, qui du haut du ciel va se précipiter au sein des ondes, avertit les bergers de désaltérer leurs troupeaux dans le fleuve.

EGLOGUE IX.
DONACE.

IDAS, ALCON.

Le jeune Idas et le jeune Alcon aimaient éperdûment la belle Donacé. Enflammés l'un et l'autre d'une ardeur inconnue à leur jeunesse, ils poursuivaient de désirs insensés la beauté de Donacé. Ils la surprirent un jour cueillant des fleurs dans un jardin voisin; et tandis qu'elle remplissait son sein d'acanthes, les deux bergers transportés d'amour lui donnèrent un baiser; ce doux larcin fut le premier de leurs plaisirs. Leur cœur s'enflamma davantage; enfants encore, leurs désirs n'étaient plus ceux d'un enfant; et, bien qu'ils n'eussent vu passer que quinze hivers, ils songèrent à profiter de leur jeunesse. Cependant les sévères parents de Donacé la renfermèrent étroitement, s'étant aperçus que la pureté virginale

Blanda tibi vultus gravitas, et mite serena
Fronte supercilium, sed pectus mitius ore.
Tu calamos aptare labris et jungere cera
Hortatus, duras docuisti fallere curas.
Nec segnem passus nobis marcere juventam, 60
Sæpe dabas meritæ non vilia præmia Musæ.
Sæpe etiam senior, ne nos cantare pigeret,
Lætus Phœbea dixisti carmen avena.
Felix o Melibœe, vale; tibi frondis odoræ
Munera dat, lauros carpens, ruralis Apollo : 65
Dant Fauni, quod quisque valet, de vite racemos,
De campo culmos, omnique ex arbore fruges :
Dat grandæva Pales spumantia cymbia lacte,
Mella ferunt Nymphæ, pictas dat Flora coronas.
Manibus hic supremus honos : dant carmina Musæ, 70
Carmina dant Musæ; nos te modulamur avena.
Silvestris nunc te platanus, Melibœe, susurrat,
Te pinus; reboat te, quidquid carminis Echo :
Respondent silvæ, te nostra armenta loquuntur.
Namque prius siccis phocæ pascentur in arvis, 75
Hirsutusque freto vivet leo, dulcia mella
Sudabunt taxi, confusis legibus anni
Messem tristis hiems, æstas tractabit olivas,
Ante dabit flores autumnus, ver dabit uvas,
Quam taceat, Melibœe, tuas mea fistula laudes. 80

TITYRUS.

Perge puer, cœptum tibi jam ne desere carmen.
Nam sic dulce sonas, ut te placatus Apollo
Provehat, et felix dominam perducat ad urbem.
Namque hic in silvis præsens tibi fama benignum
Stravit iter, rumpens livoris nubila plena. 85
Sed jam sol demittit equos de culmine mundi,
Flumineos suadens gregibus præbere liquores.

ECLOGA IX.
(ALIIS NEMESIANI II.)
DONACE.

IDAS ET ALCON.

Formosam Donacen puer Idas et puer Alcon
Ardebant, rudibusque annis incensus uterque
In Donaces venerem furiata mente ruebant.
Hanc, quum vicini flores in vallibus horti
Carperet, et molli gremium compleret acantho, 5
Invasere simul, Venerique imbutus uterque
Tum primum dulci carpebant gaudia furto.
Hinc amor, et pueris jam non puerilia vota;
Quis anni ter quinque hiemes, et cura juventæ

de sa voix était altérée, que ses paroles étaient entrecoupées de soupirs, qu'elle était moins prompte à leur obéir, que la rougeur colorait souvent son visage, et que son sang enflait ses veines. Idas et Alcon essayèrent alors d'apaiser par leurs tendres plaintes et par leurs vers l'ardeur du feu qui les dévorait. Ils étaient de même âge, leur beauté était égale, ainsi que leur habileté dans l'art du chant; leur chevelure était flottante, et leurs joues sans barbe. A l'ombre d'un platane, ces tristes amants déplorèrent ainsi tour à tour leur malheureux sort, Idas sur ses chalumeaux, Alcon par ses vers.

Idas. Dryades qui habitez les forêts, Napées qui vous cachez dans les antres, et vous, Naïades, qui d'un pied plus blanc que l'albâtre fendez l'humide empire, et entretenez par votre fraîcheur les fleurs et la verdure, dites-moi dans quelle prairie, à l'ombre de quels arbres je trouverai Donacé occupant ses belles mains à cueillir des lis. Trois fois le soleil a achevé sa carrière depuis que je l'attends dans cet antre, où elle avait coutume de se rendre. Dans l'intervalle, et comme si ce pouvait être une consolation pour mon amour et un moyen de guérir le mal qui me dévore, voici que depuis trois jours mes vaches n'ont goûté aucun pâturage, aucun fleuve ne les a désaltérées, et mes veaux, remplissant l'air de leurs faibles mugissements, sucent en vain les mamelles arides de leurs mères. Moi-même, oubliant d'assouplir sous mes doigts le jonc et l'osier, je n'ai fait aucun de ces paniers légers propres à dessécher le lait.

Qu'est-il besoin, Donacé, que je rappelle ici ce que tu n'ignores pas? Tu sais que j'ai un nombre infini de génisses, et que les vases destinés à recevoir le lait de mes troupeaux ne sont jamais vides. Ne suis-je pas cet Idas à qui tu as souvent donné de tendres baisers, et dont tu as plus d'une fois interrompu les chants pour chercher ses lèvres errantes sur ses chalumeaux? Hélas! mes jours ne t'intéressent-ils plus? plus pâle que le buis, plus pâle que la violette, j'erre çà et là. Je hais toute nourriture, les dons même de Bacchus, et j'oublie de goûter les douceurs du sommeil. Hélas! depuis que je ne te vois plus, le myrte et le laurier n'ont pour moi aucune odeur, les lis me paraissent noirs, les roses pâlissent à mes yeux, et les jacinthes ont perdu leur doux incarnat. Reviens, et le lis reprendra pour moi sa blancheur, la jacinthe son doux incarnat, et la rose ses vives couleurs. Reviens, et je respirerai avec bonheur le parfum du myrte et du laurier. Car tant que Pallas aimera l'arbre qui produit les olives huileuses, Bacchus la vigne, Priape les jardins, Palès les riants pâturages, Idas n'aimera que toi.

Tels furent les chants de ce berger. Divin Apollon, pour qui les bons vers sont précieux, répète-moi ceux qu'Alcon fit entendre.

Alcon. Palès déesse des montagnes, Apollon protecteur des bergers, Sylvain dieu des forêts, et toi, Vénus, qui habites les sommets élevés du mont Éryx, et dont l'unique soin, pendant le cours des siècles, est d'unir les hommes par les liens de l'hyménée, quel crime ai-je commis

Sed postquam Donacen duri clausere parentes, 10
Quod non tam tenui filo de voce sonaret,
Sollicitumque foret linguis onus, improba cervix,
Suffususque rubor crebro, venæque tumentes :
Tum vero ardentes flammati pectoris æstus
Carminibus, dulcique parant relevare querela. 15
Ambo ævo cantuque pares, nec dispare forma;
Ambo genis læves, intonsi crinibus ambo;
Atque sub hac platano mœsti solatia casus
Alternant; Idas calamis, et versibus Alcon.

IDAS.

Quæ colitis silvas, Dryades, quæque antra, Napææ, 20
Et quæ marmoreo pede, Naiades, uda secatis
Littora, purpureosque alitis per gramina flores,
Dicite, quo prato Donacen, qua forte sub umbra
Inveniam, roseis stringentem lilia palmis?
Nam mihi jam trini perierunt ordine soles, 25
Ex quo consueto Donacen exspecto sub antro.
Interea, tamquam nostri solamen amoris
Hoc foret, aut posset rabidos medicare furores,
Nulla meæ trinis tetigerunt gramina vaccæ
Luciferis, nulloque biberunt amne liquores; · 30
Siccaque fetarum lambentes ubera matrum
Stant vituli, et teneris mugitibus aera complent.
Ipse ego nec molli junco, nec vimine lento
Perfeci calathos cogendi lactis in usus.

Quid tibi, quæ nosti, referam? scis mille juvencas 35
Esse mihi : nosti numquam mea mulctra vacare.
Idas ille ego sum, Donace, cui sæpe dedisti
Oscula, nec medios dubitasti rumpere cantus,
Atque inter calamos errantia labra petisti.
Eheu! nulla meæ te tangit cura salutis : 40
Pallidior buxo, violæque simillimus erro.
Omnes ecce cibos, et nostri pocula Bacchi
Horreo; nec placido meminí concedere somno.
Te sine, væ misero! mihi lilia nigra videntur,
Pallentesque rosæ, nec dulce rubens hyacinthus, 45
Nullos nec myrtus, nec laurus spirat odores.
At tu si venias, et candida lilia fient,
Purpureæque rosæ, et dulce rubens hyacinthus,
Tum mihi cum myrto laurus spirabit odores.
Nam dum Pallas amet turgentes sanguine baccas, 50
Dum Bacchus vites, Deus et sata poma Priapus,
Pascua læta Pales, Idas te diliget unam.

Hæc Idas calamis : tu, quæ responderit Alcon
Versu, Phœbe, refer; sunt aurea carmina Phœbo.

ALCON.

O montana Pales, o pastoralis Apollo, 55
Et nemorum Sylvane potens, et nostra Dione,
Quæ juga celsa tenes Erycis, cui cura jugales
Concubitus hominum totis connectere sæclis,
Quid merui, cur me Donace formosa reliquit?

pour mériter l'abandon de la belle Donacé? Les présents qu'elle a reçus d'Idas sont-ils comparables au rossignol que je lui ai donné? Non-seulement il file des sons mélodieux, mais quand s'ouvre la porte étroite de sa prison d'osier, il va, comme s'il était libre, se mêler aux oiseaux des champs et voltiger avec eux; puis il revient à la maison et rentre dans sa cage, dont il préfère le séjour à celui des vastes forêts. Dernièrement encore je lui ai envoyé un levreau et deux pigeons ramiers : c'était toute ma chasse. Après tout ce que j'ai fait pour toi, Donacé, tu dédaignes mon amour? Peut-être ne juges-tu pas Alcon digne de ta tendresse, parce qu'il conduit lui-même le matin ses bœufs à leurs pâturages. Eh! ne sais-tu pas qu'Apollon, le docte Pan, le bel Adonis, les Faunes qui prédisent l'avenir, et toutes les divinités qui protégent les troupeaux, les ont conduits eux-mêmes? Je me suis regardé ce matin dans le miroir d'une fontaine, avant que le soleil commençât à dorer le ciel de ses rayons, et qu'il eût fait briller sur la surface des eaux une lumière incertaine et tremblante. J'ai vu mes joues que nul duvet ne couvre encore, et mes cheveux que j'ai laissé croître. Je passe enfin pour plus beau qu'Idas, et tu avais coutume de me le dire toi-même, en admirant l'éclat de mon teint, la vivacité de mes yeux, ma taille, et la blancheur de mes épaules. Je sais jouer du chalumeau, dont les dieux ont tiré les premiers sons, et sur lequel Tityre fit entendre des airs si mélodieux, que du sein des forêts il fut appelé dans la capitale du monde. Les vers que je te consacrerai, Donacé, seront un jour aussi chantés dans cette ville, si cependant l'humble noisetier et la timide viorne peuvent fleurir parmi les pins et les cyprès au front aigu.

C'est ainsi que ces jeunes bergers chantaient la belle Donacé depuis le lever du soleil, jusqu'à ce que l'étoile du soir ramenant la fraîcheur les avertit de quitter les forêts et de reconduire les troupeaux à leurs étables.

ÉGLOGUE X.
LES LOUANGES DE BACCHUS.

PAN.

Nyctile, Mycon et le bel Amyntas évitaient sous l'épais feuillage d'un chêne l'ardeur du soleil, lorsqu'ils aperçurent Pan qui, fatigué de la chasse, se reposait à l'ombre d'un orme, et réparait dans les bras du sommeil ses forces épuisées. Au-dessus de sa tête, sa flûte était suspendue à une branche de l'arbre. Les jeunes bergers s'en emparent furtivement, comme si elle pouvait tenir lieu de l'art du chant, et qu'il fût permis aux hommes de toucher les chalumeaux des dieux. Mais la flûte de Pan ne rend plus sous leurs doigts le son harmonieux qu'elle avait coutume de faire entendre : elle refuse d'exprimer un seul vers, et il n'en sort qu'un aigre sifflement. Pan éveillé par ces sons faux et aigus, et en devinant aussitôt la cause : « Jeunes bergers, dit-il, si vous deman-

---

Munera namque dedi, noster quæ non dedit Idas; 60
Vocalem, longos quæ ducit, aedona, cantus,
Quæ, licet interdum contexto vimine clausa,
Quum parvæ patuere fores, ceu libera ferri
Novit, et agrestes inter volitare volucres;
Scit rursus remeare domum, tectumque subire 65
Viminis, et caveam totis præponere silvis.
Præterea tenerum leporem, geminasque palumbes
Nuper, quæ potui, silvarum præmia misi.
Et post hæc, Donace, nostros contemnis amores!
Forsitan indignum ducis, quod rusticus Alcon 70
Te cupiam, qui mane boves in pascua ducam :
Dii pecorum pavere greges, formosus Apollo,
Pan doctus, Fauni vates, et pulcher Adonis.
Quin etiam fontis speculo me mane notavi,
Nondum purpureos Phœbus quum tolleret ortus, 75
Nec tremulum liquidis splenderet lumen in undis.
Quod vidi, nulla tegimur lanugine malas :
Pascimus et crinem; nostro formosior Ida
Dicor, et hoc ipsum mihi tu narrare solebas,
Purpureas laudando genas, et lactea colla, 80
Atque hilares oculos, et formam puberis ævi.
Nec sumus indocti calamis : cantamus avena
Qua Divi cecinere prius, qua dulce loquutus
Tityrus, e silvis dominam pervenit ad urbem.
Nos quoque, te propter, Donace, cantabimur Urbi; 85
Si modo coniferas inter viburna cupressos,
Atque inter pinos corylum frondescere fas est.
    Sic pueri Donacen toto sub sole canebant;
Frigidus e silvis donec descendere suasit
Hesperus, et stabulis pastos inducere tauros. 90

ECLOGA X.
(ALIIS NEMESIANI III)
BACCHUS.

PAN.

Nyctilos atque Mycon, nec non et pulcher Amyntas
Torrentem patula vitabant ilice solem;
Quum Pan venatu fessus recubare sub ulmo
Cœperat, et somno lassatas sumere vires;
Quem super ex tereti pendebat fistula ramo. 5
Hanc pueri (tamquam prædam pro carmine possent
Sumere, fasque esset calamos tractare Deorum)
Invadunt furto : sed nec resonare canorem
Fistula, quem suerat, nec vult contexere carmen;
Sed pro carminibus male dissona sibila reddit. 10
Tum Pan excussus sonitu stridentis avenæ,
Jamque videns : « Pueri, si carmina poscitis, inquit,

&ez des vers, je vais vous en chanter. Il n'est permis à aucun mortel d'enfler ces chalumeaux que j'ai moi-même assemblés avec de la cire, dans un antre du mont Ménale. Je chanterai ta naissance, ô Bacchus, et l'origine de la vigne. Nous devons des vers à Bacchus. » Le dieu qui aime à errer sur les montagnes commença alors en ces termes :

« Fils de Jupiter, toi qui, le front couronné de lierre, et laissant flotter sur ton cou tes cheveux parfumés d'essence, te plais à former des guirlandes de pampre et de feuilles de lierre pour en orner les tigres que tu conduis un cep de vigne à la main, c'est toi que je chante. Seule après les dieux de l'Olympe, Sémélé a vu Jupiter dans tout l'éclat de sa divinité. Le maître de l'univers prévoyant l'avenir, différa la naissance de l'enfant qu'elle portait dans son sein, jusqu'au temps où la nature permettrait qu'il vît le jour. Les Nymphes, les vieux Faunes, les pétulants Satyres, et moi, prîmes soin de le nourrir dans un antre de Nysa. Silène lui-même, plein d'une respectueuse tendresse pour ce jeune nourrisson, l'échauffe dans son sein, le soutient incliné sur ses bras, et le fait rire en le chatouillant délicatement. Tantôt par un léger mouvement il l'invite au sommeil, et tantôt il le réjouit en frappant un sistre de ses mains tremblantes. Le jeune dieu, souriant à ce badinage, pince les oreilles de Silène, lui arrache les poils dont sa poitrine est hérissée; il frappe sur sa tête chauve, sur son court-menton, et aplatit avec son faible pouce le nez du Satyre, qui n'est déjà que trop écrasé. Cependant, parvenu à une florissante jeunesse, lorsque sous sa chevelure dorée ses cornes commencèrent à percer, il apprit aux hommes à connaître la vigne, source de leurs plaisirs. Les Satyres en admirent les feuilles et le fruit. « Cueillez, leur dit Bacchus, ces grappes dont vous ignorez l'usage, et écrasez-les avec les pieds. Les Satyres les séparent aussitôt de leurs ceps, les portent dans des corbeilles, et s'empressent de les fouler dans des cuves de pierre. Partout sur les collines on se livre avec ardeur au travail des vendanges, partout le raisin s'écrase sous les pieds agiles qui le foulent. On ne voit que poitrines nues barbouillées du jus vermeil de la vigne. Les Satyres, troupe lascive, se saisissent à l'envi des vases que le hasard leur présente, et s'en servent aussitôt. Les uns reçoivent la nouvelle liqueur dans des cornes, les autres dans des tasses, ou dans le creux de leur main, dont ils se font une coupe. Celui-ci, courbé sur les bords d'une cuve, fait entendre, en humant le vin doux, le bruit de ses lèvres; celui-là le puise avec l'instrument dont il a coutume d'accompagner sa voix. Un autre, penché, présente sa bouche à l'ouverture de la cuve; mais le vin échappe à ses lèvres, et rejaillit en écumant sur sa poitrine et sur ses épaules. La joie règne partout. Le vin inspire aux Satyres des chansons et des danses lascives; il allume l'amour dans leur cœur; ils poursuivent de leurs embrassements les Nymphes qui les fuient; prêtes à leur échapper, ils arrêtent l'une par sa robe, l'autre par sa chevelure. Ce fut alors que pour la première fois le vieux Silène, trompé par son avidité, but outre mesure dans de larges coupes pleines de cette li-

```
Ipse canam; nulli fas est inflare cicutas,
Quas ego Maenaliis cera conjungo sub antris.
Jamque ego, Bacche, tuos ortus et semina vitis        15
Ordine detexam : debemus carmina Baccho. »
Haec fatus, coepit calamis sic montivagus Pan.

    « Te cano, qui gravidis hederata fronte corymbis
Vitea serta plicas, qui comptas palmite tigres
Ducis odorato perfusus colla capillo,                 20
Vera Jovis proles; jam tunc post sidera coeli
Sola Jovem Semele vidit Jovis ora professum.
Hunc pater omnipotens, venturi providus aevi,
Protulit, et justo produxit tempore partus.
Vos etiam et Nysae viridi nutristis in antro          25
Hunc Nymphae, Faunique senes, Satyrique procaces.
Quin et Silenus parvum veneratus alumnum,
Aut gremio fovet, aut resupinus sustinet ulnis,
Et vocat ad risum digito, motuque quietem
Allicit, aut tremulis quassat crepitacula palmis.     30
Cui Deus arridens, horrentes pectore setas
Vellicat, aut digitis aures adstringit acutas,
Applauditve manu mutilum caput, aut breve mentum,
Et simas tenero collidit pollice nares.
Interea pueri florescit pube juventa,                 35
Flavaque maturo tumuerunt tempora cornu.

Tum primum laetas ostendit pampinus uvas.
Mirantur Satyri frondes et poma Lyaei;
Tum Deus, « O Satyri, maturos carpite fructus,
Dixit, et ignotos, pueri, calcate racemos. »          40
Vix haec ediderat, decerpunt vitibus uvas,
Et portant calathis, celerique illidere planta
Concava saxa super properant; vindemia fervet
Collibus in summis; crebro pede rumpitur uva,
Nudaque purpureo sparguntur pectora musto.            45
Tum Satyri, lasciva cohors, sibi pocula quisque
Obvia corripiunt : quod sors dedit, hoc capit usus.
Cantharon hic retinet; cornu bibit alter adunco :
Concavat ille manus, palmasque in pocula vertit :
Pronus at ille lacu bibit, et crepitantibus haurit    50
Musta labris : alius vocalia cymbala mergit;
Atque alius latices pressis resupinus ab uvis
Excipit, at potis saliens liquor ore resultat,
Spumeus inque humeros et pectora diffluit humor.
Omnia ludus habet; cantusque chorosque licentes,     55
Et venerem jam vina movent : raptantur amantes
Concubitu Satyri fugientes jungere Nymphas,
Jamjamque elapsas hic crine, hic veste retentat.
Tum primum roseo Silenus cymbia musto
Plena senex avide non aequis viribus hausit :         60
```

queur vermeillé. Depuis ce temps-là, il est le sujet des plaisanteries de ceux qui le voient le matin les veines enflées et le corps appesanti par ce délicieux nectar, qu'il a bu la veille avec excès. Bacchus même, ce dieu qui doit la naissance à Jupiter, ne dédaigne pas d'exprimer avec ses pieds le jus des raisins. Il en fait boire à ses lynx, et il façonne en thyrse le bois de la vigne. »

C'est ainsi que Pan instruisit les jeunes bergers dans les vallées d'Arcadie. Il finit au moment où la nuit avertit de rassembler les troupeaux dispersés, de faire couler le lait de leurs mamelles, et de lui donner la forme et la consistance de la neige durcie.

ÉGLOGUE XI.
AMOUR.

LYCIDAS MOPSUS.

Lycidas et Mopsus, bergers habiles dans l'art de faire des vers et de tirer des sons du chalumeau, chantaient leurs amours à l'ombre d'un peuplier. Mopsus brûlait pour la belle Méroé, et Lycidas aimait Iolas à la longue chevelure. Transportés d'une égale ardeur pour deux objets si différents, ils erraient çà et là dans les forêts au gré de leur inquiétude. Iolas et Méroé trompèrent souvent leurs amants, soit en manquant aux rendez-vous qu'ils leur donnaient sous les arbres des vallées, et quelquefois dans des antres écartés, soit en évitant les bords des fontaines, témoins de leurs jeux accoutumés. Un jour Lycidas et Mopsus, au désespoir de voir leur flamme trompée, découvrirent aux bois solitaires les blessures de leur cœur, et tour à tour leur confièrent ces tendres plaintes :

Mopsus. Cruelle Méroé, pourquoi, plus légère que les vents, éviter mes vers et le son de mes chalumeaux? Qui fuis-tu? Quelle gloire te revient-il de ma défaite? Pourquoi, cachant un cœur inhumain sous un doux visage, tandis que tes yeux flattent mes espérances, pourquoi te refuser à mes désirs? Quoique inhumaine, puis-je m'empêcher de t'aimer? « Que chacun chante ce qu'il aime, les vers soulagent les peines des amants. »

Lycidas. Jeune et cruel Iolas, daigne enfin détourner sur moi ton regard. Tu ne seras pas toujours aussi beau. Les gazons se dépouillent de leurs fleurs, les buissons de leurs roses ; l'éclat des lis n'est pas éternel, la vigne ne garde pas longtemps sa chevelure de pampre, ni le peuplier son feuillage, qui donne de l'ombre. La beauté est un don éphémère, et les années ne savent pas la respecter. « Que chacun chante ce qu'il aime ; les vers soulagent les peines des amans. »

Mopsus. La biche suit le cerf, la belle génisse cherche le taureau : Vénus fait sentir ses aiguillons aux louves, aux lionnes, aux habitants des airs et des eaux, aux montagnes et aux forêts elles-mêmes : oui, l'arbre même a ses amours. Toi seule, Méroé, tu fuis Vénus, et livres ton

Ex illo venas inflatus nectare dulci,
Hesternoque gravis semper ridetur Iaccho.
Quin etiam Deus ille, Deus Jove prosatus ipso,
Et plantis uvas premit, et de vitibus hastas
Ingerit, et lynci præbet cratera bibenti. 65
Hæc Pan Mænalia pueros in valle docebat,
Sparsas donec oves campo conducere in unum
Nox jubet, uberibus suadens siccare fluorem
Lactis, et in niveas adstrictum cogere glebas.

ECLOGA XI.
(ALIIS NEMESIANI IV.)
EROS.

LYCIDAS, MOPSUS.

Populea Lycidas, necnon et Mopsus in umbra,
Pastores, calamis ac versu doctus uterque,
Nec triviale sonans, proprios cantabat amores :
Nam Mopso Meroe, Lycidæ crinitus Iolas
Ignis erat; parilisque furor de dispare sexu 5
Cogebat trepidos totis discurrere silvis.
Hos puer ac Meroe multum lusere furentes,
Dum modo condictas vitant in vallibus ulmos,
Nunc fagos placitas fugiunt, promissaque fallunt
Antra, nec est animus solitos alludere fontes. 10
Tum tandem fessi, quos lusus adederat ignis,
Sic sua desertis nudarunt vulnera silvis,
Inque vicem dulces cantu dixere querelas.

MOPSUS.

Immitis Meroe, rapidisque fugacior Euris,
Cur nostros calamos, cur pastoralia vitas 15
Carmina? quemve fugis? quæ me tibi gloria victo?
Quid vultu mentem premis, ac, spem fronte serenans,
Tandem dura negas? possum non velle negantem?
« Cantet, amat quod quisque : levant et carmina curas. »

LYCIDAS.

Respice me tandem, puer o crudelis Iola; 20
Non hoc semper eris : perdunt et gramina flores,
Perdit spina rosas, nec semper lilia candent,
Nec longum tenet uva comas, nec populus umbras;
Donum forma breve est, nec se tibi commodat annis.
« Cantet, amat quod quisque : levant et carmina curas. » 25

MOPSUS.

Cerva marem sequitur, taurum formosa juvenca,
Et venerem sensere lupæ, sensere leænæ,
Et genus aerium volucres, et squamea turba,
Et montes silvæque : suos habet arbor amores :
Tu tamen una fugis; miserum tu perdis amantem. 30
« Cantet, amat quod quisque : levant et carmina curas. »

amant aux tourments d'un amour dédaigné. « Que chacun chante ce qu'il aime; les vers soulagent les peines des amants. »

Lycidas. Le temps forme et détruit tout. Il nous permet à peine de jouir. Ces taureaux qui se livrent un rude combat pour une génisse blanche, je les ai vus ce printemps sucer le lait de leur mère. Déjà tes narines moins délicates commencent à s'enfler, cher Iolas, ton cou devient robuste, et depuis ta naissance vingt fois la terre s'est vue dépouillée de ses moissons. « Que chacun chante ce qu'il aime, les vers soulagent les peines des amants. »

Mopsus. Viens en ce lieu, belle Méroé. La chaleur t'y invite; les troupeaux sont à l'ombre des bois; les oiseaux ont interrompu leurs chants mélodieux; le serpent n'imprime plus sur la terre les replis tortueux de son corps. Seul je fais retentir ces bois de mes chants, et semble le disputer aux cigales. « Que chacun chante ce qu'il aime; les vers soulagent les peines des amants. »

Lycidas. Et toi, cruel enfant, prends garde d'exposer aux ardeurs du soleil ce visage plus blanc que la neige. Toujours un teint brillant est la proie de ses feux. Viens plutôt te reposer avec moi à l'ombre de ces pampres. Tu entendras ici l'agréable murmure d'un ruisseau, et tu y verras des raisins vermeils qui pendent du haut de ces ormeaux aux ceps d'une vigne féconde. « Que chacun chante ce qu'il aime; les vers soulagent les peines des amants. »

Mopsus. Celui qui serait insensible aux éternels dédains de la fière Méroé pourrait affronter les neiges de la Scythie et les feux du soleil de Libye; il pourrait boire sans dégoût l'eau de la mer; le suc mortel de l'if et les funestes herbages de Sardaigne seraient sans danger pour lui; et son bras domptant les lions les asservirait au joug. « Que chacun chante ce qu'il aime; les vers soulagent les peines des amants. »

Lycidas. Quiconque est en proie à un amour tel que le mien doit endurcir son âme : sans rien précipiter, qu'il arme son cœur de patience : malgré sa jeunesse, qu'il ne dédaigne pas le secours de la prudence, et qu'il sache même endurer les dédains. C'est ainsi qu'il parviendra un jour au bonheur, s'il est quelque dieu qui écoute les prières des malheureux amants. « Que chacun chante ce qu'il aime, les vers soulagent les peines des amants. »

Mopsus. La mère d'Amyntas m'a purifié trois fois avec des rameaux et des rubans sacrés, trois fois avec la vapeur de l'encens; elle a fait petiller le laurier dans la flamme du soufre, et elle en a jeté les cendres derrière elle dans une eau courante. Mais à quoi cette vaine cérémonie m'a-t-elle servi? Je brûle toujours pour Méroé d'un amour aussi ardent et aussi dédaigné. « Que chacun chante ce qu'il aime; les vers soulagent les peines des amants. »

Lycidas. Mycale a mis en usage pour moi tous ses artifices : elle m'a entouré de rubans de diverses couleurs et de mille herbes inconnues; elle a eu recours à des enchantements dont la Lune elle-même redoute les effets, qui déchirent les serpents, transportent les rochers, font changer de place aux moissons, et déracinent les ar-

LYCIDAS.

Omnia tempus alit, tempus rapit : usus in arcto est.
Ver erat, et vitulos vidi sub matribus istos,
Qui nunc pro nivea colere in cornua vacca.
Et tibi jam tumidæ nares, jam fortia colla, 35
Jam tibi bis denis numerantur messibus anni.
« Cantet, amat quod quisque : levant et carmina curas. »

MOPSUS.

Huc, Meroe formosa, veni; vocat æstus in umbram :
Jam pecudes subiere nemus, jam nulla canoro
Gutture cantat avis, torto non squamea tractu 40
Signat humum serpens; solus cano, me sonat omnis
Silva, nec æstivis cantu concedo cicadis.
« Cantet, amat quod quisque : levant et carmina curas. »

LYCIDAS.

Tu quoque, sæve puer, niveum ne perde colorem
Sole sub hoc; solet hic lucentes urere malas. 45
Hic age pampinea mecum requiesce sub umbra :
Hic tibi lene fluens fons murmurat; hic et ab ulmis
Purpureæ fetis dependent vitibus uvæ.
« Cantet, amat quod quisque : levant et carmina curas. »

MOPSUS.

Qui tulerit Meroes fastidia longa superbæ, 50
Sithonias feret ille nives, Libyeosque calores,
Nerinas potabit aquas, taxique nocentis
Non metuet succos, Sardoaque gramina vincet,
Et sua Marmaricos coget juga ferre leones.
« Cantet, amat quod quisque : levant et carmina curas. » 55

LYCIDAS.

Quisquis amat pueros, ferro præcordia duret,
Nil properet, discatque diu patienter amare,
Prudentesque animos teneris non spernat in annis,
Perferat et fastus : sic olim gaudia sumet,
Si modo sollicitos aliquis Deus audit amantes. 60
« Cantet, amat quod quisque : levant et carmina curas. »

MOPSUS.

Quid prodest, quod me pagani mater Amyntæ
Ter vittis, ter fronde sacra, ter thure vaporo
Lustravit, cineresque aversa effudit in amnem,
Incendens vivo crepitantes sulphure lauros; 65
Quum sic in Meroen totis miser ignibus arsi?
« Cantet, amat quod quisque : levant et carmina curas. »

LYCIDAS.

Hæc eadem nobis quæ versicoloria fila,
Et mille ignotas, Mycale, circumtulit herbas;

bres. Cependant Iolas n'en est que plus cher à mon cœur, et plus beau à mes yeux. « Que chacun chante ce qu'il aime, les vers soulagent les peines des amants. »

Cantavit, quod luna timet, quo rumpitur anguis, 70
Quo currunt scopuli, migrant sata, vellitur arbos :

Plus tamen ecce meus, plus est formosus Iolas.
« Cantet, amat quod quisque : levant et carmina curas. »

NOTES

SUR LES ÉGLOGUES DE CALPURNIUS.

ÉGLOGUE I.

DELOS. Ce titre n'a aucun rapport avec le sujet de cette églogue. Quelques commentateurs ont lu *Deus*, qui n'y convient guère plus. C'est d'ailleurs une difficulté peu importante.

v. 9. *Pinea densat Silva comas.* Le pin était consacré au dieu Faune. Les mythologues disent que c'est parce qu'ayant aimé la nymphe Pytis, elle fut métamorphosée en pin.

v. 13. *Nam mea Leuce, Dum negat amplexus.* Pour pouvoir entrer dignement dans les temples des dieux, il ne fallait être souillé d'aucune impureté.

v. 33. *Satus œthere Faunus.* Faune, dieu des bergers, était petit-fils de Saturne; et Saturne, selon la cosmogonie d'Hésiode, était fils du Ciel et de la Terre.

v. 44. *Juvenemque beata sequentur Sœcula.* On ne peut douter que cette églogue ne soit à la louange de Numérien, fils de l'empereur Carus, à l'éloquence duquel le sénat fit élever des statues dans la bibliothèque Ulpienne.

v. 46. *Dum populos Deus ipse reget.* Il n'est pas étonnant que Calpurnius donne au fils le titre que le père s'était publiquement arrogé. On lit sur une médaille de Carus, *Deo et Domino Karo.* Quoiqu'on n'eût coutume de déifier les empereurs qu'après leur mort, Aurélius et Carus furent déifiés pendant leur vie.

v. 49. *Et modo quæ toto civilia distulit orbe, secum bella geret.* Allusion aux guerres affreuses qui désolèrent l'empire sous les règnes de Valérien et de Gallien.

v. 50. *Nullos jam Roma Philippos Deflebit.* Philippes, ville de Thessalie, près de laquelle se donna la fameuse bataille où Brutus et Cassius vaincus se donnèrent la mort.

v. 74. *Exultet quæcumque Notum gens ima jacentem.* Les anciens croyaient que la terre était plus élevée au septentrion qu'au midi, parce que, selon Justin, tous les fleuves qui ont leur source dans les pays du nord coulent vers le midi.

v. 82. *Non talis erat, quum Cæsare rapto.* Après la mort de César on crut voir au ciel plusieurs phénomènes qui furent regardés comme autant de présages désastreux, et que chantèrent Ovide, Virgile, Horace et Manilius.

ÉGLOGUE II.

v. 26 *Ter quisque manus jactate micantes.* Il s'agit d'un jeu fort en usage chez les Romains parmi les gens de la campagne, et qui l'est encore en Italie. On l'appelle la mourre. Deux personnes élèvent en même temps la main, dont une partie des doigts sont baissés, et il faut que tous deux devinent en même temps et sur-le-champ le nombre de doigts élevés. Pour marquer la bonne foi de quelqu'un, les Romains disaient : *Dignus qui cum in tenebris mices.* Ce proverbe a trouvé place dans les Offices de Cicéron, et dans le Satyricon de Pétrone.

v. 63. *Devota Palilibus agna.* Les Romains célébraient en l'honneur de Palès une fête appelée *Parilia* ou *Palilia*, le 21 du mois d'avril, jour auquel Romulus commença la fondation de Rome.

v. 64. *Laribus horti.* Chez les Romains, les jardins, comme tous les autres lieux, avaient aussi leurs Lares.

ÉGLOGUE III.

v. 58. *Errantia labra.* Ces deux vers se retrouvent textuellement dans l'églogue IX, vers 37 et 38.

v. 82. *Ferales nocte lupinos.* Dans les repas funèbres on offrait aux mânes de ces sortes de légumes.

ÉGLOGUE IV.

Dans cette églogue, Calpurnius met en scène deux bergers, Corydon et Amyntas, lesquels chantent les louanges de deux divinités qui ne sont autres que Carin et Numérien, élevés à la dignité d'Augustes pendant la vie de Carus, et associés à l'administration de l'empire. D'après un commentateur, la divinité invoquée par Corydon sous le nom de Jupiter, dans le vers 142, serait l'empereur Carus lui-même, et cette églogue aurait été écrite dans la seconde année de l'avénement de Carus à l'empire, alors qu'il faisait la guerre contre les Perses. Sous le nom de Mélibée, que les deux bergers choisissent pour juge de leur dispute, Calpurnius chante Junius Tibérianus, son bienfaiteur. (Voir la notice sur Calpurnius.)

v. 8. *Pacemque togatam.* La toge était un habillement particulier aux Romains pendant la paix. Une loi fort ancienne ordonnait que tout le monde portât dans la ville la toge traînante jusqu'aux talons. Auguste permit de ne la porter que jusqu'aux genoux.

v. 38. *Et fruimur sylvis Amaryllidos.* Virgile a désigné par Amaryllis la ville de Rome : *Postquam nos Amaryllis habet Galatea reliquit.* Amaryllis nous paraît avoir dans Calpurnius la même signification.

v. 42. *Bœtis arenas.* Le Bétis appelé par les Maures Guadalquivir, c'est-à-dire *grand fleuve*, prend sa source vers les confins de Grenade et de Murcie, et se jette dans le golfe de Cadix.

v. 63. *Tityrus hanc habuit.* Calpurnius désigne ici Virgile.

v. 64. *Hyblea avena.* Allusion à Théocrite, qui était de Syracuse en Sicile.

v. 87. *Facundo comitatus Apolline Cæsar.* Numérien, qui avait fait des déclamations publiques, et avait publié plusieurs ouvrages en vers et en prose.

v. 95. *Cressia rura petit.* Caché par sa mère dans l'île de Crète, pour empêcher que Saturne ne le dévorât comme ses propres enfants, Jupiter y fut élevé par les Curètes ou Corybantes, pasteurs dont les valses bruyantes passèrent dans le culte du dieu.

v. 117. *Jam neque damnatos.* Une loi très-sévère obligeait celui qui trouvait un trésor en quelque endroit que ce fût, à porter au fisc ce trésor. Par une loi plus humaine et plus juste, Adrien voulut que les trésors découverts appartinssent aux propriétaires du lieu où le hasard les ferait trouver : Numérien fut le restaurateur de la loi portée par Adrien.

v. 126. *Ad pervia compita ludos.* Ce fut Tarquin l'Ancien qui institua les jeux des carrefours.

ÉGLOGUE V.

v. 28. *Ovilia lustra.* Il y avait trois sortes de lustrations : l'une par le feu et le soufre, l'autre par l'air, et la troisième par l'eau. Il s'agit ici de cette troisième sorte de lustration.

ÉGLOGUE VI.

v. 78. *Judex audisse Thalea.* S'il faut en croire Macrobe, d'après un usage consacré en Sicile par une ancienne tradition mythologique, celui qui se plaignait d'un larcin se rendait, avec l'homme qu'il accusait de ce larcin, dans la forêt de Thalée, sur les bords d'une source d'où jaillissaient des eaux bouillantes, non loin du temple de la nymphe Thalie, ou Œtna ; l'accusé était assisté d'un fidéjusseur, lequel devait s'engager par serment au payement de la somme ou de la valeur de l'objet demandé : après ce serment, l'accusé lui-même jurait sur l'objet même du litige en invoquant la divinité du lieu. Le parjure, dit Aristote, perdait la vie dans les eaux bouillonnantes de la source. C'est sans doute par allusion à cette tradition et à cet usage que l'on disait d'un homme accusé ou suspect de vol, qu'il avait été jugé dans la forêt de Thalée.

ÉGLOGUE VII.

Templum. Ce titre n'est pas plus justifié que celui de Delos qui est en tête de la première églogue. On a proposé d'y substituer Amphitheatrum, qui du moins aurait un sens, le sujet de l'églogue étant les jeux donnés par l'empereur.

v. 4. *Durior axe.* Nous préférons avec Burmann et Lemaire cette version à celles de *osse* ou *ore* adoptées par les divers commentateurs. La comparaison qu'elle fournit n'est que plus naturelle et plus appropriée aux mœurs rustiques des interlocuteurs.

v. 26. *Venimus ad sedes, ubi pulla.* Il y avait dans l'amphithéâtre différentes places assignées aux sénateurs, aux chevaliers, et au peuple. Les sénateurs occupaient les plus basses, celles qui formaient le *podium*. Les chevaliers se mettaient au-dessus, et le peuple remplissait les derniers degrés. Suétone rapporte qu'Auguste permit aux femmes d'assister aux combats des athlètes, en leur assignant pour places les galeries destinées au peuple.

v. 30. *Qualiter hæc patulum.* Juste-Lipse s'est servi de ces cinq vers pour déterminer la véritable figure de l'amphithéâtre, et pour démontrer qu'il n'était pas rond, comme quelques-uns l'ont prétendu, mais ovale. C'était un double théâtre ou deux théâtres joints ensemble. Son axe avait un diamètre et demi de long. On peut voir au revers d'une médaille de Titus la figure de l'amphithéâtre que Vespasien commanda de faire bâtir, qui ne fut achevé que sous Titus son fils. On l'appelle par une ancienne tradition *Colisée*, du mot *Colossum*, à cause de sa grandeur extraordinaire.

v. 47. *Balteus en gemmis.* C'était, selon Vitruve, un gradin placé sur la limite de l'orchestre, plus grand et plus élevé que ceux où s'asseyaient le peuple et les chevaliers, et qui portait le nom de *précinction*. Le portique était, suivant Vitruve, la galerie supérieure et couverte qui servait de couronnement à toutes les autres, et où s'asseyaient les enfants.

ÉGLOGUE VIII.

Le titre barbare qui est en tête de cette églogue, Epiphunus, est composé de deux mots, l'un grec ἐπί, et l'autre latin *funus*, et imaginé sans doute par quelque demi-savant, qui ne se sera pas suffisamment souvenu que les Grecs appelaient leurs chants funèbres ἐπικήδειον ou ἐπιτάφιον.

v. 25. *Fidibusque Linus.* Deux fils d'Apollon ont porté le nom de Linus : l'un qu'Apollon eut de Psamathée, fille de Crotope, roi d'Argos, et l'autre qu'il eut de la muse Terpsichore. C'est ce dernier qui était excellent musicien.

v. 65. *Ruralis Apollo.* Apollon, pour venger la mort d'Esculape son fils, foudroyé par Jupiter, a coups de flèches les Cyclopes qui avaient forgé la foudre. Banni du ciel, et réduit à garder les troupeaux d'Admète, roi de Thessalie, il fut dans la suite, en souvenir de son exil, invoqué par les bergers.

ÉGLOGUE IX.

v. 56. *Nostra Dione.* Dione était fille de l'Océan et de Téthys, et mère de Vénus ; c'est pour cette raison que le nom de *Dione* a été donné aussi à Vénus. Hésiode cependant la fait naître de l'écume de la mer.

v. 57. *Qua juga celsa tenes Erycis.* Vénus avait en Sicile un temple situé sur le sommet du mont Éryx, dans une ville qui portait le même nom.

v. 83. *Qua dulce loquutus Tityrus.* Virgile, qui à la sollicitation de Pollion composa ses églogues.

ÉGLOGUE X.

v. 64. *De vitibus hastas.* Le thyrse était une lance enveloppée de pampre et de feuilles de vigne. Les Ménades s'en armaient aussi dans leurs bacchanales.

ÉGLOGUE XI.

v. 52. *Nerinas potabit aquas.* Nérée, l'un des dieux de la mer, fils de Neptune et de la nymphe Canactre.

v. 53. *Sardoaque gramina.* Il croit en Sardaigne une herbe vénéneuse appelée *Sardonia* ou *apium risus*, qui rend insensés ceux qui en mangent. Elle cause une contraction de nerfs, et fait retirer les lèvres de manière qu'il semble que le malade rit en mourant. Virgile en parle dans ses Bucoliques :

Immo ego sardois videar tibi amarior herbis.

v. 54. *Marmaricos coget juga ferre leones.* La Libye Marmarique fait partie du royaume de Tunis.

TABLE DES MATIÈRES

CONTENUES DANS CE VOLUME.

Avertissement des éditeurs...............		
STACE...........................		
Notice sur Stace...................		
Les Silves, Traduction nouvelle par M. Guiard.		

LIVRE PREMIER.

Stace à Stella......................			1
Silve	I.	La statue colossale de Domitien.	2
—	II.	Épithalame de Stella et de Violantilla................	4
—	III.	Le Tibur de Manilius Vopiscus.	10
—	IV.	Ex-voto pour la conservation de Rutilius Gallicus.......	12
—	V.	Bains de Claudius Étruscus..	15
—	VI.	Les Kalendes de décembre...	16

LIVRE DEUXIÈME.

Stace à Atédius Mélior.................			18
Silve	I.	Le tombeau de Glaucias Mélior.	19
—	II.	La maison de Pollius Félix, à Surrente................	24
—	III.	L'arbre d'Atédius Mélior.....	27
—	IV.	Le perroquet d'Atédius Mélior.	29
—	V.	Le lion apprivoisé..........	30
—	VI.	Consolation à Flavius.......	ibid.
—	VII.	Le jour de naissance de Lucain.	33

LIVRE TROISIÈME.

Stace à Pollius Félix....................			35
Silve	I.	L'Hercule de Surrente.......	36
—	II.	A Métius Céler, sur son départ pour la Syrie...........	40
—	III.	Les larmes de Claudius Étruscus.....................	43
—	IV.	La chevelure de Claudius Éarinus...................	47
—	V.	Le poëte à Claudia, son épouse.	50

LIVRE QUATRIÈME.

Stace à Marcellus.....................			52
Silve	I.	XVIIe consulat de Domitien...	53
—	II.	Actions de grâces rendues à l'empereur Auguste Germanicus Domitien...........	54
—	III.	La voie Domitienne.........	56
—	IV.	Épître à Victorius Marcellus..	59
—	V.	Ode à Septime Sévère.......	61
—	VI.	L'Hercule sur la table de Nonius Vindex..............	62
—	VII.	Ode à Maximus Junius.......	64

—	VIII.	A Jules Ménécrate, sur l'augmentation de sa famille...	65
—	IX.	Plaisanterie de Saturnales, à Plotius Gryphus..........	67

LIVRE CINQUIÈME.

Stace à Abascantius...................			68
Silve	I.	Tendres regrets d'Abascantius sur la mort de Priscille....	ibid.
—	II.	Exhortation à Crispinus......	73
—	III.	Sur la mort de son père......	77
—	IV.	Au sommeil................	83
—	V.	Sur la mort de son fils adoptif.	84
Notes sur les Silves.....................			86

La Thébaïde. Traduction nouvelle par M. Arnould, professeur agrégé de rhétorique, pour les quatre premiers livres, et par M. Wartel, ancien élève de l'École normale, pour les huit derniers.

Livre	I.	95
—	II.	109
—	III.	125
—	IV.	140
—	V.	158
—	VI.	174
—	VII.	194
—	VIII.	212
—	IX.	228
—	X.	247
—	XI.	267
—	XII.	283
Notes sur la Thébaïde..................		301

L'Achilléide. Traduction nouvelle par M. Wartel.

Livre	I.	306
—	II.	320
Notes sur l'Achilléide.................		329

MARTIAL. Traduction nouvelle par M. Ch. N.

Notice sur Martial....................		333
Des Spectacles....................		335

Épigrammes.

Livre	I.	340
—	II.	359
—	III.	373
—	IV.	388
—	V.	404
—	VI.	419
—	VII.	433

— VIII.	....	450
— IX.	....	466
— X.	....	485
— XI.	....	505
— XII.	....	522
— XIII.	....	539
— XIV.	....	547

ÉPIGRAMMES attribuées à Martial......... 562
NOTES sur Martial, par M. Bréghot du Lut pour les six premiers livres, et par M. Ch. N. pour les huit derniers................. 563
MANILIUS. Traduction par Pingré, revue.
NOTICE sur Manilius....................
LES ASTRONOMIQUES.

Livre I.	....	638
— II.	....	657
— III.	....	678
— IV.	....	692
— V.	....	713

Notes sur les Astronomiques.............. 729
LUCILIUS JUNIOR. Traduction nouvelle.
NOTICE sur Lucilius Junior.............. 739

L'ETNA................................. 740
Notes sur l'Etna....................... 754
RUTILIUS. Traduction nouvelle.
NOTICE sur Rutilius.................... 757
ITINÉRAIRE.
Livre I. 758
— II. 770
Notes sur l'Itinéraire.................. 772
GRATIUS FALISCUS. Traduction nouvelle par M. Jacquot...........
NOTICE sur Gratius Faliscus............. 777
CYNÉGÉTIQUES......................... 778
Notes sur les Cynégétiques............. 789
NÉMÉSIEN. Traduction nouvelle.
NOTICE sur Némésien.................... 795
CYNÉGÉTIQUES......................... 796
Notes sur les Cynégétiques............. 802
CALPURNIUS. Traduction nouvelle par M. L. Puget.............
NOTICE sur Calpurnius.................. 805
ÉGLOGUES.............................. 807
Notes sur les Églogues................. 823

FIN DE LA TABLE.

www.ingramcontent.com/pod-product-compliance
Lightning Source LLC
Chambersburg PA
CBHW071418300426
44114CB00013B/1300